Jus Commune Europaeum

CHRISTIAN v. BAR

GEMEINEUROPÄISCHES SACHENRECHT

Zweiter Band

GEMEINEUROPÄISCHES SACHENRECHT

Zweiter Band

Besitz; Erwerb und Schutz subjektiver Sachenrechte

Von

CHRISTIAN v. BAR

Dr. jur., Dr. jur. h. c. mult., Dr. phil. h. c.,
Universitätsprofessor und geschäftsführender Direktor
des European Legal Studies Institute der Universität Osnabrück,
Professor (e. h.) der AJD Częstochowa,
Bencher (Hons.) of Gray's Inn, FBA, MAE

C.H.BECK

www.beck.de

ISBN 978 3 406 73367 3

Druck: Kösel GmbH & Co. KG
Am Buchweg 1, 87452 Altusried-Krugzell

Satz: Druckerei C. H. Beck
(Adresse wie Verlag)
Umschlaggestaltung: Druckerei C. H. Beck Nördlingen

Gedruckt auf säurefreiem, alterungsbeständigem Papier
(hergestellt aus chlorfrei gebleichtem Zellstoff)

Vorwort

Der zweite Band handelt von Besitz und Detention, von dem rechtsgeschäftlichen Erwerb subjektiver Sachenrechte und den aus ihnen erwachsenden Rechtsbehelfen.

Unsere Arbeitsweise und Ziele habe ich im Vorwort zum ersten Band beschrieben. Auch in diesen zweiten und abschließenden Band sind viele Ideen eingeflossen, die wir über die Jahre in unseren wöchentlichen Seminarsitzungen gemeinsam entwickelt haben. Unser Ständiges Seminar hat es uns ermöglicht, Zugang zu den großen rechtswissenschaftlichen Traditionen der mitgliedsstaatlichen Rechtsordnungen zu finden. Es hat den Grund für gegenseitige Wertschätzung, Vertrauen und Freundschaften gelegt.

Das internationale Team, mit dem ich diesen zweiten Band konzipiert habe, ist erneut überwiegend aus Mitteln des Niedersächsischen VW-Vorab finanziert worden, in den letzten anderthalb Jahren außerdem aus Mitteln der Deutschen Forschungsgemeinschaft. Ich danke beiden sehr.

Ohne den beständigen Gedankenaustausch mit dem Team und meinen gegenwärtigen und früheren wissenschaftlichen Mitarbeitern, Herrn Ass.Jur. Hinrich Doege, LL. M., Herrn Ass.Jur. Dr. Frederick Rieländer und Herrn Ass.Jur. Dr. Christoph Karl Sliwka, LL. M. hätte ich das Buch nicht schreiben können. Hinrich Doege hat zudem die Organisation geschultert. Frederick Rieländer und Christoph Sliwka haben mir in Einzelgesprächen zur Erörterung grundlegender Aufbaufragen zur Verfügung gestanden. Ihr uneigennütziger Rat und ihre eigenen Forschungen halfen über die schwierigsten Klippen hinweg.

Das Verzeichnis des abgekürzt zitierten selbständigen Schrifttums haben Frau Dipl.-Jur. Maria Müller und Frau Stefanie Kämmerer, M. A. erstellt, das Übersetzungsverzeichnis Frau stud. jur. Jasmin Aumeer, BA, das Verzeichnis der Abkürzungen und das Register der Entscheidungen des Common Law Frau stud. jur. Melissa Rothe, das Gesetzesregister Herr Dipl.-Jur. Jonas Wiesehöfer, das Sachregister Herr Assessor Hinrich Doege und Frau Dr. Magda Schwandt. Für die laufenden Korrekturen von Schreibfehlern und für die Kontrolle der konsistenten Verwendung der Abkürzungen sorgten Frau Dipl.-Jur. Maria Müller und Frau Stefanie Kämmerer, M. A.

Das Manuskript habe ich im Juni 2018 abgeschlossen.

Osnabrück im September 2018 *Christian v. Bar*

Das Ständige Seminar zum Gemeineuropäischen Sachenrecht

Dieses Buch basiert auf den Forschungsresultaten unseres Ständigen Seminars zum Gemeineuropäischen Sachenrecht. Das Material, das mir seine Mitglieder zur Verfügung gestellt haben, hätte ich mir aus eigener Kraft nicht erschließen können. Deshalb ist das Buch auch ihr Buch:

Mateusz Badowski, Mag.Iur. (polnisches Recht),
Xavier Borremans, lic.jur., Mag.Iur. (belgisches, französisches, luxemburgisches und rumänisches Recht),
Hinrich Doege, Mag. Jur., LL. M., Ass.Jur. (deutsches Recht),
Galateia Tina Kalouta, LL. M. (griechisches und zypriotisches Recht),
Dr. Geo Magri (italienisches Recht),
Dr. José Carlos de Medeiros Nóbrega, LL. M. (portugiesisches und spanisches Recht),
Egil Nordqvist, LL. M. (schwedisches Recht),
Dr. Frederick Rieländer, Ass.Jur. (englisches, irisches und schottisches Recht, seit März 2016),
Dr. Magda Schwandt, geb. Schusterová, LL. M. (tschechisches und slowakisches Recht; Recht der baltischen Staaten und Sloweniens),
Dr. Christoph Karl Sliwka, LL. M., Ass.Jur. (österreichisches und bis Februar 2016 englisches, irisches und schottisches Recht),

Die Informationen zum bulgarischen Recht verdanke ich Herrn Rechtsanwalt Dimitar Stoimenov (Sofia), die Informationen zum dänischen Recht Frau Assistenzprofessorin Dr. Astrid Millung-Christoffersen (Aarhus), die Informationen zum niederländischen Recht Herrn Richter am Landgericht Thorsten Tepaße (Osnabrück), Frau Assistenzprofessorin Dr. Rosalie Koolhoven, LL. M. sowie Herrn Assistenzprofessor Dr. Fokke Jan Vonck, LL. M. (beide Groningen), und die Informationen zum ungarischen Recht Herrn Universitätsassistenten Dr. Ferenc Szilágyi (Budapest).

Inhaltsübersicht

Inhaltsverzeichnis

Verzeichnis des abgekürzt zitierten selbständigen Schrifttums

Das nachfolgende Verzeichnis enthält nur das mehrfach und deshalb abgekürzt zitierte Schrifttum. Es wird in den speziellen Schrifttumsübersichten, die sich jeweils am Anfang eines Abschnittes finden, nicht noch einmal aufgeführt.

Advies van de Raad van State, Parl. Geschiedenis III .... Advies van de Raad van State, in: C.J. Van Zeben und J.W. Du Pon in Kooperation mit M.M. Olthof (Hrsg.), Parlementaire Geschiedenis van het Nieuwe Burgerlijk Wetboek. Parlementaire stukken. Buch III: Vermogensrecht in het Algemeen (Deventer 1991)

Agell/Malmström/Ramberg/Sigeman, Civilrätt[23] .... *Anders Åke Malmström, Christina Ramberg* und *Tore Sigeman,* Civilrätt (23. Aufl. Stockholm 2016)

Albaladejo, Derecho civil II[13], III[10] .... *Manuel Albaladejo García,* Derecho civil. Band II: Derecho de obligaciones (13. Aufl. Madrid 2008); Band III: Derecho de bienes (10. Aufl. Madrid 2004)

Albiges und Dumont-Lefrand, Droit des sûretés[4] .... *Christophe Albiges* und *Marie-Pierre Dumont-Lefrand,* Droit des sûretés (4. Aufl. Paris 2013)

Anson (-*Verfasser*), Law of Contract[30] .... Jack Beatson, Andrew Burrows und John Cartwright (Hrsg.), Anson's Law of Contract (30. Aufl. Oxford 2016); hier zitiert mit den Bearbeitungen von *Jack Beatson, Andrew S. Burrows* und *John Cartwright*

Asser (-*Bartels und van Mierlo*), Algemeen goederenrecht[16] ... Carel Asser (Hrsg.), Carel Asser's handleidning tot de beoefening van het Nederlands Burgerlijk Recht, bearbeitet von *Steven E. Bartels* und *Antonius I.M. van Mierlo,* Band III: Vermogensrecht algemeen. Teil IV. Algemeen goederenrecht (Deventer 2013)

Asser (-*Mijnssen/de Haan/van Dam/Ploeger*), Goederenrecht I[15] .... Carel Asser (Hrsg.), Carel Asser's handleidning tot de beoefening van het Nederlands Burgerlijk Recht. Band III: Goederenrecht. Teil 1: Algemeen goederenrecht (15. Aufl. Zwolle 2006); bearbeitet von *F. H.J Mijnssen, P. de Haan, C. C. van Dam* und *H. D. Ploeger*

Asser (-*Mijnssen/van Velten/Bartels*), Zakenrecht[15] .... Carel Asser (Hrsg.), Carel Asser's handleiding tot de beoefening van het Nederlands burgerlijk recht. Band V: Zakenrecht.Eigendom en beperkte rechten (15. Aufl. Deventer 2008); bearbeitet von *F. H. J. Mijnsen, A. A. van Velten* und *Steven Bartels*

Baker, Introduction to English Legal History[4] .... *John Hamilton Baker,* An Introduction to English Legal History (4. Aufl. Oxford 2002)

Balestra, Proprietà e diritti reali	*Lorenzo Balestra,* Proprietà e diritti reali. Band III: Azioni petitorie – Servitù – Possesso – Usucapione – Azioni possessorie (Turin 2012)
von Bar (-*Verfasser*), Sachenrecht in Europa III	Christian von Bar (Hrsg.), Sachenrecht in Europa. Systematische Einführung und Gesetzestexte. Band III: Griechenland, Portugal, Niederlande (Osnabrück 1999); hier zitiert mit den Bearbeitungen von *Evlalia Eleftheriadou* (Griechenland), *Franz Nieper* und *Hendrik Ploeger* (Niederlande), *Maria Margarida R. A. C. de Seabra* und *Yanko Marcius de Alencar Xavier* (Portugal)
von Bar, Gemeineuropäisches Deliktsrecht I, II	*Christian von Bar,* Gemeineuropäisches Deliktsrecht. Band I: Die Kernbereiche des Deliktsrechts, seine Angleichung in Europa und seine Einbettung in die Gesamtrechtsordnungen (München 1996). Band II: Schaden und Schadenersatz, Haftung für und ohne eigenes Fehlverhalten, Kausalität und Verteidigungsgründe (München 1999)
Barta, Zivilrecht	*Heinz Barta* unter Mitarbeit von *Reinhold Beiser, Martin Binder* u. a., Zivilrecht. Grundriss und Einführung in das Rechtsdenken (Wien 2004)
Baur und Stürner, Sachenrecht[18]	*Jürgen F. Baur* und *Rolf Stürner,* Sachenrecht (18. Aufl. München 2009)
Beckman u. a., Jordabalken	*Lars K. Beckman, Mauritz Bäärnhielm, Joakim Cederlöf, Erik Gerleman* und *Magnus Hermansson,* Jordabalken – En kommentar till JB och anslutande författningar (Stockholm 2012)
Bell, Modern Law of Personal Property	*Andrew P. Bell,* Modern Law of Personal Property in England and Ireland (London 1989)
Benjamin (-*Verfasser*), Sale of Goods[7]	Judah P. Benjamin, Sale of Goods (7. Aufl. London 2008); hier zitiert mit der Kommentierung von *Anthony Gordon Guest*
Bercovitz Rodríguez-Cano (-*Verfasser*), Comentarios al Código Civil[2]	*Rodrigo Bercovitz Rodríguez-Cano,* Comentarios al Código Civil (2. Aufl. Pamplona 2006); hier zitiert mit den Bearbeitungen von *Germán Bercovitz Álvarez, Fernando Morillo Ganzález, Rafael Sánchez Aristi* und *Magdalena Ureña Martínez*
Bergel/Bruschi/ Cimamonti, Les biens[2]	*Jean-Louis Bergel, Marc Bruschi* und *Sylvie Cimamonti,* Les biens. in: Jacques Ghestin (Hrsg.), Traité de droit civil (2. Aufl. Paris 2010)
Berlioz, Droit des biens	*Pierre Berlioz,* Droit des biens (Paris 2014)
Bernard, Précis de droit des biens	*Nicolas Bernard,* Précis de droit des biens (Limal 2013)
Bianca, Diritto civile III, VI[2], VII	*Cesare Massimo Bianca,* Diritto civile. Band III: Il contratto (Mailand 1999, Nachdruck 2015); Band VI: La proprietà (2. Aufl. Mailand 2016); Band VII: Le garanzie reali. La prescrizione (Mailand 2012)
Bianca, Istituzioni di diritto privato	*Cesare Massimo Bianca,* Istituzioni di diritto privato (Mailand 2014)

Birks (-*Verfasser*), English Private Law II	Peter Birks (Hrsg.), English Private Law. Band 2: Law of obligations, litigation (Oxford 2000); hier zitiert mit der Bearbeitung von *Guenter Treitel*
Boufflette, La possession	*Sophie Boufflette,* La possession (Brüssel 2010)
Bourassin/Brémond/ Jobard-Bachelier, Droit des sûretés^{4}	*Manuella Bourassin, Vincent Brémond* und *Marie-Noëlle Jobard-Bachelier,* Droit des sûretés (4. Aufl. Paris 2013)
Bridge, Personal Property Law^{3}	*Michael G. Bridge,* Personal Property Law (3. Aufl. Oxford 2002)
Bridge/Gullifer/McMeel/ Worthington, The Law of Personal Property	*Michael Bridge, Louise Gullifer, Gerard McMeel* und *Sarah Worthington,* The Law of Personal Property (London 2013)
Cabrillac/Mouly/Cabrillac/ Pétel, Droit des sûretés^{9}	*Michel Cabrillac, Christian Mouly, Séverine Cabrillac* und *Philippe Pétel,* Droit des sûretés (9. Aufl. Paris 2010)
Carbonnier, Les biens	Jean Carbonnier, Droit civil. Band 2: Les biens (Paris 2004)
Caringella und De Marzo, Manuale di diritto civile II^{2}	*Francesco Caringella und Giuseppe De Marzo,* Manuale di diritto civile, Band 2 (2. Aufl. Mailand 2008)
Carrasco Perera/ Cordero Lobato/ Marín López, Tratado de los derechos de garantía I^{3}	*Angel Carrasco Perera, Encarna Cordero Lobato* und *Manuel Jesús Marín López,* Tratado de los derechos de garantía, Band I: Garantías personales. Hipoteca (3. Aufl. Cizur Menor 2015)
Carvalho Fernandes und Brandão Proença (-*Verfasser*), Comentário ao Código Civil	Luís Carvalho Fernandes und José Brandão Proença (Hrsg.), Comentário ao Código Civil – Parte Geral (Lissabon 2014); hier zitiert mit der Kommentierung von *Maria da Graça Trigo*
Carvalho Fernandes, Lições de direitos reais^{6}	*Luís A. Carvalho Fernandes,* Lições de direitos reais (6. Aufl. Lissabon 2010)
Carvalho, Direito das coisas .	*Orlando de Carvalho,* Direito das coisas (Coimbra 2012), hrsg. von Francisco Liberal Fernandes, Maria Raquel Guimarães und Maria Regina Redinha
Caterina, Diritti reali I	*Raffaele Caterina,* I diritti reali. Band I: Proprietà e possesso, in: Rodolfo Sacco (Hrsg.), Trattato di diritto civile (Turin 2008)
Cendon, Beni, diritti reali, possesso	*Paolo Cendon,* Trattario di diritto civile, Beni, diritti reali, possesso (Mailand 2015)
Cheshire und Burn (-*Burn und Cartwright*), Modern Law of Real Property^{17}	*G. C. Cheshire, Edward Hector Burn* und *John Cartwright,* Modern Law of Real Property (17. Aufl. Oxford 2006)
Cian und Trabucchi (-*Verfasser*), Commentario al Codice civile^{11}	Giorgio Cian und Alberto Trabucchi (Hrsg.), Commentario al Codice civile (11. Aufl. Padua 2014); hier zitiert mit den Kommentierungen von *Lorenza Bullo* und *Stefano delle Monache*

Clarke und Kohler, Property Law .... *Alison Clarke* und *Paul Kohler,* Property Law. Commentary and Materials (Cambridge 2005)

Clerk und Lindsell (-*Verfasser*), Torts[19, 20] .... John Frederick Clerk und William Harry Barber Lindsell (Begr.), On Torts (20. Aufl. London 2010, teilweise auch zitiert nach der 19. Aufl. London 2006); hier zitiert mit den Bearbeitungen von *John Murphy* und *Andrew Tettenborn*

Collart Dutilleul und Delebecque, Contrats civils et commerciaux[6] .... *François Collart Dutilleul* und *Philippe Delebecque,* Contrats civils et commerciaux (6. Aufl. Paris 2002)

De Londras, Principles of Irish Property Law[2] .... *Fiona de Londras,* Principles of Irish Property Law (2. Aufl. Dublin 2011)

De Page und Dekkers, Traité élémentaire V[2] .... *Henri De Page* und *René Dekkers,* Traité élémentaire de droit civil belge. Principes – Doctrine – Jurisprudence. Tome cinquième. Les principaux contrats usuels (Deuxième partie). Les biens (Première partie) (2. Aufl. Brüssel 1975)

Del Pozo Carrascosa/ Vaquer Aloy/ Bosch Capdevilla, Derecho civil de Cataluña. Derechos reales[4] .... *Pedro del Pozo Carrascosa, Antoni Vaquer Aloy* und *Esteve Bosch Capdevilla,* Derecho civil de Cataluña. Derechos reales (4. Aufl. Madrid u. a. 2012)

Díez-Picazo und Gullón, Sistema de Derecho Civil III(1)[8], III(2)[8] .... *Luis Díez-Picazo* und *Antonio Gullón,* Sistema de Derecho civil. Band III, Teil 1: Derechos Reales en general (8. Aufl. Madrid 2012); Band III, Teil 2: Derechos Reales en particular (8. Aufl. Madrid 2012)

Díez-Picazo, Fundamentos, I[6], III[5], VI .... *Luis Díez-Picazo,* Fundamentos del derecho civil patrimonial. Band I: Introducción, teoria del contrato (6. Aufl. Madrid 2007); Band III: Las relaciones jurídico-reales, el Registro de la Propiedad, la posesión (5. Aufl. Madrid 2008); Bd. VI: Derechos Reales (Cizur Menor 2012)

Domínguez Luelmo (-*Verfasser*), Comentarios al Código Civil .... Andrés Domínguez Luelmo (Hrsg.), Comentarios al Código Civil (Valladolid 2010); hier zitiert mit den Kommentierungen von *Francisco de P. Blasco Gascó* und *Félix Manuel Calvo Vidal*

Domínguez Luelmo (-*Verfasser*), Comentarios a la Ley Hipotecaria .... Andrés Domínguez Luelmo (Hrsg.), Comentarios a la Ley Hipotecaria (2. Aufl. Cizur Menor 2016); hier zitiert mit den Kommentierungen von *Andrés Domínguez Luelmo, Francisco Javier Gómez Galligo, Abelardo Martín Ruiz, Jacobo B. Mateo Sanz* und *Íñigo Mateo Villa*

Dross, Droit des biens .... *William Dross,* Droit des biens (Paris 2012)

Dross, Les choses .... *William Dross,* Droit civil. Les choses (Paris 2012)

Dvořák und Švestka, Občanské právo hmotné III .... Jan Dvořák und Jiří Švestka, Občanské právo hmotné, Band 3, Teil 3: Dingliche Rechte (Prag 2015)

Ehrenzweig (-*Verfasser*), System I/2[2] .... *Armin Ehrenzweig,* System des österreichischen allgemeinen Privatrechts. Band 1, 2. Hälfte: Das Sachenrecht (2. Aufl. Wien 1957)

Eliáš, Nový občanský zákoník s aktualizovanou důvodovou zprávou a rejstříkem .... *Karel Eliáš* et al., Nový občanský zákoník s aktualizovanou důvodovou zprávou a rejstříkem (Ostrava 2012)

Eliáš, Občanský zákoník. Velký akademický komentář II .... *Karel Eliáš* et al., Občanský zákoník. Velký akademický komentář. Band. II: §§ 488–880 (Prag 2008)

Elmer und Skovby, Ejendomsretten[4] .... *Michael Elmer* und *Lise Skovby,* Ejendomsretten Teil 1 (4. Aufl. Kopenhagen 1999)

Erman *(-Verfasser),* BGB I[15], II[15] .... Walter Erman (Begr.), Barbara Grunewald, Georg Maier-Reimer, Harm Peter Westermann (Hrsg.), Erman Bürgerliches Gesetzbuch Handkommentar. Band I: §§ 1–758 BGB (15. Aufl. Köln 2017; hier zitiert mit den Kommentierungen von *Eberhard Wagner*); Band II: §§ 759–2385 BGB, ProdHaftG, ErbbauRG, VersAusglG, VBVG, LPartG, WEG, EGBGB (15. Aufl. Köln 2017; hier zitiert mit den Kommentierungen von *Markus Artz* und *Arndt Lorenz*)

Faber und Lurger *(-Verfasser),* National Reports I, III, IV, V, VI .... Wolfgang Faber und Brigitta Lurger (Hrsg.), National Reports on the Transfer of Movables in Europe. Band I: Estonia *(Kai Kullerkupp),* Slovenia (*Claudia Rudolf, Vesna Rijavec* und *Tomaž Keresteš*) (München 2008). Band III: Hungary *(Ferenc Szilágyi),* Lithuania *(Valentinas Mikelenas)* (München 2011); Band IV: France *(Eleanor Cashin Ritaine),* Belgium (*Caroline Cauffman* und *Vincent Sagaert*), Bulgaria *(Dimitar Stoimenov),* Poland (*Jerzy Pisuliński* und *Kamil Zaradkiewicz*), Portugal (*José Caramelo-Gomes* und *José Carlos de Medeiros Nóbrega*) (München 2010); Band V: Spain (*Isabel V. González Panacowska* und *Carlos Manuel Díez Soto*), Sweden *(Martin Lilja)* (München 2011); Band VI: Latvia (*Theis Klauberg* und *Julija Kolomijceva*), Malta *(Patrick J. Galea)* (München 2011)

Farré Alemán, Código civil comentado y concordado .... *Josep M. Farré Alemán,* Código civil comentado y concordado (Barcelona 2001)

Fekete, Občiansky zákonník I .... *Imrich Fekete,* Občiansky zákonník. Vel'ký Komentár. 2 Bände. Band I: (§§ 1–459) (Bratislava 2011)

Fernández Urzainqui, Código Civil[9] .... *Francisco Javier Fernández Urzainqui,* Código Civil – concordancia, notas y jurisprudencia (9. Aufl. Cizur Menor 2008)

Fiala (-*Verfasser*), Občanský zákoník IV .... Josef Fiala et al., Občanský zákoník. Komentář. Band IV: Dědické právo (§§ 1475–1720) (Prag 2015); hier zitiert mit den Kommentierungen von *Josef Fiala* und *Kamila Beerová*

Fiala und Kindl, Občanské právo hmotné[2]	*Josef Fiala, Milan Kindl* et al., Občanské právo hmotné (2. Aufl. Pilsen 2009)
Filios, Emprágmato Díkaio[3]	*Pavlos Chr. Filios,* Emprágmato Díkaio (3. Aufl. Athen und Komotini 2009)
Galgano (-*Verfasser*), Commentario del codice civile[4]	Franceso Galgano (Hrsg.), Commentario del codice civile (4. Aufl. Bologna/Rom 1992); hier zitiert mit den Kommentierungen von *Gino Gorla* und *Pietro Zanelli*
Galgano, Trattato di diritto civile I[3]	*Francesco Galgano,* Trattato di diritto civile, Band I (3. Aufl. 2014)
Galginaitis/Himmelreich/Vrubliauskaitė, Einführung in das litauische Recht	*Juozas Galginaitis, Antje Himmelreich* und *Ruta Vrubliauskaitė,* Einführung in das litauische Recht (Berlin 2010)
Gazzoni, Manuale di diritto privato[10]	*Francesco Gazzoni,* Manuale di diritto privato (10. Aufl. Neapel 2003)
Georgiades und Stathopoulos (-*Verfasser*), ZGB	*Apostolos Georgiades* und *Michael Stathopoulos,* Astikós Kodix, V Emprágmato Dikaio (Athen 1985); hier zitiert mit den Kommentierungen von *Apostolos Georgiades* und *Nikolaos Libanis*
Georgiades, Emprágmato Díkaio I	*Apostolos Georgiades,* Emprágmato Díkaio. Band I (Athen 1991)
Georgiades, Emprágmato Díkaio[2]	*Apostolos Georgiades,* Emprágmato Díkaio (2. Aufl. Athen und Thessaloniki 2010)
Gibson und Fraser, Business Law[8]	*Andy Gibson* und *Douglas Fraser,* Business Law (8. Aufl. Sydney 2014)
Gniewek (-*Verfasser*), Kodeks cywilny[2,7]	Edward Gniewek (Hrsg.), Kodeks cywilny. Komentarz (2. Aufl. Warschau 2006; 7. Aufl. Warschau 2016); hier zitiert mit den Kommentierungen von *Andrzej Cisek, Jacek Gołaczyński, Krzysztof Gołębiowski, Józef Kremis, Józef Nadler, Jerzy Strzebinczyk* und *Krzysztof Zagrobelny*
Gniewek, Prawo rzeczowe[8]	*Edward Gniewek,* Prawo rzeczowe (8. Aufl. Warschau 2010)
Gołaczyński und Leśniak, Zastaw rejestrowy	*Jacek Gołaczyński* und *Marek Leśniak,* Zastaw rejestrowy i rejestr zastawów. Komentarz (Warschau 2009)
González, Código Civil anotado IV	*José Alberto González,* Código Civil anotado, Band 4: Direito das Coisas: artigos 1251a 1575 (Coimbra 2011)
Goode, Commercial Law[3, 4]	*Roy Goode,* Commercial law (4. Aufl. London 2009; teilweise auch zitiert nach der 3. Aufl. London 2004)
Gordon und Wortley, Scottish Land Law I[3]	*William M. Gordon* und *Scott Wortley,* Scottish Land Law Band I (3. Aufl. London 2009)
Gray und Gray, Elements of Land Law[5]	*Kevin Gray* und *Susan Francis Gray,* Elements of Land Law (5. Aufl. Oxford 2009)
Gray und Gray, Land Law[7]	*Kevin Gray* und *Susan Francis Gray,* Land Law (7. Aufl. Oxford 2011)

Grundmann und Zaccaria (*-Verfasser*)	Stefan Grundmann und Alessio Zaccaria (Hrsg.), Einführung in das italienische Recht (Frankfurt am Main 2007)
Gschnitzer/Faistenberger/Barta/Call/Eccher, Sachenrecht[2]	Franz Gschnitzer (Begr.), *Christoph Faistenberger, Heinz Barta, Gottfried Call* und *Bernhard Eccher,* Österreichisches Sachenrecht (2. Aufl. Wien 1985)
Gudowski *(-Verfasser),* Kodeks cywilny	Jacek Gudowski (Hrsg.), Kodeks cywilny. Komentarz. Tom 2. Własność i inne prawa rzeczowe. Art. 126–352 (2. Aufl. Warschau 2016); hier zitiert mit den Kommentierungen von *Stanisław Rudnicki, Grzegorz Rudnicki* und *Jolanta Rudnicka*
Gutowski (*-Verfasser*), Kodeks cywilny I, II	Maciej Gutowski (Hrsg.), Kodeks cywilny. Tom I. Komentarz do Art. 1–449^{11}; Tom II. Komentarz do Art. 450–1088 (Warschau 2016); hier zitiert mit den Kommentierungen von *Tomasz Antoszek, Jakub Kępiński, Karol Szadkowski* und *Mariusz Zelek*
Hanbury und Martin (*-Verfasser*), Modern Equity[18]	*Harold Greville Hanbury* und *Jill E. Martin,* Modern Equity (18. Aufl. London 2009)
Hansenne, Les biens I, II	*Jacques Hansenne,* Les biens. Band I und II (Liège 1996)
Håstad, Sakrätt[6]	*Torgny Håstad,* Sakrätt. Avseende lös egendom (6. Aufl. Stockholm 2001, mit Ergänzung 2003 und 2004)
Hessler, Allmän sakrätt	*Henrik Hessler,* Allmän sakrätt. Om det förmögenhetsrättsliga tredjemansskyddets principer (Stockholm 1973)
Hudson, Equity and Trusts[7]	*Alistair Hudson,* Equity and Trusts (7. Aufl. London und New York 2013)
Hörster, Parte geral	*Heinrich Ewald Hörster,* A parte geral do Código Civil Português. Teoria geral do direito civil (Coimbra 1992)
Hulmák (*-Verfasser*), Občanský zákoník V, VI	Milan Hulmák et al., Občanský zákoník. Komentář. Band V: Závazkové právo: obecná část (§§ 1721–2954) (Prag 2014); Band VI: Závazkové právo: zvláštní část (§§ 2055–3014) (Prag 2014); hier zitiert mit den Kommentierungen von *Václav Bednář, Petr Bezouška, Bohumil Dvořák, Milan Hulmák, Eva Kabelková, Petr Kasík* und *Tomáš Richter*
Hurdík, Občanské právo hmotné	*Jan Hurdík* et al., Občanské právo hmotné. Obecná část. Absolutní majetková práva (Pilsen 2013)
Ignatowicz und Stefaniuk, Prawo rzeczowe[2]	*Jerzy Ignatowicz* und *Krzysztof Stefaniuk,* Prawo rzeczowe (2. Aufl. Warschau 2006)
Illum, Dansk tingsret[3]	*Knud Illum,* Dansk tingsret (3. Aufl. Kopenhagen 1976)
Iro, Sachenrecht[4,5]	*Gert Iro,* in: Peter Apathy (Hrsg.), Bürgerliches Recht, Band IV: Sachenrecht (4. Aufl. Wien/New York 2010; 5. Aufl. Wien 2013)
Jauernig (*-Verfasser*), BGB[17] .	Othmar Jauernig (Begr.), Bürgerliches Gesetzbuch. Kommentar (17. Aufl. München 2018), hier zitiert mit der Kommentierung von *Christian Berger*
Jourdain, Les biens	*Patrice Jourdain,* Les biens (Paris 1995)
Karnov, Svensk författningssamling med kommentarer I	*Magnus Karnov* u.a., Karnov: svensk författningssamling med kommentarer, 2015/16, Band 1 (Stockholm 2015)

Kidyba (-*Verfasser*), Kodeks cywilny II	Andrzej Kidyba (Red.), Kodeks cywilny. Komentarz. Band II: własność i inne prawa rzeczowe (Warschau 2009); hier zitiert mit der Kommentierung von *Teresa A. Filipiak*
Klang (-*Verfasser*), ABGB II²	Heinrich Klang (Hrsg.), Kommentar zum Allgemeinen Bürgerlichen Gesetzbuch. Band II: §§ 285–530 (2. Aufl. Wien 1950); hier zitiert mit den Kommentierungen von *Heinrich Klang* und *Josef Schey*
Klang (-*Verfasser*), ABGB³ ...	Heinrich Klang (Begr.), Attila Fenyves, Ferdinand Kerschner und Andreas Vonkilch (Hrsg.), Kommentar zum Allgemeinen Bürgerlichen Gesetzbuch. §§ 285–352 (3. Aufl. Wien 2011): hier zitiert mit den Kommentierungen von *Karin Gusenleitner-Helm, Georg Kodek* und *Johannes Stabentheiner*
Kousoulas, Emprágmato Díkaio	*Christos L. Kousoulas,* Emprágmato Díkaio (Athen und Thessaloniki 2004)
Koziol und Welser *(-Verfasser),* Bürgerliches Recht I¹³,¹⁴	Helmut Koziol und Rudolf Welser (Begr.), Grundriss des bürgerlichen Rechts. Band 1: Allgemeiner Teil, Sachenrecht, Familienrecht; bearbeitet von *Andreas Kletečka* (14. Aufl. Wien 2014, teilweise zitiert aus der 13. Aufl. Wien 2006)
Koziol/Bydlinski/ Bollenberger *(-Verfasser),* ABGB⁴	Helmut Koziol, Peter Bydlinski und Raimund Bollenberger (Hrsg.), Kurzkommentar zum ABGB. Allgemeines bürgerliches Gesetzbuch samt Ehegesetz und Konsumentenschutzgesetz (4. Aufl. Wien 2014); hier zitiert mit den Kommentierungen von *Peter Apathy, Bernhard Eccher, Bernhard A. Koch, Helmut Koziol, Franz-Stefan Meissel* und *Olaf Riss*
Krans/Stolker/ Valk (-*Verfasser*), BW¹²	H.B. Krans, C.J.J.M. Stolker und W.L. Valk (Hrsg.), Burgerlijk Wetboek. Tekst & Commentaar. De tekst van de Boeken 1, 2, 3, 4, 5, 6, 7, 8 en 10 van het BW voorzien van commentaar (12 Aufl. Deventer 2017)
Lacruz Berdejo et al., Elementos IIIbis²	*José Luis Lacruz Berdejo, Francisco de Asís Sancho Rebullida, Agustín Luna Serrano, Jesús Delgado Echeverría, Francisco Rivero Hernández* und *Joaquín Rams Albesa,* Elementos de derecho civil. Band IIIbis: Derecho Inmobiliario Registral (2. Aufl., überarbeitet von Jesús Delgado Echeverría und Joaquín Rams Albesa, Madrid 2003)
Larroumet, Les biens⁵	*Christian Larroumet,* Droit civil. Band II: Les biens. Droits réels principaux (5. Aufl. Paris 2006)
Lasarte, Principios IV¹⁰, V⁸ ..	*Carlos Lasarte Álvarez,* Principios de derecho civil. Band IV: Propiedad y derechos reales de goce (10. Aufl. Madrid 2010); Band V: Derechos reales y derecho hipotecario (8. Aufl. Madrid u.a. 2010)
Lavický (-*Verfasser*), Občanský zákoník I	Petr Lavický et al., Občanský zákoník I. Komentář. Band I: Obecná část (§§ 1–654) (Prag 2014); hier zitiert mit den Kommentierungen von *Jiří Handlar, Pavel Koukal, Jan Lasák* und *Petr Lavický*
Lawson und Rudden, The Law of Property³	*F.H. Lawson* und *Bernard Rudden,* The Law of Property (3. Aufl. Oxford 2002)

Lecocq, Manuel de droit des biens I .... *Pascale Lecocq,* Manuel de droit des biens, Tome I: Biens et propriété (Brüssel 2012)

Lenkovics, A dologi jog vázlata[7] .... *Barnabás Lenkovics,* A dologi jog vázlata (7. Aufl. Budapest 2006)

López y López und Montés Penadés (-*Verfasser*), Derechos reales .... Angel M. López y López und Vicente L. Montés Penadés (Koord.), Derechos reales y derecho inmobiliario registral (Valencia 1994); hier zitiert mit den Bearbeitungen von *Mario E. Clemente Meoro, Vicente L. Montés Penadés* und *Encarna Roca i Trias*

Malaurie und Aynès, Les biens[5] .... *Philippe Malaurie* und *Laurent Aynès,* Les biens (5. Aufl. Paris 2013)

Malaurie/Aynès/Gautier, Droit des contrats spéciaux[8] .... *Philippe Malaurie, Laurent Aynès* und *Pierre-Yves Gautier,* Droit des contrats spéciaux (8. Aufl. Paris 2016)

Malaurie/Aynès/Stoffel-Munck, Les obligations[6] .... *Philippe Malaurie, Laurent Aynès* und *Philippe Stoffel-Munck,* Les obligations, (6. Aufl. Paris 2013)

Mathieu-Izorche, Les biens .... *Marie-Laure Mathieu-Izorche,* Droit civil, Les biens (Paris 2006)

Mazeaud und Chabas, Biens[8] .... *Henri Mazeaud, Léon Mazeaud, Jean Mazeaud* und *François Chabas,* Leçons de droit civil. Band II Teil 2: Biens. Droits de propriété et ses démembrements (8. Aufl. Paris 1994)

Mazeaud/Chabas/Leveneur, Régimes matrimoniaux[5] .... *Henri Mazeaud, Léon Mazeaud, Jean Mazeaud, François Chabas, Laurent Leveneur* und *Sabine Leveneur,* Leçons de droit civil. Band IV Teil 2: Régimes matrimoniaux, successions, libéralités (5. Aufl. Paris 2000)

Medicus und Petersen, Bürgerliches Recht[26] .... *Dieter Medicus* und *Jens Petersen,* Bürgerliches Recht (26. Aufl. München 2017)

Megarry und Wade (*-Harpum/Bridge/Dixon),* The Law of Real Property[8] . Robert Megarry und William Wade (Begr.), *Charles Harpum, Stuart Bridge* und *Martin Dixon,* The Law of Real Property (8. Aufl. London 2012)

Menéres Campos, Reserva de propriedade .... Maria Isabel Helbling Menéres Campos, A reserva de propriedade: do vendedor ao financiador (Coimbra 2013)

Menéres Campos, Hipoteca Maria Isabel Helbling Menéres Campos, Da hipoteca – caracterização, constituição e efeitos (Coimbra 2003)

Menezes Cordeiro, Direitos reais .... *António Menezes Cordeiro,* Direitos reais (Lissabon 1979, Reprint 1993)

Menezes Cordeiro, Posse[3] ... *António Menezes Cordeiro,* A posse: perspectivas dogmáticas actuais (3. Aufl. Coimbra 2000)

Menezes Cordeiro, Tratado de Direito Civil II[4] .... *António Menezes Cordeiro,* Tratado de Direito Civil, Band II: Parte Geral. Negócio Jurídico (4. Aufl. Coimbra 2014, unter Mitarbeit von *A. Barreto Menezes Cordeiro*)

Menezes Leitão, Direito das obrigações I[4] .... *Luís Manuel Teles de Menezes Leitão,* Direito das obrigações. Band I: Introduçãõ da constituição das obrigações (4. Aufl. Coimbra 2005)

Menezes Leitão, Direitos reais[4], [5] .... *Luís Manuel Teles de Menezes Leitão,* Direitos reais (5. Aufl. Coimbra 2015, gelegentlich auch noch zitiert nach der 4. Aufl. Coimbra 2013)

Menyhárd, Dologi jog[3], [5] .... *Attila Menyhárd,* Dologi jog (3. Aufl. Budapest 2013, 5. Aufl. Budapest 2015)

Miller, Corporeal Moveables in Scots Law ...... *David L. Carey Miller,* Corporeal Movables in Scots Law (Edinburgh 1991)

Millqvist, Sakrättens grunder[6] .... *Göran Millqvist,* Sakrättens grunder. En lärobok i sakrättens grundläggande frågeställningar avseende lös egendom (6. Aufl. Stockholm 2011)

Ministerio de Justicia (-*Verfasser*), Comentario del Código Civil I[2], II[2] .... Ministerio de Justicia, Comentario del Código Civil Band I (2. Aufl. Madrid 1993); Band II (2. Aufl. Madrid 1993); hier zitiert mit den Kommentierungen von *Manuel Albaladejo García, Gabriel García Cantero, Carlos J. Maluquer de Motes Bernet, José María Miquel González* und *Fernando Pantaleón Prieto*

Mortensen, Indledning til tingsretten[2] .... *Peter Mortensen,* Indledning til tingsretten (2. Aufl. Kopenhagen 2012)

Mugdan III .... Benno Mugdan (Hrsg.), Die gesamten Materialien zum Bürgerlichen Gesetzbuch für das Deutsche Reich. Band 3: Sachenrecht (Stockstadt am Main 2005, Nachdruck der Ausgabe Berlin 1899)

MünchKomm *(-Verfasser),* BGB I[7], II[7] III[7], VI[7], VII[7], X[7] Franz Jürgen Säcker, Roland Rixecker, Hartmut Oetker, Bettina Limperg (Hrsg.), Münchener Kommentar zum Bürgerlichen Gesetzbuch. 12 Bände. Band I: Allgemeiner Teil §§ 1–240, ProstG, AGG (7. Aufl. München 2015; hier zitiert mit den Kommentierungen von *Helmut Grothe* und *Claudia Schubert*); Band II: Schuldrecht – Allgemeiner Teil §§ 241–432 (7. Aufl. München 2016; hier zitiert mit den Kommentierungen von *Peter Gottwald* und *Martin Schlüter*); Band III: Schuldrecht Besonderer Teil I §§ 433–534, Finanzierungsleasing, CISG (7. Aufl. München 2016; hier zitiert mit der Kommentierung von *Harm Peter Westermann*); Band VI: Schuldrecht – Besonderer Teil IV §§ 705–853, Partnerschaftsgesellschaftsgesetz, Produkthaftungsgesetz (7. Aufl. München 2017; hier zitiert mit den Kommentierungen von *Karsten Schmidt* und *Gerhard Wagner*); Band VII: Sachenrecht §§ 854–1296, WEG, ErbbauRG (7. Aufl. München 2017; hier zitiert mit den Kommentierungen von *Christian Baldus, Detlev Joost, Rainer Kanzleiter, Jürgen Kohler, Jochen Mohr, Jürgen Oechsler, Petra Pohlmann* und *Thomas Raff*); Band X: §§ 1922–2385; Erbrecht, §§ 27–35 BeurkG (7. Aufl. München 2017; hier zitiert mit der Kommentierung von *Christoph Ann*)

MünchKomm *(-Verfasser),* InsO I[3] .... Hans-Peter Kirchhof (Hrsg.), Münchener Kommentar zur Insolvenzordnung, Band I: §§ 1–79, InsVV (3. Aufl. München 2013); hier zitiert mit der Kommentierung von *Hans Gerhard Ganter*

MünchKomm (*-Verfasser*) ZPO II[5]	Thomas Rauscher, Wolfgang Krüger (Hrsg.), Münchener Kommentar zur Zivilprozessordnung. 3 Bände. Band II: §§ 355–945b (5. Aufl. München 2016); hier zitiert mit den Kommentierungen von *Moritz Brinkmann* und *Karsten Schmidt*
Navarretta und Orestano (*-Verfasser*), Commentario del Codice Civile	Emanuela Navarretta, Andrea Orestano (Hrsg.), Commentario del Codice Civile, Dei contratti in generale (Turin, 2012); hier zitiert mit der Kommentierung von *Lucia Bozzi*
Neocleous, Introduction to Cyprus Law	*Andreas Neocleous* a. o., Introduction To Cyprus Law (Limassol 2000)
O'Callaghan Muñoz, Código Civil[6]	*Xavier O'Callaghan Muñoz,* Código Civil. Comentado y con Jurisprudencia (6. Aufl. Madrid 2008)
O'Callaghan Muñoz, Compendio de derecho civil II(2)[2] und III[5]	*Xavier O'Callaghan Muñoz,* Compendio de derecho civil, Band II: Derecho de Obligaciones, Teilband 2: Contratos en particular (2. Aufl. Madrid 1996); Band III: Derechos reales e hipotecario (5. Aufl. Madrid 2007)
Oliveira Ascensão, Direito Civil – Reais[5]	*José de Oliveira Ascensão,* Direito civil – Reais (5. Aufl. Coimbra 1993, Neudruck 2000)
Osajda (*-Verfasser*), Kodeks cywilny[13, 14, 16]	Konrad Osajda (Hrsg.), Kodeks cywilny. Komentarz (13. Aufl. 2016, 14., 16. Aufl. 2017) (http://legalis.pl); hier zitiert mit den Kommentierungen von *Paweł Księżak, Rafał Morek, Przemysław Sobolewski* und *Łukasz Żelechowski*
Palandt (*-Verfasser*), BGB[77]	Otto Palandt (Begr.), Bürgerliches Gesetzbuch (77. Aufl. München 2018); hier zitiert mit den Kommentierungen von *Isabell Götz, Sebastian Herrler* und *Hartmut Wicke*
Palmer und McKendrick *(-Verfasser),* Interests in Goods[2]	Norman Palmer und Ewan McKendrick (Hrsg.), Interests in Goods (2. Aufl. London 1998); hier zitiert mit den Bearbeitungen von *Elizabeth Bowes-Smith, Judith Hill, Anthony Hudson, Norman Palmer* und *William Swadling*
Papasteriou, Emprágmato Díkaio I, II, III	*Demetrios Papasteriou,* Emprágmato Díkaio. Band I, II und III (Athen und Thessaloniki 2008)
Pearce/Stevens/Barr, Trusts and Equitable Obligations[5]	*Robert A. Pearce, John Stevens* und *Warren Barr,* The Law of Trusts and Equitable Obligations (5. Aufl. Oxford 2010)
Perlingieri, Codice civile annotato	*Pietro Perlingieri,* Codice civile annotato: con la dottrina e la giurisprudenza (Turin, 1980)
Pestana de Vasconcelos, Direito das garantias[2]	*L. Miguel Pestana de Vasconcelos,* Direito das garantias (2. Aufl. Coimbra 2013)
Pietrzykowski *(-Verfasser),* Kodeks cywilny I[4, 8]	Krzysztof Pietrzykowski, Kodeks cywilny. Tom I. Komentarz do art. 1–449[10] (4. Aufl. Warschau 2005; 8. Aufl. Warschau 2015);

	hier zitiert mit den Kommentierungen von *Elżbieta Skowrońska-Bocian* und *Kamil Zaradkiewicz*
Pinto Duarte, Direitos reais[2, 3]	*Rui Pinto Duarte,* Curso de Direitos reais (2. Aufl. Cascais 2007; 3. Aufl. Cascais 2013)
Pires de Lima und Antunes Varela, Código Civil Anotado I[4], II[4], III[2]	*Fernando Andrade Pires de Lima* und *João de Matos Antunes Varela* unter Mitarbeit von *Manuel Henrique Mesquita,* Código Civil Anotado. Band I: Artigos 1–761 (4. Aufl. Coimbra 1987, Neudruck 2011); Band II: Artigos 762–1250 (4. Aufl. Coimbra 1997, Neudruck 2010); Band III: Artigos 1251–1575 (2. Aufl. Coimbra 1987, Neudruck 2010)
Planck (-*Verfasser*), BGB III/1[5]	Emil Strohal (Hrsg.), Planck's Kommentar zum Bürgerlichen Gesetzbuch nebst Einführungsgesetz. 5 Bände: Band III/1: Sachenrecht, Erste Hälfte (§§ 854–1112), (5. Aufl. Berlin 1933); hier zitiert mit der Kommentierung von *Erich Brodmann*
Prata (-*Verfasser*), Código Civil Anotado I, II	Ana Prata (Hrsg.), Código Civil Anotado Bd. 1 und 2 (Coimbra 2017), hier zitiert mit der Kommentierung von *Rute Teixeira Pedro*
Prata, Dicionário jurídico I[5]	*Ana Prata,* Dicionário jurídico. Band 1 (5. Aufl. Coimbra 2018)
Prütting, Sachenrecht[35], [36]	*Hanns Prütting,* Sachenrecht (35. Aufl. München 2014, 36. Aufl. München 2017)
Puig i Ferriol und Roca i Trias (-*Verfasser*), Institucions del dret civil de Catalunya IV	*Lluís Puig i Ferriol* und *Encarna Roca i Trias* unter Mitarbeit von *Joan M. Abril Campoy und M. Eulàlia Amat Llari,* Institucions del dret civil de Catalunya, Band IV: Drets reals (Valencia 2007)
Radwański (-*Verfasser*), System Prawa Prywatnego II[2]	Zbigniew Radwański (Hrsg.), System Prawa Prywatnego. Band II: Prawo cywilne – część ogólna (2. Aufl. Warschau 2008); hier zitiert mit der Bearbeitung von *Zbigniew Radwański*
Radwański und Dybowski (-*Verfasser*), System Prawa Prywatnego III[2]	Zbigniew Radwański (Hrsg.) und Tomasz Dybowski (Red.), System Prawa Prywatnego. Band III: Prawo rzeczowe (2. Aufl. Warschau 2007); hier zitiert mit der Bearbeitung von *Andrzej Stelmachowski*
Radwański und Gniewek (-*Verfasser*), System Prawa Prywatnego III[3], IV[3]	Zbigniew Radwański (Hrsg.) und Edward Gniewek (Red.), System Prawa Prywatnego. Band III: Prawa rzeczowe (3. Aufl. Warschau 2013); Band IV Prawo rzeczowe (3. Aufl. Warschau 2012); hier zitiert mit den Beiträgen von *Edward Gniewek, Jacek Gołaczyński* und *Zygmunt Truszkiewicz*
Rajski *(-Verfasser),* System Prawa Prywatnego VII[3]	Jerzy Rajski (Hrsg.), System Prawa Prywatnego, Band VII: Prawo zobowiązań – część szczegółowa (3. Aufl. Warschau 2011)

Reboul-Maupin, Droit des biens[4]	*Nadège Reboul-Maupin,* Droit des biens (4. Aufl. Paris 2012)
RGRK (-*Verfasser*), BGB[12]	Das Bürgerliche Gesetzbuch mit besonderer Berücksichtigung der Rechtsprechung des Reichsgerichts und des Bundesgerichtshofes. Kommentar. Band III, 2. Teil (12. Aufl. Berlin 1996); hier zitiert mit der Kommentierung von *Gerhard Rothe*
Rijavec/Vrenčur/Keresteš, Immobiliarsachenrecht in Slowenien	*Vesna Rijavec, Renato Vrenčur* und *Tomaž Keresteš,* Immobiliarsachenrecht in Slowenien (Wien 2001);
Roca Sastre et al., Derecho hipotecario I[9], II(2)[9]	*Ramón M. Roca Sastre, Luis Roca-Sastre Muncunill* und *Joan Bernà i Xirgo,* Derecho hipotecario. Band I (9. Aufl. Barcelona 2008); Band II, Teil 2 (9. Aufl. Barcelona 2008)
Rogers, Winfield and Jolowicz on Tort[17]	*William Vaughan Horton Rogers,* begründet von Percy James Winfield und John A. Jolowicz on Tort (17. Aufl. London 2006)
Rouček (-*Verfasser*), Komentář k československému obecnému zákoníku občanskému a občanské právo platné na Slovensku a v Podkarpatské Rusi II	*František Rouček* und *Jaromir Sedláček,* Komentář k československému obecnému zákoníku občanskému a občanské právo platné na Slovensku a v Podkarpatské Rusi, Band II (Prag 1935); hier zitiert mit der Kommentierung von *Jaromír Sedláček*
Rudnicki und Rudnicki, Komentarz do kodeksu cywilnego II[9]	*Stanisław Rudnicki* und *Grzegorz Rudnicki,* Komentarz do kodeksu cywilnego. Band II: Własność i inne prawa rzeczowe (9. Aufl. Warschau 2008)
Rummel (-*Verfasser*), ABGB I[3], II[3]	Peter Rummel (Hrsg.), Kommentar zum Allgemeinen bürgerlichen Gesetzbuch. Band I: §§ 1–1174 (3. Aufl. Wien 2000); Band II Teilband 1: §§ 1175–1502 (3. Aufl. Wien 2007); hier zitiert mit den Kommentierungen von *Peter Bydlinski, Kurt Hofmann* und *Karl Spielbüchler*
Ruperto (-*Verfasser*), La giurisprudenza sul codice civile	Cesare Ruperto (Hrsg.), La giurisprudenza sul codice civile. Coordinata con la dottrina, (Mailand 2011); hier zitiert mit der Bearbeitung von *Fabrizio Pasí*
Ruscello, Istituzioni di diritto privato I[2]	*Francesco Ruscello,* Istituzioni di diritto privato, Band I (2. Aufl. Mailand 2014)
Sacco und Caterina, Il possesso[2], [3]	*Rodolfo Sacco* und *Raffaele Caterina,* Il possesso (3. Aufl. Mailand 2014; teilweise auch zit. nach der 2. Aufl. Mailand 2000)
Sacco (-*Verfasser*), Trattato di diritto civile	Rodolfo Sacco, Trattato di diritto civile (Turin 2006); hier zitiert mit den Kommentierungen *von Silvia Ferreri* und *Alberto Musy*
Santos Justo, Direitos reais[2]	*A. Santos Justo,* Direitos reais (2. Aufl. Coimbra 2010)

Schlesinger *(-Verfasser),* Codice civile commentario	*Pietro Schlesinger,* Il codice civile commentario (Mailand 2011)
Schoordijk, Vermogensrecht in het algemeen	*H. C. F. Schoordijk,* Vermogensrecht in het algemeen naar Boek 3 van het nieuwe B. W. (titel 1t/m 5, titel 11) (Deventer 1986)
Schwimann und Kodek (*-Verfasser*), ABGB II[4], VI[3] ..	Michael Schwimann (Begr.), Georg Kodek (Hrsg.), ABGB Praxiskommentar. 8 Bände (4. Aufl. Wien 2011, teilweise noch zitiert nach der 3. Aufl. Wien 2006); hier zitiert mit den Kommentierungen von *Kirstin Grüblinger, Sonja Janisch, Thomas Klicka, Peter Mader* und *Alexander Reidinger*
Schwimann *(-Verfasser),* ABGB-Taschenkommentar[3]	Michael Schwimann, ABGB Taschenkommentar mit EheG, EPG, EKHG und KSchG, ASVG und EKHG (3. Aufl. Wien 2015); hier zitiert mit den Kommentierungen von *Alexander Illedits* und *Stefan Perner*
Sebeni, Nouveau Code civil roumain	*Aladar Sebeni,* Nouveau Code civil roumain. Traduction commentée. Noul Cod civil (Paris 2013)
Sheehan, The Principles of Personal Property Law	*Duncan Sheehan,* The Principles of Personal Property Law (Oxford 2011)
Simler und Delebecque, Droit civil: Les sûretés, la publicité foncière[6]	*Philippe Simler* und *Philippe Delebecque,* Droit civil: les sûretés, la publicité foncière (6. Aufl. Paris 2012)
Smith und Black *(-Verfasser),* Stair Memorial Encyclopedia XVIII: Property	Thomas Smith und Robert Black (Hrsg.), The Laws of Scotland: Stair Memorial Encyclopedia. Band XVIII: Property (Edinburgh 1993); hier zitiert mit der Kommentierung von *Kenneth Reid*
Snell's Equity (*-Verfasser*)[32] ...	John Mc Ghee (Hrsg.), Snell's Equity (32. Aufl. London 2010)
Snijders und Rank-Berenschot, Goederenrecht .	*Henk J. Snijders* und *Eline B. Rank-Berenschot,* Goederenrecht (Deventer 2012)
Soergel (*-Verfasser*), BGB XIV[13], XV/1[13], XVI[13]	Hans-Theodor Soergel (Begr.), Wolfgang Siebert (Hrsg.), Bürgerliches Gesetzbuch. Mit Einführungsgesetz und Nebengesetzen. Angelegt auf 32 Bände. Band XIV: Sachenrecht 1: §§ 854–984 BGB, (13. Aufl. Stuttgart 2002); hier zitiert mit den Kommentierungen von *Jürgen F. Baur* und *Astrid Stadler;* Band XV/1: Sachenrecht 2/1: §§ 985–1017 (13. Aufl. Stuttgart 2007); hier zitiert mit den Kommentierungen von *Martin Henssler* und *Joachim Münch;* Band XVI: Sachenrecht 3: §§ 1018–1296 (13. Aufl. Stuttgart 2001); hier zitiert mit den Kommentierungen von *Rolf Stürner*
Sohst, Das spanische Bürgerliche Gesetzbuch[5]	*Wolfgang Sohst,* Das spanische Bürgerliche Gesetzbuch (5. Aufl. Berlin 2013)
Spáčil *(-Verfasser),* Občanský zákoník III	Jiří Spáčil et al., Občanský zákoník III. Komentář. Band III: Věcná práva. (§§ 976–1474) (Prag 2013); hier zitiert mit den Kommentierungen von *Eva Dobrovolná, Jakub Handrlica, Dušan Hrabánek, Jan Lasák, Bohuslav Petr* und *Jiří Spáčil*

Spáčil, Ochrana vlastnictví a držby v občanském zákoníku^{2}	*Jiří Spáčil,* Ochrana vlastnictví a držby v občanském zákoníku (2. Aufl. Prag 2005)
Spyridakis, Empragmato Dikaio I	*Ioannis Spyridakis,* Empragmato Dikaio, Band I (Athen/Komotini 2001)
Staudinger *(-Verfasser),* BGB (2009), (2012), (2013), (2014), (2017)	Julius von Staudingers Kommentar zum Bürgerlichen Gesetzbuch mit Einführungsgesetz und Nebengesetzen. Buch 1: Allgemeiner Teil, Buch 2: Schuldrecht, Buch 3: Sachenrecht, Buch 5: Erbrecht (Berlin, Neubearbeitungen 2009, 2012, 2013, 2014, 2017); hier zitiert mit den Kommentierungen von *Thomas Diehn, Karl-Heinz Gursky, Martin Gutzeit, Christian Heinze, Axel Pfeifer, Tilman Repgen, Volker Rieble* und *Wolfgang Wiegand*
Stavrou, Vaprosi na balgarskoto veshtno pravo ..	*Stoyan Stavrou,* Vaprosi na balgarskoto veshtno pravo (Sofia 2008)
Strickler, Les biens	*Yves Strickler,* Les biens (Paris 2006)
Švestka *(-Verfasser),* Občanský zákoník I^{2}, IV	Jiří Švestka, Jiří Spáčil, Marta Škárová, Milan Humák et al., Občanský zákoník. Komentář. 2 Bände. Band I: §§ 1–459 (2. Aufl. Prag 2009); hier zitiert mit den Kommentierungen von *Jiří Spáčil*
Švestka und Dvořák, Občanské právo hmotné I^{5}, III	*Jiří Švestka, Jan Dvořák* et al., Občanské právo hmotné. 3 Bände. Band I: Teil 1 und 2 Allgemeiner Teil und Sachenrecht (5. Aufl. Prag 2009); Band III: Teil 3 Sachenrecht (Prag 2015)
Švestka/Dvořák/ Fiala (*-Verfasser*), Občanský zákoník I, III, V ..	Jiří Švestka, Jan Dvořák, Josef Fiala, Občanský zákoník. Band I: obecná část §§ 1-654 (Prag 2014); Band III: absolutní majetková práva §§ 976–1474 (Prag 2014); Band V, Teil 1: relativní majetková práva §§ 1721–2520 (Prag 2014); hier zitiert mit den Kommentierungen von *David Elischer; Josef Fiala, Tomáš Kindl, Alena Macková, Robert Pelikán, Irena Pelikánová, Luboš Tichý, Alexandr Thöndel* und *Alena Winterová*
Synodinou, Κυπριακό Εμπράγματο Δίκαιο – Ακίνητη Ιδιοκτησία (Kypriakó Emprágmato Dikaio – Akínete Idioktesia)	*Tatiana-Eleni Synodinou,* Κυπριακό Εμπράγματο Δίκαιο – Ακίνητη Ιδιοκτησία (Kypriakó emprágmato Díkaio. Akínete Idioktesía) (Das zyprische Sachenrecht. Die Immobiliarinhaberschaft) (Athen und Thessaloniki 2011)
T'Kint, Sûretés^{4}	*François T'Kint,* Sûretés et principes généraux du droit de poursuite des créanciers (4. Aufl. Brüssel 2004)
Terré und Simler, Les biens^{9}	*François Terré* und *Philippe Simler,* Droit civil. Les biens (9. Aufl. Paris 2014)
Terré/Simler/Lequette, Les obligations^{9}	*François Terré, Philippe Simler* und *Yves Lequette,* Droit civil. Les obligations (9. Aufl. Paris 2005)
Thomas und Hudson, Law of Trusts^{2}	*Geraint Thomas* und *Alastair Hudson,* The Law of Trusts (2. Aufl. Oxford 2010)

Torrente und Schlesinger, Manuale di diritto privato[19, 21]	*Andrea Torrente* und *Piero Schlesinger,* Manuale di diritto privato (19. Aufl. Mailand 2009, 21. Aufl. Mailand 2013)
Tousis, Empragmato Dikaio	*Andreas Tousis,* Empragmato Dikaio (Athen 1978)
Triantos, AK	*Nikolaos Triantos,* Astikós Kodikas. Ermineía kat' árthro (Athen 2009)
Van Neste, Zakenrecht I[2]	*Fernand van Neste,* Beginselen van Belgisch privaatrecht. Band V: Zakenrecht. Buch 1: Goederen, bezit en eigendom (2. Aufl. Brüssel 1990)
Vassilev, Balgarsko veshtno pravo[2]	*Lyuben Vassilev,* unter der Redaktion von Tchudomir Goleminov, Balgarsko veshtno pravo (2. Aufl. Sofia 2001)
Vážný (Hrsg.), Rozhodnutí nejvyššího soudu československé republiky ve věcech občanských II, III, VII	František Vážný (Hrsg.), Rozhodnutí nejvyššího soudu československé republiky ve věcech občanských II (Prag 1922), III (Prag 1923), VII (Prag 1926)
Vékás und Gárdos (-*Verfasser*), Kommentár a Polgári Törvénykönyvhöz I, II	Lajos Vékás und Péter Gárdos (Hrsg.), Kommentár a Polgári Törvénykönyvhöz: Kommentár a Polgári Törvénykönyvről szóló 2013. évi V. törvényhez (Großkommentar zum ungarischen Zivilgesetzbuch, zwei Bände) (Budapest 2014); hier zitiert mit den Kommentierungen von *Péter Gárdos, Attila Menyhárd* und *Lajos Vékás*
Vieira, Direitos reais[1, 2]	*José Alberto C. Vieira,* Direitos Reais (2. Aufl. Coimbra 2016, teilweise auch zitiert nach der 1. Aufl. Coimbra 2008)
Vieweg und Werner, Sachenrecht[7]	*Klaus Vieweg* und *Almuth Werner,* Sachenrecht (7. Aufl. Köln 2017)
Vojčík, Občianske právo hmotné	*Peter Vojčík* et al., Občianske právo hmotné (Pilsen 2012)
Vymazal, Zástavní právo	*Lukáš Vymazal,* Zástavní právo v novém občanském zákoníku (Prag 2014)
Watgen und Watgen, La propriété immobilière	*Monique Watgen* und *Raymond Watgen,* La propriété immobilière (Windhof 2013)
Wellenhofer, Sachenrecht[32]	*Marina Wellenhofer,* Sachenrecht (32. Aufl. München 2017)
Wellmann (-*Verfasser*), Dologi jog[2]	György Wellmann (Hrsg.), Az új Ptk. magyarázata IV/VI – Dologi jog. Második, átdolgozott, bővített kiadás (2. Aufl. Budapest 2014); hier zitiert mit der Kommentierung von *Ferenc Petrik*
Westermann/Gursky/Eickmann, Sachenrecht[8]	Harry Westermann (Begr.), *Harm Peter Westermann, Karl-Heinz Gursky* und *Dieter Eickmann,* Sachenrecht (8. Aufl. Heidelberg u. a. 2011)
Wieling, Sachenrecht I[2]	*Hans Josef Wieling,* Sachenrecht. Band I: Sachen, Besitz und Rechte an beweglichen Sachen (2. Aufl. Berlin 2006)
Wieling, Sachenrecht[5]	*Hans Josef Wieling,* Sachenrecht (5. Aufl. Berlin 2007)
Wilhelm, Sachenrecht[5]	*Jan Wilhelm,* Sachenrecht (5. Aufl. Berlin 2016)

Wolff und Raiser, Sachenrecht[10] .... Ludwig Enneccerus, Theodor Kipp, Martin Wolff (Begr.), *Manfred Wolff* und *Ludwig Raiser,* Sachenrecht (10. Aufl. Tübingen 1957)

Wylie, Irish Land Law[5] .... *J. C. W. Wylie,* Irish Land Law (5. Aufl. Dublin 2013)

Zenati-Castaing und Revet, Les biens[3] .... *Frédéric Zenati-Castaing* und *Thierry Revet,* Les biens (3. Aufl. Paris 2008)

Zetterström, Sakrättens fyra huvudfall[2] .... *Stefan Zetterström,* Sakrättens fyra huvudfall (2. Aufl. Uppsala 2008)

Übersetzungsverzeichnis

Belgien	
Sammlung belgischer Gesetze	Rechtsanwaltskammer Eupen (Hrsg.), Belgisches Gesetzbuch. Sammlung; bearbeitet u. a. von *André Henkes, Guido Zians, Axel Kittel* (2. Auflage Eupen 2013)
Verfassung, Zivilgesetzbuch, Gesetz über das Erbbaurecht, Gesetz über das Erbpachtrecht, Konkursgesetz, Hypothekengesetz, Gesetz in Bezug auf die Verpfändung eines Handelsunternehmens, Gesetzbuch des Zivilverfahrensrechts	Christian von Bar (Hrsg.), Sachenrecht in Europa. Systematische Einführung und Gesetzestexte. Bd. 4: Belgien, Spanien, Italien, Frankreich; bearbeitet von *Matthias E. Storme* und *Erwin Beysen* (Osnabrück 2001)
Estland	
Gesetz über den Allgemeinen Teil des Zivilgesetzbuches, Schuldrechtsgesetz, Sachenrechtsgesetz	Übersetzung in die englische Sprache auf der Internetpräsenz des estnischen Amtsblattes *(Riigi Teataja),* abrufbar unter https://www.riigiteataja.ee/tutvustus.html?m=3 (veröffentlicht am 30.10.2013)
Frankreich	
Zivilgesetzbuch	Christian von Bar (Hrsg.), Sachenrecht in Europa. Systematische Einführung und Gesetztexte. Bd. 4: Belgien, Spanien, Italien, Frankreich; bearbeitet von *Erwin Beysen* (Osnabrück 2001) o. V., Das französische bürgerliche Gesetzbuch (Heitz & Co. Verlag Leipzig 1939)
Griechenland	
Zivilgesetzbuch	Christian von Bar (Hrsg.), Sachenrecht in Europa. Systematische Einführung und Gesetzestexte. Bd. 3: Griechenland, Portugal, Niederlande; bearbeitet von *Evlalia Eleftheriadou* (Osnabrück 1999) *Demetrius Gogos,* Das Zivilgesetzbuch von Griechenland (1940) mit dem Einführungsgesetz (Berlin 1951)
Italien	
Zivilgesetzbuch	*Max W. Bauer, Bernhard Eccher, Bernhard König, Josef Kreuzer* und *Heinz Zanon,* Italienisches Zivilgesetzbuch/Codice civile. Zweisprachige Ausgabe (5. Aufl. Bozen 2010) *Dies.,* Italienisches Zivilgesetzbuch. Deutsche Ausgabe, abrufbar unter: http://www.provinz.bz.it/anwaltschaft/download/ProvBZ_ZGB_Fassung_Stand_24_11_2010_de.pdf Salvatore Patti (Hrsg.), Italienisches Zivilgesetzbuch/Codice Civile (2. Aufl. Mailand 2012)

Lettland

Zivilgesetzbuch .... Lettisches Justizministerium (Hrsg.), Lettlands Zivilgesetzbuch vom 28. Januar 1937. Nachdruck der Ausgabe Riga 1937; bearbeitet von *Herbert Ehlers, Carl Schilling* und *Hermann Blaese* (Hamburg 1987)
Übersetzung in die englische Sprache auf der Internetpräsenz des staatlichen Sprachenzentrums Lettlands *(Valsts valodas centrs),* abrufbar unter http://www.vvc.gov.lv/export/sites/default/LV/publikacijas/civillikums.pdf

Litauen

Zivilgesetzbuch .... Übersetzung in die englische Sprache auf der Internetpräsenz des Sejms *(Lietuvos Respublikos Seimas),* abrufbar unter http://www3.lrs.lt/pls/inter3/dokpaieska.showdoc_l?p_id=245495

Niederlande

Zivilgesetzbuch .... Christian von Bar (Hrsg.), Sachenrecht in Europa. Systematische Einführung und Gesetzestexte. Bd. 3: Griechenland, Portugal, Niederlande; bearbeitet von *Franz Nieper* und *Hendrik Ploeger* (Osnabrück 1999)
Franz Nieper und *Arjen Westerdijk,* Niederländisches Bürgerliches Gesetzbuch. Bd. 3: Allgemeiner Teil des Vermögensrechts. Bd. 4: Erbrecht. Bd. 5: Sachenrecht (München 1996)

Polen

Zivilgesetzbuch, Gesetz vom 6.7.1982 über Grundbücher und Hypothek (poln. GBHG) .... Stephan Breidenbach (Hrsg.), Handbuch Wirtschaft und Recht in Osteuropa. Bd. 2; bearbeitet von *Alexander Lane, Erhardt Gralla, Markus Wenner* und *Bogumiła Czarnowska* (München 2009)

Portugal

Zivilgesetzbuch .... Christian von Bar (Hrsg.), Sachenrecht in Europa. Systematische Einführung und Gesetzestexte. Bd. 3: Griechenland, Portugal, Niederlande; bearbeitet von *Maria Margarida R. A. C. de Seabra* und *Yanko Marcius de Alencar Xavier* (Osnabrück 1999)

Grundbuchgesetz (DL 224/84 vom 6.7.1984, Código do Registo Predial) .... *Marietta Pietrek,* Konsens über Tradition? Eine Studie zur Eigentumsübertragung in Brasilien, Deutschland und Portugal (Tübingen 2015) S. 298–301

Rumänien

Zivilgesetzbuch .... *Daniela Borcan* und *Manuela Ciuruc,* Nouveau Code civil roumain – traduction commentée. Noul Cod civil (Paris 2013) (Übersetzung in die französische Sprache)

Schweden

Zivilrechtliche Gesetzgebung (Mobilien und Immobilien) .... Christian von Bar (Hrsg.), Sachenrecht in Europa. Systematische Einführung und Gesetzestexte. Bd. 1: Dänemark, England, Finnland, Schweden; bearbeitet von *Dirk Westermann* und *Reinhard Herrmann* (Osnabrück 1999)

Zivilrechtliche Gesetzgebung (Mobilien) .... *Nils Rasmus Grenda,* Erwerb und Schutz des Eigentums an Mobilien im deutschen und schwedischen Recht (Frankfurt am Main 2013)

Slowakische Republik

Zivilrechtliche Gesetzgebung .... Stephan Breidenbach et alii (Hrsg.), Handbuch Wirtschaft und Recht in Osteuropa, Bd. 3, bearbeitet von *Karin Rogalska* (München 2017)

Slowenien

Sachenrechtsgesetzbuch ...... Stephan Breidenbach et alii, Handbuch Wirtschaft und Recht in Osteuropa, Bd. 4, bearbeitet von *Thomas Paintner* (München 2014)
Übersetzung in die englische Sprache auf der Internetpräsenz der Europäischen Bank für Wiederaufbau und Entwicklung, abrufbar unter http://www.ebrd.com/downloads/legal/core/slolom.pdf

Spanien

Handelsgesetzbuch .... *Burckhardt Löber, Witold Peuster* und *Armin Reichmann,* Spanisches Handelsgesetzbuch – Código de Comercio, Bd. 1 Zweisprachige Gesetzesausgabe, eingeführt und übersetzt von *Witold Peuster* (Frankfurt am Main 1984)

Strafgesetzbuch .... *Markus Hoffmann* unter Mitarbeit von *Manuel Cancio Meliá,* Das spanische Strafgesetzbuch – Código Penal (Freiburg i. B. 2002)

Timesharing-Gesetz, Grundbuchgesetz, und Grundbuchverordnung und Katastergesetz .... Wolfgang Sohst und Hinnerk Fauteck (Hrsg.), Spanisches Bau-, Miet-, WEG- und Grundbuchrecht. Deutsch-spanische Textsammlung; bearbeitet von *Wolfgang Sohst* (2. Aufl. Berlin 2005)

Zivilgesetzbuch .... *Witold Peuster,* Código Civil – Das spanische Zivilgesetzbuch. Spanisch-deutsche Textausgabe (Frankfurt am Main 2002)
Wolfgang Sohst, Das spanische Bürgerliche Gesetzbuch. Código Civil Español und Spanisches Notargesetz – Text und Kommentar (5. Aufl. Berlin 2013)

Tschechien

Bürgerliches Gesetzbuch [1964] .... *Andreas Weber,* Tschechisches Bürgerliches Gesetzbuch (Prag 1995)

Bürgerliches Gesetzbuch [2014] .... Stephan Breidenbach et alii(Hrsg.), Handbuch Wirtschaft und Recht in Osteuropa. Bd. 1; bearbeitet von *Eva Giese* (Leitung), *Claudia Bock, Jacqueline Pörschmann, Jitka Rutrlová, Kim Schwartz, Kaj Staender* und *Anna Zimmermann* (München 2015)

Handelsgesetzbuch .... *Petr Bohata, Silvia Sparfeld, Eva Giese* und *Ernst Giese,* Tschechische Wirtschaftsgesetze. Bd. 2: Handelsgesetzbuch (4. Aufl. München 2006)

Ungarn

Zivilgesetzbuch [1959] .... *Pál Lamberg* und *Sándor Karcsay,* Zivilgesetzbuch der ungarischen Volksrepublik (Budapest 1960)

Zivilgesetzbuch [2014] .... ILS Nemzetközi Fordító Szolgálat Kft., Polgári Törvénykönyv. Bürgerliches Gesetzbuch (Budapest 2013)

Verzeichnis der Abkürzungen

ÄB	*Ärvdabalk* (Erbgesetzbuch, Schweden); vgl. Gesetzesregister für weitere Angaben
ABGB	*Allgemeines Bürgerliches Gesetzbuch* (Österreich); vgl. Gesetzesregister für weitere Angaben
ABH	*Alkotmánybírósági Határozat* (Sammlung der Entscheidungen des ungarischen Verfassungsgerichts)
AC	*The Law Reports. Appeal Cases, House of Lords* (London 1.1875/76 ff)
AC	*Actualidad civil* (Madrid 3.1989 ff)
AchNom	*Achaiki Nomologia* (Patras 1.1985 ff)
AcP	*Archiv für die civilistische Praxis* (Tübingen 1.1820–149.1944, 1; 150.1948/49 ff; enthält *Archiv für bürgerliches Recht,* Berlin 1.1888/89–43.1917/19)
Ad & E; Adolphus & Ellis	*Reports of cases argued and determined in the Court of King's bench* (London 1835–1842)
ADC	*Anuario de Derecho Civil* Jahressammlung des Zivilrechts (Madrid 1.1948 ff)
AG	*Amtsgericht* (Deutschland)
A-G	*Advocaat-Generaal*
AK	*Astikos Kodikas* (Zivilgesetzbuch, Griechenland), vgl. Gesetzesregister für weitere Angaben
All ER	*All England Law Reports (London 1.1936 ff)*
AllgGAG	*Allgemeines Grundbuchsanlegungsgesetz* (Österreich); vgl. Gesetzesregister für weitere Angaben
ALR	*Das Allgemeine Landrecht für die preußischen Staaten* (Deutschland); vgl. Gesetzesregister für weitere Angaben
ALR	*Australian Law Reports* (Chatswood 1.1973 ff)
Am.J. Legal Hist.	*American Journal of Legal History* (Philadelphia, 2.1957 ff)
AP	*Audiencia Provincial* (zweitinstanzliches Gericht Spanien)
Arch. giur. circol. e sinistri	*Archivio giuridico della circolazione e dei sinistri stradali* (Piacenza, 1.1955- 22.1976 ff)
ArchN	*Archeio Nomologias* (Athen 1.1949 ff)
Arm.; Harm.	*Armenopoulos* (Thessaloniki 1.1946/47 ff)
AT ZGB	*Tsiviilseadustiku üldosa seadus* (Gesetz über den Allgemeinen Teil des Zivilgesetzbuches, Estland); vgl. Gesetzesregister für weitere Angaben
AvtL	*Avatslagen* (Vertragsgesetz Schweden); vgl. Gesetzesregister für weitere Angaben
BAG	*Bundesarbeitsgericht* (Deutschland)
Banca borsa tit. cred.	*Banca, borsa e titoli di credito* (Mailand 1.1934 ff)
BauR	*Baurecht. Zeitschrift für das gesamte öffentliche und zivile Baurecht* (Köln, Düsseldorf 1.1970 ff)
BayObLG	*Bayerisches Oberstes Landesgericht*
BayObLGZ	*Amtliche Sammlung der Entscheidungen des BayObLG in Zivilsachen* (München 1.1950–2004)
BayStrWG	*Bayerisches Straßen- und Wegegesetz* (Deutschland); vgl. Gesetzesregister für weitere Angaben
bbl	*Baurechtliche Blätter* (Wien 1. 1997 ff)
BeckRS	*Beck online Rechtsprechung* (elektronische Entscheidungsdatenbank)

BFH .... *Bundesfinanzhof* (Deutschland)
BfL .... *Lag om handräckning och betalningsföreläggande* (Gesetz über Mahnbescheide und Vollstreckungshilfe Schweden); vgl. Gesetzesregister für weitere Angaben
BGB .... *Bürgerliches Gesetzbuch* (Deutschland), *Občanský zákoník* (OZ) (Tschechien, Slowakei); vgl. Gesetzesregister für weitere Angaben
BGBl .... *Bundesgesetzblatt* (Köln/Bonn 1949/1950; danach in Teilen: BGBl. Teil I [1951 ff], BGBl. Teil II [1951 ff], BGBl. Teil III (Sammlung des Bundesrechts) [1951–1967] seit 1968 veröffentlicht in Bundesgesetzblatt Teil I, Fundstellennachweis A, Bundesrecht ohne völkerrechtliche Vereinbarungen, bzw. in Bundesgesetzblatt Teil II, Fundstellennachweis B, Völkerrechtliche Vereinbarungen, Verträge zur Vorbereitung und Herstellung der Einheit Deutschlands)
BGH .... *Bundesgerichtshof* (Deutschland)
BGHZ .... *Amtliche Sammlung der Entscheidungen des Bundesgerichtshofes in Zivilsachen* (Köln u. a. 1.1951 ff)
BH .... *Bírósági Határozatok* (amtliche Sammlung der Entscheidungen des ungarischen Obersten Gerichtshofs)
Bing NC .... *Bingham's New Cases. English Common Pleas* (ER 131–133) (London 1834–1840)
Biul.SN .... *Biuletyn Sądu Najwyższego* (Warschau 1.1995 ff)
BlGBW .... *Blätter für Grundstücks-, Bau- und Wohnungsrecht* (Neuwied u. a. 1.1952–34.1985)
BlgNR .... Beilagen zu den stenographischen Protokollen des Nationalrates (Österreich)
BMJ .... *Boletim do Ministério da Justiça* (Lissabon 1.1940/41–7.1947 = Nr. 1–40 veröffentlicht als *Boletim oficial do Ministério da Justiça;* 1.1947, 2.1947–499.2000 veröffentlicht als *Boletim do Ministério da Justiça*)
BrB .... *Brottsbalk* (Strafgesetzbuch, Schweden), vgl. Gesetzesregister für weitere Angaben
BT-Drucks. .... *Verhandlungen des Deutschen Bundestages. Drucksachen* (Bonn Wahlperiode 1.1949–11.1987/90; Berlin Wahlperiode 11.1987/90 ff)
Bull. civ. .... *Bulletin des arrêts de la Cour de cassation. Chambres civiles* (Paris 1803 ff; seit 2008 als Online-Ausgabe)
Bull. crim. .... *Bulletin des arrêts de la Cour de cassation rendus en matière criminelle* (Paris 9. 1804)
Burr .... *Burrow's King's Bench Reports* (London 1756–1772)
BVerfG .... *Amtliche Sammlung des Bundesverfassungsgerichts* (Deutschland)
BVerfGE .... *Entscheidungen des Bundesverfassungsgerichts* (Tübingen, 1.1951/52)
BVerwG .... *Bundesverwaltungsgericht* (Deutschland)
BW .... *Burgerlijk Wetboek* (Niederlande); vgl. Gesetzesregister für weitere Angaben
BWNotZ .... *Zeitschrift für das Notariat in Baden-Württemberg* (Stuttgart 69. 2003 ff)

CA .... *Court of Appeal* (England), *Cour d'appel* (Frankreich); Corte d'Appello (Italien)
Car & P .... *Carrington & Payne Nisi Prius Reports* (London 1823–1841)
Cass. .... *Hof van Cassatie/Cour de cassation* (Belgien); *Cour de cassation* (Frankreich); *Corte Suprema di Cassazione* (Italien)
Cass. Ass. Plén. .... *Cour de cassation. Assemblée Plénière*
Cass. civ. .... *Cour de cassation. Chambre civile* (Frankreich), *Corte di Cassazione, civile* (Italien)

Cass. com. .... *Cour de cassation. Chambre commerciale et financière* (Frankreich)
Cass. crim. .... *Cour de cassation, Chambre crimminelle.* Strafkammer des Kassationshofes (Frankreich)
Cass. pen. .... *Corte di Cassazione, penale* (Strafsenat des Kassationshofes, Italien)
Cass. pen. .... *Cassazione penale. Rivista mensile di giurisprudenza* (Mailand 1961 ff)
Cass. req .... *Cour de cassation. Chambre des requêtes* (Frankreich, abgeschafft 1947)
Cass. sez. un. .... *Corte di Cassazione, sezione unite* (Italien)
CB NS .... *Common Bench, New Series,* London 1857–1866
CC .... *Code civil* (Belgien, Frankreich und Luxemburg), *Codi Civil/Código Civil* (Katalonien), *Codice civile* (Italien), Civil Code (Malta), *Codul Civil* (Rumänien), *Código Civil* (Portugal und Spanien); vgl. Gesetzesregister für weitere Angaben
CCJC .... *Cuadernos Civitas de Jurisprudencia Civil* (Cizur Menor, 1.1983 ff)
CCom .... *Code de commerce* (Frankreich); *Código Comercial* (Portugal); *Código de Comercio* (Spanien); vgl. Gesetzesregister für weitere Angaben
CDP .... *Cadernos de Direito Privado* (Braga 1.2003)
CED .... *Centro elettronico di documentazione* (Italien)
CGI .... *Code général des impôts* (Allgemeines Steuergesetzbuch, Frankreich); vgl. Gesetzesregister für weitere Angaben
Ch .... *The Law Reports. Chancery Cases* (London 1.1891 ff)
Ch App .... *The Law Reports. Chancery Appeal Cases* (London 1.1865/66–10.1874); fortgesetzt als *The Law Reports. Chancery Division* (London 1.1875/76–45.1890, 1891 ff)
Ch D .... *The Law Reports. Chancery Division* (1875/76–1890; cf. LR)
ChrID .... *Chroniká Idiotikou Dikaiou* (Athen 1.2000 ff)
CJ .... *Colectânea de Jurisprudência* (Coimbra 1.1976 ff)
CL .... *Common Law* (Irish Reports, 3rd Series, Irish Reports, Common Law, 1866–1878; Council of Law Reporting in Ireland); vgl. IR
CLJ .... *The Cambridge Law Journal* (Cambridge 1.1921/23 ff)
CLR .... *Commonwealth Law Reports* (Melbourne 1.1903 ff)
Co Rep .... *Coke's King's Bench Reports* (London 1572–1619)
Conv .... *Conveyancer and Property Lawyer* (London 1936 ff)
CP .... *Código Penal* (Portugal/Spanien), *Codice Penale* (Italien), *Code Pénal* (Belgien, Frankreich); vgl. Gesetzesregister für weitere Angaben
CPC .... *Code de procédure civile* (Frankreich, Luxemburg), *Código de Processo Civil* (Portugal), *Codice di procedura civile* (Italien); vgl. Gesetzesregister für weitere Angaben
CPR .... *Civil Procedure Rules* (Vereinigtes Königreich); vgl. Gesetzesregister für weitere Angaben
CRBM .... *Código do Registo de Bens Móveis* (Registergesetzbuch von beweglichen Gütern, Portugal); vgl. Gesetzesregister für weitere Angaben
CRP .... *Código do Registo Predial* (Grundbuchgesetz, Portugal); vgl. Gesetzesregister für weitere Angaben

D. e G. .... *Diritto e Giustizia* (Mailand 1.2000)
D.; D.A; D.H.; D.P. .... *Recueil Dalloz de doctrine, de jurisprudence et de législation* (Paris 179.2003, 29 ff). Erschienen seit 1791 unter verschiedenen Titeln. Wenn nicht anders angegeben, mit D. abgekürzt.
– *Journal des audiences de la Cour de cassation ou Recueil des principaux arrêts rendus par cette cour en matière civile et mixte* (1791–1824)
– *Recueil périodique et critique de jurisprudence, de législation et de doctrine en matière civile, commerciale, criminelle, administrative et de droit public* (1825–1940) [D.P.]

	– *Recueil hebdomadaire de jurisprudence en matière civile, commerciale, criminelle, administrative et de droit public* (1924–1940) [D. H.]
	– *Recueil Dalloz. Recueil analytique de jurisprudence et de législation* (1941–1944) [D. A.]
	– *Recueil Dalloz. Recueil critique de jurisprudence et de législation* (1941–1944) [D. C.]
	– *Recueil Dalloz de doctrine, de jurisprudence et de législation. Hebdomadaire* (1945–1954, 1957–1964)
	– *Recueil Dalloz et Recueil Sirey* (1955) [D. S.]
	– *Recueils Dalloz et Sirey* (1956) [D. S.]
	– *Recueil Dalloz Sirey* (1965–1996) (ab 1965 Vereinigung von Recueil Dalloz und Recueil Sirey [siehe S.])
	– *Recueil Dalloz de doctrine, de jurisprudence et de législation* (1997–1999, 2003 ff)
	– *Recueil le Dalloz* (1999–2003)
DCFR	*Draft Common Frame of Reference*
Dekret	*Dekretgesetz 1955* (über die Reform der Publizität in Grundstückssachen Frankreich); vgl. Gesetzesregister für weitere Angaben
Dig. disc. priv., sez. civ.	*Digesto delle Discipline Privatistiche* (Enzyklopädie): Digesto delle discipline privatistiche, sezione civile (Turin 1987 ff)
Dike	*Dike* (Athen 1970 ff)
DL	*Decreto ley* (Gesetzesverordnung, Spanien)
DMSG	*Denkmalschutzgesetz* (Österreich); vgl. Gesetzesregister für weitere Angaben
DNotZ	*Deutsche Notar-Zeitschrift* (1.1901–33.1933,5: *Zeitschrift des Deutschen Notarvereins;* München, 1.1901–44.1944; 1950 ff)
DPJZ	*Deutsch-Polnische Juristen-Zeitschrift* (Berlin, 7. 2000 ff)
DStRE	*Deutsches Steuerrecht- Entscheidungsdienst* (München, 1997 ff.)
Dz. U.	*Dziennik Ustaw Rzeczypospolitej Polskiej* (Gesetzblatt Polen)
EBH	*Elvi Bírósági Határozat* (Grundbeschluss des ungarischen OGH)
ECDR	*European Copyright & Design Reports* (London 1.1999 ff.)
ECLI	*European Case Law Identifier*
Ecolex	*Fachzeitschrift für Wirtschaftsrecht* (Wien 1.1990 ff)
Edin LR	*Edinburgh Law Review* (Edinburgh 1.1996 ff)
EEN	*Efemeris Ellenon Nomikon* (Athen 1.1934 ff)
EfAD	*Efarmogés Astikou Dikaiou* (Athen 1.2008 ff)
EFSlg	*Sammlung ehe- und familienrechtlicher Entscheidungen* (Wien 1.1965 ff)
EGBGB	*Einführungsgesetz zum Bürgerlichen Gesetzbuche* (Deutschland); vgl. Gesetzesregister für weitere Angaben
EGLR	*Estates Gazette Law Reports* (London, 1.1985 ff)
EGMR	*Europäischer Gerichtshof für Menschenrechte* (Straßburg)
EGZGB	*Eisagogikos nomos* (Einführungsgesetz zum Zivilgesetzbuch, Griechenland); vgl. Gesetzesregister für weitere Angaben
EHRR	*European Human Rights Reports* (London 1.1979 ff)
El & Bl	*Ellis and Blackburn's Queen's Bench Reports* (ER 118–120) (London 1852–1858)
EllDik; EllDni	*Ellenike Dikaiosyne* (Athen 1.1960 ff)
END	*Epitheórisi Nautiliakou Dikaio* Seerechtrevue (Athen, 1.1985)
EO	*Exekutionsordnung* (Österreich); vgl. Gesetzesregister für weitere Angaben
ER	*The English Reports* (London 1.1900–178.1932)
ErbbauRG	*Gesetz über das Erbbaurecht* (Deutschland); vgl. Gesetzesregister für weitere Angaben

ERG .... *Ustawa z dn. 24.6.1994 r. o własności lokali* (Gesetz über Eigentum an Räumlichkeiten, Polen); vgl. Gesetzesregister für weitere Angaben
ERPL .... *European Review of Private Law* (Dordrecht, 1.1993 ff)
EvBl .... *Evidenzblatt der Rechtsmittelentscheidungen* (Wien 1.1934 ff; seit 1946 in die ÖJZ integriert)
EWCA Civ .... *England & Wales Court of Appeal, Civil Division*
EWHC .... *England & Wales High Court*
EWHC (Ch) .... *England & Wales High Court (Chancery Division)*
Exch .... *Exchequer Chamber* (Vereinigtes Königreich)

FA .... *Factors Act 1889* (Vereinigtes Königreich); vgl. Gesetzesregister für weitere Angaben
FAL .... *Fösäkringsavtalslag* vom 10.3.2005 (2005:104), Gesetz über Versicherungsverträge (Schweden)
FamFG .... *Gesetz über das Verfahren in Familiensachen und in den Angelegenheiten der freiwilligen Gerichtsbarkeit* (Deutschland); vgl. Gesetzesregister für weitere Angaben
FB .... *Föräldrabalk* (Elterngesetzbuch Schweden), vgl. Gesetzesregister für weitere Angaben
FGPrax .... *Praxis der freiwilligen Gerichtsbarkeit* (München 1.1995, Titel von 1965 bis 1994: Entscheidungen der Oberlandesgerichte in Zivilsachen einschließlich der freiwilligen Gerichtsbarkeit)
FoF .... *Förordning om fastighetsregister* (Verordnung über Grundstücksregister, Schweden); vgl. Gesetzesregister für weitere Angaben
Fontes iuris .... *Fontes iuris. Az Igazságügyi Minisztérium szakmai folyóirata* [Fachzeitschrift des ungarischen Justizministeriums] (Budapest 1.2015 ff)
Foro it. .... Foro italiano (Bologna 1.1876)
FRL .... *Förmånsrättslag* (Gesetz über das Recht auf vorzugsweise Befriedigung, Schweden); vgl. Gesetzesregister für weitere Angaben
FS .... *Festschrift*
FVGB .... *Ustawa z dn. 25.2.1964 Kodeks rodzinny i opiekuńczy* (Familien- und Vormundschaftsgesetzbuch, Polen); vgl. Gesetzesregister für weitere Angaben
FVM rendelet .... *Földművelésügyi és Vidékfejlesztési Minisztérium rendelete* (Verordnung des Ministeriums für Landwirtschaft und ländliche Entwicklung, Ungarn)

Gaz. Pal. .... *La gazette du palais. Feuille officielle d'annonces légales* (Paris 1.1886 ff)
Gazz. Uff. .... *Gazzetta ufficiale della Repubblica Italiana* (Rom 1860 ff)
GBG .... *Grundbuchgesetz* (Estland, Österreich, Slowenien); vgl. Gesetzesregister für weitere Angaben
GBHG .... *Ustawa r. o księgach wieczystych i hipotece* (Gesetz über Grundbücher und Hypothek, Polen); vgl. Gesetzesregister für weitere Angaben
Gbl. .... *Sbírka zákonů* (Gesetzblatt, Tschechien) (*Sbírka zákonů Československé republiky* [Prag 1918–1939] (Gesetzblatt der Tschechoslowakischen Republik); *Sbírka zákonů Československé* [ab 1960 *socialistické*] *republiky* [Prag 1945–1992] (Gesetzblatt der Tschechoslowakischen sozialistischen Republik); *Sbírka zákonů České republiky* [Prag 1993 ff]) (Gesetzblatt der Tschechischen Republik)
GBO .... *Grundbuchordnung* (Deutschland); vgl. Gesetzesregister für weitere Angaben

GBV .... *Grundbuchverfügung* (Deutschland); vgl. Gesetzesregister für weitere Angaben
GesRZ .... *Der Gesellschafter* (Wien, 1.1972ff)
GFS .... *Ustawa z dn. 20.2.2015 r. o rzeczach znalezionych* (Gesetz über gefundene Sachen, Polen) vgl. Gesetzesregister für weitere Angaben
GfvL .... *Lag om godtrosförvärv av lösöre* (Gesetz über den gutgläubigen Erwerb von Fahrnis, Schweden); vgl. Gesetzesregister für weitere Angaben
GG .... *Grundgesetz* (Deutschland); vgl. Gesetzesregister für weitere Angaben
Giur. com. .... *Giurisprudenza commerciale* (Mailand 1.1974, bis 1983: Titel der Zeitschrift *Società e fallimento*)
Giur. it. .... *Giurisprudenza italiana* (Turin 1849ff)
Giur. merito .... *Giurisprudenza di merito. Rivista bimestrale di giurisprudenza dei giudici di merito* (Mailand 1.1969ff)
Giust. civ. Mass. .... *Giustizia civile. Massimario annotato della Cassazione* (Mailand 1955ff)
GIW .... *Ustawa z dn. 21.8.2001o gospodarce nieruchomościami* (Gesetz über Immobilienwirtschaft, Polen); vgl. Gesetzesregister für weitere Angaben
GKR .... *Prawo geodezyjne i kartograficzne* (geodätisches und kartographisches Recht, Polen); vgl. Gesetzesregister für weitere Angaben
GlU .... *Sammlung von civilrechtlichen Entscheidungen des k. k. Obersten Gerichtshofs.* Begr. von Glaser und Unger. (Wien 1.1859–34.1901)
GlUNF .... *Neue Folge der Sammlung von Civilrechtlichen Entscheidungen des k. k. Obersten Gerichtshofes, begründet von Julius Glaser und Joseph Unger* (Wien 1=35.1900–18=52.1919)
GP .... Gesetzgebungsperiode
GPCCA .... *Tsiviilseadustiku üldosa seadus* (Gesetz über den Allgemeinen Teil des Zivilgesetzbuches, Estland); vgl. Gesetzesregister für weitere Angaben
GUG .... *Grundbuchsumstellungsgesetz* (Österreich); vgl. Gesetzesregister für weitere Angaben
GuT .... *Gewerbemiete und Teileigentum* (Bonn, 11.2001ff.)

Harm.; Arm. .... *Armenopoulos* (Thessaloniki 1.1946/47ff)
Harv LR .... *Harvard Law Review* (Cambridge [Massachusetts] 1.1887/88ff)
HB .... *Handelsbalk* (Handelsgesetz, Schweden); vgl. Gesetzesregister für weitere Angaben
HCA .... *High Court of Australia*
HD .... *Högsta domstolen* (Oberstes Gericht, Schweden);
HGB .... *Handelsgesetzbuch* (Deutschland, Polen, Slowakei); vgl. Gesetzesregister für weitere Angaben
HL .... *House of Lords* (Vereinigtes Königreich)
HLR .... *Housing Law Reports* (London 1.1982ff)
HR .... *Hoge Raad* (Oberstes Gericht, Niederlande)

IA .... *Insolvency Act 1986* (Vereinigtes Königreich); weitere Angaben im Gesetzesregister
IED .... *Ionios Epitheorese tou Dikaiou* (Korfu 1.2002)
IJVO .... *International Juristenvereinigung Osnabrück Jahresheft* (Osnabrück 1.1989/90ff)
immolex .... *Immolex: Neues Miet- und Wohnrecht* (Wien 1.1997ff)
ImmoRegG .... *Immobilienregistergesetz* (Ungarn); vgl. Gesetzesregister für weitere Angaben
IMR .... *Zeitschrift für Immobilien- und Mietrecht* (München 1.2010ff)

InDret	*InDret. Revista para el análisis del derecho* (Barcelona 1.2000 ff)
InsO	*Insolvenzordnung* (Deutschland); vgl. Gesetzesregister für weitere Angaben
IO	*Insolvenzordnung* (Österreich); vgl. Gesetzesregister für weitere Angaben
IR	*Irish Reports* (1838 ff)
IR	*Informations rapides du recueil Dalloz* (Frankreich), siehe D.
Irish Jurist	*The Irish Jurist* (Dublin, 1.1935)
J. Cl. Civ. Code	*Collection des Juris-Classeurs. Juris-Classeur Civil Code* (Loseblattsammlung Paris 1962 ff)
J. L. M. B.	*Revue de Jurisprudence de Liège, Mons et Bruxelles* (http://editionslarcier.larciergroup.com/revues/30049_5_30943/revue-de-jurisprudence-de-liege-mons-et-bruxelles-j-l-m-b.html)
J. T.	*Journal des tribunaux* (Brüssel 1.1881 ff)
JB	*Jordabalk* (Bodengesetz Schweden); vgl. Gesetzesregister für weitere Angaben
JBl	*Juristische Blätter* (Wien 1.1872 ff)
JCB	*Jurisprudence commerciale de belgique* (Brüssel, 4.1969 ff)
JCP	*La semaine juridique* (Juris Classeur Périodique, Paris 1.1927 ff)
JCP E	*La semaine juridique, édition Entreprise* (Juris Classeur Périodique, Paris 1.1927 ff)
JCP G	*La semaine juridique, édition Générale* (Juris Classeur Périodique, Paris 1.1927 ff)
JCP N	*La semaine juridique, édition Notariale* (Juris Classeur Périodique, Paris 1.1927 ff)
JJT	*Judikatur Justiz Text*
JMBlNRW	*Justizministerialblatt für das Land Nordrhein-Westfalen* (Düsseldorf, 1.1947–63.2009, danach online)
JP	Julgado de Paz (Friedensgericht, Portugal)
JT	*Journal des Tribunaux* (Brussels 1.1881-96.1981; 101.1982-ff.)
Juris Data DVD	*DVD Juris Data; giurisprudenza, legislazione, codici, sentenze della Cassazione civile e penale, sentenze della Corte costituzionale, sentenze di merito, sentenze UE, dottrina, prassi* (Italien)
JuS	*Juristische Schulung* (München 1.1961 ff)
JW	*Juristische Wochenschrift* (Organ des Deutschen Anwaltvereins) (Leipzig 1.1872–68.1939)
JZ	*Juristenzeitung* (Tübingen 6.1951 ff)
KB	*The Law Reports. King's Bench Division* (London 1.1875/76 ff)
KG	*Kammergericht* (Deutschland)
KGD	*Közigazgatási-Gazdasági Döntvénytár* (Rechtsprechungssammlung für Verwaltungs- und Wirtschaftssachen) Budapest
KIND	*Kódikas Idiotikoú Nautikoú Dikaiou* (Privatschifffahrtgesetzbuch Griechenland); vgl. Gesetzesregister für weitere Angaben
Lands Tr	*Lands Tribunal for Scotland*
LAU	*Ley de arrendamientos urbanos* (Gesetz über die Miete städtischer Wohnungen, Spanien); vgl. Gesetzesregister für weitere Angaben
Law Com Rep	*Law Commission Report* (Law Commission of England and Wales)
LCA	*Land Charges Act 1972* (Vereinigtes Königreich); vgl. Gesetzesregister für weitere Angaben
LCLRA	*Land and Conveyancing Law Reform Act 2009* (Irland), vgl. Gesetzesregister für weitere Angaben

LEC .... *Ley de Enjuiciamiento Civil* (Zivilprozessgesetz, Spanien) vgl. Gesetzesregister für weitere Angaben
Legalis .... *System Informacji Prawnej Legalis C. H. Beck* (juristische Datenbank; http://www.legalis.pl/)
Legf. Bír. .... *Legfelsőbb Bíróság* (Oberster Gerichtshof, Ungarn)
Legf. Bír. Kfv. .... *Legfelsőbb Bíróság Közigazgatási fellebbviteli végzése* (Berufungsbeschluss des ungarischen OGH in Verwaltungssachen)
Legf. Bír. Pfv. .... *Legfelsőbb Bíróság Polgári fellebbviteli végzése* (Berufungsbeschluss des ungarischen OGH in Zivilsachen)
Levinz .... *Levinz's King's Bench and Common Pleas Reports* (1660–1697)
Lex .... *System Informacji Prawnej LEX Wolters Kluwer* (juristische Datenbank; http://www.lex.pl/)
LG .... *Protodikeio* (Griechisches Landesgericht), *Landgericht* (Deutschland), *Landesgericht* (Österreich)
LH .... *Ley Hipotecaria* (Grundbuchgesetz/Hypothekengesetz, Spanien); vgl. Gesetzesregister für weitere Angaben
LHMPSD .... *Ley sobre hipoteca mobiliaria y prenda sin desplazamiento de posesión* (Gesetz über Mobiliarhypothek und besitzloses Pfandrecht, Spanien); vgl. Gesetzesregister für weitere Angaben
LiegTeilG .... *Liegenschaftsteilungsgesetz* (Österreich); vgl. Gesetzesregister für weitere Angaben
LJ .... *Law journal reports* (London 1822–1834)
LJ Ch .... *Law Journal Reports, Chancery New Series* (London 1831–1946)
LJ KB .... *Law Journal Reports, King's Bench New Series* (London 1831–1837, 1901–1946)
LKG .... *Zákon o katastru nemovitostí* (Liegenschaftskatastergesetz, Tschechien); vgl. Gesetzesregister für weitere Angaben
Lloyd's Rep .... *Lloyd's Law Reports* (London 1.1968 ff)
LM .... *Lindenmaier-Möhring. Nachschlagwerk des Bundesgerichtshofs*
(München 1.1951 ff)
LOA .... *Law of Obligations Act (Estland);* vgl. Gesetzesregister für weitere Angaben
LPA .... *Law of Property Act* (England), *Asjaõigusseadus* (Law of Property Act, Estland); vgl. Gesetzesregister für weitere Angaben
LPAP .... *Ley del Patrimonio de las Administraciones Públicas* (Gesetz über das Vermögen der öffentlichen Verwaltung, Spanien); vgl. Gesetzesregister für weitere Angaben
LPG .... *Landwirtschaftliche Produktionsgenossenschaft*
LPHE .... *Ley del Patrimonio Histórico Español* (Gesetz über das historische Erbe Spaniens); vgl. Gesetzesregister für weitere Angaben
LQR .... *The Law Quarterly Review* (London 1.1885 ff)
LR .... *The Law Reports, the Incorporated Council of Law Reporting for England and Wales.* Unterteilt in 11 Unterreihen (London 1865–1875); hier zitierte Unterreihen: CP (Court of Common Pleas), Eq (Equity Cases), Ex (Exchequer Cases), QB (Court of Queen's Bench),
LR(S)A .... *Land Registration Act 2012* (Schottland); vgl. Gesetzesregister für weitere Angaben
LRA .... *Land Registration Act 2002* (Vereinigtes Königreich), *Land Registration Act* (Malta); vgl. Gesetzesregister für weitere Angaben
LRR .... *Land Registration Rules* (England, Wales); vgl. Gesetzesregister für weitere Angaben
LS Gaz .... *Law Society's Gazette* (London 1903–1993; auch: *Law Society's Guardian Gazette*); fortgesetzt als: *Gazette*
LSA .... *Law of Succession Act* (Estland); vgl. Gesetzesregister für weitere Angaben

M & W .... *Meeson and Welsby's Exchequer Reports* (ER 150–153) (London 1836–1847)
MDR .... *Monatsschrift für deutsches Recht. Zeitschrift für die Zivilrechts-Praxis* (Köln u. a. 1.1947 ff)
Melb U L Rev .... *Melbourne University Law Review* (Melbourne 1.1957/58 ff)
MietSlg .... *Mietrechtliche Entscheidungen* (Wien 1.1945/49(1951); 2.1950(1951) ff)
Minn LR .... *Minnesota Law Review* (Minneapolis, Minnesota 1917 ff)
MittBayNot .... *Mitteilungen des Bayerischen Notarvereins, der Notarkasse und der Landesnotarkammer Bayern* (München 1.1949 ff)
MLR .... *The Modern Law Review* (London 1.1937/38 ff)
MM .... *MieterMagazin* (Berlin, 4. 1980 ff.)
Moo & M .... *Moody & Malkin's Nisi Prius Reports* (London 1826–1830)

Nds. VermG .... *Niedersächsisches Gesetz über das amtliche Vermessungswesen;* vgl. Gesetzesregister für weitere Angaben
Nds. VermKatG .... *Niedersächsische Vermessungs- und Katastergesetz;* vgl. Gesetzesregister für weitere Angaben
NedJur .... *Nederlandse Jurisprudentie – Uitspraken in burgerlijke en strafzaken* (Deventer 1.1976 ff)
NGCC .... *La nuova giurisprudenza civile commentata* (Padua 1.1985 ff)
NJA .... *Nytt Juridiskt Arkiv* (Stockholm 1.1874 ff; seit 1876 in 2 Abteilungen aufgeteilt: Abteilung 1: *Rättsfall från högsta domstolen;* Abteilung 2: *Tidskrift för lagstiftning*)
NJF .... *Nederlandse Jurisprudentie Feitenrechtspraak Civiele Uitspraken* (Deventer 1.2003 ff)
NJM .... *Nordiskt juristmöte* (Kopenhagen 1.1902)
NJOZ .... *Neue juristische Online-Zeitschrift* (München, 2001 ff.)
NJW .... *Neue Juristische Wochenschrift* (München/Frankfurt am Main 1.1947 ff)
NJW-RR .... *NJW-Rechtsprechungs-Report Zivilrecht* (München, Frankfurt am Main 1.1986 ff)
NoB .... *Nomiko Bima* (Athen 1.1953 ff)
NOMOS .... *NOMOS* (juristische Datenbank, Griechenland)
NotBZ .... *Zeitschrift für die notarielle Beratungs- und Beurkundungspraxis* (Köln 1.1997)
NPC .... *New Property Cases* (London 1.1986 ff)
NSK .... *Nomiko Symboulio Kratous* (Rechtsrat des Staates Griechenland)
NSWLR .... *New South Wales Law Reports* (Sydney 1.1971 ff)
NTBR .... *Nederlands Tijdschrift voor Burgerlijk Recht* (Deventer 1.1984 ff)
NuR .... *Natur und Recht* (Berlin 1.2006 ff)
NZ .... *Notariatszeitung* (Wien 1. 1949 ff)
NZA .... *Neue Zeitschrift für Arbeitsrecht* (München 1.1984 ff)
NZM .... *Neue Zeitschrift für Miet- und Wohnungsrecht* (München/Frankfurt am Main 1.1998 ff)

ÖBA .... *Österreichisches Bank-Archiv* (Wien 1.1953-35.1987)
OG .... *Sądu Najwyższy* (Oberstes Gericht, Polen), *Nejvyšší soud České republiky* (Oberstes Gericht, Tschechien)
OGH .... *Oberster Gerichtshof* (Österreich), Kúria (Ungarn)
ÖJZ .... *Österreichische Juristenzeitung* (Wien 1.1946 ff)
OLG .... *Oberlandesgericht* (Deutschland)
OLGR .... *OLG-Report Celle, Hamburg, Schleswig, Oldenburg, Braunschweig, Bremen. Schnelldienst zur Zivilrechtsprechung der Oberlandesgerichte* (Saarbrücken, Köln 1.1994–15.2009)
OLGReport KG .... *OLG Report KG Berlin, Dresden, Brandenburg, Naumburg, Jena, Rostock. Schnelldienst zur Zivilrechtsprechung der Oberlandesgerichte*

	(1.1993–13.2005,6: *KG-Report Berlin;* Saarbrücken, 13.2005, 7–17.2009)
OLGZ	*Entscheidungen der Oberlandesgerichte in Zivilsachen* (München, Berlin 1.1965)
OSNC	*Orzecznictwo Sądu Najwyższego. Izba Cywilna* (Sammlung der Rechtsprechung des Obersten Gerichts. Entscheidungen der Zivilkammer, Polen) (Warschau 1918 ff); OSNC-ZD *Orzecznictwo Sądu Najwyższego. Izba Cywilna. Zeszyt dodatkowy* (Rechtsprechung des poln. Obersten Gerichts. Zivilkammer. Zusätzliches Heft)
OSNCP	*Zbiór Orzeczeń Sądu Najwyższego. Orzeczenia Izby Cywilnej i Administracyjnej oraz Izby Pracy i Ubezpieczeń Społecznych* (Sammlung der Rechtsprechung des Obersten Gerichts. Entscheidungen der Zivilkammer, der Verwaltungskammer sowie der Kammer für Arbeits- und Sozialversicherungssachen, Polen)
OSP	*Orzecznictwo Sądów Polskich* (Warschau 1.1957 ff)
OVG	*Oberstes Verwaltungsgericht* (Polen), *Oberverwaltungsgericht* (Deutschland)
OZ	*Obligacijski zakonik* (Schuldrechtsgesetz, Slowenien); vgl. Gesetzesregister für weitere Angaben
P	*The Law Reports. Probate Division* (London 1.1876–1941); fortgesetzt als *The Law Reports. Probate, divorce and admiralty division* (London 1942–1971) und *The Law Reports. Family Division* (London 1972 ff)
P & CR	*Property, Planning and Compensation Reports* (London 1.1986 ff)
Parl. Gesch.	*Parlementaire Geschiedenis van het Nieuwe Burgerlijk Wetboek.* Parlementaire stukken; herausgegeben von C.J. Van Zeben und J.W. Du Pon in Kooperation mit M.M. Olthof, vgl. Schrifttumsverzeichnis für weitere Angaben
Pas. belge	*Pasicrisie belge. Recueil général de la jurisprudence des cours et tribunaux de Belgique* (Brüssel 1865 ff)
PC	*Privy Council* (Vereinigtes Königkreich)
PLA	*Prescription and Limitation* (Scotland) Act 1973
PLN	*Złoty* (polnische Währung)
Plowd	*Plowden's Commentaries and Reports* (London 1571)
Po LR	*Police Law Reports* (London 1.2003 ff)
PoinChr.	*Poinika Chronika* (Griechenland)
Právní rozhledy	*Právní rozhledy* (Prag 1.1993 ff)
Prop.	*Proposition* (Gesetzesbegründung des Parlaments, Schweden)
QB	*The Law Reports. Queen's Bench (3rd series)* (London 1891–1901; 1951 ff)
QBD	*The Law Reports. Queen's Bench Division* (London 1875–1890)
R	*Retties Session Cases* (1873–1898)
RabelsZ	*Rabels Zeitschrift für ausländisches und internationales Privatrecht* (Tübingen, 1961 ff)
RAI	*Radiotelevisione Italiana* (italienische Rundfunkanstalt)
RAJ	*Repertorio Aranzadi de Jurisprudencia* (Pamplona 1.1930/31, 2.1934 ff)
Rass. Dir. Civ.	*Rassegna di diritto civile* (Neapel 1.1980 ff.)
RB	*Rättegångsbalk* (Zivilprozessordnung, Schweden); vgl. Gesetzesregister für weitere Angaben
Rb.	*Arrondissementsrechtbank* (erstinstanzliches Gericht, Belgien, Niederlande)
RCDI	*Revista Crítica de Derecho Inmobiliario* (Madrid 1.1925 ff)
RDC	*Revue des contrats* (Paris 1.2003 ff)

RDL .... *Real decreto legislativo* (königliche Gesetzesverordnung, Spanien)
Rép. civ. Dalloz .... *Répertoire de droit civil Dalloz* (Paris 1970 ff)
Rep. Foro. it. .... Repertorio del Foro italiano
RG .... *Reichsgericht* (Oberstes Gericht des Deutschen Reiches)
RGGV .... *Rozporządzenie Ministra Rozwoju Regionalnego i Budownictwa w sprawie ewidencji gruntów i budynków* (Verordnung über die Register der Grundstücke und Gebäude, Polen); vgl. Gesetzesregister für weitere Angaben
RGSt .... *Amtliche Sammlung der Entscheidungen des Reichsgerichts in Strafsachen* (Leipzig 1.1880–77.1944)
RGZ .... *Amtliche Sammlung der Entscheidungen des Reichsgerichtes in Zivilsachen* (Berlin 1.1872–172.1945)
RH .... *Rättsfall från hovrätterna* (Rechtsfall der zweitenInstanz) (Schweden)
RH .... *Reglamento Hipotecario* (Grundbuchverordnung/Hypothekenverordnung, Spanien); vgl. Gesetzesregister für weitere Angaben
RIS/ RIS-Justiz .... *Rechtsinformationssystem des Bundes* (Österreich), vgl. Verzeichnis der Rechtsprechungsdatenbanken für weitere Angaben
Riv. crit. dir. priv. .... *Rivista critica del diritto privato* (Bologna 1.1989 ff)
Riv. dir. civ. .... *Rivista di diritto civile* (Padua 1909–1943; 1.1955 ff)
Riv. dir. com. .... *Rivista del diritto commerciale e del diritto generale obbligazioni* (Milano 1.1903 ff)
Riv. giur. ed. .... *Rivista giuridica dell' edilizia* (Mailand 1.1958 ff)
Riv. not. .... *Rivista del notariato. Rassegna di diritto e pratica notarile* (Mailand 1.1947 ff)
RP .... *Tribunal da Relação do Porto* (Berufungsgericht Porto, Portugal)
RPfleger .... *Rechtspfleger* (1.1889–110.2002: *Der deutsche Rechtspfleger;* Bielefeld 111.2003 ff)
RTD civ. .... *Revue trimestrielle de droit civil* (Paris 1.1902 ff)
RvdW .... *Rechtspraak van de Week* (Zwolle/Deventer 1.1939 ff)

SbNU .... *Sbírka nálezů a usnesení Ústavního soudu České republiky* (Sammlung der Entscheidungen und Beschlüsse des Verfassungsgerichts der Tschechischen Republik) (Prag 1.1993/94(1994/95) ff)
SchlHA .... *Schleswig-Holsteinische Anzeigen* (1.1750–114.1863: *Allerhöchst privilegirte Holsteinische Anzeigen für das Jahr...;* 115.1864–131.1880: *Allerhöchst privilegirte Schleswig-Holsteinische Anzeigen für das Jahr...;* Schleswig 194.1947 ff)
Schwed. KkL .... Konsumentköplag (Verbraucherkaufgesetz, Schweden); vgl. Gesetzesregister für weitere Angaben
Scot Law Com .... *Scottish Law Commission*
SeuffA .... *J. A. Seuffert's Archiv für Entscheidungen der obersten Gerichte in den deutschen Staaten* (München 1.1847)
SFS .... *Svensk författningssamling* (Stockholm 1.1825 ff)
SGA .... *Sale of Goods Act* (England und Wales); vgl. Gesetzesregister für weitere Angaben
SkL .... *Skadeståndlag* (Schadensersatzgesetz, Schweden); vgl. Gesetzesregister für weitere Angaben
SLT .... *Scots Law Times* (Edinburgh 1.1893 ff)
SOU .... *Statens Offentliga Utredningar* (Staatliche Öffentliche Kommissionsberichte, Schweden)
SPZ .... *Stvarnopravni zakonik* (Sachenrechtsgesetzbuch, Slowenien); vgl. Gesetzesregister für weitere Angaben
StAZ .... *Das Standesamt* (Frankfurt a. M. 1.1949 ff)
StGB .... *Strafgesetzbuch* (Österreich); *Poinikos Kodikas* (Griechenland); *Kodeks karny* (Polen); *Brottsbalk* (Schweden); vgl. Gesetzesregister für weitere Angaben

STJ .... *Supremo Tribunal de Justiça* (Oberstes Gericht, Portugal)
Str .... *Strange's King's Bench Reports* (London 1716–1749)
StraFo .... *StrafverteidigerForum* (Bonn 1.1995 ff.)
SvJT .... *Svensk Juristtidning* (Stockholm 1.1916 ff)
SZ .... *Entscheidungen des österreichischen Obersten Gerichtshof in Zivilsachen* (Wien 1.1919 (1922) ff)

T. M. .... *Toelichting-Meijers,* in: Parl. Geschiedenis van het Nieuwe Burgerlijk Wetboek; vgl. Schrifttumsverzeichnis für weitere Angaben
Tijdschr. v. Rechtsgeschiedenis .... *Tijdschrift voor Rechtsgeschiedenis* (Groningen 1.1918)
TLATA .... *Trusts of Land and Appointment of Trustees Act 1996* (Vereinigtes Königreich); vgl. Gesetzesregister für weitere Angaben
TLR .... *Times Law Reports* (London 1884–1952) aufgegangen in *The Weekly Law Reports;* siehe WLR
Trib. civ. .... *Tribunal civil* (Zivilgericht, Frankreich), *Tribunale civile* (Zivilgericht, Italien)
TS .... *Tribunal Supremo* (Oberster Gerichtshof, Spanien); wenn nicht näher spezifiziert: Zivilsenat
TSJ Asturien .... *El Tribunal Superior de Justicia del Principado de Asturias* (Oberster Gerichtshof Asturien)
TSJ Cataluña .... *Tribunal Superior de Justicia de Cataluña, Tribunal Superior de Justícia de Catalunya* (Oberster Gerichtshof Katalonien)
TTA .... *Trusts and Trustees Act* 1988 (Malta); vgl. Gesetzesregister für weitere Angaben

UB .... *Utsökningsbalk* (Zwangsvollstreckungsgesetz, Schweden); vgl. Gesetzesregister für weitere Angaben
UKHL .... *Approved judgment of the House of Lords*

VerfG .... *Verfassungsgericht (Deutschland), Corte costituzionale* (Italien), *Trybunał Konstytucyjny* (Polen), *Alkotmánybíróság* (Ungarn)
VermG .... *Vermessungsgesetz* (Österreich); vgl. Gesetzesregister für weitere Angaben
VermKatG NRW .... *Gesetz über die Landesvermessung und das Liegenschaftskataster Nordrhein-Westfalen;* vgl. Gesetzesregister für weitere Angaben
VersR .... *Versicherungsrecht. Zeitschrift für Versicherungsrecht, Haftungs- und Schadensrecht* (Karlsruhe 1.1950 ff)
Ves Jr .... *Vesey Junior's Chancery Reports* (London 1789–1817)
VG .... *Verwaltungsgericht* (Deutschland)
VGH .... *Verwaltungsgerichtshof* (Deutschland)
Vita not. .... *Vita Notarile* (Palermo 1.1949 ff)
VO (EU) .... *Verordnung der Europäischen Union*
VO EG .... *Verordnung der Europäischen Gemeinschaft*
VR .... *Volksrepublik*

WarnR .... *Rechtsprechung des Reichsgerichts in Zivilsachen* (Köln 1.1863–1900)
Wbl .... *Wirtschaftsrechtliche Blätter. Zeitschrift für österreichisches und europäisches Wirtschaftsrecht* (Wien 1.1987 ff)
WEG .... *Wohnungseigentumsgesetz* (Deutschland, Österreich); vgl. Gesetzesregister für weitere Angaben
WHG .... *Gesetz zur Ordnung des Wasserhaushalts* (Deutschland) ; vgl. Gesetzesregister für weitere Angaben
WL .... *Westlaw* (http://legalsearch.westlaw.co.uk)
WLR .... *The Weekly Law Reports* (London 1.1953 ff)
WM .... *Wertpapier-Mitteilungen. Zeitschrift für Wirtschafts- und Bankrecht* (Frankfurt am Main et. al. 1.1947 ff)

WN .... *Weekly Notes, New South Wales* (Sydney 1884–1970) aufgegangen in: *New South Wales Law Reports*
WPNR .... *Weekblad voor privaatrecht, notariaat en registratie* (Den Haag 1.1870 ff)
WR .... *Tijdschrift voor Huurrecht* (Heiloo 1.2002 ff)
WuM .... *Wohnungswirtschaft und Mietrecht* (Berlin 1.1948 ff)

YLJ .... *The Yale Law Journal* (New Haven 1.1891/92 ff)

Zak .... *Zivilrecht aktuell* (Wien 1.2005 ff)
ZEV .... *Zeitschrift für Erbrecht und Vermögensnachfolge* (München 1.1994 ff)
ZfIR .... *Zeitschrift für Immobilienrecht* (Köln 1.1997 ff)
ZfV .... *Zeitschrift für Verwaltung* (Wien 1.1976 ff)
ZGB .... *Zivilgesetzbuch; Astikos Kodikas* (Griechenland), *Civillikums* (Lettland), Lietuvos Respublikos civilinis kodeksas (Litauen), *Kodeks cywilny* (Polen), *Zivilgesetzbuch* (Schweiz), *Polgári Törvénykönyv* [Ptk] (Ungarn); vgl. Gesetzesregister für weitere Angaben
ZJS .... *Zeitschrift für das juristische Studium* (Gießen 2.2008 ff)
ZMR .... *Zeitschrift für Miet- und Raumrecht* (Köln u.a. 5.1952 ff)
ZPO .... *Zivilprozessordnung* (Bulgarien, Deutschland, Griechenland, Österreich, Polen, Tschechien, Ungarn); vgl. Gesetzesregister für weitere Angaben
ZVG .... *Gesetz über die Zwangsversteigerung und die Zwangsverwaltung* (Deutschland); vgl. Gesetzesregister für weitere Angaben
ZVR .... *Zeitschrift für Verkehrsrecht* (Wien 1.1956 ff)

Verzeichnis der frei zugänglichen Rechtsprechungsdatenbanken

Belgien
Juridat *(Le portail du Pouvoir judiciaire de Belgique/De portaalsite van de Rechterlijke Macht van België):* http://www.juridat.be

Bulgarien
Legalacts *(offizielle Rechtsprechungsdatenbank des Obersten Justizrates Bulgariens):* http://legalacts.justice.bg/

Rechtsprechungsdatenbank des Obersten Kassationsgerichtshofs
http://www.vks.bg/vks_p15.htm

Frankreich
Legifrance *(Le service public de la diffusion du droit):* http://www.legifrance.gouv.fr

Italien
Corte di Cassazione *(offizielle Datenbank der Corte di Cassazione):*
http://www.cortedicassazione.it/corte-di-cassazione/

Litauen
Lietuvos Aukščiausiasis Teismas *(offizielle Rechtsprechungsdatenbank des lit. Obersten Gerichtshofes):*
https://www.lat.lt/teismo-nutartys/nutartys-nuo-2006-6bt1.html

Niederlande
De Rechtspraak *(Hoge Raad der Nederlanden):* http://www.rechtspraak.nl

Österreich
RIS (*Rechtsinformationssystem des Bundes, angeboten vom Bundeskanzleramt der Republik Österreich, Ballhausplatz 2, 1014 Wien*): https://www.ris.bka.gv.at

Polen
Trybunał Konstytucyjny *(offizielle Rechtsprechungsdatenbank des poln. Verfassungsgerichtshofes):* http://otk.trybunal.gov.pl/orzeczenia/
Sąd Najwyższy *(offizielle Rechtsprechungsdatenbank des poln. Obersten Gerichts):* http://www.sn.pl/orzecznictwo/SitePages/Baza%20orzecze%C5%84.aspx
Naczelny Sąd Administracyjny *(offizielle Rechtsprechungsdatenbank des poln. Obersten Verwaltungsgerichtshofes):* http://orzeczenia.nsa.gov.pl/

Portugal
Datenbank des Instituto de Gestão Financeira e Equipamentos da Justiça I.P. *(Ministério da Justiça):* http://www.dgsi.pt/

Schweden
Lagen.nu: https://lagen.nu/
Lagrummet.se *(offizielle Datenbank der Rechtsinformationen der öffentlichen Verwaltung):*
http://www.lagrummet.se/
Notisum: http://www.notisum.se/

Slowenien
SP, Sodna praksa *(offizielle Rechtsprechungsdatenbank des slowenischen Obersten Gerichtshofes und der Gerichte der höheren Instanzen):* http://sodnapraksa.si/

Spanien
Consejo General del Poder Judicial *(offizielle Datenbank des Generalrates der rechtsprechenden Gewalt):* http://www.poderjudicial.es/search/indexAN.jsp

Tschechien
Nejvyšší správní soud *(Datenbank des obersten Verwaltungsgerichts):* http://www.nssoud.cz/main0col.aspx?cls=JudikaturaSimpleSearch&SimpleSearch=1&pagesource=0
NALUS *(Datenbank des Verfassungsgerichts):* http://nalus.usoud.cz/Search/Search.aspx
Nejvyšší soud *(Datenbank des obersten Zivilgerichtshofs):*
http://www.nsoud.cz/JudikaturaNS_new/ns_web.nsf/

Ungarn
http://birosag.hu/ugyfelkapcsolati-portal/anonim-hatarozatok-tara *(Rechtsprechungsdatenbank des Selbstverwaltungsorgans der Gerichte)*

Vereinigtes Königreich
Bailii *(British and Irish Legal Information Institute):* http://www.bailii.org

Zypern
CyLaw: http://www.cylaw.org

Verzeichnis der elektronisch zugänglichen Liegenschaftsregister

Bulgarien
https://www.icadastre.bg

Dänemark
http://www.tinglysningsretten.dk/tinglysning/Pages/default.aspx

Estland
https://kinnistusraamat.rik.ee/detailparing/Login.aspx

Finnland
http://maanmittauslaitos.fi/kiinteistot/asiantuntevalle-kayttajalle/kiinteistotiedot-ja-niiden-hankinta

Griechenland
www.ktimatologio.gr

Lettland
https://www.zemesgramata.lv/?ln=en

Polen
http://ekw. ms. gov.pl

Portugal
http://www.predialonline.pt

Schweden
http://www.lantmateriet.se/en/Real-Property/My-Property-/

Slowakei
https://www.katasterportal.sk/kapor/

Slowenien
https://evlozisce.sodisce.si/esodstvo/index.html

Spanien
https://www.registradores.org/registroonline

Tschechien
http://nahlizenidokn.cuzk.cz/

Ungarn
https://ugyintezes.magyarorszag.hu/szolgaltatasok/foldhiv_nyilvantart.html

Vereinigtes Königreich
https://www.gov.uk/government/collections/business-e-services#portal

Informationsdienst der Europäischen Union
https://e-justice.europa.eu/content_land_registers_in_member_states-109-en.do

§ 4. Das Recht des Besitzes und der Detention

Weiteres Schrifttum: *Mário Júlio de Almeida Costa,* Direito das obrigações (11. Auflage Coimbra 2008); *Craig Anderson,* The Physical Element of Possession of Corporeal Moveable Property in Scots Law (PhD Thesis Edinburgh 2014, https://www.era.lib. ed. ac.uk/bitstream/handle/1842/9581/Anderson2014.pdf?sequence=2); *ders.,* The Protection of Possession in Scots Law, in: Eric Descheemaeker (Hrsg.), The Consequences of Possession (Edinburgh 2014) S. 111–140; *João de Matos Antunes Varela,* Das obrigações em geral (Band I, 10. Aufl. Coimbra 2000); *Peter Apathy,* Der possessorische Schutz gegenüber Eigenmächtigkeiten eines Miteigentümers, JBl 1977 S. 341–352; *Valérie Avena-Robardet,* L'antichrèse-bail: une sûreté efficace, D. 2003 S. 491–492; *Adam Baker,* Bruton, Lincensees in Possession and a Fiction of Title, [2014] Conv S. 495–506; *Christian Baldus,* Die systematische Funktion der sogenannten Verkehrsauffassung beim Verlust des Besitzes: Portugiesisches, deutsches und römisches Modell, ZEuP 2016 S. 766–784; *Lorenzo Balestra,* Propietà e diritti reali, Bd. 3 (Turin 2012); *Kaspars Balodis,* Wiederinkrafttreten und Reformen des lettischen Zivilgesetzbuches, in: Helmut Heiss (Hrsg.), Zivilrechtsreform im Baltikum (Tübingen 2006) S. 59–81; *Andrew MacDowall Bankton,* An Institute of the Laws of Scotland in Civil Rights: With Observations Upon the Agreement or Diversity Between Them and the Laws of England (Bd. 1, Edinburgh 1751); *Christian von Bar,* Principles of European Law. Benevolent Intervention in Another's Affairs (PEL Ben. Int.) (München u.a. 2006); *ders.,* Europäische Techniken zur Begrenzung der Deliktshaftung unter Straftätern, in: Festschrift für Michael Stathopoulos (Athen 2010) Bd. I, S. 143–157; *Christian von Bar* und *Stephen Swann,* Principles of European Law. Unjustified Enrichment (PEL Unj. Enr.) (München u.a. 2010); *Heinz Barta,* Zivilrecht. Grundriss und Einführung in das Rechtsdenken (Wien 2004); *Edward Beal,* The Law of Bailments: Embracing Deposits, Mandates, Loans for Use, Pledges, Hire, Innkeepers and Carriers, with Notes to Canadian Cases by AC Forster Boulton (London und Toronto 1900); *Hugh Beale/Michael Bridge/Louise Gullifer/Eva Lomnicka,* The Law of Personal Property Security (Oxford 2007); *Christopher Beermann,* Besitzschutz bei beschränkten dinglichen Rechten. Eine Untersuchung zum Rechtsbesitz (Berlin und Münster 2001); *Petr Bělovský,* Vydržení v římském právu a komparativním pohledu, Ad notam 2007 S. 110–118; *ders.,* Držba práva a držba vlastnického práva, in: Pocta Sentě Radvanové k 80. Narozeninám (Prag 2009) S. 49–59; *Nils-Olof Berggren,* Brottsbalken – en Kommentar (www.infotorg.se); *Paola Biavaschi,* Ricerche sul precarium (Mailand 2006); *J. W. A. Biemans,* Zeven vragen over de verkrijgende verjaring van vorderingen, NTBR 2007 S. 88–99; *ders.,* Vorderingen in of uit het goederenrecht? Een voortgezet debat, NTBR 2007 S. 266–274; *Romain Boesch,* La possession par autrui (Diss. Straßburg 2011; scd-theses.u-strasbg.fr/2388/01/BOESCH_Romain_2011.pdf); *Sophie Boufflette,* La possession (Brüssel 2010); *Robert Bradgate* und *Fidelma White,* Commercial Law (Oxford 2012); *Marco Brand,* Der Organbesitz (Tübingen 2014); Vincentius Brandl (Hrsg.), Libri citationum et sententiarum, Knihy půhonné a nálezové, Bd. II (Brno 1873); *Peter Bydlinski,* Zivilrechtliche Zulässigkeitsgrenzen bei der Verteilung von Werbematerial „an der Wohnungstür" – Zugleich ein Beitrag zum Recht der Besitz- und Eigentumsstörung, ÖJZ 1998 S. 641–655; *Oreste Cagnasso* und *Gastone Cottino,* Contratti commerciali (Padua 2009); *Roberto Calvo,* Situazioni di appartenenza e garanzia nella riserva di proprietà, Riv. dir. civ. 2015 S. 863–877; *Raffaele Caterina,* Il possesso, in: A. Gambaro und U. Morelli (Hrsg.), Trattato dei diritti reali (Mailand 2008) S. 357–479; *Alberto Celeste,* Le azioni a difesa della proprietà (Mailand 2010); *Paolo Cendon,* Proprietà riserva e occupazione (Neapel 1977); *Angelo Chianale,* L'Ipoteca (2. Aufl. Turin 2010); *Youn Seok Choi,* Der Besitzerwerb des Erben: Historische Entwicklungen, die Lösung des § 857 BGB und ihre Anwendungsprobleme (Frankfurt/Main 2013); *Giorgio Cian,* Usucapione e comunione legale dei beni, Riv. dir. civ. 1989, II, S 251–273; *Antonio Cicu,* L'"usucapio libertatis" nel progetto del nuovo codice, Riv. dir. civ. 1940 S. 301–309; *Heinrich Clasen,* Wesen und Inhalt des Erbbaurechts nach dem neuesten Stand der Literatur und Judikatur, BlGBW 1973 S. 61–73; *Elizabeth Cooke,* The Register's Guarantee of Title: Fitzwilliam v Richall Holdings Services Ltd [2013] EWHC 86 (Ch); [2013] 1 P & CR 19, [2013] Conv S. 344–351; *Gérard Cornu,* Droit civil. Introduction. Les personnes. Les biens (Paris 2005); *Frédéric Danos,* Propriété, possession et opposabilité (Paris 2007); *ders.,* Le trésor est un bien meuble corporel dissociable du fonds dans lequel il est découvert, RDC 2017 S. 672–677; *Philippe Delebecque,* Antichrèse-bail: la Cour de cassation valide le montage en attendant de se prononcer sur son régime, D. 2003 S. 963–966; *L. Delli Priscoli,* L'usucapione dell'azienda fra ragioni della proprietà e ragioni dell'impresa, NGCC 2014 S. 642–652; *Simon Douglas,* The Nature of Conversion,

(2009) 68 CLJ S. 198–223; *ders.*, Is Possession Factual or Legal?, in: Eric Descheemaeker (Hrsg.), The Consequences of Possession (Edinburgh 2014) S. 56–76; *William Dross,* Propriété et droits réels. Le skieur est-il un possesseur?, RTD civ. 2013 S. 859–861; *ders.*, Propriété et droits réels. Le constitut possessoire est-il envisageable en matière de don manuel?, RTD civ. 2012 S. 641–648; *ders.*, Propriété et droits réels – Qui répond du dommage causé par un immeuble dont personne ne veut?, RTD civ. 2016 S. 150–154; *ders.*, Propriété et droits réels – Qui doit être déclaré propriétaire lorsqu'aucun des litigants ne l'est? Le conflit du titre *a non domino* et de la possession sans *animus domino,* RTD civ. 2016 S. 154–155; *ders.*, Le chef d'œuvre que dissimule une croûte est-il un trésor?, RTD civ. 2017 S. 887–891; *André Dupin Aîné,* Œuvres de R.-J. Pothier contenant les traités du droit français, Tome cinquième (Brüssel 1831); *Carsten Thomas Ebenroth* und *Michael Frank,* Die Übertragung des Besitzes vom Erblasser auf den Erben, JuS 1996 S. 794–802; *Daniel Oliver Effer-Uhe,* Die Folgen der Verjährung des Vindikationsanspruchs, AcP 215 (2015) S. 245–281; *John Erskine,* An Institute of the Law of Scotland (6. Aufl. Edinburgh 1824–1828); *Peter C. van Es,* Verkrijging door verjaring (Nijmegen 2011); *Ronald Faber,* Private Wachdienste in Österreich – Gewerbe, Tätigkeitsfelder und Befugnisse, ZfV 2000 S. 850–863; Hans. W. Fasching und Andreas Konecny (Hrsg.), Kommentar zu den Zivilprozeßgesetzen, Band III (§§ 226–460 ZPO) (2. Aufl. Wien 2004); *James C Fisher,* The *Ex Turpi* Principle in *Hounga* and *Servier,* (2015) 78 MLR S. 854–870; *Ursula Floßmann,* Österreichische Privatrechtsgeschichte (3. Aufl. Wien 1996); *David Fox,* Enforcing a Possessory Title to a Stolen Car, [2002] CLJ S. 27–29; *ders.*, Relativity of Title at law and in Equity, 65 [2006] CLJ S. 330–365; *Ádám Fuglinszky,* Kártérítési jog (Budapest 2015); *Juozas Galginaitis, Antje Himmelreich, Rūta Vrubliauskaitė,* Einführung in das lituaische Recht (Berlin 2010); *Antonio Gambaro,* La proprietà, in: G. Iudica und P. Zatti (Hrsg.), Trattato di diritto privato (Mailand 1990); *Apostolos Georgiades,* Νέες μορφές συμβάσεων της σύγχρονης οικονομίας, leasing κλπ (Neue Vertragstypen der modernen Wirtschaft, Leasing usw., Athen 1995); *Otto von Gierke,* Deutsches Privatrecht, Bd. 2: Sachenrecht (Leipzig 1905); *Peter Gillies,* Business Law (12. Aufl. Sydney 2004); *Alberto Giusti* und *Antonio Scarpa,* Le azioni possessorie e di nunciazione (2. Aufl. Mailand 2015); *Karl W. Gladt,* Zur Haftung Dritter für Besitzstörung, ÖJZ 1988 S. 513–519 und 553–558; *Ulf Göranson,* Traditionsprincipen (Uppsala 1985); *Júlio Manuel Vieira Gomes,* O conceito de enriquecimento, o enriquecimento forçado e os vários paradigmas do enriquecimento sem causa (Porto 1998); *Pedro González Poveda,* Acciones protectoras del dominio y de la posesión (Barcelona 2002); *Sarah Green* und *John Randall,* The Tort of Conversion (Oxford und Portland, Oregon 2009); *Herbert Grziwotz,* Zivilrechtliche Probleme bei der Aneignung von Müll – Der Müll in Nachbars Tonne, MDR 2008 S. 726–727; *Franz Gschnitzer,* Sachenrecht (Berlin 1968); *Attilio Guarneri,* La superficie, in: Francesco Donato Busnelli (Hrsg.), Il Codice Civile Commentario (Mailand 2007); *Catherine Guelfucci-Thibierge,* Nullité, restitution et responsabilité (Paris 1992); *Olivier Guérin,* Antichrèse – L'absence d'action de l'antichrésiste contre le constituant ne met pas fin à la possession, JCP G 2003, 10024, S. 297–300; *Karl-Heinz Gursky,* Die neuere höchstrichterliche Rechtsprechung zum Mobiliarsachenrecht, JZ 2005 S. 385–399; *Tom Guthrie* und *Hilary Hiram,* Property and Cohabitation: Understanding the Family Law (Scotland) Act 2006, (2007) 11 Edin LR S. 208–229; *Johann J. Hagen,* Die Regelungsfunktion der einstweiligen Verfügung, JBl 1971 S. 337–343; *Eduard Hammerl,* Die Einrede des unechten Besitzer, JBl 1952 S. 98–100; *Donald R. Harris,* The Concept of Possession in English Law, in: Anthony Gordon Guest (Hrsg.), Oxford Essays in Jurisprudence (2. Aufl. Oxford 1968) S. 69–106; *ders.*, Comment, 4 (1963–64) Melb U L Rev S. 499–501; *Jan Hellner,* Lagstiftning inom förmögenhetsrätten. Praktik, teori och teknik (Stockholm 1990); *ders.*, Metodproblem i rättsvetenskapen. Studier i förmögenhetsrätt (Stockholm 2001); *Robin Hickey,* Property and the Law of Finders (Oxford und Portland, Oregon, 2010); *William Searle Holdsworth,* A History of English Law: Band III (3. Aufl. London 1923); *Oliver Wendell Holmes Jr.*, The Common Law (Boston 1881); *Lena Holmqvist, Madeleine Leijonhufvud* und *Per Ole Träskman,* Kommentar till brottsbalken (5. Aufl. Stockholm 1987); *Thomas Honsell,* Schadensersatz nach verbotener Besitzentziehung, JZ 1983 S. 531–535; *Ondřej Horák* und *Petr Dostalík,* Věc v právním slova smyslu v novém občanském zákoníku z právněhistorické perspektivy, Časopis pro právní vědu a praxi 1/2013, S. 14–21; *Hans Reinhold Horst,* Das „Messie-Syndrom" im Immobilienrecht, NJW 2010 S. 827–829; *Hans Hoyer,* Bezugsverträge und Besitzstörung, Wbl 1997 S. 147–152; *ders.*, Zum possessorischen Schutz des Rechtsbesitzes, Wbl 1999 S. 341–348; *Rudolf von Ihering,* Der Besitzwille. Zugleich eine Kritik der herrschenden juristischen Methode (Jena 1889); *Wojciech Jaaksch-Ratajczak,* Der Abschleppunternehmer als Besitzstörer, ZVR 2004 S. 353–357; *Jelle E. Jansen,* Bezit te kwader trouw, verkrijgende en bevrijdende verjaring (Groningen 2011); *ders.*, Drie uitspraken over erfpacht, inbezitneming en art. 3:105 BW, Maandblad voor Vermogensrecht 2015 S. 255–263; *Mónica Jardim,* Efeitos substantivos do registo predial – terceiros para efeitos de registo (Coimbra 2013); *Nils Jareborg,* Förmögenhetsbrotten

(2. Aufl. Uppsala 1986); J. Cl. Civil (*-Agnès Bouzon-Roulle*), Code, Art. 717, Fasc. 50: Modes divers d'acquérir la propriété – Épaves (Paris 2012); J. Cl. Civil (*-Grégoire Loiseau*), Code, Art. 527 à 532, Fasc. 20: Biens. Biens meubles par détermination de la loi ou meubles incorporels (Paris 2012); J. Cl. Civil (*-Colette Saujot*), Code, Art. 716, Modes divers d'acquérir la propriété, Fasc. 40: Trésor (Paris 2015); *Christopher Jessel,* Concurrent Fee simples and the Land Registration Act 2002, 130 [2014] LQR S. 587–607; *Jerzy Jodłowski, Zbigniew Resich, Jerzy Lapierre, Teresa Misiuk-Jodłowska* und *Karol Witz,* Postępowanie cywilne (5. Aufl. Warschau 2007); Wolfgang Joecks und Klaus Miebach (Hrsg.), Münchener Kommentar zum StGB, Band 4: §§ 185–262 (2. Aufl. München 2012); *John William Jones,* An Essay on the Law of Bailments (Nachdruck der 2. Aufl. Philadelphia 1804); *Stephen Jourdan* und *Oliver Radley-Gardner,* Adverse Possession (2. Aufl. Haywards Heath 2011); *Tina Kalouta und Thorsten Tepasse,* Wohnungsbau auf Griechisch aus deutscher Sicht, BauR 3 (2012) S. 431–439; *Athená Karamanli-Mparoutaki,* To Dikaio tis Només (Athen 1997); *Fabian Klinck,* Stellvertretung im Besitzerwerb, AcP 205 (2005) S. 487–519; *Gerhard Knoll,* Schatzfund und Denkmalschutz, JBl 2005 S. 212–226; *Georg Kodek,* Die Besitzstörung: Materielle Grundlagen und prozessuale Ausgestaltung des Besitzschutzes (Wien 2002); *ders.,* Wechselseitige Besitzstörungen, in: Festschrift für Gert Iro zum 65. Geburtstag (Wien 2013) S. 49–80; *Wilbert D. Kolkman, Rutger J. L. Timmer, Leonardus C. A. Verstappen* und *Fokke Jan Vonck,* Verbetering betrouwbaarheid basisregistratie Kadaster (Den Haag 2012); *Rosalie Koolhoven,* Het 'ongewild' prijsgegeven schilderij en het gedrag van de occupant, NTBR 2014 S. 355–363, *Christos L. Kousoulas,* Nomé kai kleronomiké diadoché (Athen und Thessaloniki 2004); András György Kovács (Hrsg.), Ingatlannyilvántartás. Az új Ptk. alapján [Immobilienregister. Aufgrund des neuen ZGB] (Budapest 2015); *Marco Krogh,* Usucapio libertatis e retroattività degli effetti dell'usucapione, Studio n. 859–2008/C, Approvato dalla Commissione Studi Civilistici il 4 marzo 2009, http://www.notariato.it/sites/default/files/859.pdf; *Paul Krückmann,* Sachbesitz, Rechtsbesitz, Rechtsschein in der Theorie des Gemeinen Rechts, AcP 108 (1912) S. 179–434; *Céline Kuhn,* Licence d'exploitation et article 2279 du code civil, D. 2006 S. 2897–2900; *Maria Enza La Torre,* Abbandono e rinuncia liberatoria (Mailand 1993); *Jacques Laurent,* La possession et la détention, in: Hugues Périnet-Marquet (Hrsg.), Propositions de l'Association Henri Capitant pour une réforme du droit des biens (Paris 2009); *Joseph Legerer,* Zur Zulässigkeit des Abschleppens besitzstörend abgestellter Fahrzeuge von Privatgrundstücken, ÖJZ 1998 S. 607–612; *Kåre Lilleholt,* Allmen Formurett (Oslo 2011); *Bengt Lindell,* Civilprocessen (2. Aufl. Uppsala 2003); *Moe M. Litman* und *Bruce Ziff,* Easements and Possession: An Elusive Limitation, [1989] Conv S. 296–300; *Karl Llewellyn,* Across Sales on Horseback, (1939) 52 Harv LR 725–746; *Grégoire Loiseau,* Possession et revendication d'un nom de famille, D. 2004 S. 86–88; *Stephan Lorenz,* Privates Abschleppen – Besitzschutz oder „Abzocke"?, NJW 2009 S. 1025–1029; *Andrea Macía Morillo,* Una aproximación a la transmisión en garantía en el Derecho alemán, InDret 1/2013 (46 S.); *Neil Maddox,* Property and the Law of Finders, Robin Hickey (Rezension), Irish Jurist 2010 S. 260–261; *Geo Magri,* Archeologia e proprietà, Riv. crit. dir. priv. 2009 S. 73–106; *ders.,* Usucapione ed acquisto a non domino nel prisma della Convenzione europea dei diritti dell'uomo, Riv. dir. civ. 2014 S. 1402–1428; *ders.,* Beni culturali, in: Rodolfo Sacco (Hrsg.), Digesto disc. priv., sez. civ. VI, Aggiornamento (Turin 2011) S. 122–125; *ders.,* I contratti della lirica (Padua 2016); *Marie Malaurie,* Les restitutions en droit civil (Paris 1991); *Philippe Malaurie,* Les successions. Les libéralités (2. Aufl. Paris 2006); *Blandine Mallet-Bricout,* La possession *solo animo* contestée mais toujours efficace, D. 2013 S. 2125–2127; *William Markby,* Elements of Law: Considered with Reference to Principles of General Jurisprudence (6. Aufl. Oxford 1905); *Matteo Marrone,* Istituzioni di diritto romano (3. Aufl. Palermo 2011); *Claes Martinson,* Kreditsäkerhet i fakturafordringar – en förmögenhetsrättslig studie (Uppsala 2002); *Silvio Martucelli,* Situazioni di fatto e contitolarità del diritto (Mailand 2000); *Riccardo Mazzon,* Usufrutto, uso e abitazione (Padua 2010); *ders.,* Il possesso (Padua 2011); *Dieter Medicus,* Besitzschutz durch Ansprüche auf Schadensersatz, AcP 165 (1965) S. 115–149; *Hans Medwed,* Das Wiederherstellungsbegehren im Besitzstörungsverfahren, ÖJZ 1971 S. 9–12; *Pauline Memelink,* De verkeersopvatting (Leiden 2009); *António Menezes Cordeiro,* Tratado de direito civil. Band V: Parte geral (Coimbra 2005, Neudruck 2011); *Luigi Mengoni,* Gli acquisti "a non domino" (Mailand 1994); *David L. Carey Miller,* Corporeal Moveables in Scots Law (Edinburgh 1991); *Stroud Francis Charles Milsom,* Historical Foundations of the Common Law (2. Aufl. Oxford 1982, Nachdruck Oxford 2009); *Franz Mohr,* Zur Störung des Besitzes an Privatparkplätzen und Hauseinfahrten, ZVR 1988 S. 9–12; *Hermann Müller,* Können die besonderen Bestimmungen für das Verfahren wegen Besitzstörungen aus der Zivilprozeßordnung ausgeschieden werden?, ÖJZ 1956 S. 197–201; *Therese Müller,* Besitzschutz in Europa (Tübingen 2010); *Zoltán Navratyil,* Dologi jog a 2013. évi V. törvény alapján. Az új Polgári Törvénykönyv szövegének rövid magyarázata. Ideiglenes jegyzet (Sachenrecht aufgrund des Gesetzes V aus dem Jahre 2013. Kurzkommentar des Textes des neuen

Zivilgesetzbuches. Vorläufiges Skript) (Budapest 2014); *Vytautas Nekrošius,* Grundzüge der Reform des Zivilrechts in der Republik Litauen (unter besonderer Berücksichtigung des Sachenrechts), in: Helmut Heiss (Hrsg.), Zivilrechtsreform im Baltikum (Tübingen 2006) S. 84–98; *Michał Niedośpiał,* Dziedziczenie posiadania – glosa – I CKU 105/98, Monitor Prawniczy 2001 Nr. 6; *José Carlos de Medeiros Nóbrega,* Die Entwicklung des portugiesischen Sachenrechts (Göttingen 2015); *Ricardo Omodei Salè,* La detenzione e le detenzioni. Unità e pluralismo nelle situazioni di fatto contraposte al possesso (Padua 2012); *ders.,* Detenzione, in: Enciclopedia del Diritto (Mailand 2015) S. 359–380; *ders.,* A proposito di talune ricorrenti massime giurisprudenziali in materia possessoria, Riv. dir. civ. 2013 S. 989–1021; *František Palacký,* Radhost. Sbírka spisůw drobných z oboru řeči a literatury české, krásowědy, historie a politiky, Bd. 3 (Prag 1873); *Panagiotis K. Panagiotou,* Νομικά ζητήματα με αφορμή την απόφαση ΕφΘεσ 577/2010. Η ονομαστική μετοχή ως αξιόγραφο και ως αντικείμενο τακτικής χρησικτησίας (Rechtliche Fragen aus Anlass des Urteils des Berufungsgerichts Thessaloniki 577/2010. Die Namensaktie als Wertpapier und als Objekt der ordentlichen Ersitzung), EllDni 52 (2011) S. 650–671; *Béatrice Parance,* La possession des biens incorporels (Paris 2008); *Roberto Pardolesi,* voce Energia, Digesto civile, Bd. VII (Turin 1991) S. 444–448; *David Hughes Parry* und *John Bryan Clark,* The Law of Succession (11. Aufl. London 2002); *Anne Pélissier,* Possession et meubles incorporels (Paris 2001); *Fernando Pereira Rodrigues,* Usucapião. Constituição originária de direitos através da posse (Coimbra 2008); *Hugues Périnet-Marquet,* Droit des biens – Usucapion abrégée et juste titre; JCP G 2016 S. 754; *L. Miguel Pestana de Vasconcelos,* Direito das garantias (2. Aufl. Coimbra 2013); *Bohuslav Petr,* Vydržení v českém právu (Prag 2002); *Ferenc Petrik,* Tulajdonjogunk ma (Budapest 2007); *Josef Pichler,* Die „eigenmächtige" Besitzstörung, ÖJZ 1963 S. 509–514; *Stéphane Piedelièvre,* Brèves remarques sur la disparition des actions possessoires avec la loi du 16 février 2015, Gaz. Pal. 2015 S. 803–805; *Pernille J. van der Plank,* Natrekking door onroerende zaken (Nijmegen 2016); *Theodore Frank Thomas Plucknett,* A Concise History of the Common Law (5. Aufl. Boston 1956, Nachdruck New Jersey 2001); *Frederick Pollock* und *Robert Samuel Wright,* An Essay on Possession in the Common Law (Oxford 1888); *Ettore Protettì,* Le azioni possessorie. La responsabilità e il procedimento in materia possessoria (Mailand 1983); *Antonín Randa,* Držba dle rakouského práva v pořádku systematickém (Prag 1890, reprint 2008); *ders.,* Der Besitz nach österreichischem Rechte: Mit Berücksichtigung des gemeinen Rechtes, des preußischen, französischen und italienischen, des sächsischen und züricherischen Gesetzbuches (4. Aufl. Leipzig 1895); *Eline B. Rank-Berenschot,* Bezit. Mon. BW B7 (Deventer 2012); Ángel Luis Rebolledo Varela (Hrsg.), Tratado de servidumbres (2. Aufl. Pamplona 2007); *Walter H. Rechberger* und *Daphne-Ariane Simotta,* Grundriss des österreichischen Zivilprozessrechts: Erkenntnisverfahren (7. Aufl. Wien 2009); *Wim H. M. Reehuis* und *Antonius H. T. Heisterkamp,* Goederenrecht (Deventer 2012); *Kenneth Reid* und *Reinhard Zimmermann,* A History of Private Law in Scotland. Vol. 1: Introduction and Property (Oxford 2000); *Gabriel de Reina Tartière,* El valor de la inscripción en el Registro de la Propiedad inmueble español, AC 5 (2014) S. 514–525; *Kurt Reinl,* Der Besitzschutz der Ehegattin an der Ehewohnung, JBl 1969 S. 370–377; *ders.,* Das Verhältnis der Bauverbotsklage zur Besitzstörungsklage, JBl 1970 S. 75–79; Rép. civ. Dalloz (*-Jamel Djoudi*), V° Possession (Paris 2011); Rép. civ. Dalloz (*-Raymond Le Guidec* und *Gérard Chabot*), V° Succession (zweite Lieferung Paris 2011); *Isabella Riener* und *Raphael Thunhart,* Fundsache Tier: Entlaufene, ausgesetzte und zurückgelassene Tiere im neuen Tierschutzgesetz, ÖJZ 2006 S. 617–623; *Frederick Rieländer,* Sachenrechtliche Erwerbsrechte (München 2014); *Jacinto Fernandes Rodrigues Bastos,* Notas ao Código Civil, Bd. V (Lissabon 1997); *Manuel Rodrigues,* A posse. Estudo de direito civil português (3. Aufl. von *Fernando Luso Soares,* Coimbra 1980); *Alf Ross,* Tû-Tû, 70 (1956–57) Harv L Rev S. 812–825; *Thomas Rüfner,* Possession of Incorporeals, in: Eric Descheemaeker (Hrsg.), The Consequences of Possession (Edinburgh 2014) S. 171–184; *Francesco Ruscello,* Istituzioni di diritto privato, Bd. 1 (3. Aufl. Mailand 2008); *Rodolfo Sacco,* Detenzione autonoma e qualificata, in: Digesto disc. priv., sez. civ., Aggiornamento (Bd. 5 Turin 2010) S. 515–529; *ders.,* Usucapione, in Digesto disc. priv., sez. civ. (Turin 1999) S. 561–572; *Jonas Saladžius, Maksimas Saveljevas* und *Robert Juodka,* Real Property Rights in Lithuania (Wien 2005); *Pavel Salák,* Nález věci skryté a jeho právní úprava v novém občanském zákoníku, Právní rozhledy 2016 (12) S. 419–426; *Joel Samuelsson,* Tolkning och utfyllning (Uppsala 2008); *Friedrich-Carl von Savigny,* Das Recht des Besitzes: Eine civilistische Abhandlung (1. Aufl. Gießen 1803); *Francesco Scaglione,* Possesso dell´etere e tutela del canale televisivo (Padua 2000); *A. C. van Schaick,* Rechtsgevolgen en functies van bezit en houderschap. Mon. BW A-14 (Deventer 2014); *Alexander Schall,* Maultaschen im Sachenrecht, NJW 2010 S. 1248–1252; *Juliane Schellerer,* Gutgläubiger Erwerb und Ersitzung von Kunstgegenständen (Tübingen 2016); *Helmut Schöner* und *Kurt Stöber,* Grundbuchrecht (15. Aufl. München 2012); *Günter Christian Schwarz* und *Astrid Ernst,* Ansprüche des Grundstücksbesitzers gegen „Falschparker", NJW 1997 S. 2250–2256; *Gwen Seabourne* und *Ewan*

Paton, Case Comment: Unchained Remedy: Recovery of Land by Licensees [1999] Conv S. 535–542; *Klaus Segelhuber,* Zur Gewahrsamsproblematik bei Nachlassgegenständen, ÖJZ 1994 S. 480–491; *István Serák,* Dogmatikai, történeti és összehasonlító adalékok a polgári jogi birtokvédelem rendszerének hatékonyságához, Állam és Jogtudomány LVI (2015) S. 72–73; Adolf Schönke und Horst Schröder (Hrsg.), Strafgesetzbuch: Kommentar (29. Aufl. München 2014); *Burke Shartel,* Meanings of Possession, 16 (1932-33) Minn LR S. 611–637; *Keith Shaw,* Vacant Possession: Law and Practice (Oxford und New York 2010); *Christoph Karl Sliwka,* Herausgabeansprüche als Teil des Eigentumsrechts? Die rei vindicatio und funktionsäquivalente Ansprüche des Eigentümers gegen den Besitzer im französischen, englischen und deutschen Recht (Berlin 2012); *Olaf Sosnitza,* Besitz und Besitzschutz (Tübingen 2003); *Jiří Spáčil,* Poctivá držba v novém občanském zákoníku, Právní rozhledy 2013 (2) S. 63–70; *ders.,* Ochrana vlastnictví a držby v občanském zákoníku (Prag 2002); *James Stair,* The Institutions of the Law of Scotland (2. Aufl. Edinburgh 1693); *Stoyan Stavrou,* Vladenieto. Juridicheski fragmenti (Sofia 2015); *Kurt Stöber,* Forderungspfändung (16. Aufl. München 2013); *Ernst Swoboda,* Der Besitz im neuen bürgerlichen Recht, in: Jan Krčmář (Hrsg.), Randův jubilejní památník (Prag 1934) S. 237–250; Károly Szladits (Hrsg.), A magyar magánjog V. – Dologi jog (Budapest 1942); *Ewa Szuber-Bednarz,* Einige Aspekte der Ersitzungsvoraussetzungen, DPJZ 2012 S. 30–31; *Vitali Tadjer,* Veshtno pravo na Republika Bulgaria, Teil IV: Vladenieto (2. Aufl. Sofia 1991); *Antoine Tardos,* À propos de l'efficacité de la possession *solo animo,* D. 2013 S. 1531–1535; *Alice Erh-Soon Tay,* The Concept of Possession in the Common Law: Foundations for a New Approach, 4 (1963-64) Melb U L Rev S. 476–497; *dies.,* „Bridges v Hawkesworth" and the Early History of Finding (1964) 8 Am. J. Legal Hist. S. 224–237; *Ivo Telec,* Držba informací, Právní rozhledy 2014 (4) S. 115–121; *Chiara Tenella Sillani,* Possesso e detenzione, Dig. disc. priv., sez. civ., Bd. XVI (Turin 1996) S. 8–41; *Alberto Trabucchi,* Occupazione, in: Enc. dir. Bd. XXIX (Mailand 1979); *Roberto Triola,* Della tutela dei diritti, La trascrizione, in: Bessone (Hrsg.), Trattato dei diritto privato (3. Aufl. 2012); *Nikolas Tsakos,* E prosoriné diatagé katá ton KPolD, Arm. 34 (1980) S. 83–88; *ders.,* To periechómenon kai o typos tes prosorinés diatagés, Arm. 35 (1981) S. 176–180; *Petko Venedikov,* Novo veshtno pravo (Sofia 1995); *José Alberto Vieira,* A Posse (Coimbra 2018); *Lars P. W. van Vliet,* Verkrijgende verjaring van een erfdienstbaarheid van overpad, NTBR 2010 S. 308–318; Ladislav Vojáček, Karel Schelle und Jaromír Tauchen (Hrsg.), Die Entwicklung des Tschechischen Privatrechts (Brünn 2011); *Fokke Jan Vonck,* Verkrijgende verjaring van een recht van overpad in 2012, De Notarisklerk 2011 S. 165–170; *Gösta Walin* und *Göran Lind,* Kommentar till Ärvdabalken, Del II (18–25 kap.) Boutredning och arvskifte, försäkringar m. m. (5. Aufl. Stockholm 2009); *Egon Weiss,* Der Entwurf eines Bürgerlichen Gesetzbuches für die Tschechoslowakische Republik, RabelsZ 7 (1933) S. 526–545; *Mark West,* Adverse Possession, Illegality and Land registration: The Balancing of Conflicting Public Policies, Conv 2015 S. 432–446; *Peter Westberg,* Det provisoriska rättsskyddet i tvistemål (Lund 2004); *R. M. Wibier,* Big data en goederenrecht, WPNR 2016, Nr. 7110, S. 427–436; *Hans Wieling,* Voraussetzungen, Übertragung und Schutz des mittelbaren Besitzes, AcP 184 (1984) S. 439–464; *Jan Wilhelm,* Ersitzung als Rechtsgrund?, NJW 2017 S. 193–197; *Gareth Williams,* Treasures from Sutton Hoo (London 2011), *Bernhard Windscheid,* Lehrbuch des Pandektenrechts, Bd. 1 (8. Aufl. Frankfurt/Main 1882); *Mark Wonnacott,* Possession of Land (Cambridge 2012); A. Zieliński und K. Flaga-Gieruszyńska (Hrsg.), Kodeks postępowania cywilnego. Komentarz (8. Aufl. Warschau 2015).

I. Zweck, Gegenstände und Denkfiguren des Besitzrechts

1. Das Mehrebenensystem des objektiven Sachenrechts

a) Sachenrecht ohne Sachenrechte

Sachenrecht *(property law)* besteht nicht nur aus dem Recht der subjektiven Sachen- 1
rechte *(property rights).* Es entfaltet sich auch noch in einer zweiten, von dem Recht der Rechte deutlich abgesetzten Ebene: dem Recht des **Besitzes.** Schon dieses Wort will allerdings mit Bedacht verwandt sein. Denn obwohl nahezu alle europäischen Zivilgesetzbücher[1] in ihren einschlägigen Abschnittsüberschriften tatsächlich nur von

[1] Nur die Titelüberschrift vor Artt. 3:107–125 ndl. BW unterscheidet schon ausdrücklich zwischen *bezit en houderschap.* Unter Art. 3:107(1) ist „bezit ... het houden van een goed voor

„Besitz" (*bezit, birtok, diakatoché, držba, nomé, posest, posesión, posiadanie, posse, possession, possesso, valdījums, valdus, valdymas, vladenie* etc.) handeln[2], unterscheiden einige der so überschriebenen Regelwerke doch schnell und scharf zwischen **Detention** und Besitz.[3] Der „Detentor", also derjenige, der eine Sache rein physisch unter Kontrolle hat, aber anerkennt, dass sie einem anderen gehört oder sonst durch ein Recht zugeordnet ist, gilt diesen Rechtsordnungen gerade nicht als Besitzer. Das Paradebeispiel ist der Mieter einer beweglichen Sache. Er ist in ihrem Verständnis nur Detentor; nach der konkurrierenden Lesart ihrer Schwesterrechtsordnungen dagegen ein typischer Besitzer.[4] „Besitz" erscheint auf diese Weise oft in mindestens doppelter[5], genau genommen sogar in dreifacher Bedeutung: (i) als natürliche Sachherrschaft („Detention"; „Fremdbesitz"), (ii) als natürliche Sachherrschaft in Gestalt der Ausübung oder Anmaßung eines dinglichen Rechts („bürgerlichrechtlicher Besitz"; „Eigenbesitz", „Besitz

---

zichzelf". *Bezit* ist also der bürgerlichrechtliche Besitz, *houderschap* die niederländische Variante der Detention.

[2] So die Überschriften vor Artt. 68–76 bulgar. Gesetz über das Eigentum; §§ 854–872 dt. BGB; §§ 32–50 estn. LPA; Artt. 2255–2279 franz. CC; Artt. 974–998 gr. ZGB; Artt. 1140–1170 ital. CC; §§ 875–926 lett. ZGB; Artt. 4.22-4.36 lit. ZGB; §§ 309–352 österr. ABGB; Artt. 336–352 poln. ZGB; Artt. 1251–1301 port. CC; Artt. 430–466 span. CC; Artt. 24–36 slowen. SPZ; §§ 987–1010 tschech. BGB; §§ 5:1–5:12 ungar. ZGB und Teil II zypr. Kap. 224, Artt. 5–38.

[3] Z. B. Art. 68 bulgar. Gesetz über das Eigentum (Besitzer ist, wer die tatsächliche Herrschaft über eine Sache ausübt und sie als eigene hält, Detentor, wer sie nicht als eigene hält); Art. 2278(2) franz. CC („La protection possessoire est pareillement accordée au détenteur"); Art. 974 gr. ZGB („Wer die natürliche Herrschaft über eine Sache erworben hat (Detention), ist Besitzer der Sache, wenn er die Herrschaft mit dem Willen, die Sache zu eigen zu haben, ausübt"); § 876 lett. ZGB („Der Besitz einer Sache ist die dem Rechte des Eigentums entsprechende tatsächliche Gewalt über die Sache. Er besteht, wenn jemand eine körperliche Sache tatsächlich in seiner vollen Gewalt hat, mit dem Willen, gleich einem Eigentümer darüber zu verfügen. Wer eine Sache zwar tatsächlich in seiner Gewalt hat, aber einen anderen als deren Eigentümer anerkennt, gilt, selbst wenn er zur Innehabung der Sache berechtigt ist, nicht als rechtlicher Besitzer dieser Sache, sondern nur als deren Inhaber oder tatsächlicher Besitzer und Stellvertreter des Eigentümers im Besitz"); Art. 524(3) malt. CC („A person who has the detention or custody of a thing but in the name of another person, is called a holder") i. V. m. Art. 525(1) malt. CC („Possession is the detention of a corporeal thing or the enjoyment of a right, the ownership of which may be acquired, and which a person holds or exercises as his own"); Art. 3:107(1) ndl. BW (Fn. 1); § 309 österr. ABGB („Wer eine Sache in seiner Macht oder Gewahrsame hat, heißt ihr Inhaber. Hat der Inhaber einer Sache den Willen, sie als die seinige zu behalten, so ist er ihr Besitzer"); Art. 1168(2) ital. CC (die *azione di reintegrazione,* die Klage auf Wiederherstellung des Besitzes, steht auch „demjenigen zu, der die Sache innehat [*ha la detenzione della cosa*], außer, wenn er sie auf Grund der Dienstausübung oder der Gastfreundschaft innehat") und Art. 1253 port. CC („Als Detentoren oder prekäre Besitzer werden angesehen: a) diejenigen, die ohne Absicht als Nutznießer des Rechts zu handeln, die tatsächliche Gewalt ausüben; b) diejenigen, die lediglich die Duldung des Rechtsinhabers ausnutzen; c) die Stellvertreter oder Bevollmächtigten des Besitzers und im Allgemeinen alle die, die im Namen eines anderen besitzen").

[4] Man muss das freilich qualifizieren. Unter deutschem Recht z. B. schuldet der Vermieter, genau genommen, nur die Gebrauchsüberlassung, nicht auch die Besitzverschaffung. Nur wenn der Gebrauch der Mietsache notwendig ihren Besitz voraussetzt, gehört zur Gebrauchsgewährung auch die Verschaffung des Besitzes (BGH 15.6.2011, NJW 2007 S. 2394, 2395; BGH 1.2.1989, NJW-RR 1989 S. 589; BGH 17.7.2002, NJW 2002 S. 3322, 3323).

[5] So für Griechenland *Georgiades,* Emprágmato Díkaio I, S. 136 Rdnr. 9 sowie Georgiades und Stathopoulos (*-Georgiades*), ZGB, Art. 974 S. 220 Rdnr. 11 (Detention sei, als physische Sachherrschaft, Besitz im weiten Sinn).

im engeren Sinn") und (iii) als Oberbegriff für diese beiden Herrschaftsformen. Schön nachvollziehen lässt sich diese Dreifachbedeutung von „Besitz" nicht nur in den Formulierungen des polnischen bzw. des ungarischen Zivilgesetzbuches[6], sondern auch in Spanien. Der span. CC differenziert zwischen dem (weiten) natürlichen und dem (engen) bürgerlichrechtlichen Besitz, kennt aber auch Vorschriften, in denen *posesión* beides zugleich meint, den natürlichen und den bürgerlichrechtlichen Besitz.[7] Den nachfolgenden Beobachtungen legen wir zunächst diesen Sammelbegriff zugrunde. Natürlicher und bürgerlichrechtlicher Besitz sind, wie noch darzulegen sein wird, für spezifische Zwecke geformte Teilmengen eines übergreifenden Rechtsgebiets, das sich, englisch gewendet, aus *legal* und *de facto possession* zusammensetzt.[8] Wo der Zusammenhang kein anderes Vorgehen erfordert, ziehen wir es deshalb vorerst vor, alle mit Sachgewalt verknüpften Lehren des Sachenrechts als ein Stück „Besitzrecht" zu beschreiben[9], und zwar auch dann, wenn die jeweilige „Gewalt" nicht oder nicht vollständig autonom ausgeübt wird.[10]

---

[6] Unter Art. 336 poln. ZGB ist „Besitzer einer Sache ... sowohl derjenige, der die Herrschaft über diese Sache als Eigentümer ausübt (Eigenbesitzer), als auch derjenige, der die Sachherrschaft als Nießbraucher, Pfandgläubiger, Mieter, Pächter oder als Inhaber eines anderen Rechts, mit dem eine bestimmte Herrschaft über eine fremde Sache verbunden ist, tatsächlich ausübt (abhängiger Besitzer)". Unter Art. 344 § 1 Satz 1 poln. ZGB steht „dem Besitzer ... gegenüber demjenigen, der seinen Besitz eigenmächtig gestört hat, sowie gegenüber demjenigen, zu dessen Vorteil die Störung erfolgt ist, ein Anspruch auf Wiederherstellung des früheren Zustands und auf Unterlassung der Störungen zu". Die Unterscheidung zwischen Eigenbesitz und abhängigem Besitz spielt unter Art. 344 aaO keine Rolle; wichtig ist nur, dass man entweder Eigenbesitzer oder abhängiger Besitzer ist; bloßer Gewahrsam genügt nicht (poln. OG 12.12.1990, I CR 750/90, OSNCP 1992.5.81, Legalis-Nr. 27163, zu einem Bauunternehmen). § 5:1 ungar. ZGB definiert: (1) Besitzer ist, wer eine Sache als seine eigene oder aufgrund eines zum vorübergehenden Besitz der Sache berechtigenden Rechtsverhältnisses in seiner Gewalt hat. (2) Neben dem Besitzer, der die Sache aufgrund eines zum vorübergehenden Besitz der Sache berechtigenden Rechtsverhältnisses in seiner tatsächlichen Gewalt hat (Unterbesitzer), ist auch derjenige als Besitzer anzusehen, von dem die die tatsächliche Gewalt ausübende Person ihren Besitz ableitet (Oberbesitzer). (3) Besitzer ist auch, von dem die Sache ohne Rechtsgrundlage zeitweilig in die tatsächliche Gewalt einer anderen Person gelangt ist." Und § 5:2 ungar. ZGB fügt hinzu: „Den Besitz einer Sache erwirbt die Person, in deren tatsächliche Gewalt die Sache gelangt".

[7] Art. 430 span. CC definiert „natürlichen Besitz *(posesión natural)* als das Innehaben *(tenencia)* einer Sache oder den Genuss eines Rechts durch eine Person. Bürgerlichrechtlicher Besitz *(posesión civil)* ist dasselbe Innehaben oder derselbe Genuss im Verein mit der Absicht, die Sache oder das Recht als eigene zu haben". Art. 432 span. CC ergänzt: „Der Besitz an Gütern oder Rechten kann auf eine der beiden Arten gehalten werden: entweder als Eigenbesitzer *(posesión en concepto de dueño)* oder als Halter *(posesión en concepto de tenedor)* der Sache oder des Rechts zu deren Bewahrung oder Genuss, während das Eigentum einer anderen Person zusteht". „Besitz" i. S. v. Art. 446 span. CC („Jeder Besitzer hat ein Recht darauf, dass er in seinem Besitz geachtet wird; wenn er dabei gestört wird, ist er in dem betreffenden Besitz zu schützen, oder ist wieder mit den Mitteln darin einzusetzen, die die Verfahrensgesetze vorschreiben") steht sodann für beide, sowohl für den natürlichen als auch für den bürgerlichrechtlichen Besitz.

[8] Z. B. *Pollock und Wright,* An Essay on Possession in the Common Law, S. 26–28; *Llewellyn,* (1939) 52 Harv LR 725, 732 und *Bridge/Gullifer/McMeel/Worthington,* The Law of Personal Property, Rdnr. 2–036 („Bluntly, many instances of possession in English law are examples of legal fictions").

[9] Das entspricht im Übrigen auch der Vorgehensweise des dänischen, des norwegischen und des schwedischen Rechts. Das dortige Gesetzesrecht kennt durchweg nur ein Wort (schwedisch *besittning,* dänisch *besiddelse,* norwegisch *innehaving*). Seine Bedeutung kann aber je nach Kontext spürbar variieren (*Lilleholt,* Allmen Formurett, S. 159). Vor allem das schwedische Schrifttum

(1) Gewährleistung der Funktionstauglichkeit des Rechts der Rechte

2 Zwar geht es beiden, sowohl dem Recht der subjektiven Sachenrechte als auch dem Recht des Besitzes, um die Rechtsbeziehungen zwischen Personen in Bezug auf Sachen. Wäre das anders, würde man sich nicht innerhalb des Sachenrechts bewegen.[11] Seine beiden Hauptmaterien greifen aber auf die Ordnung und die Gestaltung dieser Rechtsbeziehungen grundverschieden zu. Das Recht des Eigentums und der es belastenden absoluten Rechte operiert mit der Idee von Stammrechten. Sie beantworten die Frage, wer in welcher Weise mit welcher Sache umgehen und sich dieser Rechtsstellung wegen Einmischungen anderer verbitten darf. Unbelastetes Eigentum gewährt die umfänglichste Rechtsmacht. Auch die Inhaber der anderen subjektiven Sachenrechte dürfen die jeweilige Sache nutzen, das allerdings nur in einer entweder vorwiegend zeitlich oder vorwiegend inhaltlich beschränkten Weise. Die nun zu analysierende Parallelwelt des Besitzes denkt völlig anders. In ihr gibt es nur Sachenrecht, aber keine subjektiven Sachenrechte.[12] Besitz taugt weder zur Belastung eines fremden

---

trägt dem durch Rückgriff auf die traditionellen Unterbegriffe (z.B. „mittelbarer Besitz") Rechnung (*Göranson,* Traditionsprincipen, S. 457; *Millqvist,* Sakrättens grunder[6], S. 35). Leicht missverstanden werden kann das schwedische *detentionsrätt.* Damit ist das Zurückbehaltungsrecht eines Verkäufers bis zur Zahlung des Kaufpreises (§ 10 schwed. Köplag) gemeint (*Håstad,* Sakrätt[6], S. 177). Es geht also nicht um einen Detentor.

[10] Näher zur Unterscheidung zwischen Besitz i.S.v. Eigenbesitz und Detention unten Rdnr. 76. Auch in den Ländern, die die Detention bzw. den Fremdbesitz gerade nicht als echten Besitz verstehen, ist es im Übrigen durchaus üblich, die Detention im Kontext von Besitzrecht zu beschreiben und zu analysieren. S. z.B. für Frankreich *Terré und Simler,* Les biens[9], S. 166 Rdnr. 162 und *Dross,* Les choses, S. 461 Rdnr. 248 („Le détenteur s'oppose classiquement au possesseur en ce que le droit qu'il prétend exercer sur la chose l'oblige à terme à restitution"); für Belgien *Hansenne,* Les biens, S. 159 Rdnr. 140 und *Lecocq,* Manuel de droit des biens I, S. 111; für Luxemburg *Watgen und Watgen,* La propriété immobilière, S. 264 Rdnr. 258 und S. 260 Rdnr. 253 („La possession se distingue de la simple détention, qui a généralement un caractère précaire. En effet, le détenteur d'un bien le détient à la prière d'un tiers, d'où l'origine du terme 'précaire' (preces = prière) et il doit le rendre à la demande de ce tiers"); für Griechenland u.a. *Georgiades* aaO; *Papasteriou,* Emprágmato Díkaio I, S. 321 Rdnr. 4; *Kousoulas,* Emprágmato Díkaio, S. 89 und *Filios,* Emprágmato Díkaio[3], S. 89 (der allerdings anregt, zwischen Besitz mit und ohne Ausübung der Sachherrschaft zu unterscheiden); für Polen *Gniewek,* Prawo rzeczowe[8], S. 278 Rdnr. 867; für Portugal *Rodrigues,* Posse[3], S. 9–11 und *Menezes Cordeiro,* Posse[3], S. 51–65; für Spanien *Díez-Picazo,* Fundamentos III[5], S. 639 und *del Pozo Carrascosa/Vaquer Aloy/Bosch Capdevilla,* Derecho civil de Cataluña. Derechos reales[4], S. 29–31; und für Italien *Sacco und Caterina,* Il possesso[3], S. 45 und 155 sowie *Torrente und Schlesinger,* Manuale di diritto privato[21], S. 335. Der ital. CC definiert die *detenzione* zwar nicht, bezieht sich aber in Art. 1140(2) auf sie („Besitzen kann man unmittelbar selbst oder mittels einer anderen Person, die die Sache innehat"); näher *Omodei Salè,* La detenzione e le detenzioni, S. 1.

[11] Band 1, Rdnrn. 3–5. Der Sachbegriff des Besitzrechts muss allerdings nicht in jeder Beziehung mit dem Sachbegriff des Rechts der Rechte übereinstimmen (unten Rdnr. 5). Man sieht das schon an Art. 3:107(1) ndl. BW, der *bezit* auf *goederen,* also auf körperliche Gegenstände und auf Vermögensrechte (und nicht nur auf *zaken*) bezieht.

[12] Wenig gelungen wirkt vor diesem Hintergrund Art. 4.22 lit. ZGB, der in deutscher Übersetzung lautet: „(1) Besitz als ein *unabhängiges dingliches Recht* an Sachen, das eine Grundlage für den Eigentumserwerb im Rahmen der Ersitzung bildet, ist die tatsächliche Innehabung einer Sache mit dem Zweck, diese als eigene zu haben. (2) Der Besitz wird nicht für ein unabhängiges dingliches Recht an einer Sache gehalten, wenn der tatsächliche Inhaber der Sache eine andere Person als ihren Besitzer oder Eigentümer der Sache anerkennt". (Hervorhebung hinzugefügt.) Denn selbst der gutgläubige Eigenbesitz beinhaltet kein subjektives Sachenrecht, auch nicht in Gestalt eines subjektiven Erwerbsrechts; zum Erwerb des Eigentums müssen auch unter

Rechts, noch dazu, mit einem fremden Recht belastet zu werden. Es gibt auch keine Belastung von Besitz durch Besitz; er würde sich in Luft auflösen.[13] Das Besitzrecht kennt, gleichviel, wie eng oder weit man das Wort fasst, kein Stammrecht, keine Aussage darüber, wie ein Besitzer mit einer (realen oder normativen, eigenen oder fremden) Sache verfahren darf. Deshalb gibt es zwar subjektive Eigentumsrechte, aber es gibt keine subjektiven Besitzrechte; es gibt nur objektives Besitzrecht. Dass auch dieses Rechtsbehelfe (Ansprüche, Klagerechte) zugunsten von Privatpersonen erzeugt und sich mit Fragen des Erwerbs subjektiver Sachenrechte befasst, ebnet den Unterschied zu dem Recht der Rechte nicht ein. Besitz- und Eigentumsrecht gehören weder deshalb in ein und dieselbe Kategorie, weil sie beide Herausgabe-, Unterlassungs- und Schadensersatzansprüche kennen, noch deshalb, weil sich in beiden Tatbestände des gesetzlichen Rechtserwerbs finden.[14] Ihre Identität beziehen sie vielmehr aus ihren

---

litauischem Recht immer noch andere Elemente hinzukommen. Art. 4.68(1) lit. ZGB sieht für Grundstücke eine zehn-, für bewegliche Sachen eine dreijährige ununterbrochene Ersitzungszeit vor. Der Eigentümer muss die Möglichkeit gehabt haben, in dieser Zeit sein Recht zu realisieren, darf davon aber keinen Gebrauch gemacht haben. Außerdem muss unter Abs. (2) aaO der Eigentumserwerb durch Ersitzung gerichtlich festgestellt werden. Das litauische Recht hält seinen Ansatz freilich insoweit konsequent durch, als es sogar die Eintragung von Eigenbesitz im Grundbuch gestattet (Art. 4.27(2) lit. ZGB), sofern nicht schon eine andere Person als Eigentümer eingetragen ist (Art. 4.27(3) aaO; näher *Saladžius/Saveljevas/Juodka,* Real Property Rights in Lithuania, S. 85). Auch in England (dazu noch näher unten Rdnrn. 6–7) erkennt allerdings die herrschende Meinung der *possession* den Charakter eines subjektiven Rechts zu. *Bridge/Gullifer/McMeel/Worthington,* The Law of Personal Property, Rdnr. 2–038 z. B. sprechen in bestimmten Zusammenhängen von „possession as interest", rechtfertigen das jedoch, einigermaßen widersprüchlich, mit der Funktion des Besitzes als Element von „peace and social order".

[13] Daran ändert auch die manchen Rechtsordnungen geläufige Figur des abhängigen Besitzes (oder, was auf dasselbe hinaus läuft, des Ober- und des Unterbesitzes) nichts. Es trüge nichts zur Klärung besitzrechtlicher Inhalte bei, von einem abhängigen Besitzer (einem Fremdbesitzer), der einem unabhängigen, selbstbestimmten Besitzer (einem Eigenbesitzer) gegenüber auf Zeit zum Besitz einer Sache berechtigt oder verpflichtet ist und sich ihm vertragskonform unterordnet (s. z. B. § 868 dt. BGB, § 33(2) estn. LPA; Art. 24(2) slowen. SPZ und für Polen Pietrzykowski [-*Skowrońska-Bocian*], Kodeks cywilny I[4], Art. 336, S. 797 Rdnr. 15), zu sagen, er habe belasteten Besitz inne. Zwar mag man auch den Fremdbesitzer (z. B. den Mieter einer realen Sache) „Besitzer" nennen. Aber sein Besitz ist bzw. wäre nicht minder eine Belastung des fremden (unabhängigen, mittelbaren, indirekten) Eigenbesitzes wie der fremde Eigenbesitz eine Belastung des eigenen (abhängigen, unmittelbaren, direkten) Fremdbesitzes wäre. Besitz „belastender" Besitz wäre immer zugleich Besitz „belasteter" Besitz. Die Kategorien würden sinnlos; sie würden sich gegenseitig aufheben. An dieser Schwierigkeit ist auch die Vorstellung von „Nebenbesitz" gescheitert. Denn niemand kann eine Sache gleichzeitig für mehrere unabhängige „Oberbesitzer" besitzen; er wäre nicht in der Lage, ihren konkurrierenden Interessen gerecht zu werden (RG 5.2.1932, RGZ 135 S. 75, 79–80; RG 11.11.1932, RGZ 138 S. 265, 267; BGH 24.6.1958, BGHZ 28 S. 16, 27–28; BGH 14.11.1977, NJW 1978 S. 696, 697 und BGH 25.5.1979, NJW 1979 S. 2037, 2038). Ein Problem eigener Art stellt sich zwar Rechtsordnungen, die mit einem breit ausgreifenden Konzept des Rechtsbesitzes arbeiten. Auch sie vermeiden aber die Vorstellung, Besitz vermöge Besitz zu belasten. In Österreich z. B. formuliert man zu diesem Zweck, dass bei einem „Nebeneinander" von Sach- und Rechtsbesitz der Sachbesitz nur so weit reiche, wie er nicht durch Rechtsbesitz eingeschränkt sei (Klang [-*Kodek*], ABGB[3], § 311 Rdnr. 39; s. auch Klang [-*Klang und Schey*], ABGB II[2], S. 63: „Wie im petitorischen Verfahren das Eigentum vor der Einrede aus beschränkterem Gebrauchsrechte (Miete, Servitut), so muß im Besitzstreit der Besitzschutz des Sachbesitzers vor dem Rechtsbesitz des Inhabers weichen").

[14] Selbst der eigentums- und der eigenbesitzgestützte Rechtserwerb an Früchten bleiben klar unterscheidbare Rechtsmaterien. Denn erstens ist ein eigenbesitzgestützter Rechtserwerb keineswegs allen Rechtsordnungen bekannt (z. B. England; der Früchte ziehende Besitzer haftet auch

Zielsetzungen. Dem Recht der Rechte geht es primär um den Schutz privater Interessen, dem Recht des Besitzes primär um die Bewahrung der Autorität der Rechtsordnung. Besitzrecht besteht aus Mechanismen zum Schutz vor nicht autorisierter Gewalt und aus Regeln, die dem Druck sich verändernder Lebensverhältnisse auf die starre Welt der Rechte ein normatives Ventil geben.[15] Das Besitzrecht zwingt dem Recht der Rechte Abweichungen von seinen Standards auf. Subjektive **Rechte** werden an das reale Leben angepasst und durch das Besitzrecht **neu justiert,** teils nur auf Zeit, teils, wie z. B. im Recht der Ersitzung, sogar auf Dauer. Alles geschieht zur Aufrechterhaltung des gesellschaftlichen Friedens.

3 Würde es sich der Konstruktion eines subjektiven Sachenrechts bedienen und sich um dessen Schutz kümmern, wäre Besitzrecht überflüssig. Das betrifft den Besitz von realen Sachen genauso wie den Besitz von Grundstücken, den Besitz von Rechten an realen Sachen und Grundstücken[16] sowie, soweit von der Lehre vom Rechtsbesitz mit

---

bei Redlichkeit, wenn er ohne ein dem Eigentümer gegenüber wirksames Recht Gras mäht [*Basely v Clarkson* (1680) 3 Levinz 37; 83 ER 565], Bäume schlägt [Clerk und Lindsell (-*Murphy*), Torts[19], Rdnrn. 19–66] oder Kohle fördert [*Martin v Porter* (1839) 5 M & W 351; 151 ER 149]; das Eigentum verbleibt bis zur Begleichung der Zahlungspflicht dem Grundeigentümer [*Eastern Construction Co Ltd v National Trust Co* [1914] AC 197]). Und zweitens schließt ein eigentumsgestützter Rechtserwerb die Befugnis zum Behaltendürfen der Früchte ein; ein lediglich eigenbesitzgestützter Rechtserwerb schützt dagegen nicht, jedenfalls nicht notwendig, vor einer bereicherungsrechtlichen Herausgabepflicht (Schwimann und Kodek [-*Grüblinger*], ABGB II[4], § 329 Rdnr. 2 und § 330 Rdnr. 2; Artt. 821, 1148–1150 ital. CC). Im Übrigen lässt sich, je nach rechtstechnischer Überformung des Besitzkonzepts, sogar sagen, dass nicht einmal jeder gesetzliche Rechtserwerb an Sachen notwendig entweder rechts- oder besitzgestützt ist. Der Finder einer Sache z. B. wird durch ihre Ansichnahme keineswegs im Verständnis aller Rechtsordnungen zu ihrem Besitzer. Das polnische Recht etwa qualifiziert ihn als bloßen Gewahrsamsinhaber, d. h. als Besitzdiener (Gniewek [-*Gołaczyński*], Kodeks cywilny[2], S. 481 Rdnr. 2).

[15] Dass diese beiden Ziele im Einzelfall kollidieren und dann gegeneinander abgewogen werden müssen, zeigt eindrucksvoll *R (on the application of Best) v Chief Land Registrar* [2015] EWCA Civ 17; [2015] HLR 17. Ein Handwerker hatte ein leerstehendes, verfallendes Haus über Jahre Stück für Stück renoviert und war dort schließlich eingezogen. Noch während des Laufs der „Ersitzungs"zeit hatte sich die Rechtslage geändert; das Bewohnen des Hauses war unter sec. 144 Legal Aid, Sentencing and Punishment of Offenders Act 2012 (LASPOA) strafbar geworden. Lady *Arden* verglich die Zwecke dieses Gesetzes mit den Zwecken des Rechts der *adverse possession,* stellte klar, dass letztere bezweckten, die Eigentumslage im öffentlichen Interesse an die *reality of possession* anzugleichen (Grundstücke sollten nicht dauerhaft dem Markt entzogen sein) und entschied zugunsten des „Besetzers". Sec. 144 LASPOA bezwecke nur die Abschreckung von Hausbesetzern, nicht aber eine Einschränkung des Ersitzungsrechts. Schließlich beginne, was schon in *R v Oxfordshire CC, ex parte Sunningwell PC* [2000] 1 AC 335 festgehalten worden sei, nahezu jede Ersitzung mit *trespass.*

[16] Auch die Lehre vom „Rechtsbesitz" bedarf später noch genauerer Analyse (unten Rdnrn. 30–31). Wo Rechtsbesitz, wie z. B. nach wohl herrschender, aber keineswegs unbestrittener österreichischer Rechtsauffassung (Klang [-*Klang und Schey*], ABGB II[2], S. 61; anders aber Klang [-*Kodek*], ABGB[3], § 311 Rdnrn. 22–28; vermittelnd Rummel [-*Spielbüchler*], ABGB I[3], § 311 Rdnr. 3), nur den Besitz von Rechten meint, die ihrerseits ein Grundstück oder eine reale Sache zum Bezugspunkt haben, ist Rechtsbesitz kaum mehr als eine Variante des Sachbesitzes. Er zeigt in dieser Gestaltung zudem, dass auch die Unterscheidung zwischen Detention und Besitz mit vielen Unsicherheiten belastet ist und deshalb zur Grundlegung von Besitzrecht nicht taugt. Denn Rechtsbesitz ist in dieser Gestalt so gut wie immer Fremdbesitz und also, wenn man Besitz und bürgerlichrechtlichen Besitz in eins setzt, „eigentlich" überhaupt kein Besitz. Ein Rechtsbesitzer dieses Typs erkennt ja gerade an, dass die Sache, die den Bezugspunkt des Rechts bildet, das er besitzt, im Eigentum eines anderen steht; er erkennt nur nicht an, dass das in Besitz genommene beschränkte dingliche Recht einem anderen zusteht.

umfasst, den Besitz von rein normativen Sachen.[17] „Besitz" wird gerade nicht benötigt, um die Frage zu beantworten, wie jemand in Relation zu einem Mitbewerber (dem Eigentümer, dem Inhaber eines begrenzten Sachenrechts oder einem beliebigen Dritten) mit der jeweiligen Sache umgehen *darf.* Fragen nach dem rechtlichen Dürfen sind der Gegenstand des Rechts der subjektiven Sachenrechte, nicht des Besitzes.[18] Nur weil einem Besitzer Rechtsbehelfe gegen die eigenmächtige Wegnahme einer sich in seinem Herrschaftsbereich befindlichen Sache zugestanden werden, darf er sie noch nicht ausbeuten, benutzen, zerstören, behalten oder veräußern. Ob er das darf, beantwortet das Recht der Rechte.[19] Im Besitzrecht kommt es auf private Interessen erst in zweiter Linie an.[20] Ihr Schutz stellt sich nur als Reflex von Regeln ein, die in

---

[17] Ob man den Besitz rein normativer Sachen akzeptiert oder nicht, ist eine vorwiegend rechtspolitische Frage. Konstruieren lässt sich ein solcher Besitz ohne weiteres. Denn man kann sich (z.B.) neben dem Gläubiger einer Forderung durchaus auch einen Forderungsbesitzer vorstellen. Das wäre etwa derjenige, der sie als einziger geltend machen kann, oder, noch deutlicher, derjenige, der neben dem Schuldner als einziger von der Existenz der Forderung weiß, z.B. deshalb, weil nur er den Zugang zu der Datenbank eines Unternehmens hat, welche die eingegangenen Bestellungen oder die bestehenden Bankguthaben verzeichnet. Die §§ 309 S. 2 (wonach der „Inhaber einer Sache" zu ihrem Besitzer wird, wenn er „den Willen (hat), sie als die seinige zu behalten") und 311 österr. ABGB (wonach „alle körperlichen und unkörperlichen Sachen ... in Besitz genommen werden können") gehen ihrem reinen Wortlaut nach klar von der Möglichkeit eines solchen Rechtsbesitzes aus, werden von der wohl herrschenden Rechtsauffassung allerdings einschränkend dahin ausgelegt, dass sie nur den Besitz von Rechten an körperlichen Sachen meinten (Fn. 16). Die französische Rechtsprechung kennt sogar die Figur des Namensbesitzes (Cass. civ. 31.1.1978, Bull. civ. 1978, I, Nr. 41). Ein Name kann durch *possession loyale et prolongée* ersessen werden (Cass. civ. 25.5.1992, Bull. civ. 1992, I, Nr. 158). Umgekehrt verhindert der loyale und verlängerte Besitz die Wiederannahme eines über lange Zeit nicht geführten Namens (weswegen Henri d'Orléans, dem Comte de Paris, untersagt wurde, wieder den Namen Bourbon anzunehmen; seine Vorfahren hätten sich über Jahrhunderte d'Orléans, nicht Bourbon genannt: Cass. civ. 30.9.2003, Bull. civ. 2003, I, Nr. 195; JCP G 2004, II, 10119, S. 1377, Anm. *Zelcevic-Duhamel;* D. 2004 S. 86, Anm. *Loiseau*). Im Namensrecht wird die dreißigjährige Ersitzungsfrist des Art. 2272 franz. CC freilich für zu kurz gehalten (Cass. civ. 20.11.1974, Bull. civ. 1974, I, Nr. 310 S. 266; Cass. civ. 30.9.2003 aaO). Welche Frist im Einzelfall angemessen ist, entscheidet der Tatsachenrichter. *Dross,* Les choses, S. 502 Rdnr. 271-2 hält eine Mindestzeit von 100 Jahren für erforderlich.

[18] Asser (*-Bartels/Van Mierlo/Ploeger*), Algemeen goederenrecht^{16}, Nr. 104 S. 95 (Eigenbesitz bestehe aus dem Ausüben von Befugnissen, die ein Recht gewährt, unabhängig davon, ob dieses Recht dem Besitzer zusteht oder nicht). Um zu betonen, dass es nicht um die Frage des „Dürfens" geht, wird oft, wenn auch sprachlich etwas ungeschickt, gesagt, Besitz bestehe aus der „Möglichkeit", mit einer Sache nach Gutdünken zu schalten und zu walten (poln. OG 15.6.1972, Lex-Nr. 7096). Ein Besitzer „könne", was ein Rechtsinhaber „dürfe" (*Rudnicki und Rudnicki,* Komentarz do Kodeksu cywilnego II^{9}, Art. 336, S. 594 Rdnr. 1). In England sagt man, *possession is title against strangers.* Nur im Innenverhältnis zum *owner* kommt es darauf an, ob und in welchem Umfang dieser dem Besitzer die Nutzung erlaubt hat (*Clarke und Kohler,* Property Law, Rdnr. 7.3.2). Es ist jedoch mindestens missverständlich, wenn *De Londras,* Principles of Irish Property Law^{2}, Rdnr. 1–19 formuliert, „possession is the right to use and enjoy something".

[19] „The law protects possession", aber „possession is an ingredient of property interests rather than an interest in its own right" (*Clarke und Kohler,* Property Law, Rdnr. 7.1.2). *Georgiades,* Emprágmato Díkaio I, S. 163–164 Rdnrn. 5–8 sowie *Spyridakis,* Emprágmato Díkaio I, S. 209–210 Rdnr. 62.2 formulieren, dass das Recht der Rechte die endgültige, das Recht des Besitzes die vorläufige Regelung der dinglichen Verhältnisse anstrebe.

[20] Das zeigt sich auch daran, dass der Besitz kein Gegenstand separater Zwangsvollstreckung ist; pfänden lassen sich nur Rechte (OGH Wien 19.7.1881, GlU 19 [1884] S. 281 Nr. 8452). Eine Maßnahme der Zwangsvollstreckung unterbricht nicht einmal notwendig eine bereits lau-

erster Linie ein gesamtgesellschaftliches Interesse verfolgen, nämlich das Interesse einer Rechtsordnung daran, ihr System der subjektiven Sachenrechte zu stabilisieren. **Ohne** ein flankierendes **Besitzrecht** wäre das **Recht der Sachenrechte funktionsuntauglich.** Es würde an seiner Inflexibilität und seiner Abstraktheit scheitern.[21] Denn Rechte passen sich nicht von selbst an Veränderungen der Lebenswirklichkeit an, nicht einmal daran, dass ein Rechtsinhaber jedes Interesse an seinem Eigentum verliert und die jeweilige Sache verkommen lässt. Zweitens sind nicht wenige reale und rein normative Sachen viel zu kurzlebig, um dem Recht der Rechte eine praxistaugliche Entfaltungschance zu geben.[22] Die Vorstellung eines „ewigen" Eigentums an Erdbeeren wirkt nur geringfügig weniger sinnentleert als die Vorstellung von Eigentum an Elektrizität. Schließlich und drittens müssen Rechte an Sachen in oft aufwändigen und zeitraubenden Verfahren festgestellt werden. Darin liegt vielleicht sogar die größte Schwäche des Rechts der Rechte. Nur ein bewusst auf solche Streitphasen zugeschnittenes Besitzrecht vermeidet volkswirtschaftlich unerwünschte Unterbrechungen der Sachnutzung.[23] Außerdem verhindert es, dass sich private Gewaltanwendung lohnt.

4 Niemand ist Besitzer einer Sache, nur weil sie ihm gehört, er einen formalen Eigentumstitel vorweisen kann oder Inhaber eines Rechts ist, das fremdes Eigentum be-

---

fende Ersitzungsfrist, wenn und weil die Vollstreckung nicht dazu führt, dass der Besitzer seinen Besitz verliert (Areopag 1484/1984, NoB 33 [1985] S. 1008).

[21] Nicht unähnlich, jedoch mit anderer Akzentsetzung *Bergel/Bruschi/Cimamonti,* Les biens², S. 155 Rdnr. 128. Sie legen dar, dass Besitzrecht nicht dem Schutz des Besitzes, sondern dem Schutz des Eigentums diene. Es wird aber leider nicht deutlich, ob sie das subjektive oder das objektive Eigentumsrecht meinen, auch dort nicht, wo sie maßgeblich auf die „Beweisfunktion" des Besitzes abheben. Die Autoren schreiben Besitz außerdem eine wirtschaftliche und eine soziale Funktion zu. Es gehe ihm um die Fälle, in denen sich ein Eigentümer nicht mehr um seine Sache kümmere. Dann sei es besser, das Eigentum einem anderen zuzuordnen. Besitz diene zudem der Aufrechterhaltung der *paix publique,* des gesellschaftlichen Friedens. Das ist auch das Fazit der umfangreichen Untersuchung von *Kodek,* Die Besitzstörung (S. 36: Besitzschutz sei Teil der Friedensordnung, „Reflex des Eigenmachtverbotes"). *Spáčil,* Ochrana vlastnictví a držby v občanském zákoníku², S. 218 legt dar, dass das Interesse der Gesellschaft an der Wahrung des Rechts und der Aufrechterhaltung der für die Geltendmachung der subjektiven Rechte festgelegten Verfahrensregeln das Interesse des Eigentümers an einer schnellen Realisierung seines Rechts „ganz klar" überwiege. *Zenati-Castaing und Revet,* Les biens³, S. 648 Rdnr. 442 sehen den Hauptzweck des Besitzrechts darin, für den Rechtsverkehr die Beziehungen zwischen Personen und Gütern sichtbar zu machen. *Magri,* Riv. dir. civ. 2014 S. 1402, 1412 deutet für Italien den Schutz des gesellschaftlichen Friedens nicht als eine Aufgabe des Besitz-, sondern des Ersitzungsrechts; Eigentum verliere nur, wer sich nicht mehr um seine Sache kümmere. Bemerkenswert in diesem Zusammenhang auch EGMR (Grand Chambre) 30.8.2007, *J.A. Pye (Oxford) Ltd. and J.A. Pye (Oxford) Land Ltd v The United Kingdom,* 46 EHRR 1083, par. 66: „The statutory provisions which resulted in the applicant companies' loss of beneficial ownership were thus not intended to deprive paper owners of their ownership, but rather to regulate questions of title in a system in which, historically, twelve years' adverse possession was sufficient to extinguish the former owner's right to re-enter or to recover possession, and the new title depended on the principle that unchallenged lengthy possession gave a title. The provisions of the 1925 and 1980 Acts which were applied to the applicant companies were part of the general land law, and were concerned to regulate, amongst other things, limitation periods in the context of the use and ownership of land as between individuals. The applicant companies were therefore affected, not by a "deprivation of possessions" within the meaning of the second sentence of the first paragraph of Article 1, but rather by a "control of use" of land within the meaning of the second paragraph of the provision".

[22] *Bridge,* Personal Property Law³, S. 16.

[23] *Georgiades,* Emprágmato Díkaio I, S. 163 Rdnr. 4.

lastet.[24] Umgekehrt ist niemand Eigentümer einer Sache oder Inhaber eines sonstigen subjektiven Sachenrechts, nur weil er sie besitzt.[25] Das Äußerste, was eine Rechtsordnung tun kann, ist, in die eine, die andere oder in beide Richtungen mit Vermutungen zu arbeiten. Aber sie müssen widerlegbar bleiben.[26] Denn das Recht auf den Be-

[24] Sehr schön klar formuliert findet man das in § 320 S. 1 österr. ABGB („Durch einen gültigen Titel erhält man nur das Recht zum Besitz einer Sache, nicht den Besitz selbst"). Wenn jemand tatsächlich Eigentümer einer Sache ist, mag er wegen seines Eigentums auch Besitzwillen haben, aber Besitzwille allein reicht nicht, um Besitz zu begründen (z. B. Cass. civ. 10.10.2012, Bull. civ. 2012, I, Nr. 195 mit krit. Anm. *Dross,* RTD civ. 2012 S. 641–644. Es ging um die Frage, ob eine Handschenkung auch in Gestalt eines Besitzkonstituts vollzogen werden könne, was das Gericht verneinte. Eltern hatten ihre gesamte bewegliche Habe ihrer Tochter geschenkt, sich selber aber den Nießbrauch vorbehalten; in Ermangelung einer *tradition réelle* kein Besitz bei der Tochter). Andernfalls wäre der Vindikationsanspruch (unter dem der Eigentümer vom Besitzer Herausgabe der Sache verlangen kann) überflüssig. Zum Nachweis von Besitz genügt auch nicht die Vorlage einer *notoriété acquisitive* (einer notariellen Offenkundigkeitsurkunde) (Cass. civ. 22.5.2013, Bericht bei *Dross,* RTD civ. 2013 S. 641). Eigentum kann aber natürlich mit dem Besitz in einer Person zusammenfallen, nach Auffassung des griechischen Rechts sogar mit Besitz und Detention. Das folgt aus Art. 974 gr. ZGB (vorher Fn. 3).

[25] Vorschriften nach Art von sec. 4(3) Theft Act 1968 und von Kap. 12 § 2(2) schwed. Brottsbalk (Strafgesetzbuch) bringen nur scheinbar eine Ausnahme von dieser Regel. Unter ihnen erwirbt jedermann, der im Wald Beeren und andere Früchte pflückt, mit der Inbesitznahme das Eigentum an ihnen. Besitzbegründung und Eigentumserwerb bleiben aber, genau besehen, selbst in solchen Fällen unterschiedliche Vorgänge. Denn es sind nur bestimmte und vor allem herrenlose Sachen (an den Beeren besteht unter Kap. 2 § 1 schwed. JB und Kap. 12 § 2(2) Brottsbalk kein Eigentum des Grundeigentümers), an denen die Inbesitznahme den Eigentumserwerb bewirkt. Inbesitznahme allein genügt mithin nicht; Herrenlosigkeit muss hinzu kommen. Man kann das mit der österreichischen Lehre auch so erklären, dass der Eigentumserwerb weiterhin *titulus* und *modus* voraussetzt: die Inbesitznahme ist der *modus,* die allgemeine Freiheit zur Inbesitznahme der Titel. Denn die Regel des § 380 österr. ABGB, wonach „ohne Titel und rechtliche Erwerbungsart … kein Eigentum erlangt werden" kann, gilt auch für den originären Erwerb durch Aneignung, Fund oder Zuwachs (Koziol/Bydlinski/Bollenberger [-*Eccher und Riss*], ABGB^4, § 380 Rdnr. 2). Die §§ 381 (wonach „bei freistehenden Sachen … der Titel in der angeborenen Freiheit, sie in Besitz zu nehmen" besteht) und 382 österr. ABGB (wonach „freistehende Sachen … von allen Mitgliedern des Staates durch die Zueignung erworben werden" können) wären andernfalls nicht zu erklären.

[26] Solche Vermutungen sind sehr verbreitet. S. z. B. Art. 2230 belg. CC; § 1006 dt. BGB; Art. 2256 franz. CC; Art. 1110 und 1111 gr. ZGB; Art. 3:119(2) ndl. BW (hier geht es allerdings nur um die Eigentumsvermutung zugunsten des eingetragenen Eigenbesitzers gegenüber dem Rechtsnachfolger des ehemaligen Rechtsinhabers; s. dazu Rb. Midden-Nederland 3.4.2013; ECLI:NL:RBMNE:2013:1676); Artt. 339 i. V. m. 341 poln. ZGB (Vermutung des Eigenbesitzes kombiniert mit der Vermutung, dass der Besitz mit der wahren Rechtslage übereinstimmt); Art. 1268(1) port. CC („Der Besitzer genießt die Vermutung der Rechtsinhaberschaft, außer wenn zugunsten eines anderen eine Vermutung besteht, die auf einer dem Besitzbeginn vorhergehenden Eintragung basiert"; dazu eingehend STJ 21.6.2016, Processo 7487/11.4TBVNG.P2.S 1) und Art. 919 rumän. CC (Eigentumsvermutung zugunsten des Besitzers). Das englische Recht kennt sie sozusagen in „jede Richtung". Es wird nicht nur widerleglich vermutet, dass der Besitzer Eigentümer, sondern auch, dass der Eigentümer Besitzer sei (*Bridge/Gullifer/McMeel/Worhtington,* The Law of Personal Property, Rdnr. 2–046). Die Eigentumsvermutung zugunsten des Besitzers einer Sache findet sich auch in Schottland (*Miller,* Corporeal Moveables in Scots Law, Rdnr. 1.12) und in Malta (Art. 525(1) malt. CC). In Tschechien dagegen ist es unter dem neuen System kaum noch denkbar, eine entsprechende Vermutung zu formulieren, und sie findet sich denn auch nicht im Gesetz. Es deutet einen Besitzer als denjenigen, der ein Recht für sich ausübt. Man kann auf dieser Ebene aber noch gar nicht sagen, um welches Recht es sich handelt. Ob es sich um die Ausübung des Eigentumsrechts oder um die Ausübung eines anderen Rechts handelt, weiß sozusagen nur der Besitzer selbst (*Švestka und*

sitz einer Sache begründet noch keinen Besitz an ihr. Ebensowenig begründet der Besitz einer Sache ein Recht auf ihren Besitz. Ein Dieb darf die gestohlene Sache nicht haben und behalten. Er ist nach ganz herrschender europäischer Rechtsauffassung[27] gleichwohl ihr Besitzer.[28] Denn Besitzer ist, wer *derzeit* maßgeblichen Einfluss auf eine Sache hat. Das Nähere wird durch Rechtsvorschriften konkretisiert. Sie weisen zwar beträchtliche regionale Unterschiede auf. Im Kern freilich geht es stets darum, sich in die Rolle eines neutralen Beobachters zu versetzen und aus seiner Wahrnehmung zu

---

Dvořák, Občanské právo hmotné[5], S. 273). In den weiteren Kontext von Eigentumsvermutungen gehört schließlich auch noch Art. 1120 gr. ZGB. Danach ist bei unklarem Grenzverlauf zwischen zwei benachbarten Grundstücken auf den aktuellen Besitzstand abzustellen (näher *Kousoulas,* Nomé kai kleronomiké diadoché S. 53–56 und *Papasteriou,* Emprágmato Díkaio I, S. 330 Rdnr. 28).

[27] Allerdings ist fraglich, ob das auch unter spanischem Recht gilt. Denn unter Art. 444 i. V. m. Art. 441 Satz 1 span. CC berühren die mit Gewalt vorgenommenen Handlungen den Besitz nicht. Besitz kann hiernach also nicht gewaltsam erlangt werden. Außerdem können nach Art. 1956 span. CC (s. auch Art. 1163 ital. CC) gestohlene oder geraubte bewegliche Sachen nicht ersessen werden. *Díez-Picazo,* Fundamentos III[5], S. 658–659 legt dar, dass ein Gewaltopfer seinen Besitz nicht verliere. Folglich erwerbe derjenige, der Gewalt ausübe, entgegen einer verbreiteten Ansicht (z. B. *Albaladejo,* Derecho civil III[10], S. 63) keinen „echten Besitz" *(verdadera posesión).* Neuer Besitz *(nueva posesión)* sei gemäß Art. 460(4) span. CC erst nach Ablauf von einem Jahr möglich. Ähnlich skeptisch aus belgischer Sicht *De Page und Dekkers,* Traité élémentaire V[2], S. 752 Rdnr. 842 („Les délits, enfin, ne sont certainement pas des actes par lesquels se manifestent l'exercice d'un droit; aussi n'entrent-ils pas en ligne de compte dans la recherche du *corpus possessionis*").

[28] Das schließt man in aller Regel daraus, dass ein Dieb neben der natürlichen Sachherrschaft auch den notwendigen Eigenbesitzwillen habe. Er sei Besitzer, habe aber kein Recht zum Besitz. Vgl. für Belgien *Hansenne,* Les biens, S. 156 Rdnr. 137 („le voleur est évidemment l'auteur d'un délit; il n'en est pas moins possesseur"); für Bulgarien Art. 80(2) des bulgar. Gesetzes über das Eigentum (Dieb kann nicht ersitzen); für England *Costello v Chief Constable of Derbyshire Constabulary* [2001] EWCA Civ 381; [2001] WLR 1437 sowie *Gough v Chief Constable of the West Midlands* [2004] EWCA Civ 206; [2004] Po LR 164); für Frankreich *Terré und Simler,* Les biens[9], S. 161 Rdnr. 156 („ainsi le voleur ou l'usurpateur d'une chose, non seulement exercent les prérogatives d'un propriétaire, mais ils ont la volonté de s'affirmer en propriétaire de la chose, bien qu'ils ne le soient pas et sachent fort bien qu'ils ne le sont pas; leur possession a beau être de mauvaise foi, ils ont néanmoins la possession du droit de propriété"); für Griechenland *Georgiades,* Emprágmato Díkaio I, S. 169–170 Rdnr. 22; für Deutschland MünchKomm (*-Joost*), BGB VII[7], § 872 Rdnr. 3 (Dieb und Hehler sind Eigenbesitzer); für Italien *Bianca,* Istituzioni di diritto privato, S. 237; für die Niederlande Asser (*-Bartels/Van Mierlo/Ploeger*), Algemeen goederenrecht[16], Nr. 139; anderer Ansicht aber *van Schaick,* Rechtsgevolgen en functies van bezit en houderschap, Nr. 98); für Österreich Rummel (*-Spielbüchler*), ABGB I[3], § 309 Rdnrn. 3–4; für Polen *Gniewek,* Prawo rzeczowe[8], S. 278 Rdnr. 867; für Portugal Art. 1261(2) port. CC *(posse violenta)* und *Vieira,* Direitos reais, S. 566; für Schottland *Anderson,* The Physical Element of Possession, S. 43; für Slowenien Faber und Lurger (*-Rudolf/Rijavec/Keresteš*), National Reports I, Slovenia, S. 507, 529 und für Tschechien Spáčil (*-Spáčil*), Občanský zákoník III, S. 71. In Schweden folgt dasselbe Ergebnis aus Kap. 8 § 9 Brottsbalk (unerlaubte Selbsthilfe, *självtäkt*) und aus § 2 Lag (1986:796) om godtrosförvärv av lösöre (Gesetz über den gutgläubigen Erwerb von Fahrnis). Gelegentlich wird sogar angenommen, dass ein Dieb über das Instrumentarium der sogen. außerordentlichen Ersitzung allein dadurch Eigentümer der Sache wird, dass er für die erforderliche Zeit in ihrem Besitz bleibt, vgl. vorerst nur Art. 1045 gr. ZGB (20 Jahre) und dazu Areopag 435/2003, EllDni 45 (2004) S. 787; Areopag 1128/1977, NoB 26 (1978) S. 934 sowie Berufungsgericht Thessaloniki 1161/1983, Harm. 37 (1983) S. 965. Berufungsgericht Athen 8191/1981, ArchN 32 (1982) S. 577 erläutert, dass es auf die Charakterisierung der Erwerbshandlung nicht ankomme. Denn für die außerordentliche Ersitzung bedürfe es keines Rechtsgrundes.

fragen, wer in diesem Moment **mit der** jeweiligen **Sache am engsten verbunden** ist.[29] Das kann eine, das können zeitgleich aber (und sogar aus ganz unterschiedlichen Gründen) auch mehrere Personen sein, doch lässt sich das erst später entfalten. Auf der obersten Ebene ist vorerst nur wichtig zu sehen, dass Rechte in der ihnen von der Rechtsordnung bzw. den Parteien zugewiesenen Zeit wirken, während Besitz in einer Abfolge von Zuständen wirkt. Er kommt ohne Geschichte und Zukunft aus; die jeweilige Gegenwart genügt. Der Rechtsordnung ist nur wichtig, dass Besitz nicht in unerlaubter Weise gestört wird. Auf diese Weise entstehen zwar Zeiträume, in denen jemand Besitzer einer Sache war, aber Besitz selber ist durch diese Zeiträume nicht definiert. Er ist zu instabil, um Vorhersagen über seine Dauer zu erlauben. Besitz ist weder „ewig" noch (durch den Kalender oder die Lebensdauer einer Person) zeitlich fixiert. Deshalb gibt es immer nur die Möglichkeit festzustellen, wer derzeit Besitzer ist oder zu einer bestimmten Zeit oder während einer bestimmten Zeitspanne war. Beständig ungestört gebliebener Besitz, nach einer Besitzstörung wieder eingeräumter Besitz sowie Besitz zu Beginn und zum Ende eines Zeitraumes erzeugen allerdings unter der Voraussetzung, dass man die jeweilige Sache „für sich", „als sich gehörig" haben will, den Anschein eines Kontinuums[30], und da Kontinuität das Wesensmerkmal eines Rechts ist, erzeugt der Anschein dieses Kontinuums auch den Anschein eines Rechts. Das erklärt u.a. die Rechtsfigur der Ersitzung und erlaubt es gleichzeitig, sie als ein Stück Besitzrecht zu deuten.

Rechte haben neben einer zeitlichen auch eine räumliche und eine inhaltliche Dimension, Besitz bestenfalls eine räumliche, aber nicht nur keine zeitliche, sondern auch keine inhaltliche, und im Falle des Rechtsbesitzes kann sogar noch jede räumliche Dimension verloren gehen. Selbst wenn Besitz im Einzelfall tatsächlich eine räumliche Abmessung hat (weil es um den Besitz einer realen Sache oder eines Grundstücks **5**

---

[29] Das Bild von der „engsten Verbindung" ist natürlich der Formulierungstechnik des Kollisionsrechts entlehnt. Was in ihm die Regelanknüpfungen sind, wären im Sachenrecht die absoluten Rechte, und Besitzer wäre (nicht der Staat, sondern) die Person, mit der die Sache z. Zt. in „offensichtlich engerer Verbindung" (z.B. Art. 4(2) Rom I VO) steht. Besitz, so formuliert Radwański und Gniewek *(-Gołaczyński)*, System Prawa Prywatnego III^3, S. 93 Rdnr. 67, sei ein „mit der Sache verbundenes Verhältnis", nämlich „das Verhältnis einer Person zu einer Sache". So sieht es auch § 349 österr. ABGB, wonach „der Besitz einer körperlichen Sache [...] verloren (geht), wenn dieselbe ... in Verlust gerät; ... freiwillig verlassen wird; oder in fremden Besitz kommt". *Harris,* in: Guest (Hrsg.), Oxford Essays in Jurisprudence^2, S. 69, 71–72 formulierte den Prüfmaßstab so: „Do the facts show that before or at the relevant time the plaintiff had entered into a sufficiently close relationship with the chattel that he ought to given the benefit of this particular rule against this particular defendant"?

[30] Z.B. § 938 dt. BGB („Hat jemand eine Sache am Anfang und am Ende eines Zeitraums im Eigenbesitz gehabt, so wird vermutet, dass sein Eigenbesitz auch in der Zwischenzeit bestanden habe"); Art. 83 bulgar. Gesetz über das Eigentum (dsgl.); Art. 1046 gr. ZGB (dsgl.; „Besitz mit Aneignungswillen"; näher Areopag 1003/1979, NoB 28 (1980) S. 474); Art. 1142 ital. CC *(presunzione di possesso intermedio);* Artt. 528 und 529 malt. CC (Vermutung des Besitzes ab dem Datum des besitzbegründenden *title*); Art. 3:117(2) ndl. BW (einmal begonnener Besitz dauert so lange fort, bis er nach außen sichtbar aufgegeben wird oder durch den Besitzerwerb eines Anderen verloren geht); Art. 1254(1) port. CC („Wenn der gegenwärtige Besitzer zu einem früheren Zeitpunkt besessen hat, wird vermutet, dass er in der Zwischenzeit gleichfalls besessen hat"); Art. 459 span. CC („Zugunsten des gegenwärtigen Besitzers, der seinen Besitz in einem früheren Zeitraum nachweist, wird bis zum Beweis des Gegenteils vermutet, dass er auch in der Zwischenzeit Besitzer war") und Artt. 340, 345 poln. ZGB (Vermutung der ununterbrochenen Fortdauer von Besitz; wiedereingeräumter Besitz gilt als nicht unterbrochen).

geht), gleicht sie keineswegs notwendig der räumlichen Abmessung eines Rechts. Subjektive Sachenrechte haben ganze Sachen zum Bezugspunkt. Denn die Konzepte von Sache und Recht schauen letztlich auf dasselbe Phänomen, wenn auch aus unterschiedlichen Perspektiven. „Sache“ im Sinne des Rechts der Rechte ist, was Gegenstand eines Sachenrechts sein kann.[31] Das **Besitzrecht** steht außerhalb dieser Wechselbezüglichkeit. Es **kann sich** deshalb ohne Weiteres **von dem Sachbegriff des Rechts der Rechte lösen,** und es macht davon auch oft Gebrauch.[32] Besonders deutlich wird das in der verbreiteten, wiederum freilich nicht überall klar ausgearbeiteten und jedenfalls mannigfachen Unterschieden im Detail unterworfenen[33] Lehre vom

---

[31] Band 1, Rdnr. 2.

[32] Nach englischer Auffassung sind sowohl reale Sachen als auch Grundstücke *(land)* taugliche Bezugspunkte von *possession*. Freilich scheint es so, dass der recht-rechtliche und der besitzrechtliche *land*-Begriff nicht identisch sind. Besitzrechtlich geht es um Grundstücke im engeren Sinn. Jedenfalls hält die englische Lehre daran fest, dass eine Ersitzung durch *adverse possession* nur hinsichtlich des Eigentums an einem Grundstück infrage komme. Zwar sei auch bei *easements* ein Erwerb durch langjährige Ausübung denkbar. Das beruhe aber nicht auf *possession,* sondern auf einer Duldung mit der Wirkung eines *implied grant* (Megarry und Wade [-*Harpum/Bridge/Dixon*], The Law of Real Property[8], Rdnr. 35-002). Denn ein *easement* beinhalte gerade kein Recht, das belastete Grundstück zu besitzen (*Copeland v Greenhalf* [1952] Ch 488); näher *Litman und Ziff,* [1989] Conv S. 296.

[33] Das neue tschechische BGB z.B. scheint die Lehre vom Teilbesitz zurückzuweisen; eine ausdrückliche Regelung zu ihm findet sich nicht. Es folgt vielmehr der Vorstellung, dass eine Sache nur als Ganze besessen werden könne. Unselbständige Teile sowie nicht getrennte Früchte einer Sache können nach herrschender Lehre nur gemeinsam mit der Hauptsache besessen werden. Das gälte auch für Gebäudeteile. Die Erklärung liegt darin, dass das tschechische BGB Besitz durchgängig als Rechtsbesitz deutet. Da es an weder physisch noch rechtlich abgetrennten Gebäudeteilen kein Eigentum gibt, soll auch der Besitz des Eigentums an solchen Teilen ausgeschlossen sein. Gleichzeitig wird freilich nicht nur der Besitz einer Dienstbarkeit (z.B. eines Wegerechts) für möglich erachtet (Spáčil [-*Spáčil*], Občanský zákoník III, S. 77). Vielmehr scheint in Tschechien auch ein anderes Verständnis von Mitbesitz zu herrschen, das im Verbund mit der Unterscheidung zwischen Grundstück und Parzelle dann doch wieder dem Teilbesitz ähnelnde Konstruktionen erlaubt (Fn. 40). „Es handelt sich nicht um den Mitbesitz, wenn jeder von mehreren Besitzern das Eigentumsrecht an einem Teil einer Parzelle besitzt; dann geht es um den Besitz mehrerer selbständiger Grundstücke. Ein Grundstück ist nämlich nicht dasselbe wie eine Parzelle“ (Spáčil [-*Spáčil*], Občanský zákoník III, S. 13). In Österreich herrscht Uneinigkeit in der Frage, ob an den Bestandteilen einer Sache Sachbesitz bestehen könne (verneinend Schwimann und Kodek [-*Grüblinger*], ABGB II[4], § 309 Rdnr. 6; bejahend Klang [-*Kodek*], ABGB[3], § 309 Rdnr. 33). *Iro,* Sachenrecht[5], Rdnr. 2/13 deutet „Teilbesitz als Alleinbesitz an einem Teil einer Sache“. Die wohl herrschende Lehre differenziert sodann wie folgt: (i) An Zubehör und selbständigen Sachen könne sowohl Sach- als auch Rechtsbesitz bestehen; (ii) an unselbständigen Bestandteilen (wie z.B. an einer Wohnung) nur Rechts-, nicht aber Sachbesitz (*Iro,* aaO; *Grüblinger* aaO; Rummel [-*Spielbüchler*], ABGB I[3], § 311 Rdnr. 2). Legt man diese Sicht zugrunde, gibt es keinen Sachbesitz an unselbständigen Sachbestandteilen. *Kodek* aaO kann für seine Gegenthese allerdings auf § 312 österr. ABGB verweisen, der u.a. davon handelt, dass ein Grundstück durch Einzäunen in Besitz genommen werden kann. Auch das polnische Schrifttum neigt dazu, Eigenbesitz nur an Objekten zuzulassen, die Gegenstand besonderer Rechte sein können (näher Radwański und Gniewek [-*Gołaczyński*], System Prawa Prywatnego III[3], S. 100 Rdnr. 879). Besitz komme nur dort in Betracht, wo ein Recht entstehen könne. Der Eigenbesitz von Räumlichkeiten und sonstigen Gebäudeteilen sei nicht möglich, weil unter Art. 47 § 1 poln. ZGB ein Sachbestandteil nicht Gegenstand besonderer Rechte sein könne. Nur Gebäude, die gerade keine Bestandteile, vielmehr Objekte separaten Eigentums sein könnten, könnten auch eigenbesitztaugliche Objekte sein und mit Zeitablauf ersessen werden (poln. OG 6.6.1973, I CR 413/73, Lex-Nr. 7265). Kein Eigenbesitz sei deshalb an dem Keller eines Gebäudes möglich (poln. OG 19.1.1988, III CRN 459/87, Lex-Nr. 8858; Pietrzykowski

Teilbesitz.[34] Sie bewirkt, dass Gegenstände des Rechtsverkehrs[35] (bei *res extra commercium* und Sachen, die dem Gemeingebrauch gewidmet sind, ist die Rechtslage umstritten[36]) mindestens detentions- und manchmal sogar i. e. S. besitzfähig werden, obwohl

---

[-*Skowrońska-Bocian*], Kodeks cywilny I[4], Art. 172, S. 549 Rdnr. 11). Da physische Teile einer Immobilie aber gemietet oder gepachtet werden können, könnten sie immerhin Objekte des abhängigen Besitzes sein (*Ignatowicz und Stefaniuk,* Prawo rzeczowe[2], S. 315–316 Rdnr. II). Im Näheren hängt nun alles wieder von dem nationalen Begriff der Sache bzw. des Zubehörs ab. In Italien gilt zwar derselbe Ausgangspunkt wie in Polen (Besitz nur an eigentumstauglichem Zubehör, nicht an nicht eigentumstauglichen Bestandteilen). Ein Keller, ein Dachboden, ein Parkplatz und eine Garage gelten aber als Wohnungszubehör (Band 1, § 2 mit Fn. 1474; dort auch zu Spanien und Bulgarien). Folglich kann unter Artt. 817, 818(2) ital. CC ein Keller separat besessen (*Balestra,* Proprietà e diritti reali, S. 418) und zu Eigentum erworben werden (*Ruscello,* Istituzioni di diritto privato I[3], S. 71). Überraschenderweise kennt auch das englische Recht die Ersitzung von Teilen eines fremden Grundstücks, z. B. eines Kellers (*Rains v Buxton* (1880) 14 Ch D 537) oder einer Trennwand zwischen zwei Häusern (*Prudential Assurance Co Ltd v Waterloo Real Estate Inc* [1999] 2 EGLR 85; *Palfrey v Wilson* [2007] EWCA Civ 94; [2007] NPC 18). In den Niederlanden fehlen zwar, soweit ersichtlich, in Rechtsprechung und Literatur ausdrückliche Hinweise auf das Konzept des Teilbesitzes; die Ersitzung von Grundstücksstreifen scheint aber gleichwohl möglich zu sein (Hof's-Hertogenbosch 10.12.2013, HD 200.135.289.01) (in casu aber mangels Eigenbesitzes abgelehnt).

[34] Gesetzliche Regeln zum Teilbesitz begegnen nur vergleichsweise selten, nämlich in § 865 dt. BGB und den ihm nachgebildeten § 49 estn. LPA und Art. 993 gr. ZGB (Teilbesitz auch an Bestandteilen möglich, soweit sie von außen erkennbar und abtrennbar sind: Areopag 1748/2005, NoB 54 [2006] S. 677; Berufungsgericht Athen 5951/1993, ArchN 44 [1994] S. 513; Amtsgericht Samos 8/2005, EEN 72 [2005] S. 695).

[35] Ohne die Qualifizierung eines Gegenstandes als Gegenstand des Rechtsverkehrs kommt auch das Besitzrecht nicht aus. Fließendes Wasser, das Wasser der Meere und die atmosphärische Luft lassen sich nicht nur nicht zu Eigentum haben, sie können auch nicht in Besitz genommen werden (Radwański und Gniewek [-*Gołaczyński*], System Prawa Prywatnego III[3], S. 101 Rdnr. 92; *Terré und Simler,* Les biens[9], S. 159 Rdnr. 154; Art. 1145 ital. CC). Ob Besitz an elektrischer Energie möglich ist, bleibt oft auch dort umstritten, wo man sie für eigentumsfähig hält (wie z. B. unter Art. 814 ital. CC; näher Bd. 1 Rdnr. 114). Die Frage ist richtigerweise zu verneinen (*Pardolesi,* voce Energia, Digesto civ. VII, S. 444, 446; *Caterina,* in: Gambaro und Morelli (Hrsg.), Trattato dei diritti reali, S. 357, 389 und *Gambaro,* La proprietà, S. 28, 29).

[36] Artt. 967–969 gr. ZGB verneinen die Besitzfähigkeit von Gegenständen, die dem Gemeingebrauch gewidmet sind. Besitz kommt nur dem jeweiligen Hoheitsträger zu (Areopag 1206/1981, NoB 30 [1982] S. 804; Amtsgericht Athen 1367/1967, NoB 16 (1968) S. 659); Privatpersonen werden nötigenfalls über das Instrumentarium des Persönlichkeitsrechts geschützt (Areopag 1206/1981 aaO; Areopag 150/1976, NoB 24 [1976] S. 692; Areopag 684/1973, NoB 22 [1974] S. 175 und Berufungsgericht Kreta 65/1963, NoB 12 [1964] S. 211), es sei denn, sie hätten eine Konzession erworben, die ein Nutzungsrecht und damit Detention begründet (Amtsgericht Sparta 69/1984, NoB 33 [1985] S. 1237). Die Ersitzung einer zu einem *public highway* gehörigen Fläche ist im Ergebnis auch in England ausgeschlossen (eingehende Analyse der Rechtslage in *R (on the application of Smith) v The Land Registry (Peterborough Office)* [2010] EWCA Civ 200; [2011] QB 413). Anders könnten die Dinge aber in Polen liegen. Noch unter dem alten Sachenrechtsdekret entschied poln. OG 15.3.1963, I CR 151/63, OSNC 1964/9/177, Lex-Nr. 105411, dass eine öffentliche Straße in Herrschaft genommen und *cum animo rem sibi habendi* besessen werden könne. Solch ein Eigenbesitz berechtige jedoch nicht zur Ersitzung einer als öffentliche Straße gewidmeten Immobilie, auch nicht zur Ersitzung eines zu ihr gehörenden und mit einer Hecke bewachsenen Grünstreifens. Poln. OG 24.6.2010, IV CSK 40/10, OSNC 2011/2/17, Lex-Nr. 602303 und poln. OG 21.9.2011, I CSK 719/10, Lex-Nr. 1043965 haben diese Rechtsprechung bestätigt. Poln. OG 10.4.2014, IV CSK 461/13, Lex-Nr. 1498653 hat dann aber eine Hintertür geöffnet: Eine öffentliche Sache könne nur solange nicht ersessen werden, wie sie den Charakter des öffentlichen Gutes nicht verloren habe. Bei der erwähnten Hecke dürfte jedoch genau das der Fall gewesen sein. Kurze Zeit später urteilte das

sie in Ermangelung eigener Sachqualität weder Bezugspunkte des Eigentums noch eines sonstigen Sachenrechts sein können. Beispiele liefern noch auf dem Stamm gekauftes Holz[37], die Außen- oder die Innenwand eines Hauses[38], Wohnungen, die keine Eigentumswohnungen sind, eine Theaterloge und andere abgetrennte Räumlichkeiten[39], in Eigenbesitz genommene Grundstücksstreifen diesseits einer in der äußeren

---

Gericht, dass eine für den Straßenbau vorgesehene Immobilie solange ersessen werden könne, wie sich der Bau noch in der Planungsphase befindet (poln. OG 22.5.2014, IV CSK 556/13, Lex-Nr. 1475237: Straße trotz entsprechenden Registervermerks über Jahrzehnte nicht gebaut; Ersitzung bejaht). Poln. OG 6.3.2015 (III CSK 196/14, Lex-Nr. 1666022) ging sodann auf die Uneinheitlichkeit der bisherigen Rechtsprechung ein und entschied im Sinne der These, dass die bloße Registrierung einer Immobilie als öffentliche Straße die reale Situation nicht notwendig abbilde. Deshalb sei eine Ersitzung weiterhin möglich, freilich nur nach genauer Analyse aller Umstände des Einzelfalls im Zeitpunkt der Übernahme der Sache in Eigenbesitz.

[37] RG 16.5.1924, RGZ 108 S. 269 (Holz auf dem Stamm, Teilbesitz des Käufers); LG Lárissa 725/1994 ArchN 47 (1997) S. 533; Berufungsgericht Athen 5951/1993, ArchN 44 (1994) S. 513 (dsgl.); Berufungsgericht Náfplio 320/1979, NoB 28 (1980) S. 116 (ungetrennte Früchte eines Baumes) und (im Kontext der Lehre von den *meubles par anticipation*) Trib. civ. Chambéry 12.7.1951, Gaz. Pal. 1951, 2, S. 266 (Bd. 1, § 2, Fn. 1296) (Besitzerwerb durch Markierung der Bäume). Unter englischem Recht ist es gleichfalls möglich, gesondertes Eigentum an einem einzelnen Baum zu erwerben, auch wenn er noch nicht gefällt ist (*Gray und Gray,* Elements of Land Law[5], Rdnr. 1.2.83). Das schließt allem Anschein nach die Möglichkeit ein, ihn zu Besitz zu haben, denn der Erwerber kann sich gegen *trespass* gegen den Baum wehren (*Liford's Case* (1614) 11 Co Rep 46; 77 ER 1206). Außerdem spricht zugunsten des Grundeigentümers eine Besitzvermutung nur unter dem Vorbehalt eines „better title elsewhere" (*Pollock und Wright,* An Essay on Possession in the Common Law, S. 41; *Bell,* Modern Law of Personal Property, S. 43–44).

[38] Areopag 109/1971, NoB 19 (1971) S. 602; Areopag 1269/1990, Isokrates-Datenbank (ehemalige Trennwand zur Außenwand eines neuen Gebäudes umgewandelt und mit elektrischen Installationen versehen; alleiniger Teilbesitz); RG 26.10.1912, RGZ 80 S. 284 (von gewerblichem Mieter zu Werbezwecken genutzte Außenwand eines Gebäudes); siehe auch *Sacco und Caterina,* Il possesso[3], S. 96 mit dem Beispiel des Besitzes an einer Schaufensterscheibe. Besitz bzw. Detention an der Außenwand eines Hauses setzen einen eigenen, vom Recht der Rechte deutlich abgesetzten besitz- bzw. detentionsrechtlichen Sachbegriff voraus. Zwar mag ein Nießbrauch unter einigen Rechtsordnungen in der Ausübung auf einzelne Sachteile beschränkt werden können (Band 1, Rdnr. 360 mit Fn. 226), doch ändert das nichts daran, dass ein Nießbrauch Eigentum belastet und Eigentum immer auf ganze Sachen bezogen ist. Außerdem führt vom Besitz (der Detention) einer Hauswand kein Weg zur Vermutung eines vertraglich in besonderer Weise ausgestalteten Nießbrauchrechts. Deshalb ist es unmöglich, mit dem Besitz eines Bestandteils die Vermutung des Bestehens eines Sachenrechts zu verknüpfen, oder anders formuliert: Sowohl der Besitz im bürgerlichrechtlichen Sinne (dazu noch Fn. 40) als auch Besitz i. S. v. Detention operieren notwendig mit je eigenen Sachbegriffen. Anders liegen die Dinge nur, wo an einer Hauswand zu Werbezwecken ein separates dingliches Recht erworben werden kann (s. zu dem französischen Plakatierungsrecht bereits Bd. 1, § 1 Fn. 421). Dann stimmen insoweit die Sachbegriffe des Rechts der Rechte und des Rechts des Besitzes wieder überein. OLG Düsseldorf 25.10.1984, MDR 1985 S. 497 hält den Teil der Innenwand einer Gastwirtschaft für besitzfähig, an dem ein Automatenaufsteller einen Verkaufsautomaten aufgestellt hatte. Der Besitz überdauere das Ende des Aufstellungsvertrages und werde deshalb gestört, wenn der Gastwirt den Automaten eigenmächtig ausbaue und durch den Automaten eines anderen Anbieters ersetze.

[39] Faber und Lurger (*-Kullerkupp*), National Reports I, Estonia, S. 226, 253. S. auch schon Fn. 33 und außerdem österr. OGH 22.4.1875, GlU 5696 (dauerhaft genutzte Theaterloge); OLG Rostock 22.1.2001, OLGReport KG 2002 S. 119 (Besitzfähigkeit einer als Schiffsliegeplatz genutzten Wasserfläche bejaht) und Rb. Leeuwaarden 29.9.2010, ECLI:NL:RBLEE:2010: BN9628, bestätigt durch Hof Leeuwaarden 6.11.2012, ECLI:NL:GHLEE:2012:BY2443 (Besitz an der Wasserfläche eines Stichkanals; unten Rdnr. 43). Italien kennt für Theaterlogen ein *diritto di godimento* in Gestalt eines *diritto di palco* und für Kirchenbänke in Gestalt eines *diritto di banco.* Die Rechtsnatur dieser Rechte ist streitig, näher *Magri,* I contratti della lirica, S. 36.

Welt (z.B. durch eine Hecke oder eine Mauer) fehlerhaft gezogenen Grenze[40] und einzelne Flächen innerhalb eines weitaus größeren Grundstücks.[41] Eine Gleichsetzung von besitz- und recht-rechtlichem Sachbegriff würde in solchen Fällen schwer erträgliche Schutzlücken reißen. Die Rechtsordnung vermeidet sie, indem sie Besitz als ein Provisorium[42] ohne Inhalt[43] (als die „unaufgedeckte Karte im Spiel des Sachen-

---

[40] Bei der Ersitzung von Grundstücksstreifen kommt es zu besonders eigenartigen Überkreuzstellungen der rechtlichen Konstruktionen. Denn sie wird vielfach auch dort für möglich gehalten, wo sich eine selbständige Lehre vom Teilbesitz gerade nicht herausgebildet hat, während umgekehrt eine solche Ersitzung – als unzulässige Kontratabularersitzung – ausgerechnet in Ländern mit einer ausgebauten Lehre vom Teilbesitz abgelehnt werden kann. Jede Seite ist in ihrer Welt partiell inkonsequent. Tschech. OG 17.11.1999, 22 Cdo 837/98, Sbírka soudních rozhodnutí a stanovisek, R 40/2000 z.B. entschied, dass qualifizierter Gegenstand der Ersitzung des Eigentumsrechts auch ein Grundstück sei, das Teil einer Parzelle ist, und tschech. OG 23.1.2002, 22 Cdo 96/2000, Soubor civilních rozhodnutí Nejvyššího soudu, C 987 konkretisierte, dass Voraussetzung für die Entstehung des Besitzes an einem Teil eines angrenzenden fremden Grundstücks eine reale Abgrenzung wie z.B. durch eine Abzäunung oder durch eine Mauer sei. Auch Artt. 993, 1045 gr. ZGB erlauben (nach Ablauf von zwanzig Jahren, näher Areopag 980/2007, Isokrates-Datenbank) die außerordentliche Ersitzung von Teilflächen eines fremden Grundstücks. Die erforderliche Besitzausübung kann z.B. in einem Umzäunen der fraglichen Fläche bestehen (Berufungsgerichts Larissa 894/2006, Isokrates-Datenbank; Areopag 623/1999, Isokrates-Datenbank: 60 m^2 waren bereits seit 20 Jahren umzäunt, weitere 186 m^2 erst später; Erwerb der 60, nicht der 186 m^2). Ebenso verhalten sich die Dinge allem Anschein nach in Frankreich (*Dross,* Les choses, S. 742 Rdnr. 405: Ersitzung als Einwand gegen ein Abrissbegehren wegen Überbaus); in Italien (wo es gang und gäbe ist, sich gegen eine Grenzbereinigungsklage aus Art. 950 ital. CC mit der Ersitzungseinrede [20 Jahre] zu verteidigen, z.B. Cass. 28.5.2007, Nr. 12841); Österreich (eingehend OGH 7.12.2001, 7 Ob 226/01p sowie OGH 27.8.2014, 2 Ob 81/14x, beide in RIS Justiz; im zweiten Fall ging es um einen 2m breiten Grundstücksstreifen, für den die 30jährige Ersitzungsfrist noch nicht abgelaufen war) und Polen (*Gniewek,* Prawo rzeczowe[8], S. 91 Rdnr. 262 mit einem Hinweis auf Art. 95(3) poln. ImmobilienwirtschaftG, wonach in einem solchen Fall die Aufteilung unabhängig vom Raumordnungsplan geschehen kann). In Deutschland wird dagegen, genau umgekehrt, die Kontratabularersitzung abgelehnt (*Baur und Stürner,* Sachenrecht[18], § 53 Rdnr. 87). Unter § 927(1) dt. BGB ist es allerdings möglich, den Eigentümer eines Grundstücks, „das seit 30 Jahren im Eigenbesitz eines anderen ist, im Wege des Aufgebotsverfahrens mit seinem Recht" auszuschließen. Unter § 927(2) dt. BGB erlangt derjenige, der den Ausschließungsbeschluss erlangt hat, „das Eigentum dadurch, dass er sich als Eigentümer in das Grundbuch eintragen lässt".

[41] Z.B. österr. OGH 22.10.2014, ÖJZ 2015 S. 136 (Ersitzungsbesitz, wenn überhaupt, nicht an einer 7,7 ha großen Fläche in den Alpen, sondern an einzelnen, wesentlich kleineren Weide- und Waldteilen). Kompliziert ist die Rechtslage in den Niederlanden. Zwar soll sich der *bezit* nur auf Güter als Ganze beziehen, doch sollen auch beschränkte dingliche Rechte (darunter insbesondere das *opstalrecht*) besitzfähig sein, und zwar selbst dann, wenn sie noch gar nicht bestehen. Deshalb sei es möglich, beliebige Teile eines fremden Grundstücks in Besitz zu haben (Asser [-*Bartels/Van Mierlo/Ploeger*], Algemeen goederenrecht[16], Nr. 133; *van Schaick,* Rechtsgevolgen en functies van bezit en houderschap, Nr. 9; *van der Plank,* Natrekking door onroerende zaken, S. 171–204).

[42] Treffend *Kousoulas,* Emprágmato Díkaio, S. 111 („eine entscheidende Funktion des Besitzrechts ist die provisorische Einordnung der Sachen in die Vermögenssphäre des Besitzers"); *Vieira,* Direito reais, S. 525–526 („die erste Funktion des Besitzes ist, demjenigen ein Recht provisorisch zuzuordnen, der die materielle Kontrolle über die körperliche Sache hat"; Besitz besteht solange bis die Inhaberschaft des dinglichen Nutzungsrechts festgestellt wird: Art. 1278(1) port. CC) und *Kodek,* Die Besitzstörung, S. 39 („Der Schutz des status quo [ist] Folge des Selbsthilfeverbots, nicht seine Ursache. ... Bis zur endgültigen Klärung des eigentlichen Streits bedarf es freilich einer Zwischenregelung. Hier sorgt der Besitzschutz, indem er – ungeachtet der schließlichen Entscheidung über das Recht – die tatsächliche Herrschaft über eine Sache vorläufig ordnet, für eine vorläufige Interessenwahrung"). Eine verfahrensrechtliche

rechts“[44]) konzipiert[45], nicht, wie ein Sachenrecht, als ein sinnbestimmtes Definitivum.[46]

6 Im Common Law ist das nicht anders als im Civil Law. Auch im Common Law muss *possession* seinen Inhalt aus Rechten borgen. „As against strangers, the right founded on possession has the incidents of ownership“, bemerkten *Pollock und Wright.*[47] Selbst wenn *possession* einen *title* gegen Dritte begründen soll, muss also der Inhalt dieses Titels doch immer noch aus einem Recht (in diesem Fall aus *ownership*) gewonnen werden. Dadurch aber verliert die in England weiterhin vorherrschende These von der Rechtsqualität von *possession* ihre eigentliche Grundlage. Ein besitzgestützter Schutz von Rechten (via *trespass,* der *action for the recovery of land* und *nuisance*) macht ja nur dann einen Sinn, wenn man annimmt, dass der Besitz die Innehabung

---

Parallelwertung bewirkt, dass einstweiligen Maßnahmen zum Schutz des Besitzes nur provisorische Rechtskraft zugestanden wird. Darin kommt zum Ausdruck, dass die Entscheidung nur solange zwischen den Prozessparteien gilt, bis ein neuer Sachverhalt als wahrscheinlicher anzusehen ist (Areopag 439/2003; Berufungsgericht Lárissa 297/2009; 580/2008; 649/2008; 699/2008, alle in Isokrates-Datenbank) und dass eine solche Entscheidung keine verjährungsunterbrechende Wirkung hat (Areopag 1312/2003, EllDni 46 [2005] S. 162).

[43] Eine schöne Bestätigung dafür findet sich in der an § 312 Satz 2 österr. ABGB angelehnten Formulierung von § 987 tschech. BGB, wonach Besitzer derjenige ist, „der ein Recht für sich ausübt“. Es genügt also im Verständnis dieser Regel die eigennützige Ausübung *irgendeines* Rechts. Ebenso verhält es sich unter Art. 1140 ital. CC („Verfügungsgewalt an einer Sache, die sich in einem Verhalten äußert, das der Ausübung des Eigentums oder eines sonstigen dinglichen Rechts entspricht“); Art. 1251 port. CC („Besitz ist die Gewalt, die sich in einem Verhalten äußert, das der Ausübung des Eigentumsrechts oder eines sonstigen dinglichen Rechts entspricht“); § 875 lett. ZGB („Besitz ist die einem Recht entsprechende tatsächliche Gewalt. Gegenstand des Besitzes können sowohl Sachen im engeren Sinne des Worts – körperliche Sachen –, als auch unkörperliche Sachen – Rechte –, sein“). Aus der Sicht des französischen Rechts formuliert *Dross,* Les choses, S. 440 Rdnr. 234, Besitz sei Ausübung eines Rechts unabhängig davon, wer Inhaber dieses Rechts sei. Das deckt sich mit Art. 2255 franz. (Art. 2228 belg.) CC, wonach „der Besitz ... die Innehabung oder der Genuss einer Sache oder eines Rechts (ist), welche wir in der Gewalt haben oder welches wir ausüben, entweder in eigener Person oder durch einen anderen, der in unserem Namen die Sache innehat oder das Recht ausübt“. Dass Besitz keinen vorgeformten Inhalt hat, zeigt sich besonders deutlich in der Figur des Rechtsbesitzes. Denn welches Recht besessen wird, lässt sich immer nur dadurch bestimmen, dass man in Erfahrung bringt, welche konkreten Besitzhandlungen jemand vornimmt, und sodann prüft, mit was für einem Recht sie korrespondieren. Wenn jemand z. B. eine fremde Mauer beranken lässt, so deutet das auf den Besitz einer Dienstbarkeit, sofern es sich so verhält, dass (i) ein Recht zum Beranken nur in Form einer Dienstbarkeit bestehen kann, und sofern (ii) das Besitzrecht das Beranken für die Begründung des Besitzes an einer Dienstbarkeit genügen lässt (Beispiel nach österr. OGH, 29.3.2001, immolex 2001 S. 308). „Rechtsbesitz“ ist mithin nur eine Hülle, die sowohl mit dem Inhalt eines Sachenrechts als auch mit dessen konkreter Gestalt aufgefüllt werden muss.

[44] Band 1, Rdnr. 334.

[45] Die Rechtsordnung kann einem Eigenbesitzer zwar bestimmte Pflichten auferlegen, z. B. die Verpflichtung, ein Gebäude in verkehrssicherem Zustand zu erhalten (§ 836(3) dt. BGB) oder Grundsteuern zu zahlen (Art. 3(1) Pkt. 2 des poln. Gesetzes vom 12.1.1991 über die lokalen Steuern und Gebühren, Dz. U.2016.716), doch geben auch solche Pflichten dem Besitz keinen sachenrechtlich relevanten (weil nur „negativen“) Inhalt.

[46] Das Recht „auf“ den Besitz einer Sache dient zwar vielfach zur Beschreibung des Inhaltes von Rechten, und zwar sowohl von Sachen- wie auch von Schuldrechten (richtig *Gniewek,* Prawo rzeczowe[8], S. 269 Rdnr. 835 und *Tadjer,* Vladenieto[2], S. 9), es ist aber nicht Teil der Denkfigur des Besitzes.

[47] *Pollock und Wright,* An Essay on Possession in the Common Law, S. 22.

eines Rechts an der Sache indiziert.[48] Schließt man aber nun aus dem Umstand, dass der Besitz eigene Rechtsbehelfe hervorbringt, darauf, dass er selber zum Recht werde, dann vertauscht man Ursache und Wirkung. Denn in dieser Logik entsteht ein dingliches Recht (Besitz), weil ein anderes dingliches Recht (Eigentum) vermutet wird; das andere Recht (Eigentum) wird aber vermutet, um dieses Recht (Besitz) zur Entstehung zu bringen. Die Ableitung setzt voraus, was sie zu begründen trachtet. Sie ist nicht kohärenter als Vorschriften wie Art. 1140 ital. CC, wonach Besitz „in der Ausübung des Eigentumsrechts" bestehen soll.[49] Denn da der Eigentümer zur Besitzausübung berechtigt ist, läuft eine solche Definition im Kern auf die Aussage hinaus, dass Besitz Ausübung von Besitz sei. Besitz und Eigentum lassen sich nicht plausibel gleichsetzen. Nicht nur bedarf das Recht der Rechte eines separaten Besitzrechts, sondern auch das Besitzrecht eines von ihm unterschiedenen Rechts der Rechte. Keines von beiden vermag das jeweils andere zu ersetzen; auch Eigentum lässt sich nicht durch ein einfaches Umschwenken auf Besitz wegdiskutieren.[50]

Subjektive Sachenrechte spielen im praktischen Rechtsleben nur deshalb eine geringere Rolle als im Civil Law, weil sich das **Common Law** bis heute gegen einen besitzunabhängigen Schutz von subjektiven Sachenrechten sperrt. Sein alleiniger Ausgangspunkt ist der Schutz von Besitz (*possession,* früher *seisin*) geblieben, wenn auch im Verbund mit (irgend) einem Recht zum Besitz, dem *right to (immediate) possession.* Die Folge ist eine Art selbstreferentielles System, in dem sich *possession, right, title* und, bei **Grundstücken,** *estate* nicht scharf gegeneinander abheben.[51] Klar ist nur, dass es sich bei allen, auch bei *possession,* um rechtliche Konstrukte, um *conclusions of law,* handelt.[52] „English law has never applied the concept of ownership to land".[53] An seine Stelle trat in alter Zeit *seisin,* eine *gewere*ähnliche Mischform aus Besitz und Eigentum[54] mit Schwerpunkt auf den tatsächlichen Verhältnissen in der äußeren Welt.[55] *Seisin* verstärkte *tenure.* Was man ursprünglich nur als ein persönliches Recht für die Krone oder einen anderen Lehnsherren „hielt", nahm in Gestalt von *seisin* den Charakter eines übertragbaren Rechts an.[56] Erwies es sich in Relation zu dem jeweiligen Störer als das ältere 7

---

[48] *Lawson und Rudden,* The Law of Property³, S. 64. Die Inkonsistenzen des englischen Besitzrechts zeigen sich zudem auch darin, dass es keine gesonderte *possession in equity* gibt. Equity operiert in der Welt der Rechte – und wenn *possession* ein Recht wäre, dann wäre seine Ausklammerung aus Equity nicht erklärbar.

[49] Vorher Fn. 43; dort auch Nachweise ähnlicher Definitionen.

[50] Bd. 1 Rdnrn. 343–349.

[51] *Gray und Gray,* Land Law⁷, Rdnr. 2-001.

[52] *Mabo v Queensland (No 2)* [1992] HCA 23; (1992) 175 CLR 1, 207 (*Toohey* J: „'Possession' is notoriously difficult to define but for present purposes it may be said to be a conclusion of law defining the nature and status of a particular relationship of control by a person over land. 'Title' is, in the present case, the abstract bundle of rights associated with that relationship of possession. Significantly, it is also used to describe the group of rights which result from possession but which survive its loss; this includes the right to possession").

[53] Cheshire und Burn (*-Burn und Cartwright*), Modern Law of Real Property¹⁷, S. 28.

[54] *Plucknett,* A Concise History of the Common Law⁵, S. 358: „'Seisin' ... is an enjoyment of property based upon title, and it is not essentially distinguishable from right ... Seisin is not the Roman possession, and right is not the Roman ownership. Both of these conceptions are represented in English law only by seisin, and it was the essence of the conception of seisin that some seisins might be better than others".

[55] Ohne physische Kontrolle über das Grundstück keine *seisin: Gray und Gray* aaO Rdnr. 2–004.

[56] *Baker,* An Introduction to English Legal History⁴, S. 223–229 bzw. 229–243. Die formale Einsetzung des *tenant* durch den *lord* in den Besitz nannte man *livery of seisin.* Ohne sie entstand

und damit das bessere Recht, genoss es Drittschutz.[57] „Ideas which depend(ed) upon lordship survive(d) into a world without true lords".[58] Annäherungen an das römischrechtliche Eigentumskonzept (über die Idee eines *right to seisin*) hatten keinen Bestand[59]; durchgesetzt hat sich stattdessen die Lehre von der Titelrelativität.[60] „The person seised has all the right of an owner; the person disseised has the right to get seisin by entry or action; but till he has got it, he has none of the rights of an owner. In other words, the common law recognizes, not dominium and possessio, but seisin only".[61] *Seisin* kam freilich nur dem Inhaber eines *freehold estate,* nicht einem *leaseholder* zu. Er hatte vielleicht *possession,* die *seisin* aber verblieb dem *lord.*[62] Um trotz des Einheitskonzepts der *seisin* differenzierte Rechte an einem Grundstück zu ermöglichen, bedurfte es der *doctrine of estate.* Sie erlaubte insbesondere zeitlich gestaffelte Rechte an demselben Grundstück.[63] „The English lawyer ... by an extremely bold effort of imagination, ... first detaches the ownership from the land itself, and then attaches it to an imaginary thing which he calls an estate".[64] Unbeschadet grundlegender gesetzlicher Reformen (Aufgabe des selbständigen Rechtskonzepts der *seisin* zugunsten von *possession* in der ersten Hälfte des 19., Neuordnung des Rechts der *estates* in der ersten Hälfte des 20. Jahrhunderts[65]) ist diese Vorgeschichte für das Verständnis des geltenden Grundstücksrechts immer noch von erheblicher Bedeutung. „The nature of the fee simple is now governed by the doctrine of estates and is protected by remedies securing possession, but its origins lie in tenure and remedies to protect seisin".[66] *Estate* fun-

---

kein *freehold,* und ohne sie konnte ein *freehold* auch nicht übertragen werden. Eine *livery of seisin* war nur durch denjenigen möglich, der bereits vor der *livery* selber die *seisin* innehatte (*Taylor d Atkyns v Horde* (1757) 1 Burr 60, 107; 97 ER 190, 216 [Lord *Mansfield*]). Endgültig abgeschafft wurde diese Praxis erst durch sec. 51 LPA 1925.

[57] *Burn und Cartwright* aaO. Der Schutz gegen Störungen durch Dritte hing nicht davon ab, dass die *seisin* zu Recht erlangt war. Denn er bestand „in the interests of peace" (*Minister of State for the Army v Dalziel* (1944) 68 CLR 261, 276 [High Court of Australia; *Latham* CJ]).

[58] *Milsom,* Historical Foundations of the Common Law², S. 121.

[59] *Milsom* aaO S. 119–120.

[60] Bd. 1 Rdnr. 21.

[61] *Holdsworth,* History of English Law III³, S. 95.

[62] Megarry und Wade (-*Harpum/Bridge/Dixon*), The Law of Real Property⁸, Rdnr. 3–018. Allerdings erwies sich der auf *possession* fußende Rechtsschutz des *lease* (des *term of years*) dem allzu technisch angelegten Recht des *freehold title* alsbald überlegen. Deshalb machte man sich ihn auch bei Streitigkeiten über den *freehold title* zunutze, indem die Parteien einvernehmlich im Prozess einen fiktiven *lessee („John Doe")* und einen fiktiven Störer *(„Richard Roe")* vorschoben (*Baker* aaO S. 302–303).

[63] Grundlegend wohl *Walsingham's Case* (1573) 2 Plowd 547; 75 ER 805, 816–817 („An estate in the land is a time in the land, or land for a time"; an *estate in fee simple* is "a time in the land without end, or the land for time without end").

[64] *Markby,* Elements of Law⁶, S. 330. *Gray und Gray,* Elements of Land Law⁵, Rdnr. 1.3.3 nennen den *estate* ein „artificial proprietary construct", das zwischen den Inhaber des *title* und das *land* gesetzt *(interposed)* werde. Man könnte vielleicht sagen, das englische Recht kenne anstelle des Eigentums an Grund und Boden nur „Eigentum" an einem *estate,* an einem „slice of time in the land" (*Gray und Gray* aaO Rdnr. 1–043).

[65] Näher *Harpum/Bridge/Dixon* aaO Rdnr. 3–021.

[66] *Jessel,* 130 [2014] LQR 2014 S. 587. Einen sehr guten Überblick über die Grundlagen des englischen Grundstücksrechts und seiner Konzepte von *seisin, estate* und *tenure* gab der australische High Court in *Mabo v Queensland (No 2)* [1992] HCA 23; (1992) 175 CLR 1 vor dem Hintergrund der Frage, ob die australischen Ureinwohner ein Recht an ihren traditionellen

giert weiterhin als Substrat der Rechte an Grundstücken, und *possession* indiziert Inhaberschaft *in fee simple.* Der Rechtsschutz knüpft aber nicht an die Innehabung eines bestimmten *estates,* sondern an den Besitz an. Der LRA 2002 hat zwar nicht nur *title* und *estate* weitgehend gleichgesetzt, sondern vor allem ein Grundbuchsystem geschaffen. Der Eigentümer eines registrierten Grundstücks lässt sich seither leicht und sogar ohne Rückgriff auf Besitz feststellen. Das Rechtsschutzsystem hat sich darauf aber nicht umgestellt. *Trespass, nuisance* und die *action for recovery of land* sind besitzgestützt geblieben[67], auch wenn der Besitz auf der Grundlage des *paper title* (der Eintragung) vermutet wird[68], die Anforderungen an die Erlangung von *possession* durch den Titelinhaber spürbar abgesenkt wurden[69] und die Existenz eines besseren *title* in die Entscheidung einfließt, wem die *possession* zusteht.[70] In der Substanz gilt noch immer: „All titles to land are ultimately based upon possession in the sense that the title of the man seised prevails against all who can show no better right to seisin. Seisin is a root of title, and it may be said without undue exaggeration that so far as land is concerned there is in England no law of ownership, but only a law of possession".[71] Und: „Possession, even though tortiously acquired, throws up for the possessor (or 'squatter') a 'common law freehold' which, in the absence of any superior claim to the fee simple estate, is enforceable against the world".[72]

Dogmatisch noch schwieriger zu fassen ist *possession* an **beweglichen Sachen.**[73] Bei 8
ihnen überließ man Fragen des rechtlichen Dürfens, wie auf dem Kontinent, traditionell dem Recht von *ownership* (und *bailment*).[74] *Ownership* und *possession* mussten und müssen deshalb in ein sinnvolles Verhältnis zueinander gesetzt werden. Wie das ge-

---

Siedlungsgebieten hatten. Das Gericht bejahte das und verwarf die These, Australien sei eine rechtsfreie *terra nullius* gewesen.

[67] *Gray und Gray* aaO. Rdrn. 2.1.35–37.

[68] Das war schon vor dem Inkrafttreten des LRA 2002 der Fall (*Slade* J in *Powell v McFarlane* (1977) 38 P & CR 452, 470-71: „In the absence of evidence to the contrary, the owner of land with the paper title is deemed to be in possession of the land"). S. auch schon *Jones v Chapman* (1847) 2 Exch 803, 821 (*Maule* J) (Haben zwei Personen eine gewisse physische Kontrolle über das fragliche Land, obsiegt derjenige, dem der *title to the land* zusteht).

[69] Wer, wie der Inhaber des *registered title,* Inhaber des *right to immediate possession* ist, kann z.B. für den gesamten Störungszeitraum (also auch rückwirkend) aus *trespass* auf Ersatz des Nutzungsausfalls, *mesne profits,* klagen, sofern er nur zwischenzeitlich einen Fuß auf das streitige Grundstück gesetzt hat; selbst unverzügliche Rechtsverfolgung genügt (Clerk und Lindsell [-*Murphy*], Torts[19], Rdnrn. 19–26-28).

[70] *McPhail v Persons Unknown* [1973] Ch 447, 456 (CA; Lord *Denning*) (Hausbesetzer erlangten keine *possession,* weil der Eigentümer mit der Besetzung nicht einverstanden war); *Lows v Telford* (1875-76) LR 1 App Cas 414 (durch den Einbruch in ein Haus und das Auswechseln der Schlösser habe der Beklagte deshalb Besitz an dem Haus erlangt, weil er ein besseres Recht zum Besitz gehabt habe). Kritisch dazu *Clarke und Kohler,* Property Law, Rdnr. 7.1.3.1.

[71] *Burn und Cartwright* aaO S. 28.

[72] *Gray und Gray* aaO Rdnr. 2–022. Noch schärfer Lord *Hoffmann* in *Hunter v Canary Wharf Ltd* [1997] AC 655, 703 („Exclusive possession de jure or de facto, now or in the future, is the bedrock of English land law").

[73] „In truth the English law has never worked out a completely logical and exhaustive concept of 'possession'" (Earl *Jowitt* in *United States of America v Dollfus Mieg et Cie CA* [1952] AC 582, 605); „the term ‚possession' is always giving rise to trouble" (Lord *Parker* CJ in *Towers & Co Ltd v Gray* [1961] 2 QB 351, 361). Ähnlich *Llewellyn,* (1939) 52 Harv LR 725, 732 („Possession loses much of its distinctive flavour ..., possession becomes shadowy possession ‚in law'").

[74] *Bridge/Gullifer/McMeel/Worthington,* The Law of Personal Property, Rdnr. 2–038; *Pollock und Wright,* An Essay on Possession in the Common Law, S. 21–22.

schehen kann, scheint offener denn je. Neuerdings wird vorgeschlagen, zwischen *ownership* und *possession as interest* zu unterscheiden, d.h. zwischen Eigentum und den besitzgebundenen beschränkten dinglichen Rechten.[75] Viel gewonnen sein dürfte damit allerdings nicht. Denn die Rechtsstellung eines *pledgee* lässt sich nicht im Recht der *possession* einfangen, ohne sich dadurch zu der allgemein anerkannten Ansicht in Widerspruch zu setzen, dass der *pledge* ein dingliches Recht begründet.[76] Das *interest* des *pledgee* geht nicht notwendig mit dem Verlust seines Besitzes unter.[77] Nur vordergründig plausibel wirkt aber auch der Satz, dass „any possessor, by the fact of taking possession, acquires a real right in the thing possessed, an interest which will prevail against an indefinite number of persons, and which can be alienated by its holder and reached by his creditors".[78] Begründet wird diese Sicht erneut mit der Lehre von der *relativity of title.* „The English law of ownership and possession, unlike that of Roman law, is not a system of identifying absolute entitlement but of priority of entitlement".[79] Auch Sachenrechte an beweglichen Sachen werden meistens nicht aus sich heraus, sondern in ihrer Eigenschaft als „Rechte zum Besitz" geschützt.[80] Das *right to immediate possession* wird selber zum *title,* weil es ein Klagerecht gibt.[81] Worin das *right to possession* gründet, hält man für nachrangig. Es müsse nicht auf ein subjektives Sachenrecht zurückgeführt werden, weil bereits ungestörter früherer Besitz, der unfreiwillig verloren ging, genüge.[82] Da *possession* zudem Schutz vor Störungen gibt, hält man seine rechtliche Wurzel für belanglos.[83] Besitz und subjektive Sachenrechte sollen

---

[75] *Bridge/Gullifer/McMeel/Worthington,* The Law of Personal Property, Rdnr. 2–038.

[76] Bd. 1, Rdnrn. 492 und 499. Gelegentlich scheint man sogar jedem *bailee* ein *special property* zugestehen zu wollen (in diese Richtung *In Re Bond Worth Ltd* [1980] Ch 228, 245, *Slade* J), doch wirkt das z.B. für die gewöhnliche Miete beweglicher Sachen (*hire* oder *lease*) wenig stimmig (*Bell,* Modern Law of Personal Property, S. 99–100). Bestenfalls (aber auch das ist umstritten) mag ein *property right in equity* entstehen: „It is true that, to date, concepts of concurrent interests in personal property have not been developed in the same way as they have over the centuries in relation to real property. But modern commercial methods have introduced chattel-leasing.... Although a chattel lease is a contract, it does not follow that no property interest is created in the chattel. The basic equitable principle is that if, under a contract, A has certain rights over property as against the legal owner, which rights are specifically enforceable in equity, A has an equitable interest in such property" (*Browne-Wilkinson VC* in *Bristol Airport v Powdrill* [1990] Ch 744 (759) (Court of Appeal)). Dem hält Palmer und McKendrick (-*Swadling*), Interests in Goods², S. 491, 504–508 überzeugend entgegen, dass die Regel, „equity treats as done what ought to be done", auf die sich das Gericht wesentlich stützte, in Fällen der genannten Art gerade leer laufe. Denn der *lessee* einer beweglichen Sache solle ja gerade kein *property right* erwerben.

[77] *Reeves v Capper* (1838) 5 Bing NC 140; 132 ER 1057; *North Western Bank v Pointer* [1895] AC 56 (HL).

[78] *Lawson und Rudden,* The Law of Property³, S. 50.

[79] *Waverley Borough Council v Fletcher* [1996] QB 334, 345 (*Auld* LJ).

[80] *The Jag Shakti* [1986] AC 337 (PC); *Leigh and Sillivan Ltd v Aliakmon Shipping Co Ltd (The Aliakmon)* [1986] 1 AC 785.

[81] Palmer und McKendrick (-*Palmer*), Interests in Goods², S. 63, 71.

[82] *McNair* J in *Marquess of Bute v Barclays Bank Ltd* [1955] 1 QB 202, 211: „In order to claim in conversion, it is not necessary for the plaintiff to establish that he is the true owner of the property alleged to have been converted. It is sufficient if he can prove that at the time of the alleged conversion he was entitled to immediate possession"). Nicht einmal die Frage, wann ein geschütztes *right to immediate possession* besteht, scheint allerdings abschließend geklärt zu sein (Palmer und McKendrick [-*Palmer*], Interests in Goods², S. 88–89).

[83] Das wirkt sich bis in das Strafrecht hinein aus. Sec. 5(1) Theft Act 1968 z.B. lautet: „Property shall be regarded as belonging to any person having possession or control of it, or having in

auf derselben Hierarchieebene angesiedelt sein; eines Rückgriffs auf den rechtrechtlichen Hintergrund bedürfe es folglich nur, wo die besitzrechtliche Sachzuordnung selber zum Problem werde.[84] Es kommt hinzu, dass die Rechtsprechung im *law of bailment* (dem Recht der „Besitzmittlungsverhältnisse") dazu tendiert, den Besitzer auch in Relation zu seinem Vertragspartner (typischerweise dem Eigentümer) als Inhaber eines dinglichen Rechts anzusehen.[85] Die Unterscheidung zwischen Besitz und subjektiven Sachenrechten gerät so gleichsam unter zweifachen Druck. In Relation zu Störern genügt zur Erlangung von Rechtsschutz (der seinerseits wiederum delikts- und nicht eigentlich sachenrechtlich organisiert ist) der Besitz, nötigenfalls auch ein aus früherem Besitz fließendes *right to immediate possession.*[86] Und in den Fällen einvernehmlicher Besitzübertragung verliert die Frage, ob der Besitz zur Begründung eines Sachen- oder eines bloßen Schuldrechts übertragen wird, an Gewicht. All das genügt aus unserer Sicht jedoch nicht, um von einer vollständigen Verschleifung von Eigentum und Besitz sprechen zu können. Schon ein Blick in das Kaufrecht zeigt, dass auch das englische Recht nicht ohne die Differenzierung zwischen Recht *(title)* und Besitz auskommt. Denn unter sec. 19(1) SGA 1979 kann das eine ohne das andere übertragen werden.[87] Die Überlagerung der subjektiven Sachenrechte durch den Besitz bleibt auch im Recht der realen Sachen nur eine Folge eines Nebenaspektes, nämlich des Rechts der Durchsetzung subjektiver Sachenrechte. Es ist nur diese „Seitenansicht", die zu der Einschätzung geführt hat, dass es unnötig sei, das Recht des Besitzes und das Recht der Rechte sauber zu unterscheiden. Wichtige neuere Stimmen sehen das inzwischen durchaus ähnlich.[88]

---

it any proprietary right or interest (not being an equitable interest arising only from an agreement to transfer or grant an interest)". Plastisch formulieren *Clarke und Kohler,* Property Law, Rdnr. 7.1.2: "Simply by taking possession from you, the taker thereby acquires a better right to possession than everyone except you. ... If you as owner go to court ... you will win, but not because you are the owner: you will win because, as owner, you have a better right to possession than ... the taker".

[84] *Ramsay v Margarett* [1894] 2 QB 18, 25 (CA), Lord *Esher* MR: „When possession is doubtful it is attached by law to the title". Es ging um die Zuordnung der *possession* an Möbeln, die ein Ehepaar im gemeinsamen Haushalt nutzte. Der Ehemann hatte sie, um sie dem Zugriff seiner Gläubiger zu entziehen, seiner Ehefrau verkauft. Die Ehefrau sei wegen des durch Kauf erworbenen *title* Inhaberin der *possession* gewesen.

[85] Das ist insbesondere bei langfristigen *bailment*-Beziehungen (Mietkauf) der Fall. Siehe *On-Demand Information Plc v Michael Gerson (Finance) Plc* [2002] UKHL 13; [2003] 1 AC 368 sowie *Bridge,* Personal Property Law³, S. 28 („*On Demand* establishes beyond any doubt that a hirer's right to possession is proprietary and not merely contractual"). Schon *Jones,* An Essay on the Law of Bailments², S. 85 bemerkte, „the hirer gains a transient qualified property in the thing hired".

[86] „Against a wrongdoer possession is title" (*Jeffries v Great Western Railway Co* (1856) El & Bl 802, 805; 119 ER 680, 681 [Lord *Campbell* CJ]; zustimmend zitiert in *The Winkfield* [1902] P 42). Siehe auch schon *Armory v Delamirie* (1722) 1 Str 505; 93 ER 664.

[87] „The seller may ... reserve the right of disposal of the goods until certain conditions are fulfilled; and in such a case, notwithstanding the delivery of the goods to the buyer ... the property in the goods does not pass to the buyer until the conditions imposed by the seller are fulfilled". Eine Trennung von *possession* und *title* setzen auch secs. 24 und 25 SGA 1979 voraus. Hier geht es um den redlichen Erwerb des *title* vom jeweiligen Besitzer, wenn entweder dem Käufer vom Verkäufer bereits *possession,* aber noch kein *title* übertragen wurde oder umgekehrt der Verkäufer den *title* bereits auf den Käufer übertragen hat, aber noch im Besitz der Sache ist.

[88] *Bridge/Gullifer/McMeel/Worthington,* The Law of Personal Property, Rdnr. 2–037 (eine Abgrenzung zwischen *possession* und *ownership* sei möglich und notwendig) sowie *Clarke und Kohler,* Property Law, Rdnr. 7.1.2 („Although possession is in this sense proprietary in the common law

9 Die Feststellung, dass jemand Besitzer einer Sache ist, stützt sich in allen Rechtsordnungen typischerweise auf eine **Summe von Indizien,** selten auf einen einzigen Grund. Besitz ist eine Argumentations-, keine einfache Ja/Nein-Frage. Besitzindizierende Merkmale werden aus einer Gesamtbetrachtung der Umstände des Einzelfalles gewonnen. Auf welche es ankommt und wie man sie zu gewichten hat, wenn sie in unterschiedliche Richtungen weisen, entscheidet der Zweck, zu dem die Analyse erfolgt.[89] Besitz kann je nach Kontext aus anderen Komponenten bestehen.[90] Wenn es der Rechtsordnung nur darum geht, jemandem besitzgestützt zu ermöglichen, bis zur gerichtlichen oder privatautonomen Klärung der Rechtslage den *status quo* einzufrieren, wird sie typischerweise weniger Anforderungen stellen, als wenn es sich darum

---

taxonomy of property interests, possession is an ingredient of property interests rather than an interest in its own right ... So, possession is not of itself a property interest, but it is a necessary ingredient in a variety of different property interests.").

[89] Eindrucksvoll und bis heute wirkmächtig *Harris,* in: Guest (Hrsg.), Oxford Essays in Jurisprudence, S. 69, 78–80 (die „policy behind the rule" sei ein entscheidender Faktor bei der Feststellung von *possession*). Ähnlich MünchKomm (*-Joost*), BGB VII^7, Vor 854 Rdnr. 8 (die Bedeutung des Wortes „Besitz" müsse je nach dem Sinnzusammenhang der gesetzlichen Regel, in der es Verwendung finde, eigenständig bestimmt werden). Ein schönes weiteres Beispiel liefert die Rechtsfigur des Prekaristen. „Prekarist" im Sinne des österreichischen Rechts ist, wem eine Sache unentgeltlich und auf Widerruf überlassen wird (*Iro,* Sachenrecht^5, Rdnr. 2/27). Ihm soll nach verbreiteter, wenngleich erneut nicht unbestrittener Rechtsauffassung kein Besitzschutz gegenüber demjenigen zustehen, von dem er die Sache erhalten hat, wohl aber gegenüber Dritten (Rummel [*-Spielbüchler*], ABGB I^3, § 313 Rdnr. 3). Dagegen wendet sich zwar Klang (*-Kodek*), ABGB^3, § 311 Rdnr. 10 mit der Begründung, eine solche „Relativität des Besitzes" wäre mit sachenrechtlichen Grundsätzen unvereinbar. Das dürfte indes auf eine *petitio principii* hinauslaufen, weil es ja gerade um die Frage geht, ob der Besitz solch sachen'recht'lichen Grundsätzen überhaupt unterworfen ist. Auch die polnische Rechtslehre operiert mit dem (gesetzlich nicht geregelten) Prekarium. Man versteht darunter besitzähnliche Handlungen, zu denen es aus Freundschaft oder Humanität kommt. Die einem Nachbarn gewährte Erlaubnis, gelegentlich das eigene Grundstück zu betreten, gibt ihm allerdings weder Besitzschutz noch taugt sie als Grundlage der Ersitzung (*Ignatowicz und Stefaniuk,* Prawo rzeczowe^2, S. 320 Rdnr. 7). Ähnlich, aber um Nuancen verschoben TS 28.5.2015, ECLI:ES:TS:2015:2208 (Das Prekarium sei eine modifizierte Leihe. Es handele sich um eine einfache Besitzsituation [*simple situación posesoria*]. Der Prekarist habe die *posesión inmediata,* der Eigentümer die *posesión mediata,* die auch *posesión civilísima* genannt werde). Ein Käufer ist natürlich kein bloßer Prekarist (TS 28.2.2017, ECLI:ES:TS:2017:706). Durch das Ableben einer pflegebedürftigen Person entsteht dagegen ein Prekarium, wenn der Erblasser dem Dienstleistungserbringer für seine Hilfe ein Grundstück überlassen hatte (TS 16.7.2010, RAJ 2010 Nr. 6556 S. 18276; ECLI:ES:TS:2010:4294).

[90] „The meaning of ‚possession' depends upon the context in which it is used" (Lord *Parker* CJ in *Towers & Co Ltd v Gray* [1961] 2 QB 351, 361). Ähnlich *Harris,* 4 (1963-64) Melb U L Rev S. 499 („In legal usage, ‚possession' cannot be a single ‚fact' ... It is a relationship between a person and a thing with respect to another person, and being a relationship, it depends on a complex of facts ... a conclusion of law drawn after the concrete facts of the situation have been appraised or evaluated in the light of the abstract rule of law in question") und *Sheehan,* The Principles of Personal Property Law, S. 7 („Possession is a concept whose application may vary with context and the different policies applying in different areas"). *Shartel,* 16 (1932-33) Minn LR S. 611 behauptete sogar, es sei unmöglich, *possession* kontextunabhängig allgemeingültig zu definieren. *Göranson,* Traditionsprincipen, S. 455–457 fügt aus schwedischer Perspektive hinzu, Besitz habe je nach Kontext einen mehr tatsächlichen (physischer Zugang zu dem Objekt) oder mehr rechtlichen Inhalt (Art der Besitzerlangung; Weisungsgebundenheit etc.). Besitz lasse sich nicht kontextunabhängig-allgemein darstellen. Das Ganze mündet in eine Art „bewegliches System", welches es z.B. erlaubt, einen begrenzten physischen Zugang zu der Sache durch ein hohes Publizitätsniveau zu kompensieren (*Martinson,* Kreditsäkerhet i fakturafordringar, S. 304).

handelt, besitzgestützte Scheinpositionen in endgültige Rechtspositionen umzuwandeln.

Die **Liste der** Besitz indizierenden **Merkmale** ist **nicht geschlossen** und wird sich 10
vermutlich auch nie völlig schließen lassen. Zu den verbreitetsten gehören willensgetragene[91], sich in materiellen Handlungen äußernde[92] physische Kontrolle[93] und Weisungsbefugnisse.[94] Gewicht haben das Wissen um den Standort, um die Funktionsweise und um die Zugangsvoraussetzungen zu einer Sache, außerdem die Frage, ob und mit welchen anderen Personen man dieses Wissen teilt. Man denke nur an die Schlüssel für einen Lagerraum, ein Auto oder ein Boot und an den Code für einen Safe.[95]

---

[91] Der sogen. Besitzwille ist, worauf bereits *v. Ihering,* Der Besitzwille, S. 248–249 aufmerksam gemacht hat, schon selber Teil und Ausdruck von Sachherrschaft. Er unterscheidet den Besitz von einer bloß zufälligen Verbindung mit einer Sache (Radwański und Gniewek [-*Gołaczyński*], System Prawa Prywatnego III³, S. 76 Rdnr. 9). Auch den *corpus* (die tatsächliche Gewalt) hat man nicht ohne entsprechenden Willen.

[92] S. z. B. aus der französischen Rechtsprechung einerseits Cass. civ. 4.5.2011, Bull. civ. III, Nr. 68, Anm. *Périnet Marquet,* JCP G 2011 Nr. 1298 S. 2319–2320 (materielle Handlungen seien das konstitutive Element des *corpus;* keine Ersitzung, weil ein Abmarkungsprotokoll, Steuerinformationen und eine unbewiesen gebliebene kurzfristige Besetzung des Grundstücks keine zureichenden *actes matériels de possession* seien) und andererseits Cass. civ. 14.1.2015, JCP G, 2015 Nr. 546 S. 903; ECLI:FR:CCASS:2015:C300025 (*corpus* durch materielle Handlungen [Bewohnen, Veranlassung von Katastereinträgen, Zahlung von Steuern] bestätigt und bewiesen), und aus der polnischen Rechtsprechung z. B. poln. OG 15.3.1963, I CR 151/63, OSNC 1964/9/177, Lex-Nr. 105411 und poln. OG 10.4.2014, IV CSK 461/13, Lex-Nr. 1498653 (die bloße Nutzung einer öffentlichen Straße hat zivilrechtlich keinen Besitzcharakter).

[93] S. z. B. § 854 dt. BGB („tatsächliche Gewalt"); § 32 estn. LPA (dsgl.); Art. 974 gr. ZGB („natürliche Herrschaft"; dazu u. a. Areopag 184/2006, EllDni [2007] S. 182 und Areopag 114/2005, ChrID 2004 S. 512); Art. 1140 ital. CC („Verfügungsgewalt an einer Sache, die der Ausübung ... eines ... dinglichen Rechts entspricht"); Art. 875 lett. ZGB („die einem Recht entsprechende tatsächliche Gewalt"); Art. 3:113(1) ndl. BW („tatsächliche Gewalt"); §§ 309 S. 1 („Macht oder Gewahrsame"), 312 österr. ABGB („Ergreifung" beweglicher, „Betretung" unbeweglicher und „Gebrauch im eigenen Namen" bei rein normativen Sachen); Art. 336 poln. ZGB (Besitzer ist, wer die „Sachherrschaft" entweder als Eigentümer oder als Nießbraucher, Pfandgläubiger, Mieter, Pächter oder als Inhaber eines anderen Rechts, mit dem eine bestimmte Herrschaft über eine fremde Sache verbunden ist, tatsächlich ausübt); Artt. 1251 („Macht", *poder*), 1252(2) („tatsächliche Gewalt", *poder de facto*) und 1263(a) port. CC („Ausübung ... von materiellen Handlungen"); Art. 24(1) slowen. SPZ („direkte, tatsächliche Gewalt") und Art. 438 span. CC („tatsächliche Aneignung", *ocupación material*). Schon das Merkmal der „physischen Kontrolle" wird aber überall normativ aufgeladen. Ein Jäger z. B., der in seinem eigenen Revier Wild in einer Falle oder einer Schlinge fängt, wird sofort und noch vor dem Kontrollgang zum Besitzer des Wildes (RG 9.5.1899, RGSt 32 S. 161, 164–165; KG 2.6.1926, JW 1926 S. 2647 [anders nur, wenn die Falle das Tier nicht daran hindert, sich mit ihr noch in das Nachbarrevier zu schleppen]), ein Jäger dagegen, der die Falle in einem fremdem Revier aufgestellt hat, erst, wenn er das gefangene Tier an sich nimmt (Klang [-*Klang und Schey*], ABGB II², S. 75).

[94] In Frankreich spricht man von dem Erfordernis der *maîtrise* bzw. des *pouvoir de fait* (z. B. *Carbonnier,* Les biens, S. 1714 Rdnr. 780; *Zenati-Castaing und Revet,* Les biens³, S. 648 Rdnr. 441, S. 648 und *Cornu,* Droit civil, S. 447 Rdnr. 1126). Physische Kontrolle und Weisungsbefugnis spielen aber natürlich allenthalben eine herausragende Rolle bei der Bestimmung des Besitzers; s. nur für Griechenland Areopag 2008/2006, EllDni 2007 S. 1495; für Italien *Sacco und Caterina,* Il possesso³, S. 155 sowie *Caterina,* Il possesso, S. 366 *(potere di fatto);* für Österreich Klang (-*Kodek*), ABGB³, § 312 Rdnr. 13 und für Polen *Gniewek,* Prawo rzeczowe⁸, S. 270 Rdnr. 839.

[95] Eine Sache „beherrscht" auch, wer die Gewalt über das Zubehör hat, ohne das man die Sache nicht nutzen kann. Dazu gehören z. B. die Schlüssel eines Autos (*Švestka und Dvořák,* Občanské právo hmotné⁵, S. 302) und eines Schiffes (OLG Rostock 22.1.2001, OLGReport

Manchmal wird sogar verlangt, dass die herrschaft- (oder *corpus*-) begründenden materiellen Handlungen „öffentlich" erfolgen.[96] Herrschaft über reale Sachen muss freilich an anderen Ausübungshandlungen festgemacht werden als Herrschaft über Grundstücke, und Herrschaft über landwirtschaftlich genutzte Grundstücke an anderen Handlungen als Herrschaft über städtische Grundstücke oder Herrschaft über unfruchtbares Ödland.[97] Beim Rechtsbesitz verwandelt sich die *corporalis possessio* (die physische Beherrschung einer Sache) in die wiederholbare „faktische" Ausübung eines Rechts, auch eines Rechts, das seinem Besitzer gar nicht zusteht.[98]

11 Der weitverbreitete Rückgriff auf die „Verkehrsanschauung", die „objektive soziale Beurteilung" und ähnliche Formulierungen[99] dient dazu, Raum für ein ganzes Arsenal

---

KG 2002 S. 11), nicht aber die Zulassungspapiere (OLG Schleswig 28.2.1997, SchlHA 1997 S. 182). Besitzerin ihres Schmucks ist nicht nur die Dame, die ihn trägt, sondern auch die- (oder der-)jenige, die ihn in ihrem oder seinem Safe aufbewahrt (*Gniewek* aaO S. 271 Rdnr. 840). Denn: „Die Übertragung des Besitzes erfolgt durch Übergabe der Sache. Die Übergabe von Papieren, die die Verfügung über die Sache ermöglichen, sowie die Übergabe von Mitteln, die die Ausübung der tatsächlichen Herrschaft über die Sache ermöglichen, stehen der Übergabe der Sache selbst gleich" (Art. 348 poln. ZGB). Eine zur Bestellung einer Kreditsicherheit zureichende Besitzübertragung liegt vor, wenn der Sicherungsnehmer alle Schlüssel zu der Bodentür eines Getreidesilos erhält, über die das Getreide entnommen werden kann, während der Sicherungsgeber nur die Schlüssel zu der oberen Tür behält, durch die das Silo befüllt wird (schwed. HD 15.5.1956, NJA 1956 S. 485). Ebenso verhält es sich, wenn das Sicherungsgut zwar in einem Gebäude des Sicherungsgebers verbleibt, der Sicherungsnehmer aber den Lagerraum mietet und alle Schlüssel zu ihm übernimmt, mag der Raum auch nur während der Öffnungszeiten des Gebäudes zugänglich sein (*Håstad,* Sakrätt[6], S. 221; ähnlich Georgiades und Stathopoulos [-*Georgiades*], ZGB, Artt. 976–977 S. 233 Rdnr. 25 sowie *Triantos,* AK, Art. 976 S. 1189 Rdnr. 4).

[96] Port. STJ 15.2.2007, CJ(ST) XV (2007-1) S. 78–81 (schon der *corpus* setze externe und damit öffentliche Handlungen voraus) und HR 24.2.2017, ECLI:NL:HR:2017:309 (kein *bezit* eines Anderen an einem Grundstück, wenn der Eigentümer die Störung seines Rechts nicht erkennen kann, weil das Grundstück schwer zu erreichen ist). Siehe für Schweden auch *Göranson,* Traditionsprincipen, S. 730–731 (wo in einer gesetzlichen Vorschrift von Besitz die Rede sei, müsse man kontextabhängig mehrere Faktoren berücksichtigen, darunter die Frage, ob faktisch oder rechtlich „Öffentlichkeit" gewahrt sei).

[97] Vgl. z. B. einerseits Areopag 2008/2006, EllDni 2007 S. 1495 (für Besitz an einem mit natürlichen Steinformationen bedeckten Grundstück in Meeresnähe, in das keine Zaunpfähle oder sonstige Markierungen getrieben werden konnten, genügen kontinuierliche Aufsicht, Besuch und Bewachung) mit andererseits tschech. OG 17.1.2002, 22 Cdo 728/2000, Sbírka soudních rozhodnutí a stanovisek, Nr. R 4/2002 (Besitzer eines bewirtschafteten Grundstücks ist auch derjenige, der es faktisch für einen längeren Zeitraum nicht betreten hat; es genügt Besitzausübung durch einen Mieter oder Pächter).

[98] *Bělovský,* in: Pocta Sentě Radvanové k 80. narozeninám, S. 49, 56.

[99] Z. B. BGH 24.6.1987, NJW 1987 S. 2812, 2813 (Erlangung tatsächlicher Gewalt entscheide sich nach der Verkehrsauffassung nach Wertung aller Umstände des Einzelfalls); Art. 3:108 ndl. BW („Ob jemand ein Gut besitzt und ob er dies für sich selbst oder für einen anderen macht, wird nach der Verkehrsauffassung ... beurteilt"; dazu mit vielen Beispielen *Koolhoven,* NTBR 2014 S. 355 und Asser [-*Bartels/Van Mierlo/Ploeger*], Algemeen goederenrecht[16], Nr. 121); Spáčil (-*Spáčil*), Občanský zákoník III, S. 72 sowie *Spáčil,* Ochrana vlastnictví a držby v občanském zákoníku[2], S. 219 (*corpus possessionis* habe, wer in soziale Kontakte trete, die allgemein als Äußerungen von Sachherrschaft verstanden würden); Tschech. OG 17.1.2002, 22 Cdo 728/2000, Sbírka soudních rozhodnutí a stanovisek unter Nummer R 4/2002 („Faktisch beherrscht eine Sache derjenige, der nach den allgemeinen Meinungen und Erfahrungen sogenannte Rechtsherrschaft über die Sache ausübt"); *Georgiades,* Emprágmato Díkaio I, S. 156 Rdnr. 11 (Das Gericht entscheide nach den Umständen des Falles unter Berücksichtigung der Natur und des Zwecks der Sache, der Verkehrsanschauung und des Streitstandes zwischen den Besitzprätendenten); Klang (-*Kodek*), ABGB[3], § 312 Rdnr. 16 (Verkehrsanschauung entscheidet,

von Feinsteuerungen zu schaffen, darunter die Dauerhaftigkeit und die Festigkeit der aktuellen Sachzuordnung.[100] Wer in der Eisenbahn auf seinem Sitz sitzt, das Wortspiel sei erlaubt, „besitzt" ihn selbst dann noch nicht, wenn er sich eine Reservierung hat geben lassen, und zwar nicht nur deshalb nicht, weil es am *animus*[101] oder einer teilbesitzfähigen Sache[102], sondern, recht betrachtet, bereits am *corpus* fehlt.[103] Es macht also keinen Unterschied, ob man die Frage aus der Perspektive eines weiten oder eines engen Besitzbegriffs stellt. Besitz hängt auch mit der Wahrscheinlichkeit des Bestehens eines fremden Rechts zusammen. Das lässt sich im Fundrecht gut beobachten, weil es hier darauf ankommt, ob der Verlierende nach der Verkehrsanschauung noch den Sachgewahrsam hat[104] bzw. ob angenommen werden darf, er habe sein Recht aufgegeben.[105] Gebrauchstaugliche Fahrräder, die vor einem Bahnhof abgestellt sind, gehören nach der Lebenserfahrung einem anderen. Deshalb bleibt selbst ein Dieb auch während der Zeit, in der er ohne Mobiltelefon im Zug sitzt, im Besitz des von ihm gestohlenen Rades. Ein bis zur Schrottreife ausgeschlachteter Fahrradrahmen ist dage-

---

was dem Mieter als „mitgestattet", d. h. als zu Besitz überlassen anzusehen ist); Koziol und Welser (-*Kletečka*), Bürgerliches Recht I[13], S. 257 („Die Gewahrsame bestimmt sich nach der Verkehrsauffassung") und *Menyhárd,* Dologi jog[5], S. 410 (Ob jemand den Besitz einer Sache erlangt habe, müsse anhand aller Umstände des Einzelfalles nach der vernünftigen alltäglichen Denkweise beurteilt werden; es reiche nicht aus, allein auf die tatsächlichen Verhältnisse abzustellen).

[100] Das betrifft sowohl den Fremd- als auch den Eigenbesitz. Für letzteren kommt es sowieso darauf an, die Sache wie ein Eigentümer innehaben zu wollen, und dieser Wille setzt wiederum voraus, die Sache ständig, unbegrenzt und ausschließlich zu beherrschen (*Triantos,* AK, Art. 974 S. 1186 Rdnr. 4, Georgiades und Stathopoulos (-*Georgiades*), ZGB, Art. 974 Rdnr. 13).

[101] Aus belgischer und französischer Sicht scheitert *possession* an dem Sitz im Zug natürlich schon daran, dass der Reisende den Sitz nicht zueigen haben will; es fehlt, wie man sagt, am *animus* (z. B. *Bergel/Bruschi/Cimamonti,* Les biens[2], S. 163 Rdnr. 135). Ob der Reisende *détenteur précaire* ist, d. h. den Sitz *corpore alieno* besitzt (so allgemein für einen Mieter *Malaurie und Aynès,* Les biens[5], Rdnrn. 492 und 501), scheint offen. *Corpus* und *animus* sind auch aus schottischer Sicht die maßgeblichen Besitzvoraussetzungen (*Anderson,* The Physical Element of Possession of Corporeal Moveable Property in Scots Law, S. 29–36; *Erskine,* An Institute of the Law of Scotland[6], II. i.24 [S. 234]). An dem Sitzplatz im Zug entsteht deshalb bestenfalls (aber auch das ist zweifelhaft) eine *possession precario.*

[102] S. bereits Fn. 33 (kein Sachbesitz an Bestandteilen einer Sache in Österreich; außerdem aber auch kein Rechtsbesitz, weil es dafür an der zeitlich zureichend gefestigten Ausübung eines Rechts an dem Sitz fehlen dürfte: Koziol und Welser [-*Kletečka*], Bürgerliches Recht I[13], S. 259).

[103] S. für Deutschland z. B. Palandt (-*Herrler*), BGB[77], § 854 Rdnr. 5. Anders für Österreich allerdings *Barta,* Zivilrecht, S. 152 (Die Sitzplatzreservierung beinhalte eine Platzmiete. Daher habe der Fahrgast Rechtsbesitz am Sitzplatz und könne Besitzschutz gegen andere Reisende üben. Dabei wird aber wohl übersehen, dass Reservierungen von der Bahn jederzeit aus betriebstechnischen Gründen aufgehoben werden können und außerdem nur für eine kurze Zeit nach Antritt der Reise gültig bleiben).

[104] *Iro,* Sachenrecht[5], Rdnr. 6/6.

[105] S. z. B. § 4 schwed. Lag (1938:121) om hittegods (Gesetz über Fundsachen): „Wird der Eigentümer der Fundsache nicht innerhalb von drei Monaten nach Anmeldung des Fundes bei der Polizeibehörde bekannt, oder erscheint der Eigentümer nicht innerhalb eines Monats, nachdem ihn die Polizeibehörde von dem Fund unterrichtet hat, *oder kann sonst angenommen werden, der Eigentümer habe sein Recht aufgegeben,* fällt die Fundsache dem Finder zu" (Hervorhebung hinzugefügt). Zwischen einer verlorenen und einer aufgegebenen Sache wird nach den individuellen Umständen unterschieden, in der die Sache gefunden wurde. Alte Gebrauchsmöbel, die neben einer Mülltonne abgestellt wurden, sind aufgegebene und damit herrenlose Sachen, ein Portemonnaie, das neben einer Kasse im Bahnhof gefunden wird, ist eine verlorene Sache (*Gniewek,* Prawo rzeczowe[8], S. 97–98 Rdnr. 283).

gen wahrscheinlich herrenlos. Deshalb sprechen die Umstände mindestens dann für eine derzeit besitzerlose Sache, wenn ihr bisheriger Besitzer (gleich, ob Eigentümer oder Dieb) von dem beklagenswerten Zustand des Rahmens weiß und ihn auf dem Bahnhofsvorplatz belässt. Das Vorhandensein von Besitz hängt ferner von einem Willenselement ab.[106] Man muss die Sache vorrangig vor anderen „haben" wollen, nach Auffassung mancher Rechtsordnungen, wie gesagt, sogar mit dem Willen, sich als ihr Eigentümer oder als Inhaber eines anderen subjektiven Rechts zu gerieren. Auch dieser sogen. *animus possidendi* unterliegt aber natürlich normativer Bewertung. Er muss sich schließlich in einer Weise nach außen manifestieren, dass ein Beobachter auf das Vorhandensein von Besitzwillen schließen wird, etwa, weil ein Käufer für sich und nicht für einen anderen auftritt.[107] In Österreich ist im Kontext des Fundrechts sogar geprüft worden, ob Schmuck auch von einer Leiche besessen werden könne. Die Frage wurde verneint.[108]

12 Das deutsche Wort *Besitz* (ndl. *bezit*) leitet sich etymologisch tatsächlich aus „sitzen" ab. In alter Zeit ging es um diejenigen, die am Lager „um etwas herum" oder „dabei sitzen". Auf diese Weise nahmen sie, als „Beisitzer", an einer Versammlung teil. Vielleicht wurde hier besprochen, ein Gebiet zu „belagern" und zu „besetzen", um es zu bewohnen. Dann wurde es zur „Besitzung", zum „Besitztum", d.h. zu dem materiellen Gut einer Gruppe oder einer Person.[109] Das lateinische *possessio* (ital. *possesso*) hat seinen Ursprung in *posse,* setzt sich also aus *potere* (können) und *sedere* (sitzen) zusammen. *Besitzen* und *possedere* sind mithin auch sprachlich eng verwandt; beide bringen Macht und Gewalt über eine Sache zum Ausdruck.[110] Das griechische νομή *(nomí)* stand für den Ort, an dem das Vieh weiden konnte.[111] *Nomí* geht seinerseits zurück auf *nemo* (teilen, verteilen, innehaben, nutzen), das in litauisch *núoma* (Miete) und deutsch *nehmen* fortwirkt. Der Besitzer ist gewissermaßen der ewige Gegenspieler und Erzrivale *(nemesis)* des im Hinblick auf seine Sache untätigen und gleichgültigen Eigentümers. Ihm droht Ersitzung, weil

[106] Unbeschadet seines prinzipiell kontextbezogenen Denkens (vorher Fn. 90) macht auch das englische Recht tatsächliche Sachherrschaft und Besitzwillen als die Grundelemente von Besitz aus. „If the law is to attribute possession of land to a person who can establish no paper title to possession, he must be shown to have both factual possession and the requisite intention to possess (‚animus possidendi')" (*Slade* J in *Powell v McFarlane* (1979) 38 P & CR 452, 470). Es geht also um *corpus* und *animus* (so ausdrücklich Lord *Hope of Craighead* in *JA Pye (Oxford) Ltd v Graham* [2002] UKHL 30 Rdnr. 70; [2003] 1 AC 419, 445). Für den Besitz von beweglichen Sachen gilt nichts wesentlich anderes. Auch hier kommt es maßgeblich auf *factual control* und die *intention to exclude other persons* an (*Morris v Lyonesse Salvage Co Ltd (The Association and The Romney)* [1970] 2 Lloyd's Rep 59, 61).

[107] Spáčil (-*Spáčil*), Občanský zákoník III, S. 71.

[108] Österr. OGH 9.3.1910, GlUNF S. 227–229 Nr. 4991 („Die Leiche hat weder Willen noch Vernunft, sie kann daher kein Rechtsubjekt eines Besitzes oder einer Detention bilden"). Es ging um Finderlohn aus Anlass der Bergung einer ertrunkenen Dame. A hatte auf eine öffentliche Auslobung reagiert und im Zuge seiner Nachforschungen den Leichnam tatsächlich entdeckt. Er verlangte 10 % Finderlohn auch wegen des kostbaren Schmucks, den die Dame an ihrem Körper getragen hatte. Der OGH wies das zurück. Gegenstand des Fundes sei der Leichnam, nicht die Juwelen. Bei ihnen handele es sich, wie bei den Kleidern der Verstorbenen, um bloße Nebensachen, die nur dann Gegenstand eines Fundes gewesen wären, wenn sie unabhängig von dem Leichnam als abgesonderte Sachen gefunden worden wären.

[109] Etymologisches Wörterbuch nach Pfeifer (www.dwds.de); *Gerhard Köbler,* Deutsches Etymologisches Wörterbuch (Tübingen 1995); beide zu den Einträgen „Besitz" und „besitzen".

[110] Vocabolario Etimologico Pianigiani (1907; www.etimo.it; possedere).

[111] *Georgios Mpampiniotis,* Lexikó tis neas ellinikís glóssas (Athen 1998), S. 1180–1198. Interessanterweise geht auch *houderschap,* der Grundbegriff des ndl. BW, auf hüten bzw. behüten *(behoeden)* zurück, also insbesondere auf das Hüten von Vieh (*Jan de Vries,* Nederlands Etymologisch Woordenboek[4] (Leiden 1997) S. 270, Stichwort *houden*). *Bezit* und Besitz haben dieselbe Ethymologie.

Ersitzung Norm und Gesetz *(nomos)* entspricht. Die griechische Wurzel des lat. *possessio* liegt in *πόσις (pósis)*. Das ist der Gatte oder der Herr, der, der die Macht hat („Despot"; „Poseidon"). Auch die Worte der slawischen Sprachzweige spiegeln die Bedeutung von Besitz als Innehabung von Sachherrschaft. Das moderne tschechische *držba*[112] und das ältere *držení,* das polnische *dzierżyć*[113], das slowenische *držati* und das bulgarische *dărža* leiten sich aus indoeuropäisch *dher* (fest sein) bzw. *dheregh* (Kraft haben, halten, aushalten, festhalten) ab.[114] Das ungarische *birtok* schließlich hat sich aus *bír* (halten, innehaben) entwickelt, das vermutlich auf mitteltürkisch *buyur* (befehlen, herrschen) zurückgeht. Im nichtkodifizierten ungarischen Privatrecht war *bírlalat* die Detention, *birtok* der bürgerlichrechtliche Besitz.[115]

(2) Besitzermittlung, Besitzer, Besitz und objektives Besitzrecht

Sachenrecht gliedert sich in das Recht der subjektiven Sachenrechte und das Recht **13**
des Besitzes. Besitzrecht dient dem Recht der Rechte, gehört ihm aber nicht an. Es stellt Besitzern zwar Rechtsbehelfe zur Verfügung, bildet selber aber keine subjektiven Sachenrechte aus. Die einem Besitzer von der Rechtsordnung zugestandenen Rechtsbehelfe statt als subjektive Sachen- als „subjektive Besitzrechte" zu beschreiben, wäre irreführend, weil damit der eigentliche Regelungszweck des Besitzrechts verfehlt und außerdem die Assoziation eines besitzrechtlichen Stammrechts geweckt würde. Die Rechtsbehelfe eines Besitzers verwirklichen kein subjektives Recht; sie sind lediglich auf dieselben Anspruchsziele ausgerichtet, wie die Rechtsbehelfe von Eigentümern, Nießbrauchern, Pfandgläubigern und anderen Rechtsinhabern. In den schier endlosen Debatten um die **„rechtliche Natur des Besitzes"**[116] ist an dieser Stelle nicht immer zureichend scharf unterschieden worden. In ihnen ging es im Kern immer um dieselben Fragen: ob Besitz nur eine Tatsache (ein „Faktum" bzw. ein „faktischer Zu-

---

[112] Der erste, der von *držba* (Besitz) sprach, war wahrscheinlich *Palacký,* Radhost III, S. 93.

[113] Die Bedeutung von *dzierżyć* hat sich im Laufe der Zeit allerdings gewandelt. *Aleksander Brückner,* Słownik etymologiczny języka polskiego (Krakau 1927) S. 110 brachte es zwar noch mit Besitz (bzw. mit Pacht, *dzierżawa*) in Verbindung. Heute bedeutet *dzierżyć* umgangssprachlich aber „halten", und der *dzierżyciel* (Art. 338 poln. ZGB) ist der Gewahrsamsinhaber oder Besitzdiener. *Posiadanie* (Besitz) leitet sich aus dem Verb *siedzieć* (sitzen) ab (Radwański und Gniewek (*-Gołaczyński*), System Prawa Prywatnego III^3, S. 89 Rdnr. 53). *Posiadanie* (Besitz) hat offenbar lateinische Wurzeln.

[114] *Jiří Rejzek,* Český etymologický slovník (Prag 2001), S. 146; *Josef Holub, František Kopečný,* Etymologický slovník jazyka českého (Prag 1952), S. 108; *Václav Machek,* Etymologický slovník jazyka českého a slovenského (Prag 1957), S. 98. Wer eine fremde Burg gegen den Willen ihres Eigentümers besetzt und festhält *(drží),* muss Schadensersatz wegen unerlaubten Besitzes *(držení)* leisten (so eine Anklageurkunde aus der tschechischen Stadt Brünn aus dem Jahre 1406, abgedruckt bei *Vincentius Brandl* [Hrsg.], Libri citationum et sententiarum, Knihy půhonné a nálezové, Bd. II [Brno 1873] S. 10).

[115] Näher Gábor Zaicz (*-Ildikó Tamás*), Etimológiai szótár. Magyar szavak és toldalékok eredete (Budapest 2006), S. 81.

[116] Einen Überblick über den Stand der polnischen Diskussion (Recht, Anfangsstadium eines Rechts, faktischer Zustand) und ihre Vertreter gibt Radwański und Gniewek *(-Gołaczyński),* System Prawa Prywatnego III^3, S. 93 Rdnr. 68–70; einen Überblick über die sehr vielschichtige deutsche Literatur *Wilhelm,* Sachenrecht^5, Rdnrn. 439–452; einen Überblick über die Debatten in Griechenland *Filios,* Emprágmato Díkaio^3, S. 93–95 sowie *Georgiades,* Emprágmato Díkaio I, S. 141–144 Rdnrn. 29–43; und eine Zusammenfassung der tschechischen Positionen findet man u. a. bei *Švestka,* Občanský zákoník I^2, S. 732 und bei *Fiala und Kindl,* Občanské právo hmotné^2, S. 217. *Douglas,* in: Descheemaeker (Hrsg.), The Consequences of Possession, S. 56 analysiert die aus seiner Sicht typisch kontinentale Fakt-/Recht-Frage mit Blick auf die Common Law *possession* und kommt zu dem Ergebnis, dass *possession* sich von einem Wort der Alltags- zu einem *terminus technicus* der Rechtssprache gewandelt habe.

stand“)[117] sei, ob man ihn nicht doch besser als ein (wenn auch vielleicht nur „vorläufiges“[118]) Sachenrecht deute[119], ob man ihn sowohl den Tatsachen als auch den Rechten zuordnen sollte[120], oder ob es sich bei ihm, je nach Kontext, einmal um eine Tatsache und ein anderes Mal um ein Recht handele.[121]

---

[117] Entschieden in diese Richtung seinerzeit *Windscheid,* Lehrbuch des Pandektenrechts I[8], § 151 und heute wieder *Wieling,* Sachenrecht I[2], § 3 III. BGH 27.10.1971, BGHZ 57 S. 166, 168 formulierte bündig, „Besitz ist tatsächliche Herrschaft“. Ebenso sieht es die poln. Rechtsprechung (z.B. poln. OG 15.6.1972, Lex-Nr. 7096: Besitz sei ein faktischer Zustand und bedeute faktische Herrschaft, faktische Herrschaft wiederum bedeute die Möglichkeit, über die Sache zu verfügen; weitere Nachweise bei *Gniewek,* Prawo rzeczowe[8], S. 274–275 Rdnr. 857) und der überwiegende Teil des polnischen Schrifttums (z.B. *Gołaczyński* aaO S. 94 Rdnr. 71 sowie *Ignatowicz und Stefaniuk,* Prawo rzeczowe[2], S. 320 Rdnr. VII). Unter Art. 1140 ital. CC besteht Besitz aus der Verfügungsgewalt über eine Sache *(potere sulla cosa),* ist also jedenfalls kein Recht. Auch in Estland (Faber und Lurger [-*Kullerkupp*], National Reports I, Estonia, S. 226, 249) und in Bulgarien (*Tadjer,* Vladenieto[2], S. 9) deutet man Besitz nicht als ein dingliches Recht, sondern als faktische Herrschaft.

[118] So *Wolff und Raiser,* Sachenrecht[10], § 3 III (mit der Begründung, es handele sich um ein schwächeres Recht, da es sich im Konflikt mit dem Eigentum und anderen Sachenrechten nicht behaupten könne). Ähnlich Gniewek, Prawo rzeczowe[8], S. 275 Rdnr. 857 (anfängliches Entwicklungsstadium eines subjektiven Rechts); *Georgiades* aaO (eine „Art Zwischenrecht“); *Fekete,* Občiansky zákonník I, S. 678 (ein nicht vollständiges, aber von der Rechtsordnung unter bestimmten Voraussetzungen zugelassenes dingliches Recht); *Terré und Simler,* Les biens[8], S. 172 Rdnr. 173 („Loin d'être un fait empirique, elle est ce que l'on a appelé un 'fait juridique *lato sensu*'. ... Enfin, la possession aspire à devenir un droit subjectif“) sowie *Menyhárd,* Dologi jog[5], S. 406 (ein zur Ausübung der Herrschaft ermächtigendes subjektives Recht).

[119] Zu England schon vorher Rdnrn. 6–7. § 308 österr. ABGB sagt sogar ausdrücklich: „Dingliche Sachenrechte sind das Recht des Besitzes, des Eigentums, des Pfandes, der Dienstbarkeit und des Erbrechts“. Das Schrifttum freilich ist sich alles andere als einig, z.B. Klang (-*Kodek*), ABGB[3], § 309 Rdnr. 10 (Besitz sei „kein Recht, da subjektive Rechte eine rechtliche Zuordnung einschließen, während der Besitz gerade keine Zuordnungsfunktion hat“). Auch in der portugiesischen Diskussion über die rechtliche Natur des Besitzes überwiegt die Auffassung, es handele sich um ein Recht, wenngleich nicht notwendig um ein dingliches Recht (Zusammenfassung des Meinungsstandes bei *Menezes Leitão,* Direitos reais[4], S. 158–159 und *Pinto Duarte,* Direitos reais[2], S. 296–297). *Vieira,* Direitos reais, S. 641–648 erörtert die Frage „a posse: situação de facto ou direito?“, räumt ein, dass die Diskussion offen geblieben sei, die Antwort für das portugiesische Recht aber dahin ausfallen müsse, dass es sich um ein Recht handele (S. 644: „Debruçando-nos sobre o regime jurídico português, concluímos que a posse é um direito“).

[120] So bereits *v. Savigny,* Das Recht des Besitzes, § 5 (S. 25: Besitz sei „Factum und Recht zugleich“).

[121] So z.B. *Wilhelm,* Sachenrecht[5], Rdnr. 450 („Besitz ist ... Faktum in Hinsicht auf die Frage der Sachzuordnung, Recht in Hinsicht auf die Achtung der Person“). Ähnlich urteilen *Albaladejo,* Derecho civil III[10], S. 33–36 (Besitz als Faktum i.S.d. Herrschaft über eine Sache und Besitz als Recht) sowie *Lasarte,* Principios V[8], S. 197–198. *Díez-Picazo und Gullón,* Sistema de Derecho Civil III(1)[8], S. 88–89, sprechen vom Besitz als Recht *(ius possidendi)* und stellen ihm die rechtlich nicht legitimierte tatsächliche Herrschaft über eine Sache gegenüber. In seinen Fundamentos III, S. 633–635 tendiert *Díez-Picazo* dazu, auf die *cuestión acerca de la naturaleza jurídica de la posesión* zu antworten, es handele sich um ein Recht, vertieft die Frage aber nicht weiter. In den Niederlanden wird betont, dass der Besitz sowohl faktische, als auch juristische Aspekte habe. Der Besitz alter Prägung habe vorwiegend für ein Faktum gestanden, da er sich nur auf körperliche Sachen bezog (Parlementaire Geschiedenis III, S. 425). Da nach heutigem Verständnis Besitz auch an Vermögensrechten möglich ist, werde er nunmehr durch sowohl faktische als auch juristische Elemente geprägt (Asser [-*Mijnssen/de Haan/van Dam/Ploeger*], Goederenrecht I[15], Nr. 100 S. 94). Asser (-*Bartels/Van Mierlo/Ploeger*), Algemeen goederenrecht[16], Nr. 107 formulieren: „Manchmal ist Besitz tatsächlich nichts anderes als ein faktischer

Man redet in diesem Tatsache-Recht-Disput leicht aneinander vorbei. Denn in ihm **14**
vermengen sich unterschiedliche Fragestellungen. Wenn von Besitz die Rede ist, kann damit nämlich (i) der **Prüfvorgang** selber gemeint sein („Worauf kommt es an"?). Dann geht es um die Bestimmung der Elemente, die als Indikatoren von Besitz Berücksichtigung finden sollen. Es ist ausschließlich dieser Kontext, in dem sich sinnvoll fragen lässt, ob man nur tatsachen- oder auch rechtsbasierte (oder vielleicht sogar umgekehrt nur rechts-, aber keine tatsachenbasierten) Besitzanzeichen anerkennen will, so dass die Begründung, wenn sie auf Komponenten aus der jeweils „falschen" Gruppe zurückgriffe, unschlüssig würde. Wir denken, dass es weder auf der einen noch auf der anderen Seite dieser imaginären Grenze triftige Gründe für eine solche Verengung des Blicks gibt, doch ist das für den Moment nachrangig. Wichtiger ist es (ii), die Konkretisierung der besitzindizierenden Merkmale von der normativen Aussage zu unterscheiden, dass jemand Besitzer einer Sache sei. „Besitz" zielt hier auf das Ergebnis der Prüfung („A hat Besitz an der Sache X"). Bei diesem **Prüfergebnis** kann es sich unmöglich um eine Tatsache handeln. Denn „Besitz" in diesem Sinn ist nicht beweisbar, genau so wenig, wie z. B. „Fahrlässigkeit" beweisbar wäre. (Beweisen läßt sich nur, dass ein Autofahrer nicht in den Spiegel geschaut hat, nicht, dass das als Fahrlässigkeit zu werten sei.) Dass jemand ein bestimmtes Fahrrad in einen bestimmten Keller gestellt hat, ist als Tatsache dem Beweis zugänglich; ob er deshalb Besitzer des Fahrrades und/oder des Kellers ist, entscheidet allein die Rechtsordnung.[122] Nicht anders liegt es, wenn ein Land archäologische Kulturgüter nicht für besitzfähig hält[123] oder aus dem Umstand, dass alle Strände *extra commercium* stehen, schließt, dass niemand Besitzer eines Küstenabschnitts sein kann, gleich, wie lange und wie intensiv er ihn (illegal) für sich in Beschlag genommen hat.[124] Dieselben Ereignisse, Zustände, Willensäuße-

---

Zustand. In anderen Fällen zeigt er die Merkmale eines Rechts, das schutzwürdig ist oder sogar einem Anderen übertragen werden kann".

[122] Besitzerlos, so Svea Hovrätt 6.9.1995, RH 1995:80, sei ein Fahrrad trotz seines erheblichen Wertes (5.000 SEK), das in einem Park in einem Gebüsch gefunden wird. Es sei offenkundig von einem Dieb weggeworfen worden. Weder der Dieb noch der Eigentümer hätten noch Besitz gehabt, weshalb der Angeklagte, den ein Freund auf das Fahrrad aufmerksam gemacht und es daraufhin abgeholt und in seine Garage gestellt hatte, nicht des Diebstahls strafbar sei.

[123] Unter italienischem Recht ist der Besitz anmeldepflichtiger Kulturgüter ausgeschlossen (Cass. 2.10.1995, Nr. 10335, Juris Data DVD; *Magri,* Riv. crit. dir. priv. 2009 S. 73, 86, 99). Ein Detentor muss beweisen, dass er solche Güter rechtmäßig erworben hat (Cass. pen. 20.10.2014, Nr. 43569, Juris Data DVD). Eine Ersitzung kommt (wie in Griechenland: Artt. 966 i. V. m. 1054 gr. ZGB und dazu Areopag 528/1978, NoB 26 [1978] S. 186) nicht in Betracht (Cass. 10.2.2006, Nr. 2995, Juris Data DVD). „Ohne Wirkung" ist auch Besitz an *res extra commercium* (Art. 1145 ital. CC; differenzierend allerdings *Sacco und Caterina,* Il possesso^3, S. 100). Ebenso verhält es sich in Spanien (*Díez-Picazo,* Fundamentos III^5, S. 675; s. auch Art. 1936 span. CC: ersessen werden können nur Sachen *in commercium*). In Frankreich ist streitig, ob öffentliche Güter besitzfähig sind; die h. M. verneint das mit der Begründung, dass Besitz nur an Sachen möglich sei, die Gegenstand von Privateigentum sein können (näher *Boufflette,* La possession, S. 57 Rdnr. 14; *Mazeaud und Chabas,* Biens^8, S. 193 Rdnr. 1416; *Strickler,* Les biens, S. 286 Rdnr. 204; *Lecocq,* Manuel de droit des biens I, S. 113 Rdnr. 14). Nicht besitzfähig sind jedenfalls Kulturgüter (*Malaurie und Aynès,* Les biens^5, S. 177 Rdnr. 574), *res communes* und *res extra commercium* (*Mazeaud und Chabas* aaO; *Strickler* aaO). In Portugal gilt das ebenfalls (Art. 202(2) port. CC). Folglich kann an öffentlichen Straßen auch kein Wegerecht ersessen werden (eingehend in diesem Zusammenhang zum Begriff der öffentlichen Straße und unter Neuinterpretation des *Assento* STJ 19.4.1989, Processo 073284, STJ 29.9.2011, Processo 302/08.8TBLLE.E1.S 1).

[124] So verhält es sich unter griechischem Recht, das verhindern will, dass Teile der Küstenlinie zu Eigentum ersessen werden können (*Georgiades,* Emprágmato Díkaio I, S. 153–154 Rdnr. 3).

rungen und Rechtslagen lassen von Land zu Land andere besitzrechtliche Deutungen zu. Die Einschätzung, dass jemand Besitzer einer Sache sei, beruht auf einer Abwägung aller relevanten Umstände des Einzelfalls und damit auf einem Werturteil; sie hat (im Unterschied zu einer Aussage über einen konkreten Gegenstand der äußeren Welt) keine semantische Referenz.[125] Das ist bei jedem *terminus technicus* der Rechtssprache so, auch bei „Besitz".

15 Auch die „tatsächliche Gewalt" (der *corpus possessionis*), ist also in Wahrheit ein (sprachlich noch dazu wenig glückliches) normatives Merkmal. Ob jemand die „tatsächliche Gewalt" über eine Sache hat, ist eine reine Rechtsfrage. Wer keinen Führerschein und deshalb noch nie ein Auto gefahren hat, kann trotzdem den *corpus possessionis* haben.[126] Ein Handballer dagegen hat keinen Besitz an seinem Sportgerät, auch nicht, wenn er den Ball in der Hand hat; jedes andere Ergebnis liefe auf ein Verbot des Handballspiels hinaus. Oder: Stellen wir uns einen großen häuslichen Abendempfang aus Anlass eines runden Geburtstages vor. Den Gästen wird vor dem Abendessen vom Bedienungspersonal eines Cateringunternehmens ein Glas Sekt angeboten. Mit Photographien ließe sich leicht beweisen, welcher Kellner und welcher Gast zu welchem Zeitpunkt „tatsächlich" ein Glas in der Hand hatten, und der Aufdruck auf den Gläsern würde sie als Gläser des Caterers ausweisen. Man kann aber auf solchen Photos weder Detentions- noch Besitzverhältnisse sehen. Obwohl der Kellner zu einem bestimmten Zeitpunkt die alleinige physische Kontrolle über das Tablett, die Gläser und deren Inhalt hatte, war er doch richtiger Ansicht nie Inhaber der tatsächlichen Gewalt über diese Sachen. Rechtsordnungen, die mit der Figur der „Besitzdienerschaft" arbeiten, müssen die Frage zwar nicht einmal ausloten. Sie sprechen dem Kellner schon von Rechts wegen jeden (Fremd-)Besitz (jede Detention) ab, weil er weisungsabhängig im Rahmen eines Arbeitsverhältnisses tätig wird.[127] Rechtsordnungen, die nur den Eigen-

---

Das Beispiel zeigt eindringlich, dass es sich bei „Besitz" weder um ein Faktum noch um ein Recht, sondern um ein rechtliches Konzept handelt. Denn nur so lässt sich erklären, warum es für die Innehabung von Besitz einen Unterschied machen kann, wem die jeweilige Sache gehört (in diesem Fall dem griechischen Staat). S. im Übrigen bereits oben Fn. 36 dort auch zum polnischen Recht der Besitzfähigkeit von Straßen, die dem öffentlichen Verkehr gewidmet sind. In Schweden sind bestimmte Beeren, Blumen, Moose etc. nicht eigentumsfähig, vielmehr Gegenstand eines Jedermannsrechts *(allemansrätt)*. Wird jedoch (die früher als Viehfutter dienende, heute als Weihnachtsschmuck begehrte) Weißflechte für kommerzielle Zwecke großflächig und in die natürlichen Gegebenheiten beeinträchtigenden Mengen auf fremdem Grund abgemäht, dann handelt es sich um einen Diebstahl (HD 9.2.1986, NJA 1986 S. 637).

[125] Darauf hat bereits *Alf Ross* in seinem berühmten „Tû-Tû"-Aufsatz hingewiesen, der sich allerdings vorwiegend mit Eigentum und nur am Rande mit Besitz befasste (hier zitiert nach der Veröffentlichung in 70 (1956-57) Harv LR S. 812, 821: „'Ownership', 'claim', and other words, when used in legal language, have the same function as the word 'tû-tû': they are words without meaning, without semantic reference, and serve a purpose only as a technique of presentation"). Näher *Samuelsson,* Tolkning och utfyllning, S. 324.

[126] RP 5.12.1996, BMJ 462 (1997) 490.

[127] Der Kellner ist z.B. unter § 855 dt. BGB schon deshalb nicht Besitzer von Tablett, Gläsern, Flaschen und Sekt, weil er im „Erwerbsgeschäft" eines anderen tätig ist und aufgrund seines Arbeitsvertrages „den sich auf die Sache(n) beziehenden Weisungen des anderen Folge zu leisten hat"; der Kellner wäre auch dann nicht Besitzer, wenn man annehmen wollte, dass er „die tatsächliche Gewalt" über die genannten Sachen ausübt. Ähnliche Regelungen finden sich in Art. 26 slowen. SPZ, Art. 986 gr. ZGB (Besitzschutz für „Besitzhelfer", d.h. für Personen, die im Haushalt eines anderen oder im Rahmen eines Dienstabhängigkeitsverhältnisses tätig sind; die Vorschrift geht allerdings wie § 855 dt. BGB offenbar davon aus, dass das

besitzer als Besitzer qualifizieren, sehen zwar typischerweise keinen Anlass, scharf zwischen Besitzdienern und Detentoren zu unterscheiden[128], müssen aber gleichwohl Stellung zu der Frage beziehen, ob der Kellner bereits die Merkmale eines Detentors erfüllt. Das ist aus unserer Sicht zu verneinen; nicht nur der bürgerlichrechtliche, sondern auch der natürliche Besitz liegen nach der Verkehrsanschauung allein beim Caterer.[129] Was die anwesenden Geburtstagsgäste anlangt, wird man zwischen dem Sekt (der Flüssigkeit im Glas) und dem jeweiligen Glas unterscheiden müssen. Der Sekt ist den Gästen (entweder durch den Gastgeber oder durch den Caterer, für die Zwecke des Besitzrechts kann das offen bleiben) schenkweise übereignet worden, das Glas nicht. Hinsichtlich des Sektes hat jeder Gast deshalb nicht nur das *jus possidendi* (das Recht auf den Besitz), sondern auch *animus possidendi* (Eigenbesitzwillen), und beides zusammen legt es wiederum nahe anzunehmen, die Gäste hätten auch den *corpus possessionis* (die „tatsächliche Gewalt" über den Sekt) inne. Jedermann ist klar, dass jeder Gast seinen Sekt trinken darf; niemand darf sich (abgesehen davon, dass schon die Vorstellung unappetitlich wäre) den Sekt des Nachbarn in sein eigenes Glas um-

---

entsprechende Personal die „tatsächliche Gewalt" über die Sachen inne habe) und in abgewandelter Form wohl auch in Art. 338 poln. ZGB (danach ist „Gewahrsamsinhaber", wer die Herrschaft über eine Sache für einen anderen tatsächlich ausübt; der Unterschied zwischen Gewahrsamsinhaber und Besitzer soll sich allerdings maßgeblich im *animus* zeigen: Gniewek [-*Gołaczyński*], Kodeks cywilny[2], Art. 338, S. 480 Rdnr. 1). Im österr. ABGB fehlt zwar eine ausdrückliche Regelung zur Besitzdienerschaft, doch ist die Rechtsfigur als solche anerkannt. Die Definition eines Besitzdieners ist dieselbe wie in Deutschland (Koziol/Bydlinski/Bollenberger [-*Eccher und Riss*], ABGB[4], § 318 Rdnr. 1). Auch Art. 431 span. CC („Der Besitz an Sachen oder Rechten wird durch dieselbe Person ausgeübt, die sie innehat oder genießt, oder durch eine andere Person in ihrem Namen") wird von der herrschenden Lehre in Anlehnung an § 855 dt. BGB dahin interpretiert, dass der *servidor de la posesión* kein authentischer Besitzer sei; Besitzer sei nur der *principal* (*Díez-Picazo,* Fundamentos III[5], S. 651–653) (*servidor de la posesión* ist eine direkte Übersetzung von „Besitzdiener", kein vom span. Gesetz benutzter Ausdruck).

[128] So verhält es sich z.B. in Frankreich (die französische Rechtssprache kennt nur den *détenteur précaire*) und in Italien. In beiden Rechtsordnungen bleibt der Begriff der Detention aber ähnlich unscharf wie der Begriff der „tatsächlichen Gewalt" in § 854 dt. BGB. Art. 1140(2) ital. CC hält nur die Regel fest, dass „man unmittelbar selbst oder mittels einer anderen Person, die die Sache innehat *(che ha la detenzione della cosa)*", besitzen kann. Detentor ist damit auch der Besitzdiener des deutschen Rechts. Wer die Sache mittels einer anderen Person besitzt, hat den *possesso mediato* (*Omodei Salè,* La detenzione e le detenzioni, S. 9). Art. 1253 lit. c port. CC formuliert sogar, dass „die Stellvertreter oder Bevollmächtigten des Besitzers und im allgemeinen alle die, die im Namen eines anderen *besitzen* ..., als Detentoren oder prekäre Besitzer anzusehen sind" (Hervorhebung hinzugefügt). *Carvalho,* Direito das coisas, S. 266, 269 meint, dass Ausdrücke wie „prekäre Besitzer" *(possuidores precários)* oder „Besitzer in fremdem Namen" *(possuidores em nome alheio)* nur für Detentoren zuträfen, die von einem durch den *dominus* gewährten Recht Gebrauch machen. Das Gesetz freilich kennt weder den *servidor da posse* noch den *detentor subordinado.* Die Vorstellung eines Besitzes „durch andere" ist schließlich auch dem englischen Recht geläufig. Auch hier werden aber Besitzdienerschaft und unmittelbarer Fremdbesitz meistens nicht deutlich getrennt, vielmehr in *constructive possession* zusammengeführt und mit *bailment* verknüpft (*Bell,* Modern Law of Personal Property, S. 53–57). In der Substanz macht das freilich keinen Unterschied. *Bridge,* Personal Property Law[3], S. 20 gibt das Beispiel, dass der PC, den er als Angestellter seiner Universität nutze, zwar faktisch seiner Kontrolle *(custody)* unterstehe und kaum ein anderer Mitarbeiter, erst recht kein Vertreter der Universität ihm je nahekomme. Gleichwohl sei nicht er, sondern die Universität Besitzerin des PC.

[129] Ebenso wohl Palandt (-*Herrler*), BGB[77], § 854 Rdnr. 5 (Kurzbesitz begründet mangels Dauerhaftigkeit und Festigkeit der Beziehung keinen unmittelbaren Fremdbesitz).

schütten. Die Gäste des Empfangs sind aber nur Besitzer des Sekts, nicht ihres jeweiligen Glases. Das Glas stellt man am Ende des Empfanges dem Kellner zurück aufs Tablett. Damit macht man deutlich, sich nie ein Recht an dem Glas angemaßt zu haben (wie es ein Dieb täte, der das Glas für sich behielte). Obwohl die Sachherrschaft über Sekt und Glas zeitweilig von derselben „tatsächlichen" Beschaffenheit sind (der Gast hat das sektgefüllte Glas in der Hand)[130], kommt die besitzrechtliche Analyse zu diametral unterschiedlichen Ergebnissen. Der Gast könnte bestenfalls ein *détenteur précaire* sein, aber ob das so ist, erscheint (wie bei dem Kellner) mindestens fraglich. Denn zwar ist dem Gast jeder *animus possidendi* verboten, aber es ist nur schwer ein Rechtstitel auszumachen, auf dessen Grundlage das Glas in seine physische Kontrolle gelangt sein könnte. Der Gastgeber hat die Gläser gemietet, nicht der einzelne Gast. Der Gastgeber kann seine Gäste zudem jederzeit auffordern, die Gläser abzustellen. Das genügt um anzunehmen, dass nur der Gastgeber die „tatsächliche Gewalt" über die Gläser innehat. Er übt sie ohne eigene physische Kontrolle „für" den Caterer *(corpore alieno)* aus.[131] Die physische Kontrolle eines Gastes über „sein" Glas ist dagegen sowohl dem Gastgeber als auch dem Caterer gegenüber besitz- bzw. detentionsrechtlich belanglos[132]; sie spielt, wenn überhaupt, nur in Relation zu anderen Personen im Raum eine Rolle. Will man das auf einen Begriff bringen, bietet sich das traditionelle „Prekarium" (die sogen. Bittleihe) an.[133] Andere sprechen von *custody*[134], manche auch von „einfacher Detention".[135]

---

[130] Dass eine Flüssigkeit nur dann in der tatsächlichen Gewalt eines Menschen ist, wenn sie von einem Gefäß umgeben ist, begründet solange keinen Unterschied, wie es nicht auf ganz bestimmte Eigenschaften des Gefäßes ankommt.

[131] Z.B. *Malaurie und Aynès,* Les biens[5], Rdnrn. 492 und 501 (der Mietvertrag rechtfertigt die *détention* des Mieters und beweist zugleich, dass er nicht Eigentümer der Sache ist).

[132] Das erklärt sich auch daraus, dass sich bei einer derart kurzfristigen Gebrauchsüberlassung schon rein äußerlich jeder Schluss auf eine rechtliche Nutzungsbefugnis verbietet. Besitzrechtlich hat der Gast ein *nullum* inne; er kann jedenfalls dem Gastgeber gegenüber keine Besitzschutzansprüche geltend machen (*Ignatowicz und Stefaniuk,* Prawo rzeczowe[2], S. 320 Rdnr. 7).

[133] S. z.B. für Polen Radwański und Gniewek *(-Gołaczyński),* System Prawa Prywatnego III[3], S. 86 Rdnr. 42 (ein privater Gast für eine Nacht sei ein Prekarist, desgleichen ein Sohn, der eine kurze Fahrt mit Vaters Auto mache) sowie *Rudnicki und Rudnicki,* Komentarz do kodeksu cywilnego II[9], Art. 338, S. 601 Rdnr. 2 (das Prekarium unterscheide sich von der Leihe dadurch, dass dem Prekaristen die Sache jederzeit weggenommen werden dürfe). § 2189 tschech. BGB definiert, wie folgt: „Überlässt der Verleiher jemandem eine Sache unentgeltlich zur Nutzung, ohne dass eine Frist, für welche die Sache benutzt werden soll, oder ein Zweck, zu welchem sie benutzt werden soll, verabredet werden, entsteht eine Bittleihe" *(výprosa),* und § 2190 tschech. BGB bestätigt wiederum, dass der Verleiher die Sache vom Prekaristen nach Belieben zurückverlangen kann.

[134] Das Standardbeispiel bilden Besteck und Geschirr im Restaurant. Der Gast hat an ihnen nur *custody,* nicht *possession.* Denn es fehle am *animus possidendi;* außerdem hätte der Betreiber des Restaurants nicht die Absicht, seine *possession* vorübergehend aufzugeben (*Sheehan,* The Principles of Personal Property Law, S. 9 und 12). Auch in Deutschland ist das Beispiel beliebt; der Gast im Restaurant wird nicht Besitzer von Besteck und Geschirr (*Herrler* aaO Fn. 129).

[135] So das griechische Recht, das zwischen der geschützten und der simplen Detention unterscheidet. Die Detention ist geschützt, wenn der Detentor die Sache aufgrund einer gültigen schuldrechtlichen Vereinbarung für einen anderen innehat (*Triantos,* AK, Art. 974 S. 1185 Rdnr. 1; Areopag 1792/2005, EllDni 2006 S. 503), andernfalls hat man eine lediglich einfache Detention vor sich.

Man kann also weder Besitz, noch Detention, noch wenigstens den *corpus possessionis* sehen, messen oder wägen[136], und man kann sie auch nicht beweisen. Beweisen lassen sich immer nur diejenigen Tatsachen, die nach den Vorgaben des objektiven Rechts in die Entscheidung einfließen, wer für welche Zwecke derzeit als derjenige anzusehen ist, der mit der Sache am engsten verbunden ist. Manche formulieren deshalb, Besitz sei ein „normatives Konzept".[137] Das ist richtig, bringt allerdings zugleich eine weitere Nuance ins Spiel. Denn jetzt geht es (iii) schnell um Eigen- und/oder Fremd„besitz" als **Merkmal der Tatbestandsbildung.** Dahinter liegt die Frage nach den möglichen Einsatzfeldern von „Besitz" als eines darstellungstechnischen Hilfsmittels der Rechtssprache („Welche Vorstellungen des Rechts lassen sich mit dem Wort „Besitz" knapp und gut zum Ausdruck bringen, welche Bedeutung sollte ihm vor diesem Hintergrund beigemessen werden?").[138] Auch in dieser Rolle bleibt „Besitz" natürlich ein Produkt der juristischen Phantasie. Er schlüpft in die Gestalt eines zu mannigfacher Verwendung geeigneten dogmatischen Versatzstücks. „Besitz" lässt sich bestens multiplexen, in weiter, auch den natürlichen Besitz umfassender Bedeutung sogar noch besser als in der engen Bedeutung des bürgerlichrechtlichen Besitzes. Keine Rechtsordnung nutzt das Wort jedenfalls nur in ihrem eigentlichen Besitzrecht; alle machen von ihm, nötigenfalls mit kleineren Anpassungen, auch in einer großen Zahl nichtbesitzrechtlicher Rechtsmaterien Gebrauch. Auf „Besitz" rekurrieren häufig auch das Recht der Rechte, das Vertrags-, das Delikts-, das Familien- und das Erbrecht, ja manchmal sogar das Strafrecht.[139] Es dürfte sich sogar so verhalten, dass die meisten Rechtssätze, die sich für ihre Zwecke der dem sie umgebenden Sachenrecht entnommenen Rechtsfigur des Besitzes bedienen, selber gar kein Stück objektives Besitzrecht 16

[136] Unscharf wirkt deshalb auch die verbreitete Lehre, dass Besitz Rechte „sichtbar" mache (so z.B. *Wolff und Raiser,* Sachenrecht[10], § 2 II 2, und *Gschnitzer/Faistenberger/Barta/Call/Eccher,* Sachenrecht[2], S. 5 [„Im Besitz [tritt] das Recht in Erscheinung"]). Andere sprechen von der „Publizitätsfunktion" des Besitzes (z.B. *Baur und Stürner,* Sachenrecht[18], § 4 Rdnr. 9). Genau genommen ist Besitz aber genauso unsichtbar wie ein Recht (und etwas Unsichtbares wird natürlich auch nicht durch etwas gleichfalls Unsichtbares sichtbar).

[137] *Robert Walker* LJ in *Simpson v Fergus* (1999) 79 P & CR 398, 402 („Possession is a legal concept"). Siehe auch *Green und Randall,* The Tort of Conversion, S. 86 („Possession means a different thing to lawyers than it does to everyone else") sowie *Prütting,* Sachenrecht[35], S. 20 Rdnr. 49 („keine bloße Tatsache mehr, sondern ... ein Rechtsverhältnis"). Westermann/Gursky/Eickmann *(-Gursky),* Sachenrecht[8], § 7 Rdnr. 1 formulieren glücklicher, „Besitz ist ... die rechtliche Anerkennung der tatsächlichen Beziehung zur Sache ohne Rücksicht auf die Rechtsbeziehung zu ihr".

[138] *Håstad,* Sakrätt[6], S. 45.

[139] Vorher Fn. 83 (England). Das deutsche Strafrecht bevorzugt „Gewahrsam". Der Begriff ist dem des Besitzes verwandt, mit ihm aber nicht in allen Einzelheiten identisch (grundlegend schon: RG 12.12.1916, RGSt 50 S. 183 sowie RG 15.2.1918, RGSt 52 S. 143, 145). Unterschiede ergeben sich vor allem dort, wo das Privatrecht auch dem Erben und dem mittelbaren Besitzer Besitz zuerkennt bzw. dem sogen. Besitzdiener abspricht. Art. 278 § 1 poln. StGB definiert den Diebstahl als die „Entziehung" einer fremden beweglichen Sache (Def. in Art. 115 § 9 poln. StGB) in Zueignungsabsicht, operiert also gleichfalls ohne den Besitzbegriff. Das spanische Zivilrecht lehnt sich dagegen, gewissermaßen „umgekehrt", an das Strafrecht an; jedenfalls wird das Merkmal der *privación ilegal* (kein gutgläubiger Erwerb im Falle des „illegalen Entzugs": Art. 464(2) span. CC) nach den Vorgaben des Strafrechts geprüft (López y López und Montés Penadés [-*Roca i Trias*], Derechos reales, S. 176–177; TS 22.1.2002, RAJ 2002 Nr. 21 S. 38). Unter Art. 255(1) gr. StGB setzt Diebstahl den „Erwerb der tatsächlichen Gewalt" voraus; die tatsächliche Gewalt kann auch durch einen Trick oder durch Einschüchterung erworben worden sein (Art. 255(2)(a) aaO).

ausformen. Man denke z. B. an Vorschriften zur Übertragung des Eigentums an beweglichen Sachen[140], an kaufrechtliche Gefahrtragungsregeln[141] und an Deliktsrechtsnormen, die Eigenbesitzern (und nicht Eigentümern) die Haftung für fehlerhafte Gebäude aufbürden.[142] So stößt man weit jenseits der unglücklichen Tatsache-Recht-Diskussion sogar noch auf eine (iv) Frage: Was genau sind die Regelungsgegenstände des sachenrechtlichen Besitzrechts? Wo endet es, und wo beginnt bereits das Recht der Rechte?

b) Die Regelungsgegenstände des sachenrechtlichen Besitzrechts

(1) Unscharfe Konturen

17 Die Frage wird freilich selbst in den führenden Darstellungen des Zivilrechts (und allemal in England[143] und in Schweden[144]) nur selten reflektiert. Gewöhnlich folgen

---

[140] Einzelheiten unten in § 5.

[141] In vielen Kaufrechten geht die Gefahr des zufälligen Untergangs realer Sachen mit dem Besitz auf den Käufer über, so z. B. unter § 214(2) estn. LOA (Übernahme der Sache; Sonderregeln für Verbrauchergeschäfte in § 214(5) aaO); Art. 522 gr. ZGB (Gefahrübergang auf den Käufer ab Übergabe); Artt. 2022–2024 lett. ZGB; Art. 6.320(1) lit. ZGB (Gefahrübergang, sobald der Verkäufer seine Pflicht zur Übergabe der Sache erfüllt hat); §§ 1064, 1048–1049, 1051 österr. ABGB (näher Koziol/Bydlinski/Bollenberger [-*Apathy*], ABGB⁴, § 1051 Rdnr. 1); Art. 796(1) port. CC (Sonderregeln für Verbrauchergeschäfte u. a. mit Hinweis auf *posse física* in Art. 9-C port. VerbraucherschutzG, Gesetz 24/96 vom 31.7.1996, *Lei de Defesa dos Consumidores*) und § 2121(1) tschech. BGB (Gefahrübergang durch Annahme der Sache). Das englische, das schottische (sec. 20(1) Sale of Goods Act 1979), das irische (Sale of Goods Act 1893) und das maltesische Recht (Artt. 994, 995(2) malt. CC) knüpfen den Gefahrübergang *(passing of risk)* dagegen (vorbehaltlich einer abweichenden Parteivereinbarung) ausdrücklich an den Übergang des *property*, nicht an die *delivery* der *goods* an (sec. 20(1) aaO: „The goods remain at the seller's risk until the property in them is transferred to the buyer, but when the property in them is transferred to the buyer the goods are at the buyer's risk whether delivery has been made or not"). Nur bei Verbrauchern kommt es vor der Übergabe nicht zum Gefahrübergang (sec. 20(4) SGA 1979).

[142] Rechtsvergleichender Überblick bei *von Bar*, Gemeineuropäisches Deliktsrecht I, Rdnrn. 234–235.

[143] Im englischen Schrifttum sind es vor allem *Bridge/Gullifer/McMeel/Worthington*, The Law of Personal Property, Rdnrn. 2–038 bis -040, die eine systematische Aufbereitung der Regelungsgegenstände des objektiven Besitzrechts anstreben. Sie schlagen vor, zwischen (i) *possession as interest*, (ii) *vindicatory possession* und (iii) *possession as mode of acquisition* zu unterscheiden. *Possession as interest* dient ihnen als Oberbegriff für alle beschränkten dinglichen Rechte außer dem Eigentum *(ownership)*. *Vindicatory possession* verwenden sie als Wort für das Recht zum Besitz. Der Ausdruck zielt auf den Grund der Rechtsbehelfe des englischen Sachenrechts, die auf Besitzentziehung reagieren, schließt deshalb auch die Besitzrechte eines Eigentümers ein. *Possession as mode of acquisition* hat dagegen Besitz als Mittel des Erwerbs von dinglichen Rechten an beweglichen Sachen vor Augen. *Clarke und Kohler*, Property Law, Rdnr. 7.1.2 handeln die Beziehungen zwischen *possession* und *ownership* unter den Gesichtspunkten Rechtsschutz, Besitz als Indiz für *ownership* und Besitz als eigenständiges Recht ab.

[144] In der schwedischen Literatur zum Recht der beweglichen Sachen ist es üblich, die Bestimmungen zusammen zu stellen, in denen der Besitz rechtlich von Bedeutung ist, und zwar getrennt nach den Materien des dynamischen Sachenrechts *(dynamisk sakrätt)*, des statischen Sachenrechts *(statisk sakrätt)* incl. des strafrechtlichen Besitzschutzes, und des Insolvenzrechts incl. des Rechts der Eigentumsvermutung (*Håstad*, Sakrätt⁶, S. 50–55; *Millqvist*, Sakrättens grunder⁶, S. 33–36). Geradezu stereotyp wiederholt man aber, dass das Wort „Besitz" nur eine Art *label* sei, das je nach Kontext und je nach den Zwecken der Regelung, in der es Verwendung finde (Schutz gegen andere Insolvenzgläubiger; gutgläubiger Erwerb), einen anderen Inhalt haben

die Autoren einfach dem Aufbau der Kodifikation, unter der sie schreiben[145]; Besitzrecht ist dann, was diese Kodifikation unter der Überschrift „Besitz" aufgreift.[146] Schon ein Blick nur in die Zivilgesetzbücher zeigt indes schnell, dass sie von Besitzrecht nicht nur an systematisch sehr verschiedenen Stellen handeln, sondern in den entsprechenden Abschnitten auch sehr verschiedene Sachfragen thematisieren.[147] Das deutsche BGB (§§ 854–872) z. B. platziert sein Besitzrecht an prominenter Stelle

---

könne (z. B. *Göranson,* Traditionsprincipen, S. 457 und *Hessler,* Allmän sakrätt, S. 17). Das dynamische Sachenrecht (Bd. 1, Rdnrn. 319 und 340) verzichte bewusst auf jede vorbestimmte Regelstruktur sachenrechtlichen Schutzes (*Millqvist* aaO, S. 21–22). In der dänischen Literatur wird Besitz typischerweise nur im Kontext spezifischer Dreipersonenkonflikte (*sakrättslig situation, tredjemanssituation*) erörtert (z. B. *Illum,* Dansk tingsret[3]).

[145] Deutlich vom Aufbau des Gesetzes (und außerdem von der französischen Art, über Besitz zu schreiben) weicht bemerkenswerter Weise das belgische Schrifttum ab. In Belgien wird, im Gegenteil zu Frankreich, die Darstellung des Besitzrechts typischerweise der Darstellung des Eigentums und der Modalitäten seines Erwerbs vorangestellt (z. B. *De Page und Dekkers,* Traité élémentaire V[2]; *Hansenne,* Les biens und *Bernard,* Précis de droit des biens). Die niederländischsprachige Rechtslehre hält sich an denselben Aufbau (z. B. *Van Neste,* Zakenrecht I[2]).

[146] Polnische Darstellungen des Sachenrechts enden z. B. typischerweise mit dem Besitzrecht (und dem Grundbuchrecht), bulgarische, deutsche und portugiesische beginnen mit ihm. Siehe einerseits etwa *Gniewek,* Prawo rzeczowe[8] sowie *Ignatowicz und Stefaniuk,* Prawo rzeczowe[2] (beide behandeln den Besitz in ihrem vorletzten Kapitel) und andererseits *Prütting,* Sachenrecht[35] sowie *Vieweg und Werner,* Sachenrecht[7] und *Vieira,* Direitos reais, S. 509–512. Man bleibt dem Aufbau der heimischen Kodifikation treu. Eigene Wege gehen nur *Radwański und Gniewek,* System Prawa Prywatnego III[3], die ihre Darstellung des Sachenrechts mit dem Besitz eröffnen, sowie *Pinto Duarte,* Direitos reais[3], der mit dem Besitz endet. Auch in Österreich orientieren sich die Lehrbücher i. d. R. an dem Aufbau des Gesetzes. Koziol und Welser (-*Kletečka*), Bürgerliches Recht I[14], S. 282–305 platzieren den Besitz zwischen den Grundlagen des Sachenrechts und dem Eigentumsrecht. Inhaltlich geht es um die Arten, den Erwerb und den Verlust des Besitzes, außerdem um seine „rechtliche Bedeutung" (S. 298–305), d. h. um Rechtsscheinswirkungen und Rechtsschutz unter Einschluss der *actio Publiciana* (§ 372 österr. ABGB). *Iro,* Sachenrecht[5], § 2, erläutert Besitzrecht unter der Überschrift „Grundlagen" zwischen den Grundbegriffen des Sachenrechts und dem Grundbuch; auch er behandelt im Rahmen des Besitzschutzes die *actio Publiciana.* „Rechtswirkungen" des Besitzes sind ihm Friedensschutz, Publizität und Rechtsschein (Rdnrn. 2/1–2/4). *Gschnitzer/Faistenberger/Barta/Call/Eccher,* Sachenrecht[2], S. 4–26 diskutieren „Besitz und Grundbuch". Kein österr. Lehrbuch bespricht dagegen in seinem Kapitel über den Besitz die gesetzlichen Erwerbstatbestände. Das italienische Schrifttum folgt der Systematik des *Codice* (Eigentum-Sachenrechte-Besitz). Bei *Gazzoni,* Manuale di diritto privato[10], erscheint Besitz deutlich als Mittel des Eigentumserwerbs (Kapitel XV: Eigentum, Kapitel XVI: Besitz, Kapitel XVII: Eigentumserwerb, Kapitel XVIII: Dingliche Nutzungsrechte). In Frankreich ist das Bild etwas uneinheitlicher, doch ist es auch hier die Regel, dass sich die Autoren zunächst mit Eigentum und erst später mit dem Besitz befassen (z. B. *Terré und Simler,* Les biens[9]; *Malaurie und Aynès,* Les biens[5]; *Reboul-Maupin,* Droit des biens[4] und *Bergel/Bruschi/Cimamonti,* Les biens). *Dross,* Droit des biens, unterscheidet zwischen dem *rapport de droit* und dem *rapport de fait. Carbonnier,* Les biens. Les obligations, beschließen ihre Darstellung des Rechts der Güter mit *possession; Larroumet,* Les biens[5] und *Jourdain,* Les biens, beginnen mit dem Besitzrecht und handeln erst anschließend von Eigentum. *Švestka und Dvořák,* Občanské právo hmotné[5] unterscheiden für Tschechien zwischen Besitz als Recht des Eigentümers und eigentumsunabhängigem Besitz und Detention; die Regeln über den Eigentumserwerb folgen nach. *Fiala und Kindl,* Občanské právo hmotné[2], stellen den Besitz an das Ende ihres Lehrbuches. *Hurdík,* Občanské právo hmotné, das erste Lehrbuch zum neuen Recht der absoluten Vermögensrechte, hält sich jetzt an die Gliederung des neuen tschech. BGB. Das Besitzrecht findet seinen Platz zwischen dem Recht des Eigentums und dem Recht der beschränkten dinglichen Rechte. Das Recht des Eigentümers auf den Besitz und das Ersitzungsrecht erscheinen als Materien des Eigentumsrechts.

[147] Übersicht über die Quellen schon oben Fn. 2.

gleich zu Beginn seines Buches über das Sachenrecht, der portugiesische CC ebenfalls (Artt. 1251–1301), doch handelt nur das portugiesische Besitzrecht auch von der Ersitzung (Artt. 1287–1301 port. CC), nicht das deutsche. Ihm stellt sich das Ersitzungsrecht bereits als ein Stück Eigentumsrecht dar (§§ 937–945 dt. BGB). So sieht man es auch in Polen (Artt. 172–176 poln. ZGB) und in Griechenland (Artt. 1041–1055 gr. ZGB). Der Sachzusammenhang mit der Ersitzung rechtfertigt es hier sogar, auch die publicianische Klage (Art. 1112 gr. ZGB[148]) in das Kapitel über den „Schutz des Eigentums" zu stellen; dass es sich auch bei § 1007 dt. BGB[149] um einen „Anspruch aus dem Eigentum" handeln soll (wie das Gesetz in der entsprechenden Titelüberschrift behauptet), hat dagegen Generationen von Juristen in Erstaunen versetzt.[150] Das griechische ZGB eröffnet sein drittes Buch (Sachenrecht) mit einem Kapitel über „Sachen und Rechte an ihnen im allgemeinen", steuert dann aber gleichfalls auf den Besitz zu. Das zweite Kapitel handelt auch von Rechtsbesitz (Artt. 975, 996 gr. ZGB); das deutsche Zivilgesetzbuch spricht ihn nur indirekt und das auch nur im Recht der Dienstbarkeiten an (§§ 1029, 1090(2) dt. BGB). Der zweite Teil des österr. ABGB („Von dem Sachenrechte") befasst sich wie das dritte Buch des gr. ZGB zunächst mit den „Sachen und ihrer rechtlichen Einteilung", geht dann über zu „den dinglichen Rechten" und widmet sich in dieser Abteilung erneut zuerst dem Besitz, dann dem Eigentum und anschließend weiteren dinglichen Rechten. Die dem Besitzrecht geltenden §§ 309–352 österr. ABGB äußern sich zu den Bezugspunkten und zu Erwerb und Verlust des Besitzes. Sie klassifizieren Besitz nach verschiedenen Kriterien (etwa nach der Redlichkeit des Besitzers), und sie rechnen, wie alle Zivilgesetzbücher, auch den possessorischen Besitzschutz zum objektiven Besitzrecht; er wird allerdings teilweise durch das Verfahrensrecht modifiziert. Keine Gegenstände des Besitzrechts sind nach der Systematik des ABGB Aneignung, Ersitzung und andere Spielarten des originären Rechtserwerbs.

18 Vieles von dem findet sich in Bulgarien, Tschechien, den baltischen Rechtsordnungen, Slowenien und Ungarn wieder. Das bulgarische Gesetz über das Eigentum regelt zuerst die verschiedenen Formen des Eigentums (Eigentum, Miteigentum und Wohnmiteigentum), dann seine Einschränkungen und die beschränkten dinglichen Rechte und erst anschließend den Besitz (Abschnitt VII). Das dritte Buch des tschechischen BGB („Absolute Vermögensrechte") beginnt mit einigen allgemeinen Vorschriften über drittwirkende Rechte (§§ 976–978 tschech. BGB), widmet sich dann den privatrechtlichen Fragen des Grundbuchs (§§ 980–986 aaO) und anschließend dem Besitz (§§ 987–1010). Es geht nicht nur um seine verschiedenen Erscheinungsformen und seinen Schutz, sondern, wie in Österreich, auch um das sogen. Eigentümer-Besitzer-Verhältnis (§§ 996–1001 aaO). Den Sachbesitz kennt Tschechien nicht mehr; es hat sein System ganz auf den Rechtsbesitz umgestellt. Der Eigenbesitzer einer Sache z. B. gilt ihm als „Be-

---

[148] Art. 1112(1) gr. ZGB: „Wer den Besitz eines *Grundstücks* mit den Voraussetzungen der ordentlichen Ersitzung erlangt und ihn vor der Vollendung der Ersitzungszeit verloren hat, ist berechtigt, von demjenigen, welcher es ohne gültigen oder putativen Titel besitzt, Herausgabe der Sache nach den Vorschriften über den Herausgabeanspruch des Eigentümers zu verlangen, die entsprechende Anwendung finden".

[149] § 1007(1) dt. BGB: „Wer eine *bewegliche Sache* in Besitz gehabt hat, kann von dem Besitzer die Herausgabe der Sache verlangen, wenn dieser bei dem Erwerb des Besitzes nicht in gutem Glauben war. (2) Ist die Sache dem früheren Besitzer gestohlen worden, verloren gegangen oder sonst abhandengekommen, so kann er die Herausgabe auch von einem gutgläubigen Besitzer verlangen, es sei denn, dass dieser Eigentümer der Sache ist oder die Sache ihm vor der Besitzzeit des früheren Besitzers abhandengekommen war".

[150] „§ 1007 ist eine geheimnisvolle Vorschrift. … An (ihren) Deutungen ist alles rätselhaft" (*Wilhelm,* Sachenrecht[5], Rdnr. 1343).

sitzer des Eigentumsrechts" (§§ 989(1) aaO). Die Regeln zur Ersitzung (§§ 1089–1098 aaO) finden sich in dem Titel über das Eigentum und bilden hier neben Aneignung, Fund, Zuwachs, dem Recht des rechtsgeschäftlichen und des gutgläubigen Eigentumserwerbs ein Unterkapitel des Kapitels über den Eigentumserwerb. Auch Lettland und Litauen regeln Besitz (Artt. 875–926 lett. ZGB, Artt. 4.22-4.36 lit. ZGB) vor Eigentum, und im Eigentumsrecht wiederum alle Fragen sowohl des gesetzlichen als auch des rechtsgeschäftlichen Eigentumserwerbs (Artt. 930–1031 lett. ZGB) unter Einschluss der Ersitzung (Artt. 4.68-4.71 lit. ZGB). Das lettische Besitzrecht begnügt sich neben einigen Definitionen mit einer Regelung des possessorischen Besitzschutzes (Artt. 911–926 aaO); die litauische Regelung handelt in separaten Abschnitten auch von Besitzerwerb (Artt. 4.25-4.30) und Besitzbeendigung (Artt. 4.31-4.33 lit. ZGB). Estland hat sein Sachenrechtsgesetzbuch ähnlich gestaltet. Sein zweiter Teil fasst „Besitz und Grundbuch" zusammen; Eigentum folgt im dritten Teil nach. Dort findet man auch Aneignung, Fund, Verarbeitung, Vermischung und Ersitzung in einem Titel über den Eigentumserwerb an beweglichen Sachen. Das Besitzrecht der §§ 32–50 estn. LPA gliedert seinen Stoff in Definitionen, Vorschriften zu Erwerb und Verlust und zum Schutz des Besitzes. In Slowenien wiederholt sich das Ganze. Im Anschluss an zwei „Grundregeln" und „Grundbegriffe" klärende Teile steuern die Artt. 24–36 slowen. SPZ das Besitzrecht an, in dem es aber neben einem Kranz von Definitionen im Kern nur um den Besitzschutz geht (Artt. 31–36 slowen. SPZ). Art. 36 aaO kennt auch eine Vorschrift zum petitorischen Besitzschutz („Besitzschutz auf der Grundlage eines Rechts"). Das Eigentumsrecht folgt dem Besitzrecht nach; alle Modalitäten des Eigentumserwerbs formen im Verständnis des slowenischen Rechts ein Stück Eigentumsrecht aus, auch die „erwerbende Verjährung" (Art. 43 aaO). Deutliche Spuren des deutschen Besitzrechts finden sich auch im Aufbau des das Sachenrecht kodifizierenden fünften Buches des neuen ungarischen ZGB. Es eröffnet seinen ersten Teil *(A birtok)* mit dem Besitzrecht. Er ist in zwei Titel gegliedert: einen Titel zum Begriff des Besitzes, zu Besitzerwerb, -übertragung und -verlust sowie zum Besitzschutz (§§ 5:1–5:8 ungar. ZGB), und einen weiteren zum „Besitz ohne Rechtsgrundlage" (§§ 5:9-5:12 aaO), d. h. zum Recht des Eigentümer-Besitzer-Verhältnisses. Ersitzung, Be- und Verarbeitung, Zuwachs, Aneignung und Fund stehen im Kontext des Eigentumserwerbsrechts. Folglich findet man sie erst im zweiten Teil des fünften Buches des ungar. ZGB.

Andere Zivilgesetzbücher, allen voran das französische, greifen Besitzrecht erst ganz zum Schluss auf, und zwar am Ende ihres Buches über die verschiedenen Arten des Eigentumserwerbs (Artt. 2255–2279 franz. CC; Artt. 2228–2235 belg. bzw. luxemb. CC). In Belgien und in Luxemburg ist Besitzrecht bis heute ein Teil des Rechts der Verjährung, der *prescription,* geblieben.[151] Genau genommen hat aber auch die französische Reform aus dem Jahre 2006 nichts an der Tradition geändert, Besitz und erwerbende Verjährung (Ersitzung) in systematischem Zusammenhang zu präsentieren. Das Ersitzungsrecht (Artt. 2258–2277 franz. CC) bildet weiterhin das Zentrum; Definitionen von Besitz und Detention (Artt. 2255–2257 franz. CC) sowie Regelungen zur *protection possessoire* (Artt. 2278–2279 aaO) rahmen es ein. Im Ersitzungsrecht findet sich mit dem berühmten Art. 2276 franz. CC (Artt. 2279 belg. und luxemb. CC) auch die dem Recht des gutgläubigen Erwerbs von Mobiliarsachenrechten funktionsäquivalente Spontanersitzung. Art. 464(1) span. CC („Der gutgläubig erworbene Besitz an beweglichen Sachen steht einem Rechtsgrund gleich") ist nach seiner Stellung im Gesetz eine gleichfalls eindeutig besitzrechtliche Vorschrift. In anderer Beziehung weicht der spanische freilich klar von dem französischen CC ab. Sein zweites Buch („Von den 19

[151] Die Vorschriften der Artt. 2228–2235 belg. bzw. luxemb. CC finden sich in dem 2. Kapitel *(De la possession)* des 20. Titels (*De la prescription;* Artt. 2219–2280 aaO) des dritten Buches des Code civil. *Prescription* bedeutet gleichzeitig Verjährung und Ersitzung. Der franz. CC dagegen handelt seit 2006 von der *prescription extinctive* und der *prescription acquisitive* in verschiedenen Titeln. Bis zur Einführung seines ZGB kannte auch Griechenland die Ersitzung nur in Form der erwerbenden Verjährung. In Altfällen kann das bis heute eine Rolle spielen (z. B. Areopag 834/2007, NoB 55 [2007] S. 2163 und Areopag 836/20087, NoB 56 [2008] S. 978).

Sachen, vom Eigentum und von seinen Einschränkungen") behandelt das Besitzrecht (Titel V, Artt. 430–466 span. CC) erst im Anschluss an das Eigentumsrecht (Titel II, Artt. 348–391 span. CC), hier freilich vor den beschränkten dinglichen Rechten (Titel VI: Nießbrauch, Nutzungsrecht und dingliches Wohnrecht; Titel VII: Dienstbarkeiten, und Titel VIII: Eigentumsregister). Die Ersitzung erscheint irritierenderweise überhaupt nicht im zweiten Buch, findet sich vielmehr, wiederum als Teil des Verjährungsrechts, im 18. Titel („Von der Verjährung"; Artt. 1930–1960 span. CC) des dem Schuldrecht geltenden vierten Buches („Von den Verbindlichkeiten und Verträgen"). Das italienische Besitzrecht schließt auch das Recht des Eigentumserwerbs an Früchten und das Recht des Ersatzes für Aufwendungen ein, die ein ursprünglich gutgläubiger Eigenbesitzer noch nach Erhebung der Herausgabeklage tätigt (Artt. 1148 und 1149 ital. CC). Das dritte Buch des *Codice civile* handelt von Besitzrecht (Titel VIII; Artt. 1140–1170 ital. CC) erst im Anschluss an das Recht der Sachen und das Recht der Rechte. Es geht um einige allgemeine Bestimmungen und um die Wirkungen des Besitzes, darunter die Rechte und Pflichten des Besitzers bei Rückgabe der Sache, der Eigentumserwerb infolge gutgläubigen Besitzes (Artt. 1153–1157 ital. CC) und die Ersitzung (Artt. 1158–1167 aaO). Den Schluss bildet das Recht der Besitzschutzklagen (Artt. 1168–1170 aaO). Auch das poln. ZGB platziert sein Besitzrecht am Ende seines (zweiten) Buches über das Eigentum und andere dingliche Rechte (Titel 4, Artt. 336–352 poln. ZGB), hält das Regelungsprogramm aber deutlich schmaler als der ital. CC. Im polnischen Besitzrecht geht es nur um die Definitionen von Besitz und Gewahrsam, um Besitzvermutungen (Vermutung des Eigenbesitzes, Vermutung der Fortdauer des Besitzes, Vermutung der Übereinstimmung mit der wahren Rechtslage), um den Besitzschutz, um das Besitzkonstitut, die Übertragung des Besitzes und den Rechtsbesitz in Gestalt des Besitzes einer Dienstbarkeit.

20 Je mehr Rechtsordnungen man in den Blick nimmt, desto unscharfer werden die Konturen des europäischen Besitzrechts. Der katal. CC regelt den Besitz im zweiten Titel (Artt. 521-1 bis 522-8 katal. CC) seines fünften Buches (Von den dinglichen Rechten). Ihm geht ein Titel über die Güter (Artt. 511-1 bis 511-3 katal. CC) voraus; ein u.a. auch von der Ersitzung handelnder Titel über den Erwerb, die Übertragung und das Erlöschen dinglicher Rechte folgt nach. Malta ordnet den Besitz den „Rechten über Sachen" zu; das Besitzrecht findet sich am Ende des ersten Teils des entsprechenden Abschnitts (Artt. 524–559 malt. CC). Man stößt auf Definitionen, das Recht des Besitzschutzes, Vorschriften über die Rechtsbeziehungen zwischen Besitzer und Eigentümer, eine etwas ungewöhnliche Eigentumsvermutung (Art. 558(1) malt. CC[152]) und, bei erstem Zusehen besonders überraschend, das Recht des Eigentümers, die Sache zu vindizieren (Art. 559 malt. CC). Die Erklärung dürfte darin zu finden sein, dass ein Besitzer nur Dritten gegenüber, nicht aber auch im Verhältnis zum Eigentümer sachenrechtlichen Schutz genießt. Die Niederlande schließlich haben ihr System umgestellt. Im alten BW fand sich das Besitzrecht noch in Buch 2 „Über Sachen" *(Van Zaken)*. Man fand es dort im Anschluss an den ersten Titel „Über die Sachen und ihre Unterscheidung" in Titel 2 „Über den Besitz und die Rechte, die daraus hervorgehen"). Das heutige ndl. BW setzt gänzlich anders an, was darauf zurückgeht, das Besitz nicht mehr nur an körperlichen Sachen, sondern an allen Vermö-

---

[152] „In the case of movables by nature, or securities to bearer, possession shall produce in favour of third parties in good faith the same effects as the title".

gensgütern für möglich gehalten wird (Art. 3:107 BW). Deshalb findet sich das Besitzrecht nicht in Buch 5 (Dingliche Rechte, *Zakelijke Rechten*), sondern bereits in Buch 3 (Allgemeines Vermögensrecht, *Vermogensrecht in het algemeen*). Der entsprechende Titel 5 (Eigen- und Fremdbesitz; *Bezit en Houderschap*) wirkt hier nun aber ein wenig verloren. Er findet sich zwischen den Regeln über den Erwerb und den Verlust von Gütern (Titel 4: *Verkrijging en Verlies van Goederen*) und der Treuhand (Titel 6: *Bewind*).

(2) Besitzrecht im Dienst des Rechts der Rechte

Die Gefahr, dem Aufbau der Zivilgesetzbücher für rechtwissenschaftliche Zwecke zu 21
viel Gewicht beizumessen, liegt auf der Hand. Gleichwohl dürfte in denjenigen, die ihrem Besitzrecht schon rein äußerlich eine „Randposition" zuweisen, der entscheidende Gedanke bereits mitschwingen: das Besitzrecht steht im Dienst des Rechts der Rechte, gehört ihm aber nicht an. Dort, wo das Besitzrecht einfach nur „irgendwo" inmitten der subjektiven Sachenrechte abgehandelt wird, bleibt es genauso blass wie in Listen, in denen juristisches Schrifttum alle Rechtsregeln einzufangen trachtet, die „Besitz" in ihrem Tatbestand führen. Solche Zusammenstellungen haben kein profilbildendes Potential, keinen Bauplan für ein spezifisch sachenrechtliches Besitzrecht. Ein diffus-allgemeines Besitzrechtsverständnis ist indes nicht unproblematisch. Zu seinen Folgen gehören manch unnötige Verschleifungen von Schuld- und Sachenrecht.[153] Sie zeigen sich z. B. im Recht des sogen. **Eigentümer-Besitzer-Verhältnisses.** Es wirkt im Besitzrecht[154]

[153] Das neue ungarische ZGB hat sich vor diesem Hintergrund eine von seiner Vorgängerkodifikation deutlich abweichende systematische Gliederung gegeben. Im neuen ZGB beginnt das Sachenrecht mit dem Besitzrecht (§§ 5:1–5:12 ungar. ZGB). Das alte ZGB hatte das Besitzrecht noch an das Ende seines (dritten) Teils über das Eigentumsrecht gestellt (§§ 187–197 ungar. ZGB [1959]). Das wurde seinerzeit mit dem (angeblichen) Übergangs- und Verknüpfungscharakter des Besitzes zwischen Sachen- und Schuldrecht erklärt (*Lenkovics,* A dologi jog vázlata[7], S. 253; Faber und Lurger [-*Szilágyi*], National Reports III, Hungary, S. 484–485). Das Schuldrecht war Gegenstand des der Regelung des Besitzrechts unmittelbar nachfolgenden vierten Teils des ungar. ZGB [1959].

[154] In ihm findet man es außerhalb von Tschechien (Rdnr. 18), Ungarn (Rdnr. 18) und Malta (Rdnr. 20) insbesondere in Österreich, Portugal und Spanien. Die §§ 329 ff österr. ABGB regeln die Haftung des redlichen wie des unredlichen Besitzers für Verschlechterungen der Sache und für gezogene Nutzungen, außerdem die Ansprüche des Besitzers auf Ersatz seiner Verwendungen. Nicht immer ist der eigentliche Zweck dieser Regeln freilich klar erkennbar, jedenfalls dort nicht, wo sich in ihnen keine signifikanten Abweichungen von dem allgemeinen Deliktsrecht ausmachen lassen und auch das Verhältnis zum Bereicherungsrecht undurchsichtig bleibt (treffend Rummel [-*Spielbüchler*], ABGB I[3], § 329 Rdnr. 1: „Noch jeder Versuch, in den §§ 329 ff eine abschließende und zugleich mit den übrigen Vorschriften des Gesetzes übereinstimmende Regelung zu sehen, ist gescheitert"). Zudem dürfte die Überschrift vor § 329 österr. ABGB („Rechte des redlichen Besitzers") nach allgemeiner Auffassung unrichtig sein. Denn „die Bestimmung gibt dem Besitzer kein Recht, über die Sache zu verfügen, sondern stellt ihn nur von der Verantwortung für solche Verfügungen frei" (Klang [-*Kodek*], ABGB[3], § 329 Rdnr. 1). Artt. 1268–1275 port. CC (Buch III – Sachenrecht, Titel I – Vom Besitz, Kap. IV – Wirkungen des Besitzes, *efeitos da posse*) regeln u. a. die Rechtsfolgen betr. Verlust oder Verschlechterung der Sache (Art. 1269), Früchte im gut- bzw. im bösgläubigen Besitz (Artt. 1270–1271), Belastungen der Sache (Art. 1272) sowie Verbesserungen an der Sache (Artt. 1273–1275). Im Allgemeinen werden unter diesen sogen. Wirkungen des Besitzes die Ausgleichsansprüche zugunsten des Besitzers hervorgehoben (*commoda possessionis: Oliveira Ascensão,* Direito Civil – Reais[5], S. 103). Art. 1273(2) port. CC (notwendige und nützliche Verbesserungen) verweist ausdrücklich auf das Recht der ungerechtfertigten Bereicherung; man hat es deshalb mit einem Stück Bereicherungsrecht zu tun (*Menezes Leitão,* Direitos reais[4], S. 146–148; *ders.,* Direi-

noch deplatzierter als im Eigentumsrecht (dem Recht der „Ansprüche aus dem Eigentum"), zu dem es andere Kodifikationen in der (wenn auch in sich richtigen[155]) Erwägung stellen, dass der Sachzusammenhang mit dem Eigentum der stärkere sei.[156] Genau besehen handelt es sich freilich weder um Besitz- noch um Eigentumsrecht; es geht stets entweder um ein Stück Sonderdelikts-[157] oder um ein Stück Sonderbereicherungsrecht[158] und damit schon im Ansatz nicht um Sachen- sondern um Schuldrecht.[159]

---

to das obrigações I⁴, S. 413–414). Die entsprechenden Regeln des spanischen Rechts findet man in Artt. 451–458 span. CC (Buch II – Von den Gütern, vom Eigentum und seinen Umbildungen, Titel V – Vom Besitz, Kap. IV – Wirkungen des Besitzes, *efectos de la posesión*). Es geht im Verständnis der Lehre um die Verrechnungsvorgänge aus Besitzerverhältnissen *(liquidación de los estados posesorios),* näher *Díez-Picazo,* Fundamentos III⁵, S. 762–774.

[155] Richtig deshalb, weil es sich (mit Ausnahme des Rechts des Verwendungsersatzes) um Regeln handelt, die den Vindikationsanspruch des Eigentümers flankieren. Erstaunlicherweise sind freilich nicht nur die meisten Vorschriften des österr. ABGB, sondern auch viele Vorschriften des dt. BGB aus der Sicht des Besitzers formuliert. Nicht nur der besitzrechtliche § 335 österr. ABGB gibt an, wozu ein Besitzer „verbunden ist". Auch §§ 987–999 dt. BGB handeln ihrem Wortlaut nach nicht etwa von Ansprüchen des Eigentümers (davon ist nur in der Titelüberschrift die Rede), sondern von Verpflichtungen des Besitzers.

[156] So verhält es sich z.B. unter den §§ 987–1003 dt. BGB; §§ 83–88 estn. LPA; Artt. 1096–1107 gr. ZGB; Artt. 1053–1066 lett. ZGB; Artt. 95–97 slowen. SPZ; Artt. 224–231 poln. ZGB (das Gesetz regelt hier die [in Schrifttum und Rechtsprechung] sogen. „ergänzenden Forderungen". Sie „ergänzen" den Schutz des Eigentums durch Schadensersatz und Nutzungsausgleichsansprüche und stellen ihnen die Aufwendungsersatzansprüche des rechtlosen Besitzers gegenüber) und §§ 5:9-5:12 ungar. ZGB.

[157] Rechtsvergleichender Überblick bei *von Bar,* Gemeineuropäisches Deliktsrecht I, Rdnrn. 549–552. Die Entsprechungen des englischen Rechts finden sich im Recht der *conversion* und damit im Recht der besitzgestützten Schadensersatzansprüche (grundlegend Lord *Denning* MR in *Greenwood v Bennett* [1973] QB 195 [CA]). Sec. 6 Torts (Interference with Goods) Act 1977 erlaubt es, im Rahmen der Bemessung von Schadensersatzansprüchen gegen einen redlichen Besitzer aus *conversion* dessen Verwendungen zu berücksichtigen. Gleichwohl gehört der *tort of conversion* mindestens ebenso sehr zum Deliktsrecht wie zum Recht des Besitzes. Sec. 6 aaO ist zudem eine allgemeinschadensrechtliche Vorschrift; es geht um die Höhe des Ersatzes, nicht um die Grundlegung eines selbständigen Teilrechtsgebietes. Frankreich und Belgien kennen ein systematisch selbständiges Recht des Eigentümer-Besitzer-Verhältnisses nicht.

[158] Für das österreichische Recht kommt Klang (*-Kodek*), ABGB³, § 329 Rdnr. 9 zu dem Ergebnis, die Regelung des ABGB sei „nur historisch zu verstehen". Er begrüßt deshalb DCFR VIII. – 7:102 bis 7:104, die für Fragen aus dem Recht des Eigentümer-Besitzer-Verhältnisses auf das Delikts- bzw. das Bereicherungsrecht verweisen. Die geschäftsführungs- und bereicherungsrechtlichen Wurzeln des Eigentümer-Besitzer-Verhältnisses sind auch an §§ 5:9(3), 5:11 und 5:12(4) ungar. ZGB klar zu erkennen (näher Vékás und Gárdos [*-Menyhárd*], Kommentár a Polgári Törvénykönyv I, § 5:11 ungar. ZGB, S. 923).

[159] Das dürfte heute in allen Rechtsordnungen, die mit der Figur des Eigentümer-Besitzer-Verhältnisses operieren, herrschende Meinung sein, nicht nur in Österreich. Schuldrechtlichen Charakters sind nach dortiger Auffassung z.B. Art. 1096 gr. ZGB (Haftung des verklagten Besitzers auf Nutzungsersatz: *Triantos,* AK, Art. 1096 Rdnr. 3; Georgiades und Stathopoulos [*-Georgiades*], ZGB, Art. 1096 Rdnr. 27), Art. 1102 gr. ZGB (Ersatz notwendiger Verwendungen nach den Regeln des Rechts der Geschäftsführung ohne Auftrag: Berufungsgericht Athen 1875/1975, Arm. 29 [1975] S. 510; Berufungsgericht Thessaloniki 1269/1980, Arm. 35 [1981] S. 379; Areopag 1220/1975, NoB 24 [1976] S. 184) und Art. 1103 gr. ZGB (Ersatz nützlicher Verwendungen nach bereicherungsrechtlichen Grundsätzen: Berufungsgericht Larissa 865/2004, NoB 53 [2005] S. 912; Areopag 331/1980, NoB 28 [1980] S. 1732). Dasselbe gilt für die „ergänzenden" (oder „abrechnenden) Forderungen (vorher Fn. 156) des polnischen Rechts (Radwański und Gniewek [*-Gniewek*], System Prawa Prywatnego III³, S. 902 Rdnr. 155), die aus genau diesem Grunde zwischen den Parteien abbedungen werden können (Gniewek [*-Cisek*], Kodeks cywilny², Art. 224, S. 364 Rdnr. 5; Pietrzykowski [*-Skowrońska-Bocian*], Kodeks cywilny

Nicht unähnlich liegen die Dinge im Recht der sogen. **Besitzmittlungsverhältnisse** und im Recht von ***bailment.*** Es geht, wie vielfach gesagt wird, um die Ausübung von Sachherrschaft „durch andere" oder, aus umgekehrter Sicht formuliert, „für andere". Wir kommen auf diese Bilder später noch zurück. Vorerst genügt es festzuhalten, dass besitz- und damit sachenrechtlicher Natur hier jeweils nur die (meistens bejahte[160]) Frage ist, ob sich jemand auch dann noch besitz- bzw. detentionsrechtlicher Rechtsbehelfe bedienen darf, wenn er sich seiner vollständigen Sachherrschaft auf Zeit freiwillig begeben oder sie infolge einer zwar nicht ausdrücklich autorisierten, aber doch wohlmeinenden und interessegemäßen Intervention verloren hat. In der Beziehung zu Dritten geht es um Sachenrecht. Fragen des internen Ausgleichs für Schädigungen, Nutzungen, Verwendungen und Verfügungen bleiben ihrer Rechtsnatur nach hingegen wiederum Materien des Schuldrechts.[161] Ein Besitzmittler ist (je nach Situation und Sprachgewohnheiten) ein berechtigter Besitzer bzw. ein berechtigter Detentor, nicht, wie der Besitzer des Rechts des Eigentümer-Besitzerverhältnisses, ein unberechtigter Besitzer bzw. Detentor. Für die Abgrenzung zwischen Schuld- und Sachenrecht bleibt dieser Unterschied aber ohne Folgen. 22

Ein weiterer Problemkomplex tut sich auf, wo sich die Grenzen zwischen Besitz- und **Verjährungsrecht** zu verwischen beginnen. In Rechtsordnungen, in denen die erwerbende Verjährung – als „Ersitzung" – sprachlich wie inhaltlich ganz aus dem Zusammenhang des Verjährungsrechts herausgelöst worden und eine erlöschende Verjährung unbekannt ist, wirkt zwar schon die Fragestellung unverständlich. Herausgabe- 23

I⁴, Art. 224, S. 631 Rdnr. 2). Es handelt sich um das allgemeine Delikts- und Bereicherungsrecht verdrängende Spezialregeln (z.B. Appellationsgericht Łódź 9. 3. 2015, I Aca 1405/14, Lex-Nr. 1665840; Appellationsgericht Krakau 16. 12. 2014, I Aca 1322/14, Lex-Nr. 1621126; poln. OG 24.9.2010, IV CSK 76/10, OSNC 2011/4/46, Lex-Nr. 622273 und poln. OG 15.4.2011, III CZP 7/11, OSP 2012/10/93, Lex-Nr. 897712). Ebenso sieht man die Dinge in Tschechien (tschech. OG 23.8.2012, 22 Cdo 3404/2010: „Der Anspruch des Besitzers auf den Ersatz der während des berechtigten Besitzes auf die Sache zweckmäßig verwendeten Kosten ist kein dinglicher Anspruch, der ohne weiteres auf den Rechtsnachfolger des Besitzers übergehen würde; es handelt sich um einen obligationsrechtlichen Anspruch"). Zu Portugal siehe schon vorher Fn. 148, und zu der Natur von Zurückbehaltungsrechten aus Verwendungen auf fremde Sachen Bd. 1, Rdnrn. 508–513. Das niederländische BW platziert seine Regeln zum Eigentümer-Besitzerverhältnis im allgemeinen Vermögensrecht (Artt. 3:120–124 ndl. BW).

160 Das ist auch in Frankreich nicht anders. Die *actions possessoires* waren zwar ursprünglich allein dem „echten" Besitzer unter Ausschluss des einfachen Detentors vorbehalten (*Terré und Simler,* Les biens⁹, S. 190 Rdnr. 204). Die Idee war, dass sich ein im Besitz gestörter Detentor an den Eigentümer wenden und ihn dazu veranlassen könnte, der Störung ein Ende zu machen. Inzwischen gewährt jedoch Art. 2278(2) franz. CC auch dem Detentor ein eigenes Klagerecht. Neben ihm bleibt aber auch derjenige klageberechtigt, der (nur) *corpore alieno* besitzt (*Malaurie und Aynès,* Les biens⁵, S. 156 Rdnr. 505).

161 Besonders deutlich sec. 2(2) Torts (Interference with Goods) Act 1977 („An action lies in conversion for loss or destruction of goods which a bailee has allowed to happen in breach of his duty to his bailor (that is to say it lies in a case which is not otherwise conversion, but would have been detinue before detinue was abolished)"). Es ist also ein *breach of duty* und damit die Verletzung einer Pflicht aus dem Innenverhältnis der Parteien des *bailment*-Verhältnisses erforderlich. Man spricht von *statutory conversion* um zu verdeutlichen, dass es sich nicht um eine „echte" *conversion* handele (*Green und Randall,* The Tort of Conversion, S. 78–79). Zu den analogen Fragen im Verhältnis zwischen einem Eigentümer und einem dinglich Nutzungsberechtigten s. im Übrigen bereits Bd. 1, Rdnrn. 359–362. Wo, wie z.B. unter Art. 1147 gr. ZGB, ein Nießbraucher als Rechtsbesitzer Eigenbesitzer und als Sachbesitzer Detentor ist, lässt sich ohnehin nicht einmal sauber zwischen diesen beiden Fragenkreisen unterscheiden.

ansprüche aus gestörtem Besitz mögen in ihnen in anderen Zeitintervallen verjähren (genauer: verfallen) als Herausgabeansprüche aus verletzten Rechten[162], aber die Einrede der Verjährung führt hier immer nur zu einem Leistungsverweigerungsrecht. In diesem Teil der Union begreift niemand Verjährungs- und Besitzrecht als zwei sich schneidende Kreise. Wo man dagegen mit dem Konzept der Verjährung eine Kombination aus Rechtsverlust (daher „erlöschende" bzw. „extinkive" Verjährung) und Rechtserwerb („erwerbende" Verjährung) in Verbindung bringt[163], können die Dinge bedeutend schwieriger liegen. Das englische Common Law (an das sich auf dem Kon-

---

[162] Z. B. §§ 197(1) Nr. 2 und 864 dt. BGB (30 Jahre für Herausgabeansprüche aus Eigentum und anderen dinglichen Rechten; ein Jahr für Ansprüche aus Besitzentziehung und -störung). Auch in Belgien (Art. 1370 Code judiciaire) und in Frankreich (Art. 1264 CPC) verjähren die *actions possessoires* nach Ablauf eines Jahres. Unter Art. 223 § 1 poln. ZGB unterliegen die Herausgabe- und Unterlassungsansprüche eines Grundeigentümers nicht der Verjährung; die entsprechenden Ansprüche eines Mobiliareigentümers verjähren nach den allgemeinen Vorschriften (Pietrzykowski [-*Skowrońska-Bocian*], Kodeks cywilny I[4], Art. 223, S. 630 Rdnr. 2), mithin gewöhnlich nach Ablauf von zehn Jahren (Art. 118 poln. ZGB). Der Anspruch eines Besitzers auf Wiederherstellung des früheren Zustands und auf Unterlassung der Störungen verjährt dagegen schon nach Ablauf eines Jahres (Art. 344 § 2 poln. ZGB). Notwehr gegen eine eigenmächtige Besitzstörung ist bei beweglichen Sachen nur „sofort" möglich, bei Grundstücken muss sie „unverzüglich" erfolgen (Art. 343 § 2 poln. ZGB; näher poln. OG 27.3.1968, II CR 69/68, Lex-Nr. 6305). Auch unter Art. 925 lett. ZGB und Art. 992 gr. ZGB verjähren Ansprüche aus der Entziehung oder Störung des Besitzes in einem Jahre ab der Entziehung oder der Störung (näher Areopag 632/2006, ChrID 2006 S. 71; Areopag 1748/2002, NoB 51 [2003] S. 1228 und LG Athen 1813/2002, NoB 50 [2002] S. 1492). Unter dem schwed. *Preskriptionslag* (1980:131) (Verjährungsgesetz) sowie unter § 100(2) slowak. bzw. § 614 tschech. BGB ist das Eigentumsrecht nicht der Verjährung unterworfen. Besitzschutzklagen müssen unter § 1008 tschech. BGB innerhalb von sechs Wochen (unter Art. 32 slowen. SPZ innerhalb von dreißig Tagen) nach Kenntnis von Störung und Störer und spätestens innerhalb eines Jahres ab der Störung anhängig gemacht werden. Die zuletzt genannten Regeln bauen wiederum auf österreichischem Vorbild auf. Unter § 1479 österr. ABGB verjährt der Herausgabeanspruch aus Besitz zwar grundsätzlich nach der regulären dreißigjährigen Frist des allgemeinen Verjährungsrechts, doch hat das wegen § 454 österr. ZPO kaum praktische Bedeutung (Besitzschutzklagen müssen innerhalb von 30 Tagen erhoben werden, was als materielle Präklusionsfrist gedeutet wird) (*Kodek*, Die Besitzstörung, S. 598). Ansprüche aus dem Eigentum verjähren nicht (OGH 21.10. 2008, JBl 2009 S. 370). Ebenso verhält es sich in Ungarn (§ 5:35 [Unverjährbarkeit der Vindikation] und § 5:8 ungar. ZGB [Besitzschutz erlischt nach einem Jahr]). In England und Irland sind, da besitz- und eigentumsgestützte Ansprüche nicht klar unterschieden werden, entsprechende Differenzierungen zwar nicht möglich. In Schottland dagegen bewegt man sich wieder auf vertrautem Terrain. Jedenfalls Ansprüche aus Eigentum an unbeweglichen Sachen verjähren nach zwanzig Jahren; gleichzeitig erlischt das Recht, auf dem der Anspruch beruht (sec. 8 Prescription and Limitation (Scotland) Act 1973). (Für bewegliche Sachen könnte, das scheint nicht ganz klar zu sein, die kürzere fünfjährige Frist aus sec. 6 i. V. m. para 1(b) Schedule 1 aaO gelten: *Miller*, Corporeal Moveables in Scots Law, Rdnr. 10.13). *Spuilzie* (der Rechtsbehelf eines Eigenbesitzers gegen Besitzentziehungen) scheint verjährungsrechtlich denselben Regeln zu folgen (*Miller* aaO Rdnr. 10.28).

[163] Besonders eindrucksvoll Art. 2107 malt. CC: „(1) Prescription is a mode of acquiring a right by a continuous, uninterrupted, peaceable, open, and unequivocal possession for a time specified by law. (2) Prescription is also a mode of releasing oneself from an action, when the creditor has failed to exercise his right for a time specified by law". Schweden hat die Ersitzung beweglicher Sachen (§ 4 Lag (1986:796) om godtrosförvärv av lösöre) in der Folge der Zeitbegrenzung des Herausgabeanspruchs *(vindikation)* (§ 3 aaO) nach gutgläubigem Erwerb eingeführt (*Millqvist*, Sakrättens grunder[6], S. 63). Die Ersitzung gilt als eine extinktive Erwerbsform *(extinktivt fång)* (*Millqvist* aaO). In Deutschland finden sich mit § 901 Satz 1 dt. BGB immerhin Anklänge an die Konstruktion des englischen Rechts. Die Vorschrift lautet: „Ist ein Recht an einem fremden Grundstück im Grundbuch mit Unrecht gelöscht, so erlischt es, wenn der Anspruch des Berechtigten gegen den Eigentümer verjährt ist".

tinent das ndl. BW angelehnt hat[164]) kennt kein echtes Ersitzungsrecht. Es operiert stattdessen mit der Regel, dass bei Verjährung der Rechtsbehelfe wegen Entziehung einer Sache (Rückgabe, Geldersatz) auch der *title* erlischt, der den Anspruch rechtfertigt.[165] Das ist eine Folge des Denkens in relativ besseren Rechten.[166] Wenn ein Titel wegfällt, dann rückt der Titel, den er bislang belastete, „automatisch" im Rang auf. Anders als unter der Lehre von der Ersitzung wird also kein Titel erworben, sondern ein Titel hochgestuft. Es geht aber eben gleichzeitig auch ein Titel unter, und es ist diese Perspektive, in der sich Verjährung und *adverse possession* dann doch berühren.[167] Die besseren Argumente dürften gleichwohl gegen die Annahme sprechen, dass sich das englische Recht hier noch im Besitzrecht bewegt. Denn es verlangt weder in der Person des Anspruchstellers noch in der Person des Anspruchsgegners eine bestimmte Mindestdauer des Besitzes, ja, genau genommen, nicht einmal aktuellen Besitz auf einer der beiden Seiten des Rechtsverhältnisses. In der Person des Anspruchstellers genügt ein Recht auf *immediate possession;* er muss nicht einmal im Verletzungszeitpunkt unmittelbarer Besitzer der Sache gewesen sein. Sein Recht erlischt zwar, weil *title* und Besitz für längere Zeit auseinander fielen, doch ist nicht erforderlich, dass der Rechtsinhaber den Besitz in eigener Person und für irgendeinen Mindestzeitraum ausübte. Der Anspruchsgegner andererseits muss zwar (wenn auch nur kurzfristig) einmal Besitzer gewesen sein, aber er muss diesen Besitz im Klagezeitpunkt nicht mehr innehaben. Mit der Verjährung des Anspruches gegen denjenigen, der die erste *conversion* beging, verjähren auch alle Ansprüche gegen spätere Besitzer.[168] Wurde eine Sache

[164] Boek 3, Titel 4, Afdeling 3 ndl. BW trägt die Überschrift: „Erwerb und Verlust durch Verjährung". Das Gesetz vermeidet das Wort Ersitzung. In der Substanz ist sie ihm aber natürlich geläufig (Art. 3:99(1) ndl. BW: „Rechte an beweglichen Sachen, die keine Registergüter sind [...], werden durch den gutgläubigen Eigenbesitzer nach 3 Jahren ununterbrochenem Eigenbesitz erworben, andere Güter durch ununterbrochenen Eigenbesitz von 10 Jahren"). Zu einer echten „extinktiven" Verjährung kommt es im Falle des bösgläubigen Eigenbesitzes (Art. 3:105(1) aaO: „Derjenige, der ein Gut zu dem Zeitpunkt, zu dem die Verjährung des Anspruchs auf Beendigung des Besitzes eintritt, besitzt, erwirbt das Gut, auch wenn sein Eigenbesitz nicht gutgläubig war").

[165] Die Verjährungsfrist für Ansprüche aus *tort* beträgt grundsätzlich sechs Jahre (sec. 2 Limitation Act 1980). Für den *tort of conversion* gelten die Sonderregeln in sec. 3 Limitation Act 1980. Unter sec. 3(3) aaO gilt: „Where any such cause of action has accrued to any person and the period prescribed for bringing that action has expired and he has not during that period recovered possession of the chattel, the title of that person to the chattel shall be extinguished". Für Grundstücke ergänzt sec. 17 Limitation Act 1980, dass „at the expiration of the period prescribed by this Act for any person to bring an action to recover land (including a redemption action) the title of that person to the land shall be extinguished".

[166] Zur Lehre von der *relativity of title* bereits Bd. 1, Rdnrn. 41–49. *Relativity of title* spielt natürlich nicht nur im Ersitzungsrecht, sondern z. B. auch im Recht der Aneignung herrenloser Sachen eine Rolle. Man denke etwa an einen Mann (A), der treibende herrenlose Stämme auf einem Fluss entdeckt und sie an das Ufer zieht, um sie in Besitz zu nehmen. Reißen sich die Stämme anschließend wieder los und werden sie flussabwärts von B erneut ans Ufer gezogen, könnte A von B ihre Herausgabe verlangen. Im Civil Law würde man das damit erklären, dass A durch die erste Inbesitznahme Eigentum erworben hat, im Common Law damit, dass A's Besitz fortdauert, bis B die Stämme an sich nimmt. A hat in Relation zu B ein älteres und deshalb besseres *right to immediate possession,* näher *Anderson,* The Physical Element of Possession, S. 28.

[167] Megarry und Wade (*-Harpum/Bridge/Dixon*), The Law of Real Property^{8}, Rdnr. 35-001. Für eingetragene Grundstücke sind allerdings die Sonderregeln des LRA 2002 zu beachten (unten Fn. 180).

[168] Nimmt A die Uhr des X an sich, dann beginnt die Verjährung des Anspruchs des X bereits mit der Wegnahme (nur wenn es sich bei der Wegnahme um eine Straftat handelte, beginnt die

durch Diebstahl, Raub oder eine ähnliche Straftat entzogen, läuft die Verjährungsfrist allerdings erst ab dem Zeitpunkt, in dem erstmalig eine gutgläubige Person den Besitz der gestohlenen Sache erwirbt, und dann auch nur zugunsten dieser Person und ihrer Nachfolger im Besitz.[169] So besehen wird dann doch wieder auch ersitzungsrechtliches Gedankengut wirksam. Denn Gut- bzw. Bösgläubigkeit des Besitzers sind rein verjährungsrechtlich eher untypische Kriterien.

24 Unproblematisch ist, dass Vorschriften, die die tatsächlichen wie die normativen **Voraussetzungen der Begründung** (des „Erwerbs") und **des Verlusts** von Besitz bzw. Detention betreffen, ebenso zum Kernbestand des sachenrechtlichen Besitzrechts gehören, wie der sogen. **possessorische Schutz** von Besitzer, Detentor und ihrer Besitzhelfer. Das Eine ist einfach nur die regelungstechnische Voraussetzung für das Andere, und possessorische Rechtsbehelfe verwirklichen einen wichtigen Zweck des sachenrechtlichen Besitzrechts. Weniger ins Bewusstsein dringt dagegen oft, dass ein plausibel organisiertes sachenrechtliches Besitzrecht auch seinen **Sachbegriff** klären, also entscheiden muss, woran Besitz bzw. Detention möglich sein sollen. Wo z. B. der Teilbesitz im Besitz-, der Rechtsbesitz aber im Recht der Rechte geregelt wird, gerät leicht aus dem Blick, dass man es hier wie dort mit Ausprägungen eines übergreifenden Grundsatzes zu tun hat: dass nämlich Besitz und Detention Gegenstände des Rechtsverkehrs zum Bezugspunkt haben können, die dem Recht der Rechte unzugänglich bleiben. Nahezu überall wird es dagegen wieder für selbstverständlich gehalten, dass sich im Recht der **Vindikation** ein Stück Eigentums- (und nicht ein Stück Besitz-) recht ausformt.[170] Das ist richtig, weil das Vindikationsrecht den Schutz von Eigentum und anderen Rechten allein um ihrer Eigenschaft als subjektive Sachenrechte willen verwirklicht. Auch Regeln, die an die Innehabung von Besitz und/oder Detention die Vermutung knüpfen, dass der Inhaber der Sachherrschaft Inhaber eines Sachenrechts sei, gehören nach zutreffender Ansicht zum Recht der Rechte (und nicht zum Recht des Besitzes). Denn es muss ja stets noch geklärt werden, auf welches Recht (auf das Eigentum oder auf ein anderes dingliches Recht?) die Vermutung bezogen sein soll. Bei den **besitzgestützten Besitzvermutungen,** also bei Regeln, die es erlauben, aus der Innehabung von Besitz zu einem bestimmten Anfangs- und einem bestimmten Endzeitpunkt auf die Innehabung von Besitz auch in der Zwischenzeit zu schließen, verhält sich das anders. Genau wie bei den **detentionsgestützten Besitzvermutungen** (z. B. Art. 1141(1) ital. CC[171]) hat man hier wieder ein Stück sachenrechtliches Besitzrecht vor sich, und zwar auch dann, wenn es im Wesentlichen um die Berechnung von Ersitzungszeiten geht. Die vorgenannte **Rechtsscheinswirkung** von Besitz hat ihren Sitz im Übrigen auch deshalb im

---

Verjährung erst ab dem Zeitpunkt, in dem jemand den Sachbesitz in gutem Glauben erlangte). Überträgt A seinen Besitz auf B (und B den seinen auf C etc.), dann erlöschen auch alle Ansprüche des X gegen B und C, sobald der Anspruch des X gegen A erlischt; ab diesem Zeitpunkt hat X keinen *title* mehr. Das folgt aus sec. 3(1) Limitation Act 1980 („Where any cause of action in respect of the conversion of a chattel has accrued to any person and, before he recovers possession of the chattel, a further conversion takes place, no action shall be brought in respect of the further conversion after the expiration of six years from the accrual of the cause of action in respect of the original conversion").

[169] Einzelheiten in sec. 4 Limitation Act 1980. *Theft* im Sinne dieser Vorschrift umfasst auch Erpressung *(blackmail)* und Betrug *(fraud)* (sec. 4(5) aaO).

[170] S. bereits Bd. 1, Rdnr. 28; zu Malta außerdem vorher Rdnr. 20.

[171] „Es wird der Besitz desjenigen vermutet, der die Verfügungsgewalt tatsächlich ausübt, sofern nicht bewiesen wird, dass er sie anfänglich nur auf Grund einer Innehabung ausgeübt hat".

Recht der Rechte, weil sie vorwiegend dazu eingesetzt wird, im Interesse des Erwerbers eine fehlende Veräußerungsberechtigung des Verfügenden zu ersetzen (z.B. § 932 dt. BGB und Artt. 3:86 i.V.m. 3:90 ndl. BW). Es entsteht in diesen Fällen nicht etwa aus Besitz und Zeitablauf ein (neues) Sachenrecht, sondern es kommt durch Besitzverschaffung zur Vollendung eines bereits eingeleiteten Übertragungsgeschäfts. Das ist auch dort nicht anders, wo der gutgläubige Rechtserwerb (wie nach verbreitetem Verständnis in den romanischen Rechtsordnungen) die Gestalt einer Spontanersitzung annimmt. Nur weil jemand eine Sache wegnimmt, wird er auch nach französischer Auffassung noch nicht zum Inhaber eines Rechts an ihr (Art. 2276(2) franz., Art. 2279 belg. CC).

Der Besitz gilt vielmehr nur unter einer ganzen Reihe von Voraussetzungen „als Titel" (Art. 2276(1) bzw. Art. 2279(1) aaO). Es muss sich nämlich (i) um eine *possession réelle* bzw. eine *véritable possession juridique,* (ii) um eine *possession utile* und (iii) um Besitz in gutem Glauben handeln.[172] Der Besitz darf, wie sich an Art. 1198 (früher Art. 1141) franz. CC ablesen lässt, nicht *précaire* sein. *Utile* oder wirksam ist er nur, wenn er mangelfrei ist; mangelhaft sind insbesondere der heimliche und der zweideutige Besitz.[173] Das Erfordernis der Gutgläubigkeit steht zwar nicht im Gesetz, ist aber in Rechtsprechung und -lehre unumstritten. Der Besitzer muss bei Besitzerwerb geglaubt haben, mit dem wahren Eigentümer zu verhandeln.[174]

So bleibt die Frage, wie sich das Recht des **besitzgestützten originären Rechtserwerbs** zu der Grundeinteilung von Sachenrecht in das Recht der Rechte und das Recht des Besitzes verhält. Natürlich gibt es eine Reihe von Tatbeständen des originären Rechtserwerbs, die mit Besitzrecht nichts zu tun haben. Dazu zählen in Sonderheit diejenigen, die sich mit den recht-rechtlichen Folgen der Veränderung von Sachen befassen, also z.B. die Regeln über Zuwachs, wesentliche Bestandteile, Vermischung, Vermengung sowie Be- und Verarbeitung.[175] Zum Besitzrecht gehört hier nur die Frage, ob Besitz noch an Gegenständen des Rechtsverkehrs möglich ist, die im Sinne des Rechts der Rechte aufgehört haben, Sache zu sein (wie etwa die Außenwand eines Hauses). Uneinig ist man sich in Europa aber in der Frage, wie es sich mit Ersitzung, Fund, Aneignung und Fruchterwerb verhält.[176] Die **Ersitzung** ist nachge- 25

[172] *Bergel/Bruschi/Cimamonti,* Les biens², S. 273 Rdnr. 223; *Boufflette,* La possession, S. 126–129; *Bernard,* Précis de droit des biens, S. 169 Rdnr. 370.

[173] *Malaurie und Aynès,* Les biens⁵, S. 182 Rdnr. 578; *Bergel/Bruschi/Cimamonti* aaO S. 274 Rdnr. 225; *Larroumet,* Les biens⁵, S. 579 Rdnr. 931.

[174] *Malaurie und Aynès* aaO S. 183 Rdnr. 579; *Bergel/Bruschi/Cimamonti* aaO S. 275 Rdnr. 226; *Terré und Simler,* Les biens⁹, S. 350 Rdnr. 436.

[175] Bd. 1, Rdnrn. 250–301. Nicht wenige Gesetzbücher organisieren sich in diesem Bereich allerdings unter dem Leitgedanken des Erwerbs von Eigentum und gliedern hier noch weiter in die beiden Grundformen des rechtsgeschäftlichen und des gesetzlichen Eigentumserwerbs. Infolgedessen finden sich, zumindest, soweit es um das Eigentum an beweglichen Sachen geht, z.B. in den §§ 937 ff dt. BGB so heterogene Vorgänge wie Vermischung, Vermengung, Zuwachs, Ersitzung, Fund und Aneignung. Zu einigen weiteren Beispielen s. schon oben Rdnr. 18. Die §§ 380 ff österr. ABGB handeln in einem Hauptstück „Von der Erwerbung des Eigentumes durch Zueignung" von dem Eigentumserwerb durch Zuwachs, Fund und Ähnlichem, im nächsten „Von der Erwerbung des Eigentumes durch Zuwachs", darunter Fruchterwerb, Verarbeitung und Vermischung. Art. 560 malt. CC hält fest: „(1) Ownership and other rights over things, or relating to things, may be acquired and transmitted by succession, or by virtue of an agreement or by means of prescription. (2) Ownership may also be acquired and transmitted by occupancy or by accession". Der Fruchterwerb durch den Besitzer findet sich im Recht des Eigentümer-Besitzer-Verhältnisses (Art. 540 malt. CC), die Ersitzung im Verjährungsrecht (Art. 2107 malt. CC; vorher Fn. 163).

[176] Diese Tatbestände des (auf dem Kontinent) sogen. „gesetzlichen Erwerbs" beruhen in England, Schottland und Irland nahezu durchweg auf rein richterrechtlich identifiziertem

rade der Prototyp eines besitzgestützten Rechtserwerbs; im Kern gehören aber auch die **Aneignung herrenloser Sachen**[177] und der Erwerb des Eigentums an **Früchten** nach hier, letzterer natürlich nur, sofern er darauf beruht, dass der Besitz an der Muttersache im Einzelfall schwerer wiegt als ein Recht an ihr.[178] Beim **Fund** verschieben sich die Dinge zwar um Nuancen, weil der Rechtserwerb hier typischerweise die Erfüllung einer Anzeigepflicht, manchmal sogar die Erfüllung einer Pflicht zur Ablieferung der Sache bei der zuständigen Stelle voraussetzt. Gleichwohl beruht auch der Rechtserwerb des Finders letztlich darauf, dass er die Sache an sich genommen hat und sie bei Erfüllung der gesetzlichen Voraussetzungen zu Eigentum erwerben will. Ersitzung, Fruchterwerb, Aneignung und Fund stellen eng verwandte, sich gegenseitig formende Rechtsfiguren dar, die deshalb in aller Regel auch im Zusammenhang erörtert werden.

26 Wir denken, dass dieser Zusammenhang ein genuin besitzrechtlicher ist. Nicht darauf kommt es für die Systembildung entscheidend an, dass man es mit Tatbeständen des originären Rechtserwerbs zu tun hat, sondern darauf, dass es sich hier durchweg darum handelt, das Recht der Rechte an eine veränderte Lebenswirklichkeit anzupassen. Monopolrechte werden von Gesetzes wegen neu justiert, wenn und weil sie in ihrer gegenwärtigen Situation nicht mehr aus dem übergreifenden Ziel allen Sachenrechts gerechtfertigt werden können. Von einer möglichst optimalen Ressourcenallokation kann nicht mehr die Rede sein, wenn dingliche Rechte von ihrem Inhaber nicht länger genutzt oder gar aufgegeben werden. Die Sachen, auf die sie bezogen sind

---

Common Law. Gesetzliche Grundlagen existieren nur im Fundrecht (z. B. Part VI Civic Government (Scotland) Act 1982) und im Recht des Schatzfundes (z. B. im engl. Treasure Act 1996). In der Perspektive des Common Law gehört auch das Recht der Aneignung herrenloser Sachen zum *law of finders* (*Hickey,* Property and the Law of Finders, S. 54). Schweden verfügt, sozusagen genau „umgekehrt“, über eine umfängliche Spezialgesetzgebung. Die Ersitzung beweglicher Sachen unterliegt § 4 Lag (1986:796) om godtrosförvärv av lösöre, die Ersitzung unbeweglicher Sachen Kap. 16 § 1 JB. Dass man sich Fische, Beeren, Blumen usw. aneignen darf, folgt aus Kap. 12 § 2 Brottsbalk (Strafgesetzbuch); das übrige Recht der Aneignung herrenloser Sachen hat richterrechtliche Wurzeln (HD 2.5.1952, NJA 1952 S. 177; oben Fn. 226). Das Fundrecht ist Gegenstand des Lag (1938:121) om hittegods (Gesetz über Fundsachen), des Kulturmiljölag (1988:950) (Gesetz über Kulturdenkmäler) und des Lag (1918:163) med vissa bestämmelser om sjöfynd (Gesetz über Seefund).

[177] Das portugiesische Zivilgesetzbuch allerdings handelt nur von der Ersitzung im Besitz-, von der Aneignung (*ocupação;* Artt. 1318–1324 port. CC) dagegen im Eigentumsrecht (Artt. 1302–1438-A port. CC). Das dürfte mit dem weiten Begriff der *ocupação* zusammenhängen, der nach portugiesischem Verständnis auch das Fundrecht einschließt (Artt. 1323–1324 port. CC). Außerdem wird zutreffend betont, dass aus Ersitzung eine Vielzahl von Rechten hervorgehen könne, so dass sie, anders als Aneignung und Zuwachs, den Bereich des Eigentumsrechts überspringen würden (*Pires de Lima und Antunes Varela,* Código Civil Anotado III², S. 121, Anm. 6 unter Art. 1316).

[178] Ein schönes Beispiel dafür, dass in Bezug auf Früchte der gutgläubige Eigenbesitz dem Eigentumsrecht an der Muttersache vorgeht, findet sich im niederländischen Recht. Art. 5:1(3) ndl. BW bestimmt zwar, dass der Eigentümer einer Sache auch Eigentümer der abgetrennten Früchte wird. Art. 3:120(1) ndl. BW fügt die Ausnahme jedoch sofort hinzu: Dem gutgläubigen Eigenbesitzer gehören die abgetrennten natürlichen Früchte und die fälligen bürgerlichen Früchte. Er genießt also Vorrang vor dem Eigentümer (Asser [*-Bartels/Van Mierlo/Ploeger*], Algemeen goederenrecht¹⁶, Nrn. 78–80). Dem entsprechen § 5:50(3) ungar. ZGB und Art. 71 bulgar. Gesetz über das Eigentum (wonach der gutgläubige Besitzer bis zu dem Zeitpunkt das Recht auf die Früchte hat, in dem der Eigentümer ihn zur Herausgabe der Sache auffordert).

oder waren, müssen neu in das Gefüge der Rechte eingefädelt werden. Das zu leisten, ist Aufgabe und Inhalt von Besitzrecht. Es stellt ein Mittel zur Erfassung der Situationen zur Verfügung, in denen sich die Rechtslage in signifikanter Weise von der Lebenswirklichkeit entfernt hat, und es identifiziert gleichzeitig diejenige Person, der die Sache unter einem neu entstehenden Sachenrecht neu zugeordnet wird.

Es erscheint insbesondere unmöglich, das Recht der **Ersitzung** aus dem Recht der 27
Rechte zu erklären. Anders als die „erlöschende" Anspruchsverjährung schafft das Ersitzungsrecht nicht (nur) einen konkreten Rechtsstreit zwischen zwei Personen aus der Welt, sondern es bewirkt neben dem Erlöschen (bzw. der Belastung) eines absoluten Rechts die gleichzeitige Neuentstehung eines anderen absoluten Rechts.[179] Im Recht der Rechte lässt sich dieser Vorgang zum einen nur mit einem unverhältnismäßig hohen Regelungsaufwand abbilden. Denn es können ja verschiedene Rechte ersessen werden, nicht nur Eigentum, außerdem Eigentum nicht einmal notwendig an jeder nach allgemeinen Regeln eigentumsfähigen Sache. Grundstücke sind in einigen Rechtsordnungen der Ersitzung nur unter sehr engen Voraussetzungen zugänglich.[180] Entscheidend

[179] Nach niederländischem Verständnis sind zwar die *extinctieve verjaring* und die Ersitzung im Ergebnis deckungsgleiche Instrumente, weil unter Art. 3:105(1) ndl. BW der Eigenbesitzer mit der Vollendung der Verjährungszeit das betreffende Recht erwirbt. Die Verjährung wird in diesem Fall folglich nicht nur als bloßes Durchsetzungshindernis, sondern als ein echter Erwerbstatbestand gedeutet. Damit wird aber aus der „erlöschenden" zugleich eine „erwerbende" Verjährung; eine ausschließlich extinktive Verjährung gibt es nicht.

[180] Das dt. BGB kennt bei Grundstücken nur die sogen. Buchersitzung (§ 900 dt. BGB). Man kann Grundeigentum bzw. ein zu Grundbesitz berechtigendes dingliches Recht nur ersitzen, wenn man über dreißig Jahre (fälschlich) als Rechtsinhaber im Grundbuch eingetragen war. Es gibt also keine „Kontratabularersitzung". An ihre Stelle tritt ein Aufgebotsverfahren. Wer ein Grundstück gegen die Grundbuchlage dreißig Jahre in Eigenbesitz hatte, kann einen sogen. Ausschließungsbeschluss erwirken und sich sodann als Eigentümer in das Grundbuch eintragen lassen (§ 927(1) und (2) dt. BGB). Der engl. LRA 2002 setzt, soweit es sich um eingetragene Grundstücke handelt, für das Recht der *adverse possession* durchaus vergleichbar an. Der Gesetzgeber musste die Schwierigkeit überwinden, dass *adverse possession* nur einen *relative*, Eintragung dagegen einen *absolute title* begründet. Deshalb schaffte sec. 96 LRA 2002 für eingetragene Grundstücke die Verjährungsregeln des Limitation Act 1980 ab, die den *title* desjenigen zum Erlöschen bringen, der seine Rechte nicht rechtzeitig wahrnimmt. Es gibt keinen automatischen Rechtsverlust mehr. Stattdessen kann, wer zehn Jahre im Besitz eines Grundstücks war, seither beantragen, als Eigentümer eingetragen zu werden (para. 1 Schedule 6 LRA 2002). Der Grundstückseigentümer (bzw., im Fall eines *leasehold*, der *reversioner*) und die Inhaber dinglicher *charges* werden über den Antrag informiert (para. 1 Schedule 6 LRA 2002). Widersprechen der bisher Eingetragene oder der Inhaber einer *charge*, dann wird der Antrag im Regelfall abgelehnt (para. 4 und 5 Schedule 6 LRA 2002; Megarry und Wade [-*Harpum/Bridge/Dixon*], Law of Real Property[8], Rdnr. 35–070). Der Besitzer kann jedoch nach Ablauf von zwei Jahren erneut einen Antrag stellen (para. 6 Schedule 6 LRA 2002). Dann wird er eingetragen, es sei denn, sein Besitz habe zwischenzeitlich geendet, es wäre ein Urteil zugunsten des Eingetragenen ergangen oder letzterer hätte gegen den Besitzer rechtliche Schritte eingeleitet (para 6(2) Schedule 6 LRA 2002). Mit Eintragung als neuer Inhaber des *estate* erlischt der (zwischenzeitlich) durch bloße *adverse possession* erworbene besitzgestützte *title* (para. 9(1) Schedule 6 LRA 2002). Wer also z.B. „gegen" einen *lease* besitzt, erwirbt zwar immer noch einen besitzgestützten *fee simple*. Letzterer bliebe freilich mit dem *right of entry* des *lessor* belastet. Mit der Eintragung wird nun zwar nur der *lease* erworben, und es gehen der besitzgestützte *fee simple* sowie *charges*, die den *estate* belasteten, unter (andere dingliche Rechte bleiben bestehen: para. 9(2) und (3) LRA 2002). Das „Weniger" (der *leasehold*) ist in der Sache aber mehr wert als der durch *adverse possession* erworbene *fee simple*. Denn der neu eingetragene Inhaber erwirbt ein echtes, auch gegenüber dem „Eigentümer" (dem Inhaber des mit dem *leasehold* belasteten ursprünglichen *fee simple*) wirksames dingliches Recht.

freilich ist, dass das Recht der Rechte aus sich heraus nur beantworten kann, *dass* das jeweilige Recht erlöschen, aber nicht, *wem* welches Recht in Zukunft zugeordnet sein soll. Das könnte aus der Sicht des Rechts der Rechte prinzipiell jedermann sein, ein Nachbar z.B, ein Kreditgeber, der Fiskus oder eine mildtätige Organisation. Nur aus der Sicht des Besitzrechts ist es zwingend der Besitzer. Er soll Rechtsinhaber werden, weil er die Sache über einen langen Zeitraum in seiner Herrschaft gehabt und sich in dieser Zeit so verhalten hat, wie es von einem echten Rechtsinhaber zu erwarten gewesen wäre. Dadurch hat er das erforderliche Interesse an der Sache unter Beweis gestellt. Er, der Besitzer, wird deshalb für ersitzungsrechtliche Zwecke auch durchweg unter Rückkoppelung auf recht-rechtliche Kategorien definiert. Besitzer i. S. d. Eigentumsersitzungsrechts ist nur, wer sich wie ein Eigentümer, Besitzer i. S. d. Rechts der Ersitzung einer Dienstbarkeit nur, wer sich wie ein Dienstbarkeitsinhaber verhält. Schlüssig wirkt nun auch, dass ein primär auf die Ersitzung ausgerichtetes Besitzrecht (i) seinen Standort vom Gesetz gewöhnlich erst nach dem Eigentum bzw. dem Recht der anderen dinglichen Rechte zugewiesen bekommt, und dass (ii) ein solches Besitzrecht streng zwischen Besitz und Detention unterscheidet. Denn wenn Besitz als ein *„way to property"* gedeutet wird[181], dann kann Besitzrecht nur verstanden werden, *nachdem* Eigentum verstanden ist, und die Detention kann kein Besitz sein, weil es nicht möglich ist, gleichzeitig ein fremdes Recht zu respektieren und die mit ihm verknüpften Befugnisse für sich zu reklamieren. Damit verbindet sich eine letzte Beobachtung. Wenn man akzeptiert, dass sich im Ersitzungsrecht ein Stück Besitzrecht ausprägt, wird man auch akzeptieren, dass dort, wo er nach wie vor geläufig ist[182], auch der sogen. **petitorische Besitzschutz** gleichfalls zum Besitz- und nicht zum Recht der Rechte gehört. Denn er steht, wie noch zu erläutern sein wird, in der Tradition der *actio publiciana.* Sie wiederum stellt einem Besitzer einen Rechtsbehelf gegen Besitzentziehungen zur Verfügung, welche die Ersitzung gefährden.

28 Besonders klar kommt der besitzrechtliche Schwerpunkt des Ersitzungsrechts natürlich im Aufbau des französischen CC sowie der sich an ihm ausrichtenden Zivilgesetzbücher zum Ausdruck.[183] Das niederländische BW wirkt zwar insoweit ein wenig inkonsequent, als es Besitz (in Buch 3) deutlich vor Eigentum und den es belastenden dinglichen Rechten regelt (Buch 5). In Buch 3 betont es den Zusammenhang zwischen der sogen. „extinkiven" Verjährung (Artt. 3:99–106) und dem Besitz (Artt. 3:107–125) aber mindestens genauso stark wie der franz. CC.[184] Die Lehrbücher des

[181] *Stair,* Institutions of the Law of Scotland², II. i.9 (S. 165).

[182] Das ndl. BW hat die Unterscheidung zwischen possessorischem und petitorischem Besitzschutz aufgegeben (Parl. Gesch. III, S. 424). Auch hat es das Recht des Eigentümer-Besitzer-Verhältnisses durch eine Art Berechtigten-Besitzer-Verhältnis ersetzt (Artt. 3:120 ff ndl. BW).

[183] Oben Rdnr. 17 (mit Fn. 139) bis Rdnr. 19. Freilich wird auch in Frankreich kontrovers diskutiert, ob der Besitz dem Eigentum als Vorstufe vorauslaufe (so *Danos,* Propriété, possession et opposabilité, Rdnr. 272) oder seiner bedürfe, weil er nach ihm modelliert worden sei (so *Dross,* Les choses S. 438 Rdnr. 231-1). *Zenati-Castaing und Revet,* Les biens³, S. 648 Rdnr. 442 deuten die *possession* als *auxiliaire* des Eigentums. Besitz diene seinem Beweis und seinem Erwerb.

[184] Der Aufbau hängt mit dem Umstand zusammen, dass nach ndl. Auffassung *goederen* und damit neben *zaken* auch Vermögensrechte Gegenstand des Besitzes sind. Das übergreifende Anliegen bestand darin, den Besitz in erster Linie als ein Mittel zur Ermöglichung der Ersitzung zu präsentieren, nicht hauptsächlich als ein Mittel zum Schutz gegen verbotene Eigenmacht. Die Motive (Parl. Gesch. III, S. 425) erläutern: „Zum Schluss sei darauf hingewiesen, dass dieser

englischen Rechts enthalten sich typischerweise einer einheitlichen Darstellung von Besitzrecht. Sie trennen deutlich zwischen Besitzschutz und (der vor allem im Grundstücksrecht praxisrelevanten) *adverse possession.*[185] Was Besitz bedeutet, wird dann oft gleich zweimal erörtert, auch wenn es sich jeweils nur darum handelt, den allgemeinen Besitzbegriff an die Bedürfnisse des „Ersitzungsrechts" anzupassen.[186] In Deutschland ist dieser Anpassungsbedarf natürlich höher. Sein BGB behilft sich besitzrechtlich mit einer Definition von Eigenbesitz (§ 872 dt. BGB), die in ihrer Randlage ebenso isoliert wie folgenlos wirkt. Sachenrechtlich relevant wird sie erst im Ersitzungs-, im Aneignungs- und im Fruchterwerbsrecht (§§ 873, 955 und 958 dt. BGB), die allesamt als ein Stück Eigentumsrecht qualifiziert wurden. Ähnlich verhält es sich in Griechenland (Artt. 974, 1041 gr. ZGB) und in Polen. Im Vergleich mit einem „abhängigen" Besitzer genießt der Eigenbesitzer (Art. 336 poln. ZGB) eine Reihe von Privilegien, darunter das Recht, gegen Vergütung ein Notwegerecht in Gestalt einer persönlichen Dienstbarkeit zu verlangen (Artt. 145 und 146 poln. ZGB), die Möglichkeit, Grundeigentum (Art. 172 poln. ZGB) und bewegliche Sachen (Art. 174 poln. ZGB) gutgläubig zu ersitzen, durch Aneignung Eigentum an einer herrenlosen beweglichen Sache zu erwerben (Art. 181 poln. ZGB) und das Recht auf den Eigentumserwerb an Früchten (Art. 224 § 1 poln. ZGB). Dem entsprechen in Griechenland wiederum die Artt. 1064–1068 und 1075 gr. ZGB.

2. Erscheinungsformen von Besitz

a) Wechselwirkende Ordnungskriterien

Die verschiedenen Erscheinungsformen von Besitz zu ordnen, ist schwer. Das liegt an der Vielgestaltigkeit der Merkmale, die das Vorhandensein von Besitz indizieren, überdies daran, dass sie sich in komplizierter Weise gegenseitig beeinflussen und in Bezug auf denselben Gegenstand in verschiedenen Personen verwirklicht sein können, so dass Mehrfachbesitz möglich wird. Jede Darstellung von Besitzrecht hat ihre liebe Not, diese Komplexität halbwegs korrekt einzufangen. Besitz kann je nach Rechtsordnung auf reale wie auf normative, auch auf rein normative Sachen bezogen sein, auf (i. S. d. Rechts der 29

Titel vom Besitz an Gütern im Allgemeinen handelt; der Besitz wird also nicht auf Sachen und dingliche Rechte beschränkt. Dies hängt mit den Erwägungen zusammen, welche bei der Regelung des Besitzes im Vordergrund standen. Wenn der Schutz gegen verbotene Eigenmacht im Vordergrund steht, beschränkt man den Besitz zu Recht auf körperliche Sachen und absolute Rechte, die man an ihnen geltend machen kann. Nur eine Sache kann sich dergestalt in der Sphäre des Besitzers befinden, dass ein Dritter diese Sache nicht an sich nehmen kann, ohne in die Sphäre des Besitzers einzudringen. Wenn man die erwerbende Verjährung als Ausgangspunkt für die Besitzregelungen nimmt, dann muss man den Besitz auch für jedes Gut annehmen, welches durch Verjährung erworben werden kann".

[185] Z. B. *Gray und Gray,* Elements of Land Law^5, Kapitel 2.1 und 9.1.

[186] Megarry und Wade (*-Harpum/Bridge/Dixon*), The Law of Real Property^8, diskutieren in Rdnrn. 4-001 ff *possession* allgemein und sprechen in Rdnr. 4-002 sogleich auch *adverse possession* an, thematisieren sie im Übrigen aber erst in den Rdnrn. 35-001 ff (und damit rund 1300 Seiten später). Auch das schwedische Schrifttum verzichtet gewöhnlich auf eine allgemeine Darstellung des Besitzrechts. Das hängt u. a. damit zusammen, dass die Ersitzung von Grundstücken (Kap. 16 § 1 JB) im allgemeinen Grundstücksrecht behandelt wird, während man das Recht der Ersitzung beweglicher Sachen als eine Teilmaterie des dynamischen Sachenrechts versteht (*Millqvist,* Sakrättens grunder^6, S. 63).

Rechte) „ganze" Sachen wie auf Teile von ihnen. Er kann sich, wie in einigen Teilen der Union gesagt wird, „unmittelbar" aus eigenem Sachzugriff oder „mittelbar" aus respektierten Weisungsbefugnissen und Heimfallrechten[187] speisen. Ersitzungsrechtlich relevanter Besitz ist Gewaltausübung im Umfang eines Sachenrechts; für possessorisch relevanten Besitz genügt jede Form der Sachherrschaft. Besitz kann „Mitbesitzern", auf der Grundlage identischer Merkmale zugeordnet sein; „unmittelbaren" und „mittelbaren" (bzw. „abhängigen" und „unabhängigen") Besitzern wird er auf der Grundlage unterschiedlicher Merkmale zugeordnet. Im Ersitzungs-, Fruchterwerbs- und Aneignungsrecht setzt Besitz Herrschaftsausübung für sich selbst (den sogen. *animus possessionis*) voraus; im Recht des possessorischen Rechtsschutzes schrumpft er auf den *corpus possessionis* (die tatsächliche Gewalt). Dann wird Sachherrschaft nur in Anerkennung des (wenn auch oft langfristigen) Vorrangs eines fremden Rechts ausgeübt, was zu der Gegenüberstellung von **„Fremd"- und „Eigenbesitz"** geführt hat. „Eigenbesitz" besteht aber nicht notwendig aus dem Willen, eine körperliche Sache so zu beherrschen, als ob man ihr Eigentümer wäre; Eigenbesitz kann auch bedeuten, ein (fremdes oder eigenes) Eigentum *belastendes* Recht mit dem Willen auszüben, dieses (und nur dieses) als eigenes zu nutzen. Zur Beschreibung des Rechts des Besitzes muss der Blick immer wieder zwischen seinen verschiedenen Erscheinungsformen hin- und herwandern. Teilbesitz z. B. ist zwar auch an realen Sachen denkbar, kommt aber so gut wie nur an solchen realen Sachen vor, die einen Grundstücksbezug aufweisen. Das Hauptbeispiel sind „Räume".[188] Selbst dann noch nimmt diese Spielart von Teilbesitz aber kaum je die Gestalt von Eigenbesitz an, was die Erklärung dafür sein dürfte, warum der Teilbesitz gewöhnlich nur von Kodifikationen mit einem weiten, d. h. mit einem im *corpus* zentrierenden Besitzbegriff angesprochen wird.[189] Teilbesitz ist jedenfalls weder geeignet, den Eigentumserwerb an Teilen

---

[187] Ob der Besitz eines Arbeitgebers „durch" seinen sich weisungskonform verhaltenden Besitzhelfer rechtstechnisch nur ein „mittelbarer" oder immer noch ein „unmittelbarer" ist, wird in Europa uneinheitlich beurteilt. Dasselbe gilt für die Frage, ob der Besitzhelfer selber als Detentor oder als eine Person ohne eigene Sachherrschaft anzusehen ist (unten Rdnrn. 56–62).

[188] Voraussetzung für Teilbesitz ist eine räumlich klar abgegrenzte Einflusszone. Man kann sich z. B. mobile Bürocontainer auf Baustellen oder Wohncontainer zur vorübergehenden Unterbringung von Flüchtlingen vorstellen. Bewohnt eine Familie darin Räume, dann darf sie sich Übergriffen Dritter besitzrechtlich erwehren. Teilbesitz an gewöhnlichen Waren ist dagegen nur sehr schwer vorstellbar. Besitzfähig ist zwar das bewegliche Zubehör einer beweglichen Sache, aber nicht ein wesentlicher Bestandteil. (Die verschiedenen Motoren, die in einem Rennwagen zum Einsatz kommen, sind separat besitzfähig, aber es handelt sich auch im Sinne des Rechts der Rechte um selbständige Sachen; der Besitzer eines dieser Motoren wird folglich zu keinem Zeitpunkt Teilbesitzer des Rennwagens.) Wird nämlich ein Sachbestandteil Gegenstand separaten Besitzes, dann sinkt er im Zweifel schon genau dadurch wieder auf den Status von Zubehör herab. Die gelegentlich bemühten Gegenbeispiele (Besitz an der Schublade eines Schreibtisches, an dem in einen Schrank eingebauten Safe oder einer Garderobe: *Tousis,* Emprágmato Díkaio, S. 211; Amtsgericht Sifnos 10/1991, ArchN 1994 S. 291) überzeugen nicht recht. Der Besitz dürfte sich in solchen Fällen auf eine exklusive Zugangsmöglichkeit (Schlüssel, Code) stützen. Sie gibt aber keinen Besitz an der Schublade oder am Safe, sondern an deren jeweiligem Inhalt. § 865 dt. BGB sowie die ihm nachgebildeten Art. 993 gr. ZGB und § 49 estn. LPA sagen denn auch, dass die Vorschriften über den possessorischen Rechtsschutz „auch zugunsten desjenigen (gelten), welcher nur einen Teil einer Sache, *insbesondere abgesonderte Wohnräume oder andere Räume,* besitzt" (Hervorhebung hinzugefügt).

[189] Insbesondere in den vorgenannten §§ 865 dt. BGB und 49 estn. LPA sowie Art. 993 gr. ZGB. Regelungen über den Teilbesitz fehlen dagegen im belg., franz. und luxemb. CC, im poln. ZGB sowie im österr. ABGB (die österr. Lehre greift insoweit allerdings meistens auf das deutsche Recht zurück, etwa *Barta,* Zivilrecht, S. 152). Auch das neue tschech. BGB hat auf

realer Sachen herbeizuführen (denn sie sind nicht eigentumsfähig), noch kann er gerechterweise die Grundlage für den Erwerb des Eigentums an einem Objekt bilden, das größer ist, als der Teil, den man besessen hat.[190] Teilbesitz an Grundstücken ist dagegen ein alltägliches Phänomen – und Teilbesitz an rein normativen Sachen ist nicht denkbar. Selbst wo man meint, dass eine Forderung besessen werden kann, wird man keine Herrschaft über einen abgegrenzten Forderungsteil konstruieren können. Forderungen können zwar teilweise gepfändet werden. Aber selbst dann geht es bestenfalls um eine Abgrenzung dem Werte nach, nicht um eine Abgrenzung nach Herrschaftssphären.[191]

Vorschriften zum Teilbesitz verzichtet. Es soll sogar die Regel gelten, dass eine Sache lediglich als Einheit besessen werden könne; Besitz an unselbständigen Teilen und nicht getrennten Früchten einer Sache sei nicht möglich, auch nicht an Teilen eines Gebäudes. Das wird damit erklärt, dass Eigentum an weder physisch noch rechtlich getrennten Teilen einer Sache nicht möglich sei. Denkbar sei nur der Besitz eines anderen Rechts (z. B. einer Dienstbarkeit) an einem Gebäudeteil (Spáčil [-*Spáčil*], Občanský zákoník III, S. 77). Ähnlich sieht man die Dinge in den Niederlanden (Asser [-*Bartels und van Mierlo*], Algemeen goederenrecht[16], Rdnr. 106 und *Rank-Berenschot,* Bezit, Rdnr. 14). Das englische Recht scheint für Teilbesitz keinen *terminus technicus* entwickelt zu haben; in der Substanz ist er jedoch ersitzungsrechtlich anerkannt (*Gray und Gray,* Elements of Land Law[5], Rdnr. 9.1.52). Gesetzliche Regeln über den Teilbesitz fehlen auch in Schweden. Man kann nur darauf hinweisen, dass Nießbraucher während der Zeit ihres Nießbrauches hinsichtlich der von ihnen errichteten und in ihrem Eigentum verbleibenden Gebäude und Anlagen den Insolvenzgläubigern des Grundeigentümers gegenüber Investitionsschutz genießen (Kap. 2 § 4 JB) und dass einfach abtrennbare Teile von unbeweglichen Sachen (HD 16.2.1960, NJA 1960 S. 9) sowie Teilmengen von Gegenständen ohne individuelle Eigenschaften separat eigentumsfähig sind, wenn sich auch die Gesamtmenge im Besitz des Eigentümers befindet, er zur Rechnungslegung verpflichtet ist und sich im Falle einer Zuwiderhandlung strafbar machen würde (Lag (1944:181) om redovisningsmedel) (Gesetz uber Rechnungslegungsmittel).

[190] Man darf deshalb mit österr. OGH 18.12.1985, 3 Ob 582/85 den Grundsatz aufstellen, dass nur ersessen wird, was auch besessen wurde. Wer einen Seeuferstreifen ersitzt, ersitzt daher nach OGH aaO nicht auch das Land, das nur zeitweise trockenfällt, denn an ihm wurde kein Besitz ausgeübt. Außerdem wird nur das Recht ersessen, das man ausgeübt hat (OGH 27.5.2010, immolex 2011/10, S. 24; *Iro,* Sachenrecht[5], Rdnr. 6/87). Auch in England gilt, dass, wer nur einen Teil eines Grundstücks besitzt, nur diesen Teil ersitzen kann (*Quach v Marrickville MC (Nos 1 & 2)* (1990) 22 NSWLR 55, 67 und 69). Desgleichen kann der Besitz eines Kellers nur zur Ersitzung dieses Kellers führen; der Grundstückseigentümer bleibt Eigentümer der oberflächigen Grundstücksteile (*Rains v Buxton* (1880) Ch D 537). In der griechischen Rechtsprechung ist mehrfach bestätigt worden, dass der Teilbesitz einer Sache zwar mit den Besitzklagen geschützt ist, aber keine Grundlage für die Ersitzung des Eigentums an der Sache bilden könne (Areopag 1748/2005, NoB 54 [2006] S. 677; Berufungsgericht Athen 5951/1993, ArchN 1994 S. 513; dazu *Triantos,* AK, Art. 993 Rdnr. 2). In Polen wird gesagt, dass die Ersitzung bei beweglichen Sachen schon deshalb keine große Rolle spiele, weil es einen breiten Kranz von Möglichkeiten gebe, Eigentum gutgläubig zu erwerben (Pietrzykowski [-*Skowrońska-Bocian*], Kodeks cywilny I[4], Art. 174, S. 555 Rdnr. 1). Jedenfalls sei es weder möglich, Sachgesamtheiten noch Teile von beweglichen Sachen zu ersitzen; ersitzungsfähig seien nur einzelne Sachen aus einer Sachgesamtheit (Gniewek [-*Nadler*], Kodeks cywilny[2], Art. 174, S. 315 Rdnr. 1). Denn ersessen werden könnten nur eigentumsfähige körperliche Sachen i. S. d. Art. 45 poln. ZGB (Radwański und Gniewek [-*Gniewek*], System Prawa Prywatnego III[3], S. 636 Rdnr. 456).

[191] S. bereits oben Fn. 17. Ein vergleichbares Phänomen kann man im Gesellschaftsrecht beobachten. Unter deutschem Recht gilt sogar, dass sich selbst bei einer Übertragung von Gesellschaftsanteilen im Wege der Erbfolge auf mehrere Erben der Anteil automatisch teilt (MünchKomm [-*Ann*], BGB X[7], § 2059 Rdnr. 8). Trotz der grundsätzlichen Herrschaft des Prinzips der Universalsukzession und der Regelung über den Erbenbesitz kommt es also nicht zu einer Mitberechtigung an abgrenzbaren Teilen, sondern es kommt zu einer Teilung nach ideellen Bruchteilen. Bei der Teilpfändung von Forderungen verhält es sich ebenso. Selbst die Teilpfändung

30 Besonders schwierig zu fassen sind die Beziehungen zwischen dem sogen. „Sach"- und dem sogen. „Rechts"besitz, dem sogen. „Eigen"- und dem sogen. „Fremd"besitz und dem sogen. „unmittelbaren" und dem sogen. „mittelbaren" Besitz. Man versucht, mit solchen Worten bestimmte Nuancen von Besitzrecht auf den Begriff zu bringen, läuft aber zugleich Gefahr, sich in den Wolken des eigenen Begriffshimmels zu verlieren. Mit „Sachbesitz" z.B. ist meistens der Besitz von realen (körperlichen) Sachen und von Grundstücken gemeint; ein „Grundstück" i.S.d. Besitzrechts steht aber nur ausnahmsweise für dasselbe Objekt wie ein Grundstück i.S.d. Rechts der Rechte. Umgekehrt ist auch **„Rechtsbesitz"** ein schillernder Ausdruck, weil er nicht zwischen Rechten verschiedener Art und verschiedenen Inhalts unterscheidet. „Rechtsbesitz" kann je nach Rechtsordnung für den Besitz des Eigentumsrechts an einer eigentumsfähigen Sache, den Besitz eines beschränkten dinglichen Rechts an einer ihm jeweils zugeordneten (realen wie normativen) Sache und mancherorts auch für den Besitz bestimmter rein normativer Sachen stehen.[192] In seiner engsten Variante schafft die Figur des Rechtsbesitzes sogar nur die Möglichkeit, einzelne Dienstbarkeiten zu be- und nach Zeitablauf zu ersitzen.[193] Dann aber lässt sich meistens schon wieder darüber streiten, ob der letztgültige Bezugspunkt dieser Form von Rechtsbesitz wirklich nur ein Recht oder in Wahrheit doch schon ein Grundstücksteil (bzw., wenn es sich um die Ersitzung des Nießbrauchs an einer Mobilie handelt, eine reale Sache) ist.[194] Auch Eigen- und Fremdbesitz sind weniger scharf geschieden, als es auf den ers-

---

eines Grundpfandrechts bewirkt eine Teilung des Rechts in einen gepfändeten und einen ungepfändeten Teil (näher *Stöber,* Forderungspfändung[16], Rdnr. 761 sowie *Schöner und Stöber,* Grundbuchrecht[15], Rdnr. 2459).

[192] So verhält es sich in Tschechien. Nach dortigem Verständnis schließt der Besitz des Eigentumsrechts den Besitz von Forderungen ein, weil auch sie Objekte des Eigentumsrechts bilden könnten. Der Besitzer einer Forderung genießt demgemäß Drittschutz (Spáčil [-*Spáčil*], Občanský zákoník III, S. 76). Genau darin zeigt sich aber ein wesentliches Problem dieser Konstruktion. Denn sie verliert hier die grundsätzliche Trennung zwischen relativen Schuld- und absoluten Sachenrechten aus dem Blick.

[193] In Österreich fällt dem Rechtsbesitz zwar auch noch die Rolle zu, im Wege der actio Publiciana aus (vermeintlichen) dinglichen Rechten zu klagen (*Iro,* Sachenrecht[5], Rdnr. 15/43). Gleichwohl ist die Ersitzung einer Dienstbarkeit der wichtigste Anwendungsfall für die Figur des Rechtsbesitzes (*Iro* aaO Rdnr. 15/20), und außerdem diente ja auch die actio Publiciana in ihrer ursprünglichen Form dem Schutz des Ersitzungsbesitzes (*Gschnitzer/Faistenberger/Barta/Call/Eccher,* Sachenrecht[2], S. 147). Unter § 854 dt. BGB ist der Regelfall des Besitzes der Besitz an „Sachen" und damit an „körperlichen Gegenständen" (§ 90 dt. BGB). Vom „Besitzschutz des Rechtsbesitzers" ist nur in der Überschrift zu § 1029 dt. BGB die Rede. Es geht um die Störung eines Grundstücksbesitzers in der Ausübung einer für den Eigentümer im Grundbuch eingetragenen Grunddienstbarkeit. In diesem Fall „finden die für den Besitzschutz geltenden Vorschriften entsprechende Anwendung", sofern die Dienstbarkeit innerhalb des letzten Jahres wenigstens „einmal ausgeübt worden ist". Eine Art „Rechtsbesitz" ist zudem auch in § 1033 dt. BGB vorausgesetzt, weil die Vorschrift die Möglichkeit eröffnet, ein Nießbrauchrecht an einer beweglichen Sache zu ersitzen.

[194] Die Antwort wird gelegentlich davon abhängig gemacht, ob die jeweilige Dienstbarkeit zum Besitz der Sache berechtigen würde. So verhält es sich z.B. unter der sogen. Wohnungsdienstbarkeit polnischen Rechts (Art. 301 poln. ZGB), nicht aber bei einem Wegerecht. Art. 352 poln. ZGB sagt andererseits: „(§ 1) Wer ein fremdes Grundstück in einem dem Inhalt einer Dienstbarkeit entsprechenden Umfang tatsächlich nutzt, ist Dienstbarkeitsbesitzer. (§ 2) Auf den Dienstbarkeitsbesitz finden die Vorschriften über den Besitz einer Sache entsprechende Anwendung". Das hat zu der These geführt, dass es sich bei dem sogen. Besitz einer Dienstbarkeit nur um eine Kurzformel handele; gemeint sei Besitz an einer Immobilie im Umfang einer Dienstbarkeit (Rad-

ten Blick scheint. Sie können je nach ihren Bezugspunkten in ein und derselben Person zusammentreffen. Denn der Eigenbesitzer eines Rechts ist häufig zugleich Fremdbesitzer der körperlichen Sache, auf die es bezogen ist[195], und der Fremdbesitzer einer solchen Sache wird im Normalfall Eigenbesitzer eines auf sie bezogenen dinglichen oder obligatorischen Rechts sein. Es kann, folgt man der Lehre vom Rechtsbesitz, sogar noch verwirrender kommen, weil es Fälle gibt, in denen selbst ein Eigentümer als Fremdbesitzer seiner eigenen Sache qualifiziert werden muss.[196] Andererseits kennen viele Rechtsordnungen, genau genommen, überhaupt keine Fremdbesitzer von körperlichen Sachen; Fremdbesitzer (und mancherorts auch Besitzdiener) sind ihnen Detentoren, aber keine Besitzer. Ob Rechte überhaupt dem Fremdbesitz (und nicht nur dem Eigenbesitz) zugänglich sind, ist erneut umstritten, aber nicht einmal in Sys-

---

wański und Gniewek [-*Gołaczyński*], System Prawa Prywatnego IV[3], S. 11 Rdnr. 27; ähnlich *Ignatowicz und Stefaniuk,* Prawo rzeczowe[2], S. 317). Uneingeschränkt überzeugend wirkt das freilich nicht, weil unter Art. 292 poln. ZGB auch eine Grunddienstbarkeit ersessen werden kann. Bestenfalls kann man also sagen, es bestehe Eigenbesitz an der Dienstbarkeit als bloßem Recht und „im Umfang einer Dienstbarkeit" Fremdbesitz an dem Grundstück. Auch die Deutung von § 1029 dt. BGB (vorige Fn.) ist umstritten. MünchKomm (-*Mohr*), BGB VII[7], § 1029 Rdnr. 1 liest die Vorschrift als Ausdruck der Figur des Rechtsbesitzes im deutschen Recht. Für Griechenland hält dem unbeschadet der Regelung in Art. 975 gr. ZGB *Georgiades,* Emprágmato Díkaio I, S. 177 Rdnr. 8 entgegen, „Rechtsbesitz" sei nur ein unglückliches Wort. Der Besitz könne keine Rechte zum Bezugspunkt haben, da er aus körperlicher, physischer Sachherrschaft bestehe.

[195] Ein Nießbraucher z. B. ist aus der Sicht des belgischen wie des französischen Rechts Eigenbesitzer seines Nießbrauchrechts und *détenteur précaire* des Eigentumsrechts. Denn er behauptet nicht einmal, letzteres auszuüben (*Bouflette,* La possession, S. 54 Rdnr. 10 und S. 81 Rdnr. 55; *Terré und Simler,* Les biens[9], S. 165 Rdnr. 164). In demselben Sinn schon Paris 12.6.1826, S. 1828, II, 19 („si l'usufruitier détient l'immeuble pour lui-même, quant aux fruits, il le détient, quant à la propriété, pour le propriétaire"). In Griechenland sieht man das ebenso (Areopag 218/2010, NoB 58 [2010] S. 1743: Der Nießbraucher übt seinen eigenen Besitz auf die Sache aus, aber nur Dritten gegenüber. Im Verhältnis zum Sacheigentümer ist er Detentor). Für Bulgarien erläutert *Stavrou,* Vladenieto, S. 61, dass der Besitzer eines Grundstücks, in dem ein Kabelrohr vergraben wird, auch an ihm Besitz erlange; er bleibe aber Detentor in Bezug auf alle Kabel, die jemand in Ausübung eines dinglichen Rechts auf Kabelverlegung durch das Rohr führe.

[196] Für ein eindrucksvolles Beispiel siehe Cass. civ. 18.12.2002, Bull. civ. 2002, III, Nr. 261 S. 226, Anm. *Revet,* RTD civ. 2013 S. 641; Anm. *Crocq,* RTD civ. 2013 S. 327; Anm. *Delebecque,* D. 2003 S. 963; Anm. *Guérin,* JCP G 2003, 10024, S. 297; Anm. *Avena-Robardet,* D. 2003 S. 491. Eine Bank hatte einer Gesellschaft Kredit zum Erwerb dreier Hotels gewährt. Die Gesellschaft bestellte der Bank eine Antichrese (ein Nutzungspfand) als Sicherheit. Gleichzeitig wurde vereinbart, dass die Gesellschaft die Hotels gegen Entrichtung von zwölf jährlichen „Nutzungsentschädigungen" selber betreiben durfte; die Gesellschaft mietete m. a. W. ihre eigenen Hotelgrundstücke zurück (daher *antichrèse-bail*). Die Zahlungen blieben zwei Jahre lang aus. Es entstand die Frage, ob das Nutzungspfand erloschen war. Der *antichrésiste* (die Bank), so das Berufungsgericht Papeete, habe mangels Rechtsverfolgung und mangels jeder anderen materiellen Handlung (Übernahme der Bewirtschaftung, Verpachtung) seinen Besitz an den Hotels und damit auch seine Sicherheit verloren. Der Kassationshof hob auf. Dass die Gesellschaft die Nutzungsentschädigung nicht bezahlt habe, ändere nichts daran, dass sie die Grundstücke weiterhin für den *antichrésiste* besessen habe. Dessen Untätigkeit habe aber seinen Besitz nicht beendet. Man hatte es m. a. W. mit einer Situation zu tun, in der der Grundeigentümer für den *antichrésiste* besaß. Obwohl Eigentümer, wurde er als Mieter seiner eigenen Sache und damit als bloßer *détenteur précaire* (Art. 2266(2) franz. CC) qualifiziert. Folglich sei die entscheidende Voraussetzung für eine Antichrese, der Besitz des Sicherungsnehmers, erfüllt geblieben. Gleichzeitig hat der Kassationshof implizit entschieden, dass es durch die Nichtzahlung der Miete nicht zu einer *interversion de titre* der Antichrese (und damit durch Ersitzung zu ihrem Erlöschen infolge von Konfusion) gekommen ist.

temen mit einer sehr engen Vorstellung von Rechtsbesitz denkunmöglich. In ihnen liefert ein Mieter ein Beispiel, der exklusiv einen Weg nutzt, an dem sein Vermieter ein Wegerecht innehat (§ 1029 dt. BGB), ein anderes ein Mieter, der über den erforderlichen Zeitraum hinweg einen Weg über ein fremdes Grundstück nutzt und dadurch nicht für sich, aber doch für seinen Vermieter ein Wegerecht ersitzt.[197] Wie dem auch sei: Eigen- und Fremd-, Sach- und Rechtsbesitz sind wechselbezüglich verknüpft. Die Kategorien täuschen mehr Trennschärfe vor, als ihnen innewohnt. Die schwedische Rechtslehre z.B. hat von ihnen längst ganz Abstand genommen.[198]

31 Da das Besitzrecht im Dienst der Rechte steht, versucht man, die Strukturen des einen an die Strukturen des anderen anzupassen. Man fragt also z.B., ob jemand eine Sache „als sich gehörig" („wie ein Eigentümer") besitzt oder nicht und baut darauf die erwähnte Unterscheidung zwischen **Eigen- und Fremdbesitz** auf. Der Fremdbesitzer hat, als unmittelbarer Unterbesitzer, einen mittelbaren Oberbesitzer, dieser (z.B. der Untervermieter eines zuvor von ihm selbst gemieteten Fahrzeugs) einen weiteren Oberbesitzer, diesmal aber in Gestalt eines mittelbaren Eigenbesitzers. Auch das erinnert an das Recht der Rechte; es stellt nur seine Pyramiden auf den Kopf: „über" dem Inhaber eines beschränkten dinglichen Rechts schwebt der Inhaber des belasteten Rechts, über diesem der Eigentümer. Man muss freilich bedenken, dass sich Gewalt- und Rechtsausübung nie vollkommen spiegeln lassen. Das erklärt u.a., warum ein primär auf die Ersitzung von Rechten ausgerichtetes Besitzrecht teilweise auf anderen Komponenten aufbaut, als ein primär auf den Schutz des *status quo* ausgerichtetes Besitzrecht. Für das Letztere genügt (unmittelbare wie mittelbare) Sachherrschaft; für den bürgerlichrechtlichen Besitz bedarf es dagegen zusätzlich zu einer dieser Sachherrschaftsformen noch des Willens, im Umfang eines von der Rechtsordnung anerkannten dinglichen Rechts zu „herrschen". Dass beide, der bürgerlichrechtliche und der

---

[197] In England wird angenommen, dass ein Besitzer, der auf Grundlage eines beschränkten dinglichen Rechts besitzt *(tenant),* nicht zu seinen eigenen Gunsten bzw. zugunsten seines *leaseholds* ein *easement* an einem benachbarten Grundstück ersitzen könne. Es komme aber eine Ersitzung zugunsten des *lessor* (genauer: zugunsten von dessen *fee simple*) in Betracht mit der Folge, das fremde *easement* ausüben zu dürfen (Megarry und Wade [-*Harpum/Bridge/Dixon*], Law of Real Property[8], Rdnr. 28–056). Ein *lessee* kann aber selber keine Rechte an dem Nachbargrundstück des *lessor* ersitzen, selbst dann nicht, wenn dieses ebenfalls vermietet ist (*Gayford v Moffat* (1868) 4 Ch App 133; *Kilgour v Gaddes* [1904] 1 KB 457). Andernfalls käme es zu einer unerlaubten Eigentümerdienstbarkeit. In Irland wird das anders gesehen. Hier kann ein *lessee* auch gegen einen anderen *lessee* ersitzen, und zwar selbst dann, wenn sie ihren jeweiligen *lease* von demselben *landlord* ableiten (*Flynn v Harte* [1913] 2 IR 326; *Tallon v Ennis* [1937] IR 549; *Wylie,* Irish Land Law[5], Rdnr. 7.65). Auch die niederländische und die österreichische Rechtsprechung gehen durchgehend davon aus, dass der (Ersitzungs-) Besitz durch Dritte ausgeübt werden kann, darunter auch Mieter und Pächter (HR 3.5.1927, NedJur 1927 S. 687: Ersitzung eines Grundstücksstreifens durch Mieter für Vermieter; Rb. Rotterdam 18.5.2011, ECLI:NL:RBROT:2011:BQ5642; kritisch aber A-G *Rank-Berenschot* in der Sache HR 1.3.2013, ECLI:NL:HR:2013:BY6754; OGH 20.4.1993, SZ 66/53: Ersitzung einer Dienstbarkeit durch eine Pächterin zugunsten der Eigentümerin des verpachteten Grundstücks; OGH 13.10.1977, SZ 50/130: Ersitzung des Eigentums).

[198] Das schwedische Schrifttum zieht sich unter Verzicht auf dogmatisch scharf ausgearbeitete Begriffe typischerweise auf die These zurück, dass das Wort „Besitz" je nach Kontext einen anderen Bedeutungsgehalt habe, manchmal, wie in § 2 Lag (1986:796) om godtrosförvärv (Gesetz über den gutgläubigen Erwerb von Fahrnis), sogar in ein und derselben Vorschrift (*Håstad,* Sakrätt[6], S. 65–66). Allerdings klingen die traditionellen Vorstellungen vom Fremd- und vom Eigenbesitz bei genauerem Zusehen hier dann doch wieder durch.

faktische Besitz, Sachherrschaft voraussetzen, garantiert aber irritierenderweise noch nicht, dass sie sie nach denselben Kriterien bestimmen. Das sieht man, wenn man die Begriffspaare Eigen- und Fremd- sowie mittelbarer und unmittelbarer Besitz spiegelt. Der unmittelbare Fremdbesitzer respektiert das Heimfallrecht des mittelbaren Eigenbesitzers und unterwirft sich dadurch einer Beschränkung seiner Sachgewalt, der mittelbare Eigenbesitzer dagegen respektiert die Kontrolle, die der unmittelbare Fremdbesitzer derzeit physisch über die Sache ausübt und ist deshalb in seiner Sachgewalt beschränkt. Besitzrechtlich herrschen beide gleichzeitig, aber auf deutlich verschiedene Weise über dieselbe Sache.

Den Abgleich von Sachherrschaft mit einem dinglichen Recht verlangt nur der **32**
bürgerlichrechtliche Besitz. Aus seiner Sicht ist Sachherrschaft nur relevant, wenn sie in der Ausübung eines dinglichen Rechts besteht. Man muss nicht nur wissen, dass jemand Sachherrschaft für sich ausüben will, sondern es muss sich um eine Sachherrschaft im Umfang eines Sachenrechts handeln. Das Ersitzungs- und das sonstige Recht des gesetzlichen Erwerbs subjektiver Sachenrechte tasten den *numerus clausus*-Grundsatz nicht an. Der Mieter hat nur dort bürgerlichrechtlichen Besitz an seiner Wohnung, wo sein Mietrecht ein Sachenrecht ist; andernfalls ist er bloßer Detentor. Auf die Unterscheidung kommt es aber nur ersitzungs- bzw. erwerbsrechtlich, nicht possessorisch an. Der Umfang des *status quo*-Schutzes hängt allein an der Art und der Intensität der tatsächlich ausgeübten Sachherrschaft. Ob sie einem Recht gleicht oder nicht, ist possessorisch belanglos. Die Analogien erleichtern nur das Reden über Besitz. Nur mit dieser Maßgabe darf man deshalb formulieren, dass jemand, der von sich sagen kann, „unbegrenzt Gewalt" über eine besitzfähige körperliche Sache auszuüben, alle Störungen Dritter unterbinden darf, die auch der Inhaber unbelasteten Eigentums unterbinden dürfte. Wer dagegen nur „begrenzte" Gewalt über eine jener Sachen ausübt, genießt auch besitzrechtlich nur Schutz zur Abwehr eines begrenzten Kreises von Störungen.[199] Mit einem Recht muss die Gewaltausübung aber nur für ersitzungsrechtliche Zwecke korreliert werden. Denn wer in diesem Sinne „begrenzt" besitzt, ersitzt eben gerade kein Eigentum; er ersitzt bestenfalls ein begrenztes dingliches Recht.[200] Es kommt m. a. W. nur ersitzungs-, nicht aber detentionsrechtlich darauf an,

---

[199] Z. B. LG Thessaloniki in Kammer 14609/2007, Arm. 10 (2007) S. 1505. Der Beklagte hatte bei der Baubehörde einen Grundriss eingereicht. Aus ihm folgte, dass er Stahlstangen zur Stütze eines Balkons errichten wollte. Der Kläger war Besitzer eines Wegerechts an der fraglichen Fläche und drang mit seiner Unterlassungsklage durch. Der Bau der Stahlstangen und des Balkons hätte den Besitz des Klägers an dem Wegerecht beeinträchtigt. Ebenso zahlreiche weitere erstinstanzliche Entscheidungen (Amtsgericht auf Andros 9/2006, ArchN 57 [2007] S. 197; Amtsgericht Bonitsa 8/2001, ArchN 52 [2002] S. 670; Amtsgericht Argalastés 13/1992, ArchN 45 [1995] S. 38: Es gehe um eine Teilgewalt, da sie sich nur auf bestimmte Bezüge und Nützlichkeiten der Sache erstrecke).

[200] Österr. OGH 14.10.1997, 1 Ob 229/97a; RIS-Justiz liefert ein schönes Beispiel. Die Klägerin hatte im Jahre 1994 ein Schloss am Attersee erworben. Es lag auf einem im See aufgerichteten Schuttkegel, der gegen die Seewellen durch zwei im Abstand von jeweils 21 Metern hintereinander in das Wasser eingelassenen Holzpfostenreihen (Piloten) geschützt war. Unter Einrechnung von angeblichen Besitzzeiten ihrer Rechtsvorgängerin meinte die Klägerin, den von den Piloten umschlossenen Teil des im Grundbuch für die Republik Österreich eingetragenen Attersees ersessen zu haben. Der OGH wies die Klage u. a. mit der Begründung ab, dass eine Ersitzung nur in dem Umfang eintreten könne, in dem das behauptete Recht gegenüber jedermann ausgeübt worden sei. Die laufende Erhaltung der Piloten reiche für eine eigentümerähnliche Besitzergreifung nicht aus, weil sich in ihr keine umfassende Zugehörigkeit des Seegrund-

dass die fraglichen Zugriffshandlungen auf die betreffende Sache **im Recht der Rechte ein Abbild** finden.[201] Jagdrechte geben ihrem Inhaber zwar das Recht, ein fremdes Grundstück zu betreten, aber sie sind häufig ganz einfach schon deshalb nicht ersitzungsfähig, weil das korrespondierende Recht der Rechte kein dingliches Jagdrecht kennt; Fischereirechte dagegen begegnen wesentlich häufiger in dieser Form und können dann auch ersessen werden.[202] Hypotheken wiederum kann man nach zutreffender Ansicht nicht ersitzen, weil Hypothekare keine Herrschaft über eine reale Registersache bzw. über ein fremdes Grundstück oder einen fremden Grundstücksteil ausüben.[203] Bei Pfandrechten an beweglichen Sachen sind die Meinungen geteilt.[204] Ersitzen lässt sich dagegen, sofern als solches bekannt, ein Nießbrauchrecht. Soweit es um den Nießbrauch an einer beweglichen Sache geht, kann man bestenfalls fragen, ob ein praktisches Bedürfnis dafür besteht, ihn der Ersitzung zu öffnen.[205]

---

stücksteils zum Schloss ausdrücke. Kleine Boote konnten die ganze Zeit durch die Pilotenreihen hindurch segeln. Die Schlosseigentümerin habe genauso wenig Eigentum an dem Seeteil erworben wie jemand, der in ihm fische. Er könne bestenfalls ein Fischereirecht ersitzen, aber kein Eigentum, und auch die Klägerin könne bestenfalls ein beschränktes dingliches Recht ersitzen. Letzteres freilich sei nicht Gegenstand ihrer Klage gewesen und könne deshalb offen bleiben.

[201] Das kommt gut in Art. 3:125(1) ndl. BW zum Ausdruck: „Wer den Eigenbesitz eines Gutes erhalten hat, kann aufgrund eines danach eingetretenen Verlustes des Eigenbesitzes oder einer Störung des Eigenbesitzes Dritten gegenüber *dieselben Klagen* auf Rückerhalt des Gutes und auf die Aufhebung der Störung erheben, *die dem an dem Gut Berechtigten zustehen.* Allerdings müssen diese Klagen innerhalb des Jahres nach dem Verlust oder der Störung erhoben werden" (Hervorhebungen hinzugefügt).

[202] Einzelheiten Bd. 1 Rdnrn. 405–409. S. außerdem österr. OGH 22.10.2014, ÖJZ 2015 S. 136 (Jagdrechte seien früher selbständige dingliche Rechte gewesen, könnten heute aber nicht mehr ersessen werden).

[203] In Italien wird die Möglichkeit des Besitzes an einer Hypothek und einer negativen Dienstbarkeit zwar kontrovers erörtert. Nach richtiger Auffassung sind solche Formen des sogen. Rechtsbesitzes jedoch abzulehnen (näher *Sacco und Caterina,* Il possesso³, S. 102). Anders sieht man das allerdings in den Niederlanden (unten Rdnr. 50). In Portugal können lediglich das Eigentumsrecht und einige (Art. 1287 port. CC), aber nicht alle dingliche(n) Nutzungsrechte ersessen werden. Art. 1293 port. CC schließt von dem Erwerb durch Ersitzung insbesondere die nicht sichtbaren Grunddienstbarkeiten sowie das Gebrauchs- und das Wohnungsrecht aus (*Pires de Lima und Antunes Varela,* Código Civil Anotado III², S. 64, Anm. 3 unter Art. 1287).

[204] Unter deutschem Recht ist die Ersitzung eines Pfandrechts ausgeschlossen; jedenfalls ist sie nicht einmal für das Nutzpfand vorgesehen. Das dürfte mit der Akzessorietät des Pfandrechts und damit zusammen hängen, dass unter deutschem Recht (Eigen-)Besitz an einer Forderung ausgeschlossen ist. (Mit Blick auf die Hypothek – für das Pfandrecht fehlt es an einem entsprechenden Eintrag – findet man bei Mugdan III, S. 575 die Bemerkung: „Die Ersitzung soll die Mängel in der Begründung des dinglichen Rechts, insb. den Mangel oder die Rechtsunwirksamkeit des dinglichen Vertrags heilen, nicht etwa auch die Mängel der Forderung, soweit von deren Bestand das dingliche Recht abhängig sei".) Auch England scheint keine „Ersitzung" des Mobiliarpfandrechts *(pledge)* zu kennen. Das englische Recht kennt, wie dargelegt, ohnehin keine Ersitzung im kontinentalen Sinne. An ihre Stelle tritt das Erlöschen von Titeln im Falle der Verjährung von Ansprüchen aus dem jeweils besseren Recht zum Besitz, verbunden mit der Aufwertung der Rechtsposition des aktuellen Besitzers (sec. 3 ff Limitation Act 1980). Ebenso verhält es sich in Schottland (sec. 8 i.V.m. Schedule 3 Prescription and Limitation Act (Scotland) 1973). In Österreich war die Möglichkeit der Ersitzung eines Mobiliarpfandrechts lange umstritten; die überwiegende neuere Lehre scheint sie indes zu akzeptieren (Klang [-*Gusenleitner-Helm*], ABGB³, § 1455 Rdnr. 51). Auch unter französischem und tschechischem Recht können Mobiliarpfandrechte ersessen werden (unten Fn. 209 und 216).

[205] Die Verfasser des dt. BGB haben es ausdrücklich bejaht (Mugdan III, S. 744) und daraufhin § 1033 dt. BGB konzipiert. Unter § 1455 österr. ABGB ist der Nießbrauch generell ersit-

Auch der Ersitzung eines Immobiliarnießbrauchs stehen keine strukturbedingten Schwierigkeiten entgegen; wenn sie scheitert, dann liegt das nicht am Sachen-, sondern am Registerrecht, also an den Gegebenheiten des Grundbuchrechts.[206] Bei positiven Dienstbarkeiten ist die Ausgangslage dieselbe, freilich kann sich das Bestimmtheitserfordernis hier auch auf andere Weise als durch das Erfordernis der Verbücherung Bahn brechen.[207] Positive Dienstbarkeiten, Wegerechte eingeschlossen, geben ihrem Inhaber zwar weder Herrschaft über ein komplettes fremdes Grundstück noch wenigstens unbegrenzte Herrschaft über einen bestimmten Grundstücksteil (die betreffende Wegstrecke). Aber sie verschaffen ihrem Inhaber das Recht, auf einem fremden Grundstück in (räumlich wie inhaltlich) begrenztem Umfang eigene Herrschaft mit Wirkung auch gegenüber Dritten auszuüben. Entsprechende materielle Handlungen vorausgesetzt genügt das, um von Besitz zu sprechen, und zwar auch dann, wenn sich jemand die entsprechenden Befugnisse rechtlos anmaßt.

Die ersitzungsrechtlich geprägte Spiegelung von Besitz und Recht ist aber kein zurei- 33
chender Grund, die Lehre vom Rechtsbesitz zu verstetigen. „Rechtsbesitz" bleibt nach unserer Einschätzung ein unzureichend konturierter Begriff; es wäre besser, ganz auf ihn zu verzichten. Es handelt sich, darin stimmen wir der in Griechenland und in Italien vorherrschenden Lehre zu, nie um den Besitz eines Rechts, sondern immer nur um den Besitz (noch genauer wäre: um die Herrschaft über) eine(r) Sache *im Umfang der Ausübung eines Rechts.* Bürgerlichrechtlicher Besitz im Umfang der Ausübung eines Eigentumsrechts setzt ein eigentumsfähiges Objekt, Besitz im Umfange eines begrenzten Sachenrechts ein diesem Sachenrecht zugängliches Objekt voraus.[208]

Eigenartig inkonsequent wirken dagegen Artt. 875 und 876 lett. BGB. Unter Art. 875 aaO ist Besitz die einem Recht entsprechende tatsächliche Gewalt, unter Art. 876 BGB ist Sachbesitz aber immer die dem Rechte des Eigentums entsprechende tatsächliche Gewalt über die Sache, und er besteht, wenn jemand eine körperliche Sache tatsächlich in seiner vollen Gewalt hat, mit dem Willen, gleich einem Eigentümer darüber zu verfügen. Französische und belgische Autoren betonen zwar, dass jedes *droit réel*

---

zungsfähig (OGH 21.8.1957, ÖJZ 1957 S. 631; EvBl 1957/401) (streitig ist nur die Ersitzungsfähigkeit des Baurechts, näher Klang [-*Gusenleitner-Helm*], ABGB³, § 1455 Rdnr. 51). Unter §§ 1091 i.V.m. 1260 tschech. BGB kann ein Nießbrauch (eine persönliche Dienstbarkeit) an einer beweglichen Sache nach drei Jahren ersessen werden (und ein Baurecht nach Ablauf von zehn Jahren: §§ 1091, 1242 und 1243 tschech. BGB).

[206] So verhält es sich wiederum im deutschen Recht. Zwar kann ein (fälschlich) im Grundbuch eingetragenes Nießbrauchrecht ersessen werden (§ 900(2) dt. BGB; Begründung dazu bei Mugdan III, S. 574), nicht aber ein ungebuchtes Nießbrauchrecht. Dasselbe gilt für die sogen. beschränkten Dienstbarkeiten (BGH 29.3.1996, BGHZ 132 S. 245, 260; BGH 11.7.1997, BGHZ 136 S. 228, 235). Es geht also, genau genommen, nur darum, die formelle Rechtslage materiellrechtlich zu stabilisieren. In Griechenland kann dort, wo noch kein Grundbuch eingeführt ist, ein Nießbrauch ohne Weiteres ersessen werden (Art. 1143 gr. ZGB; näher *Georgiades,* Emprágmato Díkaio I, S. 926–927 Rdnrn. 25–26; *Papasteriou,* Emprágmato Díkaio II, S. 141–143 Rdnrn. 111–114; Berufungsgericht Athen 250/2007, EfAD 1 [2008] S. 300 und 2747/1984, Harm. 39 [1985] S. 191).

[207] Unter Art. 292 poln. ZGB z.B. kann eine Grunddienstbarkeit nur dann ersessen werden, wenn sie in der Benutzung einer dauerhaften und sichtbaren Einrichtung besteht. Ebenso verhält es sich unter Art. 1061 ital. CC, Artt. 1293(a) und 1548 port. CC sowie unter Art. 537 span. (keine Ersitzung nicht offenkundiger Dienstbarkeiten).

[208] *Georgiades,* Emprágmato Díkaio I, S. 177 Rdnr. 8; Areopag 473/2006, NoB 54 (2006) S. 817; *Sacco und Caterina* aaO (Fn. 203).

Gegenstand des Besitzes sein könne, das (wie z. B. Eigentum, Nießbrauch und Pfandrecht) eine materielle Macht *(emprise matérielle)* vermittle[209], fügen aber vor dem Hintergrund von Art. 2255 franz. CC[210] hinzu, Besitz bestehe aus der Ausübung des Rechts, auf das er sich beziehe.[211] Eine ganz ungewöhnliche Renaissance erlebt die Figur des Rechtsbesitzes derzeit in **Tschechien.** Schon unter § 129(1) tschech. BGB [1964] war Besitzer, wer mit einer Sache wie mit einer eigenen verfährt oder ein Recht für sich ausübt. Objekte des Eigentums konnten nur körperliche Sachen, Objekte des Besitzes dagegen neben Sachen auch schon Rechte sein, die wiederholt oder dauernd ausgeübt werden (§ 129(2) aaO). Im neuen tschechischen Bürgerlichen Gesetzbuch gibt es nun aber (in Anlehnung an einen Regierungsentwurf aus dem Jahre 1937[212]) nur noch den Rechtsbesitz[213]; der Sachbesitz wurde in den Besitz des Eigentumsrechts umgedeutet.[214] „Besitzer ist", so sagt es der aktuelle § 987 tschech. BGB, „wer ein Recht für sich ausübt". Besitz wird also nicht mehr als Sachherrschaft, sondern als Erscheinungsform eines Rechts verstanden.[215] Wie schon unter dem BGB von 1964 können Gegenstand des Besitzes zwar nur Rechte sein, „die durch Rechtsgeschäft auf andere übertragen werden können und die eine dauernde oder wiederholte Ausübung zulassen"; persönliche Rechte sind keine tauglichen Besitzgegenstände (§ 988(1) und (2) tschech. BGB). Gleichwohl ist es zu einer geradezu wundersamen Vermehrung besitztauglicher Objekte gekommen. Zu ihnen zählen das Eigentumsrecht, das Miteigentumsrecht, das Erbbau-

---

209 Rép. civ. Dalloz (*-Djoudi*), V° Possession, Rdnr. 11 („Aujourd'hui, la possession peut s'appliquer à tout droit réel principal ou accessoire, pourvu qu'il soit susceptible d'emprise matérielle, elle s'applique au droit de propriété ou de copropriété, mais également à tous les droits réels tels que l'usufruit, certaines servitudes, le gage[...]"). Dem ähnelt das bulgarische Konzept des Quasibesitzes. Es genüge, dass der Besitzer eines beschränkten dinglichen Rechts eine faktische Herrschaft ausübe, die dem Inhalt dieses Rechts entspreche (*Vassilev,* Balgarsko veshtno pravo², S. 30).

210 Art. 2255 franz. CC (Art. 2228 belg. CC) definiert den *corpus* und sagt, er bestehe aus „der Innehabung oder dem Genuss einer Sache oder eines Rechts". Das Schrifttum freilich deutet das allerdings nicht einheitlich. Für *Malaurie und Aynès,* Les biens⁵, S. 144 Rdnr. 488 z. B. besteht der *corpus* aus der tatsächlichen Ausübung einer Macht über eine Sache (die Autoren nennen als Beispiele: ein Feld pflügen, die natürlichen oder bürgerlichen Früchte ernten, ein Haus bewohnen). *Terré und Simler,* Les biens⁹, S. 156 Rdnr. 155 dagegen schreiben, „le *corpus,* c'est l'élément objectif de la possession: c'est l'exercice de fait des prérogatives correspondant au droit").

211 *Terré und Simler,* Les biens⁹, S. 172 Rdnr. 173; *Boufflette,* La possession, S. 57 Rdnr. 14 („Si la possession n'est pas nécessairement liée à l'existence d'un droit, on souligne habituellement que la chose considérée doit pouvoir faire l'objet d'un droit véritable").

212 Die infolge von Besetzung und Krieg seinerzeit nicht mehr umgesetzte Regierungsvorlage ging im Besitzrecht auf Überlegungen des Prager Professors *Jan Krčmář* zurück (näher *Horák und Dostalík,* Časopis pro právní vědu a praxi 1/2013, S. 14, 16). Schon seinerzeit war die Idee, das gesamte Besitzrecht in der Figur des Rechtsbesitzes zu vereinigen, allerdings auf erhebliche Kritik gestoßen (z. B. *Weiss,* RabelsZ 7 [1933] S. 526, 539 [„keine größere als eine terminologische Bedeutung"]; *Swoboda,* in: Krčmář (Hrsg.), Randův jubilejní památník, S. 237, 244 [für Nichtjuristen unverständlich]). Die „reine Rechtsbesitztheorie" ist freilich älter; sie findet sich schon bei *Krückmann,* AcP 108 (1912) S. 179, 181, der sich seinerseits wieder auf ältere Lehren berufen konnte.

213 Spáčil (*-Spáčil*), Občanský zákoník III, S. 69.

214 § 989 tschech. BGB lautet: „(1) Das Eigentumsrecht besitzt derjenige, der eine Sache in Besitz genommen hat, um sie als Eigentümer für sich zu haben. (2) Ein anderes Recht besitzt derjenige, der es als ein dazu gesetzlich Berechtigter auszuüben beginnt und dadurch Leistungen von anderen erhält".

215 *Bělovský,* in: Pocta Sentě Radvanové k 80. narozeninám, S. 49, 50.

recht, Dienstbarkeiten, Pfandrechte, Retentionsrechte, Reallasten, Mietrechte und sogar Forderungen.[216] Innere Widersprüche sind freilich nicht ausgeblieben, weil z. B. persönliche Dienstbarkeiten nicht übertragen werden können (§ 1265(2) tschech. BGB), aber dennoch besitzfähig sein sollen, weil der Besitz nicht erlischt, wenn der Besitzer das Recht gar nicht ausübt (1009(2) tschech. BGB) und weil sich der Vindikationsanspruch unter § 1040(1) tschech. BGB ausdrücklich gegen denjenigen richtet, der dem Eigentümer „eine Sache ... vorenthält". Konsequent formuliert, hätte das aber derjenige sein müssen, der dem Eigentümer den Besitz seines Eigentumsrechts vorenthält. Insgesamt scheint es, als habe man die Dinge vom Fuß auf den Kopf gestellt. Nicht nur zwingt das neue tschechische Besitzrecht dem Recht der Rechte sinnentleerte Denkfiguren auf, darunter das Eigentum an einer Forderung.[217] Es löst sich in Wahrheit sogar von dem Verständnis des Besitzes als Herrschaftsausübung. Denn wer einen Gegenstand an sich nimmt, ja ihn vielleicht sogar gestohlen hat, maßt sich zwar Sachherrschaft an. Aber er erlangt beim besten Willen keine Herrschaft über ein fremdes Eigentumsrecht. Man kann i. d. R. nicht einmal sagen, *welches* Recht jemand besitzt, der eine Sache unter seiner Kontrolle hat oder unter seine Kontrolle bringt. Ein und und dasselbe Tun kann Ausdruck der Ausübung höchst unterschiedlicher Rechte sein. Umgekehrt gibt es zahlreiche Formen von Sachherrschaft, die im Recht der Sachenrechte schon deshalb kein Abbild haben, weil sie sich unter ihm gar nicht monopolisieren lassen. Der Kerngedanke – Besitzrecht steht im Dienst der Sachenrechte, gehört ihm aber nicht an – geht auf diese Weise verloren. Wer in der Vorstellung lebt, dass Rechte (nicht Sachen i. S. d. Besitzrechts) besessen werden, muss die besitzrechtliche Prüfung sogar im Recht der Rechte beginnen. Denn unter der Lehre vom Rechtsbesitz muss Besitz ja immer auf ein Recht projiziert sein. Im Grunde weiß man nun gar nicht mehr, was man zu prüfen hat. Denn „eigentlich" kann es ja gar nicht mehr auf die engste Verbindung zu einer Sache, d. h. auf Herrschaft über sie ankommen.[218] Es müsste um „Rechtsnähe", um die engste Verbindung zu einem Recht gehen, aber es erschließt sich nicht, wie man sie zu denken hätte. Die Verfasser des neuen tschechischen BGB haben sich unnötig weit von den Besitzrechten ihrer europäischen Nachbarn entfernt, auch vom österr. ABGB, das zwar gleichfalls vom Besitz von Rechten handelt (§§ 311–314 österr. ABGB), darüber aber nicht den Besitz von Sachen[219] opfert (§ 309 österr. ABGB).

---

[216] Forderungen gehören zu den „unkörperlichen Sachen" (§§ 486 und 496(2) tschech. BGB). Als solche sollen sie eigentumsfähig und folglich besitzfähig sein (Spáčil [-*Spáčil*], Občanský zákoník III, S. 76). Besitzfähig sind allerdings unter § 988(1) tschech. BGB nur Forderungen die eine dauernde oder wiederholte Ausübung ermöglichen (wie Forderungen aus Miete, Pacht und Renten). Forderungen, die durch eine einzige Ausübung erlöschen, sind nicht besitzfähig. Nicht besitzfähig sind Pfandrechte an unbeweglichen Sachen. Das Pfandrecht an einer beweglichen Sache wird dagegen als taugliches Besitzobjekt angesehen. Denn die Aufbewahrung der Sache durch den Pfandgläubiger ist Ausübung des Pfandrechts i. S. v. § 989(2) tschech. BGB.

[217] Dazu bereits Bd. 1 Rdnr. 230.

[218] Für das Schrifttum stellt das erkennbar ein Problem dar. Die Autoren des neuen tschechischen BGB-Kommentars behelfen sich mit der These, dass man zur Beschreibung des Besitzes am Eigentumsrecht an einer körperlichen Sache weiterhin auf die herkömmliche Terminologie zurückgreifen dürfe, auch wenn sie im Kontext des Sachbesitzes entwickelt wurde (Spáčil [-*Spáčil*], Občanský zákoník III, S. 72). Es gibt in der Tat keinen Sachgrund dafür, alle Traditionslinien abzubrechen, nur weil eine unausgereifte Theorie in Gesetzesform gegossen wurde.

[219] Zu dem (weiten) Sachbegriff des österreichischen Rechts (§ 285 österr. ABGB) Bd. 1, Rdnr. 138.

b) Gewalt über reale Sachen, Grundstücke und Grundstücksteile im Umfang des Eigentumsrechts

34 Gewalt oder Herrschaft über eine Sache ist selten unbegrenzt. Die Schranken können aber, wie dargelegt, unterschiedliche Gründe haben. Sachgewalt kann begrenzt sein, weil man sie in Respekt vor einer vertraglichen Bindung ausübt. Sie kann aber auch in dem Sinne begrenzt sein, dass man zwar ein dingliches Recht zueigen haben will, aber nicht das Eigentumsrecht, sondern nur ein beschränktes Recht, und dass man seine materiellen Handlungen nach außen sichtbar darauf ausrichtet. Beide Gewaltschranken wollen trotz ihrer Interferenzen gesondert betrachtet sein. Denn nur so wird eine Gesamtschau möglich, die es erlaubt abzuschätzen, für welche Zwecke welcher Intensitätsgrad von Sachherrschaft nötig ist, um im Einzelfall von Besitz sprechen zu können. Wir beginnen mit der Form von Besitz, die sich am leichtesten einprägt und deshalb vielerorts als die Grundform von Besitz gedeutet wird: Gewalt über reale Sachen, Grundstücke und Grundstücksteile „im Umfang" des Eigentumsrechts. Sie ist Voraussetzung für unbegrenzten Störungsschutz, für die Ersitzung des Eigentums und für die Aneignung herrenloser körperlicher Sachen. Fehlt es an in diesem Sinne unbegrenzter Gewalt, bleiben nur begrenzter Störungsschutz und, wenn die dafür zusätzlich nötigen Voraussetzungen vorliegen, die Ersitzung eines begrenzten dinglichen Rechts. Am gegenüber liegenden Ende der Skala liegen Fälle, in denen die Rechtsordnung physischer Kontrolle den Charakter jeder Form besitzbegründender Gewalt abspricht. Dann findet nicht einmal Störungsschutz statt. Ein Passant, der sich nur kurz auf eine Parkbank setzt, oder ein Zugpassagier, der die Zeitung seines schlafenden Mitreisenden zur Hand nimmt, üben richtiger Ansicht nach keinerlei besitzrechtlich relevante Sachgewalt aus. Jedermann kann sehen, dass sie über die Bank bzw. die Zeitung nicht exklusiv herrschen wollen. Man mag sie „Detentoren" *nennen* (Art. 974 gr. ZGB), aber es sind jedenfalls keine „besitzrechtlich geschützten Detentoren" (Art. 997 gr. ZGB).[220]

(1) Reale Sachen

35 Es gibt viele **Ausdrucksformen eigentümerähnlicher Sachgewalt.** Die einschlägige Rechtsprechung befasst sich zwar vorwiegend mit Grundstücken und Grundstücksteilen. Das hängt nicht nur damit zusammen, dass Grundstücke gewöhnlich wertvoller sind als reale Sachen und deshalb häufiger Anlass zu gerichtlichen Auseinandersetzungen geben. Es ist vor allem eine Folge des Umstandes, dass Herrschaft über Grundstücke wesentlich schwieriger zu bestimmen ist, als Herrschaft über „Mobilien".[221] Klärungsbedarf erzeugt gleichwohl auch das Recht der realen Sachen.

---

[220] Beispiele nach Georgiades und Stathopoulos (-*Georgiades*), ZGB, Art. 974 S. 219 Rdnr. 3. S. ferner *Kousoulas,* Emprágmato Díkaio, S. 163; *Triantos,* AK, Art. 974 S. 1185 Rdnr. 1; Koziol und Welser (-*Kletečka*), Bürgerliches Recht I[13], S. 259; poln. OG 20.11.1968, II CR 412/68, Lex-Nr. 309271 sowie Gniewek (-Gołaczyński), Kodeks cywilny[2], S. 476 Rdnr. 3 (eine vorübergehende oder zufällige Sachherrschaft genügt nicht und genießt auch keinen possessorischen Schutz); *Vieweg und Werner,* Sachenrecht[7], § 2 Rdnr. 1 (weiteres Beispiel: Gast im Restaurant kein Besitzer des Bestecks) sowie RG 11.2.1911, RGZ 75 S. 221, 223 (Pfändung einer Eigentümerbriefgrundschuld; keine Abtretung unter Übergabe des Pfandbriefes, wenn Notar dem Zessionar den Pfandbrief nur für einen kurzen Moment in die Hand drückt und sofort wieder an sich nimmt. Es habe sich nur zum Schein um eine Übergabe gehandelt), und im Übrigen schon oben Rdnr. 11.

[221] In einigen mittelosteuropäischen Ländern kommt außerdem hinzu, dass ihren in kommunistischer Zeit verfassten Kodifikationen ein Besitzrecht gänzlich unbekannt sein konnte, was

Weithin bekannt wurde *Young v Hitchens.* Der Kläger hatte vor St. Ives sein Netz um einen Sardinenschwarm gelegt. Als er sich anschickte, es mit einem *stop net* zu schließen, mischten sich zwei Boote des Beklagten ein und drängten einen erheblichen Teil der Fische in ihre eigenen Netze. Das Gericht verneinte *trespass.* Der Kläger sei noch nicht im Besitz der Sardinen gewesen.[222] (Bei einem Wal hätte es nach damaliger seemännischer Sitte zur Besitzbegründung bereits ausgereicht, ihn als erster mit einer Harpune zu treffen.[223]) Hundert Jahre später prägte *Duke* P in *The Tubantia* die Formel, dass „a thing taken by a person of his own motion and for himself, and if subject in his hands, or under his control, to the uses of which it is capable, is in that person's possession".[224] Man kann also immer nur „such use and occupation" verlangen, „as is reasonably practicable having regard to the subject-matter".[225] Im Fall der Tubantia hatte die Bergungsmannschaft eine Boje an einem Schiffswrack befestigt, Bergehaken und -eisen angebracht und einige Gegenstände aus ihm geborgen. Wetter und Wellengang erlaubten Tauchgänge zwar nur an 25 Tagen im Jahr. Gleichwohl war unbegrenzte Herrschaft über das Wrack entstanden und durch sie Besitz an ihm begründet worden. Folglich durfte die Klägerin jedwede Bergungsversuche konkurrierender Bergungsmannschaften unterbinden. Das erinnert in gewisser Weise an schwed. HD 2.5.1952.[226] Dort ging es in einem fundrechtlichen Zusammenhang (§ 4 Lag (1938:121) om hittegods; Gesetz über Fundsachen) um einen niedergegangenen Sperrballon, den der Kläger mit einem Metallseil an einem Baum festgebunden hatte. Das Gericht akzeptierte dieses Verhalten als ausreichende Inbesitznahme.

Eine (nicht abschließende[227]) Liste besitzindizierender Merkmale findet sich in § 312 österr. ABGB. „Körperliche, bewegliche Sachen werden", so sagt es diese Vorschrift, „durch physische Ergreifung, Wegführung oder Verwahrung ... in Besitz genommen". Art. 4.28 lit. ZGB listet gleich acht Fälle auf. Besitz an einer beweglichen Sache entsteht hiernach, wenn (i) eine Person, die Besitz ergreifen will, die Sache in ihre Hände nimmt; (ii) sie aufzubewahren beginnt oder eine andere Person anweist, die Sache aufzubewahren; (iii) jemand dritten nennt, an den sie übergeben wird; (iv) wenn eine Sache in Räumlichkeiten verbracht wird, die dem Besitzergreifenden gehören; (v) wenn der Besitzergreifende die Schlüssel zu den Räumlichkeiten erhält, in denen sich die **36**

Rechtsprechungstraditionen unterbrach. In Tschechien z.B. löste das sogen. „Mittlere Bürgerliche Gesetzbuch" *(střední občanský zákoník)* im Jahre 1950 das österr. ABGB ab. Noch fanden sich knappe Regelungen von Besitz (§§ 143–154 BGB Nr. 141/1950 Gbl.) und Ersitzung (§§ 115–118 aaO). Das tschechische BGB [1964] strich sie dann ganz, die Ersitzung mit der Begründung, dass sie gegen die Regeln des sozialistischen Zusammenlebens verstoße (*Vojáček/Schelle/Tauchen,* Die Entwicklung des Tschechischen Privatrechts, S. 51). Erst mit einer Novelle aus dem Jahre 1982 (Nr. 131/1982 Gbl.) wurden Besitz (§§ 129–131 tschech. BGB [1964]) und Ersitzung (§ 134 aaO) in denkbar knapper Form erneut in das BGB eingefügt. Besitzrechtliche Rechtsprechung entfaltete sich in der Nachfolge so gut wie ausschließlich zu Fragen des Immobiliarsachenrechts, insbesondere zur Ersitzung von Teilen von Nachbargrundstücken.

[222] (1844) 6 QB 606; 115 ER 228. *Patteson* J bemerkte aaO S. 611 lakonisch, „all but reducing into possession" sei eben noch nicht dasselbe wie „reducing into possession".

[223] *Hogarth v Jackson* (1827) 2 Car & P; 172 ER 271; *Skinner v Chapman* (1827) Moo & M 57 (als *note* wiedergegeben); 173 ER 1081. Beide Entscheidungen sind außerdem hübsche Beispiele für die schon früh einsetzende rechtliche Überformung des Besitzbegriffs. Denn von einem mit einer einzigen Harpune getroffenen Pottwal konnte man in der ersten Hälfte des 19. Jahrhunderts schlecht sagen, er habe sich bereits in der „absoluten Herrschaft" des Walfängers befunden.

[224] [1924] P 78, 89.

[225] *Dunn* J in *Morris v Lyonesse Salvage Co Ltd (The Association and The Romney)* [1970] 2 Lloyd's Rep 59, 61.

[226] NJA 1952 S. 177.

[227] Rummel (-*Spielbüchler*), ABGB I³, § 312 Rdnr. 1.

Sache befindet; (vi) wenn der Besitzergreifende eine herrenlose Sache mit Zeichen versieht; (vii) wenn die Sache in eine Falle oder ein Netz gelangt; oder (viii) eine Person andere Tätigkeiten vollendet, in denen sich ihr Wunsch ausdrückt, die Sache besitzen zu wollen. Das lettische BGB widmet dem sogen. „Besitzerwerb" insgesamt 18 Artikel (Artt. 878–895 lett. ZGB), darunter aber auch Vorschriften zum Erwerb des Besitzes an Grundstücken und an Rechten. Für bewegliche Sachen gilt, dass es ihrer Bemächtigung durch eine körperliche Handlung bedarf, durch welche derjenige, der den Besitz erwerben will, „die Sache derart seiner physischen Gewalt unterwirft, dass er allein nach Willkür auf dieselbe einwirken kann" (Art. 879 aaO). Um keine Irrtümer aufkommen zu lassen, fügt das Gesetz aber sogleich hinzu, die Sache müsse nicht unmittelbar berührt werden (Art. 881 aaO). Mit der Besitzergreifung muss die Absicht verbunden sein, die Sache als eigene zu behalten (Art. 879 aaO); auf die Rechtmäßigkeit dieser Absicht kommt es nicht an (Art. 880 aaO). Im Übrigen findet sich in Art. 883 lett. BGB im Wesentlichen das wieder, was man auch in Art. 4.28 lit. ZGB lesen kann: das Ergreifen einer Sache mit der Hand und das Fangen von wildlebenden Tieren in Fallen und Netzen. Ausdrücklich erwähnt wird das Abstellen einer Wache zur Sicherung einer Sache (Art. 883(3) lett. ZGB). Zur Besitzerlangung genügt es, wenn die Sache aufforderungsgemäß einem Stellvertreter übergeben, in eigene Räumlichkeiten oder in Räumlichkeiten verbracht wird, zu denen man die Schlüssel hat, oder wenn die Sache mit einem Zeichen versehen wird.

37 Die deutschen, die griechischen und die niederländischen Gerichte stellen durchweg auf die „Verkehrsanschauung" ab.[228] Eine Fluggesellschaft habe Herrschaft über das Gepäck ihrer Passagiere, nicht aber über den Inhalt ihrer verschlossenen Koffer.[229] Herrschaft über einen PKW kann man bereits durch die Übernahme aller Schlüssel erwerben[230], und zwar richtiger Ansicht nach selbst dann, wenn der Wagen noch in einer anderen Stadt geparkt ist.[231] Im übertragenen Sinn mag auch ein Konnossement

---

[228] BGH 24.6.1987, BGHZ 101 S. 186, 188; BGH 11.11.1970, WM 1970 S. 1518, 1519 (ob zureichende räumliche Nähe bestehe, richte sich in zusammenfassender Würdigung aller Umstände nach der Verkehrsanschauung); Areopag 1260/1976, EEN 44 S. 393 (bei einem nicht bebaubaren Grundstück erfolge die Besitzübergabe durch ein Verhalten, das nach der Verkehrsanschauung dem Übernehmenden die physische Gewalt über das Grundstück gebe; Vermietung oder Umzäunung genügten nicht). Für die Niederlande siehe Art. 3:108 ndl. BW (Verkehrsauffassung und äußere Tatsachen; dazu Asser [-*Bartels und van Mierlo*], Algemeen goederenrecht[16], Rdnrn. 104 und 116). Rechtsvergleichend außerdem *Baldus,* ZEuP 2016 S. 766.

[229] Beispiel nach Soergel (-*Stadler*), BGB XIV[13], § 854 Rdnr. 6, das vermutlich zurück geht auf OLG Stuttgart 21.6.1921, OLGE 43 S. 89 (kein Besitz der Bahn am Inhalt des bei ihr aufgegebenen verschlossenen Koffers). Die Situation erinnert ein wenig an *Cartwright v Green* (1803) 8 Ves Jr 405 (Ch); 32 ER 412 (Ein Schreiner hatte in einem ihm zur Reparatur überlassenen Schreibtisch ein Geheimfach entdeckt und die darin befindlichen Wertgegenstände entnommen. Er wurde unter dem alten, sehr komplizierten Tatbestand der *larceny* der Besitzstörung für schuldig befunden). Wer dagegen einen Schreibtisch ersteigert und sodann eine gut bestückte Geheimschublade entdeckt und leert, handelt im Zweifel rechtmäßig (*Merry v Green* (1841) M & W 623 [Exch]; 151 ER 916). Zugunsten des früheren Eigentümers und Besitzers wurde andererseits in *Moffatt v Kazana* [1969] 2 QB 152 *(Nottingham Assize)* entschieden. Ein Hausverkäufer hatte in seinem Kamin eine Blechdose voller Pfundnoten versteckt und vergessen. Drei Jahre nach Verkauf und Übergabe fiel sie den neuen Eigentümern im Wortsinne in die Hände.

[230] Beispiel nach Staudinger (-*Gutzeit*), BGB (2012), § 854 Rdnr. 44. Zur Übergabe des Besitzes eines Bootes kann es ausreichen, dem Käufer den einzigen Schlüssel zu dem Lagerraum auszuhändigen, in dem sich das Boot befindet (Georgiades und Stathopoulos [-*Georgiades*], ZGB, Art. 976 S. 233 Rdnr. 25), zur Übergabe des Besitzes an Möbeln, dass der Erwerber die Schlüssel zu den Räumen erhält, in denen sich die Möbel befinden (BGH 6.4.1973, MDR 1973 S. 572).

[231] Vgl. BGH 9.7.1952, LM Nr. 1 zu § 854 BGB, wo es allerdings um im Wald lagerndes Holz, nicht um einen PKW ging. Das Urteil ist auch deshalb bemerkenswert, weil es die an den Eigentumsvorbehalt erinnernde Konstruktion eines „Besitzvorbehaltes" für möglich hielt. Der Waldeigentümer (die staatliche Forstverwaltung) hatte dem Käufer zwar mitgeteilt, dass das ver-

(bill of lading) „be regarded as a key of the warehouse where the goods are".[232] Der bloße Besitz der Fahrzeugpapiere, fügt der französische Kassationshof hinzu, gibt aber noch keine materielle Gewalt über ein Auto.[233] Das OLG Köln entschied, dass ein Kaufinteressent während der Probefahrt keine (fremd-) besitzbegründende Sachherrschaft über das Auto habe.[234] Das AG Brandenburg hatte es mit einem goldfarbenen Vogelkäfig zu tun, der für Filmaufnahmen ausgeliehen worden war. Aus Angst vor den das Haus des Verleihers bewachenden Dobermannhunden hatte die Beklagte, die den Käfig zurückgeben wollte, ihn über den 1,70 Meter hohen Gartenzaun gewuchtet, statt ihn an der Haustür abzustellen. Dem Gericht genügte das für die Annahme, der Verleiher habe den Besitz zurückerlangt; der spätere Diebstahl des Käfigs ging folglich nicht mehr zu Lasten der Beklagten.[235] Unter § 36(2) estn. LPA, Art. 976 gr. ZGB und Art. 348 poln. ZGB erfolgt die Übertragung des Besitzes durch die Übergabe der Sache. Es genügt die Übergabe von Mitteln, die die Ausübung tatsächlicher Sachherrschaft ermöglichen.[236] Das kann auch steuerrechtlich bedeutsam werden.[237] In der Perspektive des schwedischen Rechts des gutgläubigen Mobiliarerwerbs soll ein Gewerbetreibender (B), der einem anderen Gewerbetreibenden (A) ein Motorrad verkauft hat, weiterhin Besitzer des Motorrades sein, solange es sich noch in seiner (des B) Garage befindet. Wenn B sodann durch sein Personal in dem Geschäftslokal des X, in das B das Motorrad inzwischen verbracht hat, Kaufverhandlungen mit C führt, dann bleibt B weiterhin Besitzer mit der Folge, dass C gutgläubig erwerben kann.[238] Zu einem Besitzübergang und mit ihm zu sachenrechtlichem Drittschutz kommt es dagegen, wenn im Rahmen der Abwicklung eines Unternehmenskaufes die materiellen Unternehmenskomponenten von einem Betriebsgrundstück zum anderen verbracht werden, mögen auch die als Käufer und Verkäufer beteiligten juristischen Personen wirtschaft-

---

kaufte Holz im Walde zur Abholung bereit liege, aber dem Käufer noch nicht den sogen. Holzabgabeschein ausgehändigt, von dessen Innehabung die Berechtigung zur Holzabfuhr gewöhnlich abhing. Im konkreten Fall war er aber durch eine Erlaubnis zur Abfuhr des Holzes ersetzt worden. Sobald sie der Käufer entgegengenommen hatte, habe er auch den Besitz an dem im Wald lagernden Holz erlangt.

232 *Sanders Brothers v Maclean & Co* (1883) 11 QBD 327, 343 (CA; *Bowen* LJ).

233 Der *corpus* muss die Sache selbst zum Gegenstand haben; der Titel (die Fahrzeugpapiere), der sie repräsentiert, genügt nicht (Cass. civ. 11.7.1960, Bull. civ. 1960, I, Nr. 382). Denn man besitzt auch ein Grundstück nicht allein deshalb, weil man den Eigentumstitel hat (Cass. civ. 19.2.1951, Bull. civ. 1951, I, Nr. 48).

234 OLG Köln 18.4.2005, MDR 2006 S. 90. Handelt es sich um eine Probefahrt, die der Eigentümer zusammen mit einem Werkstattinhaber unternimmt, um den Erfolg einer Reparaturmaßnahme zu überprüfen, bleibt die Werkstatt nach Auffassung von BGH 17.3.2017, NJW-RR 2017 S. 818 gleichfalls unmittelbare (Fremd-)Besitzerin. Der Besteller sei in dieser Situation weder unmittelbarer (Eigen-)Besitzer, noch Besitzdiener, vielmehr weiterhin mittelbarer (Eigen-)Besitzer.

235 AG Brandenburg 25.4.2012, 34 C 72/10.

236 Folglich bedarf es keiner schriftlichen Bestätigung der Übertragung des Besitzes, auch bei Grundstücken nicht: Appellationsgericht Łódź 3.3.2014, I Aca 1094/13, Lex-Nr. 1451692; Appellationsgericht Łódź 7.8.2013, I ACa 292/13, Lex-Nr. 1363283. Bei umschlossenen Grundstücken kann selbst die Schlüsselübergabe genügen: Amtsgericht Amarousiou 128/1977, ArchN 29 (1979) S. 514; *Triantos,* AK, Art. 976 S. 1188 Rdnr. 2; bulgar. Kassationshof 10.7. 2015, Nr. 180, Zivilsache Nr. 3837/2014, IV. Zivilkammer.

237 Woiwodschaftsverwaltungsgericht Wrocław 15.2.2010, I SA/Wr 1663/09, Lex-Nr. 576757.

238 HD 22.12.2009, NJA 2009 S. 889.

lich derselben natürlichen Person gehören.[239] Englische Gerichte stellen maßgeblich darauf ab, dass die Sachherrschaft exklusiv ausgeübt wird.[240] Ein Parkplatzbetreiber hat gewöhnlich keinen Besitz an den bei ihm abgestellten Fahrzeugen, weil er ohne Schlüssel nicht auf sie zugreifen kann.[241] Anders ist das aber beim *valet parking,* bei dem das Fahrzeug samt Schlüsseln übergeben und von Mitarbeitern eingeparkt wird.[242]

(2) Grundstücke und Grundstücksteile

38 Rein zahlenmäßig bilden freilich Grundstücke und Grundstücksteile den Schwerpunkt der Rechtsprechung. Abstrakte Formulierungen erweisen sich hier als besonders problematisch. Denn „the type of conduct which indicates possession **must vary with the type of land**".[243] Absolute Kontrolle über Grundstücke ist ohnehin selten[244] und jedenfalls dort nicht vorstellbar, wo es sich um wirtschaftlich nicht oder bloß sehr eingeschränkt nutzbare Flächen handelt.[245] Dann bleibt nur, auf Aufsichtsmaßnahmen abzustellen[246], auf das Beweiden mit Vieh[247], ja nötigenfalls sogar nur auf bestimmte Formen der Jagdausübung.[248] Allgemein gilt, dass selbst eigentümerähnliche Sachherrschaft über ein Grundstück weder eine permanente körperliche Nähe zu der Immobilie

---

[239] HD 7.6.2007, NJA 2007 S. 413. Der Fall wurde auf der Grundlage des Lag om handel med lösören, som köparen later i säljarens vard kvarbliva (1845:50), des Gesetzes über den Handel mit Fahrnis, die der Käufer in der Obhut des Verkäufers belässt, entschieden; s. noch unten Rdnr. 94.

[240] Das folgt aus den in *Young v Hitchens* (vorher Fn. 222) entwickelten Regeln.

[241] *Ashby v Tolhurst* [1937] 2 KB 242.

[242] *Mendelssohn v Normand Ltd* [1970] 1 QB 177 (CA) (*Possession* des Parkplatzbetreibers bejaht; es entstehe ein *bailment*).

[243] Lord *Guest* in *Wuta-Ofei v Danquah* [1961] 1 WLR 1283, 1243.

[244] *Powell v McFarlane* (1977) 38 P & CR 452, 470. S. auch Tschech. OG 25.1.2011, 22 Cdo 3688/2008, Soudní rozhledy 2011 (5) S. 170 (Man muss ein Grundstück nicht bis „zum letzten Zipfel" besitzen, wenn dies für die übliche Nutzung nicht zweckmäßig und sinnvoll ist. Deshalb würden auch die Ränder eines Weges ersessen, die infolge ihrer Nähe zu der Mauer weder befahren noch begangen werden).

[245] *West Banks Estates Ltd v Arthur* [1967] 1 AC 665 (bei einem Sumpf lasse sich nur schwerlich von Herrschaft sprechen).

[246] Areopag 2008/2006, EllDni 2007 S. 1495 (für Besitz an einem mit natürlichen Steinformationen bedeckten Grundstück in Meeresnähe, in das keine Zaunpfähle oder sonstige Markierungen getrieben werden können, genügen kontinuierliche Aufsicht, Besuch und Bewachung; s. bereits oben Fn. 97).

[247] Cass. civ. 9.12.1970, Bull. civ. 1970, III, Nr. 686 (Vieh weiden zu lassen, genügt für den *corpus possessoire,* sofern das die einzig sinnvolle Nutzung ist); Gemeenschappelijk Hof van Justitie van Aruba, Curacao, Sint Maarten en van Bonaire, *Sint Eustatius en Saba,* 13.8.2013, ECLI:NL:OGHACMB:2013:18, NJF 2013/416 (Fremdbesitz bejaht, Eigenbesitz verneint. Der Kläger habe sich nicht so verhalten, dass man ihn nach den Maßstäben der örtlichen Verkehrsauffassung für den Eigentümer gehalten hätte; Artt. 3:107 und 108 ndl. BW); Areopag 267/2010, NoB 58 (2010) S. 1747 und österr. OGH 23.4.2015, JBl 2015 S. 518 (das Beweiden mit Vieh sei bei einem ländlichen Grundstück eine grundsätzlich geeignete Besitzausübungshandlung des Eigentümers, um den Ersitzungsbesitz zu unterbrechen).

[248] *Red House Farms (Thorndon) Ltd v Catchpole* [1977] 2 EGLR 125 (wirtschaftlich auf andere Weise nicht nutzbares Heideland; bereits das Schießen von Federwild könne ein zureichender Besitzindikator sein). Für eine Ersitzung im Sinne des kontinentalen Rechts dürfte das freilich nicht ausreichen (österr. OGH 22.10.2014, ÖJZ 2015 S. 136: „Voraussetzung für die Ersitzung des Eigentumsrechts ist eine Besitzausübung, die die volle Zugehörigkeit der Sache zum Ausübenden so sichtbar zum Ausdruck bringt, dass sie eine vergleichbare Besitzausübung dritter Personen nicht zulässt. Die Ausübung des Jagdrechts reicht zum Erwerb von Sachbesitz nicht aus").

voraussetzt[249] noch unmittelbar in eigener Person ausgeübt werden muss.[250] Eine Stadt allerdings hat nach richtiger (obschon bestrittener) Auffassung eine Straße nicht schon deshalb in Besitz, weil sie über Jahrzehnte von ihren Bürgern befahren wurde. Es fehlt insoweit an jeder wenigstens vertretungsähnlichen Situation.[251] Umgekehrt besitzen nicht die Gläubigen einer jüdischen Gemeinde die Immobilie, auf der ihre Synagoge steht, sondern die kirchliche Organisationseinheit selber.[252] Von jemandem, der mit Erlaubnis des Rechtsinhabers auf dessen Grundstück Heu in den Schwad legt[253], kann man nicht sagen, er übe eigentümerähnlich Herrschaft über die Wiese aus; in Wahrheit genügt ein solches Verhalten (abgesehen von dem Heu selber) nicht einmal für die Annahme begrenzter Sachherrschaft und löst deshalb auch keinerlei besitzrechtlichen Rechtsschutz aus. Ebenso liegt es, wenn jemand in fremdem Wald Streu- und Bruchäste sammelt[254], wohingegen die Nutzung eines fremden Grundstücks als Lagerfläche[255] zur Manifestation begrenzter Gewalt genügen und damit die Grundlage der Ersitzung (nicht des Eigentums, sondern) eines beschränkten dinglichen Rechts bilden mag. Ein Fahrzeugführer hat noch keinerlei Herrschaft über die Parklücke, zu deren Freihalten er einen Fußgänger vorgeschickt hat.[256] Keine besitzrechtlich fundierten Verteidigungsmöglichkeiten eröffnen sich auch demjenigen, der einen allmählich zuwachsenden Feldweg regelmäßig abmäht, ohne dessen Nutzung als Weg zu verhindern.[257] Stellt der Betreffende dagegen ein Verbotsschild auf und macht er die Benutzung des

---

[249] Areopag 1602/1981, NoB 30 (1982) S. 927; Areopag 393/1999, EllDni 1999 S. 1743; Areopag 184/2006, EllDni 2007 S. 182 (es genüge, dass unbegrenzte Sachherrschaft jederzeit ausgeübt werden könne, wenn man das nur wolle); Art. 882 lett. ZGB (eine unbewegliche Sache muss nicht betreten werden; es genügt, auf einen solchen Willen hinzuweisen, sofern nur kein unüberwindbares natürliches Hindernis besteht) und poln. OG 3.6.1966, III CR 108/66, OSP 1967/10/234, Legalis-Nr. 12706 (keine reale Nutzung erforderlich; Nutzungsmöglichkeit genüge).

[250] Das ist auch deshalb zwingend, weil andernfalls juristische Personen niemals Besitzer sein könnten (*Malaurie und Aynès*, Les biens[5], S. 145 Rdnr. 488).

[251] Richtig m.E. Berufungsgericht Athen 2708/1983, Arm. 1984 S. 804. Anders allerdings die österreichische Rechtsprechung. Sie meint, dass es keines speziellen Rechtsverhältnisses zwischen dem Gehilfen und dem Besitzer bedürfe. Deshalb könnten z.B. auch die Angehörigen einer Gemeinde Herrschaft im Umfang eines Wegerechts über ein privates Grundstück ausüben und damit die Ersitzung des Wegerechts durch die Gemeinde herbeiführen (OGH 26.1.2010, MietSlg 62.047). OGH 29.4.2015, Zak 2015/385 S. 213 nimmt dasselbe für einen Verein an. Ein Alpenverein könne ein Wegerecht bereits dadurch ersitzen, dass Wanderer die von dem Verein unterhaltenen und markierten Wege nutzen; die Wanderer müssten nicht einmal Vereinsmitglieder sein. In Italien unterscheidet man zwischen juristischen Personen des öffentlichen Rechts (Städte, Gemeinden etc.) und juristischen Personen des Privatrechts. Juristische Personen des öffentlichen Rechts könnten nicht nur durch ihre Organe, sondern auch durch „die Bürger" (nicht notwendig *ihre* Bürger) besitzen. Der *Comune di Roma* besitzt den Colosseo durch seinen Bürgermeister und ein öffentliches Wegerecht *(servitù pubblica di passaggio)* durch die Bürger, die diese Dienstbarkeit täglich ausüben (so *Sacco und Caterina*, Il possesso[3], S. 141).

[252] Poln. OG 14.10.2010, III CSK 305/09, OSP 2011/9/97, Biul.SN 2011/1/10, Lex-Nr. 688486. S. auch Bezirksgericht Białystok vom 31.3.2010, I C 989/09, Lex-Nr. 1294063.

[253] Poln. OVG 29.11.2007, II GSK 228/07, Lex-Nr. 1218569.

[254] Österr. OGH 26.3.1952, SZ 25/76.

[255] Österr. OGH 21.4.1966, SZ 39/77. Das regelmäßige Abstellen eines Imbisswagens, der jede Nacht und zu bestimmten Jahreszeiten wochenlang entfernt wird, genügt dagegen nicht, um Herrschaft über ein Stück eines privaten Gehweges zu begründen: *Balevents Ltd v Sartori* [2014] EWHC 1164 (Ch); 2014 WL 1219606.

[256] OLG Hamm 10.7.1970, NJW 1970 S. 2074.

[257] Österr. OGH 15.12.1971, SZ 44/190. S. außerdem OGH 22.8.1996, SZ 69/178.

Weges durch jedermann sonst von seiner vorherigen Erlaubnis abhängig, dann übt er über diesen Grundstücksteil nicht nur wegerechtsähnliche begrenzte, sondern eigentumsähnliche unbegrenzte Gewalt aus.[258] Dasselbe gilt für die exklusive Nutzung einer Treppe.[259]

39 Das Bewohnen eines Hauses[260] und die Einzäunung von Land *(enclosure)*[261] sind in der Regel gute, aber nicht immer verlässliche Herrschaftsanzeichen. Unbegrenzte Gewalt über ein fremdes Grundstück übt z. B. nicht aus, wer lediglich bestrebt ist, dort seine Schafherde innerhalb eines Zaunes zusammen zu halten.[262] Der Zaun

---

[258] Österr. OGH 11.11.2010, SZ 2010/142. S. zur Abgrenzung auch Cass. civ. 23.4.2013, unveröffentlicht, hier zit. nach *Dross,* RTD civ. 2013 S. 643–648 (Ein Eigentümer hatte eine Parzelle des Nachbargrundstücks gemietet, um auf diese Weise sein eigenes Grundstück leichter erreichen zu können. 30 Jahre nach Ablauf der Mietzeit ging es um die Ersitzung des Eigentums an der Parzelle, nicht eines Wegerechts. Der Nachbar hatte den Weg durch die Errichtung eines Portals gesperrt. Der Kassationshof verneinte die Eigentumsersitzung nur deshalb, weil keine *interversion de titre* nachgewiesen worden sei. Die *possession précaire* des Mieters habe sich durch das bloße Weiternutzen der Parzelle nicht in echten Besitz verwandelt). In STJ 21.6.2016, Processo 7487/11.4TBVNG.P2.S 1 hatte der Kläger das fragliche Grundstück umzäunt und darauf zwei Plakate mit dem Aufdruck „zu verkaufen" und seiner Telefonnummer aufgestellt. Das genügte, um Besitz im Umfang des Eigentumsrechts nachzuweisen.

[259] Cass. civ. 18.12.1961, Bull. civ. 1961, I, Nr. 609 (Ersitzung nach 30 Jahren).

[260] Z. B. *R (on the application of Best) v Chief Land Registrar* [2015] EWCA Civ 17; [2015] HLR 17 (für den Corpus sei *sufficient control,* abhängig vom *type of land,* erforderlich, wozu das Wohnen in dem fraglichen Haus weder notwendig noch hinreichend sei).

[261] *Simpson v Fergus* (1999) 79 P & CR 398; *Marsden v Miller* (1992) 64 P & CR 239. Ob sich darin Eigen- oder Fremdbesitz ausdrückt, hängt natürlich von der Willensrichtung des Handelnden ab. Wer auf einem für die Pferdewirtschaft gepachteten Grundstück einen Weidezaun baut, bleibt Fremdbesitzer: Hof ´s-Hertogenbosch 10.12.2013, ECLI:NL:GHSHE:2013:5986. S. andererseits HR 9.9.2011, RvdW 2011 Nr. 1065 (der Beklagte hatte das 1972 gekaufte Grundstück sofort genutzt, ein Wasserwerk errichtet, den Boden gepflastert und umzäunt. Das genügte für die Ersitzung des Eigentums [Art. 3:105 ndl. BW]. Dass die übereignungsrechtlich erforderliche *levering* ausgeblieben war, änderte nichts). In HR 27.2.2009, RvdW 2009 Nr. 383 hatte sich hinter dem Notausgang eines Ladens ein dem Ladeninhaber gehörendes Grundstück befunden. Die Nachbarn nutzten es als Garten, pflanzten Blumen, Sträucher und Bäume an, bauten außerdem eine Terrasse. Das Gericht verneinte Eigenbesitz der Nachbarn; der Ladeninhaber habe seinen Eigenbesitz nicht verloren, weil ihm der Nutzen seines Grundstücks nicht verloren gegangen sei. Es war für ihn wegen des Notausganges immer noch nützlich. Für das *Beseitigen* eines Zauns gilt Entsprechendes. Es genügt zur Beendigung der Herrschaft über den Grundstücksteil nicht, wenn es den Nachbar nicht veranlasst, anschließend wieder eigene materielle Handlungen auf dem Grundstücksstreifen vorzunehmen (*Wight v Keeper of the Registers of Scotland* 2015 SLT (Lands Tr) 195 Rdnr. 22).

[262] *Trustees of the Michael Batt Charitable Trust v Adams* (2001) P & CR 23 (Aufstellen eines Zaunes zu dem Zweck, Schafe zu halten. Hätte man Rinder gehalten, wäre der Zaun nicht aufgestellt worden. Der Zaun sei folglich nicht Ausdruck einer Inbesitznahme des Grundstücks gewesen). S. ferner *George Wimpey & Co Ltd v Sohn* [1967] Ch 487 (*Harman* LJ) (Anwohner hatten mehrere Streifen *land* eines Hotelbetreibers als Vorgärten genutzt und zu diesem Zweck eingezäunt. Das Gericht verneinte *adverse possession,* weil trotz der Einzäunung kein zureichender Eigenbesitzwille nach außen getreten sei. Die Nutzung als Garten sei keine Handlung, die nur dem Eigentümer zustehe. Sie lasse sich ebenso gut mit der Ausübung eines beschränkten dinglichen Rechts erklären. Klar sei nur, dass der Einzäunende den Garten gegen Störungen Dritter schützen, nicht aber, dass er auch den Hotelbetreiber als Eigentümer ausschließen wollte). Wird dagegen ein Grundstücksteil durch Einzäunen einem größeren Gelände angegliedert und landwirtschaftlich als Weide für Schafe genutzt, kann dies ausreichen, um eigentumsgleiche Herrschaft daran zu begründen (*Mathers v Keeper of the Registers of Scotland* 2015 SLT (Lands Tr) 109).

vermittelt hier nur *factual control* über die Schafe.[263] § 312 österr. ABGB sagt, dass „unbewegliche (Sachen) durch Betretung, Verrainung, Einzäunung, Bezeichnung oder Bearbeitung in Besitz genommen" werden. Auch der Besitz an einem eigenen Grundstück kann auf diese Weise vollständig zurück erlangt werden.[264] Immer freilich müssen es materielle Handlungen sein, die den *corpus* begründen; bloße Rechtsgeschäfte (wie die Vermietung eines fremden Grundstücks) genügen nicht.[265] In ital. Cass. 8.5.2013[266] ging es um einen mit Kies bedeckten und durch ihn abgegrenzten Grundstücksteil, den der Beklagte und Widerkläger für mehr als 20 Jahre als Parkplatz genutzt hatte. Der Kassationshof lehnte Ersitzung des Eigentums an der fraglichen Fläche ab. Die Einkiesung und Nutzung des Areals als Parkplatz weise nicht die Merkmale unbegrenzter Sachgewalt auf und entspreche deshalb nicht der Ausübung des Eigentumsrechts. Die Einkiesung sei kein Bauwerk; sie verändere das Grundstück nicht auf Dauer.[267] Umgekehrt besitzt jemand nach spanischem Verständnis einen Grundstücksstreifen auch dann „wie ein Eigentümer" (hat *posesión en concepto de dueño*), wenn er sein Haus mit Zustimmung des Nachbarn über die Grenze baut. Dass es sich um tolerierten Besitz *(posesión tolerada)* handelte, schließe Ersitzungsbesitz nicht aus.[268] Auch in Griechenland gilt, dass es für den Ersitzungsbesitz vor allem auf sichtbare und andauernde Handlungen ankommt, darunter die Bewirtschaftung des eigenen Grundstücks durch Vermietung, sein Teilverkauf, seine Bebauung, Kultivierung und Umzäunung, seine Vermessung und die Anfertigung von Plänen.[269] Unter Art. 4.27(2) lit. ZGB

---

263 *Factual control* und die *intention to exclude other persons* bilden die Hauptmerkmale von *possession: Morris v Lyonesse Salvage Co Ltd (The Association and The Romney)* [1970] 2 Lloyd's Rep 59, 61.

264 Ital. Cass. 20.1.2014, Nr. 1071, De Jure Datenbank (Bau einer Zwischenmauer auf der Grenze zwischen zwei Grundstücken, an denen gegenseitige Wegerechte bestanden. Da deren Ausübung auf diese Weise faktisch unmöglich geworden war, habe die Beklagte die Grundstücksfreiheit ersessen; eine zwischenzeitliche Abmahnung durch die Klägerin habe den Besitz der Beklagten nicht unterbrochen.

265 Das entspricht ständiger Rechtsprechung des französischen Kassationshofes. Der Abschluss von Rechtsgeschäften in Bezug auf die fragliche Sache mag in die Gesamtabwägung einfließen, weil er Ausdruck von *actes matériels d'usage* sein kann (Cass. civ. 12.3.1970, Bull. civ. 1970, III, Nr. 201), und dasselbe gilt umgekehrt, wenn bestimmte Verträge, die ein *bon père de famille* abgeschlossen hätte, ausbleiben (Cass. 7.3.1972, Bull. civ. 1972, III, Nr. 159: kein Eigenbesitz und damit keine Ersitzung, da keine Brandschutzversicherung abgeschlossen und keine Reparaturen in Auftrag gegeben worden waren). Das ändert aber nichts daran, dass ohne *actes matériels de possession* kein Ersitzungsbesitz entsteht (Cass. civ. 4.5.2011, Bull civ. 2011, III, Nr. 68). S. auch port. STJ 16.3.1999, Processo 99B082 (auch ein nichtiger Kauf *a non domino* könne Besitz mit Titel begründen, sofern dem Kauf materielle Handlungen nachfolgen, die das ganze Grundstück betreffen und auf ein Verhalten als ausschließlicher Besitzer hindeuten. Solch ein ausschließlicher Besitz sei sowohl mit einer Rechtsgemeinschaft [*comunhão de direitos*] als auch mit Mitbesitz [*composse*] unvereinbar) und poln. OG 18.4.1997, III CKN 35/97, Legalis-Nr. 31003 (Maßgeblich sei, dass sich der Ersitzende als Eigentümer betrachtet habe. Dass er das Grundstück in abhängigen Besitz gegeben hat, schließe diese Einschätzung nicht aus. Indikatoren für Eigenbesitz seien u. a. die Zahlung der Steuer, die Eintragung des Eigentums im Register der Grundstücke und der Gebäude, eigene Nutzungshandlungen und die Genehmigung von Nutzugshandlungen durch Nachbarn, z. B. die Erlaubnis, dass ein Nachbar sein Vieh auf dem Grundstück des Ersitzungsbesitzers weide).

266 Nr. 10894, De Jure Datenbank.

267 Ähnlich franz. Cass. civ. 18.3.1970, Bull. civ. 1970, III, Nr. 219 (die Errichtung prekärer Bauten stelle keinen ersitzungsrechtlich ausreichenden *acte de jouissance* dar).

268 TS 27.10.2014, ECLI:ES:TS:2014:4175.

269 S. aus der Rechtsprechung etwa Areopag 1815/2006, ArchN 2007 S. 443 (Anpflanzen von Bäumen); Areopag 282/1993, EllDni 35 S. 1270 (Umzäunen); Areopag 267/2007 NoB 55

entsteht der Besitz eines Grundstücks, wenn er in ein öffentliches Register eingetragen ist; die Eintragung darf aber nicht erfolgen, wenn sie einem bereits eingetragenen dinglichen Recht widersprechen würde (Abs. (3) aaO). Zur Not müssen die Verhältnisse vor Ort geklärt werden. Die englische *Land Registry* lässt Grundstücke erforderlichenfalls begehen. Wer „Ersitzung" *(adverse possession)* behauptet, muss der Behörde gegenüber angeben, auf welche tatsächlichen Begebenheiten er seinen Besitz stützt; der *surveyor* der *Land Registry* überprüft dann die Richtigkeit der Angaben und beurteilt, ob es tatsächlich zu Besitzbegründung gekommen ist.[270] Aus der Sicht der polnischen Rechtsprechung geht der auch für den Eigenbesitz (Art. 336 poln. ZGB[271]) unverzichtbare *corpus possessionis* nicht schon allein deshalb verloren, weil sich jemand entschließt, nutzbares Land brachliegen zu lassen.[272] Er darf nur keine Situation zulassen, in der andere Personen das Grundstück für sich verwenden und ihr Interesse an ihm in besonderer Weise manifestieren. Die Zahlung der Versicherungsprämien ist in dieser Perspektive wichtiger als die überwiegend für kaum relevant eingestufte Zahlung der Grundsteuern.[273]

(2007) S. 2357 (Anfertigung von Plänen); Areopag 242/2000, EllDni 2000 S. 1039 (Aufsichtsmaßnahmen); Areopag 1815/2006 ArchN 2007 S. 443 (Vertreiben Dritter); Areopag 1260/1976 NoB 25 (1977) S. 889 (Vermessung). S. auch Berufungsgericht Lárissa 699/2008, Isokrates-Datenbank (der Nachweis, dass die auf dem Grundstück befindlichen 85-jährigen Olivenbäume stets gepflegt wurden, hätte genügt; tatsächlich befanden sich dort aber nur wilde Olivenbäume und wild wuchernde Pflanzen).

[270] *Gray und Gray,* Elements of Land Law[5], Rdnr. 9.1.52, dort Fn. 2.

[271] „Besitzer einer Sache ist sowohl derjenige, der die Herrschaft über diese Sache als Eigentümer ausübt (Eigenbesitzer), als auch derjenige, der die Sachherrschaft als Nießbraucher, Pfandgläubiger, Mieter, Pächter oder als Inhaber eines anderen Rechts, mit dem eine bestimmte Herrschaft über eine fremde Sache verbunden ist, tatsächlich ausübt (abhängiger Besitzer)".

[272] Ausdrücklich ebenso Art. 4.31(3) lit. ZGB (Mit der Nichtbenutzung einer unbeweglichen Sache verbindet sich kein Besitzverlust, es sei denn, man kann aus ihr auf einen entsprechenden Willen des Besitzers schließen), und ähnlich § 5:4 ungar. ZGB (Besitzverlust, wenn jemand die Ausübung der tatsächlichen Gewalt über die Sache endgültig einstellt, aber nicht, wenn er an der Ausübung der tatsächlichen Gewalt zeitweilig gehindert ist).

[273] Poln. OG 17.10.2012, I CSK 51/12, Lex-Nr. 1293679; Appellationsgericht Białystok 22.10.2015, I ACa 529/15, Lex-Nr. 1842196. Die Zahlung der Grundsteuer ist nach ständiger Rechtsprechung zwar ein Element, das in die Abgrenzung von Eigen- und Fremdbesitz einfließen kann (poln. OG 21.6.2011, I CSK 595/10, Lex-Nr. 1001342), aber weder ein unverzichtbares, noch ein für sich ausreichendes Kriterium zum Beweis des Eigenbesitzes (Woiwodschaftsverwaltungsgericht Poznań 17.11.2010, IV SA/Po 497/10, Lex-Nr. 1098400). Relativ größere Bedeutung als die Zahlung der Grundsteuer hat die Zahlung der Versicherungsprämien (poln. OG 23.2.1998, III CKN 384/97, Legalis-Nr. 32243). Auch die übrigen Rechtsordnungen messen Steuerzahlungen entweder gar keine oder nur eine sehr untergeordnete Rolle zu, s. z.B. für Österreich OGH 29.9.2011, 1 Ob 177/11b; für Italien Cass. 31.7.2014, Nr. 17488, Guida al diritto 2014 S. 45, 52; für Griechenland Areopag 1376/2014 NoB 63 (2015) S. 70 (es komme entscheidend auf äußere Tathandlungen an; die Zahlung von Grundsteuer sei für sich genommen noch keine solche Tathandlung), für Frankreich Cass. civ. 23.5.2002, Bull. civ. 2002, III, Nr. 108, S. 96; JCP G 2002, I, 176, Nr. 2, Anm. *Périnet-Marquet;* D. 2003 S. 2043, Anm. *Reboul-Maupin* sowie Cass. civ. 19.11.2015, ECLI:FR:CCASS:2015:C301258, Anm. *Périnet-Marquet,* JCP G 2016 S. 754 (Grundsteuerzahlung kein *acte matériel de possession*) und für England *Jourdan und Radley-Gardner,* Adverse Possession[2], Rdnrn. 13–82 bis 13–84. Für Ungarn betont Legf. Bír. P. törv. I. 20 083/1975. sz., BH1975.509, dass Eigenbesitz objektiv (extern) zum Ausdruck kommen müsse und erwähnt beispielhaft das selbständige Auftreten vor Behörden und das Tragen der mit einem Grundstück verbundenen öffentlichen Lasten.

c) Gewalt über reale Sachen, Grundstücke und Grundstücksteile im Umfang eines beschränkten dinglichen Rechts

40 Das besitzrechtliche Analogon zu den begrenzten Sachenrechten an körperlichen Sachen ist die Ausübung von Gewalt über reale Sachen, Grundstücke und Grundstücksteile im Umfang eines beschränkten dinglichen Rechts. So, wie man allenthalben zwischen verschiedenen Sachenrechten unterscheidet, könnte man, wenn nur der Plural sprachlich möglich wäre, auch zwischen verschiedenen „Besitzen" unterscheiden.[274] Bestandsschutz genießt jedenfalls immer nur der jeweilige *status quo;* man kann nicht mehr Sachgewalt verteidigen, als man hat. Bei nur begrenzter Sachgewalt ist auch eine Eigentumsersitzung ausgeschlossen; ersessen werden kann bestenfalls das beschränkte dingliche Recht, das die bestehende Sachgewalt in Form gießt und, nach Zeitablauf sowie bei Vorliegen der sonstigen Voraussetzungen, legitimiert. Um das Zielrecht Eigentum geht es erst ab dem Moment, in dem jemand seine bis dahin begrenzte Sachgewalt eigenmächtig in unbegrenzte umwandelt, etwa durch Intensivierung der Nutzung eines fremden Grundstücks. Dann, aber erst dann spielt er sich nach außen hin zum Eigentümer auf.[275] Begrenzte Gewalt ist zudem Voraussetzung für die

---

[274] In manchen Vorschriften (z.B. § 5:1 ungar. ZGB: „Besitzer ist, wer eine Sache als seine eigene oder aufgrund eines zum vorübergehenden Besitz der Sache berechtigenden Rechtsverhältnisses in seiner Gewalt hat"; ähnlich Art. 336 poln. ZGB) klingt das durchaus an. Auch die Artt. 974 und 975 gr. ZGB deuten in diese Richtung. Wie das Recht der Rechte zwischen dem Eigentum und beschränkten dinglichen Rechten unterscheide, so unterscheidet im Verständnis der griechischen Rechtslehre auch das objektive Besitzrecht zwischen dem allgemeinen Besitz und dem Rechts- oder Quasibesitz (*Georgiades,* Emprágmato Díkaio I, S. 176 Rdnr. 3).

[275] Art. 1290 port. CC kleidet das in die Worte: „Der Halter oder heikle Besitzer [Detentor] kann für sich nicht durch Ersitzung das besessene Recht erwerben, außer wenn der Besitztitel umgewandelt ist; aber in diesem Fall beginnt die für die Ersitzung notwendige Zeit erst ab der Umwandlung des Titels zu laufen". S. dazu eingehend STJ 16.11.2010, Processo 163/06.1TBIDN.C1.S 1 (gutgläubige und für jedermann sichtbare Umwandlung von beschränktem Fremd- in unbegrenzten Eigenbesitz durch Wohnungsbau, Grundstückspflege, Ackerbau und weitere Maßnahmen auf einem anfangs nur der Pferdezucht dienenden Grundstück; Ersitzung des Eigentums, nicht nur eines beschränkten dinglichen Rechts). Das Verhältnis von unbegrenzter und begrenzter Herrschaft spielt auch bei der Frage eine Rolle, was Inhalt eines *easement* sein kann. Bei Belastung eines *fee simple* oder *leasehold estate* mit einem *easement* haben nach englischer Auffassung allein der *free-* bzw. der *leaseholder* die *possession.* Einen „Rechtsbesitz" kennt das englische Recht insoweit nicht. Im Umkehrschluss folgt, dass ein Recht, welches seinem Inhaber *possession* an einem Teil eines fremden Grundstücks verschafft, kein dingliches *easement* darstellen kann; auf die Bezeichnung durch die Parteien kommt es nicht an. Das maßgebliche Abgrenzungsmerkmal ist *exclusive control.* Wer sie hat, ist *possessor.* Allerdings beendet ein Recht, das faktisch jede andere Nutzung des betroffenen Grundstücksteils ausschließt, die *possession* des Eigentümers dann noch nicht, wenn diese Nutzung nur zu einem beschränkten Zweck erfolgen darf. Das hat eine Fülle von Abgrenzungsschwierigkeiten hervorgebracht. In *Attorney General of Southern Nigeria v John Holt & Co (Liverpool) Ltd* [1915] AC 599, 617 (Lord *Shaw of Dunfermline*) wurde entschieden, dass ein Recht, ein fremdes Grundstück zu Lagerzwecken zu nutzen, den Besitz des Eigentümers daran nicht ausschließe. Auch unter *Wright v Macadam* [1949] 2 KB 744, 752 (CA, *Jenkins* LJ) kann das Recht, einen fremden Schuppen zur Kohlelagerung zu nutzen, Gegenstand eines *easement* sein. Anders soll es sich im Falle eines Parkrechts verhalten, das eine andere Nutzung des belasteten Grundstücksteils faktisch unmöglich mache (Judge *Paul Baker* QC in *London & Blenheim Estates Ltd v Ladbroke Retail Parks Ltd* [1992] 1 WLR 1278, 1286; *Batchelor v Marlowe* [2003] 1 WLR 764 (CA)). Dem ist aber wieder Lord *Hope of Craighead* in *Moncrieff v Jamieson* [2007] 1 WLR 2620 mit der Begründung entgegengetreten, dass der von *Baker* QC entwickelte Test zu unpräzise sei. Die Grenze sei erst erreicht, wenn der Eigentümer

Entstehung zahlreicher begrenzter dinglicher Rechte, darunter Pfandrechte und *liens*.[276] *Great Eastern Railway v Lord's Trustee*[277] ist ein schönes Beispiel. Der Beklagte hatte Kohle in einem Schuppen gelagert, den er von der klagenden Eisenbahngesellschaft gemietet hatte. Der Beklagte hatte die Klägerin wiederholt mit Kohletransporten beauftragt. Die Klägerin machte wegen rückständiger Transportkosten ein zuvor vertraglich vereinbartes *lien* an der Kohle geltend. Ein solches *lien* setzt jedoch *possession* voraus. Sie wurde mit knapper Mehrheit trotz des Umstandes bejaht, dass der Beklagte bis zu dem Zeitpunkt, zu dem die Klägerin ihr „Zurückbehaltungsrecht" geltend machte, frei auf die Kohle hatte zugreifen dürfen. Auch einem Gastwirt, so das Gericht, stehe ein *lien* am Gepäck des Reisenden zu, obwohl dieser weiterhin frische Wäsche aus seinem Koffer nehmen dürfe.[278] In beiden Situationen geht es nur um begrenzte Sachgewalt: Bahn und Gastwirt reklamieren für sich gerade nicht beliebige Befugnisse an Kohle bzw. Gepäck, sondern nur das Recht, deren Entfernung von dem Grundstück zu verhindern.

41 Jemand, der lediglich ein Pfandrecht für sich reklamiert, wirft sich nicht zum Inhaber unbegrenzter Sachgewalt auf.[279] Er behauptet nicht einmal, Eigentümer zu sein. Dasselbe gilt zwar auch für einen Mieter; auch seine Sachgewalt komplettiert diejenige des Eigentümers und Vermieters (und umgekehrt).[280] Lediglich obligatorisch berechtigte Mieter und Pächter unterscheiden sich aber deutlich von dem Prätendenten eines dinglichen Rechts. Letzterer beansprucht eine dingliche Monopolposition für sich („zu eigen"), Mieter und Pächter akzeptieren, dass ihnen nichts gehört. Das ist auch dann nicht anders, wenn der Miet- oder Pachtvertrag unwirksam ist; es genügt, dass man sich wie ein Pächter verhält, also z.B. den Boden bearbeitet und Pachtzins entrichtet.[281] Schon das steht der Entstehung von Ersitzungsbesitz entgegen; rein obligatorische Rechte kann man schließlich nicht ersitzen. Wer dagegen für sich die Befugnisse eines Nießbrauchers in Anspruch nimmt, wer also im Umfang eines Nießbrauchrechts besitzt, kann immer noch dieses Recht, wenn auch nicht das Eigentum ersitzen.[282] Hypotheken und besitzunabhängige Privilegien können nicht ersessen

---

den Grundstücksteil gar nicht mehr nutzen könne. Der Eigentümer könne immer noch unter oder über der Parkfläche bauen, Werbeschilder anbringen etc. Daher verliere er nicht die *exclusive control* und folglich auch nicht *possession*. In *Couper v Albion Properties Ltd* [2013] EWHC 2993 (Ch); 2013 WL 5336295 schwenkte *Arnold* J für ein Recht, Boote zu verankern, auf diese Linie ein und ergänzte, dass der Inhaber eines solchen Rechts jedenfalls keine *intention to possess* habe.

[276] Zu ihnen Bd. 1 Rdnr. 513.

[277] [1909] AC 109 (HL).

[278] AaO S. 112 (Lord *Loreburn* LC).

[279] Cass. com. 28.11.1989, Bull. civ. 1989, IV, Nr. 300 (Verkauf von Ware unter Eigentumsvorbehalt; Bestellung eines Pfandrechts zugunsten seiner Bank durch den inzwischen insolventen Käufer; keine Vindikation durch den Verkäufer, weil die Bank mangelfreien Besitz erlangt hatte und sich deshalb hinsichtlich des Pfandrechts auf Art. 2276 franz. CC [damals noch Art. 2279 franz. CC] berufen konnte). S. ferner Artt. 975 (Bei dem Pfandrecht und bei den Dienstbarkeiten besteht der Besitz in der Ausübung dieser Rechte mit dem Willen eines dazu Berechtigten) und 996 gr. ZGB (Dem Besitzer eines Pfandrechts oder einer Dienstbarkeit stehen wegen rechtswidriger Störung oder Entziehung die Besitzklagen zu).

[280] Cass. civ. 24.1.1990, Bull. civ. 1990, III, Nr. 30; *Bergel/Bruschi/Cimamonti*, Les biens², S. 168 Rdnr. 139.

[281] *Gniewek*, Prawo rzeczowe⁸, S. 278 Rdnr. 868; *Georgiades*, Emprágmato Díkaio I, S. 188 Rdnr. 8.

[282] *Mazeaud und Chabas*, Biens⁸, S. 192 Rdnr. 1416. S. auch Areopag 621/2005, EllDni 2006 S. 1025 und Areopag 809/2005, EllDni 2006 S. 130 (Der Rechtsbesitz besteht aus der Aus-

werden, weil jemand dadurch, dass er sie für sich reklamiert, einräumt, nie irgendeine Gewalt über die betroffene Sache ausgeübt zu haben.[283] Es fehlt an jeder materiellen Handlung. Bei einer Antichrese ist das schon wieder anders.[284] Positive (oder „aktive“[285]) Dienstbarkeiten sind typischerweise ersitzungstauglich, nicht aber nicht ständige oder „unsichtbare“ Dienstbarkeiten (z.B. Art. 691 franz. CC, Art. 1061(1) ital. CC und Art. 292 poln. ZGB). Bei letzteren fehlt es in Ermangelung „bleibender Anlagen“ (Art. 1061(2) ital. CC) am *corpus possessionis*. Begrenzte Gewalt über ein Grundstück im Umfang einer positiven Dienstbarkeit übt z.B. aus, wer anlagengestützt Wasser aus einer Erdbohrung abpumpt[286] oder Wasser über ein fremdes Grundstück leitet.[287] Wie bei der Ersitzung des Eigentumsrechts genügt es aber wiederum nicht, dass die fraglichen Nutzungshandlungen von Personen ausgeübt werden, die in keinerlei vertretungsähnlicher Beziehung zu dem Rechtsprätendenten stehen. Skifahrer, die während der Wintersaison über viele Jahre ein privates Berggrundstück für ihren Sport nutzen, erwerben dadurch richtiger Ansicht nach keine Dienstbarkeit für die Gemeinde, in der das Grundstück liegt[288]; der einzelne Skifahrer selber übt ohnehin keinerlei rechtlich relevante Sachherrschaft aus.

übung des Pfandrechts oder der subjektiven Rechte aus einer Dienstbarkeit mit dem Willen eines dazu Berechtigten; der Rechtsbesitz erstreckt sich nur auf besondere Nützlichkeiten der Sache); für Bulgarien *Venedikov*, Novo veshtno pravo, S. 38 Rdnr. 23 (Ersitzung eines Baurechts) und für die Niederlande Hof Arnhem-Leeuwarden 4.11.2014, ECLI:NL:GHARL:2014:8462, WR 2015 Nr. 17, Anm. *van Velten* (Mieter kauft auf einem Campingplatz eine Ferienwohnung und mietet das Grundstück. Da es sich um eine dauerhafte Wohnung handelt, geht sie in das Eigentum des Campingplatzbetreibers über [Art. 5:20 ndl. BW]. Das wäre nur dann anders, wenn der Käufer und Mieter im Umfang eines Erbbaurechts besessen und dieses ersessen hätte. Das sei nach der Verkehrsauffassung jedoch zu verneinen).

[283] *Boufflette*, La possession, S. 56 Rdnr. 13; *Hansenne*, Les biens II, S. 165 Rdnr. 145; *Lecocq*, Manuel de droit des biens I, S. 114 Rdnr. 15.

[284] Franz. Cass. civ. 18.12.2002 (oben Fn. 196) und belg. Cass. 18.12.2002, J.T. 2005 S. 739, Anm. *Beguin* (eine Antichrese sei ein besitztauglicher Gegenstand).

[285] Gniewek (-*Gołaczyński*), Kodeks cywilny[2], S. 494 Rdnr. 3. Zu den ersitzungsfähigen Dienstbarkeiten gehört damit die Wohnungsdienstbarkeit (Art. 301 poln. ZGB). S. auch Appellationsgericht Katowice 4.3.2011, I ACa 985/10, Lex-Nr. 1001348 (Die Nutzung einer Immobilie im Umfang einer Dienstbarkeit werde in Art. 336 poln. ZGB [abhängiger Besitz] zwar nicht ausdrücklich erwähnt, doch könnten, wie sich aus Art. 352 poln. ZGB ergibt, auch Dienstbarkeiten besessen werden, sofern nur der Dienstbarkeitsbesitz mit dem Grundstücksbesitz in Verbindung stehe). Das griechische Recht allerdings erlaubt auch die Ersitzung negativer Dienstbarkeiten (LG Kerkyra 45/2012, IED 2011 S. 212; Berufungsgericht Piräus 643/1981, EllDni 23 [1982] S. 504; Berufungsgericht Ägäis 337/1990, ArchN 42 [1992] S. 417). Der Besitz beginne, sobald der Eigentümer des herrschenden dem Eigentümer des dienenden Grundstücks das Verhalten untersage, das den Inhalt der Dienstbarkeit ausmache. *Horace Parshall v Clara Hackney* [2013] EWCA Civ 240; [2013] Ch 568 erwägt die Ersitzung *(adverse possession)* eines *parking rights*, lehnt sie aber unter den Umständen des Falles ab.

[286] LG Larissa 154/2001, Isokrates-Datenbank.

[287] LG Athen 1695/198, NoB 46 (1998) S. 1446; Areopag 646/1985, NoB 34 (1986) S. 409.

[288] Sachverhalt Cass. civ. 10.7.2013, Nr. 12–10143; dazu *Dross*, RTD civ. 2013 S. 859. Es ging um die Frage, ob dem Bergbauern eine Enteignungsentschädigung zusteht, nachdem der zuständige Präfekt im Jahre 2009 unter Artt. L 342-20 bis 342-26 *Code du tourisme* für die örtliche Gemeinde eine *servitude de passage* bestellt hatte. Das Berufungsgericht hatte einen Entschädigungsanspruch verneint. Das Grundstück sei schon seit langer Zeit entsprechend genutzt worden; der Eigentümer habe durch die behördliche Bestellung des Wegerechts keinen Schaden erlitten. Der Kassationshof hob das Urteil auf; schon in der erstmaligen Bestellung der Dienstbarkeit habe ein Schaden liegen können. Eine Frage war, ob schon vor der Entscheidung des

42 Das vielleicht geläufigste Beispiel der Ausübung begrenzter Gewalt über ein fremdes Grundstück ist seine **Nutzung im Umfange eines Wegerechts.** Unter englischem Recht genügt bereits tatsächliches Befahren, eine besondere Einrichtung, etwa der Bau einer Straße, wird nicht gefordert.[289] Man spricht von einem „user as of right", meint damit aber gerade nicht, dass er das fremde Grundstück „of right", also auf der Grundlage eines wirklich bestehenden dinglichen Rechts nutzt. Es reicht vielmehr aus, dass der Betreffende *as if of right,* d.h. im Umfang eines objektiv möglichen, im konkreten Fall aber inexistenten Rechts handelt.[290] Nur heimliche Maßnahmen, also Herrschaftsausübungen, die der Inhaber des *land* nicht erkennen und derer er sich deshalb auch nicht erwehren kann, genügen für einen besitzrechtsbasierten Titel nicht.[291] Entsprechendes gilt, wie der italienische Kassationshof klarstellt, bei einem nur sporadischen Befahren eines fremden Weges.[292] „Rechtsbesitz" i.S.d. österreichischen Rechts setzt gleichfalls keine umfassende Herrschaft über eine Immobilie voraus. Erforderlich, aber auch genügend ist Herrschaft im Umfang des behaupteten Rechts. Zum Besitz eines Wegerechts genügt daher, dass man den Weg für sich benutzt und Dritte fernhält; nur dem Grundeigentümer muss man natürlich nicht verbieten, den Weg ebenfalls zu nutzen.[293] Denn das könnte man auch dann nicht, wenn man tatsächlich ein Wegerecht

---

Präfekten materiell eine sogen. *servitude d'utilité publique* (eine „öffentliche Dienstbarkeit"; vgl. Artt. 649 und 650 franz. CC) bestanden hatte. *Dross* aaO S. 860 bejaht das. Sie sei originär durch Ersitzung entstanden; die Skifahrer hätten für den Staat besessen, nicht anders als ein Mieter für seinen Vermieter. Das wirkt indes wenig überzeugend. Denn weder hatten die Skifahrer *corpus possidendi,* noch handelten sie im Namen oder sonst für die Gemeinde. Richtig ist allerdings, dass auch nach Auffassung der österreichischen Gerichte (vorher Fn. 251) in Fällen dieser Art eine Wegerechtsersitzung zugunsten der Gemeinde denkbar ist.

[289] *Bakewell Management Ltd v Brandwood* [2004] UKHL 14; [2004] 2 AC 519.

[290] Megarry und Wade (*-Harpum/Bridge/Dixon*), Law of Real Property[8], Rdnr. 28–048. Eine Ausnahme besteht bei der Ersitzung von Rechten auf ungehinderten Lichteinfall. Hier ist kein Besitz *as of right* erforderlich (sec. 3 Prescription Act 1832; näher *Harpum/Bridge Dixon* aaO. Rdnr. 28–096). Das hat auch die österreichische Rechtsprechung schon früh so gesehen (OGH 26.5.1886, GlU Bd. 24 Nr. 11053 S. 255: Die Tatsache, dass sich in der eigenen Wand ein Fenster befindet, das in den Luftraum des Nachbargrundstücks geöffnet wird, begründet den Besitz des Rechts, das Fenster in den Luftraum des Nachbargrundstücks zu öffnen. In der an das Grundstück des B anstoßenden Mauer des dem A gehörigen Hauses sind zwei vergitterte Fenster angebracht, deren Flügel sich nach außen auf das Grundstück des B öffnen. B ließ auf seinem Grundstück eine sieben bis acht Zoll von den Fenstern abstehende und sieben Schuh hohe Bretterwand aufstellen, wodurch das Öffnen der Fensterflügel verhindert wurde. A klagte aus Besitzstörung erfolgreich auf Beseitigung der Bretterwand, soweit sie das Öffnen der Fensterflügel unmöglich machte). OGH 10.7.1910, GlUNF Bd. 4 Nr. 1501 S. 466 fügte hinzu, das Recht, das Fenster in den Luftraum des benachbarten Grundstücks zu öffnen, begründe noch keinen Besitz des Rechts auf Licht und Luft.

[291] *Liverpool Coporation v H Coghill & Sons Ltd* [1918] 1 Ch 307 (heimliches Einleiten von Abwässern in einen unterirdischen Abwasserkanal); *Union Lighterage Co v London Graving Dock Co* [1902] 2 Ch 557 (unterirdisches Anbringen von Stützvorrichtungen auf dem Nachbargrundstück).

[292] Cass. 16.5.2013, Nr. 11903, Guida al diritto 2013 S. 34 (Das Verhalten müsse entweder der Ausübung des Eigentumsrechts oder eines anderen dinglichen Rechts gleichkommen; daran habe es hier gefehlt). Ebenso Areopag 1870/1990, EEN 58 (1991) S. 769.

[293] OGH 10.1.1996, 7 Ob 1735/95 und OGH 19.5.2015, 10 Ob 14/15d (mit der Einschränkung, dass kein Wegerecht ersitzt, wer hinnimmt, dass der Eigentümer den Weg nach Belieben immer wieder blockiert). S. ferner Kúria Pfv.I. 21.733/2012, BH 2013.239, S. 902 (17-jährige Nutzung eines Weges genügt nicht, wenn ihn auch Dritte ohne Erlaubnis nutzten; es fehle an der erforderlichen Ausschließlichkeit; die Klägerinnen hätten den Durchgangsweg nicht anders genutzt, als viele weitere Personen auch) und tschech. OG 13.8.1925, Rv 788/25, abgedruckt

hätte. Eigentum wird nur bei unbegrenzter Sachherrschaft vermutet.[294] Beschränkter Herrschaft über eine fremde Sache indiziert nie mehr als Besitz im Umfang eines beschränkten Rechts, immer vorausgesetzt, dass ein solches Recht unter dem Prinzip des *numerus clausus* der Sachenrechte dinglich bestehen kann.

Drei weitere **Beispiele:** In Areopag 809/2005[295] hatte der Kläger von verschiedenen Verkäufern zwei benachbarte Ackergrundstücke erworben. Die Grundstücke waren nur über einen unbefestigten Feldweg zu erreichen, dessen Eigentümer nicht bekannt war. Der Kläger und seine Rechtsvorgänger hatten den Weg stets mit dem Willen eines Grunddienstbarkeitsberechtigten genutzt. Er führte durch verschiedene andere Ackergrundstücke, darunter das des Beklagten. Dieser schüttete später seinen Teil auf und zäunte ihn ein. Das Gericht sah darin eine unerlaubte Störung des Rechtsbesitzes des Klägers. Der Besitz eines Wegerechts könne auch originär erworben werden. Es handele sich um die Ausübung natürlicher Sachherrschaft über eine fremde Sache mit dem Willen des dazu Berechtigten, aber im Umfang nur einzelner Nützlichkeiten der Sache. Folglich musste der fragliche Grundstücksteil „zurück gegeben" werden, aber natürlich nur in dem Umfang, der Voraussetzung für das ungestörte Befahren des Feldwegs war. Es mussten m. a. W. Aufschüttung und Zaun entfernt werden. Österr. OGH 19.3.2015[296] betraf einen Streit zwischen der Republik Österreich und einer Fischereigenossenschaft. Beide waren Inhaberinnen von Fischereirechten am oberösterreichischen Traunsee. Es ging um das Recht, Hobby-Anglern Lizenzen einzuräumen. Ursprünglich hatte nur der Staat neue dingliche Fischereirechte und Fischereilizenzen an dem See vergeben; nun hatte sich auch die vorwiegend aus Berufsfischern bestehende Genossenschaft diese Einnahmequelle erschlossen. Der OGH lehnte das Unterlassungsbegehren der Republik mit der Begründung ab, alle früheren, einander über- und untergeordneten Fischereirechte seien durch die Rechtsentwicklung obsolet geworden; heute gebe es nur noch ein einheitliches dingliches Fischereirecht. Diesem wohne die Befugnis zur Vergabe schuldrechtlicher Lizenzen inne, also auch dem Fischereirecht der Genossenschaft. Es sei Aufgabe des öffentlichen Rechts, nicht des Privatrechts, die Gesamtzahl der Fischenden zu begrenzen. Die Republik habe die Befugnis zu alleiniger Lizenzvergabe auch nicht ersitzen können. Denn diese Befugnis könne privatautonom nicht mit dinglicher Wirkung von dem Fischereistammrecht getrennt werden, auch nicht durch Verzicht (Typenzwang). Folglich habe die Republik weder einen Teil des fremden Fischereirechts ersitzen können, noch ein übergeordnetes selbständiges Fischereirecht alten Typs. Das Recht der Ersitzung könne sich nur im Rahmen des *numerus clausus* bekannter Rechte entfalten. Bestenfalls wäre die Ersitzung des Fischereirechts als Ganzes denkbar. Sie war aber nie Gegenstand des Verfahrens und lag ohnehin fern. Denn die Mitglieder der Genossenschaft hatten ja nie aufgehört, auch selber zu fischen. In 43

in Vážný (Hrsg.), Rozhodnutí nejvyššího soudu československé republiky ve věcech občanských VII S. 1212 (man müsse ein Wegerecht auch als Recht ausüben, um es zu besitzen; daran fehle es, wenn man die Nutzung durch andere nicht unterbinde). S. auch LG Klagenfurt 6.12.2007, 2R274/07g (Der Kläger hatte seit vielen Jahren einen Durchgang über das Grundstück der Beklagten für den Kirchgang und gelegentlich auch für andere Zwecke genutzt. Vor mehr als 20 Jahren hatten die Rechtsvorgänger des Beklagten ein Schild mit der Aufschrift „Durchgang bis auf Widerruf und auf eigene Gefahr" aufgestellt; dass dem Kläger zugesichert worden war, es gelte für ihn nicht, konnte nicht bewiesen werden. Später nahmen die Beklagten das Schild ab und brachten stattdessen einen Türknauf an, den der Kläger nicht von außen öffnen konnte. Der Durchgang war ihm damit versperrt. Seine auf Besitzstörung gestützte Klage wurde abgewiesen. Das Anbringen des Schildes hätte den bis dahin unbeschränkten Rechtsbesitz des Klägers beendet. Er hätte sich wehren müssen; aus Sicht der Beklagten sei nichts weiter zu veranlassen gewesen. Da der Kläger nichts weiter unternommen, nicht einmal mitgeteilt habe, er fühle sich an das Schild nicht gebunden, habe er jeden Besitz verloren und könne deshalb auch keinen (Rechts-)Besitzschutz beanspruchen).

[294] OGH 27.5.2010, immolex 2011 S. 10 Nr. 24, Anm. *Limberg* (die Nutzung eines Grundstücks als Obstgarten könne auch Ausdruck einer bloßen Dienstbarkeit sein; folglich komme es dadurch nicht zur Ersitzung des kompletten Eigentumsrechts).

[295] EllDni 47 (2006) S. 130.

[296] 1 Ob 119/14b, ECLI:AT:OGH0002:2015:0010OB00119.14B.0319.000.

Rb. Leeuwaarden 29.9.2010[297] ging es um die Nutzung eines Stichkanals, der zwischen den Grundstücken der Parteien lag, aber im ausschließlichen Eigentum des Beklagten stand. Der Kanal hatte Zugang zu einem großen Binnensee, dem Koevordermeer. Das (Ferien-) Grundstück des Klägers war nur über diesen Kanal leicht zu erreichen; es lag 2 km von der nächsten öffentlichen Straße entfernt. Der Kläger kannte die Eigentumsverhältnisse, verließ sich aber, als er 2004 sein Grundstück kaufte, darauf, dass der (inzwischen verstorbene) Verkäufer den Kanal schon seit 1967 zur Durchfahrt und zum Anlegen genutzt hatte. Im Jahre 2007 wurde dem Kläger eine Baugenehmigung zum Errichten eines kleinen Bootshauses erteilt. Der Beklagte legte Widerspruch ein; die Baugehmigung wurde 2009 widerrufen. Daraufhin riegelte der Beklagte die Zufahrt ab. Die hiergegen gerichtete Klage scheiterte. Der Kanal war kein „öffentliches Gewässer", nach den Feststellungen des Gerichts nicht einmal ein „öffentliches Fahrwasser". Der Kläger habe auch keine Grunddienstbarkeit ersessen. Weder sein Rechtsvorgänger noch er selber seien gutgläubig gewesen (Art. 3:118 ndl. BW). Zwar kenne das BW seit 1992 bei Ablauf von 20 Jahren auch eine außerordentliche (bösgläubige) Ersitzung. Es habe nach den Maßstäben der Verkehrsanschauung aber an Eigenbesitz an einer Dienstbarkeit gefehlt. Das Verhalten des Klägers lasse nicht den Schluss zu, dass er aufgrund eines dinglichen Rechts gehandelt habe; es hätte sich genau so gut um ein persönliches Recht oder gar nur um eine Duldung durch den Beklagten gehandelt haben können.

d) Besitzrechtlich geschützte Herrschaft über rein normative Sachen?

44 Der „Rechtsbesitzer", der „im Umfang" eines beschränkten dinglichen Rechts Gewalt über eine reale Sache, ein Grundstück oder (und vor allem) einen Grundstücksteil ausübt, ist, wie dargelegt, keine Person, die wirklich nur ein Recht besitzt. Er herrscht vielmehr „im Umfang eines Rechts" über ein körperliches Objekt, aber er herrscht nicht „über ein Recht". Das Wort „Recht" steht in diesem Kontext nicht für den Bezugspunkt des Besitzes, sondern für die Intensität der Sachgewalt. Den „Rechtsbesitz", um den es im Folgenden geht, versteht man dagegen am besten als das besitzrechtliche Analogon zu den dinglichen Rechten, die auf rein normative Sachen bezogen sein können. Wo ein solcher Rechtsbesitz anerkannt wird, hat man auch im Besitzrecht eine zweckgebundene Gleichsetzung materieloser Gegenstände des Rechtsverkehrs mit den übrigen (wenn man so will: den „echten") Sachen vor sich.[298] Dieser Vorgang ist hier indes nicht minder heikel als im Recht der Rechte. Denn er darf nicht so weit gehen, dass er die konzeptionelle Integrität des Besitzrechts sprengt. Besitz an rein normativen Sachen bedeutet schließlich Herrschaft über etwas ganz und gar Immaterielles, über etwas, das keiner physischen Kontrolle, keiner sich auf räumliche Nähe stützenden „Gewalt" mehr zugänglich ist und im eigentlichen Sinne des Wortes des *corpus* entbehrt.

(1) Systeme mit einem engen Sachbegriff

45 Für einen wesentlichen Teil der europäischen Rechtsordnungen kommt Besitz an rein normativen Sachen schon deshalb nicht in Betracht, weil sie ihren Sachbegriff auf körperliche Gegenstände verengt haben und, abgesehen von einigen Erscheinungsformen des Teilbesitzes, nicht bereit sind, ihn für die Zwecke des Besitzrechts noch weiter zu modifizieren. Polen (Art. 336 poln. ZGB) gehört in diese Gruppe[299], des-

[297] ECLI:NL:RBLEE:2010:BN9628. Das Urteil wurde in der zweiten Instanz bestätigt: Hof Leeuwaarden 6.11.2012, ECLI:NL:GHLEE:2012:BY2443. Das Berufungsgericht fügte noch intertemporalrechtliche Erwägungen und die Bemerkung hinzu, dass die Ersitzung einer nicht fortdauernden und nicht sichtbaren Dienstbarkeit ohnehin nicht möglich gewesen sei.

[298] S. zu diesem Vorgang aus der Sicht des Rechts der Rechte bereits Bd. 1 Rdnr. 231.

[299] Radwański und Gniewek (*-Gołaczyński*), System Prawa Prywatnego IV³, S. 27–28 Rdnrn. 82–84 (die *actio spolii* habe in Polen keine Spuren hinterlassen; es sei unstreitig, dass

gleichen Estland (§ 33(1) estn. LPA), Slowenien (Artt. 15(1) und 24(1) slowen. SPZ), Portugal (Artt. 1251 i.V.m. 1302 port. CC)[300] und Ungarn.[301] Auch Deutschland akzeptiert grundsätzlich nur körperliche Gegenstände als taugliche Besitzobjekte (§ 854 dt. BGB). Das Wort „Rechtsbesitz" ist seinem Zivilgesetzbuch fremd.[302] Anlehnungen an diese Form von Besitz diagnostiziert das Schrifttum allerdings in §§ 900(2), 1029

Rechte keine Besitzobjekte seien). Nach herrschender Meinung können zwar auch positive („aktive") Dienstbarkeiten (Gniewek [-*Gołaczyński*], Kodeks cywilny², S. 494 Rdnr. 3) Besitzobjekte sein, und zwar sowohl Grunddienstbarkeiten als auch persönliche Dienstbarkeiten (Radwański und Gniewek [-*Gołaczyński*], System Prawa Prywatnego IV³, S. 11 Rdnr. 28). Genau besehen ist aber auch das gerade kein Rechts-, sondern ein begrenzter Sachbesitz. Denn „Besitzer einer Dienstbarkeit" ist, wer ein fremdes Grundstück in einem dem Inhalt einer Dienstbarkeit entsprechenden Umfang mit *animus rem sibi utendi* tatsächlich nutzt (Gniewek [-*Gołaczyński*], Kodeks cywilny², S. 493–494 Rdnr. 1). Der Besitz muss zudem einen dauerhaften Charakter haben; ein gelegenheitlicher und zufälliger Besitz einer Dienstbarkeit ist kein Besitz im Sinne des Art. 352 poln. ZGB (Radwański und Gniewek [-*Gołaczyński*], System Prawa Prywatnego IV³, S. 12 Rdnr. 29). Der Dienstbarkeitsbesitzer kann sich derselben besitzschutzrechtlichen Rechtsbehelfe bedienen, die auch einem „normalen" Sachbesitzer zustehen; insbesondere hat er gegen einen Störer Anspruch auf Unterlassung und Wiederherstellung des früheren Zustands (Art. 344 poln. ZGB). Eine Grunddienstbarkeit kann durch Ersitzung nur dann erworben werden, wenn sie in der Benutzung einer dauerhaften und sichtbaren Einrichtung besteht. Die Vorschriften über die Ersitzung des Eigentums an Grundstücken finden entsprechende Anwendung (Art. 292 poln. ZGB). Ist ein herrschendes Grundstück Besitzobjekt, dann umfasst der Besitz auch die mit dem Grundstück verbundenen Dienstbarkeiten (Pietrzykowski [-*Skowrońska-Bocian*], Kodeks cywilny I⁴, S. 794 Rdnr. 5).

300 Besitz an immateriellen Sachen wird durchweg für inakzeptabel gehalten (*Vieira,* Posse, S. 550–552; *Pires de Lima und Antunes Varela,* Código Civil Anotado III², S. 65, Anm. 4 unter Art. 1287). Denn Art. 1251 port. CC bezieht Besitz auf die Ausübung des Eigentums- oder eines anderen dinglichen Rechts. Daraus wiederum wird gefolgert, dass nur Sachen besitztauglich seien, die den Gegenstand dinglicher Rechte bilden könnten, und das sind unter Art. 1302 port. CC wiederum nur die körperlichen Sachen. Nicht besitzfähig sind folglich Geistige Werke und Gesellschaftsanteile (*Menezes Leitão,* Direitos reais⁴, S. 119). *Vieira,* Direitos reais, S. 133 (s. schon Bd. 1, Rdnr. 76 mit Fn. 1) plädiert (aus unserer Sicht überzeugend) dafür, Rechte an Rechten als Rechte an Sachen bzw. Gütern zu qualifizieren, weil nicht das belastete Recht, sondern der Gegenstand, an dem es besteht, das maßgebende Rechtsobjekt sei. Entsprechendes muss dann auch für den Besitz gelten. Umstritten ist in Portugal allerdings die Besitzfähigkeit von Unternehmen (unten Rdnr. 51 mit Fn. 361).

301 Eine Vorschrift, die die tauglichen Besitzobjekte abschließend definieren würde, fehlt zwar. Man kann das Ergebnis aber aus § 5:14(1) ungar. ZGB rückschließen, wonach nur „körperliche Gegenstände, die man in Besitz nehmen kann, ... Gegenstand des Eigentumsrechts sein" können. Vékás und Gárdos (-*Menyhárd*), Kommentár a Polgári Törvénykönyv, § 5:14 ungar. ZGB, S. 932–933 weisen darauf hin, dass der eigentumsrechtliche Sachbegriff auf körperliche Sachen beschränkt sei, weil Eigentum nur an Sachen möglich ist, die in Besitz genommen werden können, und das wiederum setze räumliche Abgrenzung und Erreichbarkeit voraus. Die Befähigung zur Inbesitznahme sei eine physische, keine rechtliche Eigenschaft einer Sache.

302 Man findet es nur in der (seit 2002 amtlichen: BGBl 2002, I, S. 42; BT-Drucks. 14/6040 S. 34) Überschrift vor § 1029 dt. BGB. *Wolff und Raiser,* Sachenrecht¹⁰, § 24 V und MünchKomm (-*Mohr*), BGB VII⁷, § 1029 Rdnr. 1 meinen demgemäß, es handele sich um den „einzigen Fall des Rechtsbesitzes, den das BGB kennt". „Rechtsbesitz" taucht gelegentlich noch im Kontext von aus früherem Recht fortwirkenden Sachenrechten auf. Ein Beispiel findet sich in BGH 4.2.1955, BGHZ 16 S. 234, 238. Es ging um altrechtliche Staurechte an einem Mühlengraben und in diesem Zusammenhang um die sogen. „unvordenkliche Verjährung". Für sie, so der BGH, „ist erforderlich, daß der *als Recht beanspruchte Zustand* in einem Zeitraum von 40 Jahren *als Recht besessen* worden ist und daß weitere 40 Jahre vorher keine Erinnerungen an einen anderen Zustand seit Menschengedenken bestanden" hat (Hervorhebung hinzugefügt).

und 1090(2) dt. BGB[303]; nur wenige Autoren halten den Begriff für gänzlich überflüssig.[304] § 900(2) dt. BGB handelt von der sogen. „Buchersitzung". Wer im Grundbuch zu Unrecht als Inhaber eines beschränkten dinglichen Immobiliarsachenrechts eingetragen ist, kann es ersitzen, wenn das verbücherte Recht „zum Besitz des Grundstücks berechtigt" oder wenn seine „Ausübung nach den für den Besitz geltenden Vorschriften geschützt ist". Zum Besitz eines Grundstücks berechtigen vor allem der Nießbrauch, das Bau- und das Wohnrecht; nach den für den Besitz geltenden Vorschriften geschützt sind Grunddienstbarkeiten und beschränkte persönliche Dienstbarkeiten.[305] Unter § 1029 dt. BGB kann der Besitzer (auch der Fremdbesitzer) eines Grundstücks Dritten die Ausübung einer zugunsten des Grundeigentümers eingetragenen Grunddienstbarkeit untersagen, „soweit die Dienstbarkeit innerhalb eines Jahres vor der Störung, sei es auch nur einmal, ausgeübt worden ist". Es genügt die Ausübung durch irgendeine befugte Person.[306] Und unter § 1090(2) dt. BGB gilt dasselbe auch im Falle einer beschränkten persönlichen Dienstbarkeit. Der „Rechtsbesitz", von dem diese Vorschriften handeln, ist also immer auf im Grundbuch verlautbarte beschränkte dingliche Rechte an Grundstücken bezogen. In den Fällen des § 900(2) dt. BGB muss der Ersitzende selbst eingetragen sein, in den Fällen der §§ 1029, 1090 geht es um besitzrechtlich organisierte Verteidigungsmöglichkeiten von Personen, die in (gewöhnlich schuldrechtlich legitimierter) Ausübung eines fremden dinglichen Rechts auf das Grundstück eines Dritten einwirken. Ein Mieter, der in Ausübung eines Wegerechts seines Vermieters über ein Nachbargrundstück fährt, um sein Mietgrundstück zu erreichen, soll die Möglichkeit haben, sich selber zu verteidigen, wenn ihn der Nachbar an der Wegenutzung hindert.[307] Handeln unter einem fremden Recht wird possessorisch geschützt. Es geht aber auch hier nicht um den Besitz einer rein normativen Sache, sondern um die Ausübung begrenzter Gewalt über ein fremdes Grundstück. Das relative Recht des Mieters wird partiell sachenrechtlich verstärkt, aber nicht über das Maß hinaus, in dem das fremde Grundeigentum ohnehin schon sachenrechtlich belastet ist. Selbst wenn es sich um die Ausübung einer negativen Dienstbarkeit handelt, bleibt letzter Bezugspunkt des Besitzes immer noch die Ausübung beschränkter Herrschaft über ein fremdes Grundstück. So liegt es z.B. im Falle des Besitzes der sogen. *servitus tigni immittendi* (des Rechts, zur Stütze des eigenen Hauses einen Balken in die Mauer des Nachbarn einzufügen) und im Falle des Besitzes des Rechts, dem Nachbarn den Bau eines neuen Geschosses zu untersagen. Art. 975 gr. ZGB schließlich bringt zwar unter der Überschrift „Rechtsbesitz" zum Ausdruck, dass der Besitz „bei

---

303 S. z.B. *Vieweg und Werner,* Sachenrecht[7], § 2 Rdnr. 45 (Rechtsbesitz sei der rechtlich anerkannte äußere Herrschaftstatbestand hinsichtlich eines Rechts); Westermann/Gursky/Eickmann *(-Gursky),* Sachenrecht[8], § 26 Rdnr. 1 (Rechtsbesitz bestehe unabhängig von der materiellen Rechtsträgerschaft) und MünchKomm (*-Joost*), BGB VII[7], Vorbemerkung zu §§ 854 ff BGB, Rdnr. 7 (Rechtsbesitz beschreibe die Sachlage, bei der die Besitzschutzregeln auf eine Person erstreckt werden, die keine tatsächliche Sachherrschaft, sondern nur ein durch ein Recht vermitteltes Verhältnis zur Sache habe).

304 *Beermann,* Besitzschutz, S. 24. *Mayer* aaO (Fn. 302) hält den Begriff „Rechtsbesitz" mindestens für irreführend. Es ginge nicht um den Besitz an Rechten, sondern um die Anwendung von Besitzschutzvorschriften zugunsten von Personen, die anstelle von Sachherrschaft ein durch ein Recht vermitteltes Verhältnis zur Sache hätten.

305 Palandt (*-Herrler*), BGB[77], § 900 Rdnr. 2.

306 *Herrler* aaO § 1029 Rdnr. 2.

307 Beispiel nach *Baur und Stürner,* Sachenrecht[18], § 7 Rdnr. 9.

dem Pfandrecht und bei den Dienstbarkeiten … in der Ausübung dieser Rechte mit dem Willen eines dazu Berechtigten" besteht. Da diese Rechte aber ihrerseits körperliche Sachen zum Bezugspunkt haben, kann es sich erneut nur um begrenzte Herrschaft über körperliche Objekte, nicht um Herrschaft über rein normative Sachen handeln.[308] Der sogen. Rechtsbesitz ist denn auch nicht wirklich ein *νομή δικαιώματος*, sondern ein *οιονεί νομή*, ein Quasibesitz.[309]

Die englische Rechtssprache hat für „Rechtsbesitz" nicht einmal ein Wort. Auch die Innehabung eines ***estate*** lässt sich nicht als Rechtsbesitz deuten. Zwar ist nicht der Grund und Boden selber der Bezugspunkt von Rechten an *land*, sondern immer nur ein *estate*. „The land itself is one thing, and the estate in the land is another thing, for an estate in the land is a time in the land, or land for a time, and there are diversities of estates which are no more than diversisties of time, for he who has a fee simple in land has a time in the land without end or the land for time without end".[310] Das *Common Law* abstrahiert also die Rechtsinhaberschaft vom physischen Substrat und projiziert sie sodann auf eine rein gedankliche Schöpfung des Rechts[311], wodurch an demselben Stück *land* gleichzeitig mehrere nebeneinander bestehende *estates* möglich werden.[312] Der *estate* tritt aber nicht etwa an die Stelle des Landes, sondern an die Stelle des (zivilrechtlich geprägten) Eigentums an Land.[313] Denn er kann wie dieses übertragen und belastet werden, und im Register wird der *title to an estate* (secs. 1 und 2 LRA 2002) eingetragen. Man ist jedoch bestenfalls *estate owner* (sec. 6(1), (2)(a) aaO), niemals *estate possessor*. Zwar ist auch ein *possessory title* eintragungsfähig (sec. 9(1)(c) und 10(1)(d) aaO). Damit ist aber nicht gemeint, dass man einen *estate* besitzt, sondern, dass sich ein Recht, nämlich der eingetragene *title to an estate*, in diesem Fall allein auf *possession* gründet. Das wiederum kommt aber nur dann in Betracht, wenn man tatsächlich *in possession of land*, also im Besitz des physischen Substrats ist. Erst dieser Sachbesitz bringt ein (neues) *fee simple*, einen neuen *(common law) freehold estate* zur Entstehung, dessen *title* dem Landbesitzer zufällt.[314] Es ist genau „anders herum" als beim Rechts- 46

---

[308] Areopag 809/2005, EllDni 47 (2006) S. 130, Amtsgericht Lefkada 74/2002, ArchN 53 (2003) S. 265 sowie *Triantos*, AK, Art. 975 S. 1187 Rdnr. 3 listen für den Rechtsbesitz denn auch die folgenden Voraussetzungen: (i) eine teilweise tatsächliche Gewalt über eine Sache, (ii) den Willen, diese Gewalt so auszuüben, als ob sie auf einem eigenen Recht beruhe, und (iii) eine fremde Sache, auf die sich die Gewalt bezieht. Demgemäß kann man weder einen Sachinbegriff, noch Vermögen und Unternehmen besitzen, auch nicht den Nießbrauch an einem Unternehmen (*Kousoulas*, Emprágmato Díkaio, S. 192–193 mit Fn. 539). Gegenstand von Besitz kann immer nur eine bestimmte körperliche Sache aus der Sachgesamtheit sein (*Georgiades*, Emprágmato Díkaio I, S. 153–154; *Triantos*, AK, Art. 974 S. 1186 Rdnr. 5; Amtsgericht Samos 8/2005, EEN 72 [2005] S. 695; Berufungsgericht Patras 93/1966, NoB 15 [1967] S. 52).

[309] S. in diesem Kontext auch (in derselben Sache) LG Thessaloniki 23485/2005, Arm. 60 (2006) S. 87 und Berufungsgericht Thessaloniki 132/2007, NoB 55 (2007) S. 2053: Verletzung eines besitzlosen Pfandrechts durch eigenmächtigen Wegtransport von Metallen. Herausgabeklage nur gegen den letzten Detentor der Ware, nicht gegen frühere Detentoren in der Kette.

[310] *Walsingham's Case* (1573) 2 Plowd 547, 555; 75 ER 805, 816-17. Näher bereits Bd. 1 Rdnrn. 23 und 329.

[311] *Gray und Gray*, Elements of Land Law[5], Rdnr. 1.3.3.

[312] Megarry und Wade (*-Harpum/Bridge/Dixon*), The Law of Real Property[8], Rdnr. 2–005.

[313] Besonders deutlich wird das in sec. 10(1) des irischen LCLRA 2009 („The concept of an estate in land is retained and … continues … to denote the nature and extent of land ownership"), gilt in der Substanz aber auch in England (Megarry und Wade [*-Harpum/Bridge/Dixon*], The Law of Real Property[8], Rdnr. 3–034 zum *fee simple*: „In practice it is absolute ownership").

[314] *Gray und Gray*, Elements of Land Law[5], Rdnr. 2.1.29.

besitz: der physische Besitz des *land* erzeugt einen *estate* und damit ein Recht; für den Besitz dieses Rechts bleiben weder Raum noch Bedürfnis. Man sieht das schön auch am Bezugspunkt des *animus possidendi.* Der Besitzer muss den Willen haben, das *land* zu besitzen, sich aber keine Gedanken darüber machen, welche rechtliche Stellung er sich auf diese Weise anmaßt. „It is [the] notion of behaving *as* an ‚owner' that translates itself into ... the technical idea of legal possession" und des aus diesem rechtlichen Besitz hervorgehenden *estate.*[315] Der Besitz ist m.a.W. zwar ein „rechtlicher Besitz" an Grund und Boden, aber kein Rechtsbesitz an einem *estate.* Man bewegt sich ganz in der Nachbarschaft der besitzgestützten Eigentumsvermutungen des kontinentalen Rechts. Sie lassen sich in England nur deshalb nicht abbilden, weil es kein Eigentum an Grund und Boden gibt; folglich müssen sich die Parallelwertungen des englischen Rechts ihren Weg über neue *possession*gestützte *estates* bahnen. Das System der *land registration* hat daran nichts geändert. Durch Besitz entsteht unverändert ein *common law (freehold) estate.* Neu ist nur, dass er nun nach Zeitablauf in einen rechtsbasierten *estate* umgewandelt werden kann (para. 9(1) Schedule 6 LRA 2002). Außerhalb des Grundstücksrechts scheidet der Besitz von Rechten ohnehin aus. *Choses in possession* und *choses in action* unterscheiden sich gerade in der Frage der Besitzfähigkeit der fraglichen Sache.[316] Nur wenig vereinfachend kann man erstere als körperliche und letztere als unkörperliche Gegenstände beschreiben.[317] *Choses in possession (chattels)* sind „tangible, moveable and visible", es sind Sachen, „of which possession can be taken".[318] Unkörperliche Gegenstände wie Bankkonten und andere Forderungen kann man dagegen nicht in *possession* haben.[319] Nur bei in Wertpapieren verkörperten Forderungen, bei *documentary intangibles,* ist das natürlich wieder anders.[320]

(2) Besitz in Bezug auf Sachen ohne physisches Substrat

47 Auf den ersten Blick völlig anders setzt das österreichische Recht an. Unter § 312 österr. ABGB kommt man „in den Besitz unkörperlicher Sachen oder Rechte ... durch den Gebrauch derselben im eigenen Namen".[321] Das ABGB selber operiert also mit einem denkbar weiten Besitzkonzept, das nach dem Wortlaut des Gesetzes ohne Weiteres auch rein normative Sachen, z.B. Forderungen, einschließt. Die herrschende Rechtsansicht vermeidet diese Folge allerdings im Wege einer korrigierenden Auslegung: Rechtsbesitz ist für sie im Wesentlichen das, was man in Deutschland Fremdbesitz nennt: Rechtsbesitz habe man nur dort vor sich, wo das besessene Recht notwen-

[315] *Gray und Gray* aaO Rdnr. 2.1.18 (Hervorhebung im Original).
[316] Siehe bereits Bd. 1 Rdnr. 161.
[317] *Bridge/Gullifer/McMeel/Worthington,* The Law of Personal Property, Rdnr. 1–013.
[318] *Armstrong DLW GmbH v Winnington Networks Ltd* [2012] EWHC 10 (Ch); [2013] Ch 156.
[319] *Lipkin Gorman v Karpnale Ltd* [1991] 2 AC 548, 574 (HL: Lord *Goff*).
[320] *Bridge/Gullifer/McMeel/Worthington* aaO Rdnrn. 1–021 bis -024.
[321] Ähnlich Artt. 875 Satz 2, 877 lett. ZGB (Gegenstand des Besitzes können auch Rechte sein. Der Besitz eines Rechts ist nur dann möglich, wenn dieses eine fortdauernde oder sich wiederholende Ausübung zulässt. Unter dieser Voraussetzung findet Besitz eines jeden Rechtes statt, wenn die tatsächliche Möglichkeit vorliegt, das Recht nach Belieben, mit Ausschließung anderer, auszuüben, und man dasselbe wirklich für sich in Anspruch nimmt) sowie Artt. 4.24 i.V. m 4.38 lit. ZGB (Alles, was Gegenstand des Eigentums sein kann, kann auch Gegenstand des Besitzes sein. Gegenstand des Eigentums können Sachen und sonstiges Vermögen sein). Näher *Nekrošius,* in Heiss (Hrsg.), Zivilrechtsreform im Baltikum, S. 84, 88 sowie *Galginaitis/ Himmelreich/Vrubliauskaitė,* Einführung in das litauische Recht, S. 124.

dig mit der Innehabung einer körperlichen Sache einhergehe.[322] Ohne das Merkmal „Sachherrschaft", so das Argument, könne das Besitzrecht seine eigentlichen Aufgaben gar nicht wahrnehmen, insbesondere sei dann kein Raum mehr für irgendeine Form possessorischen Schutzes.[323] Ein Teil der Lehre geht sogar noch weiter und fordert, dass das „besessene" Recht ein Gebrauchsrecht sein müsse. Mieter und Pächter hätten Rechtsbesitz, Verwahrer nicht, denn sie dürften die verwahrte Sache nicht nutzen.[324] Unbestritten ist diese Reduktion des Rechts- auf den (wie auch immer begrenzten) Sachbesitz jedoch nicht.[325] Schließlich heißt es in § 313 ABGB weiter: „Der Gebrauch eines Rechtes wird gemacht, wenn jemand von einem Andern etwas als eine Schuldigkeit fordert, und dieser es ihm leistet; (oder) wenn auf fremdes Verboth ein Anderer das, was er sonst zu thun befugt wäre, unterläßt".

Besitzrechtlich nicht einfach zu deuten ist vor diesem Hintergrund österr. OGH 22.1.2015.[326] **48**
Die Klägerin war die Lebensgefährtin des späteren Erblassers (E), der Beklagte (B) sein Bruder und Sachwalter (Betreuer). Schon bettlägerig im Krankenhaus hatte E seiner Lebensgefährtin seine Bankkarte mit dem Bemerken ausgehändigt, ihr sein ganzes Geld schenken zu wollen, damit es B nicht bekomme. Die Klägerin hatte daraufhin den Großteil des **Geldbestandes auf** ihr eigenes **Konto** übertragen und mit der ihr überlassenen Karte auch in drei Geschäften bezahlt. Sie erzählte davon ihrem Lebensgefährten, der das mit dem Heben eines Daumens zustimmend quittierte. Auf Druck des mittlerweile zum Sachwalter bestellten Bruders überwies sie dann jedoch das Geld unter Vorbehalt auf das Konto des E zurück. Ihre Klage gegen B auf (erneute) Rücküberweisung hatte Erfolg. Sie habe das Geld von E wirksam geschenkt bekommen, weil der schenkungsrechtliche Formmangel spätestens mit dem Heben des Daumens geheilt worden sei. Denn darin habe eine „wirkliche Übergabe" des Kontobestandes i. S. v. § 943 österr. ABGB gelegen. Das Verhalten des Kranken habe einer Übergabe des Geldes in bar gleichgestanden; es habe sich um eine *traditio brevi manu* gehandelt. E habe nachträglich signalisiert, dass die Klägerin das Geld behalten solle, und das genüge. Schenkungsrechtlich ist das ohne Weiteres nachvollziehbar. Die Entscheidung überträgt aber offenbar auch besitzrechtliches Denken auf ein Bankguthaben, mithin auf eine Forderung. Bar- und Buchgeld werden schenkungsrechtlich gleichbehandelt; ob das auch im engeren Sinne besitzrechtlich gelten soll, bleibt letztlich offen.[327] Schwedischen Gerichten hat sich eine

---

[322] Klang (-*Klang und Schey*), ABGB II², S. 61.

[323] *Iro,* Sachenrecht⁵, Rdnrn. 2/7- 2/8 (mit dem Zusatz, eine Ausnahme vom Erfordernis der Sachherrschaft werde allein bei Reallasten gemacht, und das auch nur aus rein historischen Gründen).

[324] *Barta,* Zivilrecht, S. 152; *Hoyer,* Wbl 1997 S. 147, 148.

[325] Gegen die herrschende Meinung u. a. Klang (-*Kodek*), ABGB³, § 311 Rdnrn. 22–28 (das Erfordernis der Sachherrschaft folge weder zwingend aus der Natur des Besitzes, noch lasse es sich aus den Quellen herleiten). Rummel (-*Spielbüchler*), ABGB I³, § 311 Rdnr. 3 folgt im Prinzip zwar der Auffassung, dass Ansprüche, die nicht auf Sachinhaberschaft gerichtet seien, nicht zu den besitzfähigen Rechten gehörten, hält aber Duldungsansprüche für generell besitzfähig.

[326] Ecolex 2015/171 (S. 460), Anm. *Fritzer.*

[327] Das gilt auch für OLG Hamm 11.12.2014, Beck-online, Leitsatz in NZG 2015 S. 1033. Es ging um Fragen der internationalen Zuständigkeit. Ein deutscher Anleger wandte sich gegen den Zwangsumtausch seiner griechischen Staatsanleihen. Das OLG verneinte eine Besitzstörung durch die Hellenische Republik, allerdings nicht deshalb, weil Anleihen keine tauglichen Sachenrechtsobjekte wären (die Frage blieb offen), sondern deshalb, weil die Anlegerbank unmittelbare Besitzerin gewesen sei und weil sie (und nicht die Hellenische Republik) die Anlagen umgetauscht hatte. Der Anleger selber sei bestenfalls mittelbarer Besitzer gewesen. Als mittelbarer Besitzer könne er aber possessorisch nicht gegen einen Dritten mit der Begründung vorgehen, dass die unmittelbare Besitzerin die Besitzverhältnisse freiwillig verändert hätte. In demselben Sinne (aber ohne Bezug zu Bankkonten) bereits RG 5.12.1922, RGZ 105 S. 413, 415 und BGH 1.12.1976, WM 1977 S. 218. Unproblematisch besitzfähig ist aber natürlich Bargeld. Areopag 1800/2012, NoB 61 (2013) S. 1003 betraf einen Ehemann, der von dem gemeinsamen Konto des Paares Geld abgeho-

analoge Frage in strafrechtlichem Kontext gestellt. Schwed. HD 7.12.1994[328] hat es abgelehnt, den Begriff des Besitzes im Straftatbestand der unerlaubten Eigenmacht *(olovligt förfogande)* (Kap. 10 § 4 BrB) auf ein Bankguthaben zu beziehen. Der Angeklagte hatte Geld von dem Postgirokonto seiner Firma abgehoben, über das er Vollmacht hatte. Er wusste aber, dass der abgehobene Betrag dort versehentlich von einer dritten Firma eingezahlt worden war. Das Högsta Domstolen verneinte Kontobesitz des Angeklagten. Das strafrechtliche Legalitätsprinzip stehe einer analogen Anwendung der Vorschrift entgegen. HD 30.8.2011[329] hat diese Linie im Rahmen der Strafbarkeit der Unterschlagung *(förskingring)* (Kap. 10 § 1 und § 3 BrB) beibehalten. Er setzt voraus, dass jemand Eigentum für einen anderen mit der Verpflichtung in Besitz hat, die Sache wieder herauszugeben oder für den anderen zu verwalten. Die Angeklagte war zwölf Jahre lang Leiterin der Finanzabteilung einer Firma gewesen und hatte als solche Kontovollmacht. Sie nutzte sie, um innerhalb von nur achtzehn Monaten 15 Mio Kronen (ca. 1,5 Mio €) auf ihr eigenes Konto abzuzweigen. Das Oberste Gericht hob die Verurteilung wegen (schwerer) Unterschlagung auf und verwies die Sache mit der Maßgabe zurück, eine Untreue *(trolöshet mot huvudman)* (Kap. 10 § 5 BrB) zu prüfen. Der Besitzbegriff im Rahmen des Tatbestandes der Untreue sei ein anderer als der Besitzbegriff der Unterschlagung. Außerdem fügte das Gericht hinzu, dass sich der strafrechtliche Besitzbegriff nicht mit dem privatrechtlichen decke. Im Privatrecht ginge es um den Schutz vor Insolvenzgläubigern (Eigentumsvermutung zugunsten des Besitzers einer körperlichen Sache; Pfändungsschutz) und um ein Instrument zur Ermöglichung des gutgläubigen Erwerbs.

49 So bleiben nur wenige europäische Rechtsordnungen, die Besitz auch an rein normativen Sachen für möglich halten. Tschechien, das besitzrechtlich freilich ohnehin eine Sonderstellung einnimmt, gehört insoweit in diese Gruppe, als die dortige Rechtsprechung mehrfach die **Ersitzung von „Anteilen"** für möglich erachtet hat. Es ging um mitgliedschaftliche Anteile an (oder in) Baugenossenschaften[330], um Bruchteilsmiteigentum[331] und eben auch um Gesellschaftsanteile.[332] Dem Fall lag ein Anteilskauf zugrunde, der acht Jahre nach Vertragsschluss vom Kreisgericht in Brno (Brünn) für ungültig erklärt worden war, weil die Parteien zwar Entgeltlichkeit, aber keinen konkreten Kaufpreis vereinbart hatten. Das Kreisgericht hatte die Löschung der Käufer im Handelsregister veranlasst; Gesellschaftsanteile könnten nicht ersessen werden. Auf Revision der Käufer hob das Oberste Gericht auf und bekräftigte die Ersitzungsfähigkeit „eines Vermögensrechts an einem Gesellschaftsanteil". Es verwies auf § 129(2) tschech. BGB [1964], wonach Rechte besessen werden konnten, die eine ständige oder wiederholte Ausübung erlauben. Unter § 134 aaO wurde der berechtigte Besitzer einer beweglichen Sache nach Ablauf von drei Jahren (der Besitzer einer unbeweglichen Sache nach zehn Jahren) zu deren Eigentümer, und unter § 151o(1)

---

ben hatte, das der Frau zustand. Er sollte es zum Erwerb eines Grundstücks für seine Frau verwenden, nutzte es aber für eigene Zwecke. Zwischen dem Mann und der Frau habe aufgrund des Auftragsverhältnisses ein *constitutum possessorium* bestanden, und der Mann habe sich der Unterschlagung schuldig gemacht. In den Niederlanden wird diskutiert, ob man Besitzer von Daten, z.B. den Daten auf der Kundenkarte eines Bonussystems, sein könne. *Wibier,* WPNR 2016 Nr. 7110 verneint das unter Hinweis auf die Unkörperlichkeit der Daten.

[328] NJA 1994 S. 480. S. dazu *Martinson,* Kreditsäkerhet i fakturafordringar, S. 398.

[329] NJA 2011 S. 524.

[330] Tschech. OG 10.5.2012, 29 Cdo 1989/2011, Soudní judikatura 7/2013 Nr. 95.

[331] Tschech. OG 30.8.2007, 22 Cdo 459/2007, Soudní rozhledy 2008 (7) S. 261. Siehe auch tschech. OG 12.12.2012, 31 Cdo 2897/2010, Sbírka soudních rozhodnutí a stanovisek Nr. 16/ 2013 (Nutzungsherausgabe, weil der Beklagte zu der fraglichen Zeit unberechtigter Besitzer der Miteigentumsanteile der Klägerin an Haus und Grundstück war).

[332] Tschech. OG 28.8.2007, 29 Odo 1216/2005, Sbírka soudních rozhodnutí a stanovisek Nr. 50/2008 (Heft Nr. 5) (Leitsatz: „Der Geschäftsanteil kann als eine bewegliche Sache ersessen werden"). Auch in den Niederlanden scheint die Ersitzung von Gesellschaftsanteilen für möglich gehalten zu werden (H.R. 10.12.2010, ECLI:NL:HR:2010:BO1819).

Satz 2 aaO konnte das einer Dienstbarkeit entsprechende Recht nach zehn Jahren durch Ersitzung erworben werden. Es sei aber nicht richtig, so das Oberste Gericht, dass nur dingliche Rechte ersessen werden könnten. Ein Gesellschaftsanteil sei ein Vermögenswert, über den man als solchen verfügen könne. Auch sei es unter § 1(2) tschech. Wertpapiergesetz (Gesetz Nr. 591/1992 Gbl.) möglich, Wertpapiere zu ersitzen. Dem Gericht erschien es inkonsequent, diese Regel nicht wenigstens analog auch auf nicht verbriefte Gesellschaftsanteile anzuwenden. Es gebe ersitzungsrechtlich keinen Grund, Aktien anders zu behandeln als Anteile an anderen Handelsgesellschaften. In den Niederlanden beurteilt man das ebenso[333]; in Griechenland nicht.[334]

In Italien scheint die herrschende Lehre Besitz, wenn überhaupt, nur an ganz be- 50
stimmten *beni immateriali* zu akzeptieren. Die Hauptbeispiele waren bislang Firmen, Marken und Patente im Besitz eines Unternehmers.[335] Nachdem er sich jahrelang betont zurückhaltend gezeigt hatte[336], hat der Kassationshof in einem Urteil seiner vereinigten Senate im Jahre 2014 aber entschieden, dass sogar eine ganze Apotheke, also ein Unternehmen besitz- und damit ersitzungsfähig sei.[337] Viele Einzelheiten wirken freilich weiterhin wenig geklärt; eine allgemeine Lehre vom Rechtsbesitz hat sich in Italien bislang weder herausgebildet noch gar durchgesetzt. Art. 437 span. CC bestimmt, dass „Gegenstand des Besitzes nur diejenigen Sachen und Rechte sein (können), die aneignungsfähig sind". Die Besitzfähigkeit von Rechten folgt außerdem aus den Artt. 430–432 span. CC, wo von dem „Innehaben einer Sache oder dem Genuss eines Rechts durch eine Person", von „Besitz an Sachen oder Rechten" und von „Besitz an Gütern oder Rechten" die Rede ist. Entscheidend ist die Verkehrsfähigkeit des Gutes.[338] Aneignungs- und damit besitzfähig sind indes nach verbreiteter Auffassung nur

---

[333] H.R. 10.12.2010, RvdW 2010 S. 1477 (nichtiger Verkauf von Anteilen an einer BV; „akquisitive" Verjährung *(verkrijgende verjaring)* unterArt. 3:99 BW bejaht).

[334] Berufungsgericht Thessaloniki 577/2010, NoB 59 (2011) S. 1591; Arm. 66 (2012) S. 415 (Namensaktien seien als Wertpapiere taugliche Ersitzungsobjekte, deshalb könne grundsätzlich auch ein Nießbrauchrecht an ihnen ersessen werden. Voraussetzung sei aber, dass es sich um ein Wertpapier handele und Ersitzung nach den Regeln des Rechts der beweglichen Sachen eingetreten sei. Daran habe es im konkreten Fall gefehlt, weil das Bezugsrecht dem Gesellschafter zugestanden habe; die Nießbraucherin habe den für eine ordentliche Ersitzung erforderlichen Titel nicht nachweisen können). Näher *Panagiotou,* EllDni 52 (2011) S. 650, 665.

[335] Eingehend *Caterina,* Diritti reali I, S. 385.

[336] Cass. 24.2.1977, Nr. 826, Giur. it., 1977, I, 1, S. 1320 (ein Urheberrecht könne weder durch Ersitzung noch durch Aneignung erworben werden; es könne nur durch die persönliche Gestaltungskraft des Autors entstehen); Cass. 22.12.1978, Nr. 6150, Giur. it. 1980, I, 1, S. 321 (eine Firma könne nur dann im Wege der Ersitzung erworben werden, wenn der Berechtigte sie nicht mehr nutzt und der Ersitzende einen nicht geduldeten Besitz ausübt) und Cass. sez. un. 5.3.2014, Nr. 5087, NGCC 2014 S. 639, Anm. *Delli Priscoli* (Ersitzung eines Betriebs nur möglich über die Ersitzung aller zu dem Betrieb gehörenden Einzelsachen).

[337] Cass. sez. un. 5.3.2014, n. 5087, Giust. civ. Mass. 2014, rv 629549; Riv. Not. 2014, 2, 289; Foro it. 2014, 6, 181; Rassegna di diritto farmaceutico 2014, 5, 1042. Die Beklagte hatte den Anteil ihres Vaters an der Apotheke geschenkt bekommen und die Apotheke für mehr als dreißig Jahre allein geführt. Die Schenkung war zwar unwirksam, weil sie den erbrechtlichen Pflichtteil des klagenden Bruders verletzte, doch scheiterte seine Klage an dem Ersitzungseinwand der Beklagten. Eine Apotheke sei unter dem breiten *bene*-Begriff des italienischen Rechts (s. bereits Bd. 1 Rdnr. 86) als immaterielle Sache anzusehen. Sie könne nicht nur derivativ, sondern auch originär erworben und unter Art. 1140 ital. CC Gegenstand des Besitzes sein. Er habe in diesem Fall die Gesamtheit der Güter, nicht die einzelnen *bene* zum Gegenstand, aus denen sich *azienda* zusammensetzt.

[338] *Díez-Picazo,* Fundamentos III^5, S. 675.

dingliche Rechte, die dauerhaft auf körperliche Sachen bezogen sind; Hypothek, Pfand und weder sichtbare noch kontinuierliche Grunddienstbarkeiten seien dem Besitz nicht zugänglich.[339] Diese Lehre ist jedoch umstritten. *Albaladejo* z.B. kann sich für seine gegenläufige These, dass Gegenstand von Besitz alle Vermögensrechte privatrechtlicher Natur sein könnten[340], auf entsprechende Rechtsprechung des Tribunal Supremo berufen.[341] Es ginge nicht nur um dingliche Rechte, sondern auch um Forderungsrechte, sofern sie nur aneignungsfähig seien, d.h. „zu dauerhafter Beziehung zum Rechtsträger und zu dauerhafter Rechtsausübung geeignet" sind. *Albaladejo* hält deshalb Forderungsrechte aus Miete für besitzfähig, nicht dagegen Forderungsrechte, die auf eine einmalige Leistung gerichtet sind, desgleichen nicht eine Hypothek und das dingliche Rückkaufrecht *(retracto)*.[342] Unter Art. 3:107 ndl. BW schließlich sind *bezit* (Eigenbesitz) und *houderschap* (Fremdbesitz) an allen *goederen*, also an allen körperlichen Sachen und an allen Vermögensrechten[343], möglich. *Bezit* und *houderschap* sind nach niederländischem Verständnis gerade nicht auf körperliche Sachen begrenzt; im Schrifttum wird selbst von einer Forderung auch in den Niederlanden gesagt, sie könne Gegenstand des Besitzes sein.[344] Wie er zu denken wäre, deutet Art. 3:112 ndl. BW allerdings bestenfalls an. Die Vorschrift gibt (nicht abschließende[345]) Regelbeispiele für den Erwerb des Eigenbesitzes: Inbesitznahme, Übertragung und Gesamtrechtsnachfolge. Für den Besitz an Vermögensrechten dürfte insbesondere die „Inbesitznahme" wichtig sein. „Man nimmt ein Gut in Eigenbesitz, indem man sich die tatsächliche Gewalt darüber verschafft" (Art. 3:113(1) ndl. BW). Bei Vermögensrechten soll das geschehen sein, sobald man sie ungestört ausübt.[346] Nicht der Charakter des Rechts wird als entscheidend angesehen, sondern seine ungehinderte Ausübung. Die Materialien geben im Wesentlichen allerdings nur das Beispiel von Pfand- und Hypothekenrechten. Sie würden in Besitz genommen, wenn sie jemand wahrnimmt, also z.B. gegenüber einem Mieter als Pfandgläubiger oder Hypothekar auftritt oder sich Dritten gegenüber ein solches Recht dadurch anmaßt, dass er Belastungen des Eigentums eines Dritten zustimmt.[347] Eine ausgefeilte Dogmatik, die das Konzept des Forderungsbesitzes näher beleuchten würde, scheint bislang zu fehlen.[348]

---

339 *Díez-Picazo* aaO S. 679.

340 Derecho civil III[10], S. 49–51 (Ausnahme: Personen- und Familienrechte; sie seien nicht aneignungsfähig).

341 TS 19.1.1965, RAJ 1965 Nr. 158 S. 95 (teilweise ins Deutsche übersetzt von *Sohst,* Das spanische Bürgerliche Gesetzbuch[5], Anm. zu Art. 437 S. 119).

342 Bd. 1 Rdnr. 472.

343 Zum Begriff der *goederen* bereits Bd. 1 Rdnr. 107.

344 Man besitze eine Forderung z.B. dann, wenn man irrtümlich glaubt, sie erworben zu haben und sich deshalb verhält, als wäre man ihr Gläubiger: *Biemans,* NTBR 2007 S. 88; *ders.,* NTBR 2007 S. 266.

345 von Bar (*-Nieper und Ploeger*), Sachenrecht in Europa III, S. 172.

346 Asser (*-Bartels und van Mierlo*), Algemeen goederenecht[16], Rdnr. 104.

347 T.M., Parl. Gesch. III, S. 433. Siehe auch *Schoordijk,* Vermogensrecht in het algemeen, S. 379–380 (mit dem Beispiel eines Notarfehlers, in dessen Folge eine Hypothek nicht an dem Grundstück der Gesellschaft, sondern an dem Privatgrundstück ihres alleinigen Gesellschafters bestellt wird. Die Bank stimmt auf Anfrage eines Nachbarn der Bestellung eines Wegerechts zu. In einem solchen Fall habe die Bank *bezit* an der Hypothek und könne sie ersitzen).

348 Wenig klar erscheint insbesondere, wann und unter welchen Voraussetzungen Art. 3:125(1) ndl. BW zum Schutz des Forderungsbesitzes zur Anwendung kommen kann. Der Besitzer einer körperlichen Sache hat danach die Rechte eines Eigentümers, ist also auch zur Vindikation befugt.

Besonders ungewöhnliche Einsatzfelder hat **Frankreich** der Lehre vom Besitz eröffnet. Sie reicht hier bis in das Personenrecht hinein. Mit dem Status- oder Personenstandsbesitz, der *possession d'état* (Art. 311-1 franz. CC), verbinden sich bedeutsame abstammungsrechtliche Folgen. Nach der Rechtsprechung des Kassationshofes (die in diesem Punkt weitgehend mit der des spanischen Tribunal Supremo überein stimmt[349]) kann man unter besonderen Voraussetzungen sogar einen Namen ersitzen und gehalten sein, ihn, einmal ersessen, fortzuführen.[350] Auf dem Gebiet des Vermögensrechts wirkt sich vor allem das Spannungsverhältnis zwischen Art. 2255 (früher Art. 2228) und Art. 2276 (früher Art. 2279) franz. CC aus. Art. 2255 aaO legt ausdrücklich fest, was unter dem Besitz „einer Sache oder eines Rechts" zu verstehen sei (nämlich ihre Inne- 51

Eine solche *revindicatie* kann aber bei Forderungen nicht funktionieren, weil ja auch einForderungsinhaber kein Vindikationsrecht hat. Der possessorische Rechtsschutz ist zudem dem Deliktsrecht überantwortet worden (Art. 3:125(3) mit Art. 6:162 ndl. BW; näher Asser [-*Mijnssen/de Haan/van Dam/Ploeger*], Goederenrecht I[15], Nr. 181). Eher beiläufig erfährt man, dass der Besitzer eines Mietrechts nur die Rechtsbehelfe geltend machen könne, die auch dem Mieter selbst zustehen würden (*Mijnssen/de Haan/van Dam/Ploeger* aaO Nr. 182). Es ist denkbar, dass sich darin der Schutz eines Rechtsbesitzers bereits erschöpft, es also nur dann zu einem solchen Schutz kommt, wenn letztgültiger Bezugspunkt des sogen. Rechtsbesitzes doch wieder eine körperliche Sache ist.

[349] TS 18.2.2015, ECLI:ES:TS:2015:686 (Die Ersitzung eines Adelstitels sei unter dem Recht von Aragon grundsätzlich möglich. In dem Fall war der Titel zunächst auf den Onkel des nachgeborenen Klägers übergegangen, der Kläger hatte aber das genealogisch bessere Recht, sich „Baron" zu nennen. Der Kläger drang mit seiner Klage durch, weil die unter dem historischen Recht von Aragon erforderliche Zeit [Volljährigkeit – 14 Jahre – plus 30 Jahre Ersitzungsfrist] noch nicht zugunsten des Onkels abgelaufen war). Im Unterschied zu Frankreich (nachfolgende Fn.) kommt es also grundsätzlich auf die allgemeine Ersitzungsfrist an. Die Ersitzungsfähigkeit eines Adelstitels ist in Spanien aber wohl eine Besonderheit des überkommenen Rechts von Aragon (TSJ Cataluña 2.10.1995, RAJ 1995, Nr. 8180 S. 10897, dazu Puig i Ferriol und Roca i Trias [-*Puig i Ferriol*], Institucions del dret civil de Catalunya IV, S. 148). *Albaladejo,* Derecho civil III[10], S. 167 bemerkt für das gemeinspanische Recht, dass unter ihm die Ersitzung des Adelstitels, des Nachnamen oder des Zivilstandes nicht möglich sei. Es handele sich nicht um dingliche Rechte. Sie stünden ohnehin *extra commercium* und könnten, technisch gesehen, gar nicht besessen werden.

[350] Zum Besitz des Namensrechts existiert eine umfangreiche Rechtsprechung. Cass. civ. 31.1.1978, Bull. civ. I, Nr. 41 gehört zu den ersten Entscheidungen, die seine Ersitzung für möglich hielten („le principe de l'immutabilité du nom patronymique ... ne fait pas obstacle à ce que la possession prolongée d'un nom puisse en permettre l'acquisition, dès lors que cette possession n'a pas été déloyale"). Cass. civ. 25.5.1992, Bull. civ. 1992, I, Nr. 158 bestätigte dann erneut, dass ein Nachname durch loyalen und verlängerten Besitz erworden werden kann („la possession loyale et prolongée d'un nom est propre à conférer à l'individu qui le porte le droit à ce nom"). Cass. civ. 30.9.2003, Bull. civ. 2003, I, Nr. 195; JCP G 2004, II, 10119, S. 1377, Anm. *Zelcevic-Duhamel* und *Loiseau,* D. 2004 S. 86 fügte hinzu, dass der langjährige Namensbesitz der Wiederannahme eines von der Familie früher geführten Namens entgegenstehe. Henri d'Orléans, Comte de Paris und direkter Nachfahre der letzten Bourbonenkönige, drang nicht mit seinem Wunsch durch, in Zukunft mit „Henri de Bourbon" in die Personenstandsurkunden eingetragen zu werden. Der Name „Bourbon" war seit ca. 350 Jahren nicht mehr geführt worden; bei einem Vergleich „notamment de la durée respective et de l'ancienneté des possessions invoquées" sei klar, dass d'Orléans der entscheidene Name sei. Die Ersitzung eines Namensrechts unterliegt freilich nicht der gewöhnlichen dreißigjährigen Frist des Art. 2272 franz. CC. Es muss sich um einen „verlängerten" Besitz handeln, dessen im Einzelfall erforderliche Länge der Tatsachenrichter souverän festlege (Cass. civ. 20.11.1974, Bull. civ. 1974, I, S. 266 Nr. 310 [„Il appartient aux juges du fond d'apprécier les faits de possession propres à justifier la composition d'un nom patronymique ... sans être astreints aux règles concernant, soit la prescription acquisitive de la propriété, soit la possession d'état en matière de légitimité, soit la tenue des registres de l'état civil"] und Cass. civ. 30.9.2003, Bull. civ. 1993, I, Nr. 196 [Ersitzung nach bestenfalls dreißig Jahren abgelehnt]).

habung bzw. seine Ausübung für sich selbst). Das Gesetz kennt also den **Besitz von Rechten.** Streitig ist aber, ob ein solcher Besitz (auf dem Wege über die Titelvermutung des Art. 2276 aaO oder auf andere Weise) auch zur „Ersitzung" des besessenen Rechts führen kann. Würde man das verneinen, hätte man je nach Regelungszusammenhang deutlich verschiedene Besitzkonzepte vor sich. Traditionell hat man das tatsächlich so gesehen.[351] Denn für den besitzrechtlichen *corpus* verlangte die herrschende Meinung im Rahmen von Art. 2276 franz. CC (Art. 2279 belg. CC) materielle Herrschaft über eine bewegliche körperliche Sache. Art. 2276 franz. CC fand deshalb weder auf Forderungen, noch auf Rechte des Geistigen Eigentums, noch auf *fonds de commerce* und ähnliche immaterielle Güter Anwendung. Sie schienen ungeeignet, in Besitz genommen zu werden.[352] Autoren, die sich für die Besitzfähigkeit (auch) unkörperlicher Güter stark machten, verwiesen jedoch u. a. darauf, dass jedenfalls Nießbrauch, Pfand und Grunddienstbarkeiten immer schon anerkannte Besitzobjekte waren.[353] Daraus undifferenziert auf die Besitzfähigkeit aller rein normativen Sachen zu schließen, ist zwar gewagt. Einige neuere Entwicklungen weisen jedoch in der Tat in diese Richtung. Zwar sollen nach der Rechtsprechung des Kassationshofes z.B eine Betriebslizenz für einen Getränkeausschank und ein *fonds de commerce* nicht besitzfähig sein und deshalb nicht unter Art. 2276 franz. CC fallen.[354] Schon bei Patenten verhält es sich aber anders; Art. 613-7 Code de la propriété intellectuelle lässt keinen Zweifel an ihrer Besitztauglichkeit.[355] Zudem hat der Kassationshof mehrfach *actes d'exploitation* von Werken der Literatur, der Wissenschaft und der Kunst als *actes de possession* qualifiziert, auf die sich eine entsprechende Eigentumsvermutung stützen lasse.[356] Fotografien (die Referenzversionen, nicht die einzelnen körperlichen Abzüge) z. B. wurden als im Besitz

[351] JClCiv Code (*-Loiseau*), Art. 527 à 532, Fasc. 20, Rdnr. 17 und *Kuhn,* D. 2006 S. 2897, 2899 befürworten diesen Ansatz bis heute.

[352] *Bergel/Bruschi/Cimamonti,* Les biens[2], S. 271 Rdnr. 221; *Larroumet,* Les biens[5], S. 571 Rdnr. 923; *Jourdain,* Les biens, S. 520 Rdnr. 435.

[353] *Larroumet* aaO S. 41 Rdnr. 59 („Non seulement le droit de propriété, mais encore l'usufruit, le gage et les servitudes peuvent faire l'objet d'une possession"); *Bergel/Bruschi/Cimamonti* aaO S. 272 Rdnr. 221 („en dehors du droit de propriété proprement dit, l'article 2279 est-il applicable à d'autres droits réels incorporels portant sur des meubles corporels comme l'usufruit ou le gage"). *Malaurie und Aynès,* Les biens[5], S. 177 Rdnr. 574 erkennen jedoch klar, dass die *fonction acquisitive* des Besitzes nicht bei allen unkörperlichen Gütern dieselbe sein könne. Auch Art. 75 bulgar. Gesetz über das Eigentum akzeptiert Besitz und Besitzschutz an bzw. für beschränkte dingliche Rechte; nicht besitzfähig sind dagegen relative Rechte (*Venedikov,* Novo veshtno pravo, S. 23 Rdnr. 23).

[354] Cass. com. 7.3.2006, Bull. civ. 2006, IV, Nr. 62 S. 62; D. 2006 S. 2897, Anm. *Mallet-Bricout und Reboul-Maupin* sowie *Kuhn* aaO S. 2897 („l'article 2279 [seit 17.8.2006 Art. 2276] du code civil ne s'applique qu'aux seuls meubles corporels individualisés; que la licence d'exploitation d'un débit de boissons ayant la même nature de meuble incorporel que le fonds de commerce dont elle est un des éléments et ne se transmettant pas par simple tradition manuelle, c'est à bon droit que la cour d'appel a écarté pour la dite licence d'exploitation la présomption prévue par ce texte"). Nicht einmal das ist aber im Schrifttum ohne Kritik geblieben: *Malaurie und Aynès,* Les biens[5], S. 171 Rdnr. 574 und *Terré und Simler,* Les biens[9], S. 343 Rdnr. 431.

[355] „Toute personne qui, de bonne foi, à la date de dépôt ou de priorité d'un brevet, était, sur le territoire où le présent livre est applicable en possession de l'invention objet du brevet, a le droit, à titre personnel, d'exploiter l'invention malgré l'existence du brevet".

[356] Cass. civ. 24.3.1993, Bull. civ. 1993, I, Nr. 126; JCP G 1993, II, 22085, S. 272, Anm. *Greffe;* Cass. civ. 22.2.2000, Bull. civ. 2000, I, Nr. 58, S. 40. S. zu diesen und zu weiteren Urteilen insbesondere die Monographien von *Pélissier,* Possession et meubles incorporels (2001) und *Parance,* La possession des biens incorporels (2008).

einer Gesellschaft angesehen, weil sie sie im eigenen Namen geschäftlich verwertet hatte. Da eine *revendication* der Klischees durch diejenigen, die sie genommen hatten, ausgeblieben war, begründeten die Verwertungshandlungen *actes de possession* und als solche die Vermutung, dass die Fotografien der Gesellschaft auch materiellrechtlich zustünden. Ihr komme deshalb Rechtsschutz gegenüber dritten Nachahmern zu.[357]

Aus der Sicht des Sachenrechts bleibt Besitz an rein normativen Sachen gleichwohl **52**
eine hoch **problematische Konstruktion.** Es genügt nicht, von einem Gut zu wissen, dass es „unkörperlich" ist, um es entweder in das Besitzrecht einzufädeln oder es aus ihm herauszuhalten. Dazu sind diese Güter in ihrer Summe viel zu heterogen. Man muss sie, wie im Recht der Rechte, auch im Besitzrecht einzeln betrachten. Die in vielen Ländern des Zivilrechts übliche Redeweise vom Rechtsbesitz verleitet dazu, die Besitztauglichkeit rein normativer Sachen auf eine einfache Ja/Nein-Frage zu reduzieren. Das ist jedoch nicht plausibel. Denn Rechtsbesitz ist nicht gleich Rechtsbesitz. Wo dieses Wort, wie meistens, nur zur Beschreibung von Zuständen begrenzter Gewalt über Objekte mit einem physischen Substrat dient, ist es überflüssig; jenseits dieser Grenze wird es zum Risiko. Man verliert unter seinem Eindruck schnell aus dem Blick, dass sich die beiden Kerntechniken des Besitzrechts – kurzfristig der herrschaftsgestützte Schutz des *status quo,* langfristig die Adjustierung der sachenrechtlichen Rechtslage an die tatsächlichen Gegebenheiten – nur bei wenigen rein normativen Sachen sinnvoll einsetzen lassen. So wertvoll der Gedanke, den äußeren Anschein der Familienzugehörigkeit zu einem familienrechtlich relevanten Status aufzuwerten, und der vergleichbare Gedanke, die langjährige Führung eines Familiennamens zu einem Namensrecht zu verdichten, sein mögen: Mit Besitz i. S. d. Sachenrechts haben sie nichts zu tun. In beiden Fällen geht es um Personen-, nicht um Sachenrecht[358], ganz genauso, wie man im Recht des „Besitzes" bzw. der „Ersitzung" von Firmen ein Stück handelsrechtliches Namens- und im Recht der „Ersitzung" von Gesellschaftsanteilen in Wahrheit ein Stück Gesellschaftsrecht vor sich hat. Der skizzierte Fall des tschechischen OG[359] zeigt das aus unserer Sicht deutlich. Denn den fraglichen Gesellschaftsanteil gab es ja vor seiner „Ersitzung" noch gar nicht. Es existierte nichts, was sich mit besitzrechtlichen Mitteln hätte verteidigen, nichts, was sich an einen Rechtsinhaber hätte herausgeben lassen, und nichts, was nach Zeitablauf den Inhaber wechseln konnte. Es gehört aber nicht zu den Aufgaben des Besitzrechts, aus dem Nichts neue Sachen zur Entstehung zu bringen.[360] Ob und wie das geschehen kann, ist stets eine Angelegenheit der *lex causae,* in diesem Fall des Gesellschaftsrechts bzw. des Rechts der Scheingesellschaften. Nicht besitzfähig ist, darin stimmen wir dem französischen und dem italienischen Kassationshof zu, auch ein *fonds de commerce.*[361] Abgese-

---

[357] Cass. civ. 24.3.1993 aaO.

[358] Aus deutscher Sicht ist das allemal selbstverständlich, vgl. z. B. OLG Naumburg 9.9.2014, StAZ 2015 S. 210 (Deutsche Eheleute wollten den für die Frau in ihrem englischen Führerschein eingetragenen Adelsnamen führen. Das Gericht lehnte ab. Dieser Name habe „die bisherige Lebensgeschichte der [Ehefrau] nicht geprägt").

[359] Vorher Fn. 332.

[360] Anders *Telec,* Právní rozhledy 2014 (4), S. 115–121. Er schlägt vor, Internetgüter auch dann possessorisch zu schützen, wenn an ihnen keine absoluten Rechte begründet werden können. Der Besitz könne z. B. bei Domainnamen die Rolle übernehmen, die sonst dem Recht der Rechte zufalle. Dasselbe solle sogar gelten, wenn ein Markenschutz infolge Zeitablaufs erloschen ist.

[361] Anders aber wieder die herrschende Meinung in Tschechien. Da der Handelsbetrieb *(obchodní závod)* unter § 502 tschech. BGB eine vom Unternehmer gebildete organisierte Güter-

hen vom Wortlaut des Art. 2276 franz. CC lässt sich das schon damit begründen, dass sich der Besitz (die Scheininhaberschaft) der Rechtsstellung eines Unternehmers nicht angemessen von der rechtlichen Inhaberschaft derselben Rechtsstellung unterscheiden lässt. Denn wenn eine Person unbegrenzte tatsächliche Gewalt über einen *fonds de commerce* ausübt und ihn als den ihren behandelt, dann *ist* sie auch der Unternehmensinhaber. Richtiger Ansicht nach kann man ein Unternehmen deshalb nur be- bzw. ersitzen, wenn man alle zu ihm gehörenden Einzelsachen besitzt.[362]

53 Wieder andere Gegebenheiten herrschen im Recht der Erfindungen, einzelner Werke der Kunst und einiger weiterer Objekte des Geistigen Eigentums. Ein Urheberpersönlichkeitsrecht kann unmöglich ersessen werden; bei Patentrechten und bei vermögensrechtlichen Verwertungsrechten verhält sich das nach gut vertretbarer Auffassung einiger europäischer Rechtsordnungen aber schon wieder anders. Sie lassen sich nicht nur recht-, sondern ohne weiteres auch besitzrechtlich als Sachen denken. Denn sie können und müssen einer Person eigentumsrechtlich (oder eigentumsähnlich) zugeordnet werden[363], und es gibt dann bestenfalls rechtspolitische, aber keine in der Struktur des Sachenrechts liegenden Gründe, sie dem Erwerb durch Ersitzung zu entziehen. Erfindungen sind außerdem geeignet, Sperrpositionen gegen spätere Nachahmer aufzubauen. Man kann sich durch Lizenzvergabe oder sonstige Verwertungshandlungen die Rechtsstellung eines Berechtigten anmaßen, sich dabei außerdem auf Registereinträge stützen, die den Rechtsschein der Berechtigung untermauern. Marken hingegen bedürfen wieder einer eigenen Analyse. Im Normalfall wird es um den Streit zweier Unternehmen gehen, die zeitgleich dieselbe Marke nutzen. Das ist aber eine angemessen nur mit den Mitteln des Wettbewerbs-, nicht des Besitzrechts lösbare Situation.

54 Das eigentliche Problem bilden folglich **Forderungen.** Es gibt, wie gesehen, in der Tat Zivilgesetzbücher, unter denen Forderungen, mindestens bestimmte Forderungen, zu den besitztauglichen Objekten gestellt werden. Inhaltlich vermag eine solche Entscheidung gleichwohl nicht zu überzeugen. Der naheliegendste Einwand lautet, dass sich Forderungen nicht mit den Mitteln der Vindikation herausverlangen lassen. Dazu wäre auf Seiten des Vindizierenden Eigentum vonnöten. Forderungseigentum ist jedoch eine in sich unplausible Konstruktion.[364] Gleichzeitig bleibt unerklärt, wie man sich die Ersitzung einer Forderung denken müsste, ohne das Bereicherungsrecht zu desavouieren.[365]

---

gesamtheit darstelle, sei er ein sowohl eigentums- als auch besitzfähiges Objekt. Er könne verpachtet (§ 2349 aaO), verkauft (§ 2175 aaO) und verpfändet (§ 1314(3) aaO) werden. Es gehöre zu seinen Funktionen, Objekt sowohl relativer als auch absoluter Rechte zu sein (Lavický [-*Koukal und Lasák*], Občanský zákoník I, S. 1778). In Portugal ist die Frage umstritten, ob ein Handelsunternehmen Gegenstand von Besitz sein kann. *Oliveira Ascensão,* Direito Civil – Reais[5], S. 64 bejaht das mit der Begründung, das ein Handelsunternehmen nicht nur als eine Rechtsgesamtheit *(universalidade de direito),* sondern auch als eine Sachgesamtheit *(universalidade de facto)* verstanden und als solche mit den Mitteln des Besitzrechts geschützt werden könne. *Menezes Cordeiro,* Posse[3], S. 81 sieht das ebenso, hält Ersitzung aber nur an den körperlichen Sachen eines Unternehmens für möglich. Anders (kein Besitz möglich) und mit ausführlichen Nachweisen aus der Diskussion *Vieira,* Posse, S. 515–543.

362 Cass. sez. un. 5.3.2014, n. 5087, aaO (Fn. 336).

363 Bd. 1 Rdnr. 229.

364 Bd. 1 Rdnr. 228.

365 Nach dem Wortlaut der Bestimmungen des ndl. BW scheint zwar selbst die Ersitzung einer Kaufpreisforderung für möglich erachtet zu werden, und zwar dadurch, dass sich ein Scheingläubiger dem Schuldner gegenüber solange als der wahre Gläubiger aufführt, bis letzterer dagegen wegen zwischenzeitlichen Verjährungseintritts nicht mehr im Wege eines Unterlas-

Nicht einmal die Ersitzung eines dinglichen Rechts an einer Forderung, etwa eines Pfandrechts, ist eine denkbare Option. Denn zwar ist eine Forderung in Relation zu einem Pfandrecht eine Sache.[366] Ein Forderungspfand dagegen könnte man bestenfalls dann besitzen, wenn man zugleich Detentor der gesicherten Forderung sein könnte. Genau das erscheint jedoch ausgeschlossen.[367] Alleinige „Herrschaft" über eine Forderung wäre zwar nicht undenkbar – etwa, weil jemand anderes als der Gläubiger exklusive Kenntnis von ihrer Existenz, infolge des Besitzes einer Schuldurkunde vielleicht sogar die alleinige Möglichkeit hat, ihren Bestand nachzuweisen, und es auf dieser Grundlage unternimmt, die Forderung für sich zu realisieren. Aber das ist bzw. wäre kein „Besitz" im Sinne des Sachenrechts, auch dann nicht, wenn es um wiederkehrende Leistungen (Ratenzahlungen, Mietzinsen, Rentenschulden) geht. Denn wie die echte so ist auch die Scheininhaberschaft einer Forderung nur auf den Erhalt einer Leistung (auf Vermögensmehrung) ausgerichtet. Der Gläubigerstellung einer Person wohnen als solcher keine Abwehrrechte inne, und es ist nicht zu erkennen, warum das bei der Rechtsstellung eines Scheingläubigers anders sein sollte. Wenn Forderungen Forderungen bleiben sollen, müssen Eingriffe Dritter in das Leistungsinteresse des Gläubigers mit gleichfalls schuldrechtlichen Mitteln abgewehrt werden. Es ist nicht die wirkliche oder scheinbare Forderungszuständigkeit als solche, die Unterlassungs- oder Schadensersatzansprüche hervorbringt. Über den Eingriff hinaus ist vielmehr immer noch ein zusätzliches Element erforderlich, z.B. Vorsatz im Rahmen der Verleitung zum Vertragsbruch.[368] Das wichtigste Argument gegen die Besitztauglichkeit von Forderungen lautet daher, dass sie ihren relativen Charakter in dem Moment verlieren, in dem mit ihnen ein possessorischer *status quo*-Schutz verknüpft wird.[369]

---

sungsbegehrens vorgehen kann (Art. 3:105(1) BW). Das Szenario ist freilich unrealistisch, weil dann in aller Regel auch die Hauptforderung verjährt ist. Vor allem aber ist ein Forderungsbesitz *solo animo* nicht gut denkbar. Das würde dem Missbrauch Tür und Tor öffnen und dem Zessionsrecht den Boden entziehen. Für einen Forderungsbesitz bedarf es mindestens der Mitwirkung des Schuldners. Ob und unter welchen Voraussetzungen dessen Schuld infolge Zahlung erlischt und ob deshalb der wahre Gläubiger einen Ausgleichsanspruch gegen den Scheinzessionar erhält, lässt sich angemessen nur schuldrechtlich beurteilen; dem Besitzrecht stehen dafür gar keine Entscheidungskriterien zur Verfügung. In den Artt. 6:30–37 ndl. BW scheint das Gesetz das selber so zu sehen.

366 Bd. 1 Rdnrn. 109 und 226.

367 Soweit ersichtlich wird das nicht einmal in Tschechien bestritten. Hier soll zwar das Pfandrecht an einer beweglichen (nicht einer unbeweglichen: Spáčil [-*Spáčil*], Občanský zákoník III, S. 74) Sache ein taugliches Besitzobjekt sein, weil die Aufbewahrung der Sache durch den Pfandgläubiger als Ausübung des Rechts wahrgenommen wird (*Rouček und Sedláček,* Komentář k československému obecnému zákoníku občanskému a občanské právo platné na Slovensku a v Podkarpatské Rusi II, S. 79). Selbst ein solches Pfandrecht könne aber nicht ersessen werden, weil „die Forderung durch einen Obligationsgrund individualisiert werden muss und es zu solcher Individualisierung nicht durch die Entstehung einer Forderung im Wege der Ausübung ihres Umfanges kommen" könne (*Rouček und Sedláček* aaO VI, S. 444).

368 Bd. 1 Rdnr. 12.

369 Wiederum scheint es freilich so zu sein, dass das neue tschechische Recht genau dieses Ergebnis hinnimmt, ja vielleicht sogar anstrebt. Unter § 988(1) tschech. BGB können jedenfalls Rechte Gegenstand des Besitzes sein, die durch Rechtsgeschäfte auf andere übertragen werden können und die eine dauernde oder wiederholte Ausübung zulassen. Spáčil (-*Spáčil*), Občanský zákoník III, S. 78 spricht in diesem Zusammenhang vom „Besitz des Eigentumsrechts an einer Forderung". Es gehe vor allem um die Beziehung gegenüber Dritten. Die Kommentierung gibt das Beispiel, dass jemand unberechtigt eine wiederkehrende Rente einzieht. Dagegen solle sich der wahre Gläubiger im Wege des possessorischen Rechtsschutzes zur Wehr setzen können.

55 Das lässt sich gut an dem Beispiel des sogen. **„Besitzschutzes bei Bezugsverträgen“** demonstrieren. Es geht im Kern um die Frage, ob sich ein Mieter, der nach Ablauf der Mietzeit (Fristende; Kündigung)[370] in der Wohnung verbleibt, dagegen zur Wehr setzen kann, dass sein Vermieter den Gas-, Strom-, Wärme- oder Wasserbezug unterbricht. Das Problem taucht natürlich nur auf, wo die Versorgungsverträge direkt mit dem Vermieter (und nicht mit einem Versorgungsunternehmen[371]) geschlossen werden und wo nicht schon die Bauweise der Häuser Eingriffe des Vermieters in eine alle Wohnungen versorgende Heizungsanlage unmöglich macht.[372] Mancherorts behilft man sich mit dem Recht gegen den Rechtsmissbrauch[373] oder mit allgemeinen Regeln über den Schutz der Persönlichkeit[374], gelegentlich auch mit der Inter-

---

Erstaunlicherweise wird aber auch noch angenommen, dass ein Rentengläubiger, da er auch Besitzer der Rentenforderung sei, possessorischen Rechtsschutz gegen einen Schuldner in Anspruch nehmen könne, der seine Zahlungen einstellt (*Spáčil* aaO S. 76). Wäre das so, wäre in diesem Bereich der Unterschied zwischen relativen und absoluten Rechten beseitigt.

370 Wenn der Mieter seinen Pflichten aus einem noch bestehenden Mietverhältnis nicht nachkommt, also z. B. die Nebenkosten nicht zahlt, darf der Vermieter nach der Rechtsprechung des tschech. OG die Versorgung nicht unterbrechen, auch nicht durch Manipulation der Leitungen in Fällen, in denen der Mieter Wasser und Energie direkt bei ihrem Anbieter bezieht (tschech. OG 8.11.2007, 26 Cdo 3044/2006 und 21.12.2005, 26 Cdo 131/2005). Die Lieferung bzw. die Durchleitung von Wasser, so tschech. OG 16.2.2006, 26 Cdo 1067/2005, Soubor rozhodnutí a stanovisek Nejvyššího soudu C 4053) stünde nicht im Synallagma; der Vermieter könne sich nicht auf die Einrede des nicht erfüllten Vertrages zurückziehen. Das Abdrehen von Gas, Wasser und Heizung ist sogar strafbar (tschech. OG 11.12.2002, 6 Tdo 998/2002 und 25.3.2010, 6 Tdo 213/2010). Rechtsprechung zur Situation nach Ablauf der Mietzeit hat sich nicht ermitteln lassen.

371 Versorgungsunternehmen unterliegen nicht selten einer Lieferungspflicht auch dann, wenn der Bezieher nicht zahlt. Unter Art. L 115-3(3) franz. Code de l'action sociale et des familles z. B. ist es Versorgern verboten, die Lieferung von Elektrizität, Gas und Wärme zwischen dem 1. November und dem 15. März des nächsten Jahres zu unterbrechen; für Wasser gilt das Verbot ganzjährig. S. auch Appellationsgerichts Warschau 19.3.2014, VI ACa 1149/13, Lex-Nr. 1496126 (Unwirksamkeit der AGB eines Wasserversorgungsunternehmens, wonach der Liefervertrag bei Zahlungsverzug sofort aufgelöst werden konnte).

372 Poln. OG 7.3.1997, II CKN 25/97, Lex-Nr. 56808 stellte zudem klar, dass ein Wohnungsverwalter den Liefervertrag mit dem Versorgungsunternehmen nicht mit der Begründung für das ganze Haus kündigen dürfe, dass einzelne Mieter das vom Vermieter bezogene Wasser nicht zahlten. Das hätte zugleich bedeutet, dass auch die vertragstreuen Mieter von der Versorgung abgeschnitten waren. Denn das Versorgungsunternehmen war nicht bereit, mit jedem Mieter individuell zu kontrahieren

373 So dürfte es (Rechtsprechung scheint allerdings zu fehlen) in Griechenland liegen. Unter Art. 331 gr. StGB jedenfalls ist die „Selbstjustiz“ strafbar: „Wer einen Anspruch in Bezug auf ein Recht, welches er tatsächlich hat oder er es aus Überzeugung sich zueignet, willkürlich ausübt, wird … bestraft“. Dieser Tatbestand dürfte zumindest dann erfüllt sein, wenn ein Vermieter die Versorgung mit Wasser, Strom, Heizung etc. zu dem Zweck unterbricht, nicht den normalen Weg der Räumungsklage beschreiten zu müssen.

374 Dazu existiert vor allem in Polen eine umfangreiche, aber in sich keineswegs geschlossene Rechtsprechung, die vor dem Hintergrund von Art. 23 poln. ZGB gelesen werden muss, der u. a. die Persönlichkeit und die Unverletzlichkeit der Wohnung unter den Schutz des Zivilrechts stellt. S. z. B. einerseits Appellationsgericht Wrocław 14.4.2011, I Aca 278/11, Lex-Nr 936794 (das Gesetz über die kollektive Bereitstellung von Wasser und die kollektive Ableitung des Abwassers erlaube es nur den Versorgungsunternehmen, nicht aber dem Vermieter, den Wasserbezug im Falle des Zahlungsverzuges zu unterbrechen); poln. OG 7.12.2011, II CSK 160/11, Lex-Nr. 1112726 (der Verlust des Zugangs zu Strom verletze die Grundsätze der Menschlichkeit nicht); Appellationsgericht Łódź 7.5.2014, I Aca 1311/13, Lex-Nr. 1469335 (dsgl. für den Zugang zu fließend Wasser) und Bezirksgericht Gdańsk 30.12.2013, XV C 743/13, http://orzeczenia. ms. gov.pl/content/$N/151015000007503_XV_C_000743_2013_Uz_2014-01-13_001 (bemerkenswerterweise mit dem Zusatz, die Kläger hätten eine possessorische Klage erheben müssen). Tendenziell anders aber Appellationsgericht Warschau 29.10.2013, VI Aca

polation sogen. „nachwirkender Vertragspflichten".[375] Im Übrigen aber muss die Situation besitzrechtlich bewältigt werden. Einige Anhänger der Lehre vom Rechtsbesitz meinen, man könne die Frage dadurch zugunsten des (ehemaligen) Mieters entscheiden, dass man ihn als Detentor der Wohnung und als Eigenbesitzer „des Mietrechts" qualifiziert. In dieser zweiten Rolle soll er, so mehrere untergerichtliche Entscheidungen aus Österreich, vom Vermieter Unterlassung der Unterbrechung der Versorgungszufuhr verlangen können.[376] Das dürfte indes vom Ergebnis her gedacht sein; die Begründung wirkt gezwungen. Denn wenn es der Vermieter ist, der Gas, Strom und Wasser bei dem örtlichen Energieversorger bezieht und sie nur aufgrund des Mietvertrages seinem Mieter zur Verfügung stellt, dann besteht nach Ablauf des Mietvertrages keine Veranlassung mehr, die Versorgung fortzusetzen. Mit der Lehre vom fortdauernden „Besitz an dem Mietrecht" und der These, dass der Vermieter diesen Besitz störe, wenn er die Versorgung unterbreche, wird er zu einer ungeschuldeten Leistung gezwungen, und das unbeschadet des Umstandes, dass die Detention der Wohnung und der „Mietrechtsbesitz" inzwischen unberechtigt sind. Man sollte zudem bedenken, dass elektrischer Strom nicht besitzfähig ist. Strom mag ein *bene* sein (Art. 814 ital. CC), aber es ist (wie Wärme[377]) jedenfalls kein Gut, zu dem sich irgendeine materielle Beziehung (Art. 1140 ital. CC) aufbauen

---

423/13, Lex-Nr. 1496131 (dauerhafte Sperrung der Zufuhr von Grundversorgungsleistungen nur durch das Versorgungsunternehmen, nicht durch den Vermieter mit der Begründung, der Mieter sei mit der Zahlung in Verzug; darin läge eine Verletzung der Unantastbarkeit des Wohnraums); poln. OG 15.10.2010, V CSK 90/10, Lex-Nr. 1001338 (Zugang zu Grundversorgung sei ein persönliches Rechtsgut) und Appellationsgericht Łódź 7.6.2013, I ACa 123/13, Lex-Nr. 1327552 (dsgl., aber mit dem Zusatz, dass es im konkreten Fall nicht verletzt gewesen sei, weswegen der Kläger besser eine possessorische Klage erhoben hätte).

[375] BGH 6.5.2009, NJW 2009 S. 1947 schließt eine solche nachwirkende Vertragspflicht zwar aus, wenn einem Mieter von Gewerberäumen wegen erheblicher Zahlungsrückstände fristlos gekündigt wurde, bestätigt aber, dass es im Falle privater Mohnraummiete zu dem genau umgekehrten Ergebnis kommen kann (Rdnr. 16: „Allerdings können nach Treu und Glauben einzelne Verpflichtungen des Vermieters noch nach der Vertragsbeendigung bestehen, wozu auch die Pflicht zur Erbringung von Versorgungsleistungen gehören kann ... Solche nachvertraglichen Pflichten können sich im Einzelfall aus der Eigenart des – beendeten – Mietvertrags [z.B. Wohnraummiete] oder den besonderen Belangen des Mieters [z.B. Gesundheitsgefährdung oder durch eine Versorgungssperre drohender, besonders hoher Schaden] ergeben. Eine über die Vertragsbeendigung hinausgehende Versorgungsverpflichtung würde allerdings allein den Interessen des Mieters dienen ... Die trotz beendeten Vertrags aus Treu und Glauben nach § 242 BGB herzuleitende Verpflichtung lässt sich daher nur rechtfertigen, wenn sie auf der anderen Seite den berechtigten Interessen des Vermieters nicht in einer Weise zuwiderläuft, die ihm die weitere Leistung unzumutbar macht").

[376] S. insbesondere LG Wien 23.6.1980, EFSlg 36.079 (Besitzfähigkeit eines Telefonanschlusses bejaht; es komme darauf an, dass man angerufen werden könne); LG Wien 21.4.1988, EFSlg 56.873 (Besitzschutz auch für die Möglichkeit, andere anzurufen); LG Wien 10.3.1987, MietSlg 39.015 (Trinkwasserbezug) und LG Graz 15.2.1978, MietSlg 30.027 (Strombezug). Besonders weit ging LG Wien 24.11.1980, MietSlg 32.021. Hiernach begeht ein Vermieter eine Besitzstörung bereits dann, wenn er keine Zahlungen mehr an das Elektrizitätsunternehmen leistet (so dass dieses den Strom abstellt), nachdem der Mieter zuvor die Zahlungen an den Vermieter eingestellt hatte. Eingehend, mit Verweisen auf weitere untergerichtliche Rechtsprechung und gleichzeitig betont kritisch *Hoyer,* Wbl 1997 S. 147, 148. Klang (-*Kodek*), ABGB[3], § 311 Rdnrn. 29–32 meint, es sei gar nicht nötig, von einem „Besitz des Bezugsrechts" zu sprechen. Zur Begründung des gewünschten Ergebnisses genüge bereits der Rückgriff auf den Fremdbesitz an der Wohnung.

[377] Anders zwar Areopag 1148/1999, NOMOS 294704, PoinChr. 2000 S. 594, doch ging es hier allein um die Frage, ob Diebstahl an Wärme möglich sei, was das Gericht bejahte. Der Verwalter eines in Wohnungseigentum geteilten Hauses hatte Heizkörper in seiner Wohnung und in seiner Praxis mit eigenmächtig „abgezweigter" Wärmeenergie versorgt. Das Gericht meinte, Besitzer der Wärme (des Heizungsanteils) sei derjenige Bewohner des Mehrfamilienhauses gewesen, aus dessen Leitung sich der Verwalter bedient hatte. Deshalb habe es sich um einen Seriendiebstahl gehandelt.

lässt.[378] Die Idee eines Mietrechtsbesitzes kann das nicht wegdiskutieren. Die Unterbrechung der Energiezufuhr darf auch nicht mit der (vom dt. Bundesgerichtshof irritierenderweise „kalte Räumung" genannten) Situation gleichgesetzt werden, bei der ein Vermieter nach Ablauf der Mietzeit das Wohnungsschloss auswechselt und so dem Bewohner den Zutritt verwehrt.[379] Das ist evident ein Eingriff in die geschützte Detention an der Wohnung. Wenn dagegen ein (nicht an Sonderregeln des sozialen Mietrechts gebundener) Vermieter von Gewerberäumen nach Ablauf der Mietzeit die Wärmeversorgung unterbricht, dann kann sich der ehemalige Mieter dagegen besitzrechtlich nicht zur Wehr setzen. BGH 6.5.2009[380] hat das richtig erkannt und verneint, dass der Vermieter verbotene Eigenmacht begehe. Er habe nicht in die tatsächliche Sachherrschaft des Gewerbetreibenden eingegriffen. Bei Räumen sei das nur der Fall, wenn der Zugang zu ihnen erschwert oder vereitelt oder wenn in anderer Form in einer den Besitzer behindernden Weise auf die Mieträume eingewirkt werde. Die zur Nutzung des Mietobjekts erforderlichen Energielieferungen seien aber gerade nicht Bestandteil des Besitzes.

e) Sachgewalt kraft respektierter Weisungsbefugnis

56 Detention wie Besitz i. e. S. setzen den *corpus* voraus; es gibt keinen *bezit* ohne *houderschap* (Art. 3:107(1) ndl. BW), keinen *nomé* ohne *katoché* (Art. 974 gr. ZGB). Faktische „Herrschaft", „Macht" oder „Gewalt" über eine Sache darf man aber nicht in einem engen, physischen Sinn verstehen. Es geht um Sachgewalt im Rechtssinne, nicht wirklich um „tatsächliche" Gewalt.[381] Nicht jedermann, der „tatsächlich" mit einer Sache arbeitet, sie pflegt, bewegt, bewacht[382], entgegennimmt oder veräußert, hat sie in seinem Besitz oder wenigstens in seiner (geschützten) Detention. Umgekehrt muss man mit einer Sache nicht notwendig in eigener Person verfahren, um sich als ihr Besitzer oder Detentor zu qualifizieren. Über die Menge ihrer Dinge wissen die

---

[378] Richtig Cass. 3.9.1993, Nr. 9312, Juris Data DVD, und Cass. 30.12.2004, Nr. 24182, Giust. civ. Mass. 2005 S. 1. Der ital. Kassationshof stellt klar, dass es zum Genuss von elektrischem Strom eines ständigen Beitrags des Energielieferanten bedürfe, und das sei mit dem Besitzbegriff unvereinbar. Es handele sich um ein Schuldrecht. Eine *situazione possessoria* setze eine tatsächliche Herrschaft des Nutzers voraus, und an ihr fehle es, weil Energie im Zeitpunkt ihres Bezuges verbraucht werde. Der Kassationshof präzisiert in der zweiten Entscheidung, dass Besitz von elektrischem Strom, selbst wenn man ihn für möglich hielte, keinesfalls ein gewöhnlicher Besitz sein könnte mit der Folge, dass das allgemeine Besitzrecht auf ihn nicht anwendbar sei. Das ist von der Lehre durchweg begrüßt worden (z. B. *Pardolesi,* Voce Energia, Digesto civ. VII, S. 444, 446 und *Caterina,* Il possesso, S. 389: Strombesitz und Stromverbrauch fallen zusammen, folglich könne eine Unterbrechung der Lieferung keine Besitzstörung darstellen. Dass Energie von Art. 814 ital. CC als Sache qualifiziert werde, ändere daran nichts).

[379] BGH 14.7.2010, NJW 2010 S. 3434 (verbotene Selbsthilfe des Vermieters durch Auswechslung des Wohnungsschlosses; der BGH spricht in diesem Zusammenhang von der „so genannten kalten Räumung", es geht aber gar nicht um das Abstellen der Heizungszufuhr). S. außerdem OLG Celle 10.11.1993, ZMR 1994 S. 163 (Besitzstörung durch Schlossauswechslung sei verbotene Eigenmacht; dem Mieter würde es unmöglich gemacht, seine zwangsvollstreckungsrechtlichen Rechtsbehelfe geltend zu machen). Ganz ähnlich im Ergebnis auch ital. Cass. 1.9.2014, n. 18486, Riv. giur. ed. 2014 S. 964 (Ein Mieter hatte die Wohnung verlassen müssen, weil das Dach undicht war. Das nutzte der Vermieter alsbald aus und setzte an Wohnungs-, Terrassen- und Kellertür neue Schlösser ein, sperrte außerdem die Warmwasserzufuhr. Der Kassationshof entschied, dass der Mieter selbst nach Ablauf des Mietvertrages solange *detentore qualificato* bleibe, wie nicht der Vermieter einen Räumungstitel vollstrecke; alles andere sei verbotene Eigenmacht unter Umgehung der von der Rechtsordnung zur Verfügung gestellten Rechtsbehelfe).

[380] NJW 2009 S. 1947. S. auch schon BGH 27.4.1971, VersR 1971 S. 765.

[381] Vorher Rdnr. 15.

[382] Z. B. Poln. OG 27.7.2010, II CSK 121/10, Lex-Nr. 1298068 (Wächter normalerweise nicht Besitzer der bewachten beweglichen Sache); BAG 22.5.1997, NJW 1998 S. 1011 (Fahrer eines Geldtransporters jedenfalls nicht Alleinbesitzer der Geldkassetten).

meisten Menschen gar nicht genau bescheid. Andere unternehmen nichts oder nur noch wenig mit ihnen, weil die Kräfte nachlassen. „Tatsächliche Gewalt" im Rechtssinne scheitert daran nicht. Es genügt, dass man Hilfspersonen einschaltet; in der Lebenswirklichkeit ist das sogar der Normalfall. Die Redeweise von der „tatsächlichen Gewalt", vom *pouvoir de fait,* von *factual possession* und was dergleichen Worte mehr sind, provoziert nun leicht das Missverständnis, dass die Hilfsperson selber den *corpus* habe, so dass der Geschäftsherr „durch" sie *(corpore alieno)* besitze.[383] Dabei wird aber übersehen, dass tatsächliche Gewalt im Rechtssinne gar kein physisches Haben der Sache voraussetzt. Eine auf den Umgang mit einer Sache ausgerichtete Weisungsbefugnis kann vollauf genügen. Denn sie ist ihrerseits ein starker Indikator für Sachherrschaft[384], und sie konstituiert sie, wenn und solange sie respektiert wird. Es kommt also darauf an, dass sich die jeweilige **Hilfsperson fremdem Kommando unterordnet.** Ob sie dazu rechtlich, insbesondere vertragsrechtlich verpflichtet war, ist wiederum nur ein in die Gesamtwürdigung einfließender Faktor. Auch ein nichtiger Vertrag[385], ja sogar ein reiner Freundschaftsdienst können je nach den Umständen bereits genügen.[386] Im Gegensatz zum Besitzherrn wird die Hilfsperson gerade nicht zum Inhaber

---

[383] So sieht man die Dinge wohl in Italien. Art. 1140(2) ital. CC begnügt sich mit der Feststellung, dass man „unmittelbar selbst (besitzen kann) oder mittels einer anderen Person, die die Sache innehat" *(Si può possedere direttamente o per mezzo di altra persona, che ha la detenzione della cosa).* Es scheint (vertiefende Studien fehlen: *Omodei Salè,* La detenzione e le detenzioni, S. 7), dass auch der *detentore per ragioni di servizio* (der Detentor auf Grund der Dienstausübung) (Art. 1168(2) ital. CC) ein Detentor ist. Der Geschäftsherr besitzt „durch" ihn *solo animo,* ist *possessore mediato* (z.B. *Torrente und Schlesinger,* Manuale di diritto privato[21], S. 334; *Sacco und Caterina,* Il possesso[3], S. 86 und *Tenella Sillani,* Dig. disc. priv., sez. civ., XVI, S. 8, 12). Auch unter Art. 338 poln. ZGB ist „Gewahrsamsinhaber", wer die Herrschaft über eine Sache für einen anderen tatsächlich ausübt. Ein Besitzer herrsche in eigenem, ein Gewahrsamsinhaber in fremdem Namen; beide hätten aber den *corpus* (Gniewek [*-Gołaczyński*], Kodeks cywilny[2], Art. 338, S. 480 Rdnr. 1; *Rudnicki und Rudnicki,* Komentarz do Kodeksu cywilnego II[9], Art. 338, S. 601 Rdnr. 1; Pietrzykowski [*-Skowrońska-Bocian*], Kodeks cywilny I[4], Art. 338, S. 798 Rdnr. 1; Kidyba [*-Filipiak*], Kodeks cywilny II, Art. 338, S. 404 Rdnr. 1).

[384] Vorher Rdnr. 10.

[385] Für ein Beispiel s. *Hounga v Allen* [2014] UKSC 47; [2014] QB 413, Anm. *Fisher,* (2015) 78 MLR S. 854 (mit der Hilfe ihres Arbeitgebers illegal nach England eingereiste und deshalb auch illegal beschäftigte Arbeitskraft).

[386] Richtig Palandt (*-Herrler*), BGB[77], § 855 Rdnr. 7 und Staudinger (*-Gutzeit*), BGB (2012), § 855 Rdnr. 6; anders aber wohl Areopag 1792/2005 EllDni 47 (2006) S. 503 und Areopag 110/2005 EllDni 46 (2005) S. 815 (Eine Sachgewalt [*katoché*] sei nur geschützt, wenn derjenige, der die Sache hat, sie aufgrund und innerhalb eines bestimmten Schuldverhältnisses für einen Anderen beherrscht). Siehe auch OLG Koblenz 7.9.1999, NJW-RR 2000 S. 1606 (Haushälterin bringt erkrankten Arbeitgeber mit dessen Fahrzeug in die Klinik; Fahrzeugbesitz [Detention] bleibt allein beim Arbeitgeber). Nicht weisungsgebunden und deshalb in aller Regel auch keine Besitzdiener sind dagegen Eheleute und Lebensgefährten in ihrer Beziehung zueinander; sie sind gewöhnlich Mitbesitzer auch der Sachen des jeweils anderen. Für die Abgrenzung kommt es entscheidend darauf an, ob man sich fremdem Willen dergestalt unterordnet, dass man kein objektiv eigenes Interesse an der Sache zeigt (BGH 9.2.1955, NJW 1955 S. 866, 867; BGH 30.5.1958, BGHZ 27 S. 360, 363). Das kann selbst noch bei einem Finder der Sache der Fall sein (richtig m.E. Gniewek [*-Gołaczyński*], Kodeks cywilny[2], S. 481 Rdnr. 3). Ähnlich Kidyba (*-Filipiak*), Kodes cywilny II, Art. 338, S. 405 Rdnr. 2 (zwischen Besitzer und Besitzdiener müsse nicht notwendig ein bestimmtes Rechtsverhältnis bestehen; es könne sich statt um eine Vertragsbeziehung auch um eine Geschäftsführung ohne Auftrag handeln). Grund und Folge scheinen dagegen in Art. 4.30 lit. ZGB vermengt worden zu sein („Der Besitzer darf den Besitz über eine andere Person ausüben, diese muss die Anweisungen des Besitzers befolgen").

der rechtlich maßgebenden Sachgewalt.[387] „Herr" ist eben nur, wer nach seinen eigenen Vorgaben verfährt, nicht, wer sich fremdem Willen unterordnet.

57 Auch **gestufte Weisungsverhältnisse** sind ohne weiteres denkbar. Man setzt zur Verwaltung eines großen Vermögens einen Angestellten ein, der die empfangenen Weisungen nach „unten" weiterleitet. Bei zureichend eng geführten Weisungssträngen hat richtiger Ansicht nach nur die Person an der Spitze der Hierachie den *corpus*.[388] Wenn dagegen eine Hilfsperson aufhört, das fremde Weisungsrecht zu respektieren, dann verliert der Weisungsbefugte unter den allgemeinen Regeln Detention und Besitz. Ein Arbeitnehmer z. B., der sich eine Sache seines Arbeitgebers durch Unterschlagung oder dadurch zueignet, dass er sie auf eigene Rechnung veräußert, schwingt sich selber zum Besitzer auf und beendet auf diese Weise gleichzeitig die Sachherrschaft seines Arbeitgebers.[389] Entsprechendes gilt im Recht der Detention. Man kann trotz Anerkennung des an der Sache bestehenden fremden Eigentums in eine Situation kommen, in der einem gar nichts anderes übrig bleibt, als eigene Entscheidungen zu

---

[387] Z. B. poln. OG 20.3.2002, V CKN 948/00, OSP 2003/1/6, Lex-Nr. 56913 (Dadurch, dass ein Eigentümer einem Kaufinteressenten die Sache zur Nutzung überlasse, werde der potenzielle Käufer noch kein Besitzer. Er bleibe völlig unter der Entscheidungsgewalt des Eigentümers und sei deshalb nur Gewahrsamsinhaber [Besitzdiener]. Er dürfe ohne Zustimmung des Eigentümers nichts mit der Sache unternehmen); BGH 17.3.2017, NJW-RR 2017 S. 818 (oben Fn. 234); *Triantos,* AK, Art. 986 Rdnr. 1 und *Tousis,* Emprágmato Díkaio, S. 163 (Besitzdiener habe keine Sachherrschaft).

[388] Für die Frage, ob ein Verwalter Fremdbesitzer ist oder nicht, kommt es auf den Umfang seiner Entscheidungsbefugnisse an, z. B. LG Mannheim 23.3.1973, MDR 1973 S. 764 (Hausverwalter; Fremdbesitz bejaht) und Kidyba (-*Filipiak*), Kodeks cywilny II, Art. 338, S. 405 Rdnr. 1. Wird ein Fahrzeug auf einem (bewachten) fremden Parkplatz abgestellt, behält der Fahrer auch während des Parkens den Besitz am Fahrzeug (*Ashby v Tolhurst* [1937] 2 KB 242). Wird dagegen der Fahrzeugschlüssel an einen Mitarbeiter der Parkplatzgesellschaft übergeben, der dann seinerseits das Fahrzeug abstellt, entsteht ein *bailment,* und *possession* geht auf den Parkplatzbetreiber (und nicht etwa auf den Mitarbeiter) über (*Mendelssohn v Normand Ltd* [1970] 1 QB 177). Ähnlich für Österreich Klang (-*Kodek*), ABGB³, § 309 Rdnr. 21; für die Niederlande Asser (-*Bartels und van Mierlo*), Algemeen goederenrecht¹⁶, Rdnr. 12 und für Griechenland Georgiades und Stathopoulos (-*Georgiades*), ZGB, Art. 980 Rdnr. 13 (bei der gestuften Detention sei Art. 980 gr. ZGB analog anzuwenden).

[389] Gniewek (-*Gołaczyński*), Kodeks cywilny², Art. 338, S. 481 Rdnr. 2 (der Besitzdiener könne die Besitzdienerschaft in den Besitz umwandeln, wenn er den Charakter der Herrschaft über die Sache ändere); die Änderung des Besitztitels muss aber äußerlich manifestiert werden (poln. OG 12.5.1959, I CR 167/59, OSNCP 1961/1/8, Lex-Nr. 115233). S. ferner z. B. noch tschech. OG 7.4.1921, Kr I 756/20, Vážný (Hrsg.), Rozhodnutí nejvyššího soudu československé republiky ve věcech trestních II, S. 127 Nr. 411 (Eine Konditoreiangestellte hatte sich aus den Verkaufserlösen 40 Kronen in die eigene Tasche gesteckt. Es ging um die Abgrenzung zwischen Diebstahl und Unterschlagung. Das Gericht führte aus, Ladenangestellte seien unter normalen Umständen weder im Besitz der ihnen zum Verkauf anvertrauten Ware noch im Besitz der Barerlöse. Deren Besitzer sei allein der Arbeitgeber. Wenn ein Täter überhaupt keine oder nur eine gesellschaftlich-faktische Macht über den jeweiligen Gegenstand habe, handele es sich um Diebstahl. Unterschlagung setze voraus, dass der Täter die Sache bereits in seiner ausschließlichen Macht hat. Hier habe die Straftat aber darin bestanden, dass die Angestellte die faktische Dispositionsmacht des Konditors unterbrach. Erst dadurch, dass sie das Geld für sich behielt, statt es in die Kasse zu legen, habe sie sich in seinen Besitz gebracht. Folglich habe es sich um einen Diebstahl und nicht „nur" um eine Unterschlagung gehandelt). Sachenrechtlich unspezifisch bleibt demgegenüber die umfangreiche deutsche Rechtsprechung zur Kündigung von Arbeitnehmern wegen Bruchs des Vertrauensverhältnisses (z. B. BAG 21.8.2014, NJW 2015 S. 429 [Krematoriumsmitarbeiter entwendet Zahngold] und BAG 10.6.2010, NZA 2010, 1227 [Supermarktkassiererin entwendet Pfandbons]).

treffen.[390] Wenn eine fremde Sache, typischerweise ein Dienstfahrzeug, sowohl für private als auch für berufliche Zwecke genutzt werden darf, ist der Nutzer im Zweifel nur während der Privatfahrt Inhaber eigener Sachherrschaft.[391] Es kann sich aber auch um eine bewusstes Auflehnen gegen erteilte Weisung handeln. Ein LKW-Fahrer, der das Fahrzeug gegen die strikte Anordnung seines Spediteurs über das Wochenende auf dem heimatlichen Hofgelände abstellt, schwingt sich richtiger Ansicht nach während dieser Zeit zum Fremdbesitzer (zum geschützten Detentor) auf.[392] Zu Wochenbeginn, wenn er sich erneut in die Betriebsabläufe einfädelt, sinkt er wieder zum Besitzdiener ab und bleibt das auch, wenn er sich mit dem Fahrzeug auf Tour begibt. Er kann über Funk dirigiert werden, und jedermann sieht, dass es sich um ein Firmenfahrzeug handelt.[393] Während des Wochenendes, als der LKW auf dem Hofgelände des Fahrers stand, war der Spediteur zwar Besitzer (Eigenbesitzer) geblieben, doch hatte das einen ganz anderen Grund. Seine Herrschaft stützte sich während dieses Zeitraumes nicht auf respektierte Weisungsbefugnis, sondern darauf, dass der Fahrer zu keinem Zeitpunkt die Eigentümerstellung seines Chefs und den sich aus ihr ableitenden Herausgabeanspruch in Frage stellte.

In einigen europäischen Rechtsordnungen hat sich für die Personen, welche fremde **58**
Weisungsbefugnis und mit ihr fremden Besitz respektieren, das unschöne, weil unnötig

---

[390] Besonders dramatisch OLG Bamberg 23.3.1949, NJW 1949 S. 716: Ein Kutscher, der im Kriegswinter 1944/45 mit Pferden allein auf den Treck von dem seinerzeitigen Ostpreußen nach Westen geschickt worden war, sei Fremdbesitzer geworden und habe aufgehört, bloßer Besitzdiener zu sein. Denn sein Auftrag habe darin bestanden, das wertvolle Gespann noch rechtzeitig in Sicherheit zu bringen. Der Kutscher war in ein ungewisses Schicksal geschickt worden. Dem Eigentümer musste klar sein, dass er sich auf unabsehbare Zeit jeder Möglichkeit begab, auf sein Eigentum einzuwirken. Er musste auch damit rechnen, dass der Kutscher in Situationen kommen konnte, die ihm weitgehende Entscheidungen abverlangten. Tatsächlich war der Kutscher genötigt, Pferde im Austausch gegen Futter zu veräußern. Die Pferde seien ihrem Eigentümer nicht (i. S. v. § 935 dt. BGB) abhandengekommen.

[391] OLG Düsseldorf 12.2.1986, NJW 1986 S. 2513 (RG 3.7.1902, RGZ 52 S. 117, 118 betraf nur die Frage, ob die Haltereigenschaft i. S. v. § 833 dt. BGB wechselt, wenn ein Bergverwalter ein Pferdegespann seiner Arbeitgeberin unerlaubt für eine private Sonntagsausfahrt nutzt; diese Frage wurde zutreffend verneint); OGH 26.2.1974, EvBl 1974/254, ÖJZ 1974 S. 550 (Ein Arbeitnehmer, der vom Arbeitgeber Werkzeuge zur ständigen Verwendung erhält und dabei dessen Weisungen unterliegt, handelt nur als „verlängerte Hand" des Arbeitgebers und erlange deshalb an dem Werkzeug keinen eigenen Besitz); *Rudnicki und Rudnicki,* Komentarz do Kodeksu cywilnego II[9], Art. 338, S. 601 Rdnr. 1 (dsgl.). Auch in England gilt, dass Arbeitnehmer zwar grundsätzlich für ihren Arbeitgeber besitzen, mithin der Arbeitgeber und nicht der Arbeitnehmer Besitzer sei, dass die Beurteilung aber anders ausfallen könne, wenn der Arbeitnehmer erhebliche Freiheiten bei der Nutzung seines Dienstwagens habe (Clerk und Lindsell [-*Tettenborn*], Tort[19], Rdnr. 17–55).

[392] Ähnlich OLG Düsseldorf 8.11.1996, NJW-RR 1997 S. 998, 999 (Besitzdienerschaft endet, wenn die betreffende Person abredewidrig mit der Sache verfährt und auf diese Weise das Unterordnungsverhältnis beendet). Anders möglicherweise OGH 9.11.1977, EvBl 1978/94, ÖJZ 1978, 271 (Wer unbefugt das Fahrzeug eines anderen benutzt, ohne es sich dauerhaft zueignen zu wollen, sei ein ungebetener Besitzdiener des Berechtigten, erlange aber noch keinen Besitz an dem Fahrzeug).

[393] Die deutsche Rechtsprechung verlangt überwiegend, dass die Weisungsgebundenheit der Hilfsperson in irgendeiner Weise nach außen sichtbar wird: RG 24.6.1911, RGZ 77 S. 201, 209; BGH 30.5.1958, BGHZ 27 S. 360, 363. Auch in Polen gilt, dass ein Besitzdiener seine Herrschaft auch gegen den ausdrücklichen Willen des Besitzers in eigenen Besitz umwandeln kann (Radwański und Gniewek [-*Gołaczyński*], System prawa prywatnego III[3], S. 85 Rdnr. 38), das jedoch nach außen manifestieren und im Bestreitensfall beweisen muss (poln. OG 12.5.1959, I CR 167/59, OSNCK 1961/1/8, Lex-Nr. 115233).

verletzende Wort vom **„Besitzdiener"** eingebürgert.[394] Der unter dieser Überschrift stehende § 855 dt. BGB ist aber auch in der Sache nicht unproblematisch. Die Vorschrift trifft zwar einen wichtigen Punkt, verfehlt aber einen zweiten. „Übt jemand", so der Wortlaut, „die tatsächliche Gewalt über eine Sache für einen anderen in dessen Haushalt oder Erwerbsgeschäft oder in einem ähnlichen Verhältnis aus, vermöge dessen er den sich auf die Sache beziehenden Weisungen des anderen Folge zu leisten hat, so ist nur der andere Besitzer". Das erscheint insoweit richtig, als die Hilfsperson selber vom (Fremd-)Besitz ausgeschlossen bleibt, und zwar sowohl vom Besitz beweglicher Sachen als auch vom Besitz von Grundstücken.[395] Ungenau ist die Formulierung aber in ihrem Tatbestand. Denn er setzt voraus, dass der Arbeitnehmer (um den es sich neben Beamten meistens handelt), selber die „tatsächliche Gewalt" über die Sache inne hat. Genau besehen ist das falsch, verdeckt jedenfalls die Normativität auch des Konzepts der Besitzdienerschaft[396] und gerät zusätzlich in Widerspruch zu der Bedeutung von „tatsächlicher Gewalt" in der besitzrechtlichen Grundnorm des § 854(1)

---

[394] Nicht wesentlich freundlicher klingt es, wenn OLG Düsseldorf aaO (Fn. 392) ein „soziales Abhängigkeitsverhältnis" prüft, in dessen Rahmen der Weisungsgebundene „als Werkzeug des Besitzherren" erscheint.

[395] Die Formulierung des § 855 dt. BGB („*in* dessen Haushalt oder Erwerbsgeschäft") kann leicht das Missverständnis nähren, dass es sich nur um bewegliche Sachen handele. Besitzdienerschaft in Bezug auf Grundstücke ist zwar in der Tat ein seltenes Phänomen, aber nicht ausgeschlossen. VGH Mannheim 22.2.1990, NJW 1990 S. 2770, 2771 qualifizierte z.B. einen Obdachlosen als Besitzdiener (und die Ordnungsbehörde als unmittelbare Besitzerin) der beschlagnahmten Wohnung. Kinder jedenfalls sind in Bezug auf die Familienwohnung nur Besitzdiener ihrer Eltern (BGH 19.3.2008, NJW 2008 S. 1959, 1960; OLG Brandenburg 13.12.2007, OLGReport KG 2008 S. 603; OLG Hamburg 6.12.1990, NJW-RR 1991 S. 909), und dasselbe soll für einen Garderobenpächter hinsichtlich der Garderobenräume gelten (RG 18.11.1919, RGZ 97 S. 166, 169). Besitzdiener ist auch ein Universitätsprofessor im Hinblick auf den Büroraum, in dem er arbeitet. Anders verhält es sich aber bei einer Werkswohnung, der Wohnung des Hauspförtners (RG 18.11.1919 aaO S. 170) oder dem Haus, in dem ein Bahnschrankenwärter nicht nur für ein paar Stunden arbeitet, sondern mit seiner Familie lebt (ital. Cass. 30.12.2014, Nr. 27432, Giust. civ. Mass. 2014, rv 634355, allerdings mit dem Zusatz, dass der Bahnwärter nur bis zu Pensionierung die *detenzione qualificata* hatte; sie habe sich anschließend, als er die Wohnung nicht zurück gab, in eine *detenzione semplice* umgewandelt).

[396] Richtig Staudinger (-*Gutzeit*), BGB (2012), § 855 Rdnr. 5 (man müsse sich klar machen, dass es sich um einen normativen Begriff handele. Es ginge um das auf deskriptive Merkmale gestützte Werturteil, die Besitzwirkungen nur in der Person eintreten zu lassen, deren Interesse die Ausübung der Sachherrschaft diene). Das bestätigt eindrucksvoll BGH 30.1.2015, WM 2015 S. 1434 (Der ehemalige Geschäftsführer einer Bezirkszahnärztekammer verlangte von der Kammer die Zustimmung zur Herausgabe mehrerer Weinkisten voller Zahngold, die in der Folge straf- und zivilrechtlicher Streitigkeiten zwischen den Parteien gerichtlich hinterlegt worden waren. Der Geschäftsführer machte einen Anspruch aus § 985 dt. BGB [Vindikation] geltend und berief sich auf § 1006(1) Satz 1 dt. BGB [Eigentumsvermutung zugunsten des Besitzers einer beweglichen Sache]. Der BGH wies die Klage ab. Die Kisten waren in einem Kellerraum der Kammer gelagert worden. Der Kläger sei nicht ihr Besitzer gewesen, obwohl er einen Schlüssel zu dem Raum hatte. Von Gegenständen in den Räumen des Arbeitgebers werde vermutet, dass sie in seinem Besitz stünden. Die Innehabung des Schlüssels ändere nichts, weil auch der Schlüssel im Besitz des Arbeitgebers geblieben sei; der Arbeitnehmer habe ihn nur gehabt, um ihn im Interesse des Arbeitgebers zu nutzen. Der Geschäftsführer sei hinsichtlich der Kisten mit dem Zahngold nur Besitzdiener gewesen. Dass er sie später abtransportiert hatte, erschien dem BGH unerheblich. Es könne offensichtlich nicht Sache des Arbeitnehmers sein, durch Wegnahme von Sachen des Arbeitgebers eine Eigentumsvermutung zu seinen [des Arbeitnehmers] Gunsten zu schaffen).

dt. BGB.[397] Wenn man auf die mit § 855 dt. BGB bezweckte Klarstellung nicht verzichten will, würde es vollkommen genügen, sie in die Gestalt eines Regelbeispiels zu gießen und in ihm festzuhalten, dass unter den genannten Umständen im Zweifel nur der Geschäftsherr die tatsächliche Gewalt erwirbt. Dass der „Besitzdiener" selber gegen Störungen des fremden Besitzes vorgehen kann (§ 860 dt. BGB[398]), ändert nichts. Denn er darf das nur im fremden Interesse und nach Maßgabe der ihm tatsächlich oder mutmaßlich erteilten Weisungen.[399] Ein Bankangestellter oder die Kassiererin in einem Supermarkt dürfen die Bargeldbestände nicht verteidigen, wenn sie die Weisung haben, im Falle eines Raubüberfalles sich und die Kunden nicht zu gefährden.[400] § 855 dt. BGB ist in gewisser Beziehung hilfreich, in anderer irreführend und *senso strictu* überflüssig.

Es operieren denn auch keineswegs alle **Zivilgesetzbücher** mit einer entsprechenden 59
Vorschrift. Das estn. Sachenrechtsgesetzbuch kennt sie allerdings[401], desgleichen das slowen. SPZ.[402] § 4.30 lit. ZGB hält fest, dass Besitz „durch" eine Person ausgeübt werden kann, die die Anweisungen des Besitzers befolgen muss, und § 4.22(2) aaO fügt hinzu, dass der Besitz dann nicht für ein unabhängiges dingliches Recht gehalten werde, wenn der aktuelle Inhaber der Sache eine andere Person als Besitzer oder Eigentümer anerkennt. Art. 1168(2) ital. CC handelt von dem sogen. *detentore per ragioni di servizio.* Er hat eine Sache auf der Grundlage eines Dienstverhältnisses zu dem Besitzer inne. Typische Beispiele sind Ladenangestellte und Reinigungskräfte.[403] Es fehlt ihnen an Entscheidungsbefugnis und Leitungsautonomie. Art. 1168(2) ital. CC verwehrt dem *detentore per*

---

[397] „Der Besitz einer Sache wird durch die Erlangung der tatsächlichen Gewalt über die Sache erworben". Dieser Text bringt zwar, genau genommen, keine Definition von Besitz, sondern nur eine Regelung seiner Erwerbsvoraussetzungen. Er wird aber immer wieder wie eine Besitzdefinition gelesen.

[398] Die Formulierung dieser Vorschrift leidet an demselben inneren Widerspruch wie § 855 dt. BGB. Denn § 860 aaO lautet: „Zur Ausübung der dem Besitzer ... zustehenden Rechte ist auch derjenige befugt, welcher die tatsächliche Gewalt nach § 855 für den Besitzer ausübt". Es ist klar, was gemeint ist, aber genau genommen übt ein Besitzdiener eben gerade überhaupt keine „tatsächliche Gewalt" und deshalb auch keine tatsächliche Gewalt „für den Besitzer" aus.

[399] Palandt (-*Herrler*), BGB[77], § 860 Rdnr. 1 und OLG Köln 18.5.1956, JMBlNRW 1956 S. 180 (die einem Arbeitnehmer hinsichtlich der ihm vom Arbeitgeber zur Verfügung gestellten Arbeitsgeräte zustehende Befugnis zur Selbsthilfe soll den Besitz des Arbeitgebers schützen; deshalb könne sich ein Arbeitnehmer nicht mit Gewalt dagegen wehren, dass ihm ein anderer Arbeitnehmer desselben Betriebs Werkzeug für betriebliche Zwecke wegnimmt). RG 18.11.1919, RGZ 97 S. 166, 167 betonte, dass einem Besitzdiener gegen den Besitzer keine besitzrechtlichen Rechtsbehelfe zustehen. Der § 860 dt. BGB zugrundeliegende Rechtsgedanke findet seine Bestätigung außerdem in der Rechtsprechung zu § 935(1) S. 1 dt. BGB (kein gutgläubiger Erwerb des Eigentums an einer realen Sache, wenn sie ihrem Eigentümer gestohlen wurde, er sie verloren hat oder sie ihm sonst abhandengekommen ist). Gibt der Besitzdiener die Sache ohne oder gegen den Willen des Besitzherren weg, so kommt sie ihm i. S. d. Vorschrift „abhanden". Es handelt sich nach herkömmlicher Ansicht um einen unfreiwilligen Besitzverlust, weil es nur auf den Willen des Besitzherrn ankommt (RG 18.5.1909, RGZ 71 S. 248, 253; RG 15.2.1923, RGZ 106 S. 4, 6; BGH 13.12.2013, BGHZ 199 S. 227). Diese These wird aber nicht mehr allgemein akzeptiert (näher MünchKomm [-*Oechsler*], BGB VII[7], § 935 Rdnr. 10).

[400] *von Bar,* Gemeineuropäisches Deliktsrecht I, Rdnr. 512.

[401] § 33(3) estn. LPA (Wer lediglich auf Anordnung einer anderen Person handelt, etwa in deren Haushalt oder Unternehmen, ist nicht Besitzer).

[402] Art. 26(1) slowen. SPZ: „Wer die tatsächliche Herrschaft über eine Sache für einen anderen ausübt und verpflichtet ist, nach dessen Anweisungen zu handeln, hat keinen Besitz (Besitzdiener). (2) Der Besitzdiener kann für den Besitzer die Selbsthilfe ausüben".

[403] *Sacco,* Digesto disc. priv., sez. civ., Aggiornamento, V, S. 515, 518.

ragioni di servizio einen eigenen Besitzschutz.[404] Die Klage auf Wiederherstellung des Besitzes bleibt dem *detentore qualificato* (z. B. einem Mieter) vorbehalten. *Omodei Salè* präzisiert, ein *detentore per ragioni di servizio* (ein *detentore semplice*[405]) ziehe für sich keinen Nutzen aus der Sache. Deshalb soll auch ein Krankenhauspatient unter Art. 1168(2) aaO zu subsumieren sein. Er könne sich nicht dagegen wehren, von einem Zimmer in ein anderes verlegt zu werden. *Detentore per ragioni di servizio* sei ferner ein Automechaniker, der ein Fahrzeug repariere, es aber nicht für eigene Zwecke nutzen dürfe.[406] Nicht vollständig klar ist, warum er und eine Ladenangestellte gleichwohl die Wegnahme von Ware verhindern dürfen. Besitzrechtlich wird man die Antwort unmittelbar aus Art. 1140(2) ital. CC entwickeln müssen. Auch der *detentore per ragioni di servizio* ist eben Detentor. Das griechische ZGB spricht in Art. 986 ein wenig unscharf davon, dass die possessorischen Besitzschutzansprüche aus Art. 985 gr. ZGB „statt" dem Besitzer „auch demjenigen zu(stehen), der die tatsächliche Gewalt über die Sache ausübt, sofern er zu dem Besitzer in einem Haushalts- oder Dienstabhängigkeitsverhältnis steht, vermöge dessen er seinen sich auf die Sache beziehenden Weisungen Folge zu leisten hat". Ein Besitzhelfer *(βοηθός νομής; woithós només)* habe die Sache zwar quasi „in der Hand", dürfe aber nichts entscheiden. Er sei strikt an die Weisungen des Besitzers gebunden, dem er in der Ausübung der Detention assistiere.[407] Ein Verhältnis der „Haushaltsabhängigkeit" besteht zu Personen, mit denen der Besitzherr zusammen wohnt; auf Verwandtschaft kommt es nicht an.[408] Besitzhelfer sind sie typischerweise im Hinblick auf die Einrichtungsgegenstände der Wohnung. Entsprechendes gilt für Laden- und Kaufhausangestellte hinsichtlich der zum Verkauf stehenden Ware. Besitzhelfer können nicht auf Herausgabe verklagt werden; auch der Vindikationsanspruch richtet sich ausschließlich gegen den Besitzherrn.[409] Das polnische Recht definiert seinen „Gewahrsamsinhaber" (wörtlich „Halter", *dzierżyciel*) als jemanden, der die Herrschaft über eine Sache für einen anderen tatsächlich ausübt (Art. 338 poln. ZGB). Ein Gewahrsamsinhaber habe zwar, so sagt man auch hier, die tatsächliche Herrschaft über eine Sache. Den *corpus* aber habe er – im Unterschied zu einem „abhängigen Besitzer" – nur *cum animo possidendi pro alieno*.[410] Der abhängige Besitzer (Mieter, Spediteur, Lagerist etc.) sei aber gerade kein bloßer Gewahrsamsinhaber. Denn abgesehen von Art. 343 § 3 poln. ZGB (Gewahrsamsinhaber darf Besitzstörungen durch Notwehr und Selbsthilfe abwenden) stünden einem Besitzdiener keinerlei besitzrechtliche Rechtsbehelfe zu.[411]

---

[404] *Omodei Salè*, Detenzione, in: Enciclopedia del Diritto, S. 359, 374.

[405] Das Gesetz kennt diesen Ausdruck nicht, er findet inzwischen aber zunehmend auch in der Rechtsprechung Verwendung, vgl. z. B. Cass. 30.12.2014 aaO (vorher Fn. 395).

[406] *Omodei Salè* aaO.

[407] Berufungsgericht Athen 4495/1979, NoB 27 (1979) S. 998; *Triantos*, AK, Art. 986 S. 1199 Rdnr. 1.

[408] Amtsgericht Athen 5/1981, EllDni 22 (1981) S. 272.

[409] Berufungsgericht Athen 2728/1999, ArchN 2003 S. 769.

[410] Eigenbesitzer und abhängige Besitzer üben nach polnischem Verständnis Sachherrschaft „für sich" aus; nur der Besitzdiener übt Herrschaft für jemand anderen aus (*Gniewek*, Prawo rzeczowe[8], S. 270 Rdnr. 838).

[411] *Gniewek*, Prawo rzeczowe[8], S. 273 Rdnr. 854; Gniewek (-*Gołaczyński*), Kodeks cywilny[2], S. 481 Rdnr. 3; *Ignatowicz und Stefaniuk*, Prawo rzeczowe[2], S. 320 Rdnr. 7; Radwański und Gniewek (-*Gołaczyński*), System Prawa Prywatnego III[3], S. 84 Rdnr. 35. S. außerdem poln. OG 31.1.1967, III CR 270/66, OSNC 1967/9/160, Lex-Nr. 560 (Ein bloßer Mitbewohner, der für jemand anderen faktisch Sachherrschaft ausübe, könne keine possessorische Klage erheben).

Ein schönes **Beispiel** findet sich in Appellationsgericht Szczecin vom 5.9.2013.[412] Eine Arbeitnehmerin war auf einer Dienstfahrt verunfallt. Das Fahrzeug war ihr von ihrem Arbeitgeber zur Verfügung gestellt worden. Er hatte es seinerseits von einer Autovermietung gemietet. Zu dem Unfall war es gekommen, weil ein nachfolgender LKW-Fahrer einen Herzinfarkt erlitten und auf den von der Arbeitnehmerin gesteuerten Wagen in einem Stau aufgefahren war. Da es an einem Verschulden fehlte, kam es unter Artt. 415, 435 und 436 § 2 poln. ZGB darauf an, ob die Arbeitnehmerin den Wagen in abhängigem Besitz gehabt hatte; dann hätte sie ihre persönlichen Körper- und Sachschäden nicht gegen den Eigenbesitzer des LKW und seine Versicherung geltend machen können. Das Gericht verneinte abhängigen Besitz. Die Arbeitnehmerin sei lediglich Besitzdienerin (Gewahrsamsinhaberin) gewesen. Als solche sei sie im Schutzbereich der strikten Haftung des Unfallgegners verblieben. Ein Besitzer könne seinen Besitz unter Artt. 337 und 338 poln. ZGB auch durch andere Personen, eben durch Besitzdiener ausüben. Während ein abhängiger Besitzer aufgrund eines Rechts über eine fremde Sache in eigenem Namen und Interesse herrsche, herrsche ein Besitzdiener für jemand anderen. So habe es sich hier verhalten. Der Arbeitgeber habe die Entscheidungsgewalt über die konkrete Nutzung des Fahrzeugs gehabt; dass die Arbeitnehmerin entschied, welchen Weg sie wählte und ob sie sich an die Verkehrsregeln halten wollte oder nicht (!), sei belanglos. Die Arbeitnehmerin sei auch nicht Untermieterin des Fahrzeugs gewesen. Denn sie trug die Kosten nicht, auch nicht die Benzinkosten, und nutzte den Wagen nur für genehmigte dienstliche Zwecke. Die Entscheidung über den Zweck, den Ort und die Zeit der Sachnutzung lag allein beim Arbeitgeber. Er war (in Relation zu der Autovermietung) abhängiger Besitzer, nicht sie (die Arbeitnehmerin) in Relation zu ihm.

Von Besitzdienern bzw. Besitzhelfern ist dagegen weder im neuen tschechischen[413] **60**
noch im neuen ungarischen Zivilgesetzbuch die Rede; auch die Gesetzbücher Belgiens, Frankreichs, Österreichs, Portugals und Spaniens kennen den Begriff nicht. §§ 5:1 und 5:2 ungar. ZGB nennen unmittelbare Fremdbesitzer und Besitzdiener (und Eigenbesitzer sowieso) unterschiedslos „Besitzer"; das Gesetz kennt nur Ober- und Unterbesitzer. *Menyhárd* rechtfertigt das mit der Erwägung, dass die traditionelle Unterscheidung zwischen Besitzer (Detentor) und Besitzdiener nur zur Präzisierung besitzrechtlicher Rechtsbehelfe im Verhältnis zwischen Besitzern verschiedener „Stärke" benötigt werde. Besitzer *(birtokos)* sei, wer ein Recht zum Besitz habe, Besitzdiener *(bírlaló, birtoksegéd),* wer die Sache so vom Besitzer erhalten habe, dass letzterer sie jederzeit zurückverlangen könne. Der Besitzdiener helfe dem Besitzherrn in dessen Besitzausübung, sei ihm gegenüber aber gerade nicht zum Besitz berechtigt. Die Natur des Rechtsverhältnisses zwischen Besitzherr und Besitzhelfer sei nur im Innenverhältnis wichtig; Dritten gegenüber sei sie ohne Bedeutung.[414] Genau das sehen wir anders. Denn abgesehen davon, dass man bei diesem Ansatz wohl auch einen Lagerhalter als

---

[412] I ACa 333/13, Lex-Nr. 1430817. Streiten kann man über Bezirksgericht Gdańsk 21.6. 2013, Sygn. akt XV C 384/12, http://orzeczenia. ms. gov.pl/details/$N/151015000007503_XV_C_000384_2012_Uz_2013-06-21_001 (Ebenfalls Unfall mit einem Dienstfahrzeug. Der Bankangestellte durfte das Fahrzeug allerdings auch für private Zwecke nutzen und befand sich auf einer Privatfahrt, als es zu dem Unfall mit einem korrekt fahrenden Sattelschlepper kam; verletzt wurde die mitfahrende Ehefrau des Bankangestellten. Das Gericht nahm erneut Besitzdienerschaft an; man ahnt allerdings, dass dabei mehr das haftungs- als das besitzrechtliche Ergebnis im Vordergrund stand).

[413] Angestellte dürften schon unter dem tschech. BGB [1964] als Detentoren der Sachen angesehen worden sein, die ihnen von ihrem Arbeitgeber zur Ausübung ihrer Tätigkeit anvertraut wurden. Tschech. OG 22.10.2008, 21 Cdo 4266/2007 betraf zwar einen Fall, in dem ein Arbeitnehmer das ihm zur Verfügung gestellte Automobil nach Beendigung der Dienstzeit nicht zurück gegeben hatte. Das Gericht erläuterte jedoch, dass der Arbeitnehmer keinen Grund gehabt habe, das Fahrzeug in seiner Detention zu behalten.

[414] *Menyhárd,* Dologi jog[3], S. 409.

bloßen Besitzdiener qualifizieren müsste, bedeutet arbeitnehmergleiche Weisungsabhängigkeit eben auch, dass der possessorische Rechtsschutz und damit die Gestaltung der Beziehungen zu Dritten vom Willen des Arbeitgebers abhängen. Wir glauben auch nicht, dass es tunlich ist, auf die Nomenklatur des Vertretungsrechts auszuweichen um auszudrücken, dass nicht jeder, der eine Sache physisch kontrolliert, allein deshalb schon ihr Besitzer ist.[415] Vertreter werden beim Abschluss von Rechtsgeschäften tätig, nicht bei der Vornahme von Realakten.[416] Allerdings analysiert man die Rechtslage auch in Portugal[417] und in Frankreich so. Der franz. Code civil kennt weder einen Besitzdiener noch einen Präkaristen. Man ist entweder *possesseur (à titre de propriétaire)* oder *détenteur (précaire)*. Der Eigenbesitzer hat den *corpus* und den *animus,* der Fremdbesitzer nur den *corpus.* Man kann allerdings eine Person dazu bevollmächtigen, ein Gut in Besitz zu nehmen. Dann werde der *corpus* über den Bevollmächtigten erworben[418], der seinerseits *détenteur précaire* sei[419] und die Sachherrschaft gegen Dritte verteidigen könne (Art. 2278 franz. CC).

61 Auch in § 309 österr. ABGB findet sich kein Hinweis auf Besitzdiener.[420] Österreich gehört freilich zu den Ländern, die das Konzept später rezipiert haben. Wie ein „unmittelbarer Besitzer", so habe auch der Besitzdiener den Sachgewahrsam inne.

---

[415] So verhält es sich überall, wo je nachdem unterschieden wird, ob man eine Sache im eigenen oder im fremden Namen hält (*Menyhárd* aaO S. 410). S. auch Vékás und Gárdos (-*Menyhárd*), Kommentár a Polgári Törvénykönyv, § 5:1 ungar. ZGB, S. 903 mit dem anschaulichen Beispiel, dass ein Kunde in einem Laden eine Sache vergisst, welche später vom Personal gefunden wird: Besitzer sei in diesem Fall der Ladenbetreiber (und nicht, wie wir hinzufügen, sein Personal).

[416] Vertreten lassen kann man sich deshalb richtiger Ansicht nach bestenfalls dort, wo Besitz „rechtsgeschäftlich übertragen" werden kann, eine Idee, die allerdings schon in sich wieder zahlreiche Missverständnisse hervorgebracht hat (unten Rdnr. 92). Die Vorstellung einer Vertretung im Besitz ist außerdem deshalb misslich, weil sie nicht scharf genug zwischen Stellvertretern mit und ohne eigene Sachherrschaft zu unterscheiden vermag (s. z. B. Areopag 602/2004 ChrID 4 [2004] S. 901: „Vertreter oder … Besitzhelfer").

[417] Art. 1252(1) port. CC formuliert in Anlehnung an Art. 1140(2) ital. CC, dass der Besitz sowohl persönlich als auch durch einen anderen ausgeübt werden kann (Zu den Unterschieden zwischen beiden Vorschriften näher *Vieira,* Direitos reais, S. 564 sowie *Pires de Lima und Antunes Varela,* Código Civil Anotado III², S. 7–8, Anm. 1 unter Art. 1252: die Verfasser des port. CC wollten einer zu restriktiven Auslegung vorbeugen und hätten deshalb die Worte *che ha la detenzione della cosa* [„que tenha a detenção da coisa"] gestrichen). Art. 1253 lit. c port. CC nennt die „Stellvertreter oder Bevollmächtigten des Besitzers und im Allgemeinen alle die, die im Namen eines anderen besitzen", *detentores* bzw. *possuidores precários.* Nach portugiesischem Verständnis besitzen sie in fremdem Namen, sind *possuidores em nome alheio,* und werden in dieser Eigenschaft als Vertreter des echten Besitzers betrachtet (*Pires de Lima und Antunes Varela,* Código Civil Anotado III², S. 7–8, Anm. 1 unter Art. 1252). In Malta findet sich das wieder (Art. 524(2) und (3) malt. CC: „A person may possess by means of another who holds the thing or exercises the right in the name of such person. A person who has the detention or custody of a thing but in the name of another person, is called a holder").

[418] *Terré und Simler,* Les biens⁹, S. 164 Rdnr. 160; *Boufflette,* La possession, S. 7 Rdnr. 48. Ebenso für Bulgarien *Stavrou,* Vaprosi na balgarskoto veshtno pravo, S. 727.

[419] *Boufflette* aaO S. 81 Rdnr. 55 (*détenteur* sei jeder, der ohne die Absicht Macht über eine Sache ausübt, sich wie ein Eigentümer oder sonst dinglich Berechtigter zu verhalten) und *Malaurie und Aynès,* Les biens⁵, S. 153 Rdnr. 501 („Le détenteur précaire [Art. 2266] a la chose entre les mains en vertu d'un titre juridique qui lui interdit tout *animus possidendi*"; dazu gehöre auch der *mandataire*).

[420] „Wer eine Sache in seiner Macht oder Gewahrsame hat, heißt ihr Inhaber. Hat der Inhaber einer Sache den Willen, sie als die seinige zu behalten, so ist er ihr Besitzer".

Beide würden die „tatsächliche Macht" einem anderen mitteln, unterschieden sich aber darin, dass der unmittelbare Besitzer auch Rechtsbesitzer, der Besitzdiener dagegen immer nur eine reine Hilfsperson sei.[421] Ähnliches wiederholt sich in Spanien. Der Código Civil kennt weder Besitzdiener noch mittelbare oder unmittelbare Besitzer. Rechtsprechung und Lehre setzen die Konzepte inzwischen gleichwohl ein.[422] Ausgangspunkt ist Art. 431 span. CC: „Der Besitz an Sachen oder Rechten wird durch dieselbe Person ausgeübt, die sie innehat oder genießt, oder durch eine andere Person in ihrem Namen". Der Text geht offenbar auf Art. 2228 franz. CC a.F. (jetzt Art. 2255 franz. CC) zurück, wird heute aber unter Rückgriff auf § 855 dt. BGB neu interpretiert.[423] Art. 431 span. CC handele nur von der Besitzausübung; sie sei sowohl *en nombre propio* als auch *en nombre ajeno* möglich.[424] Die Redeweise von der Besitzausübung in fremdem Namen sei aber ungenau. Wer als Vertreter „Besitzer in fremdem Namen" sei, sei in Wahrheit gar kein Besitzer, sondern, wie man in Deutschland sage, bloßer Besitzdiener, *servidor de la posesión*.[425] Befinde sich eine Sache in den Händen eines Besitzdieners (Werkzeug beim Arbeitnehmer; Ware beim Ladenangestellten), sei sie so anzusehen, als befände sie sich in den Händen des Besitzers.[426]

Die Vorstellung, dass bloße *custody* noch keine *possession* begründet, ist auch dem **englischen Recht** vertraut. Entscheidend sind, wie überall sonst, Weisungsbefugnisse und -abhängigkeiten. Mitarbeiter haben *custody*, die *possession* verbleibt beim Arbeitgeber.[427] Rechtsprechung ist rar; es geht praktisch ausschließlich um Arbeitnehmer *(„servants")*.[428] Im Kontext von *larceny* ist *possession* auch in *Cartwright v Green* verneint **62**

---

[421] Klang (-*Kodek*), ABGB³, § 309 Rdnrn. 20–23.

[422] Rechtsprechungsnachweise bei *Fernández Urzainqui,* Código Civil⁹, S. 527, Anm. zu Art. 431. Besonders eindrücklich TS 18.1.1975, RAJ 1975 Nr. 1089 S. 848: Rechtswissenschaft und Rechtsprechung würden anerkennen, dass der Besitz mittelbar oder unmittelbar sein könne. Mittelbarer Besitz werde durch Mediation eines anderen ausgeübt. Ein Besitzdiener *(servidor de la posesión)* sei ein bloßes *instrumento de ejercicio de la posesión*. Er übe die effektive Gewalt *(poder efectivo)* über eine Sache aufgrund eines Verhältnisses mit einem anderen für diesen und unter dessen Anweisungen aus. TS 10.7.1997, RAJ 1997 Nr. 5464 S. 8384 differenziert: Die Unterscheidung zwischen mittelbarem und unmittelbarem Besitz wurde aus der deutschen Lehre übernommen. Der unmittelbare Besitz werde ohne einen Besitzmittler *(mediador posesorio)* in direkterweise ausgeübt. Der mittelbare Besitz bestehe durch den Besitz eines anderen. Der mittelbare Besitzer habe juristische Gewalt *(poder jurídico)*, der unmittelbare tatsächliche *(poder de hecho)*.

[423] Einzelheiten bei *Díez-Picazo,* Fundamentos III⁵, S. 649–650 und *Lasarte,* Principios V⁸, S. 201–203.

[424] *Lasarte,* Principios V⁸, S. 201.

[425] S. schon oben Fn. 127.

[426] *Díez-Picazo* aaO S. 650–653.

[427] *Bridge,* Personal Property Law³, S. 20–21. Die Unterscheidung hat sich wesentlich im Kontext von *larceny* (Fn. 229) herausgebildet, weil *larceny* den Bruch fremder *possession* voraussetzte, so dass ein untreuer Arbeitnehmer straflos ausgegangen wäre, wenn man ihm selber Besitz an den Gegenständen seines Arbeitgebers zugestanden hätte (*Bridge/Gullifer/McMeel/Worthington,* The Law of Personal Property, Rdnr. 2–054; s. für Zypern auch *Costas Michael Platritis v the Police* (1967) 2 CLR 174). Wenig überzeugend vertritt *Gillies,* Business Law¹², Rdnr. 28.1.3.2 die These, dass es sich in solchen Fällen in der Person des Arbeitgebers um *constructive possession* handele. S. außerdem schon vorher Fn. 391. Auch in Zypern gilt, dass Arbeitnehmer zwar *custody,* aber keine *possession* haben (*Αστυνομικός Διευθυντής Λευκωσίας v Ανδρέα Γιάγκου* (Polizeidirektor von Nikosia v Andreas Yagkos) 8.7.2011, CyLaw (Angestellte in Bezug auf die Büroeinrichtung) und *Queen's Advocate v J. R. van Millingen,* (V3)1 A.A.D. 185 (Bankangestellter in Bezug auf in der Bank hinterlegte Nachlassgegenstände).

[428] *Bridge/Gulifer/McMeel/Worthington,* The Law of Personal Property, Rdnr. 2–054.

worden, um einen Tischler bestrafen zu können, der Geld aus dem Geheimfach eines Sekretärs an sich genommen hatte, der ihm zur Reparatur überlassen worden war.[429] Art. 68(1) des bulgar. Gesetzes über das Eigentum entspricht Art. 2255 franz. CC. Aus Schweden schließlich ist im Wesentlichen nur zu hören, dass „Besitz" je nach Kontext etwas anderes bedeuten könne. Das betreffe auch alle Situationen, die man traditionell mit Ausdrücken wie *medelbar besittning* (mittelbarer Besitz) zu erfassen bemüht gewesen sei.[430] Ein Beispiel findet sich in HD 18.6.1984.[431] In einem zwangsvollstreckungsrechtlichen Zusammenhang musste geklärt werden, ob sich ein Rennpferd noch im Besitz des Schuldners befand, das er bei einem professionellen Trainer aufgestallt und in Betreuung gegeben hatte. Die Frage wurde bejaht; dass der Schuldner nachts, wenn die Tore verschlossen waren, keinen Zugang zu dem Pferd hatte, ändere nichts. Für die Zwecke des Zwangsvollstreckungsrechts bedürfe es auch keiner weiteren terminologischen Klassifizierungen; es genüge vollauf, einfach „Besitz" des Schuldners festzustellen.

f) Sachgewalt kraft respektierter Heimfallposition

(1) Zweifache Sachherrschaft

63 Neue Fragen tauchen auf, wenn jemand eine Sache einem anderen **auf Zeit zu selbstbestimmter Verwendung überlässt.** Die Rechtsordnung hat nun theoretisch drei Möglichkeiten. Sie kann (i) beiden, dem Überlassenden wie dem Nutzer, Besitz bzw. Detention mit der Begründung absprechen, dass die Herrschaft, die jeder für sich ausübt, unvollständig sei. Die Rechtsordnung kann aber (ii) auch, genau umgekehrt, beide zugleich als Inhaber besitzrechtlich hinreichender Sachgewalt ansehen, und sie kann (iii) für einen der Beteiligten optieren und den jeweils anderen zurücksetzen. Ein Blick in das geltende Recht zeigt schnell, dass die erste Lösung (die zeitgebundene Überlassung einer Sache suspendiert sowohl den bürgerlichrechtlichen als auch den faktischen Besitz) nirgendwo ernsthaft in Betracht gezogen wird. Das ist richtig. Die Befugnis, eine Sache einem anderen zu überlassen, ist ein wichtiger Inhalt vieler Sachenrechte. Würde ein objektives Besitzrecht die Ausübung dieser Befugnis diskriminieren, verlöre es seine Hauptaufgabe aus dem Blick, die Funktionstauglichkeit des Rechts der Rechte zu gewährleisten. Nur weil ein Eigentümer seine Sache vermietet, darf sich ein Dritter ihrer noch nicht bemächtigen, nur weil ein Scheineigentümer eine Sache vermietet, verliert er noch nicht die Möglichkeit, sie zu ersitzen. Er hat ja schließlich genau das getan, was man von einem Eigentümer erwarten würde. Komplizierter ist die Entscheidung zwischen der zweiten und der dritten Alternative. Sie hängt gewöhnlich davon ab, ob es um Besitz im Sinne des Ersitzungsrechts (um bürgerlichrechtlichen Besitz) oder um Besitz im Sinne des possessorischen Rechtsschutzes (um faktischen Besitz oder Detention) geht. Das Ersitzungsrecht (und mit ihm das übrige Recht des gesetzlichen Erwerbs) vermeidet eine Herrschaftsdopplung.[432] Aus seiner Sicht ist immer nur entweder die eine oder die ande-

---

[429] (1803) 8 Ves Jr 405 (Ch); 32 ER 412 (oben Fn. 229).

[430] *Göranson,* Traditionsprincipen, S. 453, 457, 469–470; HD 30.8.2011, NJA 2011 S. 524 (das Wort Besitz müsse nach dem Zweck der jeweiligen Regel, in der es Verwendung finde, ausgelegt werden).

[431] NJA 1984 S. 456.

[432] Besonders eindrucksvoll tschech. OG 23.5.2000, 22 Cdo 83/99, Soudní rozhledy 2000 (10) S. 301a, bestätigt in OG 30.3.2005, 22 Cdo 1824/2004, Soubor rozhodnutí Nejvyššího

re der beiden Personen Besitzer der Sache. Denn niemand erwirbt ein Sachenrecht, das er nicht für sich reklamiert. Das Recht des possessorischen Rechtsschutzes dagegen entscheidet sich typischerweise in entgegengesetzter Richtung.[433] Aus seiner Sicht liegt zweifache Sachherrschaft vor.

Diese Einschätzung ist nicht selbstverständlich. Es ist nicht einmal selbstverständlich, dass Mieter und andere sogen. „unmittelbare Fremdbesitzer"[434] überall als Inhaber tatsächlicher Sachgewalt angesehen werden. Denn das setzt zwei andere Thesen voraus: dass nämlich „Sachgewalt" in solchen Fällen weder daran scheitert, dass mit ihr kein dingliches Recht korrespondiert, noch daran, dass sie nicht unbeschränkt ist. Ein Detentor bleibt ja nur solange Detentor, wie er die Sache in einer Weise nutzt, dass daraus auf seinen Willen geschlossen werden kann, sie später im Original zurück zu geben. Dennoch wird ihm possessorischer Rechtsschutz gewährt. Auf die Innehabung einer ersitzungsrechtlich relevanten Rechtsstellung kommt es nicht an. Wer sich für einen Mieter hält und mietergleich materiell handelt, darf seine Beziehung zu der Sache auch dort gegen fremde Eigenmacht verteidigen, wo ein Mietrecht nur ein Schuldrecht ist. Wenn aber einem „unmittelbaren" Besitzer (oder Detentor) trotz der seiner Herrschaft immanenten Schranken tatsächliche Sachgewalt attestiert wird, dann ist es nur folgerecht, ja in den meisten Situationen geradezu zwingend, auch dem „mittelbaren" Besitzer (dem Vermieter-Eigentümer) oder Detentor (dem Vermieter einer ihm selbst nicht gehörenden Sache) Innehabung tatsächlicher Gewalt zu bescheinigen. Auch sie haben richtiger Ansicht nach einen *corpus*[435], und sie genießen, weil das so ist, gleichfalls einen eigenen, selbstbestimmten *status quo*-Schutz. Keiner der beiden ist bloßer Besitzhelfer des anderen, jeder ist aber dennoch durch die eigenständige Sachherrschaft des jeweils anderen in seiner eigenen begrenzt. Der eine beschränkt seinen Aktionsradius, indem er durch sein Verhalten anerkennt, dass er die Sache nach Zeitablauf in prinzipiell demselben Zustand 64

---

soudu, C 3321 (keine Unterbrechung der Ersitzungsfrist durch Bildung einer LPG; die LPG sei lediglich Detentorin gewesen, der Besitz habe sich weiterhin bei dem einzelnen Landwirt befunden).

433 Davon gibt es nur wenige Ausnahmen. Bei der Bestellung eines *lease* an einem Grundstück (dazu *Gray und Gray,* Elements of Land Law[5], Rdnrn. 4.1.59–61 und 10.1.3) und bei einem *term bailment* (der kurzfristigen Vermietung einer beweglichen Sache, näher Clerk and Lindsell [-*Tettenborn*], Torts[19], Rdnr. 17-02) haben grundsätzlich nur der *lessee* bzw. der *bailee* die Befugnis, Ansprüche aus *trespass,* der *action for the recovery of land* und *conversion* geltend zu machen. Nur sie gelten als aktuelle Besitzer. Der Eigentümer kann die entsprechenden Ansprüche nur zum Schutz seines *reversionary interest* verfolgen (für Grundstücke: *Hunter v Canary Wharf* [1997] AC 655, 692 [Lord *Goff of Chieveley*]; für bewegliche Sachen: *Tettenborn* aaO Rdnrn. 17–138). Der Eigentümer kann also Störungen nur abwehren, wenn und soweit durch sie sein Heimfallrecht unmittelbar betroffen ist. Diese Regeln beginnen sich aber zu wandeln. Grundstücksrechtlich ist *Manchester Airport plc v Dutton* [2000] QB 133 von der traditionellen Fixierung auf *possession* abgerückt. Auch einem *licensee* wurde, obwohl er weder *possession* noch aktuelle und ausschließliche Sachherrschaft hatte, die Befugnis zugestanden, zur Durchsetzung seines Rechts gegen Dritte aus *trespass* zu klagen. Nur einem *licensor* gegenüber soll das wegen seines „überlegenen Besitzrechts" weiterhin nicht gelten (*Gray und Gray* aaO Rdnr. 4.1.73). Der Unterschied zwischen *license* und *lease* zeigt sich nur noch im Innenverhältnis: Der *lessee* hat Besitzschutzansprüche gegen den *lessor,* nicht aber der *lessor* gegen den *lessee.* Bei der *license* ist es genau „anders herum": der *licensor* kann Besitzschutzansprüche gegen den *licensee* geltend machen, nicht aber der *licensee* gegen den *licensor.*

434 Zu der Problematik dieser Terminologie Rdnr. 65.

435 Zutreffend m.E. *Terré und Simler,* Les biens[9], S. 165 Rdnr. 161 (wer *corpore alieno* besitze, behalte den *corpus.* Ein Eigentümer, der sein Grundstück vermiete oder einem anderen unentgeltlich auf Zeit überlasse, bleibe Besitzer, auch in seinem materiellen Element).

zurückzugeben hat, in dem sie ihm überlassen wurde, der andere, indem er sich des direkten physischen Zugriffs auf die Sache enthält.[436] Solange die Beteiligten diese wechselseitigen Beschränkungen respektieren (es insbesondere weder zu einer Unterschlagung noch zu einer Wegnahme der Sache kommt), solange verbleibt im Rechtssinne beiden Sachherrschaft. Der sogen. „unmittelbare Besitzer" hat zwar den aktuellen Zugriff auf die Sache und die Befugnis, autonom zu entscheiden, wie er mit ihr umgeht. Gleichwohl herrscht auch der andere, der „mittelbare Besitzer", über sie. Seine **Herrschaft wurzelt in** seinem **Herausgabeanspruch.** Solange der „unmittelbare Besitzer" diese Heimfallposition des anderen achtet[437], sein Verhalten also schon heute auf den derzeit noch betagten Herausgabeanspruch des „mittelbaren" Besitzers ausrichtet, hat auch letzterer für jedermann sichtbar Sachgewalt. Keiner der beiden hat aber eigentümergleich die *ganze* Sachgewalt. Erst wenn dieser Zustand eintritt, die Sache also z.B. zurückgegeben oder unterschlagen würde, hätte man wieder nur einen Inhaber tatsächlicher Gewalt vor sich, einen, der alle Macht über eine Sache ausübt, die man sich denken kann. Tatsächliche Gewalt über eine Sache setzt possessorisch aber gerade keine Alleinherrschaft voraus. Wäre das anders, ließe sich nicht erklären, warum ein Eigenbesitzer den Besitz nicht dadurch „verliert, dass er die Sache einem Dritten in abhängigen Besitz gibt" (Art. 337 poln. ZGB). Ihre *„corpora"* haben nur unterschiedliche Wurzeln und verschiedene Gestalt; es geht schließlich nicht um einfache Mitbesitzer oder Mitdetentoren.

65 Es erweist sich als ungewöhnlich schwierig, über Besitz und Detention zu schreiben, ohne in die **traditionelle Terminologie** der Rechtsordnung zu verfallen, in deren Sprache man formuliert. Das ist misslich, nicht so sehr deshalb, weil die europäische Begriffsbildung jeweils andere Facetten von Besitz akzentuiert[438], sondern deshalb, weil

---

[436] Mietrechtlich gilt, dass eine ordnungsgemäße Erfüllung der Rückgabepflicht (z.B. § 546 dt. BGB) die Wiederherstellung des ursprünglichen Zustands voraussetzt, so dass auch Umbauten und sonstige bauliche Änderungen ohne Rücksicht auf die damit verbundenen Kosten zu beseitigen sind. Der Mieter hat aber natürlich solche Veränderungen der Mietsache nicht zu vertreten, die zum vertragsgemäßen Verbrauch zählen (§ 538 dt. BGB). Erhellend ist auch ein Blick auf die Besitzverhältnisse an Grundstück und Gebäude nach Bestellung eines sogen. Erbbaurechts. Der Inhaber des Baurechts vermittelt nach deutschem Verständnis dem Eigentümer den Besitz am Grundstück, weil (und wenn) der Baurechtsinhaber wegen des Heimfallrechts des Eigentümers nur auf Zeit besitzt (BGH 17.4.1970, MittBayNot 1970 S. 156). Bei einem ewigen Erbbaurecht besteht aber kein Heimfallrecht und deshalb auch kein Besitzmittlungsverhältnis mehr (richtig MünchKomm [-*Joost*], BGB VII[7], § 868 Rdnr. 46). Der Bauberechtigte ist aber stets alleiniger Besitzer des Gebäudes; es gehört ihm (näher Bd. 1 Rdnr. 391). Es fällt nach Ablauf eines zeitlich beschränkten Baurechts auch nicht an den Eigentümer zurück, sondern es hört auf, selbständige Sache zu sein und geht damit rechtlich unter.

[437] Da innere Einstellungen schwer zu beweisen sind, arbeiten viele Rechtsordnungen an dieser Stelle mit (widerleglichen) Vermutungen. Unter Art. 980(2) gr. ZGB etwa wird vermutet, dass, wenn jemand begonnen hat, die Sache im Namen eines anderen in seiner Detention zu haben, er sie auch weiterhin im Namen des anderen innehat. S. z.B. für Mieter Areopag 354/2007, Isokrates-Datenbank, und Amtsgericht Florina 79/2002, Arm. 58 (2004) S. 700; für Entleiher Areopag 367/1990, NoB 39 (1991) S. 569; für Prekaristen Amtsgericht Thessaloniki 3370/2002, Arm. 58 (2004) S. 700 und für Verwahrer *Georgiades,* Emprágmato Díkaio I, S. 192 Rdnr. 14. Diese Regel hat ihren Ursprung in Art. 2257 franz. (Art. 2231 belg.) CC. Weitere Nachweise unten Rdnrn. 81–83.

[438] Das belgische und das französische Recht z.B. handeln von demjenigen, der „in fremdem Namen" besitzt, mithin *possession pour autrui* hat (Artt. 2228, 2230 und 2231 belg. CC bzw. Artt. 2255–2257 franz. CC). In dieser Tradition stehen auch Art. 980 gr. ZGB und Artt. 524(2) und (3) sowie 2118 und 2119 malt. CC. Unter Art. 1147 gr. ZGB ist der Nieß-

Worte Dogmatik konservieren. Ausdrücke wie „mittelbarer" Besitz[439], *possesso mediato*[440], *constructive* oder *civil possession*[441] bilden die Rechtslage aber nur dann treffend ab, wenn man den besitzrechtlich relevanten *corpus* mit aktueller und direkter physischer Kontrolle in eins setzt. Die Analyse folgt immer demselben Muster. Man beginnt mit

---

braucher Rechts-, der Eigentümer Sachbesitzer; der Nießbraucher übt den Rechtsbesitz im Namen des Eigentümers, der Eigentümer den Sachbesitz durch den Nießbraucher aus (Berufungsgericht Athen 9345/1981, NoB 30 [1982] S. 463; LG Samos 302/1962, EEN 29 [1962] S. 946; Amtsgericht Plomariou 17/1968, ArchN 19 [1969] S. 505). Art. 336 poln. ZGB stellt dem „Eigenbesitzer" den „abhängigen" Besitzer gegenüber. Abhängige Besitzer sind auch Personen, die die Sachherrschaft als Nießbraucher, Pfandgläubiger, Mieter, Pächter oder als Inhaber eines anderen Rechts, mit dem eine bestimmte Herrschaft über eine fremde Sache verbunden ist, tatsächlich ausüben. Artt. 1252 und 1253(c) port. CC kennen zwar den *intermediário* (den Besitzmittler), stellen jedoch klar, dass „im Allgemeinen alle die, die im Namen eines anderen besitzen" als „Detentoren oder heikle Besitzer angesehen werden" (näher *Vieira,* Direitos reais, S. 563–564, der selber *posse imediata* und *posse com intermediação* unterscheidet). Art. 431 span. CC handelt von der Ausübung von Besitz durch eine andere Person im Namen des Besitzers, und Art. 432 span. CC unterscheidet zwischen Besitz *en concepto de dueño* und Besitz *en concepto de tenedor.* § 5:1(2) ungar. ZGB nennt die Beteiligten Ober- und Unterbesitzer. Unterbesitzer ist, wer die Sache aufgrund eines zum vorübergehenden Besitz berechtigenden Rechtsverhältnisses in seiner tatsächlichen Gewalt hat, Oberbesitzer, von dem der Unterbesitzer seinen Besitz ableitet. Auch in Österreich ist nur ausnahmsweise von unmittelbarem und mittelbarem Besitz die Rede. Gewöhnlich spricht man vom Zusammentreffen bzw. der „Kollision" von Sach- und Rechtsbesitz, in deren Folge „doppelter Besitz" entstehe (Koziol und Welser [-*Kletečka*], Bürgerliches Recht I[14], Rdnr. 821). Manche Autoren formulieren, Rechts- und Sachbesitz bestünden „nebeneinander" (*Iro,* Sachenrecht[5], Rdnr. 2/11).

[439] So § 868 dt. BGB; Art. 4.30 lit. ZGB (die Vorschrift operiert allerdings mit dem Kriterium der Weisungsbindung und verwischt damit den Unterschied zum Besitzdiener; s. *Galginaitis/Himmelreich/Vrubliauskaitė,* Einführung in das litauische Recht, S. 125); §§ 32 und 33(2) estn. LPA sowie Art. 24(2) slowen. SPZ.

[440] Art. 1140(2) ital. CC („Si può possedere direttamente o per mezzo di altra persona, che ha la detenzione della cosa"). Man nimmt also an, dass der Besitzer in einem solchen Fall keine Herrschaft über die Sache habe. Das typische Beispiel ist der Vermieter einer Wohnung (z. B. Cass. 29.5.2003, n. 8628, Giust. civ. 2004, I, 399 und Cass. 1.9.2014, n. 18486, Riv. giur. ed. 2014 S. 964). Der Vermieter wird als *possessore solo animo,* der Mieter als *detentore* qualifiziert. Obwohl er kein *corpus* hat, genießt der Besitzer die *commoda possessionis.* Der *possessore mediato* kann mittels des Detentors die Sache ersitzen. Der „Erfinder" der Lehre vom *possesso mediato* ist wahrscheinlich *Celsus* librus XXIII Digestorum, D. 41.2.18 („Quod meo nomine possideo, possum alieno nomine possidere: nec enim muto mihi causam possessionis, sed desino possidere et alium possessorem ministerio meo facio. Nec idem est possidere et alieno nomine possidere: nam possidet, cuius nomine possidetur, procurator alienae possessioni praestat ministerium").

[441] „Civil" possession ist schottisch (*Miller,* Coporeal Moveables in Scots Law, Rdnr. 1.14), „constructive" possession englisch (*Alicia Hosiery v Brown Shipley & Co* [1970] 1 QB 195). Es handelt sich aber nicht um einen *terminus technicus* mit festem Inhalt. Wichtiger ist das *right to immediate possession,* das jederzeit durchsetzbare Besitzrecht. Wer es hat, kann wie ein Besitzer aus *conversion* klagen (Winfield und Jolowicz [-*Rogers*] Torts[17], Rdnr. 17–17). Bei *trespass* zum Nachteil beweglicher Sachen und Grundstücke genügt ein *right to possession* zwar theoretisch noch nicht, doch verschwimmen diese Unterschiede, weil demjenigen, der ein Recht auf den Besitz hat, für die Zwecke des Deliktsrechts meistens auch tatsächlicher Besitz zugeordnet wird (*Rogers* aaO Rdnrn. 13.3 und 17.5; s. außerdem noch unten Rdnr. 66). In Zypern ist demgemäß gesagt worden, dass „right to possess and constructive possession generally mean the same thing" (*Margarita Ikosi v Andreas Karayiannis and Others* (1971)1 CLR. 189, 202). S. auch *The Police v Michael Nicola Economides & others* (V20)1 CLR 11, 15 („But manual possession is not necessary. The possession may be constructive and it is sufficient if the goods are in the actual possession of a person over whom the prisoner has a control, so that they would be forthcoming if he ordered it").

dem einfachsten Fall, dass jemand eine Sache in der Hand hält, und arbeitet sich sodann durch eine endlose Zahl von Ausnahmen und Gegenausnahmen. Am Ende ist der Ausgangspunkt längst vergessen. Auch die Redeweise vom „mittelbaren Besitz" ist nur so zu erklären. Sie beruht auf der Annahme, als habe „eigentlich" nur der „unmittelbare" Besitzer Sachherrschaft. Der „mittelbare" Besitzer soll nach verbreiteter Auffassung sogar nur *solo animo*[442], sozusagen „allein kraft seines Willens", aber ohne *corpus,* herrschen.[443] Das darf man dann aber natürlich wieder nicht wörtlich nehmen; könnte man wirklich *solo animo* besitzen, stünde einem die Welt offen. Also muss man hinzufügen, dass der *solo animo*-Besitzer den *corpus* „durch" den anderen, den, wie Art. 336 poln. ZGB sagt, „abhängigen" Besitzer habe. Aus dem „mittelbaren" wird jedenfalls eine Art „normativer" Besitzer, einer, der mangels *corpus* gar kein Besitzer wäre, wenn ihm nicht eine Rechtsnorm diese Qualität ausdrücklich zuschriebe.[444] Es gibt in der Tat einige gesetzliche Be-

---

[442] So jedenfalls die herkömmliche italienische Lehre (z. B. *Torrente und Schlesinger,* Manuale di diritto privato[21], S. 334 sowie *Sacco und Caterina,* Il possesso[3], S. 86). Inzwischen wird die einigermaßen befremdliche Idee, man könne allein aufgrund seines Willens besitzen, aber nicht mehr völlig widerspruchslos hingenommen. *Omodei Salè,* La detenzione e le detenzioni, S. 13, 19 erkennt, dass auch der Vermieter noch Herrschaft über die Sache habe und dass diese Herrschaft auf seinen Rückgabeanspruch am Ende der *detenzione* beruht.

[443] In Frankreich analysiert man die Rechtslage heute zumindest partiell anders als in Italien. Denn man akzeptiert, dass derjenige, der *corpore alieno,* d. h. durch einen Dritten besitzt, den *corpus* behält. Das gilt insbesondere für einen Eigentümer, der sein Grundstück vermietet oder einem Anderen unentgeltlich überlässt (vorher Fn. 435). Im Übrigen muss man zwischen Immobilien und Mobilien unterscheiden. Bei beweglichen Sachen ist der Besitz verloren, sobald der Besitzer die tatsächliche Macht über die Sache verliert. Das ist der Fall, wenn sie ihm abhandenkommt. Bei unbeweglichen Sachen dagegen geht mit dem Verlust des *corpus* noch nicht notwendig auch der Besitz verloren. Hier hat die Figur des Besitzes *solo animo* ihren eigentlichen Platz (*Malaurie und Aynès,* Les biens[5], S. 151 Rdnr. 496; *Bergel/Bruschi/Cimamonti,* Les biens[2], S. 168 Rdnr. 139). Für ein schönes Beispiel siehe Cass. civ. 20.2.2013, Bull. civ. 2013, III, S. 30 Nr. 27, Anm. *Tardos,* D. 2013 S. 1531; Anm. *Mallet-Bricout,* D. 2013 S. 2125 (Das Berufungsgericht hatte Ersitzung abgelehnt, weil ein dreißigjähriger Besitz nicht nachgewiesen worden sei. Der Kassationshof hob auf. Der für die Ersitzung erforderliche Besitz müsse zwar durch materielle Handlungen begründet werden, bliebe aber erhalten, solange er nicht unterbrochen oder vorübergehend eingestellt werde. Ersitzen könne man auch, wenn materielle Handlungen nur für weniger als 30 Jahre nachgewiesen seien). Ähnlich bereits Cass. civ. 15.3.1977, Bull. civ. 1997, III, S. 94 Rdnr. 121 und sogar schon Cass. 27.3.1929, DH 1929 S. 250; S. 1929, I, S. 207 („la possession légale utile pour prescrire ne peut s'établir à l'origine que par des actes d'occupation réelle et se conserve tant que le cours n'en est pas interrompu ou suspendu"). In Tschechien ergibt sich dasselbe Ergebnis heute unmittelbar aus § 1009(2) tschech. BGB. Die Rechtsfigur des Besitzes *solo animo* hat man hier traditionell genutzt um zu erklären, warum bei einem vorübergehenden Sachverlust Besitz erhalten bleibt, solange die Hoffnung besteht, die verlorene Sache wieder zurück zu erlangen (*Krčmář,* Právo občanské II. Práva věcná, S. 77).

[444] Ein nicht geringer Teil der italienischen Lehre hält den *possesso mediato* in der Tat für eine *fictio iuris,* weil es an einem *corpus possessionis* fehle (z. B. *Tenella Sillani,* Possesso e detenzione, Dig. disc. priv., sez. civ., XVI, S. 8, 12; weitere Nachweise und überzeugende Kritik bei *Omodei Salè,* La detenzione e le detenzioni, S. 13, 19). Aus polnischer Sicht sind der abhängige und der unabhängige Besitz u. a. durch den Umfang der Sachherrschaft unterschieden (*Gniewek,* Prawo rzeczowe[8], S. 270 Rdnr. 83). Auch MünchKomm (*-Joost*), BGB VII[7], § 868 Rdnrn. 5 und 6 meint: „Von einer tatsächlichen Sachherrschaft iS einer Ausübung tatsächlicher Gewalt (§ 854 Abs. 1) kann bei dem mittelbaren Besitzer keine Rede sein. Er übt tatsächliche Sachherrschaft auch nicht durch den Besitzmittler aus. … Der mittelbare Besitz ist so, wie ihn das Gesetz ausgestaltet hat, entgegen der h. M. als Rechtsverhältnis anzusehen … Als Rechtsverhältnis ist der mittelbare Besitz vom unmittelbaren Besitz wesentlich verschieden". Andere deutsche Autoren

stimmungen, die genau das tun[445] und dadurch die These zu bestätigen scheinen, dass die wahre Sachherrschaft beim „unmittelbaren Besitzer" liege.[446] Das ist jedoch nicht der Punkt. Auch der sogen. „mittelbare" Besitz ist, das Wortspiel sei erlaubt, nicht weniger unmittelbar als der abhängige, und der abhängige nicht weniger mittelbar als der zivilrechtliche. Beide sind vielmehr Ausdruck und Bestätigung des Umstandes, dass es keinen *numerus clausus* besitzindizierender Merkmale gibt.[447] Konsequenterweise sollten „unmittelbarer" und „mittelbarer" Besitz denn auch prinzipiell denselben Rechtsschutz genießen[448], und zwar richtiger Ansicht nach nicht nur in Relation zu Dritten[449], sondern

---

sprechen von „Besitz ohne Sachherrschaft" oder gar von „fingiertem Besitz" (Überblick bei Staudinger [-*Gutzeit*], BGB (2012), § 868 Rdnr. 5).

[445] Z.B. § 868 dt. BGB („Besitzt jemand eine Sache ... in einem ... Verhältnis, vermöge dessen er einem anderen gegenüber auf Zeit zum Besitz berechtigt oder verpflichtet ist, so ist auch der andere Besitzer (mittelbarer Besitz)"); Art. 24(2) slowen. SPZ („Besitzer ist auch diejenige Person, die die tatsächliche Gewalt durch jemanden anderen ausübt und zwar auf der Grundlage jeglichen Rechtstitels") und § 5:1(2) ungar. ZGB („Neben einem Besitzer, der die Sache aufgrund eines zum vorübergehenden Besitz der Sache berechtigenden Rechtsverhältnisses in seiner tatsächlichen Gewalt hat (Unterbesitzer), ist auch derjenige als Besitzer anzusehen, von dem die die tatsächliche Gewalt ausübende Person ihren Besitz ableitet (Oberbesitzer)").

[446] Die Dinge werden noch dadurch weiter verkompliziert, dass sich selbst mit der Lehre vom Besitz durch Rechtsfiktion ganz unterschiedliche Vorstellungen verbinden können. In Griechenland verbindet man mit „fiktivem Besitz" (*πλασματική νομή/plasmatiké nomé*) Fälle, in denen das Gesetz jemandem Besitz gänzlich unabhängig von *corpus* und *animus* zuordnet (mag es in diesen Fällen rein statistisch meistens auch nur am *corpus* fehlen). Unter Art. 2(1) gr. Notgesetz 1539/1938 z.B. ist der Fiskus fiktiver Besitzer aller öffentlichen Landgüter, und zwar auch dann, wenn er dort nie eine materielle Besitzhandlung ausgeübt hat (näher Areopag 1260/1998, EllDni 40 [1999] S. 66; Areopag 973/1983, NoB 32 [1984] S. 645; Areopag 242/1950, EEN 17 [1950] S. 495). Für Erben gilt im Hinblick auf den Nachlass dasselbe (Art. 983 gr. ZGB; näher Areopag 1526/2006, EllDni 47 [2006] S. 1434; Areopag 984/2002, EllDni 44 [2003] S. 1345; Areopag 875/2001, EllDni 43 [2002] S. 759 und Areopag 930/2000, EEN 69 [2002] S. 21). Auch der Gläubiger des besonderen Bankpfandrechts (gesetzliche Anordnung 17. 7./13.8.1923) ist fiktiver Besitzer; er hat mangels Sachherrschaft keine Detention. Die Redeweise vom „besitzlosen Pfandrecht" ist also rechtlich ungenau (näher Areopag 246/1990, EllDni 32 [1991] S. 771; Areopag 248/1990, NoB 40 [1992] S. 57 und Areopag 1842/1990, Isokrates-Datenbank).

[447] Vorher Rdnr. 10.

[448] So verhält es sich z.B. unter § 47 estn. LPA; Artt. 996 und 997 gr. ZGB; Artt. 342–347 poln. ZGB, Art. 949(2) rumän. CC; § 126(2) slowak. BGB; unter § 1003 tschech. BGB (näher Spáčil [-*Spáčil*], Občanský zákoník III, S. 116) und unter österreichischem Recht. Mittelbarer und unmittelbarer Besitzer genießen Dritten gegenüber (zum Innenverhältnis sogleich noch Fn. 450) denselben Rechtsschutz (Koziol/Bydlinski/Bollenberger [-*Eccher und Riss*], ABGB^4, § 339 Rdnr. 5). Auch DCFR VIII.-6:202(1), 6:203(1) und 6:204(1) entwerfen einheitliche Regeln zum possessorischen Rechtsschutz sowohl des *owner-possessors* als auch des *limited-right-possessors*. In weiteren Absätzen derselben Modellregeln wird dem *limited-right-possessor* Besitzschutz durchweg auch gegen den *owner-possessor* und gegen andere *limited-right-possessors* eingeräumt, die den Besitz unrechtmäßig stören. Art. 76 des bulgar. Gesetzes über das Eigentum stellt Besitzer und Detentoren im Hinblick auf die Herausgabeklage *(actio spolii)* gleich. Bei Immobilien steht dagegen der Unterlassungsanspruch nur dem zivilrechtlichen Besitzer zu (Art. 75 aaO).

[449] Gelegentlich finden sich hier freilich in der Tat einige Nuancierungen. Dass der mittelbare Besitzer bei einer Entziehung der Sache durch einen Dritten grundsätzlich nur Herausgabe an den verlangen kann, dem die Sache entzogen wurde und sie auch wieder übernehmen will (§ 869 S. 2 dt. BGB; § 47(1) und (2) estn. LPA), ist zwar eine einfache Folge des Umstandes, dass der Dritte den früheren Zustand wiederherstellen muss. Dasselbe lässt sich wohl auch noch von der Regel sagen, dass der mittelbare Besitzer nur dann Besitzschutz genießt, wenn gegen den unmittelbaren Besitzer verbotene Eigenmacht begangen wurde (BGH 1.12.1976, WM 1977 S. 218, 220). Anders als unter Art. 343 poln. ZGB soll der mittelbare Besitzer nach bislang

auch im Innenverhältnis der beiden Besitzer untereinander.[450] Der Unterscheidung zwi-

---

überwiegender Auffassung in Deutschland kein Selbsthilferecht haben (MünchKomm [-*Joost*], BGB VII[7], § 869 Rdnr. 7; Erman [-*A. Lorenz*], BGB II[14], § 869 Rdnr. 4, Planck [-*Brodmann*], BGB III/1[5], § 869 Anm. 2; RG 4.12.1943, RGZ 146 S. 182, 190). Mit dem Text von § 859 dt. BGB lässt sich das freilich nicht belegen; die Vorschrift handelt unterschiedslos von dem „Besitzer". Gegen die vorherrschende Ansicht deshalb mit Recht Staudinger (-*Gutzeit*), BGB (2012), § 869 Rdnr. 1. Für das englische Recht will bedacht sein, dass auch die dem Schutz des Besitzes dienenden *torts* primär auf Schadensersatz in Geld gerichtet sind. Das führt zu dem unter dem Stichwort *ius tertii* geläufigen Problem doppelter Inanspruchnahme. Unter secs. 7 ff Torts (Interference with Goods) Act 1977 kann, wer eine *conversion* begangen hat, einwenden, dass er Gefahr laufe, für denselben Schaden mehrfachen Ersatz leisten zu müssen. Das Gericht kann dem durch eine anteilige Aufteilung des Schadensersatzes Rechnung tragen.

[450] So mit Recht die österreichische Rechtsprechung, unter der nicht nur der Sachbesitzer gegen den Rechtsbesitzer (LG Wien 12.2.1979, MietSlg 31.022: Besitzschutz des Mieters gegen den Vermieter, der das Haustor tagsüber verschließt), sondern auch der Rechtsbesitzer im Verhältnis zum Sachbesitzer in den Genuss der allgemeinen Besitzschutzregeln kommt (LG Wien 20.10.1980, MietSlg 32.020: Besitzschutz des Vermieters gegen den Mieter, der ohne entsprechende vertragliche Abrede die Hausfassade streicht) (weitere Einzelheiten bei *Kodek,* FS Iro, S. 49). Das entspricht der polnischen (*Ignatowicz und Stefaniuk,* Prawo rzeczowe[2], S. 325 Rdnr. III) und der tschechischen Rechtslehre (Spáčil [-*Spáčil*], Občanský zákoník III, S. 126), außerdem § 5:5(3) ungar. ZGB und den Modellregeln des DCFR (VIII.-6:202(2), 603(2) und 604(2)). Unter Artt. 733–734 gr. ZPO kann der Detentor das Verfahren zu Maßnahmen der Besitzsicherung auch gegen Besitzer und Rechtsbesitzer einleiten (*Triantos,* AK, Art. 997 S. 1210 Rdnr. 3). Der Rechtsbesitzer wiederum hat nicht nur die Besitzklagen. Er kann auch Selbsthilfe üben (Art. 985 gr. ZGB) und zum Verfahren der Besitzsicherungsmaßnahmen greifen (Amtsgericht Lefkada 74/2002, ArchN 53 [2003] S. 265; Areopag 784/2001, EllDni 43 [2002] S. 1417 und *Triantos* aaO, Art. 996 gr. ZGB S. 1208 Rdnr. 1). Besitzer und Rechtsbesitzer genießen Besitzschutz gegen einen Detentor, der den Besitz verletzt (Art. 998 gr. ZGB). Palandt (-*Herrler*), BGB[77], § 869 Rdnr. 1 sieht demgegenüber den possessorischen Rechtsschutz als eine Art Einbahnstraße an. Er stünde nur dem unmittelbaren gegen den mittelbaren Besitzer zu; der mittelbare habe gegen den unmittelbaren nur Ansprüche aus materiellem Recht. (Möglicherweise ebenso OLG Frankfurt/Main 26.6.1997, NJW 1997 S. 3030. Die Beklagte hatte dienstbarkeitsgestützt in einem Leerrohr eine Gasleitung nebst Glasfaserkabel durch ein Grundstück des Klägers verlegt. Ursprünglich diente das Glasfaserkabel nur der Wartung der Gasleitung. Die Beklagte ersetzte es nun auf eigene Faust durch ein leistungsfähigeres Telekommunikationskabel. Das OLG verneinte verbotene Eigenmacht. Nicht der Kläger, sondern die Beklagte sei unmittelbare Besitzerin des Leerrohrs und dessen Inhalts gewesen und habe sich nicht selber im Besitz stören können.) Dem ähnelt das englische Recht insofern, als die allgemeinen Regeln des Besitzschutzes jedenfalls im Innenverhältnis der Parteien eines *bailment* nur eingeschränkt gelten. Ein *bailee* kann z. B. unmöglich *trespass* begehen, auch dann nicht, wenn er die Grenzen seiner Berechtigung aus dem *bailment* massiv überschreitet. Denn er selber ist bereits *in possession* (Palmer und McKendrik [-*Hudson*], Interests in Goods[2], S. 837, 862). Denkbar ist unter den genannten Umständen aber *conversion*. Denn dazu genügt bereits die signifikante Störung eines fremden Besitzrechts (*Hudson* aaO), zudem kraft ausdrücklicher gesetzlicher Klarstellung aber sogar die bloße Verletzung der *Common Law* Pflichten eines *bailee* (sec. 2(2) Torts (Interference with Goods) Act 1977). In Frankreich wurde die Frage, ob ein Eigenbesitzer (z. B. ein Eigentümer-Vermieter) gegen den *détenteur* (z. B. seinen Mieter) mit der Besitzschutzklage vorgehen kann, traditionell mit der Begründung verneint, man müsse streng zwischen *pétitoire* und *possessoire* unterscheiden (*Malaurie und Aynès,* Les biens[5], S. 159 Rdnr. 513), und Art. 2282(2) franz. CC ergänzt, dass „der Besitz auch dem bloßen Inhaber [...] gegen jeden außer demjenigen [gewährt wird], von dem er seine Rechte erhalten hat." Es konnte also nicht nur der Besitzer nicht gegen den *détenteur,* sondern es konnte auch umgekehrt der *détenteur* keine Besitzschutzklage gegen den Besitzer erheben (*Larroumet,* Les biens[5], S. 74 Rdnr. 133). Inzwischen hat das Gesetz vom 16.2.2015 allerdings ohnehin alle *actions possessoires* aufgehoben und die Rechtslage insoweit wieder bereinigt (näher *Piedelièvre,* Gaz. Pal. 2015 S. 803). An die Stelle der Besitzschutzklagen ist das *référé*-Verfahren getreten. In Belgien meint man, dass die Verletzung von Vertragspflichten

schen unmittelbarem und mittelbarem Besitzer wohnt m. a. W. nichts Kategoriales inne. Sie hilft lediglich, das Spektrum der Besitz bzw. Sachherrschaft indizierenden Merkmale durch die Fixierung von Regelbeispielen zu verfeinern. *Senso strictu* ist die Unterscheidung überflüssig. Man kann sie ohne Weiteres durch Zweck- und Interessenanalysen ersetzen. Das ist der Weg, den das schwedische Recht geht.[451] Es gewichtet Einzelfallgerechtigkeit höher als Rechtssicherheit, macht es dadurch freilich zunehmend schwierig, sich in ihm zurechtzufinden.

„Mittelbarer" und „unmittelbarer Besitz" sind, genau genommen, auch keine Kate- **66**
gorien des **englischen Rechts.** Doppelter, aber nach je verschiedenen Merkmalen bestimmter Besitz kommt hier ohnehin nur bei beweglichen Sachen in Betracht.[452]

---

nur mit den Rechtsbehelfen des Vertragsrechts bekämpft werden könne, in allen anderen Fällen die Erhebung der *actions possessoires* jedoch möglich bleibe (*Boufflette,* La possession, S. 103 Rdnr. 94). Ebenso verhält es sich wohl in Italien (z. B. Cass. 29.5.2003, n. 8628, Giust. civ. 2004, I, 399: vertragswidrige Untervermietung der Wohnung keine Verletzung des *possesso mediato* des Vermieters; Besitzschutz sei kein vertragsrechtlicher Rechtsbehelf).

[451] Sein dynamisches Sachenrecht besteht darauf, jede Situation kontextabhängig zu evaluieren. Wo das Wort Besitz im Tatbestand einer gesetzlichen Vorschrift begegne, müsse man nach dem Zweck fragen, den sie verfolgt. Das bis heute gültige Lag (1845:50) om handel med lösören, som köparen låter i säljarens vård kvarbliva (das Gesetz über den Handel mit Fahrnis, die der Käufer in der Obhut des Verkäufers belässt) z. B., wonach Eigentum der Hauptregel nach erst bei Besitzübertragung übergeht, diene dem Schutz der Insolvenzgläubiger. Das Besitzkriterium knüpfe deshalb daran an, ob der Verfügende noch einen eigenen Zugang zu der Sache habe oder nicht (HD 15.5.1956, NJA 1956 S. 485; vorher Fn. 95; s. ferner HD 23.7.1923, NJA 1923 S. 626 und HD 18.10.1991, NJA 1991 S. 564). Unter § 2 Lag (1986:796) om godtrosförvärv av lösöre (Gesetz über den gutgläubigen Erwerb von Fahrnis) gilt: „Hat jemand bewegliche Sachen durch Übereignung von jemand anderem erworben, der den Vermögensgegenstand in seinem Besitz hatte, aber weder deren Eigentümer noch zur Verfügung auf die erfolgte Art und Weise berechtigt war, erhält er das Eigentum an dem Vermögensgegenstand, wenn er diesen in Besitz bekommen hat und in gutem Glauben war". Das Gesetz dient also dem Schutz eines gutgläubigen Erwerbers. Folglich komme es auf den Anschein einer Verfügungsbefugnis an (*Håstad,* Sakrätt[6], S. 65). Wenn der Käufer eines Motorrades das Fahrzeug in Anwesenheit von Repräsentanten des Verkäufers in einer Garage abhole, die einem Dritten gehört, könne der Verkäufer zu diesem Zeitpunkt als Besitzer angesehen werden (HD 22.12.2009, NJA 2009 S. 889, vorher Rdnr. 37 mit Fn. 238). Da es um den Konflikt zwischen zwei rechtlich begründeten Ansprüchen auf dieselbe Sache gehe, müsse aber auch nachgewiesen sein, dass der Anspruch des Käufers rechtlichen Schutz verdiene. Das sei nur der Fall, wenn der Käufer bereits eine konkrete Beziehung zu der Sache nachweisen könne (*Håstad* aaO S. 225; *Göranson,* Traditionsprincipen, S. 630). Er müsse also die Sache selbst oder durch einen Dritten ansichgenommen oder dafür gesorgt haben, dass der Verkäufer einen Dritten, bei dem sich die Sache befindet, über die Verfügung in Kenntnis gesetzt habe (sogen. *denuntiation;* Prop. 1985/86:123, S. 19). Wird die Sache einem selbständigen Frachtführer übergeben, erwerbe der Käufer den Besitz nur vermittels eines *konnosoment* oder eines funktionsgleichen Papiers (Prop. 1985/86:123, S. 20). In den Straftatbeständen der Unterschlagung (Kap. 10 § 1 BrB) und der verbotenen Eigenmacht (Kap. 10 § 4 BrB) verfolge das Merkmal Besitz dagegen den Zweck, Kontrollpositionen über eine Sache oder ein Konto zu identifizieren und müsse diesem Zweck gemäß ausgelegt werden (schwed. HD 30.8.2011, NJA 2011 S. 524; HD 7.12.1994, NJA 1994 S. 480).

[452] S. bereits vorher Fn. 433. Ein *lease* entsteht nur, wenn der *lessee exclusive possession* erhält (*Yearworth v North Bristol NHS Trust* [2009] EWCA Civ 37; [2010] QB 1; *Nikitas Nikita and Others v Cyprus Popular Bank (Financing) Ltd.* (2009)1 CLR 91), die ihn berechtigt, den *landlord* vom Besitz auszuschließen (*Ashby v Tolhurst* [1937] 2 KB 242, 255; *Street v Mountford* [1985] AC 809). Auch ein *right to immediate possession* steht dem *landlord* nicht zu (*Long v Tower Hamlets LBC* [1996] 2 All ER 683). Gleichwohl spricht man in bestimmten Zusammenhängen gelegentlich doch von einer *constructive possession* des *landlords,* nämlich dann, wenn dieser seinen mit der *lease*

Man unterscheidet *bailment, right to immediate possession* und *constructive possession.* Sie stehen in einem komplizierten Verhältnis zueinander.[453] Dem *bailment*-Recht geht es um die interne Beziehung zwischen „unmittelbarem" und „mittelbarem Besitzer". *Bailment* besteht aus einem hybriden Rechtsverhältnis mit vertrags-, geschäftsführungs-, delikts- und sachenrechtlichen Elementen. Es setzt einen Besitzübergang voraus; *bailor* ist nur, wer keine *immediate possession* (wenn auch, je nach der Gestaltung der Rechtsbeziehungen zwischen den Parteien, ein *right to immediate possession*) hat. Unklar ist zwar, ob der *bailor* (z.B. eine Autovermietung, aber auch ein Patient, dessen goldene Uhr das Krankenhauspersonal während der Operation in den Safe legt[454]) Inhaber von *constructive possession* ist bzw. bleibt. Von der Antwort hängt aber nichts ab. Es geht allein darum, ob man nur den Inhaber eines *right to immediate possession* (den Vermieter nach Ablauf des Vertrages; den Patient, nachdem er wieder erwacht ist) oder auch andere „mittelbare Besitzer" (den Vermieter während der Laufzeit des *term bailment*) „constructive possessors" *nennen* will.[455] Sachlich wichtig ist nur die Unterscheidung zwischen den einzelnen Rechtsbehelfen. Denn aus *trespass* kann weder ein *bailor* noch ein *constructive possessor* noch i.d.R. jemand klagen, der ein *right to immediate possession* hat.[456] *Trespass* steht allein demjenigen zu, der im maßgeblichen Zeitpunkt (als Fremd-

---

belasteten *estate* überträgt. In diesem Fall soll der Erwerber nur *constructive possession* an dem *land* erhalten (*Keith Shaw,* Vacant Possession, S. 88).

[453] Beim *pledge* z.B. ist allein der *pledgee* Besitzer. Wie kompliziert die Terminologie hier werden kann, zeigt der neuseeländische Fall *Askrigg Pty Ltd v Student Guild of the Curtin University of Technology* (1989) 18 NSWLR 738. Es ging um ein Pfandrecht an Wertpapieren, die mit entsprechender Markierung in der Gewalt des Pfandgebers verblieben waren. Palmer und Mc Kendrik (-*Palmer und Hudson*), Interests in Goods[2], S. 621, 625 analysieren: Der *pledgee* werde *bailee,* da er zur Begründung des *pledge* zwingend die *possession* erhalten müsse. Denn erst sie begründet sein *special property.* Dazu soll es aber genügen, dass der Pfandgeber und Eigentümer die Sache künftig „für" den Pfandnehmer halte. Der Pfandgeber habe dann die „custody" und sei zugleich *bailee* des Pfandnehmers, obwohl es um seine eigene (des Pfandnehmers) Sache ginge. Wie aber soll ein Pfandgeber *bailee* sein, wenn er gerade keine *possession* hat?

[454] Näher zum Verhältnis von *bailment* und Recht der Geschäftsführung ohne Auftrag *von Bar,* PEL Ben. Int., Introduction Rdnr. 71.

[455] Jeder Autor scheint diesen Begriff nach eigenem Gutdünken zu verwenden. Manche unterscheiden sogar noch zwischen der *legal constructive possession* und der sonstigen *constructive possession. Sheehan,* The Principles of Personal Property Law, S. 12 schlägt vor, auch bei einem Pfandgeber von *constructive possession* zu sprechen. Es handele sich aber nicht um eine *legal possession,* weil sie nicht dieselben Rechtsschutzmöglichkeiten eröffne wie gewöhnliche *(legal constructive) possession. Bell,* Modern Law of Personal Property, S. 53–57 deutet den *bailment at will* als *immediate constructive possession.* Demgegenüber habe man es bei einem *term bailment* mit *qualified constructive possession* zu tun, da der *bailor* erst unter weiteren Voraussetzungen (z.B. Auslösung des Pfandes) wieder in den Besitz der Sache kommen könne. Noch unübersichtlicher wird es, wenn man mit einzelnen Entscheidungen annimmt, auch der *beneficiary* habe *constructive possession* an *trust*-Gegenständen in Händen des *trustee* (*White v Morris* (1852) 11 CB 1015; 138 ER 778; *Barker v Furlong* [1891] 2 Ch 172), desgleich der Inhaber des Wrackrechts an Gegenständen, die ein anderer illegal aus dem Wrack geborgen hat (*Bailiffs of Dunwich v Sterry* (1831) 1 B & Ad 831; 109 ER 995).

[456] Auch das muss freilich qualifiziert werden. Bei einem *bailment at will,* also einer Art Prekarium, das der *bailor* jederzeit und ohne irgendwelche weiteren Voraussetzungen beenden kann, soll sein *right to immediate possession* genügen, um auch gegen Dritte alle besitzbasierten Ansprüche geltend machen zu können. Hat man es dagegen mit einem *term bailment* zu tun, ist allein der *bailee* Inhaber der *possession* im Sinne des Besitzschutzrechts (*Gibson und Fraser*[8], Business Law, S. 241–242; *Sheehan,* The Principles of Personal Property Law, S. 12). Bei einem *bailment at will* genügt also anders als bei einem *term bailment* genau genommen bereits das *right to immediate possession,* und zwar auch für *trespass.* Das wird freilich anders ausgedrückt. Man hält sprachlich

oder Eigenbesitzer) die physische Kontrolle über die Sache ausübt oder ausüben kann. Wird einem Fahrzeugmieter der Wagen gestohlen, steht dem Fahrzeugvermieter kein (ja ohnehin nur auf Schadensersatz in Geld gerichtetes) Klagerecht zu, und zwar nicht nur nicht aus *trespass,* sondern auch nicht aus *conversion,* aus *conversion* jedenfalls solange nicht, bis ihm nach Ablauf der Mietzeit wieder ein *right to immediate possession* zuwächst. Dieses *right to immediate possession* genügt für *conversion,* nicht für *trespass.* Man könnte also auch formulieren, *constructive possession* sei zwar aus der Sicht von *conversion,* nicht aber aus der Sicht von *trespass* wirklich *possession.* Vollständig wird das Bild jedoch erst, wenn man zusätzlich noch den sogen. *tort of reversionary interest* (oder *injury*) in den Blick nimmt. Er operiert genau in der Lücke zwischen *trespass* und *conversion.* Denn er schützt das betagte Heimfallrecht mit einem weiteren Mechanismus zum Schutz des finanziellen Interesses an dem Rückerhalt der begebenen Sache. Würde etwa der Mietwagen von einem Dritten während der Laufzeit des Vertrages beschmiert oder sonst beschädigt, würde der Vermieter den Wagen auch nur in diesem Zustand zurückbekommen können. Diesen Schaden kann der *bailor,* gestützt auf den *tort of reversionary interest,* gegen den Dritten geltend machen.[457]

(2) Einzelheiten

Sachgewalt kraft (respektierter) Heimfallposition haben unter den kontinentalen Rechtsordnungen typischerweise die Besteller von Nießbrauchrechten, Vermieter[458], Leasinggeber[459], Verpächter, Verleiher[460], Hinterleger sowie die Besteller von Pfand- 67

daran fest, dass für *trespass* das bloße Recht auf den sofortigen Besitz nicht genüge, meint aber zugleich, dass dem *bailor* beim *bailment at will* eine für *trespass* ausreichende „Rest“ *possession* verbleibe. So soll es auch bei einem (aus der Sicht des *bailee*) fremdnützigen *bailment* liegen. Wenn Sachen im Interesse des *bailor* eingelagert würden, behalte er *possession,* es handele sich um einen Fall der *constructive possession* (*Bradgate und White,* Commercial Law, Rdnr. 9.4.2). Für einen Lagerhalter jedenfalls gilt, dass er, obwohl er die Sache auf Aufforderung jederzeit herausgeben muss (*City Fur Manufacturing Co Ltd v Fureenbond (Brodkers) London Ltd* [1937] 1 All ER 799, 802; *Towers & Co Ltd v Gray* [1961] 2 QB 351, 362), selber *possession* habe und sich deshalb auch besitzschutzrechtlicher Rechtsbehelfe bedienen darf (*United States of America v Dollfus Mieg et Cie SA* [1952] AC 582, 612).

[457] *Gibson und Fraser* aaO.

[458] Anders, wie gesagt, bei der *lease* des Common Law. Die „dingliche Miete“ ist gerade dadurch gekennzeichnet, dass der *lessee* vom *lessor exclusive possession* erhält (*Street v Mountford* [1985] AC 809). Bei dem *lessor* (und *owner*) bleibt keine *possession* zurück. Es ist deshalb wichtig, zwischen *lease* und *license* zu unterscheiden. Nur auf dem Weg über eine *license* kann der Besitz an einem Grundstück auch durch andere ausgeübt werden. Wenn es der Besitzer einem anderen erlaubt, einen Teil seiner Sache zu nutzen *(license),* bleibt der Gestattende im Besitz, ohne dass es auf den Willen des *licensee* ankäme, „für ihn“ zu besitzen. Der bloße *lodger* in einem fremden Haus hat keinen Besitz an seinem Zimmer (*Allan v Liverpool Overseers* (1874) LR 9 QB 180, 191–192 [*Blackburn* J]; *Appah v Parncliffe Investments Ltd* [1964] 1 WLR 1064, 1069–1070 [*Davies* LJ]).

[459] Leasinggeber stehen besitzrechtlich Vermietern gleich; s. statt vieler nur *Georgiades,* Νέες μορφές συμβάσεων της σύγχρονης οικονομίας, leasing κλπ, S. 95 sowie *Karamanli-Mparoutaki,* To Dikaio tis Només, S. 624.

[460] Unter Einschluss derjenigen, die einem anderen eine Sache in Bittleihe (Prekarium) überlassen, z.B. *Spáčil,* Ochrana vlastnictví a držby v občanském zákoníku², S. 220 und TS 28.5.2015, ECLI:ES:TS:2015:2208 (Räumungsklage, *desahucio por precario,* zulässig, wenn der Rechtsinhaber sein Eigentumsrecht an der Sache darlegen kann; auf die [ohnehin nur deklaratorische] Grundbucheintragung komme es nicht an. Das Gericht deutet das Prekarium als eine Sonderform der Leihe [*comodato,* Art. 1750 span. CC]. Es handele sich um eine einfache Besitzsituation, eine *simple situación posesoria.* Der Prekarist habe die *posesión inmediata,* der Eigen-

rechten.[461] Dadurch, dass man einem anderen eine Sache in abhängigen Besitz gibt, verliert man weder Eigenbesitz noch Detention.[462] Wer eine eigene Sache vermietet, bleibt Besitzer, wer eine fremde Sache vermietet, Detentor.[463] Ob man dort, wo der

---

tümer die *posesión mediata,* die auch *posesión civilísima* genannt werde). Ebenso für Italien Cass. 11.5.2010, Nr. 11374, Giust. civ. Mass. 2010 S. 720. Über den Begriff des Prekariums scheint allerdings keine Einigkeit zu herrschen. Berufungsgericht Patras 631/1991, ArchN 43 (1993) S. 227 und *Triantos,* AK, Art. 810 S. 1006 Rdnr. 3 sehen auch einen Dieb als Prekaristen an.

[461] So ausdrücklich u.a. § 868 dt. BGB; § 33(2) estn. LPA; Art. 336 poln. ZGB und Art. 24(2) slowen. SPZ. Art. 975 gr. ZGB versteht den Pfandgläubiger als Rechts- und den Pfandbesteller als Sachbesitzer. Der Vermieter ist auch unter Art. 1140(2) ital. CC der Standardfall einer Person mit *possesso mediato* (oder *possesso solo animo,* s. bereits Fn. 442 und Fn. 444). Art. 1252(1) port. CC lehnt sich an Art. 1140(2) ital. CC an und macht deutlich, dass der Besitz sowohl persönlich als auch durch einen anderen ausgeübt werden kann; Vermieter, Verleiher, Hinterleger und die Partner einer sogen. Viehzuchtgemeinschaft bleiben Besitzer. Mieter (etc.) sind im Verhältnis zum Eigentumsrecht Detentoren, im Verhältnis zu ihrem eigenen Nutzungsrecht Besitzer (*Vieira,* Direitos reais, S. 558–561, 564). Unter Art. 2266 franz. (Art. 2236 belg.) CC erwirbt, „wer für einen andern besitzt, ... niemals durch Ersitzung, wie lange er auch besitzen mag. So können der Pächter, der Verwahrer, der Nießbraucher und alle anderen, welche die Sache des Eigentümers bloß auf Grund fremden Rechtes inne haben, dieselbe nicht durch Ersitzung erwerben". Die genannten Personen sind also *détenteurs précaires* und ihre Vertragspartner bleiben Besitzer. *Terré und Simler,* Les biens[9], S. 167 Rdnr. 164 ergänzen, dass auch der Erbbauberechtigte *(emphytéote),* der Pfandgläubiger, der antichretische Gläubiger, der Entleiher und der Inhaber einer Dienstbarkeit *détenteurs précaires* sind. Unter niederländischem Recht genießen sowohl der Pfandgeber als auch der Pfandnehmer possessorischen Rechtsschutz (Artt. 3:243 und 245 ndl. BW.) Unter dem dynamischen Sachenrecht Schwedens allerdings lassen sich die Entsprechungen zu diesen Regelungen kaum mehr identifizieren. Eigentumsvorbehaltsverkäufer, Pfandgeber, Hinterleger im Rahmen von Verwahrungs- oder Lagerhaltungsverträgen und Personen, die eine Sache vertragslos zu fremder Nutzung überlassen, tauchen im Kontext des Schutzes gegenüber Gläubigern des „unmittelbaren Besitzers" (sogen. *borgenärsskydd*) nirgendwo auf, auch nicht dort, wo im Recht des gutgläubigen Erwerbs von Besitz die Rede ist. Allerdings dürften der Hinterleger und derjenige, der eine Sache einem anderen vertragslos überlässt („Prekarium") im Rahmen von Kap. 4 § 18 Utsökningsbalk (1981:774) (Zwangsvollstreckungsgesetz) abhängig vom Zugang zu dem Objekt wie Besitzer angesehen werden und deshalb von der Eigentumsvermutung profitieren (HD 18.6.1984, NJA 1984 S. 456, oben Fn. 431).

[462] Poln. OG 19.11.1993, II CRN 130/93, Lex-Nr. 78220 (Ein Pressegrosso hatte ein Grundstück, das er vom Fiskus gepachtet hatte, an die Beklagte zum Betrieb eines Zeitschriftenkiosk weiterverpachtet. Nach Ablauf des Vertrages verweigerte sie die Rückgabe und betrieb den Kiosk auf eigene Rechnung weiter. Die Klägerin sah darin eine Verletzung ihres Besitzes an der 10 Quadratmeter großen Fläche, verlangte Einstellung der Nutzung und Herausgabe des Kiosks. Beide Vorinstanzen qualifizierten die Beklagte als Besitzdienerin und gaben der possessorischen Klage statt. Das OG hielt sie jedoch für eine abhängige Besitzerin. In Analogie zu Art. 337 poln. ZGB [Eigenbesitzer verliert den Eigenbesitz nicht dadurch, dass er die Sache dem abhängigen Besitzer übergibt] gelte, dass auch der abhängige Besitzer seinen abhängigen Besitz nicht dadurch verliere, dass er die Sache einem weiteren abhängigen Besitzer übergebe. Es müsse aber noch geklärt werden, ob die Beklagte der Klägerin deren abhängigen Besitz entzogen und sich zur Eigenbesitzerin aufgeschwungen habe). S. auch poln. OG 12.9.2007, I CSK 186/07, Lex-Nr. 347267 (die tatsächliche Herrschaft über eine Sache könne sowohl mittelbar als auch unmittelbar ausgeübt werden) und poln. OG 20.4.1962, 4 CR 246/62, OSN 1963/6/131, Lex-Nr. 347267 (wer eine Sache in abhängigen Besitz übergibt, bleibt Besitzer im Rahmen des Eigentumsrechts).

[463] Z.B. Areopag 745/1983, NoB 32 (1984) S. 284 mit *Georgiades,* Emprágmato Díkaio I, S. 138, 158 und 250–255. § 871 dt. BGB spricht in einem solchen Fall von „mehrstufigem mittelbaren Besitz". Auch nach ungarischem Verständnis sind Eigentümer, Mieter und Untermieter, welche die Sache einem anderen zur Nutzung überlassen alle zeitgleich Besitzer (Vékás und Gárdos [-*Menyhárd*], Kommentár a Polgári Törvénykönyvhöz, § 5:1 ungar. ZGB, S. 901).

„unmittelbare Besitzer" aufgrund eines dinglichen Rechts besitzt, zwischen Sach- und Rechtsbesitz unterscheidet, macht in der Person des Bestellers des Rechts keinen Unterschied.[464] Polnische Gerichte haben sogar selbst noch den Fiskus in seiner Rolle als Besteller eines ewigen Nießbrauchs als Besitzer qualifiziert.[465] Das ist freilich ein echter Problemfall, weil es die öffentliche Hand nach geltendem Recht i.d.R. gerade nicht mehr in der Hand hat, ob sie das Grundstück je zurückerhalten wird.[466] Beim ewigen Erbbaurecht deutschen Rechts jedenfalls ist die Grenze überschritten. Dem Eigentümer steht hinsichtlich des Grundstücks nicht einmal mehr ein potentielles Heimfallrecht zu. Bei einem zeitlich begrenzten Baurecht bleibt er zwar Besitzer des Grundstücks, aber er ist nicht Besitzer des Gebäudes. Denn das Gebäude hört bei Fristablauf auf, selbständige Sache zu sein; es kann nicht herausverlangt werden, sondern es geht rechtlich unter.[467] Dass der Besteller eines Pfandrechts noch Inhaber von Sachgewalt ist, ist eine Folge der begrenzten Sachgewalt des Pfandrechtsinhabers.[468] Der für die

---

[464] S. zu Frankreich bereits Fn. 461. Unter griechischem Recht z.B. sind Vermieter, Verpächter, Hinterleger und Verleiher Besitzer der Sache, Mieter, Pächter, Verwahrer und Entleiher sind Detentoren (*Georgiades,* Emprágmato Díkaio I, S. 165 Rdnr. 9; Areopag 27/2003, NoB 51 [2003] S. 1617 und Areopag 1025/2002, EllDni 43 [2002] S. 1680). Pfandgläubiger und Nießbraucher sind Rechtsbesitzer (Artt. 975, 996 gr. ZGB; Amtsgericht Samos 3/1998, ArchN 48 (1998) S. 87, *Triantos,* AK, Art. 975 S. 1187 Rdnr. 2). Der Besteller des Nießbrauchrechts bleibt Besitzer, weil er seinen Besitz durch den Nießbraucher ausübt (Berufungsgericht Athen 2897/2001, EllDni 42 [2001] S. 1411); er überlässt dem Nießbraucher nur den Rechtsbesitz (*Papasteriou,* Emprágmato Díkaio III, S. 148 Rdnrn. 133–134; Areopag 939/2000, EllDni 42 [2001] S. 150). Rechtsbesitzer ist auch der Erbbauberechtigte. In Österreich hält man es sogar für unerheblich, ob der Besitzhelfer (damit ist auch der „unmittelbare" Besitzer gemeint: Klang [-*Kodek*], ABGB^3, § 312, Überschrift vor Rdnr. 10) selber Besitz ausübt oder nicht. Zwar findet der Begriff des „mittelbaren" Besitzers gelegentlich Eingang in die Rechtsprechung (z.B. OGH 5.4.1978, EvBl 1978/173, ÖJZ 1978 S. 548), aber ihm fällt keine technische Bedeutung zu. Nach österreichischem Verständnis handelt es sich nicht um zwei „Sachbesitzer" unterschiedlicher Stufe, sondern um einen Sachbesitzer, der seine Sachherrschaft durch einen anderen ausübt. Wie dieser seine Sachherrschaft versteht, ist solange unerheblich, solange er nur den Willen hat, für den anderen zu besitzen. Die Unterscheidung zwischen Besitzmittler und Gehilfen wird unwichtig; es kommt nur darauf an, ob sie Rechtsbesitz haben. Dann handelt es sich um ein Nebeneinander von Sach- und Rechtsbesitz. Die Frage, ob der Inhaber der faktischen Sachgewalt den Besitz mittelt, bleibt von der anderen Frage, ob er selber Besitzer sei, deutlich geschieden (näher *Iro,* Sachenrecht^5, Rdnr. 2/47).

[465] Poln. OG 25.4.2003, IV CKN 84/01, Lex-Nr. 141388 (Kein Besitzverlust bei Fiskus bzw. Gemeinde durch Bestellung eines ewigen Nießbrauchs zugunsten einer Genossenschaft und Übergabe der Immobilie an sie. Aus Artt. 336 und 337 poln. ZGB ergebe sich, dass ein Eigenbesitzer den Besitz nicht dadurch verliere, dass er die Sache einem Dritten in abhängigen Besitz gibt. Der Eigentümer einer mit einem ewigen Nießbrauch belasteten Immobilie müsse keine besonderen „Herrschaftsakte" ausüben, um seinen Besitz zu behalten). Eine dem ewigen Nießbrauch vergleichbare Figur kannte auch das osmanische Recht, das in ersitzungsrechtlichen Altfällen noch immer eine gewisse Rolle spielen kann, s. zu diesem „Recht auf das ewige Beherrschen" einer Immobilie Areopag 2194/2013, NoB 62 (2014) S. 1171; Areopag 625/2014, NoB 62 (2014) S. 1905 sowie Areopag 80/2015, Isokrates-Datenbank.

[466] Näher Bd. 1 Rdnrn. 355–358.

[467] Näher Bd. 1 Rdnr. 391 sowie Staudinger (-*Gutzeit*), BGB (2012), § 868 Rdnr. 33 (kein Besitzmittlungsverhältnis hinsichtlich des Grundstückes bei ewigem Erbbaurecht; s. schon oben Fn. 436). S. außerdem *Clasen,* BlGBW 1973 S. 61, 62 (kein mittelbarer Besitz des Grundeigentümers am Bauwerk).

[468] In der Sache ebenso, aber mit aufwändigerer Begründung für Tschechien Švestka/Dvořák/Fiala (-*Fiala*), Občanský zákoník III, S. 1007; *Vymazal,* Zástavní právo, S. 229 sowie *Švestka,* Občanský zákoník I^2, S. 1129. Unter französischem Recht bleibt der Pfandschuldner Besitzer,

Pfandbestellung erforderliche *spossessamento* (die Übergabe der Sache, Art. 2786 ital. CC) bewirkt keinen Besitzverlust.[469] Der Pfandgläubiger besitzt, wie man sagt, „im Namen des Pfandbestellers"[470] und ist deshalb bloßer Detentor der Pfandsache.[471] Das ist im Ergebnis richtig, weil der Pfandgläubiger die Sache nicht gebrauchen darf (Art. 2792(1) ital. CC); er darf sie nur aufbewahren und das zu ihrem Erhalt Erforderliche veranlassen. Seine Herrschaft *(signoria)* beschränkt sich auf die *disponibilità,* die materielle Verfügbarkeit. Bei dem Bankenpfandrecht griechischen Rechts verbleibt dem Pfandschuldner sogar diese *disponibilità;* hier wollte der Gesetzgeber (nicht etwa die Sachherrschaft des Pfandschuldners, sondern) die Sachherrschaft des Pfandgläubigers fingieren.[472] Noch als Besitzer wird in aller Regel auch der Eigentumsvorbehaltsverkäufer angesehen. Dafür soll das Rückforderungsrecht genügen, das im Falle der Nichtzahlung des Kaufpreises entsteht.[473] Sachherrschaft in Form des sogen. mittelbaren Besitzes hat auch der Sicherungsnehmer im Falle einer durch Besitzkonstitut realisierten Sicherungsübereignung.[474] Der Kaufvorvertrag (der Versprechensvertrag zum

---

weil der Pfandgläubiger nicht als Eigentümer besitzt. Allerdings sind Nießbraucher, Erbbauberechtigte *(emphytéotes),* Pfandgläubiger usw. gleichzeitig *détenteurs précaires* und Besitzer. Sie sind *détenteurs précaires* hinsichtlich der Sache, aber Besitzer des beschränkten dinglichen Rechts (*Boufflette,* La possession, S. 54 Rdnr. 10; *Terré und Simler,* Les biens^{9}, S. 168 Rdnr. 164).

[469] *Torrente und Schlesinger,* Manuale di diritto privato^{21}, S. 455.

[470] *Biavaschi,* Ricerche sul precarium, S. 27. Ebenso für Griechenland Georgiades und Stathopoulos (-*Georgiades*), ZGB, Art. 980 Rdnrn. 11–11a.

[471] *Perlingieri,* Codice civile annotato, S. 351 nennt ihn einen *„detentore autonomo"*. In Griechenland formuliert man, der Pfandgläubiger habe nicht nur den Rechtsbesitz, sondern auch die Rechtsdetention der Sache (*Papasteriou,* Emprágmato Díkaio I, S. 298–299 sowie 397).

[472] Gesetzliche Anordnung 17.7./13.8.1923; dazu Berufungsgericht Patras 1344/2006, Achaiké Nomologia 23 (2007) S. 483.

[473] Z.B. österr. OGH 27.10.1972, SZ 45/115; LG Thessaloniki 28098/2011, LG Thessaloniki 28854/2011 und Amtsgericht Athen 2122/2014 (alle Isokrates-Datenbank), s. außerdem Amtsgericht Amarousiou 821/2014, Isokrates-Datenbank (mit der Besonderheit, dass in diesem Fall der Verkäuferbank aufgrund ihres speziellen Pfandrechts kraft gesetzlicher Fiktion der Besitz verblieb) und tschech. OG 30.7.2009, 29 Cdo 1028/2007, Sbírka soudních rozhodnutí a stanovisek, R 105/2010 (Eigentümer bleibt Besitzer; Käufer ist bloßer Detentor). Auch unter französischem Recht bleibt der Verkäufer im Falle des Verkaufs *sous réserve de propriété* Besitzer. Der Käufer erhält die Sache *en qualité de détenteur et au titre du contrat de vente* (*Cabrillac/Mouly/Cabrillac/Pétel,* Droit des sûretés^{9}, S. 629 Rdnr. 835). Für das portugiesische Recht vertritt *Menéres Campos,* Reserva de propriedade, S. 285–286 die Meinung, dass der Käufer lediglich eine (obschon legitime) Detention habe. Der Verkäufer dagegen sei Besitzer; er habe sowohl *animus* als auch *corpus.* Denn der Käufer könne nicht durch Ersitzung erwerben, weil der Verkäufer Besitzer bleibe. Ihm steht unter Art. 304(3) port. CC das Rückforderungsrecht auch dann zu, wenn die Kaufpreisforderung verjährt ist. In Italien, so *Sacco und Caterina,* Il possesso, S. 122 „segelt der Interpret in das Meer der Unsicherheit" („l'interprete naviga nel mare dell'incertezza"). Manche meinen, der Käufer unter Eigentumsvorbehalt erwerbe den Besitz sofort (*Omodei Salè,* La detenzione e le detenzioni, S. 104; *Cagnasso und Cottino,* Contratti commerciali, S. 117), andere, dass der Verkäufer *possessore mediato* bleibe; bis zur Zahlung der letzten Rate sei der Käufer nur *detentore* (*Galgano,* Trattato di diritto civile I^{3}, S. 464; *Calvo,* Riv. dir civ. 2015 S. 863, 875).

[474] Dazu LG Pyrgos-Ilias 309/2013, Arm. 66 (2013) S. 2383; BGH 2.5.1979, NJW 1979 S. 2308, 2309; OLG Düsseldorf 21.11.1966, NJW 1967 S. 730; *Pestana de Vasconcelos,* Direito das garantias^{2}, S. 567, 595 und *Macía Morillo,* InDret 1/2013, S. 6. Zulässig ist die Sicherungsübereignung auch in Polen, nach verbreiteter Auffassung auch bei Immobilien, sofern der Vertrag so gefasst ist, dass er nicht gegen Art. 157 § 1 poln. ZGB (keine bedingte Eigentumsübertragung) verstößt (Radwański und Gniewek [-*Gniewek*], System Prawa Prywatnego III^{3}, S. 565–567 Rdnrn. 201–208). Der Besitz wird auch hier durch *constitutum possessorium* (Art. 349 poln.

Kauf und Verkauf, *contrato-promessa de compra e venda*) portugiesischen Rechts überträgt dem Vorkäufer auch dann keinen Besitz, wenn ihm die Sache schon vor Abschluss des Hauptvertrages übergeben wird. Man sagt, er erhalte zwar den possessorischen *corpus,* habe aber keinen *animus possidendi* und sei deshalb bloßer Detentor (prekärer Besitzer).[475]

In keinem der genannten Fälle kommt es freilich entscheidend darauf an, dass zwischen den beiden Beteiligten ein wirksames Vertragsverhältnis besteht, sondern darauf, dass derjenige, bei dem sich die Sache befindet, das **Vorrecht des Anderen respektiert.** Die Formulierung des § 868 dt. BGB, wonach, wenn jemand „als Mieter … oder in einem ähnlichen Verhältnis, vermöge dessen er einem anderen gegenüber auf Zeit zum Besitz berechtigt oder verpflichtet ist", auch „der andere" Besitzer ist, lässt sich leicht missverstehen. Sie beschreibt den Normalfall, und sie ist nützlich, weil sie exemplarisch die für die Bejahung von „Herrschaft" erforderliche Nähebeziehung zwischen Besitzer (Detentor) und Sache erhellt. Das Problem ist, dass § 868 dt. BGB zu verfehlten Umkehrschlüssen einlädt. Denn es ist weder jeder Vermieter (etc.) Inhaber von Sachgewalt, noch verliert sie jedermann nur deshalb, weil er die Sache einem Anderen aufgrund eines nichtigen Überlassungsvertrages in Detention gegeben hat. Das Abgrenzungskriterium lautet stets, ob die Parteien ihr tatsächliches Verhalten der wirklichen oder vermeintlichen Rechtsposition der anderen Seite wegen einschränken oder nicht.[476] Ein Vermieter hört nicht nur dann auf Besitzer zu sein, wenn sich der Mieter nach Ablauf der Mietzeit rechtswidrig weigert, ihm die Sache zurück zu ge- 68

ZGB) übertragen. Der bisherige Eigenbesitzer kann die Sache in abhängigem Besitz oder als Gewahrsamsinhaber behalten, meistens als Entleiher, manchmal auch als Mieter oder Pächter und gelegentlich sogar als Besitzdiener (Art. 338 poln. ZGB). Unter tschechischem Recht ist derjenige, in dessen physischer Obhut sich die Sache befindet (der Sicherungsnehmer ebenso wie der Sicherungsgeber) verpflichtet, mit der Sache so zu verfahren, als verwalte er die Sache eines Anderen (§§ 1405, 2042 tschech. BGB). Für die *fiducie* (Artt. 2011–2031, 2372-1 – 2372-6 und 2488-1 – 2488-6 franz. CC) meint *Boesch,* La possession par autrui, S. 168 Rdnr. 299, dass der *fiduciaire* (Sicherungsnehmer), nicht der *fiduciant* (oder *constituant,* der Sicherungsgeber) *possesseur* sei. Denn ihm werde im Rahmen der *fiducie* Eigentum übertragen. Der *fiduciaire* werde durch den *constituant* auch dann zum *possesseur,* wenn es sich unter Art. 2018-1 franz. CC um eine *fiducie* ohne Besitzentziehung handele. Außerdem habe der *constituant,* der das Eigentum an der Sache nach Zahlung der besicherten Forderung zurückerhalten soll, kein Sachen- sondern lediglich ein persönliches Recht inne (aaO S. 178 Rdnr. 318). *Simler und Delebecque,* Droit civil: Les sûretés, la publicité foncière[6], S. 615 Rdnr. 678 betonen, dass der *fiduciaire* das provisorische Eigentum an dem Gegenstand der *fiducie* und damit auch den Besitz erwerbe. Verbleibt dem *constituant* der Gebrauch der Sache, so sei er ein *détenteur,* der für den *fiduciaire* besitze.

475 *Pires de Lima und Antunes Varela,* Código Civil Anotado III[2], S. 6–7, Anm. 7 unter Art. 1251); STJ 18.10.2002, Processo 5978/08.3TBMTS.P1.S 1 (Vorkäufer übt den Besitz im Namen des Vorverkäufers und mit dessen Duldung aus); STJ 10.12.2003, Processo 64/1996.L1 (Vorkäufer, dem die Wohnung übergeben war, der aber den Kaufpreis noch nicht vollständig gezahlt hatte, besitzt nur dann im eigenen Namen, wenn der Vertrag das ausdrücklich vorsieht) und STJ 12.3.2015, Processo 3566/06.8TBVFX.L1.S 2 (dsgl: Vorkäufer hat nur die Rechtsstellung eines Detentors). Ebenso im Ergebnis zudem Art. 166 gr. ZGB (näher *Georgiades,* Emprágmato Díkaio I, S. 395 Rdnr. 11 sowie *Kalouta und Tepasse,* BauR 3 [2012] S. 431–439).

476 Eindrucksvoll österr. OGH 16.4.2013, Zak 2013/313 S. 174 (Es ging um die Frage, ob Bauern, zu deren Gunsten Weiderechte an Almgrundstücken bestanden, zugunsten von Jägern, die die noch höher liegenden Bergflächen erreichen mussten, ein Wegerecht ersessen hatten. Das wurde u. a. mit der Begründung verneint, dass sich keinerlei Anhaltspunkte dafür hätten finden lassen, dass die Weideberechtigten im Interesse der Kläger gehandelt hätten. Es habe kein mittelbarer Besitz vorgelegen).

ben[477], sondern auch dann, wenn der Mieter unter Zahlungseinstellung die Sache noch während der Laufzeit des Vertrages wegschafft, um sie dem absehbaren Zugriff des Vermieters zu entziehen; schon dann besitzt ein Mieter nicht mehr „prekärerweise".[478] Wenn sich jemand dagegen als abhängiger Besitzer wähnt und entsprechend verhält, dann spielt es besitzrechtlich keine Rolle, ob er auch im Rechtssinne Mieter (etc.) ist. Es genügt eben, dass man „als Mieter" (etc.) besitzt, auch wenn man kein Mieter „ist".[479] Selbst der schlichte Umstand, dass ein Prekarist den Herausgabeanspruch der anderen Seite aus Eigentum, ungerechtfertigter Bereicherung oder Geschäftsführung ohne Auftrag respektiert[480], genügt, um Eigentümer und *bailor*[481] als Inhaber von Sachherrschaft zu qualifizieren.

---

[477] Georgiades und Stathopoulos (*-Georgiades*), ZGB, Art. 1034 S. 442–445 Rdnrn. 1–6; poln. OG 19.11.1993 (oben Fn. 462).

[478] Folglich kann ein *détenteur* auch nur ersitzen, wenn sich die *détention* durch *interversion du titre* in echten Besitz umwandelt. Für eine *interversion* reicht freilich eine bloße Absichtsänderung des *détenteur* nicht aus (Art. 2270 franz., Art. 2240 belg. CC). Unter Art. 2268 franz. (Art. 2238 belg.) kann eine *interversion* vielmehr nur die Folge zweier Umstände sein. Sie kann durch das Handeln eines Dritten ausgelöst werden. Als Schulbeispiel gilt der *détenteur,* der das Gut gutgläubig *a non domino* kauft. Er erwirbt dann Besitz, wenn er auch sein Verhalten entsprechend ändert, also z.B. keine Miete mehr zahlt (*Malaurie und Aynès,* Les biens^5, S. 148 Rdnr. 502, Fn. 48; *Terré und Simler,* Les biens^9, S. 166 Rdnr. 170; *Bergel/Bruschi/Cimamonti,* Les biens^2, S. 170 Rdnr. 141). Außerdem kann eine *interversion* auch daraus folgen, dass der *détenteur* dem Eigentümer gegenüber eine Einrede geltend macht. Die Idee ist, dass ein Besitzer, der über die innere Einstellung des *détenteur* unterrichtet worden ist, aber nicht reagiert, seinen Besitz aufgibt (*Malaurie und Aynès* aaO S. 152 Rdnr. 502). Vorausgesetzt wird eine konkrete, offenkundige und unzweideutige Handlung des *détenteur précaire* gegen die Rechte des Eigentümers (*Bergel/Bruschi/Cimamonti* aaO S. 170 Rdnr. 141). Unter deutschem Recht geht der mittelbare Besitz zwar gleichfalls durch eine erkennbare Umwandlung des Fremdbesitzes in Eigenbesitz unter (*Gursky,* JZ 2005 S. 385, 386; BGH 12.5.1999, NJW-RR 1999 S. 1239), doch ist nicht entscheidend, dass der mittelbare Besitzer von der Willensänderung erfährt (BGH 25.5.1979, WM 1979 S. 771, 773). Letzteres wird in Griechenland zumindest für die Zwecke des Rechts der außerordentlichen Ersitzung anders gesehen (Areopag 602/2004, EllDni 47 [2006] S. 177; Areopag 1202/2003 EllDni 46 [2005] S. 478).

[479] RG 9.2.1920, RGZ 98 S. 131, 133 („Es ist ... richtig, dass nach der herrschenden Meinung das in § 868 BGB vorausgesetzte Verhältnis kein rechtsgültiges zu sein braucht") und *Wieling,* AcP 184 (1984) S. 439, 440–442. Ebenso für Polen Radwański und Gniewek *(-Gołaczyński),* System Prawa Prywatnego III^3, S. 77 Rdnr. 13 (Ein rechtswidriger abhängiger Besitz sei möglich, weil Art. 336 poln. ZGB [wie § 868 dt. BGB] nur verlange, dass man „als" – und das heißt: „wie" – ein Mieter [etc.] besitzt. Das wäre z.B. bei jemandem der Fall, der trotz wirksamer Kündigung in der Mietwohnung verbleibt und sich wie ein Mieter, nicht aber wie ein Eigentümer verhält).

[480] S. für Deutschland noch BGH 19.1.1955, NJW 1955 S. 499 und BGH 10.11.1982, BGHZ 85 S. 263, 265; für Österreich Klang (*-Kodek*), ABGB^3, § 312 Rdnr. 12 (ein besonderes Innenverhältnis zum Geschäftsherrn sei nicht erforderlich) und für Spanien Artt. 439 und 1892 span. CC (wonach der Besitz durch „einen Dritten ohne Auftrag" erst dann als erlangt gilt, wenn der Geschäftsherr die Inbesitznahme ratifiziert; näher *Lasarte,* Principios V^8, S. 218–219). In England dürfte man das im Ergebnis ähnlich sehen, auch wenn die Frage i.d.R. aus anderer Perspektive beleuchtet wird. Man nimmt an, dass ein *bailment* stets auf Einverständnis *(consent)* beruhe (*Bridge/Gullifer/McMeel/Worthington,* The Law of Personal Property, Rdnrn. 2–069 bis -073; kritisch allerdings *AVX Ltd v EGM Solders Ltd,* The Times 7. Juli 1982). Es kommt also darauf an, dass der *bailee* bereit ist, die Sache an den *bailor* herauszugeben bzw. dessen (ggflls. betagten) Herausgabeanspruch akzeptiert. Für die Entstehung eines *bailment* genügt ein gesetzlicher Herausgabeanspruch gegen den Besitzer nur dann nicht, wenn er nichts von ihm weiß (*Marcq v Christie Manson & Woods Ltd (trading as Christies's)* [2003] EWCA Civ 731; [2004] QB 286). Die Grenze dürfte aber dann überschritten sein, wenn der Besitz illegal ist. In *Kahler v*

g) Wille und Herrschaft

(1) Keine tatsächliche Gewalt ohne Herrschaftswillen

Es gibt keine tatsächliche Gewalt, keinen *corpus possessionis,* ohne den Willen, über die Sache zu herrschen. Der Wille, über eine Sache unter Ausschluss des wahren Berechtigten *wie ein Eigentümer* zu herrschen, mag unter bestimmten Voraussetzungen vermutet werden; der Wille, Gewalt über eine Sache auszuüben, muss (wenn auch natürlich auf der Grundlage äußerer Anzeichen) positiv festgestellt werden.[482] Ein harmloser Flugpassagier, dem jemand ohne sein Wissen Drogen in das Handgepäck steckt, ist weder ihr Detentor noch ihr Besitzer.[483] Dasselbe gilt für einen Grundeigen- 69

Midland Bank [1950] AC 24 hatte der Kläger Sicherheiten im Wege des *bailment* bei einer tschechoslowakischen Bank deponiert, die diese wiederum an die *Midland Bank* weiterreichte. Nach den maßgeblichen Kapitalkontrollgesetzen der damaligen Tschechoslowakei wäre die Herausgabe der Sicherheiten durch die tschechoslowakische Bank an den Kläger illegal gewesen. Deshalb verneinte das Gericht Ansprüche des Klägers gegen die West Midland Bank. Er habe kein *right to immediate possession* gehabt.

[481] *Sheehan,* Principles of Personal Property Law, S. 266 („We say that the bailor retains constructive possession of the asset ... The bailee has a lesser title, and this is why we cannot say that title has passed from the bailor ... The relationship of superior-lesser title is reflected in the requirement of redelivery to the bailor (or at the very least .... potential liability to redelivery)"). Zu der Figur der *constructive possession* s. schon vorher Rdnr. 66 sowie, aus der Sicht des zypriotischen Rechts, *Austrian Airlines v General Insurance of Cyprus* (1991) 1 CLR 764.

[482] S. nur einerseits STJ (Tribunal Pleno) 14.5.1996, BMJ 457 (1996) 55 („Diejenigen, die die tatsächliche Gewalt *(poder de facto)* über eine Sache ausüben, können durch Ersitzung erwerben, wenn die Vermutung des Besitzes nicht widerlegt wird") und andererseits STJ 21.10.2010, Processo 120/2000.S 1 (Es gäbe keine gesetzliche Vorschrift, wonach der *corpus* vermutet wird, wenn *animus* vorhanden sei, es gäbe nur die umgekehrte Vermutung, dass der *corpus* den *animus* indiziere (nämlich in Art. 1252(2) port. CC: Im Zweifelsfalle wird der Besitz bei demjenigen vermutet, der die tatsächliche Gewalt ausübt, und dies unbeschadet der Regelung in Art. 1257(2) port. CC, wonach der Besitz im Namen desjenigen bestehen bleibt, der ihn angefangen hat). In den Niederlanden soll es zwar für die Feststellung, dass jemand solche Gewalt *(macht)* über eine Sache ausübt, dass es möglich wird, ihn als Eigenbesitzer zu qualifizieren, nicht entscheidend auf den Willen, sondern auf die Verkehrsanschauung ankommen, doch ist der auf Eigenbesitz ausgerichtete Wille wieder ein nach der Verkehrsanschauung wichtiges Element (Asser [-*Bartels und van Mierlo*], Algemeen goederenrecht[16], Nr. 117).

[483] S. bereits oben Fn. 91, außerdem z. B. Fall *Lockyer v Gibb* [1967] 2 QB 243 (CA). Es ging um einen möglichen Verstoß gegen das Betäubungsmittelrecht des Dangerous Drugs Act 1965. Lord *Parker* meinte aaO S. 248, die Angeklagte könne nicht wegen des Besitzes *(possession)* verbotener Substanzen verurteilt werden, wenn sie gar nicht gewusst hätte, sie in ihrer Herrschaft zu haben: „In my judgement it is quite clear that a person cannot be said to be in possession of some article which he or she does not realise is ... in some ... place over which she has control ... if something were slipped into your basket and you had not the vaguest notion it was there at all, you could not possibly be said to be in possession of it". Ob die Angeklagte im Einzelnen gewusst habe, um welche Substanzen es sich handelte, sei dagegen nicht relevant. Die zypriotische Rechtsprechung folgt dieser Linie (*Ntinos Demetriou Christophorou v the Police* (1990) 2 C. L. R. 250). Das griechische Schrifttum unterscheidet zwischen *Katoché* (der tatsächlichen Sachherrschaft) und *Diakrátese* (der bloßen „Sachinnehabung"). Die Unterscheidung erfolgt nach der Verkehrsanschauung (Georgiades und Stathopoulos [-*Georgiades*], ZGB, Art. 974 S. 219 Rdnrn. 3–4; *Kousoulas,* Emprágmato Díkaio, S. 163; *Triantos,* AK, Art. 974 S. 1185 Rdnr. 1). Für Drogen wird allerdings gelegentlich in Abrede gestellt, dass sie (außerhalb von Apotheken etc.) überhaupt besitztaugliche Güter seien (näher für Polen z. B. Radwański und Gniewek [-*Gołaczyński*], System prawa prywatnego III[3], S. 99 Rdnrn. 86–87). Unter schwedischem Recht verfallen „illegal besessene Drogen" dem Staat (§ 6 Narkotikastrafflag (1968:64); Drogenstrafgesetz). An ihnen ist mangels eines wirtschaftlichen Schadens kein Diebstahl möglich

tümer, in dessen Wald fremde Menschen ihren Müll kippen. Tatsächliche Gewalt setzt bewusste Sachherrschaft voraus[484]; *ignoranti non acquiritur possessio.* Wer noch gar nicht bemerkt hat, dass Jugendliche beim Fußballspiel ihren Ball über seine Hecke geschossen haben, hat an ihm keine tatsächliche Gewalt; er muss ihn dazu in seine Obhut nehmen (vgl. § 867 S. 1 dt. BGB). Unter § 856(1) dt. BGB (ähnlich Art. 981 gr. ZGB) geht der Besitz folgerecht erst verloren, wenn der Besitzer die tatsächliche Gewalt über die Sache „aufgibt oder in anderer Weise verliert".[485] Wo nur zwischen „Detentions"- und „Besitzwillen"[486] unterschieden wird, gerät leicht aus dem Blick, dass man ohne Sachherrschaftswillen *weder* Detentor *noch* Besitzer ist.[487] Gleichwohl sind der für den *corpus* und der für den *animus* erforderliche Wille nicht identisch.[488]

(Kap. 8 § 1 BrB; Bd. 1, Rdnr. 103 Fn. 154). Drogenbesitz ist also möglich, aber natürlich strafbar. Das gilt indes wiederum nur bei Vorsatz (§ 1 Narkotikastrafflag). Der ungar. OGH hat allerdings entschieden, dass auch ein „Besitzer" Verbrauchssteuern für steuerpflichtige Ware zahlen müsse, die gegen seinen Willen auf seinem Grundstück gelagert wurde (Legf. Bir. – Kf. II. 28.720/1999, KGD 2003.106). Der OGH hat selbst die Verurteilung einer Frau aufrechterhalten, in deren Wagen zu einem Zeitpunkt unverzollte Zigaretten entdeckt wurden, als sie bei der Arbeit war, und die unwiderlegt angab, nicht zu wissen, wer die Zigaretten in ihr Auto gelegt hatte (vielleicht ihr Mann, vielleicht ihr Sohn). Sie sei Besitzerin der Zigaretten gewesen (Leg. Bír. – Kfv. I. 35.514/2006, KGD 2008.155).

[484] BGH 24.6.1987, BGHZ 101 S. 186, 187; *Georgiades,* Emprágmato Díkaio^2, S. 165 Rdnr. 10.

[485] Dazu BGH 15.11.1951, BGHZ 4 S. 10, 33 (Polizeistreife beschlagnahmt PKW; kein Abhandenkommen i. S. v. § 935 dt. BGB, „wenn der Besitz infolge einer auf Irrtum, Drohung oder arglistiger Täuschung beruhenden Willensentschließung aufgegeben wird"; Besitzverlust allerdings dann, wenn die Sache durch unwiderstehliche physische Gewalt oder einen ihr gleich kommenden seelischen Zwang weggenommen wird); OLG Köln 17.2.1993, NJW-RR 1994 S. 557 (verbotene Eigenmacht, wenn jemand gegenüber der Polizei falsche Angaben macht und sie dadurch veranlasst, durch formal rechtmäßige Handlungen die Sache für ihn wegzunehmen).

[486] Eindrucksvoll österr. OGH 23.4.2015, JBl 2015 S. 518. Es ging um zwei benachbarte Grundstücke, die äußerlich, aber nicht rechtlich durch einen Bach getrennt waren. Der Bach und ein kleinerer Streifen jenseits des Baches gehörten zum Grundstück X. Es befand sich im Eigentum einer bäuerlichen Gemeinschaft, einer sogen. Agrargemeinschaft. Der Eigentümer des Nachbargrundstücks Y bewirtschaftete seine Fläche jedoch bis an den Rand des Baches und begehrte nun ersitzungsgestützt seine Eintragung ins Grundbuch. Die Frage war, ob die Agrargemeinschaft den Ersitzungsbesitz des Y durch eigene Besitzhandlungen unterbrochen hatte. Dafür kam allein in Betracht, dass Kinder der Bauern gelegentlich Tiere auf dem fraglichen Streifen geweidet hatten. Dem OGH genügte das. Selbst wenn es sich um Kinder gehandelt haben sollte, die das siebente Lebensjahr noch nicht vollendet hatten (und deshalb unter § 310 österr. ABGB keinen wirksamen Eigenbesitzwillen bilden konnten), hätten sie doch den Eltern den Besitz mitteln können. Um Herrschaft für einen anderen auszuüben, genüge Detentionswille, und Detentionswille setze als Element der faktischen Sachherrschaft nur die Befähigung voraus, bewusst über eine Sache zu herrschen. Eigenbesitzwille müsse nur beim mittelbaren Besitzer vorliegen.

[487] Unter französischem Recht z. B. dürfte die Begründung für dasselbe Ergebnis (Flugpassagier hat keine Sachgewalt über die ihm zugesteckten Drogen) systembedingt ausfallen wie folgt. Der Passagier hat keinen Besitz, weil es am *animus possidendi* fehlt, und er ist nicht *détenteur,* weil die *détention* immer einen Titel voraussetzt. *Détention* entsteht, wie man sagt, aus einem „rechtlichen Zustand", d. h. aus einer vertraglich (Mieter, Verwahrer etc.), gesetzlich (Ehegatte) oder durch gerichtliche Entscheidung (Sequester) begründeten Rechtsstellung (Rép. civ. Dalloz [*-Djoudi*], V° Possession, S. 2 Rdnr. 5). In dem Beispiel des Flugpassagiers fehlt es an einer solchen *situation juridique.* Mit Sachherrschaftswillen als Element des *corpus* muss man sich folglich gar nicht erst befassen.

[488] *Buckinghamshire CC v Moran* [1990] Ch 623, 643 (*Slade* J).

Auch *custody* und *occupancy* (physische Kontrolle) reichen zwar für Besitz i. S. v. *possession* nicht aus[489], setzen aber einen wenigstens **generellen Herrschaftswillen** voraus.[490] Er kann sich auch auf individuelle Sachen beziehen, die ohne Kenntnis des Betreffenden in seinen Machtbereich gelangen. Der erwähnte Flugpassagier hat natürlich überhaupt keinen Herrschaftswillen über Drogen. Ein Supermarkt dagegen, zwischen dessen Regalen ein Geldschein liegt, den niemand gezielt sucht, ist schon zu einem Zeitpunkt Inhaber der Sachgewalt über den Schein, zu dem das Personal noch nicht auf ihn aufmerksam geworden ist; folglich ist ein Kunde, der ihn entdeckt, nicht auch im Rechtssinne ein „Finder".[491] Entsprechendes gilt für ein im Nebenraum der Fried-

[489] *Akici v LR Butlin Ltd* [2005] EWCA Civ 1296 Rdnr. 23; [2006] 1 WLR 201, 207 (*Neuberger* LJ). Nicht zutreffend ist allerdings m. E. die Aussage, *occupancy* sei eine *question of fact, possession* eine *question of law* (so *Gray und Gray,* Land Law[7], Rdnr. 2–008). Denn bereits die Frage, ob *occupancy* vorliegt, verlangt eine wertende Betrachtung der Tatsachen, etwa des Umfangs der Nutzung eines Grundstücks unter Berücksichtigung der möglichen Nutzungen.

[490] Auch im englischen Recht dient der *animus* zwar gerade der Abgrenzung von der bloßen *custody* (bei beweglichen Sachen) bzw. der *occupation* (bei Grundstücken). Gleichwohl setzen die *custody* bzw. *occupation* begründenden materiellen Handlungen eine bewusste Herrschaft voraus. Man sieht das an Fällen wie *Lambeth LBC v Blackburn* [2001] EWCA Civ 912; (2001) 33 HLR 46 Rdnr. 18 [*Clarke* LJ] und *JA Pye (Oxford) Ltd v Graham* [2002] UKHL 30; [2003] 1 AC 419 Rdnr. 76 [Lord *Hutton*]). Jeweils zeigt sich, dass *factual possession* zwar ohne Eigenbesitz-, nicht aber ohne jeden Besitzwillen möglich ist. Eine differenzierende Analyse dieses Willens wird erst erforderlich, wenn festgestellt werden muss, ob der Besitz *adverse,* also gegen den Eigentümer gerichtet ist. Allerdings meint *intention to possess* i. d. R. den Eigenbesitzwillen. Es handelt sich um die „intention, in one's own name and on one's own behalf, to exclude the world at large" (Lord *Browne-Wilkinson* in *JA Pye (Oxford) Ltd v Graham* [2003] 1 AC 419 Rdnr. 43; *Littledale v Liverpool College* [1900] 1 Ch 19, 23 (CA, *Lindley* MR). Lord *Browne-Wilkinson* fügt aaO hinzu, dass die *intention to possess* nicht notwendig die *intention to own* einschließe. Schließlich wisse der Besitzer meistens, dass er bis zum Ablauf der Ersitzungszeit von dem wahren Berechtigten immer noch aus dem Besitz verdrängt werden könne. Eindrucksvoll zudem *Eveleigh* LJ in *Parker v British Airways Board* [1982] 1 QB 1004, 1019–1020 („Whatever the difficulties which surround the concept of possession in English law, the two elements of control and animus possidendi must co-exist. Each of these elements varies greatly in the circumstances of each case ... The firmer the control the less will be the need to demonstrate independently the animus possidendi"). Dem folgt für Zypern *Spyros Eleftheriades v Cyprus Hotels Ltd.* 1985) 1 CLR 677.

[491] BGH 24.6.1987, BGHZ 101 S. 186, 188 (erforderlich, aber auch genügend sei ein genereller, juristisch nicht qualifizierter Besitzbegründungswille, sofern er nach außen erkennbar ist). In Österreich folgt dieselbe Regel bereits unmittelbar aus dem Gesetz (§ 388(2) österr. ABGB: „Vergessen sind bewegliche Sachen, die ohne den Willen des Inhabers an einem fremden, unter der Aufsicht eines anderen stehenden Ort zurückgelassen worden und dadurch in fremde Gewahrsame gekommen sind"). Typische Beispiele sind „Amtsgebäude, Gaststätten, Kaufhäuser oder Verkehrsmittel", bei denen der „Inhaber dieser Räumlichkeiten (Behörde, Gastwirt usw.)" die Gewahrsame an den vergessenen Sachen erlange (*Iro,* Sachenrecht[5], Rdnr. 6/6). Eine ähnliche Vorschrift findet sich in § 1052(2) tschech. BGB. Sie betrifft allerdings nur Fundsachen in öffentlichen Gebäuden und in Verkehrsmitteln, also in Einrichtungen, die meistens über ein eigenes Fundbüro verfügen. Die englische Rechtsprechung verlangt, dass sich der generelle Herrschaftswille hinreichend klar manifestiert. *Donaldson* LJ formulierte in *Parker v British Airways Board* [1982] 1 QB 1004: „An occupier of a building has rights superior to those of a finder over chattels upon or in, but not attached to, that building if, but only if, before the chattel is found, he has manifested an intention to exercise control over the building and the things which may be upon it or in it". Der Kläger hatte ein goldenes Armband in der Executive Lounge eines Flughafens gefunden. Die beklagte Fluglinie forderte dieses für sich, weil sie als Nutzerin der Lounge vorrangige Rechte an allen Gegenständen darin habe. Das Gericht entschied jedoch zugunsten des Klägers. Ein genereller Besitzwille der Fluglinie an allen Gegenständen in der

hofskapelle einer Kirchengemeinde in einer Kiste abgelegtes Kruzifix.[492] Auch hat der Eigentümer eines verschlossen in seinem Hause stehenden Schrankes die tatsächliche Gewalt über den Inhalt der Fächer, und dies selbst dann, wenn die Schlüssel zu ihnen verschwunden sind. Ein Tischler, der den Schrank in seiner Werkstatt renoviert, neue Schlüssel besorgt und anschließend ein bislang unentdeckt gebliebenes Geheimfach „leert", begeht verbotene Eigenmacht.[493]

70 Sachherrschaftswille ist nicht nur in der Person des sogen. „unmittelbaren" Besitzers erforderlich. Auch ein Vermieter (etc.) muss eine wenigstens abstrakte Vorstellung von der Sache haben, über die er kraft seines Heimfallrechts Gewalt übt. Man kann zwar diskutieren, ob ein Sachherrschaftswille auch dort noch besteht, wo jemand aus rechtlichen oder tatsächlichen Gründen gar nicht in der Lage ist, sich um eine Sache zu kümmern, doch dürfte es sich dabei um ein Scheinproblem handeln. Ein bereits narkotisierter Patient, dem das medizinische Personal in auftragsloser Geschäftsführung unmittelbar vor der Operation noch schnell einen Ring vom Finger streift und in Obhut nimmt, bleibt Herr seines Ringes nicht weniger als ein Vermieter, der nachts zu Bett geht. Ein Geschäftsherr dagegen, der noch gar nicht weiß, dass der Geschäftsführer für ihn bereits eine Sache erworben und in unmittelbaren Besitz genommen hat, dürfte erst dann Sachherrschaft erlangen, wenn ihm der Erwerb angezeigt wurde und er ihn genehmigt hat.[494]

71 Komplizierte Besitzfragen können im Zusammenhang mit **Kindern** und den ihnen oft auch heute noch gleichgestellten **geistig behinderten Erwachsenen** auftauchen. Man hat richtiger Ansicht nach wieder zwischen Sachherrschaftswillen einerseits und Besitz- bzw. Detentionswillen andererseits zu unterscheiden. Der Wille, Gewalt über eine Sache auszuüben, kann, je nach ihrer Art und Beschaffenheit, schon bei kleinen Kindern sehr ausgeprägt sein, und wer einmal versucht hat, einem an schwerer Altersdemenz erkrankten Menschen zu seinem Schutz eine Schere oder einen anderen gefährlichen Gegenstand zu entwinden, wird dieselbe Erfahrung gemacht haben. *Infantes* (Babys, sehr kleine Kinder, wörtlich: die, die noch nicht reden, νήπια) können natürlich

---

Lounge sei nicht hinreichend manifestiert gewesen. Einen „Fund-im-Supermarkt-Fall" scheint es bislang nicht zu geben. *Hickey,* Property and the Law of Finders, S. 50–53, verdeutlicht, dass die Kurzformel, wonach es darauf ankommen soll, ob Sachen „in or on land" lägen (bei Sachen *on land* erwerbe der Finder *possession,* bei allen anderen habe der Besitzer des *land* automatisch *possession*) unzutreffend sei. Es komme vielmehr darauf an, ob im Einzelfall ein genereller Besitzwille des Grundstücksbesitzers festgestellt werden könne oder nicht. Hovrätten för Västra Sverige 29.11.2005, RH 2005:67 betraf zwei Geldscheine, die A im Geldautomaten hatte liegen lassen und die B an sich genommen hatte. Das Gericht kam zu dem Ergebnis, dass weder die Bank noch der A im Besitz der Scheine gewesen seien. Deshalb verneinte es einen Diebstahl. Ähnlich für Ungarn wohl Vékás und Gárdos (*-Menyhárd*), Kommentár a Polgári Törvénykönyvhöz I, § 5:1 ungar. ZGB, S. 902–903 (Besitz durch Supermarkt erst, wenn seine Angestellten die Sache im Regal bemerkten und er den Besitz erwerben wolle).

[492] OLG Celle 27.11.1991, NJW 1992 S. 2576.

[493] Österr. OGH 4.1.1887, GlU 25 (1891) S. 4 Nr. 11389; *Cartwright v Green* (oben Fn. 229).

[494] Siehe schon Fn. 480 (Spanien). Vor allem in Deutschland herrscht allerdings Uneinigkeit, wie man solche Situationen zu analysieren hat. RG 9.2.1920, RGZ 98 S. 131, 134–135 nahm zwar wohl an, dass mittelbarer Besitz willensunabhängig allein deshalb entstehe, weil der Geschäftsherr einen gesetzlichen Herausgabeanspruch gegen den Geschäftsführer erlange (was in sich freilich problematisch ist, wenn es um die auftragslose Beschaffung von Sachen für ihn geht). Ebenso sieht es *Triantos,* AK, Art. 979 S. 1191 Rdnr. 2. Soergel (*-Stadler*), BGB XIV[13], § 854 Rdnr. 9 und *Wieling,* Sachenrecht I[2], § 6 II 5 halten dem aber mit Recht entgegen, dass Besitz (i. S. v. Sachherrschaft) nicht aufgedrängt werden könne.

noch keinen eigenen Sachherrschaftswillen ausbilden[495], und bei Kindern und Jugendlichen, die über dieses Alter hinausgewachsen sind, wird man die Antwort von den Umständen des Einzelfalls abhängig machen, insbesondere davon, ob es sich um Gegenstände handelt, deren Merkmale ein Mensch dieses Alters bereits verstehen kann. Sachherrschaft über Grundstücke setzt ein höheres Maß an Verstandesreife voraus als Sachherrschaft über Spielzeug. Selbst bei ihm und, bei Heranwachsenden, bei technischem Gerät und Fortbewegungsmitteln will zudem das Recht der elterlichen Sorge bedacht sein. Denn wo es Eltern die Befugnis einräumt, sich jederzeit gegen den „natürlichen" Sachherrschaftswillen ihrer Sprösslinge durchzusetzen, könnte man denken, letztere würden durch das Familienrecht mit Besitzdienern (Besitzhelfern) auf eine Stufe gestellt. Das ist nicht so. Der fundamentale Unterschied besteht darin, dass Besitzdiener das Interesse ihrer Besitzherren schützen müssen, nicht aber Kinder das Interesse ihrer Eltern (oder geistig behinderte Erwachsene das Interesse ihrer Betreuer). Es verhält sich genau umgekehrt: Eltern (Betreuer) sollen das Interesse ihrer Kinder (Betreuten) wahren. Kinder sollen Dritten gegenüber m. a. W. nicht sachherrschaftslos gestellt, sondern nur in der Ausübung von Sachherrschaft unterstützt und geleitet werden. Deshalb spricht nichts dagegen, Minderjährigen selber in dem Umfang Sachherrschaft zuzugestehen, der ihren wohlverstandenen Interessen entspricht, und den Eltern die Entscheidung darüber zu überlassen, welche Interessen das sind. Kinder und Heranwachsende sind also zwar Besitzhelfer in Bezug auf die zum gemeinsamen Familienhaushalt gehörigen Gegenstände der Eltern[496], nicht aber in Bezug auf ihre eigenen Sachen. Kinder können bestohlen oder zum Opfer verbotener Eigenmacht werden, und ab Erreichen der strafrechtlich relevanten Altersgrenze auch selber die Sachen eines anderen unbefugt in Besitz nehmen und nutzen (z. B. Kap. 8 §§ 8 und 9 schwed. BrB). Possessorisch geschützte Sachherrschaft unterliegt nicht den Anforderungen an einen vertragsrechtlich verbindlichen Willen; es genügt die Befähigung, in materiellen Handlungen zum Ausdruck zu bringen, dass man eine Sache unter Kontrolle bringen und behalten möchte.[497]

Eine andere Frage ist, ob man Minderjährigen und geistig behinderten Erwachsenen **72**
zugesteht, eine Sache aus eigenem Willen „wie ein Rechtsinhaber", insbesondere wie ein Eigentümer zu besitzen bzw. sie auf der Grundlage eines zeitlich begrenzten Titels „für einen anderen" als Detentor zu halten. Wenn gefragt wird, ob ein **Minderjähriger** *be*sitzen kann, geht es vielen Rechtsordnungen hauptsächlich darum, ob er eine Sache, insbesondere ein Grundstück oder einen Grundstücksteil, ohne Mitwirkung seiner Eltern ***er*****sitzen** kann. Die italienische Rechtsprechung antwortet, dass man zwischen zurechnungsfähigen und zurechnungsunfähigen Kindern zu unterscheiden habe. Wer seine *capacità di intendere e volere* beweise, könne vor Erreichen der Volljährigkeit sogar eine Immobilie ersitzen.[498] Volljährigkeit und Handlungsfähigkeit (*capacità d'agire,*

---

[495] *Reboul-Maupin,* Droit des biens[4], S. 211 Rdnr. 277 und *Georgiades,* Emprágmato Díkaio[2], S. 232 Rdnr. 9 (beide allerdings bezogen auf den *animus*). Wenn Kleinkindern ein Gegenstand unter einem System übereignet werden soll, das dazu Besitzverschaffung erfordert, muss der fehlende Kindeswille durch den Elternwillen ersetzt werden: *Klinck,* AcP 205 (2005) S. 487, 498–499.

[496] Richtig m. E. BGH 19.3.2008, NJW 2008 S. 1959 (vorher Fn. 395).

[497] Z. B. BGH 25.4.1988, NJW 1988 S. 3260, 3262; *Triantos,* AK, Art. 974 S. 1187 Rdnr. 6; Georgiades und Stathopoulos (-*Georgiades*), ZGB, Art. 974 Rdnr. 21 und *Petrik,* Tulajdonjogunk ma, S. 293 (14-jähriger sei Besitzer seines Mobiltelefons und dürfe sich deshalb verbotener Eigenmacht erwehren).

[498] Cass. 3.12.2004, Nr. 22776, Juris Data DVD. Ebenso bereits Cass. 18.6.1986, Nr. 4072, Giur. it. 1987, I, 1, S. 658; Riv. notariato 1987 S. 840. S. dazu *Mazzon,* Il possesso, S. 261–262;

Art. 1425(1) ital. CC) seien nur im Vertragsrecht erforderlich. Denn beim Besitz handele es sich um eine einfache Rechtstatsache, einen *atto giuridico semplice.* Der österr. OGH ergänzt, dass Kinder, die das siebente Lebensjahr noch nicht vollendet haben (und deshalb unter § 310 österr. ABGB noch keinen wirksamen Eigenbesitzwillen bilden können), durch ein mit ihren Eltern abgesprochenes Verhalten zu deren Gunsten fremden Ersitzungsbesitz unterbrechen könnten.[499] Wer keinen Eigenbesitzwillen bilden kann, kann natürlich auch nicht selber Besitz erwerben; das ist erst ab der Vollendung des siebenten Lebensjahres möglich.[500] Vorher müssen die Eltern den Besitz für ihr Kind erwerben.[501] Man unterscheidet freilich zwischen dem Erwerb und der Aufrechterhaltung des Besitzes. Denn ein einmal wirksam begründeter Besitz bleibt unter § 352 S. 2 österr. ABGB auch dann erhalten, wenn der Besitzer zwischenzeitlich die Fähigkeit zum Besitzerwerb verliert.[502] In Griechenland ist vielfach entschieden worden, dass ein Minderjähriger eine Sache ohne elterliche Mitwirkung ersitzen kann, sofern er nur „einnahmefähig" ist. Man ist sich sogar einig, dass Minderjährigen unter dieser Voraussetzung auch das Recht der außerordentlichen Ersitzung (Artt. 974, 1045 gr. ZGB) offen steht; sie müssen also nicht schon zu Beginn der zwanzigjährigen Besitzzeit volljährig gewesen sein.[503] Ausgeschlossen ist eine Ersitzung nur zum Nachteil von Minderjährigen und Unfähigen[504]; die Fristen sind unter Art. 1055 gr. ZGB solange gehemmt, wie der jeweilige Zustand andauert.[505] Allerdings scheint man davon auszugehen, dass Minderjährige, die das zehnte Lebensjahr noch nicht vollendet haben (Artt. 128 und 134 gr. ZGB), Besitz nur durch ihre Eltern (gesetzliche Vertreter) ausüben können, und dass Heranwachsende bis zum Erreichen der Volljährigkeit nur dann Besitz erwerben könnten, wenn sich für sie damit (wie im Falle der Ersitzung) ein rechtlicher Vorteil verbindet.[506] Die französische, die belgische

---

Sacco und Caterina, Il possesso, S. 140 sowie *Sacco,* Usucapione, Dig. disc. priv., sez. civ., S. 563 (für den *animus possidendi* genüge Zurechnungsfähigkeit).

499 OGH 23.4.2015, JBl 2015 S. 518 (oben Fn. 486).

500 Das wird gelegentlich als „Festlegung der vollen Geschäftsfähigkeit für den sonst nur beschränkt Geschäftsfähigen im Besitzrecht" beschrieben (OGH 11.6.2002, SZ 2002/81) (Der Fall betraf freilich kein Kind, sondern einen bereits seit langen Jahren entmündigten, „offenkundig geistesschwachen" Erwachsenen. Er war aber wenigstens beschränkt geschäftsfähig und deshalb in der Lage zu besitzen. Die von ihm behauptete Ersitzung scheiterte am Ende an seiner Bösgläubigkeit. Er habe das „erforderliche Grundverständnis" gehabt und gewusst, dass man ihm kein fremdes Grundstück habe schenken können).

501 Eltern können sich ihrer Kinder zudem auch als Besitzmittler bedienen (Klang [-*Kodek*], ABGB³, § 310 Rdnr. 2). Das Besitzmittlungsverhältnis freilich können wiederum nur sie, nicht das Kind selber begründen: Rummel (-*Spielbüchler*), ABGB I³, § 310 Rdnr. 2.

502 Näher Koziol/Bydlinski/Bollenberger (-*Eccher und Riss*), ABGB⁴, § 310 Rdnr. 1.

503 Die Fähigkeit zur „Einnahme" („Besetzung") einer Sache setzt keine Geschäftsfähigkeit voraus: Areopag 291/1989, EEN 34 (1990) S. 70, EllDik 1993 S. 628; Areopag 1417/2002 Isokrates-Datenbank, LG Thessaloniki 13768/2009, Isokrates-Datenbank.

504 Solche Schutznormen sind natürlich keine Besonderheit des griechischen Rechts. Sie finden sich z.B. auch in England (secs. 28 und 38 Limitation Act 1980) und in Deutschland (§§ 939(2), 210 BGB).

505 Zu den prozessualen Konsequenzen dieser Regelung (Einrede, keine Einwendung) näher Areopag 142/2013, NoB 61 (2013) S. 1900 und Areopag 20/2008, NoB 56 (2008) S. 1282.

506 Areopag 1191/2010, NoB 59 (2011) S. 120 (für die Zwecke der außerordentlichen Ersitzung müsse das angefochtene Urteil nicht ausdrücklich feststellen, dass der Minderjährige im Zeitpunkt des Besitzerwerbs das zehnte Lebensjahr bereits vollendet hatte. Es genüge völlig, dass das angefochtene Urteil feststelle, dass der Minderjährige die tatsächliche Gewalt über das

und die niederländische Lehre meinen, dass Personen, die (noch) keinen *animus* entwickeln könnten, Besitz erlangten, wenn ihr gesetzlicher Vertreter das wolle.[507] Sobald dieses Entwicklungsstadium erreicht sei, genüge aber die *capacité naturelle,* d.h. die Fähigkeit, sich ein eigenes Urteil zu bilden *(discernement).*[508] Auch in Polen kann selbst ein Minderjähriger, der das dreizehnte Lebensjahr noch nicht vollendet hat, Besitzer einer Sache sein, sofern er nur die intellektuelle Möglichkeit hat, einen besitzrechtlich relevanten *animus* zu bilden.[509]

Unter Artt. 443, 1931 span. CC können Minderjährige und Entmündigte zwar den Besitz an Sachen erlangen, bedürfen zur Ausübung der sich aus ihm ergebenden Rechte aber der Mitwirkung ihrer gesetzlichen Vertreter. *Lasarte* erläutert, dass Geschäftsunfähige eine Ersitzungsfrist in Gang setzen könnten, weil sie die Besitzfähigkeit hätten. Für die Verwirklichung der Ersitzung sei aber die Mitwirkung der Eltern bzw. der gesetzlichen Vertreter erforderlich.[510] Um Nuancen anders liegen die Dinge in Portugal. Art. 1266 port. CC sieht für den Besitzerwerb vom Erfordernis der Geschäftsfähigkeit ab; sie ist nicht einmal zur Bildung eines *animus possidendi* nötig: „Der Besitz kann durch alle erworben werden, die den vollen Verstand *(uso da razão)* haben, und auch durch diejenigen die dies nicht haben, bezüglich der Sachen, die angeeignet werden können". Mit Sachen, die „angeeignet werden können", sind Mobilien gemeint. Denn nur sie und Tiere können durch Aneignung erworben werden (Art. 1318 port. CC). Art. 1289(2) port. CC bestätigt noch einmal ausdrücklich: „Die Geschäftsunfähigen können durch Ersitzung sowohl selbst als auch durch die Personen, die sie gesetzlich vertreten, erwerben". Für die Verwirklichung der Ersitzung von Immobilien setzen Artt. 1292 i.V.m. 303 port. CC allerdings die Mitwirkung des gesetzlichen Vertreters und in bestimmten Fällen der Staatsanwaltschaft voraus.[511] Im Verständnis der tschechischen Lehre üben Eltern für ihr Kind den Besitzwillen aus.[512] Eltern besäßen 73

Grundstück durch seine Eltern erworben habe). S. ferner *Georgiades,* Emprágmato Díkaio², S. 186–187 Rdnr. 4.

[507] Z.B. *Terré und Simler,* Les biens⁹, S. 164 Rdnr. 160 und *Boufflette,* La possession, S. 77 Rdnr. 48 („Toutefois pour les personnes qui sont incapables d'avoir un *animus* propre, comme les *infantes* et les déments, force est bien d'admettre que la possession leur sera acquise par l'intention d'autrui; elles acquièrent la possession par le ministère de leur représentant légal, en 'empruntant' en quelque sorte l'*animus* de ce dernier"). S. ferner *Malaurie und Aynès,* Les biens⁵, S. 149 Rdnr. 492 und *Reboul-Maupin,* Droit des biens⁴, S. 211 Rdnr. 277 („l'*infans* ou encore l'aliéné ne peuvent satisfaire à l'existence de l'élément psychologique"). In den Niederlanden wird unter Bezugnahme auf Art. 3:110 BW gelehrt, dass als Wille des Kindes bzw. eines geistig behinderten Erwachsenen der Wille des jeweiligen Vertreters anzusehen sei (Asser [-*Bartels und van Mierlo*], Algemeen goederenrecht¹⁶, Nr. 118).

[508] *Dross,* Les choses, S. 454 Rdnr. 244 sowie *Bergel/Bruschi/Cimamonti,* Les biens², S. 165 Rdnr. 136 („La nécessité d'une *volonté* implique que le possesseur soit conscient et apte à se déterminer librement et en toute connaissance de cause. Cela suppose une capacité de discernement, de décision et d'action. Un trop jeune enfant ou un aliéné mental ne peut avoir de possession, mais seulement une détention matérielle"). Diese Sichtweise hat eine lange Geschichte. Sie findet sich schon bei *Dupin* und bei *Pothier,* dessen Schriften er edierte (*Dupin Aîné,* Œuvres de Pothier V, S. 333 Rdnr. 45).

[509] Näher *Ignatowicz und Stefaniuk,* Prawo rzeczowe², S. 314–315 Rdnr. II. Gesetzliche Vertreter, die im Namen des Kindes handeln, sollen sogar bloße Besitzdiener (Gewahrsamsinhaber) sein: Gniewek (-*Gołaczyński*), Kodeks cywilny², Art. 338, S. 480 Rdnr. 2).

[510] *Lasarte,* Principios IV¹⁰, S. 121.

[511] *González,* Código Civil anotado IV, S. 93, Anm. 1 zu Art. 1289.

[512] Spáčil (-*Spáčil*), Občanský zákoník III, S. 71.

die Sachen ihrer Kinder aber nicht (wie Detentoren) für ihre Kinder. Selbst vollständig geschäftsunfähige Personen könnten Eigentümer sein, ohne irgendeine aus ihrem Eigentum fließende Befugnis auszuüben; Besitzer aber könnten mit dem Eigentümer nur mithalten, wenn sie ihren Besitzwillen qualifiziert äußerten. Bemerkenswert ist § 459 tschech. BGB, wonach der gesetzliche Vertreter dem Vertretenen keine Sache der „besonderen Vorliebe" wegnehmen darf, es sei denn, es bestünde dafür ein schwerwiegender Grund (z.B. eine Gesundheitsgefährdung). Auch Spielzeug kann eine Sache von „besonderer Vorliebe" sein; es kommt nicht allein auf den Preis an. Bei der Einweisung betreuter Erwachsener in eine Gesundheitseinrichtung gilt entsprechendes. In Deutschland schließlich würde die geschäftsfähigkeitsrechtliche Grundregel, dass Kinder ab Vollendung des siebenten Lebensjahres Geschäfte abschließen dürfen, die ihnen ausschließlich einen rechtlichen Vorteil einbringen (§ 107 dt. BGB), unterlaufen, wenn man eine Übereignung zugunsten eines Jugendlichen aus dieser Altersgruppe daran scheitern lassen wollte, dass er ohne Mitwirkung der Eltern keinen Eigenbesitzwillen fassen könnte. Ähnliches findet sich auch in Kap. 9 § 4 schwed. FB, wonach Minderjährige (u.a.) Geschenke entgegennehmen können.

74 Eine andere Frage ist, ob **Kinder** und geschäftsunfähige Erwachsene eine Sache als **Detentoren** halten können, sei es „für" ihre Eltern, sei es „für" Dritte. Das deutsche Reichsgericht hat früh entschieden, dass ein Geschäftsunfähiger zwar den natürlichen Willen zur Sachherrschaft, nicht aber den Willen bilden könne, sich nach Weggabe der Sache den mittelbaren Besitz vorzubehalten.[513] Der deutsche Bundesgerichtshof hat ergänzt, dass Eltern ihren Kindern Besitz mitteln könnten mit der Folge, dass die Eltern unmittelbare Fremd- und ihre Kinder mittelbare Eigenbesitzer würden; dazu komme es entweder auf der Grundlage eines erlaubten In-sich-Geschäfts oder allein schon deshalb, weil es das Recht der elterlichen Sorge Eltern ermögliche, Sachen ihrer Kinder „für sie" in ihre (der Eltern) Gewalt zu nehmen und zu verwahren.[514] Für die „umgekehrte" Situation – Jugendliche haben den *corpus possessionis,* verstehen sich aber als Schuldner eines Schuldverhältnisses, das sie bei Eintritt bestimmter zukünftiger Ereignisse zur Herausgabe der Sache verpflichtet – fehlt es dagegen bislang an einer Klarstellung durch die Rechtsprechung. Im Zweifel wird man an den Detentionswillen dieselben Anforderungen stellen müssen, wie an den *animus possidendi.*[515] Dass ein Minderjähriger je nach dem anwendbaren Recht kein Fahrrad mieten kann (weil das für seine Lebensführung nicht notwendig ist oder weil es für ihn rechtliche Nachteile mit sich bringt), ändert nichts daran, dass sich ein Minderjähriger tatsächlich wie ein Mieter verhalten und auch verstehen kann, was das bedeutet.[516] Nur dort, wo man für die selbständige Bildung von Eigenbesitzwillen auf feste Altersgrenzen abstellt, wird man konsequenterweise dasselbe auch im Hinblick auf den Detentions- oder Besitzmitt-

---

[513] RG 9.2.1920, RGZ 98 S. 131, 134 (vorher Fn. 494).

[514] BGH 8.6.1989, NJW 1989 S. 2542, 2543 (iranischer Teppichhändler überträgt schenkweise Eigentum an 36 Teppichen, die in seinem Hause verbleiben, auf seinen achtjährigen Sohn; Übereignung im Wege eines durch schriftliche, von den Geschwistern mit unterzeichnete Schenkungsurkunde öffentlich gemachten Besitzkonstituts; jedenfalls könne die Besitzmittlung auch auf dem Recht der elterlichen Sorge fußen). Im Ergebnis ebenso Georgiades und Stathopoulos (*-Georgiades*), ZGB, Art. 974 S. 219–220 Rdnr. 5 (Eltern seien aufgrund ihrer gesetzlichen Stellung Detentoren).

[515] Näher für Österreich Rummel (*-Spielbüchler*), ABGB I³, § 310 Rdnr. 2 (vorher Fn. 501).

[516] Richtig m.E. MünchKomm (*-Joost*), BGB VII⁷, § 868 Rdnr. 17 (der Besitzmittlungswille setze keine Geschäftsfähigkeit voraus).

lungswillen tun müssen.[517] Die Richtung des Sachherrschaftswillens weist keinen Bezug zu den rechtsgeschäftlichen Kategorien von rechtlichem Vorteil und rechtlichem Nachteil auf. Zum Problem kann sich das nur im Recht von *bailment* auswachsen, weil sich aus dieser Beziehung unmittelbar Pflichten für die Beteiligten ergeben.[518]

Juristische Personen können in jede besitzrechtlich mögliche Rolle schlüpfen; für 75
das dazu jeweils erforderliche Willensmoment kommt es i. d. R. auf das maßgebende Vertretungsorgan an. Kapitalgesellschaften[519] können ebenso besitzen wie Vereine[520] und politische oder kirchliche Gemeinden.[521] Wenn und soweit Gesamthandsgesellschaften Eigentum erwerben können, sind sie auch in der Lage, Besitz zu begründen und ihn durch ihre vertretungsberechtigten Gesellschafter auszuüben.[522] Manche

---

[517] Zu der Frage, ob das wirklich so ist, hat sich erstaunlicherweise keine Rechtsprechung finden lassen; das Verhältnis von Minderjährigkeit und Detention (Art. 1140(2) ital. CC) wird nicht einmal in Italien diskutiert. Rechtsprechung und Lehre befassen sich ausschließlich mit der Frage, ob ein Minderjähriger einen *animus possidendi* ausbilden kann (was unter der Voraussetzung der Einsichtsfähigkeit bejaht wird: Cass. 3.12.2004, Nr. 22776, vorher Fn. 498). Man kann daraus aber wohl folgern, dass ein Minderjähriger unter derselben Voraussetzung auch den *animus detinendi* bilden kann. Ein Beispiel wäre ein Kind, das die Sache eines Spielkameraden findet und weiß, dass es sie ihm zurückgeben muss. Auch die französische und die belgische Literatur hält eine Auseinandersetzung mit dem *animus detinendi* nicht für erforderlich (Rép. Civ. Dalloz [-*Djoudi*], V° Possession, S. 5 Rdnr. 19 zitiert lediglich *von Savigny* mit dem Bemerken: „Il [Savigny] oppose ainsi à *l'animus domini l'animus detinendi*, intention de détenir pour autrui qui réduit le possesseur à un rôle de détenteur"). Nur *Boufflette,* La possession, S. 54 Rdnr. 8 erkennt aus belgischer Sicht: „On peut – il est vrai – soutenir que le locataire, le fermier, etc., manifestent un *animus;* ainsi, celui qui a reçu un bien en location a évidemment la volonté de se comporter relativement à ce bien comme un preneur à bail. Toutefois, si *animus* il y a, toujours est-il qu'il est, en principe, considéré comme négligeable par notre droit ...: seule apparaît comme 'utile' pour justifier une possession véritable la volonté de se comporter comme propriétaire ou comme titulaire du droit réel, à l'exclusion de l'*animus* du simple créancier personnel" und S. 84 Rdnr. 60: „Il serait toutefois inexact de prétendre que le possesseur précaire n'a aucun *animus* ... Ce qui est vrai, c'est que cet '*animus*' du détenteur est, en principe, considéré par la loi comme négligeable: sauf exception, il ne produit aucun des effets qui sont attachés à la possession véritable".

[518] Oben Rdnrn. 22 und 66.

[519] Da bei ihnen die Sachherrschaft, wie man sagt, „durch" ihre Organe oder verfassungsmäßig berufenen Vertreter ausgeübt wird (z. B. BGH 31.3.1971, BGHZ 56 S. 73, 77), spricht man in Deutschland auch oft von dem sogen. „Organbesitz" (z. B. OLG Brandenburg 6.9.1995, OLGR Brandenburg 1996 S. 64, 65, dort allerdings mit dem Bemerken: „Die juristische Person ist daher unmittelbarer Besitzer, nicht weil sie die tatsächliche Sachherrschaft ausübt, sondern weil die Rechtsfolgen der tatsächlichen Sachherrschaft anderer Personen ihr zugerechnet werden. Die h. M. geht daher davon aus, daß juristische Personen eigenen unmittelbaren Besitz durch ihre Geschäftsführungsorgane oder sonstigen verfassungsmäßig berufenen Vertreter innehaben; dabei liegt dieser Organbesitz dann vor, wenn das Geschäftsführungsorgan die Gewalt innerhalb seines Aufgabenbereichs ausübt"). Die Organpersonen sind weder Besitzmittler noch Besitzdiener; sie treten vielmehr als Teil der juristischen Person auf, für die sie handeln (BGH 27.10.1971, BGHZ 57 S. 166, 167; BGH 16.10.2003, NJW 2004 S. 217). Näher *Brand,* Der Organbesitz, passim.

[520] Z. B. österr. OGH 29.4.2015, Zak 2015/385 S. 213 (oben Fn. 251) und *Georgiades,* Emprágmato Díkaio[2], S. 187 Rdnr. 5.

[521] Z. B. poln. OG 14.10.2010, III CSK 305/09, OSP 2011/9/97, Biul.SN 2011/1/10, Lex-Nr. 688486 (jüdische Kirchengemeinde); OLG Celle 27.11.1991, NJW 1992 S. 2576 (evangelische Kirchengemeinde) und LG Rethymno 18/1949, EEN 16 (1949) S. 419 (orthodoxe Kirchengemeinde). (Besitzer der Friedhöfe sind dagegen oft die jeweiligen Städte und Gemeinden: Berufungsgericht Thessaloniki 202/1957, Arm. 12 [1958] S. 119.)

[522] BGH 26.1.1983, BGHZ 86 S. 341, 344; BGH 26.5.1967, JZ 1968 S. 69. Mangels Geschäftsführungsbefugnis ist dagegen ein Kommanditist kein Besitzer: BGH 27.10.1971, BGHZ 57 S. 166.

Rechtsordnungen, darunter die italienische und die französische, unterscheiden besitzrechtlich allerdings zwischen juristischen Personen des öffentlichen Rechts und juristischen Personen des Privatrechts. Juristische Person des öffentlichen Rechts (Städte, Gemeinden und der Staat) sollen nicht nur durch ihre Organe, sondern irritierenderweise auch durch ihre Bürger besitzen können.[523] Der *Comune di Roma* besitze, so liest man, den Colosseo durch seinen Bürgermeister, und seine öffentlichen Wegerechte *(servitù pubblica di passaggio)* durch die Bürger, die die entsprechende Dienstbarkeit täglich ausübten. Juristische Personen des Privatrechts besäßen dagegen nur durch ihre Organe, eine Stiftung *(fondazione)* z.B. durch ihren *presidente.*[524] Auch in Österreich gilt die Regel, dass juristische Personen Besitz durch ihre Organe erwerben.[525] Man legt jedoch Wert auf die Klarstellung, dass Besitz auch durch Nicht-Organpersonen begründet und ausgeübt werden könne. Auf diese Weise wird begründet, dass nicht nur Gemeindeangehörige, sondern selbst Touristen zugunsten einer Kommune eine Dienstbarkeit ersitzen könnten. Sie müssten das Wegerecht nur „für die Gemeinde" besitzen wollen, und diese müsse den Vorgang nicht einmal billigen; es bedürfe insbesondere keines ausdrücklichen Ratsbeschlusses.[526] Art. 38 span. CC stellt ausdrücklich klar, dass juristische Personen Güter aller Art erwerben und besitzen können; man leitet daraus das allgemeine Prinzip der Rechtsfähigkeit juristischer Personen ab.[527] Art. 38 poln. ZGB folgt der Repräsentationstheorie. Handlungen der Organe sind Handlungen der juristischen Person.[528] Folglich besitzt sie durch ihre Organe selbst.[529] Ebenso verhält es sich unter § 20(1) tschech. BGB.[530] Die französische Rechtsprechung ermöglicht juristischen Personen sogar Besitz an Rechten des Geistigen Eigentums.[531] Als rechtsfähige Gebilde (Kap. 11 §§ 1 und 2 *Rättegångsbalk* (1942:740)) sind juristische Personen auch unter schwedischem Recht in der Lage, eine Sache zu besitzen.[532]

(2) Sachherrschaft im Habitus eines Rechtsinhabers

76 Possessorischer Rechtsschutz ist *status quo*-Schutz. Man soll sich gegen jedermann wehren dürfen, der sich anschickt, seine Interessen auf eigene Faust durchzusetzen. Possessorischer Rechtsschutz baut deshalb allein auf einem sich in materiellen Handlungen ausdrückenden Sachherrschaftswillen auf. Dieser Wille bedarf keiner weiteren

---

[523] Siehe schon oben Rdnr. 41 und, zu Frankreich, oben Fn. 288.

[524] *Sacco und Caterina,* Il possesso[3], S. 141.

[525] Klang (-*Kodek*), ABGB[3], § 312 Rdnr. 15.

[526] OGH 13.3.1986, SZ 59/50; weitere Nachweise bei Rummel (-*Spielbüchler*), ABGB I[3], § 310 Rdnr. 3.

[527] *Díez-Picazo und Gullón,* Sistema de Derecho Civil III(1)[8], S. 153.

[528] Näher Gniewek (-*Gniewek*), Kodeks cywilny[2], Art. 38, S. 87 Rdnrn. 1–4.

[529] Poln. OG vom 23.7.2008, III CSK 87/08, Legalis-Nr. 127026 (Als Mitglied habe die Ehefrau gewusst, dass sich die streitige Immobilie im Besitz der Genossenschaft befunden habe; die Vermutung des Art. 341 poln. ZGB gelte auch zugunsten von Genossenschaften). Eine juristische Person kann unter Art. 3(1) des Gesetzes vom 12.1.1991 über lokale Steuern und Gebühren in ihrer Eigenschaft als Besitzerin auch steuerpflichtig werden (Woiwodschaftsverwaltungsgericht Łódź 6.11.2009, I SA/Łd 558/09, Legalis-Nr. 33).

[530] Näher Spáčil (-*Spáčil*), Občanský zákoník III, S. 93.

[531] Cass. civ. 24.3.1993, Bull. civ. 1993, I, Nr. 126 S. 84; JCP 1993, II, 22085, S. 272, Anm. *Greffe;* Cass. civ. 1.5.1999, Bull. civ. 1999, I, Nr. 157 S. 104.

[532] HD 22.12.2009, NJA 2009 S. 889 (Aktiengesellschaft).

Qualifizierung mehr, und er ist ihr, genau genommen, auch nicht zugänglich.[533] (Man kann z. B. nicht von gut- oder bösgläubigen Detentoren sprechen.) Im Recht des besitzgestützten Erwerbs von dinglichen Rechten, insbesondere im Recht der Ersitzung, verhält sich das anders. Hier muss zu dem Sachherrschaftswillen noch ein weiterer Wille hinzukommen, nämlich der Wille, einen Gegenstand im Umfang eines Sachenrechts exklusiv „für sich" zu haben. Denn das Privatrecht drängt niemandem ein subjektives Recht auf. Viele staatliche Systeme gewährleisten das mit der Unterscheidung von **Besitz** (i. e. S.) **und Detention.** Nur der Besitzer ersitzt, der Detentor gerade nicht, auch nicht im Wege der außerordentlichen Ersitzung (Artt. 1041 und 1045 gr. ZGB). Der eine besitzt bereits im Habitus des Inhabers des fraglichen Rechts, der andere weiterhin aufgrund eines Titels, in dem sein Respekt vor einem fremden Recht zum Ausdruck kommt. Eine zweite Gruppe von Jurisdiktionen zieht es vor, zwischen **Eigen- und Fremdbesitz** zu differenzieren. Der Zweck ist derselbe. Die Ordnungsansätze sind aber nicht deckungsgleich; sie verhalten sich zueinander wie zwei sich schneidende Kreise.

Possession und *détention* kommen oft und insbesondere in den romanischen Rechts- **77**
ordnungen wie eine *summa divisio* daher. Man sagt das zwar nicht so, aber darauf läuft es hinaus. Das Problem ist, dass **eine einheitliche Definition** (nicht nur von Besitz, sondern auch) **von Detention fehlt.**[534] Denn das Wort wird teils eng zur Beschrei-

[533] Ein Teil der Schwierigkeiten des englischen Besitzrechts folgt daraus, dass zwar im Rahmen von *trespass* und *conversion* meistens *possession* nötig ist, nur manchmal auch ein *right to immediate possession* genügt (oben Rdnrn. 8, 23 und 66). Gleichwohl hängt auch im englischen Recht der possessorische Rechtsschutz vielfach allein an Herrschaft *(occupation)* und nicht an (Eigen-) Besitz *(possession)*. Nicht wenige Grundstücksrechte werden geschützt, wenn und weil ihr Inhaber *in actual occupation* ist. Sie gehen dann nicht einmal bei einer Übereignung des Grundstücks verloren, und dies unbeschadet des Umstandes, dass sie nicht aus dem *Land Register* ersichtlich sind (para. 2 Schedule 3 LRA 2002). Die Rechtsprechung betont, dass dieser Schutz (anders als im Fall des Rechtserwerbs durch *adverse possession*) keiner weiteren Qualifikation der *occupation* bedürfe. Denn Schutzgut sei die Sachherrschaft als solche (*Williams & Glyn's Bank Ltd v Boland* [1981] AC 487, 505). „Ersitzungsbesitz" ist das eine, *actual occupation* das andere (*Williams & Glyn's Bank Ltd v Boland* [1979] Ch 312, 332 [Lord *Denning* MR]; *Hodgson v Marks* [1971] Ch 892, 932 [*Russel* LJ: „[A] person in occupation is protected in this right by that occupation"]).

[534] Unter Art. 2255 franz. CC (Art. 2228 belg. CC) gilt die Gleichung: *possession pour autrui* = Besitz aufgrund eines Titels („für einen anderen") = *détention*. Sprachlich ist das allerdings unscharf, weil hiernach „eigentlich" beide, sowohl der *possesseur* als auch der *détenteur* „Besitzer" sind, nur eben der eine im eigenen und der andere im fremden Namen. Gleichwohl gibt es nach einheitlicher Lesart dieses Textes nur Besitzer oder Detentoren. Genau umgekehrt denkt man wohl in Tschechien. Schon im älteren Schrifttum (z. B. *Rouček und Sedláček,* Komentář k československému obecnému zákoníku občanskému a občanské právo platné na Slovensku a v Podkarpatské Rusi II, S. 7) wurde die Detention als ein Tatbestandsmerkmal des Besitzes gedeutet. Hiernach ist bzw. war jeder Besitzer Detentor, aber nicht jeder Detentor auch Besitzer. Detention gilt als eine Art Vorstufe des Besitzes, bedarf aber keines Titels (das ergibt sich auch aus § 2238 tschech. BGB, wonach eine Miete rechtens wird, wenn jemand Wohnraum über drei Jahre hinweg gutgläubig, aber ohne wirksamen Vertrag nutzt). Während bei wörtlicher Auslegung im franz. CC „Besitz" eine doppelte Bedeutung bekommt, bekommt hier also „Detention" eine doppelte Bedeutung. Es geht (i) um willensgetragene faktische Herrschaft und (ii) um Herrschaft in Anerkennung eines fremden dinglichen Rechts. Noch verwirrender werden die Dinge, wenn man den Blick auf Art. 432 span. CC weitet. Danach kann „der Besitz an Gütern oder Rechten auf eine der beiden Arten *(uno de dos conceptos)* gehalten werden ...: entweder wie ein Eigentümer *(en concepto de dueño)* oder wie ein Halter *(en concepto de tenedor)* der Sache oder des Rechts zu deren Bewahrung oder Genuss, während das Eigentum *(dominio)* einer anderen Person zusteht". Der spanische CC operiert also, strikt genommen, mit verschiedenen Besitzkonzepten, ohne die Detention auch nur zu erwähnen. Letztere gilt dem Schrifttum jedoch als

bung einer Sachherrschaft verwandt, die sich titelbasiert an einem fremden Recht ausrichtet, und teils einfach als bloße Restkategorie, in die alles fällt, was nicht Besitz i. S. v. Eigenbesitz ist.[535] Der Unterschied fällt oft gar nicht auf; jeweils gilt ja, dass jedermann immer entweder Besitzer oder Detentor ist, *tertium non datur.* In griechischen Kaufverträgen, insbesondere in Grundstückskaufverträgen, sind zwar Formulierungen gang und gäbe, dass der Käufer die Sache „zu vollem Eigentum, Besitz und Detention" erhalte.[536] Unter französischem Recht wäre das jedoch ein in sich widersprüchlicher Sprachgebrauch.[537] Man kann zwar auch hier gleichzeitig Besitzer und Detentor sein, dies aber (wie ein Nießbraucher) immer nur in Relation zu verschiedenen Personen.[538] Man muss also näher hinschauen und jeweils klären, was genau mit „Deten-

das physische Element des Besitzes *(base física de la posesión).* Detention sei keine Besitzart *(forma posesoria)* (López y López und Montés Penadés [-*Roca i Trias*], Derechos reales, S. 152). *Díez-Picazo,* Fundamentos III[5], S. 639 wiederum deutet die Detention vor dem Hintergrund von Art. 430 span. CC (wonach der Besitz entweder als zivilrechtlicher oder als natürlicher zu verstehen ist). Da die *detentación* gemäß Art. 446 span. CC keinen possessorischen Rechtsschutz genieße, sei ihr Hauptbeispiel die *tenencia* einer Sache durch einen Arbeitnehmer, also die Besitzdienerschaft. Unter Artt. 974 und 997 gr. ZGB hat man zwischen *Κατοχή* (Katoché, der bewussten tatsächlichen Sachherrschaft) und προστατευόμενη Κατοχή (Prostatevómeni Katoché, der geschützten Detention) zu unterscheiden (näher Georgiades und Stathopoulos [-*Georgiades*], ZGB, Art. 974 S. 219 Rdnr. 3; *Triantos,* AK, Art. 974 S. 1185 Rdnr. 1). Letztere liegt vor, wenn der Detentor die Sachherrschaft aufgrund eines gültigen schuldrechtlichen Rechtsverhältnisses für einen anderen ausübt (Areopag 1792/2005, EllDni 47 [2006] S. 503; Areopag 110/2005, EllDni 46 [2005] S. 815; *Triantos* aaO).

535 Ganz ähnlich äußert sich für das deutsche Recht Staudinger (-*Gutzeit*), BGB (2012), § 872 Rdnr. 6 („Ein Besitzer, der nicht Eigenbesitzer ist, ist Fremdbesitzer").

536 Z. B. Areopag 625/2014, NoB 62 (2014) S. 1905; LG Thessaloniki 36215/2008; LG Thessaloniki 6062/2011 und LG Thessaloniki 25834/2011 (alle in der Isokrates-Datenbank). Der Hinweis auf die Detention bedeutet dann vor allem, dass der Kaufgegenstand nicht vermietet ist.

537 Französische und belgische Autoren sind sich darin einig, dass die *détention* nur aufgrund eines Titels bestehen kann (z. B. Rép. Civ. Dalloz [-*Djoudi*], V° Possession, S. 2 Rdnrn. 5–6 [„Contrairement au possesseur qui exerce sur la chose un pouvoir de fait, le détenteur exerce un pouvoir de droit reconnu par un titre, qui lui permet d'accomplir notamment des actes de garde, de conservation, d'usage, de jouissance ou encore de transformation"]; *Berlioz,* Droit des biens, S. 230 Rdnr. 181 [„Le détenteur précaire tient la chose en vertu d'un titre, qui justifie sa détention en même temps qu'il vaut reconnaissance et preuve de son absence de propriété"] und *Boufflette,* La possession, S. 53 Rdnr. 8 [„Il (der *détenteur*) détient avec la permission ou pour le compte d'autrui et sa mainmise est précaire car elle existe en vertu d'un titre, légal ou conventionnel, qui implique de sa part reconnaissance du droit de propriété ou du droit réel d'autrui"). Dessen ungeachtet hat man immer nur entweder *possession* oder *détention précaire;* eine andere Möglichkeit ist nicht vorgesehen. In Italien sieht man das ebenso; es ist stets entweder von *possesso* oder *detenzione* die Rede. Nach polnischer Lehre wiederum unterscheiden sich Eigenbesitz und abhängiger Besitz im Umfang der Sachherrschaft. Abhängiger Besitz sei Herrschaft über eine fremde Sache (*Gniewek,* Prawo rzeczowe[8], S. 278 Rdnrn. 867–868). Es sei nicht möglich, gleichzeitig wie ein Eigentümer zu handeln und das Eigentum eines anderen anzuerkennen. Art. 336 poln. ZGB erlaube es nicht, neben Eigenbesitz und abhängigem Besitz noch eine dritte Besitzart anzuerkennen (Rudnicki und Rudnicki [-*Filipiak*], Kodeks cywilny II[9], S. 402 Rdnr. 4). Die These von Gniewek (-*Gołaczyński*), Kodeks cywilny[2], S. 478 Rdnr. 18, wonach es sich bei Besitz im Rahmen des ewigen Nießbrauchs um eine solche dritte Besitzart handele, hat poln. OG 25.4.2003, IV CKN 84/01, Lex-Nr. 141388 zurück gewiesen (vorher Fn. 465).

538 Vorher Fn. 195. Auch in Italien folgt die traditionelle Lehre dieser Linie. Der Eigentümer sei Besitzer, der Nießbraucher ihm gegenüber Detentor und Dritten gegenüber Besitzer (Cass. 10.1.2011, Nr. 355, NGCC 2011, I, S. 473). Genau hier setzt aber auch Kritik an. Besitz und Detention würden sich gegenseitig ausschließen (*Omodei Salè,* Riv. dir. civ. 2013 S. 989, 993).

tion" gemeint ist. Bei noch genauerem Zusehen lässt sich freilich gleich wieder einwenden, dass es sich ohnehin nur um Belanglosigkeiten handele. Gesucht wird eigentlich nur ein Wort für „Sachherrschaft ohne Eigenbesitzwillen", aber ein solches Wort erfüllt, genau genommen, keine juristische Funktion[539], und man sollte deshalb auch vermeiden, es zur Formulierung bestimmter Rechtsfolgen einzusetzen.[540] Nur Eigenbesitz und *possession* sind unverzichtbare Kategorien; Fremdbesitz und *détention* sind es nicht. Es kommt hinzu, dass sich mit dem Dualismus aus Besitz „zu eigen" und titelbasierter Detention „in Anerkennung der Fremdheit" der Sache keineswegs alle besitzrechtlich relevanten Situationen auf den Begriff bringen lassen. Neue und aus unserer Sicht gänzlich unnötige Schwierigkeiten sind die Folge. Man denke noch einmal an

---

„Detenzione" müsse bloße Inhaberschaft meinen. Zwei Personen könnten jedoch gleichzeitig besitzen. Genauso verhalte es sich bei Eigentümer und Inhaber des belastenden Rechts. Der Eigentümer sei mittelbarer, der Nießbraucher unmittelbarer Besitzer (*Omodei Salè,* La detenzione e le detenzioni, S. 30).

[539] Bemerkenswerterweise kommt das Wort „Fremdbesitz" im dt. BGB denn auch gar nicht vor. Es begegnet nur in Rechtsprechung und Schrifttum. Ähnlich verhält es sich in Österreich. § 309 österr. ABGB kennt nur „Inhaber" und „Besitzer". Im englischen Grundstücksrecht ist zwar häufig von *occupation* die Rede, aber auch diesem Wort kommt keine rechtliche Relevanz zu (*Gray und Gray,* Elements of Land Law[5], Rdnr. 2.1.7, dort mit dem Zusatz: „[W]hereas ‚occupation' is a question of fact, ‚possession' is a conclusion of *law,* and its presence or absence leads to important legal consequences"). *Occupation* ist nicht einmal notwendige Voraussetzung von *possession. Occupation* mag „prima facie proof of possession" sein (*Mabo v Queensland No 2* [1992] HCA 23; (1992) 175 CLR 1 Rdnr. 84, *Dawson* J), aber es gibt auch *possession* ohne *occupation* (*Gray und Gray* aaO). Bei beweglichen Sachen existiert überhaupt kein eindeutiger Gegenbegriff zu *possession.* Manchmal ist von *custody* die Rede, manchmal von *factual possession* (*Bridge/Gullifer/McMeel/Worthington,* The Law of Personal Property, Rdnr. 2–042). Erneut wird aber betont, dass diese Begriffe rechtlich letztlich belanglos seien (*Bridge/Gullifer/McMeel/Worthington* aaO). In Schottland wiederum wird für bewegliche Sachen traditionell zwischen *possession* und *detention* unterschieden. *Possession* sei nichts anderes als „detention ... with an animus or design in the detainer of holding at his own property" (*Erskine,* An Institute of the Law of Scotland[6], II.i.30 [S. 233]; s. auch *Audrey Canning v Glasgow Caledonian University, Democratic Left Scotland* [2015] SC GLA 75; 2016 S.L.T. (Sh Ct) 56 [98–99] (Sheriff *S Reid:* Verwahrer einer Bibliothek mangels Eigenbesitzwillens kein Besitzer). *Miller,* Corporeal Moveables in Scots Law Rdnrn. 1.13-1.14 allerdings schlägt eine feinere Abstufung vor. Er differenziert zwischen *de facto possession* (kein Schutz gegen Selbsthilfe des wahren Berechtigten, z.B. Sachherrschaft des Diebes), *precarious holding* („Besitzdienerschaft"), *detentio or custody* („Fremdbesitz" i.S.d. deutschen Rechts) und *possession proper* („Eigenbesitz"), welche nur dem Redlichen zukomme.

[540] Anders sieht man das aber wohl in Portugal. Nach dortigem Verständnis ist Detentor, wer die tatsächliche Gewalt (den *corpus*) über eine Sache, aber nicht den Besitz hat. Obwohl die Detention eine rein faktische Situation sein soll, an die das portugiesische Recht keine Rechtsfolgen knüpft (z.B. STJ 27.11.1997, Processo 97B597: Untermieter sei Detentor und habe als solcher keinen Verwendungsersatzanspruch), soll die Unterscheidung zwischen Besitz und Detention von „zentraler Bedeutung" sein (*Vieira,* Direitos reais, S. 552). Art. 1253 port. CC verneint Besitz (i) bei denjenigen, die ohne Absicht als Nutznießer des Rechts zu handeln, die tatsächliche Gewalt ausüben; (ii) bei denjenigen, die lediglich die Duldung des Rechtsinhabers ausnutzen und (iii) bei den Stellvertretern oder Bevollmächtigten des Besitzers und im Allgemeinen bei allen, die im Namen eines anderen besitzen. Das Gesetz verwendet allerdings „Detentor" und „prekären Besitzer" synonym, was terminolgisch wiederum auf einen Widerspruch in sich hinausläuft. Denn „eigentlich" ist der Detentor ja gerade kein Besitzer, auch kein prekärer. Die Sache wird nicht klarer, wenn man erklärt, dass ein Detentor die tatsächliche Sachgewalt nicht mit *animus possidendi,* sondern nur mit *animus detinendi* ausübe (*Carvalho,* Direito das coisas, S. 268). Denn nun bleibt offen, was den animus detinendi konstituiert.

den bedauernswerten Flugpassagier[541], der, inzwischen erwacht, die ihm zugesteckten Drogen entdeckt. Er mag sich noch unschlüssig sein, was zu tun ist, er mag sich auch schon auf dem Weg zur Polizei befinden, um die heiße Ware dort abzuliefern. Man kann in beiden Fällen weder sagen, dass er die Päckchen für sich, noch, dass er sie für den Drogendealer in seiner Gewalt haben will, und dennoch ist kein plausibler Grund ersichtlich, warum der Passagier besitzrechtlich nicht in der Lage sein sollte, ihn auf dem Weg zur Polizei verfolgende Kriminelle in die Schranken zu weisen.[542] Der Passagier dürfte das ja auch dann, wenn er sich entschlösse, die Sachen zu verkaufen oder selber zu konsumieren.[543] Es gibt jedenfalls Sachen, die man weder für eigene Zwecke haben (oder zurück haben) noch anderen überlassen will. Man denke an die Rückführung einer Leiche zu Bestattungszwecken oder an Geheimdokumente, die nur noch vernichtet werden sollen.[544] Ein anderes Beispiel wäre ein Supermarkt, der für den eigenen und für den Abfall seiner Kunden größere Container aufstellt, aber nicht möchte, dass Dritte die Container auf für sie Brauchbares durchwühlen (und den Rest in Unordnung hinterlassen). Der Supermarkt will den Inhalt dieser Container weder als sich gehörig noch in Anerkennung eines fremden Erwerbsrechts unter seiner Kontrolle behalten. Ihm geht es allein um diese Kontrolle selbst, also um bis zur Abholung des Containers durch das Entsorgungsunternehmen fortwirkende Sachherrschaft. Der Markt besitzt weder wie ein Eigentümer noch wie ein abhängiger Besitzer, und trotzdem besitzt oder „hält" er. Es wirkt wenig plausibel, die Analyse dogmatisch dadurch zu „retten", dass man dem Supermarkt noch solange Eigenbesitz bzw. *possession* zuschreibt, wie der Containerinhalt noch nicht auf dem vorgesehenen Wege entsorgt wurde. Der Müll (sowohl der des Marktes als auch der der Kunden) ist, sofern ein Ge-

---

[541] Vorher Fn. 483.

[542] Unter französischem Recht dürfte genau das unmöglich sein; freilich fällt die Begründung für dieses Ergebnis rein formal aus. Der Passagier ist kein Besitzer, weil er sich nicht als Eigentümer geriert. Er ist aber auch kein Detentor, weil es an einem Titel fehlt; der Passagier handelt gerade nicht im Auftrag des Dealers. Es gibt keine Möglichkeit einer *protection possessoire.* Detention ist immer ein *fait légitime;* nur der Besitz kann in einer „irregulären Situation" bestehen (*Boufflette,* La possession, S. 82 Rdnr. 58). In Italien dagegen würde man die Situation wohl dahin analysieren, dass der Passagier auf dem Weg zur Polizei zwar keinen *animus possidendi,* aber (neben dem *corpus*) den *animus detinendi* habe. Denn der Teil der italienischen Lehre, der die Detention auf den Titel gründet, würde den Flugpassagier einem Finder gleichstellen. Er sei Detentor, weil er verpflichtet sei, die Sache anzumelden (Art. 927 ital. CC), und in dieser Pflicht liegt der Grund der *detenzione* (*Omodei Salè,* La detenzione e le detenzioni, S. 61). Auf ganz ähnliche Argumentationsnöte stößt man auch im englischen Recht. Die Rechtsprechung anerkennt in einigen Fällen die Pflicht eines Finders, den Eigentümer zu suchen und die Sache bis dahin zu verwahren (*Parker v British Airways Board* [1982] 1 Qb 1004, 1017, *Donaldson* LJ). Das soll aus dem *law of bailment* folgen (so auch *Austrian Airlines v General Insurance of Cyprus* (1991) 1 CLR 764), obwohl der Finder nach den herkömmlichen Kriterien gerade kein *bailee* ist (entsprechend kritisch folglich *Hickey,* Property and the Law of Finders, S. 81). Offenbar soll die *possession* des Finders nicht infrage gestellt werden, um ihm Besitzschutz gegen Dritte zu belassen. Gleichzeitig soll er aber auch dem Eigentümer gegenüber verpflichtet sein und nicht frei über die Sache verfügen dürfen. Das läuft auf eine Quadratur des Zirkels hinaus.

[543] Eine andere Frage ist, ob Drogen als *res extra commercium* überhaupt besitzfähig sind. Das wird in Polen zwar gerade mit dem Argument bestritten, dass bei ihnen ein possessorischer Rechtsschutz unerwünscht wäre (Gniewek [-*Gołaczyński*], Kodeks cywilny², Art. 336, S. 476–477 Rdnr. 7). Die Beispiele der Lehre betreffen freilich durchweg Eigenbesitzer, nicht Personen, die sich gesetzestreu verhalten und die Sache abliefern wollen.

[544] MünchKomm (-*Baldus*), BGB VII⁷, § 985 Rdnr. 60 (der aaO allerdings von Computerdaten spricht).

setz nicht ausdrücklich eine andere Rechtsfolge vorsieht[545], derelinquiert.[546] Bei für eine Sammlung auf die Straße gestellten alten Kleidern ist das nach unserer Einschätzung nicht anders. Die deutsche Rechtsprechung hat freilich gemeint, man habe nur ein Übereignungsangebot zugunsten der jeweiligen karitativen Organisation vor sich.[547] Sehr problematisch ist auch OLG Hamm 10.2.2011[548]. Ein Kunde hatte seine Kreditkarte nach Kündigung seines Vertrages bei der Bank abgegeben. Dort gelangte sie zusammen mit einem Schreiben, auf dem sich die Geheimzahl befand (!), versehentlich in den regulären Abfall. Der Angeklagte nutzte das aus und hob Geld ab. Das Gericht bejahte einen Diebstahl mit der Begründung, dass es der Bank erkennbar auf die Vernichtung der Karte angekommen wäre.

Der Eigenbesitz des deutschen Rechts ist immer auch *possession* i. S. d. französischen Rechts, aber *possession* ist nicht immer Eigenbesitz. Beide sind dadurch gekennzeichnet, dass jemand Sachherrschaft im Habitus eines Rechtsinhabers ausübt. Aber ein deutscher Jurist verbindet mit „Eigenbesitz", dass jemand eine Sache „als ihm gehörend besitzt" (§ 872 dt. BGB; ähnlich z. B. Art. 974 gr. ZGB, Art. 876 lett. ZGB, Art. 4.22(1) lit. ZGB, Art. 336 poln. ZGB, § 129(1) slowak. BGB, Art. 27(1) slowen. SPZ und Art. 430 span. CC). Es geht also um den Willen, sie „wie ein Eigentümer" oder „im Umfang des Eigentumsrechts" dauernd, unbegrenzt und ausschließlich zu besitzen. Dass man auch den „Nießbrauch ... an einer beweglichen Sache durch Ersitzung" erwerben kann, gerät rein besitzrechtlich leicht aus dem Blick, denn in diesem Fall finden „die für den Erwerb des Eigentums durch Ersitzung geltenden Vorschriften (nur) entsprechende Anwendung" (§ 1033 dt. BGB). Wichtiger ist die Reduzierung auf bewegliche Sachen. Das deutsche Recht kennt (abgesehen von der Buchersitzung; § 900 dt. BGB) weder die Ersitzung des Eigentums noch eines anderen dinglichen Rechts an Grundstücken. „Sein" Eigenbesitz ist eine so gut wie ausschließlich dem Recht der realen Sachen vorbehaltene Rechtsfigur. *Possession* dagegen ist weder auf das **78**

545 Bei Müll ist zu bedenken, dass er unter einigen Rechtsordnungen *ex lege* in das Eigentum der jeweiligen Kommune übergeht, sobald er in die Entsorgungsbehälter geworfen wurde. So verhält es sich z. B. unter mehreren österreichischen Landesgesetzen (etwa § 9(1) Wiener Abfallwirtschaftsgesetz) und unter § 4(1)(x) tschech. Gesetz Nr. 185/2001 Gbl. über Abfälle). Eine eingehende Regelung findet sich auch in §§ 40 und 43 des ungar. Gesetzes CLXXXV aus dem Jahre 2012 über den Abfall (2012. évi CLXXXV. törvény a hulladékról) (Hausmüll bleibt bis zur Besitzergreifung durch den öffentlichen Entsorger Eigentum des Abfallproduzenten; Sperrmüll geht schon in das Eigentum des Entsorgungsunternehmens über, sobald er in den öffentlichen Raum gestellt wird).

546 Näher Staudinger (-*Wiegand und Gursky*), BGB (2017), § 959 Rdnr. 3; *Grziwotz,* MDR 2008 S. 726; *Schall,* NJW 2010 S. 1248, 1250.

547 OLG Saarbrücken 7.1.1987, NJW-RR 1987 S. 500 (Ein anderes Unternehmen, das die alten Kleider auf eigene Faust abholt, soll durch Vereitelung der „Erwerbsanwartschaft" der karitativen Organisation eine vorsätzlich-sittenwidrige Schädigung begehen). In der Sache ebenso (nur ging es um Verpackungsmaterial) BGH 16.10.2015, NJW 2016 S. 1887 (Die Endverbraucher, die Papier, Pappe und Kartonage zur Abholung durch das städtische Entsorgungsunternehmen an der Straße abstellen, würden ihr Eigentum nicht aufgeben. Es handele sich, da sie an einer ordnungsmäßigen Entsorgung interessiert seien, lediglich um ein Übereignungsangebot). LG Ravensburg 3.7.1987, NJW 1987 3142 verneint eine Dereliktion von selbst gemalten Bildern, die der Maler zusammen mit Hausmüll zur Abholung an der Straße abgestellt hatte. Das Schicksal der Bilder sei dem Maler nicht völlig gleichgültig gewesen.

548 JuS 2011 S. 755. Vgl. damit auch LG Magdeburg, 8.11.2006, 9 O 584/06 (FIFA-Mitarbeiter wirft Lose für die Auslosung der Gruppenspiele weg; derjenige, der sie aus dem Müll gesammelt habe, müsse sie unter § 985 dt. BGB [Vindikation] herausgeben.)

Eigentumsrecht noch auf Mobilien verengt. Man ersitzt mithilfe dieser Besitzform nicht nur Eigentum an realen Sachen und an Grundstücken, sondern vor allem auch beschränkte dingliche Rechte, nämlich die, in deren Umfang man besitzt.[549] Die Lehre vom Rechtsbesitz hat hier ihren Entstehungsgrund.[550] Indes muss auch sie ihren „Ersitzungsbesitz“ auf dingliche Rechte begrenzen. Selbst wenn man also mit dem österreichischen Recht so weit gehen will, einen Mieter als Besitzer seines Mietrechts zu deuten, führt das doch nicht dazu, dass ein Scheinmieter ein Mietrecht ersitzen könnte.[551] Rechtsordnungen, die, wie das Common Law, im strengen Sinne überhaupt keine Ersitzung kennen, kennen dagegen natürlich auch keinen Ersitzungsbesitz, aber sie kennen den Erwerb von beschränkten dinglichen Grundstücksrechten „zu eigen“. *Leasehold estates* fallen in den Anwendungsbereich der *adverse possession, easements* und *profits à prendre* nicht. Denn ihr Inhaber hat ja gerade keine *possession* an dem belasteten Grund. Gleichwohl können auch sie durch langdauernde Ausübung erworben werden. Das wiederum wird mithilfe einer unwiderleglichen Vermutung bewirkt. Der Inhaber des belasteten *estate* habe das entsprechende Recht gewährt. Die Vermutung selber rechtfertigt sich aus dem Zeitablauf.[552] Im Ergebnis kann deshalb einer Person, die sich als Inhaberin eines Wegerechts geriert, dieses Wegerecht unbeschadet des Umstandes zugeordnet werden, dass man sie nicht als Besitzerin des *land* begreift, über das der Weg führt.[553]

79 Zur **Ermittlung** von Eigenbesitz bzw. *animus possidendi*[554] greift man prinzipiell auf dasselbe Tatsachenmaterial zurück, das in die Prüfung über das Bestehen von Sach-

---

549 Oben Rdnr. 40.

550 Oben Rdnr. 44. Siehe außerdem österr. OGH 21.8.1957, EvBl 1957/401, ÖJZ 1957 S. 631 (Auch wer sich als Eigentümer ansieht, aber tatsächlich nicht Eigentümer ist und aus rechtlichen Gründen im konkreten Fall kein Eigentum zu ersitzen vermag, könne immer noch ein beschränktes dingliches Recht ersitzen. Der Eigentumswille beinhalte gleichsam als minus den Rechtsbesitzwillen). Wo Besitz, wie in Tschechien (oben Rdnr. 33) nur noch als Rechtsbesitz gedeutet wird (§ 987 tschech. BGB), entspricht dem „Eigenbesitz“ des deutschen Rechts der Besitz des Eigentums an einer Sache (§ 989(1) tschech. BGB: „Das Eigentumsrecht besitzt derjenige, der eine Sache in Besitz genommen hat, um sie als Eigentümer für sich zu haben“).

551 Oben Rdnr. 47. „Technisch“ ist das auch unter tschechischem Recht nicht anders. Unter § 2238 tschech. BGB wird ein Mietvertrag zwar „für gültig und wirksam abgeschlossen“ angesehen, wenn ein Mieter eine Wohnung über drei Jahre hinweg in dem Glauben benutzt, einen gültigen Vertrag abgeschlossen und durch ihn ein Mietrecht erworben zu haben. Das ist aber keine Ersitzung im Rechtssinne. Denn ein Schuldrecht kann nicht ersessen werden (tschech. OG 19.8.2002, 26 Cdo 2958/2000). Man hat hier vielmehr die Fiktion eines Mietvertrages vor sich (Hulmák [-*Hulmák und Kabelková*], Občanský zákoník VI, S. 350).

552 Die Einzelheiten sind kompliziert. Man unterscheidet den Erwerb *at common law* (Vermutung des Bestehens des Rechts seit unvordenklicher Zeit, im Zweifel vor 1189), durch *lost modern grant* (längere Nutzung, 20–40 Jahre) und den Erwerb nach dem Prescription Act 1832 (20–40-jährige Nutzung). Im Ergebnis hat man eine *adverse possession* vor sich, die in England (anders als in Zypern: *The estate of Costas Panayiotides through the Administrators v the Republic of Cyprus* (1987) 3 CLR 1402, 1409–1410) nur nicht so genannt werden darf.

553 S. schon oben Rdnr. 42, außerdem Megarry und Wade (-*Harpum/Bridge/Dixon*), The Law of Real Property[8], Rdnr. 27-020 und, für Schottland, *Moncrieff v Jamieson* [2007] UKHL 42; [2007] 1 WLR 2620.

554 Dieser Ausdruck gehört auch zum Standardrepertoire des englischen Rechts, s. z. B. *Powell v McFarlane* (1979) 38 P & CR 452, 470 (*Slade* J). Lord *Hope of Craighead* spricht in *JA Pye (Oxford) Ltd v Graham* [2002] UKHL 30 Rdnr. 70; [2003] 1 AC 419, 445 sogar ausdrücklich von *corpus* und *animus*.

herrschaft einfließt[555], muss aber noch zusätzliche Elemente hinzufügen. Wer in einer Wohnung lebt, hat Sachherrschaft über sie, aber es lässt sich nicht ohne Weiteres sagen, ob er in ihr im Habitus eines Eigentümers, eines Wohnungsrechtsinhabers oder eines Mieters lebt. Das lässt sich nur anhand von Kriterien feststellen, die für die eigentliche Sachherrschaft belanglos sind. Dass ein Wohnungsinhaber Mieter und damit Detentor ist, erkennt man im Zweifel daran, dass er Mietzins entrichtet und sich bei Reparaturbedarf an den Vermieter wendet.[556] Dass jemand zum Neubau einer Scheune eine Baugenehmigung beantragt, genügt noch nicht, um ihn als Eigenbesitzer der Immobilie zu begreifen.[557] Umgekehrt verzichtet ein bösgläubiger Eigenbesitzer (z.B. ein Dieb) nicht schon dadurch auf seinen Eigenbesitz, dass er die Sache ihrem Eigentümer zum Kauf anbietet.[558] Selbst jemand, der sein Grundstück verkauft hat, soll nach Auffassung des belgischen Kassationshofes noch im Habitus eines Eigentümers besitzen können.[559] Eigenbesitzer eines Bruchteils ist, wer sich gegenüber den anderen Miteigentümern deshalb wie ein Miteigentümer verhält, weil er ihnen gegenüber rein tatsächlich die Rechte ausübt, die das Gesetz Miteigentümern gewährt, darunter die Mitwirkung an Entscheidungen über die Bewirtschaftung der Sache und die erfolgreiche Ausübung eines Vorkaufsrechts.[560] Eigenbesitzer ist nicht, wer das Eigentum eines anderen ausdrücklich anerkennt, mag es sich dabei auch nur um ein scheinheiliges Lippenbekenntnis handeln.[561] Die Zahlung von Grundsteuern[562] und Gebühren[563]

---

[555] Dazu ausführlich oben Rdnrn. 34–43.

[556] Die Zahlung von Miet- oder Pachtzins schließt das Bestehen von Eigenbesitz an einer Immobilie aus: Poln. OG 7.4.2011, IV CSK 425/10, Lex-Nr. 1129146.

[557] Poln. OG 8.4.1965, II CR 173/65, Lex-Nr. 5772.

[558] Poln. OG 15.10.2010, V CSK 65/10, Lex-Nr. 818386. S. auch Berufungsgericht Náfplio 12/1949, EEN 17 (1950) S. 198 (Wer eine Sache nur zum Schein kauft, erwirbt keinen Sachbesitz. Denn es fehlt ihm am Eigentümerwillen).

[559] Belg. Cass. 10.9.2012, J.T. 2014 S. 617 mit ablehnender Anm. *Boufflette* (es sei allein Sache des Tatsachenrichters zu beurteilen, ob der Besitzer eines Gutes, nachdem er es verkauft hat, eine materielle Herrschaft über das Gut behalte und weiterhin die Absicht habe, sich wie ein Eigentümer oder wie der Inhaber eines Sachenrechts zu verhalten; folglich sei auch eine „Rückersitzung" infolge einer nachträglichen Titelumkehrung möglich). Ähnlich bereits Bordeaux 3.2.1909, D. 1910, 1, S. 326 (der Besitz des Verkäufers werde durch seine Garantie- und Lieferungsverpflichtungen gegenüber dem Käufer nicht prekär).

[560] Tschech. OG 7.7.2015, 22 Cdo 473/2015. Vgl. auch Areopag 696/2009, NoB 57 (2009) S. 2159. Eine ganz andere Frage ist aber, ob jemand im Habitus eines Miteigentümers oder eines Alleineigentümers besitzt. In solchen Fällen wird die Ersitzung des Alleineigentums meistens daran scheitern, dass der Besitz zweideutig *(équivoque)* ist. Näher für Frankreich Cass. civ. 17.4.1985, Bull. civ. 1985, I, S. 111 Nr. 120 und Cass. civ. 6.6.1974, Bull. civ. 1974, S. 179 Nr. 235 und für Griechenland Areopag 696/2009, NoB 57 (2009) S. 2159 (bei Miteigentum wird vermutet, dass ein Miteigentümer die gemeinsame Sache auch im Namen der anderen Miteigentümer besitze).

[561] Areopag 223/2015, Isokrates-Datenbank (Stadt lässt auf Grundstück des Klägers einen Platz und eine Parkanlage bauen, errichtet eine Statue, bringt Beleuchtung an und trägt eine Mauer ab, hat dem Kläger aber 1956 ein Kaufangebot gemacht, im Jahre 1965 mitgeteilt, „nie aufgehört zu haben, seine Rechte anzuerkennen" und 1984 mit dem Bemerken um eine Schenkung gebeten, man wäre ihm dafür „immer dankbar"; kein Ersitzungsbesitz). S. außerdem österr. OGH 30.5.2012, MietSlg 64.061 (ein Recht wird besessen, wenn es objektiv erkennbar gegen jemanden in Anspruch genommen wird und dieser „sich fügt") und Cass. civ. 10.4.2013, Bull. civ. 2013, III, S. 51 Nr. 30 mit Anm. *Dross* RTD civ. 2013 S. 636 Nr. 2 (die russisch-orthodoxe Vereinigung zu Nizza scheitert mit der Behauptung, die russisch-orthodoxe Kathedrale Saint-Nicolas ersessen zu haben, weil sie verschiedentlich und in sich widersprüchlich dargelegt hatte, Besitzerin, Detentorin oder Nutzerin der Kirche gewesen zu sein). HR

reicht in der Regel weder zum Nachweis des *corpus* noch des *animus* aus; es geht bestenfalls um einen in die Gesamtbetrachtung einfließenden Faktor.[564] Der Ersitzungsprätendent weist auf Steuerzahlungen denn auch meistens nur zu dem Zweck hin, seine Gutgläubigkeit darzutun.[565] Größeres Gewicht wird gelegentlich allerdings der Zahlung der Erbschaftssteuer beigemessen.[566] Die Entgegennahme von Jagdpachtzahlungen genügt wiederum nicht, um Besitz im Habitus eines Eigentümers darzulegen[567], und dasselbe gilt, wenn ein Mieter einfach die Zahlung des Mietzinses einstellt.[568] „Wer über das Grundstück geht, um den Eigentümer des Grundstücks zu besuchen, mit ihm ein Rechtsgeschäft abzuschließen oder das Rechtsgeschäft auszuführen, nimmt damit kein Recht auf Benützung des Weges in Anspruch. Er ist bloßer Inhaber, weil sich aus dem Grund der Benützung des Wegs kein Besitzwille erschließen lässt".[569] *Animus possidendi* demonstriert aber, wer sich in einer notariellen Urkunde, einer *notoriété prescriptive,* bestätigen lässt, durch 30-jährige Ersitzung erworben zu haben[570], wer dem Eigentümer durch Gerichtsvollzieher mitteilen lässt, keine Miete

---

31.10.2003, NedJur 2004 Nr. 38 bestätigt, dass ein Mieter, der sein Mietobjekt durch Anbau eines Zimmers auf einem Nachbargrundstück erweitert, bestenfalls für seinen Vermieter ersitzt, lehnt das im konkreten Fall aber ab, weil der Vermieter Eigentümer beider Grundstücke war. Es ginge auch nicht um die Ersitzung einer Dienstbarkeit, weil sich ein Grundeigentümer nicht gleichzeitig als Eigentümer und als Inhaber eines beschränkten dinglichen Rechts benehmen könne.

[562] Cass. 31.7.2014, Guida al diritto 2014 S. 45, 52 meint sogar, Steuerzahlungen spielten besitzrechtlich keine Rolle; deshalb sei auch ihre Nichtzahlung kein zureichender Beweis dafür, dass jemand *keinen* Ersitzungsbesitz gehabt habe. Österr. OGH 24.8.1995, 2 Ob 1524/95 und 29.9.2011, 1 Ob 177/11b, beide in RIS-Justiz formulieren vorsichtiger. Steuerzahlungen seien zwar tendenziell unbeachtlich, könnten aber in die Gesamtbeurteilung einfließen. *Jourdan und Radley-Gardner,* Adverse Possession[2], Rdnrn. 13–82 bis 13–84 deuten die englische Rechtsprechung dahin, dass Steuerzahlungen zwar für den *corpus* unbeachtlich, jedoch ein wichtiges, wenn auch weder notwendiges noch zwingendes Indiz für die Feststellung des *animus* seien. Cass. civ. 4.5.2011, Bull. civ. 2011, III, Nr. 68 berücksichtigte die Zahlung von Steuern dagegen wohl schon auf der Ebene des *corpus.* Der Kassationshof kam aber wiederum zu dem Ergebnis, dass solche Zahlungen keine „actes matériels de possession" darstellten. Areopag 1376/2014, NoB 63 (2015) S. 70 sieht das ebenso.

[563] Poln. OG 22.6.1998, I CKN 767/97, Lex-Nr. 1218569 (Eigenbesitz gründet sich nicht auf die sporadische Bezahlung einzelner Gebühren).

[564] Deutlich schärfer als die überwiegende europäische Rechtsprechung z.B. sec. 325(b) California Code of Civil Procedure: „In no case shall adverse possession be considered established ... unless it shall be shown that ... the party or persons ... have timely paid all state, county, or municipal taxes ...upon the land for the period of five years during which the land has been occupied and claimed".

[565] Zur sogen. außerordentlichen Ersitzung, die auch bei Bösgläubigkeit in Betracht kommt, noch unten Rdnr. 157. Unter Art. 9(2) gr. Gesetz 4223/2013 ist der Nachweis der Zahlung von Grundsteuern sogar Zulässigkeitsvoraussetzung für die Erhebung aller dinglichen Klagen, darunter auch die Ersitzungsklage. Der Nachweis der Grundsteuerzahlung spielt eine erhebliche praktische Rolle auch in dem durch die gr. Gesetze 4030/2011 und 4042/2012 neu eingeführten Verfahren zur Legalisierung illegaler Bauten.

[566] S. für Griechenland insbesondere Areopag 1418/2010, NoB 59 (2011) S. 578 und 720 sowie Areopag 1030/2014 und 1031/2014, beide in Isokrates-Datenbank (Erbschaftsannahme, deren Eintragung sowie die Zahlung der Erbschaftssteuer). Anders aber für die Schenkungssteuer Areopag 470/2015, Isokrates-Datenbank.

[567] Österr. OGH 23.4.2015, JBl 2015 S. 518.

[568] Cass. civ. 27.9.2006, Bull. civ. 2006, III, S. 159 Nr. 191.

[569] Österr. OGH 4.5.2004, SZ 2004/70. Siehe auch OGH 26.9.1991, JBl 1992 S. 180.

[570] Cass. civ. 17.10.2007, Bull. civ. 2007, III, Nr. 180.

mehr zu bezahlen oder vor seinen Augen umfangreiche Arbeiten an der Sache vornimmt.[571]

In *Smart v Lambeth LBC*[572] hatte der Londoner Stadtbezirk Lambeth im Jahre 1971 vom Verfall bedrohte viktorianische Häuser durch Enteignung *(compulsory purchase)* in Besitz genommen. Hausbesetzer verhinderten den geplanten Abriss. Da der englische Staat um diese Zeit ein Programm zur Förderung der Renovierung von Wohnraum auflegte, ließ der Stadtbezirk die Wohnungen nicht räumen. Er durfte aber nicht als Vermieter auftreten, weil andernfalls die Fördermittel nicht geflossen wären. Außerdem wären die Besetzer, als feste Mieter, Inhaber eines gesetzlichen Rechts auf Erwerb des Wohnungseigentums geworden. Man setzte auf eine komplizierte Vertragskonstruktion. Der Bezirk räumte einer *housing association* („Solon") eine *licence* zur Nutzung und Vermietung der Häuser ein. Solon wiederum schloss Verträge mit einer Wohn-Kooperative (LRHC), in der sich die Besetzer zusammengeschlossen hatten. Die Kooperative sollte die an Solon ausbezahlten Fördermittel erhalten und ihren Mitgliedern zeitlich begrenzte Nutzungsrechte, aber weder ausschließlichen Besitz noch ein Recht auf ihn begeben. Die LRHC begann, von ihren Mitgliedern Mietzins zu verlangen. Die Solon eingeräumte *licence* wurde seitens der Stadt mehrfach verlängert, es gab aber, ohne dass sich dadurch faktisch etwas geändert hätte, auch „vertragslose" Zeiten. Eine der Besetzerinnen der ersten Stunde verzog in die USA und überließ 1984 endgültig ihre Schlüssel dem Kläger. Er blieb in der Wohnung, nahm an den Sitzungen der LRHC teil und schaltete sich 1989 selbst aktiv in die Verwaltung der LRHC ein. Er schrieb in ihrem Namen Briefe an säumige Mieter – nur selber unterzeichnete er nie einen Mietvertrag. Ende November 1993 machte er vergeblich ein *right to buy* geltend. Zwanzig Jahre später beantragte er erfolglos seine Eintragung als Eigentümer in das Land Register. Der Court of Appeal hob hervor, dass der Besitz des Klägers gerade nicht mit Einverständnis des Eigentümers bestanden haben durfte. Denn dann hätte er ein fremdes Recht anerkannt. Unter para. 8(4) Schedule 1 Limitation Act 1980 scheitere *adverse possession* aber nicht daran, dass der Besitzende den wahren Berechtigten nicht im Besitz stört; es müsse also keine Konfliktlage auftreten. *Factual possession* des Klägers sei unstreitig. Der nötige *animus possidendi* hätte dagegen gefehlt, denn man habe es mit einer zumindest konkludenten *licence* des Eigentümers zu tun gehabt. Für das Vorliegen einer solchen *licence* komme es entscheidend darauf an, dass der Eigentümer einer Person oder einer Gruppe von Personen die Nutzung gestattet und die Nutzung auf der Gestattung beruht. So habe es sich Anfang der 1980er Jahre verhalten, und es gäbe keinen Grund für die Annahme, dass der Bezirk seinen Willen zwischenzeitlich geändert habe. Es genüge die faktische Gestattung und deren Anerkennung. In *Couper v Albion Properties Ltd*[573] hatte Mr. Couper seit Beginn der 1980er Jahre auf einem Hausboot auf der Themse gelebt und um es herum eine schwimmende Kunstausstellung errichtet. Das Gericht unterschied zwischen Ufer und Flussbett. Die Beklagte sei ursprünglich Eigentümerin des Ufers gewesen. Das Flussbett stehe dagegen aufgrund gesetzlicher Vorschriften im Eigentum der Port of London Authority (PLA). *Adverse possession* setze voraus, dass der Kläger für zwölf Jahre *legal possession,* bestehend aus *factual possession* und *intention to possess,* nachweise. Besitzwille sei der Wille, im eigenen Namen und Interesse jeden anderen auszuschließen, auch den durch *paper title* ausgewiesenen Eigentümer. Es müsse bewiesen sein, dass (i) der innere Wille bestand und (ii) nach außen trat.[574] Mehrdeutige Besitzhandlungen genügten nicht, etwa dann, wenn sie auch als Ausübung eines *easements* gedeutet werden könnten.[575] Auch im konkreten Fall sei ein eindeuti- 80

---

[571] *Reboul-Maupin,* Droit des biens[4], S. 214 Rdnr. 284.

[572] [2013] EWCA Vic 1375; [2014] HLR 7.

[573] [2013] EWHC 2993 (Ch); 2013 WL 5336295.

[574] Ganz ähnlich für Österreich OGH 13.8.1996, SZ 69/180 und 30.4.1958, SZ 31/71 (Der Wille muss nach außen erkennbar sein, ein innerer Wille, der nicht nach außen tritt, genügt nicht) und OGH 29.6.1983, SZ 56/111 („Der Besitzwille muss sich aus dem äußeren Verhalten ergeben, ein inneres Vorhaben, das damit nicht im Einklang steht, kommt als Besitzwille nicht in Betracht; durch den bloßen inneren Beschluss wird der Besitzwille nicht hergestellt").

[575] Das Gericht verweist auf *Convey v Regan* [1952] IR 56 (Stechen von Torf); *George Wimpey & Co Ltd v Sohn* [1967] Ch 487, 506–509 (Einzäunen von Gärten) und *William Sindall plc v Cambridgeshire CC* [1994] 1 WLR 1016, 1024 (Benutzung eines Abwasserkanals).

ger Besitzwille nicht nachgewiesen; das bloße Vertäuen der Boote und das Lagern von Gegenständen genügten dazu nicht. Hinsichtlich des Flussbettes und der Ankerrechte sei unter *PLA v Ashmore*[576] zwar eine Ersitzung grundsätzlich möglich. Dass nicht alle Anker immer gleichzeitig benutzt wurden und dass gelegentlich ein Anker gegen einen neuen an gleicher Stelle ausgetauscht wurde, sei unschädlich. Es fehle jedoch am erforderlichen Besitzwillen. Denn die PLA hatte Mr. Couper bis 2001 in mehreren Schreiben mitgeteilt, mit der Verankerung der Boote einverstanden zu sein. Folglich war sein Besitz nicht *adverse.* Auch ein *easement* sei nicht ersessen worden, weil es an einem herrschenden Grundstück fehlte und weil das englische Recht kein *easement in gross* kenne.

81 Um die Feststellung der Richtung des Besitzwillens zu erleichtern, operieren viele Rechtsordnungen[577] mit **widerleglichen Vermutungen:** Sachherrschaft wird im Zweifel mit *animus possidendi* ausgeübt; eine Vermutung, dass jemand mit Fremdbesitzwillen besitze, gibt es nicht. Zur Stärkung des Ersitzungsbesitzes baut auf die erste typischerweise noch eine zweite Vermutung auf. Unter ihr gilt, dass ein einmal begonnener Eigenbesitz im Zweifel ununterbrochen bis zum heutigen Tage fortgedauert hat. Liegt er außerhalb der Ersitzungsfrist und liegen auch die übrigen Voraussetzungen vor, so ist der gesetzliche Rechtserwerb vollendet. Liegt dieser Tag noch innerhalb der Frist, dann begründet (tatsächlicher oder vermuteter) Eigenbesitz nur eine (dritte), aber wiederum nur widerlegliche Vermutung: dass nämlich der Eigenbesitzer schon heute Eigentümer bzw. Inhaber des von ihm prätendierten Rechts sei.[578]

82 Unter Art. 2256 franz. CC (Art. 2230 belg. bzw. luxemb. CC, ganz ähnlich auch Art. 3:109 ndl. BW) *on est toujours présumé posséder pour soi, et à titre de propriétaire,* und Art. 2257 franz. CC (Art. 2231 belg. bzw. luxemb. CC) ergänzt, dass, „wenn man begonnen hat für einen anderen zu besitzen, … stets vermutet (wird), dass man unter demselben Titel besitzt, wenn nicht der Gegenbeweis geführt wird".[579] Beide Bestimmungen werden weit ausgelegt; es wird nicht nur der *animus* des Eigentümers,

---

[576] [2009] EWHC 954 (Ch); 2009 WL 1246952 Rdnr. 31 (insoweit grundsätzlich bestätigt in [2010] EWCA Civ 30; [2010] 1 All ER 1139 [Sir *John Chadwick*]).

[577] Das österr. ABGB kennt zwar keine ausdrückliche Vermutung des Eigenbesitzwillens. Gleichwohl gilt, dass Ausübung der Sachherrschaft im Umfang eines Rechts und im eigenen Interesse i. d. R. Besitzwillen zum Ausdruck bringt (OGH 4.3.1976, JBl 1976 S. 642; Klang [-*Gusenleitner-Helm*], ABGB³, § 1460 Rdnr. 24; Rummel [-*Spielbüchler*], ABGB I³, § 309 Rdnr. 3). Außerdem ist auch in der österreichischen Rechtsprechung akzeptiert, dass immer dann, wenn der Ersitzende zu Beginn und zu Ende der Ersitzungszeit Besitzer der Sache oder des Rechts war, der zwischenzeitliche Besitz vermutet wird (OGH 7.9.1999, SZ 72/136).

[578] Z. B. § 1006 dt. BGB (zwar nur Vermutung des Eigentums, doch wird sie nicht nur zugunsten des Besitzers, sondern auch zugunsten der Inhaber beschränkter dinglicher Rechte angewandt, die ihr Recht gutgläubig von einem nichtberechtigten Eigenbesitzer erworben haben: BGH 16.10.2003, BGHZ 156 S. 310; RG 12.6.1906, RGZ 63 S. 371); § 90(1) estn. LPA; Art. 1110 gr. ZGB (Eigentumsvermutung, ebenso wie unter § 1006 dt. BGB aber nicht gegenüber einem früheren Besitzer, dem die Sache gestohlen wurde oder verloren ging); Art. 1268(1) port. CC (der Besitzer, nicht der Detentor genießt die Vermutung der Rechtsinhaberschaft). Zu Polen s. sogleich im Text. Der Gedanke einer besitzgestützten Eigentumsvermutung findet sich auch in der Regelung der publizianischen Klage durch § 372 österr. ABGB (näher *Iro,* Sachenrecht⁵, Rdnr. 2/3). Für England lässt sich sogar behaupten, dass diese Vermutung der Dreh- und Angelpunkt des traditionellen Systems ist bzw. war. Die Lehre von der *relativity of title* hat hier ihren Ausgangspunkt (Bd. 1 Rdnrn. 41–42; oben Rdnr. 7).

[579] Man muss also auch die Fortdauer des einmal erlangten *corpus* nicht beweisen (*Malaurie und Aynès,* Les biens⁵, S. 148 Rdnr. 495). Ein einmal begonnener Besitz bleibt, auch wenn es sich um Grundstücke handelt, *solo animo* erhalten (st. Rspr. seit Cass. civ. 27.3.1929, D.H. 1929 S. 250; weitere Nachweise oben Fn. 443).

sondern auch der *animus* der vermeintlichen Inhaber anderer dinglicher Rechte vermutet.[580] Auch die Beweislast für die Zweideutigkeit des Besitzes dreht sich um, weil sie den *animus* zerstört. Ein bloßer Detentor kann aber insbesondere beweisen, durch *interversion de titre* den *animus possidendi* entwickelt zu haben.[581] Unter Art. 1046 gr. ZGB wird widerleglich[582] vermutet, dass, wenn jemand eine Sache am Anfang und am Ende eines Zeitraums in seinem Besitz gehabt hat, sein Besitz auch in der Zwischenzeit bestanden habe.[583] Dieselbe Regelung findet man in § 938 dt. BGB. Bei den Besitzvermutungen des italienischen Rechts handelt es sich durchweg um *presunzioni semplici,* um einfache Vermutungen. Unter Art. 1141(1) ital. CC wird der Besitz desjenigen vermutet, der die Verfügungsgewalt tatsächlich ausübt, es sei denn, es wird bewiesen, dass er sie anfänglich nur auf Grund einer Innehabung ausgeübt hat. Art. 1142(1) ital. CC ergänzt wiederum: „Für den gegenwärtigen Besitzer, der schon zu einem früheren Zeitpunkt besessen hat, wird vermutet, dass er auch in der Zwischenzeit Besitzer geblieben ist".[584] Art. 1143 ital. CC handelt vom früheren Besitz: „Der gegenwärtige Besitz bewirkt keine Vermutung eines früheren Besitzes, außer der Besitzer kann seinen Besitz auf einen Rechtstitel zurückführen; in einem solchen Fall

---

580 *Malaurie und Aynès,* Les biens⁵, S. 149 Rdnr. 493; *Bergel/Bruschi/Cimamonti,* Les biens², S. 165 Rdnr. 137.

581 Für eine *interversion* genügt freilich eine bloße Absichtsänderung des *détenteur* nicht (Artt. 2270 franz. bzw. 2240 belg. und luxemb. CC). Auch resultiert eine *interversion* nicht aus dem Tod des *détenteur* (Artt. 2267 franz. bzw. 2237 belg. und luxemb. CC). Sie kann jedoch unter Art. 2268 franz. (Art. 2238 belg. und luxemb.) CC erstens durch das Handeln eines Dritten ausgelöst werden. Das Schulbeispiel ist der *détenteur,* der gutgläubig *a non domino* kauft und sein Verhalten danach ausrichtet, z. B. indem er keine Miete mehr zahlt (*Malaurie und Aynès* aaO S. 154 Rdnr. 502, Fn. 48; *Bergel/Bruschi/Cimamonti* aaO). Zweitens kann die *interversion* die Folge einer Einrede sein, die der *détenteur* gegenüber dem Eigentümer geltend macht. Wenn der Eigentümer darauf nicht reagiert, wird er so angesehen, als habe er seinen Besitz aufgegeben (*Malaurie und Aynès* aaO S. 154 Rdnr. 502; *Bergel/Bruschi/Cimamonti* aaO S. 170 Rdnr. 141). Vorausgesetzt ist eine konkrete, offenkundige und unzweideutige Handlung des *détenteur précaire.* Ebenso verhalten sich die Dinge unter Art. 1141(2) ital. CC („Wenn jemand begonnen hat, Detentor zu sein, kann er Besitz so lange nicht erwerben, als nicht der Rechtstitel durch Eingreifen eines Dritten oder durch einen eigenen, gegen den Besitzer gerichteten Widerspruch geändert wird. Dies gilt auch für Gesamtrechtsnachfolger").

582 *Triantos,* AK, Art. 1046 S. 1272 Rdnr. 1; Areopag 1061/1974, NoB 23 (1975) S. 630; Areopag 632/1973, NoB 22 (1974) S. 28.

583 Näher Georgiades und Stathopoulos (*-Georgiades*), ZGB, Art. 1046 S. 483 Rdnr. 2; *Triantos* aaO; Areopag 1061/1974 aaO; Amtsgericht Gouménissas 11/1989, ArchN 40 (1990) S. 247 und Berufungsgericht Athen 1670/1978, NoB 26 (1978) S. 1377 (analoge Anwendung auf die Detention).

584 Eindrucksvoll dazu Cass. 2.1.2014, Nr. 7, Rivista Giuridica dell'Edilizia 2014, I, S. 268 (Die Klägerin hatte mit dem Bruder des Beklagten in nichtehelicher Lebensgemeinschaft gelebt; der Bruder hatte die Wohnung aufgrund eines Leihvertrages genutzt. Als er ins Krankenhaus musste, wechselte der Beklagte das Türschloss aus. Der Kassationshof entschied, dass die Klägerin zwar keine Besitzerin, aber doch eine geschützte Detentorin gewesen sei. Die Vermutung des Art. 1141(1) ital. CC komme nicht zum Zuge, weil die Klägerin die Gewalt über die Wohnung „anfänglich nur auf Grund einer Innehabung ausgeübt" hatte. Anwendbar sei vielmehr Art. 1141(2) CC (Fn. 581). Es sei keine Handlung der Klägerin ersichtlich, die auf eine *interversio possessionis* schließen lasse. Allerdings sei sie unter Art. 1168 ital. CC als eine geschützte *detentrice* anzusehen. Sie habe nicht nur aufgrund einer „Gastfreundschaft" in der Wohnung gelebt, vielmehr müsse eine nichteheliche Lebensgemeinschaft heute als eine „Familie" angesehen werden. Es sei *ius receptum,* dass beide Ehepartner den Besitz der ehelichen Wohnung gegen Dritte schützen könnten, und dasselbe müsse heute auch im Fall einer nichtehelichen Lebensgemeinschaft gelten.

wird vermutet, dass er vom Tag des Zustandekommens des Rechtstitels an Besitzer gewesen ist". Und eine vierte Vermutung (Art. 1147 (3) ital. CC) betrifft die Gutgläubigkeit. „Der gute Glaube wird vermutet, und es genügt, dass er zum Zeitpunkt des Erwerbes gegeben war". Dem Gegenbeweis zugänglich ist auch die Vermutung des Art. 339 poln. ZGB, wonach derjenige, der die Herrschaft über eine Sache tatsächlich ausübt, Eigenbesitzer (und weder Besitzdiener, noch abhängiger Besitzer) ist.[585] Für die Zwecke des Ersitzungsrechts genügt, dass der Besitzer das Datum beweist, zu dem er die Sachherrschaft erlangt hat; dass der Besitz nicht fortgedauert habe, muss die Gegenseite beweisen (Art. 340 poln. ZGB). Vermutet wird außerdem, dass der Besitzer gutgläubig ist (Art. 7 poln. ZGB)[586] und dass die tatsächlichen Besitzverhältnisse mit der wahren Rechtslage übereinstimmen (Art. 341 poln. ZGB). Vorrang vor den sich auf Besitz gründenden Rechtsvermutungen genießt aber die Vermutung der Richtigkeit des Grundbuchs (Artt. 3 und 4 poln. GBHG).

83 In England umschreibt man den *animus possidendi* als den Willen, jeden anderen, auch den Eigentümer[587], soweit möglich und unter den Umständen *reasonably practical,* vom Besitz auszuschließen.[588] „The best evidence of intention is frequently found in the acts which have taken place".[589] Sind die Besitzhandlungen nicht ihrerseits mehrdeutig[590], wird aus ihnen widerleglich auf den *animus possidendi* geschlossen.[591] Der Wille, den Eigentümer auszuschließen, muss aber nicht bis zur Unvernunft gesteigert werden. Es kommt nicht darauf an, dass man (ggflls. sogar redlich) meint, Eigentümer zu sein; nicht einmal das positive Wissen, dass man nicht Eigentümer ist, schadet.[592] Entscheidend ist nach der jüngeren Rechtsprechung vielmehr der Wille, das Grundstück aktuell für sich selbst zu nutzen. „The only intention which has to be demonstrated [is] an intention to occupy and use the land as one's own"; es geht um die intention „to stay as long as he can for his own benefit".[593] Man darf nur unter keinen Umständen einräumen, von der Gnade des Eigentümers abzuhängen: „The peculiar psycho-spatial dynamics of the lodger relationship entail that the occupant lacks the self-validating inner confidence of a stakeholder in the land. The lodger does not feel himself to be quite ‚at home'; his occupancy resonates with a certain permissive quality rather than with the arrogance of right".[594] Der *animus possidendi* des englischen Rechts

---

[585] *Gniewek,* Prawo rzeczowe⁸, S. 281 Rdnrn. 881–882.

[586] „Macht das Gesetz Rechtsfolgen von gutem oder bösem Glauben abhängig, wird das Vorhandensein guten Glaubens vermutet". Diese allgemeine Regel findet auch im Besitzrecht Anwendung: *Gniewek* aaO S. 282 Rdnr. 884.

[587] *J A Pye (Oxford) Ltd v Graham* [2002] UKHL 30; [2003] 1 AC 419 Rdnrn. 42 und 43.

[588] *Powell v McFarlane* (1977) 38 P & CR 452, 471–472.

[589] *J A Pye (Oxford) Ltd v Graham* [2002] UKHL 30; [2003] 1 AC 419 Rdnr. 70 (Lord *Hope of Craighead*). S. auch *Bolton Metropolitan BC v Musa* (1998) 77 P & CR D36.

[590] *Buckinghamshire CC v Moran* [1990] Ch 623, 642; *Powell v McFarlane* aaO (Fn. 588); *Tecbild Ltd v Chamberlain* (1969) 20 P & CR 633, 642.

[591] *J A Pye (Oxford) Ltd v Graham* [2002] UKHL 30; [2003] 1 AC 419 Rdnr. 76 (Lord *Hutton*).

[592] Megarry und Wade (*-Harpum/Bridge/Dixon*), The Law of Real Property⁸, Rdnr. 35-019.

[593] *J A Pye (Oxford) Ltd v Graham* [2002] UKHL 30; [2003] 1 AC 419 Rdnr. 71 (Lord *Hope of Craighead*) bzw. Rdnr. 40 (Lord *Browne-Wilkinson*). In ihrer Analyse dieser Rechtsprechung betonen *Gray und Gray,* Elements of Land Law⁵, Rdnr. 2.1.20, dass es sich hierbei um eine englische Sonderentwicklung handele. Die übrigen Common Law-Jurisdiktionen setzten weiterhin auf die *intention to exclude.*

[594] *Gray und Gray* aaO Rdnr. 2.1.26. Ähnlich *Marchant v Charters* [1977] 1 WLR 1181, 1185 (Lord *Denning* MR).

ist mithin zwar über weite Strecken, aber nicht in jeder Beziehung mit dem *animus domini* zivilistischer Ausformung identisch. Nicht die Frage, „als wessen" die Sache besessen wird, ist entscheidend, sondern der Wille, Dritte vom Besitz auszuschließen; die Bereitschaft, die Sache dem besser Berechtigten herauszugeben, zerstört den *animus possidendi* noch nicht.[595]

h) Mitbesitz

(1) Gemeinsam administrierter Besitz

Nach heutigem europäischem Rechtsverständnis ist Besitz nicht notwendig Einpersonenbesitz.[596] Man hat auch dann ***einen*** (ausschließlichen) **Besitz** vor sich, wenn er von mehreren Personen administriert wird.[597] Letztere sind, je nach *animus* und nationaler Terminologie, Mitbesitzer bzw. Mitdetentoren. Auf Mitbesitzer finden der Regel nach die allgemeinen Vorschriften über den Besitz Anwendung (Art. 1286(3) port. CC). Mitbesitzer (Mitdetentoren, *sygkátochos,* jeweils mitgedacht) sind, auch wenn sie gelegentlich mit ihnen in einem Atemzuge genannt werden (z.B. Art. 25 slowen. SPZ), **keine Teilbesitzer.** Teilbesitzer besitzen nur einen abtrennbaren Teil einer Sache, typischerweise Räumlichkeiten.[598] Mitbesitzer dagegen besitzen die ganze Sache; 84

---

[595] Ein Hausbesetzer, der zugibt, dem Eigentümer Miete gezahlt zu haben, wenn dieser nur gefragt hätte, oder sagt, dass er ausgezogen wäre, hätte man ihn nur dazu aufgefordert, besitzt deshalb nicht notwendig ohne animus (*Lambeth LBC v Blackburn* [2001] EWCA Civ 912; (2001) 82 P & CR 494 [oben Fn. 490]; *Ocean Estates Ltd v Pinder* [1969] 2 AC 19, 24).

[596] Siehe u.a. § 866 dt. BGB; § 50 estn. LPA; Art. 994 gr. ZGB; Art. 878 lett. ZGB; Art. 346 poln. ZGB; Art. 1286 port. CC; Art. 25 slowen. SPZ; Art. 445 span. CC (Art. 521-5 katal. CC); § 1010 tschech. BGB und § 5:5(4) und (5) ungar. ZGB. In Bulgarien spricht man treffend von „Besitz zugunsten mehrerer Personen" (*Stavrou,* Vladenieto, S. 239). DCFR VIII.-1:205 (Possession) erwähnt den Mitbesitz nicht. Die Kommentierung unterscheidet den Mitbesitz i.S.v. § 866 dt. BGB von *co-possession* im Sinne des DCFR und nutzt diesen Begriff zur Umschreibung des Verhältnisses von mittelbarem und unmittelbarem Besitzer (DCFR, Full Edition V, S. 4296).

[597] Das ist auch in England nicht anders. Zwar gehört die Vorstellung zu seinen geläufigen Lehrsätzen, dass Besitz „single and exclusive" sei (*Pollock und Wright,* An Essay on Possession in the Common Law, S. 20). Das lässt sich jedoch in dieser Allgemeinheit nicht aufrecht erhalten (unten Rdnr. 85). Denn es besitzen nicht nur *bailee* und *bailor* gleichzeitig, sondern notwendig auch *joint tenants* und *tenants in common* (*Bridge/Gullifer/McMeel/Worthington,* The Law of Personal Property, Rdnr. 2–041). Der Lehrsatz von der Unteilbarkeit der *possession* bedarf vielmehr der Konkretisierung: Auf einvernehmlicher Grundlage können mehrere Personen gemeinsam oder in einem gestuften Verhältnis *possession* an derselben Sache haben. Dem Konzept der *possession* als Ausschlussverhältnis würde es nur widersprechen, wenn mehrere Personen unabhängig voneinander *possession* an derselben Sache haben könnten (*Bridge,* Personal Property Law³, S. 19). In die gleiche Richtung geht für die Niederlande HR 10.2.1978, NedJur 1979 Nr. 338 (zwar sei Eigenbesitz unteilbar, aber Mitbesitz [*medebezit*] – im konkreten Fall an einer bestimmten Menge Flüssigkeit – sei möglich).

[598] Siehe schon oben Rdnr. 5 mit Fn. 34 und Rdnr. 29 mit Fn. 188. Kein Mitbesitz liegt auch aus tschechischer Sicht vor, wenn zwei Personen das Eigentumsrecht an einem Teil einer Parzelle besitzen. Denn dann hat man es nach dortiger Auffassung bereits mit zwei selbständigen Grundstücken zu tun, weil Grundstück und Parzelle nicht dasselbe sind (Spáčil [-*Spáčil*], Občanský zákoník III, S. 132; OG 27.6.2007, 22 Cdo 2271/2006, Soubor rozhodnutí Nejvyššího soudu, C 5218). Es ist freilich denkbar, dass mehrere Personen einen formlos und rein tatsächlich abgetrennten Grundstücksteil mieten; dann sind sie gleichzeitig Teil- und Mitdetentoren (Areopag 721/1974, NoB 23 [1975] S. 307; LG Athen 1281/1971, EEN 38 [171] S. 345). Für Ungarn (das keine selbständige Regelung des Teilbesitzes kennt) hält Vékás und Gárdos

ihre „Anteile" sind rein „ideeller" Natur (Art. 994 gr. ZGB; Art. 878 lett. ZGB).[599] Von den „mittelbaren" Besitzern sind Mitbesitzer dadurch unterschieden, dass sie ihre Sachgewalt nicht aufgrund verschiedener, sondern aufgrund gleichartiger Merkmale ausüben; die Sachgewalt jedes einzelnen ist durch die identische Sachgewalt der übrigen beschränkt. Denkbar ist also zwar auch mittelbarer Besitz in Form des Mitbesitzes (Eheleute vermieten ihre Wohnung gemeinsam), doch ändert das nichts an der Eigenständigkeit der Figur des Mitbesitzes.[600] Dasselbe gilt für die Situation, in der jemand seinen Mitbesitz in Anerkennung des Eigentums des anderen Mitbesitzers an der gemeinsam gehaltenen Sache ausübt. Es ist richtiger Ansicht nach nicht ausgeschlossen, dass von zwei Mitbesitzern einer in der Rolle eines Eigenbesitzers und der andere in der Rolle eines Detentors begegnet.[601] Die deutsche Rechtsprechung z.B. analysiert die Situation von Eheleuten in dieser Weise, die in der gemeinsamen Wohnung alle Einrichtungsgegenstände gemeinschaftlich nutzen, auch die des jeweils anderen.[602] Mitbesitz lässt sich sogar noch weiter **untergliedern,** doch hängen von solchen Feinsteuerungen meistens nur außerbesitzrechtliche Rechtsfolgen ab. Man sieht sie vor allem im Recht der besitzgestützten Übertragung und Belastung von dinglichen Rechten.[603] Ist, um ein altes Schulbeispiel aufzugreifen, ein Safe mit zwei Schlössern gesichert, zu denen verschiedene Schlüssel gehören, und hat A die einen und B die

---

(-*Menyhárd*), Kommentár a Polgári Törvénykönyvhöz I, § 5:5 ungar. ZGB, S. 911 fest, dass „die Sache beim Mitbesitz unter den Besitzern nicht aufgeteilt ist"; wenn sie aufgeteilt wäre, könnte von Mitbesitz keine Rede mehr sein.

[599] Das darf man nicht mit dem Besitz an ideellen Bruchteilen verwechseln, den es nicht gibt (BGH 10.11.1982, BGHZ 85 S. 263, 264). Ideell geteilt ist die Sachherrschaft, nicht die Sache selbst.

[600] Ähnlich Radwański und Gniewek (-*Gołaczyński*), System Prawa Prywatnego III[3], S. 83 Rdnr. 31 (Mitbesitz sei eine separate Kategorie des Rechts).

[601] *Karamanli-Mparoutaki,* To Dikaio tis Només, S. 233 Rdnr. 53 und Berufungsgericht Athen 9879/1998, EllDni 40 (1999) S. 1612 (Die Geschwister A und B hatten ein Einfamilienhaus geerbt. A zog in eine andere Stadt. B vermietete ein Zimmer an C mit Mitbenutzung der Küche, ein weiteres Zimmer an die Studenten D und E; die restlichen zwei Zimmer behielt sie für sich. Das Gericht analysierte wie folgt: A und B seien Mitbesitzer des gemeinsamen Hauses. B sei Detentorin ihrer zwei Zimmer, mit C Mitdetentorin der Küche, und mit allen ihren Mietern Mitdetentorin des Treppenhauses und des Flures. D und E seien Mitdetentoren ihres Zimmers, außerdem auch zusammen mit B und C Mitdetentoren des Treppenhauses und des Flures in Form der Mitdetention an einem Sachteil). Anders möglicherweise *Ignatowicz und Stefaniuk,* Prawo rzeczowe[2], S. 316 Rdnr. III (Kein Mitbesitz zwischen Eigenbesitzer und abhängigem Besitzer; alle Mitbesitzer müssten die gleichen Befugnisse haben, also z.B. Miteigentümer oder Mitmieter sein. Wahrscheinlich meint der Autor aber nur den Standardfall, in dem es auf der einen Seite um einen gewöhnlichen Vermieter und auf der anderen um einen Mieter geht. Vermieter und Mieter sind keine Mitbesitzer [Poln. OG 20.2.2014, I CSK 230/13, OSNC 2015/2/21, Lex-Nr. 1496313]. Der Mieter kann possessorisch auch gegen den ihn im Besitz störenden Vermieter vorgehen, nicht anders als ein „limited right possessor" gegen den „owner-possessor": *Aristofanis Thrasyvoulou v Elisavet Thasyvoulou* (1984)1 CLR 411).

[602] BGH 26.2.1954, BGHZ 12 S. 380, 399 und BGH 31.1.1979, 73 S. 253, 257. Das Ungewöhnliche an dieser Situation besteht allerdings darin, dass es trotz der Detention an einem *possesso mediato* fehlt. Denn beide Eheleute sind Inhaber identischer Sachgewalt; auch der Eigentümer-Besitzer ist unmittelbarer Besitzer. Wenn ein Ehegatte bestimmte Sachen ausschließlich nutzt, fehlt es aber natürlich an Mitbesitz, z.B. Artt. 1394 und 1395 gr. ZGB.

[603] Außerdem mag es auf solche Unterscheidungen auch im Strafrecht ankommen. Für Schweden z.B. legt *Jareborg,* Förmögenhetsbrotten[2], S. 35 dar, dass das Gesetz nur den *sambesittning* (nachfolgende Fn.) kenne.

anderen, dann sind A und B zwar Mitbesitzer, aber nicht nur „schlichte" oder „einfache", sondern „gemeinschaftliche" oder „qualifizierte" Mitbesitzer des Safeinhaltes.[604] Denn auf ihn hat keiner von beiden ohne den anderen Zugriff (was anders wäre, wenn jeder einen der beiden Schlüssel zu demselben Schloss hätte). Besondere Rechtsregeln bauen auf diesen Untergliederungen des Mitbesitzes freilich bestenfalls im Pfandrecht auf: Der Safeinhalt ist nach vereinzelter (wenngleich umstrittener) Auffassung bereits dann wirksam verpfändet, wenn der Gläubiger einen der beiden Schlüsselsätze erhält.[605] Denn der Safeinhalt befindet sich dann bereits unter seinem „Mitverschluss", und das genügt mancherorts bereits, weil es hier nur wichtig sein soll, dass die Verfügungsmacht des Pfandgebers hinlänglich ausgeschlossen wird.[606] Eigentumsrechtlich

---

[604] BGH 14.1.1993, NJW 1993 S. 935, 936. Im schwedischen Schrifttum wird demgemäß (wenn auch mit der üblichen Skepsis gegenüber jeder Form dogmatischer Begriffsschärfung: *Millqvist,* Sakrättens grunder[6], S. 35; oben Fn. 9) zwischen dem gemeinsamen Besitz *(gemensam besittning)* und dem echten Mitbesitz *(sambesittning)* unterschieden (*Göranson,* Traditionsprincipen, S. 493; *Håstad,* Sakrätt[6], S. 50; *Göranson* spricht aber auch von einfachem [*enkel*] und qualifiziertem [*kvalificerad*] Mitbesitz).

[605] Wieder anders verhält es sich aber, wenn derjenige, bei dem die Sache lagert, seinen Schlüssel nur zu dem Zweck hat, den Safeinhalt vor Diebstahl zu schützen. Deshalb sind z.B. Banken nicht Inhaber eines AGB-gestützten Pfandrechts an dem Inhalt der Safes und Schließfächer ihrer Kunden, mögen diese ihr Fach auch erst dann öffnen können, wenn der Bankangestellte zuvor seinen Schlüssel in das Schloss gesteckt oder seinen Code eingegeben hat (richtig Staudinger [-*Wiegand*], BGB (2009), § 1206 Rdnr. 5). Banken haben keinen *animus possidendi* im Hinblick auf den Safeinhalt, sondern nur im Hinblick auf den Safe bzw. das Schließfach. Dieses steht im Mitbesitz von Bank und Privatkunde.

[606] Siehe z.B. § 1206 dt. BGB (wegen der Verbreitung der Sicherungsübereignung hat praktisch allerdings wohl nur noch die zweite Variante dieser Vorschrift Bedeutung, die den Fall betrifft, dass sich die Sache im Mitverschluss eines Dritten befindet, der sie nur an den Eigentümer und den Pfandgläubiger gemeinsam herausgeben darf; das Standardbeispiel ist die Verpfändung von Wertsachen und -papieren, die bei einer Bank lagern: *Wiegand* aaO Rdnrn. 1–2); § 5:94(1) ungar. ZGB (Mitbesitz bei Pfandrechtsbestellung zureichendes Übergabeäquivalent) und Art. 669(2) port. CC (Pfandrechtsbestellung. „Die Übergabe kann auf der einfachen Einräumung des Mitbesitzes an den Gläubiger beruhen, wenn diese Einräumung dem Verpfänder die Möglichkeit entzieht, materiell über die Sachen zu verfügen") (*Vieira,* Direitos reais, S. 638–639 deutet Art. 669(2) port. CC allerdings als einen Fall der „Überlagerung von Besitz", nicht von Mitbesitz. Denn der Verpfänder sei angesichts seines Eigentumsrechts Besitzer, und der Pfandgläubiger sei Besitzer angesichts seines Pfandrechts.) Auch unter schwedischem Recht scheitert die Bestellung eines drittwirksamen Pfandrechts nicht daran, dass der Schuldner oder eine dritte Person im Mitbesitz der Sache bleibt (Kap. 19 § 4(1) und (2) UB; HD 5.7.1995, NJA 1995 S. 416). Aus österreichischer Sicht verlangt Rummel (-*Hofmann*), ABGB I[3] § 451 Rdnr. 3 für eine wirksame Verpfändung beweglicher Sachen allerdings die Übergabe aller Schlüssel an den Pfandgläubiger, und OGH 27.4.1994, SZ 67/78 meint, der (dritte) „Pfandhalter" müsse die Sache allein für den Pfandgläubiger verwahren. Auf derselben Linie dürfte *Official Assignee of Amdras v Mercantile Bank of India Ltd* [1935] AC 53, 58–59 (Lord *Wright*) liegen, auch wenn die Entscheidung das Spezialthema des Mitverschlusses nicht thematisiert. Appellationsgericht Warschau 27.5.2009, VI ACa 1124/08, Lex-Nr. 1120312 verneint eine wirksame Pfandrechtsbestellung durch das Anbringen einer Radblockade am Wagen eines Falschparkers. Er habe sich dieser Maßnahme durch Beschluss der Wohnungseigentümergemeinschaft zwar unterworfen, doch hätte die Gemeinschaft mangels Schlüssels und Kfz-Papieren keine Verfügungsgewalt über das Fahrzeug erlangt. Vor dem Hintergrund von §§ 1317 und 1319 tschech. BGB scheint es auch unter dem neuen tschechischen Recht unwahrscheinlich, dass Mitverschluss zur Verpfändung genügt; der Punkt ist aber bislang nicht entschieden. Die Regeln des DCFR folgen dagegen wieder dem Ansatz des § 1206 dt. BGB (Kommentierung zu DCFR IX-3:102(2)(a) und (b), Full Edition VI, S. 5479). Demgemäß ist auch nicht von „possession" des Sicherungsnehmers, sondern von „control" die Rede (Full Edition VI, S. 5493). DCFR IX-3:204 verlangt, dass die

verhalten sich die Dinge dagegen schon wieder anders. Unter den besitzgestützten Übereignungssystemen reicht im Zweifel (aber auch das ist umstritten) *weder* die Übergabe der Schlüssel nur zu einem der beiden Schlösser *noch* die Übergabe eines von zwei Schlüsseln zu dem einzig vorhandenen Schloss. Eigentum geht erst über, wenn der Veräußerer jeden Zugriff auf die Sache verliert.[607]

85 Mitbesitz kollidiert, wie gesagt, im Verständnis des modernen Rechts nicht mehr mit der Ausschließlichkeit des Besitzes. Art. 878 lett. ZGB fasst das so: „Ein und dieselbe Sache kann sich nicht dergestalt in dem Besitze mehrerer Personen gleichzeitig befinden, dass jede von ihnen die ganze Sache besitzt. Mehrere Personen können dieselbe Sache (aber) dergestalt gemeinschaftlich besitzen, dass, ohne tatsächliche Teilung, jede einen ideellen Anteil besitzt". Der span. CC gibt zwar keine Definition von *coposesión.* Art. 445 Satz 1 span. CC sagt nur, dass „der Besitz als Tatsache nicht zwei verschiedenen Personen zuerkannt werden [kann], abgesehen von Fällen der „Ungeteiltheit". In *casos de indivisión* ist also sowohl eine partielle als auch eine gemeinschaftliche possessorische Rechtsstellung mehrerer Personen denkbar. Was gemeint ist, erschließt sich aus den Vorschriften über das gemeinschaftliche Eigentum (Artt. 392 ff span. CC).[608] Die Teilung einer gemeinsamen Sache kann nicht verlangt werden, wenn sie dadurch für den bestimmungsgemäßen Gebrauch untauglich würde (Art. 401 Satz 1 span. CC) oder wenn sie ihrem Wesen nach nicht geteilt werden kann (Art. 404 span. CC). Entscheidend ist jeweils nicht die physische, sondern die juristische Unteilbarkeit, die *indivisibilidad jurídica.*[609] Außerdem steht außer Zweifel, dass die Mitinhaberschaft auch den Besitz als Recht betreffen kann. *Lasarte* gibt das Beispiel der Vermietung einer Wohnung durch mehrere mittelbare Besitzer.[610] *Díez-Picazo* lehrt, *coposesión* liege vor, wenn dieselbe *situación de posesión* in zwei oder mehr Personen zusammentreffe.[611] Noch einen Schritt weiter geht *Farré Alemán.* Er hält Art. 445 span. CC angesichts der Möglichkeit, eine Immobilie durch verschiedene Personen zu unterschiedlichen Zeiten nutzen zu können, für gänzlich obsolet.[612] Auch in Österreich (dessen ABGB die Möglichkeit von Mitbesitz nur im Kontext des Miteigentumsrechts andeu-

---

Bank mit Zustimmung des Sicherungsgebers entsprechend instruiert werden müsse. Eine Anweisung durch den Sicherungsgeber allein genügt nicht.

[607] S. z.B. für Deutschland MünchKomm (-*Oechsler*), BGB VII^{7}, § 929 Rdnr. 53 sowie für Österreich OGH 25.6.1975, SZ 48/75 (Übereignung einer bisher im Mitbesitz mehrerer stehenden Sache an einen Mitbesitzer durch bloße Erklärung möglich, er sei nun Eigentümer und Alleinbesitzer) und für Schweden HD 12.10.1998, NJA 1998 S. 545. Sofern es in Polen für die Übereignung auf Besitzverschaffung ankommt (was zwar der Regel nach [Art. 155 § 1 poln. ZGB] nicht der Fall, aber bei Gattungssachen und bei zukünftigen Sachen unverzichtbar ist [Art. 155 § 2 aaO]), gilt ebenfalls, dass die Einräumung von Mitbesitz zur Eigentumsübertragung nicht genügt (Poln. OG 29.5.2015, V CSK 448/14, Lex-Nr. 1793713). Auch das englische Recht verlangt einen vollständigen Besitzverlust des Übereignenden und einen vollständigen Besitzerwerb des Erwerbers, wenn der Eigentumserwerb durch *delivery* (und nicht, wie beim *sale* möglich, zu einem vertraglich vereinbarten Zeitpunkt durch bloßen Konsens [*Sheehan,* Principles of Personal Property Law, S. 54–55]) übergehen soll. Ausreichend ist die Übergabe der einzigen Schlüssel zu den Räumen, in denen die Kaufgegenstände lagern (*Wrightson v McArthur and Hutchinson* [1921] 2 KB 807). Auch unter DCFR VIII.-2:104 genügt die Einräumung von *joint possession* nicht, um eine Sache zu übereignen (Full Edition V, S. 4496).

[608] *Díez-Picazo,* Fundamentos III^{5}, S. 674.

[609] TS 3.2.2005, ECLI:ES:TS:2005:601.

[610] *Lasarte,* Principios V^{8}, S. 213.

[611] *Díez-Picazo* aaO.

[612] *Farré Alemán,* Código civil comentado y concordado, Anm. unter Art. 445, S. 508.

tet[613]) wird der Mitbesitz von der inzwischen wohl herrschenden Meinung als eine Form des gemeinsamen Sachbesitzes (und nicht des Rechtsbesitzes) verstanden.[614] Es wird aber auch noch vertreten, dass die Mitbesitzer nur im Außenverhältnis als gemeinsame Sachbesitzer anzusehen seien. Im Innenverhältnis hätte jeder Mitbesitzer Rechtsbesitz an seinem ideellen Anteil.[615] Mitbesitz kann eine Folge von Miteigentum sein, aber auch unabhängig davon bestehen. In England und Irland geht es zwar so gut wie ausschließlich um die erste Situation, insbesondere um Rechtsfragen, die im Kontext der *joint tenancy* auftreten.[616] In neuerer Zeit scheint sich daneben aber auch der Begriff der *shared possession* etabliert zu haben.[617] In *Akici v LR Butlin Ltd* hat sich Lord Justice *Neuberger* mit ihm auseinandergesetzt und die Auffassung entwickelt, dass an Grundstücken *shared possession* möglich sei. Die traditionelle Lehre von der Unteilbarkeit der *possession* bedeute nur, dass mehrere Personen nicht unabhängig voneinander *possession* an demselben Grundstück haben könnten. Sie schließe aber die einvernehmliche Begründung gemeinsamer *possession* nicht aus.[618] Im Schrifttum schickt man sich an, dieses Konzept nun auch für bewegliche Sachen fruchtbar zu machen.[619] Gleichwohl spielt die Figur der *shared possession* im praktischen Rechtsleben offenbar nur eine höchst untergeordnete Rolle. Das gilt auch für Irland und Schottland.[620] Wenn überhaupt, dann ist in England von *shared possession* nur die Rede, wenn es zu entscheiden gilt, ob ein *lessee,* der ohne Aufgabe seines eigenen Besitzes einem Anderen *possession* an dem *lease*-Objekt einräumt, gegen *covenants* verstößt, die eine Übertragung des *leasehold estate* untersagen.[621]

---

[613] § 833 S. 1 österr. ABGB: „Der Besitz ... der gemeinschaftlichen Sache kommt allen Teilhabern insgesamt zu".

[614] *Iro,* Sachenrecht5, Rdnr. 2/14.

[615] *Gschnitzer/Faistenberger/Barta/Call/Eccher,* Sachenrecht2, S. 13.

[616] *Joint tenants* sind nicht notwendig Mit‚eigentümer'. Es handelt sich nicht nur um die gemeinschaftliche Innehabung von *freeholds;* es gibt auch *joint tenants* eines *leasehold.* Bei beweglichen Sachen entsteht Mitbesitz bei *joint ownership.* Bei beweglichen wie bei unbeweglichen Sachen werden zudem *joint tenants* und *tenants in common* unterschieden: *Joint tenants* haben gemeinschaftlichen Besitz, *tenants in common* jeder für sich ein Recht zum Besitz (Palmer und McKendrick [-*Hill und Bowes-Smith*], Interests in Goods2, S. 254–255; *Gray und Gray,* Elements of Land Law5, Rdnrn. 7.4.21 ff, 7.4.28 und 7.4.31). Gemeinsam ist beiden, dass sie Mitbesitz *(unity of possession)* haben; eigentumsrechtlich bilden *joint tenants* jedoch eine Gesamthand ohne quotale Anteile, bei *tenants in common* mit quotalen Anteilen (*Gray und Gray,* Elements of Land Law5, Rdnrn. 7.4.22f. und 7.4.31).

[617] *Clarence House Ltd v National Westminster Bank Plc* [2009] EWCA Civ 1311; [2010] 1 WLR 1216.

[618] [2005] EWCA Civ 1296; [2006] 1 WLR 4004 (Rdnrn. 27 und 28).

[619] *Bridge,* Personal Property Law3, S. 19 (Er erwähnt allerdings beispielhaft, dass *bailor* und *bailee* gleichermaßen gegen einen Störer besitzgestützte Ansprüche aus *trespass* geltend machen könnten. Mitbesitz und mittelbarer Besitz gehen hier durcheinander). Rechtsprechung zu *shared possession* an beweglichen Sachen scheint es nicht zu geben, und auch das sonstige sachenrechtliche Standardschrifttum schweigt sich zu dem Thema aus.

[620] In Schottland wird immerhin befürwortet, auf *shared possession* die Vermutung von Miteigentum zu stützen (*Guthrie und Hiram,* (2007) 11 Edin LR S. 208–229 nennen in Fn. 37 den Fall gemeinsamen Besitzes eines Ehepaares an beweglichem Mobiliar, der nach *common law* die Vermutung gemeinsamen Eigentums an diesem Mobiliar begründe).

[621] *Clarence House Ltd v National Westminster Bank Plc* aaO (Fn. 617) z.B. betraf die Frage, ob der *lessee* gegen eine Standardklausel in seinem Vertrag verstoßen hatte, die ihm sowohl eine Weiterübertragung als auch ein „sharing" der durch die *lease* erlangten *possession* untersagte. Der *lessee* hatte ein so genanntes *virtual assignment* mit einem anderen Unternehmen vereinbart. Da-

(2) Einschränkungen des possessorischen Rechtsschutzes unter Mitbesitzern

86 Mitbesitzer sind auf eine (ausdrückliche oder konkludente) Regelung der Benutzung der gemeinschaftlich gehaltenen Sache angewiesen, weil ja prinzipiell jeder denselben besitzrechtlichen *Status quo*-Schutz genießt. Er darf aber nicht dazu führen, dass jeder jedem jede nicht zugestandene Mitnutzung untersagen kann; Mitbesitz würde so, genau genommen, unmöglich. Infolge der Blockade würde sich selbst noch die gemeinschaftliche Sachherrschaft in Luft auflösen. Denn nun hätte niemand mehr Gewalt über die Sache, nicht einmal alle Mitbesitzer gemeinschaftlich. Im Innenverhältnis muss es also, darüber herrscht Einigkeit, zu einer Reduktion des possessorischen Rechtsschutzes kommen. Unterschiedlicher Meinung kann man aber in der Frage sein, ab welcher Störungsintensität ein Mitbesitzer gegen den anderen (nicht im Wege des Schadensersatzes wegen fehlerhafter oder übermäßiger Nutzung, sondern) possessorisch mit der Begründung vorgehen kann, seine Co-Sachherrschaft sei beeinträchtigt.[622] § 866 dt. BGB, § 50(2) estn. LPA, Art. 994(2) gr. ZGB und Art. 1286(2) port CC antworten, dass, wenn mehrere eine Sache gemeinschaftlich besitzen, „in ihrem Verhältnis zueinander ein Besitzschutz insoweit nicht statt(findet), als es sich um die Grenzen des den einzelnen zustehenden Gebrauchs handelt". Possessorischer Besitzschutz setzt hiernach einen besonders klaren Fall voraus, nämlich den vollständigen Besitzentzug[623]; die bloße Besitzstörung muss mit nichtbesitzrechtlichen Rechtsbehelfen verfolgt werden.[624] Ebenso beurteilt man die Dinge in Tschechien.[625] Art. 35 slo-

nach nahm dieses faktisch alle Rechte aus der *lease* wahr; der *leasehold* selber war aber gerade nicht übertragen worden. An der tatsächlichen Nutzung des Grundstücks *(occupation)* änderte die „virtuelle Abtretung" nichts, weil es ohnehin einem Dritten (schuldrechtlich) zur Nutzung vermietet worden war. Der Effekt der Abtretung erschöpfte sich darin, dass der *virtual assignee* den Mietzins einzog. Dadurch habe der Zessionar aber noch keine *shared possession* erlangt.

[622] Für eine schöne Illustration dieses Punktes s. BGH 26.3.1974, BGHZ 62 S. 243 (Die Parteien hatten in demselben Gebäude Gewerberäume gemietet, wobei ihnen in den Mietverträgen auch die gemeinschaftliche Benutzung eines Lastenaufzuges zugestanden war. Ein Arbeiter der Beklagten hatte den Aufzug fahrlässig beschädigt. Der BGH gab dem Schadensersatzanspruch statt. § 866 dt. BGB [s. sogleich im Text] wolle nur possessorischen, nicht aber petitorischen Rechtsschutz ausschließen, und der berechtigte Mitbesitz sei ein „sonstiges Recht" i. S. v. § 823(1) dt. BGB). Eine andere Frage ist, ob ein Mitbesitzer gegen den anderen mit der Begründung auf Schadensersatz klagen kann, durch die gemeinsam gehaltene Sache geschädigt worden zu sein. HR 8.10.2010, NedJur 2011 Nr. 465 hat das bejaht. Eine Frau war zu Schaden gekommen, als der Pilar, an dem ihre Hängematte befestigt war, zusammenbrach. Das Grundstück mit dem Pilar stand im Miteigentum und Mitbesitz des Ehepaares. Die Klage gegen den Mann aus Art. 6:174 ndl. BW war erfolgreich; die Risikohaftung treffe auch *medebezitters.*

[623] Der Rechtsmitbesitz an einem Wegerecht wird entzogen, wenn der Eigentümer des dienenden Grundstücks auf der fraglichen Fläche eine Tür mit der Absicht installiert, dort eine Garage zu errichten (LG Chaniá 20/2006, Efetiakí Nomologia Kretes 2 [2006] S. 212). Entsprechendes würde im Verhältnis zweier Wegerechtsinhaber zueinander gelten. Denn es sind sowohl Rechtsmitbesitz *(συννομή)* (Areopag 1342/1976, NoB 25 [1977] S. 939; Berufungsgericht Larissa 121/2003, NoB 52 [2004] S. 410) als auch Rechtsmitdetention *(συγκατοχή)* und Mitbesitz an einem Sachteil (Areopag 721/1974 NoB 23 [1975] S. 307) möglich.

[624] Areopag 79/1992, EEN 60 (1993) S. 215; Berufungsgericht Piräus 468/1994 und 488/1994, ElDni 35 (1994) S. 69; Amtsgericht Flórina 66/2000 Arm. 56 (2002) S. 1314. Artt. 1286(2) und 1278(1) port. CC unterscheiden die zwischen Mitbesitzern unzulässige „Klage auf Erhaltung" *(acção de manutenção)* und die zwischen ihnen zulässige „Klage auf Wiedereinsetzung" *(acção de restituição)* (*Pires de Lima und Antunes Varela,* Código Civil Anotado III², S. 63, Anm. 6 unter Art. 1286). Soergel (*-Stadler*), BGB XIV¹³, § 866 Rdnr. 15 gibt unter Hinweis auf *Medicus,* AcP 165 (1965) S. 115, 138 zur Abgrenzung das Beispiel der gemeinsamen Nutzung

wen. SPZ dagegen sieht im Verhältnis zwischen mehreren Besitzern derselben Sache bereits jedes Verhalten als störend an, das die bisherige Art und Weise der Besitzausübung eigenmächtig ändert oder beeinträchtigt. Das entspricht sowohl der Rechtsauffassung der ungarischen[626] als auch der österreichischen Rechtsprechung.[627] Art. 346 poln. ZGB weist dagegen in die genau entgegengesetzte Richtung. Unter den Mitbesitzern derselben Sache besteht kein Besitzschutz, wenn sich der Umfang des jeweiligen Mitbesitzes nicht feststellen lässt. Das scheint auf einen völligen Ausschluss des possessorischen Rechtsschutzes hinauszulaufen und die Annahme zu tragen, das Gesetz stelle ihn „intern" nur Teilbesitzern und Besitzmittlern zur Verfügung.[628] Allerdings ist entschieden worden, dass von zwei Personen, die als unabhängige Mitbesitzer einen gemeinsamen Weg nutzen, jeder gegen den anderen Besitzschutz geltend machen kann, wenn er die fremde Nutzung auszuschließen trachtet.[629] *Compossesso* hat man nach italienischer Auffassung dagegen nur vor sich, wenn mehrere Personen ein dingliches Recht, insbesondere ihr Miteigentumsrecht gemeinschaftlich ausüben.[630] Das erklärt, warum die Frage des Besitzschutzes regelmäßig mit der Prüfung verknüpft wird, welcher Besitzer den besseren Besitztitel hat.[631] Ein Sonderfall ist das Miteigen-

---

eines Hobbyraumes in einem größeren Mietshaus. Ein Verstoß gegen die Benutzungsordnung stellt eine bloße Besitzstörung dar, das Anbringen eines neuen Schlosses eine Besitzentziehung. Letztere kann mit den Mitteln des possessorischen Rechtsschutzes unterbunden werden, erstere nicht.

[625] *Spáčil,* Ochrana vlastnictví a držby v občanském zákoníku, S. 235 unter Hinweis auf Landgericht Olomouc (Olmütz), Az. R I 508/37 (Leitsatz bei Spáčil [-*Spáčil*], Občanský zákoník III, S. 132).

[626] Legf. Bír. Pfv. I. 21.292/1994, BH1997.280 (Mitbesitz an einer Gartenfläche. Ein Wohnungseigentümer lässt ein Stahltor installieren und schickt dem anderen einen Schlüssel dazu zu, schließt aber selber ab. Der andere lehnt die Entgegennahme des Schlüssels ab und dringt mit seinem Besitzschutzbegehren durch. Es habe sich um eine eigenmächtige Beeinträchtigung der etablierten Nutzungsordnung gehandelt) und Leg. Bír. Pfv. I. 20634/2010, BH2011.190 (Ein in Indien unverheiratet lebendes Paar übernachtet bei gelegentlichen Besuchen in Ungarn in der Wohnung des Mannes. Die Partnerschaft zerbricht, und der Mann und Eigentümer lässt das Schloss auswechseln. Keine Besitzentziehung, weil die Klägerin zu diesem Zeitpunkt die Wohnung gar nicht mehr nutzte). Das Gesetz hat diese Rechtsprechung inzwischen bestätigt (§ 5:5(5) ungar. ZGB: „Die gemeinsamen Besitzer sind auch gegeneinander ihrem Rechtstitel entsprechend zum Besitzschutz berechtigt").

[627] S. zur Besitzentziehung etwa *Gschnitzer/Faistenberger/Barta/Call/Eccher,* Sachenrecht², S. 13, und zur Besitzstörung *Apathy,* JBl 1977 S. 341, 347 sowie *Mohr,* ZVR 1988 S. 9, 11 (Störungen, die im Wege des Besitzschutzes abwehrfähig sind, könnten insbesondere dann vorliegen, wenn ein Mitbesitzer eigenmächtig die einvernehmliche Benutzungsordnung ändert und dadurch die Nutzung durch einen anderen Mitbesitzer beeinträchtigt). OGH 26.4.1978, SZ 51/56 (betr. Wegschaffen einer Sache von der gemeinsamen Liegenschaft; klagbare Besitzstörung bejaht) nennt als weitere Beispiele das Anbringen von Leuchtreklame an der gemeinschaftlich benützten Außenfassade eines Hauses, den Ausschluss eines Mitbesitzers von der Gartennutzung durch Versperrung des Zuganges sowie bauliche Veränderungen und Umwidmungen einer im Wohnungseigentum stehenden Wohnung eines Miteigentümers).

[628] So jedenfalls Gniewek (-*Gołaczyński*), Kodeks cywilny², Art. 346, S. 489 Rdnr. 1; Radwański und Gniewek (-*Gołaczyński*), System prawa prywatnego III³, S. 126 Rdnr. 177. Damit geht die Vorstellung einher, dass jeder Nutzer eines Teils einer Immobilie Mitbesitzer der ganzen Immobilie sei (Gniewek [-*Gołaczyński*], Kodeks cywilny², S. 479 Rdnrn. 22–23).

[629] Bezirksgericht Nowy Sącz 26.9.2013, III Ca 593/13, Lex-Nr. 1716449.

[630] *Bianca,* Diritto civile VI, S. 465; *Sacco und Caterina,* Il possesso³, S. 109; Cass. 5.6.1998, Guida dir. 1998, Heft 26, S. 58.

[631] *Martucelli,* Situazioni di fatto e contitolarità del diritto, S. 99.

tum an Gebäuden. Jeder *condomino* sei Mitbesitzer der *parti comuni.*[632] Nur wenn ein *condomino* auch als *possessore mediato* angesehen werden könne, hätten alle Mitbesitzer gegen ihn einen possessorischen Anspruch wegen Besitzentziehung, andernfalls nur derjenige, dem der unmittelbare Mitbesitz entzogen wurde.[633]

87 Auch im **englischen Grundstücksrecht** lautet der Ausgangspunkt, dass sämtliche Miteigentümer *(joint tenants)*[634] gleichermaßen zum Besitz des ganzen Grundstücks berechtigt sind.[635] Daraus wird abgeleitet, dass kein Miteigentümer den anderen aus dem Besitz ausschließen darf. Andererseits ist ein Miteigentümer aber auch nicht zum Alleinbesitz eines bestimmten Grundstücksteils berechtigt, und an dem ganzen Grundstück hat ohnehin kein *joint tenant* ein besseres Recht zum Besitz als die anderen. Deshalb soll ein aus dem Besitz gedrängter *joint tenant* nach verbreiteter Ansicht gegen seine Miteigentümer nicht aus *trespass* klagen können.[636] Das war und ist aber nicht unumstritten. Andere halten bei der (*ouster* genannten) Besitzverdrängung sogar *ejectment* (die *action for the recovery of land*) für zulässig.[637] In Irland bleibt es allerdings bei Schadensersatzansprüchen aus Gesetz bzw. einer Teilung der gemeinsamen Sache (sei es durch Realteilung oder durch Verkauf mit Teilung des Erlöses)[638], und in England scheint man Fragen des possessorischen Rechtsschutzes unter Mitbesitzern heute weitgehend mit der Hilfe des *trust*-Rechts anzugehen. Secs. 34 und 36 LPA 1925 jedenfalls unterwerfen Miteigentümer einer wechselbezüglichen *trust*-Beziehung.[639] Dem gemeinen *trespass*-Recht verbleiben daher nur Schadensersatzansprüche wegen Sachbeschädigung, z.B. durch das Abtragen von Erde.[640] Für das Recht der beweglichen Sachen stellt sec. 10 Torts (Interference with Goods) Act 1977[641] ausdrücklich klar, dass *co-owner* einander aus *conversion* und *trespass to goods* auf Schadensersatz in Anspruch nehmen können. Die Haftung bleibt aber auf Fälle der Zerstörung der Sache und auf wirksame Verfügungen über sie (mit der Folge der Vernichtung auch der übrigen Miteigentumsanteile) beschränkt. Nicht geregelt ist eigenartigerweise die Verdrängung aus dem Besitz durch Besitzentziehung. Ihre Rechtsfolgen dürften allein den Regeln zu entnehmen sein, denen das Innenverhältnis der Mitbesitzer unterliegt.

In **Schweden** fehlen besondere gesetzliche Regelungen zum Mitbesitz. Man kann die Rechtslage nur mit Rücksicht auf das Strafrecht entwickeln. Einen Diebstahl begeht unter

---

632 Ruperto (-*Pasi*), La giurisprudenza sul codice civile, Art. 1103, S. 84, 92.

633 *Sacco und Caterina* aaO.

634 Gemeint ist in diesem Zusammenhang der *tenant* i.S.d. Rechts der *freeholds,* nicht i.S.d. Rechts der *lease* (*Wylie,* Irish Land Law^5, Rdnr. 8.08; Megarry und Wade [-*Harpum/Bridge/Dixon*], The Law of Real Property^8, Rdnr. 13-001).

635 *Wiseman v Simpson* [1988] 1 WLR 35, 42.

636 *Jones v Jones* [1977] 1 WLR 438; *Wylie,* Irish Land Law aaO; *Harpum/Bridge/Dixon* aaO Rdnr. 13-005.

637 *Murray v Hall* (1849) 7 CB 441; 137 ER 175; Clerk und Lindsell (-*Murphy*), Torts^{19}, Rdnr. 19–25.

638 *Wylie* aaO mit Hinweis auf sec. 31 irischer LCLRA 2009.

639 Näher *Harpum/Bridge/Dixon* aaO Rdnrn. 13-005 sowie 13–051 bis -053.

640 *Wilkinson v Haygarth* (1847) 12 QB 837; 116 ER 1085.

641 „Co-ownership is no defence to an action founded on conversion or trespass to goods where the defendant without the authority of the other co-owner (a) destroys the goods, or disposes of the goods in a way giving a good title to the entire property in the goods, or otherwise does anything equivalent to the destruction of the other's interest in the goods, or (b) purports to dispose of the goods in a way which would give a good title to the entire property in the goods if he was acting with the authority of all co-owners of the goods".

Kap. 8 § 1 BrB, wer mit Aneignungsvorsatz jemanden aus dem Besitz, auch aus dem Mitbesitz[642], drängt. Strafbar ist unter Kap. 8 § 8 BrB[643] auch die verbotene Eigenmacht *(egenmäktigt förfarande)*. Sie besteht aus einer Besitzstörung (z.B. dem Anbringen oder Aufbrechen eines Schlosses), setzt keinen Aneignungsvorsatz voraus, verlangt aber, dass der Störende den Gestörten mit Gewalt daran hindern will, etwas zu behalten oder zu nehmen. Unerlaubte Selbsthilfe *(självtäkt)* begeht unter Kap. 8 § 9 BrB[644] ein Eigentümer, der eine ihm vorenthaltene Sache auf eigene Faust wieder in seinen Besitz bringt, es sei denn, er verfolgt den Täter auf frischer Tat. Dann liegt noch Notwehr vor (Kap. 24 § 1 BrB). Unbewegliche Sachen können nicht gestohlen werden.[645] Sie sind aber Schutzgüter des Tatbestandes der verbotenen Eigenmacht, des Hausfriedensbruchs (*hemfridsbrott;* Kap. 4 § 6 BrB) und der verbotenen Selbsthilfe. Bei gewöhnlichen Besitzstörungen unter Mitbesitzern dürfte es jeweils an dem für die strafrechtliche Haftung vorausgesetzten Vorsatz mit der Folge fehlen, dass sie in Schweden auch zivilrechtlich nicht klagbar sind.

(3) Possessorischer Rechtsschutz gegenüber Dritten

Die internen Einschränkungen des besitzbasierten *status quo*-Schutzes schlagen allerdings nur höchst ausnahmsweise auf die Rechtsbeziehungen zu Dritten durch. Insoweit gilt vielmehr der Grundsatz, dass jeder Mitbesitzer im eigenen Namen alle Rechtsbehelfe geltend machen kann, die ihm auch zustünden, wenn er der alleinige Besitzer (Detentor) der Sache wäre. Zwischen Besitzentziehungen und Besitzstörungen zu unterscheiden, besteht nun für die meisten Rechtsordnungen kein Anlass mehr. Der jeweilige Dritte soll keine Vorteile daraus ziehen, dass der gestörte Besitz von mehreren administriert wird und sie sich im maßgeblichen Zeitpunkt nicht untereinander abstimmen können oder wollen. Kein Mitbesitzer ist zur Verfolgung possessorischen Rechtsschutzes auf die Zustimmung des oder der anderen angewiesen.[646] **88**

---

[642] *Jareborg,* Förmögenhetsbrotten², S. 35 (vorher Fn. 603).

[643] „Wer in einem anderen als den in diesem Kapitel aufgeführten Fällen unbefugt etwas nimmt und benutzt oder auf andere Weise etwas wegnimmt, wird für eigenmächtiges Verfahren zu Geldstrafe oder Gefängnisstrafe von höchstens sechs Monaten verurteilt. Dasselbe gilt, wenn jemand ohne Wegnahme durch Anbringen oder Aufbrechen eines Schlosses oder auf andere Weise ohne Berechtigung den Besitz eines anderen stört, oder mit Gewalt oder der Androhung von Gewalt einen anderen an der Ausübung dessen Rechts hindert, etwas zu behalten oder zu nehmen".

[644] „Stört jemand unbefugt den Besitz eines anderen, um sich selbst das Recht zu nehmen, wird er für Eigenmacht zu Geldstrafe oder zu Gefängnisstrafe von höchstens sechs Monaten verurteilt" (Kap. 8 § 9 BrB).

[645] *Holmqvist/Leijonhufvud/Träskman,* Kommentar till brottsbalken⁵, S. 336.

[646] Siehe z.B. für Deutschland §§ 859–862, 867 dt. BGB; für Estland § 50(1) estn. LPA; für Griechenland Art. 994(1) gr. ZGB und dazu *Karamanli-Mparoutaki,* To Dikaio tis Només, S. 232 Rdnr. 50 sowie Georgiades und Stathopoulos (-*Georgiades*), ZGB, Art. 994 S. 295 Rdnr. 10 (jedem Mitbesitzer stehen gegen Dritte die Besitzklagen sowie das Recht auf eine einstweilige Verfügung nach dem Verfahren der Sicherungsmaßnahmen zu); für Österreich *Kodek,* Die Besitzstörung, S. 99 (jeder Mitbesitzer kann Besitzschutzansprüche allein geltend machen); für Polen Radwański und Gniewek (-*Gołaczyński*), System prawa prywatnego III³, S. 125–126 Rdnrn. 173 und 177 (jeder aktuelle Besitzer, beide zusammen und jeder für sich und unabhängig von dem anderen, ist besitzrechtlich klagebefugt); für Portugal Art. 1286(1) port. CC („Jeder der Mitbesitzer, welcher Anteil ihm auch zustehen mag, kann gegenüber Dritten die in den vorherigen Artikeln ermöglichten Mittel ergreifen, sei es, um den eigenen Besitz, sei es, um den gemeinsamen Besitz zu schützen, ohne dass es dem Dritten erlaubt ist, ihm entgegenzusetzen, dass er [der Besitz] ihm nicht ganz gehört"); für Tschechien Landgericht Tábor R 326/37 (unveröffentlicht und mir nicht zugänglich, hier zit. nach Spáčil [-*Spáčil*], Občanský zákoník III, S. 133) (ein Mitbesitzer kann gegenüber einem Dritten nicht nur zum Schutze seines eigenen Besitzanteils, sondern auch zum Schutz des gemeinsamen Besitzes auch ohne die Zustimmung

„Wenn mehrere Personen eine Sache gemeinsam besitzen (Mitbesitz), kann jeder Mitbesitzer oder mehrere Mitbesitzer den Besitz [mit dem vom Gesetz vorgesehenen Verfahren] schützen" (§ 50(1) estn. LPA). Umgekehrt wirkt eine in einem Besitzschutzverfahren gegen einen Mitbesitzer ergangene gerichtliche Entscheidung, mit der er zur Wiederherstellung des *status quo ante* verurteilt wird, auch gegen die übrigen Mitbesitzer.[647] Ein Herausgabebegehren ist entweder auf Herausgabe der Sache an alle Mitbesitzer gemeinsam oder auf Wiedereinräumung des Mitbesitzes zu richten. Problematisch ist freilich der Fall, dass **nur ein Mitbesitzer** einem Dritten eine bestimmte Handlung **gestattet,** die anderen aber widersprechen. Im Innenverhältnis kommt es nun unproblematisch wieder darauf an, ob die Gestattung auf eine possessorisch nicht klagbare Besitzstörung oder auf eine klagbare Besitzentziehung hinausläuft. Im Außenverhältnis dagegen ist die Rechtslage zweifelhaft. Es scheint, dass ein Mitbesitzer in solchen Fällen possessorisch auch dem Dritten gegenüber auf das zurückgeworfen bleibt, was er seinem Mitbesitzer gegenüber unternehmen darf. Der Dritte handelt in solchen Fällen also unter dem Schutz der Regeln, die für den Erlaubenden gelten; sie sollen nicht unterlaufen werden. Man denke etwa an zwei Mitbewohner, von denen einer gegen den Widerspruch des anderen die Nutzung der Waschmaschine, die sie sich teilen, auch seiner nicht dort lebenden Freundin gestattet. Der Widersprechende kann besitzrechtlich im Zweifel nur dann unmittelbar gegen die Freundin vorgehen, wenn er wegen der Gestattung besitzrechtlich auch gegen seinen Mitbewohner vorgehen kann.[648]

In England ist die Ausgangslage schon deshalb ein wenig anders, weil Rechts- und Besitzschutz nur schwer zu unterscheiden sind und der Regel nach im Schadensersatzrecht münden. Immerhin gilt aber auch hier, dass jeder Mitinhaber von Dritten uneingeschränkt Schadensersatz aus *conversion* und aus *trespass* verlangen kann. Die übrigen Mitrechtsinhaber müssen in diese

---

der übrigen Mitbesitzer klagen) und für Ungarn § 5:5(4) ungar. ZGB („Bei einem gemeinsamen Besitz steht der Besitzschutz jedem Besitzer allein zu, und jeder Besitzer kann die Übergabe der Sache in den gemeinsamen Besitz fordern").

[647] Österr. OGH 14.7.1959, SZ 32/92.

[648] Die Analyse dieser Situation ist erstaunlich kompliziert. Die Freundin ist nicht Detentorin; wäre sie das, wäre sie zumindest nach griechischem Verständnis „Dritte", die ihr Recht von einem anderen Mitbesitzer ableitet; als solche müsste sie wohl dem Widerspruch des Mitbewohners Folge leisten (Areopag 721/1974 NoB 23 [1975] S. 307; Amtsgericht Lefkada 61/2001 ArchN 52 [2002] S. 516). In Österreich könnte man in der Gestattung einen Bruch der bisherigen Nutzungsordnung sehen, der für die Auslösung possessorischen Besitzschutzes genügt. Jedenfalls gilt, dass ein einzelner Mitbesitzer einem Dritten gestatten kann, seine Ausübungsbefugnis wahrzunehmen (LG Wien 29.8.1977, MietSlg. 29.027; LG Wien 30.3.1979, MietSlg. 31.014). Wenn allerdings die Gestattung die bisherige Benutzungsordnung verletzt, der Mitbesitzer also durch die Gestattung seine Befugnisse im Innenverhältnis überschreitet, kann sich der andere Mitbesitzer besitzrechtlich zur Wehr setzen. Im Ergebnis scheint alles auf die Eingriffsintensität hinauszulaufen. Eine nur geringfügige Verletzung der Benutzugsregelung macht die Gestattung noch nicht unwirksam (LG Wien 28.1.1980, MietSlg. 32.016: Wohnungseigentümer gestattet Handwerkern das Parken auf einer Gemeinschaftsfläche, ohne dazu berechtigt zu sein), eine erhebliche kann possessorisch auch dem Dritten gegenüber unterbunden werden (LG Graz 27.7.1998, MietSlg. 50.008: Mitbesitzer erlaubt einem Dritten das Abtragen eines gemeinsam genutzten Parkplatzes). Das jüngere Schrifttum legt in Relation zu dem Dritten denselben Maßstab an, der auch im Innenverhältnis gilt. Auch der Dritte begehe eine Besitzstörung, wenn ein Mitbesitzer ihm ein Handeln erlaubt, durch die der ihm zustehende Benutzungsumfang überschritten wird (*Hoyer,* Wbl 1997 S. 147, 150; Schwimann und Kodek [-*Grüblinger*], ABGB II^4, § 339 Rdnr. 19). Jedenfalls könne ein Mitbesitzer keinen Eingriff in das Benutzungsrecht eines anderen Mitbesitzers mit legitimierender Wirkung gestatten (*Kodek,* Die Besitzstörung, S. 566).

Entscheidung nicht mit einbezogen werden; freilich kann jeder von ihnen nur proportional zu seinem ideellen Anteil am Wert der Sache Ersatz verlangen.[649] Alle anderen Rechtsbehelfe müssen die Mitberechtigten gemeinsam geltend machen, darunter den Anspruch auf Herausgabe einer Sache, die sie einem Dritten auf Zeit überlassen hatten. Dem Herausgabeverlangen nur eines Mitberechtigten muss der Dritte nicht Folge leisten.[650]

(4) Ersitzungsrechtlicher Mitbesitz

Mitbesitz kann auch die Grundlage einer Ersitzung sein, führt dann aber nur zum Erwerb von Miteigentum bzw. Mitrechtsinhaberschaft, nicht zum Erwerb von Alleineigentum.[651] Eine Ersitzung im Verhältnis zweier Mitbesitzer untereinander ist allerdings nicht denkbar. Denn immer muss einer der beiden seinen Mitbesitz zuvor in Alleinbesitz umgewandelt haben[652], wozu oft immer noch eine (wenn auch nur konkludente) Mitteilung an den anderen Mitbesitzer verlangt wird.[653] Hat man es mit drei oder mehr Mitbesitzern zu tun, kann einer (oder können mehrere von ihnen) zwar einen anderen Mitbesitzer aus dem Besitz drängen und auf diese Weise einen Ersitzungsvorgang einleiten, aber die verbleibenden Besitzer bleiben immer noch Mitbesitzer. Folglich erwerben sie erneut bestenfalls Miteigentum, und zwar im Zweifel zu gleichen Anteilen. Bei Vorliegen der sonstigen Ersitzungsvoraussetzungen entsteht Miteigentum schließlich auch dann, wenn sich ein Alleineigentümer seinen Besitz mit einem Mitbesitzer teilt und sich beide von jetzt an wie Miteigentümer verhalten.[654] 89

---

[649] Clerk und Lindsell (-*Tettenborn*), Torts[19], Rdnr. 17–41.

[650] *Atwood v Ernest* (1853) 13 CB 881; 138 ER 1449.

[651] Z.B. Areopag 376/2015, Areopag 921/2012 und Areopag 1568/2007 (alle in der Isokrates-Datenbank); Art. 1291 port. CC („Die Ersitzung durch einen Mitbesitzer bezüglich des Objekts des gemeinsamen Besitzes [*posse comum*] kommt gleichfalls den übrigen Mitbesitzern zugute") und Art. 1933 span. CC („Die Verjährung [Ersitzung] zugunsten eines Miteigentümers oder Gemeinschafters begünstigt auch die übrigen"; näher *Lasarte,* Principios IV[10], S. 121).

[652] Cass. civ. 5.3.2008, Rechtssache 07–12286 (*copossession* verhindere die Ersitzung, weil der Besitz in diesem Fall zweideutig, *équivoque,* sei); Versailles 20.7.1999, Rechtssache 1996–5723 (dsgl.); Areopag 1389/2014, Isokrates-Datenbank (Besitzausübung eines Mitbesitzers in Bezug auf einen Grundstücksteil genügt selbst dann nicht, wenn dadurch die anderen Mitbesitzer faktisch von der Nutzung ausgeschlossen würden, weil darin noch nicht die Erklärung liegt, den Grundstücksteil in Alleinbesitz umwandeln zu wollen); österr. OGH 3.3.2009, 5 Ob 233/08p (Ersitzung von Alleineigentum durch einen Miteigentümer möglich, wenn er die übrigen Miteigentümer aus dem Besitz verdrängt und sich Alleinbesitz am Grundstück verschafft. Er könne zwar nicht seinen eigenen Miteigentumsanteil ersitzen, wohl aber die der übrigen Miteigentümer, wodurch es nach Ablauf der Ersitzungszeit zur Vereinigung aller Miteigentumsanteile mit seinem eigenen und dadurch zur Entstehung von Alleineigentum komme).

[653] Mit diesem Punkt befasst sich eine umfangreiche griechische Rechtsprechung. Sie sieht einen Mitbesitzer so an, dass er die gemeinsame Sache auch im Namen der anderen Teilhaber besitzt. Daraus wiederum folgt, dass einem Mitbesitzer weder die erwerbende (Ersitzung) noch die erlöschende Verjährung entgegen gehalten werden kann. Anders ist das nur, wenn ein Mitbesitzer einen anderen davon in Kenntnis setzt, die gemeinsame Sache entweder über seinen ideellen Besitzanteil hinaus oder sogar zur Gänze ausschließlich für sich allein zu besitzen (Areopag 485/1982, NoB 31 [1983] S. 55; Areopag 645/2001, EllDni 43 [2002] S. 1417; Areopag 117/2000, EllDni 41 [2000] S. 1040, Areopag 1526/2006, EllDni 47 [2006] S. 1434, Areopag 1194/2006, EllDni 47 [2006] S. 1439 und öfter). Es gibt aber auch Gegenausnahmen, darunter vor allem die formlose Teilung einer Erbschaft (Areopag 1713/2006, ChrID 7 [2007] S. 218; Areopag 298/2004, EllDni 46 [2005] S. 757) und Fälle, in denen die übrigen Mitbesitzer klargestellt haben, nicht mehr Besitzer sein zu wollen (Areopag 1386/2002, NoB 51 [2003] S. 1032). S. zu England aber noch unten Fn. 666.

[654] Österr. OGH 25.8.2014, JBl 2015 S. 52; LG Korfu 884/2005, IED 6 (2006) S. 175.

90 Das belgische und das französische Schrifttum befassen sich so gut wie überhaupt nicht mit der *copossession*. Immerhin wird gelegentlich auf eine Entscheidung des erstinstanzlichen Gerichts zu Charleroi vom 29.4.1999[655] hingewiesen.[656] Die Lebensgefährtin des Schuldners verlangte Herausgabe ihrer mitgepfändeten Güter. Da sie nicht für alle ihr Alleineigentum nachweisen konnte, berief sie sich auf Art. 2279 belg. CC *(En fait de meubles, la possession vaut titre)*. Das verfing nicht, weil *copossession* nur zur Vermutung von Miteigentum führe. Der belgische Kassationshof hat außerdem entschieden, dass *copossession* die Grundlage des Erwerbs von Miteigentum an einer Grenzmauer bilden könne.[657] Gemeinsamer Ersitzungsbesitz an einem Grundstück führt nach Ablauf der Ersitzungszeit auch in Österreich und in Griechenland zu Miteigentum, und zwar im Zweifel zu gleichen Teilen.[658] Aus Italien kommt die Klarstellung, dass die Unterbrechung der Ersitzung gegen einen Mitbesitzer nicht gegen die übrigen Mitbesitzer wirkt.[659] Das tschech. OG hat in einer Entscheidung vom 19.7.2010[660] bestätigt, dass ein Miteigentümer eines Grundstücks, der die gemeinsame Liegenschaft allein und aus entschuldbarem Grund gleichzeitig einen Teil eines Nachbargrundstückes besitzt und insoweit die Voraussetzungen einer Ersitzung erfüllt, diesen fremden Grundstücksteil nicht für sich allein, sondern auch für die übrigen Miteigentümer ersitzt. Einer für alle, alle für einen. Tschech. OG 25.3.2008 hatte bereits geurteilt, dass Voraussetzung einer Ersitzung sei, dass der berechtigte Besitzer das ganze Ersitzungsobjekt besitze. Wenn eine Sache oder ein Sachteil Gegenstand des Mitbesitzes sei und es nicht um den Besitz des Miteigentumsrechts ginge, könnten die Besitzer nicht gutgläubig annehmen, ihnen gehöre die ganze Sache, und sie könnten deshalb in Bezug auf sie auch keine berechtigten Besitzer sein.[661] Das Berufungsgericht zu Thes-

---

655 Civ. Charleroi 29.4.1999, J. L. M. B. 2000 S. 128 (Somm.).

656 *O. V.*, Chronique de droit à l'usage du notariat. Les personnes et les régimes matrimoniaux. Les obligations. La responsabilité. La nouvelle tutelle, XXXIV (2001), S. 81.

657 Cass. 2.9.1994, Pas. 1994, I, S. 681; Cass. 4.3.2005, Rechtssache C030272N.

658 OGH 21.4.1966, JBl 1966 S. 564; Berufungsgericht Athen 29/1992, ArchN 43 (1992) S. 608.

659 Ital. Cass. 5.7.1999, n. 6942, Guida dir. 1999, Heft 37, S. 104. Siehe auch Cass. 12.6.2015, Nr. 12192, Guida al diritto 2015, Heft 31, S. 86 (die Anfrage des Mannes bei der Grundeigentümerin, ob sie bereit sei, ihm ein Nießbrauchrecht einzuräumen, habe den Ersitzungsbesitz nicht unterbrochen, weil der Mann seiner Ehefrau, die den fraglichen Grundstücksstreifen mitbesessen hatte, nichts von dieser Anfrage erzählt hatte; die Ehefrau konnte also immer noch ersitzen, und das so ersessene Grundeigentum fiel infolge des ehelichen Güterrechts beiden Eheleuten gemeinsam zu).

660 22 Cdo 4166/2008, Soubor rozhodnutí Nejvyššího soudu C 8627.

661 22 Cdo 361/2007, Soubor rozhodnutí Nejvyššího soudu C 6046. Das Nationalkomitee einer Gemeinde hatte 1971 einen Gebäudeteil (Restaurant) einer Genossenschaft übertragen; der andere Teil (Tanzsaal mit Bühne) sollte weiterhin den Bürgern zur Nutzung überlassen bleiben. Das Restaurant wurde 1992 an S und 1995 von ihnen an B weiterveräußert. Aus den Verträgen ergab sich aber nicht, dass der Tanzsaal nicht mitverkauft war. Er war die ganze Zeit ungenutzt geblieben. B wurde als Eigentümerin des Restaurants im Liegenschaftskataster eingetragen. Die klagende Gemeinde begehrte Feststellung ihres Eigentums an dem gesamten Grundstück mit der Begründung, dass der Übereignungsvertrag aus dem Jahre 1971 wegen Unbestimmtheit und fehlender Vertretungsmacht nichtig gewesen sei. Das Gericht sah mangels einer realen Teilung des Gebäudes (OG 8.4.2002, 22 Cdo 1465/2000, Soubor rozhodnutí Nejvyššího soudu C 1130) das Restaurant incl. des Tanzsaales als verkauft an. Der Vertrag sei nichtig gewesen, und S habe, da das damalige Recht den gutgläubigen Erwerb nicht kannte, kein Eigentum erworben. Es sei auch nicht zu einer Ersitzung gekommen. Denn Gegenstand der Ersitzung könne lediglich die (ganze) Sache sein, die Gegenstand der Rechtsverhältnisse sei. Insoweit seien

saloniki hatte es mit einem Fall zu tun, in dem ein Vater sein Grundstück formlos seinen Kindern überlassen hatte. Sie nahmen es in Besitz, indem jeder von ihnen begann, einen eigenständigen, separat wahrnehmbaren Teil zu kultivieren und die Erträge zu verwerten. Das geschah im gegenseitigen Einvernehmen; das Grundstück blieb aber rechtlich ungeteilt. Sie erfüllten die sonstigen Voraussetzungen der außerordentlichen Ersitzung und erwarben so das ganze Grundstück zu Miteigentum.[662] Schließlich ist auch im englischen und irischen Recht der *adverse possession* anerkannt, dass mehrere Personen den nötigen Ersitzungsbesitz an einem Grundstück gemeinschaftlich ausüben können.[663] Die Folge dürfte wiederum der Erwerb von Miteigentum sein; eine Entscheidung, die das ausdrücklich bestätigt, scheint es bislang freilich noch nicht zu geben. Alleineigentum wird ersessen, wenn ein Miteigentümer die Sache unter Ausschluss aller übrigen Miteigentümer besitzt.[664] Die alte *common law*-Regel, wonach der Besitz durch einen Miteigentümer im Zweifel als Besitz aller Miteigentümer anzusehen war, so dass (wie im Kern bis heute in Griechenland[665]) zur Ersitzung des Alleineigentums ein zusätzlicher formaler Ausschluss der übrigen Miteigentümer erforderlich war *(ouster)*, ist schon früh gesetzlich abgeschafft worden.[666]

3. Potentieller, fiktiver und fingierter Besitz

Besitz dient dem Recht der Rechte, gehört ihm aber nicht an. Besitz ist kein verkehrsfähiges Gut. Er lässt sich, auch wenn das mancherorts anders gesehen wird[667], 91

die Erwerber aber nicht gutgläubig gewesen. Es habe sich nicht um den Besitz eines Miteigentumsrechts gehandelt. Denn weder die Beklagte noch ihre Rechtsvorgänger hätten den Tanzsaal im Besitz gehabt. Die Rechtsvorgänger der Beklagten hätten weder die ganze Sache faktisch beherrscht *(corporalis possessio)*, noch den erforderlichen *animus possidendi* gehabt. Die Immobilie gehöre weiterhin der Gemeinde.

662 236/2012, EfAD 5 (2013) S. 1071.

663 *Brazil v Brazil* [2005] EWHC 584 (Ch); 2005 WL 836338.

664 *Wylie,* Irish Land Law⁵, Rdnr. 25.38.

665 Vorher Fn. 653.

666 Nämlich bereits durch den Real Property Limitation Act 1833 (näher *Wylie,* Irish Land Law⁵, Rdnr. 25.04). Siehe heute für Irland sec. 21 Statute of Limitations 1957: „Where any one or more of several persons entitled to any land as co-parceners, joint tenants or tenants in common have been in possession of the entirety or more than his or their undivided share or shares of such land for his or their own benefit or for the benefit of any person or persons other than the person or persons entitled to the other share or shares of such land, then, for the purposes of this Act, such possession shall not be deemed to have been the possession of such last-mentioned person or persons or any of them".

667 So insbesondere Art. 460(2) span. CC („Der Besitzer kann seinen Besitz verlieren: ... durch entgeltliche oder unentgeltliche Zession auf einen anderen"). Die Vorschrift wird allerdings auch in der spanischen Lehre sehr kritisch gesehen. Bercovitz Rodríguez-Cano (*-Ureña Martínez*), Comentarios al Código Civil², S. 631 hält die Verwendung des Begriffs *cesión* mit der Begründung für falsch, dass es gerade nicht eine rechtsgeschäftliche Abtretung sei, auf der der Verlust des Besitzes beruhe, sondern die Übergabe der Sache, die faktische Tradition. *Díez-Picazo,* Fundamentos III⁵, S. 685–686 erläutert, Besitz werde originär durch *ocupación* erworben, und derivativ durch *cesión* oder *traspaso.* Das sei aber unter der Herrschaft der Lehre vom Besitz als juristische Tatsache nicht nachvollziehbar, weil eine juristische Tatsache nicht rechtsgeschäftlich übertragen werden könne. Selbst in den Fällen der *traditio* unter materieller Übergabe der Sache werde der *accipiens* auf originäre Weise, nämlich durch eine eigene Handlung, zum Besitzer. Es beginne ein neuer Besitz, der von dem vorherigen Besitz unabhängig sei. Im Ergebnis hält *Díez-Picazo* aber merkwürdigerweise einen derivativen Besitzerwerb doch für möglich,

nicht zedieren[668] oder auf andere Weise „übertragen" bzw. „erwerben", weder derivativ, noch originär, weder inter vivos noch durch Erbgang, weder „belastet" noch „lastenfrei".[669] Besitz geht unter und entsteht neu.[670] Das kann auf sehr unterschiedliche

---

nämlich dann, wenn der Erwerb seinen Grund nicht in der Besitzergreifung durch den neuen, sondern in der Verfügung des ehemaligen Besitzers und in der doppelten aktiven Intervention beider habe. Im Übrigen fällt auf, dass Art. 460(2) span. CC ganz genauso wie Art. 1267(1)(c) port. CC nur von dem Verlust des Besitzes „durch Abtretung" handelt. Eine entsprechende Vorschrift über den „Erwerb" des Besitzes durch Abtretung fehlt (Art. 1263 port. CC z. B. listet vier verschiedene Formen des Besitzerwerbs auf; die Zession fehlt, müsste aber gerade hier genannt sein).

[668] Daran ändern auch Vorschriften vom Typ des § 931 dt. BGB nichts, wonach das Eigentum an einer beweglichen Sache durch Einigung und Abtretung des Herausgabeanspruches übertragen werden kann. Mit dem Erwerb des Herausgabeanspruches wird nun zwar der Zessionar „mittelbarer" Besitzer, doch hängt auch dieser Besitz davon ab, dass der „unmittelbare" Besitzer respektiert, die Sache einem anderen herausgeben zu müssen. Es ist zwar unerheblich, ob der unmittelbare Besitzer seinen Besitzmittlungswillen „auf den richtigen Oberbesitzer bezieht" (*Wieling,* Sachenrecht[5], S. 79; Soergel [-*Stadler*], BGB XIV[13], 870 Rdnr. 2). Aber der mittelbare Besitz des Erwerbers erlischt richtiger Ansicht nach, wenn der unmittelbare Besitzer nach Kenntniserlangung von der Abtretung dessen Heimfallposition negiert (*v. Gierke,* Deutsches Privatrecht II, S. 239; *Stadler* aaO; anders allerdings Art. 4.29 lit. ZGB, wonach, wenn (A) auf seinen Besitz an einer Sache, die sich bei (B) befindet, zugunsten von (C) verzichtet, der Besitz von (C) selbst dann beginnt, wenn (B) unter Missachtung der Weisung des (A) den Besitz von nun an für sich selbst ausübt).

[669] Die in Rechtsprechung und Schrifttum vieler europäischer Rechtsordnungen verbreitete Unterscheidung zwischen einem derivativen und einem originären Besitzerwerb (z. B. *Oliveira Ascensão,* Direito Civil – Reais[5], S. 113; Gniewek [-*Gołaczyński*], Kodeks cywilny[2], Art. 348, S. 492 Rdnr. 8 [mit dem ausdrücklichen Bemerken, Besitz könne ein Gegenstand des Rechtsverkehrs sein]; *Georgiades,* Emprágmato Díkaio I, S. 159–177; Staudinger [-*Gutzeit*], BGB (2012), § 854 Rdnr. 21; *Torrente und Schlesinger,* Manuale di diritto privato[21], S. 280; *Ruscello,* Istituzioni di diritto privato I[2], S. 90; tschech. OG 17.1.2002, 22 Cdo 728/2000, Sbírka soudních rozhodnutí a stanovisek, R 4/2002) geht, genau genommen, fehl, weil sie in den Kategorien des Rechts der Rechte formuliert ist. Rechte werden „erworben", Besitz nicht, jedenfalls nicht in demselben Sinn. Er wird normativ zugeordnet. Davon, dass mehrere gesetzliche Vorschriften die Formulierung vom Besitz‚erwerb' verwenden (sogleich Rdnr. 92), sollte man sich nicht irritieren lassen (richtig *Iro,* Sachenrecht[5], Rdnr. 2/32: man sollte, eben weil der Besitz nicht wie ein Sachenrecht übertragen werden kann, nicht von originärem bzw. derivativem Erwerb sprechen). Die Frage hat auch nichts mit der Diskussion über Besitz als „Tatsache" (oder als Recht) zu tun (anders wohl *Bianca,* Diritto civile VI, S. 756, der die Möglichkeit einer *successio possessionis* mit dem Argument rechtfertigt, es handele sich eben nicht um eine „einfache", sondern um eine „juristische Tatsache"). Die Antwort folgt allein aus den Zwecken des objektiven Besitzrechts. Es ist z. B. nicht möglich, in den Kategorien des gutgläubigen Besitzerwerbs *a non domino* zu denken. Der neue Besitzer erlangt keinen „besseren" Besitz als der Vorgänger; war dessen Besitz unrechtmäßig, so ist, weil es keinen „gutgläubigen" oder „gutgläubig lastenfreien" Besitzerwerb gibt, auch der Besitz des neuen Besitzers im Zweifel unrechtmäßig (Spáčil [-*Spáčil*], Občanský zákoník III, S. 131).

[670] Richtig MünchKomm (-*Joost*), BGB VII[7], § 854 Rdnr. 30 und *Dross,* Les choses, S. 511 Rdnr. 277 („En théorie, le possesseur transmet le droit qu'il prétend exercer à un tiers, sa possession prend fin: *corpus* et *animus* disparaissent. La possession étant un fait, il n'y pas de sens à soutenir qu'elle puisse se transmettre à l'ayant-cause. Celui-ci devrait donc recommencer une possession qui lui est propre"). Von einer *transmission de la possession* ist auch sonst im französischen Schrifttum nirgendwo die Rede. Das Ersitzungsrecht kennt allerdings die *jonction des possessions,* die Anrechnung früherer Besitzzeiten eines Vorgängers auf den aktuellen Besitz (Artt. 2265 franz. bzw. Art. 2235 belg. CC). Bei einer Gesamtrechtsnachfolge wird diese *jonction des possessions* als Fortsetzung des vom Rechtsvorgänger begonnenen Besitzes gedeutet (*Mazeaud und Chabas,* Biens[8], S. 244 Rdnr. 1489). Die Lehre vom „derivativen" Besitzerwerb ist aber immer noch

Weise geschehen. Eine Sache mag verloren und später von jemand anderem an sich genommen werden. Ein Dieb mag eine Sache stehlen, ein Mieter die Sachherrschaft seines Vermieters brechen und sich im Wege der *interversion* vom Detentor zum Eigenbesitzer aufschwingen. Meistens wird sich der Wechsel im Besitz aber einvernehmlich zutragen. Im einfachsten Fall händigt der bisherige Besitzer die Sache einem Käufer auf der Grundlage des zwischen ihnen geschlossenen Kaufvertrages aus, und der Käufer ergreift sie. (Hat der Käufer im Zeitpunkt des Vertragsschlusses bereits die Sachherrschaft, dann genügt zum Eigentumserwerb natürlich die bloße Einigung; besitzrechtlich handelt es sich bei einer solchen *traditio brevi manu* um nichts anderes als um die Umwandlung von Detention in Eigenbesitz[671] – und bei dem *constitutum possessorium* um die Umwandlung von Eigen- in Fremdbesitz.[672]) Es sind aber auch zahlreiche **Zwischenphasen** denkbar. Ein Verkäufer verzichtet z.B. auf jede Form fortwirkender Sachherrschaft, lässt die Sache an verabredeter Stelle liegen und erlaubt dem Käufer, den Kaufgegenstand nach seinem Belieben jederzeit abzuholen. Bei dem Verkauf von eingeschlagenem, fertig zugeschnittenem und noch im Wald gestapeltem Holz ist das in Deutschland und in Österreich ein gängiges Geschäftsmodell.[673] Oder es lässt ein Verkäufer die verkaufte Sache von einem Dritten für den Käufer bewachen, bis dieser sie in seine Gewalt nimmt.[674] Zwischenphasen zwischen dem Verlust und der Neubegründung echter Sachherrschaft treten notgedrungen außerdem auf, wenn der bisherige Besitzer stirbt und der Erbe (bzw. der Administrator des Nachlasses) noch keine Gelegenheit hatte, die Nachlassgegenstände an sich zu nehmen, ja vielleicht noch nicht einmal von dem Tod des Erblassers erfahren hat. In solchen Fällen müsste man die jeweiligen Sachen nach den allgemeinen Regeln für vorübergehend besitzerlos halten. Der *corpus* ist nicht mehr beim bisherigen Besitzer, und die „Zielperson" hat ihn noch nicht ergriffen. Das Ergebnis befriedigt jedoch nicht. Schuldrechtlich würde es Haftungslücken reißen[675], und sachenrechtlich Personen begünstigen, die

---

weit verbreitet. Unter § 990(2) tschech. BGB z.B. kann Besitz derivativ durch „Übertragung" durch den bisherigen auf den neuen Besitzer übergehen (oder dadurch, dass dieser den Besitz als Rechtsnachfolger des bisherigen Besitzers übernimmt). Die Vorschrift zeigt freilich zugleich die ganze Problematik des neuen tschechischen Besitzrechtskonzepts. Denn unter ihm geht es ja um die Übertragung des Besitzes des Eigentumsrechts, und das ist nichts anderes als die Übertragung der Rechtsherschaft an einer Sache.

[671] Z.B. Areopag 198/1957 EEN 24 (1957) S. 713; *Boufflette,* La possession, S. 75 Rdnr. 46 und Spáčil (-*Spáčil*), Občanský zákoník III, S. 83. Anders aber offenbar Art. 351 poln. ZGB („Die Übertragung von Eigenbesitz auf den abhängigen Besitzer oder auf den Gewahrsamsinhaber erfolgt durch Vertrag zwischen den Parteien"). Hiernach hätte man in der Tat einen besitzübertragenden Vertrag vor sich (Gniewek [-*Gołaczyński*], Kodeks cywilny², Art. 348, S. 492 Rdnr. 9).

[672] *Boufflette* aaO; *Terré und Simler,* Les biens⁹, S. 159 Rdnr. 159; *Bergel/Bruschi/Cimamonti,* Les biens², S. 168 Rdnr. 139; *Gniewek,* Prawo rzeczowe⁸, S. 276 Rdnr. 862.

[673] BGH 9.7.1952, LM § 854 Nr. 1 (oben Fn. 231); Klang (-*Kodek*), ABGB³, § 315 Rdnr. 15 und Rummel (-*Spielbüchler*), ABGB I³, § 315 Rdnr. 1. Ob das Ergebnis (Besitz mangels zusätzlicher Absprachen bereits beim Käufer) auch in England akzeptiert wird, ist zweifelhaft. Entschieden wurde bislang nur, dass eine „symbolische" Übergabe (etwa durch das Markieren des Holzes) nur dann genügt, wenn eine tatsächliche Übergabe sachlich undenkbar ist (*Rawlinson v Mort* (1905) 93 LT 555).

[674] *Iro,* Sachenrecht⁵, Rdnr. 2/40.

[675] Das wäre besonders dort der Fall, wo die außervertragliche Haftung für Gebäudemängel nicht in der Person des Eigentümers, sondern in der Person des Eigenbesitzers zentriert (Überblick bei *von Bar,* Gemeineuropäisches Deliktsrecht I, Rdnr. 234–235). Für ein eindrucksvolles

keinen Grund zu der Annahme haben, dass außer ihnen derzeit niemand die Herrschaft über die Sache beansprucht. Aus der Sicht eines Außenstehenden wäre es ein reiner Glücksfall, eine Sache „erwischt" zu haben, die weder der Nichtmehr- noch der Nochnichtbesitzer possessorisch verteidigen können. Außerdem wäre es verfehlt, rein interne Gründe aus einer fremden Rechtsbeziehung sachenrechtlich dadurch nach außen durchschlagen zu lassen, dass eine Unterbrechung der Ersitzungsfrist zu bejahen wäre. Angesparte Ersitzungszeiten haben einen wirtschaftlichen Wert, der nicht verschleudert werden darf. Die Rechtsordnung ist folglich gehalten, mit einer **Neujustierung der besitzbegründenden Merkmale** zu reagieren. Im Falle des Todes eines Menschen greift sie gelegentlich zu der Fiktion, dass der Besitz des Verstorbenen fortwirke (der Verstorbene noch Besitzer sei). Meistens fingiert sie jedoch, genau umgekehrt, dass der Rechtsnachfolger bereits Besitzer sei. Die beiden Modelle haben freilich allein erbrechtliche Gründe; sachenrechtlich ist letztlich nur wichtig, dass es in beiden Fällen nicht mehr auf *corpus* und *animus* ankommt. Hat die Lockerung der Sachherrschaft dagegen ihren Grund in der Gestaltung eines gestreckten Erwerbsvorganges unter Lebenden, dann läuft alles darauf hinaus, den Besitz bereits in dem Zeitpunkt dem Erwerber des Rechts zuzuordnen, in dem der Vertrag geschlossen wurde. Das ist richtig, wenn und weil sich ein aktuelles Sachherrschaftsdefizit kompensieren lässt. Dazu bedarf es einer potentiellen Sachherrschaft in Gestalt einer jederzeitigen Zugriffsmöglichkeit. In den Fällen des „offenen Besitzes", um die es hier geht, kann sie allerdings nur genügen, wenn sie (i) auf einer Einigung der Parteien beruht und (ii) von einer vollständigen Besitzaufgabe des bisherigen Besitzers flankiert wird. Die Alternative – Mitbesitz – wäre nicht interessengerecht. Sie würde den Sinn der Vereinbarung verfehlen. Letztere soll den Erwerber ja gerade in eine Rechtsstellung versetzen, in der er sich aller anderen, auch des Veräußerers, erwehren darf. Gleichwohl ist es nicht die Einigung selber, die den Besitz „überträgt". Sie ist nicht mehr als *ein* Tatbestandsmerkmal einer außerordentlichen Besitzbegründung, nie ihr einziges.

a) Besitzbegründung kraft Einigung und potentieller Sachherrschaft

92 Unter § 854(2) dt. BGB, § 36(2) estn. LPA und Art. 976(2) gr. ZGB genügt zum „Erwerb" des Besitzes bereits die „Einigung des bisherigen Besitzers und des Erwerbers, ... wenn der Erwerber in der Lage ist, die Gewalt über die Sache auszuüben". Anders als in § 5:3(3) ungar. ZGB nicht ausdrücklich formuliert, aber auch in den genannten Vorschriften mitgedacht ist das Erfordernis, dass der **bisherige Besitzer** seinen Besitz **vollständig aufgibt.**[676] Es schwingt auch in der Formulierung von

---

Beispiel aus Deutschland s. BGH 23.9.1953, JZ 1953 S. 706 (deliktische Gebäudehaftung eines Miterben aus § 836(3) dt. BGB bejaht, der unter § 857 dt. BGB Eigenbesitz an einem baufälligen Gebäude erlangt hatte, obwohl er anfangs weder von dem Erbfall noch davon Kenntnis hatte, dass der Erblasser Eigenbesitzer dieses Gebäudes war).

[676] BGH 30.5.1958, BGHZ 27 S. 360 („Der Übergang des unmittelbaren Besitzes setzt auch im Falle von § 854 Abs. 2 BGB voraus, dass der bisherige unmittelbare Besitzer den unmittelbaren Besitz aufgibt"); BGH 10.1.1979, NJW 1979 S. 714 (keine Besitzaufgabe an Bildern, wenn eine Büroangestellte des Schenkers neben dem Beschenkten noch einen Schlüssel zu der Wohnung hat, in der die verschenkten Bilder hängen); Areopag 1163/2005, NoB 54 (2006) S. 197 (Einigung zwischen dem bisherigen Besitzer und dem Besitzerwerber genügt, wenn der Besitzerwerber in der Lage ist, die tatsächliche Sachherrschaft auszuüben: Letzteres ist nicht der Fall, falls sich der Gegenstand noch in der Detention eines Dritten befindet).

§ 990(2) tschech. BGB mit, wonach „der Besitzer ... den Besitz dadurch aufgeben (kann), dass ein anderer mit seiner Zustimmung den Besitz im eigenen Namen auszuüben beginnt". Der Besitz, der durch Einigung, Besitzaufgabe und Herstellung potentieller Sachherrschaft begründet wird, ist immer Eigenbesitz; im Falle bloßer Detention hätte der bisherige Besitzer nicht auf seine Sachherrschaft verzichtet.[677] Die §§ 314 und 315 österr. ABGB bleiben zu Fragen der „einvernehmlichen Besitzübertragung" unter Lebenden zwar auffällig blass. Die herrschende Lehre schließt die Lücke jedoch mit einer partiellen Analogie zu den Vorschriften über die Übertragung des Eigentums (§§ 426 ff ABGB). Die Sache müsse „in eine Lage gebracht werden, die nach der Verkehrsauffassung die Herrschaft des Erwerbers begründet".[678] Man erkennt, dass die Anforderungen an den *corpus* abgesenkt werden[679], und präzisiert, es bedürfe nicht des Maßes, das zur Begründung, sondern nur des Maßes, das zur Aufrechterhaltung bereits erlangten Besitzes erforderlich sei.[680] Auch unter österreichischem Recht kann von einem echten rechtsgeschäftlichen Vorgang keine Rede sein. Denn anders als bei der Übertragung von Rechten bleibt die Ungültigkeit des „Vertrages" besitzrechtlich ohne Folgen; das tatsächliche Einvernehmen genügt.[681]

Die portugiesische Lehre unterscheidet unverändert zwischen einem „derivativen" **93**
und einem „originären" Besitzerwerb. In die zweite Gruppe gehörten die Besitzergreifung (Art. 1263(a) port. CC) und die Abwandlung des Besitztitels (lit. d aaO), in die erste die *traditio* (lit. b) und das Besitzkonstitut (lit. c), außerdem der Besitzerwerb *mortis causa* (Art. 1255 port. CC).[682] Auch in Italien ist die Lehre vom derivativen Besitzerwerb fest etabliert. Man differenziert unter Hinweis auf Art. 1146 ital. CC zwischen der *accessio* und der *successio possessionis* (der erbrechtlichen Nachfolge in den Besitz: Art. 1146(1) aaO). Für die *accessio possessionis* (Art. 1146(2) ital. CC) stellt das Gesetz aber nur eine ersitzungsrechtliche Regel bereit. Der Einzelrechtsnachfolger (der Käufer etwa, nach italienischem Recht aber auch der Vermächtnisnehmer) kann seinem eigenen Besitz den Besitz „seines Rechtsvorgängers hinzurechnen, um dessen Wirkungen in Anspruch zu nehmen". Anders als die *successio* sei die *accessio* nicht *necessaria,* sondern *facoltativa.*[683] Letztere setze deshalb einen geeigneten Rechtstitel voraus.[684] Gleichwohl handelt es sich auch unter italienischem Recht nicht um einen rein rechtsgeschäftlichen Vorgang. Denn man räumt ein, dass nur die Sache, nicht aber der Besitz unverändert bleibe. Der „erworbene" sei nicht derselbe Besitz, den der Rechtsvorgänger hatte. Selbst wenn der Rechtsvorgänger unredlich besessen habe, könne der

---

677 Ähnlich für Italien Cian und Trabucchi (*-delle Monache*), Commentario al Codice civile[11], Art. 1146 S. 1212 (Art. 1146 ital. CC sei nicht auf die *detenzione* anwendbar; die Regeln über *accessione* und *successione possessionis* [sogleich Rdnr. 93] seien mit der Natur der *detenzione* unvereinbar).

678 *Iro,* Sachenrecht[5], Rdnr. 2/34.

679 Rummel (*-Spielbüchler*), ABGB I[3], § 315 Rdnr. 1.

680 Es kommt also nicht auf das zur Besitzbegründung erforderliche Maß an: Klang (*-Klang und Schey*), ABGB II[2], S. 82 (mit dem Zusatz, die Anforderungen seien in Österreich etwas strenger als in Deutschland).

681 *Spielbüchler* aaO Rdnr. 5; Klang (*-Kodek*), ABGB[3], § 315 Rdnr. 10.

682 von Bar (*-Seabra und Xavier*), Sachenrecht in Europa III – Portugal, S. 353; *Carvalho Fernandes,* Lições de direitos reais[6], S. 312; *Oliveira Ascensão,* Direito Civil – Reais[5], S. 113; *Santos Justo,* Direitos reais[2], S. 192.

683 Cian und Trabucchi (*-delle Monache*), Commentario al Codice civile[11], Art. 1146 S. 1212.

684 *Cendon,* Beni, diritti reali, possesso, S. 730.

Erwerber redlich besitzen.[685] In England ist von der „Übertragung" von *possession* naheliegenderweise vor allem im Kontext der Übertragung von Sachenrechten und im Kontext von *bailment* die Rede. Man ist sich freilich darüber im Klaren, dass es sich, streng genommen, gar nicht um eine Zession handeln kann. „There is a novation, not an assignment".[686] Der Nachfolger werde nur dann zum Besitzer, wenn er die Kontrolle über die Sache erlange. Das englische Recht ist demgemäß „reluctant to allow even the clearest words ... to override the need for an unequivocal change of possession".[687] Es ist zwar beispielsweise möglich, einem Käufer dadurch den Besitz an Möbeln zu verschaffen, dass man ihm die Schlüssel zu dem entsprechenden Raum überlässt.[688] Auch genügt es, dass jemand, bei dem die Ware lagert, erklärt, sie nun für den Erwerber zu verwahren *(attornment)*.[689] Tendenziell beharrt man aber wohl stärker als die meisten kontinentalen Rechtsordnungen auf äußeren Anzeichen für die Neubegründung von Besitz.[690] Wer ein Auto auf einem Parkplatz abstellt und die Schlüssel mitnimmt, bleibt Besitzer; der Besitz geht erst verloren, wenn die Schlüssel einem Mitarbeiter der Parkgesellschaft übergeben werden *(valet parking)*.[691]

94 In schwed. HD 7.6.2007[692] ging es um die Veräußerung eines Kraftfahrzeughandels. Verkäufer und Käufer waren zwei verschiedene juristische Personen (A und B), die aber wirtschaftlich derselben dritten Person gehörten, dem Allein- bzw. Mehrheitsgesellschafter P. P agierte bei dem fraglichen Geschäft als Vertreter der Verkäuferin B, seine Mutter (Q) als Vertreterin der Käuferin A. Neben Q war aber auch P vertretungsberechtigtes Organ der A. Über das Vermögen der B wurde alsbald das Insolvenzverfahren eröffnet. A führte ihr Unternehmen in einem neuen Geschäftslokal fort, in das zuvor die von B gekauften Fahrzeuge verbracht worden waren. C, Gläubiger der B, erlangte einen vom Gerichtsvollzieher angeordneten dinglichen Arrest *(kvarstad)* über die Wagen. A legte dagegen Rechtsmittel ein, geriet freilich alsbald selber in Insolvenz. Der Insolvenzverwalter führte das Verfahren gegen C mit der Begründung fort, bewegliche Sachen könnten nur gepfändet werden, wenn sie dem Schuldner gehörten (Kap. 4 § 17 schwed. UB). Die Instanzgerichte wiesen die Klage ab. Den Gläubigern des Verkäufers gegenüber genösse der Käufer beweglicher Sachen nur dann sachenrechtlichen Schutz, wenn ihm der Besitz übertragen worden sei. Eine sachenrechtliche Besitzübergabe liege jedoch erst vor, wenn der Verkäufer keine Möglichkeit mehr habe, über die Sache zu verfügen. Daran habe es hier gefehlt. Denn P hätte in seiner Eigenschaft als Vertreter beider juristischer Personen immer noch die Möglichkeit gehabt, über die Fahrzeuge im Interesse der B zu verfügen. Der Transport in das Geschäftslokal von A habe daran nichts geändert. Das *Högsta domstolen* hob auf. Die Gültigkeit des Vertrages sei nicht in Abrede gestellt worden. Die doppelte Vertreterrolle des P ändere an der Besitzverschaffung deshalb nichts, weil sich der P straf- und haftbar gemacht hätte, wenn er zum Nachteil der A seine fortwirkende Vertretungsmacht für B in deren Interesse ausgeübt hätte. Die Verkäuferin habe also gerade keine Möglichkeit mehr gehabt, über die Sache zu verfügen.[693]

---

685 *Bianca,* Diritto civile VI, S. 754–755.

686 *Bell,* Modern Law of Personal Property, S. 62.

687 *Bell* aaO.

688 *Wrightson v McArthur and Hutchinson* [1921] 2 KB 807.

689 *Mitsui & Co v Novorossiysk Shipping Co (The Gudermes)* [1993] 1 Lloyds Rep 311, 324 (CA).

690 Eingehend *Re Cole* [1964] Ch 175.

691 *Bridge/Gulifer/McMeel/Worthington,* The Law of Personal Property, Rdnr. 2–074.

692 NJA 2007 S. 413. Die Entscheidung erging allerdings nur noch als Kostenentscheidung. Denn die Hauptsache (der Streit um den Arrest) war aus zeitlichen Gründen bereits erledigt, als die Sache beim Obersten Gericht einging.

693 Das ist nach einer langen Reihe von Entscheidungen das maßgebliche Kriterium für die Besitzübertragung: HD 22.3.1949, NJA 1949 S. 164; HD 30.4.1980, NJA 1980 S. 197; HD

b) Fiktiver und fingierter Besitz

Soll eine Sache nicht infolge des **Todes** ihres bisherigen Besitzers[694] besitzerlos werden, bestehen im Kern nur zwei Möglichkeiten. Entweder sieht die Rechtsordnung den Nachlass so an, als befände er sich noch im Besitz des Verstorbenen (fiktiver Besitz), oder sie ordnet den Besitz rein normativ bereits dem jeweiligen Rechtsnachfolger zu (fingierter Besitz). In beiden Fällen kann von realer Sachherrschaft keine Rede mehr sein, nicht einmal von potentieller. Es macht auch keinen Unterschied, ob es sich um eine gewillkürte oder um eine gesetzliche Rechtsnachfolge von Todes wegen handelt. Anders als in den Fällen der gestreckten Erwerbsvorgänge unter Lebenden können der fiktive und der fingierte Besitz nicht selten sowohl in Gestalt des Eigen- als auch in Gestalt des Fremdbesitzes (Detention) entstehen.[695] Der Nachlass bzw. der 95

5.5.1986, NJA 1986 S. 217; HD 22.7.1986, NJA 1986 S. 409 und HD 15.6.1995, NJA 1995 S. 367.

[694] In Deutschland und in Griechenland wird mehrheitlich vertreten, dass die Regeln über den Erbenbesitz in entsprechender Weise Anwendung fänden, wenn eine juristische Person erlösche und ihr Vermögen durch Umwandlung, Fusion oder auf andere Weise auf eine Rechtsnachfolgerin übergeht (Staudinger [-*Gutzeit*], BGB (2012), § 857 Rdnr. 28; *Triantos,* AK, Art. 773 S. 967–968 Rdnr. 5). In Ungarn steht das sogar in der Kodifikation (§ 5:4(3) Satz 1 ungar. ZGB), und in Griechenland wird der Gedanke von mehreren gesellschaftsrechtlichen Spezialgesetzen bestätigt.

[695] Siehe z. B. für Deutschland Erman (-*A. Lorenz*), BGB II[15], § 857 Rdnr. 3 sowie *Baur und Stürner,* Sachenrecht[18], § 8 Rdnr. 2; für Griechenland *Triantos,* AK, Art. 983 S. 1195 Rdnr. 3, Amtsgericht Lesbos 22/1979 EllDni 20 (1979) S. 636 sowie Amtsgericht Athen 2407/1979, EEN 46 (1979) S. 818 und für Ungarn § 5:4(3) Satz 2 ungar. ZGB („Die Stellung des Erben oder des Rechtsnachfolgers als Besitzer wird durch den Rechtstitel des Erblassers oder des anderen Rechtsvorgängers zum Besitz bestimmt"). Auch in Spanien gilt die sogen. „Regel der Unveränderlichkeit der Besitzstellung", wonach der Besitz der Erben kein neuer oder unterschiedlicher Besitz, sondern ein Besitz ist, der mit dem des Verstorbenen identisch ist. Diese *regla de la inmutabilidad de la situación posesoria* ist auf jedes Besitzkonzept (Art. 432 span. CC) anzuwenden (*Díez-Picazo,* Fundamentos III[5], S. 698), also sowohl auf die *posesión en concepto de dueño* als auch auf die *posesión en concepto de tenedor.* Allerdings „leidet" unter Art. 442 span. CC „nicht unter den Folgen eines fehlerhaften Besitzes seines Rechtsvorgängers …, wer auf Grund eines Nachlasstitels erbt, sofern nicht dargelegt wird, dass er Kenntnis von den Mängeln hatte, die dem Besitz anhafteten". Die Rechtsnachfolge nach dem Tod eines Mieters ist zwar in Art. 16 LAU speziell geregelt, doch ohne Hinweis auf die Detention. Nicht ganz eindeutig liegen die Dinge in Frankreich. Nach der (obschon abdingbaren) Grundregel in Art. 1742 franz. (und belg.) CC wird „der Mietvertrag … weder durch den Tod des Vermieters noch durch Tod des Mieters aufgelöst". Diese Grundregel wird inzwischen zwar durch Art. 14 der franz. loi n° 89–462 du 6 juillet 1989 tendant à améliorer les rapports locatifs verdrängt, wonach der Wohnungsmietvertrag beim Tode des Mieters nur noch bestimmten nahen Angehörigen übertragen werden kann; in allen anderen Fällen wird der Vertrag von Rechts wegen aufgelöst. Besitzrechtlich bestätigt das aber wohl nur, dass auch die *détention* auf die Erben übergehen kann. Unter englischem Recht gehen *leaseholds* im Todesfall über (Parry und Clark [-*Kerridge und Brierley*], The Law of Succession[11], Rdnr. 20–50). Das sollte konsequenterweise auch für das *bailment* gelten. Denn sachenrechtlich fußt das *interest* des *bailee* auf seiner *possession,* und diese wiederum geht nach den allgemeinen Regeln ebenfalls über (sogleich im Text). Dass auch die bloße *custody* (vorher Fn. 539) übergeht, erscheint indes unwahrscheinlich. Denn sie hat anders als die *possession* nicht den Status einer rechtlich relevanten Position oder gar eines subjektiven Sachenrechts und dürfte damit nicht von den Sonderregeln des Erbrechts erfasst sein, vielmehr von dem Erben erst tatsächlich neu begründet werden müssen. Ein Beleg dafür hat sich freilich nicht finden lassen. In Italien (vorher Fn. 677) und in Portugal geht es dagegen nur um den bürgerlichrechtlichen Besitz, nicht um die Detention. *Vieira,* Direitos reais, S. 603 behauptet zwar, im Falle der Nachfolge in Besitz blieben seine Eigenschaften unverändert. Denn es handele sich um denselben Besitz, den der Verstorbene

Erbe des Vermieters wird dann der neue Eigen-, der Nachlass bzw. der Erbe des Mieters der neue Fremdbesitzer. Sind mehrere Erben vorhanden, werden sie Mitbesitzer.[696] Der bürgerlichrechtliche Besitz jedenfalls besteht von Rechts wegen und damit ohne Rücksicht auf die tatsächlichen Gegebenheiten in der Form fort, in der er beim Erblasser vorhanden war. Das gilt so lange, bis es unter den allgemeinen Regeln zu einer Neubegründung von Besitz („Verkehrsbesitz“) kommt, gleich, ob in der Person des Erben oder eines beliebigen Dritten. Die Frage ist allein, *wer* in der Zwischenzeit Besitzer (bzw. Detentor) ist.

96 Unter § 547 S. 3 österr. ABGB wird „die Verlassenschaft so betrachtet, als wenn sie noch von dem Verstorbenen besessen würde“. Dem reinen Wortlaut nach handelt es sich um den Prototyp **fiktiven Besitzes.** Nach moderner Lehre soll diese Regelung allerdings dahin zu verstehen sein, dass es sich bei dem „ruhenden Nachlass“ um eine eigene juristische Person handele, auf die die Rechte des Verstorbenen übergingen. Besitzrechtlich sei die Lage so zu behandeln, als besitze der Verstorbene weiterhin, nun aber „durch den ruhenden Nachlass“.[697] Da es notwendig an *corpus* und *animus* fehlt, hat man es mit einer Fiktion zu tun. Das Gesetz stelle sie auf, „um Besitzlosigkeit des Nachlasses zu vermeiden“.[698] Fiktiver Besitz schafft die Möglichkeit, auf das jeweilige Besitzstörungsverfahren zurückzugreifen, wenn Nachlassgegenstände eigenmächtig weggenommen werden[699]; die Befugnis des Nachlassgerichts, von sich aus eine Rückgabe anzuordnen, bleibt davon unberührt.[700] Ansprüche im Namen des Nachlasses macht geltend, wer zu seiner Verwaltung berufen ist. In seiner Eigenschaft als Erbe erwirbt der Erbe den Besitz aber erst mit der Einantwortung, also mit seiner staatlichen Einweisung in den Nachlass.[701] Erst jetzt wandelt sich der fiktive Erblasserbesitz in fingierten Erbenbesitz, der wiederum zur Begründung tatsächlicher Gewalt und damit zu regulärem Besitz berechtigt.

Dem österreichischen System ähnelt das schwedische mindestens insoweit, als auch hier von Rechts wegen eine juristische Person *(dödsbo)* entsteht, auf die das (aktive wie passive) Nachlassvermögen übergeht.[702] Die Erben erhalten, wenn sie nicht auf ihn verzichten, einen übertragbaren Anteil an dieser juristischen Person.[703] Letztere genießt Geschäfts- und Parteifähigkeit

---

hatte. *Vieira* meint mit „Besitz“ allerdings stets und ausschließlich den Eigenbesitz, nicht den prekären Besitz bzw. die Detention (aaO S. 551–552). In Italien existieren eingehende Regeln zur Fortsetzung des Wohnungsmietvertrages mit nahen Angehörigen und zur Fortsetzung von Pachtverhältnissen mit Erben (Artt. 1614 und 1627 ital. CC; Art. 6 Gesetz 392/1978 über Wohnraummiete [Disciplina delle locazioni di immobili urbani] vom 27. 7. 1978, Nr. 392), aber keine rein sachenrechtlichen Vorschriften zur Rechtsnachfolge in die Detention.

[696] BGH 29.11.1951, NJW 1952 S. 303, 304; *Choi,* Der Besitzerwerb des Erben, S. 154. Poln. OG 15.10.2015, II CSK 811/14, Legalis-Nr. 1361479 scheint irritierenderweise analog zu den Erbquoten sogar Besitzquoten für möglich zu halten (Die Ehefrau sei zu $^1/_2$ Eigenbesitzerin geblieben; im Übrigen seien sie und die Kinder zu gleichen Teilen – jeweils zu $^1/_8$ – Besitzer geworden).

[697] Siehe bereits Bd. 1, § 3 Fn. 120 und im Übrigen Rummel (*-Spielbüchler*), ABGB I³, § 315 Rdnr. 4.

[698] Klang (*-Kodek*), ABGB³, § 339 Rdnr. 47.

[699] *Kodek* aaO.

[700] OGH 2.4.1998, NZ 1998 S. 153, Anm. *Rabl.*

[701] So die heute ganz herrschende Meinung (Nachweise bei *Kodek* aaO Rdnr. 49). Die alte Lehre, dass es neben der Einantwortung noch eines gesonderten Erwerbsaktes bedürfe (*Randa,* Besitz⁴, S. 484), gilt als überwunden.

[702] Näher *Walin und Lind,* Kommentar till Ärvdabalken II⁵, S. 25.

[703] *Walin und Lind* aaO S. 56.

(Kap. 18 § 1 schwed. ÄB). Sie wird durch einen Nachlassbeauftragten *(boutredningsman)* vertreten. Bis zu dem Zeitpunkt der Errichtung eines Nachlassverzeichnisses obliegt die provisorische Nachlassverwaltung den Personen, die mit dem Erblasser zusammenlebten, andernfalls dem Vermieter bzw. dem Sozialamt (Kap. 18 § 2 ÄB). Erst bei der Erbauseinandersetzung *(arvskifte)* überträgt die juristische Person ihr Vermögen durch privatrechtlichen Vertrag auf die Nachlassbeteiligten; damit ist sie von Rechts wegen aufgelöst.[704]

Auch unter italienischem Recht erwirbt man eine Erbschaft nicht schon *ipso iure* mit dem Tod des *de cuius,* sondern nur aufgrund einer Annahmeerklärung (Art. 459 ital. CC).[705] Ohne diese *accettazione* (auch *adizione dell'eredità*) wird der Berufene (der *chiamato all'eredità*) weder Eigentümer noch Besitzer der Nachlassgegenstände; die Erbschaft ruht (Art. 528 ital. CC[706]). Die ruhende Erbschaft *(eredità giacente)* hat allerdings weder einen Eigentümer noch notwendig einen Verwalter. Einen *curatore* erhält sie nur, wenn ihn das Gericht bestellt. Das reißt freilich keine Schutzlücken. Denn der zur Erbfolge Berufene kann unter Art. 460(1) ital. CC[707] schon vor der Annahme der Erbschaft (und damit zu einem Zeitpunkt, zu dem er gerade noch kein Besitzer ist) possessorisch klagen.[708] Und vor dem Abreißen angesparter Ersitzungszeiten schützt Art. 459 ital. CC, wonach die Annahme der Erbschaft auf den Zeitpunkt der Eröffnung der Erbfolge zurück wirkt.[709] Diese erbrechtlichen Vorgaben bekräftigt Art. 1146(1) ital. CC für das Sachenrecht: „Der Besitz setzt sich beim Erben mit Wirkung von der Eröffnung der Erbfolge an fort". Die Annahme der Erbschaft führt zur *successio possessionis*.[710] Unter ihr rückt der Erbe besitzrechtlich in die Rolle des Verstorbenen ein.[711] Artt. 1255 und 1256 port. CC greifen die Unterscheidung zwischen *successio* und *accessio possessionis* auf. Der Unterschied besteht darin, dass es unter portugiesischem Recht zur Nachfolge im Besitz keiner Annahme der Erbschaft bedarf.[712] 97

---

704 *Walin und Lind* aaO S. 41.

705 Näher *Torrente und Schlesinger,* Manuale di diritto privato[19], S. 1194 und *Bianca,* Diritto civile VI, S. 755. Siehe auch Cass. 30.10.1992, Nr. 11831, Vita not. 1994 S. 626 (keine *successio possessionis* ohne Annahmeerklärung).

706 Wenn Art. 528 ital. CC davon handelt, dass „der Berufene die Erbschaft nicht angenommen" hat und sich „nicht im Besitz von Erbschaftsgütern befindet", dann verwendet das Gesetz das Wort „Besitz" nicht im technischen Sinn, sondern als Synonym für Inhaberschaft. Der Erbe ist in diesem Fall Detentor *per conto di chi spetta* (Detentor auf Rechnung desjenigen, den es angeht) (*Bianca* aaO).

707 „(Befugnisse des Berufenen vor der Annahme) Der zur Erbschaft Berufene kann zum Schutz der Erbschaftsgüter Besitzschutzklagen erheben, ohne dass es dazu der tatsächlichen Besitzergreifung bedarf. Er kann ferner Rechtshandlungen zur Sicherung, zur Beaufsichtigung und zur vorübergehenden Verwaltung vornehmen und sich von der Gerichtsbehörde zum Verkauf der Sachen, die nicht aufbewahrt werden können oder deren Aufbewahrung hohe Kosten verursacht, ermächtigen lassen. Die in den vorhergehenden Absätzen bezeichneten Rechtshandlungen kann der Berufene nicht vornehmen, wenn ein Kurator für die Erbschaft gemäß Artikel 528 bestellt worden ist".

708 Cass. 26.5.1998, Nr. 5221, Giust. civ. Mass. 1998 S. 1135.

709 Cass. 5.9.2012, Nr. 2012, Giur. it. 2013 S. 820. Die Erbfolge ist ihrerseits im Zeitpunkt des Todes des Erblassers an seinem letzten Domizil eröffnet (Art. 456 ital. CC); es entsteht also kein zeitlicher Zwischenraum zwischen dem Tod und der Eröffnung der Erbfolge.

710 *Bianca,* Diritto civile VI, S. 755. Für Bulgarien im Ergebnis ebenso Oberster Kassationsgerichtshof 6.8.2012, Auslegungsentscheidung Nr. 1/2012, Vollversammlung der Zivilsenate (der Besitz sei Teil des Nachlasses und gehe mit der Annahme der Erbschaft auf die Erben über).

711 *Cendon,* Beni, diritti reali, possesso, S. 728.

712 *Menezes Cordeiro,* Posse[3], S. 110 („Der Grund dafür ist einfach: Der Besitz ist nicht nur ein Recht, sondern eine komplexe Situation, die Rechte und Pflichten umfasst, wie z.B. im Fall

98 Unter § 1009(2) tschech. BGB endet der Besitz nicht durch den Tod des Besitzers. Im Fall des Todes einer Person geht ihr Besitz in der Form auf ihren Rechtsnachfolger über, in der er beim Erblasser bestanden hatte. Es erlischt also zwar die Rechtspersönlichkeit des früheren Besitzers, nicht aber sein Besitz.[713] § 857 dt. BGB, § 38 estn. LPA, Art. 983 gr. ZGB, Art. 4.25(1) lit. ZGB, Art. 3:112 ndl. BW, Art. 1255 port. CC, Art. 29 slowen. SPZ, Art. 440 span. CC und § 5:4(3) ungar. ZGB sehen das genauso.[714] „Mit dem Tod des Besitzers besteht der Besitz vom Zeitpunkt des Todes bei seinen Rechtsnachfolgern fort, unabhängig von der Inbesitznahme der Sache" (Art. 1255 port. CC). „Der Besitzübergang von Nachlassgütern auf den Erben gilt im Falle der Annahme der Erbschaft ohne Unterbrechung als erfolgt, und zwar im Moment des Todes des Erblassers" (Art. 440 Satz 1 span. CC). Art. 176 § 2 poln. ZGB bringt zwar nur die ersitzungsrechtliche Regel, dass der Erbe zur Dauer seines Besitzes die Dauer des Besitzes seines Rechtsvorgängers hinzurechnen darf. Der Besitz gilt aber vielen als ein der Rechtsnachfolge von Todes wegen unterliegendes Gut.[715] Unter Artt. 724 belg. und franz. CC sind „les héritiers désignés par la loi ... saisis de plein droit des biens, droits et actions du défunt". Die Erben erlangen also die *saisine.*[716] Der Begriff ist schwer zu fassen. Sicher ist, dass es nicht um die Nachfolge in Rechte geht. Denn sie trägt sich ohnehin ohne Besitzergrei-

---

eines bösgläubigen Besitzers und dessen Pflichten, sodass der Nachfolger im Besitz die Rechte und Pflichten übernimmt").

[713] So der Motivenbericht: *Eliáš,* Nový občanský zákoník s aktualizovanou důvodovou zprávou a rejstříkem, S. 437. S. auch Spáčil (*-Spáčil*), Občanský zákoník III, S. 131 (es solle kein besitzerloser Nachlass entstehen). Die Neuregelung hat die alte Regel abgeschafft, wonach die Qualität seines Besitzes nach dem Wissen des Erben beurteilt wurde (Švestka [*-Spáčil*], Občanský zákoník I², S. 740). Tschechien kennt trotz des Prinzips der Universalsukzession (§§ 1475 und 1479 tschech. BGB) ein obligatorisches Nachlassverfahren. In seinem Rahmen kommt es zu einem auf den Todeszeitpunkt zurückwirkenden Beschluss. Er wird allgemein als unverzichtbare staatliche Bestätigung für das Bestehen des Erbrechts angesehen (Fiala [*-Fiala und Beerová*], Občanský zákoník IV, S. 3). „Obligatorisches Nachlassverfahren" bedeutet aber nicht obligatorische Nachlassverwaltung. Das Verfahren ändert deshalb nichts an der Besitzerstellung des Erben.

[714] Für Ungarn weist Vékás und Gárdos (*-Menyhárd*), Kommentár a Polgári Törvénykönyvhöz I, S. 909 darauf hin, dass sich fingierter Besitz gelegentlich auch gegen den Erben wenden kann. Er erwirbt nicht nur possessorischen Rechtsschutz. Vielmehr könne er durch § 5:4(3) ungar. ZGB auch zum Adressaten possessorischer Rechtsbehelfe werden, nämlich dann, wenn schon der Erblasser durch verbotene Eigenmacht in den Besitz der Sache gekommen war.

[715] *Gniewek,* Prawo rzeczowe⁸, S. 277 Rdnr. 865. Die Frage ist freilich sowohl im Grundsätzlichen wie auch in den Einzelheiten umstritten. Näher und auch zu den historischen Hintergründen dieser Diskussion Radwański und Gniewek (*-Gołaczyński*), System Prawa Prywatnego III³, S. 105 Rdnr. 103–106. *Gołaczyński* selber lehnt die Erbfähigkeit des Besitzes als solchem mit der Begründung ab, es handele sich nur um einen faktischen Zustand, zeigt sich aber für Stimmen offen, welche meinen, es handele sich um das Erben von Rechtsfolgen, welche mit dem Besitz verbunden seien. Man könne nicht den Besitz, aber die Summe der sich aus dem Besitz ergebenden Vorteile erben. *Niedośpiał,* Monitor Prawniczy 2001, Nr. 6 hält Besitz für ein vererbliches Gut. Gniewek (*-Kremis*), Kodeks cywilny², Art. 922, S. 1405 Rdnr. 9 wiederum meint, es würden auf den Erben auch die Rechtssituationen übergehen, welche keine Rechte sind, und nennt in diesem Zusammenhang ausdrücklich den Besitz. Umstritten ist außerdem, ob nur der Eigen- oder auch der abhängige Besitz auf den Erben übergeht (Übersicht über die Diskussion wiederum bei *Gołaczyński* aaO S. 107 Rdnr. 108).

[716] Die Etymologie ist unsicher. *Malaurie,* Les successions. Les libéralités², S. 84 Rdnr. 160 Fn. 1 erläutert, das Verb *saisir* sei entweder aus niederlateinisch *sacio, ire* (Besitz ergreifen) oder aus fränkisch *sakjan* (ein Recht beanspruchen, *revendiquer un droit*) abgeleitet. Entsprechendes gilt für die englische *seisin* (oben Rdnr. 7).

fung zu, selbst unter Lebenden.[717] *Saisine* steht aber auch nicht für die Übertragung von Besitz. Denn bei dem Besitz der Erbschaft handelt es sich um einen tatsächlichen Zustand, und einen solchen *état de fait* könne man nicht „übertragen".[718] Es ist also das Gesetz selber, das eine Neuzuordnung des Besitzes an die Erben (i. d. R. den Gesamtvermächtnisnehmer) bewirkt.[719] Man begreift die *saisine* deshalb als eine Art Befugnis. Der Erbe genieße das Vorrecht, die Besitzergreifung nicht bei Gericht beantragen zu müssen.[720] Er darf sich allerdings nicht nur sogleich und ohne Einhaltung eines formalen Verfahrens in den Besitz der Nachlassgegenstände bringen. Er muss dazu nicht einmal etwas tun. Denn besitzrechtlich rückt er *ipso iure* in die Rolle des Verstorbenen ein. *Le mort saisit le vif,* der Verstorbene ergreift den Lebenden. Der Erbe kann sich desselben Verfahrens bedienen, das dem Verstorbenen, würde er noch leben, offen gestanden hätte.[721] Im Ergebnis verschafft so auch die *saisine* dem Erben Besitz ohne *corpus* und *animus*.[722] Letzteres ist unter § 857 dt. BGB („Der Besitz geht auf den Erben über") nicht anders. Diese Vorschrift muss man im Zusammenhang mit § 1922 dt. BGB lesen, wonach mit dem Erbfall zwar die Rechte und die Pflichten des Erblassers auf den Rechtsnachfolger übergehen, nicht aber die besitzbegründende Sachherrschaft. Ein wichtiger Nebeneffekt des § 857 dt. BGB (und des wortgleichen § 38 estn. LPA[723]) besteht darin zu verhindern, dass Dritte von einem Nichtberechtigten Nachlassgegenstände erwerben können. Denn die Vorschrift löst nach herrschender Meinung auch die Sperrwirkung des § 935 dt. BGB aus. Danach können Sachen, die ihrem Eigentümer oder ihrem Besitzer „abhandengekommen" sind, nicht gutgläubig erworben werden, und man nimmt gemeinhin an, dass Sachen auch einem Erbenbesitzer „abhandenkommen" können.[724] Der Erbe muss weder Kenntnis von dem Erbfall noch wenigstens Kenntnis von der Existenz der jeweiligen Sache gehabt haben.[725] Ihm wird auch unter deutschem Recht Besitz ohne Sachherrschaft und ohne Besitzwillen zugewiesen[726], und zwar in Gestalt des vordem beim Erblasser

---

717 Rép. civ. Dalloz (*-Le Guidec und Chabot*), V° Succession, S. 39 Rdnr. 307.

718 *Le Guidec und Chabot* aaO S. 39 Rdnr. 310 („La saisine n'est pas non plus la transmission de la possession. La possession de la succession est un état de fait auquel la saisine ne peut équivaloir").

719 *Boufflette,* La possession, S. 77 Rdnr. 48.

720 *Le Guidec, Chabot* aaO S. 39 Rdnr. 311; *Malaurie* aaO S. 85 Rdnr. 160; *Mazeaud/Chabas/Leveneur,* Régimes matrimoniaux[5], S. 430 Rdnr. 1149.

721 *Mazeaud/Chabas/Leveneur* aaO S. 432 Rdnr. 1150.

722 *Mazeaud/Chabas/Leveneur* aaO („Ainsi, par la saisine, l'héritier est réputé possesseur sans appréhension de fait: sans le corpus, et même à son insu: sans l'animus").

723 Faber und Lurger (*-Kullerkupp*), National Reports I, Estonia, S. 255.

724 Erman (*-A. Lorenz*), BGB II[15], § 857 Rdnr. 6; mit Einschränkungen auch *Ebenroth und Frank,* JuS 1996 S. 794, 798. Die These ist nicht selbstverständlich, weil „abhandenkommen" den unfreiwilligen Verlust des unmittelbaren Besitzes meint und weil der Erbenbesitzer, genau genommen, gar keinen „unmittelbaren" Besitz hat. Das Ergebnis ist gleichwohl richtig. Denn § 857 dt. BGB will verhindern, dass sich die Gefahr eines gutgläubigen Erwerbs allein dadurch erhöht, dass ein Erbfall eingetreten ist. Wenn also der Erblasser unmittelbarer Besitzer war, dann wird „technisch" auch der Erbe unmittelbarer Besitzer. War der Erblasser dagegen nur mittelbarer Besitzer, dann erwirbt auch der Erbe nur mittelbaren Besitz mit der Folge, dass es für § 935 dt. BGB wieder allein darauf ankommt, ob die Sache dem unmittelbaren Besitzer (dem Mieter, Entleiher etc.) abhandenkommt. Rechtsvergleichendes zu der Frage, inwieweit der (fiktive) zivilrechtliche Besitz auch einen Gewahrsam im strafrechtlichen Sinne bewirkt, bei *Segelhuber,* ÖJZ 1994 S. 480, 484.

725 BGH 23.9.1953, JZ 1953 S. 706 (vorher Fn. 675). Ebenso für Griechenland u. a. Areopag 577/1969, ArchN 21 (1971) S. 127; Areopag 1019/1975, NoB 23 (1975) S. 303 und Areopag 1526/2006, EllDni 47 (2006) S. 1434.

726 *Baur und Stürner,* Sachenrecht[18], § 8 Rdnr. 2 („vergeistigte Sachherrschaft").

vorhandenen Besitzes. Erst ab dem Zeitpunkt, in dem der Erbe den Besitz auch durch tatsächliche Gewalt begründet (§ 854(1) dt. BGB), löst dieser „tatsächliche" Besitz den fingierten ab; nun kommt es wieder allein auf die Umstände in der Person des Erben (und nicht mehr auf die Umstände in der Person des Erblassers) an.[727]

99 Die Rechtslage in England unterscheidet sich davon rein sachenrechtlich bestenfalls um Nuancen. Wer verstorben ist, hört mit dem Tod auch auf, Besitzer zu sein.[728] Besitzer der Nachlassgegenstände wird nun der *personal representative.*[729] Das ist, bei testamentarischer Bestellung, der *executor,* bei gerichtlicher der *administrator.* Der *executor* erlangt fingierten Besitz bereits im Zeitpunkt des Todes des Erblassers und kann jederzeit Besitzschutz üben.[730] Der Besitz des *executors* setzt weder eine effektive Kontrolle über die Nachlassgegenstände noch wenigstens die Kenntnis von dem Todesfall oder der Berufung zum Treuhänder voraus.[731] Hat der Erblasser keinen *executor* bestellt, ernennt das Gericht einen *administrator.* Auch er rückt in den Besitz ein, nach herrschender Meinung sogar rückwirkend auf den Todeszeitpunkt.[732] Er kann deshalb ab dem Zeitpunkt der Bestellung auch Besitzschutzansprüche gegen Störungen verfolgen, die sich bereits vor der Bestellung zugetragen haben.[733] Unter sec. 9 Administration of Estates Act 1925 wird zwar bis zur Bestellung eines *administrators* der Public Trustee der *personal representative* des Nachlasses. Unter secs. 1(1) und (3), 55(1)(x) aaO entsteht aber mit jedem Wechsel des *personal representative* in der Person des Nachfolgers erneut *possession.* Man wird deshalb die Lehre von der Rückwirkung nicht dahin missverstehen dürfen, dass es zeitgleich zwei verschiedene Besitzer geben kann. Gemeint ist offenbar nur, dass Ansprüche, die der bisherige *administrator* nicht geltend zu machen bzw. noch nicht durchzusetzen vermocht hat, nach dem Amtswechsel von dem neuen zu verfolgen sind. Denn das Ziel dieser Regelungen besteht ja nur darin, den Nachlass wirksam vor Störungen durch Dritte zu schützen.[734]

II. Schutz des status quo

1. Materielles Recht und Verfahrensrecht

a) Das besitzrechtliche Beschleunigungsgebot

100 Niemand darf ohne besondere Rechtfertigung die besitzrechtliche Zuordnung einer Sache zu einer anderen Person aufheben oder stören. Alles andere wäre, wie § 858 dt. BGB treffend formuliert, *verbotene Eigenmacht.* Ob der Zuordnung ein bürgerlichrechtlicher oder nur ein prekärer Besitz (ein Fremdbesitz, eine Detention) zugrundeliegt,

---

[727] Soergel (*-Stadler*), BGB XIV[13], § 857 Rdnr. 5.

[728] *Bell,* Modern Law of Personal Property, S. 64.

[729] Zwischen *personal* und *real property* muss heute nur noch in einigen Ausnahmefällen unterschieden werden, in denen es im Bereich des *real property* zu einem Direkterwerb der Erben kommt (näher Megarry und Wade [*-Harpum/Bridge/Dixon*], The Law of Real Property[8], Rdnr. 14–140).

[730] *Tharpe v Stallwood* (1843) 5 M & G 760; 134 ER 766 (Ansprüche aus *trespass* bei *chattels personal*). Bei unbeweglichen Sachen gilt nichts anderes (Parry und Clark [*-Kerridge und Brierley*], The Law of Succession[11], Rdnr. 20-04.

[731] *Kirk v Gregory* (1876) 1 Ex D 55.

[732] *Bell,* Modern Law of Personal Property, S. 64–65.

[733] *Tharpe v Stallwood* aaO (Fn. 730).

[734] *Bell* aaO.

macht keinen Unterschied, und es spielt auch keine Rolle, ob es sich um realen, fiktiven oder fingierten Besitz handelt. „Der Besitz mag von was immer für einer Beschaffenheit sein, so ist niemand befugt, denselben eigenmächtig zu stören" (§ 309 Satz 1 österr. ABGB). In dem ihm von seinem Besitzherrn zugestandenen Rahmen kann für gewöhnlich sogar selbst noch ein Besitzhelfer die Sachen gegen Wegnahme und Beeinträchtigung schützen, zu deren Kontrolle er berufen ist.[735] Detentoren jeder Schattierung genießen zwar nicht den Schutz der gesamten sachenrechtlichen Friedensordnung. Denn ersitzen können nur Eigenbesitzer.[736] Hier aber, wo es lediglich darum geht, die derzeitigen Verhältnisse zu respektieren, besteht ein Bedürfnis zu besitzrechtlicher Feinsteuerung nur noch, soweit unklar ist, im Umfang welchen Rechts eine Sache besessen wird: Bestandsschutz genießt immer nur der *jeweilige* Istzustand; man kann nicht mehr Sachgewalt verteidigen, als man hat.[737] Im Übrigen aber geht es Nichtbesitzer einfach nichts an, wem die jeweilige Sache gehört; ein Diebstahl wird nicht dadurch besser, dass schon der Bestohlene gestohlen hat.[738] Niemand, jedenfalls niemand, der nicht auf frischer Tat ertappt wird, muss andere als staatliche Gewalt akzeptieren, und umgekehrt darf außerhalb solcher Situationen auch niemand private Gewalt anwenden. Es macht nicht einmal einen prinzipiellen Unterschied, ob sie aus reiner Willkür oder zum Zwecke der Rechtsverfolgung geübt wird.[739] Denn der Rechtsstaat unterdrückt auch private Rechtsdurchsetzung bis auf ein unverzichtbares Mindestmaß. Selbst Eigentümer und die Inhaber anderer zu Besitz berechtigenden Sachenrechte dürfen ihre Sachen anderen nicht einfach wegnehmen; auch subjektive Sachenrechte schließen prinzipiell gerade kein Selbsthilferecht ein. Ihre Inhaber müssen sich bereitstehender „obrigkeitlicher Hilfe" (§ 229 dt. BGB) bedienen, die gerichtliche Bestätigung ihrer recht-rechtlichen Position abwarten und sich mit den vollstreckungsrechtlichen Instrumenten begnügen, die sich ihnen (erst) dann eröffnen.

Ist es indes erst einmal zu einer verbotenen Eigenmacht gekommen und hat sie, weil **101**
sich der bisherige Besitzer ihrer nicht erwehren konnte oder wollte, zu der Begründung neuen Besitzes geführt, so würde es wiederum eine verbotene Eigenmacht bedeuten, wenn der bisherige Besitzer dem neuen die Sache auf eigene Faust wieder abjagte. Die Gewaltspirale darf sich nicht weiter drehen.[740] Sobald die kurze Zeitspanne verstrichen

---

735 Vorher Rdnrn. 58–62. Besitzhelfern steht typischerweise nur die Herausgabeklage nicht zu; sie muss vom Prinzipal erhoben werden (z.B. Art. 343 § 3 poln. ZGB; die Vorschrift bezieht sich auf die Notwehr, gilt aber entsprechend auch für den Gewahrsamsinhaber).

736 Dazu, dass auch das Ersitzungsrecht dem Schutz des gesellschaftlichen Friedens dient, bereits oben Fn. 21. Kritisch allerdings *Sacco und Caterina,* Il possesso³, S. 17.

737 Vorher Rdnrn. 34 und 40.

738 Zu den Techniken der Beschränkung der *Delikts*haftung unter Straftätern näher *von Bar,* FS Stathopoulos I, S. 143, und zum Begriff der „Eigenmacht" *Pichler,* ÖJZ 1963 S. 509.

739 Eigenmächtige Besitzstörungen sind verboten (§ 339 österr. ABGB), und zwar selbst dann, wenn der Störer einen Anspruch auf die Sache hat. Auch dann muss gerichtlicher Rechtsschutz gesucht werden (§ 320 Satz 2 aaO).

740 Man kann das gut an §§ 859(2), 861(2) dt. BGB (und an Artt. 985(2), 988 gr. ZGB) sehen: Wird eine bewegliche Sache dem Besitzer mittels verbotener Eigenmacht weggenommen, so kann er sie „dem auf frischer Tat betroffenen oder verfolgten Täter mit Gewalt wieder abnehmen". Hat sich dieses Zeitfenster geschlossen, dann tut sich für ein Jahr ein zweites Zeitfenster auf, in dem der frühere Besitzer die Sache gewaltlos wieder an sich nehmen darf. Der Standardfall ist der, dass ein Bestohlener seine Sache entdeckt und auf der Stelle an sich nimmt. Er darf das jedoch nur gewaltfrei, etwa, wenn er sein Fahrrad vor dem Haus eines anderen entdeckt und es, ohne dass es zu einer Auseinandersetzung kommt, spontan mitnimmt. Man kann also zwischen gewalterlaubender und

ist, innerhalb derer einem (ggflls. früheren) Besitzer ausnahmsweise Eigenmacht in Gestalt von Selbsthilfe erlaubt ist, muss auch er sich zur Verfolgung seiner Ansprüche rechtsförmiger Verfahren bedienen. Geht es nur um Schadensersatz, weisen sie nicht einmal Besonderheiten auf. Denn die Entscheidung über Ausgleichsleistungen in Geld ist sowohl im Rechts- als auch im Besitzverletzungsverfahren endgültig. Die Rechtsordnung muss nur noch klären, ob und mit welchen Folgen sie Schadensersatzansprüche wegen Besitzentziehung bzw. Besitzstörung systematisch als ein Stück Sachen- oder als ein Stück Schuld-, insbesondere als ein Stück Deliktsrecht ausformen will.[741]

102 Anders verhält es sich bei der verfahrensrechtlichen Durchsetzung von Ansprüchen, die auf die Herausgabe einer Sache oder auf die Unterlassung einer drohenden bzw. die Beseitigung einer andauernden Besitzstörung gerichtet sind. Denn solche Ansprüche beziehen ihren praktischen Wert aus ihrer zügigen Durchsetzung. Der Faktor Zeit spielt eine herausragende Rolle; materielles Recht und Verfahrensrecht werden zu Beschleunigungszwecken aufeinander abgestimmt und gegenseitig verschränkt. Es zeigt sich erneut, dass das Besitzrecht in erster Linie öffentlichen und nur sekundär privaten Interessen dient.[742] Ein wegen einer Besitzstörung angestrengtes Verfahren, das genauso viel Zeit in Anspruch nähme, wie eines wegen einer Rechtsverletzung, könnte den vom materiellen Recht angestrebten *status quo*-Schutz kaum einlösen. Denn er ist seinem Wesen nach ein nur **vorübergehender Schutz.** Er soll die Atempause schaffen, die nötig ist, um eine friedliche Klärung der recht-rechtlichen Verhältnisse herbeizuführen. Eingriffe in die besitzrechtliche Sachzuordnung müssen nur für diesen Zeitraum rückgängig gemacht bzw. unterbunden werden. Anschließend soll ja das Recht der Rechte wieder das Regiment übernehmen. Fielen aber der vorübergehende (possessorische) und der endgültige (recht-rechtliche, petitorische) Rechtsschutz zeitlich ineins, würde sich der possessorische erübrigen.

103 Der **Zeitdruck,** der über dem *status quo*-Schutz liegt, bricht sich auf vielfältige Weise Bahn. Oft verhält es sich so, dass sich der Besitzer nicht nur eines besonderen besitzrechtlichen Eilverfahrens bedienen darf, sondern sich seiner sogar bedienen muss, weil ihm die gewöhnlichen Klagen (und mancherorts auch das allgemeine Eilverfahren) gar nicht offenstehen. Jedenfalls schwebt über einem Besitzer in aller Regel das Damoklesschwert materiellrechtlicher Ausschlussfristen. Seine Ansprüche bestehen nur für kurze Zeiträume. Eilverfahren bleiben so auch dort geboten, wo es rein theoretisch immer noch die Alternative eines gewöhnlichen Klageverfahrens gibt. Besitzschutzverfahren zeichnen

---

gewaltfreier Selbsthilfe unterscheiden; letztere ist in Deutschland länger möglich als erstere. In Italien dagegen scheint nicht einmal die einfache (gewaltfreie) Wiederansichnahme der Sache gestattet zu sein. Der Eigentümer, der sein Fahrrad wieder entdeckt, müsste der Theorie nach wohl auf Herausgabe klagen (*Torrente und Schlesinger,* Manuale di diritto privato[21], S. 351). Eigenmacht ist nur erlaubt, solange die Besitzstörung noch andauert (z. B. Cass. pen. 16.5.2014, Nr. 23923, CED Cass. pen. 2014, 260584 und Cass. pen. 27.12.2012, Nr. 49760, CED Cass. pen. 2012, 254185). Unter Art. 343 § 2 poln. ZGB darf der Besitzer eines Grundstücks zwar unverzüglich nach einer eigenmächtigen Besitzstörung durch eigenes Handeln den früheren Zustand wiederherstellen, hierbei jedoch keine Gewalt gegenüber Personen ausüben.

[741] Unten Rdnr. 120.

[742] Richtig *Kodek,* Die Besitzstörung, S. 38 (Besitzschutz sei Folge des staatlichen Gewaltmonopols. Deshalb würden hier öffentliche Interessen weit intensiver berücksichtigt als in den sonstigen Materien des Privatrechts [aaO S. 41–42; ähnlich *Iro,* Sachenrecht[5], Rdnr. 2/55]. Eine Bestätigung findet das in § 344 österr. ABGB. Denn die Vorschrift erlaubt Selbsthilfe nur, wenn „richterliche Hilfe zu spät kommen würde" und fügt hinzu, dass Friedensschutz und Strafverfolgung im Übrigen dem Staat obliegen.)

sich zudem durch eine Beschränkung des Prozessstoffes aus. Es geht eben nicht um Fragen des rechtlichen Dürfens, und weil das so ist, werden bis zum Abschluss des Besitzschutzverfahrens oft auch petitorische Widerklagen unzulässig. Den Gerichten sind knappe Entscheidungsfristen gesetzt. Ohne Einschränkungen des Mündlichkeits- und des Unmittelbarkeitsgrundsatzes könnten sie aber nicht eingehalten werden. Deshalb werden z. B. Zeugenaussagen in schriftlicher Form zugelassen und mündliche Verhandlungen oft gar nicht erst terminiert. Es begegnen Zustellungs- und Vollstreckungserleichterungen, ja sogar Einschränkungen des rechtlichen Gehörs, weil es sein kann, dass der Antragsgegner nicht angehört wird. Verglichen mit einem Rechtsinhaber hat ein Besitzer ohnehin einen substantiellen Zeitvorsprung. Denn sachherrschaftbegründende Merkmale lassen sich wesentlich leichter und damit schneller beweisen als die Inhaberschaft von Rechten.[743]

b) Besitzschutz durch Verfahrensrecht

Das mit dem früheren tschechoslowakischen[744] weiterhin identische slowaki- **104**
sche[745] und das erneuerte ungarische Recht rücken den possessorischen Rechts-

[743] Das wiederum macht den possessorischen Rechtsschutz aber auch für die Eigentümer interessant, die vindikationsrechtlich fürchten müssten, an Beweisfragen zu scheitern (Radwański und Gniewek [-*Gołaczyński*], System Prawa Prywatnego IV², S. 48 Rdnr. 144). Besonders wichtig wird das dort, wo die Vindikation daran zu scheitern droht, dass der Anspruchsteller die Kette der vorausgegangenen Erwerbsvorgänge bis auf einen gesetzlichen Erwerb zurückverfolgen muss (sogen. *probatio diabolica*). Wer sowohl Eigentümer als auch Besitzer ist, tut deshalb oft gut daran, sich nicht auf die Störung seines Eigentums, sondern auf die Störung seines Besitzes zu berufen.

[744] Es basierte neben § 130(2) (berechtigte Besitzer haben dieselben Rechte wie Eigentümer), § 126(2) (Herausgabeanspruch von Eigentümer und berechtigtem Besitzer) und § 6 (Selbsthilfe) vor allem auf § 5 tschech. BGB [1964]. Hiernach konnte nach „einem offensichtlichen Eingriff in den Ruhezustand ... bei der zuständigen Behörde der staatlichen Verwaltung Schutz verlangt werden. Diese kann den Eingriff vorläufig verbieten oder auferlegen, dass der frühere Zustand wiederhergestellt werden wird. Das Recht, Schutz vor Gericht zu verlangen, wird davon nicht berührt". Zuständig war das Gemeindeamt, in dessen Bezirk sich die Besitzentziehung oder -störung zugetragen hatte. Es entschied in einem Verwaltungsverfahren. Tschech. Verfassungsgericht 29.5.2001, Sbírka nálezů a usnesení, U 20/22 SbNU 375 erläuterte, es handele sich bei der Regelung des § 5 aaO „um einen der seltenen Fälle, in welchen die Entscheidung in zivilrechtlichen Angelegenheiten aus dem Grunde größerer Zweckmäßigkeit vom Gesetz der Zuständigkeit der Staatsverwaltungsorgane anvertraut wird. Das BGB geht bei dieser spezifischen Regelung des zivilrechtlichen Schutzes davon aus, dass die Staatsorgane die konkreten Umstände und die Situation besser kennen, desweiteren, dass sie den Betroffenen näherstehen als die Gerichte, und dass sie den Betroffenen in bestimmten Fällen in einem verkürzten Verfahren schnelleren und effektiveren Rechtsschutz bieten können als die Gerichte. Der Schutz durch die Staatsorgane erfolgt nur vorläufig. Die Vorläufigkeit der Entscheidung des Staatsorgans nach § 5 darf aber nicht so verstanden werden, dass diese obligatorisch einer gerichtlichen Entscheidung vorgehen sollte, sondern so, dass die Entscheidung des Staatsorgans eine Entscheidung über einen faktischen Zustand ist; anschließend kann es – muss es aber nicht – zu einer gerichtlichen Entscheidung über das eigentliche zivilrechtliche Wesen der Angelegenheit kommen". Denn die Staatsorgane prüften in dem Verfahren nach § 5 tschech. BGB [1964] keine Rechtsfragen; es ginge nur darum, in einem verkürzten Verfahren die Fortdauer des Ruhezustands zu gewährleisten. Deshalb seien die Zivilgerichte auch nicht an die Entscheidung des Gemeindeamtes gebunden.

[745] Auch Entscheidungen unter § 5 slowak. BGB (= § 5 tschech. BGB [1964]) fallen in einem gemeindlichen Verfahren, das der Verwaltungsordnung (Gesetz Nr. 71/1967 Gbl., Zákon o správnom konaní [správny poriadok]) unterliegt. Sie beinhalten entweder ein „Störungsverbot" oder das Gebot, die Sache in den vorigen Zustand zurück zu versetzen. Das kann auch ein

schutz[746] sogar in die Nähe eines Verwaltungsverfahrens.[747] Unter § 5:8 ungar. ZGB kann „der Besitzer … innerhalb eines Jahres auch beim Amtsleiter der Kommunalverwaltung die Wiederherstellung des ursprünglichen Besitzstandes oder die Beseitigung der Störung beantragen". Der Amtsleiter der Kommunalverwaltung kommt dem Antrag nur dann nicht nach, wenn die Person, die um Besitzschutz angesucht hat, offensichtlich (i) nicht zum Besitz berechtigt oder (ii) verpflichtet war, die Störung ihres Besitzes zu dulden. Das Verfahren betrifft sowohl Immobilien als auch Mobilien.[748] Der Amtsleiter darf auf Antrag sogar über den Ausgleich von Nutzungen, Schäden und Kosten entscheiden. Sein Beschluss ist innerhalb von drei Tagen vollstreckbar; verwaltungsrechtlich außerdem unanfechtbar. Wer sich durch ihn benachteiligt fühlt, muss innerhalb von fünfzehn Tagen nach Zustellung die andere Partei vor dem ordentlichen Gericht verklagen. Aufschiebende Wirkung hat diese Klage aber bezeichnenderweise nur insoweit, als der Beschluss auch Fragen der Entschädigung in Geld betrifft. Das gerichtliche Verfahren ist Gegenstand eines eigenen Abschnitts (Abschnitt XX/A) der ungar. ZPO. Es mündet stets im petitorischen Rechtsschutz (vgl. § 5:7 ungar. ZGB). Wenn das ordentliche Gericht entscheidet, dann entscheidet es auf Grund der Berechtigung zum Besitz endgültig.[749]

„rechtswidriger Zustand" sein. In der Praxis geht es vor allem um Nachbarstreitigkeiten (*Fekete,* Občiansky zákonník I, S. 71–72). Tschechien hat dieses „gemeindliche Vorverfahren" abgeschafft. Es kennt aber weiterhin ein gerichtliches „Verfahren über die Klage aus gestörtem Besitz" (§§ 176–180 tschech. ZPO; Gesetz Nr. 99/1963 Gbl., občanský soudní řád). Sein Schutzgut ist der jeweils letzte faktische Zustand, gleich, ob er der Rechtslage entspricht oder nicht. Entscheidungen in diesem Verfahren erwachsen nicht in Rechtskraft.

[746] Verfahren, in denen es um Klagen aus dem besseren Recht zum Besitz geht, werden unmittelbar bei Gericht anhängig gemacht; das Verfahren vor der Verwaltungsbehörde betrifft nur den possessorischen Besitzschutz. Für ein schönes, obgleich älteres ungarisches Beispiel siehe Legf. Bír. P.törv. I. 21 296/1980, BH1981.357. Die Parteien stritten um ein entlaufenes Mutterschwein, das der Beklagte eingefangen hatte, aber nicht herausgeben wollte. Er scheiterte mit dem Bestreiten der Identität des Tieres und versuchte es dann mit Verwendungsersatzansprüchen. Der Kläger wandte ein, das Schwein, kurz bevor es entlaufen war, seiner Tochter geschenkt zu haben, die in seinem Haushalt lebte. Daraufhin wies das Instanzgericht die Herausgabeklage ab. Der OGH hob auf und verwies zurück. Der Kläger sei berechtigter Besitzer des Schweines gewesen und könne als solcher eigenständig petitorisch klagen. Unabhängig von und parallel zu einem Besitzschutzverfahren kann auch ein gerichtliches Verfahren mit der Begründung angestrengt werden, der Beklagte habe das Recht des Klägers auf die Unverletzlichkeit seiner Wohnung und damit sein Persönlickeitsrecht verletzt. Selbst juristische Personen können mit dieser Begründung Klage erheben (Fővárosi Ítélőtábla [Tafelgericht Budapest] 8. Pf. 21.448/2012; P.18/2013, Kúriai Döntések 2013 S. 1213).

[747] Das ungarische Besitzschutzverfahren ist freilich ein Verfahren eigener Art; die Entscheidung wird nicht als Entscheidung in einer Verwaltungssache qualifiziert (ungar. VerfG 120/B/2001, ABH 2001 S. 1323), und das Verfahren vor dem Amtsleiter der Kommunalverwaltung unterliegt nicht der Verwaltungsverfahrensordnung, sondern einer separaten Regierungsverordnung (RegierungsVO 17/2015 vom 16.2.2015 über das in den Zuständigkeitsbereich des Amtsleiters der Kommunalverwaltung fallende Besitzschutzverfahren; 17/2015. II. 16. Kormányrendelet a jegyző hatáskörébe tartozó birtokvédelmi eljárásról).

[748] Das wird im jüngeren Schrifttum rechtspolitisch kritisiert. *Serák,* Állam és Jogtudomány LVI (2015) S. 47, 72–73 schlägt vor, das gemeindliche Verfahren auf Nachbarstreitigkeiten (Lärm, Störung der Nutzung eines Wegs etc.) zu begrenzen.

[749] Legf. Bír. Pfv. I. 20634/2010, BH2011.190 (oben Fn. 626) (Nach Beendigung der Partnerschaft hatte der Mann das Schloss zu der von dem Paar bis dahin gelegentlich genutzten Budapester Wohnung ausgetauscht. Der Stadtnotar hatte darin eine Besitzstörung gesehen und den Mann zur Wiederherstellung des früheren Zustandes verpflichtet. Das Gericht hob die Ent-

Das summarische Verfahren des schwedischen Rechts findet unter § 1 des Gesetzes über Mahnbescheide und Vollstreckungshilfe (Lag om handräckning och betalningsföreläggande, BfL) vor der Vollstreckungsbehörde *(Kronofogdemyndighet)* statt. Sie administriert nicht nur gewöhnliche Mahnverfahren, sondern auch den vorläufigen Besitzschutz. Man unterscheidet zwischen der gewöhnlichen (*vanlig handräckning,* § 3 BfL) und der besonderen Vollstreckungshilfe (*särskild handräckning,* § 4 BfL). Gegenstand des Verfahrens der gewöhnlichen Vollstreckungshilfe sind unbestrittene, nicht offensichtlich unbegründete Herausgabeansprüche, typischerweise Ansprüche auf Rückgabe einer Sache nach abgelaufener Mietzeit. Es ergeht eine behördliche Versäumnisentscheidung (§§ 23, 25 und 42 BfL); im Bestreitensfall wird das Verfahren an das zuständige Gericht abgegeben (§§ 33 und 34 BfL). Gegenstand der besonderen Vollstreckungshilfe sind in erster Linie Herausgabe- und Unterlassungsansprüche in der Folge eigenmächtiger (und deshalb i. d. R. strafbarer) Besitzstörungen. Der Antragsteller kann, muss aber auch zwischen den beiden Verfahrensarten wählen (§ 15 BfL). Die Vollstreckungsbehörde kann dem Antragsgegner alle zur Wiederherstellung des Besitzes erforderlichen Maßnahmen auferlegen (§ 4 BfL). Es handelt sich um ein schriftliches Verfahren, das auf einer Schlüssigkeitsprüfung beruht (§§ 10, 15 und 43 BfL). Rechtsmittel gegen den Beschluss müssen binnen drei Wochen beim Gericht zweiter Instanz eingelegt werden (§ 45 BfL).[750]

Weil Notwehr und Nothilfe „nicht immer ausreichen“[751], hält auch die poln. ZPO in ihren Artt. 478 und 479 einen (kurzen) Abschnitt über das Verfahren wegen Besitzverletzung vor. Es handelt sich um ein i. S. v. Art. 13 § 1 S. 2 poln. ZPO „eigenes Verfahren“. Solche Verfahren sind obligatorisch; die Parteien können sich keiner anderen bedienen.[752] Entschieden wird über die Wiederherstellung des früheren Zustandes oder die Unterlassung von Besitzverletzungen.[753] Der zugrundeliegende Anspruch erlischt, wenn er nicht binnen Jahresfrist geltend gemacht wird (Art. 344 § 2 poln. ZGB); eine Wiedereinsetzung in den vorigen Stand ist ausgeschlossen.[754] Das Gericht überprüft lediglich den letzten Besitzstand und die Tatsache seiner Verletzung; auf die materielle Rechtslage kommt es ebensowenig an wie auf die Gut- oder die Bösgläubigkeit der Parteien (Art. 478 poln. ZPO). Widerklagen sind unzulässig (Art. 479 aaO). Entscheidungen im Besitzschutz ergehen vorläufig. Denn das Verfahren basiert nicht auf einer Rechtsprüfung.[755] Das ist auch in Slowenien und Bulgarien[756] so- 105

---

scheidung des Stadtnotars auf. Der OGH betonte, dass im gerichtlichen Verfahren die Besitzberechtigungen der Parteien gegeneinander abgemessen werden müssten. Der Mann sei Alleineigentümer der Immobilie gewesen, seine Freundin nur Prekaristin, und das auch nur während des Bestehens der Partnerschaft. Ihre Berechtigung sei inzwischen erloschen. Denn der Mann habe die Gefälligkeitsnutzung nicht mehr aufrechterhalten wollen). S. auch Legf. Bír. Pfv. I. 20.267/1997, BH1997.581 (Streit über einen Zaun an der Grundstücksgrenze. Dem Kläger war von der Verwaltungsbehörde possessorischer Rechtsschutz verweigert worden. Der OGH stellte klar, dass das Gericht auf der Grundlage des materiellen Rechts zu entscheiden habe. Es habe an einer Besitzstörung gefehlt, weil der Beklagte nur sein Eigentumsrecht ausgeübt habe).

[750] Näher HD 18.9.1985, NJA 1985 S. 608 (betr. den Austausch des Wohnungsschlosses durch Vermieter).

[751] Radwański und Gniewek (-*Gołaczyński*), System Prawa Prywatnego III[3], S. 123 Rdnr. 163.

[752] Jodłowski/Resich/Lapierre/Misiuk-Jodłowska/Witz *(-Lapierre),* Postępowanie cywilne[5], S. 371. Das Gericht überprüft die Wahl der richtigen Verfahrensart in diesen Fällen von Amts wegen (poln. OG 19.4.2007, III CZP 11/07, Lex-Nr. 244431). Nicht untersagt ist es einem Besitzer allerdings, in einem Parallelverfahren auch petitorischen Rechtsschutz zu suchen.

[753] *Lapierre* aaO S. 386–387.

[754] Zieliński und Flaga-Gieruszyńska *(-Zieliński),* Kodeks postępowania cywilnego[8], Verfahren in Sachen über eine Besitzverletzung – Einführung Rdnr. 6.

[755] *Zieliński* aaO, Art. 478 Rdnrn. 2–3.

[756] Klagen wegen Besitzstörung oder Besitzentziehung (Art. 32 slowen. SPZ) stehen auch dem unmittelbaren gegen den mittelbaren Besitzer zu (Faber und Lurger [-*Rudolf/Rijavec/Keresteš*],

wie in den baltischen Staaten[757] nicht anders. Die entsprechenden Regeln des österreichischen Rechts findet man in den §§ 454–459 der dortigen ZPO.[758] Es geht auch hier ausschließlich um Störungsabwehr und Herausgabe (§ 459 österr. ZPO). Schadensersatzansprüche sind nicht Gegenstand dieses Eilverfahrens.[759] Es muss innerhalb von 30 Tagen ab Kenntniserlangung von der Besitzverletzung in Gang gesetzt werden (Art. 454 aaO). Eine Alternative zu diesem Verfahren besteht nicht; Besitzschutz kann nach herrschender Meinung nur in ihm verfolgt werden.[760] Schutzgut ist der letzte Besitzstand, womit sowohl Sach- als auch Rechtsbesitz gemeint sind.[761] Auf Rechtmä-

---

National Reports I, Slovenia, S. 514, 536). Die Klage muss innerhalb von 30 Tagen ab Kenntniserlangung und spätestens ein Jahr nach der Störung erhoben werden (Art. 32 aaO). Rechte zum Besitz werden nicht geprüft; auf Gut- bzw. Bösgläubigkeit kommt es nicht an (Art. 33(1) aaO). Das Gericht verbietet weitere Störungen, ordnet die Rückgabe der Sache oder andere zum Schutze des Besitzes notwendige Maßnahmen an (Art. 34 aaO). Das possessorische Verfahren schließt ein petitorisches nicht aus; beide können nebeneinander betrieben werden (Art. 36 aaO). Unter Art. 357(2) bulgar. ZPO dürfen Urkunden zum Nachweis des Eigentums im possessorischen Verfahren nur verwandt werden, wenn sie die Existenz des Besitzes (und nicht das Recht zum Besitz) beweisen.

757 Unter estnischem Recht kann der Besitzer eine einstweilige Verfügung beantragen, entweder gleichzeitig mit der eigentlichen Besitzschutzklage oder innerhalb eines Monats vor ihrer Erhebung. Die einstweilige Verfügung ergeht innerhalb eines Tages ohne Anhörung des Störers und ohne Prüfung der materiellen Rechtslage (Faber und Lurger [-*Kullerkupp*], National Reports I, Estonia, S. 226, 260). Auch in Lettland kommt es auf Gut- bzw. Bösgläubigkeit nicht an, auch nicht auf die materielle Rechtslage (Art. 921 lett. ZGB). Der Besitzer muss nur die Besitzstörung dartun (Art. 915 lett. ZGB). Besitzschutzklagen sind innerhalb eines Jahres rechtshängig zu machen (Art. 925 lett. ZGB). Das possessorische Verfahren Litauens ist Gegenstand der Artt. 419–423 der dortigen ZPO. Es genügen die Feststellung des letzten Besitzers und der Besitzverletzung durch den Beklagten; ob er ein Recht auf den Besitz hat und ob er gutgläubig ist, spielt keine Rolle (Art. 422(1) lit. ZPO); Widerklagen sind unzulässig (Abs. (2) aaO). Die Vorbereitung der gerichtlichen Verhandlung darf nicht mehr als dreißig Tage ab Klageeingang in Anspruch nehmen (Art. 421(1) lit. ZPO).

758 Zu Reformüberlegungen näher Schwimann und Kodek (-*Grüblinger*), ABGB II^4, § 339 Rdnr. 48. Die Debatte währt allerdings schon seit Jahrzehnten (z.B. *H. Müller,* ÖJZ 1956 S. 199, 201). Das Hauptproblem dürfte sein, dass der Beschleunigungszweck effektiv nur mit einer Beschränkung der Beweismittel zu erreichen ist, an der es in Österreich aber fehlt. Fasching (-*Kodek*), ZPO III^2, § 454 Rdnr. 173 bezweifelt deshalb, dass es sich überhaupt um ein summarisches Verfahren handelt.

759 *Kodek,* Die Besitzstörung, S. 692.

760 Die dreißigtägige Frist des § 454(1) österr. ZPO wird also als materiellrechtliche Ausschlussfrist gedeutet; das Gericht kann nach ganz herrschender Meinung weder eine Fristverlängerung noch Wiedereinsetzung in den vorigen Stand gewähren (*Rechberger und Simotta,* Zivilprozessrecht^7, Rdnr. 952; zahlreiche Nachweise auch bei Fasching [-*Kodek*], ZPO III^2, § 454 Rdnr. 236). Besitzschutzansprüche sind 30 Tage nach Kenntniserlangung von der Störung unwiderruflich materiellrechtlich präkludiert (Schwimann und Kodek [-*Grüblinger*], ABGB II^4, § 339 Rdnr. 58). Das Gericht hat das von Amts wegen zu berücksichtigen (*Grüblinger* aaO). Nach Fristablauf gibt es einfach keinen possessorischen Besitzschutz mehr; es stehen nur noch recht-rechtliche Ansprüche, insbesondere die Vindikation zur Verfügung (*Peter Bydlinski,* ÖJZ 1998 S. 641, 653). Gegen die herrschende Meinung wendet sich allerdings *Kodek.* Er hält die Frist für eine prozessuale: Innerhalb der ersten 30 Tage nach Kenntnis könne gegen die Störung ausschließlich im besonderen Besitzschutzverfahren vorgegangen werden, danach ausschließlich im ordentlichen Verfahren (Fasching [-*Kodek*], ZPO III^2, § 454 Rdnrn. 242–244; *ders.,* Die Besitzstörung, S. 1023). Das wirkt in der Tat nicht unplausibel. Denn das Besitzschutzverfahren ist jedenfalls dort wenig geeignet, wo in ihm rechtlich komplizierte Fragen geklärt werden müssen, etwa in Fällen des aus familienrechtlichen Gründen bestehenden Mitbesitzes (*Reinl,* JBl 1969 S. 370, 373).

761 *Iro,* Sachenrecht^5, Rdnr. 2/57.

ßigkeit, Echtheit und Redlichkeit des Besitzes kommt es auch hier nicht an (§ 457 aaO). Der Beschluss erschöpft sich in einer einstweiligen Regelung der Verhältnisse und steht deshalb einem späteren Verfahren über das Recht zum Besitz nicht entgegen (§ 459 aaO).[762] „Zur Verhütung von Gewalttätigkeiten" (§ 458 aaO) kann das Gericht Zwischenverfügungen erlassen.[763]

Das französische Recht hat sich erst vor kurzem neu orientiert und für eine Lösung optiert, die der österreichischen durchaus ähnelt. Frankreich hat mit dem Gesetz Nr. 2015-177 vom 16.2.2015[764] die früheren *actions possessoires* aufgehoben und durch ein Verfahren vor dem nunmehr ausschließlich zuständigen ***juge des référés*** (dem Verfügungsrichter, d. h. dem Richter im einstweiligen Verfügungsverfahren) ersetzt. Man hielt die traditionellen *actions possessoires* für unnötig kompliziert. Das aus Art. 2278 franz. CC und insbesondere aus Art. 1265 franz. CPC[765] folgende Verbot der Kumulierung des *possessoire* und des *pétitoire,* dem sie (im Gegensatz zum deutschen Recht: § 864(2) dt. BGB[766]) unterlagen, sei in Hauptsacheverfahren immer schon schwer umsetzbar gewesen.[767] Vor allem aber galten die *actions possessoires* inzwischen als überflüssig, weil sie infolge einer Entscheidung des Kassationshofes aus dem Jahre 1995[768] außer Gebrauch gekommen waren.[769] Das *Référé*-Verfahren hatte sich seither als autonome Technik des Besitzschutzes etabliert; der Gesetzgeber hat diese Entwicklung im Grunde nur nachvollzogen. Unter Art. 808 franz. CPC kann der Präsident des *Tribunal de grande instance* in dringenden Fällen durch einstweilige Verfügung alle Maßnahmen anordnen, die nicht ernst bestritten werden oder die durch die Existenz eines Streits gerechtfertigt sind. Selbst im Fall einer *contestation sérieuse* kann der Landgerichtspräsident durch einstweilige Verfügung alle vorläufigen Maßnahmen anordnen, die notwendig sind, um einem *dommage imminent* vorzubeugen oder einem *trouble ma-* 106

---

[762] Anders als in England ist der Beschluss aber nicht zeitlich begrenzt. Keine Partei ist genötigt, den Rechtsstreit in einem recht-rechtlichen Prozess fortzuführen. Die Parteien können es also bei dem Provisorium belassen (*H. Müller,* ÖJZ 1956 S. 197, 199).

[763] Zu deren Verhältnis zu der „eigentlichen" einstweiligen Verfügung näher *Hagen,* JBl 1971 S. 337, 341.

[764] Loi n° 2015-177 du 16 février 2015 relative à la modernisation et à la simplification du droit et des procédures dans les domaines de la justice et des affaires intérieures.

[765] Art. 2278 franz. CC: „Der Besitz wird ohne Berücksichtigung der materiellen Rechtslage vor der Störung, die ihn trifft oder bedroht, geschützt". Art. 1265 franz. CPC: „Der Besitzschutz und die materielle Rechtslage werden niemals kumuliert. Der Richter kann jedoch die Titel prüfen um zu kontrollieren, ob die Voraussetzungen für den Besitzschutz erfüllt sind. Die Untersuchungsmaßnahmen dürfen die materielle Rechtslage nicht betreffen". Beide Vorschriften sind von der Reform unberührt geblieben.

[766] Siehe dazu insbesondere BGH 23.2.1979, NJW 1979 S. 1359 („Wird in einem Rechtsstreit gleichzeitig über die Besitzschutzklage auf Beseitigung einer störenden Anlage [hier: Entwässerungskanal] und eine auf das petitorische Recht gestützte Widerklage auf Duldung der Anlage entschieden, dann ist nach BGB § 864 Abs. 2 jedenfalls dann die Klage abzuweisen, wenn zugleich rechtskräftig die Widerklage Erfolg hat") und BGH 23.1.1970, BGHZ 53 S. 166.

[767] Näher *Laurent,* in: Périnet-Marquet (Hrsg.), Propositions de l'Association Henri Capitant pour une réforme du droit des biens, S. 66.

[768] Cass. civ. 22.3.1995, Bull. civ. 1995, III, S. 60 Nr. 90. Das Gericht hatte dem *juge des référés* in dieser Entscheidung die Befugnis zugestanden, eine Besitzstörung zu unterbinden, freilich unter der Voraussetzung, dass der Verfügungsrichter nicht in Anwendung der Regeln über die Besitzschutzklagen, sondern in Anwendung der Artt. 848 und 849 franz. CPC entschied.

[769] *Malaurie und Aynès,* Les biens^5, S. 155 Rdnr. 504; *Dross,* Les choses, S. 484 Rdnr. 261.

nifestement illicite ein Ende zu machen (Art. 809 franz. CPC). Alles dreht sich um Schnelligkeit und Vereinfachung der Entscheidung.[770]

107 Unter deutschem Recht ist das einstweilige Verfügungsverfahren zwar nicht obligatorisch, aber in der Mehrzahl der Fälle ohne realistische Alternative. Ein spezifisches Besitzschutzverfahren gibt es nicht. Praktisch wichtig ist, dass es genügt, dass der Besitzer die Störung glaubhaft macht (§§ 936 i.V.m. 920(2) dt. ZPO), typischerweise durch eine eidesstattliche Versicherung der behaupteten Tatsachen (§ 294(1) dt. ZPO).[771] Die Eilbedürftigkeit muss nicht besonders begründet werden; Besitzschutz ist im Zweifel schon seiner Natur nach eilbedürftig.[772] Auch das griechische Eilverfahren ist nicht obligatorisch. Theoretisch kann eine Besitzverletzung gleich in drei verschiedenen Verfahren ausgefochten werden: (i) in dem in die ausschließliche Zuständigkeit der Amtsgerichte (Art. 733 gr. ZPO) fallenden, rein auf die „Bewahrung des gesellschaftlichen Friedens“ ausgerichteten[773] einstweiligen Maßnahmeverfahren (*asfalistiká metra;* Artt. 733–734 gr. ZPO), (ii) im ordentlichen Klageverfahren (dem Hauptprozess über den Besitz) vor dem Landgericht (Art. 16 Nr. 13 gr. ZPO) und (iii), wenn der Besitzer gleichzeitig Eigentümer ist, in einem Hauptprozess, der je nach Streitwert und Streitgegenstand entweder vor dem Amts- oder vor dem Landgericht ausgetragen wird (Artt. 14–18 gr. ZPO). Auch im besitzrechtlichen Hauptverfahren ist das Gericht befugt, vorläufige Maßnahmen zum Schutz von Besitz und Detention anzuordnen.[774] Die ordentliche Besitzklage unterliegt freilich einer einjährigen materiellen Ausschlussfrist (Art. 992 gr. ZGB). Das amtsgerichtliche Eilverfahren ist vor allem angeraten, wenn unmittelbar bevorstehende Gefahren abgewendet werden müssen (Artt. 734 § 2 i.V.m. 682 § 1 gr. ZPO).[775] Rechtsmittel[776] gegen die Entscheidung des Amtsgerichts haben vollstreckungsrechtlich keine aufschiebende Wirkung (Art. 734 § 4 gr. ZPO). Sie genießen ohnehin nur vorläufige Rechtskraft (Art. 695 gr. ZPO). Es kann also zwar zwischen denselben Parteien wegen desselben Sachverhalts kein neues Maßnahmeverfahren angestrengt werden, doch ist das Gericht des ordentlichen Verfahrens nicht an die amtsgerichtliche Entscheidung gebunden.[777] Da es sich um einen Antrag und nicht um eine Klage handelt, unterbricht er die „Verjährung“ (Art. 992 gr. ZGB)

---

770 *Piedelièvre,* Gaz. Pal. 2015 S. 803.

771 Näher z.B. OLG Celle 12.6.1986, NJW-RR 1987 S. 447.

772 MünchKomm (*-Joost*), BGB VII^7, § 861 Rdnr. 16; OLG Stuttgart 22.11.2011, NJW 2012 S. 625; OLG Köln 19.11.1999, MDR 2000 S. 152. KG 19.11.1999, OLGR 1999 S. 157 hält eine einstweilige Verfügung dagegen für ausnahmsweise unzulässig, wenn der Besitzstörer die Sache dauerhaft vermietet hat und der gutgläubige Mieter nicht bereit ist, sie herauszugeben („Die Durchsetzung des Besitzschutzanspruchs gemäß § 861 BGB durch einstweilige Verfügung dient der sofortigen Wiederherstellung des unmittelbaren Besitzes. Eine einstweilige Verfügung gegen den mittelbaren Besitzer (Vermieter) kommt daher nicht in Betracht, wenn dieser den durch verbotene Eigenmacht erlangten unmittelbaren Besitz einem Dritten überlassen hat, dieser den Besitz berechtigt ausübt und nicht zur Herausgabe bereit ist“).

773 *Georgiades,* Emprágmato Díkaio^2, S. 287 Rdnr. 18 mit Fn. 21.

774 *Georgiades* aaO S. 288 Rdnr. 19 mit Fn. 22.

775 Die Dringlichkeit ist anders als im ordentlichen Besitzverfahren (dazu Areopag 1202/1993, Isokrates-Datenbank und LG Kavala 229/1997, Arm 53 [1999] S. 670) Zulässigkeitsvoraussetzung des amtsgerichtlichen Verfahrens.

776 Gegen die Entscheidung des Amtsgerichts ist die Berufung zulässig, allerdings nur innerhalb von zehn Tagen ab Urteilszustellung (Art. 734 § 3 gr. ZGB).

777 Areopag 497/1978, NoB 26 (1978) S. 668; Areopag 1312/2003, ChrID 4 (2004) S. 245; Areopag 439/2003, EllDni 44 (2003) S. 1592 und öfter; st. Rspr.

nicht.[778] Dazu ist die Erhebung der Besitzklage im ordentlichen Verfahren nötig, und diese muss, wenn das Gericht keine Fristverlängerung gewährt, innerhalb von 30 Tagen ab Verkündung der amtsgerichtlichen Entscheidung erhoben werden (Art. 693 § 1 gr. ZPO)[779]. Das Amtsgericht wiederum kann jederzeit provisorische Maßnahmen *(prosoriné diatagé)* schon vor dem Abschluss des Eilverfahrens anordnen (Art. 691 § 2 gr. ZPO).[780] Unter Art. 705 ital. CPC ist der Beklagte gehindert, vor Abschluss des possessorischen Verfahrens seinerseits petitorisch widerzuklagen. Nach der Rechtsprechung des Verfassungsgerichts gilt das freilich nicht, wenn durch den Aufschub unwiderbringlich ein schwerer Schaden droht.[781] Man unterscheidet zwischen der *azione di reintegrazione (o spoglio)* (der Klage auf Wiederherstellung des Besitzes, Art. 1168 ital. CC) und der *azione di manutenzione* (der Klage auf Erhaltung des Besitzes, Art. 1170 aaO). Die *azione di reintegrazione* operiert ohne Beweis des Besitzrechts. Wer die Sache entzogen hat (der *spoliator*), kann nicht einwenden, „ich habe es zwar getan, aber ich hatte ein Recht dazu" *(feci sed iure feci)*. Die Klage muss innerhalb eines Jahres ab der Besitzentziehung erhoben werden (Art. 1168(1) ital. CC), es sei denn, der Besitz wurde heimlich entzogen. Dann läuft die Frist ab Kenntniserlangung (Art. 1168(3) aaO). Es handelt sich um eine *decadenza dall'azione,* einen Klageverfall (Art. 2964 aaO).

Die alten *possessory actions* des englischen Rechts waren „speedy and temporary **108**
remedies introduced in the king's courts for the purposes of preserving the peace and preventing forcible dispossessions, whether rightful or wrong".[782] Das galt in Sonderheit für die *assize of novel disseisin,* mit der sich der *tenant* bereits unter feudalem Grundstücksrecht gegen einen *lord* wehren konnte, der ihm das Land unrechtmäßig entzog.[783] Das moderne Prozessrecht stellt in Part 55 der Civil Procedure Rules (CPR) gleich zwei Verfahrensarten zur Gewährleistung kurzfristigen Rechtsschutzes für die Besitzer von *land* bereit.[784] Schon im gewöhnlichen (d. h. grundsätzlich endgülti-

---

778 Areopag 1312/2003 aaO; Berufungsgericht Piräus 401/1995, EllDni 37 (1996) S. 1428; Landgericht Athen 1812/2002, NoB 50 (2002) S. 1492; a. A. aber *Georgiades,* Emprágmato Díkaio², S. 290 Rdnr. 23 mit Fn. 33.

779 Landericht Amfissas 32/2006 D. 38 S. 305; Amtsgericht Marathonas 195/2006, ArchN 58 (2008) S. 539.

780 Näher *Tsakos,* E prosoriné diatagé katá ton KPolD, Arm. 34 (1980) S. 83 sowie *ders.,* Arm. 35 (1981) S. 176.

781 Corte Cost. 3.2.1992, Nr. 25, Giur. it. 1993, I, 1, 744.

782 Megarry und Wade (-*Harpum/Bridge/Dixon*), The Law of Real Property⁸, Rdnr. 4–005.

783 *Harpum/Bridge/Dixon* aaO Rdnr. 4–016.

784 Dass es nur um *land* geht, hängt damit zusammen, dass letztlich das gesamte System des Schutzes von Immobiliarsachenrechten an den Besitz anknüpft. Bei beweglichen Sachen ist zügiger possessorischer Rechtsschutz bedeutend schwerer zu erlangen. Bei Sachentziehungen kann das Gericht unter sec. 4 Torts (Interference with Goods) Act 1977 einstweilig anordnen, die Sache entweder an den (künftigen) Kläger oder an einen vom Gericht benannten Dritten herauszugeben. Es kann aber auch andere ihm sinnvoll erscheinende Regelungen treffen. In *Howard E Perry & Co Ltd v British Railways Board* [1980] 1 WLR 1375 waren die Kläger Opfer eines Arbeitskampfes. Sie hatten Stahl durch die damalige britische Staatsbahn transportieren lassen. Die Bahnarbeiter drohten mit Streik für den Fall, dass der Stahl an den Kläger herausgegeben werden sollte. Das Gericht ordnete gleichwohl die vorläufige Herausgabe an, weil die Vorenthaltung des Stahls den Kläger in den Ruin zu treiben drohte. Geht es nicht um Herausgabe, sondern um bloße Besitzstörung, ist die Beantragung einer im Ermessen des Gerichts stehenden *injunction* denkbar (sec. 3(8)(c) Torts Act 1977). Besondere Beschleunigungsmechanismen sind für diesen Fall aber nicht vorgesehen; auch das Schrifttum thematisiert sie nicht (z. B. Clerk und Lindsell [-*Tettenborn*], Torts²⁰, Rdnr. 17–129).

gen[785]) Besitzschutzverfahren wegen *trespass* sind die Anhörungsfristen deutlich verkürzt.[786] Es bedarf keiner Zustellungsbestätigung und auch keiner Erklärung des Beklagten, sich verteidigen zu wollen (rule 55.7). Der Antragsgegner muss nicht einmal namentlich benannt sein; Anträge gegen „persons unknown" sind zulässig (rule 55.6). Zeugenaussagen können schriftlich vorgelegt werden (rule 55.8(3)(b)). Eine entsprechend formulierte gerichtliche *order* vorausgesetzt, kann die Vollstreckungsbehörde sogar Personen eines Grundstücks verweisen, die nicht selber an die *order* gebunden sind, und sie kann das gesamte Gelände räumen, auch wenn nur ein Teil zu Unrecht besetzt worden war.[787] Noch zügigere Rechtshilfe erlaubt das Verfahren nach CPR rules 55.21 ff gegen Personen, die sich eines Gebäudes bemächtigen. Die Durchführung dieses speziellen Eilverfahrens kann beantragen, wer (i) ein *right to immediate possession* hat, (ii) den Antrag innerhalb von 28 Tagen nach Kenntniserlangung von der Besetzung stellt (rule 55.21) und ihn (iii) gegen einen Antragsgegner richtet, der weder jetzt noch früher zum Besitz berechtigt war. Der Sachverhalt ist eidesstattlich zu versichern (rule 55.22). Der Antragssteller hat dem Antragsgegner die Antragsschrift binnen 24 Stunden zuzustellen; der Antragsgegner kann sich bis zur Anhörung erklären (rules 55.23 und 55.24). Am Ende des Anhörungstermins entscheidet das Gericht, ob und welche Maßnahme es anordnet. Die Entscheidung fällt i. d. R. zugunsten des Antragstellers aus, wenn dieser spätestens in der Anhörung zusichert, das Grundstück zurückzugeben, keine wesentlichen Änderungen an ihm vorzunehmen und Schadensersatz zu leisten, falls im späteren Hauptsacheverfahren gegen ihn entschieden werden sollte. Die vorläufige Entscheidung muss dem Antragsgegner binnen 48 Stunden zugestellt werden (rule 55.26). Ihm bleiben dann 24 Stunden Zeit, die Immobilie zu räumen; andernfalls macht er sich strafbar (secs. 75 und 76 Criminal Justice and Public Order Act 1994). Bereits in seiner vorläufigen Anordnung setzt das Gericht einen Termin zur mündlichen Verhandlung im regulären Besitzschutzverfahren an (rules 55.25(5) und 55.27). Ab diesem Termin verliert die einstweilige Entscheidung ihre Wirksamkeit (rule 55.27(2)). Der Antragsgegner kann zwar seinerseits schon vorher Aussetzung der einstweiligen Anordnung beantragen, jedoch erst, nachdem er ihr nachgekommen ist (rule 55.28).

2. Die materiellrechtlichen Rechtsbehelfe

a) Possessorischer Rechtsschutz

109 Materiellrechtlich besteht der besitzrechtliche *status quo*-Schutz aus Herausgabe-, Unterlassungs- und Beseitigungs- sowie aus Schadensersatzansprüchen. Der Unterlassungs- und Beseitigungsanspruch (die sogen. *actio manutentionis*) zielt auf Abwehr. Der Anspruchsteller ist im Besitz bzw. der Detention der Sache, wird in ihm aber tatsächlich oder rechtlich gestört. Der Herausgabeanspruch dagegen (die *actio spolii*) eröffnet einem

[785] Das Gericht weist den Antrag nur dann einer anderen Verfahrensart (auch einem *fast track* Verfahren: rule 55.8(2) CPR) zu, wenn es erhebliche Begründetheitszweifel hat. Andernfalls entscheidet es in der Sache selbst (rule 55.8(1)). Je einfacher die Rechtslage, desto schneller das Verfahren, und *vice versa*.

[786] Die Anhörungsfrist kann, wenn es um *trespass* geht, auf zwei (bei Wohngrundstücken auf fünf) Tage nach Zustellung des Antrags verkürzt werden; sie beträgt längstens acht Wochen (rule 55.5(3)(b) CPR).

[787] *Wiltshire County Council v Frazer* (1983) 47 P & CR 69 (*New Age* Anhänger hatten ihre Wohnwagen neben einem historischen *highway* geparkt, ohne diesen selbst zu versperren).

früheren Besitzer bzw. Detentor die Möglichkeit, eine ihm gegen seinen Willen (offen oder heimlich) entzogene Sache innerhalb der vom Gesetz jeweils vorgesehenen Frist zurück zu verlangen. Nicht immer lässt sich klar zwischen diesen Anspruchszielen unterscheiden (und nicht immer wird denn auch klar zwischen ihnen unterschieden[788]), was aber nur geringe Schwierigkeiten aufwirft, weil die Anspruchsvoraussetzungen i.d.R. sehr ähnlich sind. Man denke etwa an Fälle, in denen jemand ein fremdes Grundstück nur zum Teil besetzt. Er muss diesen Teil herausgeben, gleichzeitig aber auch die Störung des Besitzes an dem ganzen Grundstück unterlassen und die auf ihm errichtete Baulichkeit oder das dort abgestellte Fahrzeug beseitigen.[789] Ganz ähnlich liegt es, wo jemand seinen Balkon in den Luftraum über dem Nachbargrundstück hineinragen lässt.[790]

Herausgabe[791]- sowie Unterlassungs- und Beseitigungsansprüche[792] aus Besitz zählen **110** zum festen Regelungsprogramm der allermeisten Kodifikationen; nur der Code Napo-

---

[788] Art. 344 § 1 poln. ZGB z.B. fasst die beiden (oder, je nach Zählweise, sogar drei) Rechtsbehelfe denn auch in einer umfassenden Formulierung zusammen. „Dem Besitzer steht gegenüber demjenigen, der seinen Besitz eigenmächtig gestört hat, sowie gegenüber demjenigen, zu dessen Vorteil die Störung erfolgt ist, ein Anspruch auf Wiederherstellung des früheren Zustands und auf Unterlassung der Störungen zu. Dieser Anspruch ist weder vom guten Glauben des Besitzers noch von der Übereinstimmung des Besitzes mit der wahren Rechtslage abhängig, es sei denn, dass durch rechtskräftige Entscheidung des Gerichts oder eines anderen zur Entscheidung von Angelegenheiten dieser Art berufenen Staatsorgans festgestellt worden ist, dass der durch die Störung entstandene Besitzstand rechtmäßig ist". Ähnlich § 339 österr. ABGB („Der Besitz mag von was immer für einer Beschaffenheit sein, so ist niemand befugt, denselben eigenmächtig zu stören. Der Gestörte hat das Recht, die Untersagung des Eingriffes, und den Ersatz des erweislichen Schadens gerichtlich zu fordern"). § 339 aaO handelt seinem Wortlaut nach also nur von der Besitzstörung. Das Recht zu ihrer Abwehr erfasst jedoch, wie aus § 346 österr. ABGB abgeleitet wird, auch die Befugnis, die Herausgabe entzogener Sachen zu verlangen (*Hammerl,* JBl 1952 S. 98). Siehe für Schweden zudem HD 2.7.1999, NJA 1999 S. 474 (Unterbindung des Zuganges zu den Räumen einer Elektrowerkstatt, die nur durch ein angemietetes anderes Geschäftslokal erreicht werden konnten; Antrag auf besondere Vollstreckungshilfe abgelehnt).

[789] Demgemäß reagiert die *azione di reintegrazione* sowohl auf die Entziehung des Besitzes eines kompletten Grundstücks als auch auf die Entziehung eines Grundstücksteils: Cass. 13.2.1999, Nr. 1204, Giust. civ. Mass. 1999 S. 333; Cass. 25.8.1997, Nr. 7994, Giust. civ. Mass. 1997 S. 1510; Cass. 11.11.1986, Nr. 6589 und Cass. 4.6.1981, Nr. 3633, beide in Juris Data DVD. S. außerdem BGH 5.6.2009, BGHZ 181 S. 233 (Parken auf fremdem Privatgrundstück sei verbotene Eigenmacht; „ob es sich hierbei um eine Besitzstörung oder um eine teilweise Besitzentziehung handelte, ist für die weitere rechtliche Beurteilung ohne Belang") und Oberstes Tschechoslowakisches Gericht 14.6.1921, Rv I 478/21, in: Vážný (Hrsg.), Rozhodnutí nejvyššího soudu československé republiky ve věcech občanských III, S. 412 (Gegen jemanden, der sich „schwarz" in die Mietwohnung eines anderen einschleicht, kann der Mieter sowohl mit der Besitzstörungs- als auch mit der Räumungsklage vorgehen).

[790] Z.B. Amtsgericht Kythera 9/1991 ArchN 43 (1994) S. 248; siehe auch Berufungsgericht Piräus 1515/1988, EllDni 31 (1990) S. 1482 (mit dem Zusatz, dass fremden Besitz auch verletze, wer eine Tür einbaue, die nur durch ein fremdes Grundstück erreicht werden kann).

[791] Art. 76 bulgar. Gesetz über das Eigentum; § 861 dt. BGB; § 45(1) estn. LPA; Art. 987 gr. ZGB; Art. 1168 ital. CC; Art. 921 lett. ZGB; Art. 535 malt. CC; § 346 österr. ABGB i.V.m. § 454(1) österr. ZPO; Art. 344 § 1 poln. ZGB; Artt. 1278, 1279 port. CC i.V.m. Art. 377 port. CPC; Art. 949(1) rumän. CC; § 5 slowak. BGB; Art. 34 slowen. SPZ; Art. 446 span. CC i.V.m. Art. 250(1) Nr. 4 span. LEC (dessen neuer Satz 2 zur Bekämpfung der sich neuerdings mehrenden Fälle von Hausbesetzungen durch Gesetz 5/2018 vom 11.6.2018 eingefügt wurde); § 1007(1) tschech. BGB; § 5:9(1) i.V.m. § 5:5(1) 1. Alt. ungar. ZGB.

[792] Art. 75 bulgar. Gesetz über das Eigentum; § 862 dt. BGB; § 44(1) estn. LPA; Art. 989 gr. ZGB; Art. 1170 ital. CC; Art. 915 lett. ZGB; Art. 534 malt. CC (dazu Faber und Lurger [-*Galea*], National Reports VI, Malta, Rdnr. 2.4); § 339 S. 2 österr. ABGB i.V.m. § 454(1)

léon schweigt.[793] In Schweden (und, soweit es sich um Mobilien handelt, auch in Spanien[794]) knüpft man an die Verletzung strafrechtlicher Besitzschutzvorschriften an, darunter Diebstahl (Kap. 8 § 1 BrB), verbotene Eigenmacht (*egenmäktigt förfarande,* Kap. 8 § 8 BrB), unerlaubte Selbsthilfe (*självtäkt,* Kap. 8 § 9 BrB) und Hausfriedensbruch (*hemfridsbrott,* Kap. 4 § 6 BrB).[795] Es gibt keine Vorschriften, die den negatorischen Rechtsschutz ausdrücklich regelten, nicht einmal zugunsten von Eigentümern. Man muss das materielle Recht aus den Vorschriften des Verfahrensrechts entwickeln, z.B. aus den Regeln über Leistungs- und Erfüllungsklagen (Kap. 13 § 1 schwed. RB) und den vorerwähnten Vorschriften über das summarische Verfahren in der besonderen Vollstreckungshilfe (*särskild handräckning*).[796] Das englische Recht setzt, auch bei Grundstücken, prinzipiell auf dem *tort of trespass* auf, der i.d.R. freilich weder den Nachweis eines tatsächlichen Schadens noch Unrechtsbewusstsein voraussetzt. Ansprüche aus *trepass to goods* (und aus *conversion*) sind auf Geldersatz gerichtet; nur wer ein spezifisches Interesse gerade am Wiedererhalt der entzogenen Sache darlegen kann, hat unter sec. 3(2)(a) Torts (Interference with Goods) Act 1977 Aussicht, zu seinen Gunsten eine Herausgabeentscheidung zu erwirken. *Trespass to land* ist dagegen mit dem verfahrensrechtlichen Instrumentarium der *recovery of land* bewehrt; außerdem ist es zum Schutz vor Störungen des Besitzes von Land wesentlich leichter, erfolgreich eine entsprechende *injunction* zu beantragen.[797]

österr. ZPO; Art. 344 § 1 poln. ZGB; Art. 1276 port. CC; § 5 slowak. BGB; Art. 34 slowen. SPZ; Art. 446 span. CC i.V.m. Art. 250(1) Nr. 4 span. LEC; § 1003 tschech. BGB; § 5:5(1) 2. Alt. ungar. ZGB.

[793] Weder das französische noch das belgische und das luxemburgische Zivilgesetzbuch befassen sich mit den materiellrechtlichen Grundlagen des possessorischen Rechtsschutzes; er ist rein verfahrensrechtlich eingekleidet. Frankreich verweist Besitzer heute auf das *Référé*-Verfahren (vorher Rdnr. 106). In Belgien sind die Besitzschutzklagen (*complainte, dénonciation de nouvelle œuvre* und *réintégrande*) im Verfahrensrecht nur angedeutet (Art. 1370 belg. Code judiciaire). Art. 4(4) luxemb. CPC erwähnt sie ausdrücklich.

[794] In Spanien „from a practical point of view, it has been stressed that behaviour which is harmful to possession is generally resolved before the civil courts when it regards immovable assets, and before the criminal courts, in the case of movables" (Faber und Lurger [-*González Panacowska und Díez Soto*], National Reports V, Spain, S. 496, Fn. 266). Das spanische Strafgesetzbuch (Artt. 110(1) und 111 span. CP) gibt selber einen zivilrechtlichen Anspruch auf Wiedereinsetzung in den vorigen Stand. Es ist freilich nicht in jeder Beziehung geklärt, ob Schutzgut dieser *restitución* der Besitz oder das Eigentum ist (*Díez-Picazo,* Fundamentos III[5], S. 742).

[795] Näher *Westberg,* Det provisoriska rättsskyddet i tvistemål, S. 74; s. auch *Lindell,* Civilprocessen[2], S. 207.

[796] Prop. 1989/90: 85, S. 102. Diese Gesetzgebungstechnik ist für das schwedische Recht durchaus charakteristisch. Die Beziehungen zwischen dem Verfahrensrecht und dem materiellen Recht bleiben unausgesprochen. Kodifizierte Anspruchsgrundlagen sind selten; sie werden impliziert (*Hellner,* Lagstiftning inom förmögenhetsrätten, S. 192; *ders.,* Metodproblem i rättsvetenskapen, S. 198). Und wenn sich solche Anspruchsgrundlagen ausnahmsweise finden, dann gründen sie nicht auf abstrakten Konzepten wie Besitz oder Eigentum, sondern auf der Regelung konkreter Konfliktlagen, etwa zwischen Nachbarn (Kap. 3 §§ 1–12 schwed. JB). Instruktiv auch HD 5.2.1948, NJA 1948 S. 99 (Grundstückseigentümerin schließt und entfernt bei Umbaumaßnahmen das mit dem benachbarten Industriegrundstück verbundene Abflussrohr; Antrag auf *särskild handräckning* [besondere Vollstreckungshilfe]); HD 30.6.2008, NJA 2008 S. 774 (betr. die Herausgabe eines Hundes) und HD 6.12.1979, NJA 1979 S. 769 (betr. die Sperrung eines Weges; Rechtsschutz ebenfalls im Verfahren der besonderen Vollstreckungshilfe). Siehe im Übrigen oben Rdnr. 104.

[797] Die *action for recovery of land* ermöglicht es generell, widerrechtlich entzogenen Besitz an *land* zurückzuerlangen. Ein besonderes Interesse an der Wiedererlangung muss (anders als bei

Possessorischer Rechtsschutz steht grundsätzlich **jedem Inhaber von Sachherrschaft** zu, dem *licensee*[798] wie dem Detentor[799] und dem Besitzer, auch dem mittelbaren[800], dem unrechtmäßigen und selbst dem bösgläubigen.[801] Der Qualifikation bedarf 111

---

beweglichen Sachen) nicht nachgewiesen werden (Winfield und Jolowicz [-*Rogers*], Torts[17], Rdnrn. 13–15 bis 16; dort auch zum Verhältnis der *action for the recovery of land* zum *tort of trespass*). Zur *injunction* zahlreiche Beispiele bei Clerk und Lindsell (-*Burrows*), Torts[19], Rdnrn. 30-11 und -12.

798 *Dutton v Manchester Airport* [1999] 2 All ER 675, 689 („A contractual licensee has a sufficient interest in land, without having exclusive possession of the land, such that proceedings can be brought by the licensee in its own name against trespassers. A licensee not in occupation may claim possession against a trespasser if that is a necessary remedy to vindicate and give effect to such rights of occupation as by contract with his licensor he enjoys" (*Laws* LJ). (Es ging um Naturschützer, die das Fällen von Bäumen auf dem Nachbargrundstück eines Flughafens, über das die Einflugschneise verlief, verhindern wollten).

799 Das ist auch in Bulgarien (Art. 76 bulgar. Gesetz über das Eigentum), Frankreich (Art. 2282(2) franz. CC) und in Rumänien (Art. 949(2) rumän. CC) so. Portugal gewährt possessorischen Rechtsschutz ausdrücklich dem Mieter gegen den Vermieter (Art. 1037(2) port. CC) und dem Untermieter gegen den Untervermieter (Art. 1060 port. CC). Ähnliches gilt für den Partner einer Viehzuchtgemeinschaft in Relation zum Tiereigentümer (Art. 1125(2) port. CC), für den Entleiher in Relation zum Verleiher (Art. 1133(2) port. CC) und für den Verwahrer in Relation zum Deponenten (Art. 1188(2) port. CC). Daraus wird zutreffend geschlossen, dass ein Landpächter (obwohl er kein dingliches Recht hat und eben kein bürgerlichrechtlicher Besitzer ist) auch gegen Drittstörer vorgehen kann (RL 13.3.2008, Processo 9/2008-8). In Belgien dagegen soll ein Detentor (z. B. ein Mieter) nur dann Besitzschutz genießen, wenn die Störung aus einer Gewalthandlung oder einer *voie de fait* resultiert (*Boufflette,* La possession, S. 92 Rdnr. 78). Auch in Luxemburg sieht man das so. Der Mieter müsse den Vermieter auffordern, gegen den dritten Besitzstörer vorzugehen. Nur eine *réintégrande* stünde einem Mieter gegen einen Dritten zu, der den Besitz durch eine *voie de fait* entzogen habe (*Watgen und Watgen,* La propriété immobilière, S. 281 Rdnr. 278).

800 Z. B. § 869 dt. BGB (Herausgabe an sich selbst aber nur, falls der bisherige unmittelbare Besitzer die Sache nicht zurück haben will); § 47(1) und (2) estn. LPA (dsgl.); Art. 1168 ital. CC (wonach der Anspruch „überdies" – *altresì* – auch dem Detentor zusteht, was im Umkehrschluss bedeutet, dass er allemal dem mittelbaren Eigenbesitzer zusteht); § 5:8(1) i. V. m. § 5:1(2) ungar. ZGB (Besitzschutz sowohl für Unter- als auch für Oberbesitzer). In Österreich und in Tschechien fehlt es zwar an einer § 869 dt. BGB entsprechenden gesetzlichen Vorschrift, die Rechtslage ist aber dieselbe (Schwimann [-*Illedits*], ABGB-Taschenkommentar[3], § 339 Rdnr. 1; Spáčil [-*Spáčil*], Občanský zákoník III, S. 116). In England findet das Prinzip in der Formel Ausdruck, dass der Inhaber eines *right to immediate possession* in den Schutzbereich von *conversion* und *trespass* einbezogen ist und dass, wenn ein solches Recht fehlt, mindestens Schadensersatz wegen Verletzung des *reversionary interest* gefordert werden kann (oben Rdnr. 66). Auch in Schottland genügt für Herausgabeansprüche aus *spuilzie* eine *possession animo solo* (Smith und Black [-*Reid*], Stair Memorial Library XVIII: Property, Rdnr. 163). S. im Übrigen bereits oben Fn. 449.

801 Z. B. § 339 österr. ABGB, Artt. 342 und 344 poln. ZGB, für Griechenland Amtsgericht Paros 1/1990, ArchN 1992 S. 251 (auch der heikle Besitzer habe das Selbsthilferecht unter Art. 985 gr. ZGB) und für Tschechien Spáčil (-*Spáčil*), Občanský zákoník III, S. 114. In England verhalten sich die Dinge ebenso (siehe zur *conversion* gestohlener Sachen etwa *Costello v Chief Constable of Derbyshire Constabulary* [2001] EWCA Civ 381; [2001] 1 WLR 1437; *Fox* [2002] CLJ S. 27 und *Sliwka,* Herausgabeansprüche, S. 250). Nur bei der *action for recovery of land* muss der Anspruchsteller einen Rechtsgrund für seinen Besitz angeben (näher Clerk und Lindsell [-*Murpy*], Torts[20], Rdnrn. 19–70 bis 71). In Schottland war immer schon anerkannt, dass auch der rechtlose Besitzer Herausgabeansprüche aus *spuilzie* geltend machen könne, wenn ihm eine (bewegliche oder unbewegliche) Sache vollständig entzogen werde. Ursprünglich wurden ihm Ansprüche auf Störungsabwehr aus *trespass* oder *encroachment* dagegen verwehrt (Smith und Black [-*Reid*], Stair Memorial Library XVIII: Property, Rdnr. 140). Inzwischen scheint sich jedoch die Auffassung durchzusetzen, dass der rechtsgrundlose (Eigen-)Besitzer mindestens ge-

dieser Satz meistens nur im Recht der Selbstverteidigung gegenüber Sachherrschaftsstörungen und in den Beziehungen zwischen dem aktuellen und dem früheren Besitzer, dem der Besitz entzogen wurde.

Einen europäischen Sonderweg haben allerdings die **Niederlande** eingeschlagen. Denn unter Art. 3:125(1) ndl. BW kommt grundsätzlich nur dem Eigenbesitzer eines Gutes Störungs- und Entziehungsschutz zu, und zwar in dem Umfang, in dem er auch einem Rechtsinhaber zustünde. Unter Art. 3:125(2) aaO wird die Klage sogar „abgewiesen, wenn der Beklagte ein besseres Recht als der Kläger darauf hat, das Gut zu besitzen oder er die störenden Handlungen aufgrund eines besseren Rechtes vorgenommen hat, es sei denn, dass der Beklagte mit Gewalt oder auf heimliche Weise dem Kläger den Eigenbesitz genommen oder dessen Eigenbesitz gestört hat". Der Fremdbesitzer muss sich mit einer Klage aus dem Recht der unerlaubten Handlungen bescheiden (Abs. (3) aaO). Unter Art. 3:125(1) ndl. BW ist also nur der *bezit* geschützt; der *houder* wird auf Art. 6:162 ndl. BW (Deliktsrecht) verwiesen.[802] Das führt zu dem Kuriosum, dass der Mieter besitzrechtlich schlechter geschützt ist als ein Dieb (der ja Eigenbesitzer ist), auch wenn der Fremdbesitz unstreitig zu den Schutzgütern des Deliktsrechts zählt. Ihm soll die *politionele functie* (die „schützende Funktion") zugewiesen sein; Art. 3:125 ndl. BW soll dagegen nur eine *goederenrechtelijke functie* (eine „güterrechtliche Funktion") haben.[803] Das Deliktsrecht schütze die faktische Inhaberschaft eines Gutes, Art. 3:125 ndl. BW bewahre vor Störungen in der Ausübung des Besitz*rechts*.[804] Nur so erklärt sich auch, dass Art. 3:125(2) aaO den Anspruch an einem „besseren Recht" des Beklagten scheitern lässt. Die Konstruktion, die auf dem wenig überzeugenden Verständnis von Besitz als einem Recht ruht, führt natürlich sofort zu der Frage, was ein „besseres" Recht als das Besitz„recht" sein soll. Gewöhnlich wird das das Eigentums- oder ein anderes „echtes" Sachenrecht sein.[805] Das geht aber nicht glatt auf, weil zwar der Eigentümer gegenüber dem Mieter „eigentlich" das bessere Recht hat, aber dann nicht, wenn der Mieter ihm gegenüber die tatsächliche Sachherrschaft noch berechtigt ausübt. Wird dem Mieter die Sache gestohlen, hilft ihm sein Recht auf die Sachherrschaft jedoch dem Dieb gegenüber wieder nicht weiter. Der Mieter muss sich der Hilfe des Eigentümers versichern oder aus Delikt gegen den Dieb klagen, wobei Art. 6:162 ndl. BW im Wege der Naturalrestitution auch ein Herausgabeverlangen stützt.

112 Hiervon abgesehen bleibt es jedoch im Allgemeinen dabei, dass Schutzgut des possessorischen Rechtsschutzes „die Tatsache des Besitzes" ist.[806] Der Besitzer muss nur nachweisen, dass er durch den Anspruchsgegner in seiner Sachherrschaft gestört oder aus ihr verdrängt wurde; außerdem die der Geltendmachung seines Anspruchs gesetzte materiellrechtliche Frist beachten.[807] Der Anspruch richtet sich gegen denjenigen, der

---

gen Dritte, die gleichfalls kein Recht zum Besitz haben, auf alle Abwehrrechte und Ansprüche aus dem Besitz zurückgreifen kann (*Gordon und Wortley*, Scottish Land Law I^3, Rdnr. 14–14). Art. 918 lett. ZGB kommt diesem Ergebnis dadurch nahe, dass von jedem Besitzer bis zum Beweis des Gegenteils vermutet wird, dass er rechtmäßig und gutgläubig besitze.

[802] Nieuwenhuis/Stolker/Valk (-*Rank-Berenschot*), BW^6, Art. 3:125 Rdnr. 4b.

[803] Asser (-*Mijnssen/de Haan/van Dam/Ploeger*), Goederenrecht I^{15}, Nr. 181 S. 157.

[804] *Mijnssen/de Haan/van Dam/Ploeger* aaO Nr. 184 S. 160.

[805] *Rank-Berenschot* aaO Rdnr. 3a.

[806] Vékás und Gárdos (-*Menyhárd*), Kommentár a Polgári Törvénykönyvhöz I, § 5:5 ungar. ZGB, S. 909; ähnlich Erman (-*A. Lorenz*), BGB II^{15}, § 861 BGB Rdnr. 1 und Rummel (-*Spielbüchler*), ABGB I^3, § 339 Rdnr. 2.

[807] Die Frist beträgt gewöhnlich ein Jahr ab der Störung (z. B. Art. 1370(3) belg. Code judiciaire; § 864(1) dt. BGB; § 48(1) estn. LPA; Art. 992 gr. ZGB; Art. 1168 ital. CC [bei heimlicher Entziehung ein Jahr ab Entdeckung]; Artt. 925 und 926 lett. ZGB [dsgl.]; Art. 117 luxemb. CPC; Art. 3:125(1) ndl. BW; Art. 344 § 2 poln. ZGB; Art. 1282 port. CC; Art. 951(1) rumän. CC; Art. 32 slowen. SPZ [sechs Wochen ab Kenntnis, längstens ein Jahr]; Art. 1968(1) span. CC i. V. m. Art. 439(1) LEC; § 1008 tschech. BGB [dsgl.]; § 5:8(1) ungar. ZGB). In Bulgarien ist die Frist auf sechs Monate verkürzt (Artt. 75 und 76 bulgar. Gesetz über das Eigentum). Für Österreich siehe bereits Rdnr. 105 (würde man die Frist des § 454 österr. ZPO nicht als materiell-

die Besitzstörung in eigener Person oder durch jemanden begangen hat, der auf seine Veranlassung handelte[808], m. a. W. gegen denjenigen, zu dessen Vorteil die Störung erfolgte (Art. 344 § 1 Satz 1 poln. ZGB). Besitzstörungen können also auch durch Unterlassungen begangen werden, etwa, wenn ein Gastgeber seine Gäste, obwohl ihm das ohne weiteres möglich wäre, nicht daran hindert, nachts ungebührlichen Lärm zu machen.[809] Ebenso liegt es bei Geräuschimmissionen aus einem neu eröffneten Lokal.[810] Eine Besitzstörung begeht auch, wer auf seinem Grundstück einen künstlichen Teich anlegt, ihn aber nicht reinigt, so dass sich unerträglich laut quakende Frösche in ihm sammeln.[811] Im Übrigen operiert possessorischer Rechtsschutz zwar grundsätzlich verschuldensunabhängig. Von einer „Entziehung" bzw. einer „Störung" wird man aber richtiger Ansicht nach nur sprechen können, wenn der Anspruchsgegner wenigstens mit natürlichem *animus spoliandi* bzw. *turbandi* handelte.[812]

b) Unterlassung, Beseitigung, Herausgabe

Besitzstörungen begegnen in vielerlei Gestalt. Unter Art. 914 lett. ZGB liegt eine **113**
Besitzstörung vor, wenn sich jemand eine fremde Sache oder ein Recht ganz oder teilweise anzueignen versucht, oder den Besitzer in der Ausübung seiner Sachherrschaft

---

rechtliche Ausschlussfrist deuten, verbliebe es bei der allgemeinen dreißigjährigen Verjährungsfrist des § 1479 österr. ABGB: Klang [-*Kodek*], ABGB³, § 339 Rdnr. 277). England nimmt eine Sonderstellung ein, weil es weder klar zwischen possessorischem und petitorischem Besitzschutz noch zwischen Verjährung und „Ersitzung" unterscheidet. Ansprüche aus *conversion* und *trespass* verjähren erst nach sechs Jahren (secs. 2 und 3(2) Limitation Act 1980). Ansprüche aus *trespass to land* verjähren sogar erst nach zwölf Jahren (sec. 15(1) aaO).

808 Näher für Österreich *Gladt,* ÖJZ 1988 S. 513, 515, 553. Das englische Recht erzielt in Anwendung seiner allgemeinen Grundsätze über *joint tortfeasors* praktisch identische Ergebnisse (näher Clerk und Lindsell [-*Murphy*], Torts¹⁹, Rdnr. 4–04). Unter 1281 port. CC kann die Besitzklage angestrengt werden „nicht nur gegen den Entzieher oder seine Erben, sondern auch gegen denjenigen, der im Besitz der Sache ist und Kenntnis von der Entziehung hat" (*Pires de Lima und Antunes Varela,* Código Civil Anotado III², S. 55, Anm. 5 unter Art. 1281).

809 BayObLG 4.2.1987, BayObLGZ 1987 S. 36, 40 (Mieter muss besitzrechtlich gegen den lärmstörenden anderen Mieter – und nicht gegen den Vermieter – vorgehen, wenn der Vermieter keine Möglichkeit hat, den Lärm zu unterbinden). S. auch *Gladt,* ÖJZ 1988 S. 513, 515, 553.

810 LG Athen 10266/1953, EEN 21 (1954) S. 419; Cass. 10.9.1997, Nr. 8829, Giust. civ. Mass. 1997 S. 1665 (Gerüche und Rauch eines Restaurant); Cass. 23.3.1996, Nr. 2604, Giust. civ. Mass. 1996 S. 422 (frühmorgendlicher Lärm aus einer Konditorei).

811 Berufungsgericht Patras 19/1966, NoB 14 (1966) S. 672; LG Piräus 787/1977, NoB 25 (1977) S. 414, LG Mesologgi 82/1966 NoB 14 (1966) S. 891. Um einen im Tatsächlichen ganz ähnlich liegenden Fall ging es in BGH 20.11.1992, BGHZ 120 S. 239. Der Kläger hatte Trockenlegung des Teiches verlangt. Der BGH prüfte das jedoch nur unter eigentumsrechtlichen Aspekten (§§ 1004, 906 dt. BGB) und wies die Klage aus naturschutzrechtlichen Gründen ab. Man durfte die Frösche nicht „vertreiben, vernichten oder sonst stören".

812 So m. E. zu Recht die italienische Lehre (*Torrente und Schlesinger,* Manuale di diritto privato²¹, S. 343) und Rechtsprechung (Cass. 22.2.2011, Nr. 4279, Giust. civ. Mass. 2011 S. 279; Cass. 19.7.2007, Nr. 16077, Giust. civ. Mass. 2007 S. 9). Der Kläger muss den *animus turbandi* des Beklagten ebenso beweisen wie den *animus spoliandi* (Cass. 22.2.2011 aaO). Er liegt aber gewöhnlich in *re ipsa,* weshalb diese Beweislastverteilung nur in Ausnahmefällen eine Rolle spielt. Meistens wird freilich nur gesagt, dass der Besitzschutz gänzlich verschuldensunabhängig funktioniere (z. B. für Polen *Gniewek,* Prawo rzeczowe⁸, S. 286 Rdnr. 894), und in Griechenland fügt man hinzu, dass es nicht erforderlich sei, dass sich der Besitzer den Besitz anmaßen wolle (Georgiades und Stathopoulos [-*Georgiades*], ZGB, Art. 984 S. 260 Rdnr. 10; Areopag 314/1966, NoB 15 [1967] S. 25; LG Mesologgi 82/1966, NoB 14 [1966] S. 891).

hindert, etwa durch ernst zu nehmende Drohungen. Sach- bzw. Rechtsbesitz gelten als entzogen, wenn der Besitzer aus ihm mit Gewalt verdrängt wird (Art. 920 aaO). Ganz ähnlich verhalten sich die Dinge unter Art. 4.35(1) lit. ZGB. § 40(1) estn. LPA operiert mit dem Merkmal der Willkürlichkeit. Eine Störung ist willkürlich, wenn der Sachbesitz gesetzwidrig verletzt oder ohne die Zustimmung des Besitzers entzogen wird (§ 40(2) aaO). Verletzt ist der Besitz wiederum, wenn der Besitzer in seiner Ausübung behindert wird; Versuch und Drohung genügen (§ 40(3) aaO). § 1004 tschech. BGB bringt besondere Regeln, unter denen ein Besitzer (sowohl der Besitzer des Eigentumsrechts als auch der Besitzer eines beschränkten Nutzungsrechts) das Verbot der weiteren Ausführung eines Bauwerks auf dem Nachbargrundstück erreichen kann, etwa, weil dort höher als dienstbarkeitsrechtlich erlaubt gebaut werden soll, ein Zaun ein Notwegerecht zu beeinträchtigen droht oder das Bauwerk intolerable Immissionen befürchten lässt (§ 1013 tschech. BGB).[813] Entsprechende Regeln findet man in Art. 347 § 1 poln. ZGB, in Artt. 1171 *(denunzia di nuova opera)* und 1172 *(denunzia di danno temuto)* ital. CC sowie in §§ 340 und 342 österr. ABGB. Ein Besitzer, dessen Besitz durch einen Neubau auf dem Nachbargrundstück bedroht wird, kann sich gegen ihn durch Antrag auf Erlass eines gerichtlichen Verbots der Bauführung zur Wehr setzen.[814]

114 Der allgemeine Besitzschutz knüpft an **jede tatsächliche Beeinträchtigung** der Sachherrschaft bzw., beim Rechtsbesitz, an jede Störung der Ausübung des Rechts an. Gegenüber dem Besitzer eines Wegerechts soll nach österreichischer Auffassung ein einfaches Verbot des Durchgangs noch nicht genügen; erforderlich sei, dass es mit der Androhung „weiterer Konsequenzen" verknüpft werde.[815] Umgekehrt erleidet ein Sachbesitzer eine Besitzstörung, wenn ein Rechtsbesitzer ihm gegenüber den Umfang des besessenen Nutzungsrechts überschreitet.[816] Gewöhnlich reichen bereits kleinere Störungen des Sachbesitzes aus, um sie mit Besitzschutzansprüchen zu bekämpfen. Aus der Sicht der deutschen Rechtsprechung soll bereits das Rauchen eines anderen Mieters auf dem Nachbarbalkon genügen können.[817] Das LG Berlin hält dafür, dass sich der Besitzschutz des Mieters zwar grundsätzlich auf alle Maßnahmen bezieht, die den Mietgebrauch beeinträchtigen. Ein Mieter müsse aber Immissionen dulden, die unter § 906 dt. BGB auch ein Eigentümer dulden müsste. Lärmbelästigungen, die durch die Anbringung von Wärmeschutz an der Hausfassade verursacht würden, müsse ein Mieter hinnehmen, wenn sie unter Einhaltung aller Vorschriften des öffentlichen Baurechts durchgeführt würde.[818] Auch in Polen wird gelehrt, dass prinzipiell jedes Verhal-

---

[813] Näher Spáčil (*-Spáčil*), Občanský zákoník III, S. 118 und 126.

[814] Das soll freilich nur gelten, wenn entweder kein baurechtliches Genehmigungsverfahren durchgeführt wurde oder der Besitzer in ihm nicht mit seinen Einwendungen durchdrang: Rummel (*-Spielbüchler*), ABGB I^3, § 340 Rdnr. 4.

[815] *Spielbüchler* aaO § 339 Rdnr. 2. Umgekehrt können nach der Rechtsprechung des poln. OG aber eben auch bloße Drohungen schon genügen, um eine Besitzverletzung zu bejahen. Der entsprechende Anspruch ist in solchen Fällen auf die Unterlassung der Drohungen, nicht nur auf die Unterlassung ihrer Realisierung gerichtet (poln. OG 20.4.1963, I CR 225/63, Lex-Nr. 1673055).

[816] *Iro,* Sachenrecht^5, Rdnr. 2/58.

[817] BGH 16.1.2015, NJW 2015 S. 2023. S. außerdem OLG München 21.1.1992, NJW-RR 1992 S. 1097 (Besitzschutzklage unter Mietern wegen ruhestörenden Lärms).

[818] LG Berlin 26.2.2013, MDR 2013 S. 643; anders aber wohl LG Berlin 16.12.2014, Grundeigentum 2015 S. 325 (der Mieter sei gegen den Vermieter auf vertragliche Gewährleistungsansprüche beschränkt). LG Berlin 1.3.2013, NJW-RR 2013 S. 846 bejaht eine Besitzstörung

ten, das die Herrschaftsausübung über eine Sache erschwert, eine eigenmächtige Besitzstörung darstelle. Es genüge bereits die Gefahr eines teilweisen Herrschaftsverlustes.[819] Der ungar. OGH hat die einseitige Entfernung der Trennwand im Essraum eines geschiedenen Paares als Besitzstörung qualifiziert, weil die Maßnahme die Bestimmungen des Vergleichs verletzte, den das Paar im Zuge der Scheidung geschlossen hatte.[820] Auch das Abstellen von Chemikalien in der Nähe seiner Wohnung verletze den Besitz eines Mieters, für den sie wegen einer Vorerkrankung gefährlich sind; dass sie für gesunde Menschen im Allgemeinen nicht schädlich seien, ändert nach Auffassung des OGH nichts.[821] Keine Besitzstörung begeht dagegen, wer nach Ablauf der vereinbarten Zeit die ihm überlassene Sache nicht zurück gibt.[822] Dabei handelt es sich um eine Vertragsverletzung, nicht um eine verbotene Eigenmacht.[823] Verbotene Eigenmacht begeht vielmehr, genau umgekehrt, ein Vermieter, der die Wohnung des Mieters nach Ablauf der Mietzeit einfach auf eigene Faust leerräumt und das Mobiliar entsorgt; für den dadurch verursachten Schaden haftet der Vermieter unter § 231 dt. BGB sogar verschuldensunabhängig.[824] Fremden Besitz stört auch, wer sein Fahrzeug ohne zu bezahlen auf einem gebührenpflichtigen Parkplatz abstellt.[825] Der durch Bauarbeiten herbeigeführte Verlust einer privaten Ausfahrt aus einer öffentlichen Landstraße bewirkt nach einer Entscheidung des Danziger Bezirksgerichts zwar eine Besitzstörung, doch sei sie gerechtfertigt, wenn ihr eine rechtmäßige verwaltungsbehördliche Entscheidung zugrunde liege.[826] Im Rahmen einer rechtfertigenden mutmaßlichen

---

durch Lärmimmissionen beim nachträglichen Anbau von Balkons jedenfalls dann, wenn dazu auch die Außenwand der vom Kläger gemieteten Wohnung geöffnet werden muss.

819 Gniewek (-*Gołaczyński*), Kodeks cywilny², Art. 344, S. 486 Rdnr. 6.

820 Legf. Bír. Pfv. I. 20.158/1994, BH1997.526. Der Verpflichtung zur Wiederherstellung des früheren Zustandes sind allerdings Zumutbarkeitsgrenzen gesetzt. LG Leoben 20.8.2015, 1 R 147/15g, RIS Justiz nimmt deshalb an, dass wer beim Abbruch des eigenen Hauses zu Unrecht eine Mauer des Nachbarn mit einreißt, possessorisch nicht zu ihrem Wiederaufbau verpflichtet sei.

821 Legf. Bír. Pfv. I. 20919/1985, BH1986.324.

822 Wieder anders liegt es aber, wenn ein Bauunternehmer nach Kündigung des mit ihm geschlossenen Vertrages Material auf der Baustelle zurücklässt (OLG Stuttgart 22.11.2011, NJW 2012 S. 625). Besitzstörungen können auch durch Unterlassungen verursacht werden (Areopag 453/1991, EllDni 33 [1992] S. 839), freilich wird man einschränken müssen, dass das nur dann gilt, wenn es eine Person pflichtwidrig unterlassen hat, sie abzuwenden (Staudinger [-*Gutzeit*], BGB (2012), § 858 Rdnr. 5; MünchKomm [-*Joost*], BGB VII⁷, § 858 Rdnr. 2).

823 Legf. Bír. Pfv. I. 22.304/2006, BH2007.186. Vgl. damit aber auch Legf. Bír. Pfv. I. 22.231/1999, BH2005.525 (Der Beklagte hatte nach Ablauf der Mietzeit das Grundstück nicht zurückgegeben, auf dem er eine Jugendherberge betrieben hatte. Das allein reichte für eine Besitzstörung noch nicht aus. Anders könne es sich aber deshalb verhalten, weil sich der Beklagte durch den Stadtnotar wieder in den Besitz hatte einweisen lassen).

824 BGH 14.7.2010, MDR 2010 S. 1106. In diesem Fall hatte der Vermieter nicht einmal einen gerichtlichen Räumungstitel, aber das hätte nichts geändert. Denn „ein Anspruch des Mieters auf Wiedereinräumung des Mietbesitzes wegen verbotener Eigenmacht ... besteht auch dann, wenn der Vermieter gegen den Mieter ein Urteil auf Räumung und Herausgabe erwirkt hat. Der Vermieter ist gehalten, seinen Anspruch auf dem gesetzlich vorgeschriebenen Weg der Herausgabevollstreckung durchzusetzen. Ein auf BGB § 561 Abs 1 gestütztes Selbsthilferecht des Vermieters darf nur während der Entfernung von Gegenständen und nicht als bloße Präventivmaßnahme ausgeübt werden" (OLG Celle 10.11.1993, ZMR 1994 S. 163).

825 *Vehicle Control Services Ltd v HMRC* [2011] UKFTT 125 (TC); [2012] UKUT 130 (TCC); [2012] STC 2065; [2013] EWCA Civ 186; [2013] WLR (D) 105.

826 Bezirksgericht Gdańsk 5.10.2011, III Ca 801/11, Lex-Nr. 1714454. Ähnlich österr. OGH 24.4.2012, EvBl 2012/140, ÖJZ 2012 S. 966, Anm. *Pesek* (Keine Besitzstörung bei erlaubtem

Einwilligung bewegt sich ein mit Bauarbeiten beauftragtes Unternehmen, das annimmt, dass der Auftraggeber mit dem Befahren seines Grundstücks mit Baumaschinen einverstanden ist.[827] Eine endlose Quelle besitzrechtlicher Streitigkeiten sind Querelen unter Nachbarn. Die griechische Rechtsprechung hat etwa entschieden, dass den Besitz seines Nachbarn verletzt, wer die Fließrichtung eines Grabens ändert und dadurch die Überschwemmung des Nachbargrundstücks bewirkt[828], desgleichen, wer einen dort befindlichen Zaun niederreißt[829], nicht aber, wer nur die Aussicht seines Nachbarn einschränkt.[830]

115 Nach französischer Auffassung konstituieren Handlungen eine Störung *(trouble),* die dem Besitz widersprechen, insbesondere deshalb, weil sich jemand einer Herrschaft berühmt, die ihm nicht zusteht.[831] Es kann sich sowohl um einen *trouble de fait* (Übergriff, Zerstörung, Eindringen, Einbruch) als auch um einen *trouble de droit* handeln (etwa die Aufforderung, Mietzinszahlungen nicht mehr an den Vermieter, sondern an sich zu zahlen; Störungen eines Wegerechts).[832] Ein *trouble de droit* liegt auch vor, wenn ein Dritter mit der Begründung von einem Mieter verlangt, die Wohnung zu verlassen, dass er (der Dritte) ihr rechtmäßiger Mieter sei.[833] In Italien ist zeitweilig eine etwas skurril anmutende Debatte über die Möglichkeit von Besitz „am Äther" geführt worden[834], eine Konstruktion, mit der Fernsehsender ihre Frequenzen zu schützen trachteten.[835] Es kam zu widersprüchlichen Entscheidungen des Kassationshofes. Anfangs bejahte er die Möglichkeit, eine Frequenz mit den Mitteln des Besitzschutzes zu verteidigen, und begründete das mit der Idee der „Verfügungsgewalt" über eine Ener-

---

Parken, auch dann nicht, wenn der Besitzer an der entsprechenden Stelle über eine inoffizielle Ausfahrt verfügt).

[827] LG Klagenfurt 21.2.2012, 1 R 31/12t, RIS Justiz.

[828] LG Tripoli 129/1977, NoB 26 (1978) S. 1100 und LG Sparta 45/1989, Archn 41 (1991) S. 37.

[829] Areopag 2365/2009, NoB 58 (2010) S. 1476. Nicht unproblematisch ist LG Syros, 172/1990 ArchN 42 (1993) S. 309 (Besitzstörung durch Bienenflug bejaht; der beklagte Landwirt hatte immer schon Bienenzucht betrieben und von ihr gelebt; der Kläger hatte sein Ferienhaus, in dem er Appartements an Touristen vermietete, erst deutlich später gebaut).

[830] Areopag 453/1991, EllDni 33 (1992) S. 839; Areopag 1479/1988, NoB 37 (1989) S. 1217.

[831] *Reboul-Maupin,* Droit des biens[4], S. 222 Rdnr. 312 („[Le trouble] va se matérialiser par des faits ou actes qui viennent contredire la possession et surtout impliquent une prétention contraire au pouvoir de fait exercé par le possesseur sur la chose").

[832] *Larroumet,* Les biens[5], Rdnr. 147 S. 81; *Carbonnier,* Les biens. Les obligations, Rdnr. 863 S. 1830; *Reboul-Maupin* aaO S. 223 Rdnr. 315; *Malaurie und Aynès,* Les biens[5], S. 156 Rdnr. 506. Zahlreiche Beispiele für *troubles de fait* und *troubles de droit* auch bei *Boufflette,* La possession, S. 100 Rdnrn. 90–91.

[833] *Larroumet* aaO.

[834] Zu den Befürwortern eines entsprechenden Besitzschutzes gehörten im Schrifttum *Galgano,* Diritto civile I[2], S. 400 und *Scaglione,* Possesso dell´etere e tutela del canale televisivo, passim. Die herrschende Meinung hat sich freilich deutlich gegen den „Ätherbesitz" ausgesprochen (*Sacco und Caterina,* Il possesso[2], S. 121; *Pardolesi,* voce Energia, Digesto civ. VII, S. 444, 447; *Giusti und Scarpa,* Le azioni possessorie e di nunciazione[2], S. 110).

[835] Ausgelöst wurde die Diskussion durch Cost. 28.7.1976, Nr. 202, Juris Data DVD. Das Verfassungsgericht hatte sich hier freilich überhaupt nicht zu Besitzfragen geäußert. Es hatte die Verfassungswidrigkeit eines Gesetzes festgestellt, das den privaten Sendebetrieb auf lokale Reichweiten begrenzt hatte. Das Gericht sah darin eine Verletzung der Meinungs- und Pressefreiheit und beendete so das Monopol des staatlichen Rundfunks (der RAI). Auch Privatunternehmen können seither auf eigenen Kanälen landesweit ausstrahlen.

gieform.[836] Später gab er diesen Gedanken jedoch in der Erwägung auf, dass man elektromagnetische Wellen nicht isoliert von den Sendeanlagen besitzen könne; ein Besitzschutz für Frequenzen sei abzulehnen.[837] In den Standardfällen der *azione di manutenzione* (der Klage auf die Erhaltung des Besitzes; Art. 1170 ital. CC) geht es entweder um die Wiedereinsetzung in weder gewaltsam noch heimlich entzogenen Besitz (Abs. (1)) oder um Störungsschutz (Abs. (3)). Besitzstörungen bestehen wiederum aus faktischen oder rechtlichen Belästigungen *(molestia di fatto o di diritto)*.[838] In die erste Gruppe gehört z.B. die Besetzung eines Grundstücksteils[839], in die zweite die Zustellung einer offensichtlich unbegründeten Klage zu dem Zweck, den Besitzer in seinem Besitz zu schädigen.[840] Die Klage aus Art. 1170 ital. CC setzt, ganz in der Tradition des französischen Rechts, aus dem sie stammt, eine immobiliarsachenrechtliche Streitigkeit voraus.

Die intensivste Form der Störung von Sachherrschaft ist die **Sachentziehung.** Auf **116**
sie reagieren die allermeisten europäischen Rechtordnungen keineswegs nur mit einem Schadensersatz-, sondern mit einem auf Wiederherstellung des früheren Zustandes gerichteten Herausgabeanspruch.[841] Rechtsprechung zu ihm begegnet freilich wesentlich seltener als zum Störungsschutz im engeren Sinn. Zivilrechtliche Herausgabeklagen gegen einen Dieb kommen kaum vor, weil man, wenn der Täter ausnahmsweise einmal ermittelt werden kann, das Diebesgut i.d.R. unmittelbar von den Strafverfolgungsbehörden ausgehändigt bekommt.[842] Der Anspruch auf Wiederherstellung der Besitzverhältnisse steht typischerweise sowohl dem unmittelbaren Fremdbesitzer (Detentor) als auch dem mittelbaren Eigenbesitzer zu, nicht aber dem bloßen Besitzhelfer.[843] Gelegentlich wird noch weiter zwischen der allgemeinen (*acção de restituição da posse,* Art. 1278 port. CC) und der vorläufigen Klage auf Wiedereinsetzung in den Besitz (*restituição provisória da posse,* Art. 1279 port. CC i.V.m. Art. 377 port. CPC) unter-

---

[836] Cass. 19.4.1991, Nr. 4243, Giur. it. 1991, I, 1, 885.

[837] Cass. 28.4.1993, Nr. 4999, Giust. civ. Mass. 1993 S. 773.

[838] *Torrente und Schlesinger,* Manuale di diritto privato[21], S. 343; *Protetti,* Le azioni possessorie S. 448; *Celeste,* Le azioni a difesa della proprietà, S. 150 und Cendon (-*Matteo Magri*), Commentario al codice civile, S. 341.

[839] Cass. 18.3.1980, Nr. 1842, Rep. Foro it. 1981 S. 2385; Cass. 29.7.1963, Nr. 2149, Rep. Foro it. 1963 S. 2047.

[840] *Sacco und Caterina,* Il possesso[3], S. 268. In Bulgarien steht die Abwehrklage aus Art. 75 Gesetz über das Eigentum sogar gegen rechtswidrige Handlungen eines Gerichtsvollziehers zur Verfügung (Oberstes Kassationsgericht 23.9.2013, Nr. 142, I. Zivilkammer).

[841] Vorher Fn. 791 und 800.

[842] Dafür, dass besitzgestützte Herausgabeansprüche im praktischen Rechtsleben nur eine geringe Rolle spielen, finden sich gelegentlich auch rechtsordnungsspezifische Gründe. In Österreich z.B. stehen dem Opfer einer Wegnahme drei Möglichkeiten zur Verfügung. Er kann (i) einstweiligen Rechtsschutz beantragen, (ii) ein possessorisches Hauptsache- (§§ 454 ff österr. ZPO) und (iii) ein reguläres petitorisches Hauptsacheverfahren einleiten. Das possessorische Verfahren ist aber meistens keine relevante Option. Denn nach überwiegender Auffassung kann unter § 372 österr. ABGB nicht nur jeder Eigenbesitzer (als Sachbesitzer), sondern auch jeder, der aufgrund eines dinglichen oder schuldrechtlichen Rechts zum Besitz berechtigt ist (als Rechtsbesitzer) die Ansprüche eines Eigentümers (Vindikation, negatorische Klage) geltend machen. Rein possessorisch geht nur vor, wer weder behauptet, Eigentümer zu sein noch ein Recht zum Besitz zu haben. Dass sich ein Dieb gerichtlicher Hilfe bedient, ist indes praktisch kaum denkbar. Insgesamt bleibt deshalb „zwischen" der einstweiligen Anordnung und dem petitorischen Hauptsacheverfahren kein sinnvoller Platz für das rein possessorische Verfahren übrig.

[843] Vorher Rdnr. 111.

schieden. Letztere bringt dann noch einige Sonderregeln für die Fälle der gewaltsamen Besitzentziehung.[844] Die *azione di reintegrazione* italienischen Rechts schützt einheitlich vor gewaltsamer oder heimlicher (d.h. dem Willen von Besitzer oder Detentor widersprechender[845]) Besitzentziehung (Art. 1168 ital. CC). Um die „Wiedereinräumung des Besitzes" geht es auch in § 861 dt. BGB. Der Anspruch wird durch eine **verbotene Eigenmacht** ausgelöst, d.h. durch eine weder durch erlaubte Selbsthilfe noch auf andere Weise gerechtfertigte Entziehung der Sache (§ 858 dt. BGB). Der Anspruchsteller muss nicht mit der Person identisch sein, der die Sache weggenommen wurde. Klageberechtigt ist auch der mittelbare Besitzer, sofern nur dem unmittelbaren die Sache durch verbotene Eigenmacht entzogen wurde. Dann klagt der mittelbare Besitzer auf Wiedereinräumung des Besitzes an den (früheren) Detentor (und nur an sich selbst, wenn letzterer die Sache nicht wieder übernehmen will: § 869 dt. BGB). Hat allerdings der unmittelbare Besitzer (z.B. ein Mieter) die Sache freiwillig einem Dritten überlassen, kann auch der mittelbare Besitzer (der Vermieter) nicht gegen den Dritten aus Besitzentziehung vorgehen, und zwar auch dann nicht, wenn die Weitergabe ersichtlich seinem (des mittelbaren Besitzers) Willen widersprach. Denn die Weitergabe (z.B. die Untervermietung) bedeutet noch keineswegs notwendig, dass die Sachherrschaft des Vermieters endgültig gebrochen wird oder gebrochen werden soll. Denkbar ist allerdings eine Besitz*störung* zum Nachteil eines Detentors, wenn ein Wohnungsnachbar seine Wohnung an Personen untervermietet, die in dem Haus lärmen oder ein sonst ungebührliches Verhalten an den Tag legen.[846] Und um eine Besitzstörung (in diesem Fall zum Nachteil des Vermieters) handelt es sich nach richtiger, wenngleich umstrittener Auffassung auch, wenn ein Mieter seinen Fremd- in Eigenbesitz umwandelt.[847]

117 Art. 1281(2) port. CC identifiziert denjenigen als den richtigen Anspruchsgegner, der „im Besitz der Sache ist und Kenntnis von der Entziehung hat". Der gutgläubige „Einzelrechtsnachfolger" ist also wie unter Art. 1169 ital. CC, dem Vorbild dieser Regelung[848], nicht passiv legitimiert.[849] Das sind nur Gesamtrechtsnachfolger (Erben) und Dritte, die um die Besitzentziehung positiv wissen, also z.B. Hehler, aber nicht Personen, welche die Sache von einem Hehler in Unkenntnis des vorangegangenen Diebstahls mieten oder kaufen.[850] Der Anspruchsgegner muss aber nach herrschender italienischer bzw. portugiesischer Rechtsauffassung nicht Besitzer im technischen Sinne sein; die Klage kann auch gegen einen Detentor[851] sowie gegen denjenigen gerichtet

---

[844] Einen Überblick über die besitzrechtlichen Rechtsbehelfe des portugiesischen Rechts gibt in deutscher Sprache *Nóbrega,* Die Entwicklung des portugiesischen Sachenrechts, S. 161, 173.

[845] Cass. 13.2.1999, Nr. 1204, Giust. civ. Mass. 1999 S. 333; Cass. 25.8.1997, Nr. 7994, Giust. civ. Mass. 1997 S. 1510; Cass. 11.11.1986, Nr. 6589 und Cass. 4/6/1981, Nr. 3633, beide in Juris Data DVD.

[846] Für ein Beispiel siehe AG München 13.6.2014, ZMR 2015 S. 136 (Überbelegung mit Saisonarbeitern).

[847] Oben Rdnr. 65 mit Fn. 450.

[848] *Menezes Cordeiro,* Posse^3, S. 149.

[849] Ebenso verhält es sich unter Art. 984 gr. ZGB, was von der dortigen Rechtsprechung mit dem Bemerken kommentiert wird, dass das Konzept der Fehlerhaftigkeit des Besitzes ein relatives sei (Areopag 270/1982, EEN 50 [1983] S. 150).

[850] *Pires de Lima und Antunes Varela,* Código Civil Anotado III^2, S. 55, Anm. 5 unter Art. 1281; *González,* Código Civil anotado IV, S. 71, Anm. 2 unter Art. 1281.

[851] *Giusti und Scarpa,* Le azioni possessorie e di nunciazione^2, S. 236; Cass. 4.8.1950, Nr. 2354, Foro it. 1951, I, 581 bzw. JP Sintra 29.1.2007, Processo 373/2006-JP (Rückgabe eines Computers; der Beklagte hatte behauptet, er hätte ihn mit Erlaubnis der Klägerin in seine neue Woh-

werden, der mit dem *spoliator* an der Besitzentziehung mitgewirkt hat („chi ha collaborato con l'autore morale dello spoglio"), sofern er noch eine Beziehung zu der Sache und die Möglichkeit hat, sie zurückzugeben.[852] Unter Art. 344 § 1 poln. ZGB richtet sich der Wiederherstellungsanspruch gegen denjenigen, der den Besitz eigenmächtig entzogen hat oder zu dessen Vorteil die Entziehung erfolgte. Dazu gehört auch der Erbe des Entziehers.[853] Unter § 1007 tschech. BGB ist der „Störer" zur Herstellung des ursprünglichen Zustandes verpflichet. Bei einer zwischenzeitlichen Weitergabe der Sache muss er einen evtl. noch bestehenden Herausgabeanspruch gegen den Dritten geltend machen, um seiner eigenen besitzrechtlichen Herausgabepflicht zu genügen.[854] In der Sprache des deutschen (§§ 858(2) Satz 1, 861(1) dt. BGB), des estnischen (§ 45(1) estn. LPA) und des griechischen (Artt. 984(2), 987 Satz 1 gr. ZGB) Gesetzes ist derjenige zur Wiedereinräumung des Besitzes verpflichet, der dem früheren Besitzer gegenüber „fehlerhaft" besitzt. Das ist, wer selber verbotenerweise eigenmächtig gehandelt hat, wer unter § 857 dt. BGB als Erbe in die Rechtsstellung eines Besitzentziehers einrückte oder als Einzelrechtsnachfolger von der von seinem Vorgänger verübten verbotenen Eigenmacht wusste (§ 858(2) dt. BGB). Wiederum muss also nicht nur der Dieb, sondern auch der Hehler die gestohlene Sache ihrem früheren Besitzer herausgeben.

Generell gilt, dass ein *spoliator* (ein Besitzentzieher) nicht mit dem ***feci sed iure feci*-Einwand** (ich habe es getan, aber ich hatte ein Recht dazu) gehört wird.[855] Wer eine **118**
Sache unter Eigentumsvorbehalt ausgeliefert hat, darf sie sich nicht einfach in einer Nacht- und Nebelaktion zurückholen, wenn der Käufer die Raten nicht mehr bezahlt. Der Verkäufer muss den Kaufvertrag auflösen und auf Herausgabe klagen; andernfalls wird er selber zum Gegner eines possessorischen Herausgabeanspruchs.[856] Unter § 861(2) dt. BGB kann der beklagte Besitzer allerdings geltend machen, dass schon der Kläger ihm gegenüber fehlerhaft besaß (für die Besitzstörung gilt dasselbe: § 862 Abs. 2 BGB). Der bestohlene Besitzer muss die Sache dem Dieb, dem er sie innerhalb Jahresfrist abgejagt hat, nicht wieder herausgeben. Außerdem erlischt der Herausgabeanspruch des Opfers einer verbotenen Eigenmacht unter § 864(2) dt. BGB, wenn zwischenzeitlich rechtskräftig festgestellt wurde, dass der Täter ein Recht an der von ihm entzogenen Sache hatte, das ihm die Befugnis gab, „die Herstellung eines seiner Handlungsweise entsprechenden Besitzstands" zu verlangen. In dieser Ausnahmesituation überlagert der recht-rechtliche den besitzrechtlichen Rechtsschutz mit der Folge, dass der vorgenannte Eigentumsvorbehaltsverkäufer ausnahmsweise doch nicht (mehr) zur Herausgabe der Sache an den säumigen Vorbehaltskäufer verpflichtet wäre.[857]

---

nung mitgenommen). Anderer Ansicht (Klage nur gegen den Besitzer möglich) aber Cian und Trabucchi (*-delle Monache*), Commentario al Codice civile[11], S. 1254.

[852] Cass. 30.4.2015, Nr. 8811, Giust. civ. Mass. 2015, rv 635184.

[853] Gniewek (*-Gołaczyński*), Kodeks cywilny[2], Art. 344, S. 487 Rdnr. 17.

[854] Spáčil (*-Spáčil*), Občanský zákoník III, S. 126.

[855] Cass. 25.2.2014, Nr. 4498, Guida al diritto 2014, 20, S. 62.

[856] Švestka/Dvořák/Fiala (*-Tichý*), Občanský zákoník V, S. 892; tschech. OG 30.7.2009, 29 Cdo 1028/2007, Sbírka soudních rozhodnutí a stanovisek, Nr. 105/2010.

[857] Näher BGH 9.11.1998, NJW 1999 S. 425. Vgl. damit auch HR 20.9.2002, NedJur 2004 Nr. 171 (Eigentümer findet sein Boot in einem Bootslager, in das es entweder durch einen Dieb oder durch den Betreiber des Bootslagers selber gelangt war, und transportiert es eigenmächtig ab. Der Betreiber verlangt die Rückgabe des Bootes, der Eigentümer hatte sich geweigert, die

119 Das schottische Recht reagiert auf Besitzentziehungen mit *spuilzie.*[858] Der Anspruch steht jedem zu, der eine (bewegliche oder unbewegliche) Sache in Besitz hatte.[859] Streitig ist, ob auch ein Detentor klageberechtigt ist.[860] Der Besitz muss *vitiously* entzogen worden sein. „The pursuer's title in an action of spuil[z]ie is possession ... even the true owner, seizing the goods from the possessor, will be liable in spuil[z]ie; nor will his pretence of property be regarded in his suit ... The party that is violently deprived of the possession must first be restored, and then the question of property considered".[861] Primär geht es um die Wiedereinräumung entzogenen Besitzes; um Geldersatz nur dann, wenn die Herausgabe unmöglich ist. *Spuilzie* setzt neben dem Nachweis eigenen früheren Besitzes nur noch den Nachweis seiner widerrechtlichen Entziehung voraus; es ist ein Rechtsbehelf, dessen sich sogar ein rechtsgrundloser Besitzer bedienen darf.[862] Gegen die Entziehung von Grundstücken und Grundstücksteilen steht zusätzlich *ejection* zur Verfügung, die aber ein dingliches (oder aus ihm abgeleitetes) Recht zum Besitz voraussetzt. Besitz genügt hier nur, wenn er bereits zur Ersitzung des Eigentums geführt hat.[863]

Auch die *action for the recovery of land* des englischen Rechts war früheren Generationen unter dem Namen *ejectment* bekannt. Sie reagiert auf Besitzentziehungen, nicht, wie *trespass,* auf Besitzstörungen, und setzt, auch das im Gegensatz zu *trespass,* einen dem Beklagten gegenüber zum Besitz berechtigenden *title* voraus.[864] Da der Beklagte im Besitz der Immobilie ist, muss der Kläger die entsprechende Rechtsvermutung widerlegen.[865] Er muss aber kein absolutes Recht beweisen, sondern nur, dass er in Relation zum Beklagten ein besseres Recht zum Besitz hat.[866] Dazu genügt der Nachweis, vor dem Beklagten Besitzer gewesen und von ihm unerlaubterweise aus dem Besitz gedrängt worden zu sein.[867] Neben der Herausgabe kann der Kläger Ersatz aller Schäden am Grundstück sowie einen angemessenen Ausgleich für gezogene Nutzungen und Gebrauchsvorteile *(mesne profits)* verlangen.[868] Bei beweglichen Sachen ordnet das Gericht dagegen Herausgabe der Sache nur dann an, wenn Geldersatz als unzurei-

---

Kosten der Lagerung zu bezahlen. Das Gericht weist die Herausgabeklage aus Art. 3:295 ndl. BW ab. Sie könne auch dann nicht gegen den Eigentümer erhoben werden, wenn der Retentor den Besitz unfreiwillig verloren habe. Letztlich entscheidend war aber wohl, dass der Kläger die Detention nicht i. S. d. Artt. 3:120–124 ndl. BW gutgläubig erlangt hatte; er hatte die Eigentümerstellung des Diebes nicht überprüft.

[858] Das Wort ist aus lat. *spolio* abgeleitet. *Bankton,* Institute I, VII. 124 (S. 274) sprach demgemäß noch von „spuilie or spoliation". S. auch schon *von Bar,* Gemeineuropäisches Deliktsrecht II, Rdnr. 37 mit Fn. 210.

[859] Klageberechtigt ist also jedenfalls der (wenn auch ggf. rechtsgrundlose) Eigenbesitzer, und nicht klagebrechtigt ist, wer die Sache bloß in seinem Gewahrsam *(custody)* hatte: Smith und Black (-*Reid*), Stair Memorial Library XVIII: Property, Rdnr. 163.

[860] Pro *Reid* aaO; contra *Miller,* Corporeal Moveables in Scots Law, S. 220.

[861] *Bankton* aaO.

[862] *Reid* aaO Rdnrn. 165–166.

[863] *Reid* aaO Rdnrn. 142, 145 und 152.

[864] *Danford v McAnulty* (1883) 8 App Cas 456.

[865] *Doe (dec'd) Smith v Webber* (1834) 1 A & E 119; 110 ER 1152.

[866] *Asher v Whitlock* (1865-66) LR 1 QB 1; weniger eindeutig *Doe (dec'd) Carter v Barnard* (1849) 13 QB 933; 116 ER 1520; Auseinandersetzung mit beiden Entscheidungen in *Allen v Roughley* (1955) 94 CLR 98 (High Court of Australia).

[867] Clerk und Lindsell (-*Murphy*), Torts[19], Rdnr. 19–71.

[868] Winfield and Jolowicz (-*Rogers*), Torts[17], Rdnr. 13–18 und *Iverugie Investments Ltd v Hackett* [1995] 3 All ER 841 (Mietzins für alle Apartments einer Ferienanlage).

chend erscheint, etwa bei Gegenständen von besonderem persönlichen, kulturellen oder politischen Wert[869], nicht aber bei alltäglichen, leicht zu ersetzenden Gegenständen des Handelsverkehrs.[870] Vorläufige Herausgabeanordnungen sind schon im laufenden Hauptsacheverfahren möglich (sec. 4 Torts (Interference with Goods) Act 1977). Bei bloßen Besitzstörungen kommt ausnahmsweise auch bei beweglichen Sachen eine Unterlassungsverfügung *(injunction)* in Betracht. Das ist freilich ein rein verfahrensrechtliches Instrument, von dem das Gericht nach seinem Ermessen Gebrauch macht.[871]

c) Schadensersatz

Mancherorts begegnen im Besitzrecht auch Schadensersatzansprüche wegen ei- **120**
ner Besitzstörung oder -entziehung. Beispiele finden sich in Art. 915 lett. ZGB, Art. 4.34(2) lit. ZGB, § 339 S. 2 österr. ABGB, Art. 1284(1) port. CC und Art. 949(1) Satz 2 rumän. CC. Man sollte den Standorten dieser Vorschriften im Gesetz freilich nicht allzu viel Gewicht beimessen. Systematisch bilden Schadensersatzansprüche aus Besitzverletzung richtiger Ansicht nach einen Teil des außervertraglichen Haftungsrechts. Ihre besitzrechtliche Qualifikation wirkt schon deshalb unplausibel, weil Geldersatz endgültig ist, nicht, wie possessorischer Rechtsschutz, vorläufig. Dass es in der Folge von Besitzentziehungen gelegentlich zu einer extinktiven, d.h. zu einer Verjährung von Schadensersatzansprüchen kommt, mit der ein Titelverlust einhergeht[872], indiziert zwar gewisse regionale Verschleifungen von besitz- und schadensersatzrechtlichen Strukturelementen. Ihre grundsätzliche Verschiedenartigkeit hebt sie aber ebensowenig auf wie das Verständnis von *trespass* als eines zwar *intention,* meistens aber gerade kein Verschulden voraussetzenden *torts.*[873] Schadensersatz in Geld ist kein Ausdruck von Status quo-Schutz. Denn bevor jemandem Schadensersatz zugesprochen wird, muss der ökonomische Wert des verletzten Interesses bestimmt werden. Rechtrechtliche Wertungen sind auch deshalb unvermeidlich, weil andernfalls nicht nur ein Dieb dem Eigentümer, sondern umgekehrt ein Eigentümer einem Dieb mit der Be-

---

[869] *García v De Aldama* [2002] EWHC 2087; [2003] ECDR CN1 (*obiter;* Manuskript des Dichters Frederico García Lorca). S. auch *Secretary of State for Defence v Guardian Newspaper Ltd,* The Times 16.12.1983 (geheimes Memorandum aus dem Verteidigungsministerium; das House of Lords bestätigte die Entscheidung in [1985] AC 359, thematisierte aber die Herausgabefrage nicht weiter).

[870] *Whiteley v Hilt* [1918] 2 KB 808.

[871] Der Erlass einer *injunction* setzt natürlich eine andauernde Störung voraus, hängt im Übrigen aber von prinzipiell denselben Voraussetzungen ab wie die Gewährung von Schadensersatz. Der Ermessensspielraum des Gerichts hängt von der Art der *injunction* ab. Die *prohibitory injunction* untersagt ein bestimmtes Verhalten; sie wird im Zweifel gewährt und nur bei Vorliegen besonderer Umstände abgelehnt (*Morris v Redland Bricks Ltd* [1970] AC 652, 665–666). Die *mandatory injunction* dagegen legt dem Beklagten ein aktives Tun auf, z.B. den Abriss einer störenden Einrichtung. Hier wird das Gericht zurückhaltender agieren und prüfen, ob dem Kläger ohne die *injunction* ein erheblicher, in Geld nicht zu kompensierender Schaden droht, der durch dem Beklagten zumutbares Handeln vermieden werden kann (*American Cyanamid Co v Ethicon Ltd* [1975] AC 396).

[872] Vorher Rdnr. 23.

[873] *Turner v Thorne and Thorne* (1959) 21 DLR (2d) 29; *League Against Cruel Sports Ltd v Scott* [1986] QB 240. Nötig ist allein ein bewusstes Handeln (weshalb ein Epileptiker nicht auf Schadensersatz aus *trespass* haftet, der während eines Anfalls auf Bahngleise fällt, deren Betreten verboten ist: *Public Transport Commission of NSW v Perry* (1977) 14 ALR 273, High Court of Australia). Näher *von Bar,* Gemeineuropäisches Deliktsrecht I, Rdnr. 256 und II, Rdnr. 184.

gründung auf Schadensersatz haftbar werden könnte, dass dem Dieb (!) Gebrauchsvorteile der Sache entgangen seien. Es ist m.a.W. nicht jede beliebige Besitzverletzung ein Haftungsgrund; es muss sich immer mindestens um die Störung bzw. um die Entziehung von rechtmäßigem Besitz handeln, gleich, durch wen sie erfolgt.[874] Demgemäß unterliegen Schadensersatzansprüche aus Besitzverletzung typischerweise auch keinen von den allgemeinen Regeln des Deliktsrechts abweichenden Ausschluss- oder Verjährungsfristen[875], haben Teil an seinen Regeln über die Haftung für entgangenen Gewinn[876] und setzen nach Maßgabe der generellen Einstellung einer Deliktsrechtsordnung gegenüber dem Verschuldensprinzip in aller Regel mindestens Fahrlässigkeit voraus.[877]

---

[874] Siehe z.B. poln. OG 9.10.1970, III CRN 264/70, Lex-Nr. 6803 (A hatte dem B formunwirksam eine Immobilie verkauft, ihm später jedoch eigenmächtig wieder den Besitz entzogen. B hatte die Ausschlussfrist für den possessorischen Herausgabeanspruch verstreichen lassen, aber anschließend aus Delikt auf Schadensersatz geklagt. Das OG wies die Klage ab. A habe zwar rechtswidrig und schuldhaft gehandelt, aber B hätte keinen haftungsrechtlich relevanten Schaden erlitten. Denn er sei weder Eigentümer der Immobilie noch wenigstens ihr rechtmäßiger Besitzer gewesen) und *Papakokkinou P. Vereggaria and Others v Paphos Stadt* (1998) 1 A.A.D. 2398 (kein Schadensersatz für entgangenen Gewinn, weil die Klägerinnen an der fraglichen Baracke kein Mietrecht hatten). Auch unter § 823(1) dt. BGB kann richtiger Ansicht nach nur der rechtmäßige Besitzer einen Nutzungsschaden geltend machen (RG 28.12.1904, RGZ 59 S. 326; BGH 14.5.1976, BGHZ 66 S. 277; MünchKomm [-*Wagner*] BGB VI^7, § 823 Rdnr. 289; teilweise anders *Medicus,* AcP 165 [1965] S. 115, 120 und wieder anders *Honsell,* JZ 1983 S. 531, 532). Nach wohl herrschender österreichischer Auffassung sind nur die Besitzer und Detentoren schadensersatzberechtigt, die unter § 371 ABGB im Wege der actio Publiciana klagen könnten (Rummel [-*Spielbüchler*], ABGB I^3, § 339 Rdnr. 11 m.w.N.). Berufungsgericht Thessaloniki 692/1982, Arm. 36 (1982) S. 988 verwehrt jedenfalls dem bösgläubigen Besitzer Schadensersatz. Schadensersatz zugunsten eines unberechtigten Besitzers ist ausnahmsweise allerdings dann denkbar, wenn, wie unter § 5:7(2) Satz 2 ungar. ZGB, „die Berechtigung der im friedlichen Besitz gestörten Partei ... zu vermuten" ist und diese Vermutung nicht widerlegt werden kann (Vékás und Gárdos [-*Menyhárd*], Kommentár a Polgári Törvénykönyvhöz I, S. 914).

[875] Eine Ausnahme bildet Portugal. Die normale deliktsrechtliche Verjährungsfrist beträgt drei Jahre (Art. 498 port. CC); Schadensersatzansprüche aus Besitzverletzung verfallen dagegen bereits nach einem Jahr (Artt. 1284(1) i.V.m. 1282 port. CC; siehe dazu *Pires de Lima und Antunes Varela,* Código Civil Anotado III^{2,} S. 60, Anm. 5 unter Art. 1284). In Litauen dürfte dagegen, obwohl man hier auch im Rahmen des possessorischen Verfahrens Schadensersatz verlangen kann, für letzteren die allgemeine dreijährige Verjährungsfrist (Art. 1.125(8) lit. ZGB) gelten. Eine interessante Variante findet sich in Spanien. *Díez-Picazo,* Fundamentos III^{5,} S. 737–738 begreift die Schadensersatzpflicht wegen Besitzverletzung als Folge der *acción de recuperación de la posesión* und damit als eine Wirkung des entsprechenden Urteils. Die *acción de recuperación de la posesión* und die *acción de mantenimiento de la posesión* (die Besitzstörungsklage) unterliegen einer einjährigen Verjährungsfrist (Art. 1968(1) span. CC). Das wirkt sich aber praktisch nicht aus, weil auch die deliktische Schadensersatzhaftung nach einem Jahr verjährt (Artt. 1968(2) i.V.m. 1902 span. CC).

[876] Siehe z.B. Art. 4.34(2) lit. ZGB (die Vorschrift bekräftigt, dass der Schadensersatzanspruch aus Absatz (1) derselben Bestimmung auch den entgangenen Gewinn umfasst, was man als Indiz für ihren vorwiegend deliktsrechtlichen Charakter wird deuten dürfen), für Zypern *Nikos Danos v Koushiaco Developments Ltd* (Klage Nr. 738/2006, 31.8.2011) und für Griechenland Areopag 983/1986, NoB 36 (1988) S. 339, Anm. *Liosis;* LG Athen 26533/1963, ArchN 14 (1963) S. 160 und LG Athen 17951/1982, EllDni 24 (1983) S. 710.

[877] Wo das deliktsrechtliche Verschuldensprinzip nicht gilt, gilt es umgekehrt aber natürlich auch bei Besitzverletzungen nicht, und wo die allgemeine Deliktshaftung eine Haftung aus vermutetem Verschulden ist (wie unter § 6:519 ungar. ZGB), gilt Entsprechendes auch bei Besitzverletzungen (z.B. Wellmann [-*Petrik*], Dologi jog^2, § 5:11, S. 44 [mit dem Beispiel der Haftung

Tatsächlich begreift denn auch die ganz herrschende europäische Rechtsansicht Schadensersatzansprüche aus Besitzstörung bzw. -entziehung als ein **Stück Deliktsrecht.** Von den Niederlanden war in diesem Kontext schon die Rede.[878] Die Dinge liegen aber auch in Polen[879], Portugal und in Österreich nicht anders. Der vorerwähnte Art. 1284(1) port. CC hilft, im Rahmen der deliktsrechtlichen Grundnorm (Art. 483 port. CC) die Rechtswidrigkeit zu bestimmen.[880] In Österreich ist man sich schon seit geraumer Zeit einig, dass § 339 des dortigen ABGB keine selbständige Anspruchsgrundlage ausbildet. Nach heutigem Verständnis handelt es sich bei ihm um eine bloße Rechtsgrundverweisung auf das allgemeine Schadensersatzrecht der §§ 1293 ff österr. ABGB.[881] Auch Artt. 987(2) und 989(2) gr. ZGB lassen daran keinen Zweifel. Sie stellen für die Besitzstörung wie für die Besitzentziehung gleichlautend klar, dass „ein Schadensersatzanspruch nach den Vorschriften über unerlaubte Handlungen ... nicht ausgeschlossen" ist. Es geht also nur um einen Verweis auf die Artt. 914 und 919 gr. ZGB. Unter ihnen kann einen Schadensersatzanspruch in Geld auch geltend machen, wer nicht auf Rückgabe der Sache klagt.[882] Das deutsche Besitzrecht schweigt zu Schadensersatzansprüchen ganz. Sie folgen ausschließlich den Regeln des Rechts der unerlaubten Handlungen. § 823(1) dt. BGB begründet eine Haftung für die vorsätzliche oder fahrlässige Verletzung berechtigten Besitzes. Gemeinhin wird außerdem § 858 dt. BGB (verbotene Eigenmacht) als Schutzgesetz i. S. v. § 823(2) dt. BGB gedeutet[883]; der unberechtigte Besitzer freilich bleibt haftungsrechtlich auch aus dem Schutzbereich dieses Gesetzes ausgeklammert.[884] In Belgien und 121

---

für die Übernachtungskosten eines rechtswidrig aus der Wohnung ausgeschlossenen Mieters]). Außerdem kann es sein, dass Ersatz in Geld für den Beklagten günstiger ist, wenn eine Beseitigungsanordnung unverhältnismäßige Kosten verursachen würde, siehe z. B. für Zypern *Sophokleous Andreas Michalakis v Paulou Elia Paulou* (2012) 1 A. A. D. 2047 und für England *Taylor Fashions Ltd v Liverpool Victoria Trustees Co* [1981] 1 All ER 897 sowie *Crabb v Arun District Council* [1975] 3 All ER 965.

[878] Vorher Rdnr. 111.

[879] Wie Fn. 874. Schadensersatz wegen Besitzverletzung muss folglich im ordentlichen petitorischen, nicht im possessorischen Verfahren gesucht werden (Radwański und Gniewek [-*Gołaczyński*], System Prawa Prywatnego III³, S. 124–125 Rdnrn. 168–170).

[880] Für die deliktsrechtliche Haftung aus Art. 483 port. CC bedarf es entweder der Verletzung eines Rechts oder der Verletzung eines Schutzgesetzes. Ob Art. 1284(1) port. CC nur ein solches Schutzgesetz zur Verfügung stellt oder bei Verletzungen berechtigten Besitzes die Bejahung einer Rechtsverletzung trägt, wird im schuldrechtlichen Schrifttum aber nicht erörtert; wahrscheinlicher ist, dass man eine Rechtsverletzung bejaht (z. B. *Almeida Costa,* Direito das obrigações¹¹, S. 562–563 und *Antunes Varela,* Obrigações em geral I¹⁰, S. 533).

[881] Schwimann und Kodek (-*Grüblinger*), ABGB II⁴, § 339 Rdnr. 60. Genauer zur Dogmengeschichte und zu der entgegengesetzten Auffassung der Gesetzesverfasser Klang (-*Kodek*), ABGB³, § 339 Rdnrn. 190–193.

[882] Berufungsgericht Thessaloniki 353/1978, Harm. 33 (1979) S. 38. Der Schadensersatzanspruch kann aber auch auf Herausgabe der Sache gerichtet sein (LG Serres 451/1966, NoB 14 [1966] S. 814).

[883] BGH 5.6.2009, NJW 2009 S. 2530 (Anspruch des Parkplatzbesitzers auf Ersatz der Kosten, die entstehen, wenn er ein unbefugt parkendes Fahrzeug abschleppen lässt, gegen den Fahrzeugführer bejaht).

[884] BGH 21.2.1979, BGHZ 73 S. 355 (Rdnr. 21: „Der Kläger macht hier den Schaden geltend, der in der Beeinträchtigung der Möglichkeit liegt, die Sache zu gebrauchen. Ersatz eines solchen Schadens kann derjenige, dem ein Recht auf Nutzung nicht zustand, von dem zur Nutzung Berechtigten nicht verlangen, auch wenn dieser ihm den Besitz im Wege verbotener Eigenmacht entzogen hat. Denn in einem solchen Fall war der Besitzer verpflichtet, die Nutzun-

Frankreich unterliegen Schadensersatzansprüche aus Besitzstörung der Generalklausel des Art. 1382 belg. bzw. Art. 1240 franz. CC. Der Kläger muss einen Schaden positiv nachweisen; die Tatsache der Besitzverletzung genügt für sich noch nicht.[885] Auch in Tschechien kann über Schadensersatz nur im petitorischen Verfahren nach den Regeln des Deliktsrechts (§§ 2894 ff tschech. BGB) entschieden werden.[886] Die ungarische Rechtsprechung gewährt Ersatz sowohl für die materiellen als auch für die immateriellen Folgen einer Besitzstörung[887], und bei Nutzungsbeeinträchtigungen beharrt sie bislang auf der schadensersatzrechtlichen Priorität der Naturalrestitution.[888]

In Italien allerdings ist nur sicher, *dass* Besitzstörungen und Besitzentziehungen eine Schadensersatzhaftung auslösen können. Man streitet jedoch über die Rechtsnatur dieses Anspruchs. Es gibt Stimmen, die eine Haftung aus der deliktsrechtlichen Grundnorm (Art. 2043 ital. CC) für ausgeschlossen halten, weil Besitz eine bloße Tatsache sei, die außervertragliche Haftung aber Rechte schütze. Der Schadensersatz habe folglich eine possessorische Konnotation. Dem hält die wohl herrschende Lehre entgegen, dass der Besitzer immer auch ein Recht zum Besitz habe, weswegen die Haftung deliktsrechtlicher Natur sei.[889] Beides wirkt indes nicht restlos überzeugend. Es findet sich deshalb auch die These, dass der Anspruch dann possessorischer Natur sei, wenn der Schaden allein in der Besitzverletzung bestehe; werde daneben noch ein weiteres Recht des Besitzers verletzt, bewege man sich im Rahmen des Deliktsrechts.[890] Praktische Auswirkungen hat die Diskussion vor allem im Rahmen des Verjährungsrechts (fünf Jahre im Deliktsrecht, ein Jahr im Besitzrecht; Artt. 2947 bzw. 1168(1) und 1170(1) ital. CC).

122 Der ***tort of trespass*** des englischen und des irischen Rechts gewährt Ausgleich für materielle Schäden, setzt sie aber nicht voraus. Ein *damage per se* genügt; der in diesem Fall ausgeworfene nominelle Schadensersatz kommt den Wirkungen eines Feststellungsurteils nahe.[891] Hat die Besitzverletzung keine unmittelbaren Einbußen zur Folge, orientiert man sich geeignetenfalls an einer fiktiven Lizenzgebühr *(mesne profits)*.[892] Bei

---

gen zu unterlassen und dem Berechtigten die Nutzungsmöglichkeit einzuräumen. Aus den Besitzschutzvorschriften (§§ 858 ff BGB), die nur verhindern sollen, dass der Berechtigte den Zustand, auf den er Anspruch hat, eigenmächtig herbeiführt, lässt sich nichts Gegenteiliges herleiten").

885 *Larroumet,* Les Biens^5, Rdnr. 133 S. 72.

886 Spáčil (*-Spáčil*), Občanský zákoník III, S. 117.

887 OGH Legf. Bír. Pfv. VI. 23.619/1998, BH2000.397 (materieller wie immaterieller Schadensersatz aus der deliktsrechtlichen Generalklausel für Lärm- und Geruchsimmissionen aus einer unter der Wohnung des Klägers betriebenen Restaurantküche; Berufungsurteil nur unter dem Blickwinkel der Gesamtschuld aufgehoben). Siehe ferner OGH Legf. Bír. Pfv. I. 483/2003, BH2004.132 (rechtswidriger Abriss einer teilweise auf das Grundstück des Beklagten überbauten Garage noch während des Prozesses; es habe sich um Vergeltung, nicht um Besitzwehr gehandelt).

888 OGH Legf. Bir. Pfv. I. 22.895/1998, BH1999.202 (eigenmächtiges Eindringen in und Umgestaltung einer Wohnung durch einen Interessenten, mit dem gar kein Kaufvertrag abgeschlossen war; verbotene Eigenmacht; der Anspruch ginge primär auf Wiederherstellung des früheren Zustandes und nur, soweit das unmöglich oder unverhältnismäßig sei, auf Ersatz in Geld).

889 Nachweise zum Meinungsstand bei *Giusti und Scarpa,* Le azioni possessorie e di nunciazione^2, S. 223.

890 *Giusti und Scarpa* aaO S. 226.

891 *Hanina v Morland* (2000) 97(47) LS Gaz 41; *BRB (Residuary) Ltd v Cully* 2001 WL 1476357. Ein weiteres Beispiel, an dem sich die quasi-possessorische (friedensschützende) Aufgabe von *trespass* gut demonstrieren lässt, ist *Anchor Brewhouse Developments v Berkley House (Docklands Developments) Ltd* (1987) 2 EGLR 173 (Kran schwenkt in einer Höhe über fremdes Grundstück, in der es sein Besitzer weder nutzen kann noch will).

892 Z. B. *Phillips v Homfray* (1871) LR 6 Ch 770 (Nutzung eines Wegerechts) und *Whitwham v Westminster Brymbo Coal Co* [1892] 2 Ch 538 (Verbringung von Müll auf eine Müllkippe).

Wohngebäuden hat der *trespasser* auch ideelle Beeinträchtigungen abzugelten.[893] Bei realen Schäden am Gundstück ist der Kläger finanziell so zu stellen, wie er ohne den Eingriff gestanden hätte.[894] Werden Bestandteile *(fixtures)* gestohlen, kann der Kläger den Ersatz sowohl nach dem Wertverlust des Grundstücks *(trespass)* als auch nach dem Wert der gestohlenen Gegenstände abrechnen *(conversion)*.[895] *Trespass to land* erfasst jede direkte Störung fremden Grundbesitzes.[896] Der Anspruch steht dem Besitzer im technischen Sinn zu, also z. B. dem *lessee* (und dem *lessor* nur dann, wenn sein Rückfallanspruch betroffen ist[897]). In Ausnahmefällen wird inzwischen aber auch der bloße *licensee* für klagebefugt gehalten.[898] *Trespass* begeht etwa ein Vermieter, der seinen Mieter durch den Ausbau von Fenstern und Türen zum Auszug zwingen will[899]; es genügt aber schon das Einschlagen eines Nagels oder das Wachsenlassen von Ranken an fremder Hauswand.[900] Bei beweglichen Sachen vollzieht sich der Besitzschutz teils über *conversion* (die Besitzanmaßung), teils gleichfalls über *trespass (to goods)*. Die beiden *torts* sind nicht einfach zu unterscheiden; ihre Rechtsfolgen sind deshalb durch sec. 3 Torts (Interference with Goods) Act 1977 angeglichen worden. *Conversion* begeht, wer sich zu eigentümergleicher Herrschaft *(dominium)* aufschwingt[901], *trespass*, wer direkt in fremde Sachherrschaft eingreift.[902] Anders als bei Grundstücken wird jedenfalls bei nichtvorsätzlichem Handeln ein *damage per se* nicht für ausreichend gehalten[903], Unrechtsbewusstsein aber erneut nicht verlangt.[904] Auf der Seite des Anspruchstellers ist das *right to immediate possession* entscheidend. Wer sicherungsübereignete Sachen eigenmächtig wieder an sich nimmt, ohne die vereinbarte Frist abzuwarten, hat kein *right to immediate possession;* das hat noch der Sicherungsgeber, weshalb der Sicherungsnehmer ihm gegenüber *trespass* begeht.[905]

---

[893] *Davies v Ilieff* 2000 WL 33201551.

[894] *Dominion Mosaics and Tile Co v Trafalgar Trucking Co* [1990] 2 All ER 246 (CA). Es wird also nur der Wertverlust ersetzt, nicht die in der Regel höheren Wiederherstellungskosten (*Rochford v Essex CC* (1916) 85 LJ Ch 281; *Moss v Christchurch RDC* [1925] 2 KB 750; *Nalder v Ilford Corp* [1951] 1 KB 822; anders allerdings *Cooper v Railway Executive* [1953] 1 WLR 223). Man begründet das damit, unverhältnismäßig hohe Belastungen abwenden zu müssen (*Alderson* B bildete schon in *Jones v Gooday* (1841) M & W 146; 151 ER 985 das Beispiel eines *trespassers*, der ein Stück Marschland, dessen Wert 20 Pfund beträgt, mit Meerwasser flutet). Ersatz der Widerherstellungskosten kommt nur infrage, wenn Wiederherstellung *reasonable* ist (*Bryant v Macklin* [2005] EWCA Civ 762; 2005 WL 1459182) und der Kläger sie tatsächlich durchführen lassen will (*Perry v Sidney Phillips & Son* [1982] 1 WLR 1297 (CA)).

[895] Clerk und Lindsell (-*Murphy*), Torts[19], Rdnr. 19–66 (mit dem Beispiel gestohlener Zierbäume eines Parks).

[896] Indirekte Störungen sind das Feld von *nuisance*, nicht von *trespass* (*Perea v Vandiyar* [1953] 1 WLR 672: Abstellen der Gas- und Elektrizitätszufuhr kein *trespass*).

[897] *Jones v Llanwrst UDC* [1911] 1 Ch 393.

[898] *Manchester Airport plc v Dutton.* [2000] QB 133 (oben Fn. 433 und 798).

[899] *Lavender v Betts* [1942] 2 All ER 72.

[900] *Simpson v Weber* (1925) 41 TLR 302. Es gibt also keine *de minimis* Schwelle (*Yelloly v Morley* (1910) 27 TLR 20).

[901] *Sanderson v Marsden and Jones* (1922) 10 Lloyd's Law Reports 467.

[902] *Hartley v Moxham* (1842) 3 QB 701; 114 ER 675 (kein *trespass to goods* wenn nur der Raum verschlossen wird, in dem die Güter lagern). Das Anlegen einer Parkkralle kann dagegen *trespass* sein (*Arthur v Anker* [1997] QB 564).

[903] *Letang v Cooper* [1965] 1 WB 232, 244–245 (Lord *Diplock*).

[904] *Wilson v Lombank Ltd* [1963] 1 WLR 1294.

[905] *Brierly v Kendall* (1852) 17 QB 937; 117 ER 1540.

3. Erlaubte Eigenmacht

123 Fremde Sachherrschaft verletzt, wer sie stört oder entzieht. In beiden Fällen muss das objektive Besitzrecht nicht nur die Frage beantworten, welchen Personen es welche behördlich oder gerichtlich durchsetzbaren Rechtsbehelfe zubilligt. Es muss sich auch mit der Frage befassen, welchen Personen es unter welchen Voraussetzungen die Befugnis geben will, ihre Sachherrschaft selber zu verteidigen oder, falls sie ihnen bereits abhandengekommen ist, ohne „obrigkeitliche" (§ 229 dt. BGB) bzw. „richterliche Hilfe" (§ 344 österr. ABGB) zurück zu erobern, zur Not mit Gewalt. Die Antworten der europäischen Rechtsordnungen fallen manchmal schon im Grundsätzlichen, jedenfalls aber in zahlreichen Details unterschiedlich aus.

a) Not- und Besitzwehr

(1) Grundlagen

124 Ob und mit welchen Mitteln sich jemand außergerichtlich gegen eine aktuelle Störung seiner Sachherrschaft (unter Einschluss noch andauernder Wegnahmehandlungen) verteidigen darf, entscheidet das Recht der Notwehr. Ihre privatrechtlichen Voraussetzungen und Grenzen sind jedoch keineswegs überall gleich scharf konturiert. Der Code Napoléon (der franz., der belg. und der luxemb. CC) hat das Notwehrrecht ebensowenig kodifiziert wie der spanische CC; man kann es bestenfalls aus den ihnen jeweils komplementären Strafrechtsordnungen herleiten.[906] Unter ihnen ist die **Notwehrfähigkeit von** Besitz und mit ihr das Recht zur Selbstverteidigung bei Eingriffen in die **Sachherrschaft** vermutlich zu **verneinen;** mindestens ist es sehr stark eingeschränkt.

Von der *légitime defense* handelt Art. 125-5 franz. CP.[907] Man macht sich nicht strafbar, wenn man ein „Gut" in vernünftiger Weise und mit verhältnismäßigen Mitteln gegen einen rechtswidrigen Angriff verteidigt (Abs. (2) aaO). Ein Eigentümer darf sich wehren; ob das auch der Inhaber von Sachherrschaft (z. B. der Mieter einer Wohnung oder der Entleiher eines Fahrrades) darf, wirkt dagegen verblüffend ungeklärt. Es scheint, dass man die Frage zu verneinen hat, weil es an einem „Angriff" auf ein „Gut" fehlt[908] und auch die Artt. 2255–2257 franz. CC das Thema nicht berühren. Sicher ist nur, dass eine legitime Verteidigung durch den Eigentümer eine *faute* i. S. v. Art. 1240 (früher Art. 1382) franz. CC und mit ihr eine zivilrechtliche Haftung aus-

---

[906] Näher *von Bar,* Gemeineuropäisches Deliktsrecht II, Rdnrn. 493–498; dort auch zu den notwehrfähigen Rechtsgütern.

[907] (1) „N'est pas pénalement responsable la personne qui, devant une atteinte injustifiée envers elle-même ou autrui, accomplit, dans le même temps, un acte commandé par la nécessité de la légitime défense d'elle-même ou d'autrui, sauf s'il y a disproportion entre les moyens de défense employés et la gravité de l'atteinte. (2) N'est pas pénalement responsable la personne qui, pour interrompre l'exécution d'un crime ou d'un délit contre un bien, accomplit un acte de défense, autre qu'un homicide volontaire, lorsque cet acte est strictement nécessaire au but poursuivi dès lors que les moyens employés sont proportionnés à la gravité de l'infraction".

[908] In Italien, wo die Ausgangslage ähnlich ist (sich im Recht der außervertraglichen Haftung mit Art. 2044 ital. CC allerdings eine allgemeine Notwehrregel findet), stört man sich daran freilich nicht. Die *autodifesa possessoria* (Selbsthilfe) ist gegenüber jeder noch andauernden Besitzstörung erlaubt (*Torrente und Schlesinger,* Manuale di diritto privato[21], S. 351). Man leitet das aus Art. 52 ital. CP her, obwohl auch diese Bestimmung nur unspezifisch vom Schutz eines *bene* handelt. Gestattet ist – z. B. während einer noch andauernden Diebstahlshandlung – sogar eine Verteidigung mit körperlicher Gewalt (Cass. pen. 27.11.2012, Nr. 49760, CED Cass. pen. 2012, rv 254185).

schließt. Auch unter Artt. 416 und 417 belg. CP darf man seine „Güter" im Wege der Notwehr verteidigen, dies allerdings nur, wenn mit dem Angriff ein Angriff auf die eigene Person einhergeht. Man darf also nicht einmal im eigenen Haus Gewalt gegen einen Dieb anwenden, wenn man nicht auch von ihm persönlich angegriffen wird.[909] Die reine Sachherrschaft kann offenbar nicht besser geschützt sein. Auch der spanische Código Civil schweigt zu Fragen der Notwehr und der besitzrechtlichen Selbsthilfe.[910] Von der *legítima defensa* (Notwehr) handelt nur Art. 20(4) span. CP. Vorausgesetzt werden ein rechtswidriger Angriff, eine vernünftige Relation zwischen ihm und dem eingesetzten Verteidigungsmittel und die Abwesenheit einer Angriffsprovokation. Eine *autodefensa de la posesión* kommt hiernach nur höchst ausnahmsweise in Betracht. Denn ein Angriff ist i. S. d. Bestimmung nur dann rechtswidrig, wenn er (im Erfolgsfalle) strafbar wäre und die betroffenen Güter der Gefahr unmittelbar bevorstehender Zerstörung oder des unmittelbar bevorstehenden Verlusts aussetzt. Im Fall der Verteidigung einer Wohnung oder ihrer Nebengebäude wird erst das unerlaubte Eindringen als rechtswidriger Angriff angesehen.

Auch das schwedische Notwehrrecht entsteht unter Kap. 24 § 1 BrB aus einem **125**
drohenden oder bereits begonnenen strafbaren Angriff auf die Person oder das Vermögen des Betroffenen. Trotz dieses identischen Ausgangspunktes kommt die schwedische Rechtswissenschaft aber zu einer gänzlich anderen Schlussfolgerung als die spanische, nämlich zu der Aussage, dass in Schweden der Besitz- und der Eigentumsschutz notwehrrechtlich gleichgestellt seien.[911] Des Rätsels Lösung liegt darin, dass Schweden deutlich mehr Straftaten gegen den Besitz kennt; strafbar sind u. a. auch die verbotene Eigenmacht (Kap. 8 § 8 BrB) und die verbotene Wiederansichnahme einer Sache (*självtäkt,* Kap. 8 § 9 BrB). Interessant ist auch der Vergleich des französischen mit dem deutschen Recht. Denn die These, dass Sachherrschaft nicht im Sinne des Notwehrrechts „rechtswidrig angegriffen" werden könne, weil es dafür eines subjektiven Rechts bedürfte, wird auch für § 227 dt. BGB vorgetragen.[912] In seinem Wortlaut findet das freilich keine sichere Stütze. Es lässt sich auf dem Hintergrund von § 858 dt. BGB (Besitzstörungen bzw. -entziehungen sind widerrechtlich) mindestens ebenso gut argumentieren, dass auch eine unerlaubte Sachherrschaftsstörung einen „rechtswidrigen Angriff" konstituiert. Wäre das so, dann wäre § 859(1) dt. BGB („Der Besitzer darf sich verbotener Eigenmacht mit Gewalt erwehren") nicht etwa eine Erweiterung, sondern eine Beschränkung des allgemeinen Notwehrrechts[913]: Es dürfen eben nur be-

[909] Ein Änderungsvorschlag ist nicht Gesetz geworden. Auf seiner Webseite (https://www.senate.be/www/?MIval=/publications/viewPub.html&COLL=S&LEG=3&NR=511&VOLGNR=1&LANG=fr) erwähnt der Senat das obige Beispiel mit dem Dieb ausdrücklich und fasst aus Anlass jener *Proposition de loi modifiant certaines dispositions du Code pénal en matière de légitime défense* die aktuelle Rechtslage zusammen, wie folgt: „Il ne peut être question de légitime défense lorsqu'il s'est uniquement agi de préserver des choses ou d'empêcher qu'il soit porté atteinte à des biens matériels. Telle est la thèse qu'épousent majoritairement la jurisprudence et la doctrine (es folgen Nachweise). L'attaque contre laquelle on peut légitimement se défendre doit être dirigée contre des personnes".

[910] *Díez-Picazo,* Fundamentos III^5, S. 726 (im Gegensatz zu den §§ 858, 859 dt. BGB fände man im span. CC keine ausdrückliche Autorisierung von Besitzwehr und Besitzkehr).

[911] *Millqvist,* Sakrättens grunder^6, S. 34.

[912] Staudinger (-*Repgen*), BGB (2014), § 227 Rdnr. 8.

[913] In diese Richtung geht zutreffend auch BGH 6.7.1977, NJW 1977 S. 1818. Das Gericht entschied, dass dem mittelbaren Besitzer weder nach § 859 BGB noch nach § 229 BGB ein

stimmte Personen besitzrechtliche Notwehr üben, und das auch nur gegen bestimmte Formen der Besitzverletzung. Jedenfalls gehört das deutsche Zivilgesetzbuch damit zu den Kodifikationen, die sich ein spezifisch **besitzrechtliches Notwehrrecht** gegeben haben. Sein Kern, § 859(1) dt. BGB, wurde allerdings nicht unter die Überschrift „Notwehr“, sondern unter die Überschrift „Selbsthilfe des Besitzers“ gestellt. Davon kann man sich leicht irritieren lassen. Denn § 859(1) dt. BGB erlaubt es einem Besitzer nur in einem sehr allgemeinen Sinn, „sich selbst zu helfen“; es geht aber nicht um „Selbsthilfe“ in dem technischen Sinn der §§ 229, 859(2) und (3) dt. BGB. In der Substanz ist wichtig, dass § 859(1) dt. BGB die Notwehrfähigkeit unmittelbarer Sachherrschaft für bestimmte Situationen bestätigt. Rechtsprechung und Lehre sprechen demgemäß von *Besitzwehr,* lehnen sich also zumindest sprachlich an *Notwehr* an, und nennen die selbsthilferechtlichen Instrumente des § 859 dt. BGB (die Regeln der Absätze (2) und (3) über die ausnahmsweise erlaubte Eigenmacht bei der Wiederbeschaffung einer Sache) *Besitzkehr.*[914]

126 In den §§ 141(1) estn. GPCCA, 41(1) estn. LPA[915], Artt. 284 und 985(1) gr. ZGB[916], Artt. 337 und 1277 port. CC[917] sowie den §§ 6:520(b) und 5:6 ungar. ZGB[918] spiegeln sich identische Strukturen. Der polnische Gesetzgeber hat in Art. 343

Selbsthilferecht gegen den unmittelbaren Besitzer zustehe. Die Klägerin hatte einen Theatersaal samt Holzschuppen für die Requisiten gemietet, den Schuppen nach Ablauf der Mietzeit aber nicht geräumt. Der Vermieter ließ ihn abreißen und die Requisiten auf dem Hof lagern. Der BGH lehnte eine Rechtfertigung unter dem Gesichtspunkt der „Selbsthilfe“ (damit konnte nur § 859(1), nicht § 859(3) dt. BGB gemeint sein) ab. Der Vermieter habe keinen unmittelbaren Besitz gehabt. Auch eine Selbsthilfe i. S. v. § 229 dt. BGB schied aus, weil der Vermieter verbotenerweise eigenmächtig gehandelt hatte. Es kann also zwar der mittelbare Besitzer verbotene Eigenmacht gegen den unmittelbaren begehen, aber nicht dieser gegen jenen. Das darf nicht dadurch umgangen werden, dass man zugunsten des mittelbaren Besitzers auf § 227 dt. BGB ausweicht (MünchKomm [-*Grothe*], BGB I^7, § 227 Rdnr. 7).

[914] Die „Besitzwehr“ des § 859(1) dt. BGB wird demgemäß als eine besondere Form der Notwehr gedeutet (*Baur und Stürner,* Sachenrecht^{18}, § 9 Rdnr. 11; Staudinger [-*Gutzeit*], BGB (2012), § 859 Rdnr. 6).

[915] Auch von Art. 41(1) estn. LPA wird gesagt, er regele eine besondere Form der Notwehr (Faber und Lurger [-*Kullerkamp*], National Reports I, Estonia, S. 226, 261).

[916] Art. 985(1) gr. ZGB betrifft, wie man sagt, die Besitzverteidigung *(Yperáspise Només)* (Georgiades und Stathopoulos [-*Georgiades*], ZGB, Art. 985 S. 265 Rdnrn. 14–16, Amtsgericht Paros 33/1988, EEN 57 [1990] S. 620). Vorausgesetzt wird nicht mehr als eine objektive Besitzstörung, zu der auch die drohende Besitzentziehung gehört. Weil es nicht darauf ankommt, dass die Störung auf einer menschlichen Handlung beruht und es infolgedessen keines „Angriffs“ bedarf, gilt das Recht der Besitzverteidigung als eine Erweiterung des Rechts der Selbstverteidigung (z. B. Seegericht Piräus 339/2011, NoB 60 [2012] S. 1515).

[917] Art. 337 port. CC regelt die Notwehr, Art. 1277 port. CC bestimmt, dass sich „der im Besitz gestörte oder daraus verdrängte Besitzer“ nach Maßgabe der allgemeinen Regeln über die Selbsthilfe (Art. 336 port. CC; *acção directa*) „mit eigener Gewalt und Macht den Besitz erhalten oder sich wieder in den Besitz setzen“ darf. Bei Berücksichtigung dieses Bindeglieds darf man deshalb sagen, das portugiesische Recht gestatte es einem Besitzer, seinen Besitz im Wege der Notwehr zu schützen (von Bar [-*Seabra und Xavier*], Sachenrecht in Europa III, Portugal, S. 352 und *Menezes Cordeiro,* Tratado de direito civil V, S. 449, 453 [mit dem Zusatz, dass sich auch in Art. 338 port. CC die Unschärfe der Unterscheidung zwischen Notwehr und Selbsthilfe zeige, denn die Vorschrift bringt eine einheitliche Regelung zu Putativnotwehr und Putativselbsthilfe]).

[918] Unter § 6:520(b) ungar. ZGB ist eine Schadensverursachung ausnahmsweise dann nicht rechtswidrig, wenn sie zur Abwehr eines unrechtmäßigen Angriffs erfolgt und das dafür notwendige Maß nicht überschreitet. Unter § 5:6(1) ungar. ZGB darf ein Besitzer in dem zum

§ 1 poln. ZGB festgehalten, dass „der Besitzer ... zur Abwehr einer eigenmächtigen Besitzstörung von der Notwehr Gebrauch machen" darf. Art. 343 § 1 poln. ZGB gilt als einer der Anwendungsfälle von Art. 423 poln. ZGB, der von Haftung für in Notwehr zugefügte Schäden befreit.[919] § 19 österr. ABGB („Wer ... die Grenzen der Notwehr überschreitet, ist dafür verantwortlich") setzt das Notwehrrecht voraus, definiert es aber nicht. Auch ein Blick in § 3 österr. StGB hilft nicht weiter, weil unter dieser Vorschrift zwar das „Vermögen" notwehrfähig ist, sie aber den Besitz nicht explizit nennt. Man weicht auf § 344 österr. ABGB[920] aus. Erst hier wird deutlich, dass Notwehr auch zum Schutze von Sachherrschaft erlaubt ist. Der Vorschrift soll sogar prinzipielle Bedeutung zukommen, so dass das besitzrechtliche Notwehrrecht nicht etwa das allgemeine abändert, sondern diesem recht eigentlich erst seine subsumtionsfähige Gestalt verleiht.[921] Auch unter § 19 tschech. BGB ist „Selbsthilfe" nur in den vom Gesetz ausdrücklich genannten Fällen erlaubt. Das Hauptbeispiel findet sich in § 14 tschech. BGB, der Notwehr und Selbsthilfe i.e.S. in einer Bestimmung zusammenführt.[922] Darauf nimmt § 1006 tschech. BGB („Selbsthilfe des Besitzers") Bezug; „der Besitzer kann sich einer eigenmächtigen Störung des Besitzes der Sache widersetzen und die ihm durch die Störungshandlung weggenommene Sache zurückholen, soweit er die Grenze der Notwehr nicht überschreitet".[923] Das wiederum zeigt, dass nicht nur die Besitzwehr als eine Form der Notwehr, sondern auch die Notwehr als eine Form der Selbsthilfe verstanden wird.

Im englischen Recht verschwimmen die Grenzen von Besitzwehr und Besitzkehr. **127**
Gegen die Besetzung eines Grundstücks ist *self-help* erlaubt, allerdings nur während eines angemessenen *(reasonable)* Zeitraums. Außerdem müssen ihre Voraussetzungen, wenn gerichtliche Hilfe nicht in Anspruch genommen wird, obwohl sie rechtzeitig zu erlangen wäre, unzweideutig gegeben sein.[924] Der „angemessene Zeitraum" beginnt mit der Kenntniserlangung des Besitzers von der Besetzung[925], und er endet je nach den Umständen des Einzelfalls. In *Browne v Dawson* wurden zehn Tage noch als angemessen angesehen.[926] Der konstruktive Kniff besteht in der Annahme, dass der Störer

---

Schutz seines Besitzes erforderlichen Umfang verbotener Eigenmacht mit eigener Eigenmacht begegnen.

[919] Gutowski (-*Zelek*), Kodeks cywilny I, Art. 423 Rdnr. 6.

[920] „Zu den Rechten des Besitzes gehört auch das Recht, sich in seinem Besitze zu schützen, und in dem Falle, dass die richterliche Hilfe zu spät kommen würde, Gewalt mit angemessener Gewalt abzutreiben".

[921] Dem § 344 österr. ABGB wird demgemäß eine Doppelnatur zugesprochen. Die Vorschrift stelle nicht nur klar, dass Besitz notwehrfähig sei. Sie definiere vielmehr auch für Rechte und Rechtsgüter die zivilrechtlichen Voraussetzungen und Grenzen erlaubter Notwehr (Klang [-*Kodek*], ABGB^3, § 344 Rdnrn. 1–5; Rummel [-*Spielbüchler*], ABGB I^3, § 344 Rdnr. 1).

[922] (1) „Jeder kann sich selbst auf angemessene Weise zu seinem Recht verhelfen, sofern sein Recht bedroht ist oder es offensichtlich ist, dass ein Eingriff der öffentlichen Gewalt nicht rechtzeitig erfolgen würde. (2) Droht unmittelbar ein rechtswidriger Eingriff in ein Recht, so kann ihn jeder Bedrohte durch Selbsthilfe und Mittel, die bei Berücksichtigung der Umstände einer Person in seiner Lage angemessen erscheinen, abwehren. Wer allerdings die Selbsthilfe nur auf die Sicherstellung eines sonst vereitelten Rechts richtet, hat sich ohne unnötige Verzögerung an das zuständige Organ der öffentlichen Gewalt zu wenden".

[923] Auch § 1006 tschech. BGB gilt als ein besonderer Tatbestand der Selbsthilfe (Švestka/Dvořák/Fiala [-*Macková*], Občanský zákoník I, S. 65).

[924] *Burton v Winters* [1993] 1 WLR 1077 (CA).

[925] Clerk und Lindsell (-*Murphy*), Torts^{19}, Rdnr. 19-18.

[926] *Browne v Dawson* (1840) 12 A & E 624; 113 ER 950.

während des genannten Zeitraums jedenfalls in Relation zu dem besser Berechtigten noch keine *possession* begründet habe und ihm deshalb nicht auch seinerseits die Rechtsbehelfe aus *trespass* entgegenhalten kann. *Self-help* umfasst die Befugnis zu angemessener Gewaltanwendung. Der Besitzer wird so behandelt, als habe er den Besitz nie verloren; folglich darf er Gewalt in demselben Umfang anwenden wie ein Besitzer, der seinen Besitz verteidigt.[927] Gleichwohl wird wegen der inhärenten Unsicherheiten generell angeraten, sich des in solchen Fällen zügig erreichbaren gerichtlichen Rechtsschutzes zu bedienen.[928] Die „Selbsthilfe" gegenüber einer *nuisance* wird meistens *abatement* genannt. Man darf sich in diesem Fall aber nur auf seinem eigenen Grundstück verteidigen, nicht den Besitz des Nachbarn stören. Es geht um Fälle, in denen ein gerichtliches Verfahren zu aufwändig und teuer wäre[929] (z.B. um das Abschneiden herüberragender Äste und Zweige).[930]

(2) Einzelheiten

128 Not- bzw. Besitzwehr setzen überall eine **gegenwärtige Störung** voraus. Sobald die Eingriffshandlung beendet ist, kommt eine Besitzwehr nicht mehr in Betracht.[931] Andererseits sind ihr keine nach starren Fristen bemessenen zeitlichen Grenzen gesetzt. Mancherorts kommt es sogar nur darauf an, dass die Störung noch andauert und aus ihrer bisherigen Hinnahme weder auf ein stillschweigendes Einverständnis noch auf die Entstehung neuen, nun seinerseits schutzwürdigen Besitzes geschlossen werden muss.[932] Besteht die Störung in einer Besitzentziehung durch Wegnahme, bewegt man sich im Rahmen der Besitzkehr, wenn der Verletzer bereits vermeintlich stabilen Eigenbesitz begründet hat, und im Rahmen der Besitzwehr, wenn er beobachtet wurde und sich noch auf der Flucht weiß.[933]

---

927 Clerk und Lindsell (*-Murphy*), Torts[19], Rdnr. 19-18.

928 *Murphy* aaO.

929 *Burton v Winters* [1993] 1 WLR 1077, 1081D (per *Lloyd* LJ).

930 *Lemmon v Webb* [1895] AC 1.

931 Siehe z.B. Art. 913 lett. ZGB; Art. 2907 ital. CC; Art. 337(1) port. CC (*agressão actual;* näher Carvalho Fernandes und Brandão Proença [*-Trigo*], Comentário ao Código Civil, Anm. 4.IV unter Art. 337, S. 799); Art. 31 slowen. SPZ; Artt. 441, 445 und 446 span. CC (dazu *Albaladejo,* Derecho civil III[10], S. 100 sowie, auf ihn zurückgreifend, Faber und Lurger [*-González Panacowska und Díez Soto*], National Reports V, Spain, S. 504); § 1006 tschech. BGB und § 5:6 ungar. ZGB (die Besitzwehr ist auf die Zeit der besitzverletzenden Handlung begrenzt: Vékás und Gárdos [*-Menyhárd*], Kommentár a Polgári Törvénykönyvhöz I, § 5:6 ungar. ZGB, S. 913).

932 Im ersten Punkt herrscht allerdings keine Einigkeit. Für Griechenland gibt zwar Georgiades und Stathopoulos (*-Georgiades*), ZGB, Art. 985 S. 265 Rdnr. 16 das Beispiel, dass jemand schon vor einem Monat begonnen hat, auf dem Grundstück eines anderen eine Rinne zu graben, um in sie Wasserrohre zu legen. Dann könne der Besitzer den Störer noch immer vertreiben und/oder die Rinne zuschütten. Das Beispiel ist auch für Deutschland richtig, nicht aber unter englischem Recht. Denn aus seiner Sicht dürfte der angemessene Zeitraum für *self-help* bereits abgelaufen sein, und *abatement* setzt sofortiges Handeln voraus (Rdnr. 127).

933 Näher *von Bar,* Gemeineuropäisches Deliktsrecht II, Rdnr. 492 mit Fn. 60 und Rdnr. 496 mit Fn. 86. Siehe außerdem Areopag 82/1966, NoB 14 (1966) S. 863; *Millqvist,* Sakrättens grunder[6], S. 34; § 1006 tschech. BGB („Der Besitzer kann sich einer eigenmächtigen Störung des Besitzes der Sache widersetzen und die ihm weggenommene Sache während der Störungshandlung zurückholen, soweit er die Grenze der Notwehr nicht überschreitet") und dazu Spáčil (*-Spáčil*), Občanský zákoník III, S. 123.

Der ungar. OGH hatte es 2010 (noch unter § 190 ungar. ZGB [1959][934]) mit einem Handgemenge unter zerstrittenen Eheleuten zu tun.[935] Das Paar lebte getrennt und in Scheidung. Der Mann besuchte das bei der Mutter lebende gemeinsame Kind und sprach mit ihm im Hof. Die Mutter wies ihn darauf hin, dass die Besuchszeit abgelaufen war und sah, dass in seiner hinteren Hosentasche ein Diktiergerät steckte. Sie nahm es an sich und verweigerte die Herausgabe. Daraufhin packte der Mann ihren Arm. Beide fielen zu Boden; der Mann soll ihr linkes Bein getreten und ihren Brustkorb zusammengepresst haben. Das Getümmel endete, als die Frau das Diktiergerät losließ. Sie erlitt leichte Blutergüsse (die nach acht Tagen ausgeheilt waren) und stellte Strafantrag. Der OGH verneinte Notwehr, sah aber Besitzwehr für gegeben an. Das Gesetz erlaube selbst die gewaltsame Verteidigung des Besitzes gegen Entziehung. Es sei nicht nur um das Interesse an der bestimmungsgemäßen Nutzung des Diktiergerätes gegangen. Andere Besitzschutzmöglichkeiten hätte der Angeklagte nicht gehabt. Er habe ausschließlich die Sache zurückhaben wollen und sofort abgelassen, als er das Gerät wiedererlangt hatte. Auch habe er die Grenzen des zur Besitzverteidigung Erforderlichen nicht überschritten und sich folglich nicht strafbar gemacht.

Im Übrigen ist, da Besitzstörungen auch in der Gestalt von Unterlassungen begegnen können[936], eine Verteidigung auch unabhängig von einem menschlichen „Angriff" möglich: Man darf fremde Tiere von seinem Pachtgrundstück verscheuchen[937]; vergiften freilich darf man sie nur dann, wenn es keine andere Möglichkeit mehr gibt.[938]

Gegen eine **aktuelle Sachentziehung** kann schon aus tatsächlichen Gründen nur vorgehen, wer während der Tat anwesend ist. Den Diebstahl eines Autos oder eines Fahrrades kann nur verhindern, wer die Tat beobachtet. Der Vermieter und Eigentümer wird bestenfalls zufällig vor Ort sein, und wenn das einmal der Fall sein sollte, genügen für ihn, genau besehen, bereits die Möglichkeiten des allgemeinen Notwehrrechts. Des besitzrechtlichen Notwehrrechts bedürfen diejenigen, denen auf unerlaubte Weise ihre physische Sachherrschaft (der *corpus possessionis*) entzogen werden soll; ob sie recht- oder unrechtmäßige Eigenbesitzer, Fremdbesitzer oder gar nur Besitzdiener sind, ist belanglos, mögen auch Besitzdiener nur im Rahmen der ihnen erteilten Weisungen handeln dürfen.[939] Bei gegenwärtigen Besitzentziehungen kann man bestenfalls fragen, ob auch ein völlig unbeteiligter Dritter im Wege der **Nothilfe** einschreiten darf. Aber auch das ist richtiger Ansicht nach zu bejahen, weil der Dritte nicht wissen kann, wem die Sache gehört. Nur wenn sein Einschreiten gegen den Willen des Inhabers der physischen Sachherrschaft erfolgt, ist es (wie bei einem Besitzdiener) rechtswidrig. Besitzwehr gegen Sachentziehungen muss sich, wenn sie im Wege der Nothilfe geschieht, an den Regeln des Rechts der Geschäftsführung ohne Auftrag ausrichten, nicht an besitzrechtlich relevanten Nähebeziehungen zu der jeweiligen Sache. Der Punkt wird freilich bislang nur undeutlich diskutiert. In Polen, so scheint es, erlaubt man eine besitzrechtliche Nothilfe. Jedenfalls gilt Art. 343 § 1 poln. ZGB als einer der 129

[934] „(1) Der Besitzer kann einen gegen seinen Besitz gerichteten Angriff – in dem zur Verteidigung seines Besitzes notwendigen Maße – auch durch Eigenmacht abwenden. (2) Zur Wiedererlangung eines verlorenen Besitzes darf man eigenmächtig nur auftreten, wenn der mit der Inanspruchnahme anderer Besitzschutzmittel verbundene Zeitverlust den Besitzschutz vereiteln würde".

[935] Legf. Bír. Bfv. I. 1276/2010, BH2012.1.

[936] Vorher Fn. 822.

[937] Georgiades und Stathopoulos (-*Georgiades*), ZGB, Art. 985 S. 264 Rdnr. 3.

[938] Österr. OGH 23.12.1924, SZ 6/405 (Vergiften von Hühnern unerlaubt, weil nicht erforderlich) und Berufungsgericht Porto 22.1.1986, CJ XI (1986) 197 (es sei rechtmäßig, entlang der Umfassungsmauern seines Weinbergs vergiftete Sardinen als Köder gegen Hunde (!) auszulegen, die die Trauben fräßen; das dürfe auch der Besitzer des Weinbergs).

[939] Oben Rdnrn. 56–62.

Anwendungsfälle von Art. 423 poln. ZGB, und diese Vorschrift befreit Nothelfer ausdrücklich von Haftung.[940] Unter schwedischem Recht[941], unter Art. 985(1) gr. ZGB und unter § 1006 tschech. BGB dagegen soll das Recht zur Besitzverteidigung neben dem Eigen- und dem Rechtsbesitzer nur noch den Personen zukommen, derer sie sich als Vertreter bedienen.[942] Das mag überwiegend zu richtigen Ergebnissen führen, wird aber schon problematisch, wenn man an einen Abschleppunternehmer denkt, der sich gegen einen Diebstahl des abgeschleppten Fahrzeuges zur Wehr setzt. Der Unternehmer handelt nicht in Vertretung des Eigenbesitzers des Fahrzeuges, und der Supermarkt, auf dessen Grundstück das Fahrzeug stand, war nicht dessen Eigenbesitzer. Im Grunde muss man nicht einmal wissen, ob der Unternehmer wenigstens unmittelbarer Fremdbesitzer war. Denn in den Wegnahmefällen kommt den gewöhnlichen Kategorien des Besitzrechts kein zureichender Aussagegehalt zu; sie „passen" einfach nicht. Auch in Deutschland ist das so. Man wird von § 860 dt. BGB (der dem Besitzdiener das besitzrechtliche Notwehrrecht gewährt) geradezu zu dem Umkehrschluss eingeladen, dass eben nicht jedermann besitzrechtliche Nothilfe üben darf, sondern nur, wer auf Anforderung des unmittelbaren Besitzers handelt.[943] Das erscheint jedoch wenig überzeugend, weil im Falle der Wegnahme weder Zeit zum Überlegen, noch zum Fragen, noch zur Prüfung der Rechtslage bleibt.

130 Anders liegen die Dinge aber bei bloßen **Störungen der Sachherrschaft.** Wer, ohne selbst betroffen zu sein, sieht, dass Fahrzeuge auf einem privaten Parkplatz rechtswidrig abgestellt werden, oder mitbekommt, dass nachts aus der Wohnung eines Mietshauses Lärm in eine Nachbarwohnung dringt, darf dagegen auf eigene Faust nichts unternehmen.[944] Er darf nun in der Tat nur auf Anforderung des Parkplatzbetreibers bzw. des betroffenen Mieters tätig werden[945], gewissermaßen als deren Helfer

---

[940] Näher Gutowski (-*Zelek*), Kodeks cywilny I, Art. 423 Rdnr. 6.

[941] Das Notwehrrecht, so wird auch hier gesagt, stehe dem Eigentümer oder seinem Vertreter (insbesondere einem rechtmäßigen Besitzer) zu (*Berggren,* Brottsbalken, Kommentierung unter Kap. 24 § 1 BrB, www.infotorg.se).

[942] Berufungsgericht Lárisa 191/2011 und 755/2006, beide in Isokrates-Datenbank. Auch unter § 1006 tschech. BGB darf ein Dritter nicht eigenmächtig handeln. Selbsthilfe (§ 14 tschech. BGB) darf neben dem Betroffenen selbst nur sein (gesetzlicher oder rechtsgeschäftlicher) Vertreter ausüben (Lavický [-*Lavický*], Občanský zákoník I, S. 127). Nothilfe ist nur im Rahmen der allgemeinen Notwehr erlaubt (§ 2905 tschech. BGB; dazu Hulmák [-*Bezouška*], Občanský zákoník VI, S. 1527 mit dem Zusatz, dass Nothilfe nicht gegen den Willen des Angegriffenen geleistet werden dürfe).

[943] Staudinger (-*Gutzeit*), BGB (2012), § 859 Rdnr. 3 mit weiteren Nachweisen.

[944] Das ist auch dann nicht anders, wenn der Dritte zufällig der Vermieter einer der beiden Wohnungen ist. In beiden Fällen steht ihm nur gerichtlicher Rechtsschutz zu. Ist er der Vermieter der Wohnung, aus der der Lärm stammt, muss er gegen deren Mieter aus Vertragsverletzung klagen. Ist er dagegen der Vermieter der Wohnung, deren Mieter unter dem Lärm leidet, kann er zwar auf Beseitigung der Lärmquelle bzw. auf Unterlassung weiteren Lärms klagen, aber nicht im Wege der Besitzwehr vorgehen (siehe u.a. § 869 dt. BGB [die Vorschrift verweist nur auf §§ 861 und 862, aber gerade nicht auf § 859 dt. BGB] und § 5:6 ungar. ZGB [der das Recht zur Besitzwehr eindeutig dem Besitzer vorbehält]). Die Dinge verschieben sich erst, wenn die Sachverhalte eine deliktsrechtliche Konnotation erhalten (richtig m.E. *Fuglinszky,* Kártérítési jog, S. 228), wenn also im ersten Fall eine Sachbeschädigung (es wird gleichzeitig giftiger Müll entsorgt) und im zweiten eine Körperverletzung droht (der Lärm ist so stark, dass Kinder in die Gefahr eines Trommelfellschadens geraten).

[945] In Österreich erkennt die wohl herrschende Lehre (Kritik an ihr bei *Faber,* ZfV 2000, 850, 862–863) Dritten zwar generell die Befugnis zu, Nothilfe zu leisten. Sie sei aber auf die auf Besitzerhaltung ausgerichete sogen. defensive Nothilfe begrenzt. Zu offensiver Nothilfe sei

oder „Vertreter", aber selbst dies natürlich nur unter den Voraussetzungen, unter denen auch der jeweilige Besitzer oder Detentor in eigener Person und ohne Einschaltung eines Gerichts tätig werden dürfte. Das führt zu der Frage, ob die Verteidigung gegen noch andauernde Störungen dem Subsidiaritäts- und dem sich mit ihm partiell überlappenden Verhältnismäßigkeitsprinzip unterliegt.

Die Antworten fallen uneinheitlich aus. In Fällen, in denen die Besitzstörung aus **Handlungen auf dem betroffenen Grundstück** besteht, wird private Eigenmacht vielfach eher akzeptiert, als in Fällen, in denen sich die Störungsquelle außerhalb der Herrschaftszone des Besitzers befindet.[946] Man muss nicht nur nicht dem Abkippen von Müll tatenlos zuschauen und abwarten, bis man eine einstweilige Verfügung erwirkt hat.[947] Hat jemand eigenmächtig Sachen in die Wohnung eines anderen getragen, darf dieser sie entfernen, den Eindringling mit Gewalt vor die Tür setzen und das Wohnungsschloss auswechseln.[948] Richtiger Ansicht nach darf man prinzipiell auch fremde Fahrzeuge von seinem Grundstück selber entfernen bzw. entfernen lassen.[949] In solchen Fällen kann freilich immer noch gefragt werden, ob die konkrete Maßnahme (i) zum Schutz des *corpus possessionis* wirklich erforderlich war, und ob sie (ii), selbst wenn das zu bejahen ist, in einem angemessenen Verhältnis zu der Intensität der Besitzstörung stand. Nicht erforderlich könnte das Abschleppen z. B. sein, wenn der Grundstücksbesitzer nach Lage der Dinge bei der örtlichen Polizei 131

---

ein Dritter nur befugt, wenn ihn der Besitzer um Hilfe bittet (*Kodek,* Die Besitzstörung, S. 539).

[946] Zwischen diesen beiden Situationen liegen einige Sachverhalte, die auf dem Kontinent nachbarrechtlich und in England mit der Figur des *abatement* (vorher Rdnr. 127 a. E.) bewältigt werden. Schon für *abatement* ist indes entscheidend, dass die eigenmächtige Beseitigung der Störung „friedlich" erfolgt. Das bedeutet, dass der betroffene Besitzer das fremde Grundstück ohne Erlaubnis nicht betreten darf. Ausnahmen werden nur in echten Notfällen (Brand auf dem Nachbargrundstück) erwogen. Die Ausübung des Abwehrrechts unterliegt außerdem einer Verhältnismäßigkeitsprüfung. Dem Störer ist deshalb Gelegenheit zu geben, die Störung selbst zu beenden (Clerk und Lindsell [-*Murphy*], Torts[19], Rdnr. 31-25).

[947] *Horst,* NJW 2010 S. 827, 828. S. auch Amtsgericht Paros 1/1990, ArchN 43 (1993) S. 251 (Ablagerung von Holzpfählen durch Eigentümer auf verpachtetem Grundstück; der Pächter habe die Holzpfähle eigenmächtig wegschaffen dürfen) und Asser (-*Bartels/Van Mierlo/Ploeger*), Algemeen goederenrecht[16], Nr. 109 (der Dritte könne sich nicht darauf berufen, dass der Besitzer kein Eigentümer sei, denn der Besitzer kann sich darauf berufen, dass er unter Art. 3:125(1) ndl. BW das Recht habe, seinen Besitz ungestört zu geniessen).

[948] Gniewek (-*Gołaczyński*), Kodeks cywilny[2], Art. 343, S. 483 Rdnr. 4.

[949] Siehe z. B. für England *Gray and Gray,* Elements of Land Law[5], Rdnr. 10.1.30 (Die englische Rechtsprechung hat sogar das Anbringen einer Radkralle für den Fall erlaubt, dass der Fahrer durch ein Schild darauf hingewiesen wird, dass unberechtigt parkende Fahrzeuge nur gegen Entrichtung einer Gebühr herausgegeben werden: *Vine v Waltham Forest LBC* [2000] 1 WLR 2383, 2389, *Roch* LJ; *Arthur v Anker* [1997] QB 564, 573, *Bingham* MR; unter schottischem Recht ist die Anbringung einer Radkralle dagegen keine erlaubte *self-help*- Maßnahme mehr und sogar strafbar: *Black v Carmichael* 1992 SLT 897); für Deutschland BGH 5.6.2009, BGHZ 181 S. 233; BGH 2.12.2011, NJW 2012 S. 528 und BGH 18.12.2015, NJW 2016 S. 863 sowie *Stephan Lorenz,* NJW 2009 S. 1025, 1026; und für Polen Appellationsgericht Warschau 27.5.2009, VI ACa 1124/08, Lex-Nr. 1120312 (Wohngemeinschaft beschließt, sich gegen Falschparker durch das Anbringen von Radkrallen zu wehren, weil die Polizei sich weigert, die Fahrzeuge abschleppen zu lassen. Der Eigentümer des falsch geparkten Autos sollte für jeden angefangenen Tag 100 PLN Strafe zahlen, und zur Sicherung dieser Forderung sollte ein Pfandrecht entstehen. Das Gericht lehnte ab: es fehle an der für ein Pfandrecht unter Artt. 306 und 307 poln. ZGB erforderlichen Übergabe der Sache).

anrufen kann, die Polizei den Halter feststellt, telefonisch benachrichtigt und dem Grundstücksbesitzer anschließend mitteilt, dass das Problem sehr bald aus der Welt geschaffen sein wird.[950] Das sollte man indes nicht mit der These verwechseln, Besitzwehr sei nur erlaubt, wenn staatliche Hilfe nicht rechtzeitig zu erreichen ist. Das Subsidiaritätsprinzip hat, auch wenn das mancherorts anders gesehen wird[951], seinen Platz bei der Besitzkehr, nicht bei der Besitzwehr.[952] Es geht lediglich um die korrekte Anwendung des Verhältnismäßigkeitsprinzips. In seiner ersten Ausprägung sagt es, dass die Verteidigungshandlung geeignet und erforderlich sein muss, aber nicht über das zur Verteidigung des Besitzes nötige Maß hinausschießen darf. Für einen Supermarkt, auf dessen Kundenparkplatz Falschparker an der Tagesordnung sind, so dass die Polizei auf einen Anruf des Betreibers gar nicht mehr reagieren würde, gibt es freilich kein milderes Besitzwehrmittel als das Abschleppen. Es kann deshalb nur noch unerlaubt sein, wenn unter dem anwendbaren Recht *zusätzlich* geprüft werden muss, ob zwischen der Verteidigungshandlung (der Entfernung des Fahrzeuges) und der Intensität der Besitzstörung ein angemessenes Verhältnis besteht. Diese weitere Schranke will z.B. in Österreich[953], Italien[954] und Slowenien (Art. 31 slowen. SPZ) bedacht sein, aber wohl nicht in Ungarn[955] und der Grundregel nach auch nicht in

---

[950] Das französische Recht scheint sogar ganz auf diesen Mechanismus zu vertrauen. Der *maître des lieux* (der „Herr des Hauses") darf nicht selber tätig werden. Er muss sich unter Artt. L 325-12 und R 325-47 Code de la route mit der Polizei in Verbindung setzen, damit sie den Eigentümer des falsch geparkten Fahrzeugs ermittelt und zu seiner Entfernung auffordert; wenn das nicht gelingt, ordnet die Polizei das Abschleppen an. In Deutschland dagegen lässt sich vorbehaltlich anderer örtlicher Usancen genau entgegengesetzt argumentieren, dass es (i) oft an einer Ordnungswidrigkeit bzw. einer Straftat fehlen wird, und dass man (ii) gerade deshalb keinen Anspruch auf das Einschreiten der Polizei hat, weil man das Fahrzeug selber abschleppen lassen kann (*Schwarz und Ernst,* NJW 1997 S. 2250).

[951] Insbesondere steht dem Besitzer unter § 344 österr. ABGB jede Form der „Selbsthilfe" nur offen, wenn gerichtlicher Rechtsschutz nicht rechtzeitig zu erlangen ist. Die praktische Bedeutung der „Selbsthilfe" (incl. der Besitzwehr) wird deshalb als gering eingeschätzt (Klang [-*Kodek*], ABGB^3, § 344 Rdnr. 2). Auch in Polen gilt selbst im Rahmen der Besitzwehr die Regel, dass Gewaltanwendung nur dann zulässig ist, wenn eine rechtzeitige Hilfe der Staatsorgane nicht möglich ist (Gniewek [-*Gołaczyński*], Kodeks cywilny^2, Art. 343, S. 483 Rdnr. 5).

[952] Siehe z.B. § 859(1) dt. BGB (ob obrigkeitliche Hilfe zu erlangen ist, spielt keine Rolle: Staudinger [-*Gutzeit*], BGB (2012), § 859 Rdnr. 11); § 41(1) estn. LPA; Art. 985(1) gr. ZGB; Art. 913 lett. ZGB; Art. 4.34(1) lit. ZGB; Art. 31 slowen. SPZ; § 1006 tschech. BGB und § 5:6 ungar. ZGB.

[953] Ein auf fremdem Grund geparktes Fahrzeug darf, wenn es keine wesentliche Behinderung darstellt, nicht ohne Weiteres abgeschleppt werden (LG Linz 1.1.1989, MietSlg 41.001; obiter auch OGH 21.10.1975, JBl 1978 S. 87). Wenn ein Fahrzeug unerlaubt auf einem Kundenparkplatz abgestellt wird, darf es nicht abgeschleppt werden, wenn das Geschäft über eine größere Zahl an Parkplätzen verfügt und ein einzelner Fremdparker nicht spürbar ins Gewicht fällt (*Jaaksch-Ratajczak,* ZVR 2004 S. 353, 354; *Legerer,* ÖJZ 1998 S. 607, 611). Anders soll es sich nur verhalten, wenn bei einer geringen Zahl von Stellplätzen der Verlust von Kunden droht (*Jaaksch-Ratajczak* und *Legerer* aaO).

[954] Unter Art. 52 ital. CP ist die *autodifesa possessoria* nur im Umfang vernünftiger und verhältnismäßiger Mittel erlaubt. Praktische Relevanz entfaltet sie zudem nur bei Verteidigungshandlungen gegen aktuelle Sachentziehungen. Denn in allen anderen Fällen lässt sie sich nach italienischem Verständnis kaum von der Selbsthilfe, der eigenmächtigen Ausübung eigener Rechtsansprüche *(esercizio arbitrario delle proprie ragioni)* unterscheiden, und sie ist unter Art. 2907 ital. CC verboten.

[955] § 5:6(1) ungar. ZGB beschränkt die Besitzwehr nur auf den zum Schutz des Besitzes erforderlichen Umfang, handelt also nur von der Verhältnismäßigkeit im engeren Sinn (Vékás und Gárdos [-*Menyhárd*], Kommentár a Polgári Törvénykönyvhöz I, § 5:6 ungar. ZGB, S. 913). Unerlaubt sollen aber extreme Verteidigungshandlungen sein, etwa das Schießen auf einen unbe-

Deutschland.[956] Auswirken würde sich der Unterschied z.B., wenn ein Fahrzeug am Rande einer großen Grundstücksfläche und zu einer Zeit unerlaubt abgestellt wird, zu der es keinerlei Betriebsabläufe stört.

Eine Prüfung der Verhältnismäßigkeit zwischen der Intensität der Besitzverletzung **132** und dem Nachteil, den der Besitzer durch seine eigenmächtige Verteidigungshandlung der anderen Partei zufügen würde, erscheint freilich unverzichtbar, wo sich jemand durch **Immissionen** beeinträchtigt fühlt. Man sieht das schnell, wenn man noch einmal an das Beispiel des Lärms in der Nachbarwohnung denkt und fragt, ob der um seinen Schlaf gebrachte Mieter nötigenfalls die Tür aufbrechen und die in voller Lautstärke spielende Musikanlage abstellen darf. In solchen Fällen herrscht in Europa nicht einmal Einvernehmen darüber, dass es sich überhaupt um eine Besitzstörung handelt. Es geht schließlich nicht (wie bei Wegnahmen, beim Falschparken, beim Aufstellen von Schildern und der Lagerung von Gegenständen) um die Usurpierung einer fremden Sache für eigene Zwecke. Bei Immissionen bleibt vielmehr ein erheblicher rechtspolitischer Wertungsspielraum; eine „Besitzstörung" i.S.d. Rechts der gerichtlichen Rechtsbehelfe[957] ist nicht dasselbe wie eine „Besitzstörung" i.S.d. privaten Gewaltrechte. Vor dem Hintergrund des dortigen Verständnisses von Besitz als Eigenbesitz argumentieren französische Gerichte und Autoren, *troubles possessoires* würden Handlungen mit dem Ziel voraussetzen, den Besitz des Betroffenen zu bestreiten.[958] Wer aber nur Schallwellen (Gerüche, Licht etc.) emittiere, mache sich gerade keiner *prétention contraire à la possession* schuldig. Es handele sich nur um *troubles de voisinage,* nicht um Besitzverletzungen.[959] Auch unter schwedischem Recht wäre eine Besitzstörung zu ver-

---

waffneten Besitzverletzer oder auf einen flüchtenden Dieb (*Navratyil,* Dologi jog a 2013, S. 10–11). Was das für die Fälle des Falschparkens bedeutet, ist nicht restlos klar. Nach dem Wortlaut des Gesetzes darf man Fahrzeuge, die etwa auf dem eigenen Pachtgrundstück unerlaubt abgestellt wurden, ohne Weiteres entfernen (sie dabei aber natürlich nicht beschädigen). Es ist aber denkbar, dass die in das Gesetz hinein gelesene Regel, wonach die Besitzwehr dem Besitzverletzer keinen Nachteil verursachen darf, der über den Nachteil des Besitzers hinausgeht (Wellmann [-*Petrik*], Dologi jog[2], S. 35), zu weiteren Differenzierungen zwingt.

[956] Siehe die Angaben in Fn. 949. Erforderliche, aber unter den Umständen völlig ausufernde Besitzwehrhandlungen können freilich auch in Deutschland mit dem Verbot des Rechtsmissbrauches unterdrückt werden. BGH 5.6.2009, NJW 2009 S. 2530 Rdnr. 16 betont, dass die Ausübung der Gewaltrechte auch in den Parkplatzfällen mithilfe von § 242 dt. BGB (Treu und Glauben) eingeschränkt werden könne. Dann ist man doch wieder in der Nähe einer Verhältnismäßigkeitsprüfung. Meistens spielen Fragen der Verhältnismäßigkeit aber erst bei der Frage eine Rolle, ob die Kosten der Maßnahme, insbesondere die Abschleppkosten, wirtschaftlich angemessen waren (BGH 22.9.2009, NJW 2009 S. 3713; s. außerdem AG Freising 28.11.1986, DAR 1987 S. 156; AG Erkelenz 16.1.2007, NJW-RR 2007 S. 1031 und AG München 15.7.2016, SVR 2017 S. 223, Anm. *Marquardt* [privater Grundstückseigentümer darf nächtens Falschparker abschleppen lassen, die auf für Mitarbeiter des Unternehmens bereitgestellten Plätzen parken; es könne nicht verlangt werden, dass der dem Unternehmen unbekannte Halter vorher telefonisch kontaktiert werde]).

[957] Zu einigen gesetzlichen Definitionen siehe schon oben Rdnrn. 113–115.

[958] Cass. civ. 11.1.1910, S. 1910, I, Seite 318 (das Gericht definierte eine Besitzstörung als „tout fait matériel ou tout acte juridique qui, soit directement et par lui-même, soit indirectement et par voie de conséquence, constitue ou implique une prétention contraire à la possession d'autrui"). *Dross,* Les choses, S. 478 Rdnr. 258-1 fügt hinzu: „Les agissements de l'auteur du trouble doivent être guidés par la volonté d'exercer une emprise sur le fonds totalement incompatible avec celle du possesseur actuel".

[959] Näher *von Bar,* Gemeineuropäisches Deliktsrecht I, Rdnr. 543. Anders freilich die italienische Rechtsprechung, die gegenüber Immissionen durchaus possessorischen Rechtsschutz ge-

neinen. Denn es läge kein Fall eines strafbaren Angriffs auf den Besitz vor.[960] Man muss sich entweder bei der Polizei melden und wegen Erregung öffentlichen Ärgernisses (*förargelseväckande beteende,* Kap. 16 § 16 BrB) Anzeige erstatten oder, wenn es nicht nur um eine vorübergehende Störung geht, aus Kap. 3 § 1 JB auf Unterlassung klagen. Wer in die Wohnung seines Nachbarn eindringt, weil ihm dessen Musik den Schlaf raubt, darf selber im Wege der Notwehr der Wohnung verwiesen werden.[961]

133 Rein dogmatisch gesehen liegt die Bejahung einer auch gewaltrechtlich relevanten Besitzstörung näher, wenn man aus der Perspektive des Rechtsbesitzes denkt. Ein Mieter von Wohnraum kann dann darauf verweisen, das in seinem Besitz befindliche Mietrecht nicht uneingeschränkt ausüben zu können. Gleichwohl ist die Möglichkeit privaten Rechtsschutzes gegen Immissionen nicht einmal in Tschechien unbestritten. Unter früherem Recht verlangte man für eine Besitzstörung ähnlich wie in Frankreich eine Handlung, die direkt in die räumliche Machtsphäre des Besitzers übergreift.[962] Heute wird Selbstschutz jedenfalls dann für möglich gehalten, wenn die Störung eine „körperliche Substanz" hat. „Wahrscheinlich wird es [aber] auch nicht möglich sein, solche ‚unkörperlichen' Immissionen auszuschließen, die eine außerordentliche Intensität erreichen".[963] Allerdings gilt das Verhältnismäßigkeitsprinzip unvermindert weiter, da Selbsthilfe nur im Rahmen der Notwehr (§ 2095 tschech. BGB) erlaubt ist. Polen gehört zwar zu den Ländern, in denen Besitz immer Sachbesitz ist und die Detention umschließt. Vor diesem Hintergrund ist schon früh entschieden worden, dass fremden Besitz verletzt, wer die „Ruhe des Besitzers" stört.[964] Bemerkenswerterweise hat der Gesetzgeber aber Anlass gesehen, in Art. 690 poln. ZGB ausdrücklich festzuhalten, dass „auf den Schutz der Rechte des Mieters auf Nutzung eines Raums ... die Vorschriften über den Schutz des Eigentums entsprechende Anwendung" finden. Die Vorschrift wäre überflüssig, wenn sich das gewünschte Ergebnis schon allein aus dem allgemeinen Besitzrecht ableiten ließe. Die wenigsten Bedenken gegen die These, dass der Besitz auch durch unkörperliche Immissionen gestört werden könne, scheint man in Griechenland[965] und in Deutschland zu haben. Aus deutscher Sicht besteht eine Besitzstörung aus

---

währt; es handele sich um Besitzverletzungen (Cass. 30.5.2005, Nr. 11382, Giust. civ. Mass. 2005 S. 5; Cass. 10.9.1997, Nr. 8829, Giust. civ. Mass. 1997 S. 1665; Cass. 23.3.1996, Nr. 2604, Giust. civ. Mass. 1996 S. 422).

[960] Siehe bereits Rdnr. 125. Man kann das Ergebnis auch gut an Kap. 24 § 1(2) BrB ablesen. Die Vorschrift regelt die Notwehr und listet in diesem Zusammenhang alle strafbaren Angriffe auf den Besitz auf („Ein Recht auf Notwehr besteht gegen (i) einen begonnen oder unmittelbar bevorstehenden strafbaren Angriff gegen Personen oder Sachen, (ii) jemanden, der mit Gewalt oder der Drohung mit Gewalt oder auf andere Weise verhindert, dass Sachen bei frischer Tat zurückgenommen werden, (iii) jemanden, der unbefugt in einen Raum, ein Haus, ein Gehöft oder ein Schiff eindringt oder einzudringen versucht, (iv) jemanden, der sich trotz Aufforderung weigert, eine Wohnung zu verlassen").

[961] HD 6.6.1978, NJA 1978 S. 356.

[962] *Randa,* Držba dle rakouského práva v pořádku systematickém, S. 132 (mit dem Beispiel einer Tanzparty, die die Nachtruhe des Nachbarn unterbricht; keine Besitzstörung).

[963] Spáčil (-*Spáčil*), Občanský zákoník III, S. 115.

[964] Poln. OG 20.4.1963, I CR 225/63, Lex-Nr. 1673055. Das Gericht konzentrierte sich zwar auf Drohungen als Beispiel von „Ruheverletzungen". Es fügte aber hinzu, dass der possessorische Rechtsschutz die Möglichkeit der Herrschaftsausübung „in normalen Verhältnissen" sichern solle.

[965] Die griechische Lehre versteht unter einer Besitzstörung einen „unabhängigen Eingriff ..., welcher zu einer tatsächlichen Ungewissheit bei der Besitzausübung führen kann (*Triantos,* AK, Art. 989 S. 1203 Rdnr. 1 m. w. N.). Jede Behinderung der tatsächlichen Sachherrschaft genügt,

„jeder Beeinträchtigung des unmittelbaren Besitzes durch Eingriff in die tatsächliche Sachherrschaft".[966] Lärmimmissionen werden ganz selbstverständlich als Eingriffe in die tatsächliche Sachherrschaft wahrgenommen.[967] Unproblematisch ist das freilich nicht, weder im Recht des klagegestützten Rechtsschutzes noch gar im Recht der Gewaltrechte. Man könnte eben auch argumentieren, dass, von Extremfällen abgesehen, Schallwellen (etc.) die tatsächliche Gewalt über einen Raum gerade nicht mindern oder aufheben. Für die Lösung des deutschen (und des griechischen) Rechts spricht andererseits, dass unter ihm der Nachweis einer Gesundheitsgefährdung sehr viel aufwändiger wäre als der Nachweis einer Besitzstörung. Außerdem erscheint es rechtspolitisch durchaus nachvollziehbar, einem Mieter den Umweg über den Vermieter (im Wege eines Abhilfeverlangens oder einer Minderung des Mietzinses) zu ersparen.

Trotzdem bleibt es dabei, dass ein niederschwelliger Störungsschutz auf eine Inpflichtnahme des Besitzrechts für Zwecke des Gesundheits- und des Umweltschutzes hinaus läuft. Die herkömmliche ungarische Lehre hatte Lärm, Gestank und andere Belästigungen aus dem Recht des Besitzschutzes heraus gehalten. In jedem Fall komme Besitzwehr nur bei Gefährdungen der Sachherrschaft, nicht bei bloßen Nutzungsbehinderungen in Betracht.[968] Das Gegenargument lautet, dass unter § 5:23 ungar. ZGB auch ein Eigentümer seine Nachbarn nicht unnötig stören darf. Der ungar. OGH hat daraus gefolgert, dass eine entsprechende Beschränkung auch den Mieter treffen müsse; halte er sich nicht daran, erleide der Nachbar eine Besitzstörung. Wann eine Störung „unnötig" ist, müsse unter Abwägung aller Umstände des Einzelfalls entschieden werden. Laute Musik könne sich sehr wohl als Besitzstörung entpuppen. Der beklagte Veranstalter des *Sziget Fesztivál* hatte die behördlich genehmigten Werte überschritten. Das Gericht meinte zwar, dass der Kläger aus Eigentum Besitzschutz beantragt habe, hielt dies aber für zweitrangig. Im Vordergrund stünden der Schutz der menschlichen Umwelt vor Lärmbelastung, Luftverschmutzung und anderen schädlichen Einwirkungen. Der Besitzschutz sei heutzutage auch ein Instrument des Umweltschutzes. Der Begriff der Besitzstörung sei daher weit auszulegen. Es ginge gerade nicht nur um Beeinträchtigungen in der Ausübung der Sachherrschaft, sondern auch um Handlungen, durch die der Besitzer an der bestimmungsgemäßen Nutzung der unter seiner Sachherrschaft befindlichen Sache gehindert werde.[969] 134

Auch bloße Emissionen von Wellen (und Kleinstpartikeln) als Sachherrschaftsstörungen zu qualifizieren, ist also gut vertretbar. Das allein genügt aber nicht für die 135

---

wenn dadurch die Nützlichkeit der Sache für den Besitzer oder den Detentor gemindert wird (Areopag 1368/1998, EllDni 40 [1999] S. 339; Berufungsgericht Ägäis 131/1976, Arm. 31 [1977] S. 347). Es kommt m. a. W. darauf an, dass eine Handlung oder eine Unterlassung den Besitzer in der Ausübung seines Besitzes stört (Areopag 1717/2006, EllDni 48 [2007] S. 184). Deshalb liegt eine Besitzstörung auch vor, wenn Emissionen die unter Grundstücksnachbarn erlaubten Grenzwerte (Art. 1003 gr. ZGB) überschreiten (Amtsgericht Xeromerou 8/2004, EEN 72 [2005] S. 211; Amtsgericht Korfu 260/1999, IonEpithD 2002 S. 245, Amtsgericht Korfu 201/2006, IonEpithD 2006 S. 190). Dazu gehören neben Fluoremissionen aus einer Fabrik (LG Leivadia 138/1979, EEN 46 [1979] S. 689, LG Leivadia 76/1975, EEN 42 [1975] S. 726; Berufungsgericht Athen 7800/1982, EllDni 24 [1983] S. 807) auch Lärmemissionen (Areopag 718/2001, NoB 50 [2002] S. 1097 [Grundstücksnutzung wird ungesund]; Areopag 329/1968, NoB 16 [1968] S. 855 [Lärm von einem Schulhof]; Amtsgericht Andros 22/2003, ArchN 54 [2005] S. 365 [Musiklärm aus einem Lokal]).

[966] Palandt (-*Herrler*), BGB[77], § 862 Rdnr. 2; BGH 6.5.2009, BGHZ 180 S. 300; LG Augsburg 24.8.1984 S. 499; AG Karlsruhe 27.3.1991, NJW-RR 1992 S. 463.

[967] Erman (-*A. Lorenz*), BGB II[15], § 858 Rdnr. 3a mit Nachweisen aus der Rechtsprechung.

[968] *Navratyil* aaO S. 10 und *Petrik* aaO S. 35 (beide Fn. 955). Schon OGH Legf. Bír. Pfv. I/A. 21.523/1999, BH2002.179 hatte allerdings dem Nachbarn eines Getränkehändlers Lärmschutz gewährt (und nur den Antrag auf Schließung des Unternehmens als unverhältnismäßig zurückgewiesen).

[969] Legf. Bír. Pfv. 20.410/2010, EBH2010.2220.

Schlussfolgerung, dass man sich ihrer nicht nur gerichtlich, sondern auch eigenmächtig – und das heißt zur Not: „mit Gewalt" (§ 859(1) dt. BGB, Art. 985 gr. ZGB) – erwehren darf. Letzteres erscheint bei einer Störungsquelle, die erfolgreich nur außerhalb der eigenen Herrschaftssphäre bekämpft werden kann, nur in seltenen Ausnahmesituationen vertretbar. Es bedarf stets einer Abwägung zwischen den beteiligten Interessen. Sie wird im Zeifel zum Nachteil des Betroffenen ausgehen, wenn er in die Privatsphäre des Störers eindringt.[970] Wenn allerdings gegen eine nächtliche studentische Party auf einem in einem Wohngebiet angelegten Universitätsparkplatz kein Protest mehr nutzt und auch die Polizei nicht einzugreifen bereit ist, kann sich ein Nachbar dadurch selber helfen, dass er den Stecker zieht und die Stromversorgung der ihn marternden Lautsprecheranlage unterbricht.[971]

b) Besitzrechtliche und allgemeine Selbsthilfe

136 Von der eigenmächtigen Verteidigung aktueller ist die eigenmächtige Rückeroberung entzogener Sachherrschaft zu unterscheiden. Auch eine solche „Selbsthilfe" ist keineswegs überall erlaubt, und selbst dort, wo sie in Betracht kommt, können ihre Rechtmäßigkeitsvoraussetzungen variieren. Es gibt Rechtsordnungen, die nur ein allgemeines, aber kein spezifisch besitzrechtliches Selbsthilferecht ausgebildet haben[972], und andere, die zweispurig fahren. In ihnen muss man zwischen der *Besitzkehr* (der besitzrechtlichen Selbsthilfe) und der allgemeinen, jedermann (und damit subsidiär *auch* einem Besitzer) zustehenden Möglichkeit, seine Ansprüche ohne Einschaltung eines Gerichts durchzusetzen, unterscheiden. Stets geht es um die Frage, wie viel Raum das **staatliche Gewaltmonopol** für privaten Rechtsschutz lässt.

137 Frankreich und Belgien antworten radikal: „Selbsthilfe" ist, theoretisch jedenfalls, verboten; die französische Rechtssprache hat für sie nicht einmal ein Wort. Man bleibt

---

[970] Staudinger (-*Gutzeit*), BGB (2012), § 859 Rdnr. 7 stimmt sogar AG Rottweil 31.1.1961, ZMR 1961 S. 361 zu, wonach man sich gegen lautes Musizieren in der Nachbarwohnung nicht durch Klopfen an die Wand oder die Heizung wehren dürfe, dann vielmehr selber störe. Das hängt indes von den Umständen ab. Geht der Lärmpegel über das tolerable Maß hinaus und handelt es sich um eine Gelegenheitsstörung, dann kann das Klopfen durchaus eine geeignete und angemessene Verteidigungshandlung sein. Keine Verteidigungshandlung ist es allerdings, wenn hier zwei Nachbarn eine Dauerfehde austragen.

[971] *Hörster,* Parte geral, S. 219 Fn. 25 weist auch zur Erläuterung der portugiesischen Rechtslage auf OLG Karlsruhe 24.1.1992, NJW 1992, S. 1329 hin. Eine Gaststätte hatte zwar die behördliche Erlaubnis für ein Konzert, aber nicht für ein Rockkonzert dieses Ausmaßes erhalten. Ein Nachbar rief die Polizei an, die aber unter Hinweis auf die Genehmigung untätig blieb. Daraufhin durchtrennte der Nachbar die elektrischen Kabel. Das, so das Gericht, sei in erlaubter Selbsthilfe geschehen, und lehnte eine Schadensersatzhaftung ab. Der Nachbar handelte in dieser Situation allerdings als Eigentümer, nicht als Besitzer. Dass er auch als Mieter entsprechend legitimiert gewesen wäre, erscheint unter STJ 30.1.1992, Processo 080547 zweifelhaft („Die Legitimation, sich der Emission von Gerüchen und Lärm zu widersetzen, hat im Allgemeinen der Eigentümer des Nachbargrundstücks, wobei der Mieter sich nicht direkt auf Art. 1346 berufen kann").

[972] Dazu gehört die Slowakei. Unter § 6 slowak. BGB darf, wenn unmittelbar ein unberechtigter Eingriff in ein Recht droht, der so Gefährdete den Eingriff auf angemessene Weise selbst abwenden. Ein Selbsthilferecht des Besitzers lässt sich daraus freilich kaum ableiten. Man muss, systematisch unglücklich, auf § 126 slowak. BGB ausweichen, dessen Absatz (1) aber, genau besehen, nur von der Vindikation und der negatorishen Klage handelt, und dessen Absatz (2) lediglich hinzufügt: „Ein ähnliches Recht auf Schutz hat auch der, der berechtigt ist, die Sache bei sich zu haben". Die Einzelheiten wirken einigermaßen ungeklärt (näher *Fekete,* Občiansky zákonník I, S. 74).

ohne Ausnahme auf gerichtlichen Rechtsschutz verwiesen.[973] Art. 441 Satz 2 span. CC entscheidet ebenso. Wer „meint, einen Anspruch oder ein Recht darauf zu haben, einem anderen die Sachherrschaft über eine Sache zu entziehen, [muss], sofern der Inhaber [der Sache] sich gegen deren Herausgabe sträubt, die Unterstützung der zuständigen Behörde anfordern". Art. 455(1) span. CP („Willkürliche Verwirklichung eigener Rechte") bestätigt das: „Wer, indem er außerhalb der gesetzlichen Verfahren handelt, Gewalt gegen Personen, Einschüchterung oder Gewalt gegen Sachen anwendet, um ein eigenes Recht zu verwirklichen, wird ... bestraft". Man kann sich nicht einmal mit der *excepción de posesión viciosa* verteidigen, also nicht einwenden, die andere Seite habe fehlerhaft besessen.[974] Nur zugunsten der öffentlichen Hand gilt eine Ausnahme; Privatleuten steht „selbsthilferechtlich" nur das enge Instrumentarium der Notwehr offen.[975] In Italien gilt dasselbe. Wer, gleich unter welchen Umständen, sein gestohlenes Gemälde in einer fremden Wohnung ausfindig macht, darf es nicht einfach mitnehmen; er muss aus Besitz oder Eigentum auf seine Herausgabe klagen.[976]

Das Common Law Englands und Irlands setzt ähnlich an, macht allerdings für den **138**
Besitzer eines **Grundstücks** insofern eine Ausnahme, als es ihm einen angemessenen *(reasonable)* Zeitraum einräumt, in dem er noch zu *self-help* befugt ist. „Eigentlich" gibt es kein Selbsthilferecht. Für eine kurze Übergangszeit darf aber die Situation so betrachtet werden, als ob es noch nicht zu einem Besitzwechsel gekommen wäre.[977] Unter § 859(3) dt. BGB und den ihm nachgebildeten § 41(3) estn. LPA, Art. 985(3) gr. ZGB ist das im Ergebnis kaum anders. „Wird dem Besitzer eines Grundstücks der Besitz durch verbotene Eigenmacht entzogen, so darf er sofort nach der Entziehung sich des Besitzes durch Entsetzung des Täters wieder bemächtigen". „Sofort" mag im Einzelfall noch kurzfristiger sein als *reasonable*[978] (bzw. als „unverzüglich" i. S. v. Art. 343 § 2 poln. ZGB), und es beginnt die Frist auch schon mit der Entziehung[979], also nicht etwa (wie im Common Law[980]) erst ab der Kenntnis von ihr[981], aber die

---

[973] Faber und Lurger (-*Ritaine*), National Reports IV, France, S. 67 („French law does not recognize any form of self-help. Any action must be brought in court") sowie Faber und Lurger (-*Cauffman und Sagaert*), National Reports IV, Belgium, S. 211 („Any form of self-help is normally excluded in Belgium. One can only obtain legal protection by judiciary means").

[974] *Díez-Picazo,* Fundamentos III[5], S. 733–735.

[975] *Albaladejo,* Derecho civil III[10], S. 101 sowie Faber und Lurger (-*González Panacowska und Díez Soto*), National Reports V, Spain, S. 505 („Unlike all other possessors, the public administration has the authority to recover by itself, without any need to exercise the interdict ... It can also evict and eject an illegitimate possessor on its own authority").

[976] *Torrente und Schlesinger,* Manuale di diritto privato[21], S. 339.

[977] Vorher Rdnr. 127.

[978] Siehe z. B. aus der griechischen Rechtsprechung Seegericht Piräus 339/2011, NoB 60 (2012) S. 1515 (Auswechseln eines Schlosses zu der ehemals gemeinsamen Wohnung verbotene Eigenmacht zum Nachteil der geschiedenen Frau, weil der Mann nicht „sofort" und deshalb rechtswidrig gehandelt hatte) und, in einem ähnlichen Fall, Berufungsgericht Athen 1815/1986, EllDni 27 (1986) S. 830. LG Frankfurt/Main 22.6.1983, NJW 1984 S. 183 entschied, dass auch ein erst vier Stunden nach Eintritt der Besitzstörung erfolgtes Abschleppen des Fahrzeuges noch „sofort" erfolgte.

[979] Um eine Besitzentziehung handelt es sich z. B. dann, wenn ein Vermieter die Wohnung ausräumt und verschließt. Dann darf der Mieter für kurze Frist das Schloss wieder aufbrechen. Außerdem kann es sich auch um eine nur teilweise Entziehung von Grundbesitz handeln, etwa beim Bauen einer Mauer über die Grenze oder, wie in BGH 19.10.1966, NJW 1967 S. 46, 48, beim Anbringen eines Werbeschildes an einer fremden Hauswand.

[980] Vorher Fn. 925.

Unterschiede gehen nicht tief. Bemerkenswert ist allerdings, dass weder § 859(2) (dazu sogleich) noch § 859(3) dt. BGB das allgemeine Selbsthilferecht aus § 229 dt. BGB verdrängen. Sie erweitern es zwar für den jeweiligen Zeitraum („auf frischer Tat" bzw. „sofort"), schließen es aber nicht aus. Ist die Frist verstrichen, dann muss freilich nicht nur ein Rechtsverlust drohen, sondern es darf (was § 859 dt. BGB bzw. Art. 985 gr. ZGB gerade nicht voraussetzen) obrigkeitliche Hilfe nicht rechtzeitig zu erlangen sein.[982] So kann es z.B. liegen, wenn der Besitzer einer Plakatwand wilde Plakate mit seinen eigenen überklebt, und zwar auch dann, wenn die fremden Plakate dort schon eine Weile gehangen haben.[983]

139 Unter deutschem Recht sind „Gewaltrechte" zum Schutz der Sachherrschaft aber anders als im Common Law nicht auf Grundstücke beschränkt. Wie das polnische[984], das estnische und das griechische[985] unterscheidet das deutsche Recht vielmehr zwischen der Selbsthilfe gegen Grundstücksbesetzungen und der Selbsthilfe gegen die **Wegnahme realer** (beweglicher) **Sachen** – und grenzt sich auf diese Weise auch noch von einer vierten Gruppe europäischer Rechtsordnungen ab, die mit Blick auf Grundstücke und bewegliche Sachen für eine Einheitslösung optiert haben.[986] Unter

---

[981] Staudinger (-*Gutzeit*), BGB (2012), § 859 Rdnr. 21. Die griechische Lehre deutet „sofort nach der Entziehung" als „innerhalb des objektiv nötigen Zeitraums" (Georgiades und Stathopoulos [-*Georgiades*], ZGB, Art. 985, S. 265 Rdnr. 19). Allerdings soll es, wenn Grundbesitz während der Abwesenheit des Besitzers, ohne sein Wissen oder im Namen seines Detentors entzogen wird, genügen, dass der Besitzer sofort nach Kenntniserlangung tätig wird (*Triantos,* AK, Art. 985, S. 1198 Rdnr. 1; LG Lárisa 34/1976, EEN 43 [1976] S. 285 und Amtsgericht Athen 2160/1985, EEN 53 [1986] S. 199).

[982] *Baur und Stürner,* Sachenrecht[18], § 9 Rdnr. 11. Ebenso verhält es sich in Griechenland. Art. 985 gr. ZGB unterscheidet sich von Art. 282 gr. ZGB darin, dass es im Besitzrecht nicht darauf ankommt, dass obrigkeitliche Hilfe nicht rechtzeitig zu erlangen ist und ohne sofortiges Eingreifen die Gefahr bestünde, dass die Verwirklichung des Anspruchs vereitelt oder wesentlich erschwert würde (Georgiades und Stathopoulos [-*Georgiades*], ZGB, Art. 985 S. 263–264 Rdnr. 2; *Karamanli-Mparoutaki,* To Dikaio tis Només, S. 96 Rdnr. 17; Amtsgericht Paros 1/1990, ArchN 43 [1993] S. 251).

[983] OLG Stuttgart 1.3.1996, NJW-RR 1996 S. 1515, 1516.

[984] Unter Art. 343 § 2 poln. ZGB darf der Besitzer eines Grundstücks „unverzüglich" nach einer eigenmächtigen Besitzstörung durch eigenes Handeln den früheren Zustand wiederherstellen. Er darf jedoch gegenüber Personen keine Gewalt ausüben. Der Besitzer einer beweglichen Sache darf, wenn ihm die Gefahr eines unersetzbaren Schadens droht, „sofort" nach einer eigenmächtigen Besitzentziehung zwecks Herstellung des früheren Zustands in dem erforderlichen Maße Selbsthilfe üben. Näher *Gniewek,* Prawo rzeczowe[8], S. 284–285 Rdnr. 890.

[985] Art. 985(2) gr. ZGB stimmt mit § 859(2) dt. BGB wörtlich überein. § 41(2) estn. LPA weicht insoweit von § 859(2) dt. BGB ab, dass der Besitz „heimlich oder mit Gewalt" entzogen worden sein muss. Diese Formulierung findet sich auch in § 41(3) estn. LPA wieder, wirkt freilich missglückt, weil unklar ist, wie jemand, dem eine Sache heimlich weggenommen wird, den Täter auf frischer Tat ertappen und sofort handeln kann.

[986] So verhält es sich beispielsweise unter § 5:6(2) ungar. ZGB. Hiernach kann man „zur Wiedererlangung eines verlorenen Besitzes ... mittels Eigenmacht vorgehen, wenn der mit der Inanspruchnahme anderer Besitzschutzmittel verbundene Zeitverlust den Besitzschutz vereiteln würde". (Eine allgemeine Regel zur Selbsthilfe gibt es nicht.) Auch § 1006 tschech. BGB („Der Besitzer kann sich einer eigenmächtigen Störung des Besitzes der Sache widersetzen und die ihm durch die Störungshandlung weggenommene Sache zurückholen, soweit er die Grenze der Notwehr nicht überschreitet") handelt ganz allgemein von der Wiederergreifung von Sachen. Sie muss zeitlich unmittelbar auf die Wegnahmehandlung erfolgen und das notwehrrechtliche Verhältnismäßigkeitsgebot beachten, setzt aber, anders als der allgemeine Selbsthilfetatbestand (§ 14 tschech. BGB) nicht voraus, dass staatliche Gewalt zu spät eintreffen würde. Art. 31 slo-

§ 859(2) dt. BGB darf ein Besitzer eine Sache, die ihm „mittels verbotener Eigenmacht weggenommen" wird, „dem auf frischer Tat betroffenen oder verfolgten Täter mit Gewalt wieder abnehmen". Wiederum kommt es nicht darauf an, ob staatliche Hilfe rechtzeitig zu erlangen wäre; das ist nur für das (auch noch nach mehreren Monaten in Betracht kommende) allgemeine Selbsthilferecht aus § 229 dt. BGB entscheidend.[987] Für das Selbsthilferecht aus § 859(2) dt. BGB kommt es aber auch nicht auf die allgemeinen Notwehrvoraussetzungen an. Denn es muss sich nicht um die Abwehr eines gegenwärtigen Angriffs handeln.[988] Die Besitzentziehung kann bereits abgeschlossen sein; wichtig ist nur, dass der Täter „auf frischer Tat betroffen oder verfolgt" wird. Es genügt mithin, dass der Besitzer das Geschehen kurz nach der Tat entdeckt und die Verfolgung aufnimmt. Er mag von dritter Seite erfahren haben, wer der Täter ist, er mag den bereits aus den Augen verlorenen Taschendieb wieder erkennen, als sich dieser bereits an die nächsten Touristen heran macht, oder es mögen Spürhunde des örtlichen Hundeclubs zum Ziel führen. Der Dieb darf, so die immer noch ganz herrschende Meinung, bis in seine Wohnung verfolgt werden, zur Not unter gewaltsamer Öffnung der Tür.[989]

III. Ersitzung, Fruchterwerb, Aneignung, Fund und Schatzfund

1. Ersitzung

a) Grundlagen

(1) Abgrenzungen

Besitzrecht leistet nicht nur *Status quo*-Schutz. Es erlaubt und bewirkt auch die Entstehung, das Erlöschen und den Erwerb subjektiver Sachenrechte. In allen Fällen geht es um **Zuordnungswechsel kraft Gesetzes,** nicht kraft Rechtsgeschäfts, und in al- 140

wen. SPZ gibt dem Besitzer das Recht zur Selbsthilfe gegen denjenigen, der seinen Besitz unberechtigterweise stört oder entzieht, vorausgesetzt, es handelt sich um eine unmittelbare Gefahr, die Selbsthilfemaßnahme wahrt die Erfordernisse der Erforderlichkeit und der Verhältnismäßigkeit, und sie erfolgt sofort. Artikel 4. 34(1) lit. ZGB hält jeden Besitzer für berechtigt, seinen aktuellen Besitz zu schützen und den ihm durch Gewalt entwendeten Besitz zurückzuholen. Art. 913 lett. ZGB wählt eine ähnliche Formulierung, verlangt aber, dass sich der Besitzer an die allgemeinen Grenzen der Selbsthilfe (Art. 1733 lett. ZGB) hält. Unter Art. 1 port. CPC *(proibição de autodefesa)* ist Gewaltanwendung zur Rechtsdurchsetzung nur auf der Grundlage einer ausdrücklichen gesetzlichen Erlaubnis gestattet. Ein solcher Erlaubnistatbestand findet sich in Art. 336 port. CC, der die „direkte Handlung" *(acção directa)* betrifft. Auf ihn nimmt Art. 1277 port. CC Bezug. Danach darf sich der aus dem Besitz gedrängte Besitzer nach Maßgabe von Art. 336 wieder in den Besitz setzen. Es muss aber unmöglich sein, auf die gewöhnlichen Zwangsmittel zurückzugreifen, und es müssen Geeignetheit, Erforderlichkeit und Verhältnismäßigkeit gewahrt sein.

[987] Man darf also unter deutschem Recht das zufällig auf dem Grundstück des Diebes entdeckte Diebesgut eigenmächtig und zur Not gewaltsam wieder an sich nehmen. Vorausgesetzt bleibt aber, dass ein dauerhafter Rechtsverlust droht und Polizei nicht rechtzeitig vor Ort sein kann (was in kleineren Ortschaften ohne eigene Polizeidienststelle häufig vorkommt). Außerdem muss man sich die Rechtmäßigkeit der neuerlichen Inbesitznahme unter § 230(2) dt. BGB anschließend staatlich bestätigen lassen. Jeder Irrtum über die Sach- und Rechtslage geht zu Lasten des eigenmächtig Handelnden (§ 231 dt. BGB).

[988] Zur Abgrenzung oben Rdnr. 128.

[989] Staudinger (-*Gutzeit*), BGB (2012), § 859 Rdnr. 17 mit weiteren Nachweisen.

len Fällen entscheidet sich das Gesetz zugunsten des Besitzers. Das wiederum geschieht, weil es annimmt, dass die derzeitige Rechtslage nicht mehr aus dem eigentlichen Ziel allen Sachenrechts, knappe Ressourcen optimal zu allozieren, erklärt werden kann, und weil es weiterhin annimmt, dass der Besitzer derjenige ist, der das hierfür erforderliche Eigeninteresse am deutlichsten zu erkennen gegeben hat.[990] Denn „Besitzer" ist im Kontext dieser gesetzlichen Erwerbstatbestände immer der bürgerlichrechtliche Besitzer, nie der Detentor.[991]

141 Der Blick fällt zunächst auf das Ersitzungsrecht und seine Entsprechungen, also das Recht der erwerbenden Verjährung[992] und des feindlichen Besitzes, der *adverse possession*[993]. Jeweils handelt es sich darum, durch Besitzrecht subjektive Sachenrechte an eine veränderte Lebenswirklichkeit anzupassen. Die **praktische Bedeutung** des Ersitzungsrechts (i. w. S.) schwankt jedoch von Jurisdiktion zu Jurisdiktion. Wo man, wie in Deutschland, im Wesentlichen nur das Eigentumsrecht an beweglichen Sachen ersitzen kann (§ 937 dt. BGB), spielen ersitzungsrechtliche Rechtsfragen nur selten eine Rolle. Es verlässt sich auf ein breit ausgebautes Recht des gutgläubigen Erwerbs vom Nichtberechtigten, operiert außerdem mit einer vergleichsweise langen Ersitzungsfrist von zehn Jahren. Andere europäische Rechtsordnungen öffnen dem Ersitzungsrecht dagegen einen deutlich größeren Kreis ersitzungsfähiger Rechte[994]; die Lehre vom Rechtsbesitz ermöglicht manchmal sogar die Ersitzung nichtsachenrechtlicher Rechte.[995] Vor allem aber wirkt das Ersitzungsrecht überall dort auch in das Grundstücksrecht hinein, wo nicht nur eine Extra-, sondern auch eine Kontratabularersitzung, also nicht nur eine Ersitzung bislang noch nicht eingetragener Immobiliarsachenrechte, sondern auch eine Ersitzung „gegen" die Verlautbarungen des jeweiligen Rechteregisters (oder „Grundbuch") möglich ist.[996]

142 Vom Ersitzungsrecht abzugrenzen sind Tatbestände der **Heilung** von Verträgen **durch Zeitablauf.** Unter § 2238 tschech. BGB z.B. wird ein Mietvertrag als von Anfang an wirksam geschlossen angesehen, wenn ein Mieter eine Wohnung über drei Jahre lang gutgläubig in der Annahme nutzt, dass das Mietverhältnis rechtens sei. Hierbei handelt es sich schon deshalb nicht um eine „Ersitzung des Mietrechts", weil der Mieter bloßer Detentor und sein Mietrecht ein Schuldrecht ist.[997] Gutgläubigkeit

---

[990] Oben Rdnr. 27.

[991] Oben Rdnrn. 31–32. Ein Detentor kann also, anders formuliert, bestenfalls dann ersitzen, wenn er seinen bisherigen Fremdbesitz in Eigenbesitz umwandelt (so ausdrücklich Art. 1290 port. CC: *Detentores* oder *possuidores precários* „können für sich nicht durch Ersitzung das besessene Recht erwerben, außer wenn der Besitztitel umgewandelt ist; aber in diesem Fall beginnt die für die Ersitzung notwendige Zeit erst ab der Umwandlung des Titels zu laufen"). Art. 447 span. CC fasst dasselbe in die Worte, dass „nur der Besitz, der als Eigenbesitz erworben und ausgeübt wird, ... als Rechtsanspruch zum Erwerb der Sachherrschaft" taugt. Art. 1941 span. CC fügt hinzu, dass für die Ersitzung des Eigentums und anderer dinglicher Rechte der Besitz *posesión en concepto de dueño* sein muss. „Besitzartige Handlungen, die kraft einer Erlaubnis oder mit bloßer Duldung des Eigentümers durchgeführt werden, werden für den Besitz nicht berücksichtigt" (Art. 1942 span. CC).

[992] Oben Rdnrn. 18–23.

[993] Oben Rdnr. 23.

[994] Siehe schon oben Rdnrn. 32–33, 78 und (zur *adverse possession*) Rdnr. 80.

[995] Oben Rdnrn. 49–54.

[996] Siehe schon oben Fn. 40 und im Übrigen Rdnr. 151.

[997] Tschech. OG 19.8.2002, 26 Cdo 2958/2000 (Ersitzung des Mietrechts nicht möglich, weil es sich um ein Schuldrecht handelt). Die Ersitzung eines Mietrechts wird allerdings für

und Zeitablauf heilen den Abschlussmangel, führen, wenn man so will, zu der „Fiktion" eines gültig und wirksam abgeschlossenen Mietvertrages[998], mehr aber nicht. Von einem **Verschweigen** spricht man, wenn ein Eigentümer für einen bestimmten Zeitraum sein Eigentumsrecht nicht ausübt und es deshalb an eine vom Gesetz bestimmte Person verliert. Es gibt nicht viele Rechtsordnungen, die diese Konstruktion kennen.[999] Während eine Ersitzung vor allem mit dem Eigentumserwerb verbunden ist, steht beim Verschweigen der Eigentumsverlust im Vordergrund. Der gesetzliche Eigentumserwerb durch den Fiskus (oder andere Personen, darunter insbesondere Finder) ist nur eine Folge, aber nicht der eigentliche Kern des Rechts des Verschweigens.[1000] In Polen z.B. hatte das Verschweigen seine Hauptbedeutung bei Vermögensgegenständen (Grundstücken, bewegliche Habe), die von ihren am Ende des Zweiten Weltkrieges in den Westen geflohenen deutschen Alteigentümern zurück gelassen worden waren. Ein Dekret vom 8.3.1946[1001] hatte dieses Vermögen mit der Wirkung unter Staatsverwaltung gestellt, dass die öffentliche Hand zunächst abhängige Besitzerin wurde, also für die abwesenden Alteigentümer besaß.[1002] Nach weiteren fünf (bewegliche Sachen) bzw. zehn Jahren (Immobilien) ging das Eigentum auf den Staat über (Art. 34 aaO). Heute ist das Verschweigen zu einem marginalen Institut des polnischen Rechts geworden; es spielt, wie auch in anderen Rechtsordnungen (z.B. § 974 dt. BGB und Art. 1323(4) port. CC) nur noch im Fundrecht eine Rolle.[1003] Auch nach österreichischem Recht betrifft das Recht der Verschweigung einen Rechtserwerb, der dadurch ausgelöst wird, dass der frühere Berechtigte während eines vom Gesetz vorgesehenen Zeitraumes sein Recht nicht geltend macht. Beispiele finden sich wiederum im Fundrecht (§ 395 österr. ABGB), außerdem im Recht des Eigentumserwerbs durch einen Gewässeranrainer (§ 412 ABGB), durch einen Überbauenden (§ 418 ABGB) und durch denjenigen, der redlich auf das Grundbuch vertraut hat (§§ 62–64 österr. GBG). Entscheidend ist gerade nicht ein qualifizierter Besitz eines Erwerbers, sondern die Nichtausübung eines Rechts durch seinen Inhaber.[1004]

Frankreich von *Dross,* RTD civ. 2016 S. 154 (Anm. zu Cass. civ. 8.10.2015, ECLI:FR: CCASS:2015:C301067) erwogen.

[998] Hulmák (*-Hulmák und Kabelková*), Občanský zákoník VI, S. 350.

[999] Das französische Recht bringt ihre Ablehnung in dem Grundsatz zum Ausdruck, dass das Eigentumsrecht nicht durch Nichtgebrauch untergeht (*Terré und Simler,* Les biens⁹, S. 388 Rdnr. 3491: „la propriété ne se perd pas par non-usage; le maître a le droit de ne pas se servir de sa chose; en ce sens, la propriété a un caractère perpétuel"). Das Eigentumsrecht unterliegt m.a.W. keiner *prescription extinctive.* Wäre das anders, würde die Sache in das Eigentum des Staates übergehen (Art. 713 franz. CC). Das spanische Recht operiert im Rahmen der ordentlichen Ersitzung (nicht aber bei der außerordentlichen: Art. 1959 span. CC) je nachdem mit unterschiedlichen Fristen, ob der Alteigentümer anwesend oder abwesend ist (Art. 1957 span. CC: zehn Jahre bei gutgläubigem Besitz unter Anwesenden und zwanzig Jahre bei gutgläubigem Besitz mit rechtmäßigem Titel unter Abwesenden). Ergänzend dazu formuliert Art. 1958 span. CC: (Satz 1) „Für die Wirkungen der Ersitzung wird derjenige als abwesend angesehen, der im Ausland oder in Übersee ansässig ist". Das wirkt veraltet.

[1000] Radwański und Gniewek (*-Gniewek),* System Prawa Prywatnego III^3, S. 650 Rdnr. 499.

[1001] Dekret z dn. 8.3.1946 r. o majątkach opuszczonych i poniemieckich (Dz.U.1946.13.87).

[1002] Radwański und Dybowski (*-Stelmachowski),* System Prawa Prywatnego III^2, S. 404 Rdnr. 180.

[1003] *Ignatowicz und Stefaniuk,* Prawo rzeczowe^2, S. 109 Rdnr. VII.

[1004] Koziol/Bydlinski/Bollenberger (*-Meissel*), ABGB^4, § 1451 Rdnr. 6.

143 Eine sogen. **umgekehrte Ersitzung** (oder „Freiheitsersitzung“) hat man vor sich, wenn (nicht das Eigentum, sondern) eine Belastung, typischerweise eine Dienstbarkeit, durch Nichtausübung erlischt.[1005] Die umgekehrte Ersitzung entpuppt sich bei näherem Hinsehen als eine sachenrechtliche Verjährung[1006]; sie ist keine *Er-*, sondern eine

[1005] Dafür gibt es zahlreiche Beispiele. Unter Art. 617 franz. CC erlischt das Nießbrauchrecht durch dreißigjährigen Nichtgebrauch, und dasselbe gilt für den *droit d'usage,* den *droit d'habitation* (Art. 625 franz. CC) und die *servitude* (Art. 706 franz. CC). Unter Art. 1596(1) lit. c port. CC gehört der „Erwerb der Freiheit des Grundstücks durch Ersitzung“ zu den Erlöschensgründen der Dienstbarkeiten. Unter Art. 1574 port. CC kommt es nur dann zu einer *usucapio libertatis,* wenn sich der Eigentümer des dienenden Grundstücks gegen die Ausübung der Dienstbarkeit widersetzt; erst ab diesem Zeitpunkt läuft die Frist. Der Widerstand, so sagt man, ähnele einer Umwandlung des Besitztitels und deute deshalb auf Eigenbesitz hin (*Pires de Lima und Antunes Varela,* Código Civil Anotado III², S. 684, Anm. 2 unter Art. 1574). Eine bloße Nicht-Nutzung *(não-uso)* genüge nicht; entscheidend sei der Widerstand des Detentors des Rechts. Art. 1574 sei zwar eine Vorschrift aus dem Recht der Dienstbarkeiten, dürfe aber als Ausdruck eines allgemeinen Prinzips gelesen werden, unter dem sich der Inhaber eines umfassenderen dinglichen Rechts von der Last aus einem weniger weit reichenden dinglichen Recht befreien könne (*Rodrigues Bastos,* Notas ao Código Civil V, S. 326). Unter Art. 546(2) span. CC erlöschen Dienstbarkeiten infolge zwanzigjähriger Nichtausübung („Die Berechnung dieses Zeitraums beginnt bei den unterbrochenen Dienstbarkeiten mit dem Tag, an dem mit der Nutzung der Dienstbarkeit aufgehört wurde, und bei den ständigen mit dem Tag, an dem eine Handlung stattfand, die im Widerspruch zur Dienstbarkeit steht“). (Unter Art. 566-11(1)(a) katal. CC genügen zehn Jahre.) Dienstbarkeiten können im Verständnis des spanischen Rechts nicht nur durch Ersitzung erworben werden (Art. 538 span. CC), sondern auch durch Nichtausübung erlöschen. Eine erwerbende Ersitzung *(prescripción adquisitiva)* ist allerdings nur im Hinblick auf ständige und offenkundige Dienstbarkeiten gestattet; die erlöschende Ersitzung *(prescripción extintiva)* wegen Nichtausübung betrifft Dienstbarkeiten jeder Art (Bercovitz Rodríguez-Cano [-*Morillo González*], Comentarios al Código Civil², Art. 546, S. 695). Unter Art. 255 poln. ZGB erlischt ein Nießbrauchrecht und unter Art. 293 § 1 poln. ZGB eine Grunddienstbarkeit infolge zehnjähriger Nichtausübung; im Grundbuch wird das Erlöschen freilich, obschon es kraft Gesetzes eintritt, nur aufgrund eines Feststellungsurteils verlautbart (Radwański und Gniewek [-*Gniewek*], System Prawa Prywatnego III³, S. 248 Rdnr. 111). Für Grunddienstbarkeiten gilt unter §§ 1028, 199(4) dt. BGB dieselbe Frist. § 1028 dt. BGB betrifft aber nur Grunddienstbarkeiten, und zwar solche, die durch eine Anlage beeinträchtigt werden. Es handelt sich um eine Ausnahmevorschrift zu der Grundregel des § 901 dt. BGB, wonach eine Freiheitsersitzung nur in Betracht kommt, wenn ein Recht an einem fremden Grundstück im Grundbuch zu Unrecht gelöscht wurde. Dann erlischt das Recht, wenn der aus ihm fließende Anspruch gegen den Eigentümer verjährt. Ansprüche aus *eingetragenen* Rechten unterliegen der Grundregel nach der Verjährung gerade nicht (§ 902 dt. BGB). Unter § 5:163(2) ungar. ZGB schließlich erlischt eine Grunddienstbarkeit, wenn sie der Berechtigte, obwohl es ihm möglich war, fünfzehn Jahre lang nicht ausgeübt oder geduldet hat, an ihrer Ausübung gehindert worden zu sein.

[1006] Das haben die Verfasser der Überschrift über § 1028 dt. BGB („Verjährung“) richtig erkannt. Es handelt sich allerdings um eine nach deutschem Verständnis ganz und gar untypische Verjährung, weil die Dienstbarkeit mit der Verjährung des Unterlassungsanspruchs von Gesetzes wegen *erlischt.* Dieselbe dogmatische Konstruktion findet sich auch, wenngleich mit „umgekehrtem Vorzeichen“, in § 902 dt. BGB („Die Ansprüche aus eingetragenen Rechten unterliegen nicht der Verjährung“). In Italien spricht man von der *prescrizione per non uso,* der Verjährung wegen Nichtausübung (Artt. 954(4), 970, 1014 Nr. 1 und 1073(1) ital. CC). Entsprechend deutet man die „Freiheitsersitzung“ (der Begriff wird freilich nicht benutzt) in Tschechien (§§ 631–633 tschech. BGB: Verjährung registrierter Rechte durch Nichtausübung), Slowenien (Art. 233 slowen. SPZ), Lettland (Artt. 1237(6), 1250 und 1255 lett. ZGB) und Litauen (Art. 4.130(1) Nr. 6 lit. ZGB). Zur Versitzung eines Baurechts unter bulgarischem Recht siehe die Auslegungsentscheidung Nr. 1 des Obersten Kassationsgerichtshofs vom 4.5.2012, Nr. 1/2011, VZK (Beginn der Verjährungsfrist im Zweifel ab Vertragsschluss. Der Grundeigentümer sei grundsätzlich verpflichtet, den Baurechtsinhaber bei der Erfüllung des Vertrages rechtlich und tatsächlich

*Ver*sitzung. Denn es kommt nicht darauf an, dass der Eigentümer Besitz von seiner Sache ergreift, sondern darauf, dass der Inhaber eines beschränkten Sachenrechts nicht auf seine Durchsetzung pocht. Österr. OGH 19.6.2015[1007] gibt ein anschauliches Beispiel. Gemeindeangehörige, Gläubige und Touristen hatten seit über hundert Jahren einen über das Grundstück der Beklagten führenden Weg zu einem Berggipfel und einer dort befindlichen Kapelle genutzt. Die Kläger (die Gemeinde, der Alpenverein und die örtliche katholische Kirchengemeinde) hatten, was unstreitig war, schon vor Zeiten ein Wegerecht ersessen, das auch das Befahren mit Fahrzeugen einschloss. Die Beklagten meinten nun aber, das Wegerecht sei erloschen. Sie hatten nämlich Ende der 1980er/Anfang der 1990er Jahre Schilder angebracht, nach denen die Nutzung des Weges nur „geduldet" werde, außerdem den Weg teilweise verlegt und die alte Strecke mit Schranken gesperrt. Der OGH qualifizierte die Freiheitsersitzung richtig als einen Fall der Verjährung. Der Verpflichtete müsse sich der Rechtsausübung widersetzen, also etwa Hindernisse errichten, und der Berechtigte müsse dies für mindestens drei Jahre hinnehmen, ohne rechtliche Hilfe in Anspruch zu nehmen. Ein Verbot sei nur ausreichend, wenn sich der Berechtigte daran halte. Hier sei der Weg aber ungehindert weiter begangen worden. Die Benutzer hätten sich der Aufforderung, den Weg nur prekaristisch zu nutzen, gerade nicht gebeugt. Die teilweise Verlegung des Weges sei belanglos. Denn ein Wegeberechtigter müsse sich eine solche Verlegung gefallen lassen, wenn sie ihn, wie hier, nur unerheblich beeinträchtige. Die Identität des Weges sei erhalten geblieben.

Kein Fall der umgekehrten Ersitzung ist die mancherorts anzutreffende Regel, dass eine Hypothek erlischt, wenn sie nicht in regelmäßigen Abständen erneuert wird.[1008] Hier mag ein ähnlicher rechtspolitischer Gedanke wirksam werden, aber Hypotheken berechtigen eben nicht zum Besitz der Sache und können auch nicht wiederholt ausgeübt werden.

(2) Ersitzungsfähige Rechte

Dass das Eigentum an **realen Sachen** ersessen werden kann, ist überall in Europa anerkannten Rechts[1009], auch in England und inzwischen auch in Schweden. England verwebt das Recht der *adverse possession* von *chattels personal* mit dem Verjährungsrecht.[1010] Schweden, das bis 2003 nur die Ersitzung von Immobiliarsachenrechten kann- **144**

zu unterstützen. Verweigert er diese Unterstützung, könne er sich nicht auf Versitzung berufen. Die Verjährungsfrist beginne auch dann nicht zu laufen, wenn sich der Bau aus objektiven Gründen verzögere, etwa infolge von Rechtsstreitigkeiten mit Dritten).

1007 5 Ob 74/15s, Zak 2015 S. 296.

1008 Bd. 1 Rdnr. 435. Allerdings lässt sich das Erlöschen einer Hypothek durch Verjährung (z.B. Art. 2488(4) franz. CC und sec. 20(4) engl. Limitation Act 1980) wieder als eine Form der Freiheitsersitzung deuten.

1009 Siehe etwa Artt. 2219–2281 belg. und luxemb. CC; §§ 937–945 dt. BGB; §§ 110–114 estn. LPA; Artt. 2258–2277 franz. CC; Artt. 1041–1055 gr. ZGB; Artt. 1158–1167 ital. CC; Artt. 998–1031 lett. ZGB; Artt. 4.68-4.71 lit. ZGB; Artt. 172–176 poln. ZGB; Artt. 1298–1301 port. CC; Artt. 930–934 rumän. CC; § 134 slowak. BGB; Artt. 43–46 slowen. SPZ; Artt. 1955–1956 span. CC; §§ 1089–1098 tschech. BGB; §§ 5:44-5:49 ungar. ZGB und Artt. 9–10A zypr. Kap. 224.

1010 Siehe schon oben Rdnr. 23. Unter sec. 2 Limitation Act 1980 verjähren deliktsrechtliche Klagen im Grundsatz sechs Jahre nach Entstehung des Klagegrundes. Eine Haftung aus *conversion* bleibt auch dann verjährt, wenn auf die erste nach einiger Zeit weitere Konversionshandlungen folgen (sec. 3(1) aaO). Findet A die Uhr des B, so beginnt die Verjährung in dem Moment, in

te, deutet die Ersitzung des Eigentums an beweglichen Sachen seither als ein Teilgebiet des dynamischen Sachenrechts[1011] und in ihm als einen Spezialfall des Rechts des gutgläubigen Erwerbs vom Nichtberechtigten.[1012] Reale Sachen, die ihrer Art nach dem rechtsgeschäftlichen Verkehr entzogen sind, kann man natürlich auch nicht durch Ersitzung zu Eigentum erwerben.[1013] Art. 3:99(2) ndl. BW schließt außerdem das Eigentum an bestimmten Kulturgütern aus dem Kreis der ersitzungsfähigen Rechte aus. Durch § 5:47(1) ungar. ZGB wird die Ersitzung von Sachen verhindert, die jemand durch eine Straftat, gewalttätig oder hinterhältig in seinen Besitz gebracht hat, und unter Art. 1055 gr. ZGB können Sachen nicht ersessen werden, die Personen gehören, welche unter elterlicher Sorge, Vormundschaft oder gerichtlicher Beistandschaft stehen (unter Art. 173 poln. ZGB gilt dasselbe nur für unbewegliche Sachen). Gelegentlich wird auch

---

dem A sich weigert, dem B die Uhr herauszugeben. Verkauft A die Uhr nach Ablauf von fünf Jahren an C, löst das nicht den Beginn einer neuen Verjährungsfrist aus. Zwar begeht auch C eine Konversionshandlung zum Nachteil des B, doch ändert das am Ergebnis nichts, weil das Recht des B mit Ablauf der Sechsjahresfrist gänzlich erlischt (sec. 3(2) aaO). Bei einem Besitzverlust durch Diebstahl, Erpressung und Betrug gilt die Sechsjahres-Regel zwar nicht (sec. 4(1), (4) und (5) aaO), doch wird diese Ausnahme durch eine Gegenausnahme durchbrochen: Wird der gestohlene Gegenstand gutgläubig gekauft, läuft unter sec. 4(2) aaO zugunsten des Käufers und seiner Nachfolger im Besitz wiederum die sechsjährige Frist. Nur der Schadensersatzanspruch gegen den Dieb bleibt (unbeschadet des Titelverlustes) erhalten (sec. 4(1) aaO).

[1011] Die Ersitzung beweglicher Sachen wird dem *omsättningsskydd* (Bd. 1 Rdnr. 319) zugeordnet (*Millqvist,* Sakrättens grunder, S. 63). Man prüft deshalb, ob dem Ersitzenden ein besseres Recht *(bättre rätt)* an der Sache zukommt, das einen lastenfreien Erwerb *(extinktiva fång)* rechtfertigt (*Håstad,* Sakrätt[6], S. 48). Die einschlägige Regelung hat deshalb ihren Platz in § 4 Lag om godtrosförvärv av lösöre (1986:796), dem Gesetz über den gutgläubigen Erwerb von Fahrnis (oben Fn. 163). Die Vorschrift wurde 2003 mit Lag (2003:161) als ein Spezialfall des gutgläubigen Erwerbs eingeführt. Sie ermöglicht auch den Erwerb abhandengekommener Sachen (der im Normalfall ausgeschlossen ist). Nach schwedischem Verständnis setzt die Ersitzung einer beweglichen Sache einen vertraglichen Erwerb *(fång),* guten Glauben und kontinuierlich gutgläubige „Innehabe" *(innehav)* für einen Zeitraum von zehn Jahren voraus. Guter Glaube ist unter § 4 aaO auch ausgeschlossen, wenn der Erwerber während der Inhaberschaft hätte Verdacht schöpfen müssen, dass er die Sache von einem Nichtberechtigten erworben hat.

[1012] Diese Lösung hat eine eigene Geschichte. Das alte Jordabalk (1734) kannte die Ersitzung seit unvordenklicher Zeit *(urminnes hävd)* und die Ersitzung nach Erwerb von einem Nichtberechtigten. Die Ersitzung seit unvordenklicher Zeit war neben dem Eigentum auch auf Dienstbarkeiten und den Nießbrauch (das Nutzungsrecht) bezogen, ist jedoch durch das neue Jordabalk (1970) abgeschafft worden (vgl. damit Art. 181 dt. EGBGB). Sie kann heute bestenfalls dann noch eine Rolle spielen, wenn sie vor dem Inkrafttreten der Neuregelung bereits vollendet war (§ 6 Lag om införande av nya jordabalken [1970:995]). Das neue JB kennt nur noch die Ersitzung nach Erwerb von einem Nichtberechtigten (Kap. 16 JB). Diesen grundstücksrechtlichen Ansatz hat man im Jahre 2003 auf das Recht der beweglichen Sachen übertragen.

[1013] Es können also zwar in aller Regel gestohlene Sachen ersessen werden (Ausnahmen: Art. 1003 lett. ZGB und Art. 4.69(2) lit. ZGB), aber nicht *res extra commercium* (zu ihnen Bd. 1 Rdnr. 96–103). Ersitzungsfähig sind nur, wie Art. 1936 span. CC formuliert, „Sachen, die verkehrsfähig sind". Ob und im Verhältnis welcher Parteien Sachen verkehrsfähig sind, ist eine Frage konkreter gesetzlicher Regelung, z. B. über Waffen und Drogen (*Díez-Picazo,* Fundamentos III[5], S. 807–809). Artt. 2226 belg. bzw. 2260 franz. CC und Art. 1054 gr. ZGB bestätigen, dass „das Eigentum an Sachen, die nicht im Verkehr sind, nicht durch Ersitzung erworben werden" kann. Art. 1145(1) ital. CC (ähnlich Art. 44(1) slowen. SPZ) fasst dasselbe in die Worte: „Der Besitz von Sachen, an denen Eigentum nicht erworben werden kann, ist ohne Wirkung". In Deutschland sollen freilich öffentliche Sachen auch dann ersessen werden können, wenn sie mit dem Anspruch des Staates auf widmungsgemäßen Gebrauch belastet sind (und bleiben): MünchKomm (-*Baldus*), BGB VII[7], § 937 Rdnr. 22.

über die Möglichkeit gestritten, Bargeld zu Eigentum zu ersitzen.[1014] Schuldurkunden i. S. v. § 952 dt. BGB unterliegen der Ersitzung nicht, weil ihr Eigentum dem Gläubiger zusteht und Forderungen nach deutscher Auffassung nicht besessen werden können.[1015] Außer dem Eigentum kommt im Übrigen nur noch das Nießbrauchrecht an beweglichen Sachen als taugliches Zielrecht einer Ersitzung in Betracht.[1016] In Deutschland dient diese Konstruktion vor allem dazu, ein Nießbrauchrecht nach entsprechendem Zeitablauf auch auf gestohlene Sachen erstrecken zu können.[1017]

Wesentlich komplizierter liegen die Dinge bei **Rechten an Grundstücken.**[1018] Es herrscht schon keine Einigkeit, *welche* grundstücksbezogenen Sachenrechte neben dem Eigentum[1019] und seinen Äquivalenten, darunter der *fee simple*[1020] und der ewige Nieß- **145**

[1014] Siehe für Polen Gniewek *(-Nadler),* Kodeks cywilny², Art. 174, S. 316 Rdnr. 2. Die Frage dürfte sich aber durch EGMR 11.2.2014, *Ziaunys v. Republic of Moldova,* Nr. 42416/06, ECLI:CE:ECHR:2014:0211JUD004241606 erledigt haben (Der Klägerin, die Banknoten aus Moldavien exportieren wollte, waren diese Banknoten an der Grenze abgenommen worden. Bis zum Beweis des Gegenteils komme jeder Person, die Sachen in ihrem Besitz habe, unter der EMRK die Vermutung zugute, ihr Eigentümer zu sein). Die Ersitzung von Bargeld kommt natürlich schon deshalb kaum in Betracht, weil es im Normalfall an zureichend langem Eigenbesitz fehlen wird (Bargeld nutzt man „als sich gehörend" typischerweise eben dadurch, dass man es weggibt). Es sind jedoch durchaus Ausnahmesituationen denkbar, z. B. wenn jemand Geld, das er in einem Umschlag in seiner Wohnung findet, in dem Umschlag als Kaution begibt, vgl. § 5:95 ungar. ZGB.

[1015] Vorher Rdnr. 54 sowie *Baldus* aaO (Fn. 1013) Rdnr. 22.

[1016] Ersitzungsfähig ist der Nießbrauch an realen Sachen u. a. unter § 1033 dt. BGB, Art. 1161 ital. CC, Art. 1287 port. CC und unter § 1260(1) tschech. BGB. In Frankreich (und Belgien) folgt dasselbe Ergebnis aus dem Zusammenwirken von Art. 581 franz. CC (Nießbrauch auch an beweglichen Sachen möglich) und Art. 2258 franz. CC (der die Ersitzung als Mittel definiert, ein Gut oder ein Recht zu erwerben). Art. 3:99(1) ndl. BW unterscheidet zwischen beweglichen Sachen, die keine Registergüter sind (Ersitzung auch des Nießbrauchrechts nach drei Jahren ununterbrochenem gutgläubigem Besitz der Sache), und „anderen Gütern" (zehn Jahre) (dazu Nieuwenhuis/Stolker/Valk [*-Mellema-Kranenburg*], BW⁶, Art. 3:202 Rdnr. 2). Bei Bösgläubigkeit verlängert sich die Frist auf 20 Jahre (Artt. 3:105 und 3:306 BW). Artt. 1181 und 1182 gr. ZGB führen sogar zur Ersitzungsfähigkeit des Nießbrauches an einer Leibrente. Nicht ersitzungsfähig ist der Nießbrauch an realen Sachen dagegen unter § 5:44(1) ungar. ZGB.

[1017] Unter § 1032 Satz 2 dt. BGB kann ein Nießbrauch rechtsgeschäftlich nicht wirksam an gestohlenen Sachen begründet werden. Ein gutgläubiger Nießbraucher soll aber immer noch ersitzen können. Dabei spielt wiederum eine Rolle, dass dem gutgläubigen Nießbraucher Ersitzungszeiten des auch seinerseits gutgläubigen Vorbesitzers zugute kommen, der ihm das Nießbrauchrecht bestellt hat (Staudinger [*-Heinze*], BGB (2017), § 1033 Rdnr. 5).

[1018] Besonderen Einschränkungen kann die Ersitzung von staatlichen, städtischen und gemeindlichen Grundstücken unterliegen. Siehe für Griechenland Berufungsgericht Ioannina 19/2005, Arm. 59 (2005) S. 1736; Areopag 730/2004, EllDni 47 (2006) S. 1020 und Areopag 865/20011, NoB 60 (2012) S. 118, alle auch zu Art. 4 des gr. Gesetzes 3127/2003, der einige Erleichterungen der Ersitzung solcher Grundstücke gebracht hat (Ersitzung staatlicher Grundstücke nach zehnjährigem gutgläubigen und entgeltlich-titelbasierten Eigenbesitz; ohne Titel dreißig Jahre). Unter Artt. 822 und 828 ital. CC ist zwischen den nicht ersitzungsfähigen öffentlichen Gütern *(beni demaniali)* und den ersitzungsfähigen Gütern des Staatsvermögens *(beni patrimoniali indisponibili)* zu unterscheiden (*Sacco und Caterina,* Il possesso³, S. 464).

[1019] Schweden kennt seit dem Inkrafttreten des neuen JB (vorher Fn. 1012) nur noch die Ersitzung des Eigentumsrechts. Die gewohnheitliche Nutzung fremder Grundstücke wird durch verschiedene Arten von Zwangsdienstbarkeiten und manchmal auch durch gesetzlich begründete Nutzungsrechte, darunter das Recht auf Elektrizität (*rätt till elektrisk kraft,* Kap. 15 JB), geschützt. Man wollte das neue Grundbuchsystem schützen (Prop. 1970:20, Teil B, S. 555).

[1020] Das Recht der *adverse possession* bezieht sich auf *estates in land* i. S. v. sec. 1(1) LPA. Die Ersitzungsfähigkeit eines *freehold estates* ist so selbstverständlich, dass sie meistens nicht einmal her-

brauch[1021], durch Ersitzung erworben werden können. Nicht einmal die Ersitzungsfähigkeit des einfachen Nießbrauchs ist überall gewährleistet.[1022] Dienstbarkeiten gehören zwar nahezu überall zu den ersitzungsfähigen Immobiliarsachenrechten.[1023] Gleichwohl muss man nicht nur zwischen persönlichen Dienstbarkeiten[1024] und Grunddienstbarkeiten[1025] unterscheiden, sondern auch zwischen einerseits ständigen

---

vorgehoben wird (z. B. nicht in Schedule 6 LRA 2002). Immerhin halten sie Megarry and Wade (-*Harpum/Bridge/Dixon*), The Law of Real Property⁸, Rdnr. 35–087 eines ausdrücklichen Hinweises für würdig.

1021 Zur Ersitzung des ewigen Nießbrauchs existiert eine umfangreiche und in den vergangenen Jahren auch nicht immer einheitliche Rechtsprechung. Poln. OG 15.10.2015, II CSK 811/14, Legalis-Nr. 1361479 (ebenso bereits poln. OG 11.12.1975, III CZP 63/75, Lex-Nr. 2001, OSNC 1976/12/259) hat die Ersitzungsfähigkeit des ewigen Nießbrauchs erneut bestätigt. Die Ersitzung setzt jedoch voraus, dass das Recht bereits entstanden ist. Ein ewiger Nießbrauch kann also nicht durch Ersitzung gegen den Staat erstmalig geschaffen und dann *uno actu* erworben werden. Besteht an einem Grundstück bereits ein ewiger Nießbrauch, verhindere er andererseits die Ersitzung des Grundeigentums. Denn der Grundeigentümer habe gar keine Möglichkeit mehr, sich der Ersitzung zu erwehren; er könne nicht einmal mehr den Ersitzungsbesitz unterbrechen (poln. OG 15.10.2015 aaO; ebenso nach den Angaben in dieser Entscheidung bereits poln. OG 14.3.2012, II CSK 1127/11, anders aber noch poln. OG 18.1.2008, V CSK 383/07, Legalis-Nr. 100985). Zu der ersitzungsrechtlichen Relevanz der Zahlung der jährlichen Gebühr im Übrigen eingehend poln. OG 16.10.2014, III CSK 299/13, Lex-Nr. 1554585.

1022 Auch wenn es im praktischen Rechtsleben in aller Regel um die Ersitzung des Grundeigentums geht, ist der „gewöhnliche" Immobiliarnießbrauch zumindest theoretisch ersitzungsfähig in Italien (der Nießbrauch gehört zu den ersitzungsfähigen *diritti reali di godimento* i. S. v. Art. 1158 ital. CC), in Portugal (Artt. 1287 i. V. m. 1440 port. CC), in Rumänien (Art. 704(1) rumän. CC) und in Spanien (Art. 468 span. CC). Ebenso verhält es sich in Griechenland (Art. 1143 gr. ZGB), Frankreich und in Belgien (*Terré und Simler,* Les biens⁹, S. 365 Rdnr. 455; *Hansenne,* Les biens, S. 318 Rdnr. 339). Aus dem Kreis der ersitzungsfähigen Rechte ausgeschlossen bleibt der Nießbrauch (im Gegensatz zur Dienstbarkeit) jedoch in Polen (Art. 292 poln. ZGB; dazu Radwański und Gniewek [-*Gniewek*], System Prawa Prywatnego III³, S. 633 Rdnr. 446) und in Ungarn (§ 5:161(3) ungar. ZGB erlaubt, abgesehen vom Eigentum, gleichfalls nur die Ersitzung von Grunddienstbarkeiten).

1023 Selbst das gilt aber nicht ohne Ausnahme. Nicht ersitzungsfähig sind Dienstbarkeiten nicht nur in Schweden (Fn. 1019), sondern auch in Katalonien (Art. 566-2(4) katal. CC). Im Recht der Dienstbarkeiten weist das spanische Recht eine große Vielfalt auf. Während das katalanische Recht alle Dienstbarkeiten von der Ersitzung ausschließt, hält das Recht von Navarra, genau umgekehrt, jede Art von Dienstbarkeit für ersitzungsfähig (Compilation von Navarra, Ley 1/1973, de 1 de Marzo, Fuero Nuevo de Navarra, Ley 397). Siehe dazu Rebolledo Varela (-*Fernández Urzainqui*), Tratado de servidumbres², S. 1497.

1024 Persönliche Dienstbarkeiten sind ohnehin nicht sehr verbreitet (Bd. 1 Rdnr. 400). Selbst Rechtsordnungen, die sie kennen, schließen ihre Ersitzung gelegentlich ausdrücklich aus (Art. 304 poln. ZGB). Tschechien (§ 1260 tschech. BGB unterscheidet nicht zwischen Grund- und persönlichen Dienstbarkeiten) und Griechenland dagegen akzeptieren sie (Artt. 1121 und 1191 gr. ZGB; siehe dazu Berufungsgericht Athen 14598/1988, EllDni 36 [1995] S. 669 sowie Areopag 1619/2005, Isokrares-Datenbank [Dienstbarkeit zur Nutzung eines Hinterhofs]). Auch Österreich differenziert nicht nach der Art der Dienstbarkeit; deshalb kann z. B. auch das Recht zur Nutzung einer Badestelle ersessen werden (OGH 31.3.1965, SZ 38/46). Eine Ausnahme besteht nur für die stark öffentlich-rechtlich regulierten Weideservituten (OGH 20.6.1962, SZ 35/67). In Spanien findet das allgemeine Regime der Grunddienstbarkeiten zwar auch auf die persönlichen Dienstbarkeiten Anwendung. Es ist also theoretisch möglich, eine persönliche Dienstbarkeit durch Ersitzung zu begründen. Die Ersitzungsfähigkeit einer Dienstbarkeit hängt aber an ihrer Ständigkeit, und persönliche Dienstbarkeiten sind in der Regel nicht ständig (Rebolledo Varela [-*Rebolledo Varela*], Tratado de servidumbres², S. 87).

1025 Sie sind neben dem Eigentum die einzigen Immobiliarsachenrechte, die nahezu überall auf dem Kontinent der Ersitzung zugänglich sind, siehe u. a. Art. 690 belg. und franz. CC;

und „sichtbaren" und andererseits entweder nicht ständigen oder nicht offenkundigen[1026], außerdem zwischen positiven und negativen Dienstbarkeiten.[1027]

Auch das **englische Recht** erlaubt die Ersitzung von *easements,* analysiert sie freilich anders. „English Law", so Lord *Hoffmann* in *R v Oxfordshire CC, ex parte Sunningwell PC,* „has never had a consistent theory of prescription. It did not treat long enjoyment as being a method of acquiring title. Instead, it approached the question from the other end by treating the lapse of time as either barring the remedy of the former owner or giving rise to a presumption that he had done some act which conferred a lawful title upon the person in de facto possession or enjoyment."[1028] Bei *easements* und *profits à prendre* kommt es vor allem auf die zweite Begründung an. Es wird vermutet, dass das ausgeübte Recht von Anfang an aufgrund einer entsprechenden Gewährung durch den Inhaber des belasteten Rechts bestand.[1029] „[A]ll prescription presupposes a grant".[1030] Im praktischen Ergebnis hat man eine Ersitzung vor sich; nominell wird aber der Grundsatz hochgehalten, dass jedes *easement* und jeder *profit* auf einer entsprechenden 146

Art. 1121 gr. ZGB; Art. 1158 ital. CC; Art. 292 poln. ZGB; § 151o(1) slowak. BGB; § 1260 tschech. BGB; § 5:161(3) ungar. ZGB.

[1026] Unproblematisch ist nur die Ersitzungsfähigkeit der ständigen *(continues)* und offenkundigen *(apparentes)* Dienstbarkeiten (z. B. Artt. 690 und 691 belg. und franz. CC). Denn ohne eine „Anlage" und dergleichen fehlt es nach verbreiteter Auffassung an einem zureichenden äußeren Ausdruck für die Ausübung des Rechts. Auch unter Art. 537 span. CC unterliegen nur die *servidumbres continuas y aparentes* der Ersitzung, nicht jedoch die entweder nicht offenkundigen oder die nicht ständigen Dienstbarkeiten; sie können nur auf der Grundlage eines Titels erworben werden (Art. 539 span. CC). Ebenso verhält es sich in Italien (Art. 1061(1) ital. CC) und in Portugal (Artt. 1293 lit. a und 1548(1) port. CC). „Als nicht sichtbar werden die Dienstbarkeiten betrachtet, die sich nicht durch sichtbare und dauernde Zeichen offenbaren" (Art. 1548(2) port. CC), und: „eine Dienstbarkeit ist *apparente,* wenn es eine sichtbare und bleibende, zu ihrer Ausübung bestimmte Anlage gibt" (Art. 1061(2) ital. CC).

[1027] In Italien wird die Frage, ob Besitz an einer negativen Dienstbarkeit möglich sei, zwar kontrovers diskutiert, von der vorherrschenden Ansicht jedoch abgelehnt (oben Rdnr. 32 mit Fn. 203). Negative Dienstbarkeiten sind keine Nutzungsrechte und scheiden in vielen Rechtsordnungen schon deshalb aus dem Kreis der ersitzungsfähigen Rechte aus. Ersitzungsfähig sind sie allerdings in Spanien (Art. 538 span. CC). In der Praxis geht es vor allem um negative Licht- und Sichtdienstbarkeiten (Bercovitz Rodríguez-Cano [-*Morillo González*], Comentarios al Código Civil², Art. 538, S. 688; Rebolledo Varela [-*Rebolledo Varela*], Tratado de servidumbres², S. 205, 704). In Griechenland kommt der Ersitzung negativer Dienstbarkeiten (Artt. 1121 und 1123 gr. ZGB) eine erhebliche praktische Bedeutung zu. Ersitzungsfähig sind u. a. die (jeweils negative) Fensterdienstbarkeit *(doulia parathyron),* also die Sichtdienstbarkeit, die Lichtdienstbarkeit (Areopag 1069/2006, NoB 55 [2007] S. 1114; Areopag 1240/2013 NoB 62 (2014) S. 93 und 559 [der außerordentliche Ersitzungsbesitz beginne aber erst ab dem Zeitpunkt, zu dem der Eigentümer des herrschenden dem Eigentümer des dienenden Grundstücks die fragliche Handlung, hier den Bau einer Pergola, verbietet]) und die Luftdienstbarkeit (u. a. Berufungsgericht Piräus 643/1981, EllDni 23 [1982] S. 504 und Berufungsgericht Ägäis 337/1990, ArchN 42 [1993] S. 417). Ebenso bereits k. u. k. OGH 24.10.1867, GlU Bd. 6 Nr. 2893 S. 191 (wo allerdings die Ersitzungsvoraussetzungen nicht vorlagen). In Rumänien können negative Dienstbarkeiten nur ersessen werden, wenn die Ersitzung auf einer Eintragung im Grundbuch beruht; andernfalls sind nur positive Dienstbarkeiten ersitzungsfähig (Artt. 756 und 763 rumän. CC). Zu England siehe sogleich im Text.

[1028] [2000] 1 AC 335, 349.

[1029] Lord *Hoffmann* aaO. S. 350; *Loose v Lynn Shellfish Ltd* [2016] UKSC 14; [2016] 2 WLR 1126 [39] (Lord *Neuberger of Abbotsbury* PSC und Lord *Carnwath* JSC).

[1030] Lord *Lindley* in *Gardner v Hodgson's Kongston Brewery Co Ltd* [1903] AC 229, 239. Siehe ferner *Neaverson v Peterborough RDC* [1902] 1 Ch 557, 573 (*Collins* MR) und auch schon *Moody v Steggles* (1879) 12 ChD 261, 265 (*Fry* J).

Gewährung *(grant)* beruhe.[1031] Während bei der *adverse possession* eines *freehold* oder eines *leasehold estate* das fremde *interest* erlischt und das eigene aufgewertet wird, soll es sich bei *easements* und *profits* um den Erwerb eines neuen Rechts handeln, gegründet auf die Fiktion einer Gewährung. Sprachlich bringt man das durch die Unterscheidung zwischen *prescription* und *limitation* zum Ausdruck.[1032] Erstere fächert sich wiederum auf drei Erwerbsarten auf: die reine Common Law *prescription,* die *prescription* unter dem Prescription Act 1832 und die Doktrin des *lost modern grant.*[1033] Vorausgesetzt ist jeweils eine Ausübung von *easement* oder *profit* als *user as of right.*[1034] Natürlich bedarf es einer dauerhaften, der Art des *easements* gemäßen Nutzung, wenn auch nicht „Tag und Nacht".[1035] Außerdem muss stets sowohl für den Inhaber eines *fee simple* als auch gegen den Inhaber eines *fee simple* ersessen werden.[1036] Nur beim *profit* ist das anders; er kann auch als (persönlicher) *profit in gross* ersessen werden.[1037] Unter dem **Common Law** wurde die Gewährung eines Rechts nur vermutet, wenn es seit *time immemorial* – und das hieß: seit dem Jahre 1189 (!) bestand.[1038] Die Rechtsprechung entwickelte die Regel, dass von einem seit 20 Jahren ausgeübten Recht vermutet werden dürfe, es bestehe seit 1189.[1039] Außerdem kann man sich auf *prescription* auch berufen, wenn das Recht zwar nie für einen zusammenhängenden Zeitraum von 20 Jahren ausgeübt wurde, es aber seit *living memory* besteht.[1040] Die *Common Law prescription* scheitert allerdings immer noch, wenn in irgendeiner Form nachgewiesen ist, dass das Recht zu irgendeinem Zeitpunkt nach 1189 nicht bestanden haben kann.[1041] Die Figur des **lost modern grant** soll Lücken der *prescription at common law* schließen.[1042] Sie erlaubt die Vermutung, dass nach 1189, aber vor Beginn der aktuellen Nutzung, tatsächlich ein *easement* oder *profit* eingeräumt wurde, und dass die entsprechende Urkunde *(deed)* verloren gegangen sei.[1043] Die Folge ist, dass der *lost modern grant* die *common law prescription* in den meisten Fällen konsumiert.[1044] Es wird also weiterhin ein *grant* vermutet, wenn ein

---

[1031] Megarry und Wade (*-Harpum/Bridge/Dixon*), The Law of Real Property[8], Rdnr. 28–043.

[1032] *Harpum/Bridge/Dixon* aaO Rdnr. 28–046.

[1033] Sec. 34 irischer LCLRA 2009 lässt nur noch die Ersitzung unter den Prescription Acts 1832 und 1858 zu. Der Rechtserwerb muss von einem Gericht geprüft sein, und es muss die Eintragung des Rechts angeordnet haben (sec. 35 aaO).

[1034] Oben Rdnr. 42. Siehe auch *R (Beresford) v Sunderland CC* [2003] UKHL 60; [2004] 1 AC 889 Rdnr. 72 (Lord *Walker of Gestingthorpe*); *Loose v Lynn Shellfish Ltd* [2016] UKSC 14; [2016] 2 WLR 1126 [36–37].

[1035] *Hollins v Verney* (1884) 13 QBD 304, 314 (zu einem Wegerecht) und *Earl de la Warr v Miles* (1881) 17 ChD 535, 600 (für einen *profit à prendre*).

[1036] *Harpum/Bridge/Dixon* aaO Rdnr. 28–048. Das gilt auch für den *lost modern grant* (*Simmons v Dobson* [1991] 1 WLR 720, 724). In Irland kann dagegen auch gegen einen *leasehold* ersessen werden (*Flynn v Harte* [1913] 2 IR 326; *Tallon v Ennis* [1937] IR 549. Überblick bei *Delany,* (1958) 74 LQR 82). Rechtspolitisch wird das inzwischen auch in England befürwortet (*China Field Ltd v Appeal Tribunal (Buildings)* [2009] HKCU 1650 Rdnr. 54 (Lord *Millett*); *Merry,* Conv 2010 S. 176).

[1037] *Welcome v Upton* [1840] 6 M & W 536; 151 ER 524.

[1038] Megarry und Wade (*-Harpum/Bridge/Dixon*), The Law of Real Property[8], Rdnr. 28–059.

[1039] *R v Oxfordshire CC, Ex parte Sunningwell PC* [2000] 1 AC 335, 350.

[1040] *RPC Holdings Ltd v Rogers* [1953] 1 All ER 1029.

[1041] *Hulbert v Dale* [1909] 2 Ch 570, 577. Wird ein Recht auf Zugang zu Licht behauptet, genügt folglich schon der Nachweis, dass das Gebäude auf dem herrschenden Grundstück im Jahre 1189 noch nicht stand (*Duke of Norfolk v Arbuthnot* (1880) 5 CPD 390).

[1042] *Bryant v Foot* (1867) LR 2 QB 161, 181 (*Cockburn* LJ).

[1043] *Harpum/Bridge/Dixon* aaO Rdnr. 28–062.

[1044] *Mills v Silver* [1991] Ch 271, 278 (*Dillon* LJ).

Recht seit 20 Jahren bzw. *time immemorial* ausgeübt wird.[1045] Der Kläger muss aber keine Details zu dem „verlorenen" *grant* darlegen, nicht einmal die an ihm beteiligten Parteien.[1046] Es handelt sich deshalb um eine Fiktion.[1047] Die Grenze ist erst dann erreicht, wenn schon aus rechtlichen Gründen ein *grant* nicht hätte gewährt werden können.[1048] „To save the consciences of judges and juries"[1049] hat zudem schon sec. 2 **Prescription Act 1832** das Recht der *common law prescription* modifiziert. Hiernach soll der Ersitzung eines Rechts, das 20 Jahre lang ausgeübt wurde, nicht entgegengehalten werden können, dass es nicht seit 1189 bestand. Außerdem brachte die Vorschrift eine positive Ersitzungsregelung für *easements.* Wenn ein Recht mehr als 40 Jahre ununterbrochen *as of right* ausgeübt wird, wird es *absolute and indefeasible.* Ausnahmen schützen vor allem Minderjährige, solange sie ihre Rechte nicht effektiv wahrnehmen können (sec. 7 aaO). Für dingliche *profits,* nicht aber für *profits in gross,* gelten verlängerte Ersitzungsfristen (sec. 1 aaO). Ein Recht auf ungehinderten Lichteinfall *(easement of light)* erwirbt der Eigentümer eines Gebäudes schon nach zwanzigjähriger Nutzung (sec. 3 aaO).

Ersitzungsfähig ist auch der *leasehold estate.*[1050] Dasselbe wird vielfach (aber nicht **147**
immer) für Gebrauchs- und Wohnrechte angenommen[1051], oft auch für das Recht, auf

---

[1045] *Dalton v Angus & Co* (1881) 6 App Cas 740.

[1046] *Palmer v Guadagni* [1906] 2 Ch 494.

[1047] *Tehidy Minerals Ltd v Norman* [1971] 2 QB 528; *Bridle v Ruby* [1989] QB 169.

[1048] *Neaverson v Peterborough RDC* [1902] 1 Ch 557; *Robert v James* (1903) 89 LT 282); *Hulley v Silversprings Bleaching and Dyeing Co Ltd* [1922] 2 Ch 268; *Bowring Services Ltd v Scottish Widows' Fund & Life Assurance Society* [1995] 1 EGLR 158, 160; *Bakewell Management Ltd v Brandwood* [2004] UKHL 14; [2004] 2 AC 519.

[1049] Lord *Hoffmann* in *R v Oxfordshire CC, Ex parte Sunningwell PC* [2000] 1 AC 335, 350.

[1050] Näher *Gray und Gray,* Elements of Land Law[5], Rdnrn. 9.1.58-9.1.71 sowie Megarry and Wade (*-Harpum/Bridge/Dixon*), The Law of Real Property[8], Rdnr. 35–059. Die Rechtslage ist freilich einigermaßen unübersichtlich. Unter dem reformierten Regime der *adverse possession* können sowohl nicht eingetragene als auch eingetragene *leasehold estates* nach Maßgabe von Schedule 6 LRA 2002 ersessen werden. Der *tenant* (T) eines nicht eingetragenen *leasehold estate* verliert ihn nach zwölfjährigem „feindlichen Besitz" an den *squatter.* Das gilt jedenfalls in ihrem Verhältnis zueinander. Die Rechtsposition des *landlord* (L) (des Inhabers des belasteten *fee simple estate*) wird dadurch aber nicht berührt; ihm gegenüber kommt eine Ersitzung erst nach Ablauf des *lease* in Betracht (*Fairweather v St. Marylebone Property Ltd.* [1963] A.C. 510, 536, Lord *Radcliffe*). Die Folge ist, dass T dem L gegenüber weiterhin auf den Mietzins haftet, und dass im Verhältnis zu L auch das Sachenrecht des T (und nicht das des S) fortwirkt (aaO S. 545, Lord *Denning*). Andererseits soll S im Verhältnis zu L ein *fee simple estate* zustehen, der mit einem *right of entry* des L belastet sei (*Harpum/Bridge/Dixon* aaO Rdnr. 35–063). Das ist wichtig, weil das *right of entry* dem S gegenüber geltend gemacht werden kann, wenn T nicht (mehr) zahlt. Die praktische Konsequenz ist, dass S, obschon er hierzu schuldrechtlich nicht verpflichtet ist, letztlich doch die Miete entrichten wird. S befindet sich zudem in einer schwachen Position, weil L und T nach Ablauf der Zwölfjahresfrist den *lease* mit der Folge aufheben können, dass L sofort wieder zum Besitz berechtigt ist, und zwar auch im Verhältnis zu S (*Fairweather v. St. Maryleborne Property Ltd.* aaO S. 548, Lord *Denning*). Durch zehnjährige *adverse possession* an einem eingetragenen *leasehold estate* erwirbt S unter Sch. 6 para. 1(1) LRA 2002 lediglich das Recht, einen Antrag auf Ausschließung des bisherigen *tenant* (T) zu stellen. Dieser Antrag wird aber bei bloßem Widerspruch des T zurückgewiesen. Erst nach weiterer zweijähriger ununterbrochener *adverse possession* erwirbt S ein unbedingtes Recht auf Eintragung als neuer Inhaber des *leasehold estate* (sog. *indefeasible right to be registered*) gem. Sch. 6 para. 6, 7 LRA 2002. Dieses Eintragungsrecht wird wiederum als eigenständiges *interest in land* angesehen (Law Com. No. 271 Rdnr. 17.64, S. 337), das dem Erwerbsschutz dient (*Rieländer,* Sachenrechtliche Erwerbsrechte, S. 376–383).

[1051] Sie sind u.a. ersitzungsfähig in Belgien und Frankreich (*Hansenne,* Les biens, S. 318 Rdnr. 339; *Terré und Simler,* Les biens[9], S. 365 Rdnr. 455), in Griechenland (Artt. 1143 und

einem fremden Grundstück zu bauen[1052], für die Erbpacht[1053], für Reallasten[1054] bzw. *rentcharges*[1055], für das Fischereirecht[1056] und sogar für die Antichrese.[1057] *Droits réels accessoires,* also insbesondere Hypotheken, sind dagegen in aller Regel keine ersitzungsfähigen Rechte. Sie berechtigen nicht zu Sachherrschaft, so dass Sachbesitz auch kein äußerer Ausdruck ihrer Innehabung sein kann.[1058] Hypotheken, *mortgages* und *charges*

1187 gr. ZGB), in Italien (Artt. 1158, 1159(2) ital. CC) und in Spanien (Art. 528 span. CC), aber nicht in Portugal (Art. 1293(2) port. CC).

[1052] Es wird wiederum in Tschechien (§§ 1243(1), 1244(2) tschech. BGB: 40 Jahre), in Spanien (*Albaladejo,* Derecho civil III[10], S. 683), in Portugal (Artt. 1287 i. V. m. 1528 port. CC), in Rumänien (Art. 693 rumän. CC), in Belgien und in Frankreich für ersitzungsfähig gehalten (*Hansenne* bzw. *Terré und Simler* aaO). Nach italienischer Auffassung kann dagegen die *superficie* nicht ersessen werden. Denn es komme unmittelbar zu einer Ersitzung des Eigentumsrechts an dem Bauwerk (*Guarneri,* La superficie, S. 64–65). Nach Auffassung des Kassationshofes ist die Ersitzung ausgeschlossen, weil man das Recht zu bauen nicht besitzen könne. Mit der Errichtung des Bauwerks beginne die Frist für die Ersitzung des Grundeigentums und des Bauwerks (Cass. 23.7.1983, Nr. 5086, De Jure Datenbank). Ganz ähnlich argumentiert man in Österreich. Der Besitz des Bauberechtigten unterscheide sich äußerlich nicht vom Besitz eines Eigentümers; deshalb sei für die Ersitzung des Baurechts kein Raum (Rummel [-*Bydlinski*], ABGB II[3], § 1455 Rdnr. 7; anders aber Klang [-*Gusenleitner-Helm*], ABGB[3], § 1455 Rdnr. 47).

[1053] Ersitzungsfähig ist die Erbpacht *(censo enfitéutico)* offenbar in Spanien (*Albaladejo,* Derecho civil III[10], S. 643, 673). Art. 19 § 4 gr. Gesetz 3986/2011 dagegen schließt die Ersitzung eines Erbpachtrechts aus.

[1054] Wie für die Erbpacht so fehlt es in Spanien zwar auch für die Reallast *(censo)* an einer ausdrücklichen gesetzlichen Klarstellung, doch gilt auch sie allgemein als ersitzungsfähig (*Albaladejo* aaO; *Díez-Picazo,* Fundamentos III[5], S. 805). Ebenso verhält es sich in Österreich (OGH 11.4.1972, SZ 45/45 [Ersitzung einer Reallast auf Lieferung von Strom; eine katholische Kirchengemeinde hatte über Jahrzehnte kostenlos Strom bezogen und auch ausdrücklich Zahlung verweigert]; OGH 14.12.1983, SZ 56/184 [Erhalt einer Umzäunung]). Zu Belgien und Frankreich siehe die Nachweise in Fn. 1051. In der Slowakei können Reallasten weiterhin ersessen werden (§ 151o(1) slowak. BGB: die Reallasten gehören zu den dinglichen Lasten), unter dem neuen tschechischen BGB dagegen nicht mehr (§ 988(1) tschech. BGB: Reallasten sind nicht übertragbar und können deshalb weder be- noch ersessen werden; näher Spáčil [-*Lasák*], Občanský zákoník III, S. 1056 und Švestka/Dvořák/Fiala [-*Fiala*], Občanský zákoník III, S. 867–868).

[1055] Bei ihnen muss aber wiederum zwischen eingetragenen und nicht eingetragenen unterschieden werden. Eine nicht eingetragene *rentcharge* erlischt, wenn für einen Zeitraum von zwölf Jahren die wiederkehrend geschuldeten Geldleistungen nicht entrichtet werden. Wird hingegen zwölf Jahre lang kontinuierlich an einen Nichtberechtigten gezahlt, dann erwirbt er die *rentcharge* (Megarry and Wade [-*Harpum, Bridge* und *Dixon*], The Law of Real Property[8], Rdnr. 35-034). Bei eingetragenen *rentcharges* kommt demgegenüber nur ein Antrag auf Löschung (bzw. Übertragung) der *rentcharge* in Betracht. Er wird allerdings schon dann zurückgewiesen, wenn der eingetragene Berechtigte widerspricht (Sch. 8 Land Registration Rules 2003).

[1056] Nicht ersitzungsfähig sind i. d. R. Jagdrechte (oben Fn. 202; siehe auch österr. OGH 7.2.1983, SZ 56/20). Die Ersitzungsfähigkeit von Fischereirechten hängt von einer Reihe sehr spezifischer Faktoren ab, darunter der Umstand, dass viele Gewässer zu den öffentlichen Sachen zählen und dann meistens *extra commercium* stehen. Ersitzungsfähig sind nur Fischereirechte an privaten Gewässern (österr. OGH 8.6.1977, SZ 50/84; OGH 26.9.1983, SZ 56/111). In Griechenland dürfen sie außerdem weder der Kirche noch den Klöstern gehören. Näher das Gutachten 330/2001 des Nomiko Symboulio Kratous (NSK, des Rechtsrates des Staates), Isokrates Datenbank; Areopag 1870/2007, NoB 56 (2008) S. 331 und LG Preveza 297/1992, Dike 24 (1993) S. 1114. Zur Ersitzung eines Fischereirechts unter englischem Recht eingehend *Loose v Lynn Shellfish Ltd* [2016] UKSC 14; [2016] 2 WLR 1126.

[1057] So jedenfalls für Spanien *Albaladejo,* Derecho civil III[10], S. 738.

[1058] *Terré und Simler,* Les biens[9], S. 365 Rdnr. 455. Auch unter Art. 1287 port. CC unterliegen nur das Eigentumsrecht und „andere dingliche Nutzungsrechte" der Ersitzung. Dingliche Siche-

unterliegen höchstens der „umgekehrten“ Ersitzung.[1059] Auch Vorkaufsrechte sind typischerweise nicht ersitzungsfähig.[1060]

(3) Intra-, Extra- und Kontratabularersitzung

Allein durch die Aufzählung der prinzipiell ersitzungsfähigen Immobiliarsachenrechte lässt sich freilich noch kein wirklichkeitsnahes Bild der aktuellen Situation in den Mitgliedstaaten gewinnen. Das gelingt erst, wenn man auch die Modalitäten der Ersitzung solcher Rechte bedenkt. Denn das grundstücksbezogene Ersitzungsrecht kann sich immer nur in dem **Rahmen** entfalten, **den** ihm **das Registerrecht lässt.** Je stärker ein nationales Rechteregister (das „Grundbuch“) den Bestandsschutz akzentuiert, desto stärker marginalisiert es das Ersitzungsrecht; je restriktiver die Ersitzungsmodalitäten, desto geringer wird auch das Spektrum der im praktischen Rechtsleben „wirklich“ ersitzungsfähigen Rechte. Vereinfachend ließe sich sagen, die einen brauchen kein Grundbuch, weil sie über ein ausgebautes Ersitzungsrecht verfügen, die anderen keine Ersitzung, weil sie ein Grundbuch haben. Jedenfalls ist es wichtig, zwischen drei Grundmodellen zu unterscheiden: der „Intra“-, der „Extra“- und der „Kontra“-tabularersitzung. Am ersitzungsfeindlichsten sind die Systeme, die prinzipiell nur eine Tabular- oder Buchersitzung von Immobiliarsachenrechten kennen. Sie erlauben nur die Ersitzung von Rechten, die das Rechteregister (obschon unrichtig) *für den Ersitzungsprätendenten* bereits verlautbart; wir sprechen deshalb von einer Intratabularersitzung. Das zweite System ist das der Extratabularersitzung. Hier geht es um die Ersitzung von (aus welchem Grunde auch immer) bislang noch *für niemanden eingetragenen* Rechten. In der dritten (und aus Sicht des Rechtsinhabers gefährlichsten) Variante hat man es mit einer Kontratabularersitzung zu tun. Das ersitzungsrechtliche Zielrecht ist in diesem Fall für *eine andere Person* eingetragen und dennoch nicht gegen Verlust gefeit. 148

Wo nur die Buch- oder **Intratabularersitzung** akzeptiert wird, bleibt die Ersitzung von Immobiliarsachenrechten, allen voran des Grundeigentums, eine sehr seltene Ausnahme. Die Ersitzung öffnet ja gerade nicht den Weg in eine (formelle) Buchposition, sondern es öffnet erst die formelle Buchposition den Weg zur Ersitzung eines (verfrüht und unrichtig) bereits zugunsten des Erwerbers verlautbarten Rechts. Das ist das **Mo-** 149

---

rungs- und dingliche Erwerbsrechte können nicht ersessen werden (*Pires de Lima und Antunes Varela,* Código Civil Anotado III², S. 64, Anm. 2 unter Art. 1287). Zu Besonderheiten des italienischen und des niederländischen Rechts siehe bereits oben Rdnr. 32 bzw. Rdnr. 50. Im Gegensatz zu Art. 1287 port. CC handelt allerdings Art. 1940 span. CC von der *prescripción* des Eigentums „und der anderen dinglichen Rechte“. Prompt wird die Ersitzungsfähigkeit des dinglichen Pfandrechts und der Hypothek zum Problem; die Rechtslage ist streitig (näher *Díez-Picazo,* Fundamentos III⁵, S. 805–806). Jedenfalls spricht gegen die Ersitzungsfähigkeit einer Hypothek, dass sich mit ihr kein Recht zu authentischem Besitz *(auténtica posesión)* verknüpft (*Díez-Picazo* aaO S. 806).

1059 Vorher Fn. 1008.

1060 Siehe z.B. für Tschechien OG 14.10.2009, 28 Cdo 805/2009, ECLI:CZ:NS:2009:28.CDO.805.2009.1 („Die Ersitzung eines dinglichen Vorkaufsrechts ist *per definitionem* nicht möglich, weil es sich nicht um ein Recht handelt, das eine dauernde oder wiederholte Ausübung ermöglichen würde“) und für Portugal und Spanien Fn. 1058. Vielfach scheitert die Ersitzung eines Vorkaufsrechts natürlich einfach schon daran, dass es nur als Schuldrecht, nicht auch als dingliches Recht existiert (Bd. 1 Rdnrn. 470–473). Selbst wo ein solches Recht, wie in Polen, durch Eintragung im Grundbuch einen gewissen Drittschutz erlangen kann (Art. 16(2) Pkt. 1 poln. GBHG), bleibt seine Ersitzung ausgeschlossen (*Ignatowicz und Stefaniuk,* Prawo rzeczowe², S. 104 Rdnr. II; Radwański und Gniewek [-*Gniewek*], System Prawa Prywatnego III³, S. 633 Rdnr. 446).

dell des deutschen Rechts. Unter § 900 dt. BGB können zwar neben dem Grundeigentum (§ 900(1) aaO) auch andere Immobiliarsachenrechte erworben werden, sofern sie ihrer Art nach zum Besitz des Grundstücks berechtigen oder ihre Ausübung sonst besitzrechtlich geschützt ist (§ 900(2) aaO).[1061] Man hat es mit den üblicherweise ersitzungsfähigen Rechten zu tun, darunter der Nießbrauch, das dingliche Wohnungsrecht, Grunddienstbarkeiten und beschränkte persönliche Dienstbarkeiten, das Erbbaurecht und das Wohnungseigentum.[1062] Die Hürden (Eigenbesitz unter einer dreißigjährigen Grundbucheintragung in einem System, unter dem fehlerhafte Grundbuchbuchungen kaum vorkommen können) sind aber so hoch, dass die Immobiliarersitzung in Deutschland zu einer vollkommen randständigen Erscheinung herabgesunken ist. Der Umstand, dass der Erwerber nicht gutgläubig sein muss[1063], ändert daran nichts. Das eigentliche Schutzgut ist die Stabilität des Grundbuchwesens, nicht oder bestenfalls sekundär das Erwerbsinteresse des Besitzers.

Einen ähnlichen Ansatz verfolgen heute auch das schwedische und das schottische Recht. In **Schweden** gehört das Recht der Ersitzung unbeweglicher Sachen systematisch in das *fastighetsrätt*[1064], wo es seinen Standort in Kap. 16 *(Hävd)* JB gefunden hat. Es unterscheidet zwischen Erwerbsformen ohne und mit gutem Glauben. Unter Kap. 16 § 1(1) JB[1065] kommt es auf guten Glauben nicht an, wenn man (i) einen vertraglichen Erwerb *(fång)* oder eine Gesamtrechtsnachfolge *(universalfång)* vor sich hat, (ii) das vermeintliche Recht des Erwerbers im Grundbuch *(lagfart)* eingetragen wurde und der Erwerber (iii) unter dieser Eintragung eine zwanzigjährige Innehabe *(innehav)* des Grundstücks nachweist, die nicht durch eine gegen ihn gerichtete Herausgabeklage unterbrochen wurde. Bei aufeinander folgenden Innehabern genügt es, wenn der erste Besitzer als Eigentümer eingetragen war (Kap. 16 § 1(3) JB). Sofern der Ersitzungsprätendent gutgläubig ist, verkürzt sich die Frist auf zehn Jahre Innehabung unter der Buchposition (Kap. 16 § 1(2) JB). Insgesamt handelt es sich um ein noch strengeres System der Intratabularersitzung als das deutsche. Denn es bezieht sich erstens nur auf die Ersitzung des Immobiliar*eigentums*[1066], und es setzt zweitens einen *fång* voraus. Der Besitz allein reicht für die Ersitzung nicht; sie setzt eine Kombination aus Grundbucheintragung und Innehabung des Grundstücks voraus.[1067] Auch in **Schottland** ist eine Ersitzung gegen ein im *Register of Title* eingetragenes Recht *per se* ausgeschlossen[1068]; erhalten hat sich allerdings die Extratabularersitzung.[1069]

1061 Siehe bereits Rdnr. 45 bei Fn. 305.

1062 Zusammenstellung u. a. bei Staudinger (-*Gursky*), BGB (2013), § 900 Rn 27.

1063 Der öffentliche Glaube des Grundbuchs genügt: BGH 30.6.1971, MDR 1971 S. 915; BayOLG 12.4.1979, BayOLGZ 1979 S. 104, 111. Demgemäß hemmt die Eintragung eines Widerspruchs den Ablauf der Ersitzungsfrist (§ 900(1) Satz 3 dt. BGB).

1064 Bd. 1 Rdnr. 319.

1065 „Wurde jemand als Eigentümer eines Grundstücks, das dem rechtmäßigen Eigentümer aus den Händen geraten ist, in das Grundbuch eingetragen, und hat er danach während eines Zeitraums von zwanzig Jahren ununterbrochen mit Eigentumsanspruch Besitz daran gehabt, ohne dass ein Dritter mit besserem Recht an dem Grundstück Klage gegen ihn erhoben hat, so erlangt er durch Ersitzung das Recht an dem Grundstück vor dem anderen".

1066 Oben Fn. 1019.

1067 Jordabalk (1970:994) Prop. 1970:20 Teil B, S. 422.

1068 *Gordon und Wortley,* Scottish Land Law I³, Rdnr. 12–16.

1069 Für nicht eingetragene Grundstücke sind weiterhin die Regeln des Prescription and Limitation (Scotland) Act 1973 anwendbar. Man ersitzt ein *interest,* also nicht ein Grundstück, sondern ein Recht daran. Erforderlich ist ein *title* in der Form einer *deed* (sec. 2 PLA 1973), und

Unter einer **Extratabularersitzung** verstehen wir die Ersitzung eines bislang überhaupt noch nicht registrierten Immobiliarsachenrechts, wobei auch die Ersitzung selber keineswegs notwendig registriert werden muss. Die *prescription* von *easements* und *profits à prendre* folgt diesem Modell.[1070] Um eine Erscheinungsform der Extratabularersitzung handelt es sich aber auch bei der common law *adverse possession* eines *unregistered estates,* durch die der angestammte Titel erlischt und der Titel des Okkupanten im Rang aufrückt.[1071] Formen der Extratabularersitzung begegnen überall, wo es noch nicht registrierte Grundstücke und mit ihnen auch nicht registriertes Grundeigentum gibt. Estland operiert deshalb mit einem zweispurigen Ersitzungsrecht. Unter § 123(1) estn. LPA erwirbt man „intratabular" das ohne gültigen Titel im Grundbuch verlautbarte Eigentum schon nach ununterbrochenem zehnjährigen Besitz, „extratabular" (also im Falle einer nicht eingetragenen Immobilie) aber erst nach dreißig Jahren (§ 124(1) aaO). Auch Art. 4.69(3) lit. ZGB gestattet nur die Intra- und die Extra-, nicht aber die Kontratabularersitzung: Sachen, die auf den Staat, eine Gemeinde oder den Namen einer anderen Person eingetragen sind, können nicht ersessen werden.[1072] Unter Art. 930 rumän. CC kommt es nach zehnjährigem Eigenbesitz zur Ersitzung eines Grundstücksrechts, wenn (i) entweder der Eigentümer verstorben ist, oder, im Falle einer juristischen Person, aufgehört hat zu existieren, (ii) der Eigentümer auf sein Recht verzichtet hat und der Verzicht im Grundbuch verlautbart wurde, oder (iii), wenn das Grundstück bislang in keinem Grundbuch eingetragen wurde. In Österreich können Immobiliarsachenrechte nach Ablauf von dreißig Jahren extratabular ersessen werden, sei es, dass in den entsprechenden Gebieten „noch keine ordentlichen öffentlichen Bücher eingeführt" sind (§ 1468 österr. ABGB), sei es, dass ein Recht den Büchern noch „nicht einverleibt" (§ 1470 österr. ABGB) wurde. Praktisch spielt dies vor allem bei Dienstbarkeiten eine Rolle, es kann aber auch das Eigentumsrecht ersessen werden.[1073] Auch Polen kennt die Extratabularersitzung (Art. 172 poln. ZGB). Sie vermischt sich hier aber mit der Kontratabularersitzung, weil das Ersitzungsrecht nicht zwischen nicht registrierten und solchen Immobiliarsachenrechten unterscheidet, die bereits im Grundbuch verlautbart sind.[1074] Ersessen werden können in beiden Situationen auch Teile eines fremden Grundstücks.[1075] In **Griechenland** ist die Extratabularersitzung sogar die Regel; dem Recht der Ersitzung von Immobiliarsachenrechten kommt hier folglich eine besonders ausgeprägte praktische Bedeutung zu. Die Ersitzung von Grundstücken und Grundstücksteilen ist vor allem dort eine so verbreitete Erscheinung, wo das griechische Recht immer noch mit der Transkription arbeitet. Das Transkriptionsbuch verlautbart Rechtsgeschäfte über, nicht Rechte an Grundstü- 150

---

dieser *title* muss, sofern möglich und zulässig, im *Register of Sasines* eingetragen sein (sec. 1 PLA 1973). Die Urkunde (*deed*) muss allerdings nicht von einer verfügungsberechtigten Person stammen, es sei denn, der Mangel der Verfügungsbefugnis ist aus der Urkunde selbst ersichtlich (*MRS Hamilton Ltd v Baxter* 1998 SLT 1075).

[1070] Vorher Rdnr. 146.

[1071] Vorher Rdnr. 23.

[1072] „Acquisitive prescription shall not apply to ownership right to things that are property of the State of a municipality, or things registered on another person's (not the possessor's) name."

[1073] OGH 10.2.1977, SZ 50/23.

[1074] Pietrzykowski *(-Skowrońska-Bocian),* Kodeks cywilny I[4], Art. 172, S. 546 Rdnr. 2 (Man erwerbe das Eigentumsrecht durch Ersitzung unabhängig davon, ob ein Grundbuch eingerichtet wurde oder nicht).

[1075] *Gniewek,* Prawo rzeczowe[8], S. 91 Rdnr. 262.

cke(n) (Art. 1192 gr. ZGB). Wer das Transkriptionsbuch vor Abschluss des Kaufvertrages nicht konsultiert, läuft zwar im Rahmen der ordentlichen Ersitzung (Art. 1041 gr. ZGB: 10 Jahre) Gefahr, am Erfordernis des guten Glaubens zu scheitern[1076], doch spielt das nach Ablauf weiterer zehn Jahre keine Rolle mehr. Die zwanzigjährige außerordentliche Ersitzung operiert unabhängig von Gutgläubigkeit; Aneignungswille genügt (Art. 1045 gr. ZGB). Sie ist besonders wirkmächtig, weil sie im Zusammenhang mit der Lehre vom Teilbesitz (Art. 993 gr. ZGB) die Ersitzung von Grenzstreifen aus Nachbargrundstücken erlaubt.

151 Das dritte System ist das der **Kontratabularersitzung.** Es erlaubt die Ersitzung auch gegen die Verlautbarungen des jeweiligen Rechteregisters. Im praktischen Rechtsleben der Länder, die sie kennen, kann die Kontratabularersitzung helfen, die eigentumsrechtliche *probatio diabolica* zu überwinden.[1077] Unabhängig davon ist die Kontratabularersitzung aber vor allem deshalb wichtig, weil auf ihrer Grundlage meistens auch Teile eines fremden Grundstücks, insbesondere angrenzende Grundstücksstreifen, ersessen werden können, die über Jahre durch äußere Anzeichen (Mauer, Hecke etc.) dem eigenen Grundstück einverleibt worden sind.[1078] Unter den europäischen Rechtsordnungen ist die Kontratabularersitzung allerdings hoch umstritten. Wo sie erlaubt ist, sind natürlich stets auch die Intra- und die Extratabularersitzung erlaubt[1079], aber man kann diesen Satz nicht umkehren. Deutschland und Schweden gestatten eine Kontratabularersitzung gerade nicht[1080], und auch dem englischen Recht

---

[1076] Ein Besitzer ist gutgläubig, „wenn er nicht nur aus grober Fahrlässigkeit der Überzeugung ist, das Eigentum erworben zu haben (Art. 1042 gr. ZGB). Wer vor dem Vertragsschluss die Transkriptionsbücher nicht prüft, handelt grob fahrlässig (Areopag 454/1975, NoB 23 [1975] S. 1233, Areopag 1071/1973, NoB 22 [1974] S. 757). Für die ordentliche Ersitzung ist ein Putativtitel erforderlich (Art. 1043(2) gr. ZGB), aber auch genügend. Die Ersitzungsfrist beginnt nicht vor der Transkription dieses Titels (Berufungsgericht Piräus 411/2003, ArchN 2003 S. 665; Areopag 873/1974, NoB 23 [1975] S. 486).

[1077] Siehe bereits Bd. 1 Rdnr. 347 mit Fn. 176; außerdem noch unten Rdnr. 506. Belgische und französische Autoren heben diese Aufgabe des Ersitzungsrechts immer wieder hervor, ohne das eigentliche Problem, nämlich die *probatio diabolica,* in Angriff zu nehmen (z. B. *Hansenne,* Les biens, S. 312 Rdnr. 327 sowie *Terré und Simler,* Les biens⁹, S. 365 Rdnr. 456). Man stört sich nicht daran, dass die Ersitzung auf diese Weise auch den Eigentümer schützt, d. h. ihm ermöglicht, sein eigenes Recht nachzuweisen und so im praktischen Ergebnis zu „erwerben". In Polen hält man dagegen. Man könne sein eigenes Eigentumsrecht eben gerade nicht ersitzen, und deshalb solle das dortige Ersitzungsrecht auch nicht Probleme mit dem Beweis eines Rechts lösen, das aufgrund eines anderen Titels erworben wurde (*Ignatowicz und Stefaniuk,* Prawo rzeczowe², S. 106 Rdnr. IV). Ein Eigentümer könne auch weder eine Grunddienstbarkeit noch einen ewigen Nießbrauch auf seinem eigenen Grundstück ersitzen (Pietrzykowski [-*Skowrońska-Bocian*], Kodeks cywilny I⁴, Art. 172, S. 553 Rdnr. 29).

[1078] Siehe schon oben Rdnr. 5 mit Fn. 40 und Fn. 41 sowie Rdnr. 39 und außerdem z. B. Art. 43(3) slowen. SPZ („Übt ein gutgläubiger Eigenbesitzer … den Besitz an dem Teil eines Grundstücks aus, so ist dieser Teil Gegenstand einer selbständigen Ersitzung") und § 5:47(2) ungar. ZGB.

[1079] Siehe für Polen die vorige Rdnr. Art. 36 span. LH regelt die Ersitzung *contra tabulas,* Art. 35 LH die *usucapión secundum tabulas.* Es handelt sich um eine Besserstellung eines (unrichtig) bereits als Rechtsinhaber *(titular registral)* eingetragenen Besitzers. Denn die Eintragung im Grundbuch gilt als *justo título,* so dass Besitz und guter Glaube während der Eintragungszeit vermutet werden können. In Österreich fehlt es dagegen an einer selbständigen Regelung für die Intratabularersitzung. Sie wird deshalb gegenüber den anderen Ersitzungsmodalitäten nicht privilegiert (OGH 4.3.1976, JBl 1976 S. 642).

[1080] Vorher Rdnr. 149.

ist sie fremd.[1081] Für das portugiesische Recht hat der STJ entschieden, dass ein Konflikt zwischen der mit der Eintragung eines Rechts (Art. 7 port. CRP) und der mit dem Besitz verbundenen Eigentumsvermutung (Art. 1268(1) port. CC) zugunsten der Letzteren aufzulösen sei, es sei denn, die Eintragung habe schon vor Beginn der Besitzperiode vorgelegen.[1082] Ungarn hat eine privilegierte Kontratabularersitzung entwickelt (§ 5:45 ungar. ZGB). Sie betrifft Fälle, in denen ein Käufer deshalb nicht als Eigentümer in das Immobilienregister eingetragen wurde, weil trotz wirksamen Kausalgeschäfts noch ein formales Eintragungshindernis bestand. „Die Ersitzung tritt mit Ablauf von fünf Jahren ein, wenn der Besitzer den Immobilienbesitz vom Eigentümer mit einem schriftlichen Vertrag erworben hat, auf dessen Grundlage er die Immobilienregistereintragung seines Eigentumsrechts fordern könnte, wenn der Vertrag den dazu erforderlichen Formanforderungen entsprechen würde, und der Besitzer die Gegenleistung erfüllt hat". In Tschechien wirkt vor allem die zwanzigjährige außerordentliche Ersitzung kontratabular.[1083] Auch Österreich erlaubt Kontratabularersitzungen. Sie können sich grundsätzlich sowohl auf ganze Grundstücke als auch auf Grundstücksteile beziehen. Anders (nur ganze Grundstücke, keine Grundstücksteile) ist das unter § 50 österr. Vermessungsgesetz aber bei Grundstücken, die nicht lediglich in dem (ungenaueren) Steuerkataster, sondern bereits in dem (präzisen) Grenzkataster eingetragen sind.[1084] Letzterenfalls kommt nur eine Ersitzung ganzer Grundstücke in-

[1081] Näher unten Rdnr. 154.

[1082] STJ 15.2.2007, CJ(ST) XV (2007-1) S. 78. Auch in Portugal kommt der Unterscheidung zwischen Intra- und Kontratabularersitzung aber keine grundsätzliche Bedeutung zu. Denn Grundbucheintragungen haben (mit der Ausnahme von Hypotheken) keine konstitutive Wirkung. Deshalb werden sowohl die im Einklang als auch die im Widerspruch zum Grundbuch stehende Ersitzung anerkannt (Kritik daran bei *Jardim,* Efeitos substantivos do registo predial, S. 785–798, insb. Fn. 1486).

[1083] Im Rahmen der ordentlichen Ersitzung scheitert eine Kontratabularersitzung i. d. R. am fehlenden guten Glauben. Denn unter § 980(1) Satz 1 tschech. BGB kann sich niemand, wenn in einem öffentlichen Register ein Recht in Bezug auf eine Sache eingetragen ist, auf die Unkenntnis der eingetragenen Tatsache berufen. Das Recht der außerordentlichen Ersitzung wirkt dagegen auch *contra tabulas* (§ 1095 tschech. BGB: „Ist der verstrichene Zeitraum doppelt so lang als sonst erforderlich [20 statt 10 Jahre], ersitzt der Besitzer das Eigentumsrecht auch ohne nachgewiesenen Rechtsgrund, auf welchem sein Besitz beruht. Dies gilt nicht, falls seine unehrliche Absicht bewiesen wird"). In Betracht soll eine ordentliche (redliche) Ersitzung aber dann kommen, wenn die tatsächlichen Verhältnisse im Widerspruch zu den Katasterangaben stehen. Der Besitz eines Teils des Nachbargrundstücks könne redlich sein, weil ein Bürger den Zustand der geographischen Katasterdaten nicht mit dem tatsächlichen Zustand im Gelände vergleichen müsse (*Spáčil,* Právní rozhledy 2013 (2) S. 63, 67; Spáčil [-*Petr*], Občanský zákoník III, S. 316).

[1084] Siehe dazu OGH 27.9.2013, immolex 2014/34 (S. 122) mit Anm. *Hagen.* Benachbarte Almgrundstücke waren durch einen Zaun getrennt worden, der bereits auf dem Grundstück der Beklagten gestanden haben soll. Der Kläger hatte die entsprechende Teilfläche genutzt und auch Bäume gerodet, Letzteres freilich ohne die erforderliche behördliche Genehmigung. Er begehrte die Zustimmung der Beklagten zur lastenfreien Umschreibung der Teilfläche auf ihn. Die Parteien stritten u. a. darum, ob der Kläger den Streifen 30 Jahre in Eigenbesitz gehabt hatte. Der OGH stellte zunächst klar, dass der Streit müßig wäre, wenn das Grundstück der Beklagten im Grenzkataster eingetragen sein sollte. Nur wenn das Grundstück dort nicht eingetragen wäre, sei zu prüfen, ob es sich um einen (wegen der nicht genehmigten Abholzung) rechtlich unmöglichen Sachgebrauch gehandelt habe. Die entsprechende Regelung aus dem Recht der Dienstbarkeiten (§ 1460 österr. ABGB) lasse sich auf das Eigentum übertragen. Die Rodung sei zwar genehmigungspflichtig gewesen, doch bedeute das nicht automatisch, dass sie verboten gewesen sei. Der Kläger habe zudem kein Recht zur Rodung, sondern Eigentum ersitzen wollen. Das Rodungsverbot beziehe sich also nur auf eine von mehreren behaupteten Besitzhandlungen.

frage, und zwar im Wege der außerordentlichen *(uneigentlichen)* dreißigjährigen Ersitzung (§ 1477 österr. ABGB).[1085] Der Zweck des Grenzkatasters besteht nur darin, Grenzverschiebungen durch Ersitzung zu verhindern, behindert die Ersitzung als solche aber gerade nicht. Grenzkataster sind freilich noch nicht überall in Österreich eingeführt.

Besonders kompliziert liegen die Dinge in **Spanien.** Es gilt zwar der Grundsatz, dass sich der Ersitzende gegenüber dem eingetragenen Rechtsinhaber durchsetzt.[1086] Davon macht Art. 36 LH[1087], von dem angenommen wird, er habe Art. 1949 span. CC[1088] verdrängt[1089], zugunsten von Dritterwerbern allerdings eine wichtige Ausnahme, die sich ihrerseits auf das Prinzip des öffentlichen Glaubens des Eigentumsregisters *(principio de fe pública registral,* Art. 34 LH) stützt. Gegen sie wirkt die Ersitzung nicht, wenn es sich um einen entgeltlichen Erwerb handelt, sie gutgläubig waren, ihr Recht von dem eingetragenen Rechtsinhaber ableiten und ihren Titel eintragen ließen.[1090]

152 In **Frankreich, Italien und Bulgarien** stehen das Ersitzungs- und das Registerrecht prinzipiell völlig unverbunden nebeneinander. Verknüpft sind sie bestenfalls durch das Erfordernis des guten Glaubens im Rahmen der ordentlichen Ersitzung. Selbst wo ein entgegenstehender Grundbucheintrag der Gutgläubigkeit des Ersitzungsprätendenten entgegengehalten werden kann[1091], hat das „nur" eine Verlänge-

---

Schon deshalb könne ein Verstoß gegen die forstrechtliche Genehmigungspflicht eine Ersitzung nicht verhindern.

[1085] Sie erfordert Redlichkeit, aber keine Rechtmäßigkeit des Besitzes (*Gschnitzer/Faistenberger/Barta/Call/Eccher,* Sachenrecht², S. 121).

[1086] Eingehend *O'Callaghan Muñoz,* Compendio de derecho civil III⁵, S. 407.

[1087] „(1) Gegenüber eingetragenen Rechtsinhabern, die Dritte im Sinne des Artikels 34 sind, hat die eingetretene Ersitzung oder diejenige, die innerhalb des auf die Ersitzung folgenden Jahres vollzogen werden kann, nur in den zwei folgenden Fällen Vorrang: Wenn gezeigt wird, dass der [Dritt]erwerber wusste oder über genügend Mittel und Motive verfügte, um [bereits] vor dem Vollzug der Ersitzung zu wissen, dass das Grundstück oder Recht tatsächlich und mit Eigentumsrecht *(a título de dueño)* durch eine andere Person als dem Übertragenden besessen wurde. Immer wenn infolge Nichtwissens oder Nichtwissenkönnens entsprechend den vorangehenden Vorschriften der eingetragene Erwerber einem solchen tatsächlichen Besitz im Zeitpunkt der Ersitzung ausdrücklich oder stillschweigend über das gesamte auf die Ersitzung folgende Jahr zustimmt (…)".

[1088] „An einem im Grundbuch eingetragenen Recht tritt die gewöhnliche Ersitzung des Eigentums oder der dinglichen Rechte zum Nachteil Dritter nicht ein, außer kraft eines anderen, gleichfalls eingetragenen Rechts, wobei die Frist erst von der Eintragung des zweiten an zu laufen beginnt".

[1089] TS 21.1.2014, RAJ 2014 Nr. 531 S. 1713.

[1090] *Reina Tartière,* AC 5 (2014) S. 514, 516–517.

[1091] In Belgien und Frankreich ist nicht einmal das gewiss. Für Belgien jedenfalls betont *Hansenne,* Les biens, S. 368 Rdnr. 412, dass die Eintragung eines vorherigen Rechtsgeschäfts die Gutglaubensvermutung keineswegs notwendig widerlege, und für Frankreich formuliert *Dross,* Les choses, S. 532 Rdnr. 295-2 scharf, dass der Besitzer des Grundstücks „peut parfaitement avoir ignoré le droit du *verus dominus* en dépit de sa publication"). Die Eintragung des Rechts schließt Gutgläubigkeit im Sinne des Rechts der verkürzten Ersitzung nicht aus. Auch Cass. civ. 6.11.1975, Bull. civ. 1975, III, S. 244 Nr. 323 hat aus dem Umstand, dass das Recht publiziert worden war, nicht abgeleitet, dass der Besitzer i. S. v. Art. 2272 franz. CC bösgläubig gewesen sei. Ein Zweiterwerber konnte dem eingetragenen Ersterwerber gutgläubige Ersitzung in einem Fall entgegenhalten, in dem die *désignation cadastrale* der fraglichen Parzellen falsch war. In Bulgarien geht man noch einen Schritt weiter. Dort kommt die kurze fünfjährige Ersitzungsfrist selbst dann zum Tragen, wenn der Putativtitel nicht eingetragen war (*Stavrou,* Vladenieto, S. 75). In Italien verneinen Rechtsprechung und Lehre Gutgläubigkeit, wenn der Ersitzungsprätendent

rung der Ersitzungsfrist von zehn (Artt. 2265 belg.[1092] bzw. 2272(2) franz. CC; Art. 1159 ital. CC) auf zwanzig (Art. 1158 ital. CC) bzw. dreißig Jahre (Artt. 2262 belg. bzw. 2272 franz. CC) zur Folge. Schon das Wort „Kontratabularersitzung" wirkt schief, weil es das Spannungsverhältnis zwischen Registerrecht und Ersitzungsrecht betont, ein solches Spannungsverhältnis aber gar nicht empfunden wird.[1093] Das Registerrecht mischt sich in das Ersitzungsrecht nicht ein. Für die Zwecke einer Analyse des europäischen Sachenrechts dürfte es gleichwohl richtig sein, das französische, das italienische und das bulgarische Recht zu den Systemen mit einer ‚Kontratabular'ersitzung zu stellen. Jedenfalls operiert das **Ersitzungsrecht** hier **ohne registerrechtliche Grenzen.** Das hängt damit zusammen, dass die einschlägigen Liegenschaftsregister nicht etwa Rechte an, sondern Rechtsgeschäfte über Immobilien verlautbaren (Art. 28 franz. Dekret vom 4.1.1955 portant réforme de la publicité foncière[1094]; Art. 2643 ital. CC). Das Register gibt nur indirekt Auskunft über den jeweiligen Rechtsinhaber.[1095] Vor allem aber genießen die Verlautbarungen keinen öffentlichen Glauben. Man kann sich nicht auf sie verlassen. Denn die Eintragung soll nur verhindern, dass jemand noch vom nicht mehr berechtigten Alteigentümer erwirbt.[1096] Die Unterschiede zwischen dem deutschen und dem französischen Ersitzungsrecht könnten größer nicht sein. Deutschland kennt praktisch nur die Mobiliarersitzung; die

---

die Möglichkeit hatte, durch Einblick in die Grundstücksregister (darunter sogar das Kataster) den wahren Eigentümer in Erfahrung zu bringen (Cass. 14.3.2012, Nr. 4063, Giust. civ. Mass. 2012 S. 339; Cass. 20.7.2005, Nr. 15252, D. e G. 2005, Heft 39, S. 33; Cass. 25.9.2002, Nr. 13929, Giust. civ. 2003, I, S. 682; Cian und Trabucchi [-*delle Monache*], Commentario al Codice Civile[11], Art. 1159, S. 1232).

[1092] Zwanzig Jahre, wenn der wirkliche Eigentümer seinen Wohnsitz außerhalb des Bezirks des Appellationsgerichtshofes hat, in dem sich die Liegenschaft befindet.

[1093] Das ist nur in Elsass-Lothringen anders, wo sich mit dem deutschen Grundbuchwesen auch die Eigentumsvermutung zugunsten der im Grundbuch als Eigentümer verlautbarten Person erhalten hat. Cass. civ. 13.11.1997, Bull. civ. 1997, III, Nr. 200 S. 135 hat indes auch hierfür entschieden, dass ein dreißig Jahre lang wirksamer *(utile)* Besitz die Eigentumsvermutung des Grundbuchs vernichtet.

[1094] Ihm entspricht Art. 1 des belg. Gesetzes vom 16.12.1851 über die Revision der Hypothekenordnung. Auch hiernach werden „actes entre vifs à titre gratuit ou onéreux, translatifs ou déclaratifs de droits réels immobiliers ... transcrits sur un registre. ... Jusque-là, ils ne pourront être opposés aux tiers qui auraient contracté sans fraude".

[1095] Die *services de la publicité foncière* tragen unter Art. 2453 franz. CC in das *registre des dépôts* „les remises qui leur seront faites d'actes, décisions judiciaires, bordereaux et, généralement, de documents déposés en vue de l'exécution d'une formalité de publicité" ein. Man findet also z. B. „vente", „hypothèque légale", „vente de locaux en copropiété" usw., aber nicht den jeweiligen Eigentümer (etc.). Der *fichier immobilier* dagegen enthält sowohl persönliche als auch reale „Karteikarten", publiziert die Urkunden also sowohl unter dem Namen des Eigentümers als auch unter der Katasternummer des Grundstücks (Art. 1 Dekret Nr. 55–1350). Jeder Eigentümer hat eine persönliche Karteikarte in der Gemeinde, in der ihm ein Grundstück gehört (Art. 4 Dekret Nr. 55–1350). Neben diese *fiches personnelles* treten die *fiches réelles,* zu denen auch die *fiches d'immeubles* gehören (Art. 10 aaO), außerdem die *fiches parcellaires* (Art. 8 aaO). Sie identifizieren das jeweilige Grundstück. Inzwischen ist der *fichier immobilier* eine digitale Datenbank mit untereinander vernetzten Informationen über die beteiligten Personen, Grundstücke und Parzellen. Auch unter Art. 2644 ital. CC dient die *trascrizione* nur der Lösung von Konflikten zwischen mehreren Rechtsnachfolgern. Es handelt sich um eine bloße *pubblicità dichiarativa,* d. h. um die Möglichkeit, bestimmte Rechtsakte Dritten bekannt zu machen und sie ihnen auf diese Weise entgegenhalten zu können. Für den Rechtsübergang als solchen ist sie belanglos (*Triola,* La trascrizione[3], S. 11).

[1096] Art. 30 franz. Dekret Nr. 55–1350; Art. 2644(2) ital. CC.

Immobiliarersitzung ist so gut wie ausgeschlossen. In Frankreich verhält es sich umgekehrt, weil im Recht der beweglichen Sachen schon der gutgläubige Besitz als Eigentumstitel genügt und im Recht der unbeweglichen Sachen das Grundbuch kein Hinderungsgrund ist. In Deutschland ist das Ersitzungsrecht ein randständiges Phänomen. Die Verfasser des Code civil haben gemeint, dass „de toutes les institutions du droit civil, la prescription est la plus nécessaire à l'ordre social".[1097]

(4) Auxiliarersitzung

153 Schließlich begegnet gelegentlich noch eine Art Hilfs- oder Auxiliarersitzung. Bei ihr geht es nicht um die Ersitzung eines echten Sachenrechts, sondern um die Ersitzung eines Rechts auf Eintragung eines Sachenrechts. Der zentrale Gedanke lautet, dass der noch eingetragene Rechtsinhaber (durch Benachrichtigung, ein Aufgebotsverfahren oder auf andere Weise) eine allerletzte Chance bekommen soll, die Ersitzung abzuwenden. Er muss sich gegenüber der zuständigen Behörde wenigstens melden und auf seine fortwährende Rechtsinhaberschaft hinweisen. Erst wenn diese Reaktion ausbleibt, wird das eingetragene Recht gelöscht und der Eigenbesitzer auf seinen Antrag hin (und zwar *nur* auf seinen Antrag hin) als neuer Rechtsinhaber verlautbart. Das prinzipielle Verbot der Kontratabularersitzung bleibt unangetastet. Unter § 927 dt. BGB kann der Eigentümer eines Grundstücks im Wege des **Aufgebotsverfahrens** (§ 433 dt. FamFG) mit seinem Recht „ausgeschlossen" werden, wenn (i) das Grundstück seit dreißig Jahren im Eigenbesitz eines anderen ist, (ii) der Buchberechtigte verstorben oder verschollen ist, und es (iii) in den abgelaufenen dreißig Jahren zu keiner Buchung im Grundbuch mehr gekommen ist. Das Aufgebotsverfahren wird nur auf Antrag des Besitzers durchgeführt (§ 443 dt. FamFG). Es wird öffentlich bekannt gemacht (§ 435 aaO) und führt, wenn niemand sein Recht anmeldet, zu einem Ausschließungsbeschluss. Er wiederum befähigt den Antragsteller, sich selber als Eigentümer ins Grundbuch eintragen zu lassen, wodurch er Eigentum erwirbt (§ 927(2) dt. BGB). Man hat also keine echte Ersitzung vor sich; „ersessen" wird nur das Recht, ein Aufgebotsverfahren zu beantragen. Gegen einen lebenden Bucheigentümer scheidet die Hilfsersitzung ohnehin aus.

154 Das ist in **England** anders. Auch hier kann man zwar ein Eintragungsrecht extratabular erwerben und dann kontratabular durchsetzen, aber das (nur für England, nicht auch für Schottland vorgesehene) Verfahren unter Schedule 6 engl. LRA 2002 ist deutlich erwerberfreundlicher als das deutsche. Im Unterschied zu § 927(2) dt. BGB kommt es bei Eintragung des eintragungsberechtigten *squatter* sogar zu einem „clean break": die auf dem *registered estate* lastenden *charges* erlöschen kraft Gesetzes (Schedule 6 para. 9(3) LRA 2002). Kernpunkt der Reform ist sec. 96 LRA, der für *registered estates* und die ihnen gleichgestellten Rechte die *adverse possession* nach den Regeln des Limitation Act 1980 abgeschafft hat. Anders als noch unter dem LRA 1925[1098] kommt

---

[1097] So *Bigot de Preameneu* im Exposé des motifs de la loi relative à la Prescription, (Séance du 17 ventôse an XII), Code Napoléon, suivi de l'exposé des motifs sur chaque loi présenté par les orateurs du Gouvernement, Band VII (Paris 1808, S. 134. Siehe dazu *Hansenne,* Les biens, S. 312 Rdnr. 327.

[1098] Dazu die noch unter altem Recht ergangene Entscheidung *Horace Parshall v Clara Hackney* [2013] EWCA Civ 240; [2013] Ch 568. Der Fall lag besonders unglücklich, weil ein sehr kleines (aber teures) Stück Land versehentlich gleichzeitig für verschiedene Personen registriert worden war.

es unter Schedule 6 LRA 2002 nicht mehr zu einem dem Eingetragenen gegenüber automatisch wirkenden Rechtserwerb. Der *adverse possessor* kann (nach zehnjährigem Besitz) lediglich seine Eintragung beantragen, und der wahre Berechtigte kann ihr nach entsprechender Information durch die *Land Registry* widersprechen. Nur wenn er innerhalb von zwei Jahren keine Schritte zur Beendigung der *adverse possession* unternimmt, wird der Besitzer auf seinen Antrag hin anstelle der bisher als Inhaberin des Rechts verlautbarten Person eingetragen.[1099]

b) Voraussetzungen

(1) Eigenbesitz und Zeitablauf

Die Ersitzung „lebt", wie es das Oberste Gericht Portugals einmal formuliert hat, **155**
„von zwei Kernelementen: Eigenbesitz und Zeitablauf".[1100] Es muss sich um Besitz im Umfang des zu erwerbenden Rechts handeln, und dieser Besitz muss über den jeweiligen Zeitraum hinweg kontinuierlich bestanden haben. Die Einzelheiten zum Eigenbesitz haben wir bereits an früherer Stelle erörtert[1101], dort auch dargelegt, dass für die Zwecke der Ersitzung oft noch ein besonders **qualifizierter Eigenbesitz** verlangt wird, den man „Ersitzungsbesitz"[1102] oder „wirksamen"[1103] bzw. „echten" Besitz[1104] nennen mag. Eine Ersitzung kann in nicht wenigen Rechtsordnungen nur die Folge eines Besitzes sein, der „öffentlich und friedlich" ist.[1105] „Öffentlich und friedlich"

[1099] Selbst dann noch können allerdings Wertungsfragen auftauchen. In *R (on the application of Best) v Chief Land Registrar* [2015] EWCA Civ 17; [2015] HLR 17 m. Aufs. *West,* Conv 2015 S. 432, 439 ging es um das zugunsten einer schon 1996 verstorbenen Dame eingetragene *fee simple* an einem Haus in London. Der Kläger machte sich seit 1997 daran, das verfallene Haus bewohnbar zu machen, reparierte 2000 das Dach und nahm anschließend umfassende Renovierungsarbeiten an Haus und Garten vor. Seit 2001 sah er das Haus „as his own" an. Im September 2012 zog er ein. Im November 2012 stellte der Gesetzgeber das unerlaubte Besetzen eines fremden Hauses unter Strafe. Am 27.11.2012 beantragte der Kläger, als Eigentümer eingetragen zu werden. Die Land Registry lehnte das ab, weil strafbarer Besitz keinen Rechtserwerb begründen könne. Das Gericht hob hervor, dass Grundlage des Eigentums an Grundstücken unter dem LRA 2002 nicht mehr der Besitz, sondern unter sec. 58 aaO die Eintragung sei. Der LRA 2002 habe deshalb auch ersitzungsrechtlich reagiert. Das System setze nun einen Eintragungsantrag des Ersitzenden voraus, der frühestens nach zehnjährigem Besitz gestellt werden könne. Wenn der Eigentümer, nachdem er informiert wurde, nicht widerspreche, werde der Besitzer eingetragen. So sei auch hier zu verfahren. Es sei zwar eine Abwägung der Umstände des Einzelfalls erforderlich, sie falle aber *in casu* zugunsten des Klägers aus. Anders könne das z. B. sein, wenn ein Besetzer einen Polizisten besteche, damit dieser ihn nicht aus dem besetzten Haus entferne.

[1100] STJ 15.2.2007, CJ(ST) XV (2007-1) S. 78 („A usucapião ... vive de dois elementos nucleares que são a posse e o decurso do tempo").

[1101] Oben Rdnrn. 34–43.

[1102] Oben Rdnr. 39.

[1103] Oben Rdnr. 24 mit Fn. 172. Siehe für Frankreich zudem Cass. civ. 20.2.2013, Bull. civ. 2013, III, S. 30 Nr. 27 und Cass. 15.3.1977, Bull. civ. 1977, III, S. 94 Nr. 121 („la possession légale utile pour prescrire ne peut s'établir à l'origine que par des actes d'occupation réelle et se conserve tant que le cours n'en est pas interrompu ou suspendu").

[1104] So § 1090(1) tschech. BGB. Der Besitz ist „echt", wenn er weder eigenmächtig, noch heimlich oder durch List erlangt wurde (§ 993 tschech. BGB).

[1105] So neben Art. 2261 franz. (Art. 2229 belg. CC) und Art. 1941 span. CC („*La posesión ha de ser ... pública, pacífica y no interrumpida*") Artt. 1261, 1262 und Art. 1297 port. CC (der Besitz muss für jedermann sichtbar sein und ohne Gewalt ausgeübt werden; das ist z. B. indiziert, wenn der Besitz aufgrund einer öffentlichen Urkunde erworben wurde: STJ 21.10.2010, Processo

besitzt freilich auch ein Dieb, der die gestohlene Sache offen zeigt, statt sie irgendwo zu verstecken.[1106] Wo nicht zusätzlich noch Gutgläubigkeit und/oder ein Berechtigungsgrund gefordert werden, kann folglich auch ein Dieb den von ihm gestohlenen Gegenstand ersitzen.[1107] Die Abgrenzung zwischen Eigenbesitz und öffentlichem Besitz bleibt zwar unscharf, weil sich jemand, der den Besitz einer Sache verheimlicht, im Zweifel eben gerade nicht wie ihr Eigentümer verhält.[1108] Gleichwohl ist richtig, dass das Ersitzungsrecht andere Anforderungen an die Besitzqualität stellt als das übrige Besitzrecht. Das betrifft nicht nur das Erfordernis des Eigenbesitzes, sondern auch das

---

120/2000.S 1; ein heimlicher Besitz [*posse oculta*] ist kein Ersitzungsbesitz [*Vieira,* Direitos reais, S. 577–578]). Dem Muster dieser Regelungen folgen außerdem Art. 4.23(3) lit. ZGB, Art. 922 rumän. CC und sec. 1(1), 2(1)(a) schott. PLA 1973 (wonach der Besitz *open, peaceable* und *uninterrupted* sein muss; ununterbrochen ist er unter sec. 4 aaO, wenn der wahre Berechtigte keinen auf Rückerlangung des Grundstücks gerichteten Rechtsschutz sucht).

1106 Ein schöner Fall zur Abgrenzung ist Cass. 19.6.2009, Pas. belge 2009, S. 1598 Nr. 423. Es ging um einen Rechtsstreit zwischen den Staatlichen Kunstsammlungen Dresden und einem amerikanischen Kunsthändler um ein Gemälde von Jan Brueghel dem Älteren. Es war nach dem Krieg nach Moskau abtransportiert worden, 1979 in Westberlin und 1989 auf dem US-amerikanischen Kunstmarkt aufgetaucht. Der Beklagte hatte es 2001 in Antwerpen einem verdeckten Ermittler der belgischen Polizei angeboten, der es beschlagnahmen ließ. Der Beklagte versicherte, das Bild von seinem Vater geerbt zu haben. Berufungsgericht Antwerpen 3.12.2007, R.W. 2008–2009 S. 961, Anm. *Sagaer* gab der Vindikationsklage des Dresdener Museums statt. Der Beklagte hätte zwar real, aber nicht wirksam *(utile)* besessen. Sein Besitz sei heimlich geblieben, weil er versucht habe, das Gemälde über einen Juwelier und einen Autowaschbetreiber (und nicht über eine Kunstgalerie oder ein Unternehmen vom Fach) zu verkaufen. Außerdem habe er nur wenig mehr als ein Drittel des Marktpreises verlangt, und er sei bösgläubig gewesen, zumal sich auf der Rückseite immer noch der Aufkleber des Dresdener Museums befunden habe. Der Kassationshof bestätigte die Heimlichkeit des Besitzes. „Damit der Besitz öffentlich ist, ist es erforderlich, dass jede Person, die daran Interesse hat, den Besitz und die *actes de possession* sehen und feststellen kann, und gegebenenfalls die notwendigen Maßnahmen ergreifen kann, um sich der Ersitzung zu widersetzen. Die Tatsache, dass der Besitz gegenüber bestimmten Personen öffentlich ist, schließt nicht aus, dass gegenüber anderen Personen, die ein Interesse daran haben, die *actes de possession* zu sehen oder festzustellen, der Besitz einen heimlichen Charakter hat."

1107 So verhält es sich unter Art. 1161(2) ital. CC (wenn der Besitz gewaltsam oder heimlich erworben wurde, läuft die zwanzigjährige außerordentliche Verjährung aber erst, wenn „die Gewaltanwendung oder die Verheimlichung aufgehört hat": Art. 1163 ital. CC) und unter Artt. 1300(1) i.V.m. 1297 port. CC. Griechenland kennt ebenfalls eine außerordentliche zwanzigjährige Verjährung, die auch einem Dieb zugute kommt (oben Rdnr. 4 mit Fn. 28). Unter Art. 1956 span. CC können zwar „bewegliche Sachen, die gestohlen oder geraubt wurden, weder von denen ersessen werden, die sie stahlen oder raubten, noch von ihren Gehilfen oder Hehlern", doch ist das anders, sobald die Straftat oder Übertretung oder ihre Strafe und der aus der Straftat oder Übertretung herrührende zivilrechtliche Haftungsanspruch verjährt sind. Der für die Ersitzung relevante Zeitrahmen beginnt folglich erst 15 Jahre nach der Tat (Artt. 109, 131, 133 span. CP; dazu *O'Callaghan Muñoz,* Código Civil[6], Anm. zu Art. 1956, S. 2114–2115). Auch in Frankreich (*Malaurie und Aynès,* Les biens[5], S. 149 Rdnr. 492) und in Belgien (*Hansenne,* Les biens, S. 156 Rdnr. 137; *Van Neste,* Zakenrecht I[2], S. 209 Rdnr. 108; anders *De Page und Dekkers,* Traité élémentaire V[2], S. 752 Rdnr. 842) kann ein Dieb nach dreißigjährigem Besitz den gestohlenen Gegenstand zu Eigentum ersitzen.

1108 Richtig m.E. Radwański und Gniewek *(-Gniewek),* System Prawa Prywatnego III[3], S. 638 Rdnr. 462 (heimlicher Besitz sei kein Eigenbesitz). Zu der Frage des Eigenbesitzes von Dieben siehe im Übrigen schon oben Rdnr. 4 mit Fn. 27 und 28. Ähnlich Vékás und Gárdos (*-Menyhárd*), Kommentár a Polgári Törvénykönyvhöz I, § 5:44 ungar. ZGB, S. 999 (Eigenbesitz setze voraus, dass der Besitzer die Sache mit Grund als seine eigene ansieht, und deshalb stecke im Konzept des Eigenbesitzes immer auch ein Stück Gutglaubenserfordernis).

Erfordernis der Besitzkontinuität.[1109] Denn dem allgemeinen Besitzrecht ist die Vorstellung eines Kontinuums fremd.[1110]

(2) Zeitablauf: Nach Titel, Gut- und Bösgläubigkeit gestaffelte Fristen

Man ist sich im heutigen Europa nicht einmal darüber einig, ob es eine Ersitzung gänzlich ohne Zeitablauf geben kann. Die auf jede Wartezeit verzichtende **Spontanersitzung** des bulgarischen (Art. 78(1) bulgar. Gesetz über das Eigentum), französischen (Art. 2276 franz., Art. 2279 belg. CC), des italienischen (Art. 1153 ital. CC), des rumänischen (Art. 937 rumän. CC) und des spanischen (Art. 464(1) span. CC) Mobiliarsachenrechts bejahen das: Titel, guter Glaube und Besitzerlangung führen zum sofortigen Rechtserwerb. Es ist indes nicht einfach, diese Regeln in einen angemessenen Zusammenhang mit ihren europäischen Schwesterrechtsordnungen zu stellen. Wir meinen, dass sich die Spontanersitzung besser erschließt, wenn man sie nicht im Ersitzungsrecht, sondern im Recht des gutgläubigen Erwerbs vom Nichtberechtigten analysiert.[1111] Gleichwohl wohnen auch ihr zwei weithin verallgemeinerungsfähige Grundsätze inne. Erstens unterliegen Rechte an Mobilien heute nahezu ausnahmslos einer kürzeren Ersitzungsfrist als Rechte an Grundstücken.[1112] Und zweitens erwerben Personen, die weder wissen noch schuldhaft nicht wissen, dass ihnen das angemaßte Recht nicht zusteht, dieses Recht i. d. R. früher als bösgläubige Besitzer, vorausgesetzt natürlich, dass Letzteren das Ersitzungsrecht überhaupt offen steht. 156

Bei Rechten an **realen Sachen** schwanken (abgesehen, wie gesagt, von der sofortigen Ersitzung) die Ersitzungsfristen zwischen einem und vierzig (!) Jahren.[1113] Über die bloßen Zahlen lässt sich zwar noch keine echte Vergleichbarkeit herstellen. Gleichwohl gibt es keine bessere Methode, die europäischen Rechtsordnungen zueinander in Beziehung zu setzen. Denn wiederum arbeiten nur einige, aber keineswegs alle mit je nachdem unterschiedlichen Fristen, ob es sich (i) um Besitzer handelt, die einen (gültigen, manchmal auch nur einen vermeintlich gültigen) Titel, insbesondere einen Kaufvertrag vorlegen können, und (ii) ob es sich um gutgläubige oder bösgläubige Besitzer handelt. Für die übrigen Rechtsordnungen sind solche Differenzierungen belanglos, sei 157

[1109] Im ungarischen Recht hat es die ältere Lehre, wonach der Besitz friedlich und ungestört sein musste, schon im Jahre 1959 abgelöst (Wellmann [-*Petrik*], Dologi jog^2, S. 99). Auch § 5:44(1) ungar. ZGB setzt nur noch die Kontinuität des Eigenbesitzes voraus.

[1110] Oben Rdnrn. 4–5.

[1111] Oben Rdnr. 19; unten Rdnr. 372.

[1112] Das ist durchaus nicht immer und überall so gewesen. Im (bis 1959 geltenden) vorkodifikatorischen Privatrecht Ungarns z. B. bestand für Mobilien und Immobilien eine einheitliche Ersitzungsfrist von 32 Jahren. Der Kirche und den juristischen Personen des Privatrechts gegenüber verlängerte sie sich auf 40 und dem Staat gegenüber auf 100 Jahre (Szladits [-*Kolosváry*], A magyar magánjog V. – Dologi jog, S. 249). Im Rahmen der zwanzigjährigen außerordentlichen Ersitzung unterscheidet auch Art. 1045 gr. ZGB nicht zwischen Rechten an beweglichen Sachen und an Grundstücken.

[1113] Ein Jahr genügt in Lettland (Rdnr. 158), vierzig Jahre können es in Schottland sein. Diese enormen Zeitunterschiede klingen freilich spektakulärer als sie sind. Denn in Schottland ist nicht einmal völlig gesichert, ob das dortige Recht überhaupt eine positive Ersitzung kennt (*Wallace v University Court of St Andrews* (1904) 6 F 1093). In Lehre und Rechtsprechung wird sie nach Ablauf von vierzig Jahren zwar für möglich gehalten, doch wirken ihre Grundlagen und Voraussetzungen wenig geklärt (*Miller*, Corporeal Moveables in Scots Law, Rdnrn. 7.02 bis 7.04). Das stellt aber deshalb kaum ein Problem dar, weil es unter secs. 7 und 8(1) PLA 1973 ähnlich wie unter sec. 3 Limitation Act 1980 in England schon nach Ablauf von zwanzig Jahren zu einem Rechtsverlust kommt.

es, weil ihnen der Titel unwichtig erscheint, weil sie von vornherein nur gutgläubigen Besitzern Zugang zum Ersitzungsrecht gewähren oder weil sie, genau umgekehrt, dem guten Glauben ersitzungsrechtlich gar kein Gewicht beimessen. Manche Rechtsordnungen verfahren m. a. W. eingleisig, andere zwei- oder mehrgleisig. Deshalb hilft es in einem gesamteuropäischen Kontext auch nicht wirklich weiter, auf der Unterscheidung zwischen der **„ordentlichen" und** der **„außerordentlichen" Ersitzung** aufzubauen. Sie ist eben nicht allen vertraut (einem griechischen und spanischen Juristen ist sie völlig geläufig, einem deutschen oder einem englischen Juristen sagt sie nichts), und selbst dort, wo man sie verwendet, folgt die Unterscheidung keineswegs immer denselben Kriterien. Denn für die ordentliche Ersitzung (die *usucapión ordinaria:* Art. 1940 span. CC) wird teils sowohl ein Titel (ein objektiv rechtmäßiger Besitz) als auch guter Glaube (ein subjektiv redlicher Besitz) verlangt, teils das eine oder das andere, manchmal (wie unter Art. 1043 gr. ZGB) genügt bereits ein Putativtitel, und gelegentlich definiert man eine außerordentliche Ersitzung zwar durch die Unrechtmäßigkeit des Besitzes, weigert sich aber durchgängig, von der Redlichkeit des Besitzers abzusehen. Es gibt m. a. W. weder ein einheitliches Konzept der „ordentlichen" noch der „außerordentlichen" Ersitzung. So bleibt tatsächlich nur, die mitgliedsstaatlichen Regeln primär zeitlich zu ordnen und jeweils anzugeben, für welchen Besitz und für welche Besitzer sie gelten. Wo es eine lange und eine oder mehrere verkürzte Fristen gibt, kann sich ein Ersitzungsprätendent erst nach Ablauf der langen seines Rechtserwerbs definitiv sicher sein; bis dahin bleibt er, wie andernorts ohnehin, den Fährnissen der Evaluierung subjektiver Tatbestandsmerkmale unterworfen.

158 Nur **ein Jahr** verlangt Art. 1023 lett. ZGB. Es bedarf eines Rechtsgrundes (Art. 1007 lett. ZGB), „welcher an und für sich wohl geeignet wäre, das Eigentum zu verschaffen, der aber, wegen eines im besonderen Falle entgegenstehenden Hindernisses, den Eigentumserwerb nicht sofort zur Folge hatte" (Art. 1006 aaO). Der Titel muss gültig (Art. 1009 aaO) und der Besitzer muss gutgläubig sein (Art. 1013 aaO). Bei registerpflichtigen Mobilien sind es unter Art. 1298(a) port. CC **zwei Jahre.** Der Erwerbstitel muss tatsächlich bestehen und eingetragen, der Besitzer außerdem gutgläubig sein. In Griechenland (Art. 1041 gr. ZGB), Litauen (Artt. 4.68(1), 4.70(1) lit. ZGB[1114]), Österreich (§§ 1460, 1461, 1463, 316 und 326 österr. ABGB[1115]), der Slowakei (§ 134(1) slowak. BGB), Slowenien (Art. 43(1) i.V.m. Art. 28 slowen. SPZ), Spanien (Art. 1955(1) span. CC) und Tschechien (§§ 991, 1089, 1091 tschech. BGB) erwirbt ein rechtmäßiger und redlicher Eigenbesitzer nach Ablauf von **drei Jahren.** In Polen gilt dieselbe Frist für einen gutgläubigen Eigenbesitzer; auf die Rechtmäßigkeit des Besitzes kommt es nicht an (Art. 174 poln. ZGB). Unter Art. 1299 port. CC genügen drei Jahre nur, wenn zum guten Glauben ein durch einen ordnungsgemäßen

---

1114 Unter Art. 4.68(2) i. V. m. 1.131(2) lit. ZGB kann das Gericht den Ersitzungszeitraum ausdehnen, wenn es dafür schwerwiegende Gründe gibt.

1115 Rechtmäßig ist der Besitz dann, wenn er auf einem Titel gründet, der zum Erwerb des Eigentumsrechts ausreichend wäre (§§ 1461, 1462, 316 österr. ABGB). § 1461 ABGB nennt beispielhaft „das Vermächtnis, die Schenkung, das Darlehen, de[n] Kauf, de[n] Tausch, die Zahlung", und § 1462 ABGB schließt „verpfändete, geliehene, in Verwahrung oder zur Fruchtnießung gegebene Sachen" von der Ersitzung aus. Ein Besitzer ist nur redlich, wenn ihn nicht einmal leichte Fahrlässigkeit trifft. Schon Zweifel am Besitzrecht zerstören die Redlichkeit (OGH 9.5.1985, SZ 58/75). Dasselbe gilt für den Fall, dass der Besitzer erst nach dem Zeitpunkt, in dem er Eigenbesitz begründete, Anlass zu Zweifeln erhält (OGH 27.2.1962, EvBl 1962/265, ÖJZ 1962, S. 323; OGH 31.3.1982, SZ 55/46).

Titel begründeter Besitz hinzukommt. Auch unter Art. 1162(1) ital. CC reichen drei Jahre, allerdings nur für die „Intratabularersitzung" von im Register eingetragenen Mobilien (Kraftfahrzeuge, Schiffe, Flugzeuge), deren Besitz zugleich rechtmäßig und redlich ist. In Griechenland gilt dasselbe für Schiffe (Art. 292(1) gr. KIND). In den Niederlanden betrifft die dreijährige Ersitzungsfrist dagegen, genau umgekehrt, nur „Rechte an beweglichen Sachen, die keine Registergüter sind" (Art. 3:99(1) ndl. BW). **Vier Jahre** sind es in Portugal, wenn der eingetragene Besitzer einer registerpflichtigen Mobilie bösgläubig besitzt (Art. 1298(a) port. CC). Unter §§ 110(1), 111(1) estn. LPA und Art. 80 bulgar. Gesetz über das Eigentum tritt Ersitzung nach **fünf Jahren** Eigenbesitz ein; unredliche Besitzer bleiben von der Ersitzung ausgeschlossen. **Sechs Jahre** beträgt die Ersitzungsfrist für nicht eintragungspflichtige Sachen unter Art. 1299 port. CC, wenn es an einem Titel, an Gutgläubigkeit oder an beidem fehlt. Ebenso verhält es sich in Spanien (Art. 1955(2) span. CC). Auch in England erlischt mit Ablauf der sechsjährigen Verjährungsfrist das Recht des Eigentümers (sec. 3(2) Limitation Act 1980); der Anspruchsgegner erwirbt sodann den *absolute title*. Es muss sich zwar nicht um berechtigten Besitz, darf sich aber auch nicht um deliktischen (durch Diebstahl, Betrug oder Untreue erlangten) Besitz handeln.[1116] Tschechien verzichtet für „seine" außerordentliche Ersitzung nur auf den Nachweis eines Rechtsgrundes; sie scheitert aber, wenn die „unehrliche Absicht" des Besitzers bewiesen wird. Die Frist beträgt unter § 1095 tschech. BGB sechs Jahre, das Doppelte der ordentlichen Ersitzung. Unter § 1472 österr. ABGB verlängert sich die dreijährige Ersitzungszeit auf sechs Jahre, wenn der Ersitzungsgegner eine juristische Person ist. Wenn sich ein Eigentümer für mehr als ein Jahr außerhalb des Bundeslandes aufhält, wird ein Jahr nur wie sechs Monate gerechnet (§ 1475 österr. ABGB[1117]); im Ergebnis kann man also wiederum auf sechs Jahre kommen. Auf sechs Jahre verdoppelt sich die Ersitzungsfrist, wenn der Vorbesitzer, von dem der Ersitzungsprätendent den Besitz erlangt hat, bösgläubig oder unredlich war (§ 1476 österr. ABGB). Dasselbe gilt, wenn er den Besitzvorgänger nicht angibt (was bei Kunstgegenständen häufig vorkommt). Nach **zehn Jahren** erwirbt ein Eigenbesitzer, der zwar gutgläubig ist, aber keinen Ti-

[1116] Die Sechsjahres-Regel unter sec. 4(1) und (5) Limitation Act 1980 gilt nicht, wenn die *conversion* begründenden Handlungen auf einen Diebstahl folgen und mit diesem in Zusammenhang stehen (was unter sec. 4(4) aaO widerleglich vermutet wird). Erst wenn die Sache durch einen redlichen Erwerber gekauft wird, ist der Zusammenhang mit dem ursprünglichen Diebstahl unterbrochen (sec. 4(2) aaO). Dieser Kauf stellt zwar eine neue *conversion* dar, gilt aber nicht mehr als mit dem vorangegangenen Diebstahl verknüpft. Folglich läuft die Sechsjahres-Frist nun zugunsten des Käufers und seiner Rechtsnachfolger.

[1117] Die Vorschrift ist natürlich hoffnungslos veraltet und wird demgemäß so restriktiv ausgelegt wie irgend möglich. OGH 9.10.2007, SZ 2007/153 betraf ein Porträt des verstorbenen Vaters der Beklagten, ein Anwalt, der es bei seinem Ausscheiden unerlaubt aus der Kanzlei mitgenommen und es im Jahre 1998 seiner Tochter geschenkt hatte. Seit 2003 hing es in ihrem Haus in Ungarn. Erst 2005 forderte die Kanzlei das Bild heraus. Die Beklagte berief sich u. a. auf Ersitzung. Die Unterinstanzen stellten, da der Vater deliktisch gehandelt hatte, auf eine sechsjährige Ersitzungszeit ab. § 1475 österr. ABGB, wonach die Ersitzung gehemmt sei, wenn der Eigentümer sich außerhalb der Provinz befinde, in der sich die zu ersitzende Sache befindet, sei nicht anwendbar. Denn hier sei die Sache ins Ausland verbracht worden, nicht der Eigentümer außer Landes gewesen. Der OGH bestätigte. Bei § 1475 österr. ABGB handele es sich um eine anachronistische Ausnahmevorschrift, die eng auszulegen sei. Die Beklagte sei als Erbin ihres Vaters jedoch aus Delikt (Naturalrestitution) zur Herausgabe verpflichtet. Die Ansprüche aus Delikt seien zwar verjährt, die Beklagte habe aber die Verjährungseinrede nicht erhoben.

tel vorlegen kann, in Italien (Art. 1161(1) ital. CC); handelt es sich um eine Gesamtsache, muss der Besitz zugleich rechtmäßig und redlich sein (Art. 1160(2) ital. CC). Bei Registersachen gilt dieselbe Frist, ohne dass es auf Titel oder guten Glauben ankommt; die Registrierung auf den Namen des Besitzers genügt (Art. 1162(2) ital. CC). Ebenso verhält es sich bei Schiffen unter griechischem Recht (Art. 292(2) gr. KIND). Portugal sieht zehn Jahre für zwar registerpflichtige, aber nicht eingetragene Mobilien vor. Auf Titel und guten Glauben kommt es nicht an (Art. 1298(b) port. CC). In den Niederlanden werden Registergüter nach Ablauf von zehn Jahren gutgläubig ersessen (Art. 3:99(1) ndl. BW). Unter deutschem Recht gilt derselbe Zeitraum für das Eigentum (§ 937(1) dt. BGB) und den Nießbrauch (§ 1033 dt. BGB) an Mobilien aller Art. Eines Titels bedarf es nicht; Gutgläubigkeit bei Erwerb des Eigenbesitzes ist jedoch unverzichtbar (§ 937(2) dt. BGB). Ein Dieb kann unmöglich ersitzen[1118]; ersitzen kann aber, wer seinen Besitz gutgläubig von einem Dieb erworben hat. (§ 935 dt. BGB steht nur dem sofortigen gutgläubigen Eigentumserwerb, nicht der Ersitzung entgegen.) Art. 939 rumän. CC, § 4 schwed. Lag (1986:796) om godtrosförvärv und § 5:44(1) ungar. ZGB arbeiten gleichfalls mit der zehnjährigen Mobiliarersitzung. Der gute Glaube ist aber nur in Rumänien und in Ungarn keine Ersitzungsvoraussetzung[1119]; Schweden verlangt zusätzlich noch einen vertraglichen Erwerbstitel.[1120] Um weitere **fünfzehn Jahre** verlängert sich die sechsjährige außerordentliche Ersitzungszeit (Art. 1955(2) span. CC) in Spanien, wenn der Besitz durch eine Straftat erlangt wurde.[1121] **Zwanzig Jahre** sieht das italienische Recht vor, wenn der Besitzer weder einen Erwerbstitel hat noch gutgläubig ist (Art. 1163(2) ital. CC). Das gilt auch für Gesamtsachen (Art. 1160(1) ital. CC). Dieselbe Frist begegnet (wiederum als außerordentliche Ersitzung) in Griechenland (Art. 1045 gr. ZGB), in den Niederlanden (Artt. 3:105, 3:306 ndl. BW) und in Portugal (Artt. 1300(1) i. V. m. 1297 port. CC). Auch in Schottland kommt es frühestens nach Ablauf von zwanzig Jahren zu einer Ersitzung (sec. 8(1) Prescription and Limitation (Scotland) Act 1973). Das Eigentum an Mobilien erlischt mit Ablauf der Verjährungsfrist. Eines Rechtsgrundes für den Besitz bedarf es nicht; wie in England kann aber auch in Schottland ein deliktischer Besitzer nicht ersitzen (schedule 3(g) aaO). Außerhalb des Rechts der Spontanersitzung verlangen schließlich Belgien (Art. 2262 belg. CC), Luxemburg (Art. 2262 luxemb. CC) und Frankreich[1122] **dreißig Jahre.** Auf Titel und guten Glauben kommt es nach so langer Zeit nicht mehr an. Nach Ablauf von dreißig Jahren verzichtet auch Österreich auf das Erfordernis der Rechtmäßigkeit des Besitzes, nicht aber auf die Redlichkeit (§ 1477 österr. ABGB).

[1118] Allerdings verjährt der Vindikationsanspruch des Eigentümers unter § 197(1) Nr. 2 dt. BGB nach dreißig Jahren auch einem Dieb gegenüber. Zur Verjährung der Ansprüche aus Eigentum siehe im Übrigen schon Bd. 1 Rdnr. 33.

[1119] Ausdrücklich ausgeschlossen ist die Ersitzung aber, wenn der Besitzer durch eine Straftat in den Besitz gelangt ist (§ 5:47(1) ungar. ZGB).

[1120] Außerdem bleibt dem rechtmäßigen Eigentümer ein sechsmonatiges Lösungsrecht *(lösen)* (§ 5 Lag om godtrosförvärv) ab Kenntniserlangung.

[1121] Vorher Fn. 1107.

[1122] Art. 2258 franz. CC begnügt sich seit der Reform merkwürdigerweise mit einer Definition der Ersitzung, schreibt für Mobilien aber keine Frist vor (Art. 2272 franz. CC – dreißig Jahre – gilt nur für Immobilien). Gleichwohl scheint unbestritten, dass die traditionelle Dreißigjahresfrist in Frankreich weiterhin auch für Mobilien gilt (*Dross,* Les choses, S. 509 Rdnr. 276; *Bergel/Bruschi/Cimamonti,* Les biens^2, S. 241 Rdnr. 199).

Bei Rechten an **Grundstücken** ist die aktuelle europäische Rechtslage nur unwesentlich übersichtlicher. Wenn man von dem Absurdum der theoretisch bis in das Jahr 1189 zurückzuverfolgende *common law prescription*[1123] absieht, findet man folgende Fristen. Für ein landwirtschaftlich genutztes Alpengrundstück genügen unter Art. 1159*bis*(2) ital. CC **fünf Jahre,** wenn es auf einen rechtmäßigen und redlichen Besitzer eingetragen ist. Unter Art. 1295(1) port. CC) reichen (weitere) fünf Jahre für den Fall, dass der reine Besitz bereits fünf Jahre lang ins Grundbuch eingetragen war[1124] und der Besitzer gutgläubig ist. Ist er das nicht, verlängert sich die erforderliche Zeitspanne auf **zehn Jahre** ununterbrochenen Besitzes. Auch unter Art. 1024 lett. ZGB kann Grundeigentum bereits nach zehnjährigem Eigenbesitz ersessen werden (Art. 1024 lett. ZGB). Vorausgesetzt werden wie bei der Mobiliarersitzung ein formgültiger Titel (§§ 1006, 1009 aaO) und Gutgläubigkeit (§ 1013 aaO). Auf dieselbe Rechtslage trifft man in Griechenland (Art. 1041 gr. ZGB), der Slowakei (Art. 134(1) slowak. BGB[1125]) und Tschechien (§§ 991, 1091(2) tschech. BGB). Das litauische (Art. 4.68(1) lit. ZGB), das niederländische (Art. 3:99(1) ndl. BW[1126]) und das slowenische Recht (Artt. 28, 43(2) slowen. SPZ) verlangen Gutgläubigkeit, aber keinen Titel. Sofern der Besitz rechtmäßig (titelgestützt) und redlich ist, ersitzt man das betreffende Immobiliarsachenrecht auch in Belgien (Art. 2265 belg. CC), Luxemburg (Art. 2265 luxemb. CC[1127]), Frankreich (Art. 2272(2) franz. CC[1128]), Italien (Art. 1159 **159**

[1123] Oben Rdnr. 146 mit Fn. 1038 und 1041.

[1124] Der „reine Besitz“ (der Besitz ohne oder ohne eingetragenen Titel) kann unter Art. 1295(2) port. CC auf der Grundlage eines Endurteils in einem „Berechtigungsprozess“ im Sinne des Grundbuchgesetzes eingetragen werden, wenn das Urteil feststellt, dass der Besitz für eine Zeitdauer von mindestens fünf Jahren friedlich und öffentlich bestanden hat. Man hat es also (die Verfahrensdauer nicht gerechnet) mit fünf Jahren Eintragung plus fünf Jahre Ersitzungsfrist zu tun.

[1125] Hier genügt ein Putativtitel, also die schuldlos irrige Annahme, dass ein Erwerbsgrund vorhanden sei (*Fekete,* Občiansky zákonník I, S. 744).

[1126] Grundstücke gehören zu den Registergütern; eine spezielle Ersitzungsfrist nur für Rechte an unbeweglichen Sachen gibt es nicht. „Da für den erforderlichen guten Glauben bei Registergütern in der Regel eine Eintragung in die öffentlichen Register nötig ist (Art. 3:11 i. V. m. Art. 3:23 BW), beschränkt sich Ersitzung praktisch auf einen Schutz gegen mangelnde Verfügungsbefugnis, der nicht von Art. 3:88 BW gedeckt ist, oder die Heilung eines Titelmangels“ (von Bar [-*Nieper und Ploeger*], Sachenrecht in Europa III, S. 214).

[1127] Das gilt aber nur, wenn der Eigentümer in dem Bezirk des Appellationsgerichts wohnt; andernfalls sind es zwanzig Jahre (Art. 2265 belg. bzw. luxemb. CC, oben Fn. 1092).

[1128] Es bedarf eines *a non domino* Erwerbs von *droits réels immobiliers* (mit Ausnahme der sichtbaren und ständigen *servitudes,* für die es bei der dreißigjährigen Frist verbleiben soll: Cass. civ. 21.5.1979, Bull. civ. 1979, III, Nr. 111; krit. u. a. *Dross* aaO S. 521 Rdnr. 288-1). Einen *a non domino* Erwerb hat man insbesondere vor sich, wenn nach einem Doppelverkauf der zweite Erwerber sein Recht geltend macht (*Terré und Simler,* Les biens[9], S. 372 Rdnr. 465). In diesem Fall kann die Ersitzung trotz des *nemo plus iuris ad alium transferre potest quam ipse habet*-Grundsatzes den Mangel des Titels heilen. Der gutgläubige Besitzer wird so gestellt, als habe er das Gut vom wahren Eigentümer erworben (*Bergel/Bruschi/Cimamonti* aaO S. 255 Rdnr. 207). Der rechtmäßige Titel *(juste titre)* ist ein „falscher Titel, der anscheinend gültig ist“ (*Terré und Simler* aaO S. 373 Rdnr. 467). Er muss abstrakt zur Eigentumsverschaffung geeignet *(translatif)* sein (Cass. civ. 29.2.1968, Bull. civ. 1968, III, Nr. 83; Cass. civ. 11.2.2015, ECLI:FR:CCASS:2015:C300148) und die Grundlage des Besitzes des Käufers bilden (*Reboul-Maupin,* Droit des biens[4], S. 332 Rdnr. 459). Unter Art. 2273 franz. CC (Art. 2267 belg. CC) kann „ein wegen Formmangels nichtiger Titel der zehnjährigen Verjährung nicht zur Grundlage dienen“; er wäre nicht einmal „anscheinend gültig“. Keinen *juste titre* hat aber irritierenderweise, wer das Eigentum

ital. CC[1129]), Malta (Art. 2140 malt. CC), Portugal (Art. 1294 port. CC[1130]), Spanien (Art. 1957 span. CC[1131]) und Schweden nach Ablauf von zehn Jahren, in Schweden aber nur intratabular (Kap. 16 § 1(2) JB). Die estnische Intratabularersitzung setzt neben einem zehnjährigen ununterbrochenen Eigenbesitz auch guten Glauben voraus (§ 123(1) estn. LPA). Die Zehnjahresfrist des schottischen Rechts (sec. 1 PLA 1973) gilt für Fälle, in denen der Ersitzende das betreffende *interest* auf Grundlage eines *title* besitzt; guter Glaube ist dagegen nicht erforderlich.[1132] Nach Ablauf von zehn Jahren kann schließlich auch unter englischem Recht ein *adverse possessor* die Umschreibung eines registrierten *estate in land* auf seinen Namen beantragen.[1133] Handelt es sich um einen nicht registrierten *estate*[1134], sperrt sec. 15(1) Limitation Act 1980 die *action for recovery of land* nach Ablauf von **zwölf Jahren.** Der *title* des Berechtigten geht unter (sec. 17 Limitation Act 1980).[1135] Der Besitz muss zwar offen sein[1136], böser Glaube *(bad faith)* schadet aber nicht.[1137] Für *leasehold estates*[1138] und *rentcharges*[1139] gelten diesel-

---

vom wahren Eigentümer zugewiesen bekommt (Cass. civ. 7.10.2015, ECLI:FR:CCASS:2015:C101055, Anm. *Périnet-Marquet,* JCP G 2016 S. 754).

[1129] Cass. 31.7.2014, n. 17488, Guida al diritto 2014, S. 45, 52 erläutert, dass es nicht darauf ankommt, dass man gutgläubig annahm, Eigentümer zu sein, sondern darauf, dass man redlich in den Besitz gekommen ist und ihn mit dem Willen, Eigentümer zu werden und sich als Eigentümer zu verhalten, ausübt.

[1130] Der Erwerbstitel muss nicht nur tatsächlich bestehen, sondern auch eingetragen sein, und die Ersitzungsfrist beginnt erst mit dem Datum der Eintragung. Handelt es sich um Güter im privatrechtlichen Eigentum des Staats und anderer juristischer Personen des öffentlichen Rechts, wird zu den Ersitzungsfristen jeweils die Hälfte der gesetzlichen Fristen addiert (Gesetz 54 vom 16.7.1913 i. V. m. Art. 1304 port. CC, dazu *Menezes Leitão,* Direitos reais[5], S. 212–213, sowie STJ 8.5.2007, Processo 07A981).

[1131] Diese zehnjährige Ersitzungsfrist gilt wiederum nur für den Besitz „unter Anwesenden"; bei „Abwesenden" werden zwanzig Jahre verlangt.

[1132] Reid und Zimmermann (*-Reid*), A History of Private Law in Scotland I, S. 197.

[1133] Oben Rdnr. 154.

[1134] Ist der *estate* inzwischen eingetragen, haben sich aber alle ersitzungsrechtlich relevanten Vorgänge vor der Eintragung zugetragen, gelten insoweit die Regeln des Common Law: *Mitchell v Watkinson, Williams* [2013] EWHC 2266 (Ch); 2013 WL 3811038; bestätigt in [2014] EWCA Civ 1472; 2014 WL 7717311.

[1135] Welche dramatischen Konsequenzen diese Regel haben kann, zeigt exemplarisch *JA Pye (Oxford) Ltd v Graham* [2003] 1 AC 419, wo durch Beweidung und den damit einhergehenden Besitz Eigentum an mehr als 20 Hektar Land erworben wurde, das mittlerweile äußerst wertvolles Bauland geworden war. Der Europäische Gerichtshof für Menschenrechte bestätigte die Entscheidung (EGMR 30.8.2007, 44302/02, *J. A. Pye (Oxford) Ltd. and J. A. Pye (Oxford) Land Ltd. vs. United Kingdom,* (2008) 46 EHRR 1083).

[1136] *Lord Advocate v Lord Lovat* (1880) 5 App Cas 273, 291, 296; *Ellis v Lambeth LBC* (1999) 32 HLR 596 (Der Besetzer eines Hauses hatte ein Schild an der Tür mit dem Hinweis angebracht, das Haus sei nicht frei. Das reichte trotz des Umstandes für offenen Besitz, dass der Besetzer keine Grundsteuer gezahlt hatte.

[1137] *Wilson v Martin's Executors* [1993] 1 EGLR 178, 180; *Prudential Assurance Co Ltd v Waterloo Real Estate Inc* [1999] 2 EGLR 85, 87; *Buckinghamshire CC v Moran* [1990] Ch 623, 644, *Nourse* LJ.

[1138] Es gilt also wieder: zehn Jahre Wartezeit für die Umschreibung bei eingetragenen *leasehold estates* (Sched. 6 para 1(1) LRA 2002), andernfalls zwölf Jahre *adverse possession* (Sched. 6 para. 6, 7 LRA 2002; sogen. *indefeasible right to be registered*).

[1139] Auch hier hängen die Fristen (zehn bzw. zwölf Jahre) an der Frage der Registrierung (näher Megarry and Wade [*-Harpum/Bridge/Dixon*], The Law of Real Property[8], Rdnrn. 35-034 und 35–093). Eine nicht eingetragene *rentcharge* erlischt dadurch, dass für einen Zeitraum von zwölf Jahren die wiederkehrend geschuldeten Geldleistungen nicht entrichtet werden; wird für

ben Fristen. Verjährungs- (aber nicht ersitzungs-) bedingt gehen auch *mortgages* und *legal charges* nach zwölf Jahren verloren (secs. 15(1), 17, 20(1) und (4) Limitation Act 1980; sec. 96(1) Land Registration Act 2002). In Ungarn läuft die Ersitzungsfrist erst nach **fünfzehn Jahren** ab; auf guten Glauben kommt es nicht an (§ 5:44(1) ungar. ZGB).[1140] Für dieselbe Frist haben sich Art. 1159*bis*(1) ital. CC, die Katasterverordnung der Dodekanes[1141] und Art. 1294 port. CC entschieden. In Italien geht es um kleinbäuerliche Alpengrundstücke, in Griechenland um einige Inseln, die schon früh ein Katasterbüro hatten, und in Portugal um einen bösgläubigen Besitzer, dessen Titel eingetragen wurde; die Frist läuft erst ab dem Datum der Eintragung. Sind weder der Erwerbstitel noch der reine Besitz eingetragen, kommt es zugunsten eines gutgläubigen Besitzers gleichfalls nach fünfzehn Jahren zum Rechtserwerb, zugunsten eines bösgläubigen aber erst nach **zwanzig Jahren** (Art. 1296 port. CC). Ohne Titel und Gutglaubensnachweis muss man auch in Griechenland (Art. 1045 gr. ZGB), in Italien (Art. 1158 ital. CC), in den Niederlanden (Artt. 3:105, 3:306 ndl. BW) und in Polen (Art. 172 § 1 poln. ZGB[1142]) zwanzig Jahre warten. Auf denselben Zeitraum verlängert sich die Frist in Schweden, wenn es trotz der Eintragung an gutem Glauben fehlt (Kap. 16 § 1(1) JB). Tschechien (§ 1095 tschech. BGB) verzichtet nach Ablauf von zwanzig Jahren nur auf den Titel, nicht auf guten Glauben. Zwanzig Jahre beträgt, vereinfacht gesagt, auch die regelmäßige Ersitzungsfrist für *easements*.[1143] In Belgien (Art. 2262 belg. CC), Frankreich (Art. 2272(1) franz. CC), Luxemburg (Art. 2262 luxemb. CC[1144]), Malta (Art. 2143 malt. CC), Polen (Art. 172 § 2 poln. ZGB) und Spanien (Art. 1959 span. CC[1145]) kommt es unabhängig von Titel und gutem Glauben nach **dreißig Jahren** zur Ersitzung eines fremden Immobiliarsachenrechts. Auch die (jeweils gutglaubensunabhängige) Extratabularersitzung des estnischen (§ 124(1) estn. LPA) und die Intratabularersitzung des deutschen Rechts bedürfen des Ablaufs der dreißigjährigen Frist (§ 900 dt. BGB). Sie findet sich zudem in Österreich (§§ 1468 und 1470 österr. ABGB). Bei Rechten, die „selten ausgeübt werden können" (§ 1471 ABGB), muss hinzukommen, dass sie in dieser Zeit mindestens dreimal ausgeübt wurden. Gegenüber juristischen Personen verlängert sich die Ersitzungszeit (wie in Malta:

einen Zeitraum von zwölf Jahren kontinuierlich an einen Nichtberechtigten geleistet, erwirbt dieser die *rentcharge*. Bei eingetragenen *rentcharges* kann nur noch ein Umschreibungsantrag gestellt werden.

1140 Die fünfzehnjährige Ersitzungsfrist für Immobilien wurde schon 2001 eingeführt; § 5:44(1) ungar. ZGB hat sie beibehalten. Die Verlängerung der Frist von ursprünglich zehn auf dann fünfzehn Jahre geht darauf zurück, dass ab 1991 eine Ersitzung auch gegenüber dem Staat möglich wurde. Allerdings erwies sich die so bereits im Jahre 2001 ablaufende Frist als zu kurz, weil zu diesem Zeitpunkt eine nachhaltige Ordnung der Eigentumsverhältnisse noch nicht möglich war; insbesondere war die Privatisierung noch nicht abgeschlossen (*Menyhárd,* Dologi jog[3], S. 198).

1141 Dazu Areopag 1817/2011, NoB 60 (2012) S. 1222.

1142 Nicht gutgläubig ist nach der in diesem Punkt allerdings umstrittenen (*Gniewek,* Prawo rzeczowe[8], S. 279 Rdnr. 873) Rechtsprechung des Obersten Gerichts (OG 6.12.1991, III CZP 108/91, OSNC 1992/4/48, Lex-Nr. 3700), wer aufgrund eines Kaufvertrages in den Besitz einer Immobilie gelangt, der nicht in notarieller From ausgefertigt wurde.

1143 Oben Rdnr. 146.

1144 Die lange Verjährungsfrist ist mithin in allen drei Ländern für Mobilien und Immobilien identisch (*Bernard,* Précis de droit des biens, S. 92 Rdnr. 194).

1145 Durch Verweis auf Art. 539 span. CC sind Dienstbarkeiten ausdrücklich ausgenommen; sie können nur rechtsgeschäftlich erworben werden.

Art. 2144 malt. CC) sogar auf **vierzig Jahre** (§ 1472 ABGB). Der Besitz muss zwar echt und redlich, aber nicht notwendig rechtmäßig sein (§§ 1466, 1472, 1477 österr. ABGB). Noch längere Ersitzungszeiten können sich unter der auch unbewegliche Sachen betreffenden Regel einstellen, dass die Abwesenheit des Eigentümers eine Halbierung der auf die Ersitzungsdauer anzurechnenden Zeiten bewirkt (§ 1468 österr. ABGB). Auch in Schottland führen die ungeschriebenen Regeln der *immemorial possession* in Fällen, in denen der Besitz nicht auf einem Titel beruht, zu einer Ersitzung nach vierzig Jahren.[1146]

(3) Kontinuität des Ersitzungsbesitzes

160 Zu einer Ersitzung kommt es nur, wenn der Eigenbesitz den Anschein eines Kontinuums erzeugt.[1147] Deshalb muss man die jeweilige Ersitzungsfrist „am Stück" ausschöpfen.[1148] Wird der erforderliche Besitz vor Fristablauf **unterbrochen** (z.B. weil man die Sachherrschaft verliert, sich zum Fremdbesitzer wandelt oder den unter dem anwendbaren Regime unerlässlichen guten Glauben einbüßt), wird die bislang abgelaufene Zeitspanne auf Null zurück gesetzt.[1149] Nur in Sonderfällen läuft die Frist unter Herausrechnung einer Hemmungsperiode weiter. Nicht nötig ist, dass die erforderliche Zeitspanne unmittelbar vor der Geltendmachung des Rechtserwerbs abgelaufen ist; irgendein früherer Zeitpunkt genügt, es sei denn, es ist inzwischen schon wieder zu einer Drittersitzung gekommen.[1150] Im Übrigen gilt, wie Art. 2228 franz. CC ungewöhnlich detailverliebt formuliert, dass „la prescription se compte par jours, et non par heures" und dass „elle est acquise lorsque le dernier jour du terme est accompli" (Art. 2229 franz. CC).

161 Da es schwer ist, Besitzzustände für längere Zeiträume nachzuweisen, kommen viele Rechtsordnungen Ersitzungsbesitzern mit der **Vermutung** entgegen, dass ihr **Besitz,** sofern er nur für den Beginn und für das Ende der betreffenden Zeitspanne nachgewiesen ist, auch **in der Zwischenzeit** bestanden habe.[1151] Art. 436 span. CC operiert zusätzlich mit dem Prinzip der „Besitzesträgheit" *(inercia posesoria),* d.h. der (widerleglichen) Vermutung, dass „der Besitzer den Besitz weiter in derselben Weise

---

[1146] Oben Fn. 1113.

[1147] Oben Rdnr. 4.

[1148] Siehe z.B. § 937 dt. BGB; Sched. 1 para 8(2) Limitation Act 1980 (Unterbrechung der *adverse possession* unterbricht Verjährung); § 123(1) estn. LPA; Art. 1048 gr. ZGB (der erforderliche Besitz darf nur aus den in dieser Vorschrift genannten Gründen unterbrochen werden); § 4.71(1) lit. ZGB; Art. 2107 malt. CC; § 1460 österr. ABGB; Artt. 172(1), 174 poln. ZGB: Art. 1287 port. CC; Art. 1941 span. CC („*La posesión ha de ser ... no interrumpida*") und Kap. 16 § 1 schwed. JB.

[1149] Z.B. §§ 940, 942 dt. BGB (dazu Staudinger [-*Wiegand*], BGB (2017), § 940 Rdnr. 2: „Die Ersitzung wird grundsätzlich unterbrochen, wenn eine wesentliche Voraussetzung wegfällt"); Art. 2231 franz. CC (näher *Reboul-Maupin,* Droit des biens^4, S. 329 Rdnr. 453); Art. 1050 gr. ZGB (dazu insbesondere Areopag 776/1975, NoB 24 [1976] S. 150, Berufungsgericht Thessaloniki 1091/1990, Arm. 44 [1990] S. 232 und Areopag 834/2007, EllDni 48 [2007] S. 1693); § 5:49(2) ungar. ZGB und für Spanien *Lasarte,* Principios IV^{10}, S. 125.

[1150] *Richardson v Cromarty Petroleum Co Ltd* SLT 1982 S. 237.

[1151] Oben Fn. 30; siehe außerdem z.B. noch § 938 dt. BGB, § 112(1) estn. LPA; Art. 1046 gr. ZGB (dazu Amtsgericht Argos 17/1991 ArchN 45 [1996] S. 150); Art. 1030 lett. ZGB; Art. 3:117 ndl. BW (dazu HR 5.2.2010, NedJur 2010 Nr. 294); österr. OGH 19.5.2015, bbl 2015/207 (S. 230) und Art. 340 poln. ZGB (es wird vermutet, dass der Besitz ununterbrochen fortdauert). Cass. civ. 20.2.2013 (oben Fn. 443) lässt es sogar genügen, dass *actes matériels d'occupation* nur für den Beginn der Ersitzungsfrist nachgewiesen werden; für den nachfolgenden Zeitraum soll eine *possession solo animo* genügen.

(concepto) ausübt, in der er erworben wurde".[1152] Vor allem unter langen Ersitzungsfristen erlangt außerdem die Regel eine große praktische Bedeutung, dass ein Ersitzungsprätendent in „seine" Ersitzungszeit die Zeit einrechnen darf, in der der oder die **Vorbesitzer** die Sache besaß(en).[1153] Vorausgesetzt ist dabei aber natürlich, dass auch der Vorbesitz den jeweiligen Anforderungen an einen Ersitzungsbesitz (Eigenbesitz, je nach Rechtsordnung und Frist außerdem vor allem Titel und guter Glaube) genügte[1154] und dass es bis auf die redliche Besitzübernahme zu keiner weiteren Diskontinuität des Ersitzungsbesitzes kam.[1155] Manchmal ist es für den rechtmäßig bzw. gutgläubig besitzenden Einzelrechtsnachfolger eines unrechtmäßig besitzenden Vorbesitzers freilich günstiger, sich darauf zu berufen, es habe ab dem Besitzwechsel eine neue ordentliche Ersitzungsfrist begonnen. Denn sie kann immer noch kürzer sein, als die unter Einrechnung der Vorbesitzzeit abgesteckte außerordentliche Ersitzungsfrist.[1156] Hat umgekehrt der Rechtsvorgänger die Sache bereits ersessen, dann erwirbt der Nachfolger das Eigentum von ihm nach den gewöhnlichen Regeln der Singular- bzw. Universalsukzession.[1157]

Auch der gegenwärtige *adverse possessor* darf Besitzzeiten seines Vorgängers anrechnen.[1158] Dies gilt sowohl für registrierte (Sched. 6 Land Registration Act 2002) wie für nichtregistrierte Grundstücke. Bei registrierten Grundstücken geht es natürlich nur noch um die Berechnung der Frist für die Einleitung eines Aufgebotsverfahrens.[1159] Die für die *adverse possession* an nichtregistrierten Grundstücken entwickelten Regeln gelten hier entsprechend. Zur Zusammenrechnung der Besitzzeiten kommt es nicht nur bei einer rechtsgeschäftlich verwirklichten Besitznachfolge, sondern auch dann, wenn der aktuelle Besitzer den Vorbesitzer aus dem Besitz drängt. Wenn B den Besitz des A mittels *adverse possession* beendet und A zuvor im Verhältnis zu C „feindlich" besaß, kann sich B auch im Verhältnis zu C auf die *adverse possession* des A berufen, sofern der Herausgabeanspruch des A verjährt und infolgedessen auch sein *title* erloschen ist. B steigt dann in der besitzrechtlichen Hierarchie zum Inhaber des obersten Besitzrechts auf.[1160] Zur Addition der Besitzzeiten sukzessiver *adverse possessors* kommt es allerdings nur bei unmittel-

---

[1152] Dazu TS 28.11.2008, RAJ 2009 Nr. 523 S. 1552; CCJC 81 (2009) Nr. 2141 S. 1157 m. Anm. *Sanciñena Asurmendi* (betr. einen Streit zwischen einem Ritterorden und einer Bruderschaft um Gemälde und Skulpturen).

[1153] OLG Frankfurt/Main 19.12.1974, MDR 1976 S. 223 hebt zutreffend hervor, dass auf die zur Ersitzung führende Frist nicht nur die Besitzzeit des unmittelbaren Rechtsvorgängers, sondern auch die Besitzzeiten entfernterer Rechtsvorgänger des Ersitzenden angerechnet werden.

[1154] Ein Eigenbesitzer kann also insbesondere nicht den Fremdbesitz seines Rechtsvorgängers auf seine eigene Ersitzungszeit anrechnen (Gniewek [*-Nadler*], Kodeks cywilny², Art. 172, S. 314 Rdnr. 9; Radwański und Gniewek [*-Gniewek*], System Prawa Prywatnego III³, S. 640 Rdnr. 467).

[1155] Z.B. Art. 2235 belg. CC; § 943 dt. BGB; § 112(2) estn. LPA; Art. 2265 franz. CC; Art. 1051 gr. ZGB; Art. 1146(2) ital. CC; Art. 1021 lett. ZGB; Art. 4.71(2) lit. ZGB; § 1493 S. 1 österr. ABGB; Art. 176 poln. ZGB; Art. 1256 port. CC; sec. 1(1), 2(1)(a) schott. PLA 1973; § 4 schwed. Lag om godtrosförvärv bzw. Kap. 16 § 1(3) schwed. JB; § 134(3) slowak. BGB; Art. 45(2) slowen. SPZ; § 1092 tschech. BGB; § 5:46 ungar. ZGB.

[1156] Siehe z.B. für Österreich Schwimann (*-Perner*), ABGB Taschenkommentar³, § 1493 Rdnr. 1. Dass auf einen unrechtmäßigen Vorbesitzer ein rechtmäßig besitzender Nachbesitzer folgen kann, ist ungewöhnlich, aber nicht ausgeschlossen. Dazu kann es z.B. kommen, wenn der aktuelle Besitzer die Sache gutgläubig von einem Händler kauft, der sie gestohlen hat, und der so begründete Käuferbesitz als Titel wirkt (Art. 1301 port. CC; § 1109 tschech. BGB; Art. 464(3) span. CC).

[1157] Areopag 757/2008, NoB 56 (2008) S. 2450.

[1158] *Gray und Gray,* Elements of Land Law⁵, Rdnr. 9.1.4.

[1159] Vorher Rdnr. 153.

[1160] *Mount Carmel Investments Ltd. v Peter Thurlow Ltd.* [1988] 1 WLR 1078, 1086 (*Nicholls* LJ).

baren Besitznachfolgen. Gibt etwa A seinen Besitz auf, bevor B neuen Besitz begründet, kann sich B die Besitzzeit des A nicht anrechnen lassen. Denn die Besitzaufgabe unterbricht auch den Ablauf der Verjährungsfrist (Sched. 1 para. 8 Limitation Act 1980). Sobald B *adverse possession* begründet, beginnt m. a. W. eine neue Frist.[1161]

162 Es liegt auf der Hand, dass die Ersitzung durch den vorzeitigen Verlust ihrer zentralen Voraussetzung – den Eigenbesitz – **unterbrochen** wird (§ 940 dt. BGB).[1162] Wer entweder die **Sachherrschaft** oder den Willen aufgibt, die Sache als sich gehörend zu besitzen, **verliert,** wie Artt. 460, 1943 span. CC nach französischem Vorbild formulieren[1163], den Besitz auf „natürliche Art".[1164] Die durch ein nur vorübergehendes Hindernis hervorgerufene Unmöglichkeit der Sachherrschaftsausübung unterbricht den Besitz typischerweise noch nicht (Art. 340 Satz 2 poln. ZGB; Art. 81 bulgar. Gesetz über das Eigentum [sechs Monate]). Wird dem Besitzer die Sache gestohlen oder kommt sie ihm sonst abhanden, ist sein Ersitzungsbesitz nach Auffassung vieler allerdings erst dann unterbrochen, wenn der neue Besitz (etwa der Besitz des Diebes) ein Jahr gewährt hat und nicht seinerseits durch eine Herausgabeklage des bisherigen Besitzers unterbrochen wurde.[1165] Ist die Herausgabeklage erfolgreich, wird der Besitz (mit Wirkung *ex tunc*) als niemals unterbrochen angesehen.[1166] Der Ersitzungsbesitz geht außerdem auf „natürliche Art" verloren, wenn der Besitzer seinen **Eigenbesitz**

[1161] *Gray und Gray* aaO.

[1162] Ebenso z. B. Berufungsgericht Larissa 801/2005, NoB 54 (2006) S. 428 und Berufungsgericht Athen 4564/1992, ArchN 45 (1996) S. 406. Unter Art. 1019 ff lett. ZGB wird der Besitz u. a. unterbrochen, wenn ihn der Besitzer aufgibt, aus ihm verdrängt wird oder ihn auf andere Weise verliert; wenn derjenige, gegen den die Ersitzung läuft, in irgendeiner Weise mit Wissen des Ersitzenden von seinem Eigentumsrecht Gebrauch macht oder wenn der Ersitzende das fremde Eigentumsrecht anerkennt.

[1163] Unter Art. 2242 belg. und luxemb. CC ist die Unterbrechung „entweder eine natürliche oder eine zivilrechtliche", und eine natürliche Unterbrechung liegt unter Art. 2243 aaO vor, „wenn der Genuss einer Sache dem Besitzer, sei es durch den alten Eigentümer, oder selbst durch einen Dritten auf länger als ein Jahr entzogen worden ist". Der neu formulierte Art. 2271 franz. CC ähnelt Art. 2243 belg. CC (näher *Reboul-Maupin,* Droit des biens[4], S. 372 Rdnrn. 424–429).

[1164] Eine *possession continue* setzt regelmäßige Nutzungs-, Gebrauchs-, Verwertungs- und Unterhaltungsmaßnahmen voraus, je nachdem, wie auch ein Eigentümer sein Gut normalerweise genutzt bzw. gepflegt hätte (*Larroumet,* Les biens[5], S. 61 Rdnr. 107). Der Besitz einer Hecke z. B., die normalerweise alle sechs Jahre geschnitten wird, wurde als unterbrochen angesehen, nachdem sie für mehr als neun Jahre nicht mehr geschnitten worden war (Cass. civ. 11.1.1950, D. 1950, II, S. 125). Die Gesetzgebungsmaterialien zur Modernisierung des schwed. Lag (1986:796) om godtrosförvärv heben hervor, dass eine Mobiliarersitzung nur in Betracht kommt, wenn der Besitzer „die Maßnahmen ergriffen hat, die regelmäßig einem Eigentümer zufallen" (Prop. 2002/03:17, S. 38).

[1165] Z. B. § 940(2) dt. BGB; Art. 1048 gr. ZGB; Art. 1267(1)(d) port. CC; Artt. 460 Nr. 4, 1944 span. CC; § 1093 tschech. BGB; Art. 5:49(1)(c); zu Belgien, Frankreich und Luxemburg die Angaben in Fn. 1163.

[1166] Z. B. Artt. 2244, 2247 belg. und luxemb. CC; § 940(2) dt. BGB; § 114(3) estn. LPA; Artt. 2241–2243 franz. CC; Art. 1048 gr. ZGB; Art. 4.71(3) lit. ZGB; Art. 345 poln. ZGB (wiedereingeräumter Besitz gilt als nicht unterbrochen); Art. 1283 port. CC; Art. 466 span. CC. Art. 45 (5) slowen. SPZ verzichtet auf eine präzise Frist und sagt stattdessen nur, dass in die Ersitzungszeit auch die Zeit einzurechnen sei, in der der Besitzer unabhängig von seinem Willen den Besitz „zeitweilig" nicht ausüben konnte. In Österreich lässt die Klage (u. U. aber auch schon die außergerichtliche Mitteilung, dass der Eigentümer auf einem anderen Rechtsstandpunkt stehe) die Redlichkeit des Besitzers entfallen und unterbricht auf diese Weise Ersitzungsbesitz (Klang [-*Kodek*], ABGB[3], § 330 Rdnr. 21).

durch Anerkennung der Rechtsposition eines besser Berechtigten freiwillig **in Fremdbesitz** umwandelt, mithin den *animus* aufgibt.[1167] Dagegen spielt es keine Rolle, in welcher Weise der Eigentümer Dritten gegenüber über sein Recht verfügt: Die Ersitzung einer Grunddienstbarkeit, so zu Recht der ungarische OGH, wird nicht dadurch unterbrochen, dass der Eigentümer sein Grundstück an einen Dritten veräußert.[1168] Belanglos ist auch eine bloße Umwandlung von unmittelbarem in mittelbaren Eigenbesitz und *vice versa*.[1169]

Der Verlust des **guten Glaubens** an die eigene Berechtigung kann die Ersitzung ohnehin nur unterbrechen, wenn und soweit Bösgläubigkeit ein Ersitzungshindernis bildet. Selbst dann wird die Frage aber unterschiedlich beurteilt. Unter § 937(2) dt. BGB und § 111 (2) estn. LPA ist die Ersitzung nicht nur ausgeschlossen, wenn der Erwerber bei dem Erwerb des Eigenbesitzes nicht in gutem Glauben (§ 932(2) dt. BGB) ist, sondern auch dann, „wenn er später erfährt, dass ihm das Eigentum nicht zusteht". Es schadet nun also nur noch positive Kenntnis. Unter Art. 1091(3) lett. ZGB kommt es darauf an, dass der Ersitzende durch gerichtliche Vorladung oder einen vom Eigentümer erhobenen Protest in bösen Glauben versetzt worden ist. Unter Art. 1044 gr. ZGB dagegen muss der gute Glaube nur im Zeitpunkt der Besitzerlangung vorhanden gewesen sein; eine bereits laufende Ersitzungsfrist wird nicht einmal durch positive Kenntnis unterbrochen.[1170] Ebenso verhält es sich in Belgien, Frankreich, Luxemburg und Rumänien.[1171] Das polnische und das schwedische Recht differenzieren: Bei beweglichen Sachen verlangen sie während der gesamten Ersit- 163

[1167] Z.B. § 114(1)(iv) estn. LPA; Art. 2240 franz. CC; Art. 1019(2) lett. ZGB; Artt. 1292 i.V.m. 325 port. CC; Art. 2537(1) rumän. CC und Art. 1948 span. CC (Jede ausdrückliche oder stillschweigende Anerkennung des Rechts des Rechtsinhabers seitens des Besitzers unterbricht den Besitz). Ein wichtiges Beispiel aus deutscher Sicht ist die Sicherungsübereignung (Staudinger [-*Wiegand*], BGB (2017), § 940 Rdnr. 2). Aus englischer Sicht bewirkt jedenfalls ein ausdrückliches schriftliches Anerkenntnis des unrechtmäßigen Besitzers, dass dem herausgabeberechtigten früheren Besitzer ein höherrangiger *title* zustehe, eine Unterbrechung der *adverse possession* (*Gray and Gray,* Elements of Land Law^5, Rdnr. 9.1.49). *Adverse possession* soll allerdings nicht schon zwangsläufig dadurch unterbrochen werden, dass der unrechtmäßige Besitzer dem herausgabeberechtigten *landowner* den Abschluss eines dinglichen oder schuldrechtlichen Miet- oder Pachtverhältnisses *(tenancy, licence)* anbietet (*JA Pye (Oxford) Ltd. v. Graham* [2000] Ch. 676, 695–697, *Neuberger* J). Warum unter solchen Umständen immer noch von Eigenbesitz soll gesprochen werden können, bleibt freilich unklar. Überzeugender deshalb österr. OGH 31.3.1971, SZ 44/41 und 4.9.2014, EvBl 2015/32, ÖJZ 2015 S. 227 (der Abschluss einer schuldrechtlichen Vereinbarung über zukünftige Besitzüberlassung schließt den Ersitzungsbesitz aus).

[1168] Legf. Bír. Pfv.I. 22.661/2000, BH2003.450 (eine Änderung in der Person des Eigentümers habe keinen Einfluss auf den ersitzungsrechtlichen Fristablauf).

[1169] Staudinger (-*Wiegand*), BGB (2017), § 940 Rdnr. 2.

[1170] Berufungsgericht Thessaloniki 2235/1990, Arm. 45 (1991) S. 359; Berufungsgericht Nafplio 579/1989, EllDni 32 (1991) S. 1320; Areopag 414/1981, NoB 30 (1982) S. 27; Areopag 1019/1977, NoB 26 (1978) S. 918. Auch bei der Wiedererlangung des Besitzes soll Gutgläubigkeit nicht mehr erforderlich sein (*Triantos,* AK, Art. 1048 S. 1274 Rdnr. 5).

[1171] „Es genügt, dass der gute Glaube im Augenblick des Erwerbs vorhanden war" (Art. 2275 franz. CC; Artt. 2269 belg. und luxemb. CC; Art. 938 rumän. CC). Ein Besitzer ist gutgläubig, wenn er in diesem Zeitpunkt geglaubt hat, das Grundstück vom echten Eigentümer erworben zu haben (*Bergel/Bruschi/Cimamonti,* Les biens^2, S. 259 Rdnr. 209; *Reboul-Maupin,* Droit des biens^4, S. 333 Rdnr. 460). Ebenso verhält es sich in Bulgarien. Allerdings soll eine Anfechtung des Titels zu einer Verlängerung der Ersitzungszeit auf zehn Jahre führen (*Stavrou,* Vladenieto, S. 75).

zungszeit guten Glauben, bei Immobilien kommt es allein auf den Beginn der Frist an.[1172]

164 Man muss jedoch bedenken, dass in aller Regel auch die Erhebung einer (später erfolgreichen) **Herausgabeklage** des Eigentümers gegen den Besitzer zur Unterbrechung der Ersitzungsfrist führt (Artt. 2241, 2242 franz. CC; Art. 1049 gr. ZGB[1173], Art. 2943 ital. CC[1174], Art. 1945 span. CC und § 5:49(1)(a) ungar. ZGB). (§ 941 dt. BGB lässt allerdings erst die Beantragung einer Vollstreckungshandlung genügen.) Nur wenn die Klage zurückgenommen oder abgewiesen wird, entfällt die Unterbrechungswirkung wieder, und zwar *ex tunc* (Art. 2243 franz. CC; Art. 1946(3) span. CC). Eine formlose Nachricht (ein Brief, eine E-Mail etc.), in der der Eigentümer sein Recht behauptet und geltend macht, genügt jedenfalls nicht. Dasselbe gilt für eine verwaltungsbehördliche Maßnahme, durch die ein noch im Eigentum des Staates stehendes Grundstück nur zur Eintragung im Grundbuch angemeldet wird.[1175]

165 Außergerichtliche Verhandlungen zwischen dem Eigentümer und dem Eigenbesitzer über die Herausgabe der Sache führen bestenfalls zur **Hemmung,** nicht aber zur Unterbrechung der Ersitzung. Die Ersitzungsfrist wird also gerade nicht auf Null zurückgesetzt. Vielmehr bleibt die vor Eintreten des Hemmungsgrundes verstrichene Zeitspanne erhalten. Sie darf der später wieder weiterlaufenden Frist hinzugerechnet werden.[1176] Denn die *suspension de la prescription* hält die Frist nur provisorisch an[1177]; die Ersitzung „ruht" (§ 5:48 ungar. ZGB). Andere wichtige Hemmungsgründe können sich aus höherer Gewalt, aus besonderen familiären Beziehungen zwischen den Beteiligten oder daraus ergeben, dass der Ersitzungsgegner nicht voll geschäftsfähig, insbesondere also noch nicht volljährig ist.[1178] Man spricht dann von einer Ablaufhemmung. Hat die

---

1172 Näher *Gniewek,* Prawo rzeczowe[8], S. 92 Rdnr. 265 und S. 95 Rdnr. 273; Gniewek *(-Nadler),* Kodeks cywilny[2], Art. 172, S. 314 Rdnr. 11. Gutgläubig ist ein Besitzer, der in der zwar irrigen, aber unter den Umständen gerechtfertigten Überzeugung handelt, Eigentümer zu sein. Schon einfache Fahrlässigkeit schließt den guten Glauben aus (*Ignatowicz und Stefaniuk,* Prawo rzeczowe[2], S. 107 Rdnr. V). Wer eine Immobilie ohne notarielle Beurkundung kauft, ist kein gutgläubiger Besitzer (OG 6.12.1991, oben Fn. 1142). Auch unter § 4 schwed. Lag (1986:796) om godtrosförvärv können Mobilien nur ersessen werden, wenn der Besitzer beim Erwerb und während der ganzen Zeit seiner Inhaberschaft gutgläubig war. Bei Immobilien kommt es für die zehnjährige Ersitzung unter Kap. 16 § 1(2) schwed. JB auf den Erwerbszeitpunkt an; die zwanzigjährige Ersitzung unter Kap. 16 § 1(1) aaO operiert unabhängig von gutem Glauben.

1173 Näher Areopag 1548/2001, EllDni 44 (2003) S. 1650.

1174 Näher Cass. 31.7.2014, Nr. 17488, Guida al diritto 2014, 45, 52 (Die Unterbrechung des Ersitzungsbesitzes bedarf einer formellen Handlung. Es genügen nur die in Art. 2943 ital. CC ausdrücklich aufgelisteten Maßnahmen).

1175 Kúria Pfv. I. 20.018/2013, BH2014.12, Kúria Döntések 2014 S. 46; ähnlich poln. OG 23.2.1998, III CKN 384/97, Legalis-Nr. 32243.

1176 Z.B. §§ 939(1) i.V.m. 203 dt. BGB; Art. 2230 franz. CC und Artt. 1292 i.V.m. 318ff port. CC; dazu *Vieira,* Direitos reais, S. 422).

1177 *Reboul-Maupin,* Droit des biens[4], S. 330 Rdnr. 455.

1178 Z.B. Artt. 2252 und 2253 belg. und luxemb. CC; § 939(2) dt. BGB; Artt. 2234–2236 franz. CC; Artt. 1047, 1055 gr. ZGB (das griechische Recht gewährt noch eine zusätzliche Schonfrist von sechs Monaten: Areopag 326/1978, NoB 27 [1979] S. 78; Areopag 925/1980, NoB 29 [1981] S. 303; Areopag 324/1982, NoB 30 [1982] S. 1454). Es handelt sich aber um eine Regel zum Schutz des minderjährigen Ersitzungsgegners. Unter §§ 872, 937 dt. BGB führt zehnjähriger Eigenbesitz deshalb auch dann zum Eigentumserwerb an beweglichen Sachen, wenn der Ersitzende (nicht: der Ersitzungsgegner) beim Erwerb des Eigenbesitzes und während eines Teils der Ersitzungszeit nicht oder noch nicht geschäftsfähig war (BVerwG 23.7.1957, MDR 1957 S. 634).

Ersitzung gegen einen Vater noch zu dessen Lebzeiten begonnen, ist sein Sohn und Erbe aber minderjährig, bleibt dem Sohn gegenüber die Zeit zwischen dem Anfall der Erbschaft und dem Erreichen der Volljährigkeit unberücksichtigt.

c) Wirkungen

Die Ersitzung ist hauptsächlich ein *moyen d'acquérir un bien ou un droit par l'effet de la* 166
possession (Art. 2258 franz. CC). Sie bewirkt allerdings meistens nicht nur einen Rechtserwerb, sondern zugleich auch einen Rechtsverlust. Denn im Normalfall geht auf Seiten des Ersitzungsgegners Eigentum verloren, und es entsteht von Gesetzes wegen Eigentum in der Person des Ersitzenden. Nur wenn ein beschränktes dingliches Recht ersessen wird, kommt es zu einer bloßen Belastung fremden Eigentums (und wenn der Eigentümer selbst ersitzt, zu einem Erlöschen des beschränkten Rechts). Die klassisch verjährungsrechtlich organisierte *adverse possession* des Common Law führt zu einem ähnlichen Effekt. Sie bringt den gegnerischen Titel zum Erlöschen und lässt den Titel des aktuellen Besitzers auf die nächsthöhere Stufe in der besitzrechtlichen Hierarchie aufsteigen.[1179] Wird dagegen (unter dem modernen Regime für *registered estates*) der „Ersitzende" auf seinen Antrag als neuer Inhaber des *estate* eingetragen, erlischt sein bislang allein besitzgestützter *title* – denn der Eingetragene ist ja nun gerade kein *adverse* possessor mehr (Sched. 6 para. 9(1) LRA 2002). Ob die Ersitzung von Immobiliarsachenrechten schon zu ihrer Wirksamkeit auf die Eintragung des ersessenen Rechts in das jeweilige Grundbuch angewiesen ist oder nicht, wird von den kontinentalen Rechtsordnungen zwar unterschiedlich beurteilt. Den einen gilt die Ersitzung als ein Erwerb, der sich automatisch vollzieht[1180], die anderen verweisen auf das Willenserfordernis und verlangen, dass sich der Ersitzende auf den Erwerb beruft.[1181] Die Systeme der Intratabularersitzung betrifft dieser Disput natürlich nicht, weil das jeweilige

---

[1179] Oben Rdnrn. 23, 146 und 154.

[1180] Siehe z. B. für Ungarn Kovács (-*Petrik*), Ingatlannyilvántartás, S. 92 (Wenn die in § 5:44(1) ungar. ZGB definierten Voraussetzungen vorliegen, erwerbe der Eigenbesitzer das Eigentumsrecht kraft Gesetzes „außerhalb des Immobilienregisters"). Der Ersitzende hat aber einen Anspruch auf Eintragung seines außerhalb des Immobilienregisters erworbenen Rechts (§ 5:37 ungar. ZGB). Ebenso verhalten sich die Dinge in Tschechien (*Švestka und Dvořák*, Občanské právo hmotné[5], S. 315), Portugal (*Oliveira Ascensão*, Direito Civil – Reais[5], S. 358–359, 382) und in Griechenland (Artt. 1192 Nr. 5, 1198 gr. ZGB; dazu *Georgiades*, Emprágmato Díkaio[2], S. 560 Rdnr. 22 [jedenfalls bei der außerordentlichen Ersitzung keine Transkription und auch keine gerichtliche Entscheidung nötig]).

[1181] In der belgischen und der französischen Lehre ist man sich einig, dass die Ersitzung nicht von Rechts wegen wirkt (*Terré und Simler*, Les biens[9], S. 382 Rdnr. 482; *Malaurie und Aynès*, Les biens[5], S. 172 Rdnr. 563; *Dross*, Les choses, S. 500 Rdnr. 270; *Bernard*, Précis de droit des biens, S. 256 Rdnr. 561). Das wird mit Art. 2247 franz. bzw. Art. 2223 belg. CC begründet, wonach der Richter das sich aus der Verjährung ergebende Verteidigungsmittel nicht von Amts wegen ergänzen darf. Es sei folglich ein Prozess nötig. Durch die Ersitzung erwerbe der Besitzer letztlich nur das Recht, sich auf die Ersitzung zu berufen. Er müsse sie in einem gerichtlichen Verfahren geltend machen, um Eigentümer zu werden. Außerdem erlauben Artt. 2250 franz. und 2225 belg. CC den Verzicht auf die bereits eingetretene Ersitzung (in diesem Fall können allerdings immer noch die Gläubiger des Besitzers die Ersitzung geltend machen: Artt. 2225 belg. und 2253 franz. CC). Cass. civ. 5.11.2015, ECLI:FR:CCASS:2015:C301216, Anm. *Dross*, RTD civ. 2016 S. 150 fügt hinzu, dass sich nur der Ersitzende selber auf Ersitzung berufen kann. Ein Eigentümer kann sich seiner Haftung für ein gefährliches Grundstück nicht mit der Begründung entziehen, das Grundstück sei von der Gemeinde ersessen worden. Auch in Portugal tritt die Wirkung der Ersitzung erst durch die *invocação* ein, dann aber gleichfalls *ex tunc* (Artt. 303, 1288, 1292 port. CC).

Recht ja ohnehin schon zugunsten des Ersitzenden verlautbart sein muss.[1182] Aber auch in den Systemen der Extra- und der Kontratabularersitzung darf man die Bedeutung der Frage nicht überschätzen. Denn ein nicht eingetragenes Immobiliarsachenrecht, insbesondere ein nicht verlautbartes Eigentumsrecht, lässt sich nur selten verwerten. Es würde nicht gekauft werden, mag auch sein Kauf theoretisch möglich sein. Außerdem kann der neue Eigentümer sein nicht eingetragenes Recht keineswegs überall einem gutgläubigen und entgeltlichen Erwerber entgegensetzen.[1183] Folglich muss der ersitzungsrechtliche Erwerb eines Immobiliarsachenrechts am Ende eben doch registriert werden, und diese Registrierung kann sogar ein (wenn auch nur deklaratorisches) Urteil voraussetzen.[1184] Keinen automatischen Rechtserwerb bewirkt dagegen die Auxiliarersitzung. Bei ihr ist die Eintragung desjenigen, der das Aufgebotsverfahren betrieben hat, konstitutive Voraussetzung seines Eigentumserwerbs (§ 927(2) dt. BGB). Einen Bereicherungsausgleich schuldet der Ersitzende dem Ersitzungsgegner unter keinem Ersitzungsregime; die Ersitzung stellt einen Rechtsgrund auch für das Behaltendürfen des Werts des ersessenen Rechts dar.[1185]

[1182] Im Näheren kommt es natürlich wieder darauf an, ob eine Rechtsordnung (wie die deutsche) nur die Intratabular- oder daneben auch die Kontratabularersitzung kennt (wie Spanien: Artt. 35 und 36 span. LH).

[1183] So z.B. nicht unter Art. 1024 lett. ZGB, Art. 36(1) span. LH und § 5:175 ungar. ZGB. In Österreich folgt dasselbe Ergebnis aus § 1500 österr. ABGB („Das aus der Ersitzung ... erworbene Recht kann aber demjenigen, welcher im Vertrauen auf die öffentlichen Bücher noch vor der Einverleibung desselben eine Sache oder ein Recht an sich gebracht hat, zu keinem Nachteile gereichen"). Das gelte nicht nur für den Erwerb des Eigentums, sondern auch für den Erwerb einer Hypothek (OGH 30.4.1986, SZ 59/75). Anders aber das französische Recht. Der Erwerb eines *droit réel immobilier* durch Ersitzung ist Dritten gegenüber auch ohne Veröffentlichung wirksam (Cass. civ. 13.11.1984, Bull. 1984, III, Nr. 188; *Reboul-Maupin,* Droit des biens[4], S. 335 Rdnr. 465). Das folgt aus Artt. 3 und 28 des Dekrets vom 4.1.1955. Auch unter Art. 5(2)(a) port. CRP kann der durch Ersitzung begründete Rechtserwerb ausdrücklich jedem Dritten entgegengehalten werden.

[1184] S. z.B. Artt. 609–610 poln. ZPO (dazu *Gniewek,* Prawo rzeczowe[8], S. 96 Rdnr. 278; Gniewek [-*Nadler*], Kodeks cywilny[2], Art. 172, S. 315 Rdnr. 14 und Radwański und Gniewek [-*Gniewek*], System Prawa Prywatnego III[3], S. 645 Rdnr. 484) Ähnlich ist die Rechtslage unter Artt. 2651 i.V.m. 2643 ital. CC. Das Urteil hat nur deklaratorische Wirkung; es dient bloß der *pubblicità notizia* (Cass. 21.10.1994, Nr. 8650, Vita Not. 1995 S. 749). Portugal lässt zur Eintragung bereits eine *escritura de justificação notarial* und alternativ ein besonderes Verfahren vor dem Grundbuchamt (Art. 116 port. CRP) genügen, näher *Menezes Leitão,* Direitos reais[5], S. 215 und *Pereira Rodrigues,* Usucapião, S. 73–98. Unter § 6 tschech. LKG muss der Eigentumserwerb durch Ersitzung in das Liegenschaftskataster eingetragen werden. Dazu genügt eine notariell beglaubigte Anerkennung der Ersitzung durch den Eigentümer; ist der Eigentümer zu ihrer Abgabe nicht bereit, verbleibt es bei einer Klage. Ebenso verhält es sich in Ungarn (Legf. Bír. Kfv. IV. 37.204/2006, EBH2006.1551); die Rechtslage wird aber nicht ganz einheitlich beurteilt (näher Vékás und Gárdos [-*Menyhárd*], Kommentár a Polgári Törvénykönyvhöz I, § 5:44 ungar. ZGB, S. 998 und Kovács [-*Petrik*], Ingatlannyilvántartás, S. 95).

[1185] Siehe z.B. für Deutschland BGH 22.1.2016, DNotZ 2016 S. 375 = NJW 2016 S. 3162 mit krit. Aufsatz *Wilhelm,* NJW 2017 S. 193 (anders noch RG 6.10.1930, RGZ 130 S. 69, 72); für Griechenland Georgiades und Stathopoulos (-*Georgiades*), ZGB, Art. 1053 S. 496 Rdnr. 13 und *Georgiades,* Emprágmato Díkaio S. 439–440, Rdnr. 99 und für Polen Radwański und Gniewek *(-Gniewek),* System Prawa Prywatnego III[3], S. 645 Rdnr. 483. In Frankreich scheint das Ergebnis (kein Entschädigungsanspruch des bisherigen Eigentümers) so selbstverständlich zu sein, dass es praktisch nicht erörtert wird. *Dross,* Les choses, S. 497 Rdnr. 268-3 erläutert, dass das Ersitzungsrecht ein Instrument der Verteilungsgerechtigkeit sei. Vor diesem Hintergrund verbietet sich ein Bereicherungsausgleich von selbst. Die Frage hat sogar den EGMR beschäftigt (*J. A. Pye Ltd. v. UK,* oben Rdnr. 3 mit Fn. 21).

In der deutschen **Auxiliarersitzung** bleiben Rechte Dritter schon deshalb erhalten, weil der „Ersitzende" keinen Anlass hat, seine Eintragung zu betreiben, wenn ihm die aus dem Grundbuch ersichtlichen Belastungen den Eigentumserwerb unattraktiv erscheinen lassen. Es ist geradezu der Zweck der entsprechenden Regelung, dem Ersitzenden die Entscheidung über das „Ob" des Erwerbs eines belasteten Eigentumsrechts zu überlassen. In der englischen Auxiliarersitzung kommt es dagegen vor allem im Hinblick auf *mortgages* zu einem „clean break": die auf dem *registered estate* lastenden *charges* erlöschen kraft Gesetzes (Sched. 6 para. 9(3) LRA 2002).[1186] Das ist gleichfalls konsequent. Denn die Inhaber dieser Rechte sind ja zuvor informiert und zum Widerspruch aufgefordert worden; schweigen sie, dann lässt sich daraus ohne Weiteres auf ihren Interesseverlust schließen. **167**

Die Grundregel aller **echten Ersitzungsvorgänge** lautet richtiger Ansicht nach, dass es für den Erhalt der **Rechte Dritter** auf den Zeitpunkt ankommt, zu dem sie ihnen eingeräumt wurden. Hat sie derjenige, gegen den sich die Ersitzung richtet (typischerweise, aber nicht notwendig der Alteigentümer), noch vor dem Beginn der Ersitzungsperiode bestellt, dann bleiben sie vorbehaltlich einiger Korrekturen durch das Recht des gutgläubig lastenfreien Erwerbs erhalten.[1187] Wurde dagegen das jeweilige „Wirtsrecht" (das Eigentum, ein Erbbaurecht etc.) von dem Alteigentümer erst zu einem Zeitpunkt belastet, in dem die Ersitzungsperiode bereits lief, dann erlischt das daran begründete Recht des Dritten. Beides ist eine Folge des Umstandes, dass die Ersitzung, korrekt analysiert, *ex tunc* wirkt.[1188] Der Ersitzende wird nach Vollendung **168**

[1186] Vorher Rdnr. 154. Es erlöschen aber eben auch nur *charges* (und damit vor allem *mortgages*). Andere Belastungen (insbesondere *profits à prendre* und *easements*) bleiben bestehen (Sched. 6 para 9(2) LRA 2002).

[1187] Die beiden Aspekte (Zeitpunkt der Belastung und gutgläubiger lastenfreier Erwerb) werden leider nicht immer zureichend klar getrennt. In Slowenien z.B. begnügt man sich mit dem Argument, dass der Ersitzende originär und deshalb lastenfrei erwerbe; die Rolle des guten Glaubens ist ungeklärt (Faber und Lurger [-*Rudolf/Rijavec/Keresteš*], National Reports I, S. 607). In der Slowakei soll die Ersitzung sogar ausnahmslos Lastenfreiheit bewirken (*Fekete,* Občiansky zákonník I, S. 740). Unter §§ 1106–1108 tschech. BGB erlöschen nur solche Belastungen, die nicht eingetragen sind, nicht *ex lege* übergehen, deren Fortbestand nicht vertraglich vereinbart wurde, und die Belastungen, die aus den Umständen nicht ersichtlich waren. Das entspricht im Wesentlichen der Rechtslage in Österreich (OGH 22.3.1994, MietSlg 46.473).

[1188] Siehe zu Portugal schon vorher Fn. 1181 und für Estland § 114 estn. LPA („The rights of third persons to a thing shall extinguish upon the creation of ownership by prescription provided that the rights were created before the running of the prescription period commenced. A right shall not extinguish if the possessor knows or ought to know about the right of a third person upon acquisition of possession or if the possessor becomes aware of the right of a third person during the prescription period"). Auch in Frankreich ist die Rückwirkung der Ersitzung vollkommen anerkannt. Der Besitzer wird so angesehen, als wäre er bereits seit dem ersten Tage seines Besitzes Eigentümer gewesen. Folglich bestehen die vor diesem Tage begründeten Belastungen fort (*Terré und Simler,* Les biens[9], S. 384 Rdnr. 486). Die Rückwirkung der Ersitzung erklärt auch, dass Sachenrechte (Grunddienstbarkeit, Hypothek etc.), die der Besitzer während des Ersitzungszeitraums bestellt hat, rückwirkend wirksam werden und dass alle vom ursprünglichen Eigentümer noch vorgenommenen Verfügungen rückwirkend nichtig werden (*Reboul-Maupin,* Droit des biens[4], S. 336 Rdnr. 466; *Terré und Simler* aaO). Cass. civ. 10.7.1996, Bull. civ. 1996, III, Nr. 180 S. 115 hat das implizit bestätigt. Der italienische CC schweigt zu der Frage der Rückwirkung der Ersitzung. Das Schrifttum äußert sich nicht völlig eindeutig. Nach der wohl herrschenden Lehre handelt es sich bei der Ersitzung um einen originären Eigentumserwerb, der als solcher eine *usucapio libertatis* bewirke (z.B. *Cian,* Riv. dir. civ. 1989, II, S. 251, 268; *Cicu,* Riv. dir. civ. 1940, S. 301; *Mengoni,* Gli acquisti "a non domino", S. 135), die ihrer-

des Ersitzungsvorganges so gestellt, wie er gestanden hätte, wenn er schon zu Beginn der Ersitzungsperiode materiell berechtigt gewesen wäre. Natürlich muss man stets genau hinschauen, gegen welches Sachenrecht sich die Ersitzung richtet.[1189] Sie betrifft immer nur das Recht, in dessen Umfang der Ersitzende die Sache besitzt. Dieses, aber auch nur dieses, erwirbt er in dem „Zustand", in dem es sich im Zeitpunkt des Beginns der Ersitzungsperiode befand.[1190] Dass es meistens um die Ersitzung des Eigentumsrechts geht, ändert nichts daran, dass dieselben Regeln auch für die Ersitzung von beschränkten dinglichen Rechten gelten, die ihrerseits mit weiteren dinglichen Rechten belastet sind.[1191]

169 Auch die deutsche Rechtslage lässt sich letztlich nur mit dem Prinzip der *ex tunc*-Wirkung der Ersitzung schlüssig erklären. Für den Fall, dass es sich bei dem Zielrecht um das Eigentum an einer **beweglichen Sache** handelt, ordnet § 945 dt. BGB (ganz ähnlich § 5:44(2) ungar. ZGB; Art. 1053 gr. ZGB erstreckt das Modell des § 945 dt. BGB auch auf das Immobiliarsachenrecht[1192]) zwar an, dass die

---

seits als ein Fall der zehnjährigen Ersitzung verstanden wird (*Gazzoni,* Manuale di diritto privato[10], S. 289). Nach Ablauf der gewöhnlichen zwanzigjährigen Ersitzungsfrist kommt es schon wegen der Verjährung des *diritto di godimento* (der sog. *prescrizione per non uso,* Artt. 954(4); 970; 1014 Nr. 1 und 1073(1) ital. CC) zu einem lastenfreien Erwerb. Art. 1153(2) ital. CC („Das Eigentum wird frei von Rechten erworben, die anderen an der Sache zustehen, wenn diese sich nicht aus dem Rechtstitel ergeben und der gute Glaube des Erwerbers vorliegt") betrifft nur bewegliche Sachen. In der Rechtsprechung dagegen ist die Rückwirkung der Ersitzung anerkannt. Siehe bereits Cass. 27.3.2001, Nr. 4412, Juris Data DVD sowie Cass. 27.5.1966, Nr. 1379, Giust. civ. Mass. 1966 S. 786 und insbesondere Cass. 23.12.2015, Nr. 25964, Guida al diritto 2016, 11, S. 79. Auch die Organisation der Notare macht sich für das Rückwirkungsmodell stark (*Krogh,* http://www.notariato.it/sites/default/files/859.pdf).

[1189] Richtig *Terré und Simler* aaO (Der Besitzer eines Grundstücks könne auch gegen Rechte Dritter ersitzen, aber dann gehe es um eine von der Ersitzung des Eigentums zu unterscheidende Ersitzung. Es handele sich z. B. um Fälle, in denen der Besitzer ein mit einer Grunddienstbarkeit belastetes Grundstück *a non domino* erworben habe. Dann erlösche die *servitude* nur, wenn er das Gut als frei von Lasten, als *libre de charges,* besessen habe).

[1190] Siehe z. B. für Frankreich *Terré und Simler* aaO (zwar schaffe die Ersitzung zugunsten des Besitzers einen neuen, unanfechtbaren Titel, aber das bedeute nicht, dass das sich aus der Ersitzung ergebende Eigentumsrecht nicht mit Rechten Dritter belastet sein könne) und für Polen Pietrzykowski *(-Skowrońska-Bocian),* Kodeks cywilny I[4], Art. 172, S. 554 Rdnr. 30; *Gniewek,* Prawo rzeczowe[8], S. 96 Rdnr. 277 sowie Gniewek *(-Nadler),* Kodeks cywilny[2], Art. 172, S. 315 Rdnr. 13 (Die Ersitzung vollziehe sich zwar *ex lege,* führe jedoch im Allgemeinen nicht zum Erlöschen der Eigentumsbelastungen. Denn die Besitzausübung richte sich im Zweifel eben gegen den Eigentümer und nicht gegen die Inhaber beschränkter dinglicher Rechte).

[1191] Wer z. B. ein Erbbaurecht ersitzt, das nach der Buchlage mit einer Reallast zugunsten des Bestellers des Erbbaurechts (i. d. R. also des Grundeigentümers) belastet ist, erwirbt das Erbbaurecht richtiger Ansicht nach dann nicht ohne die Reallast, wenn sie vom Ersitzenden (dem im Bestellungszeitpunkt zwar noch Nichtberechtigten, nach Ablauf der Ersitzungsperiode aber rückwirkend als Berechtigter anzusehenden Besitzer) bestellt wurde (anders BGH 22.1.2016, DNotZ 2016 S. 375, der erkennbar von einer bloßen *ex nunc*-Wirkung der Ersitzung ausgeht, auf dieser Grundlage aber die Ersitzung eines erbbauzinslosen Erbbaurechts konstruieren muss, dessen Durchsetzung wiederum am Einwand des Rechtsmissbrauchs scheitern soll).

[1192] Unter Art. 1053 gr. ZGB erlöschen beschränkte Immobiliarsachenrechte Dritter unter denselben Voraussetzungen wie beschränkte Mobiliarsachenrechte (*Georgiades,* Emprágmato Díkaio I, S. 438–439 Rdnrn. 93–98; *Triantos,* AK, Art. 1053 S. 1278–1279; *Papasteriou,* Emprágmato Díkaio II, S. 363–365 Rdnrn. 96–101). Es geht neben Dienstbarkeiten auch um Hypotheken. Wiederum verhält es sich aber so, dass diese Rechte schon im Zeitpunkt der Besitzbegründung bestanden haben müssen, dass der Ersitzende gutgläubig gewesen sein und dass die Ersitzungsfrist „auch in Ansehung des Rechtes des Dritten verstrichen" sein muss

Rechte Dritter, die der Eigentümer ihnen schon vor dem Beginn der Ersitzungsfrist bestellt hat, erlöschen. Das gilt jedoch nur, wenn der Ersitzende hinsichtlich dieser Rechte gutgläubig war und blieb. Es ist mithin nur das Recht des gutgläubig lastenfreien Erwerbs, das die Rückwirkungsregel überlagert und verdunkelt. Das sieht man auch daran, dass die Ersitzungsfrist unter § 945 dt. BGB „auch in Ansehung des Rechts des Dritten verstrichen sein" muss. Denn das zeigt, dass sich die Ersitzung gerade nicht nur gegen das Zielrecht Eigentum, sondern auch gegen die betreffende Belastung richten muss. Wäre das anders, ließe sich eine derart weitreichende „Ersitzung der Lastenfreiheit" gar nicht rechtfertigen. Diesen Feinheiten kommt allerdings schon deshalb keine größere Bedeutung zu, weil beschränkte Rechte an realen Sachen meistens schon aus ganz anderen Gründen weggefallen sein werden, etwa deshalb, weil ein Pfandrechtsinhaber seine Sachherrschaft längst an den Ersitzenden verloren hat.

Auch beschränkte **Immobiliarsachenrechte** Dritter bleiben, wenn sie noch vor **170** dem Lauf der Ersitzungsperiode begründet wurden, der Grundregel nach erhalten. Anders ist das wiederum nur dann, wenn sich die Ersitzung nicht nur gegen das Eigentum, sondern auch gegen die betreffende Belastung richtet. Rechte, die Dritte vom Alteigentümer (etc.) ableiten, gehen richtiger Ansicht nach nur unter, wenn dieser noch zu einem Zeitpunkt verfügt hat, in dem der neue Eigentümer bereits Ersitzungsbesitz erlangt hatte. Denn nun werden die Verfügungen des Neueigentümers rückwirkend zu Verfügungen eines Berechtigten, während die Verfügungen des Alteigentümers rückwirkend zu Verfügungen eines Nichtberechtigten werden. Die *ex tunc*-Regel verschafft dem Besitzenden nachträglich die ihm „an sich" fehlende Verfügungsbefugnis und schützt auf diese Weise auch Dritte, die von ihm erworben haben. Fragen mag man zwar, ob die Regel, dass „Altrechte" erhalten bleiben, einer Ausnahme für Rechte bedarf, die, wie **Hypotheken,** auf die Beendigung oder Suspendierung fremden Grundeigentums gerichtet[1193] sind.[1194] Denn es erscheint auf den ersten Blick vielleicht merkwürdig, jemandem ein bereits wertausgeschöpftes Grundstücksrecht zuzuordnen, ihn gleichzeitig aber in eine Situation zu bringen, in der er, falls er nicht zahlt, das neue Recht gleich wieder zu verlieren droht. Es kommt hinzu, dass auch ein Hypothekengläubiger im Zweifel die Möglichkeit hat, die Ersitzungsfrist im Klagewege zu unterbrechen, so dass, wenn er zu klagen unterlässt, auch ihm Interesselosigkeit

---

(Art. 1053(2) gr. ZGB). Nur im Rahmen der außerordentlichen Ersitzung spielt der gute Glaube keine Rolle. Der Ersitzende erwirbt das Eigentumsrecht selbst dann unbelastet, wenn er das jeweilige Recht kannte (*Georgiades* aaO S. 446–447 Rdnrn. 19–20; *Papasteriou* aaO S. 374–375 Rdnr. 11).

[1193] Band 1 Rdnr. 410.

[1194] Die Frage wird in Italien intensiv diskutiert. Der Kassationshof (Cass. 18.9.2012, Nr. 15698, Guida al diritto 2012, 42, S. 95; Cass. 14.11.2000, Nr. 14733, Giust. civ. 2001, I, S. 1002) ist wie Galgano (-*Gorla und Zanelli*), Commentario al codice civile[4], S. 500 der Auffassung, dass auch Hypotheken infolge der Ersitzung erlöschen, was teils mit ihrem originären Charakter, inzwischen aber vor allem mit der Rückwirkung der Ersitzung erklärt wird (Cass. 18.9.2012 aaO; Cass. 28.6.2000, Nr. 8792, Giust. civ., 2001, I, S. 1325 [hier ging es zwar um ein Bauverbot, doch bestätigt das Gericht erneut, dass die Ersitzung *ex tunc* wirkt und deshalb Rechte Dritter zum Erlöschen bringt]). *Chianale,* L'Ipoteca[2], S. 420 hält unter Bezugnahme auf ältere Autoren dagegen, dass Hypotheken erhalten bleiben müssten, weil sich mit ihnen keine Kontrolle über die Sache verknüpfe. Für Hypotheken müsse deshalb eine Ausnahme von der *usucapio libertatis*-Regel gemacht werden.

entgegengehalten werden könnte.[1195] Andererseits darf man aber auch die Modalitäten des jeweiligen Ersitzungsrechts nicht aus dem Auge verlieren. Wer ohnehin nur intratabular, d.h. unter Berufung auf seine eigene Eintragung ersitzt, kann schlecht verlangen, dass die ebenfalls eingetragenen Rechte Dritter ignoriert werden mögen. Aber auch dort, wo nur ersitzt, wer sich auf die Ersitzung beruft, kann (und muss) er sich vorher überlegen, ob er diesen Schritt gehen will. Ein Ersitzendenschutz gegenüber Hypotheken wäre deshalb nur zu erwägen, wo man nicht nur *ex lege,* sondern in dem Sinne auch automatisch ersitzt, dass es keiner vorherigen Gestaltungserklärung bedarf, außerdem auch hinsichtlich der schon vor Beginn der Ersitzungszeit bestellten Hypothek gutgläubig ist. Das ist unter den Gegebenheiten der nationalen Registerrechte indes kaum denkbar. Eine Gegenausnahme kommt bestenfalls für eine noch während der Ersitzungszeit gegen den Alteigentümer eingetragene Zwangshypothek in Betracht.[1196]

d) Rechtsschutz während der Ersitzungszeit

171 Der Gedanke der Rückwirkung der Ersitzung wird schließlich auch noch in Regeln wirkmächtig, unter denen der Ersitzungsbesitzer einer Sache eigentümergleich gegen Dritte vorgehen darf.[1197] Man spricht dann von **petitorischem** (ersuchendem, rechtsbasiertem) **Besitzschutz.** Denn es handelt sich um Rechtsbehelfe, die nicht (wie der *status quo*-Schutz) an die entzogene Sachherrschaft, sondern an das gestörte Recht zum Besitz anknüpfen. Die Ansprüche sind also nach dem Modell der Eigentumsklagen (Vindikation, *actio negatoria*) geformt und stehen selbständig neben den Rechtsbehelfen des possessorischen Rechtsschutzes. Petitorische Klagen führen nur zum Erfolg, wenn der Anspruchsgegner kein besseres Recht zum Besitz hat. Sie haben sich aus einer bis heute nach ihrem „Erfinder", dem Prätor Publicius (69 v.Chr.), benannten Klage entwickelt, eben der *actio publiciana.* Die **publizianische Klage** ist zwar dem Schutz des ordentlichen Ersitzungsbesitzers verpflichtet[1198], dient aber im wirklichen Leben vorwiegend Eigentümern, die ihr Recht nicht beweisen können.[1199] Dem ordentlich Ersitzenden wird schon während der Ersitzungszeit sachenrechtlicher Rechtsschutz zuteil; er wird im Ergebnis wiederum so gestellt, als wäre er bereits der Eigentümer der Sache.

172 „Wenn", so § 372 österr. ABGB, „der Kläger mit dem Beweise des erworbenen Eigentums einer ihm vorenthaltenen Sache zwar nicht ausreicht, aber den gültigen Titel,

[1195] Das ist einer der Gründe, die *Georgiades,* Emprágmato Díkaio I, S. 549 Rdnr. 98 zur Rechtfertigung auch des Art. 1053 gr. ZGB anführt.

[1196] Sie jedenfalls soll nach polnischer Auffassung auch dann gegen den Ersitzenden wirken, wenn sie erst während des Laufs der Ersitzungsfrist eingetragen wird (Pietrzykowski [-*Skowrońska-Bocian*], Kodeks cywilny I^4, Art. 172, S. 554 Rdnr. 30).

[1197] Areopag 331/1962, NoB 10 (1962) S. 1106 (im Rahmen der publizianischen Klage werde der Besitzer schon vor Ablauf der Frist für die ordentliche Ersitzung so angesehen, als sei er bereits Eigentümer).

[1198] Berufungsgericht Larissa 27/2006, Isokrates-Datenbank (die publizianische Klage war subsidiär zur Anerkennung eines Wegerechts erhoben worden, wurde aber zurückgewiesen, weil die Kläger nur außerordentlichen Ersitzungsbesitz hatten).

[1199] *Georgiades,* Emprágmato Díkaio I, S. 799 Rdnr. 799 deutet die *actio publiciana* sogar als eine zum Schutz des Eigentums geschaffene Klage. Es gehe aber nicht um den Schutz des „wahren", sondern eines „fikiven" Eigentumsrechts. Dieser Gedanke liegt offenbar auch § 1007 dt. BGB zugrunde. Denn andernfalls wäre nicht zu erklären, warum die Vorschrift ausgerechnet in den Titel „Ansprüche aus dem Eigentum" eingestellt worden ist.

und die echte Art, wodurch er zu ihrem Besitze gelangt ist, dargetan hat; so wird er doch in Rücksicht eines jeden Besitzers, der keinen, oder nur einen schwächeren Titel seines Besitzes anzugeben vermag, für den wahren Eigentümer gehalten". Der Nachweis des Ersitzungsbesitzes ersetzt den Nachweis des Eigentums. Zusätzlich streitet für den Besitzer die (widerlegliche) Vermutung, dass er aufgrund eines Rechts zum Besitz besitze (§§ 323–325 österr. ABGB). Ältere Autoren haben das sogar als eine Form der Zuweisung „relativen Eigentums" gedeutet[1200]; heute neigt man dazu, von einer Zuweisung des „besseren Besitzes" zu sprechen.[1201] Jedenfalls lassen sich auf § 372 österr. ABGB nicht nur Herausgabeansprüche, sondern auch Unterlassungs- und Feststellungsbegehren stützen.[1202] Selbst Schadensersatz kommt dem Ersitzungsbesitzer wie einem Inhaber eines dinglichen Rechts zu.[1203] Die klaren Konturen des § 372 aaO wurden freilich in bedenklicher Weise verwischt, als die Rechtsprechung dazu überging, auch bloße Rechtsbesitzer (darunter Mieter und Pächter) als „Besitzer" i. S. v. § 372 aaO zu qualifizieren.[1204]

Auch unter § 1043(1) tschech. BGB, der sich einerseits deutlich an das österreichische Vorbild anlehnt, andererseits aber ganz auf das Konzept des Rechtsbesitzes fixiert bleibt, gilt „wer den Besitz des Eigentumsrechts redlich, ordnungsgemäß und auf rechtmäßigem Wege erworben hat, ... als Eigentümer im Verhältnis zu demjenigen, der ihm die Sache vorenthält oder ihn anderweitig stört, ohne dafür einen oder einen stärkeren Rechtsgrund zu haben". Der unentgeltliche Erwerb ist ein schwächerer Rechtsgrund als der entgeltliche (Abs. (2) aaO). Auch § 1043 tschech. BGB soll in erster Linie der Beweisnot eines Eigentümers abhelfen. Der Beweis von Ersitzungsbesitz genügt, und Redlichkeit, Ordnungsgemäßheit und Rechtmäßigkeit des Besitzes werden ebenfalls widerleglich vermutet.[1205] Der Ersitzungsbesitzer muss also nur dann auf den possessorischen Rechtsschutz zurückgreifen, wenn er nicht einmal seinen Ersitzungsbesitz nachweisen kann.[1206]

Die „publizianische Klage" ist allerdings nicht in allen europäischen Rechtsordnungen erhalten geblieben. Das französische, das italienische, das polnische und das rumänische Zivilgesetzbuch kennen sie nicht.[1207] In Spanien ist ihre Fortgeltung umstritten.[1208] **173**

[1200] Ehrenzweig (-*Ehrenzweig*), System I/2², S. 299; Klang (-*Klang*), ABGB II², S. 235.

[1201] *Iro,* Sachenrecht⁵, Rdnr. 2/68.

[1202] *Iro* aaO Rdnr. 2/71.

[1203] OGH 28.1.1997, immolex 1997 S. 137.

[1204] OGH 10.11.2003, EvBl 2004/74, ÖJZ 2004 S. 341; OGH 19.9.2013, EvBl 2014/44, ÖJZ 2014 S. 306. OGH 29.8.2013, ecolex 2014/194 (S. 515) meint allerdings, es handele sich nur um eine analoge Anwendung von § 372 ABGB.

[1205] Švestka/Dvořák/Fiala (-*Winterová*), Občanský zákoník III, S. 139.

[1206] Spáčil (-*Spáčil*), Občanský zákoník III, S. 251.

[1207] Bis zum Ablauf der Ersitzungsfrist stehe, so *Ignatowicz und Stefaniuk,* Prawo rzeczowe², S. 108 Rdnr. VI, dem Besitzer kein Recht an der Sache und deshalb auch kein rechtsbasierter Rechtsschutz zu; die Ersitzung stelle sich bloß als Folge einer rein tatsächlichen Lage ein. Zum italienischen Recht näher *Marrone,* Istituzioni di diritto romano³, S. 335 und *Balestra,* Propietà e diritti reali III, S. 107.

[1208] Überblick über den Stand der Diskussion bei *González Poveda,* Acciones protectoras del dominio y de la posesión, S. 295–303. *Díez-Picazo,* Fundamentos III⁵, S. 739 hält die *actio publiciana* (die dingliche Klage eines *poseedor ad usucapionem* gegen einen Besitzer mit minderwertigem Besitz oder minderwertigem Titel) für „perfekt zulässig", trifft damit aber auf den Widerspruch von *Albaladejo,* Derecho civil III¹⁰, S. 346–351. Ausdrücklich anerkannt ist die *actio publiciana* aber unter Art. 522-7(2) katal. CC. Der Anspruch hängt davon ab, dass der Ersitzungsbesitzer sein besseres Besitzrecht (Art. 521-4(2) katal. CC) nachweist (näher Puig i Ferriol und Roca i Trias [-*Roca i Trias*], Institucions del dret civil de Catalunya IV, S. 104).

In Portugal[1209] und Ungarn[1210] finden sich bestenfalls noch Spuren, und Griechenland und Deutschland streiten über ihren Anwendungsbereich. Art. 1112 gr. ZGB weicht insoweit von seiner römischrechtlichen Vorlage ab, als die Vorschrift das publizianische Recht ausdrücklich auf **Grundstücke** verengt. Klagebefugt ist nur, „wer den Besitz eines Grundstücks mit den Voraussetzungen der ordentlichen Ersitzung erlangt und ihn vor der Vollendung der Ersitzungszeit verloren hat". Eine Mindestfrist, während der ordentlicher Ersitzungsbesitz bestanden haben muss, gibt es nicht.[1211] Der Eigenbesitzer (nicht: der Detentor[1212]) darf jeden, der „ohne gültigen oder putativen Titel" besitzt, in entsprechender Anwendung der Regeln über die Vindikation (Art. 1094 gr. ZGB) auf Herausgabe (Art. 1112(1) gr. ZGB) und, je nach Lage des Falles, in entsprechender Anwendung der Regeln über die negatorische Klage (Art. 1108 gr. ZGB) auf Unterlassung (Art. 1112(2) gr. ZGB) in Anspruch nehmen. Für den Besitzer einer beweglichen Sache gilt das nicht. Ihn sieht das griechische Recht durch die Vorschriften über den gutgläubigen Erwerb (Artt. 1036ff gr. ZGB) und die Eigentumsvermutungen (Artt. 1110–1111 gr. ZGB) als zureichend geschützt an. Die publizianische Klage scheitert, wenn der Klagegegner entweder Eigentümer der Sache ist oder selber die Voraussetzungen einer ordentlichen Ersitzung erfüllt.[1213] Umgekehrt bleibt herausgabepflichtig, wer zwar einen Putativtitel hat, aber bösgläubig ist; denn der Bösgläubige kann nicht ordentlich ersitzen.[1214] Während die possessorischen Klagen bereits nach einem Jahr verjähren (Art. 992 gr. ZGB), verjähren die Klagen aus Art. 1112 gr. ZGB erst nach zwanzig Jahren (Art. 249 gr. ZGB).

174 Kaum noch zu erkennen sind dagegen die publizianischen Wurzeln des § 1007 dt. BGB. Ganz im Gegensatz zu Art. 1112 gr. ZGB betrifft er nur **bewegliche Sachen.** Für Grundstücke, so die deutsche Lehre (und inzwischen auch wieder die Rechtsprechung), genüge die Eigentumsvermutung zugunsten eines vom Grundbuch bereits als Eigentümer verlautbarten Besitzers; eines über den possessorischen Rechtsschutz (§ 861 dt. BGB) hinausgehenden Rechtsbehelfs aus dem besseren Besitzrecht bedürfe es deshalb nicht.[1215] Das wenigstens wirkt folgerichtig, weil unter deutschem

---

[1209] Im zeitgenössischen portugiesischen Schrifttum ist von der *actio publiciana* keine Rede mehr. Allerdings findet sich in Art. 1278(3) port. CC im Kontext der Ansprüche zur Erhaltung des Besitzes und zur Wiedereinsetzung in den Besitz (*Menezes Leitão,* Direitos reais[5], S. 152) eine Definition des „besseren Besitzes", was petitorisches Denken indiziert („Besser ist der Besitz, der sich auf einen Titel stützt; beim Fehlen eines Titels, der ältere Besitz; und, wenn sie gleichaltrig sind, der gegenwärtige Besitz").

[1210] § 5:7 ungar. ZGB („(1) Im Falle einer verbotenen Eigenmacht kann der Besitzer bei Gericht die Wiederherstellung des ursprünglichen Besitzstandes oder die Beseitigung der Störung beantragen. (2) Das Gericht entscheidet aufgrund der Berechtigung zum Besitz. Die Berechtigung der im friedlichen Besitz gestörten Partei wird vermutet").

[1211] Berufungsgericht Athen 8670/1986 EllDni 28 (1987) S. 698; Areopag 1190/1978, NoB 27 (1979) S. 916.

[1212] Areopag 1190/1978 aaO; Areopag 637/1964, NoB 13 (1965) S. 329.

[1213] Berufungsgericht Athen 4254/1977, NoB 25 (1977) S. 1374 (Klagegrund sei der ordentliche Ersitzungsbesitz. An ihm habe es *in casu* gefehlt, weil eine im possessorischen Verfahren und in Abwesenheit des Beklagten getroffene vorläufige Besitzsicherungsmaßnahme keinen Eigenbesitz begründe. Der Ersitzungsbesitz habe sich in Wahrheit bei der Beklagten befunden, die die fragliche Grundfläche aufgrund eines Putativtitels besessen habe).

[1214] *Georgiades,* Emprágmato Díkaio[2], S. 801 Rdnr. 10, Georgiades und Stathopoulos (-*Georgiades*), ZGB, Art. 1112 Rdnr. 10.

[1215] Planck (-*Brodmann*), BGB III/1[5], § 1007 Anm. 9. MünchKomm (-*Baldus*), BGB VII[7], § 1007 Rdnr. 22 ergänzt: „Im Plan des Gesetzes ist der Besitz eben nur für Mobilien der An-

Recht eine Ersitzung gegen das Grundbuch (nicht aber unter griechischem Recht eine Ersitzung gegen das Transkriptionsbuch) ausgeschlossen ist.[1216] Gleichzeitig spielt aber auch die Ersitzung beweglicher Sachen in Deutschland kaum noch eine Rolle[1217], und so bleibt rätselhaft, warum der deutsche Gesetzgeber nicht gleich ganz auf eine eigene Regelung von Herausgabeansprüchen aus dem besseren Recht zum Besitz verzichtet hat.[1218] Ein Bedürfnis für sie ist bis heute auch bei beweglichen Sachen nicht auszumachen.[1219] § 1007(1) dt. BGB gewährt dem ehemaligen Besitzer einer Mobilie einen Herausgabeanspruch gegen ihren neuen Besitzer, sofern dieser beim Besitzererwerb bösgläubig war. Ein gutgläubiger Besitzerwerber haftet unter § 1007(2) dt. BGB gleichfalls auf Herausgabe, allerdings nur dann, wenn es sich um eine abhandengekommene (insbesondere gestohlene) Sache handelt und er weder ihr Eigentümer noch ihr früherer Besitzer ist, dem die Sache abhandenkam, bevor sie dem Kläger abhandenkam.[1220] In beiden Fällen ist der Anspruch ausgeschlossen, wenn der neue Besitzer ein Recht zum Besitz hat (§ 1007(3) Satz 2 dt. BGB). Das ist nur mühsam zu verstehen, zumal der die Herausgabe begehrende „Besitzer" i.S.d. Vorschriften auch ein Fremdbesitzer (ein Detentor) sein kann.[1221] Ihm wird, wie *Wolff und Raiser* formulierten, ein „Recht zum Besitz aus Besitz" attestiert[1222], aber was könnte das sein: ein Recht zum Besitz aus bloßer Sachherrschaft? Mit Ersitzungsrecht hat das Ganze nichts mehr zu tun, aber auch nichts mit „Ansprüchen aus dem Eigentum", wie die Abschnittsüberschrift verheißt. Für § 1007(1) dt. BGB mag man den Fall bemühen, dass sich ein Besitzdiener zum Eigenbesitzer aufschwingt[1223], auch an einen Vorbehaltskäufer denken, der gegen einen Dieb vorgehen will, und für § 1007(2) dt. BGB an die Herausgabepflicht eines Käufers, der die Sache gutgläubig von einem Dieb oder einem Hehler bezogen hat. In jedem dieser Fälle käme man aber auch ohne § 1007 dt. BGB zum Ziel, sei es über das Vertragsrecht, über die Konstruktion des Anwartschaftsrechts

---

knüpfungspunkt guten Glaubens, wie das Grundbuch es für Immobilien ist (und überdies ein schlechter); er ist kein Versatzstück zur Schließung von Lücken im Grundbuchrecht". BGH 25.9.1952, BGHZ 7 S. 208 hat zwar unter dem Druck der Wirren unmittelbar nach Ende des Zweiten Weltkrieges den § 1007 dt. BGB einmal auch auf Wohn- und Geschäftsräume analog angewandt (ebenso später noch einmal AG Berlin-Tiergarten 14.3.1991, MM 1993 S. 148), doch hat BGH 28.11.2008, GuT 2008 S. 489 diese Linie wieder aufgegeben und am Wortlaut („bewegliche Sache") festgehalten.

[1216] Oben Rdnr. 149.

[1217] Oben Rdnr. 141.

[1218] § 1007 dt. BGB (oben Fn. 149) handelt nur von Herausgabeansprüchen, nicht auch, wie seine Entsprechungen in Österreich und Griechenland, von Unterlassungs- bzw. Beseitigungsansprüchen.

[1219] Siehe schon oben Fn. 150. Die Regelungen des § 1007 dt. BGB sind sowohl ihrer Rechtsnatur als auch ihrem Zweck nach bis heute unklar (*Sosnitza,* Besitz und Besitzschutz, S. 180; Soergel (*-Münch*), BGB XV/1[13], § 1007 Rdnr. 1). Die praktische Relevanz des § 1007 BGB ist denn auch denkbar gering. Die juris-Datenbank verzeichnet insgesamt nur zwanzig Rechtsprechungseinträge.

[1220] Eine Maschine ist nicht abhandengekommen, wenn ihr Besitzer sie irrtümlich bei einem falschen Empfänger abliefert: OLG Karlsruhe 21.11.1996, NJW-RR 1998 S. 1761.

[1221] Das entspricht ganz herrschender Meinung, z.B. MünchKomm (*-Baldus*), BGB VII[7], § 1007 Rdnr. 23, *Münch* aaO Rdnr. 4, *Wellenhofer,* Sachenrecht[32], § 5 Rdnr. 17.

[1222] *Wolff und Raiser,* Sachenrecht[10], § 23.

[1223] Beispiel nach *Wellenhofer* aaO: Arbeitnehmer gibt nach Beendigung des Arbeitsverhältnisses den Firmenwagen nicht zurück. Selbst wenn der Firmenwagen einem Dritten sicherungsübereignet sein sollte, ändert sich an dem Ergebnis (Herausgabeanspruch des Arbeitgebers) nichts.

oder über die Kombination von § 985 (Vindikation) und § 1006(2) dt. BGB (der Eigentumsvermutung zugunsten eines früheren Besitzers für die Zeit seines Besitzes).[1224]

2. Fruchterwerb

175 Früchte werden mit der Abtrennung von der Sache, aus der sie gewonnen wurden, eigenständige Sachenrechtsobjekte.[1225] Ohne gesetzliche Zuordnung sind bzw. wären sie herrenlos und der Aneignung durch jedermann ausgesetzt. Zur Vermeidung dieses Ergebnisses operiert das Privatrecht mit der Grundregel, dass das Eigentum an Früchten demjenigen zufällt, der die **Muttersache rechtmäßig bewirtschaftet.**[1226] Das kann natürlich der Eigentümer selber sein[1227]; hat er aber die Bewirtschaftung seiner Sache, insbesondere seines Grundstücks, sachen[1228]- oder schuldrecht-

[1224] Von der deutschen Rechtsprechung wird § 1007 offenbar immer dann als hilfreich empfunden, wenn die Feststellung der Eigentumsverhältnisse kompliziert ist (z.B. OLG Koblenz 14.4.2009, MDR 2009 S. 679: Wohnungsinhaberin gibt vom Hausmeister in ihrer Wohnung vergessenen Generalschlüssel der Wohnanlage nicht heraus, der seinerseits eine Kopie des Originals war) oder man den Kläger einer Straftat für verdächtig hält und das Signal vermeiden möchte, das mit einer nur auf die Eigentumsvermutung gestützten Vindikation verbunden sein könnte (OLG Dresden 24.3.2015, StraFo 2015 S. 245: Rückgabe durch Staatsanwaltschaft beschlagnahmter Uhren nach Aufhebung des Beschlusses).

[1225] Bd. 1 Rdnr. 285.

[1226] Z.B. § 115(2) estn. LPA; Artt. 956 und 957 lett. ZGB; Art. 4.53(1) lit. ZGB; Art. 5:71 ndl. BW („Wer aufgrund seines Nutzungsrechts an einer Sache an deren Früchten berechtigt ist, erwirbt das Eigentum an den Früchten durch ihre Trennung"); Art. 190 poln. ZGB; Art. 213 port. CC; Art. 59(2) slowen. SPZ; Art. 354 span. CC und § 5:50(1) ungar. ZGB (alle mit der Regel, dass die Früchte erwirbt, wer aus einem Rechtsverhältnis zur Nutzung der Muttersache berechtigt ist). In Schweden folgt dasselbe Prinzip, wenn auch indirekt, aus den Beschränkungen des Eigentumsschutzes (u.a. Kap. 12 § 2(2) BrB; dazu *Håstad,* Sakrätt⁶, S. 44 und auch schon Bd. 1 Rdnr. 209 mit Fn. 784) und aus Kap. 4 § 10 JB (wonach gewöhnliche Erzeugnisse und Früchte, die das Grundstück noch vor dem Tag der Übernahme hervorbringt, weiterhin dem Verkäufer zufallen). In Frankreich ist zwar umstritten, ob der *corpus* allein zum Erwerb des Eigentums an den Früchten genügt (bejahend *Zenati-Castaing und Revet,* Les biens³, S. 491 Rdnr. 333 und S. 717 Rdnr. 505; verneinend *Dross,* Les choses, S. 559 Rdnr. 311-1 [mit der Begründung, dass der Fruchterwerb nicht aus der Detention, sondern nur aus dem gutgläubigen Besitz folge]), doch ist man sich im Ergebnis dann doch wieder einig, dass jedenfalls der Pächter Eigentümer der Früchte wird (unten Fn. 1229).

[1227] § 953 dt. BGB formuliert zwar etwas ungenau, dass die „Erzeugnisse und sonstigen Bestandteile einer Sache … *auch* nach der Trennung dem Eigentümer der Sache" gehören (Hervorhebung hinzugefügt, weil es vor der Trennung ja noch gar keine eigentumsfähigen Sachen gibt), doch ist das Ergebnis klar: das Eigentum an Früchten steht dem Eigentümer der Muttersache zu, wenn es nicht von anderen Vorschriften ihrem (Eigen- oder Fremd-) Besitzer zugeordnet wird. Siehe ferner § 115(1) estn. LPA; Art. 547 belg., franz. und luxemb. CC (die Früchte gehören dem Eigentümer der Muttersache *par accession par production: Bergel/Bruschi/Cimamonti,* Les biens², S. 181 Rdnr. 151); Art. 1064 gr. ZGB; Art. 821(1) ital. CC; Art. 955 lett. ZGB; Art. 4.53(1) lit. ZGB; Art. 5:1(3) ndl. BW; Art. 140 poln. ZGB; Art. 213(1) port. CC; Art. 550(1) rumän. CC; Art. 354 span. CC; §§ 1066 (Immobilien) und 1072 (Mobilien) tschech. BGB; § 135a slowak. BGB und Art. 59(1) slowen. SPZ.

[1228] § 954 dt. BGB; § 214(4) und (5) estn. LPA (Nießbraucher); Art. 582 belg., franz. und luxemb. CC (Nießbraucher); Art. 1065 gr. ZGB (Nießbraucher, Pfandrechtsinhaber; Inhaber bestimmter Dienstbarkeiten); Artt. 821(1) i.V.m. 984 ital. CC (Nießbraucher erwirbt Eigentum mit der Trennung; vorher hat er nur eine Anwartschaft auf die Früchte: *Mazzon,* Usufrutto, uso e abitazione, S. 228); Art. 5:17 ndl. BW (Inhaber eines beliebigen Nutzungsrechts); Art. 252 poln. ZGB; Art. 213 port. CC (Inhaber des jeweiligen Fruchtziehungsrechts); Art. 709 rumän.

lich[1229] einem anderen überlassen, so erwirbt letzterer im Rahmen seines Rechts das Eigentum an den Früchten.[1230] Sie gehören in diesem Fall gerade nicht dem Eigentümer des Landes, sondern (z. B.) dem Nießbraucher oder Pächter. Berechtigte Grundstücksnutzer erlangen an den Früchten bereits im Zeitpunkt der Trennung Eigentum. Denn das ist der Moment, von dem ab die Rechtsordnung Früchte als selbständige Sachen erkennt. Der Erwerb vollzieht sich *ex lege* und *ipso iure,* also auch dann, wenn ein Nichtberechtigter die Trennung vornimmt oder ihr natürliche Ursachen zugrundeliegen.[1231] Bei gestuften Berechtigungen, etwa dann, wenn der Pächter sein Recht

---

CC (Nießbrauch); Kap. 7 § 3 schwed. JB (Nutzungsrecht; *nyttjanderätt*); Artt. 467 und 471 (Nießbraucher) sowie Art. 1881 span. CC (Gläubiger eines Nutzpfandes); § 1293 tschech. BGB (wonach noch nicht getrennte Früchte bei Beendigung des Nießbrauchers dem – obschon insoweit ausgleichspflichtigen – Eigentümer zustehen; s. im Übrigen Spáčil [-*Lasák*], Občanský zákoník III, S. 1005) und für Ungarn Vékás und Gárdos (-*Menyhárd*), Kommentár a Polgári Törvénykönyvhöz I, § 5:50 ungar. ZGB, S. 1009. Unter §§ 405 ff österr. ABGB stehen die Früchte zwar grundsätzlich dem Eigentümer der Muttersache zu. Vorrang hat aber § 330 österr. ABGB, wonach der redliche Besitzer während seiner Besitzzeit die Früchte entschädigungslos ziehen und behalten darf. Ein Rechtsbesitzer darf die Früchte insoweit behalten, wie sich ihre Ziehung in den Grenzen des Rechts bewegt, das er innehat oder innezuhaben glaubt (Koziol/ Bydlinski/Bollenberger [-*Eccher und Riss*], ABGB^4, § 330 Rdnr. 1).

1229 § 956(1) dt. BGB; § 360(1) estn. LOA (wonach dem Pächter nur die Früchte nicht zustehen, die zum Ablauf der Pachtzeit noch nicht getrennt sind); Art. 1067 gr. ZGB; Art. 1615 ital. CC; Art. 5:17 ndl. BW; Art. 693 § 1 i. V. m. Art. 230 poln. ZGB; Art. 213 port. CC (der auch schuldrechtliche Fruchtziehungsrechte umfasst; der Entleiher bedarf aber einer ausdrücklichen Genehmigung: Art. 1132 port. CC); Kap. 9 § 34 schwed. JB (Landwirtschaftspacht, *jordbruksarrende*); Hulmák (-*Hulmák*), Občanský zákoník VI, S. 556; *Menyhárd* aaO. Auch das Common Law ordnet die Erzeugnisse eines Grundstücks (die *emblements*) nicht dem Inhaber des *freehold estate,* sondern dem *lessee* und damit dem rechtmäßigen Besitzer des Grundstücks zu (Cheshire and Burn [-*Burn und Cartwright*], Modern Law of Real Property^{17} S. 240). Nach der Art des Mietvertrages wird nicht differenziert; das Fruchtziehungsrecht steht auch bei einer unbefristeten *periodic tenancy,* die sich nach Ablauf eines Jahres verlängert, wenn nicht fristgemäß gekündigt wird, dem *lessee* zu. Auch für ein rein schuldrechtliches Besitzrecht *(licence)* scheint nichts anderes zu gelten, sofern nur dem *licensee* der Besitz der Muttersache übertragen wurde. Abgetrennte *fixtures* verbleiben dem Inhaber des *freehold estate.* Der *lessee* erwirbt sie nur auf der Grundlage spezieller gesetzlicher oder vertraglicher Wegnahmerechte *(rights of removal)* (*Gray and Gray,* Elements of Land Law^5, Rdnrn. 1.2.63-1.2.68; *Rieländer,* Sachenrechtliche Erwerbsrechte, S. 480–490). Unter spanischem Recht stehen jedenfalls dem Käufer einer noch nicht gelieferten Sache deren Früchte zu (Art. 1095 Satz 1 span. CC; dazu Bercovitz Rodríguez-Cano [-*Bercovitz Álvarez*], Comentarios al Código Civil^2, Art. 354, S. 519–520). Zu den Nutzungsberechtigten, denen unter Art. 547 belg., franz. und luxemb. CC anstelle des Eigentümers die Früchte gehören, zählen auch Pächter (*Terré und Simler,* Les biens^9, S. 180, Rdnr. 186; *Collart Dutilleul und Delebecque,* Contrats civils et commerciaux^6, S. 316 Rdnr. 353). In Österreich herrscht Streit, ob der Pächter auf der Grundlage von § 330 österr. ABGB schon mit Trennung oder erst durch Ergreifen *(perceptio)* der Frucht Eigentum erwirbt (*Gschnitzer,* Sachenrecht, S. 82). Auch die Rechtsprechung ist nicht eindeutig, s. insbesondere OGH 7.3.1974, SZ 47/27. Siehe im Übrigen die Angaben in Fn. 1226.

1230 In der Sondersituation des „Überfalls" (Früchte fallen auf das Nachbargrundstück) gilt dieses Nachbargrundstück als die Muttersache (Bd. 1 Rdnr. 289 a. E.). Anders verhält sich das aber unter Art. 1367 port. CC und § 135a slowak. BGB (Eigentum verbleibt dem Eigentümer der Muttersache).

1231 Siehe z. B. § 5:50(1) ungar. ZGB. In Frankreich (Art. 549 franz. CC), Rumänien (Art. 948(5) rumän. CC) und in Polen (Gniewek [-*Nadler*], Kodeks cywilny^2, Art. 190, S. 327 Rdnr. 2; Kidyba [-*Filipiak*], Kodeks cywilny II, Art. 190, S. 76 Rdnr. 2) gilt zwar der Grundsatz, dass Früchte, die ein Nichtberechtigter (z. B. ein bösgläubiger Besitzer) von der Muttersache trennt, dem Eigentümer gehören. Es ist aber kein Grund ersichtlich, diese Regel nicht auch

nicht unmittelbar vom Grundeigentümer, sondern von einem Nießbraucher ableitet, gilt dasselbe Prinzip: das Eigentum entsteht in der Person des Pächters, nicht in der Person des Nießbrauchers und Verpächters.[1232] Wenn jemand dagegen mit Zustimmung des Berechtigten bereits von der Muttersache abgetrennte Früchte sammelt, dann wechselt das Eigentum durch Inbesitznahme. Die Sache existierte ja bereits. Hat ein Nichtberechtigter das Sammeln gestattet, kommt es für den Eigentumserwerb des neuen Besitzers auf die Regeln des gutgläubigen Erwerbs an.

176 Der Grundsatz, dass das Eigentum an Früchten mit ihrer Trennung von Rechts wegen demjenigen zusteht, der die Sache rechtmäßig bewirtschaftet („besitzt"), wird zugunsten desjenigen durchbrochen, der die Muttersache zwar rechtswidrig, aber **gutgläubig** innehat. Das betrifft zum einen den gutgläubigen Eigenbesitzer. Er wird auch im Hinblick auf die Früchte so gestellt, als wäre er schon im Zeitpunkt der Trennung der Eigentümer der Muttersache gewesen.[1233] Gelegentlich muss man aber noch näher zwischen periodisch aus der Muttersache hervorgehenden Früchten und Erzeugnissen, d.h. Früchten unterscheiden, die unter Veränderung der Substanz der Muttersache (z.B. Kies) gewonnen werden. § 955 dt. BGB gilt auch für Erzeugnisse, Art. 549 franz. CC nicht.[1234] Vorrang noch vor dem Eigentümer und dem Inhaber eines dinglichen Nutzungsrechts an der Muttersache genießt nach verbreiteter Auffassung allerdings der gutgläubige Fremdbesitzer.[1235] Dann werden Personen, die redlich aufgrund

---

zugunsten anderer Rechtsinhaber (Nießbraucher, ewige Nießbraucher, Pächter) entsprechend anzuwenden (poln. OG 27.5.2015, II CSK 502/14, Lex-Nr. 1764803). Auch in Österreich kommt es nicht darauf an, wer die Früchte trennt. Besteht ein Nießbrauch, so erwirbt der Nießbraucher z.B. das Eigentum an herabgefallenem oder gestohlenem Obst (*Gschnitzer,* Sachenrecht, S. 82).

[1232] Vékás und Gárdos (*-Menyhárd*), Kommentár a Polgári Törvénykönyvhöz I, § 5:50 ungar. ZGB, S. 1009.

[1233] § 955 dt. BGB; § 115 estn. LPA; Art. 549 franz. CC; Art. 1066 gr. ZGB; Art. 1148 ital. CC; Art. 959 lett. ZGB; Artt. 540 und 541 malt. CC; Art. 3:118 ndl. BW; § 330 österr. ABGB (dazu OGH 11.6.1991, SZ 64/74: kein Ausgleich in Geld geschuldet); Art. 224 § 1 poln. ZGB; Art. 1270 und *(a contrario)* Art. 1271 port. CC; § 2 schwed. Lag (1986:796) om godtrosförvärv; § 130(2) slowak. BGB; Art. 59(2) slowen. SPZ; Art. 451 span. CC; § 996(2) tschech. BGB; § 5:50(3) ungar. ZGB. S. außerdem für Schottland *Anderson,* in: Descheemaeker (Hrsg.), The Consequences of Possession, S. 111, 112.

[1234] *Bergel/Bruschi/Cimamonti,* Les biens², S. 182 Rdnr. 152.

[1235] Dass es im englischen Recht an einem speziellen Redlichkeitsschutz für nichtberechtigte Besitzer fehlt, liegt daran, dass sich ein überlegenes Besitzrecht an der Sache ohnehin an den Früchten fortsetzt. Sie (bzw. ihr Wert) können als *consequential damage* unter sec. 3(2)(a) Torts (Interference With Goods) Act 1977 herausverlangt werden. Im Übrigen schützt sec. 6 Torts (Interference With Goods) Act 1977 den redlichen Besitzer nur im Hinblick auf gutgläubig ausgeführte Verbesserungen der Sache. Für einen französischen Juristen wirkt die Vorstellung eines „redlichen Detentors" freilich befremdlich. Ein Besitzer ist gutgläubig, wenn er den Mangel seines Erwerbstitels nicht kennt und deshalb glaubt, ein Recht auf die Früchte zu haben (Art. 550 franz. CC; *Terré und Simler,* Les biens⁹, S. 181 Rdnr. 188; vgl. auch Artt. 938, 948(4) rumän. CC). Gutgläubigkeit und Fremdbesitz passen aus französischer Sicht einfach nicht zusammen; nur ein Besitzer kann gutgläubig sein. Im Falle eines nichtigen Pachtvertrages bleibt es deshalb bei der Verpflichtung beider Parteien, sich gegenseitig zurückzugewähren, was sie empfangen haben (*Malaurie/Aynès/Stoffel-Munck,* Les obligations⁶, S. 346 Rdnr. 723). Dieser Grundsatz kennt allerdings Ausnahmen für Verträge über wiederkehrende Leistungen *(contrats successifs).* Denn es ist anerkannt, dass der gutgläubige Schuldner der *obligation de restituer* hinsichtlich der Früchte eines Restitutionsschutzes bedarf (*Guelfucci-Thibierge,* Nullité, restitution et responsabilité, S. 437 Rdnr. 757; *Marie Malaurie,* Les restitutions en droit civil, S. 174). Ebenso verhält es sich in Spanien (TS 18.9.2015, ADC 70 (2017) S. 926, Anm. *Ruiz Arranz*).

eines unerkannt unwirksamen oder mit einem Nichtberechtigten abgeschlossenen Pacht- oder Nießbrauchvertrages ernten, Eigentümer der Früchte.[1236] Beides lässt sich mit dem Gedanken begründen, dass Investitionsschutz vor Eigentumsschutz geht[1237]; ein gutgläubiger Nutzer darf die Früchte selbst dann behalten, wenn er die Muttersache dem Rechtsinhaber zurückgeben muss.

3. Aneignung

Das Recht des Fruchterwerbs befasst sich mit Gegenständen des Rechtsverkehrs, die dadurch eigene Sachqualität gewinnen, dass sie von einer Muttersache abgetrennt werden. Früchte werden erst mit dieser Trennung zu Sachen. Denn bis dahin sind sie als ein unselbständiger Teil der Muttersache der Regel nach noch kein tauglicher Bezugspunkt eines Sachenrechts.[1238] Sachentstehung und -zuordnung ereignen sich *uno actu;* Früchte sollen die Bühne des Sachenrechts nicht betreten, ohne dass von vornherein klar ist, wem sie gehören. Das Recht der Aneignung (*ocupação, ocupación, occupation, occupazione, katálepse adespoton* etc.) hat es demgegenüber mit Gegenständen des Rechtsverkehrs zu tun, die bereits eine eigene körperliche Identität aufweisen. Sie werden deshalb meistens bereits den Status von Sachen im Rechtssinne haben; es genügt aber, dass sie ihn (wie z. B. bei wildlebenden Tieren vertretbar) erst mit ihrer Ergreifung erlangen.[1239] Entscheidend ist, dass man es mit körperlichen Gegenständen zu 77

1236 § 957 dt. BGB; Artt. 1066 Satz 2, 1067 und 1068 gr. ZGB (näher Areopag 1233/1993, EEN 61 [1994] S. 749); Artt. 230 i. V. m. 224 poln. ZGB (dazu eindrucksvoll poln. OG 27.5.2015, II CSK 502/14, Lex-Nr. 1764803). Auch in Tschechien erwirbt der gutgläubige Pächter (der redliche Besitzer des Pachtrechts) das Eigentum an den von ihm gezogenen Früchten. Das folgt aus der kombinierten Anwendung von §§ 996(2) und 1002 tschech. BGB (Spáčil [-*Spáčil*], Občanský zákoník III, S. 110: der redliche Besitzer eines Rechts ist berechtigt, sich so zu verhalten, als ob das Recht bestünde; er kann z. B. auch die Zahlungen seines Untermieters behalten). In Frankreich setzt der Fruchterwerb guten Glauben und dieser wiederum einen *juste titre* voraus, ein *titre* ist aber nur dann *juste,* wenn es sich um einen *titre translatif* (einen das Eigentum übertragenden Titel) handelt (*Bergel/Bruschi/Cimamonti,* Les biens², S. 182, Rdnr. 152). Das Problem lässt sich auch nicht mit einem Hinweis darauf lösen, dass ein *titre putatif* genügt (Cass. civ. 5.12.1960, Bull. civ. 1960, I, Nr. 527). Das nutzt jemandem, der gutgläubig ein ihm in Wahrheit nicht zustehendes Erbe angetreten hat, aber nicht einem gutgläubigen Pächter. Er bleibt auf den bereicherungsrechtlichen Restitutionsschutz verwiesen (Fn. 1235). In Österreich hängt alles davon ab, ob man sich dafür entscheidet, § 330 österr. ABGB auch auf Pächter anzuwenden (Fn. 1229). Auch in Italien wirkt die Rechtslage unklar. Es ist denkbar, dass jemand, der aufgrund eines ungültigen Pachtvertrages besitzt, in Ermangelung eines *titulus detendi* als echter Besitzer mit der Folge zu qualifizieren ist, dass die Grundregel aus Art. 1148 ital. CC (gutgläubiger Eigenbesitzer erwirbt Eigentum der Früchte) zur Anwendung kommt. Andererseits hat Cass. 22.10.2014, Nr. 22346, Guida al diritto 2015, 7, S. 61 entschieden, dass der Mieter nach Ablauf der Mietzeit weiterhin Detentor bleibe, obwohl er keinen Titel mehr habe. Würde man das auch auf den Fall des Pachtvertrages beziehen, dann würde es bei Art. 1615 ital. CC verbleiben, der aber gerade einen gültigen Pachtvertrag voraussetzt.

1237 *Hansenne,* Les biens, S. 277 Rdnr. 276; *Larroumet,* Les biens⁵, S. 124 Rdnr. 232; *Terré und Simler,* Les biens⁹, S. 181 Rdnr. 188; *Dross,* Les choses, S. 560 Rdnr. 311-1.

1238 Zur Sachqualität zukünftiger Sachen Bd. 1 Rdnr. 126.

1239 Näher Bd. 1 Rdnrn. 171–172. Ähnlich liegt es bei Gegenständen, die sich jedermann kraft besonderer gesetzlicher Regel aneignen darf, z. B. Oberflächenwasser für den eigenen Bedarf (§ 6(1) tschech. Wassergesetz; Gesetz Nr. 254/2001 Gbl., zákon č. 254/2001 Sb. o vodách) oder auf dem Waldboden herumliegende kleine Brennholzstücke sowie Pilze (§ 19 tschech. Waldgesetz; Gesetz Nr. 289/1995 Gbl.; zákon č. 289/1995 Sb. o lesích). Die Erlaubnis zum

tun hat, die „niemandem gehören" (Art. 5:4 ndl. BW), mithin „freistehend" (§ 381 österr. ABGB) oder **„herrenlos"** (§ 958 dt. BGB) sind.[1240] Solche Objekte darf, wenn dem nicht das Gesetz oder das Recht eines Anderen (z. B. ein Jagd- oder ein Fischereirecht[1241]) entgegenstehen[1242], jedermann in Eigenbesitz nehmen. Geschieht das, wird der neue Besitzer ihr sofortiger Eigentümer.[1243] Denn wer als Erster Interesse an einer Sache bekundet, die niemand sonst haben will, von dem darf man annehmen, dass er sich um sie am besten kümmern wird, und ein Grund, den Eigentumserwerb an eine Wartefrist zu knüpfen, ist nicht ersichtlich. Die Alternative – dem Staat das

---

Sammeln solcher Objekte kann aber sehr unterschiedlich ausgestaltet, insbesondere auf Wälder beschränkt sein, die im Eigentum des Staates stehen. So ist das Sammeln von Holz und Pilzen im Privatwald unter § 69 ungar. Waldgesetz (Gesetz XXXVII aus dem Jahre 2009 über den Wald, Waldschutz und Waldbewirtschaftung; 2009. évi XXXVII. törvény az erdőről, az erdő védelméről és az erdőgazdálkodásról) i. V. m. § 41 der dazu ergangenen DurchführungsVO (Verordnung Nr. 153/2009; XI. 13. FVM rendelet az erdőről, az erdő védelméről és az erdőgazdálkodásról szóló 2009. évi XXXVII. törvény végrehajtásáról) an eine vorherige schriftliche Zustimmung des Waldbewirtschafters gebunden.

[1240] Nicht einmal das ist freilich über jeden Zweifel erhaben, weil z. B. das Aneignungsrecht des port. CC auch das Fund- und das Schatzfundrecht umfasst; folglich geht es in 1318 port. CC nicht nur um herrenlose, sondern auch um verlorene und versteckte Tiere und Sachen (berechtigte Kritik daran bei *Vieira,* Direitos reais, S. 712). Es kommt hinzu, dass das ndl. BW den Sachen, die „niemandem gehören", die „herrenlosen Sachen" gegenüberstellt (Artt. 5:4 und 5:5 ndl. BW). Herrenlos heißt hier inhaber- bzw. besitzerlos, aber gerade nicht eigentümerlos.

[1241] Zu ihnen Bd. 1 Rdnrn. 405–409. Illegales Jagen oder Fischen führt folglich nicht zum Eigentumserwerb durch den Wilderer (*Triantos,* AK, Art. 1075 Rdnr. 2; *Georgiades,* Emprágmato Díkaio², S. 676 Rdnr. 8), verpflichtet ihn vielmehr zu Schadensersatz gegenüber dem Inhaber des Jagdrechts (ungar. OGH Legf. Bír. Pfv. III. 20.725/2000, EBH2003.848). Auch in Österreich haben das (objektive) Jagd- und Fischereirecht das (subjektive) Recht zum Tierfang (§ 384 österr. ABGB) praktisch völlig verdrängt. Art. 611 span. CC stellt klar, dass sich „das Recht der Jagd und des Fischfangs nach Spezialgesetzen richtet" (näher Domínguez Luelmo [-*Calvo Vidal*], Comentarios al Código Civil, Art. 611, S. 718–719). Dasselbe findet sich in Art. 1319 port. CC zur Aneignung von wilden Tieren, die sich in ihrem natürlichen Freiheitsraum befinden. Tschech. OG 29.4.2004, 25 Cdo 540/2003, Sbírka soudních rozhodnutí a stanovisek 6/2006 betraf den Entschädigungsanspruch eines Anglerverbandes. Der Staat hatte Fischotter unter besonderen Schutz gestellt, die aber den Fischbestand in dem Teil des Flusses reduzierten, in dem die Angler ein Fischereirecht hatten. Da die Fische herrenlos waren, sei für ihren Verlust kein Ausgleich geschuldet; das Gericht gewährte jedoch einen Anspruch auf Ausgleich des dem Verband „entgangenen Gewinns".

[1242] Ein rechtlich bereits verdichtetes Aneignungsrecht setzt sich gegenüber dem letztlich allein aus der Handlungsfreiheit des Menschen folgenden allgemeinen Aneignungsrecht (§ 381 österr. ABGB: „Bei freistehenden Sachen besteht der Titel in der angeborenen Freiheit, sie in Besitz zu nehmen") durch: § 958(2) 2. Alt. dt. BGB; § 96(2) estn. LPA; Art. 4.57(3) lit. ZGB; § 1045 tschech. BGB. Die Standardbeispiele sind Jagd-, Fischerei- und Bergbaurechte. Besondere Aneignungsrechte sind aber auch zugunsten von Versorgungsunternehmen denkbar, die Müll einsammeln (oben Rdnr. 77). Andererseits können besondere gesetzliche Verbote (auch) der Aneignung entgegenstehen, darunter unter § 5 österr. Tabakmonopolgesetz in bestimmten Fällen der Erwerb von Tabak (*Gschnitzer/Faistenberger/Barta/Call/Eccher,* Sachenrecht², S. 80).

[1243] *Dross,* Les choses, S. 487 Rdnr. 264; *Håstad,* Sakrätt⁶, S. 43. Für England ist diese Aussage zwar vielleicht nicht völlig korrekt, das Ergebnis ist aber dasselbe. Wer eine Sache in Eigenbesitz nimmt, an der niemand sonst ein Sachenrecht hat, kann seinen Besitz gegen jedermann verteidigen. Es verschiebt sich also nur der Blickwinkel. Man sagt nicht, der Aneignende habe ein Sachenrecht erlangt und dürfe deshalb mit der Sache tun und lassen, was er möchte. Man fragt vielmehr, ob ihm jemand den Besitz streitig machen kann. Wenn das nicht der Fall ist, hat er eine absolut wirkende und übertragbare Befugnis an der Sache.

Eigentum an allen herrenlosen Sachen zuzuweisen[1244] – lässt sich sachlich nicht begründen. Sie produziert statt eines volkswirtschaftlichen Mehrwerts im Wesentlichen nur Verwaltungsaufwand.

Es muss sich freilich um eine **reale** (bewegliche) **Sache** handeln. „Herrenlose Grundstücke" sind entweder ein Widerspruch in sich, weil ein nicht in privatem Eigentum stehendes Grundstück *ex lege* dem Staat zugeordnet wird und deshalb nicht herrenlos sein kann.[1245] Oder es kann das Eigentum an einem Grundstück nicht aufgegeben werden.[1246] Jedenfalls bleiben Grundstücke kraft ausdrücklicher gesetzlicher Bestimmung dem objektiven Aneignungsrecht entzogen.[1247] (Denkbar ist nur, die ver- **178**

[1244] Das ist derzeit allerdings immer noch die Lösung des slowakischen Rechts (§ 135(1) i.V.m. (3) slowak. BGB; dazu *Fekete,* Občiansky zákonník I, S. 757). Dem § 287 österr. ABGB dürfte die Vorstellung eines umfassenden „Obereigentum" zugrundeliegen, das im Sinne eines *dominium eminens* die Existenz ursprünglich herrenloser Sachen ausschließt (näher Klang [-*Stabentheiner*], ABGB³, § 287 Rdnr. 2). Ein solches staatliches Obereigentum wird heute aber mit der Folge nicht mehr akzeptiert, dass die „freistehenden" Sachen eben doch herrenlos seien (*Stabentheiner* aaO). In England scheinen die Dinge nicht endgültig geklärt zu sein. Sicher ist, dass, wer eine herrenlose Sache findet und an ihr Besitz begründet, an ihr auch ein gegenüber jedermann wirkendes Sachenrecht erwirbt. Offen ist nur, ob es sich dabei um Eigentum handelt (*Bridge,* Personal Property Law³, S. 22–23). Denn nach Auffassung mancher soll das Eigentum an *bona vacantia* (an derelinquierten Sachen) unmittelbar der Krone zustehen, wobei zugunsten des früheren Eigentümers kraft Gesetzes ein *trust* entstehen soll (Überblick über den Meinungsstand bei Palmer und McKendrick [-*Hudson*], Interests in Goods², S. 598 und *Bridge* aaO). Mehrheitlich wird aber wohl vertreten, dass die Krone nur im Anwendungsbereich des Schatzrechts *(treasure trove)* sowie in Bezug auf Schiffswracks kraft Gesetzes Eigentum erwirbt; im Übrigen geht das Eigentum an den Finder (siehe schon *Blackstone,* Commentaries on the Laws of England I S. 285; ferner *Bridge* aaO). In Schottland soll eine Aneignung freilich bis heute nur an Sachen möglich sein, die noch nie jemandem gehört haben (*Audrey Canning v Glasgow Caledonian University, Democratic Left Scotland* [2015] SC GLA 75 [60–61], Sheriff *S Reid:* keine Aneignung an der Bibliothek des ehemaligen Vorsitzenden der kommunistischen Partei Schottlands, auch dann nicht, wenn er sein Eigentum derelinquiert haben sollte). Für verlorene wie für aufgegebene Sachen, die bis zu diesem Zeitpunkt im Eigentum eines anderen standen, gilt *quod nullius est fit domini regis.* Das Eigentum fällt also von Rechts wegen der Krone zu (aaO Nr. [61]).

[1245] Z.B. Artt. 539 und 713 franz. CC; Art. 972 gr. ZGB; Art. 827 ital. CC (die in den Regionen Trentino-Südtirol, Sizilien und Sardinien liegenden unbeweglichen Sachen, die in niemandes Eigentum stehen, gehören den Regionen: Artikel 58(4) des Statuts für die Region Trentino-Südtirol; Artikel 34 des Statuts für die Region Sizilien; Artikel 14(3) des Statuts für die Region Sardinien); Art. 5:24 ndl. BW; Art. 1345 port. CC; Art. 17 span. LPAP; § 1045(2) tschech. BGB. Auch in Schweden fallen herrenlose unbewegliche Sachen dem Staat zu (*Håstad,* Sakrätt⁶, S. 43; HD 29.1.1981, NJA 1981 S. 1). Weitere Angaben bereits in Bd. 1 § 2 Fn. 618.

[1246] Wie unter § 5:30(2) ungar. ZGB. Unter § 928(1) dt. BGB können Grundstücke zwar mit der Folge derelinquiert werden, dass dem Staat ein Aneignungsrecht zuwächst (§ 928(2) dt. BGB). Der Fiskus kann aber auf dieses Aneignungsrecht verzichten. Dann soll sich jedermann das Grundstück ohne Aufgebotsverfahren und vorherigen Eigenbesitz aneignen können (BGH 7.7.1989, BGHZ 108 S. 278). Gerade deshalb, weil es nicht auf den Eigenbesitz, sondern allein auf die Erklärung gegenüber dem Grundbuchamt und die anschließende Grundbucheintragung ankommt, hat man es hier aber nicht mit einer echten Aneignung zu tun. Es geht eben nicht um einen besitzgestützten Vorgang, sondern um eine Folge des Grundbuchsystems. Ähnlich verhalten sich die Dinge in Österreich. Die dortige herrschende Meinung hält unter Hinweis auf § 387 österr. ABGB die Dereliktion und die nachfolgende Aneignung herrenloser Grundstücke für möglich. Sie geschieht aber auch hier durch Eintragung im Grundbuch (OGH 20.5.2014, MietSlg. 66.572; Schwimann und Kodek [-*Klicka und Reidinger*], ABGB II⁴, § 381 Rdnr. 2; Rummel [-*Spielbüchler*], ABGB I³, § 387 Rdnr. 1).

[1247] § 958(1) dt. BGB; Art. 1075 gr. ZGB; Art. 923(1) ital. CC; Art. 930 lett. ZGB; Art. 4.58(1) lit. ZGB; Art. 561 malt. CC (stand die Sache erkennbar im Besitz oder Eigentum

gleichsweise seltene Auxiliarersitzung als Ersitzung eines subjektiven Aneignungsrechts an einem Grundstück zu deuten.[1248]) Und eine rein normative Sache kann nicht „herrenlos" sein, weil sie ohne Inhaber keine Sache mehr wäre.[1249] „Herrenlosigkeit" ist andererseits nicht identisch mit „Rechtlosigkeit". Beschränkte dingliche Rechte an einer eigentümerlosen Sache sind möglich; sie erlöschen nicht, nur weil ein Eigentümer auf sein eigenes Recht verzichtet oder es aus anderem Grunde verliert.[1250] Auch die Aneignung selber lässt die Rechte Dritter richtiger Ansicht nach unberührt. Denn für einen gutgläubig lastenfreien Erwerb ist kein Raum, wenn es nur darum geht, Eigentümerlosigkeit zu vermeiden.[1251] Damit korreliert, dass die Aneignung selber fehlschlägt, wenn die Sache tatsächlich nicht herrenlos ist, mag auch der Aneignende schuldlos geglaubt haben, sie wäre es.[1252]

179 Gegenstand der Okkupation sind mithin die sogen. ***res nullius.*** Das sind bewegliche Sachen (incl. der Tiere), die einer Person durch Eigentum zugeordnet werden können, aber derzeit niemandem in dieser Weise zugeordnet sind.[1253] Sachen, die zu einem erbenlosen Nachlass gehören, sind nicht aneignungsfähig, wenn und soweit sie *ex lege* in das Eigentum des Staates fallen.[1254] Aneignungsfähig sind dagegen alle dem Eigenbesitz zugänglichen beweglichen Sachen, die entweder noch nie jemandem gehört haben (Muscheln am Strand, Taubeneier, kleine Meteoriten[1255], Fossilien[1256]), von ih-

---

eines anderen, so ist sie ihm zurückzugeben oder bei der Polizei abzuliefern: Art. 564(1) malt. CC); Artt. 5:4 i.V.m. 5:24 ndl. BW; Art. 181 poln. ZGB; Art. 1318 port. CC; Art. 50 slowen. SPZ; Art. 610 span. CC; § 1045(2) tschech. BGB; § 5:52(1) ungar. ZGB; für Frankreich *Carbonnier,* Les biens, S. 1886 Rdnr. 902; *Terré und Simler* aaO S. 332 Rdnr. 412 (S. 334 Rdnr. 414 allerdings mit einer Ausnahme für Patente, die man sich durch Registrierung aneignen könne) und für Italien *Trabucchi,* Occupazione, Enc. dir. XXIX, S. 616.

1248 Oben Rdnrn. 153–154.

1249 Bd. 1 Rdnr. 228.

1250 *Wilhelm,* Sachenrecht⁵, Rdnr. 1031; Švestka/Dvořák/Fiala (-*Thöndel*), Občanský zákoník III, S. 144; *Triantos,* AK, Art. 1076 S. 1296 Rdnr. 2.

1251 Ebenso für Polen Osajda (-*Księżak*), Kodeks cywilny¹³, Art. 181 Rdnr. 11; a.A. allerdings Gutowski (-*Kępiński*), Kodeks cywilny I, Art. 181 poln. ZGB Rndr. 3 und auch das tschechische Recht (§§ 1008 i.V.m. 1107 tschech. BGB).

1252 Gniewek *(-Nadler),* Kodeks cywilny², Art. 181, S. 322 Rdnr. 2.

1253 *Księżak* aaO Rdnr. 1. In Italien, wo wildlebende Tiere grundsätzlich zum Staatsvermögen gehören, ist eine Aneignung folglich nur auf der Grundlage einer Jagdgenehmigung möglich; der Wilderer kann nicht durch Aneignung erwerben (*Bianca,* Diritto civile VI, S. 332; *Cendon,* Proprietà riserva e occupazione, S. 33).

1254 Wie unter § 1936 dt. BGB; § 18(1) estn. LSA; Art. 1868 gr. ZGB; Art. 586 ital. CC; Art. 416 lett. ZGB; Art. 5.2(3) lit. ZGB; Art. 935 poln. ZGB; § 462 slowak. BGB; § 1634 tschech. BGB und § 7:74 ungar. ZGB. Ebenso verhalten sich die Dinge in Frankreich: *Carbonnier* aaO (1247).

1255 Bd. 1 Rdnr. 85 mit Fn. 62. *Księżak* aaO Rdnr. 12 hält zutreffend jedermann für aneingungsberechtigt, und zwar auch dann, wenn er den Niedergang des Meteoriten auf einem fremden Grundstück beobachtet hat und dieses rechtswidrig betritt. Der Eigentümer habe gerade kein ausschließliches Recht, sich den Stein anzueignen. Er habe bestenfalls einen Anspruch auf Schadensersatz, wenn der Dritte ein Delikt begeht. Auch in England würden Meteoriten nicht als Schatz angesehen werden können, weil sie zu den *unworked natural objects* i.S.v. sec. 1(2) Treasure Act 1996 gehören.

1256 Hier kann es allerdings sein, dass sie als Gegenstände musealen Wertes, als Denkmäler oder als Kulturgüter dem Recht des Schatzfundes und in ihm entweder unmittelbar dem Staat (Artt. 932(2), 826 ital. CC i.V.m. Art. 90 ital. Codice dei beni culturali; Art. 44 span. LPHE; § 5:64(3) ungar. ZGB bzw. § 132(3) ungar. ZGB [1959]; dazu Tafelgericht Győr 15.2.2011, Bhar. 74/2009/5) oder dem Finder und dem Grundeigentümer zu gleichen Teilen zugeordnet

rem Eigentümer aufgegeben wurden *(res derelictae)* oder an denen sein Recht aus anderem Grund erloschen ist.[1257] „Das Eigentum an einer beweglichen Sache wird verloren, wenn der Eigentümer den Eigenbesitz in der Absicht aufgibt, auf das Eigentum zu verzichten" (Art. 5:18 ndl. BW). Das kann durch bloßes Wegwerfen geschehen (bei Müll, der zur Abholung bereitgehalten oder -gestellt wird, ist die Rechtslage streitig[1258]), aber auch dadurch, dass der Eigentümer seine Sache einfach dort belässt, wo sie sich befindet, und durch Passivität zu erkennen gibt, an ihr kein Interesse mehr zu haben.[1259]

Ein schöner Fall zur Abgrenzung ist Tafelgericht Budapest 10.1.2008.[1260] Es ging – im Kontext des Aneignungsrechts gänzlich ungewöhnlich – um sehr wertvolle Gegenstände, nämlich um elf Gemälde von z. T. weltberühmten Künstlern (El Greco, Lucas Cranach d. Ä., Courbet). Sie waren ursprünglich Teil der Privatsammlung des 1934 verstorbenen jüdischen Bankiers Herzog aus Budapest. Sie waren dort im Jahre 1944 beschlagnahmt worden. Im Zeitpunkt der Entscheidung hingen sie in Budapester Museen, in die sie in den 1950er Jahren gelangt waren. Die in den USA lebende Klägerin, eine Nachfahrin von Herzog, klagte erfolglos auf Herausgabe. Das Tafelgericht wies zwar das Argument der Museen zurück, die Klägerin hätte ihr Eigentum durch Anmeldung und Auszahlung von Entschädigungsansprüchen aufgegeben. Letztere waren Teil einer angeblich „privatrechtlichen" Vereinbarung zwischen den Regierungen der VR Ungarn und der USA über die Regulierung von Vermögensansprüchen der US-Regierung und der US-Bürger wegen ungarischer Zwangsenteignungsmaßnahmen. Mit der Anmeldung dieser Ansprüche sei keine konkludente Eigentumsaufgabe i. S. v. § 112 ungar. ZGB [1959] verbunden gewesen. Eine *derelictio* setze voraus, dass der Eigentümer für die Zukunft auf sein Eigentum verzichten wolle. Wer aber von einer bestimmten Person eine Entschädigung fordere, unterbreite bestenfalls ein Vertragsangebot. Außerdem habe der Rechtsvorgänger der Klägerin, als er

---

werden (wie in Griechenland; Art. 1093 gr. ZGB ist nach herrschender Lehre wie § 984 dt. BGB auf Fossilien etc. entsprechend anzuwenden: Georgiades und Stathopoulos [-*Libanis*], ZGB, Art. 1093 S. 556; *Georgiades,* Emprágmato Díkaio², S. 689 Rdnr. 1). In Österreich ist die Schatzeigenschaft von Sachen, die, wie Meteoriten und prähistorische Knochenfunde, nie einen Eigentümer hatten, umstritten (dafür Rummel [-*Spielbüchler*], ABGB I³, § 398 Rdnr. 1; dagegen Klang [-*Klang*], ABGB II², S. 269). TGI Millau, 26.5.1988, D. 1990 Somm. S. 87, Anm. *Robert* betraf ein Kind, das vierzehn versteinerte Wirbel eines Plesiosauroidea entdeckt hatte. Das Gericht verneinte deren Schatzeigenschaft mit der Begründung, dass das Vorhandensein von Fossilien an diesem Ort allgemein bekannt war. Es habe sich also nicht um eine zufällige Entdeckung gehandelt. Die Fossilien seien vielmehr *res nullius* gewesen, deren Eigentum dem ersten *occupant* zustand, mithin dem Kind.

[1257] Z. B. Art. 1076 gr. ZGB; Art. 923(2) ital. CC; §§ 381, 278 österr. ABGB („freistehend" ist auch eine derelinquierte Sache: Koziol und Welser [-*Kletečka*], Bürgerliches Recht I¹⁴, Rdnr. 985); Art. 1318 port. CC („Durch Aneignung können Tiere und bewegliche Sachen erworben werden, die immer herrenlos waren oder von ihren Eigentümern aufgegeben, verloren oder versteckt wurden") und § 5:52(2) ungar. ZGB (herrenlos sind die beweglichen Sachen, die noch nie jemandem gehörten oder deren Besitz der Eigentümer in der Absicht, auf das Eigentum zu verzichten, aufgibt).

[1258] Oben Rdnr. 77 a. E.

[1259] Z. B. Debreceni Törvényszék (Regionalgericht Debrecen) 5.P.21.423/2010/161 vom 21.5.2012 (Ersteigerer holt die nach der Zwangsräumung einer Immobilie in einem Nebengebäude eingelagerten Sachen nicht in der vorgesehenen Frist ab, teilt dem Gerichtsvollzieher auch mit, sie nicht mehr abholen zu wollen. Dadurch habe er auf sein Eigentum verzichtet). § 386 S. 2 Hs. 1 österr. ABGB operiert im Kontext des Fundrechts allerdings mit der Regel, dass im Zweifel gerade nicht zu vermuten sei, dass jemand sein Eigentum aufgeben wolle. AG Köln 10.8.2012, 526Ds 325/12, ECLI:DE:AGK:2012:0810.526DS395.12.00 betraf die Wegnahme sogen. „Liebesschlösser", die Paare an einer Rheinbrücke befestigt hatten. Das Gericht verurteilte wegen Diebstahls. Den Paaren sei das Schicksal der Schlösser nicht völlig gleichgültig gewesen.

[1260] Fővárosi Ítélőtábla 5.Pf.20.499/2006/33 vom 10.1.2008 (Tafelgericht Budapest als Berufungsinstanz).

Ungarn verlassen musste, die Gemälde gar nicht mitnehmen können. Deshalb allein habe er sein Eigentum aber noch lange nicht aufgeben wollen. Folglich sei eine Aneignung unter § 127 ungar. ZGB [1959] ausgeschlossen gewesen. Die Herausgabeklage und eine Feststellung des Eigentumsrechts wurden gleichwohl mit der wenig überzeugenden Begründung abgewiesen, dass selbst dann, wenn die Gemälde nicht (durch die US-Regierung als Vertreterin des Rechtsvorgängers der Klägerin) auf den ungarischen Staat übereignet worden sein sollten, er doch durch Ersitzung das Eigentum an ihnen erworben habe.

180 Wer eine Sache verliert und sie nicht mehr sucht, weil er sich für sie nicht mehr interessiert, gibt sein Eigentum an ihr auf; wer die Suche nur deshalb einstellt, weil er die Hoffnung verloren hat, nicht. Ein Schmuckstück, das die Eigentümerin vor ihrer Abreise in den Urlaub so gut versteckt, dass sie es nach ihrer Rückkehr selber nicht mehr wiederfindet, ist nicht herrenlos.[1261] Nicht unproblematisch wirkt vor diesem Hintergrund § 1050 tschech. BGB, wonach eine Sache als aufgegeben gilt, wenn ein Eigentümer sein Eigentumsrecht an einer beweglichen Sache über einen Zeitraum von drei Jahren nicht ausübt. (Handelt es sich um eine bewegliche Sache, die offenbar für ihren Eigentümer nur einen geringfügigen Wert hatte, und wird sie an einem öffentlich zugänglichen Ort zurückgelassen, so gilt sie ohne weiteres als aufgegeben.)

181 Praktisch besonders relevant sind Fragen im Zusammenhang mit **Tieren,** die von ihrem Privateigentümer nicht mehr versorgt werden oder ihm entlaufen. Die Aufgabe des Eigentums an Tieren mag je nach ihrer Art und den sonstigen Umständen des Einzelfalls strafrechtlich als Tierquälerei zu qualifizieren sein (der Familienhund wird bei Antritt der Urlaubsreise einfach auf der Straße zurückgelassen[1262]), privatrechtlich aber ist sie möglich. Die Folge ist, dass sich ein anderer das ausgesetzte Tier aneignen[1263] und es ggf. weiterveräußern darf.[1264] Verirrte oder entlaufene Tiere unterliegen dagegen grundsätzlich dem Fundrecht.[1265] Anders ist das nur, wenn sie verwildern[1266]

[1261] Beispiel nach *Georgiades,* Emprágmato Díkaio I, S. 675 Rdnr. 5. Siehe auch Berufungsgericht Ägäis 1/1971, NoB 19 (1971) S. 641 und *Triantos,* AK, 1076 S. 1295 Rdnr. 1

[1262] Strafbar ist das Aussetzen von Haustieren z. B. unter Art. 388 port. CP i. d. F. des Gesetzes 69/2014 vom 29.8.2014 und unter §§ 4(1)(s) und 6 des tschech. Gesetzes gegen Tierquälerei.

[1263] Appellationsgericht Kraków 17.6.2014, I Aca 528/14, Legalis-Nr. 1093155 (Dereliktion und Aneignung eines Hundes). Das neue Tierstatut *(estatuto jurídico dos animais)* des portugiesischen Rechts (Art. 201-B i. V. m. Art. 1305-A port. CC i. d. F. des zum 1.5.2017 in Kraft getretenen Gesetzes 8/2017 vom 3.3.2017; vgl. auch Art. 515-14 franz. CC) nähert sich zwar einem tierspezifischen Sachenrecht an (dazu Band 1 Rdnr. 172 mit Fn. 567), hat aber weder etwas an der Eigentumsfähigkeit von Tieren (Art. 1302(2) port. CC) noch an der Möglichkeit geändert, das Eigentum an ihnen aufzugeben.

[1264] Appellationsgericht Krakau 17.6.2014 aaO; poln. Oberstes Verwaltungsgericht 3.11.2011, II OSK 1628/11, Legalis-Nr. 825599 (Wer sein Tier aufgibt, verliert das Eigentum an ihm. Es wird herrenlos und kann durch Übernahme in Eigenbesitz angeeignet und anschließend veräußert werden).

[1265] Z. B. Art. 934 lett. ZGB („Haustiere sind selbst dann nicht als herrenlos anzusehen, wenn sie sich verlaufen oder verirrt haben. Wer sich ihrer bemächtigt, erwirbt an ihnen ebenso wenig Eigentum wie an gezähmten Tieren"); Art. 4.61 lit. ZGB und Art. 183 § 2 poln. ZGB. Unter § 384 österr. ABGB ist zu differenzieren. An Bienenschwärmen, zahmen und gezähmten Tieren besteht zwar grundsätzlich kein Aneignungsrecht. Es lebt aber bei Bienenschwärmen nach zwei, und bei gezähmten Tieren nach 42 Tagen auf. Es steht sodann auf öffentlichem Grund jedermann und im Übrigen dem Grundstückseigentümer zu, auf dessen Grund sich der Schwarm oder das Tier befinden. Ausgebrochene gezähmte Tiere, die dem Jagdrecht unterliegen, dürfen folglich erst nach Ablauf der genannten Frist geschossen werden (OGH 12.7.1984, SZ 57/130 betr. eine Kreuzung aus Haus- und Wildschwein). In der verwaltungsgerichtlichen Rechtsprechung Deutschlands besteht allerdings unter dem Eindruck von Art. 20a dt. GG (Tierschutz)

oder der Eigentümer seine Bemühungen einstellt, sie wieder einzufangen.[1267] Eine gewisse Berühmtheit haben die (praktisch freilich wenig relevanten) Spezialregeln einiger Rechtsordnungen über Bienenschwärme erlangt. Bienenschwärme müssen, um nicht herrenlos zu werden, von ihrem Eigentümer kurzfristig verfolgt werden.[1268] Sie werden also ausnahmsweise selbst dann herrenlos, wenn der Eigentümer *nicht* die Absicht hat, auf sein Eigentum an ihnen zu verzichten.[1269] Bienenschwärme liefern außerdem hübsche Beispiele für das Vermengungs- und Vermischungsrecht. Vereinigen sich Bienenschwärme während des „Auszugs", entsteht zugunsten der sie noch verfolgenden Eigentümer Miteigentum an dem neuen Schwarm. Der Eigentümer eines besetzten Bienenstocks (§ 964 dt. BGB spricht von einer „Bienenwohnung") erwirbt dagegen das Eigentum an den Bienen, die bei ihm einziehen.[1270] Entsprechendes findet sich in Art. 926 ital. CC und in Art. 613 span. CC für weitere Zuchttiere: „Die Tauben, Kaninchen und Fische, die von ihrer jeweiligen Zuchtstätte zu einer anderen überwechseln, welche einem anderen Eigentümer gehört, sind dessen Eigentum, vorausgesetzt, dass sie nicht durch irgendeine Hinterlist oder Täuschung angelockt wur-

---

eine Tendenz, entlaufene Tiere im Zweifel als herrenlos einzustufen, um Tierheimen im Interesse der Tiere den Eigentumserwerb zu erleichtern (z. B. OVG Greifswald 12.1.2011, 3 L 272/06 und VG Stuttgart 16.12.2013, 4 K 29/13 [Wasserschildkröte bzw. Hauskatze]).

[1266] Z. B. Art. 1077 S. 2 gr. ZGB („Ein gezähmtes wildes Tier wird herrenlos, wenn es die Gewohnheit zurückzukehren ablegt); Art. 933(2) lett. ZGB; Art. 465 span. CC (dressierte und gezähmte Tiere stehen den zahmen Tieren und den Haustieren gleich, solange sie die Gewohnheit beibehalten, in das Haus des Besitzers zurückzukehren) und Art. 5:19(1) ndl. BW („Der Eigentümer zahmer Tiere verliert das Eigentum an ihnen, wenn sie, nachdem sie aus seinem Gewahrsam gelangt sind, verwildert sind").

[1267] Art. 5:19 (2) ndl. BW („Der Eigentümer anderer Tiere verliert das Eigentum an ihnen, wenn sie die Freiheit erlangen und der Eigentümer nicht sofort versucht, sie wieder einzufangen, oder seine Versuche hierzu einstellt") und ähnlich auch Art. 1077 gr. ZGB. Haustiere, deren Herausgabe ihr Eigentümer nicht binnen dreißig Tagen ab Kenntniserlangung von ihrem jetzigen Aufenthaltsort verlangt, fallen unter Art. 562 malt. CC in das Eigentum desjenigen, in dessen Obhut sie sich befinden. Unter Art. 925 ital. CC und Art. 612(4) span. CC beträgt die Frist zwanzig Tage. Wer ein Tier einfängt und versorgt, erwirbt nach Ablauf dieser Zeit das Eigentum an ihm (*Díez-Picazo,* Fundamentos VI, S. 47).

[1268] „Unverzüglich" unter § 961 dt. BGB, Art. 1078 gr. ZGB und Kap. 21 §§ 1 und 2 schwed. Byggningabalk vom 23.1.1736 (1736:0123 1); innerhalb eines Tages unter § 937 lett. ZGB (Anmeldung beim Eigentümer des fremden Grundstücks, Herausgabeklage innerhalb eines Monats: § 939 aaO) und unter Art. 4.60(3) lit. ZGB; innerhalb von zwei Tagen unter Art. 924 ital. CC, Art. 1322 port. CC, Art. 612(3) span. CC und § 2(3) ungar. Gesetz CLXXIV/2013 (2013. évi CLXXIV. törvény a szomszédjogok és a tulajdonjog korlátainak különös szabályairól); innerhalb von drei Tagen seit dem Ausschwärmen unter Art. 182 § 1 poln. ZGB (in dieser Zeit muss der Schwarm auch gefunden werden); innerhalb von zehn Tagen ab Kenntnis von ihrem neuen Aufenthaltsort unter Art. 562 malt. CC. Ist die Frist verstrichen, darf sich der Eigentümer des Grundstücks, auf dem sich der Schwarm findet, die Bienen aneignen. Estland hat die Regeln über Bienenschwärme (früher § 97 estn. LPA) schon zum 1.7.2003 wieder aufgehoben (RT I 2003, 13, 64). Auch im katalanischen Aneignungsrecht (Artt. 542-20 bis 542-22 katal. CC) finden sie sich nicht mehr.

[1269] Vékás und Gárdos (*-Menyhárd*), Kommentár a Polgári Törvénykönyvhöz I, § 5:52 ungar. ZGB, S. 1011.

[1270] §§ 963, 964 dt. BGB; Art. 1080 gr. ZGB (eine dem § 964 dt. BGB entsprechende Vorschrift kennt das gr. ZGB nicht); Art. 938 lett. ZGB; Art. 4.60(4) lit. ZGB; Art. 182 § 3 poln. ZGB (lässt sich der Schwarm jedoch in einem unbenutzten fremden Bienenstock nieder, dann kann der Eigentümer gegen Ersatz der Kosten Herausgabe verlangen: Art. 182 § 2 poln. ZGB); § 1014(1) Satz 2 tschech. BGB.

den". Unter Art. 1320(1) port. CC gehören wilde Tiere, die unter menschlicher Obhut stehen, aber in die Obhut eines Anderen wechseln, diesem Anderen, es sei denn, sie lassen sich immer noch individuell identifizieren. Ob die Tiere „durch Täuschung oder Hinterlist angelockt wurden", macht sachenrechtlich keinen Unterschied (Art. 1320(2) aaO). Die Regel, dass sich jedermann gefährliche wilde Tiere aneignen und sogar töten darf, und zwar auch dann, wenn sie nicht herrenlos sind (Art. 1321 a. F. port. CC) wurde im Jahre 2017 aufgehoben.[1271]

182 Besonders detaillierte Regeln finden sich in den §§ 1045–1050 tschech. BGB. Wilde Tiere[1272] sind herrenlos, solange sie in Freiheit leben (§ 1046(1) aaO); gefangene, aber nicht mit einem Eigentümerzeichen markierte wilde Tiere werden herrenlos, wenn sie die Freiheit erlangen und nicht unverzüglich und ununterbrochen verfolgt werden (§ 1046(2) aaO). Gezähmte Tiere (z. B. ein Jagdfalke) werden unter § 1047(1) aaO herrenlos, wenn der Eigentümer sie nicht verfolgt und wenn sie nicht innerhalb eines angemessenen Zeitraumes (sechs Wochen) selber zu ihm zurückkehren. Sie können dann auf öffentlichem Grund von jedermann angeeignet werden, es sei denn, sie sind mit einem auf den Eigentümer hinweisenden Zeichen (mit GPS ausgestattetes Halsband, Marke, Chip, Tätowierung) ausgestattet. Für Heim-[1273], Haus- und Zuchttiere[1274] bestimmt § 1048 aaO, dass sie als zurückgelassen gelten, wenn unter den Umständen offensichtlich ist, dass sich der Eigentümer ihrer entledigen oder sie verjagen wollte. Ein Eigentümer, der seinen Hund einem Tierheim überlässt, übereignet das Tier, derelinquiert es aber nicht.[1275] Eine weitere Sonderkategorie sind Tiere in Zuchtanlagen. Ein Tier in einem zoologischen Garten oder ein Fisch in einem Teich oder einer ähnlichen Anlage, die kein öffentliches Gut darstellt, ist nicht herrenlos (§ 1049 tschech. BGB), denn sie gehören nicht zu den gezähmten Tieren i. S. v. § 1047 aaO. Das entspricht der Regelung in § 960(1) Satz 2 dt. BGB.

4. Fund und Schatzfund

a) Grundlagen

183 Die Regeln des Aneignungsrechts beziehen sich auf herrenlose Sachen, die Regeln des Fundrechts auf Sachen, die ihr Eigentümer verloren, aber gerade nicht derelinquiert hat. Meistens wird derjenige, der auf eine besitzerlose Sache stößt, zwar aus den Umständen schließen können, in welche dieser Kategorien sie gehört. Im Zweifel tut er jedoch gut daran, sie als Fundsache zu behandeln. Denn er trägt das Risiko, die Eigentumsverhältnisse falsch einzuschätzen. Unterläuft ihm ein solcher Fehler und nimmt er die Sache gleichwohl in Eigenbesitz, so bleibt er sachenrechtlich auf das ihm deutlich ungünstigere Ersitzungsrecht verwiesen; im Falle einer fahrlässigen Fehleinschätzung der Rechtslage droht außerdem die Verpflichtung zu Schadensersatz. Das Fundrecht schützt deshalb beide, den wahren Eigentümer wie den Finder. Es hat vor allem den Sinn, unter Offenlegung der Umstände Zeit zu gewinnen, um den aktuellen Eigentümer mit zumutbaren Mitteln ausfindig zu machen und ihn nach Möglichkeit

---

[1271] Man hatte es hier mit einer Art privatrechtlicher „Beschlagnahme" zu tun: *González,* Código Civil anotado IV, S. 153, Anm. 1 zu Art. 1321. Art. 1321 port. CC wurde durch Gesetz 8/2017 vom 3.3.2017 ersatzlos gestrichen.

[1272] Ein „wildes Tier" ist nicht gleich „Wild". Wild ist jagdbar, also eine Unterkategorie der wilden Tiere (§ 2 lit. b tschech. Jagdgesetz).

[1273] Ihre Definition folgt Art. 1(1) des Europäischen Übereinkommens vom 13.11.1987 zum Schutz von Heimtieren („ein Tier, das der Mensch insbesondere in seinem Haushalt zu seiner eigenen Freude und als Gefährten hält oder das für diesen Zweck bestimmt ist").

[1274] Sie werden den Haus- und Heimtieren durch § 1048 S. 2 tschech. BGB eigentumsrechtlich ausdrücklich gleichgestellt.

[1275] Tschech. OG 11.3.2009, 28 Cdo 3563/2008, Právní rozhledy 2009 (10) S. 373.

wieder in den Besitz zu setzen. Dem Finder, der mit der Sache pflichtgemäß verfährt, winkt im Gegenzug meistens ein Finderlohn.[1276] Fundrecht ist, so betrachtet, nichts anderes als ein Stück **gesetzliches Schuldrecht.**[1277] Eine sachenrechtliche Komponente erhält es erst dadurch, dass es dem Finder bei fruchtlosem Fristablauf neues Eigentum zuspricht. Fundrecht schafft Klarheit. Innerhalb des Sachenrechts hat man es wiederum mit einer **Sondermaterie des Besitzrechts** zu tun. Sie gibt demjenigen, der die gefundene Sache der zuständigen Stelle anzeigt (und ggf. überlässt), das Recht, die Sache am Ende der Aufbewahrungszeit in ausschließlichen Eigenbesitz zu nehmen und sie dadurch zu Eigentum zu erwerben. Ein Finder hat im Zeitpunkt des Fundes noch kein Recht auf den Besitz, aber er erwirbt die Aussicht auf dieses Recht, falls der Eigentümer nicht rechtzeitig ermittelt werden kann und seine Sache wieder für sich reklamiert.[1278]

Nicht alle Kodifikationen sprechen Aneignung und Fund ausdrücklich an[1279], **184**
und selbst die, welche von beiden handeln, greifen auf sie systematisch unterschiedlich zu.[1280] Das betrifft auch das zwischen Aneignung und Fund oszillierende Recht

---

[1276] Der Anspruch auf einen Finderlohn ist freilich keineswegs allen Rechtsordnungen geläufig. Belgien und Frankreich z. B. kennen ihn nicht.

[1277] Richtig Georgiades und Stathopoulos (*-Libanis*), ZGB, Art. 1081 S. 544 Rdnr. 1.

[1278] Die Erwerbsaussicht des Finders hat unter kontinentalem Recht (zum Common Law noch unten Rdnr. 186) nicht auch ihrerseits den Rang eines subjektiven Sachenrechts, insbesondere nicht den Rang eines Anwartschaftsrechts (Bd. 1 Rdnr. 481) (anders wohl Georgiades und Stathopoulos [*-Libanis*], ZGB, Art. 1089 S. 553 Rdnr. 2). Das sah auch EGMR 23.2.2013, *Koivusaari vs. Finland,* Application no. 20690/06, so. Es ging um die Bergung eines alten niederländischen Schiffes in finnischen Hoheitsgewässern. Der finnische Gesetzgeber änderte seine Gesetzgebung während der „Wartezeit", um zu verhindern, dass die an Bord befindlichen Gemälde später in das Eigentum des Bergungsteams fielen. Das, so das Gericht, stelle keine Eigentumsverletzung dar. Das erscheint schon deshalb richtig, weil jede Erwerbsberechtigung des Finders endet, sobald der Eigentümer Herausgabe verlangt (Rb. Rotterdam 19.12.2012, NedJur 2013 Nr. 298). Rechtlich relevant ist die Erwerbsaussicht nur deshalb, weil die jeweilige Fundbehörde pflichtgemäß handeln muss.

[1279] Anders als inzwischen der neue rumänische CC (Art. 557(1)) handeln der belg., franz. und luxemb. CC immer noch weder von der Aneignung *(occupation)* noch vom Fund *(invention).* Beide tauchen nicht einmal in der Liste der Eigentumserwerbsarten (Artt. 711 und 712 franz. CC) auf. Art. 717(1) franz. CC verweist für die „Rechte auf die ins Meer geworfenen Sachen" auf Regelungen „durch besondere Gesetze", und Art. 717(2) aaO fügt lapidar hinzu, dass dasselbe für (alle) „verlorene Sachen" gilt, „deren Eigentümer sich nicht meldet". Solche Spezialgesetze sind freilich selten (ein Beispiel ist das Gesetz vom 31.3.1986 relative à la vente des objets abandonnés ou laissés en gage par les voyageurs aux aubergistes ou hôteliers); meistens muss man auf städtische Verordnungen zurückgreifen, die aber nicht den Eigentumserwerb regeln können. Bei Rückgabe der Sache durch das Fundbüro nach gewöhnlich einjähriger Aufbewahrungsfrist erlangt der Finder folglich nur Eigenbesitz, der sich erst später durch Ersitzung in Eigentum wandelt (*Dross,* Les choses, S. 493 Rdnr. 267-1). Der Code civil selber regelt nur den Schatzfund (Art. 716 CC belg., franz. und luxemb. CC).

[1280] Während manche Kodifikationen Aneignung und Fund in je eigenen Titeln regeln und dadurch die Selbständigkeit dieser Materien betonen (z. B. das dt. BGB [Aneignung und Fund incl. Schatzfund (§§ 958–964 sowie §§ 965–984 dt. BGB)], das estn. LPA [§ 96 und §§ 98–101 estn. LPA, Schatzfund in §§ 103–104 aaO] und das ungar. ZGB [Kap. XVI-XVIII des fünften Buches, je für die Aneignung, den Eigentumserwerb an wilden Tieren und den Fund unter Einschluss des Schatzfundes]), führen andere Aneignung und Fund in einem einzigen Abschnitt zusammen (z. B. Artt. 923–933 ital. CC; Artt. 930–954 lett. ZGB; Artt. 4.58-4.67 lit. ZGB; Artt. 181–187 poln. ZGB; Artt. 1318–1324 port. CC; Artt. 50–53 slowen. SPZ; Artt. 610–617 span. CC; §§ 1045–1065 tschech. BGB) oder bringen sie ohne jede äußere Gliederung im Kontext der allgemeinen Vorschriften über den Eigentumserwerb (Artt. 1075–1093 gr. ZGB).

des Schatzfundes.[1281] Es trägt insoweit aneignungsrechtliche Züge, als es von Sachen handelt, die solange verborgen gelegen haben, dass ihr Eigentümer nicht mehr zu ermitteln ist.[1282] Bei solchen Sachen wäre eine Aufbewahrung zu seinen Gunsten sinnlose Zeitverschwendung; ob die Herrenlosigkeit einer Sache feststeht oder ob feststeht, dass sich ihr Eigentümer nicht mehr ermitteln lässt, macht in dieser Perspektive keinen Unterschied. Vorbehaltlich besonderer staatlicher Zugriffsrechte kommt es im Recht des Schatzfundes denn auch zu einem sofortigen (und nicht wie im gewöhnlichen Fundrecht zu einem aufgeschobenen) Eigentumserwerb durch den Finder. Anders als im Aneignungsrecht geht das Eigentum an dem „Schatz" aber im Zweifel zu gleichen Teilen an den Finder *und* an den Grundeigentümer. Eindeutig fundrechtliche Züge tragen zudem alle Regeln, die (vor allem bei „Schätzen" im umgangssprachlichen Sinn) den Akzent auf Pflichten zur Offenlegung und Ablieferung der Sache bei einer öffentlichen Stelle legen. Außerdem spricht gegen eine aneignungsrechtliche Deutung des Schatzfundrechts, dass Schätze, bevor sie in Besitz genommen werden, von ihrem neuen Besitzer „entdeckt" worden sein müssen. Entscheidend ist die Eigenleistung des Entdeckers, mag er auch im konkreten Fall einfach nur Glück gehabt haben.[1283]

b) Fund

185 Finder ist, wer eine verlorene Sache an sich nimmt. Eine Sache ist „verloren", wenn im Zeitpunkt des Fundes niemand tatsächliche Gewalt über sie ausübt.[1284] Sie steht aber immer noch im Eigentum eines Anderen; wäre sie auch „herren-" i.S.v. „eigentümerlos", hätte man einen Fall aus dem Aneignungs-, nicht aus dem Fundrecht vor sich. Wirft ein Dieb aus Angst vor Entdeckung die gestohlene Sache weg, wird sie zu

---

1281 Der spanische Gesetzgeber z.B. deutet das Recht des Schatzfundes erkennbar als das Scharnier zwischen Aneignungs- und Fundrecht. Denn er handelt (in Art. 614 span. CC) im Anschluss an die Aneignung zuerst vom Schatzfund und erst anschließend vom Fund. Art. 4.62(1) lit. ZGB geht noch weiter und definiert Fund als den Fund einer Sache, die verloren und deren Eigentümer nicht bekannt ist.

1282 Die französische Lehre erörtert deshalb den Schatzfund häufig unter dem Oberbegriff *occupation*. Den *res nullius* stünden die *trésors*, d.h. die Sachen gleich, die zwar bereits angeeignet sind, aber im Zeitpunkt der *occupation* keinen Besitzer haben (*Terré und Simler*, Les biens[9], S. 332 Rdnr. 442; *Larroumet*, Les biens[5], Rdnr. 964). *Hansenne*, Les biens, S. 225–233, Rdnrn. 212–220 (ähnlich für Belgien auch *Bernard*, Précis de droit des biens, S. 182–190) dagegen unterscheidet deutlich zwischen der *occupation*, der *invention* und den *épaves*.

1283 *Wilhelm*, Sachenrecht[5], Rdnr. 1162.

1284 Sehr anschaulich Art. 943 lett. ZGB: „Als verloren gilt ... eine Sache, wenn der Verlierer nicht weiß, wo er sie suchen, wem er sie abfordern oder wie er sie wiedererlangen soll". Berufungsgericht Piräus 197/2003, END 2003 S. 152; Berufungsgericht Athen 4955/1990, EllDni 34 (1993) S. 626 und Berufungsgericht Athen 1216/1986, EllDni 27 (1986) S. 1129 formulieren, dass es darauf ankommt, dass der Besitz, aber nicht das Eigentum verloren wurde. Ebenso sieht es § 1 schwed. Lag om hittegods. Ein *fynd* ist ein besitzerloser beweglicher Gegenstand (*Håstad*, Sakrätt[6], S. 43; *Agell/Malmström/Ramberg/Sigeman*, Civilrätt[23], S. 87). § 388 österr. ABGB differenziert feinsinnig zwischen „verlorenen" und „vergessenen" Sachen. Beiden ist gemein, dass sie „ohne den Willen des Inhabers" aus seiner „Gewalt" geraten sind. Während aber die verlorene Sache unter niemandes Gewahrsam steht, fällt die vergessene Sache unmittelbar in fremden Gewahrsam, weil sie an einem „unter der Aufsicht eines anderen stehenden Ort" zurückgelassen wurde. Der auf der Straße liegende Regenschirm ist also im Zweifel „verloren", der im Kaufhaus liegende vergessen. „Finden" freilich kann man unter § 389 ABGB sowohl verlorene als auch vergessene Sachen.

einer fundtauglichen Sache.[1285] Auch im Fundrecht muss es sich um eine bewegliche Sache (incl. Bargeld[1286]) handeln; ein Grundstück kann man weder „verlieren" noch „finden".[1287] Ob jemand, der eine verlorene Sache an sich nimmt, an ihr Detention (nach einer Minderheitsansicht sogar nur die Stellung eines Besitzdieners[1288]) oder bürgerlichrechtlichen Besitz erlangt, hängt, wie sonst auch, von seiner inneren Einstellung ab. Der „ehrliche Finder" ist **Fremdbesitzer;** nur der „unehrliche" schwingt sich (in meistens sogar strafbarer Weise[1289]) zum rechtswidrigen und bösgläubigen Ei-

[1285] LG Rodopi 245/1966, NoB 15 (1967) S. 177; Berufungsgericht Athen 1216/1986, EllDni 27 (1986) S. 1128; Svea hovrätt 6.9.1995, RH 1995:80 (gestohlenes Fahrrad, das der Dieb in das Gebüsch eines Parkes geworfen hatte).

[1286] Siehe bereits oben Fn. 491, außerdem ungar. OGH, Legf. Bír. Kfv. X. 37.920/2001, BH2003.38 (noch zu § 129 ungar. ZGB [1959]: Der Kläger hatte im Jahre 1996 eine Tasche mit deutschem, rumänischem und ungarischem Bargeld gefunden, sie bei der Behörde abgeliefert und zwei Jahre später zum Zweck des Eigentumserwerbes herausverlangt. Geld falle als Sache unzweifelhaft in den Kreis gewöhnlicher Gegenstände persönlichen Eigentums; die Höhe der Summe sei ohne Bedeutung). Unter Art. 5(3) i. V. m. Art. 21(4) poln. GFS ist Bargeld unverzüglich beim zuständigen Landrat abzuliefern. Siehe auch Hof Den Haag 17.1.2017, ECLI:NL:GHDHA:2017:33, NJF 2017/100 (Die Klägerin, eine Abfalltrennungsgesellschaft, klagte gegen einen ihrer Arbeitnehmer, der bei der ihm übertragenen Demontage eines Druckers vier Briefumschläge mit Geld gefunden und den Fund sowohl der Gemeinde als auch seinem Arbeitgeber angezeigt hatte. Das Gericht qualifizierte den Arbeitgeber als Finder. Der Arbeitnehmer sei nur seinen Dienstaufgaben nachgekommen).

[1287] Nicht restlos klar scheint das allerdings in Spanien zu sein. TS 24.7.2001, RAJ 2001 Nr. 6928 S. 10808 betraf die Entdeckung einer Höhle mit umfangreichen prähistorischen Malereien. Die Höhle lag auf dem Grundstück einer Gemeinde. Ein Spaziergänger hatte sie entdeckt und die Entdeckung (im Gegensatz zu drei weiteren Personen) korrekt angezeigt. Das Eigentum an der kulturhistorisch sehr bedeutsamen Höhle ging *ex lege* auf den spanischen Staat über (Art. 44(1) Ley del Patrimonio Histórico Español). Der Tribunal Supremo entschied, dass dem Entdecker unter Art. 44(3) aaO ein *premio en metálico* zustand (ein Ausgleich in Geld, ein „Finderlohn"), weil auch eine Immobilie ein „Objekt" i. S. dieser Bestimmung sein könne. Die Entscheidung ist zwar in einem fundrechtlichen Duktus gehalten, und die Nachfolgeentscheidungen argumentieren schatzfundrechtlich. Der Spaziergänger (AP Oviedo 6.6.2005, ECLI:ES:APO:2005:1659) und die Gemeinde (TSJ Asturien 16.11.2007, ECLI:ES:TSJ AS:2007:6401) erhielten je ein Viertel des Wertes der Höhle; die anderen Beteiligten gingen wegen der Unterlassung der Anzeige leer aus (AP Oviedo aaO). In der Sache geht es aber nicht wirklich um privatrechtliches Fundrecht (denn es war völlig klar, dass die Höhle zum öffentlichen Eigentum des Staates gehörte), sondern um eine öffentlichrechtliche Ausgleichszahlung.

[1288] So *Pietrzykowski,* Kodeks cywilny[8], Art. 187 Rdnr. 5. Gniewek (-*Szydło*), Kodeks cywilny[7], Art. 187 Rdnr. 2 fügt hinzu, die Herrschaftsübernahme sei ein rein faktischer Vorgang.

[1289] Unter französischem Recht qualifiziert J. Cl. Civil (-*Bouzon-Roulle*), Code, Art. 717, Fasc. 50, Rdnr. 9 die Begründung von Eigenbesitz an einer Fundsache als Diebstahl, in Deutschland und in Österreich hat man im Zweifel eine Unterschlagung vor sich (§§ 246 dt. StGB, 134 österr. StGB), in Griechenland ist schon das Unterlassen der Anzeige strafbar (Art. 376 gr. StGB), und in Portugal (Art. 209 port. CP; dazu RP 29.10.1997, Processo 971012), Schweden (Kap. 10 § 4 BrB), Spanien (Art. 254 span. CP), Tschechien (§ 219 tschech. StGB) und Ungarn (§ 378 ungar. StGB) existieren speziell für gefundene Sachen konzipierte Straftatbestände der unrechtmäßigen Aneignung (zu § 325 ungar. StGB [1978] Pest Megyei Bíróság Fkf. 697/2008/6 [Komitatsgericht Pest als Berufungsinstanz], http://birosag.hu/ugyfelkapcsolati-portal/anonim-hatarozatok-tara: „Die Tat der unrechtmäßigen Aneignung wird von demjenigen begangen, der eine fremde Sache gefunden hat oder aber die Sache durch Zufall oder Irrtum in seinen [tatsächlichen] Besitz gelangt ist. Der Fund ist nichts anderes als die Besitzergreifung an einer verloren gegangenen beweglichen Sache. Die bewegliche Sache gilt dann als verloren gegangen, wenn der Eigentümer [Besitzer] den [tatsächlichen] Besitz über die Sache verloren hatte

genbesitzer auf. Als solcher kann er bestenfalls noch außerordentlich ersitzen.[1290] Den Detentor erkennt man daran, dass er sich entweder an die Behörde wendet oder selber das Mögliche und Zumutbare unternimmt, um dem Verlierer, dem Eigentümer oder einer sonst empfangsberechtigten Person (z.B. dem Nießbraucher oder Mieter) von dem Fund Nachricht zu geben[1291] und die Sache in der Zwischenzeit für ihn verwahrt. Wer in Wohnungen, Gebäuden und Beförderungsmitteln auf eine liegen gebliebene fremde Sache stößt, muss allerdings den generellen Herrschaftswillen des Nutzers bzw. des Betreiber respektieren. Im Zweifel handelt es sich in solchen Fällen gerade nicht um eine „verlorene", sondern um eine Sache im Besitz (und hier wiederum im Zweifel in der Detention) des Nutzers bzw. des Betreibers.[1292] Die Sache war m.a.W. nie besitzerlos. Denn sie ging unmittelbar aus dem Eigen- oder Fremdbesitz des Verlierers in die Detention des Inhabers der Wohnung, des Geschäfts oder des Beförderungsunternehmers über.[1293] Auch die Letztgenannten sind aber richtiger Ansicht nach keine „Finder".[1294] Denn sie erlangen durch den Hinweis des Besuchers

---

und die Sache nicht wieder in Besitz nehmen kann bzw. aus irgendeinem sonstigen Grund die Wiedererlangung der physischen Herrschaft an der Sache unmöglich ist").

1290 Oben Rdnrn. 157–158. Wo einem bösgläubigen Eigenbesitzer auch die außerordentliche (lange) Ersitzung abgeschnitten bleibt, kann sich ein unredlicher Finder gegen den Herausgabeanspruch gelegentlich aber noch mit der Verjährungseinrede wehren (z.B. Art. 118 § 1 poln. ZGB).

1291 Es muss also nicht stets der Eigentümer benachrichtigt werden. Denn ein Finder wird oft weder wissen noch wissen können, wer der Eigentümer der Fundsache ist. Unter § 965 dt. BGB, § 98(1) estn. LPA, Art. 187 poln. ZGB und § 5:55(1) ungar. ZGB genügt deshalb die Benachrichtigung der Person, welche die Sache verloren hat oder zu ihrem Empfang berechtigt ist; ihr darf der Finder die Sache mit haftungsbefreiender Wirkung auch wieder aushändigen (§ 969 dt. BGB; Art. 1084(2) gr. ZGB; anders möglicherweise Art. 927 ital. CC und Art. 4.62(2) lit. ZGB, die sich mit der Regel begnügen, dass die Sache ihrem Eigentümer zurückzugeben sei). Ein Finder wird also z.B. auch dann frei, wenn er, ohne von dem Diebstahl zu wissen, die Sache dem Dieb zurück gibt. Empfangsberechtigt ist im Übrigen jeder, der ein dingliches oder schuldrechtliches Recht auf den Besitz der Sache hat. Unter Art. 51(1) slowen. SPZ genügt die Benachrichtigung einer Person, von der der Finder annehmen darf, dass sie zur Übernahme der beweglichen Sache berechtigt ist. Art. 944 lett. ZGB erwähnt den Eigentümer nicht einmal; zu benachrichtigen ist die Person, welche die Sache verloren hat. Auch in § 390 österr. ABGB ist der Eigentümer nicht erwähnt; als Adressat der Fundanzeige wird lediglich die Fundbehörde genannt.

1292 Ungar. OGH, Legf. Bír.B. törv. IV.206/1975, BH1975.298 (Ansichnahme einer in einer Gaststätte von einem anderen Gast zurückgelassenen Geldbörse ist Diebstahl, nicht Fundunterschlagung) und Georgiades und Stathopoulos (*-Libanis*), ZGB, Art. 1081 S. 545 Rdnr. 4. Anders ist das wiederum, wenn die Sache so unzugänglich liegt, dass sie der Sachherrschaft entzogen ist (eine Münze fällt in einen Bodenriss). Siehe auch STJ 20.1.2000, Processo 99S213 (Mitarbeiter einer Fluggesellschaft sieht während seiner Arbeit einen stehen gelassenen Gepäckwagen eines Passagiers, gibt aber nur einige Gepäckstücke ab und behält andere für sich; die Kündigung des Arbeitsverhältnisses mit ihm war rechtmäßig).

1293 Siehe bereits oben Rdnr. 69 mit Fn. 491.

1294 Anders allerdings § 98(2) Satz 2 estn. LPA („Upon finding a thing in a residential building, public establishment or means of transport, the person finding the thing is required to deliver the thing to the house owner, tenant, an employee of the corresponding establishment, the driver of the means of transport or the police. The house owner, tenant, establishment, transport organisation or police to whom the found thing is delivered shall be deemed the finder"). Schweden verfügt über eine Vielzahl von speziellen Verordnungen zur Bekanntmachung von und zum Umgang mit Fundsachen in Eisenbahnen und Bahnhöfen, Flugzeugen und Flughäfen, Bussen, Straßen- und U-Bahnen und „öffentlichen Betriebslokalen". Bei solchen *institutionsgods* („Institutionsgegenständen") soll die Polizei die Institution fragen, ob sie zugunsten des

bzw. des Kunden lediglich Kenntnis davon, dass sich eine Sache, von der sie bislang nichts wussten, in ihrer Gewalt befindet.[1295] Die Pflichten eines Besuchers oder eines Kunden, den Wohnungs- oder Geschäftsinhaber auf die jeweilige Sache aufmerksam zu machen bzw. sie bei ihm abzuliefern[1296], sind deshalb, strikt genommen, außerfundrechtlicher Natur. Das findet seine Bestätigung in der verbreiteten Regel, dass niemand das Eigentum an verlorenen bzw. vergessenen Sachen erwerben kann, die er in Behörden, Eisenbahnen und Fahrzeugen des öffentlichen Personennahverkehrs herumliegen sieht, und zwar auch dann nicht, wenn er sie pflichtgemäß abliefert.[1297] Hier

---

Finders bereit ist, auf den Finderlohn zu verzichten (§ 14 schwed. RPSFS 2010:7 FAP 650-1) (Vorschriften und allgemeine Ratschläge des Reichspolizeiamtes zur Handhabung von Fundsachen). Ein Wohnungsinhaber ist unter § 6 schwed. Lag om hittegods in Bezug auf liegengelassene *(kvarglömda)* Gegenstände zwar verpflichtet, die Vorschriften über Funde zu befolgen, hat aber keinen Anspruch auf Finderlohn.

[1295] Der Betreiber eines Supermarktes, in dessen Regalen ein Kunde einen Geldschein entdeckt, den er anschließend an der Kasse abgibt (BGH 24.6.1987, BGHZ 101 S. 186), ist genauso wenig Finder wie der Kunde selbst (Vékás und Gárdos [-*Menyhárd*], Kommentár a Polgári Törvénykönyvhöz I, § 5:59 ungar. ZGB, S. 1016). Der Supermarktbetreiber hat deshalb auch keinen Anspruch auf Finderlohn. Wenn der Betreiber die Sachen separat aufbewahrt, evtl. sogar in einer Liste notiert, ist er zwar Fremdbesitzer, aber deshalb allein weder verpflichtet noch berechtigt, die jeweiligen Sachen beim Fundbüro oder bei der Polizei abzuliefern. Nicht abgeholte Gegenstände wird er nach den Regeln des Eigentümer-Besitzer-Verhältnisses veräußern dürfen. Bei Gegenständen von geringem Wert (der Regenschirm bleibt liegen, niemand meldet sich) wird dagegen i. d. R. eine Dereliktion zu bejahen sein. Trib. Brüssel 24.5.1989, JT 1990 S. 568 betraf Inhaberpapiere, die in einem Umschlag lagen, der sich in einer Zeitschrift befand, die neben dem Schalter einer Bank liegen geblieben war. Da sich die Papiere nicht in einem öffentlichen Raum befanden (dann wäre das Gesetz vom 30.12.1975 concernant les biens trouvés en dehors des propriétés privées ou mis sur la voie publique en exécution de jugements d'expulsion anwendbar gewesen) und ein Eigentumserwerb unter Art. 2279 belg. CC mangels guten Glaubens ausgeschlossen war, qualifizierte das Gericht den Umschlag als „Wrack" und den Bankkunden als *inventeur.* Für solche Fälle fehlt es in Belgien aber gerade an einer Spezialgesetzgebung (oben Fn. 1279), und deshalb, so dass Gericht komme (nach Ablauf von dreißig Jahren) nur eine außerordentliche Ersitzung in Betracht. Hovrätten för Västra Sverige 29.11.2005, RH 2005:67 entschied (aus unserer Sicht wenig überzeugend), dass zwei 500 SEK Banknoten, die in einem Geldautomaten liegen geblieben waren, weder im Besitz ihres Eigentümers noch im Besitz der Bank gewesen wären. Es habe sich nicht um einen Diebstahl gehandelt, was gleichzeitig zur Folge haben dürfte, dass die Scheine gefunden werden konnten.

[1296] § 978(1) dt. BGB („Wer eine Sache in den Geschäftsräumen oder den Beförderungsmitteln einer öffentlichen Behörde oder einer dem öffentlichen Verkehr dienenden Verkehrsanstalt findet und an sich nimmt, hat die Sache unverzüglich ... abzuliefern") wirkt aus heutiger Sicht nicht zureichend genau formuliert. Denn in Wahrheit hat man gar keinen Fund vor sich; jedenfalls ist die Behörde im Zweifel schon in dem Zeitpunkt Besitzerin der Sache, in dem der Besucher sie an sich nimmt (näher BGH 24.6.1987, BGHZ 101 S. 186, 192–193). Die Redeweise vom „Fund" solcher Sachen (und dem auf die Hälfte des sonst üblichen Satzes reduzierten „Finderlohns": § 978(2) dt. BGB) ist aber nach wie vor sehr verbreitet. Art. 1092 gr. ZGB handelt von dem Fund einer Sache in bewohnten Gebäuden und öffentlichen Räumen; Art. 5:5(2) Satz 2 ndl. BW z. B. von Funden in Wohnungen, Gebäuden und Transportmitteln. Die Mitteilung ist jeweils demjenigen zu machen, der die Wohnung bewohnt, das Gebäude in Gebrauch oder das Transportmittel in Betrieb hat. Ebenso verhält es sich unter Art. 5 poln. GFS, der allerdings den Wohnungsinhaber verpflichtet, unverzüglich dem Landrat Anzeige zu machen, falls der Empfangsberechtigte oder sein Aufenthaltsort unbekannt sind. § 5:59(1) ungar. ZGB begründet die Pflicht des Finders, die Sache unverzüglich dem Angestellten des Betreibers zu übergeben. Ganz ähnliche Vorschriften finden sich in § 98(2) estn. LPA und § 1052(2) tschech. BGB.

[1297] Z. B. § 978(1) Satz 2 dt. BGB und § 5:59(1) ungar. ZGB. Unter §§ 389 und 392 österr. ABGB hat der Finder allerdings auch in solchen Fällen Anspruch auf einen Finderlohn und die

wird auf vergessene Sachen gewöhnlich besonders aufgepasst, und es ist i. d. R. institutionell sichergestellt, dass mit ihnen korrekt umgegangen wird.[1298]

186 Besitz- und Eigentums- sowie Delikts- und Strafrecht fließen nirgendwo so unübersichtlich zusammen wie im ***common law of finders***.[1299] Seinen Ausgangspunkt hat es in *Armory v Delamirie.*[1300] Ein Schornsteinfegergehilfe hatte einen Ring gefunden, den er zu einem Goldschmied brachte. Dessen Gehilfe löste die in dem Ring gefassten Juwelen. Dem Schornsteinfegergehilfen wurde Schadensersatz zugesprochen. Denn „the finder of a jewel, though he does not by such finding acquire an absolute property or ownership, [...] has such a property as will enable him to keep it against all but the rightful owner". Daraus entwickelte sich „the general right of the finder to any article which has been lost, as against all the world, but the true owner".[1301] Der Finder erhält also ein Recht an der Sache, nicht, weil er Finder ist, sondern weil er *possession* an ihr begründet.[1302] Dieses Recht besteht gegenüber jedermann und übersteht einen nachfolgenden unfreiwilligen Besitzverlust durch den Finder.[1303] Wird die Sache allerdings in einem Gebäude gefunden, steht seinem „Eigentümer" das vorrangige Recht an der Sache jedenfalls dann zu, wenn er den Willen zu erkennen gibt, *possession* an allen in seinem Machtbereich verlorenen Gegenständen auszuüben.[1304] „A person having a finder's rights has an obligation to take such measures as in all the circumstances are reasonable to acquaint the true owner of the finding and present whereabouts of the chattel and to care for it meanwhile."[1305] Die Quelle dieser Pflichten dürfte *bailment* sein.[1306] Außerdem haftet ein Finder dem Eigentümer aus *conversion,* wenn er dessen höherrangiges Recht verletzt. Letzteres erlischt wiederum nur nach den allgemeinen Regeln des Limitation Act 1980, mithin erst nach sechs Jahren (sec. 2 und 3 aaO).[1307] Der Finder ist m. a. W. berechtigter Besitzer, kann seinen Besitz verteidigen und übertragen, bleibt aber dem Eigentümer gegenüber sechs Jahre lang und damit solange herausgabepflichtig, wie dessen Recht nicht verjährt ist. Erst ab diesem Zeitpunkt erlangt das Besitzrecht des Finders eigentumsgleiche Qualität. Schon vorher kann er sich von dem fremden Eigentümerrecht aber gleichsam „freikaufen", indem er die Herausgabe verweigert und im Wege des Schadensersatzes den Preis der Sache zahlt (secs. 3 und 5 Torts (Interference with Goods) Act 1977). Wer zunächst nur ein dem Eigentümer unterlegenes Sachenrecht durch Besitzergreifung erlangt, kann es also im Ergebnis zu vollem Eigentum aufwerten. Das ist nur dann anders, wenn das Gericht nach seinem freien Ermessen ein spezifisches Herausgabeinteresse des Eigentümers anerkennt.[1308]

Aussicht, Eigentum zu erwerben (§ 395 aaO). Ein Finderlohn entfällt aber unter § 394 Nr. 3 aaO, wenn „die vergessene Sache auch sonst ohne deren Gefährdung wiedererlangt worden wäre". Unter Art. 187 § 1 poln. ZGB i. V. m. Art. 7(1) poln. GFS scheint der Fundort der Sache allerdings eigentumsrechtlich belanglos zu sein.

1298 *Menyhárd* aaO (Fn. 1295).

1299 *Maddox,* Irish Jurist 2010, S. 260–261.

1300 (1722) 1 Str 505; 93 ER 664.

1301 *Bridges v Hawkesworth* (1851) 21 LJQB 75; dazu *Tay,* (1964) 8 Am. J. Legal Hist. 224.

1302 *Hickey,* Property and the Law of Finders, S. 26–27.

1303 *Pollock und Wright,* Possession in the Common Law, S. 40–41; *Fox,* CLJ 2006, 65(2), 330, 346.

1304 *South Staffordshire Water Co v Sharman* [1896] 2 QB 44; *City of London Corp v Appleyard* [1963] 1 WLR 982; *Parker v British Airways Board* [1982] QB 1004, 1017 (*Donaldson* LJ).

1305 *Parker v British Airways Board* aaO.

1306 *Morris v CW Martin & Sons Ltd* [1966] 1 QB 716, 732 (CA, *Diplock* LJ, *obiter*); *Gilchrist Watt and Sanderson Pty Ltd v York Products Pty Ltd* [1970] 1 WLR 1262, 1267; *Panayiotis Kourris v Alpo Ltd.* (1981) 1 CLR 217, 222. S. aus Zypern auch *Ioannou v Kounnides* (1998) 1 CLR 1215: Ein Bankdirektor hatte einen seiner Angestellten damit beauftragt, einen Umschlag, welcher dem Bruder des Bankdirektors gehörte, zu verwahren. Der Angestellte haftete dem Bruder nicht für den Verlust, weil ihm (dem Angestellten) nicht klar genug bedeutet worden war, dass er die Rolle eines *bailee* (Ypothematofýlakas) übernehmen sollte.

1307 *Hickey,* Property and the Law of Finders, S. 85 und S. 160.

1308 *Howard E Perry & Co Ltd v British Railways Board* [1980] 1 WLR 1375, 1382; *Secretary of State for Defence v Guardian Newspapers Ltd* [1984] Ch 156 (CA).

Dass ein Finder auf der Zahlung seiner Aufwendungen für die zwischenzeitliche Aufbewahrung der Sache, ihre Erhaltung und das Ausfindigmachen des Empfangsberechtigten[1309] besteht und die Herausgabe der Sache verweigert, bis ihm ein angemessener Finderlohn angeboten wird, ändert nach kontinentaleuropäischem Verständnis nichts an seiner Rolle als Fremdbesitzer. Dieser Fremdbesitz wandelt sich erst dann in Eigenbesitz, wenn der Finder dem Empfangsberechtigten, der sich weigert, den geschuldeten Finderlohn zu zahlen, eine Frist setzt und diese mit der Wirkung fruchtlos verstreicht, dass der Finder das Eigentum erwirbt (§ 974 dt. BGB; Art. 1089 gr. ZGB). Zum Eigenbesitzer wird der Finder außerdem, wenn er den Fund auf Nachfrage verheimlicht, und im Zweifel auch dann, wenn er die Sache an sich nimmt, ohne den Fund korrekt anzuzeigen. In beiden Fällen verwirkt er auch seinen Finderlohn.[1310] **187**

Über die Berechtigung eines gesetzlichen (d.h. eines nicht privatautonom ausgelobten oder vereinbarten[1311]) **Finderlohns** lässt sich rechtspolitisch durchaus streiten. Unter dem englischen System ist für ihn schon deshalb kein Raum, weil der Finder ja sofort ein Sachenrecht erwirbt (Rdnr. 186), aber auch Belgien und Frankreich kennen ihn nicht.[1312] Rein äußerlich liegt das daran, dass der Code civil ohnehin kein echtes Fundrecht ausgebildet hat, lässt sich aber auch wertend durchaus nachvollziehen. Eine positive Persönlichkeit erwartet von ihren Mitmenschen keinen Finderlohn; sie hilft ihnen aus eigenem Antrieb.[1313] Viele Zeitgenossen bedürfen aber offenbar wirklich des Anreizes, nicht einfach wegzuschauen. Sie wollen „belohnt" werden, gleich, ob sie die Sache unmittelbar ihrem Eigentümer zurückgeben oder er sie auf dem Umweg über die zuständige Behörde zurückerhält.[1314] Der Finderlohn darf aber jedenfalls nicht so hoch angesetzt werden, dass der Eigentümer seine Sache quasi zurückkaufen muss; dann würde das Fundrecht seinen Sinn verfehlen.[1315] Art. 5:10(2) ndl. BW z.B. belässt **188**

[1309] Z.B. Art. 9(2) poln. GFS (der ausdrücklich auch die Kosten für die Suche nach dem Empfangsberechtigten nennt, die Höhe der ersatzfähigen Aufwendungen aber insgesamt auf den Wert der Sache beschränkt) sowie Artt. 1085 und 1087 gr. ZGB (wonach der Finder die Kosten der Aufbewahrung der Sache auch dann verlangen darf, wenn er seiner Benachrichtigungspflicht nicht nachgekommen ist: *Triantos,* AK, Art. 1085 S. 1299 Rdnr. 1). § 392 österr. ABGB gibt dem Finder neben einem Anspruch auf Finderlohn einen Anspruch auf Ersatz seiner notwendigen und zweckmäßigen Aufwendungen.

[1310] Z.B. § 971(2) dt. BGB; § 101(1[1]) estn. LPA; Art. 1086(3) gr. ZGB; Art. 4.64(2) lit. ZGB; § 394 österr. ABGB; § 1061 tschech. BGB.

[1311] Angesichts des in Teilen veralteten spanischen Fundrechts (Art. 616 span. CC) hat sich in der dortigen Lehre die Ansicht durchgesetzt, dass ein Finder zwischen dem vom Eigentümer oder einem sonstigen Berechtigten ausgelobten und dem gesetzlichen Finderlohn wählen darf. Er darf aber die Belohnung *(recompensa)* und den Finderlohn *(premio)* nicht kumulieren (Domínguez Luelmo [-*Calvo Vidal*], Comentarios al Código Civil, Art. 616, S. 723–724).

[1312] Nicht ausgeschlossen ist aber natürlich eine Belohnung aufgrund einer öffentlichen Auslobung, die nicht vor der Entdeckung widerrufen wurde (J.-Cl. Civil Code [-*Bouzon-Roulle*], Art. 717, Fasc. 50 Rdnr. 9), und für Aufwendungsersatzansprüche steht das Recht der *gestion d'affaires* (Art. 1375 belg. und Art. 1301-2 franz. CC) bereit.

[1313] Wer eine Sache entdeckt, die ihrer Bedeutung für das Gemeinwesen wegen *ex lege* in das Eigentum des Staates fällt, erhält unter Art. 11(1) poln. GFS zwar eine Belohnung, aber keinen Finderlohn. Denn es geht nicht darum, den Eigentümer ausfindig zu machen, sondern darum, den Gegenstand im öffentlichen Interesse zu erhalten.

[1314] Dann können allerdings besondere Fristen für die rechtzeitige Geltendmachung des Anspruchs relevant werden (z.B. Art. 88(1) bulgar. Gesetz über Eigentum; Art. 1089(1) gr. ZGB; Art. 10 poln. GFS).

[1315] Vékás und Gárdos (-*Menyhárd*), Kommentár a Polgári Törvénykönyvhöz I, § 5:62 ungar. ZGB, S. 1018.

es vor diesem Hintergrund bei einem Anspruch auf „eine nach den Umständen angemessene" Belohnung. Art. 948 lett. ZGB überantwortet die Bestimmung des Finderlohns dem Gericht; er darf ein Drittel des um die Unterhaltungskosten verminderten Sachwerts nicht überschreiten. In Polen bekommt man zehn Prozent des Wertes der Fundsache. Man muss seine Forderung bis zur Herausgabe der Sache anmelden bzw., wenn sie fremdverwahrt wurde, innerhalb eines Monats nach Herausgabe geltend machen (Art. 10 poln. GFS). Unter Art. 88(1) des bulgar. Gesetzes über Eigentum und § 393 österr. ABGB beträgt der Finderlohn ebenfalls zehn Prozent, allerdings nur bei „verlorenen" Sachen. Bei vergessenen Sachen sinkt die Zahl auf fünf Prozent, und bei Sachen, deren Wert 2000,00 Euro übersteigt, halbieren sich die entsprechenden Sätze für den überschießenden Betrag. Wenn eine Bewertung der Sache nicht möglich ist, wird der Finderlohn nach billigem Ermessen festgelegt. Kann der Finder eine von ihm entdeckte Sache nicht an sich nehmen, macht er der Behörde aber Anzeige und erlangt der Eigentümer deshalb seine Sache zurück, schuldet er dem Finder den halben Finderlohn (§ 396 österr. ABGB). § 5:62(1) ungar. ZGB verlangt, dass die gefundene Sache „einen höheren Wert" hat. Nur dann ist ein Finder, der nicht Eigentümer wird und alles getan hat, damit der Eigentümer die Sache zurückbekommt, zu einem Finderlohn „in angemessener Höhe" berechtigt, Mitfinder als Teilgläubiger zu gleichen Anteilen. Das Recht des Finderlohns auf Sachen mit „einem höheren Wert" zu begrenzen, hat den großen Vorzug, sich nicht mit Bagatellen abgeben zu müssen, aber auch den Nachteil, dass bei vielen Sachen unklar sein kann, in welche Kategorie sie fallen. Ein ausgefüllter Lottoschein z. B. hat gewöhnlich überhaupt keinen Wert; nur der Gewinnschein ist wertvoll, aber bei ihm führt die Faustregel – zehn Prozent[1316] – jedenfalls dann zu einem unbilligen Ergebnis, wenn man sie auf den Gesamtgewinn bezieht. Das hat schon die Rechtsprechung zu dem nahezu wortidentischen § 130 ungar. ZGB [1959] so gesehen.[1317] Auch ein Testament[1318], eine Kreditkarte[1319] oder ein alter Wohnungsschlüssel sind als solche wertlos; sie haben (wie Sachen mit einem reinen „Gefühlswert"[1320]) nur für den Empfangsberechtigten einen Wert. Wie in Ungarn sind zehn Prozent auch der Ausgangspunkt für den *premio* des italienischen Rechts (Art. 930(1) ital. CC). Die Regel gilt aber nur für Sachen mit einem Wert bis zu € 5,16 (ursprünglich zehntausend Lire); liegt ihr Wert darüber, beträgt der Finderlohn fünf Prozent (Art. 930(2) aaO), und wenn die Sache gar keinen Handelswert hat, entscheidet das Gericht nach billigem Ermessen

---

[1316] *Menyhárd* aaO.

[1317] Ung. OGH Legf. Bír. Pf. I. 20.542/1965, lfd. Nr. 4690, BH1965 Heft 12, S. 551 (ein Junge hatte beim Schlittschuhlaufen Lottoscheine verloren, die er auf Weisung seines Vaters in der Annahmestelle abgeben sollte. Ein Spielkamerad fand sie, gab sie dem Verlierer zurück, und die Scheine konnten noch rechtzeitig abgegeben werden. Einer war ein Gewinnschein. Das Gericht qualifizierte ihn als eine Sache von höherem Wert, hielt aber einen Finderlohn in Höhe von zehn Prozent unter den Umständen für unbillig. Der Gewinn belief sich auf HUF 71 125; das Gericht sprach wegen des „Ungewissheitsfaktors" nur HUF 2000 zuzüglich Verzugszinsen zu. Die übrigen Lottoscheine hätten überhaupt keinen Wert gehabt.

[1318] Poln. OG 27.6.2007, II CSK 121/07, Legalis-Nr. 101987; *Pietrzykowski*, Kodeks cywilny[8], Art. 187 Rdnr. 1 (kein Anspruch auf Finderlohn in Höhe von zehn Prozent des Wertes der Erbschaft).

[1319] Palandt (*-Herrler*), BGB[77], § 971 Rdnr. 1.

[1320] Letzterer genügt, um eine Sache als verloren ansehen zu können: *Bianca*, Diritto civile VI, S. 336; Cass. 11.8.2000, Nr. 10687, Vita not. 2000 S. 1454.

(Abs. (3) aaO). Die Vorzüge der ungarischen Lösung, Finderlohn auf Sachen mit „einem höheren Wert" zu beschränken, werden besonders deutlich, wenn man auf die geradezu absurd anmutenden Minibeträge des griechischen Rechts blickt. Seine Zehn-Prozent-Regel (Art. 1086 gr. ZGB) ist auf Sachen mit einem Wert von bis zu € 1,50 (!) (urspünglich 500 Drachmen) beschränkt, sinkt zwischen € 1,50 und € 29 hinsichtlich des Mehrwertes ab auf fünf und dann, wiederum hinsichtlich des Mehrwertes, auf zwei Prozent. Klug ist dagegen die Regel, bei Sachen, die nur für den Empfangsberechtigten einen Wert haben, die Entscheidung billigem gerichtlichem Ermessen zu überlassen. Kleinteilig waren bis 2017 (als Portugal den Finderlohn abschaffte) auch die Vorschriften des Art. 1323(3) a. F. port. CC. Bis zu einem Wert von € 4,99 betrug der Finderlohn zehn, zwischen € 5 und € 24,94 fünf auf den Mehrwert, und ab € 24,95 2,5 Prozent des Sachwertes. Auch diese Zahlen waren natürlich eine Folge der Inflation und der Umstellung auf den Euro. Unter Art. 616 span. CC wiederholt sich das Spiel: zehn Prozent bis zu 2000 Pesetas (ca. € 12), ab dann fünf Prozent auf den Mehrwert. Die Zehn-Prozent-Regel findet sich auch in Schweden (§ 3(1) schwed. Lag om hittegods (1938:121)). Über die Höhe des Finderlohns entscheidet, wenn sich die Sache beim Finder befindet, im Streitfall das Gericht; andernfalls setzt die Polizeibehörde den Finderlohn fest. Gewöhnlich geht es um zehn Prozent des Marktwertes[1321], auch bei Tieren. Kein Finderlohn ist dagegen unter § 11 Rikspolisstyrelsens föreskrifter och allmänna råd om hantering av hittegods vom 20.7.2010[1322] für Schlüssel, gesperrte Kreditkarten, Ausweispapiere, Mitgliedsausweise und ähnliche Fundsachen geschuldet. Bei Sparbüchern, Schecks und Wechseln beträgt der Finderlohn ein Prozent der jeweiligen Summe. Sonderregeln bestehen auch für Fahrräder und Mopeds, für die jedes Jahr eine neue Standardsumme festgesetzt wird (derzeit für Fahrräder € 45 und für Mopeds € 90). Unter § 971 dt. BGB schließlich beläuft sich der Finderlohn bei Sachen mit einem Wert von bis zu € 500,– auf fünf Prozent, bei höherwertigen Sachen auf drei Prozent des Mehrwertes und bei Tieren auf drei Prozent des Gesamtwertes. Bei Sachen, die nur für den Empfangsberechtigten einen Wert haben, wird der Finderlohn wiederum nach billigem Ermessen festgesetzt.

Ein Finder, der weder den Eigentümer, den Verlierer noch die jeweils sonst emp- **189**
fangsberechtigte Person kennt, muss den Fund der Grundregel nach bei der zuständigen **öffentlichen Stelle anzeigen** und auf Aufforderung bei ihr abliefern[1323]; nur bei

---

[1321] Das Gericht kann den Finderlohn aber an die Umstände des Falles anpassen. In dem „Sperrballonfall" HD 20.3.1952, NJA 1952 S. 177 (oben Rdnr. 35 mit Fn. 226) hatte der zerstörte Ballon samt Seil nach den Feststellungen des erstinstanzlichen Gerichts nur noch einen Wert von 284 SEK. Das oberste Gericht hielt gleichwohl einen Finderlohn in Höhe von 500 SEK für angemessen, um den Mühen der Bergung, dem persönlichen Risiko des Finders und dem Umstand Rechnung zu tragen, dass der Finder die Allgemeinheit vor einer erheblichen Gefahr geschützt hatte.

[1322] RPSFS 2010:7 FAP 650-1 (oben Fn. 1294).

[1323] Z. B. § 98(1) estn. LPA; Art. 1081 gr. ZGB; Art. 927 ital. CC; Art. 5:5(2) Satz 1 ndl. BW; § 390 österr. ABGB; Art. 5(1) poln. GFS; Art. 1323(2) port. CC; sec. 67 Civic Government (Scotland) Act 1982 (dazu *Audrey Canning v Glasgow Caledonian University, Democratic Left Scotland* [2015] SC GLA 75; 2016 S. L. T. [Sh Ct] 56 [67] [Sheriff *S Reid*]) und Art. 615(1) span. CC. Über die Anzeigepflicht hinaus geht Art. 1323(3) port. CC („Für die Zwecke der vorhergehenden Vorschrift [Art. 1323(2) port. CC] soll der Tierfinder, wenn möglich, die verfügbaren Mittel zur Identifizierung durch einen Tierarzt verwenden").

Bagatellfunden ist das anders.[1324] Ein Finder, der den Eigentümer kennt, *darf* die Fundsache zwar i.d.R. bei der Behörde abliefern[1325], sollte aber richtiger Ansicht nach den Eigentümer davon unterrichten. Auf Aufforderung durch die Behörde ist der Finder ihr gegenüber wiederum zur Herausgabe verpflichtet. (Sachen, deren Besitz eine hoheitliche Genehmigung erfordert, muss er natürlich auch ohne Aufforderung unverzüglich abliefern[1326].) Schon die Erfüllung der Anzeige- (und nicht erst die Erfüllung der Herausgabe-)pflicht ist ein sicherer Indikator dafür, dass der Finder sich nur in der Rolle eines Detentors sieht. Er bleibt auch dann Detentor, wenn er die Sache im Einvernehmen mit der Behörde weiterhin verwahrt.[1327] Die Behörde selber (die Polizei, der Bürgermeister, das „Fundbüro") ist während der Aufbewahrungszeit gleichfalls nur Detentorin[1328]; zur Eigenbesitzerin wird sie erst, wenn sie die Fundsache versteigern lässt. Ob der Finder während der Zeit, in der sich die Sache in der Detention der Behörde befindet, noch eine Form von mittelbarer Sachherrschaft hat, ist zweifelhaft. Rein privatrechtlich könnte man das mit dem Argument bejahen, dass die Behörde die Sache (bzw. den sie bereits surrogierenden Erlös) gelegentlich nur mit der Zustimmung des Finders an den Berechtigten auskehren darf, um dem Finder die Möglichkeit zu geben, seine Ansprüche, insbesondere den Finderlohn, geltend zu machen.[1329] Richtig dürfte es indes sein, das Verhältnis zwischen Behörde und Finder als ein rein öffentlichrechtliches zu deuten.[1330]

190 Ein Finder, der seinen auf die Offenlegung seines Fundes zielenden Pflichten rechtzeitig nachkommt[1331], erwirbt nach Ablauf der Aufbewahrungsfristen *ex lege* Eigentum.[1332] Das bedeutet insbesondere, dass er das Eigentum **frei von Rechten Dritter**

[1324] Bei ihnen entfällt die Anzeigepflicht gegenüber der Behörde (nicht aber, falls bekannt, gegenüber dem Empfangsberechtigten); die Erwerbsfrist beginnt demgemäß schon mit dem Fund. Allerdings variiert die Definition des Bagatellfundes von Rechtsordnung zu Rechtsordnung. Unter Art. 1081 gr. ZGB geht es um Funde im Wert von bis zu 0,29 € (!). Unter Art. 12(5) poln. GFS liegt die Grenze bei 100 PLN; der Landrat kann die Annahme solcher Sachen verweigern; über ihr Schicksal entscheidet der Finder selbst. § 965(2) Satz 2 dt. BGB und §§ 390, 391 Nr. 2, 395 österr. ABGB befreien die Finder von Sachen bis zu einem Wert von 10 € von der Anzeigepflicht; § 98(1) estn. LPA die Finder von Sachen bis zu einem Wert von € 50, und Art. 51(5) slowen. SPZ die Finder von Sachen „von unbedeutendem Wert". Unter Art. 5:6(2) ndl. BW kann der Bürgermeister Bagatellfunde nach drei Monaten für Rechnung der Gemeinde verkaufen, falls ihr die Sache ohne ihr Verlangen in Verwahrung gegeben wurde und sich der Eigentümer nicht gemeldet hat.

[1325] Z.B. Art. 1082 gr. ZGB; Art. 5:5(3) ndl. BW; Artt. 5(3) i.V.m. 21(4) poln. GFS; Art. 51(3) slowen. SPZ; § 5:55(4) ungar. ZGB.

[1326] Dazu gehören i.d.R. Waffen, Munition und Sprengstoff, gelegentlich aber auch Ausweispapiere (Art. 6 poln. GFS).

[1327] *Omodei Salè,* La detenzione e le detenzioni, S. 66.

[1328] Das ist auch dann nicht anders, wenn die Ordnungsorgane die Sache selber gefunden haben; freilich steht ihnen kein Finderlohn zu (LG Rodopi 245/1966, NoB 15 [1967] S. 177).

[1329] Z.B. § 975 Satz 3 dt. BGB; Art. 1090(3) gr. ZGB und § 5:62(3) ungar. ZGB.

[1330] Georgiades und Stathopoulos (*-Libanis*), ZGB, Art. 1081 S. 544 Rdnr. 2 und Art. 1082 S. 549 Rdnr. 8. Wenn die Behörde ihre Pflicht verletzt, die Zustimmung des Finders einzuholen, haftet sie ihm folgerecht nach Amtshaftungsgrundsätzen (*Triantos,* AK, Art. 1090 S. 1302 Rdnr. 1).

[1331] „Sofort" *(inmediatamente)* unter Art. 615(2) span. CC; „unverzüglich" unter § 965 dt. BGB und § 390 österr. ABGB; innerhalb von drei Tagen unter § 1052(2) tschech. BGB; innerhalb einer Woche unter Art. 945 lett. ZGB und Art. 4.62(2) lit. ZGB; innerhalb von acht Tagen unter § 5:55 ungar. ZGB.

[1332] *Vieira,* Direitos reais, S. 719–720; Gniewek (*-Szydło*), Kodeks cywilny[7], Art. 187 Rdnr. 26; *Pietrzykowski,* Kodeks cywilny[8], Art. 187 Rdnr. 6. Anders ist das, wie gesagt, aber in

erlangt.[1333] Es bedeutet aber nicht, dass ein Finder auch gegen seinen Willen Eigentümer wird. Unter § 5:54(1) ungar. ZGB muss er seinen Erwerbswillen schon bei Aushändigung der Sache an die Behörde ausdrücklich kundtun, und im Übrigen kann er jedenfalls auf sein Erwerbsrecht verzichten.[1334] Niemand muss fürchten, gegen seinen Willen Eigentümer der von ihm gefundenen Sache zu werden. Hat er sie bei der Behörde abgeliefert, braucht er sie dort einfach nicht wieder abzuholen; sein Recht geht dann auf die Behörde über (Art. 19(1) poln. GFS).

Die **fundrechtlichen Erwerbsfristen** (die Zeiträume, in denen die Sache für den Eigentümer bereitzuhalten ist) beginnen typischerweise mit der Anzeige des Fundes bei der zuständigen Behörde, manchmal auch mit seiner ortsüblichen Bekanntmachung durch sie. Nach ergebnislosem Fristablauf fällt dem Finder das Eigentum (bzw. das Recht auf den das Eigentum surrogierenden Erlös) zu, wenn er sich die Sache von der Behörde (ggf. gegen Kostenersatz) in der dafür von ihr bestimmten Frist aushändigen lässt oder, bei Eigenverwahrung, seinen bisherigen Fremd- in Eigenbesitz umwandelt. Andernfalls fällt das Eigentum an dem Fund an den Staat. Abgesehen von den zahlreichen Sonderregeln für verderbliche Sachen[1335] und Tiere[1336] beträgt die Warte- **191**

Belgien, Frankreich und Luxemburg. Hier kommt es (nach gewöhnlich einem Jahr und einem Tag) nicht zu einem Eigentums-, sondern nur zu einem Besitzerwerb, was dem wirklichen Eigentümer Zeit lässt, die Sache noch während der dreißigjährigen Ersitzungsfrist vom Finder herauszuverlangen (*Dross,* Les choses, S. 493 Rdnr. 267-1; J.-Cl. Civil Code [-*Bouzon-Roulle*], Art. 717, Fasc. 50 Rdnr. 9; *Terré und Simler,* Les biens^9, S. 342 Rdnr. 424; *Larroumet,* Les biens^5, S. 603 Rdnr. 963).

[1333] § 973(1) Satz 2 dt. BGB; § 100(5) estn. LPA; Art. 1088 Satz 2 gr. ZGB; Art. 187 § 3 poln. ZGB; Art. 1323(4) port. CC (dazu *Vieira* aaO); Art. 615(5) span. CC; § 1057(3) tschech. BGB; § 5:57(2) ungar. ZGB. In Frankreich vollzieht sich der Eigentumserwerb ersitzungsrechtlich und damit rückwirkend (oben Fn. 1188). Art. 1088 gr. ZGB bezieht den Eigentumserwerb, zu dem es ein Jahr nach der Anzeige bei der Behörde kommt, ausdrücklich auf den Zeitpunkt des Fundes zurück. Dem Finder stehen deshalb auch die zwischenzeitlichen Früchte und andere Nutznießungen zu (Georgiades und Stathopoulos [-*Libanis*], ZGB, Art. 1089 S. 553 Rdnr. 1). Art. 1317(d) port. CC ist weniger klar formuliert, lässt sich aber wohl in demselben Sinn deuten. Ein Finder erwirbt andererseits aber auch *nur* das Eigentum. AG München 24.7.2017, 213 C 7386/17, entschied deshalb, dass der Finder eines Smartphones, dem es nach Ablauf der gesetzlichen Frist vom Fundbüro zu Eigentum überlassen worden war, keinen Anspruch gegen den Gerätehersteller auf Entsperrung des Geräts habe.

[1334] Z.B. § 976 dt. BGB; Art. 1091 gr. ZGB (der Finder kann den Verzicht auch schon bei Ablieferung der Sache bei der Gemeinde erklären: *Libanis* aaO Art. 1091 gr. ZGB S. 554 Rdnrn. 1 und 2) und § 1060 tschech. BGB (lehnt der Finder den Eigentumserwerb ab, geht das Eigentum auf die Behörde über). In Frankreich folgt dasselbe Ergebnis aus den Prinzipien des Ersitzungsrechts. Denn auf die Ersitzung kann man verzichten (Art. 2250 franz. CC).

[1335] Leicht verderbliche Sachen sind vom verwahrenden Finder oder dem zuständigen Verwalter unverzüglich zu verkaufen; der Erlös tritt an die Stelle der Sache (§ 99(2) estn. LPA; Art. 9(4) poln. GFS). Auch die zuständige staatliche Fundstelle darf verderbliche und Sachen, deren Aufbewahrung unverhältnismäßige Kosten verursachen würde, sofort (Art. 5:8(1) ndl. BW; Art. 4.63(1) lit. ZGB; Art. 946 lett. ZGB; Art. 51(4) slowen. SPZ) veräußern. Unter Art. 1082 gr. ZGB ist der Finder sogar verpflichtet, solche Sachen sofort bei der Polizeibehörde abzugeben, die sie sodann versteigern lässt (Art. 1082 gr. ZGB).

[1336] Hier geht es vor allem darum, die Frist zu verkürzen, innerhalb derer die zuständige Stelle das Tier einem Dritten übereignen und zur Not töten lassen darf. Ein nicht geringer Teil dieser Regeln ist aber im Kern eher tierschutz- als sachenrechtlicher Natur. Art. 5:8(3) ndl. BW z.B. verkürzt die Frist auf zwei Wochen, § 30(7) österr. Tierschutzgesetz auf einen und § 5:54(2)(b) ungar. ZGB auf drei Monate (näher für Österreich *Riener und Thunhart,* ÖJZ 2006 S. 617, 621). Für einen bei einer Behörde abgelieferten Hund beträgt die Frist unter § 4(a) schwed. Lag om

frist zwei Jahre in Polen (Art. 187 § 1 poln. ZGB[1337]) und in Spanien (Art. 615 Satz 5 span. CC[1338]), ein Jahr in Bulgarien (Art. 88(1) bulgar. Gesetz über das Eigentum), Griechenland (Art. 1088 gr. ZGB), Italien (Art. 929(1) ital. CC[1339]), den Niederlanden (Art. 5:6(1) ndl. BW), Österreich (§ 395 österr. ABGB), Portugal (Art. 1323(4) port. CC), Slowenien (Art. 52(1) slowen. SPZ) und Ungarn (§§ 5:54 und 5:61 ungar. ZGB), sechs Monate in Deutschland (§ 973(1) dt. BGB) und Litauen (Art. 4.62(3) lit. ZGB) und drei Monate in Malta (Art. 564(3) malt. CC) und in Schweden.[1340]

192 Dass der Finder nach Ablauf der genannten Fristen Eigentum erlangt, bedeutet aber noch nicht überall, dass er dieses Eigentum auch behalten darf. In **§ 977 dt. BGB** findet sich vielmehr die überraschende Regel, dass jemand, der infolge eines fundrechtlich organisierten Erwerbs einen Rechtsverlust erlitten hat, von dem Finder noch innerhalb von drei Jahren nach dem Erwerbszeitpunkt die Rückübertragung des Eigentums verlangen kann, und zwar „nach den Vorschriften über die Herausgabe einer ungerechtfertigten Bereicherung".[1341] Der Eigentumserwerb wird somit im Ergebnis erst drei Jahre und sechs Monate nach der Anzeige bestandskräftig. Bis dahin weist das deutsche Recht den Vorschriften über den Fund kaum mehr als eine reine Ordnungsaufgabe zu: gefundene Sachen sollen so schnell wie möglich wieder dem Rechtsverkehr zur Verfügung stehen; der Finder dagegen mag warten. Die Regelung wirkt unnötig kompliziert. Sie schlägt freilich einen Bogen nicht nur zum englischen Recht, unter dem es erst nach Ablauf der sechsjährigen Verjährungsfrist zu einem endgültigen

---

hittegods sogar nur zehn Tage. Dann erwirbt der Staat Eigentum an dem Hund ab Ablieferung, bei Kenntnis des Halters sogar bereits fünf Tage ab Kenntniserlangung. Vieh *(hemdjur)* wird nach Anzeige bei der Polizeibehörde und Bekanntmachung in der Gemeinde öffentlich versteigert; zur Deckung seiner Kosten darf der Finder schon vierzehn Tage nach Anzeige und Bekanntmachung einzelne Tiere in öffentlicher Versteigerung verkaufen (§ 8 aaO). Unter § 1059(1) tschech. BGB erwirbt der Finder eines Tieres Eigentum zwei Monate nach der Anzeige; will er das Tier nicht übernehmen und wird es in ein Tierheim gegeben, erwirbt das Heim nach vier Monaten Eigentum. In Portugal beträgt die Frist zwar auch noch nach der Einführung des neuen Tierstatuts durch Gesetz 8/2017 vom 3.3.2017 weiterhin ein Jahr (Art. 1323(4) port. CC n. F.). Art. 1323(7) n. F. port. CC fügt nun aber hinzu: „Der Finder des Tieres kann das Tier im Fall wohlbegründeter Furcht, dass das gefundene Tier Opfer von Misshandlungen seitens des Eigentümers ist, zurückhalten".

1337 Ein Jahr, falls der Eigentümer benachrichtigt werden konnte, die Sache aber nicht abgeholt hat.

1338 Die Frist beginnt, sobald der Bürgermeister den Fund in herkömmlicher Weise an zwei aufeinander folgenden Sonntagen veröffentlicht hat.

1339 Ist ein Jahr ab dem letzten Tag der Veröffentlichung in den Gemeindeblättern verstrichen, ohne dass sich der Eigentümer meldet, gehört die Sache oder, falls die Umstände ihren Verkauf erfordert haben, ihr Erlös demjenigen, der sie gefunden hat.

1340 Der Finder erwirbt drei Monate nach Inbesitznahme und Ablieferung der Sache bei der Polizei Eigentum, falls sich der Eigentümer nicht innerhalb eines Monats nach Kenntnis oder innerhalb von drei Monaten nach Ablieferung meldet (§§ 1 und 4 Lag om hittegods; siehe auch HD 20.3.1952, NJA 1952 S. 177; oben Rdnr. 35 mit Fn. 226).

1341 Bei § 977 dt. BGB (dazu *von Bar,* PEL Unj. Enr., Art. 2:101, Note VI, 113) handelt es sich um ein europäisches Unikat. Überall sonst wird der Eigentumserwerb nach fundrechtlichen Vorschriften für kondiktionsfest gehalten. Siehe z. B. Art. 929(1) ital. CC; Artt. 474 und 1323(4) port. CC (dazu *Pires de Lima und Antunes Varela,* Código Civil Anotado I[4], S. 460, Anm. 2 unter Art. 474 sowie *Gomes,* Conceito de enriquecimento, S. 474); für Spanien *Díez-Picazo,* Fundamentos I[6], S. 122 und für Polen Osajda (*-Księżak*), Kodeks cywilny[13], Art. 187 Rdnr. 19.

Eigentumswechsel kommt.[1342] Sie findet eine Parallele auch in § 1057(1) tschech. BGB, wonach der verwahrende Finder, falls sich der Berechtigte nicht innerhalb eines Jahres nach Bekanntmachung des Fundes meldet, nicht etwa sofort Eigentümer, sondern zunächst nur redlicher Besitzer wird.[1343] Erst wenn sich der bisherige Eigentümer nicht innerhalb von drei Jahren ab der Bekanntmachung des Fundes meldet, fällt das Eigentum *ex lege* an den Verwahrer der Sache (§ 1057(3) aaO).

c) Schatzfund

Das gewöhnliche Fundrecht sucht die Balance zwischen Alteigentümer und Finder. **193**
Im Recht des Schatzfundes ist der Alteigentümer aus dem Spiel. Er lässt sich nicht mehr feststellen. Der Entdecker muss sich nun mit anderen Konkurrenten auseinandersetzen: dem Eigentümer der Sache, in der der Schatz bislang verborgen lag, und dem Staat (der „Allgemeinheit"). Schon was ein Schatz „ist", sollte richtiger Ansicht nach davon abhängen, aus welcher Perspektive man sich dem Phänomen nähert. Nur, wo eine Rechtsordnung unterschiedslos alle Sachen, die sie als Schätze qualifiziert, eigentumsrechtlich dem Staat zuordnet[1344], besteht kein Grund, über **Binnendifferenzierungen innerhalb des Schatzbegriffes** nachzudenken. In Rechtsordnungen, die dem Staat nur bestimmte verborgene Objekte zuweisen und die übrigen zwischen dem Entdecker der verborgenen und dem Eigentümer der verbergenden Sache teilen, ist das anders. Der Fiskus richtet sein Augenmerk meistens nur auf nach seiner Einschätzung archäologisch, wissenschaftlich oder kulturell bedeutsame Sachen, die der Öffentlichkeit erhalten bleiben und zugänglich gemacht werden sollen. Für ihn ist es deshalb nur entschädigungs-, nicht aber eigentumsrechtlich relevant, wer den Schatz entdeckt, und es ist auch einerlei, wo er ihn entdeckt. In der Relation zwischen Privatleuten sind das jedoch die entscheidenden Fragen. Denn wenn der Entdecker der verborgenen und der Eigentümer der verbergenden Sache personenidentisch sind, dann fehlt es ja gerade an dem das private Schatzfundrecht kennzeichnenden Interessenkonflikt. Es gibt niemanden, der sich sonst noch Hoffnung auf die Sache machen könnte. Der Eigentümer der verbergenden Sache wird, falls er es nicht ohnehin schon ist, auch Eigentümer der verborgenen, die er in ihr entdeckt.[1345] Ob sie ökonomisch wertvoll ist oder nicht, macht keinen Unterschied.

[1342] Oben Rdnr. 186.

[1343] Der redliche Besitzer hat seinerseits aber nahezu alle Rechte eines Eigentümers. Der redliche Besitzer darf die Sache besitzen, nutzen, zerstören oder mit ihr anderweitig verfahren, ohne sich dafür jemandem verantworten zu müssen. Ihm stehen auch die Früchte und die während der Besitzzeit gezogenen Nutzungen zu (§ 996 tschech. BGB).

[1344] So Art. 91(1) bulgar. Gesetz über das Eigentum. Der Staat belohnt den Finder mit einem Viertel des Wertes der Sache (Art. 91(2) aaO).

[1345] Z.B. Art. 716(1) belg., franz. und luxemb. CC; Art. 4.65(2) lit. ZGB; Art. 932(2) Satz 1 ital. CC; *Díez-Picazo,* Fundamentos VI, S. 49; *Pinto Duarte,* Direitos reais², S. 54; Georgiades und Stathopoulos (*-Libanis*), ZGB, Art. 1093 S. 556 Rdnr. 4. Eindrucksvoll Cass. civ. 5.7.2017, Nr. 16–19340, FR:CCASS:2017:C100832; dazu *Dross,* RTD civ. 2017 S. 887 und *Danos,* RDC 2017 S. 672: Unter einem wertlosen Gemälde, das ein Trödler von einem Pfarrer gekauft hatte, in dessen Sakristei es hing, fand sich ein Meisterwerk aus dem 15. Jahrhundert, das der Louvre später für € 7,8 Mio. kaufte. Dem Trödler war von einem Antiquitätenhändler geraten worden, das wertlose Gemälde renovieren zu lassen, weil er (der Antiquitätenhändler) Goldspuren auf dem Bild entdeckt hatte. Der Antiquitätenhändler beanspruchte die Hälfte des Geldes, das für das bei der Restaurierung zum Vorschein gekommene Meisterwerk bezahlt worden war; er habe den Schatz entdeckt. Der Kassationshof entschied, dass es sich gar nicht um einen Schatz gehan-

194 Das Eigentum an Gegenständen von „geschichtlichem, archäologischem, paläethnologischem, paläonthologischem und künstlerischem Interesse" (Art. 932(3) ital. CC), mit einem Wort: das Eigentum an **„Kulturgütern"** (§ 5:64(3) ungar. ZGB) fällt im Allgemeinen schon mit ihrer Entdeckung[1346] dem Staat zu[1347]; jedenfalls ist ihm die Entdeckung anzuzeigen und zum Erwerb anzubieten.[1348] Man hat es mit einer schwer zu durchdringenden Spezialgesetzgebung zu tun[1349], die ihrem Wesen nach öffentliches

---

delt habe. Das Meisterwerk sei untrennbarer Bestandteil des darüber gemalten wertlosen Bildes gewesen; dieses habe zerstört werden müssen, um das Meisterwerk zum Vorschein zu bringen. Der Trödler hatte also eine einzige Sache gekauft, und sie war als solche gerade nicht verborgen.

[1346] Auch dieses Schatzfundrecht ist aber unanwendbar, wenn nur die Eigentumsverhältnisse an einem Kulturgut streitig sind. Niemand „entdeckt" ein seinen Vorfahren gehörendes, ihnen aber unter unklaren Umständen abhandengekommenes Museumsstück. Mit Blick vor allem auf Enteignungen und Diebstähle zum Nachteil von Juden und, nach 1945, zum Nachteil von Adelsfamilien hat die ungar. Regierungsverordnung 449/2013 über die Ordnung der Rückgabe von Kulturgütern in öffentlichen Sammlungen, deren Eigentum umstritten ist (449/2013. [XI. 28.] Kormányrendelet a közgyűjteményekben őrzött vitatott tulajdonú kulturális javak visszaadásának rendjéről) eine Beweislastumkehr eingeführt. Wenn der Staat sein Eigentumsrecht an einem in einer öffentlichen Sammlung aufbewahrten Kulturgut nicht binnen der in der Verordnung festgelegten Frist nachweisen kann, muss er das Gut an den Anspruchsteller herausgeben, sofern dieser seine Eigenschaft als Eigentümer oder Rechtsnachfolger des ursprünglichen Eigentümers nachweist. Die ministerielle Entscheidung über die Herausgabe präjudiziert aber nicht die Entscheidung in der Eigentumsfrage. Möglich bleibt insbesondere eine Ersitzung, was vor allem deshalb praktisch relevant ist, weil ungar. OGH, Legf. Bír. Pfv. IX. 22.294/2003, BH2005.13 annahm, dass die tatsächliche Unmöglichkeit, während der Herrschaft des Parteienstaates das Eigentum an Gemälden zurückzuerlangen, die Auswanderer Museen zur Aufbewahrung gegebenen hatten, die Ersitzung weder unterbreche noch hemme.

[1347] Siehe bereits Band 1 Rdnr. 99, außerdem neben den erwähnten Art. 932(3) ital. CC (dazu Cass. 10.2.2006, Nr. 2995, Giust. civ. 2007, 10, 2231) und § 5:64(3) ungar. ZGB z. B. noch § 30 estn. Denkmalschutzgesetz; Art. 4.65(6) lit. ZGB; Art. 43(6) malt. Culural Heritage Act; Art. 189 poln. ZGB („Sehenswürdigkeit oder Archivmaterial"); § 3 schwed. Denkmalschutzgesetz (Kulturmiljölag (1988:950): vorzeitliche Fundsachen); Art. 6(1) slowen. Denkmalschutzgesetz; § 23 tschech. Denkmalschutz (bewegliche archäologische Funde gehören dem Landkreis, in dem sie gefunden wurden). Griechenland definiert als „archäologische" Sachen, die aus der Zeit bis 1453 stammen (Areopag 1120/2003, EllDni 46 [2005] S. 90). Für jüngere Sachen, die gleichwohl einen archäologischen, historischen oder künstlerischen Wert haben, gelten besondere Vorschriften. Der Regel nach erwirbt der Fiskus (dem der Fund innerhalb von 15 Tagen anzuzeigen ist) das Eigentum (Art. 1 des gr. Gesetzes 2640 6/1899 i. d. F. des gr. Gesetzes 5351/1932).

[1348] Das gilt z. B. unter Art. 44(1) span. LPHE für alle durch Zufall entdeckten Objekte, die für das spanische historische Erbe von wertvoller Bedeutung sind (Art. 351 Satz 3 span. CC gilt als implizit aufgehoben: Ministerio de Justicia [-*Pantaleón Prieto*], Comentario del Código Civil I^2, S. 985, Anm. I zu Art. 351). Ähnliche Regeln sind weit verbreitet, z. B. Art. 53(3) slowen. SPZ, sec. 8 engl. Treasure Act 1996 und Art. 90 ital. Codice beni culturali (24-stündige Anzeigepflicht; das Denkmalamt entscheidet über den kulturellen Wert der Sachen abschätzend; näher *Magri,* Riv.crit.dir.pr. 2009 S. 73, 86). § 5:64 ungar. ZGB unterscheidet zwischen geschützten Kulturgütern, die *ipso jure* Staatseigentum werden, und „wertvollen Sachen", die „von unbekannten Personen versteckt wurden oder deren Eigentumsrecht ohnehin in Vergessenheit geraten ist". Sie müssen dem Staat angeboten werden. Erhebt er keinen Anspruch auf die Sache, steht sie dem Finder zu; andernfalls erhält er einen Finderlohn (Abs. (2) aaO). Unter §§ 8 und 9 österr. Denkmalschutzgesetz (DMSG) ist der Fund von Gegenständen von offensichtlicher geschichtlicher, künstlerischer oder sonstiger Bedeutung unverzüglich der jeweiligen Gebietskörperschaft anzuzeigen, die ihrerseits ein Ablöserecht hat, das nach wohl überwiegender Auffassung als Ankaufsrecht zu qualifizieren ist (Schwimann und Kodek [-*Klicka und Reidinger*], ABGB II^4, § 398 Rdnr. 4).

[1349] Dazu gehören in Frankreich vor allem die Artt. L 531-14 ff Code du patrimoine. Ausgrabungen dürfen nur mit staatlicher Genehmigung durchgeführt werden, dann aber auch gegen

Recht ausbildet.[1350] Ganz in seiner Perspektive denkt auch das englische Schatzfundrecht. Unter sec. 1 Treasure Act 1996 besteht ein Schatz aus Objekten mit einem Edelmetallgehalt (Gold und Silber: sec. 3(3) aaO) oder aus Objekten, die nach Common Law *treasure trove* darstellten und mehr als 300 Jahren alt sind.[1351] Ein solcher Schatz fällt primär dem Inhaber eines *franchise* am *treasure trove* zu, sofern ein solches Regal für das Gebiet des Schatzfundes besteht (secs. 4(1)(a) und 5 Treasure Act 1996). Das Gesetz nennt ausdrücklich die Rechte von Mitgliedern der königlichen Familie in ihrer Eigenschaft als Herzöge von Lancaster und Cornwall. Besteht kein *franchise*-Recht, fällt der Schatz an die Krone (d. h. an den durch den zuständigen Secretary of State vertretenen Staat: sec. 6 aaO). Sie entscheidet unter einem „Code of Practice", ob, an wen und in welcher Höhe eine Belohnung *(reward)* gezahlt wird (sec. 10 aaO). Nach den hergebrachten Regeln des Common Law musste es sich um eine verborgene Sache handeln, die wiedergefunden wurde. Grabbeigaben gehörten nicht dazu, denn sie sollten nie wieder ausgegraben werden.[1352] Dieses Erfordernis scheint der Treasure Act aber fallen gelassen zu haben.[1353]

Was nach seiner Entdeckung weder *ex lege* in das Eigentum des Staates fällt noch ihm zumindest angeboten werden muss, wird durch Zeitablauf und die durch ihn verursachte Unmöglichkeit, den Eigentümer zu ermitteln, zum „Schatz". Die meisten Schatzdefinitionen fragen allerdings zusätzlich auch noch nach **Wert und Material;** man fühlt sich ein wenig an Alexandre Dumas' Grafen von Monte Christo erinnert. Wie dem § 398 österr. ABGB gilt auch dem Art. 352 span. CC nur „das verborgene und unbekannte Lager mit Geld, Schmuck oder anderen wertvollen Sachen, deren rechtmäßiger Besitzer nicht feststeht", als „Schatz im Sinne des Gesetzes". Artt. 4.65(1) lit. ZGB und § 103(1) estn. LPA begreifen als Schatz „Geld, oder wertvolle 195

den Willen des Grundeigentümers (Artt. L 531-1 und -9 aaO). Das Gesetz sieht bemerkenswerterweise eine hälftige Wertteilung zwischen dem Grundeigentümer und dem Staat vor (Art. L 531-16 aaO), der aber gegen Entschädigung die ganze Sache erwerben kann (Art. L 531-16(2) aaO). Besonders unübersichtlich ist die Rechtslage in Deutschland. Denn unter Art. 73 dt. EGBGB bleiben „die landesgesetzlichen Vorschriften über Regalien" durch § 984 dt. BGB unberührt. Solche landesrechtlichen Schatzregale bestehen in den meisten, aber keineswegs in allen Bundesländern (Zusammenstellung bei MünchKomm [-*Oechsler*], BGB VII^7, § 984 Rdnr. 12). Ein Schatzregal begründet öffentliches Eigentum des jeweiligen Bundeslandes. Die Bundesländer dürfen sogar neue Schatzregale einführen (BVerfG 18.5.1988, BVerfGE 78 S. 205). Betroffen sind Kulturgüter mit einem eigenen Sachwert (BVerwG 21.11.1996, NJW 1997 S. 1171, 1172).

1350 In Italien ist man sich deshalb einig, dass das Schatzfundrecht nur auf Sachen ohne kulturelle Bedeutung Anwendung findet (*Magri,* Beni culturali, in Sacco [Hrsg.], Digesto disc. priv., sez. civ. VI, Aggiornamento, S. 122). Das österr. DMSG nimmt seinen Ausgangspunkt im Begriff des „beweglichen Bodendenkmals". Erst die gesetzliche Fiktion des § 10(1) DMSG stuft alle „beweglichen Bodendenkmale" auch als „Schätze" ein, und zwar unabhängig von ihrem Wert (näher *Knoll,* JBl 2005 S. 212).

1351 Sec. 1(1)(a) aaO. Der zuständige Secretary of State hat allerdings die Möglichkeit, weitere Objekte von historischem, archäologischem oder kulturellem Rang als Schatz zu qualifizieren (sec. 2(1) aaO; in diesem Fall genügen 200 Jahre [sec. 1(1)(b) aaO]).

1352 *Attorney General v British Museum's Trustees* [1903] 2 Ch 598, 608. Nach der Entdeckung des angelsächsischen Gräberfeldes von Sutton Hoo entschied 1939 eine Untersuchungskommission in Anwendung des damaligen Rechts, dass es sich bei den Grabbeigaben nicht um einen *treasure* handelte. Denn ein Grab sei nicht dazu bestimmt, jemals wieder geöffnet zu werden. Ein *treasure* setze eine Sache voraus, die irgendwann wieder geborgen werden solle. Folglich ging das Eigentum an den Grabbeigaben allein an die Grundeigentümerin (die sich allerdings entschied, sie der Nation zu übergeben: *Williams,* Treasures from Sutton Hoo, S. 9).

1353 *Hickey,* Property and the Law of Finders, S. 66.

Sachen wie Edelsteine, Perlen und wertvolle Metalle, die im Boden vergraben oder anderweitig versteckt sind und deren Inhaber nicht ermittelt werden kann". Art. 1093 gr. ZGB handelt von „beweglichen Wertsachen", und Artt. 91(1) bulgar. Gesetz über das Eigentum, 932 ital. CC, 5:13(2) ndl. BW, 1324 port. CC und 53(2) slowen. SPZ von verborgenen oder vergrabenen Sachen, die „wertvoll" sind. Anders dagegen das deutsche, das französische und das polnische Zivilgesetzbuch: Sowohl § 984 dt. BGB[1354] als auch Art. 716(2) belg., franz. und luxemb. CC[1355] (dem wiederum Art. 563(2) malt. CC nachgebildet ist) und der reformierte Art. 189 poln. ZGB verzichten darauf, einen Schatz unter Rückgriff auf seinen Wert zu definieren. Das erscheint richtig. Zwar mag es sein, dass man sich um Sachen mit einem geringen Marktwert meistens gar nicht erst streitet. Aber das ist nicht der springende Punkt, ganz abgesehen davon, dass man sehr unterschiedlicher Meinung darüber sein kann, was den Wert einer Sache ausmacht. Rein privatrechtlich kommt es vielmehr entscheidend darauf an, dass sich die verborgene Sache immer noch von der sie verbergenden unterscheidet, d.h. ohne Beschädigung aus ihr herausgenommen werden kann.[1356] Es geht m.a.W. nicht eigentlich um den Wert der verborgenen Sache, sondern darum, dass sie die Zeitläufe als selbständige (reale) Sache überdauert hat. *Das* macht sie zur „Wertsache".

196 Einen Schatz hat man nur vor sich, wenn die Eigentumsfrage **infolge des Verborgenseins** der Sache nicht mehr gelöst werden kann. Eine solche Kausalbeziehung setzt nach verbreiteter, aber keineswegs zwingender Auffassung einen längeren Zeitraum zwischen dem Verbergen und dem Wiederauftauchen der Sache voraus.[1357] Eine Sache

---

[1354] Seine Legaldefinition handelt nur von einer „Sache, die so lange verborgen gelegen hat, dass der Eigentümer nicht mehr zu ermitteln ist (Schatz)".

[1355] „Als Schatz gilt jede verborgene oder vergrabene Sache, an welcher niemand sein Eigentum nachweisen kann, und die lediglich durch Zufall entdeckt wird". CA Rennes 9.1.1951, D. 1951, S. 443 hat daraus mit Recht geschlossen, dass „le caractère du trésor réside non dans sa plus ou moins grande valeur mais dans le fait que, jusque-là, caché et ignoré, il a été révélé en son existence par le hasard de la découverte". Auch die Lehre hält den Wert des Schatzes überwiegend für bedeutungslos (*Zenati-Castaing und Revet,* Les biens[3], S. 55 Rdnr. 18; *Dross,* Les choses, S. 492 Rdnr. 267; *Terré und Simler,* Les biens[9], S. 336 Rdnr. 419; anders aber wohl *Bergel/Bruschi/Cimamonti,* Les biens[2], S. 283 Rdnr. 239). J. Cl. Civil (*-Saujot*), Code, Fasc. 40, Trésor, S. 3 Rdnr. 3 bemerkt, dass es nur darum ginge, etwas Selbstverständliches zu betonen, nämlich, dass sich für eine Sache ohne Wert niemand interessieren wird, es sei denn, ihr wohne ein Affektionsinteresse *(valeur morale)* inne.

[1356] Z.B. *Terré und Simler* aaO S. 336 Rdnr. 419 (die verborgene muss sich von der verbergenden Sache unterscheiden); Georgiades und Stathopoulos (*-Libanis*), ZGB, Art. 1093 S. 556 Rdnr. 1 (der Bestandteil einer Sache ist kein Schatz). Siehe auch Rdnr. 193 mit Fn. 1394.

[1357] In Deutschland und Österreich sagt man, dass aktuelle Umstände (eine Brandkatastrophe, ein Terrorangriff, ein Erdbeben) nicht genügen (Staudinger [*-Wiegand und Gursky*], BGB (2017), § 984 Rdnr. 4; Klang [*-Klang*], ABGB II[2], S. 268). Achtzehn Jahre erschienen Berufungsgericht Athen 2013/1970, Dni 1970 S. 132 als nicht ausreichend. Bei verborgenen Silbermünzen sollen nach österr. OGH 26.6.1957, JBl 1957 S. 100 nicht einmal vierzig Jahre ausreichen. Definitiv genug seien aber 160 Jahre (Georgiades und Stathopoulos [*-Libanis*], ZGB, Art. 1093 S. 556 Rdnr. 1). Eine präzise gesetzliche Grundlage haben diese Zahlen aber nicht; alles hängt von den Umständen des Einzelfalls ab, zumal oft gar nicht bekannt sein wird, ab wann der Schatz verborgen gelegen hat. Unter Art. 1324(2) port. CC entfällt die Anzeigepflicht, wenn der Schatz offensichtlich seit mehr als zwanzig Jahren versteckt oder vergraben worden ist und der Entdecker den Alteigentümer nicht kennt. Nach Ablauf von zwanzig Jahren wird der Schatz einer eigentümerlosen Sache gleichgestellt (*Vieira,* Direitos reais, S. 721, Fn. 2026). Das spanische Recht operiert (aus unserer Sicht konsequent) nur mit dem Kriterium der „Unfindbarkeit des

ist nur verborgen, wenn sie an ihrem derzeitigen Lageort nicht ohne weiteres sinnlich wahrnehmbar ist, also nicht auf dem Erdreich herumliegt, schon beim Öffnen einer gewöhnlichen Schublade (nicht: eines Geheimfaches) oder beim Betreten eines (wenn auch schwer zugänglichen) Dachbodens zu sehen ist.[1358] Außerdem geht es darum, dass sich die ursprüngliche Zuordnung der Sache zu einer bestimmten Person aus tatsächlichen Gründen nicht mehr klären lässt, nicht darum, dass im Einzelnen unklar sein mag, wer der heutige Rechtsnachfolger des feststehenden Alteigentümers ist. Solange noch irgendjemand nachweisen kann, einen (wenn auch noch so kleinen) Eigentumsanteil an der Sache zu haben, oder solange klar ist, dass die Sache einem von mehreren Eigentumsprätendenten zusteht, nur nicht wem, so lange hat man keinen Schatz vor sich. „Verborgensein" ist notwendig, genügt aber nicht. Die von Flüchtlingen vergrabenen Sachen werden erst dann zum Schatz, wenn sich in der Familie niemand noch des Lageortes erinnert[1359] und der Entdecker alle nach den Umständen angemessenen Maßnahmen ergreift, den Eigentümer zu suchen.[1360] Geraubtes Gold, das 1945 von sich auflösenden NS-Einheiten versteckt wurde, kann nicht als Schatz gehoben werden, weil das Verbergen keine eigentumsrechtlichen Rechtsfragen auslöst, die nicht schon 1945 bestanden hätten.

Ein Grenzfall ist TS 27.6.1988.[1361] Es ging um eine Blechdose, die zwei Bauarbeitern zufällig in die Hände fiel, als einer eine Wand aufklopfte. Die Dose enthielt ca. 250 Goldmünzen und ein Schriftstück aus dem Jahre 1836, in dem der Unterzeichner (Don Miguel) erklärte, dass es sich bei den im Einzelnen aufgelisteten Münzen um sein Eigentum handele; er habe sie in den vielen Jahren, in denen er dem Militär diente, erworben. Das Haus, in dessen Wand die Dose entdeckt wurde, war einige Jahre zuvor von dem Vater des Klägers (der seinerseits ein Nachfahre von Don Miguel war) an die örtliche Gemeinde und sodann von ihr an den Beklagten verkauft worden. Der erste Kaufvertrag zwischen dem Vater und der Gemeinde enthielt eine „Schatzklausel", unter der Schätze dem Verkäufer verbleiben sollten, der zweite Kaufvertrag zwischen der Gemeinde und dem Beklagten nicht. Obwohl die Schatzklausel in das Register eingetragen war, maß der TS ihr keine Drittwirkung bei; es habe sich um ein reines Schuldrecht gehandelt. Die Frage blieb, ob es sich um einen Schatz handelte. Unstreitig war, dass der Bauarbeiter auf ein „verborgenes und unbekanntes Lager mit Geld" (Art. 352 span. CC) gestoßen war. Streitig war, ob seine rechtmäßige Zugehörigkeit *(pertenencia)* geklärt werden konnte oder nicht. Der Tribunal Supremo verneinte das. Das Dokument ändere nichts daran, dass das Eigentumsrecht

---

Eigentümers" *(inhallabilidad del dueño),* auf die Antiquität kommt es nicht an (TS 30.1.1990, RAJ 1990 Nr. 101 S. 155; Ministerio de Justicia [-*Pantaleón Prieto*], Comentario del Código Civil I², S. 989, Anm. I. 2 zu Art. 352). Ebenso beurteilt man die Dinge in Frankreich. Es sei nicht notwendig, dass der Schatz seit langem verborgen oder vergraben sei oder dass es sich um alte oder gar antike Gegenstände handele (Rép. Civ. Dalloz [*Berchon*,], v° Trésor, S. 5 Rdnr. 19; J.-Cl. Civil Code [-*Saujot*], Art. 716, fasc. 40, Trésor, S. 3 Rdnr. 3. CA Limoges 14.5.1903, S. 1904, 2, S. 196 betraf Goldstücke, die seit ca. 50 Jahren verborgen waren).

[1358] OLG Köln 11.6.1991, OLGZ 1992 S. 253.

[1359] Unter § 397(1) österr. ABGB unterliegen zwar „vergrabene, eingemauerte oder sonst verborgene Sachen eines unbekannten Eigentümers" dem Fundrecht. Finderlohn wird aber nach § 397(2) aaO nur geschuldet, wenn der Eigentümer die Sachen nicht auch so zurückerlangt hätte, nicht also z.B. bei bewusst vergrabenen Silbermünzen, deren Versteck noch bekannt ist (OGH 26.6.1957, JBl 1958 S. 100). Ganz entsprechend verhalten sich die Dinge unter § 1063 tschech. BGB.

[1360] Rein politisch motiviert waren die Regeln des tschech. Präsidialdekrets Nr. 108/1945 über die Konfiskation des feindlichen Vermögens. Es ging um die von Sudetendeutschen (und von Ungarn in der heutigen Südslowakei) zurückgelassenen und versteckten Sachen, die, soweit sie „wertvoll" waren, konfisziert wurden. Bis heute werden den Nachfahren, die von den alten Verstecken wissen, nur Sachen „privater Natur" zurückgegeben.

[1361] TS 27.6.1988, RAJ 1988 Nr. 5134 S. 5134.

an den Münzen nicht geklärt werden könne. Denn unter den Regeln über den Eigentumsbeweis (sogen. *probatio diabolica*) hätte es des Beweises eines gesetzlichen Erwerbsgrundes bedurft, und dieser Beweis könne heute von niemandem mehr geführt werden. Im Ergebnis ging der Schatz deshalb in Anwendung von Art. 351 span. CC je zur Hälfte an die zwei Bauarbeiter und den neuen Grundeigentümer.

197 **Entdecker** ist, wer die Sache ihrer Verborgenheit entreißt. Ein Arbeitnehmer (ein Baggerfahrer, ein Maurer etc.), der im Zuge seiner Tätigkeit auf einen Schatz stößt, ist selber Entdecker.[1362] Er ist es nur dann nicht, wenn seine Tätigkeit gerade darin bestand, nach der verborgenen Sache zu suchen und ähnlich wie ein Besitzdiener konkrete Weisung hatte, wie mit ihr zu verfahren sei.[1363] Das mag man damit begründen, dass der Arbeitnehmer die Sache solchenfalls nicht „zufällig" entdeckt[1364], doch hat man dann das Problem, nicht überzeugend erklären zu können, warum an seiner Stelle der Arbeitgeber bzw. dessen Auftraggeber als Entdecker anzusehen ist. In Wirklichkeit ist der „Zufall" gar nicht entscheidend. Es kommt vielmehr darauf an, ob die erforderliche Eigenleistung bereits speziell belohnt wird. Entdecker ist nur, wer für die Entdeckung nichts anderes erwartet als einen Eigentumsanteil an dem Schatz. Demgemäß verliert auch ein Grundeigentümer, der jemanden beauftragt, auf seinem Grundstück Untersuchungen durchzuführen, nicht die Hälfte des Eigentums an dem erfolgreich zutage geförderten Gegenstand.[1365]

198 Ist eine verborgene Sache entdeckt, dann steht das **Eigentum** an ihr nach vorherrschender europäischer Rechtsansicht dem Entdecker und dem Eigentümer[1366] der verbergenden Sache **je zur Hälfte** zu.[1367] Entdecker und Eigentümer werden Miteigen-

---

[1362] TS 27.6.1988 aaO; BGH 20.1.1988, BGHZ 103 S. 101, 107; Cass. crim. 20.11.1990, Bull. crim. 1990, Nr. 395, S. 995 (Entdeckung von Louis XIV und Louis XV Gold- und Silberstücken durch Arbeiter eines Bauunternehmens; Entdecker sind die Arbeitnehmer, nicht das Unternehmen, weil „les travaux ayant conduit à la découverte n'ont pas été effectués à cette fin"); Hof Amsterdam 3.3.2005, NJF 2005 S. 226.

[1363] Siehe neben den Angaben in der vorigen Fn. z.B. noch Art. 4.65(5) lit. ZGB, § 1065 tschech. BGB („Wurde eine Person für die Suche einer verloren gegangenen oder verborgenen Sache bestellt, gilt sie nicht als Finder"); § 401 österr. ABGB (finden Arbeitnehmer zufällig einen Schatz, steht ihnen die Hälfte zu [das Gesetz spricht von einem Drittel, doch gilt das als Redaktionsversehen: Schwimann und Kodek (-*Klicka und Reidinger*), ABGB II^4, § 398 Rdnr. 1]; war die Suche Inhalt der Arbeit, ist der Auftraggeber Finder); MünchKomm (-*Oechsler*), BGB VII^7 (2013), § 984 Rdnr. 6 und Cian und Trabucchi (-*Maggiolo*), Commentario breve^{11}, unter Art. 932 ital. CC, S. 951.

[1364] Das Zufallskriterium ist immer noch weit verbreitet; s. neben § 401 österr. ABGB z.B. noch Art. 351(1) span. CC; Art. 932(2) ital. CC und Art. 716(2) franz. CC („Als Schatz gilt jede verborgene oder vergrabene Sache, an welcher niemand sein Eigentum nachweisen kann, und die lediglich durch Zufall entdeckt wird").

[1365] *Triantos,* AK, Art. 1093 S. 1304 Rdnr. 4.

[1366] Der Nießbraucher geht also leer aus (Art. 598(2) belg., franz. und luxemb. CC; § 1040 dt. BGB; Art. 471 span. CC). Dasselbe gilt für den Hypothekar (ein Schatz ist kein *accesión natural* i.S.v. Art. 109 span. LH) und den Inhaber einer Antichrese (Ministerio de Justicia [-*Pantaleón Prieto*], Comentario del Código Civil I^2, S. 986, Anm. II.4 zu Art. 351). Art. 1632 span. CC stellt allerdings den Erbpächter dem Eigentümer eines Grundstücks gleich.

[1367] Art. 716 belg., franz. und luxemb. CC; § 984 dt. BGB; Art. 1093 gr. ZGB; Art. 932(2) ital. CC (dazu *Bianca,* Diritto civile VI, S. 344: der Eigentümer der verbergenden Sache erwerbe durch *accessione,* der Entdecker durch Fund); Art. 953 lett. ZGB; Art. 563(1) malt. CC; § 399 österr. ABGB; Art. 189 poln. ZGB; § 9 schwed. Lag om hittegods; Art. 53(1) slowen. SPZ; Artt. 351, 614 span. CC. Art. 4.65(4) lit. ZGB ordnet dem rechtmäßigen Finder (d.h. einem Finder, der den Schatz zufällig entdeckt oder nach ihm mit Zustimmung des Eigentümers ge-

tümer nach ideellen Bruchteilen[1368]; mehrere Entdecker müssen sich ihre Hälfte ebenso teilen wie mehrere Eigentümer. Die verbergende Sache kann richtiger Ansicht nach auch eine reale sein[1369]; dass manche gesetzliche Quellen nur den Hauptfall, den Schatzfund in einem Grundstück, in den Blick nehmen, ändert daran nichts.[1370] Bei einem Schatzfund auf fremdem Grundstück muss man allerdings noch fragen, ob auch solchen Personen, die dort gezielt, aber ohne vorherige Zustimmung des Grundeigentümers nach Verborgenem suchen, ein hälftiger Eigentumsanteil zufallen soll. Das bereits erwähnte Zufallserfordernis[1371] schließt das aus[1372], birgt aber die Gefahr, zu weit zu gehen. Denn das Problematische ist nicht eigentlich die Planmäßigkeit der Suche, sondern die Intensität der Eigentumsverletzung, mit der sie einhergeht, und die faktische Unmöglichkeit, sich ihrer zu erwehren (z.B. bei Personen, die sich mit Metalldetektoren zu unterschiedlichen Tageszeiten über die Flächen eines Landwirts bewegen). Außerdem kann auch jemand, der sich rechtswidrig auf fremden Grund begibt, immer noch „zufällig" einen Schatz entdecken. Das entgegengesetzte Extrem, die rechtlichen Begleitumstände eines Schatzfundes für belanglos zu halten[1373], vermag freilich auch nicht zu befriedigen. Eine dritte Gruppe von Rechtsordnungen hat sich deshalb für einen Mittelweg entschieden. Unter § 400 österr. ABGB steht der Schatz dann nicht dem Entdecker zu, wenn der Schatz im Rahmen einer unerlaubten Handlung entdeckt wird. Dasselbe gilt für den Fall, dass jemand den Schatz „ohne Willen und Wissen des Nutzungseigentümers aufsucht".[1374] Der Entdeckeranteil geht vielmehr an

---

forscht hat) nur ein Viertel des Schatzwertes zu; dem Eigentümer gehören drei Viertel. In Bulgarien wird der Staat Eigentümer des gesamten Schatzes (oben Fn. 1344).

1368 Gniewek (-*Szydło*), Kodeks cywilny[7], Art. 189 Rdnr. 1.

1369 Z.B. § 984 dt. BGB; § 103(2) estn. LPA Art. 1093 gr. ZGB und Art. 932(2) Satz 3 ital. CC.

1370 So verhält es sich z.B. in Österreich (§ 399 österr. ABGB); Frankreich (Art. 716 franz. CC) und Tschechien (§ 1063 tschech. BGB). Gleichwohl können Schätze auch in beweglichen Sachen verborgen sein (*Terré und Simler,* Les biens[9], S. 336 Rdnr. 419 mit dem Beispiel der Banknote in einem Buch); zur Not müssen die Regeln über Schatzfunde in Grundstücken dann eben analog angewandt werden (*Salák,* Právní rozhledy 2016 [12] S. 419, 426). Auch in Österreich teilt die überwiegende Lehre die Ansicht, dass ein Schatz auch in einem beweglichen Gegenstand verborgen sein könne (Koziol/Bydlinski/Bollenberger [-*Eccher und Riss*], ABGB[4], § 398 Rdnr. 1; Rummel [-*Spielbüchler*], ABGB I[3], § 398 Rdnr. 1). In OGH 28.6.1932, SZ 14/142 hatte ein Hochschulassistent über 100 Jahre alte, nicht inventarisierte Zeichnungen in einem Kasten in einem Hörsaal entdeckt. Der OGH verneinte Ansprüche aus Schatzfund, weil die Zeichnungen nicht bewusst „verborgen" worden waren, der Kläger außerdem als treuer Staatsdiener zur entschädigungslosen Ablieferung des Fundes verpflichtet gewesen sei. Ob die Aufbewahrung in einem beweglichen Kasten das Vorhandensein eines „Schatzes" ausschließe, was umstritten sei, wurde daher nicht entschieden.

1371 Vorher Fn. 1364.

1372 Besonders dramatisch TS 22.3.1976, RAJ 1976 Nr. 1425 S. 1058. Der Eigentümer eines Grundstücks im historisch geprägten Granada hatte mit Erlaubnis der zuständigen Behörde auf seinem eigenen Grundstück nach archäologischen Werten gesucht, die in der Gegend vermutet wurden. Er wird ausgerechnet auf dem Nachbargrundstück fündig, wo er die „Dama de Baza" entdeckt, eine Statue von herausragendem archäologischen Wert. Der Tribunal Supremo entschied, dass es an einem Zufall gefehlt habe. Denn der Nachbar hatte der Suche nicht zugestimmt. Der Entdecker ging leer aus.

1373 Das ist die Lösung des deutschen Rechts: Staudinger (-*Wiegand und Gursky*), BGB (2017), § 984 Rdnr. 16 mit weiteren Nachweisen.

1374 Ob eine unerlaubte Handlung bereits vorliegt, wenn der Entdecker § 11 österr. DMSG verletzt (der für die gezielte Suche nach geschützten Gegenständen eine Genehmigung ver-

denjenigen, der die Entdeckung dem Staat anzeigt, und wenn es zu keiner Anzeige kommt, geht dieser Anteil unmittelbar an den Staat. Art. 953 Satz 1 lett. ZGB ahndet das Verbot, auf fremdem Boden nach Schätzen zu suchen, mit dem Verlust der Finderrechte. Ebenso verhält es sich in Litauen. Das Eigentum an dem Schatz geht allein an den Grundstückseigentümer bzw. den Eigentümer der verbergenden beweglichen Sache (Art. 4.65(3) lit. ZGB).

199 Schatzfundrecht ist insoweit ein Stück **objektives Besitzrecht,** als die Entdeckung allein i.d.R. nicht genügt, um einen Miteigentumsanteil zu erwerben.[1375] Es muss noch eine Besitzergreifung hinzukommen. Dazu kann nach den allgemeinen Regeln bereits eine Kenntlichmachung des Fundortes genügen, wenn die Sache erst gehoben werden kann, nachdem sich der Entdecker geeignetes Werkzeug besorgt hat.[1376] Ob die Sache mit der Kenntlichmachung aufhört, „verborgen" zu sein, hängt von der Art der Kenntlichmachung ab. Die Sache ist jedenfalls nicht mehr verborgen, wenn der Entdecker (A) von seiner Entdeckung erzählt und sich sein Gesprächspartner (B) heimlich aufmacht, den Schatz als erster zu heben. In diesem Fall erwirbt A den Entdeckeranteil, weil die Sache nunmehr in Besitz genommen wurde. Darauf, dass es ein „Nichtentdecker" war, der die Sache in Besitz nahm, kommt es nicht an. Die Regel, dass Entdecker und erster Besitzer nicht personenidentisch sein müssen[1377], hat aber

---

langt), ist streitig (dafür Rummel [-*Spielbüchler*], ABGB I³, § 400 Rdnr. 1; dagegen Klang [-*Klang*], ABGB II², S. 271).

[1375] Entdecker eines Schatzes ist, wer ihn „sichtbar gemacht hat", nicht derjenige, der ihn zuerst gesehen oder angefasst hat (Richtig m.E. Trib. civ. Villefranche-sur-Saône 11.2.1954, Gaz. Pal. 1954, I, S. 401. Ein Arbeiter hatte mit seinem Bulldozer auf einer Baustelle Goldstücke freigelegt, die vor ihm schon ein anderer hatte glänzen sehen. Anschließend hoben mehrere Arbeiter die Goldstücke auf. Entdecker sei allein der Bulldozerfahrer gewesen). Anders wird das aber wohl in Polen (Gniewek [-*Szydło*], Kodeks cywilny⁷, Art. 189 Rdnr. 1), Ungarn (§ 5:64 ungar. ZGB [Schatzfund] verlangt im Unterschied zu § 5:54 ungar. ZGB [Fund] keine Inbesitznahme) und in Österreich gesehen. Für einen Schatzfund sei bereits die Entdeckung ausreichend, eine Aneignungshandlung oder auch nur die Kenntnis davon, dass es sich um einen Schatz handelt, ist nach OGH 12.10.1985, SZ 55/146 nicht erforderlich. Der Beklagte war Eigentümer eines Grundstücks, auf dem der Kläger Abrissarbeiten durchführen sollte. Der Kläger hatte aber auch ein Eigeninteresse an dem Abriss, weil er dort geheime Gänge zu einem Schloss vermutete, die er entdecken wollte, worüber er früher schon einmal mit dem Beklagten gesprochen hatte. Als die eigentlichen Abrissarbeiten bereits beendet waren, sah der Beklagte den Kläger und dessen Bruder den Schutt an einer bestimmten Stelle mit einer Sonde absuchen. Der Beklagte forderte den Kläger und seinen Bruder auf, damit aufzuhören und bot ihnen ein Bier an, das sie zunächst annahmen. Plötzlich sprangen die beiden aber auf, um es „noch einmal zu versuchen". Der Kläger fuhr mit dem Bagger den Schutt beiseite. Sein Bruder sah zu und entdeckte plötzlich einen Krug, in dem sich später 3.000 Silbermünzen aus dem 15. Jahrhundert fanden. Der Bruder rief dem Kläger, der den Krug noch nicht gesehen hatte, zu, er solle aufhören, man müsse alles absperren und vor neugierigen Blicken schützen. Der OGH wies das Begehren des Klägers ab, an dem vom Beklagten für 200.000 Schilling an das Land Niederösterreich verkauften Fund hälftig beteiligt zu werden. Entdecker des Schatzes sei alleine der Bruder des Klägers gewesen, weil er den Krug zuerst gesehen habe. Wer zuerst erkannt habe, dass der Krug einen wertvollen Inhalt berge, sei unwichtig. OGH 19.7.1990, EvBl 1991/9, ÖJZ 1990 S. 22 bestätigt das. Ein Schatz sei bis zu seiner Entdeckung herrenlos und falle mit Entdeckung kraft Gesetzes in das hälftige Miteigentum von Grundstückseigentümer und Entdecker.

[1376] *Wilhelm,* Sachenrecht⁵, Rdnr. 1162.

[1377] *Gursky* aaO (Fn. 1373) Rdnr. 6; Georgiades und Stathopoulos (-*Libanis*), ZGB, Art. 1093 S. 556 Rdnr. 3; *Georgiades,* Emprágmato Díkaio I, S. 690 Rdnr. 4; MünchKomm (-*Oechsler*), BGB VII⁷, § 984 Rdnr. 9; CA Rennes 9.1.1951, D. 1951 S. 443 (Ein Arbeiter hatte in einem Mauerhohlraum bei Mauerwerksarbeiten einen Topf entdeckt, den er auf Anweisung

natürlich vor allem den Sinn, sensible Fundorte vor Vandalismus zu schützen. Es soll Zeit bleiben, den Schatz fachmännisch zu heben. In Deutschland und in Griechenland gesteht man dem nichtbesitzenden Entdecker sogar ein sogen. „Anwartschaftsrecht" zu, das mit der Inbesitznahme (durch wen auch immer) zu Miteigentum erstarken soll.[1378] Die sachenrechtliche Begründung dafür steht aber, wie bei jedem Anwartschaftsrecht, auf sehr unsicheren Füßen.[1379]

---

des Grundeigentümers, der von dem Topf nichts wusste, aus der Mauer herauszog. Der Arbeiter holte selber die in dem Topf befindlichen Goldstücke heraus. Das Gericht sah den Arbeiter als Entdecker an, weil er den Topf nicht nur zuerst gesehen, sondern auch zuerst sichtbar gemacht und dann den Eigentümer davon benachrichtigt hatte).

[1378] *Libanis* aaO; *Gursky* aaO.

[1379] *Oechsler* aaO Rdnr. 9.

§ 5. Das Recht des rechtsgeschäftlichen Erwerbs subjektiver Sachenrechte

Weiteres Schrifttum: *Ana Isabel Afonso,* A condição – Reflexão crítica em torno de subtipos de compra e venda (Porto 2014); *Mário Júlio de Almeida Costa,* Direito das obrigações (11. Aufl. Coimbra 2008); *Manuel Amorós Guardiola,* El pacto de reserva de dominio en los bienes inmuebles, RCDI 488 (1972) S. 9–42; *Craig Anderson,* The Physical element of possession of corporeal moveable property in Scots law (Edinburgh 2014); *Peter Apathy,* Ausgewählte Fragen des Ersitzungsrechts, JBl 1999 S. 205–222; Patrick Selim Atiyah (Begr.), The Sale of Goods (12. Aufl. Harlow 2010); *Christian Atias,* Le transfert conventionnel de propriété immobilière, Thèse (Poitiers 1975); *Christian Auinger,* Die Gundbuchs-Novelle 2008, ÖJZ 2009 S. 5–14; *Laurent Aynès* und *Pierre Crocq,* Les sûretés. La publicité foncière (7. Aufl. Paris 2011); *Konstantinos Baboúskos,* Ktésis kyriótitos kinetón pragmáton pará mi kyríou kai prostasia aftís (Eigentumserwerb beweglicher Sachen vom Nichteigentümer und dessen Schutz) (Thessaloniki 1956); *Elise Bant,* Registration as a Defence to Claims in Unjust Enrichment: Australia and England Compared, [2011] Conv 309–326; *Marco Bellinvia,* La rinunzia alla proprietà e ai diritti reali di godimento, Consiglio Nazionale del Notariato, Studio n. 216–2014/C; *Cesare Massimo Bianca,* Riflessioni sul principio del consenso traslativo, Riv. dir. civ. 1969, I, S. 535–544; *Biondo Biondi,* Le donazioni (Turin 1961); *Gauthier Blanluet,* Le moment du transfert de la propriété, 1804–2004 – Le Code civil – Un passé, un présent, un avenir (Paris 2004) S. 408–425; *Fernando Bocchini,* Limitazioni convenzionali del potere di disposizione (Neapel 1977); *Raimund Bollenberger,* Gutglaubenserwerb nach Maßgabe der Zahlung – Anhaltspunkte in der Rechtsordnung, ÖJZ 1996 S. 851–860; *Andrea Bonomi,* Der Eigentumsvorbehalt in Österreich und Italien unter Berücksichtigung anderer europäischer Rechtssysteme (Berlin 1993); *Miklós Boronkay,* A saját ingatlanok közötti telki szolgalomról [Über die Grunddienstbarkeit zwischen eigenen Immobilien], Magyar Jog 2011 S. 426–430; *Sophie Boufflette,* La possession (Brüssel 2010); *Manuella Bourassin, Vincent Brémond* und *Marie-Noëlle Jobard-Bachellier,* Droit des sûretés (4. Aufl. Paris 2014); *Emmanouel I. Bouzikas,* Ktésis enechýrou pará mi kyriou (Athen 1950); *Kamila Bubelová,* Poživací právo – starý institut nově pojatý?, in: Kamila Stloukalová (Hrsg.), Soudobé reflexe římského práva. Římské právo v moderních kodifikacích (Prag 2016) S. 63–73; *Jan Bumba,* České katastry od 11. do 21. století (Prag 2007); *Sergio Cámara-Lapuente,* Registration of Interests as a Formality of Contracts: Comparative Remarks on Land Registers within the Frame of European Private Law, ERPL 2005 S. 797–839; *Marta Cenini,* Gli acquisti a non domino (Mailand 2009); *Jean-Pascal Chazal* und *Serge Vicente,* Le transfert de propriété par l'effet des obligations dans le code civil, RTD civ. 2000 S. 479–506; *François Collart Dutilleul* und *Philippe Delebecque,* Contrats civils et commerciaux (6. Aufl. Paris 2002); *J.-P. Chenu,* De la „transcription" à la „publicité foncière" (Thèse Bordeaux 1960); *Marco Comporti,* Diritti reali in generale (Mailand 2011); *Lizzie Cooke,* Land Registration: Void and Voidable Titles, 8(3) (2004) Edin LRev 401–405; *Simon Cooper,* Resolving Title Conflicts in Registered Land, 131 (2015) LQR 108–132; *Gérard Cornu,* Vocabulaire juridique (8. Aufl. Paris 2007); *Julie del Corral,* The Delivery Requirement in So-called Consensual Transfer Systems, ERPL 21 (2013) S. 1277–1298; *Leonardo Coviello,* L'art. 1228 c. c. e la stipulazione a favore di terzi con contenuto reale, Foro it. 1935, IV, S. 239–262; *Norbert Csizmazia,* Mobiliarkreditsicherheiten im ungarischen Zivilgesetzbuch, ZEuP 2016 S. 265–276; *Heinrich Demelius,* Österreichisches Grundbuchsrecht: Entwicklung und Eigenart (Wien 1948); *Johann Demharter,* Grundbuchordnung (30. Aufl. München 2016); *Elena Di Marco,* The Maltese ‚Land Registry Certification System': Latin and Anglo-Saxon influences. An innovative approach to the economic history of English-speaking nations, Journal of Maltese History 2011/2 S. 51–54; *Werner Dieterle,* Das Notariat in Baden-Württemberg, BWNotZ 2000 S. 110–114; *Erwin Dietrich,* Gedanken zur Grundbuchreform, ÖJZ 1969 S. 4–7; *Robert Dittrich,* Zur Bedeutung der Grundbuchsmappe, ÖJZ 1954 S. 449–452; *Martin Dixon,* What Sort of Land Registration System?, [2012] Conv S. 349–354; *Giovanni Doria,* Doppia alienazione immobiliare e teoria dell'effetto reale: il problema della responsabilità dell'alienante e del secondo acquirente (Mailand 1994); *Alan Dowling,* Of Ships and Sealing Wax: The Introduction of Land Registration in Ireland, 44 (1993) NILQ 260–397; *Bernhard Eccher, Francesco Schurr* und *Gregor Chrstandl,* Handbuch Italienisches Zivilrecht (Wien 2009); *Gyula Eörsi,* A tulajdonátszállás kérdéséről [Über die Frage des Eigentumsüberganges] (Budapest 1947); *John Erskine,* An Institute of the Law of Scotland (6. Aufl. Edinburgh 1824–1828); *Wolfgang Faber,* Scepticism about the Functional Approach from a Unitary Perspective, in: Faber und Lurger (Hrsg.), Rules for the Transfer of Movables: A Candidate for European Harmonisation or National Reforms? (München 2008), S. 97–122; *Zoltán Fabók,* Tulajdonjog-fenntartás és dologi jogügylet [Eigentumsvorbehalt und dingliches Geschäft]; Polgári Jogi Kodifikáció 3/2004, S. 14–17; *Erich Feil, Karl-Heinz Marent* und *Gerhard Preisl,* Grundbuchsrecht: Kommentar mit den einschlägigen Gesetzen und Vorschriften sowie Eingabemustern, Vertragsmustern und sonstigen Mustern (2. Aufl. Wien 2010); *Pierre-Antoine Fenet,* Recueil complet des travaux préparatoires du Code civil, Band XIV (Paris 1836); György Fenyö (Hrsg.), Közhitelű nyilvántartás az ingatlanokról [Register mit öffentlichem Glauben über die Immobilien] (Budapest 2001); *Carlos Ferreira de Almeida,* Transmissão contratual da propriedade – Entre o mito da consensualidade e a realidade de múltiplos regimes, Themis VI (2005) S. 5–17; *Alain Fournier* und *Serge Lamiaux,* Publicité foncière: Organisation et principales caractéristiques (3. Aufl. Paris 2014); *C. François,* Présentation des articles 1196 à 1198 de la nouvelle sous-section 2 "Effet translatif", La réforme du droit des contrats présentée par l'IEJ de Paris 1, https://iej.univ-paris1.fr/openaccess/reforme-contrats/titre3/stitre1/chap4/sect1/ssect2-effet-translatif/; Susanne Frank und Thomas Wachter (Hrsg.), Handbuch Immobilienrecht in Europa. Zivil- und steuerliche Aspekte des Erwerbs, der Veräußerung und der Vererbung von Immobilien (München 2015); *Massimo Franzoni,* Degli effetti del contratto, Band II (2. Aufl. Mailand 2013); *Giovanni Gabrielli,* La pubblicità immobiliare (Turin 2012); *ders.,* Pubblicità legale e circolazione dei diritti: evoluzione e stato attuale del sistema, Riv.dir.civ. 1988, I, S. 425–461; *Giovanni Gabrielli* und *Ferruccio Tommaseo,* Commentario della legge tavolare (2. Aufl. Mailand 1999); *Paolo Gallo,* La causa della donazione, in: Giovanni Bonilini (Hrsg.), Trattato di diritto delle successioni e donazioni: Le donazioni (Mailand 2009) S. 349–432; *ders.,* Trattato del contratto, Band I (Turin 2010); *Simon Gardner,* Alteration of the Register: An Alternative View, [2013] Conv 530–538; *Francesco Gazzoni,* La trascrizione immobiliare, Band 1 (Mailand 1991); *ders.,* Il contratto preliminare (2. Aufl. Turin 2002); *Francesco Gentile,* La trascrizione mobiliare (Neapel 1961); *Apostolos Georgiades,* Nees morphés symbáseon tes synchrones oikonomias, Leasing klp. (Neue Vertragstypen der modernen Wirtschaft, Leasing usw.) (Athen 1995); *Charles Gijsbers,* Sûretés réelles et droit des biens (Paris 2016); *Edward Gniewek,* Księgi wieczyste. Art. 1–58[2] KWU. Komentarz (Warschau 2016); *Ulf Göranson,* Traditionsprincipen (Uppsala 1985); *Francisco Javier Gómez Gálligo,* Las prohibiciones de disponer en el derecho español (Madrid 1992); *William M. Gordon,* Studies in the Transfer of Property by Traditio (Aberdeen 1970); Peter Gottwald (Hrsg.), Insolvenzrechtshandbuch (5. Aufl. München 2015); *Amy Goymour,* Mistaken Registrations of Land: Exploring the Myth of "Title by Registration", 72 (2013) CLJ 617–650; *Michelle Grégoire,* Publicité foncière. Sûretés réelles et privilèges (Brüssel 2006); *Nils Grenda,* Erwerb und Schutz des Eigentums an Mobilien im deutschen und schwedischen Recht (Frankfurt/Main 2013); *Attilio Guarneri,* Costituzione di servitù a favore di terzo, Riv. dir. comm., 1980, II, S. 339–360; *Claus Peter Haag,* Der gutgläubige Zweiterwerb im Sachenrecht (München und Berlin 2005); *Ludwig Häsemeyer,* Insolvenzrecht (4. Aufl. Köln 2007); *Maximilian Harnoncourt* und *Martin Spitzer,* Eigentumsvorbehalt, Vermengung und Individualisierung: Case Study aus aktuellem Anlass, ÖJZ 2015 S. 488–494; *Jiřina Hásová,* Zákon o úpadku a způsobech jeho řešení (insolvenční zákon): komentář (Prag 2010); *Torgny Håstad,* Köprätt och annan kontraktsrätt (Uppsala 2010); *ders.,* Den nya köprätten (Uppsala 2003); *ders.,* Derivative Acquisition of Ownership of Goods, ERPL 2009 S. 725–741; *Emma Hatfield,* The E-Conveyancing Re-Revolution, (2015) 79 Conv 148–151; *Stefanie Hellmich,* Kreditsicherungsrechte in der spanischen Mehrrechtsordnung: insbesondere in Katalonien und Navarra (Tübingen 2000); *Wolfram Henckel,* Zur Dogmatik der besitzlosen Mobiliarsicherheiten, FS Zeuner (Tübingen 1994) S. 193–218; *Jan Hellner,* Metodproblem i rättsvetenskapen. Studier i förmögenhetsrätt (Stockholm 2001); Izabela Heropolitańska, Agnieszka Drewicz-Tułodziecka, Katarzyna Hryćków-Mycka, Paweł Kuglarz, Ustawa o księgach wieczystych i hipotece. Komentarz (Hrsg.) (3. Aufl. Warschau 2017); *Heinrich Ewald Hörster,* Zum Erwerb vom Nichtberechtigten im System des portugiesischen bürgerlichen Gesetzbuchs (Coimbra 1988) (Nachdruck aus der mir nicht zugänglichen Festschrift für Ferrer Correia, Coimbra 1984, dort S. 509–620); *Christian Holzner,* Abtretbarkeit des dinglichen Herausgabeanspruchs bei eigenem Erwerbstitel des Neugläubigers gegenüber dem Eigentümer?, JBl 2013 S. 552–554; *ders.,* Gutglaubenserwerb nur nach Maßgabe der Zahlung?, ÖJZ 1996 S. 372–377; *Gyula Horváth,* Kommentár a társasházi törvényhez [Kommentar zum Gesetz über das Gemeinschaftshaus] (Budapest 2014); *Jean Howell,* Deeds Registration in England: A Complete Failure? 58 (1999) CLJ 366–398; *Hans Hoyer,* Gilt § 440 ABGB noch? Oder: Was leistet das Grundbuchsverfahren für das materielle Recht?: Bemerkung zu OGH 5 Ob 16/94, JBl 1994 S. 645–662; *ders.,* Erwerb dinglicher Rechte im Vertrauen auf den Grundbuchsstand nur entgeltlich?, in Festschrift für Rudolf Welser (Wien 2004) S. 295–302; *David J. Ibbetson,* Sale of Goods in the Fourteenth Century, 107 (1991) LQR 480–499; *Knud Illum,* Dansk tingsret (3. Aufl. Aarhus 1976); *Bent Iversen, Lars Hedegaard Kristen-*

sen und *Lars Henrik Gam Madsen,* Panteret (5. Aufl. Kopenhagen 2015); J. Cl. Civil Code (*-Paulette Veaux-Fournerie*), Art. 578 à 581, Fasc. 10: Usufruit. Caractères et sources (Paris 2008); *Petra Janků, Daniela Šustrová* und *Pavel Vrcha,* Nový katastrální zákon (Prag 2014); *Rui Januário* und *António Gameiro,* Direito Registral Predial (Lissabon 2016); *Mónica Jardim,* Efeitos substantivos do Registo Predial – Terceiros para efeitos de registo (Coimbra 2013); *Jean-Baptiste Josseau,* Traité du crédit foncier, ou Explication théorique et pratique de la législation relative au crédit foncier en France (Paris 1853); *Miha Juhart,* Die Eigentumsübertragung im Recht der Republik Slowenien, in: Johannes Michael Rainer und Johanna Filip-Fröschl, Transfer of Title Concerning Movables Part I – Eigentumsübertragung an beweglichen Sachen in Europa Teil I (Salzburgische Studien zum Europäischen Privatrecht, Bd. 18) (Frankfurt am Main 2006); *Jana Jurníková, Soňa Skulová* und *Petr Průcha,* Správní právo, zvláštní část (Brünn 2005); *Galateia Kalouta* und *Thorsten Tepasse,* Wohnungsbau auf Griechisch aus deutscher Sicht, BauR 2012 S. 431–439; Stanislawa Kalus (Hrsg.), Ustawa o gospodarce nieruchomościami (Warschau 2012); *Rainer Kanzleiter,* Der Schutz des Grundstücksverkäufers vor vollständiger Zahlung des Kaufpreises, DNotZ 1996 S. 242–254; *Ernst Karner,* Gutgläubiger Mobiliarerwerb: Zum Spannungsverhältnis von Bestandsschutz und Verkehrsinteressen (Wien 2005); *Przemysław Katner,* Przeniesienie wierzytelności w umowie factoringu (Warschau 2011); *Karl Kaufmann,* Ab- und Zuschreibung: Versuch einer systematischen Darstellung, ÖJZ 1993 S. 651–656; *Tanel Kerikmäe, Kristi Joamets, Jānis Pleps, Anita Rodiņa, Tomas Berkmanas* und *Edita Gruodytė,* Law of Baltic States (Cham 2017); *Johann Kindl,* Gutgläubiger Mobiliarerwerb und Erlangung mittelbaren Besitzes, AcP 201 (2001) S. 391–410; *Franz Kocevar,* Das Allgemeine Grundbuchsgesetz 1955, ÖJZ 1955 S. 614–618; *Georg E. Kodek,* Kommentar zum Grundbuchsrecht (Wien 2007); *Barbara Köllensperger,* Zum grundbücherlichen Richtigkeitsgebot und seiner amtswegigen Verwirklichung (§ 28 LiegTeilG), JBl 2008 S. 205–229 (Teil 1) und 295–309 (Teil 2); *Michael Kohlhaas,* Unrichtige Sachbehandlung bzw. Amtspflichtverletzung durch getrennte Beurkundung von Kaufvertrag und Auflassung?, SchlHA 1997 A S. 266–268; *Angelos Kornilakis,* Abstraktionsprinzip, Besitzübergang und gutgläubiger Erwerb von Immobilien und beweglichen Sachen nach griechischem Recht, IJVO 20 (2015/2016, erschienen 2018), S. 1–17; *Helmut Koziol,* Probleme der Doppelveräußerung, JBl 1971, S. 616–618; *Michele Labriola,* La trascrizione del preliminare avente ad oggetto immobili da costruire: brevi spunti per una riflessione, in: Achille Antonio Carrabba (Hrsg.), La trascrizione del contratto preliminare (Neapel 1997) S. 183–190; *François Laurent,* Principes de droit civil, Band XVI (Brüssel 1875); *Johann Le Bourg,* À propos des ventes successives d'un même bien par un même vendeur, RDC 2014 S. 219–222; *Johann Le Bourg* und *Christophe Quézel-Ambrunaz,* Du transfert et de l'opposabilité du droit de propriété dans le contrat d'échange, RDC 2014 S. 56–58; *Emma Lees,* Rectification of the Register – Prospective or Retrospective? (2015) 78 MLR 361–371; *Kåre Lilleholt,* Allmen Formuerett. Fleire rettar till same formuesgode (Oslo 2012); *Balázs Lohn,* Az absztrakció jogintézménye különös tekintettel a zálogjogra [Das Rechtsinstitut der Abstraktion unter besonderer Berücksichtigung des Pfandrechts], Polgári Jogi Kodifikáció 3/2006 S. 15–24; *Angelo Luminoso,* La compravendita (4. Aufl. Turin 2004); Marcus Lutter und Peter Hommelhoff (Hrsg.), GmbH-Gesetz (19. Aufl. Köln 2016); *Geo Magri,* Das dualistische Publizitätssystem in Italien, IJVO 19 (2014/15) S. 51–69; *ders.,* Beni culturali e acquisto a non domino, Riv. dir. civ. 2013 S. 742–756; *ders.,* Usucapione ed acquisto a non domino nel prisma della convenzione europea dei diritti dell'uomo, Riv. dir. civ. 2014 S. 1403–1428; *Philippe Malaurie,* Les successions, les libéralités, (2. Aufl. Paris 2006); *Michael Martinek,* Traditionsprinzip und Geheißerwerb, AcP 188 (1988) S. 573–648; *Matteo Marrone,* Istituzioni di diritto romano (3. Aufl. Palermo 2011); *Wolfgang Marotzke,* Der Eigentumsvorbehalt im neuen Insolvenzrecht, JZ 1995 S. 803–814; *Angelo De Martini,* Profili della vendita commerciale e del contratto estimatorio (Mailand 1950); *Claes Martinson,* Transfer of Title Concerning Movables Part III (Frankfurt/Main 2006); *ders.,* Funktionalismen, SvJT 2008 S. 669–687; *Dag Mattsson* und *Henrik Matz,* Lösöreköp och registerpant, SvJT 2015 S. 335–346; *Lisa McClure, Chantal Stebbings* und *Gordon Goldberg,* The History of a Hunt for Simplicity and Coherence in the Field of 'Ownership', 'Possession', 'Property' and 'Title', 7 (1992) Denning LJ 103–136; *António Manuel da Rocha e Menezes Cordeiro,* Da boa fé no direito civil, Bd. I (Coimbra 1984); *Luigi Mengoni,* Gli acquisti a non domino (3. Aufl. Mailand 1994); *Manuel Henrique Mesquita,* Obrigações reais e ónus reais (Coimbra 1997); *David Carey Miller,* Bona Fide Acquisition: New in Scottish Land Law, in: Frankie McCarthy/James Chalmers/Stephen Bogle (Hrsg.), Essays in Conveyancing and Property Law in Honour of Professor Robert Rennie (Edinburgh 2015) S. 165–183; *S. F. C. Milsom,* Sale of Goods in the Fifteenth Century, 77 (1961) LQR 257–284; *Jan Mojak* und *Jacek Widło,* Zastaw rejestrowy i rejest zastawów. Komentarz praktyczny (3. Aufl. Warschau 2009); *Pier Giuseppe Monateri,* Contratto e trasferimento della proprietà (Mailand 2008); *Carlos Alberto da Mota Pinto,* Direitos reais (hrsg. von Álvaro Moreira und Carlos Fraga) (Coimbra 1971); *Peter*

Mortensen, Digital tinglysning (4. Aufl. Kopenhagen 2011); *Christian Mouly,* Analyse économique du droit régissant le transfert de propriété, JCP E 1995, Supplément Nr. 5, S. 6–7; *J. A. Mouteira Guerreiro,* Ensaio sobre a problemática da titulação e do registo à luz do direito português (Coimbra 2014); *Stephanie Müller-Bromley,* Die Modernisierung des portugiesischen Hypothekenrechts (Baden-Baden 2004); *Ugo Natoli* und *Romeo Ferrucci,* Della tutela dei diritti (Turin 1962); *William C. Niblack,* Pivotal Points in the Torrens System, 24 (1915) YLJ 274–285; *Endre Nizsalovszky,* A rendelkezés tana és a magánjogi törvénykönyv Almási Antal és Meszlény Artur felszólalásaival [Die Lehre der Verfügung und das Privatrechtsgesetzbuch mit Vorträgen von Antal Almási und Artur Meszlény], Magyar Jogászegyleti Értekezések XXII (1931), Heft 121, S. 245; *José Carlos de Medeiros Nóbrega,* Der rechtsgeschäftliche Eigentumserwerb an beweglichen Sachen in Deutschland und Portugal (2. Aufl. Norderstedt 2010); *Edward Nugee,* The Feudal System and the Land Registration Acts, 124 (2008) LQR 586–607; *José de Oliveira Ascensão,* A desconformidade do registo predial com a realidade, CDP 31 (2010) S. 3–21; *Dominic O'Sullivan, Steven Elliott* und *Rafal Zakrzweski,* The Law of Rescission (2. Aufl. Oxford 2014); Konrad Osajda (Hrsg.), Ustawa o księgach wieczystych (Warschau 2017); Jan Otto (Hrsg.), Ottův slovník naučný, Band VII (Prag 1893); *Gwilym Owen,* A New Paradigm for Overreaching – Some Inspiration from Down Under, [2013] Conv 377–394; *Pedro Pais de Vasconcelos,* Teoria geral do direito civil (7. Aufl. Coimbra 2012); *Nikolaos Papantoniou,* E kalí pistis eis to astikón díkaion (Der gute Glaube im Zivilrecht) (Athen 1957); *Sandra Passinhas,* Property and trust law in Portugal (Alphen aan den Rijn 2012); *J. Patarin,* Forme des donations: La stipulation pour autrui permet-elle toujours de réaliser une donation indirecte?, RTD civ. 1988 S. 382–385; *Gaetano Petrelli,* Conformità catastale e pubblicità immobiliare (Mailand 2010); *Ferenc Petrik* und *András György Kovács* (letzterer als Lektor und Hrsg.), Ingatlan-nyilvántartás. Az új Ptk. alapján (Immobilienregister. Aufgrund des neuen ZGB) (Budapest 2015); *Jacqueline Piedelièvre* und *Stéphane Piedelièvre,* La publicité foncière (Paris 2014); *Marietta Pietrek,* Konsens über Tradition? Eine Studie zur Eigentumsübertragung in Brasilien, Deutschland und Portugal (Tübingen 2015); *António Pinto Monteiro,* Contrato de agência – anotação ao Decreto-Lei n° 178/96, de 3 de Julho (4. Aufl. Coimbra 2000); *Hendrik Ploeger* und *Bastiaan Van Loenen,* EULIS – At the Beginning of the Road to Harmonization of Land Registry in Europe, ERPL 2004 S. 379-287; *Ana Prata,* O contrato-promessa e o seu regime civil (Coimbra 1999); *Salvatore Pugliatti,* La trascrizione, Band I: La pubblicità in generale (Mailand 1957); *Jan Ramberg und Jonny Herre,* Allmän Köprätt (5. Aufl. Stockholm 2009); Real Academia de Jurisprudencia y Legislación, Diccionario jurídico (Madrid 2017); Rép. civ. Dalloz (-*Olivier Barret*), V° vente (3° effets) (Paris 2007); Rép. civ. Dalloz (-*Michel Boudot*), Apparence (Paris 2009); Rép. civ. Dalloz (-*Annie Chamoulaud-Trapiers*), V° usufruit (Paris 2012); Rép. civ. Dalloz (-*Alain Fournier*), Publicité foncière (Paris 2007); Rép. civ. Dalloz (-*Dimitri Houtcieff*), V° Renonciation (Paris 2012); *Jürgen C. T. Rassi,* Grundbuchsrecht, mit einem Muster- und Beispielsteil von *Reinhard Bayer* (Wien 2010); *Walter H. Rechberger* und *Ludwig Bittner,* unter Mitarbeit von *Ninel Jasmine Adjadi,* Grundbuchsrecht (2. Aufl. Wien 2007); *Thierry Revet,* Les différentes ventes, JCP E 1995, Supplément Nr. 5; *Frederick Rieländer,* Sachenrechtliche Erwerbsrechte (München 2014); *ders.,* Die erbbauzinsfreie Ersitzung des Erbbaurechts, JZ 2016 S. 1150–1158; *ders.,* Mehrstufige Belastungen (noch unveröffentlichte Habilitationsschrift Osnabrück 2019); *Vincenzo Roppo,* Il contratto (Mailand 2001); *Claus Rohde,* Digital Tinglysning (Hellerup 2014); *Jānis Rozenfelds,* Ownership Acquired in Good Faith, Juridiskā zinātne 10 (2017) S. 58–74; *Carlo Rusconi,* La pubblicità tavolare nella moderna circolazione giuridico-economica, in: Gianni Santucci, Andrea Nicolussi (Hrsg.), Fiat intabulatio. Studi in materia di diritto tavolare (Neapel 2016) S. 1–62; *Ennio Russo,* Vendita e consenso traslativo (Mailand 2010); *Paloma Saborido Sánchez,* Reflexiones sobre el tercero hipotecario (Madrid 2008); *Rodolfo Sacco,* La presunzione di buona fede, Riv. dir. civ. 1959 S. 250–288; *Rodolfo Sacco* und *Giorgio De Nova,* Il contratto, Band I (3. Aufl. Turin 2004); *Guido Salanitro,* Profili sostanziali e processuali dell'accertamento catastale (Mailand 2003); *Joel Samuelson,* Tolkning och utfyllning (Uppsala 2008); *Johan Sandstedt,* Sakrätten, Norden och europeiseringen (Stockholm 2013); *Joaquim Sarrate i Pou,* Formprobleme bei Grundstücksveräußerungen im deutsch-spanischen Rechtsverkehr. Zur Wirkung der Art. 9 EVÜ und Art. 11 EGBGB (Frankfurt/Main 1998); *Bernd Schilcher,* Offenkundige Servituten, Doppelveräußerung und Eintragungsgrundsatz, JBl 2005 S. 619–629; *Bernd Schilcher* und *Wolfgang Holzer,* Der schadenersatzrechtliche Schutz des Traditionserwerbers bei Doppelveräußerung, JBl 1974 S. 445–455; *Johann Schima jun.,* Zum Zeitpunkt des Erwerbs bücherlicher Rechte, JBl 1960 S. 428–430; *Karsten Schmidt,* Insolvenzordnung (19. Aufl. München 2016); Hartmut Schöner und Kurt Stöber (Begr.), Grundbuchrecht (15. Aufl. München 2012); Scottish Law Commission, Memorandum No 25: Passing of Risk and of Ownership (Edinburgh 1979); *Magda Schusterová,* The Battle of the Courts: The Acquisition a non Domino of Real Estate before 1 January 2014, in: Björn Hoops, Rosalie Koolhoven, Luke Rostill, Property Law Perspectives V (Den Haag 2017) S. 107–123; *José de Seabra Lopes,* Direito dos Registos e do Notariado (6. Aufl. Coimbra 2011); *Georgios S. Simonetos,* E nómimos aitia katá tin metabíbasin tis kyriótitas (Die rechtmäßige Causa bei der Eigentumsübertragung) (Athen 1947); *Pietro Sirena,* Sulla derogabilità del principio consensualistico, in: Colloqui in ricordo di Michele Giorgianni (Neapel 2007) S. 1071–1087; *Zofia Śmiałowska-Uberman,* Prawo geodezyjne i kartograficzne. Komentarz (Katowice 1999); *Peter M. Smith,* The Advowson: The History and Development of a Most Peculiar Property, 5(26) (2000) Ecc LJ 320–339; *Jiří Spáčil,* Věcná břemena v občanském zákoníku (Prag 2006); *Peter Sparkes,* European Land Law (Oxford und Portland, Oregon 2007); *ders.,* A New Land Law (Oxford und Portland, Oregon 1999); *Karl Spielbüchler,* Grundbuch und Grenze, JBl 1980 S. 169–173; *ders.,* Rangordnungsbeschluß und Streitanmerkung, JBl 1997 S. 138–150; *ders.,* Der Rückerwerb durch den Nichtberechtigten. Ein alter Gedanke zu einem jungen Urteil, ÖBA 2000 S. 361–391; *M. I. Spyridakis,* Epitomo Nomiko Lexiko (Athen und Komotini 2008); *Ioannis S. Spyridakis,* To symbatikó enéchyro prágmatos katá ton Astikó Kódika (Das vertragliche Pfandrecht an einer Sache nach dem ZGB) (Athen 2003); *ders.,* To Dikaio tis Emprágmatis Asfáleias (Das Recht der dinglichen Sicherheiten), Band III (Athen und Komotini 2003); *Astrid Stadler,* Gestaltungsfreiheit und Verkehrsschutz durch Abstraktion (Tübingen 1996); *James Stair,* The Institutions of the Law of Scotland (2. Aufl. Edinburgh 1693); *Daniel Stattin,* Tillräknande av vetskap i aktiebolags- och aktiemarknadsrätten, SvjT 2012 S. 1–35; Otmar M. Stöcker (Red.), Flexibilität der Grundpfandrechte in Europa (Schriftenreihe des Verbandes deutscher Pfandbriefbanken, Bd. 1, Berlin 2006); *Muriel Suquet-Cozic,* Publicité foncière (Levallois 2014); *Tatiana-Eleni Synodinou,* Real property in Cyprus in search of an identity, IJVO 18 (2013) S. 23–42; *Ferenc Szilágyi,* Das Zessionsrecht im neuen Zivilgesetzbuch Ungarns, ZEuP 2015 S. 52–86; *ders.,* Die Vorausabtretung im Gefüge des deutschen und ungarischen Rechts (Göttingen 2017); *ders.,* Grundzüge des ungarischen Immobilienregisterrechts, Jahrbuch für ungarisches Handelsrecht 2018 S. 86–140; *Grażyna Szpor, Magdalena Durzyńska, Agnieszka Gryszczyńska, Irena Kamińska, Krzysztof Mączewski* und *Witold Radzio,* Prawo geodezyjne i kartograficzne. Komentarz (Warschau 2013); *Adam Szpunar,* Hipoteka jako zabezpieczenie kredytu bankowego, Rejent 1998 (11) S. 9–22; *Greg Taylor,* Is the Torrens System German?, 29 (2008) J Legal Hist S. 253–285; *François Terré* und *Yves Lequette,* Les grands arrêts de la jurisprudence civile (10. Aufl. Paris 1994); *Hugo Tiberg* und *Rolf Dotevall,* Mellanmansrätt (9. Aufl. Stockholm 2003); *Luboš Tichý,* Obecná část občanského práva (Prag 2014); *Luboš Tichý, Petra Pipková* und *Jan Balarin,* Kupní smlouva v novém občanském zákoníku. Komentář. 1. Vydání (Prag 2014); *Andrea Torrente,* La donazione (2. Aufl. Mailand 2006); *Carl Torp,* Hvilke Grundsaetningar bor vare afgorende for Sporgsmaalet om Ejendomsovergangen ved Kob og Salg af individuelt bestemte Losoregenstande?, NJM 1902, bilaga VI, S. 1–38; *Roberto Triola,* Le servitù (Mailand 2008); *ders.,* La trascrizione (Turin 2012); Wilhelm Uhlenbruck (Begr.), InsO. Insolvenzordnung (Kommentar) (14. Aufl. München 2015); *Lajos Vékás,* Az új Polgári Törvénykönyv elméleti előkérdései [Theoretische Vorfragen des neuen Zivilgesetzbuches] (Budapest 2001); *Alain Verbeke, Nicolas Carette, Nele Hoekx* und *Kristof Vanhove,* Bijzondere overeenkomsten in kort bestek (4. Aufl. Antwerpen 2007); *László Villány-Fürst,* A magyar magánjog rövid tankönyve [Kurzes Lehrbuch des ungarischen Privatrechts] (Budapest 1941); *Gösta Walin,* Separationsrätt (Stockholm 1975); *Véronique Wester-Ouisse,* Le transfert de propriété *solo consensu:* principe ou exception?, RTD civ. 2013 S. 299–314; *Carl-Heinz Witt,* Miteigentum und gutgläubiger Erwerb, AcP 217 (2017) S. 107–143; Arkadiusz Wudarski (Hrsg.), Das Grundbuch im Europa des 21. Jahrhunderts (Berlin 2016); *ders.,* Die Universalität des Grundbuchs als Ausdruck der Ordnungsfunktion – Die Eintragungspflicht des öffentlichen Immobilieneigentums als Beitrag zur Verwirklichung der Ordnungsfunktion des polnischen Grundbuchs, in: Festschrift Martiny (Tübingen 2014) S. 1261–1286; *ders.,* Das formelle Publizitätsprinzip des Grundbuchs, in: Festschrift für Stanislawa Kalus (Frankfurt/Main u. a. 2010) S. 629–690; *Alessio Zaccaria* und *Stefano Troiano,* Gli effetti della trascrizione (Turin 2005); *Hans Peter Zierl,* Die Aufgaben des Grundbuchs und des Vermessungsamts bei der Teilung von Waldgrundstücken, ÖJZ 1986 S. 721–724; *Fryderyk Zoll,* Abstrakte Verfügungsgeschäfte im polnischen Recht? Die Abhängigkeit der beschränkten dinglichen Rechte vom schuldrechtlichen Grundverhältnis, in: Festschrift für Stanislawa Kalus (Frankfurt/Main u. a. 2010) S. 699–707; *Konrad Zweigert* und *Hein Kötz,* Einführung in die Rechtsvergleichung (3. Aufl. Tübingen 1996).

I. Rechtsgeschäfte mit sachenrechtlicher Relevanz

1. Überblick und Terminologie

200 Im Zentrum des Rechts der Rechtsgeschäfte über Sachenrechte steht das Recht ihres vertraglichen Erwerbs, das wiederum den Kontrapunkt zu dem Recht ihres gesetzlichen Erwerbs ausbildet.[1] Zwar operieren beide, das Recht des gesetzlichen wie das Recht des rechtsgeschäftlichen Sachenrechtserwerbs, mit letztlich denselben Bausteinen, nämlich mit Herrschaft und Willen. Deren Verhältnis zueinander wird nun aber neu justiert. Das Recht des gesetzlichen Erwerbs zentriert im Besitz, nicht im Wollen; das Recht des rechtsgeschäftlichen Erwerbs im Einigsein der Beteiligten, nicht in eigennütziger Sachgewalt. Man erwirbt ein subjektives Sachenrecht im Einvernehmen mit seinem bisherigen Inhaber, nicht gegen ihn. Züge sowohl des gesetzlichen als auch des rechtsgeschäftlichen Erwerbs trägt allerdings das (keineswegs allen europäischen Rechtsordnungen geläufige) Recht des gutgläubigen Erwerbs vom Nichtberechtigten. Folglich wird gestritten, ob es in die eine oder die andere Kategorie gehört.[2] Man kann es zum Recht des gesetzlichen Erwerbs schlagen, weil es auf die Zustimmung des wahren Berechtigten verzichtet, aber auch zum Recht des rechtsgeschäftlichen Erwerbs, weil es ein Einvernehmen mit demjenigen voraussetzt, mit dem der Erwerber im Vertrauen auf dessen Rechtsinhaberschaft kontrahiert. Aus unse-

[1] Eine Zwischenform ist der Erwerb aufgrund gerichtlicher oder behördlicher Entscheidung (z. B. Art. 1056 gr. ZGB; § 1114 tschech. BGB; §§ 5:41(2), 5:38, 6:2(3) ungar. ZGB und für Polen Radwański und Gniewek [-*Gniewek*], System Prawa Prywatnego III^3, S. 508 Rdnr. 7). Beispiele des Rechtserwerbs aufgrund gerichtlicher Entscheidung bilden die Grenzscheidung (Art. 1020 gr. ZGB, § 1028 tschech. BGB), die Begründung von Alleineigentum nach Aufhebung und Teilung einer Bruchteilsgemeinschaft (Art. 1417 port. CC; § 1147 tschech. BGB; § 5:83 ungar. ZGB) bzw. des Gesamteigentums von Ehegatten (*Gniewek* aaO S. 512 Rdnr. 23), die *hypothèque judiciaire conservatoire* (Art. L 531-1 franz. Code des procédures civiles d'exécution), der Eigentumserwerb nach gerichtlicher Zwangsversteigerung eines Grundstücks (Art. 586 ital. CPC) und die Bestellung einer gerichtlichen Hypothek unter Art. 710(1) port. CC. Gerichtliche Entscheidungen können einer Person gelegentlich sogar Eigentum gegen ihren Willen aufzwingen (In tschech. OG 21.11.2000, 22 Cdo 1627/99, Sbírka soudních rozhodnutí a stanovisek, R 42/2001 wehrte sich ein Bauherr vergeblich gegen die entschädigungspflichtige Zuweisung von Grundeigentum. Er hatte rechtswidrig gleich über drei fremde Grundstücksparzellen gebaut. Das Gericht wies ihm unter § 135c tschech. BGB [1964] auf Antrag der Grundeigentümer das Eigentum an allen drei Parzellen zu.) Beispiele eines Rechtserwerbs aufgrund behördlicher Entscheidung sind die Enteignung zugunsten des Staates und die Enteignung zugunsten Dritter (dazu Berufungsgericht Athen 8998/2005, EllDni 47 [2006] S. 845), der Eigentumserwerb nach Flurbereinigung (Band 1 Rdnr. 200), die behördliche Umwandlung des ewigen Nießbrauchs in Eigentum (Art. 3 poln. Gesetz vom 29.7.2005) und die Begründung gesetzlicher Dienstbarkeiten, die nicht freiwillig akzeptiert werden (Art. 1547(2) port. CC; § 1260(1) tschech. BGB). Selbst das nach seinem „Erfinder" sogen. *Torrens*-System lässt sich als eine Art des Eigentumserwerbs aufgrund behördlicher Entscheidung deuten. Ihm kommt sec. 58 LRA 2002 nahe, wonach die Eintragung eines Rechts im Landregister schon für sich allein einen Inhaberwechsel bewirkt (unten Fn. 60). Viele Sachenrechte können im Übrigen sowohl durch gerichtliche als auch durch behördliche Entscheidung begründet werden, darunter auch das Baurecht tschechischen (§ 1243(1) tschech. BGB) und das Bodennutzungsrecht aus Bau auf fremdem Grund des ungarischen Rechts (§ 5:70 ungar. ZGB).

[2] Band 1 Rdnr. 36.

rer Sicht begreift man es am besten als eine eigenständige Rechtsmaterie[3]; wir werden sie als Annex zum Recht des rechtsgeschäftlichen Erwerbs entfalten. Für letzteres jedenfalls ist das Einvernehmen das Entscheidende. Vielen Rechtsordnungen genügt es schon für sich allein, um daran die Rechtsfolge zu knüpfen, dass ein bestimmtes Sachenrecht (darunter das Eigentum) einen neuen Inhaber findet. Aber selbst dann und dort, wo man zur Vollendung des Erwerbsvorgangs noch auf der Erfüllung weiterer Voraussetzungen (insbesondere auf Besitzerlangung oder Registereintrag) besteht, kommt ihnen doch nur festigende Bedeutung zu. Primär geht es bereits um die Wirksamkeit des Geschäfts gegenüber Dritten. Die an ihm unmittelbar Beteiligten sind von jenen *modi* nur sekundär betroffen. Für die meisten Rechtsordnungen besteht einfach kein Zusammenhang zwischen einerseits *traditio* und Registereintrag und andererseits dem Gebot, die Interessen des Veräußerers und des Erwerbers angemessen ins Verhältnis zu setzen. Anders mag man das bestenfalls dort sehen, wo abstrakte Verfügungen im Spiel sind. Das Erfordernis der Besitzaufgabe bzw. der Zustimmung zur Registerumschreibung lässt sich als Äquivalent zu dem Schutz deuten, den andere Rechtsordnungen dem Veräußerer durch das Erfordernis eines wirksamen Verpflichtungsgrundes angedeihen lassen.

Die für die rechtsgeschäftlichen Erwerbssachverhalte bestehenden Regeln sind aller- **201**
dings auch noch für zwei weitere Materien von Belang. Zu dem Recht der (erstmaligen) Bestellung und der (späteren) Übertragung von Sachenrechten gesellen sich in bestimmter Perspektive noch der Verzicht und Absprachen zu dem Zweck hinzu, ein bereits erworbenes Sachenrecht inhaltlich neu zu konturieren. Es mögen eher randständige Geschäfte sein. Aber auch ihnen wohnt eine spezifisch sachenrechtliche Drittwirksamkeit inne. Wer auf ein Recht verzichtet, das ein anderes belastet, bewirkt dessen Wiedererstarken, oft außerdem eine Verbesserung des Ranges der fortbestehenden Rechte Dritter. Die inhaltliche Neuausrichtung eines Rechts verschiebt die mit ihm verbundenen, von jedermann zu akzeptierenden Befugnisse; auch Rangtausch und Rangänderung wirken *erga omnes.* Entscheidend ist, dass man bei solchen Geschäften immer auf dieselbe **Grundfrage** stößt: Soll es nur dann zu einer Ausbuchung im Bestand der Sachenrechte einer Person kommen, wenn es dafür in Gestalt einer Verpflichtung, insbesondere eines Verkaufs, einen besonderen Grund gibt, oder sollen zur Rechtfertigung dieses Vorganges das Wort des Rechtsinhabers und der korrespondierende Wille des Begünstigten genügen? Die erste Lösung akzentuiert das Bestandsinteresse einer Person, die zweite das Akquisitionsinteresse ihres Geschäftspartners. Das wäre für sich genommen zwar noch nicht weiter bemerkenswert, weil Sachenrechte ihre Eigenheiten nur in Drei-, nicht schon in Zweipersonen-Beziehungen entfalten. Gleichwohl geht es tatsächlich um eine sachenrechtliche Grundfrage. Denn die Aus-, die Ein- und die Umbuchung von Sachenrechten in der Vermögensbilanz einer Person betreffen regelmäßig auch Dritte, allen voran die Gläubiger des Veräußerers und des Erwerbers.

An dieser Stelle taucht nun freilich eine sprachliche Unannehmlichkeit auf, weil sich **202**
die Beschreibung und die Lösung des Problems terminologisch in komplizierter Weise verschränken. Die Vorsicht rät zur Wahl eines nur deskriptiven Sammelbegriffs. Wir

[3] Ähnlich *Håstad,* Sakrätt[6], S. 43: Das Recht des Eigentumserwerbs (*laga fång*) gliedere sich in *orginära fång* (gesetzlicher Erwerb), *derivativa fång* (rechtsgeschäftlicher Erwerb) und *extinktiva fång* (gutgläubiger Erwerb).

denken, dass sich alle vier Situationen (Bestellung, Übertragung, Verzicht, inhaltliche Änderung) gut als Rechtsgeschäfte mit sachenrechtlicher Relevanz beschreiben lassen. In Deutschland (z.B. §§ 135, 161, 185, 816 und 883 dt. BGB) und in Griechenland (z.B. Artt. 175–177 gr. ZGB) ist typischerweise von Verfügungen die Rede. Der Verfügungsbegriff des deutschen Rechts ist aber weder auf das Sachenrecht beschränkt noch stets rein deskriptiver Natur[4], und genau das macht ihn aus der Sicht mancher Schwesterrechtsordnung angreifbar. Nach deutschem Verständnis ist *jedes* Rechtsgeschäft eine Verfügung im Sinne der allgemeinen Vorschriften, durch das (irgend) ein Recht bestellt, übertragen, inhaltlich geändert oder aufgegeben wird.[5] Auch bei der Forderungszession (und nicht nur bei der Bestellung eines Pfandrechts an einer Forderung) hat man eine Verfügung vor sich, desgleichen bei der Schuldnerauswechslung. Das ist nachvollziehbar, weil solche Geschäfte die Zuordnung von Forderungen verschieben. Diese Zuordnungsänderung ist hier jedoch gerade keine Folge des Sachenrechts, weil Forderungen nur Bezugspunkte bestimmter Sachenrechte und jedenfalls nicht des Eigentums sein können.[6] Vor allem aber schwingt in dem Verfügungsbegriff des deutschen Rechts noch eine weitere Konnotation mit. Er sendet gemeinhin auch die Botschaft, dass der Vollzug einer Rechtsänderung von der ihr zugrundeliegenden Verpflichtung zu abstrahieren sei. Bestellung, Übertragung, Aufhebung und Änderung eines Sachenrechts sind m.a.W. nicht nur deshalb Verfügungen, weil sie sachenrechtlich relevant sind, sondern auch, ja in erster Linie deshalb, weil sie (wie zahlreiche weitere Rechtsgeschäfte) zu ihrer Wirksamkeit keines Schuldgrundes bedürfen. Die Folge ist ein ausgefeilter *terminus technicus,* der sich durch weite Teile der Rechtsordnung zieht, aber weder in der Lage noch dazu bestimmt ist, spezifisch sachenrechtliche Phänomene auf den Begriff zu bringen. Jedes sachenrechtlich relevante Rechtsgeschäft ist eine Verfügung, aber nicht jede Verfügung ist ein sachenrechtlich relevantes Rechtsgeschäft.

203 Das sprachliche Problem, das sich dem europäischen Privatrecht hier stellt, nimmt an Schärfe zu, wenn man bedenkt, dass nicht einmal alle Rechtsordnungen, die mit dem Verfügungsbegriff arbeiten, ihn auch zur Beschreibung identischer Fragen nutzen. Von „Verfügungen" ist, obwohl es einem kausalen System folgt, z.B. auch in Österreich die Rede. Mit diesem Wort können hier aber, je nach Autor und Kontext, der *modus,* die rechtsgeschäftliche Einigung und die Summe aus *titulus* und *modus* gemeint sein.[7] Griechenland unterscheidet zwischen Verfügungen im engeren und im weiteren

---

[4] Das zeigt sich u.a. auch daran, dass z.B. „Verfügungen von Todes wegen" keine „Verfügungen" i.S.v. § 185 dt. BGB sind (BGH 9.7.1985, BGHZ 111 S. 247, 251). Das deutsche BGB verwendet den Verfügungsbegriff also nicht einmal selber einheitlich und konsequent (siehe bereits RG 7.7.1917, RGZ 90 S. 395, 399). Das sieht man auch an § 816(1) Satz 2 dt. BGB, der in einem bereicherungsrechtlichen Zusammenhang zwischen „entgeltlichen" und „unentgeltlichen" Verfügungen unterscheidet, was ohne Rückgriff auf die zugrunde liegende Kausalbeziehung nicht möglich ist.

[5] So die gängige Definition der Rechtsprechung. Eine Verfügung i.S.v. § 185 dt. BGB sei „ein Rechtsgeschäft, durch welches unmittelbar auf ein bestehendes Recht an einem Gegenstand oder auf ein Rechtsverhältnis eingewirkt wird, indem es übertragen, aufgehoben, belastet oder inhaltlich verändert wird" (z.B. BGH 15.3.1951, BGHZ 1 S. 294, 304; BGH 24.10.1979, BGHZ 75 S. 221, 226 und BGH 4.5.1987, BGHZ 101 S. 24, 26).

[6] Band 1 Rdnr. 233.

[7] Näher *Iro,* Sachenrecht[5], Rdnrn. 6/39-6/42 und Rummel (-*Spielbüchler*), ABGB I[3], § 859 Rdnr. 14.

Sinn. Die Bestellung und die Übertragung eines Rechts sind Verfügungen im engeren Sinn; eine Verfügung im weiteren Sinn schließt jedes Rechtsgeschäft ein, durch das sich ein Inhaber willentlich seines Rechts begibt.[8] *Wie* das geschieht, ist nicht entscheidend. Art. 140 poln. ZGB handelt davon, dass ein Eigentümer berechtigt ist, über seine Sache „zu verfügen", definiert aber nicht, was damit gemeint ist. Das Schrifttum erläutert, dass es um die Befugnis zur Ausführung von Rechtsgeschäften gehe, welche sich auf die Sache beziehen und es dem Eigentümer ermöglichen, ihren Marktwert zu realisieren. Ein verfügendes Rechtsgeschäft habe den Zweck und die unmittelbare Folge, dass ein Recht übertragen, belastet oder aufgehoben werde.[9] Diese Folge wiederum sei „unmittelbar", wenn es keiner weiteren Rechtsgeschäfte bedürfe, um das gewünschte Ergebnis zu erzielen. Außerdem müsse es sich um eine aus der Sicht des Verfügenden „negative" Folge handeln, sie müsse sich mindernd auf seine subjektiven Rechte auswirken.[10] Wechselvoll ist die Geschichte des ungarischen Rechts. Im vorkodifikatorischen (alten) Privatrecht wurde die eigentumsrechtlich vorherrschende Lehre von der „kausalen Verfügung" als Ausnahme von dem sonst herrschenden Prinzip der „abstrakten Verfügung" verstanden.[11] Normalerweise werde ein Recht durch eine Verfügung aufgehoben, übertragen, belastet oder geändert; alles andere seien lediglich Vorbereitungshandlungen.[12] Im Rahmen des ungar. ZGB von 1959 änderte sich diese Sichtweise; die Unterscheidung zwischen Verpflichtung und Verfügung wurde nach langer Diskussion aufgegeben.[13] Das neue ZGB hat das Rad wieder zugunsten der Lehre von der kausalen Verfügung zurück gedreht (§§ 5:38, 6:193(2) ungar. ZGB).[14]

Viele Rechtsordnungen meiden den Verfügungsbegriff dagegen ganz, ja stemmen sich gegen ihn um zu verhindern, dass mit ihm das von ihnen abgelehnte einigungsrechtliche Konzept des deutschen Rechts ins Land kommt. So bleibt es bei „Verträgen mit dinglicher Wirkung" (*contratos com eficácia real, contratti a effetti reali*), „übertragenden Verträgen" (*contrats translatifs, contratti traslativi*[15]) oder einfach **„dinglichen"** **204**

---

[8] *Spyridakis,* Epitomo Nomiko Lexiko, S. 86.

[9] Radwański und Gniewek (*-Gniewek*), System Prawa Prywatnego III[3], S. 387–388 Rdnrn. 121–122.

[10] Radwański (*-Radwański*), System Prawa Prywatnego II[2], S. 187 Rdnrn. 49–50.

[11] *Nizsalovszky,* Magyar Jogászegyleti Értekezések XXII (1931), Heft 121, S. 245.

[12] *Villány-Fürst,* A magyar magánjog rövid tankönyve, S. 57.

[13] Grundlegend schon *Eörsi,* A tulajdonátszállás kérdéséről, S. 113.

[14] Näher Vékás und Gárdos (*-Vékás*), Kommentár a Polgári Törvénykönyvhöz I, S. 33; Faber und Lurger (*-Szilágyi*), National Reports III, Hungary, S. 579–580.

[15] Der Ausdruck *contrat translatif* ist völlig üblich, aber kein Begriff des franz. Code civil. Typische *contrats translatifs* sind der Kauf und die Schenkung. *Collart Dutilleul und Delebecque,* Contrats civils et commerciaux[6], S. 37 Rdnr. 35 z. B. definieren die *vente* als *„contrat translatif de la propriété d'un bien moyennant une contrepartie monétaire".* Ein *contrat translatif* ist ein Vertrag, der ein Recht oder eine Sache überträgt. Er bewirkt, ohne dass sie ausdrücklich erwähnt werden muss, die *traditio,* oder anders formuliert: der Vertrag gilt als *traditio* (*Terré und Simler,* Les biens[9], S. 323 Rdnr. 398: „le contrat vaut tradition"). Das folgte bislang aus Art. 1138 belg., franz. und luxemb. CC („L'obligation de livrer la chose est parfaite par le seul consentement des parties contractantes. Elle rend le créancier propriétaire et met la chose à ses risques dès l'instant où elle a dû être livrée, encore que la tradition n'en ait point été faite, à moins que le débiteur ne soit en demeure de la livrer; auquel cas la chose reste aux risques de ce dernier"). (Art. 1138 franz. CC ist seit dem 1.10.2016 durch Art. 1196 franz. CC abgelöst worden, der aber das *solo consensu*-Prinzip bestätigt: „Dans les contrats ayant pour objet l'aliénation de la propriété ou la cession d'un autre droit, le transfert s'opère lors de la conclusion du contrat".) Die Verpflichtung zur

Verträgen und Rechtsgeschäften[16], und in England bei *conveyance.*[17] Von „dinglichen Verträgen" zu sprechen, wirkt freilich wenig glücklich. Denn ein Vertrag ist eben auch im Kontext des Sachenrechts gerade kein „Ding", und er kann auch nicht in „dinglicher Form" existieren (das kann nur eine Vertragsurkunde). Sprachlich ungenau sind diese Ausdrücke außerdem deshalb, weil die Bestellung, die inhaltliche Änderung und der Verzicht nichts übertragen, weil Verträge nur höchst ausnahmsweise Körper (Sachen) hervorbringen und weil nicht nur „Dinge", sondern auch materielose Gegenstände des Rechtsverkehrs selbständige Bezugspunkte von Sachenrechten sein können.

Eigentumsübertragung erlischt nach dem Willen der Parteien schon im Moment ihrer Entstehung durch Erfüllung (*Terré und Simler* aaO S. 324 Rdnr. 399). Art. 711 CC franz. CC präzisiert: „Das Eigentum an den Gütern wird ... durch die Wirkung von Verbindlichkeiten erworben und übertragen". Und Art. 938 franz. CC ergänzt für die Schenkung: „La donation dûment acceptée sera parfaite par le seul consentement des parties; et la propriété des objets donnés sera transférée au donataire, sans qu'il soit besoin d'autre tradition"; eine weitere *traditio* ist auch also hier nicht nötig. Art. 1465 ital. CC operiert dagegen (im Kontext der Gefahrtragung) ausdrücklich mit dem Begriff des *contratto con effetti traslativi o costitutivi,* des Vertrages mit rechtsübertragenden oder rechtsbegründenden Wirkungen.

[16] Siehe z.B. für Italien *Roppo,* Il contratto, S. 512; *Franzoni,* Degli effetti del contratto II^2, S. 343 und für Portugal Art. 879 lit. (a) port. CC (wonach der Kaufvertrag die Übertragung des Eigentums bzw. der Rechtsinhaberschaft zur Folge hat und deshalb als einer der *contratos com eficácia real* angesehen wird). Art. 609(2) span. CC handelt von „bestimmten Verträgen", in deren Folge das Eigentum und die übrigen Rechte an Sachen mittels Übergabe erworben und übertragen werden. Am häufigsten ist von *título* die Rede (z.B. TS 19.6.2014, ECLI:ES:TS:2014:2481: „Das spanische Recht folgt ausdrücklich der „titulus plus modus"-Lehre als Eigentumserwerbsart. Das ergibt sich aus Artt. 609 und 1095 [span. CC] sowie aus zahlreicher Rechtsprechung ... Der Titel ist der Akt, durch den der Wille zur Veräußerung des Rechts bestimmt wird. Der Modus ist der Akt, durch den die Veräußerung durch den Übertragenden tatsächlich stattfindet, nämlich als Erwerb durch den Erwerber. Der Modus ist mit dem Titel verbunden, denn der Titel verleiht ihm die Grundlage und den Rechtsgrund. Das heißt, unser Recht folgt der *teoría del título y el modo* mit dem System der Traditio [*modo*], deren Grundlage das vorgehende Rechtsgeschäft [*título*] ist: kausale Traditio [*tradición causal*]"). Im Schrifttum ist teils von „Rechtsgeschäften mit dinglicher Transzendenz" (*negocios jurídicos con transcendencia real: Díez-Picazo,* Fundamentos III^5, S. 151), teils von „Verträgen mit übertragendem Zweck" (*contratos de finalidade traslativa: Lasarte,* Principios IV^{10}, S. 23) die Rede. *„Contratos reales"* dagegen steht für Realverträge, also für Verträge, für die die Überlassung der Sache konstitutiv ist, wie z.B. Pfand-, Darlehens-, Leih- und Verwahrungsverträge (*Albaladejo,* Derecho civil II^{13}, S. 425). Auch die tschechische Lehre vermeidet den Begriff der „Verfügung". Sie operiert mit dem Begriff des Rechtsgeschäfts (§ 545 tschech. BGB) und ergänzt ihn jeweils um ein Adjektiv („schuldrechtliches", „sachenrechtliches", „familienrechtliches" Rechtsgeschäft etc.) (*Fiala und Kindl,* Občanské právo hmotné^2, S. 196–197). Mit Blick auf Deutschland und Österreich wird herausgestrichen, dass diese Länder (anders als Tschechien) zwischen Verfügungen und Verpflichtungen unterschieden (*Tichý,* Obecná část občanského práva, S. 150).

[17] Sec. 205(1)(ii) LPA 1925 definiert: „‚Conveyance' includes a mortgage, charge, lease, assent, vesting declaration, vesting instrument, disclaimer, release and every other assurance of property or of an interest therein by any instrument, except a will; ‚convey' has a corresponding meaning; and ‚disposition' includes a conveyance and also a devise, bequest, or an appointment of property contained in a will; and ‚dispose of' has a corresponding meaning". *Conveyance* umfasst also insbesondere auch den Verzicht *(release).* Die inhaltliche Änderung ist nicht ausdrücklich erwähnt, dürfte aber gleichfalls als *conveyance* zu verstehen sein, weil dieser Begriff ausdrücklich nicht abschließend gefasst ist („includes"). *Disclaimer* meint die Aufgabe einer *lease,* die im Gegensatz zum sog. *surrender* auch einseitig erfolgen kann, z.B. durch den Insolvenzverwalter (den *trustee in bankruptcy*) des *lessee.*

2. Bestellung und Übertragung von Sachenrechten

205 Noch bevor man sich mit dem *rechtsgeschäftlichen* Erwerb eines Sachenrechts näher befassen kann, bedarf allerdings schon die Redeweise vom rechtsgeschäftlichen *Erwerb* eines Sachenrechts eines Moments des Nachdenkens. Denn dem Erwerb eines Sachenrechts können zwei sehr verschiedene Sachverhalte zugrundeliegen, und es steht nicht *a priori* fest, ob und wie die Regelbildung darauf reagieren sollte. Man hat es (i) mit der Entstehung eines Sachenrechts infolge der einvernehmlichen Belastung des Rechts eines anderen und (ii) der Vereinbarung zu tun, ein bereits entstandenes Recht zu übernehmen. Wenn ein „Urheber" *(grantor)* einem Erwerber *(grantee)* ein Recht bestellt, dann tritt es infolge dieser Bestellung erstmalig in Erscheinung. Ein Veräußerungsgeschäft führt dagegen einen Inhaberwechsel an einem bereits entstandenen Recht herbei; wäre es nicht schon „da", gäbe es nichts, was sich übertragen und erwerben ließe.[18] Man muss also prüfen, ob die europäischen Rechtsordnungen diese beiden Erwerbsvorgänge verschiedenen Regimen unterwerfen. Die Antwort hängt einerseits wiederum davon ab, ob es um das Verhältnis zwischen *causa* und Vollzug oder um die sonstigen Erwerbsmodalitäten geht, andererseits aber auch davon, welches Recht als das **Übertragungsobjekt** behandelt wird. Denn es gibt nicht nur Sachenrechte, die zwar nicht mehr bestellt, aber (als Altrechte) immer noch übertragen werden dürfen.[19] Vielmehr und vor allem gibt es auch Sachenrechte, die, einmal bestellt, nicht mehr autonom zirkulieren können. Ein geläufiges Beispiel sind Grunddienstbarkeiten. Sie lassen sich nur als Teil des herrschenden Grundstücks und daher nur zusammen mit ihm erwerben.[20] Ganz ähnlich verhält es sich bei den meisten akzessorischen Rechten, insbesondere bei Pfandrechten und Hypotheken. Auch sie werden nach anderen Regeln bestellt, als sie übertragen werden. Denn ihre Übertragung wird durch die Zession der gesicherten Forderung bewerkstelligt.[21] Die Veräußerung eines unselbständigen Übertragungsobjekts ist meistens (aber nicht immer) an weniger Wirksamkeitsvoraussetzungen geknüpft, als seine erstmalige Bestellung. Bleibt dagegen das einmal bestellte Recht als selbständiges Übertragungsobjekt erhalten, dann verändern sich auch die Erwerbsmodalitäten nicht mehr. Es gibt keinen Grund, sie je nachdem zu modifizieren, ob es um die Entstehung oder die nachfolgende Veräußerung des Rechts geht. Wenn z. B. ein Nießbrauch übertragen werden kann, dann gleichen die Übertragungs- den Bestellungsmodalitäten.[22]

206 Betrachtet man dagegen nur das **Verhältnis zwischen** dem **Grund** des Erwerbs **und** seinem **Vollzug,** dann lässt sich zeigen, dass Bestellung und nachfolgender (Zweit-) Erwerb nahezu flächendeckend demselben internen Regime unterstehen; nur

---

[18] Zur (fehlenden) Sachenrechtsfähigkeit „zukünftiger" Sachen bereits Band 1 Rdnrn. 126–130.

[19] Ein praktisch besonders bedeutsames Beispiel ist das polnische genossenschaftliche Raumeigentumsrecht. Es kann heute nicht mehr neu begründet (Art. 1 Pkt. 16 des Gesetzes vom 14.6.2007 über die Änderung des Gesetzes über die Wohngenossenschaften), aber immer noch übertragen werden (Art. 17^2 Abs. 4 Satz 1 aaO).

[20] Band 1 Rdnrn. 302–304.

[21] Band 1 Rdnrn. 443 und 497. In diese Gruppe gehört auch der Eigentumsvorbehalt französischen Rechts (unten Fn. 43).

[22] Zur Übertragbarkeit des Nießbrauchs bereits Band 1 Rdnr. 333 mit Fn. 126 sowie Rdnr. 364.

seine konkrete Ausgestaltung wechselt von Land zu Land. Zwar finden sich vereinzelt Ausnahmen von diesem Grundsatz. Das neue ungarische Recht z.B. hat die Bestellung eines Pfandrechts dem Abstraktionsprinzip unterworfen[23], die Übertragung des Eigentums und anderer dinglicher Rechte jedoch einem System kausaler Verfügungen.[24] Schon das wirkt eigenartig inkonsequent.[25] Erst recht inkonsequent erscheint es aber, dass das Regime selbst noch innerhalb des Pfandrechts wechselt: Abstrakt organisiert ist allein die (erste) Pfandrechtsbestellung; bei der Veräußerung der pfandrechtsgesicherten Forderung hält das Gesetz wieder an dem Erfordernis eines wirksamen Titels fest.[26] Das ist zu kritisieren, weil sich ein unterschiedlicher Schutz des Rechtsverkehrs je nachdem, ob es um die Bestellung oder die Übertragung eines Pfandrechts geht, nur mit Partikularinteressen, insbesondere mit Sonderinteressen der Banken erklären lässt. Immerhin unterscheidet man nicht auch noch zwischen der Übertragung gesicherter und ungesicherter Forderungen. Das wäre deshalb verfehlt, weil die Antwort auf die Frage, ob die Zession einer Forderung kausal oder abstrakt erfolgen soll, nicht sinnvoll davon abhängig gemacht werden kann, ob zugunsten ihres Gläubigers noch ein akzessorisches dingliches Recht bestellt wurde oder nicht.

207 Einige Unterschiede zwischen der originären Begründung und der Übertragung eines bereits bestehenden Sachenrechts sind zwar nicht zu leugnen. Zu ihnen gehört, dass die Parteien bei der Bestellung eines Sachenrechts normalerweise weit mehr bedenken müssen, als bei seiner Übertragung. Hier ist der Regelungsaufwand verhält-

---

[23] Das folgt aus § 5:88 ungar. ZGB („Zur Begründung eines Pfandrechts ist ein Pfandvertrag und im Hinblick darauf a) die Eintragung des Pfandrechts in das entsprechende Register [Registerpfandrecht] oder b) die Übertragung des Besitzes des Pfandobjekts an den Pfandgläubiger [Faustpfandrecht] erforderlich"). Daraus folgt die Abstraktheit von der Sicherungsabrede. Die Pfandrechtsbestellung ist aber auch dann nicht unwirksam, wenn der Darlehensvertrag unwirksam ist; in diesem Fall gewährt das Pfandrecht allerdings kein Befriedigungsrecht. Der Pfandvertrag wird als dingliche Vereinbarung qualifiziert. Es müssen aus ihr nur die Einigung selber, die gesicherte Forderung und das Pfandobjekt hervorgehen (§ 5:89 aaO). Der eigentliche Geschäftszweck liegt aber außerhalb des dinglichen Geschäfts (näher zu alledem Vékás und Gárdos [-*Gardos*], Kommentár a Polgári Törvénykönyvhöz I, § 5:88 ungar. ZGB, S. 1069). Ungarn kennt freilich außerdem noch das sogen. schuldrechtliche Pfandrecht (§ 5:91 ungar. ZGB: „Aufgrund des Pfandvertrags stehen den Parteien gegeneinander auch ohne Begründung des Pfandrechts alle die Rechte zu und obliegen ihnen alle die Pflichten, die dieses Gesetz für den Pfandgläubiger und den Pfandschuldner festlegt").

[24] § 5:38 ungar. ZGB (Eigentum); §§ 5:18, 5:145 ungar. ZGB i.V.m. § 5:178(2) ungar. ZGB und § 16(c) ungar. ImmobilienregisterG (Bodennutzungsrecht); § 5:146(1) ungar. ZGB (Nießbrauch); § 5:159(2) i.V.m. § 5:146(1) ungar. ZGB (Gebrauchsrecht) und § 5:161 (1) i.V.m. § 5:146(1) ungar. ZGB (Grunddienstbarkeit). § 5:38 ungar. ZGB lautet: „(1) Zum Erwerb des Eigentumsrechts an einer beweglichen Sache durch Übertragung ist ein auf die Übertragung gerichteter Vertrag oder ein anderer Rechtstitel und im Hinblick darauf die Übertragung des Besitzes der Sache erforderlich. (2) Zum Erwerb des Eigentumsrechts an einer Immobilie durch Übertragung ist ein auf die Übertragung gerichteter Vertrag oder ein anderer Rechtstitel und im Hinblick darauf die Eintragung der Übertragung des Eigentumsrechts in das Immobilienregister erforderlich".

[25] Darauf hat mit Recht schon *Lohn,* Polgári Jogi Kodifikáció 3/2006, S. 15, 22 in seiner (insoweit aber wirkungslos gebliebenen) Kritik des Vorentwurfs hingewiesen.

[26] § 6:193(2) ungar. ZGB: „Zum Erwerb der Forderung durch Übertragung sind ein auf die Übertragung gerichteter Vertrag oder ein anderer Rechtstitel und die Abtretung der Forderung erforderlich". Die Zession erfolgt also kausal (Vékás und Gárdos [-*Gardos*], Kommentár a Polgári Törvénykönyvhöz II, § 6:193 ungar. ZGB, S. 1644–1645; *Szilágyi,* ZEuP 2015 S. 52, 59–60). Für andere verkehrsfähige Rechte wählt § 6:202(2) ungar. ZGB eine wortgleiche Formulierung.

nismäßig gering, dort beträchtlich größer. Eine Hypothek muss der Höhe nach bestimmt und auf ein konkret beschriebenes Objekt bezogen werden; bei einer Wegedienstbarkeit muss klar sein, wie sie genutzt werden darf und auf welche Fläche sie sich bezieht, usw. Bei der Übertragung eines Rechts haben es die Parteien deutlich leichter; sie können ganz einfach die Arbeit übernehmen, die ihre Rechtsvorgänger bei seiner Konturierung bereits geleistet haben. Vor allem aber ist an die **Sonderstellung des Eigentums** zu erinnern. Ausgerechnet das subjektive Sachenrecht, aus dessen Perspektive alle zentraleuropäischen Rechtsordnungen denken, kann nämlich rechtsgeschäftlich *nur* übertragen, nicht aber rechtsgeschäftlich auch bestellt werden. Eigentum lässt sich belasten. Aber es ist dadurch definiert, dass es niemals selber als Belastung eines anderen Rechts in Erscheinung tritt.[27] Deshalb handelt es sich bei dem Ersterwerb von Eigentum an einer Sache immer um einen gesetzlichen Erwerb. Das ist bei allen anderen Rechten anders. Vorbehaltlich besonderer gesetzlicher Intervention kann jeder Inhaber eines Sachenrechts sowohl als *grantor* wie auch als *grantee* auftreten, der Eigentümer aber immer nur als *grantor.* Es gibt keinen rechtsgeschäftlichen Ersterwerb von Eigentum. Denn es muss bereits gebildet sein, bevor es rechtsgeschäftlich erworben werden kann. Zwar stößt man auf Situationen, in denen ein Gegenstand des Rechtsverkehrs seine Sachqualität einem Rechtsgeschäft verdankt bzw. verdanken soll. Ein Beispiel findet sich in der romanischen Lehre von der antizipierten Mobilisierung von Grundstücksbestandteilen (Verkauf von Holz auf dem Stamm, von Kacheln an der Wand)[28], ein anderes in der Schaffung von Wohnungseigentum in bestehenden Gebäuden[29], ein drittes in der nachträglichen Umwidmung eines Sachbestandteils zu einem bloßen Scheinbestandteil.[30] Aber auch das Eigentum an diesen neuen Sachen

[27] Band 1 Rdnr. 344.

[28] Band 1 Rdnrn. 125–130.

[29] Eine Eigentumswohnung entsteht typischerweise durch Registereintragung nach Teilungserklärung des Grundeigentümers bzw., falls es mehrere Grundeigentümer gibt, nach entsprechender Vereinbarung zwischen ihnen (z. B. §§ 2, 3 und 8 dt. WEG; Artt. 1002, 1117 gr. ZGB i. V. m. dem Gesetz 3741/1929 über die Wohnungsinhaberschaft und Art. 2 der gesetzlichen Anordnung 1024/1971; Art. 7(2) poln. ERG; §§ 1164, 1166 tschech. BGB; § 5:85 ungar. ZGB i. V. m. § 5(2) und (5) ungar. GemHausG). Das Eigentumsrecht an dem so neu geschaffenen Grundstück entsteht aber gerade nicht rechtsgeschäftlich. Es fällt vielmehr (der Situation bei Früchten nicht unähnlich) von Gesetzes wegen dem- bzw. denjenigen zu, der oder die schon Eigentümer der ungeteilten Sache war(en) (siehe für Griechenland *Kalouta und Tepasse,* BauR 2012 S. 431). Dementsprechend bleiben Belastungen auf dem bislang ungeteilten Eigentumsrecht erhalten. Würde man die erstmalige Entstehung des Eigentumsrechts an einer Wohnung als einen rechtsgeschäftlichen Vorgang deuten, müsste man es konsequenterweise den Parteien auch freistellen, dem Eigentum einen individuellen Inhalt zu geben und zu entscheiden, ob belastetes oder unbelastetes Teileigentum entstehen soll. Diese Entscheidung kann aber nur in Absprache mit dem Inhaber der Belastung getroffen werden (z. B. § 6 ungar. GemHausG, dazu *Horváth,* Kommentár a társasházi törvényhez [Kommentar zum Gesetz über das Gemeinschaftshaus], S. 57). Unter österr. Recht kann ein Alleineigentümer kein echtes Wohnungseigentum begründen (möglich ist nur die Errichtung sogen. „vorläufigen“ Wohnungseigentums: §§ 45, 49 und 51 österr. WEG), da § 3 österr. WEG Miteigentum voraussetzt. Mit der Eintragung der Teilung im Grundbuch entsteht dann das Wohnungseigentumsrecht (§ 5(3) österr. WEG).

[30] In dieser Situation lässt sich gleichfalls sagen, die neue Sache entstehe durch Rechtsgeschäft. Ihr erstmaliger Eigentümer ist aber wiederum von Gesetzes wegen der Eigentümer der gesamten Sache. Er muss sein so erworbenes Eigentumsrecht erst noch rechtsgeschäftlich übertragen (wohl ebenso BGH 2.12.2005, NJW 2006 S. 990). Entsprechend liegt es in Fällen, in denen ein Grundeigentümer über sein Eigentum in der Weise verfügen darf, dass ein Gebäude, das bislang

entsteht niemals durch Rechtsgeschäft. Immer muss es einer Person erst durch die Rechtsordnung zugewiesen worden sein, bevor es durch Veräußerung einen neuen Inhaber finden kann. Wo ein ausgebautes System des gutgläubigen Erwerbs fehlt, muss deshalb, wer eine Sache aus Eigentum vindizieren will, sein Recht bis zu der Person zurückverfolgen, die es originär und also gesetzlich ersterworben hat (sogen. *probatio diabolica*); gelingt das nicht, bleibt bestenfalls nur noch der Rückgriff auf widerlegliche Eigentumsvermutungen aus Registereintrag und/oder Besitz.[31]

208 Keiner dieser beiden Unterschiede (der jeweilige Regelungsaufwand und die Sonderstellung des Eigentums) rechtfertigen es indes, die für die Bestellung und die Übertragung eines Sachenrechts erforderliche Einigung an je anderen Anforderungen zu messen. Die Entscheidung darüber, ob und wie man zwischen *causa* und Vollzug differenzieren will, lässt sich nicht aus der Unterscheidung zwischen der rechtsgeschäftlichen Bestellung und der rechtsgeschäftlichen Übertragung eines bereits bestellten Rechts entwickeln. Angemessen ist nur eine **einigungsrechtliche Einheitslösung für beide Erwerbsvorgänge.** Denn es ist nicht zu erkennen, dass Bestands- und Erwerbsinteressen je nach Erwerbsvorgang und/oder Sachenrecht unterschiedlich gewichtet werden müssten. Wenn eine Rechtsordnung den Eigentümer vor einem rechtsgrundlosen Rechtsverlust bewahrt, dann sollte sie denselben Schutz auch einem Nießbraucher oder Pfandgläubiger angedeihen lassen. Und wenn sie durch das Beharren auf dem Erfordernis einer *causa* den Eigentümer vor einem vorschnellen Übertragungsverlust schützt, dann kann sie ihm diesen Schutz bei der erstmaligen Bestellung eines beschränkten dinglichen Rechts schlecht verweigern. Denn das Wesen einer Belastung besteht darin, dass ihr Urheber sein Stammrecht behalten will. Der *grantee* soll gerade nur einen Teil der mit dem belasteten Recht verbundenen Befugnisse gewin-

---

Bestandteil des Grundstücks war, als selbständige Immobilie in das Immobilienregister eingetragen wird (§ 5:18(2) ungar. ZGB).

[31] Z.B. STJ 8.2.2011, Processo 12/09 9T2STC.E1.S 1 („In der Vindikationsklage kann die juristische Tatsache, woraus sich das Eigentumsrecht ergibt, nur durch eine originäre Erwerbsart begründet werden, es sei denn, dass die Vermutung aus Art. 7 port. CRP geltend gemacht wird, sodass der Kläger von dem Eigentumsbeweis gemäß Art. 350(1) und (2) port. CC befreit wird"). Eindrucksvoll auch STJ 21.6.2016, Processo 7487/11.4TBVNG.P2.S 1. Nachbarn stritten sich um das Eigentum an einem Grundstück, das sie beide von demselben Voreigentümer gekauft, das aber noch keiner von ihnen ersessen hatte. Der bloße Erwerb des Grundstücks, so das Gericht, reiche zum Beweis des Eigentums nicht aus. Denn es sei ja auch das Eigentum des Verkäufers nicht bewiesen, solange die Kette der Voreigentümer nicht bis zu demjenigen zurückverfolgt sei, der als erster das Eigentumsrecht gesetzlich erworben habe. Einen solchen Beweis könne in diesem Fall keine der beiden Parteien führen. Deshalb bleibe nur, den Prozess zugunsten desjenigen zu entscheiden, der sich unwiderlegt auf die gesetzlichen Eigentumsvermutungen aus Registereintrag (Art. 7 port. CRP) bzw. Besitz (Art. 1268(1) port. CC) berufen könne. Beide Vermutungen wiesen *in casu* auf den Kläger. Die physischen Grenzen des Grundstücks und ihre Beschreibung im Grundbuch stimmten überein; außerdem war der Kläger Besitzer im Umfang des Eigentumsrechts, weil er das Grundstück umzäunt und Parzellen daraus auf Plakaten als Baugrundstücke zum Verkauf angeboten hatte. Rein eigentumsrechtlich bleibt dieser Lösungsweg gleichwohl ein wenig irritierend, weil er den Gedanken an zwei gleichzeitige Eigentumsrechte (das gesetzlich entstandene und das vermutete) aufkommen lässt. Die Lehre vom Eigentum lässt ein solches Ergebnis aber nicht zu. Man wird deshalb entweder das Recht zur Ausübung des Eigentumsrechts und das Eigentumsrecht selber unterscheiden müssen, oder man muss die Rechtslage dahin deuten, dass auch vermutet wird, dass der Besitzer bzw. die im Register verlautbarte Person nicht nur Inhaber eines aktuellen Eigentumsrechts, sondern mit ihm auch Inhaber des dereinst gesetzlich begründeten Eigentumsrechts seien.

nen. Jemand, der ausdrücklich an seinem Stammrecht festhält, darf aber nicht geringer geschützt werden, als er wäre, wenn er sich seines Rechts vollständig begeben wollte. Alles andere wäre ein Widerspruch in sich. Aber natürlich gilt das auch *vice versa*. Wer unter einem System lebt, unter dem er sein jeweiliges Sachenrecht, darunter das Eigentumsrecht, bereits infolge einer „grundlosen" Einigung verliert, hat keinen Anlass, darauf zu bauen, dass die Belastung seines Eigentums- oder sonstigen Sachenrechts ausbleibt, nur weil die vermeintliche *causa* – die Sicherungsabrede, der Kaufvertrag, die Schenkung etc. – nicht trägt. Man muss nur sauber trennen: *ob* ein Schuld-, insbesondere ein Kaufvertrag ein Recht begründet bzw. überträgt, ob dazu eine separate Einigung genügt oder sogar noch hinzukommen muss, das bleiben ebenso gesondert zu prüfende Fragen wie die, ob insoweit noch zwischen den verschiedenen Bezugspunkten von Sachenrechten unterschieden wird und werden sollte.

Die Regeln über die Bestellung und die Übertragung eines Sachenrechts finden sich **209**
zwar an oft **systematisch weit verstreuten Standorten.** Dass ihnen einigungsrechtlich dieselben Prinzipien zugrunde liegen, ist gleichwohl unverkennbar. Unter deutschem Recht herrschen das Trennungs- und das Abstraktionsprinzip. Die Bestellung eines Rechts ist ebenso wie seine Übertragung unabhängig davon wirksam, ob der Erwerb auf einem gültigen Kausalgeschäft beruht oder nicht.[32] Bei dem Anwartschaftsrecht des Käufers unter Eigentumsvorbehalt vermischen sich die beiden Ebenen zwar; außerdem wird sogar einem Dualismus aus kausaler Bestellung und abstrakter Veräußerung das Wort geredet. Das Anwartschaftsrecht ist indes ein Fremdkörper geblieben, und die Differenzierung zwischen Bestellung und Übertragung überzeugt nicht.[33] Im ungarischen Recht nimmt nur das soeben erwähnte Pfandrecht eine vergleichbare, aber ebenfalls unglückliche Sonderstellung ein. Sonst gilt flächendeckend ein System kausaler Verfügungen, unter dem zwei Einigungen nötig sind.[34] Die italienische Unterscheidung zwischen dem *negozio costitutivo* (dem Gründungsgeschäft, also dem Vertrag, durch den das Recht bestellt wird) und dem *negozio traslativo* (dem Übertragungsgeschäft) ist rein beschreibender Natur. Ein Vertrag, der ein Sachenrecht bestellt, vermag es auch zu übertragen. Der eine wie der andere ist ein „Vertrag mit dinglicher Wirkung", d. h. ein Vertrag, durch den ein Sachenrecht bestellt, übertragen oder aufgehoben wird.[35] Art. 1376 ital. CC fasst zusammen: „Bei Verträgen, welche die Übertragung des Eigentums an einer bestimmten Sache, die Begründung oder die Übertragung eines dinglichen Rechtes oder die Übertragung eines anderen Rechtes zum Gegenstand haben, wird das Eigentum oder das Recht auf Grund der rechtmäßig geäußerten Einwilligung der Parteien übertragen und erworben". Dem entspricht Art. 408(1) port. CC. Hiernach treten die Begründung und die Übertragung dinglicher Rechte vorbehaltlich gesetzlicher Ausnahmen bereits als reine Folge des Vertrags-

---

[32] BGH 16.10.2015, NJW 2016 S. 1887, 1889 meint sogar, es folge aus dem Abstraktionsprinzip, dass ein Eigentumserwerb nicht daran scheitere, dass der Erwerber durch den Erwerb in Relation zu einem Dritten eine Pflichtwidrigkeit begeht (weil er zuvor versprochen hatte, ihm die Sache zu überlassen). Mit dem Abstraktionsprinzip dürfte dieses Ergebnis zwar kaum etwas zu tun haben. Das Gericht nimmt aber Gelegenheit, unter Hinweis u. a. auf BGH 12.1.1989, BGHZ 106 S. 253, 257 zum wiederholten Male das „dem Eigentumserwerb gem. §§ 929 ff. BGB zu Grunde liegenden Abstraktionsprinzip" zu bestätigen.

[33] Band 1 Rdnr. 484.

[34] Vorher Fn. 24.

[35] Vorher Fn. 16.

abschlusses ein. Das Konsensualprinzip beherrscht alle *contratos reais „quoad effectum"* (im Gegensatz zu den Realverträgen, den *contratos reais „quoad constitutionem"*).[36] Sachenrechte werden i. d. R. durch Kaufvertrag übertragen, der seinerseits ein *contrato com eficácia real* ist (Art. 879 lit. a port. CC). Konsensual- und Kausalprinzip sind eng verknüpft. Zum Erwerb eines Sachenrechts bedarf es einer gültigen Verpflichtung.[37] Unter Art. 155 § 1 poln. ZGB übertragen (u. a.) Kauf-, Tausch- und Schenkungsverträge das Eigentum. Der ewige Nießbrauch wird nach den Regeln über die Eigentumsübertragung sowohl bestellt als auch übertragen (Artt. 234, 237 poln. ZGB).[38] Art. 245 § 1 poln. ZGB bringt sodann die Grundregel, dass auf die Begründung eines dinglichen Rechts die Vorschriften über die Eigentumsübertragung entsprechende Anwendung finden, und Art. 245[1] poln. ZGB ergänzt, dass es (abgesehen von der Grundbucheintragung, wenn es sich um ein bereits gebuchtes Recht handelt) zur Übertragung eines beschränkten dinglichen Rechts an einem Grundstück eines Vertrages zwischen dem Berechtigten und dem Erwerber bedarf. Ausdruck des immer gleichen Grundgedankens ist selbst noch Art. 265 § 3 poln. ZGB, wonach auf die Bestellung eines Nießbrauchs an einem Recht die Vorschriften über die Übertragung dieses Rechts entsprechende Anwendung finden. Im französischen Zivilgesetzbuch sind die einschlägigen Vorschriften zwar weit auseinander gerissen, aber das Ergebnis ändert sich nicht. Ein Nießbrauch wird entweder durch das Gesetz oder „durch den Willen des Menschen" bestellt (Art. 579 franz. CC); im zweiten Fall hat man es gewöhnlich mit einem Kauf *(vente)* zu tun.[39] Das Gesetz stellt keine besonderen Gültigkeitsvoraussetzungen auf; die *intention commune* der Parteien genügt.[40] Dementsprechend wird der Nießbrauch auch durch Einigung übertragen, im Zweifel wiederum durch Kaufvertrag (Art. 595(1) franz. CC[41]). Auch eine *servitude* entsteht durch Vertrag

---

[36] *Almeida Costa,* Direito das obrigações[11], S. 288. Realverträge setzen konstitutiv die Überlassung der Sache voraus (z. B. der Pfandvertrag: Art. 669 port. CC). Sehr klar zum Verhältnis zwischen schuldrechtlichen Pflichten (Zahlung des Kaufpreises) und sachenrechtlicher Wirkung (Eigentumsübertragung) im Übrigen STJ 9.10.2003, Processo 02B3186. Die Beklagte hatte 2000 Kaffeemaschinen gekauft, aber weder, wie vereinbart, das zur Verpackung erforderliche Material geliefert noch die Maschinen rechtzeitig abgeholt. Aus ungeklärter Ursache kam es in der Lagerhalle zu einem Brand, der die Maschinen vernichtete. Das Eigentum an ihnen, so das Gericht, sei mit Abschluss des Kaufvertrages übergegangen; die Zahlungspflicht bestehe fort. Die Leitsätze des Urteils lauten: „Der Kaufvertrag *(compra e venda)* hat im portugiesischen Recht eine sachenrechtliche Natur *quoad effectum,* so dass die Eigentumsübertragung in der Regel durch bloße Wirkung des Vertrags [Artt. 408(1), 874, 897(a) und 1317(a) port. CC] erfolgt, obgleich sich aus demselben Rechtsgeschäft die schuldrechtlichen Wirkungen der Übergabe der Sache und der Zahlung des Kaufpreises [Art. 879(b) und (c)] ergeben, wobei die Feststellung der sachenrechtlichen Wirkung von der Erfüllung dieser Pflicht nicht abhängt". STJ 10.11.2011, Processo 1300/09.0TVLSB.L1.S 1 betraf die Lieferung und Installation einer Waschanlage für eine im Bau befindliche Tankstelle. Es handelte sich zwar um einen gemischten Vertrag, aber doch um einen *contrato comutativo,* einen nichtaleatorischen Leistungsvertrag, der unter Art. 408(1) port. CC die Übertragung des Eigentumsrechts bewirke. Dem Lieferanten war die Installation unmöglich, weil die Tankstelle noch nicht in dem erforderlichen Bauzustand war. Nach pünktlicher Lieferung wurden wichtige Teile der Waschanlage gestohlen. Mit dem Eigentum sei auch das Risiko auf den Käufer übergegangen (Art. 796(1) port. CC).

[37] *Vieira,* Direitos reais, S. 433.

[38] Zur Bestellung und Übertragung des ewigen Nießbrauchs ist außerdem die Grundbucheintragung unerlässlich (Art. 27 poln. ImmobilienwirtschaftsG).

[39] J. Cl. Civil Code (-*Veaux-Fournerie*), Art. 578 à 581, Fasc. 10, S. 35 Rdnr. 131.

[40] Rép. civ. Dalloz (-*Chamoulaud-Trapiers*), V° Usufruit, Rdnr. 26.

[41] „L'usufruitier peut ... vendre ou céder son droit à titre gratuit".

(Art. 686(1) franz. CC); der Titel bestimmt ihren Inhalt (Abs. (2) aaO). Ein Pfandrecht wird gleichfalls durch Vertrag *(convention)* bestellt, der freilich der Schriftform bedarf (Art. 2336 franz. CC). Die Übertragung des Pfandrechts geschieht durch Verkauf der Forderung.[42] Zu einer solchen *transmission à titre accessoire* kommt es (überraschenderweise) auch in Bezug auf einen Eigentumsvorbehalt. Er folgt der Forderung, zu deren Sicherung er vereinbart wurde (Art. 2367(2) franz. CC[43]). Eine Hypothek wird durch einen kausalen Hypothekenvertrag bestellt (notarielle Beurkundung erforderlich: Art. 2416 franz. CC) und durch Forderungsverkauf übertragen (Art. 2424(1) franz. CC). Auch die Übertragung der Hypothek *à titre principal* (die Übertragung der Sicherheit von einer Forderung auf eine andere[44]) beruht auf einem kausalen Vertrag.

Die Liste solcher Beispiele lässt sich endlos fortsetzen. Das Baurecht tschechischen Rechts **210**
(§ 1243(1) tschech. BGB) wird aufgrund eines Rechtstitels errichtet, bei rechtsgeschäftlicher Errichtung aufgrund eines kausalen Vertrages. Das Wort „Errichtung" wurde nur gewählt, um einen Oberbegriff für gesetzliche und rechtsgeschäftliche Erwerbstatbestände zu gewinnen.[45] Die Regel, dass das Baurecht durch Kauf, Tausch oder Schenkung übertragen wird (§ 1252(1) tschech. BGB), weicht folglich nicht von der Regelung über seine Bestellung ab; in beiden Fällen bedarf es zudem der Eintragung in das Liegenschaftskataster (§ 1243(2) tschech. BGB). Ganz ähnlich verhält es sich im Recht der Dienstbarkeiten. Sie werden (u. a.) „durch Vertrag" errichtet (§ 1260 aaO), sind freilich, selbst wenn es sich um persönliche Dienstbarkeiten handelt, nicht übertragbar (§ 1265(2) aaO). Pfandrechte werden durch kausalen Vertrag bestellt und durch Forderungsverkauf übertragen (§ 1880(1) aaO). Österreich operiert sowohl für den erstmaligen als auch für den derivativen vertraglichen Erwerb von Sachenrechten mit einem kausalen System. Jeweils bedarf es eines wirksamen Schuldgrundes *(titulus)* und eines *modus.*[46] „Der bloße Titel gibt noch kein Eigentum" (§ 425 österr. ABGB). Dazu sind vielmehr noch die Übergabe und Übernahme der Sache erforderlich.[47] Auch Pfandrecht und Hypothek gründen sich (u. a.) „auf einen Vertrag" (§ 449 aaO) und den entsprechenden *modus* (§§ 451(1) und (2), 452 und

---

[42] Das folgt aus den Regeln über die Forderungsabtretung *(cession de créance)*. Mit der *cession de créance* werden auch die *accessoires* und damit vor allem die *sûretés* übertragen (*Terré/Simler/Lequette,* Les obligations[9], S. 1228 Rdnr. 1290). Art. 1692 franz. CC bestätigt, dass sich der „Verkauf oder die Zession einer Forderung … auf das Zubehör derselben, wie Bürgschaften, Vorzugsrechte und Hypotheken" erstreckt.

[43] Das Gesetz hat damit im Jahre 2006 die bereits von Cass. com. 15.3.1988, Bull. 1988, IV, Nr. 106 S. 74; D. 1988 S. 331, Anm. *Pérochon;* Gaz. Pal. 1988, I, 244, Anm. *Soinne;* JCP E 1989, II, 15408, Anm. *Morançais-Demeester;* RTD civ. 1988 S. 791, Anm. *Bandrac* und Cass. com. 15.3.1988, Bull. 1988, IV, Nr. 106, S. 74 (zwei Entscheidungen vom selben Tag) eingeschlagene Linie bestätigt. Sie war anfangs sehr umstritten (Nachweise bei *Morançais-Demeester,* JCP E 1989, II, 15408, S. 77 mit Fn. 1) und ist trotz der klaren gesetzlichen Regelung bis heute schwer nachvollziehbar geblieben. Vorbehaltenes Eigentum scheint ein anderes Eigentum zu sein als „echtes", weil man das Letztere, immerhin der *droit réel principal,* nicht leicht als bloßes *accessoire* einer Forderung denken kann. Im Übrigen bewirkt Art. 2367(2) franz. CC eine Zweispurigkeit des Rechts der Eigentumsübertragung.

[44] Art. 2424 S. 2 franz. CC; dazu Band 1 Rdnr. 443 mit Fn. 876.

[45] Švestka/Dvořák/Fiala (*-Dvořák und Srbová*), Občanský zákoník III, S. 690–691.

[46] Für den Erwerb des Eigentums ist unter §§ 380, 423 und 424 österr. ABGB ein Titel nötig. § 380 bestimmt, dass jeder Erwerb eines „Titels" bedarf. Für „Sachen, die schon einen Eigentümer haben", ergänzt § 423 österr. ABGB, dass sie „mittelbar erworben" werden, „indem sie auf eine rechtliche Art von dem Eigentümer auf einen anderen übergehen", und § 424 ergänzt, dass der „Titel der mittelbaren Erwerbung … in einem Vertrage; in einer Verfügung auf den Todesfall; in dem richterlichen Ausspruche; oder in der Anordnung des Gesetzes" liegt. Siehe dazu statt vieler nur Koziol und Welser (*-Kletečka*), Bürgerliches Recht I[13], Rdnrn. 744–746.

[47] Anders als noch bei der Schaffung des ABGB sieht man in dieser Übereignung heute allgemein ein Rechtsgeschäft, nicht einen bloßen Realakt (Schwimann und Kodek [*-Klicka und Reidinger*], ABGB II[4], § 425 Rdnr. 2).

453 aaO). Servituten werden gleichfalls nicht ohne Titel erworben (§ 480 aaO). Wohnrechte und Nießbrauch folgen denselben Regeln, weil sie vom Gesetz als Servituten aufgefasst werden (§§ 504, 509, 521 aaO). Art. 609(2) span. CC formuliert, dass das Eigentum und die übrigen Rechte an Sachen als Folge bestimmter Verträge mittels Übergabe erworben und übertragen werden. Das Recht der Früchte bestätigt das *titulus plus modus*-System.[48] Ohne wirksamen Verpflichtungsgrund hat die Übergabe der Sache keine translative Wirkung; der Übertragende bleibt ihr Eigentümer.[49] In Griechenland ist zwischen Rechten an Grundstücken und an beweglichen Sachen zu unterscheiden. Die Übertragung des Eigentumsrechts an einem Grundstück setzt zwingend einen wirksamen Schuldgrund voraus (Art. 1033 gr. ZGB); er muss in dem Übertragungsvertrag explizit genannt sein.[50] Man hat es mit zwei Rechtsgeschäften zu tun, mögen sie i. d. R. auch in derselben Urkunde fixiert werden („verkauft und überträgt").[51] Für die Übertragung des Eigentums an einer beweglichen Sache gelten demgegenüber das Trennungs- und das Abstraktionsprinzip.[52] Auf die Bestellung von Dienstbarkeiten finden die Regeln über die Übertragung des Grundeigentums entsprechende Anwendung (Artt. 1121(2), 1188 gr. ZGB); dasselbe gilt für den Immobiliarnießbrauch (Art. 1143 gr. ZGB) und das Wohnungsrecht (Art. 1187 gr. ZGB). Zur Bestellung einer Hypothek bedarf es eines Titels (Art. 1260 gr. ZGB), zur Bestellung eines Pfandrechts an einer beweglichen Sache nicht (Art. 1211 gr. ZGB)[53], auch nicht zur Bestellung eines Pfandrechts an einem Inhaberpapier (Art. 1244 gr. ZGB). Die Forderungszession, mit der ein Pfandrecht an einer beweglichen Sache übertragen wird (Art. 458 gr. ZGB), ist wiederum ein abstraktes Rechtsgeschäft (Art. 455 gr. ZGB).[54]

211 Auch im englischen Recht stimmen die Regeln über den erstmaligen Erwerb und die Übertragung dinglicher Rechte grundsätzlich überein. Der Dualismus aus **Common Law und Equity** erschwert den Überblick allerdings beträchtlich. Bei der rechtsgeschäftlichen Übertragung des Eigentumsrechts an beweglichen Sachen steht es den Parteien frei, den Zeitpunkt des Eigentumsübergangs zu bestimmen (sec. 17(1) Sale of Goods Act 1979[55]). Zur Ermittlung des Parteiwillens wird auf die Umstände des Einzelfalls abgestellt. Vermutungen (sec. 18 SGA 1979), darunter die, dass bei einem unbedingten Kaufvertrag über „specific goods in a deliverable state" das Eigentum unabhängig von Kaufpreiszahlung und Übergabe schon bei Vertragsschluss übergeht, erleichtern die Auslegung. Wo der Zeitpunkt des Eigentumsüberganges auf einen späteren Zeitpunkt verschoben wird, ändert auch *equity* daran nichts; der Käufer erwirbt dann auch noch kein (*trust*rechtlich begründetes) quasidingliches *equitable interest*.[56] Für den Erwerb von *security rights* an beweglichen Sachen unterscheidet das

---

[48] Art. 1095 span. CC: „Der Gläubiger hat ab Entstehung der Verpflichtung zur Übergabe einer Sache ein Recht auf ihre Früchte. Das dingliche Recht an ihr erwirbt er jedoch erst, wenn sie ihm übergeben ist".

[49] Ministerio de Justicia (-*Miquel González*), Comentario del Código Civil I^2, S. 1550, Anm. VII zu Art. 610.

[50] von Bar (-*Eleftheriadou*), Sachenrecht in Europa III, S. 52–53 sowie *Georgiades,* Emprágmato Díkaio^2, S. 496–497 Rdnrn. 20–22.

[51] *Georgiades* aaO Rdnrn. 23–24.

[52] Areopag 1307/1994, EllDni 37 (1996) S. 609.

[53] Das sieht *Georgiades,* Emprágmato Díkaio^2, S. 1119 Rdnr. 51 zwar anders (die Kausalität des Pfandvertrages sei eine logische Folge der Akzessorietät), doch vermischen sich hier Kausalität und Akzessorietät. Ein Pfandvertrag ist nur kausal, wenn es zu seiner Gültigkeit einer wirksamen Sicherungsabrede bedarf (richtig *I. S. Spyridakis,* To symbatikó enéchyro prágmatos katá ton Astikó Kódika, S. 39).

[54] *Georgiades* aaO S. 1151 Rdnr. 8.

[55] „Where there is a contract for the sale of specific or ascertained goods the property in them is transferred to the buyer at such time as the parties to the contract intend it to be transferred".

[56] *In re Wait* [1927] 1 Ch. 606, 635, *Atkin* LJ; dazu *Riеländer,* Sachenrechtliche Erwerbsrechte S. 257.

Common Law dagegen zwischen dem (schuldrechtlichen) Sicherungsvertrag und dem Vollzug durch Sicherungsübereignung *(mortgage)* bzw. Besitzübertragung *(pledge).*[57] Man bewegt sich *at law* nicht mehr im Rahmen des Einheits-, sondern des Trennungs- und in ihm in einer Variante des Abstraktionsprinzips. Die Wirksamkeit des Vollzuges scheitert nicht an der Unwirksamkeit des entgeltlichen *security agreement.*[58] *Mortgage* und *plegde* werden nach denselben Regeln bestellt und übertragen; die *pledge* durch Besitzübertragung und entsprechende Einigung. Das Verhältnis von dinglichem Recht und Forderung kehrt sich zwar um. Die Forderung folgt dem Recht, nicht das Recht der Forderung. Allerdings entsteht zugunsten des Forderungszessionars bereits ein *trust* an der dinglichen Sicherheit.[59] Bei *registered estates* wird *at law* klar zwischen der Obligation und dem Vollzug unterschieden (sec. 52(1) LPA; secs. 27(1), (2)(a), para. 2(1) Schedule 2 LRA 2002). Beide, die Bestellung wie die Übertragung eines dinglichen Rechts, bedürfen einer von dem Kaufvertrag geschiedenen Verfügung *(conveyance).* Sie wird in einem *deed,* einer formalen Urkunde, niedergelegt (sec. 52(1) LPA 1925). Allerdings nähert sich das System einem Rechtserwerb aufgrund behördlicher Entscheidung an. Denn mit sec. 58 LRA[60] hat in das englische Recht die Überzeugung Eingang gefunden, dass ein Grundbuchsystem seinen Zweck nur dann voll erfülle, wenn die Eintragung schon für sich zum Erwerb des Rechts genügt.[61] *In equity* dagegen gilt auch für das *land law,* dass *equity treats as done what ought to be done.* Da der Vertrag im Wege der *specific performance* durchgesetzt werden kann (das betreffende Grundstücksrecht kann übertragen werden), gilt das Recht *in equity* bereits als mit Vertragsschluss übertragen.[62] Man ist wieder im Einheitsprinzip: der Erwerber erhält mit Abschluss des kausalen Vertrages bereits eine Art Abziehbild des *estate.*[63] Er fällt zwar in sich zusammen, sobald der Vertrag erfüllt wird.[64] Gleichwohl hält der Veräußerer ab dem Zeitpunkt des Vertragsschlusses den *legal title* nur noch als *trustee* des Erwerbers[65], und dessen so begründeter *equitable title* ist sogar eintragungsfähig (secs. 32–34 LRA 2002; secs. 2(4) und 3(1) Land Charges Act 1972).[66]

---

[57] *Goode,* Commercial Law^4 S. 667.

[58] *Goode* aaO S. 672.

[59] *Morley v Morley* (1858) 25 Beavan 253 (53 E.R. 633); *Goode* aaO S. 688.

[60] „If on the entry of a person in the register as the proprietor of a legal estate, the legal estate would not otherwise be vested in him, it shall be deemed to be vested in him as a result of the registration".

[61] Ob es wirklich schon um einen *title by registration* geht, ist allerdings weiterhin heftig umstritten, siehe vorerst nur *Dixon,* [2012] Conv S. 349.

[62] Grundlegend (obschon in einem steuerrechtlichen Kontext) Lord *Jenkins* in *Oughtred v IRC* [1960] AC 206, 240 („The constructive trust in favour of a purchaser which arises on the conclusion of a contract for sale is founded upon the purchaser's right to enforce the contract in proceedings for specific performance. In other words, he is treated in equity as entitled by virtue of the contract to the property which the vendor is bound under the contract to convey to him. This interest under the contract is no doubt a proprietary interest of a sort, which arises, so to speak, in anticipation of the execution of the transfer for which the purchaser is entitled to call").

[63] *Mountney v Treharne* [2002] EWCA Civ 1174; [2003] Ch 135. Zusätzlich kann ein Käufer, der nach Vertragsschluss, aber vor Erhalt des *estate at law* den Kaufpreis zahlt, auch ein *equitable lien* an dem *estate* erhalten (*Sookraj v Samaroo* [2004] UKPC 50; [2005] P & CR DG 11).

[64] *R v Tower Hamlets LBC, ex parte Von Goetz* [1999] QB 1019.

[65] *Lysaght v Edwards* (1876) 2 Ch D 499.

[66] *Lloyds Bank Plc v Carrick* [1996] 4 All ER 630; *Gray und Gray,* Land Law^7, Rdnr. 8–019. In deutscher Sprache ausführlich *Rieländer,* Sachenrechtliche Erwerbsrechte, S. 79–96.

3. Parallelwertungen im Recht der Aufhebung und der inhaltlichen Änderung von Sachenrechten

212 Im Recht des **Verzichts** ist zwischen Schuld- und Sachenrechten zu unterscheiden. Unter deutschem Recht z. B. erlischt eine Forderung noch nicht, nur weil sich ihr Gläubiger verpflichtet, auf sie zu verzichten. Sie erlischt nur durch einen abstrakten Erlassvertrag (§ 397 dt. BGB), für dessen Wirksamkeit die übernommene Verpflichtung bedeutungslos ist.[67] Auch andernorts bedarf es zum Erlöschen einer Forderung der Zustimmung des Schuldners; der Erlass folgt, von wenigen Ausnahmen abgesehen, auch hier den allgemeinen Regeln über *causa* und Vollzug.[68] Man kann natürlich einfach davon absehen, eine Forderung geltend zu machen, aber das lässt ihren Bestand unberührt. Sachenrechte dagegen werden (einseitig) aufgehoben. In Deutschland folgt das für beschränkte Immobiliarsachenrechte aus § 875 und für das Grundeigentum aus § 928 dt. BGB. Sind Belastungen auch ihrerseits belastet, kann die Aufhebung zwar an der fehlenden Zustimmung des Inhabers des belastenden Rechts scheitern (§ 876 dt. BGB), aber nicht an der Unwirksamkeit einer zuvor eingegangenen Aufhebungsverpflichtung. Ein Pfandrecht oder ein Nießbrauch an einer realen Sache erlöschen gleichfalls durch einseitige und abstrakte Aufhebung. Eines Grundes dafür bedarf es nicht, und umgekehrt hat sein Recht noch nicht verloren, wer es sich bislang lediglich hat abkaufen lassen.

213 Auch in Polen erlöschen beschränkte dingliche Rechte[69] durch einseitige Verzichtserklärung. Sie ist dem Eigentümer gegenüber abzugeben (Art. 246 §§ 1 und 2 poln. ZGB); bei gebuchten Rechten bedarf es zusätzlich ihrer Löschung im Grundbuch.

---

[67] MünchKomm (*-Schlüter*), BGB II[7], § 397 Rdnr. 6; Erman (*-E. Wagner*), BGB I[15], § 397 Rdnrn. 1 und 3; Staudinger (*-Rieble*), BGB (2017), § 397 Rdnr. 66; OLG Hamburg 16.2.1960, NJW 1961 S. 76.

[68] Siehe z. B. § 1995(1) tschech. BGB (das Gesetz arbeitet freilich mit der widerleglichen [Švestka/Dvořák/Fiala (*-Kindl*), Občanský zákoník V, S. 512] Vermutung, dass der Schuldner dem Erlass zustimme), Art. 454 gr. ZGB und Art. 508 poln. ZGB. Die Befreiung von einer Schuld beruht auf Vertrag (Gniewek [*-Zagrobelny*], Kodeks cywilny[7], Art. 508, Rdnr. 1; Gutowski [*-Antoszek*], Kodeks cywilny II, Art. 508, Rdnr. 3). Dieser Erlassvertrag hat auch nach polnischem Verständnis verfügenden Charakter (*Zagrobelny* aaO; *Antoszek* aaO Rdnr. 12). Allerdings wird vielfach angenommen, es handele sich nicht um ein kausales, sondern um ein abstraktes Geschäft (*Zagrobelny* aaO Rdnr. 4; *Antoszek* aaO Rdnr. 14), was überraschend inkonsequent wirkt (richtig Osajda [*-Morek*], Kodeks cywilny[13], Art. 508 Rdnr. 4). Das französische Recht unterscheidet zwischen der *remise de dette* und der *renonciation*. Letztere betrifft Sachenrechte und ist rein *abdicative*. Die *remise de dette* ist dagegen eine *décharge conventionnelle* (Art. 1350 franz. CC) und bedarf deshalb der Zustimmung des Schuldners (*Terré/Simler/Lequette,* Les obligations[9], S. 1376 Rdnr. 1459). Daran ändert der Umstand nichts, dass in der Rechtsprechung (z. B. Cass. com 10.10.2000, Nr. 98–11858) gelegentlich von der *renonciation* auf eine Forderung die Rede ist (Rép. civ. Dalloz [*-Houtcieff*], V° Renonciation, S. 3 Rdnr. 12). In Schweden findet sich nur für Inhaber- und Orderpapiere *(löpande skuldebrev)* eine gesetzliche Regelung. Es bedarf einer schriftlichen Verzichtserklärung auf dem Dokument, um einen gutgläubigen Forderungserwerb zu verhindern (§ 15(4) und (5) Lag om skuldebrev (1936:81)). Formfrei möglich ist dagegen der Verzicht auf eine Forderung aus einem einfachen Schuldschein. Sein Erwerber erhält niemals mehr Rechte als der Übertragende hatte (§ 27 aaO).

[69] Nach heute wohl herrschender Meinung kann auch auf den ewigen Nießbrauch verzichtet werden (Radwański und Gniewek [*-Truszkiewicz*], System Prawa Prywatnego IV[3], S. 88 Rdnr. 163; Kalus [*-Bieniek und Matusiak*], Ustawa o gospodarce nieruchomościami, Art. 16, S. 188 Rdnr. 15 [notarielle Beurkundung erforderlich]). Für Körperschaften des öffentlichen Rechts ist diese Möglichkeit in Art. 16(1) poln. ImmobilienwirtschaftsG ausdrücklich vorgesehen.

Der Verzicht auf ein beschränktes dingliches Recht ist in Übereinstimmung mit den allgemeinen Prinzipien als Rechtsgeschäft mit einem verfügenden und kausalen Charakter konzipiert[70]; auf die Zustimmung des Eigentümers kommt es nicht an.[71] In Tschechien gilt, dass der Verzicht auf ein Recht (mit Ausnahme des Pfandrechts) denselben Regeln unterliegt, die auch für seine Bestellung gelten. Auf eine Dienstbarkeit[72], eine Reallast (§ 1308 tschech. BGB) und ein Baurecht (§ 1248 tschech. BGB[73]) verzichtet man durch kausalen, wenn auch der Schriftform bedürftigen Vertrag (§ 560 tschech. BGB), auf das Pfandrecht durch einseitiges Rechtsgeschäft (§ 1377(1)(b) tschech. BGB[74]). Der Retentionsberechtigte wählt zwischen einseitigem und vertraglichem Verzicht (§ 1399 tschech. BGB). In Österreich verzichtet man auf ein dingliches Recht durch gültiges Kausalgeschäft.[75] Selbst dem unentgeltlichen Verzicht auf ein Pfandrecht muss der Pfandbesteller zustimmen.[76] Bei gebuchten Rechten bedarf es wiederum der Löschung im Grundbuch (§ 4 österr. GBG). Streitig ist die Rechtslage bei Servituten unter Einschluss des Fruchtgenusses (Nießbrauch). Manche halten bei ihnen eine einseitige Erklärung des Berechtigten für ausreichend[77], andere beharren jedenfalls bei entgeltlichen Servituten auf der Zustimmung des Inhabers des belasteten Rechts.[78] Letzteres ist die Position der Rechtsprechung.[79] Ähnlich strittig ist, ob der Verzicht auf eine Servitut erst nach ihrer Löschung im Grundbuch wirksam wird.[80] In Frankreich verzichtet man auf ein Sachenrecht durch einseitige *renonciation* in Gestalt des *déguerpissement*.[81] Ein Eigentümer, der auf seine Sache verzichtet, verfügt über sie genauso wie wenn er sie verkauft. Der Verzicht auf ein Immobiliarsachenrecht, etwa auf eine Grunddienstbarkeit, wird erst mit Registrierung drittwirksam.[82] Daraus wiederum folgt, dass es sich um einen *acte translatif* handelt. Der Verzicht

---

[70] Gniewek (-*Gołębiowski*), Kodeks cywilny[7], Art. 246 Rdnr. 1; Gutowski (-*Szadkowski*), Kodeks cywilny I, Art. 246 Rdnr. 1; Osajda (-*Morek*), Kodeks cywilny[13], Art. 246 Rdnr. 2. Nicht ganz klar ist das Verhältnis zwischen Verzicht und Nichtausübung eines Rechts, die in besonderen Fällen zu seinem Erlöschen führt (z.B. Art. 246 §§ 1 und 2 poln. ZGB).

[71] *Gołębiowski* aaO; *Morek* aaO Rdnr. 3.

[72] Spáčil (-*Lasák und Hrabánek*), Občanský zákoník III, S. 1038.

[73] Näher Spáčil (-*Handrlica*), Občanský zákoník III, S. 902 (Der Verzicht setze ein zweiseitiges Rechtsgeschäft zwischen dem aus dem Baurecht Berechtigten und dem Grundstückseigentümer voraus. Der Verzicht bewirke aber nicht automatisch die Verschmelzung von Grund- und Gebäudeeigentum in einer Hand. Das Baurecht gehe nicht unter; es bleibe eine selbständige Immobilie, die der Grundeigentümer erneut übertragen könne).

[74] Auch dieser Verzicht bedarf der Schriftform (§ 560 tschech. BGB). Die Erklärung muss dem Pfandschuldner zugestellt werden. Seine Zustimmung ist aber nicht erforderlich (*Vymazal,* Zástavní právo, S. 356).

[75] *Iro,* Sachenrecht[5], Rdnr. 1/9.

[76] *Iro* aaO Rdnr. 12/3.

[77] Klang (-*Klang*), ABGB II[2], S. 606.

[78] Rummel (-*Hofmann*), ABGB I[3], § 524 Rdnr. 2.

[79] OGH 19.6.1996, 3 Ob 2219/96m, Anm. *Wilhelm,* Ecolex 1997 S. 65; OGH 21.2.1985, 7 Ob 513/85.

[80] Dafür OGH 30.1.2007, SZ 2007/8; dagegen OGH 28.12.1962, EvBl 1963/162; ÖJZ 1962 S. 239.

[81] Rép. civ. Dalloz (-*Houtcieff*), V° Renonciation, S. 6 Rdnr. 33.

[82] Einzelheiten in Art. 28-1 des franz. Dekrets Nr. 55-22 vom 4.1.1955 und dazu Cass. civ. 6.5.1980, Bull. civ. 1980, III, Nr. 90 („La dérogation consentie aux acquéreurs d'un lot dans un lotissement, par laquelle le lotisseur renonce à la servitude de ne pas construire au-delà de la hauteur fixée au cahier des charges, doit être obligatoirement publiée conformément à l'article 28-1 du décret du 4 janvier 1955").

kann mithin auch die Folge eines kausalen Vertrages sein, z.B. dann, wenn sich ein Nießbraucher sein Recht abkaufen lässt oder dessen Aufhebung dem *nu-propriétaire* schenkt.[83] Gläubiger des Nießbrauchers können den Verzicht allerdings gerichtlich für nichtig erklären lassen, falls er ihnen zum Nachteil gereicht (Art. 622 franz. CC). Auf eine *sûreté immobilière* kann man verzichten, ohne zugleich auf die Forderung zu verzichten. Es handelt sich theoretisch um eine (einseitige) *renonciation purement abdicative.* Praktisch wird der Verzicht aber meistens vertraglich mit der Person vereinbart werden, deren Befriedigung bezweckt wird.[84]

214 Wo allerdings jemand zwar berechtigt, aber nicht verpflichtet ist, auf ein Sachenrecht zu verzichten, da scheiden sowohl eine kausale als auch eine abstrakte Deutung des Geschehens aus. Die Kategorien ergeben hier keinen Sinn mehr. Man denke etwa an einen Nießbraucher, dem die Unterhaltungskosten der Sache über den Kopf wachsen.[85] Er will mit seinem Verzicht weder dem Grundeigentümer noch anderen Rechtsinhabern etwas schenken; er will sich von einem Recht lösen, das ihm zur Last geworden ist. Es handelt sich aber auch nicht um ein „abstraktes" Rechtsgeschäft.[86] Denn es ist ja gar keine *causa* vorhanden, von der man abstrahieren könnte. Die Wirksamkeit des Verzichts mag zwar immer noch an der Nichteinhaltung bestimmter formaler Voraussetzungen scheitern, bei Immobiliarsachenrechten insbesondere an dem Fehlen von Schriftlichkeit[87], notarieller Beurkundung[88] oder daran, dass die Aufhebungserklärung nicht dem richtigen Adressaten übermittelt wurde.[89] Aber eines „Grundes" bedarf es eben gerade nicht.

---

[83] *Houtcieff* aaO.

[84] *Cabrillac/Mouly/Cabrillac/Pétel,* Droit des sûretés[9], S. 746 Rdnr. 996. *Simler und Delebecque,* Droit civil: les sûretés, la publicité foncière[6], S. 504 Rdnr. 556 meinen allerdings, der Verzicht auf eine Hypothek sei immer ein *acte unilatéral* und *abdicatif.* Der Gläubiger gebe sein Sachenrecht auf. Die Zustimmung des Inhabers des belasteten Rechts sei nicht erforderlich.

[85] Beispiel nach *Larroumet,* Les biens[5], S. 287 Rdnr. 516. Unter französischem Recht kann man anders als unter österreichischem Recht (vorher Fn. 79) auf alle Sachenrechte verzichten. Ausdrücklich bestätigt findet sich das in Art. 621(2) franz. CC für den Nießbrauch. Ebenso verhält es sich in Griechenland: Der Verzicht ist auch wirksam, wenn er nicht akzeptiert wird (*Triantos,* AK, Art. 1169 gr. ZGB, S. 1386 Rdnrn. 5–6).

[86] So aber für Griechenland *Georgiades,* Emprágmato Díkaio[2], S. 578 Rdnr. 5, *Triantos,* AK, Art. 972 gr. ZGB, S. 1184 Rdnr. 2; Areopag 308/1997, EllDni 38 S. 1811; Areopag 190/1993, EllDni 36 (1995) S. 1106 zum Verzicht auf das Grundeigentum. Den Verzicht auf ein Nießbrauchrecht qualifiziert Areopag 412/1983, EEN 50 (1983) S. 845 als ein „einseitiges, nicht kausales, aber an eine bestimmte Person zu richtendes Rechtsgeschäft". Wenig überzeugend wirkt es auch, wenn für Italien *Bellinvia,* La rinunzia alla proprietà e ai diritti reali di godimento, Consiglio Nazionale del Notariato Studio n. 216–2014/C darlegt, dass die *causa* für die *rinunzia abdicativa* (den Verzicht auf das Eigentum: Artt. 882(2) und 1104 ital. CC) der Verzicht sei, denn so wird der Verzicht zum Grund des Verzichts.

[87] Z.B. § 560 tschech. BGB und § 5:154(4) ungar. ZGB (Verzicht auf den Nießbrauch setzt schriftliche Verzichtserklärung voraus).

[88] Der notariellen Beurkundung bedarf die Verzichtserklärung bei allen Immobiliarsachenrechten des griechischen Rechts (Artt. 1134, 1169, 1187, 1319 gr. ZGB). Auch in Österreich ist das so. Soweit für die Wirksamkeit des Verzichts eine Grundbucheintragung erforderlich ist (wie beim Verzicht auf eine Hypothek und nach neuerer Rechtsprechung auch bei Servituten) bedarf es dafür einer entsprechenden notariellen Urkunde (§§ 31 und 33 österr. GBG) oder einer den besonderen Anforderungen des § 32 österr. GBG entsprechende Privaturkunde.

[89] Zur Aufhebung eines beschränkten Immobiliarsachenrechts bedarf es unter § 875 dt. BGB der Erklärung entweder gegenüber dem Grundbuchamt oder gegenüber demjenigen, zu dessen Gunsten die Aufhebung erfolgt; das Eigentum an einem Grundstück kann nur durch Verzicht

Nicht jedes Sachenrecht kann mit Anspruch auf Drittwirkung **inhaltlich geändert** werden, aber wenn es geändert werden kann, folgt auch dieses Geschäft den allgemeinen Regeln über das Verhältnis von Grund und Vollzug. Nicht änderbar ist z.B. das Eigentum.[90] Sein Inhalt ist ein für alle Mal gesetzlich fixiert, und er verschiebt sich auch nicht, wenn Allein- in Miteigentum umgewandelt wird. Es müssen dann nur mehrere Personen in der Ausübung desselben Rechts zusammenwirken, und ihr Miteigentumsanteil bleibt von dem gemeinschaftlichen Eigentum klar geschieden. Auch eine Hypothek lässt sich nicht in beliebiger Weise inhaltlich ändern. Es ist zwar z.B. möglich, eine Brief- in eine Buchhypothek umzuwandeln, aber nicht, ihren Höchstbetrag heraufzusetzen, wenn dadurch die Rechte anderer Gläubiger verkürzt würden. Auf eine andere als die bislang gesicherte Forderung kann nur eine „wiederaufladbare" Hypothek bezogen werden; genau das ist schließlich der Sinn eines solchen Sicherungsrechts.[91] Mit seiner Änderung wächst einem Sachenrecht ein qualitativ neuer Inhalt zu, ohne dass sich seine Natur verändert. Es handelt sich um eine Residualkategorie der sachenrechtlich relevanten Rechtsgeschäfte, weder um eine Teilaufhebung (die Fläche eines Wegerechts wird verringert, der Höchstbetrag einer Hypothek reduziert), noch um eine Neubestellung (das Wegerecht muss über ein anderes Grundstück laufen als bisher: Art. 1192 gr. ZGB). Wurde ein Wegerecht zu einem Zeitpunkt bestellt, zu dem es noch keine Kraftfahrzeuge gab, hängt es von den Umständen des Einzelfalls ab, ob deren Gebrauch von dem bestellten Recht gedeckt ist[92]; ist das zu ver- 215

gegenüber dem Grundbuchamt aufgegeben werden (§ 928 dt. BGB). Unter § 5:154(3) ungar. ZGB, Art. 246 §§ 1 und 2 poln. ZGB sowie unter Art. 1169 gr. ZGB ist die Verzichtserklärung des Nießbrauchers an den Sacheigentümer bzw., beim Rechtsnießbrauch, an den Inhaber des Rechts zu richten. Eine Grunddienstbarkeit erlischt unter § 5:163 ungar. ZGB durch eine an den Eigentümer des dienenden Grundstücks gerichtete schriftliche Verzichtserklärung des Eigentümers des herrschenden Grundstücks (und durch Löschung der Dienstbarkeit aus dem Immobilienregister). In Griechenland genügt es, die Erklärung an die Person zu richten, die den Nießbrauch bestellt hat; sie muss nicht mehr die aktuelle Grundeigentümerin sein (*Triantos,* AK, Art. 1169 gr. ZGB, S. 1385 Rdnr. 1; Georgiades und Stathopoulos [-*Georgiades*], ZGB, Art. 1169 S. 495 Rdnr. 1). Der notariell beurkundete Verzicht muss allerdings auch dem jeweiligen Grundeigentümer zur Kenntnis gebracht werden (Areopag 412/1983, EEN 50 [1983] S. 845; Areopag 447/1976, NoB 24 [1976] S. 963).

[90] Anders mag man das nur dort beurteilen, wo es zu öffentlichrechtlichen Überlagerungen des privaten Eigentums kommt. Ein Beispiel ist die Widmung einer Privatstraße für den öffentlichen Verkehr. Unter Art. 6(1) BayStrWG handelt es sich dabei um eine Verfügung, durch die eine Straße die Eigenschaft einer öffentlichen Straße erhält. Diese Verfügung setzt voraus, dass dem Träger der Straßenbaulast das dingliche Recht zusteht, über das der Straße dienende Grundstück zu verfügen, oder dass der Eigentümer der Widmung zustimmt (Art. 6(3) aaO). Bei einer Eigentümerstraße geht das private Eigentumsrecht also zwar nicht unter, aber es lässt sich vertreten, dass es infolge der Widmung dauerhaft inhaltlich geändert wurde.

[91] Band 1 Rdnrn. 426 und 442.

[92] Siehe für Frankreich *Dross,* Les choses, S. 723 Rdnr. 390-3; Cass. civ. 4.7.1962, Bull. civ. 1962, I, Nr. 343; Cass. civ. 28.6.1967, Bull. civ. 1967, III, Nr. 243 („L'exercice d'une servitude de passage 'à pied, à cheval, charrue et charrette', pour le passage des véhicules à moteur ou tractés ne constitue pas une aggravation de la servitude compte tenu des progrès techniques réalisés dans les modes de transport depuis l'acte constitutif qui énumère tous les modes d'exercice alors connus en vue d'une exploitation agricole") sowie Cass. civ. 22.3.2011, Nr. 09–70533 und für Tschechien OG 17.2.2004, 22 Cdo 1043/2004 (Es komme darauf an, ob es sich um eine Erweiterung der Dienstbarkeit handele. Die Zulassung der Nutzung von Kraftfahrzeugen müsse mit Rücksicht auf die Eigenschaften des Bodens, der Straße und der Nutzung des herrschenden Grundstücks beurteilt werden). Das wiederum wiederholt den Gedanken aus tschechoslowaki-

neinen oder ist diese Nutzungsart bislang sogar ausdrücklich ausgeschlossen gewesen, muss die Dienstbarkeit nach den allgemeinen Regeln über sachenrechtlich relevante Rechtsgeschäfte geändert werden, also z. B. durch schriftlichen oder notariellen Vertrag nebst nachfolgendem Registereintrag (Artt. 1121 und 1033 gr. ZGB; Art. 248 poln. ZGB; § 560 tschech. BGB i. V. m. § 11 des tschech. Gesetzes über das Liegenschaftskataster). Ähnlich liegt es, wenn nachträglich ein Vorkaufsrecht von einigen genau bestimmten auf alle Vorkaufsfälle erweitert werden soll. Nach französischem Verständnis hat man wiederum einen *contrat translatif* vor sich[93], nach englischem eine *conveyance*[94], und nach deutschem eine vom Schuldgrund gelöste abstrakte Einigung.[95] Rechtsgeschäftlich änderbar ist nach denselben Grundsätzen auch ein Nießbrauchrecht; ausgeschlossen ist dagegen selbst in einem kausalen System die gerichtliche Änderung eines Nießbrauchs in Anwendung der vertragsrechtlichen Regeln über den Wegfall der Geschäftsgrundlage *(change of circumstances)*.[96]

---

sches OG 16.5.1939, Rv I 311/39, Vážný (Hrsg.), Rozhodnutí nejvyššího soudu československé republiky ve věcech občanských, Bd. 21, Nr. 17303, S. 209 (maßgeblich sei, ob das dienende Grundstück stärker belastet werde, als es durch die bisherige Nutzung mit von Tieren gezogenen Wagen belastet gewesen sei; dazu genüge die Feststellung nicht, dass Autos ein größeres Gewicht hätten). Entscheidend ist also, ob eine veränderte Nutzung auf eine Erweiterung der ursprünglich errichteten Dienstbarkeit hinauslaufen würde (*Spáčil,* Věcná břemena v občanském zákoníku, S. 45). Art. 1128 gr. ZGB gibt dem Eigentümer des dienenden Grundstücks das Recht, eine Änderung der Nutzungsart einer Dienstbarkeit zu verlangen, wenn ihr wirtschaftlicher Zweck durch eine solche Änderung in gleicher Weise erreicht wird und die Art der bisherigen Ausübung für ihn besonders beschwerlich ist.

[93] Die Änderung von Sachenrechten ist zwar (wie in Italien: Art. 1376 ital. CC zählt nur die Begründung und die Übertragung von Rechten zu den *contratti a effetti reali*) gesetzlich nicht ausdrücklich geregelt, doch erscheint das Ergebnis zwingend. Denn ein neuer Grundeigentümer ist nur dann an die Änderung des Wegerechts gebunden, wenn sie nach den Vorschriften des franz. Dekrets vom 24.1.1955 im Grundstücksregister veröffentlicht wurde, und veröffentlicht werden wiederum nur *contrats translatifs.*

[94] Die Variation einer *lease* setzt zur Erlangung von Drittwirksamkeit eine Eintragung voraus, und eingetragen wird wiederum nur eine *conveyance* bzw. *disposition.*

[95] Erman(-*Grziwotz*), BGB II[14] (2014) § 1097 Rdnr. 4. Siehe ferner OLG Hamm 11.6.2012, NJW-RR 2012 S. 1484.

[96] Ungar. OGH, Legf. Bír. P. törv. III. 20 781/1986; BH1987.162 (Es bestehe keine Möglichkeit zur gerichtlichen Änderung des auf einem Vertrag beruhenden Nießbrauchrechts, weil der Vertrag auf eine einmalige Leistung gerichtet und mit Zustandekommen des Nießbrauchs die Erfüllung verwirklicht sei; es sei auch nicht möglich, den Inhalt oder die Dauer des Nießbrauchrechts gerichtlich zu ändern). Vékás und Gárdos (-*Menyhárd*), Kommentár a Polgári Törvénykönyvhöz I, § 5:146 ungar. ZGB, S. 1176–1177 erläutert, dass die das Recht konstituierende Eintragung im Immobilienregister die Verbindung zwischen dem Vertrag und dem Sachenrecht zum Erlöschen bringe. Siehe auch Ungar. OGH, Legf. Bír. Pfv. III. 20.945/1999, EBH2002.627. Eltern hatten für ihre Kinder ein Baugrundstück gekauft, sich selber aber den Nießbrauch eintragen lassen. Die Kinder bauten auf ihrem Grundstück ein Familienhaus mit zwei Wohnungen und zwei Garagen und vereinbarten mit ihren Eltern die Erstreckung des Nießbrauchs auch auf das Haus. Die Ehe eines der Kinder wurde nach zehn Jahren geschieden. Die auf Räumung und Nutzungsersatz in Anspruch genommene Schwiegertochter meinte, der Nießbrauch habe sich mangels entsprechender Eintragung nicht auf das Haus erstreckt; es habe im Zeitpunkt der Änderungsvereinbarung noch gar nicht existiert, sei nicht als eigenständige Immobilie eingetragen worden und deshalb unter § 97(1) ZGB [1959] Bestandteil des Grundstücks geworden. Der OGH lehnte ihre Revision ab. Der Umfang des Nießbrauchs richte sich nach dem Bestellungsvertrag. Die spätere Erweiterungsvereinbarung sei wirksam; der eingetragene Nießbrauch erstrecke sich auf die Immobilie und den Bau, weil nur das dem Parteiwillen entspreche.

4. Einseitige Bestellung von Rechten

Der rechtsgeschäftliche Erwerb eines Sachenrechts vollzieht sich, wie gesagt, gewöhnlich auf der Grundlage eines zweiseitigen Rechtsgeschäfts (eines „Vertrages"[97]). Für den *inter vivos*-Erwerb eines bereits bestehenden Sachenrechts gilt das ohne Ausnahme, für seine erstmalige Bestellung aber nicht. Es kann vielmehr (i) den Inhabern bestimmter subjektiver Sachenrechte gestattet sein, ihr eigenes Recht zu ihren eigenen Gunsten mit einem weiteren Recht zu belasten, und es ist im Recht des Trust sogar (ii) möglich, ein eigenes Recht mit einem Fremdrecht zu belasten, obwohl der Begünstigte davon gar nichts weiß. Wiederum entfällt, wenn der Besteller aus eigenem Antrieb handelt, die Frage nach dem Verhältnis zwischen *causa* und Vollzug. Denn es gibt keine Verpflichtung, die sich von ihrer Erfüllung unterscheiden ließe. **216**

a) Belastung eigener Rechte mit eigenen Rechten?

Eine Forderung erlischt, wenn ihr Schuldner zugleich ihr Gläubiger wird (z. B. Art. 868 port. CC). Denn eine Person kann sich weder selber etwas schulden noch etwas leisten. Man nennt das **Konfusion** (von lat. *confusio,* Vereinigung, Vermischung). Meistens wird es ein Erbfall sein, durch den dem (ehemaligen) Schuldner auch die Gläubigerrolle zufällt. Der Alleinerbe wird seiner Schulden gegenüber dem Erblasser ledig. War die Forderung des (späteren) Erblassers gegen den Erben durch eine Hypothek, ein Pfandrecht oder (falls es um den Anspruch auf Erwerb eines Grundstücksrechts ging) durch eine Vormerkung[98] gesichert, dann erlischt auch das Sachenrecht. Denn akzessorische Rechte können nun einmal nicht ohne Forderung existieren. Mit der Konfusion geht, wie man sagt, auf der Ebene des Sachenrechts eine **Konsolidation** (von lat. *consolidare*) einher: das Stammrecht wird wieder „fest" und „stark". Konsolidation tritt auch ein, wenn ein Dritter die Hypothek zur Sicherung der Forderung des Erblassers gegen den nur persönlich haftenden Erben bestellt hatte. War umgekehrt der Erbe der dingliche und der Dritte der persönliche Schuldner, dann bleibt zwar in der Person des Erben die Forderung gegen den Dritten erhalten, aber die Hypothek erlischt auch in diesem Fall. Sie kann sich jeweils bestenfalls in eine „Eigentümergrundschuld" umwandeln und als solche fortexistieren. Nur die Sachenrechte Dritter bleiben von der Konfusion unberührt. Hatte also der Erblasser seine Forderung gegen den Erben einem Dritten verpfändet, dann gilt die Forderung für die Zwecke des Pfandrechts als nicht erloschen, wenn das Erlöschen den Interessen des Pfandgläubigers (bzw. des Nießbrauchers) zuwiderläuft (z. B. Art. 871 port. CC und § 1256(1) Satz 2 dt. BGB). **217**

Konsolidation setzt, strikt genommen, den Erwerb eines bereits bestellten Rechts voraus. Durch Konsolidation erlischt ein „Fremdrecht", das sich zum „Eigenrecht" wandelt. Wenn aber ein Fremdrecht nicht als Eigenrecht bestehen bleiben kann, dann kann ein eigenes Recht auch nicht **einseitig** durch ein weiteres eigenes Recht **belastet** werden; Erwerb und Bestellung unterliegen auch insoweit denselben Regeln. Viele Rechtsordnungen halten die Konsolidation und mit ihr das Verbot, eigene **218**

[97] Zum Begriff des Vertrages noch unten Rdnrn. 227–228, dort auch zum *conveyancing.*

[98] BGH 30.4.1980, NJW 1981 S. 447; BGH 3.12.1999, NJW 2000 S. 1033; LG Piräus 1375/2015, Isokrates-Datenbank (die Schuld erlischt durch Konfusion, die Vormerkung durch Konsolidation).

Rechte (insbesondere, aber nicht nur das Eigentum) mit weiteren eigenen Rechten zu belasten, für eine schiere Selbstverständlichkeit. Man hat es in der Tat mit etwas schon auf den ersten Blick Widersinnigem zu tun. Schließlich ist eine Belastung immer schmaler als das belastete Recht; man „hat" also schon, was man für sich reklamiert. Auch droht die Lehre vom Eigentum als einem ewigen Recht ins Wanken zu geraten, sobald man ein auf die Beendigung des eigenen Eigentums gerichtetes separates Recht (insbesondere eine Eigentümergrundschuld: § 1196(1) dt. BGB) zulässt; schließlich hindert den Eigentümer nichts daran, auf sein Eigentum zu verzichten. § 1197(1) dt. BGB bringt denn auch die verblüffende Klarstellung, dass, wenn „der Eigentümer der Gläubiger" der Grundschuld ist, „er nicht die Zwangsvollstreckung zum Zwecke seiner Befriedigung betreiben" kann. Vor allem aber entsteht durch die (angebliche) Belastung noch kein Recht, dem sich eine sachenrechtliche Qualität zuschreiben ließe. Denn ihm wohnt solange kein eigenständiges Drittwirkungspotential inne, solange die Personalunion zwischen dem Inhaber des belasteten und dem Inhaber des belastenden Rechts andauert. Nicht nur kann der Inhaber des Stammrechts das belastende Recht nicht verletzen. Es kann auch von niemandem sonst verletzt werden. Es gibt ja noch gar keine „Dritte" (sondern nur „Zweite"). Die Belastung entfaltet m. a. W. keine „absolute" Wirkung. Denn sie nötigt niemanden, eine Rechtslage zu respektieren, die er nicht ohnehin bereits zu respektieren hat. Aus der Sicht des (wie man in Schweden sagt) „statischen" Sachenrechts[99] bleibt alles beim Alten.

219 Viele Rechtsordnungen unterbinden also Sachenrechte an (oder auf) eigenen Sachenrechten. Sie können weder vertraglich erworben noch einseitig bestellt werden. Ob es sich um ein akzessorisches oder ein nichtakzessorisches Recht handelt, macht keinen Unterschied. Es gilt als ausgemacht, dass kein Sachenrecht seinem Inhaber die Befugnis gibt, es einem weiteren eigenen Recht unterzuordnen.

Ganz deutlich wird das im franz. CC und seinen sachenrechtlichen Tochterrechtsordnungen. Zwar fehlt eine allgemeine gesetzliche Regel, doch bricht sich das Prinzip in zahlreichen Einzelvorschriften Bahn. Unter Art. 617 franz. CC erlischt der Nießbrauch (u. a.) „par la consolidation ou la réunion sur la même tête, des deux qualités d'usufruitier et de propriétaire". Dasselbe gilt für das Gebrauchs- und das Wohnungsrecht (Art. 625 franz. CC). Das korrespondiert mit Art. 578 franz. CC, wonach der Nießbraucher und der Eigentümer nicht personenidentisch sein dürfen. Auch unter Artt. 703, 746 rumän. CC kann ein eigener Nießbrauch niemals über das eigene Eigentum gelegt werden. Selbst Grunddienstbarkeiten erlöschen, sobald sich das Eigentum am herrschenden und am dienenden Grundstück in einer Person vereinigt (Art. 705 franz. CC), eine Regel, die sich nicht nur in Rumänien (Art. 770 rumän. CC), sondern auch in England wiederfindet.[100] Folglich kann man auch

[99] Band 1 Rdnr. 75.

[100] Nach einer vielzitierten Kurzformel muss das dienende Grundstück im Eigentum eines anderen stehen (Lord *Hatherley* LC in *Ladyman v Grave* (1870-71) LR 6 Ch App 763, 767: „In order to obtain an easement over land you must not be the possessor of it, for you cannot have the land itself and also an easement over it". *Fry* LJ in *Roe v Siddons* (1988) 22 QBD 224, 236 bestätigt: „Of course, strictly speaking, the owner of two tenements can have no easement over one of them in respect of the other. When the owner of Whiteacre and Blackacre passes over the former to Blackacre, he is not exercising a right of way in respect of Blackacre; he is merely making use of his own land to get from one part of it to another"). Das schließt aber natürlich nicht aus, dass ein *lessee* für die Dauer seines Rechts *easements* an verschiedenen Grundstücken desselben *landlord* hält (*MRA Engineering Limited v Trimster Company Limited* (1988) 56 P & CR 1).

keine Grunddienstbarkeit für sich selber bestellen. „Eine Grunddienstbarkeit ist eine Last, welche einem Grundstück zum Gebrauch und zum Nutzen eines *einem anderen Eigentümer* gehörenden Grundstücks auferlegt ist“ (Art. 637 franz. CC; Hervorhebung hinzugefügt). Die theoretische Rechtfertigung dieser Regeln sucht man in der Lehre von den *droits réels démembrés.*[101] Man habe nur dann den *démembrement* (die Aufteilung) eines Sachenrechts vor sich, wenn ein Stück der *utilité* einer Sache einem anderen als ihrem Eigentümer überantwortet werde. *Démembrement* bedeute den Verlust einer besonderen Nützlichkeit einer Sache, und bei einem Recht an einer eigenen Sache verliere man nichts, auch nicht, wenn es sich um eine *sûreté* handele.[102] Einer ganz ähnlichen Logik folgen das italienische und das portugiesische Recht. Italien kennt in lateinischer Tradition nur ein einziges *ius in re propria* (eben das Eigentum); alle anderen Sachenrechte sind *iura in re aliena.*[103] Demgemäß kann ein Grundeigentümer unter Art. 952 ital. CC ein *diritto di superficie* (ein Überbaurecht) nur „zugunsten eines anderen“ bestellen. Unter Artt. 1014 Nr. 2, 1026 ital. CC erlöschen Nießbrauch, *uso* und *abitazione* durch die Vereinigung *(riunione)* mit dem Eigentum, und dasselbe gilt bei Grunddienstbarkeiten, wenn der Eigentümer des herrschenden auch Eigentümer des dienenden Grundstücks wird (Art. 1072 ital. CC): *nemini res sua servit.*[104] Auch Portugal schließt die Bestellung von Rechten an eigenen Rechten aus. Unter Art. 1476(1)(b) port. CC erlischt der Nießbrauch durch *reunião* mit dem Eigentum.[105] Genauso verhält es sich unter Art. 513(3) span. CC *(reunión).* Die *consolidación* sei eine Folge des Umstandes, dass ein dingliches Recht unmöglich an einer eigenen Sache bestehen könne.[106] Auf dieser Vorstellung beruhen die Regeln über das Erlöschen von Nutzungs- und Wohnrecht (Art. 1490 port. CC; Art. 529 span. CC), Dienstbarkeit (Art. 1569(1)(a) port. CC; Art. 546(1) span. CC) und Erbbaurecht (Art. 1536(1)(d) port. CC), Regeln, denen auch Artt. 1137, 1168, 1191 gr. ZGB (Vereinigung von Dienstbarkeit und Grundeigentum), Art. 1187 gr. ZGB (Wohnungsrecht) und Art. 1321 gr. ZGB (Vereinigung von Hypothek und Grundeigentum) folgen. Es gibt also auch in Griechenland keine Eigentümerdienstbarkeiten.[107] Ebenso liegt es in

---

[101] Band 1 Rdnr. 316.

[102] *Dross,* Les choses, S. 227 Rdnr. 115 und S. 233 Rdnr. 120.

[103] *Marrone,* Istituzioni di diritto romano[3], S. 287; *Torrente und Schlesinger,* Manuale di diritto privato[21], S. 258; *Comporti,* Diritti reali in generale, S. 135 (*diritti reali* seien immer *iura in re aliena*). Ebenso sieht man die Dinge in Bulgarien. Der Abschnitt VI des bulgar. Gesetzes über das Eigentum handelt ausdrücklich von „Rechten an fremden Sachen“.

[104] *Triola,* Le servitù, S. 15. Besonderheiten gelten für Dienstbarkeiten, die durch Widmung des Familienvaters *(destinazione del padre di famiglia)* erworben werden (Art. 1062 ital. CC: „Eine Widmung durch den Familienvater liegt dann vor, wenn auf Grund von Beweisen jeglicher Art feststeht, dass zwei zur Zeit getrennte Grundstücke im Besitz ein und desselben Eigentümers gewesen sind und dass dieser die Dinge in den Zustand, aus dem sich die Dienstbarkeit ergibt, versetzt oder sie darin belassen hat. Gehören die beiden Grundstücke nicht mehr demselben Eigentümer, ohne dass irgendeine Verfügung hinsichtlich der Dienstbarkeit getroffen worden wäre, so gilt diese aktiv wie passiv als zugunsten und zu Lasten jedes der getrennten Grundstücke bestellt“).

[105] Art. 2241(3) port. CC von 1867 benutzte noch *confusão; reunião* übernimmt ital. *riunione* (*Pires de Lima und Antunes Varela,* Código Civil Anotado III[2], S. 532, Anm. 3 unter Art. 1476).

[106] *Díez-Picazo und Gullón,* Sistema de Derecho Civil III(2)[8], S. 46.

[107] *Georgiades,* Emprágmato Díkaio[2], S. 856 Rdnr. 14; Areopag 205/1957, ArchN 8 (1957) S. 479; Areopag 279/1985, EllDni 26 (1985) S. 1483; Berufungsgericht Athen 3770/2004, EllDni 45 (2004) S. 1692; Berufungsgericht Athen 6157/2001, EllDni 44 (2003) S. 196. Dienstbarkeiten können demgemäß *inter vivos* nur durch Vertrag, nicht durch ein einseitiges Rechtsge-

Litauen[108], Österreich[109] und der Slowakei.[110] Art. 247 poln. ZGB stellt sogar ein allgemeines Prinzip auf: Ein beschränktes dingliches Recht erlischt, wenn es auf den Eigentümer der belasteten Sache übergeht, oder wenn derjenige, dem ein solches Recht zusteht, das Eigentum an der belasteten Sache erwirbt. Das gilt auch für den ewigen Nießbrauch.[111] Nur die Terminologie schwankt zwischen „Konfusion" und „Konsolidation".[112] Die Koexistenz von zwei Rechten in einer Hand sei unzweckmäßig. Beschränkte dingliche Rechte seien als Rechte an einer fremden Sache konzipiert[113]; Rechte an einer eigenen Sache würden von dem Stammrecht „verschluckt".[114] Konfusion (Konsolidation) trete *ex lege* und auch gegen den Parteiwillen ein.[115] Folglich könne man ein Recht an einer eigenen Sache auch weder bestellen noch ersitzen. Für Dienstbarkeiten folgt das unmittelbar aus Artt. 292 und 352 poln. ZGB. Allerdings gibt es Ausnahmen[116], z.B. bei Erbteilungen[117] und bei dem Erwerb der belasteten Sache durch den Pfandgläubiger, falls die Forderung mit einem weiteren Recht eines Dritten belastet war (Art. 325 § 2 poln. ZGB).

220 Dass man ein eigenes Sachenrecht nicht mit einem anderen eigenen Sachenrecht belasten kann, ist in der Tat richtig. Es gibt, recht betrachtet, **keine begrenzten Eigenrechte;** es gibt nur Fremdrechte, d.h. Rechte, die fremde Rechte belasten. Denn

---

schäft bestellt werden (Artt. 1121(2) und 1143(2) gr. ZGB: „durch Vereinbarung"). Der *nemini res sua servit*-Grundsatz (Artt. 1118, 1137, 1142 und 1168 gr. ZGB) gilt für alle Dienstbarkeiten, auch für den Nießbrauch; auch er erlischt durch Konsolidation. Anders ist das nur, wenn der Nießbrauch mit einer Hypothek belastet ist (*Georgiades,* Emprágmato Díkaio², S. 952–953 Rdnrn. 17–19).

108 Artt. 4.130(1) Nr. 2, 4.132(1) und (2) lit. ZGB (Dienstbarkeiten bleiben für den Rest des Grundstücks erhalten, falls dieselbe Person das Eigentum am herrschenden und am dienenden Grundstück nur teilweise erwirbt). Auch können weder ein Eigentümernießbrauch (Art. 4.154(1) lit. ZGB) noch ein Eigentümererbbaurecht (Art. 4.164(1) Nr. 1 lit. ZGB) bestellt werden.

109 Aus dem Wortlaut des § 472 österr. ABGB („zum Vorteile eines anderen") folgt, dass Eigentümerdienstbarkeiten grundsätzlich ausgeschlossen sind (Klang [-*Klang*], ABGB II², S. 550). Dass das den Bedürfnissen der Praxis nicht immer entsprechen mag, ändert nach der Grundsatzentscheidung OGH 13.7.2007, EvBl 2007/165, ÖJZ 2007 S. 917, JBl 2008 S. 39 nichts am geltenden Recht (ebenso u.a. OGH 9.2.2011, NZ 2011 S. 347). Allerdings: Veräußert der Eigentümer zweier Grundstücke das eine davon, obgleich es erkennbar weiterhin dem anderen dienen soll (die Zufahrt zum nicht veräußerten Grundstück führt über das veräußerte), soll im Moment der Veräußerung eine entsprechende Dienstbarkeit am veräußerten Grundstück zulasten des unveräußerten auch ohne Eintragung entstehen (OGH 28.3.2014, NZ 2016 S. 64).

110 Das Gesetz schließt die Bestellung einer dinglichen Last (Dienstbarkeit und Reallast) an der eigenen Sache zwar nicht ausdrücklich aus, doch schließt man dieses Ergebnis aus §§ 151n, 584 slowak. BGB. Wird das Eigentum an der herrschenden oder der dienenden Immobilie auf einen Dritten übertragen, lebt die Dienstbarkeit auch nicht erneut auf (*Fekete,* Občiansky zákonník I, S. 981 und 1015).

111 Gutowski (-*Szadkowski*), Kodeks cywilny I, Art. 247 Rdnr. 4 unter Hinweis auf den (insoweit freilich nicht völlig eindeutigen) Art. 32 poln. ImmobilienwirtschaftsG.

112 Gniewek (-*Gołębiowski*), Kodeks cywilny⁷, Art. 247 Rdnr. 1; Gutowski (-*Szadkowski*), Kodeks cywilny I, Art. 247 Rdnrn. 1 und 3.

113 Pietrzykowski (-*Zaradkiewicz*), Kodeks cywilny⁸, Art. 247 Rdnr. 1.

114 *Gołębiowski* aaO; ähnlich Osajda (-*Morek*), Kodeks cywilny¹³, Art. 247 Rdnr. 1 und *Zaradkiewicz* aaO (zur Konsolidation komme es, wenn eines der beiden sich in einer Person vereinigenden Rechte das Eigentum sei).

115 *Gołębiowski* aaO Rdnr. 3.

116 Überblick bei *Morek* aaO Rdnr. 4.

117 Poln. OG 10.3.1983, III CZP 3/83, Legalis-Nr. 23611 und 29.10.2002, III CZP 47/02, Legalis-Nr.: 55200.

Eigenrechte sind oder wären keine Sachenrechte. Sie entziehen sich dieser Qualifizierung, weil sie im Moment ihrer Bestellung der Drittwirksamkeit entbehren. Und dennoch gibt es in mehreren Mitgliedstaaten der Europäischen Union zahlreiche Vorschriften, deren Verfasser von der genau gegenteiligen These ausgingen, dass nämlich die Bestellung eigener Rechte an eigenen Rechten erlaubt sei. Das Musterbeispiel ist § 1196(1) dt. BGB: „Eine Grundschuld kann auch für den Eigentümer bestellt werden". Das klingt nach einem Akt gesetzgeberischer Willkür, den man murrend hinzunehmen hat. Man darf sich indes von der Redeweise von Rechten an (oder über) eigenen Rechten nicht in die Irre führen lassen. Denn sie gibt das Ergebnis bereits vor und schneidet so von Anfang an jede Möglichkeit eines rechtspolitischen Diskurses ab. In Wahrheit geht es jedoch um Wertungen, nicht um „Logik". Falsch ist nur die Perspektive, in der die Frage gestellt wird. Denn dass es keine begrenzten Eigenrechte gibt, bedeutet noch lange nicht, dass sich Rechte nicht **vorsorgend** für den Fall ausformen ließen, dass sie später als Fremdrechte und damit als echte Sachenrechte benötigt werden. Dieser Idee liegt kein Denkfehler zugrunde. Sie erweist sich vielmehr als erfreulich praktikabel.

Das lässt sich auf verschiedenen Ebenen zeigen, einer konkreten und einer abstrakten. **221** Konkret geht es vor allem um die sogen. „Eigentümerdienstbarkeiten", also um Dienstbarkeiten zwischen Grundstücken desselben Eigentümers. Für solche Dienstbarkeiten besteht durchaus ein Bedarf. Sie machen Umgehungsgeschäfte unnötig und erleichtern die Vermarktung des herrschenden Grundstücks.[118] Zugleich lassen sie sich genau zu diesem Zweck neu qualifizieren. Sie werden dann nicht mehr primär als Rechte, sondern primär als Bestandteile des herrschenden Grundstücks angesehen. Das ist möglich, weil Grundstücke nun einmal (anders als reale Sachen) normative Sachen sind, zu deren Bestandteilen sich auch Rechte ziehen lassen; Gegenstände mit einer Doppelnatur aus Recht und Sache sind nichts Ungewöhnliches.[119] Eigentümerdienstbarkeiten sind also leicht erklärt, und sie sind auch keineswegs eine seltene Erscheinung des europäischen Rechtslebens. Deutschland[120], Schweden[121] und Tsche-

---

[118] Aus der ehemaligen tschechoslowakischen Republik wird z.B. berichtet, dass man die von der Rechtsprechung beherzigte Lehre von der Unmöglichkeit von Eigentümerdienstbarkeiten (OG 14.4.1943, Rv I 1039/42, in: Vážný [Hrsg.], Rozhodnutí nejvyššího soudu československé republiky ve věcech občanských, Bd. 136, Nr. 18490) oft dadurch umging, dass das fragliche Grundstück zunächst auf einen Verwandten übertragen wurde, der die Dienstbarkeit bestellte, bevor er das Grundstück, wie von Anfang an geplant, auf einen Dritten übertrug (Švestka/Dvořák/Fiala [-*Thöndel*], Občanský zákoník III, S. 726). Ähnlich *Wolff und Raiser,* Sachenrecht[10], § 108 I 1b (Es bedürfe nun nicht mehr des Umwegs, das Grundstück einem Freund zu übereignen, alsdann eine beschränkt persönliche Dienstbarkeit eintragen zu lassen und nunmehr die Rückübereignung vorzunehmen).

[119] Band 1 Rdnr. 302.

[120] RG 14.11.1933, RGZ 142 S. 231, 233, 239 (Aufgabe von RG 26.1.1901, RGZ 47 S. 202); BGH 11.3.1964, BGHZ 41 S. 209 („Die Bestellung einer beschränkten persönlichen Dienstbarkeit für den Eigentümer des belasteten Grundstücks ist zulässig, wenn sie mit Rücksicht auf eine beabsichtigte Veräußerung des Grundstücks geschieht und aus diesem Grund ein Bedürfnis für die Bestellung besteht"). Siehe dazu noch unten Rdnr. 223.

[121] Unter schwedischem Recht hat ein Grundstückseigentümer mehrere Möglichkeiten, „Rechte an eigenen Rechten" zu bestellen. Schweden erlaubt nicht nur die Eigentümerhypothek *(ägarhypotek)* (Band 1, Rdnr. 425, Fn. 757 und Rdnr. 441 Fn. 854), sondern auch Nutzungsrechte (*nyttjanderätt,* Band 1, Rdnr. 359, Fn. 218), darunter den Vorbehalt von Jagd- und Fischereirechten (*Karnov,* Svensk författningssamling med kommentarer I, S. 736). Letztere sind zwar nicht registerfähig, genießen aber einen gewissen „sachenrechtlichen Schutz", weil sie

chien[122] kennen sie; auch in Ungarn haben sie sich nach einer wechselvollen Geschichte[123] seit 2014 wieder neu etabliert. Unter § 5:161(2) ungar. ZGB kann der Eigentümer einer Immobilie eine Grunddienstbarkeit ausdrücklich durch „einseitige Erklärung auch zum eigenen Vorteil begründen".[124] Das wichtigste Beispiel ist der Fall eines Eigentümers, dem zwei Grundstücke gehören, und der an einem von ihnen zugunsten des Besitzers[125] des anderen eine Dienstbarkeit bestellen will.[126] Lettland[127] und Slowenien[128] operieren mit der gut nachvollziehbaren Regel, dass eine Dienstbar-

übertragen und belastet werden können (Band 1 Rdnr. 377). Im Übrigen kann man sich ein dingliches *nyttjanderätt* bei der Veräußerung eines Grundstücks vorbehalten und es für sich registrieren lassen (*Karnov* aaO S. 736). Eigentümerdienstbarkeiten werden durch einseitige Erklärung und anschließende Registrierung bestellt (Kap. 14 § 5 JB).

[122] „Durch den Zusammenschluss des Eigentums an der herrschenden Sache und der belasteten Sache in einer Person erlischt die Dienstbarkeit nicht" (§ 1301 tschech. BGB). Deshalb kann, in Ausnahme von dem *nemini res sua servit*-Prinzip, ein eigenes Grundstück auch zugunsten eines anderen eigenen Grundstücks belastet werden (*Thöndel* aaO [Fn. 118]). Es handele sich um eine „schlafende" Dienstbarkeit; sie werde erst belebt, wenn das Grundstück einem Anderen übereignet werde (*Bubelová,* in: Stloukalová (Hrsg.), Soudobé reflexe římského práva, S. 63, 67). Die Bestellung erfolgt in entsprechender Anwendung von § 1257(2) tschech. BGB durch einseitige Erklärung gegenüber dem Katasteramt und anschließende Registrierung (Spáčil [-*Lasák und Hrabánek*], Občanský zákoník III, S. 916). Persönliche Dienstbarkeiten dagegen erlöschen (*Eliáš,* Nový občanský zákoník s aktualizovanou důvodovou zprávou a rejstříkem, S. 552).

[123] Nachgezeichnet bei *Boronkay,* Magyar Jog 7/2011, S. 426. Die Schwierigkeit ergab sich daraus, dass § 166(1) ungar. ZGB [1959] dahin formuliert war, dass der aus einer Grunddienstbarkeit Berechtigte die „Immobilie eines anderen" nutzen darf. Andererseits tauchte die Konfusion (Konsolidation) unter den Erlöschensgründen der Dienstbarkeit gerade nicht auf (§ 170 ungar. ZGB [1959]). Die Rechtsprechung verneinte die Zulässigkeit von Eigentümerdienstbarkeiten mit der Begründung, dass die §§ 168(1) i. V. m. 158(1) ungar. ZGB [1959] nur die vertragliche, nicht aber die einseitige Bestellung von Grunddienstbarkeiten vorsahen (OGH Legf. Bír. Kfv. III. 37.019/2004, EBH2004.1095).

[124] Siehe auch § 7 ungar. Gesetz CLXXIV/2013 über die besonderen Vorschriften zur Beschränkung von Nachbarrechten und von dem Eigentumsrecht, wonach die Dienstbarkeit (nur) erlischt, wenn die Grundstücke zusammengelegt werden.

[125] Berechtigter einer Grunddienstbarkeit ist unter § 5:160(1) ungar. ZGB „der jeweilige Besitzer einer Immobilie".

[126] Vékás und Gárdos (-*Menyhárd*), Kommentár a Polgári Törvénykönyvhöz I, § 5:161 ungar. ZGB, S. 1196.

[127] „Sowohl persönliche als auch Grunddienstbarkeiten erlöschen ... durch Zusammenfallen des Rechts und der Verpflichtung in einer Person" (Art. 1237 Nr. 2 lett. ZGB). Sofern es sich aber nur um eine zeitweilige Vereinigung handelt, lebt die Belastung wieder auf (Art. 1241 lett. ZGB: „Ist das Eigentumsrecht am herrschenden und am dienenden Immobil nur auf eine gewisse Zeit in einer Person vereinigt, so wird die Dienstbarkeit, sofern nichts anderes bestimmt ist, wieder hergestellt, sobald die Vereinigung aufhört; findet aber die Vereinigung unbedingt und ohne Zeitbestimmung statt, so erlischt auch die Dienstbarkeit für immer"). Nicht restlos klar ist die Bedeutung von § 1203 lett. ZGB („Der Nießbraucher kann das Nießbrauchrecht an andere nicht veräußern, ausgenommen an den Eigentümer"). Ob der Nießbrauch erlischt (§ 1237 Nr. 2 aaO) oder als Eigentümernießbrauch fortbestehen kann (§ 1241 lett. ZGB), scheint nicht abschließend geklärt.

[128] Eine Dienstbarkeit erlischt zwar unter Art. 224(1) slowen. SPZ materiellrechtlich, wenn dieselbe Person Eigentümerin sowohl des herrschenden als auch des dienenden Grundstücks wird. Wird aber die Dienstbarkeit während der Zeit der Personalunion nicht auch im Grundbuch gelöscht (weil der Eigentümer den dazu erforderlichen Antrag nicht stellt) und gelangen die Grundstücke später wieder in das Eigentum verschiedener Personen, so lebt die Dienstbarkeit wieder auf (Art. 224(2) aaO).

keit, die während der Zeit der Personalunion nicht im Grundbuch gelöscht wurde, wieder auflebt, sobald die Personalunion endet, und die Niederlande erlauben Dienstbarkeiten zwischen zwei Grundstücken desselben Eigentümers jedenfalls dann, wenn das herrschende Grundstück nicht von seinem Eigentümer genutzt wird.[129]

Die Diskussion um „Eigentümerrechte" lässt sich freilich nicht auf die (angebliche **222**
oder wirkliche) Doppelrolle von Grunddienstbarkeiten reduzieren. Es handelt sich vielmehr um ein generelles Problem des Immobiliarsachenrechts, nämlich darum, ob es dem Berechtigten gestattet sein soll, aus eigener Kraft **Vorsorge für** das absehbare **Auseinanderdriften von Stammrecht und Belastung** zu treffen. Es geht also nicht um ein sinnloses Aufeinandertürmen von Sachenrechten, sondern darum, dem Inhaber eines Stammrechts (und damit i. d. R. dem Eigentümer) zu gestatten, den Entstehungstatbestand eines zukünftigen Fremdrechts selbst zu setzen. Der Stammrechtsinhaber agiert derzeit noch allein und „mit sich". Das genügt natürlich nicht, um ein Sachenrecht hervor zu bringen; dafür bedarf es außerhalb von Trustverhältnissen immer entweder des Gesetzes, einer hoheitlichen Einzelfallentscheidung oder der Mitwirkung eines Vertragspartners. Aber es genügt, um einem zukünftigen Fremdrecht schon heute den Grund zu legen. Dieses entsteht zwar erst, wenn die Personalunion durch Verfügung entweder über das belastete oder über das belastende Recht aufgebrochen wird. Dritte kommen erst ins Spiel, wenn die Befugnisse an dem Stammrecht nicht mehr in vollem Umfang derselben Person zustehen. Das spricht aber nicht dagegen, einem Sachenrechtsinhaber schon heute die Gestaltung zukünftiger Rechtslagen zu gestatten. Es ist ein wenig wie bei der Verfügung über zukünftige Sachen.[130] Gelangen sie nicht zur Entstehung, erlangt auch die Verfügung über sie keine Wirksamkeit. Umgekehrt erlangt die Bestellung eines „eigenen" Rechts keine Wirksamkeit, wenn darüber nicht verfügt wird. Dort muss die Sache, hier der Wille des Berechtigten konkretisiert sein. Wenn man der Privatautonomie so viel Raum nicht lassen will, sollte man das rechtspolitisch separat begründen. Es droht ja gerade keine Verletzung des *numerus clausus*-Grundsatzes. Sie wäre nur zu besorgen, wenn man das Ergebnis tatsächlich als eine Pyramide aktuell eigener Rechte deuten wollte. Und natürlich muss das vorgeblich „eigene" Recht seiner Natur nach als Fremdrecht bekannt und anerkannt sein. Die deutsche Eigentümergrundschuld ist, so betrachtet, nur deshalb ein ganz und gar außergewöhnliches Phänomen, weil die Grundschuld eine rein deutsche Einrichtung ist, nicht deshalb, weil sie „auch für den Eigentümer bestellt werden kann" (§ 1196(1)

---

[129] Die Einzelheiten sind kompliziert. Die Dienstbarkeitsdefinition des Art. 5:70(1) ndl. BW setzt keine Personenverschiedenheit der beteiligten Grundeigentümer voraus; Art. 5:70(2) ndl. BW schon. Art. 5:84(1) ndl. BW sieht vor, dass, „wer ein Erbpachtrecht, ein Erbbaurecht oder einen Nießbrauch an einer unbeweglichen Sache hat, … eine Grunddienstbarkeit zugunsten dieser Sache vereinbaren (kann). Er kann sie auch mit einer Grunddienstbarkeit belasten". Es gebe, so bemerken Asser (*-Mijnssen/van Velten/Bartels*), Zakenrecht[15], S. 226 Rdnr. 174 keinen Grund, warum das nicht möglich sein solle, wenn das andere Grundstück demselben Eigentümer gehöre. Art. 5:83 ndl. BW bestimmt, dass „wenn in dem Zeitpunkt, in dem das herrschende und das dienende Grundstück denselben Eigentümer erhalten, ein Dritter eines der beiden Grundstücke als Mieter oder Pächter oder aufgrund eines anderen persönlichen Rechtes in Gebrauch hat, … die Grunddienstbarkeit durch Vereinigung erst bei Beendigung dieses Gebrauchsrechts" erlischt. Es verbleibt also offenbar bei der Konsolidation, wenn kein Dritter ein Gebrauchsrecht an dem herrschenden Grundstück hat. Auch die Bestellung eines Eigentümernießbrauchs dürfte unter Art. 3:201 ndl. BW ausgeschlossen sein.

[130] Band 1 Rdnr. 126.

dt. BGB). In der wirtschaftlichen Substanz handelt es sich bei einer Eigentümergrundschuld um ein normales Instrument der Rangsicherung von Kreditunterlagen.[131]

223 Das **deutsche** Recht geht freilich nicht nur mit der Grundschuld eigene Wege. Es operiert in § 889 dt. BGB sogar noch mit einer **Grundregel gegen die Konsolidation** dinglicher Grundstücksrechte[132]: „Ein Recht an einem fremden Grundstück erlischt nicht dadurch, dass der Eigentümer des Grundstücks das Recht oder der Berechtigte das Eigentum an dem Grundstück erwirbt". Das deutsche Recht lässt also beschränkte dingliche Rechte an Grundstücken bei Bestand, auch wenn sich das belastende Recht und das Grundeigentum in einer Person vereinigen. Selbst eine Hypothek, die für eine Forderung bestellt wurde, die „nicht zur Entstehung gelangt" oder wieder erloschen ist, „steht dem Eigentümer zu" (§ 1163(1) dt. BGB). Sie verwandelt sich freilich, weil das Ergebnis mit der Akzessorietät der Hypothek schlechterdings unvereinbar wäre, *ipso iure* in eine Grundschuld, eben in die erwähnte „Eigentümergrundschuld". Wie sie (§ 1196(2) dt. BGB), so sollen aber auch andere Rechte durch entsprechende Erklärung gegenüber dem Grundbuchamt und nachfolgende Eintragung im Grundbuch „für den Eigentümer bestellt werden" können. Nach herrschender deutscher Rechtsansicht kann ein Grundeigentümer zu seinen eigenen Gunsten grundsätzlich auch alle anderen Sachenrechte als „Eigentümerrechte" bestellen, darunter der Nießbrauch[133], Grunddienstbarkeiten[134], beschränkte persönliche Dienstbarkeiten[135], Wohnrechte[136], Reallasten[137], und

[131] Band 1 Rdnrn. 424–426.

[132] Eigentümerrechte an realen Sachen dürften in der Regel schon daran scheitern, dass es zu ihrer Entstehung der Übergabe der Sache bedarf (§§ 1032, 1205 dt. BGB); außerdem ist das Pfandrecht ein akzessorisches Recht. Im Übrigen erlischt unter § 1063(1) dt. BGB der Nießbrauch an einer beweglichen Sache, wenn er mit dem Eigentum in derselben Person zusammentrifft. Anders ist das unter Abs. (2) aaO nur, wenn der Eigentümer ein rechtliches Interesse am Fortbestand des Nießbrauchs hat, etwa dann, wenn neben dem Nießbrauch noch ein Pfandrecht besteht. Für Pfandrechte an beweglichen Sachen und an Rechten (§§ 1256(1), 1273(2) dt. BGB) finden sich entsprechende Regeln. Es kommt nur dann nicht zur Konsolidation, wenn die Forderung, für die das Pfandrecht bestellt wurde, mit dem Recht eines Dritten belastet ist.

[133] BGH 14.7.2011, NJW 2011 S. 3517 (Der Grundstückseigentümer könne einen Nießbrauch für sich selbst bestellen. Die Schaffung eines Rechts am eigenen Grundstück sei im Gesetz zwar nur für die Grund- und die Rentenschuld vorgesehen, doch mache § 889 dt. BGB deutlich, dass dem Gesetz ein Ausschluss des Bestehens dinglicher Rechte an eigenen Grundstücken fremd sei. Auch § 873 dt. BGB stehe nicht entgegen. Das darin aufgestellte Einigungserfordernis solle lediglich verhindern, dass jemand ein Recht gegen seinen Willen erwerbe. Ein schutzwürdiges Interesse des Eigentümers bestehe insbesondere bei einer beabsichtigten Veräußerung des Grundstücks unter Nießbrauchsvorbehalt). In demselben Sinn bereits BayObLG 15.2.1979, MittBayNot 1979 S. 6 und OLG Köln 16.12.1997, NJW-RR 1999 S. 239; anders noch RG 26.1.1901, RGZ 47 S. 202, 208 und OLG Düsseldorf 28.9.1960, NJW 1961 S. 561. LG Stade 23.4.1968, NJW 1968 S. 1678 hielt die Bestellung eines Nießbrauchs an einem eigenen Grundstück jedenfalls dann für zulässig, wenn zugleich gleich- oder nachrangig ein Fremdnießbrauch bestellt wird. (Unter § 526 österr. ABGB erlöschen dagegen auch persönliche Dienstbarkeiten, wenn sie sich mit dem Sacheigentum in einer Hand vereinigen [Klang (-*Klang*), ABGB II^2, S. 610]. Ohne zwischenzeitliche Löschung im Grundbuch lebt die Dienstbarkeit jedoch wieder auf, wenn die Rechte erneut auseinanderfallen).

[134] RG 14.11.1933, RGZ 142 S. 231.

[135] BGH 11.3.1964, BGHZ 41 S. 209, 210; BGH 8.4.1988, NJW 1988 S. 2362, 2363.

[136] OLG München 9.5.2012, NJOZ 2012 S. 2110 (die Berechtigung – in diesem Fall die Mitberechtigung – des Eigentümers „entfaltet ihre Wirkung erst im Fall der Rechtsnachfolge").

[137] Palandt (-*Herrle*), BGB^{77}, Einl. 6 vor § 854 und § 1105 Rdnr. 3.

Erbbaurechte[138]. Es ist vor diesem Hintergrund nicht einmal ein Grund dafür ersichtlich, das Privileg der „Selbstbelastung“ Eigentümern vorzubehalten; konsequenterweise sollte es vielmehr auch den Inhabern anderer Sachenrechte zugestanden werden, die der Belastung durch Fremdrechte zugänglich sind.[139] Das eigentliche Problem ist die Sorge vor Rechtsmissbrauch, vor einer unverständigen „Vorratshaltung“ von Sachenrechten.[140] Anfangs wurde deshalb noch ein besonderes rechtliches Interesse an ihrer Eintragung verlangt, insbesondere also eine Situation, in der der Grundeigentümer eine Verfügung über sein Eigentum plante.[141] Selbst dieses Erfordernis hat der Bundesgerichtshof aber längst fallengelassen. Nachdem er zunächst nur darauf hingewiesen hatte, dass bereits die Kostenbelastung bewirken dürfte, dass im wirtschaftlichen Sinne unnötige Eintragungen unterblieben[142], hat er dann gänzlich auf einen konkreten Interessennachweis verzichtet. Auch die Wirksamkeit eines Eigentümernießbrauchs sei nicht davon abhängig, dass er mit Rücksicht auf eine beabsichtigte Übertragung des Eigentums an dem belasteten Grundstück bestellt wird. Das entspreche der Rechtslage bei der Eigentümergrundschuld. Außerdem sei es unerlässlich, das Grundbuch von materiellen, noch nach Jahren überprüfbaren Einzelfallabwägungen freizuhalten. Dritte seien durch die Regeln der Gläubigeranfechtung (§ 3(1) dt. AnfG) ausreichend geschützt.[143]

b) Einseitige Bestellung von Fremdrechten?

In der umgekehrten Situation geht es um die einseitige Bestellung von Fremdrechten. Sie ist nach kontinentalem Verständnis nicht möglich. Außerhalb erbrechtlicher Vorgänge muss man dem Erwerb eines Sachenrechts zustimmen.[144] Das ist auch bei 224

---

[138] BGH 11.12.1981, NJW 1982 S. 2381 (ein besonderes Interesse an der Bestellung eines Erbbaurechts zugunsten des Eigentümers sei nicht erforderlich).

[139] Das betrifft insbesondere den Eigennießbrauch zugunsten des Gläubigers einer Hypothek oder einer Grundschuld. Er wird heute ganz überwiegend für zulässig gehalten, z.B. RGRK (-*Rothe*), BGB[12], § 1069 Rdnr. 1; Staudinger (-*Heinze*), BGB (2017), § 1069 Rdnr. 6 und MünchKomm (-*Pohlmann*), BGB VII[7], § 1069 Rdnr. 4.

[140] Slowenien hat die Grundschuld (und mit ihr die Eigentümergrundschuld) schon im Jahre 2013 wieder abgeschafft, weil solche Eigentümergrundschulden (aus Angst vor neuerlichen Enteignungen) in großer Zahl ohne zureichenden Grund bestellt worden waren und eine „Verstopfung“ des Grundbuchs drohte (Band 1 Rdnr. 425 Fn. 754).

[141] Vorher Fn. 120.

[142] BGH 11.3.1964, BGHZ 41 S. 209, 211.

[143] BGH 14.7.2011, NJW 2011 S. 3517 (Aufgabe der bisherigen Rechtsprechung; „richtigerweise ist die Bestellung von Rechten am eigenen Grundstück bereits im Hinblick auf die bloße Möglichkeit eines solchen Interesses als zulässig anzusehen; eines entsprechenden Nachweises bedarf es im Einzelfall nicht“). Das war bereits die Position des Bundesfinanzhofes (BFH 30.3.2010, DStRE 2010 S. 955).

[144] Auch die Regeln über (echte) Verträge zugunsten Dritter finden mancherorts nur auf schuldrechtliche Verpflichtungsverträge Anwendung. Dingliche Rechte lassen sich z.B. nach der Rechtsprechung des dt. BGH nicht im Wege eines Vertrages zugunsten Dritter bestellen (BGH 29.1.1964, BGHZ 41 S. 95–96 [„dingliche Verträge zugunsten Dritter erkennt die Rechtsprechung für das geltende Recht nicht an“] und BGH 8.7.1993, NJW 1993 S. 2617 [„Die Bestellung der Reallast zugunsten eines an dem Rechtsgeschäft nicht beteiligten Dritten … war unwirksam, weil § 328 BGB auf dingliche Rechte nicht anwendbar ist“]). Unter § 6:136 ungar. ZGB dürften sich die Dinge genauso verhalten. Zudem bedarf es zum Erwerb eines dinglichen Rechts ohnehin zweier Verträge (unten Rdnr. 233). In Belgien und Frankreich dagegen soll ein Dritter durch eine *stipulation pour autrui* (Art. 1121 belg. CC; Artt. 1205 und 1206 franz. CC) auch ein Sachenrecht erwerben können. Ein Beispiel ist die Schenkung eines Grundstücks mit Vorbehalt eines Wohnrechts zugunsten eines Kinds des Schenkers (*Terré/Simler/Lequette,* Les

der **Umwandlung von** ungebundenem **Vermögen in Treuhandvermögen** nicht anders. Der Treuhandfonds tschechischen Rechts z.B. kann nur durch Vertrag oder Verfügung von Todes wegen begründet werden (§ 1448(1) tschech. BGB). Auch der ungarische „Vertrag zur treuhänderischen Vermögensverwaltung" (§ 6:310 ungar. ZGB) ist, wie sein Name sagt, ein Vertrag. Er berechtigt und verpflichtet den Vermögensverwalter, über Vermögen, das er vom Vermögensgeber zu Eigentum erworben hat, im eigenen Namen, aber nach Maßgabe der vertraglichen Bedingungen im Interesse eines Begünstigten zu verfügen. Den Begünstigten bestimmt gewöhnlich der Vermögensgeber selbst; er kann aber auch den Verwalter zu dieser Bestimmung ermächtigen oder sich mit einer von ihm zu konkretisierenden Festlegung auf den „Kreis der Begünstigten" begnügen (§ 6:311 aaO). Wer nur zu diesem „Kreis" gehört, kann natürlich ohnehin noch kein Sachenrecht für sich reklamieren. Aber auch ein konkret benannter Begünstigter erwirbt kein Sachenrecht. Dass er (wie auch der Vermögensgeber) unter § 6:318(3) aaO gegen pflichtwidrige Verfügungen zugunsten bösgläubiger oder unentgeltlicher Dritterwerber mit einer Klage auf Rückgabe des Geleisteten an das verwaltete Vermögen vorgehen kann, wertet seine Rechtsstellung zwar auf, führt aber gleichfalls nicht zur Entstehung eines Sachenrechts. Denn der entsprechende Anspruch beruht nicht allein auf der Innehabung eines Rechts, sondern knüpft an die Pflichtverletzung des Verwalters an.[145] Auch die *fiducie* des französischen Rechts entsteht nur entweder aus Gesetz oder Vertrag (Art. 2012 franz. CC). Es handelt sich, wie Art. 2011 franz. CC definiert, um die Handlung *(opération)*, „durch die ein oder mehrere Besteller gegenwärtige oder zukünftige Güter, Rechte oder Sicherheiten oder eine Gesamtheit von Gütern, Rechten oder Sicherheiten einem oder mehreren *fiduciaires* übertragen, die, indem sie sie von ihrem eigenen Vermögen trennen, zu einem bestimmten Zweck zugunsten eines oder mehrerer Begünstigter handeln." Gewöhnlich geht es also um eine Dreipersonenbeziehung. Es ist aber erlaubt, die *fiducie* auch bilateral zu bestellen. „Le constituant ou le fiduciaire peut être le bénéficiaire ou l'un des bénéficiaires du contrat de fiducie" (Art. 2016 franz. CC). Nicht möglich ist es dagegen, dass sich der *constituant* und der *fiduciaire* auf eine *fiducie* zugunsten eines Dritten verständigen, der davon nichts erfährt. Denn Art. 2013 franz. CC schließt eine *fiducie-libéralité* (eine durch unentgeltliche Zuwendung be-

---

obligations[9], S. 520 Rdnr. 518). Auf demselben konstruktiven Wege sind auch mittelbare Schenkungen akzeptiert worden (Cass. civ. 5.5.1986, Bull. civ. 1986, I, Nr. 116, S. 118; *Patarin,* RTD civ. 1988 S. 382). In Italien ist umstritten, ob ein Vertrag zugunsten Dritter (Art. 1411 ital. CC) dingliche Wirkungen haben kann. Lange Zeit hielt man das für ausgeschlossen (Navarretta und Orestano [-*Bozzi*], Commentario del Codice Civile, sub Art. 1411, S. 333; *Coviello,* Foro it. 1935, IV, S. 239, 249; *Guarneri,* Riv. dir. comm. 1980, II, S. 339; *Biondi,* Le donazioni, S. 956; *Bianca,* Diritto civile III, S. 566). In neuerer Zeit hat sich aber wohl ein Meinungsumschwung zugetragen (*Bozzi* aaO S. 334 mit Nachweisen aus der Rechtsprechung). Der Vertrag zugunsten Dritter könne für alle Wirkungen instrumentalisiert werden, die ein Vertrag zu entfalten vermöge. In Tschechien hat sich die Diskussion genau umgekehrt entwickelt. Nach heutigem Verständnis entfalten Verträge zugunsten Dritter keine dingliche Wirkung (Hulmák [-*Hulmák*], Občanský zákoník V, S. 241; Švestka/Dvořák/Fiala [-*Pelikánová und Pelikán*], Občanský zákoník V, S. 100). Das OG der Tschechoslowakischen Sozialistischen Republik hat dagegen in einer Stellungnahme vom 29.12.1984, NS Cpj 51/84, Sbírka rozhodnutí a stanovisek Nejvyššího soudu 45 (1986) die Begründung dinglicher Lasten zugunsten Dritter für möglich angesehen. Personen, die nicht Vertragsparteien seien, würden aber erst mit ihrer Zustimmung Inhaber des Rechts.

[145] Band 1 Rdnrn. 12–17.

gründete *fiducie*) entschieden aus.[146] Der Drittbegünstigte muss eine Gegenleistung erbringen. Folglich muss er zustimmen und die Begünstigung annehmen (Art. 2028 franz. CC).

Anders als die kontinentalen Rechtsordnungen erlaubt jedoch das **englische Recht** die einseitige Bestellung von Fremdrechten. Das Mittel dazu ist der *trust,* und das erworbene Recht ist ein *right in equity.* Der *beneficiary* (man denke z. B. an ein Kind, dem der Großvater etwas zuwenden will) muss nicht mitwirken; es genügt im Prinzip eine nach außen tretende *declaration of trust.* Was auf dem Kontinent in Gestalt der Umwandlung von Eigen- in Fremdbesitz dem Besitzrecht vorbehalten ist[147], begegnet in England also auch im Recht der Rechte. Im Einzelnen: Die Bestellung eines *trust* an **beweglichen Sachen** unterliegt keinen besonderen Förmlichkeiten. In der gewöhnlichen Dreipersonenbeziehung ist es zwar erforderlich, dass die Sache dem *trustee* zu Eigentum *at law* übertragen wird.[148] Andernfalls könnte er seiner Aufgabe, das Treuhandvermögen in dem gewünschten Umfang zu verwalten, nicht nachkommen. Bei Sachgesamtheiten z. B. wird es zu seinen Rechten und Pflichten gehören, einzelne Sachen nach wirtschaftlichen Gesichtspunkten zu veräußern und durch andere zu ersetzen. Ein *trust* kann allerdings auch in einer Zweipersonenbeziehung entstehen. Der *settlor* bestellt sich selber zum *trustee,* wenn er sein Eigentum von nun an im Interesse eines anderen (des *beneficiary*) innehaben und ausüben will. Dieser Wille muss zwar nach außen hervortreten[149], aber (anders als im Grundstücksrecht) nicht einmal schriftlich fixiert werden.[150] Zur Begründung eines *trust* bedarf es nicht mehr als der sogen. *three certainties,* nämlich (i) der *certainty of intention,* (ii) der *certainty of subject-matter* und (iii) der *certainty of object.* Es muss sicher sein, dass der *settlor* die Sache(n) fremdnützig für einen anderen verwalten (bzw. verwalten lassen) will[151], das Treugut muss bestimmt und abgesondert sein, und es müssen die begünstigte(n) Person(en) klar sein.[152] Das Resultat ist ein *express trust* (eine „rechtsgeschäftliche Treuhand"), unter dem der Begünstigte ohne eigene Mitwirkung ein *equitable interest* und mit ihm (nach zwar umstrittener, aber überwiegender Ansicht) ein dingliches Recht an dem Treugut erwirbt.[153] 225

---

[146] „Le contrat de fiducie est nul s'il procède d'une intention libérale au profit du bénéficiaire. Cette nullité est d'ordre public". (Im Übrigen hätte man, selbst wenn eine schenkweise Bestellung zulässig wäre, immer noch keine einseitige Bestellung vor sich. Denn die Schenkung ist ein Vertrag: Artt. 931, 932 franz. CC).

[147] Z. B. RG 11.6.1920, RGZ 99 S. 208, 210 (ehemaliger Eigentümer wird nach „Insichgeschäft" – Übereignung zweier Pferde im eigenen wie im Namen des Erwerbers – Besitzdiener; das sei ebenso möglich, wie die Umwandlung von Eigen- in Fremdbesitz).

[148] *Jones v Lock* (1865) 1 Ch App 25; *Thomas und Hudson,* Law of Trusts[2], Rdnrn. 5.03–5.04 und 5.34.

[149] Thomas v Times Book Co Ltd [1966] 1 WLR 911.

[150] *Thomas und Hudson* aaO Rdnr. 5.35. Zum *land law* noch Rdnr. 226.

[151] Die Entstehung eines *trust* hängt also entscheidend von dem Willen des Eigentümers *at law* ab, der auf jede verfahrensrechtlich zulässige Art bewiesen werden kann (*Pettitt v Pettitt* [1970] AC 777, 813; Lord *Upjohn*). Es kann bereits genügen, dass jemandem angeboten wird, bestimmte Sachen sein Leben lang mietfrei zu nutzen (*Bannister v Bannister* [1948] 2 All ER 133), oder dass man seinem Ehepartner sagt, man sehe ihn als gleichberechtigten Eigentümer an (*Rowe v Prance* [1999] 2 FLR 787: „it is ours").

[152] Unter einem *discretionary trust* kann ihre exakte Auswahl sogar dem *trustee* überlassen werden (*Hudson,* Equity and Trusts[7], S. 88).

[153] *Hudson* aaO S. 57.

226 Im **Grundstücksrecht** trifft man auf ganz ähnliche Strukturen. Allerdings ist ein *trust in land* nur durchsetzbar[154], wenn er durch ein schriftliches, vom *trustee* unterzeichnetes Dokument belegt wird (sec. 53(1)(b) LPA 1925). Unter dem System des *electronic conveyancing* soll bei eingetragenen Grundstücken künftig sogar eine elektronische Erklärung genügen.[155] Bestellt sich der *owner at law* nicht selber zum *trustee,* überträgt er seinen *estate* vielmehr *at law* auf eine andere Person, die als *trustee* fungieren soll, dann sind dazu die allgemeinen Übereignungsvorschriften zu wahren.[156] Ist das geschehen, kann der *settlor* das Grundstück nicht mehr zurückfordern.[157] Die Verfügung *(disposition)* des Begünstigten über sein *trust interest* bedarf der Schriftform, auch bei beweglichen Sachen (sec. 53(1)(c) aaO).[158] Es handelt sich um die Abtretung *(assignment)* einer *chose in action.*[159] Das *trust interest* kann auch seinerseits wieder belastet werden; wer es erwirbt, erwirbt es dementsprechend mit allen darauf lastenden Rechten Dritter.[160] Umgekehrt kommt einem zeitlich früher begründeten *trust interest* Vorrang vor einer späteren Belastung des Grundstücks mit einer *equitable charge* durch den *trustee* zu.[161]

Auch **Zypern** verfügt über ein Trustrecht nach dem Vorbild des Common Law.[162] Das Recht der *express trusts (retá empistévmata)* ist, soweit es um Grundstücke geht, Gegenstand von Art. 65 IE Kap. 224. Ein Trust *(empístevma)* kann durch Urkunde *(trust deed),* ein gewöhnliches Schriftstück und (im Falle von Mobilien) sogar auch mündlich bestellt werden.[163] Die Drei-*certainties*-Regel gilt auch in Zypern.[164] Zusätzlich zur Schriftform muss ein *express trust* an Grundvermögen im Grundstücksregister eingetragen werden. Der *beneficiary* erwirbt das Recht aus dem *trust* selbst dann, wenn er vorher nicht gefragt worden ist.[165] Das „an sich" nur schuldrechtliche Recht des *beneficiary* (oder *cestui que trust*) wird dadurch sachenrechtlich verstärkt, dass er gegen Dritte vorgehen darf, welche die Sachherrschaft für sich reklamieren, darunter insbesondere bösgläubige Käufer des Treugutes.[166]

---

[154] Zur Unterscheidung von Wirksamkeit *(validity)* und Durchsetzbarkeit *(enforceability)* in diesen Fällen näher *Cowcher v Cowcher* [1972] 1 WLR 425, 430–431.

[155] *Gray und Gray,* Elements of Land Law[5], Rdnr. 7.1.20.

[156] Hanbury und Martin (-*Martin*), Modern Equity[18], Rdnr. 4–008. Siehe schon *Milroy v Lord* (1862) 4 De GF & J 264, 274; 45 ER 1185 (*Turner* LJ).

[157] Re Wallis's Will Trusts [1964] Ch 288.

[158] Verstöße gegen das Schriftformerfordernis führen zur Nichtigkeit der Verfügung (*Grey v IRC* [1960] AC 1; *Oughtred v IRC* [1960] AC 206). Seinen Zweck sieht *Vanderwell v IRC* [1967] 2 AC 291, 311 darin, betrügerische Verfügungen zu unterbinden; zugleich solle der *trustee* Kenntnis davon erlangen, welchen *beneficiaries* er verpflichtet ist. Da der *trustee* aber von der Verfügung gar nicht in Kenntnis gesetzt werden muss, liegt es wohl näher, das Schriftformerfordernis als Surrogat für die körperliche Übergabe zu deuten, die ausgeschlossen ist, weil ein *trust interests* nicht mit dem Besitz am *trust property* verbunden ist (*Pearce/Stevens/Barr,* The Law of Trusts and Equitable Obligations[5], S. 230).

[159] *Thomas und Hudson* aaO Rdnr. 7.18.

[160] *Cloutte v Storey* [1911] 1 Ch 18; *BS Lyle Ltd v Rosher* [1959] 1 WLR 8, 19.

[161] Shropshire Union Railways and Canal Co v R (on the prosecution of Robson) (1874-75) LR 7 HL 496; Cave v Cave (1880) 15 Ch D 639.

[162] Das folgt aus Art. 4(1) Kap. 224, der für den Trust eine ausdrückliche Ausnahme von den allgemeinen Regeln über die Immobiliarinhaberschaft vorsieht.

[163] *Neocleous,* Introduction to Cyprus Law, S. 853 (u.a. unter Hinweis auf *Re Hamilton* (1895) 2 Ch 370: „The creator must make his intention absolutely plain").

[164] *Neocleous* aaO; *Synodinou,* Κυπριακο Εμπράγματο Δίκαιο – Ακινητη Ιδιοκτησία – (Kypriakó Emprágmato Díkaio – Akínete Idioktesia), S. 179 Rdnr. 424.

[165] *Neocleous* aaO S. 855; *Christophorou v Christophorou* (1998) 1 C.L.R. 1551.

[166] *Pírillos v Roupinetta Kónnari* (2000) 1 B C.L.R. 1153; *Synodinou* aaO S. 184–185 Rdnr. 433. Ein bösgläubiger Käufer wird als *constructive trustee* eingestuft, der das Grundstück nicht belasten darf.

5. Verträge im Sinne des Sachenrechts

Abgesehen von diesen trustrechtlichen Besonderheiten setzen sachenrechtlich relevante Rechtsgeschäfte Einvernehmen zwischen Veräußerer und Erwerber voraus. **227** Denn es muss sichergestellt sein, dass niemand ein Sachenrecht erwirbt, das er gar nicht haben will. Über die Frage nach dem insoweit maßgeblichen Erklärungszeitpunkt und die weitere Frage, wie lange ein Erwerber an eine einmal gegebene Zustimmung gebunden bleibt, kann man zwar streiten, nicht aber über den Grundsatz: ein **aufgedrängter Sachenrechtserwerb** wäre **inakzeptabel**.[167] Deshalb erwirbt man fremdes Eigentum auf der Grundlage einer Einigung. Auf der Grundlage einer Einigung erwirbt man außerdem Rechte, die das Eigentum oder ein sonstiges Sachenrecht eines anderen belasten; ob es um ihre erstmalige Bestellung oder um die Nachfolge in der Inhaberschaft geht, macht keinen Unterschied. Am einfachsten ist es, alle diese Einigungen als **Verträge** zu deuten. Das hat jedenfalls den Vorzug, knapp zum Ausdruck bringen zu können, dass die meisten Regeln über das Zustandekommen, die Wirksamkeit und die Beseitigung von schuldrechtlichen Verträgen auch auf die Rechtsgeschäfte des Sachenrechts Anwendung finden[168], darunter das Recht der Stellvertretung und i. d. R. sogar auch das Bedingungs-

---

[167] *Díez-Picazo,* Fundamentos III[5], S. 900–901 weist zwar darauf hin, dass *relaciones jurídico-reales* nur der Regel nach durch private Initiative begründet und übertragen werden. Das bedeute aber nicht, dass man dort, wo sachenrechtliche Verhältnisse heteronom begründet werden, von einer *transmisión de carácter forzoso* sprechen müsste. Es geht ihm um Fälle des gesetzlichen oder behördlichen Sachenrechtserwerbs (darunter gesetzliche Dienstbarkeiten [*servidumbres legales,* Art. 549 span. CC], gesetzliche Nießbrauchrechte [Artt. 468 und 834 span. CC] und Legalhypotheken [Artt. 158 ff span. LH]). Denn *Díez-Picazo* erkennt aaO S. 901–902 (u. a. unter Hinweis auf Art. 158 span. LH), dass es sich in der Regel gar nicht darum handele, einer Person gegen ihren Willen ein Sachenrecht zuzuordnen, sondern darum, ihr einen gesetzlichen Anspruch auf Bestellung des Rechts zu geben. Im Ergebnis werde also die Verpflichtung der anderen Seite erzwungen, nicht aber dem Erwerber in unmittelbarer Weise ein Recht aufgedrängt. Auch in Österreich gilt, dass der Erwerb von Sachenrechten stets eine (dingliche) Einigung erfordert (*Iro,* Sachenrecht[5], Rdnrn. 6/40 [Eigentum], 15/16 [Dienstbarkeiten]). Allerdings ist umstritten, ob die Zustimmung zum Erwerb schon aus der schuldrechtlichen Einigung bzw. aus der Bewirkung der Leistung abgeleitet werden darf (*Iro* aaO Rdnr. 6/40). Die neuere Lehre betont den universellen Grundsatz der dinglichen Einigung (Koziol und Welser [-*Kletečka*], Bürgerliches Recht I[14], Rdnr. 1009). Durch einseitige Erklärung könne Eigentum zwar aufgegeben, nicht aber übertragen werden (Klang [-*Klang*], ABGB II[2], S. 307).

[168] Siehe statt vieler für Griechenland nur Georgiades und Stathopoulos (-*Georgiades*), ZGB, Art. 1033, S. 416–417 Rdnr. 5 und Areopag 369/1978, NoB 27 (1979) S. 173. § 11 tschech. BGB ordnet sogar ausdrücklich an, dass die „allgemeine[n] Bestimmungen zur Entstehung, Änderung und dem Erlöschen der Rechte und Pflichten aus Schuldverhältnissen im Teil 4 dieses Gesetzes … auch auf die Entstehung, Änderung und das Erlöschen anderer privater Rechte und Pflichten sinngemäß Anwendung“ finden. Auch § 6:10 ungar. ZGB bestimmt, dass die für Verträge (§ 6:58 ungar. ZGB) geltenden Vorschriften auf nichtschuldrechtliche Rechtserklärungen entsprechend anzuwenden sind. Der in das Recht der Schuldverhältnisse *(Direito das Obrigações)* eingestellte Art. 408(1) port. CC stellt klar, dass dingliche Rechte infolge des Vertragsschlusses begründet oder übertragen werden können. Die Eigentumsübertragung gehört zu den wesentlichen Folgen des Kauf- bzw. des Schenkungsvertrags (Artt. 879 lit. a und 954 lit. a port. CC). Der zum Sachenrecht *(Direito das Coisas)* gehörige Art. 1316 port. CC bestätigt, dass das Eigentumsrecht auch durch „Vertrag“ erworben wird. Art. 6(3) estn. AT ZGB legt fest, dass Schuld- wie Sachenrechte durch Vertrag übertragen werden.

recht.[169] Gleichwohl ist Vertrag nicht gleich Vertrag. „A contract is an agreement which is intended to give rise to a binding legal relationship or to have some other legal effect" (DCFR II.-1:101(1)). Die Verträge des Sachenrechts gehören nahezu stets in die zweite Fallgruppe. Der Erwerb eines subjektiven Sachenrechts mag zwar mancherorts als eine der (gesetzlichen) Folgen gedeutet werden, welche die Parteien intendierten, als sie zwischen sich eine bindende rechtliche Beziehung schufen (ihren Kaufvertrag schlossen). Aber der Effekt bringt nicht auch seinerseits eine rechtliche Bindung hervor. Das Gegenteil ist der Fall. Der Inhaberwechsel beendet die Bindung, die ihn bewirkt. Er beendet nicht notwendig die gesamte „legal relationship" zwischen den Parteien, aber doch den Teil, auf den es sachenrechtlich jeweils ankommt. War etwa die erworbene Sache oder war das erworbene Recht nicht von der vereinbarten Beschaffenheit, dann bleibt die schuldrechtliche Bindung für haftungsrechtliche Zwecke intakt. Geht es dagegen um die Rechtsinhaberschaft, dann kann von einer fortbestehenden Bindung keine Rede mehr sein. Die entsprechende Verpflichtung ist ja erfüllt und deshalb erloschen. Dass die Erfüllungsmodalitäten auch ihrerseits wieder variieren, es also sowohl sein kann, dass sich Verpflichtung und Erfüllung unter dem anwendbaren Recht *uno actu* zutragen, als auch, dass zusätzlich zu der Einigung über den Inhaberwechsel noch eine Besitzverschaffung hinzukommen muss, ändert daran nichts. Im letzteren Fall bleibt zwar die Verpflichtung, die Sache auch zu tradieren, erhalten; hinsichtlich der Einigung aber ist das Erforderliche geschehen.[170] Die rechtsübertragenden Verträge des Sachenrechts weisen deshalb im Vergleich zu den das Übertragungsversprechen artikulierenden Verträgen des Schuldrechts eine entscheidende Besonderheit auf: Sie verpflichten nicht zur Herbeiführung des Inhaberwechsels; sie bewirken ihn oder sind zumindest ein Teil des Vorganges, der ihn bewirkt. In den Verträgen des Sachenrechts gibt es kein Synallagma.[171] Das gilt unabhängig davon,

---

[169] So finden z.B. auf die unter Art. 1033 gr. ZGB (Erwerb des Grundstückseigentums durch Vertrag) nicht nur die allgemeinen Vorschriften über den Vertragsschluss durch Stellvertreter Anwendung; die Einigung kann auch aufschiebend oder auflösend (Berufungsgericht Athen 10779/1978, NoB 27 [1979] S. 150) bedingt werden. In Deutschland und in Estland ist letzteres dagegen nur bei Mobilien, nicht auch bei Grundstücken möglich (§ 925(2) dt. BGB; § 120(2) estn. LPA).

[170] Unter Art. 609(2) span. CC z.B. werden „das Eigentum und die übrigen Rechte an Gütern ... als Folge bestimmter Verträge mittels Übergabe erworben und übertragen". Die Betonung liegt auf der Übergabe *(tradición)*. Das modifiziert Art. 1113(1) span. CC, wonach „jede Verpflichtung ... sofort [*desde luego*] fällig" ist. Bei translativen Verträgen erfolgt wegen des Übergabeerfordernisses der Eigentumserwerb gerade nicht „sofort" (Bercovitz Rodríguez-Cano [-*Sánchez Aristi*], Comentarios al Código Civil², S. 781). Die zur Übertragung des Eigentums an beweglichen Sachen unter Art. 1034 gr. ZGB erforderliche „Einigung" ist gleichfalls ein echter Vertrag. Das Gesetz vermeide das Wort „Vertrag" nur deshalb, weil Einigung und Sachübergabe erst in ihrer Gesamtheit den dinglichen Vertrag ausmachten (Georgiades und Stathopoulos [-*Georgiades*], ZGB, Art. 1034 S. 429, Rdnr. 17; *Triantos,* AK, Art. 1034, S. 1257, Rdnr. 2; Berufungsgericht Athen 464/2005, EllDni 2005 S. 1522). Man habe klar zwischen der „Vereinbarung" (der Verpflichtung) zur Eigentumsübertragung und dem dinglichen Vertrag (der, sofern noch erforderlich, auch die Sachübergabe beinhalte) unterscheiden wollen (*Georgiades* aaO; *ders.,* Emprágmato Díkaio I, S. 183; *Simonetos,* E nómimos aitia katá tin metabíbasin tis kyriótitas, S. 153).

[171] Tschech. Verfassungsgericht 7.10.1996, ÚS. IV 201/96, Právní rozhledy 1997 (3), S. 129 (Es ging um einen Hauskauf. Die erste Instanz hatte den Kaufvertrag für nichtig angesehen, die zweite hielt ihn für wirksam, verpflichtete den Verkäufer aber trotzdem aus ungerechtfertigter Bereicherung auf Rückzahlung des Kaufpreises. Denn das Eigentumsrecht des Käufers sei nicht

ob sich der Inhaberwechsel nur zuträgt, wenn eine entsprechende Verpflichtung tatsächlich existierte. Sachenrechtlichen Verträgen wohnt oft nicht einmal in dem Sinne eine Bindungswirkung inne, dass die Parteien wenigstens gezwungen wären, ihre einmal abgegebenen und von der anderen Seite akzeptierten Erklärungen aufrecht zu erhalten.[172] Entscheidend ist immer nur der in dem jeweils maßgeblichen Zeitpunkt fortwährende **Zustand des Einigseins,** nicht, wie bei einem Verpflichtungsgeschäft, die Annahme eines derzeit noch bindenden Angebots. Man kann gegen diese Analyse natürlich einwenden, dass die Unterscheidung zwischen einem schuld- und einem sachenrechtlichen (oder „dinglichen") Vertrag gekünstelt wirke: Es handele sich gar nicht um zwei Verträge je eigener Art, sondern um einen einzigen (Kauf-)Vertrag mit zwei verschiedenen Wirkungen, nämlich Wirkungen schuld- und Wirkungen sachenrechtlicher Natur. Aber damit löst sich das Problem nicht einfach in Luft auf. Ein Vertrag mit zwei Wirkungen oder zwei Verträge mit je eigenen Wirkungen – das ist zwar keine reine *façon de parler.* Denn sie kann die Sicht auf einige Spezialprobleme präjudizieren, insbesondere darauf, welche Reichweite eine Rechtsordnung ihren vertragsrechtlichen Nichtigkeitssanktionen zuschreibt. Aber das bleiben randständige Phänomene. Die viel wesentlichere Unterscheidung zwischen den pflichthaltigen schuld- und den pflichtfreien sachenrechtlichen Komponenten eines auf einen Inhaberwechsel zielenden Geschäfts gerät nicht ins Wanken. Denn sie ist weder rechtspolitisch noch darstellungstechnisch motiviert; sie liegt in der Natur unseres Gegenstandes.

Zwei weitere Bedenken dagegen, im Kontext der Übertragung oder Bestellung von **228**
Sachenrechten von „Verträgen" zu sprechen, hängen mit Besonderheiten des Common Law zusammen. Es geht um das Erfordernis der ***consideration*** und darum, dass das *conveyancing* überwiegend als einseitiges Rechtsgeschäft gedeutet wird. Man darf indes nicht übersehen, dass auch das Common Law gegenleistungslose Verträge kennt. Ein *contract,* so *Treitel,* sei „an agreement which is either enforced by law or recognized by law as affecting the rights and duties of the parties".[173] Es gibt sogar *unilateral contracts* (einseitig verpflichtende Verträge).[174] *Unilateral contracts* sind zwar, weil es an

---

im Liegenschaftskataster eingetragen worden. Das Verfassungsgericht hob auf. Der Antrag auf die Eintragung des Eigentumsrechts könne zeitlich unbegrenzt gestellt werden. Denn der Zeitablauf ändere nichts an der Bindung der Parteien an ihre auf den Eigentumswechsel gerichteten Willensäußerungen. Durch den Vertragsabschluss entstehe für den Käufer der schuldrechtliche Anspruch auf die Übertragung des Eigentumsrechts an der unbeweglichen Sache und für den Verkäufer der schuldrechtliche Anspruch auf die Bezahlung des vereinbarten Kaufpreises. Durch Zahlung des Kaufpreises erfülle der Käufer seine Pflicht aus dem Kaufvertrag ungeachtet der Frage, in welchem Stadium sich der sachenrechtliche Aspekt der Angelegenheit befinde. Hier gehe es gerade nicht um Verpflichtungen aus einem synallagmatischen Vertrag; es gebe keine gegenseitige Gebundenheit).

[172] Die zur Übertragung des Eigentums an beweglichen Sachen unter § 929 dt. BGB erforderliche Einigung z. B. ist bis zur Übergabe der Sache frei widerrufbar (BGH 14.11.1977, NJW 1978 S. 696; BGH 25.10.1978, NJW 1979 S. 213). Vor der Eintragung des Inhaberwechsels im Grundbuch sind die Parteien eines Grundstücksveräußerungsgeschäfts dagegen an die Einigung gebunden, sobald sie notariell beurkundet wurde (§ 873(2) dt. BGB). Unwiderruflich ist auch die in einen *deed* gekleidete *disposition* über ein *interest in land* (Rdnr. 228). Wenn allerdings der Eigentumswechsel als eine Folge des schuldrechtlichen Verpflichtungsgeschäfts gedeutet wird, dann bleiben nur Rücktritt oder Anfechtung. Das findet eine Bestätigung auch in § 5:3(1) Satz 2 ungar. ZGB, wonach das allgemeine Vertragsrecht auf das Zustandekommen von Verträgen zur Übertragung von Sachenrechten entsprechende Anwendung findet.

[173] Birks (-*Treitel*), English Private Law II, Rdnr. 8-01.

[174] *Treitel* aaO Rdnr. 8-07.

einer *consideration* fehlt, nicht schon aus sich heraus durchsetzbar. Sie werden jedoch durchsetzbar, wenn das Versprechen in einer förmlichen Urkunde *(deed)* zum Ausdruck gebracht wird.[175] Streng genommen ist ein solches Versprechen sogar ohne *acceptance* wirksam, doch bedeutet das nicht, dass der Versprechensempfänger gegen seinen Willen zur Annahme der versprochenen Leistung verpflichtet wäre. Insoweit hängt auch hier alles an einem Einigsein der Beteiligten[176], und dieser Gedanke lässt sich auf Verfügungen (***conveyances,*** *dispositions* oder *grants*) über einen *legal estate* oder ein sonstiges *legal interest in land* übertragen. Auch sie bedürfen einer *deed* (sec. 52(1) LPA 1925).[177] Deren Aussteller muss klar zum Ausdruck bringen, dass der Urkundeninhalt unwiderruflich als sein Wille gelten soll.[178] Rechtsprechung und Lehre vermeiden es zwar üblicherweise, eine *conveyance* als *contract* zu beschreiben (das kann nur dann einmal anders sein, wenn die *deed,* der Kaufvertrag und alle Nebenabreden in demselben Dokument auftauchen). „Contract" steht für das zugrundeliegende Verpflichtungsgeschäft[179], und eine *deed* ist halt eine *deed.* Sie wird gar nicht erst in die Sprache des Vertragsrechts übersetzt. Das wiederum kann aber nichts mit der Abwesenheit einer *consideration* zu tun haben. Denn eine *conveyance* kann ja ohnehin nur mittels *deed* bewirkt werden. Entscheidend dürfte also sein, dass die *conveyance* (oder *disposition*) als einseitiges Rechtsgeschäft, als *unilateral act,* angesehen wird. Das wiederum wird nachvollziehbar, wenn man bedenkt, dass die Verfügung nur vom Veräußerer

---

[175] Auch Irland folgt einem zweispurigen Modell aus Kaufvertrag und Übertragung. Der Kaufvertrag muss wenigstens schriftlich belegt sein (sec. 51(1) LCLRA 2009), überträgt als solcher aber nur ein *beneficial interest at equity* (sec. 52(1) aaO). Zur Begründung oder Übertragung eines *estate* bedarf es einer *deed* des Verfügenden in gesetzlich vorgeschriebener Form (sec. 62 LCLRA 2009; rule 69 Land Registration Rules 1972). Konstitutiv ist aber erst die anschließende Eintragung (sec. 51 Registration of Title Act 1964). Eine *deed* ist im Übrigen auch zur Begründung oder Übertragung von Rechten an nicht eingetragenen Grundstücken erforderlich (sec. 62(1) LCLRA 2009; näher *Wylie,* Irish Land Law[5], Rdnr. 4.24).

[176] Anson (*-Beatson/Burrows/Cartwright*), Law of Contract[30], S. 33 und 96; *Treitel* aaO Rdnrn. 8–29.

[177] Die *deed* ist eine schriftliche Urkunde (sec. 1 LP(MP)A 1989). Sie muss von dem Verfügenden unterschrieben sein und ausdrücklich zu erkennen geben, dass es sich um eine *deed* handelt. Ihre Siegelung ist heute weder erforderlich noch ausreichend (sec. 1(2A) aaO). Vielmehr muss ein Zeuge die Unterschrift beglaubigen (sec. 1(3)(a)(i) aaO), und es muss zu einer *delivery* der *deed* kommen. Damit ist nicht notwendig die physische Übergabe der Urkunde gemeint. Entscheidend ist vielmehr, dass der Aussteller deutlich macht, dass die *deed* unwiderruflich als sein Wille gelten soll.

[178] *Shah v Shah* [2001] EWCA Civ 527; [2002] QB 35 Rdnr. 33 (*Pill* LJ). Muster finden sich in rules 58–59, 103 und Schedule 1 LRR 2003. Eine wichtige Ausnahme folgt aus *proprietary estoppel.* In *Pascoe v Turner* [1979] 1 WLR 431 (CA) hatten die Parteien in nichtehelicher Lebensgemeinschaft im Haus des Mannes gelebt. Bei der Trennung zog er mit dem Bemerken aus, dass „the house is yours and everything in it". Das Gericht entschied, dass der Mann trotz der nur mündlichen Erklärung verpflichtet war, seiner ehemaligen Lebensgefährtin das *fee simple* an dem Haus zu übertragen. Sie habe *in equity* ein Recht an dem Haus erworben; der Mann sei „estopped", sich auf den Formmangel zu berufen. Auch in Zypern ist mehrfach entschieden worden, dass „rights in immovable property may be acquired by virtue of proprietary estoppel" (*Nafsika Stylianou and Others v Kyriakos Papacleovoulou* (1982) 1 CLR 542 und *Ayios Andronikos Development Co Ltd v The Republic of Cyprus and Others* (1985) 1 CLR 2362).

[179] Ein *estate contract* ist deshalb der Verpflichtungsvertrag über die Bestellung oder die Übertragung eines *estate* oder eines *interest in land* (*Gray und Gray,* Elements of Land Law[5], S. 1058 Rdnr. 8.1.57 mit Fn. 1). In Zypern dagegen finden die Regeln des allgemeinen Vertragsrechts auch auf die Übertragung des Eigentums an Grundstücken Anwendung: *Synodinou,* IJVO 18 (2013) S. 23.

unterschrieben werden muss. Der Unterschrift des Erwerbers bedarf es nur, wenn auch er Pflichten übernimmt oder seinerseits dem Veräußerer ein Recht an dem Verfügungsobjekt einräumt (Sched. 1 LRR 2003). Gleichwohl will bedacht sein, dass man auch unter englischem Recht niemandem gegen seinen Willen ein Sachenrecht aufdrängen kann. Zu einer *disposition* kommt es nur nach vorangegangenem Vertragsschluss. Die Zustimmung des Erwerbers folgt also schon aus diesem *estate contract*. In der Praxis sind es zudem ohnehin die Anwälte des Erwerbers, die die *deed* auf der Grundlage der gesetzlichen Muster vorbereiten und sie anschließend dem Veräußerer zusenden.

Das Erfordernis der *consideration* führt im Übrigen zwar auch dazu, dass eine Schenkung *(gift)* nicht als *contract* qualifiziert wird.[180] Sachenrechtliche Folgen hat das aber nicht. Denn neben dem Kauf überträgt auch die Schenkung das Eigentum an „beweglichen Sachen" (an *chattels personal* oder *choses in possession*). Nötig ist vor allem, dass der Schenkungswille zureichend klar zum Ausdruck gebracht wird. Bei der gegenleistungslosen Übergabe einer Sache würde andernfalls angenommen, der Empfänger solle sie nur in *trust* für den Übergebenden halten.[181] Das Eigentum geht zudem nur über, wenn entweder die Sache dem Beschenkten tatsächlich übergeben wird oder das Schenkungsversprechen in die Form einer *deed* gekleidet ist.[182] Es genügt, dass der Beschenkte die Sache im Zeitpunkt der Schenkungserklärung bereits in Besitz hat.[183] Fehlt es sowohl an Besitz als auch an einer *deed*, entsteht zugunsten des Beschenkten nicht einmal ein Recht *in equity*.[184]

6. Zwei Verträge oder einer?

a) Ausgangsbeobachtungen

Zur Bestellung und zur Übertragung eines Sachenrechts bedarf es in einigen Syste- **229**
men zweier Verträge, in den meisten genügt einer. *Zwei* Verträge sind überall dort nötig, wo sich ein Wechsel in der Rechtsinhaberschaft nur zuträgt, wenn die Parteien sowohl einen sachenrechtlichen Übertragungs- als auch einen schuldrechtlichen Verpflichtungsvertrag schließen. Die sachenrechtliche Einigung reicht für sich noch nicht aus; sie entfaltet ihre Wirkungen nur, wenn sie auf einem obligatorischen Grund ruht. Umgekehrt genügt auch die Obligation nicht, um aus sich heraus einen sachenrechtlichen Effekt hervorzubringen. Das Gegenmodell lässt es bei *einem* Vertrag bewenden. Diejenigen europäischen Rechtsordnungen, unter denen ein Sachenrecht (vorbehaltlich einer abweichenden Parteiabrede) bereits mit dem Abschluss des Kaufvertrages übergeht, wissen sich zumindest in diesem Punkt mit denen einig, die das obligatorische Geschäft für sachenrechtlich bedeutungslos halten. „Dans les contrats ayant pour

---

180 *Bridge*, Personal Property Law^3, S. 93. Auch Zypern kennt die *doctrine of consideration* (sec. 25(1) Contract Law, Kap. 149).

181 Sonderregeln gelten in engen familiären Zusammenhängen. Bei Verfügungen des „Stärkeren" an den „Schwächeren" begründet die sogen. *presumption of advancement* eine Vermutung für die Schenkungsabsicht (*Bennett v Bennett* (1879) 10 Ch D 474; *Sheperd v Cartwright* [1955] AC 432). Bei Schenkungen unter Ehegatten ist die Fortgeltung dieser Vermutung seit *Pettitt v Pettitt* [1970] AC 777 nicht mehr unbestritten. In *Tribe v Tribe* [1996] Ch 107 reichte zur Widerlegung der Vermutung, dass die Schenkung des Vaters an seinen Sohn allein der Benachteiligung von Gläubigern des Vaters diente.

182 *Re Cole (A Bancrupt)* [1964] Ch 175, 185, *Harman* LJ.

183 *Re Stoneham* [1919] 1 Ch 149.

184 *Irons v Smallpiece* (1819) 2 B & Ald 551; 106 ER 467; *Milroy v Lord* (1862) 4 De GF & J 264; 45 ER 1185.

objet l'aliénation de la propriété ou la cession d'un autre droit, le transfert s'opère lors de la conclusion du contrat", formuliert Art. 1196 (früher Art. 1138) franz. CC, und unter § 929 S. 1 dt. BGB müssen sich der Eigentümer und der Erwerber „zur Übertragung des Eigentums an einer beweglichen Sache ... einig" sein, „dass das Eigentum übergehen soll". Wie unter französischem so genügt also auch unter deutschem Recht ein einziger Vertrag. Unter Art. 1033 gr. ZGB dagegen ist zur „Übertragung des Eigentums an einem Grundstück ... die Einigung des Eigentümers und des Erwerbers darüber erforderlich, dass das Eigentum an dem Grundstück *aus einem gültigen Erwerbsgrunde auf diesen* übergehen soll" (Hervorhebung hinzugefügt). Es bedarf also sowohl eines kausalen als auch eines dinglichen Vertrages, wobei man den zweiten dadurch terminologisch von dem ersten abschichtet, dass man das Wort „Vertrag" durch „Einigung" ersetzt. In der Sache verlangt man immobiliarsachenrechtlich gleichwohl zwei Verträge. Für die Eigentumsübertragung unter § 929 S. 1 dt. BGB ließe sich das nur behaupten, wenn man die zusätzlich zu der Einigung regelmäßig noch erforderliche Übergabe der Sache (sie ist nur dann entbehrlich, wenn der Erwerber bereits im Besitz der Sache ist: § 929 S. 2 aaO) ebenfalls als Vertrag deuten wollte. Das ist nach deutschem Verständnis jedoch gerade nicht der Fall. Die Übergabe kann zwar nicht gegen den Willen des Erwerbers vollzogen werden, unterliegt aber nicht den allgemeinen Regeln für Willenserklärungen.[185]

In Ungarn freilich sieht man das anders, weshalb man für das ungarische Sachenrecht wird sagen müssen, es verlange zwei Verträge.[186] Unter § 5:38(1) ungar. ZGB ist „zum Erwerb des Eigentumsrechts an beweglichen Sachen durch Übertragung ... ein auf die Übertragung gerichteter Vertrag oder ein anderer Rechtstitel und mit Rücksicht darauf die Übertragung des Besitzes der Sache erforderlich". Und § 5:3(1) ungar. ZGB fügt hinzu: „Die Übertragung des Besitzes wird durch Überlassung der tatsächlichen Gewalt über eine Sache aufgrund einer diesbezüglichen Vereinbarung realisiert. Auf die Besitzübertragung sind die Regeln über das Zustandekommen und die Gültigkeit von Verträgen entsprechend anzuwenden".

230 Die Frage nach der Zahl der für Rechtsgeschäfte mit sachenrechtlicher Relevanz erforderlichen Verträge hat nichts mit der **Akzessorietät** von Sicherungsrechten (Pfand, Hypothek etc.) zu tun. Denn zwar setzen sie zu ihrer Entstehung und zu ihrem Fortbestand eine Forderung voraus, aber diese Forderung muss keineswegs notwendig aus einem Schuldverhältnis zwischen den Parteien erwachsen. Außerdem ist ohnehin nicht die Forderung die *causa* eines Sicherungsrechts, sondern die Sicherungsabrede. Im Übrigen läuft zwar natürlich auch unter den Rechtsordnungen, die den Eigentumswechsel (abgesehen von bestimmten Publizitätserfordernissen) allein an einen dinglichen

---

[185] Z. B. *Wieling*, Sachenrecht^{5}, S. 97 und 105; *Baur und Stürner*, Sachenrecht^{18}, § 51 Rdnr. 41 (keine Anwendung der Regeln über die Stellvertretung auf die Übergabe). Ebenso beurteilt man die Dinge in Litauen. Unter Art. 4.49(1) lit. ZGB geht das Eigentum durch Verpflichtungsgeschäft und Übergabe über; die Übergabe wird aber nicht als ein separater dinglicher Vertrag verstanden (Faber und Lurger [-*Mikelenas*], National Reports III, Lithuania, S. 365). Wie nah Einigung und Übergabe beieinander liegen können, zeigt andererseits tschech. OG 16.10.2012, 29 Cdo 2170/2011, Právní rozhledy 2013 (4) S. 148. Die Parteien hatten, obwohl Schriftform dafür nicht erforderlich war, einen schriftlichen Vertrag zur Übertragung von Wertpapieren geschlossen; der Verkäufer hatte sie dem Käufer übergeben. Der schriftliche Vertrag war unwirksam. Gleichwohl bejahte das Gericht einen Eigentumsübergang. Die erforderliche (mündliche) Einigung sei konkludent in der Übergabe enthalten gewesen.

[186] Dazu noch unten Rdnr. 233.

Vertrag knüpfen, der Übereignung in aller Regel ein Kauf- oder ein Schenkungsvertrag voraus. Übertragungsrechtlich ist das aber genauso belanglos wie die in einigen romanischen Ländern gängige Praxis, dem eigentlichen Kaufvertrag einen auf seinen Abschluss zielenden Vorvertrag vorzuschalten. Mit ihm wollen die Parteien eines Grundstückskaufes lediglich eine zeitliche Streckung erreichen, um Zahlung und Eigentumswechsel aufeinander abzustimmen.[187]

Vorverträge haben im Recht des Grundstückskaufs i. d. R. den Zweck, einen Ver- 231
trag zu schließen, der noch nicht die dinglichen Wirkungen des „eigentlichen" Kaufvertrages entfaltet.[188] Die Parteien wollen sich derzeit noch mit seinen obligatorischen Wirkungen begnügen. Das erreicht man in Italien mit dem *contratto preliminare.* Der Interessent (nicht zuletzt der Interessent an einer noch im Bau befindlichen Wohnung) zahlt nach Abschluss des Vorvertrages einen Teil des Kaufpreises im Voraus. Das damit verbundene Risiko erscheint vertretbar, weil die andere Seite durch den Vorvertrag zum Abschluss des endgültigen Kaufvertrages verpflichtet wird. Über die Zulässigkeit von Vorverträgen hat man während der Arbeiten an der Kodifikation heftig gestritten. Autoren, die sich dem französischen Recht verbunden fühlten, lehnten ihn ab; Autoren, die der deutschen Lehre nahe standen, begrüßten ihn mit der Begründung, dass er der Absolutheit des Konsensualprinzips die Spitze breche.[189] Der Vorvertrag bedarf der Form des Hauptvertrages (Art. 1351 ital. CC). Schließt die andere Seite entgegen ihrer Verpflichtung den Hauptvertrag nicht ab, wird die entsprechende Erklärung auf Klage durch gerichtliches Urteil ersetzt (Art. 2932 ital. CC). Der Vorvertrag entfaltet im Grundsatz zwar nur obligatorische Wirkungen zwischen den Parteien[190], kann aber sogar im Grundstücksregister eingetragen werden und begründet dann auch Schutz vor Verfügungen des Verpflichteten.[191] Die *trascrizione* des *contratto preliminare* hat vormerkende Wirkung *(effetto prenotativo della trascrizione).*[192] Artt. 410–413 und 830 port. CC regeln den sogen. Versprechensvertrag *(contrato-promessa).* Auch er hat eine vormerkungsähnliche Wirkung.[193] Jedenfalls können die Parteien unter Art. 413(1) port. CC „durch ausdrückliche Erklärung und Registereintrag dem Versprechen zur Über-

---

187 Der Vorvertrag steht also in einem allgemeinen Zusammenhang mit den Rechtsinstituten, die eine Zug-um-Zug-Abwicklung von Grundstücksgeschäften ermöglichen sollen (Band 1 Rdnr. 466).

188 Das ist auch in Polen nicht anders. Ein Vorvertrag (Artt. 389 und 390 poln. ZGB) begründet keine Verpflichtung, die unter Art. 155 poln. ZGB das Eigentum überträgt (Radwański und Gniewek [-*Gniewek*], System Prawa Prywatnego III³, S. 522 Rdnr. 56). Die Parteien müssen den Verpflichtungs-Verfügungsvertrag erst noch abschließen (Gutowski [-*Kępiński*], Kodeks cywilny I, Art. 155, Rdnr. 25). Ein Vorvertrag begründet auch keine noch zu realisierende Verpflichtung i. S. v. Art. 156 poln. ZGB (Gniewek [-*Gołębiowski*], Kodeks cywilny⁷, Art. 156, Rdnr. 4). Nicht um einen Vorvertrag handelt es sich aber bei dem Verkauf eines Grundstücks unter der Bedingung, dass der Fiskus sein Vorkaufsrecht nicht ausübt (poln. OG 21.3.1968, III CZP 23/68, Legalis-Nr. 13452). Die Nichtigkeit eines Vorvertrages hat nicht die Nichtigkeit des Hauptvertrages zur Folge (Areopag 772/2014, NoB 62 [2014] S. 2134).

189 Näher *Gazzoni,* Il contratto preliminare², S. 1–5.

190 *Gallo,* Trattato del contratto I, S. 453.

191 Art. 3(1) Decreto Legge 31.12.1996, Nr. 669 i. d. F. des Gesetzes vom 28.2.1997, Nr. 30 i. V. m. Art. 2645*bis* ital. CC und dazu *Labriola,* in: Carrabba (Hrsg.), La trascrizione del contratto preliminare, S. 183. Siehe im Übrigen bereits Band 1 Rdnr. 466.

192 Näher *Gazzoni,* Il contratto preliminare², S. 1; *Gabrielli,* La pubblicità immobiliare, S. 124–125.

193 *Mesquita,* Obrigações reais e ónus reais, S. 256–264; von Bar (-*Seabra und Xavier*), Sachenrecht in Europa III, Portugal, S. 396–397.

tragung oder Begründung dinglicher Rechte an unbeweglichen Gütern oder an dem Register unterliegenden Mobilien dingliche Wirkung *(eficácia real)* verleihen". Bei dieser „dinglichen Wirkung" geht es nach vorherrschender, aber in vielen Einzelheiten umstrittener Auffassung um die „Entgegensetzbarkeit" *(oponibilidade)* des schuldrechtlichen Erwerbsanspruches gegenüber Dritten.[194] Auch in Frankreich ist es indes längst gängige Praxis, den Verkauf eines Grundstückes zeitlich zu strecken. Das *solo consensu*-Prinzip lässt sich für den Immobilienverkauf nicht strikt aufrecht erhalten.[195] Die Durchführung des Geschäfts erfordert Zeit, weil Drittwirksamkeit nur bei Einhaltung bestimmter Förmlichkeiten zu erlangen ist. Folglich ist es üblich, zwar jetzt schon den endgültigen Kaufvertrag abzuschließen[196], den Eigentumsübergang aber privatautonom bis zum Eintritt eines „sicheren Ereignisses" aufzuschieben. Das ist unter Art. 1196(2) franz. CC ausdrücklich möglich. Die Parteien können z.B. auf die Abfassung der notariellen Urkunde abstellen, auf die Besitzerlangung, die Zahlung des Kaufpreises und (und vor allem) auch auf die Erfüllung aller publizitätsrelevanten Förmlichkeiten.[197] Dann geht auch unter französischem Recht das Eigentum im

[194] Umstritten ist auch, ob die *oponibilidade* von der Eintragung des Vorvertrages im Grundbuch abhängt (*Prata,* O contrato-promessa e o seu regime civil, S. 620–621).

[195] *Atias,* Le transfert conventionnel de propriété immobilière, Rdnr. 531 (mir nicht zugänglich, hier zitiert nach *Bergel/Bruschi/Cimamonti,* Les biens², S. 261 Rdnr. 210, die ihrerseits hinzufügen: „La vente d'un immeuble ne s'opère plus que par degrés franchis au cours d'une longue progression, de la négociation à un avant-contrat, à l'accomplissement de nombreuses formalités et conditions suspensives jusqu'à l'acte authentique et sa publication à la Conservation des hypothèques").

[196] Ein Versprechensvertrag würde das Problem kaum lösen, weil unter Art. 1589(1) franz. CC gilt: „La promesse de vente vaut vente, lorsqu'il y a consentement réciproque des deux parties sur la chose et sur le prix". Allerdings muss man zwischen der *promesse unilatérale de vente* und der *promesse synallagmatique de vente* unterscheiden. Art. 1589 aaO betrifft nur die letztere und nimmt ihr jede „autonome Existenz" (*Collart Dutilleul und Delebecque,* Contrats civils et commerciaux⁶, S. 82 Rdnr. 78). Bei der *promesse unilatérale de vente* handelt es sich demgegenüber um einen Vertrag, durch den sich der Versprechende verpflichtet, dem Begünstigten ein Gut zu verkaufen und ihm das Recht gewährt, es innerhalb einer bestimmten Frist zu erwerben. Der Begünstigte *(bénéficiaire)* ist nicht zum Erwerb verpflichtet; erst wenn er sein Optionsrecht ausübt, wird das Versprechen synallagmatisch (*Collart Dutilleul und Delebecque* aaO S. 62 Rdnrn. 59–60). Es soll allerdings auch möglich sein, eine *promesse synallagmatique de vente* zu konzipieren, die nicht als *vente* gilt. Dann müssen die Parteien vorsehen, dass der Kauf erst nach dem Erhalt einer administrativen Genehmigung oder nach Unterzeichnung der notariellen Urkunde zustande kommen soll. Das sei dann ein *avant-contrat synallagmatique de vente,* der die Verpflichtung begründe, den Kaufvertrag durch Unterzeichnung der notariellen Urkunde abzuschließen (*Collart Dutilleul und Delebecque* aaO S. 83 Rdnr. 80). Unter Art. 1451 span. CC findet auf eine *promesa de vender o comprar* dagegen gerade nicht das Kaufrecht, sondern das allgemeine Vertragsrecht (Artt. 1088–1314 span. CC) Anwendung (*Díez-Picazo,* Fundamentos I⁶, S. 401). Die Praxis operiert allerdings meistens mit dem sogen. *contrato de opción de compra.* Es handelt sich trotz des Umstandes, dass ein solcher Kaufoptionsvertrag eintragungsfähig ist (Art. 14 span. RH), um einen einseitig verpflichtenden Vorvertrag rein schuldrechtlicher Natur. Die Optionsfrist darf nicht länger als vier Jahre betragen. Der *cedente* räumt dem *optante* die Befugnis ein, sich für den Abschluss des Hauptvertrages zu entscheiden. Es genügt die Willenserklärung des Begünstigten *(optante).* Darin sieht man den Unterschied zum *pactum de contrahendo* (TS 11.4.2000, RAJ 2000 Nr. 2434 S. 3775). Der Optionsvertrag begründe ein Gestaltungsrecht, der Vorvertrag einen Anspruch auf Abgabe der Willenserklärung zum Abschluss des endgültigen Kaufvertrages. So sieht man es auch in Griechenland (Georgiades und Stathopoulos [-*Georgiades*], ZGB, Art. 1033 S. 417–418 Rdnrn. 8–9).

[197] Rép. civ. Dalloz (-*Barret*), V° vente (3° effets), S. 7 Rdnrn. 59 und 62.

Ergebnis erst mit der Eintragung im Grundstücksregister über. Man hat es nicht, wie in Italien, mit einem Vorvertrag im technischen Sinn zu tun, aber die Idee ist dieselbe.

Eine zusätzliche Komplikation erwächst dem Beobachter aus den Besonderheiten der Darstellung von Sachenrecht in **Dänemark** und in **Schweden.** Denn weder das dänische[198] noch das schwedische Recht fragen heute noch nach den Voraussetzungen und dem Zeitpunkt des Übergangs „des“ Eigentums. Man untersucht vielmehr die Voraussetzungen für den Eintritt spezifischer Rechtsfolgen, d. h. man zerlegt die „Transfersituation Eigentumsübertragung“ in einzelne Aspekte mit je eigenen Voraussetzungen und Rechtsfolgen und sucht die Antworten noch dazu in verschiedenen Rechtsgebieten, darunter das allgemeine Vertragsrecht, das Kaufrecht, das dynamische *sakrätt* und das Grundstücksrecht *(fastighetsrätt).* Gegenstand des allgemeinen Vertragsrechts sind die Regeln über das Zustandekommen von Verträgen, Gegenstand des Kaufrechts die Pflichten der Parteien, Gegenstand des dynamischen Sachenrechts der Schutz des Erwerbers gegen Dritte, die die Sache gleichfalls für sich reklamieren, und Gegenstand des Grundstücksrechts alle diese Aspekte zusammen genommen, aber eben unter Beschränkung auf Grundstücke. Angesichts dieser etwas unübersichtlichen Lage kann man heute nur noch formulieren, dass der „Eigentumserwerbstatbestand ... aus mehreren verschiedenen Erwerbstatbeständen (besteht), die in die Abwicklung eines schuldrechtlichen Vertrages eingebettet sind“.[199] Sachenrechtliche Relevanz kann sogar der Nichterfüllung kaufvertraglicher Pflichten zukommen. Bei Lieferung einer mangelhaften Sache z. B. ist der Kaufvertrag noch nicht abgewickelt, und deshalb ist der Käufer auch noch nicht „faktisch vollendet“ *(faktiskt fullbordat).*[200] Im 19. Jahrhundert folgte Schweden noch der Regel, dass der Eigentumserwerb eine Folge des Abschlusses des Kaufvertrages sei.[201] Im Jahre 1925 führte der Oberste Gerichtshof dann für beweglichen Sachen *(lös egendom)* das Traditionsprinzip ein.[202] Später wurde es in die neue Art, Übertragungsfragen darzustellen, integriert. Durch die Aufspaltung des Transfergeschehens in Einzelaspekte fallen die Antworten heute je nach Kontext mit der Folge unterschiedlich aus, dass sich gar nicht mehr präzise sagen lässt, zu welchem Zeitpunkt „das“ Eigentum übergeht.[203] Die Bindung der Parteien untereinander unterliegt den §§ 1–9 des allgemeinen Vertragsge- 232

---

[198] Der Eigentumsübergang vollzieht sich (auch) nach dänischem Verständnis nicht einheitlich (*Mortensen,* Indledning til tingsretten[2], S. 81; *Elmer und Skovby,* Ejendomsretten[4], S. 14). Deshalb unterliegt er situationsbedingt je verschiedenen Regeln (*Ørgaard,* Sikkerhed i løsøre[8], S. 159). *Inter partes* geht das Eigentum allein aufgrund des Vertrages über; der Zahlung oder eines dinglichen Vollzugsakts bedarf es nicht. Bei Gattungssachen kommt es auf die Konkretisierung an. Dritten gegenüber wird unterschieden. Im Verhältnis zwischen dem Käufer und den Gläubigern des Verkäufers müssen die Sachen des Verkäufers verbindlich individualisiert worden sein (*Mortensen* aaO S. 226 und S. 249; *Ørgaard* aaO S. 160). Individualisierung tritt auch durch Aushändigung der Sache an den Käufer ein (*Elmer und Skovby* aaO S. 23). Im Verhältnis des Verkäufers zu den Gläubigern des Käufers entscheidet die physische Übergabe der Ware an den Käufer (*Elmer und Skovby* aaO S. 82). Beim Doppelverkauf kommt es im Verhältnis zu Dritten gleichfalls auf die Übergabe an (*Elmer und Skovby* aaO S. 166).

[199] *Grenda,* Erwerb und Schutz des Eigentums an Mobilien im deutschen und schwedischen Recht, S. 110.

[200] *Hessler,* Allmän sakrätt, S. 32.

[201] *Göranson,* Traditionsprincipen, S. 353–354.

[202] HD 2.5.1925, NJA 1925 S. 130.

[203] Faber und Lurger (-*Lilja*), National Reports V, Sweden, S. 19; *Martinsson,* Transfer of Title Concerning Movables III, S. 36. Siehe schon oben Rdnr. 256.

setzes[204] und einigen weiteren Sondergesetzen, die Rechte und Pflichte der Parteien eines Kaufvertrages drei verschiedenen Gesetzen[205] und der Schutz des Eigentumsrechts in Transaktionslagen den Regeln des dynamisches *sakrätt* sowie des Grundstücksrechts. Man kann sie vielleicht dahin zusammen fassen, dass zwar grundsätzlich *ein* Vertrag genügt, dass sich aber „sachenrechtlicher" Schutz nur einstellt, wenn (irgend)ein sachenrechtliches Moment *(sakrättsligt moment)* hinzukommt, darunter die Übergabe *(tradition)*, die Benachrichtigung *(denuntiation)* des Dritten, die Individualisierung *(individualisering)* der Kaufsache[206], die Registrierung und die Erfüllung von Formvorschriften für den Grundstückskauf (Kap. 4 §§ 1–3 JB). Der Eigentumswechsel vollzieht sich sozusagen sukzessive, nicht *en bloc*.[207] Einem Erwerber kann z. B. ein Aussonderungsrecht *(separationsrätt)* bereits zu einem Zeitpunkt zustehen, zu dem die Sache bereits individualisiert worden ist, der Rechtserwerb aber deshalb noch nicht faktisch vollendet ist, weil die Zahlung des Kaufpreises noch aussteht. Das „sachenrechtliche Moment" wiederum wird aber nicht daraufhin untersucht, ob es auch seinerseits aus einem Stück Vertragsrecht besteht. Für die Tradition und die Individualisierung wird man das zu verneinen haben. Für den drittwirksamen Kauf eines Grundstücks bedarf es dagegen einer von den Parteien unterzeichneten schriftlichen Kaufurkunde, in der neben dem Kaufpreis auch die vom Käufer mindestens konkludent angenommene Erklärung des Verkäufers festgehalten ist, das Eigentum auf den Käufer zu übertragen (Kap. 4 § 1 JB).

b) Kausale Verfügungen

233 In den Rechtsordnungen, in denen das Eigentum und andere Sachenrechte nur aufgrund zweier Verträge, nämlich eines Verpflichtungs- *und* eines Übertragungs- oder Verfügungsgeschäftes, übergehen, herrscht, wie man oft sagt, das System kausaler Verfügungen. Man könnte auch von „Tandemlösungen" sprechen. **Ungarn** gehört, wie gesagt, in diese Gruppe. § 5:38 ungar. ZGB drückt den Grundsatz so aus: „(1) Zum Erwerb des Eigentumsrechts an einer beweglichen Sache durch Übertragung ist ein auf die Übertragung gerichteter Vertrag oder ein anderer Rechtstitel und mit Rücksicht darauf die Übertragung des Besitzes an der Sache erforderlich. (2) Zum Erwerb des Eigentumsrechts an einer Immobilie durch Übertragung ist ein auf die Übertragung gerichteter Vertrag oder ein anderer Rechtstitel und mit Rücksicht darauf die Eintragung der Übertragung des Eigentumsrechts ins Immobilienregister erforderlich". Bei Mobilien „steckt" der zweite Vertrag in der Übertragung des Besitzes (§ 5:3(2) ungar. ZGB) und bei Immobilien in der Anforderung und Herausgabe der dem Grundbuchamt vorzulegenden Eintragungs- bzw. Löschungsbewilligung des Veräußerers. Ihre Herausgabe markiert den letzten Akt des dinglichen Geschäfts. Denn auf die Herausgabe der Eintragungs- und Löschungserlaubnis sind die auf das Zustandekommen und die Gültigkeit des Vertrages bezogenen Regeln entsprechend anzuwenden (§ 5:178(2) Satz 2 ungar. ZGB). Dass es zur Übertragung eines Rechts zweier Verträge bedarf, bestätigt auch § 6:193(2) ungar. ZGB: „Zum Erwerb der Forderungen durch Übertragung sind ein auf

[204] Lag om avtal och andra rättshandlingar på förmögenhetsrättens område vom 11.6.1915 (1915:218).

[205] Nämlich dem Köplag, dem Konsumentköplag und dem Jordabalk.

[206] Sie spielt eine wichtige Rolle, um Verbrauchern bereits sachenrechtlichen Schutz zukommen zu lassen (§ 49 Konsumentköplag).

[207] *Håstad,* Sakrätt[6], S. 210; *ders.,* Köprätt och annan kontraktsrätt, S. 27; *Hessler,* Allmän sakrätt, S. 32.

die Übertragung gerichteter Vertrag oder ein anderer Rechtstitel und die Abtretung der Forderungen erforderlich. Die Abtretung ist der Vertrag des Zedenten und des Zessionars, mit dem der Zessionar an die Stelle des Zedenten tritt". Für Rechte an Grundstücken (nicht aber für bewegliche Sachen) folgen auch **Estland** und **Griechenland** diesem Modell. Man stößt auf eine Art „kausales Trennungsprinzip".[208] Unter Art. 1033 gr. ZGB müssen sich die Parteien (notariell) einigen, dass das Eigentum an einem Grundstück „aus einem gültigen Erwerbsgrunde" übergehen soll und diese Einigung transkribieren. Nötig sind also sowohl eine Einigung über den Eigentumsübergang als auch ein gültiger Übertragungsgrund und damit der Regel nach ein gültiger Kaufvertrag.[209] Ist er (z. B. wegen fehlender notarieller Beurkundung) nichtig, ist auch der dingliche Vertrag nichtig.[210] Ohne gültigen (notariell beurkundeten und ins Transkriptionsbuch eingetragenen) dinglichen Vertrag ändert aber auch der gültige Kaufvertrag nichts an der Eigentumslage. Das eine wie das andere ist zwingenden Rechts. Dass in der Vertragspraxis meistens beide Verträge Gegenstand ein und derselben Urkunde sind, ändert an der doppelkonsensualen Grundstruktur nichts. Der dingliche Vertrag bleibt aber wirksam, wenn es nach seinem Abschluss zu einem Rücktritt von dem Kaufvertrag oder zu einem Schenkungswiderruf kommt; denn sie beseitigen den Rechtsgrund nur *ex nunc.*

Nach **österreichischer** Vorstellung beherrscht das sogen. „Prinzip der Kausalität" **234**
nicht einmal nur den vertraglichen, sondern auch den gesetzlichen Erwerb von Sachenrechten.[211] Der Kernbegriff ist der des „Titels". Eine Verfügung, *Modus* genannt, ist nur wirksam, wenn sie auf einem Titel (einem wirksamen Rechtsgrund für den Erwerb) beruht (§§ 380 und 425 österr. ABGB).[212] Das Gesetz nennt in § 426 aaO als Voraussetzung für den Übergang des Eigentums an einer beweglichen Sache neben

---

[208] Zur Übertragung einer unbeweglichen Sache bedarf es eines notariell beurkundeten schuldrechtlichen (§ 119(1) estn. LPA) und eines notariell beurkundeten dinglichen Vertrages (§ 120(1) estn. LPA) mit anschließender Grundbucheintragung (§ 64^1 estn. LPA). Unter § 120(3) estn. LPA darf der Notar den dinglichen Vertrag nur beurkunden, wenn ihm der schuldrechtliche Vertrag unterbreitet oder gleichzeitig mit dem dinglichen beurkundet wird.

[209] Eingehend *Georgiades,* Emprágmato Díkaio I, S. 391–410.

[210] Areopag 1307/1982, NoB 31 (1983) S. 1342; Berufungsgericht Thrake 470/2000, Harm. 55 (2001) S. 1488.

[211] Besonders deutlich wird das an § 381 ABGB: „Bei freistehenden Sachen besteht der Titel in der angeborenen Freiheit, sie in Besitz zu nehmen." Selbst bei der Aneignung war es dem Gesetzgeber also wichtig, am Prinzip der Kausalität festzuhalten. Wirklich überzeugen kann dieser theoretische Ansatz freilich nicht. Denn zu einem gesetzlichen Rechtserwerb kommt es dadurch, dass eine Person bestimmte gesetzliche Voraussetzungen hinsichtlich eines bestimmten Bezugsobjekts erfüllt. Es ist also keine weitere Person beteiligt. Das aber bedeutet, dass es kaum sinnvoll möglich ist, einzelne Geschehensakte zu unterscheiden und in Kausalität zueinander zu setzen. Der Gesetzgeber benennt ganz einfach die Voraussetzungen, deren Erfüllung den Eigentumserwerb auslöst (ähnlich Koziol und Welser [-*Kletečka*], Bürgerliches Recht I[13], S. 3).

[212] Der Dualismus aus Verpflichtungs- und Übereignungsgeschäft zeigt sich auch an § 430 österr. ABGB, wonach bei der Doppelveräußerung einer beweglichen Sache das Eigentum demjenigen „gebührt", dem die Sache zuerst übergeben worden ist. Die zeitliche Reihenfolge der Kausalgeschäfte spielt mithin keine Rolle; es kommt auf das dingliche Geschäft an (OGH 10.10.1983, SZ 56/140). Das sollte in einem System, das gerade nicht dem *solo consensu*-Prinzip folgt, selbstverständlich sein. Der Gesetzgeber hielt die entsprechende Klarstellung gleichwohl für nötig (näher *Koziol,* JBl 1971 S. 616, 617). Allerdings soll der bösgläubige Zweiterwerber dem Ersterwerber aus Schadensersatz (Naturalrestitution) auf Übereignung der Sache haften (OGH 24.10.1990, SZ 63/168).

dem Titel zwar nur noch die Übergabe; von einer zweiten (in diesem Fall „dinglichen") Einigung ist nicht die Rede. Das ist kein Zufall, weil die Redaktoren des ABGB in Anlehnung an das Gemeine Recht davon ausgegangen waren, dass die Übergabe ein rein tatsächlicher Akt sei, der keine Einigung voraussetze. Das ist aber nicht mehr der heutige Stand. Die heute herrschende Lehre hält vielmehr dafür, dass es neben der Übergabe und der schuldrechtlichen Einigung (dem „Titel") noch einer weiteren Willenseinigung bedarf.[213] Weder könne eine einseitige Erklärung des Verkäufers noch eine eigenmächtige (obschon titelgestützte) Besitzergreifung des Erwerbers den Eigentumsübergang bewirken.[214] Außerdem kann die dingliche Einigung bedingt werden.[215]

Sehr ähnlich sieht man die Dinge in **Lettland** (Artt. 987 und 989 lett. ZGB), in **Slowenien** (Art. 40 slowen. SPZ) und der **Slowakei** (Art. 133(1) slowak. BGB).[216] Unter Art. 3:84(1) **niederländisches** BW ist für die Übertragung eines Gutes die Lieferung aufgrund eines gültigen Rechtsgrundes erforderlich, die von demjenigen vorgenommen wird, der dazu befugt ist, über das Gut zu verfügen. Erforderlich sind mithin ein Titel, die Lieferung und die Verfügungsbefugnis.

235 Nicht einfach einzuordnen ist **Polen.** Unter Art. 535 poln. ZGB verpflichtet sich der Verkäufer durch den Kaufvertrag zwar nur, „dem Käufer das Eigentum an einer Sache zu übertragen und sie ihm zu übergeben". Unter Art. 155 § 1 poln. ZGB wird das Eigentum aber auch „durch einen Kauf-, Tausch-, Schenkungs-, Grundstücksübergabe- oder anderen Vertrag, der zur Übertragung des Eigentums an einer genau bestimmten Sache verpflichtet, ... auf den Erwerber übertragen"; das gilt nur dann nicht, wenn „eine besondere Vorschrift etwas anderes bestimmt oder die Parteien etwas anderes vereinbart haben". Rechtsprechung und Schrifttum sind sich deshalb darin einig, dass Polen dem französischen Modell des doppelwirkenden Vertrages folge.[217] Der Gesetzgeber habe sich dafür zur Vereinfachung des Rechtsverkehrs und deshalb entschieden, weil es „dem Rechtsgefühl eines einfachen Bürgers" entspreche.[218] Der Kaufvertrag verpflichtet also nicht nur zur Eigentumsübertragung, sondern er bewirkt

---

[213] Oben Fn. 167.

[214] *Gschnitzer/Faistenberger/Barta/Call/Eccher,* Sachenrecht², S. 103.

[215] *Gschnitzer/Faistenberger/Barta/Call/Eccher* aaO S. 104. Die wichtigsten Fälle bilden natürlich der Eigentumsvorbehalt (dazu *Harnoncourt und Spitzer,* ÖJZ 2014, S. 488) und die Sicherungsübereignung. Die Sicherungsübereignung soll allerdings den Regeln über die Pfandrechtsbestellung unterliegen (grundlegend schon OGH 11.2.1925, SZ 7/46 und OGH 21.4.1925, SZ 7/148). Das bedeutet insbesondere, dass Verfallsabreden, unter denen der Gläubiger die Sache mit Eintritt des Sicherungsfalls dauerhaft behalten darf (statt sie versteigern zu müssen), in analoger Anwendung von § 1371 österr. ABGB unzulässig sind (OGH 3.11.2005, GesRZ 2006 S. 38). Ebenso verhält es sich unter Art. 2744 ital. CC (instruktiv dazu Cass. 21.1.2016, Nr. 1075, Diritto & Giustizia 5/2016 S. 32).

[216] In der Slowakei gelten die Regeln fort, die vor dem neuen ZGB auch in Tschechien galten. Die Tradition wird als ein dinglicher Vertrag angesehen. Die beiden Willenserklärungen sind auf die Übertragung von Besitz und Eigentum gerichtet. Die Parteien können aber Abweichendes vereinbaren (Švestka [-*Spáčil*], Občanský zákoník I², S. 765).

[217] Poln. OG 17.11.1981, III CZP 12/81, Legalis-Nr. 22845 (Das poln. ZGB habe den Grundsatz der Doppelwirkung von Obligationsverträgen in Bezug auf die Eigentumsübertragung als allgemeine Regel angenommen. Die Folgen eines zur Eigentumsübertragung verpflichtenden Vertrages würden nicht nur auf dem Gebiet der Schuldverhältnisse, sondern auch im Sachenrecht wirksam. Dieser Vertrag übertrage nämlich das Eigentum auf den Erwerber) und z. B. Osajda (-*Morek*), Kodeks cywilny¹³, Art. 155 Rdnr. 2.

[218] Radwański und Gniewek (-*Gniewek*), System prawa prywatnego III³, S. 521 Rdnr. 54.

sie auch; er hat, wie man sagt, einen „verfügenden Charakter".[219] Es ist zwar umstritten, ob es sich bei dem doppelwirkenden Vertrag des Art. 155 § 1 poln. ZGB um ein oder um zwei Rechtsgeschäfte handelt; die herrschende Meinung sieht darin jedoch ein einziges Rechtsgeschäft.[220] Dabei allein hat es allerdings nicht sein Bewenden. Denn unter Art. 156 poln. ZGB ist dann, wenn „ein Eigentum übertragender Vertrag in Erfüllung einer Verpflichtung abgeschlossen (wird), die sich aus einem vorher geschlossenen, zur Eigentumsübertragung verpflichtenden Vertrag, aus einem Vermächtnis, aus ungerechtfertigter Bereicherung oder aus einem anderen Ereignis ergibt, ... die Wirksamkeit des Eigentumsübertragungsvertrages vom Vorhandensein dieser Verpflichtung abhängig". Es geht vor allem um Fälle, in denen die Parteien die Doppelwirkung ihres Vertrages ausgeschlossen haben. Dann ist ein (zweites) Übereignungsgeschäft nötig. Das Gesetz stellt nur die allgemeine Herrschaft des sogen. „Grundsatzes der Kausalität des Eigentumsübertragungsvertrages" sicher.[221] Er soll auch dann gelten, wenn der Vertrag, mit dem das Eigentum übertragen wird, zur Erfüllung der zuvor eingegangenen Verpflichtung geschlossen wird. Der Verfügungsvertrag soll auch in diesem Fall nur wirksam sein, wenn auch der Verpflichtungsvertrag wirksam ist.[222] Gleichwohl operiert Art. 156 aaO erkennbar mit einem dualen Modell. Man hat es in seinem Anwendungsbereich mit einer Verpflichtung *und* einer Verfügung und damit, wenn die Verpflichtung aus einem Vertrag herrührt, mit zwei Verträgen zu tun.[223] Die Verfügung vollzieht sich nun ja gerade nicht *ex lege,* sondern aufgrund entsprechender Willenserklärungen der Parteien.[224] Eine „besondere Vorschrift" i. S. v. Art. 155 poln. ZGB ist Art. 157 § 2 poln. ZGB. Wird nämlich ein Grundstück unter einer Bedingung oder einer Zeitbestimmung verkauft, „so ist zur Eigentumsübertragung eine zusätzliche bedingungslose Einigung der Parteien über den unverzüglichen Eigentumsübergang erforderlich". Erneut hat man eine Ausnahme vom Grundsatz des doppelwirkenden Vertrages vor sich. Beide, sowohl der verpflichtende als auch der verfügende Vertrag, bedürfen der notariellen Beurkundung (Art. 158 poln. ZGB). Es bleibt aber bei dem Prinzip der Kausalität. Der verfügende Vertrag ist von der Wirksamkeit des Verpflichtungsgeschäfts abhängig (Art. 158 poln. ZGB).

c) Uno, nicht notwendig solo consensu

Rechtsordnungen, denen zur Übertragung eines Sachenrechts, insbesondere zur Übertragung des Eigentums, ein (einziger) Vertrag genügt, vereinfachen den Rechtsverkehr und akzentuieren dadurch die Interessen des Erwerbers und seiner Gläubiger. Durch diese Systeme verläuft zwar ein anderer Graben. Sie unterscheiden sich vor allem in der Frage, ob es zusätzlich zu der Einigung noch eines besonderen Publizitätsaktes (der *traditio* oder der Registereintragung) bedarf. Aber in der Frage nach der Zahl der für Rechtsgeschäfte mit sachenrechtlicher Relevanz erforderlichen Verträge herrscht kein Streit. **Frankreich** folgt, wie man sagt, dem *solo consensu*-Prinzip (Art. 1138 franz. CC a. F.; Art. 1196 franz. CC n. F.). Es ist im Normalfall „allein" die Willensübereinstimmung, die den Eigentumswechsel bewirkt; einer zusätzlichen *traditio* bedarf es nicht. **236**

[219] Gniewek (-*Gołębiowski*), Kodeks cywilny[7], Art. 155, Rdnr. 5.
[220] Gutowski (-*Kępiński*), Kodeks cywilny I, Art. 155, Rdnr. 8.
[221] Kidyba *(-Filipiak),* Kodeks cywilny II, Art. 156, S. 48 Rdnr. 1.
[222] *Gniewek,* Prawo rzeczowe[8], S. 88 Rdnr. 252.
[223] *Ignatowicz und Stefaniuk*, Prawo rzeczowe[2], S. 87 Rdnr. 2.
[224] Richtig *Gniewek* aaO S. 85 Rdnr. 244.

Dabei darf man aber nicht übersehen, dass das *solo consensu*-Prinzip notwendig auch ein *uno consensu*-Prinzip ist. Die vielen Hinweise auf den naturrechtlichen Ursprung des *solo consensu*-Prinzips hatten und haben immer nur den Zweck, gegen das Übergabe- bzw. das Registrierungserfordernis zu opponieren.[225] Wenn aber der in einen Vertrag gegossene „Wille des Menschen" zur Rechtsübertragung genügt, dann genügt eben auch *ein* Vertrag, und dieser Vertrag ist nach französischem Verständnis wiederum ganz selbstverständlich der Kaufvertrag.[226] Er, der *titulus,* blieb übrig, als man auf den *modus* verzichtete. Da aber nur letzterem die Befähigung innewohnt, einen zweiten Vertrag auszubilden, ist es den französischen Juristen gar nicht erst in den Sinn gekommen, dass „der" Vertrag ein anderer als der verpflichtende Vertrag, d.h. der Regel nach der Kaufvertrag, sein könnte. *Portalis* schrieb ihm eine „zivile" *traditio* zu, die an die Stelle der „realen" trete.[227] Dabei ist es bis heute geblieben. In der dem neuen Art. 1196 franz. CC vorausgelaufenen Reformdiskussion ist das *solo consensu*-Prinzip zwar häufig kritisiert[228], schlussendlich aber erneut bestätigt worden[229] – und mit ihm auch das *uno*

[225] Eindrucksvoll noch immer *Laurent,* Principes de droit civil XVI, S. 417 Rdnr. 355 („ce sont les fondateurs du droit naturel, Grotius et à sa suite Pufendorf et Wolf, qui ont les premiers soumis les principes du droit traditionnel à l'examen de la raison. … Grotius demande si, d'après le droit naturel, la tradition est nécessaire pour transférer la propriété. Il répond que la seule volonté du maître de la chose doit suffire pour qu'un propriétaire en transfère la propriété à une autre personne". Siehe auch *Chazal und Vicente,* RTD civ. 2000 S. 479 Rdnr. 3 („… la volonté des rédacteurs du code de consacrer la pensée de Grotius pour qui le droit naturel implique le principe du transfert de la propriété par la seule puissance de la volonté des contractants. Contrairement au droit romain, qui avait une conception réaliste et concrète de la propriété, l'Ecole du droit naturel estime qu'il s'agit d'une qualité purement morale. Ainsi le transfert de propriété peut aisément se passer de la tradition réelle et s'effectue d'une façon abstraite, intellectuelle").

[226] Seine translative Wirkung funktioniert sogar in „beide Richtungen". In Cass. civ. 27.1.1993, Bull. civ. 1993, I, Nr. 39 S. 25; JCP G 1994, II, 22195, S. 27, Anm. *Pétel-Teyssié;* RTD civ. 1994 S. 132, Anm. *Zenati* hatte eine Verkäuferin an Zahlungs statt (sogen. *dation en paiement*) eine bestimmte Zahl von Wohnwagen akzeptiert. Das Eigentum an ihnen ging mit Abschluss des Vertrages auf die Verkäuferin über.

[227] „Il s'opère par le contrat une sorte de tradition civile qui consomme le transport du droit, et qui nous donne action pour forcer la tradition réelle de la chose et le paiement du prix. Ainsi la volonté de l'homme, aidée de toute la puissance de la loi, franchit toutes les distances, surmonte tous les obstacles, et devient présente partout comme la loi même" (zitiert nach *Fenet,* Recueil complet des travaux préparatoires du Code civil XIV, S. 113).

[228] Z.B. von *Wester-Ouisse,* RTD civ. 2013 S. 299; *Blanluet,* Le moment du transfert de la propriété, S. 408, 411 (die Ausnahmen seien so zahlreich, dass eigentlich dass *solo consensu*-Prinzip selber die Ausnahme sei); *Chazal und Vicente,* RTD civ. 2000 S. 479 (das Konzept bilde die Komplexität des Geschehens nur unzureichend ab; außerdem sei zu bezweifeln, dass die Verfasser des Code civil wirklich ein die Sicherheit der Transaktionen derart gefährdendes System hätten einführen wollen) und Rép. civ. Dalloz (*-Barret*), V° vente (3° effets), S. 7 Rdnr. 58 (das *solo consensu*-Prinzip sei sowohl für den Käufer als auch für den Verkäufer ungünstig, für den Käufer wegen des *res perit domino*-Prinzips, und für den Verkäufer wegen des Eigentumsverlusts vor Zahlung; für Immobiliengeschäfte sei es vollends untauglich).

[229] *Mouly,* JCP E 1995, Supplément Nr. 5, S. 6 hatte Art. 1583 franz. CC bereits mit dem Argument verteidigt, dass das aktuelle System (sofortiger Eigentumsübergang mit der Möglichkeit, ihn privatautonom anders zu regeln) die beste Nutzung der Güter erlaube. Es würde den freien Warenverkehr und damit die Verteilungsgerechtigkeit fördern. Genauso hat es dann die amtliche Begründung für den Reformtext gesehen (*Réforme du droit des obligations,* RTD civ. 2016, Supplément, Nr. 1, S. VI: „Il est donc apparu nécessaire … non pas de refondre totalement le droit des contrats et des obligations, mais de le moderniser, pour faciliter son accessibilité et sa lisibilité, tout en conservant l'esprit du Code civil, à la fois favorable au consensualisme propice aux échanges économiques et protecteur des plus faibles").

consensu-Prinzip. Der neue Art. 1196 franz. CC stellt die Eigentumsübertragung zwar nicht mehr als Erfüllung einer *obligation de donner,* sondern als eine sich aus dem Gesetz ergebende rechtliche Wirkung des Vertrages dar. In der Sache aber hat sich nichts geändert.[230] Art. 1196(1) stellt sogar klar, dass es nicht nur um die *aliénation de la propriété* sondern auch um die *cession d'un autre droit* geht. Artt. 938 und 1583 bestätigen die Grundregel noch einmal ausdrücklich für die Schenkung und den Kauf.

Das französische Modell der Eigentumsübertragung *solo* und *uno consensu* ist 237
von zahlreichen Rechtsordnungen übernommen worden, darunter Italien[231], Portugal[232], Bulgarien[233] und Malta[234]. Heute folgen ihm für bewegliche Sachen auch Tschechien[235] und, obschon mit zahlreichen Einschränkungen, auch Polen.[236] Litauen[237] und Spanien[238] dagegen sind Länder des *uno,* aber nicht des *solo consensu*-Prinzips. Spanien verlangt einen gültigen Titel und die Übergabe (*entrega* oder *tradición*) der Sache; die Übergabe selbst wird aber nicht auch ihrerseits als Vertrag gedeutet. Sie erschöpft sich in der Erfüllung der Pflicht aus dem schuldrechtlichen Vertrag. Der *título* besteht aus einem Übertragungs- oder Austauschvertrag *(contrato transmisivo o contrato de cambio),* gewöhnlich also aus einem Kauf. Der *modo* besteht aus der

---

[230] *François,* https:/iej.univ-paris1.fr/openaccess/reforme-contrats/titre3/stitre1/chap4/sect1/ssect2-effet-translatif/.

[231] Art. 1376 ital. CC; siehe schon oben Rdnr. 231.

[232] Artt. 408(1), 879(a), 954(a) und 1316 port. CC. Diese Rechtslage galt schon unter der Vorgängerkodifikation (Artt. 715 und 1549 port. CC von 1867), näher *Vieira,* Direitos reais, S. 235–238.

[233] Art. 24 bulgar. Gesetz über Schuldverhältnisse und Verträge; näher Faber und Lurger (-*Stoimenov*), National Reports IV, Bulgaria, Rdnr. 5.1.2.

[234] Art. 994 malt. CC. Danach geht das Eigentum „in virtue of the consent of the parties" über. Aus dieser durchaus feinsinnigen Formulierung leitet man ab, dass nicht eigentlich der Vertrag das Eigentum übertrage, vielmehr die zur Eigentumsübertragung nötige Einigung enthalte. Folglich seien Eigentumsübertragungen sowohl unter aufschiebender (Art. 1063 malt. CC) als auch unter auflösender Bedingung (Art. 1066 malt. CC) gestattet (Faber und Lurger [-*Galea*], National Reports VI, Malta, Rdnr. 5.7.3)

[235] § 1099 tschech. BGB („Das Eigentum an einer einzeln bestimmten Sache wird schon allein mit dem Vertrag zum Zeitpunkt der Wirksamkeit des Vertrags übertragen, es sei denn, es ist etwas anderes vereinbart oder gesetzlich festgelegt"). Wiederum fällt auf, dass sich die Begründung ganz auf die Frage der Tradition konzentriert. Das „Konsensualprinzip" entspreche den Erfordernissen eines schnellen Handelsverkehrs. Außerdem zeuge die faktische Beherrschung einer Sache heutzutage nicht mehr notwendig von Eigentum. Und schließlich habe man den Sachbegriff erweitert. Bei unkörperlichen Sachen aber sei die Übergabe *per se* ausgeschlossen (*Eliáš,* Nový občanský zákoník s aktualizovanou důvodovou zprávou a rejstříkem, S. 471). Die Folge sei eine Verschmelzung des obligatorischen mit dem dinglichen Vertrag. Der obligatorische sei m. a. W. zugleich ein dinglicher Vertrag (Spáčil [-*Dobrovolná*], Občanský zákoník III, S. 333).

[236] Vorher Rdnr. 235.

[237] Art. 4.49(1) lit. ZGB und dazu Faber und Lurger (-*Mikelenas*), National Reports III, Lithuania, S. 365 („Hence, there is a general principle of traditio. However, delivery is not considered as a separate 'real agreement'").

[238] Vorher Rdnr. 210 mit Fn. 48. Unter Art. 609(2) span. CC werden „das Eigentum und die übrigen Rechte an Gütern ... als Folge bestimmter Verträge mittels Übergabe erworben und übertragen", unter Art. 1113(1) span. CC ist „jede Verpflichtung, deren Erfüllung nicht von einem künftigen oder ungewissen Ereignis abhängt, oder aber von einem vergangenen Ereignis, das die Beteiligten nicht kennen, ... sofort fällig", und unter Art. 1095 span. CC hat „der Gläubiger ... ab Entstehung der Verpflichtung zur Übergabe einer Sache ein Recht auf ihre Früchte. Das dingliche Recht an ihr erwirbt er jedoch erst, wenn sie ihm übergeben ist".

entrega posesoria (der Besitzverschaffung), und begegnet in Gestalt der *entrega real* (der tatsächlichen Übergabe) und der *entrega simbólica* (der fingierten Übergabe).[239]

238 Auch **Deutschland** ist der Grundregel nach ein Land des *uno,* aber nicht des *solo consensu*-Prinzips. Der Eigentumswechsel an beweglichen Sachen vollzieht sich durch Einigung und Übergabe (§ 929 dt. BGB), der Eigentumswechsel an Grundstücken durch Einigung („Auflassung": § 925 dt. BGB) und Eintragung im Grundbuch (§ 873 dt. BGB). Eines zweiten Vertrages bedarf es nach dem Gesetzeswortlaut nur, wenn die zu übereignende Sache im „Besitz" (der Detention) des Veräußerers verbleiben soll (§ 930 dt. BGB) oder sich im Besitz (der Detention) eines Dritten befindet (§ 931 dt. BGB). Im ersten Fall muss zusätzlich zu der auf Eigentumsübertragung gerichteten Einigung noch „ein Rechtsverhältnis vereinbart" werden, „vermöge dessen der Erwerber den mittelbaren Besitz erlangt", und im zweiten „kann die Übergabe dadurch ersetzt werden, dass der Eigentümer dem Erwerber den Anspruch auf Herausgabe der Sache abtritt". Der Vereinbarung eines Besitzmittlungsverhältnisses (§ 930 dt. BGB) kann sowohl die Einräumung eines schuld- als auch eines sachenrechtlichen Besitzrechts zugrunde liegen (§ 868 dt. BGB). Aus besitzrechtlichen Gründen muss man allerdings sofort hinzufügen, dass auch eine unwirksame Vereinbarung genügt. Denn es kommt nur darauf an, dass der Veräußerer die Sache auf Grundlage einer entsprechenden Abrede tatsächlich für den Erwerber besitzt[240], so dass dieser (mittelbaren) Eigenbesitz erlangt. Die Abtretung des Herausgabeanspruchs (§ 931 dt. BGB) ist nichts anderes als ein eigener Vertrag (§ 398 dt. BGB), der aber (wie die Einigung zwischen Veräußerer und Erwerber) wiederum keiner *causa* bedarf. Er ist, wie man sagt, gleichfalls „abstrakt", abgelöst von einem Kauf oder einem sonstigen Verpflichtungsgrund. Estland[241] und Griechenland[242] setzen das deutsche Modell im Recht der beweglichen Sachen ein. Auch **England** gehört der Grundanlage nach zu den Ländern mit einem *uno,* jedoch nicht notwendig einem *solo consensu*-Prinzip. Letzteres gilt *at law* nicht im Recht des Erwerbs und der Übertragung von Rechten an Grundstücken und auch nicht im Recht des Erwerbs von Sicherungsrechten. *Equity* dagegen operiert *solo consensu.* Denn *equity treats as done what ought to be done.* Nur im Recht des Warenkaufs gibt es eine solche Vorwirkung nicht.[243]

---

[239] López y López und Montés Penadés (*-Montés Penadés*), Derechos reales, S. 108–109. Die Berichterstatterin *Roca Trias* fasst in TS 16.7.2010, RAJ 2010 Nr. 6556 S. 18276; ECLI:ES:TS:2010:4294 zusammen: Das spanische System der Eigentumsübertragung unterliege den von Art. 609 span. CC vorgegebenen Voraussetzungen (*titulus* und *traditio*). Als *causa* kämen unterschiedliche Verträge in Betracht. Das spanische System sei kausal. Der einfache Besitzwechsel könne deshalb keine Eigentumsübertragung bewirken. Der Vertrag, der als Erwerbungsgrund diene, könne auch ein atypischer Vertrag sein. Aber er müsse geeignet sein, die beabsichtigte Wirkung zu erzeugen. Der Besitzerwerb (Art. 438 span. CC) sei nicht mit dem Eigentumserwerb gleichzusetzen. Denn es gelte die traditionelle Regel, dass das Eigentum nur in Verbindung mit einer *causa,* d.h. nicht allein *nuda traditio* übertragen werde. Es könne also sein, dass zwar eine *traditio,* aber kein Titel oder umgekehrt zwar ein Titel, aber keine *traditio,* kein *trespaso posesorio* vorliege, und es könne sich (wie im konkreten Fall) auch so verhalten, dass der Titel ungeeignet sei, Eigentum zu übertragen.

[240] Näher oben Rdnr. 68.

[241] §§ 92(1) estn. LPA; 6(3) estn. AT ZGB.

[242] §§ 1034, 1035 gr. ZGB und dazu eingehend *Kornilakis,* IJVO 20 (2015/16) S. 1–17. Zu Rechten an Grundstücken schon oben Rdnr. 233. Die Entsprechung zu § 930 dt. BGB (Übergabe durch Besitzkonstitut) findet sich in Art. 977 gr. ZGB, der im Zusammenhang mit Art. 1034 gr. ZGB zu lesen ist.

[243] Näher *Rieländer,* Sachenrechtliche Erwerbsrechte S. 257–258.

Im Recht der beweglichen Sachen *(choses in possession)* differenziert sec. 61(1) SGA 1979 zwischen *general property* („Eigentum") und *special property* („beschränkte dingliche Rechte").[244] *General property* wird durch Kauf der Regel nach *uno* und *solo consensu* erworben.[245] Kaufrechtlich kommt es schon seit alters auf den Parteiwillen, d.h. darauf an, ob die Parteien das Eigentum bereits mit dem Vertragsschluss oder erst mit der tatsächlichen Übergabe übergehen lassen wollen.[246] Sec. 17 SGA 1893 bestätigte das: „Property passes when intended to pass", und sec. 17(1) SGA 1979 hielt daran erneut fest.[247] Man hat es (mit Wirkung auch für Equity[248]) mit einer allgemeinen Auslegungsregel zu tun. Zu den Ausnahmen gehören unter sec. 18 aaO der Kauf auf Probe *(on approval)* und der Kauf mit Rückgaberecht *(on return);* in beiden Fällen hängt der Eigentumswechsel daran, dass der Käufer seinem Willen Ausdruck verleiht, die Sache dauerhaft behalten zu wollen.[249] Das Eigentum an *unascertained* und an *future goods* geht erst über, wenn sie von einer der Parteien mit Zustimmung der anderen dem Vertrag zugeordnet werden. Zur Bestellung von *pledge* und *mortgage* ist sachenrechtlich nur das Vollzugsgeschäft nötig, also die Übertragung der *possession* bzw. die Sicherungsübereignung. Es kommt nicht darauf an, ob ihm ein wirksamer, entgeltlicher Sicherungsvertrag *(security agreement)* zugrunde liegt.[250] Eine Besitzerlangung ohne Einverständnis des Eigentümers[251] oder aufgrund eines durch Täuschung erlangten Einverständnisses[252] begründet keinen *pledge.* Andererseits scheitert seine Entstehung nur dann daran, dass die zu sichernde Forderung aus einem rechtswidrigen Geschäft herrührt, wenn die verletzte Vorschrift auch den Zweck hat, unzulässige Pfandabreden (z.B. mit Verbrauchern) zu unterbinden.[253] Die *mortgage,* die von einer natürlichen Person eingeräumt wird, bedarf der Registrierung; andernfalls ist das Geschäft nichtig.[254] Die Übertragung dinglicher Rechte folgt prinzipiell denselben Regeln.[255] Maßgebend ist 239

[244] Näher *Bridge,* Personal Property Law[3], S. 30.

[245] Bei Schenkungen muss noch die Übergabe hinzukommen (oben Rdnr. 228 a.E.).

[246] Eingehend *Ibbetson,* 107 (1991) LQR 480, 490–496. Verweigerte der Verkäufer die Herausgabe, beging er *detinue* (*Milsom,* 77 (1961) LQR 257, 274). *Fry* J fasste in *Cochrane v Moore* (1890) 25 QBD 57, 72–73 zusammen: „According to the old law no gift or grant of a chattel was effectual to pass it whether by parol or by deed, and whether with or without consideration unless accompanied by delivery: ... on that law two exceptions have been grafted, one in the case of deeds, and the other in that of contracts of sale where the intention of the parties is that the property shall pass before delivery".

[247] „Where there is a contract for the sale of specific or ascertained goods the property in them is transferred to the buyer at such time as the parties to the contract intend it to be transferred".

[248] *Tinsley v Milligan* [1994] 1 AC 340, 371, Lord *Browne-Wilkinson* („The reality of the matter is that, in 1993, English law has one single law of property made up of legal and equitable interests. Although for historical reasons legal estates and equitable estates have differing incidents, the person owning either type of estate has a right of property, a right in rem not merely a right in personam. If the law is that a party is entitled to enforce a property right acquired under an illegal transaction, in my judgment the same rule ought to apply to any property right so acquired, whether such right is legal or equitable".

[249] So bereits Poole v Smith's Cards (Balham) Ltd [1906] 2 KB 574.

[250] *Goode,* Commercial Law[4], S. 672.

[251] *Wickens v Townshend* (1830) 1 Russ & M 361; 39 ER 140.

[252] *Madden v Kempster* (1807) 1 Camp 12; 170 ER 859.

[253] *Scarfe v Morgan* (1838) 4 M&W 270; 150 ER 1430; *Taylor v Chester* (1869) LR 4 QB 309; *Kasumu v Baba-Egbe* [1956] AC 539; *Chapman v Michaelson* [1909] 1 Ch 238 (CA).

[254] Sec. 8 Bills of Sale 1878 Amendment Act 1882; sec. 8 Bills of Sale (Ireland) Act 1879 und dazu *Bridge,* Personal Property Law[3], S. 191.

[255] Oben Rdnr. 211.

nicht der schuldrechtliche Vertrag, sondern die Verfügung. Der Erwerb von *equitable interests* unter einem *trust* vollzieht sich, streng genommen, ganz ohne Einigung und Form.[256] *Equity* spielt aber auch eine Rolle, wenn die Parteien die Begründung von Rechten *at law* anstreben, die dafür erforderlichen Formerfordernisse aber noch nicht erfüllt haben. Es kommt auf das Bestehen einer Verpflichtung an, die im Wege der *specific performance* durchgesetzt werden kann. Praktisch wichtig ist das vor allem beim Ersterwerb von Sicherungsrechten; denn *in equity* ist dafür weder eine Besitzübertragung noch eine sonstige Verfügung nötig. Die vertragliche Übertragung *(disposition)* von *equitable interests* bedarf der Schriftform, auch bei beweglichen Sachen (sec. 53(1)(c) LPA 1925). Der Erwerb von *real property* vollzieht sich *at law* durch Eintragung, im Kern also weder durch Verpflichtungs- noch durch Verfügungsvertrag.[257] Nur *in equity* gilt wiederum, dass *equity treats as done what ought to be done.*[258] Beschränkte dingliche Rechte an *land* (*leaseholds* und *encumbrances*) werden durch *conveyance* (oder *grant*) und Registereintrag bestellt.[259]

d) Rechtssicherheit und Bestandsschutz

240 Es fällt leichter, sich zu der ersten Frage (ein Vertrag oder zwei?) zu positionieren als zu der zweiten (welcher Vertrag?). Im Recht der Übertragung subjektiver Sachenrechte ist Rechtssicherheit ein hohes Gut. Die Frage, wem ein Sachenrecht gehört, sollte schnell und präzise zu beantworten sein. Denn es geht nie nur um die unmittelbar Beteiligten. Das spricht dafür, das **Übertragungsregime** möglichst einfach zu halten und sich im Regelfall **mit einem** (einzigen) **Vertrag** zu begnügen. Natürlich bedarf auch der Veräußerer des Schutzes vor einem übereilten Rechtsverlust, aber dazu ist es nicht nötig, dass er seinen einmal wirksam formulierten Willen noch ein zweites Mal bestätigt. Zu dem Konsens muss zwar so gut wie ausnahmslos[260] noch ein weiteres Merkmal hinzukommen, aber dieser **Extragrund** wäre kein Extragrund, wenn er wiederum nur in der Einigung zu suchen wäre. Er kann z.B. in der eingegangenen Verpflichtung gefunden werden, aber auch in der freiwilligen Übertragung der Sachherrschaft, der Einräumung der das Recht repräsentierenden Buchposition oder in

[256] Oben Rdnrn. 225–226.

[257] Oben Rdnr. 211 mit Fn. 60.

[258] *Oughtred v IRC* [1960] AC 206, 240 (Lord *Jenkins*): „The constructive trust in favour of a purchaser which arises on the conclusion of a contract for sale is founded upon the purchaser's right to enforce the contract in proceedings for specific performance. In other words, he is treated in equity as entitled by virtue of the contract to the property which the vendor is bound under the contract to convey to him. This interest under the contract is no doubt a proprietary interest of a sort, which arises, so to speak, in anticipation of the execution of the transfer for which the purchaser is entitled to call."

[259] Oben Rdnr. 228.

[260] Die wichtigste Ausnahme ist die sich zugleich *solo consensu* und abstrakt vollziehende Forderungszession unter § 398 dt. BGB, die ihrerseits unter § 931 dt. BGB Bedeutung auch für das Recht der Übereignung beweglicher Sachen hat. Ebenfalls *solo consensu,* aber kausal vollzieht sich die Abtretung dagegen z.B. in Tschechien (§ 1879 tschech. BGB; näher Hulmák [-*Dvořák*], Občanský zákoník V, S. 727) und in Polen (Art. 510 §§ 1 und 2 poln. ZGB). Für die Zwecke des Rechts der Übereignung beweglicher Sachen muss außerdem noch eine Benachrichtigung des Schuldners hinzukommen (Art. 350 poln. ZGB: „Befindet sich die Sache in abhängigem Besitz oder im Gewahrsam eines Dritten, so hat die Übertragung von Eigenbesitz durch einen Vertrag zwischen den Parteien und durch eine Unterrichtung des abhängigen Besitzers oder des Gewahrsamsinhabers zu erfolgen").

sonstigen „sachenrechtlichen Elementen“[261], an denen die Drittwirksamkeit der Vereinbarung manifest wird.

Dass auch „Drittwirksamkeit“ von dem Inhalt der Fragestellung abhängen kann, ändert daran nichts. Was gegenüber einem Personenkreis maßgibt, der ohne eigenes Erwerbs- oder Verwertungsinteresse einfach nur wissen möchte, wem die Sache gehört, ist noch nicht notwendig geeignet, die Inhaberfrage (oder noch genauer: die Frage der Zuordnung einzelner Handlungsbefugnisse[262]) auch in Relation zu Personen zu entscheiden, die das übertragene Recht für sich reklamieren. Drittwirkung ist, wie noch näher darzulegen sein wird, nicht gleich Drittwirkung. Ein abgeschlossener Kaufvertrag z. B. mag den Verkäufer bereits von der Eigentümerhaftung für mangelhafte Gebäude entlasten und den Käufer zum Haftungsschuldner des geschädigten Passanten machen.[263] Ein abgeschlossener Kaufvertrag mag auch genügen, dem Käufer bereits die Verfügungsbefugnis über die Sache zu geben.[264] Ein Kaufvertrag hilft aber nicht weiter, wenn (wie im Falle des Doppelverkaufs) auch der Konkurrent einen solchen Titel vorweisen kann. In dieser Situation muss noch ein weiterer Grund (meistens Besitz bzw. Registrierung) her, um den Konflikt zwischen den Erwerbern und denjenigen ihrer Gläubiger zu lösen, die in die Sache vollstrecken wollen.

---

[261] Vorher Rdnr. 232 und unten Rdnr. 249. Siehe außerdem *Hessler,* Allmän Sakrätt, S. 32. In Dänemark spricht man von einem „zusätzlichen Moment“ *(andre momenter)* (*Illum,* Dansk tingsret[3], S. 169), in Norwegen von einem *Rechtsschutzakt (rettsvernakt)* (*Lilleholt,* Allmen Formuerett, S. 33).

[262] Das „dynamische“ schwedische Übertragungsrecht differenziert bekanntlich nach einzelnen Nutzungsrechten. Es stellt, in Dreipersonenkonflikten, auf einzelne Rechtswirkungen ab, nicht auf den Übergang „des“ Eigentums als einem einheitlichen Recht (*Sandstedt,* Sakrätten, Norden och europeiseringen, S. 169–177; *Martinson,* SvJT 2008 S. 669–687).

[263] Ein spektakulärer Fall ist Cass. civ. 3.3.1964, D. 1964 Jur. 245. Der Käufer hatte auf einer Versteigerung soeben das Haus erworben. Als man sich zum Verkauf des Mobiliars in den Salon begab, brach dessen Boden ein. Der Käufer haftete.

[264] So liegt es wiederum in Schweden. Man folgert das (i) aus der alten Regel in Kap. 1 § 5 Handelsbalk (1736:0123 2) („Verkauft man zweien eines, bezahle man den Schaden (und zehn Taler Strafe), und behalte er die Sache der zuerst kaufte“). Zu dieser Zeit galt also noch das reine Konsensprinzip (*Göranson,* Traditionsprincipen, S. 287). Es wurde später aufgelockert und in die moderne Lehre des dynamischen Sachenrechts eingefügt. Und man kann (ii) die Verfügungsbefugnis des Käufers indirekt auch aus den modernen Vorschriften über den gutgläubigen Erwerb von Fahrnis (§ 2 Lag om godtrosförvärv (1986:796), Prop. 1985:86, S. 17) und Grundstücken (Kap. 18 § 1 JB) ableiten. *Håstad,* ERPL 2009 S. 725, 733 folgerte deshalb: „Only one contractual issue belongs naturally to Book VIII (DCFR, VIII.-2), and that is about which party be entitled to dispose of the goods (sell it, let out on hire, and so forth) or to recover the goods or some substitute (compensation) for the goods from a third party“. Unter französischem Recht hat der Käufer unter Eigentumsvorbehalt das Recht, die Ware weiterzuverkaufen (Rép. civ. Dalloz [-*Barret*], V° vente (3° effets), S. 15 Rdnr. 136). Der Eigentumsvorbehalt zugunsten des Erstverkäufers bleibt gleichwohl dem Zweitkäufer gegenüber im Wege der dinglichen Surrogation erhalten (Art. 2372 franz. CC). Siehe auch tschech. OG 11.12.2002, 22 Cdo 981/2001, Soubor civilních rozhodnutí a stanovisek Nejvyššího soudu, C 1594 („Allein die Tatsache, dass der Verkäufer zum Zeitpunkt des Abschlusses des Kaufvertrages nicht Eigentümer der verkauften Sache war und auch kein Recht besaß, über sie zu verfügen, führt nicht zur Nichtigkeit des Kaufvertrags, vor allem dann nicht, wenn die Wirksamkeit des Kaufvertrags an den Zeitpunkt des Eigentumserwerbs der Sache durch den Verkäufer gebunden war“). Der Käufer einer Sache konnte sie also weiterverkaufen und dadurch auch übereignen, obwohl er selber noch nicht Eigentümer war. Ein solcher Verkaufsvertrag war im Gegensatz zum gewöhnlichen Verkauf fremder Sachen (§ 37(2) tschech. BGB [1964]: Nichtigkeit einer Rechtshandlung, die eine unmögliche Leistung zum Gegenstand hat) nicht nichtig. Entsprechendes galt unter dieser Rechtsprechung für dingliche Lasten (Dienstbarkeiten): tschech. OG 20.6.2013, 22 Cdo 1661/2011, Soubor civilních rozhodnutí a stanovisek Nejvyššího soudu, C 12676 („Der Vertrag über die Errichtung einer dinglichen Last kann gültig vom Erwerber der Liegenschaft im Rahmen des Kaufvertrags abgeschlossen werden, durch welchen die Liegenschaft an diesen übertragen wird“).

241 Den Parteien schon der Grundregel nach gleich zwei Verträge abzuverlangen, macht die Dinge nur unnötig kompliziert. Im Kern ist es im Sachenrecht wie im Schuldrecht. Schuldrechtlich hängt die verpflichtende Wirkung eines Vertrages nicht von der Einigung über die Rechtsübertragung ab, die die Parteien bei Vertragsschluss im Blick haben. Nur im Schenkungsrecht und (seltener) im Recht der Verträge zur Verschaffung von Rechten an Grundstücken finden sich Ausnahmen. Ein Schenkungsvertrag, der mangels Form ungültig ist, kann durch Übereignung der verschenkten Sache wirksam werden[265], ein formungültiger Kaufvertrag über ein Grundstück durch Vollzug der Übereignung.[266] Gewöhnlich jedoch ist, das Wortspiel drängt sich auf, die Verpflichtung von der Verfügung „abstrahiert". Unter dem sogen. **Abstraktionsprinzip** versteht man aber natürlich das genau „umgekehrte" Phänomen, dass nämlich der

---

[265] Z.B. § 518(2) dt. BGB; Art. 498(2) gr. ZGB („Die Schenkung einer beweglichen Sache, für die keine notarielle Urkunde aufgesetzt wurde, wird von dem Zeitpunkt an gültig, in dem der Schenker die Sache dem Beschenkten übergibt"); § 943 österr. ABGB („wirkliche Übergabe" ersetzt notarielle Beurkundung; Besitzkonstitut genügt nicht [OGH 2.2.2005, EvBl 2005/133, ÖJZ 2005 S. 633]; bei Grundstücken reicht die tatsächliche Besitzverschaffung gleichfalls aus [OGH 29.1.1998, JBl 1999 S. 45; OGH 28.11.2012, NZ 2013 S. 111]) und Art. 890 § 2 poln. ZGB (Vollzug der Schenkung heilt Mangel der notariellen Form); § 261 estn. LOA (dsgl; Heilung der Nichteinhaltung der Schriftform) und § 582 i.V.m. § 2057(1) und (2) tschech. BGB (Schriftform erforderlich; Formmangel durch Eintragung bzw. durch Bewirken der Leistung geheilt). Auch in Belgien und Frankreich ist ein Schenkungsvertrag ohne notarielle Urkunde nichtig (Artt. 931 belg., franz. und luxemb. CC). Die Wirksamkeit einer Handschenkung *(don manuel)* wird aber als mit Art. 931 aaO vereinbar angesehen. Die *traditio, de la main à la main,* begründe einen gültigen *contrat réel;* sie ersetze die notarielle Form (*Malaurie,* Les successions, les libéralités[2], S. 199–201, Rdnr. 396). (An einer *traditio* fehlt es aber, wenn ein in einem Bankschließfach liegender Scheck verschenkt wird, ohne dem Beschenkten den Schlüssel zu dem Schließfach auszuhändigen: Cass. civ. 3.4.2002, Bull. civ. 2002, I, Nr. 105 S. 82.) Im Immobiliarsachenrecht fehlt es dagegen an einer Entsprechung. Denn die Publizität begründet weder ein Recht noch behebt sie mögliche Mängel des kausalen Geschäfts. Unter Artt. 947 i.V.m. 220 port. CC ist der auf die Schenkung einer Immobilie gerichtete Vertrag nichtig, wenn er nicht notariell beurkundet oder durch authentifizierte private Urkunde erstellt wurde. Die Schenkung beweglicher Sachen bedarf der Schriftform; sie ist formfrei, „wenn sie von der Übergabe der Sache begleitet ist". Bei Immobilien ist eine auf die Formalisierung des Rechtsgeschäfts gerichtete Klage möglich mit der Folge, dass das entsprechende Urteil eingetragen werden kann (*Pais de Vasconcelos,* Teoria geral do direito civil[7], S. 618). Eine Heilung durch Registereintrag ist dagegen ausgeschlossen. Denn der Registereintrag ist unter Art. 16 port. CRP nichtig, wenn er falsch oder auf Grundlage eines falschen Titels aufgenommen ist oder wenn er auf Grundlage eines Titels aufgenommen wurde, der die eingetragene Tatsache nicht genügend beweist.

[266] Z.B. § 311b(1) Satz 2 dt. BGB (Auflassung und Eintragung im Grundbuch heilen den Mangel der notariellen Form); § 119(2) estn. LPA (das formunwirksame Verpflichtungsgeschäft wird durch nachfolgende wirksame Verfügung und entsprechende Grundbuchnotiz gültig). In Polen gilt das nicht (Artt. 158 i.V.m. 73 § 2 poln. ZGB). Wer im Rahmen eines nicht notariell beurkundeten Kaufvertrages den Eigenbesitz an einem Grundstück begründet, wird sogar als bösgläubig angesehen (Gniewek [-*Gołębiowski*], Kodeks cywilny[7], Art. 158 Rdnr. 7). Auch in Portugal scheidet eine Heilung durch Registereintrag aus (vorige Fn.; die notarielle bzw. authentifizierte Form für den Immobilienkauf folgt aus Art. 875 port. CC). Zu den Formerfordernissen eines Grundstückskaufvertrages unter schwedischem Recht gehört die Beglaubigung der Unterschrift des Veräußerers durch zwei Zeugen (Kap. 20 § 7(1) schwed. JB). Der Vertrag wird bei Verletzung dieser Formvorschrift wirksam, wenn der Verkäufer gegen die Eintragungsmitteilung des Grundbuchamts keine Einwendung erhebt (Kap. 20 § 8 JB). In Österreich bedarf der Grundstückskauf (anders der Kauf von Wohnungseigentum: § 2(6) österr. WEG) bürgerlichrechtlich keiner besonderen Form; ein urkundlicher Nachweis ist nur für die Grundbucheintragung erforderlich (§§ 26, 31 ff. österr. GBG).

verfügende in seiner Wirksamkeit von dem verpflichtenden Vertrag abgekoppelt werden kann und unter dem anwendbaren Recht auch tatsächlich abgekoppelt wird. In der Substanz geht es erneut um eine Bestätigung des *uno consensu*-Prinzips. Wiederum genügt *ein* Vertrag. Die Besonderheit besteht nur darin, dass es diesmal nicht der verpflichtende, sondern der verfügende Vertrag ist. Man hat in diesem zweiten Punkt immer wieder „den" großen Unterschied zwischen insbesondere Frankreich und Deutschland gesehen. Die Folge war, dass sich einige dritte Gesetzesverfasser genötigt fühlten, sich zwischen dem einen oder dem anderen Modell zu entscheiden. Dazu gehören auch einige Befürworter des doppelkonsensualen Übertragungsmodells.[267] Eine „abstrakte" Einigung setzt ja gerade keine *causa* voraus. Da lag es nahe, die Entscheidung gegen das Abstraktionsprinzip mit dem Gedanken zu verknüpfen, dass eine Verfügung ohne Verpflichtung unwirksam sein müsse. Der Umkehrschluss ist indes nicht zwingend. Denn die Gegensätze betreffen ja nur die Frage, ob (vorbehaltlich einer abweichenden Parteidisposition) dem Verpflichtungsgeschäft *oder* dem Verfügungsgeschäft die Wirkung einer Rechtsübertragung beizumessen sei.

Welcher Vertrag also? Die Antwort liegt im freien Ermessen des Gesetzgebers; zwin- **242**
gende Gründe für das eine oder das andere Modell finden sich nicht. Es geht um eine Frage der Praktikabilität, der Darstellungseffizienz und der Gewöhnung. Das Konzept der „abstrakten Verfügung" gibt sich analytisch anspruchsvoller. Es hat keine offenen theoretischen Flanken. Gerade deshalb wirkt es aber auch kalt und „glatt". An Kauf (Tausch, Schenkung etc.) anzuknüpfen, greift das „gesellschaftliche Gefühl" auf, dass man Eigentümer einer Sache sei, weil man sie gekauft hat.[268] Ohne demoskopische Befragung bleibt diese Begründung aber flach, ganz abgesehen davon, dass viele Menschen, würde man sie fragen, vermutlich sagen würden, dass eine bewegliche Sache ihnen gehört, weil sie sie bezahlt haben. Ein ernsthafteres Problem des kausalen Übertragungsregimes besteht darin, dass **Kauf und Eigentum einander nicht entsprechen,** genauso wenig wie Tausch und Nießbrauch, Schenkung und Hypothek usw.[269]

---

[267] Vorher Rdnrn. 233–235.

[268] Das Argument spielt u.a. in Polen (oben Fn. 218) und in Griechenland eine Rolle. Im griechischen Schrifttum wird zur Verteidigung des kausalen Systems nicht nur das bemerkenswerte Argument vorgetragen, dass „kein logischer Mensch das Vermögen eines Anderen grundlos vermehrt" (Georgiades und Stathopoulos [-*Georgiades*], ZGB, Artt. 1033–1093 S. 413 Rdnr. 32), sondern auch, dass das kausale System „eher dem Gemeinschaftsgefühl entspricht" (*Georgiades* aaO Rdnr. 36).

[269] Im Übrigen liegt es sogar so, dass der Eigentumsübergang in einem kausalen System trotz übereinstimmenden Übereignungswillens scheitert, wenn der Vertrag wegen eines Dissenses unwirksam ist, z.B. deshalb, weil sich die eine Seite Kauf und die andere Seite Tausch vorstellt (Beispiel nach *Gschnitzer/Faistenberger/Barta/Call/Eccher,* Sachenrecht², S. 101). Zu welchen Verwerfungen es kommen kann, wenn man versucht, Kauf und Eigentumserwerb aufeinander zu beziehen, zeigen eindrucksvoll auch das englische und das tschechische Recht. *PST Energy 7 Shipping LLC* v. *O. W. Bunker Malta Ltd.* [2016] UKSC 23; [2016] A.C. 1034 verneint einen Kaufvertrag, wenn dem Letzt„käufer" von in einer Lieferkette jeweils unter Eigentumsvorbehalt vertriebenem Öl das Recht zugestanden wird, es schon vor Fälligkeit der Forderung zu verbrauchen; ein Kauf setze ein *passing of property* voraus. Unter § 1099 tschech. BGB wird „das Eigentum an einer einzeln bestimmten Sache … schon allein mit dem Vertrag zum Zeitpunkt der Wirksamkeit des Vertrags übertragen, es sei denn, es ist etwas anderes vereinbart oder gesetzlich festgelegt". Das ist aber kaum nachvollziehbar, wenn man die Definition des Kaufvertrages zurate zieht. Denn unter § 2079(1) tschech. BGB verpflichtet sich der Verkäufer nur, „dem Käufer die kaufgegenständliche Sache zu übergeben und *ihm zu ermöglichen,* das Eigentum daran zu erwerben" (Hervorhebung hinzugefügt). Auf ein vergleichbares Phänomen stößt man auch

Denn es lassen sich endlos viele Gegenstände des Rechtsverkehrs verkaufen, tauschen und verschenken, die unmöglich Gegenstand eines Eigentums- oder eines sonstigen Sachenrechts sein können.[270] Nicht einmal die Redeweise vom „Verkauf einer Sache“ ist mehr als eine Abbreviatur für ein sehr komplexes Geschehen. Man verkauft keine Sache. Man verkauft ein Recht an einer Sache. Der Verkäufer des Eigentums an einer Sache verpflichtet sich, dem Käufer das Eigentum an ihr einzuräumen, der Verkäufer eines Nießbrauchrechts an dem Eigentum an einer Sache verpflichtet sich, dem Käufer das zu übertragene Recht (wenn es denn übertragbar ist) zu verschaffen, etc. Zugleich ist der Verkäufer des jeweiligen Rechts verpflichtet, es dem Käufer in dem vereinbarten Zustand (frei von Rechten Dritter) einzuräumen. Außerdem muss der Verkäufer des Eigentums an einer Sache dem Käufer den Besitz, der Verkäufer des Nießbrauchs den Besitz insoweit verschaffen, wie zur Ausübung des Nießbrauchs erforderlich, der Verkäufer einer Hypothek den Brief, der Verkäufer einer Forderung alles Erforderliche aushändigen, was zu ihrer Geltendmachung erforderlich ist. Die Haftung für Sachmängel folgt dagegen aus einer gesonderten Abrede. Letztere wird zwar aus der Verwendung des Wortes „Kauf“ geschlossen, charakterisiert ihn aber nicht. Man hat z.B. auch bei einer wirksamen Haftungsfreizeichnung noch einen Kauf vor sich. Nicht anders liegt es, wenn sich ein Verkäufer das Eigentum bis zur vollständigen Zahlung des Kaufpreises vorbehält. Das Geschäft bleibt auch ohne Eigentumsübergang ein Kauf.

243 Ein kausales *uno consensu*-Prinzip steht und fällt aber auch nicht mit dem Gleichlauf von Kauf und Eigentumsübertragung. Wiederum hat man nur eine abgekürzte Ausdrucksweise vor sich, wenn gesagt wird, dass der Kauf das Eigentum übertrage. In Wahrheit ist der Eigentumswechsel die *gesetzliche* Folge von Verpflichtungen, die auf Rechtsübertragung ausgelegt sind. Es handelt sich aber um eine dispositive Regel; sie steht abweichenden Vereinbarungen nicht entgegen. Die Verwendung des Wortes „Kauf“ begründet also wiederum nur für den gesetzlichen Normalfall die Annahme, dass die Parteien den sofortigen Übergang des verkauften Rechts wünschen. Nicht die vertragsrechtliche Bedeutung des Wortes „Kauf“ gibt den Ausschlag, sondern eine Art gesetzliche Übersetzung. Wenn die Parteien von „Kauf“ reden, dann meinen sie (i) im Zweifel den Kauf des Eigentumsrechts an einer Sache, und sie beabsichtigen (ii), wenn sie nichts anderes zum Ausdruck bringen, seinen sofortigen Übergang. Was auf den ersten Blick zirkulär wirkt – der Kaufvertrag überträgt Eigentum, aber ob man einen Kaufvertrag vor sich hat, hängt davon ab, ob er Eigentum überträgt – löst sich widerspruchsfrei auf, wenn man auf allen Ebenen allein auf den Parteiwillen abstellt.

e) Folgen

244 Die praktischen Folgen der Antwort auf die Frage, auf welchen Vertrag abzustellen sei, sind ohnehin gering. Wo zwei Verträge verlangt werden, erhöht sich natürlich das

---

in Polen. Hier wird diskutiert, was es eigentumsrechtlich bedeutet, einen Kaufvertrag in Übernahme der gesetzlichen Formulierung (Art. 535 poln. ZGB) dahin zu fassen, dass sich der Verkäufer verpflichtet, das Eigentum zu übertragen. Die einen meinen, das genüge unter Art. 155 § 1 poln. ZGB für den Eigentumsübergang; zum Ausschluss der Doppelwirkung sei eine eindeutige negative Formulierung unerlässlich (Gniewek [-*Gołębiowski*], Kodeks cywilny[7], Art. 155, Rdnr. 5), die anderen, dass durch die Verwendung des Wortes „Kauf" nur der Verpflichtungs-, nicht aber auch der Übertragungswille zum Ausdruck komme (Radwański und Gniewek [-*Gniewek*], System prawa prywatnego III[3] S. 540 Rdnr. 112).

[270] Band 1 Rdnrn. 94, 108–109.

Unwirksamkeitsrisiko, oft insbesondere unter dem Gesichtspunkt der zu wahrenden Form.[271] Wo aber nur ein Vertrag verlangt wird, hängen die Unterschiede zwischen den nationalen Systemen in der Regel von den zusätzlich zu der Einigung noch erforderlichen Übertragunsmodi ab, nicht von der Einbettung des Vertrages in einen kausalen oder einen dinglichen Denkzusammenhang. Bei **Gattungssachen** und den ihnen sachenrechtlich letztlich gleichstehenden zukünftigen Sachen[272] ist es nur wichtig, dass tatsächlich eine eigentumsfähige Sache (durch Konkretisierung) geschaffen wird bzw. (durch Produktion oder Trennung) entsteht. Zu welchem Zeitpunkt der Vertrag geschlossen wird, macht aber ebenso wenig einen Unterschied wie der Umstand, ob man ihn in der Kauf- oder der Übereignungsabrede identifiziert. Falls der Verkäufer das Eigentum an der neu entstandenen Sache noch belasten kann, dann ist das eben nur eine Folge des Traditions- bzw. des Eintragungserfordernisses, nicht aber eine Folge des Charakters der zuvor bereits getroffenen Vereinbarung.[273] Auch Fragen der **Be-**

---

[271] Siehe z. B. für Griechenland oben Rdnr. 233.

[272] Das kommt gut in Art. 155 § 2 poln. ZGB zum Ausdruck, der lautet: „Wenn den Gegenstand eines zur Eigentumsübertragung verpflichtenden Vertrages nur der Gattung nach bestimmte Sachen darstellen, ist zur Eigentumsübertragung die Übertragung des Besitzes an der Sache erforderlich. Das Gleiche gilt, wenn der Gegenstand eines zur Eigentumsübertragung verpflichtenden Vertrages zukünftige Sachen sind". Eine zukünftige Sache kann auch eine Immobilie sein (poln. OG 22.5.2002, I CKN 237/00, Lex-Nr. 55084: Kaufvertrag über eine Wohnung, die mangels Anlegung eines Grundbuchblattes noch keine selbständige Sache war; Kaufvertrag wirksam, aber ohne sachenrechtlichen Effekt). Als „zukünftige Sachen" werden außerdem gelegentlich Sachen angesehen, die, wie beide Parteien wissen, im Zeitpunkt des Abschlusses des Kaufvertrages dem Verkäufer noch nicht gehören, aber später in sein Eigentum fallen. Tschech. OG 11.12.2002, 22 Cdo 981/2001, Soubor rozhodnutí Nejvyššího soudu, Bd. 22, C 1594 (oben Fn. 264) betraf ein Grundstück, das im Zeitpunkt des Verkaufs noch einem Dritten (C) gehörte. Der Verkäufer (A) hatte dem Käufer (B) aber zugesagt, seine (des A) Restitutionsansprüche geltend zu machen. Das gelang. Der Kaufvertrag zwischen A und B wurde für wirksam angesehen. Allein die Tatsache, dass der Verkäufer im Zeitpunkt des Vertragsabschlusses nicht Eigentümer der verkauften Sache sei und auch kein Recht habe, über sie zu verfügen, verursache noch nicht die Nichtigkeit des Kaufvertrages, insbesondere dann nicht, wenn seine Wirksamkeit auf den Zeitpunkt des Eigentumserwerbs seitens des Verkäufers aufgeschoben wurde. App. Catania 19.3.2015, De Jure Datenbank, betraf einen eingetragenen Vertrag über den Kauf von 3 ha Land aus einem großen Grundstück. Der Käufer hatte das Recht, die drei Hektar innerhalb von zehn Jahren zu bestimmen (zu individualisieren). Das Gericht sah darin den Kauf einer Gattungssache.

[273] Ist eine zukünftige Sache verkauft worden und ist der Eigentumsübergang eine gesetzliche Folge des Kaufs, dann geht das Eigentum mit der Entstehung der Sache *ipso iure* auf den Käufer über (Cass. civ. 1.6.1999, Bull. civ. 1999, I, Nr. 189 S. 124 [betr. das Luftbild eines Hauses]). Der Verkäufer hat keine Befugnis mehr, dieses Eigentum noch vor Auslieferung der Sache an den Käufer zugunsten eines Dritten zu belasten. Unter Art. 2333 franz. CC ist zwar ein (besitzloses) Pfandrecht an zukünftigen Sachen unter der Voraussetzung ausdrücklich möglich, dass die Sache auch tatsächlich entsteht, aber es gibt keinen Hinweis darauf, dass sich ein solches Pfandrecht gegenüber dem älteren Titel aus dem Kauf durchsetzt. Verkauft also X am 1.11. an Y eine erst am 30.11. hergestellte Sache, bestellt X aber an ihr noch am 15.11. ein besitzloses Pfandrecht zugunsten des Z, so wirkt diese Pfandrechtsbestellung nach unserem Verständnis nicht mehr gegenüber Y. Anders liegt es, wenn eine Teilmenge aus einer definierten Gesamtmenge (100 Zentner aus einer in einem Lagerhaus eingelagerten Gesamtmenge von 10 000 Zentnern) verkauft wird und die Gesamtmenge schon vor Konkretisierung der Teilmenge mit dem Recht eines Dritten belastet wird. Ebenso verhält es sich, wenn Holz auf dem Stamm verkauft, das Grundstück aber noch vor dem Fällen der Bäume mit dem Nießbrauch eines Dritten belastet wird. Wenn nicht das aufstehende Holz bereits als ein selbständiges Sachenrechtsobjekt qualifiziert wird (Band 1 Rdnr. 125–126), setzt sich der Nießbraucher gegenüber dem Erwerber durch.

dingung und Befristung haben mit ihm nichts zu tun. Zwar mag es sein, dass die Konzentration auf „das" (oder ein) dingliche(s) Geschäft den Blick auf bestimmte Problemkonstellationen schärft, aber für ihre rechtspolitische Lösung spielt der dogmatische Rahmen keine ausschlaggebende Rolle. Von ihm hängen insbesondere weder die Möglichkeit der Vereinbarung eines Eigentumsvorbehaltes noch die gelegentlich anzutreffende Regel ab, dass die Einigung über die Übertragung des Eigentums an Grundstücken unbedingt erfolgen müsse.[274] Das Verständnis des Eigentumsvorbehaltes als einer aufschiebend bedingten „dinglichen" Einigung unterscheidet sich in nichts von einem kausalen Übertragungsregime, das es den Parteien freistellt, von dem Grundsatz der sofortigen Eigentumsübertragung abzuweichen.[275] Ob die Übertragung eines Immobiliarsachenrechts bedingt werden kann (z. B. durch vollständige Zahlung der versprochenen Gegenleistung), hängt ebenfalls nicht an dem Disput über Verfügung und Verpflichtung. Es handelt sich um eine Entscheidung, die ein Gesetzgeber mit Blick auf die Stabilisierung seines Grundbuchsystems trifft.[276] Zwar kommen bedingte Übereignungen (vor allem in der Form eines Eigentumsvorbehalts bei Grundstücken) in kausalen Systemen vergleichsweise häufig vor.[277] Aber es gibt auch

---

[274] Das entspricht auch der herrschenden deutschen Rechtsansicht (z. B. MünchKomm [-*Kanzleiter*], BGB VII[7], § 925 Rdnr. 29; *Kanzleiter,* DNotZ 1996 S. 242, 251 und Staudinger [-*Pfeifer und Diehn*], BGB (2017), § 925 Rdnr. 145; anders aber *Kohlhaas,* SchlHA 1997 S. 266, 267).

[275] Nur theoretisch gibt es „in einem reinen Konsensualsystem, wo der Eigentumserwerb direkt aus dem Kaufvertrag folgt, ... für den Eigentumsvorbehalt keinen Platz" (*Bonomi,* Der Eigentumsvorbehalt in Österreich und Italien, S. 19). Tatsächlich hat er sich inzwischen auch in diesen Systemen zumindest für bewegliche Sachen (Artt. 157 § 1, 589 poln. ZGB) überall durchgesetzt. Wie in Frankreich so gilt es z. B. auch in Italien als selbstverständlich, dass der *effetto reale immediato* des Vertrages von den Parteien gewollt sein muss, von ihnen also nicht ausgeschlossen sein darf. Art. 1523 ital. CC bestätigt das. Allerdings wirkt der Eigentumsvorbehalt den Gläubigern des Käufers gegenüber nur, wenn er sich aus einer Urkunde mit einem der Pfändung vorausgehenden sicheren Datum ergibt (Art. 1524(1) ital. CC; näher z. B. *Luminoso,* La compravendita[4], S. 123).

[276] Das lässt sich schön auch in Österreich beobachten. Materiellrechtlich bestehen gegen bedingte Verfügungen über Grundstücke keine Bedenken; auch ihre Eintragung im Grundbuch ist möglich (OGH 26.1.2001, 5Ob326/00b, RIS Justiz). Dagegen können bedingte oder betagte Rechte vor Eintritt der Bedingung oder des Termins nicht eingetragen werden (Rummel [-*Spielbüchler*], ABGB II[3] § 431 Rdnr. 9 m. w. N.). Deshalb wird auch eine Übereignung unter Eigentumsvorbehalt nicht eingetragen; vielmehr muss zuvor der Eintritt der Bedingung (Zahlung des Kaufpreises) in geeigneter Form nachgewiesen sein (OGH 25.11.2008, SZ 2008/175). Der Grund liegt im Grundbuchrecht. Es liefert für die Eintragung eines in seiner Entstehung noch unsicheren Rechts keine Grundlage, auch nicht in der Form einer Vormerkung. Eintragungsfähig ist erst das entstandene Recht (OGH aaO).

[277] Ein Eigentumsvorbehalt bei Grundstücken ist z. B. in Frankreich und in Griechenland (Art. 532 gr. ZGB; eine dem § 925(2) dt. BGB entsprechende Vorschrift kennt das gr. ZGB nicht) möglich. In Frankreich folgt das zumindest mittelbar aus Art. 2373(2) franz. CC („la propriété de l'immeuble peut ... être retenue ... en garantie"; dazu *Simler und Delebecque,* Droit civil: Les sûretés, la publicité foncière[6], S. 360 Rdnr. 370). Meistens vereinbart man aber nicht eine solche *sûreté,* sondern verschiebt den Eigentumsübergang bis zur Unterschrift unter der notariellen Urkunde (vorher Rdnr. 231). Art. 1500 ital. CC kennt sogar den dinglich wirkenden *patto di riscatto* (Wiederkauf), der den Eigentumsübergang auflösend bedingt. Bei Immobilien verliert die Bedingung ihre Wirksamkeit aber spätestens nach fünf Jahren, und Dritten gegenüber wirkt das Wiederkaufsrecht nur bei Eintragung oder Kenntnis (Art. 2653 ital. CC). Auch unter tschechischem Recht kann bei Grundstücken ein Eigentumsvorbehalt bestellt und in das Liegenschaftskataster eingetragen werden (§ 11(1)(k) tschech. Liegenschaftskatastergesetz). Der

kausale Systeme, die insoweit bedingungsfeindlich[278], und abstrakte, die bedingungsfreundlich arbeiten. In Deutschland z. B. ist zwar „eine Auflassung, die unter einer Bedingung oder einer Zeitbestimmung erfolgt, … unwirksam" (§ 925(2) dt. BGB), doch gilt das eben nur für die „Auflassung", d. h. für „die zur Übertragung *des Eigentums* an einem Grundstück … erforderliche Einigung" (§ 925(1) dt. BGB; Hervorhebung hinzugefügt). Es gilt aber keineswegs für alle immobiliarsachenrechtlichen Rechtsgeschäfte.[279]

Auch die Frage, ob Sachenrechte **privatautonom *extra commercium*** gestellt werden können[280], hängt nicht davon ab, ob man dem Modell eines doppelwirkenden 245

Verkäufer kann zwischen einem rein schuldrechtlichen und einem eintragungspflichtigen dinglichen Vorbehalt wählen, der den gutgläubigen Erwerb durch Dritte verhindert (Hulmák [-*Bednář und Kasík*], Občanský zákoník VI, S. 103). Das Katasteramt trägt im zweiten Fall den Käufer erst dann als Eigentümer ein, wenn der Verkäufer die erfolgte Kaufpreiszahlung bestätigt (§ 1949(1) tschech. BGB). Dienstbarkeiten können sowohl auflösend als auch aufschiebend bedingt bestellt werden (Spáčil [-*Lasák und Hrabánek*], Občanský zákoník III, S. 925); beim Baurecht dagegen wird eine auflösende Bedingung „nicht berücksichtigt" (§ 1246 tschech. BGB). Zu Portugal und Spanien siehe bereits Bd. 1 Rdnr. 165 mit Fn. 514. Unter Art. 409(1) port. CC ist es „in den Veräußerungsverträgen … rechtmäßig, dass der Veräußerer das Eigentum an der Sache für sich behält bis zur vollständigen oder teilweisen Erfüllung der Pflichten seitens der anderen Partei oder bis zum Eintritt eines anderen Ereignisses". Bei unbeweglichen oder der Eintragung unterliegenden Sachen muss die Klausel aber im Register verlautbart sein, um drittwirksam zu sein (Abs. (2) aaO). Damit stimmt das Bedingungsrecht überein (Artt. 274 und 276 port. CC; näher *Afonso,* A condição, S. 441 Fn. 1005). Der spanische CC erwähnt den *pacto de reserva de dominio* bei Grundstücken nicht. Er kommt in der Praxis nur selten vor, gilt aber als eine zulässige Form privatautonomer Vertragsgestaltung (eingehend *Amorós Guardiola,* RCDI 488 [1972] S. 9–42).

[278] Unter Art. 157 § 2 poln. ZGB (oben Rdnr. 235) z. B. ist, wenn ein Grundstück unter einer Bedingung oder einer Zeitbestimmung verkauft wurde, „zur Eigentumsübertragung eine zusätzliche bedingungslose Einigung der Parteien über den unverzüglichen Eigentumsübergang erforderlich". Auch der ewige Nießbrauch kann nicht unter einer Bedingung bestellt (Artt. 234 i. V. m. 157 § 1 poln. ZGB; poln. OG 18.5.1995, III CZP 61/95, Legalis-Nr. 29299) oder übertragen werden (Art. 237 i. V. m. Art. 157 § 1 poln. ZGB). Zwingenden Rechts sind auch die den Kauf unter einer Bedingung betreffenden Vorschriften der Kap. 4 §§ 4–6 schwed. JB (*Beckmann* u. a., Jordabalken, S. 55). Die Bedingung muss in dem Kaufvertrag und einem evtl. ausgestellten Kaufbrief enthalten sein. Tritt die Bedingung nicht ein, entsteht ein Recht auf Aufhebung des Vertrages. Der Kauf wird als „schwebend" *(svävande)* angesehen (*Beckmann* u. a. aaO S. 65). Mit Ausnahme der Kaufpreiszahlung muss eine Bedingung auf längstens zwei Jahre befristet sein (Kap. 4 §§ 4(1) und 5 JB). Vor Bedingungseintritt erhält der Käufer nur eine sog. ruhende Eintragung *(vilande lagfart)* (Kap. 20 § 7 JB). Der Käufer kann deshalb nicht verfügen, erlangt aber schon Schutz gegenüber den sonstigen Gläubigern des Veräußerers.

[279] Neben der Auflassung sind nach deutschem Recht auch die Einräumung und Aufhebung von Sondereigentum an Wohnungen (§ 4(2) Satz 2 dt. WEG) und die Übertragung des Anwartschaftsrechts des Auflassungsempfängers bedingungsfeindlich. Auch das Erbbaurecht kann nicht unter einer Bedingung übertragen werden (§ 11(1) Satz 2 dt. ErbbauRG). Es darf außerdem nicht unter einer auflösenden Bedingung (§ 1(4) Satz 1 aaO) bestellt werden; erlaubt ist dagegen seine aufschiebend bedingte Bestellung. Die Bestellung eines Dauerwohnrechts ist bedingungs-, aber nicht befristungsfeindlich (§ 33(1) Satz 2 dt. WEG). Im Übrigen sind Bedingungen und Zeitbestimmungen bei der Bestellung, Änderung, Übertragung und Aufhebung dinglicher Rechte zulässig (Staudinger [-*Pfeifer und Diehn*], BGB (2017), § 925 Rdnrn. 91 und 97). Die Bedingung muss im Grundbuch vermerkt werden (Staudinger [-*Gursky*], BGB (2012), § 873 Rdnr. 267). Auch Polen erlaubt die bedingte Bestellung von beschränkten dinglichen Rechten an Immobilien (Art. 245 § 1 poln. ZGB), darunter die bedingte Bestellung einer Hypothek (*Szpunar,* Rejent 1998 (11), S. 9, 15).

[280] Zu den *res extra commercium* eingehend bereits Band 1 Rdnrn. 96–103.

kausalen Vertrages oder dem Modell eines separaten Verfügungsgeschäfts folgt; es macht nicht einmal einen Unterschied, ob man zur Übertragung eines Sachenrechts einen oder gleich zwei Verträge fordert. Die Regel des § 137 dt. BGB, wonach „die Befugnis zur Verfügung über ein veräußerliches Recht ... nicht durch Rechtsgeschäft ausgeschlossen oder beschränkt werden" kann, wohingegen „die Wirksamkeit einer Verpflichtung, über ein solches Recht nicht zu verfügen" unberührt bleibt, bringt zwar eine Bestätigung für die Trennung von Verpflichtung und Verfügung, ist aber alles andere als eine Besonderheit des deutschen Rechts. Sie findet sich nahezu wortgleich in Art. 57 poln. ZGB wieder, entspricht in wesentlichen Zügen dem Inhalt von Art. 177 gr. ZGB, Art. 1379 ital. CC[281] und von § 1761 tschech. BGB[282] und findet weithin auch die Zustimmung der portugiesischen Rechtsprechung. Allerdings hat sie sich bislang nur auf die Nichtigkeit zeitlich unbegrenzter Verfügungssperren festgelegt und mit der Nichtigkeit solcher Abreden auch die Nichtgewährung eines Schadensersatzanspruches aus Vertragsverletzung begründet.[283] Unter Art. 900-1 franz. CC sind *clauses d'inaliénabilité* gültig, wenn sie ein bestimmtes Gut betreffen, zeitlich begrenzt und durch ein ernsthaftes und legitimes Interesse des Schenkers gerechtfertigt sind.[284] Die Regel wird von der Rechtsprechung freilich auch auf entgeltliche Verträge angewandt.[285] „Zeitlich begrenzt" ist auch eine auf die Lebensdauer des Schenkers befristete Unveräußerlichkeitsklausel.[286] Das *intérêt sérieux et légitime* kann finanzieller oder moralischer Natur sein, und es kann sowohl in der Person des Verfügenden, des Erwerbers als auch eines Dritten begründet sein.[287] Spanien folgt einem ähnlichen, wenn auch deutlich restriktiveren Modell.[288]

---

[281] Ein vertragliches Veräußerungsverbot wirkt hiernach nur zwischen den Parteien. Es ist nur gültig, wenn es angemessen zeitlich begrenzt wird und einem nennenswerten Interesse einer der Parteien entspricht. Es entfaltet keine Drittwirkung (*Bocchini,* Limitazioni convenzionali del potere di disposizione, S. 50).

[282] Danach wirkt ein Verbot zur Belastung oder Veräußerung einer Sache nur zwischen den Parteien, es sei denn, es wurde als dingliches Recht begründet. Das Verbot ist nur gültig, wenn es für die Dauer des Bestehens eines Treuhandfonds, einer Nacherbschaft, einer Vertretung oder sonst für eine bestimmte und angemessene Dauer im rechtlich schutzwürdigen Interesse einer Partei bestellt wurde. In diesem Fall kann es in das Liegenschaftskataster eingetragen werden (§ 11(1)(n) tschech. Liegenschaftskatastergesetz). Es spielt vor allem im Hypothekenrecht eine Rolle.

[283] STJ 16.4.2013, Processo 230/08.7TBPNH.P1.S 1 (Nichtigkeit einer Vertragsklausel über die beständige Unveräußerlichkeit [*cláusula de inalienabilidade perpétua*] einer von einer Gemeinde preisgünstig gekauften Immobilie. Es handele sich um eine Verletzung des Prinzips der freien Verfügbarkeit der Güter [*princípio da livre disponibilidade dos bens*], das aus der dinglichen Natur und der Definition des Eigentums folge. Das Gericht ließ allerdings offen, ob zeitlich begrenzte Unveräußerlichkeitsklauseln erlaubt seien. Weil die Klausel nichtig sei, sei die Beklagte auch nicht zu Schadensersatz aus dem Vertrag verpflichtet).

[284] Die erst im Jahre 1971 in den Code civil eingefügte Bestimmung bestätigt ältere Rechtsprechung, die bis auf Cass. 20.4.1858, DP 1858, 1, S. 154; S. 1858, 1, S. 589 zurückgeht.

[285] Cass. civ. 31.10.2007, Bull. civ. 2007, I, Nr. 337.

[286] Cass. civ. 8.1.1975, Bull. civ. 1975, I, Nr. 8 S. 9. Cass. 24.1.1899, DP 1900, 1, S. 533 hatte die Frage noch anders akzentuiert und entschieden, dass dem *Beschenkten* nicht die Möglichkeit genommen werden dürfe, während seiner Lebensspanne die Sache zu veräußern.

[287] *Terré und Simler,* Les biens[9], S. 140 Rdnr. 131 (mit den Beispielen, dass sich (i) der Schenker den Nießbrauch vorbehalten hat, dass (ii) der Verfügende den Erwerber bis zu einem bestimmten Alter vor Verschwendungssucht schützen will, und (iii) die Interessen eines Rentengläubigers geschützt werden sollen).

[288] Artt. 26–27 span. LH sowie Artt. 785(2) i. V. m. 781 span. CC. *Prohibiciones de disponer o enajenar* sind wirksam, wenn sie zeitlich begrenzt sind und einen legitimen Zweck haben (näher

Unterschiedliche Auffassungen begegnen desweiteren zu der Frage, ob das Regime des rechtsgeschäftlichen Eigentumsüberganges **zwingender oder dispositiver Natur** ist. Die Antworten hängen aber erneut nicht von der kausalen oder der rein sachenrechtlichen Deutung des Vertrages ab; zwingender Natur ist nur das Erfordernis des die Einigung sachenrechtlich verstärkenden Extragrundes.[289] Nach griechischer Rechtsauffassung ist die Regel, dass das Eigentum an einem Grundstück nur übergeht, wenn sowohl der Kaufvertrag als auch die dingliche Einigung wirksam sind, zwingenden Rechts.[290] England dagegen stellt den Zeitpunkt des Eigentumsübergangs bei beweglichen Sachen in das Belieben der Parteien, und ebenso verhält es sich im Ergebnis unter französischem, italienischem und tschechischem Recht.[291] Das deutsche Recht wiederum gestattet es den Parteien nicht nur, die Verfügung im Wege einer Bedingung mit dem schuldrechtlichen Geschäft zu verknüpfen (ist der Kaufvertrag nichtig, dann kann auch die in der vollständigen Bezahlung des Kaufpreises bestehende Bedingung für den Eigentumsübergang nicht mehr eintreten). Vielmehr unterliegt auch sein „Abstraktionsprinzip“ der Privatautonomie. Das lässt sich mit § 139 dt. BGB begründen, wonach, wenn ein Teil eines Rechtsgeschäfts nichtig ist, das ganze Rechtsgeschäft nichtig ist, wenn nicht anzunehmen ist, dass es auch ohne den nichtigen Teil vorgenommen sein würde. „Ein“ Rechtsgeschäft i.S.d. § 139 aaO kann auch die Summe aus Verpflichtung und Verfügung sein. Wenn Kauf und Übereignung nach dem Parteiwillen eine derart enge Einheit bilden, dass das eine mit dem anderen „stehen und fallen“ soll, dann hat nach der deutschen Rechtsprechung die Nichtigkeit des Kausalgeschäfts auch die Nichtigkeit des Erfüllungsgeschäfts zur Folge.[292] Denn bei einem Konflikt zwischen der Privatautonomie und dem Abstraktionsprinzip geht die Privat- 246

Gómez Gálligo, Las prohibiciones de disponer en el derecho español, S. 60). Die Drittwirksamkeit hängt von der Eintragungsfähigkeit ab. Eintragungsfähig sind unter Art. 26(3) span. LH „die vom Testator oder Schenkenden in letztwilligen Verfügungsakten, ehelichen Güterrechtsvereinbarungen, Schenkungen oder sonstigen unentgeltlichen Rechtsgeschäften verhängten [Verbote], wenn die geltende Gesetzgebung ihre Wirksamkeit anerkennt“. Sonstige privatautonome Verfügungsverbote, d.h. „Verfügungsverbote, die ihren Ursprung in Urkunden oder Verträgen haben“, sind nur registerfähig, wenn „ihre Erfüllung mittels Hypothek oder irgendeiner anderen Form von Sicherheit besichert wird“ (Art. 27 span. LH). Die Lehre unterscheidet deshalb zwischen sachenrechtlich registerfähigen und rein schuldrechtlich wirkenden Verfügungsverboten (eingehend Domínguez Luelmo [-*Mateo Sanz*], Comentarios a la Ley Hipotecaria, Art. 27 LH, S. 510–512).

289 Unten Rdnr. 253.

290 Das wird aus dem Wortlaut von Art. 1033 gr. ZGB geschlossen, wonach die Einigung zur Eigentumsübertragung „aus einem gültigen Rechtsgrund“ erfolgen muss (Georgiades und Stathopoulos [-*Georgiades*], ZGB, Art. 1033 S. 418 Rdnr. 14 und S. 419 Rdnr. 16; *Triantos,* AK, Art. 1033 gr. ZGB S. 1255 Rdnr. 5). Ohne gültige *causa* wird das Eigentum nicht übertragen (Areopag 354/2007, EllDni 49 [2008] S. 1009; Berufungsgericht Athen 6125/2002, EllDni 44 [2003] S. 269; Areopag 369/1978, NoB 27 [1979] S. 173). „Dieses Ergebnis darf nicht durch eine gegensätzliche Vereinbarung der Parteien geändert werden, da Art. 1033 gr. ZGB ein Verbot enthält. Demzufolge dürfen die Vertragspartner nicht vereinbaren, dass das Eigentum an einem Grundstück auch ohne gültigen Rechtsgrund übergehen kann“ (*Georgiades* aaO S. 419 Rdnr. 13).

291 Vorher Rdnrn. 231, 239 und 243.

292 BGH 26.10.1990, NJW 1991 S. 917. Entscheidend ist nicht die wirtschaftliche Verknüpfung, sondern der rechtliche Zusammenhang zwischen Verpflichtungs- und Verfügungsgeschäft. Immer getrennt bleiben allerdings Kauf und Auflassung eines Grundstücks (§ 925 dt. BGB); hier soll das eine nie mit dem anderen „stehen und fallen“ (BGH 23.2.1979, NJW 1979 S. 1495, 1496; BGH 24.5.1985, NJW 1985 S. 3006, 3007).

autonomie vor.[293] Nach einer Entscheidung des tschechischen Verfassungsgerichts andererseits kann es „zur Wirkung der Eintragung des Eigentumsrechts in das Liegenschaftskataster, durch welche das Eigentumsrecht an der Liegenschaft begründet wird, nur im Anschluss an die durch den (schuldrechtlichen) Vertrag hervorgerufenen Wirkungen kommen. Die Vertragsparteien können von diesem Grundsatz nicht abweichen, und sie können auch nicht die schuld- und die dinglichrechtliche Reihenfolge ändern".[294]

247 Es bleibt das **Nichtigkeitsrisiko.** In einem doppelkonsensualen System müssen zwei Verträge auf ihre Wirksamkeit geprüft werden. Die abstrakte Gefahr, dass einer von ihnen nichtig ist, ist erhöht.[295] Konkret muss man aber jeden einzelnen Nichtigkeitsgrund separat und in allen Details prüfen. Eine Folgenabschätzung wird deshalb nahezu unmöglich, und dasselbe gilt für den Vergleich zwischen doppelwirkenden Kausalverträgen mit unokonsensualen „abstrakten" Verfügungen. Das vertragsrechtliche Nichtigkeitsrecht der Mitgliedstaaten der Union weicht viel zu stark voneinander ab, um eine allgemeine Aussage über seine sachenrechtlichen Fernwirkungen treffen zu können. Man sieht das deutlich bei Verträgen, die gegen ein gesetzliches Verbot verstoßen[296] (ganz abgesehen davon, dass die gesetzlichen Verbote auch ihrerseits wieder divergieren), ferner an den sehr unterschiedlichen Regeln zu den von bzw. mit Minderjährigen geschlossenen Verträgen. Es lässt sich nicht einmal sagen, dass nur ein kausaler Vertrag aus einem „unlauterem Beweggrund" (Art. 1345 ital. CC) geschlossen werden könne. Wenn sich ein Kreditgeber ein wucherisches Darlehen mit einer Grundschuld sichern lässt, dann ist nach der deutschen Rechtsprechung auch die Grundschuldbestellung nichtig.[297] Nicht anders liegt es, wenn die Gegenleistung des Bewucherten in der Übereignung einer beweglichen Sache besteht[298], ganz abgesehen davon, dass man hier jeweils „entgeltliche Verfügungen" (vgl. § 816(1) Satz 2 dt. BGB) vor sich hat, eine Kategorie, die ohne Rückgriff auf eine *causa* nicht mit Inhalt gefüllt werden kann. Nicht nachweisbar ist schließlich auch ein Zusammenhang zwischen dem Recht der Willensmängel, insbeson-

---

[293] BGH 26.10.1990, NJW 1991 S. 917.

[294] Tschech. VerfG 12.6.2000, ÚS I. 331/98, Sbírka nálezů a usnesení Ústavního soudu, Bd. 18 S. 233 Nr. 86.

[295] Der griechische Gesetzgeber begegnet diesem Risiko unter seinem System kausaler Grundstücksübereignungen u. a. mit Art. 139 gr. ZGB (Schutz gutgläubiger Dritter bei Simulation), Art. 184 gr. ZGB (Anfechtung; die von gutgläubigen Dritten aus einem nichtigen Vertrag erworbenen Rechte bleiben bestehen), Art. 1203 (rechtskräftige Nichtigerklärung eines in das Transkriptionsbuch eingetragenen Grundstücksvertrages nach Anfechtung; Drittwirkung der Nichtigkeit erst nach Verlautbarung im Transkriptionsbuch) und Art. 1204 gr. ZGB (die Eintragung der Nichtigkeit im Transkriptionsbuch lässt zuvor begründete dingliche Rechte Dritter unberührt). Im Recht der beweglichen Sachen verbleibt es dagegen bei dem Abstraktionsprinzip (z. B. Areopag 215/2016, NoB 64 (2016) S. 1871 [Übereignung beweglicher Sachen im Gegenzug zu einem unwirksamen Unterhaltsverzicht wirksam]). Eine Gegenausnahme gilt für Schiffe (Areopag 298/2016, EEmpD 67 [2016] S. 427 und Berufungsgericht Piräus 421/2013, EEmpD 65 [2014] S. 405).

[296] Rechtsvergleichende Nachweise in den Anmerkungen unter DCFR II.-7:302 (Contracts infringing mandatory rules).

[297] BGH 8.7.1982, NJW 1982 S. 2767, 2768.

[298] BGH 3.10.1989, NJW 1990 S. 384, 385; BGH 27.5.1974, WM 1974 S. 774; RG 17.1.1940, RGZ 162 S. 302, 306 (Hingabe von Wechsel oder Scheck). (In einem kausalen System ist das ohnehin selbstverständlich; es fehlt an einem Titel, und deshalb kommt es nicht zu einem Eigentümerwechsel: *Gschnitzer/Faistenberger/Barta/Call/Eccher,* Sachenrecht², S. 101).

dere dem Recht der **Anfechtung wegen Irrtums,** und dem korrespondierenden Übertragungsrecht. Da kausale Verträge komplizierter und damit irrtumsanfälliger als rein sachenrechtliche Einigungen sind, sollte man meinen, dass sich kausale Systeme zur Stabilisierung der Übertragungsvorgänge mit einem geringeren Kanon an Anfechtungsgründen und kürzeren Anfechtungsfristen begnügen als abstrakte. Tatsächlich gibt es dafür jedoch keinen Beleg. Es gibt insbesondere keinen Zusammenhang zwischen dem Übertragungsrecht und der Frage, ob nur ein fremdveranlasster oder auch ein selbstverschuldeter Irrtum zur Anfechtung berechtigen sollen, und es gibt auch keinen Zusammenhang zwischen dem Übertragungsrecht und den prozeduralen Voraussetzungen der Geltendmachung von Anfechtungs- und anderen Nichtigkeitsgründen. Anfechtungs- und Übereignungsrecht stehen in Europa unverbunden nebeneinander.

Wie unter § 119 dt. BGB und Kap. 3 § 32(1) schwed. AvtL kann auch unter **248** Artt. 1109 belg. bzw. 1130 franz. CC ein Kaufvertrag durch denjenigen angefochten werden, dem der Irrtum unterlaufen ist. Der Irrtum muss für den Vertragsschluss kausal geworden[299] und entschuldbar sein; ein unentschuldbarer (einfach zu vermeidender) Irrtum ist kein Anfechtungsgrund.[300] Die Folge eines solchen *vice du consentement* ist eine *nullité relative;* auf sie kann sich nur der *errans* berufen. Er hat dafür unter französischem Recht fünf (Art. 2224 franz. CC) und unter belgischem Recht sogar zehn Jahre ab Entdeckung des Mangels Zeit (Art. 1304 belg. CC) (während unter § 121 dt. BGB „unverzüglich" angefochten werden muss!). Die Feststellung der Nichtigkeit muss, wenn die Parteien sich insoweit nicht einig sind, gerichtlich beantragt werden.[301] Nichtigkeit tritt *ex tunc* ein; der Vertrag wird so angesehen, als habe er nie existiert. Zur Abmilderung der eigentumsrechtlichen Drittwirkungen hat die Rechtsprechung die Regel entwickelt, dass nur *actes de disposition,* nicht aber auch *actes d'administration* für nichtig erklärt würden, und sich außerdem der *théorie de l'apparence* bedient, um unter bestimmten Voraussetzungen selbst *actes de disposition* aufrechterhalten zu können. Dritte, die unter einem unüberwindbaren Fehler *(erreur invincible)* gutgläubig auf das Bestehen einer rechtlichen Lage vertrauten, bleiben geschützt.[302] In Fällen, in denen die absolute Nichtigkeit unangemessen wäre, sieht auch das italienische Recht die Anfechtbarkeit des Vertrags *(annullabilità del contratto)* vor. Auch die Anfechtung wegen Irrtums muss im Klagewege geltend gemacht werden (Artt. 1427, 1441 ital. CC). Nötig ist ein wesentlicher *(essenziale)* und für die andere Seite erkennbarer *(riconoscibile)* Irrtum (Art. 1428 i. V. m. Artt. 1429 und 1431 ital. CC); es kommt aber nicht darauf an, dass er fremdverschuldet ist.[303] Das Anfechtungsklagerecht verjährt nach fünf Jahren (Art. 1442(1) ital. CC). Rechte, die Dritte in gutem Glauben durch entgeltlichen Rechtstitel erworben haben, werden durch die Anfechtung nicht berührt (Art. 1445 aaO). Unter § 583 tschech. BGB begründet dagegen nur ein fremdveranlasster (und wesentlicher) Irrtum die absolute Nichtigkeit des Vertrages. Niemand kann ein Rechtsgeschäft anfechten, wenn er den Irrtum selber zu vertreten hat (§ 579(1) tschech. BGB). Das ist auch der Ausgangspunkt des österreichischen, des polnischen und des englischen Rechts. Neben List und Drohung (§ 870 österr. ABGB) berechtigt auch der Irrtum zur Anfechtung, jedoch nur,

---

[299] *Terré/Simler/Lequette,* Les obligations[9], S. 234 Rdnr. 228.

[300] *Malaurie/Aynès/Stoffel-Munck,* Les obligations[6], S. 247 Rdnr. 506.

[301] Terré/Simler/Lequette aaO S. 396 Rdnr. 390; Malaurie/Aynès/Stoffel-Munck aaO S. 333 Rdnr. 699.

[302] Malaurie/Aynès/Stoffel-Munck aaO S. 345 Rdnr. 722.

[303] *Roppo,* Il contratto, S. 806.

wenn ihn der andere Teil veranlasst hat oder ihm auffallen musste und er den Irrenden nicht rechtzeitig aufgeklärt hat (§ 871 österr. ABGB; Sonderregeln für Verbraucher in § 3a österr. KSchG). Die Anfechtung muss gerichtlich erfolgen, eine außergerichtliche Erklärung genügt nicht.[304] Unter Art. 84 poln. ZGB kann eine aufgrund eines Inhaltsirrtums einem anderen gegenüber abgegebene Willenserklärung nur angefochten werden, wenn der Irrtum wesentlich war und durch den Erklärungsempfänger (schuldhaft oder schuldlos) hervorgerufen wurde. Die Anfechtung erfolgt durch innerhalb eines Jahres abzugebende schriftliche Erklärung (Art. 88 poln. ZGB); eines Gestaltungsurteils bedarf es weder in Tschechien noch in Polen.[305] Im englischen Recht kommt eine Anfechtung von Verträgen wegen Irrtums nur in Betracht, wenn die Gegenseite den Irrtum durch eine *misrepresentation* schuldhaft veranlasst hat. Ursprünglich verlangte das Common Law sogar eine arglistige Täuschung; nur *in equity* war eine Anfechtung auch bei lediglich fahrlässiger Fehlinformation denkbar. Heute kommt wegen des Vorranges von Equity (sec. 49 Senior Courts Act 1981) eine Anfechtung zwar auch bei fahrlässiger *misrepresentation* in Betracht. Das Gericht entscheidet jedoch nach seinem billigen Ermessen. Es kann die Fortgeltung des Vertrages anordnen und den Anfechtenden auf Schadensersatz verweisen (sec. 2(2) Misrepresentation Act 1967).[306] Gleichwohl handelt es sich bei der Anfechtung *(rescission)* nicht um ein Gestaltungsklagerecht; es genügt die dem Vertragsgegner formlos erklärte Anfechtung. Sie wird als *power* oder *self-help remedy* gedeutet. Ihre Auswirkungen auf die sachenrechtliche Zuordnung hängen von der jeweiligen Transaktion und dem Vertragsgegenstand (Geld, bewegliche Sachen, Rechte, *land*) ab.[307] Im Recht des Warenkaufs kommt es zu einem rückwirkenden Anfall des *general property,* sofern die Kaufsache noch existiert; anderenfalls zu einer Surrogation *(common law tracing)* oder einem Bereicherungsausgleich *(action for money had and received).* Die Anfechtung eines *estate contract* führt dagegen *at law* nicht zu einer sofortigen Wiederherstellung des dinglichen *status quo ante.* Dazu bedarf es noch der (konstitutiven) Umschreibung im *register of title.* Zugunsten des Anfechtenden kann aber bereits ein *constructive trust* an dem betreffenden *estate* entstehen. Ähnlich verhält es sich im Falle der angefochtenen Abtretung eines Gesellschaftsanteils.[308] Bei einem gravierenden beiderseitigen Irrtum *(mistake)* ist Nichtigkeit ohne Anfechtung denkbar; die Einzelheiten wirken noch nicht abschließend geklärt.[309]

II. Wirkung gegenüber Dritten

1. Begriff und Voraussetzungen der Drittwirksamkeit von Rechtsgeschäften

a) Das sachenrechtliche Element

249 Ein Rechtsgeschäft erlangt dadurch sachenrechtliche Relevanz, dass es Drittwirkung entfaltet. Auch Personen, die nicht an ihm beteiligt sind, haben seinen Effekt – die Bestellung, die Übertragung, die inhaltliche Änderung oder den Verzicht auf ein Sa-

---

[304] Koziol und Welser (*-Kletečka*), Bürgerliches Recht I[14], Rdnrn. 507 und 530.

[305] Lavický (*-Handlar*), Občanský zákoník I, S. 2123; Osajda (*-Sobolewski*), Kodeks cywilny[14], Art. 88 Rdnr. 7; Gniewek (*-Strzebinczyk*), Kodeks cywilny[7], Art. 88 Rdnrn. 1–2.

[306] Näher Anson (*-Beatson/Burrows/Cartwright*), Law of Contract[30], S. 330–332.

[307] Näher *Rieländer,* Sachenrechtliche Erwerbsrechte, S. 420–432.

[308] *O'Sullivan, Elliott und Zakrzweski,* The Law of Rescission[2], S. 325 Rdnr. 14.22.

[309] Beatson, Burrows und Cartwright aaO S. 269–271.

chenrecht – zu respektieren. Es entfaltet aber nicht jedes sachenrechtlich relevante Rechtsgeschäft gegenüber jedermann dieselben Wirkungen. Vielerorts muss man vielmehr namentlich im Kontext des Doppelverkaufs von Grundstücken zwischen verschiedene Gruppen von „Dritten" unterscheiden.[310] Damit geht einher, dass sich die Voraussetzungen und der Umfang der Drittwirkung je nachdem unterscheiden können, um welches subjektive Sachenrecht es sich handelt und von welcher Art die Sache ist, auf die dieses Recht bezogen ist. Für das Eigentum an realen Sachen gilt nicht notwendig dasselbe wie für das Eigentum an Grundstücken, für Geschäfte mit Verbrauchern nicht notwendig dasselbe wie im kommerziellen Warenhandel, für Pfandrechte an Forderungen nicht dasselbe wie für Dienstbarkeiten, für Registersachen nicht dasselbe wie für registerfreie Sachen, usw.

Im Ausgangspunkt lässt sich aber immerhin festhalten, dass sich die sachenrechtliche **250**
Relevanz eines Rechtsgeschäfts nur ganz ausnahmsweise allein schon aus der Einigung (dem Vertrag) zwischen Besteller bzw. Veräußerer und Erwerber ableitet. So gut wie immer bedarf es dafür noch eines Extragrundes. Zu der Einigung muss m. a. W. noch ein **weiteres Element** hinzukommen. Dieses besteht meistens in der Verschaffung von Besitz (Eigenbesitz oder Detention) und, bei Registersachen (incl. der Grundstücke), in der entsprechenden Eintragung im Register bzw. der öffentlichen Hinterlegung der Vertragsdokumente (Transkription). Das „sachenrechtliche Element" kann aber auch von anderer Gestalt sein, bei Rechten an Forderungen z. B. in der Benachrichtigung des Schuldners[311] und bei bestimmten Geschäften über reale Sachen in der Konkretisierung der Ware[312] oder in der Zahlung des Kaufprei-

---

[310] Siehe z. B. zu Portugal eingehend *Passinhas,* Property and trust law in Portugal, S. 80. Wenn der Zweitkäufer seinen Erwerbstitel eintragen lässt, der Erstkäufer aber nicht, dann ist der Erstkäufer nach portugiesischem Verständnis zwar Eigentümer. Er hat aber keine Möglichkeit, seinen Titel „Dritten" (unter ihnen vor allem der Zweitkäufer) „entgegenzusetzen". Denn unter Art. 5(1) port. CRP *(oponibilidade a terceiros)* lösen die der Eintragung im Register unterliegenden Tatsachen gegenüber Dritten Wirkungen erst nach dem Datum der entsprechenden Eintragung aus. Und unter Art. 5(4) aaO (i. d. F. des Dekret-Gesetzes 533/99 vom 11.12.1999) sind „Dritte für Registerzwecke ... diejenigen, die von einem gemeinsamen Autor unter sich unvereinbare Rechte erworben haben". Das Gesetz reagierte damit auf eine als problematisch empfundene und schwankende Rechtsprechung des STJ, der zu diesem Thema (der Definition des „Dritten" i. S. d. Grundbuchrechts, *conceito de terceiro para efeitos de registo)* sogar eine offizielle Urteilssammlung zusammengestellt hat (www.stj.pt/ficheiros/jurisp-tematica/terceiroregisto.pdf). STJ 20.5.1997 hatte noch entschieden: „Schutzwürdiger Dritte im Sinne des Grundstücksregisters ist jeder, der ein Recht an einer Immobilie hat eintragen lassen und dessen Recht an der Immobilie durch eine Rechtstatsache beeinträchtigt wird, die zwar vor dem Eintragungsdatum liegt, jedoch nicht oder später eingetragen wurde". STJ 18.5.1999 formulierte dagegen: „Dritte für die Zwecke von Art. 5 des port. Grundbuchgesetzes sind diejenigen Erwerber, die in gutem Glauben von demselben gemeinsamen Übertragenden Rechte an derselben Sache erworben haben, die untereinander unvereinbar sind".

[311] Wie z. B. unter griechischem Recht bei der Bestellung eines Nießbrauchs an einer Hypothek (Artt. 1178(2) und 1312 gr. ZGB) (näher *Papasteriou,* Emprágmato Díkaio, S. 209 Rdnr. 8) oder bei der sog. Abtretung des Eigentumsanspruchs (Art. 1035 gr. ZGB), wenn der Drittbesitzer der beweglichen Sache bekannt ist (näher Georgiades und Stathopoulos [-*Georgiades*], ZGB, Art. 1035 S. 449 Rdnr. 6).

[312] Unter § 49 schwed. Konsumentköplag (1990:932) (oben Fn. 206) genießt ein Verbraucher nach „Individualisierung" *(individualisering)* der Kaufsache sachenrechtlichen Schutz (*Millqvist,* Sakrättens grunder[6], S. 114). Individualisierung geschieht „durch Absonderung oder Markierung der Ware, einen Vermerk über die Ware in einem Buchführungsdokument oder durch andere Maßnahmen, aus denen hervorgeht, dass die Ware für den Käufer bestimmt ist". Unter

ses[313] bestehen.[314] Theoretisch genügt allerdings nicht selten auch schon, dass sich der Veräußerer bzw. der Besteller des Rechts zu seiner Übertragung bzw. Einräumung verpflichtet hat. Dann ist diese **Verpflichtung** der Extragrund, der zu der reinen Ei-

---

Art. 1378 ital. CC geht „bei Verträgen, die die Übertragung von nur der Gattung nach bestimmten Sachen zum Gegenstand haben, ... das Eigentum mit der Individualisierung durch Einverständnis der Parteien oder in der von ihnen festgesetzten Art und Weise über. Handelt es sich um Sachen, die von einem Ort an einen anderen gebracht werden müssen, erfolgt die Individualisierung auch durch die Übergabe an den Beförderer oder an den Spediteur". Wird eine künftige Sache verkauft, geht das Eigentum an ihr bereits im Zeitpunkt ihrer Entstehung über (Art. 1472 ital. CC). Dass das Eigentum an Gattungssachen mit ihrer Konkretisierung übergeht, entspricht auch französischer Rechtsauffassung (*Zenati-Castaing und Revet,* Les biens[3], S. 285 Rdnr. 179 [nur wenn die Individualisierung durch Lieferung erfolgt, bedarf es der *traditio*]; *Dross,* Les choses, S. 54 Rdnr. 30-1 [„C'est donc logiquement l'individualisation de la chose vendue qui permettra au transfert de s'accomplir, laquelle s'opérera fréquemment, en pratique au moment de la livraison"]). Sie lässt sich mit Artt. 1585 und 1586 franz. CC stützen, wonach bei einer *vente en bloc* die Individualisierung durch Wiegen, Zählen oder Messen der Sache erfolgt. Der Eigentumsübergang an zukünftigen Sachen (deren Verkauf möglich ist: Art. 1163 franz. CC) hängt von ihrer Art ab. Es kommt auf die Feststellung der Vollendung an, bei beweglichen Sachen im Zweifel auf die Lieferung, bei Immobilien auf die Abnahme (Artt. 1601-2 und 1601-3 franz. CC). Unter Art. 155 § 2 poln. ZGB dagegen müssen sowohl Gattungssachen als auch zukünftige Sachen nach ihrer Entstehung erst noch übergeben werden; auch eine Sonderlösung für Verbraucher gibt es nicht.

[313] Das betrifft keineswegs nur den Eigentumsvorbehalt. Unter § 2160(2) tschech. BGB erwirbt der Käufer „bei einem Selbstbedienungsverkauf ... das Eigentumsrecht an der Sache mit der Bezahlung des Kaufpreises. Bis dahin kann der Käufer die Sache an den ursprünglichen Ort zurückgeben. Entsteht an der Sache vor der Bezahlung des Kaufpreises ein Schaden, so wird er nach den allgemeinen Bestimmungen ersetzt". Für den Kauf in Geschäften, die keine Selbstbedienungsläden sind, gilt dagegen unter § 2160(1) tschech. BGB, dass der Käufer das Eigentum mit der Übernahme der Ware erwirbt. Es ist insoweit und in Abweichung von der Grundregel also bei *titulus* und *modus* geblieben. § 139(3) des ZGB der ehemaligen DDR hatte sogar ganz allgemein auf die Zahlung abgestellt („Das Eigentum geht mit Übergabe der Ware und Zahlung des Kaufpreises auf den Käufer über, soweit nichts anderes vereinbart ist").

[314] Darauf weisen auch die französischen Kritiker des *solo consensu*-Prinzips immer wieder hin. Bei beweglichen Sachen höheren Werts (Autos, Boote, hochpreisige Wohnungseinrichtungen) werde sowieso entweder ein *crédit-bail* oder ein Eigentumsvorbehalt vereinbart. Aber selbst bei Sachen des täglichen Bedarfs (Brote, Bücher etc.) könne von *solo consensu* oft keine Rede sein. Bei einem Einkauf im Supermarkt komme der Kauf dadurch zustande, dass der Kunde ein mit einem Preis versehenes Produkt in seinen Einkaufswagen lege. Das bewirke aber keinen Eigentumsübergang. Denn andernfalls könnte der Kunde den Laden mit „seiner" Sache straflos verlassen, ohne zu bezahlen. Da das nicht der Fall sei, sei der Eigentumsübergang bis zur Zahlung an der Kasse verschoben (*Wester-Ouisse,* RTD civ. 2013 S. 299, 303, Rdnrn. 10–11; Rép. civ. Dalloz [-*Barret*], V° vente (3° effets), S. 7 Rdnr. 55). Tatsächlich haben Cass. crim. 4.6.1915, DP 1921, I, S. 57, Anm. *Nast;* Cass. crim. 30.5.1958, D. 1958 S. 513 und Cass. crim. 18.7.1963, Bull. crim. 1963 Nr. 262 (von hier stammt das Zitat) einen strafbaren Ladendiebstahl mit der Begründung bejaht, dass „la remise de la marchandise au prétendu acheteur au comptant, ne confère à ce dernier, jusqu'au payement du prix, qu'une détention purement matérielle, le vendeur conservant jusqu'à ce moment la propriété et même la possession de ladite marchandise". Das Eigentum geht also erst bei der Zahlung an der Kasse über. Bis dahin hätte der Käufer nur eine *détention matérielle provisoire,* eine Kategorie, die freilich dem Zivilrecht vollkommen unbekannt ist (*Revet,* JCP E 1995, Supplément Nr. 5, S. 13 Rdnr. 18). Gleichwohl bestätigt auch Cass. com. 8.1.2002, Bull. civ. 2002, IV, Nr. 1 S. 1; D. 2002 S. 567, Anm. *Chevrier* die Regel, dass das Eigentum erst bei Zahlung an der Kasse übergeht. Es handelte sich um Schuhe, die der Käufer bei einem Schuhhändler in den Räumen des Kaufhauses Lafayette ausgesucht, aber erst an der Zentralkasse des Kaufhauses zu bezahlen hatte. Das Berufungsgericht habe souverän entscheiden können, dass der Käufer seinen Erwerbswillen erst an der Kasse zum Ausdruck gebracht habe.

nigung über den Inhaberwechsel hinzukommen muss. Er dient dem Schutz des bisherigen Rechtsinhabers vor einem voreiligen Rechtsverlust, nicht anders, als in den Schwesterrechtsordnungen (z. B.) das Erfordernis der Besitzverschaffung. Die romanischen Systeme erinnern insoweit durchaus an Equity. Auch ein kausal-konsensuales Übertragungsregime *treats as done what ought to be done.*

Nicht einmal ihm genügt die *causa* aber immer, um ein Recht, insbesondere das Eigentumsrecht, mit absoluter Wirkung gegenüber jedermann zu erwerben.[315] Unter den **„Dritten"**, also allen, die nicht zu den Vertragsparteien gehören, verlangen vielmehr diejenigen besondere Aufmerksamkeit, die das verkaufte (verschenkte, getauschte) Recht ebenfalls für sich beanspruchen, weil auch sie es gekauft, geschenkt bekommen oder eingetauscht haben. Im Verständnis des „dynamischen" Sachenrechts schwedischer Prägung hat man sogar *nur* in dieser Situation einen „sachenrechtlichen Konflikt" vor sich.[316] Jedenfalls kann die Lehre vom doppelwirkenden Kaufvertrag eine solche Konfliktlage aus sich heraus nicht bewältigen.[317] Sie muss zusätzliche Vorrangregeln entwickeln, und sie bedient sich dazu typischerweise der „Extragründe", derer sich auch die übrigen Rechtsordnungen bedienen; Besitz und Registrierung sind die wichtigsten. Auch ein „kausales" System kommt niemals ganz ohne sie aus. Das erklärt, warum hier der Doppelverkauf derselben Sache, der Verkauf von Gattungssachen und der Verkauf zukünftiger Sachen so viel Aufmerksamkeit auf sich gezogen haben. 251

Das sogen. Konsens- oder Konsensualprinzip kennt aber auch noch weitere Ausnahmen. Man kann das in **Italien** gut studieren. Art. 1376 ital. CC formuliert das *principio consensualistico* dahin, dass „bei Verträgen, welche die Übertragung des Eigentums an einer bestimmten Sache, die Begründung oder die Übertragung eines dinglichen Rechtes oder die Übertragung eines anderen Rechtes zum Gegenstand haben, … das Eigentum oder das Recht auf Grund der rechtmäßig geäußerten Einwilligung der Parteien übertragen und erworben" wird. Das sind die *contratti a effetti reali,* die Verträge mit dinglichen Wirkungen. Bei der Veräußerung fremder oder zukünftiger Sachen dagegen geht das Eigentum (und zwar *ipso iure*[318]) erst über, wenn der Verkäufer selber Eigentümer der Sache geworden bzw. wenn die Sache entstanden ist.[319] Bis 252

---

[315] Siehe zu Portugal bereits Fn. 310. Unter französischem Recht hat die Publizität die Eigentumsübertragung weder zum Gegenstand noch zur Folge. Sie ist aber unerlässlich, um die Übertragung dinglicher Rechte Dritten entgegensetzen zu können. „Dritte" i. S. v. Artt. 28-1 und 30-1 des franz. Dekrets Nr. 55-22 vom 4.1.1955 über die Reform der Publizität in Grundstückssachen sind wiederum nur diejenigen, „die ein konkurrierendes Recht an der Immobilie behaupten können" *(ceux pouvant prétendre avoir un droit réel concurrent sur l'immeuble)* (*Larroumet,* Les biens[5], S. 222 Rdnr. 389; *Aynès und Crocq,* Les sûretés. La publicité foncière[7], S. 303 Rdnr. 650; *Simler und Delebecque,* Droit civil: Les sûretés, la publicité foncière[6], S. 772 Rdnr. 870). In Griechenland wird gelehrt, dass das Rechtsgeschäft des Art. 1033 gr. ZGB (Eigentumsverschaffung an Grundstücken) schon mit der Errichtung der notariellen Urkunde vollendet sei. Der Vertrag werde aber erst nach der Eintragung (Transkription) wirksam. Die Eintragung sei lediglich eine *conditio iuris* (*Triantos,* AK, Art. 1198 S. 1416 Rdnr. 1; Areopag 107/2001, NoB 50 [2002] S. 315; Berufungsgericht Athen 4808/1996, EllDni 39 [1998] S. 181). Sie unterliegt keiner Frist und kann jederzeit nachgeholt werden (*Georgiades,* Emprágmato Díkaio[2], S. 1216 Fn. 88; Berufungsgericht Athen 6844/1984, EllDni 26 [1985] S. 67).

[316] Band 1 Rdnrn. 74–75.

[317] Vorher Rdnr. 240 a. E.

[318] Sacco (-*Ferreri und Musy*), Trattato di diritto civile S. 25.

[319] Vorher Fn. 312.

dahin hat man nur einen *contratto a effetti obbligatori* vor sich. Wird dem Käufer allerdings der Besitz verschafft, kann er eine bewegliche Sache gutgläubig auch von einem Nichteigentümer erwerben (Art. 1153(1) ital. CC). An der Besitzverschaffung dürfte auch der Eigentumserwerb im Falle einer Aliudlieferung hängen. Denn bei der Lieferung eines *aliud pro alio* übergibt der Verkäufer einen komplett anderen Gegenstand als den versprochenen.[320] Vor allem aber muss der *effetto reale immediato* von den Parteien gewollt sein. Das ist u.a. der Grund, warum bei Immobiliengeschäften Vorverträge gang und gäbe sind.[321] Ausnahmen von dem reinen Konsensualprinzip finden sich auch im Recht der *vendite speciali.* Es geht um den Rückkauf (*vendita con riscatto,* Art. 1500 ital. CC), den Kauf mit Vorbehalt der Billigung (*vendita con riserva di gradimento,* Art. 1520 aaO), den Kauf auf Probe (*vendita a prova,* Art. 1521 aaO) und vor allem den Kauf mit Eigentumsvorbehalt (*vendita con riserva di proprietà,* Art. 1523 aaO). Bei jenen trägt sich der Eigentumswechsel erst nach einer zusätzlichen Zustimmungserklärung zu, bei diesem durch die Zahlung der letzten Kaufpreisrate, obwohl die Gefahr bereits mit Besitzerlangung auf den Käufer übergeht. Sachenrechtlich wichtig ist vor allem, dass der Eigentumsvorbehalt den Gläubigern des Käufers unter Art. 1524(1) ital. CC nur entgegengehalten werden kann, wenn er sich aus einer Urkunde mit einem der Pfändung vorausgehenden sicheren Datum ergibt.[322] Große praktische Bedeutung hat der Trödelvertrag, der *contratto estimatorio* (Art. 1556 ital. CC). Er erlaubt es einem Händler, das Risiko auszuschließen, die von ihm bezogene Ware nicht absetzen zu können. Der Einzelhändler muss den Großhändler nicht bezahlen, wenn die Ware nicht weiterverkauft wurde oder nicht mehr in unversehrtem Zustand zurückgegeben werden kann (Art. 1557 ital. CC). Das Eigentum dürfte im Falle des Trödelvertrages durch *traditio* auf den Einzelhändler übergehen, der den Kaufvertrag aber durch Rückgabe der Sache aufheben darf.[323] Art. 1558(1) ital. CC stellt jedenfalls klar, dass „die Verfügungshandlungen desjenigen, der die Sachen erhalten hat, ... gültig (sind); seine Gläubiger können die Sachen jedoch weder der Pfändung noch der Beschlagnahme unterwerfen, ehe nicht ihr Preis bezahlt worden ist". Außerdem kann der Lieferant erst dann wieder über die Sache verfügen, wenn sie ihm zurückgegeben wurde (Abs. (2) aaO). Im Immobiliarsachenrecht ist die Registereintragung (wie in Frankreich: Art. 1198(2) franz. CC) zwar keine Wirksamkeitsvoraussetzung. Sie schützt aber vor weiteren Verfügungen durch den Verkäufer. „Nach erfolgter Eintragung kann demjenigen gegenüber, der die Eintragung erwirkt hat, keine Eintragung oder Einschreibung von Rechten, die gegenüber seinem Rechtsvorgänger erworben wurden, wirksam werden, auch wenn der Erwerb auf ein früheres Datum zurückgeht" (Art. 2644(2) ital. CC). Das ist eine deutliche Ausnahme von dem *principio consensualistico.* Der Ersterwerber erwirbt zwar das „zivilrechtliche" Eigentum (Art. 1376 aaO),

[320] Ein *aliud pro alio* liegt vor, wenn die Sache nicht ihre „normale sozio-ökonomische Funktion" aufweist (Cass. 4.5.2005, n. 9227, Mass. Giur. It. 2005 Nr. 9227). Es handelt sich um einen „gewichtigen Fall der Nichterfüllung", der alle kaufrechtlichen Rechtsbehelfe auslöst, aber auch zur Nachlieferung berechtigt (Cass. 5.2.2016, n. 2313, Giust. civ. mass. 2016, rv. 638698; Cass. 21.5.2015, n. 10490, Guida al diritto 2015, 42, 49).

[321] Oben Rdnr. 231.

[322] Ohne die Urkunde handelt es sich um einen „ganz normalen Kaufvertrag" (*Luminoso,* La compravendita^4, S. 157).

[323] So wohl Cass. 15.4.1991, n. 4000, De Jure Datenbank. Anders aber noch *De Martini,* Profili della vendita commerciale e del contratto estimatorio, S. 474 (der Lieferant bliebe Eigentümer; der Einzelhändler erhalte nur das Verfügungsrecht über die Ware).

doch ist das in Relation zu einem früher eingetragenen Zweitkäufer belanglos. Unklar bleibt nur, ob der Zweiterwerber *a non domino* erwirbt oder ob ihm infolge der Eintragung lediglich eine relativ bessere Rechtsposition zufällt.[324] Herrschende Meinung dürfte sein, dass die nicht eingetragene Eigentumsübertragung nur zwischen Verkäufer und Käufer wirkt; die Eintragung habe deshalb konstitutive und nicht nur deklaratorische Bedeutung.[325] Der nicht eingetragene Erstkäufer bleibt auf vertraglichen Schadensersatz gegen den Verkäufer (Art. 1218 ital. CC) und auf deliktischen Schadensersatz gegen den Zweiterwerber (Art. 2043 ital. CC) verwiesen.[326]

b) Keine Privatautonomie in Bezug auf causa und modus

Rechtsordnungen, die Verfügungen als abstrakte Rechtsgeschäfte deuten, erlauben es den Parteien, von der Grundregel im Wege privatautonomer Gestaltung abzuweichen; die Vertragspartner dürfen ihr Übertragungsgeschäft unter engen Voraussetzungen an die Wirksamkeit der korrespondierenden Verpflichtung binden.[327] Dieser Satz lässt sich aber nicht umkehren. Kausale Systeme gestatten es den Parteien typischerweise nicht, rechtsgrundlos zu verfügen. Beides ist konsequent; der augenfällige Widerspruch löst sich auf einer höheren Ebene schnell wieder auf. Denn das zur Erzielung des sachenrechtlichen Effekts eines Rechtsgeschäfts nötige Zusatzelement (der „Extragrund", der zu der Einigung über den Inhaberwechsel hinzukommen muss) unterliegt nirgendwo der Privatautonomie. Wo es aus bestimmten *modi* besteht, verhält sich das nicht anders. Die Parteien können auch auf sie nicht privatautonom verzichten, ohne den Rechtsübergang zu vereiteln. Gesetzliche Vorschriften, die die Drittwirksamkeit eines Geschäfts an die Übergabe der Sache, ein Übergabesurrogat, eine Verlautbarung im Register oder eine andere Handlung knüpfen, sind genauso wenig dispositiver Natur wie Vorschriften, die einen rein konsensualen Vorgang kausal unterlegen.[328] Alles andere wäre kaum vertretbar. Wer nicht an dem Geschäft beteiligt ist, 253

324 Zum Streitstand näher Eccher/Schurr/Chrstandl (*-Eccher*), Handbuch Italienisches Zivilrecht, S. 456.

325 In diesem Sinn schon *Natoli und Ferrucci,* Della tutela dei diritti, S. 10. Selbst in Frankreich sehen das einzelne Autoren so. „La vente d'immeuble est organisée de telle sorte qu'un échange de consentements ne peut en aucun cas opérer le transfert de propriété, ni même contraindre à un tel transfert, le premier acquéreur n'a aucun droit opposable" (Rép. civ. Dalloz [*-Barret*], V° vente (3° effets), S. 4 Rdnr. 24). Die *publication* würde in Wahrheit als *tradition* fungieren. Denn der Käufer sei erst ab dem Zeitpunkt der Eintragung als Volleigentümer der Immobilie anzusehen (*Chazal und Vicente,* RTD civ. 2000 S. 479). Bei beweglichen Sachen wird traditionell zwar unterrichtet, dass im Falle des Doppelverkaufs (Art. 1198(1), früher Art. 1141 franz. CC) der Verkäufer nicht mehr Eigentümer ist, so dass der Zweitkäufer aufgrund seines gutgläubigen Besitzes erwirbt. *Wester-Ouisse,* RTD civ. 2013 S. 299 hält dem jedoch entgegen, man könne sich auch gut vorstellen, dass der Verkäufer Eigentümer bleibe und sein Recht erst durch Übergabe verliere.

326 Deliktischer Schadensersatz kommt in Betracht, wenn der Zweitkäufer im Zeitpunkt seines Erwerbs von dem Erstverkauf Kenntnis hatte (näher *Doria,* Doppia alienazione immobiliare, S. 7; Cass. 17.11.1998, Nr. 11571, Giust. civ. Mass. 1998, S. 2368; Cass. 18.8.1990, Nr. 8403, Foro it. 1991, I, 2473 und Cass. 13.1.1995, Nr. 383, Riv. notariato 1995 S. 1564).

327 Vorher Rdnr. 246.

328 Worin diese *causa* besteht, ist freilich unerheblich. Es muss sich weder um eine vertragliche noch gar um eine speziell geregelte vertragliche Verpflichtung handeln (vorher Rdnr. 243; außerdem z. B. Cass. civ. 19.11.2003, Bull. civ. 2003, IV, Nr. 174 S. 191 [Die Art des Vertrages, in dem der Eigentumsvorbehalt vereinbart wird, spielt keine Rolle]). Genau besehen genügt der verbindliche Wille, ein Recht unter Verzicht auf seine Rückforderung zu übertragen. Das zeigt

muss eine Chance haben, den aktuellen Rechtsinhaber zu ermitteln. Ohne einen Kernbestand an Regeln zwingenden Rechts könnten sich Dritte, selbst wenn sie wollten, nicht rechtskonform verhalten. Außerdem verhindert der zwingende Charakter der Vorschriften über *causa* und *modus,* dass sachenrechtlich relevante Rechtsgeschäfte privatautonom auf einen in der Vergangenheit liegenden Zeitpunkt rückbezogen werden können.[329] Den Parteien kann bestenfalls gestattet sein, sich in Abweichung von dem gesetzlichen Grundmodell überhaupt auf einen *modus* (oder einen von mehreren möglichen *modi*) zu verständigen und auf diese Weise den Zeitpunkt des Rechtsüberganges zu beeinflussen.

254 So betrachtet ist es wenig überraschend, dass unter Art. 1033 gr. ZGB eine Grundstücksübereignung ohne wirksame Verpflichtung unwirksam ist.[330] Die Parteien können dieses Ergebnis durch eine entgegenstehende Vereinbarung nicht umgehen.[331] Auch die Transkription der notariellen Urkunde in die Transkriptionsbücher des Bezirks, in dem das Grundstück belegen ist, ist unverzichtbar. Ohne sie ist ein rechtsgeschäftlicher Eigentumsübergang ausgeschlossen[332]; die Regeln über die Transkription sind zwingenden Rechts.[333] Die Transkription kann allerdings zu einem beliebigen Zeitpunkt und deshalb selbst noch nach dem Tode des Verkäufers geschehen.[334] *Jus cogens* sind auch die Regeln zur Besitzverschaffung bei beweglichen Sachen (Artt. 1034 und 1035 gr. ZGB).[335] Unter Art. 156 poln. ZGB muss die Übertragung eines Sachenrechts zwingend (Art. 58 poln. ZGB) in Erfüllung einer Verpflichtung erfolgen; es soll keine abstrakten Verfügungen geben.[336] Das schwedische Immobiliarsachenrecht

---

sich z. B. bei den sogen. „informellen Schenkungen" *(átype doreá)* des griechischen, den „gesellschaftlichen Zuwendungen" des tschechischen Rechts (§ 2055(2) tschech. BGB) und den „unbenannten Zuwendungen" des deutschen Rechts. Hier fehlt es jeweils an einem Schenkungsvertrag, aber nicht an einem Rechtsgrund für die Übereignung (*Eliáš,* Občanský zákoník. Velký akademický komentář II, S. 1877). Man sieht an solchen Konstellationen freilich auch, wie dünn die Grenze zu abstrakten Verfügungen werden kann.

[329] Rückwirkung kann nur einem gesetzlichen Eigentumserwerb zukommen. Das Hauptbeispiel liefert das Ersitzungsrecht (oben Rdnrn. 168–170). Hinzu kommen gelegentlich sondergesetzliche Regeln. Ein Beispiel findet sich in Art. 7 gr. Gesetz 3800/1957 zur Novellierung und Ergänzung der Schutz- und Verwaltungsvorschriften von öffentlichen Ländereien (Perí tropopoiéseos kai sympleróseos ton perí prostasías kai dioikéseos ton demosíon ktemáton keiménon diatáxeon, Amtsblatt A' 256/19.12.1957). Da Kirchen und Klöster im osmanischen Reich keine Rechtssubjekte waren, konnten sie Grundstücke weder kaufen noch zu Eigentum haben. Das wurde durch den Einsatz von Strohmännern umgangen. Das Gesetz ermöglicht die rückwirkende Korrektur dieser Umgehungskonstruktionen, näher Areopag 382/2014, NoB 62 (2014) S. 1660. Im Recht des rechtsgeschäftlichen Eigentumserwerbs ist eine Rückwirkung dagegen ausgeschlossen (siehe z. B. für Österreich Rummel [-*Spielbüchler*], ABGB I[3] § 425 Rdnr. 2); denkbar ist nur, dass eine spätere Genehmigung auf ein früheres Geschäft zurückwirkt.

[330] Georgiades und Stathopoulos (-*Georgiades*), ZGB, Artt. 1033–1093 S. 413 Rdnr. 35; Areopag 91/1984, NoB 33 (1985) S. 241; Berufungsgericht Athen 7199/2000, ArchN 51 (2002) S. 644.

[331] *Georgiades* aaO S. 419 Rdnr. 15; *Triantos,* AK, Art. 1033 ZGB S. 1255 Rdnr. 5.

[332] Z. B. Areopag 645/2003, NoB 52 (2004) S. 34 und Areopag 643/2003, NoB 52 (2004) S. 34.

[333] *Triantos,* AK, Art. 1192 gr. ZGB, S. 1406 Rdnr. 2.

[334] Areopag 643/2003 und 645/2003 aaO.

[335] *Georgiades* aaO, Art. 1034 S. 428 Rdnr. 13; LG Athen 6425/2007, ArchN 57 (2008) S. 42.

[336] Gniewek (-*Gołębiowski*), Kodeks cywilny[7], Art. 156 Rdnr. 3. Nicht völlig klar ist freilich, wie dieser Ansatz bei *aliud*-Lieferungen durchgehalten werden kann. Das Problem lässt sich

gibt den Parteien (anders als das dortige Mobiliarsachenrecht) nicht die Möglichkeit, von den gesetzlichen Regeln über den Zeitpunkt des Eigentumsüberganges (formwirksamer Abschluss des Kaufvertrages) abzuweichen. Insbesondere können sie den Zeitpunkt nicht hinausschieben; eine entsprechende Klausel wäre nichtig (Kap. 4 § 1(3) schwed. JB). In Frankreich verhält sich das zwar genau umgekehrt; die Parteien können sehr wohl vereinbaren, dass das Eigentum nicht sofort mit dem Abschluss des Kaufvertrages (Art. 1583 franz. CC) übergehen soll (Art. 1196(2) franz. CC), aber das stellt den kausalen Charakter des Geschäfts nicht in Frage.[337] In Italien verhält es sich ebenso; wollen die Parteien die dingliche Wirkung eines Kaufvertrages ausschließen, vereinbaren sie i. d. R. einen Kaufvorvertrag (einen *contratto preliminare di vendita*).[338]

Die Vorschriften des slowenischen Sachenrechts sind grundsätzlich zwingender Natur.[339] Dazu gehört auch Art. 40 slowen. SPZ, wonach für den Erwerb des Eigentums an beweglichen Sachen neben der Übergabe (Art. 60(1) slowen. SPZ[340]) ein gültiges Rechtsgeschäft erforderlich ist, aus dem die Verpflichtung zur Übertragung des Rechts folgt. Die Parteien können sich nur der vom Gesetz in Art. 60(2)-(4) aaO aufgelisteten Übergabearten bedienen; sie dürfen sie weder modifizieren noch durch andere ersetzen.[341] Zum Erwerb eines Immobiliarsachenrechts ist die Eintragung in das Grundbuch unverzichtbar (Art. 49(1) aaO).[342] Unter § 133(1) slowak. BGB können die Parteien, wenn das Eigentum an einer beweglichen Sache „aufgrund eines Vertrages" erworben wird, vereinbaren, dass es unmittelbar mit dem Kaufvertrag und nicht erst mit der Übergabe übergeht.[343] Bei Immobilien ist Entsprechendes unmöglich; es bedarf der Eintragung im Liegenschaftsregister (§ 133(2) slowak. BGB). Ähnlich liegt es in Lettland. Die Übertragung des Eigentums an Grundstücken hängt nicht von der Übergabe, aber zwingend von der Eintragung im Grundbuch ab (Artt. 992, 993 lett. ZGB). Zur Übereignung beweglicher Sachen bedarf es eines Titels und einer dinglichen Einigung, deren Wirksamkeit wiederum von der Wirksamkeit des Titels abhängt (Art. 989 lett. ZGB). Auch auf die Übergabe der Sache (Art. 987 lett. ZGB) können die Parteien (anders als in Litauen[344]) nicht gänzlich verzichten; sie haben aber die Möglichkeit, andere 255

i. d. R. lösen, wenn man bedenkt, dass es um Gattungssachen gehen wird (denn das Eigentum an bestimmten Sachen geht unter Art. 155 § 1 poln. ZGB bereits mit der Einigung über). Zur Übertragung des Eigentums aus einer Gattung ist die Besitzübertragung (Art. 155 § 2 poln. ZGB) und damit auf Erwerberseite ein Besitzwille nötig. Würde eine *aliud*-Lieferung nicht sofort erkannt (weil die Sache verpackt war), wird der Käufer anfechten können (Art. 84 poln. ZGB). Will er die Sache allerdings behalten, ist unklar, ob der Kaufvertrag dazu als *causa* genügt.

337 Cass. civ. 9.6.1971, Bull. civ. 1971, III, Nr. 362 S. 257 („Nonobstant leur accord sur la chose et sur le prix, les parties peuvent décider que l'acquéreur n'aura la propriété de la chose cédée qu'à compter du jour de la réalisation par acte authentique. Dans de telles conditions, la prise de possession du bien par l'acquéreur et le versement par lui d'acomptes sur le prix n'ont pu avoir pour effet de lui transférer la propriété").

338 Siehe bereits Rdnr. 252; außerdem *Sirena,* in: Colloqui in ricordo di Michele Giorgianni, S. 1071.

339 Faber und Lurger (-*Rudolf/Rijavec/Keresteš*), National Reports, Bd. I, Slovenia, S. 514, 550.

340 Sie ist notwendige Voraussetzung der Eigentumsübertragung (Berufungsgericht Ljubljana 29.3.2000, I Cpg 1490/99).

341 Rudolf/Rijavec/Keresteš aaO S. 557.

342 *Juhart,* Die Eigentumsübertragung im Recht der Republik Slowenien, S. 187.

343 *Fekete,* Občiansky zákonník I, S. 713.

344 Art. 4.49(1) lit. ZGB; näher Faber und Lurger (-*Mikelenas*), National Reports III, Lithuania, S. 378.

als die gesetzlich vorgesehenen Übergabearten (Art. 990 lett. ZGB) zu vereinbaren.[345] Estland beharrt bei beweglichen Sachen gleichfalls auf der Übergabe, gestattet aber das Ausweichen in ein *constitutum possessorium* (§ 94 estn. LPA). Bei Immobilien ist die Grundbucheintragung unverzichtbar (§ 64[1] estn. LPA). Das ungarische Sachenrecht ist *jus cogens;* Abweichungen von ihm sind nur nur möglich, wenn das Gesetz sie ausdrücklich gestattet.[346] §§ 873(1) und 929 Satz 1 dt. BGB bzw. § 425 Satz 2 österr. ABGB lassen schon ihrem Wortlaut nach („ist erforderlich"; „können … nur erworben werden") keinen Zweifel an der zwingenden Natur der Voraussetzungen für den Erwerb von Rechten an Grundstücken (Eintragung im Grundbuch) und beweglichen Sachen (Übergabe).[347] Wenn § 1101 tschech. BGB bestimmt, dass bei nur generisch bestimmten Sachen das Eigentum an ihnen „frühestens" im Augenblick ihrer Aussonderung übergeht, dann darf man daraus und aus § 1(2) tschech. BGB (Grundsatz der Privatautonomie) zwar schließen, dass die Parteien den Eigentumsübergang auch auf einen späteren Zeitpunkt verlegen dürfen[348], aber nicht, dass sie auf eine *causa* verzichten könnten. Sie haben auch bei individuell bestimmten Sachen die Möglichkeit, von dem Grundsatz des sofortigen Eigentumsüberganges abzuweichen (§ 1099 tschech. BGB). Sie können also zwar bestimmen, dass das Eigentum erst bei Übergabe, Zahlung oder dem Eintritt einer anderen Tatsache übergehen soll, aber sie können auf diese Weise nur für einen zusätzlich erforderlichen *modus,* nicht für ein abstraktes Übereignungsregime optieren.[349] Bei beweglichen Registersachen muss eine Eintragung erfolgen; sie ersetzt weder den Vertrag noch kann sie durch ihn ersetzt werden.[350] Zwingenden Rechts ist auch § 1105 tschech. BGB (Eigentumserwerb an Grundstücken nicht ohne Eintragung im Liegenschaftsregister); hier ist den Parteien sogar die Herrschaft über den Zeitpunkt des Eigentumsüberganges genommen.[351] Zwingenden Rechts sind endlich die den *modus* betreffenden Vorschriften des Rechts der Wertpapiere (§ 1103 tschech. BGB). Das englische Recht kennt für *personal property* seit frühester Zeit die Möglichkeit, Eigentum entweder durch Übergabe, durch Zahlung des Kaufpreises oder bereits durch das ernsthafte Versprechen der Kaufpreiszahlung zu übertragen.[352] Die Parteien können also den Zeitpunkt des Eigentumsüberganges an bereits individualisierten Sachen frei wählen (sec. 17(1) SGA 1979). Es ist aber nicht möglich, den Zeitpunkt des Eigentumsüberganges bei Gattungssachen oder zukünftigen Sachen auf einen Zeitpunkt vor ihrer Entstehung vorzuverlegen (sec. 16 SGA 1979). Dispositiv ist nur die Regel in sec. 18(5) SGA 1979, wonach vermutet wird, dass das Eigentum an generischen und an zukünftigen Gütern übergeht, sobald eine der Parteien mit Zustimmung der anderen entsprechende Güter dem Vertrag definitiv zuordnet (sogen. *unconditional appropriation*). Es ist also möglich zu vereinbaren, dass das Eigentum bereits mit der Individualisierung *(ascertainment)* übergehen soll, auch wenn sie die Güter dem

---

345 Faber und Lurger (-*Klauberg und Kolomijceva*), National Reports VI, Latvia, S. 567.

346 *Menyhárd,* Dologi jog[5], S. 54.

347 Staudinger (-*Gursky*), BGB (2012), § 873 Rdnr. 12; Koziol und Welser (-*Kletečka*), Bürgerliches Recht I[14] Rdnr. 752.

348 Spáčil (-*Dobrovolná*), Občanský zákoník III, S. 341; Švestka/Dvořák/Fiala (-*Thöndel*), Občanský zákoník III, S. 272 (mit der nicht ganz scharfen Bemerkung, § 1101 tschech. BGB sei „dispositiv").

349 *Dobrovolná* aaO S. 334.

350 *Dobrovolná* aaO S. 343.

351 *Thöndel* aaO S. 291; *Dobrovolná* aaO S. 341.

352 Oben Rdnrn. 211 und 239.

Vertrag noch nicht definitiv zuordnet.[353] Außerhalb des Kaufrechts verlangt das Common Law stets und zwingend eine tatsächliche Übergabe oder eine Einigung in Form der *deed*.[354] Nicht dispositiv sind ferner das Erfordernis der Besitzübertragung für den Erwerb des *pledge*[355], das Eintragungserfordernis für den konstitutiven Erwerb der *mortgage* (sec. 8 Bills of Sale 1878 Amendment Act 1882; sec. 8 Bills of Sale (Ireland) Act 1879)[356] und die für den Erwerb und die Übertragung von *estates in land* erforderliche Verlautbarung im *register of title* (sec. 27(1), (2)(a), Sched. 2 para. 2(1) LRA 2002).[357] *In equity* gilt zwar auch im *land law*, dass *equity treats as done what ought to be done*, und da der Kaufvertrag im Wege der *specific performance* durchgesetzt werden kann (der *estate* kann in Natur übertragen werden), gilt das Recht als mit dem Vertragsschluss übertragen.[358] Daraus folgt aber gleichzeitig, dass es sich zwingend um ein entgeltliches Geschäft handeln muss. *Equity will not assist a volunteer.* Nicht einmal im Recht der Equity steht das Erfordernis der *causa* zur Disposition der Parteien.

c) Sukzessive Zuordnungswechsel

Die skandinavische, insbesondere die **schwedische Lehre** vom dynamischen Sachenrecht unterscheidet zwischen „Umsatzschutz" und „Gläubigerschutz".[359] Im Recht des Umsatzschutzes geht es um Fragen des gutgläubigen Erwerbs vom Nichtberechtigten. Das Recht des Gläubigerschutzes gründet dagegen in der Idee, die Frage nach der Übertragung „des" Eigentums jedenfalls für das über zahlreiche Rechtsquellen verstreute Mobiliarsachenrecht durch die Prüfung zu ersetzen, welche einzelnen Handlungsrechte (Nutzung, Zerstörung, Verwertung, Veräußerung und Belastung) unter welchen Voraussetzungen durch Verkauf, Tausch oder Schenkung übergehen. (Im Immobiliarsachenrecht ist dagegen unverändert von der Übertragung des Eigentums die Rede, auch und vor allem im schwed. JB, mag es auch in verschiedenen Abschnitten unterschiedliche Eigentumsbegriffe verwenden.[360]) So ist eine Art „auf- 256

[353] *Bridge/Gullifer/McMeel/Worthington,* The Law of Personal Property, Rdnr. 10–041.

[354] Oben Fn. 246.

[355] *Goode,* Commercial Law^4, S. 667.

[356] Ohne Eintragung ist die Sicherungsübertragung nichtig (*Bridge,* Personal Property Law^3, S. 191). Die Bestellung einer *charge* durch eine *company* bedarf der Eintragung im *company register* (sec. 860 Companies Act 2006).

[357] *Gray und Gray,* Elements of Land Law^5, Rdnr. 8.1.96. Das gilt auch für die Übertragung bislang noch nicht eingetragener Grundstücke (secs. 4–6 LRA 2002).

[358] *Oughtred v IRC* [1960] AC 206, 240 (oben Fn. 62).

[359] Band 1 Rdnrn. 74–75; oben Rdnr. 232.

[360] Das Immobiliarsachenrecht ist anders als das Mobiliarsachenrecht in einem einzigen Gesetz (dem Jordabalk, JB) geregelt. Kap. 4 JB handelt von der Bindung der Parteien untereinander und vom „Gläubigerschutz" *(borgenärsskydd)* (dessen Rechtsfolge in einem *separationsrätt* aufgrund des erworbenen Eigentums besteht), vom Kauf unter einer Bedingung und vom Kauf von Grundstücksteilen sowie vom Verhältnis zwischen Verkäufer und Käufer während der Vertragsabwicklung. Der „Absatzschutz" *(omsättningskydd),* dessen Rechtsfolge im gutgläubigen Erwerb vom Nichtberechtigten besteht, ist Gegenstand von Kap. 18 JB (außerdem, wenn man auch die Ersitzung dazu zählt, Gegenstand von Kap. 16 JB). Grundeigentum geht prinzipiell bereits mit dem formwirksamen Abschluss des Kaufvertrages über (Kap. 4 §§ 1–3 JB; zum erforderlichen Erklärungsinhalt HD 3.7.1984, NJA 1984 S. 482). Auf Besitzverschaffung kommt es in diesem Zusammenhang ebenso wenig an wie auf die Eintragung im Grundbuch (Kap. 4 § 1 JB). Der Käufer erlangt also schon mit dem Kaufvertrag Schutz gegenüber den Gläubigern des Veräußerers, mag auch zwangsvollstreckungsrechtlich zugunsten der Gläubiger widerleglich vermutet werden, dass ein auf den Schuldner eingetragenes Grundstück (weiter) ihm gehört (Kap. 4 § 24

gespaltenes" Übertragungsrecht entstanden[361], das sich von der Vorstellung gelöst hat, es werde *ein* all diese Handlungsrechte umfassendes Recht übertragen. Richtig sei es vielmehr, Übertragungsvorgänge sukzessiv gestaffelt zu analysieren, also z.B. zu prüfen, ob der Käufer schon das Recht der Weiterveräußerung, der Belastung, der Nutzung oder der Herausgabe der Sache erworben hat.[362]

257 Ausgangspunkt war, wie man sagte, ein „realistischer" und „funktionaler" Ansatz. Über ihn ist zwar heftig gestritten worden[363], übrigens auch deshalb, weil er im grenzüberschreitenden Gespräch viel Verwirrung gestiftet hat.[364] Die herrschende Meinung hält indes an ihrer Darstellungsmethode fest und betont ihre (angeblichen) Vorteile: Flexibilität und Anpassungsfähigkeit.[365] Außerdem sieht man sich dadurch bestätigt, dass der *issue-by-issue approach* auch in den USA verbreitet ist.[366] Im Näheren werden üblicherweise **vier Problemzonen** unterschieden: (a) die Stellung eines Käufers (etc.) gegenüber dem Veräußerer, (b) die Stellung eines Käufers gegenüber anderen Käufern derselben Sache, (c) der Schutz des Käufers gegenüber den Vollstreckungsgläubigern des Veräußerers und (d) der Schutz des Veräußerers gegenüber den Vollstreckungsgläubigern des Käufers. Die Situationen (a) und (b) erinnern natürlich an die klassische Unterscheidung zwischen Schuld- und Sachenrecht, sind mit ihr aber nicht völlig deckungsgleich. Denn der „Nettowirkungen" des schuldrechtlichen Vertrages sind nach schwedischem Verständnis gleich drei: (i) der Anspruch auf Übertragung des Eigentums und der Gegenanspruch auf Kaufpreiszahlung[367], (ii) der Erwerb der Verfügungs- oder Veräußerungsbefugnis durch den Käufer[368] und der Erwerb des Rechts, den Kaufgegenstand von einem (titellosen) Dritten herauszuverlangen.[369] Es herrscht inso-

---

schwed. UB). Materiellrechtlich ist die Grundbucheintragung nur nötig, damit der Käufer das erworbene Grundstück belasten kann. Während er also ohne Grundbucheintragung Eigentümer „im Sinne des" Kap. 20 § 1 JB ist, ist er für Belastungszwecke erst nach Grundbucheintragung Eigentümer (Eigentümer „im Sinne des" Kap. 22 § 1 JB). Insofern, aber auch nur insofern, stößt man auch im Grundstücksrecht auf die Lehre von der sukzessiven Rechtsübertragung.

361 Weder im Gesetz noch im Schrifttum findet sich eine einheitliche und zusammenhängende Regelung bzw. Darstellung des Rechts der rechtsgeschäftlichen Eigentumsübertragung an beweglichen Sachen. Es ist situationsspezifisch in verschiedene Einzelaspekte aufgespalten worden (*Millqvist,* Sakrättens grunder[6], S. 23). Deshalb fragt man auch nicht nach dem Zeitpunkt des Eigentumsüberganges, sondern nach den Voraussetzungen und dem Zeitpunkt des Eintritts der jeweils in Rede stehenden Rechtsfolge (*Håstad,* Sakrätt[6], S. 171).

362 Grundlegend schon *Torp,* NJM 1902, bilaga VI, S. 1. Siehe im Übrigen *Sandstedt,* Sakrätten, Norden och europeiseringen, S. 169–177 sowie *Martinson,* SvJT 2008 S. 669 und außerdem schon oben Rdnr. 232.

363 Entschieden gegen ihn *Samuelson,* Tolkning och utfyllning, S. 386–394.

364 *Faber,* in Faber und Lurger, Rules for the Transfer of Movables: A Candidate for European Harmonisation or National Reforms?, S. 97–122.

365 *Håstad,* Den nya köprätten, S. 27.

366 Zu ihm *Goode,* Commercial Law[3], S. 218–219.

367 Man nennt das die *inter partes*-Wirkung. Auf den ersten Blick wirkt es zwar eigenartig inkonsequent, wenn gelehrt wird, dass der Zahlungsanspruch und der Anspruch auf Übertragung „des Eigentums" mit dem schuldrechtlichen Vertrag entstünden (*Ramberg und Herre,* Allmän Köprätt[5], S. 19). Man korrigiert das aber mit der These, dass die einzelnen erfüllungsrechtlichen Wirkungen wiederum sukzessive nach den fakultativen Vorschriften des Vertragsrechts einträten. Deshalb seien in diesem Verhältnis die Fragen der Eigentumsübertragung Angelegenheiten des Schuldrechts.

368 Siehe bereits oben Fn. 264. Anders ist das nur im Falle eines wirksamen Eigentumsvorbehalts, unter dem der Käufer nicht zur Weiterveräußerung oder Belastung der Sache berechtigt ist.

369 *Hellner,* Metodproblem i rättsvetenskapen, S. 198.

weit ein reines Konsensprinzip. In Fällen, in denen nach der Stellung des Erwerbers gegenüber weiteren Erwerbern gefragt wird, geht es um Mehrfachveräußerungen. In diesem Fall setzt sich im Konflikt der beiden Käufer derjenige durch, der als erster gekauft hat; es bedarf der Individualisierung der Sache, aber im Übrigen gilt das Prioritätsprinzip.[370] Die Lage ändert sich jedoch, wenn der Zweitkäufer gutgläubig in den Besitz der Sache versetzt wurde; dann erwirbt er das Eigentum an ihr (§ 2 schwed. GfvL) (bei Grundstücken bedarf es der Voreintragung des Veräußerers und der nachfolgenden Eintragung des Erwerbers im Grundbuch: Kap. 18 § 1 JB).

In den Situationen (c) (Schutz des Käufers bei Vollstreckung Dritter in das Verkäufervermögen) und (d) (Schutz des Verkäufers und weiterer Personen bei Vollstreckung Dritter in beim Vertragspartner belegenes Vermögen) löst die „Insolvenzsituation" den „sachenrechtlichen Konflikt" aus. Denn sie kann, wie man sagt, nur unter Zuhilfenahme eines „sachenrechtlichen Moments" *(sakrättsligt moment)* gelöst werden. Es geht neben dem *särskild förmånsrätt* (insbesondere dem „Vorzugsrecht" aus einem Pfand[371]) vor allem um das *separationsrätt* (das Recht, die Herausgabe der Sache zu verlangen, weil sie bezahlt worden ist). Das Gesetz verwendet diesen Begriff zwar nicht.[372] Gleichwohl gilt das aus den Vorschriften des Zwangsvollstreckungsrechts entwickelte privatrechtliche **Separationsrecht**[373] als das Herzstück des Rechts des Gläubigerschutzes (*borgenärsskydd*[374]). Der Käufer (A) setzt sich gegen den Gläubiger (C) des Verkäufers (B) durch, wenn das jeweils erforderliche sachenrechtliche Moment vorliegt. In der „umgekehrten" Situation wehrt sich der Verkäufer (nun ist er „A") gegen den Gläubiger (C), der im Konkurs (oder im Wege der Einzelzwangsvollstreckung) auf das Käufervermögen zugreifen will; der Verkäufer macht ein *separationsrätt* „aufgrund beibehaltenen Eigentums" geltend. In beiden Fällen muss es sich um einen individualisierten Vermögensgegenstand *(individuellt bestämd egendom)* handeln, der aber natürlich auch aus einer Gattung vertretbarer Vermögensgegenstände *(fungibel egendom)* herausgelöst worden sein kann.[375] 258

Für das **Separationsrecht des Käufers** kommt es u. a. darauf an, ob er Verbraucher oder Unternehmer ist, darauf, ob es sich um eine unbewegliche oder eine bewegliche Sache handelt, ob sie durch Kauf, Schenkung oder Auktion erworben wur- 259

---

[370] Vorher Fn. 264 (Es gilt noch immer Kap. 1 § 5 schwed. HB von 1736; außerdem folgt diese Regel auch aus den Vorschriften über den gutgläubigen Erwerb [§ 2 schwed. GfvL]. Auch in ihnen ist freilich wieder von „fehlendem Eigentum" die Rede; gemeint sind Fälle, in denen der Eigentümer sein Eigentum zu einem früheren Zeitpunkt an einen anderen Erwerber übertragen hat [Doppelverfügung] [Prop. 1985:86, S. 17]). Dass es also offenbar doch nicht ganz ohne Eigentum geht, versucht man mit dem Argument wegzudiskutieren, es sei klar, um welchen Einzeleffekt es gehe (*Håstad,* ERPL 2009 S. 725, 727, Fn. 4).

[371] Dieses ist für bewegliche Sachen in §§ 3–5, für unbewegliche Sachen in § 7 schwed. FRL geregelt.

[372] *Walin,* Separationsrätt, S. 12.

[373] Das Insolvenzrecht sagt nur, dass in alle Gegenstände, die dem Schuldner gehören, vollstreckt werden kann (Kap. 4 § 17 schwed. UB), aber nicht, welche Gegenstände dem Schuldner gehören bzw. sein Vermögen darstellen (Kap. 3 § 3 schwed. KL). Von Gegenständen im Besitz des Schuldners wird allerdings zwangsvollstreckungsrechtlich (widerleglich) vermutet, dass sie ihm gehören (Kap. 4 § 18 UB).

[374] Vern mot Kreditorbeslag in Norwegen (*Lilleholt,* Allmen Formuerett, S. 255), Losorekoberens retsbeskyttelse over for overdragerens kreditorer in Dänemark (*Illum,* Dansk tingsret[3], S. 174).

[375] *Millqvist,* Sakrättens grunder[6], S. 91.

de, und, wenn es um eine bewegliche Sache geht, wo sie sich befindet, von welcher Art sie ist und welchem Zweck die Transaktion dient. Unter § 49 schwed. Verbraucherkaufgesetz (Konsumentköplagen, KkL) genießt ein Verbraucher bereits durch den Abschluss des Kaufvertrages Gläubigerschutz (das *separationsrätt* aufgrund erworbenen Eigentums), vorausgesetzt nur, die Sache ist durch den Verkäufer individualisiert worden. Der Käufer eines Grundstücks erlangt Gläubigerschutz nur durch formwirksamen Kaufvertrag (Kap. 4 §§ 1–3 JB). Der gewerbliche Käufer einer beweglichen Sache ist der Grundregel nach erst nach Besitzerlangung geschützt.[376] Auch die Übertragung eines Rechts an einer Mobilie für Zwecke der Kreditsicherung unterliegt dem Traditionsprinzip.[377] Befindet sich der Gegenstand bei einem unabhängigen Transportunternehmer, genügt für den Käufer der Besitz des Konnossements.[378] Liegt der fragliche Gegenstand auf fremdem Grund, erwirbt der Käufer sachenrechtlichen Schutz mit Überlassung des Nutzungsrechts an der Immobilie.[379] Andernfalls hängt der Schutz von der *denuntiation* ab, also davon, dass der Käufer dem besitzenden Dritten mitteilt, dass dessen Herausgabepflicht gegenüber dem Veräußerer nunmehr dem Käufer gegenüber besteht.[380] Für eine Reihe von Objekten bestehen Sonderregeln, nicht nur für Registergüter (Schiffe, Flugzeuge) und Wertpapiere, sondern beispielsweise auch für gefälltes, geschnittenes und markiertes Holz.[381] Auch bei Käufen auf einer öffentlichen Auktion kommt es nicht auf die *tradition* an.[382] Sie ist zur Erlangung sachenrechtlichen Schutzes durch den Erwerber aber wieder erforderlich, wenn ein Alleineigentümer einen Eigentumsanteil überträgt.[383]

260 Auch das **Separationsrecht aus „beibehaltenem Eigentum"** ist auf *individuellt bestämd egendom* gerichtet. Es besteht also bei der Sachleihe (*saklån*), nicht aber beim Sachdarlehen *(försträckning),* da aus ihm nur ein Anspruch auf die Rückgabe von Sachen gleicher Art und Güte folgt.[384] Bezugspunkt des Separationsrechts sind Sa-

[376] Dinglicher Schutz setzt *tradition* voraus (ständige Rechtsprechung seit HD 2.5.1925, NJA 1925 S. 130 [oben Fn. 202]). Der Überlassungsvertrag genügt nur, wenn der Käufer schon vor Abschluss des Kaufvertrages im Besitz der Sache war (HD 12.10.1998, NJA 1998 S. 545).

[377] Das folgt aus dem weiterhin gültigen Kap. 10 § 2 HB. Das *traditionsprincip* diene in diesen Fällen der Publizität und der Verhinderung von Scheintransaktionen in Insolvenzsituationen (*Håstad,* Sakrätt[6], S. 289; *Millqvist,* Sakrättens grunder[6], S. 141). Allgemeine Vorschriften zur *tradition* gibt es nicht.

[378] *Hessler,* Allmänn sakrätt, S. 211; *Göranson,* Traditionsprincipen, S. 611.

[379] HD 18.10.1991, NJA 1991 S. 564 (in einem Gebäude gelagertes Boot).

[380] *Millqvist,* aaO S. 147. Eine Manifestation der geänderten Besitzverhältnisse ist nicht erforderlich (*Håstad* aaO S. 230). Die Grundlage ist eine gewagte Analogie zu § 31 Lag om Skuldebrev (1936:81) (Schuldbriefgesetz) (HD 22.3.1949, NJA 1949 S. 164). Eine formlose Mitteilung genügt.

[381] Das Gesetz über das Recht des Käufers an markiertem Holz (Lag om köpares rätt till märkt virke vom 1.7.1944 (1944:302) durchbricht das Traditionsprinzip (*Millqvist* aaO S. 153).

[382] HD 25.2.1985, NJA 1985 S. 159 (der Gegenstand war nach der Auktion leihweise im Besitz des Schuldners zurückgelassen worden).

[383] HD 12.1.1987, NJA 1987 S. 3 (siehe bereits Band 1 Rdnr. 500 mit Fn. 1298).

[384] *Håstad,* Sakrätt[6], S. 153. Eine Sonderregelung besteht für treuhänderisch verwaltetes Geld. Unter dem Lag om redovisningsmedel vom 5.5.1944 (1944:181), dem Rechnungslegungsgesetz, sind Mittel, die jemand für einen anderen mit der Verpflichtung zur Rechnungslegung entgegengenommen hat und zu diesem Zweck bei einer Bank oder sonst abgesondert verwahrt, seinem Auftraggeber vorbehalten, wenn der Betrag unverzüglich abgesondert worden ist. Dasselbe gilt für einen Betrag, der erst später abgesondert worden ist, sofern der zur Rechnungslegung Verpflichtete im Zeitpunkt der Absonderung nicht zahlungsfähig ist (näher HD 15.6.2012, NJA 2012 S. 391).

chen, die einer anderen Person zu Besitz anvertraut wurden.[385] Deshalb genießen der Vermieter beweglicher Sachen und der Leasinggeber sachenrechtlichen Schutz, desgleichen der Eigentümer einer in Verwahrung gegebenen Sache, sofern er den Zahlungsanspruch des Verwahrers erfüllt hat.[386] Komissionsgut gehört weder zum haftenden Vermögen noch zur Insolvenzmasse des Kommissionärs.[387] Das kaufvertraglich vereinbarte Recht, bei Nichtzahlung die Sache vom Käufer zurück zu verlangen, entfaltet gegenüber Dritten und damit auch gegenüber den Gläubigern des Käufers dingliche Wirkung, wenn der Rückforderungsvorbehalt mit einer Vereinbarung einhergeht, dass der Käufer weder zur Weiterveräußerung noch zu einer anderen Handlung berechtigt ist, die die Identifizierbarkeit der Sache im Käufervermögen verhindert.[388] Insgesamt wirkt die schwedische Methode der Darstellung sachenrechtlicher Übertragungsvorgänge zwar ungewöhnlich. Die mit ihr beschriebenen Ergebnisse sprengen aber kaum je das auch andernorts in Europa Übliche.

d) Eigenständigkeit des Vollstreckungsrechts

Das dynamische Sachenrecht lebt nach seinem Selbstverständnis vom Streben nach „Flexibilität und Anpassungsfähigkeit". Dasselbe Ziel lässt sich freilich auch mit rein zwangsvollstreckungsrechtlichen Mitteln erreichen. Zwischen Sachen- und Vollstreckungsrecht bestehen gewiss viele Querverstrebungen. Gleichwohl gibt es keinen zwingenden Grund, subjektive Sachenrechte „vom Zwangsvollstreckungsrecht her" zu denken. Es drohen im Gegenteil **zirkuläre Definitionen.** Denn wer einem Recht Drittwirkung attestiert, wenn und weil es sich in der Insolvenz bewährt, läuft Gefahr, diese Bewährung wieder damit erklären zu müssen, dass es sich um ein drittwirksames Recht handelt. Man muss sich entscheiden. Entweder schützt man in der Zwangsvollstreckung ausschließlich (dann aber auch alle) Rechte, die nach den Vorgaben des materiellen Rechts Sachenrechtsqualität haben, oder man entkoppelt das Zwangsvollstreckungs- je nach Bedarf vom Sachenrecht. Letzteres hat den Vorteil, dass es plötzlich möglich wird, unter spezifisch vollstreckungsrechtlichen Wertungsgesichtspunkten (i) auch Nichtsachenrechte mit einem vollstreckungsrechtlichen Drittschutz zu versehen (man denke an die Position eines Treugebers gegenüber Vollstreckungsgläubigern des Treunehmers), und (ii), echte Sachenrechte (wie das Eigentum eines Treunehmers) vollstreckungsrechtlich abzuwerten. 261

Auf die Frage, wie man es sachenrechtlich zu analysieren hat, dass ein bestimmtes **Recht mit Vollstreckungsschutz hinterlegt** (oder aus ihm ausgeblendet) wird, gibt 262

---

[385] Kommisionslag vom 25.6.2009 (2009:865), Prop. 2008/09:88, S. 54.

[386] HD 6.3.2009, NJA 2009 S. 79 (Leasing); *Zetterström,* Sakrättens fyra huvudfall², S. 51–52.

[387] § 23 Kommissionslag (2009:865) („Sachen, die dem Kommissionär zum Verkauf übergeben wurden, bleiben im Eigentum des Kommittenten, bis das Eigentum an eine dritte Person, oder, falls der Kommissionär selbst als Käufer eintritt, an diesen übergeht").

[388] *Millqvist* aaO S. 99; *Håstad* aaO S. 191; HD 27.5.1975, NJA 1975 S. 222 (betr. einen Rücknahmevorbehalt beim Verbraucherkauf) und HD 20.6.2007, NJA 2007 S. 501 (Rücknahmevorbehalt beim Abzahlungskauf. A hatte bei dem örtlichen Yamaha-Zentrum auf Kredit ein Motorrad gekauft. Die Bank B hatte den Kauf finanziert und sich die Rechte des Zentrums zur Sicherheit übertragen lassen. A verkaufte das Motorrad weiter an C, bei dem es gestohlen wurde. Pfändungsversuche der B bei A waren erfolglos geblieben. B klagte auf Wertersatz gegen C. Das Gericht entschied, dass der Rücknahmevorbehalt prinzipiell auch C gegenüber wirke. Alles hinge deshalb davon ab, ob C gutgläubig gewesen sei. Um das zu prüfen, wurde die Sache an die Vorinstanz zurückverwiesen).

es weder in den nationalen Rechtsordnungen noch gar europaweit eine einheitliche Antwort.[389] Manchmal wird die insolvenzrechtliche Aussonderungsbefugnis als Grund für die Entstehung eines Sachenrechts gedeutet (wie beim schwedischen Separationsrecht), manchmal ein neues Sachenrecht jedenfalls auch zu dem Zweck „erfunden", die Position eines Forderungsgläubigers vollstreckungsrechtlich aufzuwerten (wie beim deutschen Anwartschaftsrecht des vertragstreuen Vorbehaltskäufers[390]), und manchmal eine insolvenzfeste Rechtsposition selber zu einer verfügungsfähigen Sache fortentwickelt (wie das *equitable interest* eines *beneficiary* unter sec. 283(3) IA 1986). Gleichwohl – und so banal das ist – treten „sachenrechtlichen Konflikte" nun einmal nicht nur in „Insolvenzsituationen" auf (ein Dieb muss die Sache dem Eigentümer auch dann herausgeben, wenn kein Dritter vorhanden ist, der die Sache ebenfalls für sich reklamiert). Folglich sollte das Sachenrecht aus sich heraus erklären können, wer (noch oder schon) eine verkehrsfähige Rechtsposition innehat, über die er rechtmäßig verfügen darf. Ohnehin setzt ein sachenrechtlicher Konflikt nicht einmal einen Übertragungs- oder Erwerbsvorgang voraus.[391]

263 In **England** richtet sich die insolvenzrechtliche Zuordnung eines Gegenstandes zum Haftungsvermögen des Schuldners nach den Regeln des Sachenrechts. Beim Kauf einer beweglichen Sache trägt die vorleistende Partei das Insolvenzrisiko der Gegenseite.[392] Der Verkäufer kann sich zwar durch Vereinbarung eines Eigentumsvorbehalts leicht absichern. Denn der einfache Eigentumsvorbehalt berechtigt auch ohne Einhaltung einer bestimmten Form zur Aussonderung.[393] Der Käufer dagegen hat bis zum Eigentumsübergang noch keine „insolvenzfeste" Rechtsposition an der Kaufsache, auch nicht *in equity*. Denn der Verpflichtungsvertrag hat, wenn es (wie meistens) an einem Anspruch auf *specific performance* fehlt, keine vorgreifende Wirkung.[394] Anders verhält es sich dagegen bei der Übertragung eines *estate in land*. Denn der *estate* wird mit dem Abschluss des Vertrages zum Bezugspunkt eines *constructive trust* und damit ein vom übrigen Vermögen des *trustee* getrenntes Vermögensobjekt (sec. 283(3)(a) IA 1986), auf das dessen Gläubiger nicht mehr zugreifen können. Folglich kann der Käufer seinen Übereignungsanspruch und damit ein Separationsrecht auch noch in der

---

[389] Art. 7 der VO EG Nr. 1346/2000 über Insolvenzverfahren und die Nachfolgevorschriften in Artt. 8 und 10 der VO (EU) 2015/848 über Insolvenzverfahren (EU-Insolvenzordnung) beruhen auf dem Grundsatz des Vorrangs des Sachenrechts- vor dem Insolvenzrechtsstatut. Die Käuferinsolvenz berührt die Rechte des Verkäufers aus einem Eigentumsvorbehalt kollisionsrechtlich nicht; er kann sich weiterhin auf das Regime der *lex rei sitae* berufen. Die Verkäuferinsolvenz rechtfertigt keine Auflösung oder Beendigung des Kaufvertrags. Hat der Käufer unter dem Belegenheitsrecht ein Anwartschaftsrecht, bleibt es erhalten. Dasselbe gilt für die dinglichen Rechte Dritter an Sachen, die sich in einem anderen Staat als dem Staat der Insolvenzeröffnung befinden.

[390] Siehe dazu bereits Band 1 Rdnr. 476. Der anwartschaftsberechtigte Vorbehaltskäufer hat in der Insolvenz des Verkäufers die Möglichkeit, den Restkaufpreis zu zahlen und sich auf diese Weise zum Eigentümer zu machen. Der Anwartschaftsberechtigte kann sich m. a. W. selbstbestimmt Vorrang vor den anderen Insolvenzgläubigern verschaffen und seine Sache aussondern (nachfolgende Rdnr.).

[391] Siehe bereits Band 1 Rdnr. 348.

[392] *Bridge/Gullifer/McMeel/Worthington,* The Law of Personal Property, Rdnr. 10–017.

[393] Anders ist das beim verlängerten Eigentumsvorbehalt. Er wird meistens als eintragungspflichtige *charge* gedeutet, ist also ohne Eintragung i. d. R. nichtig (oben Rdnr. 255 mit Fn. 356).

[394] Näher *Rieländer,* Sachenrechtliche Erwerbsrechte, S. 257.

Insolvenz des Verkäufers (und *trustee*) geltend machen.[395] Freilich gibt es Fälle, in denen genuin insolvenzrechtliche Wertungen auf die sachenrechtliche Zuordnung durchschlagen. Im Ergebnis wurden so neue Sachenrechte geboren, was wiederum damit zusammenhängt, dass das *numerus clausus*-Prinzip im Recht der *Equity* nicht uneingeschränkt gilt.[396] Mehrfach wurden z.B. Mietern und Leasingnehmern beweglicher Sachen insolvenzfeste Rechtspositionen an Gegenständen des Vermieters bzw. Leasinggebers zuerkannt, obwohl eine *hire of goods* und ein *hire-purchase agreement* nach traditioneller Ansicht gerade kein dingliches Recht begründen.[397] Die Erklärung liegt darin, dass schon mit dem Vertragsschluss, jedenfalls aber infolge der dinglichen Wirkung der Besitzübertragung zugunsten des Mieters ein *equitable interest* an der Mietsache entsteht.[398] Formal blieb die Sachenrechtsakzessorietät des Insolvenzrechts gewahrt, materiell hat das Insolvenzrecht ein neues Sachenrecht hervorgebracht.

In **Frankreich** sind Abweichungen des Insolvenz- vom Sachenrecht eine geläufige **264**
Erscheinung. Unter Art. L 624-9 CCom z.B. muss die (an sich gar keiner Verjährung unterliegende[399]) Vindikation beweglicher Sachen *(action en revendication)* binnen drei Monaten nach Eröffnung des Insolvenzverfahrens ausgeübt werden; andernfalls erlischt in seinem Rahmen die Drittwirksamkeit des Eigentums.[400] Die *revendication* vertretbarer Sachen *(choses fongibles)* ist vor ihrer Individualisierung materiellrechtlich ausgeschlossen.[401] Unter den Voraussetzungen von Art. L 624-16(3) CCom (es finden sich beim Schuldner oder bei Dritten, die für ihn besitzen, noch Sachen gleicher Art und Güte) wird sie möglich. Art. L 622-23-1 CCom sieht für das Recht der besitzlosen *fiducie-sûreté* vor, dass der *fiduciaire,* obwohl er Eigentümer ist, seinem Vertragspartner (dem *constituant*) unter bestimmten Voraussetzungen die Sach- bzw. Rechtsnutzung belassen muss. Eine entgegenstehende Verfügung ist nichtig. Die Sanierung soll nicht daran scheitern, dass der Schuldner eine mit einer Sicherheit belastete Sache nicht mehr bewirtschaften kann. Materiellrechtlich soll sich das in die Aussage ummünzen lassen, dass durch die *fiducie* gerade kein „volles Eigentum" übertragen werde.[402] Unter § 47 Satz 2 der **deutschen** InsO richtet sich der Anspruch auf Aussonderung eines Gegenstandes nach den Gesetzen, die außerhalb des Insolvenzverfahrens gelten. Das Anwartschaftsrecht des Käufers unter Eigentumsvorbehalt berechtigt *nicht* zur Ausson-

---

395 *Swiss Bank Corporation v Lloyds Bank Ltd.* [1979] 1 Ch. 548, 567A-B (*Browne-Wilkinson* J.); Hanbury und Martin (*-Martin*), Modern Equity[18], Rdnr. 12–035; *Rieländer* aaO S. 83.

396 Band 1 Rdnr. 70.

397 Näher Palmer und McKendrick (*-Swadling*), Interests in Goods[2], S. 491.

398 *Bristol Airport plc v Powdrill* [1990] Ch. 744, 759. Nach sec. 11(3) IA 1986 bedarf die Ausübung von Pfandrechten an *property* (i.S.v.sec. 436 IA 1986) eines Gemeinschuldners der Zustimmung des Insolvenzverwalters oder des Gerichts. Das Gericht qualifizierte die an die Gemeinschuldnerin vermieteten Flugzeuge als deren *property* und stützte sich zur Begründung maßgeblich auf die Durchsetzbarkeit des Vertragsversprechens des Vermieters mittels Anordnung der Vertragserfüllung.

399 *Terré und Simler,* Les biens[9], S. 410 Rdnr. 522.

400 Gleichwohl hat man weder einen Eigentumsverlust auf Seiten des Eigentümers noch einen Eigentumserwerb durch den Schuldner vor sich (Cass. com 4.1.2000, Rechtsmittelnummer 96–19511: „si l'absence de revendication rend le droit de propriété inopposable à la procédure collective, elle n'entraîne cependant pas extinction de ce droit de propriété ni le transfert de la propriété au débiteur").

401 *Terré und Simler* aaO S. 415 Rdnr. 530; Cass. com. 25.3.1997, Bull. civ. 1997, IV, Nr. 84 S. 73.

402 *Gijsbers,* Sûretés réelles et droit des biens, S. 352 Rdnr. 352.

derung.[403] Der Verkäufer dagegen kann beim einfachen Eigentumsvorbehalt die Kaufsache aus der Insolvenzmasse des Käufers aussondern.[404] Ist dem Käufer allerdings die Verarbeitung zu einer neu hergestellten Sache gestattet, steht dem Verkäufer nur ein Anspruch auf bevorzugte Befriedigung in Geld („Absonderungsrecht"; §§ 166, 170 dt. InsO) zu.[405] Ebenso verhält es sich bei erlaubter Weiterveräußerung; der gezahlte Kaufpreis tritt als Surrogat an die Stelle der weiterveräußerten Sache. Auch die Sicherungsübereignung gibt dem Eigentümer kein Aussonderungs-, sondern nur ein Absonderungsrecht (§ 51 Nr. 1 aaO), d.h. eine bevorrechtigte Erlösbeteiligung nach pfandrechtlichen Regeln statt eines eigentumsbasierten Separationsrechts. Insolvenzrechtlich ist die Sicherungsübereignung im Ergebnis nichts anderes als ein besitzloses Pfandrecht.[406] In der umgekehrten Situation – der Insolvenz des Sicherungsnehmers – ist der Sicherungsgeber dagegen nur zur Aussonderung (§ 47 aaO) berechtigt, wenn er inzwischen durch vollständige Tilgung der Forderung und dem damit verbundenen Bedingungseintritt wieder Sacheigentümer geworden ist.[407] Haftungs- und sachenrechtliche Vermögenszuordnung laufen in dieser Situation nicht mehr auseinander.

265 Unter § 4(1) und (2) **ungarisches** Insolvenzgesetz unterliegen dem Insolvenzverfahren alle Gegenstände, welche der betreffenden Wirtschaftsorganisation und ihren Tochterunternehmen im Zeitpunkt der Verfahrenseröffnung gehören, außerdem die, welche sie danach noch erwerben. Unter Abs. (3)(h) aaO sind im Besitz des Schuldners befindliche Vermögensgegenstände ausgenommen, für die sich der Verkäufer das Eigentumsrecht bis zur vollständigen Begleichung des Kaufpreises vorbehalten hat, es sei denn, der Schuldner hat sie bereits vor der Begleichung des Kaufpreises rechtmäßig zur Schaffung eines neuen Vermögensgegenstandes eingesetzt und zu dessen untrennbaren Bestandteil gemacht. Bei der Sicherungsübereignung **tschechischen** Rechts (§§ 2040–2044 tschech. BGB) muss der Gläubiger, wenn der Schuldner bis zur Eröffnung des Insolvenzverfahrens korrekt gezahlt hat, seine Forderung anmelden; der Eigentümer wird wiederum nur wie ein „gesicherter Gläubiger" (§ 2(g) tschech. Insolvenzgesetz) behandelt[408]; ihm steht nur ein Recht auf abgesonderte Befriedigung (§§ 167(1), 298(1) aaO) zu. Befand sich dagegen der Schuldner vor Eröffnung des Insolvenzverfahrens in Verzug, dann erlangt der Gläubiger „volles" unbedingtes Eigentum (§ 2044(1) tschech. BGB) und ist auf dessen Grundlage zur Aussonderung berechtigt (§ 225(1) tschech. Insolvenzgesetz). Das Aussonderungsrecht kann aber nur

---

[403] BGH 9.5.1996, NJW 1996 S. 2233, 2235. Ein Vorbehaltskäufer und Anwartschaftsberechtigter hat im Konkurs des Vorbehaltsverkäufers erst dann ein Aussonderungsrecht, wenn die letzte Kaufpreisrate getilgt ist. Der Käufer kann aber den Restkaufpreis zahlen, wenn ihm schon vor Verfahrenseröffnung der Besitz übertragen war (§ 107(1) dt. InsO). Dem Käufer wird so die Aussonderung der Sache gegen Begleichung der Restschuld ermöglicht (*Marotzke,* JZ 1995 S. 803, 805; *Häsemeyer,* Insolvenzrecht[4], Rdnr. 18.36).

[404] BGH 21.5.1953, BGHZ 10 S. 69, 72.

[405] Siehe statt vieler nur Palandt (*-Herrler*), BGB[77], § 950 BGB Rdnr. 11.

[406] *Henckel,* FS Zeuner, S. 193, 196; MünchKomm (*-Ganter*), InsO I[3] § 51 Rdnrn. 9, 50; *Gottwald,* Insolzenzrechtshandbuch[5], § 43 Rdnr. 83; BGH 27.3.2008, BGHZ 176 S. 86.

[407] Uhlenbruck (*-Brinkmann*), InsO[14], § 47 Rdnrn. 16; 82; *Karsten Schmidt,* Insolvenzordnung[19], § 51 Rdnr. 16. Der Sicherungsgeber hat aber nach herrschender Meinung nicht das Recht, die Forderung gegen den Willen des Insolvenzverwalters vorzeitig zu tilgen, um auf diese Weise ein Aussonderungsrecht zu erwerben (Gottwald [*-Adolphsen*], Insolvenzrechtshandbuch[5], § 43 Rdnr. 82).

[408] Näher Hulmák (*-Richter*), Občanský zákoník V, S. 1277.

in einem Zwischenstreit *(incidenční spor)* geltend gemacht werden (§ 159(1) aaO), der die Verfügungsbefugnis des Insolvenzverwalters suspendiert. Beim Eigentumsvorbehalt kann der Insolvenzverwalter unter § 260(1) aaO zwischen der Zahlung des Kaufpreises und der Aushändigung der Ware gegen Rückerstattung der bislang gezahlten Raten wählen. In der Insolvenz des Verkäufers hat der Käufer wie in Deutschland die Möglichkeit zur Restkaufpreiszahlung mit anschließender Aussonderung.[409] In **Griechenland** schließlich kann der Vorbehaltsverkäufer nach der Rechtsprechung des Areopag nur aussondern, falls der Käufer schon vor Abgabe der Insolvenzerklärung mit der Zahlung in Verzug geraten und der Verkäufer deshalb vom Vertrag zurückgetreten ist.[410] Gerät der Käufer erst nach Abgabe der Insolvenzerklärung in Verzug, wird der Verkäufer, obwohl noch Eigentümer, nur wie die anderen Gläubiger befriedigt.[411]

2. Rechte an realen Sachen

a) Die Redeweise vom Konsensual- und vom Traditionsprinzip

Die Regeln der europäischen Rechtsordnungen über die Drittwirksamkeit von Rechtsgeschäften unterscheiden je nach den Bezugspunkten des Rechts (reale Sachen, Grundstücke, rein normative Sachen), seinem Inhalt (Eigentum, beschränkte Rechte), den Anforderungen an seine Erkennbarkeit (Registergüter, Nichtregistergüter), der Art des zugrundeliegenden Rechtsgeschäfts (Kauf, Schenkung), der Verfügungsbefugnis des Veräußerers (Erwerb vom Berechtigten und vom Nichtberechtigten), der Person des Käufers (Verbraucher, Unternehmer), dem Erwerbstatbestand (erstmalige Bestellung, Zweiterwerb) und dem Ort des Vertragsschlusses (Kauf im Supermarkt, Distanzverträge). Bei Rechten an realen Sachen geht es freilich meistens nur um Variationen desselben Grundthemas. Die **Hauptfrage** lautet, in welchem Zusammenhang es darauf ankommen soll, dass der Erwerber die Sache übergeben bekommt. Bejahendenfalls muss er in Vollzug des jeweiligen Geschäfts Sachherrschaft im Umfang des betreffenden Rechts und im Habitus seines Inhabers erlangen, beim Eigentumserwerb also eigentümergleiche Sachherrschaft, und beim Erst- oder Zweiterwerb einer Belastung Sachherrschaft im Umfang dieses Rechts und in Anerkennung der zukünftigen Pflicht zur Rückgabe der Sache. 266

Die kontinentaleuropäische Rechtswissenschaft ist immer wieder versucht gewesen, die Antwort in zwei „Prinzipien" zu verdichten. So entstand die Redeweise vom „Konsensualprinzip" und seinem Konkurrenten, dem „Traditionsprinzip". In einem Land des Traditionsprinzips, so die Vorstellung, erwirbt man ein subjektives Sachenrecht nur, wenn man die Sache geliefert (oder „tradiert") bekommt. In einem Land des Konsensualprinzips genügt dagegen die bloße Einigung; sie „ist" gewissermaßen schon in sich selbst die *tradition,* nämlich eine *tradition civile.*[412] Das Problem ist, dass es 267

---

[409] *Hásová,* Zákon o úpadku a způsobech jeho řešení, S. 626.

[410] Areopag 1027 und 1028/1974, NoB 23 (1975) S. 204; Areopag 1390/1977, NoB 26 (1978) S. 1066; Areopag 1363/1979, NoB 28 (1980) S. 204; kritisch Georgiades und Stathopoulos (-*Georgiades*), ZGB, Art. 1034 S. 436 Rdnrn. 54–55.

[411] *Georgiades,* Emprágmato Díkaio I, S. 203; Berufungsgericht Athen 1298/1979, NoB 27 (1979) S. 1515.

[412] *Dross,* Les choses, S. 50 Rdnr. 29-1 (der aaO – noch im Hinblick auf Art. 1138 franz. CC a. F. – zwischen der *tradition civile* und der *tradition* oder *remise matérielle* unterscheidet). Das Wort

solche Länder gar nicht gibt; in allen werden vielmehr beide Prinzipien nebeneinander wirksam. Auch sind die Übergänge oft derart fließend, dass sich gar nicht entscheiden lässt, welche sachenrechtliche Regel korrekterweise in welchem Kontext zu präsentieren wäre. Die Kurzformel vom „Konsensualprinzip" wirkt schon deshalb wenig glücklich, weil es unter seiner Herrschaft kaum je um eine reine Einigung, sondern nahezu stets um eine Einigung geht, die mit einer Verpflichtung (einer *causa*) unterlegt ist[413], und weil zweitens auch das alternative Traditionsprinzip nicht auf einen Konsens verzichtet: nirgendwo wird jemandem ein Sachenrecht durch Rechtsgeschäft gegen seinen Willen aufgezwungen.[414] Der Textmarker liegt also auf *„solo" consensu*. Ganz abgesehen davon, dass selbst das noch mehrdeutig ist – man kann sowohl sagen wollen, dass es neben der Einigung nicht noch zusätzlich einer Übergabe bedarf, als auch, dass die Einigung keiner Form unterliegt[415] – hilft die Betonung aber auch noch aus einem weiteren Grund nur bedingt weiter. Denn „allein" auf eine Einigung kann es auch in einem Land ankommen, das man gewöhnlich als ein Land des Traditionsprinzips qualifiziert, und das nicht einmal nur dann, wenn die „Übergabe" durch die „Vereinbarung" eines Besitzkonstituts (§ 930 dt. BGB) oder durch die „Abtretung" des Herausgabeanspruchs (§ 931 dt. BGB) ersetzt werden darf.

268 Auch wer sich zum Traditionsprinzip bekennt, verzichtet m. a. W. noch lange nicht auf sogen. **„Übergabesurrogate"**. Da sie aus nichts anderem als aus einer bloßen Einigung bestehen, haben sie mit einer realen Übergabe nichts gemein. Das jeweilige subjektive Recht kann je nach seinem eigenen Regime auch in einem Lande „des" Traditionsprinzips rein konsensual bestellt oder übertragen werden. Formal bewegt man sich vielleicht noch im Kontext des einen, material aber längst schon im Kontext des anderen „Prinzips". Dass man in Deutschland, um überhaupt von einem Übergabesurrogat sprechen zu können, gleich einen doppelten Konsens (die Einigung über den Erwerb und die Erwerbsmodalität) verlangt, hat rein theoretische Gründe. In der praktischen Rechtsanwendung ist es meistens gar nicht möglich, *realiter* zwischen der Verfügung und der Vereinbarung des Besitzmittlungsverhältnisses zu unterscheiden. Es kommt hinzu, dass selbst der realen Übergabe stets ein konsensuales Moment innewohnt. Immer wieder muss man folglich sehr genau hinschauen, was mit „Konsens"

---

tradition kann vor diesem Hintergrund also auch einfach nur eine besitzlose Eigentumsübertragung bedeuten.

[413] Vorher Rdnr. 250. Siehe außerdem *Monateri,* Contratto e trasferimento della proprietà, S. 50 (nicht die bloße Einigung übertrage in Italien und Frankreich das Eigentum, sondern die Einigung und ein weiteres Grundelement, das man vielleicht mit dem Wort *causa* beschreiben könne. Denn wenn der Kaufvertrag nichtig sei, scheitere auch die Übereignung, und zwar selbst dann, wenn sich die Parteien über den Eigentumsübergang einig seien).

[414] Vorher Rdnr. 227.

[415] Das Eigentum an beweglichen wie an unbeweglichen Sachen geht unter dem Code civil „allein aufgrund des Willens der Vertragsparteien" ohne Übergabe bzw. ohne Eintragung des erworbenen Rechts im Hypothekenregister über. Das ist die eine Bedeutung des *principe du consensualisme* (*Larroumet,* Les Biens[5], S. 215 Rdnr. 373). Es hat seinen Ursprung bekanntlich in Art. 1138(1) franz. CC a. F. und findet sich seit dem 1.10.2016 in Art. 1196 franz. CC. Auch ein doppelwirkender Vertrag ist aber i. d. R. nicht an besondere Formvorschriften gebunden. Er wird folglich auch *solo consensu* geschlossen (*Larroumet* aaO Rdnr. 374). Wo das (wie z. B. bei den unter Art. 931 franz. CC beurkundungspflichtigen Schenkungen und unter Art. 2416 franz. CC bei der beurkundungspflichtigen Hypothekenbestellung) ausnahmsweise einmal anders ist, habe man eine Ausnahme von dem *solo consensu*-Prinzip vor sich (*Piedelièvre und Piedelièvre,* La publicité foncière, S. 29 Rdnr. 47).

bzw. „Tradition" eigentlich gemeint ist. Viele Rechtsregeln werden sonst, obwohl in der Substanz identisch, zu Beispielen gleich beider Prinzipien. Vor allem aber erlaubt die Gegenüberstellung von Konsensual- und Traditionsprinzip keine zuverlässige Beschreibung ganzer nationaler Sachenrechtssysteme. Es griffe viel zu kurz, Italien[416] oder England[417] als Länder „des" Konsensualprinzips und Deutschland als ein Land „des" Traditionsprinzips auszuflaggen. Mythenbildungen dieser Art belasten das europäische Sachenrecht bis heute schwer.[418] Die sich in Ausnahmen und Gegenausnahmen manifestierende Wirklichkeit ist beruhigend komplizierter, nicht zuletzt deshalb, weil es ja nicht nur um das Recht des Eigentums-, sondern auch um das Recht des Erst- und des Zweiterwerbs von Belastungen geht.

b) Schwacher Bestandsschutz

(1) Übergabeloser Rechtserwerb

Alle europäischen Rechtsordnungen kennen Tatbestände, unter denen der rechtsgeschäftliche Erwerb[419] eines subjektiven Sachenrechts nicht von der physischen Übergabe der Sache abhängt, und andere, unter denen das genaue Gegenteil der Fall ist. Im Näheren muss man zwar nicht nur zwischen subjektiven Rechten unterschiedlicher Art (Eigentum, Nießbrauch, Pfandrecht), sondern auch zwischen Erwerbsvorgängen differenzieren, die (abstrakt) dasselbe Recht betreffen. Gleichwohl lässt sich diese phänotypische Vielfalt auf einen gemeinsamen Nenner zurückführen: Ein Sachenrecht entsteht entweder überhaupt nur mit Übergabe, oder es ist, soweit es auch übergabelos erworben werden kann, vorerst nur mit einem vergleichsweise schwachen Bestandsschutz verbunden.[420] Ihren jeweils bestmöglichen Schutz behalten die europäischen Rechtsordnungen Erwerbern vor, denen die Sache tatsächlich ausgehändigt wurde. Das betrifft die Bestellung und den Zweiterwerb von Belastungen ebenso wie den Erwerb des Eigentums. Der Unterschied zeigt sich vor allem an dem Schutz vor Verfügungen eines noch besitzenden, aber nicht oder nicht mehr berechtigten Veräußerers.[421] Dort, wo man das Konsensualprinzip noch um die Regel verstärkt, dass der Verkauf fremder Güter nichtig ist (Art. 892 port. CC[422]; Art. 1599 franz. CC), droht **269**

---

[416] Vorher Rdnr. 252.

[417] Vorher Rdnr. 211.

[418] Vom „Mythos des Konsensualprinzips" spricht für Portugal *Ferreira de Almeida,* Themis VI (2005) S. 5. Für Italien kritisieren *Sacco und De Nova,* Il contratto I^3, S. 878 die Beschreibung des Konsensualprinzips als „Dogma" durch einen Teil der italienischen Lehre. In Wahrheit gehe es nur um eine allgemeine Tendenz des italienischen Rechts, die sehr viele Ausnahmen kenne.

[419] Zu gesetzlichen Pfandrechten Band 1 Rdnr. 77 mit Fußnoten 9, 14 und 15 sowie Rdnr. 79 mit Fn. 31, zu Zurückbehaltungsrechten Band 1 Rdnrn. 508–513.

[420] *Monateri,* Contratto e trasferimento della proprietà, S. 225 bemerkt für Italien treffend, das übertragene Eigentum sei ohne Übergabe (bzw. ohne Eintragung im Register) nur „flüchtig" *(proprieta cadùca).* Schon *Bianca,* Riv. dir. civ. 1969, I, S. 535 meinte, dass sich das italienische und das französische Recht auf der einen und das deutsche auf der anderen Seite nur im theoretischen Zugriff, kaum je jedoch in der Praxis unterscheide, weil Eigentum ohne Übergabe bzw. Eintragung nicht vollständig übertragen sei; ihm fehle es an der Einwendbarkeit gegenüber Dritten.

[421] Zum Doppelverkauf schon oben Rdnr. 249; zum Recht des gutgläubigen und des gutgläubig lastenfreien Erwerbs im Übrigen unten § 6.

[422] Eine Gegenausnahme findet sich in Art. 1301 port. CC (Kauf von Sachen bei einem Händler). Zu Art. 1301 aaO gibt es aber nur wenig Rechtsprechung, und die vorhandene legt die Vorschrift denkbar eng aus. STJ 30.3.1982, BMJ 315 (1982) S. 296 entschied, dass Art. 1301

einem Ersterwerber durch einen Doppelverkauf zwar Gefahr nur noch durch das Ersitzungsrecht, aber auch dieses kennt mit der Figur der Spontanersitzung (Art. 2276 franz. CC) ausgesprochen scharfe Schwerter.

(2) Beschränkte dingliche Rechte

270 Nur wenige subjektive Rechte erlangen schon ihren Status als drittwirksame Sachenrechte erst infolge der Übergabe der Sache an den Erwerber. (Bei der Miete beweglicher Sachen genügt nicht einmal die Übergabe; zu einem Sachenrecht steigt bestenfalls die Grundstücksmiete auf[423]). Die Möglichkeiten zum übergabelosen Erwerb eines beschränkten dinglichen Rechts entsprechen gewöhnlich der Rechtslage beim Eigentum; meistens werden sie nur beim Pfandrecht und beim Anwartschaftsrecht reduziert. **Beschränkte persönliche Dienstbarkeiten** scheiden aus, weil es sie bei realen Sachen nicht gibt.[424] Ohne Übergabe der Sache kann aber in vielen Ländern ein **Nießbrauch** (bzw., soweit an realen Sachen möglich, ein Gebrauchsrecht) bestellt werden. Dazu gehören u. a. Belgien, Frankreich, Italien, Portugal, Polen, Rumänien und Tschechien.[425] Der reine Konsens genügt jedoch dann nicht, wenn (wie häufig) der Nießbrauch durch einen Schenkungsvertrag begründet wird und der Schenkungsvertrag nur im Falle der Sachübergabe translative Wirkung erzeugt.[426] In Deutschland kommt die Bestellung eines Nießbrauchs an einer beweglichen Sache dagegen übergabelos nur in Betracht, wenn der Nießbraucher die Sache im Zeitpunkt der Einigung bereits besitzt (§ 929 S. 2 dt. BGB), mit dem Besteller ein Besitzkonstitut (§ 930 dt. BGB) vereinbart oder dessen Herausgabeanspruch gegen einen Dritten (§ 931 dt.

port. CC keine Anwendung finde, wenn der Alteigentümer den Besitz durch arglistige Täuschung verloren hat, außerdem dann nicht, wenn es sich um eine registerpflichtige Sache handelt (kritisch dazu *Menezes Cordeiro,* Da boa fé no direito civil I, S. 451–452, Fn. 143). Relação de Coimbra 28.4.1987, CJ XII (1987-2) S. 97 schloss sich dem an, was besonders für Kraftfahrzeuge wichtig ist. Relação de Lisboa 25.3.1999, CJ XXIV (1999-2) S. 96 betraf Juwelen. Das Berufungsgericht schloss die Anwendung von Art. 1301 port. CC hier mit dem Argument aus, dass der Käufer weder seinen guten Glauben bewiesen habe, noch, dass der Verkäufer Händler gewesen sei, der mit Sachen gleicher oder ähnlicher Art handele. Die Erbin des Alteigentümers erhielt die Juwelen zurück, ohne dem Käufer den von ihm an seinen Verkäufer gezahlten Kaufpreis erstatten zu müssen.

[423] Band 1 Rdnr. 374.

[424] Band 1 Rdnrn. 387–388.

[425] Art. 1138 belg. CC (zu seiner Bedeutung für den Nießbrauch *Bernard,* Précis de droit des biens, S. 326 Rdnr. 717); Art. 579 franz. CC; Art. 1376 ital. CC; Art. 245 § 1 poln. ZGB; Artt. 1440 i. V. m. 408(1) port. CC; Art. 1273 rumän. CC; § 1260(1) i. V. m. § 1262(2) tschech. BGB (Gegenstand eines Nießbrauchs können z. B. ein Automobil, aber auch eine Schutzmarke sein: Spáčil [-*Hrabánek und Lasák*], Občanský zákoník III, S. 998; *Dvořák und Švestka,* Občanské právo hmotné III, S. 134).

[426] So verhält es sich in Portugal (*Pires de Lima und Antunes Varela,* Código Civil Anotado III[2], S. 462, Anm. 3 unter Art. 1440). Die Schenkung realer Sachen erfolgt durch Einigung und gleichzeitige Übergabe; die Übergabe kann durch Wahrung der Schriftform ersetzt werden (Art. 947(2) port. CC). Die Entgegennahme der Sache gilt als Annahme der Schenkung (Art. 945(2) port. CC); eine stillschweigende Annahme ist (anders als unter Art. 932 franz. CC) möglich (siehe auch Art. 217 port. CC). Man unterscheidet (anders als Italien) auch nicht zwischen wertvollen und wenig wertvollen Schenkungssachen. Der Nießbrauch kann aber auch durch Kaufvertrag begründet werden (Art. 874 port. CC: „Der Kaufvertrag ist der Vertrag, wodurch man das Eigentum an einer Sache oder *ein anderes Recht* gegen einen Preis überträgt"; Hervorhebung hinzugefügt). Im Rahmen von Art. 1440 port. CC gilt dann wieder das Konsensualprinzip aus Art. 408(1) port. CC.

BGB) erwirbt (§ 1032 dt. BGB). Ähnlich verhalten sich die Dinge in Griechenland, Litauen, Österreich, Slowenien, Spanien und Ungarn.[427] Schweden kennt zwar keinen Nießbrauch, erzielt aber halbwegs vergleichbare Ergebnisse über das Konzept vertraglich begründeter Nutzungsrechte, denen gegenüber bösgläubigen Nachfolgern im Besitz sachenrechtlicher Schutz attestiert werden kann.[428] Wo der Nießbrauch nicht übertragbar ist, kann er in der Regel auch weder verpfändet noch mit einem weiteren Nießbrauch belastet werden.[429]

Ein gewöhnliches **Pfandrecht** an einer realen Sache entsteht dagegen der Grund- **271**
regel nach erst, wenn die Sache dem Pfandrechtsgläubiger (oder mit seiner Zustimmung einem Dritten) übergeben wird.[430] Das gilt selbst unter Art. 669(1) port.

---

427 Artt. 1143 i.V.m. 1034 gr. ZGB (alle Übergabesurrogate sind erlaubt; für Wertpapiere bestehen Sonderregeln: *Papasteriou,* Emprágmato Díkaio III, S. 137 Rdnr. 97); Art. 4.147(1) und (3) lit. ZGB; §§ 481(2) i.V.m. 426 österr. ABGB (auch ein Besitzkonstitut reicht aus: Koziol/Bydlinski/Bollenberger [-*Koch*], ABGB[4], § 481 Rdnr. 5); Art. 234(3) slowen. SPZ; § 5:146(1) i.V.m. § 5:145(1) ungar. ZGB. Unter spanischem Recht ist zu unterscheiden. Der Eigentümer kann ein Nießbrauchrecht sowohl durch direkte Veräußerung *(enajenación)* als auch durch Retention *(retención)* begründen. Ein Eigentümer, der sein Nutzungsrecht verkauft, tauscht oder verschenkt, bleibt nur noch Inhaber „nackten Eigentums" *(nuda propiedad).* Dazu ist Besitzübergabe erforderlich. Durch Retention wird der Nießbrauch im umgekehrten Fall begründet: der Eigentümer veräußert das nackte Eigentum und behält sich den Nießbrauch zurück. Dann kommt es natürlich gerade nicht zu einer Übergabe. Es handelt sich nach vorherrschender Meinung um ein einheitliches Rechtsgeschäft mit Übertragungswirkung hinsichtlich des Eigentums und Begründungswirkung hinsichtlich des Nießbrauchs (Ministerio de Justicia [-*Maluquer de Motes Bernet*], Comentario del Código Civil I[2], S. 1256–1257, Anm. III zu Art. 468).

428 Band 1 Rdnrn. 74–75.

429 So verhält es sich unter deutschem Recht (die Ausnahme in § 1059a dt. BGB zur Übertragbarkeit des Nießbrauchs zugunsten juristischer Personen ändert an dem Belastungsverbot nichts [§ 1059b dt. BGB]; s. bereits Band 1 Rdnr. 333 mit Fn. 126 und Rdnr. 346 mit Fn. 173). Unter Art. 1166 gr. ZGB können die Parteien die Übertragbarkeit des Nießbrauchs vereinbaren. Er unterliegt freilich nicht nur in diesem Fall der Beschlagnahme, sondern nach herrschender Meinung auch dann, wenn er der Grundregel nach unübertragbar ist (Berufungsgericht Athen 7576/1991, EllDni 34 [1993] S. 641). Ein übertragbar gestellter Nießbrauch kann durch Vereinbarung auch mit einem weiteren Nießbrauch belastet werden (z.B. dann, wenn der zweite Nießbrauch nur bestimmte Nutzungen der Sache betrifft). Die Bestellung eines Pfandrechts an einem Nießbrauch ist aber wiederum nicht möglich. Erlaubt ist nur die Bestellung eines Pfandrechts an der schuldrechtlichen Befugnis zur Ausübung eines Nießbrauchs (*Triantos,* AK, Art. 1247 S. 1453 Rdnr. 1; *Spyridakis,* To Dikaio tis Emprágmatis Asfáleias III, S. 134). Dieses Pfandrecht wird wiederum nach den Regeln über die Übertragung des Nießbrauchs bestellt; einer Übergabe der Sache bedarf es nicht (*Triantos* aaO Art. 1248 S. 1454 Rdnr. 2). Unter Art. 480 span. CC kann der Nießbraucher sein Nießbrauchrecht entgeltlich wie unentgeltlich veräußern. Die Übertragung folgt dem allgemeinen Regime der Übertragung dinglicher Rechte (Art. 609 Satz 2 span. CC: „Das Eigentum und die übrigen Rechte an Sachen werden durch das Gesetz, durch Schenkung, durch testamentarische oder gesetzliche Erbfolge und als Folge bestimmter Verträge mittels Übergabe erworben und übertragen"), desgleichen den allgemeinen Regeln des Erwerbs *a non domino* (Art. 464 span. CC) (López y López und Montés Penadés [-*Clemente Meoro*], Derechos reales, S. 452). Nicht übertragbar ist der Nießbrauch auch in Ungarn (§ 5:148 ungar. ZGB). Estland und die Slowakei kennen einen Nießbrauch an beweglichen Sachen nicht.

430 § 1205(1) Satz 1 dt. BGB; § 282(1) Satz 1 estn. LPA; Artt. 1211, 1212 gr. ZGB; Art. 1340 lett. ZGB; Art. 4.213 lit. ZGB; § 451(1) österr. ABGB (Besitzkonstitut zwischen Eigentümer und Pfandnehmer genügt nicht [OGH 15.5.1973, SZ 46/50]; das gilt auch für das Sicherungseigentum [OGH 18.6.1997, SZ 70/118]); Art. 307 § 1 poln. ZGB; Art. 669(1) port. CC; Kap. 10 § 2 schwed. Handelsbalk (näher dazu bereits Band 1 Rdnr. 501 a.E.); § 151e(5) slowak.

CC.[431] Nur Frankreich hat sich im Jahre 2006 von der traditionellen Auffassung gelöst, dass der Bestellung eines Pfandrechts ein *contrat réel* zugrundeliege, es also der *dépossession* bedürfe. Unter Art. 2336 franz. CC gilt seither: „Le gage est parfait par l'établissement d'un écrit contenant la désignation de la dette garantie, la quantité des biens donnés en gage ainsi que leur espèce ou leur nature". Art. 2336 franz. CC hat also die Übergabe durch die Schriftform für den Konsens ersetzt. In Belgien und Rumänien ist es dagegen bei der bisherigen Rechtslage verblieben.[432] Zwar gibt es auch andernorts rein konsensuale Pfandrechtsbestellungen, doch bleibt dann jedenfalls der Weg über die Vereinbarung eines Besitzkonstituts verschlossen.[433] Die Pfandsache muss sich bereits im Besitz des Gläubigers oder im Besitz einer dritten Person befinden. Im ersten Fall genügt die Einigung über die Entstehung des Pfandrechts[434], im zweiten die Abtretung des Herausgabeanspruchs gegen den besitzenden Dritten unter Anzeige der

---

BGB; Art. 155(1) slowen. SPZ; Art. 1863 span. CC; § 1318 tschech. BGB; § 5:88(b) ungar. ZGB. Der pfandrechtliche Übergabebegriff ist freilich nicht mit dem eigentumsrechtlichen identisch. Denn pfandrechtlich ist es nicht erforderlich, dass sich der Pfandrechtsbesteller seines Besitzes vollständig begibt. Die Einräumung qualifizierten Mitbesitzes (oben Rdnr. 84) genügt (z. B. § 1206 dt. BGB). Nötig ist aber eine vom Willen getragene Übergabe, die dem Pfandgläubiger die faktische Herrschaft über die Sache verschafft. Daran fehlt es, wenn auf dem Parkplatz einer Wohnsiedlung rechtswidrig abgestellte Fahrzeuge mit einer „Parkkralle" versehen werden, mag auch an der Zufahrt die Warnung angebracht worden sein, die Strafe für das Falschparken entsprechend zu sichern. Der Gläubiger hat weder die Schlüssel noch die Fahrzeugpapiere und kann das Fahrzeug deshalb nicht nutzen (Appellationsgericht Warschau 27.5.2009, VI ACa 1124/08, Lex-Nr. 1120312).

431 Allerdings kann die Übergabe durch ein Dokument ersetzt werden, das dem Gläubiger oder dem Dritten die ausschließliche Verfügungsbefugnis über die Sache verleiht. Außerdem genügt für die Übergabe unter Art. 669(2) port. CC die einfache Einräumung von Mitbesitz, wenn sie dem Verpfänder die Möglichkeit nimmt, materiell über die Sachen zu verfügen. Auch eine *traditio brevi manu* ist möglich (*Menezes Leitão,* Direitos reais[5], S. 404).

432 Unter Art. 2076 belg. CC bedarf es zur Pfandrechtsbestellung der Übergabe der Sache an den Pfandgläubiger oder einen Dritten. Im Falle der Forderungsverpfändung kommt es unter Art. 2075 belg. CC zu einer fiktiven Besitzentziehung („Der Gläubiger wird durch den Abschluss einer Pfandvereinbarung in den Besitz der verpfändeten Forderung eingewiesen"). Unter Art. 1273 rumän. CC werden Sachenrechte zwar „durch die Willensübereinstimmung der Parteien begründet und übertragen, auch wenn die Güter nicht übergeben wurden". Für das Pfandrecht bringt Art. 2481(1) rumän. CC aber eine Ausnahme („Le gage est constitué par la remise du bien ou du titre au créancier ou par sa conservation par le créancier, avec l'accord du débiteur, dans le but de garantir la créance"). Erforderlich ist entweder die Übergabe des Gutes oder die Übergabe des Titels an den Pfandgläubiger.

433 § 1205(2) dt. BGB; Art. 1213 gr. ZGB („Eine Vereinbarung zwischen dem Gläubiger und dem Verpfänder, wonach dieser die Detention der Sache kraft eines bestimmten Rechtsverhältnisses behalten soll, gilt nicht als Übergabe"); § 1317(1) tschech. BGB; § 5:94(3) ungar. ZGB und für Polen Osajda (*-Żelechowski*), Kodeks cywilny[16], Art. 307 Rdnr. 10 (ein *constitutum possessorium* [Art. 349 poln. ZGB] sei ausgeschlossen). Unter Artt. 170 und 171 slowen. SPZ ist zwar auch ein besitzloses Pfandrecht, d. h. ein Pfandrecht möglich, „bei dem die verpfändete bewegliche Sache weder dem Pfandgläubiger noch einer dritten Person für den Pfandgläubiger in unmittelbaren Besitz ausgehändigt wird, sondern die verpfändete bewegliche Sache im unmittelbaren Besitz des Pfandstellers oder einer dritten Person für diesen verbleibt". Solch ein besitzloses Pfandrecht setzt aber eine Vereinbarung in Form einer sofort vollstreckbaren notariellen Niederschrift voraus. Schweden kennt die Figur des *constitutum possessorium* überhaupt nicht, weder bei der Eigentumsübertragung bzw. der Sicherungsübereignung *(säkerhetsöverlåtelse),* noch beim Pfand (Statens Offentliga Utredningar [Staatliche Öffentliche Kommissionsberichte], SOU 2015:18, S. 38).

434 Z. B. § 1205(1) Satz 2 dt. BGB; § 282(1) estn. LPA; Art. 307 § 2 poln. ZGB.

Verpfändung an ihn.[435] Ein besonders hübsches Beispiel für eine (so gut wie) rein konsensuale Pfandrechtsbestellung findet sich in Italien. An Schinken mit einer kontrollierten Ursprungsbezeichnung („Parma-Schinken") kann ein Pfandrecht auch ohne Übergabe bestellt werden, sofern nur der Schinken entsprechend gestempelt wird.[436] Unter dem schwedischen Gesetz vom 9.6.1944 über das Recht des Käufers an markiertem Holz kann „Brennholz oder anderes Nutzholz" durch bloße Einigung und Markierung verpfändet werden.[437] Artt. 52–54 span. LHMPSD erlauben besitzlose Pfandrechte an landwirtschaftlichem Betriebsvermögen, bestimmten Maschinen und an Kulturgütern, die Teil einer Sammlung sind. Auch Griechenland kennt eine ganze Bandbreite „fiktiver" Pfandrechte.[438] In Tschechien genügt es sogar bei allen Pfandsachen, dass sie als verpfändet gekennzeichnet werden. Allerdings wirkt ein durch Kennzeichnung entstandenes Pfandrecht nur einem bösgläubigen Dritten gegenüber; war er gutgläubig, wird vermutet, dass die Sache nicht gekennzeichnet war (§ 1317(2) tschech. BGB).

Im Übrigen gilt: „Allein durch die Vereinbarung wird das Pfandrecht ohne Übergabe bestellt, wenn diese Vereinbarung in einem zu diesem Zwecke durch Gesetz bestimmten öffentlichen Buch eingetragen wird" (Art. 1214 gr. ZGB). Solche **Registerpfandrechte** scheinen zwar in der Praxis bislang nicht allzu viel Akzeptanz zu finden[439], werden aber von immer mehr europäischen Rechtsordnungen angeboten[440], darunter neben Griechenland Litauen[441], Polen[442], die Slowa- **272**

---

[435] Z. B. Art. 2076 belg. CC; § 1205(2) dt. BGB; § 282(1) Satz 2 estn. LPA; Art. 1212 gr. ZGB (dazu Areopag 329/1964, EEN 31 (1964) S. 560: der Dritte muss die Sache bei Pfandreife an den Gläubiger herausgeben, damit sie versteigert werden kann); schwed. Lag om pantsättning av lös egendom som innehaves av tredje man vom 1.1.1937 (1936:88) (Gesetz über die Verpfändung beweglicher Sachen, die sich in der Obhut eines Dritten befinden; Band 1 Rdnr. 501 mit Fn. 1300); Art. 155(2) slowen. SPZ; § 5:94(2) ungar. ZGB.

[436] Art. 1 des Gesetzes vom 24.7.1985, Nr. 401, Gazz. Uff. 9.8.1985, Nr. 187 (Norme sulla costituzione di pegno sui prosciutti a denominazione di origine tutelata). Bis zur Zahlung darf der Pfandrechtsbesteller den Schinken zwar bearbeiten, aber seinen Kunden nicht ausliefern (Art. 3 aaO).

[437] Lag om köpares rätt till märkt virke (1944:302).

[438] Schon vor Inkrafttreten des Gesetzes 2844/2000 über das besitzlose Pfandrecht und die schwebende Sicherheit existierten zahlreiche fiktive Pfandrechte *(plasmatiká enéchyrá),* darunter das Pfandrecht an der Unternehmensausrüstung zur Sicherung von Kreditforderungen einer Bank (gesetzliche Anordnung 1038/1949 und Notgesetz 1328/19499); das sog. bäuerliche Pfandrecht (*georgikó enéchyro,* Gesetz 2184/1920), das sog. Handelspfandrecht (*emporikó enéchyro,* Artt. 35–47 gesetzliche Anordnung vom 17.7.1923) und, als in Griechenland noch viel Tabak produziert wurde, das sog. Tabakpfandrecht (*enéchyro kapnou,* gesetzliche Anordnung vom 21. 11/31.12.1925).

[439] Ähnliches gilt für die Unternehmenshypothek schwedischen Rechts (Band 1 Rdnr. 146 mit Fn. 389; Rdnr. 436). Schweden erwägt deshalb für Gewerbetreibende ebenfalls ein Registerpfandrecht an beweglichen Sachen *(lös egendom).* Bislang ist es aber bei dem Vorschlag der dazu eingesetzten Kommission verblieben (SOU 2015:18, S. 16–18; dazu *Mattsson und Matz,* SvJT 2015 S. 335).

[440] Band 1 Rdnr. 500.

[441] Art. 4.213 lit. ZGB (Eintragung in das Hypothekenregister ersetzt die Übergabe der Pfandsache).

[442] Unter Art. 7(1) des Gesetzes vom 6.12.1996 über Registerpfandrecht und Register der Pfandrechte (Dz. U.2009.67.569 j.t) können alle beweglichen Sachen und alle veräußerlichen Vermögensrechte Gegenstand des Pfandrechts sein, nur nicht (i) Rechte, die durch Hypothek belastet werden können, (ii) Forderungen, die mit einer Hypothek gesichert werden können,

kei[443], Spanien[444], Tschechien[445], Ungarn[446] und neuerdings auch Italien[447]. Von den Registerpfandrechten sind wiederum die **Rechte an beweglichen Registersachen** *(beni mobili registrati)* zu unterscheiden. Unter Art. 2683 ital. CC sind bewegliche Registersachen Wasser-, Luft- und Kraftfahrzeuge, letztere, sofern sie in das öffentliche Kraftfahrzeugregister *(pubblico registro automobilistico)* eingetragen sind.[448] Zu den registerpflichtigen Rechtsgeschäften rechnen neben dem Erwerb durch Kauf u. a. Verträge zur Begründung oder Übertragung eines Nießbrauch- *(usufrutto)* bzw. eines Nutzungsrechts *(uso)* (Art. 2684(2) ital. CC). Bewegliche Registersachen können aber nach italienischem Verständnis nicht verpfändet werden; das Eigentum an ihnen wird vielmehr durch eine besitzlose Hypothek („Autohypothek") (Art. 2810 ital. CC) belastet.[449] Anders als in Portugal, dessen Registersachen[450] nur innerhalb des Registers (und hier wiederum nach den Regeln des Immobiliarsachenrechts) belastet werden können (Artt. 666(1) i. V. m. 688(1)(f) port. CC[451]), werden nicht eingetragene Kraftfahrzeuge in Italien als ganz normale bewegliche Sachen mit der Folge angesehen, dass die Bestellung eines besitzgebundenen Pfandrechts zumindest theoretisch möglich bleibt.[452] Der rechtsge-

---

und (iii) Schiffe, die mit einer Meereshypothek belastet werden können. Das Registerpfandrecht kann durch jedermann erworben werden, auch durch Ausländer (Art. 7(2) Pkt. 3 aaO; näher *Mojak und Widło,* Zastaw rejestrowy i rejest zastawów[3], S. 10, Rdnr. 3).

[443] § 151e(1) slowak. BGB (Wenn die Sache weder dem Pfandgläubiger noch einem Dritten übergeben wird, bedarf es zur Entstehung des Pfandrechts der Eintragung in dem Notariellen Zentralregister der Pfandrechte).

[444] Art. 3 Satz 1 span. LHMPSD (Begründung der Mobiliarhypothek und des besitzlosen Pfandrechts durch öffentliche Urkunde oder Handelsmaklerpolice; Drittwirksamkeit durch Registereintrag; Einzelheiten bei *Carrasco Perera/Cordero Lobato/Marín López,* Tratado de los derechos de garantía I[3], S. 372, und zu den Gegenständen eines besitzlosen Pfandrechts bereits Band 1 Rdnr. 164 mit Fn. 513 a. E.).

[445] § 1319(1) tschech. BGB („Bestimmt es der Pfandvertrag, so entsteht das Pfandrecht an einer beweglichen Sache durch die Eintragung ins Pfandregister").

[446] § 5:88(a) i. V. m. § 5:93 ungar. ZGB; s. schon oben Fn. 23.

[447] Mit Dekretgesetz vom 3.5.2016, Nr. 59 und Gesetz vom 30.6.2016, Nr. 119, Gazz. Uff. 2.7.2016, Nr. 153 hat Italien für Unternehmen das sog. *pegno mobiliare non possessorio* (das besitzlose Mobiliarpfandrecht) eingeführt. Im Handelsregister eingetragene Unternehmen können einander Pfandrechte an zu ihrem Betrieb gehörenden beweglichen Sachen bestellen. Der Pfandrechtsbesteller bleibt im Besitz der Sache (Art. 1 Dekretgesetz 59/2016), darf sie bearbeiten und sogar verkaufen. Das Pfandrecht haftet auch an der bearbeiteten oder verkauften Sache (Art. 1(2) aaO). Es muss schriftlich bestellt und in das Pfandregister eingetragen werden; Gläubiger, Schuldner und Pfandrechtsbesteller müssen präzise angegeben werden (Art. 1(3) und (4) aaO). Das Register wird vom Finanzamt geführt. Ein eingetragenes Pfandrecht erlangt den Rang einer Mobiliarhypothek.

[448] Näher *Gentile,* La trascrizione mobiliare, S. 1 und (in deutscher Sprache) *Magri,* IJVO 19 (2014/15) S. 51, 65. Dieses Automobilregister dient ausschließlich dem Schutz des Rechtsverkehrs (Cass. 27.5.1994, Nr. 5229, Arch. giur. circol. e sinistri 1994 S. 1053), im Normalfall also dem Schutz eines Käufers. Eine Straßenverkehrsbehörde kann ihren Bußgeldbescheid nicht unter Rückgriff auf eine entsprechende Registerverlautbarung einem angeblichen Miteigentümer als Gesamtschuldner zustellen (Trib. Salerno 18.2.2016, Nr. 712, Juris Data DVD). Was neben Schiffen und Flugzeugen noch als Registersache zählt, wird allerdings von Land zu Land unterschiedlich gesehen. In Schweden z. B. gehören noch bestimmte Finanzinstrumente dazu (Band 1 Rdnr. 500 Fn. 1304), aber gerade keine Kraftfahrzeuge.

[449] Band 1 Rdnr. 124.

[450] Das sind, wie in Italien, Kraftfahrzeuge, Schiffe und Luftfahrzeuge. Siehe *Pestana de Vasconcelos,* Direito das garantias[2], S. 209; außerdem Art. 1(2) port. CRBM (Band 1 Rdnr. 124 Fn. 254).

[451] Dazu Band 1 Rdnr. 123.

[452] Nicht eingetragene Registersachen bleiben ganz gewöhnliche Sachen (Trib. Monza 30. 1 2006, Giur. Merito 2006 S. 1928; Trib. Reggio Emilia 2.3.1998, Foro it. 1998, I, 3373; Cass.

schäftliche **Zweiterwerb** eines solchen Pfandrechts vollzieht sich dagegen gewöhnlich allein durch die (ggf. notifikationspflichtige) Zession der gesicherten Forderung und damit wiederum übergabelos.[453] Der neue Pfandgläubiger kann aber natürlich von dem bisherigen die Herausgabe der Pfandsache verlangen.[454] Nur, wo ein Pfandrecht (nicht die Forderung) mit einem weiteren Pfandrecht („Afterpfand") belastet werden kann, bedarf es der Übergabe der Sache (§ 454 österr. ABGB).[455]

Nicht möglich ist der übergabelose Ersterwerb eines **Anwartschaftsrechts** deutscher Prägung. Es knüpft ja gerade daran an, dass der Vorbehaltskäufer im Besitz der Sache ist; andernfalls stünde ihm gar kein Drittschutz zu. Das Anwartschaftsrecht setzt zu seiner Entstehung einen wirksamen Kaufvertrag, eine bedingte Übereignung und Sachherrschaft voraus.[456] Es soll zwar durch Besitzkonstitut (§ 930 dt. BGB) übergabelos zur Sicherheit weiterübertragen werden können. Aber in diesem Fall ist schon wieder zweifelhaft, ob der Zweiterwerber wirklich eine gesicherte Rechtsstellung erwirbt. Selbst wenn man meint, Verkäufer und Käufer könnten den Kaufvertrag nun nicht mehr aufheben und damit dem Anwartschaftsrecht den Boden entziehen[457], so bleibt es doch dem Verkäufer unbenommen, von dem Kaufvertrag zurückzutreten, falls der Käufer nicht zahlt. 273

In **England** ist zwischen Erwerbsvorgängen *at law* und *in equity* zu unterscheiden. *At law* können beschränkte dingliche Rechte nur durch das Ergreifen des Besitzes erworben werden.[458] Bei beweglichen Sachen gilt der Grundsatz der *indivisibility of ownership*. Deshalb gibt es *at law* nur zwei *interests,* nämlich das Eigentumsrecht *(title)* und den Besitz *(possession)*. Andere dingliche Rechte (z. B. ein nießbrauchähnlicher *life interest* unter einem *trust*[459]) können nur *in equity* bestellt werden.[460] Auf dem Besitz baut *at law* wiederum die *pledge* auf, das Faustpfandrecht.[461] (Die *mortgage* ist im Recht der beweglichen Sachen eine Sicherungsübereignung geblieben.[462]) Der Pfandnehmer muss die alleinige 274

17.4.2001, Nr. 5600, Giur. it. 2001 S. 2020; Cass. 6.10.1997, Nr. 9714, Giur. it. 1998 S. 1102 und Cass. 16.5.1997, Nr. 4328, Giur. it. 1998 S. 1374). Deshalb ist auch ein Pfandrecht an Autos denkbar (Cass. 18.5.1999, Nr. 4806, Giust. civ. 1999, I, S. 2645). Allerdings wäre es wirtschaftlich unvernünftig, ein nicht eingetragenes Auto als Sicherheit zu akzeptieren. Ein solches Auto wäre für den Pfandgläubiger praktisch wertlos, weil es viel zu kompliziert wäre, es zu verkaufen und ein „gewöhnlicher" Pfandgläubiger stets dem Risiko ausgesetzt bleibt, dass ein Dritter sein Eigentum an dem Auto nachweist.

[453] Z. B. Art. 1692 belg. CC; § 1250 dt. BGB; Art. 1321 franz. CC; Art. 1568 rumän. CC und § 6:193(2) i. V. m. § 5:99 ungar. ZGB. Unter Art. 1263(2) ital. CC darf der Pfandrechtsgläubiger den Besitz der Sache allerdings nur mit Einwilligung des Pfandrechtsbestellers auf den Erwerber der zedierten Forderung (mit der auch die akzessorischen Sicherheiten übergehen) übertragen. Andernfalls bleibt der Zedent Verwahrer des Pfands.

[454] Z. B. §§ 1250, 1251 dt. BGB; Artt. 676 i. V. m. 582(2) port. CC; §§ 1879, 1880 tschech. BGB; und für Spanien Ministerio de Justicia (*-Pantaleón Prieto*), Comentario del Código Civil II[2], S. 1030, Anm. I.1 zu Art. 1528.

[455] Tschechien hat diese österreichische Besonderheit nicht übernommen (*Vymazal,* Zástavní právo, S. 429). Unter englischem Recht dagegen ist eine Verpfändung des Pfandrechts in Gestalt eines *repledge* (oder *sub-pledge*) möglich (*Donald v Suckling* (1866) LR 1 QB 585; *Bridge,* Personal Property Law[3], S. 177). Auch dieses Unterpfand kann nur mit Besitzübergabe erworben werden.

[456] Band 1 Rdnr. 484. Siehe außerdem *Rieländer,* Sachenrechtliche Erwerbsrechte, S. 301–305.

[457] BGH 24.10.1979, BGHZ 75 S. 221.

[458] *Goode,* Commercial Law[3], S. 46.

[459] Band 1 Rdnr. 78 mit Fn. 18 und Rdnr. 359 mit Fn. 220.

[460] *Goode* aaO S. 34–35.

[461] *Bell,* Modern Law of Personal Property, S. 143 („Unless the creditor has possession of the goods, there can be no pledge or lien").

[462] Sie unterliegt einer Registrierungspflicht, wenn sie von einer natürlichen Person mittels „Verfügungsurkunde" *(bill of sale)* bestellt wird (sec. 8 Bills of Sale 1878 Amendment Act 1882;

Kontrolle über den Pfandgegenstand erhalten[463]; die bloße Verpflichtung zur Einräumung eines Pfandrechts genügt nicht.[464] Da es sich bei der *pledge* um ein besitzgebundenes Sachenrecht handelt, kann sie auch nur durch Einigung und Übergabe übertragen werden. Die Forderung folgt der *pledge,* und nicht umgekehrt (wie unter dem kontinentalen *accessorium sequitur principale*-Grundsatz) die *pledge* der Forderung.[465]

275 Sachenrechte können aber, wie gesagt, auch *in equity* begründet werden, insbesondere durch Bestellung eines *trust.* Der *settlor* überträgt dem *trustee at law* das Eigentum, der es für den „wirtschaftlich" berechtigten *beneficiary* hält. Letzterem wachsen dann ***equitable interests*** zu, ihrerseits übertrag- und belastbare Rechte.[466] Ihrem Inhalt nach geht es gerade nicht um Eigentum. Es handelt sich vielmehr um Rechte eigener Art, die auf der Grenze zwischen Schuld- und Sachenrecht angesiedelt sind[467] und sich in kontinentaler Terminologie am besten als Sonderformen beschränkter dinglicher Rechte beschreiben lassen. Sie sind nicht auf den rechtsgeschäftlich begründeten *trust* beschränkt, können vielmehr auch entstehen, wenn die Begründung eines Rechts *at law* an der Nichteinhaltung des dafür erforderlichen Formerfordernisses scheitert. Denn *equity treats as done what ought to be done.* Man wird also „sachenrechtlich" so behandelt, wie man stünde, wenn die „schuldrechtliche" Forderung bereits erfüllt worden wäre. Die Parteien können diesen Mechanismus (unter Verkehrung von Grund und Folge) sogar gezielt dazu nutzen, *equitable interests* zu schaffen, die sich in der angestrebten Weise *at law* gar nicht begründen ließen. Die Begründung eines *trust* an beweglichen Sachen (*chattels* und *choses in action*) setzt, wie bereits dargelegt[468], die Übereignung der Sache an den *trustee* voraus, bedarf aber keiner besonderen Form.[469] Entscheidend ist allein, dass der Wille, die Sache einem Treuhandvermögen zuzuordnen, klar erkennbar ist.[470] Die für die **Übertragung** *(disposition)* eines *equitable interests* unter sec. 53(1)(c) LPA 1925 auch bei beweglichen Sachen erforderliche Schriftform[471]

---

sec. 8 Bills of Sale (Ireland) Act 1879); anderenfalls ist sie nichtig (*Bridge,* Personal Property Law[3], S. 191–192). Die Bestellung einer *charge* durch eine *company* bedarf der Eintragung im *company register* (sec. 860 Companies Act 2006). Die Weiterübertragung der *mortgage* – sei es als „Vollrechtsübertragung" *(absolute transfer),* sei es als „Untersicherungsübertragung" *(sub-mortgage)* – folgt den für den Ersterwerb geltenden Grundsätzen. Maßgeblich ist also *at law* nicht der schuldrechtliche Vertrag, sondern die Übereignung, wobei die Sicherungsübertragung eines bereits registrierten *bill of sale* nicht ihrerseits noch einmal registriert werden muss (sec. 10 Bills of Sale Act 1878; dazu *Goode,* Commercial Law[4], S. 685).

463 Entweder infolge körperlicher Übergabe oder (z. B.) durch Übergabe des Schlüssels zu dem Raum, in dem sich der Pfandgegenstand befindet (*Wrightson v McArthur and Hutchinson (1919) Ltd* [1921] 2 KB 807; *Hilton v Tucker* (1888) 39 ChD 669). Wenn der Pfandgeber berechtigt bleibt, die Sache zu nutzen, muss der Pfandnehmer diese Nutzung effektiv kontrollieren können (*Forth v Simpson* (1843) 13 QB 680: kein *lien* zugunsten eines Pferdetrainers, wenn der Eigentümer die Pferde auf Rennen einsetzen darf).

464 *Donald v Suckling* (1866) LR 1 QB 585, 613 (*Blackburn* J).

465 Die Forderungsabtretung führt also nicht *ex lege* und *ipso iure* zum Übergang des dinglichen Sicherungsrechts. Vielmehr entsteht zugunsten des Zessionars ein *trust* hinsichtlich des Sicherungsrechts (*Morley v Morley* (1858) 25 Beav. 253; *Goode,* Commercial Law[4], S. 688).

466 *Bell,* Modern Law of Personal Property, S. 153.

467 Hanbury und Martin (*-Martin*), Modern Equity[18], Rdnr. 1–019.

468 Vorher Rdnr. 225.

469 *Jones v Lock* (1865) 1 Ch App 25; *Thomas und Hudson,* Law of Trusts[2], Rdnrn. 5.03–5.04 und 5.34.

470 Thomas v Times Book Co Ltd [1966] 1 WLR 911.

471 Vorher Rdnr. 226 mit Fn. 158.

mag man zwar damit erklären, dass der Treuhänder wissen soll, welchen *beneficiaries* er verpflichtet ist.[472] Noch näher liegt es aber, das Schriftformerfordernis als Ersatz für die körperliche Übergabe zu deuten. Denn *equitable interests* sind ja nicht mit dem Besitz am *trust property* verbunden und können deshalb gar nicht im Wege der Sachübergabe übertragen werden.[473] Ohne Übergabe werden folglich *in equity* auch Sicherungsrechte bestellt und übertragen. Die wichtigsten Beispiele sind die *equitable charge* und die *equitable mortgage.* Zu ihrer Bestellung bedarf es eines wirksamen Sicherungsvertrages, einer zu sichernden Forderung und im Anwendungsbereich der entsprechenden gesetzlichen Vorschriften[474] wiederum der (nach Ablauf bestimmter Fristen erneuerungsbedürftigen) Registrierung.[475] Die vertragliche Übertragung unterliegt, wie bei allen *equitable interests,* der Schriftform (sec. 53(1)(c) LPA 1925).

(3) Eigentum

Auch Eigentum kann ohne reale Übergabe der Sache, auf die es bezogen ist, erworben werden. In Belgien, Bulgarien, Dänemark, England, Finnland, Frankreich, Irland, Italien, Luxemburg, Malta, Polen, Portugal, Rumänien, Schweden und Tschechien ist das geradezu selbstverständlich; man rechnet sich schließlich zu den Ländern des *solo consensu*-Prinzips.[476] Ein Kaufvertrag kann aber natürlich auch hier nur das Eigentum an Gegenständen des Rechtsverkehrs übertragen, die Sachqualität haben. Werden Gegenstände verkauft, die im Zeitpunkt des Vertragsschlusses nur generisch bestimmt sind, bleibt die sachenrechtliche Wirkung eines Kaufvertrages mindestens bis zur Individualisierung der fraglichen Sache suspendiert. Das Eigentum an Gattungssachen geht **276**

---

[472] *Vanderwell v IRC* [1967] 2 AC 291, 311.

[473] *Pearce/Stevens/Barr,* Trusts and Equitable Obligations[5], S. 230.

[474] Vorher Fn. 462.

[475] *Goode,* Commercial Law[4], S. 671. Zu den Voraussetzungen des Erwerbs einer *equitable mortgage* eingehend *Skelwith (Leisure) Ltd v Armstrong* [2015] EWHC 2830 (Ch); [2016] 2 W.L.R. 144 (Ch D). Ob auch der Inhaber einer *equitable mortgage* zur Veräußerung des belasteten *estate in land* berechtigt ist, ist umstritten. In *Skelwith* wurde die Frage aufgeworfen, aber nicht abschließend entschieden, weil das Urteil mit sec. 106 LPA 1925 begründet werden konnte. Unter dieser Vorschrift ist derjenige, der zur Einziehung der gesicherten Forderung berechtigt ist, auch zur Ausübung der dem *mortgagee* zustehenden gesetzlichen Veräußerungsbefugnis aus sec. 101 LPA 1925 berechtigt.

[476] Art. 1138 belg. CC; Art. 24 bulgar. Gesetz über Schuldverhältnisse und Verträge (oben Fn. 233); §§ 1–9 dän. Bekendtgørelse af lov om aftaler og andre retshandler på formuerettens område vom 8.5.1917 (näher *Illum,* Dansk tingsret[3], S. 172); sec. 17(1) engl. SGA 1979 i.V.m. sec. 18 rule 1 SGA 1979 („specific goods in a deliverable state"; siehe bereits oben Rdnr. 239); §§ 1–9 finn. Laki varallisuusoikeudellisista oikeustoimista vom 13.6.1928 i. V. m. Kap. 1 § 5 Vuoden 1734 laki vom 23.1.1736 (1736:0123.2); Art. 1196 franz. CC (oben Rdnrn. 229 und 236) (zu der Sonderregelung für den Eigentumsvorbehalt in Art. 2367(2) franz. CC oben Fn. 43); secs. 1(3), 17 und 18 rule 1 irischer SGA 1893; Art. 1376 ital. CC (oben Rdnr. 25); Art. 1138 luxemb. CC; Art. 994 malt. CC (vorher Fn. 234); Art. 155 § 1 poln. ZGB (oben Rdnr. 235); Art. 1317 lit. a i.V.m. Art. 408(1) port. CC; Art. 1273(1) rumän. CC; § 1099 tschech. BGB und zu Schweden oben Rdnrn. 256–257. (Das dänische und das finnische Gesetz über vermögensrechtliche Rechtsgeschäfte sind aus einem gemeinsamen Nordischen Gesetzentwurf hervorgegangen. Wie in Schweden spricht man von den „Nettowirkungen" eines Kaufvertrages. In Schweden und Finnland gilt nach wie vor Kap. 1 § 5 HB von 1736, wonach bei einem Doppelverkauf der erste Käufer Prioritätsschutz genießt. Ein darüber hinausgehender Käuferschutz bedarf eines „sachenrechtlichen Moments" [oben Rdnr. 257]).

m. a. W. frühestens mit ihrer Konkretisierung über.[477] Letztere setzt manchmal ihrerseits ein entsprechendes Einvernehmen der Parteien[478] oder wenigstens die Kenntnis beider Seiten voraus.[479] Es kann bei Gattungssachen und den ihnen gleichstehenden zukünftigen Sachen aber (in Abweichung von der Grundregel) auch auf die Übergabe[480] oder darauf ankommen, dass die Sache durch Wiegen, Messen o. Ä., durch Absonderung von der übrigen Ware und ggf. durch entsprechende Nachricht an den Kunden in einen lieferfähigen *(deliverable)* Zustand versetzt worden ist.[481]

277 In dem der Grundregel nach rein konsensualen polnischen System (Art. 155 § 1 poln. ZGB) taucht also wegen Art. 155 § 2 poln. ZGB (bei Gattungssachen Übergabe nötig) immer wieder das Problem der Abgrenzung zwischen Stück- und Gattungssachen auf. In Appellationsgericht Warschau vom 26.3.2013 ging es um Kraftfahrzeuge.[482] Der klagende Einzelhändler (C) hatte von einem Großhändler (B) mehrere neue BMW gekauft, der sie seinerseits von A, dem Generalimporteur für Polen, gekauft hatte. Weder B noch C hatten die Fahrzeuge bezahlt; A hatte noch nicht geliefert. Das Gericht hielt C für den Eigentümer und gab seiner Herausgabeklage gegen A statt. Bei Kraftfahrzeugen, die individuell aus einer großen Partie verkaufter Wagen gekauft und ausgewählt werden, handele es sich um (u. a. auch durch Motor- und Karosserienummer) bestimmte Sachen, nicht nur um Gattungssachen; anderslautende ältere Rechtsprechung des poln. OG[483] hielt das Appellationsgericht unter Verweis auf neueres Schrifttum für obsolet. Deshalb spiele es keine Rolle, dass die Wagen die ganze Zeit über bei A geblieben seien, auch nicht, dass A gegenüber B, dem schon die Fahrzeugpapiere übergeben worden waren, wegen Nichtzahlung des Kaufpreises vom Vertrag zurückgetreten sei. Denn der Rücktritt sei erst erklärt worden, nachdem B die Wagen schon an C weiterverkauft und mit ihm vereinbart hatte, dass er direkt an A zahle. Es sei auch belanglos, dass C mangels physischer Übergabe und weil er gewusst hatte, dass B noch nicht an A gezahlt hatte, nicht habe gutgläubig erwerben

---

[477] Wie unter Art. 1585 belg., franz. und luxemb. CC; Art. 1273(1) rumän. CC und § 1101 tschech. BGB. Eine ungewöhnliche Entscheidung ist App. Catania 19.3.2015, Juris Data DVD. Es ging um den Kauf von drei Hektar Land aus einem sehr viel größeren Steingrubengrundstück. Das Berufungsgericht sah darin einen Gattungskauf, der dingliche Wirkungen entfaltet habe, sobald der Käufer von seinem Bestimmungsrecht hinsichtlich der genauen Fläche Gebrauch gemacht hatte. Die fehlende *trascrizione* der Individualisierung schade nicht, weil der Kaufvertrag bereits publiziert gewesen sei. Mit der Individualisierung sei das Eigentum *ipso iure* übergegangen. Wenn Grundeigentum auch in separaten „horizontalen" Schichten übertragen werden könne (so Cass. 15.4.1999, Nr. 3750, Dir. e giur. agr. 2000 S. 194), dann müsse es sich auch „vertikal" in mehrere *beni* aufspalten und verschiedenen Eigentümern zuordnen lassen.

[478] So Art. 1378 ital. CC („Bei Verträgen, die die Übertragung von nur der Gattung nach bestimmten Sachen zum Gegenstand haben, geht das Eigentum mit der Individualisierung durch Einverständnis der Parteien oder in der von ihnen festgesetzten Art und Weise über").

[479] Art. 408(2) port. CC („Betrifft die Rechtsübertragung künftige oder unbestimmte Sachen, wird das Recht übertragen, wenn die Sache vom Veräußerer mit Kenntnis von beiden Parteien erworben oder bestimmt wird"; bei Früchten geht das Eigentum im Zeitpunkt der Ernte oder Trennung über).

[480] Art. 155 § 2 poln. ZGB (Übertragung des Besitzes nötig, wenn Gegenstand des Kaufes Gattungssachen oder zukünftige Sachen sind) und für Slowenien Faber und Lurger (*-Rudolf/Rijavec/Kerestes̆*), National Reports I, Slovenia, S. 514, 549. Siehe auch Art. 1378 ital. CC (beim Versendungskauf erfolgt die Individualisierung durch die Übergabe der Sache an Beförderer oder Spediteur).

[481] Wie unter sec. 18 rule 2,3 SGA 1979; Art. 995(1) malt. CC („Where the subject-matter of the contract is an uncertain or indeterminate thing, the creditor does not become the owner of such thing until it has become certain, or the debtor has specified it, and has given notice to the creditor that he has specified it") und, bei Verbraucherkäufen, unter § 49 schwed. KkL (vorher Rdnr. 259).

[482] I ACa 793/12, Legalis-Nr. 733008.

[483] Poln. OG 30.12.1988, III CZP 48/88, OSNC 1989/3/36.

können (Art. 169 poln. ZGB). Denn B habe als Berechtigter verkauft. Für einen Eigentumsvorbehalt sei nichts ersichtlich; insbesondere enthielten die Rechnungen keinen entsprechenden Hinweis. Poln. OG 10.11.1999 betraf einen Straßenkiosk.[484] Die Klägerin hatte ihn 1990 bestellt und bezahlt. Da sie noch keinen Aufstellplatz gefunden hatte, hatte sie ihn auf einer Bahnhofsrampe im Hafen stehen lassen. Die Beklagte hatte 1991 bei derselben Firma einen größeren Kiosk bestellt, der aber nicht sofort geliefert werden konnte. Die Verkäuferin kam daraufhin auf die Idee, der Beklagten für die Zwischenzeit den kleinen Kiosk als Ersatz anzubieten. Obwohl der Beklagten inzwischen der von ihr bestellte größere Kiosk geliefert und sie darauf hingewiesen worden war, dass der kleine Kiosk der Klägerin gehöre, lehnte sie dessen Herausgabe ab. Das Oberste Gericht qualifizierte den Kiosk als Gattungssache. Es war also eine Übergabe nötig. Erforderlich sei die Übertragung des Eigenbesitzes, die aber ihrerseits in jeglicher Weise geschehen könne, die die Artt. 348–351 poln. ZGB erlaubten. Jede Besitzübertragung genüge. Deshalb komme auch die Vereinbarung eines Besitzkonstituts unter Art. 349 poln. ZGB in Betracht, und zwar auch konkludent. Der Besitz werde in diesem Fall ohne physische Übergabe der Sache allein dadurch übertragen, dass er bisherige Eigenbesitzer seinen Besitz in Fremdbesitz umwandle. Beim Kauf ausgesonderter Gattungssachen dürfe nach Entrichtung des Kaufpreises und der Vereinbarung eines späteren Lieferzeitpunktes angenommen werden, dass der Verkäufer die Sache für den Käufer verwahren wolle. Der Verkäufer werde bloßer Gewahrsamsinhaber (Art. 339 poln. ZGB). Das gelte sowohl, wenn er die Sache selber aussondere, als auch, wenn der Käufer sie auswähle und sie an die Seite gestellt werde, damit sie später abgeholt werden könne. So habe es hier gelegen, weshalb der Klägerin die Herausgabeklage aus Eigentum (Art. 222 § 1 poln. ZGB) zustünde.

Deutschland, Estland, Griechenland, Lettland, Litauen, die Niederlande, Österreich, 278
Schottland (aber nur, soweit das gesetzlich geregelte Recht des Warenkaufs nichts anderes vorsieht[485]), die Slowakei, Slowenien, Spanien und Ungarn starten dagegen, genau entgegengesetzt, von der Grundregel, dass der rechtsgeschäftliche Eigentumserwerb die Übergabe der Sache voraussetze.[486] Daher ordnet man diese Länder häufig als Vertreter nicht des „Konsensualprinzips“, sondern des konkurrierenden „Traditionsprinzips“ ein. Selbst eigentumsrechtlich ist das aber ungenau, weil auch in ihnen vielfache Möglichkeiten bestehen, Eigentum ohne jedes tatsächliche Handeln zu übertragen. Es geht um Fälle, in denen sich die Sache entweder schon beim Erwerber (z.B.

---

[484] I CKN 201/98, Legalis-Nr. 46547.

[485] Das schottische Recht folgt im Grundsatz der Lehre von *titulus* und *modus*. Die Übereignung beweglicher Sachen bedarf seit alters her der Übergabe (*Stair*, Institutions of the Law of Scotland², III.ii.4–5 [S. 382]). Entscheidend ist, dass der Erwerber „power over the subject“ erhält (*Gibson v Forbes* (1833) 11 S 916, 925). Allerdings gilt der Sale of Goods Act 1979 auch in Schottland. Unter ihm ist Schottland im Grundsatz zu einem Land des „*solo-consensu*-Prinzips“ mutiert. Man hat folglich zwischen dem schottischen Common Law und dem Gesetzesrecht zu unterscheiden. Die Regeln des Common Law haben weiterhin Bedeutung z.B. im Recht der Erfüllung eines Schenkungsversprechens und im Recht der Eigentumsübertragung auf einen *trustee*. Bemerkenswerterweise meinte schon *Stair* aaO, dass an sich allein der Wille des Eigentümers über die Übertragung eines Rechts entscheiden müsse. Nur aus praktischen Gründen fordere fast jede Rechtsordnung noch zusätzlich einen äußeren Vorgang, namentlich die Gewahrsamsbegründung durch den Erwerber. *Erskine*, An Institute of the Law of Scotland⁶, II.i.18 (S. 231–232) hielt Willen und Gewahrsamsbegründung für gleichrangig. So sah es stets auch die Rechtsprechung (*Andrew Hogarth v Thomas Broomfield (Smart's Tr)* (1882) 9 R 964 [zur Einigung] und *Clark v West Calder Oil Co* (1882) 9 R 1017 [zur Übergabe]). Vertragsschluss und Übereignung werden als zwei getrennte Rechtsgeschäfte verstanden. Neben dem Realakt der Übergabe setzt die Übereignung die Einigung voraus, dass das Eigentum übergehen soll (*Miller*, Corporeal Moveables in Scots Law, Rdnr. 8.06).

[486] § 929 dt. BGB; § 92(1) estn. LPA; Art. 1034 gr. ZGB; Art. 987 lett. ZGB; Art. 4.49(1) lit. ZGB; Art. 3:84(1) ndl. BW *(levering)*; § 426 österr. ABGB; § 133(1) slowak. BGB; Art. 60(1) slowen. SPZ; Art. 609 Satz 2 span. CC; § 5:38(1) ungar. ZGB.

einem Mieter, Nießbraucher oder Verwahrer) befindet, oder in denen sie beim Veräußerer oder bei einem Dritten verbleiben soll. In der zuerst genannten Situation wäre es reiner Formalismus, die Sache erst wieder zurücknehmen zu müssen, um sie anschließend sofort wieder wegzugeben.[487] Sie ist ja schon da, wo sie hin soll, und deshalb genießt der Erwerber nach Einigung bereits optimalen Bestandsschutz. Die Redeweise von der ***brevi manu traditio,*** der „Übergabe kurzer Hand", täuscht niemanden darüber hinweg, dass die frühere Übergabe in keinem inneren Zusammenhang mit dem nunmehrigen Eigentumswechsel stand.[488] Es geht nur darum, dass der Erwerber seine bisherige Detention infolge der Einigung über den Eigentumsübergang in Eigenbesitz umwandelt.[489] Keine *brevi,* sondern eine ***longa manu traditio,*** eine „Übergabe langer Hand", hat man vor sich, wenn der bisherige Eigentümer im Einvernehmen mit dem Erwerber auf jede Form fortwirkender Sachherrschaft verzichtet und letzterem gestattet und ermöglicht, die Sache jederzeit an sich zu nehmen.[490] Das Standardbeispiel

---

[487] *Georgiades,* Emprágmato Díkaio[2], S. 203 Rdnr. 12. Diese Form der übergabelosen Eigentumsübertragung ist denn auch in allen vorgenannten Ländern anerkannt: § 929 Satz 2 dt. BGB; Art. 92(2) estn. LPA; Art. 976 Satz 2 gr. ZGB; Art. 991 lett. ZGB; Art. 6.361(1) lit. ZGB (die Vorschrift betrifft zwar nur den Mietkauf, gilt aber als Anwendungsfall der Übereignung kurzer Hand: Faber und Lurger [-*Mikelenas*], National Reports III, Lithuania, S. 378); Art. 3:115(b) ndl. BW; § 428, 2. Halbsatz österr. ABGB; Art. 60(3) slowen. SPZ; Art. 1463 Satz 2 span. CC; § 5:3(2)(a) ungar. ZGB und für die Slowakei *Vojčík,* Občianske právo hmotné, S. 218. Art. 60(3) Satz 2 slowen. SPZ enthält sogar eine Legaldefinition: „Die Aushändigung einer beweglichen Sache gilt als ausgeführt mit Abschluss eines Rechtsgeschäfts über die Übertragung des Eigentumsrechts ohne tatsächliche Übergabe: – wenn die bewegliche Sache schon vor dem Abschluss des Rechtsgeschäfts im Besitz des Erwerbers war (Übergabe zur kurzen Hand); – wenn die beiden Parteien vereinbart haben, dass die bewegliche Sache trotz der Übertragung des Eigentumsrechts noch weiterhin im Besitz des Übertragenden bleibt (Besitzkonstitut)".

[488] BGH 5.5.1971, BGHZ 56 S. 123, 130 („§ 929 Satz 2 BGB ... stellt nur klar, dass es für die Wirksamkeit der Übereignung genügt, wenn die nach §§ 929 ff BGB vorausgesetzte Besitzverschaffung schon vor der Einigung über den Eigentumsübergang erfolgt ist"). Das spanische Schrifttum zählt die *traditio brevi manu* und die Vereinbarung eines *constitutum possessorium* zu den „fiktiven" Übergabearten (z. B. *Díez-Picazo,* Fundamentos III[5], S. 872). Sie sind „fiktiv", weil sie sich „konsensual" zutragen (Ministerio de Justicia [-*García Cantero*], Comentario del Código Civil II[2], S. 913, Anm. II zu Art. 1463: *„tradición solo consensu"*). Das griechische Schrifttum rechnet außerdem die *traditio longa manu* (Art. 976 gr. ZGB) und die Bestellung besitzloser Pfandrechte zu den Übergabearten durch Vereinbarung. Man spricht entweder von einer „fiktiven" oder einer „symbolischen" Übergabe (*plasmatiké* oder *symboliké parádosi només*) (*Georgiades,* Emprágmato Díkaio I, S. 166, Fn. 4).

[489] Genau genommen ist das auch dann nicht anders, wenn sich Eigentümer und Dieb auf den Kauf der Sache verständigen. Ein Dieb, der sich auf dieses Angebot einlässt, verhält sich zeitweilig wieder wie ein Detentor.

[490] § 5:3(3) ungar. ZGB formuliert: „Die Besitzübertragung wird mit der Aufhebung der tatsächlichen Gewalt des Besitzers über die Sache realisiert, wenn Besitzer und Besitzerwerber dies vereinbaren". Auch in Schweden gilt, dass es für eine *tradition* genügt, dass der Veräußerer die rechtliche Herrschaft über die Sache (*rådighetsavskärande*) verliert (z. B. HD 15.5.1956, NJA 1956 S. 485; HD 2.12.1996, NJA 1996 S. 52; HD 12.6.1998, NJA 1998 S. 379; HD 23.2.2000, NJA 2000 S. 88; HD 7.6.2007, NJA 2007 S. 417 und HD 11.6.2008, NJA 2008 S. 684). Eine Inbesitznahme durch den Erwerber ist keine zwingende Voraussetzung zur Erlangung von sachenrechtlichem Schutz, solange nur der Veräußerer nicht mehr in der Lage ist, über die Sache zu verfügen (*Millqvist,* Sakrättens grunder[6], S. 125). In der Slowakei wird eine *traditio ficta* für ausreichend angesehen; schon der Anruf, dass die verkaufte Sache an einem bestimmten Ort zur Abholung bereit liegt, genügt (*Fekete,* Občiansky zákonník I, S. 710–711; zur *traditio longa manu* auch *Vojčík,* Občianske právo hmotné, S. 218). In Österreich wird die Möglichkeit einer *traditio longa manu* auf § 426 ABGB gestützt (Rummel [-*Spielbüchler*], ABGB I[3], § 426 Rdnr. 2). Die

handelt von eingeschlagenem, fertig zugeschnittenem und noch im Wald des Veräußerers gestapeltem Holz.[491] Das Holz ist nur deshalb „übergeben" und damit in das Eigentum des Holzhändlers gewechselt[492], weil auch das Besitzrecht konsensuale Übertragungsmechanismen kennt.[493] Bei der sogen. *traditio* kann es sich um rein „vergeistigte" Vorgänge handeln. Es bedarf keiner Einwirkung auf die Sache. Sie muss ihren Belegenheitsort nicht wechseln. Folglich hat man es mit lediglich konsensualen Vorgängen zu tun. Manchmal wird mit *longa manu traditio* allerdings auch der Fall beschrieben, dass sich die Sache in der Herrschaft eines Dritten befindet. Der Eigen-

Rechtsprechung legt aber Wert darauf, dass der Erwerber tatsächlich Besitz erlangt. „Wesentlich ist, dass sich (X) auf Grund der erklärten Schenkung, also mit offenbarer Zustimmung des Geschenkgebers, in den Besitz der geschenkten Sache setzte ... Damit ist dem Erfordernis der körperlichen Übergabe nach § 426 ABGB entsprochen ... Dem Gesetz ist genügt, wenn die Sache mit dem Traditionswillen des Übergebers, wenn auch in seiner Abwesenheit, aus seiner physischen Verfügungsmacht in die des vom Übernahmswillen beherrschten Übernehmers übergeht" (OGH 2.4.1964, SZ 37/48).

[491] Oben Rdnrn. 37 und 91.

[492] BGH 9.7.1952, LM Nr. 1 zu § 854 BGB. Ungar. OGH Legf. Bír. Pfv. VI. 21.930/1998, BH2000.248 stellte klar, dass dann, wenn eine Sache Gegenstand der Leistung ist, „die Erfüllung – die Übergabe der Sache – symbolisch erfolgen kann, z. B. durch Übergabe der auf die Sache bezogenen, das Recht an der Sache bestätigenden Dokumente; die Übergabe kann jedoch auch – falls dies für beide Seiten eindeutig ist – durch Einräumung der Möglichkeit erfolgen, die Ware abzuholen". Die Parteivereinbarung habe keinen Zweifel daran gelassen, dass der Kläger dem Beklagten die Möglichkeit eingeräumt habe, das nach Quantität bestimmte Holz jederzeit auf dem Fällungsgelände abzuholen. Der Zeitpunkt des Abtransportes habe allein von der Entscheidung des Beklagten abgehangen. Deshalb sei die Übergabe der Ware bereits vollzogen worden. Ungar. OGH Legf. Bír. Fpk. VI. 30.166/2001 betraf (gleichfalls noch unter altem Recht) Weizen. Der Käufer, dem die erforderlichen landwirtschaftlichen Arbeiten und die Ernte oblagen, hatte seine Kaufoption hinsichtlich des Weizens ausgeübt und dadurch nach Auffassung des Gerichts den Besitz an der Anbaufläche erlangt. Deshalb sei er bereits mit dem Abmähen des Getreides und nicht erst durch Inbesitznahme der an anderer Stelle gelagerten Ernte Eigentümer geworden, was wichtig war, weil zwischenzeitlich das Insolvenzverfahren über das Verkäufervermögen eröffnet worden war. *Georgiades,* Emprágmato Díkaio², S. 203–204 Rdnrn. 13–15 gibt für eine *tradition longa manu* noch die Beispiele eines am Strand liegenden Bootes und im Freien gelagerter Baumaterialien. Er rechnet aber auch den Fall dazu, dass der bisherige Besitzer dem Erwerber den einzigen Schlüssel zu dem Raum übergibt, in dem sich das verkaufte Gut befindet. Nicht anerkannt zu sein scheint die *longa manu traditio* in Tschechien. Tschech. OG 18.2.2004, 33 Odo 974/2002, Bericht in Hulmák (*-Bednář und Kasík*), Občanský zákoník VI, S. 90, hat jedenfalls eine „Übernahme" (§ 133(1) tschech. BGB [1964]) und mit ihr sowohl einen Eigentumsübergang als auch den Übergang der Sachgefahr in einem Fall abgelehnt, in dem fertig zugeschnittenes Holz vom Käufer in einer ersten Fuhre nur zur Hälfte abgeholt worden war. Die zweite Hälfte des Holzes, um die es in dem Rechtsstreit ging, war später verschwunden. An ihr hätte der Käufer noch kein Eigentum erworben gehabt. Ein schöner Fall zur Abgrenzung ist AP de Coruña 24.5.2005, ECLI:ES:APC:2005:1149. Es ging ebenfalls um verkaufte Bäume, doch waren sie gerade noch nicht gefällt. Einer der Bäume stürzte bei Sturm auf das Auto des Klägers. Die Haftung dafür traf unter Art. 1908(3) span. CC noch den Alteigentümer des Baumes. Denn das Eigentum sei noch nicht übertragen gewesen. Art. 1463 span. CC, wonach die Übergabe beweglicher Sachen durch die bloße Einigung der Vertragsschließenden bewirkt werden kann, wenn die verkaufte Sache im Zeitpunkt des Verkaufs nicht unter die Sachherrschaft des Käufers gebracht werden kann, änderte nichts. Denn Holz auf dem Stamm ist eben noch keine selbständige Sache. Schon RG 17.12.1909, RGZ 72 S. 309, 312 hatte entschieden, dass, solange das Holz noch nicht gefällt und deshalb noch Bestandteil des Grundstücks ist, für einen Eigentumsvorbehalt im eigentlichen Sinn kein Raum sei. Auch sei Holz, das noch auf dem Stamm, aber unter Gestattung des Abhiebs verkauft sei, noch nicht übergeben.

[493] Oben Rdnr. 92.

tumswechsel ist vollzogen, wenn der Alteigentümer den Dritten über die Übertragung des Eigentumsrechts auf den Neueigentümer unterrichtet.[494] Das ist von der Übereignung durch Einigung und Abtretung des Herausgabeanspruchs kaum mehr abzugrenzen. Nicht einmal *brevi* und *longa manu traditio* sind immer scharf geschieden (und werden auch vom Gesetz nicht immer scharf unterschieden[495]). Das hängt damit zusammen, dass *brevi manu* auch erwirbt, wer im Zeitpunkt der Übereignung zwar nicht den unmittelbaren, aber doch schon den mittelbaren Besitz der Sache hat, so dass er diesen nur noch auf Eigenbesitz umstellen muss.

279 Man stelle sich einen Vater vor, der für seinen Sohn in einem Antiquitätengeschäft ein wertvolles Möbelstück mit den Worten kauft: „Ok, ich nehme es und überweise das Geld in den nächsten Tagen". Der Verkäufer kennzeichnet das Stück als „verkauft" und sagt die Versendung des Möbels, das der Vater selber nicht transportieren kann, an den Sohn zu, auch, dass er sich an dessen Weisungen über den Ort und den Zeitpunkt der Lieferung halten werde. Anschließend schenkt der Vater dem Sohn telefonisch das Möbelstück und gibt ihm die Kontaktdaten des Verkäufers durch, mit dem sich der Sohn in Verbindung setzt und das Erforderliche bespricht. Wem gehört in diesem Zeitpunkt das (weiterhin im Laden stehende) Möbel? Sieht man davon ab, dass unter den Umständen ein zugunsten des Verkäufers konkludent vereinbarter Eigentumsvorbehalt in Betracht kommen könnte[496], liegt es nahe, einen Eigentumserwerb des Vaters zu erwägen. Er würde in vielen Ländern einfach deshalb als Eigentümer angesehen, weil er das Möbel gekauft hat, in anderen jedenfalls deshalb, weil er Verbraucher ist und die Sache durch Kennzeichnung für ihn individualisiert wurde (z.B. § 49 schwed. KkL). Aber auch in den Ländern, die prinzipiell eine *traditio* verlangen, lässt sich dasselbe Ergebnis erzielen, wenn man die Kennzeichnung des Stückes als Annahme des Übereignungsangebotes und das Verhalten des

---

[494] So Art. 3:115(c) ndl. BW und besonders klar Art. 60(4) slowen. SPZ („Befindet sich die Sache im Besitz eines Dritten, so gilt die Übergabe der beweglichen Sache als in dem Moment ausgeführt, in dem der Dritte von der Übertragung des Eigentumsrechts benachrichtigt wird [Übergabe zur langen Hand; *izročitev na dolgo roko*]. Damit überträgt der Übergebende seinen mittelbaren Besitz auf den Erwerber"). Unter griechischem Recht kann der Erwerber den mittelbaren Besitz zwar auch ohne Notifizierung des unmittelbaren Besitzers erlangen, aber die Notifizierung ist Voraussetzung dafür, dass der Besitz des Erwerbers gegen den Dritten wirkt (Art. 977 Satz 2 gr. ZGB).

[495] Art. 976 Satz 2 gr. ZGB z.B. betrifft seinem Wortlaut nach nur die *traditio longa manu;* man schließt aus ihr aber *a maiore ad minus* auf die Zulässigkeit auch der *traditio brevi manu* (z.B. *Georgiades,* Emprágmato Díkaio[2], S. 205 Rdnr. 18; *Bouzikas,* Ktésis enechýrou pará mi kyriou, S. 52; Areopag 198/1957, EEN 24 [1957] S. 713; LG Chalkida 937/1963, ArchN 15 [1964] S. 134). Österr. OGH 7.7.1992, JBl 1993 S. 183 bemerkt zur Übergabe *brevi manu* kurz und bündig: „Das Ergebnis entspricht jenem der körperlichen Übergabe".

[496] Das wiederum wäre zwar ausgeschlossen, wenn die Wirksamkeit eines Eigentumsvorbehalts unter dem anwendbaren Recht davon abhinge, dass der Kaufvertrag und mit ihm der Eigentumsvorbehalt schriftlich vereinbart wurden (wie unter Art. 2368 franz. CC; näher *Bourassin/Brémond/Jobard-Bachelier,* Droit des sûretés[4], S. 351 Rdnr. 1234), doch kann ein Eigentumsvorbehalt meistens auch in den Ländern des Konsensualprinzips konkludent vereinbart werden. So verhält es sich z.B. unter Artt. 219 i.V.m. 409(1) port. CC (näher *Menéres Campos,* Reserva de propriedade, S. 109) und unter Art. 1684 rumän. CC (keine Schriftform erforderlich; Drittwirksamkeit aber nur bei Beachtung bestimmter Offenlegungsformalitäten). Unter Artt. 589, 590 poln. ZGB bedarf der Eigentumsvorbehalt nur dann der Schriftform, wenn die Sache dem Käufer übergeben wurde. Er ist den Gläubigern des Käufers gegenüber nur wirksam, wenn das Schriftstück ein bestimmtes Datum trägt. Der Rücknahmevorbehalt schwedischen Rechts hängt zwar nicht von Schriftlichkeit, aber davon ab, dass die Parteien vereinbaren, dass der Käufer die Sache weder weiter veräußern noch Handlungen vornehmen darf, die die Identifizierbarkeit der Sache im Käufervermögen verhindern (vorher Rdnr. 260). Aus Art. 532 gr. ZGB wird geschlossen, dass der Eigentumsvorbehalt derselben Form unterliegt, wie der Kaufvertrag. Kaufverträge über bewegliche Sachen sind formfrei (*Triantos,* AK, Art. 532 gr. ZGB S. 693 Rdnr. 5).

Verkäufers so deutet, dass er sich bis zur Auslieferung zur Verwahrung des Stückes verpflichtet.[497] Dann bliebe die Frage, ob die Telefonate des Vaters mit dem Sohn und des Sohnes mit dem Verkäufer etwas an der Eigentumslage geändert haben. Soweit es sich um das Telefonat des Vaters mit dem Sohn handelt, muss man in einem Lande des Traditionsprinzips prüfen, ob es zu einer Abtretung des Herausgabeanspruchs des Vaters gegen den Verkäufer aus dem Besitzkonstitut gekommen ist. Stattdessen könnte es aber auch durch das Telefonat zwischen dem Sohn und dem Verkäufer zu einer „Übergabe" auf den Sohn gekommen sein, wenn nämlich der Verkäufer auf Veranlassung des Vaters seinen Besitzmittlungswillen auf den Sohn umgestellt hat. Hätte andererseits der Vater dem Sohn das Möbelstück anfangs nur verliehen und es ihm erst einige Tage später (am Geburtstag, aber noch vor Lieferung) zu Eigentum überlassen, würde es sich um eine *brevi manu traditio* handeln. Aus der Sicht eines Landes „des" Konsensualprinzips mag man diese Komplexität mit Kopfschütteln quittieren. Indes droht auch hier eine Komplikation. Zwar unterliegt es (abgesehen von der Frage des konkludenten Eigentumsvorbehalts) keinem Zweifel, dass der Vater das Eigentum an dem Möbel erwarb, als er den Kaufvertrag schloss. Andererseits ist zu bedenken, dass eine Schenkung das Eigentum oft nur dann transportiert, wenn mit ihr ein Besitzerwerb einhergeht.[498] Ein Land, das nur kaufrechtlich dem Konsensualprinzip folgt, schenkungsrechtlich aber auf das Traditionsprinzip umstellt, muss die Frage, ob das Möbel dem Sohn vom Vater übergeben wurde, gleichfalls prüfen. Die Überkreuzstellungen sind mit Händen zu greifen.

280 Ohne tatsächliches Handeln, d.h. übergabelos (oder, was aber auf dasselbe hinausläuft, im Wege eines sogen. „Übergabesurrogats") kann eine bewegliche Sache auch

---

[497] Deutet man den Sachverhalt dahin, dass es an einem Besitzkonstitut (einem Verwahrungsverhältnis) fehlt, befindet man sich in Deutschland im Denkzusammenhang der Lehre von dem sogen. Geheißerwerb. Der Vater kann auch in diesem Fall (physisch) übergabelos Eigentum erwerben, wenn auch erst im Zeitpunkt der Auslieferung der Sache an den Sohn (die Übergabe an den Transporteur würde nur genügen, wenn dieser entweder Besitzdiener des Sohnes wäre oder dem Sohn – und nicht mehr dem Verkäufer – den Besitz mittelte). Die Lieferung an den Sohn wird nämlich von der deutschen Rechtsprechung als „Übergabe" an den Vater mit anschließender „Übergabe" vom Vater auf den Sohn gewertet (BGH 8.11.1972, NJW 1973 S. 141).

[498] Unter Art. 938 franz. CC gilt zwar, dass „eine ordnungsgemäß angenommene Schenkung … durch die bloße Einwilligung der Parteien perfekt (wird); das Eigentum der geschenkten Gegenstände geht auf den Beschenkten über, ohne dass es einer weiteren Übergabe bedarf". Auch die Schenkung operiert also *solo consensu* und damit ohne *traditio* (siehe auch Art. 938 franz. CC). Unter Art. 931 franz. CC ist jedoch „jede Urkunde, welche eine Schenkung unter Lebenden enthält, … vor Notaren in der gewöhnlichen Form der Verträge zu errichten; deren Urschrift ist bei Strafe der Nichtigkeit aufzubewahren"). Das Eigentum geht durch Schenkung also nur dann konsensual über, wenn der Vertrag notariell beurkundet wurde. Andernfalls muss die Sache im Wege der *don manuel* (der Handschenkung) übergeben werden. Der Vertrag wird erst durch die Übergabe gültig und kann deshalb auch erst durch sie das Eigentum übertragen; bis zur Übergabe existiert noch kein Vertrag. Es handelt sich um einen *contrat réel,* einen Realvertrag (*Larroumet,* Les Biens[5], S. 218 Rdnr. 381). Werden nur die Papiere (Kraftfahrzeugschein; Kaufbeleg) übergeben, aber nicht das Fahrzeug selbst, fehlt es an einer „tatsächlichen Tradition" und damit an einer wirksamen Handschenkung (Cass. civ. 11.9.1960, Bull. civ. 1960, Nr. 382). Das italienische Recht unterscheidet zwischen Schenkungen von mäßigem Wert (*donazione di modico valore,* Art. 783 ital. CC) und Schenkungen, die notariell beurkundet werden müssen (Art. 782(1) ital. CC). Für eine *donazione di modico valore* ist die *traditio* erforderlich (Art. 783(1) ital. CC). Der Sohn dürfte das Möbel in dem obigen Beispielsfall erst zu Eigentum erwerben, wenn es ihm geliefert wird *(traditio).* Zu Portugal siehe bereits oben Fn. 426. Auch Schweden folgt bei Schenkungen der Hauptregel nach dem Traditionsprinzip. Die Übergabe kann aber (i) durch Übergabe einer Schuldverschreibung oder einer anderen Schenkungsurkunde oder (ii) durch öffentliche Bekanntgabe („wenn sich aus den Umständen des Zustandekommens des Versprechens ergibt, dass dieses der Allgemeinheit zur Kenntnis kommen sollte": § 1(1) Lag angående vissa utfästelser om gåva vom 27.3.1936 (1936:83), Gesetz über bestimmte Versprechungen von Schenkungen). Ein Separationsrecht aufgrund erworbenen Eigentums setzt aber stets eine Besitzübergabe voraus (§ 1(2) aaO).

entweder durch **Abtretung des Herausgabeanspruchs** gegen einen Dritten[499] oder durch Vereinbarung eines Besitzkonstituts übereignet werden.[500] Im ersten Fall ist etwa ein Mieter des Veräußerers im Besitz (der Detention) der Sache; im zweiten wird vereinbart, dass der Veräußerer die Sache in seiner Detention behält.[501] Die Konstruktion einer Übereignung durch Einigung und Abtretung des Herausgabeanspruchs lebt im Kern von der Vorstellung einer Übertragung des mittelbaren Besitzes.[502] Sie bleibt deshalb genauso konturenlos wie die Lehre vom mittelbaren Besitz selbst.[503] Denn es geht (i) nahezu stets um die Abtretung eines Herausgabeanspruchs, der nicht fällig ist und

---

499 § 931 dt. BGB; § 93 estn. LPA; Art. 1035 gr. ZGB; Art. 6.494(1) lit. ZGB; Art. 60(4) slowen. SPZ (vorher Fn. 494); § 5:38(1) (Besitzübertragung nötig) i. V. m. § 5:3(4) ungar. ZGB („Ist ein Dritter im Besitz der Sache, wird die Besitzübertragung mit der Übertragung des Anspruchs auf Herausgabe der Sache an die den Besitz erwerbende Partei realisiert, wenn Besitzer und Besitzerwerber dies vereinbaren") und für die Slowakei *Fekete,* Občiansky zákonník I, S. 710, 712. In Österreich kann zwar die Übergabe durch Übertragung des mittelbaren Besitzes (§ 428 österr. ABGB) erfolgen. Dann wird der Besitzmittler angewiesen, nunmehr für den Erwerber zu besitzen (Zustimmung des Besitzmittlers nicht erforderlich: OGH 13.5.1987, ÖJZ 1987 S. 652; EvBl 1987/175). Die Übergabe durch Abtretung eines Herausgabeanspruchs genügt dagegen nicht. Wenn die Parteien diese Konstruktion wählen, geht das Eigentum erst mit der tatsächlichen Herausgabe der Sache durch den Dritten an den Erwerber über (Rummel [-*Spielbüchler*], ABGB I³, § 425 Rdnr. 6).

500 § 930 dt. BGB; § 94 estn. LPA; Artt. 977 i. V. m. 1034 gr. ZGB; Art. 3:115(a) ndl. BW; § 428 österr. ABGB („Übergabe durch Erklärung"); Art. 349 poln. ZGB; Art. 60(3) Satz 3 slowen. SPZ; § 5:38(1) i. V. m. § 5:3(2)(b) ungar. ZGB; für die Slowakei *Fekete,* Občiansky zákonník I, S. 712. In Lettland ist es umstritten, ob die Übergabe einer Sache durch die Vereinbarung eines *constitutum possessorium* ersetzt werden kann (Faber und Lurger [-*Klauberg und Kolomijceva*], National Reports VI, Latvia, S. 568).

501 Es herrscht freilich auch über den Begriff des *constitutum possessorium* keine Einigkeit, was sich daraus erklärt, dass sich mit ihm vielfach nur rein besitzrechtliche, aber keinerlei eigentumsrechtliche Folgen verbinden. In dem mit „Besitzkonstitut" überschriebenen Art. 1264(2) port. CC z. B. handelt das Gesetz auch von Situationen, in denen sich die Sache in der Detention eines Dritten befindet („(1) Wenn der Inhaber eines dinglichen Rechts, der im Besitz der Sache ist, dieses Recht einem anderen überträgt, muss der Besitz als auf den Erwerber übertragen angesehen werden, auch wenn jener aus irgendeinem Grund weiterhin die Sache festhält. (2) Wenn der Detentor der Sache zum Zeitpunkt des rechtsübertragenden Geschäfts ein Dritter ist, muss man den Besitz als übertragen ansehen, auch wenn diese Detention weiterhin bestehen soll").

502 „The transferor transfers his indirect possession to the transferee. The delivery is effected by notifying a third party (directly possessing the asset) of the transfer of the right of ownership. The title passes to the transferee at the moment the third party, who is the direct possessor of the asset, is notified" (so für Slowenien Faber und Lurger [-*Rudolf/Rijavec/Keresteš*], National Reports I, S. 565). Differenzierter für Griechenland *Georgiades,* Emprágmato Díkaio², S. 205 Rdnr. 19, der betont, dass in den Fällen des Art. 1035 gr. ZGB (Eigentumsübertragung durch Abtretung des Herausgabeanspruchs) nur das Eigentum, nicht aber der Besitz übertragen werde. Das hängt damit zusammen, dass anders als unter § 870 dt. BGB die Übertragung des mittelbaren Besitzes unter Art. 977 gr. ZGB die Notifikation des Dritten voraussetzt, während das Eigentum unter Art. 1035 gr. ZGB (wie unter § 931 dt. BGB) notifikationsunabhängig übergeht. In Österreich ist nur die sogen. Besitzanweisung zulässig (vorher Fn. 499). Der Veräußerer weist den Besitzmittler an, für den Erwerber zu besitzen (OGH 8.4.1981, SZ 54/51; OGH 13.5.1987, ÖJZ 1987 S. 652). Die bloße Einigung der Parteien des Veräußerungsgeschäfts genügt nicht (ständige Rspr. seit OGH 12.8.1927, SZ 9/155). OGH 4.3.2013, JBl 2013 S. 511 entschied allerdings, dass die vollständige Abtretung aller Rechte des bisherigen Eigentümers auch dann einen Eigentumsübergang bewirke, wenn der aktuelle Besitzer der Sache eine Herausgabe ablehnt, etwa, weil er sich selbst für den Eigentümer hält. Das passt nicht zu der bisherigen Linie (*Holzner,* JBl 2013 S. 552).

503 Oben Rdnr. 65.

auch allein infolge der Abtretung nicht fällig wird. Ist die Sache vermietet, bleibt der Erwerber (entweder nach den allgemeinen Schuldnerschutzregeln des Zessionsrechts oder deshalb, weil die „Kauf bricht nicht Miete"-Regel auch für bewegliche Sachen gilt[504]) an die bestehende Überlassungsverpflichtung mit der Folge gebunden, dass es praktisch nahezu unmöglich werden kann, den Herausgabeanspruch noch während der Lebensdauer der Sache zu realisieren.[505] (Ein Nießbrauch an einem Wertpapier oder einer realen Sache zugunsten einer juristischen Person erlischt u.U. schon von Rechts wegen nie.) Vor allem aber bezieht sich die Konstruktion (ii) zwar der Grundidee nach auf die Abtretung eines Herausgabeanspruches aus einem zwischen dem Veräußerer und dem Dritten bestehenden, Besitz indizierenden Überlassungsvertrag. (Der Herausgabeanspruch aus Eigentum, der Vindikationsanspruch, ist nicht abtretbar, weil er nicht vom Eigentum gelöst werden kann[506]). Es kommt im Ergebnis aber gar nicht darauf an, ob ein solches Schuldverhältnis überhaupt besteht. Es genügt vielmehr, dass der Detentor (der unmittelbare Fremdbesitzer) seinen Besitzmittlungswillen auf Anweisung des Veräußerers auf den Erwerber ausrichtet. Nur hat man dann der dogmatischen Konstruktion nach kein „Übergabesurrogat" (keine Abtretung des Herausgabeanspruchs) mehr vor sich, sondern eine „Übergabe". Letztere ist aber natürlich rein fiktiver Natur. Denn sie besteht ja allein darin, dass der unmittelbare Besitzer seinen Besitzwillen auf den Erwerber umstellt.[507] Schließlich und (iii) muss eine Sache auch dann noch übereignet werden können, wenn sie sich in niemandes Sachherrschaft oder in den Händen eines Diebes befindet.[508] Ein Diebstahl stellt eine Sache schließlich nicht *extra commercium*. Ihre Übereignung kann z.B. die Voraussetzung dafür sein, dass die Versicherung zahlt, weil sie – etwa bei Kunstwerken oder Kraftfahrzeugen – davon ausgeht, dass das Diebesgut eines Tages schon wieder auftauchen wird. Wenn Eigentum im Einzelfall aus gar nichts anderem mehr besteht als aus dem Herausgabeanspruch, dann *kann* es gar nicht anders als *solo consensu* übertragen werden. Das wiederum erklärt, warum es im Ergebnis nicht richtig sein kann, die Übereignung von einer Benachrichtigung des Dritten abhängig zu machen.[509]

---

[504] Band 1 Rdnr. 11 mit Fn. 71.

[505] Ein französischer Jurist z.B. könnte gegen die Konstruktion einer Übereignung durch „Abtretung des Herausgabeanspruchs" leicht einwenden, dass K, der Käufer eines Fahrrades, das der Alteigentümer E kurz zuvor noch an M vermietet hatte, gerade keinen Herausgabeanspruch gegen M erwirbt. Denn unter Art. 1743 franz. CC (der seinem Wortlaut nach zwar nur Immobilien betrifft, aber auch auf Mobilien angewandt wird: *Collart Dutilleul und Delebecque,* Contrats civils et commerciaux[6], S. 369 Rdnr. 425 und S. 396 Rdnr. 470) genießt das Mietrecht des M Bestandsschutz, wenn M einen „mit einem sicheren Datum versehenen Mietvertrag hat". Art. 1599(1) ital. CC bestätigt diese *emptio non tollit locatum*-Regel. Allerdings erlischt das Mietrecht des M, wenn K gutgläubig den Besitz des Fahrrades erlangt (Artt. 1599(2), 1153 ital. CC).

[506] Band 1 Rdnr. 33.

[507] Oben Rdnr. 68.

[508] Z.B. Areopag 1491/1982, EEN 50 (1983) S. 613, EllDni 24 (1983) S. 781. Es ging – in Anwendung deutschen Rechts – um die Übertragung des Eigentums an einem gestohlenen Auto. Es war im Besitz und unter der Sachherrschaft eines in Frankfurt/Main lebenden Deutschen, bevor es vom griechischen Hauptzollamt beschlagnahmt worden war. Das Gericht gab dem Herausgabeanspruch des Klägers mit der Begründung statt, er habe das Eigentum an dem Fahrzeug vor der Beschlagnahme gem. §§ 929, 931 dt. BGB durch Abtretung des Herausgabeanspruchs erworben.

[509] Richtig deshalb m.E. § 931 dt. BGB und Art. 1035 gr. ZGB; anders aber Art. 60(4) slowen. SPZ (vorher Fn. 494 und Fn. 502) und zumindest besitzrechtlich auch Art. 350 poln. ZGB. Inkonsequent vor diesem Hintergrund auch § 1205(2) dt. BGB (vorher Fn. 435).

281 Es gibt, auch wenn der Aufbau manches Zivilgesetzbuches das Gegenteil nahezulegen scheint, keinen *numerus clausus,* sondern nur einen Kernbestand kanonisierter Übergabesurrogate.[510] Zu ihnen gehört auch das **Besitzkonstitut,** die vielleicht spektakulärste Form einer *„traditio solo consensu“,* also einer „Übergabe“ ohne materielle oder wenigstens symbolische Handlung. Nichts legt wenigstens den Wechsel der Besitzfarbe nach außen offen. Jedwede Vereinbarung genügt, unter der sich der bisherige Besitzer die Detention unter einem Titel vorbehält, der ihn mindestens vorübergehend von der Verpflichtung zur Übertragung der Sachherrschaft befreit.[511] Eigentumsrechtliche Relevanz erlangt diese (als solche allen kontinentaleuropäischen Rechtsordnungen vertraute) Rechtsfigur aber natürlich nur, wenn und soweit man der Vorstellung anhängt, dass, wenn es schon an einer Übergabe „von Hand zu Hand“ fehlt, ein Surrogat her müsse, nämlich die Begründung von „mittelbarem“ Besitz in der Person des Erwerbers. Den meisten (aber nicht allen) Ländern, die sich zum Traditionsprinzip halten, genügt dieser Ersatz.[512] Wenn und soweit dagegen Kaufverträge doppelwirkend Eigentum übertragen, bleibt das *constitutum possessorium* (ebenso wie die *traditio brevi manu*) eine Figur rein besitzrechtlicher (genauer: rein detentionsrechtli-

---

[510] Richtig *Miller,* Corporeal Moveables in Scots Law, Rdnr. 8.16. Die Frage wird im kontinentaleuropäischen Schrifttum bzw. in der Rechtsprechung freilich kaum offen erörtert. Poln. OG 10.11.1999, I CKN 201/98, Legalis-Nr. 46547 (vorher Rdnr. 277) deutet mit der Bemerkung, dass die Übergabe von Gattungssachen „in jeder der in den Artt. 348–351 poln. ZGB vorgesehenen Arten“ geschehen kann, möglicherweise in die entgegengesetzte Richtung. Aus ungarischer Sicht notiert Vékás und Gárdos (*-Menyhárd*), Kommentár a Polgári Törvénykönyvhöz I, § 5:3 ungar. ZGB S. 905, dass „Übergabe“ einen Vorgang beschreibe, der sich zwischen Veräußerer und Erwerber vollziehe, aber nicht exakt definiert werden könne. Ob eine Übergabe vorliege, müsse durch Analyse aller Umstände des Einzelfalles bestimmt werden. Jedenfalls genüge, dass der Veräußerer vereinbarungsgemäß seine Sachgewalt dem Erwerber überlasse.

[511] *Pires de Lima und Antunes Varela,* Código Civil Anotado III^2, S. 29, Anm. 2 unter Art. 1264. Eindrucksvoll Areopag 901/2000, EEN 2002 S. 7 (Der Käufer eines Lotteriescheins wird dessen Eigentümer auch ohne Aushändigung des Scheins, wenn zwischen ihm und dem Verkäufer vereinbart wurde, dass der Verkäufer den Schein zur Aufbewahrung behält).

[512] Nachweise in Fn. 500. In Lettland ist die Frage, ob die Übergabe der Sache durch Vereinbarung eines *constitutum possessorium* ersetzt werden kann, offen (aaO). In Schottland geht es darum, ob für eine *delivery* die Vereinbarung eines Besitzkonstituts genügt. Rechtsprechung und Schrifttum zeigen sich zurückhaltend, weil sie Gläubigerschädigungen befürchten (Scottish Law Commission, Memorandum No 25: Passing of Risk and of Ownership (1979) Rdnrn. 68–71). Es bedarf eindeutiger Anhaltspunkte für das Vorliegen einer entsprechenden Vereinbarung; sie wird nicht vermutet. „The difficulty felt by Scottish judges over constitutum possessorium has been that there is a rule of law that in the case of corporeal moveables possession creates a presumption of ownerhsip. Given this rule, delivery is of less importance than possession; the fact of possession is of more importance than the method by which it was acquired. Furthermore, the fact of possession is one readily accessible to the knowledge of third parties and one reason alleged for the rule requiring delivery in Scots law is that the transfer should be made apparent to third parties“ (Scottish Law Commission aaO Rdnr. 71 unter Hinweis auf *Gordon,* Studies in the Transfer of Property by Traditio, S. 218–219). Die Schwierigkeit wird also darin gesehen, dass der bisherige Eigentümer keinen Besitz auf den Erwerber überträgt. Unproblematisch zulässig sind dagegen die *traditio brevi manu* (*Milligan v Ross* 1994 SCLR 430) und die Übergabe durch Übertragung eines Besitzkonstituts mit einem Dritten (*Anderson,* The Physical Element of Possession, S. 35), da in beiden Fällen beim Alteigentümer kein Besitz zurückbleibt, der den Schein des Eigentums aufrecht erhielte. Es reicht sogar aus, dass die Kaufsachen unangetastet im selben Lager verbleiben, wenn der Erwerber vom Veräußerer den Schlüssel erhält (*West Lothian Oil Co Ltd v Mair* (1892) 20 R 64).

cher[513]) Natur.[514] Die Vereinbarung eines Besitzkonstituts bewirkt keinen Eigentumswechsel; bestenfalls folgt aus einem Eigentumswechsel konkludent die Vereinbarung eines Besitzkonstituts.[515] Ob ein Verkäufer (V) eine bestimmte, aber noch nicht gelieferte Sache für sich oder für Rechnung seines Kunden bei sich behält, macht unter den entsprechenden Systemen eigentumsrechtlich keinen Unterschied. Natürlich läuft der Käufer auch hier die Gefahr, dass der Verkäufer die Sache noch ein zweites Mal verkauft, aber gefährdet ist das Eigentum des Erstkäufers erst, wenn der Verkäufer dem Zweitkäufer die Sache *realiter* übergibt. Behält dagegen der Verkäufer die Sache auch noch nach dem zweiten Verkauf bei sich und sagt er dem zweiten Käufer nur zu, sie von jetzt an für ihn zu verwahren, dann genügt das nicht, um dem Zweitkäufer Priorität gegenüber dem Erstkäufer zu verschaffen. V verkauft dem K2 ja eine in diesem Zeitpunkt bereits fremde Sache (Art. 1196(1) franz. CC), und ein solcher Kaufvertrag ist nichtig (Art. 1599 franz. CC). Außerdem fehlt es an einem Verwahrungsvertrag. Denn er setzt unter Art. 1915 franz. CC voraus, dass V eine „fremde Sache [in diesem Fall also eine Sache des K2] mit der Verpflichtung in Empfang nimmt, sie zu verwahren und in Natur zurückzugeben". Die Sache gehört aber K1; K2 ist nicht einmal mittelbarer Besitzer. Der einzige Weg, Priorität gegenüber K1 zu erlangen, besteht darin, die Sache in gutem Glauben tatsächlich übergeben zu bekommen (Art. 1198(1) franz. CC; Art. 1141 belg. CC; Art. 937(1) rumän. CC).

Die Vereinbarung eines Besitzkonstituts genügt zwar auch zur „Übergabe" einer Gattungssache.[516] Umstritten ist jedoch, ob die Vereinbarung eines Besitzkonstituts auch zum **Vollzug einer formlosen Schenkung** ausreichen soll. In Deutschland wird das bejaht, weil die „versprochene Leistung", deren „Bewirken" unter § 518(2) dt. BGB „den Mangel der notariellen Form" heilt, aus der Übertragung des Eigentums besteht, und das Eigentum eben nach §§ 929, 930 dt. BGB schon durch Einigung und Vereinbarung eines „Rechtsverhältnisses" übertragen werden kann, „vermöge dessen der Erwerber den mittelbaren Besitz erlangt". Schenkungsrechtlich ist Deutschland, so besehen, ein Land des „Konsensualprinzips", während Frankreich, **282**

---

[513] Darauf weisen zutreffend hin *De Page und Dekkers,* Traité élémentaire V^2, S. 761 Rdnr. 852 (da der ursprüngliche Eigentümer *détenteur* werde, müsste man korrekterweise von einem *constitut détentoire* statt *possessoire* sprechen).

[514] Der *constitut possessoire* setzt nach französischem Verständnis einen Vertrag voraus, in dessen Rahmen der Besitzer einer Sache aufhört, sie im eigenen Namen zu besitzen und beginnt, sie im Namen seines Vertragspartners zu halten. Der Standardfall eines solchen *détenteur pour autrui* ist auch in Frankreich der Eigentümer, der die Sache nach ihrem Verkauf als Mieter behält (z.B. *Terré und Simler,* Les biens^9, S. 164 Rdnr. 159). Anders als in Deutschland denkt man freilich in den romanischen Rechtsordnungen typischerweise an den Mieter oder den Nießbraucher einer Wohnung, nicht an den Mieter oder den Nießbraucher einer beweglichen Sache (z.B. *Torrente und Schlesinger,* Manuale di diritto privato^{21}, S. 340; *Bianca,* Diritto civile VI, S. 752 und *Gazzoni,* Manuale di diritto privato, S. 223).

[515] Cass. 3.7.1998, Nr. 6489, Giur. it. 1999, S. 2248 (Im Falle eines *contratto a effetti reali* [eines Vertrages mit dinglichen Wirkungen] haben die *traditio* und der *costituto possessorio* für die Eigentumsübertragung keine Bedeutung. Sie betreffen nur die Besitzübertragung und den Besitzschutz); STJ 1.2.2005, Processo 04A4684 (durch Besitzkonstitut wird der Besitz erworben, nicht das Eigentumsrecht) und STJ 13.1.2000, Processo 99B1063 (die Übertragung des Besitzes durch Besitzkonstitut ergibt sich nur dann aus der Übertragung des Eigentumsrechts, wenn der bisherige Eigentümer Besitzer des entsprechenden Objekts ist).

[516] Vorher Rdnr. 277 (Polen).

Italien (bei Sachen von mäßigem Wert), Schweden und Tschechien schenkungsrechtlich zu Ländern des „Traditionsprinzips" mutieren.[517] Eine Schenkung habe nur eine *causa debole* (einen schwachen Grund). Deshalb bedürfe sie entweder einer öffentlichen Urkunde oder einer realen *traditio;* die Vereinbarung eines *constitutum possessorium* genügt nicht.[518] Ebenso verhält es sich in Portugal[519] und in Spanien.[520] In Griechenland wird trotz der Herrschaft von Traditions- und Abstraktionsprinzip gelehrt, dass Art. 977 gr. ZGB (Besitzkonstitut) im Recht der Schenkung beweglicher Sachen keine Anwendung finde. Eine schenkweise Besitzübertragung durch Besitzkonstitut bedürfe der notariellen Beurkundung[521]; es soll zum Vollzug der Schenkung der in einem Bankschließfach befindlichen Sachen nicht einmal eine „fiktive" *traditio* in Gestalt der Übergabe der Schlüssel genügen.[522] Art. 498(2) gr. ZGB schließe zwar weder die *longa* noch die *brevi manu traditio* aus[523], stehe aber wie Art. 1213 gr. ZGB (Faustpfand) einer Übereignung durch Vereinbarung eines Besitzkonstituts entgegen.[524] Auch unter österreichischem und tschechischem Recht dürfte eine „reale" Schenkung *(reálná darovací smlouva)* nicht durch Vereinbarung eines Besitzkonstituts verwirklicht werden können.[525] Unter englischem Recht schließlich ist eine Schenkung *(gift)* mangels Gegen-

---

[517] Vorher Fn. 498; zu Deutschland außerdem BGH 10.1.1979, NJW 1979 S. 714, 715 (Ein im Sterben liegender Anwalt wollte seiner Nichte noch in der Kanzlei hängende Bilder schenken und rief deshalb aus dem Krankenhaus bei seiner Sekretärin an, der er sagte, dass die Nichte die Bilder von jetzt ab jederzeit abholen könne. Die Vereinbarung eines Besitzkonstituts, so der BGH, würde zwar zum Vollzug einer Schenkung genügen, doch sei hier nur Mitbesitz eingeräumt worden, da die Sekretärin weiterhin auch für den Anwalt besaß).

[518] *Roppo,* Il contratto, S. 372–373; *Gallo,* La causa della donazione, in: Bonilini (Hrsg.), Trattato di diritto delle successioni e donazioni, S. 349, 361 und *Torrente,* La donazione², S. 47 (Schenkung eines Schecks mit einem niedrigen Betrag bei Übergabe wirksam; Schenkung eines Schecks mit einem hohen Betrag auch bei echter Übergabe unwirksam, wenn die notarielle Beurkundung fehlt) und S. 514.

[519] Eine fiktive *traditio* durch Besitzkonstitut genügt nicht. Will der Schenker aus irgendeinem Grund im Besitz der Sache bleiben, bedarf es zur Gültigkeit der Schenkung eines „Dokuments in Schriftform" (*Pires de Lima und Antunes Varela,* Código Civil Anotado II⁴, S. 250, Anm. 3 unter Art. 947). Siehe auch STJ 21.7.1972, BMJ 219 (1972) 188. Es ging um die Schenkung eines 120-teiligen Bestecks, von dem der Beschenkte durch tatsächliche Übergabe lediglich einige Teile erhalten hatte; der mündliche Schenkungsvertrag wurde (noch unter Art. 1458 port. CC [1867], der aber Art. 947(2) port. CC [1966] entsprach) für unwirksam erachtet. Siehe im Übrigen schon vorher Fn. 426,

[520] Unter Art. 632 span. CC bedarf eine Schenkung entweder der Schriftform oder der Übergabe. Außerdem gilt Art. 609 span. CC, wonach das Eigentum und die übrigen Rechte an Sachen mittels Übergabe erworben und übertragen werden, auch für Schenkungen. Daraus schließt Ministerio de Justicia (-*Albaladejo García*), Comentario del Código Civil I², S. 1604, Anm. II zu Artt. 632 und 633, dass die Vereinbarung eines Besitzkonstituts nicht genügt. Es sei nicht im Sinne des Gesetzes, dass die geschenkte Sache in der Herrschaft des Schenkers verbleibt. Eine *brevi manu traditio* sei allerdings möglich.

[521] *Triantos,* AK, Art. 498 gr. ZGB S. 640 Rdnr. 7 und Art. 977 gr. ZGB S. 1189 Rdnr. 1.

[522] Berufungsgericht Ägäis 9/1975, Arm. 29 (1975) S. 123.

[523] Areopag 534/2002, EllDik 43 (2002) S. 1645.

[524] So in einer (nicht einfach zu lesenden) Entscheidung wohl auch Berufungsgericht Athen 464/2005, EllDni 46 (2005) S. 1539.

[525] Švestka/Dvořák/Fiala (-*Elischer*), Občanský zákoník V, S. 619 bemerkt zwar, dass für Schenkungen die Traditionsformen in Betracht zu ziehen seien, die die Lehre für die Übertragung beweglicher Sachen entwickelt habe. Švestka/Dvořák/Fiala (-*Elischer*), Občanský zákoník III, S. 620 weist aber hin auf tschech. OG 19.9.2001, 25 Cdo 1005/1999 (unveröffentlicht),

leistung *(consideration)* nicht einmal ein echter Vertrag *(contract)*.[526] Der Schenkungswille muss deutlich hervortreten; andernfalls wird der Empfänger einer ohne Gegenleistung übergebenen Sache als bloßer *trustee* desjenigen angesehen, der sie ihm gegeben hat.[527] Für den schenkweisen Eigentumsübergang ist außerdem in Ermangelung einer Urkunde *(deed)* eine tatsächliche Übergabe erforderlich.[528] Entscheidend ist die Erlangung tatsächlicher Sachherrschaft. Ohne reale Übergabe (bzw. förmliches Schenkungsversprechen) findet ein Eigentumswechsel nicht statt[529], auch nicht *in equity*.[530] Es genügt allerdings eine *brevi manu traditio*.[531]

Man kann sich noch viele Varianten von handlungslosen „Übergabe"vorgängen vorstellen, etwa die, dass der Besitzmittler des Veräußerers neu zum Besitzmittler des Erwerbers wird, dass sich ein Veräußerer selber zum Besitzdiener des Erwerbers herabstuft, oder die, dass ein Angestellter des Veräußerers seine Besitzdienerschaft auf den Erwerber umstellt.[532] Eine weitere Variante ist der (in Deutschland) sogenannte **Geheiß-** **283**

---

wonach Tradition bedeute, dass die Sache in die direkte Dispositionssphäre des Bescherten gelangt, so dass sich der Augenblick der Eigentumsübertragung eindeutig feststellen lasse. Tschechoslowak. OG 19.4.1984, 3 Cz 72/83, Sbírka rozhodnutí a stanovisek Nejvyššího soudu, R 17/86 entschied zudem, dass „die Übernahme der geschenkten Sachen ... in der Regel durch eine Übergabe und Übernahme von Hand zur Hand (geschieht). Je nach den Umständen des konkreten Falles (z. B. bei beweglichen Sachen, bei denen wegen ihres Gewichts oder ihrer Größe eine solche Übergabe nicht in Frage kommt) ist es nicht ausgeschlossen, dass die Übergabe im Sinne des § 134 Abs. 1 tschech. BGB [1964] auch anders gestaltet wird, z. B. durch die Übergabe von Zubehör der Sache, das ihre faktische Beherrschung ermöglicht und zugleich Voraussetzung für diese Beherrschung ist" und nannte als Beispiel die Übergabe der Autoschlüssel. In Österreich ist zur Heilung eines formunwirksamen (§ 943 österr. ABGB) Schenkungsversprechens die „tatsächliche Übergabe" erforderlich. Ein Besitzkonstitut, durch das der Veräußerer seinen Besitz nicht vollständig verliert, genügt dafür nicht (OGH 30.1.1991, ÖBA 1991 S. 594; siehe allerdings auch OGH 31.8.2005, Zak 2005 S. 16 [anders liege es bei Feststellung eines „qualifizierten Schenkungswillens"]). Die körperliche Übergabe, die Übergabe durch Zeichen (Markierung), Besitzauflassung und Besitzanweisung genügen dagegen (OGH 17.9.1992, WBl 1993 S. 95). Unzureichend ist also nur das Besitzkonstitut mit dem Schenkenden, nicht dagegen die Übertragung des mittelbaren Besitzes, wenn ein Dritter den unmittelbaren Besitz ausübt.

[526] *Bridge,* Personal Property Law[3], S. 93.

[527] Eine Gegenausnahme besteht bei innerfamiliären Zuwendungen. Hier führt bei Verfügungen eines „stärkeren" zugunsten eines „schwächeren" Familienmitglieds die sogen. *presumption of advancement* zur Vermutung einer Schenkungsabsicht (*Bennett v Bennett* (1879) 10 Ch D 474; *Sheperd v Cartwright* [1955] AC 432). Ob diese Vermutung weiterhin auch noch für Schenkungen zwischen Eheleuten gilt, ist seit *Pettitt v Pettitt* [1970] AC 777 zweifelhaft. Bei Geschenken des Vaters an den Sohn kann die Vermutung verhältnismäßig leicht widerlegt werden (*Tribe v Tribe* [1996] Ch 107, wo die Verfügung die Gläubiger des Vaters benachteiligen sollte).

[528] *Re Cole (A Bancrupt)* [1964] Ch 175, 185, *Harman* LJ.

[529] *Irons v Smallpiece* (1819) 2 B & Ald 551; 106 ER 467.

[530] *Milroy v Lord* (1862) 4 De GF & J 264; 45 ER 1185.

[531] *Re Stoneham* [1919] 1 Ch 149 (Es kommt allein auf die Erlangung der Sachherrschaft an. Sie muss jedoch nicht anlässlich der Schenkung erworben werden, vielmehr reicht es aus, dass die Schenkung erst zu einem Zeitpunkt erklärt wird, in dem der Beschenkte bereits im Besitz der Sache ist).

[532] Z. B. Art. 349 poln. ZGB (wonach die Übertragung des Eigenbesitzes auch in der Weise erfolgen kann, dass der bisherige Eigenbesitzer die Sache als abhängiger Besitzer oder als Gewahrsamsinhaber aufgrund eines Rechtsverhältnisses, das die Parteien gleichzeitig festlegen, in seiner Herrschaft behält); *Håstad,* Sakrätt[6], S. 227 und S. 293 sowie *Vieweg und Werner,* Sachenrecht[7], § 4 Rdnrn. 27–30; zur Abgrenzung gegenüber § 931 dt. BGB außerdem BGH 17.5.1971, NJW 1971 S. 1608, 1609 und BGH 10.10.1984, NJW 1985 S. 376, 378.

erwerb.[533] Es geht um Streckengeschäfte, bei denen ein Käufer (K1) den Veräußerer (V) anweist, die Sache nicht an ihn (K1), sondern direkt an einen seiner Kunden (K2) zu liefern. Es wird also ein Dritter (V, oft der Hersteller der Sache) in das Übergabegeschehen eingeschaltet, der keiner Seite als Besitzmittler oder Besitzdiener untergeordnet ist. V liefert lediglich „auf Geheiß" seines Vertragspartners (K1) direkt an dessen Abnehmer (K2). V einigt sich also zwar mit K1 über die Übertragung des Eigentums, doch erlangt K1 keinen Besitz; K2 erlangt zwar Besitz, aber es fehlt an einer Einigung zwischen ihm und V über die Übertragung des Eigentums. Über den Eigentumswechsel waren sich nur V und K1 sowie K1 und K2 einig. K2 kann nach der Gesetzeslage das Eigentum nicht einmal gutgläubig von K1 erwerben, weil K1 mangels Besitz nicht als Eigentümer legitimiert war. Die deutsche Rechtsprechung hat indes entschieden, dass die Übergabe nicht notwendig dadurch zu geschehen habe, „dass der veräußernde Nichteigentümer selbst dem Erwerber den Besitz überträgt. Es genügt auch, wenn der Besitz von einem Dritten als unmittelbarem Besitzer, z. B. von dem Lieferanten des Veräußerers, auf Geheiß des Veräußerers übertragen wird; dabei ist auch nicht notwendig, dass der unmittelbare Besitzer Besitzmittler des Veräußerers ist."[534] Die rein tatsächliche „Besitzverschaffungsmacht" des Veräußerers (K1) wird also wie eine aktuelle Besitzposition behandelt.[535] Es genügt die Bereitschaft der „Geheißperson" (V), der Weisung ihres Vertragspartners (K1) zu folgen. Führt sie die Weisung aus, kommt es simultan zu einer „Übergabe" an und durch den Zweitveräußerer (K1).[536] Selbst delegierte Anweisungen sind möglich (K2 weist V im Einvernehmen mit K1 an, statt an sich an K3 zu liefern, etc.).[537]

c) Optimaler Bestandsschutz

284 Für die „Übergabe" einer Sache ist nach alledem oft so verblüffend wenig erforderlich, dass es vielfach unmöglich wird, überhaupt noch sinnvoll zwischen *traditio* und Konsens zu unterscheiden. Mindestens ebenso verblüffend ist aber der Umstand, dass keine Rechtsordnung völlig ohne das Übergabeerfordernis auskommt. Das Rätsel löst sich, wenn man akzeptiert, dass eine Übergabe nicht wichtig ist, um Eigentum zu erwerben, aber wichtig ist, um Eigentum so zu erwerben, dass es den optimalen Schutz der Rechtsordnung erlangt, unter der es steht. Ohne Übergabe erwirbt man (nach einer Formulierung von *Monateri*) nur eine Art „flüchtiges" Eigentum[538], ein Eigentum jedenfalls, das jederzeit ohne eigenes Zutun wieder verloren gehen kann. Welcher

---

[533] Dazu eingehend *Martinek,* AcP 188 (1988) S. 573.

[534] BGH 30.10.1961, BGHZ 36 S. 56, 61.

[535] MünchKomm (*-Oechsler*), BGB VII^7, § 929 Rdnr. 68; Westermann/Gursky/Eickmann *(-Westermann),* Sachenrecht^8, § 38 Rdnr. 5.

[536] In Griechenland kommt die Rechtsprechung über eine kombinierte Anwendung der Regeln über die Eigentumsübertragung „an den, den es angeht" und die Konstruktion einer Vertretung beim Besitzerwerb (Artt. 979, 980 gr. ZGB) offenbar zu dem Ergebnis, dass das Eigentum ohne Zwischenerwerb durch K1 direkt von V auf K2 übergehe (Areopag 1620/2008, NoB 57 [2009] S. 632; Areopag 1621/2008, NoB 57 [2009] S. 632 und Areopag 1786/2013, NoB 62 [2014] S. 629). Die Übergabe an K2 stehe der Übergabe an K1 gleich, solange V im Auftrage von K1 direkt an K2 liefere. Beim Leasing dagegen erwirbt der Leasinggeber Eigentum und Besitz, wenn der Lieferant die Sache unmittelbar an den Leasingnehmer aushändigt (Artt. 1–4 des Gesetzes 1665/1986 i. d. F. des Gesetzes 2367/1995; näher *Georgiades,* Nees morphés symbáseon tes synchrones oikonomias, Leasing klp. S. 95 und 1531 und ebenso BGH 9.11.1998, NJW 1999 S. 425).

[537] *Vieweg und Werner,* Sachenrecht^7, § 4 Rdnr. 32 („Traditions- und Publizitätsprinzip werden … geopfert"); Westermann/Gursky/Eickmann *(-Westermann),* Sachenrecht^8, § 38 Rdnr. 13.

[538] Oben Fn. 420.

Vertragstyp dem Erwerb zugrunde liegt (Kauf, Schenkung, Sicherungsabrede), macht keinen Unterschied; das Verlustrisiko durch Fremdveräußerung und -belastung ist in allen Fällen dasselbe. Es ist erst dann auf das geringstmögliche Maß reduziert, wenn der Erwerber die Sache *realiter* übergeben bekommt. Man kann also zwar formulieren, dass nur das Eigentum an übergebenen Sachen sicher und stabil ist, muss aber sogleich hinzufügen, dass nicht jeder „Übergabe" *genannte* Vorgang diese Stabilität erzeugt. Worauf es ankommt, ist ein **tatsächliches Handeln** unter Veränderung der Sachbelegenheit. Die Sache muss (wenn sie sich dort nicht schon befindet) in die physische Kontrolle des Erwerbers gelangen. Nur eine solche Übergabe, nur eine „Übergabe im engeren Sinn", eine Übergabe „von Hand zu Hand" (§ 426 österr. ABGB), eine *entrega*[539] oder *encheirisi* (im Gegensatz zu einer *parádosi*[540]) verschafft dem erworbenen Recht optimalen Rundumschutz. In allen anderen Fällen drohen Ersitzung, Doppelverkauf, gutgläubiger und gutgläubig lastenfreier Erwerb und ein gutgläubiger Erwerb des Vorrangs. Jede Mediatisierung des Übergabevorganges (durch fortbestehende physische Sachherrschaft des Veräußerers, eines Dritten oder Einschaltung einer Hilfsperson des Erwerbers) führt zu einem Recht, dessen Bestand gefährdet ist. Objektive Eigentumsrechte, die ihr Übertragungsregime aus einer Grundregel entwickeln, die verlangt, dass „der Eigentümer die Sache dem Erwerber übergibt" (§ 929 Satz 1 dt. BGB), stellen das Verhältnis von Regel und Ausnahme geradezu auf den Kopf. Ihnen scheint die einfache Situation des Kaufs in einem Laden vorzuschweben.[541] Im Wirtschaftsleben sind jedoch jene Mediatisierungen der Normalfall. Auch in den Regimen des sogen. Traditionsprinzips geht es am Ende eben gerade **nicht** um **Publizität, sondern** um **Zirkulationsfähigkeit.** Eigentum und andere Rechte an realen Sachen sollen und müssen schnell und einfach erworben werden können. Dieses Ziel lässt sich nicht erreichen, wenn man auf einer „Übergabe" besteht, die diesen Namen verdient. Folglich wird sie, ganz gleich, ob man sich offen zu einem konsensualen System bekennt oder nicht, durch Einigungen ersetzt. Man arbeitet mit Fiktionen. Die hinter ihnen liegende Wertung ist richtig; das Problem liegt allein darin, dass sie die sachenrechtlichen Theorien, auf denen sie aufbauen, ins Wanken bringen. Die Wertung ist richtig, weil es immer noch besser ist, ein nicht optimal geschütztes Sachen- als nur ein jeder Drittwirksamkeit entkleidetes Schuldrecht zu erwerben.[542] Ohnehin scheint der Ge-

---

[539] Dazu *Díez-Picazo,* Fundamentos III[5], S. 871 (Man müsse zwischen der *tradición* im engeren und der *tradición* im weiteren Sinn unterscheiden. Der echten Übergabe, d.h. der *entrega* bzw. dem *comportamiento traslativo* stünden alle Handlungen gegenüber, die einer Übergabe bzw. einem übertragenden Verhalten gleichgestellt würden, insbesondere die rein symbolischen oder gar fiktiven Handlungen). Oft genug wird freilich zwischen *tradición* und *entrega* gar nicht unterschieden (z.B. Real Academia de Jurisprudencia y Legislación, Diccionario jurídico, S. 1095, Stichwort „tradición": In den Rechtsgeschäften, die auf die Eigentumsübertragung gerichtet sind, bedeute *tradición* die Übergabe [*entrega*] des Gutes, welches vom Eigentümer übertragen wird … „Diese Herrschaft- oder Besitzverschaffung kann materiell sein oder in einer immateriellen, spirituellen oder symbolischen Art begegnen").

[540] Zu dem griechischen Begriffspaar näher Berufungsgericht Athen 464/2005, EllDni 2005 S. 1522.

[541] Für diese Situation findet sich denn in § 2160 tschech. BGB auch eine Ausnahme von der konsensualen Grundregel. Beim Kauf von Waren in einem Geschäft erwirbt der Käufer Eigentum durch Übernahme (Abs. 1), beim Kauf in einem Selbstbedienungsladen durch Zahlung des Kaufpreises (Abs. 2).

[542] Sehr eindrucksvoll tschech. OG 14.10.2002, 22 Cdo 2720/2000, Soubor rozhodnutí Nejvyššího soudu (21) 2003. Die Parteien hatten zu einer Zeit, als es unter dem alten Recht noch

schäftsverkehr mit realen Sachen der Publizität deutlich weniger Bedeutung beizumessen als ihrer Zirkulationsfähigkeit. Kann ein Recht nicht unkompliziert durch bloßen Konsens erworben werden, weichen Kaufleute, soweit irgend möglich, auf ein anderes Recht aus. Das Umschwenken vom Faustpfandrecht auf die im physischen Sinne übergabelos arrangierte „Sicherungsübereignung" spricht eine deutliche Sprache.[543] Sicherungseigentum kommt gleichfalls ohne optimalen Bestandsschutz aus. Ihn erlangt ein Eigentümer nur, wenn die Sache tatsächlich in seinen Machtbereich integriert wird. *Wie* optimaler Bestandsschutz beschaffen ist, das entscheidet sich zwar erst im Recht des gutgläubigen Erwerbs vom Nichtberechtigten; daran, *dass* optimaler Bestandsschutz nur demjenigen zufällt, dem die Sache physisch übergeben wurde, ändern die Details aber nichts.

3. Rechte an Grundstücken

a) Staatliche Mitwirkung statt Tradition

285 Grundstücke haben zwar ein physisches Substrat. Ihr Dasein und ihre Körperlichkeit beziehen sie aber nicht aus ihm, sondern aus der Rechtsordnung, deren Schöpfungen sie sind.[544] Sie allein entscheidet über das Vorhandensein eines sachenrechtsfähigen Objekts. Zu den dafür notwendigen Voraussetzungen gehört meistens ein Eintrag in das jeweilige Liegenschaftsregister. Eine „Wohnung" z. B. kann (je nach den Regeln des anwendbaren Vertragsrechts) verkauft werden. Aber ein solcher Kaufvertrag bringt weder automatisch Wohnungseigentum hervor, noch transportiert er es. Zur Entstehung und zur Übertragung von Wohnungseigentum bedarf es einer „Eigentumswohnung". Wo es aber zur Definition einer Eigentumswohnung gehört, dass für sie ein entsprechendes Grundbuchblatt angelegt ist, gibt es solange, bis dieser Vorgang abgeschlossen ist, nichts, was das Recht der Rechte (im Gegensatz zum Recht des Besitzes) als Sache erkennt.[545] Aus dieser Normativität von Grundstücken folgt, dass sie auch

unmöglich war, dingliche Lasten (Dienstbarkeiten) zu bestellen, auf der Grundlage eines Innominatvertrags bestimmte gegenseitige Gebäudeunterhaltungspflichten (Sicherung der Wasserundurchlässigkeit von Dachterrassen) vereinbart. Die Wohnungen hatten inzwischen mehrfach den Eigentümer gewechselt. Das Gericht entschied, dass die Vereinbarungen nicht dadurch ihren schuldrechtlichen Charakter verloren hätten, dass sie heute aufgrund der veränderten Rechtslage nach allgemeiner Übung als dingliche Rechte bestellt worden wären.

[543] Band 1 Rdnrn. 63–64 und 500.

[544] Band 1 Rdnr. 179.

[545] Poln. OG vom 22.5.2002, I CKN 237/00, Lex-Nr.: 55084 (Kaufvertrag schuldrechtlich wirksam, weil die Parteien gewusst hätten, dass eine Eigentumsübertragung erst zu dem Zeitpunkt möglich werden würde, zu dem das Grundbuchamt dem Antrag auf Einrichtung eines Grundbuchs für das Kaufobjekt stattgeben würde). Unter schwedischem Recht ist der Kauf einer bestimmten Teilfläche eines Grundstücks nur gültig, wenn das behördliche Trennungsverfahren innerhalb von sechs Monaten nach Erstellung der Kaufurkunde beantragt wird und die Vermessung abgeschlossen ist (Kap. 4 § 7 JB; näher dazu HD 29.9.1976, NJA 1976 S. 483). Den Trennungsantrag dürfen beide Parteien stellen (Kap. 11 § 2 Fastighetsbildningslag). Die Vorschriften gelten entsprechend für den Tausch (Kap. 4 § 28 JB) und die Schenkung (Kap. 4 § 29 JB). Areopag 143/2016, NoB 64 (2016) S. 1692 hält die formlose Schenkung einer Wohnung durch Besitzübergabe für möglich. Aus dem Sachverhalt ergibt sich nicht, dass die Wohnung bereits eine selbständige Eigentumswohnung war. Leicht zu verstehen ist, dass das Gericht eine solche Wohnung für besitztauglich hielt. Nicht einfach nachzuvollziehen ist dagegen, dass das Gericht allem Anschein nach auch die Möglichkeit einer „Schenkung von Besitz" durch „physische, tatsächliche Sachübergabe" für möglich hielt. Eine Leihe lehnte es ausdrücklich ab.

nicht physisch übergeben werden können. Grundstücke sind nicht nur „immobil", weil sie ihre Belegenheit beibehalten; sie haben (wie alle normativen Sachen) einfach nichts, was sich „liefern" ließe. Liefern lassen sich nur Erde und die aus ihr gewonnenen Produkte, reale Sachen mithin, nicht Grundstücke selbst. Wenn gleichwohl auch zu ihrer Übereignung gelegentlich eine „Übergabe" verlangt wird[546], dann wirkt das nicht nur sprachlich ungeschickt. Es nötigt vielmehr dazu, erneut auf ein in sich hoch problematisches Konzept einer „fiktiven Übergabe" auszuweichen.[547] In Wahrheit geht es aber nur um „Überlassung"[548], und sie wiederum ist richtiger Ansicht nach allein verpflichtungsrechtlich relevant. Es geht um die Berechtigung zur Ziehung von Früchten und Nutzungen sowie um den Gefahrübergang i. S. d. Schuldrechts, nicht um eine reale Tradition i. S. d. Sachenrechts. Dass Besitz an Grundstücken möglich ist, ist unbestritten. Dem Grundstücksbesitz fällt aber nicht dieselbe Rolle zu, wie dem Besitz an Mobilien. Grundstücksbesitz bewirkt gelegentlich die Stabilisierung eines bereits vollendeten Rechtserwerbs[549], aber er vermittelt ihn nicht. Das Recht der Be-

---

546 So verhält es sich unter Art. 609 Satz 2 span. CC („Das Eigentum und die übrigen Rechte an Sachen werden ... als Folge bestimmter Verträge mittels Übergabe [*tradición*] erworben und übertragen") und unter Art. 6.393(4) lit. ZGB (Das Eigentumsrecht an einer unbeweglichen Sache geht erst „im Moment der Übergabe" auf den Käufer über). Art. 992 lett. ZGB formuliert zwar die genau entgegengesetzte Regel, dass nämlich „bei Immobilien ... eine Übergabe nicht erforderlich" ist. Gleichwohl wird hier die Möglichkeit der „Übergabe" einer Immobilie vorausgesetzt. Bemerkenswerterweise verwenden die offiziellen Übersetzungen beider baltischen Texte *delivery.* In Österreich ist „die tatsächliche physische Übergabe der Liegenschaft ... für die Übereignung bedeutungslos" (Rummel [-*Spielbüchler*], ABGB I[3], § 431 Rdnr. 11).

547 So muss unter Art. 6.393(4) lit. ZGB die „Übergabe" registriert werden, und Art. 1462(2) span. CC formuliert: „Erfolgt der Verkauf mittels öffentlicher Urkunde, so steht deren Errichtung die Übergabe der Sache [*entrega de la cosa*], die Gegenstand des Vertrages ist, gleich, sofern sich aus dieser Urkunde nicht das Gegenteil ergibt oder deutlich ableiten lässt". *Díez-Picazo,* Fundamentos III[5], S. 873 und Ministerio de Justicia (-*García Cantero*), Comentario del Código Civil II[2], S. 912, Anm. III zu Art. 1462 erläutern, dass es sich um eine *tradición instrumental* oder *traditio chartae* handele, jedenfalls um einen Übertragungsakt, der sich von der eigentlichen *traditio* deutlich unterscheide. Es handele sich um eine Übertragung ohne Besitzwechsel, um eine rein fiktive *traditio.* Die spanische Rechtsprechung unterscheidet – mit teilweise weitreichenden Folgen – zwischen dem „materiellen" oder „physischen" und dem „juristischen" Inhalt der Grundstücksübergabe. Materiell müsse der Erwerber in den Besitz gestellt werden *(puesta en posesión).* Das geschehe bei Immobilien durch die Errichtung der öffentlichen Urkunde. Juristisch sei die Übergabe aber erst vollzogen, wenn der rechtmäßige und unumstrittene Besitz des Käufers sichergestellt sei. Daran fehle es, wenn der Verkäufer nicht als Buchberechtigter eingetragen sei; denn dann könne der Käufer auch seinen eigenen Titel nicht eintragen lassen (TS 13.11.2013, RAJ 2013 Nr. 7446 S. 2486; ECLI:ES:TS:2013:5360). An einer juristischen Übergabe fehle es auch, wenn dem Käufer eine Wohnung zur Nutzung überlassen wird, die aufgrund einer behördlichen Entscheidung für unbewohnbar erklärt wurde. Die Versicherung, die der Bauträger zum Schutz von Erwerbern in der Bauphase abschließen musste, blieb haftbar, weil es noch nicht zu einer „Übergabe" gekommen sei (TS 12.9.2016, RAJ 2016 Nr. 4437 S. 900; ECLI:ES:TS:2016:4052).

548 Die „Auflassung" des deutschen Rechts, d. h. die zur Übertragung eines Grundstücksrechts erforderliche Einigung (§§ 873, 925 dt. BGB), hat hier ihren sprachlichen Ursprung. Wer verkauft hatte und weggezogen war, ließ Fenster und Türen zum Zeichen seiner Besitzaufgabe offen. Die „Aufsandungserklärung" des Veräußerers (§ 32(1)(b) österr. GBG) dürfte ihren sprachlichen Ursprung im Aufsenden des Lehens, d. h. in der Rückgabe des Grundstücks an den Lehnsherren haben.

549 Beispielsweise wird dem Inhaber eines durch eine Vormerkung (zu deren Sachenrechtsqualität Band 1 Rdnr. 461) gesicherten Auflassungsanspruchs von der deutschen Rechtsprechung der an sich dem Eigentümer vorbehaltenen Anspruch auf Nutzungsherausgabe (§ 987 dt.

stellung und der Übertragung von grundstücksbezogenen Sachenrechten *kann* sich gar nicht in den Denkzusammenhängen eines Traditionsprinzips entfalten. Anders ist das bestenfalls bei verbrieften Rechten, weil bei ihnen mit dem Brief eine reale Sache ins Spiel kommt, die ihrerseits der Übergabe fähig ist (auch wenn sie, als sogen. Dokumentationspapier, nicht als selbständiger Bezugspunkt eines Sachenrechts angesehen wird[550]). Hypotheken sind aber ohnehin keine selbständigen Übertragungsobjekte, weil sie durch Abtretung der Forderung (und nicht des Sachenrechts) übertragen werden. Das ist auch bei Briefhypotheken nicht anders, die statt durch Grundbucheintragung durch Briefübergabe zirkulieren. Selbständige Übertragungsobjekte sind nur die Grundschulden des deutschen Rechts. Sie können gleichfalls als Briefrechte bestehen (§§ 1192, 1116, 1117 dt. BGB). Ungarn hat zum 1.10.2016 die Grundschuld wieder eingeführt, behält sie aber, als „selbständiges Pfandrecht", Finanzinstituten vor (§ 5:100(1) ungar. ZGB).

286 Grundstücksrecht ruft allerdings die **Staaten** auf den Plan, die es öffentlichrechtlich überformen. Während sie sich aus dem Recht des rechtsgeschäftlichen Erwerbs realer Sachen weitgehend heraushalten, nehmen sie für sich in den Parallelmaterien des Grundstücksrechts eine durchaus **eigene Rolle** in Anspruch. Sie beschränken sich nicht einmal darauf, nur generell festzulegen, wodurch Grundstücke entstehen, und diesen Vorgang an hoheitliche Einzelfallentscheidungen zu binden. In vielen Ländern können vielmehr auch Rechtsverhältnisse an bereits existierenden Grundstücken nur unter Einschaltung mindestens einer, meistens sogar gleich mehrerer staatlicher Stellen verändert werden. Grundstücksgeschäfte sind in bestimmten Fällen genehmigungspflichtig.[551] Vor allem aber müssen für sie meistens eine öffentliche Urkundsper-

---

BGB) gegen einen vormerkungswidrigen Erwerber zugestanden, wenn ihm (dem Vormerkungsberechtigten) die Nutzungen auch im Verhältnis zum Auflassungsschuldner zustehen. Der Vormerkungsberechtigte habe dann auch im Verhältnis zum Erwerber eine dem wahren Eigentümer vergleichbare Rechtsposition (BGH 19.5.2000, NJW 2000 S. 2899, 2890). *In casu* war zwar eine Übergabe noch nicht erfolgt. Das Gericht bezog sich aber ausdrücklich auf die Regelung zum Gefahrübergang (§ 446 Satz 2 dt. BGB; vgl. dazu auch FG Nürnberg 25.11.2015, BeckRS 2016, 94280), die auf Besitzerlangung abstellt. Was für die Vormerkung gilt, muss im Übrigen wegen § 1098(2) dt. BGB auch für das dingliche Vorkaufsrecht gelten. Der Inhaber eines durch eine Vormerkung gesicherten Anspruchs auf Übertragung von neu eingerichtetem Wohnungseigentum hat bereits ab Übernahme des Wohnungsbesitzes (und nicht erst ab Einrichtung des Grundbuchblattes) die Mitgliedschaftsrechte und -pflichten eines Wohnungseigentümers (BGH 11.5.2012, BGHZ 193 S. 219; BGH 24.7.2015, NJW 2015 S. 2877; BGH 11.12.2015, NJW-RR 2016 S. 461). Unter englischem Recht bedürfen beschränkte dingliche Rechte an *registered estates* zwar grundsätzlich der Eintragung (sec. 27(2) LRA 2002). Gleichwohl entfalten auch nicht eingetragene Rechte dann Wirkung gegenüber konkurrierenden (und ordnungsgemäß eingetragenen) Rechten, wenn der Inhaber des nicht eingetragenen Rechts *actual possession* an dem betreffenden *land* hat (sec. 29(2)(a)(ii), Sched. 3 para. 2 LRA 2002). Der Inhaber des belastenden Rechts ist also geschützt, wenn sein Recht entweder ordnungsgemäß in das „Grundbuch" eingetragen wurde oder er sich im Besitz dieses Grundstücks befindet. In Österreich wird eine nicht formgerecht erklärte Grundstücksschenkung wirksam, wenn das Grundstück übergeben wurde (wofür allerdings ein entsprechender Vermerk im Schenkungsvertrag genügt). Ohne Nachweis der Übergabe wird die Eintragung der Eigentumsänderung abgelehnt (OGH 25.1.2016, Zak 2016 S. 53).

[550] So für die Briefhypothek deutschen Rechts OLG Düsseldorf 11.9.1980, DNotZ 1981 S. 642.

[551] Solche Genehmigungsvorbehalte finden sich in mehreren europäischen Staaten (siehe bereits die Nachweise in Band 1 Rdnr. 77 mit Fn. 4 [S. 114]; Rdnr. 205 mit Fn. 746 [S. 286–287] und Rdnr. 209 mit Fn. 783 [S. 293]). In Deutschland bedürfen der behördlichen Genehmigung

son und eine registerführende Behörde bzw. ein registerführendes Gericht in Anspruch genommen werden. Rechtsverhältnisse an Grundstücken werden, wenn ihr Erwerb nicht *solo consensu* organisiert sein soll, an ihre Verlautbarung in einem staatlich geführten Register geknüpft. Im Übrigen haben auch die zahlreichen Formvorschriften[552] sowie die (selteneren) Regeln, die Eigentumsübertragungen unter einer Bedingung oder einer Zeitbestimmung untersagen[553], keineswegs nur den Schutz der Parteien vor

---

die Übereignung land- und forstwirtschaftlich genutzter bzw. nutzbarer Flächen; dasselbe gilt für das Verpflichtungsgeschäft (§ 2 dt. Grundstücksverkehrsgesetz). Die Genehmigung gilt als erteilt, wenn die Behörde nicht innerhalb eines Monats nach Eingang des Antrages widerspricht (§ 6(2) aaO). Unter § 22 dt. Baugesetzbuch ist die Begründung von Wohneigentum in touristischen Gebieten genehmigungspflichtig, wenn eine lokale Satzung das vorsieht. Unter § 22 Grunderwerbssteuergesetz muss dem Grundbuchamt gegenüber die Zahlung der Grunderwerbssteuer nachgewiesen werden (sog. „Unbedenklichkeitserklärung" des Finanzamts). Einem behördlichen Genehmigungsvorbehalt unterliegt unter § 75 dt. Bundesversorgungsgesetz schließlich die Veräußerung einer Immobilie, die ein Beschädigter mit Mitteln aus einer Kapitalabfindung erworben hat.

552 Z.B. § 925(1) dt. BGB (Auflassung, d.h. die Einigung über die Übertragung oder Bestellung eines Rechts, bedarf der Erklärung vor einer zuständigen Stelle, insbesondere eines Notars; auch der Kaufvertrag bedarf unter § 311b(1) dt. BGB der notariellen Beurkundung); § 119(1) estn. LPA (notarielle Beurkundung von Verpflichtungs- und Verfügungsgeschäft); Art. 6.393(1) und (2) lit. ZGB (notarielle Beurkundung des Kaufvertrages); §§ 26–27 i.V.m. §§ 31–34 österr, GBG (Formvorschriften für die Urkunden, die beim Registergericht einzutragen sind; eine Entsprechung dazu im ABGB gibt es nicht); Art. 158 poln. ZGB (Grundstücksverträge mit translativer Wirkung [Art. 155 § 1 poln. ZGB] bedürfen der notariellen Beurkundung); § 46(1) und (2) slowak. BGB (Schriftform; die Erklärungen beider Seiten müssen in derselben Urkunde enthalten sein); Art. 52 slowen. OZ (Schriftform für alle Rechtsgeschäfte, die dingliche Rechte übertragen; Grundbucheintragung nur, wenn die Unterschrift des Verkäufers beglaubigt wurde [Art. 23 slowen. SPZ]); §§ 560, 561 tschech. BGB (Schriftform, Unterschrift beider Parteien auf derselben Urkunde; Angabe der Gemeinde, der Parzellennummer und des Katastergebiets; nicht notwendig dagegen die Angabe der Parzellengröße: tschech. OG 16.11.2001, 22 Cdo 1236/2001, Soubor rozhodnutí Nejvyššího soudu, C 837 und 8.8.2007, 30 Cdo 2552/2006, Soubor rozhodnutí Nejvyššího soudu, C 5369). Die Verpflichtung zur Übereignung eines *fee simple estate* bedarf des *contracts.* („Subject to contract" geführte Vorverhandlungen binden die Parteien nicht. Denn „no legally binding contract comes into existence until the exchange of formal written contracts takes place" [*Mummery* LJ in *Christos v Secretary of State for Transport* [2003] EWCA Civ 1073, Rdnr. 34; [2004] 1 EGLR 5, 7]. Der Verkäufer kann sich aus ihnen jederzeit sanktionslos zurückziehen [*Sachs* J in *Goding v Frazer* [1967] 1 WLR 286, 293], es sei denn, er hat sich auf ein *lock-out agreement* eingelassen, das den Käufer schadensrechtlich vor der Gefahr des *gazumping* schützt [*Pitt v PHH Asset Management Ltd* [1994] 1 WLR 327].) Der *contract* bedarf der Schriftform, muss von jeder Partei unterzeichnet sein und alle Bedingungen des Vertrages enthalten (sec. 2(1) und (2) Law of Property (Miscellaneous Provisions) Act 1989.

553 Dazu gehören § 925(2) dt. BGB (Auflassung unter Bedingung oder Zeitbestimmung unwirksam); § 120(2) estn. LPA (dsgl); Art. 157 § 1 poln. ZGB (Eigentum an einem Grundstück kann nicht unter einer Bedingung oder einer Zeitbestimmung übertragen werden; der Kaufvertrag ist zwar wirksam, entfaltet in diesem Fall aber keine Doppelwirkung: Radwański und Gniewek [-*Gniewek*], System Prawa Prywatnego III^3, S. 557–558 Rdnrn. 176–180). Für Slowenien soll sich dasselbe aus Art. 37(2) slowen. SPZ ergeben, wonach Eigentum der Grundregel nach nicht an eine Frist oder eine Bedingung gebunden werden darf (Frank und Wachter [-*Ferčič und Tratnik*), Handbuch Immobilienrecht in Europa, S. 1440). In der Substanz geht es natürlich um die Frage, ob der Verkauf von Immobilien unter Eigentumsvorbehalt möglich (und der Eigentumsvorbehalt eintragungsfähig) ist. So verhält es sich z.B. in Ungarn (§ 50 ungar. ImmoRegG; § 6:216(1) ungar. ZGB). Die Vereinbarung eines Eigentumsvorbehalts und dessen Vermerk im Register bedeute sachenrechtlich, dass sich der Verkäufer nur dazu verpflichtet habe, bei Begleichung des Kaufpreises dem Käufer die Eintragungserlaubnis herauszugeben (*Petrik,* Ingatlan-nyilvántartás, S. 257; *Fabók,* Polgári Jogi Kodifikáció 3/2004, S. 14, 15–16). Diese Ein-

voreiligen Entscheidungen im Blick. Immer geht es auch um das gesamtgesellschaftliche Interesse an der Sicherheit und Klarheit des Rechtsverkehrs mit Grundstücken.

b) Eintragungsunabhängige Erwerbsvorgänge

287 Die staatliche Beteiligung manifestiert sich also vor allem in der Bereitstellung und Führung von Registern. Sie sind die Plattformen, über die Verfügungen über Grundstücksrechte abgewickelt werden. Die Rechtsordnungen der Europäischen Union arbeiten mit zwei grundsätzlich verschiedenen Systemen, mögen sie sie in Ausnahmefällen auch zugunsten des jeweils anderen durchbrechen.[554] Unter dem einen *müssen* sich die Parteien jener Plattform bedienen, unter dem anderen *dürfen* sie es. Im Geltungsbereich des einen Systems ist der Erwerb eines Grundstücksrechts ohne entsprechende Verlautbarung in dem jeweils maßgebenden Liegenschaftsregister ausgeschlossen, im Geltungsbereich des anderen bleibt er möglich. Es toleriert auch registerfreie Erwerbsvorgänge. Wo eine Registereintragung nicht konstitutiv, aber gleichwohl üblich ist, zielt sie (ganz ähnlich wie die *traditio* bei realen Sachen) nur auf Bestandsschutzoptimierung.[555] Damit hängt, mindestens teilweise, der Dualismus aus **Rechteregistern** („In-

---

tragungserlaubnis ist dann allerdings ihrerseits (genauso wie eine Löschungsbewilligung) wieder bedingungsfeindlich (Kúria Kfv. III. 37.608/2011, KGD 2013, Heft 2, S. 27). Unter Art. 997 lett. ZGB kann „die Übergabe auch unter einer aufschiebenden Bedingung erfolgen; in diesem Falle geht das Eigentum erst mit dem Eintritt der Bedingung auf den Empfänger über. Die Eintragung des Erwerbstitels in die Grundbücher findet erst nach Eintritt der Bedingung statt"). Ebenso verhält es sich in Österreich (oben Fn. 276).

[554] So vollzieht sich z. B. in Deutschland die Verpfändung einer Briefhypothek außerhalb des Grundbuchs (§§ 1273, 1274 dt. BGB). Eine dingliche Miete englischen Rechts *(leasehold)* bedarf weder einer Form noch einer Registereintragung, wenn sie für nicht länger als drei Jahre eingerichtet wird (sec. 54(2) LPA 1925); alle anderen *leases* entfalten *at law* nur Wirkung, wenn sie mittels einer *deed* bestellt werden (sec. 52(1), 54(1) LPA 1925). *Leases* mit einer Laufzeit von mehr als sieben Jahren bedürfen (abgesehen von der *deed*) darüber hinaus der Eintragung im *register of title* („Grundbuch"), sec. 27(2)(b)(i) LRA 2002. Unter § 3(1)(c) des tschech. Liegenschaftskatastergesetzes unterliegen „kleine Bauten" (Definition in § 2(m) aaO) nicht der Eintragung. Sie werden durch schriftlichen Kaufvertrag übereignet (§§ 560, § 1099 tschech. BGB). Unter Art. 687 port. CC muss „die Hypothek ... eingetragen werden, widrigenfalls entfaltet sie ihre Wirkung selbst im Verhältnis zwischen den Parteien nicht"; Grundeigentum kann dagegen *solo consensu* übertragen werden. (Für die Hypothek gilt unter Art. 1875 span. CC; Artt. 145(2) und 159 span. LH dasselbe, allerdings gilt das *solo consensu*-Prinzip auch für das Grundeigentum nicht). In Polen kommt der Eintragung des Eigentumserwerbs an einem Grundstück nur deklaratorische Wirkung zu; es gilt auch insoweit der Grundsatz des doppelwirkenden Vertrages (*Gniewek,* Prawo rzeczowe[8], S. 101 Rdnr. 291 und S. 105 Rdnr. 304). Zur Überlassung eines Grundstücks in ewigen Nießbrauch ist dagegen die Grundbucheintragung konstitutiv. Dasselbe gilt für das besondere Eigentum an Gebäuden und Räumlichkeiten auf Grundstücken, die im ewigen Nießbrauch einer Person stehen (Art. 27 Satz 2 poln. ImmobilienwirtschaftsG). Für beschränkte dingliche Rechte gilt wiederum das Konsensualprinzip (Artt. 155 § 1 i. V. m. 245 § 1 poln. ZGB). „Zur Bestellung einer Hypothek ist" dagegen „eine Eintragung in das Grundbuch unerlässlich" (Art. 67 poln. GBHG). Außerdem bedarf die Übertragung eines beschränkten dinglichen Rechts der Bucheintragung, wenn es sich um ein bereits eingetragenes Recht handelt (Art. 245^1 poln. ZGB).

[555] In Frankreich spricht man demgemäß von der *rôle confortatif* der *publicité foncière,* der bestätigenden Rolle des „Grundbuchs". Die Eintragung ermöglicht prinzipiell nur die Geltendmachung eines Rechts gegen Dritte und die Lösung von Rangkonflikten zwischen den Nachfolgern desselben Vorgängers im Recht (*Piedelièvre und Piedelièvre,* La publicité foncière, S. 26 Rdnr. 45). Die Publizität überträgt aber kein Recht, und sie hat auch keine Beweisfunktion. Denn das Recht existiert bereits vor der Verlautbarung im Register (*Fournier und Lamiaux,* Publicité foncière[3], S. 64). (Der Publizität

skriptionssysteme"; Grundbücher und Liegenschaftskataster, die auch Rechte verlautbaren) und **Verträgeregistern** („Transkriptionssysteme") zusammen.[556] Rechteregister verlautbaren die Inhaberschaft von Sachenrechten, mithin das Ergebnis eines Erwerbsvorganges. Sie operieren typischerweise mit der Vermutung der Richtigkeit der Eintragung; die „Öffentlichkeit" darf an die Verlautbarung „glauben". Ob das Register nach Grundstücken („Realfolien") oder nach Personen („Personenfolien") organisiert ist, oder ob man in ihm nach beiden Kriterien suchen kann, macht keinen Unterschied. Diese Frage, die sich wegen des inzwischen verbreiteten elektronischen Zugangs zu den Liegenschaftsregistern[557] ohnehin alsbald erledigt haben wird, muss auch ein Verträgeregister lösen. Verträgeregister sind Titelregister. Sie verlautbaren den Erwerbsgrund, i. d. R. also den Kaufvertrag. Es kommt zwar vor, dass diese Verlautbarung, obwohl nicht Teil des eigentlichen Rechtsgeschäfts, ihrerseits zur Vollendung des Rechtserwerbs unerlässlich ist[558], doch ist das eine Besonderheit des griechischen Rechts.[559] Es

kann nur außerhalb des Grundstücksrechts eine konstitutive Rolle zufallen, so beim Pfandrecht und bei der Übertragung eines *fonds de commerce:* Art. L. 142-4(1) franz. CCom.)

[556] Eine Zwischenform ist das Grundbuch, das sich in Elsass-Moselle (d. h. in den Departements Bas-Rhin, Haut-Rhin und Moselle) aus deutscher Zeit (1871–1919) erhalten hat. Es gleicht in seiner Organisation dem Grundbuch des deutschen Rechts. Es werden unter der Kontrolle eines Richters (dessen Befugnisse deutlich weiter reichen als die der Agenten des *service de publicité foncière*) Rechte verlautbart. Die Eintragung begründet diese Rechte aber nicht; sie hat weder konstitutive Wirkung noch heilt sie Mängel des Titels. Die Eintragung verleiht dem Recht, wie überall sonst in Frankreich, lediglich Drittwirksamkeit (*opposabilité aux tiers*). Wegen der der Eintragung vorausgehenden richterlichen Kontrolle des Titels begründet die Publizität aber die widerlegliche Vermutung der Richtigkeit der Eintragung (näher *Fournier und Lamiaux* aaO S. 65 und *Piedelièvre und Piedelièvre* aaO S. 26 Rdnr. 43). Auf eine vergleichbare Sondersituation trifft man in den ehemals österreichischen Gebieten Italiens (Alto Adige und Friuli Venezia Giulia). Auch hier hat sich das Grundbuchsystem *(sistema tavolare)* erhalten (Einzelheiten bei *Gabrielli und Tommaseo,* Commentario della legge tavolare^2). Es gilt nicht einmal das gemeinitalienische Konsensualprinzip, sondern das österreichische System aus *titulus* und *modus* (*Russo,* Vendita e consenso traslativo, S. 154; *Rusconi,* in Santucci und Nicolussi (Hrsg.), Fiat intabulatio, S. 1–35). Der Publizität kommt konstitutive Wirkung zu; Grundbucheintragungen genießen öffentlichen Glauben (*Eccher/Schurr/Christandl,* Handbuch Italienisches Zivilrecht, S. 460). Irritierenderweise kennt aber auch Österreich selber ein Doppelsystem. Bei eingetragenen Grundstücken kommt es auf die Eintragung im Grundbuch an (§ 431 österr. ABGB), bei nicht eingetragenen auf die Hinterlegung der Urkunde bei Gericht (§§ 434–435, 451, 481 österr. ABGB; näher (*Iro,* Sachenrecht^5, Rdnrn. 3/62–64).

[557] Einzelheiten in dem Verzeichnis elektronisch zugänglicher Liegenschaftsregister (S. LIII).

[558] Die griechische Lehre unterscheidet scharf zwischen der konstitutiven Inskription deutschen und der Transkription griechischen Rechts. Bei Letzterer handele es sich lediglich um eine *conditio juris* (*Triantos,* AK, Art. 1192 gr. ZGB S. 1405 Rdnr. 1; Areopag 107/2001, NoB 50 [2002] S. 315; Berufungsgericht Athen 4808/1996, EllDni 39 [1998] S. 181). Die Transkription unterliegt deshalb keiner Frist; sie kann solange jederzeit nachgeholt werden, wie es nicht zur Transkription zugunsten eines Drittwerbers gekommen ist (Areopag 1527/2004, EllDni 46 [2005] S. 808; Areopag 645/2003, NoB 52 [2004] S. 34). Insbesondere bleibt eine Transkription auch nach dem Tod des Veräußerers möglich (Areopag 645/2003 aaO; Berufungsgericht Athen 4808/1996 aaO). Die Transkription wirkt nur für die Zukunft, nicht *ex tunc* (*Triantos* aaO S. 1407 Rdnr. 5).

[559] Die (kausale) Eigentumsübertragung an Grundstücken unterliegt der Transkription (Art. 1033 S. 2 gr. ZGB). Im Transkriptionsbuch werden „die Rechtsgeschäfte unter Lebenden" eingetragen, „durch die ein dingliches Recht an Grundstücken begründet, übertragen oder aufgehoben wird" (Art. 1192 gr. ZGB). „Ohne Transkription erfolgt in den Fällen, in denen sie nach Art. 1192 … erforderlich ist, keine Übertragung des Eigentums an dem Grundstück bzw. keine Begründung, Übertragung oder Aufhebung eines dinglichen Rechts an diesem" (Art. 1198 gr. ZGB). „Die Transkription besteht in der Eintragung eines Auszuges aus dem

handelt sich um eine Art Not und Übergangslösung, die wesentlich dem Umstand geschuldet ist, dass noch nicht alle Grundstücke katasterförmig erfasst sind. Wo dieser Vorgang abgeschlossen ist, entstanden *uno actu* auch echte Rechteregister (Grundbücher).[560] Ganz anders ist die Ausgangslage in Frankreich. Hier ist ein Rechteregister einfach unerwünscht. Es soll keine konstitutiven Einträge, kein mit öffentlichem Glauben ausgestattetes „Grundbuch" geben. Registerpublizität ist ein Indiz für ein Recht, mehr nicht. Manche meinen sogar, das könne gar nicht anders sein, schließlich erfolge die Eigentumsübertragung allein durch den übereinstimmenden Willen der Parteien.[561]

(1) Registerfreie Grundstücke

288 Ein Grundstück setzt, wie gesagt, oftmals schon zu seiner Existenz als Sache die Eintragung in einem Liegenschaftsregister voraus. Wo das so ist, sind nicht registrierte Grundstücke gar keine Grundstücke im Rechtssinne.[562] Diese Regel lässt sich aber nicht überall durchhalten. Es gibt in mehreren Teilen Europas aus historischen Gründen immer noch Eigentum an einer signifikanten Zahl von registerfreien Grundstücken. Sie und die an ihnen bestehenden Rechte müssen deshalb (i. d. R. aus Anlass einer anstehenden Änderung) erst noch nach und nach in das aktuelle System integriert werden. Das lässt sich gut in Polen und in England beobachten. In **Polen** hat sich der

---

einzutragenden Akt in das Transkriptionsbuch nach der Zeitfolge der Vorlegung. Der Auszug enthält die Hauptmerkmale des Aktes. Die Eintragung wird auch auf der einzutragenden Urkunde bestätigt und diese wird im Transkriptionsamt aufbewahrt. Die Transkription kann jeder verlangen, der ein rechtliches Interesse daran glaubhaft macht". Es werden also Auszüge aus dem notariell beurkundeten Kaufvertrag in chronologischer Ordnung unter den Namen der bisherigen Eigentümer abgelegt. Dass ein Eigentumswechsel stattgefunden hat, folgt aus dem transkribierten Vertrag. Drei Hilfsregister erleichtern die Suche.

[560] In Griechenland existiert derzeit parallel zum Transkriptionssystem auch schon ein (eingleisiges) Grundbuch- und Katastersystem, und zwar vor allem in Athen und in Thessaloniki. Unter ihm besteht auch die Möglichkeit des gutgläubigen Erwerbs von Grundstücksrechten (Artt. 13(3) gr. Gesetz 2308/1995, 8 gr. Gesetz 2664/1998). Entscheidend ist, dass das Kartierungsverfahren abgeschlossen und die Ersteintragung unwiderruflich geworden ist (Art. 12 Gesetz 2308/1995). Das wiederum ist nach Ablauf der jeweiligen Anfechtungsfrist (fünf bzw. sieben Jahre) der Fall, es sei denn, es wurde unter Art. 6 § 2 Gesetz 2664/1998 vor dem Grundbuchgericht Berichtigungsklage erhoben. Das Grundbuch wird sodann durch Beschluss des regional zuständigen Amtsgerichts in Geltung gesetzt (Art. 1 § 3(a) und (b) Gesetz 2664/1998). Das Verfahren ist noch nicht abgeschlossen; immerhin besitzen inzwischen um die 350 (über das ganze Land verteilte) Kommunen ein Grundbuch.

[561] Die Begründung wirkt zwar zirkulär, ist aber recht verbreitet (z. B. *Fournier und Lamiaux,* Publicité foncière³, S. 64 und Rép. civ. Dalloz [*-Fournier*] Publicité foncière, Rdnrn. 5 und 6). *Piedelièvre und Piedelièvre,* La publicité foncière, S. 29 Rdnr. 47 halten dagegen, dass heute schon praktisch alle Verträge über Grundstücke tatsächlich vor einem Notar abgeschlossen würden. Sie seien ohnehin formal. Folglich wäre auch an dem Erfordernis einer Registereintragung nichts Schockierendes; Art. 1196 franz. CC (früher Art. 1138) würde dann eben nur für bewegliche Sachen gelten („le visage de la vente immobilière a totalement changé depuis 1804. Alors pourquoi ne pourrait-on pas distinguer la translation des droits réels suivant le droit à transférer; il ne serait nullement choquant d'envisager un transfert formaliste du droit de propriété immobilier, quitte à laisser la règle de l'article 1138 pour les meubles corporels").

[562] So verhält es sich z. B. in Ungarn. Unter § 2(1)(a)(aa) ungar. ImmoRegG beinhaltet das Immobilienregister pro Siedlung „die in diesem Gesetz festgelegten Daten sämtlicher Immobilien des Landes". Der Hauptfall der selbständigen Immobilie ist die Grundfläche, die in 11(1)(a) aaO definiert ist als „das in natura zusammenhängende und durch eine Verwaltungs- oder Innenbereichsgrenze nicht unterbrochene Gebiet der Erdoberfläche, bei dem in jedem Teil die Eigentums- oder Treuhänderverhältnisse (Verwaltungsverhältnisse) identisch sind".

Grundsatz der Allgemeinheit der Grundbücher bislang nicht realisieren lassen[563]; ein Grundbuch konnte noch nicht für alle Grundstücke eingerichtet werden. Art. 35(1) poln. GBHG verpflichtet deshalb den Erwerber einer Liegenschaft dazu, unverzüglich die Eintragung seines Eigentums im Grundbuch zu beantragen. Unterlässt er das, haftet er jedem Dritten auf Ersatz des Schadens, den Letzterer durch das Unterbleiben der Eintragung erleidet (Abs. (2) aaO). Noch wirksamer ist, dass auch der das Geschäft beurkundende Notar gesetzlich verpflichtet wurde, die entsprechende Eintragung in dem (elektronischen) Grundbuch herbeizuführen.[564] Die Grundbucheintragung hat zwar nur deklaratorischen (nicht konstitutiven) Charakter[565]; der Eigentumswechsel ist eine Folge des Vertrages, nicht der Registereintragung. Letztere ist gleichwohl obligatorisch.[566] Das sorgt für eine kontinuierliche Verringerung der Zahl der registerfreien Grundstücke. In **England** ist heute auch zur Übertragung von Rechten an bislang nicht eingetragenen Grundstücken die (in diesem Fall erstmalige) *registration* unerlässlich (secs. 4–6 LRA 2002). Die Reform diente dem Schutz der Erwerber von Rechten an *land;* sie sollen den *title* einfacher überprüfen können. Das war bis zu diesem Zeitpunkt außergewöhnlich schwierig. Auf die Sachherrschaft des Veräußerers allein konnte man ja nicht bauen.[567] Mit der Schaffung des Registers soll es zudem möglich werden, sich einen vollständigen Überblick über die Belastungen eines *estate* zu verschaffen. Sie sollen mittelfristig entweder aus dem Register ersichtlich sein oder bei Verfügungen über den *estate* untergehen.[568] Formal bleibt eine Verfügung über nicht eingetragene *estates* zwar auch ohne Eintragung möglich. Wird die Verfügung aber nicht binnen zwei Monaten nach Übergabe der *deed* im Wege der *first registration* im Register nachvollzogen, fällt das übertragene Recht an den Verkäufer zurück (sec. 6(4), 7(1)-(2) LRA 2002). Die *deed* muss also bei der *Land Registry* zur Eintragung eingereicht werden. Das allein genügt aber nicht. Der Erwerber muss den *title* durch die Vorlage von Dokumenten belegen, die ausgehend von einem *good root of title* alle relevanten Transaktionen der letzten fünfzehn Jahre nachweisen (sec. 23 LPA 1969). Das ist immer noch aufwändig[569], im Vergleich zum früheren Recht (bis zu 60 Jahre) aber eine spürbare Erleichterung. Sie hängt mit der Verkürzung der „Ersitzungs"frist (*adverse possession;* zwölf Jahre[570]) zusammen. Da ein *title* bei nicht eingetragenen Grundstücken auf *possession*

---

563 *Gniewek,* Prawo rzeczowe[8], S. 105 Rdnr. 302.

564 Art. 94 § 4 des Gesetzes vom 14.2.1991 über das Recht des Notariats. Siehe dazu auch *Wudarski,* FS Martiny, S. 1261, 1269.

565 Zu den Ausnahmen (ewiger Nießbrauch; Eigentum an Gebäuden auf in ewigen Nießbrauch gegebenen Grundstücken) schon oben Fn. 554.

566 *Gniewek* aaO Rdnr. 304; Wudarski (-*Wudarski*), Das Grundbuch im Europa des 21. Jahrhunderts, S. 571, 578 und 605.

567 „Land is held not by possession, but by title: not so as to personal chattels; for the common traffic of the world could not go on.... for no one can distinguish the property except by the possession. But that is not so as to land; for no person in his senses would take an offer of a purchase from a man, merely because he stood upon the ground. It is not even prima facie evidence. He may be tenant by sufferance, or a trespasser" (Lord *Erskine* LC in *Hiern v Mill* (1806) 13 Ves Jr 114, 122; 33 ER 237, 240).

568 *Gray und Gray,* Elements of Land Law[5], Rdnr. 8.2.1.

569 Der Weg von der *good root* zum aktuellen Veräußerer wird typischerweise durch eine Zusammenfassung der *title deeds (epitome)* und eine Darstellung der relevanten tatsächlichen Ereignisse (Todesfälle, Geburten, Eheschließungen etc.) nachgewiesen; Einzelheiten bei Megarry und Wade (-*Harpum/Bridge/Dixon*), The Law of Real Property[8], Rdnrn. 8–028 bis 8–030.

570 Oben Rdnr. 159 mit Fn. 1135.

fußt, genügt es i. d. R. bereits zu wissen, dass in den letzten zwölf Jahren niemand dem *title* des Veräußerers überlegene Rechte erworben hat. Alle anderen Rechte sind ohnehin erloschen.[571]

(2) Erwerb aller Rechte solo consensu möglich

289 Eine andere Frage ist, ob und in welcher Weise auch noch über aus dem jeweiligen Liegenschaftsregister bereits ersichtliche Grundstücksrechte außerbücherlich verfügt werden kann. Darauf geben die europäischen Rechtsordnungen erneut sehr unterschiedliche, oft zwischen einzelnen Sachenrechten, ihrer Übertragung und ihrer Belastung differenzierende Antworten.[572] Dass *alle* grundstücksbezogenen Sachenrechte *solo consensu,* d. h. ohne weitere Publizitätsanforderungen bestellt und erworben werden können, ist vergleichsweise selten. Das Mutterland dieser Lehre ist **Frankreich.** Die *publicité foncière* (die Veröffentlichung von grundstücksbezogenen Rechtsgeschäften[573]) hat keine konstitutive Wirkung. Sie zwingt immer nur bestimmte „Dritte", nämlich diejenigen, die sich eines konkurrierenden Rechts an dem Grundstück berühmen, einen ihrem eigenen Titel entgegenstehenden Vertrag gegen sich gelten zu lassen. Im Verhältnis zwischen mehreren Erwerbern genießt nicht der ältere Titel den Vorrang, sondern der, der als erster registriert wurde.

290 Bis zur französischen Revolution waren alle Immobilientransaktionen „heimlich". Das konnte für den Käufer eines Grundstücks dramatische Folgen haben. Denn er durfte sich nie völlig sicher sein, auch wirklich Eigentum erworben zu haben; er vermochte ja nicht zu sehen, ob ihm ein Dritter einen früheren Kaufvertrag entgegenhalten konnte. Bei Hypotheken war die Lage nicht besser; der Erwerber eines Grundstücks musste stets den *droit de suite* eines ihm unbekannten Hypothekengläubigers fürchten.[574] Versuche, diese Rechtslage zu ändern, waren am politischen Widerstand der Großgrundbesitzer gescheitert. Sie fürchteten einerseits eine Erhöhung der Steuerlast, andererseits einen Ansehensverlust, wenn ihre wahren Vermögensverhältnisse ans Licht kämen.[575] Erst zwei Gesetze aus den Revolutionsjahren, das Gesetz vom „9. messidor an III" (27.6.1795) und vom „11. brumaire an VII" (1.11.1798), schafften die Heimlichkeit der Hypothekenbestellung ab. Sie führten neben der *inscription* der Vorzugsrechte und Hypotheken sogar die *transcription* der *actes translatifs de propriété* ein.[576] Davon blieb bei Inkrafttreten des Code

[571] Megarry und Wade (*-Harpum/Bridge/Dixon*), The Law of Real Property[8], Rdnrn. 15–077 und 35-001.

[572] Dasselbe gilt natürlich für die weiteren Fragen, welche Rechte überhaupt registrierungsfähig sind und welche Bedeutung die Registrierung für die Qualifikation eines Rechts als Sachenrecht hat. Hier kommt es erneut zu zahlreichen Überkreuzstellungen. Die kurzfristige *lease* z. B. behält Sachenrechtsqualität, obwohl sie nicht eingetragen werden kann (vorher Fn. 554); die langfristige Miete französischen Rechts ist eintragungsfähig, bleibt aber ein Schuldrecht (unten Rdnr. 290).

[573] *Foncier* leitet sich ab von *fonds* (lat. *fundus*). *Foncier* bedeutet also *relatif à un fonds de terre,* auf ein Grundstück bezogen. Der Grundeigentümer ist ein *propriétaire foncier* (näher *Cornu,* Vocabulaire juridique[8], Stichwort *Foncier*).

[574] Der Verkauf eines Grundstücks ohne Offenlegung seiner hypothekarischen Belastungen stellte allerdings einen strafbaren Betrug dar (*Piedelièvre und Piedelièvre,* La publicité foncière, S. 8 Rdnr. 12).

[575] *Fournier und Lamiaux,* Publicité foncière[3], S. 28.

[576] *Fournier und Lamiaux* aaO S. 29. Der Hauptzweck blieb aber die Regulierung der Hypothekengeschäfte. Nicht registriert wurden weiterhin die Übertragung und die Begründung von *droits réels immobiliers,* die nicht hypothekarisch belastet werden konnten, darunter der *usage,* die *habitation* und die *servitudes* (*Piedelièvre und Piedelièvre* aaO S. 10 Rdnr. 16).

civil aber nur die Veröffentlichung der Hypotheken erhalten; die *transcription* der Eigentumsübertragungen wurde wieder beendet. Die Geheimhaltung der Vermögensverhältnisse sei ein lement der individuellen Freiheit.[577] Das Kernproblem war wieder ungelöst. „Celui qui prête sur hypothèque n'est jamais sûr d'être payé; celui qui achète n'est jamais sûr de devenir propriétaire; celui qui paye n'est jamais sûr de payer au véritable propriétaire".[578] Erst die Loi sur la transcription en matière hypothécaire vom 23.3.1855 stellte die *transcription* der Übertragung und der Begründung von dinglichen Rechten (nicht nur der Hypotheken, sondern auch des Eigentums und anderer Rechte) wieder her, und zwar auch für hypothekarisch nicht belastete Rechte, außerdem für auf länger als achtzehn Jahre abgeschlossene Mieten.[579] Auslöser war die von Napoléon III im Jahre 1852 per Dekret veranlasste Gründung des (halbstaatlichen) *Crédit foncier de France.*[580] Das heutige System der *publicité foncière* beruht auf dem Dekret vom 4.1.1955.[581] Auch unter ihm geht es nur um die Information potentieller Erwerber.[582] Die Reform erweiterte die Publizität auf alle Rechtsgeschäfte, durch die dingliche Rechte an Grundstücken begründet, übertragen oder ausgedehnt werden. Art. 3 aaO führte außerdem das Voreintragungsprinzip ein, den sogen. *effet relatif.* Ein Vorgang darf seither nur publiziert werden, wenn der Titel des Veräußerers bereits publiziert ist. Grundlage der Publizität ist der *fichier immobilier* (die Grundkartei), der sich in *fiches personnelles* (Eigentümerkarteien) und *fiches d'immeubles* (Grundstückskarteien) gliedert. Vorzugsrechte und Hypotheken sind Gegenstand der *inscription,* die übrigen *droits réels immobiliers* Gegenstand der *publication.* Die Regeln der *inscription* finden sich in Artt. 2426 ff CC, die der *publication* in Kapitel III des Dekrets vom 4.1.1955.

Die *publicité foncière* ist obligatorisch[583], aber nicht konstitutiv, nicht einmal im Recht **291**
der Hypothekenbestellung. Die Bestellung einer Hypothek bedarf zwar der notariellen

[577] Fournier und Lamiaux aaO S. 30.

[578] Dieser viel zitierte Satz wird dem Procureur général *Dupin* (1783–1865) zugeschrieben (*Fournier und Lamiaux* aaO Fn. 12 und *Piedelièvre und Piedelièvre* aaO S. 12 Rdnr. 18).

[579] Piedelièvre und Piedelièvre aaO S. 13 Rdnr. 20.

[580] *Josseau,* Traité du crédit foncier, S. 232 Rdnr. 292.

[581] Décret no. 55-22 du 4 janvier 1955 portant réforme de la publicité foncière. Es wurde durch das Décret no. 55–1350 pour l'application du décret no. 55-22 du 4 janvier 1955 portant réforme de la publicité foncière du 14 octobre 1955 ergänzt. Der Wechsel in der Terminologie (*publication* statt *transcription*) geht auf die Ordonnance no. 59–71 du 7 janvier 1959 modifiant divers codes (civil, rural, forestier, CGI, famille et aide sociale, santé publique, travail, sécurité sociale, aviation civile et commerciale) et lois particulières en ce qui concerne la publicité foncière zurück (*Piedelièvre und Piedelièvre* aaO S. 15 Rdnr. 26).

[582] „La nouvelle publicité comme l'ancienne transcription, demeure cette formalité imaginée par le législateur pour extérioriser aux yeux des tiers les effets d'un transmission de droits réels immobiliers, qui, entre les parties, s'est réalisée par le seul échange des consentements... La publicité reste donc une formalité destinée à informer les tiers, et dont l'effet juridique principal est de déjouer les manœuvres frauduleuses et de trancher les conflits entre les acquéreurs successifs" (*Chenu,* De la transcription à la publicité foncière, S. 72 und 74 [mir nicht zugänglich; hier zitiert nach *Piedelièvre und Piedelièvre* aaO S. 14 Rdnr. 22]).

[583] Publikationspflichtig ist jedes Rechtsgeschäft, das (abgesehen von den Vorzugsrechten und den Hypotheken) unter Lebenden dingliche Rechte an Grundstücken überträgt oder begründet, außerdem jede gerichtliche Entscheidung, die eine Änderung der dinglichen Rechtslage bestätigt (Art. 28(1) des franz. Dekrets vom 4.1.1955). Die Veröffentlichung muss i. d. R. innerhalb einer Frist von drei Monaten beantragt werden (Art. 33 aaO); im Versäumnisfall drohte bis 1998 sogar eine Geldstrafe (aufgehoben durch Gesetz 98–261 vom 6.4.1998, näher *Suquet-Cozic,* Publicité foncière, S. 158 Rdnr. 10850).

Urkunde (Art. 2416 franz. CC), aber nicht der *publication*.[584] Eine nicht eingetragene Hypothek wirkt jedoch wiederum nur zwischen den Parteien, weder gegenüber einem späteren Erwerber des Grundstücks, noch gegenüber konkurrierenden Hypothekengläubigern.[585] Ihnen gegenüber ist sie „nutzlos".[586] Eine nicht registrierte Hypothek gibt ihrem Gläubiger weder einen *droit de préférence* noch einen *droit de suite.* Sie kann nicht einmal ungesicherten Gläubigern gegenüber geltend gemacht werden[587], selbst dann nicht, wenn sie bösgläubig sind.[588] Zwischen den Parteien entfaltet die Hypothek jedoch alle ihre Wirkungen.[589] Weder der Besteller noch seine Erben können sich auf die unterbliebene Eintragung berufen.[590] Das entspricht in allen Punkten der Rechtslage in **Belgien**[591] und in **Luxemburg**[592].

(3) Sonderregime für Belastungen, insbesondere für Hypotheken

292 Nicht wenige Rechtsordnungen, darunter auch mehrere Tochterrechtsordnungen des französischen Rechts, belassen es zwar für das Eigentum bei der grundsätzlichen Herrschaft des *solo consensu*-Prinzips. Es gelten aber Ausnahmen für die Begründung (und gelegentlich auch die Übertragung) von beschränkten dinglichen Rechten, allen voran die Hypothek. **Rumänien** z.B. unterwirft die Bestellung einer Immobiliarhypothek *ad validitatem* der notariellen Beurkundung. Unter Art. 2346 rumän. CC „l'hypothèque n'est opposable aux tiers qu'a compter du jour de son inscription aux registres de publicité, si la loi n'en dispose autrement". Das entspricht in sich zwar genau dem französischen Recht. Von ihm weicht aber Art. 885 rumän. CC[593] ab, unter dem eine Hypothek auch zwischen den Parteien nur durch Eintragung im Liegen-

---

584 Piedelièvre und Piedelièvre aaO S. 200 Rdnr. 294.

585 Grundlegend bereits Cass. civ. 17.8.1868, S. 1868, I, S. 377: „l'hyopthèque existe vis-à-vis du débiteur par la seule force du contrat; pour être valable et produire effet à son égard, elle n'a pas besoin d'être inscrite, l'inscription n'étant exigée que pour fixer le rang entre les créanciers".

586 *Suquet-Cozic,* Publicité foncière, S. 75 Rdnr. 4750.

587 *Cabrillac/Mouly/Cabrillac/Pétel,* Droit des sûretés[9], S. 714 Rdnr. 952.

588 *Simler und Delebecque,* Droit civil: Les sûretés, la publicité foncière[6], S. 459 Rdnr. 495; Cass. civ. 17.07.1986, Bull. civ. 1986, III, Nr. 118 S. 93 („La circonstance que [le tiers acquéreur] ait eu une connaissance personnelle des prêts consentis au vendeur par son créancier et des sûretés les ayant garantis ne pouvait suppléer à l'inscription, seul mode légal de publicité").

589 Piedelièvre und Piedelièvre aaO.

590 Simler und Delebecque aaO Fn. 1.

591 Unter Art. 76 belg. Hypothekengesetz kann eine vertragliche Hypothek nur durch eine authentische oder vor Gericht oder vor einem Notar anerkannte privatschriftliche Urkunde bestellt werden. Drittwirksamkeit erlangt sie erst durch Eintragung (Art. 81 aaO: „Unter den Gläubigern hat die Hypothek erst von dem Tag an einen Rang, an dem sie in der Form und in der Weise, die das Gesetz vorschreibt, in die Register des Hypothekenbewahrers eingetragen worden ist. Alle an einem selben Tag eingetragenen Gläubiger haben zusammen eine Hypothek vom selben Datum ohne Unterscheidung der am Morgen oder am Abend erfolgten Eintragungen, sollte der Hypothekenbewahrer eine solche Unterscheidung gemacht haben." Die Nichtigkeit der Eintragung lässt die Hypothek unberührt. Der Gläubiger muss sie in einem solchen Fall nur neu eintragen lassen; dann wird sie ab Eintragung drittwirksam (*T'Kint,* Sûretés[4], S. 312 Rdnr. 620).

592 Art. 2127 luxemb. CC (notarielle Urkunde) i.V.m. Art. 2134 luxemb. CC (Drittwirksamkeit ab Eintragung).

593 „(1) Sous réserve des dispositions légales contraires, les droits réels sur les immeubles inscrits au livre foncier s'acquièrent, entre les parties et à l'égard des tiers, seulement par inscription au livre foncier, sur le fondement de l'acte ou du fait qui a justifié l'inscription". Das findet sich in Art. 2377(1) rumän. CC noch einmal bestätigt („L'hypothèque sur un bien immobilier est constituée par son inscription au livre foncier").

schaftsregister entsteht.[594] Auch in **Bulgarien** (Art. 166(1) bulgar. Gesetz über Schuldverhältnisse und Verträge), **Litauen** (Art. 4. 187 lit. ZGB) und **Italien** kann eine Hypothek nicht *solo consensu* bestellt werden; sie bedarf zu ihrer Entstehung auch im Verhältnis der Parteien der *iscrizione nei registri immobiliari* (Art. 2808(2) ital. CC). Italien unterscheidet zwischen drei Publizitätsarten, der *pubblicità notizia* (der Publizität zu reinen Informationszwecken), der *pubblicità dichiarativa* (der Publizität mit deklaratorischer Wirkung) und der *pubblicità costitutiva* (der Publizität mit rechtsbildender Wirkung)[595]. In die dritte Gruppe gehört die rechtsgeschäftliche Bestellung einer Hypothek.[596] Unter Art. 687 **port. CC,** den Art. 4(2) port. CRP noch einmal bestätigt[597], „muss die Hypothek eingetragen werden, widrigenfalls entfaltet sie ihre Wirkung selbst im Verhältnis zwischen den Parteien nicht".[598] Je nachdem, ob man das Transkriptionserfordernis als konstitutiv oder (mit der herrschenden Meinung) als bloße Rechtsbedingung einstuft, gehört auch **Griechenland** in diese Ländergruppe. Jedenfalls setzt eine Hypothek zu ihrer Entstehung eine Eintragung in das Hypothekenbuch des Bezirks voraus, in dem das Grundstück belegen ist (Art. 1260 gr. ZGB). Unter Art. 609(2) **span. CC** schließlich geht zwar auch das Eigentum an Immobilien durch *titulus* und *modus* über (Art. 609(2) span. CC). Der *modus* besteht aus der *traditio* (Artt. 1462, 1463 span. CC). Sie wiederum erfolgt meistens durch Errichtung einer öffentlichen Urkunde (Art. 1462(2) aaO).[599] Die Registereintragung ersetzt den *modus* nicht.[600] Anders ist das jedoch wieder bei der Hypothek. Zu ihrer Bestellung ist eine

---

[594] *Sebeni,* Nouveau Code civil roumain, S. 590.

[595] *Zaccaria und Troiano,* Gli effetti della trascrizione, S. 10.

[596] Die übrigen Erscheinungsformen der *pubblicità costitutiva* betreffen durchweg gesetzliche Erwerbstatbestände und Verfügungssperren, z.B. die Eintragung der zehnjährigen Ersitzung (Art. 1159 ital. CC) und die Eintragung von *vincoli di indisponibilità* (der „Belastung der Nichtverfügbarkeit") nach einer Immobilienpfändung oder nach Bestellung eines Sequesters) (näher *Gazzoni,* La trascrizione immobiliare I, S. 79 sowie *Zaccaria und Troiano,* Gli effetti della trascrizione, S. 12–13).

[597] „(1) Die der Eintragung im Register unterliegenden Tatsachen können, auch wenn sie nicht eingetragen sind, zwischen den Parteien selbst oder ihren Erben geltend gemacht werden. (2) Ausgenommen bleiben die eine Hypothek begründenden Akte, deren Wirksamkeit auch unter den Parteien von der Vornahme der Eintragung abhängt".

[598] Siehe bereits oben Fn. 554. Die theoretische Analyse dieser ihrem Wortlaut nach klaren Regelung wirft aber offenbar noch immer Probleme auf. Manche meinen, dass zwar die Wirksamkeit *(eficácia)* der Hypothek konstitutiv von der Eintragung abhinge, die Hypothek aber allein aufgrund des Konsensualprinzips über Gültigkeit *(validade)* verfüge (*Menéres Campos,* Hipoteca, S. 182–192). Das ist nicht ganz einfach nachzuvollziehen. *Jardim,* Efeitos substantivos do Registo Predial, S. 477–493 kommt denn auch zu dem Schluss, dass das Recht der Hypothekenbestellung eine Ausnahme zum Konsensualprinzip schaffe. Denn eine Hypothek erlange nur durch die Eintragung (den *modus*) dingliche Wirkung.

[599] Das ist freilich nicht die einzige Übergabeart. Zumindest nach Auffassung der Rechtsprechung kann die Übergabe einer Immobilie vielmehr auch außerhalb des Registers vollzogen werden, z.B. durch die Übergabe der Hausschlüssel in Erfüllung eines privatschriftlichen Kaufvertrages (TS 28.2.2017, ECLI:ES:TS:2017:706; s. auch TS 26.6.2008, RAJ 2008 Nr. 3301 S. 8532; ECLI:ES:TS:2008:3132). Der Wortlaut des Art. 1463 span. CC eröffnet die Möglichkeit einer symbolischen Traditio durch Schlüsselübergabe zwar nur für bewegliche Sachen. Man sieht darin jedoch kein Hindernis, diese Regel nicht auch auf Immobilien anzuwenden (*Díez-Picazo und Gullón,* Sistema de Derecho Civil III(1)^{8}, S. 58; Ministerio de Justicia [*-García Cantero*], Comentario del Código Civil II^{2}, S. 913, Anm. I zu Art. 1463).

[600] Domínguez Luelmo (*-Domínguez Luelmo*), Comentarios a la Ley Hipotecaria, Art. 2 LH, S. 61 unter Hinweis auf TS 11.10.2014, RAJ 2014 Nr. 4881, S. 1911, wo man liest: „Wenn ein

Eintragung im Eigentumsregister („Grundbuch") unverzichtbar; die Eintragung ist nach verbreiteter (obschon bestrittener) Auffassung selbst *inter partes* konstitutiv (Art. 1875(1) span. CC).[601]

293 Unter **schwedischem** Recht geht zwar Grundeigentum bereits mit dem formwirksamen Abschluss des Kaufvertrages über (Kap. 4 §§ 1–3 JB). Der Käufer erlangt bereits ab diesem Zeitpunkt Schutz gegenüber den Gläubigern des Veräußerers, zu deren Gunsten allerdings zwangsvollstreckungsrechtlich widerleglich vermutet wird, dass ein noch auf den Schuldner eingetragenes Grundstück weiterhin ihm gehört (Kap. 4 § 24 schwed. UB). Die Eintragung des Eigentumserwerbs ist lediglich Voraussetzung dafür, dass der Käufer das Grundstück auch seinerseits belasten kann.[602] Das hängt wiederum damit zusammen, dass eine Hypothek *(panträtt)* gerade nicht *solo consensu,* sondern auch *inter partes* nur entweder durch Übergabe des Pfandbriefs oder durch Eintragung als Inhaber eines elektronischen Pfandbriefs im Pfandbriefregister *(pantbrevsregistret)* bestellt und erworben wird (Kap. 6 §§ 1 und 2 sowie Kap. 22 JB; Lag om pantbrevsregister vom 26.5.1994 (1994:448); § 7 Förmånsrättslag (1970:979)).[603] Nutzungsrechte *(nyttjanderätter),* Dienstbarkeiten und das Recht auf Elektrizität *(rätt till elektrisk kraft)*[604] werden dagegen rein konsensual durch i.d.R. schriftlichen Vertrag bestellt.[605] Auch in **Polen** hat die Grundbucheintragung in Bezug auf den Eigentumswechsel nur deklaratorische Bedeutung.[606] Unter Art. 245 poln. ZGB finden die Vorschriften über die Übertragung des Eigentums grundsätzlich auch auf die Begründung beschränkter dinglicher Rechte Anwendung. Zur Entstehung einer Hypothek ist allerdings „eine Eintragung in das Grundbuch unerlässlich" (Art. 67 poln. GBHG). Besonders bemerkenswert ist Art. 245^1 poln. ZGB, der für beschränkte dingliche Rechte an Grundstücken sogar die allgemeine Regel bringt, dass solche Rechte, wenn sie bereits eingetragen (und übertragbar) sind, auch nur innerhalb des Grundbuchs weiter übertragen werden können. Die Grundbucheintragung ist in diesem Fall **konstitutiv**[607]; Art. 245^1 poln. ZGB schafft m.a.W. ein eigenes Regime **für gebuchte Rechte**.[608] In der Sub-

---

dingliches Recht an einer Immobilie in das Grundbuch eingetragen wird, ist der Erwerbsvorgang schon vollständig abgeschlossen; das entspricht ... der Titulus- und Modus-Lehre, denn [für die Eintragung müssen] sowohl der Titel als auch der Modus bereits hergestellt sein. Daraus folgt, dass die Eintragung weder den Modus ersetzt noch ihm gleichgestellt ist").

[601] „Zur gültigen Bestellung der Hypothek ist es unentbehrlich, dass die Urkunde, in der sie bestellt wird, im Grundbuch [Eigentumsregister] eingetragen wird". Art. 145 span. LH ergänzt, dass die „freiwilligen" (d.h. nicht kraft Gesetzes bestehenden) Hypotheken gültig begründet werden, wenn sie in öffentlicher Urkunde bestellt wurden und die entsprechende Urkunde im Grundbuch eingetragen ist. Zu der Frage, ob die Eintragung nur zur Erzielung von Drittwirksamkeit unerlässlich ist, näher *Carrasco Perera/Cordero Lobato/Marín López,* Tratado de los derechos de garantía I^3, S. 677–678.

[602] Siehe bereits oben Rdnr. 256 mit Fn. 360.

[603] Näher *Beckmann* u.a., Jordabalken, S. 109.

[604] Band 1, Rdnr. 359 mit Fn. 218.

[605] Der Grundregel nach bedürfen Rechtsgeschäfte über Grundstücksrechte nur dann der Schriftform, wenn sie von besonderen Vorschriften verlangt wird (Kap. 7 § 1 JB). Das ist der Fall bei der Pacht *(arrende)* (Kap. 8 § 3 JB); der Miete (sofern eine der Parteien auf Schriftlichkeit besteht: Kap. 12 § 2(1) JB); beim Erbbaurecht *(tomträtt)* (Kap. 13 § 3 JB); Dienstbarkeiten (Kap. 14 § 1 JB) und dem Recht auf Elektrizität (Kap. 15 § 2 JB).

[606] Vorher Rdnr. 288 mit Fn. 565.

[607] Gniewek (-*Gołębiowski*), Kodeks cywilny[7], Art. 245^1, Rdnr. 6.

[608] Osajda (-*Morek*), Kodeks cywilny[16], Art. 245^1, Rdnr. 3. Für die Hypothek kommt auch Italien zu demselben Ergebnis; ihre Übertragung ist solange wirkungslos, wie sie nicht am Rand

stanz geht es freilich neben dem genossenschaftlichen Raumeigentum[609] auch in Polen hauptsächlich um die Hypothek. Denn die im Zusammenhang mit Art. 245[1] poln. ZGB gelegentlich auch noch erwähnten Grunddienstbarkeiten sind als Bestandteile des herrschenden Grundstücks nicht selbständig übertragbar.[610] Hypotheken bedürfen natürlich der Zession der gesicherten Forderung (Art. 79(1) Satz 1, Art. 79(2) poln. GBHG); im Übrigen bestätigt Art. 79(1) Satz 2 aaO aber nur, was schon aus Art. 245[1] poln. ZGB folgen würde, dass nämlich auch für „die Übertragung einer hypothekarisch gesicherten Forderung ... eine Eintragung im Grundbuch erforderlich" ist.

c) Karten, Kataster und Liegenschaftsregister

Zum Verständnis des europäischen Immobiliarsachenrechts ist es unerlässlich, einen **294** Blick auf die Vielgestaltigkeit seiner Registersysteme und der sie begleitenden, jeweils ganz eigene Assoziationen auslösenden Terminologie zu werfen. Man kann im Wesentlichen zwischen Katastern und Liegenschaftsregistern unterscheiden. Schon dieser Schritt ist allerdings keineswegs unproblematisch. Denn es gibt Länder, die, wie England[611], gar kein echtes Kataster kennen, und Länder, die, wie die Slowakei[612], Tsche-

der Hypothek im Immobilienregister vermerkt ist (Art. 2843 ital. CC). Zu einer merkwürdigen Überkreuzstellung kommt es, wenn man damit die neue ungarische Grundschuld vergleicht. Sie bedarf zwar zu ihrer Entstehung der Eintragung im Immobilienregister, nach § 5:100(4) ungar. ZGB aber nicht zu ihrer Übertragung. Die Übertragung scheint sich rein konsensual zu vollziehen. Der Erwerber „kann" den Erwerb eintragen, „muss" es aber nicht.

609 Genossenschaftliches Raumeigentum kann zwar seit 2007 nicht mehr neu begründet werden. Die Altrechte können aber immer noch selbständig übertragen werden (Art. 17[2](1) poln. Gesetz über die Wohngenossenschaften). Dazu bedarf es eines notariellen Aktes (Art. 17[2](4) Satz 1 aaO). Das genossenschaftliche Raumeigentum ist „technisch" ein beschränktes dingliches Recht (Art. 244 § 1 poln. ZGB), trägt in der Sache zwar durchaus eigentumsrechtliche Züge, fällt aber wegen seiner gesetzlichen Qualifikation eindeutig unter Art. 245[1] poln. ZGB (*Morek* aaO Rdnr. 2; *Gołębiowski* aaO Rdnr. 2 und Pietrzykowski [-*Zaradkiewicz*], Kodeks cywilny[8], Art. 245[1], Rdnr. 1). Genau besehen ist es sogar das einzige Recht, auf das der Art. 245[1] poln. ZGB uneingeschränkt Anwendung findet (*Morek* aaO).

610 Art. 47 § 1 i. V. m. Artt. 50 und 285 poln. ZGB.

611 Die dortigen Regeln der *land registration* zentrieren im Konzept des *estate,* nicht des Grundstücks. Sein physisches Substrat wird grundsätzlich nur in der Form des *title plan* (einer Anlage zum Eintragungsantrag) dargestellt. Er trifft keine verbindlichen Aussagen über das betroffene Stück *land,* begnügt sich vielmehr mit einer allgemeinen Darstellung. Der *Land Registry* steht also nichts zur Seite, was einem modernen Kataster gleichkäme. Die privatrechtlich organisierte *Ordnance Map Survey* beschäftigt sich allein mit Kartographierung. Verbindliche Grenzfeststellungen sind (i. d. R. auf Antrag mindestens eines Anliegers: sec. 60(3) LRA) nur durch die *Land Registry* möglich. Die Karten der *Ordnance Survey* verzeichnen wie der *title plan* nur *general boundaries,* keine exakten Grenzen (sec. 60(1) und (2) LRA 2002), und weisen darauf auch ausdrücklich hin. Schottland dagegen kennt Kasterkarten (sec. 11(1)(a) LR(S)A 2012). Sie beruhen, wie der englische *title plan,* auf der *Ordnance Map* oder einer anderen geeigneten kartographischen Datengrundlage oder auf einer Kombination beider (sec. 11(6) und (7) LR(A)A 2012). Grundstücke werden durch die Nummer der *land unit,* (der *cadastral unit number*) gekennzeichnet (sec. 11(1)(b)(i) und 12 LR(S)A 2012).

612 Unter § 1 des slowak. Gesetzes Nr. 162/1995 Gbl. über das Liegenschaftskataster und über die Eintragung von Eigentumsrechten und anderen Rechten an Immobilien (slowak. Katastergesetz) enthält „das Liegenschaftskataster ... eine geometrische Bestimmung, Auflistung und Beschreibung von Immobilien. Bestandteil des Katasters sind Angaben über Rechte an diesen Immobilien, und zwar Angaben über das Eigentumsrecht, Pfandrecht, dingliche Last, Vorkaufsrecht, wenn es dingliche Wirkung haben soll, ... weiterhin über das Mietrecht an Grundstücken, wenn es mehr als 5 Jahre dauert oder dauern soll".

chien[613] und Ungarn[614], „Liegenschaftskataster" bzw. „Immobilienregister" führen, die **beides in einem** sind, sowohl Kataster im herkömmlichen Sinn, als auch Liegenschaftsregister i. S. v. Rechteregistern.[615] Die Zusammenlegung wurde im Wesentlichen wegen der Vernachlässigung der Grundbücher in den Kriegsjahren und der nachfolgenden kommunistischen Zeit nötig.[616] Sie vereinfacht das Registerwesen, ändert aber nichts an den grundsätzlich unterschiedlichen Zwecken von Katastern und Liegenschaftsregistern. Auch das schwedische *Fastighetsregistret* und das in der Entstehung begriffene griechische Grundbuch sind beides in einem, Kataster und Rechteregister.[617] Durch das dänische *Tinglysningsloven* (Registrierungsgesetz) ist sogar eine einheitliche Regelung für Rechte an Grundstücken, Genossenschaftswohnungen („Grundbuch", *Tingbogen*) und für Registerpfandrechte an Kraftfahrzeugen („Kraftfahrzeugbuch", *Bilbogen*) und anderen beweglichen Sachen („Personenbuch", *Personbogen*) geschaffen

[613] § 1(1) tschech. Liegenschaftskatastergesetz (Gesetz Nr. 256/2013 Gbl., LKG) lautet: „Das Liegenschaftskataster ist ein öffentliches Verzeichnis, das Datenkomplexe über durch dieses Gesetz definierte unbewegliche Sachen beinhaltet, sowie deren Aufstellung, Beschreibung, geometrische Bestimmung und die Eintragung von Rechten an diesen".

[614] § 2(1) und (3) ungar. Gesetz über das Immobilienregister (Gesetz Nr. CXLI aus 1997, ImmoRegG) lauten: „Das Immobilienregister (a) beinhaltet pro Siedlung (aa) die laut diesem Gesetz festgelegten Daten sämtlicher Immobilien des Landes, (ab) die an die Immobilien gebundenen Rechte und vom rechtlichen Gesichtspunkt wesentlichen Tatsachen, (b) beinhaltet auch die zur Registrierung notwendigen und in diesem Gesetz festgelegten Angaben zur Personenidentifikation und Wohnanschrift der dort eingetragenen Personen. … (3) In den mit einer Immobilie verbundenen Gerichts-, staatsanwaltschaftlichen und behördlichen (im Weiteren: behördlichen) Verfahren … sind die auf dem Eigentumsblatt eingetragenen Daten sowie die in der Datenbank der staatlichen Immobilienregister-Karten abgebildete Flurgrenze als maßgeblich zu betrachten".

[615] *Jurníková/Skulová/Průcha,* Správní právo, zvláštní část, S. 315 („Das Liegenschaftskataster erfüllt die Aufgaben sowohl des Grundbuches als auch eines Katasters"). Das ungarische Immobilienregister besteht seit 1972. Es ist aus der Verschmelzung der staatlichen Bodenevidenz (die das frühere Kataster ablöste) mit dem Grundbuch hervorgegangen (*Petrik und Kovács,* Ingatlannyilvántartás, S. 22).

[616] Hinzu kam in Tschechien die Aufhebung des Intabulationsprinzips durch das mittlere BGB (Gesetz Nr. 141/1950 Gbl.). Zwischen 1956–1960 wurde vor dem Hintergrund der landwirtschaftlichen Planwirtschaft das System der „Einheitlichen Bodenregistrierung" eingeführt; private Rechtsverhältnisse an Immobilien sind zwischen 1951 und 1964 praktisch nicht registriert worden. Auch das tschech. Gesetz Nr. 22/1964 Gbl. über die Erfassung von Immobilien diente vor allem der landwirtschaftlichen Planung. Bestandteil der „Erfassung von Immobilien" sollten nun aber auch wieder die Rechtsverhältnisse an Immobilien sein. Dazu mussten sie neu ermittelt und eingetragen werden, was bis 1988 dauerte. Es handelte sich um eine Erweiterung der „Einheitlichen Registrierung des Bodens" von 1956 um die Eigentümerverhältnisse. So war der Grundstein für die Vereinigung von Kataster und Grundbuch gelegt. Liegenschaften wurden mit Hilfe eines Katasteroperats (Landkarten), einer Sektion aus Eigentümerblättern und Listen der Nutzer von Gebäuden sowie einer Urkundensammlung erfasst. Im Jahre 1992 wurde dann das „Liegenschaftskataster" eingeführt. Den ursprünglich vorgesehenen Begriff des Immobilienregisters hielt man in internationalen Zusammenhängen für unpassend. Durch das Inkrafttreten des neuen BGB von 2014 wurde ein komplett neues Gesetz nötig, das heutige Liegenschaftskatastergesetz (LKG) (Einzelheiten bei *Bumba,* České katastry od 11. do 21. století, S. 99–112).

[617] Zu Schweden siehe sogleich im Text. Das neue griechische Grundbuch *(Ktematologio)* beruht auf zwei (inzwischen freilich vielfach novellierten) Gesetzen, nämlich den gr. Gesetzen 2664/1998 und 2308/1995. Es soll nach der Präambel *(Eisegetiké Ekthesi)* des Gesetzes 2664/1998 die Registrierung und den Schutz des privaten und öffentlichen Grundvermögens im gesamten Land ermöglichen. Es dient sowohl Besteuerungszwecken als auch der Sicherstellung des öffentlichen Glaubens des Grundbuchs bei Grundstückstransaktionen.

worden. Die Eintragung ist konstitutiv; sie erfolgt rein elektronisch. Die Register werden vom „Grundbuchgericht" *(Tinglysningsretten)* administriert.[618] Die Niederlande kennen für Registergüter nur in Teile gegliederte *openbare registers,* öffentliche Register (Artt. 3:16 ff ndl. BW).

Das **tschechische** Registerwesen hat eine ehrwürdige Geschichte, die bis zu den böhmischen Landtafeln aus dem 13. Jahrhunderts zurück reicht.[619] In der zweiten Hälfte des 16. Jahrhunderts wurden Burgrechtsbücher *(gruntovní knihy)* zur Registrierung auch der Grundstücke in nichtadeliger Hand eingeführt; 1874 gab sich das Königreich Böhmen in Vollzug des österreichischen Grundbuchsgesetzes von 1871 ein Grundbuch. Neben diesen Vertrags- bzw. Rechteregistern existierten für fiskalische Zwecke früh auch schon Kataster.[620] Das aktuelle Liegenschaftskatastergesetz (Gesetz Nr. 256/2013 Gbl.; LKG) enthält ausführliche Regeln über die zu registrierenden Objekte. Es geht u. a. um Grundstücke in der Form von Parzellen, rechtlich selbständige Gebäude mit eigener Anschrift[621], „Einheiten"[622] und das Baurecht. Das Liegenschaftskataster vermerkt die Namen und die Identifikationsnummer der Rechteinhaber sowie die geometrische Bestimmung der Liegenschaft (§ 4 aaO). Es enthält Angaben über die Art (§ 3(2) aaO), die Nummer und die Größe der Parzellen, ihre hauptsächliche Nutzung[623] und ihren Preis (§ 4(1)(c) LKG[624]), außerdem steuerlich relevante Daten und Verlinkungen mit anderen Informationssystemen. Das Liegenschaftskataster verlautbart aber auch Rechte (§ 6 LKG), enthält außerdem eine Sammlung der sie betreffenden Verträge und sonstigen Urkunden (§ 5(2)(d) aaO). Über Rechte wird durch Eintragung (Einverleibung, *vklad*), Vermerk *(záznam)* oder Anmerkung *(poznámka)* informiert. Zu den einzutragenden dinglichen Rechten zählen unter § 11(1) aaO u. a. das Eigentum, Baurechte, dingliche Lasten, Pfandrechte (auch künftige und Unterpfandrechte), Vorkaufsrechte, die Treuhandverwaltung und der Eigentumsvorbehalt, bei beidseitigem Einverständnis außerdem Miete und Pacht. Die Eintragung erfolgt, rückwirkend auf den Zeitpunkt der Antragstellung, aufgrund einer unanfechtbaren (§ 18(4) LKG)[625] Verwaltungsentscheidung durch das Katasteramt (§ 12 aaO), die unverzüglich, im Normalfall spätestens 30 Tage nach Antragstellung ergehen muss (§ 71 tschech. Verwaltungsverfahrensgesetz). 295

618 Näher zu alledem *Rohde,* Digital Tinglysning, S. 25; *Iversen/Kristensen/Madsen,* Panteret[5], S. 353 und *Mortensen,* Digital tinglysning[4], S. 23).

619 Es handelte sich um Transkriptionsbücher für das Grundvermögen des Adels (näher Otto [Hrsg.], Ottův slovník naučný VII, S. 360). Dessen Grundvermögen ist bis 1950 separat registriert worden.

620 Darunter zwei konsekutive Theresianische Kataster (1748 und 1757), das Herrenkataster, das Neue Josephinische Kataster (1785–1789), das Stabile Kataster (1817) und das mit Gesetz Nr. 177/1927 Gbl. eingerichtete Grundstückskataster.

621 Das ist wichtig, weil unter § 3055 tschech. BGB Bauwerke, die nach altem Recht keine Grundstücksbestandteile waren, dann weiterhin selbständige Sachenrechtsobjekte blieben, wenn ihr Eigentümer zum Zeitpunkt des Inkrafttretens des neuen BGB nicht zugleich der Gebäudeeigentümer war. Es bestehen aber gegenseitige Vorkaufsrechte (§ 3056 tschech. BGB).

622 Dabei geht es insbesondere um die „Einheiten" i. S. d. § 1159 tschech. BGB (also in erster Linie um Eigentumswohnungen und die mit ihnen verbundenen Eigentumsanteile an den gemeinsamen Teilen des Hauses).

623 Einzelheiten in der Tschech. Katasterverordnung Nr. 357/2013 Gbl. (*katastrální vyhláška*).

624 Diese Angabe ist aber nicht öffentlich zugänglich. Bei dem Preis handelt es sich um den erzielten Kaufpreis (§ 24(1) tschech. Katasterverordnung).

625 Nur die Ablehnung der Eintragung kann (im Wege einer speziellen Zivilklage: § 244 tschech. ZPO; § 18(5) tschech. LKG) angefochten werden.

Eine Antragstellung via Internet[626] ist möglich. Das Katasteramt trägt spätestens am Tag nach dem Eingang des Antrages eine „Vormerkung" *(plomba)* mit dem Inhalt ein, dass das jeweilige Recht durch eine Veränderung betroffen sei, und informiert seinen Inhaber, auf Wunsch sogar per E-Mail oder SMS (§§ 9(1), 16(1) LKG). Diese Information setzt eine zwanzigtägige Wartefrist zur Überprüfung des Eintragungsantrages in Gang (§ 18(1) LKG). Auch in **Ungarn** existierten über lange Zeit Bodensteuerkataster (bis heute wird der Bodenertragswert in „goldenen Kronen" angegeben) und Grundbücher nebeneinander. Im Jahre 1960 wurde das staatliche Bodenregister *(állami földnyilvántartás)* eingeführt, eine Art Kataster mit Angabe der Eigentumskategorien sozialistischen Rechts (daher auch Bodenbuch, *földkönyv,* genannt). Das Grundbuch existierte zwar weiter, verlor jedoch seine Rolle als Primärregister. Zum 1.1.1973 entstand das Immobilienregister als einheitliches Register; es integrierte das Grundbuch- in das Bodenregisterwesen. Dafür sprachen neben ideologischen auch praktische Gründe, weil zahlreiche Angaben immer schon in beiden Registern enthalten gewesen waren, aber kein Register vollständig war und sich inzwischen auch zahlreiche Widersprüche eingeschlichen hatten.[627] Das aktuelle Recht ruht auf drei gesetzlichen Grundlagen, §§ 5:165-5:187 ungar. ZGB zum materiellen Immobilienregister- (oder Grundbuch-)recht, dem Immobilienregistergesetz (ImmoRegG) aus dem Jahre 1997 und einer diese Rahmenregelung ausfüllenden DurchführungsVO aus demselben Jahr.[628] Das (elektronische) Immobilienregister beinhaltet unter § 2 ImmoRegG pro Siedlung sowohl die üblichen Katasterdaten als auch „die an die Immobilien gebundenen Rechte und vom rechtlichen Gesichtspunkt wesentlichen Tatsachen". Es besteht aus vier Teilen, darunter die Eigentums- oder Grundbuchblätter (§ 19 aaO) und ein Urkundenarchiv (§ 18 aaO). Die Zusammenführung der Kataster- und der Grundbuchdaten materialisiert sich vor allem in dem (seinerseits wieder in drei Abteilungen gegliederten) Eigentumsblatt (§ 2 der DurchführungsVO). Seine zweite Abteilung verlautbart Eigentums-, seine dritte beschränkte dingliche Rechte (§ 4(1) der DurchführungsVO), außerdem vor allem Verfügungsbeschränkungen, Veräußerungsverbote und Rangänderungen. Die Eigentumsblätter und -karten können (im Gegensatz zu den personenbezogenen Daten und den der Eintragung zugrundeliegenden Urkunden) von jedermann eingesehen werden, sofern das Einsichtsrecht nicht zu sachenrechtsfremden Zwecken missbraucht wird.[629] Das vom dortigen Landvermessungsamt geführte[630] (gleichfalls elektronische) *Fastighetsregistret* **Schwedens** besteht aus fünf Teilen.[631] Der erste (der allgemeine Teil, *allmän del*) entspricht einem Kataster, der zweite (der *inskrivningsdel*) bringt das Rechteregister, die

---

[626] https://nv.cuzk.cz/Web/Uvod.aspx.

[627] *Vékás,* Az új Polgári Törvénykönyv elméleti előkérdései, S. 217; Fenyö (-*Fenyö*), Közhitelű nyilvántartás az ingatlanokról, S. 27.

[628] 109/1999. (XII. 29.) FVM rendelet az ingatlan-nyilvántartásról szóló 1997. évi CXLI. törvény végrehajtásáról.

[629] Vékás und Gárdos (-*Menyhárd*), Kommentár a Polgári Törvénykönyvhöz I, § 5:166 ungar. ZGB, S. 1206. Ungar. OGH, Legf. Bír. Kfv. IV. 37.332/2005, BH2006.269 stellt klar, dass die Registerbehörde (das Grund- und Bodenamt des jeweiligen Bezirks) keiner unbeschränkten Pflicht zur Herausgabe von Eintragungskopien unterliegt. Im konkreten Fall hatte eine Wasserverwaltungsgesellschaft erfolglos die Ausgabe beglaubigter Eigentumsblätter von 808 Immobilien verlangt. Die Gesellschaft wollte Daten ihrer Mitglieder sammeln; dazu sei das Immobilienregister nicht da.

[630] § 2 Förordning om fastighetsregister vom 11.5.2000 (2000:308) (GrundstücksregisterVO, FoF).

[631] § 3 Lag om fastighetsregister vom 19.14.2000 (2000:224) (GrundstücksregisterG).

übrigen Teile (*adressdel, byggnadsdel* [Gebäudeteil] und *taxeringsdel*) weitere Informationen über das registrierte Grundstück. Der allgemeine Teil (das Kataster) besteht wiederum aus einem Textteil und der Katasterkarte *(registerkarta)*. Im Textteil finden sich die Registerkennzeichnung *(registerbeteckning)*[632], Informationen über Dienstbarkeiten (*officialservitut, avtalsservitut*), Leitungsrechte *(ledningsrätt)* und andere gesetzliche Nutzungsrechte (§ 22 FoF), außerdem öffentliche Pläne, geografische Koordinaten und Angaben über Anteile an für mehrere Grundstücke gemeinsam angelegten Anlagen *(gemensamhetsanläggningar)*, z. B. Grünanlagen. Der Kartenteil besteht aus einer Katasterkarte *(registerkarta)*. Seit dem 1.1.2018 ist das ein Auszug aus der zentralen nationalen Katasterkarte; lokale und manuelle Katasterkarten sind abgeschafft (§§ 2 und 3 FoF). Der *inskrivningsdel* wird in einer speziellen Abteilung des Landvermessungsamtes geführt, dem *fastighetsinskrivningskontor* (§ 2 FoF). Bestimmte professionelle Akteure können ihre Anträge dort auch elektronisch einreichen.Der *inskrivningsdel* verlautbart Eigentum, Erbbaurechte, Pfandrechte und Nutzungsrechte.

Die überwiegende Zahl der europäischen Staaten arbeitet immer noch mit **zweigliedrigen Registersystemen.** In ihnen werden die Kataster von einer Behörde, die Liegenschaftsregister oft bei Gericht geführt. Das ist aber letztlich nur eine Frage der Organisation. Gleich, ob sie in ein übergreifendes Register integriert sind oder separat geführt werden: Kataster stehen überall gewissermaßen „zwischen" bloßen Landkarten auf der einen und Liegenschaftsregistern auf der anderen Seite. Denn Kataster bauen nicht nur auf Landkarten, insbesondere auf Karten auf, deren thematischer Schwerpunkt die Grenzen einer Gemeinde, eines Bezirks oder eines sonstigen „politischen" Gebiets sind. Kataster sind vielmehr in mancher Beziehung auch ihrerseits nichts anderes als (obschon sehr genaue) amtliche Karten. Sie bilden auch die Lage von Gebäuden ab, geben i. d. R. sogar deren hauptsächlichen Nutzungszweck an. Gebäude sind aber zumeist nur unselbständige Grundstücksbestandteile, keine selbständigen Sachenrechtsobjekte. Die zeichnerische Darstellung bebauter Flächen erfolgt deshalb notwendig unter rein physischen Aspekten; sie hat keinen Bezug zu der sachenrechtlichen Rechtslage. Kataster sind andererseits aber eben auch Register der Grundstücke eines Landes bzw. eines Gebiets. Das wiederum können sie nur sein, wenn sie sich an Eigentumsgrenzen orientieren. Ohne Ausrichtung auf die flächigen Umrisse des Bezugspunktes eines Rechts wüsste man nicht, was man zeichnen sollte, und es gibt kein anderes Recht als das Eigentum, an dem man sich langfristig sinnvoll ausrichten kann. Eine gewisse Zirkularität ist unvermeidlich: Ohne Eigentum ist keine Abgrenzung möglich, ohne Abgrenzung gibt es aber auch kein Eigentum. Jedenfalls haben Kataster immer auch eine Berührungsebene mit den Liegenschaftsregistern. Die in einem Kataster abgebildeten Flächen, die sogen. Katasterparzellen, sind natürlich nicht dasselbe wie Grundstücke. Denn Grundstücke sind normativ zu einem dreidimensionalen Körper geformte Sachen, Katasterparzellen nichts anderes als zweidimensional gezeichnete Flächen. Es ist auch ohne Weiteres denkbar, dass das physische Substrat eines (einzigen) Grundstücks im Kataster in Gestalt mehrerer Parzellen aufscheint.[633] Das ändert aber nichts daran, dass sich eine Parzelle immer nur zeichnen 296

---

632 Sie wiederum besteht aus Registerbezirk, dem Stadtteil und dgl. sowie aus der Registernummer (§ 11 FoF) (Beispiel: Göteborg, Stenvreten, 1:31).

633 Eingehend Band 1, Rdnrn. 179, 185 und 199. Art. 4 des franz. Dekrets vom 30.4.1955 (Décret no. 55–471 du 30 avril 1955 relatif à la rénovation et à la conservation du cadastre) weist

lässt, wenn man auf Rechtsgrenzen Bezug nimmt, bei herrenlosem Land nötigenfalls auf die Grenzen des eigentumsgebundenen Landes, das es umgibt. Mehr freilich ist weder nötig noch gewollt. Kataster haben ihren Ursprung in den Bedürfnissen staatlicher Verwaltung. Kataster liefern Behörden die Informationen, die sie für ihre Bescheide in der jeweils erforderlichen Genauigkeit brauchen. Ursprünglich ging es um Wertermittlung für Besteuerungszwecke[634] (das Wort Kataster leitet sich vermutlich ab aus *capitum registrum,* „Kopfsteuerverzeichnis"), heute um praktisch alle Zweige staatlicher Verwaltung, um die Bauverwaltung etwa, aber eben auch um die staatlichen Einrichtungen, die das jeweilige Liegenschaftsregister führen. Letzteres baut also gleichfalls auf dem Kataster auf, hat im Unterschied zu ihm aber eine Art Servicefunktion für Private. Sie sollen mindestens dann die Möglichkeit haben, sich verlässlich über die an Immobilien bestehenden Rechte zu unterrichten, wenn sie in sie investieren wollen. Dass es dazu katasterfremder Darstellungstechniken bedarf, folgt schon daraus, dass sich beschränkte dingliche Rechte kaum je zeichnerisch (nonverbal) nachvollziehen lassen. Aber Kataster müssen nicht einmal notwendig angeben, wem ein Grundstück derzeit gehört. Aus der Sicht eines Katasters ist das eine nachrangige Information. Entscheidend ist, *dass* die Parzellenzeichnung den Grundriss eines möglichen Eigentumsobjekts abbildet. Nicht die Inhaberschaft eines Rechts, die Art und das Maß seiner Belastungen bzw. die es betreffenden Rechtsgeschäfte werden dokumentiert, sondern die Flächen, ohne die die Rechtsordnung weder Grundstücke noch grundstücksbezogene Sachenrechte ausformen kann.

d) Kataster

297 Im Gegensatz zu den Verlautbarungen der Liegenschaftsregister haben Katastereinzeichnungen aus der Sicht des Privatrechts rein dienende Funktion. Gleichwohl interagieren sie. Denn Kataster müssen eigentumsrechtlich veranlasste Grenzverschiebungen nachvollziehen, und Liegenschaftsregister müssen die Lage der Grundstücke angeben, auf die sich die Rechte beziehen, die sie verlautbaren. In **Frankreich** ist das (oder der) Kataster die administrative Basis des *bornage* (der Abmarkung), d. h. der Bemessungsgrundlage der Immobilien. Der *bornage* legt mithilfe von *bornes* (Grenzmarkierungen) die Trennlinie zwischen zwei Immobilien fest[635]; der zeichnerische Aufriss wird durch Grenzmarkierungen materialisiert. Das Kataster besteht aus von der jeweiligen Kommune erstellten Plänen zur kartographischen und numerischen Darstellung aller in der Gemeinde belegenen Parzellen.[636] Das Kataster bildet also Parzellen ab, keine Rechte

---

dem Katasterplan die Aufgabe zu, das Territorium einer Gemeinde in allen Einzelheiten in *îlots de propriété* und Parzellen darzustellen. Ein *îlot de propriété* besteht aus aneinandergrenzenden Parzellen eines Ortes, die demselben Eigentümer gehören und eine unabhängige Grundeinheit *(unité foncière)* bilden (Abs. (2) aaO). Eine Katasterparzelle besteht aus Grund und Boden *(étendue de terrain)* mit ähnlichen Kulturen oder gleicher Zweckbestimmung, der sich innerhalb desselben *îlot de propriété* befindet (Abs. (3) aaO).

[634] *Suquet-Cozic,* Publicité foncière, S. 28 Rdnr. 590 formuliert: „Le cadastre est l'ensemble de la documentation cartographique recensant les propriétés foncières du territoire en vue d'en permettre l'imposition" (Kataster seien die Gesamtheit der Karten, die die Grundstücke des Territoriums erfasst, damit sie besteuert werden können). Das ist indes auch für Frankreich zu eng. Denn das Décret vom 30.4.1955 (vorige Fn.) weist dem Kataster lange schon auch die Aufgabe zu, die *publicité foncière* zu unterstützen.

[635] *Terré und Simler,* Les biens[9], S. 241 Rdnr. 277.

[636] *Bergel/Bruschi/Cimamonti,* Les biens[2], S. 197 Rdnr. 161.

an ihnen. Es identifiziert und bestimmt die Güter, die zur Immobilienkartei angemeldet sind. Katasterangaben schaffen aber weder einen Erwerbstitel noch ein Beweismittel.[637] Die Koordinierung von Kataster und *publicité foncière* geschieht auf der Grundlage zweier Dekrete aus dem Jahre 1955.[638] Art. 2 des Dekrets vom 4.1.1955 räumt dem Liegenschaftsregister den Vorrang ein.[639] Eine Änderung des rechtlichen Zustands eines Grundstücks kann nur dann Gegenstand einer Katasteränderung sein, wenn das jeweilige Rechtsgeschäft (oder eine richterliche Entscheidung) zuvor im *fichier immobilier* publiziert wurde. Die Aktualisierung des Katasters erfolgt also auf der Grundlage der *publicité foncière.* Umgekehrt muss unter Art. 7 aaO jedes publikationspflichtige Rechtsgeschäft die katastrale Bezeichnung des betroffenen Grundstücks (Sektion, Plannummer und Adresse) angeben. Andernfalls unterbleibt die Eintragung (Art. 76 Nr. 2 Dekret Nr. 55–1350 vom 14.10.1955). Sie unterbleibt außerdem bei jeder Unstimmigkeit zwischen den katastralen Bezeichnungen in dem Vertragsdokument und den korrespondierenden Angaben im *fichier immobilier.*

Auch für **Italien** wird betont, dass das dortige Kataster nicht über Rechtsver- **298**
hältnisse informiert, sondern über die technischen Daten eines Grundstücks[640], mag aus einem Katasterauszug in der Regel auch der aktuelle Eigentümer der Immobilie hervorgehen.[641] Man hat zwischen dem *Nuovo catasto terreni* (N.C.T.) und dem *Nuovo catasto edilizio urbano* (N.C.E.U.) zu unterscheiden. Ersterer registriert das Grundstück auf der Grundlage des Flurplans. Letzterer enthält die genauen Daten, unter ihnen auch der zur Bestimmung des steuerlichen Katasterwerts erforderliche Katasterertrag. Unter Art. 950(3) ital. CC kommt dem Kataster sogar eine beschränkte Beweisfunktion zu.[642] Denn „in Ermangelung anderer Anhaltspunkte hat sich das Gericht an die in den Katastermappen eingezeichnete Grenze zu halten“. Das Kataster verlautbart die Art der Grundstücke (Wohnstätten, Gewerbeflächen etc.), ihre in Zonen untergliederte Lage (u.a. historischer Ortskern, andere Wohngebiete, Industriegebiete, landwirtschaftliche Gebiete) und, in elf Kategorien, ihre Wertigkeit (u.a. von „exklusiv“ bis „sehr einfach“). Es wird von der *Agenzia del territorio* (einem Steueramt mit regionalen und provinzialen Abteilungen) und den Gemeinden geführt, wo es von jedermann (gegen Gebühr auch online) eingesehen werden kann. Aus der Sicht des Sachenrechts ist vor allem die *funzione civilistica di identificazione degli immobili* wichtig.[643] Unter Art. 19(14) des Dekretgesetzes Nr. 78 vom 31.5.2010 (mit späteren Änderungen) müssen alle Verträge, durch die das Eigentum oder ein beschränktes Immobiliar-

---

637 Ihnen kommt lediglich eine faktische Indizwirkung zu (*Bergel/Bruschi/Cimamonti* aaO S. 198 Rdnr. 162).

638 Nämlich des Dekrets Nr. 55-22 vom 4.1.1955 und des Dekrets Nr. 55–471 vom 30.4. 1955 (beide oben Fn. 581).

639 „Aucune modification de la situation juridique d'un immeuble ne peut faire l'objet d'une mutation cadastrale, si l'acte ou la décision judiciaire constatant cette modification n'a pas été préalablement publié au fichier immobilier“.

640 *Salanitro,* Profili sostanziali e processuali dell'accertamento catastale, S. 5 spricht vom „Standesamt“ *(anagrafe)* für Immobilien.

641 *Petrelli,* Conformità catastale e pubblicità immobiliare, S. 3 (das Kataster entfalte deshalb und wegen der Regelung in Art. 950(3) ital. CC eine „faktische Publizität“, eine *pubblicità di fatto*).

642 Cass. 21.12.1999, Nr. 14379, Giust. civ. Mass. 1999 S. 2595 qualifiziert das Kataster als „Beweishilfsmittel“.

643 *Pugliatti,* La trascrizione I, S. 275; *Petrelli,* Conformità catastale e pubblicità immobiliare, S. 3.

sachenrecht begründet bzw. übertragen werden, die Katasterdaten und die Katasterplanimetrie anzeigen; andernfalls sind sie nichtig.

Art. 1(1)(a) der **portugiesischen** KatasterVO[644] definiert Kataster als „die Gesamtheit der Daten, die die … bestehenden Grundstücke charakterisieren und identifizieren". Grundstücke werden durch ihre administrative und geographische Lage sowie ihre geometrische Konfiguration und Fläche charakterisiert (Art. 2 aaO), und sie werden durch eine *número de identificação de prédio* identifiziert (Art. 4 aaO). Der Vorrang gebührt aber dem Grundbuch; die katasterliche Charakterisierung eines Grundstücks gilt solange als provisorisch, wie sie nicht mit dem Grundbuch übereinstimmt (Art. 27(1) aaO). Das klingt freilich besser, als es ist, weil es bislang weder für ganz Portugal ein Kataster gibt noch das vorhandene einwandfrei funktioniert.[645] Umso wichtiger ist deshalb die Beschreibung *(descrição)* des Grundstücks im Grundbuch *(Registo Predial),* d.h. seine physische, wirtschaftliche und steuerliche Identifizierung (Art. 79 port. CRP). Vor vergleichbaren Problemen stand lange Zeit **Spanien.** Das dortige Grundbuch- und Katasterrecht bedurfte dringend der Harmonisierung. Ihr dient das Gesetz 13/2015 vom 24.6.2015 (Ley de Reforma de la Ley Hipotecaria).[646] Art. 1(1) des span. Liegenschaftskatastergesetzes (Ley del Catastro Inmobiliario, RDL 1/2004 vom 5.3.2004) definiert das Liegenschaftskataster *(catastro inmobiliario)* als „ein Behördenregister, das dem Finanzministerium unterstellt ist, und in dem die landwirtschaftlichen, bebaubaren [städtischen] und besonderen Liegenschaften beschrieben werden, so wie sie in diesem Gesetz definiert werden".[647] „Die katasterliche Beschreibung von Liegenschaften umfasst ihre physischen, wirtschaftlichen und rechtlichen Eigenschaften, und unter diesen ihre Lage und die katasterliche Referenz, die Oberfläche, die Nutzung oder Zweckbestimmung, die Art des Anbaus oder der Ausbeutung [Nutznießung], die Art der Baulichkeiten darauf, ihre grafische Abbildung, den katasterlichen Wert und den katasterlichen Eigentümer, mit seiner entsprechenden Steuernummer bzw. Ausländeridentitätsnummer. Wenn die Liegenschaften mit dem Eigentumsregister *(Registro de la Propiedad)* koordiniert sind, wird dieser Umstand neben der Registernummer aufgenommen" (Art. 3 aaO). Derselbe Artikel stellt außerdem klar, „dass bis zum Beweis des Gegenteils und unbeschadet des *Registro de la Propiedad,* dessen rechtliche Angaben Vorrang haben, vermutet wird, dass die inhaltlichen Angaben des Liegenschaftskatasters richtig sind". „Die Aufnahme der Liegenschaften im Liegenschaftskataster, sowie die Veränderung ihrer Eigenheiten, die gegebenenfalls bestimmend für die Zuweisung des katasterlichen Wertes sind, ist verpflichtend, und diese Verpflichtung kann auf die Änderung sämtlicher Angaben ausgeweitet werden, die notwendig sind, damit die katasterliche Beschreibung der betroffenen Liegenschaften mit der Wirklichkeit übereinstimmt" (Art. 11(1) aaO). Die Katasterreferenz ist im Grundbuch zu vermerken (Art. 38 aaO). Artt. 198(1) i.V.m. 9–10 span. LH i.d.F. des Gesetzes 13/2015 vom 24.6.2015 (der Ley de Reforma de la Ley Hipotecaria) regeln Einzelheiten zur Abstimmung zwischen Grundbuch, Kataster und physischer Wirklichkeit.[648]

299 Die Daten des **polnischen** Katasters genießen (anders als die Grundbucheintragungen: Art. 3(1) poln. GBHG) keine Richtigkeitsvermutung.[649] Sollten die Angaben im Kataster von der Bezeichnung der Liegenschaft im Grundbuch abweichen, so hat allerdings das Amtsgericht auf Antrag des Grundeigentümers (bzw. des Erbnießbrauchers) die Angaben des Grundbuchs zu berichtigen und sie an die Angaben des Katas-

---

644 Regulamento do Cadastro Predial, DL 172/95 vom 18.7.1995.

645 *Mouteira Guerreiro,* Ensaio sobre a problemática da titulação e do registo à luz do direito português, S. 451–455.

646 Zu ihm eingehend Domínguez Luelmo (*-Martín Ruiz*), Comentarios a la Ley Hipotecaria, Art. 199 LH, S. 1535.

647 Zum Begriff des *bien inmueble* i.S.d. Katastergesetzes bereits Band 1 Rdnr. 195, Fn. 690.

648 Einzelheiten bei Domínguez Luelmo (*-Mateo Villa*), Comentarios a la Ley Hipotecaria, Art. 9 LH, S. 174–184 sowie Domínguez Luelmo (*-Gómez Galligo*), Comentarios a la Ley Hipotecaria, Art. 10 LH, S. 195–213.

649 *Gniewek,* Prawo rzeczowe[8], S. 290 Rdnr. 905.

ters anzupassen (Art. 27 poln. GBHG). Die Nützlichkeit eines Katasters war selbst in kommunistischer Zeit unbestritten[650], weshalb schon im Jahre 1947 (erstmalig für ganz Polen) ein „Dekret über Grund- und Gebäudekataster" erging.[651] Allerdings wurde 1955 die Terminologie geändert: an die Stelle des „unverständlichen" und „kapitalistischen" Wortes „Liegenschaftskataster" *(kataster nieruchomości)* trat (sprachlich durchaus ein Gewinn) die „Evidenz" von Grund und Gebäuden, die *ewidencja gruntów i budynków.*[652] Das Katastersystem erfasst ganz Polen[653], das Grundbuch (noch) nicht. Die Daten der Grund- und Gebäudeevidenz bilden die Grundlage für die Anlegung von Grundbüchern (Art. 26 poln. GBHG). Soweit sich Grundbücher auf jene Daten beziehen, genießen auch die Grundbuchverlautbarungen keinen öffentlichen Glauben (Art. 5 poln. GBHG). Das betrifft insbesondere die Größenangaben und die Flurbezeichnungen.[654] Das Register (die Evidenz) der Grundstücke und Gebäude enthält eine Vielzahl von Informationen, darunter die Lage, die Grenzen, die Fläche, die Nutzungsart, die Bonitierung (die Bestimmung des Nutzwertes von Ackerland) und die Bezeichnung des Grundstücks im Grundbuch, außerdem die Lage, die Nutzung und die allgemeinen technischen Daten von Gebäuden und rechtlich eigenständigen Räumlichkeiten (Art. 20(1) poln. GKR).[655] Es finden sich aber unter Rückgriff auf das Grundbuch auch Angaben über die Immobilieneigentümer (darunter Vermerke über Eigentumsanteile und den Erwerb und den Verlust von Eigentumsrechten) und über die Inhaberschaft von Grundstücken in Eigenbesitz und in ewigem Nießbrauch (§§ 10 und 11 poln. RGGV; Art. 20(2) poln. GKR), außerdem Angaben über Baugenehmi-

[650] Nur Grundbücher wurden von den Vertretern des Regimes als nicht mehr nötig angesehen; sie widersprächen den ideologischen Grundsätzen eines sozialistischen Staates und seiner Agrarpolitik. Die Einrichtung von Grundbüchern hat die Zeit ihrer Marginalisierung gleichwohl überstanden. Heute ist ihre Nützlichkeit längst wieder vollkommen unbestritten (Radwański und Gniewek [-*Gniewek*], System Prawa Prywatnego III^{3}, S. 139–140 Rdnr. 1).

[651] Dekret vom 24.9.1947 (Dz. U.1947.61.344, Dekret z dn. 24.9.1947 r. o katastrze gruntowym i budynkowym).

[652] Art. 1(1) des Dekrets über die Evidenz von Grundstücke und Gebäuden i. d. F. von Art. 14(1) des Dekrets vom 2.2.1955 über Grund und Gebäude (Dekret z dn. 2.2.1955 r. ewidencji gruntów i budynków, Dz. U.1955.6.32). Das Wort Kataster hatte in den Augen der Zeit eine zu starke eigentumsrechtliche Konnotation (Szpor [-*Gryszczyńska*], Prawo geodezyjne i Kartograficzne, Art. 20, S. 172 Rdnrn. 2 und 3). Der Ausdruck „Liegenschaftskataster" findet sich erst seit 2000 (in Gestalt eines geklammerten „Nebennamens") wieder in einem Gesetz zur Änderung des poln. GKR (Gesetz vom 21.1.2000 über die Änderung einiger Gesetze, welche mit dem Funktionieren der öffentlichen Verwaltung in Verbindung stehen). In den Motiven zu dieser Novellierung des poln. GKR (poln. Sejm, Drucks. Nr. 1378 vom 23.9.1999, S. 107–108; http://orka.sejm.gov.pl/Rejestrd.nsf/wgdruku/1378/$file/1378.pdf) findet sich dafür keine Begründung. Näher zur Terminologie des polnischen Registerwesens Wudarski (-*Wudarski*), Das Grundbuch im Europa des 21. Jahrhunderts, S. 34.

[653] Zum Kataster siehe § 4 poln. RGGV und auch Art. 2(8) poln. GKR (Unter dieser Vorschrift ist die Grund- und Gebäudeevidenz das Register der Grundstücke und Gebäude. Es dient als das System, das „für den ganzen Staat die einheitliche Sammlung, Aktualisierung und Zugänglichmachung von Informationen über Grundstücke, Gebäude und Räumlichkeiten, deren Eigentümer sowie andere Personen sichert, die Herrschaft über diese Grundstücke, Gebäude und Räumlichkeiten ausüben oder sie bewirtschaften").

[654] *Gryszczyńska* aaO S. 178 Rdnr. 4.

[655] Näher *Śmiałowska-Uberman,* Prawo geodezyjne i kartograficzne, Art. 20 Abs. 1 Pkt. 1, S. 111 Rdnr. 1, und zum Informationsaustausch zwischen Grundbuch und Kataster *Wudarski,* FS Kalus, S. 629, 689.

gungen, zum Denkmal- und zum Umweltschutz (Art. 21 poln. GKR). Das Register wird von den Landratsämtern geführt (Art. 22 aaO), denen gegenüber vor allem die Notare informationspflichtig sind.

300 Das **niederländische** *basisregistratie kadaster* basiert auf einer die Niederlande in *administratieve percelen* aufteilenden Karte. Jedes Grundstück erhält einen *kadastraal bericht,* der angibt, wer aus der Sicht des Katasters sein Eigentümer ist. Diese Annahme wird durch Hinweise auf die aus den öffentlichen Registern ersichtlichen Akten begründet. Der Zweck ist zwar ein steuerrechtlicher: wer im Grundregistrierungskataster vermerkt ist, wird als der Steuerschuldner angesehen. Gleichwohl kommt dem Kataster auch privatrechtlich eine hohe praktische Relevanz zu. Denn die Grundregistrierung fungiert als Index für die öffentlichen Register. Wer wissen will, wer Eigentümer eines Registergutes ist, hat von den chronologischen Aufzeichnungen in den „öffentlichen Registern" wenig; er sucht im Grundregistrierungskataster. Dieses (und damit auch die Karte in ihm) gehört seinerseits aber gerade nicht zu den öffentlichen Registern.[656] In **Deutschland** schließlich sind Kataster mangels entsprechender Gesetzgebungskompetenz des Bundes Einrichtungen des Landesrechts; es gibt kein bundesweit einheitliches Kataster. Die Kataster- und Vermessungsgesetze der Länder regeln gleichzeitig die Landesvermessung und das Katasterwesen. Die Landesvermessung richtet mithilfe von Geobasisdaten den sogen. „einheitlichen geodätischen Raumbezug" ein. Festpunkte ermöglichen die exakte Bestimmung der zwischen ihnen liegenden Flächen. Der einheitliche geodätische Raumbezug und die Geobasisdaten sind für alle hoheitlichen Planungsentscheidungen verbindlich. Das Liegenschaftskataster weist Liegenschaften nach (z.B. § 3(1) Nds. VermG). Es besteht, jedenfalls in Niedersachsen, aus dem Katasterbuchwerk, dem Katasterkartenwerk, dem Katasterzahlenwerk und weiteren Informationen. Liegenschaften werden durch das Liegenschaftsbuch und die Liegenschaftskarte (die sog. Flurkarte) nachgewiesen. „Liegenschaften" sind Flurstücke und Gebäude (§ 2 Nr. 2 Nds. VermG, § 11 VermKatG NRW), nicht Grundstücke im Sinne des bürgerlichen Rechts. Ein „Flurstück" ist ein begrenzter Teil der Erdoberfläche, der im Liegenschaftskataster unter einer besonderen Bezeichnung geführt wird (§ 2 Nr. 2 Nds. VermG, § 11(2) Satz 1 VermKatG NRW). Die Grenzen von Flurstücken werden im Zuge der Vermessung auch durch Grenzmarken gekennzeichnet („Abmarkung", § 16(2) Nds. VermKatG). Die „Vermessung" ist eine Verwaltungsentscheidung. Für Liegenschaften werden Angaben zur geometrischen Form, Lage und Größe einschließlich der bestimmenden Koordinaten sowie Angaben zu Flurstücksnummern, Straßennamen, Hausnummern und Lagebezeichnungen verlautbart (§ 11(4) VermKatG NRW). Verzeichnet werden außerdem u.a. die Eigentümer und die Inhaber eigentumsgleicher Rechte (§ 3(2) Satz 3 Nds. VermG; § 11(1) Satz 2 VermKatG NRW). Liegenschaftskataster und Grundbücher sind schon dadurch verzahnt, dass jene das amtliche Verzeichnis der Grundstücke i.S.v. § 2(2) der dt. Grundbuchordnung (GBO) darstellen (z.B. § 11(2) Nds. VermKatG). Das Bestandsverzeichnis des Grundbuchs nimmt also das Liegenschaftskataster in Bezug und baut auf ihm auf. Flurstücke und Grundstücke sind aber nicht dasselbe. „Ein Grundstück im Rechtssinn kann mehrere Flurstücke, ein Flurstück aber nicht mehrere Grundstücke umfassen".[657] Die zur Aktualisierung des Katasters erforderlichen Angaben müssen in

---

[656] Parl. Gesch. III, S. 1063.
[657] BayObLG 3.11.1954, BayObLGZ 1954 S. 258.

einigen Bundesländern von den Grundeigentümern beigebracht werden; die Behörde kann die Übereinstimmung mit dem Grundbuch aber auch auf Kosten der Eigentümer von Amts wegen wieder herstellen (§ 7(1) Nds. VermG; § 16 VermKatG NRW). In anderen Bundesländern, darunter Hamburg, ist ein automatisierter Datenaustausch zwischen den Grundbuchämtern und der Katasterbehörde eingerichtet[658]; in dritten regulieren ministeriale Erlasse und Verfügungen den wechselseitigen Informationsfluss zwischen Grundbuchämtern und Katasterbehörden.

e) Liegenschaftsregister

Der Zweck eines Liegenschaftsregisters besteht in der Verlautbarung der privaten Rechtsverhältnisse an einem Grundstück. Alle Liegenschaftsregister haben mindestens die Aufgabe, Erwerbsinteressenten vor vorrangigen Rechten Dritter zu warnen. Kein vernünftiger Mensch kauft oder valutiert ein Recht, bevor er sich durch Einsichtnahme in ein dafür zur Verfügung stehendes Register davon überzeugt hat, dass das Recht nicht schon in das Vermögen eines Dritten gewechselt ist. Umgekehrt muss sich ein Erwerbsinteressent aber auch nicht um Rechte und Verträge sorgen, die ihm der Veräußerer möglicherweise verheimlicht. Der Erwerber ist auf dessen Angaben nicht angewiesen, verfügt vielmehr über eine unabhängige Informationsquelle. Was weder aus dem Gesetz[659] noch aus dem Liegenschaftsregister ersichtlich ist, kümmert ihn, von wenigen Ausnahmen abgesehen[660], nicht.[661] Sobald sein Titel registriert ist, kann er 301

[658] Verordnung zum automatisierten Datenaustausch zwischen den Grundbuchämtern und der für die Führung des Liegenschaftskatasters zuständigen Stelle vom 11.4.2011 (HmbGVBl. 2011 S. 115).

[659] Nicht selten müssen aber sogar gesetzliche Hypotheken eingetragen werden, um Drittwirksamkeit zu entfalten. Das betrifft z.B. Frankreich (das dortige Recht kennt eine außergewöhnlich große Zahl gesetzlicher Hypotheken) und Italien (Einschreibung von Amts wegen: Art. 2834 ital. CC). Ohne Publizität drittwirksam ist in Frankreich zudem der Erwerb von Todes wegen; allerdings wird der Tod durch eine notarielle Bescheinigung festgestellt, die ihrerseits publiziert werden muss (Art. 28(3) des Dekrets vom 4.1.1955).

[660] Zu den wenigen Rechten, die eintragungsunabhängig Drittwirksamkeit entfalten, gehören in Frankreich die allgemeinen Vorzugsrechte (Art. 2378 franz. CC).

[661] Unter italienischem Recht schadet grundsätzlich nicht einmal Bösgläubigkeit. Der bösgläubige Zweiterwerber schuldet dem Erstkäufer (der natürlich den Verkäufer auch selbst auf Schadensersatz in Anspruch nehmen kann: Art. 1218 ital. CC) zwar Schadensersatz aus Delikt (Art. 2043 ital. CC; dazu Cass. 2.9.2013, Nr. 20118, Giust. civ. Mass. 2013 Nr. 20118 und Cass. 17.12.1991, Nr. 13573, Giust. civ. Mass. 1991 Nr. 13573), wird aber mit Eintragung erst einmal Eigentümer. Vereinzelt findet sich zwar die These, dass der Erstkäufer Schadensersatz in Form der Naturalrestitution verlangen und so den Zweitkäufer zur Übereignung der Immobilie zwingen könne (*Gabrielli,* Riv.dir.civ. 1988, I, S. 425), doch entspricht das nicht der herrschenden Lehre. Für ein *risarcimento in forma specifica* (Art. 2058 ital. CC) sei im Rahmen der Zweiterwerbsregelung kein Raum (z.B. *Caringella und De Marzo,* Manuale di diritto civile II^{2}, S. 1071). Unter Art. 1198(2) franz. CC dagegen wird ein Zweiterwerber, der weiß, dass ein anderer das Grundstück bereits gekauft hat, gar nicht erst Eigentümer („Lorsque deux acquéreurs successifs de droits portant sur un même immeuble tiennent leur droit d'une même personne, celui qui a, le premier, publié son titre d'acquisition passé en la forme authentique au fichier immobilier est préféré, même si son droit est postérieur, à condition qu'il soit de bonne foi"). Mit dieser Klarstellung reagierte der Gesetzgeber auf eine sehr uneinheitliche Rechtsprechung. Lange Zeit galt, dass der Zweitkäufer seine Eintragung dem Erstkäufer nicht entgegenhalten konnte, wenn er (der Zweitkäufer) mit dem Verkäufer fraudulös zum Nachteil des Erstkäufers zusammengewirkt hatte (*Piedelièvre und Piedelièvre,* La publicité foncière, S. 312 Rdnr. 495; *Terré und Lequette,* Grands arrêts^{10}, S. 812 Nr. 199). Cass. civ. 22.3.1968, D. 1968 S. 412, Anm. *Jean Mazeaud;* RTD

ihn aller Welt entgegenhalten, auch jemandem, der sich unter Hinweis auf einen älteren Vertrag des gleichen Titels berühmt, ihn aber nicht hat eintragen lassen. Liegenschaftsregistern können allerdings noch weit mehr Aufgaben zugeschrieben sein als nur der Schutz vor Fehlinvestitionen. Insbesondere können Liegenschaftsregister, oft in der Gestalt von *Grundbüchern* (auch das ist freilich ein schillernder Ausdruck), bereits den eigentlichen Erwerbsvorgang beherrschen. Ohne Eintragung in ein Liegenschaftsregister dieses Typs fehlt es an einem sachenrechtlich relevanten Rechtsgeschäft. Die Eintragung ist konstitutive Erwerbsvoraussetzung; an ihr hängt letztlich der ganze Unterschied zwischen Schuld- und Sachenrecht. Ist aber ein Recht erst einmal eingetragen, dann darf sich prinzipiell jedermann auf die Korrektheit dieser Eintragung verlassen. Man wird nicht nur vor Rechten Dritter gewarnt, sondern man hat (vorbehaltlich besseren eigenen Wissens) sogar eine Gewähr dafür, dass der Eingetragene über das fragliche Recht verfügen kann. Sogar der Eingetragene selber profitiert von dem „öffentlichen Glauben" eines solchen „Buches".

(1) Registrierung von Urkunden

302 Liegenschaftsregister begegnen heute nahezu durchweg in der Form von Einheitsregistern für alle Immobiliarsachenrechte; die alten Hypothekenregister gehören weitgehend der Vergangenheit an.[662] Auch Italien[663], Portugal[664] und Spanien[665] kennen sie nicht mehr. Nur die **französische *publicité foncière*** und das an sie angelehnte belgische Publikationswesen[666] erinnern noch an sie. Die *publicité foncière* operiert mit nach *droits réels principaux* und *droits réels accessoires* getrennten Registern.[667] Hypotheken und

civ. 1968 S. 564, Anm. *Bredin* entschied jedoch, dass die Kenntnis des Zweiterwerbers nicht ausreiche, um die Regeln der *publicité* beiseite zu schieben. Cass. civ. 30.1.1974, Gaz. Pal. 1974, 2, S. 570, Anm. *Plancqueel;* D. 1975 S. 427, Anm. *Penneau* bestätigte das. Der Zweiterwerber handle zwar schuldhaft, doch ändere das nichts an der Vorrangigkeit des publizierten Erwerbstitels. In den Jahren 2011 und 2012 ruderte das Gericht wieder zurück (Cass. civ. 12.1.2011, D. 2011, S. 851, Anm. *Aynès;* bestätigt in Cass. civ. 19.6.2012, Nr. 11–17105). Erst Art. 1198(2) franz. CC klärte im Zuge der französischen Schuldrechtsreform die Rechtslage endgültig.

[662] Schweden allerdings verfügt über ein hochmodernes Pfandbriefregister (oben Rdnr. 293).

[663] Hypotheken werden durch Einschreibung *(iscrizione)* im allgemeinen Liegenschaftsregister *(pubblico registro immobiliare)* verlautbart (Art. 2808(2) ital. CC). Die Einschreibung vertraglich bestellter Hypotheken erfolgt auf Antrag, der, als *nota di iscrizione ipotecaria,* die in Art. 2839 ital. CC vorgesehenen Angaben enthalten muss.

[664] Hypotheken sind im *Registo Predial* („Grundbuch") einzutragen (Artt. 2(1)(h) i.V.m. 96 port. CRP).

[665] Auch in Spanien werden Hypotheken im „Grundbuch" *(Registro de la Propiedad)* veröffentlicht (Art. 1875(1) span. CC; Art. 145(2) span. LH; Artt. 215–271 span. RH; s. bereits Rdnr. 292 mit Fn. 601 und zur Veranschaulichung http://www.registradores.org); Hypothekenregister sind unbekannt.

[666] Belgien unterscheidet zwischen einem Register, in dem „die Übertragungen", und einem Register, in dem „die Eintragungen der Vorzugsrechte und Hypotheken" vermerkt werden (Art. 124 belg. Hypothekengesetz). Die *transcription* besteht aus einer Kopie der Urkunde, die *inscription* aus einer Kopie eines *bordereau* (einer Zusammenfassung der wichtigsten Angaben der Urkunde, darunter die Namen der Parteien, die Präzisierung der Belastung und die Identifizierung des Grundstücks (*Grégoire,* Publicité foncière. Sûretés réelles et privilèges, S. 90 Rdnr. 216).

[667] Die *publicité foncière* ist aus der *inscription* der Vorzugsrechte und Hypotheken (der *conservation des hypothèques*) hervorgegangen, nicht umgekehrt die Einschreibung von Hypotheken aus der Publizität in Grundstückssachen (oben Rdnr. 292).

Privilegien werden im *registre des inscriptions* (Art. 2426 franz. CC), die Begründung und der Ewerb der übrigen Immobiliarsachenrechte im *registre des publications* (Kap. III des Dekrets vom 4.1.1955) verlautbart.[668] Beide Register bestehen aus einem Bündel von Urkunden, der *registre des inscriptions* aus chronologisch geordneten *bordereaux d'inscription* (aus Formularen, welche die Eintragung vermerken), der *registre des publications* aus allen nach demselben Verfahren geordneten Urkunden, aus denen sich ein der Publizität unterworfenes Recht herleitet.[669] Der *fichier immobilier* (die Immobilienkartei) erleichtert die Suche. Für jeden Inhaber eines Immobiliarsachenrechts wird darin pro Gemeinde (Art. 4 des Dekrets vom 4.1.1955) eine persönliche und für jede Immobilie eine reale Karte (eine *fiche réelle,* ihrerseits gegliedert in die *fiche d'immeuble* und die *fiche parcellaire:* Artt. 10 und 8 aaO) angelegt; früher – und in Belgien bis heute[670] – konnte man nur nach dem Namen des Grundeigentümers suchen. Karten (Karteien) im physischen Sinn gibt es freilich nicht mehr; der *fichier immoblier* ist nichts anderes als eine einzige große digitale Datenbank, aus der auf Antrag (Art. 2449 franz. CC) jedermann auch ohne Nachweis eines rechtlichen Interesses mit den benötigten Informationen versorgt wird.[671] Publizität im Rechtssinne wird aber unverändert durch die Einlage der Dokumente in das entsprechende Register hergestellt.[672] Alle Register werden seit dem 1.1.2013 vom *service de la publicité foncière* (SPF) geführt, ein dem Wirtschafts- und Finanzministerium zugeordneter, regional tief gestaffelter Verwaltungsdienst.[673] Seine Befugnisse beschränken sich darauf, die förmliche Rechtmäßigkeit der zu publizierenden Urkunde zu kontrollieren. Das materielle Recht schlägt auf die Organisation[674] (Behörde, kein Gericht) und den Gegenstand der Registrierung (Vertragsurkunden, keine Rechte) durch. Der Publizität kommt keine Vermutungswirkung zu; fast möchte man sagen, es zählt, was *nicht* publiziert wurde, nicht, was die Register tatsächlich verlautbaren. Denn der SPF prüft weder die Gültigkeit der zu publizierenden Rechtsgeschäfte noch die Existenz des Rechts, das sie zu transportieren vorgeben.

---

668 Sie sind durch den *registre des dépôts* (das Hinterlegungsregister) verknüpft, der alle Dokumente chronologisch ordnet, die für die Veröffentlichung des jeweiligen Vorganges nötig sind. Alle Urkunden werden zunächst im *registre des dépôts* vermerkt und von dort aus an die übrigen Register weitergeleitet. Das Hinterlegungsregister dient zur Feststellung des Publikationszeitpunkts und entscheidet damit über den Rang des publizierten Rechts. Es gilt sowohl für die *inscriptions hypothécaires* als auch für die Publikation der anderen Rechte. Zusätzlich existiert der *registre des saisies immobilières,* das Pfändungsregister. Hier werden auch Zahlungsaufforderungen, die als Pfändung eines Grundstücks gelten, veröffentlicht (näher *Aynès und Crocq,* Les sûretés. La publicité foncière[7], S. 296 Rdnr. 637).

669 *Aynès und Crocq* aaO („Le registre des inscriptions comprend, par ordre chronologique, tous les bordereaux d'inscription, remis en double exemplaire au service de la publicité foncière, dont l'un est restitué, après l'accomplissement de la formalité, au requérant. Le registre des publications comprend, reliés suivant le même procédé, tous les actes [expédition, copies ou extraits littéraux] constatant un droit soumis à publicité").

670 Der belgische *répertoire* ist nach den Namen der Eigentümer geordnet, unter denen sich eine Zusammenfassung der *actes inscrits* und der *actes transcrits* findet (Art. 125 belg. Hypothekengesetz; dazu *Grégoire,* Publicité foncière. Sûretés réelles et privilèges, S. 91 Rdnr. 219).

671 *Piedelièvre und Piedelièvre,* La publicité foncière, S. 97 Rdnr. 146.

672 *Simler und Delebecque,* Droit civil: Les sûretés, la publicité foncière[6], S. 787 Rdnr. 911.

673 Näher *Suquet-Cozic,* Publicité foncière, S. 19 Rdnr. 170 sowie *Piedelièvre und Piedelièvre* aaO S. 34 Rdnr. 54.

674 Zu ihr näher *Fournier und Lamiaux,* Publicité foncière[3], S. 37.

303 Der **italienische *pubblico registro immobiliare*** wird nach dem Kontinuitätsprinzip (*principio di continuità delle trascrizioni;* Art. 2650(1) und (2) ital. CC[675]) weiterhin nach Rechtssubjekten geführt.[676] Alle Eintragungen beruhen auf einer ununterbrochenen Kette von Personen, der *trascrizione pro* oder *a favore,* der „positiven" Eintragung zugunsten des Erwerbers, und der *trascrizione contro,* der „negativen" Eintragung zum Nachteil des Verkäufers.[677] Ein und dieselbe Person wird also zweimal eingetragen, einmal als Erwerber und einmal als Veräußerer. Gesucht wird nach dem Namen des Grundeigentümers, der Katasternummer (das ist in der Praxis die Regel) oder den positiven oder negativen Eintragungen. Des Nachweises eines besonderen rechtlichen Interesses an der (auch elektronisch möglichen) Einsichtnahme bedarf es nicht; sie ist allerdings gebührenpflichtig. Gegenstand der Publizität sind Urteile und Verträge (Einzelheiten in Art. 2643 ital. CC). Es geht um Rechtsgeschäfte und Urteile, mit denen das Eigentum an unbeweglichen Sachen übertragen bzw. andere Immobiliarsachenrechte begründet, übertragen, geändert oder gelöscht werden. Unter Art. 2645 ital. CC sind außerdem alle Verfügungen bekanntzumachen, „die in Rücksicht auf unbewegliche Sachen oder Rechte an unbeweglichen Sachen irgendeine der Wirkungen der in Artikel 2643 erwähnten Verträge hervorbringen". Der *pubblico registro immobiliare* wird von der *conservatoria dei registri immobiliari* geführt, eine Behörde, kein Gericht. (Ablehnende Eintragungsentscheidungen sind allerdings gerichtlich anfechtbar: Art. 113*bis* disp.att.c.c. und Art. 745 ital. CPC). Bei der *Conservatoria* ist der jeweilige Titel anzumelden (Art. 2657 ital. CC). Es bedarf eines Urteils, einer öffentlichen Urkunde oder einer Privaturkunde mit öffentlich beglaubigter Unterschrift (Art. 2657(1) ital. CC). Zusätzlich ist eine Eintragungsnote, die *nota di trascrizione,* erforderlich, die den Anforderungen des Art. 2659 ital. CC genügt.

304 Das **spanische** Eigentumsregister ***(Registro de la Propiedad)*** ist eine Institution, ein Amt und eine Sammlung von Büchern zugleich.[678] Es hat die Registrierung der Urkunden und Verträge *(actos y contratos)* über das Eigentum und die übrigen dinglichen Rechte an unbeweglichen Gütern zum Gegenstand (Art. 605 span. CC; Art. 1 Satz 1 span. LH). In die *Registros* werden translative Verträge und Erklärungen *(títulos traslativos o declarativos)* zum Grundeigentum eingetragen (Art. 2(1) span. LH), desgleichen Rechtsgeschäfte *(títulos),* die Verfügungen über Nießbrauchrechte, dingliche Nutzungs-, Wohn- und Erbpachtrechte, Hypotheken, Reallasten, Dienstbarkeiten und alle sonstigen dinglichen Rechte enthalten (Art. 2(2) aaO). *Títulos* werden nur eingetragen, wenn sie in öffentlicher Form vorgelegt werden (Art. 3 span. LH). Das **portugiesische** „Grundbuch" ***(Registo Predial)*** soll zur Sicherheit des Rechtsverkehrs die Rechtslage an Grundstücken offenlegen (Art. 1 port. CRP). Dem Gesetzeswortlaut nach handelt es sich um die Registrierung von Tatsachen (Art. 2 port. CRP: *factos*); es

[675] „In den Fällen, in denen nach den vorhergehenden Bestimmungen ein Erwerbsgeschäft der Eintragung unterliegt, sind nachfolgende Eintragungen oder Einschreibungen zu Lasten des Erwerbers wirkungslos, wenn dieses vorhergehende Erwerbsgeschäft nicht eingetragen worden ist. Ist das vorhergehende Erwerbsgeschäft eingetragen worden, so sind die nachfolgenden Eintragungen oder Einschreibungen, vorbehaltlich der Bestimmung des Artikels 2644, nach ihrer jeweiligen Reihenfolge wirksam".

[676] Es gilt das sogen. Personalprinzip: *Torrente und Schlesinger,* Manuale di diritto privato[21], S. 1381.

[677] *Magri,* IJVO 19 (2014/15) S. 51, 58.

[678] Näher und statt vieler *Roca Sastre et al.,* Derecho hipotecario I[9], S. 13 (mit einer Kritik der gesetzlichen Regelung S. 15–16).

können allerdings nur Tatsachen registriert werden, die sich durch Dokumente rechtlich beweisen lassen (Art. 43(1) port. CRP).[679] Tatsachen sind auch die sogen. Rechtstatsachen *(factos jurídicos),* welche die Begründung, die Anerkennung, den Erwerb oder die Änderung des Eigentums, eines Nießbrauch, Gebrauchs- und Wohnrechts, Erbbaurechts oder einer Grunddienstbarkeit bewirken (Art. 2(1)(a) aaO); außerdem gehört der „bloße Besitz" (*mera posse,* der titellose Besitz) dazu (Art. 2(1)(e) aaO).[680] Eintragungspflichtig sind unter Art. 3(1)(a) aaO ferner alle Klagen, die auf die Anerkennung, die Begründung, die Änderung und das Erlöschen der genannten Rechte gerichtet sind. Das herkömmliche **griechische Transkriptionsbuch** *(biblio metagraphón)*[681] bindet notariell beurkundete Verträge in chronologischer Reihenfolge. Hinzu kommen drei Hilfsbücher, das allgemeine Dokumentenregister (*genikó biblio ekthéseon*), das alphabetische Register *(genikó alphabetikó euretério)* und das Anteileregister *(euretério meridon).* Das alphabetische Register handelt von allen Personen, welche im Transkriptionsbuch, im Hypothekenbuch, im Zwangshypothekenbuch oder im Ansprüchebuch verlautbart sind. Gesucht wird also nach dem Nachnamen des Verkäufers. Man wird vom alphabetischen zu den übrigen Registern und von ihnen zu der fraglichen Stelle im Transkriptionsbuch geführt. Wichtig ist, dass das Anteileregister zusammen mit dem Transkriptionsbuch eine Einheit bildet. Der in das Transkriptionsbuch einzutragende Titel (also die notariell beurkundete Kopie des notariell beurkundeten Kaufvertrags) muss auch im Anteileregister verlautbart werden; andernfalls bleibt die Transkription unvollendet und daher ungültig.[682]

(2) Registrierung von estates

Das Gegenmodell zu der französischen *publicité foncière* findet man in der **englischen** 305
land registry. England ist mit dem Versuch, Grundstückstransaktionen durch eine staatliche Stelle zu kanalisieren, lange gescheitert. Es fehlte an Grundvoraussetzungen, darunter flächendeckende Kataster und öffentlich bestellte Notare; der Verkehr mit Rechten an Grundstücken blieb über Jahrhunderte eine private Angelegenheit.[683] Noch der Registry Act 1862 und der Land Transfer Act 1897 setzten auf rein freiwillige Eintragungen.[684] Die Innovation kam am Ende aus den Kolonien. Mit dem Real Property

---

[679] Die Dokumente bestehen ihrerseits aus den Urkunden *(títulos),* deren Vorlage Voraussetzung für die Registereintragung ist (*Januário und Gameiro,* Direito Registral Predial, S. 214).

[680] Er ist eine der „der Registereintragung unterliegenden Tatsachen". Anträge auf die Registrierung des bloßen Besitzes sind jedoch sehr selten, weil sie unter Art. 1295(2) port. CC eine Entscheidung in einem besonderen „Rechtfertigungsverfahren" voraussetzen, in dem rechtskräftig festgestellt wurde, dass der Besitzer die Sache seit mindestens fünf Jahren friedlich und öffentlich besitzt (*Seabra Lopes,* Direito dos Registos e do Notariado[6], S. 354, Fn. 52).

[681] Zu seiner Ablösung durch Grundbücher oben Fn. 617. Mit Gesetz 4472/2017 wurde zudem ein neues Register für über Onlineplattformen kurzvermietete Grundstücke geschaffen, das gleichfalls nach Grundstücken (und nicht nach den Namen der Eigentümer) organisiert ist. Für die Vermieter ist die Eintragung obligatorisch (Art. 46(5) aaO). Das Register dient freilich vorwiegend steuerrechtlichen, nicht privatrechtlichen Zwecken.

[682] Areopag 205/1957, NoB 5 (1957) S. 775; Areopag 489/1956, NoB 5 (1957) S. 121; Areopag 116/1954, ArchN 5 (1954) S. 258; Berufungsgericht Thessaloniki 502/1962, NoB 11 (1963) S. 113; *Georgiades,* Emprágmato Díkaio[2], S. 1212 Rdnr. 57.

[683] Scottish Law Commission, Report on Land Registration I, (2010) Scot Law Com No 222, Rdnr. 2.13. Zu den bis auf das 15. und 16. Jahrhundert zurückgehenden Versuchen, daran etwas zu ändern, *Howell,* 58 (1999) CLJ 366, 371–375.

[684] Näher Cheshire und Burn (*-Burn und Cartwright*), Modern Law of Real Property[17], S. 101.

Act (SA) 1858 war (zunächst für South Australia, später für ganz Australien und dann auch für Neuseeland) unter Federführung von *Robert Torrens* ein System geschaffen worden, das nicht auf *registration of title,* sondern auf *title by registration* setzte.[685] Unter einem **Torrenssystem** begründet die Registrierung den Titel, nicht der Titel die Registrierung; der Staat wird zum zentralen Akteur.[686] Auf die Wirksamkeit der Parteivereinbarung kommt es (mit Ausnahme von *fraud*) nicht an; es geht um den Schutz derer, die vom Eingetragenen erwerben.[687] England zögerte zunächst, ein derart revolutionäres System bei sich einzuführen. Der Land Registration Act 1925 brachte, in geordneter Neufassung eines weiteren Land Transfer Acts (des Land Transfer Acts 1875), zwar die Grundlage für eine schrittweise Eintragung aller *estates,* ließ aber in zahlreichen Sondervorschriften Ausnahmen zu. Es blieb den einzelnen Counties überlassen, ob und wann sie für ihre Region Eintragungen zwingend vorsehen wollten. Erst im Jahre 1990 konnten alle Lücken geschlossen werden.[688] Gleichzeitig mit dem LRA 1925 entstand mit dem (inzwischen durch den Land Charges Act 1972 ersetzten) Land Charges Act 1925 für **nicht registrierte Grundstücke** ein Sonderregister für beschränkte dingliche Rechte. Eintragungspflichtige, aber nicht voreingetragene Belastungen entfalten gegenüber dem Erwerber eines beschränkten Rechts keine Wirkung (sec. 4 LCA 1972), nicht einmal bei Kenntnis (sec. 199(1)(i) LPA 1925); umgekehrt hindert eine Eintragung jeden gutgläubig lastenfreien Erwerb (sec. 198 LPA 1925). Für Belastungen nicht eingetragener *estates in land* ist es bis heute bei dieser Regelung geblieben.

306 An die Stelle des Land Registration Act 1925 trat im Jahre 2002 ein gänzlich neues Gesetz, der Land Registration Act 2002. Der Law Commission, die den LRA 2002 konzipiert hatte[689], ging es neben der Ermöglichung elektronischer Verfügungen *(e-conveyancing)* um das „fundamental objective … that … the register should be a complete and accurate reflection of the state of the title of the land at any given time".[690] Damit war die Marschroute abgesteckt. Das neue Register würde sich an seinem australischen Vorbild orientieren. Nirgendwo wird das deutlicher als in sec. 58 LRA 2002: „If on the entry of a person in the register as the proprietor of a legal estate, the legal estate would not otherwise be vested in him, it shall be deemed to be vested in him as a result of the registration".[691]

307 Zur Führung des Registers autorisiert sec. 99 LRA 2002 *Her Majesty's Land Registry.* Diese Behörde ist dem Wirtschaftsministerium unterstellt; sie finanziert ihre 4.500

---

[685] Welche Vorbilder *Torrens* als Inspirationsquelle dienten, ist nicht völlig geklärt, näher *Taylor,* 29 (2008) J Legal Hist 253.

[686] *Niblack,* 24 (1915) YLJ 274. Streng genommen erwirbt jeder neu Eingetragene also durch staatlichen Akt ein neues Eigentumsrecht (*Breskvar v Wall* (1971) 126 CLR 376, 385 (*Barwick* CJ)).

[687] *Bant,* [2011] Conv S. 309, 311–313. Ist allerdings der Vertrag zwischen X und Y unwirksam, wird Y aber eingetragen, und wird der *estate* von Y anschließend auf Z übertragen und Z als neuer Inhaber registriert, dann erlangt nicht erst Z einen *indefeasible title,* vielmehr vor ihm auch schon Y; es gibt keine *deferred,* sondern eine *immediate indefeasability* (*Frazer v Walker* [1967] 1 AC 569 [PC]; *Breskvar v Wall* (1971) 126 CLR 376).

[688] *Sparkes,* A New Land Law, S. 24.

[689] Ihr „Report" kündigte schon im Titel Großes an: "Land Registration for the Twenty-First Century: A Conveyancing Revolution", (2001) Law Com Rep No 271.

[690] AaO Rdnrn. 1.1 und 1.5.

[691] Einzelheiten unten Rdnr. 327.

Mitarbeiter aus Gebühren (sec. 102 LRA 2002).[692] Beschwerden gegen ihre Entscheidungen unterliegen einer speziellen Gerichtsbarkeit.[693] Selbständig eingetragen werden *estates in land, rentcharges, franchises* und *profits à prendre in gross* (sec. 2(a)(i)-(iv) LRA 2002), alle anderen Rechte nur, wenn sie mit jenen verbunden sind oder sie belasten (sec. 2(a)(v) LRA 2002). Jeder Eintrag erhält eine individuelle Nummer (rule 4(1) LRR 2003). Er ist in drei (vom Gesetz gleichfalls *registers* genannte) Abschnitte gegliedert (rule 4(2) LRR 2003), das *property register,* das *proprietorship register* und das *charges register.* Das *property register* (rules 5–7 LRR 2003) enthält den *title plan* (rule 5(a) LRR 2003)[694] und beschreibt den *estate* (zu *leaseholds* näher rule 6 LRR 2003) bzw. das Recht. Das *proprietorship register* (rule 8 LRR 2003) verlautbart den Inhaber und die *classes of title*[695], außerdem *covenants* (rules 64 und 65 LRR 2003) und Angaben zum Wert des *estate.* Das *charges register* schließlich verzeichnet Belastungen, darunter *leases, sub-leases* und *mortgages,* sowie Verfügungen über sie (rule 9 LRR 2003). Die Register können von jedermann online eingesehen werden (secs. 66 und 67 LRA 2002); gesucht wird nach *estates* und *plots of land* (sec. 68 LRA 2002 und rule 10 LRR 2003). Nur die Einsicht in das Namensregister setzt den Nachweis eines berechtigten Interesses voraus (rule 11 LRR 2003).

Bislang nicht eingetragene *estates* müssen aus Anlass einer anstehenden Verfügung 308
eingetragen werden (secs. 4–6 LRA 2002), wenn sie nicht bloß *in equity* wirken sollen (sec. 7 LRA 2002); freiwillige Ersteintragungen sind jederzeit möglich (sec. 3 LRA 2002).[696] Eintragungen werden auf vorgegebenen Formularen elektronisch beantragt (rules 13 ff LRR 2003). Gegenstand der Eintragung sind (neben den erwähnten Rechten) *estates* bzw. Titel[697], nicht „Grundstücke" i. S. v. *land units.* Ein *freehold title* (das *fee simple*) kann als ***absolute, qualified* und *possessory title*** eingetragen werden (sec. 9(1) LRA 2002). Der Registerbeamte bringt mit diesen *classes of title* seine Einschätzung zum Ausdruck, für wie wahrscheinlich er es hält, dass der Titel erfolgreich angegriffen werden kann (sec. 9(2)-(3) aaO).[698] Wer keinen Nachweis seines *title* zu erbringen vermag, aber im Besitz des Grundstücks ist oder daraus wie ein Inhaber Geldleistungen bezieht, wird (zumindest vorerst) nur mit einem *possessory title* registriert.[699] Ein *qualified title* wird eingetragen, wenn der *estate* dem Antragsteller aus Sicht des Beamten lediglich auf Zeit zusteht (sec. 9(4) LRA 2002). Für den *leasehold estate* wurde zusätzlich eine vierte Kategorie eingeführt, der *good leasehold title.* Er hat mit

---

692 Im Jahr 2014/15 will sie sogar einen Überschuss von über 36 Mio. Pfund erwirtschaftet haben (Land Registry, Annual Report and Accounts 2014/15, S. 11 und 29).

693 Beschwerden gehen im Regelfall an den *adjudicator* (sec. 107 LRA 2002), dessen Funktionen heute das sogenannte *first-tier tribunal* wahrnimmt (sec. 31 Tribunals, Courts and Enforcement Act 2007); Berufungsinstanz ist das *upper tribunal* (sec. 9 aaO).

694 Zu ihm schon oben Fn. 611.

695 Dazu sogleich Rdnr. 308.

696 Der Inhaber eines *unregistered estate* hat zudem die Möglichkeit, bei der Land Registry eine sogen. *caution* zu hinterlegen (sec. 15 LRA 2002), die in einem gesonderten Register erfasst wird (sec. 19 LRA 2002). Dann wird er über fremde Eintragungsanträge informiert und kann gegen diese nötigenfalls Widerspruch einlegen (sec. 16 LRA 2002).

697 Das Gesetz verwendet *title* und *estate* weithin synonym (näher *McClure/Stebbings/Goldberg,* 7 (1992) Denning LJ 103).

698 Es kommt darauf an, „that the person's title to the estate is such as a willing buyer could properly be advised by a competent professional adviser to accept" (sec. 9(2) LRA 2002).

699 *Gray und Gray,* Land Law[7], Rdnr. 3–014.

dem *absolute (leasehold) title* gemein, dass der Registerbeamte den Titel für wirksam hält (sec. 10(2)(a) und (3) LRA 2002). Zur Eintragung eines *absolute title* muss der Beamte aber zusätzlich auch davon überzeugt sein, dass der *lessor* berechtigt war, den *leasehold estate* einzuräumen (sec. 10(2)(b) LRA 2002). Die Eintragung als *estate* (und nicht als bloße Belastung des *freehold* oder eines anderen *leasehold*) setzt allerdings eine Mindestrestlaufzeit von sieben Jahren voraus (secs. 3(3), 4(1)(c) und (2)(b) LRA 2002). *Estates* können später „hochgestuft" werden (secs. 62 und 63 LRA 2002, rule 124 LRR 2003). Das ist besonders wichtig für Personen, die an einem *freehold* zunächst nur einen *possessory title* halten, aber nach Ablauf von zwölf Jahren immer noch im Besitz des *estate* sind. Dann wird ihr Titel *absolute.* In der Parallelsituation des *leasehold* wird nunmehr ein *good leasehold* registriert (sec. 62(4) LRA 2002).

309 Belastungen eines *estate* werden auf Antrag des Begünstigten im Wege der ***notice*** eingetragen (secs. 32(1), 34 LRA 2002). Einer *agreed notice* hat der Inhaber des *estate* zugestimmt (sec. 34(2)(a), (3) und (4) LRA 2002), einer *unilateral notice* nicht (secs. 34(2)(a), 35 LRA 2002). Er wird aber darüber informiert und kann daraufhin ihre Löschung beantragen, worüber wiederum die andere Seite informiert wird, so dass sie ihrerseits der Löschung widersprechen kann (secs. 35 und 36 LRA 2002). Dieses merkwürdige System hat seinen Grund in sec. 32(3) LRA 2002, wonach der Eintragung einer *notice* (anders als der Eintragung eines *estate*) gerade keine rechtsbegründende Wirkung zukommt. Eine *notice* dient allein der Sicherung des Vorranges (*priority,* sec. 32(3) aaO). Sie steht zudem weder für *trusts* und *settlements* (sec. 33(a) LRA 2002) zur Verfügung, auch nicht für kurzfristige *leases* (sec. 33(b) LRA 2002: weniger als drei Jahre), *restrictive covenants* im Rahmen einer *lease* (sec. 33(c) LRA 2002), *commons* und *greens* (sec. 33(d) LRA 2002) sowie Rechte an bestimmten Rohstoffen (sec. 33(e) LRA 2002). Das hängt teils mit der Sorge vor einer Überfrachtung des Registers, teils (bei *commons* und *greens* und bei Bergbaurechten) mit der Existenz separater Register zusammen. ***Restrictions*** schließlich verhindern die Eintragung von Verfügungen (secs. 40 und 41 LRA 2002). Sie können auch ein *overreaching* sicherstellen[700] und Ansprüche auf eingetragene Rechte schützen (sec. 42(1) LRA 2002). Wo eine *notice* eingetragen werden kann, ist die Eintragung einer *restriction* freilich ausgeschlossen (sec. 42(2) LRA 2002).

(3) Registrierung von Grundstücken und Rechten

310 Eine dritte Art der Liegenschaftsregister sind die **Grundbücher.** Sie verlautbaren die Inhaberschaft von Grundeigentum und anderen Immobiliarsachenrechten. Das unterscheidet sie von der *publicité foncière;* Grundbücher sind, wie die englische *land registry,* Rechte-, keine bloßen Urkundenregister. Im Unterschied zur *land registry* sind Grundbücher jedoch aus der Perspektive von Grundstücken entworfen und aufgebaut; auch **Schottland** verfügt, so betrachtet, über ein Grundbuch.[701] Grundbücher sind

[700] *Overreaching* meint, vor allem in Bezug auf *trust interests,* den Vorgang, durch den bei einer Veräußerung des mit dem *trust* belasteten *estate* der *trust* am *estate* endet und sich stattdessen am Erlös fortsetzt (sec. 2 LPA 1925; *City of London Building Society v Flegg* [1987] UKHL 6; [1988] 1 AC 54). Sind zwei oder mehr Personen als Inhaber eines *estate* eingetragen, stellt die Eintragung einer *restriction* sicher, dass sich das Miteigentum bei Veräußerung am Erlös fortsetzt (sec. 44(1) LRA 2002).

[701] Da das schottische Recht keine *estates* kennt, ist das dortige Register nach Grundstücken (*plots of land,* sec. 3(1) LR(S)A 2012) aufgebaut. Das sind *areas of land,* die im Eigentum dersel-

m. a. W. **Sach- und Rechteregister** in einem.[702] Sie (nicht das Kataster) schaffen Grundstücke, registrieren sie und unterrichten über die sie charakterisierenden Eigentums- und Belastungsverhältnisse. Nur „Grundbücher", die als Teil eines einheitlichen (Kataster und Rechteregister zusammenfassenden) Registers eingerichtet wurden, werden von Verwaltungsbehörden geführt[703]; separate Grundbücher sind bei erstinstanzlichen Gerichten angesiedelt.[704] Vor allem aber sind Grundbücher öffentliche Register, auf deren Eintragungen der Privatrechtsverkehr angewiesen ist. Unter der Herrschaft eines Grundbuchsystems muss zwar nicht notwendig der Erwerb ausnahmslos aller Rechte daran scheitern, dass er nicht eingetragen wurde. Aber wo, genau umgekehrt, ausnahmslos jedes Immobiliarsachenrecht auch ohne Registrierung erworben werden kann, da gehört das Liegenschaftsregister nicht mehr zur Gruppe der Grundbücher. Eintragungen in ein Grundbuch verhindern nicht nur, dass konkurrierende Erwerbsvorgänge Drittwirkung entfalten; Eintragungen in ein Grundbuch werden, wenn auch von Land zu Land und von Recht zu Recht in unterschiedlichem Maße, selber Teil des Erwerbsvorganges. Grundbüchern kann sogar eine Richtigkeitsfiktion innewohnen. Dann genießen sie, wie man sagt, öffentlichen Glauben, so dass sich jedenfalls ein Erwerber, der die Unrichtigkeit einer Voreintragung nicht kennt, zu seinem Vorteil auf den verlautbarten Rechtszustand berufen kann.[705]

Die **polnischen** *księgi wieczyste* gehören nach diesen Maßstäben tatsächlich zu den 311
Grundbüchern. Zwar gelten die Grundsätze der Doppelwirkung schuldrechtlicher Verträge und der konsensualen Eigentumsübertragung unter Art. 155 poln. ZGB auch für Grundstücke. Aber eine Reihe von Immobiliarsachenrechten können gleichwohl nur im Wege der Grundbucheintragung erworben werden. Dazu zählen das besondere

---

ben Person(en) stehen (sec. 3(3) aaO). Allerdings können, insoweit ähnlich wie in England, auch für *leases* eigene *title sheets* angelegt werden (sec. 3(2) aaO). Für jeden *plot of land* wird ein *title sheet record,* eine *cadastral map,* ein *archive record* und (für die noch nicht bearbeiteten Eingänge) ein *application record* geführt (sec. 2 LR(A)A 2012). Der *title sheet* wiederum besteht aus der *property section,* der *proprietorship section,* der *securities section* und der *burdens section* (sec. 5 LR(A)A 2012). Ein Muster für einen typischen Registerauszug findet man in Scottish Law Commission, Report on Land Registration (2010) Scot Law Com No 222, Volume Two, Appendix E.

702 *Gniewek,* Prawo rzeczowe[8], S. 290–291 Rdnr. 906.

703 Oben Rdnr. 295. Unter § 5:165 ungar. ZGB ist das dortige Immobilienregister „das öffentliche und im öffentlichen Glauben stehende Register der auf Immobilien bezogenen Rechte sowie vom rechtlichen Aspekt bedeutenden Tatsachen". Es trägt also deutliche Merkmale eines Grundbuchs, wird aber von einer Verwaltungsbehörde geführt. Unter § 1105 tschech. BGB kann Eigentum an eingetragenen Immobilien sogar nur durch Eintragung in das Liegenschaftskataster erworben werden. Gleichwohl wird dieses Register von einer Behörde geführt.

704 So verhält es sich in Deutschland (§ 1 GBO), Estland (§ 2 estn. Grundbuchgesetz), Österreich (§ 14 AllgGAG), Polen (Art. 23 Satz 1 poln. GBHG) und Slowenien (Art. 4 slowen. Grundbuchgesetz).

705 § 892 dt. BGB (dazu BGH 12.10.2012, NJW-RR 2013 S. 789: darauf, dass das Grundbuch vor dem Erwerb unrichtig war, kommt es auch dann nicht an, wenn die Unrichtigkeit dem Voreingetragenen gegenüber noch hätte geltend gemacht werden können); § 56[1](1) estn. LPA; Art. 3(1) poln. GBHG (es handelt sich allerdings um eine widerlegliche Richtigkeitsvermutung: *Gniewek,* Księgi wieczyste, Art. 3 Rdnr. 41; poln. OG 26.3.1993, III CZP 14/93, OSNCP 1993.11.196, Legalis-Nr. 28093) und Art. 10 slowen. SPZ („Wer im Rechtsverkehr redlich auftritt und den Angaben im Grundbuch vertraut, darf daraus keinen Schaden erleiden") i. V. m. Art. 4 slowen. Grundbuchgesetz.

Eigentum an Gebäuden auf Grundstücken, an denen ein ewiger Nießbrauch bestellt wurde (Art. 27 Satz 2 poln. ImmobilienwirtschaftsG i. V. m. Art. 235 § 2 poln. ZGB), der ewige Nießbrauch selbst (Art. 27 Satz 2 aaO) und bereits gebuchte beschränkte dingliche Rechte aller Art (Art. 245[1] poln. ZGB).[706] Eine Räumlichkeit entsteht erst durch Eintragung im Grundbuch (Art. 7(2) poln. Gesetz vom 24.6.1994 über Eigentum an Räumlichkeiten). Außerdem genießen Grundbucheintragungen die Vermutung der Richtigkeit (Art. 3(1) poln. GBHG) und sind, auch wenn sie (wie beim Eigentum) nicht konstitutiv sind, obligatorisch.[707] Unter Art. 1(1) poln. GBHG werden Grundbücher zur Feststellung der Rechtsverhältnisse an Liegenschaften geführt; für jede Liegenschaft ist der Regel nach ein selbstständiges Grundbuch anzulegen (Art. 24 GBHG).[708] Zuständig sind die Rayonsgerichte (die Amtsgerichte, *sądy rejonowe*) (Art. 23 S. 1 poln. GBHG). Grundbücher werden ausschließlich elektronisch geführt (Art. 25[1] Abs. 1 poln. GBHG); die Grundlage dafür ist eine vom Justizministerium unterhaltene zentrale Datenbank (Art. 36[3](1) poln. GBHG). Die Zentrale unterhält Zweigstellen bei den Amtsgerichten. Sie erstellt auf Antrag Abschriften und Auszüge aus den Grundbüchern, die aber durch das EDV-System auch unmittelbar eingesehen werden können (Art. 36[4](5) aaO). Ein Grundbuch besteht aus vier Abteilungen (Art. 25 aaO): (i) der Bezeichnung der Liegenschaft und der mit dem Eigentum an ihr verbundenen Rechte, (ii) den Eintragungen über das Eigentum und den ewigen Nießbrauch, (iii) den Eintragungen beschränkter dinglicher Rechte (mit Ausnahme der Hypotheken) und Verfügungsbeschränkungen, und (iv) Eintragungen zu Hypotheken. Eintragungsfähig sind neben Sachenrechten (Eigentum und ewiger Nießbrauch, der einfache Nießbrauch, Dienstbarkeiten, Hypotheken und das genossenschaftliche Raumeigentum) allerdings auch bestimmte im Gesetz aufgelistete Schuldrechte[709], darunter Miete und Pacht, Ansprüche auf Übertragung des Eigentums, des ewigen Nießbrauchs oder eines beschränkten dinglichen Rechts, Ansprüche aus Miteigentumsverhältnissen, aus hypothekarisch gesicherten Forderungen einer Hypothekenbank und Rechte aus Timesharingverträgen (Art. 16(2) aaO). Solche Eintragungen bewirken, dass das persönliche Recht gegenüber späteren Erwerbern des Grundstücks wirksam bleibt. Ist ein Anspruch auf den Erwerb des Eigentums eingetragen, ist der zwischenzeitliche Eigentumserwerb eines Dritten amtswegig zu löschen, sobald das Recht des Anspruchsinhabers eingetragen wird (Artt. 17 und 18 aaO).

312 Eine herausragend wichtige Rolle spielen Grundbücher in Österreich und in Deutschland. Das **österreichische** Grundbuchsystem ist eines der ältesten Europas; es hat auch dem deutschen als Vorbild gedient.[710] Österreich folgt seit dem 19. Jahrhun-

---

[706] Oben Rdnr. 293.

[707] Oben Rdnr. 288. Hinsichtlich des Eigentums kommt der Grundbucheintragung also nur deklaratorische Wirkung zu; sie hat, wie man sagt, Publizitätscharakter (*Gniewek,* Prawo rzeczowe[8], S. 105 Rdnr. 304).

[708] Ausnahmen betreffen benachbarte Liegenschaften im Eigentum derselben Person (Art. 21 poln. GBHG). Bei der Abtrennung von Grundstücksteilen wird nach den Regeln der VO vom 17.9.2001 zur Führung der Grundbücher (Dz. U. 2001.102.1122) ein neues Grundbuch eingerichtet. Für Grundstücke im ewigen Nießbrauch und die darauf befindlichen Gebäude bleibt es bei einem einzigen Grundbuch (Art. 24(1)[1] poln. GBHG in der seit dem 1.4.2016 gültigen Fassung).

[709] Näher *Gniewek* aaO S. 293 Rdnr. 913.

[710] Zu Vorläufern (darunter die mittelalterlichen Wiener Grundbücher) instruktiv *Demelius,* JBl 1955 S. 218 sowie *ders.,* Österreichisches Grundbuchsrecht, S. 1–5 (böhmische Landtafeln,

dert dem sogen. Realfoliensystem, ordnet also im Gegensatz zum Personalfoliensystem nicht nach Personen, sondern nach Grundstücken. Damit gehen einher: (i) das System des Hauptbuches, das alle Grundstücke in einer politischen Gemeinde bzw. einem Bezirk auflistet, (ii) die Verknüpfung dieses Buches mit dem Kataster und (iii) die Grundbuchführung durch Gericht.[711] Grundbüchern werden ganz „ähnliche Aufgaben wie de(m) Besitz bei beweglichen Sachen" zugeschrieben.[712] Das aktuelle Grundbuchrecht fußt auf dem Grundbuchsgesetz von 1955 (GBG)[713], das seinerseits den Eintragungsgrundsatz des § 431 ABGB[714] zur Voraussetzung hat. Den Aufbau und die technischen Einzelheiten regelt das Allgemeine Grundbuchsanlegungsgesetz (AllGAG), das durch das Gesetz zur Umstellung des Grundbuchs auf automationsunterstützte Datenverarbeitung (Grundbuchsumstellungsgesetz, GUG) modernisiert wurde. Ein weiteres Gesetz, das Liegenschaftsteilungsgesetz (LiegTeilG), befasst sich mit der Zu- und Abschreibung von Liegenschaften. Grundbuchsgerichte sind die Bezirksgerichte (§ 14 AllGAG). Das Grundbuch besteht aus dem Hauptbuch und der Urkundensammlung (§ 1 GBG). Das „Hauptbuch" enthält „Grundbuchseinlagen" (§ 2(1) GBG), in denen der Grundbuchskörper und die an ihm bestehenden Rechte eingetragen werden (§ 2(2) GBG). Der „Grundbuchskörper" besteht aus einem oder mehreren Grundstück(en).[715] Rechte können nur am ganzen Grundbuchskörper eingetragen werden (§ 3(1) GBG). Rechte an „Grundstücken" sind im Sinne des Grundbuches stets Rechte an einem Grundbuchskörper.[716] Die „Grundbuchseinlage" gliedert sich in das Gutbestandsblatt (das A-Blatt), das Eigentumsblatt (das B-Blatt) und das Lastenblatt (das C-Blatt) (§ 6(1) AllGAG). Das „Gutbestandsblatt" definiert den Grundbuchskörper (§§ 7 und 8 aaO). Das „Eigentumsblatt" verlautbart den Eigentümer, das „Lastenblatt" alle beschränkten dinglichen Rechte (§ 11 aaO). Das Hauptbuch und das Grundstücksverzeichnis des Katasters werden heute in einer einheitlichen Grundstücksdatenbank geführt (§ 2(1) GUG, §§ 9(1), 52 VermG). Das im Aufbau begriffene (von den Vermessungsbehörden geführte, nicht mit dem alten Steuerkataster zu verwechselnde[717]) Grenzkataster erlaubt, soweit bereits realisiert, die sichere Feststellung der Grundstücksgrenzen (§ 8 Nr. 1 VermG). Ein „auf die in der Natur ersichtlichen Grenzen eines Grundstückes gegründeter Anspruch kann demjenigen nicht entgegengehalten werden, der ein

---

deutsche Stadtrechte; aus letzteren stamme das Eintragungsprinzip; aus dem preußischen Allgemeinen Landrecht der Vertrauensgrundsatz).

[711] *Rechberger und Bittner,* Grundbuchsrecht², Rdnr. 10.

[712] *Iro,* Sachenrecht⁴, Rdnr. 3/3, der zugleich aber betont, dass Grundbücher präzisere und differenziertere Publikationsmittel seien als der Besitz, was wiederum erkläre, warum das Mobiliar- und das Immobiliarsachenrecht unterschiedliche Regelungen zum Recht des gutgläubigen Erwerbs ausgebildet hätten.

[713] Zu seiner Entstehung *Kocevar,* ÖJZ 1955 S. 614.

[714] „Zur Übertragung des Eigenthumes unbeweglicher Sachen muß das Erwerbungsgeschäft in die dazu bestimmten öffentlichen Bücher eingetragen werden. Diese Eintragung nennt man Einverleibung (Intabulation)".

[715] *Iro,* Sachenrecht⁴, Rdnr. 3/10.

[716] „Grundstücke" sind nach der Definition in § 5(1) Satz 2 AllGAG „jene Teile einer Katastralgemeinde, die im Zeitpunkt des Inkrafttretens des Vermessungsgesetzes als solche im Grundsteuerkataster mit einer eigenen Nummer bezeichnet sind oder später durch Grundbuchsbeschluss neu gebildet werden".

[717] Unter dem alten Steuerkataster genossen (bzw. genießen) die Grenzangaben keinerlei Vertrauensschutz; maßgeblich sind vielmehr die tatsächlichen Grenzen des Grundstücks (OGH 22.8.1996, SZ 69/187; OGH 5.6.2008, 6 Ob 102/08f; näher *Spielbüchler,* JBl 1980 S. 169, 171).

Recht im Vertrauen auf die im Grenzkataster enthaltenen Grenzen erworben hat" (§ 49 VermG).

313 Änderungen im Grundbuch erfolgen der Grundregel nach nur auf Antrag der Parteien (§ 76 GBG); antragsberechtigt ist jede Seite, so dass z. B. auch der Verkäufer die Eintragung des Käufers beantragen kann.[718] Anträge werden minutengenau vermerkt[719] und in der Reihenfolge des Einganges bearbeitet. Nötig sind die Bewilligung des Eingetragenen (die *Aufsandungserklärung*) und der Titel in eintragungsfähiger Form (§ 94(1) Ziffer 3 GBG).[720] Verweigert der Voreingetragene die Bewilligung, kann sie der Erwerber einklagen (§§ 42 GBG, 439 ABGB). Ein „Überspringen" von Zwischenerwerbern in einer Veräußerungskette ist zulässig, wenn alle Veräußerungsvorgänge, insbesondere die Aufsandungserklärungen, lückenlos und in geeigneter Form vorliegen (§ 22 GBG).[721] Die wichtigsten Eintragungen sind Einverleibungen, Vormerkungen und Anmerkungen (§ 8 GBG). Die „Einverleibung" oder „Intabulation" (§ 431 ABGB) verlautbart einen unbedingten Rechtserwerb bzw. -verlust (§ 8 Nr. 1 GBG); letzterenfalls hat man eine Löschung vor sich.[722] „Vormerkungen" verlautbaren Ansprüche auf Änderung des Grundbuchs (§§ 48 GBG, 438, 453 ABGB), „Anmerkungen" Verfügungsbeschränkungen und ähnliche „persönliche Verhältnisse" (§ 20 GBG); Anmerkungen dienen außerdem der Rangwahrung. „Ab- und Zuschreibungen" verändern den Bestand eines Grundbuchskörpers (§ 3 GBG); „Löschungen" bereinigen das Grundbuch oder publizieren die Aufhebung eines Rechts (§ 8 GBG). Das Grundbuch kann mit Ausnahme der personenbezogenen Daten (dann berechtigtes Interesse erforderlich: § 5(4) GUG) von jedermann vom heimischen Computer aus eingesehen werden (§§ 6 und 7 GBG). Materiell schützt das Grundbuch den guten Glauben des Erwerbers daran, vom Berechtigten zu erwerben, außerdem daran, dass alle Belastungen eingetragen sind und mit anderen nicht gerechnet werden muss.

314 Unter § 873 des **deutschen** BGB werden dingliche Rechte an Grundstücken durch Einigung und Eintragung in das Grundbuch übertragen und bestellt. Grundbücher werden also (im Gegensatz zu Katastern) aus privatrechtlichen Gründen geführt[723]; die Registrierung dinglicher Rechte an Grundstücken soll den Rechtsverkehr mit ihnen auf eine sichere Grundlage stellen.[724] Die wichtigste Quelle des (formellen) Grundbuchrechts ist die deutsche Grundbuchordnung (GBO) vom 24.3.1897 i. d. F. der Neubekanntmachung von 26.5.1994.[725] Sie wird durch eine Ausführungsverordnung (die sogen. „Grundbuchverfügung", GBV) ergänzt.[726] Das Grundbuchrecht gehört (im Gegensatz zum Katasterrecht) zur konkurrierenden Gesetzgebungskompetenz des Bundes (Artt. 72(1), 74 Nr. 18 dt. GG). Grundbücher werden von den bei den Amtsgerichten angesiedelten Grundbuchämtern geführt (§ 1(1) GBO); Grundbuchführung ist mithin gerichtliche Tätigkeit.[727] Für jedes Grundstück wird ein bezirksweise durch

---

[718] OGH 24.1.2008, NZ 2008/75 (S. 283).

[719] § 448 der Geschäftsordnung für die Gerichte I. und II. Instanz (Geo).

[720] Eine Eintragung aufgrund einer aufschiebend bedingten Aufsandungserklärung ist erst zulässig, wenn der Bedingungseintritt feststeht und nachgewiesen wird (OGH 12.12.1961, SZ 34/192; OGH 28.4.1982, SZ 55/58).

[721] OGH 12.12.2000, SZ 73/194.

[722] OGH 30.1.2007, SZ 2007/8.

[723] Schöner und Stöber (*-Riedel, Volmer und Wilsch*), Grundbuchrecht[15], Rdnr. 1.

[724] RG 18.10.1905, RGZ 61 S. 374, 377; RG 28.11.1934, RGZ 145 S. 343, 354. Grundbücher sind m. a. W. dazu bestimmt, klar und übersichtlich Auskunft über den dinglichen Rechtszustand von Grundstücken zu geben (RG 12.1.1934, RGZ 143 S. 159, 165; OLG Hamm 27.6.1986, NJW 1986 S. 3213, 3214).

[725] BGBl. 1994 I 1114.

[726] Verordnung zur Durchführung der Grundbuchordnung vom 8.8.1935, neugefasst durch Bekanntmachung vom 24.1.1995 (BGBl. 1995 I 114) mit späteren Änderungen.

[727] In Baden-Württemberg führten bis Ende 2017 Notare die dortigen Grundbücher (§§ 1(1) Satz 3, 149, 150 GBO a. F.). Diese Anomalie ist mit Wirkung ab dem 1.1.2018 beseitigt (§ 149

eine eigene Nummer identifizierbares „Grundbuchblatt" angelegt (§ 3(1) Satz 1 GBO)[728]; dieses „ist" das Grundbuch im Sinne des bürgerlichen Rechts (§ 3(1) Satz 2 aaO). Ausnahmen gelten für Grundstücke im Eigentum der öffentlichen Hand und der Kirchen. Jedes Grundbuchblatt besteht aus der Aufschrift, dem Bestandsverzeichnis und drei Abteilungen (§ 4 GBV). In der „Aufschrift" sind das Amtsgericht, der Grundbuchbezirk und die Nummer des Bandes und des Blattes angegeben (§ 5 GBV). Das „Bestandsverzeichnis" identifiziert das Grundstück nach Lage, Größe und Wirtschaftsart (§ 6(5) GBV). In der ersten „Abteilung" wird der Eigentümer verlautbart, in der zweiten, mit Ausnahme der Hypotheken, Grund- und Rentenschulden, alle Belastungen einschließlich der sich auf sie beziehenden Vormerkungen und Widersprüche, und in der dritten Hypotheken, Grundschulden und Rentenschulden. Die zugrundeliegenden Urkunden werden zu den „Grundakten" genommen (§ 10 GBO). Eintragungen erfolgen, sofern das Gesetz nichts anderes vorsieht, nur auf Antrag (§ 13(1) Satz 1 GBO); antragsberechtigt ist, wessen Recht von der Eintragung betroffen wird oder zu dessen Gunsten die Eintragung erfolgen soll (§ 13 Abs. 1 Satz 2 GBO). Erforderlich ist eine Eintragungsbewilligung des Buchberechtigten in öffentlicher oder öffentlich beglaubigter Form (§ 15 GBO). Grundbücher können durch jedermann eingesehen werden, der ein berechtigtes Interesse an der Einsichtnahme darlegt (§ 12(1) Satz 1 GBO). Sie werden heute (nach Maßgabe des Landesrechts) in maschineller Form als automatisierte Dateien geführt (§§ 10 und 126 GBO; § 62 GBV), die u.a. von Notaren, Behörden, Gerichten und den Inhabern der verlautbarten Rechte elektronisch abgerufen werden können (§ 133 GBO). Die Landesregierungen können im Verordnungswege das bislang auf Papier geführte Grundbuch auf ein rein elektronisches umstellen (§§ 126 und 135 GBO).

f) Stufen eintragungsgestützter Drittwirksamkeit

(1) Entgegensetzbarkeit

Eintragungen in Liegenschaftsregister verleihen Rechtsgeschäften über Rechte an Grundstücken Wirkung gegenüber vertragsfremden Personen. Das bedeutet freilich weder notwendig, dass allenthalben *nur* den im Register veröffentlichten Rechtsgeschäften (bzw. Rechten) Drittwirksamkeit zukäme, noch, dass *alle* Verfügungen über subjektive Sachenrechte stets denselben Regeln unterworfen wären. Im heutigen Europa herrscht weder Einigkeit darüber, worin genau eintragungsgestützte Drittwirksamkeit besteht, noch wenigstens darüber, wer eigentlich gemeint ist, wenn von „Dritten" gesprochen wird. Im Kern geht es durchweg um den Unterschied zwischen entgegensetzbaren und konstitutiven Eintragungen. Konstitutiv nennt man Eintragungen, mit denen die sachenrechtliche Qualität eines Rechtsgeschäfts steht und fällt. Ohne Eintrag im Liegenschaftsregister bleibt sachenrechtlich alles beim Alten, die Frage nach der Drittwirksamkeit des Geschäfts stellt sich gar nicht erst. Anders ist das aber, wo schon dem Vertrag selber translative Wirkung zukommt. Denn unter einem **315**

GBO i.d.F. von Art. 2 Nr. 2 des Gesetzes zur Erleichterung der Umsetzung der Grundbuchamtsreform in Baden-Württemberg sowie zur Änderung des Gesetzes betreffend die Einführung der Zivilprozessordnung und des Wohnungseigentumsgesetzes vom 5.12.2014, BGBl. 2014, I, S. 1962).

[728] Ein amtliches Muster zur Einrichtung und Ausfüllung des Grundbuchblattes findet sich in § 22 GBV.

solchen Regime kann eine Eintragung nicht rechtsbegründend wirken; sie erschöpft sich vielmehr darin, einer von zwei im Prinzip gleichrangigen Rechtspositionen Vorrang vor der jeweils anderen zu geben. Man darf, sobald man eingetragen ist, die Eintragung einem Konkurrenten um das Recht „entgegensetzen".

316 Das Mutterland der Lehre von der Entgegensetzbarkeit *(opposabilité)* ist natürlich **Frankreich.** Bestimmte „Dritte" dürfen sich über ein fremdes (und zwischen seinen Parteien wirksames) Rechtsgeschäft hinwegsetzen, wenn und weil es nicht publiziert wurde[729]; wurde es publiziert, darf umgekehrt der Eingetragene konkurrierende Rechtsgeschäfte ignorieren, die dasselbe Grundstück betreffen.[730] Der Akzent liegt auf dem Schweigen des Registers, nicht so sehr darauf, was es tatsächlich verlautbart. Denn es geht darum, denjenigen zu „sanktionieren", der seinen Titel *nicht* (oder nicht rechtzeitig) hat eintragen lassen.[731] Zwar erlangt man ein Immobiliarsachenrecht auch ohne Eintragung, theoretisch sogar durch formlosen Vertrag[732], aber ohne Eintragung fehlen dem erworbenen Recht wichtige Merkmale eines Sachenrechts. Es befindet sich im Zustand der *inopposabilité.* Das Ergebnis trägt auf den ersten Blick Züge eines Paradoxons. „On affirme classiquement que le droit réel est un droit absolu, ce qui implique qu'il doit être respecté par toute personne puisqu'il leur est opposable. Or, le droit réel immobilier, transféré par le seul échange des consentements ne sera pas opposable aux tiers, s'il n'a pas été publié".[733] Art. 30(1) des Dekrets vom 4.1.1955, aus dem sich diese Rechtslage ergibt, sagt allerdings ausdrücklich, dass publikationspflichtige Rechtsgeschäfte (und Gerichtsentscheidungen) nur solchen Dritten nicht entgegengesetzt werden können, „qui, sur le même immeuble, ont acquis, du même auteur, des droits concurrents". Es geht also, etwas vereinfacht gesagt, um den Doppelverkauf; wer seinen Titel gutgläubig registrieren lässt, wird dem Nichteingetragenen gegenüber, wie das Gesetz formuliert, „bevorzugt" (*préferé,* Art. 1198(2) franz. CC). Bis zur Eintragung eines konkurrierenden Titels bleibt der nichteingetragene Erstkäufer jedoch Eigentümer, und zwar mit allen Rechten und Pflichten (z.B. der Haftung des Gebäudeeigentümers für Mängel seines Hauses[734]). Sein Eigentum ist „echtes" Eigentum. Es wirkt gegenüber jedermann – und erlischt, sobald ein „Dritter" seinen konkurrierenden Titel hat rechtmäßig registrieren lassen.[735] Die Redeweise von „den Dritten" und ihrer „Bevorzugung" kann freilich leicht in die Irre führen. Denn nicht jeder Nichtvertragspartner ist Dritter, und Dritte im Sinne der *publicité foncière* werden keineswegs immer nur bevorzugt, sondern manchmal auch „benachteiligt". Sie werden ja mit der Eintragung

---

729 Das gilt in Frankreich (anders als in Italien) allerdings nur, wenn der Zweiterwerber im Zeitpunkt der Anmeldung seines Rechts zum Register gutgläubig war (oben Fn. 661).

730 *Suquet-Cozic,* Publicité foncière, S. 208 Rdnr. 16050.

731 Selbst der sogen. *effet relatif* (Art. 3 des Dekrets vom 4.1.1955) wird gemeinhin als „Sanktion", noch dazu als die wirksamste Sanktion gegen unterlassene Publizierung gedeutet. Er bewirkt, dass ein Erwerber seinen Titel gar nicht publizieren kann, wenn nicht zuvor der Titel des Rechtsvorgängers publiziert wurde. Ein Erbe z.B., der die notarielle Bescheinigung über seinen Erwerb von Todes wegen nicht hat eintragen lassen, wird nur sehr schwer einen Käufer oder eine Bank finden, die das Grundstück als Sicherheit akzeptiert.

732 Oben Rdnr. 289.

733 *Piedelièvre und Piedelièvre,* La publicité foncière, S. 294 Rdnr. 464.

734 Cass. civ. 3.3.1964, D. 1964 Jur. 245 (Band 1, Rdnr. 49, Fn. 322).

735 *Aynès und Crocq,* Les sûretés. La publicité foncière[7], S. 302 Rdnr. 647 formulieren, das Eigentum des Erstkäufers wirke gegenüber jedermann, nur dem eingetragenen Zweitkäufer gegenüber nicht.

Alleineigentümer und tragen von dann ab auch alle mit dem Eigentum verbundenen Lasten und Verantwortlichkeiten. Nur wenn das anders wäre, hätte man eine wirklich paradoxe Theorie vor sich. Eigentümer wäre je nach der Person des Anspruchstellers eine jeweils andere Person. Stürzt das verkaufte Gebäude zu einem Zeitpunkt nach der prioritätsbegründenden Eintragung des Zweitkäufers ein, trifft ihn die strikte Haftung gegenüber dem verletzten Fußgänger allein, nicht auch noch der Erstkäufer.

Man könnte also, ganz gegen die französische Binnensicht, der *publicité foncière* in **317**
dieser Beziehung auch „konstitutive" (und nicht nur deklaratorische) Bedeutung zuschreiben; letztlich hängt das allein vom Kontext ab, in dem sich die Frage stellt. Ein **Dritter** i.S.v. Art. 30(1) des Dekrets vom 4.1.1955 jedenfalls muss bestimmte Voraussetzungen erfüllen. Er muss (i) an demselben Grundstück, (ii) von demselben Rechtsvorgänger (iii) konkurrierende Rechte erworben haben; der Erwerb muss (iv) seinen Grund in einem publizitätspflichtigen Rechtsgeschäft oder einer Entscheidung haben und (v) seinerseits publiziert worden sein. Art. 30(1) aaO findet nur zwischen den Rechtsnachfolgern ein und derselben Person Anwendung. Typischerweise geht es um Käufer. In der Rechtsprechung des Kassationshofes finden sich aber auch andere Beispiele. Cass. civ. 4.2.1987 betraf eine Grunddienstbarkeit.[736] A, Eigentümer des herrschenden, und B, Eigentümer eines dienenden Grundstücks, hatten einen Vertrag zur Begründung einer *servitude non altius tollendi*[737] geschlossen, die *servitude* aber nicht publiziert. Anschließend verkauften beide Eigentümer ihre Grundstücke verschiedenen Erwerbern. Der neue Eigentümer des herrschenden konnte nach Auffassung des Kassationshofes die Dienstbarkeit gegen den neuen Eigentümer des dienenden Grundstücks geltend machen. Letzterer war kein Dritter i.S.d. der *publicité foncière,* da sein Rechtsvorgänger nicht derselbe war wie der Rechtsvorgänger des Klägers. Die Protagonisten müssen außerdem Inhaber konkurrierender dinglicher Rechte an demselben Grundstück sein. Ein Mieter kann, auch wenn sein (langfristiger) Mietvertrag publiziert wurde, dem neuen Eigentümer gegenüber nicht geltend machen, dass dessen schenkweiser Erwerb nicht publiziert wurde. Denn dem Mieter steht nur ein Schuldrecht zu.[738] Für die Zwecke der Drittwirksamkeit finden nur publikationspflichtige Rechtsgeschäfte Berücksichtigung. Eine zeitlich frühere Publikation kann nicht geltend gemacht werden, wenn sie reinen Informationszwecken diente. Ein Streit zwischen Erben lässt sich mit Art. 30(1) des Dekrets vom 4.1.1955 nicht lösen, weil die Drittwirksamkeit ihres Rechts nicht von der Publizität abhängt.[739] Kein Dritter i.S.v. Art. 30(1) ist natürlich auch, wer sein eigenes Recht

---

[736] Bull. civ. 1987, III, Nr. 20.

[737] Eine Dienstbarkeit mit dem Inhalt, beim Bauen eine bestimmte Höhe einzuhalten (Art. 689(3) franz. CC: „Les servitudes non apparentes sont celles qui n'ont pas de signe extérieur de leur existence, comme, par exemple, ... de ne bâtir qu'à une hauteur déterminée").

[738] *Suquet-Cozic,* Publicité foncière, S. 210 Rdnr. 16100.

[739] Cass. civ. 14.1.2009, Bull. civ. 2009, I, Nr. 6 (Erblasser X war am 22.1.2002 verstorben; er hatte sieben Erben. Schon am 10.7.1967 hatte er seinem Sohn B ein Haus verkauft. Die übrigen Erben machten im Jahre 2003 geltend, dass der Vertrag mangels Publizität ihnen gegenüber unwirksam sei. So sah es auch das Berufungsgericht. Der Kassationshof kassierte: Die sechs anderen Erben hätten an dem Grundstück keine konkurrierenden Rechte aus einem publikationspflichtigen und publizierten Rechtsgeschäft). Ganz ähnlich bulgar. Kassationshof 8.6.2011, Nr. 698, 1. Zivilkammer (Art. 113 des bulgar. Gesetzes über das Eigentum finde keine Anwendung im Verhältnis zwischen den Testamentserben und den gesetzlichen Erben; der Testamentserbe setzt sich immer durch).

nicht hat publizieren lassen. Die *prénotation* (Art. 37(2) aaO) dient dazu, dem Käufer die Eintragung zu erleichtern. Publizität setzt die notarielle Beurkundung des Vertrages voraus. Ein privatschriftlicher Kaufvertrag (ein *acte sous seing privé*), der dem notariellen Kaufvertrag gewöhnlich vorausgeht, überträgt zwar das Eigentum, garantiert aber noch nicht, dass der Verkäufer die notarielle Urkunde tatsächlich unterschreibt und sich eines weiteren Verkaufs enthält. Mit der *prénotation* kann eine einseitige Umschreibungsbewilligung notariell beurkundet werden. Sie gibt den Inhalt der privatschriftlichen Urkunde wieder und berechtigt zur Publizierung. Die Drittwirksamkeit hängt in diesem Fall rückwirkend davon ab, dass innerhalb der nächsten drei Jahre eine notarielle Urkunde oder eine gerichtliche Entscheidung publiziert wird, die die Durchführung oder die Wiederholung des Rechtsgeschäfts durch beide Parteien feststellt.[740]

318 Zahlreiche Länder haben dieses System übernommen, darunter Bulgarien, Italien, Portugal, Schweden, Spanien und im Wesentlichen auch Polen. In **Italien** entfalten Eintragungen (abgesehen vom Sonderfall der Hypothek[741]) gleichfalls keine konstitutive, sondern nur deklaratorische Wirkung. Es handelt sich um eine Form der *pubblicità dichiarativa,* nicht der *pubblicità costitutiva.*[742] Unter Art. 2644(1) ital. CC haben publizitätspflichtige, aber nicht publizierte Rechtshandlungen gegenüber solchen Dritten keine Wirkung, die an demselben Grundstück aufgrund einer voreingetragenen Rechtshandlung Rechte erworben haben. Nicht jeder vertragsfremde Dritte ist auch „Dritter" i. S. v. Art. 2644 ital. CC; wie in Frankreich geht es nur um den Schutz von Personen, die ein konkurrierendes Recht geltend machen.[743] Die Reibung zwischen dem eintragungsbasierten Prioritäts- und dem allgemeinen Konsensualprinzip (Art. 1376 ital. CC) wird natürlich auch in Italien empfunden. *Gazzoni* bemerkt, dass man entweder offen zugeben müsse, dass das italienische Recht in Fällen des Doppelverkaufs auf ein System der konstitutiven Eintragung umschwenke, oder dass der rein konsensuale Eigentumserwerb vom Gesetz unter die auflösende Bedingung eines publizierten Zweiterwerbs gestellt werde. *Gazzoni* selber bevorzugt die zuletzt genannte Deutung.[744]

Das System lässt sich schön an Tribunale Bari 1.2.2017 exemplifizieren.[745] Zwei Schwestern hatten von demselben Verkäufer je eine angrenzende Wohnung gekauft, beide aber auch denselben Hof, der zu den Wohnungen gehörte. Die Schwestern hatten den Hof genutzt und sogar vermietet. Später wurde eine Feststellung der Eigentumsverhältnisse dringlich. Der Tribunale legte dar, dass alle Rechtsgeschäfte, die das Eigentum oder ein sonstiges Sachenrecht übertragen, unter Art. 2643 ital. CC transkribiert *(trascritti)* werden müssen. Die *trascrizione* habe aber lediglich deklaratorische Wirkungen, diene also nur der Entgegensetzbarkeit des Rechtsgeschäfts; seine Wirksamkeit hänge von der Eintragung nicht ab. Vielmehr werde Grundeigentum *solo consensu* erworben. Der Zweck der Publizität erschöpfe sich darin, das mit dem Konsensualprinzip verbundene Risiko des Doppelverkaufs auszuschalten.[746] Unter dem Konsensualprinzip wäre

---

[740] Einzelheiten bei *Suquet-Cozic* aaO S. 59 Rdnrn. 3460–3480; *Piedelièvre und Piedelièvre* aaO S. 196 Rdnr. 291 und Rép. civ. Dalloz (-*Fournier*), Publicité foncière, Rdnr. 137.

[741] Oben Rdnr. 292.

[742] Anders ist das nur in den ehemals österreichischen Gebieten Norditaliens (oben Fn. 556), in denen sich das Grundbuchsystem *(sistema tavolare)* erhalten hat. Hier ist die Grundbucheintragung konstitutiv (Art. 2(1) ital. Grundbuchgesetz).

[743] *Triola,* La trascrizione, S. 33; Cian und Trabucchi (-*Bullo*), Commentario al Codice civile[11], sub art. 2644, S. 3485.

[744] *Gazzoni,* Manuale di diritto privato, S. 304.

[745] Sez. I, 1.2.2017, Nr. 560, Juris Data DVD.

[746] Zu dem Sonderfall der Hypothek schon oben Rdnr. 292.

der erste Käufer bevorzugt *(prior in tempore, potior in iure);* unter Art. 2644 ital. CC[747] dagegen derjenige, der als erster eingetragen wird. Das Gericht ergänzt, dass die *trascrizione* aus der Sicht der italienischen Rechtsprechung eine „juristische Form der Publizität" darstelle. Sie schütze die Sicherheit der Eigentumsübertragung und schlichte den Konflikt zwischen Dritten, die dasselbe Recht über dieselbe Sache erwerben. Der Fall zeigt aber, dass auch der erste Käufer obsiegen kann, sofern er als erster eingetragen wird. Die Schwestern hätten denselben Hof doppelt gekauft. Eigentum habe aber unter Art. 2644 ital. CC nur die erste Käuferin erworben. Denn sie habe ihren Vertrag schon am 13.10.1954 eintragen lassen, ihre Schwester sei den gleichen Schritt erst am 4.12.1954 gegangen.

In **Portugal** wiederholt sich das alles. Weder die Geltung noch die Wirkung eines Rechts hängen von der Existenz oder der Nichtexistenz seiner Eintragung ab[748]; rechtsbegründend ist allein die Eintragung der Hypothek (Artt. 687 port. CC, 4(2) port. CRP).[749] Die Eintragung des Grundeigentums schützt auch in Portugal nur vor Doppelverkäufen. Verkauft der eingetragene A an B, lässt B aber sein Eigentum nicht eintragen, dann erlangt B nur eine prekäre Rechtsstellung. Der Zweitkäufer C erwirbt, falls er sich rechtzeitig eintragen lässt, *a non domino* von A. Um das zu verhindern, hätte B eine Eintragung erwirken müssen, die seinen Erwerb „bestätigt" hätte. Wäre der Kaufvertrag A-B wegen eines Mangels unwirksam gewesen, hätte B seinen Scheintitel aber gleichwohl eintragen lassen und dann seinerseits an C verkauft, dann erwürbe C (von Anfang an) Eigentum, wenn nicht A innerhalb von drei Jahren Ungültigkeitsklage gegen ihn erhebt. Vorausgesetzt werden die Eintragung des C vor Ablauf der Dreijahresfrist, die Entgeltlichkeit seines Erwerbs und guter Glaube; C muss im Zeitpunkt seines Vertrages mit B die Unwirksamkeit des Vertrages A-B schuldlos verkannt haben (Artt. 17(2) port. CRP, Art. 291 port. CC). Um Art. 5(1) port. CRP (die bekannte Regel, wonach Rechtstatsachen, die Gegenstand der Eintragung sind, erst nach dem Datum ihrer Eintragung Dritten gegenüber Bindungswirkung entfalten), hat es erhebliche Auseinandersetzungen gegeben.[750] Nach einer zur Vereinheitlichung der Rechtsprechung ergangenen Entscheidung des STJ vom 20.5.1997 (einem *acórdão de uniformização de jurisprudência*) sollte „schutzwürdiger Dritter im Sinne des Grundstücksregisters jeder sein, der ein Recht an einer Immobilie hat eintragen lassen und dessen Recht durch eine Rechtstatsache beeinträchtigt wird, die zwar vor dem Eintragungsdatum liegt, jedoch nicht oder später eingetragen wurde".[751] Die 319

---

[747] „(1) Die im vorhergehenden Artikel angeführten Rechtshandlungen wirken nicht gegenüber Dritten, die aus welchem Rechtstitel auch immer auf Grund einer vor der Eintragung dieser Rechtshandlungen erfolgten Eintragung oder Einschreibung Rechte an den unbeweglichen Sachen erworben haben. (2) Nach erfolgter Eintragung kann demjenigen gegenüber, der die Eintragung erwirkt hat, keine Eintragung oder Einschreibung von Rechten, die gegenüber seinem Rechtsvorgänger erworben wurden, wirksam werden, auch wenn der Erwerb auf ein früheres Datum zurückgeht".

[748] Das gilt sogar für die Ersitzung (Art. 5(2)(a) port. CRP; *Oliveira Ascensão,* Direito Civil – Reais[5], S. 358). Die Eintragung des reinen Besitzes verkürzt allerdings die Ersitzungsfristen (Artt. 1295 port. CC und 2(1)(e) port. CRP; *Santos Justo,* Direitos reais[2], S. 64–66; siehe schon oben Rdnr. 159 mit Fn. 1124).

[749] Oben Rdnr. 292.

[750] *Passinhas,* Property and trust law in Portugal, S. 80 m. w. N. („The definition of ‚third parties' gave rise to a strong debate in Portugal") und *Jardim,* Efeitos substantivos do Registo Predial – Terceiros para efeitos de registo, S. 541–564. Siehe ferner Frank und Wachter (-*Wollmann*), Handbuch Immobilienrecht in Europa, S. 1041, Rdnr. 231 sowie *Mouteira Guerreiro,* Ensaio sobre a problemática da titulação e do registo à luz do direito português, S. 469.

[751] STJ 20.5.1997, Processo 087159; Übersetzung nach *Wollmann* aaO Rdnr. 232.

nachfolgende Diskussion führte zu einem zweiten Vereinheitlichungsurteil, das das erste aufhob. STJ 18.5.1999 entwickelte ein *conceito restricto.* Unter ihm sind „Dritte" für die Zwecke von Art. 5 des port. Grundbuchgesetzes diejenigen, die in gutem Glauben von derselben Person Rechte erworben haben, die miteinander unvereinbar sind.[752] Der Gesetzgeber griff das Ende 1999 mit Art. 5(4) CRP auf („Für Registerzwecke sind Dritte diejenigen, die von einem gemeinsamen Autor unter sich unvereinbare Rechte erworben haben"). Räumt ein Ehemann im Scheidungsverfahren seiner Frau ein dingliches Wohnrecht an seinem Haus ein, lässt sie es aber nicht eintragen, und veräußert der Ehemann das Grundstück anschließend zu Eigentum an einen gutgläubigen Dritten, so bleibt das Wohnrecht auch dann erhalten, wenn der Dritte eingetragen wird. Das nicht eingetragene Wohnrecht der Frau wäre nur dann erloschen, wenn dem Dritten ein mit ihm inkompatibles Recht, d.h. ebenfalls ein Wohnrecht, übertragen worden wäre und er es hätte eintragen lassen.[753] *Ascensão* erläutert, der Erwerb durch Registereintrag operiere nur gegen Rechtsinhaber ohne Registereintrag und ohne Ersitzungsanspruch. Im Konflikt zwischen unvereinbaren Rechten an einem Grundstück gelten zwar grundsätzlich die allgemeinen Regeln. Erwerbe allerdings jemand sowohl entgeltlich als auch gutgläubig und lasse er seinen Titel eintragen, werde ihm wegen des öffentlichen Glaubens des Eigentumsregisters Vorrang vor dem eigentlichen Rechtsinhaber zugestanden. Allerdings gehe selbst der Eintragung noch eine wirksame Ersitzung vor. Erst die Ersitzung sei die *ultima ratio* zur Lösung von Konflikten zwischen den Erwerbern dinglicher Rechte.[754]

320 Für **Spanien** ist in Erinnerung zu rufen, dass dort das *solo consensu*-Prinzip gerade nicht gilt; auch der Erwerb von Immobiliareigentum vollzieht sich durch *titulus* und *modus* (Art. 609(2) span. CC). Der *modus* besteht aber aus der *traditio* (Artt. 1462, 1463 span. CC), nicht aus der Registereintragung, die ihn auch nicht ersetzt.[755] Im praktischen Rechtsleben kommt es zumeist auf die Errichtung einer öffentlichen Urkunde an. Denn sie steht der Übergabe der Sache gleich (Art. 1462(2) span. CC). Zum Erwerb eines Hauses genügen theoretisch aber ein mündlicher Kaufvertrag und die Übergabe der Schlüssel; konstitutive Bedeutung hat die Registereintragung wie in den übrigen Ländern dieser Gruppe nur bei der Hypothek (Art. 1875(1) span. CC).[756] Gleichwohl folgt aus der Eintragung nicht nur der übliche Schutz vor Doppelverkäufen (Art. 1473(2) span. CC). Das Eigentumsregister gilt als richtig, bis seine Unrichtigkeit gerichtlich festgestellt wird, was zugleich bedeutet, dass bis zum Beweis des Gegenteils derjenige, den das Register verlautbart, als Rechtsinhaber anzusehen ist (Art. 38(1) span. LH). Diese Regel verhindert die Eintragung konkurrierender Eigentumstitel; es gilt das Voreintragungsprinzip (Art. 20 aaO). Eingetragenes Eigentum begründet ferner eine Besitzvermutung (Art. 38 aaO), und außerdem ist es Bezugs-

---

[752] STJ 18.5.1999, Processo 98B1050 („Terceiros, para efeitos do disposto no artigo 5 do Código do Registo Predial, são os adquirentes, de boa fé, de um mesmo transmitente comum, de direitos incompatíveis, sobre a mesma coisa").

[753] STJ 8.5.2013, Processo 1064/11.7TBSYM.P1.S 1.

[754] *Oliveira Ascensão,* Direito civil – Reais[5], S. 385; *ders.,* CDP 31 (2010) S. 20.

[755] Oben Rdnr. 292 a.E.

[756] „Die Eintragung ist nicht Teil des Übertragungsvorgangs. Dieser entwickelt sich außerhalb des Registers. Die Eintragung schließt die Tradition nicht aus, konkurriert aber auch nicht mit ihr, denn es handelt sich um Elemente unterschiedlicher Natur. Die Tradition perfektioniert den Erwerb, die Eintragung verleiht der Rechtsinhaberschaft, die sich aus der Übertragung ergibt, Publizität" (*Lacruz Berdejo et al.,* Elementos III bis[2], S. 106).

punkt des guten Glaubens. Wer gutgläubig und entgeltlich von einer im Eigentumsregister als verfügungsberechtigt eingetragenen Person erwirbt, ist geschützt, sobald sein eigenes Recht eingetragen ist; der gute Glaube an die Richtigkeit der Voreintragung wird widerleglich vermutet (Art. 34(2) aaO).

Auch in **Bulgarien** ist die Eintragung nur zum Erwerb einer Hypothek konstitutiv (Art. 166(1) Gesetz über Schuldverhältnisse und Verträge), nicht zum Erwerb des Grundeigentums. Unter Art. 113 des bulgar. Gesetzes über das Eigentum können eintragungspflichtige (Art. 112 aaO), aber nicht eingetragene Urkunden „Dritten" nicht entgegengesetzt werden, die ihre Rechte von demselben Eigentümer erworben haben und sie haben eintragen lassen. Das Gesetz begrenzt die Schutzwirkung des Registers auf Fälle der Erwerberkonkurrenz. Sie tritt nach Auffassung der Rechtsprechung auch ein, wenn das Grundstück in zwei verschiedenen Zwangsvollstreckungsverfahren (einem privaten und einem öffentlichen) erworben wurde.[757] Dasselbe gilt im Falle von Erwerbsketten (A verkauft an B und B an C, anschließend verkauft A ein zweites Mal an X und X an Z; lässt allein Z sich eintragen, setzt er sich allen anderen gegenüber durch).[758] In **Schweden** hängt die Wirksamkeit eines Rechts gleichfalls nicht von der Eintragung ab; das betrifft sowohl das Eigentum (Kap. 4 §§ 1–3 schwed. JB) als auch Nutzungsrechte, Dienstbarkeiten und das Recht auf Elektrizität (Kap. 7 § 1 JB). Die Eintragung des Eigentumserwerbs im Rechteregister ist allerdings Voraussetzung dafür, dass der Käufer das Grundstück belasten kann (Kap. 22 § 1 JB). Rechtsbegründend ist nur die Eintragung des elektronischen Pfandbriefs im Pfandbriefregister.[759] Die Eintragung des Grundeigentums schützt im Wesentlichen vor gutgläubigem Erwerb (Kap. 18 § 1 JB), die Eintragung von Nutzungsrechten, Dienstbarkeiten und dem Recht auf Elektrizität vor gutgläubig lastenfreiem Erwerb (Kap. 7 §§ 11 und 12 JB) und Verdrängung aus dem Rang (Kap. 17 §§ 1–2 JB); es geht um Ausnahmen von dem allgemeinen Prioritätsprinzip aus Kap. 7 § 22 JB. 321

Obwohl schließlich auch das **polnische** Recht auf der Lehre von der Entgegensetzbarkeit aufbaut, trägt es doch bereits Züge eines Mischsystems. Den meisten Eintragungen in das polnische Grundbuch kommt, wiewohl sie obligatorisch sind (Art. 35(1) und (2) poln. GBHG), nur deklaratorische Bedeutung zu. Einige sind allerdings auch außerhalb des Hypothekenrechts konstitutiv. Dazu gehören insbesondere der Erwerb von bereits gebuchten Eigentumsbelastungen und der Erwerb des ewigen Nießbrauchs.[760] Im Allgemeinen freilich bleibt es bei dem romanischen Ansatz. Dass Grundbücher „zur Feststellung der Rechtsverhältnisse an Immobilien" geführt werden (Art. 1(1) poln. GBHG), ändert nichts daran, dass man Grundeigentum auch außerbücherlich erwerben kann. Wer allerdings von einem voreingetragenen Eigentümer kauft, hat am Schutz des öffentlichen Glaubens des Grundbuchs teil (Art. 5 poln. GBHG), und wer sich selber eintragen lässt, darf sicher sein, sein Eigentum nicht an einen gutgläubigen Dritten zu verlieren. In einem System „deklaratorischer" Eintragungen kann die wahre Rechtslage durchaus von der im Grundbuch verlautbarten abweichen.[761] Mit der Grundbucheintragung geht aber eine (wenn auch widerlegli- 322

---

757 Bulgar. Kassationshof 5.4.2012, Entscheidung Nr. 124, 1. Zivilkammer.

758 Bulgar. Kassationshof 5.12.2016, Nr. 291, 1. Zivilkammer (allgemeine Aussage; im konkreten Fall ging es u. a. um eine Sacheinlage in eine Kapitalgesellschaft).

759 Oben Rdnr. 293 und Rdnr. 256.

760 Oben Rdnr. 288.

761 *Gniewek,* Prawo rzeczowe[8], S. 294 Rdnr. 917.

che[762]) Richtigkeitsvermutung einher (Art. 3(1) 1 poln. GBHG), auch im Fall der Löschung eines Rechts (Art. 3(2) aaO). Das polnische Recht zeigt an solchen Stellen, dass ihm die Grundbucheintragung wichtiger ist als die materielle Rechtslage.[763] Wer Grundeigentum erwirbt, erwirbt es zudem frei von allen nicht aus dem Grundbuch ersichtlichen Belastungen.[764] Durch Buchung erwirbt man sogar Rechte, die nicht mehr bestehen, aber noch nicht gelöscht worden sind[765], desgleichen Belastungen, die von einem Nichtberechtigten bestellt werden, der unrichtig als Eigentümer eingetragen ist.[766]

(2) Konstitutive Eintragungen

323 Wenn und soweit ein außerbücherlicher Erwerb unmöglich ist, gibt es ohne Eintragung nichts, was man irgendjemandem „entgegenhalten" könnte. Der Publizität wächst nun, wie man sagt, „konstitutive" Bedeutung zu. Intabulation ist nicht alles, aber ohne Intabulation ist alles nichts; erst sie verschafft dem Geschäft sachenrechtliche Wirkung. Deshalb besteht nicht nur kein Bedarf, sondern auch keine Möglichkeit, zwischen verschiedenen Gruppen von „Dritten" zu unterscheiden. Dritter ist, wer nicht Vertragspartei ist. Konstitutivität hat aber nichts mit dem Gegenstand der Registrierung zu tun. Rechtsbegründende Wirkung kann sowohl der Registrierung von Urkunden[767], der Registrierung von *estates* als auch der Registrierung von Grundstücken und Rechten zukommen. Konstitutivität hat auch nichts mit der Frage zu tun, ob es zur Rechtsbegründung bzw. -übertragung eines Verpflichtungsgrundes bedarf. Auch ein kausales Übertragungsregime kann ohne weiteres mit konstitutiven Grundbucheintragungen operieren. Allerdings kennen nicht nur die Länder der Lehre von der Entgegensetzbarkeit Ausnahmen zugunsten des Eintragungsprinzips. Auch die Länder, deren Grundstücksrecht auf dem Prinzip der konstitutiven Registrierung aufbaut, kommen nicht ohne gelegentliche Ausnahmen aus. Man denke etwa an das Recht der Zirkulation von Briefhypotheken und -grundschulden (§ 1154 dt. BGB) und ihrer Belastungen (§§ 1250, 1274 dt. BGB) sowie an die Sonderstellung der sogen. *overriding interests* (der unter sec. 29(2)(a), Sched. 3 para. 2 LRA 2002 auch ohne Eintragung entgegensetzbaren Belastungen).

324 Zu den Ländern des Eintragungsprinzips gehören Deutschland (§ 873 dt. BGB), England (secs. 27 und 58 LRA 2002), Estland (§ 64[1] estn. LPA), Griechenland (Art. 1033 gr. ZGB), Lettland (Art. 993 lett. ZGB), Malta (Artt. 26 und 29 malt. LRA[768]), die Niederlande (Artt. 3:84(1) und 3:89 i. V. m. 3:19(2) ndl. BW[769]), Öster-

[762] *Gniewek* aaO S. 297 Rdnr. 928.

[763] *Gniewek* aaO S. 299 Rdnr. 931.

[764] Radwański und Gniewek (-*Gniewek*), System prawa prywatnego III[3], S. 573–574 Rdnr. 233.

[765] Ignatowicz und Stefaniuk (-*Stefaniuk*), Prawo rzeczowe[2], S. 347 Rdnr. III.2.

[766] *Gniewek,* Prawo rzeczowe[8], S. 299 Rdnr. 933.

[767] Für Griechenland muss man das freilich etwas nuancieren, weil die Transkription nach griechischem Verständnis zwar eine *conditio juris,* aber nicht konstitutiv ist (oben Fn. 558).

[768] Es handelt sich auch in Malta um eine Art Torrens-System. Durch Eintragung mit *guaranteed title* (die den Regelfall bildet) erwirbt der Eingetragene das dingliche Recht allein aufgrund der Eintragung (Art. 22 malt. LRA). Das Recht ist nur mit eingetragenen Rechten, den *overriding interests* (Art. 43 malt. LRA) und den mit einer *empytheusis* (Art. 1494 malt. CC) verbundenen *covenants* belastet. Nur eine Eintragung mit nicht garantiertem Titel (zu der es kommt, wenn die Berechtigung desjenigen, der erstmals eine Eintragung beantragt, unklar ist) bleibt allen bestehenden Belastungen ausgesetzt, auch den nicht eingetragenen (Art. 23 aaO).

[769] Es bedarf einer notariellen Urkunde und anschließender Registrierung im öffentlichen Register. Entscheidend ist allerdings der Eingang der Urkunde beim Register, nicht die eigentliche Eintragung (Frank und Wachter [-*Eule*], Handbuch Immobilienrecht in Europa, S. 807, 828).

reich (§ 431 österr. ABGB), die Slowakei (§ 133(2) slowak. BGB), Slowenien (Art. 49(1) slowen. SPZ), Tschechien (§ 1105 tschech. BGB) und Ungarn (§ 5:168 ungar. ZGB). Für große Teile Zentraleuropas wurde **Österreich** stilprägend. Sein Eintragungsgrundsatz beherrscht, von wenigen Ausnahmen abgesehen[770], das gesamte Recht des rechtsgeschäftlichen Erwerbs von Sachenrechten.[771] Zur Eintragung des Eigentumserwerbs genügt eine Privaturkunde, sofern die Unterschriften notariell beglaubig sind (§ 432 ABGB; § 26 österr. GBG); die Urkunde muss einen Erwerbsgrund nennen. An § 431 Satz 1 österr. ABGB („Zur Übertragung des Eigentums unbeweglicher Sachen muss das Erwerbungsgeschäft in die dazu bestimmten öffentlichen Bücher eingetragen werden") fällt auf, dass das Gesetz seinem Wortlaut nach nur auf die Eintragung abhebt. Gleichwohl setzt auch die Übereignung von Grundstücken neben dem bücherlichen Vollzug einen entsprechenden Willen voraus. Anders als bei beweglichen Sachen reicht bei unbeweglichen allerdings die einseitige Erklärung des Übertragenden.[772] Das ist die in § 433 österr. ABGB angedeutete „Aufsandungserklärung".[773] Ein Durchgangserwerb ist möglich (§ 22 österr. GBG); hier muss zwar nicht jeder Zwischenerwerber eingetragen werden, doch muss jeder Zwischenerwerber eine eigene Aufsandungserklärung abgeben.[774] Bei Doppelveräußerungen kommt es, wenn beide Erwerber die Eintragung beantragen, darauf an, wer diesen Schritt zuerst geht (§ 440 österr. ABGB); der *modus* besteht aus der Erlangung des Buchbesitzes.[775] Wenn A sein Grundstück an B verkauft und ihm den Besitz einräumt, B aber nicht eingetragen wird, und wenn A sodann noch einmal an C verkauft, der tatsächlich eingetragen wird, sollte nach früherer Rechtsprechung B eigentumsrechtlich gegenüber C obsiegen.[776] (Ein gutgläubiger Erwerb schied regelmäßig aus, weil B, nicht mehr A, im Besitz des Grundstücks war.) Der OGH hat diese Rechtsprechung jedoch richtigerweise wieder aufgegeben.[777] Für das Recht des Eigentumserwerbs an Grundstücken seien die Durchbrechungen des Eintragungsgrundsatzes in § 425 österr. ABGB abschließend

---

[770] Überraschenderweise soll z. B. eine Dienstbarkeit eintragungsunabhängig entstehen können, wenn die Parteien eines Übereignungsgeschäfts erkennbar beabsichtigten, dass der Veräußerer die Liegenschaft weiter in bestimmter Weise soll nutzen dürfen, z. B. für Leitungen oder einen Weg zu einem ihm noch verbliebenen anderen Nachbargrundstück (OGH 25.6.2004, EvBl 2005/30; ÖJZ 2005 S. 142 [kritisch *Schilcher,* JBl 2005 S. 619); OGH 17.2.2014, 4 Ob 232/13s, ECLI: AT:OGH0002:2014:0040OB00232.13S.0217.000].

[771] Er gilt dagegen nicht im Recht ihres gesetzlichen Erwerbs, der Rechtsnachfolge von Todes wegen und der Zwangsvollstreckung, also insbesondere nicht für die Ersitzung (§ 1500 österr. ABGB), die Einantwortung des Nachlasses (OGH 10.2.2004, Ecolex 2004, 526), den Erwerb durch Zuschlag in der Zwangsversteigerung (§ 237(1) österr. EO), den Erwerb durch Bauen auf fremdem Grund (§ 418 österr. ABGB) und den Erwerb gesetzlicher Pfandrechte (z. B. § 27 österr. WEG; dazu OGH 11.10.2000, 5 Ob 245/00s, ECLI: AT:OGH0002:2000:0050OB00245.00S.1011.000, RIS Justiz).

[772] Gschnitzer/Faistenberger/Barta/Call/Eccher, Sachenrecht², S. 103.

[773] Die Vorschrift regelt ihrem Schwerpunkt nach die Anforderungen an das Verpflichtungsgeschäft und bestimmt erst in einem Nachsatz: „und es muss von dem Übergeber in dieser [der schuldrechtlichen] oder in einer besonderen Urkunde die ausdrückliche Erklärung abgegeben werden, dass er in die Eintragung einwillige". Siehe im Übrigen bereits oben Rdnr. 313.

[774] Koziol/Bydlinski/Bollenberger (*-Eccher und Riss*), ABGB⁴, § 433 Rdnr. 4.

[775] Teilweise anders *Gschnitzer/Faistenberger/Barta/Call/Eccher* aaO S. 104.

[776] Zuletzt OGH 11.1.1973, SZ 46/2.

[777] OGH 11.6.1987, NZ 1988 S. 98, Anm. *Hofmeister.* (Das Gericht entschied aber gleichzeitig, dass die Besitzverschaffung auch bei fehlender Eintragung genüge, um den Formmangel eines Schenkungsvertrages [notarielle Beurkundung: § 943 österr. ABGB] zu heilen).

aufgezählt.[778] Der nichteingetragene Ersterwerber bleibt deshalb auf den Schutz durch das Deliktsrecht verwiesen.[779] Mindestens missverständlich wirkt nun aber wieder eine neuere Entscheidung, in der das Gericht formuliert, dass „auch die Gutgläubigkeit des zweiten Käufers, die erforderlich ist, um den ersten Käufer, an den die Liegenschaft bereits übergeben wurde, zu verdrängen, bis zum Eintritt des ‚Erwerbs', also bis zur Verbücherung des Erwerbsgeschäfts gegeben sein" muss.[780]

325 Deutlich unter dem Einfluss des österreichischen stehen das tschechische und das ungarische Recht. Auch **Tschechien** verzichtet bei der Übertragung des Immobiliareigentums auf die Übergabe. Der *modus* besteht unter § 1105 tschech. BGB zwingend aus der Eintragung im Liegenschaftskataster[781], die *ex tunc* auf den Zeitpunkt der Antragstellung zurückwirkt (§ 10 tschech. Katastergesetz). Gleichwohl unterliegt die Antragstellung keiner Frist.[782] Die Eintragung allein genügt zwar nicht. Tschechien ist ein Land des Kausalitätsprinzips. Ohne gültigen Vertrag[783] ändert sich die Rechtslage trotz vollzogener Eintragung nicht.[784] Umgekehrt ist aber auch der rechtsgeschäftliche Erwerb aller Immobiliarsachenrechte konstitutiv an die Eintragung gebunden.[785] Das gilt z.B. für das Erbbaurecht (§ 1243(2) tschech. BGB), für Dienstbarkeiten (§ 1262(1) aaO) und Reallasten (§ 1305 aaO). Auch der neuerdings mögliche Eigentumsvorbehalt an Liegenschaften bedarf, falls er als selbständiges ding-

---

[778] Ebenso bereits OGH 14.10.1975, SZ 48/104.

[779] Unter ihm soll der Ersterwerber gegen den Zweiterwerber in Gestalt der Naturalrestitution einen Anspruch auf Übertragung des Grundeigentums haben können (OGH 2.7.1985, RIS-Justiz JJT_19850702_OGH0002_0020OB00541_8400000_000), eine Lösung, die bereits *Schilcher und Holzer,* JBl 1974 S. 445 vorgeschlagen hatten. Der Besitz des Ersterwerbers wird als ein deutliches Indiz für das Bestehen eines fremden Forderungsrechts in Bezug auf das Grundstück gewertet. Daher soll, anders als sonst bei der Verletzung fremder Forderungsrechte, Vorsatz des Zweiterwerbs nicht erforderlich sein, es genüge bereits leichte Fahrlässigkeit (OGH 13.9.2007, RIS-Justiz JJT_20070913_OGH0002_0060OB00169_07G0000_000; OGH 25.4.2012, MietSlg 64.220).

[780] OGH 14.11.2013, Zak 2014/61 (S. 38).

[781] Spáčil (*-Dobrovolná*), Občanský zákoník III, S. 352. *Janků/Šustrová/Vrcha,* Nový katastrální zákon, S. 108 formulieren, dass Eigentum aufgrund einer „komplexen Rechtstatsache", nämlich der Summe aus *titulus* und *modus acquirendi* erworben werde.

[782] Oben Fn. 171.

[783] Erforderlich sind insbesondere Schriftlichkeit (§ 560 tschech. BGB) und ausreichend genaue Bestimmung des Kaufgegenstandes (§ 553(1) tschech. BGB). Bei unbeweglichen Sachen sind die Angabe der Gemeinde, der Parzellennummer und des Katastergebietes unverzichtbar (tschech. OG 16.11.2001, 22 Cdo 1236/2001, Soubor rozhodnutí Nejvyššího soudu, C 837), nicht aber die Angabe der Parzellengröße (tschech. OG 8.8.2007, 30 Cdo 2552/2006, Soubor rozhodnutí Nejvyššího soudu, C 5369).

[784] So ist z.B. auch für die Begründung einer Dienstbarkeit ein wirksamer Vertrag erforderlich (§ 1260(1) tschech. BGB). Ohne gültigen Titel entsteht die Dienstbarkeit selbst dann nicht, wenn sie in das Liegenschaftskataster eingetragen wurde (Spáčil [*-Lasák und Hrabánek*], Občanský zákoník III, S. 924).

[785] Anders ist das natürlich in Fällen des gesetzlichen, gerichtlichen oder behördlichen Erwerbs von Sachenrechten. Er wird zwar gleichfalls eingetragen, doch hat die Eintragung *(vklad)* hier nur deklaratorische Bedeutung. Unter § 1243(1) tschech. BGB kann z.B. ein Erbbaurecht auch durch ein Gericht bestellt werden. Das Recht unterliegt der Eintragung im Liegenschaftskataster (§ 1243(2) aaO), entsteht aber bereits zum Zeitpunkt der Rechtskraft des Urteils. Ähnlich liegt es bei einer vom Bauamt aufgrund besonderer gesetzlicher Vorschriften (Natur- und Denkmalschutzgesetze) bestellten Dienstbarkeit. Nur deklaratorische Bedeutung haben außerdem die Eintragung von Miete und Pacht (§ 11(1)(q) und (r) tschech. LiegenschaftskatasterG).

liches Recht entstehen (und nicht nur *inter partes* gelten) soll, der Eintragung im Register (§ 11(1)(k) tschech. Liegenschaftskatastergesetz)[786]; manche deuten ein solches Geschäft als die Übertragung von „Voreigentum".[787] Zur rechtsgeschäftlichen Begründung, Änderung und Aufhebung von Rechten ist die Eintragung im Immobilienregister auch in **Ungarn** unverzichtbar (§ 5:168 ungar. ZGB). Gleichwohl sind (bei fehlendem Rechtsgrund) materiellrechtlich unrichtige Eintragungen denkbar. Sie vermitteln erst nach Ablauf bestimmter Fristen (sechs Monate ab Zustellung der Eintragungsnachricht, andernfalls drei Jahre) „Rechtsschutzwirkung" (§ 5:187 ungar. ZGB). Der öffentliche Glaube des Grundbuchs wird m.a.W. zeitweilig aufgeschoben. Ohne wirksames Grundgeschäft ändert sich die Rechtslage ebensowenig wie ohne Eintragung (§ 5:178(5) ungar. ZGB). Der (ursprünglich) Berechtigte muss sich allerdings innerhalb der genannten Zeitspannen mit einem dinglichen (insolvenzfesten) Anspruch gegen die widerrechtliche Eintragung zur Wehr setzen. Der Schutz gutgläubig-entgeltlich erwerbender Dritter ist entsprechend eingeschränkt.[788] Wenn dagegen ein gültiger Titel vorliegt, treten der Erwerb, die Änderung oder die Aufhebung eines Rechts unmittelbar mit der Eintragung ein; durch sie erlangt das Sachenrecht zugleich Durchsetzbarkeit (§ 5:178(1) ungar. ZGB). Die Eintragung wirkt, wie üblich, auf den Zeitpunkt der Antragstellung zurück (Abs. (4) aaO).

Unter § 873 des **deutschen** BGB ist „zur Übertragung des Eigentums an einem Grundstück, zur Belastung eines Grundstücks mit einem Recht sowie zur Übertragung oder Belastung eines solchen Rechts die Einigung des Berechtigten und des anderen Teils über den Eintritt der Rechtsänderung und die Eintragung der Rechtsänderung in das Grundbuch erforderlich, soweit nicht das Gesetz ein anderes vorschreibt". Außerhalb des Grundbuchs vollziehen sich natürlich der Erwerb von Todes wegen, durch Hoheitsakt[789] und kraft Gesetzes. In § 873 dt. BGB geht es also um den rechtsgeschäftlichen Erwerb von Immobiliarsachenrechten. Die Eintragung der Rechtsänderung ist konstitutiv, nicht lediglich ein deklaratorisches Mittel zur Verhinderung eines konkurrierenden Erwerbs. Es handelt sich aber nicht um ein *Torrens*-System. Denn zu der Eintragung muss eine inhaltsgleiche Einigung hinzukommen.[790] Allerdings begründet § 891 dt. BGB die Vermutung der Richtigkeit des Grundbuchs. Erwerber können sich also auf dessen Einträge verlassen, es sei denn, sie haben positive Kenntnis vom Gegenteil, oder es ist ein Widerspruch (§§ 899, 894 dt. BGB) eingetragen (§ 892 dt. BGB). Eintragungen erfolgen nur auf Antrag (§ 13(1) Satz 1 dt. GBO) und setzen die Bewilligung des Verfügungsberechtigten voraus (§§ 19, 20 dt. GBO). Sie wiederum muss durch öffentliche oder öffentlich beglaubigte Urkunden nachgewiesen sein (§ 29 dt. GBO). Zur Aufhebung wird ein Recht im Grundbuch „gelöscht" (§§ 875–877 dt. BGB), d.h. durch einen Löschungsvermerk gekennzeichnet 326

---

[786] Spáčil *(-Dobrovolná),* Občanský zákoník III, S. 351.

[787] *Tichý/Pipková/Balarin,* Kupní smlouva v novém občanském zákoníku, S. 281.

[788] Näher Vékás und Gárdos (*-Menyhárd*), Kommentár a Polgári Törvénykönyvhöz I, § 5:168 S. 1208–1209 sowie *ders.,* Dologi jog, S. 54–57, 204–205 und 254–255.

[789] Z.B. durch Zuschlag in der Zwangsvollstreckung (§ 90(1) dt. ZVG) oder Pfändung einer Briefhypothek (§ 830(1) dt. ZPO). Wird die Zwangsvollstreckung durch Begründung einer Zwangshypothek bewirkt, muss diese Hypothek allerdings eingetragen werden; die Eintragung ist wieder konstitutiv (§ 867(1) Satz 2 dt. ZPO).

[790] MünchKomm (*-Kohler*), BGB VII^7, § 873 Rdnr. 93.

(§ 46(1) dt. GBO) und in roter Farbe unterstrichen (§§ 16 und 17(2) dt. GBV). Ein Durchgangserwerb kann nicht eingetragen werden. Will etwa ein Erbe das geerbte Grundstück veräußern, muss er sich zunächst selber eintragen lassen (§ 35 dt. GBO). Denn ohne Eintragung ist er grundbuchrechtlich nicht in der Lage, die Umschreibungsbewilligung zu erteilen. Ein „Überspringen" des Erben durch Direkteintragung des Erwerbers ist (vermutlich auch aus steuerrechtlichen Gründen) nicht vorgesehen.[791] Gehen in Bezug auf dasselbe Recht mehrere Anträge ein, darf der später gestellte nicht vor dem früher gestellten bearbeitet werden (§ 17 dt. GBO). Gehen miteinander unvereinbare Anträge gleichzeitig ein, werden die Antragsteller darauf aufmerksam gemacht; bleibt der Konflikt ungelöst, werden beide Anträge zurückgewiesen.[792]

(3) Title by registration

327 Unter dem **englischen *mirror principle*** (sec. 58 LRA 2002)[793] soll die *Land Registry* die Rechtslage in Bezug auf einen eingetragenen *estate* vollständig und richtig „spiegeln". Erwerber werden von Recherchen entlastet[794], gleichzeitig aber auch an alle verlautbarten Rechte gebunden (sec. 29 LRA 2002).[795] Durchbrochen wird es u.a. durch die Hinnahme von *overriding interests*[796], also von Rechten, die, wie kurzfristige *leases* und die Interessen von „persons in actual occupation of the land" (sec. 11(4)(b), 12(4)(c), 29(1)-(2)(a)(ii) und Schedule 3 LRA 2002), dem Erwerber gegenüber auch ohne Eintragung wirken.[797] Besonders scharf prägt sich das *mirror principle* in der Idee

[791] Eine Ausnahme wird für den Fall anerkannt, dass ein in Gütergemeinschaft lebender Ehegatte erwirbt. Dann werden sofort beide Eheleute als Eigentümer in Gütergemeinschaft eingetragen (BGH 12.12.1981 NJW 1982 S. 1097, 1098). Ebenso verhält es sich beim Erwerb nach einem bereits verstorbenen Erben. In diesem Fall wird sofort der (Schluss-)Erbe eingetragen. Denn erst durch seine Eintragung wird das Grundbuch wieder richtig. Die Eintragung des bereits verstorbenen Erben würde das Grundbuch vorübergehend fehlerhaft werden lassen.

[792] *Demharter,* Grundbuchordnung[30], § 17 Rdnr. 3.

[793] Oben Rdnr. 306.

[794] Nicht einmal Kenntnis schadet, wenn die Belastung nicht eingetragen ist (Lord *Wilberforce* in *Williams & Glyn's Bank Ltd v Boland* [1981] AC 487, 504: „The only kind of notice recognised is by entry on the register"). Ähnlich für den LRA 2002 *Freeguard v Royal Nak of Scotland Plc* (2000) 79 P & CR 81, 86 (*Robert Walker* LJ). Siehe auch *Chan Yiu Tong v Wellmake Investments Ltd* (1996) 1 HKC 528, 534 (*Godfrey* LJ) (es handele sich um eine bewusste Verdrängung der traditionellen *doctrine of notice* des *common law*). Ausnahmen gelten nur im Falle von *fraud* (oben Fn. 687).

[795] „The governing principle ... is that the title to land is to be regulated by and ascertainable from the register alone" (*Abbey National Building Society v Cann* [1991] 1 AC 56, Lord *Oliver of Aylmerton,* allerdings noch zum LPA 1925).

[796] Der Begriff „overriding interest" ist nach wie vor sehr verbreitet. Er stammt freilich aus dem LRA 1925 (secs. 3(xvi), 70(1)). Der LRA 2002 bevorzugt „overriding status" (sec. 133, para. 26(4) Schedule 11 LRA 2002).

[797] Der eintragungsunabhängige Drittschutz von Rechten bleibt ein erhebliches Problem. Die Rechtsprechung scheint bemüht, ihn zurückzudrängen. *Scott v Southern Pacific Mortgages Ltd* [2014] UKSC 52; [2015] AC 385 betraf die Frage, ob der Käufer eines Grundstücks schon vor seiner Eintragung und damit zu einem Zeitpunkt, in dem er selber nur einen *title in equity* hatte, diesen Titel seinerseits mit einem Recht *in equity* (im konkreten Fall einem *lease* des Verkäufers) belasten kann. Das Gericht verneinte das. Es habe sich lediglich um eine schuldrechtliche Position gehandelt, die auch nicht vermöge *actual occupation* zu einem eintragungsunabängig drittwirksamen Recht erstarke (hier gegenüber einer *legal charge* der den Kauf finanzierenden Bank).

des *title by registration* aus.[798] Nach dem Gesetzeswortlaut genügt allein die Eintragung zum Erwerb des *title*. „Statutory magic" bringt ihn selbst dann zur Entstehung, wenn nach den Regeln des Common Law „eigentlich" gar keine wirksame Verfügung vorliegt; außerdem nähert sich auf diese Weise der *freehold estate* noch um ein weiteres Stück dem Grundeigentum *(dominium)* an. Denn die eindeutige Zuordnung des *freehold* zu einem (einzigen) Inhaber ersetzt die alte *relativity of title*[799], dies freilich wiederum nur in den Grenzen von sec. 24(b) LRA 2002.[800] Die Rechtsprechung jedoch hat sich auf ein striktes Torrens-System nie wirklich eingelassen. Wenn A seinen *estate* materiellrechtlich gar nicht auf den B übertragen hat (A war nicht beteiligt, seine Erklärung gefälscht oder aus anderem Grunde unwirksam), B aber eingetragen wurde, soll A von B seine (des A) erneute Eintragung verlangen können. Das wird aus den Vorschriften über die Registerberichtigung *(rectification)* (Sched. 4 LRA 2002) gefolgert. Nicht einmal sie helfen aber weiter, wenn B bereits in den Besitz des Grundstücks gelangt ist (dann keine Berichtigung: Schedule 3 LRA 2002). Deshalb wird nun *equity* bemüht. B wird in einigen Entscheidungen so angesehen, als halte er seinen Titel *on trust* für A, was wiederum A das Recht gebe, Rückübertragung des *legal title* und damit seine erneute Eintragung zu verlangen.[801] Im Schrifttum ist diese Sichtweise umstritten geblieben.[802] Sollte sie sich auch in den höheren Instanzen durchsetzen, wäre das Torrens-System (wenn es denn eines ist) schwer beschädigt. Wenn B in unserem Beispiel den *estate* bereits (wirksam) auf den ebenfalls eingetragenen C weiter übertragen hat, dürfte allerdings eine Registerberichtigung nicht mehr in Betracht kommen; B konnte als eingetragener Inhaber wirksam über seinen *estate* verfügen.[803] Nicht einmal das ist freilich über jeden Zweifel erhaben. Die Löschung des C könnte auch als Voraussetzung dafür verstanden werden, die (angeblich) unrichtige Eintragung des B rückgängig zu machen.[804] Erwogen wird ferner, die Löschung des A als den ei-

---

798 Oben Rdnrn. 305–309.

799 *Gray und Gray,* Elements of Land Law[5], Rdnrn. 2–036 bis 2–038.

800 Dazu *Skelwith (Leisure) Ltd v Armstrong* [2015] EWHC 2830 (Ch); [2016] 2 W.L.R. 144 (Ch D). Die Entscheidung befasst sich mit einer wesentlichen Durchbrechung des Grundsatzes des *title by registration*. Selbst das neue System gestattet nämlich immer noch Verfügungen über eingetragene Rechte durch Personen, die ihrerseits noch nicht eingetragen sind. Das folgt aus sec. 24(b) LRA 2002 („Right to exercise owner's powers"). („A person is entitled to exercise owner's powers in relation to a registered estate or charge if he is – (a) the registered proprietor, or (b) entitled to be registered as the proprietor"). Mit dem Recht, eingetragen zu werden, ist also bereits die Befugnis verbunden, über einen noch auf den Namen des Veräußerers eingetragenen *estate* bzw. eine „Hypothek" zu verfügen.

801 Dieses Konzept geht zurück auf *Malory Enterprises Ltd v Cheshire Homes (UK) Ltd* [2002] EWCA Civ 151; [2002] Ch 216 (CA). Die Entscheidung betraf zwar Verfügungen unter dem LRA 1925. Gleichwohl hielt sich *Newey* J in *Fitzwilliam v Richall Holdings Services Ltd* [2013] EWHC 86 (Ch); [2013] 1 P & CR 19 an *Malory* auch unter der Geltung des LRA 2002 gebunden. Zwar habe der Gesetzgeber nach den entsprechenden Vorschlägen der Law Commission mit dem LRA 2002 das System des *title by registration* einführen wollen, und es sei auch richtig, dass seine Korrektur *in equity* den Ansatz des Gesetzes schwäche. Die maßgeblichen Bestimmungen des LRA 1925 und des LRA 2002 glichen sich ihrem Wortlaut nach jedoch so sehr, dass es nicht möglich sei, von *Malory* abzuweichen.

802 Kritisch z.B. *Goymour,* 72 (2013) CLJ 617, 626 (*Malory* sei durch sec. 58 LRA 2002 verdrängt worden); zustimmend aber *Gardner,* [2013] Conv S. 530.

803 Richtig m.E. *Goymour,* [2013] CLJ S. 617, 630.

804 So *Ajibade v Bank of Scotland Plc* (2008) REF/2006/0163/0174 (Adjudicator to HM Land Registry) www.justice.gov.uk/tribunals/land-registration. Anders aber wohl *The Manchester Ship*

gentlichen Fehler und die Eintragung von B und C als bloßen Teil dieses Fehlers zu qualifizieren.[805] Vollends ruiniert wäre das Konzept des *title by registration,* sollte sich die Ansicht durchsetzen, dass die Eintragung des C fehlerhaft sei.[806] Wie stark der Widerstand gegen das Torrens-System ist, zeigt sich endlich auch an *Crawley v Gudupati.*[807] Hier wurde angenommen, dass derjenige, dem aus *equity* das Recht zur Korrektur des Registers zustehe (A), dieses Recht auch gegen C (im konkreten Fall der Erwerber eines beschränkten dinglichen Rechts) durchsetzen könne.

328 Das *mirror principle* nötigt zu einer Klärung des Rangs eingetragener Rechte. Dem dient die ***priority***-Lehre. Es handelt sich um ein komplexes Regelwerk zu der Frage, welche *interests in land* durchsetzbar bleiben, nachdem über das durch sie belastete Recht verfügt wurde.[808] Erlöschen sie, nennt man das (sprachlich nicht sehr geschickt) *overreaching;* einige Autoren empfehlen *postponement.*[809] Ausgangspunkt ist jedenfalls sec. 28(1) LRA 2002: „The priority of an interest affecting a registered estate or charge is not affected by a disposition of the estate or charge". Bis zur vollständigen Verwirklichung des *electronic conveyancing* wirken im Falle eines entgeltlichen Erwerbs jedoch nur bestimmte *interests* fort, nämlich diejenigen, die *protected priority* genießen (sec. 29(1) LRA 2002). Das sind insbesondere eingetragene *charges,* durch *notice* geschützte *interests* und die bereits erwähnten *overriding interests* (sec. 29(2) LRA 2002). Im Übrigen werden alle Eintragungsanträge in der Reihenfolge ihres Eingangs in der *day list* vermerkt (rules 12 und 15 LRR 2003), was über den Rang von statusgleichen Rechten entscheidet (sec. 74 LRA 2002; rule 15 LRR 2003). Das ***curtain principle*** besagt, dass „the registrar shall not be affected with notice of a trust" (sec. 78 LRA 2002). Die *beneficiaries* eines *trust* erscheinen nicht im Register; sie „verschwinden hinter dem Vorhang". Das verhindert in Übereinstimmung mit dem *mirror principle,* dass die einen *estate* belastenden Rechte eines *beneficiary* gegen den Erwerber des „Grundeigentums" wirken. „A purchaser of a legal estate in land shall overreach any equitable interest or power affecting that estate, whether or not he has notice thereof" (sec. 2(1) LPA 1925). Der Trust setzt sich nur an dem Kaufpreis fort, den der Erwerber gezahlt hat (sec. 2(1)(ii), 27(2) LPA 1925).[810] Die Einzelheiten sind ungewöhnlich kompliziert.[811] „Automatisch" kommt es nur dann zu einem *overreaching,* wenn der Erwerber den Kaufpreis an mindestens zwei *trustees* zahlt (sec. 2(1)(ii), 27(2) LPA 1925). Hat nur ein *trustee* verfügt, kommt es darauf an, ob im Register eine *restriction* mit dem

---

Canal Company v Morris Homes (North) Limited (2009) REF/2008/0442 (Adjudicator to HM Land Registry) www.justice.gov.uk/tribunals/land-registration und *Knights Construction (March) Ltd v Roberto Mac Ltd* (2011) REF/2009/1459 (Adjudicator to HM Land Registry) [2011] 2 EGLR 123. Wenn A wirksam einen Teil seines Grundstücks auf B überträgt, ihm im Register aber ein zu großer Teil zugeschrieben wird, den er dann auf C überträgt, soll eine Korrektur möglich sein: *Manchester Ship Canal Company v Morris Homes (North) Limited* (2009) aaO.

[805] *Barclays Bank Plc v Guy (No 2)* [2010] EWCA Civ 1396 Rdnr. 35; [2011]1 WLR 681, 687 (CA: Lord *Neuberger of Abbotsbury*), *obiter.*

[806] Erneut richtig m. E. *Goymour,* [2013] CLJ S. 617, 637–638.

[807] *(No 1)* (2009) REF/2008/0602, REF/2009/0047/0052 (Adjudicator to HM Land Registry); und *(No 2)* (2010) REF/2008/0602, REF/2009/0047/0052 (Adjudicator to HM Land Registry) www.justice.gov.uk/tribunals/land-registration.

[808] *Gray und Gray,* Elements of Land Law[5], Rdnr. 8.2.2.

[809] *Gray und Gray* aaO.

[810] Der *trust* „is shifted from the land to capital moneys in the hands of the trustees" (*City of London Building Society v Flegg* [1988] AC 54, 91, *Lord Oliver of Aylmerton*).

[811] Eingehend und grundlegend *City of London Building Society v Flegg* [1988] AC 54.

Inhalt eingetragen ist, dass die Verfügung gerichtlicher Genehmigung bedarf (sec. 43(1)(c) LRA 2002, rules 93, 94 LRR 2003). Ist eine solche *restriction* eingetragen, bleibt das *overreaching* aus; der *estate* wird dann nur belastet mit dem *trust* erworben.[812]

Das ***insurance principle*** schließlich besagt, dass die *Land Registry* den Bestand der bei ihr eingetragenen *title* garantiert (sec. 103 und Schedule 8 LRA 2002). Der korrespondierende Schadensersatzanspruch aus para. 1 Schedule 8 LRA 2002 setzt auf Seiten der Behörde und ihrer Mitarbeiter kein Verschulden voraus. Es handelt sich teils um gewöhnliche Amtshaftungstatbestände (Dokumentenverlust; Fehleintragungen), teils aber auch um Probleme, auf deren Entstehung die *Land Registry* keinerlei Einfluss hat, etwa um Fehleintragungen infolge von Betrügereien *(fraud),* die die Behörde nicht erkennen konnte. Unter para. 1(2)(b) aaO kann sogar Schadensersatz verlangen, wer aufgrund einer wirksamen Verfügung redlich eingetragen wurde, wenn diese Eintragung später berichtigt werden muss. Der Anspruch unterliegt allerdings der Kürzung in Fällen des Mitverschuldens (para. 5 aaO). Im Jahr 2014/15 hat die Land Registry insgesamt GBP 8,4 Mio. ausgeschüttet, davon 5,2 Mio. aufgrund gefälschter oder in anderer Weise betrügerischer Transaktionen. Nur GBP 0,1 Mio konnten durch Rückgriffsansprüche wieder gedeckt werden.[813] **329**

III. Verfügungen durch andere Personen als den Rechtsinhaber

Schwierigkeiten eigener Art entstehen, wenn die Person, die über ein Recht verfügt, nicht sein Inhaber ist. Dann kommt es unausweichlich zu einem Konflikt zwischen demjenigen, der auf die Rechtsmacht seines Vertragspartners vertraut, und demjenigen, dessen Rechtsposition durch die Verfügung verschlechtert würde. Das ist gewöhnlich (aber nicht notwendig) der Inhaber des Rechts, über das verfügt wird, im einfachsten Fall der Eigentümer. Für ihn spricht der seinem Recht innewohnende Ewigkeitsanspruch.[814] Der Vertragspartner des Nichteigentümers mag aber einwenden, dass letzterer aus besonderem Grunde verfügungsberechtigt war oder von ihm (dem Erwerber) als verfügungsberechtigt angesehen werden durfte. Ob und unter welchen Voraussetzungen das zum Erfolg führt, bildet den Gegenstand des nachfolgenden Abschnitts. Wir müssen uns in ihm freilich noch mit weit mehr Situationen befassen, als nur mit Verfügungen über anderer Personen Eigentum. Ein nahezu identisches Konfliktpotential baut sich z.B. auf, wenn jemand rechtsgeschäftlich ein Recht zu erwerben wähnt, das zwar im Liegenschaftsregister verlautbart ist, in Wahrheit aber gar nicht existiert. Man denke an ein Wohnungseigentumsrecht, das, obwohl es im Liegenschaftsregister vermerkt ist, aus irgendeinem Grunde nie zur Entstehung gelangte. Wird es zum Gegenstand einer Verfügung, dann droht Dritten ebenfalls die Gefahr einer Beeinträchtigung ihrer Rechte; das Grundeigentum etwa könnte von nun an tatsächlich durch Wohnungseigentum belastet sein. Ähnlich liegt es beim **330**

---

812 *HSBC Bank Plc v Dyche* [2009] EWHC 2954 (Ch); [2010] 2 P & CR 4.

813 Land Registry, Annual Report and Accounts 2014/15, S. 18.

814 Band 1 Rdnr. 336. Radwański und Gniewek (-*Gniewek*), System prawa prywatnego III³, S. 572 Rdnr. 227 meint sogar, dass die (in Polen gesetzlich nicht fixierte) „allgemeine Regel", wonach niemand mehr Rechte übertragen könne, als er selber habe *(nemo plus iuris in alium transferre potest quam ipse habet),* auch aus dem Charakter des Eigentums als absolutem Recht entwickelt werden könne.

Erwerb einer eingetragenen Hypothek, durch den für die Zwecke des Sachenrechts auch eine Forderung „mitwandert", die einem Dritten zusteht.[815] Sachenrechtlich muss typischerweise zwischen zwei Personen abgewogen werden, die sich korrekt verhalten haben. Die möglichen Lösungen zum Nachteil des wahren Rechtsinhabers schließen das Erlöschen seines Rechts ein (z.B. im Falle des gutgläubig lastenfreien Erwerbs), desgleichen einen Rangverlust und die Belastung seines Rechts mit einem fiktiven Fremdrecht (ein falsch eingetragenes Baurecht wird von seinem Scheininhaber mit einer Hypothek belastet; das Grundeigentum wird für die Zwecke der Hypothek so angesehen, als wäre es tatsächlich mit einem Baurecht belastet). Auf Seiten des Erwerbers wird man in der Regel mindestens Gutgläubigkeit verlangen; nicht einmal das ist aber ausnahmslos der Fall.[816] Was ein gutgläubiger Erwerber erlangt (wenn er überhaupt etwas erlangt), hängt im Übrigen immer von dem Objekt der Verfügung und von der Art des Geschäfts ab. Soll Eigentum übertragen werden, dann geht es natürlich um den Erwerb eben dieses Eigentums. Zusätzlich geht es um das Erlöschen von Belastungen, und manchmal um beides zugleich. Würde man vom wahren Eigentümer gutgläubig „lastenfrei" erwerben, würde man auch von einem Scheineigentümer gutgläubig lastenfrei erwerben, wenn man sowohl auf dessen Eigentümerstellung als auch auf die Nichtexistenz von Belastungen vertrauen durfte, die das Eigentum des wirklichen Rechtsinhabers beschweren. Soll dagegen das Eigentum (oder ein anderes Recht) gar nicht übertragen, sondern lediglich zugunsten des Erwerbers belastet werden, dann kann er bestenfalls auch nur diese Belastung erwerben und mit ihr konkurrierende Belastungen aus ihrem Rang verdrängen. Er erwirbt aber niemals das Wirtsrecht selber. Denn das würde den Gutgläubigen besser stellen, als er stünde, wenn ihm der wahre Berechtigte die Belastung bestellt hätte.

1. Verträge über Rechte Dritter

331 Eine erste dogmatische Weichenstellung könnte mit der Antwort auf die Frage zusammenhängen, ob Kauf-, Schenkungs- oder Tauschverträge über Rechte Dritter als grundsätzlich wirksam oder als grundsätzlich nichtig angesehen werden. Das Problem taucht allerdings nur in Rechtsordnungen auf, die den Erwerb eines Sachenrechts an einen Schuldgrund (eine *causa*) knüpfen. Unter einem „abstrakten" Übertragungsregime gerät es gar nicht erst in den Blick. Der Verkauf fremder Sachen wird hier zwar durchweg für wirksam gehalten[817], aber die sachenrechtliche Lage würde sich auch

[815] Band 1 Rdnrn. 444–445.

[816] Vorher Fn. 661.

[817] In Deutschland lässt sich die Möglichkeit des Verkaufs fremder Sachen mit § 311a(1) dt. BGB begründen, wonach es der Wirksamkeit eines Vertrages nicht entgegensteht, dass der Schuldner nach den Regeln des Unmöglichkeitsrechts nicht zu leisten braucht, und zwar auch dann nicht, wenn das Leistungshindernis schon bei Vertragsschluss besteht (MünchKomm [-*Westermann*], BGB III^7, § 433 Rdnr. 49). OLG Hamburg 5.1.1972 MDR 1972 S. 947 entschied, dass, wer ein fremdes Grundstück verkauft, vertraglich verpflichtet ist, alles in seinen Kräften Stehende zu unternehmen, um die erforderlichen behördlichen Genehmigungen zu erlangen. § 12(1) estn. LOA formuliert direkter: „The validity of a contract is not affected by the fact that, at the time of entry into the contract, performance of the contract was impossible or one of the parties did not have the right to dispose of the thing or right which is the object of the contract".

dann nicht ändern, wenn es sich genau umgekehrt verhielte. Denn Kauf- und Übereignungsrecht sind im Anwendungsbereich des sogen. Abstraktionsprinzips strikt voneinander getrennt. Die Wirksamkeit des Kaufvertrages ist eine rein schuldrechtliche Frage; wenn und soweit der Verkäufer seine Pflicht zur Übertragung des verkauften Rechts nicht erfüllen kann, haftet er dem Käufer auf Schadensersatz.[818] Bemerkenswerterweise ist der Verkauf fremder Sachen aber auch unter den meisten Rechtsordnungen wirksam, die sich zum Prinzip der Kausalität halten, darunter nicht nur solche, die zusätzlich zu einem Titel auf einem Modus bestehen[819], sondern auch solche, die prinzipiell oder jedenfalls in den Umständen der gegebenen Situation auf einen Modus verzichten.[820] Folglich bleibt es zumindest konstruktiv denkbar, auch dem Verkauf

---

[818] Das ist zwar auch in Frankreich (Art. 1599 franz. CC) und in Portugal (Art. 894 port. CC) nicht anders, lässt sich dort aber nur mit dem Schutzgedanken der Nichtigkeitssanktion begründen. Ein nichtiger Vertrag kann gleichwohl schwerlich die Grundlage für einen vertraglichen Schadensersatzanspruch bilden. Es handelt sich eher um eine Vertrauens- als um eine echte Vertragshaftung.

[819] In Österreich berührt es die Wirksamkeit eines Kauf- oder Tauschvertrages nicht, dass der Verkäufer nicht Eigentümer der Sache ist. Das folgert man aus den Vorschriften über den gutgläubigen Erwerb (Koziol/Bydlinski/Bollenberger [-*Koziol und Apathy*], ABGB[4], § 1045 Rdnr. 2). Der Verkäufer muss allerdings die objektive Möglichkeit haben, das Eigentum noch zu erwerben (OGH 27.8.1980, SZ 53/106). In Ungarn steht das sogar im Gesetz (§ 6:107(1) Satz 2 ungar. ZGB; näher Vékás und Gárdos [-*Vékás*], Kommentár a Polgári Törvénykönyvhöz II, § 6:107 ungar. ZGB, S. 1477–1478). In Spanien, wo man das ebenso sieht, verweist man zur Begründung auf Art. 1473 span. CC (gutgläubiger Erwerb im Falle des Doppelverkaufs). „The validity of a contract of sale in which the seller was not the actual owner of the thing at the time the contract was entered into is generally admitted nowadays, provided that the seller is in the position to acquire ownership in order to transfer it to the buyer (...) however, depending on the circumstances, the sales of another's thing can also be considered void or avoidable" (Faber und Lurger [-*González Pacanowska und Díez Soto*], National Reports V, Spain, S. 583–584). Unter § 1760 tschech. BGB führt der Umstand, dass eine Partei bei Vertragsschluss nicht berechtigt war, über das zu verfügen, was vertragsgemäß geleistet werden soll, nicht zur Ungültigkeit des Vertrages. Unter Art. 2010 lett. ZGB ist der Verkauf einer fremden Sache nur nichtig, wenn beide Parteien wussten, dass der Verkäufer nicht berechtigt war; wusste dies nur der Verkäufer, haftet er dem Käufer auf Schadensersatz.

[820] Siehe für England z.B. Benjamin (-*Guest*), Sale of Goods[7], Rdnr. 4-001 („An agreement for the sale of the property of another is not null and void. If the seller agrees to divest himself of the general or absolute property in the goods in favour of the buyer, there is a contract of sale notwithstanding that he is not the owner of the goods and has no right to sell them"). Das Eigentum geht gleichwohl nur in den Ausnahmen des *nemo dat quod non habet*-Prinzips über (sec. 21(1) SGA 1979). Auch das polnische Recht kennt das Verbot des Verkaufs einer fremden Sache nicht (poln. OG 20.11.2009, III CSK 56/09, Legalis-Nr. 304039). Der Verkauf fremder Sachen und Rechte ist insbesondere dann wirksam, wenn der Verkäufer selber noch auf den Erwerb des Kaufobjekts zählt (Woiwodschaftsverwaltungsgericht Lublin 15.4.2016, I SA/Lu 1292/15, Legalis-Nr. 1477158). Unter Art. 188 des bulgar. Gesetzes über Schuldverhältnisse und Verträge ist der Verkäufer dem gutgläubigen Käufer gegenüber verantwortlich, falls Dritte das Eigentum oder andere Rechte an der Sache innehaben und diese dem Käufer entgegensetzen können. Der Verkauf fremder Sachen und Rechte ist also wirksam (bulgar. OG 11.11.1985, Nr. 1174, II. Zivilkammer). Dasselbe gilt sogar für die Schenkung einer Immobilie, die dem Schenker nicht gehört (bulgar. Oberster Kassationsgerichtshof 11.3.2010, Nr. 237, II. Zivilkammer). Allerdings soll zwischen einer „künftigen" und einer „fremden" Sache zu unterscheiden sein (bulgar. Oberster Kassationsgerichtshof 27.7.2010, Nr. 233, I. Zivilkammer). Die Schenkung von Vermögensgegenständen, von denen der Schenker weiß, dass sie ihm nicht gehören, betreffe eine künftige Sache und sei daher nichtig; dagegen handele es sich um die (wirksame) Schenkung einer fremden Sache, wenn der Schenker im Zeitpunkt des Schenkungsvertrages überzeugt sei, dass die Sache ihm gehöre.

einer fremden Sache Doppelwirkung beizumessen. Die Möglichkeit, fremde Sachen wirksam zu verkaufen, wird oft sogar genau damit begründet, dass man über ein Regime des gutgläubigen Erwerbs verfüge.[821]

332 Auf den ersten Blick anders ist das allerdings in **Portugal** und in **Frankreich.** Denn unter Art. 892 port. CC und Art. 1599 franz. (belg. und luxemb.) CC ist der Verkauf fremder Sachen grundsätzlich **nichtig**.[822] Der gutgläubige Käufer hat zwar (wie überall sonst auch) schuldrechtliche Ausgleichsansprüche.[823] Aber man sollte meinen, dass ein nichtiger Vertrag selbst dann keine translative Wirkung zu erzeugen vermag, wenn der Käufer gutgläubig ist.[824] Tatsächlich schwenkt das System denn auch um. Es operiert, wenn und soweit es einen gutgläubigen Käufer schützen will, mit besonderen Formen des gesetzlichen Erwerbs, darunter das Recht der (Spontan-) Ersitzung (Art. 2276 franz. bzw. Art. 2279 belg. CC[825]) und, wenn auch nur bei Doppelverkäufen von Immobilien, das Registerrecht (Art. 1198(2) franz. bzw. Art. 6(1) port. CRP).[826] Gleichwohl lässt sich zwischen der vertragsrechtlichen Nichtigkeitssanktion

---

[821] Das ist nicht nur in Österreich und in Spanien (Fn. 819), sondern auch in Schweden so. Dass der Verkäufer nicht Eigentümer der Sache ist, berührt die Wirksamkeit eines Kauf- oder Tauschvertrages nicht, weil § 2 schwed. GfvL den gutgläubigen Erwerb von Fahrnis ermöglicht (vorher Rdnr. 257). (Bei Grundstücken bedarf es der Voreintragung des Veräußerers und der nachfolgenden Eintragung des Erwerbers im Grundbuch: Kap. 18 § 1 JB).

[822] Siehe schon oben Rdnr. 269.

[823] Unter Art. 1599 franz. CC gilt, dass, obwohl „la vente de la chose d'autrui est nulle: elle peut donner lieu à des dommages-intérêts lorsque l'acheteur a ignoré que la chose fût à autrui". Unter Art. 892 port. CC „é nula a venda de bens alheios". Das Gesetz fügt aber hinzu, dass weder der Verkäufer die Nichtigkeit dem gutgläubigen Käufer noch der bösgläubige Käufer sie dem gutgläubigen Verkäufer entgegensetzen kann. Art. 894 port. CC ergänzt: „(1) Ist der Verkauf fremder Güter nichtig, hat der im guten Glauben handelnde Käufer das Recht, die vollständige Rückerstattung des Preises zu verlangen, auch wenn die Güter verloren gegangen sind, sich verschlechtert haben oder aus einem anderen Grund in ihrem Wert verloren haben. (2) Wenn der Käufer jedoch Nutzung aus dem Verlust oder aus der Wertminderung der Güter gezogen hat, ist diese Nutzung von der Höhe des Preises und der Entschädigung, die der Verkäufer zu zahlen hat, abzuziehen".

[824] Das italienische Recht hat das klar erkannt. Die *vendita di cosa altrui* ist gültig und wirksam. „Stand die verkaufte Sache im Zeitpunkt des Vertrags nicht im Eigentum des Verkäufers, ist dieser verpflichtet, dem Käufer dessen Erwerb zu verschaffen" (Art. 1478(1) ital. CC). Ein solcher Kauf wirkt also nur schuldrechtlich; es handelt sich um eine *vendita obbligatoria.* Das Eigentum dagegen geht *(ipso jure)* erst über, wenn der Verkäufer es erwirbt (At. 1478(2) aaO: „Der Käufer wird in dem Zeitpunkt Eigentümer, in dem der Verkäufer das Eigentum vom Rechtsträger erwirbt"). Der Käufer kann aber unter Art. 1479(1) ital. CC die Aufhebung des Vertrages verlangen, wenn er im Zeitpunkt des Vertragsschlusses nicht wusste, dass die Sache nicht dem Verkäufer gehörte und ihm (dem Käufer) zwischenzeitlich das Eigentum noch nicht verschafft hat. Stand die Sache nur zum Teil im Eigentum eines Dritten, gelten die Restitutionsregeln, sofern der Käufer die Sache ohne diesen Teil nicht gekauft hätte (Art. 1480 ital. CC). Die Schenkung einer fremden Sache allerdings wird für nichtig angesehen, weil ihr die *causa* fehle. Die Schenkung einer fremden Sache ist nur wirksam, wenn sich der Schenker verpflichtet, die Sache zu erwerben und zu übertragen (*Torrente,* La donazione², S. 409; Cass. sez. un. 15.3.2016, Nr. 5068, Riv. not. 2016 S. 521; Cass. 12.6.1979, Nr. 3315, Riv. not. 1981 S. 440; Cass. 5.5.2009, Nr. 10356, Riv. not. 2010 S. 124, Anm. *Grossmann*).

[825] Portugal kennt zwar für Mobilien vergleichsweise kurze Ersitzungsfristen (Art. 1299 port. CC: drei Jahre bei Gutgläubigkeit, sonst sechs Jahre), aber keine Spontan- oder Sofortersitzung (*Menezes Cordeiro,* Posse³, S. 116–122: die *possession vaut titre*-Regel gilt in Portugal nicht).

[826] Ein generelles Regime des gutgläubigen Erwerbs von Registerrechten gibt es aber nicht. Ist etwa B zu Unrecht als Eigentümer eines Grundstücks eingetragen, z. B., weil sein Vertrag mit A infolge einer Täuschung nichtig war (Art. 1130 franz. CC), hat B das Grundstück aber noch

und dem Sachenrecht der Verfügungen über Rechte Dritter kein innerer Zusammenhang herstellen; die beiden gedanklichen Fäden sind nicht miteinander verknüpft. Das hat seinen Grund in dem Umstand, dass die Artt. 892 port. und 1599 franz. CC nur den Schutz des Käufers bezwecken, aber gerade nicht, ihm ein Recht vorzuenthalten. Bei der Nichtigkeit handelt es sich um eine *nullité relative*[827], eine bloße *nulidade relativa*.[828] Sie setzt voraus, dass sich der Käufer auf sie beruft. Er müsste sich also den Ast absägen, auf dem er sitzt. Bedacht sein will außerdem eine wichtige Ausnahme von der kaufrechtlichen Nichtigkeitssanktion.

Relação de Coimbra vom 28.4.1987[829] betraf den Kauf eines Autos von einem Kfz-Händler, dem das Fahrzeug nicht gehörte. Es ging u. a. um die Reichweite von Art. 1301 port. CC, wonach „derjenige, der von einem Dritten Sachen fordert, die von diesem gutgläubig von einem Händler erworben wurden, der mit Sachen derselben oder ähnlichen Art handelt, ... verpflichtet (ist), den Preis zu ersetzen, den der Erwerber für diese bezahlt hat". Das Gericht kam zu dem Schluss, dass Art. 1301 port. CC nur auf nichtregisterfähige bewegliche Sachen Anwendung finde. Der gutgläubige Käufer eines fremden Autos könne sich nur auf die Artt. 892 ff. port. CC berufen. Der Käufer hatte (ohne es zu wissen) ein Auto mit gefälschter Matrikelnummer gekauft und auf seinen Namen im Kraftfahrzeugregister eintragen lassen. Das Auto war gestohlen, wurde von der Polizei beschlagnahmt und seinem wahren Eigentümer zurückgegeben. Der Käufer verlangte von letzterem wahlweise Zahlung des Kaufpreises (Art. 1301 port. CC) oder Wiedereinsetzung in den Besitz (Art. 1268(1) port. CC). Die Klage wurde abgewiesen. Gegen die Anwendbarkeit von Art. 1301 port. CC spreche dessen Herkunft aus Art. 534 port. CC [1867], der sie aus „Art. 2380 franz. CC" a. F. (gemeint sein muss Art. 2280) übernommen hatte, und in 333

vor der Vernichtung seines Vertrages mit A weiter an C verkauft, dann ist der C, auch wenn er selber eingetragen wurde, dem A gegenüber nicht geschützt. Die *publicité foncière* ändert daran nichts. Eigentum in der Person von C (des *ayant cause*) entsteht nur, wenn sein Rechtsvorgänger (B) Eigentümer war. Wer nichts hat, kann nichts übertragen; *nemo dat quod non habet* (*Zenati-Castaing und Revet,* Les biens[3], S. 291 Rdnr. 183). Außerdem überträgt der Rechtsvorgänger das Gut in dem rechtlichen Zustand, in dem es sich im Übertragungszeitpunkt befindet; *nemo plus juris ad alium transferre potest quam ipset habet* (Art. 2477 franz. CC: „La simple publication au service chargé de la publicité foncière des titres translatifs de propriété ne purge pas les hypothèques et privilèges établis sur l'immeuble. Le vendeur ne transmet à l'acquéreur que la propriété et les droits qu'il avait lui-même sur la chose vendue: il les transmet sous l'affectation des mêmes privilèges et hypothèques dont la chose vendue était grevée"). Wird das Gut aufgrund eines Vertrages erworben, der danach aufgelöst wird, dann wird auch das Recht des *ayant cause* (C) vernichtet, *resoluto jure dantis, resolvitur jus accipentis* (*Zenati-Castaing und Revet* aaO S. 291 Rdnr. 183; *Larroumet,* Les Biens[5], S. 221 Rdnr. 388).

827 Art. 1599 franz. CC will den Käufer nur vor dem *risque d'éviction,* also davor schützen, vom Eigentümer verdrängt zu werden. Deshalb kann nur der Käufer die Nichtigerklärung beantragen; für den Verkäufer gilt, *qui doit garantie, ne peut évincer* (*Collart Dutilleul und Philippe Delebecque,* Contrats civils et commerciaux[6], S. 128 Rdnr. 130). Der Käufer kann die Zahlung des Kaufpreises verweigern oder, falls er bereits gezahlt hat, im Klagewege Restitution beantragen (*Malaurie/Aynès/Gautier,* Droit des contrats spéciaux[8], S. 145 Rdnr. 186).

828 Näher und terminologisch besonders genau *Menezes Cordeiro,* Tratado de Direito Civil II[4], S. 944. Es gilt auch in Portugal der Grundsatz der „eingeschränkten Geltendmachung der Nichtigkeit" (*Pietrek,* Konsens über Tradition?, S. 123). Der Grundregel nach kann sie lediglich der Käufer geltend machen; der Verkäufer nur, wenn er es mit einem bösgläubigen Käufer zu tun hat (vorher Fn. 823). Für den wahren Eigentümer ist das aber ohnehin belanglos, da ihm gegenüber der Vertrag als *res inter alios acta* ohnehin wirkungslos ist (Art. 406(2) port. CC). Art. 406(2) aaO hebt ausdrücklich hervor, dass ein Vertrag Dritten gegenüber nur in den gesetzlich besonders geregelten Fällen wirkt. Beim Verkauf fremder Sachen tritt eine solche *erga omnes* Wirkung gerade nicht ein. Der wahre Eigentümer kann seine Sache weiterhin vindizieren (Art. 1311 port. CC).

829 RC 28.4.1987, CJ XII (1987-2) S. 97–99. Das Urteil ist in enger Anlehnung an STJ 30.3.1982, BMJ 315 (1982) S. 296 ergangen.

der französischen Vorlage sei der Fall des Diebstahls ausdrücklich ausgenommen. Außerdem lasse sich den Arbeiten an dem Entwurf des port. CC von 1966 entnehmen, dass Art. 1301 port. CC nicht für registerfähige Sachen gelten solle. Da das Auto unter seiner korrekten Matrikelnummer noch auf den Alteigentümer eingetragen gewesen sei, könne sich der Käufer nicht auf seine eigene Eintragung berufen; sie sei einfach ungültig. Das Berufungsgericht bestätigte aber, dass der gutgläubige Käufer unter den Artt. 892 ff. port. CC Rechtsschutz genieße. Da der Verkauf fremder Güter nichtig sei, habe der gutgläubige Käufer auch dann das Recht auf die Rückerstattung des Kaufpreises, wenn die Güter verloren gegangen sind, sich verschlechtert oder aus einem anderen Grund an Wert verloren haben (Art. 894 port. CC). Außerdem könne er unter den Voraussetzungen der Artt. 898, 899 port. CC Schadensersatz verlangen. Im konkreten Fall nutzte das alles dem Käufer aber nichts. Denn diese Ansprüche richten sich gegen den Händler, nicht gegen den wahren Eigentümer. Auf Art. 1268(1) port. CC („Der Besitzer genießt die Vermutung der Rechtsinhaberschaft, außer wenn zugunsten eines anderen eine Vermutung besteht, die auf einer dem Besitzbeginn vorhergehenden Eintragung basiert“) ging das Gericht überraschenderweise mit keinem Wort ein.

2. Verfügungsberechtigungen

a) Zustimmung des Rechtsinhabers; Konvaleszenz

334 Verfügungen über ein fremdes Recht sind wirksam, wenn der Verfügende zu ihrer Vornahme berechtigt war. Die Berechtigung zur Übertragung oder Belastung eines fremden Rechts kann ihren Grund im Gesetz oder darin haben, dass der Rechtsinhaber dem Geschäft zustimmt. Dem steht es i. d. R. gleich, wenn der zunächst rechtswidrig Verfügende das Recht später selbst erwirbt **(Konvaleszenz)**[830], gelegentlich auch, wenn er von dem Berechtigten beerbt wird.[831] Im Normalfall geht es um eine **Ermächtigung.** Mit ihr gewährt der Inhaber eines Sachenrechts dem Verfügenden die Befugnis, das Recht **im eigenen Namen** zu übertragen oder zu belasten. Es handelt sich also weder um ein selbständiges Sachenrecht noch um eine Stellvertretung. Ein Stellvertreter gibt, da er im fremden Namen handelt, gar nicht erst vor, das fragliche

---

[830] § 185(2) Satz 1, 2. Variante dt. BGB; Art. 239(2) 2. Variante gr. ZGB; Art. 1478(2) ital. CC (oben Fn. 824); § 366 S. 2 österr. ABGB (Die Vorschrift ist zwar nur als Einrede gegen den Vindikationsanspruch formuliert, wird aber so gedeutet, dass der Erwerber Eigentümer wird: OGH 3.4.1968, SZ 41/37; Schwimann und Kodek [-*Klicka und Reidlinger*], ABGB II[4], § 366 Rdnr. 21); Art. 895 port. CC (*convalidação do contrato* durch Eigentumserwerb; Gegenausnahme in Art. 896 port. CC bei zwischenzeitlicher Nichtigerklärung des Vertrages); Art. 61(1) slowen. SPZ. Ungarn verfügt nur über eine Regelung der Scheinvertretung (§ 6:14 ungar. ZGB); eine Regelung zur Konvaleszenz findet sich nicht. Unter Art 1599 franz. CC tritt, wie man sagt, Konsolidation ein, wenn der dem Kauf anhaftende Mangel wegfällt, also etwa dann, wenn der Eigentümer auf die *revendication* verzichtet, oder der Verkäufer auf das Eigentum (*Malaurie/Aynès/Gautier,* Droit des contrats spéciaux[8], S. 146 Rdnr. 187). In Schweden gilt gleichfalls, dass der spätere Eigentumserwerb durch den Verkäufer den Mangel des Kaufvertrages entfallen lässt (§ 41(1) Köplag, § 21a Konsumentköplag und Kap. 4 § 17 JB; näher *Håstad,* Köprätt och annan kontraktsrätt, S. 143).

[831] § 185(2) Satz 1, 3. Variante dt. BGB; Art. 239(2) 3. Variante gr. ZGB; § 366 S. 2 österr. ABGB (Die vorgenannte Interpretation dieser Vorschrift wird auch auf den Fall übertragen, dass der Eigentümer den verfügenden Nichtberechtigten beerbt; hier soll es sogar zu einem rückwirkenden Eigentumserwerb kommen [OGH 4.5.1955, SZ 28/118; *Klicka und Reidlinger* aaO]); § 1040(2) tschech. BGB (dsgl.; Švestka/Dvořák/Fiala [-*Winterová*], Občanský zákoník III, S. 133). Unter Art. 895 port. CC wird der Vertrag geheilt, sobald der Verkäufer „auf irgendeine Art“ Eigentum an der verkauften Sache oder das verkaufte Recht erlangt; das Recht kann also auch *mortis causa* erlangt werden. Heilung tritt auch ein, wenn der Eigentümer durch Erbfolge in die Rolle des Verkäufers eintritt (*Pires de Lima und Antunes Varela,* Código Civil Anotado II[4], S. 188, Anm. 2 unter Art. 895).

Recht in seinem Vermögen zu haben; Verfügender bleibt der Vertretene. Eine ermächtigte Person dagegen verfügt selber, sie darf verschweigen, dass ihr das Verfügungsobjekt nicht gehört.[832] Hat jemand ohne Ermächtigung verfügt, steht es dem Rechtsinhaber vielerorts sogar immer noch frei, das Geschäft nachträglich zu genehmigen.[833] In diesem Fall geht das Recht ab dem Zeitpunkt der Genehmigung über. Was auf den ersten Blick widersinnig erscheint – warum sollte der wahre Berechtigte eine rechtswidrige Fremdverfügung überhaupt genehmigen? – dient tatsächlich seinem Schutz. Der Standardfall handelt von Verfügungen über gestohlene oder sonst abhandengekommene reale Sachen. Unter deutschem Recht, das solche Sachen gänzlich aus dem Recht des gutgläubigen Erwerbs ausblendet (§ 935 dt. BGB), kann es für den Rechtsinhaber attraktiv sein, die Verfügung zu genehmigen, um auf diese Weise einen bereicherungsrechtlichen Ausgleichsanspruch (§ 816(1) Satz 1 dt. BGB) gegen eine noch identifizierbare und zahlungsfähige Person in der Veräußerungskette zu erlan-

[832] Unter § 185(1) dt. BGB ist „eine Verfügung, die ein Nichtberechtigter über einen Gegenstand trifft, … wirksam, wenn sie mit Einwilligung des Berechtigten erfolgt". Ebenso verhält es sich unter Art. 239 gr. ZGB. Im österreichischen ABGB fehlt zwar eine ausdrückliche Regelung, doch ist die Möglichkeit einer Ermächtigung allgemein anerkannt. Die Vorschriften über den Verkaufsauftrag (§§ 1086 ff österr. ABGB) wären anders nicht zu erklären (*Iro,* Sachenrecht[5], Rdnr. 6/44). Auch in Polen genügt der ermächtigte Verkauf fremder Güter zur Herbeiführung des Eigentumswechsels (Radwański und Gniewek [-*Gniewek*], System prawa prywatnego III[3], S. 572 Rdnr. 226 und Rajski [-*Katner und Pisuliński*], System Prawa Prywatnego VII[3], S. 41 Rdnr. 112). Schweden hat die sogen. mittelbare Stellvertretung zwar nur für die Kommission (oben Fn. 387) geregelt. Die Möglichkeit, eine eigentümerfremde Person zur Veräußerung zu ermächtigen, ist gleichwohl generell anerkannt (HD 6.3.2009, NJA 2009 S. 79; Prop. 2008/09:88, S. 197 [Gesetzesmaterialien zum Kommissionslag (2009:865)], und zu dem sogen. *bulvanförhållande* [„Strohmannverhältnis"] *Tiberg und Dotevall,* Mellanmansrätt[9], S. 107). Unter sec. 21(1) SGA 1979 ist eine Verfügung wirksam, die entweder mit *authority* oder mit *consent* erfolgt. Es sind also sowohl Bevollmächtigung als auch Ermächtigung erfasst.

[833] Die Verfügung „wird wirksam, wenn der Berechtigte sie genehmigt" (§ 185(2) Satz 1, 1. Variante dt. BGB). Dem gleichen (mit kleinen redaktionellen Abweichungen) § 114(2) estn. AT ZGB, Art. 239(2) 1. Variante gr. ZGB und § 33(2) slowak. BGB. Art. 1518 lett. ZGB enthält eine entsprechende Regel nur für die Stellvertretung. In Slowenien bezieht man sich auf die Vorschrift zur Konvaleszenz (vorher Fn. 830) (Faber und Lurger [-*Rudolf/Rijavec/Kerestes*], National Reports Bd. 1, S. 514, 577). Unter § 440(1) tschech. BGB kann der Vertretene ein Geschäft, das der Vertreter unter Überschreitung seiner Vertretungsmacht vorgenommen hat, unverzüglich genehmigen. „Dies gilt auch im Falle, dass für einen anderen eine Person Rechtsgeschäfte vornimmt, die hierzu nicht berechtigt ist". In Österreich leitet man die Möglichkeit einer nachträglichen Genehmigung aus der konvaleszenzrechtlichen Vorschrift des § 366 S. 2 österr. ABGB ab (*Iro,* Sachenrecht[5], Rdnr. 6/44). „Consent" i. S. v. sec. 21(1) SGA 1979 dürfte die Genehmigung umfassen; eine Entscheidung, die das bestätigt, hat sich allerdings nicht finden lassen. Zu Schweden siehe die Angaben in Fn. 830. Nicht ganz eindeutig ist die Rechtslage unter Art. 63 poln. ZGB, weil umstritten ist, ob die Möglichkeit der Genehmigung nur dort gegeben ist, wo schon das Gesetz selber ausdrücklich eine Einwilligung verlangt, oder ob Art. 63 aaO auch parteiautonome Zustimmungen betrifft (siehe einerseits Osajda [-*Sobolewski*], Kodeks cywilny[16], Art. 63 Rdnr. 8 und andererseits Gutowski [-*Gutowski*], Kodeks cywilny I, Art. 63 Rdnr. 12 und poln. OG, 7.9.1993, II CRN 60/93, Legalis-Nr. 28225). Art. 1998 franz. CC gibt dem Auftraggeber die Möglichkeit, unberechtigte Geschäfte des Auftragnehmers zu genehmigen; eine allgemeine Vorschrift fehlt. Spanien und Portugal kennen nur die rückwirkende (Ministerio de Justicia [-*Díez-Picazo*], Comentario del Código Civil II[2], S. 441, Anm. III zu Art. 1259) Ratifizierung (*ratificación* bzw. *ratificação*) von Verträgen, die ohne Vertretungsmacht in fremdem Namen abgeschlossen wurden (Art. 1259(2) span. CC; Art. 268(1) und (2) port. CC).

gen.[834] Es soll sogar „unerheblich" sein, ob die Sache noch existiert, solange „nur der die Verfügung Genehmigende im Zeitpunkt der Verfügung über den Gegenstand noch dessen Eigentümer war".[835]

335 Besonders relevant wird das Instrument der Ermächtigung im Recht der Kommission[836] und in ähnlichen Fällen, in denen jemand im eigenen Namen, aber auf fremde Rechnung kontrahiert[837], darunter die „Verwaltung fremden Vermögens" tschechischen Rechts.[838] Es handelt sich zwar oft um gesetzlich vertypte Verfügungsberechtigungen, aber sie haben ihren Grund nicht eigentlich in einer politischen Entscheidung des Gesetzgebers, sondern im wirklichen oder redlicherweise zu vermutenden Willen des Prinzipals. Ermächtigungen spielen außerdem im Recht des Verkaufs unter Eigentumsvorbehalt eine große Rolle. Unter einem sogen. **verlängerten Eigentumsvorbehalt** räumt der Vorbehaltsverkäufer dem Vorbehaltskäufer das Recht ein, über das Vorbehaltsgut schon zu einem Zeitpunkt im eigenen Namen zu verfügen, zu dem der Kaufpreis noch nicht vollständig beglichen ist. Diese Ermächtigung wird aber nur für

---

834 BGH 11.1.1971, BGHZ 55 S. 176, 179 („Das gilt auch bei der Veräußerung einer dem Eigentümer abhandengekommenen Sache, wenn dieser die Veräußerung, insbesondere durch Erhebung des Anspruchs aus § 816 Abs. 1 Satz 1 BGB, gegenüber dem Veräußerer genehmigt").

835 BGH 6.5.1971, BGHZ 56 S. 131, 133.

836 Z. B. § 383(1) dt. HGB; § 692(1) estn. LOA; Art. L 132-1 franz. Ccom; Art. 6.780(1) lit. ZGB; Art. 765 poln. ZGB; § 23 schwed. Kommissionslag; §§ 737, 738 slowak. BGB i. V. m. § 577 slowak. HGB („Vertrag über die Besorgung des Verkaufs einer Sache"); Art. 788(1) slowen. OZ; § 2455 tschech. BGB. In Portugal freilich scheint die Kommission auf dem Vertretungsrecht aufgebaut zu sein. Relação de Guimarães 15.11.2007, CJ XXXII (2007-5) S. 271 jedenfalls entschied, dass ein Kommissar grundsätzlich einer schriftlichen Vollmacht bedürfe. Allerdings gilt sein Geschäft unter Art. 22(2) DL 178/86 vom 3.7.1986 i. d. F. des DL 118/93 vom 13.4.1993 (Regime jurídico do contrato de agência) als stillschweigend ratifiziert, wenn ihm der Geschäftsherr nicht innerhalb von fünf Tagen nach Kenntnis der anderen Partei nicht widerspricht, näher *Pinto Monteiro,* Contrato de agência[4], S. 89–90.

837 Unter § 6:264(2) Satz 2 ungar. ZGB z. B. ist ein Frachtführer berechtigt, das Frachtgut zu veräußern, wenn der Absender durch neue Weisungen die Frachtzustellung erschwert und keine Sicherheit für die dadurch erhöhten Kosten leistet. Unter § 2570 tschech. BGB ist der Frachtführer befugt, über die Sendung im eigenen Namen zu verfügen, wenn ihr ein wesentlicher Schaden droht und keine Zeit bleibt, den Absender zu informieren. Das schwed. Lag om näringsidkares rätt att sälja saker som inte har hämtats vom 5.12.1985 gibt schon seinem Namen nach einem Gewerbetreibenden das Recht, nicht abgeholte Sachen zu verkaufen. Unter dem Lag om retentionsrätt för fordran hos hotellgäst vom 17.12.1970 (Gesetz über das Zurückbehaltungsrecht für Forderungen gegen einen Hotelgast) haben auch Hoteliers dieses Recht.

838 Man hat zwischen der einfachen (§ 1405 tschech. BGB) und der vollständigen (§ 1409 tschech. BGB) Verwaltung fremden Vermögens (§ 1400(1) tschech. BGB) zu unterscheiden. Bei der einfachen Verwaltung ist der Verwalter zu Verfügungen über das verwaltete Vermögen an die Zustimmung des Begünstigten gebunden (§ 1408(1) tschech. BGB), es sei denn, es drohen Verderb oder Wertverlust (§ 1408(2) aaO). Als einfacher Verwalter fremden Vermögens wird auch derjenige angesehen, der einem Anderen Sicherungseigentum eingeräumt hat (§ 2042 aaO). Wem dagegen „die vollständige Verwaltung fremden Vermögens" anvertraut wurde, „der achtet auf dessen Vervielfältigung und Geltendmachung im Interesse des Begünstigten" (§ 1409 aaO). Das schließt den Verkauf von Vermögensgegenständen ein (Spáčil [-*Pihera*], Občanský zákoník III, S. 1162). Verwalter agieren zwar als „Vertreter" des Eigentümers (§ 1400(2) aaO), doch handelt es sich gerade nicht um eine echte Stellvertretung (*Pihera* aaO S. 1156). Auch einem Treuhänder steht unter § 1456 tschech. BGB die vollständige Verwaltung des Vermögens im Treuhandfonds zu. Er verfügt wiederum im eigenen Namen, obwohl er nicht Eigentümer des Fondsvermögens ist (§ 1448(3) tschech. BGB).

Veräußerungen im ordentlichen Geschäftsgang erteilt; außerdem ist dem Sicherungsinteresse des Vorbehaltsverkäufers nur Genüge getan, wenn ihm sein Käufer schon im Vorhinein seine Forderungen gegen seine eigenen Käufer abtritt.[839] Sind diese Voraussetzungen nicht erfüllt, veräußert der Vorbehaltskäufer das fremde Eigentum als Nichtberechtigter. Nur wenn man einem Vorbehaltskäufer ein sogen. „Anwartschaftsrecht" zugesteht, hat er bereits eine Rechtsposition, über die er als ihr Inhaber verfügen kann.[840] Die Konstruktion des verlängerten Eigentumsvorbehalts bietet dem Vorbehaltsverkäufer freilich nur dann ausreichend Schutz, wenn sie sich auch gegenüber einer zeitlich früher erfolgten Globalzession zugunsten der Bank des Vorbehaltskäufers durchsetzt. Wie das Ziel, dem Waren- den Vorrang vor dem Geldkreditgeber einzuräumen, verwirklicht wird, hängt wiederum von dem Gestaltungsspielraum einer Rechtsordnung ab. Die Lösung der deutschen Rechtsprechung, wonach die „zur Sicherung eines Kredits vereinbarte Globalzession künftiger Kundenforderungen an eine Bank ... sittenwidrig und nichtig (ist), soweit sie nach dem Willen der Vertragsparteien auch solche Forderungen umfassen soll, die der Schuldner seinen Lieferanten auf Grund verlängerten Eigentumsvorbehaltes künftig abtreten muss und abtritt"[841], wirkt recht grob. Sie beruht auf der These, dass eine solche Abrede eine Anstiftung zum Vertragsbruch beinhalte. Damit werden auf einen Schlag gleich alle Sicherheiten der Bank zerstört. Rechtsordnungen, die Warenlieferanten gesetzlich die Möglichkeit einer Registrierung ihrer Sicherungsrechte eröffnen, haben die Möglichkeit, spürbar differenziertere Lösungen zu entwickeln, etwa dadurch, dass sie zwischen verschiedenen Rechten, Objekten und Personengruppen unterscheiden.[842]

---

[839] Z.B. für Deutschland Westermann/Gursky/Eickmann (-*Westermann*), Sachenrecht[8], § 43 Rdnr. 43 (um die Abtretung nicht offenlegen zu müssen, wird dem Vorbehaltskäufer typischerweise auch gestattet, die Forderungen gegen seine Käufer im eigenen Namen einzuziehen; außerdem kann, was den Schutz des Vorbehaltsverkäufers noch ein Stück weiter schwächt, der Kunde des Käufers an diesen mit befreiender Wirkung leisten [§ 354a(2) Satz 1 dt. HGB]); für Polen *Katner,* Przeniesienie wierzytelności w umowie factoringu, S. 377 und 381 (mit dem Zusatz, dass der verlängerte Eigentumsvorbehalt zwar möglich, aber nicht sehr verbreitet sei) und für Tschechien Švestka/Dvořák/Fiala (-*Tichý*), Občanský zákoník V, S. 890. In Frankreich ist die Rechtslage umstritten. *Dross,* Les choses, S. 208 Rdnr. 107 hält den Käufer für befugt, die Sache zu verkaufen oder zu belasten, aber diese Rechtsgeschäfte sollen dem Verkäufer gegenüber nicht wirksam sein. Wenn der Käufer die Sache als die seinige verkauft, sei ein gutgläubiger Erwerber durch Art. 2276 franz. CC geschützt. Cass. civ. 11.3.1997, Bull. civ. 1997 Nr. 70 S. 63 entschied, „que la revendication ne rend pas les marchandises vendues avec clause de réserve de propriété indisponibles tandis que l'activité de l'entreprise est poursuivie". Ein Unternehmen, das die ihm gelieferten Motoren nicht bezahlt hatte, hatte also wirksam über sie verfügen können. *Zenati-Castaing und Revet,* Les biens[3], S. 393 Rdnr. 243 meinen, dass der Käufer schon deshalb nicht über die Ware verfügen dürfe, weil er nur *possesseur pour autrui* sei; er müsse vom Eigentümer autorisiert sein. In Verträgen über Ware, die zum Weiterverkauf bestimmt sei, sei diese Ermächtigung aber implizit enthalten. Denn nur dann könne der erste Erwerb finanziert werden. Art. 2372 franz. CC, der den Übergang der Forderung aus dem Zweitverkauf auf den Eigentümer bewirkt, enthalte jedoch keine gesetzliche Verfügungsbefugnis; die Vorschrift diene nur dem Schutz des Vorbehaltsverkäufers. Zu Schweden siehe bereits oben Rdnr. 260 mit Fn. 388.

[840] Band 1 Rdnr. 476.

[841] BGH 30.4.1959, BGHZ 30 S. 149; seither ständige Rechtsprechung (z.B. BGH 12.11.1970, BGHZ 55 S. 34, 35; BGH 9.11.1978, BGHZ 72 S. 308, 310; BGH 8.10.1986, BGHZ 98 S. 303, 315; BGH 18.4.1991, NJW 1991 S. 2144, 2147 und BGH 21.4.1999, NJW 1999 S. 2588, 2589).

[842] Unter § 5:122 ungar. ZGB z.B. kann sich der Warenlieferant ein Vorzugsregisterpfandrecht an der gelieferten Ware bestellen lassen. Es hat Vorrang gegenüber anderen Pfandrechten,

b) Gesetzliche Verfügungsberechtigungen

336 Verfügungsberechtigungen, die ihre Quelle im Gesetz haben, setzen sich auch gegen den Willen des Rechtsinhabers durch; er kann sie dem Verfügungsberechtigten nicht entziehen. Sie dienen teils dem Interesse des Rechtsinhabers selbst, teils aber auch dem Interesse seiner Gläubiger. Immer haben sie einen fremdnützigen Charakter. Während ein echter *trustee* nach außen selbst zum Inhaber des fraglichen Rechts wird, hat ein gesetzlicher „Treuhänder" wenigstens die Befugnis, es im eigenen Namen zu übertragen oder zu belasten. Alles Nähere hängt von dem rechtlichen Umfeld ab, in das die Verfügungsberechtigung eingebettet ist. Es ist z.B. nicht einmal überall selbstverständlich, dass **Eltern** und Vormünder wenigstens eine gesetzliche Vertretungsmacht für ihre Kinder haben[843], und noch viel weniger, dass sie über deren Vermögen auch im eigenen Namen verfügen dürfen.[844] Selbst dann noch bedürfen Geschäfte, die für das Kind von besonderer Bedeutung sind, oft spezieller gerichtlicher Genehmigung, darunter nicht zuletzt Geschäfte über Sachenrechte an Grundstücken.[845] Im

---

wenn es vor Übertragung des Pfandgegenstandes auf den Pfandschuldner in das Kreditsicherheitenregister eingetragen wurde und die Geldkreditgeber hierüber schriftlich in Kenntnis gesetzt wurden. Das Vorzugspfandrecht schützt unter diesen Voraussetzungen auch gegen zeitlich frühere Globalverpfändungen (§ 5:102 ungar. ZGB). Das Gesetz gestattet dem Warenkreditnehmer allerdings nur bei gattungsmäßig bestimmten Umlaufgütern auch die Veräußerung im Rahmen des ordentlichen Geschäftsbetriebes (§ 5:108(2) ungar. ZGB). Das Pfandrecht bezieht sich dann ohne Rangverlust (§ 5:119 ungar. ZGB) auf den empfangenen Erlös (5:104(4) ungar. ZGB) (näher zu alledem *Szilágyi,* Vorausabtretung, S. 287–288 und *Csizmazia,* ZEuP 2016 S. 265). In Bulgarien kann der Verkäufer einer beweglichen Sache, der sich das Eigentum bis zur vollständigen Zahlung des Kaufpreises vorbehalten hat, seine Rechte ab dem Zeitpunkt der Eintragung in das Register der Sonderpfandrechte allen künftigen Sonderpfandrechtsgläubigern entgegensetzen (Art. 12(2) bulgar. Gesetz über die Sonderpfandrechte). Das gilt auch für einen Leasinggeber, der seine Rechte vor der Eintragung eines Sonderpfandrechts zugunsten eines Dritten registriert hat. In Frankreich leistet das Pfandrecht ohne Besitzentziehung *(gage sans dépossession)* das Erforderliche. Es ist gegenüber Dritten wirksam und gewährt dem Pfandgläubiger ein *droit de suite* gegenüber gutgläubigen Erwerbern (*Albiges und Dumont-Lefrand,* Droit des sûretés[4], S. 294 Rdnr. 438). Der Rang mehrerer besitzloser Pfandrechte bestimmt sich nach dem Zeitpunkt ihrer Eintragung (Art. 2340 franz. CC).

[843] Dem englischen Recht ist eine gesetzliche Vertretungsmacht der Eltern für ihre Kinder fremd; die *parental responsibility* (sec. 2 Children Act 1989) ändert daran nichts (*Zweigert und Kötz,* Einführung in die Rechtsvergleichung[3], S. 432).

[844] So verhält es sich nach h.M. z.B. in Deutschland (Palandt [-*Götz*], BGB[77], § 1626 Rdnr. 20; pflichtwidrige Verfügungen verpflichten aber natürlich zu Schadensersatz: OLG Frankfurt 28.5.2015, NJW-RR 2015 S. 1027) und wohl auch unter Art. 382 franz. CC (wonach den Eltern die *administration légale* des Kindesvermögens zusteht; Regeln, die Eltern ausdrücklich die Befugnis verleihen, im eigenen Namen über Kindesvermögen zu verfügen, scheint es allerdings nicht zu geben). Auch das österreichische Recht unterscheidet zwischen der Vermögensverwaltung durch die Eltern (§ 165 österr. ABGB) und der gesetzlichen Vertretung des Kindes (§ 167 österr. ABGB). Das ungar. ZGB hat (wie das deutsche BGB) nur die gesetzliche Vertretungsmacht geregelt (§§ 2:12 und 14 ungar. ZGB); dass sie auch Verfügungen im eigenen Namen einschließt, ist wahrscheinlich, hat sich aber nicht belegen lassen. Auch Art. 320 ital. CC, Kap. 13 § 1 schwed. FB und Art. 101 poln. FVGB handeln nur von der gesetzlichen Vertretungsmacht der Eltern. Unter Art. 324 ital. CC steht den Eltern allerdings ein gesetzlicher Nießbrauch *(usufrutto legale)* an dem Vermögen ihrer Kinder zu.

[845] Z.B. §§ 1629(2), 1795(1) Nr. 2 dt. BGB (hypothekarisch oder pfandrechtlich gesicherte Forderung des Kindes gegen Eltern und Vormund); Art. 320 ital. CC (keine hypothekarische Belastung des Kindesvermögens); Kap. 13 §§ 2–7 schwed. FB (bei Überschreiten einer jährlich gesetzlich neu festgesetzten Summe); Art. 101 § 3 poln. FVGB (Rechtshandlungen, die die

eigenen Namen dürfen typischerweise **Testamentsvollstrecker**[846] und **Nachlassverwalter**[847] verfügen, doch kann sich ihre Befugnis auch einfach aus ihrer Stellung als *trustee* ableiten.[848] Die Verfügungsbefugnisse eines **Insolvenzverwalters** hängen von einer Vielzahl insolvenzrechtlicher Besonderheiten des jeweiligen nationalen Rechts ab. Er kann etwa an die Zustimmung eines Gläubigerausschusses oder, wenn er einen Gegenstand aus der Insolvenzmasse freihändig verwerten will, an die vorherige Zustimmung des Insolvenzgerichts gebunden sein.[849] Selbstverständlich ist nur, dass der Insolvenzschuldner die Verfügungsbefugnis über seine zur Insolvenzmasse gehörenden Rechte verliert und der Insolvenzverwalter im eigenen Namen verfügt.[850]

übliche Verwaltung überschreiten); § 898(2)(a) tschech. BGB (Rechtsgeschäfte, mit denen das Kind eine unbewegliche Sache oder einen Teil davon erwirbt oder über sie verfügt).

[846] § 2205 Satz 2 (Verfügungsbefugnis) und Satz 3 (grundsätzlich keine Schenkungen) dt. BGB und §§ 810, 816 österr. ABGB (§ 816 Satz 2 spricht anschaulich von einem Handeln als „Machthaber"). Unter § 99(2)(c) ungar. Nachlassverfahrensgesetz bedarf der Testamentsvollstrecker zur Veräußerung von Nachlassgegenständen der Zustimmung aller Erben; er darf nicht unentgeltlich verfügen. Der Testamentsvollstrecker polnischen Rechts handelt im eigenen Namen, aber im Interesse und auf Rechnung der Erben (Gutowski [-*Zelek*], Kodeks cywilny II, Art. 988 Rdnr. 3). Unter § 1678(1) tschech. BGB üben der Testamentsvollstrecker und der Nachlasspfleger lediglich eine „einfache Verwaltung" (§ 1405 tschech. BGB; vorher Fn. 838) aus. Sie dürfen ohne Zustimmung der Erben bzw. des Gerichts grundsätzlich nur dann veräußern, wenn der Gegenstand zu verderben oder sonst schnell an Wert zu verlieren droht (§§ 1679 tschech. BGB und 160 lit. a tschech. Gesetz über besondere Gerichtsverfahren). Für überschuldete Nachlässe bestellt das Gericht einen sogen. Liquidationsverwalter. In Schweden entsteht eine juristische Person *(dödsbo),* auf die das (aktive wie passive) Nachlassvermögen übergeht. Die Erben genießen zwar Geschäfts- und Parteifähigkeit (Kap. 18 § 1 schwed. ÄB). Sollte jedoch ein Nachlassvertreter *(boutredningsman)* eingesetzt werden, geht die Verfügungsbefugnis auf ihn über (Kap. 19 § 1 schwed. ÄB; siehe schon oben Rdnr. 96).

[847] Unter § 1984 dt. BGB verliert der Erbe mit der Anordnung der Nachlassverwaltung die Verfügungsbefugnis. Obwohl auch in Polen das Prinzip der Universalsukzession gilt (Osajda [-*Borysiak*], Kodeks cywilny[16], Art. 922 Rdnr. 34; Gniewek [-*Kremis*], Kodeks cywilny[7], Art. 922 Rdnr. 1), genügt dort zur Haftungsbeschränkung bereits ein „Inventar des Nachlasses" (Art. 1012 poln. ZGB). Solch ein Verzeichnis können der Erbe, der unter Vorbehalt erbt, der Vindikationsvermächtnisnehmer und der Testamentsvollstrecker aufstellen (Art. 1031^1 poln. ZGB).

[848] Dem *administrator* oder *executor* wird zwar gelegentlich eine *common law power* zur Verfügung über den Nachlass zugeschrieben. In Wahrheit handelt es sich aber nicht um eine Verfügung über fremde Sachen. Denn der *administrator/executor* wird, einem *trustee* vergleichbar, selber zum Inhaber der Nachlassgegenstände (Benjamin [-*Guest*], Sale of Goods[7], Rdnr. 7–110 mit Fn. 10).

[849] Z.B. §§ 286(1)(c) und (2) und 289 tschech. Insolvenzgesetz und Art. 206(1) poln. Insolvenzgesetz (Weiterführung und Verkauf des Unternehmens, freihändiger Verkauf von Vermögen aus der Insolvenzmasse, Belastung des Insolvenzvermögens mit beschränkten dinglichen Rechten; jeweils Genehmigung des Gläubigerrates Wirksamkeitsvoraussetzung). Deutschland kennt zwar eine Reihe ähnlicher Zustimmungserfordernisse (z.B. § 160(1) dt. InsO [Zustimmung des Gläubigerausschusses für Rechtshandlungen von besonderer Bedeutung] oder § 123(3) dt. InsO [Zustimmung des Insolvenzgerichts zu Abschlagszahlungen auf Forderungen aus einem Sozialplan], doch bleiben Verfügungen ohne die erforderliche Zustimmung wirksam (§ 164 dt. InsO); sie begründen nur eine Schadensersatzpflicht des Insolvenzverwalters (§ 60 dt. InsO). Unter österreichischem Recht hat der Insolvenzverwalter bestimmte Verfügungen dem Insolvenzgericht vorab mitzuteilen (§ 116 österr. IO), andere bedürfen gerichtlicher Genehmigung (§ 117 österr. IO), darunter freiwillige Verfügungen über „unbewegliche Sachen" (§ 117(1) Nr. 3 aaO).

[850] Z.B. Artt. 75(1), 77(1) und 160(1) poln. Insolvenzgesetz (die Rechtsgeschäfte des Insolvenzschuldners sind nichtig); § 245(1) tschech. Insolvenzgesetz (maßgeblich ist der Zeitpunkt

3. Erwerb von einem Scheinberechtigten

a) Grundlagen

337 Wesentlich heikler ist die Frage, ob jemand (C) ein Sachenrecht auch durch die Verfügung eines Nichtberechtigten (B) erlangen kann. In dieser Situation hat der Verfügende eben gerade keine Verfügungsbefugnis; was er tut, ist unerlaubt. (B) berühmt sich (bös- oder gutgläubig) eines Rechts des wahren Inhabers (A), und zwar dadurch, dass er (B) über dessen Recht zugunsten eines Dritten (C) verfügt. Sollte (C) in der Folge seines Rechtsgeschäfts mit (B) das Recht des (A) erwerben, dann hat auch (B) eine in irgendeiner Weise sachenrechtlich relevante Position. Für sie fehlt allerdings ein Wort. (B) wird typischerweise nur negativ als „Nichtberechtigter" beschrieben. Versucht man es positiv, bietet es sich an, von **Verfügungsmacht** zu sprechen: (B) darf zwar nicht verfügen, aber er kann. Um ein fremdes Recht zu übertragen, zu belasten, inhaltlich zu ändern oder zum Erlöschen zu bringen, genügt Verfügungsmacht allein natürlich nie. Es fehlt ja gerade die Verfügungsbefugnis. Würde man darüber hinwegsehen, wäre das das Ende der Idee subjektiver Sachenrechte. Sie wären keine absoluten Rechte mehr. Folglich muss, wenn (C) tatsächlich das Recht des (A) von (B) erwerben soll, immer noch eine zweite Komponente hinzukommen. Es bedarf zusätzlich zu der Verfügungsmacht des (B) eines **guten Grundes** auf Seiten des (C), um ihn sachenrechtlich dem (A) vorzuziehen. Alles andere wäre schon verfassungsrechtlich nicht zu halten.

338 Natürlich hängt das eine mit dem anderen zusammen. Verfügungsmacht hat bestenfalls, wer auf der Grundlage einer Scheinberechtigung operiert, und einen vernünftigen Grund, für sich Vorrang vor dem wahren Rechtsinhaber zu reklamieren, hat bestenfalls, wer den Schein für die Wirklichkeit halten durfte. Gleichwohl ist es zur Entschlüsselung der europäischen Rechtslage hilfreich, diese beiden Komponenten nicht immer nur in ihrem Zusammenwirken zu betrachten. Gelegentlich kommt man weiter, wenn man sie trennt. Dann wird z.B. zu fragen möglich, wie eine Rechtsordnung den Kreis der Personen bestimmt, die sie mit Verfügungsmacht ausstattet. Es kann sein, dass sie sie jedermann belässt, selbst Jugendlichen[851], Dieben und Heh-

---

der Veröffentlichung im Insolvenzregister; ab dann gehen alle Verfügungsbefugnisse auf den Insolvenzverwalter über, der im eigenen Namen auf Rechnung des Schuldners handelt); §§ 2(2) und 114(1) österr. IO (Verfügungsverbot für den Schuldner; Übergang der Verfügungsbefugnis auf den Insolvenzverwalter); § 34(2) ungar. Insolvenzgesetz (mit der Eröffnung des Insolvenzverfahrens geht die Verfügungsbefugnis auf den Insolvenzverwalter über; verfügt der Insolvenzschuldner, handelt er als Vertreter ohne Vertretungsmacht [Tafelgericht Pécs Pécsi Ítélőtábla Gf. IV. 30 298/2006/3, BDT2007.99; Tafelgericht Budapest Fővárosi Ítélőtábla IH2011.176]; der Insolvenzverwalter kann so abgeflossenes Vermögen mindestens nach den Regeln des Rechts der ungerechtfertigten Bereicherung an die Masse herausverlangen [ungar. OGH Legf. Bír. Pfv. XI. 21.933/2006, EBH2007.1614; *Szilágyi,* Vorausabtretung, S. 365]). Eine gesetzliche Verfügungsbefugnis haben auch der *administrator* (der Insolvenzverwalter einer *company*) und der *administrative receiver* (der vom *chargee* einer *company* im Sicherungsfall bestellte Zwangsverwalter) (Sched. 1 para. 2 Insolvency Act 1986). Gleiches gilt für die Insolvenzverwalter anderer Gemeinschuldner (Sched. 5 para. 9 aaO). In Schweden entsteht wiederum eine juristische Person *(konkursbo),* auf die das (aktive wie passive) Insolvenzvermögen übergeht (Kap. 1 § 1 schwed. Insolvenzgesetz; Prop. 1986/87:90 S. 183). Der Insolvenzvertreter nimmt die Verfügungsbefugnis der juristischen Person wahr (Kap. 1 § 3 aaO). Mit der Insolvenzeröffnung verliert der Schuldner seine Verfügungsbefugnis (Kap. 3 § 1 aaO).

[851] Ein Beispiel aus dem deutschen Recht wäre die Situation, in der ein nichtberechtigter Jugendlicher (B) über eine fremde Sache verfügt. Wenn der Erwerber gutgläubig annahm, dass (B)

lern[852], es kann aber auch sein, dass sie sie, genau umgekehrt, jedermann kategorisch verweigert[853], und es begegnen zahlreiche Zwischenlösungen, bei realen Sachen z. B. in der Weise, dass nur Kaufleute als Scheinberechtigte akzeptiert werden.[854] Auch auf der Empfängerseite (auf Seiten des (C)) begegnet ein ganzes Kaleidoskop von Auffassungen dazu, welche Erwerbsgründe als zureichend gute Gründe anzusehen seien. Meistens wird man wenigstens Gutgläubigkeit verlangen; manchmal aber (bei Grundstücken) auch nur die Voreintragung des (B) im Liegenschaftsregister.[855] Vor allem aber ist weder von vornherein klar, was „Gutgläubigkeit" eigentlich genau bedeutet, was sie rechtfertigt und worauf sie bezogen sein muss (z. B. auf die Rechtsinhaberschaft des (B) oder auf seine Verfügungsberechtigung). Viele Antworten werden zudem objektspezifisch, d. h. je nachdem unterschiedlich gegeben, ob man es mit realen Sachen, mit Grundstücken oder mit rein normativen Sachen zu tun hat. Unter analytischen Gesichtspunkten wird man das zwar nicht überbewerten. Wenn man den Überblick nicht verlieren will, zwingen aber die Fülle des Materials, die großen Unterschiede im Ersitzungsrecht und die sehr verschiedenen Vorstellungen über die Aufgaben eines Liegenschaftsregisters am Ende doch dazu, die Rechtslage in Bezug auf reale Sachen und auf Grundstücke getrennt darzustellen.

Immer muss es sich zwar um einen **rechtsgeschäftlich veranlassten,** aber es muss 339
sich gerade **nicht** um einen rechtsgeschäftlich **bewirkten** Erwerbsvorgang handeln. Ob der sachenrechtliche Effekt als Folge des Vertrages zwischen (B) und (C) oder als Folge eines gesetzlichen Erwerbsvorganges (Ersitzung; erwerbende Verjährung) gedeutet wird, ist nur konstruktiv von Bedeutung. Man sollte jedenfalls vorsichtig genug

---

Eigentümer der Sache war, würde das Eigentum unter den Voraussetzungen des § 932 dt. BGB auf ihn übergehen, da das Geschäft für den Jugendlichen selber keinen rechtlichen Nachteil mit sich bringt (§ 107 dt. BGB). Andererseits würde es nicht zu einem Eigentumserwerb kommen, wenn (B) tatsächlich der Eigentümer gewesen wäre. Denn dann wäre die Übereignung für ihn rechtlich nachteilhaft. Da es nur um den Konflikt zwischen (A) und (C) geht, sollte richtiger, aber umstrittener Ansicht nach § 932 dt. BGB zu einem Eigentumserwerb auch von einem nichtberechtigten Jugendlichen führen. Er hat Verfügungsmacht; nur ein Kleinkind vor Vollendung des siebenten Lebensjahres (§ 104 Nr. 1 dt. BGB) hat sie nicht. Auch unter Art. 169 poln. ZGB kann eine beschränkt geschäftsfähige Person als Scheinberechtigter auftreten (Gniewek [-*Gołębiowski*], Kodeks cywilny[7], Art. 169 Rdnr. 9). Geschäfte einer geschäftsunfähigen Person sind allerdings nichtig (Art. 17 poln. ZGB). Außerdem ist der Erwerber zur Beachtung der erforderlichen Sorgfalt verpflichtet (poln. OG 9.12.1983, I CR 362/83, Legalis-Nr. 24003). Bei einem Geschäft mit einem Minderjährigen wird er deshalb seine Geschäftsfähigkeit (Art. 14 poln. ZGB) überprüfen müssen.

[852] Zum Erwerb gestohlener oder sonst abhandengekommener Ware von einem Scheinberechtigten noch unten Rdnr. 358. Art. 1153 ital. CC (gutgläubiger *a non domino*-Erwerb des Eigentums an beweglichen Sachen) gilt auch für gestohlene Sachen (*Mengoni,* Gli acquisti a non domino[3], S. 77; *Magri,* Riv. dir. civ. 2013 S. 742, 750; *ders.* Riv. dir. civ. 2014 S. 1403, 1424). Auch unter Art. 169(2) poln. ZGB kommt es nicht auf die Bösgläubigkeit des Verfügenden an; als Scheinberechtigter veräußern kann auch ein Dieb (Gniewek [-*Gołębiowski*], Kodeks cywilny[7], Art. 169 Rdnr. 9).

[853] So verhält es sich in Portugal (unten Rdnr. 341).

[854] So z. B. § 5:39(2) und (3) ungar. ZGB („(2) Die im Handelsverkehr im guten Glauben und gegen ein Entgelt erwerbende Person erwirbt durch Übertragung das Eigentumsrecht an beweglichen Sachen auch dann, wenn die übertragende Person nicht der Eigentümer war. (3) Als Erwerb im Handelsverkehr wird es angesehen, wenn der Käufer von einem solchen Verkäufer kauft, der den Kaufvertrag im Rahmen seiner rechtmäßig betriebenen, gewerbsmäßigen Wirtschaftstätigkeit, im eigenen Namen abschließt").

[855] Oben Fn. 661.

bleiben, aus der theoretischen Analyse keine voreiligen Schlüsse für den Fall zu ziehen, dass das von (C) erworbene Recht des (A) mit Rechten anderer Personen (D) belastet ist. Im Übrigen bedeutet „rechtsgeschäftlich veranlasst" nicht einmal, dass notwendig jedes Rechtsgeschäft zureicht, um einen Rechtstransfer in Erwägung zu ziehen. Denn es macht oft, aber wiederum keineswegs überall, einen entscheidenden Unterschied, ob der Vertrag zwischen (B) und (C) auf eine entgeltliche oder auf eine unentgeltliche Leistung gerichtet ist.[856]

340 Es ist nicht einfach, eine akzeptable Überschrift für das Rechtsgebiet zu finden, von dem dieser Abschnitt handelt. Die einfachste Lösung besteht darin, von dem Recht des *a non domino*-Erwerbs zu sprechen. Das lässt sich aber noch etwas genauer fassen, weil der Erwerb vom Nichtberechtigten (vorausgesetzt, solch ein Erwerb wird überhaupt für möglich gehalten) immer ein **Erwerb vom Scheinberechtigten** ist. Deutlich muss zudem bleiben, dass es aus gesamteuropäischer Perspektive um eine (hochkomplexe) *Frage* geht. In den nationalen Begrifflichkeiten schwingt immer schon die jeweilige Antwort mit. Von dem Recht des „gutgläubigen Erwerbs vom Nichtberechtigten" (so die Überschrift über § 932 dt. BGB) handelt eine Rechtsordnung nur, wenn sie bereits entschieden ist, Rechtsinhaberschaft unter bestimmten Voraussetzungen durch eine Kombination aus Scheininhaberschaft und Vertrauen zu kompensieren. Man ist freilich nur gutgläubig, wenn man einen guten Erwerbsgrund hat, und nur, weil man gutgläubig ist, hat man noch lange keinen guten Erwerbsgrund. Im Text einer Kodifikation, die nur bereit ist, (bei Mobilien) den gutgläubigen Besitzerwerb und (bei Grundstücken) die gutgläubige Registrierung nach einem Doppelverkauf als Titelersatz zu akzeptieren, sucht man vergeblich nach einem halbwegs geschlossenen Recht des gutgläubigen Erwerbs vom Nichtberechtigten; ein solches Rechtsgebiet „gibt" es in ihr einfach nicht. Aber auch der auf *Ulpian* zurückgehende und bis heute weit verbreitete Satz, dass niemand mehr Rechte übertragen könne, als er selber habe (*nemo plus iuris ad alium transferre potest quam ipse habet*[857]), mancherorts einfach als *nemo dat*-Prinzip bekannt, kommt nicht über eine bloße Behauptung hinaus. Denn es geht ja gerade um die Frage, ob er zutrifft. Sprachlich ist er ohnehin mehrdeutig. Denn das *nemo „potest"* lässt sich sowohl als das Ergebnis einer rechtspolitischen Entscheidung („wir ermöglichen niemandem, über fremde Rechte zu verfügen") als auch als Beschreibung eines quasi naturgegebenen Umstandes lesen („das geht einfach nicht"), den die Rechtsordnung im Wesentlichen nur zur Kenntnis nehmen muss. In Portugal scheint genau das geschehen zu sein. Das übrige Europa aber kommt durchweg zu dem Schluss, dass ein Scheinberechtigter sehr wohl über Rechte verfügen „kann", die ihm nicht gehören; streitig ist nur, ob das die Regel oder die Ausnahme sein sollte.

341 **Portugal** ist ein strikter Vertreter des kausalen *solo consensu*-Prinzips. Die Eigentumsübertragung ist eine reine Folge des Kaufvertrages (Art. 879 lit. a port. CC); auf die Übergabe der Sache kommt es nicht an.[858] Das portugiesische Recht kennt keinen (gutgläubigen) Mobiliarerwerb vom Scheinberechtigten; nicht einmal die *possession vaut titre*-Regel ist akzeptiert. Das wird teils damit erklärt, dass sie mit dem Konsensu-

---

[856] Näher unten Rdnr. 358.

[857] *Ulpian* 46 ad ed., D. 50.17.54. *Pomponius* 5 ad sab., D. 50.17.11 formulierte denselben Gedanken aus der Sicht des Rechtsinhabers: „Id quod nostrum est sine facto nostro ad alium transferri non potest" (Was uns gehört, kann ohne unser Zutun auf keinen andern übertragen werden).

[858] Oben Rdnr. 236 mit Fn. 232.

alprinzip unvereinbar sei[859], teils aber auch damit, dass schon der Código de Seabra den römischen Quellen gefolgt war und sich der Gesetzgeber des 20. Jahrhunderts dem Druck der Tradition beugen musste.[860] Beim Doppelverkauf realer Sachen geht das Eigentum also an den ersten Käufer, mag auch der Zweitkäufer gutgläubig den Besitz der Sache verschafft bekommen haben.[861] Wer vom Nichtberechtigten kauft, bleibt auf das Ersitzungsrecht angewiesen.[862] Unter Art. 1301 port. CC hat zwar der wahre Rechtsinhaber (A) demjenigen, der von einem Händler (B) gekauft hat, den Kaufpreis zu ersetzen, wenn er (A) die Sache von ihm (C) heraus verlangt[863], aber letztlich bestätigt selbst das noch die *nemo dat*-Regel.[864] Registerfähige Mobilien (Kraftfahrzeuge, Flugzeuge, Schiffe) und Immobilien sind einander in Art. 291 port. CC gleichgestellt. Wenn (C) schuldlos auf die Wirksamkeit seines Vertrages mit (B) vertraut (weil er ihn für den Eigentümer hält), dann kann dem (C), sofern er sich rechtzeitig eintragen lässt, nicht mehr die Nichtigkeit seines Kaufvertrages mit (B) entgegengehalten werden. Die „Rechte" des (C) „werden jedoch nicht anerkannt, wenn die Klage" des (A) „innerhalb der drei auf den Abschluss des Rechtgeschäfts folgenden Jahre erhoben und eingetragen wird" (Abs. (2) aaO). Auch das ist eine ersitzungsrechtliche Regelung. Unter Art. 6(1) port. CRP hat zwar ein im Liegenschaftsregister eingetragenes Immobiliarsachenrecht Vorrang vor zeitlich später eingetragenen Rechten.[865] Das führt jedoch zu einer höchst eigenartigen Konstruktion, nämlich dazu, dass im Falle des Doppelverkaufs einer Immobilie (und nur dann) ein gesetzlich erworbenes relatives Recht (der Vertrag ist ja nichtig) über das vertraglich erworbene absolute Recht des Ersterwerbers obsiegt. Letzteres erlischt, weil es nicht eingetragen wurde; ersteres erstarkt zu einem absoluten Recht.[866] Erneut hat der Gesetzgeber aber eine Karenzzeit eingebaut. (C) muss hoffen, nicht innerhalb von drei Jahren nach seiner Eintragung von dem wahren Berechtigten im Wege der Nichtigerklärung des vorangegangen Geschäfts in Anspruch genommen zu werden (Art. 291(2) port. CC).[867]

b) Gegenständliche Reichweite

Im Recht des rechtsgeschäftlichen Erwerbs vom Berechtigten geht es um die Bestellung und die Übertragung von Sachenrechten, außerdem um ihre Aufhebung und **342**

---

[859] Näher in deutscher Sprache und mit weiteren Nachweisen *Nóbrega,* Die Entwicklung des portugiesischen Sachenrechts, S. 61–63 sowie *Pietrek,* Konsens über Tradition?, S. 118–152.

[860] *Menezes Cordeiro,* Posse[3], S. 117 und 122 („regra absoluta do Direito Romano").

[861] RC 8.3.1994, BMJ 435 (1994) 918 (in Bezug auf den wahren Eigentümer sei der Verkauf einer fremden Sache eine *res inter alios acta* und aus diesem Grund unwirksam).

[862] Hier ist wieder zwischen Nichtregistersachen (drei Jahre bei Titel und Gutgläubigkeit, sechs Jahre bei Bösgläubigkeit und unabhängig von einem Titel: Art. 1299 port. CC) und der Eintragung unterworfenen Sachen zu unterscheiden (zwei bzw. vier Jahre je nach Gut- oder Bösgläubigkeit und Titeleintragung; ohne Titeleintragung erst nach zehn Jahren: Art. 1298 port. CC) (siehe schon oben Rdnr. 158).

[863] Dazu RC 28.4.1987 (oben Rdnr. 333 mit Fn. 829).

[864] Der (ursprüngliche) Eigentümer ist und bleibt Eigentümer. Er kann zwar seine Sache nur noch gegen Zahlung des Kaufpreises herausverlangen, doch ändert sich dadurch nach portugiesischem Verständnis an den Eigentumsverhältnissen nichts (von Bar [*-Seabra und Xavier*], Sachenrecht in Europa, Portugal, S. 367; *Mota Pinto,* Direitos reais, S. 56–57).

[865] Siehe schon oben Rdnr. 332.

[866] *Hörster,* Zum Erwerb vom Nichtberechtigten, S. 63.

[867] Näher Carvalho Fernandes und Brandão Proença (*-Sottomayor*), Comentário ao Código Civil, Anm. 4.III unter Art. 289, S. 718–719 und Anm. 6 unter Art. 291, S. 725–726.

inhaltliche Änderung.[868] Man sollte annehmen, dass sich der gegenständliche Anwendungsbereich des Rechts des Erwerbs vom Scheinberechtigten damit deckt. Tatsächlich liegen die Dinge jedoch komplizierter. Je mehr Vorbehalte eine Rechtsordnung gegenüber einem *a non domino*-Erwerb hat, desto schmaler scheint auch sein Anwendungsbereich zu werden, nicht nur, was die Objekte[869], sondern auch, was die Art der Geschäfte angeht, die ihn veranlassen können. Der kleinste gemeinsame Nenner besteht aus dem rechtsgeschäftlich veranlassten Erwerb des Eigentums an einem eingetragenen Grundstück und (mit Ausnahme Portugals) an einer realen Sache. Richtiger (obschon umstrittener) Ansicht nach kann dagegen niemand ein fremdes Faustpfandrecht[870] an einer realen Sache auf einen Gutgläubigen übertragen. Denn zur Übertragung eines Pfandrechts ist die Zession der gesicherten Forderung erforderlich, und einer unverbrieften Forderung wohnt kein auf ihren Inhaber deutender Rechtsschein inne.[871] Selbst dort, wo ein Pfandrecht seinerseits im Wege der Besitzverschaffung mit einem weiteren Pfandrecht (sog. Afterpfand, § 454 österr. ABGB) belastet werden kann, steht man der Wirksamkeit von Verfügungen eines Scheinberechtigten zugunsten eines gutgläubigen Erwerbers skeptisch gegenüber.[872] Nicht ausgeschlossen ist ein

---

[868] Oben Rdnr. 205–215.

[869] Wird z.B. ein *fonds de commerce* doppelt verkauft, verbleibt es unter französischem Recht dabei, dass sich der erste Käufer durchsetzt; es kommt allein auf die chronologische Reihenfolge an (Cass. civ. 17.7.1930, DP 1932, I, Seite 112; S. 1931, I, Seite 1927, Anm. *Hubert:* „s'il y a conflit entre deux acquéreurs successifs du même fonds, c'est à la date de leurs contrats successifs qu'il y a lieu de se référer pour le résoudre"). Das allerdings kann zu erheblicher Rechtsunsicherheit führen. Denn es ist keineswegs klar, wie sich diese Regel zum prinzipiellen Vorrang des besitzenden (Mobilien) bzw. des eingetragenen (Immobilien) Erwerbers verhält (*Malaurie/Aynès/Gautier,* Droit des contrats spéciaux[8], S. 142 Rdnr. 178).

[870] Bei Registerpfandrechten verhält sich das anders. Unter Art. 2(3) des poln. Registerpfandrechtsgesetzes z.B. finden die Vorschriften über den Schutz des gutgläubigen Erwerbers einer beweglichen Sache entsprechende Anwendung; die Eintragung eines Registerpfandrechts in das Pfandrechtsregister steht folglich der Übergabe der Sache gleich. Das betrifft auch Sachgesamtheiten (Osajda [-*Czech*]), Ustawa o zastawie rejestrowym, Art. 2 Rdnr. 26.3), nicht aber Sachen, welche in das Register der verlorengegangenen Kulturgüter eingetragen wurden (*Czech* aaO Rdnr. 26.2). Bei gestohlenen oder sonst abhandengekommenen Sachen bleibt Art. 169 § 2 poln. ZGB entsprechend anwendbar; der Pfandnehmer muss also bis zum Ablauf der Dreijahresfrist gutgläubig bleiben (*Gołaczyński und Leśniak,* Zastaw rejestrowy, Art. 2 Rdnr. 13).

[871] Der gutgläubige Erwerb einer fremden Forderung und mit ihm der gutgläubige Erwerb eines fremden Pfandrechts ist denn auch nach herrschender Meinung ausgeschlossen in Deutschland (*Baur und Stürner,* Sachenrecht[18], § 55 Rdnr. 32; Staudinger [-*Wiegand*], BGB (2009), § 1250 Rdnr. 4; die Frage ist aber umstritten, dazu *Haag,* Der gutgläubige Zweiterwerb im Sachenrecht, S. 141), in Griechenland (*Stathopoulos,* Genikó Enochikó Dikaio, § 27 S. 592), in Österreich (OGH 7.9.1971, 4 Ob 588/71, RIS-Justiz), in Polen (trotz Art. 328 poln. ZGB keine Anwendung von Art. 309 poln. ZGB auf den Ewerb von Rechten; aber das ist auch in Polen streitig: Osajda [-*Żelechowski*], Kodeks cywilny[16], Art. 328 Rdnrn. 4–5; Gutowski [-*Janiak*], Kodeks cywilny, Art. 328 Rdnr. 5; Pietrzykowski [-*Zaradkiewicz*], Kodeks cywilny I[8], Art. 328 Rdnr. 1); in Tschechien (Spáčil [-*Dobrovolná*], Občanský zákoník III, S. 367; Švestka/Dvořák/Fiala [-*Tichý*], Občanský zákoník III, S. 307), in Ungarn (*Szilágyi,* Vorausabtretung, S. 143–144) und in Italien (Fn. 873). Sonderregeln gelten natürlich für verbriefte Forderungen (z.B. § 31(2) schwed. Lag om skuldebrev; die Vorschrift betrifft aber nur den Doppelverkauf; andere Fälle des gutgläubigen Erwerbs sind ausgeschlossen: *Håstad,* Sakrätt[6], S. 77).

[872] Die Rechtslage scheint nicht abschließend geklärt, weil die §§ 456, 366 österr. ABGB ausdrücklich nur den guten Glauben des Erwerbers an das Eigentum des Verfügenden schützen. Vieles spricht aber dafür, dass es keinen redlichen Erwerb des Afterpfandes gibt. Denn es ist

solcher Erwerb aber, wenn entweder eine fremde Sache von einem Nichtberechtigten als Pfand begeben oder als Pfand veräußert wird. Im ersten Fall würde das Eigentum des (A) zugunsten des (C) belastet, im zweiten Fall von (C) erworben. In Bulgarien, Deutschland, Estland, Griechenland, Italien, Polen, Schweden, Tschechien und wahrscheinlich auch in Österreich ist genau das die Lösung.[873] Lettland und Slowenien verlangen, dass der Eigentümer die Sache dem nichtberechtigten Verpfänder anvertraut hat.[874] In Frankreich ist die Rechtslage umstritten, doch spricht auch hier viel dafür, dass derjenige, der gutgläubig in den Besitz der ihm als Pfand gegebenen Sache gelangt, dem wahren Eigentümer gegenüber obsiegt.[875] Art. 1857(2) des spanischen CC

Pfandrecht an einem Pfandrecht zur Sicherung einer Forderung (und kein Pfandrecht an einer beweglichen Sache i. S. v. §§ 456, 367 österr. ABGB) (Klang [-*Klang*], ABGB II², S. 448, 456).

[873] Art. 78(1) Satz 2 bulgar. Gesetz über das Eigentum; §§ 1207 und 1244 dt. BGB; § 282¹(1) estn. LPA; Artt. 1215 und 1242 gr. ZGB; Art. 1153 ital. CC (nach herrschender Meinung fällt auch die Verpfändung einer fremden Sache unter diese Vorschrift [*Mengoni,* Gli acquisti a non domino³, S. 197]; der *a non domino*-Erwerb muss aber den Voraussetzungen von Art. 2787 Nr. 3 ital. CC genügen [Cass. 17.5.1962, Nr. 1110, Giust. civ. 1962, I, 1869]); Art. 309 poln. ZGB (die Vorschriften über den Erwerb des Eigentums an einer beweglichen Sache von einem Nichtberechtigten sind auf die Pfandrechtsbestellung entsprechend anzuwenden); § 1343(2) tschech. BGB (Švestka/Dvořák/Fiala [-*Fiala*], Občanský zákoník III, S. 986 meint sogar, dass diese Vorschrift auch auf die Verpfändung unkörperlicher Sachen Anwendung finde; die physische Übergabe werde in diesem Fall durch die Überlassung zur Verfügung ersetzt; unter § 1344 tschech. BGB kann der Eigentümer wie unter Art. 1344 lett. ZGB von einem Pfandleiher entschädigungslos die Herausgabe einer ihm [dem Eigentümer] abhandengekommenen Sache verlangen). Schweden schreibt in seinen Regeln über den gutgläubigen Erwerb durchweg ausdrücklich vor, dass die jeweiligen Vorschriften auch auf die Verpfändung von Sachen anwendbar sind, siehe z. B. § 8 schwed. GfvL (*lösöre,* bewegliche körperliche Sachen); § 10 Lag om skuldebrev und Kap. 6 § 7 Lag om värdepapperscentraler och kontoföring av finansiella instrument (verschiedene Wertpapiere) sowie Kap. 18 § 2 schwed. JB (Grundstücke). § 456(1) österr. ABGB verweist für den redlichen Erwerb des Pfandrechts an beweglichen Sachen auf die Vorschriften des Eigentumserwerbs. Eine ausdrückliche Vorschrift für den Fall, dass jemand eine Sache unter Berufung auf ein ihm angeblich zustehendes, in Wahrheit aber inexistentes Pfandrecht veräußert, fehlt dagegen. Der redliche Pfandrechtserwerb ist also möglich, offen ist nur die Möglichkeit des redlichen Eigentumserwerbs aufgrund eines tatsächlich nicht bestehenden Pfandrechts. § 367(1) österr. ABGB setzt voraus, dass der Erwerber den vorherigen Besitzer redlich als Eigentümer oder als Verfügungsberechtigten ansieht. Die Sache muss entweder (i) dem vermeintlichen Eigentümer anvertraut, (ii) von einem Unternehmer im Rahmen seines Geschäftsbetriebes veräußert oder (iii) im Rahmen einer öffentlichen Versteigerung erworben worden sein. Da es beim Erwerb von einem Unternehmer oder im Rahmen öffentlicher Versteigerung lediglich darauf ankommt, dass der Erwerber auf die Verfügungsbefugnis (des Unternehmers) bzw. das Eigentum des Verpflichteten (Versteigerung) vertraut, Mängel der Verfügungsbefugnis also auch auf diesem Wege überwunden werden können, dürfte der Eigentumserwerb jedoch möglich sein. Denn die Versteigerung ist der Regelfall der Pfandverwertung (§ 461 österr. ABGB).

[874] Art. 1343 lett. ZGB; § 156(1) slowen. SPZ.

[875] Vor der Reform des Rechts der *sûretés* hatte eine ständige Rechtsprechung angenommen, dass sich der gutgläubige Pfandrechtserwerber mit Besitzerlangung auf Art. 2279(1) franz. CC a. F. (jetzt Art. 2276(1) franz. CC) berufen könne; die Vindikationsklage eines Eigentumsvorbehaltsverkäufers scheiterte (näher und m. w. N. *Aynès und Crocq,* Les sûretés. La publicité foncière⁷, S. 232 Rdnr. 504; *Bourassin/Brémond/Jobard-Bachellier,* Droit des sûretés⁴, S. 453 Rdnr. 1657). Der 2006 eingeführte Art. 2335 franz. CC („Le gage de la chose d'autrui est nul. Il peut donner lieu à des dommages et intérêts lorsque le créancier a ignoré que la chose fût à autrui") griff dann aber Art. 1599 franz. CC für das Pfandrecht wörtlich auf. Was das genau bedeutet, ist freilich streitig. *Aynès und Crocq* aaO S. 233 Rdnr. 504 sowie *Cabrillac/Mouly/Cabrillac/Pétel,* Droit des sûretés⁹, S. 557 Rdnr. 743 halten Art. 2335 franz. CC für überflüssig, weil der Konflikt zwischen dem wahren Eigentümer und dem Pfandgläubiger schon durch Art. 2276 CC geregelt sei. Art. 2335 CC

verlangt zwar, dass die verpfändete oder mit einer Hypothek belastete Sache im Eigentum des Verpfänders bzw. des Hypothekenbestellers steht. Gleichwohl hält die ganz herrschende Meinung den gutgläubigen *a non domino*-Erwerb eines Faustpfandrechts *(prenda posesoria)* für möglich. Die Artt. 464 span. CC, 85 span. CCom blieben auch im Pfandrecht anwendbar.[876]

343 In Betracht kommt schließlich auch noch die **Verdrängung** eines Pfandgläubigers (A) **aus** seinem **Rang,** weil der Sacheigentümer (B) einem ahnungslosen Erwerber (C) ein aus dessen Sicht erstrangiges Pfandrecht bestellt.

Ein anschauliches **Beispiel** findet sich in *Lloyds Bank Ltd. v. Bank of America National Trust and Savings Association.*[877] Die Klägerin stand mit der S, einer Ex- und Import-Gesellschaft, in ständiger Geschäftsbeziehung. S hatte bei ihr Kredite aufgenommen und Konnossemente als Sicherheit gegeben. S war ermächtigt, die finanzierte Ware im ordentlichen Geschäftsgang unter Verwendung der Konnossemente zu verkaufen, hatte die Ware bzw. den Veräußerungserlös aber als *trustee* für die Klägerin zu halten. Das Verfahren klappte jahrelang reibungslos, bis die S im Jahre 1935 in Zahlungsschwierigkeiten geriet. Sie verpfändete nun die ihr von der Klägerin überlassenen Konnossemente an die Beklagte, die weder wusste noch wissen konnte, dass die Dokumente bereits den Kredit der Klägerin sicherten. Wenige Tage später wurde das Insolvenzverfahren über die S eröffnet. Die Klägerin verlangte von der Beklagten Herausgabe der Konnossemente, Wertersatz oder Schadensersatz wegen *conversion.* Die Beklagte meinte, die S habe ihr die Konnossemente als deren Eigentümerin verpfändet. Jedenfalls habe sie (die Beklagte) gutgläubig ein Pfandrecht an den Dokumenten erworben; S wäre ein *mercantile agent* (ein Handelsvertreter) i.S.v. sec. 2 Factors Act 1889 gewesen. Die Klage wurde abgewiesen. Schon die erste Instanz (*Porter* J.) bejahte einen gutgläubigen Pfandrechtserwerb. Sec. 2 Factors Act 1889 bewirke, dass ein Handelsvertreter über Sachen, die ihm vom Eigentümer überlassen wurden, nicht nur im Wege des Verkaufs, sondern auch im Wege der Pfandrechtsbestellung verfügen könne. Die S habe den Besitz an den Konnossementen auch mit Zustimmung des *„owner"* erhalten. Zwar sei die Vereinbarung zwischen der Klägerin und S dahin auszulegen, dass die Klägerin nur bei Fälligkeit der gesicherten Forderungen zur Verfügung über das Sicherungsgut bzw. die Dokumente berechtigt sei. Ihre Rechtsposition habe deshalb der einer Pfandgläubigerin entsprochen. Indes sei auch ein Pfandgläubiger *„owner"* i.S.d. der genannten Bestimmung, wenn er mit Zustimmung desjenigen handelt, dem das *„general property"* an der Sache zustehe. Die Klägerin begründete nun ihre Berufung damit, dass sie als Pfandgläubigerin unmöglich *„owner"* sein könne. Das blieb jedoch ohne Erfolg. Da die jeweiligen Verfügungen nur von S (als Eigentümerin der importierten Ware) und der Klägerin (als Pfandgläubigerin) gemeinsam vorgenommen werden durften, seien sie beide zusammen der *„owner"* gewesen. Die fehlende Verpfändungsberechtigung der S werde durch sec. 2 Factors Act und dadurch ersetzt, dass die Beklagte gutgläubig war. Das Ergebnis überzeugt.[878] Wenn eine bereits belastete Sache von ihrem Eigentümer erneut verpfändet wird,

---

müsse deshalb wie Art. 1599 CC gelesen werden: nur der Pfandgläubiger könne sich auf die Nichtigkeit berufen; die alte Rechtsprechung zu Art. 2276 franz. CC gelte auch heute noch. *Bourassin/Brémond/Jobard-Bachellier* aaO S. 454 Rdnr. 1657 halten entgegen, dass, da der Pfandgläubiger kein Interesse daran habe, die Nichtigerklärung seiner Sicherheit zu beantragen, Art. 2335 franz. CC bei dieser Interpretation sinnlos wäre; auch der wahre Eigentümer müsse deshalb die Nichtigkeit der Pfandrechtsbestellung geltend machen können, so dass sich der Pfandgläubiger ihm gegenüber gerade nicht mehr auf Art. 2276 CC berufen könne. Der wahre Eigentümer müsse seine Sache unbelastet mit einem Pfandrecht wiedererlangen können.

[876] *Carrasco Perera/Cordero Lobato/Marín López,* Tratado de los derechos de garantía II³, S. 165; Ministerio de Justicia (-*Guilarte Zapatero*), Comentario del Código Civil II², S. 1860, Anm. III zu Art. 1857; *Díez-Picazo und Gullón,* Sistema de Derecho Civil III(2)⁸, S. 134; *Lasarte,* Principios V¹⁰, S. 22. Siehe auch Domínguez Luelmo (-*Blasco Gascó*), Comentarios al Código Civil, Art. 1857, S. 1991 (da ein Nichteigentümer verkaufen könne, müsse er eine fremde Sache auch verpfänden können).

[877] [1938] 2 KB 147 (CA).

[878] In Slowenien (§ 156(2) SPZ: „Der Pfandgläubiger, der in Ansehung des Nichtbestehens anderer Pfandrechte in gutem Glauben ist, erwirbt ein Pfandrecht mit bestem Rang, wenn der

entsteht ein Problem der Pfandrechtskonkurrenz. Der redliche Erwerb unter sec. 2 Factors Act 1889 führt aber gerade nicht zu einem lastenfreien Erwerb, sondern zu einem Erwerb des Vorrangs. Das bereits begründete Pfandrecht der Klägerin trat zurück. Deshalb hatte sie weder einen Herausgabeanspruch noch wenigstens einen sich auf die Vorenthaltung von Besitz stützenden Anspruch aus *conversion*.

Nicht überzeugend begründen ließe sich aber, dass ein Scheineigentümer das **Eigentum** an einer fremden Sache **aufgeben** könnte. Denn in dieser Situation fehlt es an einem Interessenkonflikt zwischen einem Erwerber und dem wahren Berechtigten.[879] Das Ergebnis wäre ja entweder die Herrenlosigkeit der Sache oder, bei Grundstücken, ihr Erwerb durch den Staat, und das Recht des Erwerbs vom Scheinberechtigten hat nicht den Schutz der Öffentlichkeit zum Zweck. Das erklärt gleichzeitig das nur auf den ersten Blick irritierende Phänomen, dass zwar niemand fremdes Eigentum derelinquieren, aber durchaus auf eine ihm nur kraft Rechtsscheins (Besitz oder Registereintragung) zugeordnete **Belastung** fremden Eigentums **verzichten** kann, immer vorausgesetzt, dass nicht schon Besitz oder Eintragung allein einen Titel geben[880] und dass die sonstigen Voraussetzungen eines „gutgläubigen Erwerbs" vorliegen. Man denke etwa an den Verzicht auf eine Hypothek, die der wahre Hypothekar (A) unwirksam auf den inzwischen im Liegenschaftsregister verlautbarten Scheinhypothekar (B) übertragen hat, woraufhin dieser dem Grundeigentümer (C) gegenüber auf die Hypothek verzichtet. Nicht anders liegt es, wenn (B) fehlerhaft als Inhaber eines in Wahrheit (A) zustehenden übertragbaren dinglichen Vorkaufsrechts an dem Grundstück des (C) eingetragen ist und das Vorkaufsrecht dem (C) gegenüber aufhebt. Man erkennt die Konfliktsituation zwischen (A) und (C) auf einen Blick. Sie taucht im Übrigen unausweichlich auch bei den von einem Nichtberechtigten veranlassten **inhaltlichen Änderungen** eines fremden Rechts auf, z.B. dann, wenn ein im Liegenschaftsregister eingetragener Scheinnießbraucher (B) den Nießbrauch des (A) zugunsten des Grundeigentümers (C) durch den Ausschluss einzelner Nutzungen (§ 1030(2) dt. BGB) verengt. 344

Pfandbesteller die bewegliche Sache in seinem Besitz hat") und in Estland (§ 282^{1}(4) LPA: „If a pledged thing is encumbered with the right of a third person, the right of security obtains a higher ranking than that right, unless the pledgee knew or ought to have known about the existence of the right at the moment of obtaining the right of security") ergibt es sich sogar unmittelbar aus dem Gesetz.

[879] Demgemäß handeln z.B. § 928 dt. BGB, § 386 österr. ABGB, Art. 180 poln. ZGB und § 1050 tschech. BGB nur von der Aufgabe des Eigentums durch den Eigentümer. Ohne dessen *animus dereliquendi* geht Eigentum nicht unter (tschech. OG 31.3.2004, 28 Cdo 1254/2003, ECLI:CZ:NS:2004:28.CDO.1254.2003.1; Klang [-*Klang*], ABGB II^{2}, S. 255); ein Nichtberechtigter kann fremdes Eigentum nicht aufgeben (Osajda [-*Księżak*], Kodeks cywilny^{16}, Art. 180 Rdnr. 3). Ob das auch das Ergebnis unter §§ 5:178(6), 5:187 ungar. ZGB ist, ist allerdings nicht restlos klar. Es ist denkbar, dass der Rechtsinhaber, dessen Recht zu Unrecht gelöscht wurde, es tatsächlich verliert, wenn er nicht innerhalb von sechs Monaten nach Zustellung der Löschungsbenachrichtigung Klage erhebt.

[880] Sollte z.B. unter tschechischem Recht der Katasterbeamte fehlerhaft eine „falsche" Person als Dienstbarkeitsberechtigten eingetragen haben, wird diese Person infolge des Prinzips der konstitutiven Eintragung (§ 1262(1) i.V.m. § 984(1) tschech. BGB) Berechtigte. Folglich kann sie auch auf ihr ohne Rechtsgrund eingetragenes Recht verzichten; eine Dienstbarkeit des „wahren Berechtigten" gibt es noch gar nicht. Er kann lediglich beim Katasteramt eine sogen. Streitanmerkung zur sofortigen Eintragung anmelden (§ 986 aaO) und innerhalb von zwei Monaten den Nachweis erbringen, Klage erhoben zu haben. Die Streitanmerkung muss innerhalb eines Monats ab Kenntnis und spätestens innerhalb von drei Jahren nach Eintragung angemeldet werden (Spáčil [-*Vrzalová*], Občanský zákoník III, S. 58).

345 Typische Rechtsscheinträger sind der Besitz und die Registereintragung, was sich vielerorts, wenn auch längst nicht mehr überall, mit der Unterscheidung zwischen realen Sachen und Grundstücken deckt. Bei Rechten an Grundstücken jedenfalls hängt der gegenständliche Anwendungsbereich des Erwerbs vom Scheinberechtigten auch mit der Frage zusammen, ob Eintragungen im Liegenschaftsregister öffentlicher Glaube zukommt oder nicht. Je höher der dem Register zugeschriebene Verlässlichkeitsgrad, desto weiter reicht das Recht des Erwerbs vom Scheinberechtigten, und *vice versa*. Unter dem **deutschen** System z.B. führt der Umstand, dass das Grundbuch zugunsten eines Erwerbers nur dann nicht „als richtig gilt", wenn die Eintragung durch einen (seinerseits eingetragenen) Widerspruch in Frage gestellt wurde oder der Empfänger um ihre Unrichtigkeit weiß (§ 892 dt. BGB), in einem folgerichtigen Schritt selbst dazu, dass an den eingetragenen Rechtsinhaber befreiend geleistet werden kann, außerdem dazu, dass *jede* Verfügung, die ein eingetragener Nichtberechtigter unter Beachtung der allgemeinen Regeln vornimmt, dem Begünstigten gegenüber wirksam wird (§ 893 dt. BGB). Dazu gehören eine Vielzahl von Geschäften, neben Aufhebungen, Rangänderungen und inhaltlichen Änderungen z.B. auch Zustimmungen zu der Aufhebung einer Belastung, die ihrerseits belastet ist[881], und selbst noch die Bestellung einer Auflassungsvormerkung durch einen Scheineigentümer.[882]

Das deutsche „Recht des gutgläubigen Erwerbs" erfasst mithin alle besitz- bzw. grundbuchgestützten Verfügungen. **Polen** hat diesen Ansatz weitgehend übernommen; § 893 dt. BGB war das Vorbild für Art. 9 poln. GBHG.[883] Wie dem § 892 dt. BGB geht es dem Art. 5 poln. GBHG[884] zwar nur um den „Erwerb" eines Rechts. Art. 9 poln. GBHG[885] stellt aber klar, dass es dabei nicht sein Bewenden haben soll. Zusammengelesen erstrecken die Artt. 5 und 9 aaO den öffentlichen Glauben des Grundbuchs auf alle Verfügungen über Immobiliarsachenrechte.[886] Dazu gehören der Verzicht auf ein beschränktes Recht[887], sogar der Verzicht auf einen ewigen Nießbrauch[888], die Genehmigung einer Verfügung, die Änderung des Inhalts eines ewigen oder eines gewöhnlichen Nießbrauchs (neue Zeitbestimmung; Umfangsänderung nach Art. 253 poln. ZGB), die Änderung des Ranges eines Rechts (Art. 250 poln. ZGB) und die Verfügung über einen frei gewordenen Hypotheken-

---

[881] MünchKomm (-*Kohler*), BGB VII[7], § 893 Rdnr. 9.

[882] BGH 10.12.1971, BGHZ 57 S. 341.

[883] Osajda (-*Kostecki*), Ustawa o księgach wieczystych, Einleitung zu Art. 9 GBHG.

[884] „Bei Nichtübereinstimmung zwischen der sich aus dem Grundbuch ergebenden Rechtslage und der wirklichen Rechtslage gilt der Inhalt des Grundbuchs zugunsten desjenigen als richtig, der durch Rechtsgeschäft von dem nach dem Inhalt des Grundbuches Berechtigten Eigentum oder ein anderes dingliches Recht *erworben* hat (Gewähr des öffentlichen Glaubens der Grundbücher)" (Hervorhebung hinzugefügt).

[885] „Die Vorschriften der Artt. 5–8 finden ebenfalls Anwendung auf die nicht in Art. 5 genannten Verfügungen über die aus dem Grundbuch ersichtlichen Rechte und wenn auf Grund eines eingetragenen Rechts eine Leistung zugunsten einer nach dem Inhalt des Grundbuches berechtigten Person erbracht wird".

[886] *Gniewek,* Księgi wieczyste. Komentarz, Art. 9 Rdnr. 10.

[887] Verzichtet ein im Grundbuch verlautbarter Scheinhypothekar auf die Hypothek und wird sie daraufhin gelöscht, so wird das bis dahin belastete Gundeigentum frei (*Kostecki* aaO, Art. 9 Rdnr. 3).

[888] Art. 16(1) poln. GIW sagt allerdings nur, dass eine Körperschaft des öffentlichen Rechts auf ihren ewigen Nießbrauch zugunsten des Fiskus oder einer anderen Körperschaft des öffentlichen Rechts verzichten kann. Wird dieser Verzicht im Grundbuch eingetragen, hat er am öffentlichen Glauben des Grundbuchs unter Art. 9 poln. GBHG teil (*Gniewek* aaO Rdnr. 12).

rang.[889] Erfasst sind die Änderung des Inhalts einer Grunddienstbarkeit, des Sicherungsbetrages einer Hypothek, die Aussonderung einer Forderung aus ihr, ihre Teilung (Art. 68[1](3) poln. GBHG), und Genehmigungen, die erforderlich sind, wenn die Verfügung das Recht eines Dritten betrifft (Art. 248 § 2 poln. ZGB). Art. 9 poln. GBHG erweitert den Schutz des öffentlichen Glaubens des Grundbuchs sogar auf Verfügungen über Schuldrechte (u.a. Miete, Pacht und Ansprüche auf Übertragung des Grundeigentums), welche unter Art. 16 poln. GBHG in das Grundbuch eingetragen wurden.[890]

In **Frankreich** und in Italien fehlen solche Vorschriften. Art. 2276 franz. CC, wonach der Besitz als Titel gilt, betrifft nur Mobilien, und Art. 1198(2) franz. CC hilft nur dann weiter, wenn zwei aufeinanderfolgende Erwerber eines Immobiliarsachenrechts ihr Recht von ein und derselben Person herleiten. Es geht also ausschließlich um den Doppelverkauf; nur bei ihm obsiegt, wer seinen Titel als erster hat publizieren lassen. Alle übrigen Fälle sind nicht erfasst. Die *publicité foncière* hat eben nur eine bestätigende Aufgabe, einen *rôle confortatif;* ihr fällt gerade kein öffentlicher Glaube zu.[891] Verzichtet also ein Scheinhypothekar auf eine ihm in Wahrheit nicht zustehende Hypothek oder verspricht ein Scheinnießbraucher dem Eigentümer eine Nutzungsbeschränkung, dann fehlt es bereits an den *deux acquéreurs successifs,* von deren Konflikt Art. 1198(2) franz. CC ausschließlich handelt. Die Lücke muss folglich, soweit sie überhaupt als Lücke empfunden wird, auf anderem Wege geschlossen werden. Das bringt die ***théorie de l'apparence*** (die „Rechtsscheintheorie“) ins Spiel. Ihr geht es im Wesentlichen um den Kauf einer Sache von einem Scheineigentümer (sei es, dass er nie Eigentümer war, sei es, dass sein Recht rückwirkend für nichtig erklärt oder aufgelöst wurde). Rechtsprechung und Schrifttum bemühen die „Regel“ *error communis facit jus* („der gemeinsame Irrtum gebietet Recht“).[892] Wer *a non domino* erworben hat, darf unter diesem Ansatz die gekaufte Sache behalten; der Berechtigte wird auf Wertersatz gegen den Nichtberechtigten verwiesen.[893] Der klassische Fall ist der des Scheinerben, der lange vor dem Zeitpunkt, zu dem dann überraschenderweise doch noch ein Testament auftaucht, über eine zum Nachlass gehörende Immobilie verfügt hat.[894] Es wird gelehrt, dass die Rechtsscheintheorie nur entgeltliche Rechtsgeschäfte über Grundstücksrechte betreffe; bei Mobilien leiste bereits Art. 2276 franz. CC das Erforderliche.[895] Dem Gutgläubigen muss ein verbreiteter Irrtum unterlaufen sein, eine *erreur commune et invincible.* Dann allerdings wird er kraft Gesetzes auch ohne Besitzergreifung Eigentümer.[896] Eine *erreur commune,* die gleichzeitig eine *erreur créatrice de droit* ist, liegt nur vor, wenn sich in den gleichen Umständen jedermann geirrt hätte.[897] 346

---

[889] Alle nachfolgenden Beispiele, soweit nichts anderes angegeben, nach *Gniewek* aaO Rdnrn. 11–25 und *Kostecki* aaO Art. 9 Rdnrn. 2–4, 14–15.

[890] Heropolitańska (-*Heropolitańska*), Ustawa o księgach wieczystych[3], Art. 9 Rdnr. 1.

[891] Oben Fn. 555.

[892] Cass. civ. 30.3.2017, D. 2017 S. 1794; RTD civ. 2017 S. 684; RDC 2017 S. 512; *Zenati-Castaing und Revet,* Les biens[3], S. 293 Rdnr. 184.

[893] *Malaurie und Aynès,* Les biens[5], S. 204 Rdnr. 652 (war der Scheineigentümer hinsichtlich seines Eigentums gutgläubig, haftet er nur auf den erlangten Kaufpreis, andernfalls auf den ggf. höheren Wert der Sache).

[894] Cass. civ. 26.1.1897, DP 1900, I, S. 33, Anm. *Sarrut.*

[895] *Terré und Simler,* Les biens[9], S. 89 Rdnr. 71.

[896] *Terré und Simler* aaO S. 91 Rdnr. 73.

[897] *Zenati-Castaing und Revet* aaO S. 293 Rdnr. 184; *Simler und Delebecque,* Droit civil. Les sûretés[6], S. 386, Rdnr. 400; Rép. civ. Dalloz (-*Boudot*), Apparence, S. 16 Rdnr. 107.

347 Das führt natürlich zu der Frage nach dem Verhältnis zwischen der *publicité foncière* und der *théorie de l'apparence*. Das neuere Schrifttum versucht, sie mit der These zu versöhnen, dass der Registereintragung die Rolle eines rechtsscheinbegründenden Faktors zufalle[898], ja es wird sogar vertreten, dass Art. 1198(2) franz. CC nichts anderes als ein gesetzlich geregelter Anwendungsfall der Theorie vom Rechtsschein sei.[899] Würde das allgemein akzeptiert, würden sich das deutsche und das französische Recht in einem zentralen Punkt überraschend deutlich aufeinander zubewegen. Indizien dafür finden sich auch im Rahmen der Frage nach dem gegenständlichen Anwendungsbereich der *théorie de l'apparence*. Zwar ist hier noch vieles im Fluss, aber es könnte sehr wohl sein, dass sich viele, wenn nicht sogar die meisten der zuvor (in Rdnr. 344) beschriebenen Fallkonstellationen, mit der Rechtsscheintheorie in den Griff bekommen lassen. Entschieden ist immerhin, dass eine von einem Scheineigentümer zugunsten eines gutgläubigen Erwerbers bestellte Hypothek dem wahren Eigentümer gegenüber wirksam ist[900], dass eine vom Scheineigentümer einem gutgläubigen Mieter eingeräumte Miete den wahren Eigentümer bindet[901], dass ein Grundstück zu Eigentum erworben werden kann, das in einer Strandzone liegt, in der „an sich" nur öffentliches Eigentum bestehen darf, wenn jedermann dieser Irrtum unterlaufen wäre[902], und dass auch eine Eigentumswohnung zur Gänze gutgläubig erworben werden kann, wenn Notar und Makler übersahen, dass sie in Wahrheit viel kleiner war als im Titel angegeben.[903] Es ist deshalb z.B. auch denkbar, dass der Verzicht eines Scheinhypothekars auf eine fremde Hypothek dem wahren Hypothekar gegenüber wirkt und gleichzeitig den gutgläubigen Grundeigentümer begünstigt. Die *théorie de l'apparence* wird mehr und mehr zu einem flächendeckend anwendbaren Instrument ausgebaut, das es erlaubt, Verfügungen *(actes de disposition)* aller Art aufrechtzuerhalten.

Unter Art. 1158 **italienischer** CC vollzieht sich der Schutz des gutgläubigen Erwerbers grundsätzlich über die zehnjährige Ersitzung. Es bedarf eines zur Übertragung des Eigentums

---

898 *Boudot* aaO S. 14 Rdnr. 90 (wenn das Register falsch sei, genieße der Dritte vermöge der *théorie de l'apparence* Schutz, weil man auf ein öffentliches Register vertrauen dürfe).

899 *Suquet-Cozic,* Publicité foncière, S. 208 Rdnr. 16060 („le droit de la publicité foncière fait une application exemplaire de la théorie de l'apparence: les droits du propriétaire apparent sont consacrés par la publicité, au détriment le cas échéant de ceux du premier cessionnaire, seul propriétaire en droit civil").

900 Cass. civ. 29.11.1988, JCP 1989, II, 21339 (Eine Ehefrau hatte am 29.8.1974 die Scheidung von ihrem Mann beantragt; die Scheidung wurde durch Urteil vom 26.10.1974 ausgesprochen. Am 10.9.1974 hatte der Mann durch notarielle Urkunde eine Immobilie gekauft. Die Frau behauptete, dass die Immobilie in das gemeinsame Eigentum der Eheleute gefallen sei; der Ehemann habe ihr verschwiegen, das Grundstück in Wahrheit schon vor dem 29.8. gekauft zu haben. Das änderte nach Auffassung des Gerichts aber nichts daran, dass die später von ihm bestellte Hypothek wirksam geworden sei. Die Bank konnte sich auf sie der Ehefrau gegenüber berufen: „Les hypothèques constituées du chef de l'époux receleur sur l'immeuble ainsi acquis sont opposables à son conjoint, le créancier étant fondé à se prévaloir de la théorie de l'apparence"). Siehe zur Hypothekenbestellung durch einen Nichtberechtigten auch schon Cass. civ. 3.4.1963, D. 1964 S. 306, Anm. *Calais-Auloy,* außerdem *Boudot* aaO S. 16 Rdnr. 109.

901 Cass. civ. 21.1.1981, Bull. civ. I, Nr. 17 „Le bail consenti par le propriétaire apparent de la chose louée est opposable au véritable propriétaire lorsque le locataire a traité de bonne foi sous l'empire de l'erreur commune". Ebenso bereits Cass. civ. 2.11.1959, Bull. civ. I, Nr. 448 und Cass. civ. 4.2.1975, Bull. civ. III, Nr. 36 S. 29.

902 Cass. civ. 30.3.2017, D. 2017 S. 1794; RTD civ. 2017 S. 684; RDC 2017 S. 512.

903 Cass. civ. 22.7.1986, Bull. civ. 1986, I, Nr. 214, S. 205; D. 1987, IR, S. 13.

geeigneten und ordnungsgemäß eingetragenen Titels. Entsprechendes gilt für die dinglichen Nutzungsrechte an einer Immobilie. Daneben akzeptiert Italien auch die *teoria dell'apparenza del diritto.* Der Schutz des Rechtsscheins wird als ein allgemeines Prinzip des Privatrechts verstanden. Das wichtigste Beispiel ist wiederum der *a non domino*-Erwerb vom Scheinerben. Art. 534 ital. CC regelt ihn ausdrücklich. Der wahre Erbe kann seine Sache nicht von einem gutgläubigen Dritten herausverlangen, der sie von dem Scheinerben entgeltlich erworben hat. Bei Immobilien gilt das aber nur, wenn der Erwerb vom Scheinerben vor der Eintragung des wahren Erben im Register verlautbart wird.

c) Persönlicher Schutzbereich

Das Recht des Erwerbs vom Scheinberechtigten entscheidet den Konflikt zwischen dem wahren Berechtigten (A) und dem auf die Rechtsinhaberschaft des Verfügenden (B) vertrauenden (C). Der Schutz des (C) bewirkt manchmal allerdings auch den Schutz des (B) und weiterer Personen (D), was wiederum zu der Frage geführt hat, ob, wie und unter welchen Umständen dieser Effekt vermieden werden sollte. Dann würde nicht etwa (B), sondern (A) von denjenigen Wirkungen des Rechts des Erwerbs vom Scheinberechtigten profitieren, die über das Ziel, (C) zu begünstigen, hinausschießen. Es geht im Wesentlichen um zwei Situationen: um den sogen. Rückerwerb durch den ursprünglich Nichtberechtigten, und um Vermögensverschiebungen, denen, wirtschaftlich betrachtet, keine Marktrelevanz zukommt. **348**

(1) Rückerwerb durch den Nichtberechtigten

In der ersten Situation ist (B) i. d. R. (wenn auch nicht notwendig) bösgläubig, weiß vielleicht sogar positiv, dass er unerlaubt über das Recht des (A) verfügt. (C) aber ist gutgläubig. Er erwirbt das Recht und überträgt es anschließend auf (B) zurück (oder zwar auf (D), doch erlangt es (B) über diesen „Umweg"). Besonders anstößig erscheint beides, wenn (B) das Ganze von vornherein so geplant hat. Er bietet z. B. dem ahnungslosen (C) den Rückkauf zu einem besseren Preis an, um auf diese Weise das Eigentum zu „waschen". In Tschechien hat sich sogar der Gesetzgeber des Problems angenommen. Unter § 1112 tschech. BGB kann sich derjenige nicht zu seinen Gunsten „auf das Eigentumsrecht und auf den guten Glauben seines Vorgängers ... berufen, der die bewegliche Sache mit dem Wissen erwarb, dass das Eigentumsrecht von einem Unberechtigten erworben wurde". Zwar ordnet das Gesetz den Rückfall des Eigentums an (A) nicht ausdrücklich an (und es wird auch nicht deutlich, warum es nur um Eigentum gehen soll), doch dürfte das das Ergebnis sein.[904] Wenn (C) gutgläubig das Eigentum erlangt hat und es dann auf (B) oder (D) überträgt (der ebenso wie (B) weiß, dass die Sache ursprünglich dem (A) gehörte), dann können sich weder (B) noch (D) dem (A) gegenüber auf ihr Eigentum berufen. Das aber läuft auf die in sich wieder wenig klare Aussage hinaus, dass (A) entweder Eigentümer bleibt oder wieder wird. Man müsste sonst, wie in Schweden, ein „gespaltenes" oder „relatives" Eigentum akzeptieren. In Schweden gilt zwar die Grundregel, dass es einem gutgläubigen Erwerber freisteht, die **349**

[904] Das ist allerdings umstritten. Die Kommentarliteratur ist sich nur einig, dass es sittenwidrig und damit nichtig sein soll, wenn sich (B) die Sache von (C) zu dem Zweck zurückübertragen lässt, doch noch das ihm nicht zustehende Eigentum zu erlangen (Spáčil [-*Dobrovolná*], Občanský zákoník III, S. 383; Švestka/Dvořák/Fiala [-*Thöndel*], Občanský zákoník III, S. 320). Sittenwidrigkeit dürfte aus unserer Sicht aber nur im Fall eines kollusiven Verhaltens beider Seiten vorliegen, und dann wäre (C) ja gleichfalls bösgläubig. Im Konkreten jedenfalls spricht sich *Dobrovolná* aaO gegen einen Erwerb durch (A) aus, wohingegen *Thöndel* aaO ihn befürwortet. Ersteres erscheint zwar wertungsmäßig korrekt, vom Gesetz aber nicht gedeckt zu sein.

Sache selbst an Personen zu veräußern, die wissen, dass das Recht des ursprünglichen Eigentümers durch einen gutgläubigen Erwerb erloschen ist.[905] Gleichwohl wird noch immer HD 5.10.1942 zustimmend zitiert.[906] (B) hatte unter Eigentumsvorbehalt ein Auto von (A) ge- und an den gutgläubigen (C) weiterverkauft. (B) kaufte das Auto von (C) zurück und verkaufte es anschließend an (D), den (A) auf Herausgabe verklagte. Das Gericht meinte, (B) habe durch den Rückkauf kein besseres Recht als das erhalten können, das er vor dem Verkauf an (C) hatte. Da (D) gewusst habe, dass es sich um das Auto des (A) handelte, könne (A) es von (D) vindizieren.

350 Auch in Deutschland, Griechenland und Österreich haben sich einflussreiche Autoren dafür ausgesprochen, das Eigentum an einer realen Sache in dem Moment, in dem (B) es erwerben würde, *ex lege* und *ipso iure* wieder auf (A) umzudirigieren. Das wäre indes selbst in den Sondersituationen, auf die sich die Diskussion hier konzentriert[907], alles andere als unproblematisch. Denn diese Lehre findet keine Stütze im Gesetz ((A) erwirbt ja nicht einmal Besitz, auch dann nicht, wenn (B) anfangs für (A) besaß) und lässt sich deshalb konstruktiv nicht umsetzen.[908] Außerdem führt sie bei zwischenzeitlichen Belastungen zu schwer beherrschbaren Komplikationen, ganz abgesehen davon, dass sie mit Gegenausnahmen für den Fall wird operieren müssen, dass (A) kein berechtigtes Interesse an der Sache mehr hat. Er mag z. B. bereits entschädigt worden sein oder sich eine Ersatzsache besorgt haben.[909] Die deutsche[910] und die österreichische Rechtsprechung[911] belassen es denn sachenrechtlich auch bei dem (Rück-)Erwerb von (B). Seine Bösgläubigkeit schadet nicht; (C) hat als Berechtigter

[905] Lag om godtrosförvärv av lös egendom (1986:796) Prop. 2002/03:17, S. 16; HD 9.12.1975, NJA 1975 S. 708.

[906] NJA 1942 S. 467; dazu *Håstad,* Sakrätt[6], S. 71.

[907] Siehe für Deutschland insbesondere *Baur und Stürner,* Sachenrecht[18], § 52 Rdnr. 34 (das Eigentum falle nur dann an (A), wenn es sich entweder um einen Rückerwerb infolge eines Rückabwicklungsschuldverhältnisses zwischen (B) und (C) handele, wenn, wie bei der Sicherungsübereignung, (C) nur vorübergehend Eigentümer werden sollte, oder wenn (B) von Anfang an den Rückerwerb von (C) plante). Ganz ähnlich für Griechenland *Georgiades,* Emprágmato Díkaio I, S. 433–434 mit Fn. 58 (kein Erwerb durch (B), sondern durch (A), wenn (B) das Umgehungsgeschäft geplant hat oder wenn es sich um Hin- und Hergeschäfte zwischen juristisch und finanziell eng miteinander verbundenen Personen handelt, insbesondere um Fälle des Rücktritts). In Österreich hat sich vor allem *Spielbüchler,* ÖBA 2000 S. 361 gegen den „Rückerwerb" durch den Nichtberechtigten ausgesprochen. Die Regeln über den *a non domino*-Erwerb bezweckten ausschließlich den Schutz des (C), bei einer Rückübertragung müsse das Eigentum an (A) fallen.

[908] Zutreffend m. E. Palandt (-*Herrler*), BGB[77], § 932 Rdnr. 17.

[909] Dobrovolná aaO.

[910] BGH 21.10.2002, NJW-RR 2003 S. 170, 171 (Eine Kapitalgesellschaft könne gutgläubig Eigentum an Gegenständen erwerben, die ihr von einem Mitgesellschafter übertragen werden. Außerdem sei „allgemein anerkannt, dass der Nichteigentümer, der als Nichtberechtigter über einen Gegenstand verfügt hat, von demjenigen, der auf Grund dieser Verfügung gutgläubig Eigentum daran erworben hat, das Eigentum an dem Verfügungsgegenstand zu erwerben in der Lage ist. Er ist dem früheren Eigentümer jedoch [je nach den Umständen aus Vertrag, Delikt oder ungerechtfertigter Bereicherung] zur Übereignung verpflichtet").

[911] OGH 22.4.1999, SZ 72/72 (Der gutgläubige Erwerber verschaffe durch die Übertragung der Sache jedem Dritten Eigentum, auch wenn diesem der Mangel im Erwerbsakt des Vormannes bekannt sein sollte. Das Eigentumsrecht des wahren Eigentümers lebe auch dann nicht mehr auf, wenn einer der Nachmänner des redlichen Ersterwerbers den Mangel im Eigentum des Vertrauensmannes gekannt hat).

verfügt. Es ist nur denkbar, dass (A), je nach den Umständen des Falles, einen schuldrechtlichen Anspruch gegen (B) auf Übertragung des Eigentums hat.[912]

Die englische Rechtsprechung scheint in dieselbe Richtung zu tendieren. *Winkworth v Christie, Manson & Woods Ltd*[913] betraf japanische Holzschnitte, die ihrem Eigentümer in England gestohlen worden waren. Der Dieb hatte sie nach Italien verbracht und dort einem gutgläubigen Käufer übereignet. Der italienische Käufer ließ die Holzschnitte wieder nach London zurückschaffen, um sie dort durch das Auktionshaus Christie's versteigern zu lassen. Der ursprüngliche Eigentümer erfuhr davon und klagte gegen das Auktionshaus und den italienischen Käufer auf Herausgabe. Unter der italienischen *lex rei sitae* war (und ist) indes auch der gutgläubige Erwerb gestohlener Sachen möglich.[914] Folglich, so das Gericht, hatte der italienische Käufer die Legitimation, die Sammlung in London wieder zu verkaufen.

(2) Die deutsche Lehre vom Verkehrsgeschäft

In Deutschland wird unter dem Stichwort „Verkehrsgeschäft" noch ein zweites **351**
Problem erörtert. Man verneint Personenverschiedenheit zwischen (B) und (C), wenn (C), wie es das deutsche Reichsgericht einmal formuliert hat, „nicht als Fremder an die Sache herantritt".[915] Zur Anwendung der Regeln über den gutgläubigen Erwerb bedürfe es eines nach außen tretenden, wenn man so will: eines marktrelevanten Rechtsgeschäfts.[916] Andernfalls drohten Missbrauch und Umgehung, außerdem ein Verschleifen des Unterschieds zwischen dem rechtsgeschäftlichen und dem gesetzlichen (und zugleich originären) Erwerb. Im Gesetz steht von alledem freilich nichts; seine Regeln werden kurzerhand teleologisch reduziert. Das Ergebnis sind zahlreiche Billigkeitserwägungen; auch wirkt keineswegs alles schon zureichend durchdacht.[917] Es geht nicht einmal nur um bewegliche Sachen; die Rechtsprechung hat immer schon auch bei Grundstücken ein „Verkehrsgeschäft" verlangt.[918] Dass das Grundbuch darüber nichts verlautbart, nimmt sie hin. An einem solchen Geschäft soll es z. B. bei einer vorweggenommenen Erbfolge und einer Erbauseinandersetzung fehlen[919]; (C), so das

---

[912] BGH 21.10.2002 aaO (Fn. 910).

[913] [1980] 1 Ch. 496; [1980] 2 WLR 937; [1980] 1 All ER 1121 (*Slade* J).

[914] Oben Fn. 852.

[915] RG 21.5.1930, RGZ 129, 119, 121 (Erwerb des Alleineigentums an einem Grundstück durch Gesamthänder; keine Anwendung von § 892 dt. BGB, weil der Erwerber „nicht als Fremder an das Grundstück herangetreten" sei).

[916] Statt vieler *Baur und Stürner,* Sachenrecht[18], § 52 Rdnr. 5; MünchKomm (-*Kohler*), BGB VII[7], § 892 Rdnr. 24 sowie Staudinger (-*Gursky*), BGB (2013), § 892 Rdnr. 77.

[917] Mit Recht kritisch gegenüber der Lehre vom Verkehrsgeschäft MünchKomm (-*Oechsler*), BGB VII[7], § 932 Rdnr. 34–36, der insbesondere auf gesellschaftsrechtliche Komplikationen, auf ungeklärte Probleme der Wissenszurechnung, auf Beweislastprobleme, auf die undurchsichtig werdende Rechtslage bei unentgeltlichen Verfügungen und auf Konflikte mit dem Abstraktionsprinzip hinweist. Diese Liste lässt sich noch mit Blick auf (gffls. mehrstöckige) Belastungen des Eigentums und anderer Sachenrechte ergänzen (*Rieländer,* Mehrstufige Belastungen, § 12 II 2).

[918] St. Rspr., z. B. BGH 29.6.2007, BGHZ 173 S. 73 („Das ungeschriebene Merkmal des Verkehrsgeschäfts ergibt sich aus dem Normzweck des § 892 Abs. 1, der den Verkehr mit Grundstücken in dem Vertrauen auf die Verlässlichkeit des Grundbuchs schützen soll. § 892 dient nicht dazu, dass sich der Nichtberechtigte das zu Unrecht gebuchte Recht selbst verschafft, sondern ermöglicht den rechtsgeschäftlichen Erwerb durch einen Dritten").

[919] Grundlegend RG 15.12.1928, RGZ 123 S. 52, 56 (Überlassung eines landwirtschaftlichen Betriebes im Wege der vorweggenommenen Erbfolge) und RG 21.5.1930, RGZ 129, 119, 121

wenig überzeugende Argument, hätte die Sache des (A) schließlich auch dann nicht erworben, wenn er sie erst im Nachlass des (B) vorgefunden hätte. Anders soll es aber bei der Erfüllung eines Vermächtnisses (eines Damnationslegats; das deutsche Recht kennt kein Vindikationslegat) liegen; hier handele es sich durchaus um ein Verkehrsgeschäft.[920] Bei der Bestellung eines Eigentümerrechts fehle es dagegen wieder an ihm.[921] Ob der Erwerb eines Bildes des (A), das der Testamentsvollstrecker (B) in dem von ihm betreuten Nachlass des (D) gefunden und im Wege eines erlaubten Insichgeschäfts auf sich selber (als (C)) übereignet hatte, noch ein „Verkehrsgeschäft“ konstituierte, blieb offen, weil der Testamentsvollstrecker *in casu* ohnehin grob fahrlässig gehandelt hatte und deshalb bösgläubig (§ 932(2) dt. BGB) war.[922]

352 Insichgeschäfte liefern gleichwohl das häufigste Fallmaterial. Wer mit dem Verfügenden „rechtlich oder wirtschaftlich identisch“ sei, sei, so die Behauptung, nicht „schutzwürdig“.[923] Das leuchtet aber schon deshalb nicht ein, weil in einer solchen Situation ja notwendig immer gleich beide Seiten gutgläubig sein müssen. Das zugrundeliegende Kriterium erlaubt zudem nur bei sehr einfachen gesellschaftsrechtlichen Verhältnissen eine halbwegs trennscharfe Abgrenzung; innerhalb komplizierter konzernrechtlicher Strukturen lässt es sich kaum handhaben. Es **gefährdet die Rechtssicherheit** beträchtlich. Wer Vermögenswerte auf eine von ihm gegründete und allein beherrschte juristische Person überträgt, stehe „wirtschaftlich“ auch auf der Erwerberseite[924], nicht anders, als wenn er die Sache von der juristischen Person in sein Privatvermögen überführe.[925] Nicht einmal die Veräußerung einer Sache von einer Mutter- auf eine Tochtergesellschaft (und warum nicht auch der entgegengesetzte Vorgang?) soll ein Verkehrsgeschäft darstellen.[926] Handeln auf beiden Seiten mehrere Personen, liege ein Verkehrsgeschäft nur vor, wenn auf der Erwerberseite mindestens eine Person beteiligt sei, die sich nicht auf der Seite des Veräußerers wiederfinde.[927] Deshalb könne ein OHG-Gesellschafter zwar nicht gutgläubig von der Gesellschaft[928] (ein Erbe nicht von

---

(vorher Fn. 915). Siehe ferner BGH 13.12.2000, NJW 2001 S. 1069 und OLG Dresden 25.1.2010, Beck-RS 2010, 11613 (Erbauseinandersetzung).

920 OLG Naumburg 25.2.2003, NJW 2003 S. 3209.

921 Viel bemüht, aber wenig überzeugend ist das Beispiel eines eingetragenen Bucheigentümers, der für sich eine Eigentümergrundschuld bestellt (z. B. *Medicus und Petersen,* Bürgerliches Recht[25], Rdnr. 548). Das Beispiel ist deshalb schief, weil eine Eigentümergrundschuld, wie der Name sagt, ohnehin nur für den Eigentümer bestellt werden kann (§ 1196 dt. BGB) und der bloße Bucheigentümer eben gerade kein Eigentümer ist. Der Bucheigentümer will weder für den wahren Eigentümer erwerben, noch handelt es sich um den rechtsgeschäftlichen Erwerb eines fremden Rechts (*Wilhelm,* Sachenrecht[5], Rdnr. 711).

922 BGH 18.2.1981, NJW 1981 S. 1271, 1272; dazu *Wilhelm* aaO.

923 Staudinger (*-Gursky*), BGB (2013), § 892 Rdnrn. 97–113 mit umfangreichen Nachweisen; Erman (*-Artz*), BGB II[15], § 892 Rdnr 18. Siehe auch BGH 5.11.1980, NJW 1981 S. 522, 524 (*obiter;* kein Verkehrsgeschäft zwischen dem Alleingesellschafter und der von ihm beherrschten GmbH); RG 17.1.1934, RGZ 143 S. 202, 206; BGH 2.4.1998, NJW-RR 1998 S. 1057, 1059 (dsgl.) sowie Lutter und Hommelhoff (*-Bayer*), GmbHG[19], § 13 Rn 58.

924 BGH 5.11.1980 aaO.

925 Erman (*-Artz*), BGB II[15], § 892 Rdnr. 19.

926 BGH 23.5.1989, NJW-RR 1989 S. 1207, 1208 (Abzustellen sei auf die Gesellschafter, nicht auf die Gesellschaft. „Die Beklagte hat behauptet, die H sei eine Tochtergesellschaft der I. Sollte sich ergeben, daß die I alleinige Gesellschafterin der H ist, läge kein Verkehrsgeschäft vor“).

927 *Medicus und Petersen* aaO; Staudinger (*-Gursky*), BGB (2013), § 892 Rdnr. 97; BGH 26.1.1996, DNotZ 1997 S. 137, 141.

928 RG 21.5.1930 aaO (Fn. 915).

der Erbengemeinschaft[929], ein in Gütergemeinschaft lebender Ehegatte nicht aus dem gemeinsamen Vermögen[930]), die OHG aber sehr wohl gutgläubig von einem ihrer Gesellschafter erwerben.[931] Der Erwerb eines Miteigentumsanteils von einem Scheinmiteigentümer stellt nach Auffassung des BGH dagegen wieder ein Verkehrsgeschäft dar, und zwar auch dann, wenn auch der Erwerber selber nur Scheinmiteigentümer ist.[932]

Insgesamt handelt es sich um einen hochproblematischen deutschen Sonderweg[933], **353**
der sich über die Regeln über erlaubte Insichgeschäfte (§ 181 dt. BGB) und die Selbständigkeit juristischer Personen hinwegsetzt. Im Kern setzt die Lehre vom Verkehrsgeschäft einfach nur voraus, was sie zu beweisen trachtet, dass nämlich nur (C) von dem Recht des gutgläubigen Erwerbs vom Nichtberechtigten profitieren dürfe. Dass das nicht richtig sein kann, zeigte bereits die Rechtsprechung über den Rückerwerb durch den Nichtberechtigten. Noch grundsätzlicher ist aber der Einwand, dass die Lehre vom Verkehrsgeschäft mit ihrer vollständigen Verdrängung des Rechts des gutgläubigen Erwerbs vom Scheinberechtigten über das Ziel hinausschießt. Sie setzt sachenrechtlich falsch an. Aus sachenrechtlicher Sicht kann gar nicht bestritten wer-

---

[929] BGH 13.12.2000, NJW 2001 S. 1069 (Auseinandersetzung unter Miterben kein Verkehrsgeschäft).

[930] BGH 13.7.1959, BGHZ 30 S. 255, 256.

[931] *Medicus und Petersen* aaO. Anders ist das wieder, wenn eine OHG von einer anderen erwirbt, deren Gesellschafter jeweils identisch sind (RG 5.6.1927, RGZ 117 S. 257, 265).

[932] BGH 29.6.2007, BGHZ 173 S. 71 („Die rechtsgeschäftliche Übertragung eines Miteigentumsanteils unter Miteigentümern ist ein Verkehrsgeschäft. Der Erwerber eines eingetragenen Miteigentumsanteils wird durch den öffentlichen Glauben des Grundbuchs auch dann geschützt, wenn er bereits Eigentümer eines anderen Anteils oder als solcher zu Unrecht im Grundbuch eingetragen ist").

[933] Nicht einmal Österreich geht ihn mit. In der Rechtsprechung ist zwar gelegentlich von dem Erfordernis eines „Verkehrsgeschäftes" die Rede gewesen, dann aber stets entweder im Zusammenhang mit dem deutschen Recht oder dem früheren (mit § 366 dt. HGB identischen) § 366 österr. HGB (z.B. OGH 23.1.1992, 6 Ob 1563/91, ECLI:AT:OGH0002:1992:0060OB01563.91.0123.000; OGH 22.4.2010, SZ 2010/44). In Österreich setzt (auch) der gutgläubige Erwerb einen wirksamen Titel voraus, der unentgeltliche Erwerb genügt nur ausnahmsweise (§ 367 österr. ABGB), und Redlichkeit wird schon bei leichter Fahrlässigkeit verneint (§ 368 ABGB). Das genügt, um auf die Lehre vom Verkehrsgeschäft ganz zu verzichten. Auch in Frankreich finden sich für sie nicht die mindesten Ansätze. Durch die Schuldrechtsreform wurde lediglich eine neue Vorschrift über das Selbstkontrahieren geschaffen (Art. 1161 franz. CC), die in allen wesentlichen Punkten § 181 dt. BGB gleicht. Entsprechende Regelungen finden sich natürlich in vielen Ländern. Unter Art. 1394 ital. CC z.B. kann ein vom Vertreter im Widerstreit mit den Interessen des Vertretenen geschlossener Vertrag auf Antrag des Vertretenen für nichtig erklärt werden *(annullato),* wenn der Dritte von dem Interessenwiderstreit wusste oder wissen musste. Nach herrschender, aber umstrittener Meinung ist außerdem eine Schädigung des Vertretenen erforderlich (Cian und Trabucchi [-*Zaccaria*], Commentario al codice civile[11], Art. 1394 S. 1520). Art. 1395 ital. CC enthält eine ähnliche Regel für Insichgeschäfte, die aber keine Anwendung findet, wenn der Vertreter zu ihnen besonders ermächtigt ist oder der Vertrag keinen Interessenwiderspruch besorgen lässt. Die entsprechende Regel des polnischen Rechts (Art. 108 poln. ZGB) findet auch auf Geschäfte zwischen einer juristischen Person und ihren Organen bzw. auf Doppelvertretungen zweier juristischer Personen durch dieselbe natürliche Person Anwendung (poln. OG 30.5.1990, III CZP 8/90, OSNCP 1990.10–11.124, Legalis-Nr. 26982; Osajda [-*Sobolewski*], Kodeks cywilny[16], Art. 108 Rdnr. 5; Gniewek [-*Strzebinczyk*], Kodeks cywilny[7], Art. 108 Rdnr. 6). Auch in Schweden wird die Identitätsproblematik zwischen (B) und (C) nur in der Lehre über die Wissenszurechnung bei juristischen Personen erörtert (Prop. 1985/86:123, S. 20 [Gesetzmaterialien zum GfvL]; *Stattin,* SvjT 2012 S. 1). Ein gutgläubiger Erwerb setzt immer einen *inter-partes* wirksamen Vertrag voraus (oben Rdnr. 257).

den, dass mittelbar auch andere Personen als (C) von den Regeln des gutgläubigen Erwerbs profitieren können. Wenn man also überhaupt ein Korrekturbedürfnis anerkennt, dann muss die Korrektur am Inhalt des erworbenen Rechts ansetzen, nicht an den Umständen, unter denen es erworben wurde. Wenn jemand z.B. als eingetragener Scheinhypothekar (B) einem Anderen (C) ein Recht an dieser Hypothek bestellt, dann erwirbt (C) die Hypothek nur für die Zwecke der gutgläubig erlangten Belastung; im Übrigen aber „gibt" es immer noch keine Hypothek. Ebenso liegt es, wenn ein lediglich buchberechtigter (B) dem (C) ein Recht bestellt, das auf diese Weise Vorrang vor einem nicht eingetragenen Recht des (A) erlangt und deshalb mit diesem Rang auch auf (D) übertragen werden kann. Nicht der Ausschluss bestimmter Personen aus dem Recht des gutgläubigen Erwerbs ist das Problem, sondern der Umfang des erworbenen Rechts. Das Belastungsobjekt hat in solchen Fällen nur eine relative Existenz. Wenn man letztere aber für das Eigentum nicht akzeptieren will (wofür es gute Gründe gibt), dann muss man auf die Lehre vom Verkehrsgeschäft ganz verzichten, nicht anders, als beim Rückerwerb vom Nichtberechtigten. Dass (B) und (D) nicht begünstigt werden dürften, ist jedenfalls nie bewiesen worden, und es zeichnet sich auch kein Weg ab, wie es bewiesen werden könnte.

4. Rechte an realen Sachen

a) Schutz der Funktionstüchtigkeit des Marktes

354 Das Recht des Erwerbs vom Scheinberechtigten schützt die Funktionstüchtigkeit des Marktes. Wenn man stets fragen und überprüfen müsste, ob eine reale Sache auch tatsächlich dem Anbieter gehört, würde man zögern, bevor man sich auf das Risiko eines Kaufs einlässt. Das volkswirtschaftliche Potential des Marktes bliebe unausgeschöpft. Die Frage ist nur, was diesen Markt zivilrechtlich eigentlich konstituiert. Darauf wird durchaus unterschiedlich geantwortet.

(1) Handelgeschäfte

355 Einige europäische Rechtsordnungen beschränken das Recht des *a non domino*-Erwerbs auf Handelsgeschäfte.[934] Unter § 5:39(1) **ungar. ZGB** kann das Eigentum durch Übertragung zwar grundsätzlich nur vom Eigentümer erworben werden. § 5:39(2) ungar. ZGB fügt aber sofort hinzu, dass „die im Handelsverkehr im guten Glauben und gegen ein Entgelt erwerbende Person … durch Übertragung das Eigentumsrecht an beweglichen Sachen auch dann (erwirbt), wenn die übertragende Person nicht der Eigentümer war", und § 5:39(3) aaO erläutert, was ein Erwerb im Handelsverkehr ist. Er liegt vor, „wenn der Käufer von einem solchen Verkäufer kauft, der den Kaufvertrag im Rahmen seiner rechtmäßig betriebenen, ge-

[934] Zu Portugal siehe schon oben Rdnr. 341. Während der Verkauf fremder Güter im Allgemeinen nichtig ist (Art. 892ff. port. CC), ist er im Handelsverkehr zulässig (Art. 467(2) port. CCom); der Verkäufer ist aber verpflichtet, das Eigentum an der Kaufsache auf rechtmäßigem Wege zu erwerben und sie anschließend dem Käufer zu übergeben; andernfalls ist der Verkäufer zum Schadensersatz verpflichtet. Gleichwohl unterliegt der kaufmännische Kaufvertrag den Regeln der Artt. 874–939 port. CC (*Romano Martinez,* Contratos², S. 119–120; *Menezes Cordeiro,* Manual de Direito Comercial I, S. 616), woraus wiederum folgt, dass es nicht zu einem gutgläubigen Erwerb kommt; die Regeln des CCom sind rein schuldrechtlicher Natur (Faber und Lurger [-*Caramelo-Gomes und Nóbrega*], National Reports IV, Portugal, S. 691–692).

werbsmäßigen Wirtschaftstätigkeit, im eigenen Namen abschließt".[935] Eine Sonderregelung betrifft den Erwerb von Ware, die der Verkäufer (B) von seinem eigenen Verkäufer (A) unter Eigentumsvorbehalt erworben hat (§ 6:216 ungar. ZGB). (A) ist in diesem Fall nur geschützt, wenn er den Eigentumsvorbehalt in das Kreditsicherheitenregister hat eintragen lassen; andernfalls erwirbt (C) durch gutgläubig-entgeltliches Geschäft das Eigentum (§ 6:126(4)(a)) bzw. ein Pfandrecht (lit. (b) aaO) an der Sache des (A). Eine Übertragung von Vermögen auf einen Treuhänder ist weder entgeltlich noch unentgeltlich; sie entzieht sich dieser Kategorisierung, weshalb ein gutgläubiger Erwerb zugunsten eines treuhänderischen Vermögensverwalters ausgeschlossen erscheint.

In **Deutschland** kann man zwar grundsätzlich von jedermann gutgläubig erwerben, **356**
doch ist der Erwerb von Kaufleuten insoweit privilegiert, als bei ihm bereits der gute Glaube an deren Verfügungsbefugnis genügt; es schadet nicht, dass der Erwerber wusste bzw. wissen musste, dass der Verfügende nicht selber der Inhaber des Rechts war.[936] Unter Art. 2277 **franz.** (Art. 2280 belg.) **CC** gilt, dass, wenn der gegenwärtige Besitzer einer gestohlenen oder verlorenen Sache dieselbe auf einer Messe, einem Markt, bei einem öffentlichen Verkauf oder von einem Kaufmann, der mit dergleichen Sachen handelt, gekauft hat, der ursprüngliche Eigentümer die Sache vom Käufer nur gegen Erstattung des Preises herausverlangen kann, den der Käufer bezahlt hat. Ein über jeden Verdacht erhabener Käufer einer gestohlenen oder sonst abhandengekommenen Sache wird also besonders geschützt, wenn er sie von einem Händler erworben hat.[937] Das entspricht Artt. 464(3) und (5) **span. CC.**[938] **Polen** hat die entsprechende Regelung (die sich ursprünglich in Art. 503 des poln. HGB von 1934 fand) schon mit Inkrafttreten des ZGB am 1.1.1965 ersatzlos gestrichen. Allerdings entspricht es ständiger Rechtsprechung, dass man beim Erwerb von Nichtkaufleuten, insbesondere wenn es um Kraftfahrzeuge geht, besondere Sorgfalt walten lassen muss.[939] Ebenso

---

935 Siehe schon oben Fn. 854. Das neue ungar. ZGB hat damit das Recht des gutgläubigen Erwerbs vom Scheinberechtigten signifikant verengt. § 118(2) ungar. ZGB [1959] hatte noch vorgesehen: „Auch außerhalb des Handelsverkehrs erwirbt das Eigentumsrecht, wer die Sache im guten Glauben und gegen ein Entgelt von einer Person erwirbt, welcher der Eigentümer die Sache anvertraut hatte. Der Eigentümer kann die Sache jedoch innerhalb eines Jahres nach dem ersten Erwerb gegen Erstattung des Entgelts zurückkaufen. Für das Rechtsverhältnis der Parteien sind im Übrigen die Regeln des im guten Glauben erfolgenden Besitzes ohne Rechtsgrundlage maßgebend".

936 § 366(1) dt. HGB (Veräußerung oder Verpfändung einer beweglichen Sache durch einen Kaufmann im Betriebe seines Handelsgeschäfts; es genügt, dass „der gute Glaube des Erwerbers die Befugnis des Veräußerers oder Verpfänders [betrifft], über die Sache für den Eigentümer zu verfügen"). Dieselbe Regelung fand sich bis zur Ablösung des 1938 aus Deutschland übernommenen HGB auch in Österreich. Das österr. Unternehmensgesetzbuch (UGB) hat sie im Jahre 2007 aber ersatzlos gestrichen.

937 Näher *Malaurie und Aynès,* Les biens[5], S. 185 Rdnr. 584.

938 Art. 464(3) span. CC: „Erwarb der Besitzer einer verlorenen oder entwendeten Sache sie gutgläubig in einem öffentlichen Verkauf, kann der Eigentümer sie nicht zurückerlangen, ohne den für sie gezahlten Preis zu erstatten". Art. 464(5) span. CC: „Hinsichtlich der Sachen, die auf Börsen, Messen oder Märkten oder bei einem rechtmäßigen niedergelassenen Kaufmann erworben wurden, der sich gewöhnlich mit dem Handel entsprechender Gegenstände befasst, gelten die Bestimmungen des Handelsgesetzbuches".

939 „Der Erwerber eines gebrauchten Autos soll sich den Umständen entsprechend verhalten, vor allem, wenn der Veräußerer sich nicht gewerblich mit dem Autohandel beschäftigt, und besondere Vorsichtsmaßnahmen treffen, um sich zu vergewissern, dass das Auto nicht gestohlen

verhält es sich in **Schweden**[940], wo man bei Abschaffung des gutgläubigen Erwerbers von gestohlenen oder sonst abhandengekommenen beweglichen Sachen im Jahre 2003 eine Ausnahme für Handelsgeschäfte erwogen, aber verworfen hat.[941]

357 Das **englische Recht** steht zwar prinzipiell fest zu dem *nemo dat quod non habet*-Grundsatz, doch spielt auch hier der Schutz von „commercial transactions" eine wichtige Rolle.[942] Den Ausgangspunkt bildet sec. 21(1) SGA 1979, wonach niemand ein besseres Recht erwerben kann als das, welches der Veräußerer hat.[943] Sec. 21(2)(b) SGA 1979 deutet zwar Fälle, in denen dem Verkäufer eine *power of sale* zusteht, als Ausnahme von dem *nemo dat*-Grundsatz, doch hat das mit einem gutgläubigen Erwerb vom Scheinberechtigten nichts zu tun. Es geht um Stellvertreter und um Personen, die, wie Pfandgläubiger, aus einem eigenen Sachenrecht verfügungsbefugt sind. Allerdings verbietet es eine aus *equity* entwickelte allgemeine Beweisregel (*estoppel;* „Verwirkung") dem (A), die Vollmacht des Verfügenden (B) zu bestreiten, wenn (A) dem (C) Anlass gegeben hat, auf ihr Vorhandensein zu vertrauen.[944] Wer unter solchen Umständen *a non domino* erwirbt, soll sogar Eigentümer der Sache werden.[945] In die-

---

wurde" (poln. OG [Rechtsprinzip, Entscheidung durch sieben Richter] 30.3.1992, III CZP 18/92, OSNCP 1992.9.144, Legalis-Nr. 27641).

[940] Die Nachforschungspflicht des Erwerbers unter § 2(1) schwed. GfvL und Kap. 18 § 1 schwed. JB hängt von der Situation und der Person des Erwerbers ab (*Millqvist,* Sakrättens grunder[6], S. 65; Prop. 1985/86:123, S. 20). Besondere strenge Anforderungen werden an gewerbliche Gebrauchtwagenhändler gestellt (HD 15.6.2015, NJA 2005 S. 502). Eindrucksvoll auch HD 9.2.2004, NJA 2004 S. 52 (Verkauf zweier geleaster Maschinen durch nichtberechtigten Unternehmer an zwei verschiedene Gewerbetreibende; Gutgläubigkeit im einen Fall bejaht, im anderen verneint, weil sich der Käufer die Maschine nicht angesehen hatte, praktisch nichts über sie wusste und sie nur zu dem Zweck erwarb, sie weiter zu verleasen; er hatte nicht dargelegt, keinen Verdacht schöpfen zu müssen).

[941] Die Abschaffung des gutgläubigen Erwerbs für gestohlene oder sonst abhandengekommene bewegliche Sachen geht auf das Gesetz über die Änderung des Gesetzes über den gutgläubigen Erwerb an beweglichen Sachen zurück (Lag om ändring i lagen om godtrosförvärv av lösöre vom 1.7.2003, SFS 2003:161). Eine Ausnahme für Handelsgeschäfte wurde mit der Begründung zurückgewiesen, dass eine Vorschrift, die eindeutig den Handel mit gestohlenen Waren ausschließt, politisch gewollt sei. Zwar bedürfe es auch hier des Schutzes gutgläubiger Verbraucher, doch müsse er kaufrechtlich organisiert werden (nämlich durch die Rechtsmängelhaftung unter § 41(1) schwed. Köplag und § 21a schwed, Konsumentköplag) (Statens Offentliga Utredningar [Staatliche öffentliche Kommissionsberichte], SOU 2000:56 S. 39).

[942] „In the development of our law, two principles have striven for mastery. The first is for the protection of property: no one can give a better title than he himself possesses. The second is the protection of commercial transactions: the person who takes in good faith and for value without notice should get a good title. The first principle has held sway for a long time, but it has been modified by the common law itself and by statute so as to meet the needs of our own times" (*Bishopsgate Motor Finance v Transport Brakes Ltd* [1949] 1 KB 322, 336, *Denning* LJ).

[943] „Subject to this Act, where goods are sold by a person who is not their owner, and who does not sell them under the authority or with the consent of the owner, the buyer acquires no better title to the goods than the seller had, unless the owner of the goods is by his conduct precluded from denying the seller's authority to sell" (sec. 21(1) SGA 1979).

[944] *Henderson & Co v Williams* [1895] 1 QB 521 (CA). Dass der Veräußerer im Besitz der Ware ist, genügt nicht, weil der vom Besitz ausgehende Rechtsschein kein aureichender Grund sei, dem wahren Eigentümer sein Recht zu entziehen (*Farquharson Bros & Co v King* [1902] AC 325, HL). Das gilt selbst dann, wenn der Eigentümer die Sache dem Veräußerer (etwa im Rahmen einer Miete) übergeben hat (*Central Newbury Car Auctions Ltd v Unity Finance* [1957] 1 QB 371, CA).

[945] *Eastern Distributors Ltd v Goldring* [1957] 2 QB 600 (CA).

sem Zusammenhang hat man auch sec. 2 Factors Act 1889 zu lesen. Die Vorschrift schützt den guten Glauben eines Käufers an die Verfügungsbefugnis eines *factors* (eines *mercantile agent*), dem der Eigentümer die Sache übergeben hat, wobei diese Übergabe unter sec. 2(3) aaO widerleglich vermutet wird.[946] Die Idee ist, dass die Übergabe den Eindruck erweckt, dass der *factor* verfügungsbefugt sei.[947] In diesem Sinne lassen sich auch secs. 8 und 9 Factors Act 1889 sowie secs. 24 und 25 SGA 1979 lesen. Danach sind Verfügungen eines Verkäufers, der, obwohl er sie bereits an den Käufer übereignet hat, im Besitz der Ware verblieb, redlichen Dritten gegenüber ebenso wirksam wie Verfügungen eines Käufers, der die Ware bereits erhalten hat, aber noch nicht ihr Eigentümer ist.[948] Unter sec. 23 SGA 1979 kann ferner wirksam an Dritte übereignen, wer zwar einen angreifbaren *(voidable),* aber gerade keinen nichtigen *(void)* Titel hat.[949] Erforderlich ist dann allerdings die Übergabe der Sache an den Dritten.[950] Sec. 27 Hire Purchase Act 1964 schließlich betrifft den Mietkauf von Kraftfahrzeugen. Wenn der Besitzer die Sache lediglich aufgrund eines *hire purchase agreement* besitzt, ist er nur *bailee.* Verkauft er das Kfz gleichwohl an einen privaten Käufer, der ihn redlich als den Eigentümer ansieht, erwirbt der Käufer wirksam einen Titel. (A) hat dem (B) das Fahrzeug bewusst verschafft und belassen; (A) ist folglich dem (C) gegenüber *estopped,* sich auf sein Eigentum zu berufen.

(2) Schenkungen

Andere Rechtsordnungen geben zwar nicht nur Gewerbetreibenden, sondern schon der Grundregel nach jedermann Verfügungsmacht über fremdes Eigentum. Einige verlangen aber gleichwohl ein wenigstens entgeltliches Veräußerungsgeschäft. Wer nur schenkt, tritt in ihrer Perspektive nicht am „Markt" auf. Dann hat ein Schenker nicht die Macht, über ein fremdes Sachenrecht zu verfügen. Das ist die Grundregel unter Art. 78(1) des **bulgarischen** Gesetzes über das Eigentum und unter § 367 **österreichischen ABGB**.[951] Das **tschechische BGB** hat dessen Ansatz übernommen. Die Entgeltlichkeit ist zwar nicht durchweg Voraussetzung für einen *a non domino*-Erwerb. Sie ist aber bei Immobilien (§ 984(1) tschech. BGB) und bei beweglichen Sachen u.a. in den Fällen des § 1109 lit. c tschech. BGB erforderlich. Hier (wie auch in § 387 österr. ABGB) geht es um den Erwerb von einem Scheinberechtigten, dem der Eigentümer die Sache anvertraut hat, etwa einem Mieter, Verwahrer, Pfandgläubiger oder Boten. Der Eigentumserwerb muss in diesen Situationen entgeltlich sein.[952] In den übrigen Fällen des § 1109 aaO (Erwerb in öffentlicher Versteigerung, von einem Unternehmer im Rahmen seiner unternehmerischen Tätigkeit, im Handel mit Investitionsmitteln oder an Börsen) kann man sich einen unentgeltlichen Erwerb kaum vorstellen, auch wenn das Gesetz das Erfordernis der Entgeltlichkeit hier nicht noch **358**

[946] Dazu *Lowther v Harris* [1927] 1 KB 393.

[947] *Pearson v Rose and Young* Ltd [1951] 1 KB 275 (CA).

[948] Erforderlich ist natürlich, dass dem Käufer die Ware freiwillig übergeben wurde: *National Employers Mutual and General Insurance Ltd v Jones* [1990] 1 AC 24 (HL).

[949] Z.B. *Shogun Finance Ltd v Hudson* [2004] 1 AC 919.

[950] *Cahn v Pockett's Bristol Channel Steam Packet Co Ltd* [1899] 1 QB 648 (die Übergabe, nicht die Einigung, bewirkt den Titelerwerb durch den Dritten).

[951] Näher Schwimann und Kodek (*-Klicka und Reidinger*), ABGB II^4, § 367 Rdnr. 8. Streitig ist, ob es zur Vollendung des Erwerbs der Zahlung bedarf (so *Bollenberger,* ÖJZ 1996 S. 851) oder ob die Verpflichtung zur Erbringung einer Gegenleistung genügt (so *Holzner,* ÖJZ 1996 S. 372).

[952] Špáčil (*-Dobrovolná*), Občanský zákoník III, S. 373.

einmal ausdrücklich betont. Sie ist unter § 1110 tschech. BGB auch dann Erwerbsvoraussetzung, wenn jemand von einem Unternehmen eine gebrauchte Sache im Rahmen des üblichen Handelsverkehrs erwirbt. In allen anderen Fällen genügt unter § 1111 aaO dagegen auch ein unentgeltlicher Erwerb, freilich muss der Erwerber seinen guten Glauben beweisen.

Unter Art. 169 § 1 **poln. ZGB** z. B. kommt der gutgläubige Erwerb des Eigentums an einer beweglichen Sache zwar nur in Betracht, wenn sie dem Erwerber „veräußert" wird, doch schließt „veräußern" *(zbywać)* überraschenderweise auch unentgeltliche Rechtsgeschäfte ein. Anders als Immobilien (Art. 6(1) poln. GBHG) können Mobilien nach herrschender Lehre auch unentgeltlich von einem Scheinberechtigten erworben werden.[953] Da Art. 169 poln. ZGB bislang weder modifiziert noch für verfassungswidrig erklärt wurde, ist er weiterhin geltenden Rechts. Das poln. OG hat bislang indes nur entschieden, dass die Regeln über den Erwerb vom Scheinberechtigten „sicherlich" dann verfassungskonform seien, „wenn es sich um einen entgeltlichen Erwerb handelt".[954] Es bezog sich damit auf eine Entscheidung des Verfassungsgerichts, das freilich (obschon nur *obiter*) in die genau entgegengesetzte Richtung tendierte, als es bemerkte, dass, wenn der Gesetzgeber den Übergang des Eigentums zwischen Privatrechtssubjekten zulasse, angenommen werden solle, dass es sich um synallagmatische Geschäfte handele.[955]

359 Während unter § 1109 lit. d tschech. BGB von einem Scheinerben wirksam durch Schenkung erworben werden kann, gilt die (allerdings auf Immobilien verengte) Rechtsscheintheorie des französischen Rechts nur für entgeltliche Erwerbsvorgänge.[956] Ebenso verhält es sich unter Art. 534 ital. CC.[957] Für Art. 2276 **franz. CC** (Art. 2279 belg. und luxemb. CC) kommt es dagegen auf Entgeltlichkeit nicht an. Entscheidend ist allein, dass der titelersetzende Besitz mangelfrei und gutgläubig ist (*possession réelle* und *utile*). **Italien** verlangt einen geeigneten *(titolo idoneo),* d. h. einen gültigen *(valido)* und wirksamen *(efficace)* Titel. Ein Kaufvertrag muss also unbefristet und unbedingt abgeschlossen sein.[958] Ob auch die Schenkung einen geeigneten Rechtstitel gibt, ist umstritten.[959] Manche halten die Schenkung fremder Sachen unter Art. 771 ital. CC für nichtig. Die wohl herrschende Lehre gibt aber Art. 1153 Vorrang vor Art. 771 ital. CC. Denn im Falle des Erwerbs vom Scheineigentümer habe man es notwendig immer mit der Verfügung über fremde Sachen zu tun. Die Nichtigkeitsfolge des Art. 771 müsse deshalb hinter der Regelung über den gutgläubigen Erwerb (Art. 1153) zurücktreten.[960] In **Portugal** steht die Antwort unmittelbar im Gesetz. Unter Art. 956(1) port. CC „ist die Schenkung fremder Sachen nichtig; aber der Schenker kann die Nichtigkeit dem gutgläubigen Beschenkten nicht entgegensetzen". Die Nichtentgegensetzbarkeit der Nichtigkeit hat zur Folge, dass der Schenkungsvertrag gültig wird, wenn der Schenker nachträglich durch irgendeinen Titel ein Recht an dem Schen-

---

953 Pietrzykowski (-*Skowrońska-Bocian und Warciński*), Kodeks cywilny[8], Art. 169 Rdnr. 5; Gutowski (-*Kępiński und Kępiński*), Kodeks cywilny, Art. 169 Rdnr. 9; Osajda (-*Morek*), Kodeks cywilny[16], Art. 169 Rdnr. 20; Radwański und Dybowski (-*Stelmachowski*), System prawa prywatnego III[2], S. 355 Rdnr. 88.

954 Poln. OG 15.11.2002, V CKN 1340/00, OSNC.2004.2.28, Legalis-Nr. 56746.

955 Poln. Verfassungsgerichtshof 29.5.2001, K 5/01, OTK.2001.4.87, Legalis-Nr. 49847.

956 Oben Rdnr. 346 mit Fn. 895.

957 Oben Rdnr. 347.

958 *Mengoni,* Gli acquisti a non domino[3], S. 183.

959 Näher Cian und Trabucchi (- *delle Monache*), Commentario al codice civile[11], sub Art. 1153, S. 1223.

960 *Sacco und Caterina,* Il possesso[3], S. 474; anders aber *Cenini,* Gli acquisti a non domino, S. 266.

kungsgegenstand erwirbt.[961] Die **schwedische** Gesetzgebung zum gutgläubigen Erwerb vom Scheinberechtigten betrifft alle Arten des rechtsgeschäftlichen Erwerbs *(överlåtelse),* also neben dem Kauf und dem Tausch auch die Schenkung.[962] In der Tat erscheint es sachenrechtlich wenig überzeugend, den (C) nur deshalb dem wahren Rechtsinhaber (A) gegenüber zurückstehen zu lassen, weil (C) nichts investiert hat. Das Gebot der Rechtssicherheit spricht erneut für eine schuldrechtliche Lösung, also dafür, dem (A) gegen (C) lediglich einen Herausgabeanspruch aus ungerechtfertigter Bereicherung zu geben. Das ist auch der durch §§ 932, 816(1) Satz 2 **dt. BGB** eingeschlagene Weg. Eine Schenkung ist zwar ein schwacher Rechtsgrund zum Behaltendürfen der Sache, aber kein den Erwerb vom Scheinberechtigten schon grundsätzlich ausschließender Sonderfall. Die deutsche Lösung scheint zwar auch noch einen „dogmatischen" Grund zu haben, weil ein strikt angewandtes Abstraktionsprinzip übereignungsrechtlich gar nicht zwischen entgeltlichen und unentgeltlichen Verfügungen zu unterscheiden vermag. Der Gesetzgeber selber hat sich von solchen theoretischen Erwägungen aber offenbar nicht irritieren lassen. Denn in dem genannten § 816(1) Satz 2 dt. BGB handelt er unbeeindruckt von Situationen, in denen „die Verfügung unentgeltlich" erfolgt.

(3) Gestohlene und abhandengekommene Sachen

Diskutiert wird in Europa schließlich noch, ob reale Sachen, die ihrem Eigentü- 360
mer gestohlen wurden oder sonst abhandenkamen, Gegenstand eines Erwerbs vom Scheinberechtigten sein sollten. Man kann das, etwas verkürzt, in die Frage kleiden, ob das Zivilrecht auch einen „Markt für Diebesgut" akzeptiert. Das wird ganz überwiegend verneint, freilich nicht ausnahmslos. Unter Art. 1153(1) **ital. CC** kommt es für den gutgläubigen Erwerb einer beweglichen Sache auf Besitzerlangung und einen wirksamen Titel an; der Erwerb von Diebesgut ist nur ausgeschlossen, wenn der Erwerber wusste, dass es sich um Diebesgut handelte, mag er auch irrig angenommen haben, dass sein Vorgänger oder ein früherer Besitzer bereits Eigentümer der Sache geworden war (Art. 1154 ital. CC).[963] Art. 1153 ital. CC findet zwar keine Anwendung auf Kraftfahrzeuge (Art. 1156 ital. CC), aber er findet nach einer feststehenden Rechtsprechung auf Kunstwerke (insbesondere auf Gemälde) Anwendung.[964] Ein Versuch der Lehre, Art. 1153 ital. CC auf Waren zu reduzieren, die auf

[961] Andernfalls wird der Schenkungsvertrag dem wahren Eigentümer gegenüber als eine *res inter alios* (Art. 406 port. CC) angesehen und bleibt nichtig, näher Prata (-*Teixeira Pedro*), Código Civil Anotado I, Anm. 1 zu Art. 956, S. 1182.

[962] § 2(1) schwed. GfvL und Kap. 18 § 1 schwed. JB; dazu Prop. 1985/86: 123, S. 19.

[963] Oben Fn. 852, unten Fn. 998.

[964] Trib. Prato 16.12.2008, Foro it. 2009, I, 1934 betraf zwei gestohlene Stillleben des Malers Brugnoli aus der zweiten Hälfte des 17. Jahrhunderts. Der Käufer verweigerte der Erbin der ehemaligen Eigentümerin die Herausgabe. Er habe die Gemälde durch Vermittlung eines zuverlässigen und bekannten Kunstmaklers bei einem gleichfalls angesehenen professionellen Galeristen teuer gekauft. Der Diebstahl sei in der Kunstszene nicht bekannt gewesen. Der Tribunale bejahte einen gutgläubigen Erwerb. Die Gemälde seien in öffentlichen Registern nicht verzeichnet gewesen; der Käufer hätte einfach keine Chance gehabt zu bemerken, dass der Verkäufer nicht der Eigentümer war. Cass. 24.11.1995, Nr. 12166, Foro it. 1996, I, 907 betraf zwei aus dem Gerichtsgebäude in Riom (Frankreich) gestohlene alte Wandteppiche. Obwohl es sich bei ihnen unter französischem Recht um *res extra commercium* handelte, konnten sie nach ihrer Verbringung nach Italien dort von einem Kunsthändler gutgläubig erworben werden. In Cass. 14.9.1999, n. 9782, Rep. Foro it. 1999, voce Possesso ging es um einen gestohlenen De

einen schnellen Umlauf angewiesen sind[965], dürfte damit gescheitert sein. Die Rechtslage unter § 5:39(2) **ungar. ZGB** scheint in diesem Punkt mit der italienischen überein zu stimmen.[966] Auch unter Art. 169 § 1 **poln. ZGB** ist der gutgläubige Erwerb einer dem Eigentümer verloren gegangenen, gestohlenen oder sonst abhandengekommenen[967] Sache möglich; veräußern kann auch ein Dieb.[968] In solchen Fällen kommt es aber nicht zu einem sofortigen Eigentumserwerb; das Eigentum geht erst nach Ablauf von drei Jahren über (Art. 169 § 2 aaO; ebenso Art. 78(2) bulgar. Gesetz über das Eigentum). Die Gegenausnahme betrifft (wie unter § 935 dt. BGB) Geld, Inhaberpapiere und Erwerbsvorgänge im Rahmen einer öffentlichen Versteigerung. Der gute Glaube muss während der dreijährigen Frist kontinuierlich fortbestehen.[969] Sollte es in dieser Zeit zu mehreren Verkäufen gekommen sein, wird der gutgläubige Erwerber nach einer umstrittenen Entscheidung des OG nur dann geschützt, wenn auch alle früheren Besitzer dieser Sache gutgläubig waren.[970]

361 Die weit überwiegende Zahl der europäischen Rechtsordnungen nimmt Diebesgut mitsamt den ihm gleichgestellten abhandengekommenen Sachen dagegen gänzlich aus dem Recht des Erwerbs vom Scheinberechtigten heraus; es kommt weder auf die Zahl der Zwischenverfügungen noch darauf an, ob der Erwerber wusste oder wissen konnte, dass es sich um Diebesgut handelt. Sein Besitz und sein guter Glaube helfen ihm nichts. Der **englische** Sale of Goods (Amendment) Act hat im Jahre 1994 die altehrwürdige *market overt*-Regel abgeschafft. Es hatte sich um eine der Ausnahmen vom *nemo dat*-Prinzip gehandelt. Bei Geschäften auf einem offenen Markt in der City of London (und nur dort[971]), also auf Märkten, auf denen die Beteiligten „das Licht nicht scheuen" mussten[972], konnte auch gestohlene Ware gutgläubig erworben wer-

---

Chirico, den ein Kunsthändler (und De Chirico-Experte) auf einer Auktion gekauft hatte. Der Erwerb scheiterte, nicht, weil es um ein gestohlenes Bild ging, sondern deshalb, weil der Käufer keine zureichenden Nachforschungen über die Herkunft des Bildes angestellt hatte. Ebenso entschied Cass. 20.1.2017, Nr. 1593, Giust civ. Mass. 2017 Nr. 1593 (Kauf zweier aus einer Mailänder Villa gestohlener Gemälde; zwar werde die Gutgläubigkeit vermutet, doch sei sie in diesem Fall widerlegt; der Käufer war Händler und hatte sich blind auf die Angaben des Verkäufers, ebenfalls ein Händler, verlassen; der Verkäufer hatte die Gemälde noch dazu in seiner Privatwohnung und nicht in seinem Geschäftslokal aufbewahrt).

[965] *Mengoni,* Gli Acquisti a non domino[3], S. 88.

[966] Faber und Lurger (*-Szilágyi*), National Reports III, Hungary, S. 614–615 (noch zu § 118(1) ungar. ZGB [1959], dem aber § 5:39(2) des ungar. ZGB [2014] gleicht). Die neuere Kommentarliteratur erörtert die Frage nicht.

[967] Abhandengekommen ist eine Sache auch dann, wenn die Übergabe auf Zwang oder einer Drohung beruhte; außerdem dann, wenn der Eigentümer ohne die erforderliche Geschäftsfähigkeit verfügte (Gniewek [*-Nadler*], Kodeks cywilny[2], Art. 169, S. 311 Rdnr. 7). Appellationsgerichts Katowice vom 25.5.2016, I ACa 7/16, Legalis-Nr. 1482595 bejaht ein Abhandenkommen außerdem im Falle eines Betruges.

[968] Gniewek (*-Gołębiowski*), Kodeks cywilny[7], Art. 169 Rdnr. 9.

[969] *Nadler* aaO Rdnr. 8.

[970] Poln. OG 10.10.1997, II CKN 378/97, OSP 1998/6/111, Lex-Nr. 33216. Kritik daran u. a. bei Ignatowicz und Stefaniuk (*-Stefaniuk*), Prawo rzeczowe[2], S. 95 Rdnr. VII.2.

[971] Außerhalb der City of London galt die Regel nicht (*Baker,* Introduction to English Legal History[4], S. 385).

[972] In *Reid v Commissioner of Police of The Metropolis* [1973] QB 551 (CA) hatte der Käufer am 13.2.1970 um 8 Uhr morgens zwei Kerzenleuchter auf dem New Caledonian Market in Southwark gekauft, die dem Kläger, Mr Reid, gestohlen worden waren. Die Polizei beschlagnahmte die Kerzenleuchter; Mr. Reid klagte erfolgreich auf Herausgabe. Das Gericht hielt einen gutgläubigen Erwerb unter sec. 22 SGA 1979 (der ehemaligen *market-overt-rule*) für ausgeschlos-

den. An die *market-overt-rule* erinnert in gewisser Weise zwar noch Art. 2277 **franz.** (Art. 2280 belg.) **CC,** wonach, wenn der gegenwärtige Besitzer einer gestohlenen oder verlorenen Sache dieselbe auf einer Messe, einem Markt, bei einem öffentlichen Verkauf oder von einem Kaufmann, der mit dergleichen Sachen handelt, gekauft hat, der ursprüngliche Eigentümer die Sache nur gegen Erstattung des von dem Käufer gezahlten Preises herausverlangen kann. Das ändert aber nichts an dem Grundsatz, dass gestohlene Ware gerade nicht in das Eigentum des Käufers übergeht.[973] Derjenige, in dessen Händen der Rechtsinhaber die Sache findet, bleibt ihm drei Jahre lang nach dem Verlust oder dem Diebstahl zur Herausgabe verpflichtet (Art. 2276(2) franz. CC; Art. 2279(2) belg. CC). „Verloren“ ist eine Sache, wenn ihr Verlust durch eine Unachtsamkeit des Eigentümers oder Detentors oder durch höhere Gewalt verursacht wurde[974]; ein „Diebstahl“ ist *la soustraction frauduleuse de la chose d'autrui* (Art. 311-1 franz. CP). Art. 2276(2) aaO betrifft aber weder den *abus de confiance* (Art. 314-1 franz. CP) noch den Betrug (*escroquerie,* Art. 313-1 aaO).[975] Anders als im Fall des Diebstahls hat der Eigentümer in diesen Fällen seinen Besitz willentlich hergegeben.[976] In den Situationen des Art. 2276(2) franz. (Art. 2279(2) belg. CC) hängt der Erfolg der Klage des Eigentümers von dem Beweis seines Rechts ab. Es genügt, dass er einen rechtmäßigen Besitz beweist, der zeitlich vor dem des Beklagten bestanden hatte.[977]

Unter Art. 2014 *oud* BW war der gutgläubige Erwerb (wie in Frankreich) nur bei einem unfreiwilligen Besitzverlust ausgeschlossen, d. h. bei verlorenen oder gestohlenen Sachen. Eine Unterschlagung fiel nicht darunter, weil der Eigentümer dem Unterschlagenden den Besitz freiwillig überlassen hat. Unter Art. 3:86 (3) **ndl.** BW geht es nun aber nur noch um Sachen, an denen der Eigenbesitz des Eigentümers „durch Diebstahl“ verloren gegangen ist. Der Unterschied zeigte sich auf überraschende Weise in Rechtbank Arnhem 4.9.2008.[978] **362**

Der Kläger hatte seinen BMW unter Eigentumsvorbehalt verkauft. Der Käufer verkaufte das Fahrzeug einen Tag später an einen Händler und dieser, wiederum einen Tag später, an den jetzigen Beklagten. Das Fahrzeug war jeweils an die Käufer übergeben worden; Käufer 1 hatte aber nicht bezahlt. Der Kläger verlangte das Fahrzeug von dem Beklagten heraus. Das Gericht meinte, der erste Käufer habe das Fahrzeug unterschlagen, und ein solches Verhalten müsse i. S. v. Art. 3:86(3) BW ebenfalls als „Diebstahl“ betrachtet werden. Das Gericht bezog sich auf die Entstehungsgeschichte der Norm und darauf, dass der seinerzeitige Justizminister während

---

sen. Lord Denning sah sich für den Court of Appeal an Präjudizien aus dem 16. Jahrhundert gebunden, wonach ein gutgläubiger Erwerb nur tagsüber (d. h. von Sonnenaufgang bis Sonnenuntergang) möglich sei. Es müsse sich um „sales made in the open market“ handeln. Die Kerzenleuchter waren aber schon kurz vor Sonnenaufgang gekauft worden. Dass inzwischen die künstliche Beleuchtung erfunden war (!), änderte nichts. Das mag man zwar mit Kopfschütteln quittieren, sollte aber nicht übersehen, dass die *market-overt-rule* auch schon zu der Zeit der Entscheidung rechtspolitisch umstritten war; Reformbestrebungen gab es bereits seit den 1960er Jahren (Atiyah [-*Adams und MacQueen*], The Sale of Goods[12], S. 382). Vermutlich ging es also auch dem Court of Appeal bereits darum, gestohlene Sachen so weit wie möglich aus dem Recht des Erwerbs vom Scheinberechtigten herauszuhalten.

[973] Vorher Rdnr. 354 mit Fn. 937.

[974] *Terré und Simler,* Les biens[9], S. 352 Rdnr. 439.

[975] *Terré und Simler* aaO.

[976] *Malaurie und Aynès,* Les biens[5], S. 184 Rdnr. 581.

[977] *Bergel/Bruschi/Cimamonti,* Les biens[2], S. 280 Rdnr. 234; *Terré und Simler* aaO S. 353 Rdnr. 440.

[978] ECLI:NL:RBARN:2008:BF0688; Rechtspraak.nl.

der parlamentarischen Beratungen erklärt hatte, dass der neue Art. 3:86(3) BW Fälle erfassen wolle, in denen die Sache ihrem Eigentümer „durch eine Straftat" abhandengekommen sei. Folglich sei unter dem neuen BW auch der gutgläubige Erwerb von verlorenen Sachen möglich. Entscheidend sei allein, dass der Besitzverlust durch eine Straftat verursacht worden sei. Das sei mit „Diebstahl" gemeint. Es ginge um alle Straftaten im Zusammenhang mit dem Besitz. *In casu* wurde ein gutgläubiger Erwerb gleichwohl bejaht. Der Beklagte war Verbraucher und hatte das Fahrzeug von einem niedergelassenen Autohändler gekauft, der im Handelsregister stand. Deshalb komme dem Beklagten die Gegenausnahme in Art. 3:86(3) lit. a BW zugute. Hiernach kann eine gestohlene Sache von einer natürlichen Person, die als Privatmann handelt, zu Eigentum erworben werden, wenn die Sache von einem Veräußerer bezogen wurde, der Sachen der gleichen Art gewerblich in einem entsprechenden Gewerbelokal verkauft.

363 Unter § 1111 Satz 2 **tschech. BGB** bleibt dem Alteigentümer die Möglichkeit zu beweisen, dass er die Sache verloren hat oder dass sie ihm durch eine Straftat, die die Natur einer absichtlichen Handlung hatte, abhandenkam.[979] Unter § 1109 tschech. BGB kann man allerdings von einem Unternehmer im Rahmen seiner unternehmerischen Tätigkeit auch verlorene, gestohlene oder auf andere Weise abhandengekommene Sachen erwerben. Für gebrauchte Sachen, die man z. B. in Antiquitätengeschäften, auf Autobazars oder beim Trödler erwirbt, gilt § 1110 tschech. BGB, wonach dem Eigentümer eine Dreijahresfrist bleibt, um seine Sache zu vindizieren. In **Schweden** ist ein gutgläubiger Erwerb vom Scheinberechtigten ausgeschlossen, wenn eine Sache „dadurch entzogen worden ist, dass sie jemand unerlaubt genommen oder sich durch Gewalt gegen eine Person oder durch eine Drohung, die eine dringende Gefahr beinhaltete oder für den Bedrohten so erschien", in ihren Besitz gebracht hat (§ 3(1) schwed. GfvL; Kap. 8 §§ 1–8 schwed. BrB[980]). Es handelt sich um autonom zivilrechtlich zu interpretierende Tatbestände; auf konkrete Strafbarkeit kommt es im Rahmen von § 3 GfvL nicht an.[981] In § 4 GfvL findet sich seit 2003 allerdings auch noch eine Regelung zur Ersitzung gestohlener Fahrnis.[982]

364 Art. 1038 **gr. ZGB** schließt gestohlene und verlorene Sachen vollständig aus dem Regime des gutgläubigen Erwerbs aus; nur für Geld, Inhaberpapiere und den Erwerb auf öffentlicher Versteigerung macht Art. 1039 gr. ZGB eine Ausnahme. Gestohlene Sachen werden erst dann wieder Gegenstände des Erwerbs vom Scheinberechtigten, wenn sie zwischenzeitlich in den Besitz des Eigentümers zurückgelangt sind. „Verloren" ist eine Sache, wenn der unmittelbare Besitzer (oder Detentor) unfreiwillig um die Sachherrschaft gebracht wurde, also z. B. dann, wenn ein Besitzdiener über sie verfügt, aber nicht, wenn der Verfügende Mieter ist.[983] Ausgeschlossen ist auch der Erwerb vom Scheinerben. Denn unter Art. 983 gr. ZGB erlangt der wahre Erbe *ex lege* den Besitz, und dieser geht ihm unfreiwillig verloren, wenn ein Scheinerbe den Nachlassgegenstand veräußert.[984] § 935 dt. BGB lieferte auch die Vorlage für § 95(1) und

---

[979] Näher Spáčil (-*Dobrovolná*), Občanský zákoník III, S. 381.

[980] Diebstahl (Kap. 8 §§ 1–4 BrB), Raub (Kap. 8 §§ 5 und 6 BrB), Wegnahme von Transportmitteln (Kap. 8 § 7 BrB), unerlaubte Eigenmacht (Kap. 8 § 8 BrB). Der *leading case* dürfte HD 5.11.2004, NJA 2005 S. 633 sein. Es ging um ein gestohlenes Moped. Die Versicherung hatte gezahlt und sich das Eigentum an ihm übertragen lassen. Das Moped tauchte später bei C auf, der es von B gekauft hatte. Es wurde von der Polizei beschlagnahmt. Das Oberste Gericht bestätigte die Entscheidung der Staatsanwaltschaft, das Moped an die Versicherung herauszugeben.

[981] *Millqvist,* Sakrättens grunder[6], S. 72.

[982] Oben Rdnr. 144 mit Fn. 1011.

[983] *Georgiades,* Empràgmato Díkaio I, S. 500 Rdnr. 51.

[984] *Triantos,* AK, S. 1261 Rdnr. 1; AG Athen 10979/1968, EllDni. 1968 S. 388.

(3) **estn. LPA;** Art. 4.96 (1) **lit. ZGB** beschränkt den Vindikationsanspruch des Eigentümers dagegen wieder auf drei Jahre. § 935(1) **dt. BGB** stellt einander die Fälle gleich, dass die Sache ihrem Eigentümer (Satz 1), oder, falls der Eigentümer nur mittelbarer Besitzer war, ihrem unmittelbaren (Fremd-) Besitzer (Satz 2) verloren ging, gestohlen wurde oder sonst abhandenkam. Es kommt jeweils auf den unfreiwilligen Verlust des unmittelbaren Besitzes an.[985] Der Vorbehaltsverkäufer (A) verliert also sein Eigentum nicht, wenn die Sache beim Käufer (B) gestohlen wird; dagegen steht einem gutgläubigen Erwerb des (C) nichts entgegen, wenn (B) an ihn liefert.[986] Täuschung und Irrtum ändern an einem freiwilligen Besitzverlust ebenso wenig wie eine Drohung[987], es sei denn, sie läuft auf die Anwendung „seelischer Gewalt" hinaus.[988] Der Eigentümer ist dem gutgläubigen Käufer von Diebesgut nicht zum Ersatz des Kaufpreises verpflichtet (§§ 994, 996 dt. BGB)[989], kann aber die Verfügung des Nichtberechtigten genehmigen und auf diese Weise gegen *ihn* einen Bereicherungsanspruch (§ 816(1) Satz 1 dt. BGB) in Höhe des erzielten Kaufpreises erlangen.[990] Insgesamt geht es bei der Behandlung des Erwerbs von abhandengekommenen Sachen um eine rein rechtspolitische Frage. Sie sollte freilich im europäischen Binnenmarkt möglichst einheitlich beantwortet werden; mindestens das Recht des Erwerbs von Diebesgut bedarf der Angleichung. Die kollisionsrechtliche *lex situs*-Regel lädt derzeit geradezu dazu ein, gestohlene Ware kurz über die Grenze in ein Land zu verschaffen, das ihren gutgläubigen Erwerb gestattet, sie dort zu veräußern und anschließend direkt oder über Strohmänner wieder in das Ausgangsland zurück zu verbringen.[991]

b) Die Rolle des Besitzes

(1) Die rechtsindizierende Wirkung des Besitzes

Im umgangssprachlichen Sinn ist „gutgläubig", wer seinem Geschäftspartner nur **365**
deshalb Aufrichtigkeit und gute Absichten unterstellt, weil er selbst anständig ist. Im Rechtssinn ist ein solcher guter Glaube aber nutzlos, ja als Ausdruck von Nachlässigkeit sogar schädlich. Man hat nicht deshalb einen guten Erwerbsgrund, weil man dem Gegenüber vertraut; man darf ihm vielmehr nur dann vertrauen, wenn man dafür einen guten, d.h. einen von der Rechtsordnung akzeptierten Grund hat. Der Veräußerer (B) muss gegenüber dem Erwerber (C) so auftreten, dass (B) dem (C) bei Anlegung

---

985 MünchKomm (-*Oechsler*), BGB VII[7], § 935 Rdnr. 9; RG 18.5.1909, RGZ 71 S. 248, 253; RG 15.2.1923, RGZ 106 S. 4, 6; BGH 13.12.2013, BGHZ 199 S. 227.

986 Da der Besitzdiener unter § 855 dt. BGB keinen Besitz hat, kann ihm die Sache auch nicht abhandenkommen; verliert er sie oder wird sie ihm gestohlen, ist sie nach h.M. dem Eigentümer abhandengekommen; es kommt auf § 935(1) Satz 1 an (BGH aaO; RG 18.5.1909, RGZ 71 S. 248, 253; RG 15.2.1923, RGZ 106 S. 6; OLG Köln 4.2.1994, VersR 1994 S. 1428). Wenn allerdings ein Ladenangestellter eine Sache weisungswidrig verkauft, wird man kaum sagen können, sie sei ihrem Eigentümer abhandengekommen. Der Rechtsverkehr muss sich auf die Scheinvollmacht eines Ladenangestellten (§ 56 dt. HGB) verlassen können (Staudinger [-*Wiegand*], BGB (2017), § 935 Rdnr. 14a; eingehend MünchKomm [-*Oechsler*], BGB VII[7], § 935 Rdnr. 10).

987 RG 21.1.1921, RGZ 101 S. 224, 225 (bei Drohung oder Betrug trete der Besitzverlust „immerhin willentlich ein").

988 BGH 15.11.1951, BGHZ 4 S. 10, 11, 34–39.

989 Erwerbskosten sind keine „Verwendungen" (BGH 3.11.1989, NJW 1990 S. 447).

990 Vorher Rdnr. 334.

991 Vorher Rdnr. 350 a.E.

des jeweils maßgebenden objektiven Maßstabes als Berechtigter erscheinen darf. Dafür kann es manchmal schon genügen, dass (B) die Sache in einer Weise besitzt, die den Bestand des jeweiligen Scheinrechts indiziert und darauf deutet, dass (B) dessen Inhaber ist. Meistens wird aber außerdem noch ein Vollzugsmoment verlangt, d.h., dass (B) dem (C) den Besitz auch tatsächlich verschafft. Bei **Registerrechten** wäre zwar noch ein dritter Weg denkbar. (C) könnte sich deshalb auf die Rechtsinhaberschaft des (B) verlassen dürfen, weil sie (obschon falsch) in einem öffentlichen Register verlautbart wurde. *De lege lata* ist das aber eine Ausnahme, die nur eine Rolle spielt, wenn ein registrierter Scheineigentümer über sein vorgebliches Recht verfügt, etwa, indem er es verpfändet.[992] Bei eingetragenen Kreditsicherheiten verhält es sich dagegen durchweg genau „umgekehrt“: Die Registrierung solcher Rechte an einer realen Sache *verhindert* deren besitzgestützten, ermöglicht aber gerade nicht deren registergestützten gutgläubigen Erwerb. Register haben bei realen Sachen kaum je die Wirkung des Besitzes. Bei forderungsakzessorischen Rechten an realen Sachen wird eine Forderung nicht zu dem Zweck fingiert, das Sachenrecht zu erlangen.

366 Für das „Pfandrecht ohne Besitzentziehung“ ist die Publizität nur wichtig, um dem Recht Drittwirksamkeit zu verschaffen (Art. 2337(1) franz. CC). Gleichzeitig sieht Art. 2337(3) franz. CC vor, dass es die Eintragung des Pfandrechts den Sonderrechtsnachfolgern *(ayants cause à titre particulier)* unmöglich macht, sich auf Art. 2276 franz. CC zu berufen. Wer in den Besitz der Sache gelangt, erwirbt sie nicht pfandrechtsfrei; die Publizität beweist unwiderleglich die Bösgläubigkeit des Sonderrechtsnachfolgers.[993] Schiffe und Flugzeuge müssen in einem Register eingetragen werden; auch hier hat die Publizität (wie bei den Grundstücken) aber lediglich die Herstellung von Drittwirksamkeit zur Folge.[994] Unter dem schon erwähnten § 6:216(4) ungar. ZGB bedarf der Eigentumsvorbehalt bei beweglichen Sachen der Eintragung im Kreditsicherheitenregister.[995] Bleibt sie aus, erweitert sich der gegenständliche Anwendungsbereich sowohl des Rechts des gutgläubigen Erwerbs des Eigentums als auch des Rechts des gutgläubigen Pfandrechtserwerbs vom Vorbehaltskäufer: Ein gutgläubiger Erwerb wird auch außerhalb des Handelsverkehrs möglich. Das ist die eigentliche „Sanktion“ für das Unterlassen der Registrierung. Auch § 1109 tschech. BGB schließt Registersachen ausdrücklich aus seinem Regime des gutgläubigen Erwerbs aus.[996] Ein Pfandrecht kann zwar gutgläubig von einem Scheineigentümer erworben werden (§ 1343(2) tschech. BGB). Das gilt jedoch nicht für Pfandrechte, für deren Entstehung die Registereintragung konstitutiv ist. Unter Art. 13(1) des poln. Gesetzes über Registerpfandrecht und Rechtpfandregister vom 6.12.1996 führt die Veräußerung einer mit dem Registerpfandrecht belasteten Sache zwar zum Erlöschen des Pfandrechts, wenn der Erwerber von dem Bestehen des Pfandrechts weder wusste noch wissen musste. Un-

[992] So ist es unter § 984(1) tschech. BGB möglich, von einem Scheinberechtigten entgeltlich ein Pfandrecht an einer beweglichen Registersache zu erwerben. Das ist der Fall, wenn das Register einen „falschen“ Eigentümer verlautbart. Erwarb also der Pfandgläubiger sein Recht entgeltlich und im guten Glauben von einer Person, die im Register als Eigentümer der Sache eingetragen ist, dann ist die Pfandrechtsbestellung wirksam (*Vymazal,* Zástavní právo v novém občanském zákoníku, S. 195).

[993] *Cabrillac/Mouly/Cabrillac/Pétel,* Droit des sûretés[9], S. 570 Rdnr. 762.

[994] *Zenati-Castaing und Revet,* Les biens[3], S. 289, Rdnr. 181.

[995] Oben Rdnr. 355 a.E.

[996] Dazu schon oben Rdnrn. 358–359, 363; siehe aber auch Fn. 992.

ter Art. 38(1) aaO kann sich jedoch (unter dem Vorbehalt von Art. 13(2) aaO) ab Eintragung niemand auf die Unkenntnis der im Pfandrechtsregister veröffentlichten Daten berufen. Die Gegenausnahme betrifft die Veräußerung einer mit einem Registerpfandrecht belasteten Sache, die zu denjenigen gehört, über die der Veräußerer üblicherweise im Rahmen seiner wirtschaftlichen Tätigkeit verfügt und die dem Erwerber übertragen werden. Dann erlischt das Registerpfandrecht (Art. 13(2) aaO). Unter der griechischen gesetzlichen Anordnung 1146/1972 wird für Lastkraftwagen ein Eigentums- und Detentionsänderungsbuch geführt. Jede dingliche Rechtsänderung bedarf der (von einem Beamten) vollzogenen Eintragung (Art. 5(4) aaO). Dazu gehört auch die Übertragung der Detention im Rahmen eines Eigentumsvorbehalts. Eigentum an einem LKW kann nur durch die Eintragung bewiesen werden. Sie stellt zugleich den Erwerbstitel dar. Auch ein gutgläubiger Käufer kann deshalb kein Eigentum von einem nicht voreingetragenen Verkäufer erwerben.[997] Die Artt. 1153 (*a non domino*-Erwerb) und 1155 ital. CC (Doppelverkauf) sind nicht auf Gesamtsachen und vor allem nicht auf die in öffentlichen Registern verzeichneten beweglichen Sachen (Art. 1156 ital. CC) anwendbar, insbesondere nicht auf eingetragene Kraftfahrzeuge.[998] Unterbleibt die gebotene Registrierung, dann findet Art. 1153 aaO aber wieder so Anwendung, als ob es sich um eine ganz „normale" Sache handelt.[999] Das lässt sich schön an Trib. Nola 11.1.2012 studieren.[1000] Die Klägerin hatte von P am 31.10.2003 ein Kraftfahrzeug gekauft, der es seinerseits von einer Gesellschaft gekauft hatte, die es als Leasingnehmerin besaß. Es gehörte zu diesem Zeitpunkt einer Finanzierungsgesellschaft. Die Klägerin bezahlte den Kaufpreis, doch hatte P die Papiere nicht und konnte sie auch von seiner Verkäuferin nicht erlangen. Erst jetzt nahm die Klägerin Einsicht in das *pubblico registro automobilistico.* In ihm war vermerkt, dass die Leasinggesellschaft den Besitz verloren hatte, aber nicht, an wen. Deshalb war nicht klar, ob die Leasinggesellschaft noch immer Eigentümerin war. Das Gericht lehnte die Klage auf Feststellung des Eigentums der Klägerin gleichwohl ab. Die Klägerin habe nur durch Ersitzung[1001], aber nicht *a non domino* erwerben können. Denn es habe sich um ein registriertes Kraftfahrzeug gehandelt, und aus der Eintragung sei deutlich hervorgegangen, dass jedenfalls P nicht sein Eigentümer war. Zwar sei der Leasingvertrag verlautbart gewesen, aber der Eigentumsübergang sei nur eine mögliche und keineswegs automatische Folge eines solchen Vertrages. Bei allen nachfolgenden Erwerbsvorgängen habe es sich

---

[997] Areopag 2/2004, 615/2007 sowie 1313/2009, NoB 58 (2010) S. 162. In Areopag 69/2013, NoB 61 (2013) S. 1563 hatte die Eigentümerin einen alten LKW durch ihren Vertreter auf dem Grundstück der Beklagten abgestellt, damit er dort von potentiellen Käufern gesehen werden konnte. Nach längerer Zeit bekundete der Beklagte Interesse; er wollte den LKW kaufen und zur Gewinnung von Ersatzteilen „ausschlachten". Der Grundstückseigentümer hatte aber eine dritte Person als LKW-Eigentümer genannt, von der der Beklagte kaufte. Das Gericht verneinte ein Verwahrungsverhältnis zwischen dem Grundstückseigentümer und dem wahren Eigentümer des LKW. Letzterer habe bestenfalls einen Teil des Grundstücks unentgeltlich nutzen dürfen. Letztlich sei das aber alles belanglos. Denn der Käufer habe nicht von dem registrierten Eigentümer erworben. Der Käufer habe das Register prüfen müssen; dass er im bürgerlichrechtlichen Sinne gutgläubig war, nutze ihm nichts.

[998] Cass. 11.11.2002, Nr. 15810, Foro it. 2004, I, 857. Siehe aus deutscher Sicht dazu auch OLG Köln 17.2.2017, 19 U 101/16 BeckRS 2017, 131528 und LG Köln 9.2.2018, 4 O 385/16, BeckRS 2018, 1902.

[999] Cass. 27.9.2012, Nr. 16435, Arch. giur. circol. e sinistri 2013, 2, 145.

[1000] Giur. merito 2012 S. 1076.

[1001] Dazu Cass. 13.1.1994, Nr. 294, Giust. civ. Mass. 1994 S. 26.

um eine Kette von unter Art. 1156 ital. CC ungeschützten *a non domino* Geschäften gehandelt.

367 Das einzige Mittel, den Veräußerer einer realen Sache als Scheinberechtigten auszuweisen, ist also der Besitz. Bei diesem „Besitz" muss es sich wiederum um Eigenbesitz handeln. Wer sich als Mieter zu erkennen gibt, gibt seinem Geschäftspartner keinen Grund, darauf zu vertrauen, es mit einem dinglich Berechtigten zu tun zu haben. Ein Mieter dagegen, der seine wahre Rechtsstellung verheimlicht, schwingt sich zum Eigenbesitzer auf, sobald er über die Sache im eigenen Namen verfügt. Auch jemand, der sich anschickt, fremdes Eigentum mit einem Pfandrecht zu belasten, gibt vor, der Eigentümer der Sache zu sein; würde er offen einräumen, sie nur in seiner Detention zu haben, wäre für einen gutgläubigen Erwerb vom Scheinberechtigten kein Raum. Jedermann muss wissen, dass ein Mieter die Sache seines Vermieters nicht veräußern oder belasten darf; *error juris nocet*. Man kann sich zwar vorstellen, dass sich (B) als Inhaber eines Pfandrechts des (A) geriert, doch würde ein solcher „Eigenbesitz" in Bezug auf das Pfandrecht (und die entsprechende Detention in Bezug auf die Sache) keinen zureichenden Rechtsschein erzeugen, um (C) in die Lage zu versetzen, das Pfandrecht des (A) zu erwerben. Denn der Zweiterwerb eines Pfandrechts vollzieht sich durch Zession der gesicherten Forderung, und da die Zession besitzunabhängig operiert, kann bei ihr der Besitz auch kein Rechtsscheinträger sein. Da es keinen gutgläubigen Forderungserwerb gibt, gibt es auch keinen gutgläubigen Zweiterwerb eines Pfandrechts. Aus alledem folgt wiederum, dass das subjektive Sachenrecht, dessen Innehabung der Besitz im Recht des Erwerbs realer Sachen vom Scheinberechtigten indiziert, immer das **Eigentum** ist; jedes andere Sachenrecht scheidet aus.[1002] Die These eines Teils der deutschen Lehre, dass auch der gutgläubige Zweiterwerb eines Anwartschaftsrechts[1003] in Betracht komme[1004], überzeugt nicht. Sie kann nicht erklären, welcher Sonderform von Besitz es bedarf, um ihn nicht auf das Eigentum, sondern auf ein Anwartschaftsrecht (und auf welches?) zu beziehen.

368 Mit Vorschriften nach Art des § 1006(1) Satz 1 dt. BGB („Zugunsten des Besitzers einer beweglichen Sache wird vermutet, dass er Eigentümer der Sache ist") hat das Ergebnis – Besitz indiziert im Rahmen des Erwerbs vom Scheinberechtigten immer nur Eigentum – freilich nur am Rande zu tun. Denn ihm geht es um den Besitz des Veräußerers, § 1006(1) Satz 1 dt. BGB dagegen um die Vermutung, dass jemand, der bereits Eigenbesitz erlangt hat, mit ihm im Zweifel auch das Eigentum erworben hat.[1005] Diese Eigentumsvermutung hat also eine deutlich andere Stoßrichtung. Sie soll einem Eigenbesitzer den Nachweis seines Eigentums erleichtern, um Herausgabeansprüche eines Dritten abzuwehren, der behauptet, der wahre Eigentümer zu sein. Die Eigentumsvermutung kommt zwar auch einem gutgläubigen Erwerber zugute, aber sie ist nicht die Grundlage dafür, dass er den Veräußerer für den Eigentümer halten durfte. Das sieht man an Fällen, in denen der Veräußerer gar keinen Besitz hat, der Erwerber von ihm unter deutschem Recht aber gleichwohl gutgläubig Eigentum erlangen kann.

[1002] Eingehend *Rieländer,* Mehrstufige Belastungen, § 5 IV 1. Siehe im Übrigen schon oben Rdnr. 342.

[1003] Band 1 Rdnr. 476.

[1004] Überblick über den Streitstand z. B. bei *Vieweg und Werner,* Sachenrecht^7, § 11 Rdnr. 58.

[1005] Ausgenommen natürlich der Dieb in Relation zu dem Bestohlenen: § 1006(1) Satz 2 dt. BGB.

In BGH 14.3.1974[1006] z. B. hatte (C) von (B) einen großen Posten Hemden gekauft. (C) hatte die Hemden aber nicht von (B), sondern von (A) geliefert bekommen. (A) wiederum hatte geglaubt, mit der Lieferung seinen kaufvertraglichen Pflichten gegenüber (B) nachzukommen, weil (A) der Überzeugung war, (C) hätte als Vertreter des (B) bei ihm eingekauft. (A) hatte sich also irrtümlich als „Geheißperson"[1007] des (B), und (C) hatte den (B) irrtümlich als seinen Lieferanten angesehen. Aus der Sicht des (C) handelte es sich um eine Übereignung durch (B), nicht durch (A); (A) hatte die Hemden dem (C) lediglich übergeben. Das schloss aber nach Ansicht des BGH einen gutgläubigen Erwerb durch (C) nicht aus. (A) habe sich den von ihm selbst gesetzten Rechtsschein, auf Geheiß des (B) zu liefern, zurechnen lassen müssen. Der Punkt ist, dass der scheinberechtigte (B) zu keiner Zeit Besitzer der Hemden war. Gleichwohl erwarb (C) gutgläubig von ihm. Das zeigt, dass die zugunsten des Eigenbesitzers streitende Eigentumsvermutung aus § 1006 dt. BGB auch aus der Sicht des Gerichts nicht der entscheidende Grund für den gutgläubigen Erwerb sein kann. Scheinberechtigter kann auch jemand sein, der die Macht hat, dem Erwerber den Besitz zu verschaffen.

(2) Das Vollzugsmoment

Die besitzindizierte Scheinberechtigung des Verfügenden genügt aber in aller Regel **369** noch nicht. Zu ihr muss typischerweise noch ein Vollzugsmoment hinzukommen. Die Sache muss dem Erwerber auch zu Eigenbesitz verschafft worden sein. Ob das Recht des regulären Erwerbs vom Berechtigten auf einer *traditio* besteht oder nicht, macht keinen Unterschied. Das erscheint nur auf den ersten Blick widersprüchlich. In Wirklichkeit geht es darum, dass das Gesetz verhindern muss, dass ein Scheinberechtigter ein fremdes Recht beliebig oft übertragen kann. Man wüsste andernfalls einfach nicht mehr, wem es gehört. Die Entscheidung für und gegen das **Erfordernis der Übergabe** fällt deshalb im Recht des Erwerbs vom Scheinberechtigten aus anderen Gründen als im Recht des Erwerbs vom Berechtigten. Hier mag es ein kausales System bei dem Vertrauen des Erwerbers auf den Schutz durch den Kaufvertrag bewenden lassen, dort kommt es in besonderer Weise auf die Sicherheit des Rechtsverkehrs an.

Unter Art. 169 § 1 poln. ZGB setzt der gutgläubige Erwerb vom Scheinberechtigten die „Übergabe" der Sache voraus. Das Eigentum geht erst im Zeitpunkt ihrer tatsächlichen Inbesitznahme über. Ein *constitutum possesorium* (Art. 349 poln. ZGB) genügt nicht.[1008] Unter § 2(1) schwed. GfvL muss der scheinberechtigte Veräußerer zwar (anders als unter deutschem Recht) Besitzer der Sache gewesen sein. Der Erwerber erhält das Eigentum an dem Vermögensgegenstand aber nur, „wenn er diesen in Besitz bekommen hat und in gutem Glauben war". Art. 1065 lett. ZGB und § 367 österr. ABGB kleiden das Recht des gutgläubigen Erwerbs in den Ausschluss der Vindikation, setzen also schon aus diesem Grunde Besitzerlangung durch den Erwerber voraus. „Die Eigentumsklage kann nicht erhoben werden, wenn der Eigentümer eine bewegliche Sache einer anderen Person freiwillig anvertraut hat … und dieser andere den Besitz weiter einer dritten Person übertragen hat. In diesem Falle ist nur eine persönliche Klage gegen denjenigen zulässig, welchem der Eigentümer seine Sache anvertraut hat, nicht aber gegen den dritten, gutgläubigen Besitzer der Sache" (Art. 1065 **370**

[1006] NJW 1974 S. 1132.
[1007] Oben Rdnr. 283.
[1008] Gniewek (-*Nadler*), Kodeks cywilny², Art. 169, S. 310 Rdnr. 5.

lett. ZGB). „Die Eigentumsklage gegen den rechtmäßigen und redlichen Besitzer einer beweglichen Sache ist abzuweisen, wenn er beweist, dass er die Sache gegen Entgelt in einer öffentlichen Versteigerung, von einem Unternehmer im gewöhnlichen Betrieb seines Unternehmens oder von jemandem erworben hat, dem sie der vorige Eigentümer anvertraut hatte. In diesen Fällen erwirbt der rechtmäßige und redliche Besitzer das Eigentum" (§ 367 österr. ABGB). Besitzerlangung ist also eine der zentralen Voraussetzungen für einen redlichen Erwerb, was zugleich bedeutet, dass er nur im Hinblick auf Gegenstände in Betracht kommt, die tatsächlich besessen werden können.[1009] Die Übergabe der Frachtpapiere reicht nicht aus.[1010] Werden fremde Sachen verpfändet, muss der Erwerber natürlich ebenfalls in ihren Besitz gelangen (z.B. §§ 1207 dt. BGB; 282(1) i.V.m. 282[1](1) estn. LPA; 1343(2) tschech. BGB).

371 Alle gesetzlichen Regeln zum **Doppelverkauf** derselben Sache lösen den Konflikt zwischen den beiden Käufern zugunsten desjenigen, dem als erster der Besitz durch den (nunmehr ggf. nur noch scheinberechtigten) Verkäufer übertragen wurde.[1011] Ist der erste Käufer auch als erster in den Besitz der Sache gelangt, schadet es nicht, dass er zuvor von dem weiteren Verkauf erfahren hat; erfährt dagegen der Zweitkäufer vor Besitzerlangung von dem ersten Verkauf, scheitert sein Erwerb.[1012] In Italien wird gelehrt, dass sich Art. 1153 ital. CC in die Bestimmungen zum Schutz des gutgläubigen Erwerbs *(acquisto a non domino)* und der Sicherheit des Rechtsverkehrs *(sicurezza del traffico giuridico)* einreihe.[1013] Im Fall der Doppelveräußerung einer beweglichen Sache obsiegt, wer an ihr in gutem Glauben als erster den Besitz erlangt, mag auch sein Rechtstitel späteren Datums sein als der des Erstkäufers. Art. 1155 ital. CC wiederholt und bestätigt das. Das Gesetz verlangt eine Übergabe *(consegna)*. Eine *traditio brevi manu* genügt[1014], ein Besitzkonstitut nicht, auch nicht eine *traditio ficta* oder *simbolica*[1015]. Nicht auf den Besitz des Verkäufers, sondern auf den Besitz des Käufers kommt es bei der Anwendung der *possesso vale titolo*-Regel an.

372 Die genannten Regeln des italienischen Rechts gehen natürlich auf die Artt. 1141 belg., franz. und luxemb. CC zurück; seit der Reform findet sich die französische Vor-

[1009] Z.B. OGH 7.9.1971, SZ 44/125 (kein redlicher Erwerb von Gesellschaftsanteilen, auch dann nicht, wenn sie registriert sind).

[1010] OGH 29.4.1992, SZ 65/69.

[1011] Darunter Art. 1141 belg. und luxemb. CC, Art. 1198(1) franz. CC, sec. 24 SGA und sec. 8 Factors Act 1889 (England und Wales) bzw. sec. 25(1) SGA 1893 und sec. 8 Factors Act 1889 (Irland); Art. 1153 ital. CC, § 430 österr. ABGB und § 1100(1) tschech. BGB.

[1012] Siehe für Frankreich Art. 1198(1) CC und für Tschechien Spáčil (-*Dobrovolná*), Občanský zákoník III, S. 337–338 (es wird dem Erstkäufer nicht angerechnet, dass er vor Besitzerlangung von dem zweiten Verkauf erfährt; weiß dagegen der Zweitkäufer bei Vertragsschluss, dass die Sache bereits verkauft war, werde der zweite Kauf als sittenwidrig und damit nichtig anzusehen sein). In Italien kommt es auf den guten Glauben im Zeitpunkt der Besitzerlangung an; erst die spätere Bösgläubigkeit schadet nicht mehr (Cass. 14.9.1999, Nr. 9782, Giust. civ. Mass. 1999 S. 1968).

[1013] Cian und Trabucchi (-*delle Monache*), Commentario al codice civile[11], sub Art. 1155 CC, S. 1225. Man wird also bei Vorliegen eines entsprechenden Titels sofort mit Besitzerlangung Eigentümer (*Mengoni*, Gli acquisti a non domino[3], S. 128–130; Schlesinger (-*Argiroffi*), Codice civile, Artt. 1153–1157 S. 53 und 57–62). Nach italienischem Verständnis handelt es sich aber nicht um eine Spontanersitzung, sondern um eine eigenständige Form des *acquisto a titolo originario* (im Gegensatz zu einem *acquisto a titolo derivativo*) (Grundmann und Zaccaria [-*Troiano*], Einführung in das italienische Recht, S. 294–295).

[1014] *Mengoni* aaO S. 130.

[1015] *delle Monache,* aaO, sub Art. 1153 CC, S. 1223.

schrift in Art. 1198(1) franz. CC: *„Celui qui a pris possession de ce meuble en premier est préféré, même si son droit est postérieur, à condition qu'il soit de bonne foi"*. Dass der Dritte den Besitz gutgläubig erlangt haben muss, erwähnt das Gesetz zwar nur hier, nicht auch in der Regelung der **Spontanersitzung** (Artt. 2276 franz., 2279 belg. und luxemb. CC: *„En fait de meubles, la possession vaut titre"*), doch hält man das auch in deren Kontext für selbstverständlich. Denn die Artt. 1198(1) bzw 1141 aaO seien nichts anderes als Anwendungsfälle der Artt. 2276 bzw. 2279 aaO.[1016] Dass der Besitz bei beweglichen Sachen als Titel gilt, hat zwar auch beweisrechtliche Bedeutung.[1017] Es wird widerleglich vermutet, dass dem Besitz ein rechtsmäßiger Erwerbstitel zugrunde liegt, es sich also nicht um eine bloße Detention handelt.[1018] Materiellrechtlich aber führt der Besitz- zum Eigentumserwerb. Wer den Besitz einer beweglichen Sache gutgläubig *a non domino* erwirbt (Gutgläubigkeit wird widerleglich vermutet: Art. 2274 franz. bzw. Art. 2268 belg. und luxemb. CC), wird ihr sofortiger Eigentümer, nicht durch den Vertrag (das wäre ein Verstoß gegen das *nemo dat*-Prinzip), sondern deshalb, weil der Besitz einen neuen (abstrakten) Titel schafft.[1019] Art. 2276 franz. CC (Art. 2279 belg. und luxemb. CC) findet nach der Rechtsprechung aber nur auf reale Sachen Anwendung, weder auf *meubles par destination*[1020], noch auf *meubles par anticipation*[1021], noch auf unkörperliche Güter.[1022] Wie unter § 932 dt. BGB wird also Eigentümer einer realen Sache, wer sie von einem *détenteur précaire* erwirbt, dem der Eigentümer die Sache freiwillig überlassen hatte. Häufige Anwendungsfälle von Art. 2276 franz. CC (etc.) sind der Erwerb und die Belastung von Eigentumsvorbehaltsware zugunsten des Zweitkäufers.[1023] Es bedarf dazu einer *possession réelle,* die er als Eigentümer ausübt.[1024] Das System schwenkt auf das Traditionsprinzip um. Das schließt die Möglichkeit ein, den Besitz durch einen Anderen *(corpore alieno)* ausüben zu lassen.[1025] Der Besitz darf zwar nicht *précaire* sein, doch wird widerleglich vermutet, dass ein Detentor auch Besitzer ist. Ein gutgläubiger Pfandrechtserwerb ist möglich, weil der Pfandgläubiger zwar Fremdbesitzer der Sache, aber Eigenbesitzer des Pfandrechts ist.[1026]

[1016] *Bergel/Bruschi/Cimamonti,* Les biens², S. 275 Rdnr. 226; *Dross,* Les choses, S. 555, Rdnr. 309; *Terré und Simler,* Les biens⁹, S. 350 Rdnr. 436; *Malaurie und Aynès,* Les biens⁵, S. 183 Rdnr. 579.

[1017] *Malaurie und Aynès* aaO S. 176 Rdnr. 571 und S. 84 Rdnrn. 586–589; *Larroumet,* Les biens⁵, S. 569 Rdnr. 918; *Reboul-Maupin,* Droit des biens⁴, S. 220 Rdnr. 305; *Boufflette,* La possession, S. 120 Rdnr. 127.

[1018] *Terré und Simler* aaO S. 344 Rdnr. 426.

[1019] *Terré und Simler* aaO S. 344 Rdnr. 426; *Malaurie und Aynès* aaO S. 176 Rdnr. 571.

[1020] Cass. civ. 19.1.1960, Bull. civ. 1960, III, Nr. 30.

[1021] Cass. civ. 4.7.1968, Bull. civ. 1968, III, S. 247 Nr. 321; RTD civ. 1969 S. 144, Anm. *Bredin.*

[1022] Siehe z. B. für eine Schankerlaubnis Cass. civ. 7.3.2006, Bull. civ. 2006, IV, S. 62 Nr. 62; D. 2006 S. 2897, Anm. *Kuhn;* JCP G 2006, II, 10143, S. 1655, Anm. *Loiseau* („l'article 2279 du Code civil ne s'applique qu'aux seuls meubles corporels individualisés"). Zahlreiche weitere Beispiele aus der Rechtsprechung bei *Dross* aaO S. 539 Rdnr. 302-1.

[1023] *Bergel/Bruschi/Cimamonti* aaO S. 276 Rdnr. 226; ein Beispiel in Cass. civ. 14.11.1989, Bull. 1989, IV, S. 196 Nr. 290.

[1024] *Malaurie und Aynès* aaO S. 181 Rdnr. 578; *Terré und Simler* aaO S. 348 Rdnr. 434; *Larroumet* aaO S. 578 Rdnr. 930.

[1025] Cass. civ. 16.1.1980, Bull. civ. 1980, I, S. 25 Nr. 31; RTD civ. 1980 S. 785, Anm. *Giverdon; Boufflette,* La possession, S. 128 Rdnr. 136.

[1026] Cass. civ. 12.3.1888, DP 1888, I, Seite 404; Seite 1888, I, S. 264 („Le créancier gagiste qui, de bonne foi, a reçu en gage d'un détenteur précaire, un objet mobilier, a le droit de repousser, jusqu'à paiement de sa créance, l'action en revendication dirigée contre lui par le propriétaire de cet objet"); Cass. 14.11.1989, Bull. civ. 1989, IV, S. 196 Nr. 290.

Der Besitz muss schließlich *utile,* darf also weder heimlich noch zweideutig sein.[1027]

373 In Cass. civ. 8.10.2013[1028] hatte die Gesellschaft (L) am 27.1.2003 der Gesellschaft (X) einen Baggerlader verkauft. Am 31.5.2003 verkaufte (L) denselben Baggerlader noch einmal, diesmal der Gesellschaft (R). (R) war bereits seine Detentorin; X dagegen hatte das Fahrzeug nie in ihrer tatsächlichen Gewalt. Die Herausgabeklage der (X) gegen (R) scheiterte. (X) hatte sich auf Art. 1141 franz. CC (a. F.) berufen und gemeint, sie sei deshalb Besitzerin des Laders geworden, weil sie sich wie seine Eigentümerin verhalten hätte. Denn sie hatte ihn auf der Aktivseite ihrer Bilanz eingetragen und ihn auch versichert. (X) hielt außerdem (R) für bösgläubig, weil alle drei Gesellschaften denselben Betriebsleiter hatten. Schließlich sah sich (X) als Käuferin eines *fonds de commerce,* und die dazu nötigen Offenlegungsformalitäten habe sie eingehalten; auch deshalb sei (R) bösgläubig gewesen. Der Kassationshof lehnte ab. Nicht (X), sondern (R) habe die *maîtrise matérielle* gehabt, (X) sei *jamais été mise en possession réelle de la chose.* Im Übrigen habe das Berufungsgericht die Bösgläubigkeit der (R) souverän verneinen können. Weder der Umstand, dass derselbe *dirigeant* für alle drei Gesellschaften arbeitete, noch, dass die Übertragung des Handelsgeschäfts publiziert worden war, genügten als Beleg für die Bösgläubigkeit der (R). *Le Bourg* hat darauf aufmerksam gemacht, dass die Lösung des Kassationshofes DCFR VIII.-2:301 entspreche. Solange der Käufer einer beweglichen Sache nicht in ihren Besitz gelangt sei, wirke sein Eigentum nicht gegenüber Dritten.[1029] Es sei erst die Kombination aus Lieferung und Gutgläubigkeit, die den Eigentumswechsel herbeiführe.

374 Auch das **deutsche Recht** verlangt prinzipiell einen Vollzug, doch ist das hier weniger spektakulär, weil auch schon der Erwerb vom Berechtigten des *modus* bedarf. Wer in der gegebenen Situation vom Berechtigten nur durch Einigung und Übergabe erwirbt (§ 929 Satz 1 dt. BGB), erwirbt auch vom Scheinberechtigten nur durch Einigung und Übergabe (§ 932(1) Satz 1 dt. BGB). Wer im Wege der sogen. *brevi manu traditio* (§ 929 Satz 2 dt. BGB)[1030] von einem Scheinberechtigten das Eigentum erlangen will, muss zuvor auch den Besitz von ihm erhalten haben, mag auch die ursprüngliche Besitzerlangung noch in keiner inneren Beziehung zu dem späteren Übereignungsgeschäft gestanden haben (§ 932(1) Satz 2 aaO).[1031] Allein auf die Behauptung des Veräußerers, er sei Eigentümer der Sache, kann sich eben niemand verlassen. Nicht möglich ist deshalb auch ein auf die Figur des Besitzkonstituts (§ 930 dt. BGB[1032]) gestützter Erwerb vom Scheinberechtigten (§ 933 dt. BGB). Bleibt der scheinberechtigte Veräußerer im Besitz der Sache, ändert sich an der Eigentumslage nichts. Das ist erst dann der Fall, wenn dem Erwerber (typischerweise dem Sicherungsnehmer) „die Sache von dem Veräußerer übergeben wird“, wenn also der Erwerber (oder eine von ihm bestimmte Person) in Vollzug des Übereignungsgeschäfts und mit dem Willen des Veräußerers die tatsächliche Gewalt über die Sache erlangt.[1033] Besteht der *modus* beim Erwerb vom Berechtigten – wiederum übergabelos – in der Abtretung des Herausgabe-

[1027] *Malaurie und Aynès* aaO S. 182 Rdnr. 578; *Bergel/Bruschi/Cimamonti* aaO S. 274 Rdnr. 225; *Larroumet* aaO S. 579 Rdnr. 931.

[1028] Nr. 12–23343 (nur in legifrance).

[1029] *Le Bourg,* RDC 2014 S. 219. Siehe auch *Le Bourg und Quézel-Ambrunaz,* RDC 2014 S. 56.

[1030] Oben Rdnr. 278; siehe außerdem Rdnrn. 230 und 270.

[1031] Besitzerlangung von einem Dritten, der nicht auf Anweisung des Veräußerers gehandelt hat, genügt also nicht (BGH 10.11.2004, NJW 2005 S. 359, 364). Die Beweislast dafür, dass er den Besitz vom Veräußerer erhalten hat, liegt demgemäß beim Erwerber (OLG Hamm 30.10.2014, MDR 2015 S. 143).

[1032] Oben Rdnr. 281–282.

[1033] RG 10.6.1932, RGZ 137 S. 23, 25; BGH 3.6.1996, NJW 1996 S. 2654.

anspruchs gegen einen Dritten[1034], müsste im Falle des Erwerbs vom Scheinberechtigten der Erwerber der Grundregel nach wiederum in den Besitz der Sache gelangen, wenn auch nicht notwendig durch den Schuldner des abgetretenen Anspruchs persönlich; auch genügen Übergaben an einen Besitzdiener oder Besitzmittler des Erwerbers.[1035] § 934, 2. Alt. dt. BGB bestätigt das. Auch wenn (B) in Wahrheit keinen Herausgabeanspruch gegen (D) hat und ihn lediglich behauptet, erwirbt (C) erst, wenn (D) ihm die Ware des (A) tatsächlich aushändigt. Freilich soll anstelle der Übergabe bereits genügen, dass (D) den (C) nunmehr als herausgabeberechtigten mittelbaren Besitzer anerkennt.[1036] Verblüffenderweise reicht es aber unter **§ 934, 1. Alt. dt. BGB** sogar aus, dass der scheinberechtigte Veräußerer seinen mittelbaren Besitz dadurch verliert, dass er ihn dem Erwerber überträgt. Das Gesetz **verzichtet** hier in Wahrheit **auf** jedes echte **Vollzugsmoment**[1037]; in der äußeren Welt ändert sich gar nichts. Veräußert z.B. (B) Waren des (A), die (B) bei (D) eingelagert hat, an (C), dann erwirbt (C) bereits durch die Abtretung des vertraglichen Herausgabeanspruchs des (B) gegen (D) Eigentum an der Ware des (A). Gibt (B) dem (C) gegenüber fälschlich vor, er (B) habe noch Vorbehaltseigentum an der in Wahrheit bereits (A) vorbehaltslos übereigneten und gelieferten Sache, dann kann (C) freilich erst gutgläubig erwerben, wenn (B) einen Weg findet, dem (C) die tatsächliche Gewalt über sie zu verschaffen (§ 934, 2. Alt. aaO).[1038] Ist und bleibt der (A) dagegen im Besitz der Sache, dann scheidet ein gutgläubiger Erwerb durch (C) aus (§ 934, 1. Alt, i.V.m. § 936(3) dt. BGB, letzterer in entsprechender Anwendung[1039]).

Griechenland ist diesen Weg bemerkenswerterweise nicht mitgegangen. Unter Art. 1036 gr. ZGB wird der Erwerber „durch eine nach Art. 1034 gr. ZGB (Übergabe und Einigung) erfolgte Veräußerung einer beweglichen Sache … auch dann Eigentümer, wenn das Eigentum an der Sache nicht dem Veräußerer zusteht, es sei denn, dass zu der Zeit der Übergabe des Besitzes der Erwerber nicht in gutem Glauben ist". Zum Erwerb vom Scheinberechtigten bedarf es also der physischen Übergabe der Sache. Es genügen sowohl die Übergabe langer (Art. 976 Satz 1 gr. ZGB) als auch die Übergabe kurzer Hand (Art. 976 Satz 2 gr. ZGB)[1040], aber weder die Vereinbarung eines Besitzkonstituts (Art. 977(1) Satz 1 gr. ZGB), noch die Abtretung des Herausgabeanspruchs (Art. 1035 gr. ZGB).[1041] 375

In die genau entgegengesetzte Richtung haben sich allerdings **Ungarn** und Tsche- 376
chien entschieden. Unter § 5:39(2) und § 6:216(4) ungar. ZGB erwirbt man nur durch „Übertragung", und eine „Übertragung" besteht unter § 5:38(1) i.V.m. § 5:3(2) und (3) ungar. ZGB aus *titulus* und Besitzverschaffung *einschließlich ihrer Surrogate* und damit sogar einschließlich des Besitzkonstituts. Man muss allerdings bedenken, dass das ungarische Recht prinzipiell nur einen gutgläubigen Erwerb von scheinberechtigten Kaufleuten kennt[1042], was die potentiellen Gefahren für den Rechtsverkehr wieder verringert. Im **tschechischen** Recht des Erwerbs vom Scheinberechtigten

1034 Oben Rdnr. 280.
1035 RG 10.6.1932 aaO, S. 28.
1036 BGH 14.11.1977, NJW 1978 S. 696, 697.
1037 Mit Recht kritisch *Kindl,* AcP 201 (2010) S. 391, 407.
1038 BGH 14.11.1977 aaO.
1039 MünchKomm (-*Oechsler*), BGB VII[7], § 934 Rdnr. 9.
1040 Oben Fn. 495.
1041 *Georgiades,* Emprágmato Díkaio I, S. 486–487 Rdnrn. 8–9.
1042 Oben Rdnr. 355.

scheint die Besitzerlangung allerdings überhaupt keine Rolle zu spielen[1043]; man hat beim Übergang vom Traditions- zum Konsensualprinzip (aus unserer Sicht vorschnell) gleich auch noch das Recht des Erwerbs vom Scheinberechtigten auf das Konsensualprinzip fixiert.[1044] § 1111 tschech. BGB setzt neben einem gültigen Erwerbstitel nur den guten Glauben des Erwerbers voraus, mag es auch in die Entscheidung über seine Gutgläubigkeit einfließen, ob er die tatsächliche Gewalt über die Sache erlangt hat.[1045] Nicht einmal § 1110 tschech. BGB (Kauf gebrauchter Sachen von einem Händler, z. B. in einem Antiquitätengeschäft, auf Autobazars oder in Trödelgeschäften; Herausgabepflicht innerhalb von drei Jahren bei verlorenen oder gestohlenen Sachen) setzt ausdrücklich eine Besitzerlangung voraus. Man wird freilich annehmen dürfen, dass der Erwerber in solchen Fällen die Sache stets mitgenommen haben wird; es geht ja schließlich um seine Herausgabepflicht.

377 Auch **England** kennt (obschon vor einem anderen Hintergrund) „vollzugslose" Tatbestände des Erwerbs vom Scheinberechtigten. Die Besitzerlangung durch den Erwerber gehört nicht zu den tatbestandlichen Voraussetzungen der *estoppel*-Doktrin und damit auch nicht zu den Voraussetzungen von sec. 2 Factors Act 1889. Entscheidend ist allein, dass (A), insbesondere durch Übergabe der Sachen an (B), den Eindruck erweckt hat, dass (B) verfügungsbefugt sei (was dann unter sec. 2(3) aaO widerleglich vermutet wird).[1046] Abweichend von der Grundregel ist der besitzrechtliche Vollzug aber unter secs. 8 und 9 Factors Act 1889 sowie secs. 24 und 25 SGA 1979 nötig. Hiernach sind Verfügungen eines Verkäufers, der noch (sec. 24 SGA 1979, sec. 8 FA 1889), und Verfügungen eines Käufers, der schon im Besitz der Ware ist (sec. 25 SGA 1979, sec. 9 Factors Act 1889), gegenüber redlichen Dritten wirksam, sobald ihnen die Sache freiwillig übergeben wurde.[1047] Für eine solche Übergabe genügt die Verschaffung von *constructive delivery* nicht.[1048] Der Veräußerer muss dem Erwerber mindestens die Rechtsmacht verschaffen, sich selber in den Besitz der Sache zu setzen.[1049]

c) Bezugspunkt, Maßstab und Zeitpunkt des guten Glaubens

(1) Rechtsinhaberschaft und Verfügungsbefugnis

378 Der Bezugspunkt des guten Glaubens des Erwerbers (C) kann nur die (vermeintliche) Zustimmung des sachenrechtlich Verfügungsberechtigten sein. Das ist letztendlich immer der Eigentümer (A). Deshalb muss es jedenfalls genügen, dass der Erwerber (C)

[1043] § 1109 lit. c tschech. BGB ist keine Ausnahme, weil es hier um den Erwerb von einem Scheinberechtigten geht, dem der Eigentümer die Sache anvertraut hatte.

[1044] Berechtigte Kritik daran bei Spáčil (*-Dobrovolná*), Občanský zákoník III, S. 366.

[1045] *Dobrovolná* aaO S. 381.

[1046] *Lowther v Harris* [1927] 1 KB 393; *Pearson v Rose and Young Ltd* [1951] 1 KB 275 (CA).

[1047] *Cahn v Pockett's Bristol Channel Steam Packet Co Ltd* [1899] 1 QB 648. Erforderlich ist aber natürlich eine freiwillige Übergabe (*National Employers Mutual and General Insurance Ltd v Jones* [1990] 1 AC 24, HL). Außerdem muss der jeweilige Besitzerwerb in der Eigenschaft als Käufer bzw. Verkäufer erfolgt sein; ein Besitzererwerb in der Rolle eines *bailee* genügt nicht (*Fadallah* v *Pollak* [2013] EWHC 3159 (Ch)).

[1048] So jedenfalls *Pacific Motor Auctions Pty v Motor Credits (Hire Finance)* [1965] AC 867 (PC); anders aber der High Court of Australia zu einer wortgleichen Bestimmung im australischen Recht (*Gamer's Motor Centre (Newcastle) Pty Ltd v Natwest Wholesale Australia Pty Ltd* (1987) 163 CLR 236).

[1049] *Four Point Garage Ltd v Carter* [1985] 3 All ER 12; *Forsythe International (UK) Ltd v Silver Shipping Co Ltd* [1994] 1 WLR 1334.

den Veräußerer (B) für den Eigentümer halten durfte, was wiederum der Fall ist, wenn (B) dem (C) gegenüber als Eigenbesitzer auftrat. Eigenbesitz weist auf Eigentum, ein anderes Recht kommt nicht in Betracht.[1050] Besseres Wissen (oder verschuldetes Unwissen) vorbehalten, ist (C) folglich gutgläubig, wenn er aus dem Eigenbesitz des (B) auf dessen eigentumsbasierte Verfügungsbefugnis geschlossen hat: Bezugspunkt des guten Glaubens ist jedenfalls das **Eigentum des Verfügenden.**[1051] Das führt natürlich sofort zu der Frage, ob auch jemand, der weiß oder wissen muss, dass die Sache nicht dem (B) gehört, aber annahm, (A) habe (B) zu der Verfügung befugt, gutgläubig erwerben kann. Die Antwort hängt davon ab, ob (C) für *diese* Annahme einen guten Grund hatte. Die europäischen Rechtsordnungen akzeptieren typischerweise nur einen: die Stellung des Veräußerers (B) als **Kaufmann oder Unternehmer,** der Ware dieser Art gewöhnlich in seinem Betrieb veräußert.[1052] Die sachenrechtliche Begründung liegt darin, dass der Erwerber in solchen Fällen (wiederum natürlich vorbehaltlich besseren Wissens oder verschuldeten Unwissens) davon ausgehen darf, dass der Händler (B) den Besitz der Ware von ihrem Eigentümer (A) gerade zu dem Zweck erhalten hat, sie zu vermarkten. Der gute Glaube an die „Verfügungsbefugnis" des (B) ist in Wahrheit also nichts anderes als ein durch die handelsrechtliche Praxis gestützter guter Glaube an die Zustimmung des (A) und so besehen keine Ausnahme, sondern eine Bestätigung der Grundregel. Mit Kommissions- und Eigentumsvorbehaltsware ist allenthalben zu rechnen; das weiß auch ein normaler Kunde. Müsste er von dem Eigentum des (B) überzeugt sein (wofür kein zureichender Anlass besteht), könnte er nicht einmal risikolos seine alltäglichen Einkäufe tätigen; der Markt würde nicht funktionieren. Es muss auch genügen, dass (C) keinen konkreten Anlass hat anzunehmen, dass (B) nur zu einem bestimmten Mindestpreis veräußern darf.[1053] Den Preis bestimmen die Vertragsparteien unter sich. Aus der Sicht des Rechts des Erwerbs vom Scheinberechtigten geht es um rollenspezifische Anforderungen. Ihnen genügt aber nicht jeder, sondern nur der professionelle Anbieter. Alle anderen müssen Eigentum für sich reklamieren. Man mag nur noch fragen, wie der Sonderfall zu analysieren ist, dass sich jemand eines Pfandrechts an einer fremden Sache berühmt und sie auf dieser

[1050] Oben Rdnr. 367.

[1051] Z.B. §§ 932(2) (Eigentum), 1207 (Pfandrecht) und 1032 Satz 2 (Nießbrauch) dt. BGB; § 95(1) estn. LPA; secs. 24 und 25 SGA 1979 bzw. secs. 8 und 9 Factors Act (vorher Rdnr. 377: in diesen Fällen muss der Erwerber auf den *title* des Veräußerers vertrauen); Art. 1037 gr. ZGB; Artt. 1153, 1155 ital. CC; §§ 368(1) Satz 1 i.V.m. 367(1) Satz 2 österr. ABGB; §§ 994, 1109 und 1111 tschech. BGB (Verfügungsbefugnis aufgrund der Eigentumsvermutung zugunsten des Besitzers). Auch unter belgischem und französischem Recht besteht guter Glaube aus der Annahme des Besitzers, mit dem echten Eigentümer verhandelt zu haben, als er die Sache in Besitz nahm (*Bergel/Bruschi/Cimamonti,* Les biens^2, S. 275 Rdnr. 226; *Terré und Simler,* Les biens^9, S. 350 Rdnr. 436; *Malaurie und Aynès,* Les biens^5, S. 183 Rdnr. 579). In Slowenien kommt es wie in Tschechien auf die besitzgestützte Verfügungsbefugnis an (Faber und Lurger [-*Rudolf/Rijavec/Keresteš*], National Reports, Bd. I, Slovenia, S. 606).

[1052] Z.B. § 366 dt. HGB; § 95(1) estn. LPA (guter Glaube an die Verfügungsbefugnis genügt schon der Grundregel nach: Faber und Lurger [-*Kullerkupp*], National Reports I, Estonia, S. 311); sec. 2 Factors Act 1889 i.V.m. mit der *doctrine of estoppel* (oben Rdnr. 357); § 368(1) Satz 2 österr. ABGB; Art. 64(2) slowen. SPZ; § 1109(b) tschech. BGB; § 5:39(2) und (3) ungar. ZGB. Auch unter Art. 4.96(1) lit. ZGB kommt es nur darauf an, dass der Erwerber gutgläubig annahm, der Veräußerer sei verfügungsberechtigt (Faber und Lurger [-*Mikelenas*], National Reports III, Lithuania, S. 392).

[1053] *Iro,* Sachenrecht^5, Rdnr. 6/51.

Grundlage verwertet. Sofern dem für eine Pfandrechtsverwertung erforderlichen äußeren Geschehen Genüge getan ist, kann auch hier ein Erwerb vom Scheinberechtigten in Betracht kommen.[1054] Sachenrechtlich lässt sich das entweder damit begründen, dass ein Pfandrechtsgläubiger ein *eigenes* sachenrechtliches Verfügungsrecht hat, oder damit, dass der Erwerber bei einer Pfandverwertung davon ausgehen darf, der Eigentümer habe sich der Sache bewusst mit dem Risiko begeben, dass sie bei Pfandreife veräußert werden wird. Das Ergebnis bleibt jeweils dasselbe.

(2) Kenntnis und verschuldete Unkenntnis

379 Wer positiv weiß, dass sein Vertragspartner sachenrechtlich nicht verfügungsbefugt ist, wer also weiß, dass er es nicht mit dem Eigentümer zu tun hat oder, im Falle des Erwerbs von einem Kaufmann, dass der Eigentümer dessen Verfügung vorab widersprochen hat, ist bösgläubig. Im Verständnis der kontinentaleuropäischen Rechtsordnungen ist freilich auch bösgläubig, wer diese Umstände fahrlässig verkennt. Die Kodifikationen unterscheiden sich nur in der Frage, auf welchen Maßstab es bei dieser Fahrlässigkeitsprüfung ankommen soll. Rechtsordnungen, die es innerhalb des Deliktsrechts für sinnvoll (und möglich) erachten, zwischen verschiedenen Fahrlässigkeitsstufen (leichte, mittlere und grobe Fahrlässigkeit) zu unterscheiden[1055], empfinden es auch im Sachenrecht als geboten, sich auf eine dieser Stufen festzulegen. Je mehr Aufmerksamkeit man dem Erwerber abverlangt, desto stärker akzentuiert man dann den Schutz des Eigentümers, je weniger, desto stärker den Schutz des Marktes. Das setzt sich in der **Beweislastverteilung** fort. Wird die Gutgläubigkeit des Erwerbers (C) widerleglich vermutet, schadet, materiellrechtlich gesprochen, im Extremfall nicht einmal positive Kenntnis. Gelingt es dem (A) nämlich weder zu beweisen, dass (C) die Umstände kannte, noch, dass er sie schuldhaft übersah, dann bleibt (A) unter einem solchen System im Ergebnis ohne Schutz. Es verhält sich freilich nicht so, dass Länder mit nur geringen Verschuldensanforderungen stets auch ohne Beweislastumkehr operieren würden. Beide Aspekte werden vielmehr in unterschiedlicher Weise miteinander kombiniert. Ohnehin sollte man die praktischen Auswirkungen dieser im Kern rein rechtspolitischen Entscheidungen nicht überbewerten. Unterschiede auf der abstrakten Ebene der Normbildung führen noch keineswegs notwendig zu unterschiedlicher Entscheidung konkreter Lebenssachverhalte. Überall spielen dieselben Topoi eine Rolle, die „verdächtigen Umstände" etwa, unter denen der Kauf zustande kam[1056], ein auffällig geringer Preis, der darauf hindeutet, dass etwas nicht stimmen kann[1057], und die

---

[1054] Siehe schon oben Rdnr. 342 mit Fn. 873 sowie oben Rdnr. 365.

[1055] Dazu *von Bar,* Gemeineuropäisches Deliktsrecht I Rdnr. 274, II Rdnr. 242.

[1056] Z. B. *Boufflette,* La possession, S. 128 Rdnr. 137; *Malaurie und Aynès,* Les biens[5], S. 183 Rdnr. 579; MünchKomm (-*Oechsler*), BGB VII[7], § 929 Rdnr. 48–65; OLG Koblenz 15.12. 2016, BauR 2017 S. 780 (Kauf wertvoller Baumaschinen neueren Baujahres mitten in der Hochsaison der Branche zu geringem Preis; Eigentumsvorbehalt außerdem branchenüblich); Paris 24.4.1998, D. 1998 Somm. 347; österr. OGH 13.11.1979, JBl 1980 S. 589 und 7.11.1985, SZ 58/166) (bei Vorliegen objektiver Verdachtsmomente entstehe eine Nachforschungspflicht) und § 2(2) schwed. Lag om godtrosförvärv av lösöre (1986:796) (unten Rdnr. 381).

[1057] Z. B. *Heap v Motorists' Advisory Agency* [1923] 1 KB 577 (auffällig niedriger Kaufpreis für ein Auto schließt *good faith* aus; kritisch allerdings *Bridge,* Personal Property Law[3], S. 129); Cass. crim. 3.12.1984, Bull. crim. 1984 Nr. 381 (Kauf durch einen Antiquitätenhändler; sehr geringer Preis; keine Registrierung des Kaufs; Nichtvorlage von Ausweispapieren); österr. OGH 1.7. 1998, RdW 1998 S. 394 *(obiter);* ungar. OGH Legf. Bír. Pf. I 20.332/1995; BH1996.419; BGH

Tatsache, dass es sich um eine außergewöhnliche Sache handelt, bei der jedermann Erkundigungen einholen würde.[1058]

In Österreich wird immer wieder betont, dass der gutgläubige Erwerb bereits bei **leichter Fahrlässigkeit** des Erwerbers ausscheide.[1059] Das wird aber durch die Vermutung der Gutgläubigkeit (§§ 328 S. 2, 1477 ABGB) partiell wieder wettgemacht. Bei Geld (auch bei Buchgeld[1060]) und anderen nicht unterscheidbaren Gegenständen soll es nach verbreiteter Interpretation von § 371 ABGB[1061] allerdings auf grobe Fahrlässigkeit ankommen.[1062] Stets entscheiden die Umstände des Einzelfalls.[1063] Wer einen Pkw erwirbt, muss sich durch Vorlage des Typenscheins vom Eigentum des Veräußerers überzeugen; die Einsichtnahme in andere Dokumente genügt i.d.R. nicht.[1064] Wenn allerdings ein Endabnehmer bei einem Fachhändler ein neues Vorführfahrzeug kauft, darf er von dessen Eigentum auch ohne Einsichtnahme in den Schein ausgehen.[1065] Ebenso liegt es, wenn ein Fahrzeug von einem Gerichtsvollzieher gekauft wird, und zwar selbst dann, wenn der Gerichtsvollzieher ausdrücklich darauf hinweist, dass ihm der Schein nicht vorliege.[1066] Handelt es sich um Ware, bei der ein Eigentumsvorbehalt branchenüblich ist, kann bereits dieser Umstand für das Entstehen einer Nachforschungspflicht genügen.[1067] 380

Die deutliche Zurückhaltung des ungarischen Rechts gegenüber dem Erwerb vom Scheinberechtigten setzt sich darin fort, dass das ungar. ZGB weder mit einer Beweislastumkehr noch mit einem qualifizierten Verschuldenserfordernis operiert. **„Gewöhnliche“ Fahrlässigkeit** genügt; der gute Glaube des Erwerbers wird nicht vermutet. Er trägt die Beweislast für alle Erwerbsvoraussetzungen, auch dafür, dass er von 381

5.11.1969, BB 1969, 1455 (Kühlschränke unter Wert verkauft); OLG Bremen 23.11.2005, MDR 2006 S. 986 (ein völlig marktunangemessener Kaufpreis lege den Verdacht nahe, dass der Veräußerer nicht Eigentümer des verkauften Fahrzeugs sei).

1058 Siehe z.B. zu einem Gemälde von De Chirico Cass. 14.9.1999, Nr. 9782, Giust. civ. Mass. 1999 S. 1968 (oben Fn. 964) und zu einer Gragnani-Geige, die um DM 40.000,- unter Wert vor einem Lokal am Münchener Hauptbahnhof gekauft worden war, OLG München 12.12.2002, NJW 2003, S. 673.

1059 Ständige Rechtsprechung, z.B. OGH 24.6.1987, SZ 60/120; OGH 19.3.2014, RIS-Justiz und OGH 19.2.2014, Ecolex 2014/430, S. 1047 (Kauf eines Marktstandes; der Käufer hatte von einem Marktbeamten in allgemeiner Form gehört, dass es auf Seiten der Verkäuferin „Probleme gegeben habe, die bereits in einem Gerichtsverfahren abgehandelt worden seien.“ Das hätte dem Käufer Anlass genug gewesen sein müssen, Nachforschungen anzustellen).

1060 OGH 31.8.1994, JBl 1995 S. 520; OGH 10.4.1997, SZ 70/63.

1061 Die Vorschrift betrifft nicht nur die Vermengung, sondern auch den redlichen Erwerb von Bargeld (Schwimann und Kodek [-*Klicka und Reidlinger*], ABGB II^4, § 371 Rdnr. 1).

1062 *Karner,* Gutgläubiger Mobiliarerwerb, S. 397–398.

1063 OGH 16.4.1987, JBl 1988 S. 313.

1064 OGH 26.4.2007, EvBl 2007/133, ÖJZ 2007 S. 735; OGH 1.10.2008, ZVR 2009/81, S. 165 (Weist der Typenschein den Verkäufer nicht als letzten Eigentümer auf, muss der Käufer weitere Nachforschungen anstellen, wenn er nicht als unredlich gelten will).

1065 OGH 16.4.1987, JBl 1988 S. 313.

1066 OGH 29.9.1993, SZ 66/120 (der Gerichtsvollzieher habe keinen Zugriff auf den Schein, müsse ihn ohnehin nicht notwendig gefunden haben). Anders liegt es aber, wenn der Gerichtsvollzieher bei der Versteigerung ausdrücklich darauf hinweist, dass ein Leasingvertrag für das Fahrzeug bestehen solle und er *deswegen* den Typenschein nicht vorgefunden habe (OGH 10.12.1992, EvBl 1993/76, ÖJZ 1993 S. 343).

1067 OGH 9.7.2014, Zak 2015/16 (S. 15) (Wenn allerdings ein Installateur eine Heizung einbaue, die er unter Eigentumsvorbehalt erworben hat, dann müsse der Käufer mit diesem Eigentumsvorbehalt mangels Branchenüblichkeit nicht rechnen).

einem Händler kaufte.[1068] Der Erwerber muss sich in der gegebenen Situation so verhalten haben, wie es im Allgemeinen von einem sorgfältigen und umsichtigen Menschen erwartet wird. Er unterliegt keiner Nachforschungspflicht; ein Kfz-Käufer soll sich nicht einmal ein Ausweispapier des Veräußerers vorlegen lassen müssen.[1069] In Tschechien behilft man sich mit der Definition des redlichen Besitzers. Das ist unter § 992(1) tschech. BGB derjenige, der „aus einem überzeugenden Grund denkt, dass ihm das von ihm ausgeübte Recht gehört. Unredlich besitzt derjenige, der weiß oder dem aus den Umständen offensichtlich sein muss, dass ihm das von ihm ausgeübte Recht nicht gehört". Es wird vermutet, dass der Besitzer aufgrund eines gültigen Rechtstitels besitzt. Beim Erwerb von einem Erben schadet dagegen nur „bewusste Fahrlässigkeit"; man darf sich grundsätzlich auf die Richtigkeit des Erbscheins verlassen.[1070] Unter belgischem, französischem und spanischem Recht kommt es darauf an, dass die Sache gutgläubig in Besitz genommen wurde. Guter Glaube wird wiederum vermutet (Artt. 2274 franz., 2268 belg. CC, 434 span. CC); der Vindizierende muss die Bösgläubigkeit des Besitzers beweisen.[1071] Da es zwischen Autohändlern üblich sei, die administrativen Dokumente erst fünfzehn Tage nach dem Kauf vorzulegen, sei ein solcher Käufer nicht bösgläubig, wenn er nicht schon am Tage des Kaufs auf der Vorlage der Papiere beharre.[1072] Im Übrigen aber muss der Erwerber die Echtheit der ihm übergebenen Dokumente und die Identität des Verkäufers prüfen; *imprudence* schließt Gutgläubigkeit aus.[1073] Unter § 2(2) schwed. Lag om godtrosförvärv av lösöre (GfvL) ist ein Erwerber dann nicht als gutgläubig anzusehen, wenn die Beschaffenheit der Sache, die Umstände, unter denen sie angeboten wurde, und die übrigen Umstände den Verdacht nahelegen, dass der Übereignende nicht berechtigt war, über den Vermögensgegenstand zu verfügen. Auf Flohmärkten, Privatauktionen und Internetplattformen ist besondere Aufmerksamkeit erforderlich, wenn es sich um einen ungewöhnlich niedrigen Kaufpreis handelt oder „der Verkäufer nicht zu der angebotenen Ware passt".[1074] Streng sind auch die Anforderungen beim Kauf neuerer, hochwertiger Gebrauchtwagen.[1075] Ein gewerblicher Kfz-Händler muss sich (durch Einsichtnahme in das Kfz-Register oder auf andere Weise) des Eigentums des (gewerblichen oder privaten) Veräußerers aktiv versichern[1076], je nach den Umständen sich auch die Kaufurkunde seines eigenen Verkäufers vorlegen lassen, um das Bestehen eines Eigentumsvorbehaltes auszuschließen.[1077] Auch in Polen existiert eine umfangreiche Rechtsprechung zum gutgläubigen Erwerb von Kraftfahrzeugen. Die Übergabe des Fahrzeuges nebst Schlüsseln und Dokumenten genügt für sich allein noch nicht, wenn unter den Umständen weitere Nachforschungen angezeigt sind, z. B. deshalb, weil der Vertrag mündlich geschlossen und

---

[1068] Vékás und Gárdos (*-Menyhárd*), Kommentár a Polgári Törvénykönyvhöz, § 5:39, S. 986; *Menyhárd,* Dologi jog[5], S. 249–250; *Szilágyi,* Die Vorausabtretung im Gefüge des deutschen und ungarischen Rechts, S. 285–286.

[1069] Ungar. OGH Legf. Bír. Pf. V. 23.342/1995, BH1998.224.

[1070] Tschech. OG 15.3.2011, 28 Cdo 2264/2009, ECLI:CZ:NS:2011:28.CDO.2264.2009.1.

[1071] *Bergel/Bruschi/Cimamonti,* Les biens[2], S. 275 Rdnr. 226.

[1072] Cass. com. 24.4.2007, Bull. civ. 2007, IV, Nr. 115.

[1073] Paris 22.3.1983, Gaz. Pal. 1983, I, Somm. 207.

[1074] *Millqvist,* Sakrättens grunder[6], S. 65–66.

[1075] Prop. 1985/86:123, S. 22.

[1076] HD 15.6.2005, NJA 2005 S. 502.

[1077] HD 21.2.2006, NJA 2006 S. 45.

nur durch eine Rechnung bestätigt wird.[1078] Man muss sich außerdem mit besonderer Vorsicht vergewissern, dass das Fahrzeug nicht gestohlen wurde.[1079] Einfache Fahrlässigkeit schließt einen redlichen Erwerb in jedem Fall aus.[1080]

Um **„grobe Fahrlässigkeit"** geht es in Deutschland, Estland[1081], Griechenland, 382
Italien und, soweit es sich um Verbraucher handelt, in Litauen.[1082] Unter Art. 1037 gr. ZGB ist ein Erwerber nur dann nicht in gutem Glauben, „wenn er weiß oder infolge grober Fahrlässigkeit nicht weiß, dass das Eigentum an der beweglichen Sache nicht dem Veräußerer zusteht". In dieser „negativen" Formulierung ist die Aussage enthalten, dass der gute Glaube des Erwerbers widerleglich vermutet wird.[1083] Grob fahrlässig handelt, wer die im Verkehr erforderliche Sorgfalt in besonderem Maße außer Acht lässt. Grobe Fahrlässigkeit ist z.B. beim Kauf einer hochwertigen Maschine bejaht worden, deren verdächtig geringer Preis Anlass gegeben hätte, sich den Eigentumstitel des Veräußerers vorlegen zu lassen.[1084] Bei Registersachen (z.B. bei Booten) ist es grob fahrlässig, die Registereintragung nicht zu prüfen.[1085] Art. 1037 gr. ZGB hat sein Vorbild in dem nahezu wortgleichen § 932(2) dt. BGB. Grob fahrlässig handelt auch im Verständnis der deutschen Rechtsprechung z.B. der Erwerber von typischerweise fremdfinanzierten Investitionsgütern, der auf weitere Prüfungen verzichtet[1086], desgleichen der arglose Erwerber von Leasingware.[1087] Grobfahrlässig handelt auch, wer beim Gebrauchtwagenkauf keine Einsicht in die Fahrzeugpapiere nimmt (früher der Kfz-Brief; heute die Zulassungsbescheinigung II)[1088], es sei denn, ein Vertragshändler sagt zu, die Papiere nach Eingang der Zahlung zuzusenden.[1089] Unter dem in das Besitzrecht eingestellten Art. 1147(2) ital. CC kommt der gute Glaube „dem nicht zugute, dessen Unkenntnis auf grobe Fahrlässigkeit zurückgeht". Der Erwerber muss das Maß an Sorgfalt außer Acht gelassen haben, das gewöhnlich auch ein sorgloser Mensch wahrt. Nach Auffassung der Rechtsprechung ist auch Art. 1147(3) CC anwendbar, so dass guter Glaube widerleglich vermutet wird.[1090] Ein Kunsthändler, der einen gestohlenen De Chirico gekauft hatte, wurde für bösgläubig gehalten, weil die Presse über den Diebstahl berichtet hatte. Das hätte er zur Kenntnis nehmen müssen; ein Erwerber müsse *intelligere quod omnes intelligunt.*[1091]

[1078] Appellationsgericht Katowice 25.5.2016 (oben Fn. 967).

[1079] Poln. OG 3.3.1992, III CZP 18/92, OSNCP.1992.9.144, Legalis-Nr. 27641.

[1080] Appellationsgericht Białystok 14.1.2015, I ACa 386/14, Legalis-Nr. 1213560; Appellationsgericht Kraków 26.2.2013, I ACa 37/13, Legalis-Nr. 999265; poln. Oberstes Verwaltungsgericht 26.10.2012, I FSK 1966/11, Legalis-Nr. 552748.

[1081] Faber und Lurger (-*Kullerkupp*), National Reports I, Estonia, S. 311.

[1082] Bei Unternehmern verhindert bereits leichte Fahrlässigkeit den gutgläubigen Erwerb: Faber und Lurger (-*Mikelenas*), National Reports III, Lithuania, S. 392.

[1083] *Georgiades,* Emprágmato Díkaio I, S. 492.

[1084] Berufungsgericht Athen 3182/1982, Arm 37 (1983) S. 967.

[1085] Berufungsgericht Thessaloniki 174/1983, Arm 37 (1983) S. 580.

[1086] OLG Brandenburg 25.4.2007, BeckRS 2009, 05871 (Turmsegmente einer Windkraftanlage); BGH 4.10.1972, MDR 1973 S. 44 (Straßenbaumaschine).

[1087] LG Schwerin 14.4.1998, DB 1999 S. 277 (Imbisswagen).

[1088] BGH 5.2.1975, NJW 1975 S. 735; OLG Zweibrücken 12.12.2013, BeckRS 2014,02988. Anders verhält es sich aber bei Baumaschinen (OLG Koblenz 15.12.2016, BauR 2017 S. 780).

[1089] LG Darmstadt 30.8.2001, NJW-RR 2002 S. 417.

[1090] Cass 16.5.1997, Nr. 4328, Giur. it. 1998 S. 1374 (dazu *Magri,* Riv. dir. civ. 2013 S. 741, 752); kritisch aber *Sacco,* Riv. dir. civ. 1959 S. 250 sowie *Sacco und Caterina,* Il possesso[3], S. 453.

[1091] Cass. 14.9.1999, Nr. 9782, Giust. civ. Mass. 1999 S. 1968 (oben Fn. 964).

Die Reduktion des Fahrlässigkeitsmaßstabes auf grobe Fahrlässigkeit wirkt sich nach alledem praktisch nur selten aus. Sie hat aber erhebliche strukturelle Konsequenzen, weil sie der wichtigste Grund für die Entstehung eines **„Eigentümer-Besitzer-Verhältnis"** genannten Spezialgebiets auf der Grenze zwischen Schuld- und Sachenrecht ist (z. B. §§ 987 ff dt. BGB; Artt. 1096–1107 gr. ZGB; Artt. 1148–1152 CC).[1092] Wenn ein Besitzer die Sache nur dann nicht zu Eigentum erwirbt, wenn er die Nichtberechtigung des Veräußerers grob fahrlässig verkannte, dann kann er dem Eigentümer auch schlecht aus „normaler" Fahrlässigkeit haften, wenn er dessen Sache beschädigt oder zerstört. Dazu soll es nur unter der doppelten Voraussetzung eines grob fahrlässigen Übernahme- und eines wenigstens leicht fahrlässigen Ausführungsverschulden kommen, und das will (neben Verwendungs- und Nutzungsansprüchen) plötzlich aufwändig geregelt sein.

383 Am kräftigsten ausgestaltet ist der Erwerberschutz (erstaunlicherweise) in England. Wo es sich zu Ausnahmen von dem *nemo dat*-Prinzip durchringt, scheitert der Erwerb vom Scheinberechtigten nur bei Kenntnis. Im Grundsätzlichen ist man streng, im Konkreten großzügig. Alle einschlägigen Vorschriften verlangen nur, dass der Erwerber **without notice and in good faith** handelte (secs. 2, 8, 9 Factors Act 1889; secs. 22–25 SGA 1979). Ob dem Merkmal *in good faith* neben der Kenntnis *(notice)*[1093] überhaupt eine eigenständige Rolle zufällt, scheint nicht abschließend geklärt[1094], aber bloß fahrlässig verschuldete Unkenntnis genügt jedenfalls nicht. Denn unter sec. 61(3) SGA 1979 „a thing is deemed to be done in good faith within the meaning of this Act when it is in fact done honestly, whether it is done negligently or not". Die Beweislast für den bösen Glauben liegt bei dem, der sich auf sie beruft, im Zweifel also bei dem wahren (früheren) Eigentümer.[1095] Der (vermeintliche) Erwerber muss dagegen wenigstens nachweisen, dass es sich überhaupt um einen Kauf handelte.[1096] Ein Gebrauchtwagenkäufer muss sich außerdem das der deutschen Zulassungsbescheinigung II vergleichbare *registration book* vorlegen lassen; verzichtet er darauf, stellt er sich sozusagen absichtlich „blind" und wird deshalb so behandelt, als habe er Kenntnis.[1097] Wiederum zeigt sich, dass die praktischen Unterschiede deutlich geringer sind, als es die Formulierungen der einschlägigen Vorschriften nahelegen.

(3) Der maßgebliche Zeitpunkt

384 Der Erwerber muss bis (aber auch nur bis) zu dem Zeitpunkt gutgläubig sein, in dem sich der Erwerb vollendet. Späteres Bösgläubigwerden spielt keine Rolle mehr; *mala fides superveniens non nocet.*[1098] In Rechtsordnungen, die auf einem solchen Mo-

---

[1092] *von Bar,* Gemeineuropäisches Deliktsrecht I, Rdnr. 551.

[1093] Benjamin (-*Guest*), Sale of Goods[7], Rdnr. 7–047. *Notice* liegt, wenn es um Rechtsfragen geht, natürlich auch bei Kenntnis der maßgeblichen tatsächlichen Umstände vor: *Navulshaw v Brownrigg* (1852) 2 De G M & G 441, 42 ER 943; *Evans v Trueman* (1830) 1 Moody & R 10, 174 ER 4.

[1094] *Bridge,* Personal Property Law[3], S. 129 meint sogar, Kenntnis allein reiche nicht, man müsse zusätzlich noch schlechtgläubig sein.

[1095] Whitehorn Brothers v Davison [1911] 1 KB 463.

[1096] *Thomas v Heelas,* 27.11.1986, 1986 WL 407651.

[1097] *Bishopsgate Motor Finance Corp. v Transport Brakes* [1949] 1 KB 322, 337–338 (Denning LJ).

[1098] Z. B. Cass. 14.9.1999, Nr. 9782, Giust. civ. Mass. 1999 S. 1968; Cass. civ. 15.3.1978, Bull. civ. 1978, III, Nr. 123 S. 96 und Gutowski (-*Kępiński und Kępiński*), Kodeks cywilny, Art. 169 Rdnr. 12. Rein besitzrechtlich anders zwar Art. 435 span. CC. Danach „verliert der im guten Glauben erworbene Besitz diese Eigenschaft erst in dem Fall und von dem Zeitpunkt an, in dem Vorgänge gegeben sind, die beweisen, dass der Besitzer über den unrechtmäßigen Besitz der Sache nicht [mehr] in Unkenntnis ist" (näher und mit rechtsvergleichenden Hinweisen Ministe-

ment bestehen[1099], ist folglich der Vollzug der frühestmögliche Zeitpunkt des Erwerbs vom Scheinberechtigten. Es kommt auf den Zeitpunkt der Erlangung von Eigenbesitz an. Sollte sich, was freilich selbst in der Konstellation der *brevi manu traditio* nur ausnahmsweise vorstellbar ist, der Erwerb des Eigenbesitzes zeitlich vor der Einigung bzw. vor dem Titelgeschäft zugetragen haben, kommt es auf diese(s) an. Bedarf der Erwerb vom Scheinberechtigten keines Vollzuges, entscheidet der Zeitpunkt der Einigung (z.B. § 934 1. Alt. dt. BGB[1100]). Veräußert ein Scheinberechtigter eine fremde bewegliche Sache unter Eigentumsvorbehalt, dann sollte es auf den Zeitpunkt der Zahlung der letzten Kaufpreisrate ankommen. Denn bis zu diesem Zeitpunkt fehlt es in Wahrheit an einer Einigung, jedenfalls aber an einem Vollzug durch Begründung von Eigenbesitz. Das wird freilich gelegentlich anders gesehen.[1101]

Abgesehen von dieser Anomalie stößt man in Europa auf keine weiteren Über- **385**
raschungen mehr. Im deutschen (§§ 932(1) Satz 1, 933, 934 2. Alt. dt. BGB) und estnischen Recht kommt es darauf an, dass der Erwerber sowohl im Zeitpunkt der Einigung als auch im Zeitpunkt der Übergabe gutgläubig war.[1102] Unter Art. 2275 franz. (Art. 2269 belg. und luxemb.) CC genügt es, „dass der gute Glaube im Augenblick des Erwerbs vorhanden war". Entscheidend ist deshalb der Moment der tatsächlichen Inbesitznahme; Gutgläubigkeit im Zeitpunkt der Einigung genügt nicht.[1103] Art. 1036(1) gr. ZGB stellt auf den Zeitpunkt der Übergabe ab.[1104] Liegt er ausnahmsweise vor dem Zeitpunkt der Einigung, entscheidet letzterer. Art. 1153 ital. CC setzt einen gültigen Titel voraus und stellt im Übrigen auf den Zeitpunkt der Besitzerlangung ab, Lettland auf Gutgläubigkeit im Zeitpunkt der Verhandlungen und der Einigung.[1105] Unter österreichischem Recht muss die Redlichkeit des Erwerbers nicht nur beim Abschluss des Titelgeschäfts vorhanden sein, sondern bis zur Übergabe der Sache fortdauern.[1106] Ebenso verhält es sich in Polen (Art. 169 § 1 und § 2 poln.

---

rio de Justicia [-*Coca Payeras*], Comentario del Código Civil I², S. 1175, Anm. II zu Art. 435). Das ändert aber nichts mehr an den einmal veränderten Eigentumsverhältnissen.

1099 Oben Rdnrn. 369–377.

1100 Oben Rdnr. 374.

1101 In Österreich z.B. hebt die Rechtsprechung auf den Zeitpunkt des Titelgeschäfts und der Übergabe ab, weshalb bei einer aufschiebend bedingten Übereignung Kenntniserlangung nach Übergabe, aber vor Bedingungseintritt, den nachfolgenden Eigentumserwerb nicht mehr verhindern soll (OGH 24.6.1987, SZ 60/120). Auch in Griechenland wird überwiegend gelehrt, dass es beim Eigentumsvorbehalt nicht auf den Bedingungseintritt, sondern auf die Auslieferung der Sache ankommen solle (*Papantoniou,* E kalí pistis eis to astikón díkaion, S. 244–245; *Georgiades,* Emprágmato Díkaio I, S. 494–495 Rdnrn. 31–32). Unter deutschem Recht erzielt man dasselbe Ergebnis, wenn man mit der wohl h.M. den gutgläubigen Ersterwerb eines „Anwartschaftsrechts" (Bd. 1 Rdnr. 476) zulässt. Die Idee lebt schließlich von dem Ergebnis, das sie bewirken soll: dem Eigentumsvorbehaltskäufer wird ein „Anwartschaftsrecht" genanntes Recht geradezu zu dem Zweck zugesprochen, dass er durch Kaufpreiszahlung das Eigentum noch zu einem Zeitpunkt erwerben kann, in dem er bereits erfahren hat, dass sein Vertragspartner nicht der Eigentümer war (z.B. *Wilhelm,* Sachenrecht⁵, Rdnr. 936 mit weiteren Nachweisen). Das freilich macht die Konstruktion nicht besser.

1102 Näher und mit Nachweisen aus der Rechtsprechung Faber und Lurger (-*Kullerkupp*), National Reports I, Estonia, S. 311.

1103 Cass. civ. 15.3.1978 aaO (Fn. 1098); *Boufflette,* La possession, S. 129 Rdnr. 137; *Bergel/Bruschi/Cimamonti,* Les biens², S. 260 Rdnr. 209.

1104 Berufungsgericht Athen 4663/1976, NoB 25 (1977) S. 207.

1105 Faber und Lurger (-*Klauberg und Kolomijceva*), National Reports VI, Latvia, S. 576.

1106 OGH 22.3.1993, SZ 66/38.

ZGB[1107]) und in Schweden (§ 2(1) schwed. GfvL). Unter Art. 64(1) slowen. SPZ muss der Erwerber bis zum und im Zeitpunkt der Übergabe gutgläubig gewesen sein, unter tschechischem Recht bis zu dem Moment, in dem das Eigentum auch im Falle des Erwerbs vom Berechtigten übergehen würde. Es genügt also, falls das Gesetz oder der Vertrag nichts anderes vorsehen, guter Glaube im Zeitpunkt des Vertragsschlusses. Denn einer Übergabe bedarf es für den gutgläubigen Erwerb nicht.[1108] Ebenso verhält es sich unter sec. 2 Factors Act 1889. Maßgeblich auf die *delivery* kommt es nur unter secs. 8 und 9 Factors Act 1889 bzw. secs. 24 und 25 SGA 1979 an.

d) Wirkungen

386 Die Hauptwirkung eines Erwerbs vom Scheinberechtigten besteht natürlich darin, dass der Erwerber (C) das fragliche Recht erlangt und es gleichzeitig in der Person seines bisherigen Inhabers (A) erlischt. Letzterer wird auf schuldrechtliche Ausgleichsansprüche gegen den Verfügenden (B) verwiesen. Auch die Frage, was mit **Belastungen** des erworbenen Rechts geschieht, wird einheitlich beantwortet: sie erlöschen, es sei denn, der Erwerber wusste von ihnen oder musste von ihnen wissen.[1109] Es wäre widersprüchlich, den Bestand eines beschränkten dinglichen Rechts besser zu schützen, als den Bestand des Eigentumsrechts. In Deutschland wird häufig gesagt, es komme zu einem gutgläubig „lastenfreien" Erwerb des Eigentums.[1110] Das ist im Ergebnis meistens richtig, beschreibt die Rechtslage aber aus ungünstiger Perspektive. Nicht die „Lastenfreiheit des Eigentums" ist der springende Punkt, sondern der Umstand, dass Belastungen, anders als das Eigentum, nicht erworben werden, sondern einfach nur erlöschen. Denn es fehlt bereits an einer entsprechenden Verfügung (bzw. einem Titelgeschäft); der Scheinberechtigte hat ja das Stammrecht, nicht seine Belastung übertra-

---

[1107] Dazu Poln. OG 28.8.1984, I CR 261/84, OSNCP.1985.5–6.71, Legalis-Nr. 24332 und Poln. OG 10.10.1997, II CKN 378/97, OSP.1998.6.111, Legalis-Nr. 31672 (Bei einer „Eigentümer-Kette" müssen alle Eigentümer der Reihe nach während der ganzen Frist gutgläubig bleiben).

[1108] Oben Rdnr. 376.

[1109] Z.B. § 936(1) Satz 1 i.V.m. § 926(2) dt. BGB; § 95[1] (1) und (3) estn. LPA; Art. 1040 gr. ZGB; Art. 1153(2) ital. CC; Art. 4.9(2) lit. ZGB (nur eingetragene Belastungen bleiben bestehen); § 367(2) österr. ABGB (allerdings soll, so Rummel [-*Spielbüchler*], ABGB I[3], § 367 Rdnr. 11, der Erwerber von Sicherungseigentum lediglich Vorrang vor anderen Pfandrechten an derselben Sache erlangen); Art. 170 § 1 poln. ZGB; Art. 64(4) slowen. SPZ; § 1107 tschech. BGB (in öffentlichen Registern eingetragene Belastungen bleiben bestehen); §§ 5:39(4) und 5:143(1) ungar. ZGB (auch ein in das Register der Kreditsicherungsrechte eingetragenes Pfandrecht erlischt). In Frankreich und Spanien folgt dasselbe Ergebnis aus der Lehre, dass der Besitz einen neuen (abstrakten) Titel schaffe (oben Fn. 1019). Mängel des Rechts werden behoben, seine Belastungen (Nießbrauch, Pfandrecht) erlöschen (*Bergel/Bruschi/Cimamonti,* Les biens[2], S. 278 Rdnr. 231; *Larroumet,* Les biens[5], S. 576 Rdnr. 927; Faber und Lurger [-*González Pacanowska und Díez Soto*], National Reports V, Spain, S. 634); der Besitz entfaltet über Art. 2276 franz. (Art. 2279 belg. und luxemb.) CC Drittwirksamkeit gegenüber den Inhabern konkurrierender Sachenrechte (*Larroumet* aaO). Das schwed. GfvL regelt die Frage zwar nicht, doch genügen auch hier nach der Rechtsprechung guter Glaube sowie Besitzübergabe oder ein entsprechendes sachenrechtliches Moment, um Belastungen zum Erlöschen zu bringen (u.a. HD 17.6.1924, NJA 1924 S. 329 und HD 7.5.1940, NJA 1940 S. 297). *Hessler,* Allmänn sakrätt, S. 374 und *Håstad,* Sakrätt[6], S. 89 weisen auf die Parallelität zu der Regelung über Mehrfachveräußerungen (§ 2 GfvL) hin.

[1110] Z.B. *Prütting,* Sachenrecht[36], Rdnr. 439 und *Vieweg und Werner,* Sachenrecht[7], § 5 Rdnr. 49.

gen. (Hat er umgekehrt nur die Belastung, aber nicht das Stammrecht übertragen, bleibt dieses natürlich unberührt.[1111])

Die auf dem Eigentum des (A) lastenden Rechte des (D) (ein Pfandrecht, ein Nieß- **387** brauch) erlöschen nicht deshalb, weil das Eigentum des (A) erlischt. Sie erlöschen vielmehr, wenn und weil die Verfügung des (B) über das Eigentum des (A) auch gegen die beschränkten Rechte des (D) gerichtet ist. Das ist nicht automatisch der Fall. Denn (B) und (C) werden über diese Rechte gar nicht gesprochen haben; (C) wäre ja andernfalls bösgläubig. Also muss der Verfügung des (B) an (C) ein objektives Element innewohnen, an dem die Rechtsordnung die erforderliche Zielrichtung nicht nur gegen das Eigentum des (A), sondern auch gegen die Rechte des (D) festmachen kann. Das kann, da Pfandrecht und Nießbrauch besitzgestützte Rechte sind, nur der Eigenbesitz sein, in den (C) von (B) gewiesen wird. Anders als das Erlöschen des Eigentums setzt deshalb das Erlöschen eines beschränkten dinglichen Rechts immer ein Vollzugsmoment voraus. Die Rechte des (D) erlöschen nur, wenn (C) mit dem Eigentum auch den Besitz der Sache erlangt. Das zum Ausdruck zu bringen, ist der Zweck von § 936 dt. BGB (ähnlich § 95^1 (2) estn. LPA). Ein beschränktes dingliches Recht des (D) geht in den Fällen der *brevi manu traditio* nur unter, wenn (C) den Besitz von (B) (und nicht von irgendjemand anderem) verschafft bekommen hatte (§ 936(1) Satz 1 aaO). Wird als *modus* das Besitzkonstitut oder die Abtretung des (vermeintlichen) Herausgabeanspruchs gewählt, erlischt das Recht des (D) nur, wenn (B) dem (C) den Besitz der Sache verschafft (Satz 2 aaO). Befindet sich die Sache allerdings noch im Besitz des Inhabers des beschränkten dinglichen Rechts, dann bleibt es auch dem (C) gegenüber bei Bestand (§ 936(3) dt. BGB). Die Regelung ist insgesamt sehr theorielastig und kompliziert formuliert. Das eigentliche Drama besteht freilich darin, dass § 936(3) dt. BGB zu einem zentralen Baustein der Lehre vom Anwartschaftsrecht des Eigentumsvorbehaltskäufers wurde. Es sei zwar kein selbständiges Sachenrecht, sei aber im Rahmen von § 936(3) aaO wie ein selbständiges Sachenrecht anzusehen, und weil das so sei, trage es eben doch den Charakter eines sachenrechtlichen Regeln unterworfenen Rechts. Der Zirkel ist komplett. Das Ergebnis lautet, dass ein besitzender und vertragstreuer Vorbehaltskäufer (in diesem Fall (A)) gegen Verfügungen des Eigentümers und Vorbehaltsverkäufers (in diesem Fall (B)) geschützt bleibt, weil sich § 936(3) gegenüber § 934 1. Alt dt. BGB durchsetzt.[1112]

5. Rechte an Grundstücken

a) Liegenschaftsregister, nicht Besitz

Auch Rechte an Grundstücken können in vielen Rechtsordnungen von einem **388** Scheinberechtigten erworben werden. Dass der gute Glaube des Erwerbers schon von Verfassungs wegen auch im Grundstücksrecht Berücksichtigung finden müsse, wird zwar nur vereinzelt vertreten.[1113] Überall, wo man einen Erwerb vom Scheinberech-

---

[1111] Cass. 18.9.2014, sez. III, Nr. 19653, Diritto & Giustizia 2014 S. 7.

[1112] Näher Band 1 Rdnr. 482.

[1113] Unter altem Recht hatte das tschech. OG den gutgläubigen Erwerb von Immobiliarsachenrechten mehrfach abgelehnt (tschech. OG 12.11.2014, 31 Cdo 1168/2013, Sbírka soudních rozhodnutí a stanovisek, R 16/2015; tschech. OG 26.11.2014, 30 Cdo 3144/2014, ECLI:CZ:NS:2014:30.CDO.3144.2014.1). Ein berechtigter Besitzer könne nicht nur wegen

tigten für möglich hält, ist man sich aber darin einig, dass er sich im Grundstücksrecht nach anderen Regeln vollziehen muss als im Recht der realen Sachen. Rechte an realen Sachen unterliegen nur höchst ausnahmsweise der Registrierung. Bei den meisten realen Sachen darf der Erwerber deshalb schon aus dem Eigenbesitz des Veräußerers auf dessen Berechtigung als Eigentümer schließen, bei Grundstücken nicht. Dem bloßen Grundstücksbesitz wohnt kein Legitimitätsindiz inne. Außerdem lässt sich der Erwerb eines Grundstücks auch vom Berechtigten nicht, jedenfalls nicht in derselben Weise wie der Erwerb einer realen Sache, an eine Einigung und eine „Übergabe" knüpfen.[1114] Grundstücke sind normative Sachen, die sich, recht betrachtet, gar nicht tradieren lassen.[1115] Bei ihnen kann die Inbesitznahme bestenfalls als ein den Erwerbsvorgang bestätigendes Element vonnöten sein, aber Besitzverschaffung taugt nicht als das für einen Erwerb vom Scheinberechtigten unverzichtbare Vollzugsmoment.[1116] Wenn man auch im Grundstücksrecht mit der Idee der Scheinberechtigung arbeiten will, dann bleibt also nichts anderes übrig, als auf Eintragungen im Liegenschaftsregister abzustellen.

389 Ein Grundeigentümer (A) kann folglich sein Eigentum durch die Verfügung eines Nichtberechtigten (B) höchstens dann an (C) verlieren, wenn das Liegenschaftsregister den (B) als den Eigentümer ausweist. Für den Fall des Doppelverkaufs scheint sich das unter Art. 1198(2) franz. CC zwar anders zu verhalten, weil die Vorschrift nur auf die Eintragung des Käufers (und nicht des Verkäufers) abstellt, also den Vollzug betont, nicht die Scheinberechtigung. Indes wird (C) nach den Regeln über den *effet relatif* der

---

seines guten Glaubens an die Eintragung im Liegenschaftskataster *a non domino* erwerben. Tschech. Verfassungsgericht 26.5.2015, IV.ÚS 402/15, Sbírka nálezů a usnesení Ústavního soudu, Nr. 105, Bd. 77 S. 539 sah darin einen Verstoß sowohl gegen Art. 11(1) (Schutz des Eigentums) als auch gegen Artikel 36(1) (Recht auf faires Gerichtsverfahren) der tschech. Verfassung. Schon tschech. Verfassungsgericht 25.2.2009, I. ÚS 143/07, Sbírka nálezů a usnesení Ústavního soudu, Nr. 35, Bd. 52 S. 359 hatte betont, dass auch das Eigentumsrecht eines gutgläubigen Erwerbers verfassungsrechtlichen Schutz genieße, und tschech. Verfassungsgericht 17.4.2014, I. ÚS 2219/12, Sbírka nálezů a usnesení Ústavního soudu, Nr. 61, Bd. 73 S. 163, hatte entschieden, dass die Vernachlässigung des guten Glaubens des Erwerbers das *nemo plus iuris*-Prinzip in verfassungsrechtlich unzulässiger Weise überstrapaziere. Näher *Schusterová,* in: Hoops/Koolhoven/Rostill, Property Law Perspectives V, S. 107–123. Wie das (alte) tschech. BGB sieht auch das mit ihm weitgehend identische slowakische BGB keine Ausnahme von dem *nemo plus iuris*-Prinzip vor. Es kennt nur die gutgläubige zehnjährige Ersitzung (§ 134(1) slowak. BGB). Slowak. Verfassungsgericht 16.3.2016, I. ÚS 549/2015 hat sich aber der Position des tschech. Verfassungsgerichts angeschlossen („Den Schutz des Eigentumsrechts sind die Gerichte verpflichtet, auch den gutgläubigen Erwerbern zu gewähren, die ihr Eigentumsrecht an einer im Liegenschaftskataster eingetragenen Immobilie aus einem Rechtsgeschäft ableiten, das später als absolut nichtig angesehen wurde. Hierdurch geraten das Prinzip des Schutzes eines gutgläubigen Erwerbs (Prinzip des guten Glaubens, des Glaubens in die Handlung des Staates und der Rechtssicherheit in einem demokratischen Rechtsstaat) und das Prinzip des Eigentumsschutzes des ursprünglichen Eigentümers (Prinzip nemo plus iuris) in Konflikt. Wenn es nicht möglich ist, das Maximum von beiden Grundrechten aufrechtzuerhalten, ist es notwendig, zum Prinzip der allgemeinen Gerechtigkeit zu greifen, was heißt, dass ein unachtsamer Eigentümer das Risiko trägt und nicht der gutgläubige Erwerber, denn dieser ist nicht imstande zu erfahren, wieso die Sache die Eigentumssphäre des Eigentümers verließ und auf die Eigentumsurkunde des Übertragenden geriet, und das nach einem gesetzlichen Verwaltungsverfahren (Kataster)").

[1114] Zum spanischen und litauischen Recht schon oben Fn. 546.

[1115] Oben Rdnr. 285.

[1116] Das ist auch unter der französischen *théorie de l'apparence* (oben Rdnrn. 346–347) nicht anders.

publicité foncière nur eingetragen, wenn er einen Kaufvertrag mit der voreingetragenen Person (in diesem Fall also dem (B)) vorlegt.[1117] Auch wenn (B) nichtberechtigt eine Belastung an dem Eigentum oder an einem sonstigen Recht des (A) bestellt oder überträgt, kann (C) sie bestenfalls erwerben, wenn das Register (bzw., bei Briefrechten, eine dem Register gleichgestellte Urkunde) den (B) als den dazu sachenrechtlich Berechtigten ausweist. Bei nichteingetragenen Grundstücken ist ein Erwerb vom Nichtberechtigten in aller Regel ausgeschlossen; für einen solchen Vorgang fehlt die Grundlage.[1118]

b) Rechtsinhaberschaft und Scheinberechtigung

Der Gedanke einer durch Eintragung in ein Liegenschaftsregister vermittelten Scheinberechtigung trägt aber natürlich nur, wenn solche Eintragungen von der „wirklichen Rechtslage" (§ 894 dt. BGB; Artt. 3 und 5 poln. GBHG) abweichen können. Das ist unter einem **Torrenssystem** nicht der Fall. Unter ihm *ist* Rechtsinhaber, wen das Liegenschaftsregister als solchen ausweist; es gibt, genau besehen, keine Scheinberechtigten.[1119] Das ist der Ausgangspunkt des **englischen Rechts**.[1120] Unter sec. 58 LRA 2002 gilt als Inhaber eines *estate*, wen das Register als Inhaber verlautbart. Nach dem Text des Gesetzes genügt zur Entstehung des dinglichen Rechts allein die Eintragung. Allerdings hat sich dagegen einiger Widerstand formiert[1121], und da eine höchstrichterliche Klärung bislang aussteht, lässt sich das Maß der Relativierungen des Torrenssystems derzeit noch nicht abschließend bestimmen. Es scheint, dass der eingetragene Rechtsinhaber sein Recht unter wenn auch engen Voraussetzungen im Wege der Berichtigung rückwirkend wieder verlieren kann. Dann werden auch Verfügungen unwirksam, die er (als Berechtigter!) in der Zwischenzeit getroffen hat. Es ist insbesondere nicht abschließend geklärt, ob der Erwerber (C) auch dann Schutz genießt, wenn es an einem Geschäft zwischen (A) und (B) gänzlich fehlte oder es offensichtlich nichtig war. War (A) an dem angeblichen Geschäft mit (B) gar nicht beteiligt, hat (B) den (A) betrogen oder litt (A) an einer geistigen Behinderung, wird vielfach einer Neueintragung des (A) das Wort geredet; dieser Weg sei erst ab dem Zeitpunkt versperrt, in dem (B) in den Besitz des Grundstücks gelangt. Denn eine Berichtigung, die ein Recht einer Person berühren würde, die bereits im Besitz des Landes ist, ist gegen ihren Willen unzulässig (Schedule 3 und para. 6(2) Schedule 4 LRA 2002). Selbst dann noch soll aber *equity* helfen können. Wenn (A) Inhaber eines *registered estate* 390

[1117] Oben Rdnr. 290. Unter Art. 1 des belg. Hypothekengesetzes 22.12.1851 verhalten sich die Dinge im Ergebnis ebenso. Die Eintragung im Register ist nur notwendig, um die aus der Einigung resultierenden Rechtspositionen gutgläubigen Dritten gegenüber durchsetzen zu können (Cass. 21.2.1991, Pas. belge 1991, I, 337). Sobald die Eintragung des Erstkäufers vollzogen ist, scheidet ein gutgläubiger Erwerb des Zweitkäufers aus (*Verbeke/Carette/Hoekx/Vanhove,* Bijzondere overeenkomsten in kort bestek[4], S. 5). Schließen (A) und (B) an Tag 1 einen *compromis* (einen privatschriftlichen Kaufvertrag), den sie an Tag 4 notariell beurkunden lassen, greift (C) aber schon an Tag 3 im Wege des Arrestes *(beslaglegging)* auf das Grundstück zu, so genießt (C) Vorrang gegenüber (B), falls (C) sein Recht früher publiziert als (B) und bezüglich des Verkaufs von (A) an (B) gutgläubig war (*Verbeke/Carette/Hoekx/Vanhove* aaO S. 12).

[1118] Ignatowicz und Stefaniuk (-*Stefaniuk*), Prawo rzeczowe[2], S. 93 Rdnr. VII (mit Hinweisen auf einige wenige Ausnahmen, darunter Art. 83 § 2 und Art. 1028 poln. ZGB).

[1119] Oben Rdnr. 305.

[1120] Oben Rdnrn. 306–309.

[1121] Oben Rdnr. 327.

ist, der auf (B) in einer Weise übertragen wird, die bei einem *unregistered estate* unwirksam wäre (sodass der *title* bei (A) verbliebe), soll (B) zwar im Wege der Eintragung den *title at law* erwerben, diesen jedoch *in trust* für (A) halten, sodass (A) *at equity* Rückübertragung auch des *legal title* und damit seine erneute Eintragung verlangen könne.[1122]

c) Scheinberechtigungen vermittelnde Registereintragungen

(1) Kombinationen aus a non domino-Erwerb und Ersitzungsrecht

391 Wo Eintragungen in das Liegenschaftsregister in dem Sinne „falsch" sein können, dass sie den wahren Rechtszustand nicht korrekt spiegeln, muss die Frage entschieden werden, ob zugunsten des gutgläubigen (C) der Schein oder zugunsten des (A) die Wirklichkeit obsiegen soll. Rechtsordnungen, die, wie die portugiesische, schon bei realen Sachen keinen Erwerb vom Scheinberechtigten zulassen[1123], lassen ihn bei Grundstücken gewissermaßen „erst recht" nicht zu. Die einzige Ausnahme ist wiederum der Doppelverkauf. Dass der erste Käufer (A) seinen Titel nicht registrieren ließ, hindert zwar seinen Eigentumserwerb nicht, doch ist dieses Eigentum nicht gegen eine weitere Verfügung des Verkäufers (B) geschützt, so dass (C), der Zweitkäufer, im Zeitpunkt seiner Eintragung *a non domino* von (B) erwirbt.[1124] Voraussetzung dafür ist aber wieder, dass das Register den Verkäufer (B) noch immer als Eigentümer verlautbart; wäre (B) nicht (oder nicht mehr) eingetragen, könnte sich auch (C) nicht durch Vorlage eines Kaufvertrages mit (B) legitimieren; (C) würde nicht eingetragen.[1125] Griechenland kennt den Erwerb vom Scheinberechtigten zwar bei realen Sachen, unter dem traditionellen Transkriptionssystem aber nicht bei Grundstücken.[1126] Es schließt die Lücke durch ein erwerberfreundliches Ersitzungsrecht.[1127] Recht verbreitet sind jedoch Kombinationen aus *a non domino*-Erwerb und Ersitzungsrecht. Zu ihnen kommt es, wo der registergestützte Erwerb von einem Scheinberechtigten zwar grundsätzlich möglich ist,

---

[1122] AaO.

[1123] Oben Rdnr. 341.

[1124] Oben Rdnr. 319.

[1125] Art. 9(1) port. CRP („Tatsachen, auf denen die Übertragung von Rechten oder Begründung von Lasten an einer unbeweglichen Sache beruht, können nicht eingetragen werden, wenn die Sache nicht endgültig zu Gunsten der Person eingetragen ist, von der das Recht erworben oder gegenüber der die Last begründet wird"); Einzelheiten in Artt. 54–55 port. Notargesetzbuch (Código do Notariado, DL 207/95 vom 14.8.1995, DR 187/1995 I-A). *Pietrek,* Konsens über Tradition?, S. 198, 204 und 216 meint, dass das Voreintragungsprinzip *de facto* die rein deklaratorische Eintragung in eine Eintragung mit konstitutivem Gehalt umwandele.

[1126] Art. 1036 gr. ZGB. Es werden nun aber Region für Region Grundbücher eingeführt (oben Fn. 617), und unter ihnen ist, wie bislang nur bei beweglichen Sachen, ein sofortiger gutgläubiger Eigentumserwerb möglich (*Georgiades,* Emprágmato Díkaio², S. 551 Rdnr. 104). Ersteinträge erfolgen zugunsten desjenigen, der nach den Regeln der ordentlichen (gutgläubigen) Ersitzung bereits Eigentümer ist. Der Ersteintrag wird, wenn er nicht innerhalb von acht Jahren angefochten wird, endgültig (Art. 6(2) gr. Gesetz 2664/1998). Die rechtzeitig erhobene Anfechtungsklage vernichtet rückwirkend den guten Glauben des Grundbuchs (Art. 13 aaO). Unter dem Transkriptionssystem kommt es aber immerhin im Falle des Doppelverkaufs zu dem vertrauten Ergebnis. Wirksam wird der zuerst eingetragene Titel, und dies selbst dann, wenn der Zweitkäufer von dem früheren Titel des Erstkäufers Kenntnis hatte (Areopag 888/1977, NoB 27 [1979] S. 703).

[1127] Oben Rdnrn. 150 und 158.

aber erst nach Ablauf bestimmter Fristen bestandsfest wird. Italien und Slowenien legen den Akzent auf das Ersitzungsrecht. Unter Art. 1159 ital. CC[1128] bzw. Art. 10 slowen. SPZ[1129] verkürzt sich die Ersitzungsfrist auf zehn Jahre ab Eintragung des gutgläubigen Käufers. § 5:187 ungar. ZGB[1130] akzentuiert dagegen den Erwerb vom Scheinberechtigten. (C) erwirbt zwar sofort mit Eintragung, bleibt aber sechs Monate lang der Löschungsklage des (A) ausgesetzt, wenn (A) der Eintragungsbeschluss zugestellt wurde; andernfalls verlängert sich die Frist auf drei Jahre.[1131] In ähnlicher Weise oszilliert auch das österreichische Recht zwischen dem Ersitzungsrecht und dem Recht des redlichen Erwerbs. Den bürgerlichrechtlichen Ausgangspunkt bildet § 1500 österr. ABGB[1132]. Ihm geht es um den Fall, dass (A) kontratabular ein Grundstück des (B) ersitzt, das Grundbuch aber nicht auf sich umschreiben lässt. Verfügt nun (B) über das Grundstück an (C), so erwirbt (C) im Vertrauen auf die Richtigkeit der inzwischen unrichtig gewordenen Verlautbarung des (B) das Eigentum. Der § 1500 ABGB wird aber weit über die Fälle der Ersitzung hinaus auf alle unrichtig werdenden Eintragungen angewandt.[1133] Allerdings handelt das Gesetz hier nur von Situationen, in denen das Grundbuch ursprünglich richtig war und später unrichtig wurde. Andernfalls finden sich die Antworten im österr. GBG. Veräußert etwa (A) an (B) und wird (B) eingetragen, stellt sich aber heraus, dass der Kaufvertrag zwischen ihnen nichtig ist, steht (A) die Löschungsklage offen. Sie ist das Instrument der Wahl zugunsten desjenigen, dessen Recht durch eine materiell unrichtige Eintragung beeinträchtigt wird (§ 61(1) österr. GBG). Die Löschungsklage unterliegt aber der „Verjährung" (§ 62 GBG), womit die Ersitzung unter §§ 1478, 1485 ABGB gemeint ist.[1134] § 63(1) GBG setzt eine Frist von 60 Tagen, innerhalb derer derjenige, der von einer Eintragung in Kenntnis gesetzt wurde, Widerspruch („Streitanmerkung") einlegen kann, der innerhalb weiterer 60 Tage im Wege der Klage begründet werden muss. Nach Verstreichen dieser Fristen ist eine Lö-

---

[1128] „Für denjenigen, der ein Grundstück in gutem Glauben von einer Person, die nicht Eigentümer ist, kraft eines Rechtstitels erwirbt, der zur Übertragung des Eigentums geeignet ist und ordnungsgemäß eingetragen worden ist, tritt die Ersitzung daran mit dem Ablauf von zehn Jahren ab der Eintragung ein. (2) Die gleiche Bestimmung findet im Fall des Erwerbs der sonstigen dinglichen Nutzungsrechte an einem Grundstück Anwendung".

[1129] „Wer im Rechtsverkehr ehrlich handelt und sich auf die Angaben über Rechte verlässt, die in das Grundbuch eingetragen sind, darf deswegen keine nachteiligen Folgen erleiden". Ein Erwerber, der beim Kauf der Immobilie das Eigentumsrecht des Verkäufers überprüft und feststellt, wer den Besitz hat, ist gutgläubig (*Rijavec/Vrenčur/Keresteš,* Immobiliarsachenrecht in Slowenien, S. 28). Er erwirbt das Eigentum an der Immobilie zehn Jahre nach Besitzerlangung (Makowicz [-*Rechberger, Tischler und Urank*], Immobilienerwerb in Mittel- und Osteuropa, S. 195, 218).

[1130] „Der materiellrechtliche Berechtigte oder die Person, die im Falle einer Löschung der Eintragung berechtigt wird, kann gegen einen aufgrund einer rechtswidrigen oder nachträglich unrichtig gewordenen Eintragung, im Vertrauen auf die Vollständigkeit und Richtigkeit der Eintragung, im guten Glauben und gegen ein Entgelt ein Recht erwerbenden Dritten Löschungsklage erheben". Die sechsmonatige Frist beginnt mit Zustellung des Eintragungsbeschlusses; die dreijährige mit der Eintragung. Es handelt sich um Ausschlussfristen.

[1131] Oben Rdnr. 325.

[1132] „Das aus der Ersitzung oder Verjährung erworbene Recht kann aber demjenigen, welcher im Vertrauen auf die öffentlichen Bücher noch vor der Einverleibung desselben eine Sache oder ein Recht an sich gebracht hat, zu keinem Nachteil gereichen". Eine ähnliche Regelung findet sich in Art. 36 span. LH.

[1133] Z. B. *Apathy,* JBl 1999 S. 205, 219–220.

[1134] *Rassi,* Grundbuchsrecht, Rdnr. 498.

schungsklage gegen denjenigen ausgeschlossen, der noch vor Streitanmerkung redlich Rechte vom (zu Unrecht) Eingetragenen erworben hat.

In Frankreich bietet die *théorie de l'apparence* zwar einen Ansatz zur Entwicklung eines registergestützten Erwerbs vom Scheinberechtigten, doch ist ihr praktisches Anwendungsfeld bislang viel zu schmal geblieben, um sie als Äquivalent zu Liegenschaftsregistern zu präsentieren, die mit öffentlichem Glauben ausgestattet sind.[1135]

(2) Der sogen. öffentliche Glaube von Liegenschaftsregistern

392 Vom **„öffentlichen Glauben"** *(fides publica)* eines Liegenschaftsregisters (Grundbuch) spricht man, wenn ihm zwar eine Richtigkeitsfiktion innewohnt, diese Fiktion aber unter einem doppelten Vorbehalt steht: weder darf der Erwerber wissen, dass die betreffende Eintragung die materiellrechtliche Rechtslage fehlerhaft abbildet, noch darf das Register selber Zweifel an seiner eigenen Richtigkeit nähren. Die Verlautbarung eines Widerspruchs auf Antrag desjenigen, dessen Recht, sofern es bestünde, durch die Richtigkeitsfiktion beeinträchtigt würde (§§ 899, 894 dt. BGB), zerstört den öffentlichen Glauben des Grundbuchs ebenso wie der Vermerk des polnischen Grundbuchrechts über eine Antragstellung, die Verlautbarung einer Anfechtungsklage unter schwedischem Recht (Kap. 18 § 8 schwed. JB), die Anmerkung einer Löschungsklage unter (§ 61(2) österr. GBG), die *plomba* tschechischen Rechts[1136] und die Randvermerke unter § 5:172(3) ungar. ZGB, die auf noch nicht bearbeitete Anträge hinweisen.[1137] In (sehr seltenen) Ausnahmefällen mag es außerdem vorkommen, dass sich Verlautbarungen des Liegenschaftsregisters gegenseitig widersprechen (Doppelbuchungen); sie *können* gewissermaßen gar nicht richtig sein und folglich auch nicht am öffentlichen Glauben des Liegenschaftsregisters teilhaben.[1138] Rein sprachlich ist der Ausdruck heute allerdings kaum noch zu entschlüsseln. Es handelt sich um eine Abbreviatur für einen komplexen Sachverhalt. Ein Liegenschaftsregister „hat" im modernen Sprachgefühl natürlich gar keinen Glauben, es „begründet" ihn. Gleichzeitig verbindet sich mit ihm

---

[1135] Oben Rdnrn. 346–347.

[1136] Maßgeblich dürfte der Grund der Eintragung sein. Die *plomba* (Band 1 Rdnr. 464 a. E.) begründet Bösgläubigkeit, wenn sie aufgrund einer Urkunde eingetragen wurde, durch welche Eigentum übertragen wurde, außerdem dann, wenn sie einen Streit um die Eigentumsverhältnisse verlautbart (Spáčil [-*Vrzalová*], Občanský zákoník III, S. 42).

[1137] Weitere Hinweise schon in Band 1 Rdnr. 464.

[1138] Z. B. Poln. OG 24.10.2003, III CZP 70/03, OSNC.2004.12.192, Legalis-Nr. 59193; RG 4.10.1930, RGZ 130 S. 64, 67; OLG Hamm 29.3.1993, NJW-RR 1993 S. 1295, 1297; OLG Hamm 12.6.1989, RPfleger 1989 S. 448 und BGH 1.10.2004, NJW-RR 2005 S. 10, 11. Eindrucksvoll auch das Vereinheitlichungsurteil STJ 23.2.2016, Processo 1373/06.7TBFLG.G1.S 1-A; Diário da República Nr. 38 vom 22.2.2017, S. 1049 (Widersprüchliche Doppelbuchung auf zwei verschiedenen Grundbuchblättern zugunsten verschiedener Personen als Eigentümer. „Beim Vorliegen einer doppelten Eintragung, total oder partiell, desselben Grundstückes, kann keiner der grundbuchrechtlichen Inhaber die Vermutung aus Art. 7 port. CRP zu seinen Gunsten geltend machen. Der Konflikt lässt sich ausschließlich durch die Anwendung der Prinzipien und der Vorschriften des materiellen Rechts lösen, es sei denn, es wird bewiesen, dass derjenige, der sich auf die Vermutung beruft, betrügerisch handelt". Beide Eintragungen höben sich gegenseitig auf; es komme zu einer Annullation). Das ist auch der Ausgangspunkt des spanischen Rechts. TS 19.5.2015, ADC 69 (2016) S. 1631, Anm. *Ruiz Arranz* entschied allerdings, dass es bei widersprüchlichen Doppelbuchungen auf verschiedenen Grundbuchblättern dann nicht zu einer gegenseitigen Aufhebung der verlautbarten Eigentumsrechte komme, wenn eines von ihnen im Wege des gutgläubigen Erwerbs (Art. 34 span. LH) erlangt wurde. Sein Vorrang sei eine Folge des öffentlichen Glaubens des Liegenschaftsregisters.

nicht etwa ein „öffentlicher" Glaube, sondern die Botschaft an die Öffentlichkeit, sich (mit den genannten Einschränkungen) auf die Einträge verlassen zu können. Es geht um das „Vertrauen der Allgemeinheit". Dieses stützt sich wiederum (i) darauf, dass es sich um ein staatlich geführtes (und deshalb „öffentliches") Register handelt, und (ii) darauf, dass Eintragungen in ihm nur auf der Grundlage „öffentlicher" Urkunden vorgenommen werden.[1139] Schließlich geht es um einen „abstrakten", nicht um einen „konkreten" Gutglaubensschutz. Niemand prüft, ob der Erwerber das Liegenschaftsregister rechtzeitig konsultiert hat; die verlautbarte Voreintragung kann ihm aus purem Glück zu dem angestrebten Recht verhelfen.[1140] Er hat deshalb an dem „öffentlichen Glauben", genauer: an der durch die Rechtsordnung legitimierten Annahme der Allgemeinheit teil, dass etwas richtig sei, wofür der Einzelne noch nie einen Beweis in den Händen hatte. Im Gegensatz etwa zu Österreich marginalisiert deshalb das deutsche Grundbuch, durchaus konsequent, das Ersitzungsrecht. Niemand muss durch rein tatsächliche Grenzverschiebungen (die Hecke oder die Mauer werden jenseits der Grenze gezogen) einen Rechtsverlust befürchten. Es gilt, was im Grundbuch steht, nicht, was augenfällig in der äußeren Welt geschieht und, gäbe es den öffentlichen Glauben des Grundbuchs nicht, zum Beweis des Erwerbs fremden Eigentums genügen würde.[1141]

Öffentlichen Glauben genießen die Liegenschaftsregister Österreichs (§§ 1500 **393**
österr. ABGB; 61 ff i. V. m. 28 österr. GBG)[1142], Spaniens (Artt. 32 und 34 span. LH, 606 span. CC), Deutschlands (§§ 892, 893 dt. BGB), Polens (Art. 5 poln. GBHG), Lettlands (Art. 994 Satz 1 lett. ZGB i. V. m. Art. 1 lett. GBG)[1143], Estlands (§ 56 estn. LPA), Ungarns (§ 5:171 ungar. ZGB), Tschechiens (§ 984 tschech. BGB) und, auch wenn das nicht so formuliert wird, Schwedens (Kap. 18 schwed. JB)[1144]. Unter Art. 32

[1139] Einzelheiten oben Rdnr. 301–314.

[1140] RG 30.3.1915, RGZ 86 S. 353, 356; BGH 16.5.1980, NJW 1980 S. 2413, 2414; BGH 12.10.2012, NJW-RR 2013 S. 789, 790. S. zu einem zerstörten Grundbuch auch OGH 2.2.1955, SZ 28/30 und allgemein Schwimann und Kodek (*-Mader und Janisch*), ABGB VI^3, § 1500 Rdnr. 1. In Ländern, die (wie Polen) ein elektronisches Grundbuch eingeführt haben, das prinzipiell von jedermann von zuhause aus eingesehen werden kann, ließe sich zudem gar nicht überprüfen, ob jemand Einsicht in das Grundbuch genommen hat.

[1141] Oben Rdnr. 148–151.

[1142] Dazu bereits Rdnr. 391.

[1143] Lett. OG 13.10.1999, SKC-625, Rīga, Mans īpašims Nr. 23/24 (1999) S. 30 hat das ausdrücklich bestätigt. Irritierender Weise verbindet sich mit dem öffentlichen Glauben des Grundbuchs aber kein nennenswertes System des gutgläubigen Erwerbs. Von ihm handelt nur Art. 122 lett. ZGB, in dem es um den Erwerb einer beweglichen Sache von einem Veräußerer geht, von dem der Erwerber nicht wusste, dass er verheiratet war und deshalb der Zustimmung seines Ehepartners bedurft hätte. Immobilien könnn nur durch Ersitzung und im Wege der Korroboration (§ 1481 lett. ZGB) gutgläubig erworben werden. Bei ihr erwirbt man im Anschluss an ein fruchtlos verstrichenes sechsmonatiges Aufgebotsverfahren durch einen den Vertrag bestätige den gerichtlichen Beschluss (näher *Kerikmäe/Joamets/Pleps/Rodina/Berkmanas/Gruodytė,* Law of Baltic States, S. 287 und *Rozenfelds,* Juridiskā zinātne 10 (2017) S. 58, 65).

[1144] Der gutgläubige Erwerb setzt die Eintragung des Veräußerers als Eigentümer im Grundbuch im Zeitpunkt der Übertragung (durch formwirksamen Kaufvertrag: Kap. 4 § 1 JB) voraus. Der Erwerber durfte weder wissen noch wissen müssen, dass der Veräußerer nicht der rechtmäßige Eigentümer war (Kap. 18 § 1 JB). Kap. 18 schwed. JB erfasst nur Fälle, in denen der Veräußerer deshalb nicht rechtmäßiger Eigentümer war, weil sein eigener oder der Erwerb eines seiner Vorgänger unwirksam oder aus anderem Grund dem rechtmäßigen Eigentümer gegenüber ungültig war. Der Doppelverkauf ist durch die Vorschriften des Kap. 17 schwed. JB („Rangverhältnis durch Eintragung") geregelt. Der Zweiterwerber erlangt Eigentum, wenn er vor dem Ersterwerber gutgläubig die Eintragung im Grundbuch beantragt (Kap. 17 § 2 aaO; oben Rdnr. 321).

span. LH kann, was nicht eingetragen ist, einem eingetragenen Eigentümer nicht entgegengehalten werden. Gleichzeitig erwirbt unter Art. 34 span. LH wirksam, wer (entgeltlich) von einem Buchberechtigten erwirbt, mag dessen vorangegangener Erwerb auch unwirksam oder rückabzuwickeln sein. Art. 32 span. LH folgt der französischen Regel zum Doppelverkauf, Art. 34 aaO dem Modell des deutschen Rechts des gutgläubigen Erwerbs.[1145] Die Richtigkeit der Eintragung wird unter dem *principio de la fe pública registral* vermutet; im Falle des Art. 32 aaO ist seine Wirkung „negativ", im Falle des Art. 34 aaO „positiv".[1146] Unter § 892(1) Satz 1 dt. BGB gilt der Inhalt des Grundbuchs zugunsten desjenigen „als richtig", welcher ein Recht an einem Grundstück oder ein Recht an einem solchen Recht durch Rechtsgeschäft erwirbt, es sei denn, dass ein Widerspruch gegen die Richtigkeit eingetragen oder die Unrichtigkeit dem Erwerber bekannt ist. Das Grundbuch ist unrichtig, wenn sein Inhalt nicht im Einklang mit der materiellen Rechtslage steht.[1147] Hat jemand bereits die Auflassung erklärt, ist der Erwerber aber noch nicht eingetragen, ist das Grundbuch weiterhin richtig. Der Doppelverkauf ist sachenrechtlich ohnehin kein Problem, weil der Kauf unter deutschem Recht kein Eigentum transportiert. Auch das polnische Recht rechnet mit der Gefahr von Abweichungen zwischen der eingetragenen und der wirklichen Rechtslage[1148], und es begegnet ihr (wie § 891 dt. BGB) mit der Richtigkeitsvermutung der Eintragung (Art. 3(1) poln. GBHG) und (wie § 892 dt. BGB) mit der Gewähr des öffentlichen Glaubens des Liegenschaftsregisters (Art. 5 poln. GBHG). Der öffentliche Glaube (der „Grundsatz der Glaubwürdigkeit"[1149]) der Grundbücher umfasst auch die Vermutung, dass ein gelöschtes Recht nicht mehr besteht (Art. 3(2) aaO). Jedes veräußerliche Immobiliarsachenrecht unterliegt dem Regime des gutgläubigen Erwerbs; auch Belastungen fremden Eigentums durch einen Bucheigentümer werden wirksam.[1150] Unter § 984 tschech. BGB setzt der gutgläubige Erwerb von einem Buchberechtigten neben einem gültigen entgeltlichen Rechtsgeschäft die Eintragung des Veräußerers als Rechtsinhaber im öffentlichen Register voraus.[1151]

394 Nicht einfach einordnen lässt sich allerdings die sehr eigenständige (und einigermaßen komplizierte) **niederländische** Regelung. Da Grundstücke zu den Registergütern gehören, fallen sie auch unter Art. 3:88(1) ndl. BW. Danach ist die Übertragung eines Registergutes durch einen Nichtberechtigten zugunsten eines gutgläubigen Erwerbers wirksam, wenn „sich die Nichtberechtigung aus der Unwirksamkeit einer früheren Übertragung ergibt, die nicht die Folge der Nichtberechtigung des damaligen Veräußerers war". Es geht also nur um den gutgläubigen Erwerb bei Unwirksamkeit einer früheren Übertragung, einer Übertragung *gebreken in titel en levering.*[1152] Der Titel kann

---

[1145] *Saborido Sánchez,* Reflexiones sobre el tercero hipotecario, S. 97.

[1146] TS 9.3.2015, RAJ 2015 Nr. 979 S. 295; ADC 69 (2016) S. 685, Anm. *Minero Alejandre;* in deutscher Sprache auch *Sarrate i Pou,* Formprobleme bei Grundstückveräußerungen im deutsch-spanischen Rechtsverkehr, S. 78–79.

[1147] Das gilt auch, wenn ein Recht versehentlich gelöscht wird. Praktisch relevant wird diese Regel vor allem bei der irrtümlichen Löschung einer Vormerkung. Wer „an sich" vormerkungswidrig erwirbt, aber gutgläubig ist, erwirbt in Ermangelung eines Widerspruchs gegen die Löschung der Vormerkung unbeschränkt (BGH 15.12.1972, BGHZ 60 S. 46, 51).

[1148] Radwański und Gniewek (-*Gniewek*), System prawa prywatnego III^3, S. 573 Rdnr. 232.

[1149] Ignatowicz und Stefaniuk (-*Stefaniuk*), Prawo rzeczowe^2, S. 345 Rdnr. III.

[1150] *Gniewek,* Prawo rzeczowe^8, S. 299 Rdnr. 933.

[1151] Einzelheiten bei Spáčil (-*Vrzalová*), Občanský zákoník III, S. 36.

[1152] Asser (-*Mijnssen/de Haan/van Dam/Ploeger*), Goederenrecht I^{15}, Nr. 310 S. 338.

z. B. infolge einer Täuschung nichtig sein, die „Lieferung", wenn bei ihr ein vollmachtsloser Vertreter aufgetreten ist.[1153] Art. 3:23 ndl. BW bringt die allgemeine Regel, dass sich der Erwerber nicht auf die Unkenntnis von unmittelbar aus dem Register ersichtlichen Umständen berufen kann. Dem eingetragenen (A) gegenüber kann (C) nicht geltend machen, den nicht eingetragenen (B) für den Eigentümer gehalten zu haben. Art. 3:24 ndl. BW ergänzt, dass ein Erwerber eine unterbliebene Eintragung nicht gegen sich gelten lassen muss, es sei denn, er hatte Kenntnis von dem betreffenden Rechtsgeschäft. Es handelt sich, wieder einmal, um den Doppelverkauf; die Regel stimmt mit Art. 1198(2) franz. CC überein. Um „positive Publizität" oder „öffentlichen Glauben" geht es, genau genommen, also erst in Art. 3:25 ndl. BW. Fehleintragungen aufgrund einer öffentlichen Urkunde *(authentieke akte)* gehen nicht zu Lasten eines Erwerbers, der den Fehler nicht erkennen konnte. Beruht die Unrichtigkeit nicht auf einer öffentlichen Urkunde, kann sich der Erwerber unter Art. 3:26 ndl. BW nur demjenigen gegenüber auf den Rechtsschein des Registers berufen, „der angemessenerweise für die Übereinstimmung der Register mit der Wirklichkeit hätte Sorge tragen können". Das ist im Zweifel entweder der wahre Rechtsinhaber oder der Buchberechtigte.[1154] Dass am Ende dann doch häufig wieder ersitzungsrechtliche Mechanismen mit den Regeln des gutgläubigen Erwerbs verquickt werden, hängt vor allem damit zusammen, dass die Katasterkarte nicht zu den öffentlichen Registern gehört.[1155] Ersitzungen gegen das Liegenschaftsregister sind zwar nicht zugunsten des Okkupierenden selber, aber doch zugunsten seines Rechtsnachfolgers möglich. Wer ein Haus mit Garten von einer Person übertragen bekommt, die den Garten auf Kosten des Nachbargrundstückes „erweitert" hat, kann dem öffentlichen Register nicht entnehmen, dass ein Teil des Gartens tatsächlich dem Nachbarn gehört. In HR 20.2.1987 hatte der Beklagte auf diese Weise gleich eine ganze Halbinsel gutgläubig erworben, weil er deren exklusive Nutzung durch die Veräußerin fortsetzte und keinen Grund zu der Annahme hatte, dass die betreffende Landzunge kein Teil der erworbenen Immobilie war.[1156] Eine andere denkbare Fehlerquelle besteht darin, dass das Grundregistrierungskataster seine Funktion als „Tor" zu den öffentlichen Registern[1157] nicht erfüllt, weil es das Kataster unterlässt, eine Übertragung (zu der die Eintragung der Lieferungsurkunde in das öffentliche Register genügt) nachzuvollziehen. Dann ist es durch Konsultation der öffentlichen Register nicht möglich, den wahren Eigentümer in Erfahrung zu bringen.

(3) Dem Register gleichgestellte Urkunden

In Ausnahmefällen kommt es dazu, dass eine Urkunde das Liegenschaftsregister surrogiert. Das Hauptbeispiel sind die Hypotheken-, Grundschuld- und Rentenschuldbriefe des deutschen Rechts.[1158] Unter § 1116(1) dt. BGB wird über die Hypothek ein 395

[1153] AaO Nr. 310 S. 338 und Nr. 311 S. 340.

[1154] Krans/Stolker/Valk (*-Huijgen*), BW[12], Art. 3:26 Rdnr. 3.

[1155] Parl. Gesch. III, S. 1063.

[1156] Ned Jur 1987 Nr. 1002 *(Goedhart/Van den Berg)*.

[1157] Oben Rdnr. 300 mit Fn. 656.

[1158] Band 1 Rdnr. 453 mit Fn. 811. Hypothekenbriefe (etc.) sind eine Besonderheit des deutschen Rechts. Sie finden sich weder in Italien, Portugal (näher *Müller-Bromley,* Die Modernisierung des portugiesischen Hypothekenrechts, S. 87), Spanien (näher *Hellmich,* Kreditsicherungsrechte in der spanischen Mehrrechtsordnung, S. 200) und Tschechien, noch in Estland (Stöcker [*-Tüvel*], Flexibilität der Grundpfandrechte in Europa, S. 130), Ungarn (die Möglichkeit der Brieferteilung unter dem ungar. Hypothekengesetz von 1927 wurde abgeschafft), Polen (denkbar ist

Hypothekenbrief erteilt; wird die Brieferteilung parteiautonom ausgeschlossen, bedarf das der Eintragung im Grundbuch (§ 1116(2) aaO). Erst- und Zweiterwerb der Hypothek erfordern die Übergabe des Hypothekenbriefes (§§ 1117, 1154 dt. BGB). Die zugrundeliegende Zession bedarf der schriftlichen Abtretungserklärung; diese kann wiederum durch Eintragung im Grundbuch ersetzt werden (§ 1154(2) aaO). Wird die Abtretung öffentlich beglaubigt und ergibt sich „das Gläubigerrecht des Besitzers des Hypothekenbriefs aus einer zusammenhängenden, auf einen (im Grundbuch) eingetragenen Gläubiger zurückführenden Reihe von öffentlich beglaubigten Abtretungserklärungen", dann ist ein gutgläubiger Zweiterwerber der Hypothek ebenso geschützt, „wie wenn der Besitzer des Briefes als Gläubiger im Grundbuch eingetragen wäre" (§ 1155 dt. BGB). Der öffentliche Glaube des Grundbuchs wird mithin in den öffentlichen Glauben der öffentlich beglaubigten Abtretungserklärungen verlängert. Keinen öffentlichen Glauben genießen aber amtliche Grundbuchauszüge und -abschriften. Es zählt, was im Grundbuch, nicht, was in der Abschrift steht.[1159]

396 **Zeugnisse über ein Erbrecht** („Erbscheine"; das Europäische Nachlasszeugnis) gehören dagegen nicht in diese Gruppe. Denn es sind eben gerade keine Zeugnisse über ein Sachenrecht.[1160] War (Variante 1) schon der Erblasser Nichtberechtigter, dann

nur, dass es noch sehr alte Hypothekenbriefe aus der Zeit vor 1946 gibt, die unter Art. 119 poln. GBHG wirksam blieben: *Rudnicki,* Ustawa o księgach wieczystych i hipotece[6], Art. 119) und Frankreich. Unter dem franz. Gesetz Nr. 76–519 vom 15.6.1976 relative à certaines formes de transmission des créances können Hypotheken allerdings akzessorisch zu der Forderung im Wege einer *copie exécutoire à ordre* übertragen werden. Die Kopie wird also mit Drittwirkung durch notarielles Indossament übertragen (*Piedelièvre und Piedelièvre,* Droit des sûretés, S. 387 Rdnr. 659). Zur „Mobilisierung" von Hypothekenforderungen (*mobilisation des créances hypothécaires*) tragen auch die Artt. L 313-42 bis L 313-49-1 franz. Code monétaire et financier bei. Ein Finanzinstitut stellt zugunsten eines anderen Finanzinstituts einen Eigenwechsel *(billet à ordre)* aus, der die Hypothekendarlehen darstellt. Es handelt sich aber nur um die Verpfändung einer Forderung mitsamt ihren Garantien, darunter die Hypotheken (Art. L 313-45 aaO); mit einem Hypothekenbrief haben sie nichts zu tun. Das gilt genauso für die hypothekarischen Pfandbriefe des polnischen (Art. 3 des poln. Gesetzes vom 29.8.1997 über Pfandbriefe und Hypothekenbanken) und des tschechischen Rechts (§ 28(1) tschech. Gesetzes über Schuldscheine) und die belgischen *créances hypothécaires à ordre ou au porteur* (dazu z.B. Gent 22.12.1978, JCB 1979, II, 413 und Mons 19.9.1989, JT 1990 S. 185 [„les parties à l'acte conviennent que la créance hypothécaire pourra être cédée par simple remise de la grosse … Il s'agit d'une grosse au porteur, qui se transmet comme un simple meuble corporel, et que ne s'appliquent pas, dès lors, ni l'article 1690 sur l'opposabilité aux tiers des cessions de créance, ni l'article 5 de la loi hypothécaire (mention marginale devant l'inscription), cet article 5 étant réservé aux créances hypothécaires nominatives"]).

[1159] Poln. OG 8.7.2010, II CSK 100/10, OSNC-ZD, 2011B.30.27, Legalis-Nr. 367084.

[1160] Z.B. §§ 2353, 2365 dt. BGB (Vermutung, dass demjenigen, der in dem Erbschein als Erbe bezeichnet ist, das angebene Erbrecht zusteht); § 1670 tschech. BGB i.V.m. § 185(1) tschech. Gesetz über besondere Gerichtsverfahren vom 12.9.2013 (Das Gericht erteilt den Erbschein derjenigen Person, deren Erbrecht nachgewiesen wurde; wird einem Scheinerbe der Erwerb des Nachlasses bestätigt, so wird dieser lediglich rechtmäßiger Besitzer [§ 991 tschech. BGB], aber nicht Erbe; der wahre Erbe hat dann allerdings nur die *proprietas nuda: Švestka und Dvořák,* Občanské právo hmotné, S. 32) und § 36[1](3) estn. Grundbuchgesetz (Nachlasszeugnis; wird im Nachlassverfahren von einem Notar ausgestellt). In Frankreich existieren Erbscheine nur in Elsass-Mosel (*Malaurie,* Les successions. Les libéralités[2], S. 132 Rdnr. 285). Unter Art. 730 franz. CC kann der Beweis der Erbeneigenschaft mit allen Mitteln geführt werden. Zu einem (vom Bürgermeister ausgestellten) *certificat d'hérédité* kommt es nur in Ausnahmefällen. Auch der ungarische Erbschein hat mit dem deutschen im Wesentlichen nur den Namen gemein. Das Nachlassverfahren wird von einem Notar durchgeführt. Er übergibt die Nachlassgegenstände durch förmlichen, aber deklaratorischen Beschluss rechtlich den Erben. Erst der Beschluss be-

bleibt auch der durch einen Erbschein legitimierte Erbe Nichtberechtigter. Ein Erbschein verändert die sachenrechtliche Lage aber auch dann nicht, wenn derjenige, auf den er ausgestellt wird, seinerseits ein Scheinerbe war, gleichgültig, ob (Variante 2) der Erblasser wirklicher Eigentümer oder (Variante 3) der Erblasser bloßer Buchberechtigter war. In keinem dieser Fälle ersetzt ein Erbschein das Grundbuch. Die Lage ändert sich erst dann, wenn jemand *aufgrund* eines materiell unrichtigen Erbscheins (etc.) als Berechtigter in das Liegenschaftsregister eingetragen wird.[1161]

(4) Ausnahmen und Gegenausnahmen

Der registergestützte Erwerb vom Scheinberechtigten unterliegt, meistens freilich **397**
nur in Randmaterien, Ausnahmen. Dann geht es darum, dass das fragliche Recht entweder nicht auf jede beliebige Weise erworben werden können soll, oder darum, dass es in Einzelaspekten oder bei besonderer Ausgestaltung aus dem Anwendungsbereich der Regeln über den *a non domino*-Erwerb ausgeklammert wird. Nicht gemeint sind Sondervorschriften, die die Anforderungen an den Rechtsscheinsträger präzisieren (Fälschungen)[1162], auch nicht, dass es sich stets nur um einen rechtsgeschäftlichen (ver-

---

scheinigt den Rechtsstatus „als Erbe". Der Erbschein (*öröklési bizonyítvány:* §§ 102–102/A des Gesetzes XXXVIII aus dem Jahre 2010 über das Nachlassverfahren) ist lediglich ein provisorisches Zwischenzeugnis, das auf Antrag erteilt wird, bevor der Beschluss ergeht (§ 102(2)(b) aaO).

[1161] Unter deutschem Recht werden Umschreibungen im Grundbuch der Regel nach nur bei Vorlage eines Erbscheins oder eines Europäischen Nachlasszeugnisses vollzogen (Einzelheiten und Ausnahmen in § 35 dt. GBO). Ist ein Scheinerbe aufgrund eines fehlerhaften und deshalb inzwischen wieder eingezogenen Erbscheins eingetragen worden, soll nach OLG Hamburg 24.2.2017, ZMR 2017 S. 520 die Richtigkeitsvermutung des Grundbuchs (§ 891 dt. BGB) allerdings nicht gelten, wenn das Gericht positive Kenntnis von der Unrichtigkeit des Grundbuchs habe. Das Gericht dürfe dann auch das Eigentum nicht auf den umschreiben, der vom buchberechtigten Scheinerben erworben haben will. Auch in Estland wird der Erbe aufgrund des Nachlasszeugnisses eingetragen (§ 36^1(3) estn. GBG). Unter Art. 29 franz. Dekret Nr. 55-22 portant réforme de la publicité foncière wird der Übergang von Immobiliarsachenrechten im Todesfall in einer *attestation notariée* festgestellt. Diese Bescheinigung muss im *service de la publicité foncière* publiziert werden. Die Publikation ist obligatorisch, aber nicht konstitutiv (*Suquet-Cozic,* Publicité foncière, S. 51 Rdnr. 2710). Infolge des *effet relatif* können die Erben eine Eintragung im Liegenschaftsregister erst erreichen, nachdem dort auch die *attestation notariée* publiziert wurde (*Suquet-Cozic* aaO S. 53 Rdnr. 2730). Slowenien verlangt einen rechtskräftigen Nachlassbeschluss (Art. 40(1) Punkt 6 slowen. GBG). Das Grundbuchgericht ordnet die Eintragung des Eigentumsrechts des Erben von Amts wegen an. Unter § 92(1) der Verordnung des tschech. Justizministers vom 23.12.1991 (Nr. 37/1992 Gbl.) unterliegen die Nachlassgerichte gegenüber dem Liegenschaftskataster einer Meldepflicht. Es wird in elektronischer Form eine Zweitschrift des Erbscheins an das zuständige Katasteramt übermittelt, das daraufhin das Eintragungsverfahren eröffnet und die Eintragung herbeiführt (§ 14(2) tschech. Liegenschaftskatastergesetz). Der als juristische Person konzipierte Nachlass schwedischen Rechts *(dödsbo)* (oben Rdnr. 96) muss sich nur dann in das Rechteregister eintragen lassen, wenn ein zum Nachlass gehöriges Grundstück veräußert werden soll (Kap. 20 §§ 1(2) und 5(1) schwed. JB). Die individuellen Erben werden nach Vorlage des Erbauseinandersetzungsvertrages (Kap. 23 § 4 schwed. ÄB) eingetragen. In Griechenland erwirbt ein Erbe Grundeigentum erst mit der Transkription der Erbannahme (Art. 1199 gr. ZGB; näher Berufungsgericht Patras 100/1997, AchNom 14 [1998] S. 263; Areopag 942/2000, EllDni 42 [2001] S. 137).

[1162] Zu den „qualifizierten Unwirksamkeitsgründen", die einen gutgläubigen Erwerb ausschließen, gehören z.B. unter Kap. 18 § 3 schwed. JB die Fälle, dass die Urkunde, aufgrund derer der Scheinberechtigte oder einer seiner Vorgänger eingetragen wurde, gefälscht war, unter Zwang oder durch einen Vertreter ohne Vertretungsmacht unterschrieben wurde. Zu den Niederlanden siehe schon Rdnr. 394.

traglichen) Erwerb unter Lebenden handelt (so dass nicht nur die Rechtsnachfolge von Todes wegen nicht durch Gutglaubenstatbestände erleichtert wird, sondern in aller Regel auch nicht der Erwerb durch Hoheitsakt[1163] und der Ersterwerb aufgrund Gesetzes[1164]). Theoretisch denkbar ist nur der gutgläubige rechtsgeschäftliche Zweiterwerb eines gesetzlich begründeten Immobiliarsachenrechts, doch finden sich dafür so gut wie keine praktischen Beispiele.[1165] Wo (wie unter Art. 7 poln. ZGB und § 984(2) tschech. BGB) dingliche Rechte, die kraft Gesetzes entstehen, ausdrücklich aus dem öffentlichen Glauben des Liegenschaftsregisters ausgeklammert bleiben, ist für ihren gutgläubigen Zweiterwerb ohnehin kein Raum.

398 Häufig ausgeschlossen wird der **unentgeltliche** *a non domino*-Erwerb. Unter deutschem (§ 892 dt. BGB), estnischem (§ 95(1) estn. LPA), italienischem (Artt. 1153 und 1159 ital. CC[1166]), schwedischem (Kap. 18 § 1 schwed. JB), slowenischem[1167] und un-

---

[1163] Hier muss man allerdings wieder zwischen verschiedenen Tatbeständen unterscheiden. Bei einer Zwangsversteigerung durch Zuschlag schadet unter schwedischem (Kap. 14 §§ 1 und 3(2) schwed. UB) und deutschem Recht nicht einmal Kenntnis des Erwerbers vom Nichteigentum des Vollstreckungsschuldners (OLG Dresden 25.1.2010, ZfIR 2010 S. 545). Wird dagegen auf einem schuldnerfremden Grundstück eine Zwangshypothek bestellt, so ist diese Bestellung unwirksam, auch wenn der Gläubiger infolge der unrichtigen Verlautbarung des Eigentums gutgläubig war (BGH 24.10.1962, BB 1963 S. 286). Ebenso verhält es sich in Polen. Der öffentliche Glaube des Grundbuchs bezieht sich nur auf den Erwerb durch einen verfügenden Vertrag, er bezieht sich nicht auf den Erwerb durch Erbschaft, Ersitzung, Vollstreckung oder Eintragung einer Zwangshypothek (*Gniewek,* Prawo rzeczowe[8], S. 300 Rdnr. 935; Ignatowicz und Stefaniuk [-*Stefaniuk*], Prawo rzeczowe[2], S. 346 Rdnr III.1). In Österreich dagegen gilt § 1500 österr. ABGB (Erwerb im Vertrauen auf das Grundbuch, obwohl die Eintragung, z.B. durch zwischenzeitliche Kontratabularersitzung, unrichtig geworden ist) auch beim Erwerb im Wege der Zwangsversteigerung (Rummel [-*Bydlinski*], ABGB II[3], § 1500 Rdnr. 1). Auch der Wortlaut von § 63 österr. GBG spricht für den Schutz des Ersteigerers, weil er ja gerade nicht unentgeltlich erwirbt.

[1164] Man denke etwa an gesetzlich begründete Nießbrauchrechte (Band 1 Rdnr. 366), an Legalhypotheken (zu Spanien oben Fn. 167) und an Vorkaufsrechte im Rahmen eines Baurechts (§ 1254 tschech. BGB). Es kann sich aber auch um Sachenrechte handeln, die im öffentlichen Interesse entstehen (Dienstbarkeiten für Gas-, Wasser-, Telefonleitung; staatliche Vorkaufsrechte an Kulturgütern oder an für den Naturschutz wichtigen Grundstücken).

[1165] Eine denkbare Ausnahme findet sich in § 334(2) und (3) estn. LPA. In Anlehnung an die Artt. 808 und 819 schweizerisches ZGB darf ein Hypothekengläubiger, wenn eine Anrufung des Gerichts zu viel Zeit in Anspruch nehmen würde, die zur Vermeidung der Wertverminderung des Grundstücks notwendigen Handlungen selber veranlassen. Zur Sicherung der dabei entstehenden Kosten steht ihm im Rang seiner rechtsgeschäftlich erworbenen Hypothek eine Legalhypothek zu. Zugleich gehört Estland neben Deutschland zu den wenigen Ländern, die einen gutgläubigen Hypothekenwerb kennen (Band 1 Rdnr. 444–445).

[1166] Unter Art. 1159(1) ital. CC verkürzt sich die Ersitzungszeit zugunsten desjenigen, der eine Liegenschaft in gutem Glauben kraft eines Rechtstitels erwirbt, der zur Übertragung des Eigentums geeignet und ordnungsgemäß eingetragen worden ist, auf zehn Jahre. Ob ein unentgeltliches Rechtsgeschäft einen „geeigneten Titel" gibt, war wegen Art. 771 ital. CC lange Zeit umstritten. Die Frage wird heute aber von der Rechtsprechung (Cass. 5.2.2001, Nr. 1596, Contratti 2001 S. 760; Cass. 4.9.2003, Nr. 12898, Giur. it. 2005 S. 287; Cass. 5.5.2009, Nr. 10356, Rivista del Notariato 2010, 1, 124) und der herrschenden Lehre (*Mengoni,* Gli acquisti a non domino, S. 182; *Magri,* Beni culturali e acquisto a non domino, S. 756) bejaht. Es komme nur darauf an, dass die Schenkung ein abstrakt zur Eigentumsübertragung geeigneter Titel sei. Der Titel müsse zwar wirksam und gültig sein; die Ungültigkeit dürfe aber gerade nicht daraus herrühren, dass die Sache einem Dritten gehörte. Bei einem unentgeltlichen Erwerb wird freilich die Gutgläubigkeit stets besonders streng geprüft (*Sacco und Caterina,* Il possesso[3], S. 474).

[1167] Art. 64(1) slowen. SPZ schließt zwar für bewegliche, nicht aber für unbewegliche Sachen den unentgeltlich gutgläubigen Erwerb aus. Schenkungen sollen sogar wichtige Anwendungsfäl-

garischem Recht (§ 5:172 ungar. ZGB) ist er zwar möglich, aber nicht stets bestandsfest: Unter § 816(1) Satz 2 dt. BGB und § 1040 estn. LOA kann der Eigentümer nach bereicherungsrechtlichen Grundsätzen Rückübertragung des Rechts verlangen. Ohne das Trennungsprinzip wäre auch hier der gutgläubige Erwerb nach Schenkung unmöglich. Von vornherein ausgeschlossen ist er unter der französischen *théorie de l'apparence*[1168], unter Art. 4.96(1) und (3) lit. ZGB, Art. 6(1) poln. GBHG[1169] und § 984(1) tschech. BGB[1170]. Dasselbe gilt nach herrschender Auffassung in Österreich.[1171] In Spanien wird in Anlehnung an Art. 34(3) span. LH gelehrt, dass der unentgeltliche Erwerber keinen besseren registerrechtlichen Schutz genießen dürfe, als sein Rechtsvorgänger. Die *protección registral* hänge bei unentgeltlichen Geschäften nicht von der Registrierung des gutgläubigen Erwerbers, sondern von dem Registereintrag zugunsten seines Rechtsvorgängers ab.[1172]

Zu der Frage, wann ein Rechtsgeschäft entgeltlich, wann unentgeltlich ist, ist in **Polen** eine umfangreiche Rechtsprechung entstanden. Poln. OG 8.12.2011[1173] betraf ein deutschstämmiges polnisches Ehepaar, das 1981 nach Deutschland auswanderte und infolge des Verlustes der polnischen Staatsangehörigkeit auch das Eigentum an einer Hofstelle verloren hatte. Nach dem Tode des Ehepaares wurde 2007 für das Grundstück ein Grundbuch eingerichtet, das die beiden Kinder als Eigentümer verlautbarte. Sie verkauften das Grundstück noch im selben Jahr für PLN 150 000 (ca. € 38 000) an eine Gesellschaft. Der Fiskus drang mit seiner Eigentumsklage nicht durch. Der Kaufpreis sei zwar sehr niedrig gewesen, es habe sich bei dem Verkauf aber nicht um einen „Akt der Großzügigkeit" gehandelt. Die Gesellschaft sei auch gutgläubig gewesen. Sie habe sich, obwohl der Fiskus 1981 kraft Gesetzes Eigentümer geworden sei, auf die Grundbucheintragung aus dem Jahre 2007 verlassen dürfen. In Poln. OG 5.5.1993[1174] hatte ein Ehemann ohne Zustimmung seiner Frau, der Klägerin, zur Sicherung des Kredits eines Bekannten einer Bank eine Hypothek an dem im Miteigentum der Eheleute stehenden Grundstück bestellt. Das Grundbuch verlautbarte den Ehemann allerdings als alleinigen Eigentümer. Bei der Hypothekenbestellung habe es sich in Relation zu der Bank (nicht in Relation zu dem Bekannten, aber darauf kam es nicht an) um ein entgeltliches Rechtsgeschäft gehandelt. Wenn eine Bank einen Kredit gewähre, betreffe auch seine Sicherung durch eine Hypothek ein entgeltliches Geschäft. Eine Bank verdiene auf diese Weise schließlich ihr Geld. Die Bank sei aber nicht gutgläubig gewesen. Sie habe sich nicht auf die (falschen) Angaben des Ehemannes in der notariellen Ur-

---

le des Rechts des gutgläubigen Erwerbs sein (*Rijavec/Vrenčur/Keresteš,* Immobiliarsachenrecht in Slowenien, S. 74).

1168 Oben Rdnr. 346.

1169 In der Substanz stellt das Gesetz hier unentgeltliche Verfügungen mit Verfügungen zugunsten eines bösgläubigen Erwerbers auf dieselbe Stufe. Der Ausschluss des Beschenkten wird mit der Sicherheit des Rechtsverkehrs und damit begründet, dass der Schutz des Eigentümers den Schutz eines Erwerbers überwiege, der für die Immobilie kein Äquivalent geleistet habe (*Gniewek,* Prawo rzeczowe⁸, S. 301 Rdnr. 936; Ignatowicz und Stefaniuk [-*Stefaniuk*], Prawo rzeczowe², S. 347 Rdnr. III.4).

1170 „Entgeltlichkeit" bedeutet nicht notwendig Gegenleistung in Geld; es kann sich auch um bewegliche Sachen, Rechte, Forderungen, Dienstleistungen und dergleichen handeln, die das Vermögen des Erwerbers der eingetragenen Sache mindern (Spáčil [-*Vrzalová*], Občanský zákoník III, S. 39).

1171 OGH 21.12.1989, SZ 62/219; OGH 18.2.2003, EvBl 2003/108, ÖJZ 2003 S. 507, JBl 2003 S. 584; *Feil/Marent/Preisl,* Grundbuchsrecht², § 62 Rdnr. 7. Begründet wird dies Ergebnis mit allgemeinen Erwägungen zur geringeren Schutzbedürftigkeit des unentgeltlichen Erwerbers, außerdem mit einer Analogie zu § 367 österr. ABGB. Diese Rechtslage ist aber nicht unbestritten, siehe insbesondere *Hoyer,* FS Welser, S. 295.

1172 *Díez-Picazo und Gullón,* Sistema de Derecho Civil III(1)⁸, S. 288; *Lacruz Berdejo et al.,* Elementos III*bis*², S. 191).

1173 IV CSK 178/11, OSNC-ZD.2013A.13, Legalis-Nr. 478712.

1174 III CZP 52/93, OSNCP.1993.12.218, Legalis-Nr. 28078.

kunde verlassen dürfen, Alleineigentümer zu sein, weil sie gewusst habe, dass er verheiratet war. Die Bank hätte deshalb auf der expliziten Zustimmung der Ehefrau bestehen müssen.

399 Der gutgläubige Zweiterwerb einer **Hypothek** ist eine Besonderheit des deutschen und des estnischen Rechts.[1175] Man mag bei akzessorischen Rechten schon streiten, ob sie gesetzlich oder rechtsgeschäftlich erworben werden; streng genommen gilt das Letztere nur für das Haupt- (die Forderung), nicht für das Nebenrecht (die Hypothek). Jedenfalls kann unter deutschem Recht der gutgläubige Erwerber die Hypothek zwar auch gutgläubig einredefrei erwerben (§ 1157 Satz 2 dt. BGB), nicht aber im Hinblick auf alle Nebenleistungen (Zinsen) (§ 1158 dt. BGB). Zu einer deutlich weiter gehenden Beschränkung des gutgläubigen Erwerbs kommt es bei der (abgesehen von Ungarn ebenfalls nur dem deutschen Recht geläufigen) **Grundschuld.** Ist sie zur Sicherung eines Anspruchs verschafft worden, handelt es sich also um eine sogen. Sicherungsgrundschuld[1176], bleiben Einreden des Grundeigentümers auch dem Zweiterwerber der Grundschuld gegenüber erhalten, gleichgültig, ob der neue Gläubiger insoweit gutgläubig ist oder nicht. Die Abwesenheit von Gegenrechten hat in diesem Fall nicht am öffentlichen Glauben des Grundbuchs teil (§§ 1192(1a), 1157 Satz 2, 892 dt. BGB).

400 **Dienstbarkeiten** können i.d.R. nicht separat übertragen werden[1177], deshalb unterliegen sie auch nicht dem Recht des Erwerbs vom Scheinberechtigten. Anders ist das mancherorts nur bei ihrem Ersterwerb (Bestellung durch einen Nichteigentümer[1178]) und (mittelbar) dann, wenn sie als unselbständiger Teil des von einem Buchberechtigten erworbenen Grundeigentums auf den Erwerber übergehen.[1179]

[1175] Band 1 Rdnr. 444–445.

[1176] Band 1 Rdnr. 428.

[1177] Band 1 Rdnrn. 389 und 398.

[1178] Der Ersterwerb einer Dienstbarkeit vom scheinberechtigten Grundeigentümer ist z.B. möglich unter § 892 dt. BGB; § 1500 österr. ABGB bzw. §§ 62, 63 österr. GBGB (*Iro,* Sachenrecht[5], Rdnr. 15/19); Kap. 18 § 1(2) schwed. JB und § 5 poln. GBHG (*Gniewek,* Prawo rzeczowe[8], S. 299 Rdnr. 933), nicht aber unter französischem Recht. Zum Erwerb bedarf es unter Art. 690 franz. CC des dreißigjährigen Besitzes. Die strikte Anwendung dieser Regel durch die Rechtsprechung trifft inzwischen aber auf erhebliche Kritik (*Dross,* Les choses, S. 701 Rdnr. 379-1; *Bergel/Bruschi/Cimamonti,* Les biens[2], S. 386 Rdnr. 340). Denn fremdes Grundeigentum kann man auf der Grundlage eines *juste titre* schon nach Ablauf von zehn Jahren gutgläubig ersitzen, und es ist schwer einzusehen, warum das nicht gelten soll, wenn man statt des Eigentums eine Grunddienstbarkeit von einem Nichteigentümer erwirbt.

[1179] Z.B. Kap. 18 § 1(2) schwed. JB und §§ 1265(1) i.V.m. 1107(1) tschech. BGB. Da in Frankreich Grundeigentum nach zehn Jahren titelgestützt und gutgläubig erworben werden kann und da Grunddienstbarkeiten akzessorische Rechte sind, gehen sie auch hier nach Fristablauf mit dem Eigentum auf den Erwerber über (*Bergel/Bruschi/Cimamonti* aaO S. 375 Rdnr. 328). Anders wird das aber in Griechenland beurteilt. Die Ersitzungszeit für den Erwerb einer Grunddienstbarkeit soll erst beginnen, nachdem das Eigentum an dem herrschenden Grundstück durch eine vollendete ordentliche (gutgläubige) Ersitzung erworben wurde (Areopag 1374/1982, NoB 31 [1983] S. 1191; Areopag 1361/1984, NoB 33 [1985] S. 1002; Areopag 92/1987, EllDni 32 [1991] S. 348; Areopag 1368/1994, EllDni 37 [1996] S. 612). Unter Art. 534 span. CC „können die Dienstbarkeiten nicht von dem Grundstück getrennt werden, zu dem sie aktiv oder passiv gehören". Weder kann das Grundstück ohne die Dienstbarkeit, noch kann die Dienstbarkeit ohne das Grundstück übertragen werden (Ministerio de Justicia [-*Roca Juan*], Comentario del Código Civil I[2], S. 1403, Anm. 2 zu Art. 534). Allerdings kommt es aus registerrechtlicher Sicht darauf an, ob es um den Erwerb des dienenden oder des herrschenden Grundstücks geht. Dienstbarkeiten sind im Liegenschaftsregister einzutragen (Art. 2(2) span. LH). Sie können auch in den Registereintrag des herrschenden

Selbst in Rechtsordnungen, die das für möglich halten, begegnen jedoch wieder Bereichsausnahmen. Ist etwa auf dem belasteten Grundstück eine Anlage errichtet, der sie betreffende Beseitigungsanspruch des Dienstbarkeitsberechtigten aber verjährt und die Dienstbarkeit deshalb erloschen[1180], dann lebt sie unter deutschem Recht durch gutgläubigen Erwerb auch dann nicht wieder auf, wenn sie noch immer im Liegenschaftsregister verlautbart ist (§ 1028(2) dt. BGB). Das schottische Recht ermöglicht zwar (wie das deutsche) den gutgläubigen Ersterwerb von *servitudes* (sec. 90 LR(S)A 2012), nicht aber den Zweiterwerb einer nicht bestehenden Grunddienstbarkeit bei Übertragung des herrschenden Grundstücks.[1181] Anders als in Deutschland genießt die *land registry* im Hinblick auf das Bestehen von Dienstbarkeiten also schon im Ausgangspunkt keinen öffentlichen Glauben. Sehr viel restriktiver ist man auch im Recht des gutgläubigen Ersterwerbs von beschränkten Rechten an Grundstücken. Ausgenommen bleiben insbesondere der *lease,* der Nießbrauch *(liferent)* sowie die *standard security* (das einer Hypothek ähnelnde Verwertungsrecht). Möglich ist dagegen wieder der gutgläubige Zweiterwerb einer zwar tatsächlich bestehenden, aber nicht dem Veräußerer zustehenden *lease* (sec. 88 LR(S)A 2012). Wie selektiv das schottische Recht des Redlichkeitsschutzes operiert, sieht man auch daran, dass ein gutgläubiger Erwerb erneut ausscheidet, wenn der Scheininhaber einer existenten *lease* eine *sub-lease* bestellt oder die *lease* mit einem anderen dinglichen Recht belastet, sie aber nicht überträgt.[1182] Tschechien schließlich hat eine Sonderregelung für **kleine Bauten** entwickelt.[1183] Solche Bauten sind prinzipiell bewegliche Sachen und werden deshalb nicht in das Liegenschaftskataster eingetragen. Wenn aber jemand beim Erwerb des Grundeigentums gutgläubig annahm, dass der Bau Bestandteil des Grundstücks war, dann hört er auf, selbständige Sache zu sein und wird zum Bestandteil des erworbenen Grundstücks (§ 3058(2) tschech. BGB). Solche Bauten können also zusammen mit dem Grundstück gutgläubig erworben werden, mag auch der Erwerber dem früheren Eigentümer einen angemessenen Ausgleich in Geld schulden.

d) Das Vollzugsmoment: Eintragung, Besitzergreifung und Zeitablauf

Wenn und soweit Rechte an Grundstücken nur durch Eintragung im Liegenschaftsregister erworben werden können, bedarf es der Registrierung auch zum Vollzug eines Erwerbs vom Scheinberechtigten (z.B. Art. 34 span. LH). Auf sie kommt es nur dann nicht an, wenn das fragliche Recht auch vom Berechtigten ohne Registrierung erworben werden kann; dann ist das für diesen Vorgang maßgebende Vollzugsmoment aus- **401**

Grundstücks aufgenommen werden (Art. 13(2) span. LH). Die Entgegensetzbarkeit gegenüber Dritten hängt jedoch von dem Eintrag auf der Folie des dienenden Grundstücks ab. Ist die Dienstbarkeit nur auf der Folie des herrschenden Grundstücks eingetragen, wirkt sie weder gegenüber dem Erwerber des dienenden Grundstücks, noch kann sich der Erwerber des herrschenden Grundstücks darauf berufen, dass ihm aufgrund des Registereintrags eine Dienstbarkeit zusteht (näher Domínguez Luelmo [-*Domínguez Luelmo*], Comentarios a la Ley Hipotecaria, Art. 13 LH, S. 293).

1180 Oben Rdnr. 143. In Frankreich erlischt eine Grunddienstbarkeit nach Ablauf der dreißigjährigen Verjährungsfrist (*Terré und Simler,* Les biens[9], S. 819 Rdnr. 922; *Bergel/Bruschi/Cimamonti,* Les biens[2], S. 395 Rdnr. 347). Dann kann auch die Beseitigung eines Bauwerkes nicht mehr verlangt werden, das der Dienstbarkeit widersprach (Cass. civ. 28.1.2004, Nr. 02–16020, legifrance).

1181 Scottish Law Commission, Report on Land Registration, No. 222, Vol. 1, Rdnr. 23.33.

1182 Näher *Rieländer,* Mehrstufige Belastungen, § 12 II 2.

1183 Siehe schon oben Rdnr. 287 mit Fn. 554.

schlaggebend. Das Hauptbeispiel ist die Übergabe des Hypothekenbriefes unter deutschem Recht (§§ 1154, 1155 dt. BGB).[1184] Andererseits ist zum Erwerb eines Rechts von einem Scheinberechtigten (neben der Einigung) vielfach aber auch *nur* die Registrierung nötig; es bedarf nicht noch eines weiteren Umstandes, der den Erwerbsvorgang festigt. So verhält es sich unter allen Regimen, die im Falle des Doppelverkaufs dem ersteingetragenen Käufer den Vorrang zusprechen (z.B. Artt. 1198(2) franz. CC, 6(1) port. CRP), so verhält es sich aber auch in Deutschland (§§ 872, 892 dt. BGB), in Polen (§ 5 poln. GBHG)[1185], in Schweden (Kap. 18 §§ 1 und 2 JB) und in Tschechien (§ 1100(2) tschech. BGB). Das Recht des Erwerbs vom Scheinberechtigten und das Ersitzungsrecht sind klar getrennt. In Österreich ist der Ausgangspunkt zwar ähnlich (§ 440 österr. ABGB), doch bleiben hier noch Elemente beider Ansätze spürbar. Ist nämlich der wahre Rechtsinhaber nicht von der ersten (unrichtigen) Eintragung in Kenntnis gesetzt worden, kann er gegen Dritte drei Jahre lang klagen (§ 64 österr. GBG).[1186]

402 Überall, wo das Recht des Erwerbs vom Scheinberechtigten **mit** dem **Ersitzungsrecht verwoben** geblieben ist, müssen zu der Eintragung aber noch weitere Elemente hinzukommen, nämlich Besitzergreifung und Zeitablauf. Man sieht das deutlich an **Art. 1159 ital. CC**[1187], der die gewöhnliche Ersitzungsfrist von zwanzig auf zehn Jahre abkürzt, wenn jemand in gutem Glauben von einem Nichtberechtigten erwirbt und seinen Titel eintragen lässt. Umgekehrt formuliert lautet dieselbe Regel: Zum Erwerb vom Scheinberechtigten bedarf es neben der Titeleintragung noch eines auf die Eintragung folgenden zehnjährigen Besitzes. Auch in **Schottland** verschwimmen die Grenzen zwischen dem Ersitzungsrecht und dem Recht des Erwerbs vom Scheinberechtigten.[1188] Schottland folgt, anders als England, nicht dem Konzept des Titels durch Eintragung. Die Vorschriften des neunten Kapitels (secs. 86 ff) des schottischen Land Registration Act 2012 (LR(S)A 2012) handeln deshalb von dem *realignment of*

[1184] Der Erwerber muss den Besitz an dem Hypothekenbrief erlangen. Der Veräußerer muss zwar durch eine öffentlich beglaubigte Abtretungserklärung legitimiert sein, für den Erwerb von ihm genügt dagegen eine schriftliche Abtretungserklärung. Der Rechtsscheintatbestand modifiziert nicht das Vollzugsmoment.

[1185] Näher Ignatowicz und Stefaniuk (*-Stefaniuk*), Prawo rzeczowe[2], S. 347 Rdnr. III.2 (erst durch die Eintragung im Liegenschaftsregister ist der Erwerb vom Scheinberechtigten vollzogen).

[1186] Die Einzelheiten sind ungewöhnlich kompliziert. Man hat zwischen anfänglich unrichtigen und nachträglich unrichtig gewordenen Einträgen zu unterscheiden. Bei letzteren ist der redliche Glaube an das Schweigen des Grundbuchs geschützt; was nicht eingetragen ist, entfaltet keine Wirkung. Der Erwerber ist keinen weiteren Ansprüchen des wahren Berechtigten ausgesetzt. Bei ursprünglich unrichtigen Eintragungen muss die Eintragung des Ersterwerbers, der aufgrund eines unwirksamen Geschäfts nur scheinbar erworben hatte, unanfechtbar sein. Es darf keine Streitanmerkung eingetragen sein, und es müssen seit der Eintragung mindestens drei Jahre vergangen sein, vorausgesetzt, der wahre Eigentümer ist von der Eintragung des Ersterwerbers und jetzigen Veräußerers in Kenntnis gesetzt worden (§ 64 österr. GBG). Ist er von der Eintragung nicht in Kenntnis gesetzt worden, erlischt die Möglichkeit, gegen den Zweiterwerber Löschungsklage zu erheben, erst nach Ablauf von drei Jahren ab dem Antrag auf Eintragung des Ersterwerbers (*Koziol/Welser/Kletečka,* Bürgerliches Recht I[14], S. 365). Gegen den Ersterwerber und einen bösgläubigen Zweiterwerber ist die Löschungsklage während der gesamten Verjährungszeit der gegen ihn bestehenden Ansprüche möglich (§§ 62, 63(2) österr. GBG).

[1187] Oben Fn. 1128.

[1188] Eingehend *Miller,* in: Essays in Honour of Robert Rennie, S. 165, 173–183.

rights. Das drückt aus, dass es in den hier geregelten Fällen ausnahmsweise nicht darum geht, das Register (im Wege der Berichtigung) an die materielle Rechtslage anzupassen, sondern darum, die materielle an die im Register (ursprünglich unrichtig) wiedergegebene formelle Rechtslage.[1189] Besonders hilfreich zum Verständnis dieser Regelungen ist der vorbereitende Bericht der schottischen Law Commission aus dem Jahre 2010.[1190] Wenn eine Eintragung auf einer unwirksamen Verfügung *(deed)* beruht, ist das Register grundsätzlich zu berichtigen (sec. 50 i. V. m. secs. 80 ff. LR(S)A 2012). Das gilt auch dann, wenn es zu Zwischenverfügungen durch den zu Unrecht Eingetragenen gekommen ist. Die ursprünglich auch in Schottland gültige englische Regel, dass *possession* des Eingetragenen eine Berichtigung hindert[1191], wurde abgeschafft. Unter dem neuen Recht kann (B), wenn er aufgrund einer unwirksamen Verfügung zu Unrecht eingetragen wird, Eigentum (wie in Italien) nur durch zehnjährige Ersitzung erwerben. Wenn (B) aber innerhalb dieser Frist weiterverfügt, ist ein Erwerb durch (C) möglich, sofern die Voraussetzungen von sec. 86(3) LR(S)A 2012 erfüllt sind. Zu ihnen gehört, dass (B) und (C) zusammen genommen das Grundstück für mindestens ein Jahr *in open, peacable possession without judicial interruption* gehabt haben müssen. (C) muss bis zum Ablauf dieser Frist *in good faith* geblieben sein. Andererseits muss die Verfügung des (B) an (C) aber geeignet sein, Eigentum zu übertragen; es hätte zu einem Eigentümerwechsel kommen müssen, wäre nur (B) der wahre Berechtigte gewesen. Schließlich kommt es darauf an, dass (B) und (C) ohne Einschränkungen eingetragen waren bzw. werden. Ihre Eintragungen müssen an der Garantie *(warranty)* des Registers teilhaben und dürfen binnen der Jahresfrist nicht durch die Verlautbarung geschwächt sein, dass (A) gerichtlich gegen (B) oder (C) vorgeht. Ist all das beachtet, erwirbt (C) mit Ablauf der Jahresfrist (sec. 86(6) aaO); war die Jahresfrist schon vor seiner Eintragung abgelaufen (weil schon (B) ein Jahr lang im Besitz des Grundstücks war), erwirbt (C) unmittelbar mit seiner Eintragung (sec. 86(5) aaO). Das gilt auch dann, wenn (B) als Eigentümer des gesamten Grundstücks eingetragen war, obwohl ihm nur ein Teil davon gehörte. Auf *leases* werden diese Regeln entsprechend angewandt (sec. 88 aaO). Bei *servitudes* kommt es auf die Gutgläubigkeit des Eigentümers des herrschenden Grundstücks (sec. 90(3)(c) aaO) und darauf an, dass der Besteller das dienende Grundstück mindestens ein Jahr lang in Besitz hatte (sec. 90(3)(a) LR(S)A 2012).

Die Rechtslage in **Malta** entspricht weitgehend der in England. Auch unter dem 403 maltesischen Torrenssystem geht es im Kern zwar nicht um einen Erwerb vom Scheinberechtigten, sondern um die Frage, wann die registerführende Behörde, ggf. aufgrund gerichtlicher Anordnung, das Register zu berichtigen hat (Art. 51(1) malt. LRA). Durch eine Berichtigung können eingetragene Rechte beeinträchtigt werden oder erlöschen (Art. 51(2) aaO). Auch in Malta gilt jedoch, dass eine Berichtigung des Liegenschaftsregisters zum Nachteil desjenigen, der *in possession* des Grundstücks ist, grundsätzlich ausgeschlossen ist. Das ist nur dann anders, wenn die Berichtigung (i) dazu dient, einem *overriding interest* zur Durchsetzung zu verhelfen, (ii) der ein-

---

1189 Registers of Scotland, Consultation on Implementation of the Land Registration etc (Scotland) Act 2012: Post Consultation Report (2014) Rdnrn. 9.1 und 9.4.

1190 Scottish Law Commission, Report on Land Registration I, (2010) SCOT LAW COM No 222, Rdnr. 25.2.

1191 Sie war im LR(S)A 1979 zu finden und spielte noch eine ganze Weile in Altfällen eine Rolle, z. B. *Tesco Stores Ltd v Keeper of the Registers of Scotland* 2001 SLT (Lands Tr) 23; *Yaxley v Glen* [2007] CSOH 90; 2007 SLT 756.

getragene Besitzer durch sein Verhalten maßgeblich zur Unrichtigkeit des Registers beigetragen hat, oder (iii) seine bzw. die Voreintragung seines Vertragspartners *void* ist, im letzteren Fall aber nur, falls es sich um eine Schenkung handelte (Art. 51(3) aaO). Im Ergebnis geht es also vor allem um den Schutz eines entgeltlich erwerbenden Dritten, der nicht zu der unwirksamen Voreintragung des Veräußerers beigetragen hat. Mit Ausnahme der *overriding interests* ist eine Berichtigung nach Ablauf von zehn Jahren ab der Eintragung ausgeschlossen (Art. 51(6) aaO). Formuliert man das Ergebnis aus der Sicht des Rechts des „redlichen Erwerbs“, dann ergibt sich, dass er sofort möglich ist, sofern nur der Erwerber in den Besitz des Grundstücks gelangt, im Übrigen durch zehnjährigen Zeitablauf. Die Bezüge zum Ersitzungsrecht liegen auf der Hand.

e) Bezugspunkt, Maßstab und Zeitpunkt des guten Glaubens

404 Der gute Glaube des Erwerbers ist primär auf die dem subjektiven Sachenrecht innewohnende Rechtsmacht bezogen, das das jeweilige Liegenschaftsregister dem Verfügenden zuschreibt. Man erwirbt von einem Scheinberechtigten das, was man unter sonst gleichen Umständen von einem Berechtigten erwerben würde, nicht weniger, aber auch nicht mehr. Über einen Rechtsirrtum, etwa die Annahme, ein Erbbauberechtigter dürfe eine Dienstbarkeit oder ein Recht auf Elektrizität bestellen, hilft das Recht des Erwerbs vom Scheinberechtigten nicht hinweg (Kap. 21 § 4 schwed. JB). Verlautbarte Belastungen (auch in Gestalt sachenrechtlicher Erwerbsrechte Dritter) bleiben erhalten, es sei denn, auch sie bestehen nur als Scheinrechte.[1192] Niemand kann sich darauf berufen, von einem eingetragenen Recht nichts gewusst zu haben (Art. 3:23 ndl. BW; § 5:171(1) ungar. ZGB; § 55(2) estn. LPA). Auch die Bestandsangaben des Liegenschaftsregisters, durch die das erworbene Recht auf eine bestimmte Fläche bezogen wird, sind richtiger Auffassung nach ein tauglicher Bezugspunkt des guten Glaubens.[1193] Wer ein fremdes Grundstück durch Geschäft mit einem Scheinbe-

---

[1192] Verlautbart also das Liegenschaftsregister immer noch eine auf dem Grundstück lastende Dienstbarkeit, ist sie materiellrechtlich aber bereits erloschen, dann lebt sie durch den gutgläubigen Eigentumserwerb nicht etwa neu auf. Genauso verhält es sich bei einer Hypothek. Hatte sie sich aber vor dem Eigentumswechsel bereits in eine Eigentümergrundschuld gewandelt (oben Rdnr. 220), dann geht sie als solche unter deutschem Recht gleichfalls auf den Erwerber des Grundeigentums über.

[1193] So für Deutschland BGH 12.10.2012, NJW-RR 2013 S. 789. Unter Art. 34(2) span. LH wird der gute Glaube des Dritten vermutet, solange nicht bewiesen ist, dass er die Unrichtigkeit *(inexactitud)* des Registereintrags kannte. Der Registereintrag soll mit den Angaben des Katasters, einschließlich der Angaben zur Bodenfläche, übereinstimmen (Artt. 9 und 10 span. LH i. d. F. des Gesetzes 13/2015 v. 24.6.2015). Der Dritte ist auch dann gutgläubig, wenn er keine Möglichkeit hatte, die Unrichtigkeit der Angaben zu erkennen (Domínguez Luelmo [-*Domínguez Luelmo*], Comentarios a la Ley Hipotecaria, Art. 34 LH, S. 564). Er bleibt auch vor einer nachträglichen Berichtigung geschützt (Art. 40(4) span. LH). Zumindest teilweise anders wird die Frage aber in Tschechien beurteilt. Die materielle Publizität (§ 984 tschech. BGB) beziehe sich lediglich auf die Informationen über die die Liegenschaft betreffenden Rechtsverhältnisse und nicht auf die Informationen über deren Fläche, Grundstücksart, Art ihrer Nutzung, den technischen Zustand, den Wert der Liegenschaft, mögliche öffentlich-rechtliche Einschränkungen etc., es sei denn, die Eintragung im Liegenschaftskataster verweise ausdrücklich auf den Inhalt einer Urkunde aus der Urkundensammlung, in der z. B. der genaue Verlauf einer Dienstbarkeit verzeichnet ist. Dann gehöre auch diese Information zu den „Rechtsverhältnissen“ (Spáčil [-*Vrzalová*], Občanský zákoník III, S. 36). Unter polnischem Recht haben die Angaben aus dem ersten Teil (I-O) des

rechtigten zur Gänze erwerben kann, kann es auch teilweise erwerben.[1194] Wo allerdings zu dem guten Glauben an die Rechtsinhaberschaft des Verfügenden noch ein Vollzugsmoment in Gestalt der Besitzergreifung hinzukommen muss, da muss auch sie in gutem Glauben geschehen. Unter Art. 1147(1) ital. CC ist deshalb nur gutgläubig, wer besitzt ohne zu wissen oder grob fahrlässig zu verkennen, dass er durch seinen Besitz das Recht eines anderen verletzt.[1195]

Unterschiedlich wird die Frage beurteilt, was genau Bösgläubigkeit konstituiert. **405** Unter österreichischem Recht schadet bereits **leichte Fahrlässigkeit**.[1196] Fahrlässig handelt, wer auf das Grundbuch vertraut, obwohl ihn besondere Bedenken zu einer Prüfung seiner Richtigkeit hätten veranlassen müssen.[1197] Die Rechtsprechung verlangt teilweise und je nach den Umständen sogar, dass der Erwerber die Liegenschaft besichtigt.[1198] In Tschechien wird gelehrt, dass der gute Glaube nur demjenigen zugute komme, der weder wusste noch bei dem üblichen Maß an Vorsicht wissen konnte, dass die Buchlage aufgrund eines außerbücherlichen Erwerbs unrichtig geworden ist, dass es an einem geeigneten Rechtsgrund fehlte oder dass er nachträglich weggefallen ist. Es besteht aber keine Pflicht zu aktiver Nachforschung; sie wäre mit § 980(2) tschech. BGB (Vermutung der Richtigkeit des Liegenschaftskatasters) nicht zu vereinbaren. Allerdings wird, wie überwiegend in Österreich, verlangt, dass die Immobilie vor dem Kauf besichtigt wurde und dass bei dieser Besichtigung der fragliche Rechtsmangel nicht erkannt werden konnte.[1199] Unter § 5:172(2) ungar. ZGB kann eine Person nicht als gutgläubig angesehen werden, „die zum Zeitpunkt des Erwerbs ihres Rechts oder der Durchführung der Handlung von der Unrichtigkeit des Inhalts des Immobilienregisters oder der Beschränktheit des Rechts der im Immobilienregister als Berechtigter eingetragenen Person wusste oder wissen musste“. Es kommt also auf die im Allgemei-

---

Grundbuchs (Art, Lage und Fläche der Immobilie) keinen Teil an seinem öffentlichen Glauben (Osajda [-*Kostecki*], Księgi wieczyste, Art. 5 Rdnr. 27; Radwański und Gniewek [-*Gniewek*], System prawa prywatnego III[3], S. 201–202 Rdnr. 209; poln. OG 4.3.1994, III CZP 15/94, Legalis-Nr. 28486; poln. OG 28.2.1989, III CZP 13/89, OSNCP.1990.2.26, Legalis-Nr. 26595). In Griechenland ist die Frage bislang nur bei der Ersteintragung von Grundstücken in die neuen Grundbücher relevant geworden. Wird bei der Ersteintragung eines Grundstücks eine zu große Bodenfläche eingegeben und sind die Anfechtungsfristen verstrichen, gilt für die Eintragung die (widerlegbare) Richtigkeitsvermutung des Art. 13 des gr. Gesetzes 2664/1998. Unter dem Transkriptionssystem ist entschieden worden, dass ein gutgläubig auf seinen Putativtitel vertrauender Erbe eine größere Grundfläche erwerben könne als die, aus der das Erbgrundstück „eigentlich“ bestand (Areopag 94/2013, NoB 61 (2013) S. 1564).

[1194] BGH 7.12.2001, NJW 2002 S. 1038, 1039; BGH 18.1.2008, NJW 2008 S. 1658 („Die Eigentumsverschaffungspflicht des Verkäufers ist auch dann hinreichend bestimmt, wenn die verkaufte Teilfläche in der Örtlichkeit eindeutig bestimmt ist und die Parteien ihre verbindliche Festlegung der Durchführung des Vertrags überlassen haben“).

[1195] Cass. 20.1.2017, Nr. 1593, Juris Data DVD.

[1196] OGH 17.10.1995, SZ 68/194; OGH 25.1.2000, NZ 2002 S. 77.

[1197] *Koziol/Welser/Kletečka,* Bürgerliches Recht I[14], S. 366.

[1198] Die Einzelheiten hängen aber wieder von dem Recht ab, um das es im Einzelfall geht (z. B. OGH 15.12.1982, SZ 55/191: „Dem Pfandgläubiger geht der Schutz des Vertrauens auf die öffentlichen Bücher nicht dadurch verloren, daß er es unterläßt, die verpfändete Liegenschaft vor dem Pfandrechtserwerb zur Erforschung allfälliger außerbücherlicher Rechte Dritter zu besichtigen“); weitere Nachweise bei Schwimann und Kodek (-*Mader und Janisch*), ABGB VI[3], § 1500 Rdnr. 8.

[1199] Spáčil (-*Vrzalová*), Občanský zákoník III, S. 40 (die Möglichkeit und die Notwendigkeit einer Besichtigung der Immobilie müssten unter Berücksichtigung der Umstände des Einzelfalls beurteilt werden).

nen zumutbare Sorgfalt an, die ihrerseits, je nach den Umständen, eine Nachforschungspflicht einschließt.[1200] Auch unter Artt. 3:11 und 3:118 ndl. BW kommt es auf Kenntnis bzw. Kennenmüssen an. Unter Kap. 18 § 1 schwed. JB darf der Erwerber weder wissen noch wissen müssen, dass der Veräußerer nicht der rechtmäßige Eigentümer ist. In Italien dagegen wird, wie gesagt, als bösgläubig nur derjenige angesehen, dessen Unkenntnis von der wahren Rechtslage auf **grober Fahrlässigkeit** beruht (Art. 1147(2) ital. CC). Darauf läuft auch Art. 6(2) poln. GBHG hinaus, wonach bösgläubig ist, wer die Unrichtigkeit des Grundbuchs kennt oder „mit Leichtigkeit hätte erfahren können". Es bedarf keiner besonderen Nachforschungen, einfache Sorgfalt genügt. Man muss das Grundbuch einsehen und auf die Besitzverhältnisse achten, mehr nicht.[1201] Unter spanischem (Artt. 433 und 1950 span. CC, Art. 34 span. LH[1202]) und deutschem Recht (§ 892(1) Satz 1 dt. BGB) schadet dagegen nur **positive Kenntnis** von der Unrichtigkeit des Grundbuchs; grobe Fahrlässigkeit schließt einen gutgläubigen Erwerb nur im Mobiliarsachenrecht aus (§ 932(2) dt. BGB). Eine Nachforschungspflicht besteht nicht, auch nicht, wenn der Erwerber die Unrichtigkeit des Grundbuchs für möglich hält.[1203] Umgekehrt verhindert ein eingetragener Widerspruch (§ 899 dt. BGB) einen Erwerb, selbst wenn der Erwerber redlich ist.[1204] Der Widerspruch muss aber natürlich für den wahren Berechtigten eingetragen sein. Ein Widerspruch zugunsten eines Nichtberechtigten entfaltet keine erwerbshemmende Wirkung.[1205] Die **Beweislast** für den bösen Glauben des Erwerbers liegt dagegen nahezu durchweg bei dem, der ihn behauptet, i.d.R. also bei dem wahren Berechtigten. Denn der gute Glaube des Erwerbers wird widerleglich vermutet. So verhält es sich nicht nur in Deutschland[1206], Italien (Art. 1147(3) ital. CC) und Österreich[1207], sondern auch in Belgien (Art. 2268 belg. CC), Estland (§ 139 estn. AT ZGB), Frankreich (Art. 2274 franz. CC), den Niederlanden (Art. 3:118(3) ndl. BW), Spanien (Art. 34 span. LH) und Slowenien (Art. 9 slowen. SPZ). Lettland allerdings bildet eine Ausnahme.[1208]

1200 Vékás und Gárdos (-*Menyhárd*), Kommentár a Polgári Törvénykönyvhöz I, § 5:172 ung-ZGB, S. 1215.

1201 Poln. OG, 26.1.2011, IV CSK 285/10, Legalis-Nr. 417519.

1202 Unter Art. 34 span. LH wird der gute Glaube eines Dritten vermutet, „der irgendein Recht von einer Person erwirbt, die laut Register zu dessen Übertragung berechtigt ist, solange nicht bewiesen ist, dass er die Unrichtigkeit des Registereintrags kannte". Gleichwohl gibt es Stimmen, die den Dritten, wenn es Anlass zu Zweifeln gibt, für verpflichtet halten, aktive Nachforschungen anzustellen (so jedenfalls *Díez-Picazo und Gullón,* Sistema de Derecho Civil III(1)[8], S. 63 und 288). Zwei Hauptströmumgen ringen um die Oberhand. Für die *concepción psicológica* bedeutet „guter Glaube" Unkenntnis der Realität, während die *concepción ética* Sorgfalt verlangt und das einfache Nachschlagen des Registerbuchs nicht genügen lässt (näher Domínguez Luelmo [-*Domínguez Luelmo*], Comentarios a la Ley Hipotecaria, Art. 34 LH, S. 562). Gesichert ist, dass ein Auflassungsvermerk zugunsten eines Dritten den guten Glauben des Erwerbers zerstört (TS 5.3.2013, RAJ 2013 Nr. 2414 S. 1570, ADC 68 (2015) S. 304, Anm. *López Maza*).

1203 OLG Schleswig 27.11.2003, NotBZ 2004 S. 320, 322. Siehe außerdem RG 30.3.1915, RGZ 86 S. 353, 356 (es ist unerheblich, ob der Ewerber auf den Grundbuchinhalt vetraute) und RG 7.7.2927, RGZ 90 S. 395, 398 („Ein fahrlässiges Nichterkennen der Unrichtigkeit steht … einem Kennen nicht gleich").

1204 MünchKomm (-*Kohler*), BGB VII[7], § 892 Rdnr. 40.

1205 Staudinger (-*Gursky*), BGB (2013), § 892 Rdnr. 132.

1206 RG 30.3.1912, RGZ 79 S. 165, 169; *Gursky* aaO Rdnr. 140, 174.

1207 OGH 17.10.1995, SZ 68/194; OGH 25.1.2000, NZ 2002 S. 77.

1208 *Rozenfelds,* Juridiskā zinātne 10 (2017) S. 58, 73 („Instead of presumption of rights, [Art. 1060 lett. ZGB] claims that one must prove not only that he or she has actually acquired

Für die Feststellung des guten Glaubens kommt es der Grundregel nach auf den **Zeitpunkt** an, zu dem sich nach den allgemeinen Regeln der Erwerb vollendet (z.B. Kap. 18 § 1 schwed. JB: „bei [Eigentums-] Übergang“ [*vid överlåtelsen*]). Wann das der Fall ist, hängt von den allgemeinen Übertragungsregeln ab. In Frankreich kommt es deshalb der Grundregel nach weder auf den Eintragungszeitpunkt noch auf den Zeitpunkt der Inbesitznahme, sondern auf den Zeitpunkt des Vertragsschlusses an.[1209] In den Systemen, in denen die Eintragung konstitutive Erwerbsvoraussetzung ist, kommt es dagegen meistens auf den Zeitpunkt der Eintragung an. Nur wenn (in Ausnahmefällen) die Eintragung schon vor der Vereinbarung über die Rechtsänderung erfolgt sein sollte, gibt deren Zeitpunkt maß (§ 5:172(1) Satz 2 ungar. ZGB). Bei Rechten, die auf andere Weise als durch Eintragung erworben werden, entscheidet gleichfalls der Zeitpunkt des jeweils letzten Vollzugsaktes (Briefübergabe; formwirksamer Vertrag [Kap. 4 § 1 schwed. JB][1210]); bedarf es noch einer staatlichen Genehmigung, ist ihr Zeitpunkt entscheidend.[1211] In Italien, wo, wie gesagt, zur Eintragung noch der Ablauf einer zehnjährigen Besitzzeit hinzukommen muss, wird zwar mit Blick auf Art. 1147(3) ital. CC gestritten, ob es auf den Moment des Besitzerwerbs oder auf den Moment der Eintragung ankommt, doch sprechen die besseren Gründe auch hier dafür, auf den Eintragungszeitpunkt abzustellen.[1212] Auch das deutsche und das slowenische Recht heben darauf ab, dass der Grundbuchinhalt im Zeitpunkt der Rechtsvollendung mit der Vorstellung des Erwerbers über die Rechtslage übereinstimmt[1213]; maßgeblich ist deshalb bei gewöhnlichem Verlauf der Dinge der Moment der Eintragung.[1214] Nur in Spanien ist das anders. Man stellt nicht auf den Zeitpunkt der Eintragung des Rechtsgeschäfts, sondern auf den Zeitpunkt seines Abschlusses ab.[1215] Das deutsche (§ 892(2) BGB)[1216], das estnische (§ 56^1(3) estn. LPA) und das österreichische Recht[1217], Art. 6(3) poln. 406

---

such rights through a lawful procedure, but, furthermore, if a claimant alleges that he or she acquired the property through delivery or inheritence from another person, then he or she must also prove that his predecessor was the owner of it“). In Lettland hat sich deshalb auch die sogen. *probatio diabolica* erhalten.

1209 *Terré und Simler,* Les biens[9], S. 373 Rdnr. 467 („Peu importe aussi, à ce propos [gemeint ist die verkürzte Ersitzung], que le titre n'ait pas été publié, car il s'agit là d'une condition d'opposabilité aux tiers et non d'une condition de validité de l'acte translatif“) und S. 376 Rdnr. 472 („la bonne foi peut avoir disparu au moment de la prise de possession; il suffit qu'elle ait existé au moment de l'acquisition“).

1210 Beim Doppelverkauf (der aus den Regeln des Kap. 18 § 1 schwed. JB ausgenommen ist), kommt es zur Beurteilung der Gutgläubigkeit aber nicht auf den Zeitpunkt des formwirksam abgeschlossenen Vertrages, sondern auf den Zeitpunkt der Eintragung an (Kap. 17 § 2 schwed. JB; oben Fn. 1144).

1211 Staudinger (-*Gursky*), BGB (2013), § 892 Rdnr. 211.

1212 *Gazzoni,* La trascrizione immobiliare I, S. 52; anders allerdings *Bianca,* Diritto civile VI, S. 822 (Besitzerwerb).

1213 RG 8.12.1928, RGZ 123 S. 19, 22; RG 18.2.1933, RGZ 140 S. 35, 38; BGH 16.5. 1980, NJW 1980 S. 2413; *Rijavec/Vrenčur/Keresteš,* Immobiliarsachenrecht in Slowenien, S. 28.

1214 OLG Köln 22.5.2013, FGPrax 2013 S. 201, 202.

1215 *Roca Sastre et al.,* Derecho hipotecario II(2)[9], S. 253.

1216 Da man auch eine Vormerkung gutgläubig von einem Scheineigentümer soll erwerben können, verlegt sich der maßgebliche Zeitpunkt häufig noch weiter nach vorne, nämlich auf den Zeitpunkt des Antrags auf Eintragung der Vormerkung (oben Rdnr. 345 mit Fn. 882).

1217 OGH 8.3.1994, SZ 67/37 (Der gute Glaube muss im Moment der Einreichung des Eintragungsgesuchs beim Registergericht bestehen).

GBHG[1218], § 5:172(1) ungar. ZGB und § 984(1) Satz 2 tschech. BGB verlegen den Zeitpunkt der Eintragung vor auf den Zeitpunkt, in dem die für die Umschreibung erforderlichen Urkunden beim Register eingehen.

f) Wirkungen

407 Infolge des registergestützten Erwerbs von einem Scheinberechtigten verliert der wahre Berechtigte sein Recht nicht anders, als wenn er es dem Erwerber selbst übertragen hätte. Das erworbene Recht tritt an die Stelle des verdrängten. Anders als manche Formen der Ersitzung hilft das Recht des rechtsgeschäftlichen Erwerbs vom Scheinberechtigten aber nicht über Mängel des übertragenden Rechtsgeschäfts hinweg.[1219] Ist etwa die Einigung nichtig, scheitert auch der gutgläubige Erwerb. Umgekehrt heilt in einem System abstrakter Verfügungen der gutgläubige Erwerb Mängel des Kausalgeschäfts in demselben Maße wie ein Erwerb vom Berechtigten. Formunwirksame Kaufverträge (§ 311b(1) Satz 2 dt. BGB) werden ebenso wirksam wie formunwirksame Schenkungen (§ 518(2) dt. BGB). Das ist aber nicht in jeder Beziehung notwendig gleichbedeutend mit Kondiktionsfestigkeit. Wer gutgläubig durch Schenkung erwirbt, ist zwar nicht dem Schenker, aber doch dem wahren Eigentümer aus ungerechtfertigter Bereicherung zur Herausgabe verpflichtet (§ 816(1) Satz 2 dt. BGB). Wurde eine Gesellschaft bürgerlichen Rechts (§ 705 dt. BGB) als Eigentümerin in das Grundbuch eingetragen, so wird nur für die Zwecke des Übereignungsgeschäfts die Richtigkeit der gleichfalls aus dem Grundbuch ersichtlichen Angaben über die Gesellschafter vermutet (§ 899a dt. BGB). Sind sie falsch, so wird ein vertretungsrechtlicher Mangel des Kausalgeschäfts nicht geheilt; der Erwerber bleibt der Gesellschaft aus ungerechtfertigter Bereicherung verpflichtet.

408 Ein im Wege des Zweiterwerbs gutgläubig erworbenes beschränktes dingliches Recht teilt den Rang und den Umfang, den es in der Person des Berechtigten hatte. Handelt es sich sowohl bei dem belasteten, als auch bei dem belastenden Recht um Scheinberechtigungen, dann wird die Existenz des belasteten Rechts nur soweit vermutet, wie es für den Erwerb der Belastung erforderlich ist; es selber entsteht nicht neu. Denn im Recht des gutgläubigen Erwerbs geht es um den Schutz des Erwerbers, nicht um die Interessen Dritter.[1220] Alle Rechte bleiben mit den Rechten belastet, die sie ausweislich des Liegenschaftsregisters im Zeitpunkt des Erwerbs beschränkten.[1221]

[1218] Maßgeblich ist auch hier der Zeitpunkt der Vollendung des Rechtserwerbs (*Gniewek,* Prawo rzeczowe[8], S. 301 Rdnr. 938). Bedarf eine Verfügung zu ihrer Wirksamkeit der Eintragung in das Grundbuch, ist der Zeitpunkt der Antragstellung maßgeblich. Wird die Verfügung erst nach Eintragung in das Grundbuch wirksam, ist der Tag des Wirksamwerdens der Verfügung maßgeblich (Art. 6(3) poln. GBHG).

[1219] *Rieländer,* JZ 2016 S. 1150, 1152–1153; *Dietrich,* ÖJZ 1969 S. 4, 5–6.

[1220] *Gniewek,* Prawo rzeczowe[8], S. 300 Rdnr. 933. Hat man es z.B. mit Scheineigentum zu tun, das zugunsten eines Nachbarn mit einer Scheindienstbarkeit belastet ist, dann geht das Eigentum ohne die Dienstbarkeit über; sie entsteht nicht etwa nur deshalb in der Person des Nachbarn neu, weil das Eigentum übertragen wurde. Wird ein Pfandrecht an einer in Wahrheit inexistenten Hypothek gutgläubig erworben, wird die Hypothek nur für die Zwecke des Erwerbs des Pfandrechts als bestehend betrachtet, sie lebt aber nicht zugunsten des Scheinhypothekars wieder auf (eingehend *Rieländer,* Mehrstufige Belastungen, § 5 IV 1).

[1221] Anders ist das nur, wenn es um einen ersitzungsrechtlich organisierten Erwerb geht, weil es bei ihm stets auf die Umstände am Beginn der Ersitzungsfrist ankommt. Bestellt also ein Eigentümer noch zu einem Zeitpunkt eine Hypothek, zu dem die Ersitzungsfrist zugunsten des Erwerbers

Eintragungsfähige, aber nicht eingetragene Belastungen gehen dagegen unter.[1222] Man spricht dann oft von einem **gutgläubig lastenfreien Erwerb.** Belastungen sind nicht besser geschützt als das Stammrecht, auf dem sie lasten; geht das Stammrecht verloren, bricht auch die auf ihm lastende Rechtekaskade zusammen. Findet sich im Liegenschaftsregister nichts über die Belastung einer Hypothek mit einem Pfandrecht oder einem Nießbrauch, dann erwirbt der gutgläubige Erwerber die Hypothek (vorausgesetzt natürlich, das anwendbare Recht ermöglicht einen gutgläubigen Hypothekenerwerb[1223] und die entsprechenden Belastungen sind eintragungsfähig) frei von solchen Drittrechten.[1224] Für Einreden gegen eine Hypothek oder eine Grundschuld gilt unter deutschem Recht nichts anderes als für echte Sachenrechte „auf" einer Hypothek oder Grundschuld. Solche Einreden erlöschen dem gutgläubigen Erwerber gegenüber, wiederum aber nur insoweit, als es um seine Rechte aus der Hypothek geht (§ 1157 Satz 2 dt. BGB). Nur bei Sicherungsgrundschulden ist das anders. Einreden gegen die Grundschuld aus dem Sicherungsvertrag bleiben (vorwiegend aus Gründen des Verbraucherschutzes) auch dem Erwerber der Grundschuld gegenüber erhalten (§ 1192(1a) dt. BGB). Gelegentlich können auch Schuldrechte zu dem Zweck eingetragen werden, sie einem Erwerber des Grundeigentums entgegenhalten zu können; sind sie nicht eingetragen, erwirbt er einredefrei.[1225]

---

bereits begonnen hat, so wirkt diese Hypothekenbestellung nicht mehr gegen den Erwerber, mag sie auch eingetragen worden sein (*Terré und Simler,* Les biens[9], S. 384 Rdnr. 486; *Dross,* Les choses, S. 500 Rdnr. 269-5). War das Grundstück dagegen schon vor der Inbesitznahme mit einem Drittrecht belastet, so bleibt die Belastung auch dem *a non domino* Erwerber gegenüber bestehen, es sei denn, er hat das Grundstück auch *libre de charges* besessen (*Terré und Simler* aaO).

[1222] Siehe für Deutschland § 892(1) Satz 1 dt. BGB; für Estland § 56[1](2) estn. LPA; für Litauen Art. 4.9(2) lit. ZGB; für Österreich OGH 22.2.1984, SZ 57/38 (Der lastenfreie folgt im Wesentlichen denselben Regeln wie der gutgläubige Erwerb; die Anforderungen an den guten Glauben unterliegen § 1500 österr. ABGB. Bei Dienstbarkeiten sei aber besondere Vorsicht geboten, weil sie oft durch Ersitzung erworben werden und dann oft auch die Eintragung unterbleibt; Nachforschungen sind insbesondere angezeigt, wenn Anlagen auf dem zu erwerbenden Grundstück das Bestehen einer Dienstbarkeit wahrscheinlich erscheinen lassen); für Polen Ignatowicz und Stefaniuk (-*Stefaniuk*), Prawo rzeczowe[2], S. 347 Rdnr. III.2 sowie Radwański und Gniewek (-*Gniewek*), System prawa prywatnego III[3], S. 573 Rdnr. 233; für Schottland secs. 91 und 92 LR(S)A 2012 (es erlöschen grundsätzlich alle nicht eingetragenen Belastungen [*encumbrances*], sofern der Erwerber auch insoweit gutgläubig ist; dazu gehören auch *floating charges* [sec. 93 aaO], *standard securities* und bestimmte *title conditions* i. S. v. sec. 122(1) Title Conditions (Scotland) Act 2003); für Schweden Kap. 17 §§ 1 und 2 schwed. JB (das gutgläubig eingetragene Recht hat Vorrang vor älteren, aber nicht eingetragenen Rechten); für Spanien Art. 606 span. CC und Art. 32 span. LH; für Tschechien § 1107(2) tschech. BGB und für Ungarn § 5:174 i. V. m. § 5:187 ungar. ZGB. Italien sieht die Möglichkeit eines lastenfreien Erwerbs im Mobiliarsachenrecht ausdrücklich vor (Art. 1153(2) ital. CC); für Immobilien fehlt eine gesetzliche Regelung. Im Schrifttum wird gelehrt, dass ein lastenfreier Erwerb voraussetzt, dass der Titel über Belastungen schweigt. Dann kommt die allgemeine Regelung zur *usucapio libertatis* zur Anwendung (Cian und Trabucchi [-*delle Monache*], Commentario al Codice civile[11], sub Art. 1159, S. 1234). Man erwirbt also nach zehnjähriger Ersitzung *a non domino* lastenfrei.

[1223] Vorher Rdnr. 399.

[1224] Das gilt unter deutschem Recht selbst dann, wenn die Löschung einer Belastung zu Unrecht erfolgte (z. B. weil eine Notarangestellte den Vertrag eigenmächtig falsch ergänzte) und eine Vormerkung die berichtigende Wiedereintragung verhindert (BGH 16.5.1980, NJW 1980 S. 2413). Siehe auch OLG Schleswig 27.11.2003, NotBZ 2004 S. 320.

[1225] Unter Art. 16(2) poln. GBHG, Art. 13(2) slowen. Grundbuchgesetz (näher Faber und Lurger [-*Rudolf/Rijavec/Keresteš*], National Reports, Bd. I, Slovenia, S. 539), Artt. 1549 span. CC, 2(5) span. LH (näher Domínguez Luelmo [-*Domínguez Luelmo*], Comentarios a la Ley Hi-

409 **Ausnahmen** von der Regel, dass nicht eingetragene, aber eintragungsfähige Belastungen erlöschen, betreffen durchweg entweder sozialpolitisch besonders heikle Sachenrechte oder Sachenrechte, die aus übergreifenden Interessen der Allgemeinheit von Gesetzes wegen entstehen. Ein Beispiel aus der ersten Gruppe sind die Ausgedinge (Altenteile) des tschechischen (§ 984 (2) tschech. BGB) bzw. die Leibrenten des polnischen Rechts (Art. 7 poln. GBHG), ein anderes die *leases* unter schottischem Recht (sec. 91(4) LR(S)A 2012). In die zweite Gruppe gehören u. a. die gesetzlichen Vorkaufsrechte einer Kommune unter Kap. 18 § 8 schwed. JB i. V. m. § 7 schwed. Förköpslag, gesetzliche Vorkaufsrechte des Staates zum Schutz des Naturerbes (z. B. § 61 tschech. Gesetz über den Schutz der Natur und der Landschaft), öffentliche Wegerechte unter sec. 91(4) LR(S)A 2012, gesetzliche Notwegerechte und die Dienstbarkeit des Anlagebetriebs unter Art. 7 poln. ZGB. Solche Rechte bleiben bestehen, auch wenn der Erwerber des Gundstücks von ihnen weder wusste noch wissen musste.[1226]

410 In poln. OG 28.3.2017[1227] hatte D von M drei landwirtschaftliche Grundstücke gekauft. Durch eines von ihnen lief eine Stromleitung mit 220kV. Sie war nach vorheriger behördlicher Genehmigung im Jahre 1970 gebaut, zur Nutzung freigegeben und seither regelmäßig und unwidersprochen gewartet worden. D (der Käufer!) beantragte (vermutlich in der Hoffnung auf eine Gegenleistung) die Bestellung der Dienstbarkeit des Anlagenbetriebs zugunsten der Stromgesellschaft sowie ihre Eintragung im Grundbuch. Das Rayonsgericht lehnte den Antrag auf Eintragung der Dienstbarkeit mit der Begründung ab, die Gesellschaft hätte sie (im Jahre 2000) bereits ersessen, und dies selbst dann, wenn sie bösgläubig gewesen sein sollte. D wandte ein, das Eigentum gutgläubig lastenfrei erworben zu haben. In der Kassationsklage berief er sich außerdem auf eine Verletzung seines verfassungsrechtlich geschützten Eigentums. Das OG wies ab. Von einer Grundrechtsverletzung könne keine Rede sein, weil die maßgeblichen Vorschriften hinreichend präzise und ihre Anwendung deshalb ausreichend vorhersehbar gewesen seien. Auch im früheren Recht sei die Zulässigkeit von Dienstbarkeiten, die der heutigen Dienstbarkeit des Anlagenbetriebs entsprachen, nie streitig gewesen. Die fehlende Eintragung stehe der Möglichkeit einer Ersitzung nicht entgegen. Denn der öffentliche Glaube des Grundbuchs wirke unter Art. 7 poln. GBHG nicht gegenüber den in dieser Vorschrift privilegierten Rechten. Auf Gut- oder Bösgläubigkeit komme es nicht an; die Dienstbarkeit entstehe durch Ersitzung kraft Gesetzes. Weder gegen die Dienstbarkeit des Anlagenbetriebs neuen noch gegen die ihr gleichende Dienstbarkeit alten Rechts könne man sich auf den öffentlichen Glauben des Grundbuchs berufen.

Um den Erwerb einer nichteingetragenen Wegdienstbarkeit (Notweg: Art. 145 poln. ZGB) ging es in poln. Woiwodschaftsverwaltungsgericht Rzeszów 24.4.2014.[1228] K wollte auf seinem Grundstück Nr. 118 ein Einfamilienhaus bauen und eine Blechgarage abreißen. Der Starost hatte die erforderliche Baugenehmigung erteilt; die Planungen waren abgeschlossen. M, der

---

potecaria, Art. 2 LH, S. 77: die Eintragung erzeugt die Entgegensetzbarkeit gegenüber Dritten) und § 11(1) tschech. LKG gehören dazu neben einer Reihe weiterer Rechte u. a. die Miete, die Pacht und die Vorkaufsrechte. Das neue griechische Grundbuch ermöglicht die Eintragung langjähriger Miet- und Pachtverhältnisse (Art. 12 Nr. 1 gr. Gesetz 2664/1998: neun Jahre), das zypriotische Liegenschaftsregister die Eintragung mindestens fünfzehnjähriger Immobiliarmieten (Artt. 65 B und 65 D Kap. 224).

1226 *Gniewek,* Prawo rzeczowe[8], S. 302 Rdnr. 939.

1227 II CSK 462/16, Legalis-Nr. 1617908.

1228 II SA/Rz 251/14, Legalis-Nr. 979588.

Eigentümer des Grundstücks Nr. 117, focht die Baugenehmigung im Verwaltungsverfahren mit Erfolg an. Der Woiwode bestand darauf, dass das Grundstück Nr. 118 über eine Wegdienstbarkeit auf dem Grundstück Nr. 117 Zugang zum öffentlichen Straßennetz erhielt. Sie bestehe mangels Eintragung im Grundbuch bislang nicht. Das Woiwodschaftsverwaltungsgericht stellte fest, dass unter den Vorschriften des ABGB eine Dienstbarkeit über das Grundstück Nr. 117 in das alte österreichische Grundbuch eingetragen worden sei. Dass sich von ihr im polnischen Grundbuch nichts mehr finde, sei nicht entscheidend, weil die Unrichtigkeit des Grundbuchs in jedem Verfahren, auch in einem Verwaltungsverfahren, bewiesen werden könne.[1229] Die Eintragung eines Notwegerechts habe nur deklaratorische, keine konstitutive Bedeutung. Nur bei einer konstitutiven Eintragung sei auch die Löschung konstitutiv. Der Woiwode hätte deshalb die Beweiskraft der ihm vorgelegten Dokumente überprüfen müssen; es genügte nicht, sich auf das Grundbuch zu verlassen. Obwohl die alten österreichischen Grundbücher für die Grundstücke Nr. 117 und 118 zerstört wurden, sei die Belastung des Grundstücks Nr. 117 nachgewiesen. M könne sich nicht auf den öffentlichen Glauben des Grundbuchs berufen, weil er sich nicht auf Notwege beziehe (Art. 7 Pkt. 4 poln. GBHG).

1229 Das freilich sieht poln. OVG 1.6.2016, I OSK 2100/14, Legalis-Nr. 1509543 inzwischen anders. Die Richtigkeitsvermutung des Grundbuchs könne nur in einem Zivilverfahren widerlegt werden. Andernfalls würden die Verwaltungsgerichte ihre Kompetenzen überschreiten.

§ 6. Rechtsbehelfe aus Sachenrechten

Weiteres Schrifttum: *Anders Agell* und *Åke Malmström,* Civilrätt (23. Auflage Stockholm 2014); *Francisco Javier Andrés Santos,* Introducción histórico-dogmática a la idea de subrogación real, ADC 51 (1998) 681–767; *Esther Arroyo i Amayuelas,* ¿Y si universalizamos el *trust,* también en Cataluña?, in: Esther Arroyo i Amayuelas (Hrsg.), El trust en el derecho civil (Barcelona 2007) S. 457–492; *Andrew MacDowall Bankton,* An Institute of the Laws of Scotland in Civil Rights: With Observations Upon the Agreement or Diversity Between Them and the Laws of England, Volume I (Edinburgh 1751); *Christian von Bar,* Grundfragen europäischen Sachenrechtsverständnisses, JZ 2015 S. 845–859; *ders.,* Damage without Loss, in: The Search for Principle. Essays in Honour of Lord Goff of Chieveley (Oxford 2000) S. 23–43; *Ludovico Barassi,* Proprietà e comproprietà (Mailand 1951); *Saverio Bartoli,* Il Trust (Mailand 2001); Adolf Baumbach, Wofgang Lauterbach, Jan Albers und Peter Hartmann (Begr. bzw. Hrsg.), Zivilprozessordnung (76. Aufl. München 2018); *Brigitte Belloir-Caux,* Dictionnaire de droit des biens (Paris 2013); Alexander Bergmann, Murad Ferid und Dieter Henrich (Begr. bzw. Hrsg.), Internationales Ehe- und Kindschaftsrecht (Frankfurt/Main 2009); *Sophie Boufflette,* La possession (Brüssel 2010); *Manuella Bourassin, Vincent Brémond* und *Marie-Noëlle Jobard-Bachellier,* Droit des sûretés (4. Aufl. Paris 2014); *Sergio Cámara Lapuente,* Operaciones fiduciarias o "trusts" en Derecho español, RCDI 654 (1999) S. 1757–1865; *Francesca Cerri,* Trust, affidamento fiduciario e fiducie (Mailand 2015); *Stefania Cervelli,* I diritti reali (Mailand 2007); *A. Chaibou,* L'application de l'article 1143 du code civil et la théorie des troubles anormaux de voisinage, JCP N, 1998, 761; *Gaël Chantepie* und *Mathias Latina,* La réforme du droit des obligations (Paris 2016); Clerk and Lindsell (Begr.), Torts (19. Aufl. London 2006); *Édouard Colas,* Preuve de la propriété immobilière: accession versus prescription, JCP N 2017, 1253, S. 35–37; *Konrad Cosack* und *Heinrich Mitteis,* Lehrbuch des Bürgerlichen Rechts – Zweiter Band, Erste Abteilung, Sachenrecht, Recht der Wertpapiere (8. Aufl. Jena 1924); *Anthony Cremona* und *Liana Micallef,* The Maltese revamped trust law: 5 years on, Trusts & Trustees 16 (2010) S. 155–167; *Frédéric Danos,* L'impossible revendication des sommes d'argent dues à titre de restitution, D. 2013 S. 1594–1599; *ders.,* Exceptions inhérentes à la dette et subrogation réelle sur la créance de prix de revente, JCP E 2011, 1366, S. 21–26; *Fiona De Londras,* Principles of Irish Property Law (Dublin 2009); *Marine Destreguil,* Empiètement sur le terrain d'autrui: pas de contrôle de proportionnalité!, Anm. unter Cass. civ., 21.12.2017, JCP N, 2018, 1190, S. 43–46; *María del Rosario Díaz Romero,* La protección jurídico-civil de la propiedad frante a las inmisiones, especial referencia a la acción negatoria (Madrid 2003); *Luis Díez-Picazo,* La prescripción extintiva (en el Código Civil y en la jurisprudencia) (Madrid 2003); *ders.,* Las relaciones entre usucapión y prescripción extintiva, y la prescripción extintiva de la acción reivindicatoria, in: Festschrift für *Juan Roca Juan* (Murcia 1989) S. 221; *Simon Douglas,* The Nature of Conversion, 68 (2009) CLJ S. 198–223; *William Dross,* Propriété et droits réels. L'argent se revendique-t-il?, RTD civ. 2013 S. 649–652; *ders.,* La défense du droit de propriété ne saurait jamais dégénérer un abus. Sérieusement?, Anm. unter Cass. 15.12.2016, RTD civ. 2017 S. 423–427; *Sophie Druffin-Bricca* und *Laurence-Caroline Henry,* Droit des biens (3. Aufl. Paris 2009); *Joan Egea Fernandez,* Acción negatoria, inmisiones y defensa de la propiedad (Madrid 1994); *Per-Olof Ekelöf* und *Robert Boman,* Rättegång (6. Auflage Stockholm 1992); *Luigi Cariota Ferrara,* I negozi fiduciari (Padua 1933); *Silvia Ferreri,* Questioni attuali in tema di azioni a difesa della proprietà, Riv. dir. civ. 2004, II, S. 809–834; *Max Finkelmeier,* Qualifikation der Vindikation und des Eigentümer-Besitzer-Verhältnisses (Tübingen 2016); *Peter Fitger,* Rättegångsbalken, Kap. 13, Inledning, De olika kategorierna av talan, www.infotorg.se Rättegangsbalken; *Jörg Fritzsche,* Der Beseitigungsanspruch nach § 1004 I BGB und seine Abgrenzung zum Schadensersatz (§§ 823 I, 249 I BGB), Ad Legendum 2016 S. 1–9; *Francesco Galgano,* Trattato di diritto civile, Band II (2. Aufl. Padua 2010); *Antonio Gambaro,* Un argomento a due gobbe in tema di trascrizione del trustee in base alla Convenzione de L'Aja, Riv. dir. civ. 2002, II, S. 919–922; *ders.,* Notarella in tema di trascrizione degli acquisti immobiliari del trustee ai sensi della XV convenzione dell'Aja, Riv. dir. civ. 2002, II, S. 257–266; *Antonio Gambaro* und *Umberto Morello,* Lezioni di diritto civile (Mailand 2012); *Max Ganado,* The Maltese Law of Trusts, Trusts & Trustees 10 (2004) Nr. 9 S. 9–16; *ders.,* A Brief Review of the Revised Law on Trusts in Malta, Trusts e attività fiducarie, 6 (2005) S. 392; *Hans Friedhelm Gaul,* Neuere „Verdinglichungs"-Tendenzen zur Rechtsstellung des Sicherungsgebers bei der Sicherungsübereignung, in: Festschrift Serick (Heidelberg 1992) S 105–152; *Francesco Gazzoni,* Il cammello, il leone, il franciullo e la trascrizione del trusts, Riv. Not. 2002 S. 1107–1119; *Apostolos Georgiades,* Exasfálisi ton pistóseon (Die Kreditsicherung) (Athen 2001); *Monika Gimpel-Hinteregger,* Grundfragen der Umwelthaftung (Wien 1994); *Giulia Giordano,* Trust liquidatorio e revocatoria ordinaria: una nuova par condicio creditorum, Giur. com. 2016 S. 1070–1082; *Pedro González Poveda,* Acciones protectoras del dominio y de la posesión (Barcelona 2002); *Bohumil Havel,* Právní osobnost (právní subjektivita) svěřenského fondu ve světle českého občanského zákoníku, in: Luboš Tichý, Kateřina Ronovská, Miloš Kocí (Hrsg.), Trusty a srovnatelné instituty v Evropě (Prag 2014), S. 203–206; *Jan Hellner* und *Marcus Radetzki,* Skadeståndsrätt (8. Aufl. Stockholm 2010); *Jac. Hijma* und *M. M. Olthof,* Compendium van het Nederlands Vermogensrecht (9. Aufl. Deventer 2005); *William Holdsworth,* The English Trust. Its Origins and Influence in English Law, Tijdschr. v. Rechtsgeschiedenis 4 (1923) S. 368–383; *Petra Janků, Daniela Šustrová* und *Pavel Vrcha,* Nový katastrální zákon (Prag 2014); J. Cl. Civil Code (*-Guy Courtieu*), Art. 1382 à 1386, Fasc. 265-10: Responsabilité civile. Régimes divers. Troubles de voisinage (Paris 2009); J. Cl. Civil Code (*-William Dross*), Art. 554 et 555, Fasc. 95, Propriété. Droit d'accession sur ce qui s'unit ou s'incorpore aux choses immobilières. Constructions, plantations et ouvrages (Paris 2017); J. Cl. Civil Code (*-Dominique Legeais*), Art. 2333 à 2336, Fasc. 10: Gage et nantissement. Gage de meubles corporels. Droit commun. Constitution (Paris 2013); J. Cl. Civil Code (*-Marc Mignot*), Art. 1205 à 1209, Fasc. 7-3, Contrats et obligations – Effets du contrat à l'égard des tiers – Stipulation pour autrui (Paris 2016); J. Cl. Civil Code (*-Claude Witz*), Art. 2011 à 2030, Fasc. 10: Fiducie. Introduction et constitution (Paris 2012); *J. E. Jansen,* De bevrijdende verjaring van de revindicatie tegen een houder ingesteld, WPNR 2006 (6654) S. 130–132; Johann Kindl/Caroline Meller-Hannich und Hans-Joachim Wolf (Hrsg.), Gesamtes Recht der Zwangsvollstreckung (3. Aufl. München 2015); *Hein Kötz,* Vorbeugender Rechtsschutz im Zivilrecht – Eine rechtsvergleichende Skizze, AcP 174 (1974) S. 145–166; *Bálint Kolosváry,* A tulajdon kizárolagossága iránti kereset és védelem a szomszédjog alapján [Klage wegen Ausschließlichkeit des Eigentums und Schutz aufgrund des Nachbarschaftrechts], in: Károly Szladits (Hrsg.), A magyar magánjog V. Dologi jog [Ungarisches Privatrecht, Band V, Sachenrecht] (Budapest 1942), § 49; *Emmanuelle Le Corre-Broly,* L'impossible revendication d'une somme d'argent, Gaz. Pal. 2013 S. 2407–2408; Lewin on Trusts (19. Aufl. London 2017); *Diogo Leite de Campos,* Contrato a favor de terceiro (2. Aufl. Coimbra 1991); *Bengt Lindell,* Civilprocessen (2. Aufl. Uppsala 2003); *Nicolò Lipari,* Fiducia statica e trusts, Rass. Dir. Civ. 1996 S. 483–496; *Angelo Luminoso,* Azione di rivendica, *probatio diabolica* e attenuazioni dell'onere della prova della proprietà, Riv. giur. sarda 2001 S. 497–500; *Maurizio Lupoi,* Istituzioni del diritto dei trust neglio ordinamenti di origine e in Italia (Padua 2016); *Robert Magnus,* Subjektive Grenzen der Sperrwirkung des Eigentümer-Besitzer-Verhältnisses, NJW 2017 S. 1201–1206; *Frederick William Maitland,* The Unincorporated Body, in: Maitland, Selected Essays (Cambridge 1936) (Hrsg. H. D. Hazeltine, G. Lapsley and P. H. Winfield), S. 128–140; *Blandine Mallet-Bricout,* Le fiduciaire propriétaire?, JCP E 2010, 1191, S. 15; *Sebastian A. E. Martens,* Actio, action, Anspruch und Recht – Zum Verhältnis des Rechts zu seiner Durchsetzung, JZ 2016 S. 1021–1029; *Luz Martínez Velencoso,* Prescripción extintiva de la acción reivindicatoria y adquisición del dominio por usucapión: ¿Dos figuras en liza?, in: InDret 2/2013 (29 S.); *Attila Menyhárd,* A bizalmi vagyonkezelési szerződés jogi szabályozásának aktuális kérdései [Aktuelle Fragen der rechtlichen Regelung des Vertrages über treuhänderische Vermögensverwaltung]; Fontes iuris 2017 S. 37–43; *Francesco Messineo,* Manuale di diritto civile e commerciale, Band I (Mailand 1957); *Alessandro Natucci,* Rivendica e *probatio diabolica,* Quadrimestre 1990 S. 524–547; Jörg Nerlich und Volker Römermann (Hrsg.), Insolvenzordnung (33. Aufl. München 2017); *Abílio Neto,* Código Civil Anotado (18. Aufl. Lissabon 2013); Hans-Joachim Musielak und Wolfgang Voit (Hrsg.), Zivilprozessordnung (15. Aufl. München 2018); *Leonie-Pascale Neu,* Der Trust im italienischen Recht (Tübingen 2018); *Stefano Pagliantini,* A proposito dell'art. 2929-bis c. c.: la tutela del credito tra esecuzione forzata speciale e deterrenza, Europa e Diritto Privato 2017 S. 167–208; Miguel Pasquau Liaño (Hrsg.), Jurisprudencia civil comentada, Band II (2. Aufl. Granada 2009); *Hugues Périnet-Marquet,* Propositions de l'Association Henri Capitant pour une réforme du droit des biens (Paris 2009); *Philippe Pétel,* Procédures collectives – Sauvegarde, redressement et liquidation judiciaires des entreprises, JCP E 2013, 1434, S. 23–29; *Christian Pisani,* Der trust im maltesischen Recht, ZEV 2012 S. 579–582; *Frederick Pollock* und *Robert Samuel Wright,* An Essay on Possession in the Common Law (Oxford 1888); Ana Prata (Hrsg.), Código Civil Anotado, Band II (Coimbra 2017); *William Prosser,* The Nature of Conversion (1957) 42 Cornell LQ 168–184; *Jan Ramberg* und *Christina Ramberg,* Allmän avtalsrätt (8. Aufl. Stockholm 2010); *Alberto Ravazzoni,* Le ipoteche (Mailand 2006); *Sylvain Ravenne,* Vente – Subrogation réelle et inopposabilité des exceptions: l'étrange cas de la vente avec réserve de propriété, JCP G 2011, 524, S. 868–871; *Arnaud Raynouard* und *Fabienne Jourdain-Thomas,* La fiducie, nouvel outil de gestion et de sûreté, JCP N 2010 Nr. 1063; *Dietrich Reinicke* und *Klaus Tiedtke,* Kreditsicherung (6. Aufl. München 2018); Rép. civ. Dalloz (*-Pierre Crocq*), V° Gage (Paris 2007);

Rép. civ. Dalloz (-*Valérie Gaillot-Mercier*), V° Troubles de voisinage (Paris 2002); Rép. civ. Dalloz (-*Christian Larroumet* und *Dominique Mondoloni*), Stipulation pour autrui (Paris 2008); *Frederick Rieländer,* Sachenrechtliche Erwerbsrechte (München 2014); *ders.*, Mehrstufige Belastungen (noch unveröffentlichte Habilitationsschrift Osnabrück 2019); *Giorgio Rispoli,* I nebulosi confini del divieto di patto commissorio, Giust. civ. 2013 S. 697–709; *István Sándor,* Fiduciary Property Management and the Trust (Budapest 2015); Hartmut Schöner und Kurt Stöber (Begr.), Grundbuchrecht (15. Aufl. München 2012); *Gwen Seabourne* und *Ewan Paton,* Case Comment: Unchained Remedy: Recovery of Land by Licensees, [1999] Conv S. 535–542; *Gino Segré,* La denominazione di actio confessoria in particolare per la rivendicazione dell'usufrutto e delle servitú, in: Mélanges P. F. Girard, Band 2 (Paris 1912) S. 511–599; *Katrin Sepp,* Legal Arrangements Similar to Trusts in Estonia under the EU's Anti-money-laundering Directive, Juridica International (26) 2017 S. 56–65; *Christoph Karl Sliwka,* Herausgabeansprüche als Teil des Eigentumsrechts? Die rei vindicatio und funktionsäquivalente Ansprüche des Eigentümers gegen den Besitzer im französischen, englischen und deutschen Recht (Berlin 2012); *Andrius Smaliukas,* Property and Trust Law in Lithuania (Alphen an den Rijn 2017); *Jiří Spáčil,* Ochrana vlastnictví a držby v občanském zákoníku (2. Auflage Prag 2005); *ders.*, Obsah negatorní žaloby, její konkurence s žalobou na náhradu škody a promlčení, Právní rozhledy 2016 (24), S. 801–807; *ders.*, Věcná břemena v občanském zákoníku (Prag 2006); Thomas Smith und Robert Black (Hrsg.), The Laws of Scotland: Stair Memorial Encyclopedia, Band 18: Property (Edinburgh 1993); *Jivko Stalev,* Vestnopraven regime na partie, Suvremenno pravo 1994 (1) S. 7–16; I*an Spry,* Equitable Remedies (9. Aufl. London 2013); *Valeriu Stoica,* Nouveau Code civil roumain, traduction commentée, Noul Cod civil (Paris 2013); *Jaroslav Strejkovský* und *Radan Marek,* Správa cizího majetku v novém občanském zákoníku. Komentář (Prag 2015); *P. C. van Es,* De actio negatoria: een studie naar de rechtsvorderlijke zijde van het eigendomsrecht (Leiden 2005); *David Sugarman* und *Ronnie Warrington,* Land Law, citizenship, and the invention of "Englishness". The strange world of the equity of redemption, in: John Brewer und Susan Staves (Hrsg.), Early Modern Conceptions of Property (London 1996); *Tatiana-Eleni Synodinou,* Real property in Cyprus in search of an identity, IJVO 18 (2013) S. 23–42; *Antoine Tardos,* Retour sur la présomption de propriété des meubles, D. 2013 S. 351; François Terré und Yves Lequette, Les grands arrêts de la jurisprudence civile (10. Aufl. Paris 1994); *Roberto Triola,* Le servitù (Mailand 2008); *Zygmunt Truszkiewicz,* Użytkowanie wieczyste. Zagadnienia konstukcyjne (Warschau 2006); Underhill and Hayton, Law of Trusts and Trustees (19. Aufl. London 2016); *Graham Virgo,* The Principles of Equity & Trusts (2. Aufl. Oxford 2016); *Miguel Virgos Soriano,* El trust y el derecho español (Navarra 2006); *Peter Westberg,* Det provisoriska rättsskyddet i tvistemål (Lund 2004); *Franz von Zeiller,* Commentar über das allgemeine bürgerliche Gesetzbuch für die gesammten Deutschen Erbländer der Österreichischen Monarchie, Bd. II/1 (1. Aufl. Wien 1812).

I. Sachenrechtlicher Rundumschutz gegenüber jedermann

1. Eigenarten der Rechtsbehelfe aus Sachenrechten

a) Grundlagen

Die Ausübung des Stammrechts und die Geltendmachung der aus ihm fließenden Rechtsbehelfe sind nicht dasselbe. Zwar spricht man vielerorts in beiden Fällen von „Ansprüchen". Das eine richtet sich jedoch gegen den Inhaber eines belasteten Sachenrechts, das andere gegen beliebige Dritte. Wenn der Inhaber einer Hypothek oder einer Rentenschuld von dem Grundeigentümer Duldung der Zwangsvollstreckung oder Zahlung der Zinsen verlangt, dann besteht er auf dem Inhalt seines Rechts. Er macht keinen Rechtsbehelf geltend, sondern das Recht selbst. Denn mit diesem Ziel kann er es *nur* gegenüber dem jeweiligen Inhaber des belasteten Rechts zur Geltung bringen; es geht nicht, wie bei einem **Rechtsbehelf,** um **Rundumschutz gegenüber jedermann.** Das wäre erst dann der Fall, wenn der Hypothekar besorgen muss, dass ein Dritter das Grundstück kontaminiert und dadurch auch die Hypothek entwertet. Bei einer Dienstbarkeit muss der jeweilige Eigentümer des dienenden Grundstücks 411 (aber auch nur er) dulden, was dem jeweiligen Eigentümer des herrschenden Grundstücks (aber auch nur ihm) zu tun zusteht. Erst wenn sich ein Dritter diese Befugnis anmaßt oder ihre Ausübung behindert, bedarf es eines gegen ihn gerichteten Rechtsbehelfs, etwa eines Beseitigungs-, eines Unterlassungs- oder eines Schadensersatzanspruches. Wenn dem Eigentümer eines dienenden Grundstücks bestimmte Handlungen untersagt sind, sollte dem Eigentümer des herrschenden Grundstücks auch die Möglichkeit zustehen, sie Dritten zu untersagen.[1] Entsprechend verhält es sich, wenn ein Fremder eine Pfandsache bei sich hat, die aus dem Besitz des Pfandgläubigers an ihn gelangt ist. Da sie der Dritte nach den Regeln des Sachenrechts nicht haben darf, muss er sie dem Pfandgläubiger entweder herausgeben oder ihm ihren Wert erstatten. Selbst Rechtsfragen, die sich unter Nachbarn stellen, folgen derselben Struktur.[2] Es geht wiederum nicht um **Außenschutz,** sondern um wechselseitige Beschränkungen und Spezifizierungen des Inhalts von aufeinander angewiesenen Sachenrechten. In dem Verlangen nach einer Abmarkung (einem *bornage,* einer *acción de deslinde y de amojonamiento*)[3] setzt sich unbelastetes, in der Entschädigung für einen Notweg belastetes Eigentum fort, nicht anders als in der Entschädigung für zwar erhebliche, aber unter den Umständen hinzunehmende Immissionen. Es ist von Anfang an klar, wer der Verpflichtete ist oder sein wird. Um Drittwirksamkeit geht es, abgesehen von Verfügungen über eines der beteiligten Rechte, erst, wenn ein Fremder den Notweg oder die Notwegentschädigung für sich reklamiert. Wer dieser Fremde sein wird, steht bei der Begründung des Nachbarrechtsverhältnisses aber eben gerade noch nicht fest; alle unterliegen insoweit denselben Regeln. Theoretisch denkbar wäre es zwar auch, beliebige Dritte, etwa Bauunternehmer, Architekten oder vielleicht sogar Partyteilnehmer, die Silvesterraketen abschießen, einem sachenrechtlichen Entschädigungsanspruch für die von ihnen verursachten Immissionen zu unterwerfen, doch geschieht genau das nicht.[4] Im Nachbarrecht geht es eben gerade nicht um den Rundumschutz von Immobiliarsachenrechten.

412 Rechtsbehelfe aus Sachenrechten[5] spiegeln und konkretisieren mithin das Stammrecht, aus dem sie fließen, nur in seinem tatsächlich jedermann gegenüber wirkmächtig werdenden Gehalt. Das Mittel dazu sind wiederum in erster Linie Ansprüche und Klagerechte[6], außerdem die Begründung neuer Rechte an den Surrogaten einer untergegangenen Sache. Gleichwohl sind **Ansprüche nicht** auch ihrerseits **drittwirk-**

---

[1] *von Bar,* JZ 2015 S. 845, 858.

[2] *von Bar,* Gemeineuropäisches Deliktsrecht I, Rdnrn. 532–544.

[3] Zum Verhältnis zwischen dem Anspruch auf Abmarkung (Grenzscheidung) und der Vindikation eingehend TS 9.3.2015, RAJ 2015 Nr. 979 S. 295 und *González Poveda,* Acciones protectoras del dominio y de la posesión, S. 161; Areopag 82/2006, EllDni 47 (2006) S. 813; Areopag 1310/1988, NoB 37 (1989) S. 436 und Areopag 472/1972, NoB 20 (1972) S. 1172 sowie Cass. 22.2.2011, Nr. 4288, Giust. civ. Mass. 2011 S. 282 und Cass. 7.7.2009, Nr. 15954, Guida al diritto 2009 (37) S 34 (mit der *actio finium regundorum* klage ein Eigentümer, der typischerweise auch Besitzer sei, gegen den Eigentümer des Nachbargrundstücks auf korrekte Bestimmung der Grenze. Es handele sich nicht um einen Konflikt zwischen Titeln, sondern zwischen Grundstücken. Die Herausgabe des fraglichen Grundstücksteils sei nur eine natürliche Folge der Grenzfeststellung).

[4] BGH 16.7.2010, NJW 2010 S. 3158, 3159 (Bauunternehmer); BGH 26.11.1982, BGHZ 85 S. 375 (Architekt); BGH 18.9.2009, NJW 2009 S. 3787, 3788 (Silvesterrakete).

[5] Zu den Rechtsbehelfen aus Besitz schon oben Rdnrn. 100–139, 166 und 171.

[6] Zu ihrem Verhältnis näher *Martens,* JZ 2016 S. 1021.

same Rechte. Denn sie richten sich nie gegen jedermann, sondern immer nur gegen eine bereits individualisierte Person, und eine Zweipersonenbeziehung bietet keinen Ansatzpunkt, zwischen „relativen" und „absoluten" Rechten zu unterscheiden.[7] Es kommt also nicht darauf an, ob sich das Sachenrecht in Ruhelage befindet oder Gegenstand eines „dynamischen" Umsatzgeschehens ist oder war. Es kommt auch nicht darauf an, ob der Anspruchsgegner infolge der Belastung eines seiner Rechte etwas Spezifisches tun oder unterlassen muss. Es geht vielmehr um Rechtsbehelfe gegen Personen, die bislang ein „Jedermann" waren, jetzt aber, durch die Verletzung oder die drohende Verletzung eines fremden Sachenrechts, ein Gesicht bekommen haben.

Eine andere Frage ist, woran man erkennt, dass ein Rechtsbehelf tatsächlich ein **413** Rechtsbehelf aus einem Sachen- und nicht aus einem ganz anderen Recht ist. Das Problem ist, dass man dem **Anspruchsziel** den Unterschied nicht ansieht. Nur in besonderen Fällen mag es möglich sein, daraus auf die Sachenrechtsqualität eines Rechtsbehelfs zurückzuschließen, dass ihm Vorrang beigemessen wird, wenn auch Andere, aber aus einem anderen Recht, gegen denselben Anspruchsgegner mit demselben Ziel vorgehen, insbesondere dem Ziel, die Herrschaft über eine Sache zu übernehmen. Weil nicht beide Ansprüche befriedigt werden können, bedarf es spätestens in der Insolvenz einer Entscheidung, welchem der Vorrang gebührt. Sie fällt dann gewöhnlich zugunsten des Anspruchs aus, der aus einem Sachen- und nicht nur aus einem bloßen Schuldrecht folgt. Gleichwohl gibt es kein aus einem Sachenrecht fließendes Anspruchsziel, das es nicht auch außerhalb des Sachenrechts gäbe. Das zeigt sich, ganz banal, schon daran, dass jedes Begehren, das man typischerweise im Sachenrecht lozieren würde, auch Gegenstand einer vertraglichen Vereinbarung sein kann. Nicht einmal bei dem Anspruch auf Zustimmung zur Berichtigung eines Grundbuchs ist das anders. Außerdem kann er im Einzelfall durchaus auch in der Gestalt eines auf Naturalrestitution gerichteten deliktsrechtlichen Rechtsbehelfs begegnen, z.B. dann, wenn der Buchberechtigte seine Eintragung durch Täuschung oder Drohung erreicht hat.

Es sind allein ihre **Voraussetzungen,** die es erlauben, von spezifisch sachenrechtli- **414** chen Rechtsbehelfen zu sprechen. Ein und dasselbe Begehren kann ganz verschieden begründet werden, z.B. damit, dass die andere Seite ihre Vertragspflichten erfüllen oder einen Schaden ersetzen soll, für dessen Entstehung sie (aus Verschulden oder einem strikten Haftungsgrund) verantwortlich ist. Einen Rechtsbehelf „aus einem Sachenrecht" erkennt man daran, dass es zu seiner Begründung nicht mehr bedarf als darzulegen und nötigenfalls zu beweisen, dass ein Übergriff in eine der dem Anspruchsteller durch sein Sachenrecht exklusiv vorbehaltenen Befugnisse droht oder andauert.[8] Der Anspruchsteller muss darüber hinaus nur noch den Anspruchsgegner

[7] Band 1 Rdnr. 3. Anders *Spáčil,* Ochrana vlastnictví a držby v občanském zákoníku[2], S. 8–9. Er meint, dass in einer Anspruchssituation ein relatives und ein absolutes Rechte „nebeneinander" bestünden. Ein absolutes Recht beinhalte keinen Anspruch. Im Verletzungsfalle entstünden vielmehr „relative" Rechte, welche „die höchste Stufe der Rechtsentwicklung" darstellten. *Cosack und Mitteis,* Bürgerliches Recht II(1)[8], § 1 III 1 bemerkten, sachenrechtliche Ansprüche seien „die Verteidigungswaffe des dinglichen Rechts". Sie verteidigten es gegen einen nicht von vornherein bestimmten Gegner. Es „erwache" in Reaktion auf seine Störung als dinglicher Anspruch. Das dingliche Recht befände sich nun „im Kriegszustande". Die Autoren zitierten aus dem Nibelungenlied: „Ich lieg und besitz, laßt mich schlafen".

[8] Siehe bereits Band 1 Rdnr. 12. Mit Recht betont *Vieira,* Direitos reais, S. 481, dass der Schutz eines dinglichen Rechts nur dessen (ggf. drohende) Verletzung voraussetzt. Der Hauptfall sei die Nutznießung *(aproveitamento)* einer Sache gegen den Willen des Rechtsinhabers. Folglich

identifizieren. Das ist derjenige, der, gleich, aus welchem Grunde, etwas tut oder unterlässt, was dem Inhalt des jeweiligen Sachenrechts objektiv widerspricht. Es ist nur nötig, die Außenseite des Stammrechts auf die konkrete Verletzungssituation herunterzubrechen, mehr nicht. Denn es handelt sich nur darum, den Ausgangspunkt zu konkretisieren, dass sich ein drittwirksames Recht unabhängig von einem besonderen Verpflichtungsgrund des Anspruchsgegners durchsetzt.

b) Abgrenzungsfragen

415 Abgrenzungsschwierigkeiten betreffen in Sonderheit das Verhältnis zwischen Rechtsbehelfen aus Sachenrechten zu Rechtsbehelfen aus dem Recht der außervertraglichen Schadenshaftung (dem Deliktsrecht bzw. dem *law of torts*) und dem Bereicherungsrecht. Soweit es um das Verhältnis zum **Deliktsrecht** geht, liegt das Problem nicht so sehr in dem Offensichtlichen, dass sich nämlich Besitz- und Eigentumsschutz im Common Law der beweglichen Sachen primär schadensersatzrechtlich vollziehen.[9] Das Problem liegt auch nicht darin, dass eine Reihe von kontinentaleuropäischen Systemen (gewissermaßen genau „umgekehrt") die Frage, unter welchen Voraussetzungen und in welcher Weise das außervertragliche Haftungsrecht überhaupt zum Schutz subjektiver Sachenrechte eingesetzt werden darf, in ihren Regelwerken zum objektiven Sachenrecht behandeln, in ihnen selber aber entweder gar keine oder bestenfalls sehr spezifische Schadensersatzansprüche vorhalten. Dem zu diesen Zwecken mancherorts entwickelten Recht des **„Eigentümer-Besitzer-Verhältnisses"** geht es schadensersatzrechtlich um bestimmte Vergünstigungen zugunsten des gutgläubigen Besitzers einer fremden Sache.[10] Besonders anschaulich wird das in Rechtsordnungen, in denen nur grobe Fahrlässigkeit den gutgläubigen Erwerb des Eigentums an einer fremden Sache hindert.[11] Sie können argumentieren, dass, da jemand eine fremde Sache bei bloß fahrlässiger (aber nicht grob fahrlässiger) Verkennung der wahren Eigentumsverhältnisse sogar zu Eigentum erwerben kann, er auch als ihr Besitzer nur unter der doppelten Voraussetzung eines grob fahrlässigen Übernahme- und eines wenigstens leicht fahrlässigen Ausführungsverschuldens haften soll. Ob es darauf wirklich ankommt, ist zwar zweifelhaft, weil haftungsrechtliche Privilegierungen eines gutgläubigen Besitzers generell sehr verbreitet sind.[12] Für unsere Zwecke bleibt sich das jedoch gleich. Wich-

---

sei kein Verhalten nötig, das eine außervertragliche Haftung unter dem Deliktsrecht begründen würde (aaO S. 483 unter Hinweis auf *Oliveira Ascensão,* Direito civil – Reais, S. 418). Ein hübsches Beispiel liefert der Kauf einer verkäuferfremden Sache. Der Kaufvertrag ist nichtig (Art. 892 port. CC), ein gutgläubiger Erwerb findet nicht statt. Der Käufer haftet mangels Verschuldens nicht aus Delikt. Er bleibt dem Eigentümer aber zur Herausgabe der Sache verpflichtet.

[9] Band 1 Rdnrn. 29–31.

[10] *von Bar,* Gemeineuropäisches Deliktsrecht I, Rdnrn. 549–552.

[11] Oben Rdnr. 379–383.

[12] §§ 990, 989, 993(1) dt. BGB; § 84(1)-(3) estn. LPA; Art. 1098, 1100 gr. ZGB; Artt. 1053 und 1054 lett. ZGB; §§ 329–330 österr. ABGB (keine Haftung wegen gezogener Nutzungen [OGH 24.4.1991, SZ 64/47], kein Schadensersatz wegen Verlusts und Verbrauchs der Sache, im letzteren Fall bleibt aber ein Bereicherungsausgleich möglich [OGH 9.4.1959, 1 Ob 104/59, RIS-Justiz]); Artt. 95(2) und (8), 96(3) slowen. SPZ; Artt. 224 § 1 und 227 § 2 poln. ZGB; Art. 1269 port. CC (Umkehrschluss, näher *Pires de Lima und Antunes Varela,* Código Civil Anotado III[2], S. 36, Anm. 2 unter Art. 1269); Art. 457 span. CC; §§ 995, 996(1), 1000 tschech. BGB; §§ 5:10(2) und 5:11(1) und (2) ungar. ZGB. Siehe zudem die Nachweise in DCFR, Full Edition, Art. VIII.–7:102, Notes III 38–59. Italien dagegen kennt eine entsprechende Regelung

tig ist nur, dass man hier eine zwar sachenrechtlich *motivierte* Privilegierung, aber dessen ungeachtet immer noch eine Privilegierung vor sich hat, die vor Haftung aus Delikt schützt und deshalb ihrerseits deliktsrechtlicher Natur ist. Von Äußerlichkeiten darf man sich nicht irritieren lassen. Die Frage nach den Anwendungsvoraussetzungen bestimmter schuldrechtlicher Normen wird nicht dadurch zu einer sachenrechtlichen, dass man die Antwort in dem jeweiligen Sachenrechtsabschnitt einer Kodifikation nachschlagen muss. Gesetzbüchern geht es um effiziente Regelbildung, nicht um Theorie.

Dass die meisten kontinentaleuropäischen Juristen im Sachenrecht kaum je nach einem schadensersatzrechtlichen Rechtsbehelf suchen, ein englischer dagegen *proprietary torts* für etwas völlig Normales hält, bestätigt nur, dass eine genotypische Abgrenzung auf der Rechtsfolgenseite nicht möglich ist. Es mag rein positivrechtlich vielerorts so sein, aber es gibt keinen zwingenden inneren Grund für die Annahme, dass ein Rechtsbehelf aus einem Sachenrecht nicht auch auf Geld gerichtet sein könnte. Eigentum hört nicht einfach auf, Eigentum zu sein, nur weil aus ihm einmal kein Herausgabeanspruch gegen einen rechtswidrig besitzenden Anspruchsgegner folgt; die Vindikation gehört nicht zu den das Eigentum konstituierenden Elementen. Es gibt freilich auch keinen inneren Grund für die Annahme, dass nicht auch das **außervertragliche Haftungsrecht** Rechtsbehelfe entwickeln könnte, die statt auf Schadensersatz in Geld auf Unterlassung einer Gefährdung, auf Beseitigung einer fortwährenden Störung oder auf Herausgabe einer Sache gerichtet sein könnten.[13] Schadensverhütung ist nun einmal besser als Schadensvergütung. Außerdem hat, wer zum Schadensersatz verpflichtet ist, den Zustand wieder herzustellen, der bestanden hätte, wenn es nicht zu dem schädigenden Ereignis gekommen wäre (DCFR VI.-1:101). Deshalb muss der Dieb die dem Eigentümer gestohlene Sache oft gleich aus einem doppelten Rechtsgrunde her- 416

nicht. Artt. 1148 ff ital. CC befassen sich nur mit der Frage, ob der gutgläubige Besitzer gezogene Früchte herausgeben muss, nicht mit Schadensersatz. Infolgedessen bleibt es insoweit bei der allgemeinen Deliktshaftung aus Art. 2043 ital. CC. Ebenso verhält es sich in den Niederlanden.

[13] Ausdrückliche Regelungen zum vorbeugenden Rechtsschutz vor unerlaubten Handlungen (dazu auch DCFR VI.-1:102) sind außerhalb der ost- und südosteuropäischen Staaten selten. Immerhin ist unter niederländischem Deliktsrecht (Art. 6:162 ndl. BW) völlig anerkannt, dass ein Eigentümer neben Schadensersatz die Feststellung begehren kann, dass eine bestimmte Handlung unrechtmäßig war oder unrechtmäßig sein wird, und es kommen auch ein richterliches Verbot bzw. eine richterliche Anordnung in Betracht, eine bestimmte Handlung vorzunehmen bzw. zu unterlassen (*Hijma und Olthof,* Compendium van het Nederlands Vermogensrecht[9], Rdnr. 212). Ein prominentes anderes Beispiel fand sich in § 341(1) ungar. ZGB [1959] („Bei der Gefahr einer Schädigung kann der Gefährdete vom Gericht fordern, dass es der Person, von der ihm eine Gefahr droht, das gefährdende Verhalten verbietet bzw. sie zur Ergreifung der zur Verhinderung des Schadens erforderlichen Maßnahmen und – bei Notwendigkeit – zur Hinterlegung einer Sicherheit verpflichtet"). Ungar. OGH Legf. Bír. P. törv I.20 255/1982, BH1982.418 hat diese Vorschrift in einem Fall angewandt, in dem ein großer alter Nussbaum, um den sich der Beklagte schuldhaft nicht gekümmert hatte, über die Grundstücksgrenze auf das Haus des Klägers zu stürzen drohte, und die Entfernung des Baumes angeordnet. OGH Legf. Bír. Pfv. III. 22.140/2000, BH2003.64 bestätigte auf der Grundlage der §§ 100 (der nachbarrechtlichen Generalklausel) und 341(1) aaO: „Ist jemand gefährdet, einen Schaden zu erleiden, kann er die Untersagung des mit der Gefahr verbundenen Verhaltens fordern. Dies impliziert die Verpflichtung zur Aufgabe (Einstellung) des Verhaltens, die Untersagung von wiederkehrendem Verhalten und die Verpflichtung zur Vornahme von Maßnahmen, die zur Verhinderung des Schadens erforderlich sind".

ausgeben: (i) weil er sie gestohlen hat (Delikt), und (ii) weil er sie unerlaubt besitzt (Sachenrecht).[14] Wer ohne zu fragen ein Abziehbild mit Werbung für eines seiner Produkte auf ein fremdes Auto klebt, muss die Werbung wieder entfernen, (i) weil er das äußere Erscheinungsbild des Autos verändert, außerdem deshalb, weil er insinuiert, der Besitzer treibe für ihn freiwillig Werbung (Delikt). Er muss das Bild (ii) aber auch deshalb entfernen, weil er fortwährend auf fremdes Eigentum übergreift (Sachenrecht). Der Unterschied wird erst deutlich, wenn der Dieb die Sache inzwischen zurückgegeben oder der Werbende das Bild schon wieder entfernt hat. Alle sachenrechtlichen Rechtsbehelfe sind jetzt erloschen. Denn die Eigentumsbeeinträchtigung ist beendet. Deliktsrechtliche Rechtsbehelfe aber bleiben zum Ausgleich aller Nachteile erhalten, die dem Eigentümer aus dem vorangegangenen Verhalten der beiden Täter bereits entstanden sind. Man denke etwa an einen Schadensersatz wegen entgangener Nutzungen, aber auch an Ansprüche zum Ausgleich von Sachschäden (der Dieb hat eine Beule in das gestohlene Auto gefahren, das Abziehbild hat den Lack beschädigt). Der Ausgleich solcher Schäden *kann* nur deliktsrechtlich organisiert sein, weil Eigentum an einer beschädigten Sache kein „geringeres" Eigentum ist als Eigentum an einer unbeschädigten. Wenn niemand (mehr) ein Recht bestreitet, droht ihm sachenrechtlich weder Einbuße noch Gefahr.

417 Die **Grenzlinie** muss folglich **zeitlich** gezogen werden. Rechtsbehelfe aus Sachenrechten wirken *nur* in die Zukunft, nicht in die Vergangenheit; deliktsrechtliche Rechtsbehelfe dagegen unter ihren je eigenen Voraussetzungen in beide Richtungen. Für Vergangenes jedenfalls kommen *nur* die Rechtsbehelfe des Deliktsrechts in Betracht. Wie man Schadensersatzansprüche, die auf Ausgleich eines entgangenen Gewinns gerichtet sind, einordnen will, bleibt sich gleich. Sie reagieren einerseits auf einen in sich bereits abgeschlossenen Verletzungstatbestand, setzen andererseits aber eine Zukunftsprognose voraus. Der Unterschied zwischen sachen- und deliktsrechtlichen Sachverhalten lässt sich dagegen nicht auf die Formel bringen, dass es dort um die Beseitigung eines der Rechtsordnung widersprechenden „Zustands", hier um die Konsequenzen aus einem der Rechtsordnung widersprechenden „Verhalten" ginge.[15] Man

---

[14] Das freilich sieht man in Schweden anders. Die deliktsrechtliche Generalklausel (Kap. 2 § 1 schwed. SkL: „Wer vorsätzlich oder aus Fahrlässigkeit einen Personenschaden oder Sachschaden verursacht, muss den Schaden ersetzen") stellt nicht auf Rechtsverletzungen ab; das Eigentum als dingliches Recht ist nicht selbst Schutzgut der genannten Bestimmung. Sachschäden sind physische Schäden an unbeweglichen und beweglichen Sachen. (*Agell und Malmström,* Civilrätt[23], S. 333). Der (ggf. vorübergehende) Verlust einer Sache ist ihrer physischen Beschädigung zwar gleichgestellt (Gesetzesmaterialien zum SkL: Prop. 1975:5, S. 580; *Agell und Malmström* aaO S. 336), doch betrifft das Recht des Schadensersatzes nur einen Ausgleich für Reparaturkosten und Wertverlust, Folgekosten des Schadens und Einkommensverluste, auch wegen Beeinträchtigung der beruflichen Tätigkeit, außerdem Ersatzverschaffung und entgangene Gebrauchsvorteile (Kap. 5 § 7 SkL; dazu *Hellner und Radetzki,* Skadeståndsrätt[8], S. 420). Schadensersatz wird aber nur in Geld geschuldet; das Gesetz gewährt keinen Herausgabeanspruch; der Eigentümer bleibt insoweit auf die Vindikation verwiesen.

[15] So aber Poln. OG 23.1.2013, I CSK 295/12, Legalis-Nr. 628238 (Voraussetzung für die Anwendung des Art. 222 poln. ZGB ist die Entstehung eines objektiv rechtswidrigen Zustands, das objektive Faktum der Beeinträchtigung fremden Eigentums; auf subjektive Elemente, insbesondere auf ein Verschulden komme es nicht an) und BGH 22.9.2000, NJW-RR 2001 S. 232 (Für § 1004 dt. BGB komme es nur auf das Vorhandensein einer Beeinträchtigung an, die der Eigentümer nicht dulden müsse; allein der dem Inhalt des Eigentums widersprechende Zustand begründe den Abwehranspruch. Ebenso bereits BGH 19.12.1975, BGHZ 66 S. 39 und BGH

findet beides auf jeder Seite. Denn es gibt auch Rechtsbehelfe des außervertraglichen Haftungsrechts, die völlig ohne jeden Bezug auf ein „Verhalten" des Beklagten operieren. Man denke etwa an die objektive Haftung des Halters von Sachen. Und umgekehrt hängen zwar nicht alle, aber doch die Mehrzahl der Rechtsbehelfe des objektiven Sachenrechts auch ihrerseits von einer Verhaltensevaluation ab. Es muss ja schließlich Kriterien zur Bestimmung desjenigen entwickeln, den man als „Usurpator" des subjektiven Sachenrechts eines anderen anzusehen hat. Ohne ein zurechenbares „Verhalten" fehlt es i.d.R. auch an einem Übergriff in ein fremdes Monopolrecht. Fließt nach einem Starkregen Niederschlagswasser von einem Hang- auf ein Talgrundstück und waren hiergegen keine vernünftigerweise zu erwartenden Vorkehrungen möglich, dann ist das Eigentum an dem Talgrundstück selbst dann nicht verletzt, wenn es völlig verwüstet wird.[16] Selbst in der einfach strukturierten Vindikationssituation muss man immer noch den Besitzer oder Detentor bestimmen, und Besitz bzw. Detention setzen gleichfalls irgendeine Form von Verhalten voraus. Dass jemand ohne eigenes Zutun und Wissen in den Besitz einer fremden Sache gelangt sein und trotzdem auf Herausgabe haften kann, ist zwar richtig.[17] Gleichwohl bedarf es mindestens

---

1.12.1995, NJW 1996 S. 845). Allerdings folgt aus § 37 dt. WHG, dass der natürliche Ablauf wild abfließenden Wassers „nicht zum Nachteil eines tiefer liegenden Grundstücks verstärkt oder auf andere Weise verändert werden" darf. Diese Vorschrift gilt auch für wild abfließendes Wasser, das nicht aus Quellen stammt. Solange der „wilde Fluss" nicht verändert wird, fehlt es an einer Handlung, und ohne sie ist auch ein Anspruch aus § 1004 dt. BGB nicht denkbar.

[16] Richtig Osajda (*-Królikowska*), Kodeks cywilny[16], Art. 222 Rdnr. 76 (der negatorische Anspruch gründe sich zwar allein auf die rechtswidrige Verletzung des Eigentums, doch müsse der Anspruchsgegner die Verletzungsursache unter Kontrolle haben können). Cass. civ. 30.3.2017, RTD civ. 2017 S. 693, Anm. *Dross* betraf Sickerwasser, das aus einem höher gelegenen Grundstück in die Wand des tiefer gelegenen Hauses eingedrungen war. Das Gericht verneinte einen *trouble anormal de voisinage,* weil das Berufungsgericht keine schadensursächliche menschliche Handlung festgestellt hatte; ähnlich auch schon Cass. civ. 26.6.1996, Nr. 93–21820. Um Sickerwasser ging es auch in Cass. 15.6.2011, Nr. 13097, Giust. civ. 2012, I, S. 1801. Der Kassationshof verneinte eine Handlung des Beklagten; der Kläger musste das natürlich aus dem höher liegenden Grundstück eindringende Wasser dulden. Unter schwedischem Recht haftet ein Grundeigentümer aufgrund der deliktsrechtlichen Generalklausel für Schäden, die er einem Nachbargrundstück fahrlässig zufügt. Kap. 3 § 1 schwed. JB („Rechtsbeziehungen zwischen Nachbarn") verpflichtet Nachbarn zu angemessener Rücksicht auf ihre Umgebung; die Verletzung dieser Pflicht ist mit einer eigenständigen, ihrer Rechtsnatur nach wohl wiederum deliktsrechtlichen Schadensersatzpflicht verknüpft (Kap. 3 § 3(2) JB; Kap. 32 schwed. Miljöbalk). HD 19.12.1995, NJA 1995 S. 720 betraf einen Grundeigentümer (A), der bei Bauarbeiten auf seinem Grundstück einen natürlich als Regenwasserablauf entstandenen Bach verfüllt hatte. Das Wasser suchte sich einen anderen Weg und schädigte das Grundstück des B. Das Gericht verurteilte A aus Fahrlässigkeit, weil er es unterlassen hatte, den gefahrlosen Wasserablauf auf andere Weise sicherzustellen. Die Begründung lässt nicht erkennen, ob das Gericht auf die deliktsrechtliche Generalklausel (Kap. 2 § 1 SkL) oder auf Kap. 3 § 3(2) JB abstellte.

[17] Ein hübsches älteres Beispiel ist österr. OGH 4.1.1887, GlU 25 (1891) S. 4 (Bargeld in einem „Schubladkasten"; Detention der Eigentümerin des Kastens, obwohl sie von dem Geld gar nichts wusste). Siehe für Polen auch Gutowski *(-Orlicki),* Kodeks cywilny, Art. 222 Rdnr. 4 (für den Vindikationsanspruch sind Verschulden, Gut- bzw. Bösgläubigkeit, die Kenntnis, dass man fremdes Eigentum verletze sowie der Zweck der Sachherrschaft belanglos) und für Griechenland Berufungsgericht Athen 666/2007, EfAD 2008 S. 434 sowie Berufungsgericht Athen 9156/1999, EllDni 41 S. 1670 (die tatsächliche Sachherrschaft genügt, auf die Unterscheidung zwischen Besitz und Detention kommt es nicht an), außerdem Areopag 467/1972 NoB 20 (1972) S. 1288 (der Kläger muss nicht darlegen, aus welchem Titel der Beklagte die Sache bei sich hat). Ungar. OGH Legf. Bír. Gf. III. 32.000/1994, BH1996.650 betraf die Fehlzustellung

einer von einem allgemeinen Herrschaftswillen getragenen und irgendwie nach außen manifest gewordenen Sachherrschaft über den Gegenstand, in bzw. auf den die Sache gelangt ist.

418 Die Abgrenzung zwischen einem sachen- und einem deliktsrechtlichen Rechtsbehelf gelingt auch nicht notwendig durch einen Rückgriff auf die deliktsrechtstypischen Merkmale des **Verschuldens und** des **Schadens.** Denn einerseits kommt auch das Sachenrecht nicht ganz ohne sie aus, wie man etwa an der kontinentalen Störerhaftung und an den *proprietary torts* des Common Law studieren kann, und andererseits gibt es einige „sachenrechtsnahe" Situationen, in denen das außervertragliche Haftungsrecht zwar auf der Oberfläche an seinen Kernkriterien festhält, in der Substanz dann aber doch ganz auf ihre eigenständige Prüfung verzichtet.[18] Das ist keine Besonderheit des englischen Rechts *(trespass);* man findet Beispiele auch in Schweden[19] und besonders in Frankreich und in Tschechien. Hier vor allem werden Eigentumsverletzungen in Gestalt (nicht von Sachbeschädigungen, sondern) von Herrschaftsanmaßungen *per se* als ein „Verschulden" (eine *faute*) und *per se* als ein Schaden gedeutet. Rechtspolitisch mag man das kritisch sehen[20], systematisch aber bleibt dieser Ansatz „möglich", weil es ihm nicht um einen Ausgleich für in der Vergangenheit zugefügte Vermögensverluste, sondern um die Beseitigung fortwährender Störungen geht. Mit Blick auf sie wird der Anwendungsbereich des Deliktsrechts erweitert; es wirkt ein weiteres Mal *auch* in die Zukunft. Sachenrechtliche (oder quasisachenrechtliche) Züge wachsen ihm dadurch aber nur aus der Sicht derjenigen Rechtsordnungen zu, die sich rechtspolitisch dafür entschieden haben, das Recht der Haftung für andere Eigentumsverletzungen als Sachbeschädigungen ausschließlich auf Vorwerfbarkeit und Vermögensverlust zu gründen. Schaden und Verschulden werden hier zwar zu Abgrenzungskriterien, bekleiden aber bestenfalls den Rang von Hilfskriterien.

419 Das Phänomen lässt sich gut an Fällen studieren, in denen es um **Bauten auf einem fremden Grundstück** geht. Unter dem in das Zuwachsrecht eingestellten Art. 555(2) belg. und franz. CC kann der Grundeigentümer ihre Beseitigung auf Kosten des bösgläubigen Dritten verlangen[21]; dieser bleibt ohne Entschädigungsanspruch.

---

von Ware an einen unrichtigen, aber gutgläubigen Adressaten. Der Frachtführer konnte mangels Eigentum zwar nicht vindizieren, aber er konnte kondizieren.

[18] Dazu schon *von Bar,* Essays in Honour of Lord Goff, S. 23.

[19] HD 27.9.1950, NJA 1950 S. 409 (Verletzung eines Rechts auf „Stützziehung" [*stöddraga*], d. h. des Rechts, Holz bei Hochwasser in Strandnähe auf einem See zu lagern und bei Niedrigwasser abzutransportieren. Ersatz gewährt, obwohl die Methode veraltet und kein Vermögensverlust eingetreten war; der Kläger hatte von dem Recht auf Stützziehung gar keinen Gebrauch mehr gemacht).

[20] Ungar. OGH Legf. Bír. Pfv. III. 20.852/2005, BH2006.184 betraf die Errichtung eines Mobilfunkturms auf einem Nachbargrundstück. Das Gericht kam zu dem Ergebnis, dass er ohne Funktionsverlust an einer weit weniger störenden Stelle hätte gebaut werden können und verurteilte unter Verweis auf das nachbarliche Rücksichtnahmegebot zu Schadensersatz. Die Grundlage dafür war aber eine Wertminderung des Nachbargrundstücks, nicht die Annahme eines Schadens *per se.* Denn das Gericht wies darauf hin, dass die verbreitete Sorge vor den Wirkungen von Funkwellen den Vermögenswert eines Grundstücks selbst dann mindern könne, wenn es dafür keine objektive Grundlage gäbe. Das Konzept eines aus der bloß objektiven Beeinträchtigung eines Sachenrechts hergeleiteten Schadens *per se* ist dem ungarischen Recht mithin fremd (Faber und Lurger [*-Szilágyi*], National Reports III, Hungary, S. 476–477).

[21] Die Beseitigung muss richterlich verfügt werden; eine Selbstvornahme ist nicht vorgesehen (J. Cl. Civil Code [*-Dross*], Art. 554 et 555, Fasc. 95, Rdnr. 10).

Er kann unter derselben Bestimmung auch zum Ersatz des Schadens verurteilt werden, den der Grundstückseigentümer erlitten hat. Der Umstand, dass sich der Anspruch nur gegen einen bösgläubigen Dritten richtet, bedeutet aber, worauf *Dross* aufmerksam macht, nicht, dass der Dritte eine *faute* begangen hat; es handele sich gerade nicht um eine *réparation en nature* aufgrund von Art. 1240 (dem ehemaligen Art. 1382) franz. CC. Dessen Voraussetzungen sollen dagegen vorliegen, wenn der Dritte den Bau selber errichtet hat. Denn dann spielt es gar keine Rolle, ob er von der Fremdheit des Grundstücks wusste oder wenigstens wissen musste.[22] Jede so begangene Eigentumsverletzung konstituiert eine *faute* und damit in der Perspektive französischer Juristen „notwendig" auch einen Schaden. Weder muss ein konkretes Verschulden noch ein konkreter Vermögensverlust dargelegt werden, um die Beseitigung des Baus im Wege deliktsrechtlicher Naturalrestitution verlangen zu können.[23] Die Beseitigung sei keine Frage der *responsabilité civile,* sondern eine Frage der Beendigung der unrechtmäßigen Handlung. *Zenati-Castaing und Revet* sehen das ebenso und ergänzen, dass die Beseitigung die deliktsrechtliche Sanktion für die Verletzung des Eigentumsrechts sei; auf die Höhe des Schadens komme es nicht einmal dann an, wenn das Gebäude wertvoller sei als das Grundstück.[24] Ein schöner Fall zur Abgrenzung ist deshalb Cass. civ.

[22] *Dross,* Les choses, S. 737 Rdnr. 403-1 („l'atteinte au droit de propriété constitue en elle-même une faute, indépendamment de toute appréciation de la bonne ou de la mauvaise foi de son auteur: il n'est pas besoin d'ajouter à la faute civile une sorte d'élément moral que constitue la mauvaise foi. D'autre part, la démolition n'est pas une question de responsabilité civile mais de cessation de l'illicite. Preuve en est que la démonstration d'un préjudice est inutile pour obtenir la destruction de la construction"). Siehe (einen Überbau betreffend) auch Cass. civ. 23.3.1999, Nr. 97–16974 („alors que l'empiètement sur la propriété d'autrui suffit à caractériser la faute, la bonne foi du constructeur étant indifférente, et que la démolition de la construction reposant sur le fonds voisin doit être ordonnée quand le propriétaire de ce fonds l'exige"). Ähnlich, aber möglicherweise etwas nuancierter belg. Cass. 19.2.2017, RCJB 2018 S. 37, Anm. *Fagnart* (Die Beklagte hatte 170 m tief auf dem Grundstück der Klägerin einen Leitungsmast errichtet, ohne sich eines Gesetzesverstoßes bewusst gewesen zu sein; sie hatte subjektiv ohne Verschulden gehandelt. Der Kassationshof hob die Entscheidung der Vorinstanz, die die auf Art. 1382 belg. CC [nicht auf Art. 555(2) belg. CC] gestützte Klage deshalb abgewiesen hatte, auf. „La transgression matérielle d'une disposition légale ou réglementaire constitue en soi une faute qui entraîne la responsabilité civile de son auteur, à condition que cette transgression soit commise librement et consciemment. Il n'est pas nécessaire que l'auteur de la transgression ait conscience qu'il la commet". Das entspricht der Lehre von der *faute objective* vielleicht nicht vollständig, weil die Verletzung immer noch [ganz ähnlich wie im Recht von *trespass*] „frei und bewusst" geschehen sein muss, kommt ihr aber doch sehr nahe).

[23] Cass. civ. 10.11.1992, Bull. civ. 1992, III, Nr. 292, S. 179 (Eine Gesellschaft hatte auf dem Grundstück einer anderen Gesellschaft Gebäude errichtet. Das Berufungsgericht meinte, die Beklagte hätte ihre allgemeine Sorgfaltspflicht nicht verletzt, weshalb eine Haftung ausscheide. Der Kassationshof hob auf. Denn der Überbau habe schon als solcher genügt, um die *faute* der Beklagten festzustellen). Ebenso Cass. civ. 23.3.1999, Nr. 97–16974 (Überbau konstituiert *per se* eine *faute*).

[24] *Zenati-Castaing und Revet,* Les biens[3], S. 222 Rdnr. 144 („La suppression est la sanction de la violation du droit de propriété, ce qui autorise son prononcé quelque faible que soit le préjudice subi et alors même que le fonds aurait une valeur insignifiante par rapport à son accroissement") und S. 230 Rdnr. 148 („l'atteinte à la propriété est intrinsèquement fautive et cause donc nécessairement un dommage, au moins juridique"). Im Kontext eines Streits um ein Wegerecht (nicht um einen Überbau) formuliert jetzt aber Cass. civ. 18.1.2018, Nr. 16–20563, dass „l'atteinte à un droit de propriété ne constitue pas un fait générateur de responsabilité s'il n'est pas fautif ou s'il ne résulte pas du fait d'une chose ou d'une personne dont on a la garde". Ob

5.10.2017.[25] X hatte seiner Nachbarin Y vorgeworfen, sein Eigentum durch Erdarbeiten und dadurch verletzt zu haben, dass sie einen Gehweg beseitigt hatte, auf dem er zu seinem Grundstück gelangen konnte. Das Gericht lehnte den Antrag auf (substantiellen) Schadensersatz und Wiederherstellung des Gehwegs ab. Die Erdarbeiten hatten sich allein auf dem Grundstück der Y zugetragen. Sie war in den Grenzen ihres Eigentums geblieben. Dabei sei ihr zwar ein Fehler unterlaufen, doch sei der Schaden so minimal gewesen, dass das Berufungsgericht nach eigener Einschätzung eine geringe Ersatzsumme habe ausurteilen können. Der Tatsachenrichter kann souverän auch entscheiden, ob es zu einem Schadensersatz in Geld *(responsabilité civile)* oder in Natur *(réparation en nature)* kommt.

420 Ein Richter des tschech. OG hat jüngst beklagt, dass es der Rechtswissenschaft bislang nicht gelungen sei, das Verhältnis der Negatorienklage zu der Schadenersatzklage in Gestalt der Naturalrestitution befriedigend zu klären, was wegen der unterschiedlichen Verjährungsfristen ein nicht zu unterschätzendes praktisches Problem darstelle.[26] Das OG selber hatte sich in einer Entscheidung vom 4.3.2002 mit der Frage befasst und sie im Sinne einer *non-cumul*-Lösung beantwortet.[27] Was in den Anwendungsbereich der schadensrechtlichen *restitutio in integrum* falle, könne nicht gleichzeitig Gegenstand der Negatorienklage sein und umgekehrt. Sechs Miteigentümer einer Immobilie hatten (noch unter altem Recht) auf Beseitigung eines rechtswidrigen Eingriffs in ihr Eigentumsrecht geklagt. Die Immobilie war 1960 enteignet und der „Rechtsanwaltsberatung Nr. 1" in O übertragen worden. Das war, wie aber erst 1995 entschieden wurde, von Anfang an unwirksam. Das Haus war 1978 bei einer Baumaßnahme so schwer beschädigt worden, dass es einzustürzen drohte; das Bauamt verfügte 1998 den Abriss. Die Miteigentümer klagten gegen die Rechtsnachfolgerin jener obskuren „Rechtsanwaltsberatung Nr. 1", die tschechische Rechtsanwaltskammer, aus § 126 tschech. BGB [1964] (der Negatorienklage) auf Beseitigung; die Beklagte meinte, es handele sich um einen Anspruch aus Delikt und dieser sei verjährt. Das OG teilte diese Ansicht; die Negatorienklage werde durch den deliktsrechtlichen Anspruch auf Schadensersatz in Natur (§ 442(2) tschech. BGB [1964][28]) verdrängt. Wenn als Folge eines unberechtigten Eingriffs in das Eigentumsrecht ein Schaden entstanden ist, dessen Ersatz nach den Bestimmungen über den Schadensersatz verlangt werden könne, sei für § 126(1) tschech. BGB [1964] kein Raum. Diese konkurrenzrechtliche Begründung wirkt zwar wenig zwingend, erklärt sich vielleicht auch daraus, dass § 126(1) tschech. BGB [1964] zu Beseitigungsansprüchen schwieg. Das Ergebnis freilich überzeugt. Denn die Beklagte (bzw. ihre Rechtsvorgängerin) hatte längst aufgehört, das fremde Grundstück für sich zu beanspruchen. Sie hat nichts darauf verbracht, was dort verblieben wäre und seinen Gebrauch heute noch stören würde. Sie trägt Verantwortung für die Beschädigung des Hauses, maßt sich aber schon lange keine fremden Eigentümerbefugnisse mehr an. Tschech. OG 29.5.2013[29] betraf das Verhältnis zwischen dem deliktsrechtlichen Herausgabeanspruch in Natur und der Vindikation. Z.K. hatte ein Auto des J.M. unterschlagen und war deshalb strafrechtlich verurteilt worden, in einem Adhäsionsverfahren auch zu Schadensersatz, den J.M. in Höhe des Marktwertes seines Autos auch tatsächlich erhielt. Wo das Fahrzeug zu diesem Zeitpunkt war, wusste er nicht. Als es wieder auftauchte, verlangte J.M. es von seinem aktuellen Besitzer aus § 126(1) tschech. BGB[1964] (der Vindikation) heraus. Das Berufungsgericht hatte die Klage abgewiesen; der Kläger dürfe sich nicht ungerechtfertigt bereichern. Seine Revision war erfolgreich. Das OG

---

diese Entscheidung einen grundsätzlichen Rechtsprechungswandel einleitet, ist derzeit nicht zu erkennen.

[25] Nr. 16–21243.

[26] *Spáčil,* Právní rozhledy 2016 (24) S. 801.

[27] Tschech. OG 4.3.2002, 22 Cdo 735/2001, Soubor civilních rozhodnutí Nejvyššího soudu a stanovisek, Nr. C 1076.

[28] „Der Schaden wird in Geld ersetzt; fordert es jedoch der Beschädigte und ist es möglich und zweckmäßig, so wird der Schaden durch Wiederherstellung des früheren Zustands ersetzt".

[29] 22 Cdo 2419/2012, Právní rozhledy 2013 (21) S. 716.

definierte einen Schaden als eine Vermögensbeeinträchtigung, die in Geld ausgedrückt werde. Sie zeige sich bereits in dem „Untergang oder der Schwächung eines Rechtsverhältnisses". Folglich entstünde einem Eigentümer allein schon durch die willkürliche Wegnahme bzw. die Unterschlagung einer Sache ein Schaden. Diesen Schaden könne er aber, so das Gericht, in der Regel nur ersetzt bekommen, wenn es nicht möglich sei, Herausgabe zu verlangen, etwa, weil die Sache zerstört wurde, er nicht wisse, wo sie sich befinde oder wer sie derzeit besitze. Mit der Geltendmachung des Schadensersatzanspruches habe der Kläger aber weder sein Eigentumsrecht noch seinen Herausgabeanspruch verloren. Könne er aber Herausgabe geltend machen und mache er sie tatsächlich erfolgreich geltend, sei er zwar ungerechtfertigt bereichert, doch trete diese Bereicherung nur in Relation zu demjenigen ein, der den Ersatz bezahlt habe. Allein der Rechtsgrund dieser Leistung sei entfallen. Das Ergebnis überzeugt erneut, nicht dagegen die These, die Vindikation habe konkurrenzrechtlich Vorrang vor dem Deliktsrecht. Sie dürfte nur durch die ihrerseits problematische Ansicht veranlasst sein, dass Besitzvorenthaltung *per se* sowohl ein Verschulden als auch einen Schaden konstituiere.

Auch im Recht der **ungerechtfertigten Bereicherungen** stößt man auf Regeln, die zwar sachenrechtlich motiviert sind, deshalb aber noch nicht zu Regeln des Sachenrechts werden. Die wichtigste lautet, dass jemand, der gutgläubig und entgeltlich in den Besitz einer fremden Sache gelangt ist, die aus ihr gezogenen **Nutzungen** behalten darf; herausgeben muss er nur die Nutzungen, insbesondere die Früchte, die er ab dem Zeitpunkt seiner Bösgläubigkeit, ggf. ab dem Zeitpunkt, zu dem er auf Herausgabe der Muttersache verklagt wurde, zog.[30] Alles andere wäre inkonsequent. Denn soweit es sich bei den Früchten um neue reale Sachen handelt, gehen sie in Abweichung von der Grundregel (Früchte gehören dem Eigentümer der Muttersache) in das Eigentum des gutgläubigen Besitzers über. Diese sachenrechtliche Vorgabe würde das Bereicherungsrecht konterkarieren, wenn es einen Ausgleich in Geld oder gar einen Anspruch auf Übertragung des Eigentums gewähren würde. Man findet die einschlägigen Sperrregelungen zwar meistens wieder in den Sachenrechtsabschnitten der jeweiligen Kodifikation.[31] An dem genuin bereicherungsrechtlichen Charakter solcher Haftungsprivilegien ändert das aber nichts. Im Übrigen geht es schon im Ausgangspunkt nicht darum, dass der gutgläubige Besitzer ein fremdes Recht usurpiert; die Sache wird ihm von dem Zeitpunkt ihrer Entstehung an dinglich zugeordnet. In den Fällen der Verarbeitung fremder Sachen ist letzteres nicht anders; hier kommt es allerdings, da es sich um eine vollkommen verschiedene Interessenlage handelt, zugunsten der Alteigentümer zu einer schuldrechtlichen Surrogation in Gestalt eines bereicherungsrechtlichen Vermögensausgleichs.[32] 421

In wesentlich ernsthaftere Abgrenzungsschwierigkeiten geriete man, würde man die **Vindikation von Geldsummen** gestatten. Es ginge dann um die sachenrechtsbasierte „Herausgabe" entweder von in andere Geldzeichen umgetauschtem Bargeld oder vielleicht sogar um die Vindikation von Buchgeld, wobei man noch einmal unterscheiden könnte zwischen noch (in einem Briefumschlag oder auf einem 422

---

[30] Siehe bereits Band 1 Rdnrn. 285–289 und oben Rdnr. 176 mit Fn. 1235, außerdem DCFR, Full Edition, Art. VIII.–7:103, Notes III 34–58.

[31] §§ 987, 988, 990, 993(1), 2. Halbsatz dt. BGB; § 85(1) estn. LPA, §§ 1037(1), 1038 estn. LOA; Artt. 549, 550 franz. CC; Artt. 1096 und 1098 gr. ZGB; Art. 1148 ital. CC; Art. 1056 lett. ZGB; Art. 330 österr. ABGB; Artt. 224 § 1, 226 § 1 poln. ZGB; Art. 1270 port. CC; Kap. 5 § 1(1) schwed. JB (dazu HD 4.11.1996, NJA 1996 S. 261); § 130(2) slowak. BGB; Artt. 95(1), 59(2) slowen. SPZ; Art. 451 span. CC (dazu TS 18.9.2015, ADC 70 (2017) S. 926, Anm. *Ruiz Arranz*); §§ 995, 996(2) tschech. BGB; § 5:11 ungar. ZGB.

[32] Band 1 Rdnr. 290 ff.

Sonderkonto) separat vorhandenem „Geld" und Werten, die in eine Kasse eingelegt oder auf ein laufendes Konto einbezahlt wurden. Das Problem wird jedoch nur sehr selten real; die Vindikation von Geldsummen wird zu Recht ganz überwiegend abgelehnt.[33] Alles andere wäre nicht mehr beherrschbar. Denn Forderungen sind kein taugliches Objekt eigentumsrechtlicher Zuordnung.[34] In Frankreich ist die Vindikation von Geldsummen im Anschluss an eine Entscheidung des Kassationshofes vom 22.5.2013 zwar erneut kontrovers diskutiert worden.[35] Das Gericht hat sich jedoch entschieden gegen sie gestellt.[36] Ein in die Insolvenz geratenes Reisebüro hatte im Auftrag verschiedener Fluggesellschaften Flugscheine verkauft. Die Kunden hatten an das Reisebüro gezahlt. Die Fluggesellschaften verlangten „Herausgabe" der Gelder. Das Reisebüro hätte sie nur *à titre précaire* besessen und sie überdies in ihren Geschäftsbüchern separat gebucht. Der Kassationshof entschied, dass die Restitution von Geldsummen nicht im Wege der *action en revendication* eingeklagt werden könne. Forderungen müssten im Insolvenzverfahren angemeldet werden.[37] Damit bestätigte er frühere Rechtsprechung, die zu demselben Ergebnis gelangt war.[38]

---

[33] Siehe z. B. für Bulgarien *Stalev,* Suvremenno pravo 1994 (1) S. 7; für Deutschland statt vieler nur Staudinger (-*Gursky*), BGB (2012), § 985 Rdnr. 92 sowie *Baur und Stürner,* Sachenrecht[18], § 11 Rdnr. 42; für Griechenland Georgiades und Stathopoulos (-*Georgiades*), ZGB, Art. 1094 S. 569 Rdnr. 22 (der *de lege ferenda* aber die gegenteilige Lösung präferiert); für Italien Trib. Catania 5.5.2016, Juris Data DVD und Cass. 22.4.2010, Nr. 9623, Giust. civ. Mass. 2010 S. 588 (Vindikation nur bei individuell bestimmtem und noch als solchem vorhandenen Bargeld; weniger eindeutig allerdings Cass. 2.8.2013, Nr. 18540, Juris Data DVD, wo das Gericht die Vindikation eines „Kontos" für möglich zu halten scheint); für Polen Gudowski *(-Rudnicka, Rudnicki und Rudnicki),* Kodeks cywilny[2], Art. 222–223 Rdnr. 7 (Gattungssachen seien kein taugliches Vindikationsobjekt, Geld nur, falls es um konkrete, noch als solche vorhandene und abgesonderte Geldscheine ginge); für Ungarn OGH Legf. Bír. Gfv. X.30.717/1996, BH1997.87 (Doppelbuchung auf einem Bankkonto; Kondiktion, keine Vindikation) sowie Vékás und Gárdos (-*Menyhárd*), Kommentár a Polgári Törvénykönyvhöz I, § 5:14 ungar. ZGB, S. 933) und für Tschechien OG 10.11.2004, 35 Odo 801/2002, Soubor civilních rozhodnutí a stanovisek Nejvyššího soudu, C 3136 sowie OG 31.3.2009, 22 Cdo 3336/2006, Soubor civilních rozhodnutí a stanovisek Nejvyššího soudu, C 7147 („Gegenstand der Herausgabeklage können nur solche Sachen sein, die man von den anderen Sachen der gleichen Gattung unterscheiden kann, also auch vertretbare Sachen, wenn diese individualisiert werden können, z. B. durch Identifikationsmerkmale bestimmte Banknoten... Wenn die Klägerin die Herausgabe einer Geldsumme von 240000 USD verlangt, die auf das Bankkonto der Beklagten überwiesen wurden, ist es offensichtlich, dass der Gegenstand des Verfahrens nicht soweit individualisiert ist, dass man der Beklagten den Schutz auf dem Wege einer Herausgabeklage gewähren könnte"). Das schwedische Lag om redovisningsmedel vom 5.5.1944 (1944:181) kennt zwar eine Sonderregelung zur Aussonderung von Treuhandvermögen, die ausdrücklich auch Geldmittel umfasst, die der Verwalter für seinen Auftraggeber im Empfang nimmt, doch ist das keine echte Vindikation (näher HD 1.9.1994, NJA 1994 S. 506 [Band 1 Rdnr. 254 mit Fn. 1084] und HD 28.8.2009, NJA 2009 S. 500). Zur Mengenvindikation des österreichischen Rechts siehe bereits Band 1 Rdnr. 254 mit Fn. 1084.

[34] Band 1 Rdnr. 344.

[35] *Dross,* RTD civ. 2013 S. 649 Nr. 7; *Danos,* D. 2013 S. 1594; *Le Corre-Broly,* Gaz. Pal. 2013 S. 2407; *Pétel,* JCP E 2013, 1434, S. 25 Nr. 5.

[36] Cass. com. 22.5.2013, Bull. civ. IV, S. 99 Nr. 87.

[37] „Mais attendu qu'une demande de restitution de fonds ne peut être formée par voie de revendication, la seule voie ouverte au créancier d'une somme d'argent étant de déclarer sa créance à la procédure collective de son débiteur; que c'est à bon droit que la cour d'appel en a déduit que les créances litigieuses étaient soumises à déclaration et rejeté les requêtes en revendication".

[38] Band 1 Rdnr. 174 mit Fn. 581.

2. Formen der Konkretisierung des Stammrechts

a) Kompatibilität mit dem Stammrecht

Die Rechtsbehelfe des Sachenrechts müssen mit dem Stammrecht kompatibel sein, **423** dessen Verletzung sie beenden sollen. Deshalb lässt sich aus einem subjektiven Sachenrecht, das seinem Inhaber kein Recht auf den Besitz der fraglichen Sache gibt, niemandem gegenüber ein Anspruch auf deren Herausgabe ableiten. Unter den kontinentaleuropäischen Rechtsordnungen steht einem Pfandgläubiger ein solcher Anspruch jedem beliebigen Dritten gegenüber zu[39], einem Hypothekengläubiger nicht. Letzterer hat bei Einwirkungen Dritter auf das Grundstück, die dessen Sicherheit zu verschlechtern drohen, bestenfalls einen Unterlassungsanspruch[40] (aber nicht zusätzlich auch noch einen Beseitigungsanspruch[41]), muss sich mancherorts aber auch mit dem „Umweg" über den Grundstückseigentümer begnügen und *ihn* auffordern, gegen den Dritten vorzugehen.[42] Zweifelhaft ist, ob der Inhaber des Pfandrechts an einer Hypo-

---

[39] § 1227 dt. BGB; Art. 1236 gr. ZGB (Vindikationsklage gegenüber jedermann, selbst gegen den Pfandbesteller: Berufungsgericht Thessaloniki 4/1959, NoB 7 [1959] S. 593; dagegen kein Herausgabeanspruch eines Hypothekars wegen abgetrennter Sachen gegen Dritte: Art. 1283 gr. ZGB); Art. 2789 ital. CC; Art. 4.115 lit. ZGB; Artt. 251 i. V. m. 306 poln. ZGB; Art. 670(a) port. CC; § 126(2) slowak. BGB (näher *Fekete,* Občiansky zákonník I, S. 944); Art. 164 slowen. SPZ; Art. 1869(2) span. CC; § 1044 tschech. BGB (Herausgabeanspruch gegen Dritte, nicht gegen den Eigentümer; näher *Vymazal,* Zástavní právo v novém občanském zákoníku, S. 229–230) und § 5:109(2) i. V. m. § 6:523 ungar. ZGB. Im franz. CC fehlt zwar eine ausdrückliche Vorschrift. Der Herausgabeanspruch soll sich jedoch aus dem *droit de suite* des Pfandgläubigers ergeben, das wiederum aus der dinglichen Natur des Pfandrechts folgt (*Simler und Delebecque,* Les sûretés. La publicité foncière[6], S. 559 Rdnr. 624; *Terré und Simler,* Les biens[9], S. 61 Rdnr. 47 und S. 64 Rdnr. 51; *Cabrillac/Mouly/Cabrillac/Pétel,* Droit des sûretés[9], S. 564 Rdnr. 752 [„En sa qualité de titulaire d'un droit réel, le gagiste peut ... revendiquer le bien gagé contre la personne entre les mains de laquelle il se trouve"]). Ebenso verhalten sich die Dinge in Österreich. Zwar fehlt auch hier eine gesetzliche Anspruchsgrundlage, doch leitet die Rechtsprechung den Herausgabe- und Unterlassungsanspruch gegen den Eigentümer und gegen Dritte aus dem dinglichen Charakter des Pfandrechts ab (OGH 11.12.2013, Zak 2014/133, S. 73; OGH 19.11.1986, SZ 59/206).

[40] So § 1134 dt. BGB; Art. 2813 ital. CC und Art. 91 poln. GBHG. Beispiele aus der Rechtsprechung sind freilich selten und überwiegend älteren Datums. BGH 28.10.1975, BGHZ 65 S. 211 betraf den drohenden Abriss eines Gebäudes; dem Grunde nach auch OLG Hamburg 20.2.1906, SeuffA 62 (1907) Nr. 12, S. 20 (wo allerdings die Wertgefährdung der Hypothek nicht glaubhaft gemacht war) und LG Kiel 7.6.1951, NJW 1952 S. 426 (auch hier aber keine Verschlechterung, weil das Gebäude bei Hypothekenbestellung bereits durch einen Bombentreffer halb zerstört und Abriss angeordnet worden war). In RG 20.1.1915, WarnR 1915 Nr. 118 S. 165 ging es um die drohende Entfernung von Zubehör, in RG 6.6.1910, WarnR 1910 Nr. 281 S. 293 um das drohende Abholzen eines Waldes.

[41] Das wird in der griechischen Lehre anders gesehen. Bei einer Verletzung des belasteten Eigentums habe auch der Hypothekar nicht nur einen Herausgabeanspruch, sondern auch die negatorische Klage. Es wäre „absurd" anzunehmen, dass das dingliche Recht der Hypothek seinem Inhaber keine umfassende Macht verleihe (*Papasteriou,* Emprágmato Díkaio III, S. 395–396 Rdnr. 2, *Spyridakis und Spyridakis,* Emprágmato Díkaio III, S. 114–115 Rdnr. 270 Fall ix).

[42] So verhält es sich im estnischen und portugiesischen Recht. Der Hypothekar kann nur verlangen, dass der Eigentümer gegen den Dritten vorgehe (§ 335(3) estn. LPA). Der port. CC kennt keinen vorbeugenden Rechtsbehelf, also keinen Unterlassungs- oder Beseitigungsanspruch, zum Schutz des Hypothekars (*Menéres Campos,* Hipoteca, S. 42–43); er wird auf Ansprüche gegen den Eigentümer verwiesen (Artt. 692, 701 und 702 port. CC). Nicht ganz eindeutig ist die Rechtslage in Schweden, Spanien und in Frankreich. In Schweden findet sich nur

thek (oder an einer anderen Eigentumsbelastung) Dritten gegenüber ausschließlich einen (deliktsrechtlichen) Schadensersatzanspruch oder (zwar keinen Herausgabe-, aber) im Gefährdungsfall wenigstens einen Unterlassungsanspruch geltend machen kann; richtig dürfte sein, die Frage zu bejahen.[43] Ein Nießbraucher dagegen kann ohne Weiteres gegen Dritte vorgehen, die das Grundstück okkupieren oder dessen Nutzung sonst unerlaubt beeinträchtigen.[44] Gleichwohl stehen einem Nießbraucher nicht notwendig überall alle drittwirksamen Rechtsbehelfe zu, die unter sonst gleichen Umständen von dem Grundeigentümer geltend gemacht werden können.

---

die Aussage, dass allein der Grundstückseigentümer das Risiko einer Verschlechterung des hypothekarisch belasteten Grundstücks trage (*Beckman* u. a. Jordabalken, S. 116). Bei verschuldeten wie bei unverschuldeten Verschlechterungen des Grundstücks kann der Hypothekengläubiger Zahlung aus dem Grundstück verlangen, auch wenn die Forderung noch nicht fällig ist (Kap. 6 § 6 JB). Auch Art. 117 span. LH handelt nur davon, unter welchen Voraussetzungen ein Hypothekar gerichtliche Hilfe gegen den Eigentümer in Anspruch nehmen kann, wenn das Grundstück eine Wertminderung erleidet. Der franz. CC gewährt dem Hypothekengläubiger weder einen Unterlassungs- noch einen Beseitigungsanspruch. Ihm steht aber unter Art. 2461 franz. CC (dem Art. 2360 rumän. CC entspricht) wieder ein *droit de suite* an der Liegenschaft zu. Er darf sein Recht also verfolgen „quelle que soit la main dans laquelle il se trouve, sans avoir à tenir compte des droits réels constitués ou inscrits après l'inscription de son hypothèque". Gedacht ist dabei aber daran, dass der Hypothekengläubiger den Wert der Sache verfolgen könne (*Simler und Delebecque* Les sûretés. La publicité foncière[6], S. 479 Rdnr. 522); von einem drittgerichteten Unterlassungsanspruch ist nicht die Rede. Art. 2812 ital. CC konkretisiert das *diritto di seguito* dahin, dass Dienstbarkeiten, Nießbrauch-, Gebrauchs- und Wohnrechte, die erst nach der Einschreibung der Hypothek eingetragen werden, dem Hypothekar nicht entgegengehalten werden können (näher *Ravazzoni,* Le ipoteche, S. 173).

[43] *Rieländer,* Mehrstufige Belastungen, § 5 IV 3 (Sofern sich das „herrschende" Pfandrecht auf ein Sachpfandrecht bezieht, steht konsequenterweise auch dem Inhaber des herrschenden Pfandrechts ein vindikationsähnlicher Herausgabeanspruch bei Vorenthaltung oder Entziehung des Besitzes zu).

[44] § 1065 dt. BGB; Artt. 252 i. V. m 251 poln. ZGB; Artt. 1311 i. V. m. 1315 port. CC; Art. 212 slowen. SPZ; § 1259 tschech. BGB (der Text gibt das zwar nicht ausdrücklich her, doch gilt als gesichert, dass dem Nießbraucher wenigstens die Rechtsbehelfe aus §§ 1003, 1006 und 1007 tschech. BGB zustehen: Spáčil [*-Lasák und Hrabánek*], Občanský zákoník III, S. 921) und § 5:155(2) ungar. ZGB. Auch unter griechischem Recht hat der Nießbrauchberechtigte die Vindikationsklage gegen Dritte (Berufungsgericht Athen 250/2007, EfAD 2008 S. 300). In der Slowakei ist der Drittschutz einer dinglichen Last nicht ausdrücklich geregelt; gleichwohl werden die Unterlassungs- und die Negatorienklage auch dem Nießbraucher zugestanden (*Fekete,* Občiansky zákonník I, S. 992). Ebenso verhält es sich in Schweden (*Ekelöf und Boman,* Rättegång[6], S. 426 und 466). Unter französischem Recht kann der Nießbraucher gegen Dritte, die behaupten, Eigentümer zu sein, oder in den Besitz des Gutes gelangt sind, nicht nur mit den *actions possessoires,* sondern auch mit einer besonderen *action réelle pétitoire,* der *action confessoire* vorgehen (*Terré und Simler,* Les biens[9], S. 706 Rdnr. 780). Es handelt sich um eine Variante der *action en revendication,* unterliegt anders als diese aber der Verjährung (*Terré und Simler* aaO S. 736 Rdnr. 820). In Italien trifft man auf dieselbe Rechtslage; der Nießbraucher kann gegen Dritte, die in den Besitz des Gutes gelangt sind, nicht nur mit den *azioni possessorie,* sondern auch mit der *actio confessoria* vorgehen, die man in diesem Fall *vindicatio usufructus* nennt (*Cervelli,* I diritti reali, S. 181; *Triola,* Le servitù, S. 648). Unter Art. 486 span. CC hat „der Nießbraucher eines Anspruchs auf ein Grundstück oder ein dingliches Recht oder auf ein bewegliches Gut … das Recht, den Anspruch auszuüben und den Eigentümer des Anspruchs zu verpflichten, ihm zu diesem Zweck Vertretungsmacht zu gewähren und ihm die Beweislast zu überlassen, über die er verfügt". Gemeint ist vor allem die Vindikationsklage, die der Nießbraucher in Vertretung des Eigentümers ausübt, um die Sache für den Rechtskreis des Eigentümers zurückzuverlangen (Ministerio de Justicia [*-Maluquer de Motes Bernet*], Comentario del Código Civil I[2], S. 1302–1303, Anm. II.2 zu Art. 486).

Die Dienstbarkeitsfeststellungsklage des österreichischen Rechts ist ein Beispiel. Unter § 523 österr. ABGB findet „in Ansehung der Servituten ... ein doppeltes Klagerecht statt. Man kann gegen den Eigentümer das Recht der Servitut behaupten; oder, der Eigentümer kann sich über die Anmaßung einer Servitut beschweren". Dem Nießbraucher steht unter österreichischem Recht zwar das Recht zu, sich Dritten gegenüber im Falle einer Beeinträchtigung des Nießbrauchs zur Wehr zu setzen *(actio negatoria)*[45], aber nicht das Recht, zugunsten des nießbrauchbelasteten Grundstücks das Bestehen einer Dienstbarkeit an einem dienenden Nachbargrundstück feststellen zu lassen. Diese Form der aus dem römischen Recht überlieferten *actio confessoria* bleibt das Vorrecht des Grundeigentümers. Er soll nicht durch den Ausgang der Klage des Nießbrauchers gegen den Nachbarn gebunden werden.[46] In Italien ist das ausdrücklich anders geregelt.[47] In Deutschland, wo es die *actio confessoria* als selbständigen Rechtsbehelf nicht (mehr) gibt, die Frage bislang aber auch nicht entschieden wurde, wäre das Ergebnis vermutlich dasselbe wie in Italien. Denn während auch der aus einer Grunddienstbarkeit Berechtigte unter § 1027 dt. BGB immerhin die „in § 1004 bestimmten Rechte" (Unterlassungs- und Beseitigungsansprüche) hat, „finden auf die Ansprüche des Nießbrauchers" ausdrücklich „die für die Ansprüche aus dem Eigentum geltenden Vorschriften entsprechende Anwendung" (§ 1065 dt. BGB). Dazu gehört auch der Grundbuchberichtigungsanspruch aus § 894 dt. BGB. Denn die Nichteintragung der Dienstbarkeit (z. B. einer Wegedienstbarkeit) gefährdet auch den Nießbrauch. 424

Bei dinglichen Erwerbsrechten[48] fehlen durchweg klare gesetzliche Vorgaben über den Klageschutz des Berechtigten im Außenverhältnis. Das dürfte sich daraus erklären, dass sich Rechtsbehelfe zum Schutz eines Erwerbsrechts nicht aus ihm selber, sondern aus dem zu erwerbenden Recht ableiten; Erwerbsrechte können jedenfalls nicht mit einem besseren Rundumschutz versehen sein als das Zielrecht, auf das sie ausgerichtet sind. Im Näheren hängt alles davon ab, welche Vorwirkungen welchem Zielrecht im Hinblick auf welches Erwerbsrecht beigemessen werden. Aus einem wirksam vereinbarten[49] und ausgeübten dinglichen Vorkaufsrecht erwachsen dem Berechtigten ein Herausgabe- und ein Grundbuchberichtigungsanspruch gegen den Käufer[50]; es lässt sich aber nicht überzeugend begründen, dass einem Vorkaufsberechtigten auch gegen jeden beliebigen Dritten bereits ein Herausgabeanspruch oder gar ein Anspruch auf die Unterlassung tatsächlicher Beeinträchtigungen des Grundstücks zusteht.[51] Den 425

---

[45] § 523 österr. ABGB regelt seinem Wortlaut nach zwar nur das Verhältnis von Eigentümer und Inhaber der Dienstbarkeit. Aus dem Rechtsgedanken der Vorschrift (Schutz des Inhabers der Dienstbarkeit) wird aber hergeleitet, dass der Inhaber einer Dienstbarkeit gegen jeden Dritten auf Unterlassung klagen könne, der die Ausübung der Dienstbarkeit hindert oder stört (OGH 16.12.2008, immolex 2009, 59 [S. 150] m. Anm. *Prader*).

[46] OGH 14.7.2005, ecolex 2005 S. 836.

[47] Unter Art. 1012 Satz 2 ital. CC kann „der Nießbraucher das Bestehen von Dienstbarkeiten zugunsten des Grundstücks oder den Nichtbestand solcher, welche auf eben diesem Grund auszuüben beansprucht werden, feststellen lassen; in diesen Fällen hat er dem Eigentümer den Streit zu verkünden".

[48] Band 1 Rdnr. 467–484.

[49] Unter Kap. 4 § 1(3) und § 3 schwed. JB sind Vorkaufsrechte an Grundstücken nichtig, auch *inter-partes* (*Beckman* u. a., Jordabalken, S. 65).

[50] § 1100 dt. BGB; § 261^1(1) estn. LPA; Art. 413(1) port. CC; §§ 6:223 und 226 ungar. ZGB.

[51] In Deutschland ist die Frage umstritten. Wie hier *Rieländer,* Sachenrechtliche Erwerbsrechte, S. 205–207; anders aber Soergel (-*Stürner*), BGB XVI^{13}, 1098 Rdnr. 4.

Inhaber eines Anwartschaftsrechts aus Kauf unter Eigentumsvorbehalt[52] stellt die herrschende deutsche Rechtsansicht in praktisch jeder Hinsicht bereits einem Eigentümer gleich. Der Anwartschaftsberechtigte genieße keineswegs nur deliktsrechtlichen, sondern auch sachenrechtlichen Rundumschutz, könne die Sache also bei jedem Dritten vindizieren und sich tatsächlicher Einwirkungen auf sie jedermann gegenüber mit den Rechtsbehelfen aus § 1004 dt. BGB (Unterlassung, Beseitigung) erwehren.[53] Auch darin zeigt sich freilich nur, dass die Lehre vom Anwartschaftsrecht ihre inneren Widersprüche nicht zu überwinden vermag. Denn einer Position, die ihre (angebliche) Sachenrechtsqualität erst daraus gewinnt, dass ihr Inhaber die Sache besitzt (§ 936(3) dt. BGB[54]), kann nicht ihrerseits ein Recht *auf* den Besitz innewohnen, und ohne ein Recht auf den Besitz kommt ein jedermann gegenüber wirksamer Vindikationsanspruch nicht in Betracht. Die Konstruktion wird ihre Zirkularität nicht los.[55]

b) Ansprüche und dingliche Surrogationen

(1) Anspruchsziele

426 Die drittwirksamen Rechtsbehelfe des Sachenrechts weisen einen beträchtlichen **Formenreichtum** auf. Neben dem Anspruch auf Herausgabe der Sache und seinen schadensersatzrechtlichen Äquivalenten geht es vor allem um die Unterlassung und die Beseitigung von Störungen. Ein Sonderfall aus dieser Gruppe ist der Anspruch auf die verfahrensrechtlich nötige Zustimmung zur Berichtigung fehlerhafter Verlautbarungen des Liegenschaftsregisters, der teils zu einem eigenständigen Rechtsbehelf ausgestaltet ist (z.B. § 894 dt. BGB), sich manchmal aber auch nur als ein Sonderfall der *actio negatoria* präsentiert (z.B. § 523 österr. ABGB). Auch Ansprüche auf die Abgabe von Erklärungen können beides sein: Inhalt und Ausdruck des Stammrechts, aus dem sie fließen, und Ziel eines jedermann gegenüber wirkmächtigen Rechtsbehelfs. Der Anspruch des ewigen Nießbrauchers polnischen Rechts auf Verlängerung seines vor dem Ablauf stehenden Nießbrauchs ist ein Anspruch, der sich nur gegen den Eigentümer der Immobilie richtet.[56] Ebenso liegt es bei dem Anspruch eines bevorrechtigten Erbbauberechtigten auf Erneuerung des Erbbaurechts (z.B. § 2 Nr. 6 dt. ErbbauRG); auch Ansprüche auf die Zustimmung zu der inhaltlichen Änderung oder der Aufhebung eines Rechts folgen dieser Struktur.[57] Ein Anspruch auf Zustimmung zur Berichtigung eines Grundbuchs richtet sich dagegen gegen potentiell jedermann, zu dessen Gunsten das Grundbuch ein ihm materiellrechtlich nicht zustehendes Sachenrecht verlautbart. Dasselbe gilt für Klagen, die auf die Feststellung des Bestehens bzw. des Nichtbestehens eines Rechts gerichtet sind. § 5:37 ungar. ZGB gibt außerdem demjenigen, der Immobilieneigentum außerhalb des Immobilienregisters erworben hat, einen Eintragungsanspruch.

---

[52] Band 1 Rdnr. 476.

[53] Z. B. *Baur und Stürner,* Sachenrecht[18], § 59 Rdnr. 47 sowie Soergel (-*Henssler*), BGB XV[13], Anhang zu § 929 Rdnrn. 79 und 83.

[54] Band 1 Rdnr. 482.

[55] Im Ergebnis ebenso *Rieländer,* Sachenrechtliche Erwerbsrechte, S. 309–314.

[56] *Truszkiewicz,* Użytkowanie wieczyste. Zagadnienia konstukcyjne, S. 212 (der Anspruch ist auf Abgabe einer Willenserklärung durch den Grundstückseigentümer gerichtet).

[57] Näher *Rieländer,* Mehrstufige Belastungen, § 3 II 2.

(2) Terminologie

An dieser Stelle ist ein Zwischenruf nötig. Das Schrifttum praktisch aller kontinentaleuropäischen Systeme (und vereinzelt auch deren Gesetzbücher: Artt. 948 ital. und 1311 port. CC [*azione di rivendicazione* bzw. *acção de reivindicação*]) bedient sich zur Identifizierung der verschiedenen Rechtsbehelfe gern lateinischer Ausdrücke. Ihr hoher Wiedererkennungswert darf aber nicht darüber hinwegtäuschen, dass ihnen keineswegs immer auch derselbe Bedeutungsgehalt beigemessen wird. Mit der **„Vindikation"** verlangt man eine Sache heraus. Man nimmt ihren Besitzer oder Detentor „gerichtlich in Anspruch", indem man ihm „Gewalt androht" (*vim dicare;* diese Herkunft ist aber nicht gesichert). Gleichwohl sind (oder waren) Vindikation und Vindikation nicht notwendig dasselbe. In Italien z. B. unterschied die Rechtsprechung lange Zeit zwischen der *azione di restituzione* und der Vindikation. Jene kam zum Zuge, wenn der Kläger die Herausgabe einer Sache von ihrem titellosen Inhaber verlangte, ohne zugleich die Feststellung seines Eigentums zu beantragen. Die Vindikation setzte nach diesem Verständnis einen Prätendentenstreit voraus, die Herausgabeklage nicht.[58] Die Herausgabeklage war ausreichend, wenn und weil die Parteien gar nicht über das Eigentum stritten. Schon Cass. 4.7.2005 und später dann auch Cass. 14.1.2013 entschieden aber, dass sich ein Kläger, der die Herausgabe einer Sache von jemandem verlange, der sie unerlaubt und ohne Vertrag in seiner Gewalt habe, immer der Vindikation bedienen müsse und deshalb der *probatio diabolica* unterliege.[59] Die *Sezioni Unite* des Kassationshofes schloss sich am 28.3.2014 dieser bisherigen Mindermeinung an. Die *azione di restituzione* gewähre nur einen persönlichen Anspruch; der Eigentümer könne mit ihr nur die Herausgabe solcher Sachen verlangen, die er dem Beklagten zuvor freiwillig durch Vertrag verschafft habe.[60] So sieht man die Dinge auch in Frankreich.[61] Was diese Rechtsauffassung für drittgerichtete Rechtsbehelfe bedeutet, liegt freilich nicht auf der Hand. Vermietet etwa ein Mieter die Mietsache unerlaubt weiter, lautet die Antwort, dass es sich bei dem Anspruch des Eigentümers und Vermieters gegen den Untermieter nicht um eine Vindikation, sondern wiederum um eine *azione di restituzione* handelt.[62] 427

Davon abgesehen ist aber auch keineswegs gewiss, dass nur einem Eigentümer „die" Vindikationsklage zusteht. Ein deutscher Jurist assoziiert mit ihr das Herausgabeverlangen eines Eigentümers gegen einen unberechtigten Besitzer (§ 985 dt. BGB). Rein sprachlich wäre es zwar auch möglich, das Herausgabeverlangen eines Pfandgläubi- 428

---

[58] Z. B. Cass. 5.4.1984, Nr. 2210, Juris Data DVD; Cass. 12.10.2000, Nr. 13605, Riv. giur. edilizia 2001, I, S. 190; Cass. 27.2.2001, Nr. 2908, Giur. it. 2002, S. 735; Cass. 10.12.2004, Nr. 23086, Riv. giur. edilizia 2005, I, 1145; Cass. 26.2.2007, Nr. 4416, Juris Data DVD; Cass. 23.12.2010 Nr. 26003, Giust. civ. Mass. 2010 S. 1641 und Cass. 24.7.2013, Nr. 17941, Guida al diritto 2013, 33, S. 49.

[59] Cass. 4.7.2005, Nr. 14135 und Cass. 14.1.2013, Nr. 705 (beide Juris Data DVD).

[60] Cass. sez. un. 28.3.2014, Nr. 7305, Foro it. 2014, 11, I, 3241.

[61] Die *restitution* einer Sache setzt ein Schuldverhältnis zwischen den Parteien voraus, etwa einen Mietvertrag, aufgrunddessen der Eigentümer die Herrschaft über die Sache prekärerweise dem Mieter übergibt. Verweigert der Mieter nach Ablauf der Mietzeit die Rückgabe, geht der Eigentümer als Vermieter gegen ihn mit der *action personnelle en restitution* vor. Er muss nur den Vertrag, nicht sein Eigentum beweisen. Die *revendication* dagegen setzt gerade kein Schuldverhältnis voraus und kommt auch nur in seiner Abwesenheit zum Zuge. Es handelt sich um eine *action réelle,* für die das Eigentumsrecht bewiesen werden muss (*Dross,* Les choses, S. 86 Rdnr. 43-1).

[62] Cass. 27.1.2010, Nr. 1708, Giust. civ. 2011 S. 2192.

gers oder eines Nießbrauchers gegen einen dritten Besitzer „Vindikation" zu nennen, doch ist das in Deutschland unüblich. Für diese Herausgabeansprüche fehlt, anders als in Italien und in Österreich, ein selbständiger Terminus. In Italien spricht man tatsächlich von der *vindicatio usufructus* und deutet sie als einen Sonderfall der *actio confessoria.*[63] Die österreichische „Pfandklage" richtet sich zwar nach dem Text des § 466 ABGB nur gegen den jeweiligen Eigentümer, soll aber auch das Herausgabeverlangen gegen beliebige Drittbesitzer einschließen; die entsprechende Unterlassungs- bzw. Beseitigungsklage nennt man Devastationsklage.[64] Unter Art. 1311 port. CC umfasst die Vindikationsklage gleich zwei Rechtsbehelfe, nämlich den Anspruch auf die Anerkennung des Eigentums und auf die Herausgabe *(restituição)* der Sache. Das Herausgabebegehren impliziert das Anerkennungsbegehren.[65] Es handelt sich aber, wie gesagt, um unterschiedliche Ansprüche. Die Vindikationsklage steht zudem in beiden Ausprägungen zum Schutz eines jeden zum Besitz berechtigenden Sachenrechts zur Verfügung (Art. 1315 port. CC). Sie umfasst sogar das Recht, die Unterlassung einer Störung zu verlangen.[66] Auch § 5:36 ungar. ZGB fasst die Unterlassungs- und die Herausgabeklage in einem „Eigentumsanspruch" *(tulajdoni igény)* zusammen. In der Klage aus Art. 1094 gr. ZGB geht es neben dem Herausgabeverlangen, der dinglichen Klage eines nichtbesitzenden Eigentümers gegen einen besitzenden Nichteigentümer[67], erneut auch um die Anerkennung (Feststellung) des Eigentumsrechts des Klägers.[68] Wenn allerdings fremdes Eigentum nicht durch die Vorenthaltung des Besitzes oder sonst physisch, sondern nur mündlich bestritten wird, kommt allein die Eigentumsfest-

[63] Vorher Fn. 44. Auch in Griechenland sagt man, dass einem Nießbraucher (aus Art. 1173 gr. ZGB) die Vindikationsklage zustehe (z. B. Berufungsgericht Athen 1025/1965, NoB 13 [1965] S. 1030); sie hat aber, da sie gegen jedermann (und nicht nur gegen den Eigentümer) gerichtet ist, nicht den Charakter einer konfessorischen Klage.

[64] *Iro,* Sachenrecht[5], Rdnrn. 11/1 (Pfandklage) und 11/3 (Devastationsklage).

[65] STJ 27.9.2005, Processo 05A2278 („Der Eigentümer kann gerichtlich von jedem Besitzer oder Detentor der Sache die Anerkennung seines Eigentumsrechts und die daraus folgende Herausgabe dessen, was ihm gehört, verlangen (Art. 1311 port. CC)). Der Antrag auf Herausgabe impliziert einen Antrag auf Eigentumsanerkennung durch den Beklagten. Die Vindikationsklage, so formuliert es z. B. STJ 14.1.2010, Processo 323/2000.E1.S 1, hat die Natur eines Anspruchs des nichtbesitzenden Eigentümers gegen den besitzenden Nichteigentümer *(A acção de reivindicação tem a natureza de pretensão do proprietário não possuidor contra o possuidor não proprietário).* Diese vielzitierte Passage geht zurück auf *Pires de Lima und Antunes Varela,* Código Civil Anotado III[2], S. 114, Anm. 2 unter Art. 1311, die sich ihrerseits auf *Enneccerus/Kipp/Wolff,* Sachenrecht[9], § 84 berufen hatten.

[66] STJ 14.2.2013, Processo 806/07.0TBTND.C1.S 1 (Windpark, bestehend aus 16 Anlagen. Rotorblätter der Anlage Nr. 9 ragen in 24 Metern Höhe in das den Klägern zu Miteigentum gehörende Grundstück hinein. Den Klägern stünde gegen Störungen ihres Eigentums zwar die *acção de reivindicação* [so die Überschrift über Art. 1311 port. CC] zur Verfügung. Das Berufungsgericht habe ihr Eigentum rechtskräftig festgestellt. Im konkreten Fall fehle es allerdings an einer Eigentumsverletzung. Denn die Kläger hätten in dieser Höhe kein schützenswertes Eigentumsinteresse mehr. Sie hätten ihre Behauptung, dass sie eines Tages auf ihrem Grundstück selber eine Windkraftanlage installieren möchten, nicht substantiiert). Ob zum Schutz des Luftraums auch in Italien die *azione di rivendicazione* zur Verfügung steht, hat sich nicht klären lassen. Die Rechtsprechung hat Fälle dieser Art bislang nur im Rahmen des possessorischen Rechtsschutzes behandelt (und ihn gewährt: z. B. Cass. 30.3.2016, Nr. 6154, Foro it. 2017, I, 709).

[67] Areopag 968/2007, NoB 56 (2008) S. 81; Areopag 1574/2002, EllDni 45 (2004) S. 1023.

[68] Areopag 968/2007 aaO; Areopag 1279/2005, NoB 54 (2006) S. 214; Berufungsgericht Piräus 1189/1995, EllDni 38 (1995) S. 864; LG Dramas 76/2001, Arm. 2002 S. 1000.

stellungsklage in Betracht.[69] Wird sie isoliert erhoben, handelt es sich um eine reine Feststellungsklage (Art. 70 gr. ZPO).[70] Für einen schwedischen Juristen dagegen bedeutet vindizieren ganz einfach, ein „besseres" Recht geltend zu machen. Bei diesem „Recht" muss es sich weder notwendig um das Eigentum noch wenigstens um ein beschränktes dingliches Recht handeln; es genügt ggf. auch ein obligatorisches Recht.[71] Denn das Eigentum ist nur dann ein „besseres" Recht, wenn dem Besitzer kein Recht zum Besitz zusteht; im umgekehrten Fall hat der Besitzer (z. B. ein Mieter) das bessere Recht.

Entschieden anders klassifiziert die französische Lehre. Sie unterscheidet zwischen **429** den *actions réelles* und den *actions personnelles.* Mit einer *action réelle* macht man ein direktes Recht an einer Sache geltend.[72] Die Klage kann gegen jeden Besitzer und jeden Detentor ausgeübt werden, der das Recht bestreitet.[73] Es soll auch *actions mixtes* geben, etwa dann, wenn der Käufer einer Immobilie ihre Herausgabe von dem Verkäufer sowohl aus Eigentum als auch aus Vertrag verlangt.[74] Die *actions possessoires* zielen gerade nicht auf die Anerkennung eines Rechts und sind deshalb keine echten *actions réelles,* werden von manchen Autoren freilich gleichwohl als solche tituliert.[75] Die *actions pétitoires* jedenfalls zielen auf die Anerkennung eines Rechts.[76] Die wichtigste unter ihnen ist wiederum die (gesetzlich nicht geregelte) *action en revendication.* Sie unterliegt nicht der Verjährung[77], steht nur dem Eigentümer zu und ist außer auf Anerkennung des Eigentums auf Herausgabe der Sache gerichtet.[78] Dem Schutz der *droits réels démembrés* dient die *action confessoire,* die Klage auf Anerkennung eines Nießbrauchs, eines Gebrauchsrechts oder einer Dienstbarkeit an einem fremden Grundstück.[79] Ihr Gegenstück ist die *action négatoire,* durch die, genau umgekehrt, der Eigentümer auf An-

---

[69] Berufungsgericht Athen 7217/1991, EllDni 34 (1993) S. 637; Berufungsgericht Thessaloniki 691/1985, Arm. 40 (1986) S. 141.

[70] Areopag 1166/2005, EllDni 48 (2007) S. 1653; Berufungsgericht Athen 2067/2005, EllDni 47 (2006) S. 534.

[71] *Westberg,* Det provisoriska rättsskyddet i tvistemål, S. 76–77.

[72] *Mathieu-Izorche,* Les biens, S. 44 Rdnr. 121.

[73] *Strickler,* Les biens, S. 37 Rdnr. 13.

[74] *Strickler* aaO („L'action mixte tend à l'exécution d'un acte juridique qui a créé ou transféré un droit réel en même temps qu'il a fait naître des obligations personnelles"); *Mathieu-Izorche* aaO Rdnr. 123.

[75] *Zenati-Castaing und Revet,* Les biens[3], S. 319 Rdnr. 197; *Jourdain,* Les biens, S. 261–262, Rdnrn. 204–206.

[76] *Jourdain* aaO.

[77] Cass. 19.5.2004, JCP 2004, IV, 2411. Man deutet die Unverjährbarkeit der Vindikation als Ausdruck des Prinzips, dass „la propriété ne se perd pas par non-usage" (*Zenati-Castaing und Revet* aaO, S. 321 Rdnr. 199). Die vorherrschende Meinung im Schrifttum interpretiert den neuen Art. 2227 franz. CC („Le droit de propriété est imprescriptible. Sous cette réserve, les actions réelles immobilières se prescrivent par trente ans à compter du jour où le titulaire d'un droit a connu ou aurait dû connaître les faits lui permettant de l'exercer") als Bestätigung dieser altehrwürdigen Regelung. Nur *Reboul-Maupain,* Droit des biens[4], S. 179 Rdnr. 255 gibt zu bedenken, dass unter Art. 2227 franz. CC alle dinglichen Klagen nach Ablauf von 30 Jahren verjähren und dass auch die *action en revendication* eine dingliche Klage sei.

[78] *Terré und Simler,* Les biens[9], S. 409 Rdnr. 520 („L'action en revendication est celle qu'exerce le propriétaire, en cette qualité, contre le tiers qui détient indûment son bien et refuse de le restituer en contestant son droit. Elle tend à la reconnaissance du droit de la propriété et à la restitution du bien").

[79] *Reboul-Maupain,* Droit des biens[4], S. 457 („action réelle tendant à la reconnaissance ou à l'exercice d'un droit de servitude, d'usufruit ou d'usage").

erkennung klagt, dass sein Grundstück nicht durch einen Nießbrauch, ein Gebrauchsrecht oder eine Dienstbarkeit belastet sei.[80] Sie kann gegen jedermann erhoben werden, der für sich ein entgegenstehendes Recht reklamiert.[81] Die *action confessoire* trägt aber auch Züge der *action en revendication,* weil sie es dem Nießbraucher erlaubt, Dritte auf Herausgabe der Sache zu verklagen[82]; der praktische Unterschied zur Vindikation liegt nur darin, dass die *confessoria* der dreißigjährigen Verjährung unterliegt. Bei Dienstbarkeiten richtet sich die *action confessoire* gegen den Eigentümer des dienenden Grundstücks[83]; sie kann auch einen Anspruch auf den Abriss von Gebäuden zum Inhalt haben, die dienstbarkeitswidrig errichtet wurden.[84] Ein Dienstbarkeitsberechtigter kann aber mit der *action confessoire* nicht auch gegen Dritte vorgehen. Es ist sogar fraglich, ob ein solcher Außenschutz überhaupt besteht; falls er anerkannt wird, wäre er, so *Zenati-Castaing und Revet,* nicht Gegenstand einer *action confessoire,* sondern einer *action réelle en revendication.*[85]

430 Die *action négatoire* französischen Rechts gründet sich, als reine Eigentumsfreiheitsklage, auf die widerlegliche Vermutung, dass das betroffene Grundeigentum unbelastet sei.[86] Mit der allgemeinen **„negatorischen" Klage** des deutschen Rechts hat sie nicht viel mehr als den Namen gemein. Denn letztere ist unter § 1004 dt. BGB auf die Beseitigung und Unterlassung von Störungen des Eigentums und der es belastenden Rechte gerichtet[87], darunter der Nießbrauch (§ 1065 dt. BGB), Dienstbarkeiten (§ 1027 dt. BGB), Hypotheken und Grundschulden (§ 1134 dt. BGB; nur Unterlassung) sowie Pfandrechte (§ 1227 dt. BGB). Die konfessorische Klage hat keinen selbständigen Eintrag im deutschen (und im tschechischen[88]) BGB mehr gefunden. Auch Art. 949 ital.

---

80 *Reboul-Maupain* aaO („action réelle tendant à faire reconnaître qu'un bien n'est pas grevé d'une servitude, d'un usufruit ou d'un droit d'usage"). Siehe ferner *Carbonnier,* Les biens. Les obligations, S. 1834 Rdnr. 867; *Zenati-Castaing und Revet* aaO S. 319 Rdnr. 197; *Terré und Simler* aaO S. 814 Rdnr. 915.

81 *Terré und Simler* aaO S. 814 Rdnr. 915.

82 *Larroumet,* Les biens[5], S. 257 Rdnr. 452; *Terré und Simler* aaO S. 718 Rdnr. 797. *Dross,* Les choses, S. 178 Rdnr. 93-1 erläutert: „Contre le possesseur qui se prétendrait propriétaire du bien, il [der Nießbraucher] dispose classiquement d'une action réelle en revendication. Au plan terminologique, lorsque cette action est dirigée contre le nu-propriétaire, qui se prétend être propriétaire actuel de la chose, elle prend le nom d'action confessoire, puisqu'elle tend à ce que ce dernier *confesse* – reconnaisse – la propriété temporaire de l'usufruitier. Cette terminologie est toutefois utilisée quel que soit le défendeur, afin de la distinguer de l'action exercée par un propriétaire ordinaire à laquelle on préfère réserver le terme de ‚revendication'").

83 Für *Bergel/Bruschi/Cimamonti,* Les biens[2], S. 499 Rdnr. 437 ist die action confessoire sogar „nécessairement" dirigée contre le propriétaire du fonds servant ou le nu-propriétaire.

84 *Terré und Simler* aaO S. 807 Rdnr. 910; *Malaurie und Aynès,* Les biens[5], S. 368 Rdnr. 1173.

85 *Zenati-Castaing und Revet,* Les biens[3], S. 319 Rdnr. 197.

86 *Larroumet* aaO S. 556 Rdnr. 904; *Terré und Simler* aaO S. 814 Rdnr. 915; *Zenati-Castaing und Revet* aaO S. 463 Rdnr. 300.

87 Statt vieler *Wilhelm,* Sachenrecht[5], Rdnr. 1363.

88 *Spáčil,* Věcná břemena v občanském zákoníku, S. 64. In § 1040(1) tschech. BGB kommt das Wort „Vindikation" zwar nicht vor, doch ist es, wie die „Negatorienklage" ein selbstverständlicher Bestandteil der Rechtssprache geblieben. Den Unterschied zwischen beiden erklärte (wenn auch noch unter altem Recht) OG 15.11.2000, 22 Cdo 2602/98, Právní rozhledy 2001 (2) S. 89 wie folgt: „Für die Vindikationsklage gilt allgemein, dass der Eigentümer von demjenigen die Herausgabe der Sache in seine Macht verlangt, der ihm diese unberechtigt zurückhält. ... Ein anderer Schutz des Eigentumsrechts ... ist die Negatorienklage. Mit dieser Klage verlangt der Eigentümer, dass der Beklagte sich anderer unberechtigter Eingriffe in das Eigentumsrecht des Klägers enthält. Er verlangt entweder, dass dem Beklagten ein bestimmtes störendes Verhal-

CC statuiert eine „allgemeine" *actio negatoria*.[89] Sie unterscheidet sich aber von ihrer deutschen Variante darin, dass Art. 949 ital. CC wiederum einen Prätendentenstreit voraussetzt, nämlich einen Streit darüber, ob jemand aufgrund eines beschränkten dinglichen Rechts ein im Einzelfall „besseres" Recht hat als der Eigentümer.[90] Zudem existiert daneben immer auch noch die *actio confessoria,* wenn auch nur als *actio confessoria servitutis* (Art. 1079 ital. CC[91]). Diese *confessoria* dient ausdrücklich auch zur Abwehr von Störungen durch beliebige Dritte, begründet außerdem einen Schadensersatzanspruch und wird traditionell auch zum Schutz anderer beschränkter Rechte eingesetzt.[92]

Steht also z. B. dem Eigentümer des herrschenden Grundstücks an dem dienenden Grundstück das Recht zu, dass von dort aus nicht näher als fünf Meter an die Grenze herangebaut werde, und wird dieses Abstandsgebot durch den Eigentümer des dienenden Grundstücks verletzt, dann geht der Eigentümer des herrschenden Grundstücks gegen ihn unter französischem Recht mit der *action confessoire* vor, mit der er, wie gesagt, auch die Beseitigung des Gebäudes verlangen kann.[93] **431**

---

ten verboten wird, oder dass er eine Sache in ihren ursprünglichen Zustand versetzt, das heißt, solche Sachen beseitigt, die früher nicht auf dem Grundstück waren. … Es ist nicht ausgeschlossen, dass der Eigentümer gegenüber dem Beklagten durch eine einzige Klage gleichzeitig verlangt, dass der Beklagte ihm die Sache herausgibt und sich gleichzeitig weiterer störender Eingriffe in die Ausübung des Eigentumsrechts des Klägers enthält, zum Beispiel, indem er sein Grundstück nicht mehr betritt".

[89] „Der Eigentümer kann auf Feststellung des Nichtbestehens von Rechten klagen, die von anderen an der Sache behauptet werden, wenn er Grund hat, daraus eine Beeinträchtigung zu befürchten. Liegen auch Störungen oder Belästigungen vor, kann der Eigentümer die Anordnung ihrer Unterlassung und außerdem die Verurteilung zum Ersatz des Schadens verlangen".

[90] Cass. 11.1.2017, Juris Data DVD präzisiert, dass es sich bei der Vindikation, der *actio confessoria* und der *negatoria* um drei unabhängige und verfahrensrechtlich völlig getrennte Klagen handele. Der Vindikationskläger behaupte, besitzloser Eigentümer zu sein. Er verklage den Detentor auf Herausgabe und müsse sein Eigentumsrecht beweisen. Ein Kläger, der aus der *actio negatoria* vorgehe, sei gleichzeitig Eigentümer und Besitzer. Seine Klage sei darauf gerichtet anzuerkennen, dass der Beklagte kein (dingliches) Recht an der Sache habe. Es handele sich um eine reine Eigentumsfreiheitsklage. Wer die *actio confessoria* erhebe, sei kein Eigentümer. Er behaupte vielmehr, ein fremdes Eigentum belastendes Recht innezuhaben. Er müsse dieses beschränkte dingliche Recht beweisen. Der *probatio diabolica* unterliege nur der Vindikationskläger. Im Übrigen sei es unzulässig, zwei oder gleich alle drei Klagen zusammen zu erheben. Der Kläger müsse sich für eine von ihnen entscheiden. *In casu* hatte der Kläger vor dem *Tribunale* eine Vindikationsklage erhoben. Daran bleibe er gebunden; es sei nur über sie zu entscheiden. Im Wesentlichen ebenso der portugiesische Sprachgebrauch. Siehe z. B. STJ 9.10.2008, Processo 08B1914 (eine Klage auf Anerkennung des durch Ersitzung erworbenen Eigentums und auf Unterlassung aller Handlungen, die es verletzen würden, sei keine *acção negatória*).

[91] „Der Berechtigte kann das Bestehen der Dienstbarkeit gegen denjenigen, der ihre Ausübung bestreitet, gerichtlich feststellen und etwaige Behinderungen und Störungen abstellen lassen. Er kann auch die Rückführung der Dinge in den vorherigen Stand sowie den Ersatz der Schäden fordern".

[92] Grundlegend immer noch *Segré,* Mélanges Girard II, S. 511.

[93] Denkbar ist außerdem ein possessorischer Rechtsschutz. Das Gesetz stellt *actions possessoires* zwar nur zum Schutz ständiger (Art. 688 franz. CC) und sichtbarer (Art. 689 CC) Dienstbarkeiten zur Verfügung. Nicht ständige und nicht sichtbare Dienstbarkeiten könnten nicht besessen werden, weil sie auf eine reine Duldung zielen. Gleichwohl werden auch dem Berechtigten aus solchen Dienstbarkeiten die *actions possessoires* eingeräumt, wenn sie auf einem Titel beruhen (Cass. civ. 11.5.1965, Bull. civ. 1965, I, Nr. 312; Cass. civ. 17.9.2013, Nr. 12–20724; Cass. civ. 15.2.1995, Bull. civ. 1995, III, Nr. 45 (Abriss einer Mauer, die ein Wegerecht verletzte; *action possessoire* in Gestalt einer *action en réintégration* zulässig, weil das Wegerecht auf einer privatschriftlichen Urkunde beruhte).

Droht eine Verletzung des Abstandsgebots (die Baumaterialien liegen schon bereit), dann muss sich der Eigentümer des herrschenden Grundstücks an den *juge des référés* wenden, damit er anordne, den *trouble manifestement illicite* abzustellen.[94] Baut ein Dritter in der fraglichen Zone, dürfte der Eigentümer des herrschenden Grundstücks gegen ihn (die Rechtslage ist höchstrichterlich nicht geklärt) mit der Vindikationsklage vorgehen[95], ggf. aber auch wieder den *juge des référés* anrufen können. In Deutschland hätte man eine negatorische Klage vor sich (§§ 1004, 1027 dt. BGB), in Italien eine *actio confessoria servitutis,* in Tschechien ginge es entweder um präventiven possessorischen Rechtsschutz unter § 1003 tschech. BGB (der Dienstbarkeitsberechtigte wäre als Besitzer einer Immobilie – der Dienstbarkeit – anzusehen: § 498(1) tschech. BGB[96]), oder um die auch Dienstbarkeitsberechtigten offenstehende (§ 1259 tschech. BGB) allgemeine negatorische Klage, die wiederum auch gegen Dritte erhoben werden kann. In Schweden schließlich muss man die Lösungen aus den verfahrensrechtlichen Rahmenbedingungen entwickeln. Der Abriss des rechtswidrig errichteten Gebäudes würde durch eine Erfüllungsklage *(fullgörelsetalan)* erzwungen (Kap. 13 § 1 schwed. RB); einer drohenden Rechtsverletzung käme man mit einer auf Unterlassung gerichteten Leistungsklage *(förbudstalan)* zuvor[97], für die auch ein summarisches Verfahren („besondere Vollstreckungshilfe", *särskild handräckning*) zur Verfügung steht (§ 4(1)(i) schwed. BfL). Gesetzliche Anspruchsgrundlagen fehlen. Es wird stillschweigend vorausgesetzt, dass der Dienstbarkeitsberechtigte einen seine Befugnisse abbildenden Unterlassungsanspruch gegenüber jedermann hat.[98]

(3) Dingliche Surrogationen

432 Surrogation ist das Instrument, durch das die Rechtsordnung einen Gegenstand des Rechtsverkehrs durch einen anderen ersetzt. „Dinglichen" Charakter trägt dieser Vorgang, wenn der neue Gegenstand *ex lege* dem Inhaber des Altrechts zugeordnet wird. Ob der Gegenstandswechsel zugleich zur Entstehung eines andersartigen Rechts führt, hängt von den Umständen des Einzelfalles ab, insbesondere davon, ob sich das Surrogat als tauglicher Bezugspunkt des Altrechts denken lässt. Ein Pfandrecht an einem Recht, z.B. an einem Anspruch auf Eigentumsübertragung, kann nicht erhalten bleiben, wenn das Surrogat – die Leistung – in einem Grundstück besteht. Denn es gibt keine Pfandrechte an Grundstücken. Folglich kommt als Surrogat nur eine Hypothek in Betracht (§ 1287 Satz 2 dt. BGB). Wenn das Altrecht ein Schuldrecht ist, kann es sich nur an dem Gegenstand fortsetzen, mit dessen Leistung es durch Erfüllung zum Erlöschen gebracht wurde. Zieht etwa eine Erbengemeinschaft eine zum Nachlass gehörige Forderung ein, hängt das Resultat davon ab, wie der Schuldner leistet. Zahlt er in bar, werden die Erben Miteigentümer der Geldscheine; zahlt er durch Banküberweisung, werden die Erben Mitberechtigte an der Forderung gegen die Bank (§ 2041 dt. BGB). Dass Schuldrechte durch andere Schuldrechte oder gar durch Sachenrechte „dinglich" surrogiert werden, ist freilich ein vergleichsweise seltener Vorgang. Viel häufiger ist die umgekehrte Situation, in der das Altrecht ein Sachenrecht war und unter Rangwahrung entweder durch ein anderes Sachenrecht oder durch eine Forderung ersetzt wird.

433 Dingliche Surrogationen begegnen in diesem Fall wiederum in **zwei Grundformen.** In der einen geht es darum, dass das Bezugsobjekt des Altrechts (die Sache) auf-

[94] Cass. Ass. Plén. 28.6.1996, Bull. 1996, A. P., Nr. 6. Siehe im Übrigen schon oben Rdnr. 106. Die verfahrensrechtlichen Grundlagen finden sich in Artt. 808 *(cas d'urgence)* und 809 franz. CPC *(prévenir un dommage imminent, faire cesser un trouble manifestement illicite).*

[95] Vorher Fn. 85.

[96] Spáčil (*-Lasák und Hrabánek*), Občanský zákoník III, S. 921.

[97] *Lindell,* Civilprocessen², S. 207.

[98] *Ekelöf und Boman,* Rättegång⁶, S. 426 und 466.

gehört hat zu bestehen. Wo das der Fall ist, erlischt notwendig auch das an ihr bis dato bestehende Sachenrecht. Es wird durch ein anderes Recht an einem anderen Gegenstand des Rechtsverkehrs ersetzt. In der zweiten Grundkonstellation bleibt das Altrecht erhalten. Es wird aber neu justiert. Denn es wird *ex lege* auf einen Ersatzgegenstand ausgerichtet. Im Recht des *trust* sieht man das besonders deutlich. Das *equitable interest* des *beneficiary* wandert nur dann mit dem fraglichen *Trust*gegenstand mit, wenn dessen Käufer von dem Recht des *beneficiary* weiß, d. h. erkennt, dass der Treuhänder *in breach of trust* verfügt. Ein gutgläubiger Käufer dagegen erwirbt trotz der Pflichtverletzung des Treuhänders lastenfrei. Das bedeutet aber nicht das Ende des *equitable interests* des *beneficiary.* Der „Trick" besteht vielmehr darin, es in Relation zu dem *trustee* (und nur ihm gegenüber) zu erhalten und es nunmehr statt auf die ursprünglich *trust*-gebundene Sache auf den für sie erzielten Erlös zu beziehen. Aus dem *trust* wird ein *trust of money.*[99]

Alle dinglichen Surrogationen haben einen gemeinsamen Zweck. Die Rechtsordnung verfolgt mit ihnen das Ziel, dem Inhaber des Altrechts weiterhin den **Wert der Sache zuzuordnen,** auf die es bezogen war. Der Rechtsbehelf der Surrogation speist sich aus dem Gedanken des Kontinuitätsschutzes. Er ist auf Wirkung gegenüber potentiell jedermann angelegt. Das (neue oder modifizierte) Recht an dem Surrogat entsteht von Rechts wegen, manchmal zwar auch in Ausübung eines Gestaltungsrechts des Altrechtsinhabers, aber immer ohne Zustimmung desjenigen, den es beschwert. Wer das sein wird, steht, wie bei allen anderen Rechtsbehelfen des Sachenrechts, nicht von vornherein fest. Es kann sich sowohl um den Schuldner einer neu begründeten Forderung als auch um den Inhaber eines neu begründeten Sachenrechts handeln. Letzteres wird dann zugunsten des Inhabers des Altrechts mit einem neuen beschränkten dinglichen Recht belastet oder in anderer Weise eingeschränkt, etwa dadurch, dass dem Altrechtsinhaber eine Mitberechtigung (Miteigentum) zugewiesen wird. Die Fortsetzung eines Sachenrechts an einem anderen Recht ist ohne *erga omnes* Effekt nicht denkbar, ganz gleich, ob das neue Recht auch seinerseits auf eine Sache im Rechtssinne bezogen ist oder nicht. Wenn eine ehemalige Sache durch eine Forderung ersetzt wird, zeigt sich die Drittwirkung darin, dass dieser Forderung zugunsten des Altrechtsinhabers Vorrang vor den Forderungen aller anderen Gläubiger zugeschrieben wird. Sein Recht mag als solches untergegangen sein, es hallt aber in einer bevorzugten Berechtigung an dem Wert der Sache fort. **434**

Wertzuordnung kann sich in so vielfältiger Gestalt zutragen, weil sie nicht an die Grenzen gebunden ist, denen die Zuordnung von Sachen unterliegt. Die Folge ist eine oft unübersichtliche Rechtslage; dingliche Surrogationen lassen sich nur schwer systematisieren.[100] In den kontinentaleuropäischen Systemen bedürfen sie in aller Regel einer besonderen gesetzlichen Grundlage; man hat es meistens mit vielen verstreuten Einzelvorschriften zu tun.[101] Außergesetzliche und also auf reinem Richterrecht beru- **435**

---

[99] Unten Rdnr. 439.

[100] Für Spanien bemerkt *Andrés Santos,* ADC 51 (1998) S. 681, 719, Fn. 155 mit Recht, die dortige Lehre habe der *subrogación real* bislang kaum Beachtung geschenkt, obwohl das Gesetz in Artt. 197, 486, 517(1), 519, 812, 974, 1346(3)-(4), 1347(3), 1626 und 1777 span. CC sowie Art. 110 span. LH mögliche Anwendungsbeispiele gebe.

[101] Nur im Eherecht finden sich häufiger allgemeine Vorschriften. Art. 1723 port. CC (An die Stelle von eigenem Vermögen getretenes Vermögen) ist ein Beispiel: „Es behält die Eigenschaft als eigenes Vermögen: a) das durch unmittelbaren Austausch an die Stelle eigenen Vermögens

hende Surrogationen sind selten und, wo sie vorkommen, alles andere als unproblematisch.[102] Auch die Modalitäten einer dinglichen Surrogation variieren beträchtlich. Das Altrecht kann sich an dem neuen Gegenstand in artverwandter, aber auch in gänzlich artverschiedener Weise fortsetzen. Alles hängt von seinem Inhalt und den sonstigen Umständen des Einzelfalls ab.

436 Das **Eigentum** an einer beweglichen Sache, die mit einer anderen untrennbar zu einer neuen Sache verbunden wird, erlischt. Ist keine der beiden Sachen als die Hauptsache anzusehen, setzt sich das bisherige Alleineigentum an den untergegangenen Sachen als Miteigentum an der neuen Sache fort.[103] Entsteht dagegen, eben weil eine der Sachen als die Hauptsache anzusehen ist, auch an ihr Alleineigentum, dann bleibt eine dingliche Surrogation aus. Der Alteigentümer der untergegangenen Nebensache wird mit einem rein persönlichen (bereicherungsrechtlichen) Zahlungsanspruch gegen den Neueigentümer abgespeist. Das Schicksal der neuen Sache geht den Alteigentümer nichts mehr an; sein Zahlungsanspruch hat keinen besonderen Rang

---

eines der Ehegatten getretene neue Vermögen; b) der für veräußertes eigenes Vermögen erzielte Preis; c) das mit eigenem Geld oder eigenen Werten eines Ehegatten erworbene Vermögen oder die gemachten Verwendungen, sofern die Herkunft des Geldes oder der Werte entsprechend mit Beteiligung beider Ehegatten in der Erwerbsurkunde oder einer gleichwertigen Urkunde angegeben wird". (Übersetzung nach Bergmann/Ferid/Henrich [-*Albuquerque*], Internationales Ehe- und Kindschaftsrecht, Portugal). Näher dazu STJ 3.7.2014, Processo 899/10.2TVLSB.L2.S 1 und *Prata,* Dicionário jurídico I, S. 1379. § 4:38(1)(f) ungar. ZGB bestimmt, dass zum gesonderten Vermögen eines Ehegatten gehören: die zum Wert seines gesonderten Vermögens erworbenen Vermögensgegenstände und die an die Stelle seines gesonderten Vermögens tretenden Werte". Für die Erbfolge nach Linien ergänzt § 7:70(2) ungar. ZGB: „Die Regeln der Erbfolge nach Linien erstrecken sich nicht auf Vermögensgegenstände, die zum Zeitpunkt des Todes des Erblassers nicht mehr vorhanden sind, erstrecken sich aber auf die Vermögensgegenstände, die an die Stelle solcher Vermögensgegenstände getreten sind oder aus deren Wert gekauft wurden".

[102] Ein Beispiel findet sich in schwed. HD 26.12.1941, NJA 1941 S. 711. Es ging um den Verkauf eines Lkw unter Eigentumsvorbehalt. Der Lkw wurde während des Krieges beim Käufer (B) enteignet, der im Gegenzug eine staatliche Entschädigung erhielt. Die Entschädigung wurde auf ein Konto des B überwiesen, der aber über den Betrag sechs Monate lang nicht verfügen durfte. Ein Gläubiger des B (der C) ließ das Geld pfänden, obwohl er von B darüber unterrichtet worden war, dass der Lkw noch dem Verkäufer (A) gehörte. A legte Beschwerde mit der Begründung ein, dass ihm die Entschädigung gebühre; C widersprach mit dem Argument, A sei zwar Eigentümer des Lkw gewesen, nicht aber Eigentümer der an seine Stelle getretenen Entschädigung geworden. Das Oberste Gericht entschied, die Enteignung habe die zivilrechtlichen Beziehungen zwischen A und B nicht verändert. Der Klage des A gegen C wurde stattgegeben, außerdem ausgesprochen, dass der B verpflichtet sei, von der Entschädigung die noch ausstehende Kaufsumme an den A zu zahlen. Von der „Vindikation eines Eigentumssurrogats" *(vindikation av surrogat för egendom)* ist auch in HD 2.9.2004, NJA 2004 S. 52 (oben Rdnr. 356 mit Fn. 940) die Rede (ähnlich auch HD 23.5.1973, NJA 1973 S. 170 und HD 7.6.1982, NJA 1982 S. 312). Es ging um einen Ausgleich für den Wertverlust einer Maschine, an der der Beklagte mangels Gutgläubigkeit kein Eigentum hatte erwerben können. Die Maschine war abgeschrieben; sie hatte im Klagezeitpunkt praktisch keinen Bilanzwert mehr. Das Gericht hatte sich mit der Frage des Bewertungszeitpunkts auseinanderzusetzen. Deshalb dürften die Worte *vindikation av surrogat för egendom* hier nur beschreibend benutzt worden sein, nicht, um eine Kondiktion in eine Vindikation umzuqualifizieren. Das schwedische Recht kennt nur die allgemeine Erfüllungsklage, teilt sie aber nicht in klar gegenseitig abgegrenzte Unterkategorien ein. Schwedische Urteile nennen normalerweise keine Anspruchsgrundlage. Man kann ihnen deshalb in Situationen dieser Art nicht präzise entnehmen, ob sie sachen- oder bereicherungsrechtlich motiviert sind.

[103] Band 1 Rdnrn. 257, 260.

und wandert bei späteren Übereignungen auch nicht mit der Sache mit. Wenn dagegen eine Miteigentümergemeinschaft an einem Grundstück durch Teilungsversteigerung aufgelöst wird, dann setzt sich unter deutschem Recht das bisherige Miteigentum als Bruchteilsgemeinschaft am Erlös fort.[104] Unter Art. 2372 franz. CC[105] i.V.m. der insolvenzrechtlichen Regelung in Art. L. 624-18 franz. Ccom[106] ist die *subrogation réelle* ein Rechtsbehelf zum Schutz des Eigentumsvorbehalts *(réserve de propriété)*. Der Eigentumsvorbehalt erstreckt sich *ex lege* auf den nicht erfüllten Teil der Forderung, die der Käufer aus dem Weiterverkauf der Sache erlangt[107], außerdem auf eine an die Stelle beschädigter oder zerstörter Ware getretene Versicherungsentschädigung.[108] Ein weiteres Beispiel einer *subrogation réelle* findet sich im Recht der *fiducie*. Alle Güter, Rechte, Sicherheiten und Sachgesamtheiten (Art. 2011 franz. CC), die in das *patrimoine fiduciaire* eingebracht, aber später veräußert werden, werden von Rechts wegen durch den Veräußerungserlös surrogiert[109]; dasselbe gilt wiederum für Versicherungsleistungen und sonstige Schadensregulierungen. Leistungen, die ein Besitzer aus einer von ihm geschlossenen Sachversicherung bezieht, treten auch unter Kap. 9 § 1(1)(ii) schwed. FAL an die Stelle der beschädigten, zerstörten oder abhandengekommenen Sache; sie stehen also ihrem Eigentümer zu. Das gilt in Ermangelung einer entgegenstehenden Vereinbarung (Kap. 9 § 1(2) aaO) auch zugunsten eines Eigentumsvorbehaltsverkäufers.[110] Surrogationen dienen ferner dem Schutz eines Eigentümers, der einem Besitzer

---

[104] BGH 20.2.2008, NJW 2008 S. 1807, 1808 („Der eigentliche Zweck der Teilungsversteigerung erschöpft sich darin, an die Stelle des nicht teilbaren Gegenstands der Versteigerung eine Geldsumme treten zu lassen, die verteilt werden kann"); MünchKomm (-*K. Schmidt*), BGB VI[7], § 753 Rdnr. 29. Ähnlich für Tschechien OG 23.9.2010, 21 Cdo 2145/2010, Právní rozhledy 2011 (22) S. 827 („Die Bruchteilsgemeinschaft an einer Immobilie, die durch eine Gerichtsentscheidung aufgehoben und auseinandergesetzt wird, geht nicht automatisch an dem Tag unter, an welchem die Gerichtsentscheidung ihre Rechtskraft erlangt. Am Tag der Rechtskraft der Gerichtsentscheidung über die Aufhebung und Auseinandersetzung der Bruchteilsgemeinschaft geht diese nur dann unter, wenn die Auseinandersetzung durch die Zuweisung der Sache für einen Ersatz durchgeführt wurde. Kam es aber zur Auseinandersetzung der Bruchteilsgemeinschaft durch Aufteilung oder Verkauf der Immobilie und Aufteilung des Erlöses, geht die Bruchteilsgemeinschaft erst mit der tatsächlichen Aufteilung oder mit dem Verkauf unter").

[105] „Le droit de propriété se reporte sur la créance du débiteur à l'égard du sous-acquéreur ou sur l'indemnité d'assurance subrogée au bien".

[106] „Peut être revendiqué le prix ou la partie du prix des biens visés à l'article L. 624-16 qui n'a été ni payé, ni réglé en valeur, ni compensé entre le débiteur et l'acheteur à la date du jugement ouvrant la procédure. Peut être revendiquée dans les mêmes conditions l'indemnité d'assurance subrogée au bien".

[107] Entscheidend ist der ausgehandelte Preis. War die Sache mangelhaft, muss sich der Zweitkäufer an seinen Verkäufer halten; dem Vorbehaltsverkäufer gegenüber kann er Einreden aus dem Vertrag mit dem Weiterverkäufer nicht entgegenhalten (Cass. com. 5.6.2007, Bull. civ. 2007, IV, nr. 152 mit krit. Anm. *Cabrillac und Pétel,* JCP E 2008, 1207, S. 32 sowie *Pérochon,* Gaz. Pal. 2007 S. 2785; siehe außerdem Cass. civ. 18.1.2011, Nr. 07–14181 und dazu *Danos,* JCP E 2011, 1366, S. 21 sowie *Ravenne,* JCP G 2011, 524, S. 868). Zu einer Surrogation kommt es aber nicht, wenn der Endkäufer erst in den Besitz der Ware gelangt, nachdem die Forderung des Vorbehaltskäufers bereits zediert war (Cass. com. 14.12.2010, Bull. civ. 2010, IV, Nr. 199).

[108] Näher *Zenati-Castaing und Revet,* Les biens[3], S. 401 Rdnr. 250. *Dross,* Les choses, S. 211 Rdnr. 108 spricht statt von einer *subrogation réelle* von einer *action directe* zugunsten des Eigentümers.

[109] *Zenati-Castaing und Revet* aaO S. 437 Rdnr. 278.

[110] Prop. 2003/04:150, S. 474.

landwirtschaftliche Geräte und Vieh im Wege der Landwirtschaftspacht *(jorbruksarrende)* überlassen hat (Kap. 9 § 35 schwed. JB), desgleichen dem Schutz der Erben, die der Erblasser testamentarisch mit dem Nutzungrecht eines Dritten *(testamentarisk nyttjanderätt)* beschwerte (Kap. 12 § 8 schwed. Ärvdabalk). Demselben Grundmuster folgen die Regelungen des Lag om redovisningsmedel vom 5.5.1944 (Geld und andere vertretbare Sachen, die ein Verwalter für seinen Auftraggeber entgegennimmt und verwaltet[111]) und des § 23 schwed. Kommissionslag vom 25.6.2009 (Sachen im Besitz des Kommissionärs).

437 Wenn ein **Nießbrauchgegenstand** untergeht und der Eigentümer die Sache nicht wiederherstellt, erlischt notwendig auch das Nießbrauchrecht (§ 5:153(3) ungar. ZGB). Treten aber eine andere Sache oder eine Forderung an die Stelle des ursprünglichen Nießbrauchgegenstandes, dann „erstreckt" sich der Nießbrauch auf sie, entsteht also *ex lege* neu an einem anderen Bezugsobjekt (aaO). Das ist unter Artt. 1480 port. CC und 1017 ital. CC nicht anders. Art. 1480 port. CC bringt eine *sub-rogação real* für den Fall, dass die Nießbrauchsache oder das Nießbrauchrecht untergehen, sich verschlechtern oder an Wert verlieren und der Eigentümer das Recht hat, deswegen entschädigt zu werden. Der Nießbrauch geht auf die Entschädigung über, ggf. auch auf eine Enteignungsentschädigung.[112] Mit dem Begriff der *sub-rogação real* beschreibt man im Übrigen die Ersetzung einer Sache durch eine andere innerhalb eines Vermögens oder eines bestimmten Rechtsverhältnisses (Art. 1723 port. CC[113]). Auch Art. 1017 ital. CC ordnet eine *surrogatoria reale* an. „Wenn der Untergang der Sache nicht Folge eines Zufalls ist, geht der Nießbrauch auf die Entschädigung über, die der für den Schaden Verantwortliche schuldet". Unter § 1295(1) tschech. BGB haben der Nießbraucher und der Inhaber des Gebrauchsrechts *(usus)* an einer Sicherheit das Recht auf deren Zins. Wird die Sicherheit verändert (Wertpapiere werden veräußert oder durch andere ersetzt), erstrecken sich Nießbrauch und Gebrauch auf den Erlös bzw. die mit ihm erworbenen neuen Wertpapiere. Es gibt sogar Nießbrauchrechte, die allein deshalb die Qualität eines Sachenrechts erlangen, weil sie mit dem Instrument der dinglichen Surrogation verstärkt werden. Unverzinsliche Forderungen lassen sich zwar einziehen, aber nicht nutzen. Infolgedessen wäre ein Nießbrauch an einer unverzinslichen Forderung, auch wenn er mancherorts ausdrücklich anerkannt ist[114], gar kein Nießbrauch, würde er sich nicht an dem Leistungsgegenstand fortsetzen. Der Anspruch auf Übereignung eines Grundstücks (der Auflassungsanspruch) z.B. lässt sich nur deshalb als nießbrauchtauglicher Gegenstand denken, weil sich, nachdem der Nießbraucher seine Erfüllung durchgesetzt hat (§ 1074 dt. BGB), sein Recht an dem nunmehr erloschenen Auflassungsanspruch als Nießbrauch an dem in das Eigentum des Altgläubigers übergegangenen Grundstück fortsetzt (§ 1075(1) dt. BGB).[115]

---

[111] Siehe schon oben Fn. 33 sowie Band 1 Rdnr. 254 mit Fn. 1084.

[112] Näher *Pires de Lima und Antunes Varela,* Código Civil Anotado III^2, S. 538–540, Anm. 1–4 unter Art. 1480.

[113] Vorher Fn. 101.

[114] Z. B. in Deutschland (§§ 1068, 1074 dt. BGB) und in Tschechien (§ 1294 tschech. BGB und dazu Spáčil [*-Hrabánek und Lasák*], Občanský zákoník III, S. 1017: „Ist eine unverzinsliche Forderung der Gegenstand des Nießbrauchs, gebührt dem Nießbraucher das Recht, nach der Fälligkeit der Forderung diese im Namen des Gläubigers einzuziehen und am Ende des Nießbrauchs die gleiche einkassierte Geldsumme zurückzugeben").

[115] Auch ein Nießbrauch an einem (dinglichen) Vorkaufsrecht kann richtiger Ansicht nach dadurch (allerdings auch nur dadurch) sachenrechtliche Qualität erlangen, dass er mit dem

Besonders relevant sind dingliche Surrogationen schließlich im Falle der Verwertung **438**
von **Pfandrechten,** gelegentlich außerdem im Recht der Hypotheken. Es geht zum einen wiederum um Entschädigungsleistungen bei Wertverlust der belasteten Sache. „Wenn die mit einem Vorzugsrecht, einem Pfandrecht oder einer Hypothek belasteten Sachen untergegangen oder verschlechtert worden sind, sind die von den Versicherern als Entschädigungsleistung für den Verlust oder die Verschlechterung geschuldeten Beträge zur Zahlung der bevorrechtigten sowie der durch Pfand oder Hypotheken gesicherten Forderungen ihrem Rang gemäß gebunden, es sei denn, sie werden dazu benützt, um den Verlust oder die Verschlechterung wettzumachen" (Art. 2742 ital. CC; vgl. auch Art. 692 port. CC[116]). Ganz ähnlich formuliert Art. 1223 gr. ZGB, dass sich „das Pfandrecht an einer Sache … auch auf den für sie geschuldeten Ersatz oder auf die Entschädigungssumme" erstreckt. Das Sachpfandrecht wandelt sich in ein Forderungspfandrecht.[117] Ebenso verhält es sich unter Artt. 109, 110(2) span. LH.[118] Umgekehrt kann sich auch ein (nicht auf eine Geldleistung gerichtetes) Forderungspfandrecht in ein Sachpfandrecht umwandeln (Art. 1252 gr. ZGB). Die physische Umwandlung einer Pfandsache in eine neue Sache führte unter dem früheren tschechischen Recht zum Untergang des Pfandrechts (§ 170(1)(b) tschech. BGB [1964]); heute setzt sich das Pfand an der neuen Sache fort (§ 1350(1) tschech. BGB). Für den Fall der Verbindung (Verarbeitung) gilt das aber nur, soweit nicht auch jetzt noch eine *restitutio in integrum* möglich ist, und jedenfalls nur in Höhe des Wertes des Ausgangsmaterials (§ 1350(2) tschech. BGB). Der § 1350(1) aaO dürfte bei extensiver Auslegung auch die Fälle erfassen, in denen man nur in einem rein ökonomischen Sinne von einer „Umwandlung" sprechen kann, also dann, wenn an die Stelle des Pfandgegenstandes eine Kaufpreisforderung tritt.[119] So verhält es sich jedenfalls in Deutschland und in Griechenland. Wird ein Pfandrecht an einer realen Sache durch deren Verkauf realisiert, wird, falls der Kaufpreis nicht sofort gezahlt wird, der Pfandgläubiger zum Inhaber eines Pfandrechts an der Kaufpreisforderung (und diese in Relation zu dem neuen Pfandrecht zu einer normativen Sache); die Kaufpreisforderung ist in die-

---

Instrument der Surrogation verstärkt wird (näher *Rieländer,* Mehrstufige Belastungen, § 4 II 2; anders aber z. B. MünchKomm [-*Pohlmann*], BGB VII[7], § 1068 Rdnr. 7: Nießbrauch an Vorkaufsrecht unzulässig, weil ein Vorkaufsrecht nicht genutzt werden könne). Das lässt sich mit einer Analogie zu § 1075(1) dt. BGB begründen, weil durch die Ausübung des Vorkaufsrechts ein vormerkungsgleich gesicherter Auflassungsanspruch entsteht (§ 1098(2) dt. BGB), der seinerseits unproblematisch nießbrauchfähig ist. Zieht man diesen Analogieschluss nicht, wäre der angebliche „Nießbrauch" an einem Vorkaufsrecht allerdings in der Tat eine bloße schuldrechtliche Einziehungs- oder Ausübungsermächtigung, aber kein Sachenrecht.

[116] Die Vorschrift regelt die dinglichen Surrogationen für den Fall des Untergangs oder der Wertminderung der mit einer Hypothek belasteten Sache, ist nach ihrem Absatz (3) aber auf entsprechende Situationen beim Pfand und beim Erbbaurecht entsprechend anwendbar. Es geht durchweg um Entschädigungen, die an die Stelle der Sache treten (*Pires de Lima und Antunes Varela,* Código Civil Anotado I[4], S. 715, Anm. 1 unter Art. 692).

[117] Auf dieses finden deshalb die Artt. 1252–1254 gr. ZGB Anwendung (*Triantos,* AK, Art. 1223 ZGB S. 1434 Rdnr. 1).

[118] Ob es sich dabei wirklich um einen Fall der Surrogation handelt, ist freilich umstritten, weil die Vorschriften lediglich formulieren, dass sich die Hypothek auf Abfindungen erstreckt, die dem Eigentümer für die belastete Sache gewährt wurden (näher Domínguez Luelmo [-*Cerdeira Bravo de Mansilla*], Comentarios a la Ley Hipotecaria, Art. 110 LH, S. 1055–1056).

[119] In diesem Sinn Spáčil (-*Richter*), Občanský zákoník III, S. 1109. Alle anderen einschlägigen Werke äußern sich zu der Frage allerdings nicht, weder befürwortend, noch ablehnend.

sem Fall der „Erlös", der „an die Stelle des Pfandes" tritt (§ 1247 S. 2 dt. BGB; Art. 1241(1) Satz 2 gr. ZGB). Wird der Kaufpreis in bar entrichtet und übersteigt die Zahlung den Wert der Forderung des Pfandgläubigers, werden der Pfandgläubiger und der frühere Sacheigentümer *ex lege* Miteigentümer des Bargeldes.[120] Unter § 5:104 ungar. ZGB surrogieren nicht nur Versicherungsleistungen und Enteignungsentschädigungen das ursprüngliche Pfandobjekt (Abs. (1) und (2)). „An die Stelle des Pfandobjekts" treten vielmehr sowohl bei Notverkäufen zur Abwendung einer Schädigung des Pfandobjekts (Abs. (3)) als auch bei regulären Pfandverwertungen der Erlös bzw. eine ihn sichernde Bürgschaft oder andere Sicherheit (Abs. (7)). Wenn schließlich die Parteien unter französischem Recht vereinbart haben, dass der Besteller des Pfandrechts die Sache ersetzen darf, entsteht zwar an der neuen ein neues Pfandrecht[121], doch tritt der Ersatzgegenstand dann an die Stelle des Ausgangsgegenstandes, wenn es sich bei ihm um vertretbare Sachen[122] oder um eine *universalité* i. S. v. Art. 2333 franz. CC handelte.[123]

3. Schwacher Drittschutz: *Trust,* Treuhandfonds und Treuhand

a) Rechtsbehelfe aus einem Trust

(1) Grundlagen

439 Das Instrument der dinglichen Surrogation ist auch der Schlüssel zum Verständnis der sachenrechtlichen Komponenten des *trust* des englischen Rechts. „A trust is a legal relationship in which a trustee is obliged to administer or dispose of one or more assets (the trust fund) in accordance with the terms governing the relationship (trust terms) to benefit a beneficiary or advance public benefit purposes" (DCFR X.-

[120] Palandt (-*Wicke*), BGB[77], § 1247 Rdnr. 2; Staudinger (-*Wiegand*), BGB (2009), § 1247 Rdnr. 15. Diese Sicht ist jedoch nicht zwingend. Zwar lautet z. B. auch § 466c(4) österr. ABGB: „Der Kaufpreis gebührt dem Pfandgläubiger nach Maßgabe seines Ranges im Ausmaß der gesicherten Forderung und der angemessenen Kosten einer zweckentsprechenden Verwertung. Im Übrigen tritt der Anspruch des Pfandgebers auf Herausgabe des Mehrbetrages an die Stelle des Pfandes". Gleichwohl fällt nach herrschender österreichischer Rechtsauffassung zunächst der gesamte Erlös in das Eigentum des Pfandgläubigers, so dass der (frühere) Pfandeigentümer gegen ihn nur einen Herausgabeanspruch hat (Koziol/Bydlinski/Bollenberger [-*Koch*] ABGB[4], § 466c Rdnr. 3).

[121] Rép. civ. Dalloz (-*Crocq*), V° Gage, S. 21 Rdnr. 146; *Cabrillac/Mouly/Cabrillac/Pétel,* Droit des sûretés[9], S. 562 Rdnr. 750. Anders aber J. Cl. Civil Code (-*Legeais*), Art. 2333 à 2336, Fasc. 10, S. 11, Rdnr. 51 mit der Begründung, dass die Reform des Pfandrechts die Gegebenheiten grundsätzlich verändert habe. „Si la faculté de substitution est introduite, un nouveau gage n'est pas formé".

[122] Grundlegend bereits Cass. req. 10.3.1915, S. 1915, I, Seite. 5, Anm. *Lyon-Caen* („Attendu que si, […] le privilège ne subsiste sur le gage qu'en tant que ce gage est mis et resté en possession du créancier […] il n'en est ainsi qu'autant que les objets donnés en gage sont des corps certains devant être individuellement restitués; mais que la règle ne peut pas être applicable dans sa rigueur lorsque les marchandises warrantées sont destinées, dans l'intention des parties et suivant la convention elle-même, à être aliénées au fur et à mesure de leur vieillissement et à être remplacées par d'autres de même nature et en égale quantité; que dans ce cas, lorsque, par l'effet de cette clause emportant respectivement aliénation et acquisition, les marchandises sortent du gage, elles y sont, en vertu d'une subrogation réelle, qui trouve son fondement dans leur fongibilité, remplacées par les marchandises acquises qui entrent et restent, comme celles auxquelles elles sont substituées, dans la possession du créancier").

[123] *Crocq* aaO S. 22 Rdnr. 153.

1:201). Die Treuhandbindung eines Vermögens kann ihren Grund sowohl in einem Rechtsgeschäft als auch im **objektiven Recht** haben. Im letzteren Fall hat man es entweder mit einem *resulting*[124] oder mit einem *constructive trust*[125] zu tun.[126] Die **rechtsgeschäftliche** Begründung eines *trust* bedarf keiner besonderen Form.[127] Man sieht das besonders deutlich an Fällen, in denen der Stifter des *trust,* der *settlor,* eigenes Vermögen in Trustvermögen umwandelt, sich mithin selber zum *trustee* eigener Rechte erklärt.[128] Entscheidend ist immer nur, dass der Wille zur Absonderung des betreffenden Vermögens von dem sonstigen Vermögen des Treuhänders (des *trustee*) klar zum Ausdruck kommt.[129]

Bei der gesetzlichen Trustbindung von Vermögenswerten stehen rein zahlenmäßig **440**
Zweipersonenbeziehungen im Vordergrund: Derjenige, aus dessen Vermögen die Rechte ursprünglich stammten, wird *ex lege* zum Begünstigten *(beneficiary).* Aber auch bei der rechtsgeschäftlichen Bindung von Trustvermögen sind Zweipersonenbeziehun-

---

124 *(Presumed) resulting trusts* entstehen vor allem in Fällen, in denen eine Verfügung fehlschlägt (*Vanderwell v IRC* [1967] 2 AC 291) oder in denen mehrere Personen zum Erwerb einer Sache beitragen, nach ihrem gemeinsamen Willen Miteigentümer werden sollen, aber nur einem von ihnen das Eigentum *at law* zufällt (*Westdeutsche Landesbank v Islington* [1996] AC 669). *Resulting trusts* der letzteren Art entstehen zwar von Gesetzes wegen, aber nicht gegen den Willen der Parteien. Es handelt sich nur darum, das von ihnen angestrebte Ergebnis im Recht von *Equity* zu verwirklichen (*Westdeutsche Landesbank v Islington* aaO, Lord *Browne-Wilkinson*). Zu einem *resulting trust* kommt es außerdem, wenn der Grund einer Eigentumsübertragung zweifelhaft bleibt. Übergibt etwa der A dem B seine goldene Uhr zu dauerhaftem Eigentum, ohne aber den Grund dieser Übertragung genauer zu nennen, hat man im Zweifel keine fremdnützige Zuwendung vor sich. Vielmehr wird B so angesehen, dass er die Uhr künftig für A als *beneficiary* besitze (*Re Vinogradoff* [1935] WN 68). *La possession vaut titre* gilt also nur im Außenverhältnis, gegenüber Dritten. Im Innenverhältnis wird (anders als in Frankreich) nicht etwa eine Schenkung an den Besitzer vermutet, sondern nur eine Überlassung *on trust.*

125 *Constructive trusts* entstehen, „whenever it would be unconscionable for the owner of property [...] to assert his own beneficial interest in the property and deny the beneficial interest of another" (*Paragon Finance plc v DB Thakerar & Co* [1999] All ER 400, 408). Es geht u. a. um Fälle, in denen eine Partei *at law* vertraglich zur Übereignung einer Sache verpflichtet ist, die Übereignung aber noch nicht vollzogen hat (*Chinn v Collins* [1981] AC 533; *Neville v Wilson* [1997] Ch 144). Außerdem entstehen *constructive trusts* nach Anfechtung eines Vertrages wegen Täuschung *(fraudulent misrepresentation)* (*Lonrho v Al Fayed (No 2)* [1991] 4 All ER 961), desgleichen bei anfänglicher Nichtigkeit eines Vertrages wegen einer besonders schwerwiegenden Täuschung (*Rochefoucauld v Boustead* [1897] 1 Ch 196) oder einer anderen Form von *undue influence* (*Barclays Bank v O'Brien* [1994] 1 AC 180; *Royal Bank of Scotland v Etridge (No 2)* [2002] AC 773) ist. Der *vendor-purchaser-constructive trust* entsteht mit Abschluss eines wirksamen schuldrechtlichen *estate contract* und verschafft dem designierten Erwerber eine vormerkungsähnliche Rechtsstellung vor Vollzug der Verfügung *at law* (näher *Rieländer,* Sachenrechtliche Erwerbsrechte, S. 84–92).

126 Eine heute kaum noch relevante Restkategorie sind die sogen. *implied trusts* (vgl. sec. 53(2) LPA 1925). Es handelt sich um Situationen, in denen eine Person ein bestimmtes Ergebnis herbeiführen will, aber nicht weiß, dass dieses von der Rechtsordnung als *trust* eingeordnet wird (*Thomas und Hudson,* Law of Trusts[2], Rdnr. 25.47). Die Rechtsprechung ist aber inzwischen dazu übergegangen, solche Fälle als schlüssige privatautonome Begründung eines *express trust* zu qualifizieren (*Paul v Constance* [1977] 1 WLR 527: Einzahlung von Geld auf das Konto einer Partei, aber im klaren Willen beider Parteien, dass sie gleichermaßen wirtschaftliche Inhaber des Betrages sein sollten; *express trust,* obwohl die Parteien das Konzept des *trust* nicht kannten).

127 *Jones v Lock* (1865) 1 Ch App 25; *Thomas und Hudson,* Law of Trusts[2], Rdnr. 5.03–5.04.

128 Der Wille, das eigene Recht (die eigenen Rechte) in Zukunft fiduziarisch für einen anderen auszuüben bzw. zu verwalten, muss auch dann nur deutlich nach außen treten; förmliche Anforderungen dafür gibt es aber nicht (*Thomas und Hudson* aaO Rdnr. 5.35).

129 *Thomas v Times Book Co Ltd* [1966] 1 WLR 911.

gen keine Seltenheit. Denn der *settlor* kann sich nicht nur selber zum *trustee* bestellen. Er kann Vermögenswerte auch auf einen Anderen übertragen, also ihn als *trustee* und sich selber als *beneficiary* einsetzen.[130] Häufiger dürften aber **Dreipersonenbeziehungen** sein. Dann überträgt ein *settlor* Schuld- oder Sachenrechte auf einen *trustee,* damit dieser sie im Interesse eines dritten *beneficiary* ausübe. Wenn es sich bei den Rechten um Rechte *at law* handelt[131], muss die Übertragung den Regeln des Common Law genügen.[132] Zu den Kernelementen des Arrangements gehört ja gerade, dass der *trustee* Inhaber des fraglichen Rechts wird, typischerweise also Eigentümer der Sache(n). Sein Eigentum (bei Grundstücken der *freehold estate*) ist echtes, keineswegs nur „formales" Eigentum. Denn der *trustee* soll das Treuhandvermögen verwalten, und das ist in dem gewünschten Umfang im Zweifel nur möglich, wenn er Eigentümer *at law* wird. Vor allem bei Sachgesamtheiten gehört es zu den Rechten und Pflichten des *trustee,* einzelne Sachen aus der Gesamtheit unter wirtschaftlichen Gesichtspunkten zu veräußern, den Erlös einzuziehen und mit ihm andere Sachen oder Rechte zu erwerben.

441 Die **Geschichte** des Trustrechts ist oft erzählt worden. Sein Vorläufer – der mittelalterliche *use* – war zur Umgehung der strengen Regeln des Lehnsrechts entworfen worden. Ein *tenant* (in der Sprache des Rechts der *uses:* der *feoffor*) übertrug seinen *estate* einer oder mehreren anderen Personen (den *feoffees to uses*) mit der Maßgabe, das *land* entweder zu Gunsten des *feoffor* oder eines Dritten (des *cestui que use*) zu verwalten. Letzteres sollte insbesondere unmündige Nachkommen vor dem Rückfall des *estate* an die Krone bewahren, der drohte, falls der *feoffor* vorzeitig verstarb. Denn letztwillige Verfügungen über *freehold estates* waren unter dem Common Law unzulässig, und die Innehabung eines *legal estate* setzte (und setzt bis heute) Volljährigkeit voraus. Außerdem konnte sich der *feoffor* durch fremdnützige Übertragung seines *estate* seiner Frondienste und, insoweit an den Fideikommiss kontinentalen Rechts erinnernd, einer Vollstreckung seiner Gläubiger in den *estate* entziehen. Der *cestui que use* konnte (wie bis heute der *beneficiary*) über seine Rechtsposition uneingeschränkt verfügen. Er war nicht an die Förmlichkeiten der *livery of seisin* gebunden, denen die Übertragung eines *freehold estate* unterlag.[133] Die Justiziabilität des *use* und später der *equitable in-*

---

[130] Für ein Beispiel unter vielen *Grey v. IRC* [1959] UKHL 2; [1960] A. C. 1. Es ging um einen ziemlich offensichtlichen Versuch, die damals geltende Stempelsteuer bei einer Schenkung unter Lebenden zu umgehen. Sie knüpfte an die Errichtung von Verfügungsurkunden, nicht an die zugrunde liegende Transaktion an. Der *settlor* hatte für seine Enkel sechs *trusts* errichtet, in sie aber nicht seine wertvollen Geschäftsanteile, sondern zunächst nur bestimmte, im Urteil nicht näher bezeichnete geringere Vermögenswerte eingebracht. Die Geschäftsanteile übertrug er den *trustees* erst anschließend unter einem separaten *trust* zu eigenen Gunsten. Später wies er die *trustees* mündlich an, die Anteile nunmehr für seine Enkel zu halten; die *trustees* errichteten hierüber eine vom *settlor* unterzeichnete Urkunde. Nach Auffassung des House of Lords war damit jedoch der Steuertatbestand erfüllt. Denn die Rechtsposition des *settlor* aus dem *trust* an den Geschäftsanteilen sei nicht bereits durch die mündliche Weisung übergegangen (dann wäre die von den *trustees* erstellte und vom *settlor* unterzeichnete Urkunde nur von deklaratorischer Bedeutung und damit stempelsteuerrechtlich irrelevant gewesen), sondern erst durch die schriftliche Verfügung gem. sec. 53(1)(c) LPA 1925.

[131] Wenn *equitable interest* (die auch ihrerseits *trust*fähiges Vermögen darstellen können) eingebracht werden, dann folgt ihre Übertragung auf den *trustee* wiederum den Regeln von *equity:* sec. 53(1)(c) LPA 1925).

[132] *Thomas und Hudson,* Law of Trusts[2], Rdnr. 5.34.

[133] Hanbury und Martin (*-Martin*), Modern Equity[18], Rdnr. 1–010; in deutscher Sprache auch *Rieländer,* Sachenrechtliche Erwerbsrechte, S. 43–46.

terests aus einem *trust* gehen auf die Rechtsprechung der Kanzleigerichtsbarkeit *(Chancery)* zurück. Sie verpflichtete den *feoffee* (später: der *trustee*) mit Rücksicht auf die Beschwerung seines Gewissens *(guilty conscience)* und also gewissermaßen zur Rettung seines Seelenheils, sich dem Begünstigten gegenüber abredekonform zu verhalten.[134] Schon im Laufe des 15. und 16. Jahrhunderts wertete die Kanzleigerichtsbarkeit (in anfangs mit Bibelzitaten gespickten Entscheidungen) die Rechtsposition des *cestui que use* (auch *cestui que trust,* heute: des *beneficiary*) mit sachenrechtsnahen Elementen auf. Seine Rechte wirken seither nicht nur gegen die Erben und die Gläubiger der *trustees,* sondern prinzipiell gegenüber jedermann. Es gibt aber eine wichtige Ausnahme: den gutgläubig-entgeltlichen Erwerber des mit den Rechten des *beneficiary* „belasteten" *legal estate,* den *bona fide purchaser for value without notice.* Man nennt ihn trocken auch ***equity's darling***.[135] In den *trust*internen Beziehungen ist der *beneficiary* mihin selber „Dritter"; in den Außenbeziehungen zu *trust*fremden Personen ist der *trustee* der „Erste" und der *beneficiary* der „Zweite". Als solcher genießt er zwar „Dritt"schutz, aber eben nur einen schwachen, weil er der Gefahr eines gutgläubig lastenfreien Erwerbs durch die Vertragspartner des *trustee* ausgesetzt bleibt. Das gilt für reale Sachen ebenso wie für Grundstücke. Das *equitable interest* eines *beneficiary* an *land* ist nicht registerfähig; die *land registry* verlautbart keine *trust*rechtlich organisierten Belastungen.[136]

Rechtsgeschäftlich bestellte *trusts* weisen inzwischen eine schier unübersehbare Formenvielfalt und **Anwendungsbreite** auf. Immer noch dienen sie auch der generationenübergreifenden Erhaltung und Verwaltung von Familienvermögen.[137] Die früheren *marriage settlements* entstehen heute typischerweise durch letztwillige Verfügung. Nach Tilgung der Nachlassverbindlichkeiten und Vollzug der weiteren Anordnungen des Erblassers werden der Nachlass oder einzelne Nachlassgegenstände durch die *executors* (die ihrerseits eine *trustee*ähnliche Stellung haben) auf *trustees* zugunsten der letztbegünstigten Erben übertragen.[138] Kraft Gesetzes entsteht in aller Regel dann ein *trust of land,* wenn mehreren Personen nebeneinander ein *legal estate* zugewiesen ist. *At law* hat man es mit einer Gesamthandsgemeinschaft zu tun. Gleichzeitig halten die Gesamthänder den *legal estate* im Zweifel für sich; sie sind gleichzeitig seine *trustees* und (als *tenants in common*) zu gleichen Anteilen seine *beneficiaries.*[139] Das garantiert ihnen die Verkehrsfähigkeit ihres ideellen Anteils an dem Grundstück. In seiner Rolle als *beneficiary* kann jeder Gesamthänder über ihn selbstständig und ohne Zustimmung der anderen verfügen. Auch im **442**

---

[134] *Spry,* Equitable Remedies[9], S. 27. Zu Vorläufern des *trust*-Konzepts in der germanischen Treuhand *Holdsworth,* Tijdschr. v. Rechtsgeschiedenis 4 (1923), S. 368, 370.

[135] *Martin* aaO Rdnr. 1–039; *Rieländer* aaO S. 50.

[136] Secs. 33(a) und 78 LRA 2002 (oben Rdnr. 309 und 328; sogen. *curtain principle*).

[137] Noch im 19. Jahrhundert soll sich etwa die Hälfte des Grundbesitzes im Vereinigten Königreichs in sog. *settlements* (dem Vorläufer des heutigen *trust of land*) befunden haben (*Sugarman und Warrington,* in: Brewer and Staves (Hrsg.), Early Modern Conceptions of Property, S. 124.

[138] *Virgo,* The Principles of Equity & Trusts[2], S. 65.

[139] Die Konstruktion ist ungewöhnlich kompliziert, was damit zusammenhängt, dass eine *tenancy in common* (Bruchteilsgemeinschaft) nur in *equity* zulässig ist. *At law* ist in Bezug auf Grundstücke und Grundstücksrechte lediglich die *joint tenancy* (Gesamthandsgemeinschaft) erlaubt (secs. 1(6) und 34(2) LPA 1925). Deshalb führt die mehrheitliche Berechtigung an einem *legal estate in land* in aller Regel zu einem *trust of land* (*Gray and Gray,* Elements of Land Law[5], 7.4.1). Die *joint tenants* halten dann das Grundstück meistens für sich selber, können es aber auch fiduziarisch für andere Personen halten (*Gray und Gray* aaO 7.5.16-7.5.23).

unternehmerischen Verkehr spielte der *trust* schon vor Entstehung des Gesellschaftsrechts im 19. Jahrhunderts eine wichtige Rolle. Dabei ist es bis heute geblieben. *Trusts* werden u. a. dazu eingesetzt, stillen Gesellschaftern Einfluss auf die Unternehmensführung zu verschaffen. Auch zur Zuordnung und Verwaltung der Vermögenswerte einer *partnership* (einer Personengesellschaft ohne eigene Rechtspersönlichkeit) werden üblicherweise umfassende *settlements* (also *trusts*) eingerichtet. Dass sich mit *trusts* auch missbräuchliche und wettbewerbsschädliche Ziele verbinden lassen, zeigt schon der Umstand, dass das moderne Recht gegen Wettbewerbsbeschränkungen als *anti-trust law* entstand. Immer wieder geht es auch um die Ausschöpfung steuerrechtlicher Gestaltungsspielräume und um das Bemühen, mittels mehrstufiger *trusts* Sozialversicherungspflichten manipulativ zu umgehen.[140] *Trusts* lassen sich schließlich auch zur privaten Wohlfahrtspflege verwenden. Während bei einem *fixed trust* die *beneficiaries* eindeutig bestimmt sind und auch der Umfang ihrer Rechte klargestellt ist, fehlt es bei einem *discretionary trust* an beidem. Nötig ist nur, dass der *settlor* dem *trustee* einen bestimmbaren Personenkreis (die sog. *objects,* etwa die Arbeitnehmer einer bestimmten Gesellschaft) vorgibt; die Auswahl der konkret Begünstigten darf er aber dem *trustee* überlassen. In diesem Fall haben die *objects* allerdings kein *equitable interest* am Treuhandvermögen. Es handelt sich um eine bloße Aussicht auf den Erwerb der Rechtsstellung eines *beneficiary*.[141]

443 Das englische Trustrecht gilt mit nur wenigen regionalen Besonderheiten auch in Irland.[142] Auch **Zypern** hat das Recht der *express trusts* an Immobilien in Art. 65 IE Kap. 224 partiell gesetzlich geregelt; *implied trusts (exypakouómena empistévmata)* an ihnen unterliegen gem. Art. 4 aaO allerdings weiterhin dem nicht kodifizierten allgemeinen Recht von *Equity*. In diesem Bereich folgt das zyprische Recht ganz dem englischen. Die rechtsgeschäftliche Bestellung eines Trust *(empístevma)* erfolgt, je nach Objekt, entweder durch *trust deed,* ein einfaches Schreiben oder durch Testament, ist, wo gesetzliche Formvorschriften fehlen, aber auch mündlich möglich.[143] „For a Trust to arise there must be three certainties; certainty of words, certainty of subject matter and certainty of objects“.[144] *Express (private) trusts (retá empistévmata)* an Land bedürfen allerdings der Schriftform[145] und der Eintragung im Liegenschaftsregister (Art. 65 IE

---

140 Eindrucksvoll *Murray Group Holdings Ltd* v. *Revenue and Customs Commissioners* [2017] UKSC 45; [2017] 1 W. L. R. 2767 (Errichtung eines komplexen Vergütungssystems mittels gestufter *sub-trusts* für die angestellten Fußballprofis der Glasgow Rangers; der Arbeitgeber wollte damit die Abführung der Lohnsteuer verhindern und zugleich den Fußballern steuerrechtliche Anreize bieten); dazu *Rieländer,* Mehrstufige Belastungen, § 4 III 4.

141 *Virgo* aaO S. 64.

142 *De Londras,* Principles of Irish Property Law^2, S. 42–50). Insbesondere gilt der *bona fide purchaser defence* auch in Irland; bei entgeltlichen Verfügungen über das trustbelastete Recht kommt es zu einem gutgläubig-lastenfreien Erwerb (*De Londras* aaO S. 45–49). *Trusts of land* sind Gegenstand der Parts 4 und 5 des Land and Conveyancing Reform Act 2009, dessen Vorschriften wiederum weitgehend den Regeln des englischen Trusts of Land and Appointment of Trustees Act (TLATA 1996) entsprechen.

143 Dann kommt es nur darauf an, dass „the creator makes his intention absolutely plain“ (*Neocleous,* Introduction to Cyprus Law, S. 853 unter Verweis auf *Re Hamilton* [1895] 2 Ch 370).

144 *Neocleous* aaO; siehe auch *Synodinou,* Kypriakó Emprágmato Dikaio – Akínete Idioktesia, S. 179 Rdnr. 424.

145 Ausnahmsweise sollen aber selbst sie bloß mündlich bestellt werden können, näher *Pantelis Charalampides v Georgios Andreas Konstantinou* (1996) 1B A. A. D. 709 und *Andreas Tsaggaris v Makedonia Gavrielidou* (2003) 1 C. L. R. 472.

Kap. 224[146]), was einen wichtigen Unterschied zum englischen Recht ausmacht.[147] Nicht gesetzlich geregelt sind außerdem die *resulting (apolígonta empistévmata)* und die *constructive trusts (ex epagogís empistévmata)*.[148] Rechte aus ihnen bleiben wiederum jedem bösgläubigen Dritten gegenüber erhalten.[149] *Constructive trusts* sind ein wichtiges Instrument zur Rückgängigmachung von ungerechtfertigten Bereicherungen.[150] Wird das Darlehen zurückgezahlt, hat der Sicherungsnehmer das Grundstück zwischenzeitlich aber auf einen bösgläubigen Dritten übertragen, wird auch er zum *constructive trustee*.[151] **Malta** hat den Trust nach Vorläuferexperimenten mit Offshore Trusts erst im Jahre 2004 (durch umfangreiche Änderungen des aus dem Jahre 1988 stammenden Trusts and Trustees Act (TTA)[152]) vollständig in sein Rechtssystem integriert. Da Malta eine *mixed jurisdiction* ist, hält es aber spürbar mehr Abstand zum englischen Recht als Zypern. Einen Trust hat man gem. Art. 3(1) TTA vor sich, wenn ein Treuhänder als Eigentümer (oder Inhaber eines anderen Sachenrechts) Vermögen aufgrund der Verpflichtung hält, mit ihm zugunsten eines *beneficiary* zu wirtschaften (Art. 3(1) TTA). Personenidentität zwischen *settlor* und *beneficiary* ist zulässig (Art. 9(6) TTA). Trusts unter Eheleuten (Art. 2095A(1) malt. CC) und der Nachlasstrust bedürfen der Schriftform.[153] Trusts können nur für einen Zeitraum von höchstens 125 Jahren eingerichtet werden (Art. 12 TTA).[154] „The trust property shall constitute a separate fund owned by the trustee" (Art. 3(2) TTA). Vorbehaltlich abweichender Regelung durch Gesetz oder die *terms of the*

---

[146] „(1) Any trust which relates to immovable property is not considered valid unless it is established to document (trust deed) signed by the person entitled thereto or by will. (2) The founding document of the trust (trust deed) or the covenant as appropriate must be registered to the relevant Register of the Department of Land".

[147] *Synodinou*, IJVO 18 (2013) S. 23, 32 macht darauf aufmerksam, dass „the literal interpretation of this provision could permit a reading that in order to be valid, all trusts have to be established by document and have to be registered". Tatsächlich seien jedoch, wie aus *Christophorou v. Christophorou* (1998) 1 A. A. D. 1551 folge, nur *express trusts* der Registrierungspflicht unterworfen; für *constructive* und *resulting trusts* gelte das nicht.

[148] Zu ihnen *Synodinou* aaO S. 181 Rdnr. 427.

[149] *Andreas Pírillos v Roupinetta Kónnari* (2000) 1 B C. L. R. 1153.

[150] *Akis Gregoriou v Christina Stavrou Christophorou* (1995) 1 CLR 248, 271, Gerichtspräsident *Stylianides*: „The constructive trust does not arise from express and/or implied intention of the parties, but arises as a matter of consciousness and fairness, whenever the system of equity encompasses a certain act or series of acts, not just with legality, but with attribution of liability. Unjust enrichment is an example of a constructive trust"). Ein schönes Beispiel für einen *constructive trust* findet sich *Saint George's Car hire Ltd v Makedonia Gevrielidou* (2006) 1 C. L. R. 47. Es ging um den Kauf von Eigentumswohnungen an einem noch zu errichtenden Gebäude. Der Baufirma (der Verkäuferin) war das Geld ausgegangen; die Käufer mussten die Fertigstellung ihrer Wohnungen selbst veranlassen und bezahlen. Die eingetragenen Grundeigentümer erkannten die Inhaberschaftsrechte der Käufer nicht an. Das Gericht sah die Käufer als *beneficiaries* und die Grundeigentümer als ihre *trustees* an. „Auch wenn zwischen den Grundeigentümern und den Käufern kein Vertrag besteht, gewährleistet *equity* den Käufern so wesentliche Vermögensrechte, dass die Vermögensrechte der Grundeigentümer dahinter zurücktreten". *Andreas Papaioánnou v Elene Andreou* (2001) 1B C. L. R. 903 betraf eine sehr ungewöhnliche Situation. Die Beklagte wollte dem Kläger, der nicht selber zum Liegenschaftsamt gehen konnte, „behilflich" sein und ließ sich gleich selber als Berechtigte eintragen; das Gericht bejahte die Entstehung eines *constructive trust*.

[151] *Andreas Pírillos v Roupinetta Kónnari* (2000) 1 B C. L. R. 1153.

[152] Act XXXV of 1988, as amended by Acts XIV of 1989, XX of 1994, XIII of 2004, XII of 2006; XIII of 2007, III and XV of 2009, X and XVI of 2011, and XI of 2014.

[153] *Pisani*, ZEV 2012 S. 579, 580.

[154] Näher *Cremona und Micallef*, Trusts & Trustees (2010) S. 155, 157.

trust hat ein *trustee* alle Rechte einer natürlichen Person mit einem „absoluten Titel" an dem betreffenden Vermögen (Art. 24(1) TTA). Das Schrifttum legt Wert auf die Feststellung, dass es sich nicht um „gespaltenes Eigentum" handele.[155] Denn die Früchte gehörten dem Begünstigten erst, nachdem sie ihm zugeteilt *(distributed)* wurden.[156] Die persönlichen Gläubiger des *trustee* haben keinen Zugriff auf das Trustvermögen (Art. 3(4)(a) TTA), weil der Begünstigte an ihm von Gesetzes wegen ein *beneficial interest* erlangt (Art. 9(1) TTA). Es ist *inter vivos* bei Wahrung der Schriftform frei übertragbar (Art. 9(14) TTA), vererblich aber nur nach Maßgabe der Trustbestimmungen (Art. 9(2) TTA). Ein entgeltlich erwerbender gutgläubiger Dritter erlangt lastenfrei einen *good title* (Art. 40(1) TTA). Eine Nachforschungspflicht besteht nicht (Art. 40(3) TTA). „Trust property which has been alienated or dealt with in breach of trust, or the property into which it has been converted, may be followed and recovered unless it is in the hands of a *bona fide* purchaser for value without notice of the breach of trust" (Art. 40A(1) TTA).

(2) Sachenrechtsnahe Merkmale der Rechtsstellung des beneficiary

444 Am schwierigsten zu fassen ist die Rechtsstellung des *beneficiary*.[157] Der Treugeber (der *settlor*) ist sachenrechtlich aus dem Spiel, wenn und soweit er sich nicht selber zum *beneficiary* einsetzt (oder von Rechts wegen als *beneficiary* gilt). Im Grundfall des dreigliedrigen rechtsgeschäftlichen Trusts behält der *settlor* an dem Trustvermögen keinerlei eigene Rechte zurück. Der Treunehmer *(trustee)* andererseits wird zum alleinigen Inhaber des jeweiligen Rechts, verfügt darüber folglich auch im eigenen Namen. Dass er sich dem Treugeber gegenüber darauf eingelassen hat, das Treugut im Interesse eines Dritten zu übernehmen, wirkt sich zwischen *settlor* und *trustee* sachenrechtlich nicht aus; zwischen ihnen besteht mangels einer *consideration* nicht einmal eine vertragsrechtlich fortwirkende Verpflichtung.[158] Der *settlor* kann sich dem Treunehmer gegenüber nur dadurch absichern, dass er sich das Recht vorbehält, ihn unter bestimmten Voraussetzungen abzusetzen und durch einen anderen zu ersetzen; das letzte Mittel ist ein von einem solchen Vorbehalt unabhängiger Absetzungsantrag bei Gericht.[159] Die Verpflichtung, sich an die übernommene *Trust*bindung zu halten, besteht gleichwohl nur dem *beneficiary* gegenüber; nur er kann aus *breach of trust* klagen. Diese Verpflichtung hat ihren Rechtsgrund gleichfalls nicht in einem Vertrag, auch nicht in einem Vertrag zugunsten Dritter.[160] Es handelt sich vielmehr um eine zwischen einer sachenrechtli-

[155] *Ganado,* Trusts & Trustees 10 (2004) Nr. 9 S. 8, 13.

[156] *Ganado,* Trusts e attività fiduciarie 6 (2005) S. 392.

[157] Bis heute gern zitiert wird *Maitland* mit dem berühmt gewordenen Satz, ein *equitable interest* sei ein „right which in ultimate analysis appears to be *ius in personam* (the benefit of an obligation)". Es sei jedoch so ausgestaltet worden, „that for practical purposes it has become equivalent to *ius in rem* and is habitually thought of as a kind of ownership" (Selected Essays, S. 128, 129).

[158] Underhill and Hayton (-*Hayton/Matthews/Mitchell*), Law of Trusts and Trustees[19], Rdnr. 1.24; Lewin (-*Tucker/Le Poidevin/Brightwell*), Trusts[19], Rdnr. 1–005.

[159] Der *settlor* kann sich Abberufungsbefugnisse *(powers of removal)* in der *trust declaration* sowohl selber vorbehalten als auch anderen Personen einräumen. Allerdings muss die Abberufungsbefugnis, da es sich bei ihr um eine *fiduciary power* handelt, stets im Interesse der *beneficiaries* ausgeübt werden (näher *Tucker/Le Poidevin/Brightwell* aaO Rdnr. 13–054). Die (generalklauselartig weit formulierte) Abberufungs- und Einsetzungszuständigkeit des Gerichts ist davon zu unterscheiden; sie steht in seinem Ermessen (sec. 41 Trustee Act 1925).

[160] Der Contracts (Rights of Third Parties) Act 1999 hat nichts daran geändert, dass die Bestellung eines Trust nicht durch *contract* im Sinne des Common Law erfolgt; sie begründet nur eine *fiduciary obligation in equity,* und auch sie natürlich ausschließlich gegenüber dem *beneficiary.*

chen Belastung und einer schuldrechtlichen Bindung oszillierende **Beschwer eigener Art.**[161] Sie gründet eben in *equity* und entzieht sich deshalb den *at law* geläufigen Kategorisierungen. Gäbe es diese Beschwer nicht, würde sich der *trustee* sachenrechtlich in nichts von allen anderen Inhabern eines Rechts gleicher Art unterscheiden.

Die Rechtsstellung des *beneficiary* hat jedenfalls **mit „Eigentum"** im Sinne des **445**
kontinentalen Rechts **nichts zu tun.** „Gespaltenes" Eigentum ist ein Widerspruch in sich; es existiert, technisch gesprochen, weder auf der einen noch auf der anderen Seite des Kanals. Dem *beneficiary* gehören nicht einmal die Früchte des *trust property in specie;* er bleibt auf einen um alle notwendigen Auslagen und um die Vergütung des *trustee* reduzierten Zahlungsanspruch verwiesen. Ohnehin gibt es eine Vielzahl von *Trust*gegenständen, die schon ihrer Natur nach als Bezugspunkte zivilistischen Eigentums ausscheiden. Dazu gehören nicht nur Forderungen und deren Erlöse *(trust of money)* sowie der (schwankende) „Wert" von Sachen, sondern eben auch *equitable interests* selber. Bei einem *sub-trust* werden Rechte *aus* einem Trust *in* einen anderen Trust eingebracht. Würde man das Recht eines *beneficiary* als „Eigentum" beschreiben, hätte man in einer solchen Situation „Eigentum an Eigentum" vor sich. Das aber wäre schon deshalb eine sinnentleerte Konstruktion, weil Eigentum ja gerade dadurch charakterisiert ist, dass es zwar mit jedem anderen Sachenrecht belastet werden kann, aber niemals selber als Belastung eines anderen Rechts in Erscheinung tritt.[162] Dass das *equitable* (oder *beneficial*) *interest* des Begünstigten selber als ein **übertragbares und belastbares Recht** gilt[163], rückt es zwar wieder ein Stück weit in die Nähe eines Sachenrechts; allerdings sind auch in den Systemen des Zivilrechts reine Forderungsrechte aus einem echten Vertrag zugunsten Dritter übertrag- und (wenn auch nur mit den dort anerkannten Sachenrechten) belastbar.[164] Allein an seiner Übertrag- und Belastbarkeit lässt

[161] Auch wenn das Bild von der Aufspaltung des Eigentums in *legal* und *beneficial ownership* immer noch häufig zur vereinfachenden Beschreibung der Grundstruktur des *trust* benutzt wird (z. B. *Shell UK Ltd.* v. *Total UK Ltd.* [2010] EWCA Civ 180; [2011] Q. B. 86; unten Rdnr. 448), sind sich weite Teile des Schrifttums heute doch darin einig, dass es sich bei den aus einem *trust* entstehenden Rechten der *beneficiaries* gerade nicht um echte Eigentumsrechte handelt. Man deutet sie entweder als eine besondere Erscheinungsform beschränkter dinglicher Rechte oder als zwischen Schuld- und Sachenrechten schwankende Rechte eigener Art (Hanbury und Martin [-*Martin*], Modern Equity[18], Rdnr. 1–019 und *Virgo,* The Principles of Equity & Trusts[2], S. 56–62).

[162] Band 1 Rdnr. 344.

[163] *Bell,* Modern Law of Personal Property, S. 153.

[164] Die Frage wird zwar auffällig selten erörtert, doch ergibt sich die Antwort aus dem Umstand, dass ein Dritter, dem das Recht auf Leistung unmittelbar zusteht, selber zum Berechtigten wird, inklusive aller Rechte, die mit der Forderung zusammenhängen (Hulmák [-*Hulmák*], Občanský zákoník V, S. 240; Vékás und Gárdos [-*Kemenes*], Kommentár a Polgári Törvénykönyvhöz II, § 6:136 ungZGB, S. 1523). Zu den Rechten, die mit einer Forderung aus einem echten Vertrag zugunsten Dritter zusammenhängen, gehören wiederum die Verfügungs- und die Belastungsbefugnis. Das sieht man in Deutschland u. a. daran, dass der Dritte mit Wirkung auch dem Versprechensempfänger gegenüber einen Erlassvertrag mit dem Versprechenden schließen kann (MünchKomm [-*Gottwald*], BGB II[7] § 328 Rdnr. 30). Das Recht des Dritten unterliegt außerdem dem Vollstreckungszugriff seiner Gläubiger; es gehört nicht zum Vermögen des Versprechensempfängers (BGH 29.5.1984, BGHZ 91 S. 288, 291). Die Forderung eines Dritten aus einer *stipulation pour autrui* (Artt. 1205–1209 franz. CC, Art. 1121 belg. CC) ist übertragbar und belastbar, weil der *stipulant* seine Forderung gegen den *promettant* dem Begünstigten *(bénéficiaire)* zuweist (J. Cl. Civil Code [-*Mignot*], Art. 1205 à 1209, Fasc. 7-3, S. 8 Rdnr. 27). Der *stipulant* überträgt dem Begünstigten die Forderung durch einseitiges Rechtsgeschäft (*Mignot* aaO). Da sich die Forderung ab diesem Zeitpunkt (dem Zeitpunkt der *attribution*) im Vermögen des Be-

sich die Sachenrechtsqualität des *beneficial interest* nur schwerlich festmachen, mögen sie auch ihrerseits wieder ganz eigenen Regeln unterliegen.

446 Ein *beneficiary* ist Inhaber eines verkehrsfähigen Vermögensrechts. Er kann es ohne Zustimmung des *trustee* vererben, veräußern und mit allen in Equity anerkannten Rechten belasten.[165] Man unterscheidet vier Formen solcher *dispositions.* Es kann sich (i) um die einfache Übertragung des *equitable interest* handeln. Zu ihnen zählt man (ii) aber auch schon die aus einem gegenseitigen Vertrag resultierende Verpflichtung zur Übertragung des *interest.* Denn sie bewirkt die Entstehung eines *constructive trust* (in diesem Fall eines *sub-trust*) zugunsten des Käufers. Er erwirbt eine Art Anwartschaftsrecht in Form eines *subsidiary equitable interest.* Eine *disposition* begegnet (iii) in Gestalt einer Weisung an den *trustee,* das Treugut in Zukunft für einen anderen *beneficiary* zu verwalten. Schließlich und (iv) kann der *beneficiary* sich selber wieder zum *trustee* eines anderen Trusts bestimmen, nämlich eines Trusts, unter dem er sein *equitable interest* als *sub-trustee* treuhänderisch für einen Dritten hält.[166] Die *disposition* eines *equitable interest* bedarf nach sec. 53(1)(c) LPA 1925 der Schriftform, auch bei beweglichen Sachen.[167] Die gegenständliche Reichweite dieser Vorschrift ist aber nicht abschließend geklärt. Sie betrifft jedenfalls die Übertragung des Vollrechts *(absolute assignment),* möglicherweise aber nicht die Einrichtung eines *sub-trust.*[168] Das Schriftformerfordernis soll heimlichen (und betrügerischen) Verfügungen vorbeugen; außerdem dem *trustee* einen Überblick über seine *beneficiaries* verschaffen.[169] Letzteres geht aber nicht glatt auf, weil der *beneficiary* den *trustee* gar nicht in Kenntnis setzen muss. Näher liegt es wohl, die Schriftform als Ersatz für die körperliche Übergabe zu deuten. Denn sie ist bei *equitable interests,* die nicht mit dem Besitz von *trust property* verbunden sind, ausgeschlossen.[170]

---

günstigten befindet, ist kein Grund ersichtlich, warum er sie nicht auch seinerseits übertragen oder belasten könnte, zumal die Gläubiger des *stipulant* nicht mehr auf sie zugreifen können (Rép. civ. Dalloz [*-Larroumet und Mondoloni*], Stipulation pour autrui, S. 4 Rdnr. 9 mit dem Beispiel einer Lebensversicherung). Für Portugal bemerkt *Leite de Campos,* Contrato a favor de terceiro[2], S. 148–149, dass das Recht eines Dritten unter einem *contrato a favor de terceiro* (Artt. 443–451 port. CC) *inter vivos* wie *mortis causa* übertragbar sei. Es sei jedoch schwierig, eine allgemeine Regel zu formulieren, weil die Übertragbarkeit von der Auslegung des Vertrags abhänge. Wenn es sich um einen *intuitus personae*-Vertrag handele, scheide Übertragbarkeit aus. Unter Art. 1257(2) span. CC und Artt. 176(2), 178(3) span. Notarverordnung bedarf die *estipulación en favor de un tercero* der Annahme durch den Dritten. Das wird oft in Gestalt einer Beitrittsurkunde *(escritura de adhesión)* geschehen. Entscheidend ist, dass der Dritte den Verpflichteten über die Annahme unterrichtet. Erst dann wird das Recht des Dritten definitiv und unwiderruflich (Pasquau Liaño [*-López Frías*], Jurisprudencia civil comentada II[2], Anm. 7.5. unter Art. 1257, S. 2286). Ist das der Fall, scheint nichts dagegen zu sprechen, dass der Dritte seine Forderungen gegen den Versprechenden auch zedieren kann. Schweden schließlich kennt ausdrückliche Vorschriften zum Vertrag zugunsten Dritter *(tredjemansavtal)* vor allem im Versicherungsrecht (Kap. 9 und 14 schwed. FAL), akzeptiert solche Verträge aber auch in anderen Zusammenhängen (HD 6.11.2013, NJA 2013 S. 491 mit Hinweis auf DCFR II-9:301–303). Das Recht des Begünstigten unterliegt dem Vollstreckungszugriff seiner Gläubiger (Kap. 15 § 2(2) FAL). Es ist ein grundsätzlich übertragbares Recht (Kap. 14 § 8 FAL); die Einzelheiten hängen aber von der Auslegung des Vertrages ab (*Ramberg und Ramberg,* Allmän avtalsrätt[8], S. 253).

165 Hanbury and Martin *(-Martin),* Modern Equity[18], Rdnr. 3–011.

166 *Timpson's Executors v Yerbury* [1936] 1 K. B. 645, 664 (*Romer* LJ).

167 Die Verletzung des Schriftformerfordernisses führt zur Nichtigkeit der Verfügung (*Grey v IRC* [1960] AC 1; *Oughtred v IRC* [1960] AC 206).

168 *Martin* aaO Rdnrn. 3–007 und 3–011.

169 *Vanderwell v IRC* [1967] 2 AC 291, 311.

170 *Pearce/Stevens/Barr,* Trusts and Equitable Obligations[5], S. 230.

*Trust*basierte Rechte können außerdem mit einer *equitable charge* oder einer *equitable mortgage* belastet werden. Sowohl für Veräußerungs- als auch für Belastungsvorgänge gilt das strenge Prioritätsprinzip: *qui prior est tempore, potior est iure.*[171] Bei der Doppelabtretung eines *equitable interest* ist zwar die Regel aus *Dearle* v. *Hall* zu beachten.[172] Unter ihr erlangt der gutgläubige Zweiterwerber Priorität, wenn er den *trustee* zuerst in Kenntnis setzt.[173] Es gibt aber keinen gutgläubig-lastenfreien Erwerb eines *equitable interest.* Es wird nur dann durch eine *equitable mortgage* oder *charge* verdrängt, wenn der *beneficiary* zurechenbar einen Vertrauenstatbestand gesetzt hat, auf den sich der Zweiterwerber verlassen durfte.[174] Verfügungen über *equitable interests* sind also nicht mit den charakteristischen verkehrsschützenden Mechanismen unterlegt, die für die Übertragung von *legal estates in land* und allen anderen *legal property rights* gelten.

Gegen die Sachenrechtsqualität des *beneficial interest* des Begünstigten spricht die „Regel", dass sich der Begünstigte **Einwirkungen Dritter** auf das Trustvermögen grundsätzlich nicht aus eigenem Recht erwehren kann.[175] Es ist eben prinzipiell dem *trustee* vorbehalten, das *trust property* zu verwalten und also auch zu schützen. Denn er ist der Inhaber des *legal property right,* und als solchem stehen die jeweiligen Rechtsbehelfe des Common Law „an sich" allein ihm zu. Außerdem will bei unübersichtlichen Truststrukturen mit einer Vielzahl von *beneficiaries* das Problem einer unübersehbaren Haftungsausweitung *(„floodgates argument")* bedacht sein, das sich bei einem Klagerecht auch der *beneficiaries* unweigerlich einstellt.[176] Tatsächlich ist die Rechtslage aber bedeutend komplizierter. Denn der Grundsatz, dass der *beneficiary* darauf angewiesen sei, den Treunehmer darauf in Anspruch zu nehmen, dass *er* gegen Drittstörer vorgehe, ist inzwischen von so vielen Ausnahmen durchbrochen worden, dass man kaum mehr zu sagen weiß, was wirklich die Regel und was die Ausnahme ist. Ohnehin ist zu bedenken, dass ein *beneficiary* zugleich Besitzer des Treugutes sein und in dieser Rolle den für die Aktivlegitimation aus *trespass* oder *negligence* ausreichenden *possessory title* innehaben kann; unter sec. 12(1) TLATA 1996[177] ist er unter bestimmten Voraussetzungen sogar berechtigt, *trust*gebundenes *land* in Besitz zu nehmen.[178] Seit langem anerkannt ist aber **447**

---

[171] Näher Lewin on Trusts (*-Tucker/Le Poidevin/Brightwell*)[19], Rdnrn. 33-013 bis 33-027.

[172] *Dearle v Hall* (1828) 1 Russ. 1; 38 E. R. 475.

[173] *Tucker/Le Poidevin/Brightwell* aaO Rdnr. 33-028.

[174] *Shropshire Union Railways and Canal Company v The Queen* (1875) L. R. 7 H. L. 496; in deutscher Sprache näher *Rieländer,* Mehrstufige Belastungen, § 4 III 3.

[175] *The Aliakmon* [1986] AC 785, 809 (Lord *Brandon*) („in order to enable a person to claim in negligence for loss caused to him by reason of loss of or damage to property, he must have had either the legal ownership of or a possessory title to the property concerned at the time when the loss or damage occurred, and it is not enough for him to have had only contractual rights in relation to such property which have been adversely affected by the loss of or damage to it").

[176] Richtig *Rieländer,* Mehrstufige Belastungen, § 4 II 2.

[177] „(1) A beneficiary who is beneficially entitled to an interest in possession in land subject to a trust of land is entitled by reason of his interest to occupy the land at any time if at that time – (a) the purposes of the trust include making the land available for his occupation (or for the occupation of beneficiaries of a class of which he is a member or of beneficiaries in general), or (b) the land is held by the trustees so as to be so available".

[178] Dazu *Creasey v Sole* [2013] EWHC 1410 (Ch) (*Morgan* J) [128–129] (das Besitzrecht des *beneficiary* aus sec. 12 TLATA begründe nur ein Recht zum Besitz eines „physischen" Grundstücks. Ein *trust* an einem ideellen Anteil gewähre dagegen bestenfalls ein Recht zum Besitz dieses Anteils. Die Vorschrift sei daher nicht auf Berechtigungen unter einem *sub-trust* anwendbar. Aus dem *main trust,* der sich auf das *physical land* bezog, sei der beklagte Erbe aber deshalb nicht berechtigt gewesen, weil diese Rechte in Equity zu ideellen Anteilen nur den *executors*

vor allem, dass der *beneficiary* dann unmittelbar gegen den Schädiger aus *conversion, negligence, trespass* und *nuisance* klagen kann, wenn der *trustee* nicht selber tätig wird oder verhindert ist.[179] Man hat es dann mit einer objektiven Klagenhäufung zu tun. Die Klage gegen den *trustee* auf Erfüllung seiner Schutzpflicht wird mit einer aus dessen Recht abgeleiteten Klage (daher *derivative action*) gegen den Schädiger kombiniert. Der *trustee* wird auf Beklagtenseite im Wege des Parteibeitritts in den Rechtsstreit einbezogen. Neuerdings geht die Rechtsprechung allerdings noch einen bedeutenden Schritt weiter. Denn nunmehr soll der *beneficiary* sogar in der Lage sein, mit einer Klage aus *negligence* sein eigenes *beneficial interest* (und nicht nur das Bestandsinteresse des Trustvermögens) zu schützen, was deshalb verblüfft, weil es sich hierbei ja gerade um einen Rechtsbehelf aus dem Common Law (und nicht aus Equity) handelt. Der *beneficiary* muss den *trustee* zwar weiterhin (im Wege eines *joinder of parties*) in den Prozess einbeziehen[180], doch handelt es sich dabei jedenfalls dann um eine bloße Formalie, wenn der fragliche Trust ein sog. *bare trust* ist. Denn unter einem solchen „nackten Trust" kann der *beneficiary* dem *trustee* Weisungen aller Art erteilen. Der *beneficiary* soll deshalb auch direkt auf Schadensersatz an sich selber klagen können. Er ist nicht darauf angewiesen, Zahlung an den *trustee* zu verlangen; unter einem *bare trust* hat der *trustee* gewissermaßen „sowieso nichts zu sagen".

448 *Shell UK Ltd. v Total UK Ltd.* betraf einen Großbrand auf der britischen Ölverladestation in Buncefield, den Angestellte der Beklagten (Total) fahrlässig verursacht hatten.[181] Eigentümerin der Öltanks, Pipelines und des Equipments waren zwei Gesellschaften, die von Shell, BP, Total und Chevron beherrscht wurden. Die Gesellschaften hielten das Vermögen zwar als *trustees* für ihre Gesellschafter, unter ihnen eben auch die Klägerin (Shell), doch lag die Weisungsmacht nicht bei den Gesellschaften, sondern bei ihren *beneficiaries.* Shell klagte nach ordnungsmäßiger Einbeziehung der Gesellschaften aus eigenem Recht aus *negligence* und aus der Regel in *Rylands v Fletcher.*[182] Die Beklagte akzeptierte ihre Haftung wegen der Sachschäden, meinte aber, nicht auf entgangenen Gewinn zu haften. Schließlich sei Shell im Zeitpunkt des Brandes weder *legal owner* noch unmittelbar besitzberechtigt gewesen. Der High Court war dem gefolgt; der Court of Appeal dagegen entschied zugunsten von Shell. Die Beklagte habe auch gegenüber dem „wirtschaftlichen Eigentümer" *(beneficial owner)* der Ölförderanlagen eine Sorgfaltspflicht *(duty of care)* gehabt. Ein *beneficial owner* sei jedenfalls dann ersatzberechtigt, wenn er den *legal owner* in den Rechtsstreit einbeziehe. Aus *The Aliakmon* folge nichts anderes. Dort wäre die Klage vor allem deshalb abgewiesen worden, weil der *trustee* gerade nicht in den Rechtsstreit einbezogen worden war. Die Haftung aus Delikt sei nicht auf Substanzschäden begrenzt. Sie erstrecke sich auch auf vorhersehbare Gewinneinbußen des „wirtschaftlichen Eigentümers". Die Begründung wirkt freilich recht oberflächlich. „[Shell] is the (co-)beneficial owner of the pipelines and the contract to use the pipeline is only an incident of its beneficial ownership (albeit a necessary incident, since it is a co-owner of the pipelines with others who also wish to use it). On the face

---

zugestanden hätten. Mangels Besitzrechts wurde der Beklagte zu Schadensersatz aus *trespass to land* verurteilt. Das Ergebnis ist freilich problematisch, weil es praktisch bedeutet, dass von den Erblassern (hier einem Ehepaar) gemeinschaftlich gehaltene Grundstücke auf Zeit von keinem einzigen Erben als *beneficiary* genutzt werden können.

179 Näher Lewin on Trusts (*-Tucker/Le Poidevin/Brightwell*)[19], Rdnrn. 43-006 bis 43-016.

180 *Roberts v Gill & Co.* [2010] UKSC 22; [2011] 1 A. C. 240 [62] (Lord *Collins:* „it has been the consistent practice [...] for almost 300 years that, where a beneficiary brings an action in his own name to recover trust property, the trustees should be joined as defendants. [...] The purpose of joinder has been said to ensure that they are bound by any judgment and to avoid the risk of multiplicity of actions. But joinder also has a substantive basis, since the beneficiary has no personal right to sue, and is suing on behalf of the estate, or more accurately, the trustee".

181 *Shell UK Ltd. v Total UK Ltd.* [2010] EWCA Civ 180; [2011] Q. B. 86.

182 (1868) L. R. 3 H. L. 330); dazu *von Bar,* Gemeineuropäisches Deliktsrecht I, Rdnr. 265.

of things, it is legalistic to deny Shell a right to recovery by reference to the exclusionary rule. It is, after all, Shell who is (along with BP, Total and Chevron) the "real" owner, the "legal" owner being little more than a bare trustee of the pipelines. [...] It would be a triumph of form over substance to deny a remedy to the beneficial owner of that property when the legal owner is a bare trustee for that beneficial owner".[183] Die Gesellschaften, an denen der Klägerin und ihren Mitgesellschafterinnen sämtliche Anteile zustanden, hätten keinen eigenen Schaden erlitten. Sie seien überhaupt nur gegründet worden, um der einschlägigen gesetzlichen Beschränkung gemeinschaftlichen Eigentums an Ölförderanlagen zu entgehen; es habe sich um „nackte Treuhänder" gehandelt. Ob der *beneficiary* nunmehr aus eigenem Recht auch Ansprüche wegen *conversion* oder *trespass (to goods)* geltend machen kann, blieb ungeklärt.[184]

Zu den sachenrechtsnahen Merkmalen der Rechtsstellung eines *beneficiary* gehört ferner ihre **Insolvenzfestigkeit** gegenüber den Gläubigern des Treunehmers. Sie zählt zu den charakteristischen Strukturprinzipien eines *equitable interest.* Im Falle der Insolvenz einer Person geht ihr Vermögen zwar kraft Gesetzes auf den Insolvenzverwalter (seinerseits ein *trustee,* nun der *trustee in bankruptcy*) über (secs. 302, 305(2), 330 Insolvency Act 1986). Davon ist aber *trust property* ausdrücklich ausgenommen (sec. 283(3)(a) aaO). Das dem *beneficiary* zugeordnete Vermögen gehört nicht zur Insolvenzmasse des *trustee* (ggf. aber natürlich zur Insolvenzmasse des *beneficiary*). Der Begriff *trust property* wird zudem bemerkenswert weit ausgelegt. Es geht nicht einmal nur um alle anerkannten Varianten von *trusts,* sondern auch um lediglich *trust*ähnliche Formen einer Rechtsträgerschaft für fremde Rechnung.[185] Greifen Gläubiger des *trustee* auf das Treuhandvermögen zu, kann der *beneficiary* gegen sie eine gerichtliche Unterlassungsverfügung *(injunction)* beantragen, ihrerseits wieder ein *equitable remedy.* Sachenrechtsnah wirkt außerdem der **Auflösungs- und Übertragungsanspruch** des *beneficiary.* Unter einem *bare trust* kann der *beneficiary* das Schicksal des *trust property* ohnehin nach Belieben bestimmen, insbesondere jederzeit seine Auflösung und Übertragung auf sich verlangen. Wahrscheinlich ist es dieser Trusttypus gewesen, der die verbreitete Vorstellung genährt hat, man habe es mit einer Aufspaltung des Eigentums in ein „formales" und ein „wirtschaftliches" zu tun. Dem *beneficiary* steht nach der Regel in *Saunders v Vautier* jedoch bei allen Trusts das Recht zu, ihre Auflösung und die Verschaffung des *legal title* zu verlangen, sofern nur der *beneficiary* volljährig und geschäftsfähig ist und ihm das Treuhandvermögen nach dem Zweck des *trust* ausschließlich gebührt.[186] Dieser Anspruch besteht von Rechts wegen und ist nicht abdingbar. Ein in diesem Sinne voll umfänglich berechtigter *beneficiary* kann also den *trustee* jederzeit aus seinem Amt drängen und sich selbst zum Inhaber des (ehedem) treuhänderisch gehaltenen Rechts aufschwingen. Sollte *Skelwith (Leisure) Ltd v Armstrong* langfristig bei Bestand bleiben, kann ein *beneficiary* in bestimmten Situationen sogar im eigenen Namen über einen fremden *legal estate* verfügen, nämlich dann, wenn das *beneficial interest* eine *legal mortgage* zum Bezugspunkt hat, die ihrerseits zu einer Veräußerung des belasteten *estate* berechtigt.[187] **449**

---

[183] AaO S. 143.

[184] Lewin on Trusts (-*Tucker/Le Poidevin/Brightwell*)[19], Rdnr. 40–070.

[185] Näher *Tucker/Le Poidevin/Brightwell* aaO Rdnr. 22–025. Ein Beispiel ist der auf den *administrator* übergegangene Nachlass, ein anderes das von Rechtsanwälten verwahrte Mandantenvermögen. Es wird als *property held by the bankrupt on trust for any other person* i. S. v. sec. 283(3)(a) Insolvency Act 1986 klassifiziert, obschon es sich hier nicht um echte *trusts,* sondern um sonstige fiduziarische Rechtsverhältnisse handelt.

[186] *Saunders v Vautier* (1841) 4 Beavan's Reports 115, 116; 41 E. R. 482 (Lord *Langdale* MR).

[187] *Skelwith (Leisure) Ltd v Armstrong* [2015] EWHC 2830 (Ch); [2016] 2 W. L. R. 144 (oben Rdnr. 275 mit Fn. 475 und Rdnr. 327 mit Fn. 800) (Verfügungsbefugnis des designierten Zessi-

(3) Insbesondere: Surrogation statt Rechtsverlust

450 *Beneficial interests* weisen aber noch eine weitere Besonderheit auf. Sie setzen sich nämlich insolvenzfest auch dann noch an dem Vermögen des jeweiligen Treunehmers fort, wenn er dessen konkrete Zusammensetzung durch Verfügungen *realiter* umgeschichtet hat. Dass *trust*gebundene Sachen *trust*frei werden, hat nicht den Untergang der Rechte eines *beneficiary* zur Folge. Vielmehr werden sie auf die *assets* (oder *profits*) „umdirigiert", die der betreffende Treunehmer mit ihnen erwirtschaftet. An die Stelle der alten tritt eine neue, erneut *trust*gebundene Sache (und um eine „Sache" handelt es sich, weil nun sie zum Bezugspunkt eines artgleichen *beneficial interest* wird). Erst dieser sich nötigenfalls in vielgliedrige Surrogationsketten hinein verlängernde Ersetzungsmechanismus verleiht der Rechtsstellung eines *beneficiary* endgültig Drittwirksamkeit und erklärt, warum ihr die meisten englischen (und irischen) Juristen heute Sachenrechtsqualität attestieren.[188]

451 Der Grundregel nach erlischt zwar die *Trust*bindung von Sachen, die der Treunehmer *in breach of trust* entgeltlich auf einen gutgläubigen Dritten überträgt. Gutgläubig ist nur, wer von der Trustbindung weder weiß noch wissen muss und wer sich auch nicht die Kenntnis oder die fahrlässige Unkenntnis von (selbständigen oder unselbständigen) Hilfspersonen zurechnen lassen muss (sec. 199(1) LPA 1925). In *breach of trust* verfügt ein Treunehmer, wenn er seine Befugnisse überschreitet, mithin das *beneficial interest* des Begünstigten verletzt. Im Normalfall des rechtsgeschäftlich bestellten Trusts geht es um Verletzungen der Bestimmungen des jeweiligen *trust document*. Nur ein Dritter, der unentgeltlich und/oder bösgläubig erwirbt, wird *ex lege* selber zum *(constructive) trustee;* er wird jedenfalls behandelt, als wäre er selber der Treunehmer des fraglichen Gegenstandes. Dass er dem *beneficiary* auch noch aus anderem Rechtsgrunde verantwortlich sein kann, ist für die sachenrechtliche Analyse bedeutungslos.[189] Wich-

---

onars vor Vollendung des Rechtserwerbs durch Eintragung im *register of title* als *beneficiary of a trust of a charge,* d. h. als sog. *equitable mortgagee*). Siehe auch schon (die freilich ebenfalls nicht unproblematische Entscheidung) *Swift 1st Ltd v Colin* 2011] EWHC 2410 (Ch); [2012] Ch 206; [2012] 2 WLR 186 (Veräußerungsbefugnis eines *equitable mortgagee* unter sec. 101(1) LPA 1925 bejaht, sofern dem Gläubiger die *mortgage* mittels einer wirksamen *deed* eingeräumt wird).

[188] Besonders nachdrücklich Lord *Browne-Wilkinson* in *Westdeutsche Landesbank Girozentrale* v. *Islington Borough Council* [1996] A. C. 669 (H. L.), [705F-G]: „Once a trust is established, as from the date of its establishment the beneficiary has, in equity, a proprietary interest in the trust property, which proprietary interest will be enforceable in equity against any subsequent holder of the property (whether the original property or substituted property into which it can be traced) other than a purchaser for value of the legal interest without notice"). Ähnlich Lord *Browne-Wilkinson* in *Foskett* v. *McKeown* [2001] 1 A. C. 102 (H. L.), [109B-C] (Auch wenn die Gewährung billigkeitsrechtlicher Rechtsbehelfe nach überkommener Doktrin im Ermessen des Gerichts stehe, ändere dies an der sachenrechtlichen Qualität des Stammrechts des *beneficiary* nichts). Siehe ferner *Swiss Bank Corporation* v. *Lloyds Bank Ltd.* [1979] 1 Ch. 548, [565G-H] (*Browne-Wilkinson* J.); *Bell,* Modern Law of Personal Property, S. 154; *Gray und Gray,* Elements of Land Law[5], Rdnr. 1.4.1; Megarry und Wade (*-Harpum/Bridge/Dixon*), The Law of Real Property[8], Rdnr. 5–012 und aus irischer Sicht *Wylie,* Irish Land Law[5], Rdnr. 3.045.

[189] Vor allem bei der Veruntreuung von *trust property* treten zu den wertverfolgenden *proprietary remedies* des *beneficiary* noch einige *personal remedies* des *beneficiary* gegen den Dritten hinzu. Es handelt sich dabei nicht etwa um die bereicherungsrechtlichen Rechtsbehelfe des Common Law. Denn diese sind nach überwiegender Auffassung nur zum Schutz von *legal proprietary interests* da. An ihre Stelle treten deshalb spezifische Klagerechte in Equity, deren tatbestandliche Voraussetzungen immer wieder nachgeschärft werden (eingehend *Twinsectra Ltd. v Yardley* [2002] A. C. 164 [104–107] (per Lord *Millett,* HL). Der Dritte kann *in equity* insbesondere einer ver-

tig ist dagegen, dass der unentgeltliche Erwerber nicht geschützt ist.[190] Bei **Grundstücksrechten** ist das ohnehin das einzige Unterscheidungskriterium. Gut- bzw. Bösgläubigkeit spielen hier keine Rolle; wer entgeltlich erwirbt, erwirbt *trust*frei. Man nennt das ***overreaching.***

Im Grundstücksrecht wird der Sukzessionsschutz also noch weiter heruntergefahren. Während *equitable interests* an *personal property* (bewegliche Sachen, Forderungen etc.) (nur) infolge gutgläubig-lastenfreien Erwerbs untergehen, schadet im Grundstücksrecht nur Unentgeltlichkeit, nicht aber Bösgläubigkeit. Denn *equitable interests* unter einem *trust of land* bzw. einem *settlement* (dem „Vorläufer“ des *trust of land*) sind unter dem *curtain principle* nicht eintragungsfähig.[191] Sie werden deshalb bei einer Übertragung des *legal estate* im Wege des *overreaching* (wörtlich: der Übervorteilung) von dem fraglichen Grundstück „abgelöst“. An die Stelle des ursprünglich *land*bezogenen Rechts des Begünstigten tritt im Wege der Surrogation der an den bzw. die *trustee(s)* geleistete Veräußerungserlös (secs. 2 und 27 LPA 1925).[192] Die Verkehrsfähigkeit beweglicher Habe bleibt durch die Regeln über den gutgläubig-lastenfreien Erwerb, die Verkehrsfähigkeit von *legal estates* durch das *overreaching* erhalten. Grundstücke aber sollen in noch stärkerem Maße als andere Sachen von den Rechten der *beneficiaries* befreit (oder gereinigt) werden, wenn und sobald es zu einer rechtsgeschäftlichen Transaktion kommt.[193]

Verlust der *Trust*bindung der Ausgangssache bedeutet aber, wie gesagt, nicht Verlust **452** des *beneficial interest.* Es bleibt mit einem neuen Bezugspunkt erhalten; der Rechtsverlust wird im Wege der dinglichen Surrogation kompensiert. *Equitable interests,* insbesondere *equitable interests* unter einem *trust of land* sind als vorübergehende Belastungen konzipiert und auf Verwandlung in eine Rechtsposition aus einem *trust of*

---

schuldensabhängigen Haftung wegen unredlichen Empfangs *(unconscionable receipt)* unterliegen. Sie darf deshalb nicht mit seiner Haftung als *constructive trustee* gleichgesetzt werden, weil sie nur einen schuldrechtlichen (insolvenzrechtlich nicht privilegierten) Anspruch auslöst. Dasselbe gilt für die Haftung aus schuldhafter Mitwirkung an einem *breach of trust* (sog. *dishonest assistance*).

[190] Eindrucksvoll *The Federal Republic of Brazil v Durant International Corporation* [2015] UKPC 35; [2016] A. C. 297. Die Republik Brasilien hatte im Namen der Stadt São Paulo in Jersey auf die Herausgabe von Schmiergeldzahlungen in Millionenhöhe geklagt. Die Gelder waren an den Bürgermeister der Stadt São Paulo geflossen und lagen inzwischen auf einem Konto der beklagten Gesellschaft bei einer Bank in Jersey. Gesellschafter der Beklagten war der Sohn des Bürgermeisters. Der Sohn hatte das Geld von seinem Vater erhalten und es zunächst auf ein New Yorker Bankkonto eingezahlt, es dann aber in mehreren Tranchen nach Jersey transferiert. Die letzten drei Tranchen waren dem Konto in Jersey aus banktechnischen Gründen bereits gutgeschrieben worden, noch bevor sie dem Konto in New York gutgeschrieben worden waren. Die Beklagte meinte deshalb, dass sie diese Tranchen behalten könnte; andernfalls handele es sich um ein nicht gestattetes *backward tracing,* eine „rückwärts gerichtete Surrogation“. Die Gerichte in Jersey hatten dieses Argument zurückgewiesen. Der Privy Council bestätigte: Eine unmittelbare „Verfolgung“ der Schmiergelder in die Gutschriften auf den Konten der Empfängerbanken sei solange möglich, wie der Saldo des Empfängerkontos gleich bleibe. Ob der Sohn wusste, dass es sich um Schmiergeldzahlungen handelte (was *in casu* allerdings wahrscheinlich war), musste nicht geprüft werden. Denn für die Zahlungen hatten weder er noch die Gesellschaft eine Gegenleistung erbracht.

[191] Oben Fn. 136.

[192] Voraussetzung für diese Surrogation ist, dass die *trustees* den *legal estate* auf den Käufer übertragen haben und dieser entweder an eine Treuhandgesellschaft oder an mindestens zwei *trustees* gezahlt hat (secs. 2(1) und (2), 27 LPA 1925).

[193] Hanbury and Martin (*-Martin*), Modern Equity[18], Rdnr. 1–047 (S. 41).

money angelegt. Der mit ihnen verbundene Drittschutz bleibt deshalb zwar deutlich hinter dem Drittschutz zurück, der mit Common Law-Rechten verbunden ist, aber es geht immer noch um Drittschutz „dem Wert nach". Er verwirklicht sich in den ***tracing*** und ***following*** genannten Surrogationstechniken des Rechts von Equity[194], beides Instrumente zur Bestimmung des maßgeblichen Ersatzgegenstandes.[195] *Tracing* soll eine Form der „Vindikation" von *property rights* bei Veruntreuung des *trust property* sein[196]; *following* steht für die Identifizierung des ursprünglichen *trust property* im Vermögen eines Dritten, der mangels Redlichkeit oder Entgeltlichkeit den *legal title* nicht erworben hat.[197] Hat er ihn erworben, verfolgt der Begünstigte sein Interesse an der an den *trustee* bewirkten Gegenleistung.[198] Der *beneficiary* hat auch die Möglichkeit, eine an sich unwirksame Verfügung zu genehmigen, um sein Recht auf diese Weise auf das *commodum ex re* umzustellen.[199] Er kann also zwischen einem *beneficial interest* an dem Vermögen des „alten" und des „neuen" (nunmehr *constructive*) *trustee* wählen.[200]

453 Besondere Bedeutung gewinnt *tracing* bei der Einzahlung von *trust property* auf **Bankkonten.** Wird Treuhandvermögen missbräuchlich auf ein Konto des *trustee* oder eines (unentgeltlich oder unredlich erwerbenden) Dritten eingezahlt, werden auf diesem Konto aber auch sonstige Aus- und Einzahlungen von Eigen- und Fremdgeldern verbucht, entsteht ein *mixed fund,* an dem der *beneficiary* des veruntreuten *trust property* anteilig berechtigt bleibt. Wird „sein" Geld zum Erwerb anderer Vermögensgegenstände verwendet, setzt sich der Surrogationsprozess an ihnen fort.[201] Verringert sich der Kontostand, wird zugunsten des *beneficiary* vermutet, dass sein Anteil davon nicht betroffen sein soll.[202] Der *beneficiary* wird also vor Verlusten geschützt, partizipiert aber an Wertsteigerungen.[203] Sein Anteil setzt sich inhaltsgleich auch an der Forderung aus dem periodischen Saldoanerkenntnis fort. Alternativ hat der *beneficiary* die Möglichkeit, ein Pfandrecht (eine *equitable charge*) an dem Bankkonto bzw. an dem daraus finanzierten Ersatzgegenstand geltend zu machen, um seinen schuldrechtlichen Anspruch gegen den *trustee* aus *breach of trust* zu sichern. Das ist sinnvoll, wenn der Kontostand unter den ursprünglichen Wert des veruntreuten *trust property* sinkt. Wenn sich Treuhandgelder aus unterschiedlichen *trusts* in einem *mixed account* vereinigen, erwerben die *beneficiaries* ideelle Anteile an dem Kontoguthaben; an Verlusten und Wertsteigerungen werden sie pro rata beteiligt.[204] Entsprechendes gilt, wenn *trust pro-*

---

[194] Vertiefend in deutscher Sprache *Rieländer,* Sachenrechtliche Erwerbsrechte, S. 54–61.

[195] *Foskett v McKeown* [2001] 1 A. C. 102 (H. L.), [128C-G] (Lord *Millett*); *Shalson v Russo* [2003] EWHC 1637 (Ch); [2005] 2 W. L. R. 1213 (Ch) [102] (*Rimer* J).

[196] *Foskett v McKeown* aaO [109A-D] (Lord *Browne-Wilkinson*), [127E-G], [132A-B] (Lord *Millett*).

[197] Lord *Millett* aaO [127C-D].

[198] *Martin* aaO Rdnr. 23–069 (S. 736).

[199] Lord *Millett* aaO [127B-D].

[200] *Martin* aaO Rdnr. 23-006 (S. 683).

[201] Snell's Equity (-*Fox*)[32], Rdnr. 30–057 (S. 888).

[202] *Fox* aaO.

[203] *Martin* aaO Rdnr. 23–055 (S. 722).

[204] *Foskett v McKeown* [2001] 1 A. C. 102 [132D-F] (Lord *Millett,* HL) (Treuhänder von Fremdgeldern zahlt mit ihnen und eigenen Geldern in eine Lebensversicherungspolice ein, die nach dem Tod des Treuhänders, der gleichzeitig *beneficiary* des von der Versicherung verwalteten Vermögens wurde, an dessen Angehörige ausgezahlt wurde; anteiliges *tracing* der ursprünglichen *beneficiaries,* deren Gelder veruntreut worden waren, gegen die Angehörigen des Verstorbenen.

perty aus mehreren *trusts* missbräuchlich auf ein Konto des *trustee* oder eines unredlichen Dritten eingezahlt wird.[205] Der Surrogationsschutz endet bei Kontoüberziehungen; *tracing* versagt hier, weil es nun nichts mehr gibt, worauf das *equitable interest* noch bezogen werden könnte. Der Hauptfall ist der, in dem das *trust property* zur Tilgung eigener Verbindlichkeiten des *trustee* bzw. eines (bösgläubigen) Dritten verwendet wird.[206] Allerdings wird dem *beneficiary* zur Sicherung seiner schuldrechtlichen Ansprüche aus *breach of trust* wiederum eine *charge* zugewiesen, wenn das *trust property* zur Begleichung eines gesicherten Kredits verwandt wird; es wird fingiert, dass der Sicherungsnehmer die *charge* auf den *beneficiary* übertragen habe (sog. *subrogation*)[207], was im Ergebnis auf ein um ein *ius succedendi* verstärktes Ablösungsrecht hinausläuft. Eine Surrogation soll sogar selbst dann möglich sein, wenn Sachen zwar nicht mit Mitteln des *trust property,* sondern darlehensfinanziert angeschafft werden, das aufgrund eines *breach of trust* erhaltene *trust property* aber vom Schuldner anschließend zur Darlehenstilgung eingesetzt wird. Dann hat man eine Art Rückwirkung, ein *backward tracing,* vor sich.[208]

b) Drittschutz in Treuhandgeschäften des Zivilrechts

Ohne Equity gibt es keinen Trust. Er bedarf ihres in Jahrhunderten gewachsenen **454**
und immer wieder nachgeschärften Regelwerks. Da die Privatrechtssysteme des Zivilrechts nie einen Grund hatten (oder sahen), es zu entwickeln, gibt es in ihnen auch kein Trustrecht, insbesondere keine sachenrechtsgleichen subjektiven Rechte, unter denen einem Begünstigten die Rechtsstellung eines *beneficiary* zugeordnet wäre. Die kontinentalen Rechte handeln von Treuhandgeschäften, nicht von *trusts;* näher können sie ihm nicht kommen.[209] Neuerdings mehren sich zwar Versuche, auch auf dem Kontinent mit „Trust" *genannten* Rechtsfiguren zu experimentieren. Das Motiv, Investoren ins eigene Land locken[210], kann aber kaum darüber hinwegtäuschen, dass das Etikett nicht zum Inhalt passt.

Letztere waren zwar gutgläubig, aber deshalb nicht geschützt, weil sie nicht selber auf die Policen gezahlt, die Auszahlungsbeträge also unentgeltlich erworben hatten).

[205] *Martin* aaO Rdnr. 23–058 (S. 725).

[206] *Shalson v Russo* [2003] EWHC 1637 (Ch); [2005] 2 WLR 140 (*Rimer* J).

[207] *Boscawen v Bajwa* [1996] 1 W. L. R. 328 (C. A.).

[208] *The Federal Republic of Brazil v Durant International Corporation* [2015] UKPC 35; [2016] A. C. 297 (oben Fn. 190).

[209] *Cámara Lapuente,* RCDI 654 (1999) S. 1757, 1865 („Das fiduziarische Geschäft [*negocio fiduciario*] ist der Schlüssel zur Annäherung des spanischen Rechts an den *Trust*").

[210] Siehe z. B. für Tschechien Švestka/Dvořák/Fiala (*-Kocí*), Občanský zákoník III, S. 1194: „Die Rezeption dieses Instituts (Trust) in die tschechische Rechtsordnung wird damit begründet, dass sie folgende rechtspolitische Ziele und Zwecke zu realisieren hilft: a) sie verhindert die Relokation des Vermögens in solche Länder, die eine flexible und effektive Verwaltung des Vermögens in der Form des klassischen Trust ermöglichen; b) sie bereichert die Rechtsordnung mit einem modernen Sicherungsinstitut, das die Eingliederung in finanzielle Projekte und globale Bankgeschäfte samt Teilnahme an der islamischen Bankwirtschaft ermöglicht". Für Ungarn erläutert Vékás und Gárdos (*-Menyhárd*), Kommentár a Polgári Törvénykönyvhöz II, § 6:310 ungZGB, S. 1874–1875, dass „die Trennung zwischen Eigentümerposition und Entscheidungshoheit über die wirtschaftliche Verwendung des betreffenden Vermögensgegenstandes … einen Grundpfeiler der modernen Wirtschaft" darstelle. Zu den dafür benötigten rechtlichen Instrumenten gehörten „auch die Formen der treuhänderischen Vermögensverwaltung". Es ginge darum, Kapitalströme nach Ungarn aus Ländern zu locken, die nur in geringerem Maße in der Lage seien, „ein für Geschäfte günstiges Regelungsumfeld zu schaffen" (*Menyhárd,* Fontes iuris 2017 S. 37, 38). Im Zuge der parlamentarischen Beratungen bemerkte der zuständige Justizminister, dass „durch die Einbür-

(1) Trust interno

455 Nicht einmal der *trust interno* des **italienischen Rechts** ist in dieser Beziehung über jeden Zweifel erhaben.[211] Der *Codice civile* hat das Treuhandgeschäft nicht selbständig geregelt.[212] Unter ihm (dem *negozio fiduciario*) wird ein Treuhänder Eigentümer von Treugütern, die er zugunsten einer anderen Person verwalten soll. Handelt es sich bei ihr um einen Dritten, spricht man von einer *fiducia cum amico,* dient die Eigentumsübertragung der Sicherung empfangenen Kredits, von einer *fiducia cum creditore.*[213] Bei ihr nähmen die Parteien ein Missverhältnis zwischen Mittel und Zweck *(eccedenza del*

---

gerung des Instituts der treuhänderischen Vermögensverwaltung bezweckt" sei, „ein äußerst bedeutsames wirtschaftliches Bedürfnis zu befriedigen. ... Mangels ungarischer rechtlicher Regelung" nehme die Wirtschaft „ausländische rechtliche und institutionelle Infrastruktur in Anspruch", und ziehe „damit in erheblichem Maße Kapital aus dem Wirtschaftskreislauf Ungarns ab" (Magyarország Kormánya – T/7971. számú törvényjavaslat a Polgári Törvénykönyvről, Előadó: Dr. Navracsics Tibor közigazgatási és igazságügyi miniszter, Budapest 2012. Július, S. 627 (http://www.parlament.hu/irom39/07971/07971.pdf). Begleitet wurde das Projekt durch die umfangreiche rechtsvergleichende Studie von *Sándor,* Fiduciary Property Management and the Trust. In dieselbe Richtung zielt außerdem die Präambel des port. DL 352-A/88 vom 3.10.1988 zur Einführung des Offshore-Trusts in die Freihandelszone Madeira (nachfolgende Fn.): „to provide the said Zone with the indispensable attributes so as to attract foreign investment and to develop competition in the international markets, it is advisable to place at the disposal ... the legal instruments and means ... which are provided in other offshore centres. Trusts are one of these cases" (https://www.ibc-madeira.com/images/pdf/en-06-DL_352_A_88.pdf).

[211] Portugal hat zwar das Haager Trustübereinkommen nicht ratifiziert, aber eine vergleichbare Regelung für die Inselgruppe und Autonome Region Madeira getroffen. Der *trust da Zona Franca da Madeira* ist Gegenstand des inzwischen mehrfach überarbeiteten und ergänzten DL 352-A/88 vom 3.10.1988 (englische Übersetzung u. a. auf der Webseite der Sociedade de Desenvolvimento da Madeira: https://www.ibc-madeira.com/images/pdf/en-06-DL_352_A_88.pdf). Die Begründung hebt hervor, dass das Gesetz „relates to the recognition of the institution of trusts only as far as it operates offshore, or extraterritorially, without any interference in the internal judicial system, and it exclusively applies to corporate persons - trust companies that shall be subject to the present law". Art. 1 aaO definiert einen Trust als „the judicial relations created by one person, the settlor, by means of an inter-vivos or mortis-causa act, who transfers and places whatever assets – with the exception of immovable assets located in Portuguese territory – under the control and administration of a trustee for the benefit of a beneficiary, that may be the settlor himself or the trustee, or for a specific purpose". Ein Offshore Trust ist „a trust constituted in accordance with the choice of law stipulated by the settlor, the settlor and the beneficiary not being permitted to be residents in Portuguese territory and the trustee being a corporate body authorised to operate as such within the legal framework of the Free Zone of Madeira". Auch Spanien hat das Haager Übereinkommen nicht ratifiziert. „Der Trust ist eine Rechtsinstitution, die als solche weder im spanischen positiven Recht geregelt noch in der Rechtsprechung angenommen ist" (*Cámara Lapuente,* RCDI 654 (1999) 1757). Dem internen spanischen Recht ist der Trust fremd (*Virgos Soriano,* El trust y el derecho español, S. 167). In Katalonien wurde die Einführung des Trusts in das Buch V des katal. CC diskutiert, aber nicht realisiert (*Arroyo i Amayuelas,* in: Arroyo i Amayuelas (Hrsg.), El trust en el derecho civil, S. 457–492). Luxemburg hat das Haager Übereinkommen ratifiziert, aber den internen Trust ausgeschlossen (Loi du 27 juillet 2003 portant approbation de la Convention de La Haye du 1er juillet 1985 relative à la loi applicable au trust et à sa reconnaissance; portant réglementation des contrats fiduciaires, et modifiant la loi du 25 septembre 1905 sur la transcription des droits réels, Mémorial A, 2003, Nr. 124, S. 2619).

[212] Gesetzlich geregelt ist nur der Auftragsvertrag *(mandato).* Treuhandverträge werden als atypische Verträge je eigenen Inhalts gedeutet (*Gambaro und Morello,* Lezioni di diritto civile, S. 430). Von „treuhandschaftlichen Verfügungen" ist nur in der erbrechtlichen Vorschrift des Art. 627 ital. CC die Rede.

[213] *Galgano,* Trattato di diritto civile II^2, S. 468.

mezzo rispetto allo scopo) in Kauf[214], das erst der durch die Kredittilgung aufschiebend bedingte schuldrechtliche Rückübertragungsanspruch glätte. Das Treugut bleibt den Gläubigern aller drei Beteiligten, des *fiduciante,* des *fiduciario* und des *beneficiario,* entzogen; dieser *effetto segregativo* des *negozio fiduciario* trage die Züge eines *trust.*[215] Das überzeugt nicht, ganz abgesehen davon, dass die Sicherungsübereignung unter italienischem Recht sogar unzulässig ist. Das dürfte sich zwar nicht damit begründen lassen, dass ihr keine *causa* zugrunde liege.[216] Die Sicherungsübereignung läuft aber auf eine Verletzung des pfandrechtlichen Verbots der Verfallsabrede (Art. 2744 ital. CC) hinaus.[217] Sie wird deshalb von der herrschenden Meinung als verbotenes Umgehungsgeschäft *(negozio in frode alla legge)* qualifiziert.[218]

Einen neuen Ansatz verfolgt die Unterscheidung zwischen der *fiducia statica* und **456**
der *fiducia dinamica.* Unter einer dynamischen Treuhand hat der Treunehmer das ihm übertragene Eigentum nach Anweisung des Treugebers zu verwalten und ihm ggf. zurückzuübereignen. Bei der statischen Treuhand erwirbt der Treuhänder mit Mitteln des Treugebers Güter von einem Dritten; der Treuhänder verpflichtet sich gegenüber dem Treugeber, ihn zu einem späteren Zeitpunkt als Berechtigten anzuerkennen. Das, so wird gelehrt, sei das *trust*ähnlichste Rechtsinstitut des italienischen Rechts.[219] Die umfangreiche jüngere Diskussion um den Trust ist freilich vor allem dem Beitritt Italiens zu dem im Jahre 2007 in Kraft getretenen Haager Übereinkommen vom 1.7.1985 über das auf Trusts anwendbare Recht und über die Anerkennung von Trusts[220] geschuldet.[221] Italien hat keinen Vorbehalt unter Art. 13 des Übereinkommens[222] erklärt, woraus wiederum allgemein (eine Bestätigung durch den Kassationshof steht allerding noch aus[223]) geschlossen wird, dass ein Trust in Italien auch dann unter ausländischem (z. B. englischem) Recht eingerichtet werden kann, wenn es sich, abgesehen nur von der Rechtswahl, um einen reinen Inlandssachverhalt handelt.[224]

---

214 *Messineo,* Manuale di diritto civile e commerciale I, S. 578.

215 *Pagliantini,* Europa e Diritto Privato 2017, S. 167; *Giordano,* Giur. com. 2016 S. 1070.

216 Anders *Bianca,* Diritto civile VII, S. 257.

217 Umfangreiche Nachweise bei *Rispoli,* Giust. civ. 2013 S. 697.

218 Grundlegend bereits *Ferrara,* I negozi fiduciari, S. 137. Siehe aus der Rechtsprechung insbesondere Cass. 11.1.1971, Nr. 63, Temi 1975 S. 44; Cass. 9.12.1971, Nr. 3568, Giur. it. 1973, I, 1, col. 967; Trib. Salerno 29.1.2011, Nr. 205, Juris Data DVD und Trib. Bologna 3.12.1996, Banca borsa tit. cred. 1998, II, S. 177.

219 *Lipari,* Rass. Dir. Civ. 1996 S. 483, 490.

220 Gesetz vom 16.10.1989, Nr. 364, Ratifica ed esecuzione della convenzione sulla legge applicabile ai trusts e sul loro riconoscimento, adottata da L'Aja il 1° luglio 1985, Gazz. Uff. Nr. 261 vom 8.11.1989.

221 *Bartoli,* Il Trust, S. 597; *Cerri,* Trust, affidamento fiduciario e fiducie, S. 33; *Gambaro,* Riv. dir. civ. 2002, II, 919; *ders.,* Riv. dir. civ. 2002, II, 257; *Gazzoni,* Riv. not. 2002 S. 1107 und *Lupoi,* Istituzioni del diritto dei trust neglio ordinamenti di origine e in Italia, S. 263. In deutscher Sprache auch *Neu,* Der Trust im italienischen Recht.

222 „No State shall be bound to recognise a trust the significant elements of which, except for the choice of the applicable law, the place of administration and the habitual residence of the trustee, are more closely connected with States which do not have the institution of the trust or the category of trust involved".

223 Bislang gibt es mit Cass. 25.2.2015, Nr. 3886, Juris Data DVD, nur eine steuerrechtliche Entscheidung. Danach ist ein Trust wie ein *fondo patrimoniale* zu besteuern. Im konkreten Fall hielt der Kassationshof den Trust für nichtig, weil der *settlor* zugleich der *trustee* war.

224 Trib. Trento 20.7.2004, Nr. 127/2004, Juris Data DVD; Trib. Bologna 1.10.2003, Vita not. 2003 S. 1297, Riv. dir. int. priv. e proc. 2004 S. 294; Trib. Venezia 4.1.2005, Juris Data DVD;

Gleichwohl ist auch ein unter einer Common Law-Jurisdiktion begründeter Trust immer noch ein „italienischer", denn zwingendes nationales Recht bleibt unberührt (Artt. 15 und 18 des Übereinkommens). Deshalb unterliegen bestimmte gemeinnützige Trusts der *trascrizione* in das Liegenschaftsregister (Art. 2645*ter* CC), deshalb dürfen *settlor* und *trustee* nicht personenidentisch sein[225], und deshalb beharrt die bisherige (instanzgerichtliche) Rechtsprechung darauf, dass der Trust nur zu Zwecken eingesetzt werden darf, die schutzwürdig seien und sich nicht auch durch ein dem autonomen italienischen Recht geläufiges Rechtsinstitut verwirklichen ließen.[226] Denn der *trust interno* sei ein bloßes *istituto giuridico residuale*.[227]

(2) Treuhandfonds

457 Noch wesentlich größer sind die Unterschiede zwischen dem Trust des englischen und den Treuhandfonds des tschechischen, des litauischen und des ungarischen Rechts. Mit Ausnahme ihrer litauischen Variante wohnen ihnen, genau besehen, überhaupt keine im engeren Sinn sachenrechtlichen Strukturen inne. Der **Treuhandsfonds tschechischen Rechts** gehört systematisch zum Recht der Verwaltung fremden Vermögens, das zwar überwiegend im Sachenrecht geregelt ist, in der Substanz aber dreiseitige Rechtsverhältnisse rein schuldrechtlicher Natur betrifft.[228] Unter § 1456 tschech. BGB steht einem „Treuhänder ... die vollständige Verwaltung des Vermögens im Treuhandfonds zu". Er wird „in das öffentliche Register oder in eine andere Evidenz ... als Eigentümer ... mit dem Vermerk ‚Treuhänder'" eingetragen, obwohl das Vermögen materiell nicht sein Eigentum ist.[229] Es wird widerleglich vermutet, dass der Verwalter im Namen des Eigentümers und auf seine Rechnung handelt (§ 436(1) tschech. BGB); das schließt aber nicht notwendig aus, dass auch der Eigentümer bzw. der Begünstigte weiterhin selber über ihre Rechtspositionen verfügen.[230]

458 Im Ausgangspunkt (der Treugeber bleibt Eigentümer: Art. 6.953(2) lit. ZGB) ganz ähnlich setzt zwar auch das **litauische Recht** an, geht aber insoweit einen systematisch entscheidenden Schritt weiter, als es den Treunehmer als Inhaber eines selbständigen dinglichen Rechts *(ius in re*

Trib. Firenze 2.7.2005, Juris Data DVD; Trib. Trieste 23.9.2005, Riv. not. 2006 S. 794; Trib. Genova 14.3.2006, Giur. merito 2006 S. 2644; Trib. Reggio Emilia 14.3.2007, Giur. merito 2008 S. 707; Trib. Milano 16.6.2009, Giur. comm. 2010, II, 887.

[225] Cass. 25.2.2015 aaO (Fn. 223); Trib. Napoli 1.10.2003, Trusts e attività fiduciarie 2004 S. 74 (bestätigt durch CA Napoli 27.5.2004, Nr. 520/03).

[226] Trib. Reggio Emilia 14.3.2011, Banca borsa tit. cred. 2013, 2, II, 160; ebenso bereits Trib. Reggio Emilia 14.3.2007, Giur. merito 2008 S. 707.

[227] Tribunale Reggio Emilia 14.3.2011 aaO. Der Geschäftsführer einer GmbH hatte einen Trust gegründet, um die Gesellschaft aufzulösen. Das Ziel bestand darin, das Gesellschaftsvermögen dem Werte nach zu erhalten. Der Trust sollte dem Recht von Jersey unterliegen. Das Gericht hielt diese Trustgründung für unwirksam, weil sie keinen Zweck erfülle, der sich nicht auch mit den gewöhnlichen Gestaltungsmitteln des italienischen Rechts erreichen ließe. Weder brauche man einen Trust, um die Gläubiger zu befriedigen, noch, um das Vermögen zu erhalten, noch, um seine Vermarktung zu erleichtern. Auffälligerweise waren der Geschäftsführer und der in Aussicht genommene *trustee* ein und dieselbe Person. Auf diese Weise wollte er ein Vorzugsrecht an den von ihm der Gesellschaft gewährten Krediten erlangen. Das aber liefe auf einen simulierten Trust hinaus. Ein Trust, der im Ergebnis nur bezwecke, den *trustee* finanziell besser zu stellen, könne nicht anerkannt werden.

[228] Švestka/Dvořák/Fiala (-*Tichý*), Občanský zákoník III, S. 1084.

[229] Spáčil (-*Pihera*), Občanský zákoník III, S. 1154.

[230] *Tichý* aaO S. 1136.

aliena) qualifiziert.[231] Dieses erlaubt ihm, auf der Grundlage des vom Treugeber festgelegten Verfahrens und der von ihm festgelegten Bedingungen, das Treuhandvermögen zu besitzen, zu nutzen und darüber zu verfügen (Art. 4.106(1) lit. ZGB) sowie die mit ihm verbundenen Rechtsbehelfe geltend zu machen (Art. 6.963(3) aaO). Das Treuhandvermögen ist den Gläubigern des Treugebers entzogen, es sei denn, er wird insolvent (Art. 6.961(2) aaO). Dann endet die Treuhand *ex lege;* das ausgesonderte Vermögen kehrt an den Treugeber zurück. Aus Geschäften mit dem Trustvermögen dürfen Gläubiger nicht nur in dieses, sondern auch in das persönliche Eigentum des Treunehmers und, falls dieses nicht ausreicht, sogar in das Vermögen des Treugebers vollstrecken (Art. 6.965(4) aaO). Auch das ist eine zwar ganz und gar „unenglische" Lösung, aber eine Lösung, die in einem Zivilrechtssystem hilft, Missbräuche zu verhindern.[232] Eine Treuhand darf nicht für mehr als 20 Jahre begründet, kann aber verlängert werden (Art. 6.959(2) und (3) aaO). Bei Immobilien bedarf es der notariellen Beurkundung und der Eintragung in das Liegenschaftsregister (Art. 6.960(2) und (3) aaO).

Die fundamentalen Unterschiede zwischen einem Trust englischen und einem Treuhandfonds tschechischen Rechts zeigen sich ferner daran, dass unter letzterem Treugeber und Begünstigter praktisch identische Rechte gegen den Treunehmer (Verwalter) haben. Der Treugeber ernennt den Treunehmer und beruft ihn auch wieder ab (§§ 1455(1) i. V. m. 1441 tschech. BGB). Der Treugeber kann Auskunft und Rechnungslegung verlangen (§ 1465(2) tschech. BGB), und er kann bei Gericht beantragen, dass es dem Treunehmer bestimmte Handlungen vorschreibe oder verbiete, außerdem, dass es bestimmte Rechtsgeschäfte des Treunehmers mit außenstehenden Dritten für nichtig erkläre, wovon allerdings gutgläubige Dritte nicht beeinträchtigt werden (§ 1466(1) aaO). Alle diese Rechte und Befugnisse kommen aber auch dem Begünstigten zu, das Abberufungsrecht freilich nur, wenn es sich aus dem Statut ergibt (§ 1455(1) Satz 2 aaO). Auch der für den Trust stilprägende Surrogationsmechanismus fehlt. Es macht nicht einmal einen Unterschied, ob ein Dritter Treuhandvermögen entgeltlich oder unentgeltlich erwirbt. Überschreitet der Treuhänder seine Befugnisse, muss der Begünstigte Nichtigkeitsklage erheben. Ist sie erfolgreich, wirkt sie *ex tunc,* wiederum aber nur, wenn der Dritte bösgläubig war. **459**

Ein Treuhandfonds kann immer nur durch Rechtsgeschäft (Vertrag oder Verfügung von Todes wegen) entstehen, eine Entsprechung zu den *resulting* oder *constructive trusts* des englischen Rechts gibt es gleichfalls nicht. Zudem bedarf die Bestellung eines Treuhandfonds zu ihrer Wirksamkeit der Eintragung in das Register der Treuhandsfonds (§ 1451(2) und (3) tschech. BGB).[233] „Jeder Treuhandfonds muss eine Satzung haben" (§ 1452 tschech. BGB), die ihrerseits in eine öffentliche Urkunde gefasst sein muss (§ 567 aaO). Man bewegt sich in der Nachbarschaft des Stiftungsrechts. Denn das in einen Treuhandfonds ausgegliederte Vermögen wird, schwer nachvollziehbar, als ein „abgetrenntes und unabhängiges Eigentum" (§ 1448(2) aaO) eingestuft. Ausgedrückt in den traditionellen Kategorien des Sachenrechts trifft **460**

---

[231] *Smaliukas,* Property and Trust Law in Lithuania, S. 189.

[232] Näher *Smaliukas* aaO S. 192–193 mit Verbesserungsvorschlägen auf der Grundlage des zehnten Buches des DCFR und Hinweisen auf Sonderregelungen für kollektive Anlagemodelle und Pensionsfonds.

[233] Zum 1.1.2018 eingefügt durch die Novelle Nr. 460/2016 Gbl. Gegenstand der Eintragung sind der Name und der Zweck des Treuhandfonds, der Tag seiner Entstehung und seiner Löschung, seine ihm vom Registergericht zugewiesene Identifikationsnummer, Name, Adresse und Geburtsdatum des Treuhänders, ihre Zahl und die Art und Weise, wie sie handeln, ferner Name, Adresse und Geburtsdatum des Treugebers und, bei einem für private Zwecke eingerichteten Treuhandfonds, Name, Adresse und Geburtsdatum des Begünstigten.

man auf einen Eigentümer ohne Rechte, einen Rechtsinhaber ohne Eigentum und ein Eigentum ohne Eigentümer.[234] Der Begünstigte wiederum hat nur eine Forderung gegen den Treunehmer, aber kein Sachenrecht an dem gebundenen Vermögen.[235] Der Umstand, dass das treuhänderisch gebundene Vermögen weder bei einer Insolvenz des Treugebers[236], noch des Treunehmers, noch des Begünstigten in deren Insolvenzmasse fällt, ändert daran nichts; für die Schulden des Treuhandfonds haftet nur er selber.

461 Auch **Ungarn** hat sich inzwischen ein Regime der treuhänderischen Vermögensverwaltung *(Bizalmi vagyonkezelés)* gegeben. Der entsprechende Vertrag gibt dem Verwalter das Recht, die „in sein Eigentum gegebenen Sachen" und Rechte „im eigenen Namen" für einen Begünstigten oder den Vermögensgeber zu verwalten (§ 6:310(1) ungar. ZGB). Sachenrechtlich ist daran nichts Bemerkenswertes. Denn warum sollte ein Eigentümer seine Sachen nicht im eigenen Namen „verwalten"? Der Vermögensgeber überträgt zwar sein Eigentum, bestimmt aber nicht nur den Begünstigten, sondern kann auch verfügen, wann und unter welchen Voraussetzungen das Vermögen auf ihn (den Vermögensgeber) zurückfallen oder auf einen Dritten übertragen werden soll (§ 6:311(2) aaO). Das verwaltete Vermögen bleibt von dem sonstigen Vermögen des Verwalters getrennt (§ 6:312(1) aaO). Auffällig ist zwar die Surrogationsnorm des § 6:312(3) aaO, wonach „die an die Stelle der verwalteten Vermögensgegenstände tretenden Vermögenswerte, Versicherungssummen, Schadenersatzsummen oder andere Werte sowie deren Früchte" „einen Teil des verwalteten Vermögens bilden", und zwar selbst dann, wenn sie nicht in das bei Bestellung des Fonds einzurichtende Vermögensverzeichnis aufgenommen wurden. Der Begünstigte hat aber kein das Eigentum des Verwalters belastendes Sachenrecht; der Herausgabeanspruch auf die Früchte und, falls vertraglich vorgesehen, auf das Vermögen (§ 6:314(1) aaO), kommt über ein Forderungsrecht aus einem Vertrag zugunsten Dritter nicht hinaus. Dem Begünstigten steht zwar ein Kontrollrecht (§ 6:315 aaO), aber kein Weisungsrecht zu (§ 6:316 aaO). Was auf den ersten Blick wirkt, als handele es sich um ein Stück Sachenrecht – der Anspruch des Begünstigten (und des Vermögensgebers) unter § 6:318(3) aaO gegen einen

---

[234] Der Treuhandfonds ist einerseits nicht selber Eigentümer des ausgegliederten Vermögens. Denn er ist kein Rechtssubjekt. Der Treuhandfonds ist gerade keine juristische Person, mag ihn auch das Steuerrecht so behandeln, als wäre er eine (näher *Havel,* in: Tichý/Ronovská/Kocí, Trusty a srovnatelné instituty v Evropě, S. 203, 205). Andererseits hat der Treuhandfonds aber auch keinen Eigentümer, was freilich nicht bedeutet, dass er herrenlos ist (Spáčil [-*Pihera*], Občanský zákoník III, S. 1188). Man hat eine völlig neue Schöpfung des Rechts vor sich, die in keine der bislang vertrauten Kategorien der Jurisprudenz passt.

[235] Hier ist zwar manches umstritten, doch lehnt sich die herrschende Meinung auch mit der These an das vorbildgebende Recht von Québec an, dass das Verhältnis zwischen Begünstigtem und Treunehmer schuldrechtlicher Natur sei (*Strejkovský und Radan Marek,* Správa cizího majetku v novém občanském zákoníku, S. 499). Es würden gerade keine neuen dinglichen Rechte begründet (*Havel und Ronovská,* in: Tichý/Ronovská/Kocí (Hrsg.), Trusty a srovnatelné instituty v Evropě, S. 141, 143). Es handele sich vielmehr (was immer das sei) um eine Obligation mit quasidinglichem Charakter, was sich darin ausdrücke, dass die Forderung des Begünstigten nicht der Verjährung unterliege und nur dann übertragbar sei, wenn ihre Zession nicht der Satzung zuwiderlaufe (*Svejkovský und Marek* aaO S. 416; *Pihera* aaO [vorige Fn.] S. 1205). Der Verzicht auf die Forderung ist möglich, bedarf aber der öffentlichen Beurkundung (§ 1461(2) tschech. BGB).

[236] Anders ist das natürlich, wenn der Treugeber seine Verfügungsbefugnis bereits im Zeitpunkt der Bestellung des Treuhandfonds verloren hatte; dann ist die Verfügung und mit ihr die Einrichtung des Fonds nichtig (Kreisgericht Budweis 30.5.2017, 425/ICm 2544/2016).

bösgläubigen oder unentgeltlichen Erwerber auf Rückübertragung des Erlangten an das verwaltete Vermögen – entpuppt sich bei näherem Hinsehen wiederum als ein rein schuldrechtlicher Rechtsbehelf. Der Dritte hat schließlich vom Berechtigten erworben.[237] Die treuhänderische Vermögensverwaltung erlischt u.a. dann, wenn der Vermögensverwalter die Vermögensverwaltung kündigt (§ 6:326(1)(b) aaO). Dann ist das noch verbliebene Vermögen entweder auf einen neuen Vermögensverwalter oder, falls es keinen gibt, auf den Vermögensgeber zurückzuübertragen (§ 6:328(1) aaO); ob im letzteren Fall die Rechte des Begünstigten erhalten bleiben, sagt das Gesetz nicht.

(3) Die fiducie und das sog. Sicherungseigentum

Die *fiducie-sûreté* des französischen, des rumänischen[238] und des luxemburgischen[239] **462**
Rechts sowie die vielen europäischen Rechtsordnungen (vor allem in Gestalt der Sicherungsübereignung) geläufige Sicherungstreuhand gehören nur linguistisch zu derselben Wortgruppe wie der Trust („Treue"; „Vertrauen"). Sachenrechtlich darf man sie mit ihm schon deshalb nicht ineins setzen, weil sie eigennützige Sicherungsrechte schaffen. Ihr Kernproblem besteht darin, einen Kreditnehmer, der Eigentum oder ein sonstiges Recht zu Sicherungszwecken übertragen hat, vor dem Verlust seiner Heimfallposition zu schützen, wenn und solange er sich selber vertragstreu verhält. Die Lösung besteht, dies (und nur dies) allerdings ähnlich wie beim Trust, typischerweise darin, dem Kreditnehmer und „Treugeber" in der Insolvenz des Kreditgebers und „Treunehmers" Vorzugsrechte gegenüber dessen sonstigen Gläubigern zu gewähren. Gerät dagegen der Treugeber (und Kreditnehmer) in die Insolvenz, muss geklärt werden, ob dem Treunehmer (und Kreditgeber) wirklich alle Rechte eines „echten" Eigentümers zustehen, oder ob er insolvenzrechtlich auf die Position eines Pfandgläubigers zurückgestuft wird. Man bewegt sich schließlich, wirtschaftlich betrachtet, in der unmittelbaren Nachbarschaft eines besitzlosen und zugleich unregistrierten Pfandrechts. Anders als unter einem Trust bleibt unter einer Treuhand aber das private Sachenrecht völlig unverändert. Rein privatrechtlich haben Treuhandbeziehungen überhaupt nur dann einen Bezug zum Sachenrecht, wenn und soweit eine Rechtsübertragung auf einen Treunehmer erfolgt, im Falle einer Sicherungstreuhand eben auf einen Kreditgeber. Der Rest bleibt Schuldrecht; im Gegensatz zu einem *beneficiary* wachsen einem Treugeber *allein aus der Treuhandvereinbarung* noch keinerlei spezifisch sachenrechtliche Rechtsbehelfe zu.[240] Zu seinen Gunsten wirkt weder ein Surrogationsmechanismus, noch ein sachenrechtlicher Verfügungsschutz: sachenrechtlich ver-

---

[237] Vékás und Gárdos (*-Menyhárd*), Kommentár a Polgári Törvénykönyvhöz II, § 6:318 ungar. ZGB, S. 1889–1890.

[238] Bei den Artt. 773–791 rumän. CC handelt es sich um eine „traduction quasi fidèle" des französischen Gesetzestextes (*Stoica,* Nouveau Code civil roumain, S. 173).

[239] Eingeführt durch das Gesetz vom 21.7.2003 (oben Fn. 211).

[240] Wird eine Sicherungsübereignung in der Weise ausgestaltet, dass die Übereignung *auflösend* durch die vollständige Rückzahlung des Kredits bedingt wird, dann steht dem Kreditnehmer unter deutschem Recht zwar schon zwischenzeitlich ein sog. Anwartschaftsrecht und damit eine sachenrechtliche Rechtsposition zu. Sie wurde aber aus dem Bedingungsrecht, nicht aus der Treuhandbeziehung entwickelt. Der Sicherungsgeber bleibt Besitzer der Sache, und nur deshalb erstarkt seine Heimfallposition zu einer Art Sachenrecht (§§ 161(3), 936(3) dt. BGB). Man sieht Ähnlichkeiten mit der Situation beim Eigentumsvorbehalt und erstreckt die für sie gefundenen Lösungen im Wege der Rechtsfortbildung auf die Sicherungsübereignung (Band 1 Rdnr. 483).

fügt der zum Inhaber des Rechts bestellte „Treunehmer" immer als Berechtigter. Aus der Treuhand kann der Treugeber nicht unmittelbar gegen den Vertragspartner des Treunehmers vorgehen. Dass der Treugeber eine Sonderstellung innehat, zeigt sich erst, wenn man sie in der **Perspektive des Vollstreckungsrechts** in den Blick nimmt und letzteres als mitgestaltendes Element des gewöhnlichen Sachenrechts interpretiert. Bei der bloßen Verwaltungstreuhand bzw. der *fiducie-gestion* ist der Ausgangspunkt derselbe. Sie ist zwar fremdnützig konzipiert, doch ist auch bei ihr nur der Umstand genuin sachenrechtlicher Natur, dass sie zu ihrer Entstehung der Übertragung des fraglichen Rechts auf den Treunehmer bedarf. Alles Weitere erschöpft sich in Anpassungen des Insolvenzrechts an eine schuldrechtlich besonders gestaltete Vertragsbeziehung, darunter vor allem die Aussonderungsbefugnis des Treugebers in der Insolvenz des Verwalters.[241] Sie allein lässt noch einen schwachen, bestenfalls quasisachenrechtlichen „Drittschutz" erahnen.

463 Art. 2011 franz. CC definiert die ***fiducie*** seit 2007[242] als „die Operation, durch die ein oder mehrere Besteller gegenwärtige oder zukünftige Güter, Rechte oder Sicherheiten oder eine Gesamtheit von Gütern, Rechten oder Sicherheiten einem oder mehreren *fiduciaires* übertragen, die sie, indem sie sie von ihrem eigenen Vermögen trennen, zu einem bestimmten Zweck zugunsten eines oder mehrerer Begünstigten halten". Es handelt sich also um einen Vertrag *translatif de propriété,* durch den ein *fiduciant* (oder *constituant*) Treuhandvermögen *(patrimoine fiduciaire)* auf einen Treunehmer *(fiduciaire)* mit der Maßgabe überträgt, dass die Vorteile dieses Vermögens einer bestimmten Person zufließen sollen.[243] Dadurch, dass der Treuhandvertrag in das dritte Buch des Zivilgesetzbuches („Des différentes manières dont on acquiert la propriété") eingestellt wurde, sollte eine „Verdoppelung des Eigentums" auf Begünstigten und Treunehmer verhindert werden, die man in Frankreich als ein Merkmal des englischen Trust deutete. Die *fiducie* jedenfalls sei ein bloßer *contrat consensuel.*[244] Das Gesetz unterscheidet zwischen der *fiducie-gestion* (der vor allem im Aktien- und Wertpapierhandel verbreiteten Verwaltungstreuhand) und der *fiducie-sûreté* (der Sicherungstreuhand).[245] Unter ihr überträgt ein Schuldner seinem Gläubiger das betreffende Recht mit der Verpflichtung, es bei Schuldtilgung zurückzuübertragen. Andernfalls erwirbt der Gläubiger, wie gelegentlich formuliert wird, „endgültig das volle Eigentum", ohne darum mit anderen Gläubigern des *fiduciant* konkurrieren zu müssen.[246] Der *fiduciant* darf sich auch nicht

[241] Schweden hat das Problem schon früh für die Situation gesetzlich geregelt, dass der Treunehmer insolvent wird. Hat er Geld oder andere vertretbare Sachen für seinen Auftraggeber entgegengenommen, so kann letzterer sie unter dem Lag om redovisningsmedel vom 5.5.1944 (1944:181) (oben § 5 Rdnr. 260 mit Fn. 384) aussondern (HD 1.9.1994, NJA 1994 S. 506), falls der Treunehmer zur Rechnungslegung (HD 28.8.2009, NJA 2009 S. 500) und getrennter Verwahrung verpflichtet ist.

[242] Die Artt. 2011–2030 franz. CC wurden erst durch Gesetz Nr. 2007-211 eingefügt. Die Ordonnance Nr. 2009-112 vom 30.1.2009 „portant diverses mesures relatives à la fiducie" brachte sodann die Unterscheidung zwischen der Mobiliar- (Artt. 2372-1 bis 2372-6 franz. CC) und der Immobiliarfiducie (Artt. 2488-1 bis 2488-6 aaO). Die Artt. 2011–2013 aaO enthalten eine Art Allgemeiner Teil für beide Formen der *fiducie.*

[243] *Zenati-Castaing und Revet,* Les biens[3], S. 409 Rdnr. 255; *Raynouard und Jourdain-Thomas,* JCP N 2010, 1063, S. 45 Nr. 4.

[244] *Zenati-Castaing, Revet* aaO, S. 410, Rdnr. 255.

[245] *Bourassin/Brémond/Jobard-Bachellier,* Droit des sûretés[4], S. 368 Rdnr. 1282; *Malaurie und Aynès,* Les biens[5], S. 252 Rdnr. 758.

[246] *Bourassin/Brémond/Jobard-Bachellier* aaO S. 369 Rdnr. 1283.

selber zum *fiduciaire* bestellen. Denn in diesem Fall würde es an einem Vertrag fehlen (Art. 2012 aaO). Allerdings können (und werden tatsächlich sogar meistens) der Besteller und der Begünstigte personenidentisch sein, desgleichen der Treunehmer und der Begünstigte (Art. 2016 aaO). Die *fiducie* setzt also keineswegs notwendig eine Dreipersonenbeziehung voraus.[247] Die *fiducie-sûreté* gilt heute als die „Königin der Sicherheiten", weil das Treuhandvermögen dem Zugriff der sonstigen Gläubiger sowohl des Treugebers (der im Regelfall zugleich der einzige Begünstigte ist) als auch des Treunehmers entzogen ist.[248] Zu den **vielen Unterschieden zum *trust*** des englischen Rechts gehört, dass eine *fiducie-sûreté* nur zugunsten von Finanzinstituten, Versicherungen und Rechtsanwälten (Art. 2015 franz. CC) bestellt werden kann, mag sie seit der Aufhebung von Art. 2014 franz. CC a. F. inzwischen auch durch jedermann (also auch durch natürliche Personen) bestellt werden können. Der Vertrag bedarf der Schriftform (Art. 2018 aaO) und der Eintragung in das bei dem zuständigen Finanzamt geführte Steuerregister (Art. 2019(1) aaO); andernfalls ist er nichtig.[249] Gleichfalls nichtig ist eine *fiducie-libéralité,* eine unentgeltliche Treuhand (Art. 2013 franz. CC).

Immobiliarbezogene *fiducies* müssen im *fichier immobilier* verlautbart werden **464**
(Art. 2021(2) franz. CC); auch das ein deutlicher Unterschied zum englischen Recht. Ein weiterer besteht darin, dass die *fiducie*-Gläubiger in Ermangelung einer entgegenstehenden Vereinbarung nicht nur in das Treuhandvermögen, sondern ergänzend auch in das Vermögen des Bestellers vollstrecken dürfen (Art. 2025 aaO). Im Falle der *fiducie-gestion* endet der Vertrag durch den Tod des Bestellers.[250] Vor allem aber wächst dem **Begünstigten kein sachenrechtlicher Schutz** zu, weder bei der *fiducie-sûreté,* noch bei der *fiducie-gestion*. Er ist, darin dem Treugeber gleichgestellt, auf einen Anspruch auf Rechenschaftslegung (Art. 2022(3) aaO) und auf das Recht verwiesen, bei Gericht die Bestellung eines Ersatzverwalters zu beantragen, falls der aktuelle seine Verpflichtungen verletzt oder insolvent wird (Art. 2027 aaO). Außerdem hat der Begünstigte, wenn er tatsächlich einmal ein Dritter ist, unter den Regeln der *stipulation pour autrui* die Möglichkeit, die Nichtigerklärung pflichtwidriger Verfügungen des *fiduciaire* zu beantragen.[251] Ist die Nichtigkeitsklage erfolgreich, kehrt das betreffende Gut *ex lege* in den *patrimoine fiduciaire* zurück.

Die französische Rechtslehre tut sich mit der *fiducie* ungewöhnlich schwer. Fiduzia- **465**
risches Eigentum soll sich von „gewöhnlichem" Eigentum dadurch unterscheiden, dass der *fiduciaire* nicht die wirtschaftlichen Vorteile des Eigentums genieße[252], was für die *fiducie-gestion* zwar deskriptiv richtig ist, analytisch aber nicht wesentlich weiterführt, weil sich Eigentum ohnehin nicht aus den wirtschaftlichen Vorteilen einer Sache konstituiert.[253] Zu Irritationen trägt ferner bei, dass eine *fiducie* nur für längstens 99 Jahre bestellt werden kann (Art. 2018(2) aaO). Das soll die Züge eines zeitlich begrenzten

---

[247] J. Cl. Civil Code (-*Witz*), Art. 2011 à 2030, Fasc. 10, Rdnrn. 55 und 56.

[248] *Witz* aaO Rdnr. 40 (anders sei das nur, wenn den Gläubigern des Bestellers ein *droit de suite* zusteht, etwa, weil die *fiducie* unter Verletzung ihrer Rechte bestellt wurde).

[249] Zusätzlich wurde zur Bekämpfung der Steuerhinterziehung ein nationales Register der *fiducies* geschaffen (Art. 2020 franz. CC i. V. m. dem Dekret Nr. 2010-219 vom 2.3.2010 relatif au traitement automatisé de données à caractère personnel dénommé «Registre national des fiducies»).

[250] *Bourassin/Brémond/Jobard-Bachellier* aaO S. 384 Rdnr. 1317.

[251] *Witz* aaO Rdnr. 35.

[252] *Witz* aaO Rdnr. 23.

[253] Band 1 Rdnrn. 344, 350.

Eigentums tragen.[254] Der Gegeneinwand liegt freilich auf der Hand. Denn Eigentum ist ausnahmslos nur in dem Sinne „ewig", dass es besteht, solange sein Bezugspunkt fortexistiert. Nach Ablauf der genannten Zeitspanne fällt er aber gerade weg; es gibt nun kein Treuhandvermögen mehr. Außerdem sieht man einen Konflikt mit Art. 544 franz. CC, der von dem exklusiven Charakter des Eigentums handelt. Letzterer sei bei der *fiducie* nicht gewährleistet, weil der *fiduciaire* seine Rechtsmacht durch eine Entscheidung des *constituant* auch wieder verlieren könne.[255] Es bestehe deshalb „kein Zweifel" daran, dass das fiduziarische Eigentum kein „freies", sondern nur ein „belastetes" Eigentum *(propriété avec charge)* sei.[256] Das Problem ist nur, dass kein Sachenrecht ersichtlich ist, das man dem Treugeber zuordnen könnte. Es bleibt bei der allgemeinen Regel, dass der Eigentümer, solange er Eigentümer ist, über eine unbeschränkte Rechtsmacht verfügt. Andere Autoren wollen das auch aus ihrer Sicht bestehende Problem mit der These aus der Welt schaffen, dass der Treunehmer in Wahrheit nur ein beschränktes dingliches Recht an den Gütern des Treugebers habe, ein *droit réel sur la chose d'autrui*. Er sei aber gerade nicht ihr Eigentümer.[257] Diese Lehre geht indes ebenfalls nicht auf, weil sie sich mit dem Wortlaut von Art. 2011 franz. CC nicht in Einklang bringen lässt. Es herrscht eine nicht geringe, aber unnötige Verwirrung, ausgelöst durch den Umstand, dass sich das Gesetz nicht auf die Rechtsstellung des Begünstigten, sondern auf die Beziehungen zwischen *constituant* und *fiduciaire* konzentriert. Die Rechtsstellung des Begünstigten ist von den Gesetzesverfassern kaum durchdacht worden. Sie haben ihm, genau besehen, nur ein bloßes Forderungsrecht zugewiesen, mag es auch durch die vollstreckungsrechtliche Immunisierung des *patrimoine fiduciaire* gegenüber den persönlichen Gläubigern des Treunehmers besonders geschützt worden sein. Dabei hat es dann aber schon sein Bewenden. Der Begünstigte ist sachenrechtlich nicht davor gefeit, dass der Treunehmer sein Privatvermögen treuwidrig (aber ununterscheidbar) mit dem Treuhandvermögen vermischt; der Begünstigte hat nicht einmal einen *droit de suite* gegen einen bösgläubigen Drittwerber. Aus einem *droit de suite* können unter Art. 2025(1) franz. CC nur die im Zeitpunkt der Treuhandbestellung bereits besicherten Gläubiger des Bestellers gegen das Treuhandvermögen vorgehen; außerdem sind ihnen gegenüber betrügerische Vermögensverschiebungen unwirksam.[258]

466 Ganz im Vordergrund des deutschen Interesses steht die sog. **Sicherungsübereignung.** Man sieht auf den ersten Blick, dass es sich bei ihr um ein völlig anderes Rechtsgeschäft handelt als beim Trust.[259] Sachenrechtlich wirft es bestenfalls Fragen

---

[254] *Mallet-Bricout,* JCP E 2010, 1191, S. 15; *Raynouard und Jourdain-Thomas,* JCP N 2010, 1063, S. 46.

[255] *Malaurie und Aynès,* Les biens^5, S. 136 Rdnr. 456.

[256] *Mallet-Bricout* aaO S. 15.

[257] *Mallet-Bricout* aaO; *Raynouard und Jourdain-Thomas* aaO S. 46.

[258] *Witz* aaO Rdnr. 45.

[259] Der Trust zielt auf das fremdnützige Halten von und Wirtschaften mit *property,* Sicherungsrechte sind eigennützig. Sie begründen zwar auch in England ein durch Equity geprägtes fiduziarisches Rechtsverhältnis, aber eben gerade keinen *trust,* mag auch umgekehrt ein *trust* persönliche Ansprüche eines Gläubigers gegen seinen Schuldner sichern können (*Twinsectra v Yardley* [2002] UKHL 12; [2002] 2 AC 164). Völlig zu Recht betont denn auch Areopag 1421/2013, DEE 20 (2014) S. 234, EEmpD 63 (2014) S. 113, dass der Trust des englischen Rechts (in diesem Fall gegründet zugunsten einer Gesellschaft mit Sitz in Kavala) nichts mit der treuhänderischen Übereignung des griechischen Rechts zu tun habe, mögen für beides auch nahezu identische Begriffe verwendet werden (*katapístevma* bzw. *katapistevmatiké metabíbase*).

zur Rechtsstellung des „Treugebers" (des Übereignenden) auf. Denn einen von ihm personenverschiedenen „Begünstigten" gibt es gar nicht. Die Sicherungsübereignung deutschen Rechts hat mit dem Recht der Treuhand nur noch insoweit etwas zu tun, als dem Sicherungsnehmer (typischerweise, aber nicht notwendig eine Bank) eine Rechtsmacht zuwächst, die über sein Sicherungsbedürfnis hinausweist.[260] Er bekommt nur deshalb den formalen Titel eines Eigentümers, weil die Bestellung eines Pfandrechts daran scheitert, dass der Sicherungsgeber im Besitz (der Detention) der Sache bleiben soll. Die deutsche Rechtsprechung hat diese Umgehung des Prinzips des Faustpfandes im Gegensatz zu der Rechtsprechung mehrerer anderer europäischer Jurisdiktionen[261] seit jeher akzeptiert[262]; die estnische[263], die griechische[264], die litauische[265], die schwedische[266], die polnische, die slowenische und die tschechische Rechtsprechung tun es ihr gleich.[267] Von einer privatrechtlich organisierten Dreipersonenbeziehung ist schon in der Grundkonstellation keine Rede mehr.[268] Es gibt keinen

---

260 Nach deutschem und griechischem Verständnis hat man eine „Treuhand" vor sich, „wenn der Treugeber dem Treunehmer einen Überschuss an Rechtsmacht einräumt" (MünchKomm [-*Schubert*], BGB I^7, § 164 Rdnr. 50; Georgiades und Stathopoulos [-*Georgiades*], ZGB, Art. 1034 S. 445 Rdnr. 91). Das ist aber natürlich kein Trust; ihn akzeptieren weder das deutsche noch das griechische Recht.

261 Siehe schon oben Fn. 218 (Italien), außerdem Band 1 Rdnr. 500 mit Fn. 1287 und 1288 (Belgien, Niederlande, Österreich, Ungarn).

262 Grundlegend bereits RG 11.3.1904, RGZ 57 S. 175.

263 Wie im deutschen so fehlt auch im estnischen Recht eine ausdrückliche Regelung. Es wird aber generell akzeptiert, dass eine auflösend bedingte Mobiliarübereignung zulässig ist (*Sepp,* Juridica International 26 [2017] S. 56, 64; Faber und Lurger [-*Kullerkupp*], National Reports I, Estonia, S. 291).

264 In Griechenland ist viel diskutiert worden, ob das Institut der Sicherungsübereignung als Verstoß gegen das *numerus clausus*-Prinzip zu verwerfen sei (näher *Georgiades,* Exasfálisi ton pistóseon, S. 589–590). Die Frage hat sich aber durch eine konstante Rechtsprechung erledigt. Zwar wird ein solcher Verstoß grundsätzlich bejaht (z. B. Areopag 999/1996, EllDni 39 [1998] S. 847 und Areopag 1315/1989, NoB 41 [1993] S. 87), doch erlaube bei beweglichen Sachen das Abstraktionsprinzip seine Umgehung (z. B. Areopag 1307/1994, NoB 44 [1996] S. 419; Berufungsgericht Thessaloniki 2642/1992, EllDni 35 [1994] S. 629; Berufungsgericht Athen 6395/1976, NoB 25 [1977] S. 403–408; Berufungsgericht Athen 236/1976, NoB 24 [1976] S. 638, Anm. *Spyridakis* und LG Verria 166/1996, NoB 45 [1997] S. 76).

265 Litauen geht allerdings einen partiell an Schweden (nachfolgende Fn.) erinnernden Sonderweg. Die Zulässigkeit einer Sicherungsübereignung wird aus den Regelungen zum Rückkauf (Artt. 6.417 und 6.418 lit. ZGB) abgeleitet (*Smaliukas,* Property and Trust Law in Lithuania, S. 231). Der Kreditgeber darf die Sicherheit aber nur wie ein Hypothekar bzw. ein Pfandgläubiger nutzen (Art. 6.418(5) lit. ZGB). Die Drittwirksamkeit des Sicherungseigentums hängt außerdem von seiner Eintragung ab, bei Registersachen in das entsprechende Register (Grundbuch, Fahrzeugregister), andernfalls in ein vom zentralen Hypothekeninstitut verwaltetes spezielles Vertragsregister. In beiden Fällen kann der Kreditnehmer die Sache aus der Insolvenzmasse des Schuldners aussondern (lit. OG 3.3.2009, 3K-3–91/2009).

266 Die Sicherungsübereignung *(säkerhetsöverlåtelse)* bedarf allerdings unter dem Lag om handel med lösören, som köparen låter i säljarens vård kvarbliva vom 20.11.1845 (1845:50 S. 1) (dem Gesetz über den Handel mit beweglichen Sachen, die der Käufer in der Obhut des Verkäufers belässt) auch in Schweden der Registereintragung, um sachenrechtlich wirksam zu sein, d. h., um dem Kreditgeber ein Aussonderungsrecht zu geben (HD 17.4.1912, NJA 1912 S. 156).

267 Band 1 Rdnr. 500 mit Fn. 1286. Zu Slowenien außerdem Artt. 201–206 slowen. SPZ. Die Vereinbarung bedarf hier der Form einer sofort vollstreckbaren notariellen Niederschrift (Art. 202(1) slowen. SPZ).

268 Das kann nur bei der Verwaltungstreuhand anders sein, die den Begünstigten aber sachenrechtlich ungeschützt lässt.

anderen „Begünstigten", als den Treugeber; Eigentum denaturiert plötzlich zum Kreditsicherungsrecht. Der Kreditgeber verfolgt keinerlei fremdnützige Interessen. Genau genommen ist nicht einmal wichtig, ob es sich überhaupt um die sicherungsweise Übertragung von *Eigentum* handelt. Jedes übertragbare Recht kann in diesem Sinne „sicherungshalber" übertragen, jedes übertragbare Recht als „Sicherungsrecht" eingesetzt werden. Die Sicherungs*übereignung* bildet lediglich das wichtigste Anwendungsbeispiel. Ihre große Verbreitung hängt damit zusammen, dass sie grundsätzlich (Ausnahme: Eigentum an Grundstücken, § 925(2) dt. BGB[269]) auch in dem Sinne auflösend bedingt werden kann, dass die Einigung zwischen Besteller und Erwerber bei Schuldtilgung *ex nunc* entfällt, so dass es in diesem Zeitpunkt zu einem „automatischen" Rückfall des Rechts kommt. Die zwischenzeitliche (latente) Rückfallposition hat die deutsche Rechtsprechung wiederum sachenrechtlich verstärkt, indem sie sie in den Rang eines sog. **Anwartschaftsrechts** erhoben hat.[270] Ein als Sachenrecht ausgeflaggtes Anwartschaftsrecht ist aber nur – und das erklärt ihre Sonderstellung – bei der Sicherungs*übereignung* denkbar. Bei der Sicherungszession fehlt es an einer Sache, weil Forderungen keine körperlichen Gegenstände (§ 90 dt. BGB) und damit weder taugliche Bezugspunkte des Eigentums- noch eines Anwartschaftsrechts sind. Und bei der auflösend bedingten, zu Sicherungszwecken vorgenommenen Bestellung eines beschränkten dinglichen Rechts bleibt dem Kreditnehmer i. d. R. ohnehin eine sachenrechtliche Position an dem belasteten Stammrecht zurück, die zu seinem Schutz genügt.

467 Auch bei der (auflösend) bedingten Sicherungsübereignung entsteht rein schuldrechtlich zwar i. d. R. eine Treuhandbindung. Aus ihr erwächst dem Treugeber aber kein Drittschutz. Seine sachenrechtliche Position wird vielmehr aus dem Bedingungs- und dem Besitzrecht abgeleitet.[271] Das wiederum hat zur Folge, dass es keiner Anpassung des Insolvenzrechts mehr bedarf; die für erforderlich gehaltenen Korrekturen sind bereits im materiellen Recht erfolgt. Bei der unbedingten Sicherungsübereignung dagegen, bei der der Kreditnehmer privatrechtlich auf einen rein schuldrechtlichen Rückübertragungsanspruch verwiesen bleibt, erfolgt die Korrektur erst im Vollstreckungsrecht. Die deutsche Rechtsprechung ist sich des Umgehungscharakters der Sicherungsübereignung immer bewusst geblieben. Wer sie akzeptiert, muss **Systembrüche** hinnehmen, entweder (wie bei der bedingten Sicherungsübereignung) unmittelbar im Privatrecht, oder (wie bei der unbedingten Sicherungsübereignung) im Vollstreckungsrecht.

---

[269] Auch in Griechenland wird eine (auflösend) bedingte Übereignung von Grundeigentum für nichtig angesehen. Das folgt zwar nicht unmittelbar aus dem Gesetz, wird aber mit dem kausalen Regime der Eigentumsübertragung an Grundstücken (Art. 1033 gr. ZGB) begründet. Die Sicherung einer Forderung sei kein vom Gesetz anerkannter gültiger Erwerbsgrund (ein Argument, das auch in Italien eine Rolle spielt: oben Fn. 216). Jedenfalls wird, während die treuhänderische Übereignung von beweglichen Sachen völlig akzeptiert ist (Areopag 1307/1994 aaO [Fn. 264]), die treuhänderische Übertragung des Eigentums an unbeweglichen Sachen von einer konstanten Rechtsprechung untersagt (z. B. Areopag 1315/1989, NoB 41 [1993] S. 87; Areopag 91/1984, NoB 33 [1985] S. 241, Anm. *Spyridakis;* Areopag 1154/1980, NoB 29 [1981] S. 529 und öfter). In Slowenien verhält es sich ebenso (Artt. 63, 201–206 slowen. SPZ). Tschechien dagegen akzeptiert die auflösend bedingte Sicherungsübereignung auch bei Grundstücken (§§ 2040, 2041 tschech. BGB).

[270] Band 1 Rdnr. 481 mit Fn. 1174.

[271] Oben Fn. 240.

Im praktischen Ergebnis bedeutet das: Bei einer **auflösend bedingten** Sicherungstreuhand in Gestalt der **Sicherungsübereignung** kann sich der vertragstreue **Sicherungsgeber** aus seinem Anwartschaftsrecht mit der sogen. Drittwiderspruchsklage (§ 771 dt. ZPO) gegen den Zugriff der Gläubiger des Sicherungsnehmers auf das Treugut zur Wehr setzen.[272] Das Anwartschaftsrecht wird behandelt, als wäre es Eigentum.[273] Gerät der Sicherungsnehmer in die Insolvenz, hat der Sicherungsgeber die Möglichkeit, durch Zahlung der Restschuld den Bedingungseintritt herbeizuführen und aus seinem so zurückgewonnenen Eigentum die Sache aus der Insolvenzmasse zu vindizieren („auszusondern") (§ 47 dt. InsO). Zahlt er die Schuld regulär, aber nicht vorfristig zurück, dann bleibt sein Anwartschaftsrecht den Vertragspartnern des Insolvenzverwalters gegenüber bestehen.[274] Im umgekehrten Fall (der Sicherungsgeber gerät in Zahlungsschwierigkeiten) kann der **Sicherungsnehmer** (als Eigentümer) Vollstreckungen Dritter in die bei dem Treugeber befindliche Sache ebenfalls mit der Drittwiderspruchsklage unterbinden.[275] Die übrigen Gläubiger des Treugebers können allerdings sein Anwartschaftsrecht pfänden.[276] Sie können dann unter § 267 dt. BGB dafür optieren, die Restforderung zu begleichen, um auf diese Weise zeitnah den Rückfall des Eigentums an den Treugeber auszulösen und das Treugut zu pfänden und selbst zu verwerten.[277] Andernfalls müssen sie die Verwertung durch den Sicherungsnehmer abwarten, um den möglicherweise bestehenden Übererlös zu pfänden, der an den Treugeber auszukehren ist.[278] Dass dem Treunehmer „eigentlich" nur ein besitzloses Pfandrecht zukommen soll, wirkt sich erst in der Insolvenz des Treugebers aus. Der Treunehmer wird nun einem Pfandgläubiger gleichgestellt, d.h. dass er (anders als ein „echter" Eigentümer) die Sache nicht aus der Insolvenzmasse herausverlangen kann, sich vielmehr in Höhe seiner noch nicht getilgten Forderung mit ihrem Veräußerungserlös begnügen muss („abgesonderte Befriedi- 468

---

[272] Grundlegend schon RG 20.3.1912, RGZ 79 S. 121 und RG 10.10.1917, RGZ 91 S. 12, 14; ferner u. a. OLG Karlsruhe 9.2.1977, NJW 1977 S. 1069.

[273] BGH 28.6.1978, BGHZ 72 S. 141 („Pfändet der Gläubiger des Sicherungseigentümers die diesem sicherungsübereignete bewegliche Sache, so hat der Sicherungsgeber ein Widerspruchsrecht nur bis zu dem Zeitpunkt, von dem an der Sicherungseigentümer die Sache verwerten darf").

[274] So verhält es sich z.B., wenn unter § 108(1) und (2) dt. InsO der Fortbestand von Miet-, Pacht-, Leasing-, Darlehens- sowie Dienst- und Arbeitsverträgen angeordnet und der Gemeinschuldner als Gläubiger der Leistung Sicherungsnehmer ist.

[275] Das entspricht ständiger höchstrichterlicher Rechtsprechung (z. B. BGH 4.2.1954, BGHZ 12 S. 232, 234; BGH 22.2.1956, BGHZ 20 S. 88; BGH 28.6.1978, BGHZ 72 S. 141, 164; BGH 13.5.1981, BGHZ 80 S. 296, 299; BGH 12.5.1992, BGHZ 118 S. 201, 207; BGH 30.10.1990, NJW 1991 S. 353 und auch schon RG 9.4.1929, RGZ 124 S. 73). Im Schrifttum wird freilich vielfach die These vertreten, dass sich der Sicherungsnehmer mit einer Klage aus § 805 dt. ZPO auf vorzugsweise Befriedigung begnügen müsse (z. B. Baumbach/Lauterbach/Albers/Hartmann [-*Hartmann*], ZPO[76], § 771 Rdnr. 25 und MünchKomm [-*Schmidt und Brinkmann*], ZPO[5], § 771 Rdnr. 29).

[276] Kindl/Meller-Hannich/Wolf (-*Handke*), Gesamtes Recht der Zwangsvollstreckung[3], § 771 ZPO Rdnr. 20.

[277] Dies muss nach herrschender Meinung als Doppelpfändung des Rechts und der Sache erfolgen, damit sich das Pfandrecht, das am Anwartschaftsrecht bestand, aufgrund der Publizität der Sachpfändung mit Bedingungseintritt an der gepfändeten Sache fortsetzt (*Handke* aaO § 857 ZPO Rdnr. 9; Musielak und Voit [-*Becker*], ZPO[14], § 857 Rdnr. 7).

[278] BGH 14.7.1994, NJW 1994 S. 2885; MünchKomm (-*Oechsler*), BGB VII[7], Anh. §§ 929–936, Rdnr. 52.

gung“: § 51 Nr. 1 dt. InsO).[279] In Griechenland trifft man auf weithin ähnliche Strukturen.[280]

469 Handelt es sich um eine **unbedingte Übereignung zu Sicherungszwecken,** genießt der Sicherungsgeber im Falle der Zwangsvollstreckung gegen den Sicherungsnehmer solange keinerlei Drittschutz, wie das Darlehen nicht getilgt ist. Der Treugeber kann seine Interessen weder im Wege der Drittwiderspruchsklage, noch im Wege der Aussonderung, noch im Wege der abgesonderten Befriedigung verfolgen.[281] Hat er dagegen seine Schuld beglichen, dann steht ihm zwar immer noch nur ein obligatorischer Rückübertragungsanspruch zu[282], doch wird dieser gewohnheitsrechtlich durch ein Aussonderungsrecht in der Insolvenz des Treunehmers verstärkt.[283] Wird dagegen von dritter Seite gegen den Sicherungsgeber die Zwangsvollstreckung betrieben, dann steht dem Sicherungsnehmer aus seinem Eigentum erneut die Drittwiderspruchsklage offen. Alles andere wäre inkonsequent; die Position eines solchen Sicherungsnehmers ist ja gerade nicht durch die Vereinbarung einer auflösenden Bedingung geschwächt. Wird über das Vermögen des Sicherungsgebers die Insolvenz eröffnet, steht dem Sicherungsnehmer wegen seiner offenen Forderung allerdings wiederum nur ein Recht auf abgesonderte Befriedigung und keine Aussonderungsbefugnis zu (§ 51 Nr. 1 dt. InsO).

II. Störungsschutz

1. Ordnungsansätze

470 Subjektive Sachenrechte sind deshalb „absolute“ Rechte, weil sie gegenüber jedermann wirken. Was das *genau* bedeutet, entscheidet sich nicht zuletzt im Recht der Rechtsbehelfe.[284] Die europäischen Rechtsordnungen greifen auch darauf unterschiedlich zu, systematisch, terminologisch[285] und gelegentlich auch inhaltlich. Man setzt sie am besten durch eine Differenzierung nach Anspruchszielen in Beziehung. Jeweils geht es um die Frage, was der Inhaber des betroffenen Rechts gegen dessen Verletzung mit der alleinigen Begründung unternehmen darf, dass ihm (dem Recht) ein anderer den

---

[279] *Nerlich und Römermann,* Insolvenzordnung[33], § 51 Rdnr. 4; *Reinicke und Tiedtke,* Kreditsicherung[6], S. 179.

[280] Überblick über die Rechtslage bei Georgiades und Stathopoulos (-*Georgiades*), ZGB, Art. 1034, Rdnrn. 100–106. Vollstrecken die Gläubiger des Sicherungsnehmers in das Sicherungsgut, steht dem Sicherungsgeber der Einspruch aus Art. 936 gr. ZPO zu. Gerät der Sicherungsnehmer in die Insolvenz, kann der Sicherungsgeber unter einer auflösend bedingten Sicherungsübereignung die Restschuld an den Insolvenzverwalter zahlen und dadurch sein Eigentum zurückgewinnen. Wird in das Vermögen des Sicherungsgebers vollstreckt, wehrt sich auch der Sicherungsgeber dagegen mit dem Einspruch aus Art. 936 gr. ZPO. Gerät der Sicherungsgeber in die Insolvenz, hat der Sicherungsnehmer aber nur die Stellung eines Pfandgläubigers.

[281] Z. B. Jauernig (-*Berger*), BGB[17], § 930 Rdnr. 52.

[282] BGH 25.2.1987, BGHZ 100 S. 95, 105.

[283] *Gaul,* FS Serick, S. 105, 130. Dadurch soll verhindert werden, dass der Sicherungsnehmer seine „lediglich formal“ fortbestehende Rechtsposition in Relation zu seinen Gläubigern ausnutzt (Westermann/Gursky/Eickmann [-*Westermann*], Sachenrecht[8], § 44 Rdnr. 23).

[284] Zu der Unterscheidung zwischen Rechtsbehelf und Ausübung des Stammrechts oben Rdnr. 411.

[285] Oben Rdnrn. 427–431.

von jedermann geschuldeten Respekt verweigere. Im Näheren kann man zwischen Störungen unterscheiden, die der Rechtsinhaber ***realiter* unterbinden** darf, und solchen, auf die er lediglich mit einem Anspruch auf die **Zahlung von Geld** reagieren kann. Der analytische Vorrang gebührt den Rechtsbehelfen, die ausschließlich auf die Verteidigung gegen eine (aktuelle oder potentielle) Usurpation seines Rechts gerichtet sind. Sie wirken nicht nur schärfer, sie geben auch den Ersatzansprüchen in Geld den Rahmen vor, in dem diese sich entfalten. Letztere schließen die Lücke, die sich auftut, wenn reale Abhilfe nicht verlangt werden kann oder nicht genügt.

Im Kontext der auf reale „Entstörung" gerichteten Rechtsbehelfe lässt sich wieder **471** je nachdem unterscheiden, ob eine Verletzung **andauert oder drohend bevorsteht;** im ersten Fall hat man es mit einem Beseitigungs-, im zweiten mit einem Unterlassungsbegehren zu tun. Ein Unterlassungsbegehren ist, vereinfachend gesagt, darauf gerichtet, dass der Anspruchsgegner von einem geplanten Tun Abstand nimmt, ein Beseitigungsbegehren darauf, dass er eine fortwährende Störung aus der Welt schafft. Rechtsfolgen sollte man mit dieser Unterscheidung freilich nicht verknüpfen; sie hat nur beschreibenden Wert.[286] Zwar wird man sagen, es gehe um Unterlassung, wenn jemand zu unterbinden versucht, dass ein Nachbar überdimensionale Lautsprecher in Betrieb setzt, während Lärmbeseitigung begehrt wird, wenn die Lautsprecher schon auf vollen Touren laufen. Selbst in der zweiten Situation würde sich die Einordnung aber auf der Stelle ändern, wenn man statt auf „Lärm" auf „Schallwellen" abstellen würde. Andauernder „Lärm" kann durch Bedienung des Lautstärkereglers abgestellt werden (Beseitigung). Einmal emittierte „Schallwellen" dagegen lassen sich nicht mehr beseitigen. Der Emission von Schallwellen kann man nur mit einem Unterlassungsbegehren vorbeugen. Sein Ziel aber bliebe dasselbe: die Bedienung des Lautstärkereglers.

Auch allen weiteren Binnendifferenzierungen des Rechts der Rechtsbehelfe wohnt **472** unvermeidlich eine gewisse Beliebigkeit inne. Einige haben rein historische Gründe, andere erleichtern die Analyse von Detailfragen, dritte einfach nur die Darstellung. Der Anspruch auf die **Herausgabe** einer Sache z. B. ließe sich auch als Anspruch auf die Beseitigung einer andauernden Rechtsverletzung in Gestalt der Vorenthaltung des Besitzes deuten[287], und umgekehrt lässt sich auch der Beseitigungsanspruch aus der Existenz des Vindikationsrechts ableiten.

---

[286] Mit dem Antrag auf Erlass einer *injunction* (einem *equitable remedy,* dessen Gewährung prinzipiell im Ermessen des Gerichts steht), kann man sich denn auch sowohl gegen andauernde als auch gegen bevorstehende Rechtsverletzungen zur Wehr setzen. Eine *injunction* kann wahlweise auf bloße Beendigung des störenden Verhaltens (sog. *prohibitory injunction*) oder auf die Vornahme aktiver Maßnahmen zur Beseitigung und/oder Verhinderung rechtsbeeinträchtigender Zustände *(mandatory injunction)* gerichtet sein (Clerk and Lindsell [-*Burrows*], Torts[19], Rdnr. 30-01). Auf den Erlass einer *prohibitory injunction* besteht freilich praktisch ein echter Anspruch. Das gerichtliche Ermessen ist hier sehr reduziert. Eine solche *injunction* wird nur bei Vorliegen besonderer Umstände (überwiegende öffentliche Interessen, treuwidriges Verhalten des Antragstellers) verweigert (*Burrows* aaO Rdnr. 30-04 bis 30-05). Eine *mandatory injunction* wird dagegen nur nach umfassender Würdigung aller Umstände des Einzelfalls gewährt; zu ihnen gehört auch die mit ihr verbundene finanzielle Belastung des Antragsgegners (*Morris v Redland Bricks Ltd.* [1970] A. C. 652).

[287] So in der Tat z. B. § 126(2) tschech. BGB [1964] („Der Eigentümer hat das Recht auf Schutz gegen den, der unberechtigt in sein Eigentumsrecht eingreift; insbesondere kann er die Herausgabe der Sache von dem verlangen, der sie ihm unberechtigt vorenthält"). Differenzierend dazu aber tschech. OG 15.11.2000, 22 Cdo 2602/98, Právní rozhledy 2001 (2) S. 89 (Kaufvertrag über mehrere Grundstücksparzellen; auf zweien hatte die Verkäuferin kleine aus Holz errichtete Datschen stehen lassen, außerdem die Parzellen nicht rechtzeitig übergeben. Die Beklagte

Genau das ist in **Österreich** geschehen. Obwohl völlig anerkannt, fehlt für den allgemeinen Beseitigungs- und Unterlassungsanspruch, genau besehen, eine ausdrückliche gesetzliche Grundlage. Gleichwohl hat er sich unproblematisch aus den §§ 354 (Definition des Eigentums), 366 („eigentliche Eigentumsklage"; Vindikation) und § 523 Satz 2 österr. ABGB (einer der beiden Alternativen des „Klagerechts in Rücksicht der Servituten") herleiten lassen. Die *actio negatoria* „im weiteren Sinn"[288] dient dem Eigentümer zur Abwehr jeder widerrechtlichen Störung seines Rechts, die nicht in einer Besitzentziehung besteht (gegen sie geht man mit der Vindikation vor). Zum Inhalt des Eigentumsrechts gehöre auch das Recht, jeden anderen von der Nutzung der Sache auszuschließen.[289] Schon *v. Zeiller* meinte allerdings, dass die negatorische Klage nur ein Anwendungsfall der Eigentumsfreiheitsklage (der Vindikation) aus § 366 österr. ABGB sei, und die Rechtsprechung sieht das bis heute ebenso.[290] Die Beseitigungsklage steht jedem Eigentümer zu, der in seinem Recht gestört wird[291], desgleichen einem Nießbraucher[292] und einem Pfandgläubiger.[293]

473 Den auf ein Sachenrecht gestützten Herausgabeanspruch sollte man nur deshalb isoliert betrachten, weil er vielerorts besonderer Begründung bedarf, außerdem neben speziellen Verjährungsvorschriften[294] eigenen Beweisanforderungen und eigenen prozessualen Regelungen unterliegen kann.[295] Zudem schärft man so den Blick dafür, dass

meinte, die Datschen nicht mitverkauft zu haben. Die Klägerin sah das zwar anders, hatte aber selber an den Datschen kein Interesse. Das Berufungsgericht meinte, es sei Sache der Beklagten, wie sie das Grundstück räume; auf die Eigentumsverhältnisse an dem Schuppen komme es nicht an. Die Beklagte begründete ihre Revision damit, ihr sei durch das Räumungsurteil de facto auferlegt worden, ihre Datscha abzureißen, was ihr Eigentum verletze. Das Oberste Gericht legte dar, dass die Beseitigung einer unbeweglichen Sache von fremdem Grund mit der Negatorien-, nicht mit der Räumungsklage verlangt werde. Hier aber verlange die Klägerin Herausgabe (Räumung), nicht Beseitigung. Der Klägerin ginge es um den Besitz der Parzellen, nicht um die Eigentumsstörung. Sie habe, obwohl beide Klagen miteinander verbunden werden könnten, gar keine Negatorienklage erhoben. Dass die Tatsacheninstanzen die Beklagte zur Räumung verurteilten, habe nicht bedeutet, dass sie ihr auch eine Beseitigungspflicht auferlegt hätten.

288 § 523 österr. ABGB unterscheidet zwischen der Klage des Dienstbarkeitsberechtigten gegen den Eigentümer auf Anerkennung der Servitut (daher actio *confessoria*) und der Klage des Eigentümers, der sich darüber beschwert, dass sich jemand eine Servitut anmaßt (daher actio *negatoria;* der Begriff wird heute aber eben auch als Synonym für die allgemeine Beseitigungsklage verwandt).

289 Koziol/Bydlinski/Bollenberger (*-Eccher*), ABGB^4, § 523 Rdnr. 7.

290 *v. Zeiller,* Commentar II/1, § 523, S. 366; OGH 26.11.1964, EvBl 1965/197, ÖJZ 1965 S. 292 (mit der Konsequenz, dass die Vorschriften über Nebenfolgen der Vindikation, darunter die Regelung zur Herausgabe von Früchten, im Rahmen der Negatorienklage entsprechend anzuwenden seien).

291 Zu Miteigentümern näher OGH 30.4.1996, SZ 69/110.

292 OGH 27.9.1990, SZ 63/164 entschied sogar, dass der Beseitigungsanspruch im Falle eines Nießbrauchs nur dem Nießbraucher, nicht auch dem Eigentümer zustehe.

293 *Iro,* Sachenrecht^4, Rdnr. 11/3 (sog. Devastationsklage).

294 Incl. der Regel, dass die Vindikation überhaupt nicht verjähre (Frankreich, oben Fn. 77; außerdem z. B. Portugal: Art. 1313 port. CC).

295 Zu England bereits Band 1 Rdnrn. 29–31. Eindrucksvoll für Portugal auch STJ 30.1.2013, Processo 113/09.3TBSBG.C2.S 1 (In der Rechtsmittelinstanz könne eine Vindikationsklage nicht mehr in eine negatorische Klage umgewandelt werden; im konkreten Fall sei das aber bedeutungslos, weil die Vindikationsklage materiell zu demselben Ergebnis führen würde wie die negatorische). Siehe für Italien außerdem Cass. 11.1.2017 (oben Fn. 90). In Griechenland hält man die Herausgabeklage (Art. 1094 gr. ZGB) und die negatorische Klage (Art. 1108 gr. ZGB) zwar für theoretisch klar unterschieden, räumt aber ein, dass es Grenzfälle gibt, z. B. dann, wenn der Zugang zu einem Grundstück völlig gesperrt wird. Dann wird primär auf Herausgabe und subsidiär auf Beseitigung geklagt (Art. 219 gr. ZPO). In Schweden verhalten sich die Dinge wesentlich einfacher. Denn die Erfüllungsklage unter Kap. 13 § 1 schwed. RB umfasst ohne weitere Binnendifferenzierung die Feststellung eines Rechts an einer Sache, ihre Herausgabe, den für sie geschul-

Rechtsbehelf und Stammrecht kompatibel bleiben müssen. Wenn das Stammrecht (z. B. eine Grunddienstbarkeit) kein Recht auf den Besitz einer Sache umfasst, lässt sich aus ihm eben auch kein Herausgabeanspruch ableiten, oder allgemeiner formuliert: Nicht jeder Inhaber eines beliebigen Sachenrechts kann verlangen, was auch jeder Inhaber eines anderen Sachenrechts verlangen kann. Einem *beneficial interest* z. B. wohnt eben im Grundsatz gerade nicht das Recht inne, Dritten die Nutzung von beweglichem Trustvermögen zu untersagen, auch nicht das Recht, sie von Eingriffen in dessen physische Integrität abzuhalten.[296] Je breiter das jeweilige Recht inhaltlich ausgelegt ist, desto breiter und zahlreicher werden auch die zu seinem Schutz erdachten Rechtsbehelfe. Das umfassendste Recht ist das Eigentum; zumindest unter kontinentaleuropäischem Recht deckt es deshalb meistens auch auf der Rechtsfolgenseite alle und vor allem die leistungsstärksten Rechtsbehelfe ab. Eigentumsbelastende Rechte sind typischerweise schwächer aufgestellt als das Eigentum selbst; überhaupt genießen Belastungen grundsätzlich einen weniger weit ausgreifenden Rundumschutz als das Recht, das sie belasten. Abstrakt lässt sich deshalb nur sagen, dass jedes Sachenrecht die Rechtsbehelfe trägt, die zum Schutz eines Rechts seiner Art unerlässlich sind.

2. Beseitigungs- und Unterlassungsansprüche

a) Der allgemeine Beseitigungsanspruch

(1) Reale Sachen

„Beseitigen" lässt sich, wie gesagt, nur ein aktuell andauernder Eingriff in den Schutzbereich eines Sachenrechts. Nur er stellt eine Störung dar; nicht seine möglicherweise vermögensmindernden Folgen. Das ist der hauptsächliche Grund dafür, warum Beseitigungsbegehren bei realen Sachen kaum eine Rolle spielen. Die Zahl der an realen Sachen möglichen Sachenrechte ist ohnehin vergleichsweise gering. Mit einem allgemeinen Beseitigungsanspruch werden vielerorts zwar das Eigentum[297], das Nießbrauchrecht[298] und manchmal auch das Pfandrecht[299] abgesichert, **474**

deten Ersatz sowie Unterlassungsbegehren unter Einschluss einer Verbotsverfügung mit Androhung von Zwangsgeld (*Lindell,* Civilprocessen², S. 207; s. außerdem schon oben Fn. 102).

[296] Einzelheiten oben Rdnrn. 447–448.

[297] Art. 109 bulgar. Gesetz über das Eigentum; § 1004 dt. BGB; § 89 estn. LPA; Art. 1108 gr. ZGB; Art. 1039 lett. ZGB; Art. 4.98 lit. ZGB; Art. 222 § 2 poln. ZGB; Art. 1311(1) port. CC; § 126(1) slowak. BGB; Art. 99(1) slowen. SPZ; § 1042 tschech. BGB; § 5:36(1) ungar. ZGB. Auch das schwedische Recht kennt den Dualismus aus rechts- und besitzgestütztem Beseitigungs- bzw. Unterlassungsanspruch. Neben die allgemeine Leistungsklage *(förbudstalan),* ihrerseits eine Unterform der Erfüllungsklage *(fullgörelsetalan),* und das Verbotsurteil *(förbudsdom)* (zu beidem *Fitger,* Rättegångsbalken, Kap. 13, Inledning, www.infotorg.se) tritt das summarische Verfahren unter § 4(1) schwed. BfL. Eine ausdrückliche materiellrechtliche Regelung zu Beseitigung und Unterlassung fehlt zwar, doch setzt das Verfahrensrecht diese Ansprüche voraus (*Ekelöf und Boman,* Rättegång⁶, S. 426 und 466).

[298] § 1065 dt. BGB; § 184 estn. LPA (betrifft nur Dienstbarkeiten, soll aber auf den Nießbrauch entsprechend anwendbar sein: Faber und Lurger [-*Kullerkupp*], National Reports I, Estonia, S. 243, Fußnote 39); Art. 1173 gr. ZGB; Artt. 252 i. V. m. 251 poln. ZGB; § 853(1) slowak. BGB (allgemeine Regelung zur Analogie, aus der die entsprechende Anwendung des Eigentumsrechts zum Schutz von dinglichen Lasten hergeleitet wird: *Fekete,* Občiansky zákonník I, S. 992); Art. 212 slowen. SPZ; § 1259 tschech. BGB (Schutz von Dienstbarkeiten; der Nießbrauch ist in Tschechien eine persönliche Dienstbarkeit).

[299] § 1227 dt. BGB; Art. 1236 gr. ZGB; Art. 3:125 ndl. BW; Artt. 306 i. V. m 251 poln. ZGB; Art. 670(a) port. CC; Art. 164 slowen. SPZ.

doch gibt es nirgendwo einen „besonderen", d.h. auf spezifische Störungssituationen verengten und deshalb spezialiter geregelten Beseitigungsanspruch. Selbst für den „allgemeinen" besteht, genau besehen, **kaum** je ein **praktisches Bedürfnis.** Zwar geben Notwehr und Selbsthilfe keine eigenen Klagerechte. Auch ist richtig, dass mittelbarer Besitz endet, sobald der unmittelbare Besitzer die Heimfallposition des mittelbaren nicht länger respektiert. Drittschutz wäre also nur noch rechtsgestützt denkbar. Sehr lebensnah sind solche Fälle aber nicht. *De facto* deckt vielmehr der possessorische Rechtsschutz für gewöhnlich alles Erforderliche ab.[300] Die Rechte an realen Sachen beinhalten ja stets ein Recht zu ihrem Besitz (ihrer Detention), und bei realen Sachen kommt es auf schnelle Entscheidungen an. Das englische Recht hält die Unterscheidung zwischen rechts- und besitzgestütztem Beseitigungs- bzw. Unterlassungsanspruch ohnehin für künstlich.[301] Alle Ansprüche, die eine eigentumsschützende Funktion haben, knüpfen letztlich an *possession,* ein *right to immediate possession* oder eine besitzrechtliche Rückfallposition an. „Ownership" dagegen ist weder eine notwendige noch eine hinreichende Voraussetzung. Alle Ansprüche haben ihre Wurzel zudem im Deliktsrecht; echte „sachenrechtliche" Rechtsbehelfe existieren nicht. Aber auch auf dem Kontinent verlassen sich einige Rechtsordnungen gleich ganz auf den possessorischen Rechtsschutz; ein rechtsgestützter allgemeiner Beseitigungsanspruch fehlt ebenso wie ein rechtsgestützter allgemeiner Unterlassungsanspruch.[302] Aus der Sicht der Theorie

---

[300] Das ist häufig beobachtet worden. Für Griechenland bemerkt Georgiades und Stathopoulos (-*Georgiades*), ZGB, Art. 1108 S. 619 Rdnr. 4, dass Art. 1008 gr. ZGB zwar sowohl für unbewegliche als auch für bewegliche Sachen gelte, rein tatsächlich aber nur im Grundstücksrecht zum Tragen komme, insbesondere natürlich im Nachbarrecht und hier wiederum im Recht des Schutzes vor Beeinträchtigung durch Immissionen (z. B. LG Athen 20258/1960, NoB 9 [1961] S. 641 und LG Athen 2245/1956, NoB 4 [1956] S. 420). Für das ungarische Recht vertrat schon *Kolosváry,* in: Szladits (Hrsg.), A magyar magánjog V, S. 290 die Auffassung, dass das Ziel der negatorischen *in rem*-Klage auch durch den possessorischen Besitzschutz zu erreichen sei. Eine Eigentumsverletzung sei nahezu stets auch eine Besitzstörung.

[301] „Das *Common Law* kannte kein ausreichendes Verfahren bezüglich *land* und gar kein Verfahren hinsichtlich körperlicher beweglicher Gegenstände, mit dem man sein Eigentum schlicht und einfach vindizieren konnte. So lahm und unsicher war *property* ohne Besitz – oder ohne besitzrechtliche Rechtsbehelfe – in den Augen der mittelalterlichen Juristen, dass Besitz größtenteils nicht nur den Inhalt, sondern den Namen des *property* usurpiert hat" (*Pollock und Wright,* An Essay on Possession in the Common Law, S. 5). Lord *Campbell* bemerkte demgemäß in *Jeffries v Great Western Railway Co* (1856) 5 E & B 802, dass „wer den Besitz hat, auch das *property* hat". Näher *Bridge,* Personal Property Law[3], S. 47.

[302] Im französischen Recht z. B. fehlt eine Entsprechung zu dem allgemeinen Beseitigungs- und Unterlassungsanspruch des § 1004 dt. BGB. Eine *action en cessation* ist dem bürgerlichen Recht unbekannt. Sie existiert nicht einmal zum Schutz von Immobiliarsachenrechten. Es gibt sie nur im Wirtschaftsrecht, etwa im Recht der unlauteren Geschäftspraktiken. Gegen eine „Störung in der Ausübung der Rechte des Eigentümers" (*Terré und Simler,* Les biens[9], S. 407 Rdnr. 517: „Troubles dans l'exercice des prérogatives du propriétaire") steht im Wesentlichen nur das Nachbarrecht zur Verfügung. Die Theorie der *troubles anormaux de voisinage* setzt aber die Störung von Eigentum durch den Eigentümer eines im weiteren Sinn in der Nachbarschaft belegenen Grundstücks voraus. Fehlt es daran, kommen nur die *actions possessoires* in Betracht, etwa dann, wenn ein Dritter mit seinem Fahrzeug über das Grundstück des Betroffenen fährt (*Terré und Simler* aaO). In erster Linie bedient man sich aber durchweg des *référé*-Verfahrens (oben Rdnr. 106). Ein allgemeiner Beseitigungsanspruch fehlt auch in Italien. Art. 844 ital. CC begnügt sich mit einem speziellen Beseitigungsanspruch zum Schutz vor Immissionen. Es existiert aber keine Vorschrift, die, wie § 1004 dt. BGB, unterschiedslos für bewegliche wie für unbewegliche Sachen auch vor rein tatsächlichen Störungen schützen würde. In Spanien hat die

des Sachenrechts ist das unbefriedigend. Gleichwohl bleibt richtig, dass eine Situation, in der sich ein Eigentümer (etc.) allein *qua Eigentum* einer Störung seines Rechts an einer „Mobilie" erwehren könnte, Seltenheitswert hat. Gegen das Zuparken seines Fahrzeuges wird man nur unter höchst außergewöhnlichen Umständen mit einer rein eigentums- oder nießbrauchbasierten Beseitigungsklage vorgehen können (und wollen), desgleichen gegen dessen unerlaubten Gebrauch, und ein Pfandrecht ist weder durch das eine noch durch das andere beeinträchtigt. Der possessorische Besitzschutz ist meistens selbst dann noch leistungsfähiger, wenn Anlagen oder kleine Bauten, mögen sie eigentumsrechtlich auch zu den Mobilien gehören, unerlaubt von einem Dritten genutzt werden, beispielsweise durch das eigenmächtige Befüllen einer Tankanlage oder das Bekleben einer freistehenden Plakatwand. Fälle, in denen der Beseitigung begehrende Eigentümer einer realen Sache nicht zugleich auch ihr Besitzer gewesen wäre, haben sich in der Rechtsprechung jedenfalls nicht nachweisen lassen.

Rechte an realen Sachen werden typischerweise durch **Beschädigung** oder Zerstörung ihres physischen Substrats verletzt. Ist aber eine Sache (z.B. durch einen Unfall) erst einmal beschädigt, dann ist die Eigentumsverletzung schon wieder beendet (und nach einer vollständigen Zerstörung ist das Eigentum mangels fortbestehenden Bezugsobjekts untergegangen). Der Vorgang ist abgeschlossen, die Rechtsverletzung nicht mehr beseitigungsfähig. Das betroffene Recht wird nicht länger in Frage gestellt. Auch der Eigentümer einer beschädigten Sache bleibt noch immer ihr Eigentümer. Er kann mit ihr nun wieder nach Belieben verfahren. Dass sie nicht mehr unversehrt und funktionstüchtig ist, ändert an seinen Eigentümerrechten nichts. Entsprechendes gilt, wenn das Eigentum an der Sache mit einem Pfand- oder Nießbrauchrecht belastet war bzw. ist. Pfand und Nießbrauch haben ihren ökonomischen Wert eingebüßt, aber er macht keinen Bestandteil dieser Rechte aus. Was vergangen ist, unterliegt anderen Regimen, darunter vor allem das vertragliche und das außervertragliche Haftungsrecht.[303] Ebenso verhält es sich nach einer zwar rechtswidrigen, aber wirksamen Verfügung über ein fremdes Recht. Da sie beendet ist, muss das Bereicherungsrecht leisten, was das Sachenrecht nicht mehr vermag. **475**

(2) Grundstücke

Auch bei Grundstücken wird ein besitzgestützter Beseitigungsanspruch häufig genügen.[304] Unterschiede zum Recht der beweglichen Sachen können sich zwar (i) dar- **476**

Rechtsprechung die Lücke geschlossen; allerdings geht es auch hier praktisch ausnahmslos um den Schutz von Rechten an Grundstücken; siehe noch unten Rdnr. 481.

[303] Zur Abgrenzung schon oben Rdnrn. 415–420.

[304] Zu Frankreich schon Fn. 302. Auch die §§ 454–457 österr. ZPO legen auf eine zügige Erledigung der dort geregelten Besitzschutzklagen besonderen Wert und verpflichten das Gericht zu eiliger Verhandlung und Entscheidung. BGH 16.1.2015, NJW 2015 S. 2023 bemerkt, dem Besitzer werde, „obwohl ihm an der Sache kein dingliches Recht zusteht, durch den [besitzrechtlichen] Abwehranspruch ein dem § 1004 dt. BGB [der eigentumsgestützte Abwehranspruch] entsprechender Schutz gegen von außen kommende Störungen seiner Sachherrschaft gewährt. Er wird insoweit behandelt, als wäre er der Eigentümer der Sache". Unter tschechischem Recht gilt der Besitzer einer Sache als Besitzer des Eigentumsrechts an der Sache (oben Rdnr. 33). Der Eigentümer ist deshalb zugleich auch Besitzer des Eigentumsrechts. Das ändert aber an der Zweispurigkeit des negatorischen Rechtsschutzes nichts. Der possessorische Rechtsschutz wird als nützlich empfunden, weil der Eigentumsnachweis (bei beweglichen Sachen) oft schwierig ist, außerdem deshalb, weil das Gericht unter § 177(1) tschech. ZPO im Rahmen des possessorischen Rechtsschutzes auch bei Grundstücken innerhalb von

aus ergeben, dass das Grundstücksrecht eine Reihe von beschränkten dinglichen Rechten kennt, die ihrem Inhaber gerade kein Recht auf den Besitz der Sache zuweisen, so dass sich mit ihnen auch kein possessorischer Rechtsschutz verknüpfen lässt. Ein nahe liegendes Beispiel ist die Hypothek. Allerdings ist bei ihr gerade fraglich, ob sie durch einen jedermann gegenüber wirksamen Beseitigungsanspruch geschützt sein sollte. Unter deutschem Recht z. B. richtet sich der Beseitigungsanspruch des Hypothekengläubigers wegen Gefährdung der Sicherheit seiner Hypothek ausdrücklich nur gegen den Grundeigentümer (§ 1133 dt. BGB). Es handelt sich folglich nicht um einen echten (drittgerichteten) Rechtsbehelf. Dritten gegenüber gewährt das Gesetz nur einen Unterlassungsanspruch (§ 1134 dt. BGB; teilweise weitergehend aber Art. 1299 gr. ZGB und Artt. 91–93 poln. GBHG). Noch komplizierter verhalten sich die Dinge im Recht der Dienstbarkeiten. Bei ihnen hängt viel von der Frage ab, ob die jeweilige Rechtsordnung den **Rechtsbesitz** akzeptiert und ihn possessorisch verstärkt. Es kann sich sogar so verhalten, dass er geradezu die Folge des Umstandes ist, dass sich jemand durch tatsächliche Abwehrhandlungen gegen Dritte des betreffenden Rechts berühmt.[305] Selbst dort, wo die Figur des Rechtsbesitzes nicht geläufig ist, begegnen Fälle, in denen sich der Detentor (der Mieter oder Pächter) eines Grundstücks zur Beseitigung von Störungen der Dienstbarkeit des Grundeigentümers (und Vermieters) mit den Rechtsbehelfen des Besitzrechts (!) erwehren muss (§ 1029 dt. BGB), wohingegen dem aus der Grunddienstbarkeit Berechtigten selber ein ausschließlich rechtsgestützter allgemeiner Beseitigungsanspruch gegenüber jedermann zugestanden wird (§ 1027 dt. BGB; ebenso Artt. 1016 i. V. m. 1132 gr. ZGB, Artt. 285 i. V. m. 251 poln. ZGB und Artt. 99(1) i. V. m. 212(2) slowen. SPZ[306]). Gewiss ist dies ein Beispiel dafür, dass ein besitzgestützter Beseitigungsanspruch keineswegs in allen Fällen ausreicht, aber es ist doch auch ein Beispiel dafür, wie sehr in einem gesamteuropäischen Kontext die Grenzen zwischen besitz- und recht-rechtlichem Entstörungsschutz verschwimmen.

---

15 Tagen entscheiden muss (Spáčil [-*Spáčil*], Občanský zákoník III, S. 112). Der Eigentümer hat im Rahmen des possessorischen Rechtsschutzes aber die kurzen Fristen des § 1008 tschech. BGB (sechs Wochen ab Kenntnis, längstens ein Jahr) zu bedenken, außerdem, dass im Rahmen des possessorischen Verfahrens nur vorläufige Entscheidungen ergehen. Die aktuelle Rechtslage stößt freilich auch auf Kritik. *Švestka und Dvořák,* Občanské právo hmotné[5], S. 34 meinen, die Berechtigung, eine Sache zu besitzen, und der Besitz der Sache dürften nicht vermischt werden. „Die Berechtigung, eine Sache zu besitzen, ist eine Teilberechtigung des Eigentümers, und es handelt sich um ein Recht mit allem Drum und Dran. Dagegen ist der Besitz ein vom Recht geschützter faktischer Zustand. Wenn jemand Eigentümer ist, wird er als solcher geschützt, und er braucht somit keinen Schutz wie ein Besitzer. Die Vermehrung von unterschiedlichen Qualitäten einer Rechtsstellung gegenüber einer einzigen Sache hat keinen Sinn".

[305] Oben Rdnrn. 32 und 42.

[306] Unter Art. 1016 gr. ZGB kann der Wegeberechtigte gegen Dritte die Klage aus Art. 1132 gr. ZGB erheben. Unter Art. 1132 gr. ZGB wiederum ist der Inhaber einer Grunddienstbarkeit, bei mehreren Berechtigten auch jeder von ihnen, im Falle der Beeinträchtigung berechtigt, von dem Störer die Anerkennung der Dienstbarkeit und die Beseitigung der Beeinträchtigung und außerdem ihre Unterlassung für die Zukunft zu verlangen. „Dritter" ist jeder, der nicht Inhaber des Rechts ist (ggf. also auch der Eigentümer, der den Inhaber des Wegerechts in dessen Ausübung stört: *Vieira,* Direitos reais[2], S. 482). Art. 251 poln. ZGB wird im Wege der Analogie auf den Nießbrauch, das genossenschaftliche Raumeigentumsrecht sowie Dienstbarkeiten (Grunddienstbarkeiten wie persönliche Dienstbarkeiten) angewandt (Radwański und Gniewek [-*Gniewek*], System Prawa Prywatnego IV[3], S. 363 Rdnr. 86). Art. 212(2) slowen. SPZ verweist auf Art. 99(1) aaO, wonach der Eigentümer und der gutgläubige Eigenbesitzer „mit einer Klage verlangen (können), dass die Störung beendet und eine weitere Störung verboten wird".

Ähnliches lässt sich beobachten, wenn es (ii) um Handlungen Dritter geht, denen der **unmittelbare Sachbesitzer** unter Verletzung seiner Pflichten gegenüber dem mittelbaren Besitzer **zugestimmt** hat. Man denke etwa an den Eigentümer und Verpächter einer zu Weidezwecken verpachteten, vom Pächter aber tatsächlich als gebührenpflichtiger Parkplatz genutzten Wiese. Der Verpächter wird in einer solchen Situation keinen possessorischen Rechtsschutz gegenüber den Parkenden geltend machen können, weil diese arglos im Einvernehmen mit dem Detentor handelten.[307] Gleichwohl ist nicht überall garantiert, dass dem Verpächter wenigstens ein eigentumsbasierter Rechtsbehelf gegen die Dritten zusteht. Das wäre zwar unter § 1004 dt. BGB bzw. Art. 1108 gr. ZGB der Fall[308], nicht aber unter Rechtsordnungen, die für solche Situationen nur die allgemeine Restitutionsklage vorhalten.[309] Man hat (iii) im Blick zu behalten, dass zwar jede Besitzstörung eine Eigentumsstörung[310], nicht aber jede Störung von Grundeigentum automatisch auch eine Besitzstörung sein muss. Zwar ist gegen Immissionen i. d. R. auch der Besitz geschützt[311], nicht notwendig aber gegen Einwirkungen, die sich in so großer Höhe oder Tiefe zutragen, dass von einer Beeinträchtigung der Sachherrschaft keine Rede mehr sein kann.[312] Das wirklich entscheidende Argument für die Notwendigkeit eines rechtsgestützten Beseitigungsanspruches folgt bei Grundstücken freilich (iv) erst aus dem **Zeitfaktor.** Unter der Herrschaft des besitzrechtlichen Beschleunigungsgebots[313] würden Rechte an Grundstücken schon nach kurzer Zeit nicht mehr gegen Störungen verteidigt werden können, vielerorts auch nicht gegen Störungen, von denen der Rechtsinhaber keine Kenntnis hatte oder auch nur haben konnte.[314] Alle Rechtsordnungen, die ihn akzeptieren, unterwerfen jedenfalls den recht-rechtlichen allgemeinen 477

[307] Oben Rdnr. 116. Denkbar, aber eher fernliegend scheint in einer solchen Situation auch, dass der Pächter seine Detention in Eigenbesitz umgewandelt hat, was possessorischen Rechtsschutz für den Verpächter noch unter einem zweiten Gesichtspunkt ausschlösse.

[308] Westermann/Gursky/Eickmann (*-Gursky*), Sachenrecht[8], § 35 Rdnr. 9; Staudinger (*-Gursky*), BGB (2012), § 1004 Rdnr. 83; OLG München 4.9.2017, NZM 2017 S. 813 (Anspruch eines Erbbauberechtigten gegen eine Mieterin auf Unterlassung der Untervermietung aus § 1004 dt. BGB bejaht) und Berufungsgericht Thessaloniki 1036/1999, Arm. 2002 S. 536 (Die negatorische Klage könne gegen jeden Störer ausgeübt werden, ganz gleich, ob er Eigentümer, Besitzer oder Detentor des Grundstücks sei, auch unabhängig davon, ob er sich ein dingliches Recht oder ein Schuldrecht anmaße, und unabhängig davon, ob ihm ein Verschulden zur Last falle. Auf ein Verschulden komme es nur im Rahmen einer Schadensersatzklage an). Dass Dritte sich auf ein angebliches Recht des Besitzers berufen, schützt sie auch unter österreichischem Recht nicht vor negatorischer Beseitigungshaftung (OGH 29.12.1950, SZ 23/395).

[309] Oben Rdnr. 427 a. E.

[310] Richig *Georgiades,* Sachenrecht, Empragmato Díkaio I, S. 624 Rdnr. 11; aus der gr. Rechtsprechung z. B. LG Athen 3643/1986, ArchN 38 (1987) S. 139 (Eindringen von Wurzeln).

[311] Z. B. Cass. 10.9.1997, Nr. 8829, Giust. civ. Mass. 1997 S. 1665 (*actio possessoria* gegen Immissionen zulässig).

[312] Für ein Beispiel siehe Cass. civ. 10.11.2016, 15–19.561, ECLI:FR:CCASS:2016:C301223 (Das Dach des Hauses X ragte 20 cm in das Nachbargrundstück Y hinein. Das Berufungsgericht hatte den Abriss als unverhältnismäßig abgelehnt. Der Kassationshof hob auf; der Eigentümer habe unter Art. 545 franz. CC das Recht, den Abriss des Teils des Bauwerkes zu verlangen, der sich auf sein Eigentum ausdehne).

[313] Oben Rdnrn. 102–103.

[314] Unter Art. 1168(3) ital. CC gilt allerdings, dass die einjährige Frist bei heimlichen Besitz- oder Detentionsentziehungen erst ab dem Tag der Entdeckung der Entziehung läuft.

Beseitigungsanspruch einer deutlich längeren Verjährungsfrist als die besitzrechtliche Verwirkung.[315]

478 Ein schönes **Beispiel** findet sich in ungar. OGH, Legf. Bír. Pfv. I.20.127/2010/6.[316] Der Kläger war Eigentümer einer Rebfläche, der Beklagte zu I Eigentümer des Nachbargrundstücks. Der Rechtsvorgänger beider Parteien war eine staatliche LPG. Sie hatte von dem einen durch das andere Grundstück ein Erdkabel verlegen lassen, das ein Elektrizitätsunternehmen (die Beklagte zu II) „ohne das Kabel ins Eigentum zu nehmen", 1987 an das Netz angeschlossen hatte. Die Verlegung des Kabels war ohne die Zustimmung der Eltern des Klägers erfolgt, die ihr Grundstück in kommunistischer Zeit von der LPG hatten pachten müssen. Im Jahre 2004, nun wieder Eigentümer nach seinen Eltern, wollte der Kläger Wasserleitungen in seinem Grundstück tiefer legen lassen. Von der Existenz des Kabels erfuhr er erst in dem Moment, als es bei den Erdarbeiten durchtrennt wurde. Es kam zu einem Vergleich, unter dem das Versorgungsunternehmen unentgeltlich das Eigentum an dem Kabel erwarb. In dem Prozess verlangte der Kläger von beiden Beklagten die Beseitigung des Kabels. Er stützte sich auf den allgemeinen Beseitigungsanspruch aus § 115(3) ungar. ZGB [1959]. Für einen besitzrechtlichen Rechtsbehelf war es viel zu spät; außerdem war das Kabel über Jahre gar nicht bemerkt worden, so dass eine Besitzstörung nicht zu begründen gewesen wäre. Der OGH führte aus, dass Gegenstand des Prozesses eine rein eigentumsrechtliche *actio negatoria* sei. Hier ginge es also nur um die Frage, ob das im Interesse des Beklagten zu I verlegte und dem Beklagten zu II übereignete Kabel den Kläger in der Ausübung seines Eigentumsrechts hindere. Das sei schon deshalb der Fall, weil das Kabel einen Schutzabstand in der Breite von zwei Rebenreihen (oder 14 Weinstöcken) erforderlich mache. Das Kabel sei außerdem unter Verletzung öffentlichrechtlicher Leitungsvorschriften und deshalb rechtswidrig verlegt worden. Folglich sei es zu beseitigen.

479 Beseitigungsfähige Störungen des Grundeigentums setzen eine Einwirkung auf (oder in) den Raum voraus, der das Grundstück ausmacht. Seine bestimmungsgemäße Nutzung muss beeinträchtigt sein. Die bloße Verletzung eines baurechtlichen Abstandsgebots, mit der sich keine konkreten Nachteile für das betroffene Nachbargrundstück verbinden, reicht dafür nicht aus[317], ebenso wenig die Verletzung anderer

---

[315] Siehe z.B. §§ 199(4) und 864(1) dt. BGB (vier Jahre, ein Jahr); §§ 149 estn. AT ZGB, 44(2) estn. LPA (zehn Jahre, ein Jahr); Artt. 249, 992 gr. ZGB (zwanzig Jahre, ein Jahr); Art. 344 § 2 und Artt. 118, 223 poln. ZGB (zehn Jahre [bei beweglichen Sachen; keine Verjährung bei Immobilien], ein Jahr); Artt. 1962, 1963 span. CC, 439(1) span. LEC (sechs Jahre bei Mobilien, dreißig Jahre bei Immobilien; Verfall der Interdikte nach einem Jahr). § 454(1) österr. ZPO verpflichtet den Kläger, Besitzschutzklagen binnen 30 Tagen nach Kenntnis von einer Besitzstörung oder -entziehung anhängig zu machen. Es handelt sich um eine materiellrechtliche Ausschlussfrist (*Iro,* Sachenrecht[5], Rdnr. 2/63). Die sogenannte Eigentumsfreiheitsklage (§ 523 österr. ABGB) unterliegt nicht der Verjährung (LG Eisenstadt 22.1.2008, 37 R 4/08z, RIS Justiz). Auch unter § 614 tschech. BGB unterliegen eigentumsbasierte Beseitigungs- und Unterlassungsansprüche nicht der Verjährung (Lavický et. al. [*-Lazíková und Števček*], Občanský zákoník I, S. 2186); besitzrechtliche Rechtsbehelfe dagegen erlöschen nach sechs Wochen bzw. einem Jahr (oben Fn. 304).

[316] Abrufbar unter https://uj.jogtar.hu.

[317] Ähnlich, aber mit gänzlich anderer Begründung Cass. civ. 30.9.1998, Bull. 1998, III, Nr. 185 S. 123, Anm. *Kenderian,* D. 1999, Jur. S. 375. Der Beklagte hatte den baurechtlich vorgeschriebenen Abstand von 13,5 Metern verletzt und auf 5 Meter an die Grenze heran gebaut. Das Gericht gab dem in die Gestalt eines Schadenersatzanspruchs gekleideten Abrissbegehren unter Hinweis auf Art. 1143 franz. CC a. F. (heute Art. 1222 franz. CC) statt. Unter dieser Vorschrift hat der „Gläubiger ... das Recht, die Vernichtung dessen zu verlangen, was unter Verstoß gegen die Verbindlichkeit von dem Schuldner gemacht worden ist". Der Kläger habe durch hohe Lärmbelästigung und mangelnde Sonneneinstrahlung einen Eigentumsschaden erlitten. Das hatte der Kassationshof in einem ähnlich gelagerten Fall schon ein Jahr zuvor so beurteilt (Cass. civ. 22.5.1997, Bull. 1997 III, Nr. 113 S. 75; dazu *Chaibou,* JCP N, 1998, 761). Bei Art. 1143 franz. CC a. F. (Art. 1222 franz. CC n. F.) handelt(e) es sich allerdings um eine ver-

verwaltungsrechtlicher Vorschriften[318] oder die Errichtung von Gebäuden, durch die sich der Verkehrswert des Nachbargrundstücks mindert.[319] Keine Eigentumsstörung liegt ferner vor, wenn Veränderungen der Bodenbeschaffenheit eines fremden Grundstücks nur bewirken, dass der Betroffene sein eigenes Grundstück nun nur noch von einer öffentlichen Straße aus erreichen kann.[320] Dasselbe gilt für die Öffnung einer

---

tragsrechtliche Vorschrift, weder um eine Norm aus dem Eigentumsrecht noch um eine Vorschrift aus dem Deliktsrecht (krit. deshalb *Kenderian* aaO und J. Cl. Civil Code [-*Courtieu*], Art. 1382 à 1386, Fasc. 265-10, S. 26 Rdnr. 104, die außerdem meinen, der Kläger hätte sich einer *action possessoire* bedienen können). Unter § 907(1) dt. BGB kann der Eigentümer eines Grundstücks zwar verlangen, „dass auf dem Nachbargrundstück nicht Anlagen hergestellt oder gehalten werden, von denen mit Sicherheit vorauszusehen ist, dass ihr Bestand oder ihre Benutzung eine unzulässige Einwirkung auf sein Grundstück zur Folge hat. Genügt eine Anlage den landesgesetzlichen Vorschriften, die einen bestimmten Abstand von der Grenze oder sonstige Schutzmaßregeln vorschreiben, so kann die Beseitigung der Anlage erst verlangt werden, wenn die unzulässige Einwirkung tatsächlich hervortritt". Das österreichische Recht kennt allerdings die Möglichkeit, eine Art „Gebietsschutz" in Form der sogenannten Cottage Servitut zu begründen, aus deren Verletzung dann ein Beseitigungsanspruch aus § 523 ABGB folgt (OGH 23.6.2005, MietSlg 57.047, MietSlg 57.051 und MietSlg 57.640; OGH 23.4.1963, SZ 36/66).

318 Bulgar. Oberster Kassationsgerichtshof 25.5.2011, Nr. 150, Zivilsache 551/2010, II. Zivilkammer (Anlegen von Gräbern auf einem Friedhof unter Verstoß gegen zwingende Verwaltungsvorschriften; kein negatorischer Rechtsschutz für den Nachbarn, weil es sich nicht um eine „unbegründete Handlung" i.S.v. Art. 109 des bulgar. Gesetzes über das Eigentum gehandelt habe). Bulgar. Oberster Kassationsgerichtshof 26.5.2011, Nr. 46, Zivilsache Nr. 438/2010, I. Zivilkammer betraf einen zwar ursprünglich rechtmäßig errichteten Kiosk, der aber verwaltungsrechtlich später hätte entfernt werden müssen. Auch darauf, so das Gericht, ließ sich ein Beseitigungsanspruch aus Art. 109 bulgar. Gesetz über das Eigentum nicht stützen, weil eine Beeinträchtigung der Nutzung des Nachbargrundstücks nicht auszumachen war. Anders unter der Theorie der *troubles anormaux de voisinage* zwar Cass. civ. 10.11.2016, D 2017 S. 1791 (Antrag auf Abriss einer baurechtswidrig errichteten Stützmauer bewilligt; „der Dritte, der behauptet, durch die Verletzung der städtebaulichen Vorschriften einen Schaden zu erleiden, ist nicht verpflichtet, die Existenz einer anormalen Nachbarschaftsstörung zu rechtfertigen". Aus diesem Grund habe das Berufungsgericht gegen Art. 1382 franz. CC a.F. (jetzt Art. 1240 CC) verstoßen). Wie hier aber Cass. civ. 11.2.1998, Bull. civ. 1998, III, S. 24 Nr. 34 (baurechtswidrig errichteter Gartenschuppen genügt nicht für einen Beseitigungsanspruch. Indem das Berufungsgericht lediglich das Vorhandensein eines durch den Bau selbst verursachten Schadens festgestellt hat, ohne zu untersuchen, ob ein direkter Kausalzusammenhang zwischen dem Verstoß gegen eine städtebauliche Regel und dem persönlichen Schaden besteht, und ohne den anormalen Charakter der Nachbarschaftsstörung festzustellen, habe es gegen Art. 1382 CC und das Prinzip verstoßen, nach dem niemand eine anormale Nachbarschaftsstörung verursachen darf).

319 Tafelgericht Szeged Pf. III. 20089/2013, BDT2014.173, Bírósági Döntések Tára 11/2014 S. 13 (Errichtung eines erst vier Jahre später baurechtlich genehmigten Mobilfunkmastes auf dem Nachbargrundstück. Die beträchtliche Wertminderung könne nur deliktsrechtlich ausgeglichen werden. Der deliktsrechtliche Anspruch sei aber verjährt, weil die Frist mit der Errichtung des Mastes zu laufen begonnen habe). Siehe auch schwed. HD 14.6.1999, NJA 1999 S. 385 (baurechtlich genehmigter Weg führt zu Wertminderung der Nachbargrundstücke, weil von ihm erhebliche Lärmimmissionen ausgingen; Klage aus diesem Grund stattgegegeben).

320 Tschech. OG 7.7.2016, 22 Cdo 1960/2016 („Mit einer negatorischen Klage [§ 1042 tschech. BGB] kann man sich gegen alle Eingriffe wehren, die sich direkt auf dem Grundstück des Eigentümers manifestieren und sein Eigentumsrecht beeinträchtigen". Daran habe es hier gefehlt. Die Beklagten hätten lediglich auf ihrem eigenen Grundstück gebaggert und dort eine Rasenfläche angelegt. Das Grundstück des Klägers hatte einen eigenen Zugang zu einer öffentlichen Straße; es war nicht erforderlich, über das Grundstück des Beklagten zu fahren. Dass die Seite, an der die öffentliche Straße verläuft, bislang mit Bäumen bepflanzt und eingezäunt war, ändere nichts. Das Eigentumsrecht an einem Grundstück beinhalte ohne entsprechende Dienstbarkeit nicht das Recht, es über das Grundstück eines Anderen zu betreten. Der

Wand, um dort ein Fenster einzusetzen. Werden aus ihm dann aber Müll und andere Gegenstände auf das Nachbargrundstück geworfen, hat man es offenkundig mit einer Eigentumsstörung zu tun.[321] Die bloße Drohung mit einem rechtswidrigen Eingriff in fremdes Eigentum ist in sich noch keine Eigentumsbeeinträchtigung; für solche Fälle verbleibt es bei dem Unterlassungsanspruch.[322] Nicht beseitigungsfähig sind der Regel nach auch die sog. **„negativen" Einwirkungen** auf ein fremdes Grundstück, also Nutzungsbeeinträchtigungen, die ihren Grund darin haben, dass ein Nachbar innerhalb der Grenzen seines Grundstücks etwas tut oder unterlässt, was dem Grundstück des Klägers bestimmte Vorteile entzieht.[323] Es geht beispielsweise um Bauwerke und Bäume, die ihm, ohne in das Nachbargrundstück hineinzuragen, das Sonnenlicht entziehen oder die Aussicht behindern.[324] Das gleiche gilt bei Behin-

---

Kläger könne seine Fahrzeuge auf der öffentlichen Straße parken und von ihr aus sein Familienhaus erreichen.

[321] Berufungsgericht Thessaloniki 1036/1999, Arm. 2002 S. 536. Siehe aber auch Berufungsgericht Athen 1326/1976, NoB 24 (1976) S. 898 (wenn man aus dem neuen Fenster direkt in das Bad und die Küche des Nachbarn schauen könne, sei die negatorische Klage aus Eigentumsstörung gegeben) und bulgar. Oberstes Kassationsgericht 21.6.2010, Nr. 324, II. Zivilkammer (Fenstereinbau in einem Treppenhaus mit direktem Blick in den Garten des Klägers; Müll wird aus dem Fenster geworfen; beseitigungsfähig sei aber schon die Öffnung der Wand, weil die Fenster an dieser Stelle baurechtswidrig eingebaut worden waren).

[322] Tschech. OG 6.3.2001, 22 Cdo 2162/99, Soudní rozhledy 2001 (5) S. 149 (Streit zwischen den Miteigentümern eines auf die Grenze gebauten Doppelhauses. Der Beklagte wollte mit dem Kläger wegen Problemen mit der Wasserleitung und der Kanalisation eine Dienstbarkeit vereinbaren, was der Kläger ablehnte. Darauf drohte der Beklagte mit „unangenehmen Maßnahmen"; er plane, die zum Haus des Klägers führenden Leitungen zu kappen. Tatsächlich geschah aber nichts. Das Berufungsgericht hatte die Drohung als Eingriff in das Eigentum qualifiziert; der tschech. OG entschied anders. Die bloße Drohung habe den Kläger noch nicht in der Ausübung seines Eigentumsrechts gestört. Dem Kläger stehe aber der Weg über eine negative Feststellungsklage (§ 80 tschech. ZPO) offen.

[323] Eingehend Staudinger (-*Gursky*), BGB (2012), § 1004 Rdnrn. 65–74.

[324] Anders ist das aber, wenn die Handlung rechtsmissbräuchlich in Schädigungsabsicht vorgenommen wird. Ein hübsches älteres Beispiel findet sich in Colmar 2.5.1855, DP 1856, 2, S. 9 (Grundeigentümer zieht unechte Schornsteine hoch, um seinen Nachbarn durch Lichtentzug zu ärgern; gerichtliche Abrissverfügung wegen Rechtsmissbrauchs). Areopag 1240/2013, NoB 62 (2014) S. 93 und 559 erwägt die Ersitzung einer Dienstbarkeit mit dem Inhalt, einen für den Lichteinfall ausreichenden baulichen Abstand zu halten; *Lawrence v. Fen Tigers Ltd* [2012] EWCA Civ 26, [2012] 3 All ER 168 die Ersitzung einer *easement of noise*. In LG Athen 3643/1986, ArchN 38 (1987) S. 139 hatte der Beklagte auf seinem Grundstück fünfzehn schnell wachsende Pappeln und eine Silber-Weide angepflanzt. Die Blätter waren so dicht, dass sie sogar im Sommer „wie ein dunkler Vorhang" wirkten und dem Nachbargrundstück das Tageslicht entzogen, so dass in dem fraglichen Streifen keine Pflanzen mehr wuchsen. Das Gericht sah darin eine Besitz- und in ihr eine Eigentumsverletzung. In Cass. civ. 20.1.1964, Bull. civ. 1964, Nr. 34 hatte ein Nachbar vor dem Fenster des Klägers einen „Vorhang aus Farnen" gepflanzt; der damit verbundene Lichtentzug sei böswillig durch ein nutzloses Verhalten verursacht worden. In Österreich wurde das in § 422 österr. ABGB geregelte Selbsthilferecht gegen herüberwachsende Bäume zwar lange Zeit als abschließend angesehen, so dass Ansprüche aus § 523 ABGB versagt wurden (OGH 10.7.1985, SZ 58/121), doch gibt nun § 364(3) ABGB einen nachbarrechtlichen Abwehranspruch bei bestimmten schwerwiegenden Beeinträchtigungen durch Pflanzen auf dem Nachbargrundstück (näher Schwimann und Kodek [-*Oberhammer*], ABGB II^4, § 364 Rdnr. 29). BGH 22.2.1991, BGHZ 113 S. 384, 387 lehnte einen Beseitigungs- bzw. Unterlassungsanspruch gegen eine Zwischendeponie ab. Der Erdaushub hatte den Kaltluftabfluss von dem benachbarten Weinberg behindert. Für das Anpflanzen von Bäumen bestehen in einigen Ländern bestimmte Abstandsgrenzen, gegen deren Nichteinhaltung der Nachbar im Wege der

derungen des Empfangs und des Sendens von Rundfunk- und Telekommunikationssignalen.[325]

Beseitigungsfähig sind dagegen Lärm- und Geruchsquellen.[326] Weitere Anwen- 480
dungsbeispiele handeln von Bauten auf fremdem Grund[327], von Übergriffen in seinen Luftraum[328], von seinem Missbrauch als Müllkippe[329], vom unerlaubten Abstellen von

---

negatorischen Klage vorgehen kann (z. B. bulgar. Oberstes Kassationsgericht Nr. 60 vom 29.5.2014, II. Zivilkammer).

[325] Grundlegend BGH 21.10.1983, BGHZ 88 S. 344 (Hochhaus schattet Funkwellen ab; kein Anspruch des Eigentümers des beeinträchtigten Grundstücks, auf Kosten des Hochhauseigentümers Anschluß an dessen Sammelantenne zu erhalten; auch kein Anspruch auf Abriss des Hochhauses; dagegen unter dem anwendbaren Landesrecht Anspruch, auf eigene Kosten eine eigene Antenne auf dem Hochhaus zu errichten). Ebenso zuvor schon AG Charlottenburg 25.4.1977, WuM 1980 S. 99 und später LG Osnabrück 19.10.1989 , NuR 1991 S. 298, 299 (Beeinträchtigung des Fernsehempfangs durch hohe Bäume; keine Grundstücksbeeinträchtigung).

[326] Z. B. Cass. 4.4.2017, Nr. 16407, Guida al diritto 2017, 31, S. 111 (Kneipenlärm); schwed. HD 31.10.1991, NJA 1991 S. 574 (tägliches Klavierspiel in der benachbarten Eigentumswohnung eines Pianisten; keine Verletzung der Rechte des Nachbarn, weil die Lautstärke und der zeitliche Umfang der Übungen das Annehmbare nicht überschritten); bulgar. Oberstes Kassationsgericht 19.5.2016, Nr. 14, I. Zivilkammer (Haltung von zahlreichen Hunden und Katzen in einer Wohnung; eine Katze sei aber erlaubt) und tschech. OG 30.8.2007, 22 Cdo 2808/2007, Právní rozhledy 2008 (4) S. 153 (Lärm aus einer Diskothek). Österr. OGH 28.2.1990, JBl 1990 S. 786 sah selbst schwache Entladeströme einer Starkstromleitung, die nur bestimmte Personen wahrnehmen können, als abwehrfähig an.

[327] Z. B. Cass. civ. 10.11.2016 aaO (vorher Fn. 312). Ähnlich liegt es, wenn ein Gebäude unerlaubt an das Nachbargebäude „angelehnt" (mit ihm bautechnisch verbunden) wird (Kreisgericht Hradec Králové 20.1.2014, 17 Co 423/2013, Sbírka soudních rozhodnutí a stanovisek Nr. 5/2015: Da es sich nicht um eine Immission handele, komme es auf § 1042 tschech. BGB, nicht auf das Nachbarrecht an). In Österreich ist vor dem Hintergrund der §§ 417–419 österr. ABGB zeitweilig streitig gewesen, ob ein Beseitigungsanspruch nur bei Unredlichkeit des Bauführers (Kenntnis des fremden Eigentums; leicht fahrlässig irrige Annahme einer Einwilligung macht bereits unredlich: OGH 27.2.1996, SZ 69/50) in Betracht komme (so noch OGH 19.10.1978, SZ 51/143), oder ob Redlichkeit keine Rolle spiele. Letzteres ist heute ganz herrschende Meinung; Gegenausnahme nur, wenn der Eigentümer unredlich ist, d. h. den erkennbar irrenden Bauführer rechtsmissbräuchlich „ins offene Messer laufen lässt" (OGH 27.2.1996, SZ 69/50). Polen kennt bei Bauten auf fremdem Grund ein abgestimmtes System gegenseitiger Erwerbsrechte, das in seinem Anwendungsbereich die allgemeinen Vorschriften über den Eigentumsschutz verdrängt (*Gniewek,* Prawo rzeczowe[8], S. 125 Rdnr. 370). Der gutgläubige Eigenbesitzer, der ein Gebäude errichtet hat, das den Wert des Grundstücks bedeutend überschreitet, hat gegen angemessene Vergütung Anspruch auf Übertragung des Grundeigentums (Art. 231 § 1 poln. ZGB); der Eigentümer kann umgekehrt unter sonst gleichen Voraussetzungen sowohl von einem gut- als auch einem bösgläubigen Bauführer verlangen, dass er die Parzelle zu einem angemessenen Preis erwerbe (Art. 231 § 2 poln ZGB).

[328] Irritierend allerdings STJ 14.2.2013, Processo 806/07.0TBTND.C1.S 1 (oben Fn. 66) (Rotorblätter einer Windkraftanlage reichen in das Nachbargrundstück hinein; keine Eigentumsverletzung, weil der Nachbar nicht in der Nutzung seines Grundeigentums beeinträchtigt werde). Anders mit Recht *Anchor Brewhouse Developments v Berkley House (Docklands Developments) Ltd* (1987) 2 EGLR 173 (*trespass* durch das Schwenken eines Kranes über fremdes Grundstück auch dann, wenn der Besitzer des betroffenen Grundstücks den Luftraum in dieser Höhe weder nutzte noch nutzen wollte) und österr. OGH 27.8.1969, SZ 42/116 (ebenfalls Kran im Luftraum) sowie österr. OGH 10.11.1976, SZ 49/132 (Anbringung eines Verkaufsautomaten, der in fremden Luftraum ragt). Siehe auch BGH 1.12.2006, NJW 2007 S. 432 (Anbau eines Balkons beeinträchtigt Eigentum der übrigen Wohnungseigentümer).

[329] Z. B. OLG Dresden 24.4.1995, VersR 1995 S. 836. Siehe auch österr. OGH 20.7.1990, JBl 1991 S. 247 (Verunreinigungen aus einer Kläranlage schädigen Fischgewässer) und *Whitwham v*

Fahrzeugen und Maschinen[330] (Beseitigung des Fahrzeugs, Herausgabe des Grundstücks[331]), von umgestürzten Bäumen[332] und selbst noch von Belästigungen durch Bienen.[333] Gegen unerwünschte Briefkastenwerbung[334], schamlose Neugier und ähnliche

Westminster Brymbo Coal Co [1892] 2 Ch 538 (*trespass* durch das Abladen von Abfall; Schadensersatz in Höhe einer fiktiven Gebühr für die Nutzung als Müllkippe).

330 Z. B. Areopag 942/2012, NoB 61 (2013) S. 149 (Die negatorische Klage schütze vor teilweiser Eigentumsverletzung. Jede Handlung, deren Vornahme dem Eigentümer vorbehalten sei, stelle eine Störung seines Rechts dar. Sie könne auch in einer eigenmächtigen neuen Aufteilung der unterirdischen Parkplätze eines Mehrfamilienhauses bestehen); tschech. OG 7.7.2016, 22 Cdo 1960/2016 (vorher Fn. 320) *(obiter);* BGH 18.12.2015, NJW 2016 S. 863 (*in casu* ging es allerdings um eine vorbeugende Unterlassungsklage gegen einen Halter, der sich weigerte, den falschparkenden Fahrzeugführer namentlich zu benennen) und österr. OGH 16.9.1981, EvBl 1982/93, ÖJZ 1982 S. 325 (Arbeitgeber als Halter eines Dienstwagens ist Störer, wenn er das unerlaubte Abstellen des Fahrzeuges auf dem Nachbargrundstück durch seine Mitarbeiter nicht unterbindet).

331 Ob in einem solchen Fall neben § 1004 dt. BGB (Beseitigung) tatsächlich auch noch Raum für § 985 dt. BGB (Vindikation) ist, ist allerdings streitig. Die Antwort dürfte von den Umständen des Einzelfalls, insbesondere von der Größe des Grundstücks und der Zeit seiner Inanspruchnahme abhängen. LG Kleve 26.5.2009, 4 O 77/09 stellte mit der Begründung, dass nicht der gesamte Besitz entzogen sei, nur auf § 1004 dt. BGB ab; LG Frankfurt/Main 22.6.1983, NJW 1984 S. 183 bejahte im Rahmen von § 859 dt. BGB eine Besitzentziehung.

332 Stürzt ein Baum auf das Nachbargrundstück, muss ihn der für den Baum Verantwortliche richtiger Ansicht nach allein wegen der damit verbundenen Eigentumsstörung (der Nachbar nutzt das fremde Grundstück gewissermaßen als „Lagerstätte" für seinen Baum) beseitigen; erst die Frage, ob er dafür haftet, dass dabei auch das Dach beschädigt wurde, ist eine Frage des Deliktsrechts (*von Bar,* Gemeineuropäisches Deliktsrecht I, Rdnr. 547). Siehe für Ungarn auch Tafelgericht Szeged, Pf. I. 20236/2011, BDT2012.113, Bírósági Döntések Tára 6/2012, S. 20 (Beschädigung eines Nachbargebäudes bei Bauarbeiten; Haftung aus Delikt; daher kein Übergang der Schadensersatzverpflichtung auf den neuen Eigentümer des Nachbargrundstücks) und für Schweden Svea Hovrätt 31.8.1989, RH 1989:74 (solange der umgestürzte Baum auf dem Nachbargrundstück liege, habe man es mit einer Rechtsverletzung i. S. v. Kap. 3 § 1 JB [Rücksichtnahmegebot unter Nachbarn] zu tun; da der Nachbar den Baum trotz Mahnung nicht beseitigt hatte, durfte ihn der Kläger im Wege der Ersatzvornahme selber beseitigen lassen und die angefallenen Kosten liquidieren) und für Griechenland Georgiades und Stathopoulos (-*Georgiades*), ZGB, Art. 1108 S. 620 Rdnr. 13). In Italien und in Frankreich spielt die Abgrenzung zwischen Beseitigung und Delikt in diesen Fällen freilich keine Rolle, weil man mit einem freieren Schadensbegriff (der Eingriff in das fremde Eigentum ist schon als solcher ein Schaden) arbeitet und für solche Fälle objektive Haftungen zur Verfügung stellt (oben Rdnr. 418–419). Art. 1242 (vorher 1384) franz. CC wird auch auf Bäume angewandt (Cass. civ. 6.3.1928, DP 1928, 1, S. 97, Anm. *Josserand*); der Eigentümer des Baumes haftet allerdings nicht bei höherer Gewalt, z. B. bei einem Sturm von außergewöhnlicher Stärke (Cass. civ. 27.1.1973, Bull. civ. II, Nr. 209 S. 166). Das Deliktsrecht verdrängt auch den possessorischen Rechtsschutz (*Larroumet,* Les Biens[5], S. 81 Rdnr. 146; *Boufflette,* La possession, S. 100). Österr. OGH 14.11.1984, SZ 57/179 hat sogar, gewissermaßen genau „umgekehrt", einen nachbarrechtlichen Anspruch gegen das Abholzen von Bäumen gewährt, durch das dem Grundtück des Klägers Windschutz entzogen worden wäre.

333 Tschech. OG 27.5.2004, 22 Cdo 1421/2003, Sbírka soudních rozhodnutí a stanovisek, R 14/2006.

334 BGH 20.12.1988, BGHZ 106 S. 229, 233. Im Ergebnis ebenso, freilich ohne vergleichbare Akzentuierung des Persönlichkeitsschutzes österr. OGH 24.1.1996, SZ 69/10 (Anspruch gegen Werbeagentur, die selbständige Werbeverteiler nicht davon abhält, dort zu verteilen, wo dies durch entsprechende Aufkleber verboten wurde). Zur unerwünschten E-Mail Werbung ebenso BGH 15.12.2015, NJW 2016 S. 870, 871.

Übergriffe in die Privatsphäre[335] steht das Recht der unerlaubten Handlungen bereit. Unter Grundstücksnachbarn wird der allgemeine Beseitigungsanspruch oft durch besondere Vorschriften des Nachbarrechts überlagert. Das Nachbarrecht bringt aber keine drittgerichteten Rechtsbehelfe hervor[336], und es knüpft auch nicht notwendig an subjektive Sachenrechte an. Es genügt (auf beiden Seiten) bloßer Besitz, was übrigens erneut die Nähe zwischen besitz- und rechtsgestützten Beseitigungsansprüchen demonstriert. Das Nachbarrecht schafft zudem besondere Duldungspflichten zwischen den Parteien und konkretisiert auf diese Weise, was zwar in ihrem Verhältnis zueinander, nicht aber notwendig gegenüber jedermann hingenommen werden muss.[337]

Schwer zu bestimmen ist das Verhältnis zwischen dem Nachbarrecht und der gesetzlich nicht geregelten *acción negatoria* des gemeinspanischen Rechts.[338] Letztere ermöglicht es dem Inhaber eines dinglichen Rechts, auf die Beseitigung bzw. die Unterlassung von Störungen zu klagen. Die regelmäßig als „Immission" beschriebene Störung[339] darf nicht aus einer Entziehung oder Vorenthaltung des Besitzes bestehen, muss andauern und einem menschlichen Verhalten zugerechnet werden können; ob es sich um eine juristische oder eine materielle, um eine reale oder ideelle Einmischung in das fremde Recht handelt, mache keinen Unterschied.[340] Die Zulässigkeit der *acción negatoria* wird aus einer Gesamtanalogie zu den Artt. 1902 (die deliktsrechtliche Generalklausel), 590 (Verbot der Errichtung gefährlicher Anlagen auf dem Nachbargrundstück), 1908(2) (objektive Haftung für gefährliche Anlagen) und Art. 4(4) (Treu und Glauben) span. CC hergeleitet. Klageberechtigt ist jeder Inhaber eines beeinträchtigten dinglichen Rechts; passiv legitimiert nach wohl herrschender Meinung der Besitzer 481

[335] *Bernstein of Leigh (Baron) v Skyviews & General Ltd.* [1978] Q. B. 479; Tschech. OG 30.10.2012, 22 Cdo 583/2011, Sbírka soudních rozhodnutí a stanovisek, R 48/2013 (die ununterbrochene und schwerwiegende Verletzung der Privatsphäre des Eigentümers oder des Nutzers der Immobilie durch Fotografieren oder andere Formen der Bildaufnahme könne eine „Immission" darstellen); tschech. OG 12.12.2000, 22 Cdo 1629/99, Právní rozhledy 2001 (7) S. 337 (Gäste des benachbarten Restaurants schauen ständig neugierig in die Fenster; auch das könne eine Immission sein). Siehe zum Fotografieren von Gebäuden auch BGH 20.9.1974, NJW 1975 S. 778 (Eigentumsverletzung durch Fotografieren eines Schlosses nur, wenn dafür das Grundstück betreten werden müsse) und Cass. ass. plén. 7.5.2004, Bull. civ. 2004, A. P., Nr. 10 S. 21 (Fotografie der Fassade eines Hotels wurde ohne Zustimmung des Eigentümers in Werbebroschüren verwandt; Verletzung des Eigentums nur, wenn die Fotografie eine anormale Störung verursache, was in casu verneint wurde). Auch übermäßiger Lärm wird im Übrigen gelegentlich als Eingriff in die Privat- und Persönlichkeitssphäre qualifiziert (Tafelgericht Pécs Pf.III.20.054/2017/7, BDT2017.137).

[336] Oben Rdnr. 411. Das entspricht auch der herrschenden Meinung in Österreich; Schwimann und Kodek (-*Oberhammer*), ABGB II[4], § 364 Rdnr. 12 meint allerdings, aus § 364 österr. ABGB auch Rechtsbehelfe gegen dritte Störer entwickeln zu können.

[337] Soergel (-*Baur*), BGB XIV[13], § 906 Rdnr. 2. Svea Hovrätt 14.6.2005, T 9214-02 verneint eine Rechtsverletzung unter Nachbarn durch Laubfall auf eine Garageneinfahrt.

[338] Sie findet sich nur in Artt. 544-4 bis 544-7 katal. CC (i. d. F. des Ley 5/2006, de 10 de mayo, del Libro quinto del Código civil de Cataluña, relativo a derechos reales, engl. Übersetzung in https://www.parlament.cat/document/intrade/152494). Diese Vorschriften gehen ihrerseits auf das katal. Gesetz 13/1990 vom 9.7.1990 (Gesetz über negatorische Klage, Immissionen, Dienstbarkeiten und Nachbarschaftsverhältnisse; Ley 13/1990, de 9 de julio, de la acción negatoria, inmisiones, servidumbres y relaciones de vecindad, BOE Nr. 183 vom 1.8.1990) zurück.

[339] *Díaz Romero,* La protección jurídico-civil de la propiedad frante a las inmisiones, especial referencia a la acción negatoria, S. 123.

[340] *Egea Fernandez,* Acción negatoria, inmisiones y defensa de la propiedad, S. 28–29, 31–37.

des Grundstücks, von dem die Störung ausgeht.[341] Das französische Recht, dessen Zivilgesetzbuch keinen eigenständigen negatorischen Rechtsschutz kennt, muss sich ohnehin mit der auf das allgemeine Deliktsrecht gestützten, aber verschuldensunabhängig funktionierenden und auch Beseitigungs- und Unterlassungsansprüche einschließenden Lehre von dem Verbot der ***troubles anormaux de voisinage*** stützen.[342]

482 Der negatorische Beseitigungsanspruch richtet sich gegen denjenigen, der ein fremdes Recht *realiter* „stört" oder „beeinträchtigt". Jedes Tun und jedes pflichtwidrige Unterlassen, in dem sich eine fortwirkende Verletzung eines fremden subjektiven Sachenrechts manifestiert, ist eine Störung.[343] „Störer" ist richtiger Ansicht nach auch, wem die Kontrolle über eine in seinen Zuständigkeitsbereich fallende Gefahrenquelle entglitt, vorausgesetzt, das aus ihr dem Betroffenen erwachsene Ausübungshindernis besteht fort, und vorausgesetzt ferner, dass dieser Zustand dem Beklagten zuzurechnen ist.[344] Auf Eigentum kommt es in diesem Zusammenhang zwar auch, aber nicht ausschlaggebend an; maßgeblich ist vielmehr, dass der Beklagte die Gefahrenquelle nutzte und beherrschte.[345] Folglich kann er sich seiner Beseitigungsverantwortlichkeit auch

---

[341] *Díaz Romero* aaO S. 123, 128, 129–131 (die selber aber den Eigentümer bzw. den Verursacher als den richtigen Beklagten ansieht).

[342] Dazu bereits *von Bar,* Gemeineuropäisches Deliktsrecht I, Rdnr. 543 und aus der neueren Rechtsprechung z. B. Cass. civ. 13.7.2004, Bull. civ. 2004, I, S. 174 Nr. 209; D. 2004 S. 2349 (Schweinehaltung; Verurteilung des beklagten Landwirts, innerhalb eines Jahres die zur Vermeidung der Lärm- und Geruchsimmissionen erforderlichen Maßnahmen zu ergreifen, bei deren Ausbleiben der Betrieb einzustellen sei); Cass. civ. 10.11.2016, D. 2017 S. 1791 (Abriss einer baurechtswidrig errichteten Mauer); Cass. civ. 11.2.1998, Bull. civ. 1998, III, S. 24 Nr. 34 (Entfernung eines Gartenhauses; Klage abgelehnt) und Cass. civ. 21.12.2017, RTD civ 2018 S. 158, Anm. *Dross* (Grundstücksteilung nach Kauf der beiden Parzellen von einem Dritten. Unter dem Grundstück des Klägers lagen nun die Rohre und Installationen, die zum Abwässersystem des Beklagten gehörten. Da der Kläger von ihnen nichts wusste, beschädigte er sie bei Baggerarbeiten, wodurch sie leck wurden und Gestank erzeugten. Der Beklagte hatte keine Dienstbarkeit. Sowohl die ausgetretenen Abwässer als auch die Leitungen selber seien geeignet, eine anormale Nachbarschaftsstörung zu verursachen).

[343] BGH 1.12.2006, NJW 2007 S. 432 formuliert, „Handlungsstörer" sei, wer „die Eigentumsbeeinträchtigung durch sein Verhalten, das heißt durch positives Tun oder pflichtwidriges Unterlassen, adäquat verursacht hat". Siehe auch (wenngleich in einem besitzrechtlichen Zusammenhang) Cass. civ. 7.3.2011, JCP N 2012, 361, Nr. 12 S. 10 (Eigentümer klagt gegen ein Unternehmen, das öffentliche Bauarbeiten ausführt, auf Wiederinstandsetzung seines Besitzes, Unterlassung weiterer Störungen und Schadensersatz. Das Berufungsgericht lehnte ab, weil das Unternehmen weder Besitzer noch Detentor der fraglichen Straßenfläche gewesen sei. Der Kassationshof hob wegen Verletzung von Art. 2278 franz. CC auf. Die Besitzschutzklage könne gegen jeden Verursacher der Störung ausgeübt werden; dass er Besitzer oder Detentor sein müsse, sei eine Bedingung, die das Gesetz nicht vorsehe.

[344] Richtig BGH 1.12.2006 aaO. Ebenso BGH 1.4.2011, NJW-RR 2011 S. 739. Hier ging es allerdings um den Begriff des Störers im Kontext eines sogen. „nachbarrechtlichen Ausgleichsanspruchs", dem deutschen Äquivalent zu der französischen Lehre von den *troubles anormaux de voisinage.* Das Gericht sah eine Frau als (in Geld ausgleichspflichtige) Störerin an. Die Ursache des späteren Reihenhausbrandes fand sich in den elektrischen Motoren, die ihrem Bett zum Verstellen der Liegefläche gedient hatten. Ganz ähnlich auch österr. OGH 23.12.1975, EvBl 1976/190, ÖJZ 1976 S. 396.

[345] BGH aaO. Siehe auch BGH 9.2.2018, NJW 2018 S. 224 (Dachdecker hatte ein Flachdach geschweißt, aber nicht bemerkt, dass sich darunter ein Feuernest gebildet hatte. Später griffen das Feuer und Löschwasser auf das Nachbargebäude über. Der BGH bejahte einen verschuldensunabhängigen nachbarrechtlichen Ausgleichsanspruch. Der Eigentümer des Hauses, in dem das Feuer entstanden war, sei ein mittelbarer Handlungsstörer, weil ihm das Handeln des Dachdeckers zuzurechnen sei). *Vieira,* Direitos reais, S. 481 mit Fn. 1357 formuliert, dass „natürliche

nicht einfach durch nachfolgende Eigentumsaufgabe (Dereliktion) entziehen. Sie ändert nichts an der Störereigenschaft[346], ganz abgesehen davon, dass natürlich auch ein Dieb, der gestohlene Sachen auf fremden Grund versteckt, ein Störer ist.

Es versteht sich im Übrigen von selbst, dass eine **Duldungspflicht** einen Beseiti- **483** gungsanspruch ausschließt.[347] Dritten gegenüber spielt sie freilich nur eine untergeordnete Rolle, etwa im Recht der Versorgung mit Telekommunikation und mit Energie.[348] Eine Duldungspflicht kann in Ausnahmefällen auch aus dem allgemeinen Rechtsmissbrauchsverbot folgen, etwa dann, wenn der Betreiber eines Fußballstadions bestimmte Besucher willkürlich am Betreten des Stadions hindert.[349] Die meisten gesetzlichen Duldungspflichten haben ihre Grundlage aber entweder im allgemeinen Nachbarrecht oder in Sondervorschriften des Immissionsschutzrechts. Zur Duldung einer objektiven Eigentums„störung" ist im Übrigen natürlich auch verpflichtet, wer seine Sache vermietet oder sein Eigentum mit einem dinglichen Nutzungsrecht belastet hat. Der Beseitigungsanspruch lebt in solchen Fällen erst wieder auf, wenn der Inhaber des belastenden Rechts seine ihm damit zugeschriebenen Befugnisse über-

Tatsachen" von dem Begriff der Rechtsverletzung ausgeschlossen seien; eine „Verletzung" setze ein menschliches Verhalten voraus, in der Regel eine Handlung *(acção);* eine Unterlassung *(omissão)* genüge nur in seltenen Fällen. Siehe ferner bulgar. Oberster Kassationsgerichtshof 26.5.2011, Nr. 215, Zivilsache 874/2010, I. Zivilkammer (passivlegitimiert sei auch der tatsächliche Störer, in diesem Fall sowohl der Auftraggeber der Bauarbeiten als auch der Betreiber der Mülldeponie, durch die der Erdrutsch ausgelöst worden war); Cass. 4.7.2017, Nr. 16407, Guida al diritto 2017, 31, 111 (Kneipenlärm; keine Verantwortlichkeit des Eigentümers neben der Betreiberin; er habe keinen Einfluss auf den Lärmpegel gehabt und das Lokal habe keinen „strukturellen Mangel" aufgewiesen; der Eigentümer hafte nur, wenn er die Immissionen selber verursache, nicht, wenn sein Mieter für sie verantwortlich sei, wie schon Cass. 28.5.2015, Nr. 11125, Foro it. 2015, I, 2758 entschieden hatte); schwed. HD 28.3.1994, NJA 1994 S. 162 (beklagter Flugverein vermietet das Grundstück, an dem ihm ein Nutzungsrecht zusteht, einem anderen Flugverein für eine größere Wochenendveranstaltung; Besucher trampeln die Saaten des Klägers nieder; Anspruch aus Kap. 3 § 1 JB [nachbarrechtliches Rücksichtnahmegebot] gegen den Beklagten bejaht. Zwar könne gegen jeden Verursacher geklagt werden, mit Rücksicht auf die Kurzzeitigkeit der Untermiete und die übrigen Umstände des Einzelfalls könne die Klage aber auch gegen den Nutzungsrechtsinhaber gerichtet werden) sowie tschech. OG 21.6.2012, 22 Cdo 922/2010, Soubor civilních rozhodnutí a stanovisek Nejvyššího soudu, C 13015 (Lärmbelästigung durch angrenzende Gastwirtschaft; keine Beseitigungsklage gegen den Eigentümer, der die Gastwirtschaft verpachtet hatte). Im Nachbarrecht wie im Recht der *actio negatoria* hält auch der österr. OGH daran fest, dass Störer auch derjenige sei, von dem erwartet werden kann, dass er die Beeinträchtigung verhindere (OGH 11.12.1975, JBl 1977 S. 201, Anm. *Hoyer* (JBl 1977, 202–204). Das Gericht geht aber grundsätzlich von einer umfassenden Verantwortung des Eigentümers für die Vorgänge auf seinem Grundstück aus (OGH 8.9.2009, immolex 2010 S. 214, Anm. *Cerha;* OGH 30.6.1977, SZ 50/99; siehe auch schon OGH 16.5.1929, SZ 11/174 [Tiere beschädigen das Grundstück des Nachbarn; Abwehranspruch bejaht]).

[346] BGH 30.3.2007, NJW 2007 S. 2182; siehe auch *von Bar,* Gemeineuropäisches Deliktsrecht I, Rdnr. 548.

[347] Die Beweislast für ihre tatsächlichen Voraussetzungen trägt der Störer: österr. OGH 23.11. 1999, SZ 72/186.

[348] Z. B. HD 26.7.1988, NJA 1988 S. 376 (Errichtung einer genehmigten Stromleitung. Klage der angrenzenden Eigentümer gegen den Stromunternehmer auf Ersatz der Minderung des bisherigen Grundstückswertes in Höhe von 7,5 % aufgrund von psychischen [Angst vor elektromagnetischer Strahlung] und ästhetischen Störungen [Wind, Ausblick] abgewiesen. Subjektive Störungen seien schwer zu beurteilen; die Grenze für dasjenige, was objektiv hingenommen werden müsse, sei hoch anzusetzen. Hier habe es an einer ersatzfähigen Rechtsverletzung gefehlt).

[349] BGH 30.10.2009, NJW 2010 S. 534 (im konkreten Fall ging es im Wege der Feststellungsklage um einen Unterlassungsanspruch; das Stadionverbot war auch sachlich gerechtfertigt).

schreitet, etwa dann, wenn der aus einer auf ein Übergangsrecht gerichteten Grunddienstbarkeit Berechtigte den ihm zugestandenen Zugangsweg gleich auch noch mit einer Holzwand, einer Gartenbank, Pflanzenkübeln und Figuren „verschönert".[350]

Unter dem *tort of trespass* ist das auch im englischen Recht nicht anders. Wenn die Störung fremden Besitzes durch die Rechtsordnung erlaubt ist, liegt kein *trespass* vor. Die Befugnis kann sich sowohl aus einer schuldrechtlichen *license* (Gestattung) als auch aus einem dinglichen Recht ergeben, z. B. einem *easement* (auch einem ersessenen),[351] darf aber den Umfang der Gestattung natürlich nicht überschreiten. Andernfalls liegt in der Überschreitung ein eigener *trespass*.[352] Denkbar ist ferner ein Rekurs auf allgemeine Rechtsgrundsätze. Das englische Recht kennt zwar weder die Befugnis, flüchtendes Wild[353] noch Bienenschwärme[354] auf fremden Grund zu verfolgen. Sec. 8 Party Wall, etc. Act 1996 und sec. 1(2) Access to Neighbouring Land Act 1992 erlauben es jedoch, fremden Grund (nötigenfalls auf gerichtliche Anordnung) zu dem Zweck zu betreten, das eigene Haus zu reparieren.

b) Besondere Beseitigungsansprüche

(1) Die actio confessoria

484 Eine Sonderform des Beseitigungsanspruches ist die sogen. konfessorische Klage.[355] In Österreich diente sie im Zusammenwirken mit der Regelung über die Vindikation als Ausgangspunkt für die richterrechtliche Entwicklung des allgemeinen Beseitigungsanspruchs[356]; sie wirkt hier inzwischen etwas aus der Zeit gefallen.[357] Ähnlich verhält es sich in der Slowakei[358] und in Slowenien[359]. In den romanischen Rechtsordnungen

---

[350] BGH 13.10.2017, WuM 2018 S. 56.

[351] Z. B. *Mills v Silver* [1991] Ch 271 (CA).

[352] *Mills v Silver* aaO (wo der Inhaber eines Wegerechts die Strecke unerlaubterweise gleich noch mit 700 t Geröll befestigt hatte).

[353] *Deane v Clayton* (1817) 7 Taunt 489; 129 ER 196.

[354] *Kearry v Pattinson* [1939] 1 KB 471.

[355] Siehe schon oben Rdnrn. 425, 428 und 429.

[356] Oben Rdnr. 472.

[357] Die *actio confessoria* i. e. S. ermöglicht unter § 523 ABGB die Beseitigung einer besonderen Form der „Störung", nämlich das Bestreiten eines Rechts in Gestalt des Bestreitens einer Servitut durch den Eigentümer des dienenden Grundstücks (woraus geschlossen wird, dass die bloße Behauptung eines Rechts an einer fremden Sache im Normalfall gerade keine abwehrfähige Rechtsanmaßung darstellt: Klang [-*Klang*], ABGB II^2, S. 602). Es ist jedoch völlig unstreitig, dass sie auch zum Schutz vor rein physischen Ausübungshindernissen eingesetzt werden kann. Jeder, nicht nur der Eigentümer, der die Servitut stört, kommt als Anspruchsgegner in Betracht. Die möglichen Klageziele decken sich deshalb mit denen der *actio negatoria* (Rummel [-*Hofmann*], ABGB I^3, § 523 Rdnr. 1), die ihrerseits nicht auf Störungen der in § 523 österr. ABGB genannten Art begrenzt ist (OGH 20.1.1965, EvBl 1965/360, ÖJZ 1965 S. 548). Der Anspruch ist in beiden Fällen je nach Art der Störung auf die Feststellung des Rechts, die Unterlassung künftiger Störungen, die Duldung der Ausübung des Rechts, die Beseitigung bereits eingetretener Beeinträchtigungen und auf Schadensersatz gerichtet. Wird gegen den Eigentümer der belasteten Sache geklagt, kann auch die Feststellung des eigenen Rechts und ggf. die Zustimmung zur Eintragung in das Grundbuch (Einverleibung) verlangt werden (*Iro,* Sachenrecht^5, Rdnr. 11/1).

[358] Während die *actio confessoria* in Tschechien heute keine Rolle mehr spielt (*Spáčil,* Věcná břemena v občanském zákoníku, S. 64), wird sie in der Slowakei weiterhin separat erörtert. § 126 slowak. BGB formuliert freilich nur: „(1): Der Eigentümer hat das Recht auf Schutz gegen den, der unberechtigt in sein Eigentumsrecht eingreift; insbesondere kann er die Herausgabe der Sache von dem verlangen, der sie ihm unberechtigt vorenthält. (2) Ein ähnliches Recht auf Schutz hat auch der, der berechtigt ist, die Sache bei sich zu haben".

[359] Art. 212(1) slowen. SPZ: „(1) Beeinträchtigt jemand unberechtigter Weise den Inhaber der Dienstbarkeit bei der Ausübung der Dienstbarkeit, so kann dieser im Klagewege verlangen, dass die Verhinderung beziehungsweise Beeinträchtigung aufhört".

hat sie sich dagegen ihr eigenständiges Profil erhalten. Denn ihr geht es eben gerade nicht um echten sachenrechtlichen Rundumschutz, sondern um die Lösung eines spezifischen **Prätendentenstreits.** Grundeigentümer und wirklicher oder vorgeblicher Dienstbarkeitsberechtigter streiten, typischerweise im Kontext des Ersitzungsrechts, um die Existenz oder Nichtexistenz des behaupteten Nutzungsrechts. Unter Art. 1079 ital. CC erlaubt es die *azione confessoria* dem Kläger, seine Dienstbarkeit gegen jeden, der ihre Ausübung bestreitet, gerichtlich fest- und etwaige Behinderungen oder Störungen abstellen zu lassen. Er kann außerdem „die Rückführung der Dinge in den vorherigen Stand sowie den Ersatz der Schäden fordern“. Die konfessorische Klage ist das Parallelinstitut zur Vindikation. Cass. 11.1.2017[360] erläutert, dass es sich bei der Vindikation, der *actio confessoria* und der *actio negatoria* nach italienischem Verständnis um drei voneinander unabhängige und deutlich unterschiedene Klagen handele. Mit der Vindikation behaupte der Kläger, besitzloser Eigentümer zu sein. Er müsse deshalb sein Eigentumsrecht beweisen. Wer die *actio negatoria* erhebe, sei Eigentümer und Besitzer. Sein Klageziel sei darauf gerichtet anzuerkennen, dass der Beklagte kein dingliches Recht an der Sache habe. Der Kläger einer *confessoria* sei gerade kein Eigentümer. Er behaupte jedoch, ein dingliches Recht zu haben, welches das fremde Eigentum belaste, und er müsse deshalb dieses Recht beweisen. Der *probatio diabolica* unterliege nur der Vindikationskläger. Eine vierte Klageform ist die *azione di costituzione di servitù coattiva* (die Klage auf Begründung einer Zwangsdienstbarkeit).[361] Ein spektakuläres Beispiel ist die Zwangsdienstbarkeit zugunsten von Rollstuhlfahrern.[362]

In Portugal wird die *acção confessória* aus dem Verfahrensrecht (Art. 10(1)(a) port. CPC [früher Art. 4(1)(a) port. CPC a. F.]) hergeleitet.[363] Man deutet sie als eine Abwandlung der Vindikation; der Inhaber eines *ius in re aliena* (eines *direito real menor*) verlangt dessen Anerkennung von dem Sacheigentümer.[364] Auch die *action confessoire* des französischen Rechts zielt auf die Anerkennung eines Nießbrauch- oder Gebrauchsrechts bzw. einer Grunddienstbarkeit.[365] Wiederum wird die Verwandtschaft mit der *action en revendication* 485

---

[360] Nr. 472, Juris Data DVD (Streit über eine angeblich ersessene Dienstbarkeit; da der Kläger seine Klage als Vindikation qualifiziert hatte, wurde sie abgewiesen. Der Kläger könne auch nicht offen lassen, welcher Klage er sich bediene).

[361] Näher Cass. 8.6.2012, Nr. 9356, Giust. civ. Mass. 2012 S. 763) (im Rahmen einer *actio confessoria* wird der Bestand des Rechts überprüft und das Urteil stellt es fest, im Rahmen einer *azione di costituzione di servitù coattiva* werden die gesetzlichen Entstehungsvoraussetzungen überprüft und das Recht durch Urteil begründet).

[362] Cass. 28.1.2009, Nr. 2150, Vita not. 2009 S. 929, Riv. not. 2009 S. 1521, Giust. civ. 2010, I, S. 2335 (Klage gegen den Nachbarn auf Einräumung eines Wegerechts, weil die Eigentumswohnung des Klägers nur zu Fuß und über einen gefährlichen Treppenweg zu erreichen war. Der Klage wurde stattgegeben, obwohl der Kläger selber gar nicht gehbehindert war und in Wahrheit nur eine Möglichkeit suchte, mit dem Auto bis vor seine Wohnung zu gelangen. Corte Cost. 10.5.1999, Nr. 167, Corriere giuridico 2000 S. 177, Giur. it. 2000 S. 683 hatte ein Grundstück auch dann als eingeschlossen qualifiziert, wenn es von einer behinderten Person nicht erreicht werden könne; Art. 1052(2) ital. CC sei verfassungswidrig).

[363] *Menezes Leitão,* Direitos reais[2], S. 242.

[364] *Prata,* Dicionário jurídico I[5], S. 24 („Acção confessória (Proc. Civil) Modalidade de acção de reivindicação, pela qual o titular de um direito real menor obtém o reconhecimento do seu direito por parte do proprietário da coisa sobre que ele incide“).

[365] *Carbonnier,* Les biens, S. 1834 Rdnr. 867; *Zenati-Castaing und Revet,* Les biens[3], S. 319 Rdnr. 197. Die *action négatoire* eines Grundstückseigentümers zielt dementsprechend darauf, dass die Belastungsfreiheit seines Eigentums anerkannt werde (*Reboul-Maupain,* Droit des biens[4], S. 451 Rdnr. 626).

betont, die es auch dem Nießbraucher erlaubt, Immobilien von jedermann herauszuverlangen.[366] Die *action confessoire* unterliegt allerdings der Verjährung[367] und richtet sich nicht gegen jedermann, sondern ausschließlich gegen den Eigentümer des dienenden Grundstücks. Im Normalfall ist sie zugleich auf Wiederherstellung des der Dienstbarkeit entsprechenden Zustandes gerichtet; es ist möglich, mit ihr den Abriss rechtswidriger Bauten zu verlangen.[368] Der Kläger einer *action confessoire* muss sein Recht beweisen; ein Eigentümer, der die gegenläufige *action négatoire* verfolgt, nur sein Eigentumsrecht, denn bei Grundeigentum gilt die Vermutung der Belastungsfreiheit.[369]

(2) Beseitigung von unrichtigen Verlautbarungen des Liegenschaftsregisters

486 Um eine spezielle Ausprägung des Beseitigungsanspruches handelt es sich auch bei dem Anspruch auf Zustimmung zur Berichtigung (incl. der Löschung) einer unrichtigen Verlautbarung des Liegenschaftsregisters. Es geht nicht um Verwaltungsrechtsschutz gegenüber der registerführenden Behörde, sondern um einen **privatrechtlichen Anspruch** des materiell Berechtigten **gegen den Buchberechtigten**.[370] Letzterer kann darauf in Anspruch genommen werden, das von seiner Seite für eine Berichtigung des Liegenschaftsregisters verfahrensrechtlich Erforderliche zu erklären; ein entsprechendes Urteil ersetzt die Erklärung. Im Einzelfall kann auch hier ein Prätendentenstreit im Hintergrund stehen; erforderlich ist das aber nicht. Denn der Berichtigungsanspruch richtet sich keineswegs notwendig gegen jemanden, der Eigentum oder ein sonstiges Recht an einem fremden Grundstück für sich reklamiert; die Passivlegitimation ergibt sich allein aus dem (Grundbuch-) Verfahrensrecht. Anspruchsgegner ist der unrichtig verlautbarte Scheinrechtsinhaber, dessen Erklärung der registerführenden Behörde vorliegen muss, damit sie nach den Regeln, denen sie unterliegt, berichtigend tätig werden kann. Es geht folglich auch nicht nur um Eigentum oder um dingliche Nutzungsrechte, es geht um eingetragene Sachenrechte aller Art, nicht zuletzt auch um Hypotheken und (in Deutschland) um Grundschulden. Die Situation erinnert an Besitzstörungen. Nur okkupiert der Störer nicht den Sach-, sondern den „Buchbesitz". Die Abweichung der verlautbarten von der wahren Rechtslage ist folglich zu beseitigen.

487 Ein solcher Beseitigungsanspruch setzt zweierlei voraus. Es muss (i) überhaupt möglich sein, dass eine Eintragung in das Liegenschaftsregister von der „wirklichen Rechtslage" (§ 894 dt. BGB; Artt. 3, 5 und 10 poln. GBHG) abweichen kann; im englischen Recht ist das weithin ausgeschlossen.[371] Und es muss sich mit einer Fehl-

[366] *Larroumet*, Les biens[5], S. 257 Rdnr. 452; *Terré und Simler*, Les biens[9], S. 718 Rdnr. 797.

[367] *Terré und Simler* aaO S. 736 Rdnr. 820.

[368] *Terré und Simler* aaO S. 807 Rdnr. 910; *Malaurie und Aynès*, Les biens[5], S. 368 Rdnr. 1173.

[369] *Larroumet* aaO S. 556 Rdnr. 904; *Zenati-Castaing und Revet* aaO S. 463 Rdnr. 300.

[370] Die Abgrenzung kann freilich dann Schwierigkeiten bereiten, wenn sich die registerführende Behörde einer Selbstkorrektur verweigert, zu ihr aber vom Gericht auch in rechtlich nicht ganz einfach liegenden Fällen verurteilt werden kann und verurteilt wird. Beispiele finden sich in der schwedischen Rechtsprechung zu Kap. 19 § 22 JB, etwa HD 31.5.2007, NJA 2007 S. 396 (Löschung der vorrangigen Eintragung eines Grundpfandrechts im *fastighetsregistrets inskrivningsdel* (dem Belastungen verlautbarenden Teil des Liegenschaftsregisters) und HD 3.12.2010, NJA 2010 S. 611 (unterlassene Eintragung eines Veräußerungsvorbehaltes zugunsten eines Vaters, der seiner Tochter das Grundstück geschenkt hatte; keine Möglichkeit nachträglicher Korrektur, weil nicht klar war, warum die Eintragung unterblieben war).

[371] Oben Rdnr. 390. Zur *rectification* unter sec. 65 und Sched. 4 LRA 2002 schon oben Rdnr. 327.

eintragung (ii) auch tatsächlich eine beseitigungspflichtige Beeinträchtigung (oder „Störung") eines fremden Rechts verbinden. Das wiederum ist nur in einem System denkbar, in dem (a) Sachenrechte zwar grundsätzlich publiziert werden müssen, um Drittwirksamkeit zu entfalten, aber (b) zugleich der Gefahr eines Rechtsverlustes ausgesetzt sind, wenn sie durch spätere Eintragungen oder Löschungen nicht oder nicht mehr richtig dokumentiert sind. Ein eintragungsbedürftiges Recht geht hier zwar weder allein durch seine Löschung noch durch die Verlautbarung einer Belastung verloren. Dem Rechtsinhaber obliegt es aber, sich kontinuierlich selber darum zu kümmern, dass das Register die materielle Rechtslage korrekt spiegelt. Dazu wiederum hat er Anlass, wenn und weil die unrichtige oder unterbliebene Verlautbarung seines Rechts besorgen lässt, dass es von einem Dritten gutgläubig (oder im Wege der Zwangsvollstreckung) erworben und dadurch vernichtet werden könnte: Der wahre Eigentümer muss befürchten, dass der Bucheigentümer wirksam über das Eigentumsrecht oder der Buchhypothekar wirksam über die „an sich" durch Erfüllung bereits erloschene Hypothek verfügt, der nachrangig berechtigte Hypothekar, dass sein Recht nicht im Range aufsteigt, ein Dienstbarkeitsberechtigter, der im Register gelöscht wurde, dass sein Recht untergeht oder eine Rangeinbuße erleidet, wenn der Inhaber des belasteten Rechts (im Zweifel der Eigentümer) über dieses verfügt. In all diesen Fällen hat man es gleich aus drei Gründen mit einer aktuellen Störung des Rechts des materiell Berechtigten zu tun. Eine liegt in seiner Gefährdung. Denn Dritte dürfen sich auf die Korrektheit des Registers verlassen.[372] Eine zweite, noch handfestere, liegt darin, dass das mit einem eintragungsfähigen Sachenrecht notwendig verbundene Recht, es zu seinem Schutz auch tatsächlich eintragen zu lassen[373], ohne die Zustimmung des Buchberechtigten nicht ausgeübt werden kann. Und drittens kann der materiell Berechtigte sein Recht in aller Regel solange nicht verwerten, wie es nicht publiziert wurde.

Ein allgemeiner Anspruch darauf, an der Berichtigung von fehlerhaften Verlautbarungen des Liegenschaftsregisters mitzuwirken, erlangt deshalb nur in einem Grundbuchsystem die Qualität eines echten sachenrechtlichen Rechtsbehelfs. Ohne ein Liegenschaftsregister, mit dem sich die Vermutung seiner Richtigkeit und Vollständigkeit verbindet, geht es nur um Fragen der Zweckmäßigkeit, aber nicht um eine Ausprägung des privatrechtlichen Rechtsschutzes gegenüber jedermann.[374] Der Anspruch auf **488**

[372] Eingehend oben Rdnrn. 391–400.

[373] Meistens wird dieses Recht für so selbstverständlich gehalten, dass es gesetzlich nicht ausdrücklich geregelt wird. Eine eindrucksvolle Ausnahme findet sich in dem sog. Immobilienregisteranspruch *(Ingatlan-nyilvántartási igény)* unter § 5:37 ungar. ZGB. Dieser Anspruch auf Grundbucheintragung gehört zu den Rechtsbehelfen des Sachenrechts und betrifft Fälle, in denen der Immobilieneigentümer das Eigentumsrecht außerhalb des Immobilienregisters erworben hat. Erfasst sind z. B. der Eigentumserwerb durch behördlichen Beschluss, durch Ersitzung und durch Erbfolge, aber auch durch die Bildung einer Gesellschaft bürgerlichen Rechts oder durch Vereinbarung einer ehelichen Gütergemeinschaft (näher Vékás und Gárdos [-*Menyhárd*], Kommentár a Polgári Törvénykönyvhöz I, § 5:37 ungar. ZGB, S. 979).

[374] Ein allgemeiner Berichtigungsanspruch fehlt z. B. in Italien; man begnügt sich mit Einzelregelungen für besondere Situationen. Die Eintragung eines nicht bestehenden Rechts wird auf Klage der interessierten gegen die eingetragene Partei durch Urteil gelöscht; die Löschungsklage selber unterliegt der Eintragung (Artt. 2643, 2668 ital. CC; Cass. 4.11.2010, Nr. 22500, Giust. civ. 2011 S. 365). Die Eintragung eines Vorvertrages wird gelöscht, wenn die Parteien zustimmen oder ein entsprechendes Urteil ergeht. Unter Art. 17 des Gesetzes vom 27.2.1985, Nr. 52, kann der Registerbeamte (der *conservatore dei pubblici registri*) materielle Fehler, welche der

die Beseitigung unrichtiger Verlautbarungen des Liegenschaftsregisters ist folglich ein **Grundbuchberichtigungsanspruch.** Seinen systematischen Standort hat er teils unmittelbar in der Kodifikation (das prominenteste Beispiel ist § 894 dt. BGB), teils im Grundbuchrecht gefunden. In **Österreich** spricht man von einer Löschungsklage (§§ 61 ff österr. GBG), doch ist das Wort zu eng. Es geht nicht nur um die Löschung, sondern auch um die Berichtigung fehlerhafter (oder inzwischen fehlerhaft gewordener) Eintragungen. Die Klage zielt zwar darauf, dass das Gericht die Registerbehörde anweise, das Grundbuch zu ändern; so wird auch tenoriert. Die Klage ist gleichwohl gegen denjenigen zu richten, der derzeit im Grundbuch eingetragen ist.[375] Sie kann zudem im Grundbuch angemerkt werden, was wichtig ist, weil schon diese Anmerkung einen gutgläubigen Erwerb vom Buchberechtigten sperrt. Das **poln. GBHG** legt einem Hypothekar, dessen Recht durch Erfüllung erloschen ist, die Pflicht auf, alles Erforderliche zu tun, damit die Hypothek auch formell gelöscht werden kann (Art. 100 aaO). Der Grundeigentümer, der die Löschung der Hypothek beantragt, muss ein öffentliches (Art. 31 aaO) Dokument vorlegen, in dem der Hypothekar die Rückzahlung der Schuld bestätigt und erklärt, mit der Löschung der Hypothek einverstanden zu sein. Der Eigentümer kann die Abgabe dieser Erklärung auch auf der Grundlage von Art. 462(2) poln. ZGB verlangen; denn er hat an ihr ein rechtliches Interesse. Der Anspruch ist selbständig einklagbar.[376] Der allgemeine Berichtigungsanspruch folgt aus Art. 10 poln. GBHG. Er betrifft Rechte aller Art.

489 Unter § 894 **dt. BGB** hat jeder, „dessen Recht nicht oder nicht richtig eingetragen oder durch die Eintragung einer nicht bestehenden Belastung oder Beschränkung beeinträchtigt ist", einen Berichtigungsanspruch gegen denjenigen, „dessen Recht durch die Berichtigung betroffen wird". Der Anspruch zielt auf die Zustimmung zu besagter Berichtigung. Anspruchsgegner ist jeder, zu dessen Gunsten die verlautbarte von der wirklichen Rechtslage abweicht und dessen Buchposition durch die Berichtigung gelöscht oder geschmälert werden würde.[377] Die deutsche Rechtsprechung deutet den Berichtigungsanspruch seit jeher als einen spezialgesetzlich geregelten Unterfall des allgemeinen Beseitigungsanspruchs aus § 1004(1) dt. BGB.[378] Es geht um Grundstücksrechte aller Art, also um Eigentum, seine Belastungen[379] und deren Belastun-

---

Behörde unterlaufen sind, selber korrigieren, z. B. dann, wenn ein Grundstück mit falscher Nummer eingetragen wurde. Für Hypotheken gelten Sondervorschriften (Artt. 2841, 2886 ital. CC). Löschungen und Berichtigungen erfolgen auf Antrag und Nachweis der beschwerten Partei. Fehler in einer notariellen Urkunde können auf Erklärung des Notars, die ihrerseits der öffentlichen Urkunde bedarf, berichtigt werden (Art. 59*bis* ital. Legge notarile). Es handelt sich um eine sog. Konformitätserklärung; der Notar muss wissen, dass die Parteien etwas anders vereinbart hatten. Zwischenzeitlich erworbene Rechte Dritter bleiben von der Korrektur unberührt.

[375] Z. B. OGH 22.6.2010, 5Ob233/09i, Zak 2010/543, S. 316.

[376] Poln. OG 16.11.1998, I CKN 885/97, Legalis Nr. 43099.

[377] BGH 29.3.1996, NJW 1996 S. 1890. 1891.

[378] RG 3.2.1904, RGZ 57 S. 320, 322; RG 11.1.1932, RGZ 135 S. 33, 35 (die Grundbuchberichtigungsklage zur Beseitigung einer nicht bestehenden Belastung entspreche der Beseitigungsklage aus § 1004 dt. BGB); BGH 8.2.1952, BGHZ 5 S. 76, 82. Ebenso für das ungarische Recht Wellmann (-*Petrik*), Dologi jog^2, § 5:36 ungar. ZGB, S. 82.

[379] Für ein hübsches Beispiel siehe OLG Frankfurt/Main 11.1.2017, NJW-RR 2017 S. 717. Der Eigentümer eines Grundstücks hatte auf Löschung einer seit langem nicht mehr genutzten „Fahrgerechtsame" geklagt, einer alten Grunddienstbarkeit, die es dem Berechtigten erlaubte, einen Weg auf dem dienenden Grundstück mit einem Fuhrwerk zu befahren. Der Kläger hielt

gen[380], außerdem um Vormerkungen[381] und Widersprüche[382]. Ob die Eintragung (bzw. die Löschung) schon ursprünglich unrichtig war oder erst später unrichtig wurde, macht keinen relevanten Unterschied.[383] Berichtigung bzw. Löschung kann zudem jedermann verlangen, der durch die unrichtige Eintragung einer vor- oder gleichrangigen Belastung einen Rangverlust zu erleiden droht.[384] Anspruchsberechtigt ist aber eben nur, wessen Recht beeinträchtigt ist. Wird also z.B. die Abtretung einer Grundschuld unrichtig verlautbart, steht der Berichtigungsanspruch nicht dem Grundeigentümer, sondern dem materiell aus der Grundschuld Berechtigten zu.[385] Der Grundbuchberichtigungsanspruch ist nicht zuletzt dann wichtig, wenn sich die Rechtsstellung der Beteiligten durch außerbücherliche Vorgänge ändert. Fällt z.B. eine Hypothek infolge des Erlöschens der Forderung weg (und wandelt sich *ex lege* in eine Eigentümergrundschuld), so kann sich das im Grundbuch gar nicht von selbst niederschlagen. Die allgemeine Regel lautet deshalb, dass seine Korrektur nur auf Antrag erfolgt (§ 13 dt. GBO).[386] Zugleich darf das Grundbuchamt die Berichtigung erst veranlassen, wenn ihr der Buchberechtigte zustimmt (§§ 19, 22(2) dt. GBO). Folglich muss der von der Berichtigung Betroffene, falls er nicht freiwillig zustimmt, im Klage-

das Grundbuch für unrichtig, weil heute niemand mehr mit Fuhrwerken fahre. Das OLG lehnte ab. Inhalt und Umfang einer zeitlich unbegrenzten Dienstbarkeit lägen nicht in jeder Beziehung für alle Zeiten fest, seien vielmehr Veränderungen unterworfen, die sich aus der wirtschaftlichen und technischen Entwicklung ergäben. Nach heutigem Verständnis umfasse die Fahrgerechtsame auch das Befahren mit Kraftfahrzeugen, „den technischen Nachfolgern" der Fuhrwerke.

[380] Im Ausgangspunkt besteht zwar Einigkeit, dass § 894 BGB auch die Inhaber von sog. Zweigrechten an beschränkten dinglichen Rechten schützt (z. B. dem Pfandrecht an einer Hypothek), doch sind eine Reihe von Einzelheiten bislang noch nicht abschließend geklärt (Einzelheiten bei *Rieländer,* Mehrstufige Belastungen, § 5 IV 3). Das betrifft vor allem Fälle, in denen mehrere Unrichtigkeiten zusammentreffen (Beispiel: eine hypothekarisch gesicherte Forderung wird wirksam durch Briefübergabe außerhalb des Grundbuchs gem. §§ 1274(1) Satz 1, 1154(1) Satz 1, 1117(1) dt. BGB verpfändet und anschließend übertragen, wobei der Zessionar zwar eingetragen wird, der Zedent alsdann aber die Abtretung anficht). Das Problem liegt hier in der Bestimmung des Anspruchsgegners, d.h. desjenigen, der zur Erteilung der verfahrensrechtlich erforderlichen Bewilligung (§ 19 dt. GBO) zur Berichtigung des Grundbuchs hinsichtlich des Pfandrechts an der Hypothek verpflichtet ist (der Buchhypothekar oder der wirkliche Hypothekar oder gar beide zugleich). Ähnliche Schwierigkeiten tauchen auf, wenn das belastete Recht in Wirklichkeit gar nicht existiert und das belastende Recht zu Unrecht gelöscht wird.

[381] RG 26.2.1940, RGZ 163 S. 62 (Löschung einer Auflassungsvormerkung, weil der Kaufvertrag über das Grundstück formnichtig war; Anspruch des Eigentümers gegen den im Grundbuch verlautbarten Vormerkungsberechtigten auf Zustimmung in entsprechender Anwendung von § 894 dt. BGB gewährt). Siehe auch RG 20.5.1931, RGZ 132 S. 419 (Eintragung eines Widerspruchs gegen eine zu Unrecht gelöschte Vormerkung zulässig).

[382] BGH 31.10.1968, NJW 1969 S. 93 (Anspruch auf Löschung eines unrechtmäßigen Widerspruchs gegen die rechtmäßige Löschung eines Erbbaurechts in entsprechender Anwendung von § 894 dt. BGB gewährt).

[383] Schöner und Stöber (-*Riedel, Volmer und Wilsch*), Grundbuchrecht[15], Rdnr. 357–359.

[384] BayObLG 15.7.1988, BWNotZ 1988 S. 165, bestätigt von BGH 11.7.1996, MittBayNot 1997 S. 51, 52 für die Hypothek.

[385] Palandt (-*Herrler*), BGB[77], § 894 Rdnr. 6.

[386] Kleinere Ungenauigkeiten sowie offenbare Schreibversehen, die durch bloße Richtigstellungen korrigiert werden können, begründen keine rechtliche „Unrichtigkeit" (Soergel [-*Stürner*], BGB XIV[13], § 894 Rdnr. 12; *Vieweg und Werner,* Sachenrecht[7], § 13 Rdnr. 57). Amtswegige Grundbuchkorrekturen bilden jedoch rare Ausnahmen (z.B. Fälle des Erwerbs durch Teilungsversteigerung in der Zwangsvollstreckung [§ 130 dt. ZVG] und Fälle, in denen das Grundbuchamt eine unzulässige Eintragung vorgenommen hat [§ 53(1) S. 2 dt. GBO]).

wege auf Zustimmung in Anspruch genommen werden. Mit der Rechtskraft des Urteils gilt sie als erklärt (§ 894 dt. ZPO).

490 Das **estnische** System gleicht in allen wesentlichen Zügen dem deutschen.[387] Unter § 5:182 **ungar. ZGB** kann das Immobilienregister berichtigt werden, wenn sein Inhalt im Vergleich zu der als Grundlage der Eintragung oder des Vermerks dienenden Urkunde unrichtig ist. Die Berichtigung erfolgt durch Löschung oder Korrektur des jeweiligen Eintrags.[388] Unter § 5:183 aaO ist eine Löschung zulässig, wenn das der Eintragung zugrunde liegende Rechtsgeschäft von Anfang an ungültig war oder die Eintragung nachträglich unrichtig wurde. Von Anfang an ungültig ist ein Rechtsgeschäft z.B. dann, wenn das Kausalgeschäft unwirksam ist, nachträglich ungültig, wenn die Parteien den Kaufvertrag rückwirkend auflösen, etwa, weil der Käufer seiner Zahlungspflicht nicht nachkommen kann, oder wenn eine Hypothek durch Wegfall der Forderung erlischt. Der Löschungsanspruch gegen den unmittelbaren Erwerber unterliegt nicht der Verjährung (§ 5:184(1) aaO), kann aber nur solange geltend gemacht werden, wie ihm gegenüber auch die Ungültigkeit des zugrunde liegenden Rechtsgeschäfts geltend gemacht werden kann (§ 5:184(2) aaO). Kann etwa der Kaufvertrag nur innerhalb eines Jahres angefochten werden (§§ 6:91(2), § 6:89(2) aaO), kann auch der Löschungsanspruch nur innerhalb eines Jahres geltend gemacht werden. Gegenüber einem gutgläubig und entgeltlich von dem Erstkäufer (und Scheineigentümer) erwerbenden Dritten ist der Löschungsanspruch auf drei Jahre begrenzt, gerechnet ab dem Zeitpunkt der Eintragung des Dritten (§ 5:187 aaO). Der Erstverkäufer (der materiell Berechtigte) muss in einem solchen Fall sowohl gegen den Erst- als auch gegen den Zweitkäufer klagen. Klagebefugt ist immer nur, wer selber einmal eingetragener Berechtigter war.[389] Die zur Berichtigung des Registers erforderlichen Zustimmungserklärungen werden durch das entsprechende Urteil ersetzt (§ 1:5(2) ungar. ZGB). In eigener Regie darf die Registerbehörde nur Marginalien korrigieren (§ 5:168(1) aaO), z.B. die Schreibweise von Namen sowie sonstige Schreib- und Rechenfehler. Unter § 985 **tschech. BGB** kann, wenn die Eintragung im öffentlichen Register nicht der wirklichen Rechtslage entspricht, die in ihrem dinglichen Recht betroffene Person Berichtigung verlangen. Der gerichtliche Beschluss wirkt gegenüber jedermann, dessen Recht erst nach der Stellung des Berichtigungsantrages eingetragen wurde. Es geht um zwei Situationen. Entweder war die Eintragung zwar von Anfang an wirksam, doch

[387] Unter § 65(1) estn. LPA kann derjenige, dessen Recht durch eine unrichtige Eintragung betroffen ist, die Zustimmung desjenigen einholen, dessen Recht durch die Korrektur der Eintragung betroffen würde; für gutgläubig erworbene Rechte gilt das natürlich nicht (§ 63(3) estn. LPA). Unter § 66(1) estn. LPA besteht ein Anspruch auf die Löschung nicht mehr bestehender Rechte. Eigentümerrechte bleiben bestehen (§ 66(2) aaO). Unter § 62^1(1) estn. LRA sind Eintragungen zu berichtigen, die aufgrund einer unrichtigen Entscheidung erfolgten, die durch außerbücherliche Rechtsübertragung oder dadurch unrichtig wurden, dass sich die persönlichen Daten der eingetragenen Person änderten. Im ersten Fall ergeht die Entscheidung auf Antrag und bei Vorliegen der Zustimmung der betroffenen Person (§ 63^1(1) estn. LRA). Amtswegig korrigiert das Grundbuchamt nur Fehler, die keine Bedeutung für die materielle Rechtslage haben, also Schreibfehler und ähnliche offensichtliche Versehen (§ 63^1(2) aaO), außerdem Änderungen der persönlichen Daten, die sich als „Grunddaten" aus einer öffentlichen Datenbank ergeben (§ 65^2(1) aaO).

[388] Näher Vékás und Gárdos (-*Menyhárd*), Kommentár a Polgári Törvénykönyvhöz I, § 5:182 ungZGB, S. 1225.

[389] *Menyhárd* aaO, § 5:187 ungar. ZGB, S. 1230–1231.

ist ihr Rechtsgrund später weggefallen. Oder das Recht ist außerbücherlich entstanden, untergegangen oder belastet worden (wie im Fall der Ersitzung).[390] Der materiell Berechtigte klagt gegen den Buchberechtigten im Wege der Feststellungsklage; sie wird auf Antrag und Vorlage der gerichtlichen Eingangsbestätigung durch Streitanmerkung *(poznámka rozepře)* in das Liegenschaftskataster eingetragen. Die Streitanmerkung sperrt *pro futuro* den gutgläubigen Erwerb. Ist die Klage erfolgreich, werden alle der Streitanmerkung nachfolgenden Eintragungen gelöscht.[391] Unter § 986 tschech. BGB kann sich der wahre Berechtigte vor allem gegen Eintragungen zur Wehr setzen, die auf einem nichtigen oder gefälschten Kaufvertrag beruhen. In diesem Fall wird die Streitanmerkung auf Antrag sofort eingetragen; eine Bestätigung über die Klageerhebung muss allerdings innerhalb eines Monats nach Kenntniserlangung von der Eintragung, sonst spätestens innerhalb von drei Jahren nachgereicht werden.[392] Die lange Frist spielt in der Praxis aber kaum ein Rolle, weil die registerführende Behörde (das Katasteramt) verpflichtet ist, die Betroffenen über Eintragungsänderungen zeitnah zu informieren (§§ 16(1), 18(3) tschech. LKG). Wie andernorts auch, kann die registerführende Behörde einige offensichtlich unrichtige Angaben sowohl auf schriftlichen Antrag des Betroffenen als auch von Amts wegen (§ 36 tschech. LKG) im Rahmen eines Verwaltungsverfahrens korrigieren, darunter insbesondere messtechnische Daten.

In **Griechenland** ist zwischen den herkömmlichen Transkriptions- und den neuen Grundbüchern zu unterscheiden. Eine fehlerhafte Eintragung in den Transkriptionsbüchern wird als eine Beeinträchtigung des Eigentumsrechts des wahren Grundeigentümers verstanden. Er darf deshalb gegen den Buchberechtigten Feststellungsklage erheben (Art. 220 gr. ZPO), außerdem unter Art. 741 gr. ZPO beim Landgericht die Korrektur der fehlerhaften Eintragung beantragen. Die an sich erforderliche Zustimmung des Buchberechtigten wird durch das Urteil ersetzt. Es handelt sich grundsätzlich um ein Verfahren der freiwilligen Gerichtsbarkeit; das Gericht kann es aber an die streitige Gerichtsbarkeit verweisen. Hypotheken werden entweder mit Zustimmung des Gläubigers oder aufgrund rechtskräftiger Entscheidung im Hypothekenbuch gelöscht (Artt. 1324, 1327 und 1328 gr. ZGB). Alle eigentums- oder besitzbasierten Klagen sind innerhalb von dreißig Tagen in die Anspruchsbücher einzutragen (Art. 220 gr. ZPO), andernfalls werden sie unzulässig. Der Transkriptionsbeamte muss die Transkription ungültiger (insbesondere formungültiger) Rechtsgeschäfte verweigern.[393] Denn die Transkription heilt weder materielle noch formelle Fehler der Transaktion.[394] Unter dem neuen Grundbuchsystem haben sich die Kompetenzen der Behörde spürbar verringert.[395] Das Hauptproblem sind in der gegenwärtigen Über- 491

[390] Spáčil (-*Vrzalová*), Občanský zákoník III, S. 50.

[391] *Janků/Šustrová/Vrcha,* Nový katastrální zákon, S. 269.

[392] *Vrzalová* aaO S. 58.

[393] Näher Areopag 13/2003, EllDni 44 (2003) S. 704; Areopag 1330/2008, NoB 57 (2009) S. 139, EfAD 2009 S. 83, Anm *Boulgari;* Areopag 195/1980, EEN 47 (1980) S. 487.

[394] Berufungsgericht Thessaloniki 622/2010, Arm. 65 (2011) S. 418.

[395] LG Thessaloniki 27524/2009, Arm. 63 (2009) S. 1858, Anm. *Koumanis* (Die Leiterin des Grundbuchamts hatte die Ersteintragung eines Rechts zur ausschließlichen Nutzung eines Parkplatzes in dem nicht umbauten Erdgeschoss eines auf Pfählen errichteten Mehrfamilienhauses mit der Begründung verweigert, dass es sich dabei um ein Schuld- und nicht um ein Sachenrecht handele. Das Gericht hielt diese Weigerung für unzulässig, weil materielle Prüfungen außerhalb der Kompetenz des Grundbuchamtes lägen. Selbst wenn schon die Ersteintragung Fehler enthalte, dürften sie nur aufgrund gerichtlicher Entscheidung korrigiert werden. Im Übrigen

gangsphase die Ersteintragungen. Art. 6(2) des Gesetzes 2664/1998 stellt zu ihrer Berichtigung zwei Möglichkeiten zur Verfügung: Antrag und Feststellungsklage.[396] Feststellungsklage ist zu erheben, wenn die fälschlich als Rechtsinhaberin eingetragene Person der Korrektur nicht zustimmt.[397] Die Klage auf Feststellung der Unrichtigkeit einer Ersteintragung unterliegt einer Ausschlussfrist von acht Jahren. Ist das Grundstück zwischenzeitlich verkauft worden, muss gegen den Ersteingetragenen (ggf. seine Erben) sowie gegen den Käufer geklagt werden.

c) Unterlassung

492 Der Anspruch auf die Unterlassung unmittelbar bevorstehender[398] oder, im Falle der Wiederholungsgefahr, weiterer Störungen eines Sachenrechts ist solange deutlich unproblematischer als der allgemeine Beseitigungsanspruch, wie der Anspruchsgegner nur dazu verpflichtet wird, von einem bestimmten Verhalten Abstand zu nehmen.[399] Der Unterlassungsanspruch kann zwar auch darüber hinausgehen, d.h. dem Anspruchsgegner ein auf die Wiederherstellung eines rechtmäßigen Zustandes gerichtetes aktives Tun abverlangen, doch kommt das in der Regel nur unter Nachbarn in Betracht.[400] Sie sind aufeinander angewiesen und schulden einander deshalb mehr als ei-

---

seien die Nutzungsrechte der Inhaber horizontalen Eigentums in der Spalte „weitere Informationen – andere Räumlichkeiten" eintragungsfähig; auf dem Grundbuchblatt würden nicht nur dingliche Rechte verlautbart).

[396] Dazu existiert inzwischen bereits eine recht umfängliche Rechtsprechung, z.B. Berufungsgericht Athen 1457/2010, EfAD 4 (2011) S. 465; LG Thessaloniki aaO und LG Thessaloniki 9762/2008, Arm. 2009 S. 1360.

[397] LG Piräus 1440/2012, EfAD 10 (2012) S. 868 (auch zu der Frage, wann infolge der unrichtigen Ersteintragung ein neues Grundbuchblatt angelegt werden muss).

[398] Obwohl manche gesetzliche Formulierungen (z.B. § 1004(1) Satz 2 BGB) das Gegenteil nahelegen, ist i.d.R. auch eine vorbeugende (präventive) Unterlassungsklage zulässig; man muss nicht abwarten, bis es tatsächlich das erste Mal zu einer Rechtsverletzung gekommen ist (z.B. RG 5.1.1905, RGZ 60 S. 6, 7; BGH 19.6.1951, BGHZ 2 S. 394; BGH 17.9.2004, NJW 2004 S. 3701, 3702; BGH 29.5.2009, NJW 2009 S. 2528, 2529 und BGH 18.12.2015, NJW 2016 S. 863, 865; Georgiades und Stathopoulos [-*Georgiades*], ZGB, Art. 1108 S. 622 Rdnr. 22; Koziol/Bydlinski/Bollenberger (-*Eccher*), ABGB[4], § 523 Rdnr. 10; Radwański und Dybowski [-*Gniewek*], System Prawa Prywatnego III[2], S. 562–563 Rdnr. 335 und *Vassilev,* Balgarsko veshtno pravo, S. 468). Auch unter englischem Recht kann ausnahmsweise bereits eine erstmalig drohende Störung ausreichen (sog. *action quia timet:* Clerk und Lindsell [-*Burrows*], Tort[19], Rdnrn. 30-14 bis 16). Tschech. OG 6.3.2001 (oben Fn. 322) hat nur entschieden, dass die bloße verbale Drohung mit einer Eigentumsverletzung noch keinen vorbeugenden Unterlassungsanspruch begründe. Ob daraus gefolgert werden kann, dass dasselbe auch für erstmalig *realiter* drohende Verletzungshandlungen gilt, scheint nicht abschließend geklärt. Rechtsvergleichend zu alledem *Kötz,* AcP 174 (1974) S. 145, 161.

[399] Auf den Erlass einer *prohibitory injunction* besteht deshalb auch in England praktisch ein Anspruch; dass es sich bei einer *injunction* generell um einen *equitable remedy* handelt, wirkt sich meistens nur im Kontext einer *mandatory injunction* aus (oben Fn. 286).

[400] Z. B. OLG Karlsruhe 5.9.2016, BeckRS 2016, 111434 (Eigentümer vermietet Parkplätze an ein Hotel, dessen Gäste ihre Fahrzeuge oft so parken, dass sie z. T. auf dem Grundstück des Klägers stehen; Anspruch auf bauliche Maßnahmen, die diese Grenzverletzungen in Zukunft verhindern) und OLG Karlsruhe 23.3.2018, MDR 2018 S. 664 (Klage gegen ein Elektrizitätsunternehmen, das Inhaber einer Dienstbarkeit ist, auf vorsorgende Maßnahmen gegen große Mengen kotender Zugvögel, die zu bestimmten Jahreszeiten teure Reinigungsmaßnahmen an den dort abgestellten Segelflugzeugen erforderlich machen; Anspruch allerdings abgelehnt, weil es sich um ein „betriebsfremdes Hinzutreten von naturgegebenen Ereignissen" gehandelt habe). BGH 24.2.1978, NJW 1978 S. 1584 anerkennt einen Anspruch auf Wiederherstellung der Bodenfestigkeit nach Abschachtung an der Grundstücksgrenze; konkretisierende Angaben zur Fes-

nem beliebigen Dritten; ihr Verhältnis zueinander trägt quasischuldrechtliche Züge. Das erklärt auch die zahlreichen gesetzlichen Sonderregeln, unter denen sich Nachbarn auf die Durchführung vorbeugender Maßnahmen in Anspruch nehmen können. Ein Beispiel ist der Anspruch darauf, dass ein Eigentümer zum Schutz des Nachbargrundstückes den Gefahren eines drohenden Gebäudeeinsturzes mit den erforderlichen Sicherungsmaßnahmen begegnet.[401] Umgekehrt bestehen zwischen Nachbarn aber natürlich auch eine Reihe besonderer Duldungspflichten, die Unterlassungsansprüche zwischen ihnen ausschließen oder beschränken.

Der allgemeine, im strengen Sinn jedermann gegenüber wirksame Anspruch auf **493**
die Unterlassung von Rechtsverletzungen gehört heute zum Standardrepertoire der allermeisten kontinentaleuropäischen Kodifikationen[402]; der franz. CC und, ihm nachfolgend, der ital. CC kennen ihn allerdings nicht.[403] In Österreich greift man auf die aus § 523 österr. ABGB entwickelte (in ihm selbst aber nicht ausformulierte) allgemeine *actio negatoria* zurück. Mit ihr kann auch auf die Unterlassung einer zeitnah drohenden Störung geklagt werden, gleich, ob sie sich erstmalig zuzutragen oder sich zu wiederholen droht.[404] Unter Art. 3:296 ndl. BW kann jeder einen anderen auf (ein Tun oder) Unterlassen in Anspruch nehmen, soweit sich das entweder aus einer Vereinbarung oder aus dem Gesetz ergibt. Aus dem Gesetz ergibt sich ein Unterlassungsanspruch, wenn es den Inhaber eines (in unserem Fall dinglichen) Rechts vor Einflussnahmen durch Dritte schützt. Ein Eigentümer z.B. ist unter Art. 5:1(2) ndl. BW befugt, jeden anderen von einer Einwirkung auf die Sache auszuschließen. Der Unterlassungsanspruch folgt also aus einer Kombination der allgemeinen Regel in Art. 3:296 ndl. BW mit den Befugnissen, die das Gesetz dem Inhaber des jeweiligen Sachenrechts gewährt. Die *acción negatoria* spanischen Rechts gewährt dem Inhaber eines dinglichen Rechts Schutz vor „Immissionen" (Störungen)[405], die dessen Genuss beeinträchtigen oder zu beeinträchtigen drohen.[406] Die italienische *azione negatoria* (Art. 949 ital. CC) allerdings hat ihren Ausgangspunkt, wie gesagt, weiterhin in einem Prätendentenstreit und bringt deshalb keinen allgemeinen Unterlassungsan-

---

tigkeit des bedrohten Grundstücks sind nach BGH 29.5.2009, NJW 2009 S. 2528, 2529 nicht mehr erforderlich. BGH 29.5.2009, NJW 2009 S. 2528, 2529 stellt klar, dass sich der betroffene Eigentümer gegen einen drohenden, aber noch nicht eingetretenen Stützverlust mit einer vorbeugenden Unterlassungsklage wendet. Bei einem bereits eingetretenen Stützverlust sei der Beseitigungsanspruch geltend zu machen, und zwar auch dann, wenn die Beeinträchtigung über einen längeren Zeitraum andauert. Die Nichtbeseitigung des Stützverlusts stelle keine fortgesetzte Erneuerung der Störung dar; ihr könne deshalb nicht mit einem Unterlassungsantrag begegnet werden. Zu der Lehre von den *troubles anormaux de voisinage* im Übrigen schon oben Rdnr. 481.

[401] Z.B. § 908 dt. BGB; § 145(2) estn. LPA; Art. 1084 lett. ZGB; Art. 4.99 lit. ZGB.

[402] § 1004(1) Satz 2 dt. BGB; Art. 89 estn. LPA; Art. 1108 gr. ZGB; Art. 1039 lett. ZGB; Art. 222 § 2 poln. ZGB; Art. 1311(1) port. CC i.V.m. Art. 2(2) port. CPC; Art. 126(1) slowak. BGB; Art. 99(1) slowen. SPZ; § 1042 tschech. BGB; § 5:36 ungar. ZGB.

[403] Oben Fn. 302.

[404] Rummel (*-Hofmann*), ABGB I^{3}, § 523 Rdnr. 11. Ist allerdings bereits ein Urteil ergangen, das den Beklagten zur künftigen Unterlassung verurteilt, kommt bei einer künftigen Störung der Art, zu deren Unterlassung das Urteil verpflichtet, keine erneute Klage in Betracht; sie wäre unzulässig. Stattdessen ist im Wege der Vollstreckung aus dem früheren Urteil vorzugehen (Klang [*-Klang*], ABGB II^{2}, S. 604).

[405] Oben Rdnr. 481.

[406] *Díaz Romero,* La protección jurídico-civil de la propiedad frante a las inmisiones, S. 123; *Egea Fernandez,* Acción negatoria, inmisiones y defensa de la propiedad, S. 28–29.

spruch. Das Gesetz fügt aber wenigstens hinzu, dass, wann immer „auch Störungen oder Belästigungen vorliegen“, der Eigentümer „die Anordnung ihrer Unterlassung und außerdem die Verurteilung zum Ersatz des Schadens“ verlangen kann. Deshalb kann die Klage auch gegen Dritte erhoben werden, die zwar nicht im Besitz der Sache sind[407], sich aber in anderer Weise die Befugnisse eines Rechtsinhabers anmaßen.[408] Zum Schutz eines dinglichen Rechts steht in Schweden die auf Unterlassung *(förbudstalan)* zu richtende allgemeine Leistungsklage *(fullgörelsetalan)* zur Verfügung; im Erfolgsfall ergeht ein Verbotsurteil (*förbudsdom,* Kap. 13 § 1 schwed. RB). Die Alternative besteht in einem auf *korrektur* gerichteten Antrag auf besondere Vollstreckungshilfe (*särskild handräckning,* § 4(1) schwed. Gesetz über Mahnbescheide und Vollstreckungshilfe). Zwischen Beseitigungs- und Unterlassungsansprüchen wird nicht unterschieden; der vorbeugende Rechtsschutz gehört nicht zu den Gegenständen der Darstellungen des materiellen Sachenrechts.

494 In England beantragt man zum Schutz vor drohenden Rechts- bzw. Besitzverletzungen eine *(prohibitory)* ***injunction.*** Sie selber ist zwar ein *equitable remedy,* doch hat sie ihre materiellrechtliche Grundlage gewöhnlich im außervertraglichen Haftungsrecht des Common Law. Ganz im Mittelpunkt stehen insoweit *trespass* und *nuisance.*[409] ***Trespass*** ist die Grundlage des Besitzschutzes. Erst auf der (prozessual gedachten) Rechtsfolgenseite fächert sich das *trespass*-Recht in verschiedene Rechtsbehelfe auf. Tatbestandlich reagiert *trespass* sowohl auf gravierende[410] als auch auf vergleichsweise geringe Übergriffe[411]; eine *de minimis* Schwelle soll es nicht geben.[412] Es muss sich aber um direkte Einwirkungen handeln; indirekte Beeinträchtigungen genügen nicht.[413] Sie gehören in das Feld des *tort of (private) nuisance.* Beide Torts können freilich im Einzelfall überlappen.[414] *Trespass* setzt zwar *intention* i. S. v. Handlungs-

---

[407] Cass. 11.11.1992, Nr. 12123 und Cass. 23.1.2009, Nr. 1778, beide in Juris Data DVD.

[408] Cass. 11.2.2009, Nr. 3389, Giust. civ. Mass. 2009 S. 220; Cass. 19.8.2002, Nr. 12233, Giust. civ. Mass. 2002 S. 1540; Cass. 29.5.2001, Nr. 7277, Giust. civ. Mass. 2001 S. 1080, Riv. giur. edilizia 2001, I, 820.

[409] Zu *trespass* schon oben Rdnr. 483 a. E., außerdem *von Bar,* Gemeineuropäisches Deliktsrecht I, Rdnr. 256–257 und (zu *nuisance*) Rdnr. 262–270.

[410] Z. B. die Entfernung der Fenster und Türen eines Hauses durch den Vermieter, um den Mieter zum Auszug zu zwingen (*Lavender v Betts* [1942] 2 All ER 72).

[411] Z. B. *Simpson v Weber* (1925) 41 TLR 302 (Einschlagen eines Nagels in eine fremde Hauswand, um dort Ranken wachsen zu lassen).

[412] *Yelloly v Morley* (1910) 27 TLR 20. Zum Vergleich: AG München 28.7.2017, IMR 2017 S. 507 betraf einen Streit unter Nachbarn. Der eine hatte seinen unmittelbar an der Grenze zum anderen verlaufenden Weg von Schnee geräumt, wobei sehr geringe Mengen durch den Maschendrahtzaun auch auf das Nachbargrundstück gefallen waren. Das Gericht entschied, dass die Erheblichkeitsschwelle nicht überschritten sei; der Schnee würde ohnehin tauen, ohne Folgen zu hinterlassen. Eine Erheblichkeitsschwelle prüft und verneint auch OLG Naumburg 2.3.1999, MDR 1999 S. 1193 (das statische Magnetfeld des Stromkabels einer Straßenbahn sei zwar messbar, aber so schwach, dass es die Stärke des natürlichen Erdmagnetfeldes nicht übersteige; es handele sich deshalb um eine unwesentliche Einwirkung auf die Wohnung des Klägers, möge er insoweit auch besonders sensibel sein. Unwesentlich sei auch, dass das Fernsehbild in 50 Minuten für lediglich 10 Sekunden gestört werde).

[413] *Perea v Vandiyar* [1953] 1 WLR 672 (Abstellen der Gas- und Elektrizitätszufuhr).

[414] *Home Brewery Co v William Davis & Co (Loughborough) Ltd* [1987] QB 339. Unklar ist die Abgrenzung bei Verletzungen eines Jagdrechts. *Mason v Clarke* [1955] AC 778 (HL) bejahte erstaunlicherweise *trespass* in einem Fall, in dem der Beklagte unter Verletzung eines *profit à prendre* des Klägers Fallen aufgestellt hatte. Das ist deshalb überraschend, weil der Inhaber eines Jagdrechts keinen Besitz an der Immobilie hat.

willen[415], aber weder Vorsatz noch Fahrlässigkeit voraus.[416] Zu den gerichtlichen Rechtsbehelfen gehört neben dem Anspruch auf Schadensersatz die Möglichkeit, eine *injunction* zu beantragen. Das ist eine auf die Herausgabe einer Sache oder die Unterlassung einer Störung gerichtete gerichtliche Anordnung, die auch ergehen kann, wenn noch kein materieller Schaden eingetreten ist.[417] Im Prinzip muss eine noch fortbestehende Störung feststellbar sein, die schwer genug wiegt, um eine *injunction* zu rechtfertigen[418]; ausnahmsweise genügt aber schon eine erstmalig drohende Störung.[419] Nicht *trespass* selber, aber das Recht der *injunction* unterliegt also einer Erheblichkeitsschwelle. Der Erlass einer *injunction* liegt im Ermessen des Gerichts. Das Ermessen wird je nachdem unterschiedlich ausgeübt, ob es sich um eine *prohibitory* oder um eine *mandatory injunction* handelt. Eine *prohibitory injunction* wird der Regel nach gewährt[420]; eine *mandatory injunction* (z.B. mit dem Inhalt, eine störende Einrichtung abzureißen) nur nach Abwägung aller Umstände. Bei ihr nimmt das Gericht in den Blick, ob dem Kläger ohne die *injunction* ein erheblicher, in Geld nicht zu kompensierender Schaden droht, den der Beklagte zumutbar vermeiden kann.[421] Eine *injunction* kann auch als vorläufige *(interim) injunction* erlassen werden, wenn das Gericht dies mit Blick auf die Erfolgsaussichten der Hauptsache und die Interessen der Beteiligten für gerechtfertigt hält.[422]

Nuisance betrifft die vor allem unter Nachbarn relevante Abwehr direkt oder indirekt **495**
beeinträchtigender Einwirkungen durch Lärm, Geruch, Gase, Flüssigkeiten und dergleichen, aber auch durch eindringende Baumwurzeln[423] und selbst noch durch den Betrieb eines Bordells.[424] Wiederum geht es primär um Besitz-, nicht um Eigentumsschutz.[425] Allerdings dient *nuisance* auch dem Schutz beschränkter dinglicher Rechte, z.B. eines *profit à prendre.*[426] Entscheidend ist stets, dass es sich um eine unangemessene *(unreasonable)* Störung handelt.[427] In die Abwägung fließen vor allem die Ortsüblichkeit, das Maß und der Zweck des störenden Verhaltens ein.[428] Ist die Einwirkung gesetzlich erlaubt[429] (oder hat ihr der Kläger zugestimmt[430]), kommt es auf den *reasonableness*-Test nicht mehr an. Anspruchsgegner ist entweder der Störer oder der aktuelle Besitzer des

---

[415] *Public Transport Commission of NSW v Perry* (1977) 14 ALR 273 (High Court of Australia) (kein *trespass,* wenn ein Epileptiker während eines Anfalls auf Bahngleise fällt, deren Betreten verboten ist).

[416] *Turner v Thorne and Thorne* (1959) 21 DLR (2d) 29 (Paketbote legt ein Paket versehentlich auf dem falschen Grundstück ab); *League Against Cruel Sports Ltd v Scott* [1986] QB 240 (Hundeführer verhindert nicht, dass seine Meute über ein fremdes Grundstück läuft).

[417] *Patel v WH Smith (Eziot) Ltd* [1987] 1 WLR 853 (CA).

[418] *Pride of Derby and Derbyshire Angling Association Ltd v British Celanese Ltd* [1953] Ch 149, 181.

[419] Vorher Fn. 398.

[420] *Pride of Derby and Derbyshire Angling Association Ltd v British Celanese Ltd* aaO.

[421] *Morris v Redland Bricks Ltd* [1970] AC 652, 665–666.

[422] *American Cyanamid Co v Ethicon Ltd* [1975] AC 396.

[423] *Delaware Mansions Ltd v Westminster CC* [2001] UKHL 55; [2002] 1 AC 321.

[424] *Thompson-Schwab v Costacki* [1956] 1 WLR 355.

[425] *Hunter v Canary Wharf* [1997] AC 655.

[426] *Nicholls v Ely Beet Sugar Factory Ltd* [1936] 1 Ch 343 (Vernichtung der Fischbestände durch Verschmutzung eines Gewässers).

[427] *Sedleigh-Denfield v O'Callaghan* [1940] AC 880.

[428] Winfield and Jolowicz (-*Rogers*), Tort[17], Rdnrn. 14-7 bis -12.

[429] *Home Office v Dorset Yacht Co Ltd* [1970] AC 1004.

[430] *Kiddle v City Business Properties Ltd* [1942] 1 KB 269.

Grundstücks, von dem die Störung ausgeht.[431] Hat der Beklagte selber gehandelt, muss der störende Charakter seines Tuns für ihn vorhersehbar gewesen sein.[432] Der Besitzer des Grundstücks haftet für Handlungen Dritter nach den Regeln der *vicarious liability*[433], es sei denn, es handelt sich um die Verletzung einer sog. *non-delegable duty.*[434] Außerdem kann er für Handlungen Dritter verantwortlich werden, von denen er hätte erkennen müssen, dass von ihnen eine Störung ausgeht.[435] Das Gleiche gilt, wenn sich Naturgefahren[436] oder Störungen verwirklichen, die der Vorgänger im Besitz verursacht hat.[437] Der Anspruch ist grundsätzlich auf Schadensersatz in Geld gerichtet. Es genügen erhebliche persönliche Beeinträchtigungen; ein Wertverlust des Grundstücks ist nicht erforderlich.[438] Zur Vermeidung eines erstmalig drohenden Schadens beantragt man (wie bei *trespass*) eine *injunction quia timet.*[439] Im Übrigen setzt eine *injunction* auch im Kontext von *nuisance* voraus, dass es inadäquat wäre, den Betroffenen auf Schadensersatz in Geld zu verweisen.[440]

496 Der allgemeine Unterlassungsanspruch der kontinentalen Rechtsordnungen wird, wo er anerkannt ist, aus dem Konzept der Absolutheit der Sachenrechte abgeleitet.[441] Deshalb steht er grundsätzlich zum **Schutz aller dinglichen Rechte** zur Verfügung[442]; nur die auf einen Prätendentenstreit verengte traditionelle *actio negatoria* setzt ein dingliches Nutzungsrecht an einem Grundstück voraus.[443] Das wirkt indes nicht mehr zeitgemäß. Der allgemeine Unterlassungsanspruch jedenfalls operiert seiner theoretischen Konstruktion nach ohne Rückbindung an den Besitz. Auch ist zwar richtig, dass Unterlassungsansprüche zum Schutz von Rechten an realen Sachen gerichtlich viel seltener eingeklagt werden als Unterlassungsansprüche zum Schutz von Immobiliarsachenrechten; das ist hier nicht anders als bei den Beseitigungsansprüchen.[444] Wenn man Mobiliarsachenrechte von vornherein aus dieser besonderen Form des vorbeugenden Rundumschutzes ausblenden würde, nähme man aber doch einige signifikante Schutzlücken in Kauf.[445] Es wirkt auch schief, zwischen Grundstücken

---

[431] *Fennell v Robson Excavations Pty Ltd* [1977] 23 NSWLR 486.

[432] *Cambridge Water Co v Eastern Counties Leather Plc* [1994] 2 AC 264 (keine *nuisance* durch den Einsatz von Chemikalien, die bei ihrer Verwendung als ungefährlich galten).

[433] *Rogers* aaO Rdnr. 14–19.

[434] *Bower v Peate* (1876) 1 QBD 321.

[435] *Sedleigh-Denfield v O'Callaghan* [1940] AC 880; *Lippiatt v South Gloucesterchire Council* [2000] QB 51.

[436] *Leakey v National Trust* [1980] AC 485.

[437] *Montana Hotels v Fasson Pty Ltd* (1986) 69 ALR 258 (Privy Council); *De Keyser's Royal Hotel Ltd v Spicer Brothers Ltd* (1914) 30 TLR 257 (nächtliche Bauarbeiten ohne sachlichen Grund).

[438] *Rogers* aaO.

[439] *Rogers* aaO.

[440] *Colls v Home and Colonial Stores* [1914] AC 179.

[441] Mit Recht sagt *Gniewek,* Prawo rzeczowe[8], S. 124 Rdnr. 364, dass es sich darum handele, den passiven Respekt vor dem Eigentum anderer sicherzustellen.

[442] Oben Rdnr. 423.

[443] Z.B. Art. 949 ital. CC (Eigentum); Art. 1012(2) ital. CC (Nießbrauch) und zum Erbbaurecht *Bianca,* Diritto civile VII, S. 428.

[444] Vorher Rdnr. 474.

[445] Für ein schönes Beispiel siehe BGH 19.7.2007, NJW 2007 S. 2913. Ein Eigentümer von dauerhaft mit seinem Namen gekennzeichneten Mehrwegpfandflaschen setzte sich mit der allgemeinen Unterlassungsklage erfolgreich dagegen zur Wehr, dass ein Konkurrent die in seinen Besitz gelangenden Flaschen vernichtete, statt sie auszusondern und dem Kläger zurückzugeben. Die Entscheidung setzt natürlich voraus, dass Pfandflaschen der fraglichen Art

und realen Sachen wenigstens verjährungsrechtlich unterscheiden zu wollen.[446] Denn im Rahmen des vorbeugenden Rechtsschutzes scheint der Gedanke an eine Verjährung sachlogisch ausgeschlossen; es steht ja das Unheil stets erst noch bevor.

In Abweichung vom italienischen Recht formuliert jedenfalls Art. 1315 port. CC 497 ausdrücklich, dass die Vorschriften zum Schutz des Eigentums (an beweglichen wie an unbeweglichen Sachen) „mit den notwendigen Anpassungen" für alle dinglichen Rechte gelten.[447] Ebenso verhält es sich unter Art. 251 poln. ZGB (der seinerseits u.a. auf Art. 222 § 2 poln. ZGB Bezug nimmt[448]). Der Unterlassungsanspruch steht folglich auch hier sowohl den Eigentümern beweglicher wie den Eigentümern unbeweglicher Sachen zu, ferner den ewigen[449] und gewöhnlichen Nießbrauchern, Pfandgläubigern, den Inhabern eines genossenschaftlichen Raumeigentumsrechts sowie den Inhabern einer Dienstbarkeit.[450] Für Hypotheken gelten die Sondervorschriften der Artt. 91–93 poln. GBHG.[451] Dass es sich um sachenrechtliche Rechtsbehelfe handelt, erweist sich u.a. auch daran, dass sie nur dem jeweils aktuellen Rechtsinhaber zustehen; verliert er sein Recht, verliert er auch den Anspruch.[452]

Jeder Unterlassungsanspruch setzt eine konkrete **Verletzungsgefahr** und die Ab- 498 wesenheit einer Duldungspflicht voraus. Ob eine Störung erstmalig droht oder sich zu wiederholen droht, macht zwar theoretisch keinen Unterschied. Allerdings darf man von jemandem, der sich schon in der Vergangenheit nicht an die Regeln gehalten hat, widerleglich vermuten, dass er das auch in der Zukunft nicht tun wird.[453] Das gilt auch im Falle mittelbarer Störungen, etwa dann, wenn es ein Parkplatzbetreiber einreißen lässt, dass seine Kunden die Grenze zum Nachbargrundstück verletzen. Von

nicht in das Eigentum der Kunden übergehen, ist aber auch deshalb interessant, weil sie zeigt, wie mühsam es wäre, den Unterlassungsanspruch allein aus Besitz herzuleiten. Dazu müssten die Kunden den Besitz der Flaschen dem Veräußerer gemittelt haben, bis sie ihren Fremdbesitz (Detention) endgültig durch Abgabe der Flaschen an der Rücknahmestelle in Eigenbesitz umwandelten.

[446] So aber wohl das polnische Recht. Jedenfalls sagt man, dass der Unterlassungsanspruch zum Schutz von Immobiliarsachenrechten der Verjährung ebenso wenig unterliege wie die Vindikation (Artt. 223, 229 und 251 poln. ZGB) (Radwański und Gniewek [-*Gniewek*], System Prawa Prywatnego IV^3, S. 364 Rdnr. 88). Bei beweglichen Sachen gilt das Gegenteil. Die Ansprüche verjähren nach den allgemeinen Regeln (Art. 118 poln. ZGB) (Krzysztof Pietrzykowski [-*Skowrońska-Bocian und Warciński*], Kodeks cywilny I^9, Art. 223 Rdnr. 2).

[447] Näher von Bar (-*de Seabra und Xavier*), Sachenrecht in Europa III, S. 362.

[448] Danach hat „der Eigentümer gegenüber demjenigen, der das Eigentum in anderer Weise als durch Entziehung der tatsächlichen Sachherrschaft verletzt, Anspruch auf Wiederherstellung des rechtmäßigen Zustands und auf Unterlassung der Verletzungen".

[449] Der ewige Nießbraucher verdrängt sogar den Eigentümer. Der ewige Nießbraucher tritt an seine Stelle und ist deshalb allein zur Ausübung der sachenrechtlichen Rechtsbehelfe befugt (poln. OG 20.6.1984, III CZP 26/84, Legalis Nr. 24267). Für die Dauer des ewigen Nießbrauchs verliert der Fiskus folglich sowohl den Herausgabe- als auch den Unterlassungsanspruch gegen Dritte (Radwański und Gniewek [-*Cisek*], System Prawa Prywatnego IV^3, S. 197–198, Rdnr. 202–203).

[450] *Cisek* aaO S. 196 Rdnr. 198.

[451] *Gniewek*, Prawo rzeczowe^8, S. 188 Rdnr. 580.

[452] Radwański und Dybowski (-*Gniewek*), System Prawa Prywatnego III^2, S. 568 Rdnr. 353.

[453] BGH 12.12.2003, NJW 2004 S. 1035, 1036; BGH 21.9.2012, NJW 2012 S. 3781; BGH 27.5.1986, NJW 1986 S. 2503, 2505 (eine vorausgegangene rechtswidrige Beeinträchtigung begründet die tatsächliche Vermutung, dass sich das Geschehen wiederholen werde); BGH 30.10.1998, NJW 1999 S. 356, 359 sowie BGH 6.7.1954, BGHZ 14 S. 163, 167 (an die Widerlegung dieser Vermutung seien hohe Anforderungen zu stellen).

dem einzelnen Kunden geht zwar gewöhnlich keine konkrete Wiederholungsgefahr mehr aus, von dem Parkplatzbetreiber aber sehr wohl. Sie entfällt erst, wenn er ernsthaft, konkret und glaubhaft dartut, dem Treiben ein Ende zu bereiten.[454] Die meisten **Duldungspflichten** haben, genauso wie im Recht der Beseitigungsansprüche, ihre Grundlage entweder im Nachbarrecht (z.B. § 906 dt. BGB; Art. 144 poln. ZGB), im Recht der Belastungen (Dienstbarkeiten etc.), im Recht der Rechtfertigungsgründe (Notstand, Einwilligung etc.) und in Vorschriften des öffentlichen Rechts (Baurecht, Denkmalsschutz, Naturschutz, Energieversorgung); gelegentlich leitet man sie auch aus dem allgemeinen Rechtsmissbrauchsverbot ab.[455]

3. Eigentumsfeststellung und Sachherausgabe

a) Civil Law und Common Law

499 Nicht alle Sachenrechte berechtigen zum Besitz der Sache, auf die sie bezogen sind; wenn sie aber zu Besitz berechtigen, dann sind sie selbstredend verletzt, wenn jemand dem Berechtigten den Besitz vorenthält; das eine ist nur die Kehrseite des anderen.[456] Das wichtigste unter den zu Besitz berechtigenden Sachenrechten ist wiederum das Eigentum. Vor allem für dieses Recht[457] stellen deshalb alle kontinentalen Rechtsordnungen einen eigenen Rechtsbehelf zur Verfügung, den sog. **Vindikationsanspruch**.[458] Auf das englische und das schwedische Recht lässt er sich zwar nicht eins zu eins übertragen, doch sollte man die Unterschiede nicht überbewerten. Sie haben in England vorwiegend historische und in Schweden vorwiegend theoretische Gründe. Das englische Recht denkt eben nicht im Kontext der Lehre von den absoluten Rechten, sondern im Kontext des außervertraglichen Haftungsrechts. Das erklärt, warum sich die *action for the recovery of land* aus dem *tort of trespass* entwickelt hat und jedenfalls bei nicht registriertem *land* im Kern besitzgestützt operiert[459]; technisch gesprochen gibt es eben wohl immer noch kein „absolutes" Grundeigentum.[460] Und soweit es um das Recht der beweglichen Habe geht, kennt das Common Law mit dem *tort of conversion* zwar „eigentlich" überhaupt nur einen Schadensersatzanspruch in Geld. Gleichwohl kann auch das Recht der *conversion* einen vindikationsähnlichen Rechtsbehelf stützen. Ob er im Einzelfall tatsächlich zur Verfügung steht oder nicht, hängt allerdings von der Erfüllung weiterer, letztlich noch immer im Recht von Equity wurzelnder Voraussetzungen ab.[461] Unter schwedischem Recht ist zwischen Eigentum *(äganderätt)*

---

[454] Soergel (*-Münch*), BGB XV/1[13], § 1004 Rdnr. 213–222.

[455] Areopag 1407/1984, NoB 33 (1985) S. 103.

[456] Oben Rdnr. 423.

[457] Zu weiteren Rechten oben Rdnr. 428.

[458] Z. B. § 985 dt. BGB; § 80 estn. LPA; Art. 1094 gr. ZGB; Art. 948 it. CC; Art. 1044 lett. ZGB; Art. 4.95 lit. ZGB; Art. 5:2 ndl. BW; § 366 österr. ABGB; Art. 222 § 1 poln. ZGB; Art. 1311 port. CC; Art. 563 rumän. CC; § 126(1) slowak. BGB; Art. 92(1) slowen. SPZ; Art. 348(2) span. CC; § 1040(1) tschech. BGB; § 5:36 ungar. ZGB. In Belgien, Frankreich und Luxemburg fehlt eine gesetzliche Grundlage (oben Rdnr. 429).

[459] Unten Rdnr. 515.

[460] Zur Annäherung des *freehold estate* an einen „absoluten Titel" durch die fortschreitende Registrierung von *land* aber schon oben Rdnr. 327 mit Fn. 799. Näher mit Blick auf Eigentumsfeststellung und Sachherausgabe *Sliwka,* Herausgabeansprüche als Teil des zivilrechtlichen Eigentumsrechts?, S. 518–529.

[461] Unten Rdnr. 512.

in Ruhelage („statischer“ Eigentumsschutz) und Eigentum während eines Umsatzgeschehens („dynamische“ Eigentumsschutz) zu unterscheiden. „Statischer Eigentumsschutz“ steht für die mit einem Rechtsbehelf abgesicherten Eigentümerbefugnisse, darunter die Herausgabe. Sie entspricht der Vindikation, wird aber nicht so genannt. „Dynamischer Eigentumsschutz“ bezeichnet einzelne oder mehrere „Rechtsfolgen“ *(rättsföljd)* und ihre Voraussetzungen.[462] Im Anwendungsbereich des dynamischen Sachenrechts steht nur die allgemeine Leistungsklage (*fullgörelsetalan,* Kap. 13 § 1 schwed. RB) zur Verfügung. Der Kläger hat die Voraussetzungen jeder einzelnen „Rechtsfolge“ (etwa das Aussonderungsrecht [*separationsrätt*] oder, im Kontext eines bösgläubigen Erwerbs oder einer abhandengekommenen Sache, die Herausgabe [*vindikation*] und, wenn er in seiner Rolle als gutgläubiger Erwerber klagt, das Erlöschen des bisherigen Rechts [*extinktion*]) darzulegen und nötigenfalls zu beweisen. Gelingt das, folgt daraus, dass der Kläger ein besseres Recht *(bättre rätt)* hat.[463] Im Anwendungsbereich des statischen Sachenrechts steht dem Kläger neben der allgemeinen Leistungsklage auch das (summarische) Verfahren der „besonderen“ Vollstreckungshilfe (*särskild handräckning,* § 4 schwed. BfL) zur Verfügung. Für die „Rechtsfolge Rückgabe“ (*återlämnande*) hat der Kläger in beiden Verfahren sein Eigentum und den unberechtigten Besitz bzw. eine verbotene Eigenmacht des Beklagten zu beweisen.[464] Die Heraus- oder Zurückgabe ist eine unter mehreren Maßnahmen, die das Gericht dem Beklagten auferlegen kann.[465] Die Ausdrücke *vindikation* und *extinktion* werden im Schrifttum und in den amtlichen Gesetzesbegründungen heute praktisch nur noch im Zusammenhang mit dem gutgläubigen Erwerb benutzt.[466]

b) Eigentumsfeststellung bei Rechtsanmaßung

Die Vorenthaltung des Besitzes stellt die schwerste Form der Störung fremden Eigentums dar.[467] Das hat seine Ursache nicht nur darin, dass einen Eigentümer nichts mehr trifft, als der totale Herrschaftsverlust. Vielmehr kommt in der Vorenthaltung von Besitz[468] nicht nur eine Rechtsverletzung, sondern vielfach auch eine Rechtsanmaßung zum Ausdruck. Anders als ein bloßer Grenzverletzer schwingt sich jemand, der die Herausgabe der Sache verweigert, nämlich oft gleich selber zu ihrem Eigentümer auf. Wenn das so ist, dann geht es nun aber plötzlich ums Ganze: mein Eigentum oder **500**

---

[462] Daher die Lehre von den sukzessiven Zuordnungswechseln (oben Rdnrn. 256–260).

[463] *Håstad,* Sakrätt[6], S. 25.

[464] *Agell und Malmström,* Civilrätt[23], S. 77.

[465] Oben Fn. 102.

[466] *Håstad* aaO S. 62; Gesetzesmaterialien zum GfvL (Prop. 2002/03:17, S. 46–47).

[467] Man mag einwenden, dass die rechtswidrige Verfügung über fremdes Eigentum eine noch dramatischere Verletzungshandlung konstituiert, doch stellt sie, einmal vollzogen, keine Eigentums*störung* mehr dar. Außerdem gehen rechtswidrige Verfügungen über fremdes Eigentum überall dort ins Leere, wo es kein Recht des gutgläubigen Erwerbs gibt. Eines vorbeugenden Rechtsschutzes bedarf es in solchen Ländern nicht; in anderen verbleibt es (theoretisch, sonderlich praktisch ist das nicht) bei dem allgemeinen Unterlassungsanspruch.

[468] Zur Detention unten Rdnr. 502. Mit der Vindikationsklage kann dagegen ein Eigentümer nicht gegen einen anderen Eigentümer vorgehen. Ein eindrucksvolles Beispiel findet sich in tschech. OG 19.3.2007, 22 Cdo 746/2007, Právní rozhledy 2007 (12) S. 450 (getrenntes Eigentum an landwirtschaftlichen Gebäuden und Grundfläche; keine Vindikation des Grundeigentümers gegen den Gebäudeeigentümer, eine landwirtschaftliche Produktionsgenossenschaft; das Eigentum am Gebäude genieße denselben Rechtsschutz wie das Grundeigentum; es handelte sich nicht um ein rechtswidrig auf fremdem Grund errichtetes Gebäude).

deins?[469] Wer die Vindikation in dieser Perspektive entfaltet, sieht sich wiederum genötigt, die Entscheidung über die Herausgabe der Sache erst nach einer feststellenden Entscheidung über das Eigentum des Klägers zu treffen. Bei dieser Eigentumsfeststellung geht es nicht nur um das einfache Feststellungsinteresse eines Eigentümers, der den ständigen Nörgeleien eines anderen ein Ende machen will, „in Wahrheit" gehöre die Sache ja ihm. Solch verbaler und anderer Rechtsanmaßungen, mit denen keine aktuelle Rechtsverletzung einhergeht, kann man sich in vielen Ländern mindestens dann mit einer einfachen Feststellungsklage erwehren, wenn sie die Eigentumsausübung ernsthaft behindern.[470] Die Klage setzt ein besonderes Feststellungsinteresse voraus. Dieses kann seinen Grund zwar auch in einer Eigentumsgefährdung haben.[471] Gleichwohl hat die allgemeine Feststellungsklage keinen genuin eigentumsrechtlichen Bezug.[472] Denn sie

---

[469] Siehe bereits oben Rdnrn. 427–428.

[470] Z. B. § 256 dt. ZPO (dazu OLG Saarbrücken 17.5.2017, NJW-RR 2017 S. 1454, 1455 und BGH 29.4.1958, BGHZ 27 S. 190, 195); Art. 189 poln. ZPO (dazu *Gniewek,* Prawo rzeczowe[8], S. 116 Rdnr. 328); § 80 tschech. ZPO und für Griechenland *Georgiades,* Emprágmato Díkaio I, S. 625 Rdnr. 13. Auch unter § 366 österr. ABGB besteht trotz der Bezeichnung als „eigentliche Eigentumsklage" nicht das Recht, das Eigentum rechtskräftig feststellen zu lassen. Dazu bedarf es der Feststellungsklage unter § 228 österr. ZPO (Schwimann [-*Klicka*], ABGB[3], § 366 Rdnr. 25). Ein ausreichendes Feststellungsinteresse setzt ein ernsthaftes und hartnäckiges Bestreiten des fremden Eigentums voraus, das den Eigentümer in seiner Rechtsausübung behindert (OGH 26.5.1954, SZ 27/154; OGH 3.12.1969, SZ 42/181).

[471] In Tschechien existiert dazu eine umfangreiche Rechtsprechung. Tschech. OG 20.9.2017, 22 Cdo 3245/2017, Bulletin Advokacie 2017 (12) S. 43 z. B. bejaht ein dringliches Feststellungsinteresse, wenn zwischen einem geschiedenen Ehepaar die güterrechtliche Auseinandersetzung noch nicht stattgefunden hat, so dass die geschiedene Ehefrau im Liegenschaftsregister nach wie vor als Alleineigentümerin verlautbart wird. Tschech. OG 6.6.2017, 22 Cdo 690/2017 entschied, dass eine Klage auf Bestimmung des Grenzverlaufs zwischen zwei Grundstücken nur ein besonderer Fall der allgemeinen Feststellungsklage unter § 80 tschech. ZPO sei. Die Feststellungsklage habe zwar einen präventiven Charakter und könne deshalb nicht erhoben werden, wenn es bereits zu einer Rechtsverletzung gekommen sei. Die Feststellungsklage sei aber dann zulässig, wenn sie den Inhalt und den Charakter des Rechtsverhältnisses besser treffe als die Herausgabeklage. Tschech. OG 4.9.2002, 22 Cdo 655/2001, Soudní rozhledy 2003 (1) S. 5 schließlich entschied, dass ein dringliches Feststellungsinteresse voraussetze, dass der Beklagte das Eigentumsrecht des Klägers anzweifle. So habe es sich hier verhalten, weil der Beklagte Ersitzung geltend machte. Ein dringliches Feststellungsinteresse kann sich außerdem daraus ergeben, dass ein Kfz-Eigentümer ohne entsprechendes Urteil nicht (als Halter wie) als Eigentümer in die Fahrzeugpapiere und das Fahrzeugregister eingetragen würde (tschech. OG 27. 6 2007, 32 Odo 10/2006, dazu Spáčil [-*Spáčil*], Občanský zákoník III, S. 238).

[472] Eine Zwischenform ist die *acción declarativa de dominio* des spanischen Rechts. Der Kläger verlangt vom Beklagten Anerkennung seines Eigentums; das Klageziel besteht in der Eigentumsfeststellung (TS 24.3.1992, RAJ 1992 Nr. 2284 S. 3075). Der Beklagte muss nicht Besitzer der Sache sein; es genügt, dass er effektiv gegen das Eigentumsrecht des Klägers verstößt (TS 14.10.1991, RAJ 1991 Nr. 6922 S. 9415). Der Kläger muss sein Eigentum an der Sache beweisen und die Sache identifizieren (*González Poveda,* Acciones protectoras del dominio y de la posesión, S. 48). Der Unterschied zur Herausgabeklage besteht nur darin, dass der Beklagte nicht im Besitz der Sache zu sein braucht und sie folglich auch nicht herausgeben muss (*González Poveda* aaO S. 12). Eine verwandte Klage ist die *tercería de dominio* unter Art. 594 span. LEC. Es handelt sich um die Drittwiderspruchsklage im Falle der Pfändung schuldnerfremden Vermögens; auch die *tercería de dominio* soll eine spezielle Feststellungsklage sein (näher *González Poveda,* Acciones protectoras del dominio y de la posesión, S. 55). Sie dient der Anerkennung des Eigentums des Klägers und der Aufhebung der Pfändung (TS 11.5.2007, RAJ 2007 Nr. 3106 S. 6695). Auf Besitz kommt es nicht an (*González Poveda* aaO S. 65). Die Klage kann nicht nur gegen den Vollstreckungsgläubiger, sondern auch gegen einen Vollstreckungsschuldner gerichtet

steht zur Klärung von Rechtsverhältnissen aller Art zur Verfügung und scheidet schon deshalb aus dem Kreis der im engeren Sinne sachenrechtlichen Rechtsbehelfe aus. Die **vindikationsrechtliche Eigentumsfeststellung** ist von anderem Kaliber. Denn ihr kommt für den Zeitpunkt, für den sie getroffen wird[473], mindestens Drittwirkung i. S. v. „Entgegensetzbarkeit" *(opposabilité)* zu.

Das Mutterland dieser Lehre ist Frankreich. Zwar bleibt es bei dem allgemeinen Grundsatz der *autorité relative de chose jugée.* Dem Vindikationsurteil wird also auch in Frankreich keine absolute Rechtskraft beigemessen. Das ist aus unserer Sicht schon deshalb richtig, weil Eigentumsanspruch und Eigentumsrecht nicht identisch sind.[474] Gleichwohl kann sich ein erfolgreicher Vindikationskläger Dritten gegenüber auf die Eigentumsfeststellung berufen. Er kann sie ihnen mit der Wirkung „entgegensetzen", dass sein Eigentum nunmehr (wenn auch nur widerleglich) vermutet werde.[475] In Rumänien steht die Lehre von der *opposabilité* inzwischen sogar im Gesetz.[476] Unter **501**

werden, der behauptet, Eigentümer der Sache zu sein (Art. 600 span. LEC). Auch Italien kennt die *azione di mero accertamento della proprietà.* Sie ist im Gesetz nicht geregelt, aber anerkannt (Cass. 30.3.1985, Nr. 2239, Juris Data DVD). Sie zielt auf gerichtliche Eigentumsfeststellung und wird vor allem zur Bestätigung einer Ersitzung erhoben. Ihr Nutzen besteht darin, dem Kläger einen Eigentumstitel zu geben. Der Kläger begehrt nicht Sachherausgabe, sondern Anerkennung der Ersitzung. Auf der Grundlage dieser Entscheidung wird er in das Liegenschaftsregister eingetragen und erlangt so Schutz gegen Verfügungen über das Grundstück.

473 Es scheint freilich keine völlig einheitliche Linie in der Frage zu geben, ob die Eigentumsfeststellung separat zu tenorieren ist. In Italien findet sich die Eigentumsfeststellung manchmal, aber keineswegs immer im Dispositiv (dem Urteiltenor, etwa: „festgestellt, dass der Kläger Eigentümer ist, wird der Beklagte zur Rückgabe verurteilt"). Wo sich die Vindikation auf Ersitzung gründet (was der Regelfall ist), lautet die Formulierung „festgestellt, dass das Eigentum vom Kläger ersessen wurde, wird der Beklagte zur Rückgabe verurteilt (z. B. Trib. Ancona 19.6.2014, n. 1086, Juris Data DVD). In Frankreich variieren die Formulierungen, aber es finden sich z. B. Trib. gr. inst. Paris 6.6.2008, Nr. 06/05430 („Le Tribunal ... dit que Monsieur X est titulaire" [du droit] oder CA Paris 17.11.2017, Nr. 16/018887 (Das Gericht erster Instanz „a dit qu'aucune usucapion n'était intervenue, déclaré Mme Y... propriétaire du bien immobilier litigieux").

474 Siehe schon Band 1 Rdnr. 3 Fnen. 24 und 26. Mit Recht betont auch Vékás und Gárdos (*-Menyhárd*), Kommentár a Polgári Törvénykönyvhöz I, § 5:36 ungar. ZGB, S. 975–976 sowie *ders.* Dologi jog, S. 293, 295, dass der Eigentumsanspruch auf der Verletzung des Eigentumsrechts beruht und relativ ist, weil er sich immer gegen eine bestimmte Person richtet. Außerdem könne das Gericht die Verletzung des Eigentumsrechts nur im Verhältnis zwischen den Parteien feststellen. Die ungar. Rechtsprechung, welche der Festellung des Eigentumsrechts *erga omnes*-Wirkung zuschreibe (wie z. B. Kúria Pfv. I. 22.003/2011/7, EBH2012.P.14), bedürfe der Revision. Das Urteil könne die absolute Struktur des Eigentumsrechtsverhältnisses schon deshalb nicht widerspiegeln, weil das Urteil nicht gegen Parteien wirke, die nicht am Prozess beteiligt seien. Dritte könnten sich auf das Urteil bestenfalls demjenigen gegenüber berufen, der zur Herausgabe veurteilt wurde.

475 *Terré und Simler,* Les biens[9], S. 414 Rdnr. 529 erläutern, es würde das Prinzip der relativen Rechtskraft verletzen, wollte man dem Urteil über die *action en revendication* Drittwirkung beimessen. Es begründe nur eine widerlegliche Eigentumsvermutung. Es wäre falsch, aus dem absoluten Charakter des Eigentumsrechts eine entsprechende absolute Rechtskraft des Urteils gegenüber Dritten abzuleiten. Man dürfe das Fehlen einer *autorité absolue de chose jugée* aber nicht mit *inopposabilité* verwechseln. Denn Dritte könnten das Urteil nicht ignorieren (ebenso *Jourdain,* Les biens, S. 281 Rdnr. 228; *Zenati-Castaing und Revet,* Les biens[3], S. 329 Rdnr. 206). Ihm komme ein besonderer Beweiswert zu. Die aus dem Urteil folgende Eigentumsvermutung bleibt also zwar theoretisch widerlegbar, doch wird ein solcher Beweis nur höchst ausnahmsweise gelingen.

476 Art. 563(4) rumän. CC. Die Vorschrift lautet in französischer Übersetzung: „(1) Le propriétaire d'un bien a le droit de le revendiquer contre le possesseur ou contre toute autre per-

Art. 3:302 ndl. BW kann eine Klage darauf gerichtet sein, feststellen zu lassen, dass der Kläger Eigentümer oder Inhaber eines anderen dinglichen Rechts an einer Sache ist. Wiederum wirkt das entsprechende Urteil prinzipiell nur zwischen den Parteien. Dritten gegenüber entfaltet es aber erneut die widerlegbare Vermutung, dass die in ihm getroffenen Feststellungen der wirklichen Rechtslage entsprechen.[477] Bei Registergütern geht man noch einen Schritt weiter. Denn Art. 3:27 ndl. BW ermöglicht ein Verfahren, mit dem man verbindlich und allgemeingültig die Rechtsposition an einem Registergut feststellen lassen kann. Unter Art. 1094 gr. ZGB ist der „Eigentümer einer Sache … berechtigt, von dem Besitzer oder demjenigen, der die Sache in seiner Detention hat, die Anerkennung seines Eigentums und Herausgabe der Sache zu verlangen". Die Herausgabeklage ist daher nach griechischem Verständnis Feststellungs- und Leistungsklage in einem.[478] Art. 1311(1) port. CC sieht das ebenso[479], und in Italien gilt es als selbstverständlich, dass jedenfalls die gerichtliche Feststellung einer Ersitzung *erga omnes* wirkt.[480] Zugunsten eines Vindikationsklägers, der sich allein auf Ersitzung (nicht aber auf Kauf) beruft, kann ein Herausgabeurteil nur ergehen, wenn in demselben Verfahren zuvor die Ersitzung (Art. 1158 ital. CC: 20 Jahre) gerichtlich festgestellt wurde. Das Urteil verschafft dem Kläger den Titel, den er benötigt, um seinen Eigentumserwerb in das Liegenschaftsregister eintragen zu lassen (Artt. 2643 und 2651 ital. CC). Davon sind Fälle zu unterscheiden, in denen der Kläger seinen Eigentumserwerb auf einen Vertrag stützt. Hat etwa ein Kläger im Jahre 2005 das Grundstück von einem Verkäufer gekauft, den das Register schon seit 1990 als Eigentümer verlautbarte, und strengt der Kläger im Jahre 2018 eine Herausgabeklage gegen einen Besitzer an, so muss er (der Kläger) seine Ersitzung nicht mehr feststellen lassen. Sein Eigentumserwerb beruht auf dem vertraglichen Titel, nicht auf Gesetz; er wäre, da die Zeiten seines Rechtsvorgängers mitzählen, inzwischen ohnehin Eigentümer. Die Ersitzung hat nur noch beweisrechtliche Bedeutung, ist aber nicht der Grund des Eigentumserwerbs. Dehalb bedarf es in diesem Fall nicht mehr der gerichtlichen Feststellung der Ersitzung. Die vindikationsrechtliche Anerkennung des Eigentumserwerbs wirkt mithin nur im Rahmen des originären (rein ersitzungsrechtlichen), nicht aber im Rahmen des derivativen (kaufrechtlichen) Erwerbs *erga omnes.* Der innere Grund liegt auf der Hand. Für die Ersitzung von Immobilien gibt es praktisch kein an-

---

sonne qui le détient sans droit. … . (4) La décision de justice par laquelle est accueillie la demande en revendication est opposable au tiers acquéreur et peut être mise à exécution contre celui-ci, aux conditions du code de procédure civile".

477 Krans/Stolker/Valk (*-Stolker*), BW[12], Art. 3:302 Rdnr. 1.

478 *Georgiades,* Emprágmato Díkaio I, S. 559 Rdnr. 12. Es ist zwar möglich, eine isolierte Feststellungsklage (Artt. 70 gr. ZPO, 127 gr. EGZGB), aber nicht, eine isolierte Herausgabeklage zu erheben. Denn der Richter könne über die Herausgabe einer Sache nur entscheiden, nachdem er zuvor das Eigentumsrecht des Klägers festgestellt habe (Areopag 1015/1976, NoB 25 [1977] S. 371).

479 Oben Rdnr. 428 mit Fn. 65. Voraussetzung dafür, dass eine dingliche Klage *erga omnes*-Wirkung entfaltet, ist bei Grundstücken aber ihre Registereintragung (Art. 3(1)(a) port. CRP).

480 Das folgt unmittelbar aus Art. 2651 ital. CC, wonach Urteile in das Liegenschaftsregister einzutragen sind, „aus denen sich das durch Verjährung erfolgte Erlöschen oder der durch Ersitzung oder in einer anderen nicht der Eintragung unterliegenden Art erfolgte Erwerb eines der in den Ziffern 1, 2 und 4 des Artikels 2643 bezeichneten Rechte ergibt". Da man Urteile, die die Ersitzung feststellen, eintragen lassen kann, müssen sie auch *erga omnes* wirken (Trib. Catania 24.2.2012, Guida al diritto 2012 (7) S. 30 und Tribunale Roma 8.2.2012, Guida al diritto 2012 (7) S. 27).

deres Beweismittel, als deren Feststellung durch ein Urteil. Und diese Feststellung lässt sich auch nicht überzeugend nur in Relation zu dem Prozessgegner treffen. Das wäre mit dem absoluten Charakter des festgestellten Rechts nicht in Einklang zu bringen.

Die Vindikation als einen Prätendentenstreit zu begreifen (und deshalb auf der Ei- 502
gentumsfeststellung zu bestehen), setzt freilich voraus, dass es sich bei dem Beklagten um einen bürgerlichrechtlichen Besitzer (Eigenbesitzer) handelt. Mit einem bloßen **Detentor** (Fremdbesitzer) streitet man sich nicht um die Innehabung des Eigentums; er behauptet ja nicht einmal, Eigentümer zu sein. Gleichwohl richtet sich der Vindikationsanspruch praktisch überall auch gegen Detentoren. Die Artt. 108 bulgar. Gesetz über das Eigentum, 1094 gr. ZGB, 222 § 1 poln. ZGB, 1311 port. CC und 348(2) span. CC heben das genauso ausdrücklich hervor wie Art. 948 ital. CC. Auch er lässt keinen Zweifel daran, dass die *azione di rivendicazione* nicht nur gegen den Besitzer, sondern auch gegen denjenigen zulässig ist, der die Sache „innehat" *(detiene)*. In den Rechtsordnungen, die auch den Fremdbesitz als Besitz qualifizieren, ist das ohnehin selbstverständlich[481], und zu praktisch demselben Ergebnis gelangt man, wo man die Vindikation auch gegen einen Rechtsbesitzer zulässt, also z.B. gegen den Besitzer eines vermeintlichen, in Wahrheit aber eben gerade nicht bestehenden Mietrechts.[482] Wenn man nun aber – und das sehen selbst manche französische Autoren so[483] – eine Vindikationsklage auch gegen einen Fremdbesitzer zulässt, dann verliert eine speziell auf diese Klage zugeschnittene Eigentumsfeststellung (bzw. ein Anspruch auf die Anerkennung des Eigentums des Klägers) schnell ihren Sinn. Es ist nicht zu erkennen, warum in einem gegen einen Detentor angestrengten Verfahren mehr zu tun nötig sein sollte als die einfache Prüfung der tatbestandlichen Voraussetzungen des rechtsgestützten Herausgabeanspruchs. Die Vorstellung eines Prätendentenstreits lässt sich in einer solchen Situation nur noch aufrechterhalten, wenn man verlangt, dass der bürgerlichrechtliche Besitzer in den Rechtsstreit einbezogen wird. So sieht man es in der Tat in Frankreich.[484] In Italien geht man sogar noch einen Schritt weiter. Einerseits soll der eigentumsgestützte Herausgabeanspruch gegen einen Detentor genauso der *probatio diabolica* unterliegen, wie die Vindikation gegen einen Besitzer.[485] Ande-

---

481 Oben Fn. 458.

482 Zum Rechtsbesitz an einer Wohnung unter österreichischem Recht schon oben Rdnr. 5 mit Fn. 33 und Rdnr. 47. In Österreich ist seit langem anerkannt, dass die Vindikation („Eigentumsklage") sowohl gegen den Besitzer als auch den „Inhaber" gerichtet werden kann (Klang [-*Kodek*], ABGB³, § 366 Rdnrn. 51–58).

483 Insbesondere *Terré und Simler*, Les biens⁹, S. 409 Rdnr. 520 (die *action en revendication* sei die Klage, die der Eigentümer in seiner Eigenschaft als Eigentümer gegen jemanden ausübe, der das Gut unberechtigt besitzt und es ablehnt, es zurückzugeben, indem er das Recht des Eigentümers bestreitet. Die Klage werde also gegen den gegenwärtigen Besitzer des Gutes gerichtet. Die Autoren fügen jedoch hinzu, dass eine Vindikation auch gegen einen *détenteur* denkbar sei, der zwar kein Recht an der Sache beanspruche, sich aber gleichwohl weigere, sie dem Eigentümer zurückzugeben und dabei geltend macht, die Sache für einen anderen zu besitzen. *Bergel/Bruschi/Cimamonti*, Les biens², S. 499 Rdnr. 437 vermerken allerdings nur, dass die Vindikationsklage gegen den gegenwärtigen Besitzer der Sache zu richten sei, also denjenigen, der sie rechtswidrig besitze und sich weigere, sie zurückzugeben *(restituer)*. Das Ziel der Klage sei die Anerkennung des Eigentumsrechts vor Gericht und die *restitution* des Besitzes des Gutes.

484 *Terré und Simler* aaO (der beklagte *détenteur* müsse den Besitzer namentlich nennen, denn dieser müsse notwendigerweise in den Prozess einbezogen werden).

485 Oben Rdnr. 427.

rerseits kann der beklagte Detentor den Besitzer benennen und dadurch seine (des Detentors) Entlassung aus dem Verfahren bewirken (sog. *laudatio auctoris*). Art. 1586(2) ital. CC sieht das zwar ausdrücklich nur für Bestandsverträge (Miete und Pacht) vor, doch soll das dahinter liegende Prinzip in allen Fällen anwendbar sein, in denen jemand den Gewahrsam über eine Sache *nomine alieno* ausübt.[486] Das Urteil gegen den Besitzer wiederum wirkt dann aber unter Art. 108 ital. CPC auch gegen den Detentor.[487]

503 Die **Verknüpfung von Eigentumsfeststellung und Herausgabe** wirkt insgesamt **wenig glücklich.** Sie bleibt nicht nur wegen der Ungenauigkeiten der Abgrenzung zwischen Besitz und Detention ein Problem. Vielmehr schwächt sie das Konzept des Eigentums, statt es zu stärken. Im Kern hebt man immer noch nur auf Rechtsanmaßungen ab, nicht, wie es für einen eigentumsrechtlichen Rundumschutz angebracht wäre, auf jede Form der rechtsverletzenden Vorenthaltung von Sachherrschaft. Nicht jede Rechtsverletzung kommt aber in der Gestalt einer Rechtsanmaßung daher. Wer etwa aufgrund eines unwirksamen oder abgelaufenen Mietvertrages die Sachherrschaft erlangt hat und sich weigert, die Sache herauszugeben, schwingt sich damit keineswegs notwendig zum Eigentümer auf; der Mieter mag von dem Bestand bzw. Fortbestand des Vertrages oder davon überzeugt sein, dass ihm gegen den Eigentümer-Vermieter noch Verwendungsersatzansprüche zustehen. Sind diese Einwände unbegründet, hat man eine Eigentumsverletzung vor sich, und das sollte genügen. Fremdes Eigentum verletzt auch, wer die Sache aufgrund eines obligatorischen Vertrages mit einem Dritten in seiner Gewalt hat. Solche Verträge geben dem Eigentümer gegenüber kein Recht auf das vorübergehende Behaltendürfen der Sache, weil sie ihrer Natur nach nur relativ wirken und weil es weder einen gutgläubigen Besitz- noch einen gutgläubigen Detentionserwerb gibt. Auf einen schuldrechtlichen Vertrag mit einem Dritten kann sich deshalb auch ein Detentor nur berufen, wenn der Dritte unter *seinem* Vertrag mit dem Eigentümer zur Überlassung der Sachherrschaft auf andere befugt war.[488] Denn dann, aber auch nur dann, fehlt es an einer Eigentumsverletzung. Da der Dritte (der freilich, wie im Fall der erlaubten Untervermietung, als Mieter und Untervermieter selber Detentor sein kann) nicht in fremdes Eigentum eingreift, verhält sich auch der Inhaber der unmittelbaren Sachherrschaft dem Eigentümer gegenüber legal. Ihm ist ein fremdes schuldrechtliches Sachherrschaftsrecht rechtmäßig zur Ausübung überlassen worden. War allerdings die Überlassung unerlaubt, dann liegt darin eine Eigen-

[486] *Bianca,* Diritto civile VII, S. 420. Ebenso verhält es sich in Österreich. Anspruchsgegner ist, wer die Sache entweder im Zeitpunkt der Klagezustellung (§ 369 österr. ABGB: der „Geklagte") oder im Zeitpunkt des Schlusses der mündlichen Verhandlung innehat (§ 406 österr. ZPO). In welcher Funktion, ob als Besitzer oder sonstiger Inhaber, als mittelbarer oder unmittelbarer Besitzer, ist unerheblich (Koziol/Bydlinski/Bollenberger [-*Eccher*], ABGB^2, § 369 Rdnr. 2). Wer für einen anderen besitzt, kann diesen allerdings benennen (§ 375 österr. ABGB), der Benannte kann dann nach §§ 22–24 österr. ZPO an seiner Stelle in den Prozess eintreten.

[487] Näher Cass. 16.4.1999, Nr. 3797, Giust. civ. Mass. 1999 S. 868; Cass. 12.11.1997, Nr. 11153, Giust. civ. Mass. 1997 S. 2143 und Cass. 6.8.1997, Nr. 7271, Giust. civ. Mass. 1997 S. 1347.

[488] Hatte der Überlassende in Relation zu dem Eigentümer überhaupt kein Besitzrecht (ein Dieb vermietet oder verleiht die gestohlene Sache), so sollte ohnehin selbstverständlich sein, dass der Eigentümer gegen den Mieter oder Entleiher mit der Vindikation vorgehen kann. In diesem Fall hat der Eigentümer ja auch seinen Eigenbesitz unfreiwillig verloren (*van Es,* De actio negatoria, S. 58; *Jansen,* WPNR 2006 (6654) S. 130–132).

tumsverletzung, gegen die der Eigentümer vorgehen können sollte, und zwar gegen jeden der beiden Rechtsverletzer (den Untervermieter wie den Untermieter). Der Untermieter darf die Sache nach der Eigentumsordnung ebenso wenig „haben", wie sie ihm der Untervermieter überlassen darf. Beides verletzt das Bestimmungsrecht des Eigentümers. Zur Wiederherstellung des rechtmäßigen Zustandes (um den das ganze Recht des Störungsschutzes kreist) ist es folglich nötig, die Sache wieder dorthin zu verschaffen, wo sie derzeit hingehört: zum Mieter und Untervermieter. Das wirksamste Mittel dazu ist ein Anspruch des Eigentümers gegen den Untermieter auf Herausgabe der Sache an den Untervermieter. Er mag auf den ersten Blick unrealistisch klingen, weil der Untervermieter vielfach gar kein Interesse mehr an der Rücknahme der Sache haben wird. Das allein ist aber kein ausreichender Grund, den Eigentümer im Ergebnis rechtlos zu stellen.[489] Überzeugender wirkt es, ihm unter diesen Umständen (der Untervermieter will die Sache nicht wieder übernehmen) einen Anspruch auf Herausgabe der Sache an sich selbst zu gewähren.[490] Einen anderen Weg, die fortwährende Rechtsverletzung zu beenden, gibt es nicht.

c) Der teuflische Eigentumsbeweis

Die Achillesferse der Vindikation liegt im Nachweis des Eigentums. Auf den ersten Blick ist das fast zu banal, um es zu erwähnen; schließlich muss jeder Kläger die ihm günstigen Umstände darlegen und, wenn sie vom Beklagten bestritten werden, beweisen. Im Sachenrecht ist das nicht anders. Auch für die Vindikation gilt also, dass der **504**

[489] Eindrucksvoll tschech. OG 31.5.2001, Cdo 1230/99, Sbírka soudních rozhodnutí a stanovisek Nr. 7/2002. Die Kläger begehrten vergeblich die Räumung einer ihnen gehörenden Wohnung. Die Wohnung hatten sie 1993 an inzwischen längst verzogene und gar nicht mehr auffindbare Mieter vermietet, die sie ihrerseits im Jahre 1995 mit der Beklagten vertraglich getauscht hatten. Das war unter § 715 tschech. BGB [1964] möglich. Es bedurfte dazu zwar der schriftlichen Zustimmung des Vermieters, doch konnte sie in Ermangelung ernsthafter Gründe gerichtlich ersetzt werden; ein Wohnungstausch konnte also auch gegen den Willen des Vermieters durchgesetzt werden. Der Wohnungstausch wurde allerdings *in casu* nie realisiert. Die Beklagte zog zwar in die Wohnung der „ersten" Mieter ein, diese aber nicht in die Wohnung der Beklagten. Das Mietrecht der „ersten" Mieter, so das Gericht, habe unter diesen Umständen fortbestanden; es sei weder durch den nicht vollzogenen Wohnungstausch noch dadurch untergegangen, dass sie die Wohnung verlassen hätten. Folglich seien die Eigentümer zur Erhebung der Räumungsklage noch nicht aktivlegitimiert. Sie müssten erst das Mietverhältnis beenden. Denn während des Bestehens des Mietverhältnisses sei zur Erhebung der Räumungsklage gegen jemanden, dessen Titel an der Wohnung lediglich auf der Zustimmung des Mieters beruhe, allein der Mieter aktivlegitimiert. Das Ergebnis kommt einer Rechtlosstellung des Eigentümers nahe.

[490] Das ist die Lösung von § 986(1) 2 dt. BGB, § 83 (2) estn. LPA und § 5:36(2) Satz 2 ungar. ZGB. Auf ein ähnliches Ergebnis läuft i. d. R. die schwedische Lösung hinaus, die dem Vermieter im Falle der unerlaubten Untervermietung (keine Zustimmung des Vermieters, keine Genehmigung durch das regionale Mietschlichtungsamt) das Recht gibt, den Mietvertrag zu kündigen (Kap. 12 § 42(3) JB). Die österreichische Rechtsprechung lehnt immer dann, wenn der Mittelsmann (Untervermieter) sein Recht vom Eigentümer ableitet, einen Direktanspruch gegen den Dritten, dem die Sache unzulässigerweise überlassen wurde (Untermieter), ab. Sie verweist den Eigentümer darauf, gegen den Untervermieter vorzugehen (OGH 22.3.2011, MietSlg 63.016 = MietSlg 63.755 m. w. N.). Die überwiegende Lehre hält dagegen. Die Weitergabe sei nicht vom Nutzungsrecht des Mieters gedeckt. Der Eigentümer sei deshalb nicht gehindert, sein Recht gegen den Dritten geltend zu machen (Nachweise bei Klang [-*Kodek*], ABGB^3, § 366 Rdnr. 108, der selbst aber der Rechtsprechung zustimmt [Rdnrn. 106–107 und 109 aaO]).

Kläger sein Eigentum und den Besitz des Beklagten beweisen muss[491]; umgekehrt muss ein Beklagter, der einen Rechtfertigungsgrund (ein Recht zum Besitz) geltend macht, dessen Voraussetzungen darlegen und beweisen. Die Vindikation ist gleichwohl ein Sonderfall. Das Problem hat seine Ursache darin, dass Besitz und Eigentum bei realen Sachen anders wechselwirken als bei Grundstücken. Bei realen Sachen ist aktueller Eigenbesitz seinerseits ein Eigentumsindikator; bei Grundstücken nicht.[492] Eigentumsindizierende Wirkung entfaltet hier bestenfalls eine Registerverlautbarung. Das freilich setzt ein Grundbuchsystem voraus; wo es fehlt, wird es „teuflisch" schwierig, den Eigentumsnachweis zu führen. Daher die Redeweise von der *probatio diabolica*.

505 Man muss deshalb einerseits zwischen Ländern mit und ohne Grundbuch und andererseits zwischen realen Sachen und **Grundstücken** unterscheiden. In Ländern, in denen eine Grundbuchbuchung nicht nur öffentlichen Glauben genießt, sondern auch die (widerlegliche) Vermutung begründet, dass dem verlautbarten Eigentümer das Grundeigentum tatsächlich zusteht, ist die Ausgangslage für den Kläger günstig und die Vindikation ein scharfes Schwert. Denn das Gesetz dreht die Beweislast um: der Vindikationsbeklagte muss beweisen, dass die Eintragung unrichtig ist.[493] Das müsste er schließlich auch, wenn er, in umgekehrter Parteirolle, einen Grundbuchberichtigungsanspruch geltend macht.[494] In einem Grundbuchsystem steht also der Vindikationsbeklagte, nicht der Kläger, vor nahezu unüberwindlichen Schwierigkeiten. Im Grunde lässt sich der Gegenbeweis gar nicht führen. Der Beklagte erhält nur dann eine Chance, wenn er nicht jede abstrakt denkbare, sondern nur jede konkret in Betracht kommende oder vom Eingetragenen behauptete Möglichkeit des Eigentumserwerbs attackieren muss.[495] Wichtig ist außerdem, dass ein Grundbuchsystem dem Beklagten das Argument abschneidet, er habe das Grundstück (oder den Grundstücksstreifen) ersessen. Denn in solchen Ländern gibt es keine Ersitzung „gegen" das Grundbuch.[496] Und drittens wird die Vermutung zugunsten des Bucheigentümers nicht ihrerseits durch eine Gegenvermutung zugunsten des Grundstücksbesitzers aufgehoben (z.B. Artt. 3(1) i.V.m. 4 poln. GBHG). Bei **realen Sachen** verhält sich dies alles genau umgekehrt. Selbst wenn es dem Kläger möglich ist zu beweisen, dass er das Eigentum an der fraglichen Sache erworben hat, muss er nun gegenüber dem Eigenbesitzer auch noch beweisen, das Eigentum nicht wieder an ihn verloren zu haben. Denn zugunsten des bürgerlichrechtlichen Besitzers einer beweglichen Sache wird durchweg mindestens

---

[491] Dazu gehört auch die oft schwierige Identifizierung der Sache durch eine vollständige Beschreibung (*González Poveda,* Acciones protectoras del dominio y de la posesión, S. 34). TS 20.2.1998, RAJ 1998 Nr. 971 S. 1532 z. B. lehnte eine Vindikation mit dem Argument ab, dass der herausverlangte Bronzeabdruck nicht gänzlich mit dem vom Kläger vorgelegten Gipsmodell übereinstimmte. (Wesentlich zur Beschreibung eines Grundstücks ist nach TS 16.07.1990, RAJ 1990 Nr. 5885 S. 7629 eine Beschreibung der Grenzen [*linderos*], die topografisch auf die Erboberfläche umgesetzt werden kann. Unwesentliche Unstimmigkeiten schaden nicht [TS 31.5.1999, RAJ 1999 Nr. 4063 S. 6270]). Im Allgemeinen dürfte es aber genügen, eine bewegliche Sache allgemein zu beschreiben (etwa: Fernseher der Marke X mit einer Bildschirmdiagonale Y). Erst wenn der Beklagte behauptet und beweist, mehrere Sachen zu haben, auf welche diese Beschreibung zutrifft, wird der Kläger sein Vorbringen noch weiter substantiieren müssen (*Spáčil,* Ochrana vlastnictví a držby v občanském zákoníku[2], S. 46 mit Fn. 57).

[492] Oben Rdnr. 4 mit Fn. 26 und Rdnr. 388.

[493] Oben Rdnrn. 326 und 393.

[494] Oben Rdnrn. 486–491.

[495] So denn auch BGH 13.11.1998, NJW-RR 1999 S. 376, 377.

[496] Oben Rdnrn. 149 und 174.

widerleglich vermutet, dass *er* Eigentümer der Sache sei.[497] Was einem Eigentümer im Kontext von Beseitigung und Unterlassung hilft (dann spricht die besitzgestützte Eigentumsvermutung im Regelfall für ihn), wendet sich gegen ihn, wenn es um Besitzherausgabe geht. Nun schützt die Eigentumsvermutung (Diebstahl etc. ausgenommen) den Beklagten. Der Kläger muss plötzlich nicht nur seinen eigenen Eigentumserwerb beweisen (wobei ihm allerdings das Recht des gutgläubigen Erwerbs gute Dienste leisten kann), sondern auch, dass der Beklagte zu Unrecht behauptet, inzwischen zum Eigentümer geworden zu sein. Das ist genauso „teuflisch" schwierig wie der Gegenbeweis, der einem Grundstücksbesitzer in Relation zum Bucheigentümer abverlangt wird. Wie soll man bei einer realen Sache jede denkbare Erwerbsmöglichkeit des Beklagten ausschließen, wie ohne konkreten Anhaltspunkt den Beweis antreten und führen, dass er das Eigentum inzwischen wieder verloren hat? Solange man nicht weiß, worauf man sich einzustellen hat, ist das unmöglich. Gleichwohl muss der Beklagte nach der Rechtsprechung des dt. Bundesgerichtshofes nicht einmal darlegen, „dass und auf welcher Grundlage er mit dem Besitz das Eigentum erworben hat".[498] Die Vindikation realer Sachen erweist sich so auch in Deutschland als ein verblüffend unscharfes Schwert. Sie bleibt zwar ein wichtiges Instrument in Fällen, in denen die Sache dem Eigentümer gestohlen wurde, verloren ging oder sonst abhandenkam (weil hier die Vermutung aus § 1006(1) Satz 1 dt. BGB nicht gilt), richtet sich im Übrigen aber hauptsächlich gegen Detentoren, deren Sachherrschaftsbefugnis nie bestand oder abgelaufen ist.

Bei der erwähnten ***probatio diabolica*** geht es freilich nicht in erster Linie um die **506**
Widerlegung der zugunsten des Besitzers einer realen Sache sprechenden Eigentumsvermutung, sondern um den Beweis, dass der Kläger Eigentümer des Grundstücks ist, dessen Herausgabe er begehrt. Im franz. und im ital. CC existiert keine den § 891 dt.

---

[497] Oben Rdnr. 4 mit Fn. 26. Noch wirkmächtiger sind natürlich alle Regelungen, unter denen der gutgläubig erworbene Besitz einem Titel gleich steht (z. B. Art. 2279 belg., Art. 2276 franz. und Art. 464 span. CC). Eindrucksvoll Cass. civ. 24.10.2012, Bull. civ. I, Nr. 214 S. 206, Aufs. *Tardos,* D. 2013 S. 351. Ein unverheiratetes Paar hatte sich getrennt. Sie klagte gegen ihn auf Herausgabe des Fahrzeuges, das sie mit ihrem Geld gekauft, er aber mitgenommen hatte. Das Berufungsgericht gab der Klage statt, der Kassationshof hob auf. Die Frau habe ihr Eigentum nicht bewiesen. Die Vermutung, die aus dem Besitz resultiert, setzt für den Kläger in einer Vindikationsklage voraus, dass er den *titre précaire* des angeblichen Besitzers beweist, gemäß welchem er eine bewegliche Sache besitzt, oder einen Mangel des Besitzes nachweist. Die Zahlung des Kaufpreises durch den Vindikationskläger genüge nicht; vielmehr habe der Beklagte den Besitztitel. Das Berufungsgericht habe gegen Art. 2276 franz. CC verstoßen. Die Klägerin hätte also beweisen müssen, dass der Beklagte keinen Besitz hatte. Bei der Vindikationsklage profitiert der Beklagte von der Eigentumsvermutung; die Klägerin hätte sie widerlegen müssen. Es genügt m. a. W. gerade nicht, dass die Klägerin bewies, dass sie Eigentümerin *war.* Denn es kann sein, dass das Eigentum nach diesem Zeitpunkt gültig auf den Beklagten übertragen wurde.

[498] BGH 16.10.2003, NJW 2004 S. 217, 219 unter Hinweis auf BGH 4.2.2002, NJW 2002 S. 2101, 2102. Manche raten demgegenüber dazu, dem Beklagten aufzuerlegen, die Erwerbstatsache(n) wenigstens zu behaupten, auf die er seine Eigentümerstellung gründet (*Wieling,* Sachenrecht[5], S. 197). MünchKomm (*-Baldus*), BGB VII[7], § 985 Rdnr. 246 plädiert dafür, § 1006 dt. BGB in einem Vindikationsprozess „zurückhaltend" anzuwenden. Aus polnischer Sicht bemerkt *Gniewek,* Prawo rzeczowe[8], S. 119 Rdnr. 341, dass man in der Praxis zur Vermeidung der Schwierigkeiten des Eigentumsbeweises wo immer möglich auf schuldrechtliche oder possessorische Ansprüche zurückgreife. Sachenrechtlich helfe dem Eigentümer nur die „fromme Gerichtspraxis" (Radwański und Dybowski [*-Gniewek*], System Prawa Prywatnego III[2], S. 502 Rdnr. 87).

BGB, Art. 3 poln. GBHG oder Art. 38(1) span. LH entsprechende Vorschrift; das Gesetz äußert sich zu Fragen des Eigentumsnachweises bei Immobilien nicht.[499] Sie unterliegen eben gerade keinem Eintragungssystem, das dem Kläger den Beweis seines Rechts erspart oder wenigstens erleichtert.[500] Es würde nicht genügen, dass der Vindikationskläger beweisen kann, das Grundstück ordnungsgemäß durch Vertrag erworben zu haben; niemand garantiert, dass der Vertrag auch tatsächlich das Eigentum transportiert hat. Er könnte unwirksam oder mit einem Nichtberechtigten geschlossen worden sein. Die Kette ordnungsgemäßer Rechtsgeschäfte müsste deshalb über den Rechtsvorgänger hinaus auf dessen und auch dessen Rechtsvorgänger solange zurückverfolgt werden, bis sie irgendwann bei jemandem endet, der die Immobilie ersessen oder aus einem anderen Grunde gesetzlich erworben hat. Denn es gibt keinen anderen „perfekten" Eigentumsnachweis als den Nachweis eines gesetzlichen Erwerbs. Für eine Ersitzung (um die es so gut wie ausschließlich geht) muss der Kläger unter französischem Recht wiederum nachweisen, dass er, wenn auch unter Anrechnung der Besitzzeiten seines oder seiner Rechtsvorgänger, das Grundstück gutgläubig und aufgrund eines korrekten Titels zehn, andernfalls dreißig Jahre in Eigenbesitz hatte.[501] Hat man dagegen, ohne Eigenbesitz zu begründen, von jemandem gekauft, der seinerseits ersessen hatte, kann man lediglich einen derivativen (translativen) Titel vorlegen.

507 Belässt bzw. beließe man es bei dem Ausgangspunkt, dass der Nachweis des Eigentums immer auf einen gesetzlichen Erwerb zurückgeführt werden muss, wird die Beweisführung vielfach unmöglich; das gab der *probatio diabolica* ihren Namen. Um sie zu verhindern, lässt man es in **Frankreich** heute genügen, dass dem Immobilieneigentümer ein *relativ* zu seinem Prozessgegner besserer Beweis gelingt.[502] Diesen Beweis kann der Kläger zwar mit allen Beweismitteln führen[503], aber es wird nicht allen Beweismitteln derselbe Beweiswert zugestanden. Der Titel, auf den der Kläger sein Eigentum stützt, hat einen deutlich geringeren Beweiswert als der Beweis, dass die Voraussetzungen der Ersitzung erfüllt sind.[504] Für die Ersitzung muss man allerdings einen ständigen, ununterbrochenen, unbestrittenen, öffentlichen und unzweideutigen Besitz als Eigentümer nachweisen (Artt. 2261 franz., 2229 belg. CC).[505] Dieser Nachweis steht aber natürlich beiden Seiten, dem Kläger

---

[499] *Mazeaud und Chabas,* Biens[8], S. 366 Rdnr. 1633.

[500] *Terré und Simler,* Les biens[9], S. 422 Rdnr. 536; *Malaurie und Aynès,* Les biens[5], S. 195 Rdnr. 610. Registereintragungen haben, wie mehrfach erwähnt, nur den Zweck, das Recht mit Drittschutz auszustatten. Weder prüft der Registerbeamte die Gültigkeit des Erwerbs, noch heilt die Registrierung evtl. Erwerbsmängel (*Druffin-Bricca und Henry,* Droit des biens[3], S. 98).

[501] Art. 2272 franz. CC („Le délai de prescription requis pour acquérir la propriété immobilière est de trente ans. Toutefois, celui qui acquiert de bonne foi et par juste titre un immeuble en prescrit la propriété par dix ans").

[502] *Carbonnier,* Les biens. Les obligations, S. 1836 Rdnr. 868; *Bergel/Bruschi/Cimamonti,* Les biens[2], S. 500 Rdnr. 439 (Wegen der Unmöglichkeit der *probatio diabiolica* begnüge sich die Rechtsprechung mit einem indirekten, relativen Beweis des Eigentums. Deshalb sei der Schutz des Eigentums nicht absolut, obwohl das Recht selber absolut sei); *Jourdain,* Les biens, S. 277 Rdnr. 222. Ebenso für Belgien *Hansenne,* Les Biens, S. 599 Rdnr. 641 (wenn dem Richter kein absolut entscheidender Beweis vorgelegt werde, müsse er sich mit Wahrscheinlichkeiten begnügen und demjenigen den Vorzug geben, dessen Beweise ihm am besten erscheinen, bis ein Dritter möglicherweise überzeugendere Beweise liefere).

[503] Cass. civ. 11.1.2000, Bull. civ. 2000, I, S. 2 Nr. 5.

[504] *Terré und Simler* aaO S. 422 Rdnr. 536.

[505] Oben Rdnr. 155.

wie dem Beklagten, offen. Es kann sich also sowohl um den gegenwärtigen Besitz des Beklagten als auch um den früheren, jetzt verlorenen Besitz des Klägers handeln. Die Besitzfeststellung beruht ihrerseits auf unterschiedlich gewichteten Merkmalen, die im Einzelfall gegeneinander abgewogen werden, so dass sie wenigstens eine Wahrscheinlichkeitsaussage erlauben.[506] In die Abwägung fließen auch die schriftlichen Titel ein, auf die sich die Parteien berufen. Ein Erwerbstitel begründet immerhin eine widerlegliche tatsächliche Vermutung; er kann der anderen Seite entgegengesetzt werden, obwohl sie nicht Partei des Vertrages ist.[507]

Im praktischen Ergebnis hat sich eine *hiérarchie des preuves* entwickelt. Das beste Be- **508**
weismittel ist die Ersitzung, darauf folgen die Titel, und auf sie die (sonstigen) tatsächlichen Vermutungen, die nicht auf einem Titel beruhen.[508] Schwierig wird es, wenn sich beide Parteien auf Beweismittel derselben Hierarchiestufe berufen. Kann jede Seite nur einen Titel vorweisen („Titel gegen Titel"), ist zu unterscheiden. Leiten sie ihren Titel von demselben Rechtsvorgänger ab, hat nach den Publizitätsregeln der Titel Vorrang, der als erster veröffentlich wurde. Berufen sich die Parteien dagegen auf Titel von verschiedenen Dritten, sind die Gerichte in ihrer Beweiswürdigung frei; Vorrang hat der „beste und wahrscheinlichste Titel".[509] Berufen sich beide Parteien auf Besitz („Besitz gegen Besitz"), obsiegt diejenige, deren Besitz unter Berücksichtigung aller Umstände am deutlichsten ausgeprägt ist.[510] Ähnlich liegt es, wenn sich nur eine Partei auf aktuelle Sachherrschaft stützt, während die andere zum Nachweis ihres Besitzes Indizien geltend macht, z.B. Katastereinträge oder die Ergebnisse einer Abmarkung *(bornage)*. Auch dann kommt es nach freiem tatrichterlichem Ermessen auf die *présomptions meilleures et mieux caractérisées* an.[511] Legt der Kläger einen Titel vor, während sich der Beklagte allein auf seinen Besitz beruft („Titel gegen Besitz"), soll nach der Rechtsprechung des Kassationshofes der Inhaber des Titels obsiegen, sofern der Titel älter ist als der Besitz und sofern der Besitz nicht genügt, um Ersitzung geltend zu machen.[512] Dagegen obsiegt der Beklagte, wenn er seinen Besitz zeitlich vor dem Titel des Klägers begründet hat.[513]

---

[506] *Carbonnier* aaO S. 1836 Rdnr. 869. Eingehend in deutscher Sprache *Sliwka,* Herausgabeansprüche als Teil des zivilrechtlichen Eigentumsrechts?, S. 142–164.

[507] Der Titel muss sich nicht aus einer öffentlichen Urkunde ergeben. Genau besehen muss es sich nicht einmal um einen Kaufvertrag oder einen sonstigen *titre translatif* handeln, ein *titre déclaratoire* genügt (*Terré und Simler* aaO S. 422 Rdnr. 537; *Carbonnier* aaO).

[508] *Terré und Simler* aaO S. 422 Rdnr. 536 (Der Eigentumstitel, d. h. das Rechtsgeschäft, welches das Eigentum übertrug, sei wichtiger als die übrigen tatsächlichen Vermutungen). Ein Beispiel für eine solche Eigentumsvermutung findet sich in Art. 546 franz. CC (Eigentumsvermutung durch Zuwachsrecht, dazu Cass. civ. 27.4.2017, Nr. 16–10753, ECLI:FR:CCASS:2017:C300444 m. Aufs. *Colas,* JCP N 2017, 1253, S. 35).

[509] *Carbonnier* aaO; *Mazeaud und Chabas* aaO S. 371 Rdnr. 1642; Cass. civ. 26.11.1964, Bull. civ. 1964, I, S. 406 Nr. 525 („lorsque … les parties à l'action en revendication invoquent de part et d'autre des titres émanant d'auteurs différents, les juges du fond peuvent puiser leur conviction dans les énonciations de ces actes, en retenant que, de certains d'entre eux, résultent des présomptions meilleures et mieux caractérisées").

[510] *Carbonnier* aaO; *Malaurie und Aynès,* Les biens[5], S. 198 Rdnr. 617.

[511] *Mazeaud und Chabas* aaO S. 373 Rdnr. 1644 mit Nachweisen aus der Rechtsprechung.

[512] Cass. civ. 22.6.1864, DP 1864 S. 412; Cass. civ. 7.10.1964, Bull. civ. 1964, I, S. 334 Nr. 430; Cass. civ. 4.12.1991, Bull. civ 1991, III, S. 180 Nr. 306.

[513] Cass. civ. 14.6.1904, DP 1905, I, S. 8.

509 Die *revendication mobilière* (die Vindikation realer Sachen) kommt dagegen kaum vor. Sie scheitert typischerweise an Art. 2276 franz. CC. „*On ne revendique pas les meubles*".[514] Dass die *action en revendication* eines beweglichen Gutes auch deshalb misslingen kann, weil es durch Inkorporierung zu einem *immeuble par nature* wurde, liegt auf der Hand.[515] Im Übrigen ist je nachdem zu unterscheiden, ob der aktuelle Besitzer das Gut von dem Eigentümer selbst oder von einem dritten Nichteigentümer erworben hat. Im ersten Fall funktioniert Art. 2276 franz. CC als Beweisregel.[516] Sie begründet die Vermutung, dass der Besitzer die Sache ordnungsgemäß aufgrund eines *titre translatif de propriété* erworben hat. Der Eigentümer muss also nachweisen, dass der Beklagte nur ein *détenteur précaire* ist, was aber der Mühe nicht wert ist, weil dem Kläger in diesem Fall auch ein vertraglicher Herausgabeanspruch zusteht. Anstelle einer *action personnelle en restitution* auf die *action en revendication* zurückzugreifen, macht nur dort einen Sinn, wo die persönliche Klage inzwischen verjährt ist. Wenn der Besitzer von einem Nichteigentümer erworben hat, wächst Art. 2276 franz. CC die Rolle einer materiellrechtlichen Vorschrift zu. Denn der Besitzer erwirbt unter den Voraussetzungen dieser Vorschrift das Eigentum. Der *revendicant* kann nur noch versuchen zu beweisen, dass der Beklagte bösgläubig war oder sein Besitz mangelhaft ist. Allerdings findet Art. 2276 franz. CC bei unkörperlichen Gütern keine Anwendung. Überraschenderweise erlangt so die *revendication* ausgerechnet bei ihnen eine gewisse praktische Relevanz[517], z. B. in Bezug auf einen *fonds de commerce*[518] oder auf Patente und Marken.[519]

510 In **Italien** und Portugal dagegen (und in Griechenland dort, wo es noch kein Grundbuch gibt[520]) läuft im Kern alles weiterhin immer darauf hinaus, dass der Kläger den Nachweis führen muss, die Immobilie ersessen zu haben.[521] Dass Vindikation und

---

[514] *Terré und Simler* aaO S. 415 Rdnr. 530.

[515] Z. B. erlischt ein Eigentumsvorbehalt an einer Mobilie, die ein Unternehmer in eine Immobilie einbaut: Cass. civ. 2.3.1999, Bull. civ. 1999, IV, Nr. 50.

[516] *Terré und Simler* aaO S. 359 Rdnr. 448 und S. 415 Rdnr. 530.

[517] Oben Rdnr. 51.

[518] Cass. civ. 26.1.1914, DP 1914, 1, S. 112; Cass. civ. 17.5.1961, Bull. civ. 1961, III, Nr. 221. Entschieden anders aber poln. OG 27.3.2000, III CKN 633/98, Lex-Nr. 50709 (Apotheke kein taugliches Vindikationsobjekt). Siehe im Übrigen schon oben Rdnrn. 50 (Italien) und 51 (Frankreich).

[519] Cass. 28.10.1986, JCP E 1987, II, 14843, Anm. *Stoufflet*.

[520] Areopag 97/1972, NoB 20 (1972) S. 723 (der Kaufvertrag beweist weder Eigentum noch Besitz des Grundstücksverkäufers) und Areopag 584/1982, NoB 31 (1983) S. 367. Die *probatio diabolica* spielt in Griechenland aber nur noch (i) bei Grundstücken und (ii) bei Grundstücken eine Rolle, die unter dem Transkriptionssystem erworben wurden. Das Vertrauen in die Transkriptionsbücher ist nicht sehr groß. Sie reichen zum Eigentumsbeweis nicht aus. Deshalb muss i. d. R. eine außerordentliche Ersitzung nachgewiesen werden (Georgiades und Stathopoulos [-*Georgiades*], ZGB, Art. 1094 S. 569 Rdnr. 26). Bei beweglichen Sachen gibt es keine *probatio diabolica*. Denn hier ist ein gutgläubiger Erwerb vom Nichtberechtigten (Art. 1036 gr. ZGB) vorgesehen (*Georgiades* aaO S. 570 Rdnr. 31).

[521] Für Portugal fasst STJ 21.6.2016, Processo 7487/11.4TBVNG.P2.S 1 zusammen: „Wer sein Eigentumsrecht von Dritten anerkannt haben will und eventuell die Rückgabe der Sache verlangt, soll den Beweis über sein Eigentumsrecht führen und dass sich die Sache im Besitz oder in der Detention des Beklagten befindet. Es reicht jedoch nicht aus zu beweisen, dass das Recht derivativ von seinem Übertragenden erworben wurde (denn es kann sein, dass der Übertragende nicht der echte oder legitime Eigentümer war, sodass er nicht zur Übertragung berechtigt war: *nemo plus juris ad alium transfere potest, quam ipse habet*). Er soll darüber hinaus beweisen, dass das Recht bereits in der Person des Übertragenden und dessen Vorgängern bestand, bis man zu dem originären Erwerb des Rechts kommt. Dies wird sicherlich sehr schwer sein, wenn nicht unmöglich (es geht um die *probatio diabolica,* wovon oft die Rede ist). Diese Notwendigkeit zum Beweis wird dann vereinfacht, und zwar (i) durch die Ersitzung oder (ii) durch die Vermutungen aus dem Grundbuchrecht (Art. 7 port. CRP) bzw. des Besitzes (Art. 1268(1) port. CC)". Die maximale Ersitzungsfrist beträgt bei Grundstücken 20 Jahre (kein Erwerbstitel, böser Glaube: Art. 1296 port. CC) und bei Mobilien entweder 10 Jahre (Registergüter, unabhängig von Titel und gutem Glauben: Art. 1298(b) port. CC) oder 6 Jahre (sonstige bewegliche Sachen,

probatio diabolica immer in einem Atemzuge erwähnt werden, bedeutet zwar nicht, dass die Beweisführung wirklich unmöglich wird, aber es bedeutet doch, dass die Beweisführung bei der Vindikation schwieriger ist als in anderen Fällen. Der vindizierende Eigentümer muss die Rechtmäßigkeit seines Eigentumsrechts und damit theoretisch auch beweisen, dass alle seine Rechtsvorgänger Eigentümer waren. Da man diesen Beweis nicht führen kann, lösen Theorie und Praxis das Problem mit den Regeln über den gesetzlichen (originären) Erwerb. Der Eigentümer muss (bei Immobilien) Ersitzung und (bei Mobilien) gutgläubigen Erwerb auf der Grundlage von Besitz und Titel (Art. 1153 ital. CC) beweisen. Bei der Vindikation von Immobilien bedeutet *probatio diabolica* also immer noch, aber auch nur, dass der Beweis des Eigentumserwerbs durch einen Vertrag erst genügt, wenn die Ersitzungszeit abgelaufen ist.[522] In sie werden wiederum die Ersitzungszeiten der Rechtsvorgänger eingerechnet, so dass das Problem insgesamt beherrschbar erscheint.[523] Im Übrigen muss der Eigentumsbeweis natürlich nur geführt werden, wenn der Beklagte das Eigentum des Klägers bestreitet.[524]

d) Sachherausgabe

(1) Chattels und land

Unter den kontinentalen Rechten ist die Vindikation realer Sachen grundsätzlich möglich, aber praktisch so erschwert, dass sie nur selten Erfolg verspricht. Im Common Law ist die Vindikation realer Sachen grundsätzlich ausgeschlossen, jedoch unterliegt dieser Grundsatz *equity*basierten Ausnahmen; wiederum trifft man sich halbwegs in der Mitte. Bei *land* dagegen stimmen sogar die Ausgangspunkte überein. *Land* kann, auch wenn der entsprechende Anspruch deliktsrechtlich verbrämt ist, *realiter* herausverlangt werden. Bei Delikten, aus denen man ohne Nachweis eines konkreten Schadens klagen kann (die mithin *actionable per se* sind), hat die Verurteilung zu nominellem Schadensersatz *(nominal damages)* zudem eine Wirkung, die einem Feststellungsurteil ähnelt.[525] 511

---

unabhängig von Titel und gutem Glauben: Art. 1299 port. CC). Sollte also der Kläger sein Recht nicht in das Liegenschaftsregister eingetragen haben, würde es genügen, einen zwanzigjährigen Eigenbesitz nachzuweisen, wobei der Besitz des Veräußerers in diese Frist eingerechnet wird (Art. 1256 port. CC: *acessão da posse*), näher Prata (*-Sequeira Santos*), Código Civil Anotado II, Anm. 2 zu Art. 1311, S. 109).

[522] Cass. 28.1.1995, Nr. 1044, Giur. it. 1995, I, 1, 1673 und Cass. Sez. un. 28.3.2014, Nr. 7305, Foro it. 2014, 11, I, 3241 (oben Fn. 60). Nur der originäre Erwerb beweist mit Sicherheit das Eigentum des Anspruchstellers (*Barassi,* Proprietà e comproprietà, S. 836).

[523] Näher *Natucci,* Quadrimestre 1990 S. 524; *Luminoso,* Riv. giur. sarda 2001 S. 497 und *Ferreri,* Riv. dir. civ. 2004, II, S. 809. Aus der Rechtsprechung u. a. Cass. 3.3.2009, Nr. 5131, Giust. civ. 2010, 1, 121.

[524] Trib. Latina 24.7.2008, Giur. merito 2009 S. 370. Ebenso verhalten sich die Dinge in Portugal. Die Leitsätze zu STJ 9.11.2017, Processo 1964/14.2TCLRS.L1.S 1 lauten z. B.: (i) Nach herrschender Lehre und Rechtsprechung kann der Anspruch in den dinglichen Klagen – vor allem in der Vindikationsklage aus Art. 1311 port. CC – nicht ausschließlich auf die Invokation eines derivativen Erwerbstitels gegründet werden. (ii) Es ist erforderlich, dass der Erwerber darlegt, dass das von ihm erworbene Recht bereits im Rechtskreis des Veräußerers bestand, … indem der Kläger den „genetischen Grund" seines Anspruches durch Ersitzung, Okkupation oder Zuwachs darlegt … (iii) Gleichwohl ist der Nachweis des originären Eigentumserwerbs durch Ersitzung nicht mehr erforderlich, wenn beide Parteien zweifellos das Eigentumsrecht desjenigen anerkennen, der sein Recht in einem Kaufvertrag übertragen hat. (iv) Das … entspricht einer konsolidierten Rechtslage, sodass nur der Abschluss eines Kaufvertrags mit dem Kläger zu beweisen ist").

[525] *Hanina v Morland* (2000) 97(47) LS Gaz 41; *BRB (Residuary) Ltd v Cully* 2001 WL 1476357 (zu *trespass*).

512 Der primäre Rechtsbehelf des Common Law zum Schutz von Sachenrechten an **beweglicher Habe** *(chattels)* besteht in der Gewährung von Schadensersatz in Geld, nicht in der Sachherausgabe.[526] Systematisch drückt sich das darin aus, dass die entsprechenden Rechtsschutzinstrumente nicht im *property law,* sondern im Recht der *property torts* zu finden sind. Sie gehen auf drei ursprünglich klar getrennte Klagegründe zurück: *trespass de bonis asportatis* (das unerlaubte Wegschaffen), *detinue* (die unerlaubte Vorenthaltung) und *conversion* (die unerlaubte Veräußerung). *Trespass* wurde später auf andere Verletzungsformen ausgedehnt[527], während die eigentliche *asportatio* in *conversion* aufging.[528] ***Conversion,*** der in diesem Zusammenhang wichtigste *tort,* „übernahm" zudem *detinue; detinue* wurde in England (aber nicht in Irland) durch sec. 2(1) des Torts (Interference with Goods) Act 1977 abgeschafft.[529] Lord *Atkin* hat einmal formuliert: „Wenn man mit körperlich beweglichen Gegenständen entgegen den Rechten des wahren Eigentümers umgeht, stellt das *conversion* dar, vorausgesetzt, dass die Absicht des Beklagten, dadurch das Recht des Eigentümers zu bestreiten oder zu verleugnen, bewiesen ist".[530] Das Klagerecht besteht unabhängig von dem Nachweis eines konkreten Schadens; *conversion* ist *actionable per se.*[531] Da es sich gleichwohl um eine Schadensersatzklage handelt, hat man ihr vorgehalten, sie wirke wie ein „gerichtlicher Zwangsverkauf".[532] Die Höhe des Schadensersatzes jedenfalls richtet sich nach dem Kaufpreis, den ein redlicher Erwerber gezahlt hätte.[533] Sobald der Preis entrichtet ist (aber nicht früher), geht der Titel auf den Beklagten über.[534]

513 Bis zum Common Law Procedure Act 1854 gab es nicht einmal unter dem *tort of detinue* einen auf Rückgabe der Sache gerichteten Rechtsbehelf. Erst dann erhielt das Gericht die Befugnis, statt Geldzahlung Herausgabe in Natur anzuordnen oder dem

---

[526] Siehe bereits Band 1 Rdnr. 29.

[527] Z.B. *Fouldes v Willoughby* (1841) 8 M & W 540, *Alderson* B (Zufügung von Kratzern an der Karosserie einer Kutsche) und *Hamps v Darby* [1948] 2 KB 311 (Schießen von Tauben). „Die unbefugte Nutzung von körperlich beweglichen Gegenständen stellt *trespass* dar; unbefugte Handlungen wie das Reiten eines Pferdes, das Fahren eines Kraftfahrzeugs und die Nutzung einer Flasche sind alle gleichermaßen *trespasses,* obwohl das Pferd unverletzt oder das Fahrzeug unzerstört oder die Flasche unbeschädigt zurückgegeben wird. Die normale Nutzung einer Flasche als Behälter ist *trespass,* sofern … dies unbefugt geschieht" (*Penfolds Wines Pty Ltd v Elliott* (1946) 74 CLR 204; *Latham* C).

[528] *Conversion* hat sich aus dem *writ of trover* entwickelt, seinerseits ein Ableger des *writ of trespass on the case.* Unter *trover* musste der Kläger ursprünglich vortragen, dass er (i) den beweglichen körperlichen Gegenstand in Besitz hatte; dass er ihn (ii) später *casualiter et per infortunatem* verlor, dass ihn (iii) der Beklagte „fand" *(trover),* und dass ihn (iv) der Beklagte zu eigener Nutzung umwandelte (*converted; conversion*). Der zweite (Abhandenkommen) und der dritte Klagegrund (Finden) wurden bald unwiderleglich vermutet, später ganz aufgegegeben. Auch verlangte man in der Person des Klägers keinen tatsächlichen Besitz mehr; es genügte ein Recht auf den unmittelbaren Besitz im Zeitpunkt der *conversion.* Der Tort dehnt sich auf diese Weise auf die meisten Fälle des unerlaubten Wegschaffens und des unerlaubten Vorenthaltens aus. Siehe dazu *Douglas,* (2000) 68 CLJ 198, 204.

[529] Näher hierzu und zum Folgenden *Bridge,* Personal Property Law[3], S. 47, 52–53.

[530] *Lancashire and Yorkshire Railway Co v MacNicoll* (1918) 88 LJKB 601; aufgegriffen von *Scrutton* LJ in *Oakley v Lyster* [1931] 1 KB 418.

[531] *Bridge* aaO S. 63.

[532] *Prosser,* 42 (1957) Cornell LQ 168.

[533] *General & Finance Facilities v Cooks Cars (Romford) Ltd* [1963] 1 WLR 644 (*Diplock* LJ); sec. 5(1)(a) Torts (Interference with Goods) Act 1977.

[534] *Brinsmead v Harrison* (1872) LR 7 CP 547); sec. 5(1) Torts (Interference with Goods) Act 1977.

Beklagten die Entscheidung darüber zu überlassen, den Schaden auf die eine oder die andere Art wiedergutzumachen.[535] Herausgabeentscheidungen blieben selten; sie unterlagen (und unterliegen) denselben Regeln wie die vertragsrechtliche *specific performance,* die nicht in Betracht kommt, wenn Entschädigung in Geld genügt. Das Standardbeispiel dafür sind alltägliche Gegenstände des Handelsverkehrs.[536] Zugleich mit der Abschaffung dieses Torts erweiterte der Gesetzgeber die für *detinue* entwickelten Rechtsbehelfe 1977 auf das nunmehr breiter aufgestellte Recht von *conversion* (sec. 3 Torts (Interference with Goods) Act 1977). Die Redeweise von dem „gerichtlichen Zwangsverkauf" trifft deshalb nicht mehr uneingeschränkt zu. Sec. 3(3)(b) aaO bestätigte das Recht des Gerichts, *specific relief,* also die Herausgabe des Gegenstandes anzuordnen. Es entscheidet nach freiem Ermessen; das Gesetz macht ihm keine Vorgaben. Immerhin lässt sich sagen, dass das Gericht immer dann Herausgabe anordnen wird, wenn es sich um einen in Geld nicht angemessen zu ersetzenden Gegenstand handelt, etwa um eine Sache von persönlichem oder kulturellem Wert[537] oder um ein der Geheimhaltung unterliegendes Dokument.[538] Eine Herausgabeanordnung kann auch schon vor dem Endurteil als vorläufige Maßnahme ergehen, wenn das Gericht das für geboten hält (sec. 4 aaO). Während *trespass* rein besitzschutzrechtlich operiert, hat *conversion* auch eine recht-rechtliche Komponente.[539] Denn es kommt entscheidend auf die Absicht des Beklagten an, sich eigentümergleiche Herrschaft *(dominium)* anzumaßen[540], woran es z.B. fehlt, wenn jemand eine fremde Sache in redlicher Absicht zu dem Zweck entgegennimmt, sie zu reparieren oder zu lagern.[541] *Conversion* wird deshalb gelegentlich auch in England in die Nähe eines echten sachenrechtlichen Rechtsbehelfs gerückt.[542]

---

[535] *General & Finance Facilities v Cooks Cars (Romford) Ltd* [1963] 1 WLR 644.

[536] *Cohen v Roche* [1927] 1 KB 169; *Whiteley v Hilt* [1918] 2 KB 808.

[537] *García v De Aldama* [2002] EWHC 2087; [2003] ECDR CN1 (*obiter;* Manuskript des Dichters *Frederico García Lorca*); *Spencer v S Franses Ltd* [2011] EWHC 1269, [2011] All ER 269 (Historische Stickarbeiten, die unter fragwürdigen Umständen entgeltlich erworben und zu Zwecken der Bewertung und Begutachtung mit Blick auf eine spätere Veräußerung aus der Hand gegeben worden waren. Der Streit ging um die Frage, ob der Beklagte ein *lien* geltend machen konnte. Das Gericht dürfte Herausgabe angeordnet haben, obwohl sich das nicht unmittelbar aus dem Urteil ergibt).

[538] *Secretary of State for Defence v Guardian Newspaper Ltd,* The Times, December 16, 1983 (geheimes Memorandum aus dem Verteidigungsministerium; bestätigt, obschon ohne weitere Diskussion der Herausgabefrage, in [1985] AC 359).

[539] Zwar darf ein Eigentümer, der sich weder im Besitz der Sache befand, noch ein Recht auf unmittelbaren Besitz hat, nicht aus *conversion* klagen (*Gordon v Harper* (1796) 7 TR 9; 101 ER 828). Er darf aber auf Verlangen des berechtigten Klägers dessen Klage beitreten, wenn er ihm eine bewegliche Sache auf Zeit zur Verwahrung überlassen hat (sog. *term bailment*) (*Bridge,* Personal Property Law[3], S. 63).

[540] *Sanderson v Marsden and Jones* (1922) 10 Lloyd's Law Reports 467, 472 (CA, *Atkin* LJ). Bei unbeweglichen Sachen wird die Grenze zwischen *conversion* und *trespass* freilich deshalb „dünn", weil auch die Besitzentziehung eine Besitzstörung ist; deshalb begreift man wohl auch die *action for the recovery of land* am besten als einen Sonderfall von *trespass.*

[541] *Barclays Mercantile Finance Ltd v Sibec Developments Ltd* [1992] 1 WLR 1253. Siehe auch *Club Cruise Entertainment and Travelling Services Europe BV v Department for Transport* [2008] EWHC 2794 (Comm), [2008] 2 CLC 708 (*Faux* J) (Kreuzfahrtschiff nach wiederholtem Auftreten von Viruserkrankungen an Bord für zwei Tage im Hafen festgehalten; keine *conversion,* weil das Festhalten nicht gegen das Eigentum des Charterers gerichtet war).

[542] Z. B. Clerk und Lindsell (-*Tettenborn*), Torts[19], Rdnr. 17–22, der in Fn. 95 eine Parallele zu § 985 dt. BGB zieht.

514 Unter **schottischem Recht** setzt man sich gegen eine widerrechtliche Besitzentziehung mit *spuilzie*[543] zur Wehr. Ähnlich wie *trespass* ist zwar auch dieser Anspruch besitz-, nicht rechtsgestützt, aber er ist auf Herausgabe gerichtet. Er steht jedem zur Verfügung, der eine (bewegliche oder unbewegliche) Sache in Besitz hatte. „Besitz" meint in diesem Zusammenhang Eigenbesitz (auch rechtsgrundlosen Eigenbesitz[544]); bloßer Gewahrsam *(custody)* genügt nicht.[545] Ob ein vertragliches Besitzrecht ausreicht, ist streitig.[546] *Spuilzie* setzt voraus, dass der Besitz dem Besitzer *vitiously* entzogen wurde, also ohne seine Zustimmung und ohne einen anderen die Besitzstörung rechtfertigenden Grund. Auch ein Eigentümer, der die Sache dem unberechtigten Besitzer eigenmächtig wegnimmt, begeht *spuilzie.*[547] Bei *land* tritt zu *spuilzie* ein Anspruch auf *ejection* hinzu, also ein Anspruch, der ähnlich wie die englische *action for the recovery of land* (ehedem übrigens gleichfalls als *ejectment* bekannt) darauf gerichtet ist, jemanden aus dem Besitz zu setzen, der kein Recht auf den Besitz hat.[548] *Ejection* steht der Vindikation deutlich näher als *spuilzie.* Denn der Kläger kann sich nicht (wie in England) allein auf seinen früheren Besitz berufen. Er muss entweder einen eigenen dinglichen *title* oder wenigstens ein Besitzrecht nachweisen, das er von einem Sachenrechtsinhaber ableitet. Besitz allein genügt nur, wenn sich aus ihm eine Ersitzung und mit ihr Eigentum ableiten lässt.[549] Bei beweglichen Sachen und der für sie vorgesehenen *action for delivery* gilt das Gleiche.[550]

515 Die englische ***action for the recovery of land*** ist auf Fälle zugeschnitten, in denen der Besitz nicht nur (wie bei *trespass to land*) gestört, sondern endgültig entzogen worden ist. Sie setzt (wiederum anders als *trespass*) voraus, dass der Kläger an dem Grundstück einen rechtlichen *title* nachweist, der ihn dem aktuellen Besitzer gegenüber zum Besitz berechtigt.[551] Denn die besitzgestützte Vermutung für die Innehabung eines Rechts spricht ja nun (unabhängig von der Besitzdauer) für den Beklagten.[552] Der Kläger muss also darlegen, weshalb er dem Beklagten gegenüber zum Besitz berechtigt sei. Dazu ist es aber nicht nötig, ein absolutes Recht zum Besitz nachzuweisen. Es genügt ein relativ besserer Titel[553], bei immer noch *unregistered land* typischerweise älterer Besitz verbunden mit dem Nachweis, dass der Beklagte ihn widerrechtlich entzogen hat.[554] Ist der Titel des Klägers dagegen registriert, so entsteht aus *estate ownership* ein eigener

---

543 Von lat. *spolio* (rauben, berauben). *Bankton,* Institute I, VII. 124 (S. 274) sprach noch von „spuilie or spoliation".

544 Smith und Black (-*Reid*), Stair Memorial Encyclopedia XVIII: Property, Rdnr. 166 weist aber darauf hin, dass die zweite Alternative wenig praktisch sei: ein Dieb wird kaum je aus *spuilzie* gegen einen Eigentümer vorzugehen wagen.

545 *Reid* aaO Rdnr. 163.

546 Dagegen wohl *Miller,* Corporeal Moveables in Scots Law, S. 220; dafür *Reid* aaO.

547 *Bankton* aaO („The pursuer's title in an action of spuil[z]ie is possession … even the true owner, seizing the goods from the possessor, will be liable in spuil[z]ie; nor will his pretence of property be regarded in his suit … The party that is violently deprived of the possession must first be restored, and then the question of property considered").

548 Davon ist *removing* zu unterscheiden. Es richtet sich gegen jemanden mit einem inzwischen erloschenen Besitzrecht (*Reid* aaO Rdnr. 153).

549 *Reid* aaO Rdnrn. 142, 145 und 152.

550 *Reid* aaO Rdnr. 158.

551 *Danford v McAnulty* (1883) 8 App Cas 456.

552 *Doe (dec'd) Smith v Webber* (1834) 1 A & E 119; 110 ER 1152.

553 *Asher v Whitlock* (1865-66) LR 1 QB 1; *Allen v Roughley* (1955) 94 CLR 98 (High Court of Australia).

554 Clerk und Lindsell (-*Murphy*), Torts[19], Rdnr. 19–71. Auch unter dem geltenden Recht existieren weiterhin zahlreiche nicht registrierte *estates,* so dass auch eine (noch) nicht als *proprietor* eingetragene Person unverändert berechtigt ist, mit der *action for the recovery of land* gegen einen *squatter* vorzugehen. Auf die *exceptio ex iure tertii* kann sich der Beklagte schließlich nicht berufen; denn das Verbot des *jus tertii* ist nur in Bezug auf *chattels* abgeschafft worden (sec. 8(1) Torts (Interference with Goods) Act 1977).

Titel.[555] Denn *estate owner* i. S. v. sec. 205(1)(v) LPA 1925 ist, wer als Inhaber des betreffenden *registered estate* im *register of title* eingetragen ist (sec. 58(1) LRA 2002). Die Rechtsstellung des eingetragenen Inhabers ist u. a. auch dadurch verbessert worden, dass seine Herausgabeklage nicht mehr der Verjährung unterliegt (sec. 96(1) LRA 2002), so dass der *title* des eingetragenen Rechtsinhabers nicht mehr durch *adverse possession* verloren gehen kann (sec. 96(3) LRA 2002). Der Besetzer kann sich demgemäß auch nur noch dann erfolgreich gegen eine Herausgabeklage verteidigen, wenn ihm unter sec. 97, Sch. 6 para. 4–7 LRA 2002 ausnahmsweise ein *indefeasible right to be registered* zusteht.[556] Prinzipiell kommt es also auf die Eintragung im Register an; sie begründet den für die Aktivlegitimation erforderlichen *title.* Im Übrigen kann der Kläger zugleich mit der Herausgabeklage oder nachfolgend, nach Rückerlangung des Besitzes, alle Schäden am Grundstück ersetzt verlangen, außerdem einen angemessenen Ausgleich für die gezogenen Nutzungen und die erlangten Gebrauchsvorteile *(mesne profits)* fordern.[557]

(2) Sachherausgabe unter dem Vindikationsanspruch

Die kontinentaleuropäische Vindikation gibt dem Eigentümer einen Herausgabeanspruch gegen den Besitzer, wobei, wie gesagt, gelegentlich zweifelhaft ist, ob auch der Detentor „Besitzer" in diesem Sinne ist.[558] Der Vindikationsanspruch steht neben den Inhabern anderer zum Besitz berechtigender Sachenrechte[559] auch Miteigentümern zu[560], kann aber nicht von einem Miteigentümer gegen einen anderen Miteigentümer geltend gemacht werden.[561] Immer muss es sich um den aktuellen Rechtsinhaber handeln, nicht um die Person, die im Zeitpunkt des Besitzentzuges Eigentümerin war.[562] Klagegegner ist gleichfalls der aktuelle Besitzer. Wenn dieser die Sache noch im **516**

---

[555] *Gray und Gray,* Elements of Land Law[5], Rdnr. 2.1.44.

[556] Näher *Gray und Gray* aaO Rdnrn. 9.1.21 bis 9.1.31 sowie, in deutscher Sprache, *Rieländer,* Sachenrechtliche Erwerbsrechte, S. 366–376.

[557] Z. B. *Iverugie Investments Ltd v Hackett* [1995] 3 All ER 841 (Eigentümer einer Ferienapartment-Anlage kann den vollen üblichen Mietzins für 365 Tage des Jahres für jedes Apartment verlangen).

[558] Oben Rdnrn. 502–503.

[559] Oben Rdnrn. 423 und 427.

[560] Z. B. §§ 1011, 432 dt. BGB (Herausgabe an alle Miteigentümer gemeinschaftlich) und § 10(6) dt. WEG (Herausgabeanspruch der Wohnungseigentümergemeinschaft; OLG München 16.11.2007, NZM 2008 S. 87, 89 gibt auch dem einzelnen Wohnungseigentümer einen Herausgabeanspruch an alle hinsichtlich des gemeinschaftlichen Eigentums); Artt. 222 § 1 i. V. m. 209 poln. ZGB; Art. 1116 gr. ZGB (dazu Areopag 300/1981, NoB 29 (1981) S. 1502: der Miteigentümer könne Herausgabe an alle Miteigentümer gemeinsam beanspruchen); für Österreich OGH 27.2.1985, JBl 1985 S. 672 (dsgl.; zur Klage einer Wohnungseigentümergemeinschaft im Rahmen ihrer Verwaltungsbefugnisse außerdem OGH 20.11.2002, JBl 2003 S. 868); für Spanien *González Poveda,* Acciones protectoras del dominio y de la posesión, S. 15 (Recht auf Herausgabe dann, wenn die Geltendmachung des Anspruchs der Gemeinschaft einen Vorteil bringt und für Tschechien OG 30.4.2002, 28 Cdo 555/2002, Soubor rozhodnutí Nejvyššího soudu, 2002 (17) Nr. C 1191.

[561] Anschaulich Hof Amsterdam 3.3.2005, ECLI:NL:GHAMS:2005:AT8332, NJF 2005 S. 226 (hälftiges Miteigentum von Entdecker und Grundeigentümer nach Schatzfund; Entdecker überträgt seinen Anteil auf einen Sammler; keine Vindikation des gefundenen römischen Helms durch die Gemeinde, der das Grundstück gehörte). Möglich ist aber ein Anspruch eines Miteigentümers gegen einen anderen Miteigentümer auf Einräumung von Mitbesitz (Jauernig [-*Berger*], BGB[17], § 985 Rdnr. 6; MünchKomm [-*Baldus*]), BGB VII[7], § 985 Rdnr. 11).

[562] Radwański und Dybowski (-*Gniewek*), System Prawa Prywatnego III[2], S. 497 Rdnr. 67; *Baldus* aaO Rdnr. 15 (mit Hinweis auf Ausnahmen zugunsten von Insolvenzverwaltern und anderen Personen, die kraft Amtes Partei werden).

laufenden Verfahren an einen Dritten weitergibt, muss der Kläger das allerdings nicht mehr gegen sich gelten lassen.[563] Der Kläger hat die Namen der Besitzer zu ermitteln; ist ihm das (z. B. bei wilden Hausbesetzungen) trotz aller Sorgfalt unmöglich, bietet die portugiesische Rechtsprechung einen bemerkenswerten Ausweg und erlaubt eine Vindikationsklage gegen „Ungewisse".[564] Personen, die sich unerlaubt selber in den Besitz gesetzt haben und deshalb wissen oder wissen müssen, dass sie die Sache zurückzugeben haben, tragen die uneingeschränkte Verantwortung für ihren Erhalt.[565] Behaupten sie den Verlust ihres Besitzes, obliegt ihnen die Beweislast.[566]

---

563 Unter Art. 948(1) Satz 1 ital. CC kann der Kläger demgemäß „die Klageführung auch dann fortsetzen, wenn dieser (der Besitzer oder der Detentor) nach der Klageinbringung auf Grund eigenen Verhaltens die Sache zu besitzen oder innezuhaben aufgehört hat". Ebenso verhält es sich unter deutschem Recht (*Baldus* aaO Rdnr. 48). Es kommt zu einer Erstreckung der Rechtskraft gegen den neuen Besitzer (§§ 727, 731 dt. ZPO). § 82(2) estn. LPA bestimmt, dass, wenn der Besitzer den Besitz nur aufgibt, um dem Prozess zu entgehen, das Gericht ihn gleichwohl für den Besitzer halten darf. Überträgt der Besitzer den Besitz nach Rechtshängigkeit der Vindikation ohne ausreichenden Grund einem Dritten, so haftet der Besitzer wie ein bösgläubiger Besitzer (§ 84(4) aaO). So verhält es sich auch unter Art. 1055 lett. ZGB, der aber noch hinzufügt, dass sich der Kläger nicht durch Wertersatz abfinden lassen muss. Artt. 919 i. V. m. 325 Nr. 2 gr. ZPO sehen vor, dass das Herausgabeurteil gegen den Beklagten auch gegen einen Dritten geltend gemacht werden kann, wenn ihm der Beklagte die Sache nach Zustellung der Herausgabeklage veräußert hat. Das Verfahren gegen den (ursprünglichen) Besitzer wird fortgeführt (Art. 225 gr. ZPO). Unter § 234 österr. ZPO ändert eine Weitergabe der Sache nach Klagezustellung nichts an der Passivlegitimation des Beklagten; der Eigentümer kann die Klage aber auf den neuen Besitzer umstellen. Unter ungarischem Recht kann der Kläger die Klage im Wege der Klageänderung auf den Dritten umstellen, wenn ihm der ursprüngliche Beklagte die Sache schon in der sog. Prozessaufnahmephase weitergegeben hat (§§ 7(1) Nr. 12, 185 ungar. ZPO [2016]), oder die Klage gegen den Erstbeklagten fortsetzen und auf den neuen Besitzer erstrecken (§§ 7(1) Nr. 10, 37(b), 53(a) aaO). Erfährt der Eigentümer-Kläger erst nach Abschluss der Prozessaufnahmephase von dem Besitzwechsel, bleibt es bei der Klageänderung gegen den Dritten (§ 7(1) Nr. 12(a) i. V. m. § 215 aaO). Unter tschechischem Recht begründet die vorsätzliche Weggabe der Sache im Prozess allerdings nur einen deliktsrechtlichen Schadensersatzanspruch (Spáčil [-*Spáčil*], Občanský zákoník III, S. 226; tschech. OG 30.9.2008, 28 Cdo 2649/2006 [„die Klage, durch welche der Eigentümer nach einer erfolglosen Vindikation einen Geldersatz fordert, ist eine Schadensersatzklage"]); man geht üblicherweise mit einem auf Schadensersatz gerichteten Hilfsantrag vor, weil der Beklagte die Sache am Tag der Verkündung des Vindikationsurteils noch in seinem Besitz haben muss. Zulässig ist aber eine Klage gegen einen Besitzer, der die Sache einem Detentor überlassen hat und sie deshalb von ihm zurückholen muss (tschech. OG 21.8.2000, 22 Cdo 536/2000, Právní rozhledy 2003 (9) S. 479).

564 Die Leitsätze von STJ 10.1.1980, Processo 068684; BMJ 293 (1980) 218 lauten: „(i) Die Vindikationsklage muss gegen den Besitzer oder Detentor der vindizierten Sache gerichtet sein (Art. 1311 port. CC). (ii) Falls es dem Kläger trotz sorgfältiger Recherche unmöglich ist, die Namen derjenigen zu erfahren, die sein Recht nicht anerkennen, darf er die Beklagten unter der Bezeichnung „Ungewisse" *(incertos)* verklagen. (iii) Das Urteil gegen die Ungewissen bzw. Besetzer des vindizierten Grundstücks kann vollstreckt werden, auch wenn diese gegen den Eigentümer der Immobilie Widerklage erheben können".

565 Z. B. §§ 992, 848 dt. BGB; § 84(1) und (2) estn. LPA; Artt. 1379(2), 1302 franz. CC; Art. 1054 lett. ZGB; § 131(1) slowak. BGB und dazu *Fekete,* Občiansky zákonník I, S. 696; Art. 96(3) slowen. SPZ; §§ 1968, 1974 tschech. BGB.

566 Richtig tschech. OG 14.11.2007, 28 Cdo 4178/2007, Soubor civilních rozhodnutí a stanovisek Nejvyššího soudu unter C 5580. Unter § 376 österr. ABGB wird ein Besitzer, der den Besitz leugnet, auf Antrag ohne weitere Prüfung der sachenrechtlichen Rechtslage zur Herausgabe verurteilt. „Besitzer" i. S. d. Vorschrift ist aber nur der bürgerlichrechtliche Besitzer, nicht der Detentor (str., näher Rummel [-*Spielbüchler*], ABGB I^3, Rdnr. 2).

Ein auf den ersten Blick sehr uneinheitliches Bild zeichnet sich in der Frage ab, ob der Vindikationsanspruch der **Verjährung** unterliegt. Einige Rechtsordnungen lehnen das kategorisch ab[567], andere unterscheiden zwischen realen Sachen und Grundstücken[568], dritte (was aber im Ergebnis meistens auf dasselbe hinausläuft) zwischen Herausgabeansprüchen aus „gewöhnlichen" und aus eingetragenen Rechten.[569] Außerdem existieren einige Sondervorschriften für gestohlene Sachen.[570] Das Problem ist freilich überall dasselbe, und wenn man genauer hinsieht, dann liegen die Lösungen deutlich weniger weit auseinander als es zunächst scheint. Es geht darum, das dauerhafte Aus- 517

[567] So verhält es sich u.a. in Bulgarien (Art. 78 des Gesetzes über das Eigentum), Italien (Art. 948(3) ital. CC), Österreich (§ 1459 ABGB), Portugal (Art. 1313 port. CC), Schweden (Prop. 1979/80:119, S. 118; Ersitzung bleibt aber möglich: oben Rdnrn. 144 und 149); der Slowakei (§ 100(2) slowak. BGB), Slowenien (Art. 92(3) slowen. SPZ) und Tschechien (§ 614 tschech. BGB). In Spanien fehlt zwar eine ausdrückliche gesetzliche Regelung (das Gesetz handelt nur von der erwerbenden Verjährung, d. h. der Ersitzung; die Artt. 1962 und 1963 span. CC erlauben keine eindeutige Antwort), doch entspricht die Unverjährbarkeit der Vindikation der herrschenden Meinung in Rechtsprechung (TS 11.7.2012, ECLI:ES:TS:2012:6698 und TS 19.11.2012, ECLI:ES:TS:2012:8856) und Literatur (*Martínez Velencoso,* InDret 2/2013, www.indret.com/pdf/979.pdf; Faber und Lurger [-*González Pacanowska und Díez Soto*], National Reports V, Spain, S. 445 mit Hinweisen auf *Díez-Picazo,* La prescripción extintiva, S. 194–197 sowie *dens.,* FS Roca Juan, S. 221). Das deckt sich mit der Rechtslage unter Art. 544-3 katal. CC und unter Ley 39 der Compilation von Navarra. Auch in Frankreich ist bislang stets angenommen worden, dass die *revendication* zwar durch Ersitzung *(prescription acquisitive),* nicht aber durch Verjährung *(prescription extinctive)* erlösche, mit Ausnahme der vindikationsfähigen unkörperlichen Güter, wie z. B. eines *fonds de commerce* (*Zenati-Castaing und Revet,* Les biens[3], S. 321 Rdnr. 199). *Reboul-Maupain,* Droit des biens[4], S. 365 Rdnr. 493 meint allerdings, dass sich diese traditionelle Rechtslage durch Art. 2227 franz. CC geändert habe, der freilich in sich alles andere als eindeutig ist („Le droit de propriété est imprescriptible. Sous cette réserve, les actions réelles immobilières se prescrivent par trente ans à compter du jour où le titulaire d'un droit a connu ou aurait dû connaître les faits lui permettant de l'exercer"). Siehe im Übrigen schon Band 1 Rdnr. 328 mit Fn. 88.

[568] Z.B. Art. 223 § 1 poln. ZGB (keine Verjährung der Vindikation von Grundstücken; für bewegliche Sachen gelten die allgemeinen Regeln der Artt. 117–125 poln. ZGB).

[569] Nicht der Verjährung unterliegen in England die registergestützte *action for the recovery of land* (oben Rdnr. 515), und in Deutschland sowohl der Anspruch auf die Berichtigung des Grundbuchs (§§ 894, 898 dt. BGB) als auch die „Ansprüche aus eingetragenen Rechten" (§ 902 dt BGB). Zu letzteren gehört richtiger Ansicht nach auch der Vindikationsanspruch (nicht aber der allgemeine Beseitigungsanspruch: BGH 23.2.1973, BGHZ 60 S. 235 und BGH 1.2.1994, BGHZ 125 S. 56). Der Verjährung unterliegt dagegen die Vindikation beweglicher Sachen (§§ 197(1), 200 dt. BGB und § 155 estn. AT ZGB: jeweils 30 Jahre).

[570] Unter § 3(1) schwed. GfvL ist bei gestohlenen oder unter Androhung von Gewalt entzogenen Sachen ein gutgläubiger Erwerb ausgeschlossen. Gleichwohl muss der rechtmäßige Eigentümer seinen Vindikationsanspruch innerhalb von sechs Monaten nach Kenntnis von der Person, die die Sache innehat, geltend machen; andernfalls wird ein gutgläubiger Erwerber Eigentümer (§ 3(2) aaO). HD 20.12.2012, NJA 2012 S. 953 hat deshalb den Schadensersatzanspruch einer Versicherungsgesellschaft, die für ein gestohlenes Boot gezahlt hatte und deshalb sein Eigentümer geworden war, abgelehnt. Sie hatte gegen den schwedischen Staat geklagt, weil der Gerichtsvollzieher die Eigentumsverhältnisse nicht angemessen geprüft hatte. Die Klage kam aber zu spät, weil sie erst nach Ablauf der sechs Monate erhoben worden war, die Klägerin ihr Eigentum mithin schon in diesem Zeitpunkt wieder verloren hatte. (Das darf man nicht mit dem Lösungsrecht [*lösenrätt*] unter §§ 5 und 6 aaO verwechseln, das dem Alteigentümer gegenüber dem neuen Eigentümer binnen sechs Monaten eine Art Abkaufrecht gegenüber einem gutgläubigen Erwerber gibt, näher HD 9.12.1992, NJA 1992 S. 892, wo es zwar auch um eine gestohlene Sache ging, das Lösungsrecht aber in Betracht kam, weil die Möglichkeit des gutgläubigen Erwerbs gestohlener Sachen erst im Jahre 2004 abgeschafft worden ist).

einanderfallen von Eigentum und Besitz zu verhindern.[571] Denn jemand, der solange nicht wieder in den Besitz seiner Sache gelangen kann, wie der Besitzer sich ihrer Herausgabe verweigert, kann sich kaum noch Eigentümer nennen; sein vorgebliches Recht droht, zu einer substanzlosen Hülse zu verkommen.[572] (Bei Geldzahlungsansprüchen, die auf die Unmöglichkeit der Rückgabe einer Sache reagieren, kommt es demgemäß ganz unproblematisch zu einer Verjährung; das Problem des Auseinanderfallens von Eigentum und Besitz stellt sich bei ihnen nicht.[573]) Deshalb hat man langfristig entweder das Eigentum zum Besitz oder den Besitz zum Eigentum zu ziehen. Das Eigentum zum Besitz zieht natürlich das Ersitzungsrecht, darunter besonders prominent die romanischen Regeln über die Spontanersitzung, die die Vindikation beweglicher Sachen zu einer Ausnahmeerscheinung degradieren[574], darunter aber auch die Vorschriften des englischen Rechts, unter denen die Verjährung des entsprechenden deliktsrechtlichen Rechtsbehelfs bewirkt, dass das Eigentum auf den Schuldner übergeht.[575] Den Besitz zum Eigentum ziehen dagegen alle Regeln, die die Verjährung der Vindikation ausschließen. Man wird die Unverjährbarkeit der Vindikation zwar nicht auf das Argument stützen können, dass auch das Eigentumsrecht selber nicht verjähre. Das ist nicht der Punkt. Denn absolute Rechte unterliegen überhaupt nicht der (extensiven) Verjährung. Sie mögen durch Ersitzung erlöschen oder zeitlich beschränkt sein, aber das ändert nichts daran, dass Stammrecht und Rechtsbehelf nicht dasselbe sind. Man benötigt einen anderen Rechtfertigungsgrund für die Ausnahme von dem Grundsatz, dass Ansprüche der Verjährung unterliegen. Dieser Grund kann nur darin bestehen, dass es kein *dominium sine re,* kein Eigentum ohne Rückfallposition (ohne wenigstens potentielle Herrschaftsmacht) geben soll.[576] Bei Grundstücken, jedenfalls bei auf den Anspruchsteller eingetragenen Grundstücken[577], bricht sich dieser

---

[571] In Portugal sagt man demgemäß, die *acção de reivindicação* (Art. 1311 port. CC) solle dem Eigentümer die vollständige Beherrschung der Sache ermöglichen; deshalb sei sie untrennbar mit dem Eigentum verbunden. Es solle im portugiesischen Recht keine Eigentümer geben, die gehindert wären, ihr Recht durchzusetzen (näher von Bar [*-de Seabra und Xavier*], Sachenrecht in Europa III, S. 362–363 mit weiteren Nachweisen). *Terré und Simler,* Les biens[9], S. 410 Rdnr. 522 erläutern, dass die Unverjährbarkeit der Vindikation lediglich eine andere Art sei, den Grundsatz auszudrücken, dass „la propriété ne se perd pas par non-usage".

[572] Daran ändert auch der Umstand nichts, dass z. B. der (der Verjährung unterliegende) Vindikationsanspruch aus § 985 dt. BGB gegen einen neuen Besitzer wieder neu entsteht, wenn ihm der bisherige Besitzer die Sache, ohne sie zwischenzeitlich ersessen zu haben, nach Ablauf von 31 Jahren weitergibt und es an einem gutgläubigen Erwerb fehlt. Das ist indes eine praktisch kaum relevante Situation.

[573] Tschech. OG 11.4.2001, 33 Cdo 1221/99, Soubor rozhodnutí Nejvyššího soudu, unter C 405.

[574] Oben Rdnr. 509.

[575] Sec. 3(2) Limitation Act 1980 (oben Rdnr. 158 mit Fn. 1116). Zu Schweden siehe zudem vorher Fn. 569.

[576] Bemerkenswerterweise entschied poln. OG 13.11.1997 I CKN 323/97, OSNC 1998/5/79, Lex-Nr. 32590 sogar, dass der Eigentümer eines Grundstücks, welches der unberechtigte Besitzer oder Gewahrsamsinhaber zurückgeben will, grundsätzlich verpflichtet ist, es auch tatsächlich zu übernehmen. Der Eigentümer könne der Rückgabe nicht widersprechen. Bei beweglichen Sachen könne er nur widersprechen, wenn sie so verändert wurden, dass sie ihrem Wesen nach zu einer anderen Sache geworden sind (z. B. ein Autowrack anstelle des früheren Autos).

[577] In Deutschland unterliegt der Herausgabeanspruch eines nichteingetragenen Grundstückseigentümers durchaus der Verjährung, nur sein Anspruch auf Grundbuchberichtigung verjährt nicht (oben Fn. 569).

Gedanke denn auch überall Bahn. Die regionalen Unterschiede betreffen nahezu ausschließlich reale Sachen, stellen aber schon deshalb kein drängendes Problem dar, weil die Vindikation realer Sachen ohnehin nur vergleichsweise selten gelingt.

Herausgabe eines Grundstücks bedeutet Überlassung des Besitzes an der entsprechenden Immobilie, nicht (wie im Mietrecht nach Ablauf der Mietzeit) „Räumung" unter Entfernung auch des Mobiliars. Der Herausgabepflichtige muss dem Herausgabeberechtigten das Grundstück zur Verfügung stellen und sich von nun an eigener Besitzausübungshandlungen enthalten.[578] Herausgabe bedeutet aber nicht, dass der Herausgabepflichtige alle realen Sachen wegschaffen muss, die er auf das Grundstück verbracht und dort (häufig als Müll) belassen hat. Die Entfernung dieser Sachen ist richtiger Ansicht nach eine Frage des allgemeinen Beseitigungsanspruchs oder des Schadensersatzrechts.[579] Nur wenn das Verbringen einer beweglichen Sache auf ein fremdes Grundstück der eigentliche Grund der Besitzvorenthaltung ist (Parken auf fremdem Grund), mag man das anders sehen. Gleichzeitig mit der Herausgabe hat der Beklagte alle wesentlichen Bestandteile, außerdem alle Früchte herauszugeben, die noch *realiter* vorhanden sind und ihm nicht gebühren.[580] Unrechtmäßige Besitzer dürfen die von ihnen gezogenen Früchte i.d.R. bis zu dem Zeitpunkt behalten, in dem sie bösgläubig wurden, wobei auf Herausgabe verklagte Besitzer den bösgläubigen gleichgestellt zu sein pflegen.[581] Hinsichtlich der Nebenansprüche (Nutzungen, die nicht mehr in Natur vorhanden sind, Schadensersatz und Ausgleich von Verwendun- 518

---

[578] *Restitution,* so *Belloir-Caux,* Dictionnaire de droit des biens, S. 402, bedeute die „Tatsache, einem Eigentümer eine Sache zu übergeben, die ihm unrechtmäßig oder gegen seinen Willen entzogen wurde". *Carbonnier,* Les biens. Les Obligations formuliert S. 1837 Rdnr. 870, dass die *revendication* die *éviction* zur Folge habe. Der Besitzer und *possesseur évincé* müsse das Grundstück mit seinen *accessoires* restituieren.

[579] Staudinger (-*Gursky*), BGB (2012), § 985 Rdnrn. 59, 60, 65; MünchKomm (-*Baldus*), BGB VII[7], § 985 Rdnr. 73; BGH 19.3.2004, NJW-RR 2005 S. 212, 213. Das wird freilich nicht überall so gesehen. Tschech. OG 26.11.1997, 2 Cdon 302/97, Právní rozhledy 1998 (4) S. 192 formulierte: „Ergeht das Gerichtsurteil auf die Herausgabe einer Immobilie, besteht eine Unsicherheit, was eigentlich bei der Vollstreckung dieses Urteils durchgeführt werden soll. Deswegen sollten die Gerichte die Formulierung ‚Herausgabe' einer Immobilie nicht in ihren Urteilen verwenden, wenn sie damit die Räumung der Immobilie beabsichtigen. Wenn der Kläger nach § 126(1) tschech. BGB [1964] [heute § 1040 tschech. BGB] auf Herausgabe einer Immobilie klagt und später den Klageantrag auf die ‚Räumung' der Immobilie abändert, handelt es sich lediglich um eine Präzisierung des Klageantrags, nicht um eine Veränderung der Klage, die die Zustimmung des Gerichts nach § 95 tschech. ZPO benötigte" (ebenso *Baldus* aaO). Das Problem hat seine Ursache darin, dass das materielle Recht von „Herausgabe", das Verfahrensrecht (§ 345 tschech. ZPO) von „Räumung" spricht. Tschech. OG 29. November 2005, 29 Odo 525/2003, Soubor civilních rozhodnutí a stanovisek Nejvyššího soudu, C 4100 bestätigt, dass der Kläger durch die Geltendmachung des Antrags auf „Herausgabe" einer Immobilie inhaltlich deren Räumung beantrage. Unproblematisch ist dagegen tschech. OG 25.5.2010, 26 Cdo 2037/2009, Soubor civilních rozhodnutí a stanovisek Nejvyššího soudu, C 8705 („Die Räumung einer Wohnung durch den Mieter beinhaltet auch die Übergabe der Wohnung an den Vermieter in seine faktische Disposition, z. B. durch Schlüsselübergabe").

[580] Oben Rdnrn. 175–176.

[581] Z.B. §§ 987, 990 dt. BGB; Art. 549 franz. CC und dazu Cass. civ. 28.6.1983, Bull. civ. III, Nr. 48 S. 115 (Klageerhebung steht Bösgläubigkeit gleich); Artt. 1053 und 1056 lett. ZGB; Art. 4.97(1) lit. ZGB; §§ 330, 335 österr. ABGB; Artt. 224–226 poln. ZGB; Kap. 5 § 1(1) schwed. JB (der aber nicht anwendbar sein soll, wenn beide Parteien wussten, dass der Vertrag nichtig war: HD 11.12.1987, NJA 1987 S. 845); Artt. 95(8) und 96(1) slowen. SPZ; Artt. 451, 452 und 455 span. CC; § 1000 tschech. BGB.

gen) kommt es zu einer Abrechnung, einem *règlement de comptes* bzw. einer *liquidación del estado posesorio.*[582] Auch bei beweglichen Sachen bedeutet „Herausgabe" Besitzüberlassung. Der Beklagte muss dem Kläger die Sache so zur Verfügung stellen, dass er sie in Besitz nehmen kann. Grundsätzlich gilt, dass der Beklagte die Sache dort zur Verfügung zu stellen hat, wo sie sich derzeit befindet. Erforderlich ist prinzipiell nur die Besitzaufgabe. Nach der inneren Logik des Vindikationsrechts dürfte das auch bei gestohlenen oder sonst entzogenen Sachen nicht anders sein. Allerdings vermengen sich hier sachen- und schuldrechtliche Fragen. Denn die Grundregel, dass „der Beklagte ... die Kosten für die Herausgabe und der Kläger die Kosten für die Entgegennahme der Sache" trägt[583], kann bei entzogenen Sachen nur richtig sein, wenn der Beklagte den Besitz gutgläubig erlangt hat. Ein Dieb dagegen muss auf Verlangen des Berechtigten die gestohlene Sache auf seine (des Diebs) Kosten an den Ort der Entziehung zurückschaffen, und ein Hehler wenigstens an den Ort, an dem er sie von dem Dieb übernommen hat. Wo sich diese Lösung nicht schon ausdrücklich aus dem Gesetz ergibt[584], lässt sie sich konstruktiv am einfachsten dadurch fassen, dass man der Vindikation (ungeachtet des Umstandes, dass der Besitzer gerade kein echter Schuldner i. S. d. Obligationenrechts ist) gegenüber schlechtgläubigen Besitzern den Charakter einer auf die Umstände des Einzelfalls zugeschnittenen Bringschuld zuschreibt.[585] So wächst dem Eigentümer ein denkbar einfach zu begründender Kostenerstattungsanspruch zu, falls er genötigt bleibt, die Sache doch selber abzuholen bzw. abholen zu lassen.

519 Der Besitzer kann die **Herausgabe** natürlich **verweigern,** wenn ihm derzeit noch das Recht zusteht, die fremde Sache zu besitzen. Ob es sich dabei um ein Schuld- oder um ein Sachenrecht handelt, macht keinen Unterschied, auch nicht, ob es um bürgerlichrechtlichen Besitz oder um Detention geht oder ob das Besitzrecht seinen Grund in einem Vertrag oder im Gesetz hat. Die Herausgabeklage wird abgewiesen, weil das Eigentum nicht verletzt ist. Ihr wird dagegen stattgegeben, wenn der Beklagte

[582] *Terré und Simler,* Les biens[9], S. 410 Rdnr. 523; *Díez-Picazo,* Fundamentos III[5], S. 763; *Díez-Picazo und Gullón,* Sistema de Derecho Civil III(1)[8], S. 182.

[583] Berufungsgericht Athen 6555/1981, NoB 30 (1982) S. 71; Berufungsgericht Thrake 145/1981, Harm. 36 (1982) S. 133; BGH 26.5.1988, BGHZ 104 S. 304, 306 und BGH 12.1.1981, BGHZ 79 S. 211, 213.

[584] Unter Art. 1312 port. CC erfolgt die Herausgabe der Sache „auf Kosten des Entziehers, wenn es einen gibt, und an dem Ort der Entziehung". Alles Weitere ist nicht geregelt. Man nimmt an, dass der Richter in Fällen, in denen es an einer Entziehung fehlt, nach den Umständen des Einzelfalls entscheiden muss; maßgeblich seien in Sonderheit die Gut- bzw. die Bösgläubigkeit des Beklagten (*Menezes Cordeiro,* Direitos reais, S. 593; Prata [-*Sequeira Santos*], Código Civil Anotado II, Anm. 1 zu Art. 1312, S. 110; *Oliveira Ascensão,* Direito civil – Reais[5], S. 426–427). Unter Art. 1058 lett. ZGB hat die Herausgabe der Sache am Ort ihrer Belegenheit zu erfolgen. Der bösgläubige Besitzer hat sie auf Verlangen des Klägers an dem Ort herauszugeben, an dem er sie erhalten hat, und jeder Besitzer an dem Ort, an dem sie sich im Zeitpunkt der Klageerhebung befand.

[585] Ausdrückliche Regelungen fehlen z. B. in Deutschland, der Slowakei und Tschechien. BGH 12.1.1981, BGHZ 79, 211, 213 entschied zugunsten der Herausgabe an dem Ort, an dem sich die Sache bei Eintritt der Rechtshängigkeit oder in dem Zeitpunkt befindet, in dem der Besitzer bösgläubig war oder wurde. Die Rechtslage ist allerdings umstritten, näher z. B. Staudinger (-*Gursky*), BGB [2012], § 985 Rdnr. 6. Auch in der Slowakei werden die schuldrechtlichen Vorschriften über den Leistungsort entsprechend angewandt (§§ 853(1), 567(1) slowak. BGB). Tschech. OG 6.7.2008, 22 Cdo 2234/2008 entschied, dass der Herausgabeort am Wohnsitz des Schuldners liegt. Eine abweichende Regelung für entzogene Sachen scheint das Gericht nicht in Erwägung gezogen zu haben.

nur ein **Zurückbehaltungsrecht** hat. Ein Zurückbehaltungsrecht rechtfertigt die Eigentumsverletzung gerade nicht. Deshalb wird der Beklagte zur Herausgabe verurteilt, allerdings (und nur, wenn er es geltend macht) Zug-um-Zug gegen Begleichung seiner Forderung. Das Vindikationsrecht wird, genau besehen, nicht einmal bestritten. Es ist aber „paralysiert", bis der Eigentümer in gehöriger Weise Zahlung anbietet.[586] Der wichtigste Grund für ein solches Zurückbehaltungsrecht liegt wiederum in dem Anspruch des Besitzers auf Ersatz seiner Verwendungen auf die Sache. Zwar verknüpfen keineswegs alle Rechtsordnungen den Verwendungsersatzanspruch mit einem Zurückbehaltungsrecht, aber dieses Vorgehen ist doch die Regel. Nur wenige Jurisdiktionen lehnen ein Zurückbehaltungsrecht aus Verwendungen auf fremde Sachen gänzlich ab[587], andere, darunter Art. 1152 ital. CC und Art. 453 span. CC, verweigern es dem bösgläubigen Besitzer. Er hat zwar einen Anspruch auf Ersatz der Erhaltungskosten der Sache („notwendige Verwendungen"), aber er kann die Sache nicht zur Sicherung dieses Anspruchs einsetzen. Ein pönales Element ist nicht zu übersehen. Auch in Frankreich entschied man früher so; ein Zurückbehaltungsrecht wurde nur dem gutgläubigen Besitzer zugestanden.[588] Es scheint indes, dass daran unter dem neuen Art. 2286(3) franz. CC nicht länger festgehalten werden kann.[589]

Verwendungen sind Aufwendungen auf die Sache. Es geht, anders als beim Lösungsrecht, nicht um die Erwerbskosten; der Kaufpreis ist keine „Verwendung" (§ 333 S. 1 österr. ABGB). Es geht vielmehr um Investitionen zum Erhalt oder, wie oft gesagt wird, zur „Verbesserung" der Sache. Eine vom Besitzer illegal (baurechtswidrig) errichtete Garage muss auch der wieder in den Besitz des Grundstücks gesetzte Eigentümer abreißen; sie verbessert das Grundstück nicht, sie schädigt es.[590] Selbst wenn die **520**

---

[586] *Zenati-Castaing und Revet,* Les biens[3], S. 329 Rdnr. 205 (Der Besitzer „pourra sans nul doute demander au juge de subordonner la restitution au règlement de la somme qui lui est due. ... L'exécution [de l'obligation de restituer] doit pouvoir être paralysée"). Siehe auch *Reboul-Maupain,* Droit des biens[4], S. 367 Rdnr. 503 („Si le solde est créditeur pour le possesseur, il dispose d'un droit de rétention sur le bien, ce qui lui permet de retenir le bien tant qu'il n'a pas été payé"). Unter Art. 329 gr. ZGB wird der Beklagte zur Herausgabe „unter der Bedingung der gleichzeitigen Erfüllung" seines Verwendungsersatzanspruches verurteilt.

[587] Dazu gehören Litauen (weder der gutgläubige noch der bösgläubige Besitzer haben das Recht, die Sache zurückzubehalten: Faber und Lurger [-*Mikelenas*], National Reports III, Lithuania, S. 406), Schweden (HD 19.3.1985, NJA 1985 S. 205: kein Zurückbehaltungsrecht über die im Zusammenhang mit verschiedenen Auftragsverhältnissen explizit geregelten Zurückbehaltungsrechte hinaus) und Tschechien (§ 1395(1) tschech. BGB löst das Problem nicht. Auch der Anspruch des redlichen Besitzers auf Ersatz der auf die Sache verwendeten Kosten entsteht nach OG 17.2.2000, 22 Cdo 1806/98, Právní rozhledy 2000 (4) S. 172 erst im Zeitpunkt der Rückgabe der Sache. Solange er die Sache nicht herausgibt, hat er keinen Anspruch, und sobald er die Sache herausgegeben hat, kann er sie nicht mehr zurückbehalten). Letzteres wäre im Übrigen auch das Ergebnis unter § 273 dt. BGB, der aber genau für diese Situation um § 1000 dt. BGB ergänzt wurde. § 1000 dt. BGB verzichtet auf das Erfordernis der Fälligkeit (MünchKomm [-*Raff*], BGB VII[7], § 1000 Rdnr. 2). Ebenso verhält es sich unter Art. 1106 gr. ZGB.

[588] *Terré und Simler,* Les biens[9], S. 414 Rdnr. 528 weisen auf ältere Rechtsprechung hin, die zwar dem gutgläubigen Grundstücksbesitzer das Recht zugesprochen hatte, die Herausgabe des Grundstücks solange abzulehnen, wie der Eigentümer den von ihm aus der Abrechnung geschuldeten Restbetrag nicht gezahlt hat, dieses Recht dem bösgläubigen Besitzer jedoch abgesprochen hatte.

[589] „Peut se prévaloir d'un droit de rétention sur la chose: (3) Celui dont la créance impayée est née à l'occasion de la détention de la chose".

[590] Cass. 6.6.2014, Nr. 12798, Diritto & Giustizia 2014, I, S. 148.

Garage legal errichtet worden, aber bewegliche Sache geblieben wäre, hätte man keine Verwendung „auf" das Grundstück vor sich; der Besitzer könnte sie entfernen, aber keine Zahlung für sie verlangen. Alles andere liefe wiederum auf eine Art Zwangsverkauf hinaus. Schwieriger wird es bei Investitionen, die den Charakter der betroffenen Sache verändern, insbesondere bei (baurechtskonformen) Bauten, die dem bisherigen Nutzungszweck des Grundstücks zuwiderlaufen. Das Problem besteht darin, den Eigentümer vor Ausgleichsforderungen zu schützen, die ihn faktisch hindern würden, je wieder den Besitz über seine Sache zurückzuerlangen.

Das Problem war Gegenstand von BGH 26.2.1964.[591] Die gutgläubige Beklagte hatte einen Wohnblock errichtet, der zu einem Teil auf den beiden Grundstücken der Klägerin zu stehen kam. Die Klägerin hatte den Verkauf ihrer Flächen abgelehnt und stattdessen auf deren Herausgabe geklagt, also auf lotrechte Teilung der Besitzverhältnisse an dem Gebäude (aber nicht auf dessen Abriss). Die Beklagte machte ein Zurückbehaltungsrecht geltend, dessen Grundlage sie in einem Verwendungsersatzanspruch sah und das sie auf den Betrag von DM 772.000 bezifferte, ein Betrag, den die nahezu mittellose Klägerin nicht bezahlen konnte. Das Gericht verneinte das Vorliegen einer Verwendung. Es sei nicht darum gegangen, ein vorhandenes Gebäude zu erhalten, zu verbessern oder zu pflegen. Es habe sich vielmehr darum gehandelt, ein vollkommen neues Bauwerk zu schaffen. Verwendungen seien solche Vermögensaufwendungen, die der Sache zugute kommen sollen, ohne sie, wie hier, grundlegend zu verändern. Der Beklagten stünde nicht einmal ein bereicherungsrechtlicher Ausgleichsanspruch zu, weil die Vorschriften der §§ 994–1003 dt. BGB im Verhältnis zwischen Eigentümer und Besitzer abschließend seien, mit der Folge, dass auch § 951 dt. BGB (Ausgleich für den Eigentumsverlust, den die Beklagte durch Verbindung der Baumaterialien mit dem fremden Grundstück erlitten hatte) nicht anwendbar sei. Auch ein Wegnahmerecht stand der Beklagten nicht zu. Zwar hätte sie den überbauten Teil nach bürgerlichrechtlichen Vorschriften abreißen dürfen (§ 997(1) dt. BGB), doch wurde diese Regelung durch öffentlichrechtliche Vorschriften der Wohnraumbewirtschaftung verdrängt. Da es auch in § 997(1) aaO um die Wegnahme von Verwendungen gehen dürfte (das Gesetz spricht freilich ausdrücklich nur von einer Sache, die der Besitzer mit einer anderen Sache als wesentlichen Bestandteil verbunden hat), ist ein innerer Widerspruch in der Argumentation zwar nicht ganz auszuschließen, doch ging es dem Gericht um eine aus seiner Sicht billige Lösung. Es bemühte im Rahmen von § 242 dt. BGB (Treu und Glauben) ein allgemeines Gerechtigkeitsgebot, dass nämlich „jemand, der von einer ihm nach allgemeinen bürgerlichrechtlichen Vorschriften zustehenden Befugnis, infolge einer entgegenstehenden Sonderrechtsnorm keinen Gebrauch machen kann, angemessen entschädigt werden muss".[592] Einen Betrag nannte das Gericht nicht. Jedenfalls sei klar, dass er weit unter den begehrten DM 772.000,– liegen müsse. Maßgebend sei der Wert der im (hypothetischen) Fall des Abrisses noch verwertbaren Materialien unter Gegenrechnung der ersparten Abrisskosten; in der erforderlichen Gesamtabwägung seien aber auch die Vorteile der Klägerin und der Umstand zu gewichten, dass sich die Beklagte „in einer schwierigen Lage" befunden habe, als sie den Wohnblock in den Jahren 1951 und 1952 errichtet hatte.

521 Die meisten Rechtsordnungen (Ausnahme: Frankreich[593]) unterscheiden im Näheren je nachdem, ob der Besitzer hinsichtlich seines Rechts zum Besitz bös- oder gutgläubig war.[594] Auch der bösgläubige Besitzer kann also Verwendungsersatz beanspruchen, aber die Voraussetzungen dafür sind sehr viel restriktiver als bei einem

[591] BGHZ 41 S. 157.

[592] AaO S. 165.

[593] *Terré und Simler* aaO S. 412 Rdnr. 527 („La jurisprudence … a retenu le principe d'une indemnisation du possesseur évincé, en fonction, non plus cette fois, de sa bonne ou mauvaise foi, mais de la nature des travaux entrepris ou des frais exposés, appelés impenses"); *Reboul-Maupain,* Droit des biens[4], S. 367 Rdnr. 497 und aus der Rechtsprechung z. B. Cass. civ. 17.1.1990, Nr. 87–19069 („Attendu que le remboursement des impenses nécessaires ou utiles est dû même au possesseur de mauvaise foi").

[594] Zum Begriff des guten Glaubens oben Rdnrn. 379–383 bzw. 404–406.

gutgläubigen. Ein bösgläubiger hat i. d. R. nur Anspruch auf Ersatz der zum Erhalt der Sache **notwendigen** Verwendungen[595]; wenn er sich die Sache auf strafbare Weise verschafft hat, häufig allerdings nicht einmal mehr das.[596] Der gutgläubige Besitzer kann dagegen auch Ersatz der sogen. „nützlichen" oder **„zweckmäßigen" Verwendungen** verlangen, zwar meistens nicht in Höhe ihrer tatsächlichen Kosten, aber doch bis zu dem Betrag, um den sie den Wert der Sache im Zeitpunkt der Herausgabe noch erhöhen.[597] In Frankreich entwickelte sich unter Rückgriff auf Regelun-

[595] § 994(2) dt. BGB (notwendige Verwendungen; Anwendung des Rechts der Geschäftsführung ohne Auftrag deshalb nur, wenn die Verwendungen dem Interesse und dem wirklichen oder mutmaßlichen Interesse des Eigentümers entsprechen); Art. 1102 gr. ZGB (dsgl.); Art. 1150 ital. CC (Aufwendungen für außerordentliche Ausbesserungen; allerdings auch Anspruch auf Ersatz von noch vorhandenen Verbesserungen, letztere aber nur bis zur Höhe entweder der Kosten oder des Wertzuwachses, und zwar nur des jeweils geringeren Betrages; näher Cass. 6.6.2014, Nr. 12798, Diritto & Giustizia 2014, I, S. 148); Art. 4.97(2) lit. ZGB (notwendige Verwendungen, aber erst ab dem Zeitpunkt, zu dem der Eigentümer aus der Sache wieder Einkommen erzielt); §§ 336, 1036 österr. ABGB (Verweis auf das Recht der Geschäftsführung ohne Auftrag; analoge Anwendung von § 331 österr. ABGB [Beschränkung auf den noch vorhandenen Wert] denkbar) (Klang [-*Kodek*], ABGB³, § 336 Rdnr. 8); Artt. 226, 227 poln. ZGB (notwendige Verwendungen, aber nur, wenn der Eigentümer um sie rechtsgrundlos bereichert wäre; Wegnahmerecht, das der Eigentümer durch Wertersatz abwenden kann); § 131(1) und (2) slowak. BGB (für Wartung und Betrieb notwendige Kosten können von dem Schadensersatz abgezogen werden, den der Besitzer dem Eigentümer schuldet; außerdem Wegnahmerecht); Art. 96(4) slowen. SPZ (notwendige Kosten, wenn sie auch dem Eigentümer entstanden wären; nützliche nur, wenn sie auch für den Eigentümer von Nutzen sind: Art. 96(5) aaO); Art. 453 span. CC (oben Rdnr. 519); § 1001 tschech. BGB (notwendige Kosten, aber nur, wenn die Sache andernfalls untergehen würde); § 5:10(1) ungar. ZGB (zusätzlich Bereicherungsanspruch wegen der durch die Nutzungen nicht gedeckten nützlichen Verwendungen: § 5:10(2) aaO; alternativ Wegnahmerecht). Das schwedische Recht hält eine ausdrückliche Regelung nur für unbewegliches Vermögen bereit. Unter Kap. 5 §§ 3, 5 und 6 JB sind notwendige *(nödvändiga)* Verwendungen für den ganzen Besitzzeitraum ersatzfähig, nützliche (*nyttiga,* d. h. solche, die dem Interesse des Eigentümers entsprechen) nur bis zu dem Zeitpunkt des Verlustes des guten Glaubens bzw. bis zur Zustellung des verfahrenseinleitenden Schriftstücks und in dem Umfang der noch vorhandenen Wertsteigerung. Hinzu kommt ein Wegnahmerecht, das der Eigentümer durch Wertersatz abwenden kann. Die genannten Vorschriften finden aber keine Anwendung, wenn beide Parteien wussten, dass der Vertrag nichtig war (HD 11.12.1987, NJA 1987 S. 845). Für bewegliche Sachen fehlen gesetzliche Regeln. § 6 schwed. GfvL beschränkt sich auf die Festlegung, dass der zur Verwirklichung des Lösungsrechts *(lösenrätt)* nach einem gutgläubigen Erwerb geschuldete Betrag nicht nur den Kaufpreis, sondern auch die Kosten für Unterhalt und Verbesserung einschließt.

[596] Z. B. § 88(1) estn. LPA; Art. 1106 Satz 2 gr. ZGB (Besitzerlangung durch vorsätzlich begangene rechtwidrige Handlung); Art. 886 lett. ZGB und § 5:9(2) ungar. ZGB.

[597] §§ 994–996 dt. BGB (notwendige Verwendungen, sofern sie nicht aus den Nutzungen gedeckt sind; nützliche Verwendungen nur bis zur Höhe der im Zeitpunkt der Wiedererlangung der Sache noch vorhandenen Wertsteigerung); § 88(1) estn. LPA; Art. 1103 gr. ZGB (nützliche Verwendungen bis zur Höhe der noch vorhandenen Wertsteigerung); Artt. 867, 868 lett. ZGB (nützliche Kosten; bei Luxusverwendungen Wegnahmerecht); Art. 4.97(3) lit. ZGB (alle Kosten, die nicht durch Einnahmen aus der Sache gedeckt sind; Wegnahmerecht); § 1037 österr. ABGB; Art. 226 poln. ZGB (nützliche Verwendungen bis zur Höhe der noch vorhandenen Wertsteigerung); § 130(3) slowak. BGB (zweckmäßig aufgewendete Kosten, sofern sie den Wert der Sache noch erhöhen); Artt. 95(3), (4) und (6) slowen. SPZ (nützliche Aufwendungen, die der Besitzer in Zusammenhang mit der Instandhaltung der Sache getragen hat; Verrechnung mit den Nutzungen; Verschönerungen nur in Höhe der Wertsteigerung; Wegnahmerecht); Artt. 453, 458 span. CC; §§ 997(1), 998 tschech. BGB (zweckmäßige Kosten bis zur Höhe der noch vorhandenen Wertsteigerung; auch Verzierungen etc., sofern sie den Wert der Sache noch erhöhen;

gen aus dem Erbrecht und dem Recht der Quasiverträge[598] die *théorie des impenses.* Unter ihr wurde üblicherweise zwischen *impenses nécessaires* (notwendigen Verwendungen), *impenses utiles* und *impenses somptuaires* oder *voluptuaires* („übertriebene" Verwendungen, Luxusverwendungen) unterschieden; in vielen Ländern ist das bis heute so.[599] Notwendige Verwendungen sind vollständig zu erstatten. Notwendig ist z.B. die Instandsetzung des Daches oder einer Mauer, die umzustürzen droht. Nützliche Verwendungen, etwa die Installierung einer Heizung oder eines Aufzuges, führen zu einer Verbesserung der Immobilie und werden bis zur Grenze der noch vorhandenen Wertsteigerung ausgeglichen.[600] **Luxusverwendungen** sind Aufwendungen nach dem persönlichen Geschmack des Besitzers. Sie sind nicht ersatzfähig, geben aber ein Wegnahmerecht.[601] Seit der Reform des Schuldrechts ist nun in Frankreich (nicht in Belgien und in Luxemburg; hier gilt Art. 1381 CC in der ursprünglichen Form fort) aber Art. 1352-5 franz. CC n. F.[602] an die Stelle von Art. 1381 CC a. F. getreten. Die Vorschrift findet sich in einem neuen Abschnitt *„Restitutions"* und unterscheidet nur noch zwischen notwendigen und (anderen) Verwendungen, die den Wert der Sache erhöht haben und weiterhin erhöhen. Im Grunde überträgt Art. 1352-5 aaO die alte sachenrechtliche Theorie auf das allgemeine Recht der Herausgabe von Sachen unter Einschluss des Vertragsrechts, des Rechts der Rückgabe des Nichtgeschuldeten und des Rechts der auftragslosen Geschäftsführungen.[603] Die *dépenses nécessaires à la conservation de la chose* entsprechen den *impenses nécessaires* aus der Theorie der *impenses.* Ersatzpflichtig sind unter Art. 1352-5 aaO außerdem die „dépenses ... qui ... ont augmenté la valeur [de la chose]" bis zur Grenze der im Zeitpunkt der Herausgabe noch vorhandenen Wertsteigerung.

522 Die sogen. Luxusverwendungen (Verschönerungskosten) bilden unter Art. 454 span. CC weiterhin eine eigene Gruppe. Sie sind nicht ersatzfähig, unterliegen aber dem Wegnahmerecht. Der Eigentümer kann es, wie unter Art. 227(2) poln. ZGB, durch Zahlung abwenden. Unter

---

alternativ Wegnahme); § 5:10(2) ungar. ZGB (nützliche Verwendungen, soweit sie nicht durch die Früchte gedeckt sind). Unter Art. 453 span. CC kann der gutgläubige Besitzer zwischen einem Ersatz seiner Kosten und einem Ausgleich für die tatsächlich eingetretene Wertsteigerung wählen.

598 Art. 861 franz. CC („Lorsque le rapport se fait en nature et que l'état des objets donnés a été amélioré par le fait du donataire, il doit lui en être tenu compte, eu égard à ce dont leur valeur se trouve augmentée au temps du partage ou de l'aliénation") und Art. 1381 a. F. franz. CC („Celui auquel la chose est restituée, doit tenir compte, même au possesseur de mauvaise foi, de toutes les dépenses nécessaires et utiles qui ont été faites pour la conversation de la chose").

599 Siehe z. B. Art. 865 lett. ZGB und § 63 estn. AT ZGB. Art. 216 port. CC (Verbesserungen) definiert: „(1) Als Verbesserungen werden alle die Ausgaben angesehen, die gemacht werden, um die Sache zu erhalten oder zu verbessern. (2) Die Verbesserungen sind notwendig, nützlich oder luxuriös. (3) Notwendig sind die Verbesserungen, die zum Zweck haben, den Verlust, die Zerstörung oder die Verschlechterung der Sachen abzuwenden; nützlich sind diejenigen, die, obwohl sie nicht unentbehrlich für ihre Erhaltung sind, diese jedoch in ihrem Wert erhöhen; luxuriös sind diejenigen, die obwohl weder unentbehrlich für ihre Erhaltung noch sie in ihrem Wert erhöhen, nur der Ergötzung des Verbesserers dienen".

600 *Terré und Simler,* Les biens[9], S. 412 Rdnr. 526.

601 *Terré und Simler* aaO S. 413 Rdnr. 527; *Reboul-Maupain,* Droit des biens[4], S. 367 Rdnr. 501.

602 „Pour fixer le montant des restitutions, il est tenu compte à celui qui doit restituer des dépenses nécessaires à la conservation de la chose et de celles qui en ont augmenté la valeur, dans la limite de la plus-value estimée au jour de la restitution".

603 *Chantepie und Latina,* La réforme du droit des obligations, S. 913 Rdnr. 1071.

österreichischem Recht hat der redliche Besitzer Anspruch auf Ersatz sowohl der notwendigen als auch der nützlichen Verwendungen. Notwendig sind zur Erhaltung der Substanz erforderliche, nützliche dauerhaft wertsteigernde Aufwendungen.[604] Der Verwendungsersatz ist aber doppelt begrenzt. Der Besitzer kann nur den noch vorhandenen gegenwärtigen Wert der Aufwendungen verlangen und, wenn dieser Betrag den Betrag seiner tatsächlichen Aufwendungen übersteigt, nur den tatsächlich aufgewandten Betrag.[605] Luxusverwendungen sind wiederum nicht ersatzfähig, unterliegen jedoch auch in Österreich dem Wegnahmerecht, dem sog. *ius tollendi* (§ 332 österr. ABGB).

4. Geldzahlung statt Herausgabe, Beseitigung oder Unterlassung

523 Ein Rechtsbehelf aus einem Sachenrecht kann auch auf die Zahlung von Geld gerichtet sein. Bei einem Geldzahlungsanspruch handelt es sich dann um einen sachenrechtlichen Rechtsbehelf, wenn zu seiner Begründung nicht mehr vorgetragen werden muss als die Verletzung des Stammrechts, aus dem er fließt. Die Anspruchsvoraussetzungen unterscheiden sich nicht oder nur in Marginalien von denen des sonstigen Störungsschutzes. Der Geldzahlungsanspruch tritt schließlich von Rechts wegen an die Stelle des Herausgabe-, Beseitigungs- oder Unterlassungsanspruchs. In einigen Fällen optiert schon das Gesetz zugunsten dieser Alternative, in anderen obliegt die Wahl dem Gericht, in dritten dem Inhaber des jeweiligen Sachenrechts. Eine einheitliche Theorie fehlt. Es geht entweder um schlichte Praktikabilitätserwägungen, um das Bemühen, ungerechtfertigte Bereicherungen zu verhindern, um Notstandssituationen oder um einen angemessenen Ausgleich widerstreitender Interessen von Nachbarn. Nicht hierher gehören dagegen Fälle der tatsächlichen Unmöglichkeit, etwa Fälle, in denen eine Sache nicht mehr herausgegeben werden kann, weil sie zerstört wurde. Mit dem Untergang einer Sache erlischt zwangsläufig auch jedes an ihr bis zu diesem Zeitpunkt bestehende Sachenrecht und mit ihm auch jeder aus ihm abgeleitete Rechtsbehelf.

524 Der Prototyp eines **statt auf Herausgabe** auf Geldersatz gerichteten Rechtsbehelfs findet sich im Recht von *conversion*. Der Eigentümer hat es nicht in seiner Macht, die (reale) Sache zurückzuerlangen; die Entscheidung liegt im Ermessen des Gerichts.[606] Nicht das Gericht, sondern der Gläubiger des Vindikationsanspruches entscheidet dagegen unter deutschem Recht, ob er (gewissermaßen genau „umgekehrt") seinen Herausgabeanspruch gegen einen sich ihm zu Unrecht widersetzenden Vindikationsbeklagten weiterverfolgen oder auf einen Geldzahlungsanspruch umstellen will. Der

---

[604] Schwimann (-*Klicka*), ABGB II³, § 331 Rdnr. 1.

[605] OGH 15.4.1993, JBl 1994 S. 171 (es handele sich um eine aufgedrängte Bereicherung). Ebenso für die Bestellungskosten bei einem landwirtschaftlichen Grundstück § 998 dt. BGB (Kostenersatz, sofern die Bestellung ordnungsmäßiger Wirtschaft entspricht, aber nicht über den Wert der Ernte hinaus) und Art. 452 span. CC („Sind zu der Zeit, in der der gute Glaube aufhört, irgendwelche natürlichen oder Sachfrüchte in der Schwebe, dann hat der Besitzer ein Recht auf die Kosten, die er für ihre Erzeugung aufgewendet hat, und darüber hinaus auf denjenigen Teil des Nettoertrages der Ernte, der der Zeit seines Besitzes entspricht. Die Lasten werden auf dieselbe Weise zwischen den beiden Besitzern umgelegt. Der Eigentümer der Sache kann, wenn er das will, dem gutgläubigen Besitzer als Entschädigung des Teils der Bestellungskosten und des Nettoertrages, der ihm gehört, die Befugnis zugestehen, die Bestellung und die Ernte der hängenden Früchte abzuschließen; der gutgläubige Besitzer, der diese Erlaubnis aus irgendeinem Grund nicht wahrnehmen will, verliert das Recht, auf andere Weise entschädigt zu werden").

[606] Oben Rdnr. 512.

Gläubiger des Herausgabeanspruchs wird ermächtigt, die Herausgabeverweigerung wie eine vom Beklagten zu vertretende tatsächliche Unmöglichkeit zu behandeln und dementsprechend Schadensersatz zu fordern. An dieser Entscheidung muss sich der Gläubiger dann freilich auch festhalten lassen: sie bewirkt unter § 281(4) dt. BGB den Verlust des Eigentums.[607] Das wiederum entspricht der allgemeinen Regel, dass, wann immer der Kläger den gesamten Sachwert liquidiert, das Eigentum verloren geht.[608] Man kann den Gedanken auch im Recht der Unterlassungs- bzw. der Beseitigungsansprüche nachweisen: Wer sich für den durch nachbarliche Immissionen verursachten Wertverlust seiner Immobilie vollständig hat entschädigen lassen, hat sich dadurch auch seines Rechts begeben, Besitzschutzansprüche gegen zukünftige Immissionen derselben Art geltend zu machen.[609]

525 Verhältnismäßig häufig begegnen Fälle, die sich auf die Kurzformel **„dulde und liquidiere"** bringen lassen. Zu ihnen gehören die erwähnten **Notstandssituationen:** Der Eigentümer oder sonst Nutzungsberechtigte einer Sache kann sich Einwirkungen auf sie nicht widersetzen, „wenn die Einwirkung zur Abwendung einer gegenwärtigen Gefahr notwendig und der drohende Schaden gegenüber dem aus der Einwirkung dem Eigentümer entstehenden Schaden unverhältnismäßig groß ist" (§ 904 Satz 1 dt. BGB). Eben weil sich der Eigentümer der Einwirkung nicht widersetzen kann, hat er aber Anspruch auf Ersatz des ihm entstehenden Schadens (Satz 2 aaO). Regelungen dieser Art sind weit verbreitet[610], aber alles andere als unproblematisch, weil sie der

[607] Näher BGH 9.11.2017, NJW 2018 S. 786 (Herausgabe eines Chorarchivs; nach fruchtlosem Fristablauf Zahlung von Schadensersatz; Verlust des Eigentums). Die Vindikationslage wird also einem Schuldverhältnis gleichgestellt. Vorausgesetzt ist aber, dass es sich entweder um einen bösgläubigen oder um einen verklagten Besitzer handelt. Anders aber wohl tschech. OG 29.5.2013, 22 Cdo 2419/2012 (oben Rdnr. 420 mit Fn. 29).

[608] Sie kommt außerhalb von § 255 dt. BGB auch im Rahmen von § 816 dt. BGB zum Tragen, nämlich dann, wenn ein Berechtigter die Verfügung eines Nichtberechtigten genehmigt (oben Rdnr. 334 mit Fn. 833 und 834). Demselben Grundgedanken folgt auch sec. 5(1) Torts (Interference with Goods) Act 1977: der *title* erlischt, sobald der Wert der Sache ersetzt ist (oben Rdnr. 512 mit Fn. 534).

[609] Ungar. OGH, Legf. Bír. Pfv. I. 22. 191/1999, EBH2001.517 (Der beklagte Nachbar behandelte auf seinem Grundstück Holz mit Chemikalien, was zu erheblichen Belästigungen führte. Der Kläger hatte erfolgreich Schadensersatz wegen der Wertminderung seiner Immobilie verlangt. Den auf Unterlassung gerichteten Besitzanspruch lehnte das Gericht dagegen ab. Der Kläger habe Besitzschutz nur sekundär beantragt, und da ihm bereits Ersatz zugesprochen worden war, entfalle der Besitzschutz. Der Kläger hätte zwar ein Wahlrecht gehabt, es aber bereits ausgeübt. Der Ersatz für die Wertminderung diene dem Ausgleich für eine kontinuierliche (d. h. auch für eine zukünftige) Besitzstörung.

[610] Nachweise für alle älteren Mitgliedstaaten bei *von Bar,* Gemeineuropäisches Deliktsrecht II, Rdnr. 502 mit Fn. 137. Siehe ferner z.B. noch § 141(1) estn. AT ZGB (Haftung desjenigen, der den Schaden verursachte, näher Absätze (2) und (3) aaO); § 128 slowak. BGB (dazu *Fekete,* Občiansky zákonník I, S. 671) und §§ 1037, 1039 tschech. BGB (wonach bei Gefährdung des Lebens oder der Gesundheit oder aus einem dringenden öffentlichen Interesse [z.B. bei einer Naturkatastrophe, einem Industrieunfall, bei Brand oder Hochwasser] eine Sache des Eigentümers gegen Ersatz für die notwendige Zeit und in dem erforderlichen Maße ohne seine Zustimmung benutzt werden darf; zahlungspflichtig ist, wer die Sache für sich in Anspruch nimmt) sowie § 5:26 ungar. ZGB (Gefahr für Leben, körperliche Unversehrtheit oder das Vermögen; Haftung der in der Notlage befindlichen Person auf Entschädigung). Unter Kap. 24 §§ 4 und 5 schwed. BrB ist der Notstand ein Strafbefreiungsgrund, soll aber auch von zivilrechtlicher Haftung befreien, weil es in diesem Fall an Fahrlässigkeit fehle (Kap. 2 § 1 schwed. Skadeståndslag; dazu *Hellner und Radetzki,* Skadeståndsrätt[8], S. 120). Kap. 12 § 26 schwed. JB bringt eine Son-

Koordinierung mit dem allgemeinen Deliktsrecht bedürfen. Die Haftung trifft richtiger Ansicht nach denjenigen, der eine fremde Sache für eigene Zwecke usurpiert, nicht denjenigen, der dafür Verantwortung trägt, dass es zu der Gefahrensituation gekommen ist. Ihn muss der primär Entschädigungspflichtige in Regress nehmen. Eine Duldungspflicht kommt immer nur dann in Betracht, wenn der Handelnde zwischen zwei Übeln wählen musste und sich für das entschieden hat, für das sich auch der rechtschaffene *pater familias* entschieden hätte.[611]

Eine notstandsähnliche Materie ist das **Notwegerecht.** Ein Grundeigentümer muss 526
solange dulden, dass ein anderer, der sein eigenes Grundstück nicht über einen öffentlichen Weg, vielmehr nur über das fremde Grundstück erreichen kann, die zur Nutzung seines eigenen Grundstücks erforderliche Verbindung herstellt, bis es keine Enklave mehr bildet.[612] Der damit einhergehende Ausschluss des Störungsschutzes wird durch einen Anspruch auf eine Entschädigung (oft in Form einer Rente) kompensiert, der seinerseits mindestens der schuldrechtlichen Sicherung bedarf. Das deutsche Recht optiert sogar für eine dingliche Sicherung in Gestalt eines reallastähnlichen Rechts an dem eingeschlossenen Grundstück (§§ 917(2) Satz 2, 914(3), 1100 dt. BGB). §§ 156(3) estn. LPA und 1032(1)(a) tschech. BGB verlangen, dass der Schaden an dem belasteten Grundstück nicht höher sein darf als der Vorteil für den durch den Notweg Begünstigten; andernfalls genehmigt das Gericht den Notweg nicht. Außerdem darf sich der Notwegberechtigte nicht selber durch grobes Verschulden in seine missliche Lage gebracht haben.

Einem ähnlichen Muster folgt die Entschädigung für zwangsweise bestellte Dienst- 527
barkeiten bzw. für Legaldienstbarkeiten, z. B. zugunsten öffentlicher Stromversorger.[613] Selbst für die Verfolgung von Bienen bestehen hier und da durch Ersatzansprüche kompensierte Einschränkungen des Störungsschutzes.[614] Ein **Überbau** muss i. d. R. geduldet werden, wenn der Überbauende gutgläubig handelte und der Eigentümer des betroffenen Grundstücks nicht vor oder sofort nach dem Überbau widerspricht; wiederum kommt es zu einer Entschädigung in Form einer Geldrente, die ihrerseits

---

dervorschrift, die dem Vermieter in Notstandssituationen den Zutritt zur Wohnung des Mieters erlaubt, aber den Vermieter zur Entschädigung verpflichtet.

[611] Einzelheiten bei *von Bar* aaO Rdnrn. 502–503.

[612] Z. B. § 917 dt. BGB; § 156(1) estn. LPA (in Ermangelung einer Einigung bestimmt das Gericht den Notweg und die Entschädigung); Art. 682 bis 685-2 franz. CC; Artt. 1051–1053 ital. CC; §§ 30–33, 55 schwed. Väglag (zur Berechnung der Entschädigung auch Kap. 4 schwed. Expropriationslag); Art. 151o(3) slowak. BGB (Notweg nur zugunsten eines Gebäude-, nicht eines Grundstückseigentümers [*Fekete,* Občiansky zákonník I, S. 1007]; keine ausdrückliche Entschädigungsregelung und daher auch keine Regelung der Sicherheit; Entschädigungspflicht in Anlehnung an tschech. OG 20.7.2005, 22 Cdo 1897/2004, Právní rozhledy (21) 2005 S. 801 aus der allgemeinen Eigentumsgewährung abgeleitet); Artt. 88, 89 und 91 slowen. SPZ (keine Verbindung mit einer öffentlichen Straße auch dann, wenn die Herstellung der Verbindung mit unverhältnismäßigen Kosten verbunden wäre; angemessene Vergütung; entsprechende Anwendung auf den Anschluss an öffentliche kommunale und andere Netze); §§ 1029–1036 tschech. BGB.

[613] Zu ihnen bereits Band 1 Rdnr. 404. Bulgar. Oberstes Kassationsgericht 1.12.2017, Nr. 92, II. Zivilkammer betraf einen an die Fassade eines Gebäudes angebrachten Stromverteilungskasten, der, da seine Anbringung durch eine gesetzliche Dienstbarkeit abgesichert war, nicht durch eine negatorische Klage entfernt werden konnte. Das Gericht gewährte dem Kläger aber eine Entschädigung nach den Regeln des allgemeinen (subsidiären) Bereicherungsrechts.

[614] § 962 dt. BGB; Art. 937 i. V. m. Art. 1101 lett. ZGB; Art. 4.60(2) lit. ZGB; Art. 1322 port. CC; Kap. 21 §§ 1 und 2 schwed. Byggningabalk; § 1014 tschech. BGB.

nach denselben Regeln zu sichern ist, die auch für Notwege gelten.[615] Auch in Belgien[616] und in Italien[617] liegen die Dinge nicht grundsätzlich anders. Der französische Kassationshof allerdings hält seit zweihundert Jahren daran fest, dass ein Überbau nicht, auch nicht gegen Entschädigung, geduldet werden müsse.[618] Dieses Prinzip ist im Laufe der Zeit auch auf Fälle erstreckt worden, in denen der Überbau schuldlos erfolgt war, nicht auf den sofortigen Widerspruch des Nachbarn gestoßen ist und nur einen verhältnismäßig unbedeutenden Grundstücksteil betraf, und dabei ist es bis heute trotz z. T. scharfer Kritik[619] geblieben.[620]

---

615 §§ 912, 914(3) dt. BGB; § 148(1) und (3) estn. LPA (Eigentumserwerb des gutgläubig Überbauenden; Entschädigung durch eine Rente; keine Duldungspflicht bei sofortigem Protest); Kap. 3 § 12(1) schwed. JB (kein Abriss, wenn er zu bedeutenden Kosten und Unannehmlichkeiten führen würde und sofern der Überbauende ohne grobe Fahrlässigkeit gutgläubig handelte; Entschädigungsregelung in Kap. 3 § 12(2) aaO); §§ 1086, 1087 tschech. BGB (Eigentumserwerb an dem unter dem überbauten Teil befindlichen Grund, sofern es sich dabei nur um einen „kleinen Teil" handelt; Pflicht zur Zahlung des üblichen Preises); §§ 5:28(1), 29(1) ungar. ZGB. Unter Art. 47(1) slowen. SPZ entscheidet auf Antrag einer der Parteien das Gericht. Es kann dem Erbauer den Abriss auferlegen (Abs. (2) aaO), aber, wenn die Folgen eines Abrisses in einem offensichtlichen Missverhältnis zu dem Schaden des Eigentümers stünden, auch auf eine angemessene Entschädigung entscheiden und eine neue Grenze zwischen den Grundstücken festlegen (Art. 47(3) aaO). In die Abwägung fließen alle Umstände des Einzelfalls ein, unter ihnen auch der gute oder schlechte Glaube des Erbauers (Abs. (4) aaO).

616 Die belgische Rechtsprechung weicht von der französischen seit Cass. 10.9.1971, Pas. belge 1972, I, S. 28 deutlich ab. Der belgische Kassationshof entschied hier, dass das Recht, den Abriss eines über die Grenze gebauten Gebäudes zu verlangen, sowie das Eigentumsrecht selbst Gegenstand von Missbrauch sein könnten. Deshalb könne, je nach den Umständen, die Beseitigung einer widerrechtlichen Okkupation eines Grundstücksteiles durch eine Entschädigung ersetzt werden.

617 Unter Art. 938 ital. CC kann das Gericht dem gutgläubig Überbauenden unter der Voraussetzung, dass der Nachbar nicht innerhalb von drei Monaten nach Baubeginn widersprochen hat, unter Berücksichtigung aller Umstände das Eigentum an dem überbauten Grundstücksteil zusprechen (sogen. *accessione invertita*). Der Bauführer ist dann allerdings zur Entschädigung in Höhe des doppelten Wertes der Fläche und darüber hinaus zur Zahlung von Schadensersatz verpflichtet.

618 Grundlegend Cass. 22.4.1823 („La Cour; vu les articles 545 et 555 c. civ.; Attendu que les dispositions contenues dans ces articles sont un hommage rendu au droit sacré de la propriété, lequel toujours, hors le cas d'utilité publique, doit être d'autant plus scrupuleusement respecté, qu'y porter atteinte, c'est non seulement troubler, mais même ébranler la société, dont il est le fondement; attendu qu'il est constant, en fait, que c'est contre le consentement du sieur Hellot, et malgré son opposition formellement exprimée par la sommation du 31 janv. 1820, que le sieur Leclerc Morlet a, pour son intérêt privé, bâti sur le terrain dudit Hellot; qu'ainsi, la cour royale, en rejetant la demande en démolition intentée par ce dernier, a violé les articles susréférés" (zit. nach *Terré und Lequette,* Grands arrêts[10], S. 279 Nr. 63).

619 Z. B. *Destreguil,* JCP N, 2018, 1190, S. 43 und *Dross,* RTD civ. 2017 S. 423. Auch die Vorschläge für eine Reform des *droit des biens* setzen sich für eine Änderung der derzeitigen Rechtslage ein (*Périnet-Marquet,* Propositions de l'Association Henri Capitant pour une réforme du droit des biens, S. 119, Art. 539: „Par dérogation aux articles précédents, le propriétaire victime d'un empiètement non intentionnel sur son fonds, ne peut, si celui-ci est inférieur à 0,30 mètres, en exiger la suppression que dans le délai de deux ans de la connaissance de celui-ci sans pouvoir agir plus de dix ans après l'achèvement des travaux. Dans le délai de l'article 2224, commençant à courir à l'expiration de l'action en démolition, le juge peut, à la demande de l'un des propriétaires, transférer la partie du fonds objet de l'empiètement à son bénéficiaire, moyennant une indemnité tenant compte de la valeur du fonds occupé, de la plus value réalisée grâce à l'empiètement et du préjudice qu'il a causé").

In den Kontext des Nachbarrechts und damit in die Grenzmaterien zwischen Schuld- und Sachenrecht gehören schließlich noch **Immissionen,** derer man sich, obwohl sie wesentlich sind, nicht durch einen Beseitigungs- bzw. Unterlassungsanspruch erwehren kann, vielmehr auf einen Entschädigungsanspruch in Geld verwiesen wird, um ein Unternehmen vor dem Aus zu bewahren.[621] Unwesentliche (zumutbare, normale) Immissionen sind entschädigungslos hinzunehmen, wobei Vorschriften des öffentlichen Immissionsschutzrechtes nutzbar gemacht werden können, um die jeweilige Wesentlichkeitsschwelle zu konkretisieren.[622] Bei wesentlichen Immissionen kommt es darauf an, ob sie ortsüblich sind und darauf, dass sie, wenn sie das sind, nicht mit wirtschaftlich zumutbaren Mitteln unterbunden werden können.[623] Unter § 364a 528

---

[620] Siehe aus der jüngeren Rechtsprechung z. B. Cass. civ. 10.11.2016, D. 2017 S. 1789, Anm. *Neyret* („Viole l'article 545 du code civil la cour d'appel qui, pour rejeter la demande d'un propriétaire fondée sur un empiétement créé par des éléments de la toiture du propriétaire du fonds voisin, retient que cet empiétement n'est que de vingt centimètres, et n'est à l'origine d'aucun désordre ni sinistre et que sa rectification serait préjudiciable aux deux parties et disproportionnée"); Cass. 15.12.2016, RTD. civ. 2017 S. 423, Anm. *Dross* („Et attendu que la question ne présente pas un caractère sérieux dès lors, d'une part, que l'article 545 du code civil, qui reprend le principe énoncé par l'article 17 de la Déclaration des droits de l'homme et du citoyen, et soumet toute privation de propriété à la constatation d'une utilité publique et au versement d'une juste et préalable indemnité, assure la défense du droit de propriété contre tout empiétement qui ne serait pas fondé sur une nécessité publique et, d'autre part, que la défense du droit de propriété, défini par l'article 544 du code civil comme le droit de jouir et disposer des choses de la manière la plus absolue, pourvu qu'on n'en fasse pas un usage prohibé par les lois ou par les règlements, n'est pas susceptible de dégénérer en abus de droit") und Cass. civ. 21.12.2017, JCP N, 2018, 1190, S. 43, Anm. *Destreguil* („Mais attendu que tout propriétaire est en droit d'obtenir la démolition d'un ouvrage empiétant sur son fonds, sans que son action puisse donner lieu à faute ou à abus; que l'auteur de l'empiétement n'est pas fondé à invoquer les dispositions de l'article 1er du Protocole additionnel n° 1 à la Convention de sauvegarde des droits de l'homme et des libertés fondamentales dès lors que l'ouvrage qu'il a construit méconnaît le droit au respect des biens de la victime de l'empiétement; que la cour d'appel, qui n'était pas tenue de procéder à des recherches inopérantes, a décidé à bon droit d'ordonner la démolition de la partie du bâtiment et des murs édifiés par M. B... et Mme Z... et empiétant sur le fonds de M. D.").

[621] Besonders deutlich § 1013(2) tschech. BGB (Ausgleichsanspruch in Geld statt negatorische Klage nur gegen einen „Betrieb" i. S. v. § 502 tschech. BGB).

[622] So ausdrücklich § 906(1) Sätze 2 und 3 dt. BGB und für Tschechien Spáčil (-*Spáčil und Dobrovolná*), Občanský zákoník III, S. 160. Ob i. S. d. französischen Theorie der *troubles de voisinage* ein *trouble anormal* vorliegt, entscheidet dagegen der Tatsachenrichter prinzipiell souverän (Rép. civ. Dalloz [-*Gaillot-Mercier*], V° Troubles de voisinage, S. 7, Rdnr. 50; Cass. civ. 3.11.1977, Bull. civ. 1977, III, S. 280 Nr. 367; Cass. civ. 5.2.2004, Bull. civ. 2004, II, S. 40 Nr. 49). Da es sich bei der *anormalité* um einen Rechtsbegriff handelt, hat der Kassationshof aber gleichwohl Kriterien zu seiner Konkretisierung entwickelt. Die Störung muss *anormal* sein, nicht der Schaden. Sie muss fortlaufend sein, mindestens muss sie sich zu wiederholen drohen. Außerdem kommt es auf die sonstigen Umstände vor Ort an (näher neben den zitierten Entscheidungen J.-Cl. Civil Code [-*Leblond*], Art. 1382 à 1386, Fasc. 112; *Malaurie und Aynès,* Les biens[5], S. 328 Rdnr. 1072).

[623] § 906(2) dt. BGB; § 142(2) estn. LPA; Kap. 32 §§ 1 und 3 schwed. Miljöbalk (dazu HD 14.6.1999, NJA 1999 S. 385 [oben Fn. 319]). Tafelgericht Szeged Pf. I. 20.493/2011; EBD2014.P.13 betraf einen in unmittelbarer Nähe von Wohn- und Ferienhäusern aufgestellter Mobilfunkmast. Das Gericht entschied, dass die verursachte Störung die Wesentlichkeitsschwelle überschritt, es aber ausreichend, verhältnismäßig und billig sei, die in ihrem Besitz gestörten Parteien in Geld zu entschädigen. Der Abriss der Anlage lasse sich nur mit erheblichen Kosten realisieren, sei übertrieben und unnötig und liege auch nicht im öffentlichen Interesse.

österr. ABGB setzt der entschädigungspflichtige Ausschluss des Beseitigungs- bzw. Unterlassungsanspruches bei einer „Bergwerksanlage oder einer anderen öffentlich genehmigten Anlage" eine in einem besonderen behördlichen Genehmigungsverfahren erteilte Erlaubnis voraus. Entscheidend ist, dass die Interessen des Nachbarn in diesem Verfahren bereits Berücksichtigung gefunden haben.[624] Ähnlich wie die deutsche Rechtsprechung aus § 906(2) dt. BGB[625] hat auch die österreichische Rechtsprechung aus § 364a österr. ABGB einen allgemeinen **nachbarrechtlichen Ausgleichsanspruch** entwickelt.[626] Er bringt, der französischen Rechtsprechung zu den *troubles anormaux de voisinage* vergleichbar[627], eine strikte Haftung unter Nachbarn. In Österreich geht es erstens um Fälle, in denen die Immission zwar nicht unter dem Schutz einer besonderen behördlichen Genehmigung erfolgt, aber doch nur schwer bekämpft werden kann, weil tatsächlich eine (obschon nach dem Maßstab von § 364a ABGB unzureichende) Genehmigung vorliegt, die den Anschein der Rechtmäßigkeit oder der Gefahrlosigkeit der Anlage erweckt. Man geht aber noch einen bedeutenden Schritt weiter. Gänzlich unabhängig vom Vorliegen einer behördlichen Genehmigung trifft denjenigen eine strikte Haftung, der eine abstrakt gefahrgeneigte Anlage betreibt, deren konkrete Gefahren der Nachbar weder vorhersehen noch unterbinden könne. Eine analoge Anwendung von § 364a österr. ABGB soll deshalb auch dann in Betracht kommen, wenn der Nachbar aus tatsächlichen Gründen keinen vorbeugenden Unterlassungsschutz erlangen könne.[628] Seiner juristischen Natur nach soll es allerdings nicht nur um einen die Eigentümerrechte ersetzenden Entschädigungs-, sondern um einen echten Schadensersatzanspruch gehen, der auch den entgangenen Gewinn umfasse.[629]

---

[624] OGH 18.2.1975, SZ 48/15 (Errichtung eines Schießstandes; sicherheitspolizeiliche Genehmigung genügt nicht).

[625] Oben Fn. 345 und 346.

[626] OGH 1.7.1959, SZ 32/88 und OGH 25.1.1972, SZ 45/7 hatten eine strikte Haftung für jegliche das ortsübliche Maß überschreitende Immissionen sogar noch direkt auf § 364(2) österr. ABGB gestützt.

[627] Dazu *von Bar,* Gemeineuropäisches Deliktsrecht I, Rdnr. 543.

[628] OGH 24.10.1990, JBl 1991 S. 110 (Fischsterben infolge Tensideinleitung); OGH 16.1.1991, JBl 1991 S. 580 (nicht genehmigte Giftmülldeponie); OGH 9.12.1987, JBl 1989 S. 315, 316 (Rohrbruch auf dem Nachbargrundstück).

[629] *Gimpel-Hinteregger,* Grundfragen der Umwelthaftung, S. 322.

Gesetzesregister

Die Zahlen verweisen auf Randnummern, die Zahlen in Klammern auf Fußnoten.

Belgien

Code Civil/Burgerlijk Wetboek vom 21.3.1804 (Monit. belg. vom 3.9.1807), Zivilgesetzbuch, CC

Finnland

Frankreich

Code Civil vom 21.3.1804, CC

Griechenland

Anagnostikós Nómos 2250/1940, Astikos Kodix (FEK A 91/1940), Zivilgesetzbuch, ZGB

Italien

Codice Civile, regio decreto vom 16.4.1942, Nr. 262 (Gazz. Uff. vom 4.4.1942, Nr. 79), CC

Zemesgrāmata Likums vom 22.12.1937 (Ziņotājs, 16/17), Grundbuchgesetz, GBG

Litauen

Lietuvos Respublikos civilinis kodeksas vom 18.7.2000 (Nr. VIII-1864), Zivilgesetzbuch, ZGB

Nouveau Code de Procédure Civile, eingeführt durch règlement grand-ducal portant habilitation de faire publier un Nouveau Code de Procédure Civile vom 17.8.1998 (Mémorial A Nr. 64/1998), Neues Zivilprozessgesetzbuch

Malta

Civil Code vom 11.2.1870 (Laws of Malta Cap. 16), CC

Land Registration Act vom 1.3.1982 (Laws of Malta Cap. 296), LRA

Trusts and Trustees Act vom 30.6.1989 (Laws of Malta Cap. 331), TTA

Cultural Heritage Act vom 3.5.2002 (Laws of Malta Cap. 445)

Niederlande

Nieuw Burgerlijk Wetboek vom 1.1.1992 (Buch 1 vom 1.1.1970: Stb. 1969, Nr. 167 i.V.m. Stb. 1969, Nr. 259; Buch 2 vom 26.7.1976: Stb. 1976, Nr. 228 i.V.m. Stb. 1976, Nr. 342; Bücher 3, 4, 5, 6, 7, 7A vom 1.1.1992: Stb. 1989, Nr. 61 i.V.m. Stb. 1990, Nr. 90; Buch 8 vom 1.4.1991: Stb. 1991, Nr. 126 i.V.m. Stb. 191, Nr. 100), Neues Bürgerliches Gesetzbuch, BW

Polen

Kodeks cywilny vom 23.4.1964 (Dz. U. 1964 no. 16 poz. 93), Zivilgesetzbuch, ZGB

Föräldrabalk vom 10.06.1949 (1949:381), Elterngesetzbuch, FB

Ärvdabalk vom 12.12.1958 (1958:637), Erbgesetzbuch

Brottsbalk vom 21.12.1962 (1962:700), Strafgesetzbuch, BrB

Förköpslag vom 8.12.1967 (1967:868), Vorkaufsgesetz

Narkotikastrafflag vom 8.3.1968 (1968:64), Drogenstrafgesetz

Förmånsrättslag vom 17.12.1970 (1970:979), Vorzugsrechtsgesetz

Fastighetsbildningslag vom 17.12.1970 (1970:988), Grundstücksbildungsgesetz

Jordabalk vom 17.12.1970 (1970:994), Bodengesetz, JB

Lag om införande av nya jordabalken vom 17.12.1970 (1970:995), Einführungsgesetz zum neuen Bodengesetz

Tschechien

Občanský zákoník vom 3.2.2012 (Gesetz Nr. 89/2012 Gbl.), Bürgerliches Gesetzbuch, BGB

2016. évi CXXX. törvény a polgári perrendtartásról, Gesetz CXXX aus dem Jahr 2016 über die Zivilprozessordnung

Vereinigtes Königreich

Prescription Act 1832 vom 1.8.1832 (2 & 3 Will 4 c. 71)

Bills of Sale Act 1878 vom 22.7.1878 (41 & 42 Vict. c. 31)

Bills of Sale Act (1878) Amendment Act 1882 vom 18.8.1882 (45 & 46 Vict. c. 43)

Factors Act 1889 vom 26.8.1889 (52 & 53 Vict. c. 45), FA

Sale of Goods Act 1893 vom 20.2.1894 (56 & 57 Vict. c. 71)

Law of Property Act 1925 vom 9.4.1925 (15 & 16 Geo. 5 c. 20), LPA 1925

Trustee Act 1925 vom 9.4.1925 (15 & 16 Geo. 5 c. 19)

Land Registration Act 1925 vom 9.4.1925 (15 & 16 Geo. 5. c. 21), LRA 1925; außer Kraft getreten am 13.10.2003

Administration of Estates Act 1925 vom 9.4.1925 (15 & 16 Geo. 5. c. 23)

Hire Purchase Act 1964 vom 16.7.1964 (c. 53)

Misrepresentation Act 1967 vom 22.3.1967 (c. 7)

Theft Act 1968 vom 26.7.1968 (c. 60)

Law of Property Act 1969 vom 22.10.1969 (c. 59), LPA 1969

Land Charges Act 1972 vom 9.8.1972 (c. 61)

Prescription and Limitation (Scotland) Act 1973 vom 25.7.1973 (c. 52), PLA

Torts (Interference with Goods) Act 1977 vom 22.7.1977 (c. 32)

Sale of Goods Act 1979 vom 6.12.1979 (c. 54), SGA 1979

Treasure Act 1996 vom 24.7.1996 (c. 24)

Party Wall etc. Act 1996 vom 18.7.1996 (c. 40)

Trusts of Land and Appointment of Trustees Act 1996 vom 24.7.1996 (c. 47)

Land Registration Act 2002 vom 26.2.2002 (c. 9), LRA 2002

Draft Common Frame of Reference, DCFR

Register der Entscheidungen des Common Law

Vereinigtes Königreich, Irland, USA, Australien

Zypern

Sachregister

Die Zahlen verweisen auf Randnummern, Zahlen in Klammern auf Fußnoten